2006年地方财政政府收支分类转换数据

（内部资料　注意保存）

财政部国库司　预算司　编

中国财政经济出版社

图书在版编目（CIP）数据

2006年地方财政政府收支分类转换数据/财政部国库司，财政部预算司编．—北京：中国财政经济出版社，2010.1

ISBN 978-7-5095-1949-3

Ⅰ.2… Ⅱ.①财…②财… Ⅲ.地方财政-统计资料-中国-2006 Ⅳ.F812.7-66

中国版本图书馆CIP数据核字（2009）第243865号

责任编辑：裴兰英　翁晓红　　责任校对：陈可强

封面设计：邹海东　　版式设计：苏　红

中国财政经济出版社 出版

URL：http：//www. cfeph. cn

E-mail：cfeph @ cfeph. cn

社址：北京市海淀区阜成路甲28号　邮政编码：100142

营销中心电话：010-88190406　北京财经书店电话：010-64033436

涿州市新华印刷有限公司印刷

787×1092毫米　16开　102.75印张　2 551 000字

2010年3月第1版　2010年3月第1次印刷

定价：125.00元

ISBN 978-7-5095-1949-3/F·1630

（图书出现印装问题，本社负责调换）

本社质量投诉电话：010-88190744

编　制　说　明

一、本书资料内容包括：地方财政收支情况，各省、自治区、直辖市地市县一般预算财政资料，各省、自治区、直辖市地市县基金预算财政资料，共三部分。

二、本书资料中有关数据根据2006年地方财政总决算转换报表整理。

三、本书的各项“总计”、“合计”数字均未含我国港、澳、台地区。

四、本书属内部资料，供财税系统和有关部门研究参考，请注意保存，勿对外引用。

财政部国库司　预算司

2008年10月

总 目 录

目　录

一、地方财政收支情况

二、各省、自治区、直辖市地市县一般预算财政资料

三、各省、自治区、直辖市地市县基金预算财政资料

目　录

一、地方财政收支情况

1－1－3

单位:万元

地　　区	一、税收收入					二、非税收入		
	车船使用和牌照税	耕　地占用税	契　税	烟叶税	其他税收收　　入	小　计	专项收入	行政事业性收费收　　入
地方合计	**499738**	**1711174**	**8676745**	**415968**	**36482**	**35758375**	**9518845**	**13202703**
北京市	35137	15204	648741			403333	354845	228257
天津市	11601	4932	279686			743999	109381	535075
河北省	11205	39003	173577	476	18	1484871	423728	431923
山西省	3271	12442	38885	520		2528667	1969464	277500
内蒙古自治区	13084	71987	76906	469	1339	827029	184955	277816
辽宁省	22323	52882	483166	2266	992	1914594	344990	811395
其中:大连市	8440	9512	132020		5	340199	51082	137854
吉林省	6347	44825	93339	79	4347	663774	122859	275928
黑龙江省	14500	11168	180069	5991	3007	848938	285213	223867
上海市	17269	36059	831259			962118	330676	363982
江苏省	28692	177468	1054359			2675534	615232	1027043
浙江省	30605	121797	781402	622	6	1139622	527201	383911
其中:宁波市	5389	19048	149872			147598	96738	41102
安徽省	15629	81660	238502	3016		1156045	228934	645101
福建省	14918	38836	252772	24753	1884	894068	170931	345432
其中:厦门市	1738	6414	71273			142799	29907	50580
江西省	7814	37454	185275	5221	611	968091	133501	383546
山东省	64233	396537	661374	10859	1037	3204621	608806	1332044
其中:青岛市	5523	100920	190021	234	27	335071	63488	129776
河南省	11635	108989	269748	35185	3661	2073750	368617	798994
湖北省	12977	33905	214948	16123	270	1278002	197765	611654
湖南省	8867	97905	229795	30306	4233	1551894	252462	554936
广东省	94759	68404	987319	7366	912	3290258	629308	1259042
其中:深圳市	18416		250003			440539	106286	124638
广西壮族自治区	6575	40024	149983	4855	185	1173863	140641	354119
海南省	3209	7212	31279		90	160606	23694	53849
重庆市	6381	43001	173331	10768	979	1024603	156487	595151
四川省	12206	83916	329330	21724	3913	1432223	314933	579537
贵州省	3312	23140	47078	52582	2603	593183	139163	167703
云南省	18011	27269	77860	176482	3288	805816	262609	206878
西藏自治区		26				57121	4262	13094
陕西省	11493	26681	72257	4455	2921	893229	251484	150076
甘肃省	2650	3286	27458	1793	134	303792	113194	100674
青海省	458	2351	6872			91245	37407	23713
宁夏回族自治区	1160	829	18945	57		164230	50935	40288
新疆维吾尔自治区	9417	1982	61230		52	449256	165168	150175

1－1－4

单位:万元

地　　区	二、非税收入				三、贷款转贷回收本金收入		
	罚没收入	国有资本经营收入	国有资源（资产）有偿使用收入	其他收入	国内贷款回收本金收　入	国外贷款回收本金收　入	国内转贷回收本金收　入
地 方 合 计	**7063144**	**3071069**	**1335600**	**1567014**			
北京市	207840	－467399	48136	31654			
天津市	89009	－25000	18898	16636			
河北省	382850	154738	37722	53910			
山西省	218823	14129	24359	24392			
内蒙古自治区	133562	170593	25543	34560			
辽宁省	298216	359450	68087	32456			
其中:大连市	35097	69466	33278	13422			
吉林省	130750	91879	14761	27597			
黑龙江省	132767	177624	16114	13353			
上海市	202582	－48385	58172	55091			
江苏省	614309	339221	71711	8018			
浙江省	590772	－425119	49915	12942			
其中:宁波市	87188	－83183	5004	749			
安徽省	184195	22654	46103	29058			
福建省	231640	74669	31893	39503			
其中:厦门市	21576	28204	10363	2169			
江西省	237567	105221	30164	78092			
山东省	557499	423844	178115	104313			
其中:青岛市	40739	45583	50043	5442			
河南省	385932	387160	47578	85469			
湖北省	273018	105710	31916	57939			
湖南省	332835	81230	111433	218998			
广东省	662477	330761	181918	226752			
其中:深圳市	97329	56594	44152	11540			
广西壮族自治区	217527	346337	37077	78162			
海南省	28758	36065	10426	7814			
重庆市	95370	114477	38303	24815			
四川省	240033	210607	37783	49330			
贵州省	121475	42281	33765	88796			
云南省	196072	51940	29558	58759			
西藏自治区	7003	94	1454	31214			
陕西省	115421	324958	18250	33040			
甘肃省	52726	9142	7677	20379			
青海省	10394	2737	5542	11452			
宁夏回族自治区	25628	37085	7309	2985			
新疆维吾尔自治区	86094	22366	15918	9535			

2006年各省、自治区、直辖市财政支出分类情况表

1－2－1　　　　单位：万元

地　　区	合　计	一、一般公共服务	二、外交	三、国防	四、公共安全	五、教育	六、科学技术	七、文化体育与传媒
地方合计	**304313277**	**53034781**	**20873**	**675977**	**23615556**	**51377133**	**6342230**	**5838911**
北京市	12968389	1599538	1668	26913	1213347	2092136	701448	405069
天津市	5431219	568337		5249	430132	923436	205619	133627
河北省	11803590	2238235	53	20279	832125	2114127	133049	167052
山西省	9155698	2877203		16089	560091	1388746	90320	142238
内蒙古自治区	8121330	1565364	1175	11704	476336	1109209	73637	218906
辽宁省	14227471	2362817		34207	998274	1931372	282216	235757
其中：大连市	2665249	507367		4221	144922	311334	68677	31682
吉林省	7183588	1123372		19555	504795	1075452	94760	150825
黑龙江省	9685255	1487665		32263	658137	1592322	125955	158402
上海市	17955660	1671523		10774	1226453	2322115	851363	334948
江苏省	20132502	3621466	935	45535	1805856	3640220	513227	433675
浙江省	14718593	2723255	2113	41078	1460802	3107217	547300	400178
其中：宁波市	2926914	524460		6030	248342	469108	99332	68441
安徽省	9402329	1497022		24607	594780	1651445	97228	138367
福建省	7286973	1290266	116	28903	608265	1507332	147375	163467
其中：厦门市	1500848	283134		5496	111833	205066	48417	49917
江西省	6964361	1147350		21218	501234	1123336	57018	146537
山东省	18334400	3468158	228	31471	1277795	3375222	346862	282750
其中：青岛市	2367875	481750	28	5475	227752	466561	43798	44343
河南省	14400878	2710792	111	29489	949099	2592367	173668	219589
湖北省	10470041	1768038	491	8711	879088	1597933	139099	191932
湖南省	10645177	2156929	576	25420	771602	1626374	150237	155748
广东省	25533399	4439505	6408	59710	2862063	4606939	797859	472246
其中：深圳市	5714231	807733		7233	562556	726269	307052	77003
广西壮族自治区	7295172	1354292		32777	599000	1478988	92962	134504
海南省	1745366	371906		4728	148210	306596	15859	28650
重庆市	5942543	928000	80	12344	464285	884426	79537	67977
四川省	13473951	2500680	231	29224	985132	2036983	148056	203073
贵州省	6106411	1210109	200	15707	457929	1226267	77899	95417
云南省	8935821	1574337	1755	29827	747830	1666953	109904	174263
西藏自治区	2001969	440009	215	5919	135163	292364	10854	47824
陕西省	8241805	1406891	626	14894	467601	1427154	94005	170577
甘肃省	5285946	939219	1056	9435	300656	979442	56640	107870
青海省	2146628	419921	2	3739	124321	274702	14347	36363
宁夏回族自治区	1932089	312797		3696	120805	288791	30459	69018
新疆维吾尔自治区	6784723	1259785	2834	20512	454350	1137167	83468	152062

2006 年地方财政政府收支分类转换数据

1－2－2　　　　单位:万元

地　　区	八、社会保障和就业	九、医疗卫生	十、环境保护	十一、城乡社区事务	十二、农林水事务	十三、交通运输	十四、工业、商业、金融等事务	十五、其他支出
地　方　合　计	**40327963**	**13813716**	**6907375**	**24504689**	**23847158**	**7286948**	**24115429**	**22604538**
北京市	1492179	1009530	201365	1532644	886232	70454	811941	923925
天津市	645520	265522	43404	1287761	193044	59028	406462	264078
河北省	1774586	515503	375824	714791	979556	257141	796604	884665
山西省	1371602	361601	317938	456942	639313	221158	489792	222665
内蒙古自治区	1136394	304794	575525	758786	842647	254442	583867	208544
辽宁省	3229893	462982	224596	1434656	1018087	177557	1127777	707280
其中:大连市	470028	74510	27966	374523	153641	52344	252509	191525
吉林省	1362739	302680	164154	436364	611176	207082	974531	156103
黑龙江省	1850200	385585	354025	603062	806018	277052	1166063	188506
上海市	1762857	676496	139169	2779741	478001	145786	2653830	2902604
江苏省	1623114	938665	234105	2227372	1581244	483143	1462082	1521863
浙江省	883195	879794	204046	1271117	1148034	383202	1038135	629127
其中:宁波市	204472	164707	30873	382459	206190	103345	291668	127487
安徽省	1543558	391442	151680	661418	801533	381567	955319	512363
福建省	754073	350508	65142	436768	499499	208156	435672	791431
其中:厦门市	123171	74779	16291	162113	43519	59242	155980	161890
江西省	990678	303032	115734	444320	726157	262760	673046	451941
山东省	1960528	758196	208769	1950920	1328724	229095	1880671	1235011
其中:青岛市	212638	80162	21709	296201	142675	28442	218946	97395
河南省	2096536	642566	242843	818353	1113388	318486	1487957	1005634
湖北省	1869510	469260	193660	355819	877047	251825	808018	1059610
湖南省	1901008	362970	254093	637786	819308	254086	826129	702911
广东省	2296704	1085439	217500	1932396	1425848	395577	933523	4001682
其中:深圳市	196175	195229	32531	366116	108923	46682	197409	2083320
广西壮族自治区	820141	352634	55767	417477	726825	171183	455858	602764
海南省	272825	85396	37765	89082	179611	32782	57578	114378
重庆市	1108304	215028	271918	663208	415628	222251	305482	304075
四川省	2127031	607776	573788	619739	1219761	491487	985580	945410
贵州省	443185	309185	236066	208082	707592	351458	277909	489406
云南省	1339085	588448	281992	400098	1030141	276783	321449	392956
西藏自治区	102784	97613	62249	53803	249534	213195	78364	212079
陕西省	1265315	305881	346802	456714	701907	199161	732128	652149
甘肃省	874285	251477	283985	209197	636650	135123	318242	182669
青海省	439478	121230	156503	78408	255293	89962	71395	60964
宁夏回族自治区	238467	76837	126095	152029	256728	77131	123908	55328
新疆维吾尔自治区	752189	335646	190873	415836	692632	188835	876117	222417

2006年各省、自治区、直辖市财政收入明细表

1－3－1　　　　单位:万元

地　区	总　计	税收收入				
		合　计	增值税			
			小　计	国有企业增值税	集体企业增值税	股份制企业增值税
地区合计	**183035800**	**147277425**	**31963804**	**4306026**	**1174780**	**12090569**
北京市	11171514	10768181	1177984	158949	39515	418746
天津市	4170479	3426480	806681	78736	37848	195684
河北省	6205340	4720469	1405500	178626	47747	589113
山西省	5833752	3305085	1188365	202080	123536	624857
内蒙古自治区	3433774	2606745	594813	62296	6735	354187
辽宁省	8176718	6262124	1244029	124663	80471	529247
其中:大连市	1961357	1621158	263824	14575	7067	61813
吉林省	2452045	1788271	429738	82941	11434	179843
黑龙江省	3868440	3019502	1031951	90804	21167	814046
上海市	15760742	14798624	2702130	227082	69616	531416
江苏省	16566820	13891286	3294346	337707	200565	713028
浙江省	12982044	11842422	2486339	256831	106467	827122
其中:宁波市	2573800	2426202	557747	50083	20054	138852
安徽省	4280265	3124220	691811	112772	25654	329767
福建省	5411707	4517639	878301	126222	23411	168512
其中:厦门市	1361653	1218854	246085	23198	1325	27575
江西省	3055214	2087123	411759	72806	18558	190177
山东省	13562526	10357905	2428345	324731	68624	1063080
其中:青岛市	2259904	1924833	331659	44674	6273	82899
河南省	6791715	4717965	1058397	205295	51419	581535
湖北省	4760823	3482821	778051	193329	13736	362299
湖南省	4779274	3227380	692813	191881	26444	237964
广东省	21794608	18504350	3979834	197404	69069	960969
其中:深圳市	5008827	4568288	959248	43694	6108	118129
广西壮族自治区	3425788	2251925	469098	82624	13595	188299
海南省	818139	657533	104951	16085	1140	52199
重庆市	3177165	2152562	387112	81221	11864	142554
四川省	6075850	4643627	847362	172966	28791	462506
贵州省	2268157	1674974	381878	113219	7790	191600
云南省	3799702	2993886	675019	147899	24646	354363
西藏自治区	145607	88486	15065	4820	706	5896
陕西省	3624805	2731576	730518	242201	25296	308538
甘肃省	1412152	1108360	314071	95339	12332	172220
青海省	422437	331192	97547	18254	1465	83837
宁夏回族自治区	613570	449340	110274	21347	1609	61181
新疆维吾尔自治区	2194628	1745372	549722	84896	3530	395784

2006 年地方财政政府收支分类转换数据

1－3－2

单位:万元

地区	税收收入					
	增值税					
	联营企业增值税	港澳台和外商投资企业增值税	私营企业增值税	其他增值税	增值税税款滞纳金、罚款收入	福利企业增值税退税
地区合计	**82756**	**6121662**	**4578832**	**1279518**	**90017**	**－790793**
北京市	3134	422988	105478	51990	1461	－13295
天津市	2474	270105	78452	8801	1253	－20483
河北省	2674	213524	286422	58487	4312	－27044
山西省	3844	54481	132765	29191	6720	－16284
内蒙古自治区	198	36685	100021	27085	872	－13120
辽宁省	839	193245	160925	53333	3449	－45992
其中:大连市	97	69091	43846	7323	863	－10010
吉林省	142	97390	46322	12766	1249	－10879
黑龙江省	171	44584	48286	26092	1737	－10419
上海市	10667	943999	565884	10216	2093	－42381
江苏省	5642	865737	700872	104825	9208	－154470
浙江省	3480	384438	543898	134250	11948	－132890
其中:宁波市	745	112832	140610	31610	2196	－36418
安徽省	341	96944	86206	15323	1455	－19013
福建省	3800	243047	112110	44087	1554	－9286
其中:厦门市	682	81880	12259	14592	434	－632
江西省	1843	71632	45412	20416	955	－19545
山东省	2382	373765	322691	41615	11147	－46800
其中:青岛市	267	74498	41125	7078	1184	－4525
河南省	1416	111825	46155	59674	4399	－30152
湖北省	1683	132448	43497	21188	1847	－11011
湖南省	216	45064	156571	51621	2307	－38915
广东省	30139	1170378	479316	245696	10607	－3298
其中:深圳市	27109	219230	167979	31201	2522	－80
广西壮族自治区	100	63852	76145	34915	1440	－4978
海南省	2182	22486	1774	7798	792	－1487
重庆市	704	82864	58648	16823	751	－14626
四川省	1230	71294	99433	33581	1686	－20354
贵州省	890	11500	53462	19118	1669	－14892
云南省	384	27963	143313	28386	849	－54257
西藏自治区	42	862	615	2101	16	
陕西省	1330	39948	13815	89123	1621	－7593
甘肃省	227	9412	15397	9567	651	－1465
青海省	28	2376	2881	3062	201	－767
宁夏回族自治区	200	6843	11842	4138	733	－2368
新疆维吾尔自治区	354	9983	40224	14250	1035	－2729

1－3－3 单位:万元

地区	税收收入						
	增值税						
	软件集成电路增值税退税	“三线”搬迁增值税退税	民贸企业增值税退税	宣传文化单位增值税退税	森工综合利用增值税退税	其他增值税退税	免抵调增值税
地区合计	**－169872**	**－53259**	**－1527**	**－50689**	**－40141**	**－188748**	**3534673**
北京市	－58453			－16947	－36	－3196	67650
天津市	－572			－320	－24	－5272	159999
河北省	－1173	－4910	－9	－1801	－1355	－3861	64748
山西省	－281	－142		－1334		－6342	35274
内蒙古自治区	－11		－120	－380	－644	－5767	26776
辽宁省	－2780	－234	－30	－530	－560	－3216	151199
其中:大连市	－1022	－26		－21		－1372	71600
吉林省	－210			－322	－2553	－1017	12632
黑龙江省	－1259			－491	－1249	－11445	9927
上海市	－9859	－81		－2122	－3025		398625
江苏省	－23817	－54	－271	－2516	－2368	－6596	546854
浙江省	－15443	－97	－61	－1552	－2072	－32458	402478
其中:宁波市	－685	－55		－99		－928	98950
安徽省	－1457			－1447	－1753	－2004	49023
福建省	－1734	－21		－553	－2065	－3433	172650
其中:厦门市	－287			－38		－428	85525
江西省	－50	－362		－1637	－2483	－3713	17750
山东省	－3532			－1792	－1894	－14397	288725
其中:青岛市	－530					－1360	80076
河南省	－1126	－2038		－2398	－688	－6231	39312
湖北省	－1151	－3556	－93	－2071	－2334	－2661	30901
湖南省	－1850	－1765	－39	－1804	－7323	－4146	36587
广东省	－40947	－53	－4	－1837	－1516	－27829	891740
其中:深圳市	－33758					－23411	400525
广西壮族自治区	－234	－38	－41	－1001	－2728	－2091	19239
海南省		－4		－126	－120	－201	2433
重庆市	－634	－9630		－1332	－274	－921	19100
四川省	－1968	－16517	－57	－1619	－932	－12527	29849
贵州省	－73	－2495	－139	－437	－200	－2557	3423
云南省	－317	－1636	－152	－891	－798	－4230	9497
西藏自治区							7
陕西省	－820	－6728	－123	－1625	－451	－1489	27475
甘肃省	－99	－2232	－163	－721	－248	－4076	7930
青海省		－79	－5	－127	－448	－13741	610
宁夏回族自治区	－12	－522		－32		－1090	6405
新疆维吾尔自治区	－10	－65	－220	－924		－2241	5855

1-3-4

单位:万元

地　　区	税收收入					
	营业税					
	小　计	铁道营业税	金融保险业营业税(地方)	一般营业税	营业税税款滞纳金、罚款收入	营业税退税
地区合计	**49681725**		**6297169**	**43267345**	**117273**	**-62**
北京市	4609912		464416	4140544	4952	
天津市	1159176		143929	1014441	806	
河北省	1336099		197477	1135462	3160	
山西省	744806		112687	631015	1104	
内蒙古自治区	888508		89058	782242	17208	
辽宁省	2053699		258196	1792015	3515	-27
其中:大连市	632439		77747	553619	1073	
吉林省	596923		93862	501949	1112	
黑龙江省	732253		97120	634271	862	
上海市	5586744		599841	4982689	4214	
江苏省	4318092		570857	3735138	12097	
浙江省	3868717		632268	3230059	6390	
其中:宁波市	732126		115979	614658	1489	
安徽省	1025791		115428	909596	767	
福建省	1576820		195801	1375914	5105	
其中:厦门市	464530		46215	416259	2056	
江西省	755107		93132	660420	1555	
山东省	2717252		465452	2231215	20585	
其中:青岛市	627125		82605	543325	1195	
河南省	1433424		204529	1225479	3416	
湖北省	1152962		154059	998112	793	-2
湖南省	1158144		133699	1023537	908	
广东省	6617029		770115	5829958	16956	
其中:深圳市	1854671		258036	1592649	3986	
广西壮族自治区	810494		97774	711875	845	
海南省	287308		20675	266344	289	
重庆市	858695		107207	750338	1150	
四川省	1786426		212212	1571847	2369	-2
贵州省	557303		66199	489707	1399	-2
云南省	894891		115406	777976	1525	-16
西藏自治区	51077		4661	46310	119	-13
陕西省	879989		121674	757718	597	
甘肃省	372674		50763	321356	555	
青海省	112690		13801	98811	78	
宁夏回族自治区	188223		26934	159891	1398	
新疆维吾尔自治区	550497		67937	481116	1444	

1－3－5　　　　单位:万元

地区	税收收入				
	企业所得税				
	小计	国有冶金工业所得税	国有有色金属工业所得税	国有煤炭工业所得税	国有电力工业所得税
地区合计	**21824992**	**63382**	**58068**	**170971**	**293611**
北京市	2138573	120	5	4723	33000
天津市	534939				7249
河北省	663664	11264	848	7687	27770
山西省	527204	1101		35042	9143
内蒙古自治区	272831			969	3462
辽宁省	739961	8644	2064	3803	1619
其中:大连市	180945	15			35
吉林省	178791	774	4	123	1704
黑龙江省	237909	1		3140	1716
上海市	2714672	510			15999
江苏省	2208691	1766	398	170	20406
浙江省	2042473	－5			45943
其中:宁波市	429470				1127
安徽省	410851	72	4	285	144
福建省	712278	4535	168	1175	11208
其中:厦门市	180809	12			193
江西省	246651	197	4159	2220	5259
山东省	1482753	3951	448	38649	39825
其中:青岛市	277010	2000			892
河南省	702140	555	1842	22957	14982
湖北省	475696	23374	472	16	7340
湖南省	300567	1327	1791	213	611
广东省	2974640	458	65		5777
其中:深圳市	675256	429	65		5
广西壮族自治区	234998	1241	343	251	2274
海南省	57109	72			
重庆市	171603	55	308	484	2362
四川省	543877	2481	418	680	14427
贵州省	214095	15	838	846	6482
云南省	413009	815	563	221	2261
西藏自治区	8747	1			442
陕西省	341000	18	32807	45460	5981
甘肃省	106902		10440	1227	1915
青海省	36066				539
宁夏回族自治区	32246		7	120	3464
新疆维吾尔自治区	100056	40	76	510	307

1－3－6

单位:万元

地　　区	税收收入					
	企业所得税					
	国有石油和化学工业所得税	国有机械工业所得税	国有汽车工业所得税	国有核工业所得税	国有航空工业所得税	国有航天工业所得税
地　区　合　计	**116101**	**12401**	**4805**	**1456**	**9547**	**2461**
北京市	33642	354	5	452	342	1132
天津市	185	97	1		60	
河北省	3087	1	18	24	300	4
山西省	260	95		6		148
内蒙古自治区	1					11
辽宁省	3034	118		2	5140	142
其中:大连市	1196	66				
吉林省	1185	117	199			
黑龙江省	241	11			23	
上海市	4106		83	10	53	96
江苏省	7183	1529	27	6	528	17
浙江省	890	722	76			12
其中:宁波市	158	3				
安徽省	33	295	17		101	
福建省	1140	1224	9		1	
其中:厦门市	43	475			1	
江西省	69	－3	3			
山东省	4103	4193	26		30	259
其中:青岛市	346	3418	2		30	
河南省	2645	799		58	526	8
湖北省	1	387	3834		122	298
湖南省	586	50	55			
广东省	195	99	290	216	21	15
其中:深圳市	38	18	290	214	19	15
广西壮族自治区	110	301	－118			
海南省	283		278			
重庆市	1917	87	2			
四川省	250	101		671	476	27
贵州省	501	33			97	
云南省	1076	1			1	
西藏自治区						
陕西省	47326	1759		11	1726	292
甘肃省	405	8				
青海省						
宁夏回族自治区	133					
新疆维吾尔自治区	1514	23				

1－3－7

单位:万元

地　　区	税收收入					
	企业所得税					
	国有电子工业所得税	国有兵器工业所得税	国有船舶工业所得税	国有建筑材料工业所得税	国有烟草企业所得税	国有纺织企业所得税
地 区 合 计	**3013**	**1047**	**2833**	**3102**	**1181486**	**1747**
北京市	126	384	360	100	13123	87
天津市				51	253	3
河北省	20		10	15	30698	44
山西省	2	11		3	10550	11
内蒙古自治区		3		1	17358	
辽宁省	36		287	2	23962	
其中:大连市	36		287	2	8127	
吉林省				2	16226	
黑龙江省		6		1	13371	
上海市	11	1	127	321	97813	41
江苏省	204	193	4	169	164757	92
浙江省	14	24	13	339	107098	12
其中:宁波市					21187	
安徽省	51			43	41846	261
福建省	606	2	89	911	54155	164
其中:厦门市		2		304	5675	5
江西省	714		1	26	20759	9
山东省	88			145	19697	325
其中:青岛市	88			71	4579	324
河南省	489	14	164	252	57119	308
湖北省		2	662	15	27804	322
湖南省	34	77		17	108016	
广东省	286	24	334	67	58872	
其中:深圳市	285	24	10	67	10176	
广西壮族自治区	80			223	13412	5
海南省					2707	
重庆市		20	207	35	16911	4
四川省	202			123	50177	1
贵州省				8	34616	1
云南省	7	183	59	1	129018	
西藏自治区						
陕西省	43	103	516	216	24883	56
甘肃省				11	11017	
青海省				1	1330	
宁夏回族自治区					2943	
新疆维吾尔自治区				4	10995	1

1－3－8

单位:万元

地区	税收收入					
	企业所得税					
	国有铁道企业所得税	国有交通企业所得税	国有民航企业所得税	国有外贸企业所得税	国有银行所得税	国有非银行金融企业所得税
地区合计	**17567**	**103082**	**8763**	**56226**	**10441**	**18603**
北京市	4704	57932	4444	47283		936
天津市	5	7		1	8	11
河北省	51	16		546		4
山西省	95	1385		2	1	60
内蒙古自治区	1096		4	5		1210
辽宁省	758	164	450	133	6843	2
其中:大连市	51	161	442	133	9	
吉林省	303	31	64		78	605
黑龙江省	382	210		50		391
上海市	9	9165	1181	311		837
江苏省	49	952		552	223	1849
浙江省	110	1111		514	1068	1670
其中:宁波市		96		3		1449
安徽省	85	7312		58		2
福建省	216	3216	263	686	36	2035
其中:厦门市	173	826	15		36	
江西省	447	5337		12	8	617
山东省	949	9584	927	945	384	63
其中:青岛市	102	8332	796	729		2
河南省	826	719	4	152	1	838
湖北省	772	169	685		1304	2119
湖南省	244	273		24		
广东省	437	1797	562	2200	80	2388
其中:深圳市	187	1019	151	343		1677
广西壮族自治区	331	433	3	668		12
海南省	10	235		6		6
重庆市	112	327		－15	6	57
四川省	382	317	－133	14	351	643
贵州省	322	247		48		
云南省	32	5	257	2029	50	4
西藏自治区						
陕西省	4024	1868	52	2		2270
甘肃省	200	5				
青海省	19					
宁夏回族自治区	30	2				
新疆维吾尔自治区	567	263				－26

1－3－9

单位：万元

地　　区	税收收入					
	企业所得税					
	国有保险企业所得税	国有文教企业所得税	国有水产企业所得税	国有森林工业企业所得税	国有电信企业所得税	国有农垦企业所得税
地区合计	**34418**	**76251**	**86**	**293**	**197638**	**197**
北京市	33567	31951		33	7066	1
天津市		294			359	
河北省	2	1421			55469	
山西省	3	1543			474	
内蒙古自治区	1	13			1991	
辽宁省	21	613	2		498	
其中：大连市	6	371			1	
吉林省	79	51		5	2159	
黑龙江省	5	1948	2	1	3025	12
上海市		4479			6207	
江苏省	14	1008			8205	1
浙江省	309	2093	30		10002	12
其中：宁波市	20	101			1820	
安徽省	5	1222		2	3685	
福建省	1	1180	30	32	5863	
其中：厦门市		663			547	
江西省	11	3561	1		3095	
山东省	1	6693	1		345	
其中：青岛市		703			9	
河南省		2983			424	8
湖北省	25	2843		1	4794	
湖南省	65	4741			4243	
广东省	214	727	20	2	45274	
其中：深圳市		507	20	2	26208	
广西壮族自治区		819		8	3530	19
海南省	2	11			974	11
重庆市		438			2453	
四川省	33	3259		1	5739	
贵州省		807		11	3216	
云南省	25	990		173	5130	
西藏自治区				24	343	
陕西省	5	346			3334	
甘肃省	20	122			3449	
青海省	10				924	
宁夏回族自治区		2			1117	
新疆维吾尔自治区		93			4251	133

2006年地方财政政府收支分类转换数据

1－3－10　　　　　　　　　　　　　　　　　　　　　　　　单位:万元

地　　区	税　收　收　入					
	企业所得税					
	其他国有企业所得税	集体企业所得税	股份制企业所得税	联营企业所得税	港澳台和外商投资企业所得税	私营企业所得税
地区合计	**1356925**	**873998**	**8936950**	**79149**	**5466394**	**2219147**
北京市	112232	45745	786658	1597	783119	78413
天津市	63867	16183	158108	3774	231431	49768
河北省	33481	27502	316561	380	78430	44240
山西省	41304	77816	257249	885	67410	17216
内蒙古自治区	17899	3901	173559	119	29117	18207
辽宁省	43475	39395	364659	1106	153372	71091
其中:大连市	7946	4964	72204	107	52381	29382
吉林省	10172	4970	75259	104	49244	13734
黑龙江省	14612	8054	153844	17	30598	4466
上海市	73547	55050	982596	12653	854882	578116
江苏省	80217	84742	787851	3417	582177	408648
浙江省	120118	118352	970196	3963	341582	300910
其中:宁波市	34736	33814	153327	414	58653	119778
安徽省	25885	7517	206759	297	78123	22878
福建省	47606	30122	212594	5419	219575	95829
其中:厦门市	8445	1780	71597	1858	80016	4345
江西省	18501	10022	114793	120	41672	11140
山东省	78991	70856	712842	960	343681	105947
其中:青岛市	22384	12290	118558	268	54223	21946
河南省	33702	27313	379100	199	95440	33135
湖北省	50390	8164	227472	343	79939	20522
湖南省	19963	4448	86468	43	48717	13013
广东省	267921	171454	964907	41620	1059983	250590
其中:深圳市	49135	34988	177149	37057	285289	62160
广西壮族自治区	19519	8361	110875	55	59195	8171
海南省	8688	569	24638	51	8721	268
重庆市	11257	5067	75150	686	32084	19169
四川省	51121	16238	290100	749	75657	20615
贵州省	7879	6583	127100	108	16240	4703
云南省	32374	7049	169583	263	41172	10843
西藏自治区	2089	1504	3132		39	38
陕西省	41377	6831	85742	27	25909	6702
甘肃省	9219	6699	41404	155	14775	1833
青海省	9661	229	21808	2	645	155
宁夏回族自治区	1830	444	15365	32	3984	1039
新疆维吾尔自治区	8028	2818	40578	5	19479	7748

1－3－11 单位:万元

地　　区	税收收入					
	企业所得税		企业所得税退税			
	其他企业所得税	企业所得税税款滞纳金、罚款收入	小　计	国有冶金工业所得税退税	国有有色金属工业所得税退税	国有煤炭工业所得税退税
地区合计	**360212**	**82621**	**－18221**	**－3120**		**－932**
北京市	48287	6650				
天津市	2544	680	－2976	－2976		
河北省	19689	4082				
山西省	2376	3013				
内蒙古自治区	3306	598	－1			
辽宁省	5527	2999	－1018			－932
其中:大连市	2210	813				
吉林省	809	790				
黑龙江省	393	1389	－123			
上海市	13640	2828	－8393			
江苏省	41019	10318				
浙江省	4001	11294	－166			
其中:宁波市	291	2493				
安徽省	12670	1197	－1043			
福建省	10107	2081				
其中:厦门市	3412	386				
江西省	3050	851				
山东省	30606	7239				
其中:青岛市	22727	2191				
河南省	21696	2882	－846			
湖北省	9968	1537	－96	－96		
湖南省	4737	811	－1117			
广东省	82651	15094				
其中:深圳市	－14432	2141				
广西壮族自治区	3945	932	－210			
海南省	9435	144				
重庆市	1923	497	－123			
四川省	7338	1419	－146			
贵州省	2847	547	－800			
云南省	8226	598				
西藏自治区	1078	57				
陕西省	672	642	－639	－48		
甘肃省	3654	344	－293			
青海省	689	54				
宁夏回族自治区	1488	246	－229			
新疆维吾尔自治区	1841	808	－2			

1－3－12

单位:万元

地区	税收收入					
	企业所得税退税					
	国有电力工业所得税退税	国有石油和化学工业所得税退税	国有机械工业所得税退税	国有汽车工业所得税退税	国有核工业所得税退税	国有航空工业所得税退税
地区合计			**－364**			**－90**
北京市						
天津市						
河北省						
山西省						
内蒙古自治区						
辽宁省						
其中:大连市						
吉林省						
黑龙江省						
上海市						
江苏省						
浙江省			－166			
其中:宁波市						
安徽省						
福建省						
其中:厦门市						
江西省						
山东省						
其中:青岛市						
河南省						
湖北省						
湖南省						
广东省						
其中:深圳市						
广西壮族自治区						
海南省						
重庆市						
四川省						
贵州省						
云南省						
西藏自治区						
陕西省			－198			－90
甘肃省						
青海省						
宁夏回族自治区						
新疆维吾尔自治区						

1－3－13

单位:万元

地　　区	税收收入					
	企业所得税退税					
	国有航天工业所得税退税	国有电子工业所得税退税	国有兵器工业所得税退税	国有船舶工业所得税退税	国有建筑材料工业所得税退税	国有烟草企业所得税退税
地区合计		**－303**				**－2**
北京市						
天津市						
河北省						
山西省						
内蒙古自治区						
辽宁省						
其中:大连市						
吉林省						
黑龙江省						
上海市						
江苏省						
浙江省						
其中:宁波市						
安徽省						
福建省						
其中:厦门市						
江西省						
山东省						
其中:青岛市						
河南省						
湖北省						
湖南省						
广东省						
其中:深圳市						
广西壮族自治区						
海南省						
重庆市						
四川省						
贵州省						
云南省						
西藏自治区						
陕西省		－303				
甘肃省						－2
青海省						
宁夏回族自治区						
新疆维吾尔自治区						

1-3-14

单位:万元

地　　区	税收收入 企业所得税退税 国有纺织企业所得税退税	国有铁道企业所得税退税	国有交通企业所得税退税	国有民航企业所得税退税	国有外贸企业所得税退税	国有银行所得税退税
地　区　合　计	**-93**	**-1**				
北京市						
天津市						
河北省						
山西省						
内蒙古自治区						
辽宁省						
其中:大连市						
吉林省						
黑龙江省						
上海市	-93					
江苏省						
浙江省						
其中:宁波市						
安徽省						
福建省						
其中:厦门市						
江西省						
山东省						
其中:青岛市						
河南省						
湖北省						
湖南省						
广东省						
其中:深圳市						
广西壮族自治区						
海南省						
重庆市						
四川省						
贵州省						
云南省						
西藏自治区						
陕西省						
甘肃省		-1				
青海省						
宁夏回族自治区						
新疆维吾尔自治区						

1－3－15

单位:万元

地　　区	税　收　收　入					
	企业所得税退税					
	国有非银行金融企业所得税退税	国有保险企业所得税退税	国有文教企业所得税退税	国有水产企业所得税退税	国有森林工业企业所得税退税	国有电信企业所得税退税
地　区　合　计						
北京市						
天津市						
河北省						
山西省						
内蒙古自治区						
辽宁省						
其中:大连市						
吉林省						
黑龙江省						
上海市						
江苏省						
浙江省						
其中:宁波市						
安徽省						
福建省						
其中:厦门市						
江西省						
山东省						
其中:青岛市						
河南省						
湖北省						
湖南省						
广东省						
其中:深圳市						
广西壮族自治区						
海南省						
重庆市						
四川省						
贵州省						
云南省						
西藏自治区						
陕西省						
甘肃省						
青海省						
宁夏回族自治区						
新疆维吾尔自治区						

2006 年地方财政政府收支分类转换数据

1－3－16

单位:万元

地　　区	税　收　收　入					
	企业所得税退税					
	其他国有企业所得税退税	集体企业所得税退税	股份制企业所得税退税	联营企业所得税退税	私营企业所得税退税	其他企业所得税退税
地　区　合　计	**－145**	**－1**	**－4509**		**－2**	**－8659**
北京市						
天津市						
河北省						
山西省						
内蒙古自治区			－1			
辽宁省						－86
其中:大连市						
吉林省						
黑龙江省			－123			
上海市						－8300
江苏省						
浙江省						
其中:宁波市						
安徽省			－1043			
福建省						
其中:厦门市						
江西省						
山东省						
其中:青岛市						
河南省			－846			
湖北省						
湖南省			－1117			
广东省						
其中:深圳市						
广西壮族自治区						－210
海南省						
重庆市	－123					
四川省	－10		－136			
贵州省			－737			－63
云南省						
西藏自治区						
陕西省						
甘肃省	－12	－1	－277			
青海省						
宁夏回族自治区			－229			
新疆维吾尔自治区					－2	

1－3－17

单位:万元

地　　区	税收收入					
	个人所得税		资源税	固定资产投资方向调节税	城市维护建设税	房产税
	小　计	其中：利息所得税				
地　区　合　计	**9815402**	**1836753**	**2071078**	**7426**	**9334307**	**5148467**
北京市	1022754	103585	3052	15	451704	432935
天津市	212141	33604	5004	128	192174	126191
河北省	293536	96566	175241	159	334231	130461
山西省	156988	53807	203968	1	256610	77599
内蒙古自治区	120836	23280	127755	747	180537	92741
辽宁省	356348	95888	187420	3455	438653	298039
其中:大连市	96111	21363	11327		83833	100454
吉林省	117041	37180	23888	21	143760	87345
黑龙江省	160201	52532	145207	4	316421	111264
上海市	1310730	116909			529671	426773
江苏省	817307	141788	38816	3	849160	488665
浙江省	809783	113109	46468	700	770924	399495
其中:宁波市	188970	19035	3586		174929	76759
安徽省	139687	44057	60493		234844	84251
福建省	334377	49117	31764	71	231489	185839
其中:厦门市	82864	7207	121		56623	55329
江西省	123580	35020	34562		134563	52297
山东省	458361	120677	261376	1566	784298	387000
其中:青岛市	94042	17806	5929	833	108467	76480
河南省	240540	86319	165884		350236	140178
湖北省	195529	56424	42462	45	301641	117286
湖南省	202224	53648	20639		297009	100861
广东省	1569193	235242	41807	113	775903	718371
其中:深圳市	492477	37467			52550	147853
广西壮族自治区	147318	30101	25328	－1	151663	81064
海南省	39644	8477	8568		37559	35106
重庆市	122390	32570	37745		155131	65549
四川省	268400	75121	53103	45	332305	150411
贵州省	110417	15691	30665	20	154212	51224
云南省	144562	29572	46110	10	343424	85165
西藏自治区	4466	1249	2985		4984	
陕西省	132886	42699	114459	60	245048	78862
甘肃省	57884	19013	31202	161	109908	46368
青海省	14567	4219	19422	5	26563	9576
宁夏回族自治区	24599	6146	6143		35841	14050
新疆维吾尔自治区	107113	23143	79542	98	163841	73501

2006 年地方财政政府收支分类转换数据

1－3－18

单位:万元

地　　区	税收收入					
	印花税				城镇土地使用税	土地增值税
	小　计	证券交易印花税	其他印花税	印花税税款滞纳金、罚款收入		
地区合计	**2025522**	**53749**	**1956261**	**15512**	**1768091**	**2314725**
北京市	135456		135083	373	40022	56692
天津市	49909		49778	131	11000	35894
河北省	67192		66096	1096	53728	36379
山西省	39577		38943	634	50608	4241
内蒙古自治区	45670		45171	499	83743	34780
辽宁省	96161		95709	452	168347	115401
其中:大连市	36439		36276	163	34800	31009
吉林省	21888		21818	70	24757	15182
黑龙江省	26317		26164	153	34560	8803
上海市	269076	34624	233803	649	25815	356819
江苏省	200771		199148	1623	85749	329167
浙江省	175063		173558	1505	105653	202541
其中:宁波市	36263		36157	106	25483	26560
安徽省	36685		36554	131	56021	46022
福建省	71446		70671	775	56742	105349
其中:厦门市	23956		23804	152	14785	14327
江西省	22722		22484	238	29043	40464
山东省	123031		120709	2322	359719	220164
其中:青岛市	26164		25906	258	43252	37147
河南省	57905		57364	541	94996	45893
湖北省	53469		53199	270	51164	36389
湖南省	40159		39597	562	34439	10536
广东省	251669	19125	230861	1683	112419	304612
其中:深圳市	74612	19125	55242	245		43202
广西壮族自治区	17670		17575	95	36407	76474
海南省	7799		7723	76	9811	27888
重庆市	31553		31447	106	44602	43845
四川省	58536		57958	578	64538	87681
贵州省	12534		12468	66	20407	14304
云南省	33853		33716	137	34647	20286
西藏自治区	893		883	10		243
陕西省	31387		31017	370	37729	22470
甘肃省	16895		16787	108	15438	1829
青海省	3771		3745	26	903	401
宁夏回族自治区	6946		6774	172	7779	2477
新疆维吾尔自治区	19519		19458	61	17305	11499

1－3－19

单位:万元

地　　区	税收收入				
	车船使用和牌照税	耕地占用税	契　税	烟叶税	其他税收收入
地区合计	**499738**	**1711174**	**8676745**	**415968**	**36482**
北京市	35137	15204	648741		
天津市	11601	4932	279686		
河北省	11205	39003	173577	476	18
山西省	3271	12442	38885	520	
内蒙古自治区	13084	71987	76906	469	1339
辽宁省	22323	52882	483166	2266	992
其中:大连市	8440	9512	132020		5
吉林省	6347	44825	93339	79	4347
黑龙江省	14500	11168	180069	5991	3007
上海市	17269	36059	831259		
江苏省	28692	177468	1054359		
浙江省	30605	121797	781402	622	6
其中:宁波市	5389	19048	149872		
安徽省	15629	81660	238502	3016	
福建省	14918	38836	252772	24753	1884
其中:厦门市	1738	6414	71273		
江西省	7814	37454	185275	5221	611
山东省	64233	396537	661374	10859	1037
其中:青岛市	5523	100920	190021	234	27
河南省	11635	108989	269748	35185	3661
湖北省	12977	33905	214948	16123	270
湖南省	8867	97905	229795	30306	4233
广东省	94759	68404	987319	7366	912
其中:深圳市	18416		250003		
广西壮族自治区	6575	40024	149983	4855	185
海南省	3209	7212	31279		90
重庆市	6381	43001	173331	10768	979
四川省	12206	83916	329330	21724	3913
贵州省	3312	23140	47078	52582	2603
云南省	18011	27269	77860	176482	3288
西藏自治区		26			
陕西省	11493	26681	72257	4455	2921
甘肃省	2650	3286	27458	1793	134
青海省	458	2351	6872		
宁夏回族自治区	1160	829	18945	57	
新疆维吾尔自治区	9417	1982	61230		52

2006 年地方财政政府收支分类转换数据

1－3－20

单位:万元

地区	非税收入					
	合计	专项收入				
		小计	排污费收入	水资源费收入	教育费附加收入	矿产资源补偿费收入
地区合计	**35758375**	**9518845**	**1307811**	**493569**	**4434405**	**300456**
北京市	403333	354845	11470	127153	209062	1500
天津市	743999	109381	21655	96	83751	3368
河北省	1484871	423728	72335	46463	175629	16821
山西省	2528667	1969464	138057	23005	133817	27785
内蒙古自治区	827029	184955	29639	6133	94933	19629
辽宁省	1914594	344990	78695	20454	194941	10307
其中:大连市	340199	51082	12563	825	35485	205
吉林省	663774	122859	20548	9511	68443	4458
黑龙江省	848938	285213	25828	9154	144068	66549
上海市	962118	330676	31233	7995	271848	581
江苏省	2675534	615232	117018	27184	402487	5745
浙江省	1139622	527201	93016	3358	363489	4164
其中:宁波市	147598	96738	12531		84033	107
安徽省	1156045	228934	26824	4432	107263	9126
福建省	894068	170931	34479	1811	99355	2888
其中:厦门市	142799	29907	6002		23547	164
江西省	968091	133501	20550	2828	67745	6328
山东省	3204621	608806	103593	52522	338934	27295
其中:青岛市	335071	63488	7433	5660	46414	8
河南省	2073750	368617	64890	24930	171320	18505
湖北省	1278002	197765	28515	9412	108654	2198
湖南省	1551894	252462	45715	5388	135639	1578
广东省	3290258	629308	100139	22598	426658	2273
其中:深圳市	440539	106286	11195		95091	
广西壮族自治区	1173863	140641	27619	2642	75459	4976
海南省	160606	23694	3004	5	18029	2044
重庆市	1024603	156487	30312	5273	70047	3649
四川省	1432223	314933	42905	19102	150899	－1177
贵州省	593183	139163	37298	1073	73455	4544
云南省	805816	262609	23990	25027	167965	3039
西藏自治区	57121	4262	729		3476	57
陕西省	893229	251484	30094	23452	110812	9203
甘肃省	303792	113194	18222	2904	53231	5236
青海省	91245	37407	1665	5204	13634	3235
宁夏回族自治区	164230	50935	10667	2149	14841	570
新疆维吾尔自治区	449256	165168	17107	2311	84521	33982

1－3－21

单位:万元

地区	非税收入					
	专项收入					
	探矿权、采矿权使用费及价款收入	内河航道养护费收入	公路运输管理费收入	水路运输管理费收入	三峡库区移民专项收入	其他专项收入
地区合计	**2309067**	**165735**	**427547**	**80255**		
北京市			5660			
天津市	511					
河北省	78690		33615	175		
山西省	1606966		39834			
内蒙古自治区	19718		14903			
辽宁省	33171	78	6324	1020		
其中:大连市	119		1593	292		
吉林省	7055		12835	9		
黑龙江省	20612	70	18882	50		
上海市		5179	9309	4531		
江苏省	4558	47732	10091	417		
浙江省	3389	28514	5457	25814		
其中:宁波市	67					
安徽省	30708	10224	7892	32465		
福建省	19568	69	11853	908		
其中:厦门市	194					
江西省	16870	10443	7842	895		
山东省	60165	1540	22609	2148		
其中:青岛市			3549	424		
河南省	65105	5	22764	1098		
湖北省	12509	8377	28100			
湖南省	29567	5229	27849	1497		
广东省	7076	34000	32937	3627		
其中:深圳市						
广西壮族自治区	11709	7601	8365	2270		
海南省	106			506		
重庆市	22959	5705	16041	2501		
四川省	74047	759	28087	311		
贵州省	15723	181	6876	13		
云南省	22759	29	19800			
西藏自治区						
陕西省	74959		2964			
甘肃省	23171		10430			
青海省	12749		920			
宁夏回族自治区	17622		5086			
新疆维吾尔自治区	17025		10222			

2006年地方财政政府收支分类转换数据

1－3－22

单位:万元

地　区	非税收入					
	行政事业性收费收入					
	小　计	公安行政事业性收费收入	法院行政事业性收费收入	司法行政事业性收费收入	外交行政事业性收费收入	工商行政事业性收费收入
地区合计	**13202703**	**2057205**	**1041608**	**85220**	**68**	**1893140**
北京市	228257	42058	61413			19774
天津市	535075	27748	7697			15138
河北省	431923	116617	30886	985		89239
山西省	277500	42902	20641	311		20002
内蒙古自治区	277816	50105	14036	359		40837
辽宁省	811395	70228	62179	4871		135357
其中:大连市	137854	8798	12543	34		15806
吉林省	275928	35959	25702	2475		48287
黑龙江省	223867	35027	20632	1448		69947
上海市	363982	57748	68968	1842		35909
江苏省	1027043	211746	124721	2507		122719
浙江省	383911	98830	43637	259		90406
其中:宁波市	41102	10538	3965	50		9980
安徽省	645101	100242	29610	1223		62862
福建省	345432	38658	19825	2713		38008
其中:厦门市	50580	7555	979	6		7960
江西省	383546	85288	23295	1900		60780
山东省	1332044	188602	86901	10957		144997
其中:青岛市	129776	19670	12261	3740		32037
河南省	798994	118775	53415	1382		59380
湖北省	611654	89310	32897	2609		80468
湖南省	554936	49693	33066	2585		82546
广东省	1259042	207355	94701	38062		344770
其中:深圳市	124638	14744		26471		36000
广西壮族自治区	354119	79225	23831	448		67305
海南省	53849	7448	115	20		16179
重庆市	595151	29635	33416	11		40423
四川省	579537	95495	50984	2360		49819
贵州省	167703	38679	9258	1674	30	28379
云南省	206878	57124	13580	297		32751
西藏自治区	13094	273	140	85		320
陕西省	150076	27069	17586	398		32684
甘肃省	100674	11119	10060	1209		24448
青海省	23713	2868	2031	338		4187
宁夏回族自治区	40288	7522	6489	256	38	4141
新疆维吾尔自治区	150175	33857	19896	1636		31078

1－3－23

单位:万元

地　　区	非　　税　　收　　入					
	行政事业性收费收入					
	商贸行政事业性收费收入	财政行政事业性收费收入	税务行政事业性收费收入	审计行政事业性收费收入	人口和计划生育行政事业性收费收入	人事部门行政事业性收费收入
地　区　合　计	**12847**	**84116**	**110507**	**2**	**607680**	**103889**
北京市		3985	10093		5138	11375
天津市		2880	10		1124	1013
河北省	17	1621	1076		21741	3767
山西省	8611	1471	9		11924	4186
内蒙古自治区	3	706	1		673	603
辽宁省	421	5514	5290	2	1420	5679
其中:大连市	32	354	1859		339	991
吉林省	1	912	572		3061	3080
黑龙江省	57	1706	2474		2375	4291
上海市	266	1229	3452		1868	5937
江苏省	122	1311	1579		48887	5863
浙江省	836	4049	15		12792	1289
其中:宁波市	769	2381	15		438	13
安徽省	40	2032	3435		30348	6341
福建省	2	2196	4604		27156	2747
其中:厦门市		491	1504		744	508
江西省	45	2000	449		46316	2388
山东省	589	2790	14090		29310	8156
其中:青岛市	48	880			961	2214
河南省		4911	12881		126684	5464
湖北省	1004	213	2295		3255	1852
湖南省	461	2011	727		17599	1046
广东省	239	22478	11831		58591	8655
其中:深圳市			3800		4	
广西壮族自治区		277	7198		30312	760
海南省	3	717	583		956	660
重庆市	38	2017	1064		59482	1925
四川省	36	9652	12662		40558	7056
贵州省		873	1181		14122	1123
云南省	1	2287	7826		3829	1356
西藏自治区		42				
陕西省	46	898	2198		562	2837
甘肃省		1246	255		6919	2052
青海省		248	96		54	75
宁夏回族自治区	8	468	311		84	993
新疆维吾尔自治区	1	1376	2250		540	1320

2006 年地方财政政府收支分类转换数据

1－3－24 单位:万元

地区	非税收入					
	行政事业性收费收入					
	外专局行政事业性收费收入	保密行政事业性收费收入	质量监督检验检疫行政事业性收费收入	出版行政事业性收费收入	安全生产行政事业性收费收入	档案行政事业性收费收入
地区合计			**443652**	**572**	**583**	**54**
北京市			16586			
天津市			42			
河北省			24609			
山西省			5079	18	529	
内蒙古自治区			6648			
辽宁省			44542	100	2	5
其中:大连市			9341			
吉林省			15165	130		
黑龙江省			10288	25		
上海市			11475	1		
江苏省			94536	80		
浙江省			4885	23		
其中:宁波市			2			
安徽省			22135	2		1
福建省			8228			
其中:厦门市			1902			
江西省			8061	5		
山东省			36773	37		32
其中:青岛市			1012			
河南省			17482	16		
湖北省			15379	3		
湖南省			4332	12		3
广东省			43733	16		
其中:深圳市						
广西壮族自治区			28			
海南省			2169			
重庆市			1696			
四川省			13896	9	52	13
贵州省			3417			
云南省			8161	92		
西藏自治区			187			
陕西省			8895	3		
甘肃省			6545			
青海省			15			
宁夏回族自治区			1832			
新疆维吾尔自治区			6833			

1－3－25 单位：万元

地区	非税收入					
	行政事业性收费收入					
	口岸办行政事业收费收入	贸促会行政事业性收费收入	宗教行政事业性收费收入	人防办行政事业性收费收入	文化行政事业性收费收入	教育行政事业性收费收入
地区合计	**5279**			**523222**	**2210**	**159483**
北京市				16225		
天津市				3152		351
河北省				13750	1	3910
山西省				6927	42	116
内蒙古自治区	3811			14858	21	562
辽宁省				32435	128	21639
其中：大连市				476	4	7154
吉林省	33			3479	6	6871
黑龙江省	30			16177	6	449
上海市				30261	2	835
江苏省				84157		11
浙江省				11762	57	1062
其中：宁波市				3138	37	
安徽省				13691	400	25459
福建省				15265	1	107
其中：厦门市				6241		40
江西省				15531	50	
山东省				38000	37	7463
其中：青岛市				3489		201
河南省				35177	53	46489
湖北省				10071	178	8966
湖南省				13764	472	2587
广东省				41211	142	24569
其中：深圳市						
广西壮族自治区				22635	46	1571
海南省					286	468
重庆市				23986	27	104
四川省				32133	21	145
贵州省				4902	73	1114
云南省				7522	34	3350
西藏自治区					86	
陕西省				1700		206
甘肃省				3070	27	276
青海省				1111	11	88
宁夏回族自治区				4760		268
新疆维吾尔自治区	1405			5510	3	447

1－3－26　　　　单位:万元

地　区	非　税　收　入					
	行政事业性收费收入					
	科技行政事业性收费收入	体育行政事业性收费收入	发展与改革（物价）行政事业性收费收入	统计行政事业性收费收入	国土资源行政事业性收费收入	建设行政事业性收费收入
地　区　合　计		**102**	**343**	**57**	**1538793**	**1273097**
北京市					6219	72
天津市					4330	9275
河北省					34188	20033
山西省			16		28988	44505
内蒙古自治区		6			23224	52951
辽宁省		7	81	46	59473	120871
其中:大连市					3281	15302
吉林省					61758	18254
黑龙江省					13104	14674
上海市					5287	93831
江苏省					73668	94912
浙江省					69709	9297
其中:宁波市					1264	4611
安徽省		4			70657	43468
福建省					116433	33446
其中:厦门市					2531	11056
江西省					24669	27512
山东省				1	174236	79651
其中:青岛市					11224	5802
河南省		4			135045	24463
湖北省			15		161436	23874
湖南省		30	2		97231	58834
广东省		45			63115	48172
其中:深圳市						
广西壮族自治区					43101	25282
海南省					4909	5975
重庆市					58799	304137
四川省			201	8	111972	67816
贵州省			21		21789	12404
云南省		6	1		31553	7919
西藏自治区					945	529
陕西省					13505	10758
甘肃省					13280	5461
青海省					2635	2417
宁夏回族自治区					4028	2958
新疆维吾尔自治区			6	2	9507	9346

1－3－27 单位:万元

地　　区	非税收入					
	行政事业性收费收入					
	知识产权行政事业性收费收入	环保行政事业性收费收入	旅游行政事业性收费收入	海洋行政事业性收费收入	测绘行政事业性收费收入	烟草行政事业性收费收入
地区合计	**125**	**96780**	**1156**	**7309**	**514**	**292**
北京市	51	1339	113			
天津市		25				
河北省		2917				2
山西省		6760				
内蒙古自治区		1288				2
辽宁省		3430	176	3749	94	
其中:大连市		110				
吉林省	10	2023	70			
黑龙江省		2074	403			9
上海市		3267	5			
江苏省		7902		2114		
浙江省	2	276	14	31		1
其中:宁波市	2	4	7			
安徽省		2047	162			8
福建省		1476		194		
其中:厦门市		80				
江西省		1563				1
山东省	29	28940	3	440		3
其中:青岛市		14581				
河南省		5368				
湖北省		2580	8			59
湖南省	5	1533	27			
广东省	24	6380	33	189		
其中:深圳市						
广西壮族自治区		2651	22			20
海南省		23		592		27
重庆市		1597	62			
四川省	3	4570	10			112
贵州省		918	1			11
云南省	1	1309	12			26
西藏自治区		60	18			
陕西省		2155				11
甘肃省		674				
青海省		244				
宁夏回族自治区		221				
新疆维吾尔自治区		1170	17		420	

2006 年地方财政政府收支分类转换数据

1－3－28　　　　　　　　　　　　　　　　　　　　　　　　　　　　单位:万元

地　区	非　税　收　入					
	行政事业性收费收入					
	民航行政事业性收费收入	交通行政事业性收费收入	信息产业行政事业性收费收入	农业行政事业性收费收入	林业行政事业性收费收入	水利行政事业性收费收入
地　区　合　计		**190804**	**34439**	**138530**	**55235**	**312728**
北京市		281	587	266	66	108
天津市		374		328	276	13132
河北省		537	1316	6452	1243	16588
山西省		2909	345	1562	789	11725
内蒙古自治区		83	731	5566	790	4654
辽宁省		19609	1030	7844	1184	38353
其中:大连市		2522	220	3212	72	2643
吉林省		554	8647	3213	1548	5583
黑龙江省		2527	603	5937	1381	5973
上海市		11022	555	1762	285	2638
江苏省		16972	7920	6088	3059	7840
浙江省		41	760	2523	1844	4577
其中:宁波市				14	356	305
安徽省		103093	176	6088	3710	15104
福建省		1064	1029	4617	1165	3738
其中:厦门市		837	83	585	482	178
江西省		3464	28	2322	4336	10594
山东省		1253	1053	17996	5723	55581
其中:青岛市		375	181	1098	95	1238
河南省		3631	691	6209	4740	6891
湖北省		1226	2062	2156	2016	46124
湖南省		1056	281	4236	3094	5799
广东省		6160	1912	9193	4429	11619
其中:深圳市						
广西壮族自治区		253	649	6801	2517	4561
海南省		732	280	1566	1032	484
重庆市		1555	480	5111	600	9342
四川省		888	1209	17463	3603	13321
贵州省		14	524	1672	508	3310
云南省		21	599	3781	3564	4308
西藏自治区		8365		18	43	
陕西省		1181	218	406	35	1419
甘肃省		542	3	951	474	2106
青海省		838	113	496	150	1828
宁夏回族自治区		536	638	480	481	347
新疆维吾尔自治区		23		5427	550	5081

1－3－29

单位:万元

地　　区	非税收入					
	行政事业性收费收入					
	卫生行政事业性收费收入	食品药品监督行政事业性收费收入	民政行政事业性收费收入	劳动保障行政事业性收费收入	电力市场监管行政事业性收费收入	仲裁委行政事业性收费收入
地区合计	**215941**	**37459**	**22224**	**41999**	**1828**	**113**
北京市	11886	3229	132	5197		
天津市	247		69	859		
河北省	8016	318	603	333		
山西省	6472	451	278	554		
内蒙古自治区	3942	406	249	43		
辽宁省	14555	3501	2486	716		113
其中:大连市	2674	352	394	203		
吉林省	7251	2485	160	815		
黑龙江省	6946	524	653	565		
上海市	10493	648	1656	7745		
江苏省	10930	9561	1745	1193		
浙江省	2457	1316	189	196		
其中:宁波市	57	108	5	6		
安徽省	4355	2010	2077	2714		
福建省	6790	337	707	419		
其中:厦门市	4102	39	251	404		
江西省	6127	6	374	410		
山东省	22682	1181	1896	626		
其中:青岛市	2610	4	46			
河南省	13995	493	883	337		
湖北省	3279	235	789	459		
湖南省	3894	953	631	1007		
广东省	22010	1867	2881	16238	1821	
其中:深圳市			2000	6000		
广西壮族自治区	5185		537	217	7	
海南省	1946	436	70	93		
重庆市	6804	478	390	165		
四川省	16215	4531	1001	207		
贵州省	2828	352	229	72		
云南省	2787	1315	363	152		
西藏自治区	662	7				
陕西省	2557	546	46	412		
甘肃省	2987		240	117		
青海省	487	28	48	21		
宁夏回族自治区	865	58	48	111		
新疆维吾尔自治区	6291	187	794	6		

2006年地方财政政府收支分类转换数据

1－3－30

单位:万元

地　　区	非税收入						
	行政事业性收费收入			罚没收入	一般罚没收入		
	监察行政事业性收费收入	外文局行政事业性收费收入	其他行政事业性收费收入		小　计	公安罚没收入	检察院罚没收入
地区合计			**2101498**	**7063144**	**7053141**	**2634512**	**407625**
北京市			12064	207840	207860	113424	241
天津市			447005	89009	89010	45838	1145
河北省			31158	382850	382850	108345	21293
山西省			49378	218823	218345	78842	7280
内蒙古自治区			50658	133562	133563	50816	4739
辽宁省			144265	298216	298183	107306	15553
其中:大连市			49138	35097	35097	8056	656
吉林省			17824	130750	130750	47298	14788
黑龙江省			3562	132767	132767	51436	15940
上海市			4995	202582	202624	90679	1844
江苏省			84900	614309	614505	282021	32899
浙江省			20776	590772	591086	226759	11987
其中:宁波市			3037	87188	87303	39016	974
安徽省			91607	184195	184195	65205	15086
福建省			14507	231640	231640	107847	10512
其中:厦门市			2022	21576	21576	6588	310
江西省			56032	237567	237567	90244	29818
山东省			372016	557499	557499	154388	30757
其中:青岛市			16009	40739	40739	16830	560
河南省			114135	385932	384845	109291	33432
湖北省			116836	273018	273018	94582	20424
湖南省			165419	332835	332852	78390	36777
广东省			166601	662477	662477	300709	35677
其中:深圳市			35619	97329	97329	36797	544
广西壮族自治区			28680	217527	217507	74123	10494
海南省			6080	28758	28758	12462	2602
重庆市			11807	95370	95370	24630	5948
四川省			21516	240033	240022	71272	18954
贵州省			18225	121475	119643	53427	6182
云南省			10951	196072	188948	78575	8234
西藏自治区			1314	7003	7003	1628	145
陕西省			21745	115421	115421	36973	2970
甘肃省			6613	52726	52727	19407	2866
青海省			3286	10394	10382	3554	576
宁夏回族自治区			2347	25628	25628	12850	1229
新疆维吾尔自治区			5196	86094	86096	42191	7233

1－3－31

单位:万元

地区	非税收入					
	一般罚没收入					
	法院罚没收入	工商罚没收入	新闻出版罚没收入	技术监督罚没收入	税务部门罚没收入	海关罚没收入
地区合计	**203465**	**575679**	**25**	**226804**	**55376**	**48767**
北京市	3476	15934		1389	1249	2650
天津市	1570	3683		2969	393	1140
河北省	10325	32795		21832	3745	8
山西省	3650	7029		4423	469	25
内蒙古自治区	2293	13785		1547	7045	106
辽宁省	14064	29469		5351	7406	577
其中:大连市	1191	5296		323	516	180
吉林省	5847	10289		4260	636	44
黑龙江省	5389	6320		3852	590	56
上海市	6722	33239		4638	2882	4090
江苏省	19390	51876		21199	411	4535
浙江省	18897	50263		11806	2319	4239
其中:宁波市	720	6389		1378	321	2511
安徽省	7406	7590		6892	2410	111
福建省	15909	11663		3272	1440	1224
其中:厦门市	6826	1432		189	237	984
江西省	8087	10309		10798	1132	848
山东省	11227	56019	4	20021	1567	2596
其中:青岛市	1088	4260		576	298	788
河南省	6752	23943		7374	1152	501
湖北省	5054	19117		14769	1732	1259
湖南省	9482	32484		16649	2091	3710
广东省	14454	75837		13123	7394	18291
其中:深圳市	2742	9810				5000
广西壮族自治区	7510	11713		5835	773	94
海南省	482	1675		375	282	124
重庆市	2652	8699		9059	1199	116
四川省	6625	22793	1	9756	1308	509
贵州省	2241	4933		2794	279	4
云南省	9859	14318		8457	340	1197
西藏自治区	126	126		109	331	9
陕西省	1202	9451		6338	3543	152
甘肃省	714	2367		2467	401	324
青海省	163	504		275	7	25
宁夏回族自治区	446	1253		708	80	49
新疆维吾尔自治区	1451	6203	20	4467	770	154

1－3－32

单位:万元

地区	非税收入						
	一般罚没收入						
	食品药品监督罚没收入	卫生罚没收入	检验检疫罚没收入	证监会罚没收入	保监会罚没收入	交通罚没收入	铁道罚没收入
地区合计	**70909**	**30482**	**706**			**488649**	**1024**
北京市	439	1234				14432	
天津市	318	189				11892	
河北省	3896	1975	26			39630	
山西省	2011	275				17861	
内蒙古自治区	651	750				5448	
辽宁省	2184	999	1			15465	18
其中:大连市	157	189				2998	
吉林省	2822	744	5			6791	
黑龙江省	3800	1265				7127	
上海市	4488	1173				10431	902
江苏省	8875	2334				49375	
浙江省	2989	4197	595			45040	
其中:宁波市	338	911	366			5591	
安徽省	5531	1158				14228	96
福建省	1663	756	33			15270	
其中:厦门市	82	141	33			1262	
江西省	4293	1108				8058	2
山东省	5355	1130	24			55404	
其中:青岛市	186	386				5222	
河南省	2718	2045				23843	
湖北省	600	602				5369	
湖南省	7392	1260	4			10592	2
广东省	2377	1374	10			29059	3
其中:深圳市		97				5321	
广西壮族自治区	1306	543				29758	
海南省	388	26				3164	
重庆市	703	1493				9840	
四川省	2306	1190				17602	
贵州省	685	368	1			3218	
云南省	4	949				16859	
西藏自治区	93	19				312	
陕西省	1385	696				7910	
甘肃省	516	139				3926	1
青海省	26	61				2052	
宁夏回族自治区	191	37				3848	
新疆维吾尔自治区	904	393	7			4845	

1－3－33

单位:万元

地区	非税收入					
	一般罚没收入				缉毒罚没收入	罚没收入退库
	审计罚没收入	渔政罚没收入	银行监督罚没收入	其他一般罚没收入		
地区合计	**16982**	**467**	**2**	**2291667**	**10706**	**－703**
北京市				53392	－20	
天津市				19873		－1
河北省	1124			137856		
山西省	1356			95124	492	－14
内蒙古自治区	905			45478		－1
辽宁省	1612	61		98117	49	－16
其中:大连市	1381	61		14093		
吉林省	993			36233		
黑龙江省				36992		
上海市				41536		－42
江苏省	289			141301		－196
浙江省	1147	165	2	210681		－314
其中:宁波市	1	112		28675		－115
安徽省	170			58312		
福建省	138	106		61807		
其中:厦门市				3492		
江西省				72870		
山东省	460			218547		
其中:青岛市				10545		
河南省	2151			171643	1087	
湖北省	415			109095		
湖南省	469			133550		－17
广东省	192	132		163845		
其中:深圳市				37018		
广西壮族自治区	355	3		75000	24	－4
海南省				7178		
重庆市	251			30780		
四川省	2163			85543	11	
贵州省	26			45485	1843	－11
云南省	1495			48661	7208	－84
西藏自治区				4105		
陕西省	137			44664		
甘肃省	102			19497		－1
青海省	211			2928	12	
宁夏回族自治区				4937		
新疆维吾尔自治区	821			16637		－2

1－3－34

单位:万元

地　　区	非税收入					
	国有资本经营收入				国有资源(资产)有偿使用收入	
	小　计	国有资本投资收益	国有企业计划亏损补贴	产权转让收入	小　计	海域使用金收入
地区合计	**3071069**	**2500699**	**－1490711**	**2061081**	**1335600**	**70563**
北京市	－467399	14696	－484220	2125	48136	221
天津市	－25000		－25000		18898	9442
河北省	154738	69772	－8752	93718	37722	11109
山西省	14129	33602	－24026	4553	24359	
内蒙古自治区	170593	21995	－9329	157927	25543	
辽宁省	359450	107873	－30021	281598	68087	13209
其中:大连市	69466	23930	－10453	55989	33278	7672
吉林省	91879	114095	－54049	31833	14761	
黑龙江省	177624	194578	－16954		16114	
上海市	－48385		－48385		58172	
江苏省	339221	219634	－99838	219425	71711	593
浙江省	－425119	3336	－432896	4441	49915	2731
其中:宁波市	－83183	2476	－85659		5004	
安徽省	22654	12143	－30908	41419	46103	
福建省	74669	72778	－2702	4593	31893	11125
其中:厦门市	28204	28189		15	10363	5311
江西省	105221	77190	－1995	30026	30164	
山东省	423844	348126	－44610	120328	178115	3754
其中:青岛市	45583	16403	－9658	38838	50043	
河南省	387160	105380	－10400	292180	47578	
湖北省	105710	102282	－21705	25133	31916	
湖南省	81230	57855	－38180	61555	111433	
广东省	330761	252207	－9014	87568	181918	7135
其中:深圳市	56594	27250		29344	44152	
广西壮族自治区	346337	105315	－7003	248025	37077	6400
海南省	36065	25503		10562	10426	4844
重庆市	114477	40927	－10050	83600	38303	
四川省	210607	109851	－25215	125971	37783	
贵州省	42281	13026	－3747	33002	33765	
云南省	51940	7750	－17479	61669	29558	
西藏自治区	94	3016	－2922		1454	
陕西省	324958	336974	－17848	5832	18250	
甘肃省	9142	20650	－13423	1915	7677	
青海省	2737	2319	－40	458	5542	
宁夏回族自治区	37085	17423		19662	7309	
新疆维吾尔自治区	22366	10403		11963	15918	

1－3－35 单位:万元

地区	非税收入					
	国有资源(资产)有偿使用收入					
	场地和矿区使用费收入	专项储备物资销售收入	利息收入	非经营性国有资产出租收入	出租车经营权有偿出让和转让收入	其他国有资源(资产)有偿使用收入
地区合计	**39835**	**4059**	**771615**	**18932**	**4558**	**426038**
北京市	10397		30997			6521
天津市	1167		8289			
河北省	1282		25321			10
山西省	4		24355			
内蒙古自治区			16616	49		8878
辽宁省	3730		31025	2033		18090
其中:大连市	398		9060			16148
吉林省	426		13939			396
黑龙江省			16114			
上海市			58172			
江苏省	967		70151			
浙江省	529		46655			
其中:宁波市			5004			
安徽省			23998		466	21639
福建省	98		19251	1397		22
其中:厦门市	6		3674	1350		22
江西省			17590			12574
山东省	16621	4033	42662			111045
其中:青岛市	14884		15497			19662
河南省	401		19108	1553	450	26066
湖北省	573		19736	216		11391
湖南省			16950	481	3148	90854
广东省	2847		142195	5090		24651
其中:深圳市			33754	3000		7398
广西壮族自治区	20		10317	863		19477
海南省	34	26	4478	27		1017
重庆市	581		12841	12		24869
四川省			26061	6098		5624
贵州省			11431	629	382	21323
云南省			18064	164		11330
西藏自治区			1454			
陕西省	158		18092			
甘肃省			7570	61		46
青海省			4693		112	737
宁夏回族自治区			5661	221		1427
新疆维吾尔自治区			7829	38		8051

1－3－36

单位:万元

地区	非税收入				贷款转贷回收本金收入			
	其他收入							
	小计	捐赠收入	基本建设收入	其他收入	小计	国内贷款回收本金收入	国外贷款回收本金收入	国内转贷回收本金收入
地区合计	**1567014**	**38121**	**16009**	**1512884**				
北京市	31654		688	30966				
天津市	16636			16636				
河北省	53910	351		53559				
山西省	24392	150	190	24052				
内蒙古自治区	34560	6676		27884				
辽宁省	32456	1685	3346	27425				
其中:大连市	13422	44	3346	10032				
吉林省	27597	1909		25688				
黑龙江省	13353	485		12868				
上海市	55091			55091				
江苏省	8018		276	7742				
浙江省	12942		4677	8265				
其中:宁波市	749			749				
安徽省	29058	176		28882				
福建省	39503	34		39469				
其中:厦门市	2169			2169				
江西省	78092	519		77573				
山东省	104313	2230	138	101945				
其中:青岛市	5442	131	138	5173				
河南省	85469	5914	8	79547				
湖北省	57939	745		57194				
湖南省	218998	865	202	217931				
广东省	226752	1719	1891	223142				
其中:深圳市	11540			11540				
广西壮族自治区	78162	940	1267	75955				
海南省	7814	481	13	7320				
重庆市	24815	1225	2037	21553				
四川省	49330	2919	1066	45345				
贵州省	88796	2796	114	85886				
云南省	58759	918	5	57836				
西藏自治区	31214	446	71	30697				
陕西省	33040	3238		29802				
甘肃省	20379	177		20202				
青海省	11452	308	20	11124				
宁夏回族自治区	2985	14		2971				
新疆维吾尔自治区	9535	1201		8334				

2006年各省、自治区、直辖市财政拨款数情况表

1－4－1　　　　　　单位:万元

地　　区	总　计	一、一般公共服务					
		合　计	人大事务				
			小　计	行政运行	一般行政管理事务	机关服务
地　区　合　计	**304313277**	**53034781**	**1251680**	**828367**	**171007**	**21056**
北京市	12968389	1599538	31175	10643	7285	584
天津市	5431219	568337	10343	7606	844	
河北省	11803590	2238235	46452	31947	3819	610
山西省	9155698	2877203	39945	27253	7931	496
内蒙古自治区	8121330	1565364	31810	24809	3057	693
辽宁省	14227471	2362817	42298	33055	3583	454
其中:大连市	2665249	507367	5854	3351	1009	320
吉林省	7183588	1123372	28651	19272	6317	523
黑龙江省	9685255	1487665	36669	26213	4164	9
上海市	17955660	1671523	30186	17818	3916	87
江苏省	20132502	3621466	69722	54486	5892	1000
浙江省	14718593	2723255	65355	39993	11971	1093
其中:宁波市	2926914	524460	10157	6945	733	
安徽省	9402329	1497022	34459	27120	1468	675
福建省	7286973	1290266	37698	26438	3556	332
其中:厦门市	1500848	283134	5743	3379	471	
江西省	6964361	1147350	28143	24472	1096	50
山东省	18334400	3468158	71256	51872	7883	758
其中:青岛市	2367875	481750	9612	6192	1629	
河南省	14400878	2710792	56081	34251	7611	983
湖北省	10470041	1768038	47581	27757	10772	409
湖南省	10645177	2156929	64609	40180	7466	7506
广东省	25533399	4439505	105914	52312	22281	2618
其中:深圳市	5714231	807733	11513	5190	2685	1789
广西壮族自治区	7295172	1354292	44539	26080	6036	160
海南省	1745366	371906	7889	5646	644	57
重庆市	5942543	928000	23867	16925	1327	291
四川省	13473951	2500680	74365	47323	8166	613
贵州省	6106411	1210109	38002	27699	4235	119
云南省	8935821	1574337	56625	35081	10011	206
西藏自治区	2001969	440009	11808	9948	70	
陕西省	8241805	1406891	38544	26422	6403	188
甘肃省	5285946	939219	27372	23671	2120	78
青海省	2146628	419921	9807	7313	176	304
宁夏回族自治区	1932089	312797	13726	4991	7644	
新疆维吾尔自治区	6784723	1259785	26789	19771	3263	160

1－4－2

单位:万元

地　　区	一、一般公共服务						
	人大事务						
	人大会议	人大立法	人大监督	代表培训	代表工作	人大信访工　作	事业运行
地　区　合　计	**112454**	**6549**	**9482**	**6155**	**24666**	**2270**	**8024**
北京市	4094	790	228	295	2227	264	1360
天津市	1237	101		52	326	2	
河北省	2884	263	1279	653	527	131	12
山西省	3148	150	115	119	417	15	11
内蒙古自治区	1785	320	78	137	448	17	46
辽宁省	1864	49	127	90	394	9	1281
其中:大连市	584	30	80	20	167	2	35
吉林省	1612	66	15	47	93	14	11
黑龙江省	1807	95	231	54	655	4	43
上海市	1799		40	66	765	4	939
江苏省	4483	215	624	469	1006	22	110
浙江省	7323	320	500	317	1659	119	170
其中:宁波市	1323	100	344	79	443		87
安徽省	2580	97	140	71	286	38	2
福建省	3495	462	290	141	1246	21	45
其中:厦门市	429	125	2	6	240		
江西省	1472	32	113	47	270	54	45
山东省	5568	276	157	264	767	252	467
其中:青岛市	356	150		21	157		164
河南省	6214	316	1367	523	1072	345	69
湖北省	5666	308	592	314	1256	93	23
湖南省	4943	404	740	472	1220	244	20
广东省	13521	893	871	595	4969	179	2111
其中:深圳市	142	246	84	9	92		
广西壮族自治区	5500	151	242	196	513	19	349
海南省	811	214	21	45	152	18	2
重庆市	3247	20	332	129	820	14	79
四川省	13100	328	719	455	1341	203	222
贵州省	4023	51	117	182	387	16	
云南省	3927	296	147	164	868	79	
西藏自治区	152		1		1		245
陕西省	2156	101	145	108	374	38	
甘肃省	1151	7	2	24	98		
青海省	1036	53	22	36	84	2	
宁夏回族自治区	651	80	117	20	111	31	
新疆维吾尔自治区	1205	91	110	70	314	23	362

1－4－3

单位:万元

地　　区	一、一般公共服务				
	人大事务	政协事务			
	其他人大事务支出	小　计	行政运行	一般行政管理事务	机关服务
地　区　合　计	**61650**	**835811**	**573451**	**110224**	**9574**
北京市	3405	19394	10299	3468	328
天津市	175	7366	5119	1152	
河北省	4327	33046	25159	1961	722
山西省	290	25509	18444	3669	226
内蒙古自治区	420	23328	19064	854	399
辽宁省	1392	28764	18758	3997	600
其中:大连市	256	3513	1926	1299	
吉林省	681	16498	12859	1563	73
黑龙江省	3394	26619	16769	5041	
上海市	4752	32053	24307	5866	85
江苏省	1415	48446	36734	5393	280
浙江省	1890	43171	25624	8280	957
其中:宁波市	103	6748	4596	453	
安徽省	1982	22361	16511	2233	169
福建省	1672	23687	13904	3757	70
其中:厦门市	1091	3608	1174	1075	
江西省	492	22409	17111	3555	195
山东省	2992	54300	38333	7057	1382
其中:青岛市	943	6679	4461	1394	233
河南省	3330	37191	25159	3435	361
湖北省	391	30591	19889	5588	258
湖南省	1414	37176	25795	5206	630
广东省	5564	54764	30247	9224	1096
其中:深圳市	1276	6963	5310	800	
广西壮族自治区	5293	22791	15759	2866	98
海南省	279	3401	2366	376	59
重庆市	683	13410	10144	985	105
四川省	1895	49312	32947	7217	228
贵州省	1173	34822	18725	2485	219
云南省	5846	37880	22708	8315	6
西藏自治区	1391	10088	8693	5	255
陕西省	2609	23369	18157	1570	199
甘肃省	221	21890	17677	1807	447
青海省	781	7728	6406	647	45
宁夏回族自治区	81	5755	3095	2306	41
新疆维吾尔自治区	1420	18692	16689	346	41

1-4-4

单位:万元

地区	一、一般公共服务				
	政协事务				
	政协会议	委员视察	参政议政	事业运行	其他政协事务支出
地 区 合 计	**68192**	**14455**	**10464**	**2501**	**46950**
北京市	1866	636	517	475	1805
天津市	712	169	129		85
河北省	3193	333	759	15	904
山西省	2399	277	96	144	254
内蒙古自治区	1018	416	381	35	1161
辽宁省	1948	1250	208	379	1624
其中:大连市	236	38		13	1
吉林省	1606	122	54	10	211
黑龙江省	1366	286	46	18	3093
上海市	934	98	139	145	479
江苏省	2666	674	449	87	2163
浙江省	4199	1306	801	390	1614
其中:宁波市	821	435	358	76	9
安徽省	1691	371	344	40	1002
福建省	2256	580	239	133	2748
其中:厦门市	346	110	136		767
江西省	969	300	201	20	58
山东省	4568	583	145	247	1985
其中:青岛市	356	138	8	39	50
河南省	4405	599	939	42	2251
湖北省	3242	589	910		115
湖南省	2857	635	419	30	1604
广东省	6712	1693	1195	161	4436
其中:深圳市	288	205	150		210
广西壮族自治区	2681	280	114	7	986
海南省	279	51	28		242
重庆市	1114	360	496		206
四川省	5779	1028	924	109	1080
贵州省	1801	345	221		11026
云南省	3287	738	426		2400
西藏自治区	29	2			1104
陕西省	1814	541	178		910
甘肃省	1078	46	40	7	788
青海省	531	45	17		37
宁夏回族自治区	271	34			8
新疆维吾尔自治区	921	68	49	7	571

1－4－5

单位:万元

地区	一、一般公共服务					
	政府办公厅(室)及相关机构事务					
	小计	行政运行	一般行政管理事务	机关服务	专项服务	专项业务活动
地区合计	**15043827**	**10046223**	**2190948**	**628813**	**55427**	**198378**
北京市	506158	293992	72463	37396	20	6043
天津市	167675	109535	26120	7461	1123	2097
河北省	618577	458940	66608	30841	1404	7302
山西省	380563	261726	36161	34515	690	6936
内蒙古自治区	521051	326715	49901	43673	2320	2400
辽宁省	651849	396471	138011	31872	136	4794
其中:大连市	150894	80052	53938	5834		3691
吉林省	370218	239732	72687	9416	403	703
黑龙江省	458182	306738	52288	12810	1147	7703
上海市	463364	283561	106165	23885	613	2401
江苏省	1177264	825267	157699	39822	1162	25176
浙江省	859756	485017	201600	38679	3227	21998
其中:宁波市	178968	98206	47584	11777	147	3845
安徽省	429136	298777	48217	9313	2603	4969
福建省	288264	193290	40263	7303	2913	6575
其中:厦门市	45058	10697	12688	3365		605
江西省	311634	233252	29509	9995	312	2332
山东省	1069785	745211	132506	42238	2397	13893
其中:青岛市	149765	104755	19931	9402		1928
河南省	876152	572388	118991	46434	6529	11487
湖北省	516007	373224	73335	14615	2552	14776
湖南省	618552	433840	86688	22994	4491	9165
广东省	977785	562799	171689	44255	3435	14014
其中:深圳市	82386	51393	11799	488	309	1580
广西壮族自治区	393976	246465	71666	18304	3198	8647
海南省	106722	47442	32956	4869	266	716
重庆市	233222	176963	31982	6843	3535	1494
四川省	687558	504088	102648	9932	763	5830
贵州省	382920	310529	27605	11338	2534	3946
云南省	445649	305474	73083	4759	884	3502
西藏自治区	247658	157642	5389	720	919	61
陕西省	424228	289301	73284	15504	2825	3337
甘肃省	294549	202006	30910	13442	886	1351
青海省	93550	71746	11702	2617	447	225
宁夏回族自治区	83394	34513	21082	14159	299	161
新疆维吾尔自治区	388429	299579	27740	18809	1394	4344

2006 年地方财政政府收支分类转换数据

1－4－6

单位:万元

地　　区	一、一般公共服务					
	政府办公厅(室)及相关机构事务					
	政务公开审　批	法制建设	信访事务	参事事务	事业运行	其他政府办公厅（室）及相关机构事务支出
地　区　合　计	**34461**	**19404**	**64130**	**7310**	**250102**	**1548631**
北京市	21	704	2902	40	11127	81450
天津市	2682	215	1071	617	1161	15593
河北省	2832	1092	3464	100	7360	38634
山西省	1614	189	872	98	8135	29627
内蒙古自治区	523	224	1558	2	6165	87570
辽宁省	963	916	5822	132	33116	39616
其中:大连市	488	146	1034		2945	2766
吉林省	683	144	3044	39	8475	34892
黑龙江省	329	642	3885	131	11174	61335
上海市	728	682	324		8356	36649
江苏省	2779	1452	4838	82	14781	104206
浙江省	5104	951	3339	609	21515	77717
其中:宁波市	1880	155	691		11331	3352
安徽省	605	744	2656	155	3443	57654
福建省	244	223	994	48	10693	25718
其中:厦门市	2	180	367		2483	14671
江西省	157	407	862	73	5174	29561
山东省	2495	1886	3632	26	23887	101614
其中:青岛市	104	206	277		2246	10916
河南省	2627	1280	7429	382	14727	93878
湖北省	860	490	2260	734	3816	29345
湖南省	2116	1208	3560	1387	4521	48582
广东省	566	1968	1291	1006	6412	170350
其中:深圳市		34	85			16698
广西壮族自治区	273	887	656	20	5279	38581
海南省	387	167	218	1	959	18741
重庆市	1572	151	1082	56	418	9126
四川省	2982	638	1596	229	15723	43129
贵州省	264	332	357	2	176	25837
云南省	61	261	810	632	3269	52914
西藏自治区	2	2	1	244	942	81736
陕西省	174	1054	3566	28	3051	32104
甘肃省	132	297	387	229	653	44256
青海省	614	74	100	30	1071	4924
宁夏回族自治区	3	22	140		1649	11366
新疆维吾尔自治区	69	102	1414	178	12874	21926

1－4－7

单位:万元

地　　区	一、一般公共服务					
	发展与改革事务					
	小　计	行政运行	一般行政管理事务	机关服务	战略规划与实施	日常经济运行调节
地　区　合　计	**1340705**	**620266**	**154536**	**13241**	**37129**	**14478**
北京市	54668	17273	4630	2246	1781	1209
天津市	9018	5962	179		25	
河北省	59786	30294	2980	193	1990	462
山西省	41818	18825	2420	348	139	87
内蒙古自治区	39894	19610	8831	486	381	434
辽宁省	54091	25503	8378	115	2938	99
其中:大连市	7372	3056	470	23	2921	
吉林省	39009	17301	3282	411	632	549
黑龙江省	38039	21362	2751	329	346	354
上海市	27755	14592	1047		150	
江苏省	109158	60793	15575	34	1315	2526
浙江省	89057	39916	10357	76	1001	134
其中:宁波市	17441	9930	1909		631	
安徽省	48631	25586	4378	259	545	2
福建省	40740	10159	1254	26	755	283
其中:厦门市	5438	2132	237		175	13
江西省	28122	11946	2456	264	84	208
山东省	89172	46193	6487	2617	561	1267
其中:青岛市	12179	8006	1705		50	
河南省	51674	25841	5813	2842	353	343
湖北省	41822	24154	3339	264	3208	1310
湖南省	40538	17434	3144	94	4103	1358
广东省	75060	32153	23967	443	1121	501
其中:深圳市	4922	3795	740		90	
广西壮族自治区	25378	10451	5107	25	321	33
海南省	5867	2674	904	10	3	10
重庆市	40034	9742	2338	46	4112	65
四川省	63545	30727	9839	283	2410	1180
贵州省	34489	18878	1675	216	738	452
云南省	46233	22769	8363	23	2379	170
西藏自治区	8220	6576	36		8	1207
陕西省	31010	14245	2140	80	538	47
甘肃省	45536	12084	6647	1144	3221	158
青海省	29893	6283	2753	145	1293	
宁夏回族自治区	9197	3817	2352	20	120	
新疆维吾尔自治区	23251	17123	1114	202	558	30

2006 年地方财政政府收支分类转换数据

1－4－8

单位:万元

地　　区	一、一般公共服务				
	发展与改革事务				
	社会事业发展规划	经济体制改革研究	物价管理	事业运行	其他发展与改革事务支出
地　区　合　计	**21486**	**8228**	**157011**	**35574**	**266057**
北京市	465	666	2071	1893	20805
天津市	140	346	1667	20	504
河北省	372	774	11123	1276	11346
山西省	128	881	11567	1176	6598
内蒙古自治区	1241	21	1943	253	6690
辽宁省	22	538	6393	2189	5456
其中:大连市		8	492	313	30
吉林省	213	412	3449	2536	8757
黑龙江省	40	49	6193	2220	5803
上海市	12	909	4130	479	4933
江苏省	807	518	14124	2023	10575
浙江省	1152	186	5923	5642	26456
其中:宁波市		95	673	2699	3323
安徽省	32	152	5667	257	11356
福建省	73	58	3925	1639	15926
其中:厦门市	17	24	755	649	864
江西省	36	24	5148	98	5049
山东省	733	442	10112	2392	16607
其中:青岛市		6	657	963	881
河南省	207	64	9622	1053	5738
湖北省	200	216	6578	1770	1976
湖南省	157	426	7409	1035	6260
广东省	990	277	6276	1640	9007
其中:深圳市	50	180		188	67
广西壮族自治区	231	8	3426	687	4289
海南省	10	23	952	253	1223
重庆市	172	10	1985	339	21195
四川省	800	162	8813	2130	7444
贵州省	225	42	3422	1750	8815
云南省	1402	350	2080	204	8099
西藏自治区		10	36		347
陕西省	727	406	6370	391	5144
甘肃省	1001	225	3753	20	16804
青海省	9742	33	772	43	8872
宁夏回族自治区	18		584	133	1969
新疆维吾尔自治区	138		1498	33	2014

1－4－9

单位:万元

地　　区	一、一般公共服务						
	统计信息事务						
	小　计	行政运行	一般行政管理事务	机关服务	信息事务	专项统计业　务	统计管理
地　区　合　计	**575927**	**766504**	**185966**	**38805**	**34924**	**52705**	**11268**
北京市	37126	2705	1086	50	3391	3565	2628
天津市	9790	2961	136	565	2904	140	72
河北省	24622	55705	6128	731	980	2050	440
山西省	25734	19034	2532	1148	789	950	96
内蒙古自治区	14276	14025	2590	2002	226	1414	84
辽宁省	20198	14477	3710	2466	2242	1629	506
其中:大连市	2626	2997	439	2144	81	143	49
吉林省	11501	10949	1591	381	1304	418	83
黑龙江省	14911	15210	2105	610	660	1490	477
上海市	26098	6293	2881		6090	863	259
江苏省	33282	24842	5899	774	3034	3144	913
浙江省	39560	30573	9279	1745	1678	4121	1204
其中:宁波市	7519	7660	899		579	1099	30
安徽省	15955	40824	7552	1193	1337	1362	332
福建省	16097	21082	7621	1308	372	1522	154
其中:厦门市	2382	1842	1410	590		25	16
江西省	10415	29827	9728	2051	198	891	392
山东省	32640	99116	18756	1567	342	1509	476
其中:青岛市	4740	6060	829	147	90	184	296
河南省	29652	69542	23142	7562	735	2418	858
湖北省	16416	20677	8286	1263	268	1983	358
湖南省	17907	42032	9280	856	923	1665	225
广东省	46118	49630	23105	3555	2882	4924	493
其中:深圳市	7487	11235	4664	163	426	718	171
广西壮族自治区	13748	17265	7700	1768	100	1613	170
海南省	4012	4351	1398	1016	224	800	14
重庆市	9248	18014	4374	143	36	1050	96
四川省	29439	33822	6107	811	1477	3576	250
贵州省	14328	41497	4853	1131	180	1941	101
云南省	19953	20135	3987	764	77	3120	60
西藏自治区	1488	513	112			168	
陕西省	15276	20302	3895	1053	1262	1995	425
甘肃省	8245	22056	6003	1629	178	542	32
青海省	4469	2206	455	61	282	694	31
宁夏回族自治区	4314	3599	610	434	2	881	
新疆维吾尔自治区	9109	13240	1065	168	751	267	39

1－4－10

单位:万元

地　　区	一、一般公共服务					
	统计信息事务				财政事务	
	专项普查活动	统计抽样调查	事业运行	其他统计信息事务支出	小　计	行政运行
地　区　合　计	**91556**	**34470**	**2722**	**34097**	**3127804**	**559766**
北京市	8935	989	131	3968	83147	8741
天津市	1327	300		434	23449	9098
河北省	2951	1646		1186	120949	20225
山西省	3699	1472	5	6542	85894	16356
内蒙古自治区	1813	1431	4	536	82465	11711
辽宁省	2965	1790	216	311	117257	25196
其中:大连市	339	43			19032	2752
吉林省	1771	972	6	1160	89800	14137
黑龙江省	1252	547	53	210	100823	23651
上海市	1136	2591	1714	1873	103860	22952
江苏省	4810	1362		1112	182040	49131
浙江省	6158	4072		2165	182898	37355
其中:宁波市	1124	333		410	28603	8245
安徽省	2701	656	8	709	120853	16685
福建省	3512	1983	18	442	61416	15541
其中:厦门市	168	77		216	7935	5456
江西省	1602	482	81	706	87075	13224
山东省	3985	2067	168	3605	157241	39241
其中:青岛市	355	148		474	22863	6838
河南省	4260	2082	43	2045	153000	22354
湖北省	2050	591	178	151	156557	16332
湖南省	2720	1080		489	135043	17743
广东省	4690	1656	18	2490	241701	58788
其中:深圳市		175		825	15858	10898
广西壮族自治区	2799	1086		1307	107564	10088
海南省	922	222		280	36278	2080
重庆市	2512	157		526	55113	6642
四川省	8354	1579	49	704	141815	31333
贵州省	1898	463		230	72843	12825
云南省	5566	937		417	123026	12583
西藏自治区	536	3		12	293	2781
陕西省	3501	700		311	138698	9992
甘肃省	765	1038		36	63783	9440
青海省	195	155		99	13321	1967
宁夏回族自治区	198	194		31	15345	3443
新疆维吾尔自治区	1973	167	30	10	74257	18131

1－4－11

单位:万元

地区	一、一般公共服务					
	财政事务					
	一般行政管理事务	机关服务	预算编制业务	财政国库业务	财政监察	信息化建设
地区合计	**127421**	**8873**	**14027**	**45594**	**15554**	**101535**
北京市	3736	582	476	1113	52	25866
天津市	1933	99	65	84	120	104
河北省	1753	168	184	493	274	1750
山西省	1332	299	402	1701	2131	2167
内蒙古自治区	526	679	371	1094	344	189
辽宁省	2560	472	333	1904	282	2238
其中:大连市	817			12		
吉林省	1809		292	1227	1116	857
黑龙江省	4646	445	90	1092	11	2502
上海市	6864		56	188		6142
江苏省	17698	126	392	2015	829	8191
浙江省	13843	1103	503	655	179	6975
其中:宁波市	2960		165	135	86	1895
安徽省	1970	98	220	1094	234	970
福建省	2939	15	248	619	119	2429
其中:厦门市	1120	15	83	176	5	200
江西省	1060	8	200	364	292	1440
山东省	3795	467	322	2107	633	3554
其中:青岛市	435	227		182		177
河南省	12080	452	418	2269	727	3227
湖北省	4484	307	1434	3905	2085	3786
湖南省	2091	728	782	2782	363	1210
广东省	17439	1194	1759	6163	478	5633
其中:深圳市	1028		68	29	217	375
广西壮族自治区	3358		617	2269	634	1747
海南省	483		231	1403	681	3598
重庆市	4452	281	259	944	88	2151
四川省	6119	671	1272	3829	686	3655
贵州省	996		113	888	1092	1430
云南省	4765	100	750	1879	280	5652
西藏自治区						5
陕西省	2414	117	191	650	763	1879
甘肃省	516	201	119	611	510	1616
青海省	274	66	80	322	229	2
宁夏回族自治区	498	20	1442	262	4	116
新疆维吾尔自治区	988	175	406	1668	318	454

2006年地方财政政府收支分类转换数据

1－4－12　　　　单位:万元

地区	一、一般公共服务					
	财政事务		税收事务			
	事业运行	其他财政事务支出	小计	行政运行	一般行政管理事务	机关服务
地区合计	**19878**	**796335**	**5197982**	**8581**	**5842**	**293**
北京市	39	36090	191919	406	2663	
天津市		6416	57593	207		
河北省		22470	229716	121	3	
山西省	1953	18328	131601	25	43	
内蒙古自治区		24489	165993			
辽宁省	1382	29223	280851	18		
其中:大连市	3	8815	45970			
吉林省	2987	25012	97975	181	265	
黑龙江省		24057	152413	201	21	
上海市		61105	214879	759	27	
江苏省		32958	401716	692	85	
浙江省	994	53359	316677	88	10	
其中:宁波市		3243	53170	58		
安徽省	1332	44252	157256	76	4	
福建省	1491	15118	148980	24		
其中:厦门市	466	1550	24331			
江西省	57	25747	129784	10		
山东省	1383	38811	303882	1138	166	
其中:青岛市	36	6695	36607	123	16	
河南省		33990	125952	217	79	
湖北省	569	21249	190996	373	345	168
湖南省		23536	168683	548	60	
广东省	2595	66640	671690	1469	1826	125
其中:深圳市		3427	80756	424	2	
广西壮族自治区	2245	22747	137846	4	1	
海南省		11595	42005		6	
重庆市		12687	98271	69	8	
四川省		31022	173857	497	110	
贵州省		12150	74019	115	110	
云南省	21	34105	147229	41		
西藏自治区		293	6984			
陕西省		32716	154712	741		
甘肃省		18650	63308	142		
青海省	28	2027	30613	58		
宁夏回族自治区	711	1726	26723	56		
新疆维吾尔自治区	2091	13767	103859	305	10	

1－4－13

单位:万元

地　　区	一、一般公共服务					
	税收事务					
	税务办案	税务登记证及发票管理	代扣代收代征税款手续费	税务宣传	协税护税	信息化建设
地　区　合　计	**61045**	**89015**	**413323**	**20149**	**100989**	**77862**
北京市	1216	12526	40149	1418	4214	10554
天津市	16		10320		493	250
河北省	2748	401	7147	852	3497	2760
山西省	782	9	9523	431	898	2801
内蒙古自治区	25	25	23020	422	2549	807
辽宁省	2152	2888	15464	473	3068	310
其中:大连市	20	1900	5610			40
吉林省	576	906	7612	741	3807	1835
黑龙江省	226	298	3227		13032	95
上海市		14	24797	300	1117	410
江苏省	1114	476	38662	1626	7457	1337
浙江省	5653	3345	14644	1473	1633	6740
其中:宁波市	820	2524	4641	270	358	2185
安徽省	717	3538	8822	1951	3699	608
福建省	6547	3609	10589	645	4312	1390
其中:厦门市	618	1200	3614	143	1350	190
江西省	301	71	1856	153	1301	2515
山东省	2591	16588	22782	268	9266	2641
其中:青岛市	5		7686		204	516
河南省	2347	4608	7119	1705	3691	4355
湖北省	1053	2245	12466	445	1691	4107
湖南省	959	70	3955	35	3153	6076
广东省	15984	7127	32007	555	4620	7036
其中:深圳市						18
广西壮族自治区	5341	3461	13165	1114	5399	1076
海南省	317	627	1359	371	1662	1227
重庆市	2122	1189	13562	677	3241	348
四川省	733	13100	19697	728	2737	3362
贵州省	524	408	11793	64	2865	738
云南省	3492	7310	15325	2310	4283	2233
西藏自治区					54	
陕西省	2170	2359	18368	790	3487	7875
甘肃省	248	44	5299	58	168	2496
青海省			4194		278	311
宁夏回族自治区		312	9586	130		172
新疆维吾尔自治区	1091	1461	6814	414	3317	1397

2006 年地方财政政府收支分类转换数据

1－4－14 单位:万元

地　　区	一、一般公共服务					
	税收事务		审计事务			
	事业运行	其他税收事务支出	小　计	行政运行	一般行政管理事务	机关服务
地　区　合　计	**3174**	**1217931**	**610818**	**26804**	**5083**	**199**
北京市	152	44859	23385	730	112	
天津市		21575	7462	77		
河北省	1	43031	23311	1415	83	
山西省		31154	19860	2286	117	2
内蒙古自治区	98	35190	17856	809	20	1
辽宁省	139	77450	21974	1535	322	
其中:大连市		11776	3578	458	7	
吉林省	368	24505	17285	990	194	
黑龙江省	93	42238	17756	411	439	
上海市		30767	19095		10	
江苏省		54639	38075	2371	617	66
浙江省		90512	38598	611	254	
其中:宁波市		3837	7196	56		
安徽省		42609	18645	1245	84	
福建省	38	37239	12489	1030	113	
其中:厦门市		4362	1880	54	83	
江西省		15511	20770			
山东省	12	66866	37440	1944	143	
其中:青岛市		4172	6571	302	3	
河南省	231	14294	35521	485	136	22
湖北省		40299	29200	282	182	
湖南省	30	51972	32025	323	56	
广东省	144	212031	36512	2574	853	6
其中:深圳市		52009	8230	533	379	
广西壮族自治区	629	50228	16908	644	233	
海南省	50	10402	5139	403	104	
重庆市		13062	9584	1		
四川省	165	32764	34454	1345	93	
贵州省	102	11262	11494		3	
云南省	86	26523	18698	2083	213	20
西藏自治区		6876	3441	4		
陕西省		27392	14653	640	112	30
甘肃省	836	20182	8713	1240	306	52
青海省		10018	4282	268	146	
宁夏回族自治区		4319	4134	341	70	
新疆维吾尔自治区		28162	12059	717	68	

1-4-15

单位:万元

地区	一、一般公共服务				
	审计事务				
	审计业务	审计管理	信息化建设	事业运行	其他审计事务支出
地区合计	**111177**	**5928**	**90288**	**36183**	**44645**
北京市	6065	136	15549		3215
天津市	735	95	59		106
河北省	1960	551	5212	149	1862
山西省	4187	240	2248	8	1327
内蒙古自治区	2704	353	130	2873	898
辽宁省	3221	84	11315	1225	2904
其中:大连市	917		1768		20
吉林省	2504	59	531	412	1025
黑龙江省	2953	5		1028	506
上海市	2669	268	300	383	2367
江苏省	6779	137	5515	253	954
浙江省	8615	394	3459	9497	1551
其中:宁波市	1153	43	526	21	347
安徽省	4743	88	2955	22	1130
福建省	1481	366	4318	1215	365
其中:厦门市	122	10	420		84
江西省	3430	229	2053	2504	3507
山东省	7805	268	3078	10869	1835
其中:青岛市	1524				31
河南省	5512	298	9601	15	3447
湖北省	5730	244	3999	382	1119
湖南省	3159	661	435	280	5245
广东省	7647	179	3000	1452	1843
其中:深圳市	1464	4		45	376
广西壮族自治区	4837	21	275	407	934
海南省	938	166	388	6	1529
重庆市	2797	238	1566	142	258
四川省	7848	182	273	1222	2611
贵州省	1695	153	168	1170	539
云南省	3224	226	6523	16	1619
西藏自治区	688				17
陕西省	817	129	4191	111	446
甘肃省	1730	45	48	228	413
青海省	873	37	800	181	621
宁夏回族自治区	978	7	1200		84
新疆维吾尔自治区	2853	69	1099	133	368

2006 年地方财政政府收支分类转换数据

1－4－16　　　　单位:万元

地　　区	一、一般公共服务					
	海关事务					
	小　计	行政运行	一般行政管理事务	机关服务	收费业务	缉私办案
地　区　合　计	**100076**	**16878**	**7699**	**502**	**2937**	**22474**
北京市	2267		11			1367
天津市	1549	63				
河北省	214	1390	205	21		
山西省	35	597	4			
内蒙古自治区	1268	470	57	195		
辽宁省	3687	249	484			11
其中:大连市	298	118	205			
吉林省	186	258	61			
黑龙江省	189	715	46	1		
上海市	1742					
江苏省	15228	330	84			2703
浙江省	9099	1919	265	163		4263
其中:宁波市	2807	328		36		506
安徽省	1227	603	146			35
福建省	1375	127	124			
其中:厦门市	1030					
江西省	15					
山东省	7508	1425	313			
其中:青岛市	4715	48	86			
河南省	153	550	84	35		
湖北省	2175	495	1956			
湖南省	2820	758	94			
广东省	42586	2407	2654	40	2937	13382
其中:深圳市	11729	623	16	4		
广西壮族自治区	1105	285	389			
海南省	309	405				287
重庆市	1863	227	20			
四川省	575	231	98			103
贵州省	130	1132	146	29		
云南省	788	843	396			16
西藏自治区	525	37				
陕西省		177	18			
甘肃省	907	462	20	8		307
青海省		45	4	10		
宁夏回族自治区	81	381	5			
新疆维吾尔自治区	470	297	15			

1-4-17

单位:万元

地　　区	一、一般公共服务				
	海关事务				
	缉私警察	口岸电子执法系统建设与维护	信息化建设	事业运行	其他海关事务支出
地 区 合 计	**122**	**378**	**29593**	**878**	**44625**
北京市			1609	10	850
天津市			124		300
河北省			80		170
山西省			1685	9	
内蒙古自治区			519		1236
辽宁省			977		3301
其中:大连市					
吉林省			136		185
黑龙江省			1064		36
上海市			159		778
江苏省		378	1862	390	3912
浙江省			2856	373	1964
其中:宁波市			803		1661
安徽省			502		1042
福建省			874		1236
其中:厦门市			50		1030
江西省			2052	17	15
山东省			342		7318
其中:青岛市			342		4715
河南省			1000		
湖北省			1218	79	175
湖南省					2807
广东省	122		5061		14121
其中:深圳市					11724
广西壮族自治区			1358		1034
海南省			146		20
重庆市			2054		1863
四川省			1972		297
贵州省					130
云南省			567		221
西藏自治区					525
陕西省					
甘肃省					600
青海省					
宁夏回族自治区			475		40
新疆维吾尔自治区			901		449

2006年地方财政政府收支分类转换数据

1－4－18

单位:万元

地　　区	一、一般公共服务					
	人事事务					
	小　计	行政运行	一般行政管理事务	机关服务	政府特殊津　贴	资助留学回国人员
地　区　合　计	**856170**	**56394**	**9703**	**1912**	**4493**	**2968**
北京市	45267	629	447			270
天津市	8456	547	56			
河北省	35873	1814	208	11	343	80
山西省	23097	143			154	70
内蒙古自治区	19106	5058	50	1469	288	
辽宁省	38710	2145	609			
其中:大连市	6190					
吉林省	17555	1298	756			
黑龙江省	40916	1422	264		204	94
上海市	33906	866	16			366
江苏省	46760	404	598		294	240
浙江省	47561	520	661		148	252
其中:宁波市	11027	10	5			
安徽省	17658	1307	181		3	
福建省	19077	940	28		151	
其中:厦门市	4926	44			8	
江西省	12312	293	8		40	105
山东省	57729	2089	313		365	184
其中:青岛市	12966	15	63		81	24
河南省	34472	1545	180	49	58	140
湖北省	22402	1358	247	23	160	
湖南省	19717	2174	1132	86	19	35
广东省	61876	1803	167	3	1369	791
其中:深圳市	10228	230			121	
广西壮族自治区	26712	2886	370	38		20
海南省	7511	580	261		23	
重庆市	14433	608	44		292	8
四川省	48609	2353	1029	49	332	58
贵州省	18076	5033	774		52	
云南省	23704	7249	828	184		
西藏自治区	17025	2973	19			
陕西省	21717	571	20		80	
甘肃省	18562	1308	121			15
青海省	11050	862	150		94	
宁夏回族自治区	7723	847	88		4	240
新疆维吾尔自治区	38598	4769	78		20	

1－4－19

单位:万元

地　　区	一、一般公共服务					
	人事事务					
	军队转业干部安置	博士后日常经费	引进人才费用	公务员管理	事业运行	其他人事事务支出
地区合计	**131892**	**7005**	**25223**	**16796**	**3591**	**129703**
北京市	13510	12	808	1420		13054
天津市	779	26	1618	140		1363
河北省	8564		1092	381	11	3804
山西省	1448	180	690	267		4164
内蒙古自治区	2290		261	42		1923
辽宁省	10832		316	443	106	4118
其中:大连市	144		22	31		2195
吉林省	1633	20	272	109	462	1745
黑龙江省	517	2101	598	554	6	22442
上海市	139	10	2488	208		9481
江苏省	4624		2276	912	1113	8259
浙江省	432	98	4871	1387	143	9659
其中:宁波市	301		572	803		460
安徽省	67		8	146	77	2547
福建省	4034	113	411	122		1005
其中:厦门市	1604		241	24		226
江西省	93	1	102	110	69	762
山东省	12308	50	1931	434	243	11249
其中:青岛市	3178		313	46		1893
河南省	968		1087	682	512	3031
湖北省	6547	157	107	373	15	1345
湖南省	343	91	215	3327	182	2902
广东省	2609	3335	1432	2948	380	6919
其中:深圳市	4	625	87	90		2671
广西壮族自治区	5236	22	1392	585	104	1830
海南省	4329		61	39	3	249
重庆市	3825	132	374	249	20	1354
四川省	15013	176	681	513	32	4843
贵州省	1966	10	236	216		1505
云南省	1240		140	638		1713
西藏自治区	14885			2		56
陕西省	364	17	600	375	40	2525
甘肃省	5402	214	1056	37	71	3923
青海省	5633			24	2	941
宁夏回族自治区	1140	240	100	68		93
新疆维吾尔自治区	1122			45		899

2006 年地方财政政府收支分类转换数据

1－4－20

单位:万元

地　　区	一、一般公共服务					
	纪检监察事务					
	小　计	行政运行	一般行政管理事务	机关服务	大案要案查处	派驻派出机构
地　区　合　计	**636481**	**357552**	**53406**	**1432**	**20989**	**576**
北京市	17235	47833	17636		398	
天津市	10413	12996	113		20	
河北省	30760	7009	673		1341	
山西省	23024	3521	1922	107	505	1
内蒙古自治区	17712	125	7067		30	13
辽宁省	27950	17719	752		2581	
其中:大连市	3429	3745	661		16	
吉林省	15899	10381	759		617	
黑龙江省	20375	13064	371		605	
上海市	11462	46366	2558		10	
江苏省	42028	20848	1060		891	244
浙江省	38525	16120	5378		1136	
其中:宁波市	5777	3006	618		50	
安徽省	21379	3311	89		1274	
福建省	19403	18317	781		1049	10
其中:厦门市	2683	6109			115	
江西省	14860	5360	49	298	233	
山东省	31797	4672	6532		294	
其中:青岛市	5115	4486	158		294	
河南省	34233	5820	982	25	2242	
湖北省	25758	10750	20		2725	15
湖南省	26965	6812	403		522	6
广东省	52470	40276	2496		879	149
其中:深圳市	9628	8150			76	12
广西壮族自治区	14200	7208			224	
海南省	4669	4292	1609		10	57
重庆市	11307	2929			1051	11
四川省	33649	9449	457		1765	12
贵州省	15465	4018	203		171	6
云南省	22402	8161	141	1000	126	28
西藏自治区	4591	5217	102		53	
陕西省	16227	5964	221		131	24
甘肃省	10566	3977		2	82	
青海省	3871	1733	558			
宁夏回族自治区	3254	1437	350		8	
新疆维吾尔自治区	14032	11867	124		16	

1 -4 -21

单位:万元

地　　区	一、一般公共服务					
	纪检监察事务			人口与计划生育事务		
	中央巡视	事业运行	其他纪检监察事务支出	小　计	行政运行	一般行政管理事务
地区合计	**504**	**6927**	**49754**	**2728578**	**1315648**	**198888**
北京市	264	7	1802	37399	35805	6140
天津市			4238	15052	19664	951
河北省	150	25	2417	136020	61808	7424
山西省		21	639	68156	37252	11159
内蒙古自治区		20	496	52582	26507	6083
辽宁省		223	715	81263	60338	9251
其中:大连市			5	12844	7545	2563
吉林省		48	355	43063	37406	9366
黑龙江省		177	786	49553	46671	4240
上海市			488	33498	59909	5209
江苏省		1933	2403	138810	103812	6888
浙江省		892	4579	115543	64933	15230
其中:宁波市			313	20595	13843	1051
安徽省		32	1198	99150	39536	2539
福建省			1016	97394	35642	7248
其中:厦门市			265	12077	5304	1891
江西省		106	1272	84822	41422	2076
山东省		1160	1192	242061	81803	13787
其中:青岛市			9	20059	13682	1124
河南省		720	3301	271497	71834	12914
湖北省	15	36	429	78618	54800	7524
湖南省		12	2222	112648	48785	4755
广东省	30	425	8955	219050	97428	27582
其中:深圳市			1218	22297	20498	1382
广西壮族自治区		199	732	82634	30249	8129
海南省		13	830	13567	8092	1562
重庆市		43	1431	70719	21859	1146
四川省		124	2194	166633	61165	7340
贵州省			829	107866	25780	1994
云南省			1542	91369	37640	6133
西藏自治区			502	2437	9839	200
陕西省			2262	74630	27581	4191
甘肃省		711	71	62057	20773	2816
青海省			131	12839	8077	1692
宁夏回族自治区	45		98	10898	5443	1629
新疆维吾尔自治区			629	56750	33795	1690

1－4－22

单位:万元

地区	一、一般公共服务					
	人口与计划生育事务					
	机关服务	人口规划与发展战略研究	计划生育家庭奖励	人口和计划生育统计及抽样调查	人口和计划生育信息系统建设	计划生育、生殖健康促进工程
地区合计	**15576**	**7438**	**250145**	**9321**	**15678**	**38688**
北京市		296	4559	373	285	1747
天津市		382	1486	112		417
河北省	161	365	9832	651	430	2717
山西省	130	101	4800	265	471	272
内蒙古自治区	633		3357	115	192	1062
辽宁省	908	122	15933	5	241	810
其中:大连市			1364		35	123
吉林省	82	19	2056	40	153	1716
黑龙江省	3	41	7503	41	200	394
上海市		184	6869	123	188	121
江苏省	2348	138	9796	158	420	6366
浙江省	1628	159	8488	92	1322	1394
其中:宁波市		41	3760	84	521	330
安徽省	488	182	5266	393	194	592
福建省	885	287	8157	244	992	926
其中:厦门市			604	5	242	11
江西省	955	9	1873	84	360	657
山东省	383	1136	25960	378	317	1109
其中:青岛市	6	12	2648	30	2	44
河南省	1234	734	12041	2629	2293	2315
湖北省	816	351	5175	545	731	1453
湖南省	496	102	6457	797	559	815
广东省	1569	223	21404	377	1128	3686
其中:深圳市	597	50		30	51	125
广西壮族自治区	731	99	2723	489	374	425
海南省	1	8	419	46	44	197
重庆市	52	350	6131	349	906	2768
四川省	118	72	36234	311	1922	1311
贵州省	82	63	2184	228	640	1324
云南省	14	42	22821	71	48	1787
西藏自治区			8			
陕西省	146	1910	5899	294	319	606
甘肃省	142	21	5337	81	144	294
青海省	68		1100	12	18	138
宁夏回族自治区	1493		497	15	277	100
新疆维吾尔自治区	10	42	5780	3	510	1169

1-4-23

单位:万元

地　　区	一、一般公共服务					
	人口与计划生育事务					
	计划生育免费基本技术服务	人口出生性别比综合治理	人口和计划生育服务网络建设	计划生育避孕药具经费	人口和计划生育宣传教育经费	流动人口计划生育管理和服务
地　区　合　计	**135643**	**3144**	**171442**	**59849**	**98073**	**44715**
北京市	3143		412	2025	5182	2060
天津市	721		1740	1121	464	34
河北省	4901	103	9296	2890	2448	1137
山西省	2122	50	5085	1264	3620	985
内蒙古自治区	2080	39	4642	727	2776	616
辽宁省	5560	53	6263	2559	5597	750
其中:大连市	579		1561	391	1016	294
吉林省	3689	24	5445	2152	1475	751
黑龙江省	4994	58	1624	698	2556	191
上海市	1000	14	622	250	1914	609
江苏省	3639	37	19884	2603	4092	1512
浙江省	7660	136	4221	2390	3665	3057
其中:宁波市	1026		277	407	488	759
安徽省	4007	358	2681	2395	2628	1477
福建省	5428	74	6248	1785	4627	3092
其中:厦门市	721	2	747	229	148	1277
江西省	2580	53	3813	2239	1292	948
山东省	12086	180	8526	4000	4497	2183
其中:青岛市	1171		2531	436	348	233
河南省	10083	681	11565	4970	11847	5361
湖北省	6363	206	6734	3016	3974	4524
湖南省	2904	73	6148	2893	4084	1912
广东省	11406	313	6904	3645	4767	4235
其中:深圳市	392			265	346	202
广西壮族自治区	3584	390	6859	1949	2063	1826
海南省	326	28	239	570	556	69
重庆市	3030	33	2912	1741	5663	931
四川省	13827	60	16600	3278	5891	2565
贵州省	1775	11	7231	1459	2329	1403
云南省	6476	39	11111	1518	2037	681
西藏自治区	14			3	5	
陕西省	5942	126	6043	1907	3617	1461
甘肃省	1772	5	4041	1199	1068	112
青海省	749		1358	646	196	173
宁夏回族自治区	1183		473	776	360	19
新疆维吾尔自治区	2599		2722	1181	2783	41

2006 年地方财政政府收支分类转换数据

1－4－24 单位:万元

地　　区	一、一般公共服务					
	人口与计划生育事务		商贸事务			
	人口和计划生育目标责任制考核	其他人口与计划生育事务支出	小　计	行政运行	一般行政管理事务	机关服务
地　区　合　计	**35036**	**868131**	**1368204**	**1723090**	**339091**	**19652**
北京市	711	12765	43194	46026	6611	
天津市	132	4781	28557	22308	15872	
河北省	876	37810	37126	75464	5797	599
山西省	899	25508	24722	44996	12615	207
内蒙古自治区	383	17976	23930	39557	4556	161
辽宁省	446	22271	91837	84054	30592	1542
其中:大连市	141	1760	8046	13493	4529	781
吉林省	247	12375	36217	46473	4668	33
黑龙江省	219	13109	44215	52573	16008	509
上海市	137	12293	95559	71655	36467	29
江苏省	493	58157	130838	166091	10056	1960
浙江省	1001	40361	102812	89743	20725	2742
其中:宁波市	50	4293	24935	16999	2725	
安徽省	623	28785	33777	62177	4449	65
福建省	1089	34434	33235	43788	6378	81
其中:厦门市	174	4075	12706	6312	3191	
江西省	423	28885	24049	42866	5786	384
山东省	1227	61023	96166	117012	12336	2523
其中:青岛市	88	5480	20918	24989	2399	1378
河南省	2497	104235	54218	80080	17820	1422
湖北省	1269	14051	36488	67086	11522	672
湖南省	743	32993	42285	59724	8056	371
广东省	14564	70108	153828	133281	46843	2315
其中:深圳市	415	4359	19527	29788	3300	695
广西壮族自治区	1096	34024	32220	45128	7354	254
海南省	297	4003	3520	8492	1077	3
重庆市	1405	21969	16810	31066	5437	758
四川省	881	42941	58459	69405	14750	568
贵州省	1614	40124	19900	34415	2059	86
云南省	906	18946	29860	42457	8024	985
西藏自治区		1782	3117	9808	207	
陕西省	133	21123	22466	42932	10767	8
甘肃省	413	17882	12858	29910	4926	1195
青海省	18	5709	3174	10292	2499	14
宁夏回族自治区	131	2424	7979	7666	3264	
新疆维吾尔自治区	163	25284	24788	46565	1570	166

1-4-25 单位:万元

地区	一、一般公共服务						
	商贸事务						
	对外贸易管理	国际经济合作	外资管理	国内贸易管理	招商引资	事业运行	其他商贸事务支出
地区合计	**32277**	**3236**	**1741**	**21080**	**308820**	**48273**	**269416**
北京市	608	441	196	218	14933	3522	11846
天津市	152			9	13511	195	3735
河北省	462	194	33	570	8390	252	4055
山西省	266	4	3	181	2880	825	2225
内蒙古自治区	173	173		334	5829	257	4252
辽宁省	2267		132	249	19276	4649	39496
其中:大连市	274		90	141	2699	372	960
吉林省	772			131	14725	4003	2107
黑龙江省	170	19			8125	812	4939
上海市	263	207	35	531	21686	1982	42542
江苏省	3830	205	31	3748	43112	2891	10934
浙江省	3795	45	123	5029	16073	3856	19804
其中:宁波市	243			4066	2690	880	4032
安徽省	252	37	16	1157	6759	654	6546
福建省	1070		58	302	3951	8281	7720
其中:厦门市	51			45	710	1221	4660
江西省	155			349	6192	2907	2963
山东省	4616	730	368	1490	29580	4153	13487
其中:青岛市	465	48			6105	874	5837
河南省	447		15	1036	7017	851	9764
湖北省	2690	15	99	288	9198	577	1305
湖南省	431		15	609	9179	153	10454
广东省	5929	869	406	2963	25974	325	38626
其中:深圳市	45	709	339	468	1153		4699
广西壮族自治区	113	31	8	219	7432	1487	10284
海南省	30		50	33	443	58	148
重庆市	674	86	41	94	1518	369	2683
四川省	394	40	76	262	10042	1887	7392
贵州省	52		2	391	1747	26	2137
云南省	805	75	24	286	7665	598	3353
西藏自治区	31	40		35	160		70
陕西省	1543			487	5360	1313	2162
甘肃省	39				1482	499	1160
青海省	10	25	10	20	581		178
宁夏回族自治区				3	2441	317	1441
新疆维吾尔自治区	238			56	3559	574	1608

1－4－26

单位:万元

地区	一、一般公共服务					
	知识产权事务					
	小计	行政运行	一般行政管理事务	机关服务	专利审批	国家知识产权战略
地区合计	**35198**	**229582**	**67298**	**4340**	**625**	**2324**
北京市	6162	3569	1103	178		241
天津市	1104	2995	906		69	
河北省	434	10078	2660	291	200	15
山西省	373	5235	1510	21	1	7
内蒙古自治区	93	5308	816	299		
辽宁省	490	8884	1775	549		
其中:大连市		1324	857	549		
吉林省	499	5658	4347	3		
黑龙江省	315	9401	837	250		
上海市	2723	5759	3295	42		50
江苏省	2008	19553	2708	469	18	72
浙江省	1359	15051	7985	548		
其中:宁波市	58	2335	393			
安徽省	269	7293	604	2		
福建省	70	7772	1604			
其中:厦门市		707	776			
江西省	102	3545	397	274		
山东省	2648	21645	8045	152	150	
其中:青岛市	153	2421	844			
河南省	606	7628	1808	311	12	7
湖北省	2748	11550	1359	222	30	1105
湖南省	3294	8582	2285	261	15	130
广东省	4841	19691	7097	67	122	41
其中:深圳市	794	4538	1163	67		41
广西壮族自治区	5	4546	1427	12		
海南省	132	853	677			
重庆市	164	2418	561			
四川省	1029	9839	1460	77		
贵州省	1231	5950	7630	3	8	556
云南省	400	7886	1731	94		
西藏自治区		1761	175			
陕西省	902	4484	615	172		
甘肃省	297	4052	648	43		100
青海省	88	1000	52			
宁夏回族自治区	176	1583	754			
新疆维吾尔自治区	636	6013	427			

1－4－27

单位:万元

地　　区	一、一般公共服务					
	知识产权事务					
	专利试点和产业化推进	专利执法	国际组织专项活动	知识产权宏观管理	事业运行	其他知识产权事务支出
地　区　合　计	**1927**	**513**	**73**	**1088**	**27365**	**11210**
北京市	129	57	4	387	1811	2144
天津市				25	209	803
河北省	39	15		30	526	11
山西省	204				690	88
内蒙古自治区					475	89
辽宁省					1221	256
其中:大连市					236	
吉林省					581	47
黑龙江省					999	40
上海市	37			2	3937	134
江苏省	139	198	46	103	1670	655
浙江省					2402	1261
其中:宁波市					681	
安徽省		30		30	1059	121
福建省	21				1663	7
其中:厦门市					362	
江西省		6		5	651	
山东省					2228	1026
其中:青岛市					122	14
河南省		57		15	1680	176
湖北省	400	56	23	40	174	30
湖南省	120	32		39	269	2350
广东省	203	20		246	1117	771
其中:深圳市		20		138	161	169
广西壮族自治区					728	
海南省	9	6		13	4	98
重庆市				13	258	74
四川省	167	24		38	987	144
贵州省	229	12		42	438	159
云南省					411	359
西藏自治区						
陕西省				10	489	151
甘肃省					152	55
青海省	30				83	
宁夏回族自治区					14	120
新疆维吾尔自治区	200			50	439	41

1-4-28

单位:万元

地　　区	一、一般公共服务					
	工商行政管理事务					
	小　计	行政运行	一般行政管理事务	机关服务	工商行政管理专项	执法办案专　项
地区合计	**2943805**	**364695**	**71123**	**9103**	**227157**	**162474**
北京市	106532	8585	5315	1897	21062	4938
天津市	31268	3793	106		56	
河北省	148078	18638	4258	422	151	111
山西省	56793	7154	309	248	21831	3916
内蒙古自治区	60740	7699	1128	131	1915	3400
辽宁省	147624	12939	2497	139	5287	5261
其中:大连市	19547	2567	293		2820	1370
吉林省	66125	10127	557	40	2	5795
黑龙江省	92864	12619	2569	385	6804	2379
上海市	109932	9880	1942		7723	6834
江苏省	193775	23285	3241	70	12109	13606
浙江省	157771	23431	11873	835	13803	10927
其中:宁波市	28824	3829	5943	300	2692	1842
安徽省	78305	13908	992	63	4724	2050
福建省	56612	6139	2186	69	9533	5209
其中:厦门市	12917	1307	1116	55	1461	460
江西省	80495	8491	336	178	8222	4083
山东省	227022	24128	4114	1002	12323	3665
其中:青岛市	30560	4449	365		2076	870
河南省	102513	13043	4456	518	3669	13280
湖北省	125956	21276	5301	621	1384	3909
湖南省	135327	16936	2180	103	12828	11
广东省	384584	29697	7642	674	12827	33460
其中:深圳市	47170	5935	3385		3379	3876
广西壮族自治区	69526	7845	1422	123	11887	7855
海南省	16373	2518	859	97	717	1102
重庆市	54862	4504	1387	229	5187	3429
四川省	132708	19539	2231	196	19741	10104
贵州省	49129	11194	676	106	19331	856
云南省	66979	12304	1063	199	5377	6668
西藏自治区	7736	3745	227			
陕西省	64341	8397	673	486	825	4334
甘肃省	44603	6576	897	97		3
青海省	12374	3763	325	175	973	310
宁夏回族自治区	13236	2437	239		1346	2097
新疆维吾尔自治区	49592	9805	122		5520	2882

1－4－29

单位:万元

地区	一、一般公共服务					
	工商行政管理事务				食品和药品监督管理事务	
	消费者权益保护	信息化建设	事业运行	其他工商行政管理事务支出	小计	行政运行
地区合计	**25049**	**5384**	**302684**	**267492**	**614083**	**294752**
北京市	722	668	5289	20049	26720	6418
天津市	45		970		8552	3071
河北省	14	148	9339	4815	19642	18373
山西省	798	159	6030	11428	11765	11607
内蒙古自治区	677	50	6590	155	11647	8951
辽宁省	358	634	22520	5683	21466	9246
其中:大连市	133		1982	150	3649	3318
吉林省	28		16817	1142	16795	4909
黑龙江省	258		7605	5698	16879	10335
上海市	3021	2	5189	3164	47099	11383
江苏省	796	265	27480	2102	55106	26027
浙江省	1428	552	12923	13360	34080	16537
其中:宁波市	513		3589	3057	5801	2310
安徽省	654	21	7275	1364	17459	7528
福建省	1487		11012	1821	14172	6446
其中:厦门市	390		2814	1069	1339	1747
江西省	548		9494	1964	10080	4869
山东省	162	61	15410	110428	38689	22666
其中:青岛市	60		1515	4461	3948	3191
河南省	5	149	19944	4250	24158	11767
湖北省	509	139	40168	44	18684	6857
湖南省	152		3182	2103	19940	12182
广东省	2057	409	9742	22067	55750	30329
其中:深圳市	1094	116		7357	5682	6344
广西壮族自治区	1767	16	15336	208	15007	4794
海南省	274		3046	2832	2569	174
重庆市	563		3625	4714	8360	4072
四川省	5471	1192	13185	1998	37298	14973
贵州省	5	276	4716	349	9472	4504
云南省	883	643	2215	9725	27637	9133
西藏自治区				1939	5690	1556
陕西省	3		14931	28330	13487	7785
甘肃省	8		1862	1333	6893	6006
青海省	1599		1135	668	5751	1143
宁夏回族自治区	10		789	138	2526	1137
新疆维吾尔自治区	747		4865	3621	10710	9974

1-4-30

单位:万元

地　　区	一、一般公共服务					
	食品和药品监督管理事务					
	一般行政管理事务	机关服务	食品、药品及医疗器械检验	注册审评事务	标准事务	认证事务
地　区　合　计	**80011**	**14428**	**93784**	**2242**	**849**	**5514**
北京市	2078	610	6433	513	400	239
天津市	292		643			
河北省	1686	6997	2962			
山西省	2185	183	692	36	17	168
内蒙古自治区	1218	332	2923			
辽宁省	1534	110	3637			
其中:大连市	67		2356			
吉林省	425	14	6748	45		820
黑龙江省	4437	26	1982			222
上海市	3824		8973			848
江苏省	3119	598	12293	24		482
浙江省	10981	198	5525			620
其中:宁波市	2490		765			
安徽省	457		1247	144	80	20
福建省	5788		3670			300
其中:厦门市			996			
江西省	708	196	1500	4		9
山东省	1384	54	3656	15		230
其中:青岛市	91		442			
河南省	4533	812	2824			148
湖北省	1029	453	1179	20		
湖南省	1433	294	468	12	59	17
广东省	10697	971	9819	1302	10	190
其中:深圳市	485		18	1302	10	190
广西壮族自治区	1696	61	3076	20	50	
海南省	114		677			133
重庆市	1643	23	921			
四川省	4463	156	2960		4	370
贵州省	580	74	1545		200	
云南省	5841	21	2102			446
西藏自治区			129	10	14	
陕西省	3829		1872	97		231
甘肃省	1137	97	538		15	
青海省	74	9	944			21
宁夏回族自治区	273		222			
新疆维吾尔自治区	2553	2139	1624			

1－4－31

单位：万元

地　区	一、一般公共服务					
	食品和药品监督管理事务					
	食品药品评价	药品保护	执法办案	食品药品安全	事业运行	其他食品和药品监督管理事务支出
地区合计	**6265**	**1680**	**51397**	**33493**	**184737**	**106867**
北京市	73		4358	2053	10	2389
天津市		31	676		59	3545
河北省	4		1100	2439	9204	3729
山西省	71	36	985	1685	273	153
内蒙古自治区			23	1524	5030	610
辽宁省			1719	178	21979	2138
其中：大连市				6	180	10
吉林省	60		2638	1344	698	111
黑龙江省	1	49	1779	342	3088	602
上海市	4852		752	368	57001	19127
江苏省			3831	4466	13467	1699
浙江省	733		1247	2549	15697	3845
其中：宁波市	20		25	352		548
安徽省	10	40	4220	2421	6736	3458
福建省	20		1000	438	1134	1225
其中：厦门市			15	86		
江西省			5756	80	2830	49
山东省	85	16	3083	1703	2032	24565
其中：青岛市			65	848		
河南省			2400	1631	266	303
湖北省			154	989	3025	30
湖南省	308	336	4348	396	1781	143
广东省	20		4268	699	4810	5028
其中：深圳市	20		524	504		920
广西壮族自治区			1035	717	780	273
海南省			25	14	759	180
重庆市	20	548	306	208	832	2860
四川省		2	2076	2131	283	8372
贵州省		620	112	45	79	1340
云南省			2286	1394	601	10463
西藏自治区			109	486		3761
陕西省			689	2951	2713	1659
甘肃省	6	2	407	108	26621	2622
青海省			15	71	2872	2473
宁夏回族自治区	2			61		103
新疆维吾尔自治区				2	77	12

2006 年地方财政政府收支分类转换数据

1－4－32　　　　　　　　　　　　　　　　单位:万元

地　　区	一、一般公共服务					
	质量技术监督与检验检疫事务					
	小　计	行政运行	一般行政管理事务	机关服务	出入境检验检疫行政执法和业务管理	出入境检验检疫技术支持
地　区　合　计	**1184125**	**371465**	**163506**	**13796**	**15203**	**243**
北京市	40270	8606	9933	527	60	
天津市	17170	1903	11			
河北省	68047	14560	1136	294	606	
山西省	27656	8365	626	295		
内蒙古自治区	20388	9804	3635	1209		
辽宁省	67371	5900	1599	1	55	
其中:大连市	12874	940	26		55	
吉林省	27996	16429	8405	2592		
黑龙江省	35325	16750	9454	96	61	
上海市	36055	672	213		11124	
江苏省	153572	3703	186	76	2187	
浙江省	61514	17832	5068	435	408	70
其中:宁波市	7785	3207	195		120	
安徽省	40470	12523	1326	57		
福建省	24688	11153	1890	343	17	
其中:厦门市	5994	623	278			
江西省	27981	19921	1391	578		
山东省	82592	30126	9240	605		
其中:青岛市	5258	4389	3957			
河南省	52006	16817	5539	715	65	
湖北省	59891	12320	3113	537		
湖南省	32647	26083	1707	187	30	
广东省	99725	30822	9062	890	171	
其中:深圳市	12989	4774	127			
广西壮族自治区	15945	10848	74077	197		
海南省	3946	1552	399	644	298	173
重庆市	18233	4095	482	390		
四川省	50258	14840	2673	85	7	
贵州省	13412	16815	963	1	19	
云南省	26278	20747	3426	1220	4	
西藏自治区	2509	4912				
陕西省	28822	8642	4883	423		
甘肃省	16015	10414	1355	733		
青海省	3989	2608	645	240		
宁夏回族自治区	6451	2260	630	25	85	
新疆维吾尔自治区	22903	9443	439	401	6	

1－4－33

单位:万元

地区	一、一般公共服务						
	质量技术监督与检验检疫事务						
	质量技术监督行政执法及业务管理	质量技术监督技术支持	认证认可监督管理	标准化管理	信息化建设	事业运行	其他质量技术监督与检验检疫事务支出
地区合计	**176407**	**63444**	**1473**	**5884**	**14722**	**22194**	**225860**
北京市	12227	1567	50	44	1359	6975	4826
天津市	10467	300	10		533	389	20
河北省	9041	9722	14	943	436	79	27313
山西省	6170	1050	12	25	54	255	2087
内蒙古自治区	123	5	1		15	48	16289
辽宁省	3325	4282	2	377	14	6538	6076
其中:大连市	2620			362			3972
吉林省	12794				695	220	75
黑龙江省	1718	213		470	529	101	9718
上海市	1679	80			105	1036	6871
江苏省	11220	3168	72	383	303		18161
浙江省	6533	2906	139	254	870	3454	13813
其中:宁波市	1304	7	1	3	155	410	427
安徽省	2360			40	101	31	1946
福建省	5019	750	5	45	163	353	2404
其中:厦门市	1372	550					348
江西省	8030	4	2		124	624	3776
山东省	12005	3797	250	588	509	516	49175
其中:青岛市	2283			40	195	511	274
河南省	6351	12193			695	360	8917
湖北省	9761	3528	53	408	806	117	3614
湖南省	12	281			730	103	36
广东省	12158	5635	815	852	278	244	35369
其中:深圳市	2511	17					5146
广西壮族自治区	4411	252		19	844		306
海南省	641	259	20	100	253	38	652
重庆市	4352	395		26	709	438	469
四川省	5708	8646		168	1861	225	2393
贵州省	1982	1054			257		292
云南省	10212	25	2	568	670		2291
西藏自治区	170						897
陕西省	7087	3286	3	574	1102		3553
甘肃省	10581	40	23		2	3	1099
青海省	260						3354
宁夏回族自治区					523	47	9
新疆维吾尔自治区	10	6			182		59

1－4－34

单位:万元

地区	一、一般公共服务					
	国土资源事务					
	小计	行政运行	一般行政管理事务	机关服务	国土资源规划及管理	土地资源调查
地区合计	**4493634**	**6354**	**20963**	**770**	**85309**	**14742**
北京市	42480				996	30
天津市	32370				3985	25
河北省	208498	20			1084	482
山西省	1637536	5395			2526	405
内蒙古自治区	123612		10000		2785	195
辽宁省	103957	132	352		5736	159
其中:大连市	8827				587	75
吉林省	60563	79	47		5604	55
黑龙江省	101102				1628	434
上海市	101359					17
江苏省	130089	391	89		1690	1239
浙江省	61447	34	25		1130	1135
其中:宁波市	8586	30				161
安徽省	97644				1194	1254
福建省	77989				765	458
其中:厦门市	12685					258
江西省	46858				1735	1615
山东省	211990	74	59		2829	710
其中:青岛市	8759					
河南省	225628				10183	1452
湖北省	113967	66	10355	18	3729	357
湖南省	136741				2370	253
广东省	141792	36	20	80	17669	1303
其中:深圳市	30653				12369	759
广西壮族自治区	58523				1248	56
海南省	12306				104	176
重庆市	102879				144	20
四川省	204929		4		4307	883
贵州省	46540		1		3076	314
云南省	72577				1764	414
西藏自治区	24653				548	
陕西省	93506	117	11		1353	464
甘肃省	59292	10		672	2433	194
青海省	44059				266	80
宁夏回族自治区	21253				380	96
新疆维吾尔自治区	97495				2048	467

1－4－35

单位:万元

地　　区	一、一般公共服务					
	国土资源事务					
	土地资源利用与保护	国土资源社会公益服务	国土资源行业业务管理	国土资源大调查	国土整治	地质灾害防治
地区合计	**49593**	**31765**	**61216**	**46185**	**215596**	**35980**
北京市	25		227	1116	8	2047
天津市			159	765		
河北省	1774	23696	264	1186	2347	226
山西省	2196	180	1123	1308	3739	132
内蒙古自治区	1149	1821	4616	1324	1618	667
辽宁省	2533		262	1688	236	
其中:大连市	84		259		8	
吉林省	111	50	2906		44	
黑龙江省	211	7	2521	1045	10	
上海市	1020	3100	410	1897	178	
江苏省	3033	134	632	578	927	
浙江省	1537	1244	1732	440	384	985
其中:宁波市	1292	31	489			99
安徽省	2471		617	1004	2143	200
福建省	1068	106	7438	2805	6718	2508
其中:厦门市	165	10			360	440
江西省	636	130	978	1501	341	325
山东省	697	9	2337	1045	23237	
其中:青岛市		9	356		6	
河南省	4891	514	2527	1785	8959	330
湖北省	1316	8	1424	162	4161	2218
湖南省	10541	42	26731	2613	3034	1537
广东省	6539	405	729	2679	1891	1535
其中:深圳市		140				
广西壮族自治区	2505		76	1108	70	1158
海南省	88	9	8	605	12	
重庆市	105	28	390	190	56052	738
四川省	1130	108	708	3271	81588	12594
贵州省	575	2	604	110	33	2664
云南省	1020	12	760	3469	1024	3358
西藏自治区				3215		50
陕西省	767	63	725	1984	14252	1669
甘肃省	1168	20	190	2080	2211	704
青海省		45	5	2235		215
宁夏回族自治区	276		30	315	5	
新疆维吾尔自治区	211	32	87	2662	374	120

2006年地方财政政府收支分类转换数据

1－4－36

单位：万元

地　　区	一、一般公共服务					
	国土资源事务					
	土地资源储备支出	地质及矿产资源调查	地质矿产资源利用与保护	地质转产项目财政贴息	国外风险勘查	矿产资源补偿费支出
地区合计	**98988**	**139752**	**24354**	**8415**	**4890**	**257344**
北京市	10	1237	611	10	300	2490
天津市		11335	3125	278		4056
河北省	942	6973	1554	778	230	18491
山西省	10323	849	410			25772
内蒙古自治区	1269	14647	2033			8903
辽宁省	1112	12870	34	63	230	14822
其中：大连市	975					273
吉林省	673	2739	67			2277
黑龙江省	48	1163	7968	66		29976
上海市	46159					310
江苏省	1441	27462	386	219	230	7177
浙江省	214	270	463	807		3128
其中：宁波市						18
安徽省	302		19	256		8173
福建省	623	2461	28	828		6570
其中：厦门市						175
江西省	382	584	125	864		6625
山东省	161	710	1049	131		25453
其中：青岛市	52					
河南省	4862	13778	322	23		17361
湖北省	3031	4624	112	20		5964
湖南省	1697	4326	432	1396		3859
广东省	942	817	1521			2660
其中：深圳市	391		900			
广西壮族自治区	1633	766	1259	339		3606
海南省	69	408	20			1996
重庆市	2310	664				2687
四川省	4520	4112	1022	270		8310
贵州省	638	911	515			1908
云南省	10565	1540	653	444	3020	4298
西藏自治区			29	26		3370
陕西省	2881	512	346	1453	230	7743
甘肃省	633	665	2	122	300	11898
青海省		15975	18	12		4425
宁夏回族自治区	136	1028		10		1213
新疆维吾尔自治区	1412	6326	231		350	11823

1－4－37

单位:万元

地　　区	一、一般公共服务					
	国土资源事务			海洋管理事务		
	探矿权、采矿权使用费和价款支出	事业运行	其他国土资源事务支出	小　计	行政运行	一般行政管理事务
地　区　合　计	**2024829**	**37997**	**331954**	**95609**	**1553**	**248**
北京市	4170	3102	790			
天津市	1871		2135	9920		
河北省	90765	4	9404	9191		
山西省	1549370	2695	7625		47	
内蒙古自治区	47801	25	6158			
辽宁省	21643	5003	8786	13774		
其中:大连市	125	306	1215	7726		
吉林省	6076	96	4535			
黑龙江省	16813	1665	10663			
上海市		1011	10852	3701		
江苏省	6251		45938	5606	50	30
浙江省	2937	1512	19225	5164		84
其中:宁波市		30	1886	1577		
安徽省	24611	1665	20437	13	367	
福建省	14009	1314	5024	12779		
其中:厦门市		8	1824	7810		
江西省	5322	76	3076			
山东省	37079	1033	26507	13277	75	
其中:青岛市	630	550	1664	7484		
河南省	69626	5594	25945			
湖北省	14825	890	26460	224	34	10
湖南省	7944		8455		750	
广东省	5791	1028	22036	15273	3	
其中:深圳市			5493	468		
广西壮族自治区	5870	1821	12051	2671		
海南省	1211		3543	3900		
重庆市	11460	643	4622			
四川省	22351	2129	20458	96	227	100
贵州省	1956		6061	16		
云南省	5462	1342	5543			4
西藏自治区			712			
陕西省	5523	2384	5576			
甘肃省	14130	1098	5695			20
青海省	15569		977	4		
宁夏回族自治区	10752	866	991			
新疆维吾尔自治区	3641	1001	1674			

1-4-38

单位:万元

地区	一、一般公共服务						
	海洋管理事务						
	机关服务	海域使用管理	海洋环境保护与监测	海洋调查评价	海洋权益维护	海洋执法监察	海洋防灾减灾
地区合计	**142**	**4130**	**3058**	**1453**	**206**	**5081**	**482**
北京市							
天津市						96	
河北省		12	5				
山西省							
内蒙古自治区							
辽宁省		443	198	210		1447	10
其中:大连市		428				243	
吉林省							
黑龙江省							
上海市							
江苏省		673	566	865		312	
浙江省		35	1100	25	6	254	
其中:宁波市			345			230	
安徽省							
福建省		169				804	191
其中:厦门市							
江西省							
山东省	101	144	111			66	100
其中:青岛市							
河南省							
湖北省						127	
湖南省							
广东省		2162	599			1800	171
其中:深圳市							
广西壮族自治区		2	82	353		38	
海南省		490	397		200	137	10
重庆市							
四川省							
贵州省							
云南省							
西藏自治区							
陕西省							
甘肃省	41						
青海省							
宁夏回族自治区							
新疆维吾尔自治区							

1－4－39

单位:万元

地　　区	一、一般公共服务						
	海洋管理事务						
	海洋卫星	极地考察	海洋矿产资源勘探研究	海港航标维护	海域使用金支出	事业运行	其他海洋管理事务支出
地　区　合　计		**50**	**50**	**35**	**42989**	**267616**	**19018**
北京市						12799	
天津市					9442	1870	196
河北省					8257		709
山西省						8576	
内蒙古自治区							
辽宁省					4097	32318	1635
其中:大连市					326	3940	1291
吉林省						5295	
黑龙江省						5802	
上海市						5265	3701
江苏省					119	65189	2498
浙江省				35	242	8279	2165
其中:宁波市				35		1034	517
安徽省					10	23096	3
福建省					6303	6801	1181
其中:厦门市					4942	2779	571
江西省						5144	
山东省		50	50		9257	1235	1060
其中:青岛市					6366		
河南省						8015	
湖北省						4984	2
湖南省						15564	
广东省					2807	4249	4810
其中:深圳市					432		36
广西壮族自治区					1841	5751	26
海南省					614	35	1016
重庆市						2021	
四川省						13037	
贵州省							16
云南省						71	
西藏自治区						1109	
陕西省						11522	
甘肃省						3600	
青海省							
宁夏回族自治区						2572	
新疆维吾尔自治区						13417	

1－4－40

单位:万元

地　　区	一、一般公共服务						
	测绘事务						
	小　计	行政运行	一般行政管理事务	机关服务	基础测绘	航空摄影	测绘工程建设
地　区　合　计	**83492**	**142312**	**47019**	**4131**	**28989**	**1149**	**1396**
北京市	5740	362	60	28	4125	970	
天津市		1015	117				
河北省	2354	4889	1024	134	1895		48
山西省	2558	6326	857	263	80		
内蒙古自治区	5064	3407	429	100	3057		
辽宁省	2288	8087	547	119	661		2
其中:大连市	146	798	49		141		2
吉林省	4203	3244	728	8	435		33
黑龙江省	2178	6016	1940	40			
上海市	4435		20300				
江苏省	8996	12714	848		1600		
浙江省	6900	5732	2353	172	4674		
其中:宁波市	1667	1750	545		1667		
安徽省	2597	5489	1337	158	1090		
福建省	3580	6161	1319	105	422		428
其中:厦门市	1117	135	9		178		
江西省	3221	7709	610		2013		
山东省	1441	12873	1995		10		
其中:青岛市	94	880	1040		10		
河南省	2787	6137	1599	249	1525		500
湖北省	3630	5396	2731	135	1808	72	
湖南省		10029	1582	503			
广东省	3982	5747	1229	209	1387		
其中:深圳市		115					
广西壮族自治区	4015	2366	1543		11	107	385
海南省	252	253	50		200		
重庆市		1880	236				
四川省	219	7011	431	324			
贵州省	1726	6994	412	498	1696		
云南省	2332	5227	1033	334	577		
西藏自治区	315	252	2				
陕西省	561	2963	1191	397			
甘肃省	1822	2439	191	327			
青海省	2191	214	186	14	1061		
宁夏回族自治区	1238	853	95		230		
新疆维吾尔自治区	2867	527	44	14	432		

1－4－41

单位:万元

地区	一、一般公共服务							
	测绘事务		地震事务					
	事业运行	其他测绘事务支出	小计	行政运行	一般行政管理事务	机关服务	地震台站、台网	地震流动观测
地区合计	**2003**	**22424**	**87971**	**14369**	**1886**	**168**	**10709**	**579**
北京市	511	445	4986	141			122	10
天津市			2612	4			452	
河北省	46	100	7759	332	228	11	1059	21
山西省	51		4476	782	26	44	265	44
内蒙古自治区		2007	1816				418	
辽宁省		63	4301	1510	50		113	20
其中:大连市			515	119			2	
吉林省		15	2480	384			1149	3
黑龙江省		75	1688	1210	31		77	
上海市	26	4435	1864	164				
江苏省		5991	5424	1000	19	54	449	43
浙江省	42	257	2306	11	13		390	
其中:宁波市	42		720					
安徽省	1		2442	532	94		357	11
福建省	739	1019	2971	121	10		442	32
其中:厦门市	20	473	255				41	
江西省	42	959	953	808	53		292	
山东省	21	5	5376	2831	52		441	66
其中:青岛市		48	898	1780	3		20	50
河南省	54	388	2534	1235	563	14	266	148
湖北省	146	527	1386	531		31	315	
湖南省			1421	2168	380	14	33	
广东省	48		6472	133			221	65
其中:深圳市			1014					
广西壮族自治区	9	1159	2940	65			974	
海南省		52	1906				86	3
重庆市			223				30	65
四川省	155	16	3394	18	17		723	5
贵州省			329	157	172		31	
云南省		1544	5604		25		261	5
西藏自治区			109				60	
陕西省	18	561	2138	106	106		292	38
甘肃省		1822	3063	95			841	
青海省		978	705				98	
宁夏回族自治区		5	1311	31	10		119	
新疆维吾尔自治区	94	1	2982		37		333	

2006年地方财政政府收支分类转换数据

1－4－42

单位:万元

地区	一、一般公共服务					
	地震事务					
	地震信息传输及管理	震情跟踪	地震预报预测	地震灾害预防	地震应急救援	地震技术应用与培训
地区合计	**1533**	**361**	**5928**	**6361**	**4037**	**180**
北京市			85	2049	6	12
天津市			41	4	30	
河北省	50	50	68	83	135	45
山西省	5		280	138	332	6
内蒙古自治区	20		12	146		2
辽宁省	19	11	222	518	40	
其中:大连市						
吉林省			5		1	5
黑龙江省			16		400	47
上海市			108	40	20	
江苏省	10		166	62	1	7
浙江省			9	6		
其中:宁波市						
安徽省	99	31	114	15	1	
福建省	45	5	20	525	426	3
其中:厦门市	20				1	3
江西省			2	73	22	
山东省	9	10	1290	248	58	
其中:青岛市				8	8	
河南省	96	136	99	220	43	17
湖北省	53		78	102		1
湖南省	4		63	1	3	
广东省	5		1366	542	341	7
其中:深圳市						
广西壮族自治区	10		676	179	56	
海南省	912	6	31	100	16	2
重庆市	2			12		
四川省	23	50	177	70	317	3
贵州省			1	80	128	
云南省	99	22	868	460	580	8
西藏自治区		10	20	15		
陕西省	5		92	203	476	10
甘肃省	17	30	2	19	53	
青海省			4			
宁夏回族自治区	50		1	179	28	
新疆维吾尔自治区			12	272	524	5

1-4-43

单位:万元

地区	一、一般公共服务						
	地震事务		气象事务				
	地震事业机构	其他地震事务支出	小计	行政运行	一般行政管理事务	机关服务	气象事业机构
地区合计	**8978**	**17219**	**177238**	**240818**	**44315**	**4409**	**26172**
北京市	1472	388	5381	10020	1493	326	341
天津市	477	1531	1890	3794	610		372
河北省	284	4466	7721	13349	1474	20	501
山西省	703	298	6553	8535	747	2214	1475
内蒙古自治区	305	83	6792	7550	549	198	1343
辽宁省	513	988	5640	8496	975	63	1804
其中:大连市	8	40	793	1389	346		144
吉林省	65	68	2688	4677	533	2	524
黑龙江省	218	80	4547	8831	392	53	1310
上海市	6	1680	4049	2719	6630		194
江苏省	251	1381	5885	16142	965	130	182
浙江省	12	1024	11327	13373	4360	27	950
其中:宁波市		664	1985	2781	478	4	496
安徽省	303	182	3662	7226	557	16	343
福建省	277	53	5010	5119	1311	19	1922
其中:厦门市	53		1312	718	781	19	246
江西省	229	335	2462	4780	660	53	362
山东省	658	509	10202	16430	1945	53	2096
其中:青岛市	173	334	1051	2510	561		279
河南省	677	189	9065	13504	1670	400	853
湖北省	257	116	5805	8833	1971	37	292
湖南省	170	768	10199	9392	981	163	452
广东省	42	450	22023	20961	6710	195	3604
其中:深圳市		102	3355	4516	389	106	117
广西壮族自治区	68	100	4963	4980	933	32	1048
海南省	90	153	3314	1299	247		1850
重庆市		113	2855	3111	1479	23	177
四川省	314	274	5748	10246	2184	82	1038
贵州省	28	58	6296	8497	580		288
云南省	546	439	7504	8597	739	29	816
西藏自治区			708	769			11
陕西省	162	78	5312	5954	637	2	895
甘肃省	307	196	3302	5034	290	178	676
青海省	25	164	366	2215	706	9	1
宁夏回族自治区	17	506	1584	1392	1587	15	30
新疆维吾尔自治区	502	549	4385	4993	400	70	422

1-4-44

单位:万元

地区	一、一般公共服务						
	气象事务						
	气象技术研究应用与培训	气象探测	气象信息传输及管理	气象预报预测	气象服务	气象装备保障维护	气象台站建设与维护
地区合计	**922**	**7437**	**3390**	**6301**	**25740**	**8008**	**15494**
北京市	416	2469	87		749	424	
天津市					1086	137	46
河北省	10	71	86	149	2273	323	545
山西省	22	58	190	242	1191	3	1485
内蒙古自治区		30	45	130	867	88	141
辽宁省	50	64	59	40	1382	10	50
其中:大连市		50	29	40	79		
吉林省		27	90	28	942	27	367
黑龙江省		21	11	65	1041	8	
上海市					45	84	67
江苏省		25	35	315	424	263	672
浙江省		741		83	407	125	1472
其中:宁波市		701		50	67	43	
安徽省		17	84	28	137	4	76
福建省		359	487	33	520	27	326
其中:厦门市		186	69		3		106
江西省	21	58	2	49	248	88	256
山东省		200		166	1325	52	608
其中:青岛市		100		142	314		
河南省	5	286	281	1103	916	252	1271
湖北省		84	244	309	443	45	40
湖南省		261	156	2499	1297	398	2342
广东省	287	1144	1157	462	896	4737	619
其中:深圳市	152	293	277	151	560	252	95
广西壮族自治区		38	18	87	1821	118	650
海南省	8	490	79	181	8	40	
重庆市		79	40	27	974	108	120
四川省	10	169	74	28	955	242	237
贵州省	11	434	112	196	840	35	88
云南省		8	23	32	1354	44	2645
西藏自治区					2		
陕西省	75	196	5	37	526	185	116
甘肃省	7	5	25	10	106	15	380
青海省				2			200
宁夏回族自治区		100			368		675
新疆维吾尔自治区		3			2597	126	

1－4－45

单位:万元

地　　区	一、一般公共服务						
	气象事务			民族事务			
	气象卫星	气象法规与标准	其他气象事务支出	小　计	行政运行	一般行政管理事务	机关服务
地　区　合　计	**35**	**160**	**58500**	**160523**	**1405927**	**420786**	**49035**
北京市			884	1993	22560	6475	538
天津市			186	828	11593	3951	
河北省		45	2102	3410	66758	16450	2221
山西省			1286	207	38185	13971	2345
内蒙古自治区			3426	14273	30774	9927	8069
辽宁省	5		1443	5198	49686	11663	1336
其中:大连市			128		5874	2309	
吉林省			364	3027	32833	8959	1709
黑龙江省			1329	3145	57069	10395	409
上海市			3659	2004	21442	7397	8073
江苏省			3555	2669	93406	22414	1209
浙江省			5202	2012	65185	40115	3239
其中:宁波市			264	115	11723	7243	234
安徽省			2224	2253	55305	11078	787
福建省			1085	1902	24747	7822	341
其中:厦门市			702	44	2042	856	219
江西省			1378	322	39941	7966	556
山东省	10		4007	3038	77666	18051	1600
其中:青岛市			82	80	11945	1992	18
河南省		4	3425	3504	63421	23982	3894
湖北省			1897	10034	63311	18234	2064
湖南省			1942	6885	78962	18211	1149
广东省	10	105	3901	5213	107057	38950	3876
其中:深圳市		102	713	630	9873	2226	
广西壮族自治区			509	6862	45949	18566	370
海南省			253	1414	11319	5173	1603
重庆市		6	1077	1306	27295	9509	358
四川省			2666	25157	69595	17877	987
贵州省			2985	17336	47342	5326	478
云南省			1343	20389	51478	29846	240
西藏自治区	10		648	3027			
陕西省			3082	1360	62447	18600	525
甘肃省			1588	3962	30959	8239	337
青海省			104	1229	7582	1480	155
宁夏回族自治区			25	1534	6119	4592	239
新疆维吾尔自治区			925	5030	45941	5567	328

2006年地方财政政府收支分类转换数据

1－4－46　　　　　　　　　　　　　　　　　　　　　　　　　　　　　　　　单位:万元

地　　区	一、一般公共服务						
	民族事务			宗教事务			
	民族工作专　项	事业运行	其他民族事务支出	小　计	行政运行	一般行政管理事务	机关服务
地　区　合　计	**66390**	**1676**	**22950**	**58922**	**1998322**	**984775**	**37408**
北京市	703		62	4219	55413	16164	401
天津市	122		103	92	18905	6166	
河北省	1181		195	2221	110486	41463	5675
山西省	64	20		1704	55125	30888	270
内蒙古自治区	2033		5565	595	90981	7677	944
辽宁省	1935		370	796	106498	39309	255
其中:大连市					16201	8515	
吉林省	328	11	277	827	45234	13288	77
黑龙江省	1275		91	1025	80620	9684	
上海市	21	186	1101	2747	52829	47098	656
江苏省	1115	86	552	5007	235848	37113	5799
浙江省	658	41	173	4839	115710	57841	6710
其中:宁波市	100			607	26448	13369	377
安徽省	587	2	178	1084	51995	34124	110
福建省	800	460	96	2319	42514	38048	25
其中:厦门市		81		559	9747	2852	25
江西省	15		6	997	32026	73632	50
山东省	526	9	98	1449	134828	45057	526
其中:青岛市			2	698	20057	4483	
河南省	1312	78	187	2192	62563	19272	486
湖北省	8006		400	2518	75164	50609	
湖南省	2848		615	1995	92895	12637	791
广东省	2633	97	463	2365	157744	227201	6611
其中:深圳市	395		5	105	6505	22242	
广西壮族自治区	2510	675	429	316	33910	23819	354
海南省	80		443	280	22639	3476	5
重庆市	352		302	1124	38465	22006	1549
四川省	20874	11	687	2383	47684	54616	1242
贵州省	7757		3670	641	41520	5014	322
云南省	6777		5265	3975	45840	34826	196
西藏自治区	19		16	4747	54		
陕西省	769			1352	74184	17667	1391
甘肃省	164		1533	555	6873	3101	666
青海省	202		15	512	9672	2779	
宁夏回族自治区	598		1	419	6228	4648	300
新疆维吾尔自治区	126		57	3627	53875	5552	1997

1－4－47

单位:万元

地区	一、一般公共服务							
	宗教事务			港澳台侨事务				
	宗教工作专项	事业运行	其他宗教事务支出	小计	行政运行	一般行政管理事务	机关服务	港澳事务
地区合计	**12253**	**65707**	**12065**	**110421**	**1892385**	**306915**	**10546**	**1918**
北京市	1156	2107	2184	3108	48796	2063	318	
天津市	17	308	10	360	29910	701	43	
河北省	730	992	152	1009	142502	52	274	
山西省	583	2588	211	775	16841	39		
内蒙古自治区	66	2617	185	243	45925	7872	229	
辽宁省	561	5566	15	589	114391	9129		
其中:大连市				44	14707	367		
吉林省	241	1831	107	683	54932	3869	1	
黑龙江省	366	7237	15	1367	58128	18432		
上海市	39	5135	88	6433	59286	28709		
江苏省	287	1592	395	11259	157068	4832	1400	29
浙江省	1260	3055	133	10125	81714	28658	1571	79
其中:宁波市	102	478		2374	18443	1064		26
安徽省	316	793	83	1320	64546	4359	75	
福建省	380	3850	68	13737	31352	5915	98	10
其中:厦门市	156	636	36	1852	7032	2357	98	
江西省	257	439	33	2162	46806	16196		52
山东省	185	6042	359	4925	37672	60432	1482	
其中:青岛市	158	1267	68	1452	22180		60	
河南省	324	3171	412	1747	65972	13895	82	10
湖北省	1280	914	55	4303	101548	17227		7
湖南省	831	415	214	2307	119704	426		2
广东省	711	4294	71	25631	302309	4977	1582	1708
其中:深圳市		53		5089	30069	1395		319
广西壮族自治区	29	954	5	7214	30667	15670	114	3
海南省	13	560	34	1208	10114	873	277	
重庆市	18	523	106	246	22792	14254	1431	
四川省	428	4982	190	3678	79228	13690	279	18
贵州省	143	684	154	939	9479	19109		
云南省	1061	204	1537	3207	40160	2374	1225	
西藏自治区	56	224	3683	1	5794	3		
陕西省	424	778	5	559	27809	3040		
甘肃省	31	310	10	126	42782	411	63	
青海省	131	139	38	101	8802	22		
宁夏回族自治区	54	364	48	573	7534	1587	2	
新疆维吾尔自治区	275	3039	1465	486	27822	8099		

2006 年地方财政政府收支分类转换数据

1－4－48

单位:万元

地　　区	一、一般公共服务							
	港澳台侨事务				档案事务			
	台湾事务	华侨事务	事业运行	其他港澳台侨事务支出	小　计	行政运行	一般行政管理事务	机关服务
地　区　合　计	**11039**	**19827**	**899**	**10711**	**266403**	**182439**	**89659**	**1897**
北京市	834	402		806	10550	5862	1236	62
天津市	112	97		52	3830	3645	12	
河北省	157	255	13	141	8883	7402	2002	
山西省	101	83		38	6914	4711	455	61
内蒙古自治区		48		50	11402	5255	1265	22
辽宁省	5	36	62		10649	7163	1628	
其中:大连市	2	2	62		2145	920	51	
吉林省	88	28	87	14	6837	4872	61	
黑龙江省	28	22		30	9255	9287	950	
上海市	93	169		23	14269	5616	5117	435
江苏省	2139	818	30	515	20437	19542	12765	4
浙江省	1638	2289		1416	19495	11915	6016	118
其中:宁波市	184	547		535	2828	1910	2151	
安徽省	353	276	16	232	5511	4072	82	
福建省	563	6722	44	1012	5160	3081	3124	
其中:厦门市	288	225	19	297	691	234		
江西省	338	88	1	28	5777	2534	72	
山东省	779	205	66	426	11955	3210	851	242
其中:青岛市	518			35	2632	1896	147	
河南省	295	433	25	43	11371	5981	4913	364
湖北省	794	521		59	8165	9747	5675	
湖南省	304	367	5	35	15645	11292	2541	20
广东省	1331	2935	154	2546	21011	18536	14474	376
其中:深圳市	15			1510	2595		1942	252
广西壮族自治区	53	1198	6	2731	4574	6765	1250	
海南省	85	820	26	12	1302	1223	317	
重庆市	6	43	10		3488	2386	449	19
四川省	358	561	121	73	14346	7918	11295	41
贵州省	119	64		2	6269	540	5051	19
云南省	420	1256		422	7328	5309	4206	89
西藏自治区				1	763	1179		2
陕西省	26	19			7374	3550	48	6
甘肃省		5			5182	2091		6
青海省	20	15			2127	1188	1039	
宁夏回族自治区		29			1280	1025	236	11
新疆维吾尔自治区		23	233	4	5254	5542	2529	

1－4－49

单位:万元

地　区	一、一般公共服务							
	档案事务		共产党事务					
	档案馆	其他档案事务支出	小　计	行政运行	一般行政管理事务	机关服务	专项服务	专项业务
地　区　合　计	**94148**	**31419**	**5103945**	**351060**	**69826**	**1725**	**49173**	**318326**
北京市	7418	1071	126634	7533	496		1732	9709
天津市	1417	117	45836	4402	101		153	278
河北省	1977	1691	244958	18653	1607		419	14605
山西省	1976	1134	166009	9149	402	26	2030	6138
内蒙古自治区	5857	531	158879	3908	12		2092	14754
辽宁省	5045	1385	167018	19132	1009	161	522	10389
其中:大连市	276	515	19999	1379	546			416
吉林省	2683	536	89537	9367	465		353	4175
黑龙江省	3563	607	151292	14678	2665		905	2623
上海市	2215	1116	86153	7916	3118		697	5919
江苏省	7673	939	322893	35551	17249	127	629	22195
浙江省	2372	3971	246604	20625	7868	67	1163	31614
其中:宁波市	827	290	43824	4322	567		307	8938
安徽省	1114	467	149904	8597	4410		795	8013
福建省	2010	560	141767	8960	687		2074	10995
其中:厦门市	195	15	23597	945			557	1075
江西省	3498	313	116177	10546	442	37	334	4656
山东省	3968	1180	364782	5324	9997	160	10994	6766
其中:青岛市	933	358	52374	2661			4480	
河南省	3205	2664	291620	14062	2229	25	8481	13805
湖北省	2359	760	158388	34214	3190		1839	21062
湖南省	6468	3686	237324	16712	12		1867	13125
广东省	8301	1430	335865	37305	2747	15	3780	41269
其中:深圳市	193	282	47115	4483	701	15	60	2328
广西壮族自治区	1711	515	140352	5034	156		1663	7025
海南省	356	90	41403	1710	58		128	1737
重庆市	1406	510	81555	10751	219		602	2979
四川省	6401	2269	323452	17491	1551	65	821	11487
贵州省	624	1552	160367	7857	1932		345	11608
云南省	3140	536	197716	7587	4843	32	1496	18506
西藏自治区	288	15	42040	329	4		1361	2506
陕西省	2917	595	170478	2735	61	1	193	2395
甘肃省	1893	545	107956	626	6	40	696	5820
青海省	700	178	37837	375			16	1944
宁夏回族自治区	85	241	45213	1515	2270		274	2595
新疆维吾尔自治区	1508	215	153936	8416	20	969	719	7634

1－4－50

单位:万元

地区	一、一般公共服务								
	共产党事务		民主党派及工商联事务						
	事业运行	其他共产党事务支出	小计	行政运行	一般行政管理事务	机关服务	参政议政	事业运行	其他民主党派及工商联事务支出
地区合计	**4524**	**418022**	**256089**	**602334**	**171096**	**162**	**11736**	**2614**	**26073**
北京市	115	17509	7311	6979	1057		334		611
天津市	970	3490	4415	4039	92		290		89
河北省	29	20637	8769	37612	6712		202		1783
山西省	67	6229	5497	22342	4495		103	624	505
内蒙古自治区	106	11605	4471	19940	1606		144		409
辽宁省	179	9639	12845	15574	5529		869		1809
其中:大连市	108	489	3684	2674	383				1503
吉林省	161	6055	4388	15494	1852	5	440		89
黑龙江省	126	13738	9227	15813	840		226		3844
上海市	495	8582	12666	8516	24416		154		1037
江苏省	11	13015	20775	20985	7192		826	224	1362
浙江省	82	23060	18909	15130	4095	116	639		1960
其中:宁波市		2977	2610	3196	296		10		56
安徽省	236	17072	8924	26594	3003		68		551
福建省	259	7530	9725	14946	2684		1203		457
其中:厦门市	50	2826	2464	7041			41		250
江西省	40	12803	4962	15837	2031		76		310
山东省	456	34900	13209	46819	16359		784	600	1932
其中:青岛市	27	5785	2437	5002	300		178		277
河南省	407	34411	7015	36701	17915	1	473	1123	880
湖北省	16	10921	11118	22185	5093	28	1178		79
湖南省	93	11757	12238	46567	8683		161		1276
广东省	268	41325	22904	53539	18074	2	1655	14	1968
其中:深圳市		11547	2644	10496	48		14		384
广西壮族自治区	90	9958	6277	12922	6651		322		417
海南省	2	4111	1954	2469	1509		50		169
重庆市	97	2394	4969	10530	2076	10	273		663
四川省	84	17162	12949	24822	4865		309		785
贵州省	14	18214	6407	23385	1292		151		629
云南省		19467	7930	22584	3968		85	5	1077
西藏自治区		750	466	3308	13395				88
陕西省	63	33013	6075	16346	2046		295		519
甘肃省	35	3530	3157	14474	1164		82	24	155
青海省	6	1312	1369	3565	306		210		48
宁夏回族自治区		159	1638	3750	679		43		17
新疆维吾尔自治区	17	3674	3530	18567	1417		91		555

1－4－51

单位:万元

地区	一、一般公共服务							
	群众团体事务							
	小计	行政运行	一般行政管理事务	机关服务	厂务公开	工会疗养休养	事业运行	其他群众团体事务支出
地区合计	**698438**	**27513**	**4926**	**792**	**814**	**3918**	**2355**	**120481**
北京市	22153	40	328		26	160		4153
天津市	11201	60	5					95
河北省	25758	1164	129		95	281		6875
山西省	24451	804	55		14			3479
内蒙古自治区	14944	307	37	100	45	60		1966
辽宁省	30846	205	15		40	415	15	6167
其中:大连市	2770					3		156
吉林省	9684	283	191		24	132		567
黑龙江省	23623	559	85		148	110		2817
上海市	28321	2461	133			73		9044
江苏省	53423	3458	867		37	228		6396
浙江省	51908	2804	484	164	41	545		12261
其中:宁波市	10779	458	5			225		1540
安徽省	15773	680	4		17	216		1778
福建省	21024	978	154		23			2970
其中:厦门市	4377	345	2					843
江西省	13918	623	42	339	18	144	52	2742
山东省	37643	724	160	81	5		70	3644
其中:青岛市	6123	466	6	81	5			651
河南省	26129	1325	76		33	112	1961	5337
湖北省	19126	859	150	2	15	20		284
湖南省	23328	795	155		6	89		3774
广东省	69430	872	661	32	79	120	95	17880
其中:深圳市	14019		105			18		3481
广西壮族自治区	16185	102	171		8			2962
海南省	5964	154	79			112		663
重庆市	11679	973	17	5	43	139		1529
四川省	33865	1530	80	69	5	198		3378
贵州省	17807	340	4		7	146	162	5101
云南省	29647	1012	365		50	186		6367
西藏自治区	9454	1008				242		1854
陕西省	15564	712	193			13		3517
甘肃省	10221	494	20			12		969
青海省	4166	343				16		538
宁夏回族自治区	5468	281	36		15	70		176
新疆维吾尔自治区	15735	1563	230		20	79		1198

2006 年地方财政政府收支分类转换数据

1-4-52

单位:万元

地区	一、一般公共服务							
	国债事务					其他一般公共服务支出		
	小计	地方向国外借款还本	国内债务付息	国外债务付息	补充还贷准备金	小计	国家赔偿费用支出	其他一般公共服务支出
地区合计	**929498**	**148492**	**542136**	**59661**	**179209**	**2061324**	**5005**	**2056319**
北京市	42189		21206		20983	50776		50776
天津市	9000		9000			31166	17	31149
河北省	25976	7988	4329	75	13584	49075	30	49045
山西省	5077		635	309	4133	28901	190	28711
内蒙古自治区	15221		7898	1614	5709	103913	57	103856
辽宁省	229773	81936	146927		910	77463	46	77417
其中:大连市	145480		145480			9522		9522
吉林省	19836	247	15148	4141	300	23347	104	23243
黑龙江省	6093		6075	18		27080	671	26409
上海市	5000		5000			109256	285	108971
江苏省	83546	51682	364		31500	107629	7	107622
浙江省	21020		13290		7730	57863	2	57861
其中:宁波市	13242		12929		313	16135		16135
安徽省	6997		4567		2430	41908	200	41708
福建省	13288		11406	1	1881	83588		83588
其中:厦门市	10876		10209		667	65448		65448
江西省	4634	1261	2114	1215	44	51839	10	51829
山东省	26384	536	6354	80	19414	160559	17	160542
其中:青岛市	3163		3083	80		41797		41797
河南省	53006	2440	38173	11583	810	135115	2067	133048
湖北省	8442		2823	1142	4477	19042	120	18922
湖南省	12183	2173	8213	846	951	186487	373	186114
广东省	102354	82	77772		24500	380936	68	380868
其中:深圳市	74352		74352			267535		267535
广西壮族自治区	14187		12924	330	933	65109	93	65016
海南省	25420		21520	1400	2500	7374		7374
重庆市	4081		3871	210		34095	189	33906
四川省	47050		28034	1055	17961	39851	214	39637
贵州省	32665	147	15133	1042	16343	15173	4	15169
云南省	2866		2430	86	350	28552	80	28472
西藏自治区						20116		20116
陕西省	3821		3171	578	72	15709		15709
甘肃省	4963		3480	1233	250	29464	97	29367
青海省	58656		58656			19800	60	19740
宁夏回族自治区	13993		9993	4000		2381		2381
新疆维吾尔自治区	31777		1630	28703	1444	57757	4	57753

1－4－53

单位:万元

地　　区	二、外交	三、国防				四、公共安全		
		合　计	现役部队及国防后备力量		其他国防支出	合　计	武装警察	
			小　计	民　兵			小　计	内　卫
地　区　合　计	**20873**	**675977**	**422163**	**414023**	**253814**	**23615556**	**928578**	**194941**
北京市	1668	26913	22243	22243	4670	1213347	49901	8179
天津市		5249	4277	4277	972	430132	7925	368
河北省	53	20279	13425	13425	6854	832125	16112	3000
山西省		16089	12087	12087	4002	560091	24499	5250
内蒙古自治区	1175	11704	5896	5896	5808	476336	33545	10881
辽宁省		34207	25950	18509	8257	998274	40440	4019
其中:大连市		4221	4221	4221		144922	9809	2
吉林省		19555	8946	8946	10609	504795	30366	6406
黑龙江省		32263	24062	24062	8201	658137	34793	1144
上海市		10774	10217	10217	557	1226453	7067	
江苏省	935	45535	24170	24170	21365	1805856	57906	13433
浙江省	2113	41078	27812	27812	13266	1460802	70749	8430
其中:宁波市		6030	4829	4829	1201	248342	16338	676
安徽省		24607	10339	10339	14268	594780	20584	8671
福建省	116	28903	23442	23442	5461	608265	30780	6726
其中:厦门市		5496	4115	4115	1381	111833	3671	411
江西省		21218	9397	9397	11821	501234	10616	2701
山东省	228	31471	22091	22091	9380	1277795	38928	10339
其中:青岛市	28	5475	2433	2433	3042	227752	8104	673
河南省	111	29489	8430	8430	21059	949099	9204	2681
湖北省	491	8711	3091	3091	5620	879088	36081	9156
湖南省	576	25420	17970	17970	7450	771602	29900	6878
广东省	6408	59710	30383	30383	29327	2862063	166001	30748
其中:深圳市		7233	3291	3291	3942	562556	36422	
广西壮族自治区		32777	15213	15213	17564	599000	21781	7450
海南省		4728	2720	2720	2008	148210	7318	656
重庆市	80	12344	10073	10073	2271	464285	29181	7039
四川省	231	29224	21568	21568	7656	985132	34967	12471
贵州省	200	15707	9874	9175	5833	457929	9638	2807
云南省	1755	29827	23633	23633	6194	747830	38280	7358
西藏自治区	215	5919	2010	2010	3909	135163	14512	3215
陕西省	626	14894	14894	14894		467601	20889	6953
甘肃省	1056	9435	7120	7120	2315	300656	6810	2346
青海省	2	3739	3519	3519	220	124321	4216	1519
宁夏回族自治区		3696	3159	3159	537	120805	9086	2114
新疆维吾尔自治区	2834	20512	4152	4152	16360	454350	16503	2003

1－4－54

单位:万元

地　区	四、公共安全							
	武装警察							
	边　防	消　防	警　卫	黄　金	森　林	水　电	交　通	其他武装警察支出
地　区　合　计	**82723**	**459246**	**43621**	**140**	**32555**	**35**	**3949**	**111368**
北京市		28951	2861				273	9637
天津市		5201	2024				287	45
河北省	551	9265	1058		542		506	1190
山西省		16315	1067					1867
内蒙古自治区	4912	8114	1584	25	6995	8	6	1020
辽宁省	2929	24215	1110		83			8084
其中:大连市	246	4901			26			4634
吉林省	2532	13485	1565		5191	17	25	1145
黑龙江省	512	17060	1182	54	9155			5686
上海市	200	6337						530
江苏省	5839	32242	3998					2394
浙江省	10680	39070	3951		91			8527
其中:宁波市	2280	12814	81					487
安徽省	580	9091	903		18			1321
福建省	8173	14700	911					270
其中:厦门市	722	2383						155
江西省	266	5337	729					1583
山东省	1480	20836	135	5	82	10	25	6016
其中:青岛市	493	5021						1917
河南省	979	4806	174					564
湖北省	200	16179	991		30		1065	8460
湖南省	1093	14528	1456		308		32	5605
广东省	22693	78676	3875		252			29757
其中:深圳市		14209						22213
广西壮族自治区	2760	8706	979		22		467	1397
海南省	2977	2792	579	36			4	274
重庆市	497	19719	852				827	247
四川省	331	15987	1353		3615		409	801
贵州省	95	5760	181					795
云南省	7855	12341	3511	20	5997		23	1175
西藏自治区	863	1660	275		61			8438
陕西省	871	6533	2626		14			3892
甘肃省	326	3327	704					107
青海省		2103	588					6
宁夏回族自治区	32	5389	1284					267
新疆维吾尔自治区	2497	10521	1115		99			268

1－4－55 单位:万元

地区	四、公共安全						
	公安						
	小计	行政运行	一般行政管理事务	机关服务	治安管理	国内安全保卫	刑事侦查
地区合计	**14009957**	**50909**	**13549**	**1491**	**504925**	**40980**	**175031**
北京市	739680	949	117		46066	2455	13433
天津市	250846	96	3		5180	156	1843
河北省	512219	336	120	194	11746	718	6060
山西省	315251	533		3	5338	763	2916
内蒙古自治区	272987	45		688	5173	793	2696
辽宁省	584395	490	58	2	10606	1195	10213
其中:大连市	88973	29	11		847	6	683
吉林省	259044	397	145		14601	439	3122
黑龙江省	339608	551	736	44	5444	839	7481
上海市	769524	5197	765		10339	1908	4871
江苏省	1116836	6634	1038		52212	1639	10301
浙江省	902826	3581	917		51250	425	7828
其中:宁波市	169685	1037	45		22376	23	1909
安徽省	355647	440	17		8058	580	3199
福建省	346451	4351	619		11459	357	5815
其中:厦门市	69471	779	182		4958	74	165
江西省	300725	1121	196		7901	671	3680
山东省	771479	3002	423		14166	1982	4687
其中:青岛市	131847	818			1585	20	150
河南省	561085	592	296	185	17101	982	8279
湖北省	502931	2690	230	97	22038	897	7827
湖南省	433716	1486	113	34	9476	1865	9550
广东省	1873260	11752	5230	96	71432	14083	17097
其中:深圳市	385907	2440	805		19565	1037	3788
广西壮族自治区	335424	1570	984	1	14165	597	3544
海南省	77322	289	2		1979	654	3321
重庆市	262575	189	3		12631	1170	8920
四川省	571066	2147	441		32867	2404	10680
贵州省	260953	555	199		7648	347	3103
云南省	439614	778	331	21	17016	1933	5147
西藏自治区	68374			41	21457	321	3370
陕西省	264812	457	57		5062	118	2211
甘肃省	157012	95	26	40	3901	257	419
青海省	55623	39	27	45	2523	205	924
宁夏回族自治区	60178	88	456		3412	6	700
新疆维吾尔自治区	248494	459			2678	221	1794

2006 年地方财政政府收支分类转换数据

1－4－56　　　　单位:万元

地　　区	四、公共安全						
	公　　安						
	经济犯罪侦　　查	出入境管理	行动技术管　　理	防范和处理邪教犯罪	禁毒管理	道路交通管　　理	网络侦控管　　理
地　区　合　计	**41396**	**57458**	**35701**	**11727**	**80797**	**895495**	**21578**
北京市	510	1415	4173	247	248	24440	411
天津市	59		5	83	651	16000	356
河北省	1941	1470	434	521	670	76990	912
山西省	802	1821	256	153	974	33756	30
内蒙古自治区	401	29	155	346	664	41436	141
辽宁省	2441	439	865	445	793	25096	757
其中:大连市					3	1487	
吉林省	1223	731	3000	192	509	10437	152
黑龙江省	2219	2102	883	447	1440	24998	216
上海市	717	671	3505	1084	580	6498	1613
江苏省	2742	1899	2621	727	1068	59961	2736
浙江省	1313	598	1632	374	1929	94901	1174
其中:宁波市	230	96	760	35	164	11547	391
安徽省	592	36	527	29	876	29378	246
福建省	1395	3316	490	75	1374	24877	902
其中:厦门市	98	1319	157		253	4216	
江西省	829	992	942	70	529	20314	157
山东省	4568	9589	1615	1602	2863	80835	2000
其中:青岛市	50	20		78	21	883	
河南省	1049	944	343	417	758	37585	1047
湖北省	2112	4576	630	232	1384	28678	411
湖南省	2395	1998	963	815	5404	36468	1017
广东省	4903	17660	4141	953	5767	48318	1194
其中:深圳市	1170	35	1299	282	997	2255	402
广西壮族自治区	757	1100	604	281	4281	34749	309
海南省	1224	489	6	25	1824	8097	26
重庆市	1250	10	1698	814	1398	13206	719
四川省	3407	1280	2954	825	4505	35706	1418
贵州省	185	380	613	74	2171	13640	58
云南省	1446	2047	988	197	33498	23937	753
西藏自治区	5	1383	785		285	194	45
陕西省	288	59	409	437	509	29041	2296
甘肃省	461	382	419	74	2605	3560	239
青海省	12	2	1		654	1874	198
宁夏回族自治区	38			170	366	7105	
新疆维吾尔自治区	112	40	44	18	220	3420	45

1－4－57

单位:万元

地区	四、公共安全							
	公安							
	反恐怖	居民身份证管理	网络运行及维护	拘押收教场所管理	警犬繁育及训养	信息化建设	事业运行	其他公安支出
地区合计	**14145**	**378145**	**53592**	**306636**	**10060**		**434**	**981487**
北京市		365	9898	23299	3745			96129
天津市		13	386	3658	30			39053
河北省	22	12946	1415	14165	95			32474
山西省	528	14423	4286	7392	190		4	10041
内蒙古自治区	600	21188	675	5176	45			27487
辽宁省	156	19680	1385	10418	229		19	42021
其中:大连市		170	6	306	52			125
吉林省	98	942	817	4419	109			2835
黑龙江省	289	3991	3664	8730	39		4	8694
上海市	1232	4181	2505	2777	408			27730
江苏省	672	61472	1620	17091	95			86340
浙江省	100	2236	2726	13150	73			62098
其中:宁波市		423	897	3482	28			6421
安徽省	148	25235	3527	3914	369			27597
福建省	56	3474	990	9738	43		29	18210
其中:厦门市		340	220	2454			29	4794
江西省	180	3640	800	2690	30			12488
山东省	1550	17493	2072	9694	1312			49515
其中:青岛市		6609	239	714	31			4699
河南省	646	51701	1254	10533	138		54	42413
湖北省	2672	22895	1371	10005	13			9251
湖南省	1207	8096	802	4927	75			42993
广东省	1085	10210	3493	60655	1442		320	147904
其中:深圳市	695	20	87	6967	624			23313
广西壮族自治区	272	10578	468	8559	74			18370
海南省	70	3511	322	5066	307			7993
重庆市	526	18410	1442	4564	38			21318
四川省	113	8959	4781	17332	318		4	39048
贵州省	1018	10707	108	16280	217			21598
云南省	188	16394	1743	18462	521			33602
西藏自治区	272	79	182	339	21			765
陕西省	90	11331	224	3174	36			27445
甘肃省	316	4553	239	4225	14			12350
青海省		109	184	2109	3			9490
宁夏回族自治区	9	2257	7	1366				1182
新疆维吾尔自治区	30	7076	206	2729	31			3053

1－4－58

单位:万元

地　　区	四、公共安全						
	国家安全						
	小　计	行政运行	一般行政管理事务	机关服务	安全业务	事业运行	其他国家安全支出
地 区 合 计	**489372**	**122148**	**17197**	**64706**	**22307**	**1033**	**53797**
北京市	65748	1816	245	235	259		10
天津市	14369	2141	155	178	1260		
河北省	9247	4636	385	3874	853	5	712
山西省	6034	3711	90	2824	106	5	369
内蒙古自治区	7295	4046	280	10275	76		27
辽宁省	21105	3413	804	1081	2468		166
其中:大连市	4767	972	382	4	361		
吉林省	11296	3035	583	2765	30		126
黑龙江省	14002	4923	118	310	560		7
上海市	66823	9663	1275	978	1156		16743
江苏省	34167	11151	674	1294	1295		10574
浙江省	25096	8765	4387	1393	2676	929	549
其中:宁波市	4684	1391	320		883		177
安徽省	3877	3609	321	858	467		10
福建省	19616	2443	147	1318	266		252
其中:厦门市	6367	472	9	61	96		162
江西省	6216	1841	125	2322	35		457
山东省	26635	5495	1312	6516	848		14583
其中:青岛市	5054	1334	7	2780	100		310
河南省	7693	4754	563	4481	378		488
湖北省	11713	4601	348	652	800	25	64
湖南省	7888	4607	850	8109	359		314
广东省	52178	9500	1684	1791	2984		6422
其中:深圳市	8778	2075	45		412		216
广西壮族自治区	7347	2083	264	1218	109		30
海南省	7053	591	265	738	1150		2
重庆市	4489	1524	48	208	785		775
四川省	10509	5225	451	1854	555		48
贵州省	4469	3272	821	1428	203		45
云南省	9929	3217	414	1139	188	69	439
西藏自治区	5629	419		1704	10		300
陕西省	8364	3585	277	1761	2022		157
甘肃省	4015	2505	199	1941	11		25
青海省	2327	1173	31	687	20		16
宁夏回族自治区	2106	893	61	75	319		
新疆维吾尔自治区	12137	3511	20	699	59		87

1－4－59

单位:万元

地　　区	四、公共安全							
	检　　察							
	小　计	行政运行	一般行政管理事务	机关服务	查办和预防职务犯罪	公诉和审判监督	侦查监督	执行监督
地　区　合　计	**1998092**	**3456639**	**731372**	**809**	**69899**	**23427**	**16192**	**7269**
北京市	81073	49914	45428	2	1414	494	337	250
天津市	34555	33841	7588	79	6	7	32	2
河北省	89067	187879	16552	114	4869	1333	379	176
山西省	57473	133563	12637		2050	353	309	172
内蒙古自治区	39961	112138	5398	73	193	187	109	114
辽宁省	83509	120324	19497	25	1552	161	413	55
其中:大连市	10761	14084	5006		119			
吉林省	54520	60942	13416	15	2383	259	538	82
黑龙江省	59815	95444	31035		2021	786	325	140
上海市	82914	42654	22188	18	256	74	80	37
江苏省	148266	242147	42021	37	7117	1724	882	644
浙江省	94074	140033	46286	5	1991	1581	467	200
其中:宁波市	17261	27468	3656		418	203	90	33
安徽省	54054	113952	8421	48	1665	415	138	73
福建省	52643	90122	25878		1271	223	135	101
其中:厦门市	9432	11851	6591		418	81	21	5
江西省	56341	86668	8955	47	1441	1174	274	75
山东省	116181	252220	47344		3153	2890	1679	642
其中:青岛市	14835	32853	5209					
河南省	114455	192755	34516	33	4957	871	824	284
湖北省	80997	108967	14033	11	5201	1374	1021	607
湖南省	82655	162029	40022	8	7564	1019	1457	506
广东省	169510	183067	60339	25	4103	1606	987	640
其中:深圳市	33180	28148	4979		1742	781	159	176
广西壮族自治区	52592	92521	27013	5	1230	1029	1096	366
海南省	17530	17755	16374		1609	767	1280	805
重庆市	33426	63289	11560	77	2212	1328	497	287
四川省	95991	224314	62832	35	5708	2158	1406	651
贵州省	37725	112424	15664		1308	333	282	49
云南省	59999	120248	36656		1305	621	511	172
西藏自治区	13608	33977	1518		10			3
陕西省	41515	117547	14791		1142	130	437	43
甘肃省	29458	90293	5366	152	588	328	109	16
青海省	13383	28640	5099		375	57	87	12
宁夏回族自治区	13040	15786	25960		791	28	5	
新疆维吾尔自治区	37762	131186	6985		414	117	96	65

2006 年地方财政政府收支分类转换数据

1－4－60

单位:万元

地区	四、公共安全							
	检察				法院			
	控告申诉	“两房”建设	事业运行	其他检察支出	小计	行政运行	一般行政管理事务	机关服务
地区合计	**6235**	**185601**	**10759**	**155766**	**2833283**	**181184**	**35388**	**4830**
北京市	230	30520	541	5883	113467	4780	1584	15
天津市	2	80		13811	48148	3409	548	
河北省	358	7958	426	4590	107526	5537	1120	46
山西省	103	2978	222	2967	74458	3888	1001	14
内蒙古自治区	56	4292	126	1787	59562	3611	234	338
辽宁省	80	5953	262	4692	134688	8378	1702	26
其中:大连市		505	60	29	21256	1200	919	
吉林省	39	1631	744	2272	59673	3559	198	80
黑龙江省	121	2278	540	3224	81815	4682	475	
上海市	37	7038	641	10274	132797	8297	3160	10
江苏省	459	20107	880	3172	253306	15779	2741	211
浙江省	257	4238	1186	3406	147155	12222	4083	877
其中:宁波市	28	1595	336		22814	2114	430	
安徽省	182	4047	343	4894	79546	7498	743	319
福建省	63	4595	610	2480	72540	6966	1055	125
其中:厦门市	8	974	36	730	15566	1759	395	2
江西省	103	5364	310	3388	60815	4187	341	105
山东省	697	2323	568	8581	184100	9567	860	128
其中:青岛市			73	23	37474	1833	149	
河南省	377	7541	1593	13107	130288	4789	815	464
湖北省	555	6166	223	2918	106822	6539	3311	43
湖南省	542	7164	37	10185	94170	8350	2438	543
广东省	404	18188	207	16623	241706	16258	2844	382
其中:深圳市	122	406		7317	43190	2108	138	
广西壮族自治区	280	2671	154	6707	80899	5187	340	193
海南省	113	2003	32	1295	13747	1415	294	51
重庆市	351	871	333	4803	62048	3175	771	271
四川省	542	12939	281	3932	134668	9618	2081	190
贵州省	48	3412		4437	56049	4871	756	30
云南省	106	8064	134	5433	79205	5515	1253	6
西藏自治区	7	2303		1246	16937	378		
陕西省	49	1307	68	6449	65388	5033	228	21
甘肃省	17	3239	14	1359	48158	2650	118	334
青海省	5	1517	2	1491	16318	1063	48	8
宁夏回族自治区	10	3530		111	17246	1415	163	
新疆维吾尔自治区	42	1284	282	249	60038	2568	83	

1－4－61

单位:万元

地　　区	四、公共安全							
	法　　院					司　　法		
	案件审判	案件执行	“两庭”建设	事业运行	其他法院支出	小　计	行政运行	一般行政管理事务
地　区　合　计	**209800**	**53514**	**295289**		**185920**	**764317**	**430735**	**116029**
北京市	12414	320	42467		5622	23433	5436	11409
天津市	1143	43	2420		6362	27523	7149	2493
河北省	8304	1171	8516		7650	28630	14616	3713
山西省	5372	938	8033		2276	20926	16971	3178
内蒙古自治区	4609	304	4799		5556	19829	10771	1018
辽宁省	4965	1027	6795		5490	24957	18067	4736
其中:大连市	20		56		2377	3604	1646	791
吉林省	3108	1180	2896		1267	19171	7233	615
黑龙江省	3260	407	8213		668	22699	16066	2516
上海市	5586	1034	13421		4605	22836	13351	5529
江苏省	22914	2814	24492		23046	45386	37360	8485
浙江省	13507	2683	12155		4708	42797	26721	11510
其中:宁波市	1219	653	490		728	7989	6033	2833
安徽省	3465	989	3222		5147	21842	12459	1174
福建省	7212	1150	10481		3450	23503	12168	5142
其中:厦门市	463	354	4187		1059	3724	2174	1360
江西省	2532	1439	5083		2619	19041	8495	2345
山东省	23905	2472	5069		19623	41926	24752	4758
其中:青岛市	3151		281		5276	8308	4815	610
河南省	5220	4410	9300		11316	35328	15724	3480
湖北省	12110	3206	9639		2551	32934	14608	3704
湖南省	8170	4733	6597		6507	33226	14850	2814
广东省	11089	5651	15057		27045	76438	38668	11900
其中:深圳市	1490	3431	473		4013	10052	9016	1504
广西壮族自治区	6383	1983	12072		7526	19464	9809	2856
海南省	631	1759	1201		571	4890	3787	1306
重庆市	7826	3196	5195		8527	12917	7530	1859
四川省	15366	5564	24461		4430	36162	23888	5837
贵州省	2401	803	11031		5254	15852	10643	1778
云南省	3224	2006	14687		7822	26609	16133	6693
西藏自治区	568	35	5790		529	6422	7239	
陕西省	4968	908	4696		1109	18517	9851	1906
甘肃省	1892	802	7124		1598	14286	8597	470
青海省	1113	62	896		1442	6399	3142	433
宁夏回族自治区	3771	64	1692		789	5336	2544	1774
新疆维吾尔自治区	2772	361	7789		815	15038	12107	598

1-4-62

单位:万元

地　　区	四、公共安全								
	司　法								
	机关服务	基层司法业务	普法宣传	律师公证管理	法律援助	司法统一考试	仲　裁	事业运行	其他司法支出
地　区　合　计	**2170**	**42120**	**18143**	**12692**	**16034**	**939**	**2486**	**44167**	**71984**
北京市		3221	1595	71	364	3		5227	1461
天津市	103	414	379		216	60		87	1361
河北省		2200	427	240	509	2	318	110	1991
山西省		364	498	457	420		69	3343	3478
内蒙古自治区	93	715	215	531	287	2	40	429	2655
辽宁省		1028	452	664	703	121	369	4663	2853
其中:大连市		282	71	1	59	39	210	1442	280
吉林省		819	151	1470	271	32	13	2930	1079
黑龙江省		979	173	188	253	2	17	1451	2001
上海市		829	264	44	1090		192	2585	2910
江苏省		2888	1246	1244	687		186	1962	1563
浙江省		1697	1420	221	1129	1		2287	2307
其中:宁波市		290	297	1	271			721	761
安徽省		714	305	41	279	120	31	789	3853
福建省	20	591	681	462	472		1	1488	3409
其中:厦门市		158	82	12	102			242	671
江西省	42	449	149	607	84	12	2	485	1746
山东省	400	533	565	1532	783	54	602	4041	4858
其中:青岛市		111	31	20	151	16	399	2638	498
河南省	47	2086	997	879	490	25	59	2292	4610
湖北省		1202	847	370	357	53	55	294	3417
湖南省	209	1617	883	207	559	48	30	83	3628
广东省	118	7238	1732	829	2663	151	139	527	6280
其中:深圳市		309	572	123	674	106		55	1217
广西壮族自治区		718	401	270	331	11	10	732	2517
海南省		268	103	4	214			89	688
重庆市		1048	588	183	409	13		172	1590
四川省	45	4370	1380	579	876	157	15	2682	2913
贵州省		366	374	314	451	8	106	181	1240
云南省	26	1084	1197	144	913		20	342	2803
西藏自治区		2388	37		31				344
陕西省		891	401	632	695	2		736	2732
甘肃省	29	1024	177	287	151	44	87	87	1054
青海省		114	131	68	56	17	80	107	403
宁夏回族自治区		38	181	44	182		5	826	202
新疆维吾尔自治区	1038	227	194	110	109	1	40	3140	38

1－4－63

单位:万元

地　　区	四、公共安全								
	监　　狱								
	小　计	行政运行	一般行政管理事务	机关服务	犯人生活	犯人改造	狱政设施建　　设	事业运行	其他监狱支　　出
地　区　合　计	**1944756**	**508172**	**82393**	**622**	**259634**	**62449**	**249973**	**3190**	**123121**
北京市	76176	15767	821		3975	2169	5776	226	4084
天津市	34081	6753	17370	47	3900	1514	4898		4658
河北省	53134	21369	1499		11800		7221	50	1954
山西省	46616	14099	1460		5466	1161	1344	370	
内蒙古自治区	32259	14337	603	101	270	200	6053	39	753
辽宁省	81117	16769	1793	125	12647	1863	2727	44	8737
其中:大连市	2526	1939	615		263		30		
吉林省	58756	14000	1095		570	674	4516	176	1017
黑龙江省	89403	18222	738		15028	3996	7862	59	3412
上海市	92591	11207	5795	190	6805	2612	11225	5	12340
江苏省	125631	34745	2605		15217	2394	16566	42	30
浙江省	147874	30055	5008		21897	7425	3288	495	11942
其中:宁波市	6923	5969	400		819	642	1105	205	212
安徽省	49791	15145	799		7486	453	13455	23	1814
福建省	48662	13157	4346		13820	4227	3705	215	3800
其中:厦门市		2432	215					11	
江西省	40250	14806	1041		6564	1424	8839	152	1234
山东省	71701	29123	3292		8597	1441	3710	249	5461
其中:青岛市	18392	6148	907		2232	822	944		1025
河南省	72621	22604	2707	56	7872	3260	17603	483	4517
湖北省	88089	25287	1287		8364	2367	6385		18895
湖南省	64537	21997	3621		9991	971	4858	94	1265
广东省	170458	47052	9704	103	26413	3432	14158	103	12602
其中:深圳市	9865	5898	1153		1403	585	171		1566
广西壮族自治区	66934	12280	2643		10932	3975	13127	9	3745
海南省	11727	2924	636		228	1234	1363		910
重庆市	42776	7417	1301		5629	2703	16224		1442
四川省	84255	21294	4304		13941	6529	11249	98	6455
贵州省	61588	11975	974		9800		9550		350
云南省	76790	18610	1832		11047	47	29163	58	2360
西藏自治区	7314	3552	70		1126	286	123		788
陕西省	38625	12257	823		6698	2749	5744	189	3328
甘肃省	34591	9065	2028		4944	1339	11592	11	1881
青海省	15821	4911	605		1703		590		1107
宁夏回族自治区	11935	3535	1149		1549	543	3407		780
新疆维吾尔自治区	48653	13858	444		5355	1461	3652		1460

1－4－64

单位:万元

地区	四、公共安全								
	劳教								
	小计	行政运行	一般行政管理事务	机关服务	劳教人员生活	劳教人员教育	所政设施建设	事业运行	其他劳教支出
地区合计	**511952**	**1185565**	**59230**		**48530**	**19088**	**72512**	**264414**	**31913**
北京市	30156	60139	33		1783	202	1995	20377	1449
天津市	11631	19008			387	25	2250	62	148
河北省	13290	32159			1139	205	985	3547	1131
山西省	13813	27207	10814		1309	477	1757	3015	1045
内蒙古自治区	8870	24890			884	697	877	2934	994
辽宁省	27629	54938	205		1463	1178	2318	12272	656
其中:大连市	3226	2233			517		71	2169	
吉林省	11287	51363	616		278	460	1803	17715	122
黑龙江省	15435	53562	5543		632	149	2194	11896	464
上海市	44565	57118	2491		3334	1931	6512	4423	6869
江苏省	20848	91200			2998	278	4069	3211	507
浙江省	25149	94620	8702		2165	1515	3451	6235	1768
其中:宁波市	1928	4145				279	150	1118	292
安徽省	8027	26448	135		681	272	1348	3689	113
福建省	9257	22384	706		971	803	1376	8921	740
其中:厦门市	2563				295	313	71	2412	339
江西省	5754	22138	9		761	89	1251	3160	147
山东省	22341	50498	994		1333	548	2043	26458	539
其中:青岛市	2835	12978	391		291	107	56	740	138
河南省	15847	37180	1019		1807	1002	2159	6121	1849
湖北省	17053	47535	4543		2367	209	2268	14652	7
湖南省	22137	45994	1249		2062	1105	3398	5953	3349
广东省	81063	112661	1060		8975	1380	4286	2944	4525
其中:深圳市	9401	6140			833	200	195		2321
广西壮族自治区	12321	34980	175		1470	260	3993	6895	240
海南省	3562	7874	118		134	98	310	14	24
重庆市	15473	16778			2021	1085	5609	9239	685
四川省	13862	44758	1278		473	3718	3761	8413	854
贵州省	10983	39720	2168		1989	37	2007	2456	111
云南省	16750	34138	4		2569	69	5861	2444	342
西藏自治区	2324	4991			351	53	48		239
陕西省	8991	20078	28		843	473	962	29160	1136
甘肃省	6064	14755	27		600	305	1347	720	603
青海省	1965	11093	1328		414	22	420	296	
宁夏回族自治区	1680	5656			316			1592	
新疆维吾尔自治区	13825	19702	15985		2021	443	1854	45600	1257

1－4－65

单位:万元

地区	四、公共安全							
	国家保密							
	小计	行政运行	一般行政管理事务	机关服务	保密技术	保密管理	事业运行	其他国家保密支出
地区合计	**13293**	**326847**	**10085**	**8111**	**6265**	**3083**	**2562**	**1039**
北京市	600	24327	400	134		126		
天津市	35	8160	614			1		
河北省	28	9677	153	22				4
山西省	699	9121	104	471	5395			70
内蒙古自治区	75	5296	21	905				
辽宁省	256	21751	123	99			849	
其中:大连市		2638		3			803	
吉林省	277	8319	305	142	31	4		2
黑龙江省	377	11863	133	81		190		5
上海市	47	25729				20		27
江苏省	1175	12716	280	269	43	228	15	
浙江省	846	16115	135	317		560	349	35
其中:宁波市	196	1207					51	
安徽省	162	5513	100	72				
福建省	295	5345	22	370			649	104
其中:厦门市	102	1545		3			623	3
江西省	312	3419	35	76				70
山东省	700	17713	95	774		44	472	517
其中:青岛市	24	2215	28	179		24		
河南省	732	5625	1388	828	15	68		19
湖北省	1276	11569	633	251	194	376		28
湖南省	170	12197	26	199	2	18		19
广东省	2595	57495	4204	671	542	1321	14	63
其中:深圳市	239	5852						-3
广西壮族自治区	188	6049	309	128		17	214	
海南省	32	2979	17	643		7		1
重庆市	94	6073		359				
四川省	1094	4818	238	70	43	67		13
贵州省	372	6290	387	77		3		6
云南省	341	7876	33	135		22		45
西藏自治区	20	1633						
陕西省	73	5577		229		8		
甘肃省	69	3209		474				
青海省	84	1093	16	41				
宁夏回族自治区	191	1050	314					
新疆维吾尔自治区	78	8250		274		3		11

1－4－66

单位:万元

地　　区	四、公共安全	五、教育					
			教育管理事务				
	其他公共安全支出	合　计	小　计	行政运行	一般行政管理事务	机关服务	其他教育管理事务支出
地　区　合　计	**121956**	**51377133**	**1075335**	**6297**	**1570**	**698**	**290818**
北京市	33113	2092136	15221	326	148	170	1814
天津市	1019	923436	9145	24	10		1456
河北省	2872	2114127	51035	16	8		12596
山西省	322	1388746	36039	497	128	76	6264
内蒙古自治区	1953	1109209	19163	75			3371
辽宁省	178	1931372	34351	78	159		5879
其中:大连市		311334	7795				2850
吉林省	405	1075452	31950	235	5		5297
黑龙江省	190	1592322	53418	141	37	17	19559
上海市	7289	2322115	42208				5801
江苏省	2335	3640220	64309	874	30		26523
浙江省	4236	3107217	82636	55	196	107	31884
其中:宁波市	524	469108	8350		196	70	2091
安徽省	1250	1651445	42923	162			15118
福建省	4518	1507332	21831	162			9461
其中:厦门市	937	205066	6938	70			6111
江西省	1164	1123336	23335	242			8888
山东省	3804	3375222	85662	62	77		34783
其中:青岛市	879	466561	10957				4794
河南省	1846	2592367	44788	332	244	95	12279
湖北省	1192	1597933	52070	608	70	20	8492
湖南省	3203	1626374	30876	113	18	2	5368
广东省	28854	4606939	119095	205	144	10	24781
其中:深圳市	25522	726269	20363	131	111		3942
广西壮族自治区	2050	1478988	21389	157	14	13	6176
海南省	5029	306596	15448	17	7	100	8936
重庆市	1306	884426	10099	76	18		1806
四川省	2558	2036983	39719	780	187		9676
贵州省	300	1226267	22131	361	2		2935
云南省	313	1666953	26945	254	20	18	6695
西藏自治区	23	292364	8934	20			206
陕西省	427	1427154	16677	65		60	2341
甘肃省	193	979442	14763	21	48	10	3352
青海省	8185	274702	7357	84			1882
宁夏回族自治区	7	288791	7768	191			1966
新疆维吾尔自治区	1822	1137167	24050	64			5233

1－4－67

单位:万元

地　　区	五、教育						
	普通教育						
	小　计	学前教育	小学教育	初中教育	高中教育	高等教育	其他普通教育支出
地　区　合　计	**40194377**	**762246**	**16253928**	**10622385**	**4977316**	**5748796**	**1829706**
北京市	1453451	32431	308684	253233	166057	485176	207870
天津市	674130	20673	220110	133706	118014	160857	20770
河北省	1690170	29962	733082	496279	227423	167107	36317
山西省	1054310	19379	468255	279998	252635	4914	29129
内蒙古自治区	867511	21316	359485	259888	101693	97568	27561
辽宁省	1455034	13095	540196	402575	157290	257838	84040
其中:大连市	210364	3509	89709	66289	29498	19107	2252
吉林省	857712	9944	351249	219272	94456	148527	34264
黑龙江省	1209274	13265	528079	348905	115118	147416	56491
上海市	1696039	142019	418649	384458	219895	516178	14840
江苏省	2735720	34476	1095554	692899	359534	506988	46269
浙江省	2299511	53918	917613	619660	289619	333064	85637
其中:宁波市	306030	8165	118282	93588	57182	14731	14082
安徽省	1349128	34464	647599	356046	153116	111403	46500
福建省	1203699	29415	523381	304493	171693	147768	26949
其中:厦门市	150965	6825	48261	23065	44131	17866	10817
江西省	949514	10878	386786	240101	93917	117982	99850
山东省	2521157	23582	937060	740076	372640	352501	95298
其中:青岛市	343681	3878	150487	90503	42675	6691	49447
河南省	2125387	28816	866225	614258	224090	271322	120676
湖北省	1275339	15865	471338	412743	178904	147979	48510
湖南省	1306011	5957	509229	401157	162970	169764	56934
广东省	3472535	72351	1214231	783048	498980	567377	336548
其中:深圳市	444528	12153	147443	116677	72743	59294	36218
广西壮族自治区	1251152	16972	602848	336823	102110	139334	53065
海南省	242926	2330	125321	60911	23950	21106	9308
重庆市	720451	5906	332063	192931	79275	99462	10814
四川省	1673758	21573	856953	453134	178204	131171	32723
贵州省	1044197	11617	534471	274029	92611	90752	40717
云南省	1405049	31252	698444	367448	120930	126607	60368
西藏自治区	261934	2761	98167	60371	11649	80727	8259
陕西省	1167956	11817	497231	318626	173501	130124	36657
甘肃省	803548	13423	376812	197245	95577	74479	46012
青海省	229049	3330	97087	59092	17097	20357	32086
宁夏回族自治区	238314	5381	103596	58981	33264	27122	9970
新疆维吾尔自治区	960411	24078	434130	299999	91104	95826	15274

1－4－68

单位:万元

地区	五、教育						
	职业教育						
	小计	初等职业教育	中专教育	技校教育	职业高中教育	高等职业教育	其他职业教育支出
地区合计	**3782319**	**77227**	**1175585**	**403461**	**918302**	**1029796**	**177948**
北京市	246282	12	98689	48592	44774	50247	3968
天津市	78771		31274	9035	13664	24527	271
河北省	149165	3404	47594	10563	53165	32424	2015
山西省	110251	2495	41180	8699	20819	36209	849
内蒙古自治区	93182	5186	29466	4641	22733	29147	2009
辽宁省	152324	628	57063	11548	36501	36247	10337
其中:大连市	29323	148	11869	1761	7207	6647	1691
吉林省	72447	3117	25352	6258	16114	18087	3519
黑龙江省	109341	1859	23913	13391	29976	34692	5510
上海市	126549	2945	61471	5612	30940	13892	11689
江苏省	342637	9419	64081	23045	86565	151867	7660
浙江省	251905	50	31701	29798	105421	78366	6569
其中:宁波市	51999	48	27	3766	38158	9694	306
安徽省	94769	9590	18139	3175	26897	32685	4283
福建省	110909	697	42988	11077	19690	35242	1215
其中:厦门市	13048		5499	2609	4249	180	511
江西省	62845	1041	13439	6527	11561	23996	6281
山东省	296843	7199	80100	36625	85605	72733	14581
其中:青岛市	47805		7158	1732	29881	4116	4918
河南省	178045	2189	88871	17498	37808	28731	2948
湖北省	113854	610	29500	9640	25248	33728	15128
湖南省	96418	1071	25555	8499	16402	34227	10664
广东省	364359	5011	89591	78160	64137	94859	32601
其中:深圳市	63457	324	7997	5613	9969	29857	9697
广西壮族自治区	96768	2961	39895	12204	17193	23624	891
海南省	23361	486	9659	2538	2496	7922	260
重庆市	56646		16504	6076	23228	9867	971
四川省	107759	2493	35856	4365	39585	23819	1641
贵州省	75406	4261	32723	1920	12972	18303	5227
云南省	113073	2137	44542	9978	29723	15662	11031
西藏自治区	9819	23	4239	4000	1557		
陕西省	85508	2051	20533	8044	18688	34709	1483
甘肃省	68624	2202	35389	2618	13734	13354	1327
青海省	22375	993	4656	99	3804	614	12209
宁夏回族自治区	17884	636	7203	857	2565	6266	357
新疆维吾尔自治区	54200	2461	24419	8379	4737	13750	454

1－4－69

单位:万元

地区	五、教育									
	成人教育						广播电视教育			
	小计	成人初等教育	成人中等教育	成人高等教育	成人广播电视教育	其他成人教育支出	小计	广播电视学校	教育电视台	其他广播电视教育支出
地区合计	**150302**	**10476**	**34798**	**60475**	**23608**	**20945**	**133400**	**117007**	**5853**	**10540**
北京市	19591	13	2282	15415	541	1340	5605	5594		11
天津市	5758	329	1893	2853	469	214	4747	4747		
河北省	3115	511	199	696	1144	565	7066	5786	124	1156
山西省	1791	71	104	211	802	603	3439	2253	596	590
内蒙古自治区	1612	69	577	840	46	80	3010	2841		169
辽宁省	2831	40	279	1423	933	156	7269	6976	195	98
其中:大连市	1671	13		1336	284	38	1142	1091		51
吉林省	7260	140	582	5554	373	611	3671	3214	396	61
黑龙江省	6636	160	812	4198	267	1199	4923	4853	39	31
上海市	17930	2054	7116	5406	917	2437	5306	1719		3587
江苏省	8281	271	1994	712	4637	667	14102	13135	768	199
浙江省	11741	1105	4096	1313	2715	2512	13704	13526		178
其中:宁波市	4166	523	2412	53	108	1070	1475	1414		61
安徽省	993	35	151	319	209	279	1836	1399	199	238
福建省	2492	845	589	293	118	647	2311	1894	409	8
其中:厦门市	469	96	106			267	18	18		
江西省	1589	19	203	76	846	445	805	438	197	170
山东省	6141	535	3809	862	359	576	6679	4554	739	1386
其中:青岛市	1537		1183	30		324	3335	1963		1372
河南省	4736	576	2772	264	57	1067	5526	4820	259	447
湖北省	3924	22	1207	2130	101	464	4134	4022	60	52
湖南省	3818	114	1162	651	1511	380	2739	1714	970	55
广东省	10713	926	1719	1853	4677	1538	17019	16219		800
其中:深圳市	2687	275	651	977		784	1063	985		78
广西壮族自治区	3068	66	699	2150		153	991	961		30
海南省	31					31	733	733		
重庆市	1974	574	302	825	68	205	2030	1996		34
四川省	7464	477	1286	3519	640	1542	1901	1771	59	71
贵州省	2147	102	62	1401	266	316	2157	2150		7
云南省	1461	257	253	204	114	633	3338	2164	439	735
西藏自治区	800	800								
陕西省	4833	229	273	2910	738	683	2564	2339	102	123
甘肃省	325	47	64	75	31	108	2342	2033	47	262
青海省	1496			75		1421	344	344		
宁夏回族自治区	133	6	42	25	60		370	88	255	27
新疆维吾尔自治区	5618	83	271	4222	969	73	2739	2724		15

1－4－70

单位:万元

地区	五、教育							
	留学教育				特殊教育			
	小计	出国留学教育	来华留学教育	其他留学教育支出	小计	特殊学校教育	工读学校教育	其他特殊教育支出
地区合计	**3633**	**3205**	**182**	**246**	**183736**	**160257**	**17408**	**6071**
北京市					10468	7678	2776	14
天津市					6517	5181	918	418
河北省	2			2	5925	5775	29	121
山西省	1083	1083			4091	3786	292	13
内蒙古自治区					2724	2672		52
辽宁省					10400	9032	1307	61
其中:大连市					1528	1372	156	
吉林省	4	4			5571	4512	330	729
黑龙江省					8868	8578	239	51
上海市					18955	13479	5127	349
江苏省	600	600			15598	14577	756	265
浙江省					12663	12260	353	50
其中:宁波市					1454	1444		10
安徽省					4035	3693	79	263
福建省					5666	4965	657	44
其中:厦门市					1464	771	653	40
江西省					1385	1329	15	41
山东省	500	500			18828	17568	322	938
其中:青岛市					3052	3052		
河南省					6194	5521	197	476
湖北省					4941	4533	398	10
湖南省					3742	2952	246	544
广东省					13748	11301	1863	584
其中:深圳市					3984	2004	1518	462
广西壮族自治区	217	217			1748	1528	164	56
海南省					807	794	12	1
重庆市					2087	1718	349	20
四川省	244			244	4227	3868	202	157
贵州省					3413	3108	190	115
云南省	983	801	182		4143	3391	416	336
西藏自治区					123	123		
陕西省					1950	1799	151	
甘肃省					1900	1645		255
青海省					587	587		
宁夏回族自治区					746	716	20	10
新疆维吾尔自治区					1686	1588		98

1－4－71

单位:万元

地　　区	五、教育							
	教师进修及干部继续教育				教育附加及基金支出			其他教育支出
	小　计	教师进修	干部教育	其他教师进修及干部继续教育支出	小　计	教育费附加支出	其他教育附加及基金支出	
地区合计	**943181**	**331992**	**495002**	**116187**	**3803355**	**3760705**	**42650**	**1107495**
北京市	40560	19376	20451	733	195746	195715	31	105212
天津市	20263	6106	14053	104	78197	78197		45908
河北省	39718	19009	17495	3214	147326	144418	2908	20605
山西省	30158	9363	18038	2757	123849	123847	2	23735
内蒙古自治区	22541	6736	11439	4366	86218	85457	761	13248
辽宁省	54358	29837	21418	3103	168676	168671	5	46129
其中:大连市	8428	4694	3285	449	34706	34706		16377
吉林省	28281	13548	13337	1396	50076	48876	1200	18480
黑龙江省	49521	24811	18872	5838	133137	130165	2972	17204
上海市	63803	26135	30094	7574	263960	256944	7016	87365
江苏省	53480	20860	31270	1350	347474	346434	1040	58019
浙江省	69039	24153	23295	21591	307641	306184	1457	58377
其中:宁波市	8394	3966	4178	250	81729	80772	957	5511
安徽省	18496	4585	11410	2501	109176	109176		30089
福建省	32293	13067	14879	4347	92547	91818	729	35584
其中:厦门市	3371	498	2236	637	23178	23178		5615
江西省	16682	7603	7056	2023	52250	52250		14931
山东省	64514	15734	35924	12856	318500	318500		56398
其中:青岛市	11365	1973	4463	4929	36650	36650		8179
河南省	27327	11786	10070	5471	160111	160065	46	40253
湖北省	20982	2462	16289	2231	87598	87585	13	35091
湖南省	31558	5506	22132	3920	123609	121532	2077	27603
广东省	60945	14734	37443	8768	373697	362190	11507	174828
其中:深圳市	6765	550	4819	1396	97859	97511	348	85563
广西壮族自治区	22862	6643	11129	5090	58498	55621	2877	22295
海南省	4519	1467	2070	982	14556	13994	562	4215
重庆市	17850	6874	9194	1782	58630	58620	10	14659
四川省	36518	13257	20488	2773	135450	135450		29943
贵州省	14911	2360	10457	2094	54890	53277	1613	7015
云南省	23524	7475	14736	1313	74409	71243	3166	14028
西藏自治区	4457	5	2623	1829	2166	2166		4131
陕西省	21759	5127	13952	2680	71335	71105	230	54572
甘肃省	13937	2536	10442	959	45081	43460	1621	28922
青海省	4780	177	4017	586	8123	8027	96	591
宁夏回族自治区	4395	875	2914	606	15508	15452	56	3673
新疆维吾尔自治区	29150	9785	18015	1350	44921	44266	655	14392

1-4-72

单位:万元

地区	六、科学技术					
	合计	科学技术管理事务				
		小计	行政运行	一般行政管理事务	机关服务	其他科学技术管理事务支出
地区合计	**6342230**	**432361**	**390659**	**102487**	**8820**	**131141**
北京市	701448	8747	10523	1491		3897
天津市	205619	4063	2995	4124	563	162
河北省	133049	16595	14403	1204	432	3566
山西省	90320	11237	7236	1233	569	4471
内蒙古自治区	73637	8709	11119	1925	493	2286
辽宁省	282216	11953	8148	1168	279	745
其中:大连市	68677	3005	1282	84		275
吉林省	94760	12918	11968	853	164	2910
黑龙江省	125955	11603	8743	1533	168	1115
上海市	851363	10978	11899	4196	46	1882
江苏省	513227	41736	19235	10345	502	19006
浙江省	547300	31487	25742	16027	151	7903
其中:宁波市	99332	3205	6151	1994		477
安徽省	97228	8950	24591	2296	222	1051
福建省	147375	14564	7952	8597	33	5188
其中:厦门市	48417	2025	1208	2220		542
江西省	57018	5428	10463	1726	127	1212
山东省	346862	34394	24102	5503	253	4552
其中:青岛市	43798	4124	4110	1238		859
河南省	173668	15527	12859	2749	122	5780
湖北省	139099	14151	11962	3280	672	1020
湖南省	150237	16352	16540	3562	496	5224
广东省	797859	69595	42626	11739	385	42740
其中:深圳市	307052	8482	16357	2220		2714
广西壮族自治区	92962	7536	6330	2830	778	1551
海南省	15859	2374	2464	401		844
重庆市	79537	3293	5409	2507	64	314
四川省	148056	14508	13016	3272	568	3132
贵州省	77899	14966	8751	119	50	1383
云南省	109904	11236	11216	2607	389	1525
西藏自治区	10854	2207	3611			271
陕西省	94005	6095	13266	836	157	824
甘肃省	56640	6502	5858	3368	775	1759
青海省	14347	1055	3510	353	60	3
宁夏回族自治区	30459	5919	26086	788	60	3582
新疆维吾尔自治区	83468	7683	8036	1855	242	1243

1－4－73

单位:万元

地区	六、科学技术								
	基础研究								
	小计	机构运行	重点基础研究规划	自然科学基金	重点实验室及相关设施	重大科学工程	专项基础科研	专项技术基础	其他基础研究支出
地区合计	**166785**	**48681**	**2478**	**25066**	**7399**	**668**	**7292**	**2090**	**73111**
北京市	5205	125		4000			600	340	140
天津市	22675			1931			395		20349
河北省	4853	681		1222			2675	165	110
山西省	2248	1193		206	82		333	117	317
内蒙古自治区	2051	1179		437			11		424
辽宁省	1719	866		3			56		794
其中:大连市									
吉林省	1228	1029					70		129
黑龙江省	7239	640	1225	1438			775		3161
上海市	14388	835		138					13415
江苏省	8658	689		4959			207		2803
浙江省	12557	2873	390	4661	3300		154		1179
其中:宁波市	487	397					90		
安徽省	3311	931		43	30		440	60	1807
福建省	6776	2970	2	135	455		379	350	2485
其中:厦门市	282	282							
江西省	2361	1938		49	9		113	21	231
山东省	27998	16419	200	2670	1880	368	118	100	6243
其中:青岛市	25								25
河南省	3438	821	99	100			28	195	2195
湖北省	2194	347	88	103			91	261	1304
湖南省	1800	293		212	50		763	8	474
广东省	11432	7316	10	260	135		40	38	3633
其中:深圳市	2264								2264
广西壮族自治区	4217	1981		1679			30		527
海南省	774	78		120				435	141
重庆市	288	54					4		230
四川省	1321	855	13	6					447
贵州省	2852	2761							91
云南省	1333	479		564	40		10		240
西藏自治区	375	40	335						
陕西省	8960	245							8715
甘肃省	705	451			80				174
青海省	1507	442	116		838				111
宁夏回族自治区	945	44							901
新疆维吾尔自治区	1377	106		130	500	300			341

1-4-74　　　　单位:万元

地　　区	六、科学技术					
	应用研究					
	小　计	机构运行	社会公益研究	高技术研究	专项科研试制	其他应用研究支出
地　区　合　计	**549299**	**223693**	**184112**	**17343**	**18666**	**105485**
北京市	42318	22184	14390	700		5044
天津市	689	595	94			
河北省	13909	4712	6511		605	2081
山西省	17417	3748	4695	8919	50	5
内蒙古自治区	6820	2803	3219	41	497	260
辽宁省	31823	8735	21586		49	1453
其中:大连市	1535	1268	267			
吉林省	24596	20485	1397	8		2706
黑龙江省	27866	17082	2055			8729
上海市	47438	5597	18852			22989
江苏省	44337	10129	30673	1479	150	1906
浙江省	58213	18649	18156	3752	630	17026
其中:宁波市	3978	1725		250		2003
安徽省	13821	5885	6134		292	1510
福建省	13786	7036	5071	20	104	1555
其中:厦门市	829	275	336			218
江西省	6557	4349	2078			130
山东省	21861	4225	8482	517	528	8109
其中:青岛市	320	45	237			38
河南省	17129	11019	2508	110	204	3288
湖北省	21646	1779	1191	30	13780	4866
湖南省	8778	4219	1500	98	978	1983
广东省	17232	6741	3648	493	286	6064
其中:深圳市	186	186				
广西壮族自治区	19948	13615	2816			3517
海南省	1636	775	553			308
重庆市	5730	3991	712	35	60	932
四川省	18119	9220	8105	9	96	689
贵州省	11602	5649	5680			273
云南省	13051	8655	2508	132	292	1464
西藏自治区	669	565				104
陕西省	14167	4223	3452			6492
甘肃省	9783	8464	1114			205
青海省	1833	233	80			1520
宁夏回族自治区	3018	2716	15		10	277
新疆维吾尔自治区	13507	5615	6837	1000	55	

1－4－75

单位:万元

地区	六、科学技术					
	技术研究与开发					
	小计	机构运行	应用技术研究与开发	产业技术研究与开发	科技成果转化与扩散	其他技术研究与开发支出
地区合计	**3132530**	**58397**	**1201916**	**586926**	**251573**	**1033718**
北京市	156905	1354	60142	32291	38537	24581
天津市	145774	5884	21875	3454	6218	108343
河北省	72255	450	30439	23548	3771	14047
山西省	40526	331	10167	17155	6895	5978
内蒙古自治区	40353	565	14496	15554	703	9035
辽宁省	119269	1139	18237	31724	16167	52002
其中:大连市	34990	100	1889	634	2174	30193
吉林省	39086	288	11218	19997	2337	5246
黑龙江省	56413	2211	22780	11573	1171	18678
上海市	420559		401659	206	2676	16018
江苏省	340316	538	109294	118972	92538	18974
浙江省	309765	3515	114293	31681	9417	150859
其中:宁波市	56132	44	10358	13858	1142	30730
安徽省	33439	1375	16252	7273	1026	7513
福建省	34310	201	5722	7692	3592	17103
其中:厦门市	5284	43	1007	2793	405	1036
江西省	24991	412	2626	11294	554	10105
山东省	191197	2781	65925	30286	5525	86680
其中:青岛市	25189	1	3968	167		21053
河南省	95901	1767	39096	20105	2234	32699
湖北省	59778	1452	12936	20592	2613	22185
湖南省	69865	1360	7866	15163	9286	36190
广东省	490669	19101	68346	45743	13523	343956
其中:深圳市	283937	6121	83	181		277552
广西壮族自治区	28803	487	6158	13166	4766	4226
海南省	7943	41	1590	4486	283	1543
重庆市	56783	72	22634	28554	1218	4305
四川省	72197	1713	37559	10259	9276	13390
贵州省	34937	4655	17722	7702	260	4598
云南省	54324	1926	27237	16685	4961	3515
西藏自治区	4974	9	4651	125	36	153
陕西省	47921	376	24884	11245	3511	7905
甘肃省	28140	3648	11373	9978	1036	2105
青海省	3713	17	842	1977	321	556
宁夏回族自治区	9955	140	866	5718	760	2471
新疆维吾尔自治区	41469	589	13031	12728	6362	8759

1－4－76

单位:万元

地区	六、科学技术						
	科技条件与服务					社会科学	
	小计	机构运行	技术创新服务体系	科技条件专项	其他科技条件与服务支出	小计	社会科学研究机构
地区合计	**279143**	**30735**	**70410**	**68611**	**109387**	**138677**	**56590**
北京市	25183	408	14250	5953	4572	9823	3184
天津市	872	32	340	500		2494	1704
河北省	4724	219	2	3598	905	4519	2394
山西省	3369	1038	80	1042	1209	1783	845
内蒙古自治区	1095	693	119		283	2246	326
辽宁省	1535	545	64	381	545	5734	553
其中:大连市	461	230		38	193	403	
吉林省	1198	561	94	484	59	5566	3539
黑龙江省	4103	172	140	2425	1366	5735	2810
上海市	10347	1774	1182	1908	5483	17230	71
江苏省	11537	522	2662	4145	4208	7078	4025
浙江省	27458	3377	10029	5747	8305	7686	3314
其中:宁波市	3381		896	343	2142	968	284
安徽省	16071	243	12479	472	2877	1235	988
福建省	16575	1970	293	8635	5677	3300	2146
其中:厦门市	78				78	246	
江西省	1714	875	17	263	559	3365	2602
山东省	11422	3353	748	622	6699	7018	3141
其中:青岛市	508	190			318	655	
河南省	11122	1055	95	8999	973	4153	1686
湖北省	5728	1804	207	1514	2203	4248	1421
湖南省	9565	600	1449	1504	6012	3049	747
广东省	81822	4101	24385	10333	43003	13983	6317
其中:深圳市	3507	2375	84	511	537	2307	930
广西壮族自治区	6273	2072	82	1073	3046	4014	3450
海南省	1472	456	24	117	875	324	241
重庆市	2177	139	69	928	1041	1858	771
四川省	5659	1852	226	1409	2172	7863	2707
贵州省	2304	688	1	878	737	1946	703
云南省	5736	1125	69	3138	1404	3110	2190
西藏自治区						1165	1165
陕西省	5642	225	605	1818	2994	1606	633
甘肃省	2135	196	299		1640	1486	1122
青海省	332			139	193	545	392
宁夏回族自治区	731	15		523	193	1457	533
新疆维吾尔自治区	1242	625	400	63	154	3058	870

1－4－77

单位:万元

地区	六、科学技术						
	社会科学			科学技术普及			
	社会科学研究	社科基金支出	其他社会科学支出	小计	机构运行	科普活动	青少年科技活动
地区合计	**50465**	**1751**	**29871**	**267992**	**57032**	**77167**	**4758**
北京市	6040	511	88	32073	4643	8880	99
天津市	548	242		4155	1317	939	7
河北省	431		1694	7244	2451	2238	17
山西省	617		321	5221	1668	1492	88
内蒙古自治区	1245		675	5202	763	1777	92
辽宁省	3042	300	1839	8526	1434	2511	100
其中:大连市	39		364	2620	412	618	
吉林省	1265	79	683	5154	2992	451	11
黑龙江省	1264		1661	3762	1433	1039	
上海市	14451		2708	27466	2054	5871	503
江苏省	519	250	2284	14655	2377	3676	168
浙江省	3229		1143	21538	4359	7651	115
其中:宁波市	463		221	2018	298	1053	
安徽省	230		17	5605	1953	1320	182
福建省	76		1078	8168	2418	2760	286
其中:厦门市	6		240	1421	308	644	29
江西省	142		621	4617	1335	1487	49
山东省	2181	50	1646	12629	2764	3921	151
其中:青岛市	655			1519	406	188	41
河南省	1376	200	891	8547	1829	3575	36
湖北省	1553	70	1204	12384	1573	3908	25
湖南省	1998		304	10124	3527	2824	30
广东省	3516	39	4111	20153	3767	4742	1653
其中:深圳市	271		1106	4029	1324	375	
广西壮族自治区	85		479	4783	1513	1811	141
海南省	60		23	880	396	254	39
重庆市	363		724	1752	130	1232	148
四川省	1248		3908	7527	1245	3594	139
贵州省	1165		78	4891	2124	1002	23
云南省	268	10	642	8323	2410	3449	253
西藏自治区				898	304	123	
陕西省	423		550	5432	1134	2098	309
甘肃省	275		89	2847	636	1203	
青海省			153	717	153	166	17
宁夏回族自治区	814		110	6152	431	515	
新疆维吾尔自治区	2041		147	6567	1899	658	77

1－4－78

单位:万元

地　　区	六、科学技术						
	科学技术普及			科技交流与合作			
	学术交流活　　动	科技馆站	其他科学技术普及支出	小　计	国际交流与合作	重人科技合作项目	其他科技交流与合作支出
地　区　合　计	**6955**	**62912**	**59168**	**22938**	**3095**	**2708**	**17135**
北京市	651	14618	3182	15	15		
天津市	74	1101	717	191	180		11
河北省	268	1001	1269	270	110	100	60
山西省	172	392	1409	983	123	402	458
内蒙古自治区	131	1866	573	43			43
辽宁省	1059	1349	2073	301	156		145
其中:大连市	738	149	703	81	81		
吉林省	24	879	797				
黑龙江省	53	483	754	121	117		4
上海市	43	9940	9055	7778	658		7120
江苏省	530	4946	2958	1107	221	106	780
浙江省	670	1049	7694	5866	50	2100	3716
其中:宁波市	106	95	466	2614			2614
安徽省	222	739	1189	242	125		117
福建省	396	989	1319	763	66		697
其中:厦门市	21	44	375	87	12		75
江西省	138	645	963	96	96		
山东省	145	2605	3043	236	70		166
其中:青岛市	19	120	745	26			26
河南省	199	616	2292	55	5		50
湖北省	253	4887	1738	148	137		11
湖南省	205	2275	1263	451	30		421
广东省	671	3619	5701	2198	487		1711
其中:深圳市	155	438	1737	348	238		110
广西壮族自治区	150	201	967	766	120		646
海南省	34		157	22	22		
重庆市	50		192	105	16		89
四川省	246	635	1668	82	65		17
贵州省	27	485	1230	56	56		
云南省	215	267	1729	733	160		573
西藏自治区	34		437				
陕西省	153	536	1202	75	10		65
甘肃省	99	333	576				
青海省		161	220				
宁夏回族自治区	38	5145	23	5			5
新疆维吾尔自治区	5	1150	2778	230			230

1－4－79

单位:万元

地　　区	六、科学技术					七、文化体育与传媒	
	其他科学技术支出					合　计	文　化
	小　计	科技奖励	核应急	转制科研机　　构	其他科学技术支出		小　计
地　区　合　计	**1352505**	**24059**	**2444**	**72332**	**1253670**	**5838911**	**2309615**
北京市	421179	1039		17749	402391	405069	151625
天津市	24706	532		3099	21075	133627	58790
河北省	8680	931		18	7731	167052	60623
山西省	7536	521		2189	4826	142238	47637
内蒙古自治区	7118	140		1606	5372	218906	73986
辽宁省	101356	1867		312	99177	235757	71406
其中:大连市	25582	1000			24582	31682	11865
吉林省	5014	2		818	4194	150825	48786
黑龙江省	9113	416			8697	158402	54808
上海市	295179	906			294273	334948	197797
江苏省	43803	3555		7327	32921	433675	163416
浙江省	72730	2700		3604	66426	400178	182880
其中:宁波市	26549	1242			25307	68441	33107
安徽省	14554	1453	997		12104	138367	53720
福建省	49133	1608			47525	163467	72405
其中:厦门市	38165	215			37950	49917	24849
江西省	7889	176		860	6853	146537	46987
山东省	40107	2297	200	200	37410	282750	107853
其中:青岛市	11432				11432	44343	25500
河南省	17796	117		19	17660	219589	76935
湖北省	18822	1242		2287	15293	191932	78317
湖南省	30253	468	38	6096	23651	155748	59808
广东省	90775	1690			89085	472246	209088
其中:深圳市	1992				1992	77003	44656
广西壮族自治区	16622	466	2	9242	6912	134504	43199
海南省	434				434	28650	11435
重庆市	7551	31	1	1855	5664	67977	30732
四川省	20780	190		6300	14290	203073	79626
贵州省	4345	218		393	3734	95417	36071
云南省	12058	343		1713	10002	174263	71371
西藏自治区	566	82			484	47824	13325
陕西省	4107	203		57	3847	170577	59087
甘肃省	5042	159	3	1343	3537	107870	38306
青海省	4645	12	1203		3430	36363	13437
宁夏回族自治区	2277	278		1541	458	69018	40894
新疆维吾尔自治区	8335	417		3704	4214	152062	55265

2006 年地方财政政府收支分类转换数据

1－4－80

单位:万元

地　　区	七、文化体育与传媒						
	文　化						
	行政运行	一般行政管理事务	机关服务	图书馆	文化展示及纪念机构	艺术表演场所	艺术表演团体
地区合计	**64896**	**9293**	**20597**	**321631**	**61364**	**95550**	**322677**
北京市	688	188	558	16297	1294	4491	18871
天津市	56			15552	1032	1081	16248
河北省	1710	314	295	10253	4866	2626	8300
山西省	2738	191	582	4560	542	757	9865
内蒙古自治区	485	18	1432	5108	2669	19848	12084
辽宁省	221	40	488	14020	1565	1214	12271
其中:大连市	7		372	3656	7	19	1821
吉林省	381	29	312	4394	4767	2619	9075
黑龙江省	730	67	25	8868	176	1241	16148
上海市		1054	36	33751	4167	3783	7762
江苏省	1379	376	1412	32015	10745	3245	19409
浙江省	607	1228	716	32111	2068	1105	18721
其中:宁波市	196			2664	668	132	2830
安徽省	2234	92	37	3642	1208	1077	5854
福建省	938	245	406	5983	424	2908	12773
其中:厦门市		1		1745	6	811	3243
江西省	757	46	854	3797	463	11482	5987
山东省	2661	751	536	10986	2812	3756	15821
其中:青岛市	368	629		1873	1427	236	3610
河南省	3118	887	918	5126	8277	1213	6808
湖北省	693	114	907	8856	423	2571	17824
湖南省	2641	64	337	5679	290	2645	6733
广东省	2141	2248	2028	42020	6960	21477	20343
其中:深圳市	844	45		8799	1886	329	1483
广西壮族自治区	453	197	619	6013	151	399	9038
海南省	72	11	55	1397	1	509	2204
重庆市	263	16	11	6460	130	147	2839
四川省	759	202	222	11460	3557	687	11098
贵州省	420		171	4545	9	688	7345
云南省	471	215	1329	7264	766	555	10468
西藏自治区	230			440		448	4426
陕西省	31524	512	123	6201	420	789	8867
甘肃省	605	17	4991	4437	558	437	8385
青海省	142		468	1238	250	41	2628
宁夏回族自治区	250		334	5488	322	78	3194
新疆维吾尔自治区	5529	171	395	3670	452	1633	11288

1-4-81

单位:万元

地区	七、文化体育与传媒					
	文化					
	文化活动	群众文化	文化交流与合作	文化创作与保护	文化市场管理	其他文化支出
地区合计	**50309**	**298787**	**10297**	**30408**	**40785**	**576550**
北京市	6949	33756	3008	1791	2576	50444
天津市	580	3792	28	1427	338	11593
河北省	1797	6265	189	976	341	9381
山西省	1959	6026	177	1724	579	12508
内蒙古自治区	1540	7753	13	526	1347	9149
辽宁省	2376	13012	221	764	3167	13381
其中:大连市	744	2397		102	499	1251
吉林省	465	6125	198	264	862	7054
黑龙江省	219	7780	193	456	1625	7745
上海市	1132	26600	1009	2234	5011	96253
江苏省	4316	21166	278	3484	2792	36117
浙江省	5441	26035	372	1460	3976	49505
其中:宁波市	1332	6395	120	342	519	9960
安徽省	853	4294	348	399	408	8678
福建省	650	4834	352	213	839	26510
其中:厦门市	148	1098	298		233	13836
江西省	821	4990	41	328	838	5975
山东省	3371	18118	414	1635	1893	18668
其中:青岛市	930	8403	123	166	430	2775
河南省	2109	5060	391	114	1373	30028
湖北省	2408	8207	171	1479	2016	18869
湖南省	996	6126	124	682	1752	14480
广东省	2586	13880	372	3757	2967	39690
其中:深圳市		4010			101	9471
广西壮族自治区	1099	6274	40	369	996	9532
海南省	295	1110	92	86	154	2079
重庆市	561	4647	293	448	705	6227
四川省	1298	11195	197	981	1054	21741
贵州省	335	5070	827	323	443	7539
云南省	1916	18805	274	2203	870	14292
西藏自治区	57	2242				2101
陕西省	2289	7120	265	546	1161	17098
甘肃省	206	4765		754	260	8804
青海省	259	2639		163	24	2291
宁夏回族自治区	266	2144	382	691	189	1266
新疆维吾尔自治区	1160	8957	28	131	229	17552

2006 年地方财政政府收支分类转换数据

1－4－82

单位:万元

地　　区	七、文化体育与传媒							
	文　　物							
	小　计	行政运行	一般行政管理事务	机关服务	文物保护	博物馆	历史名城与古迹	其他文物支出
地　区　合　计	**663917**	**83120**	**17954**	**260**	**136835**	**326782**	**35380**	**90033**
北京市	72703	2404	673		4049	32599	27157	7852
天津市	6206	823			407	5648		95
河北省	29239	3106	127		11207	10494	1699	3815
山西省	24049	2659	426		8270	10273	318	2183
内蒙古自治区	33276	2384	306		6355	21482	16	4920
辽宁省	13847	3701	658		3552	8625	100	1309
其中:大连市	3309	824	311		263	2939		100
吉林省	14101	2397	621		2317	5340	3735	2299
黑龙江省	7380	1661	945		1408	4117		1041
上海市	22397	2293	522		4035	14732	35	2541
江苏省	68128	7015	2617		6584	57944	60	1785
浙江省	58460	4876	2054		15890	30472	141	10015
其中:宁波市	7857	1034	499		2585	2304		2702
安徽省	10225	1953	286		3261	2480	5	2153
福建省	12088	1561	508		2949	5220	6	2730
其中:厦门市	1782	331			803	975		3
江西省	20379	1864	108		2238	4259	220	12859
山东省	18932	6716	583	60	3096	7371	182	4871
其中:青岛市	3086	866	117		224	1819		46
河南省	24819	1756	174		13762	4599	219	2139
湖北省	22603	3085	637		5458	11944	91	4283
湖南省	12847	3674	545		3602	4653	402	1483
广东省	47362	7409	2156		4902	32471	27	5563
其中:深圳市	3139	1795	963		542	1443		265
广西壮族自治区	9651	1716	518		1733	4969		2286
海南省	1063	608	150		299	409	9	163
重庆市	5131	917	725		1656	2579		617
四川省	16059	3505	294		7625	5791	10	1672
贵州省	3049	2820	325		807	795	29	998
云南省	22471	3589	302		3260	16634	19	1854
西藏自治区	6416	248	84		5701	469	9	7
陕西省	45256	2268	836	200	3712	3526	594	5328
甘肃省	14162	1817	194		5520	6515	104	1391
青海省	2936	548	32		1562	911	45	276
宁夏回族自治区	8217	935	190		1004	6700	100	163
新疆维吾尔自治区	10465	2812	358		614	2761	48	1342

1－4－83

单位:万元

地区	七、文化体育与传媒						
	体育						
	小计	行政运行	一般行政管理事务	机关服务	运动项目管理	体育竞赛	体育训练
地区合计	**1233807**	**491954**	**119435**	**1556**	**140422**	**103373**	**178690**
北京市	73412	6259	3323		12580	7085	13783
天津市	34477	5095	3		14825	1061	5140
河北省	32374	23938	1621	230	28	1963	8309
山西省	29830	14818	549	131	3307	5581	4717
内蒙古自治区	42236	10050	2195	25	3914	1046	1385
辽宁省	93046	8916	5938	43	4152	1726	13815
其中:大连市	7445	698	3049		632	65	19
吉林省	31633	9579	924	384	9866	2421	1496
黑龙江省	43947	20665	5080		3480	2510	9654
上海市	84977	5062	4583		7800	2004	14011
江苏省	112509	18334	4057		1321	8908	26886
浙江省	69728	22087	6471		3482	9977	5920
其中:宁波市	9513	5056	431			755	2830
安徽省	27631	26849	2053		5330	1048	5144
福建省	26499	8178	2040		6593	3713	3027
其中:厦门市	8885	428			1776	907	1320
江西省	36068	16943	2391	91	2938	1577	936
山东省	65033	52122	7211	61	3142	8782	13950
其中:青岛市	8462	7689	1689		1902	1325	953
河南省	30834	22837	10321	148	8335	2859	531
湖北省	44925	22636	4478		6617	2441	1888
湖南省	30123	26600	2701	216	5563	2444	812
广东省	119814	49271	19030		10631	14934	24562
其中:深圳市	13397	8299	364		3392	483	138
广西壮族自治区	22290	8975	3099	46	3176	2943	3731
海南省	6181	3316	530		1044	892	280
重庆市	19076	3873	1021		891	151	1902
四川省	37653	19673	10469		11263	3987	1158
贵州省	15221	18785	3070		158	1477	262
云南省	27511	15784	3919	130	610	3372	5403
西藏自治区	4086	4458	65			426	1596
陕西省	22706	17016	4560		4159	2021	760
甘肃省	16945	10583	5249		2507	2276	2997
青海省	6639	2761	509		23	1520	731
宁夏回族自治区	8266	5052	374		2567	1067	27
新疆维吾尔自治区	18137	11439	1601	51	120	1161	3877

2006年地方财政政府收支分类转换数据

1－4－84

单位:万元

地　　区	七、文化体育与传媒						
	体　育				广播影视		
	体育场馆	群众体育	体育交流与合作	其他体育支出	小　计	行政运行	一般行政管理事务
地　区　合　计	**337610**	**70988**	**2981**	**218781**	**1041252**	**861**	**448**
北京市	12602	4463	732	15110	27503	64	
天津市	6619	1316		4071	18859	88	
河北省	9537	1239	135	6580	31240	204	76
山西省	4720	1531	19	5797	32407		
内蒙古自治区	28456	724	7	3485	43272		
辽宁省	59296	3299	16	6978	41400		
其中:大连市	3205	1504		1499	7923		
吉林省	6249	1562	74	7467	42065		
黑龙江省	4765	3865	4	14229	38522		
上海市	14681	13447		22487	14788		
江苏省	39218	5081	339	15306	55603	51	50
浙江省	10655	3044	97	28324	48775		
其中:宁波市	1079	823	16	3258	7358		
安徽省	3130	557	30	2104	32912		
福建省	4926	3220	115	2359	40256		
其中:厦门市	3032	522	30	885	13095		
江西省	22387	525	1	5341	20836		
山东省	7356	2327	550	11903	53312	136	103
其中:青岛市	1049	169		1021	1320		
河南省	6572	1099	70	6021	54140	215	97
湖北省	24684	1235	30	4903	32097	103	
湖南省	4609	1967	3	4077	39400		
广东省	13435	6801	535	17938	51247		
其中:深圳市	1073	802	101	1470	3345		
广西壮族自治区	2976	2645	1	4522	40671		
海南省	2783	427		413	8490		122
重庆市	11723	1152		1814	9114		
四川省	8415	2887	145	5000	50983		
贵州省	2230	274		6869	28820		
云南省	6380	2365	76	3682	36488		
西藏自治区	130	5		847	21246		
陕西省	7172	611	2	4391	30786		
甘肃省	2803	1621		1608	31120		
青海省	466	260		773	11269		
宁夏回族自治区	2747	163		515	8836		
新疆维吾尔自治区	5888	1276		3867	44795		

1－4－85

单位:万元

地　　区	七、文化体育与传媒					
	广播影视					
	机关服务	广　播	电　视	电　影	广播电视监　控	其他广播影视支出
地　区　合　计	**3003**	**184204**	**254067**	**15641**	**18166**	**339751**
北京市	422	1738	7546	146	1735	14485
天津市		3883	11643	600		1317
河北省		3488	6323	11	282	9077
山西省	382	4662	6366	1428	335	10666
内蒙古自治区		10673	14813	616	293	6636
辽宁省	446	7017	13514	72	4604	9806
其中:大连市	30	761	1868	4		3854
吉林省		7702	7335	2974	1176	15957
黑龙江省	380	9832	8701	37	1729	6768
上海市		1223	6698	247	180	5803
江苏省		8267	15274	203	1246	23005
浙江省		12996	12958	25	1611	15849
其中:宁波市		1598	2432		843	1736
安徽省		6388	4224	95		9778
福建省		2150	1723	34	318	31462
其中:厦门市		87	277			12005
江西省		3467	5774	508	158	5066
山东省	782	3724	7123	294	27	24470
其中:青岛市		117	223			137
河南省	89	9869	10476	276	118	19106
湖北省	203	6119	6840	397	69	4458
湖南省	13	3754	4402	651	138	19718
广东省		10384	17982	159	1205	11479
其中:深圳市		495	1753			822
广西壮族自治区	25	8691	6578	130	485	18007
海南省		2645	2836		244	942
重庆市		781	3153	20	109	3193
四川省	119	8502	19632	324	337	11556
贵州省		4463	9537	107	408	5652
云南省		7724	6586	827	569	13376
西藏自治区		3147	10559	1966	174	3426
陕西省		6509	5161	294	159	9930
甘肃省	33	7305	5714	744	151	10350
青海省		1435	1940	137	175	5978
宁夏回族自治区		2702	2346	394		1664
新疆维吾尔自治区	109	12964	10310	1925	131	10771

1－4－86

单位:万元

地区	七、文化体育与传媒						
	新闻出版						
	小计	行政运行	一般行政管理事务	机关服务	新闻通讯	出版发行	版权管理
地区合计	**184397**	**56643**	**15953**	**575**	**7165**	**46897**	**2333**
北京市	5102		69		48	1297	776
天津市	9994					1342	
河北省	2852	486	70	365	112	770	
山西省	4119	4726	456	19	758	1405	
内蒙古自治区	4831	1631	4604	35	242	2733	
辽宁省	3736	439	177	42	205	943	
其中:大连市	820				205	565	
吉林省	12048	10749	378		844	7294	531
黑龙江省	5991	3692	1185		2	2094	12
上海市	6091					1228	
江苏省	25445	90		114	875	2685	50
浙江省	14891	43	20		319	1367	45
其中:宁波市	8879		10			464	
安徽省	2348	172			196	646	20
福建省	1198	463			75	282	
其中:厦门市	337						
江西省	2100	2770	242		181	845	78
山东省	8334	2333	237		259	498	16
其中:青岛市	561						
河南省	3903	3964	1317		186	714	142
湖北省	4146	300	40		133	1000	35
湖南省	3229	8896	1241			172	
广东省	11227	2754			67	2777	248
其中:深圳市	1746					342	
广西壮族自治区	2057	154	17			557	
海南省	588				6	235	
重庆市	2278	1634	378		238	708	13
四川省	7280	456	329		1227	2206	25
贵州省	3613	6136	1871		339	1555	
云南省	5752	936	206		118	3378	241
西藏自治区	2462					978	
陕西省	2613	3020	2479		578	446	101
甘肃省	2562	46			34	1467	
青海省	1882	156	110		17	513	
宁夏回族自治区	2426	63	166		101	1625	
新疆维吾尔自治区	19299	534	361		5	3137	

1－4－87

单位:万元

地　　区	七、文化体育与传媒				
	新闻出版		其他文化体育与传媒支出		
	出版市场管理	其他新闻出版支出	小　计	宣传文化发展专项支出	其他文化体育与传媒支出
地　区　合　计	**6107**	**68322**	**405923**	**180353**	**225570**
北京市	81	1104	74724	23546	51178
天津市	141	7683	5301		5301
河北省	246	979	10724	5884	4840
山西省	57	493	4196	2080	2116
内蒙古自治区	7	869	21305	2517	18788
辽宁省		1365	12322	8042	4280
其中:大连市		50	320		320
吉林省	7	2303	2192	812	1380
黑龙江省	168	2119	7754	1417	6337
上海市	145	2747	8898		8898
江苏省	464	19379	8574	770	7804
浙江省	100	10791	25444	14528	10916
其中:宁波市		8293	1727	269	1458
安徽省	384	623	11531	9728	1803
福建省	38	226	11021	5578	5443
其中:厦门市		103	969		969
江西省	16	91	20167	10162	10005
山东省	467	3335	29286	17414	11872
其中:青岛市	135	94	5414	1463	3951
河南省	1040	839	28958	15906	13052
湖北省	826	1223	9844	5867	3977
湖南省	57	1802	10341	3540	6801
广东省	1419	3468	33508	15572	17936
其中:深圳市		1019	10720		10720
广西壮族自治区	212	148	16636	10294	6342
海南省	6	141	893	4	889
重庆市		521	1646		1646
四川省	152	2073	11472	9615	1857
贵州省		42	8643	6003	2640
云南省	9	554	10670	3813	6857
西藏自治区		607	289		289
陕西省		449	10129	4120	6009
甘肃省		395	4775	2716	2059
青海省	18	771	200	160	40
宁夏回族自治区	20	101	379	244	135
新疆维吾尔自治区	27	1081	4101	21	4080

1-4-88

单位:万元

地区	八、社会保障和就业						
	合计	社会保障和就业管理事务					
		小计	行政运行	一般行政管理事务	机关服务	综合业务管理	劳动保障监察
地区合计	**40327963**	**1738762**	**158891**	**59000**	**260**	**38147**	**35618**
北京市	1492179	60400	1469	3177	200	2376	769
天津市	645520	18910	630	14266		484	143
河北省	1774586	51023	1700	161		8	936
山西省	1371602	41074	3348	143		421	1139
内蒙古自治区	1136394	32414	1395	141		36	557
辽宁省	3229893	64337	7843	2578		701	2635
其中:大连市	470028	13131	1538	279		158	691
吉林省	1362739	43102	3266	370		246	1457
黑龙江省	1850200	47370	8752	385		11822	774
上海市	1762857	140930		1837		1923	2678
江苏省	1623114	109228	7323	1374		1663	2831
浙江省	883195	110291	3526	1606		1428	4627
其中:宁波市	204472	27571	300			840	1217
安徽省	1543558	34258	41757	1416		100	398
福建省	754073	32030	3073	379		270	1176
其中:厦门市	123171	6473					591
江西省	990678	19766	7978	2619		145	399
山东省	1960528	107918	9063	9722	60	1108	1863
其中:青岛市	212638	33650		884		10	436
河南省	2096536	51828	1297	3		192	1567
湖北省	1869510	237887	7942	331		1063	1257
湖南省	1901008	51138	15199	779		448	867
广东省	2296704	202555	2005	523		11060	4178
其中:深圳市	196175	36896	1000			1006	2055
广西壮族自治区	820141	33861	11772	5776		546	1262
海南省	272825	8555	75			22	161
重庆市	1108304	33284	437	3686		126	499
四川省	2127031	72742	6970	5881		533	1203
贵州省	443185	18296	2205	19		286	399
云南省	1339085	36678	1084	1398		149	340
西藏自治区	102784	4290				67	21
陕西省	1265315	21555	2489	226		45	891
甘肃省	874285	17181	654	38		73	135
青海省	439478	6762	331	30		250	79
宁夏回族自治区	238467	7156	2081	96		6	103
新疆维吾尔自治区	752189	21943	3227	40		550	274

1－4－89

单位:万元

地区	八、社会保障和就业						
	社会保障和就业管理事务						
	就业管理事务	社会保险业务管理事务	金保工程	社会保险经办机构	劳动关系和维权	公共就业服务和职业技能鉴定机构	其他社会保障和就业管理事务支出
地区合计	**59384**	**60885**	**24031**	**576012**	**2429**	**32890**	**454532**
北京市	3188	365	120	20273	37	6670	15063
天津市	17	30		11302	5	50	285
河北省	1448	4179	311	14218	41	600	16039
山西省	1214	1672	1735	19985	25	473	4433
内蒙古自治区	1505	364	332	15522	2	476	4498
辽宁省	3251	239	251	35057	125	804	8234
其中:大连市	206			7866	92	583	2096
吉林省	3077	357	845	17833	6	3323	7423
黑龙江省	1856	538	1309	11836	71	332	1187
上海市	77	5544	6147	54475	5	197	33710
江苏省	1942	2026	1792	50767	19	121	19451
浙江省	8475	7647	1407	44114	161	1635	16068
其中:宁波市	2004	3529	1129	11031	40	670	2278
安徽省	1843	789		14389	193	403	3205
福建省	1658	837		9802	182	723	10667
其中:厦门市	1370	507		1925	127	235	378
江西省	875	657		9091	2	67	971
山东省	3038	2654	3020	32984	582	3712	26862
其中:青岛市	1126	96		7045	79	18	18195
河南省	2002	976	103	19862	171	183	8314
湖北省	2825	1181	271	19798	115	342	194141
湖南省	3357	1259	445	22959	13	907	1896
广东省	5223	23572	214	42800	391	7934	34839
其中:深圳市	803			12262	170	424	5955
广西壮族自治区	1632	359		12786	82	1268	8106
海南省	396	176		4010	72	636	791
重庆市	1245	230	348	12749	51	212	11176
四川省	1887	782	2112	35314	42	454	12218
贵州省	1269	215	699	5934	4	222	2300
云南省	745	2530	1373	9424	9	39	6249
西藏自治区	14	161		1			62
陕西省	1178	420	200	10292		392	2361
甘肃省	720	873	932	4593		100	1901
青海省	339	130	15	3423	13	106	265
宁夏回族自治区	1172	52		2969		342	257
新疆维吾尔自治区	1916	71	50	7450	10	167	1560

1-4-90

单位:万元

地　　区	八、社会保障和就业						
	民政管理事务						
	小　计	行政运行	一般行政管理事务	机关服务	拥军优属	老龄事务	民间组织管理
地　区　合　计	**1068808**	**16863**	**6690**	**161**	**69509**	**43541**	**7227**
北京市	79952	1013			4889	1736	1388
天津市	17440		1127		802	552	9
河北省	44358	130			1546	719	52
山西省	21198	56			944	990	144
内蒙古自治区	18214	137	24	61	736	791	18
辽宁省	58758	81	199		2882	769	113
其中:大连市	14267	57			1068	96	14
吉林省	24481	75	44		622	999	119
黑龙江省	28374	1176	485		1578	1299	72
上海市	44811	340	920		5118	4630	194
江苏省	70842	3602	437	100	5619	3055	678
浙江省	88334	264	119		5677	7385	613
其中:宁波市	27189				991	1352	149
安徽省	25987	670			1158	564	109
福建省	28858	24	5		2131	2720	88
其中:厦门市	9469				100	1606	10
江西省	18907	639	75		1041	383	45
山东省	64614	727	558		3714	3009	419
其中:青岛市	15359				627	874	105
河南省	35921	2078	476		2002	405	288
湖北省	38897	987	106		1357	910	220
湖南省	46468	1595	48		1356	770	173
广东省	86517	1362	1957		9788	1883	1049
其中:深圳市	16645				1227	340	91
广西壮族自治区	23175	103	55		2446	547	73
海南省	8804	27			1554	89	787
重庆市	16567	3			1087	261	66
四川省	46541	3	42		2556	2260	246
贵州省	23109	51	1		2177	1044	24
云南省	30940	11	12		2184	1831	42
西藏自治区	5099	1182			237	176	10
陕西省	20880	79			843	1705	50
甘肃省	13322	295			858	665	25
青海省	7532	59			220	110	42
宁夏回族自治区	5025	29			174	119	
新疆维吾尔自治区	24883	65			2213	1165	71

1－4－91

单位:万元

地　　区	八、社会保障和就业						
	民政管理事务				财政对社会保险基金的补助		
	行政区划和地名管理	基层政权和社区建设	部队供应	其他民政管理事务支出	小　计	财政对基本养老保险基金的补助	财政对失业保险基金的补助
地区合计	**15147**	**144089**	**22300**	**322074**	**10145889**	**8960612**	**78031**
北京市	316	33934	904	20988	21246	16898	483
天津市	33	6436	65	5644	408290	369891	
河北省	975	5334	650	11764	423536	407838	2063
山西省	251	1442	550	9166	372661	360193	1613
内蒙古自治区	280	867	502	6062	281508	259836	2898
辽宁省	579	17250	568	21022	1227277	1207236	1113
其中:大连市	95	5927	24	4183	236446	234457	
吉林省	208	3776	518	7515	443531	440395	641
黑龙江省	370	577	834	8071	930724	929384	1183
上海市	101	4273	900	17773	582857	446699	252
江苏省	938	5994	447	27515	326380	218197	3571
浙江省	1436	6876	3291	26917	99243	46832	1750
其中:宁波市	206	4498	2360	7561	18940	9894	
安徽省	296	945	429	7523	360359	313475	15435
福建省	520	4748	487	9470	22174	16961	1421
其中:厦门市	91	1486	50	3648	3341	3160	
江西省	173	1635	573	6052	284001	199075	1038
山东省	621	4191	1546	21870	255862	226609	4019
其中:青岛市	69	2682	68	6120	40444	36290	555
河南省	958	793	908	12550	535632	454332	8487
湖北省	320	1610	590	6692	490370	480684	418
湖南省	619	10436	675	13220	575292	531783	6320
广东省	1455	9704	2005	22620	134528	69159	1060
其中:深圳市	71	66	304	5226	10419	2935	
广西壮族自治区	435	2189	965	7130	167769	134751	3753
海南省	443	1220	153	1084	111276	106430	818
重庆市	277	2351	716	5689	272285	269827	1
四川省	1276	5286	1059	11892	507556	491428	2068
贵州省	356	1244	627	5661	117769	89002	9375
云南省	473	3391	1366	8087	252251	243459	2242
西藏自治区	84	47		573	41207	23637	346
陕西省	330	814	304	7278	351933	305535	2186
甘肃省	145	1337	172	2550	166153	157964	315
青海省	92	615	143	2047	108892	86887	1320
宁夏回族自治区	40	195	67	1754	47964	47051	41
新疆维吾尔自治区	747	4579	286	5895	225363	9164	1801

1－4－92

单位:万元

地　区	八、社会保障和就业						
	财政对社会保险基金的补助				行政事业单位离退休		
	财政对基本医疗保险基金的补助	财政对工伤保险基金的补助	财政对生育保险基金的补助	财政对其他社会保险基金的补助	小　计	行政单位离退休	事业单位离退休
地　区　合　计	**291681**	**14450**	**1812**	**799303**	**11407863**	**4103781**	**6824308**
北京市	63		1	3801	599697	276733	238360
天津市	37999			400	12286	11931	283
河北省	8412		12	5211	566796	187332	358443
山西省	2203		62	8590	423821	146687	266579
内蒙古自治区	10273	44	205	8252	515173	188460	318414
辽宁省	6021	18		12889	616266	248946	359617
其中:大连市	1989				61755	47828	11789
吉林省	2431		64		222474	50354	164886
黑龙江省				157	82794	25965	50506
上海市	2148			133758	271798	100984	149006
江苏省	13556		40	91016	217557	96338	115032
浙江省	8586	60	20	41995	104066	37454	54760
其中:宁波市				9046	2570	2111	65
安徽省	17527	49	52	13821	541613	176387	359612
福建省	372			3420	410107	129615	259319
其中:厦门市				181	68290	24525	40001
江西省	1891	42	52	81903	221838	76411	138800
山东省	9779	15		15440	719813	216445	488186
其中:青岛市	2284			1315	14856	4099	10590
河南省	10874	29	100	61810	740214	267070	439062
湖北省	6113	10	6	3139	331322	141713	181116
湖南省	10379	5819	77	20914	423226	146394	264455
广东省	11879	7004	4	45422	1125985	413948	652298
其中:深圳市	1300			6184	68918	21430	36272
广西壮族自治区	25315	60	23	3867	290752	126869	157562
海南省	1192	155	57	2624	78592	39670	34132
重庆市	1117			1340	351901	126567	222756
四川省	3788	140	116	10016	693841	256643	421255
贵州省	16282	50	37	3023	38616	13268	19989
云南省	1969	146	81	4354	719720	229684	438420
西藏自治区	17016			208	21203	17214	729
陕西省	36205	10	298	7699	298351	80713	203382
甘肃省	7051	13	60	750	274077	103170	164727
青海省	18780	658	10	1237	188445	66608	111530
宁夏回族自治区	742			130	69227	23675	43762
新疆维吾尔自治区	1718	128	435	212117	236292	80533	147330

1－4－93

单位:万元

地区	八、社会保障和就业						
	行政事业单位离退休		企业关闭破产补助	就业补助			
	离退休人员管理机构	其他行政事业单位离退休支出		小计	劳动力市场建设	职业培训补贴	职业介绍补贴
地区合计	**123072**	**356702**	**2360974**	**3315076**	**267266**	**447365**	**77134**
北京市	9514	75090	32897	52961	2910	3557	1193
天津市	20	52		88230	2687	2744	
河北省	6279	14742	190450	119905	10571	11059	1625
山西省	4851	5704	134317	129763	6820	18113	2414
内蒙古自治区	2667	5632	5784	79672	7886	9519	1346
辽宁省	4735	2968	294487	296616	28868	46078	9089
其中:大连市	2138		8067	38743	1628	5474	4260
吉林省	6374	860	131047	190296	11008	12485	3057
黑龙江省	81	6242	151470	217537	9920	96937	3880
上海市	245	21563	3472	140090	254	1469	155
江苏省	1215	4972	17537	95221	6537	16134	6265
浙江省	1189	10663		83163	1063	7079	416
其中:宁波市	159	235		47323	30	2646	147
安徽省	226	5388	64261	133064	27452	16912	1266
福建省	8560	12613	5627	28088	707	3621	1108
其中:厦门市	300	3464		7896	309	465	300
江西省	1313	5314	43944	130734	6321	16334	3752
山东省	6137	9045	207263	77273	6757	9249	1316
其中:青岛市	30	137	6874	27142		1008	447
河南省	10674	23408	45165	149790	5859	24469	1619
湖北省	5772	2721	100588	208081	8100	7717	1471
湖南省	1760	10617	188246	210824	52904	30712	9127
广东省	9324	50415	52775	134794	22524	15120	2286
其中:深圳市	3295	7921	3000	19767		1775	
广西壮族自治区	508	5813	59639	55586	4587	8527	652
海南省	1535	3255	1556	11212	1207	995	935
重庆市	2344	234	93711	101063	3367	15558	593
四川省	3327	12616	123251	144486	8624	32000	4482
贵州省	1104	4255	17166	40501	3948	11948	1546
云南省	11592	40024	6116	45528	5177	6483	5602
西藏自治区	1647	1613	70	6591		291	
陕西省	5042	9214	143882	149060	1043	799	43
甘肃省	2488	3692	179134	66917	4883	7271	9197
青海省	5415	4892	34615	34965	592	2402	1595
宁夏回族自治区	1346	444	23955	35076	3679	3372	101
新疆维吾尔自治区	5788	2641	8549	57989	11011	8411	1003

1－4－94

单位:万元

地区	八、社会保障和就业							
	就业补助							
	社会保险补贴	岗位补贴	小额担保贷款贴息	补充小额贷款担保基金	对农民工的就业服务支出	职业技能鉴定补贴	特定政策补助支出	其他就业补助支出
地区合计	**532920**	**287652**	**39290**	**53065**	**41154**	**1606**	**343174**	**1224450**
北京市	1725	15278		500	5275			22523
天津市	805	12448	38				569	68939
河北省	8683	7609	3	500	836		4832	74187
山西省	9051	7140	750	2901	56		34953	47565
内蒙古自治区	27160	4683	2509	966	122	15	14940	10526
辽宁省	105147	74579	2802	3919	200	40	3247	22647
其中:大连市	2338	13050	688	1176				10129
吉林省	21181	14620	3359	2458	763	223	30117	91025
黑龙江省	59220	13707	1799	7397	87		3775	20815
上海市	3808	36098			1143		4264	92899
江苏省	26359	3447	111	87	2102		11653	22526
浙江省	29566	6533	308		1232		261	36705
其中:宁波市	26760	5939	300		311		95	11095
安徽省	13164	2612	1850	2109	648	13	22513	44525
福建省	6776	830	114	131	2540	144	428	11689
其中:厦门市	2200	98			15			4509
江西省	15698	2923	3157	6799	752		8037	66961
山东省	6278	25104	523	150	212	189	2385	25110
其中:青岛市	2	22541				187	650	2307
河南省	9412	8618	3658	6696	2137	5	25388	61929
湖北省	4502	4167	548	660	692		11228	168996
湖南省	17200	3662	11347	1546	2843	117	8971	72395
广东省	16218	4781	577	1112	7351	151	1608	63066
其中:深圳市							1080	16912
广西壮族自治区	8473	6687	152		4698	61	1628	20121
海南省	2277		300		255		662	4581
重庆市	14170	1827	1584	3972	554	30	4388	55020
四川省	22413	4219	1229	1106	3727	378	41617	24691
贵州省	1508	2290	136	2165	571	7	534	15848
云南省	10984	4591	862	605	699	70	477	9978
西藏自治区								6300
陕西省	52422	249	3	3290	309		81589	9313
甘肃省	4673	6814	487	1161	142	5	14849	17435
青海省	9440	536	108	55	56		2054	18127
宁夏回族自治区	8739	5093	228	1090	893	149	2018	9714
新疆维吾尔自治区	15868	6507	748	1690	259	9	4189	8294

1－4－95

单位:万元

地区	八、社会保障和就业						
	抚恤						
	小计	死亡抚恤	伤残抚恤	在乡复员、退伍军人生活补助	优抚事业单位	义务兵优待	其他优抚支出
地区合计	**1886304**	**219321**	**465805**	**766938**	**238308**	**66918**	**129014**
北京市	46217	6175	5756	15842	2725	1792	13927
天津市	15264	1304	3621	5946	4393		
河北省	121367	15232	32359	38427	20535	3007	11807
山西省	61599	4890	18853	18815	15726	1797	1518
内蒙古自治区	28314	4744	8092	10098	3410	871	1099
辽宁省	76911	5446	22805	33285	7737	3543	4095
其中:大连市	11330	1398	3917	3667	578	758	1012
吉林省	53179	3496	13748	17845	7989	2124	7977
黑龙江省	61880	4236	14577	33706	9361		
上海市	47137	3068	12639	10338	2978	13198	4916
江苏省	119078	12650	34443	52804	16839	744	1598
浙江省	76226	4461	12947	42653	5525	5713	4927
其中:宁波市	11938	328	1691	6861	1833	884	341
安徽省	86318	11836	22361	37192	6333	2467	6129
福建省	40521	4928	5195	19094	4352	4175	2777
其中:厦门市	1235	54	81	530	199	280	91
江西省	68695	8243	13128	33193	14131		
山东省	187205	19999	58443	57287	26360	5782	19334
其中:青岛市	16071	1506	5033	5221	2618	1297	396
河南省	142077	19239	41811	56259	20747	222	3799
湖北省	93158	14179	22065	33973	16781	1884	4276
湖南省	97357	16469	20684	38618	11309	1676	8601
广东省	96920	11388	15099	36085	7241	6276	20831
其中:深圳市	3845	87	15	90	1526		2127
广西壮族自治区	34574	4088	5654	17540	3656	1740	1896
海南省	10057	2576	1943	3903	985	96	554
重庆市	38874	4556	10252	21035	1366	1054	611
四川省	120430	14288	30539	63227	7513	3826	1037
贵州省	34264	5626	7645	15253	2726	1139	1875
云南省	35058	5293	9449	15993	2205	899	1219
西藏自治区	3351	1785	750	290	142		384
陕西省	46662	3406	8791	22025	9893	1405	1142
甘肃省	22881	2476	6149	9276	2818	1272	890
青海省	5678	1448	1957	913	685	9	666
宁夏回族自治区	3302	635	704	1001	337	74	551
新疆维吾尔自治区	11750	1161	3346	5022	1510	133	578

1－4－96

单位:万元

地　　区	八、社会保障和就业						
	退役安置					社会福利	
	小　计	退伍军人安　　置	军队移交政府的离退休人员安置	军队移交政府离退休干部管理机构	其他退役安置支出	小　计	儿童福利
地　区　合　计	**1310747**	**385091**	**645132**	**230732**	**49792**	**447137**	**26704**
北京市	221496	4026	121727	94482	1261	22935	4881
天津市	19879	5080	11393	3406		8831	
河北省	54733	10056	31895	12290	492	12678	28
山西省	24612	6545	12219	2813	3035	6367	138
内蒙古自治区	18299	7830	7774	2558	137	7239	79
辽宁省	90409	14032	62988	13042	347	26396	657
其中:大连市	33351	7229	21747	4172	203	6069	
吉林省	31594	6043	19202	4033	2316	15426	491
黑龙江省	31519	17250	8866	5403		22986	
上海市	36592	8358	19206	4647	4381	46139	4215
江苏省	90047	34880	42790	9743	2634	48102	1250
浙江省	41657	20061	14466	4236	2894	27664	1174
其中:宁波市	8744	3389	3662	1575	118	5578	326
安徽省	36792	22489	8435	2149	3719	7593	1115
福建省	22339	8143	11280	2524	412	9931	574
其中:厦门市	3833	230	2573	842	188	1123	
江西省	17627	10112	6783	732		7258	130
山东省	85090	20084	48704	12936	3366	23157	1050
其中:青岛市	23334	8689	14645			3520	631
河南省	51161	25530	18827	4131	2673	13318	1576
湖北省	88713	51700	25117	10969	927	12289	1297
湖南省	36000	11888	17047	3988	3077	10777	143
广东省	72024	21759	27781	10145	12339	44222	2230
其中:深圳市	6951	3522	2125	470	834	9081	
广西壮族自治区	15993	6690	7436	1511	356	7835	942
海南省	9155	3965	3285	1183	722	2042	
重庆市	18105	7512	8351	2056	186	7103	36
四川省	58754	20812	28953	6654	2335	15425	992
贵州省	12578	5511	5421	1475	171	8902	546
云南省	40289	12207	24609	3283	190	6209	848
西藏自治区	2964	156	2680	33	95	637	
陕西省	42299	14096	22240	5895	68	8857	542
甘肃省	14127	2726	8944	2222	235	4611	563
青海省	4601	912	2711	34	944	900	83
宁夏回族自治区	2164	410	956	423	375	3048	168
新疆维吾尔自治区	19115	4228	13046	1736	105	8260	956

1－4－97

单位：万元

地　　区	八、社会保障和就业						
	社会福利					残疾人事业	
	老年人福利	假肢矫形	殡　葬	社会福利事业单位	其他社会福利支出	小　计	行政运行
地　区　合　计	**30918**	**4491**	**57010**	**279970**	**48044**	**255703**	**2930**
北京市	3439	80	4464	9063	1008	24395	
天津市		560	559	7712		2246	
河北省	207	218	3940	6665	1620	7011	44
山西省	308	234	801	4725	161	7926	
内蒙古自治区	246	104	1359	5235	216	4854	
辽宁省	1555	123	3076	16996	3989	11273	15
其中：大连市	241	30	402	2835	2561	1427	
吉林省	2032	233	1175	10214	1281	5497	
黑龙江省		44	1428	21514		6223	169
上海市	5085		72	24632	12135	10960	
江苏省	1664	148	4613	38560	1867	16817	
浙江省	1952	200	5879	13901	4558	14865	29
其中：宁波市	553		1764	1458	1477	2051	28
安徽省	200	73	933	4934	338	5208	34
福建省	249	30	945	6615	1518	5075	
其中：厦门市	6		5	1101	11	599	
江西省	101	218	960	5849		3369	
山东省	2581	275	2257	14499	2495	14220	394
其中：青岛市	31		83	2602	173	2633	
河南省	3052	415	2700	4272	1303	8089	4
湖北省	496	384	2084	7479	549	7479	
湖南省	192	174	1746	7017	1505	7843	
广东省	2584	64	7159	23707	8478	31829	1357
其中：深圳市			189	5823	3069	4619	1159
广西壮族自治区	175	52	454	5620	592	6666	
海南省	325	482	99	501	635	1764	
重庆市	304	201	1378	4185	999	3347	60
四川省	2074		2749	8861	749	8345	
贵州省	59		1501	6001	795	5218	66
云南省	206	18	1301	3493	343	13564	25
西藏自治区			85	493	59	1825	396
陕西省	197		874	6906	338	6339	271
甘肃省	531	112	1000	2146	259	4937	5
青海省	83	4	115	516	99	1780	
宁夏回族自治区	769		277	1833	1	1852	61
新疆维吾尔自治区	252	45	1027	5826	154	4887	

1-4-98

单位:万元

地　　区	八、社会保障和就业						
	残疾人事业						
	一般行政管理事务	机关服务	残疾人康复	残疾人就业和扶贫	残疾人体育	残疾人就业保障金支出	其他残疾人事业支出
地　区　合　计	**2442**	**21**	**33781**	**18162**	**21817**	**2974**	**69075**
北京市			2601	9251	1292		8174
天津市			132		158		570
河北省	25		845	224	408		1869
山西省			1149	330	380	90	2323
内蒙古自治区	3		214	161	159	24	1113
辽宁省	6		1951	194	603		3887
其中:大连市			160	15	25		92
吉林省	10		1257	274	69	22	693
黑龙江省			422	83	1591		1353
上海市			1764	97	1615	211	4412
江苏省	1009		2116	166	1983		2418
浙江省			1859	317	2330	64	3214
其中:宁波市			170	254	15		79
安徽省	17		282	46	95	530	1794
福建省	23		243	694	275		1761
其中:厦门市			7				261
江西省			331	86	162	22	669
山东省	66	15	1109	119	500	678	4262
其中:青岛市			219	3	84		1344
河南省	8		609	95	1644	331	3358
湖北省		6	1137	409	165		1374
湖南省	244		938	496	200	42	1452
广东省	10		8699	3781	830	553	8016
其中:深圳市			950	238			673
广西壮族自治区	125		684	168	509	6	2287
海南省			278	26	203		499
重庆市	276		322	21	125	75	1098
四川省	268		939	277	492		2270
贵州省			593	37	252	229	912
云南省	342		720	340	4596	42	3586
西藏自治区			66	55	194		1178
陕西省			959	217	245		1657
甘肃省			712	64	359		1016
青海省			117	21	8		994
宁夏回族自治区	10		323	21	92	45	186
新疆维吾尔自治区			410	92	283	10	680

1－4－99

单位：万元

地区	八、社会保障和就业						
	城市居民最低生活保障	其他城镇社会救济			农村社会救济		
		小计	流浪乞讨人员救助	其他城镇社会救济支出	小计	五保供养	特困生活救济
地区合计	**2413005**	**178588**	**66421**	**112167**	**1136715**	**306288**	**295132**
北京市	46183	9165	5848	3317	14959	153	5314
天津市	43297	1301	304	997	5310	783	1439
河北省	68218	4975	1316	3659	29967	7247	10816
山西省	83164	2577	1585	992	28581	8852	9487
内蒙古自治区	85304	4441	1054	3387	21552	4241	9787
辽宁省	175745	23497	4201	19296	62773	8302	15287
其中：大连市	13424	6247	839	5408	10109	466	2535
吉林省	131396	2135	1442	693	24730	7637	8677
黑龙江省	210338	5381	2321	3060	29462	9339	8261
上海市	85325	26157	5948	20209	28163	105	4207
江苏省	58766	13982	5818	8164	91534	6597	20169
浙江省	21550	10401	3381	7020	85040	2225	17416
其中：宁波市	4154	1947	434	1513	21617	74	3495
安徽省	109735	3927	719	3208	49192	19117	5366
福建省	17621	2388	1444	944	49177	5168	22273
其中：厦门市	2869	918	541	377	2279	45	173
江西省	85456	3001	938	2063	47474	27443	18023
山东省	59638	4476	908	3568	44998	10880	6172
其中：青岛市	7717	753	10	743	6884	48	715
河南省	114628	5720	1484	4236	124768	47618	29437
湖北省	145852	5969	1967	4002	33657	14531	9913
湖南省	136689	3352	1987	1365	42324	20850	9735
广东省	62835	16536	9702	6834	86275	19893	22222
其中：深圳市	5057	4136	1971	2165	168		
广西壮族自治区	49263	2044	901	1143	14794	7894	2287
海南省	12457	2722	471	2251	6663	1384	1860
重庆市	89793	2395	1174	1221	19432	12163	1555
四川省	132947	10896	4655	6241	83003	37848	16052
贵州省	51673	1811	1087	724	30080	4360	15061
云南省	72388	3152	1968	1184	28489	7677	9690
西藏自治区	4366	230	122	108	3302	239	1160
陕西省	83023	1711	1177	534	32096	8098	9213
甘肃省	67252	1586	1096	490	8077	2090	1937
青海省	26743	147	95	52	4563	1704	975
宁夏回族自治区	19998	588	168	420	2409	659	780
新疆维吾尔自治区	61362	1925	1140	785	3871	1191	561

2006 年地方财政政府收支分类转换数据

1－4－100

单位:万元

地　　区	八、社会保障和就业					
	农村社会救济		自然灾害生活救助			
	精简退职老弱残职工救济	其他农村社会救济支出	小　计	地方自然灾害生活补助	自然灾害灾后重建补助	其他自然灾害生活救助支出
地　区　合　计	**47760**	**487535**	**710561**	**313328**	**154258**	**242975**
北京市	891	8601	2110	982	442	686
天津市	907	2181	1053	883		170
河北省	1309	10595	16818	10944	1450	4424
山西省	1168	9074	15062	8589	1078	5395
内蒙古自治区	660	6864	19888	8689	2134	9065
辽宁省	1147	38037	13715	7544	1058	5113
其中:大连市	230	6878	741	304	328	109
吉林省	1033	7383	16711	8315	2554	5842
黑龙江省	462	11400	14580	699	2587	11294
上海市	778	23073	233			233
江苏省	10380	54388	17061	13316	2880	865
浙江省	4742	60657	42506	9583	15419	17504
其中:宁波市	206	17842	1659	581	14	1064
安徽省	2259	22450	17727	12416	454	4857
福建省	1039	20697	49217	17870	24836	6511
其中:厦门市	82	1979	374	36	64	274
江西省	2008		27029	7204	19825	
山东省	1994	25952	15216	7466	868	6882
其中:青岛市	58	6063	1043	99		944
河南省	2135	45578	21946	10412	3708	7826
湖北省	1266	7947	23044	14199	4281	4564
湖南省	1580	10159	51992	22775	13388	15829
广东省	1935	42225	55964	24463	16136	15365
其中:深圳市		168	2077			2077
广西壮族自治区	338	4275	33226	16506	8347	8373
海南省	29	3390	5872	2726	574	2572
重庆市	1098	4616	20444	10464	2892	7088
四川省	2092	27011	44350	22029	2877	19444
贵州省	610	10049	24727	10371	4788	9568
云南省	2147	8975	33689	15994	8178	9517
西藏自治区	10	1893	7310	3131	820	3359
陕西省	2117	12668	19029	5236	45	13748
甘肃省	587	3463	26963	14330	2986	9647
青海省	399	1485	10559	7641	23	2895
宁夏回族自治区	54	916	15575	7828	936	6811
新疆维吾尔自治区	586	1533	46945	10723	8694	27528

1－4－101

单位:万元

地　　区	八、社会保障和就业					
	红十字事业					其他社会保障和就业支出
	小　计	行政运行	一般行政管理事务	机关服务	其他红十字事业支出	
地　区　合　计	**31378**	**16614**	**27727**	**2451**	**8984**	**1920453**
北京市	3233			19	1475	254333
天津市	320				78	2863
河北省	582	72	217		231	62169
山西省	695	852	225	1291	121	18185
内蒙古自治区	1991	249		148	173	11747
辽宁省	1038	325	451		196	190395
其中:大连市	108	195	207			14813
吉林省	933	6	23027	85	425	26207
黑龙江省	563	47	407	5	134	8999
上海市	3941	708			951	294252
江苏省	2872	570	263	1	535	328090
浙江省	1238	186	467	88	382	76951
其中:宁波市	66		166		9	23125
安徽省	367	806	440		233	67157
福建省	1021	3			553	29879
其中:厦门市	120				98	14352
江西省	403				96	11176
山东省	2320	10721	836		655	91465
其中:青岛市	518	9701			27	11840
河南省	489		57	329	181	55790
湖北省	411	202	187	104	56	51793
湖南省	789	983	88	15	73	18691
广东省	1334	747	699	111	398	91611
其中:深圳市	134	166	212	68		4462
广西壮族自治区	667	9	10	1	236	24297
海南省	302				171	1796
重庆市	170	1	16	144	6	39830
四川省	775	2	33	70	90	63689
贵州省	371	13			36	18104
云南省	1293	1	216	16	134	13721
西藏自治区	191					148
陕西省	1409	48	3		1155	38229
甘肃省	155	41	83	24		6912
青海省	174	2			59	3122
宁夏回族自治区	163	3	2		99	965
新疆维吾尔自治区	1168	17			52	17887

1-4-102

单位:万元

地区	九、医疗卫生					
	合计	医疗卫生管理事务				
		小计	行政运行	一般行政管理事务	机关服务	其他医疗卫生管理事务支出
地区合计	**13813716**	**1006219**	**2330**	**2732**	**4653**	**257316**
北京市	1009530	34911		50	374	15066
天津市	265522	8244				2409
河北省	515503	33256	10		20	5544
山西省	361601	24704	27	18	96	4097
内蒙古自治区	304794	15576	38		215	5001
辽宁省	462982	21363	7	37	36	6968
其中:大连市	74510	4752			14	1326
吉林省	302680	37712			45	15644
黑龙江省	385585	41204	338	25		8607
上海市	676496	73220				12329
江苏省	938665	51690	42	160	1286	14303
浙江省	879794	83109	35	5	490	35790
其中:宁波市	164707	13832				3364
安徽省	391442	38392		13	74	14510
福建省	350508	12749	1		91	2826
其中:厦门市	74779	2790			91	859
江西省	303032	29604			65	9213
山东省	758196	66445	6		4	12393
其中:青岛市	80162	9749				3113
河南省	642566	60675	76	44	297	16596
湖北省	469260	39245	64	5	256	7594
湖南省	362970	44739	395	31	279	6733
广东省	1085439	98532	31	1512	223	24281
其中:深圳市	195229	30131				5598
广西壮族自治区	352634	16974	820	233	353	3004
海南省	85396	6121				1941
重庆市	215028	10684		6	91	1031
四川省	607776	31966	31	118	253	6559
贵州省	309185	21031	95			3443
云南省	588448	27786	177	425		8495
西藏自治区	97613	9322				844
陕西省	305881	17412	45	42	41	4355
甘肃省	251477	19377	87		14	2367
青海省	121230	4824	5			1954
宁夏回族自治区	76837	4198			4	1363
新疆维吾尔自治区	335646	21154		8	46	2056

1－4－103

单位:万元

地区	九、医疗卫生					
	医疗服务					
	小计	综合医院	中医医院	传染病医院	口腔医院	精神病医院
地区合计	**3065800**	**1910600**	**372631**	**160411**	**14735**	**117033**
北京市	281093	137030	22857	53548	2695	14783
天津市	103114	61344	8927	514	550	9317
河北省	69284	44911	7547	7379	273	2216
山西省	85485	60210	11692	1844	360	824
内蒙古自治区	82637	49444	11650	9377	165	1140
辽宁省	73201	44923	6062	5467	863	3729
其中:大连市	11622	5148	545	848	210	356
吉林省	94425	61746	14890	4905	182	2988
黑龙江省	130374	82870	17873	6906	1137	4003
上海市	193618	98403	16277	8997	2408	15189
江苏省	218029	162471	19426	5032	482	9153
浙江省	174000	102808	25162	2830	491	10807
其中:宁波市	48983	38254	1303	610		3181
安徽省	66251	49875	7332	639	158	1596
福建省	57826	35632	9269	2753	324	3738
其中:厦门市	22252	17638	2101		278	1051
江西省	59228	40012	7401	2213	276	1934
山东省	176077	107688	14449	6498	1170	6358
其中:青岛市	24771	13577	2450	1876	77	518
河南省	93852	53262	9695	1621	104	2399
湖北省	74896	53789	8716	2198	368	1563
湖南省	50148	29959	9066	1600	123	1469
广东省	266296	129167	40807	11425	601	8849
其中:深圳市	81858	35601	12277	2286		1776
广西壮族自治区	67081	45819	10093	3549	204	1394
海南省	14121	10741	1368	454		851
重庆市	27621	15360	6646	151	89	719
四川省	100744	64787	20918	4600	140	3514
贵州省	69552	48908	9141	527	310	1351
云南省	101465	63216	13237	5675	112	2579
西藏自治区	37661	29283	5618	772		
陕西省	60583	41187	8452	5143	50	538
甘肃省	66124	51611	8591	1428	520	890
青海省	29558	18752	4291	591	99	773
宁夏回族自治区	20583	15816	2849	559	152	473
新疆维吾尔自治区	120873	99576	12329	1216	329	1896

1－4－104　　　　单位:万元

地　　区	九、医疗卫生				
	医疗服务				
	其他专科医院	福利医院	行业医院	处理医疗欠费	其他医疗服务支出
地　区　合　计	**181676**	**5178**	**24982**	**6930**	**271624**
北京市	45296	449	3288		1147
天津市	12368			167	9927
河北省	1826	105	2334	13	2680
山西省	5195		174	61	5125
内蒙古自治区	1833		2420		6608
辽宁省	4207	243	686	63	6958
其中:大连市	1389		652		2474
吉林省	4595	826	672	138	3483
黑龙江省	7555	1004	1345		7681
上海市	8959			282	43103
江苏省	8276	883	1204	360	10742
浙江省	9587	100	174	731	21310
其中:宁波市	3368	100		185	1982
安徽省	972	80	96	82	5421
福建省	3494	473		385	1758
其中:厦门市		473		168	543
江西省	4845		268	9	2270
山东省	7442	200	856	300	31116
其中:青岛市	1734		721		3818
河南省	4884	187	450	598	20652
湖北省	3420	186	197		4459
湖南省	3896	56	1175	307	2497
广东省	17638		2850	348	54611
其中:深圳市	3565			1	26352
广西壮族自治区	2093	244	242	143	3300
海南省	235	35		89	348
重庆市	3284			388	984
四川省	3058	25	718	1189	1795
贵州省	2255	37		285	6738
云南省	4703		2415	570	8958
西藏自治区			138		1850
陕西省	2928		877		1408
甘肃省	1991		9	13	1071
青海省	2804		886	197	1165
宁夏回族自治区				85	649
新疆维吾尔自治区	2037	45	1508	127	1810

1－4－105

单位:万元

地　　区	九、医疗卫生					
	社区卫生服务				医疗保障	
	小　计	社区公共卫生服务	社区卫生专项	其他社区卫生服务支出	小　计	行政单位医疗
地区合计	**294417**	**145915**	**104641**	**43861**	**5744660**	**1839248**
北京市	97200	20667	74005	2528	440003	156671
天津市	12255	11797	242	216	105180	28184
河北省	2949	1160	143	1646	296134	115263
山西省	1369	895	140	334	152996	43463
内蒙古自治区	1064	814	113	137	106409	41998
辽宁省	5327	3963	505	859	236126	78748
其中:大连市	52	52			36940	16556
吉林省	1301	1104	125	72	98784	37198
黑龙江省	2087	1787	134	166	122417	55425
上海市	56197	37450	11760	6987	198385	54468
江苏省	16574	11813	1830	2931	400141	115506
浙江省	28692	16641	5094	6957	350488	97884
其中:宁波市	13953	8253	2948	2752	39633	7982
安徽省	2084	1162	100	822	168247	53660
福建省	7013	3701	233	3079	166416	40365
其中:厦门市	3759	1153	160	2446	26050	6817
江西省	959	680	66	213	122858	32564
山东省	6703	2274	502	3927	323985	84860
其中:青岛市	4287	649		3638	16618	3079
河南省	1954	583	493	878	314500	111455
湖北省	8835	4094	999	3742	195015	68126
湖南省	1844	1253	220	371	151195	36894
广东省	20427	11454	3686	5287	439902	190411
其中:深圳市	10452	7022	289	3141	12098	893
广西壮族自治区	887	162	680	45	147947	41188
海南省	609	589		20	35610	13167
重庆市	1572	1301	93	178	117734	30373
四川省	4218	2756	948	514	272038	66713
贵州省	2177	1698	364	115	118348	44197
云南省	4974	1784	1633	1557	276128	78539
西藏自治区	850	850			17940	2999
陕西省	718	569	112	37	113892	33704
甘肃省	1431	1247	63	121	82493	36432
青海省	311	188	51	72	60667	9962
宁夏回族自治区	671	442	201	28	27460	10762
新疆维吾尔自治区	1165	1037	106	22	85222	28069

1－4－106

单位:万元

地区	九、医疗卫生						
	医疗保障						
	事业单位医疗	公务员医疗补助	优抚对象医疗补助	城市医疗救助	农村合作医疗	农村医疗救助	其他医疗保障支出
地区合计	**1589528**	**274729**	**21770**	**53604**	**1201512**	**120855**	**643414**
北京市	139747	8331	1798	4217	14997	106	114136
天津市	36002	9443	356	128	6477	548	24042
河北省	82082	12434	3780	1342	44869	2586	33778
山西省	47230	9083	858	2750	39135	2357	8120
内蒙古自治区	31822	3734	458	573	21266	1013	5545
辽宁省	74412	7631	751	5221	50259	1311	17793
其中:大连市	14992	1280	237		2809		1066
吉林省	34862	1284	1052	544	17341	428	6075
黑龙江省	38069	11741	16	2318	13122	345	1381
上海市	83849	5189	808	480	21739	926	30926
江苏省	90674	8136	1293	1417	88148	61519	33448
浙江省	89087	24758	647	1401	51432	6446	78833
其中:宁波市	7287	1460	1	481	12953	1446	8023
安徽省	45843	2790	69	185	56167	2073	7460
福建省	52799	5176	370	665	29507	866	36668
其中:厦门市	10406	963		370	2003	7	5484
江西省	35962	2032	322	5571	35678	5453	5276
山东省	99004	3079	1024	1485	103997	1346	29190
其中:青岛市	2698		21	518	8888	329	1085
河南省	61161	6876	547	4624	89896	5483	34458
湖北省	47613	7503	1449	1557	39427	2340	27000
湖南省	27373	4226	410	1811	64392	4047	12042
广东省	95862	24120	1251	3822	67899	3957	52580
其中:深圳市	1521	450					9234
广西壮族自治区	41432	14934	399	1472	28203	857	19462
海南省	10756	1388	147	525	7952	222	1453
重庆市	48811	10017	514	941	23884	374	2820
四川省	74403	19138	902	3729	90461	8158	8534
贵州省	24254	16830	856	931	27289	609	3382
云南省	82271	16624	893	710	59452	1486	36153
西藏自治区	1551	413		65	12015	823	74
陕西省	26211	15328	101	756	31647	1573	4572
甘肃省	16309	2222	328	2260	22153	897	1892
青海省	13084	16561	37	922	16785	787	2529
宁夏回族自治区	8505	962	192	309	4722	260	1748
新疆维吾尔自治区	28488	2746	142	873	21201	1659	2044

1－4－107

单位:万元

地　　区	九、医疗卫生					
	疾病预防控制					
	小　计	疾病预防控制机构	突发公共卫生事件应急处理	重大疾病预防控制	其他疾病预防控制专项	其他疾病预防控制支出
地区合计	**1326753**	**797349**	**30858**	**172315**	**156381**	**169850**
北京市	40275	16201	1393	3461	16452	2768
天津市	14864	10528	31	116	109	4080
河北省	48182	35119	1564	3227	3943	4329
山西省	27102	21399	509	2299	1323	1572
内蒙古自治区	37034	25342	6204	3953	347	1188
辽宁省	57541	42379	78	8490	2961	3633
其中:大连市	7601	5257	43	237	1589	475
吉林省	30079	22890	2891	1586	1408	1304
黑龙江省	35893	29366	995	1939	329	3264
上海市	49698	30333	121	2676	5472	11096
江苏省	79133	53425	1068	13111	6127	5402
浙江省	70962	38894	427	3142	8828	19671
其中:宁波市	8177	5836	110	233	511	1487
安徽省	33421	24160	109	3484	1298	4370
福建省	32001	17070	482	7696	5504	1249
其中:厦门市	6986	1385	43	3686	1765	107
江西省	26861	16214	550	3242	2737	4118
山东省	77124	49319	535	3906	6813	16551
其中:青岛市	7945	5938	32	188	630	1157
河南省	99968	33412	317	11445	42265	12529
湖北省	64590	26171	1021	22898	8532	5968
湖南省	42503	26258	667	10380	1417	3781
广东省	94868	60389	2419	5421	9913	16726
其中:深圳市	15563	10752				4811
广西壮族自治区	30888	18414	1646	4017	4481	2330
海南省	13313	6389	199	831	1542	4352
重庆市	21093	12419	229	2027	4156	2262
四川省	69178	45120	1766	9200	7169	5923
贵州省	37436	19454	2866	11637	1355	2124
云南省	72726	31216	2036	21782	7179	10513
西藏自治区	19097	5786	150	1578	604	10979
陕西省	27119	18561	354	4920	1301	1983
甘肃省	18596	15679	33	539	1456	889
青海省	11434	7022	3	1721	131	2557
宁夏回族自治区	9477	6690	163	1138	639	847
新疆维吾尔自治区	34297	31730	32	453	590	1492

1－4－108 单位:万元

地区	九、医疗卫生					
	卫生监督				妇幼保健	
	小计	卫生监督机构	卫生监督专项	其他卫生监督支出	小计	妇幼保健机构
地区合计	**265301**	**201929**	**42689**	**20683**	**318833**	**255171**
北京市	14946	7781	6381	784	12856	8020
天津市	1160	624	253	283	3543	3428
河北省	6668	5561	360	747	13938	11775
山西省	8267	7146	700	421	14088	12980
内蒙古自治区	9097	6040	2788	269	10785	9036
辽宁省	10823	10455	303	65	10924	9553
其中:大连市	2292	2206	80	6	1573	983
吉林省	5040	3972	545	523	7137	6514
黑龙江省	7344	6672	573	99	10157	9186
上海市	15448	13020	1384	1044	6916	5914
江苏省	23229	19684	2979	566	14034	11189
浙江省	24825	21073	2494	1258	9218	6895
其中:宁波市	6488	5746	280	462	2023	1417
安徽省	7765	4723	19	3023	7588	6176
福建省	6210	4694	1302	214	9493	6734
其中:厦门市	2056	1746	209	101	3814	2091
江西省	4246	3608	389	249	6972	5875
山东省	10058	8715	976	367	13507	11801
其中:青岛市	3836	3655	70	111	2193	1948
河南省	5585	3815	995	775	10835	7990
湖北省	6856	5993	781	82	11350	8722
湖南省	8467	6101	1314	1052	9538	7948
广东省	24695	16589	3800	4306	29315	26661
其中:深圳市	8072	5213		2859	9718	9593
广西壮族自治区	5628	1631	3157	840	13884	9239
海南省	455	285	92	78	3997	3145
重庆市	5933	4867	981	85	5385	3583
四川省	14911	10916	3611	384	16934	12467
贵州省	5374	4881	336	157	11046	7133
云南省	10239	5166	4489	584	22043	15827
西藏自治区	1172	173	20	979	2636	1929
陕西省	6880	5953	863	64	9989	8049
甘肃省	5396	4921	215	260	7864	6561
青海省	2422	1354	71	997	2236	1220
宁夏回族自治区	1154	1012	134	8	2052	1677
新疆维吾尔自治区	5008	4504	384	120	8573	7944

1－4－109

单位：万元

地区	九、医疗卫生					
	妇幼保健		农村卫生			
	妇幼保健专项	其他妇幼保健支出	小计	乡镇卫生院	农村卫生专项	其他农村卫生支出
地区合计	**43627**	**20035**	**1121196**	**917750**	**100085**	**103361**
北京市	4678	158	30801	17307	2455	11039
天津市	71	44	8834	8543	121	170
河北省	1480	683	32190	29230	1145	1815
山西省	786	322	34042	33213	557	272
内蒙古自治区	1486	263	23799	20815	1306	1678
辽宁省	407	964	16870	13423	2892	555
其中：大连市	43	547	6120	4088	1854	178
吉林省	354	269	19262	15698	1944	1620
黑龙江省	281	690	27087	24966	40	2081
上海市	603	399	30184	18890	7372	3922
江苏省	2501	344	62776	50770	6772	5234
浙江省	896	1427	105672	65040	14261	26371
其中：宁波市	390	216	20245	17523	965	1757
安徽省	235	1177	42333	35131	5740	1462
福建省	360	2399	40432	35015	2838	2579
其中：厦门市	94	1629	2334	1577		757
江西省	814	283	36593	30367	2914	3312
山东省	713	993	64439	53726	3208	7505
其中：青岛市	101	144	8893	4683	1810	2400
河南省	1339	1506	31341	23775	3050	4516
湖北省	2247	381	42695	32549	4820	5326
湖南省	1017	573	33313	28494	2733	2086
广东省	982	1672	65750	45919	10780	9051
其中：深圳市	125		1443	1443		
广西壮族自治区	3669	976	34818	31359	1513	1946
海南省	302	550	7875	7500	254	121
重庆市	1716	86	19095	14514	3280	1301
四川省	3290	1177	78769	68999	8021	1749
贵州省	2588	1325	37053	35870	738	445
云南省	5886	330	53185	44826	5076	3283
西藏自治区	540	167	6231	4136	773	1322
陕西省	1875	65	44139	42383	1494	262
甘肃省	835	468	29416	26509	1976	931
青海省	980	36	6736	5877	652	207
宁夏回族自治区	210	165	10286	8669	887	730
新疆维吾尔自治区	486	143	45180	44237	473	470

2006年地方财政政府收支分类转换数据

1－4－110 单位:万元

地区	九、医疗卫生				十、环境保护		
	中医药			其他医疗卫生支出	合计	环境保护管理事务	
	小计	中医（民族医）药专项	其他中医药支出			小计	行政运行
地区合计	**78111**	**38661**	**39450**	**592426**	**6907375**	**504476**	**179520**
北京市	4396	3129	1267	53049	201365	19909	3926
天津市	1451		1451	6877	43404	5628	1779
河北省	875	380	495	12027	375824	31610	10539
山西省	3086	421	2665	10462	317938	16629	18112
内蒙古自治区	9245	8624	621	9148	575525	12846	4508
辽宁省	1205		1205	29602	224596	15961	6807
其中:大连市				3558	27966	4032	986
吉林省	980	483	497	7960	164154	7997	4036
黑龙江省	1700	123	1577	7322	354025	18374	2743
上海市	264		264	52566	139169	17983	3506
江苏省	3917	3125	792	69142	234105	36660	13295
浙江省	5452	1642	3810	27376	204046	37517	12177
其中:宁波市	546		546	10827	30873	7227	2423
安徽省	1323	753	570	24038	151680	10412	4435
福建省	559	82	477	17809	65142	15556	1880
其中:厦门市	23	2	21	4715	16291	2839	216
江西省	2428	1910	518	13283	115734	7277	4397
山东省	5597	612	4985	14261	208769	31404	11442
其中:青岛市	327	19	308	1543	21709	3856	1473
河南省	4584	714	3870	19272	242843	21819	7226
湖北省	1523	842	681	24255	193660	10940	5173
湖南省	2849	517	2332	18374	254093	15080	6190
广东省	6551	4923	1628	39103	217500	58830	14083
其中:深圳市	3525	3525		22369	32531	10980	6071
广西壮族自治区	1198	884	314	33329	55767	7693	5019
海南省	144	16	128	3151	37765	1030	388
重庆市	130	78	52	5781	271918	7021	3437
四川省	3134	2038	1096	15884	573788	24837	10747
贵州省	1477	564	913	5691	236066	6908	6518
云南省	3725	1142	2583	16177	281992	21015	6441
西藏自治区	718	429	289	1986	62249	1648	531
陕西省	1966	512	1454	23183	346802	13644	3495
甘肃省	1120	144	976	19660	283985	9100	3419
青海省	785	91	694	2257	156503	1832	229
宁夏回族自治区	346	300	46	610	126095	1661	499
新疆维吾尔自治区	5383	4183	1200	8791	190873	15655	2543

1－4－111

单位:万元

地区	十、环境保护						
	环境保护管理事务						
	一般行政管理事务	机关服务	环境保护宣传	环境保护法规、规划及标准	环境国际合作及履约	环境保护行政许可	其他环境保护管理事务支出
地区合计	**40435**	**3305**	**11708**	**5378**	**900**	**1162**	**96137**
北京市	2713		1585	565	80	5	8568
天津市	275		236	30	45		1954
河北省	1161		243	162	50	12	4087
山西省	1369		146	66	10		2432
内蒙古自治区	330		284	50	26		1985
辽宁省	2944		1144	827	168	27	2905
其中:大连市	90			590	50		7
吉林省	676		180	187	45	11	2226
黑龙江省	291		169				3407
上海市	3100		354	35			2387
江苏省	1294	2953	540	422	129	15	5810
浙江省	4029		1033	298	50	296	8124
其中:宁波市	512		312	104		30	1981
安徽省	143		154	40			2233
福建省	294		440	89		3	2790
其中:厦门市	118		25				1067
江西省	229		52			25	1427
山东省	764		1125	120	100	100	5855
其中:青岛市	256			10			564
河南省	2188		270	979		152	3306
湖北省	441		189	112		27	2273
湖南省	886		153	42	30	24	922
广东省	6719		1697	658	60	72	14346
其中:深圳市	2358		147				4004
广西壮族自治区	1008		331	12		157	642
海南省	200						742
重庆市	726		164	14		7	1098
四川省	4893		520	227	83	15	4400
贵州省	1063		140				1610
云南省	1371	352	176	354	24	15	5451
西藏自治区			20	50			22
陕西省	471		30				2000
甘肃省	258		142				1718
青海省	25		26	15			565
宁夏回族自治区	201		85	9			157
新疆维吾尔自治区	373		80	15		199	695

1-4-112

单位:万元

地　　区	十、环境保护					
	环境监测与监察					
	小　计	环境监测与信息	环境执法监察	建设项目环评审查与监督	核与辐射安全监督	其他环境监测与监察支出
地　区　合　计	**279721**	**143486**	**65834**	**4395**	**12778**	**53228**
北京市	8223	7227	190		490	316
天津市	3609	2234	1261			114
河北省	9861	3398	4700	312	1	1450
山西省	13349	7336	3223	396	135	2259
内蒙古自治区	5257	2756	1314	15	116	1056
辽宁省	18785	9437	8301	382		665
其中:大连市	3242	2655	151			436
吉林省	5946	2113	1915	876		1042
黑龙江省	5178	2481	736	140		1821
上海市	17159	9450	4530		668	2511
江苏省	23104	13219	5401	5	774	3705
浙江省	25090	10008	3960	70	465	10587
其中:宁波市	4488	3668	736			84
安徽省	5036	3051	889	30	124	942
福建省	7187	3547	1470	23	905	1242
其中:厦门市	490	241	234	15		
江西省	4481	2564	1474	13	96	334
山东省	13217	7077	1036	200	280	4624
其中:青岛市	3522	3522				
河南省	17029	6986	6564	533	252	2694
湖北省	4385	1784	1606		296	699
湖南省	5594	1985	1298	81	40	2190
广东省	22879	14163	5089	67	109	3451
其中:深圳市	5636	2656	1541			1439
广西壮族自治区	4579	2489	1092	383	197	418
海南省	1287	924	185	3		175
重庆市	5410	3750	1091	15	50	504
四川省	17242	10631	3135	444	150	2882
贵州省	3883	2638	458	269		518
云南省	6170	3504	1502		68	1096
西藏自治区	992	117	230		75	570
陕西省	6399	1189	514			4696
甘肃省	10885	2183	1044		7467	191
青海省	1632	960	355	100	20	197
宁夏回族自治区	1087	650	434			3
新疆维吾尔自治区	4786	3635	837	38		276

1－4－113

单位:万元

地区	十、环境保护					
	污染防治					
	小计	大气	水体	噪声	固体废弃物与化学品	放射源和放射性废物监管
地区合计	**1983324**	**115161**	**358139**	**655**	**66832**	**9563**
北京市	110465	79298	2312		3315	165
天津市	27556		436			
河北省	121629	4236	45784		500	548
山西省	134565	517	12831		2579	22
内蒙古自治区	35625	1781	4890		1369	163
辽宁省	118434	2342	24192		2438	921
其中:大连市	16913	2000	300			
吉林省	31551	794	6640		3455	1622
黑龙江省	26993	10	98		94	29
上海市	55572		8944		155	
江苏省	159627	38	27169		1041	1535
浙江省	117769	2	10293	5	10436	56
其中:宁波市	15281	2	1405	5		
安徽省	54725	8193	7807		3100	
福建省	37842	369	6139		240	37
其中:厦门市	10605	354	12			
江西省	28664	469	724		1494	
山东省	150582	133	10502	5	1271	914
其中:青岛市	12038		3978		1100	
河南省	119053	515	25729	95	796	1049
湖北省	44254	900	13955		4446	
湖南省	49223	196	8046		1292	20
广东省	122844	2796	25452	142	1550	96
其中:深圳市	14920	2060			275	
广西壮族自治区	24700	128	3529		800	38
海南省	18165		4531		1515	11
重庆市	80852	5	42689		4655	6
四川省	88636	2381	20606	2	5506	735
贵州省	48498	2432	9777		780	
云南省	60732	20	22227	10	3725	19
西藏自治区	4057		27			
陕西省	29256	3978	404		985	31
甘肃省	31773	1298	5365		1920	
青海省	5950		150		1575	27
宁夏回族自治区	22119	2300	4536	300	5800	919
新疆维吾尔自治区	21613	30	2355	96		600

1－4－114

单位:万元

地　　区	十、环境保护						
	污染防治			自然生态保护			
	辐　射	排污费支出	其他污染防治支出	小　计	生态保护	农村环境保护	其他自然生态保护支出
地　区　合　计	**1191**	**1152590**	**279193**	**187605**	**106658**	**46479**	**34468**
北京市		15204	10171	26776	3131	21207	2438
天津市		20573	6547	4706		4706	
河北省		62888	7673	8315	1162	7153	
山西省	11	111338	7267	968	25	940	3
内蒙古自治区		25442	1980	2423	1977		446
辽宁省		79712	8829	1286	759	39	488
其中:大连市		11616	2997	638	150		488
吉林省	6	16392	2642	3910	3438	193	279
黑龙江省		22419	4343	750	590	61	99
上海市		22677	23796	42935	40811	1868	256
江苏省		116996	12848	2646	247	521	1878
浙江省		79669	17308	18541	7003	3091	8447
其中:宁波市		12718	1151	1008	719	246	43
安徽省		26537	9088	955	416	52	487
福建省		24830	6227	552	26	392	134
其中:厦门市		5267	4972	78	8	50	20
江西省		22497	3480	370	347	23	
山东省	35	106444	31278	3980	1483	1791	706
其中:青岛市		6889	71	1799	233	1405	161
河南省		62229	28640	2030	188	800	1042
湖北省		20703	4250	5675	326	149	5200
湖南省		34489	5180	594	521	37	36
广东省	139	64098	28571	1341	602	451	288
其中:深圳市		2406	10179	386	386		
广西壮族自治区		13337	6868	1623	1620	3	
海南省		3540	8568	464	125	223	116
重庆市		25649	7848	2664	1564	1049	51
四川省		45281	14125	925	266	639	20
贵州省		33040	2469	320	314	3	3
云南省	1000	27038	6693	2298	1167	204	927
西藏自治区		790	3240	2061	80		1981
陕西省		18183	5675	451	283	60	108
甘肃省		22371	819	632	477	140	15
青海省		2803	1395	39711	30656	400	8655
宁夏回族自治区		6889	1375	2149	1946	203	
新疆维吾尔自治区		18532		5554	5108	81	365

1－4－115

单位:万元

地　　区	十、环境保护					
	天然林保护					
	小　计	森林管护	社会保险补助	政策性社会性支出补助	职工分流安置	职工培训
地　区　合　计	**749580**	**240365**	**298970**	**49859**	**52794**	**202**
北京市	773	412				
天津市						
河北省	256	145				
山西省	13208	6338	1473	1272	84	
内蒙古自治区	104871	23735	16739	15018	39825	
辽宁省	4303	4130				
其中:大连市						
吉林省	94629	73640	1914	963	9193	
黑龙江省	241175	2343	225902	12788		
上海市						
江苏省	3562	20				
浙江省	521	100				
其中:宁波市						
安徽省	100					
福建省	585	11				
其中:厦门市	556	11				
江西省	84	38				
山东省	126	126				
其中:青岛市	72	72				
河南省	4794	1817	874	651		
湖北省	10778	7090	1305	1522		
湖南省	242	141	10			
广东省	113	10				
其中:深圳市						
广西壮族自治区	1012	220				
海南省	3326	1794	566	965		
重庆市	10619	5967	1328	846	28	
四川省	107601	41946	35497	6236	3204	200
贵州省	17054	10492	963	1026		
云南省	49107	26570	5947	2011		
西藏自治区	3126	2178	30	20		
陕西省	29799	3658				
甘肃省	19441	9111	3757	5062		
青海省	9767	7476	221	7		
宁夏回族自治区	5044	923	1014	82		2
新疆维吾尔自治区	13564	9934	1430	1390	460	

1－4－116

单位:万元

地区	十、环境保护					
	天然林保护		退耕还林			
	天然林保护工程建设	其他天然林保护支出	小计	粮食折现挂账贴息	退耕现金	退耕还林粮食折现补贴
地区合计	**50146**	**57244**	**2611252**	**26566**	**272467**	**1871331**
北京市	361		7675		1082	
天津市			1120			
河北省		111	156250		17916	128145
山西省	2021	2020	117284	7914	16247	89125
内蒙古自治区	6386	3168	267376		32151	206287
辽宁省	170	3	58835		6950	49444
其中:大连市			3141		3	886
吉林省	50	8869	19363	176	7169	76
黑龙江省	5	137	50480		4930	44
上海市						
江苏省		3542	107			
浙江省	84	337	180			
其中:宁波市			31			
安徽省	50	50	79190		6675	69772
福建省		574				
其中:厦门市		545				
江西省		46	70631	99	6031	436
山东省			828		498	
其中:青岛市			329		193	
河南省	370	1082	75580	5590	28537	38215
湖北省	30	831	113894	322	7974	101170
湖南省		91	180094	14	9495	167631
广东省	81	22	20			
其中:深圳市						
广西壮族自治区		792	10818		5791	189
海南省		1	13302		626	10507
重庆市	2241	209	148925	8260	28206	103966
四川省	18346	2172	322973	3740	33391	276082
贵州省	2576	1997	157906		11742	137918
云南省	11309	3270	139083		8071	1109
西藏自治区		898	10442			9682
陕西省		26141	254409			224565
甘肃省	1179	332	177767	451	20250	151020
青海省	1849	214	45574		4899	40420
宁夏回族自治区	3018	5	75388		8171	65380
新疆维吾尔自治区	20	330	55758		5665	148

1－4－117

单位:万元

地区	十、环境保护					
	退耕还林			风沙荒漠治理		
	退耕还林粮食费用补贴	退耕还林工程建设	其他退耕还林支出	小计	京津风沙源禁牧舍饲粮食折现补助	京津风沙源治理禁牧舍饲粮食折现挂账贴息
地区合计	**133776**	**45177**	**261935**	**135649**	**8262**	**1566**
北京市			6593	23751		
天津市			1120			
河北省		8937	1252	38364	5095	
山西省	2595		1403	3962		
内蒙古自治区	511	7989	20438	68685	3167	1566
辽宁省			2441			
其中:大连市			2252			
吉林省		2137	9805			
黑龙江省		510	44996			
上海市						
江苏省			107			
浙江省			180	14		
其中:宁波市			31	14		
安徽省	84	434	2225	28		
福建省						
其中:厦门市						
江西省		1301	62764	23		
山东省			330	19		
其中:青岛市			136			
河南省		683	2555	17		
湖北省	449	3528	451	74		
湖南省	7		2947			
广东省			20			
其中:深圳市						
广西壮族自治区		2017	2821	26		
海南省		77	2092			
重庆市	835	2574	5084	24		
四川省	42	3538	6180			
贵州省	100	4102	4044			
云南省	129148	30	725			
西藏自治区		750	10	380		
陕西省	5	37	29802			
甘肃省		4783	1263	240		
青海省			255	11		
宁夏回族自治区		1750	87	24		
新疆维吾尔自治区			49945	7		

1-4-118 单位:万元

地区	十、环境保护					
	风沙荒漠治理			退牧还草		
	京津风沙源治理禁牧舍饲粮食费用补贴	京津风沙源治理工程建设	其他风沙荒漠治理支出	小计	退牧还草粮食折现补贴	退牧还草粮食费用补贴
地区合计		**115130**	**10691**	**296518**	**47294**	**755**
北京市		17324	6427			
天津市						
河北省		33265	4			
山西省		3939	23			
内蒙古自治区		60602	3350	76405	33511	755
辽宁省						
其中:大连市						
吉林省						
黑龙江省						
上海市						
江苏省						
浙江省			14			
其中:宁波市			14			
安徽省			28			
福建省						
其中:厦门市						
江西省			23			
山东省			19			
其中:青岛市						
河南省			17			
湖北省			74			
湖南省						
广东省						
其中:深圳市						
广西壮族自治区			26			
海南省						
重庆市			24			
四川省				6264	831	
贵州省				1182		
云南省						
西藏自治区			380	39492	4344	
陕西省						
甘肃省			240	29931		
青海省			11	51612		
宁夏回族自治区			24	18623	8608	
新疆维吾尔自治区			7	73009		

1－4－119

单位:万元

地区	十、环境保护				十一、城乡社区事务		
	退牧还草		已垦草原退耕还草	其他环境保护支出	合计	城乡社区管理事务	
	退牧还草粮食折现挂账贴息	其他退牧还草支出				小计	行政运行
地区合计	**10015**	**238454**		**159250**	**24504689**	**4235033**	**365349**
北京市				3793	1532644	259559	10514
天津市				785	1287761	63088	5808
河北省				9539	714791	174729	16027
山西省				17973	456942	80646	12892
内蒙古自治区		42139		2037	758786	95741	11797
辽宁省				6992	1434656	241868	13727
其中:大连市					374523	31837	2267
吉林省				758	436364	77657	10178
黑龙江省				11075	603062	111135	12650
上海市				5520	2779741	580455	11605
江苏省				8399	2227372	302484	26193
浙江省				4414	1271117	266346	20348
其中:宁波市				2824	382459	56786	3667
安徽省				1234	661418	116794	11684
福建省				3420	436768	63619	8532
其中:厦门市				1723	162113	26227	1480
江西省				4204	444320	65995	10388
山东省				8613	1950920	226190	23813
其中:青岛市				93	296201	42187	4143
河南省				2521	818353	110980	16581
湖北省				3660	355819	109717	18689
湖南省				3266	637786	159117	20114
广东省				11473	1932396	382308	23547
其中:深圳市				609	366116	144482	6095
广西壮族自治区				5316	417477	62604	8237
海南省				191	89082	23735	1974
重庆市				16403	663208	129252	4580
四川省		5433		5310	619739	147834	16320
贵州省		1182		315	208082	54056	8237
云南省				3587	400098	76413	10345
西藏自治区		35148		51	53803	8873	2736
陕西省				12844	456714	60871	8731
甘肃省		29931		4216	209197	60784	6292
青海省		51612		414	78408	19581	2455
宁夏回族自治区	10015				152029	16196	2287
新疆维吾尔自治区		73009		927	415836	86406	8068

2006 年地方财政政府收支分类转换数据

1-4-120

单位:万元

地区	十一、城乡社区事务					
	城乡社区管理事务					
	一般行政管理事务	机关服务	城管执法	工程建设标准规范编制与监管	工程建设管理	市政公用行业市场监管
地区合计	**53585**	**11527**	**527847**	**27587**	**128191**	**39544**
北京市	1181	281	20980	255	4657	2627
天津市	185		9518		2799	
河北省	2029	59	15245	1081	1732	3102
山西省	842	172	11469	1777	1228	1179
内蒙古自治区	1748	557	11222	1406	4834	2367
辽宁省	1726	2	24570	1177	3161	3653
其中:大连市	300		4647	427	1294	161
吉林省	2035	97	8050	769	3567	647
黑龙江省	573	444	10266	263	740	1534
上海市	1440		67173	455	1704	742
江苏省	1543	74	60247	1500	14125	4420
浙江省	5144		45230	521	4090	1750
其中:宁波市	1495		11515	200	2623	184
安徽省	482	20	8714	427	504	604
福建省	881	73	18416	1370	2464	172
其中:厦门市	57	64	5733	445	884	40
江西省	2717	120	5253	1086	1039	317
山东省	2638	586	24500	2864	2364	1094
其中:青岛市	605	327	5852	411	87	150
河南省	7098	642	16194	1186	2827	762
湖北省	2133	47	22801	1817	5659	1438
湖南省	1800	1	22457	601	39766	2116
广东省	2588	134	50289	1889	7631	1809
其中:深圳市	291		20769	284	389	30
广西壮族自治区	1528	7064	10939	1131	558	3
海南省	247	3	3190	271	261	89
重庆市	578	35	8189	1637	11643	1027
四川省	5098	387	17823	1568	5630	467
贵州省	613	437	6282	3	169	37
云南省	2480	34	7077	665	1367	280
西藏自治区			30		112	
陕西省	3319	2	9065	253	1952	2393
甘肃省	203	229	4328	351	185	3934
青海省	294	27	1288	140	443	60
宁夏回族自治区	251		1076	439	59	606
新疆维吾尔自治区	191		5966	685	921	315

1－4－121

单位:万元

地　　区	十一、城乡社区事务					
	城乡社区管理事务				城乡社区规划与管理	城乡社区公共设施
	国家重点风景区规划与保护	住宅建设与房地产市场监管	执业资格注册、资质审查	其他城乡社区管理事务支出		
地区合计	**55072**	**52074**	**832**	**1169383**	**754004**	**12880606**
北京市	136	2919	1	122543	38191	293333
天津市		3166		3892	9658	895627
河北省		818		61909	23538	359438
山西省		906		21118	24434	250569
内蒙古自治区		1310		12235	26138	531584
辽宁省	1648	20908		45755	44887	665224
其中:大连市		42		14755	26315	271284
吉林省	221	513		23955	8529	221933
黑龙江省	2368	480		16979	28773	300961
上海市		1086		237607	28675	1359174
江苏省	1372	2893		95713	61240	1311414
浙江省	39917	443		72209	32511	655616
其中:宁波市		119		17268	7928	257382
安徽省	211	902	79	29450	13710	368472
福建省	1251	523	5	9713	15657	201570
其中:厦门市	1251		5	5031	6807	82346
江西省	662	598		16077	8794	212025
山东省	1595	2346	300	68272	76486	1316529
其中:青岛市		243		31932	8815	185307
河南省	5	2248	120	31182	22487	485095
湖北省	5	1848	9	25191	25308	130996
湖南省	11	813		20780	32142	283929
广东省	3549	1665	132	108988	112226	951771
其中:深圳市	2762	1396		58465	3830	33052
广西壮族自治区	85	183		14720	9328	224677
海南省	141	236	116	2845	2919	36867
重庆市	1100	154		23736	23531	410489
四川省	73	2249	6	30159	22489	291624
贵州省	225	293		11566	8443	94040
云南省	316	232		12311	15557	220929
西藏自治区				455	889	40058
陕西省	25	433		7428	13302	289726
甘肃省		197		24288	5705	96449
青海省	15	183	63	2456	2755	50858
宁夏回族自治区	20	218		3357	2659	88930
新疆维吾尔自治区	121	1311	1	12494	13043	240699

1-4-122

单位:万元

地区	十一、城乡社区事务						
	城乡社区住宅				城乡社区环境卫生	建设市场管理与监督	其他城乡社区事务支出
	小计	公有住房建设和维修改造支出	廉租住房支出	其他城乡社区住宅支出			
地区合计	**479690**	**87583**	**36743**	**355364**	**2968113**	**125164**	**3062079**
北京市	14983	4944	242	9797	333066	3618	589894
天津市	51474	16023	8404	27047	87312	565	180037
河北省	3650	459	135	3056	89427	2792	61217
山西省	6610	2128	143	4339	73714	3272	17697
内蒙古自治区	6494	2788	150	3556	47767	6311	44751
辽宁省	81291	2562	4276	74453	163782	3933	233671
其中:大连市	2732	115		2617	27958	957	13440
吉林省	19640		78	19562	61514	1184	45907
黑龙江省	18712	5854	15	12843	87882	6487	49112
上海市	75757	28392	2837	44528	391815	7380	336485
江苏省	35317	3270	15	32032	194469	15810	306638
浙江省	8614	453	1358	6803	184724	7952	115354
其中:宁波市	1355		108	1247	42370	1499	15139
安徽省	4098	1784	301	2013	51452	2980	103912
福建省	2050	55	76	1919	78326	2152	73394
其中:厦门市	41	41			26700	91	19901
江西省	5984	1121	580	4283	50039	3364	98119
山东省	19956	7183	100	12673	144825	5973	160961
其中:青岛市	6470	4700		1770	33141	1414	18867
河南省	6492	52	102	6338	97683	321	95295
湖北省	1610	59	13	1538	54627	1179	32382
湖南省	6515	157	1264	5094	77974	7233	70876
广东省	51374	1161	1669	48544	260234	9474	165009
其中:深圳市	12442	364	96	11982	81095		91215
广西壮族自治区	2392	55	5	2332	58566	2997	56913
海南省	372	140		232	18482	1941	4766
重庆市	5029	262	2243	2524	48560	2811	43536
四川省	11675	1953	354	9368	92723	6515	46879
贵州省	3722	485	241	2996	22256	1673	23892
云南省	17341	150	10195	6996	40218	1555	28085
西藏自治区	347	234		113	3533		103
陕西省	3539	563	501	2475	52432	3889	32955
甘肃省	1992	561	330	1101	27069	2001	15197
青海省	279	251		28	4453	68	414
宁夏回族自治区	1995			1995	24195	285	17769
新疆维吾尔自治区	10386	4484	1116	4786	44994	9449	10859

1－4－123

单位:万元

地区	十二、农林水事务					
	合计	农业				
		小计	行政运行	一般行政管理事务	机关服务	农业事业机构
地区合计	**23847158**	**10839406**	**6785**	**19450**	**3751**	**1725241**
北京市	886232	409811	50		241	44423
天津市	193044	106749	923	326		16392
河北省	979556	563140	44		63	41884
山西省	639313	282845		35		76809
内蒙古自治区	842647	327548	32		155	78208
辽宁省	1018087	473576	12	363	41	69946
其中:大连市	153641	75750		298		8079
吉林省	611176	269508	1		35	56231
黑龙江省	806018	435440	91	62	238	89514
上海市	478001	224363		964		32097
江苏省	1581244	790786	1408	3874		93537
浙江省	1148034	556964	2670	202	628	93967
其中:宁波市	206190	95789	476	164		18533
安徽省	801533	390821	150		77	35211
福建省	499499	231332	6	133	160	40231
其中:厦门市	43519	21508				2981
江西省	726157	356414			395	35859
山东省	1328724	718845	190		17	70914
其中:青岛市	142675	68582				7193
河南省	1113388	493622		153	505	53609
湖北省	877047	421283		2000	119	46419
湖南省	819308	453451	13		263	48836
广东省	1425848	513475	997	11027	288	47653
其中:深圳市	108923	33098		5		1879
广西壮族自治区	726825	234392	18	53	19	61931
海南省	179611	57869		2	111	7565
重庆市	415628	182256			166	33209
四川省	1219761	629510	18	157	25	121503
贵州省	707592	311709			20	55905
云南省	1030141	399995	109	90		114187
西藏自治区	249534	97254				14896
陕西省	701907	273565			96	48393
甘肃省	636650	217828				77566
青海省	255293	84626				14012
宁夏回族自治区	256728	88104	41			18238
新疆维吾尔自治区	692632	242325	12	9	89	86096

1－4－124

单位:万元

地　　区	十二、农林水事务					
	农　业					
	农　垦	技术推广	技能培训	病虫害控制	农产品质量安全	执法监管
地　区　合　计	**75711**	**886428**	**2395**	**477911**	**71574**	**77150**
北京市		22268	26	6650	9289	3833
天津市	12	2441	17	1671	465	738
河北省	1037	28556	59	29582	2604	2626
山西省	209	29456	46	18678	2464	701
内蒙古自治区	11061	25145	127	28141	1191	3697
辽宁省	3765	28057	11	29001	4239	3092
其中:大连市	8	3977		1721	342	176
吉林省	306	31366	79	6322	1285	646
黑龙江省	20169	25312	47	15515	1191	2962
上海市	3963	5777	23	6413	1301	2676
江苏省	873	103244		15325	2058	5555
浙江省	327	47664	111	8956	2862	7909
其中:宁波市	13	4288	30	1921	511	727
安徽省	2532	22045	30	12448	716	980
福建省	697	19724	106	3913	2234	3056
其中:厦门市	2	1442		685	419	101
江西省	2794	22553	47	9442	671	1051
山东省	626	42995	205	23469	3921	4451
其中:青岛市		1734		1479	163	1069
河南省	2134	42417	190	31877	3549	3347
湖北省	1022	58762	70	21427	1839	3873
湖南省	2056	26805	45	14029	1844	1873
广东省	961	33300	142	20384	13940	7523
其中:深圳市		467		1480	6043	470
广西壮族自治区	1917	36903	329	12725	2316	2833
海南省	2117	2854	43	2818	332	1610
重庆市		20713		8517	1003	818
四川省	4153	36611	177	53596	2574	1574
贵州省	303	36328	93	4571	653	913
云南省	7493	52451	149	15273	1520	1423
西藏自治区		9042	5	13353	868	10
陕西省	407	19376	44	7080	3209	2722
甘肃省	2288	19039	60	8254	393	1029
青海省	150	10452		7143	226	475
宁夏回族自治区	2251	5800	34	12226	308	289
新疆维吾尔自治区	88	18972	80	29112	509	2865

1－4－125

单位:万元

地　　区	十二、农林水事务					
	农　　业					
	信息服务	农村及农业宣　　传	农业资金审　　计	对外交流与 合 作	耕地地力保　　护	草原草场保　　护
地　区　合　计	**33990**	**10272**	**1626**	**3383**	**38247**	**26337**
北京市	4463	2354	31		1752	
天津市	130	5	2		28	
河北省	1072	154	42	116	1327	15
山西省	572	188	42	186	212	829
内蒙古自治区	130	6	49	6	2718	12184
辽宁省	1103	1161	5	7	888	229
其中:大连市	2	1			106	
吉林省	1222	306	18	80	40	67
黑龙江省	632	183	11	131	784	565
上海市	844	52			638	
江苏省	1987	333		55	1177	
浙江省	2314	290	265	144	1349	
其中:宁波市	538		2	25		
安徽省	856	76		14	2423	
福建省	1445	373	14	10	213	
其中:厦门市	33	92				
江西省	540	163			1144	
山东省	1567	320	234	190	1102	200
其中:青岛市	450				220	
河南省	1229	814	65	42	884	19
湖北省	1400	244	55	218	610	116
湖南省	676	389	11	20	746	92
广东省	2905	1595	667	874	6292	35
其中:深圳市	127	65				
广西壮族自治区	1189	143	2	130	73	93
海南省	347					296
重庆市	809	41	2		7060	140
四川省	943	143	4	49	2924	3457
贵州省	552	49	20	212	235	25
云南省	1882	217	20	617	1521	306
西藏自治区	547				950	1416
陕西省	627	101	34		146	622
甘肃省	703	13			483	2515
青海省	261	214			50	539
宁夏回族自治区	116	243	9	282	463	593
新疆维吾尔自治区	927	102	24		15	1984

1－4－126

单位:万元

地　　区	十二、农林水事务					
	农　　业					
	渔业及水域保　　护	农业资源调查和　区　划	灾害救助	稳定农民收入补贴	农业结构调整补贴	农业生产资料补贴
地　区　合　计	**76088**	**7295**	**95455**	**146763**	**43710**	**614937**
北京市	197	40	2392	353	14696	2804
天津市	105	133	78	2828	177	1345
河北省	5868	569	1236	116967	4018	24244
山西省	636	268	367	51	1283	10711
内蒙古自治区	777	82	2443	114	154	15679
辽宁省	4449	182	3882	31	859	33973
其中:大连市	2039	4	30			5804
吉林省	721	78	964	1	59	27954
黑龙江省	665	255	527	418	164	44286
上海市	3606	48	982	2813	3148	9626
江苏省	3271	237	10175	3015	2390	26778
浙江省	7270	539	4385	565	59	8598
其中:宁波市	1893	193	39		9	2668
安徽省	1497	7	916	168	651	59287
福建省	1694	108	8144	7	647	4483
其中:厦门市	217	46	16			4
江西省	98	145	3233	1217	359	49919
山东省	9108	250	2162	944	1117	41911
其中:青岛市	867		222		375	2012
河南省	54	241	2265	1275	1262	39003
湖北省	1119	101	2957	368	163	45043
湖南省	991	241	3589	605	452	59747
广东省	19601	2101	11939	2042	472	7681
其中:深圳市	260	18				
广西壮族自治区	9017	608	836		13	5183
海南省	2386	1	1079			1369
重庆市	405	22	5559	86	120	6049
四川省	601	74	13815	12249	66	21926
贵州省	498	390	2929	110	781	13012
云南省	807	52	1262	244	2956	10166
西藏自治区	20		635			5407
陕西省	313	296	998	10	5119	15748
甘肃省	43	47	1425		53	4858
青海省	142	73	1431		200	2426
宁夏回族自治区	71	107	395	52	855	5683
新疆维吾尔自治区	58		2455	230	1417	10038

1－4－127

单位:万元

地区	十二、农林水事务					
	农业					
	农业生产保险补贴	农民合作经济组织	农产品加工与促销	农村公益事业	垦区公共支出	垦区公益事业
地区合计	**7897**	**15353**	**79686**	**593420**	**18244**	**18748**
北京市	219	1677	1188	33315	112	60
天津市		190	140	21	118	162
河北省	514	532	6602	30221	2153	1655
山西省		786	3009	9523	213	116
内蒙古自治区		115	4020	13217	2780	1586
辽宁省		230	5177	25681	793	640
其中:大连市		62	1064	4012		
吉林省	1005	465	1095	14870	417	257
黑龙江省		795	5349	16953	781	2225
上海市	3823	1536	44	23252		
江苏省	587	829	2590	74714		
浙江省	366	1335	3076	36150	114	152
其中:宁波市	300	70	335	8311	35	
安徽省		306	1728	9590	2166	305
福建省	156	78	432	6000	5	91
其中:厦门市		15	25			
江西省	70	74	498	21124	2177	378
山东省	16	1116	5994	30974	100	100
其中:青岛市	10	11	783	5487		
河南省	76	458	1844	23886	3	168
湖北省		1070	5142	18428	2340	831
湖南省	486	196	4266	32317	15	2275
广东省		622	1760	15831		1203
其中:深圳市			72			
广西壮族自治区	80	166	240	10015	1461	4372
海南省		20	1287	2475		
重庆市		346	7241	10885		29
四川省	54	328	2815	55665		28
贵州省	110	193	1540	13074	5	816
云南省	83	747	631	15804	654	104
西藏自治区	97	518	650	1749		
陕西省	68	118	386	26342	8	45
甘肃省	7	131	5746	4464	1525	833
青海省		119	442	2591		77
宁夏回族自治区		107	2425	1460	283	240
新疆维吾尔自治区	80	150	2329	12829	21	

1－4－128

单位:万元

地区	十二、农林水事务					
	农业					
	农业国有资产维护	农业前期工作与政策研究	农民收入统计与负担监测	农业产业化	农业资源保护	草原资源监测
地区合计	**3963**	**3866**	**1274**	**149544**	**56748**	**774**
北京市	8	156	34	7198	3467	
天津市	23	10	20	200	6	
河北省	5	50	5	4312	615	1
山西省		145	8	2028	6521	
内蒙古自治区		503	1	4920	89	74
辽宁省		48	5	2542	4136	5
其中:大连市				150		
吉林省		25	13	9616	393	65
黑龙江省		116		5693	990	77
上海市		50	75	2963	2569	
江苏省		240	5	33775	4229	
浙江省		161	86	7349	6824	
其中:宁波市				600	589	
安徽省		20	47	4358	530	
福建省	4	15	12	2703	3356	
其中:厦门市				672	122	
江西省	3387			3375	790	
山东省	100	100	233	2523	5610	210
其中:青岛市						30
河南省		11	33	3260	2340	
湖北省			19	4911	1904	
湖南省	2	13	216	1749	1235	
广东省	392	67	99	7520	5733	
其中:深圳市	122			404	65	
广西壮族自治区		110	31	2769	1282	18
海南省		3		19	10	
重庆市		118	8	1996	929	15
四川省		87	45	4071	615	45
贵州省		53	118	2012	462	
云南省		349	31	15079	1368	
西藏自治区				100	40	
陕西省	2	36	67	2751	68	
甘肃省		14	4	2782	263	13
青海省		1259		215	331	
宁夏回族自治区		107	59	4986		
新疆维吾尔自治区	40			1769	43	251

1－4－129

单位:万元

地区	十二、农林水事务					
	农业					
	外来物种管理	农村能源综合建设	农村人畜饮水	村级组织支出补助	村级债务化解	其他农业支出
地区合计	**870**	**141606**	**258889**	**1285354**	**8446**	**1988669**
北京市		5657	9220	11561		190892
天津市				14920		49148
河北省	135	10131	12456	99055	676	54684
山西省		3721	758	55853	254	20797
内蒙古自治区		2773	5306	30485	6	37202
辽宁省	5	2294	27495	59252	3	102583
其中:大连市		2	25372	3083		15027
吉林省		2411	7983	26630		32820
黑龙江省		977	4516	47483	2188	68299
上海市	30	23	1484	10543		83154
江苏省		1494	1944	99598	107	196760
浙江省	99	3700	2368	3765	30	173785
其中:宁波市	27	933	13	118		17265
安徽省		3417	5322	89423	2705	63024
福建省		385	87	25810		59448
其中:厦门市			36	520		11740
江西省	39	2891	6449	100954		9925
山东省	220	1020	16648	94110	303	162935
其中:青岛市			1630	10838	11	17590
河南省	10	15292	7606	77960	1093	87949
湖北省	69	8131	22815	60475	19	43460
湖南省	50	6786	1630	68147	496	58500
广东省		4508	3569	31175	1	149107
其中:深圳市						9129
广西壮族自治区		3759	7871	5510	2	21295
海南省		133	3664	3944		12811
重庆市	20	3579	6944	27270	40	20033
四川省	150	12624	17766	120708	151	57824
贵州省		21538	28342	23289	8	37472
云南省	36	6225	23159	26050	271	56636
西藏自治区		6011	8353	1665		10058
陕西省	7	704	2281	26784		75276
甘肃省		94	6323	22468	3	24150
青海省		4424	12080	4232	90	10739
宁夏回族自治区		6904	4106	3230		4250
新疆维吾尔自治区			344	13005		13653

1-4-130

单位:万元

地　　区	十二、农林水事务					
	林　　业					
	小　计	行政运行	一般行政管理事务	机关服务	林业事业机　　构	森林培育
地　区　合　计	**2568017**	**388596**	**93800**	**24878**	**463312**	**258841**
北京市	156047	6934	3751		11623	27050
天津市	11758	2825	1618	443	2703	418
河北省	79786	19116	2324	431	12481	13397
山西省	88518	10827	1782	1726	19334	14158
内蒙古自治区	150946	12863	453	4146	27594	6250
辽宁省	94578	15244	3092	408	16655	16751
其中:大连市	14996	1571	785		1218	5794
吉林省	85221	8740	2009	365	10387	3527
黑龙江省	106889	10805	1706		16064	2134
上海市	34073	14146	4483	61	4118	2631
江苏省	70809	23133	4986	1364	4238	43868
浙江省	110973	20584	7843	356	19021	6206
其中:宁波市	13959	4832	3338		2639	1256
安徽省	50043	13105	973	1677	10527	2054
福建省	69052	7178	4502	29	12862	2192
其中:厦门市	5837	1683	834		550	792
江西省	84575	9345	1149	1591	19541	2198
山东省	112854	23098	3483	400	17985	12283
其中:青岛市	15156	3726	740		930	786
河南省	102653	19676	5896	2333	10744	21735
湖北省	60563	11319	2053	3626	10184	7637
湖南省	76989	11209	1492	308	10082	2228
广东省	170237	25800	16012	718	15236	26998
其中:深圳市	8209	4780	1795	57	392	295
广西壮族自治区	176914	7483	2348	310	29269	1528
海南省	18375	2316	402	65	1618	1538
重庆市	36336	4407	3585	1624	7692	4851
四川省	71147	19504	4420	1197	18858	2125
贵州省	66723	12333	1140	40	17806	5237
云南省	148027	14303	5294	235	42589	3152
西藏自治区	25496	2082			753	2159
陕西省	73465	13999	3019	413	20279	11697
甘肃省	90485	6543	1056	489	31184	7051
青海省	25378	3839	385	70	4817	1735
宁夏回族自治区	21675	2960	2052		9580	1786
新疆维吾尔自治区	97432	32880	492	453	27488	2267

1－4－131

单位:万元

地　　区	十二、农林水事务					
	林　　业					
	林业技术推　　广	森林资源管　　理	森林资源监　　测	森林生态效益补偿	自然保护区	动植物保护
地　区　合　计	**90372**	**21975**	**15319**	**443786**	**25437**	**13822**
北京市	547	382	370	41682	321	1067
天津市	190	10	5	119	121	51
河北省	2393	328	376	10546	246	579
山西省	1815	313	376	1994	432	3975
内蒙古自治区	3146	664	416	43465	665	204
辽宁省	2836	705	299	16477	943	183
其中:大连市	621	43		208	330	28
吉林省	979	519	1497	15310	1197	60
黑龙江省	1797	420	1416	18919	462	19
上海市	650	146		1531		380
江苏省	7800	120	392	2198	192	37
浙江省	5672	1716	190	19017	1601	108
其中:宁波市	1676	105	91	1139	2	9
安徽省	1672	587	87	11548	67	146
福建省	1536	867	176	20702	488	84
其中:厦门市	3	226		244		3
江西省	1278	1169	337	21856	828	128
山东省	3972	633	206	6841	502	185
其中:青岛市	330	205		100		
河南省	5241	476	446	8946	663	253
湖北省	1990	1776	207	5967	1346	524
湖南省	3734	442	898	15370	562	223
广东省	2777	3094	1323	38330	2810	1401
其中:深圳市				81	200	73
广西壮族自治区	6006	993	583	22988	1344	672
海南省	149		214	3720	1098	362
重庆市	1184	1111	98	225	370	192
四川省	5653	232	308	943	741	370
贵州省	3239	968	359	4002	789	125
云南省	12140	2214	2667	19753	4278	664
西藏自治区	355	15	25	14810	430	
陕西省	3666	1201	878		1328	728
甘肃省	2867	369	234	19144	855	164
青海省	924	225	448	8881	65	292
宁夏回族自治区	1390	46	270	697	438	13
新疆维吾尔自治区	2774	234	218	47805	255	633

1－4－132

单位:万元

地区	十二、农林水事务					
	林业					
	湿地保护	林业执法与监督	森林防火	林业有害生物防治	林业检疫检测	防沙治沙
地区合计	**11014**	**45547**	**81575**	**45689**	**2008**	**45404**
北京市	250	501	4123	5154	113	1757
天津市		181	120	925	6	2000
河北省	499	730	4484	2348	51	643
山西省	9	194	2962	1221	3	18662
内蒙古自治区		2354	7087	2078	75	10617
辽宁省	927	2447	3805	3477	91	582
其中:大连市		52	957	296		
吉林省		962	3044	1475	66	112
黑龙江省	1330	299	8303	1437	33	837
上海市	559	6	210	70		
江苏省	175	64	3076	472	69	403
浙江省	56	2552	4429	2245	118	65
其中:宁波市		152	532	586		65
安徽省	15	897	897	626	48	805
福建省	113	1963	2960	1090	30	341
其中:厦门市		144	861	104		
江西省		3880	1356	1727	27	537
山东省	72	1942	2293	1539	30	1663
其中:青岛市		7	77	427		27
河南省	315	1639	1442	2022	92	1104
湖北省	4459	1034	927	1130	104	120
湖南省	46	2071	1276	635	30	150
广东省	350	3100	7522	2616	442	32
其中:深圳市	14		213	426		
广西壮族自治区	49	2447	2879	1205	79	1173
海南省	589	1223	237	199		8
重庆市		417	1519	1296		21
四川省	717	343	3469	2046	52	83
贵州省		443	2506	2005	51	180
云南省		9015	8291	1269	84	417
西藏自治区	18	21	143	94		30
陕西省	20	2374	852	1196	195	162
甘肃省	55	812	688	1113	14	1833
青海省	45	505	352	988	75	135
宁夏回族自治区	205	97	101	889	2	402
新疆维吾尔自治区	141	1034	222	1102	28	530

1－4－133

单位:万元

地区	十二、农林水事务					
	林业					
	林业质量安全	林业工程与项目管理	林业对外合作与交流	林业产业化	技能培训	信息管理
地区合计	**1007**	**15704**	**1324**	**11005**	**124742**	**2404**
北京市	92	80	475	626	5135	495
天津市					751	
河北省	43	1355	71	492	5556	12
山西省	1	1069	429	439	3366	10
内蒙古自治区		1443	81		1449	92
辽宁省		843		1500	8796	
其中:大连市					290	
吉林省		641		408	3925	3
黑龙江省		417		450	4598	113
上海市		584			866	422
江苏省		470			12725	
浙江省	78	527		1199	5007	155
其中:宁波市		47			501	
安徽省		726		88	2641	2
福建省		320		112	985	18
其中:厦门市		320			52	6
江西省		95		49	4185	38
山东省		1164		497	6438	41
其中:青岛市					60	
河南省	107	974	93	436	7930	175
湖北省	148	322	3	600	5831	75
湖南省	30	187			5513	38
广东省	45	489	112	146	2709	450
其中:深圳市					568	5
广西壮族自治区		1569		426	3158	132
海南省	413	40			1533	23
重庆市		691		80	2752	14
四川省	35	1042	50	121	6355	2
贵州省		22		230	4013	
云南省		66		1599	3880	12
西藏自治区				90	4293	20
陕西省		32		407	1511	
甘肃省		322		192	2588	1
青海省	15	121			2652	61
宁夏回族自治区		44	10	818	1138	
新疆维吾尔自治区		49			2463	

1－4－134

单位:万元

地　　区	十二、农林水事务				
	林　业				
	林业政策制定与宣传	林业资金审计稽查	林区公共支出	林业贷款贴息	其他林业支出
地区合计	**1517**	**595**	**18326**	**9634**	**396556**
北京市	13	70	1811	270	38083
天津市	10				2968
河北省	89		151	408	12015
山西省	11		5395	60	11642
内蒙古自治区			599	262	29079
辽宁省		7	20	717	17802
其中:大连市					4483
吉林省		6	2647	158	14718
黑龙江省	89		894	168	24941
上海市					21858
江苏省	3			105	3162
浙江省	298	171	111	147	21845
其中:宁波市	22	10	93	62	2041
安徽省	35		3	288	4989
福建省	31	11	10	94	9560
其中:厦门市	24	11			1648
江西省	32	20	44	98	7400
山东省	10		328	380	20112
其中:青岛市					3921
河南省	268		74	817	21330
湖北省	20	10	37	483	5420
湖南省	25		237	111	10592
广东省	206	57	2456	155	19174
其中:深圳市	10				1599
广西壮族自治区	41	101	254	2558	15167
海南省	16	104			4186
重庆市	29		2960	40	8579
四川省	6	25	16	200	15935
贵州省	134		3	221	10531
云南省	10	5	74	770	13416
西藏自治区					1616
陕西省	63		3	30	14362
甘肃省			103	509	10413
青海省	35		17	49	2100
宁夏回族自治区	32	8	29	470	1399
新疆维吾尔自治区	11		50	66	2162

1－4－135

单位:万元

地　　区	十二、农林水事务					
	水　　利					
	小　计	行政运行	一般行政管理事务	机关服务	水利行业业务管理	水利工程建　设
地　区　合　计	**6069135**	**462561**	**95156**	**26**	**258640**	**2224424**
北京市	225421	7871	6433		6847	28517
天津市	48592	5048	1107		5483	17243
河北省	206240	25124	1615		7278	55745
山西省	153893	20148	1361		6910	43695
内蒙古自治区	215241	13422	3557		13195	113052
辽宁省	290423	20062	4507		7570	129839
其中:大连市	33709	2031	1377		1005	1833
吉林省	146070	11028	3688		6562	78356
黑龙江省	134832	16646	2041		11012	21637
上海市	177507	8518	2441		13197	77141
江苏省	535693	33929	4519		5074	169124
浙江省	296997	23370	8317		33717	116651
其中:宁波市	68153	3819	1390		3348	46739
安徽省	222227	17010	1797		7073	118549
福建省	118459	15064	1889		7509	24534
其中:厦门市	9703	2197	95		423	3029
江西省	140524	11958	850		5728	41781
山东省	311949	25224	4821		23335	63310
其中:青岛市	33344	3750	1062		1366	5624
河南省	324007	22551	5151		9647	134628
湖北省	244678	17508	4947		12714	87805
湖南省	137805	20300	3558		5721	28809
广东省	523469	34548	7518	20	11563	215859
其中:深圳市	23155	7179	1143		906	160
广西壮族自治区	136084	10874	2342		7363	37823
海南省	41488	3045	616	6	6142	13335
重庆市	98634	7117	1531		3683	51123
四川省	262826	22971	6584		3818	76638
贵州省	128186	12518	1921		2536	24546
云南省	221991	14751	5897		7188	73443
西藏自治区	59493	4036			765	42860
陕西省	140541	11191	2334		12057	27541
甘肃省	165914	9832	570		5816	70615
青海省	69215	3371	369		1818	42030
宁夏回族自治区	72851	2391	712		2755	45702
新疆维吾尔自治区	217885	11135	2163		4564	152493

1－4－136

单位:万元

地　区	十二、农林水事务					
	水　利					
	水利工程运行与维护	长江黄河等流域管理	水利前期工作	水利执法监督	水土保持	水资源管理与保护
地区合计	**350378**	**14074**	**48284**	**24047**	**89205**	**83757**
北京市	5921		209	1711	1237	2971
天津市	885		108	20	100	6117
河北省	17821	35	1068	859	3082	6950
山西省	5139		1180	307	6520	2250
内蒙古自治区	6700	104	1670	1102	7282	2287
辽宁省	16028		2093	1246	9573	6171
其中:大连市	385		148	119	640	588
吉林省	3551		3466	184	1245	2871
黑龙江省	5162		3836	1141	1218	4743
上海市	14031		177	2040	2422	3658
江苏省	80152		2064	1257	215	4519
浙江省	9592	1700	2306	909	685	1764
其中:宁波市	879		600	119		419
安徽省	13339	260	416	358	627	2085
福建省	2428		1326	525	3303	2195
其中:厦门市	20		53	23	102	100
江西省	16829	4	1825	846	3063	661
山东省	2939		533	746	2107	3018
其中:青岛市	59		80	210	240	300
河南省	10609	3224	1035	1211	1788	2055
湖北省	35576	8587	960	1055	3802	2191
湖南省	4333		581	105	1205	1027
广东省	23826		3605	1930	1778	5571
其中:深圳市	1439					9
广西壮族自治区	7343		2228	737	2406	2803
海南省	651	90	397	69	206	648
重庆市	1996		456	576	2000	438
四川省	13744		1506	975	3030	3105
贵州省	6790	17	1208	114	3903	794
云南省	26096		4055	628	5670	4004
西藏自治区	369		45	1		84
陕西省	7260	53	3340	1475	7702	3127
甘肃省	4552		1418	648	9710	1311
青海省	662		742	124	621	239
宁夏回族自治区	2944		184	1	1701	519
新疆维吾尔自治区	3110		4247	1147	1004	3581

1－4－137

单位:万元

地　　区	十二、农林水事务					
	水　　利					
	水质监测	水文测报	防　汛	抗　旱	小型农田水　　利	水利技术推广和培训
地区合计	**8581**	**87745**	**287515**	**125373**	**680340**	**90475**
北京市	4	1022	4731	482	26193	
天津市		1139	1607	375	4052	684
河北省	178	3365	7039	4133	18033	1810
山西省	242	2617	3529	3922	16980	2429
内蒙古自治区	73	2497	5255	5071	15823	2344
辽宁省	292	4163	29270	7366	30449	5222
其中:大连市	4		19447	19	1320	257
吉林省	19	3940	2583	1747	12583	2061
黑龙江省	145	4539	6355	7905	13496	1249
上海市	1958	1420	3442		18556	20
江苏省	6	3003	20127	8880	81693	15608
浙江省	131	4910	8991	2430	40025	3504
其中:宁波市	26	513	938	282	4270	1160
安徽省	100	3143	7163	4512	12507	1795
福建省	117	962	19358	1043	11513	2315
其中:厦门市	18	114	1612	120	174	17
江西省	37	3864	8785	2309	14341	1809
山东省	190	5020	7968	5960	31636	5723
其中:青岛市	14	10	177	157	5648	2
河南省	136	3322	10187	5130	39668	5655
湖北省	506	3093	12203	5507	21487	2371
湖南省	31	4276	18033	5444	19650	1814
广东省	2159	8524	47342	2176	41905	989
其中:深圳市	1100	39	475		4922	
广西壮族自治区	599	3905	8096	3947	27053	3151
海南省	58	77	1917	2311	6664	37
重庆市	82	404	3537	9936	8026	2488
四川省	218	3385	10207	8628	42913	9679
贵州省	321	526	4503	4370	37239	3240
云南省	315	3925	6097	4127	36196	6634
西藏自治区	65	1845	1971	51	4720	158
陕西省	289	35	12661	2663	5599	3970
甘肃省	219	2104	4231	4815	21547	1971
青海省	22	1171	2961	4932	2188	687
宁夏回族自治区		853	2558	2707	3488	75
新疆维吾尔自治区	69	4696	4808	2494	14117	983

1－4－138

单位:万元

地　　区	十二、农林水事务					
	水　　利					
	国际河流治理与管理	水资源费支出	砂石资源费支出	信息管理	水利建设移民支出	其他水利支出
地 区 合 计	**1150**	**356826**	**5839**	**2863**	**31241**	**666392**
北京市		116687		220	4	18525
天津市						5681
河北省	13	34376		49	890	17662
山西省		15851		165	7100	19108
内蒙古自治区	1090	4363		33	283	19340
辽宁省		8994	28	287	1040	15450
其中:大连市		2037		207		1581
吉林省		7288	251		90	8458
黑龙江省		6554	68	120	63	19819
上海市		168				29596
江苏省		22271	142	121	140	97494
浙江省		1062	4	24	3	39315
其中:宁波市						3373
安徽省		4228	2378		141	14614
福建省		1137		426	129	29015
其中:厦门市						3470
江西省	1	2282	979	83	2	15107
山东省		50810	1300	147	2974	44364
其中:青岛市		2931			1079	6069
河南省	20	29405	50	55	1121	30985
湖北省		4382	1	76	458	13883
湖南省		2956	61	331	630	13160
广东省		10840	11	161	12651	62250
其中:深圳市						5442
广西壮族自治区	1	1469	71	103	482	13811
海南省		7				4978
重庆市		3077	390	2	87	5428
四川省		13614	12	77	1673	39240
贵州省		407		90	107	15449
云南省	10	5549			67	16955
西藏自治区						2036
陕西省		1146	65		171	29688
甘肃省		2203	28	67	715	13121
青海省		4036		87		3157
宁夏回族自治区		339		27	220	3018
新疆维吾尔自治区	15	1325		112		5685

1－4－139

单位:万元

地　　区	十二、农林水事务					
	南水北调					
	小　计	行政运行	一般行政管理事务	机关服务	南水北调工程建设	政策研究与信息管理
地　区　合　计	**12664**	**9398**	**7071**	**229**	**3014**	**250**
北京市	475					
天津市	88	186				
河北省	1420	206	2	47	92	170
山西省	2			33		
内蒙古自治区						
辽宁省		992	3893			
其中:大连市		828	3807			
吉林省				69		
黑龙江省						
上海市						
江苏省	103	553	5		2	
浙江省		438	515			
其中:宁波市		208	191			
安徽省						
福建省		1767	1715			
其中:厦门市		987	687			
江西省						
山东省	4462	1665	302	43	2375	40
其中:青岛市		968	150			
河南省	4996				455	40
湖北省	796	95			90	
湖南省						
广东省		2400	490			
其中:深圳市						
广西壮族自治区		35	80			
海南省	122	993	37			
重庆市						
四川省		64	32			
贵州省						
云南省				13		
西藏自治区						
陕西省	200					
甘肃省						
青海省		4				
宁夏回族自治区				14		
新疆维吾尔自治区				10		

1－4－140

单位：万元

地　　区	十二、农林水事务				
	南水北调				
	工程稽查	前期工作	南水北调技术推广和培训	环境、移民及水资源管理与保护	其他南水北调支出
地区合计	**255**	**1162**	**437**	**1077**	**4900**
北京市		20	51	49	291
天津市					
河北省		444	5		429
山西省				2	
内蒙古自治区					
辽宁省					
其中：大连市					
吉林省					
黑龙江省					
上海市					
江苏省					
浙江省					
其中：宁波市					
安徽省					
福建省					
其中：厦门市					
江西省					
山东省	200	435	200	500	413
其中：青岛市					
河南省	55	163	31	226	3714
湖北省		100	150	300	53
湖南省					
广东省					
其中：深圳市					
广西壮族自治区					
海南省					
重庆市					
四川省					
贵州省					
云南省					
西藏自治区					
陕西省					
甘肃省					
青海省					
宁夏回族自治区					
新疆维吾尔自治区					

1－4－141

单位:万元

地区	十二、农林水事务					
	扶贫					
	小计	行政运行	一般行政管理事务	机关服务	农村基础设施建设	生产发展
地区合计	**2250480**	**4569**	**4858**	**4851**	**1030577**	**360932**
北京市	14214	161			4884	5957
天津市	4550				4500	
河北省	70656	264		82	28195	24971
山西省	61521	383	109	316	33486	17455
内蒙古自治区	77669			499	36916	22196
辽宁省	50833	166	14	8	2260	25564
其中:大连市	3044					150
吉林省	42697	436	228	153	21065	12026
黑龙江省	54149		2103	63	27653	10841
上海市	1560				160	318
江苏省	22933	832	573	214	20	21
浙江省	56068	398	577	364	7239	1150
其中:宁波市	6620			102	453	746
安徽省	62799	169	6	40	36256	15150
福建省	39142	160	60	12	15810	5302
其中:厦门市	5035				71	
江西省	67334	192		126	34553	5144
山东省	28708				8453	3743
其中:青岛市	9314				555	
河南省	99594	157	217	429	74393	11366
湖北省	69889	259	395	196	41729	9635
湖南省	77964			1666	36783	14407
广东省	165340			130	26317	9459
其中:深圳市	36385				1690	10
广西壮族自治区	124973	108		3	94481	1395
海南省	37816				17183	6843
重庆市	57028			194	37342	10261
四川省	120140	3	200	14	103994	3115
贵州省	171121		30		86150	27847
云南省	197407	155	22	29	102741	55807
西藏自治区	48598	77	238		41193	4725
陕西省	123393			13	20873	1947
甘肃省	118228			84	45395	15314
青海省	54522	124		9	18754	26025
宁夏回族自治区	47456	192	86	43	18811	12946
新疆维吾尔自治区	82178	333		164	2988	2

1－4－142

单位:万元

地　　区	十二、农林水事务				
	扶　　贫				
	社会发展	扶贫贷款奖补和贴息	“三西”农业建设专项补助	扶贫事业机构	其他扶贫支出
地区合计	**62026**	**35274**	**20469**	**6641**	**651639**
北京市					3293
天津市					50
河北省	114	3049		43	11995
山西省	560	977		164	7676
内蒙古自治区	3410	653		1383	8895
辽宁省	2185	2250		10	18188
其中:大连市					2894
吉林省	578	275	30	65	8409
黑龙江省	1481	559		344	12161
上海市					1082
江苏省	5			15	22811
浙江省	561	43		21	45014
其中:宁波市	205	14			4506
安徽省	500	1450			8920
福建省	1312	1496		116	14738
其中:厦门市	191				4773
江西省	5350	927		267	13579
山东省	4762	836	130	22	6299
其中:青岛市	4450				1181
河南省	2890			470	8714
湖北省	2598	1422		100	11153
湖南省	2179	2327	215	39	19759
广东省	791	607		53	116892
其中:深圳市					32203
广西壮族自治区	1654		51	116	22602
海南省	2452	103		21	8893
重庆市	3863	720		128	3617
四川省	155	1908		84	5183
贵州省	6058	4230		832	38758
云南省	3765	6655		194	21851
西藏自治区	115				605
陕西省	171	104		213	97460
甘肃省	5205	3428	16860	1817	25755
青海省	1799	884	5	102	5895
宁夏回族自治区	7304	365	3178	22	3183
新疆维吾尔自治区	209	6			78209

1－4－143

单位:万元

地区	十二、农林水事务						
	农业综合开发						
	小计	机构运行	土地治理	产业化经营	科技示范	贷款贴息	其他农业综合开发支出
地区合计	**1740732**	**45865**	**1068050**	**223000**	**18739**	**12152**	**372926**
北京市	53320	125	6663	16774	40		29718
天津市	20102	215	2588	650			16649
河北省	53447	3740	36739	7089	403	1017	4459
山西省	50465	1451	34302	7721	282	421	6288
内蒙古自治区	54997	1479	45642	4063	141	244	3428
辽宁省	85659	807	59325	20559	926	885	3157
其中:大连市	11925	17	5351	4852		139	1566
吉林省	61345	3170	46565	4287	50	893	6380
黑龙江省	67802	2976	47015	6783	581	5	10442
上海市	34044	611	13612	9519	77		10225
江苏省	135230	2761	86720	18292	1178	420	25859
浙江省	106597	1838	18087	3764	215	300	82393
其中:宁波市	20122	35	11450	1147		30	7460
安徽省	68060	798	44667	10671	2123	1278	8523
福建省	36517	128	26608	5551	993	398	2839
其中:厦门市	1045			1000			45
江西省	57414	7903	32208	5984	279	685	10355
山东省	134283	2037	76307	12022	5182	1424	37311
其中:青岛市	14027	605	7163	3502	2757		
河南省	76562	1028	43819	8224	1297	958	21236
湖北省	69779	1824	35941	3280	1035	77	27622
湖南省	64055	2559	41987	11944	371	502	6692
广东省	43516	1295	21494	6283	96	182	14166
其中:深圳市	5361	965					4396
广西壮族自治区	49587	178	39670	6879	366	42	2452
海南省	22693	1765	16337	1018	239		3334
重庆市	35205	600	28795	2717	291	158	2644
四川省	105431	556	69773	22433	408	393	11868
贵州省	27475	1193	18065	1334	117	84	6682
云南省	48702	790	37786	6087	71	470	3498
西藏自治区	15573	180	11832	3488			73
陕西省	44596	1024	31090	6848	1471	858	3305
甘肃省	33680	1057	25781	2086	303	51	4402
青海省	18649	34	14778	2101	34	55	1647
宁夏回族自治区	26114	463	20822	1177	93	43	3516
新疆维吾尔自治区	39833	1280	33032	3372	77	309	1763

1－4－144

单位：万元

地区	十二、农林水事务	十三、交通运输				
	其他农林水事务支出	合计	公路水路运输			
			小计	行政运行	一般行政管理事务	机关服务
地区合计	**366724**	**7286948**	**6296252**	**8823036**	**1357043**	**83007**
北京市	26944	70454	54999	404624	74529	7827
天津市	1205	59028	29521	162559	20263	447
河北省	4867	257141	228373	310600	34848	2293
山西省	2069	221158	205985	175070	49486	4851
内蒙古自治区	16246	254442	210582	144258	10899	7763
辽宁省	23018	177557	155736	406732	45992	1469
其中：大连市	14217	52344	40895	64924	20341	23
吉林省	6335	207082	178982	185549	28299	301
黑龙江省	6906	277052	264987	242042	22082	478
上海市	6454	145786	65316	596214	94223	1943
江苏省	25690	483143	400531	738720	62906	3570
浙江省	20435	383202	299517	531741	105686	7120
其中：宁波市	1547	103345	75256	103414	12369	3204
安徽省	7583	381567	366495	218020	27129	5195
福建省	4997	208156	155417	226742	32380	1114
其中：厦门市	391	59242	10541	49813	319	91
江西省	19896	262760	236039	206469	33929	470
山东省	17623	229095	177968	469215	80497	1801
其中：青岛市	2252	28442	20751	102392	14095	84
河南省	11954	318486	290813	312589	64086	5978
湖北省	10059	251825	222272	339902	42782	1087
湖南省	9044	254086	231230	230734	72154	1287
广东省	9811	395577	350034	1251895	186474	17469
其中：深圳市	2715	46682	44703	303120	19507	324
广西壮族自治区	4875	171183	158495	182674	51061	827
海南省	1248	32782	26220	33107	5590	107
重庆市	6169	222251	211895	140288	31063	817
四川省	30707	491487	433926	332869	65349	1374
贵州省	2378	351458	301448	172399	7615	192
云南省	14019	276783	249525	248346	26986	742
西藏自治区	3120	213195	212201	38641	211	14
陕西省	46147	199161	157360	171684	6898	1510
甘肃省	10515	135123	125753	109842	8437	2875
青海省	2903	89962	81253	31752	3501	1899
宁夏回族自治区	528	77131	61856	30633	12725	86
新疆维吾尔自治区	12979	188835	151523	177126	48963	101

1－4－145

单位:万元

地　　区	十三、交通运输					
	公路水路运输					
	公路新建	公路改建	公路养护	特大型桥梁建　设	公路路政管　理	公路和运输信息化建设
地　区　合　计	**1123964**	**833535**	**163231**	**14234**	**31350**	**2577**
北京市	3900	1892	140			
天津市		150	52		11	
河北省	41743	21833	3929	930	2206	
山西省	9563	7771	4566	1151	4908	63
内蒙古自治区	91866	26879	3073		303	
辽宁省	14609	5439	12795	300	670	
其中:大连市	7151	464	2573			
吉林省	45257	8109	4150		3882	15
黑龙江省	30506	19051	18396		145	
上海市	10017		950			10
江苏省	170982	44196	618	80	494	
浙江省	23382	61840	7301	7220	4982	
其中:宁波市	5564	30482	623	7220	286	
安徽省	58139	15403	3132			10
福建省	20152	8956	651	2692	868	33
其中:厦门市	445		103	1942	71	
江西省	51770	16713	1794		40	
山东省	23743	4239	3195	1000	1053	100
其中:青岛市			465			
河南省	65400	26407	8229	43	1281	10
湖北省	45441	9353	3080		113	5
湖南省	45859	31642	3779	200	523	85
广东省	10053	5210	15810	10	369	1688
其中:深圳市						628
广西壮族自治区	45306	8241	6447	65	1296	449
海南省		2133	81		162	
重庆市	66912	19938	1675		1309	
四川省	41490	127121	9033	368	1372	100
贵州省	25860	147891	4384		176	
云南省	68140	43861	8132	62	1717	
西藏自治区	54512	45534	27274		219	
陕西省	12710	29994	4863		1418	5
甘肃省	24066	13727	2081	113	176	
青海省	1060	26409	577		79	
宁夏回族自治区	13926	8000	798		1240	
新疆维吾尔自治区	7600	45603	2246		338	4

1－4－146

单位:万元

地　　区	十三、交通运输					
	公路水路运输					
	公路和运输安全	公路还贷专项	公路运输管理	公路客货运站(场)建设	公路和运输技术标准化建设	公路运输管理费支出
地区合计	**6504**	**57192**	**142400**	**9469**	**695**	**359873**
北京市			1319	102		5068
天津市			1200			
河北省	60	799	10997	932		29664
山西省	14		1355	130		45937
内蒙古自治区	26	163	7397	185		10106
辽宁省	80		15781	30		4364
其中:大连市			6684			1767
吉林省			7025			11246
黑龙江省	2	300	2576	3356		18570
上海市			3697			6232
江苏省	18	8320	8828			8656
浙江省	1175	145	11987	40	10	4553
其中:宁波市	18		977			
安徽省			2804	15		5367
福建省	27	1502	2938			7806
其中:厦门市			449			
江西省	73	452	4150			7712
山东省			3337	300	200	20115
其中:青岛市						3200
河南省	619		8556	1570	148	17861
湖北省	44	11	1340			26838
湖南省	147	295	22211	1611	2	258
广东省	1238	10994	3354			23145
其中:深圳市	1106		1357			
广西壮族自治区	140		3248	125		8319
海南省	28		138			495
重庆市	611	7451	696		16	16041
四川省	807	464	7706	233	319	23304
贵州省	25	20477	2468	55		4703
云南省	103	5405	1139	368		18479
西藏自治区	12					5753
陕西省	1119	285	3235	70		2924
甘肃省	6		290	247		9730
青海省			1053			317
宁夏回族自治区	121		390			5022
新疆维吾尔自治区	9	129	1185	100		11288

1－4－147

单位:万元

地区	十三、交通运输					
	公路水路运输					
	车辆购置税支出	港口设施	航道维护	安全通信	三峡库区通航管理	航务管理
地区合计	**1836785**	**33477**	**70375**	**395**	**300**	**10465**
北京市	5950					
天津市	1005		1965			
河北省	75044	10300	483			
山西省	11629					
内蒙古自治区	37008		1474			
辽宁省	40812	2049	39			10
其中:大连市	1980	2000				10
吉林省	63283		810			
黑龙江省	110533		5110			358
上海市						
江苏省	34396	2416	1298			2
浙江省	42532	14922	166			
其中:宁波市	3695	14915				
安徽省	115895					4
福建省	70862	1150	608			3107
其中:厦门市	2144	1100				
江西省	122178					
山东省	37399	300	500	200	300	200
其中:青岛市	170					
河南省	91533		10			10
湖北省	105203		3275			1921
湖南省	88804	80	564			9
广东省	48036	1215	53074			55
其中:深圳市	444					
广西壮族自治区	52604	250				2914
海南省	17368					
重庆市	70546			25		71
四川省	133725	208	405	93		880
贵州省	72696	431				11
云南省	50472	156	569			909
西藏自治区	73977			77		
陕西省	64649		25			4
甘肃省	60808					
青海省	46613					
宁夏回族自治区	25634					
新疆维吾尔自治区	65591					

1-4-148

单位:万元

地　　区	十三、交通运输					
	公路水路运输					
	船舶检验	救助打捞	内河运输	远洋运输	海事管理	航标事业发展支出
地 区 合 计	**293**	**264**	**601**	**230**	**6398**	**200**
北京市	77					
天津市						
河北省					60	
山西省						
内蒙古自治区					272	
辽宁省	8					
其中:大连市	8					
吉林省	2				104	
黑龙江省						
上海市						
江苏省				30	4046	
浙江省		50	63		187	
其中:宁波市		50			142	
安徽省					19	
福建省					310	
其中:厦门市						
江西省						
山东省	200	200	200	200	200	200
其中:青岛市						
河南省			16			
湖北省						
湖南省					10	
广东省			52		410	
其中:深圳市						
广西壮族自治区					31	
海南省					3	
重庆市			2			
四川省	6	10	168		464	
贵州省			100		160	
云南省					95	
西藏自治区						
陕西省					6	
甘肃省						
青海省						
宁夏回族自治区					21	
新疆维吾尔自治区		4				

1－4－149

单位：万元

地区	十三、交通运输					
	公路水路运输			铁路运输		
	内河航道养护费支出	水路运输管理费支出	其他公路水路运输支出	小计	行政运行	一般行政管理事务
地区合计	**148464**	**80410**	**696017**	**258421**	**568223**	**194922**
北京市			6797	35	11513	1710
天津市			24352	1393	7398	291
河北省	5		16726	2243	30516	5041
山西省		15	100682	8500	16732	12052
内蒙古自治区			8916	18906	13095	2220
辽宁省		9	38180	684	22771	3736
其中：大连市		9	10278		3995	950
吉林省		10	3873	21832	21653	2624
黑龙江省	100	37	29618	2370	23432	10018
上海市	3868	3636	31809	377	14307	21821
江苏省	38951	352	38320	24012	19845	17809
浙江省	28418	23480	26167	46001	33682	17831
其中：宁波市		4215	635	1090	4720	1539
安徽省	11630	38309	90859		22208	5558
福建省	69	798	6115	47280	10306	1495
其中：厦门市			1520	47000	757	70
江西省	10824	833	2753	413	10853	2626
山东省	1540	2072	27524	1251	47428	3377
其中：青岛市		368	8934		6163	
河南省	4	876	39210	136	23101	8900
湖北省	6069	597	3790	22607	26202	16303
湖南省	4347	1572	5997	75	19241	4974
广东省	29090	2357	57800	291	61082	28936
其中：深圳市			17219	30	9731	6690
广西壮族自治区	7141	2173	10797	20	10632	3921
海南省		429	370	4	4300	2101
重庆市	5705	2501	12521	24	6383	1103
四川省	703	266	49731	21195	25544	3957
贵州省		35	7266	361	17878	986
云南省			26093	2758	18054	1927
西藏自治区			314	59	8463	265
陕西省			12618	20496	10901	3194
甘肃省		53	5745	682	7235	3801
青海省			2389	3816	4840	593
宁夏回族自治区			552		3151	2522
新疆维吾尔自治区			8133	10600	15477	3230

1－4－150

单位:万元

地　　区	十三、交通运输					
	铁路运输					
	机关服务	铁路路网建设	铁路还贷专项	铁路安全	铁路专项运输	其他铁路运输支出
地　区　合　计	**21372**	**149466**	**10851**	**11209**	**1680**	**62523**
北京市	184			20		15
天津市				365		1028
河北省	2882	2134				89
山西省	991	8		9587		－1095
内蒙古自治区	477		8461			445
辽宁省	1965					200
其中:大连市						
吉林省	2376	20740	785	181		
黑龙江省	409				700	1670
上海市	279					377
江苏省	132	20000	45	290		3197
浙江省	－761	32760				13182
其中:宁波市		1060				
安徽省	39					
福建省	569	47000		175		105
其中:厦门市		47000				
江西省	968					413
山东省	74	30	30			1058
其中:青岛市						
河南省	508					136
湖北省	1073	1353		5		10810
湖南省	1293			3		72
广东省	4296					155
其中:深圳市						30
广西壮族自治区	660					20
海南省	111			4		
重庆市	807					24
四川省	542	20313				878
贵州省	332	360				
云南省	269	1768		10	980	
西藏自治区						59
陕西省	241	3000				17368
甘肃省	375					
青海省	42		1530	569		1717
宁夏回族自治区	129					
新疆维吾尔自治区	110					10600

1－4－151

单位:万元

地　　区	十三、交通运输					
	民用航空运输					
	小　计	行政运行	一般行政管理事务	机关服务	机场建设	空管系统建　　设
地　区　合　计	**242339**	**127992**	**47829**	**5141**	**128223**	**313**
北京市		5652	565	840		
天津市	3134	1399	46			
河北省	4385	4091	226	266	2388	
山西省	3520	3026	906	226	2340	
内蒙古自治区	13466	2923	143	153	10271	
辽宁省	2701	2824	940			
其中:大连市	2386	380	141			
吉林省	1024	2160	338		1024	
黑龙江省	1581	2109	3080	251	101	
上海市	43724	4078	6469			
江苏省	2377	9548	5685	217		
浙江省	3110	5029	3200		2533	313
其中:宁波市	463	301	451			313
安徽省	1089	8747	1514	27	522	
福建省	30	1796	750		30	
其中:厦门市		318	95			
江西省	1629	1891	445	27		
山东省	16538	12286	4561	176	5454	
其中:青岛市	1166	1835	208		1166	
河南省	10003	4424	545	378	10000	
湖北省	60	2136	344	647	16	
湖南省	10792	9417	790	441	10000	
广东省	29566	16344	13614	1020	27552	
其中:深圳市	200	5105	767	66		
广西壮族自治区	3432	1912	384		396	
海南省	4569	218	124			
重庆市	6420	1087	356		6420	
四川省	26147	3952	792	54	22835	
贵州省	356	3871	80			
云南省	2847	4982	435	206	2747	
西藏自治区	600	1082				
陕西省	4478	3197	239	154	178	
甘肃省	4426	2174	901	58	3955	
青海省	1027	2866			1027	
宁夏回族自治区	14000	1139	41		14000	
新疆维吾尔自治区	25308	1632	316		4434	

1－4－152

单位:万元

地　　区	十三、交通运输				
	民用航空运输				
	民航还贷专项支出	民用航空安全	民航专项运输	民航政策性购机专项支出	其他民用航空运输支出
地　区　合　计		**130**	**812**		**110918**
北京市					
天津市					3134
河北省					1997
山西省					1133
内蒙古自治区					3195
辽宁省					2701
其中:大连市					2386
吉林省					
黑龙江省			526		954
上海市					43724
江苏省		30			2267
浙江省		100			80
其中:宁波市		100			50
安徽省			200		
福建省					
其中:厦门市					
江西省					1629
山东省					10908
其中:青岛市					
河南省					3
湖北省					
湖南省					42
广东省					2011
其中:深圳市					200
广西壮族自治区					3036
海南省					4569
重庆市					
四川省					2985
贵州省					356
云南省					96
西藏自治区					600
陕西省					4300
甘肃省					410
青海省					
宁夏回族自治区					
新疆维吾尔自治区			86		20788

1-4-153

单位:万元

地区	十三、交通运输			十四、工业、商业、金融等事务		
	其他交通运输支出			合计	采掘业	
	小计	公共交通运营补助	其他交通运输支出		小计	行政运行
地区合计	**489936**	**114778**	**375158**	**24115429**	**1725676**	**186340**
北京市	15420	14652	768	811941	2924	1018
天津市	24980	13180	11800	406462		592
河北省	22140	8150	13990	796604	103220	10315
山西省	3153	306	2847	489792	107472	8352
内蒙古自治区	11488	1181	10307	583867	49667	5501
辽宁省	18436	9933	8503	1127777	100411	4453
其中:大连市	9063	8806	257	252509	113	501
吉林省	5244	1385	3859	974531	80667	6130
黑龙江省	8114	17	8097	1166063	72541	9795
上海市	36369	659	35710	2653830		514
江苏省	56223	24222	32001	1462082	16885	6158
浙江省	34574	257	34317	1038135	28359	4481
其中:宁波市	26536	257	26279	291668	10	749
安徽省	13983	618	13365	955319	102557	11208
福建省	5429	280	5149	435672	19725	3490
其中:厦门市	1701		1701	155980	6747	374
江西省	24679	16340	8339	673046	149113	5303
山东省	33338	3802	29536	1880671	125291	15653
其中:青岛市	6525		6525	218946		379
河南省	17534	2297	15237	1487957	106280	11415
湖北省	6886	1683	5203	808018	3272	10042
湖南省	11989	20	11969	826129	116393	9272
广东省	15686	1782	13904	933523	36264	7936
其中:深圳市	1749		1749	197409	300	245
广西壮族自治区	9236	5487	3749	455858	34744	5144
海南省	1989	140	1849	57578	400	1422
重庆市	3912	536	3376	305482	59375	1197
四川省	10219	1672	8547	985580	73894	7988
贵州省	49293	460	48833	277909	83610	8064
云南省	21653	2867	18786	321449	30511	5727
西藏自治区	335	24	311	78364	1600	1940
陕西省	16827	619	16208	732128	51676	7024
甘肃省	4262	1360	2902	318242	96543	6117
青海省	3866	198	3668	71395	10207	1581
宁夏回族自治区	1275	241	1034	123908	34175	1131
新疆维吾尔自治区	1404	410	994	876117	27900	7377

1-4-154

单位:万元

地区	十四、工业、商业、金融等事务					
	采掘业					
	一般行政管理事务	机关服务	煤炭勘探开采和洗选	石油和天然气勘探开采	黑色金属矿勘探和采选	有色金属矿勘探和采选
地区合计	**35993**	**7090**	**779847**	**20245**	**52678**	**216500**
北京市	825	10	138		400	400
天津市	824					
河北省	963	781	94949	640	242	2957
山西省	525	73	76350	248	80	143
内蒙古自治区	3669	1071	14973	391	3821	1615
辽宁省	1851	83	48667		3754	8027
其中:大连市	935					
吉林省	212	579	11432	273	10	15710
黑龙江省	1543	117	18495	32		14379
上海市	123					
江苏省	924	526	1075	352	556	5585
浙江省	570	285				3774
其中:宁波市						
安徽省	901	318	74978		3675	531
福建省	989	90	6010		301	
其中:厦门市	352					
江西省	410	150	78598		94	40142
山东省	1399	622	20337	501	300	5384
其中:青岛市		464				
河南省	2561	319	85290			6037
湖北省	3659	513	569	23	300	40
湖南省	1359	106	64517	291		21995
广东省	1875	227	55	2722		9984
其中:深圳市	30					
广西壮族自治区	1507	129	2		46	419
海南省	247	154			400	
重庆市	661		49835			1316
四川省	2567	77	22340	3586	5375	568
贵州省	415	174	17542	11117	3355	5764
云南省	1480	199	3451	21	860	11835
西藏自治区	34				1600	
陕西省	1636	73	9923			16504
甘肃省	709	30	35412	10	27492	32102
青海省		23	3233	15	17	4029
宁夏回族自治区	443	156	21334			1230
新疆维吾尔自治区	1112	205	20342	23		6030

1－4－155

单位:万元

地　区	十四、工业、商业、金融等事务					
	采掘业		制造业			
	非金属矿勘探和采选	其他采掘业支出	小　计	行政运行	一般行政管理事务	机关服务
地区合计	**8988**	**573266**	**2630955**	**45265**	**7229**	**1079**
北京市		1917	61953	949	847	
天津市			62567	820	8	
河北省		3646	48786	667	78	
山西省		25338	12113	1231	104	71
内蒙古自治区	15	22592	65628	746	4	230
辽宁省	1013	38291	227925	745	478	
其中:大连市		113	77330			
吉林省	52	41679	85647	1023	46	
黑龙江省		34758	172127	1285	311	
上海市			71351	393	1578	
江苏省		9227	220020	1963	29	
浙江省		24522	193513	919	1170	180
其中:宁波市			40235	49	73	
安徽省	1432	21769	135527	479		
福建省		12951	30851	482	95	
其中:厦门市		6747	13587	234		
江西省	222	26954	66446	661	228	
山东省	300	95838	420299	3482	243	34
其中:青岛市			56692	332		
河南省		9524	134008	859	102	21
湖北省	396	1604	77192	518	411	
湖南省	26	19211	55257	1198		
广东省		20749	96837	2639	503	106
其中:深圳市		300	21384	330	55	
广西壮族自治区		34060	73651	874	237	29
海南省			1000	17	183	
重庆市		6212	62396	798		
四川省	4283	36957	121564	1519	42	36
贵州省	65	37760	20991	1648	29	
云南省	10	13062	25038	1287	96	69
西藏自治区			150	877		
陕西省		19750	32139	780	259	
甘肃省		1481	26561	541	105	20
青海省	1154	1493	7006	563		
宁夏回族自治区		11382	16739	536	43	
新疆维吾尔自治区	20	539	5673	14766		283

1－4－156

单位:万元

地　　区	十四、工业、商业、金融等事务					
	制造业					
	纺织业	医药制造业	非金属矿物制品业	通信设备、计算机及其他电子设备制造业	交通运输设备制造业	电气机械及器材制造业
地　区　合　计	**101655**	**87302**	**14683**	**91483**	**95352**	**106816**
北京市	1018	315	113	4799	2300	810
天津市	9000	3381	97	6494	6975	751
河北省	2332	1540	37	640	690	5903
山西省	248	878	15			756
内蒙古自治区	338	257	140		6815	270
辽宁省	35	1881	738	5109	6293	15379
其中:大连市				3309		
吉林省	1076	21728	715	135	5678	1574
黑龙江省	10958	8064	50	947	481	22948
上海市	1500					
江苏省	9859	8384	944	2597	11201	18477
浙江省	6281	1893	77	3170	24	3249
其中:宁波市						
安徽省	2421	836	120	764	2206	1093
福建省	230	1711		5195		60
其中:厦门市		220		4995		
江西省	1725	2012	225	134	44	273
山东省	29727	9692	11172	2965	1473	3545
其中:青岛市	500					
河南省	11368	3207	57		18265	8946
湖北省	4540	3969		9698	4119	1225
湖南省	1001	237		251	5702	189
广东省	756	2441		11001	13341	2460
其中:深圳市	171	847		9564	145	
广西壮族自治区	71	1540		336	1690	
海南省		243			681	
重庆市	701	1525		1103	4379	5801
四川省	2716	4729	161	30206	1085	1734
贵州省	610	3509		1668	1610	3229
云南省	352	465	15		90	21
西藏自治区						
陕西省	476	388		545	200	2668
甘肃省	141	693		3726	10	1978
青海省	500	245				442
宁夏回族自治区	1623	1380				3035
新疆维吾尔自治区	52	159	7			

1－4－157　　　　单位:万元

地　　区	十四、工业、商业、金融等事务					
	制造业					
	工艺品及其他制造业	石油加工、炼焦及核燃料加工业	化学原料及化学制品制造业	黑色金属冶炼及压延加工业	有色金属冶炼及压延加工业	其他制造业支出
地　区　合　计	**234557**	**19307**	**66149**	**32116**	**58080**	**1502561**
北京市	28379					19151
天津市	5		1268			19700
河北省	3765	1272	810	1988	29	27919
山西省	994		5			5344
内蒙古自治区	13515	15	704	1113	8819	32106
辽宁省	3751		10075		125	173672
其中:大连市						72174
吉林省	16350	963	193	30		33569
黑龙江省	14561	285	311	975		103030
上海市	497					67517
江苏省	44061	234	11136	12145		92285
浙江省	15385	2040	3286		9878	143098
其中:宁波市						39935
安徽省	894	409	8024	1291	474	73822
福建省	4821		20	18	2	15342
其中:厦门市						8372
江西省	1451	318	33	15	1919	47700
山东省	15069	6653	7092	11141	16982	285221
其中:青岛市	4659					50649
河南省	4330	864	1687	229	1092	82574
湖北省	4767		4883	81	739	34695
湖南省	879	204	579	2260	2281	25683
广东省	18036	5660	66		5	40543
其中:深圳市	690					8967
广西壮族自治区	15451		46		400	36544
海南省						1
重庆市	2622	355	11585	320	25	29857
四川省	4971	32	919		40	62001
贵州省	4401		1534			2206
云南省	2001		235	110	15250	4017
西藏自治区						150
陕西省	1105	3	1528	300		22211
甘肃省	6905					12383
青海省	120		130	100	20	5088
宁夏回族自治区	5284					3240
新疆维吾尔自治区	187					1892

2006 年地方财政政府收支分类转换数据

1 –4 –158　　　　　　　　　　　　　　　　　　　　　　　　　　　　　　　　单位:万元

地　　区	十四、工业、商业、金融等事务				
	建筑业				
	小　计	行政运行	一般行政管理事务	机关服务	其他建筑业支　　出
地　区　合　计	**277104**	**370014**	**76930**	**7890**	**252976**
北京市	6991	10443	1083	13	5978
天津市	19620	4807	1787		18493
河北省	2183	11693	1451	99	1688
山西省	969	9159	736	82	894
内蒙古自治区	15212	7066	1715	341	15016
辽宁省	5293	11805	1103	132	4971
其中:大连市	2270	1292	147		2213
吉林省	5244	7912	549	74	5125
黑龙江省	16115	16845	761	39	14454
上海市	42109	21798	14004	372	40849
江苏省	31955	25741	2711	164	27802
浙江省	5226	19227	5470	32	4843
其中:宁波市	3107	3568	1258	7	3107
安徽省	18352	11105	1833		17682
福建省	2329	5543	747	425	2300
其中:厦门市	141	839	461	40	141
江西省	3491	6997	437	125	2777
山东省	27294	26259	5468	368	26009
其中:青岛市	1543	5029	1616		1543
河南省	20634	14750	3123	585	18080
湖北省	4261	12925	2265	1704	3168
湖南省	7934	16092	2448	447	6291
广东省	9876	51621	19473	1250	6557
其中:深圳市	3288	10184	4037		3288
广西壮族自治区	1052	6176	1530	114	894
海南省	177	1600	530	161	150
重庆市	8042	5532	965	151	8039
四川省	8756	15723	2205	269	8711
贵州省	991	6700	258	10	939
云南省	877	13228	2542	50	854
西藏自治区	2497	3909	55		1315
陕西省	368	5127	647	2	289
甘肃省	559	7475	288	91	264
青海省	369	1785	235	122	310
宁夏回族自治区	3249	1981	234	40	3220
新疆维吾尔自治区	5079	8990	277	628	5014

1－4－159

单位:万元

地　　区	十四、工业、商业、金融等事务					
	电　力					
	小　计	行政运行	一般行政管理事务	机关服务	电力监管	电力稽查
地 区 合 计	**214821**	**15275**	**6898**	**221**	**334**	**519**
北京市	10332	1378	380			
天津市	4013	233	9			
河北省	1433	273	78			
山西省	307	536	32	6		
内蒙古自治区	15793	1143	580	95		
辽宁省	8050	771	43	28		
其中:大连市	1086	108				
吉林省	720	390	118			
黑龙江省	2353	402	27			
上海市	6573	1313	1677			
江苏省	2427	971	1339	27		
浙江省	1363	266	590			
其中:宁波市	58	57				
安徽省	446	121	13		5	
福建省	3341	234	229	5		
其中:厦门市	6	15	7			
江西省	585	202	75	30		
山东省	6539	1549	86	30	153	120
其中:青岛市		442	49			
河南省	23755	171	137		176	
湖北省	9091	221	134			
湖南省	1537	665	51			399
广东省	19864	832	104			
其中:深圳市	1159	84	50			
广西壮族自治区	5286	341	90			
海南省	143	56	75			
重庆市	3327	162	2			
四川省	9121	413	272			
贵州省	394	269	66			
云南省	6843	595	564			
西藏自治区	37413	191				
陕西省	681	254				
甘肃省	27380	61	94			
青海省	859	115				
宁夏回族自治区	3048	63	1			
新疆维吾尔自治区	1804	1084	32			

1－4－160

单位:万元

地　　区	十四、工业、商业、金融等事务					
	电　　力					
	争议调节	安全事故调　　查	电力市场建　　设	电力输送改革试点	信息系统建　　设	三峡库区移民专项支出
地　区　合　计		**100**	**6347**	**120**	**108**	**3308**
北京市						
天津市			3000			
河北省			494			
山西省						
内蒙古自治区						
辽宁省						
其中:大连市						
吉林省						
黑龙江省			409			
上海市						
江苏省			55			
浙江省						
其中:宁波市						
安徽省						24
福建省			2000			211
其中:厦门市						6
江西省						
山东省		100	180	100	108	
其中:青岛市						
河南省						
湖北省						292
湖南省			100			13
广东省						
其中:深圳市						
广西壮族自治区						
海南省						
重庆市						2649
四川省			79			119
贵州省						
云南省			30			
西藏自治区						
陕西省						
甘肃省						
青海省				20		
宁夏回族自治区						
新疆维吾尔自治区						

1－4－161

单位:万元

地区	十四、工业、商业、金融等事务					
	电力		信息产业			
	事业运行	其他电力支出	小计	行政运行	一般行政管理事务	机关服务
地区合计	**21610**	**197098**	**398670**	**518380**	**205368**	**25155**
北京市	969	10132	45072	10040	9355	450
天津市	1464	1013	2403	5376	257	202
河北省	96	870	12172	24502	2440	770
山西省	493	307	4460	11452	9097	58
内蒙古自治区	585	15790	6095	8016	1762	797
辽宁省	1413	8029	37675	11910	1342	1143
其中:大连市	174	1086	26501	3093	333	
吉林省	960	710	12104	19808	2083	177
黑龙江省	1903	1775	8477	20403	11949	245
上海市	324	6573	24380	15632	35738	9521
江苏省	703	1363	22190	26851	10133	403
浙江省	466	1334	17504	28680	17435	1204
其中:宁波市	46	30	3203	9644	824	
安徽省	89	366	7341	20274	3399	209
福建省	709	1107	18670	8131	1743	49
其中:厦门市			3669	845	1086	
江西省	48	585	1966	16484	3750	157
山东省	4484	5058	26372	42009	10398	1645
其中:青岛市	42		1191	4872	967	797
河南省	1014	23567	7292	32502	10876	701
湖北省	299	8799	25160	18470	12563	618
湖南省	129	781	3823	33135	3977	894
广东省	653	18497	32730	47876	24550	1825
其中:深圳市			13393	15348	8792	393
广西壮族自治区	547	5158	9751	7046	6640	284
海南省	96	143	4434	3039	1032	109
重庆市	385	342	6430	6777	2498	378
四川省	545	8651	11760	21153	4061	193
贵州省	132	328	8330	16103	1284	201
云南省	189	6446	8941	14095	4856	340
西藏自治区	119	36593	4613	6146	2091	241
陕西省	264	410	9180	9083	3093	881
甘肃省	89	27375	6192	10083	5748	1179
青海省	28	235	2488	2685	70	115
宁夏回族自治区	846	2957	4647	2323	512	
新疆维吾尔自治区	1569	1804	6018	18296	636	166

1－4－162

单位:万元

地　　区	十四、工业、商业、金融等事务					
	信息产业					
	邮政政策性业　务	战备应急	信息安全建　设	专用通信	无线电监　管	信息产业战略研究与标准制定
地　区　合　计	**1385**	**352**	**4458**	**19991**	**115897**	**4721**
北京市	832	135	748		4952	4521
天津市				906	269	
河北省		184		250	1183	95
山西省				1127	3221	
内蒙古自治区	19			39		
辽宁省				685	7343	
其中:大连市				245	100	
吉林省			13	646	6347	
黑龙江省			50	305	547	
上海市			694		2323	
江苏省		3		2326	3378	
浙江省	3		172	2086	7380	38
其中:宁波市				478	1373	
安徽省			12	818	4281	
福建省				577	10465	
其中:厦门市				143	2356	
江西省				661	54	
山东省		30	1184	321	9354	
其中:青岛市				301	866	
河南省	10		143	4	1346	
湖北省	6			1571	2305	
湖南省			22		628	
广东省			894	3594	4331	
其中:深圳市					1308	
广西壮族自治区			500	320	5314	
海南省				1487	1283	
重庆市				520	2332	
四川省	6		6	378	5821	
贵州省				279	5942	
云南省	309			408	2936	
西藏自治区	200			175	4238	
陕西省				323	143	
甘肃省					6020	
青海省				185	2057	67
宁夏回族自治区					4112	
新疆维吾尔自治区			20		5992	

1－4－163

单位:万元

地区	十四、工业、商业、金融等事务					
	信息产业					
	信息产业支持	电子专项工程	行业监管	军工电子	技术基础研究	其他信息产业支出
地区合计	**48227**	**35633**	**1060**	**100**	**10**	**112436**
北京市	200	29787	20			978
天津市		1228				
河北省	6034	110	386			1484
山西省	13	30	16			39
内蒙古自治区						5946
辽宁省	5	750				25261
其中:大连市						24258
吉林省	1367					2015
黑龙江省						4493
上海市						9142
江苏省	5093	100	5			7747
浙江省	1615	240	40			3846
其中:宁波市	638		40			190
安徽省						1830
福建省	2720		15			3324
其中:厦门市			15			114
江西省		600				481
山东省	2809	335		100		7356
其中:青岛市						18
河南省	200					5028
湖北省	7199		232			10875
湖南省						2948
广东省	12750	7	316		10	6627
其中:深圳市	12000					85
广西壮族自治区	589					1339
海南省	1150					93
重庆市	317	20				2921
四川省	1500	2190				646
贵州省	850	80				937
云南省	135	156	30			3866
西藏自治区						
陕西省	3431					3023
甘肃省						172
青海省						7
宁夏回族自治区	250					12
新疆维吾尔自治区						

2006 年地方财政政府收支分类转换数据

1-4-164　　　　　　　　　　　　　　　　　　　　　　　　　单位:万元

地　　区	十四、工业、商业、金融等事务						
	旅游业						
	小　计	行政运行	一般行政管理事务	机关服务	旅游宣传	旅游行业业务管理	其他旅游业支　出
地　区　合　计	**664955**	**1653586**	**532372**	**48545**	**76745**	**36672**	**357309**
北京市	27150	72417	31264	1760	2185	417	20840
天津市	5490	37949	5764			141	4598
河北省	21513	74423	10026	6393	1892	595	13751
山西省	12225	34913	4594	3462	3270	550	4983
内蒙古自治区	21366	43785	15764	2818	2164	868	14189
辽宁省	21071	79419	60376	1201	3851	325	11530
其中:大连市	8404	8996	1452	63	2937	78	4369
吉林省	17506	30213	9490	232	2493	90	11993
黑龙江省	17702	64173	12628	1704	179	273	11312
上海市	31142	193716	76212	1760	803	377	8410
江苏省	53548	94517	26573	1124	5106	2712	35915
浙江省	70449	74661	26239	1286	4653	6897	38501
其中:宁波市	11316	16555	8322		414	3173	5709
安徽省	7556	66822	9081		894	728	2318
福建省	13533	22786	6824	95	721	1570	6811
其中:厦门市	3725	9271	3537	30	53	1235	453
江西省	14469	31906	8694	363	1635	429	7809
山东省	26461	96643	24145	2067	6191	1637	10928
其中:青岛市	2768	2275		1237	650		1071
河南省	35857	37905	14864	3687	6165	1932	19127
湖北省	14024	37473	9551	3925	1846	2913	4156
湖南省	23745	52011	19619	943	2492	483	14088
广东省	25400	149211	50619	6526	5218	1221	5910
其中:深圳市	4090	42326	18061		1259	807	250
广西壮族自治区	7610	23179	10542	1264	1279	1165	2105
海南省	3080	11078	4996	512	693	447	1122
重庆市	7309	63304	17551	911	1028	365	2940
四川省	74492	72129	16579	1151	7492	5574	46612
贵州省	20495	31508	3659	314	1703	198	7790
云南省	32871	37393	16000	772	6458	462	18207
西藏自治区	3408	8202	55	19	533		945
陕西省	28770	26717	11966	639	2600	1205	21731
甘肃省	9231	19162	7595	744	1045	391	3924
青海省	2901	7986	6537	410		154	1005
宁夏回族自治区	4636	5623	4471	327	1735	106	1321
新疆维吾尔自治区	9945	52362	10094	2136	421	2447	2438

1－4－165　　　　单位:万元

地　　区	十四、工业、商业、金融等事务						
	涉外发展						
	小　计	行政运行	一般行政管理事务	机关服务	外经贸发展专项资金	外商投资环境建设补助资金	其他涉外发展支出
地区合计	**291633**	**1271320**	**351532**	**46343**	**98596**	**67294**	**99797**
北京市	10395	13986	7561	2820	10321		74
天津市	68853	7691	193	6606	1500	61557	5796
河北省	4368	60256	7603	4006	2029	265	1411
山西省	1229	28207	2034	1844	998	20	8
内蒙古自治区	1370	31852	6186	3199	411	25	910
辽宁省	24472	26267	22512	243	14518	140	4071
其中:大连市	10436	4260	139		5630		2337
吉林省	6460	29393	9181	1278	5986	49	62
黑龙江省	5780	58853	11310	953	1461	50	3177
上海市	14325	12494	7002	471			14325
江苏省	8646	69134	19223	2822	1409	603	2905
浙江省	40171	81633	40034	3467	11658	169	26718
其中:宁波市	22934	28834	6498		11658		11026
安徽省	5117	51653	13234	525	3331	106	367
福建省	15822	29566	15178	28	4502	93	10651
其中:厦门市	10351	1181	1107		400		9951
江西省	7751	61640	9070	200	2203	17	3733
山东省	18121	138376	44110	2128	4462	1438	9460
其中:青岛市	5977	13458	2838	52	2489	305	2874
河南省	1114	62225	16900	492	650	106	6
湖北省	7710	46367	11549	2186		36	5988
湖南省	1903	86969	17521	2067	467	113	826
广东省	24169	88349	19004	1861	13461	2207	6618
其中:深圳市	4195	11505	424				4195
广西壮族自治区	3395	26766	9122	453	3299		
海南省	317	6461	2139	596	221	28	16
重庆市	4415	11978	2293	1227	3541		80
四川省	3999	48246	24858	813	3505	49	358
贵州省	36	52263	5606	3309		36	
云南省	6772	28758	6693	1040	4307	124	2205
西藏自治区		16475	101				
陕西省	790	23169	8581	160	605	15	32
甘肃省	879	25151	1762	798	627	18	
青海省	642	5800	1520	261	612	30	
宁夏回族自治区	600	6269	4486	73	500		
新疆维吾尔自治区	2012	35073	4966	417	2012		

1-4-166　　　　　　　　　　　　　　　　　　　　　　　　　　　　单位:万元

地　　区	十四、工业、商业、金融等事务					
	粮油事务					
	小　计	行政运行	一般行政管理事务	机关服务	粮食专项审　计	粮食信息统　计
地 区 合 计	**5135375**	**67124**	**13184**	**2614**	**205**	**1253**
北京市	48364		80			343
天津市	15178					23
河北省	173157	1732	441	116		86
山西省	142192	1044	126	33	10	17
内蒙古自治区	207879	3752	191	273		
辽宁省	239064	340	36		77	15
其中:大连市	15509					
吉林省	559343	216	33			150
黑龙江省	547091	941	169			
上海市	83964					
江苏省	226284	60	1			42
浙江省	68923	1185	855			20
其中:宁波市	3556	319	377			
安徽省	307400	467	28	28	20	12
福建省	71437	275	93			18
其中:厦门市	5071					
江西省	183125	5788	1691	35		
山东省	319959	3520	882	61		
其中:青岛市	4417	3128				
河南省	394652	1600	153	8	10	2
湖北省	226176	1609	1592	51		125
湖南省	219376	1466	763	26	2	53
广东省	162198	10535	676	10	53	112
其中:深圳市	29943	2482				
广西壮族自治区	90992	3777	895	2		7
海南省	13462	1723	598			
重庆市	73753	579	306	212	23	74
四川省	234069	4453	1137	111		49
贵州省	57370	5869	318	1059		2
云南省	73014	5445	949		8	33
西藏自治区	12543	1960				
陕西省	122597	1981	626	18	2	8
甘肃省	83878	3432	462	560		55
青海省	14420	1023	30	5		
宁夏回族自治区	25464	1594	53			3
新疆维吾尔自治区	138051	758		6		4

1－4－167

单位:万元

地区	十四、工业、商业、金融等事务					
	粮油事务					
	粮食专项业务活动	国家粮油差价补贴	储备粮油利息费用补贴	储备粮油差价补贴	储备粮食移库费用补贴	储备粮（油）库建设
地区合计	**13465**	**16047**	**103494**	**9267**	**25794**	**26483**
北京市	128					
天津市	61		120			
河北省	1137	724	286		355	320
山西省	1343	217	1023	532	1309	264
内蒙古自治区	237	4	159	20	5396	123
辽宁省	291	709	588	3793	6878	60
其中:大连市			16		30	
吉林省	957	2288	55905	11	10024	18
黑龙江省	103	97	1594		42	317
上海市	19	111		5		
江苏省	178	12	100	2		1477
浙江省	496		33			372
其中:宁波市			33			
安徽省	139	2159	2119	303	392	1842
福建省	145	1607	1108	64		2501
其中:厦门市						1060
江西省	244		1100			786
山东省	319	596	333		30	1066
其中:青岛市						120
河南省	415	1438	18752	350		2
湖北省	1805	181	152	45	107	658
湖南省	595	836	394	904	60	2116
广东省	513	2058	7135	2048		11086
其中:深圳市						
广西壮族自治区	750	623	3	17		652
海南省	29	312	10			
重庆市	123	121	107	6	15	290
四川省	602	542	8349	470	865	288
贵州省	428	36	902	169	74	552
云南省	890	37	1840	84	6	
西藏自治区		13		9		
陕西省	1301	800	427	192	173	1008
甘肃省	24	98	353	7	8	305
青海省		84		21		346
宁夏回族自治区	118	15	80			
新疆维吾尔自治区	75	329	522	215	60	34

1－4－168　　　　单位:万元

地区	十四、工业、商业、金融等事务				
	粮油事务				
	粮食财务挂账利息补贴	粮食财务挂账消化款	处理陈化粮补贴	粮食风险基金	其他粮油事务支出
地区合计	**154133**	**9767**	**9372**	**3525767**	**1002519**
北京市				44230	2782
天津市				10108	2553
河北省	17213	700		134722	4949
山西省	11154	1198		99006	16947
内蒙古自治区	22881			170045	4904
辽宁省	7967	372	188	188632	21573
其中:大连市	1534			13024	304
吉林省	605	30		445166	39494
黑龙江省				20	531068
上海市				8148	73500
江苏省	10208	491		194125	2652
浙江省	2797			46665	11023
其中:宁波市				1656	1397
安徽省	38637	146	50	244217	8428
福建省	126		158	54664	6103
其中:厦门市				3000	279
江西省				166252	1743
山东省	8899	426		272862	19356
其中:青岛市	837			535	861
河南省	499	275		347023	17163
湖北省	4945			198247	8995
湖南省	72	76		170131	28049
广东省	1366	1896	315	92824	27057
其中:深圳市				13000	11243
广西壮族自治区		8		70310	6656
海南省	739	824	2	9446	909
重庆市	5009		5626	56771	2745
四川省	11199	848	29	188879	10934
贵州省	20	30		37481	7658
云南省	1714	122		58490	2798
西藏自治区			2030	8799	228
陕西省	1575	1125	974	100666	6760
甘肃省	5791	1200		71026	1581
青海省	717			12350	645
宁夏回族自治区				24297	95
新疆维吾尔自治区				165	133171

1－4－169

单位：万元

地　　区	十四、工业、商业、金融等事务					
	商业流通事务					
	小　计	行政运行	一般行政管理事务	机关服务	棉花储备	食糖储备
地　区　合　计	**2861959**	**471968**	**183225**	**11361**	**3450**	**1187**
北京市	17480	9414	19124	1216		
天津市	6472	676	110			
河北省	186623	9721	2941		40	
山西省	13792	16319	1838	44	398	30
内蒙古自治区	34409	15330	7396	188		
辽宁省	27218	15166	5353	42		286
其中：大连市	3745	4940	3031			116
吉林省	10829	27065	4122	29		
黑龙江省	52219	20089	5757	483		
上海市	157394	2766	2331			
江苏省	234030	29947	4854	3727		270
浙江省	43188	26677	12563	1657	1280	
其中：宁波市	23406	2463	3971			
安徽省	81104	18137	6772			
福建省	25082	9674	17087	12	30	99
其中：厦门市	2327	2360	407			90
江西省	90639	15392	1119	236		
山东省	329041	43058	6243	150		
其中：青岛市	5775	7614				
河南省	336541	19376	8858	796		37
湖北省	298437	10852	3090	1250		
湖南省	188372	15940	7215	80	1140	62
广东省	30801	57217	28460	397		300
其中：深圳市	4477	21526	2423			
广西壮族自治区	8908	5409	3477	63		
海南省	5845	3637	1376			
重庆市	8332	4891	966	18		22
四川省	62100	25665	8792	493	412	
贵州省	18609	10904	3806			18
云南省	14745	18324	5445	56		60
西藏自治区	7680	3107	1422			
陕西省	20313	16993	6207	235		
甘肃省	19030	5792	2853	66	150	3
青海省	1874	2259	467	30		
宁夏回族自治区	5364	3764	2388			
新疆维吾尔自治区	525488	8407	793	93		

1－4－170

单位:万元

地　　区	十四、工业、商业、金融等事务					
	商业流通事务					
	肉类储备	化肥储备	农药储备	边销茶储备	羊毛储备	处理商业物资挂账补贴
地　区　合　计	**3747**	**15197**	**1818**	**406**	**621**	**407**
北京市						
天津市	604					
河北省	4	341	300		96	268
山西省	159		3			
内蒙古自治区	12	1831		250	371	
辽宁省	553	793				
其中:大连市	15	10				
吉林省	224	1240				
黑龙江省	50	3484			99	
上海市						
江苏省	130					
浙江省	20	43				
其中:宁波市	10					
安徽省	30		200			27
福建省	133	615	50			
其中:厦门市	130	30				
江西省		12				
山东省						
其中:青岛市						
河南省	51		35			
湖北省	34					
湖南省	243	1155				
广东省	350	388	2			20
其中:深圳市						
广西壮族自治区	508					
海南省						10
重庆市	12					
四川省	238	476	150			38
贵州省		822	728			44
云南省		2579		136		
西藏自治区	9	60				
陕西省		3				
甘肃省	136	739	270		38	
青海省	167	365	80	20		
宁夏回族自治区	80	251			17	
新疆维吾尔自治区						

1－4－171　　单位:万元

地　　区	十四、工业、商业、金融等事务					
	商业流通事务					
	处理供销社挂账利息补贴	消化供销社挂账本金补贴	棉花专项补　　贴	农业生产资料专项补贴	食品流通安全补贴	市场监测及信息管理
地　区　合　计	**499408**	**1058068**	**1285**	**11729**	**4124**	**1498**
北京市						
天津市						276
河北省	34446	135005	78	15	10	3
山西省	4	40		18	1	
内蒙古自治区				20		270
辽宁省	431	2137		25	1379	271
其中:大连市						
吉林省						37
黑龙江省				45	146	19
上海市				60		
江苏省	315	198198			1055	14
浙江省				4	425	238
其中:宁波市					236	208
安徽省	63097			164	12	1
福建省	159	80		521	641	11
其中:厦门市						
江西省	7570	58571			15	223
山东省	2	280496		479	3	7
其中:青岛市						
河南省	90840	189592	2	160	10	18
湖北省	276330		1205	478	239	
湖南省	18640	144241		1374	44	38
广东省	40	30		428		65
其中:深圳市						
广西壮族自治区	1					
海南省					68	
重庆市	836	2651		313		
四川省	4604	35426		414	59	3
贵州省	425	87		273	12	1
云南省	13			265		
西藏自治区				6404		
陕西省	89	585		25		
甘肃省	1302	8721		116	5	3
青海省		162		20		
宁夏回族自治区	264	2046		47		
新疆维吾尔自治区				61		

1－4－172

单位:万元

地区	十四、工业、商业、金融等事务					
	商业流通事务				物资储备	
	民贸网点贷款贴息	医药储备	石油储备	其他商业流通事务支出	小计	行政运行
地区合计	**1052**	**729**	**265**	**1063506**	**43932**	**38307**
北京市				17030	7302	831
天津市				4460	136	
河北省	38			9932	1962	1692
山西省			10	5683	1586	14
内蒙古自治区				27719	2575	91
辽宁省	24			12566	2189	2887
其中:大连市				2757	516	1353
吉林省		20		5328	1053	1403
黑龙江省	40			40340	3526	1684
上海市				137034	164	8933
江苏省	354			20132	1115	2941
浙江省				32921	455	1441
其中:宁波市				20657		310
安徽省	36	257	205	10091	2758	400
福建省	25	102		15031	176	1494
其中:厦门市		102		1831		966
江西省				15929	1599	52
山东省	60			33126	4438	3257
其中:青岛市				3855	2842	6
河南省	42			47769	2496	425
湖北省	30	350		11509	1258	2814
湖南省	15			9306	5034	225
广东省	66		10	21917	1305	3381
其中:深圳市				4362		
广西壮族自治区				4490	205	540
海南省				5464		247
重庆市				2382	50	320
四川省			2	12512	641	999
贵州省	6			8289	477	242
云南省	219		38	4841	415	827
西藏自治区	56			897	1	
陕西省				15060	273	722
甘肃省	15			4575	547	
青海省	20			626		172
宁夏回族自治区				1711	69	273
新疆维吾尔自治区	6			524836	127	

1－4－173

单位:万元

地　　区	十四、工业、商业、金融等事务					
	物资储备					
	一般行政管理事务	机关服务	铁路专用线	护库武警和民兵支出	物资保管与保养	专项贷款利息
地区合计	**14768**	**1325**			**155**	
北京市	2068					
天津市						
河北省	754					
山西省						
内蒙古自治区						
辽宁省	744					
其中:大连市	545					
吉林省	293	20			138	
黑龙江省	1069	329				
上海市	2884	404				
江苏省	597					
浙江省	643					
其中:宁波市	174					
安徽省						
福建省	75					
其中:厦门市	75					
江西省	68	50				
山东省	1590	36			6	
其中:青岛市						
河南省	118	18				
湖北省	152	6				
湖南省						
广东省	405	415				
其中:深圳市						
广西壮族自治区	1149					
海南省	174					
重庆市						
四川省	173	41			6	
贵州省						
云南省	274					
西藏自治区						
陕西省	1538					
甘肃省					5	
青海省						
宁夏回族自治区						
新疆维吾尔自治区		6				

1－4－174

单位:万元

地　　区	十四、工业、商业、金融等事务					
	物资储备					
	物资收储	物资转移	物资轮换	仓库建设	仓库安防	其他物资储备支出
地　区　合　计	**362**	**156**	**3**	**8299**	**943**	**17591**
北京市				6861		300
天津市	5					127
河北省				50	923	418
山西省				132	1	601
内蒙古自治区	4			32		2539
辽宁省						629
其中:大连市						397
吉林省	224					307
黑龙江省				15		2270
上海市						
江苏省				8		34
浙江省						431
其中:宁波市						
安徽省	29			39		2064
福建省				30		15
其中:厦门市						
江西省	17			54	7	660
山东省			3	7		1539
其中:青岛市						1059
河南省				263		421
湖北省				387		309
湖南省	3			15	8	2446
广东省	4			225		943
其中:深圳市						
广西壮族自治区		5				135
海南省						
重庆市	50					
四川省				132		468
贵州省				29		119
云南省					4	386
西藏自治区						1
陕西省	26					35
甘肃省		151		4		292
青海省						
宁夏回族自治区				16		12
新疆维吾尔自治区						90

1－4－175

单位:万元

地　　区	十四、工业、商业、金融等事务					
	金融业					
	小　计	行政运行	一般行政管理事务	机关服务	货币发行	金融服务
地　区　合　计	**473482**	**140851**	**49721**	**3657**		**3712**
北京市	180	2803	905			70
天津市	11917	751				
河北省	25342	4894	361	20		12
山西省	25734	2796	613	13		382
内蒙古自治区	2355	3333	620	192		41
辽宁省	51231	3327	2011	27		
其中:大连市	13708	740	280			
吉林省	36746	2465	465			
黑龙江省	13918	3670	2268			2126
上海市	31616	20729	823			17
江苏省	31125	7130	2605	80		767
浙江省	20523	13489	5686	1223		
其中:宁波市	3794	968	166	886		
安徽省	25907	2845	771			3
福建省	2228	3273	1118	40		
其中:厦门市	1102	1098	846	40		
江西省	14522	2898	1594	104		42
山东省	74148	6174	1149	382		
其中:青岛市	45689	1040	7			
河南省	10324	5786	2663	184		
湖北省	1066	3421	1662	26		8
湖南省	19927	5203	1414	65		
广东省	49493	8382	4632	37		77
其中:深圳市	37611	1490	284			
广西壮族自治区	1419	1993	1061	7		2
海南省	166	800	18			
重庆市	530	2146	817	13		45
四川省	4188	6958	7679	177		
贵州省	121	5580	5084	140		
云南省	4843	5681	2060	3		21
西藏自治区		1764	56	110		
陕西省	3937	2955	279			3
甘肃省	2017	3477	335	59		29
青海省	8	875	148	719		
宁夏回族自治区	4181	1096	370	8		60
新疆维吾尔自治区	3770	4157	454	28		7

1－4－176

单位:万元

地区	十四、工业、商业、金融等事务					
	金融业					
	安全防卫	反洗钱及反假币	重点金融机构监管	金融稽查与案件处理	金融行业电子化建设	从业人员资格考试
地区合计	**51**	**240**	**5**	**340**	**5179**	
北京市				110		
天津市						
河北省						
山西省					22	
内蒙古自治区						
辽宁省		238				
其中:大连市						
吉林省					4486	
黑龙江省						
上海市						
江苏省						
浙江省	48			56		
其中:宁波市						
安徽省					555	
福建省	3			1	2	
其中:厦门市						
江西省					5	
山东省						
其中:青岛市						
河南省						
湖北省				4		
湖南省						
广东省		2	5	169	58	
其中:深圳市						
广西壮族自治区						
海南省					51	
重庆市						
四川省						
贵州省						
云南省						
西藏自治区						
陕西省						
甘肃省						
青海省						
宁夏回族自治区						
新疆维吾尔自治区						

1－4－177

单位:万元

地　区	十四、工业、商业、金融等事务						
	金融业						
	中央银行亏损补贴	政策性银行亏损补贴	商业银行贷款贴息	补充资本金	风险基金补助	事业运行	其他金融业支出
地区合计		**5813**	**17030**	**45046**	**8803**	**1255**	**345363**
北京市							
天津市							11917
河北省		682	508	3400	1163		19283
山西省		977	5395	2			21509
内蒙古自治区		21	211				1772
辽宁省		11					50206
其中:大连市							13306
吉林省			25				9202
黑龙江省		1457	621				9260
上海市							30891
江苏省		250	353	20000			8822
浙江省			13				18824
其中:宁波市							3628
安徽省			1160	15000			7943
福建省			212				2007
其中:厦门市							1102
江西省			82		66		14327
山东省		2179	3691			200	56721
其中:青岛市							35988
河南省				1126			9141
湖北省					259		381
湖南省			140		7035		11681
广东省							47736
其中:深圳市							37233
广西壮族自治区			48			3	1350
海南省							115
重庆市							468
四川省		36	46	2018		4	2053
贵州省			2				106
云南省			4011		30		495
西藏自治区						424	
陕西省				3500			383
甘肃省		200	390		250		1024
青海省						604	6
宁夏回族自治区						20	4116
新疆维吾尔自治区			122				3624

1－4－178

单位:万元

地　　区	十四、工业、商业、金融等事务					
	烟草事务					
	小　计	行政运行	一般行政管理事务	机关服务	烟草行业发展资金支出	烟草税改亏损补贴
地　区　合　计	**57406**	**19745**	**5952**	**249**	**9871**	**14**
北京市	806					
天津市	24					
河北省	111	658	5		81	
山西省	69	203				
内蒙古自治区	134	24				
辽宁省	311	4138	1605			
其中:大连市	2	1173	1296			
吉林省	737	255	108			
黑龙江省	424	821	271			
上海市	105					
江苏省	7941	3123	606			
浙江省	622	1202	419	5	287	
其中:宁波市	85	250				
安徽省	716	1313				
福建省	875	538	31	7	5	
其中:厦门市	851					
江西省	1608	1178	620			
山东省	295	2325	436			
其中:青岛市	54		309			
河南省	924	316	36		527	
湖北省	422	726	745	215	122	
湖南省	871	352	145			
广东省	6661	1686	197			4
其中:深圳市	20					
广西壮族自治区	1853	96				
海南省	107	50	2			
重庆市	403	269	525		106	
四川省	1233	57	8	22		
贵州省	669				103	
云南省	13912	93	43		8640	10
西藏自治区						
陕西省	615	134	4			
甘肃省	2634	188	46			
青海省	5					
宁夏回族自治区	56		100			
新疆维吾尔自治区	12263					

1－4－179

单位:万元

地　　区	十四、工业、商业、金融等事务					
	烟草事务		安全生产			
	烟草打假	其他烟草事务支出	小　计	行政运行	一般行政管理事务	机关服务
地　区　合　计	**3041**	**39397**	**329742**	**203604**	**27522**	**6683**
北京市	10	746	16830	648	203	30
天津市	1	23	2380	2285	28	
河北省	9	11	16900	11790	519	356
山西省	3	21	28364	8340	711	121
内蒙古自治区	61	35	6495	3307	516	287
辽宁省		267	15596	6292	1629	
其中:大连市		2	2147	201	400	
吉林省	41	696	7128	3962	240	493
黑龙江省		61	4648	11770	1632	448
上海市		105	8781	1343	836	2
江苏省	30	7709	20961	15723	1146	128
浙江省	10	285	28155	5954	1563	
其中:宁波市		85	5815	297	173	
安徽省	4	699	6149	7719	1217	
福建省	13	856	3125	4531	305	107
其中:厦门市		851	888	571	161	
江西省		1608	6896	12139	732	129
山东省	40	234	19265	14202	1870	
其中:青岛市		54	2107	1256	808	
河南省	13	264	15657	6029	1483	1211
湖北省	14	211	7205	7718	2357	841
湖南省		445	11715	13213	2344	531
广东省	222	4892	27782	13961	1757	17
其中:深圳市		20	10651	5700		
广西壮族自治区	140	660	6951	10498	1392	76
海南省	107		620	991	200	
重庆市	152	139	7055	2084	259	500
四川省	323	761	21295	9876	899	240
贵州省		471	11430	9326	662	30
云南省	1556	3104	11333	6286	678	28
西藏自治区			1031	850		614
陕西省	292	236	5961	5395	1976	215
甘肃省		2547	4734	3022	175	233
青海省			306	146	65	46
宁夏回族自治区		56	840	788	68	
新疆维吾尔自治区		12255	4154	3416	60	

1－4－180

单位:万元

地　　区	十四、工业、商业、金融等事务					
	安全生产				国有资产监管	
	国务院安委会专项	安全监管监察专项	矿山应急救援支出	其他安全生产支出	小　计	行政运行
地　区　合　计	**56**	**39157**	**1866**	**66257**	**307411**	**108847**
北京市		2319		7853	20965	8557
天津市		291		35	2665	339
河北省		2030		3170	27466	9448
山西省		1383	444	5765	4444	2626
内蒙古自治区		654	39	816	3123	1417
辽宁省		1430		4415	11154	9158
其中:大连市		252		819	996	816
吉林省		409	55	1867	23375	1638
黑龙江省		774		835	2920	1581
上海市		630		1545	11442	6763
江苏省		2552		3819	10739	8281
浙江省		6211		5650	7216	2409
其中:宁波市		1421		1459	849	326
安徽省		861		710	3753	1598
福建省		265	5	681	5009	1890
其中:厦门市		21		533	1220	460
江西省		724	198	1348	2718	1900
山东省	30	1833	120	5076	20856	5945
其中:青岛市		366		12	1751	1228
河南省		2736	341	2837	11142	2782
湖北省		975	1	511	6778	4261
湖南省	2	2533	143	1946	7596	2973
广东省	4	3320		3545	40836	10333
其中:深圳市		1130		1024	3319	2376
广西壮族自治区		461	1	461	14308	1944
海南省		6		26	1747	1298
重庆市		401		2347	4278	2076
四川省		1823	159	3603	28606	4758
贵州省		1368	108	2373	11380	3279
云南省	4	1673	64	1764	8279	1161
西藏自治区		28		472	1734	1309
陕西省		523	62	1410	5750	4464
甘肃省	16	350		667	3058	1979
青海省		52			423	144
宁夏回族自治区		64		76	633	547
新疆维吾尔自治区		478	126	634	3018	1989

1-4-181　　　　单位:万元

地　　区	十四、工业、商业、金融等事务					
	国有资产监管			中小企业事务		
	一般行政管理事务	机关服务	其他国有资产监管支出	小　计	行政运行	一般行政管理事务
地 区 合 计	**80943**	**5072**	**112549**	**2460890**	**112649**	**35767**
北京市	8108		4300	247153	1505	4308
天津市	20		2306	42290	1602	30
河北省	1904	382	15732	69050	10121	711
山西省	1054		764	29986	6378	1083
内蒙古自治区	345	105	1256	64748	2873	467
辽宁省	1034		962	103618	3708	962
其中:大连市	155		25	45638	546	365
吉林省	5993	1024	14720	34686	4784	961
黑龙江省	612		727	106754	6922	1083
上海市	2341		2338	690951	882	15
江苏省	2183		275	185336	3367	499
浙江省	2802		2005	129811	7295	5715
其中:宁波市	220		303	57902	4286	1765
安徽省	553		1602	86086	9262	553
福建省	953		2166	19086	702	261
其中:厦门市	760			2135		
江西省	309	4	505	29748	3994	6376
山东省	1087		13824	89602	9728	3273
其中:青岛市	6		517	14701	2298	1809
河南省	4611	35	3714	83977	7837	782
湖北省	2083	75	359	44976	5295	2589
湖南省	1763		2860	47137	2453	279
广东省	20632	3000	6871	53864	7192	296
其中:深圳市	302		641	8486	4281	
广西壮族自治区	1365	25	10974	57094	1743	536
海南省	358		91	12778	229	138
重庆市	454	49	1699	9935	1209	293
四川省	13789	76	9983	81189	4671	1601
贵州省	1224		6877	12106	1745	496
云南省	4435	46	2637	32317	621	583
西藏自治区		161	264	2345	442	319
陕西省	518	82	686	30061	1894	431
甘肃省	7	8	1064	15393	2863	229
青海省	279			11896		
宁夏回族自治区	28		58	7391	359	898
新疆维吾尔自治区	99		930	29526	973	

1－4－182

单位:万元

地区	十四、工业、商业、金融等事务					
	中小企业事务				可再生能源	能源节约利用
	机关服务	科技型中小企业技术创新基金	中小企业发展专项	其他中小企业事务支出		
地区合计	**8648**	**101855**	**826050**	**1375921**	**104805**	**102500**
北京市	4606	5135	79387	152212	1125	1792
天津市		125	12270	28263		800
河北省	77	2656	21801	33684		682
山西省	186	1001	11100	10238		3586
内蒙古自治区	46	938	13394	47030	10	815
辽宁省	170	16328	43149	39301	1072	18618
其中:大连市	164	12967	22054	9542		13365
吉林省	45	2916	19400	6580	32936	264
黑龙江省	1921	2633	4410	89785	7	344
上海市		2090	236362	451602		532
江苏省	42	8322	26757	146349		1357
浙江省		7667	54840	54294	398	2566
其中:宁波市		1593	34618	15640	150	392
安徽省		1991	26711	47569	787	61123
福建省		3635	8884	5604		35
其中:厦门市		873	890	372		
江西省	1018	1418	8649	8293		181
山东省	40	4292	10587	61682	1495	7729
其中:青岛市			536	10058	50	25
河南省	65	921	49639	24733	66029	236
湖北省	74	7435	17099	12484	265	85
湖南省		655	22581	21169	43	362
广东省		7888	26169	12319		20
其中:深圳市			3013	1192		
广西壮族自治区	15	5802	25836	23162	130	165
海南省		98	12187	126		
重庆市		1899	4872	1662		
四川省	136	5177	20565	49039	8	105
贵州省		2099	3818	3948		55
云南省	51	4379	18742	7941		165
西藏自治区	70		1454	60	400	111
陕西省		2168	16603	8965	100	430
甘肃省	56	823	7003	4419		50
青海省		464	5278	6154		95
宁夏回族自治区	30	570	2341	3193		145
新疆维吾尔自治区		330	14162	14061		52

1－4－183

单位:万元

地　　区	十四、工业、商业、金融等事务					
	石油价格改革财政补贴					
	小　计	渔　业	林　业	城市公交	农村道路客　　运	出租车
地　区　合　计	**620155**	**220953**	**29123**	**217793**	**54704**	**97582**
北京市	24061		33	12052	1401	10575
天津市	11588	942	21	6519		4106
河北省	30284	4717	375	18405	2278	4509
山西省	9758	7	360	4442	1568	3381
内蒙古自治区	7371	30	3772	821	828	1920
辽宁省	45553	18558	76	10635	1832	14452
其中:大连市	12742	6875	5	4206		1656
吉林省	4847	60	504	2051	266	1966
黑龙江省	31337	2246	7655	9715	1582	10139
上海市	42193			42193		
江苏省	21858	13289	205	2288	2665	3411
浙江省	93497	71915	459	9277	4765	7081
其中:宁波市	14400	11397	1	2159	517	326
安徽省	10863	303	349	5860	1708	2643
福建省	45662	37849	216	4895	1288	1414
其中:厦门市	3903	919	1	2538	48	397
江西省	9816	319	989	5525	1864	1119
山东省	55533	28185	250	18785	3973	4340
其中:青岛市	2866	2022	7	387	374	76
河南省	9823	115	495	4904	1885	2424
湖北省	15613	778	997	3683	4693	5462
湖南省	33204	952	6619	14691	7196	3746
广东省	29771	19633	1139	6504	74	2421
其中:深圳市	1879			1879		
广西壮族自治区	23606	13621	2171	5784	942	1088
海南省	10952	7002	5	3174	366	405
重庆市	5366	87	107	2461	1810	901
四川省	14203	160	883	5242	4874	3044
贵州省	7286	44	148	3811	2039	1244
云南省	5176	105	122	3597	963	389
西藏自治区	590				590	
陕西省	9492	26	426	5201	1667	2172
甘肃省	3723		646	805	1136	1136
青海省	2893	10	57	1903	139	784
宁夏回族自治区	4236		44	2570	312	1310
新疆维吾尔自治区						

1－4－184

单位：万元

地　区	十四、工业、商业、金融等事务						
	其他工业、商业、金融等事务支出						
	小　计	黄金事务	建设项目贷款贴息	技术改造支出	中药材扶持资金支出	清洁生产专项支出	其他工业、商业、金融等事务支出
地　区　合　计	**5413958**	**3020**	**134409**	**354389**	**1138**	**2399**	**4918603**
北京市	261066		1208				259858
天津市	150066		39679		480		109907
河北省	71352	200	995	2340		150	67667
山西省	91506		834	2848		200	87624
内蒙古自治区	78822		224	3894			74704
辽宁省	187256	440	1436	2905		200	182275
其中：大连市	18001		726				17275
吉林省	54239	210	58	506			53465
黑龙江省	107780	106	659	9121		80	97814
上海市	1436808		18684	78			1418046
江苏省	365665		6258	12584		600	346223
浙江省	286196		557	9415		109	276115
其中：宁波市	100456			1477		109	98870
安徽省	91777	290	73	878			90536
福建省	158686	220	2936	6942		50	148538
其中：厦门市	100257		290	580			99387
江西省	88373	45		6712			81616
山东省	307933	503	947	16173	500	350	289460
其中：青岛市	70498			688			69810
河南省	227216	22		62671			164523
湖北省	65027	22	6118	12059			46828
湖南省	81900	383	631	3212	18		77656
广东省	285652		5099	96794		110	183649
其中：深圳市	53214						53214
广西壮族自治区	114738		208	12511			102019
海南省	2350		240				2110
重庆市	44486		253	5210			39023
四川省	234357		34396	72240		300	127421
贵州省	23559	252	2105	3754	70		17378
云南省	45397		6553	1754			37090
西藏自治区	2248			324			1924
陕西省	408995	178		100			408717
甘肃省	15833	88		2835			12910
青海省	15003		3293	6188		100	5422
宁夏回族自治区	8435	16	965	36	70	150	7198
新疆维吾尔自治区	101237	45		305			100887

1－4－185

单位:万元

地　　区	十五、其他支出						
	合　计	住房改革支出				预留调资支　　出	其他支出
		小　计	住房公积金	提租补贴	购房补贴		
地　区　合　计	**22604538**	**1953190**	**1307983**	**158445**	**486762**	**2648087**	**18003261**
北京市	923925	5298	3316	14	1968		918627
天津市	264078	15682			15682	5000	243396
河北省	884665	62012	56734	1235	4043	430956	391697
山西省	222665	12978	11184	750	1044	6637	203050
内蒙古自治区	208544	56037	49035	18	6984	3774	148733
辽宁省	707280	133266	71242	19280	42744	81993	492021
其中:大连市	191525	35550	27786	1207	6557		155975
吉林省	156103	30600	26894	1718	1988	22791	102712
黑龙江省	188506	38487	26612	5038	6837	6258	143761
上海市	2902604	193555	68660	310	124585		2709049
江苏省	1521863	206233	138813	27899	39521	12684	1302946
浙江省	629127	83167	18292	73	64802	63601	482359
其中:宁波市	127487	5523	377		5146	6200	115764
安徽省	512363	56999	50671	3161	3167	26712	428652
福建省	791431	53910	36782	9108	8020	18012	719509
其中:厦门市	161890	1211	33		1178	6566	154113
江西省	451941	19383	18244	200	939	126059	306499
山东省	1235011	92228	58280	2353	31595	309010	833773
其中:青岛市	97395	37500	11967	2322	23211		59895
河南省	1005634	57001	56941		60	106048	842585
湖北省	1059610	36652	26514	2856	7282	123074	899884
湖南省	702911	56973	55726	814	433	148542	497396
广东省	4001682	86935	52211	2059	32665	264979	3649768
其中:深圳市	2083320	55017	55017			1976	2026327
广西壮族自治区	602764	47016	40168	198	6650	60559	495189
海南省	114378	6978	6972		6	29250	78150
重庆市	304075	41546	33793		7753	113089	149440
四川省	945410	104998	93911	96	10991	449994	390418
贵州省	489406	57337	46265	975	10097	152268	279801
云南省	392956	105160	68997	1	36162		287796
西藏自治区	212079	101067	20135	80000	932		111012
陕西省	652149	38975	25291		13684	57395	555779
甘肃省	182669	24503	22555	289	1659	28684	129482
青海省	60964	45527	45527				15437
宁夏回族自治区	55328	19727	17324		2403		35601
新疆维吾尔自治区	222417	62960	60894		2066	718	158739

2006年各省、自治区、直辖市人均财政收入情况表

1－5

地　　区	数额（亿元）	按总收入排序	人均财政收入（元/人）	按人均排序	人口（万人）
地　方　合　计	**18303.58**		**1417.44**		**129131.0**
北京市	1117.15	6	7066.11	2	1581.0
天津市	417.05	16	3879.52	3	1075.0
河北省	620.53	9	899.59	19	6898.0
山西省	583.38	11	1728.52	8	3375.0
内蒙古自治区	343.38	20	1432.53	11	2397.0
辽宁省	817.67	7	1914.47	7	4271.0
吉林省	245.20	24	900.49	18	2723.0
黑龙江省	386.84	17	1011.89	15	3823.0
上海市	1576.07	3	8683.60	1	1815.0
江苏省	1656.68	2	2194.28	6	7550.0
浙江省	1298.20	5	2606.84	4	4980.0
安徽省	428.03	15	700.53	28	6110.0
福建省	541.17	12	1521.00	9	3558.0
江西省	305.52	23	704.13	27	4339.0
山东省	1356.25	4	1456.93	10	9309.0
河南省	679.17	8	723.14	26	9392.0
湖北省	476.08	14	836.26	21	5693.0
湖南省	477.93	13	753.59	23	6342.0
广东省	2179.46	1	2342.50	5	9304.0
广西壮族自治区	342.58	21	725.96	25	4719.0
海南省	81.81	28	978.64	16	836.0
重庆市	317.72	22	1131.47	12	2808.0
四川省	607.59	10	743.77	24	8169.0
贵州省	226.82	25	603.71	29	3757.0
云南省	379.97	18	847.58	20	4483.0
西藏自治区	14.56	31	518.17	31	281.0
陕西省	362.48	19	970.50	17	3735.0
甘肃省	141.22	27	541.88	30	2606.0
青海省	42.24	30	770.87	22	548.0
宁夏回族自治区	61.36	29	1015.84	14	604.0
新疆维吾尔自治区	219.46	26	1070.55	13	2050.0

2006年各省、自治区、直辖市人均财政支出情况表

1-6

地　　区	数额（亿元）	按总支出排序	人均财政支出（元/人）	按人均排序	人均教育支出（元/人）	人均医疗卫生支出（元/人）	人均社会保障和就业支出（元/人）	人均一般公共服务支出（元/人）
地方合计	**30431.33**		**2356.62**		**397.87**	**106.97**	**312.30**	**410.71**
北京市	1296.84	9	8202.65	2	1323.30	638.54	943.82	1011.73
天津市	543.12	26	5052.30	4	859.01	247.00	600.48	528.69
河北省	1180.36	10	1711.16	24	306.48	74.73	257.26	324.48
山西省	915.57	15	2712.80	12	411.48	107.14	406.40	852.50
内蒙古自治区	812.13	18	3388.12	6	462.75	127.16	474.09	653.05
辽宁省	1422.75	7	3331.18	7	452.21	108.40	756.24	553.22
吉林省	718.36	21	2638.12	14	394.95	111.16	500.46	412.55
黑龙江省	968.53	13	2533.42	15	416.51	100.86	483.97	389.14
上海市	1795.57	4	9892.93	1	1279.40	372.73	971.27	920.95
江苏省	2013.25	2	2666.56	13	482.15	124.33	214.98	479.66
浙江省	1471.86	5	2955.54	10	623.94	176.67	177.35	546.84
安徽省	940.23	14	1538.84	30	270.29	64.07	252.63	245.01
福建省	728.70	20	2048.05	19	423.65	98.51	211.94	362.64
江西省	696.44	22	1605.06	28	258.89	69.84	228.32	264.43
山东省	1833.44	3	1969.53	22	362.58	81.45	210.61	372.56
河南省	1440.09	6	1533.31	31	276.02	68.42	223.23	288.63
湖北省	1047.00	12	1839.11	23	280.68	82.43	328.39	310.56
湖南省	1064.52	11	1678.52	25	256.44	57.23	299.75	340.10
广东省	2553.34	1	2744.35	11	495.16	116.66	246.85	477.16
广西壮族自治区	729.52	19	1545.91	29	313.41	74.73	173.80	286.99
海南省	174.54	31	2087.76	18	366.74	102.15	326.35	444.86
重庆市	594.25	25	2116.29	17	314.97	76.58	394.70	330.48
四川省	1347.40	8	1649.40	26	249.36	74.40	260.38	306.12
贵州省	610.64	24	1625.34	27	326.40	82.30	117.96	322.09
云南省	893.58	16	1993.27	21	371.84	131.26	298.70	351.18
西藏自治区	200.20	29	7124.44	3	1040.44	347.38	365.78	1565.87
陕西省	824.18	17	2206.64	16	382.10	81.90	338.77	376.68
甘肃省	528.59	27	2028.38	20	375.84	96.50	335.49	360.41
青海省	214.66	28	3917.20	5	501.28	221.22	801.97	766.28
宁夏回族自治区	193.21	30	3198.82	9	478.13	127.21	394.81	517.88
新疆维吾尔自治区	678.47	23	3309.62	8	554.72	163.73	366.92	614.53

2006 年各省、自治区、直辖市财政收入比重情况表

1－7－1

单位:%

地　　区	合　计	一、税收收入					
		小　计	增值税	营业税	企业所得税	企业所得税退税	个人所得税
地　方　合　计	**100.00**	**80.46**	**17.46**	**27.14**	**11.92**	**－0.01**	**5.36**
北京市	100.00	96.39	10.54	41.26	19.14		9.16
天津市	100.00	82.16	19.34	27.79	12.83	－0.07	5.09
河北省	100.00	76.07	22.65	21.53	10.70		4.73
山西省	100.00	56.65	20.37	12.77	9.04		2.69
内蒙古自治区	100.00	75.91	17.32	25.88	7.95	0.00	3.52
辽宁省	100.00	76.58	15.21	25.12	9.05	－0.01	4.36
其中：大连市	100.00	82.65	13.45	32.24	9.23		4.90
吉林省	100.00	72.93	17.53	24.34	7.29		4.77
黑龙江省	100.00	78.05	26.68	18.93	6.15	0.00	4.14
上海市	100.00	93.90	17.14	35.45	17.22	－0.05	8.32
江苏省	100.00	83.85	19.89	26.06	13.33		4.93
浙江省	100.00	91.22	19.15	29.80	15.73	0.00	6.24
其中：宁波市	100.00	94.27	21.67	28.45	16.69		7.34
安徽省	100.00	72.99	16.16	23.97	9.60	－0.02	3.26
福建省	100.00	83.48	16.23	29.14	13.16		6.18
其中：厦门市	100.00	89.51	18.07	34.12	13.28		6.09
江西省	100.00	68.31	13.48	24.72	8.07		4.04
山东省	100.00	76.37	17.90	20.03	10.93		3.38
其中：青岛市	100.00	85.17	14.68	27.75	12.26		4.16
河南省	100.00	69.47	15.58	21.11	10.34	－0.01	3.54
湖北省	100.00	73.16	16.34	24.22	9.99	0.00	4.11
湖南省	100.00	67.53	14.50	24.23	6.29	－0.02	4.23
广东省	100.00	84.90	18.26	30.36	13.65		7.20
其中:深圳市	100.00	91.20	19.15	37.03	13.48		9.83
广西壮族自治区	100.00	65.73	13.69	23.66	6.86	－0.01	4.30
海南省	100.00	80.37	12.83	35.12	6.98		4.85
重庆市	100.00	67.75	12.18	27.03	5.40	0.00	3.85
四川省	100.00	76.43	13.95	29.40	8.95	0.00	4.42
贵州省	100.00	73.85	16.84	24.57	9.44	－0.04	4.87
云南省	100.00	78.79	17.77	23.55	10.87		3.80
西藏自治区	100.00	60.77	10.35	35.08	6.01		3.07
陕西省	100.00	75.36	20.15	24.28	9.41	－0.02	3.67
甘肃省	100.00	78.49	22.24	26.39	7.57	－0.02	4.10
青海省	100.00	78.40	23.09	26.68	8.54		3.45
宁夏回族自治区	100.00	73.23	17.97	30.68	5.26	－0.04	4.01
新疆维吾尔自治区	100.00	79.53	25.05	25.08	4.56	0.00	4.88

1－7－2　　　　单位:%

地　　区	一、税收收入						
	资源税	固定资产投资方向调节税	城市维护建设税	房产税	印花税	城镇土地使用税	土地增值税
地　方　合　计	**1.13**	**0.00**	**5.10**	**2.81**	**1.11**	**0.97**	**1.26**
北京市	0.03	0.00	4.04	3.88	1.21	0.36	0.51
天津市	0.12	0.00	4.61	3.03	1.20	0.26	0.86
河北省	2.82	0.00	5.39	2.10	1.08	0.87	0.59
山西省	3.50	0.00	4.40	1.33	0.68	0.87	0.07
内蒙古自治区	3.72	0.02	5.26	2.70	1.33	2.44	1.01
辽宁省	2.29	0.04	5.36	3.64	1.18	2.06	1.41
其中：大连市	0.58		4.27	5.12	1.86	1.77	1.58
吉林省	0.97	0.00	5.86	3.56	0.89	1.01	0.62
黑龙江省	3.75	0.00	8.18	2.88	0.68	0.89	0.23
上海市			3.36	2.71	1.71	0.16	2.26
江苏省	0.23	0.00	5.13	2.95	1.21	0.52	1.99
浙江省	0.36	0.01	5.94	3.08	1.35	0.81	1.56
其中：宁波市	0.14		6.80	2.98	1.41	0.99	1.03
安徽省	1.41		5.49	1.97	0.86	1.31	1.08
福建省	0.59	0.00	4.28	3.43	1.32	1.05	1.95
其中：厦门市	0.01		4.16	4.06	1.76	1.09	1.05
江西省	1.13		4.40	1.71	0.74	0.95	1.32
山东省	1.93	0.01	5.78	2.85	0.91	2.65	1.62
其中：青岛市	0.26	0.04	4.80	3.38	1.16	1.91	1.64
河南省	2.44		5.16	2.06	0.85	1.40	0.68
湖北省	0.89	0.00	6.34	2.46	1.12	1.07	0.76
湖南省	0.43		6.21	2.11	0.84	0.72	0.22
广东省	0.19	0.00	3.56	3.30	1.15	0.52	1.40
其中:深圳市			1.05	2.95	1.49		0.86
广西壮族自治区	0.74	0.00	4.43	2.37	0.52	1.06	2.23
海南省	1.05		4.59	4.29	0.95	1.20	3.41
重庆市	1.19		4.88	2.06	0.99	1.40	1.38
四川省	0.87	0.00	5.47	2.48	0.96	1.06	1.44
贵州省	1.35	0.00	6.80	2.26	0.55	0.90	0.63
云南省	1.21	0.00	9.04	2.24	0.89	0.91	0.53
西藏自治区	2.05		3.42		0.61		0.17
陕西省	3.16	0.00	6.76	2.18	0.87	1.04	0.62
甘肃省	2.21	0.01	7.78	3.28	1.20	1.09	0.13
青海省	4.60	0.00	6.29	2.27	0.89	0.21	0.09
宁夏回族自治区	1.00		5.84	2.29	1.13	1.27	0.40
新疆维吾尔自治区	3.62	0.00	7.47	3.35	0.89	0.79	0.52

1-7-3

单位:%

地　　区	一、税收收入					二、非税收入		
	车船使用和牌照税	耕地占用税	契税	烟叶税	其他税收收入	小计	专项收入	行政事业性收费收入
地方合计	**0.27**	**0.93**	**4.74**	**0.23**	**0.02**	**19.54**	**5.20**	**7.21**
北京市	0.31	0.14	5.81			3.61	3.18	2.04
天津市	0.28	0.12	6.71			17.84	2.62	12.83
河北省	0.18	0.63	2.80	0.01	0.00	23.93	6.83	6.96
山西省	0.06	0.21	0.67	0.01		43.35	33.76	4.76
内蒙古自治区	0.38	2.10	2.24	0.01	0.04	24.09	5.39	8.09
辽宁省	0.27	0.65	5.91	0.03	0.01	23.42	4.22	9.92
其中：大连市	0.43	0.48	6.73		0.00	17.35	2.60	7.03
吉林省	0.26	1.83	3.81	0.00	0.18	27.07	5.01	11.25
黑龙江省	0.37	0.29	4.65	0.15	0.08	21.95	7.37	5.79
上海市	0.11	0.23	5.27			6.10	2.10	2.31
江苏省	0.17	1.07	6.36			16.15	3.71	6.20
浙江省	0.24	0.94	6.02	0.00	0.00	8.78	4.06	2.96
其中：宁波市	0.21	0.74	5.82			5.73	3.76	1.60
安徽省	0.37	1.91	5.57	0.07		27.01	5.35	15.07
福建省	0.28	0.72	4.67	0.46	0.03	16.52	3.16	6.38
其中：厦门市	0.13	0.47	5.23			10.49	2.20	3.71
江西省	0.26	1.23	6.06	0.17	0.02	31.69	4.37	12.55
山东省	0.47	2.92	4.88	0.08	0.01	23.63	4.49	9.82
其中：青岛市	0.24	4.47	8.41	0.01	0.00	14.83	2.81	5.74
河南省	0.17	1.60	3.97	0.52	0.05	30.53	5.43	11.76
湖北省	0.27	0.71	4.51	0.34	0.01	26.84	4.15	12.85
湖南省	0.19	2.05	4.81	0.63	0.09	32.47	5.28	11.61
广东省	0.43	0.31	4.53	0.03	0.00	15.10	2.89	5.78
其中:深圳市	0.37		4.99			8.80	2.12	2.49
广西壮族自治区	0.19	1.17	4.38	0.14	0.01	34.27	4.11	10.34
海南省	0.39	0.88	3.82		0.01	19.63	2.90	6.58
重庆市	0.20	1.35	5.46	0.34	0.03	32.25	4.93	18.73
四川省	0.20	1.38	5.42	0.36	0.06	23.57	5.18	9.54
贵州省	0.15	1.02	2.08	2.32	0.11	26.15	6.14	7.39
云南省	0.47	0.72	2.05	4.64	0.09	21.21	6.91	5.44
西藏自治区		0.02				39.23	2.93	8.99
陕西省	0.32	0.74	1.99	0.12	0.08	24.64	6.94	4.14
甘肃省	0.19	0.23	1.94	0.13	0.01	21.51	8.02	7.13
青海省	0.11	0.56	1.63			21.60	8.86	5.61
宁夏回族自治区	0.19	0.14	3.09	0.01		26.77	8.30	6.57
新疆维吾尔自治区	0.43	0.09	2.79		0.00	20.47	7.53	6.84

1－7－4

单位:%

地　　区	二、非税收入				三、贷款转贷回收本金收入		
	罚没收入	国有资本经营收入	国有资源（资产）有偿使用收入	其他收入	国内贷款回收本金收入	国外贷款回收本金收入	国内转贷回收本金收入
地方合计	**3.86**	**1.68**	**0.73**	**0.86**			
北京市	1.86	－4.18	0.43	0.28			
天津市	2.13	－0.60	0.45	0.40			
河北省	6.17	2.49	0.61	0.87			
山西省	3.75	0.24	0.42	0.42			
内蒙古自治区	3.89	4.97	0.74	1.01			
辽宁省	3.65	4.40	0.83	0.40			
其中：大连市	1.79	3.54	1.70	0.68			
吉林省	5.33	3.75	0.60	1.13			
黑龙江省	3.43	4.59	0.42	0.35			
上海市	1.29	－0.31	0.37	0.35			
江苏省	3.71	2.05	0.43	0.05			
浙江省	4.55	－3.27	0.38	0.10			
其中：宁波市	3.39	－3.23	0.19	0.03			
安徽省	4.30	0.53	1.08	0.68			
福建省	4.28	1.38	0.59	0.73			
其中：厦门市	1.58	2.07	0.76	0.16			
江西省	7.78	3.44	0.99	2.56			
山东省	4.11	3.13	1.31	0.77			
其中：青岛市	1.80	2.02	2.21	0.24			
河南省	5.68	5.70	0.70	1.26			
湖北省	5.73	2.22	0.67	1.22			
湖南省	6.96	1.70	2.33	4.58			
广东省	3.04	1.52	0.83	1.04			
其中:深圳市	1.94	1.13	0.88	0.23			
广西壮族自治区	6.35	10.11	1.08	2.28			
海南省	3.52	4.41	1.27	0.96			
重庆市	3.00	3.60	1.21	0.78			
四川省	3.95	3.47	0.62	0.81			
贵州省	5.36	1.86	1.49	3.91			
云南省	5.16	1.37	0.78	1.55			
西藏自治区	4.81	0.06	1.00	21.44			
陕西省	3.18	8.96	0.50	0.91			
甘肃省	3.73	0.65	0.54	1.44			
青海省	2.46	0.65	1.31	2.71			
宁夏回族自治区	4.18	6.04	1.19	0.49			
新疆维吾尔自治区	3.92	1.02	0.73	0.43			

2006 年各省、自治区、直辖市财政支出比重情况表

1－8－1

单位：%

地　　区	支出合计	一、一般公共服务	二、外交	三、国防	四、公共安全	五、教育	六、科学技术	七、文化体育与传媒
地方合计	**100.00**	**17.43**	**0.01**	**0.22**	**7.76**	**16.88**	**2.08**	**1.92**
北京市	100.00	12.33	0.01	0.21	9.36	16.13	5.41	3.12
天津市	100.00	10.46		0.10	7.92	17.00	3.79	2.46
河北省	100.00	18.96	0.00	0.17	7.05	17.91	1.13	1.42
山西省	100.00	31.43		0.18	6.12	15.17	0.99	1.55
内蒙古自治区	100.00	19.27	0.01	0.14	5.87	13.66	0.91	2.70
辽宁省	100.00	16.61		0.24	7.02	13.57	1.98	1.66
其中：大连市	100.00	19.04		0.16	5.44	11.68	2.58	1.19
吉林省	100.00	15.64		0.27	7.03	14.97	1.32	2.10
黑龙江省	100.00	15.36		0.33	6.80	16.44	1.30	1.64
上海市	100.00	9.31		0.06	6.83	12.93	4.74	1.87
江苏省	100.00	17.99	0.00	0.23	8.97	18.08	2.55	2.15
浙江省	100.00	18.50	0.01	0.28	9.92	21.11	3.72	2.72
其中：宁波市	100.00	17.92		0.21	8.48	16.03	3.39	2.34
安徽省	100.00	15.92		0.26	6.33	17.56	1.03	1.47
福建省	100.00	17.71	0.00	0.40	8.35	20.69	2.02	2.24
其中：厦门市	100.00	18.86		0.37	7.45	13.66	3.23	3.33
江西省	100.00	16.47		0.30	7.20	16.13	0.82	2.10
山东省	100.00	18.92	0.00	0.17	6.97	18.41	1.89	1.54
其中：青岛市	100.00	20.35	0.00	0.23	9.62	19.70	1.85	1.87
河南省	100.00	18.82	0.00	0.20	6.59	18.00	1.21	1.52
湖北省	100.00	16.89	0.00	0.08	8.40	15.26	1.33	1.83
湖南省	100.00	20.26	0.01	0.24	7.25	15.28	1.41	1.46
广东省	100.00	17.39	0.03	0.23	11.21	18.04	3.12	1.85
其中：深圳市	100.00	14.14		0.13	9.84	12.71	5.37	1.35
广西壮族自治区	100.00	18.56		0.45	8.21	20.27	1.27	1.84
海南省	100.00	21.31		0.27	8.49	17.57	0.91	1.64
重庆市	100.00	15.62	0.00	0.21	7.81	14.88	1.34	1.14
四川省	100.00	18.56	0.00	0.22	7.31	15.12	1.10	1.51
贵州省	100.00	19.82	0.00	0.26	7.50	20.08	1.28	1.56
云南省	100.00	17.62	0.02	0.33	8.37	18.65	1.23	1.95
西藏自治区	100.00	21.98	0.01	0.30	6.75	14.60	0.54	2.39
陕西省	100.00	17.07	0.01	0.18	5.67	17.32	1.14	2.07
甘肃省	100.00	17.77	0.02	0.18	5.69	18.53	1.07	2.04
青海省	100.00	19.56	0.00	0.17	5.79	12.80	0.67	1.69
宁夏回族自治区	100.00	16.19		0.19	6.25	14.95	1.58	3.57
新疆维吾尔自治区	100.00	18.57	0.04	0.30	6.70	16.76	1.23	2.24

1－8－2

单位:%

地 区	八、社会保障和就业	九、医疗卫生	十、环境保护	十一、城乡社区事务	十二、农林水事务	十三、交通运输	十四、工业、商业、金融等事务	十五、其他支出
地方合计	**13.25**	**4.54**	**2.27**	**8.05**	**7.84**	**2.39**	**7.92**	**7.43**
北京市	11.51	7.78	1.55	11.82	6.83	0.54	6.26	7.12
天津市	11.89	4.89	0.80	23.71	3.55	1.09	7.48	4.86
河北省	15.03	4.37	3.18	6.06	8.30	2.18	6.75	7.49
山西省	14.98	3.95	3.47	4.99	6.98	2.42	5.35	2.43
内蒙古自治区	13.99	3.75	7.09	9.34	10.38	3.13	7.19	2.57
辽宁省	22.70	3.25	1.58	10.08	7.16	1.25	7.93	4.97
其中:大连市	17.64	2.80	1.05	14.05	5.76	1.96	9.47	7.19
吉林省	18.97	4.21	2.29	6.07	8.51	2.88	13.57	2.17
黑龙江省	19.10	3.98	3.66	6.23	8.32	2.86	12.04	1.95
上海市	9.82	3.77	0.78	15.48	2.66	0.81	14.78	16.17
江苏省	8.06	4.66	1.16	11.06	7.85	2.40	7.26	7.56
浙江省	6.00	5.98	1.39	8.64	7.80	2.60	7.05	4.27
其中:宁波市	6.99	5.63	1.05	13.07	7.04	3.53	9.97	4.36
安徽省	16.42	4.16	1.61	7.03	8.52	4.06	10.16	5.45
福建省	10.35	4.81	0.89	5.99	6.85	2.86	5.98	10.86
其中:厦门市	8.21	4.98	1.09	10.80	2.90	3.95	10.39	10.79
江西省	14.22	4.35	1.66	6.38	10.43	3.77	9.66	6.49
山东省	10.69	4.14	1.14	10.64	7.25	1.25	10.26	6.74
其中:青岛市	8.98	3.39	0.92	12.51	6.03	1.20	9.25	4.11
河南省	14.56	4.46	1.69	5.68	7.73	2.21	10.33	6.98
湖北省	17.86	4.48	1.85	3.40	8.38	2.41	7.72	10.12
湖南省	17.86	3.41	2.39	5.99	7.70	2.39	7.76	6.60
广东省	8.99	4.25	0.85	7.57	5.58	1.55	3.66	15.67
其中:深圳市	3.43	3.42	0.57	6.41	1.91	0.82	3.45	36.46
广西壮族自治区	11.24	4.83	0.76	5.72	9.96	2.35	6.25	8.26
海南省	15.63	4.89	2.16	5.10	10.29	1.88	3.30	6.55
重庆市	18.65	3.62	4.58	11.16	6.99	3.74	5.14	5.12
四川省	15.79	4.51	4.26	4.60	9.05	3.65	7.31	7.02
贵州省	7.26	5.06	3.87	3.41	11.59	5.76	4.55	8.01
云南省	14.99	6.59	3.16	4.48	11.53	3.10	3.60	4.40
西藏自治区	5.13	4.88	3.11	2.69	12.46	10.65	3.91	10.59
陕西省	15.35	3.71	4.21	5.54	8.52	2.42	8.88	7.91
甘肃省	16.54	4.76	5.37	3.96	12.04	2.56	6.02	3.46
青海省	20.47	5.65	7.29	3.65	11.89	4.19	3.33	2.84
宁夏回族自治区	12.34	3.98	6.53	7.87	13.29	3.99	6.41	2.86
新疆维吾尔自治区	11.09	4.95	2.81	6.13	10.21	2.78	12.91	3.28

2006 年各省、自治区、直辖市预算结余结转下年使用情况表

1－9－1

单位:万元

地　　区	合　计	一、基本建设支出	二、企业挖潜改造资金	三、地质勘探费	四、科技三项费用	五、流动资金	六、农业支出	
							小　计	行业管理
地　方　合　计	**40253328**	**5200199**	**979333**	**126224**	**373770**	**2197**	**1070282**	**524173**
北京市	586859	101400	11214	747	17699		41123	14412
天津市	725703	51300	22517	130	16765		4489	1943
河北省	1308575	115568	20456	1806	6429		35925	9456
山西省	1292974	42137	3505	1565	3158		13140	8224
内蒙古自治区	1143467	262759	19427	1502	6142		15283	13499
辽宁省	1530083	168896	95334	330	9587		13844	2943
其中:大连市	286184	86238	41929		6265		3126	990
吉林省	961245	145903	46908	1955	2642		19597	10540
黑龙江省	1532282	132345	28936	398	14999		22126	12734
上海市	131133	111664	79	44	9766		1691	41
江苏省	2013559	218491	55455	920	37366		94918	67822
浙江省	4001599	417824	119962	7659	56793		174443	147742
其中:宁波市	351427	80416	15941		2673		12257	7549
安徽省	1059990	132074	12098	2193	11292		9300	2207
福建省	1215858	78302	31655	1269	6796	63	25674	12956
其中:厦门市	31961	2387	337		289		3435	1139
江西省	2275248	182334	102841	1824	7058		33168	10152
山东省	2450984	300755	60888	4176	35690	1674	99830	68069
其中:青岛市	630162	121661	29346		12344		12306	2324
河南省	558136	62585	62395	1302	4193		3599	1332
湖北省	1199308	61883	2968	1300	19559		11785	1174
湖南省	1661361	351485	17288	4843	15255		38392	26007
广东省	5352839	932359	137987	6549	43871		182546	39996
其中:深圳市	100868	2330	5319		5991		1839	604
广西壮族自治区	1392528	138305	12889	12758	7209		69033	7597
海南省	297464	31541	60	940	345		6091	568
重庆市	1396958	319354	45345	1845	11733		25304	17348
四川省	1261007	103037	36849	5162	3142	460	19167	2689
贵州省	215254	1096	579	1474	751		12639	1113
云南省	284752	20996	2847	4648	1636		3768	462
西藏自治区	619687	116853		654	4846		6945	1725
陕西省	1402298	154623	12531	51282	2603		24035	13015
甘肃省	680025	81086	4593	720	2939		21651	5443
青海省	608334	92390	3570	3234	1241		11819	5758
宁夏回族自治区	632876	130956	6877	1890	8279		15310	7334
新疆维吾尔自治区	460942	139898	1280	1105	3986		13647	9872

1-9-2

单位:万元

地　　区	六、农业支出					
	自然灾害救　　助	农业生产资料补贴	农业资源和环境保护	土地管理支　　出	农业综合开　　发	其　他
地方合计	**67053**	**45418**	**57268**	**87972**	**126412**	**161986**
北京市	1454	242	12		7297	17706
天津市	256	599	124	30	475	1062
河北省	227	811	2828	2805	6045	13753
山西省	665	594	39	218	1739	1661
内蒙古自治区	752	317	32	74	368	241
辽宁省		7036	740	168	867	2090
其中:大连市		82	735		323	996
吉林省	125	2302	71	3710	1760	1089
黑龙江省	121	4265	149	471	3222	1164
上海市	171	19	252	144	379	685
江苏省	3845	630	1957	13345	4236	3083
浙江省	2679	790	7857	1512	4472	9391
其中:宁波市		100	1151	207	323	2927
安徽省	156	468	58	494	3569	2348
福建省	2883	3663	553	213	162	5244
其中:厦门市		27	244			2025
江西省	358	1423	317	486	9479	10953
山东省	889	2895	1719	13894	7201	5163
其中:青岛市	82	275	890	2674	1509	4552
河南省	78	1		1572	91	525
湖北省	982	3465	3070	12	2729	353
湖南省	519	5526	2902	615	1316	1507
广东省	19893	1527	12117	22194	29862	56957
其中:深圳市						1235
广西壮族自治区	21866	1702	4881	456	24566	7965
海南省	1200	7	913	55	3006	342
重庆市	1181	352	35	140	3024	3224
四川省	1008	1596	4168	7825	341	1540
贵州省	82	47	10207	845	75	270
云南省	600			1698	70	938
西藏自治区	579	1300	1392	35	840	1074
陕西省	415	6	160	707	183	9549
甘肃省	788	66	10	12720	1246	1378
青海省	1693	608	675	609	2075	401
宁夏回族自治区	413	753		925	5717	168
新疆维吾尔自治区	1175	2408	30			162

1－9－3

单位:万元

地区	七、林业支出					
	小计	行业管理	森林救灾	天然林保护	退耕还林	森林生态效益
地方合计	**460423**	**45708**	**19279**	**67480**	**212438**	**56262**
北京市	3320	301	384	97	94	1973
天津市	1048	638	188			10
河北省	9939	1562	160		5330	313
山西省	9415	2018	362	449	5832	10
内蒙古自治区	18630	484	406	1025	11541	4027
辽宁省	1507	54	12	116	63	3
其中:大连市	534		12	116	63	
吉林省	9853	420	70	16	7079	337
黑龙江省	25939	2462	484	13982	4502	4353
上海市	81	42	4			5
江苏省	3965	432	177			197
浙江省	16674	5942	1302	10	3	4952
其中:宁波市	913	40	186		3	304
安徽省	1086	212	168		152	23
福建省	2922	822	741	40		465
其中:厦门市	187	54	18			48
江西省	11951	1729	805	15	2011	6227
山东省	5904	1711	204		473	1758
其中:青岛市	1837	549	82		473	722
河南省	1095	360	25		289	25
湖北省	5587	518			5001	21
湖南省	14611	1927	416	38	7114	4472
广东省	23318	5198	1668	1579		4486
其中:深圳市						
广西壮族自治区	40886	5510	6652	2267	9919	6325
海南省	2859	59	468	285	626	921
重庆市	134605	746	75	2567	130858	
四川省	50223	4849	2806	28854	458	1179
贵州省	3496	2001	25	1312	52	27
云南省	4980	56	5	3551	70	302
西藏自治区	2386	10			623	1633
陕西省	4492	2810	302	53	198	
甘肃省	17933	237	123	6330	4718	6255
青海省	12547	199	489	1810	8655	1036
宁夏回族自治区	8747	1172	382	576	5203	236
新疆维吾尔自治区	10424	1227	376	2508	1574	4691

1－9－4

单位:万元

地区	七、林业支出			八、水利和气象支出		
	造林	防沙治沙	其他	小计	水利行业管理	防汛、岁修、抗旱
地方合计	**23760**	**13797**	**21699**	**435495**	**123451**	**81214**
北京市	318	133	20	3843	29	269
天津市	117	18	77	613	21	20
河北省	1007	256	1311	10550	4748	2040
山西省	238	305	201	3522	863	2237
内蒙古自治区	40	244	863	2863	989	476
辽宁省	202	938	119	1450	88	1125
其中:大连市	182	42	119	140		
吉林省	83	1747	101	3200	1159	150
黑龙江省	35	83	38	4167	393	909
上海市	21		9	48	20	6
江苏省	1912	1191	56	21145	1439	7093
浙江省	2032	2196	237	47797	24370	2901
其中:宁波市	174	206		2221	84	5
安徽省	131	381	19	2375	1332	78
福建省	330	455	69	6599	803	2884
其中:厦门市	52		15	449	146	146
江西省	134	555	475	11153	2099	2381
山东省	645	1047	66	11150	666	3671
其中:青岛市	11			2553	444	650
河南省	344		52	1919	72	1272
湖北省	30		17	14450	30	253
湖南省	261	24	359	13612	4796	2022
广东省	9035		1352	169358	44653	21121
其中:深圳市						
广西壮族自治区	1227	904	8082	38442	14752	15554
海南省	36	305	159	2390	54	980
重庆市	60	19	280	7278	900	1862
四川省	3613	1108	7356	10696	10280	79
贵州省			79	11539		820
云南省		935	61	1405	62	662
西藏自治区			120	2928	106	2117
陕西省	1090		39	10047	5192	1470
甘肃省	111	126	33	7632	259	3011
青海省	319		39	4859	1419	926
宁夏回族自治区	359	809	10	5308	1857	1595
新疆维吾尔自治区	30	18		3157		1230

2006 年地方财政政府收支分类转换数据

1-9-5

单位:万元

地区	八、水利和气象支出				九、工业、交通等部门的事业费	十、流通部门事业费
	水文、水质、水土、水资源管理	水利建设	气象支出	南水北调工程管理		
地方合计	**15450**	**209128**	**6246**	**6**	**512153**	**49610**
北京市	15	3530			20	
天津市		377	195		1544	20
河北省	657	3105			15076	1000
山西省	16	402	4		2220	506
内蒙古自治区	130	1134	134		3567	390
辽宁省	67	120	50		5320	399
其中:大连市		90	50		495	16
吉林省	49	1842			5532	1224
黑龙江省	186	1539	1140		8608	7970
上海市	8	11	3		13	84
江苏省	5701	6607	305		19423	1417
浙江省	22	20395	109		76989	871
其中:宁波市		2132			3311	505
安徽省	94	526	345		64432	677
福建省	237	2551	124		7226	3106
其中:厦门市	45	109	3		478	18
江西省	340	6152	181		14980	2556
山东省	145	6664	4		18014	3126
其中:青岛市	125	1334			127	177
河南省		531	38	6	40974	507
湖北省	7	14159	1		6042	4916
湖南省	330	6232	232		90077	3556
广东省	58	101155	2371		53432	12666
其中:深圳市					946	250
广西壮族自治区	4202	3568	366		7751	256
海南省		1356			594	28
重庆市	1582	2934			2144	849
四川省	100	234	3		23314	873
贵州省	6	10713			647	12
云南省		676	5		1873	283
西藏自治区		705			4081	
陕西省	1251	2038	96		31227	1682
甘肃省	180	4182			982	52
青海省	46	1928	540		1771	34
宁夏回族自治区	21	1835			2099	220
新疆维吾尔自治区		1927			2181	330

1－9－6

单位:万元

地区	十一、文体广播事业费							
	小计	文化事业费	出版事业费	文物事业费	体育事业费	档案事业费	地震事业费	海洋事业费
地方合计	**492335**	**149625**	**3995**	**36614**	**59703**	**10838**	**4921**	**897**
北京市	8153	5514		60	375	173	15	
天津市	17390	9506	16	500	572	21	10	
河北省	15139	2624		3207	254	95	272	
山西省	8509	3204	37	472	109	97	46	
内蒙古自治区	3926	904		383	170	574	33	
辽宁省	8190	1971		874	1368	91	10	
其中:大连市	318	173				2		
吉林省	15138	1089	650	25	5473	73	15	
黑龙江省	15415	4283	92	305	2621	460	80	
上海市	5	1			1			
江苏省	37925	18315	36	1907	1276	1035	331	32
浙江省	50443	28712	217	4030	1305	1071	129	32
其中:宁波市	4778	1380		61	636	127		
安徽省	11643	2561	10	1649	516	443	15	
福建省	15572	3490		2259	1727	264	37	
其中:厦门市	262	94				7		
江西省	9850	3668	6	783	149	150	20	
山东省	10563	2975	25	1096	1070	121	30	
其中:青岛市	2146	1266	22	50	360	34		
河南省	2377	354		125	467	50	9	
湖北省	34641	1038	158	1204	2823	35		
湖南省	23273	4289	217	9220	1413	507	10	
广东省	94368	26194	5	2755	29498	2338	1453	94
其中:深圳市	1456	640			30			
广西壮族自治区	24180	7700	803	1272	1313	1571	388	738
海南省	3903	854		270	12	140		1
重庆市	22040	9208		197	3865	7		
四川省	4597	480	283	337	122	167	706	
贵州省	601	446		5	9			
云南省	5265	982		10	20	7		
西藏自治区	5447	922		1255	2	2		
陕西省	13361	3039	193	278	894	266	42	
甘肃省	4572	1636		103	1042	51		
青海省	6979	1559	132	911	858	815	506	
宁夏回族自治区	9293	1953		852	379	113	764	
新疆维吾尔自治区	9577	154	1115	270		101		

1－9－7

单位:万元

地　　区	十一、文体广播事业费				
	通讯事业费	广播、电影、电视事业费	计划生育事业费	党政群干部训练事业费	其他文体广播事业费
地　方　合　计	**1100**	**46201**	**94360**	**14339**	**69742**
北京市		503	1213	160	140
天津市		355	134	52	6224
河北省		867	3807	92	3921
山西省		455	3508	211	370
内蒙古自治区	11	347	501	46	957
辽宁省		647	2512	142	575
其中:大连市		41	102		
吉林省		577	1212	78	5946
黑龙江省		2214	4176	1184	
上海市			3		
江苏省		2868	7178	1048	3899
浙江省		3972	6346	1602	3027
其中:宁波市		1437	788	161	188
安徽省		831	4182	184	1252
福建省		1937	4158	992	708
其中:厦门市			42		119
江西省		842	3127	253	852
山东省		188	4428	310	320
其中:青岛市			151	126	137
河南省		121	719	422	110
湖北省		47	1348	164	27824
湖南省		3610	2341	1033	633
广东省		9975	17671	944	3441
其中:深圳市		314	467		5
广西壮族自治区	99	663	4126	2650	2857
海南省		1963	661	2	
重庆市		2031	4196	25	2511
四川省		80	465	188	1769
贵州省		15	126		
云南省		55	3883		308
西藏自治区	990	1363	742	7	164
陕西省		3434	4321	731	163
甘肃省		90	827	43	780
青海省		594	374	500	730
宁夏回族自治区		2859	1868	244	261
新疆维吾尔自治区		2698	4207	1032	

1－9－8

单位:万元

地区	十二、教育支出					
	小计	普通教育	职业教育	成人教育	广播电视教育	留学教育
地方合计	**2035674**	**1542279**	**255491**	**20568**	**8986**	**33**
北京市	1767	1263	14			
天津市	11276	9562	650	4	100	
河北省	80780	41886	6006	6	20	
山西省	85112	78598	4964	228	1	22
内蒙古自治区	14039	8462	1183		27	
辽宁省	34391	27658	4984		6	
其中:大连市	3707	2510	242		3	
吉林省	29893	26836	1528	160		
黑龙江省	63665	59564	3265			
上海市	3700	547	904	1463	3	
江苏省	106825	90437	12837	660	91	
浙江省	203052	155914	31630	70	127	
其中:宁波市	14274	11089	2487	20		
安徽省	73336	54402	3819		4	
福建省	35066	27685	5314	208	2	
其中:厦门市	1074	597				
江西省	71046	59911	6292	23	12	
山东省	43621	33835	8893	251		
其中:青岛市	5722	1572	3934	161		
河南省	28093	19631	5760		592	
湖北省	52024	27755	515	196		
湖南省	61001	42376	12766	173	161	
广东省	478418	322633	79370	1263	1255	
其中:深圳市	7712	5486	2206			
广西壮族自治区	66758	48114	7781	4951	6	11
海南省	15972	15233	699	17		
重庆市	102894	91505	11367	7		
四川省	24272	962	3249	10510	5862	
贵州省	28514	28361	152			
云南省	19260	8778	10052	5		
西藏自治区	9339	6687	2219			
陕西省	133846	122423	7991	240	717	
甘肃省	14563	13765	718	12		
青海省	34701	31491	2434	121		
宁夏回族自治区	37799	31646	5984			
新疆维吾尔自治区	70651	54359	12151			

2006 年地方财政政府收支分类转换数据

1－9－9

单位:万元

地区	十二、教育支出			十三、科学支出		
	特殊教育	教师进修及干部教育	其他	小计	自然科学	社会科学
地方合计	**5513**	**8292**	**194512**	**143539**	**79020**	**7509**
北京市			490	4265	3595	
天津市		124	836	212	41	
河北省	30	135	32697	11435	437	36
山西省	37	79	1183	1081	948	15
内蒙古自治区	10	15	4342	470	307	5
辽宁省	78	334	1331	734	207	5
其中:大连市		30	922	286	9	
吉林省	120	8	1241	2898	1864	845
黑龙江省	295		541	7176	5700	1188
上海市	27	280	476	18	12	
江苏省	533	154	2113	4695	1700	89
浙江省	131	107	15073	8148	4969	147
其中:宁波市		31	647	381	217	
安徽省	37	10	15064	2801	859	101
福建省	108	10	1739	8768	8157	82
其中:厦门市			477	58	58	
江西省	79	57	4672	1427	666	80
山东省	173	60	409	2636	1826	10
其中:青岛市			55	169	56	
河南省	47	6	2057	433	180	40
湖北省	29		23529	1713	2	
湖南省	136	142	5247	4971	3926	367
广东省	246	1647	72004	32929	15520	792
其中:深圳市			20	1691	1691	
广西壮族自治区	92	256	5547	24408	15953	2811
海南省	10	8	5	508	459	
重庆市	10		5	721	297	380
四川省	3106	492	91	8742	1021	45
贵州省			1	11	6	
云南省	5	30	390	228	99	
西藏自治区			433	40		
陕西省	86	212	2177	1778	616	155
甘肃省	18		50	348	229	
青海省			655	151	104	22
宁夏回族自治区	60		109	2490	2106	204
新疆维吾尔自治区	10	4126	5	7304	7214	90

1－9－10

单位:万元

地　　区	十三、科学支出		十四、医疗卫生支出				
	科学技术普　　及	其　他	小　计	卫　生	中　医	食品和药品监督管理	行政事业单位医疗
地　方　合　计	**17661**	**39349**	**1186791**	**779990**	**49655**	**51903**	**305243**
北京市	593	77	47851	4767	1320	40	41724
天津市	95	76	11802	6432	220	2933	2217
河北省	317	10645	52637	43003	2333	3845	3456
山西省	115	3	31536	24655	1953	2079	2849
内蒙古自治区	134	24	9911	7572	1363	25	951
辽宁省	290	232	10201	7901	20	16	2264
其中:大连市	199	78	1316	1282		6	28
吉林省	120	69	14920	11776	494	1753	897
黑龙江省		288	20840	13403	1069		6368
上海市		6	28	1			27
江苏省	721	2185	86271	59580	798	30	25863
浙江省	846	2186	80034	67771	1019	1771	9473
其中:宁波市	21	143	7936	5817		46	2073
安徽省	150	1691	40368	29367	2357	2852	5792
福建省	429	100	19623	16368	865		2390
其中:厦门市			1674	1662	12		
江西省	190	491	44644	32956	1724	2234	7730
山东省	800		39948	33417	579	2283	3669
其中:青岛市	113		12782	9804	448	41	2489
河南省	209	4	12296	11376	204		716
湖北省	1	1710	48290	46868		24	1398
湖南省	544	134	58021	45392	2613	3943	6073
广东省	4213	12404	224973	69457	12038	1109	142369
其中:深圳市			550	550			
广西壮族自治区	2170	3474	56702	27810	4518	6246	18128
海南省	49		7809	6126	727	956	
重庆市	44		62210	56898	1673	2451	1188
四川省	4705	2971	5810	2369	1741	164	1536
贵州省	5		11711	8789	1278	1644	
云南省	51	78	14471	14134	337		
西藏自治区	40		30758	24230	1076	5452	
陕西省	706	301	54424	47869	2385	2766	1404
甘肃省	59	60	20928	18174	1012	1503	239
青海省	25		20058	3362	1053	150	15493
宁夏回族自治区	40	140	16808	13049	1389	1895	475
新疆维吾尔自治区			30908	25118	1497	3739	554

1-9-11

单位:万元

地区	十五、其他部门的事业费	十六、抚恤和社会福利救济费			
		小计	抚恤	安置	城市居民最低生活保障
地方合计	**1554689**	**858075**	**241906**	**122248**	**148185**
北京市	5966	32712	2592	2908	18184
天津市	12459	10609	3827	1407	2075
河北省	129573	42518	15333	10180	2228
山西省	14976	28526	9435	3308	7034
内蒙古自治区	11694	3857	789	1277	
辽宁省	43108	25075	7185	3189	2535
其中:大连市	361	3888	759	720	1125
吉林省	46211	44154	8378	4811	21882
黑龙江省	28135	31745	7491	3065	14078
上海市	75	779	110	23	240
江苏省	64777	87840	30662	8718	17289
浙江省	206238	70699	11849	5290	3290
其中:宁波市	30979	8018	1014	1146	1709
安徽省	85542	35583	10181	4150	9751
福建省	30461	41379	10773	6265	4351
其中:厦门市	897	785	143	66	59
江西省	225360	36759	7258	4629	8563
山东省	59853	63995	27857	9527	1959
其中:青岛市	15865	14209	3973	4323	386
河南省	11197	11599	2118	3119	747
湖北省	31650	6994	6518	293	23
湖南省	46557	25176	6350	2129	250
广东省	271347	62198	25017	8270	4122
其中:深圳市	1101	2549	537	1594	
广西壮族自治区	49785	64332	17411	11890	11106
海南省	4196	5482	2654	735	90
重庆市	11181	20436	5895	1864	6297
四川省	84197	6889	657	1355	235
贵州省	708	4673	356	151	213
云南省	6376	3499	235	670	74
西藏自治区	131	10980	948	41	1171
陕西省	33323	34171	13397	16458	272
甘肃省	11208	8774	2357	2417	80
青海省	9628	7050	1417	327	1765
宁夏回族自治区	8052	19660	1841	1546	6462
新疆维吾尔自治区	10725	9932	1015	2236	1819

1－9－12

单位:万元

地区	十六、抚恤和社会福利救济费				
	农村及其他社会救济	社会福利	其他民政	残疾人事业	自然灾害生活救助
地方合计	**93940**	**28761**	**87727**	**16204**	**119104**
北京市	1488	3451	1403	490	2196
天津市	560	91	2277	89	283
河北省	5633	671	2837	700	4936
山西省	3154	163	287	397	4748
内蒙古自治区	591	30	159	37	974
辽宁省	5416	468	1446	180	4656
其中:大连市	203		744	52	285
吉林省	2584	222	2770	180	3327
黑龙江省	3017	1558	1458	3	1075
上海市	145	148	76	37	
江苏省	6324	7194	8311	1246	8096
浙江省	13030	932	23944	837	11527
其中:宁波市	2323		1257	13	556
安徽省	3178	353	3363	269	4338
福建省	2986	624	1267	232	14881
其中:厦门市	59		194		264
江西省	6090	886	901	343	8089
山东省	2336	5095	10888	770	5563
其中:青岛市		289	5064	96	78
河南省	2716	180	323	549	1847
湖北省	124	12		13	11
湖南省	6145	599	1830	3755	4118
广东省	4194	1096	11516	2685	5298
其中:深圳市		30	364		24
广西壮族自治区	7446	1323	5092	1838	8226
海南省	363	10	19	55	1556
重庆市	2204	41	308	214	3613
四川省	37	508	2477	68	1552
贵州省	2696			113	1144
云南省	506		245	339	1430
西藏自治区	1565	1384	2350	45	3476
陕西省	2164	382	812	280	406
甘肃省	1099	20	15	18	2768
青海省	438	739	472	294	1598
宁夏回族自治区	3456	515	693	112	5035
新疆维吾尔自治区	2255	66	188	16	2337

1－9－13

单位:万元

地　　区	十七、行政事业单位离退休支出					
	小　计	行政单位离退休支出	公检法司机关离退休支出	事业单位离退休支出	离退休人员管理机构支出	其　他
地　方　合　计	**114049**	**42723**	**5548**	**53977**	**2220**	**9581**
北京市	2138	749		1297		92
天津市	5	5				
河北省	10078	2800	386	3239	7	3646
山西省	12242	3555	119	8082	35	451
内蒙古自治区	2980	1357	91	1480	15	37
辽宁省	259	37	77	143	2	
其中:大连市	17		11	4	2	
吉林省	1427	97	5	1168	84	73
黑龙江省	223	77		144	2	
上海市	17		15	2		
江苏省	9432	7205	99	1610	232	286
浙江省	1056	803		228		25
其中:宁波市	36	36				
安徽省	3799	426	44	2952	2	375
福建省	3486	516	44	2683		243
其中:厦门市	242	65	26	136		15
江西省	8676	3381	326	4257	52	660
山东省	1152	733	40	277	4	98
其中:青岛市						
河南省	722	88	119	487	3	25
湖北省	887	273	10	255		349
湖南省	6393	2557	155	3451		230
广东省	18049	3252	118	14063		616
其中:深圳市						
广西壮族自治区	12360	8728	2201	355	54	1022
海南省	470	315	94	61		
重庆市	1352	168	59	993	132	
四川省	960	70	279	221	221	169
贵州省						
云南省	466					466
西藏自治区						
陕西省	3550	2419	66	642	242	181
甘肃省	39			6	33	
青海省	11172	3092	1195	5752	1095	38
宁夏回族自治区	103	6	6	91		
新疆维吾尔自治区	556	14		38	5	499

1－9－14

单位:万元

地　　区	十八、社会保障补助支出						
	小　计	社会保险基金补助	就业补助	补充全国社会保障基金	企业关闭破产补助	社会保险经办机构	其　他
地　方　合　计	**1557673**	**366312**	**287604**		**617550**	**25266**	**260941**
北京市	15718	481	5423		820	930	8064
天津市	24908	21599	2636				673
河北省	19782	1653	6837		1267	121	9904
山西省	121396	5746	3590		102069	549	9442
内蒙古自治区	4197	100	2772		368	377	580
辽宁省	88913	1148	1080		43626	622	42437
其中:大连市	2317		294		641	42	1340
吉林省	119887	18631	11400		77356	1066	11434
黑龙江省	211802	134028	33971		38730		5073
上海市	161	1	44		9	42	65
江苏省	67818	16219	20630		707	2237	28025
浙江省	35503	14861	6298			1942	12402
其中:宁波市	7809	364	1928			426	5091
安徽省	39605	17048	9973		1001	196	11387
福建省	21832	1800	10531		1054	517	7930
其中:厦门市	695	34	509			152	
江西省	23631	3677	10643		1249	567	7495
山东省	78116	5280	14971		50314	621	6930
其中:青岛市	7570	3703	1710			12	2145
河南省	5122	52	861		279	896	3034
湖北省	14157	12402	33			272	1450
湖南省	151058	12567	7097		125753	983	4658
广东省	182326	13277	82372		29943	7245	49489
其中:深圳市							
广西壮族自治区	101144	23121	31942		37768	3528	4785
海南省	7093	5080	840		680	5	488
重庆市	87738	67	1520		75243	1272	9636
四川省	35636	20505	23		1815	450	12843
贵州省	4154	488	1732		216	403	1315
云南省	1913		1232			74	607
西藏自治区	623				590		33
陕西省	15285	1773	244		5636	204	7428
甘肃省	3558	90	723		253	17	2475
青海省	39020	13960	9793		15113	69	85
宁夏回族自治区	9565	680	6441		1649	21	774
新疆维吾尔自治区	26012	19978	1952		4042	40	

2006年地方财政政府收支分类转换数据

1-9-15

单位:万元

地　　区	十九、国防支出			二十、行政管理费		
	小　计	民兵事业费	动员预编经　　费	小　计	人大经费	政府机关经　　费
地　方　合　计	**23123**	**21588**	**1535**	**935217**	**21898**	**712401**
北京市				7352	34	6483
天津市				10424	242	10008
河北省	8	8		41210	409	35593
山西省	9	4	5	29224	512	23500
内蒙古自治区	12	12		9415	201	7978
辽宁省	64	59	5	6887	476	5690
其中:大连市				426		411
吉林省	20	15	5	18583	270	15762
黑龙江省				24880	1037	18694
上海市	53	53		27	14	7
江苏省	894	894		92451	921	78924
浙江省	5293	5260	33	90066	855	80502
其中:宁波市	515	502	13	12163	88	11616
安徽省	580	580		24327	782	18701
福建省	1187	1187		18430	994	13565
其中:厦门市	144	144		381	26	292
江西省	5		5	35872	580	30463
山东省	78		78	34906	355	32419
其中:青岛市				3254	10	3097
河南省				15007	791	11247
湖北省				28330	263	27241
湖南省	64	64		49930	1263	38667
广东省	275	275		155024	2985	128802
其中:深圳市				1494	99	811
广西壮族自治区	1301	1301		21262	1135	16302
海南省				5619	136	3168
重庆市	1046	1046		32639	318	29358
四川省	10008	8604	1404	58126	70	877
贵州省				3000	14	2821
云南省	124	124		7107	350	5148
西藏自治区	164	164		2524	26	1912
陕西省	262	262		63855	1994	49871
甘肃省	34	34		2451	276	1499
青海省				34230	3959	11847
宁夏回族自治区	1498	1498		6256	263	3532
新疆维吾尔自治区	144	144		5803	373	1820

1－9－16

单位:万元

地　　区	二十、行政管理费				二十一、外交外事支出
	政协经费	共产党机关经费	民主党派机关经费	社会团体机关经费	
地方合计	**17136**	**130490**	**23773**	**29519**	**11544**
北京市	20	798		17	
天津市	3	73	77	21	34
河北省	441	4303	44	420	823
山西省	295	4698	140	79	77
内蒙古自治区	114	951	25	146	16
辽宁省	108	542	33	38	107
其中:大连市			8	7	11
吉林省	398	1136	1005	12	
黑龙江省	1041	4085	14	9	
上海市		1	5		83
江苏省	693	9694	539	1680	494
浙江省	368	7455	513	373	369
其中:宁波市	94	345		20	
安徽省	1065	3212	335	232	402
福建省	610	2865	170	226	244
其中:厦门市	35	20	1	7	58
江西省	391	4073	84	281	135
山东省	164	1795	50	123	707
其中:青岛市		83		64	646
河南省	178	2716	23	52	
湖北省	248	540	2	36	111
湖南省	1509	7920	376	195	248
广东省	1080	20592	451	1114	26
其中:深圳市	5	478		101	
广西壮族自治区	1137	1030	899	759	1410
海南省	48	2230	14	23	
重庆市	2	2259	345	357	
四川省	552	19453	15640	21534	5315
贵州省	5	160			
云南省	318	1271		20	
西藏自治区	8	556	11	11	
陕西省	1733	8608	738	911	39
甘肃省	56	620			40
青海省	4153	11395	2140	736	
宁夏回族自治区	253	1994	100	114	324
新疆维吾尔自治区	145	3465			540

1－9－17

单位:万元

地　区	二十二、武装警察部队支出					
	小　计	内卫部队经　费	边防部队经　费	消防部队经　费	警卫部队经　费	黄金部队经　费
地　方　合　计	**26235**	**2451**	**2138**	**13632**	**2554**	
北京市						
天津市						
河北省	33	18		15		
山西省	152	2		150		
内蒙古自治区	100	5		95		
辽宁省	205			205		
其中:大连市						
吉林省	1109	9	20	1080		
黑龙江省	3576			2576		
上海市						
江苏省	3308	162	63	2642	421	
浙江省	499	279	7	176	24	
其中:宁波市	72			72		
安徽省	608	207	250	49		
福建省	748	78	151	474	2	
其中:厦门市						
江西省	88	27		31	30	
山东省	5	5				
其中:青岛市						
河南省						
湖北省	20					
湖南省	1027	8	883	130		
广东省	4839	257	445	3381	556	
其中:深圳市						
广西壮族自治区	2517	896	203	489	136	
海南省						
重庆市	4265	7	38	1692	51	
四川省	1381	131	23	9	472	
贵州省						
云南省	4				4	
西藏自治区						
陕西省	237	50	55	34	58	
甘肃省	114	10		104		
青海省						
宁夏回族自治区	900	300		300	300	
新疆维吾尔自治区	500				500	

1－9－18

单位:万元

地　　区	二十二、武装警察部队支出				二十三、公检法司支出		
	森林部队经　　费	水电部队经　　费	交通部队经　　费	其　他	小　计	公安支出	国家安全支　　出
地　方　合　计	**1329**			**4131**	**786849**	**526517**	**9529**
北京市					4523	3313	
天津市					8661	8261	21
河北省					43691	29469	
山西省					13085	8835	5
内蒙古自治区					10103	8897	
辽宁省					15024	10310	
其中:大连市					1134	1093	
吉林省					14855	9798	
黑龙江省	1000				27310	14993	
上海市					91	5	7
江苏省				20	51158	33976	150
浙江省				13	98857	85882	1637
其中:宁波市					6803	5948	
安徽省				102	16116	11876	50
福建省				43	23671	17837	20
其中:厦门市					761	271	
江西省					43044	26912	15
山东省					16628	9843	35
其中:青岛市					6986	4248	35
河南省					9109	6569	35
湖北省				20	28273	26347	
湖南省				6	36632	20862	18
广东省				200	130321	84423	332
其中:深圳市					1176	402	
广西壮族自治区				793	47208	31969	913
海南省					2317	1739	
重庆市				2477	27312	9373	
四川省	329			417	25318	8012	3706
贵州省					1105	883	
云南省					9740	7756	
西藏自治区					20565	11278	
陕西省				40	22577	16334	174
甘肃省					3133	2825	
青海省					16964	5393	193
宁夏回族自治区					12250	8358	
新疆维吾尔自治区					7208	4189	2218

1-9-19

单位:万元

地区	二十三、公检法司支出					
	检察院支出	法院支出	司法支出	监狱支出	劳教支出	缉私警察支出
地方合计	**53170**	**86424**	**21355**	**61767**	**24916**	**3171**
北京市	606	427	177			
天津市	150	218	11			
河北省	5118	6035	1249	500	1200	120
山西省	1795	1400	407	643		
内蒙古自治区	494	576	83		53	
辽宁省	2098	1526	264	764	62	
其中:大连市	1	3	36		1	
吉林省	902	1881	158	1952	164	
黑龙江省	2349	3165	1017	5146	640	
上海市	18	2	2	46	11	
江苏省	6196	8140	1173	488	1035	
浙江省	1458	5098	2060	1543	1179	
其中:宁波市	189	517	149			
安徽省	653	1375	229	1695	238	
福建省	2555	2707	550		2	
其中:厦门市	39	449	2			
江西省	1691	5845	845	7036	700	
山东省	502	3128	2036	1074	10	
其中:青岛市		2703				
河南省	681	777	384	621	42	
湖北省	484	966	300		176	
湖南省	5253	6014	1613	2600	272	
广东省	6217	12735	1777	19059	5778	
其中:深圳市	30	730	14			
广西壮族自治区	1432	4339	1943	3182	2540	890
海南省	264	190	124			
重庆市	1983	6231	933	2927	5865	
四川省	311	3689	167	5349	3843	241
贵州省	43	107	72			
云南省	176	178	21	1210	399	
西藏自治区	2093	2688	1301	1315	120	1770
陕西省	2627	2567	838	37		
甘肃省	141	101	66			
青海省	3649	3289	1020	3319	101	
宁夏回族自治区	941	710	494	1261	486	
新疆维吾尔自治区	290	320	41			150

1－9－20

单位:万元

地　　区	二十四、城市维护费	二十五、政策性补贴支出				
		小　计	国家粮油差价补贴	粮食风险基　　金	国家储备粮油利息费用补贴	粮食财务挂账利息补贴
地　方　合　计	**1112377**	**715028**	**57207**	**65673**	**26213**	**15202**
北京市	10198	2377				
天津市	128469	2128		626	110	
河北省	13257	17043				86
山西省	15113	58346	245		2450	3897
内蒙古自治区	69328	2833		4	23	20
辽宁省	72331	28461	600		980	17
其中:大连市	18552	4009	600			
吉林省	11129	1812	65		76	
黑龙江省	19555	49546	40350	2820	224	
上海市	53	2340		29		
江苏省	99566	6830	23		3	142
浙江省	191751	63971	5	1026	12	413
其中:宁波市	16828	9147				
安徽省	28102	78999	532		69	27
福建省	14797	4020	356	256	90	54
其中:厦门市	2351	15				
江西省	42542	55388	6359	11389	4155	621
山东省	64248	101141	154	100	206	222
其中:青岛市	6892	1471				
河南省	3788	12181		397	6823	645
湖北省	51854	49064		42		
湖南省	28881	32271	86	14		
广东省	80474	15237	5257	904	662	
其中:深圳市	4135	2112				
广西壮族自治区	1529	51932	1108	40880	2426	189
海南省	440	266			191	
重庆市	123207	23256		5500	1095	8283
四川省	6474	32931	1818	757	6516	459
贵州省	818	190				
云南省	2007	1043				
西藏自治区	150	4243				
陕西省	7793	13821	246			36
甘肃省	11030	308	3			
青海省	5552	1895		909		91
宁夏回族自治区	7111	560		20	102	
新疆维吾尔自治区	830	595				

1－9－21

单位:万元

地　　区	二十五、政策性补贴支出					
	地方粮油价外补贴	副食品风险基金	地方煤炭风险基金	市镇居民肉食价格补贴	农业生产资料价差补贴	地方粮食企业新增挂账消化款
地　方　合　计	**13114**	**3572**	**1500**	**15786**	**1177**	**4874**
北京市						
天津市				78		
河北省	124	9		583		
山西省	1636	884		239	162	27
内蒙古自治区	303					15
辽宁省	74	264		1574		
其中:大连市				1569		
吉林省	48		220			
黑龙江省		500	35			
上海市				952		
江苏省		257		641	10	3144
浙江省	203			3152	58	
其中:宁波市				22	58	
安徽省	5740	48		330		182
福建省	640	498		2	62	9
其中:厦门市						
江西省	80			7382		
山东省				20		
其中:青岛市						
河南省	355	3				
湖北省						
湖南省	2149	47		103	21	
广东省						
其中:深圳市						
广西壮族自治区	1555	85	43	131	260	361
海南省						
重庆市					50	
四川省	207	971	1202	599	441	1136
贵州省						
云南省						
西藏自治区						
陕西省						
甘肃省		6				
青海省					113	
宁夏回族自治区						
新疆维吾尔自治区						

1－9－22

单位：万元

地　　区	二十五、政策性补贴支出			二十六、支援不发达地区支出			
	储备粮移库费用补贴	处理陈化粮补贴	其他政策性补贴	小　计	财政扶贫资金	边境建设事业补助费	民族工作经费
地方合计	**1198**	**1693**	**507819**	**227930**	**214512**	**9542**	**3876**
北京市			2377	3	3		
天津市			1314				
河北省		150	16091	3465	3376	5	84
山西省	1053		47753	1563	1563		
内蒙古自治区			2468	7421	7413		8
辽宁省		42	24910	5204	3303	1683	218
其中：大连市			1840	1550	1550		
吉林省			1403	1881	1148	659	74
黑龙江省			5617	2684	1363	1321	
上海市			1359				
江苏省			2610	216	216		
浙江省			59102	11018	10892	98	28
其中：宁波市			9067	1987	1987		
安徽省	16		72055	1222	1114		108
福建省		4	2049	16288	15857	75	356
其中：厦门市			15	419	397		22
江西省			25402	15181	15181		
山东省			100439	4455	4218	205	32
其中：青岛市			1471				
河南省			3958	629	625		4
湖北省			49022	538	175		363
湖南省			29851	4777	4518		259
广东省			8414	34025	32589	316	1120
其中：深圳市			2112				
广西壮族自治区	90	1	4803	26670	20699	5180	791
海南省			75	2723	2723		
重庆市		69	8259	9413	9413		
四川省	35	73	18717	18851	18658		193
贵州省			190	23490	23392		98
云南省			1043	201	200		1
西藏自治区		1354	2889	250	250		
陕西省	4		13535	4490	4476		14
甘肃省			299	7489	7467		22
青海省			782	7536	7438		98
宁夏回族自治区			438	16247	16242		5
新疆维吾尔自治区			595				

2006 年地方财政政府收支分类转换数据

1－9－23

单位:万元

地　　区	二十七、海域开发建设和场地使用费支出	二十八、车辆税费支出	二十九、债务利息支出	三十、专项支出			
				小　计	排污费支出	水资源费支　出	教育费附加支出
地　方　合计	**44018**	**482961**	**68892**	**2599580**	**658236**	**116366**	**931122**
北京市	500	245		60613	2066	14697	40822
天津市				23901	6617	116	17168
河北省	1815	29555	356	84605	20033	7783	15687
山西省	51	15988		181687	61701	17092	20849
内蒙古自治区	45	35879	3854	103062	15716	1136	8656
辽宁省	7003	6245	3546	75607	19915	6564	23045
其中:大连市	6563	314	3546	27953	8734	3860	11777
吉林省	98	20186	420	53436	16242	2174	8066
黑龙江省		3468		132389	18678	5100	71325
上海市		44		129	33	5	90
江苏省	2143	24174		185496	61906	15124	83124
浙江省	1366	13387		286515	85795	2931	171085
其中:宁波市	40	3800		16133	5308		10686
安徽省	67	21697	169	79935	10652	1124	18781
福建省	5959	5186	217	66207	22612	827	24887
其中:厦门市	77	585		2408	3		2182
江西省	181	37681		41527	13368	52	20616
山东省	17632	8097		221860	52364	12031	61454
其中:青岛市	16456	3304		35410	4674	3641	25663
河南省	73	14268	3961	65456	16853	3032	14432
湖北省	441	13026		34339	1543	162	20521
湖南省	17	22263	718	111809	38049	717	13175
广东省	5170	7567		162098	62960	11525	63194
其中:深圳市	50	700		5231			5231
广西壮族自治区	323	26778	53413	92397	19790	1926	37255
海南省	753	30013	30	8859	4741		2473
重庆市		17900	158	92875	21036	3008	38150
四川省	63	1042	1471	211926	22065	1123	117402
贵州省	29	19555		38886	9382	164	4101
云南省	40	21631		22810	1281	235	2579
西藏自治区		18243		6078	1446		604
陕西省	38	21199		45337	20881	2062	17710
甘肃省	18	18542	12	60339	14262	2244	8624
青海省		387	567	5159	1148	953	1248
宁夏回族自治区	193	9808		22336	9720	1688	1945
新疆维吾尔自治区		18907		21907	5381	771	2054

1－9－24

单位:万元

地　　区	三十、专项支出						三十一、其他支出
	矿产资源补偿费支出	探矿权、采矿权使用费及价款支出	内河航道养护费支出	公路运输管理费支出	水路运输管理费支出	三峡库区移民专项支出	
地方合计	**286235**	**510009**	**25562**	**51408**	**9412**	**11230**	**16067063**
北京市	1952			1076			203112
天津市							364999
河北省	4903	35526		673			494023
山西省	30101	49022		2922			595133
内蒙古自治区	13322	63278		954			519762
辽宁省	2791	21078		1654	560		801861
其中:大连市	325	1230		1467	560		71173
吉林省	7697	17748		1509			326374
黑龙江省	22518	14768					644385
上海市		1					60
江苏省	10348	4159	10732	103			628146
浙江省	16638	7559	－501	109	2899		1664322
其中:宁波市	139						91491
安徽省	12351	35383		1583	2	59	279562
福建省	3396	13142	4	1151	102	86	719105
其中:厦门市	29	194					11495
江西省	2543	3542	598	698	110		1214346
山东省	45442	46437		3706	426		1140136
其中:青岛市	8	720		624	80		316929
河南省	8618	18761	5	3397	358		183256
湖北省	25	1123	6	131		10828	674466
湖南省	5736	50478	276	3374		4	447155
广东省	1871	2212	12187	7055	1094		1831089
其中:深圳市							54236
广西壮族自治区	10574	9218	2209	7772	3653		338590
海南省	1601				44		156163
重庆市	5577	24853				251	207858
四川省	31276	30100	46	9768	144	2	464075
贵州省	5459	19730		30	20		45576
云南省	15401	3314					126131
西藏自治区	3570	458					371459
陕西省	3595	589		500			640390
甘肃省	10156	23158		1895			374937
青海省	699	1029		82			275820
宁夏回族自治区	2285	6537		161			271937
新疆维吾尔自治区	5790	6806		1105			62835

2006年各省、自治区、直辖市民族自治地区财政收入情况表

1－10－1

单位:万元

地　　区	合　计	一、税收收入					
		小　计	增值税	营业税	企业所得税	企业所得税退税	个人所得税
地　区　合　计	**2958124**	**2194207**	**480801**	**754134**	**138214**	**－101**	**89638**
北京市							
天津市							
河北省	70919	56429	9141	12491	4102		2954
山西省							
内蒙古自治区							
辽宁省	182725	128077	24764	35719	7717		7455
其中:大连市							
吉林省	266879	176114	41312	56108	13127		11793
黑龙江省	20274	18527	4298	2076	9555		282
上海市							
江苏省							
浙江省	13238	9928	2362	3235	862		1386
其中:宁波市							
安徽省							
福建省							
其中:厦门市							
江西省							
山东省							
其中:青岛市							
河南省							
湖北省	115741	92519	11532	29617	1860		2258
湖南省	179399	125522	28989	47241	5951		7143
广东省	23508	17770	6288	4044	2122		562
其中:深圳市							
广西壮族自治区							
海南省	155399	130822	10006	57931	10163		4927
重庆市	81451	62729	14659	21025	4141		4015
山东省	424724	305264	80001	103432	31610	－2	15808
贵州省	373784	271026	42369	119202	13127		16954
云南省	922178	710600	186699	224205	30414		11038
西藏自治区							
陕西省							
甘肃省	57112	33292	7449	12753	2603	－99	971
青海省	70793	55588	10932	25055	860		2092
宁夏回族自治区							
新疆维吾尔自治区							

1－10－2

单位:万元

地区	一、税收收入						
	资源税	固定资产投资方向调节税	城市维护建设税	房产税	印花税	城镇土地使用税	土地增值税
地区合计	**94789**	**400**	**218269**	**69563**	**20722**	**26724**	**22993**
北京市							
天津市							
河北省	20762		2611	887	945	384	330
山西省							
内蒙古自治区							
辽宁省	16810	400	9483	2215	1250	5308	1991
其中:大连市							
吉林省	3826		20232	8734	1209	1888	1216
黑龙江省	702		889	301	48	80	2
上海市							
江苏省							
浙江省	140		550	189	109	25	31
其中:宁波市							
安徽省							
福建省							
其中:厦门市							
江西省							
山东省							
其中:青岛市							
河南省							
湖北省	3221		22708	2356	674	1369	433
湖南省	1269		9193	4442	1070	479	480
广东省	422		1442	817	246	312	47
其中:深圳市							
广西壮族自治区							
海南省	6659		6132	8988	1306	1737	9830
重庆市	1949		7265	1221	672	381	342
山东省	10035		16374	6652	3386	2046	784
贵州省	4265		23645	7467	1812	2243	1994
云南省	18562		87345	20561	6902	9820	5478
西藏自治区							
陕西省							
甘肃省	4266		2686	1307	399	416	3
青海省	1901		7714	3426	694	236	32
宁夏回族自治区							
新疆维吾尔自治区							

2006年地方财政政府收支分类转换数据

1－10－3

单位:万元

地　　区	一、税收收入					二、非税收入		
	车船使用和牌照税	耕　地占用税	契　税	烟叶税	其他税收收　　入	小　计	专项收入	行政事业性收费收　　入
地　区　合　计	**8732**	**37083**	**84842**	**137394**	**10010**	**763917**	**141431**	**167353**
北京市								
天津市								
河北省	141	400	1281			14490	3987	2317
山西省								
内蒙古自治区								
辽宁省	753	4094	8181	1650	287	54648	8804	14355
其中:大连市								
吉林省	780	3169	10804	79	1837	90765	12408	19250
黑龙江省	87	2	205			1747	816	388
上海市								
江苏省								
浙江省	40	61	902	36		3310	448	1440
其中:宁波市								
安徽省								
福建省								
其中:厦门市								
江西省								
山东省								
其中:青岛市								
河南省								
湖北省	308	1700	2225	12258		23222	4406	5621
湖南省	431	4679	5920	6245	1990	53877	9861	13163
广东省	22	679	634	133		5738	1396	1484
其中:深圳市								
广西壮族自治区								
海南省	266	1268	11577		32	24577	4685	7184
重庆市	253	214	771	5821		18722	5154	6979
山东省	517	4014	11754	15720	3133	119460	25425	22299
贵州省	654	7616	8424	19009	2245	102758	16431	28218
云南省	4195	7270	21182	76443	486	211578	42333	38156
西藏自治区								
陕西省								
甘肃省	106	165	267			23820	2725	2641
青海省	179	1752	715			15205	2552	3858
宁夏回族自治区								
新疆维吾尔自治区								

1－10－4

单位:万元

地　　区	二、非税收入				三、贷款转贷回收本金收入			
	罚没收入	国有资本经营收入	国有资源（资产）有偿使用收入	其他收入	小　计	国内贷款回收本金收　入	国外贷款回收本金收　入	国内转贷回收本金收　入
地　区　合　计	**171900**	**163755**	**32360**	**87118**				
北京市								
天津市								
河北省	6872	1088	226					
山西省								
内蒙古自治区								
辽宁省	15370	14113	501	1505				
其中:大连市								
吉林省	13319	42892	913	1983				
黑龙江省	527		16					
上海市								
江苏省								
浙江省	1333		89					
其中:宁波市								
安徽省								
福建省								
其中:厦门市								
江西省								
山东省								
其中:青岛市								
河南省								
湖北省	8796	2224	829	1346				
湖南省	17261	3029	5761	4802				
广东省	2726		84	48				
其中:深圳市								
广西壮族自治区								
海南省	3696	6329	1603	1080				
重庆市	4205	1590	382	412				
山东省	18448	31416	3534	18338				
贵州省	20629	11529	2263	23688				
云南省	51986	41953	14769	22381				
西藏自治区								
陕西省								
甘肃省	3422	7086	477	7469				
青海省	3310	506	913	4066				
宁夏回族自治区								
新疆维吾尔自治区								

2006年各省、自治区、直辖市民族自治地区财政支出情况表

1-11-1

单位:万元

地区	合计	一、一般公共服务	二、外交	三、国防	四、公共安全	五、教育	六、科学技术	七、文化体育与传媒
地区收入	**11350222**	**2211844**	**257**	**18988**	**689721**	**2331151**	**60873**	**193646**
北京市								
天津市								
河北省	260696	47139		314	14789	57998	1182	1768
山西省								
内蒙古自治区								
辽宁省	553659	91742		696	31956	135144	2788	7925
其中:大连市								
吉林省	856127	124954		567	55763	119792	4615	17463
黑龙江省	50135	10651			2859	10882	251	1014
上海市								
江苏省								
浙江省	47431	11754		150	3022	10896	897	1037
其中:宁波市								
安徽省								
福建省								
其中:厦门市								
江西省								
山东省								
其中:青岛市								
河南省								
湖北省	488518	101195		358	32252	105957	3616	8002
湖南省	785146	158324		1566	50988	146616	3826	14487
广东省	88948	18063		133	6797	23884	643	1132
其中:深圳市								
广西壮族自治区								
海南省	400629	85756		1158	25541	81337	1807	5334
重庆市	356651	57837		363	18041	74995	1263	3928
山东省	1770389	350826	58	4748	105650	282563	8781	27693
贵州省	1573459	357021		1500	85608	442125	7812	20607
云南省	2896703	527576	65	6974	196573	616266	18413	60953
西藏自治区								
陕西省								
甘肃省	604647	139205	134	282	30595	111279	3021	12921
青海省	617084	129801		179	29287	111417	1958	9382
宁夏回族自治区								
新疆维吾尔自治区								

1－11－2

单位:万元

地　　区	八、社会保障和就业	九、医疗卫生	十、环境保护	十一、城乡社区事务	十二、农林水事务	十三、交通运输	十四、工业、商业、金融等事务	十五、其他支出
地　区　收　入	**1541108**	**658323**	**364098**	**508456**	**1471659**	**318078**	**359695**	**622325**
北京市								
天津市								
河北省	21096	8942	10619	9221	39965	9743	5482	32438
山西省								
内蒙古自治区								
辽宁省	98782	23637	5674	32679	54131	19337	25871	23297
其中:大连市								
吉林省	178509	31246	34949	64341	112526	28726	62532	20144
黑龙江省	4153	2179	601	911	7704	3850	3298	1782
上海市								
江苏省								
浙江省	4422	2255	191	385	6413	526	1809	3674
其中:宁波市								
安徽省								
福建省								
其中:厦门市								
江西省								
山东省								
其中:青岛市								
河南省								
湖北省	48031	33198	7680	9671	56740	12969	13017	55832
湖南省	145100	39762	8296	23514	99898	32044	15542	45183
广东省	10980	5319	189	1386	10961	1338	2340	5783
其中:深圳市								
广西壮族自治区								
海南省	56340	22354	8847	16890	63995	4736	7828	18706
重庆市	42142	12730	26204	12866	53344	12730	15720	24488
山东省	194123	90696	136232	79119	195008	57069	70606	167217
贵州省	119818	92397	17172	47754	234889	18116	39907	88733
云南省	424019	218288	50994	169649	353339	100408	82467	70719
西藏自治区								
陕西省								
甘肃省	74243	31117	40025	17766	97499	9634	7413	29513
青海省	119350	44203	16425	22304	85247	6852	5863	34816
宁夏回族自治区								
新疆维吾尔自治区								

2006 年各省、自治区、直辖市财政收入决算分级表

1－12 单位:万元

预 算 科 目	决算数合计	省 级	地 级	其中:地级直属乡镇	县 级	乡镇级
一、税收收入	147277425	36842577	52797811	4020188	39794329	17842708
增值税	31963804	7351422	11060854	903019	8901326	4650202
营业税	49681725	14470346	16795089	1616281	12910858	5505432
企业所得税	21824992	8196207	7337569	685319	4442032	1849184
企业所得税退税	－18221	－12506	－3764		－1951	
个人所得税	9815402	3831661	3102615	226736	1983401	897725
资源税	2071078	423383	396569	16859	690604	560522
固定资产投资方向调节税	7426	241	1799		4875	511
城市维护建设税	9334307	829766	4315519	122484	3023018	1166004
房产税	5148467	327762	2367278	128696	1784475	668952
印花税	2025522	116971	860998	100185	737583	309970
城镇土地使用税	1768091	135208	531241	14281	720001	381641
土地增值税	2314725	177550	995378	89162	836533	305264
车船使用和牌照税	499738	2212	194361	19501	198334	104831
耕地占用税	1711174	84169	269199	19622	923088	434718
契税	8676745	908185	4570387	76402	2520685	677488
烟叶税	415968		2710	1641	99610	313648
其他税收收入	36482		9		19857	16616
二、非税收入	35758375	9897436	11120304	33159	13795645	944990
专项收入	9518845	3238625	3008736	12328	2946311	325173
行政事业性收费收入	13202703	5446377	3661386	3776	3771210	323730
罚没收入	7063144	1236157	2356843	2573	3392684	77460
国有资本经营收入	3071069	－582276	1129535	1321	2422946	100864
国有资源(资产)有偿使用收入	1335600	356811	499899	536	462504	16386
其他收入	1567014	201742	463905	12625	799990	101377
三、贷款转贷回收本金收入						
国内贷款回收本金收入						
国外贷款回收本金收入						
国内转贷回收本金收入						
本年收入小计	183035800	46740013	63918115	4053347	53589974	18787698

2006年各省、自治区、直辖市财政支出决算分级表

1－13

单位：万元

预 算 科 目	决算数合计	省 级	地 级	其中：地级直属乡镇	县 级	乡镇级
一、一般公共服务	53034781	12272358	14059294	752063	19709816	6993313
二、外交	20873	14884	5299		668	22
三、国防	675977	257571	234469	157	178892	5045
四、公共安全	23615556	6120195	8776455	173056	8500365	218541
五、教育	51377133	8351204	11059518	776184	27028475	4937936
六、科学技术	6342230	2624207	2056989	41296	1552851	108183
七、文化体育与传媒	5838911	2018384	2147676	48156	1407940	264911
八、社会保障和就业	40327963	10609110	12328239	466567	15126709	2263905
九、医疗卫生	13813716	2757310	4219880	113216	6364019	472507
十、环境保护	6907375	2999657	1394855	33040	2311815	201048
十一、城乡社区事务	24504689	1883902	11990634	946434	9354944	1275209
十二、农林水事务	23847158	5728016	4524012	485415	10167544	3427586
十三、交通运输	7286948	2691650	1751503	18062	2681831	161964
十四、工业、商业、金融等事务	24115429	10394706	7956548	1204137	5083531	680644
十五、其他支出	22604538	5367251	8617810	280636	7113380	1506097
本年支出合计	304313277	74090405	91123181	5338419	116582780	22516911

2006 年各省、自治区、直辖市基金预算收入情况表

1－14－1

单位:万元

地　　区	合　计	三峡工程建设基金收入	农网还贷资金收入	能源建设基金收入	库区维护建设基金收入	铁路建设附加费收入
地　方　合　计	**38266324**		**176255**	**515425**	**60321**	**7991**
北京市	1186331				831	
天津市	1117935					
河北省	1487182					
山西省	1465032		1000	515425		
内蒙古自治区	1183844					
辽宁省	2764697				450	
其中:大连市	802289					
吉林省	748128		6150			
黑龙江省	885356					
上海市	1066630					
江苏省	3432620					
浙江省	2139101					
其中:宁波市	203728					
安徽省	1300801					
福建省	1133606				4829	7991
其中:厦门市	78795					
江西省	856920				200	
山东省	2999197					
其中:青岛市	409258					
河南省	1456017				792	
湖北省	1338774		709			
湖南省	966388		10093		23369	
广东省	2545588				277	
其中:深圳市	74832					
广西壮族自治区	897752		50527		4517	
海南省	205369					
重庆市	2117414		97			
山东省	2017758		51889		22425	
贵州省	468637					
云南省	880203		9414		67	
西藏自治区	27075					
陕西省	592427		46376			
甘肃省	220006				64	
青海省	71308				2500	
宁夏回族自治区	232313					
新疆维吾尔自治区	461915					

1－14－2

单位:万元

地　　区	民航机场管理建设费收入	养路费收入	公路客货运附加费收入	燃油附加费收入	转让政府还贷道路收费权收入	下放港口以港养港收入
地　方　合　计	**3387**	**9088329**	**1095730**	**42265**	**73986**	**302**
北京市		387226				
天津市		180420				
河北省		648386	37894			
山西省		340733	56407			
内蒙古自治区		236230	3600			
辽宁省		394305	28210			
其中:大连市						
吉林省		147225	14759			
黑龙江省		210732	19887			
上海市		314879				
江苏省		843463	40258			
浙江省		585048	92967			
其中:宁波市						
安徽省		223299	68807			
福建省	3387	227893	43460			91
其中:厦门市	3387	446	5159			
江西省		178337	53380			
山东省		563925	190504			
其中:青岛市		59959	13357			
河南省		425864	74644		17462	
湖北省		265531	30863			
湖南省		207877	60494	39		
广东省		909675				
其中:深圳市						
广西壮族自治区		216800	46001			
海南省		49805	10647	42226		211
重庆市		115434	26214		56524	
山东省		311953	75811			
贵州省		115589	26190			
云南省		281046	56959			
西藏自治区		26837				
陕西省		271171				
甘肃省		110692	21148			
青海省		33699	5532			
宁夏回族自治区		59555	1844			
新疆维吾尔自治区		204700	9250			

2006 年地方财政政府收支分类转换数据

1－14－3

单位:万元

地　　区	散装水泥专项资金收入	墙体材料专项基金收入	文化事业建设费收入	地方教育附加收入	地方教育基金收入	国家电影事业发展专项资金收入
地　方　合　计	**66121**	**231731**	**331006**	**978315**	**89327**	**690**
北京市	3063	38168	52220	264	795	
天津市	1254	4529	3997			
河北省	1585	4592	2936	55960		
山西省	1129	5176	1885	597	688	20
内蒙古自治区	195	81	2153	31838	4356	
辽宁省	2386	13282	10497	59049	3	
其中:大连市	301	700	3417	12290	1	
吉林省	1020	1761	2593			
黑龙江省	1413	8489	3716			
上海市	1461		63951	8633		
江苏省	5386	15845	15307	153251	20936	
浙江省	4725	20705	22775	300128		292
其中:宁波市	74	3202	3783	36812		
安徽省	3763	13495	2752	34940	13	
福建省	5258	13442	11293	47877	64	
其中:厦门市	1188	5670	3167	14038		
江西省	2488	10422	1081	21405		18
山东省	3808	4612	10318	97122	9	
其中:青岛市	1124	1602	3023	16212	9	
河南省	2231	9108	5967	2		169
湖北省	3349	6229	3347	480	33374	
湖南省	2952	7296	6860		108	148
广东省	5295	14485	57425	－1		43
其中:深圳市			14158			
广西壮族自治区	1110	4105	7506	37441	39	
海南省	112		3445			
重庆市	1840		6440			
山东省	5504	26400	11317	46560	3	
贵州省	796		2398	19958	16	
云南省	1340	2038	5416	56781	179	
西藏自治区						
陕西省	742	2266	2691	295	51	
甘肃省	255	1138	1748	4679		
青海省	196		387	1056	26	
宁夏回族自治区	381	1411	999		9714	
新疆维吾尔自治区	1084	2656	7586		18953	

1－14－4

单位:万元

地　　区	农业发展基金收入	新菜地开发基金收入	国有土地使用权出让金收入	新增建设用地土地有偿使用费收入	育林基金收入	森林植被恢复费收入
地方合计	**39157**	**56620**	**16476670**	**3898420**	**194977**	**326179**
北京市			90933	181138	404	6030
天津市			740689	106888	114	14
河北省		6	498961	98060	1260	10311
山西省		83	304360	72195	4807	1437
内蒙古自治区	100		668398	151157	1076	22422
辽宁省	939	1990	1747066	285433	5392	16657
其中:大连市		126	699341		46	3034
吉林省	487	25208	311464	111912	14918	9883
黑龙江省		2538	559736	20126	2922	82
上海市			91998	342761		
江苏省	15064	3858	1559998	411290	798	5786
浙江省	21239	641	459743	55327	4636	4076
其中:宁波市	2113	641	19539	15688	73	
安徽省		583	671559	174984	6900	1093
福建省	202	1941	516970	76091	18454	17800
其中:厦门市			16334	13778	14	1941
江西省			322593	161666	31910	33106
山东省	193		1643333	233510	193	3522
其中:青岛市			258615		2	
河南省	19	1243	731327	67598	7238	10583
湖北省		11620	684459	197850	3040	4755
湖南省	12	592	345231	140689	35370	23896
广东省	120	3512	664196	347190	3114	27514
其中:深圳市			30000	8000		
广西壮族自治区		342	251921	125542	22294	17226
海南省			68838	16122	1208	8329
重庆市			1651203	148025	1461	12051
山东省	48	632	973633	106899	8441	21184
贵州省		769	212847	46398	3488	15113
云南省	730	159	286812	89007	12989	40133
西藏自治区				238		
陕西省		565	110446	36132	499	4145
甘肃省		225	46277	18882	772	1019
青海省	4		8390	13511	2	1970
宁夏回族自治区		－2	81388	41320		1294
新疆维吾尔自治区		115	171901	20479	1277	4748

2006 年地方财政政府收支分类转换数据

1－14－5

单位:万元

地区	地方水利建设基金收入	灌溉水源灌排工程补偿费收入	水资源补偿费收入	残疾人就业保障金收入	政府住房基金收入	城镇公用事业附加收入
地方合计	**1718701**	**1290**	**58239**	**524392**	**230590**	**1190999**
北京市	61659			100096	91160	94656
天津市	44466			21244		9523
河北省	36650		5	15437	2615	59966
山西省	24609		55405	13284	1755	20130
内蒙古自治区	20423	58	120	4931	2002	7514
辽宁省	63889			7571	5247	47875
其中:大连市	18375			2134	550	10637
吉林省	45685			8676	3331	10600
黑龙江省	33027			6172	1571	14577
上海市						242936
江苏省	197252		15	30158	6189	96034
浙江省	419225		169	78595	1083	34208
其中:宁波市	90454			16762		8559
安徽省	65527		31	13184	6756	7444
福建省	37797		655	16877	16096	27329
其中:厦门市				6417	1350	5906
江西省	22286			5811	2072	7058
山东省	93518	3		28217	8834	85360
其中:青岛市	42043			7857		5455
河南省	26057	1229	54	16061	8042	47101
湖北省	16836		4	9816	15896	27960
湖南省	42203		110	8822	2605	22222
广东省	266518			47267	19326	161216
其中:深圳市	22674					
广西壮族自治区	94952		1568	3448	1740	8436
海南省	3473			952		
重庆市	11743			12613	4127	66404
山东省	8598		10	29304	22755	44156
贵州省	4688		15	5504	1039	9845
云南省	22		5	7243	2162	770
西藏自治区						
陕西省	65762		73	12810	236	18386
甘肃省				2114	2320	6703
青海省	1134			320	159	2155
宁夏回族自治区	10702			3218		8948
新疆维吾尔自治区				14647	1472	1487

1－14－6

单位:万元

地　　区	大中型水库移民后期扶持基金收入	旅游发展基金收入	外贸发展基金收入	国家茧丝绸发展风险基金收入	对外承包工程保函风险专项资金收入	援外合资合作项目基金收入	其　他基金收入
地　方　合　计							**788909**
北京市							77688
天津市							4797
河北省							12558
山西省							43907
内蒙古自治区							27190
辽宁省							74456
其中:大连市							51337
吉林省							32456
黑龙江省							368
上海市							11
江苏省							11732
浙江省							33519
其中:宁波市							6028
安徽省							5671
福建省							37809
其中:厦门市							
江西省							3087
山东省							32216
其中:青岛市							
河南省							3226
湖北省							22656
湖南省							25400
广东省							18416
其中:深圳市							
广西壮族自治区							2237
海南省							1
重庆市							3238
山东省							250236
贵州省							3984
云南省							26931
西藏自治区							
陕西省							19781
甘肃省							1970
青海省							267
宁夏回族自治区							11541
新疆维吾尔自治区							1560

2006 年各省、自治区、直辖市基金预算支出情况表

1－15－1　　　　　　　　　　　　　　　　　　　　　　　　单位:万元

地　　区	合　计	三峡工程建设基金支出	农网还贷资金支出	能源建设基金支出	库区维护建设基金支出	铁路建设附加费支出
地　方　合　计	**35673840**	**338697**	**152619**	**401859**	**58440**	**10096**
北京市	1147421				537	
天津市	1110285					
河北省	1388625					
山西省	1208546			401857		
内蒙古自治区	1028386					
辽宁省	2299703				452	
其中:大连市	752827					
吉林省	615068		5627			
黑龙江省	917195					
上海市	642111					
江苏省	3263459				412	
浙江省	1873387				273	
其中:宁波市	187371					
安徽省	1094748				452	
福建省	999533			2	3175	10096
其中:厦门市	90405				24	
江西省	762071				847	
山东省	2860381				113	
其中:青岛市	380934					
河南省	1483912				1171	
湖北省	1476982	158663			4243	
湖南省	831581		9114		18498	
广东省	2626384				1079	
其中:深圳市	130295					
广西壮族自治区	828239		47760		6864	
海南省	215764					
重庆市	2259393	180034			13601	
山东省	1906520		49020		1411	
贵州省	408828					
云南省	773662		10418		13	
西藏自治区	21055					
陕西省	620375		30680			
甘肃省	238747				2000	
青海省	64460				3299	
宁夏回族自治区	213120					
新疆维吾尔自治区	493899					

1-15-2

单位:万元

地　　区	民航机场管理建设费支出	养路费支出	公路客货运附加费支出	燃油附加费支　　出	转让政府还贷道路收费权支出	下放港口以港养港支出
地　方　合　计	**331959**	**9132593**	**1077803**	**41663**	**71955**	**220**
北京市		423992				
天津市		180420				
河北省	2537	639543	40120			
山西省	5646	348853	54417			
内蒙古自治区	8580	236626	3300			
辽宁省	14162	409394	26405			
其中:大连市	913					
吉林省	6814	143236	14003			
黑龙江省	10785	222352	20453			
上海市	57660	269667				
江苏省	5405	835015	40395			
浙江省	15880	535408	82934			
其中:宁波市		7308	4547			
安徽省	3383	217081	60010			
福建省	18854	184267	42473			
其中:厦门市	12466	388	5156			
江西省	12375	174738	51790			
山东省	11818	536100	187551			
其中:青岛市	7107	47763	11555			
河南省	8792	415545	105939		16950	
湖北省	9057	272201	36714			
湖南省	8371	188381	52939	22		
广东省	22189	1107945				
其中:深圳市	20029	63166				
广西壮族自治区	15847	212281	45203			
海南省	1791	50821	10898	41641		220
重庆市	4683	113462	26255		55005	
山东省	23286	300985	73108			
贵州省	12619	115353	26190			
云南省	12771	243117	39770			
西藏自治区		18000				
陕西省	10506	300131				
甘肃省	9204	109421	21148			
青海省	2443	33956	4800			
宁夏回族自治区	3879	56721	1788			
新疆维吾尔自治区	12622	237581	9200			

2006年地方财政政府收支分类转换数据

1－15－3

单位:万元

地　　区	散装水泥专项资金支出	墙体材料专项基金支出	文化事业建设费支出	地方教育附加支出	地方教育基金支出	国家电影发展专项支出
地方合计	**41464**	**141032**	**347451**	**723462**	**84521**	**572**
北京市	1671	37813	54909	624	5210	
天津市	1189	3794	4467			
河北省	1318	3297	4132	57366		
山西省	593	1351	2479	482	430	18
内蒙古自治区	201	43	3209	7011	3456	
辽宁省	2390	14393	12167	28751	8	
其中:大连市	118	311	3190	3069		
吉林省	769	1112	3293			
黑龙江省	1181	3283	3711			
上海市	300		78919	8633		
江苏省	4412	10291	13767	139154	20154	
浙江省	3178	9388	20234	215516		310
其中:宁波市	50	2528	3615	8543		
安徽省	1356	5933	2495	26479	10	
福建省	2680	8235	14722	38237	108	
其中:厦门市	951	5963	3485	15168		
江西省	1354	4698	3926	14531		16
山东省	1994	2667	8772	90562	1517	
其中:青岛市	444	885	2289	11933	1517	
河南省	1906	7456	5339	2		85
湖北省	3234	4455	2270	480	28175	
湖南省	1747	3691	6746	7	108	105
广东省	2435	6166	47450	260	367	38
其中:深圳市			11431			
广西壮族自治区	710	2325	3930	26977	8	
海南省	114		4652			
重庆市	1060		10189	93		
山东省	2326	4808	11480	46887	3	
贵州省	332		3008	17057	7	
云南省	1165	1503	6908	73	197	
西藏自治区			254			
陕西省	602	1313	2171	326	21	
甘肃省	258	423	3460	2899		
青海省	200		546	1055	31	
宁夏回族自治区	319	710	1736		5508	
新疆维吾尔自治区	470	1884	6110		19203	

1－15－4

单位:万元

地　　区	农业发展基金支出	新菜地开发基金支出	国有土地使用权出让金支出	育林基金支出	森林植被恢复费支出	地方水利建设基金支出
地　方　合　计	**44740**	**27119**	**17504804**	**161487**	**230193**	**1670576**
北京市		1793	30003	213	2886	146880
天津市			834379	50		45966
河北省			490874	1082	8568	47652
山西省		6	265363	4159	2183	32205
内蒙古自治区	105	267	684539	1197	15430	15229
辽宁省	18	82	1616100	4675	8085	65602
其中:大连市			698024	5	2474	19692
吉林省	487	1657	288497	14008	15825	62188
黑龙江省		537	568313	3388	4137	39020
上海市			44622			100
江苏省	14035	3922	1917756	785	3279	126629
浙江省	26607	219	473313	1896	1596	336070
其中:宁波市	2113	200	34512	25		95427
安徽省		615	708726	6275	564	26508
福建省		3141	506331	17031	12220	39231
其中:厦门市			25873		1268	30
江西省	118	2	417470	27264	12263	17872
山东省	40		1781110	147	2363	91802
其中:青岛市			254129	2		31561
河南省	19	1297	800860	6653	9420	25988
湖北省	26	4423	860191	2160	1440	12867
湖南省	591	765	387021	30738	16282	44888
广东省	2512	5473	621088	2851	16124	285319
其中:深圳市			25000		1161	9117
广西壮族自治区		12	291399	16084	14619	89140
海南省			95406	936	3598	3239
重庆市		105	1728513	1221	8539	9223
山东省	48	1111	1022526	6866	21643	24081
贵州省	1	653	195181	3186	9127	5640
云南省		158	344731	7087	30281	13821
西藏自治区						
陕西省	70	72	186830	387	2502	51576
甘肃省	59	577	62302	129	1939	30
青海省	4		11064	2	450	813
宁夏回族自治区		180	102662		990	10997
新疆维吾尔自治区		52	167634	1017	3840	

2006年地方财政政府收支分类转换数据

1－15－5

单位:万元

地　　区	灌溉水源灌排工程补偿费支出	水资源补偿费支　　出	残疾人就业保障金支出	政府住房基金支出	城镇公用事业附加支出	大中型水库移民后期扶持基金支出
地　方　合　计	**988**	**30364**	**375012**	**310862**	**1070629**	**47889**
北京市			64676	194662	159987	
天津市			18354		7982	1653
河北省		8	12740	1516	57862	
山西省		28985	11697	1720	16573	
内蒙古自治区	38	17	4993	1738	6367	
辽宁省		4	2758	5274	35174	
其中:大连市			1544	69	5811	
吉林省			5701	2811	6111	
黑龙江省			4312	1384	20539	
上海市					165932	221
江苏省		15	23832	6324	75509	
浙江省		199	57866	990	33837	
其中:宁波市			9891		8863	
安徽省		31	7776	1782	6468	
福建省		448	11695	14152	34367	
其中:厦门市			6256	1660	5549	
江西省			3066	1707	4828	6
山东省			21719	5410	76826	
其中:青岛市			4290		3828	
河南省	950	92	12750	6737	40476	41
湖北省		4	6272	6959	27797	5539
湖南省		32	3850	1558	22487	963
广东省			32721	24676	137228	7733
其中:深圳市						
广西壮族自治区		110	3514	1945	4081	25016
海南省			627			
重庆市			12188	6486	57722	
山东省		10	19042	18091	35732	1836
贵州省		12	2070	907	8262	
云南省		5	6689	1357	757	4830
西藏自治区						
陕西省		392	8377	236	4578	
甘肃省			1390	926	11816	
青海省			206	42	1353	51
宁夏回族自治区			2153		7698	
新疆维吾尔自治区			11978	1472	2280	

1－15－6

单位:万元

地　　区	旅游发展基金支出	外贸发展基金支出	国家茧丝绸发展风险基金支出	援外合资合作项目基金支出	对外承包工程保函风险专项资金支出	其　他基金支出
地　方　合　计	**2590**	**334692**	**776**	**2500**		**902213**
北京市		3854				17711
天津市		7890				4141
河北省		10607				9403
山西省		10728				18801
内蒙古自治区	670	6071				29299
辽宁省		22338				31471
其中:大连市		8425				9182
吉林省		11827	30			31072
黑龙江省		13526				274
上海市		15837				220
江苏省	35	7727	56			14550
浙江省		15554	270			41849
其中:宁波市		4555				5194
安徽省		12700	50			6054
福建省	9	13089				24970
其中:厦门市		6150				18
江西省		11890	40			1270
山东省		20287				19583
其中:青岛市		3631				
河南省	630	10272				4542
湖北省		16685	70			13057
湖南省		15923	30			16724
广东省		11167				291563
其中:深圳市		391				
广西壮族自治区		11533				8881
海南省		1594				227
重庆市		5734				25280
山东省		8582	70			233568
贵州省		4657				4566
云南省	1233	15195	80	2500		29003
西藏自治区		2801				
陕西省		12979				6626
甘肃省		8113				2653
青海省		4061				84
宁夏回族自治区	13	5949				11817
新疆维吾尔自治区		15522	80			2954

2006 年各省、自治区、直辖市财政基金收入决算分级表

1－16

单位：万元

预算科目	决算数合计	省级	地级	其中：地级直属乡镇	县级	乡镇级
三峡工程建设基金收入						
农网还贷资金收入	176255	176253	2			
能源建设基金收入	515425	378737	108586		28056	46
库区维护建设基金收入	60321	58390	609		1082	240
铁路建设附加费收入	7991	7991				
民航机场管理建设费收入	3387		3387			
养路费收入	9088329	8662036	350008		74799	1486
公路客货运附加费收入	1095730	1042048	41160		12522	
燃油附加费收入	42265	42226	39			
转让政府还贷道路收费权收入	73986	73986				
下放港口以港养港收入	302	211	91			
散装水泥专项资金收入	66121	13587	38517		14007	10
墙体材料专项基金收入	231731	31607	146312		53720	92
文化事业建设费收入	331006	255909	53545	1635	21169	383
地方教育附加收入	978315	195010	306201	2856	442735	34369
地方教育基金收入	89327	10629	44638		33112	948
国家电影事业发展专项资金收入	690	690				
农业发展基金收入	39157	36	8863		30258	
新菜地开发基金收入	56620	25922	27911		2787	
国有土地使用权出让金收入	16476670	1942048	8744003	32419	5598528	192091
新增建设用地土地有偿使用费收入	3898420	2419642	721058	4404	742394	15326
育林基金收入	194977	31884	29970	40	132405	718
森林植被恢复费收入	326179	290989	13979		21183	28
地方水利建设基金收入	1718701	853897	522406	387	331248	11150
灌溉水源灌排工程补偿费收入	1290	1229	3		58	
水资源补偿费收入	58239	48262	8976		1001	
残疾人就业保障金收入	524392	110038	243689	16010	170352	313
政府住房基金收入	230590	108043	116534		6012	1
城镇公用事业附加收入	1190999	383700	512863	36368	282713	11723
大中型水库移民后期扶持基金收入						
旅游发展基金收入						
外贸发展基金收入						
国家茧丝绸发展风险基金收入						
援外合资合作项目基金收入						
对外承包工程保函风险专项资金收入						
其他基金收入	788909	108006	397652	2540	280213	3038
合计	**38266324**	**17273006**	**12441002**	**96659**	**8280354**	**271962**

2006年各省、自治区、直辖市财政基金支出决算分级表

1－17

单位:万元

预　算　科　目	决算数合计	省　级	地　级	其中：地级直属乡镇	县　级	乡镇级
三峡工程建设基金支出	338697	152353	51274	56	135060	10
农网还贷资金支出	152619	152619				
能源建设基金支出	401859	279094	89459		32464	842
库区维护建设基金支出	58440	17580	11588	17	28633	639
铁路建设附加费支出	10096	10096				
民航机场管理建设费支出	331959	282228	47432		2299	
养路费支出	9132593	7588842	1108256		430261	5234
公路客货运附加费支出	1077803	856529	119463		101415	396
燃油附加费支出	41663	39927	274		1451	11
转让政府还贷道路收费权支出	71955	71955				
下放港口以港养港支出	220	220				
散装水泥专项资金支出	41464	9417	23607	91	8400	40
墙体材料专项基金支出	141032	19813	94182	349	26823	214
文化事业建设费支出	347451	209867	91305	983	43991	2288
地方教育附加支出	723462	49572	170253	6265	462609	41028
地方教育基金支出	84521	6284	42537		34483	1217
国家电影发展专项支出	572	562			10	
农业发展基金支出	44740		8245		31446	5049
新菜地开发基金支出	27119	756	12509	310	12541	1313
国有土地使用权出让金支出	17504804	1798929	8487326	67693	6773718	444831
育林基金支出	161487	15733	26146	82	117742	1866
森林植被恢复费支出	230193	54361	49127	74	123548	3157
地方水利建设基金支出	1670576	441153	509900	5776	687667	31856
灌溉水源灌排工程补偿费支出	988	950			38	
水资源补偿费支出	30364	28030	1553		776	5
残疾人就业保障金支出	375012	82273	151626	8779	139260	1853
政府住房基金支出	310862	208635	86337		15612	278
城镇公用事业附加支出	1070629	280540	513601	30553	258056	18432
大中型水库移民后期扶持基金支出	47889	33353	3328		9955	1253
旅游发展基金支出	2590	500	1064	10	1026	
外贸发展基金支出	334692	154011	106153		73696	832
国家茧丝绸发展风险基金支出	776	360	80		336	
援外合资合作项目基金支出	2500	2500				
对外承包工程保函风险专项资金支出						
其他基金支出	902213	291265	291588	289	306069	13291
合　　计	**35673840**	**13140307**	**12098213**	**121327**	**9859385**	**575935**

2006 年各省、自治区、直辖市预算外资金收入分类情况表

1－18

单位:万元

地　　区	本年收入合计	一、政府性基金收入	二、行政事业性收费收入	三、主管部门集中收入	四、乡镇自筹资金收入	五、其他收入
地　方　合　计	**59407746**	**3764938**	**39216295**	**448829**	**2212906**	**13764778**
北京市	1176692	2000	538407	2096	4923	629266
天津市	566713	37976	416707	9597	41006	61427
河北省	2234038	4497	2054503	22116	52467	100455
山西省	1328143	59473	1046212	18211	22639	181608
内蒙古自治区	793966		644127	1175	3002	145662
辽宁省	2524981	3289	2039935	2223	47580	431954
其中:大连市	343665		170817	1058	10983	160807
吉林省	927747	4455	810923	106		112263
黑龙江省	1317499		1044792	5298	2428	264981
上海市	1685309	22659	1155350	22968	143734	340598
江苏省	6166395	393769	3708013	84648	868994	1110971
浙江省	5826276	432952	3234670	37947	192588	1928119
其中:宁波市	905092	246468	377240	5507	64134	211743
安徽省	1124181	30219	892843	8485	18144	174490
福建省	3920423	857649	1185067	10977	143899	1722831
其中:厦门市	2115292	815135	50733	1573	3430	1244421
江西省	1533579	24792	1253275	20656	14104	220752
山东省	3688142	246792	2920953	63874	36664	419859
其中:青岛市	457435	11597	137585	92	5520	302641
河南省	2529302	33409	2332093	9690	18917	135193
湖北省	1757306	3008	1593722	17958	2395	140223
湖南省	2026947	33490	1521369	8904	80839	382345
广东省	8539718	277076	4273633	63852	458284	3466873
其中:深圳市	1233136	118032	782751			332353
广西壮族自治区	1364646	54667	1163537	3552	94	142796
海南省	182566	1315	146312	41	45	34853
重庆市	735416	3090	303593	4815	7758	416160
山东省	2042627	41953	1379492	11580	47857	561745
贵州省	689486	64522	516371	4345	56	104192
云南省	826598	3628	584100	6386	1843	230641
西藏自治区	29110		27603	819		688
陕西省	2320275	1124165	1070247	2210	989	122664
甘肃省	604285	2661	536318	3007		62299
青海省	89048	71	86462	92		2423
宁夏回族自治区	190698	838	178406	1		11453
新疆维吾尔自治区	665634	523	557260	1200	1657	104994

2006年各省、自治区、直辖市预算外资金支出分类情况表

1－19－1　　　　　　　　　　　　　　　　　　　　　　　　单位:万元

地　　区	本年支出合　　计	一、一般公共服　　务	二、外交	三、国防	四、公共安全	五、教育	六、科学技术	七、文化体育与传　　媒
地　方　合　计	**54892348**	**5492881**	**3506**	**39663**	**1036849**	**17661801**	**105939**	**1981795**
北京市	1120974	66310		601	10229	458792	728	29187
天津市	537043	56078		1400	5087	265878	227	2645
河北省	2157980	124302		421	35239	936936	365	52705
山西省	1212958	100368		704	21327	435214	209	54908
内蒙古自治区	680782	65961	2319	5	7225	271015	432	31929
辽宁省	2261259	95036	19	1370	31901	721509	898	153772
其中:大连市	233037	20618			1155	67937	305	3631
吉林省	842493	48402		1209	4797	413760	338	56167
黑龙江省	1190157	117860		5257	13630	551429	988	88901
上海市	1619669	147113		63	12728	400480	772	75300
江苏省	5649473	784500	362	6705	100290	1709496	9851	252540
浙江省	5464492	748729		6828	125782	1500242	13713	130200
其中:宁波市	868172	118903		209	19555	214143	4095	14687
安徽省	1031455	130812		3876	34849	577557	2497	49843
福建省	3322925	244805	166	1585	38636	557466	7267	80454
其中:厦门市	1699931	11850		13	3201	15227	125	3823
江西省	1446417	121028		568	30840	720196	516	83352
山东省	3486694	471310		1162	79502	1041541	3735	96685
其中:青岛市	391230	15769			7915	58930	261	5746
河南省	2422824	257493		156	38786	912648	8193	88092
湖北省	1774643	131007		580	30875	769837	2037	46490
湖南省	1912343	220089		389	55001	671221	2086	32326
广东省	8090596	762582	108	4530	249403	1776975	42511	152596
其中:深圳市	1066828	232104		183	24884	151408	11004	19964
广西壮族自治区	1195948	112401	340	224	18490	415898	1190	12020
海南省	162913	15877			10459	87779	21	513
重庆市	637656	125218			6345	144030	453	11427
山东省	1857922	186343		103	21339	802536	1492	129055
贵州省	611570	82105	48	308	6221	228111	194	44198
云南省	700434	66618		57	6309	307039	508	41151
西藏自治区	21140	3464			1693	7190		4319
陕西省	2039195	79169		659	27061	482728	535	126566
甘肃省	590920	50615		127	2535	203427	725	23413
青海省	78867	9987	139	600	242	31721	166	5730
宁夏回族自治区	180318	9824			796	45949	2252	7353
新疆维吾尔自治区	590288	57475	5	176	9232	213201	1040	17958

2006 年地方财政政府收支分类转换数据

1－19－2

单位:万元

地区	八、社会保障和就业	九、医疗卫生	十、环境保护	十一、城乡社区事务	十二、农林水事务	十三、交通运输	十四、工业、商业、金融等事务	十五、其他支出
地方合计	**1228911**	**1535361**	**294366**	**8726739**	**1579858**	**8074253**	**789359**	**6330262**
北京市	57557	35799	13672	163447	36367	3040	3269	241976
天津市	9081	22388	434	146321	5143	11040	1498	9823
河北省	34562	28928	1482	129341	21106	705602	7142	79849
山西省	33498	26139	1769	111247	13467	332601	48968	32539
内蒙古自治区		15220	1550	35886	14008	60309	29150	134968
辽宁省	59184	49522	6216	352966	24533	687749	43557	33027
其中:大连市	8292	13192	20	27104	1572	77850	168	11193
吉林省	20956	26140	1687	55950	11915	120890	4442	75840
黑龙江省	32647	16627	414	109835	25335	151471	10259	65504
上海市	158921	77039	4369	249641	60433	44829	23654	364327
江苏省	131367	145820	13017	734451	255797	644609	246104	614564
浙江省	164607	124702	24531	639367	237124	299723	54629	1394315
其中:宁波市	22276	11732	803	257478	53231	104834	18914	27312
安徽省	19560	31131	3575	75402	19228	24541	9468	49116
福建省	35110	67222	8399	1694133	54896	392901	14237	125648
其中:厦门市	7026	18014	1589	1562541	745	6205	8532	61040
江西省	24434	82376	2675	67470	22320	263751	10856	16035
山东省	33860	56171	14326	350053	69516	966256	20925	281652
其中:青岛市	2335	3052	372	86932	6467	11836	3730	187885
河南省	30343	78098	10949	145318	19529	754296	18897	60026
湖北省	66426	59401	5232	129466	56728	322633	9904	144027
湖南省	26469	84440	16235	84063	112962	337974	51516	217572
广东省	133509	242436	128372	2487486	240262	557176	111569	1201081
其中:深圳市	12997	131598	792	66551	91522	8626	11393	303802
广西壮族自治区	12914	38171	9557	56922	143796	270871	7547	95607
海南省	2367	3129	518	17642	2248	3918	1913	16529
重庆市	25049	14656	1391	221186	16618	30801	5358	35124
山东省	42311	44281	3117	329038	28525	159525	16486	93771
贵州省	4928	11796	2637	49928	13643	85842	21050	60561
云南省	13780	33351	3471	31788	18172	155250	2374	20566
西藏自治区		479	17	456	72	1241	81	2128
陕西省	7302	12366	10743	151985	17429	312342	5918	804392
甘肃省	13968	86819	415	15032	8536	163301	2001	20006
青海省	662	2032	85	897	1525	22311	183	2587
宁夏回族自治区	1502	3846	55	9875	2252	75664	160	20790
新疆维吾尔自治区	32037	14836	3456	80147	26373	111796	6244	16312

二、各省、自治区、直辖市地市县一般预算财政资料

二、各省、自治区、直辖市地市县一般预算财政资料

2006 年全国地市县财政一般预算收支平衡表

2－1－1　　　　　　　　　　　　　　　　　　　　　　　　　　　　单位:万元

地区	收支部分										
	收入										
	本年收入小计	税收收入									
		小计	增值税	营业税	企业所得税	个人所得税	城市维护建设税	耕地占用税	契税	烟叶税	其他各项税收收入
地方合计	**136295787**	**110434848**	**24612382**	**35211379**	**13628785**	**5983741**	**8504541**	**1627005**	**7768560**	**415968**	**12682487**
北京市	4830392	4522118	529857	2251099	905964		189827	12769			632602
天津市	2308652	2109597	506220	528267	350974	83820	142566	4932	279686		213132
河北省	4533437	3506152	843299	1104102	316930	220151	334231	39003	173577	476	474383
山西省	3820350	2240675	772438	437837	329737	102042	256610	12442	38885	520	290164
内蒙古自治区	2804307	2135850	474892	651923	213541	96571	175617	71987	76906	469	373944
辽宁省	6530236	4966860	851947	1627321	459639	258149	438653	52882	483166	2266	792837
其中:大连市	1961357	1621158	263824	632439	180945	96111	83833	9512	132020		222474
吉林省	1802055	1281760	282642	328095	120761	84484	143760	44825	93339	79	183775
黑龙江省	2567976	1971733	382499	542096	204200	107669	316254	11030	180069	5991	221925
上海市	8175966	7862632	1235731	2830316	1232624	733481	178429		712444		939607
江苏省	14740022	12559796	3287946	3665695	1727341	650539	834992	177468	1054359		1161456
浙江省	11537149	10755290	2318113	3438727	1709405	696560	744221	121797	781402	622	944443
其中:宁波市	2573800	2426202	557747	732126	429470	188970	174929	19048	149872		174040
安徽省	3434548	2781883	691811	984816	202090	85777	232297	45460	238502	3016	298114
福建省	4830320	4147889	878301	1423279	568975	292168	230791	38836	222809	24753	467977
其中:厦门市	1361653	1218854	246085	464530	180809	82864	56623	6414	71273		110256
江西省	2525301	1836316	356674	739773	174467	88553	133166	37304	185275	5221	115883
山东省	11673659	8967751	1956890	2288335	1193009	321741	781219	396537	661374	10859	1357787
其中:青岛市	2259904	1924833	331659	627125	277010	94042	108467	100920	190021	234	195355
河南省	6212824	4480838	1019740	1412861	525248	240540	349221	108989	269748	35185	519306
湖北省	3444533	2550465	529075	793469	261625	86930	301388	32905	214948	16123	314002
湖南省	3816261	2577555	479622	970454	145080	141554	296937	97905	229795	30306	185902
广东省	16804703	14258587	3814588	4383446	1781736	1019840	775903	68404	987319	7366	1419985
其中:深圳市	5008827	4568288	959248	1854671	675256	492477	52550		250003		284083
广西壮族自治区	2523352	1570427	318986	427632	160478	73261	151663	40024	149983	4855	243545
海南省	536504	423100	61454	147790	28816	16519	37559	7212	31279		92471
重庆市	1762409	1260705	228759	373430	82295	59563	88029	43001	173331	10768	201529
四川省	4247403	3058634	570511	993927	359285	163575	331156	83916	218664	21724	315876
贵州省	1723026	1298904	229127	474474	104539	94726	153610	23140	47078	52582	119628
云南省	2972212	2469100	675019	777288	141387	45996	314616	19082	77860	176482	241370
西藏自治区	123888	79153	15036	46057	5359	4466	4984	26			3225
陕西省	2419708	1804897	481791	522759	170262	66275	231166	26681	72257	4455	229251
甘肃省	924080	728479	152329	260207	40007	19402	109518	3286	27458	1793	114479
青海省	284059	233596	48109	85972	18751	10442	26563	2351	6872		34536
宁夏回族自治区	447643	336502	69254	155778	15507	12299	35754	829	18945	57	28079
新疆维吾尔自治区	1938812	1657604	549722	544154	78753	106648	163841	1982	61230		151274

2006 年地方财政政府收支分类转换数据

2-1-2 单位:万元

地区	收支部分									
	收入								支出	
	非税收入							贷款转贷回收本金收入		
	小计	专项收入	行政事业性收费收入	罚没收入	国有资本经营收入	国有资源(资产)有偿使用收入	其他收入		本年支出小计	一般公共服务
地方合计	**25860939**	**6280220**	**7756326**	**5826987**	**3653345**	**978789**	**1365272**		**230222872**	**40762423**
北京市	308274	123134	66196	68296	16821	20753	13074		6903607	947109
天津市	199055	71070	73725	41424		5049	7787		2873187	327438
河北省	1027285	292309	203103	310077	145022	24209	52565		9326752	1666786
山西省	1579675	1113087	207346	191633	28988	14247	24374		6507994	1860269
内蒙古自治区	668457	158347	176106	111269	170593	18073	34069		6739766	1265204
辽宁省	1563376	285858	579201	250941	357617	57348	32411		11492452	1875335
其中:大连市	340199	51082	137854	35097	69466	33278	13422		2665249	507367
吉林省	520295	99618	164380	107235	125438	6491	17133		5186366	838331
黑龙江省	596243	178661	145205	122066	130460	8522	11329		6462968	1138291
上海市	313334	9410	129674	118322	-27500	28413	55015		11976200	1184722
江苏省	2180226	530551	659860	537209	414101	31361	7144		16731227	2995470
浙江省	781859	371104	188052	580004	-397467	32023	8143		12896427	2459798
其中:宁波市	147598	96738	41102	87188	-83183	5004	749		2926914	524460
安徽省	652665	134959	301663	152124	2868	34394	26657		7234747	1142952
福建省	682431	146485	199749	205610	74669	17814	38104		5790754	1029920
其中:厦门市	142799	29907	50580	21576	28204	10363	2169		1500848	283134
江西省	688985	88501	220432	201184	93457	20721	64690		5536872	875942
山东省	2705908	509954	1006955	478632	438246	169827	102294		15547546	2868896
其中:青岛市	335071	63488	129776	40739	45583	50043	5442		2367875	481750
河南省	1731986	280276	592221	344891	387485	43620	83493		11927796	2260428
湖北省	894068	141020	342101	223492	106662	23852	56941		7627117	1382809
湖南省	1238706	170518	377629	257594	115794	104637	212534		8177818	1609307
广东省	2546116	561497	792125	591891	301506	136514	162583		22534232	3688950
其中:深圳市	440539	106286	124638	97329	56594	44152	11540		5714231	807733
广西壮族自治区	952925	100911	200692	192336	351918	29051	78017		5547146	1069168
海南省	113404	20700	24985	20124	32565	7216	7814		1177655	241606
重庆市	501704	69212	217840	54736	107969	29900	22047		3943943	592053
四川省	1188769	236589	450306	203735	225508	30708	41923		11219423	2046866
贵州省	424122	98042	94391	73593	42213	30051	85832		4395350	954475
云南省	503112	147790	99371	143927	61531	21925	28568		6805127	1226074
西藏自治区	44735	474	5757	4068	2366	1340	30730		729262	222716
陕西省	614811	125694	91761	101367	269613	8336	18040		4797189	1095887
甘肃省	195601	67382	45155	43326	16701	4659	18378		3769959	700360
青海省	50463	16026	10680	8389	2737	1538	11093		1137359	225003
宁夏回族自治区	111141	31903	19457	19118	34527	3181	2955		1117631	155912
新疆维吾尔自治区	281208	99138	70208	68374	20937	13016	9535		4109000	814346

二、各省、自治区、直辖市地市县一般预算财政资料

2－1－3　　　　单位:万元

地区	收支部分										
	支出										
	外交	国防	公共安全	教育	科学技术	文化体育与传媒	社会保障和就业	医疗卫生	环境保护	城乡社区事务	农林水事务
地方合计	**5989**	**418406**	**17495361**	**43025929**	**3718023**	**3820527**	**29718853**	**11056406**	**3907718**	**22620787**	**18119142**
北京市		21077	571823	1225580	80632	115753	950731	509394	97653	907694	651250
天津市		2134	203680	610935	77619	53119	116810	158325	16429	729037	88714
河北省	53	9869	632291	1940650	104399	114173	1099558	451240	229149	711195	797724
山西省		8064	399909	1198641	59234	102840	953299	303485	269154	452538	491879
内蒙古自治区	272	4766	328563	986730	59432	143773	942977	242668	477761	754967	780185
辽宁省		26416	819647	1608524	194567	188230	2847530	393180	133178	1287186	633842
其中:大连市		4221	144922	311334	68677	31682	470028	74510	27966	374523	153641
吉林省		10740	369380	875269	49878	97121	1127289	239983	89796	433725	512151
黑龙江省		13611	495391	1373919	76760	108558	767010	310969	74141	595419	642752
上海市		5898	780319	1564201	289241	178661	1077725	480154	109325	2674392	338797
江苏省	935	35628	1491652	3007063	366024	323561	1483456	821606	195557	2136594	1251233
浙江省		33577	1190420	2713931	403027	306946	851882	706552	178645	1267059	961455
其中:宁波市		6030	248342	469108	99332	68441	204472	164707	30873	382459	206190
安徽省		17118	425581	1490560	63531	105499	1298244	335594	69648	659797	494266
福建省	116	23072	480482	1313647	107388	114886	634671	285954	51416	418316	342255
其中:厦门市		5496	111833	205066	48417	49917	123171	74779	16291	162113	43519
江西省		8011	369873	971067	36042	80008	871346	265028	45902	442248	661659
山东省	228	20333	1047822	2982868	270999	212331	1640416	659141	160775	1936862	1172423
其中:青岛市	28	5475	227752	466561	43798	44343	212638	80162	21709	296201	142675
河南省	111	18135	781269	2257691	131760	155825	1737308	529540	235806	816160	814962
湖北省	471	8701	658410	1395817	116756	142455	966663	398646	55636	341266	649132
湖南省	576	16106	585322	1392043	119575	108253	1592073	320452	78867	635812	683524
广东省	1507	39919	2477746	4065098	686415	371186	2000619	977076	204863	1929713	1283056
其中:深圳市		7233	562556	726269	307052	77003	196175	195229	32531	366116	108923
广西壮族自治区		24801	408143	1278401	35902	78795	685944	268964	51079	407920	424245
海南省		2972	87592	239519	7230	14581	176689	58567	16071	77862	121911
重庆市		4395	245268	725678	48156	46745	613141	148620	208585	514480	339027
四川省	176	18086	796335	1825956	101873	147715	1895874	538394	461157	616390	1025486
贵州省	24	9322	278186	1067594	38978	62848	384161	252379	48293	188000	530462
云南省	195	18097	510186	1446563	55941	126207	1037653	469052	110190	379389	745217
西藏自治区	62	220	57794	155909	3058	15280	43386	63807	1609	16298	57762
陕西省		6116	349400	1069390	38377	104736	473271	252266	52129	454399	439148
甘肃省	1044	2896	221666	852671	32669	70668	565415	207097	108342	207275	534503
青海省		493	66467	204243	4917	17350	213407	77088	18500	74806	150574
宁夏回族自治区		1520	70987	226254	8162	20030	161104	54903	25564	149948	150337
新疆维吾尔自治区	219	6313	293757	959517	49481	92394	509201	276282	32498	404040	349211

2006 年地方财政政府收支分类转换数据

2-1-4 单位:万元

地区	收支部分			平衡部分						
	支出			收入						
						返还性收入			财力性转移支付收入	
	交通运输	工业、商业、金融等事务	其他支出	收入总计	本年收入	小计	增值税和消费税税收返还	所得税基数返还	小计	体制补助
地方合计	**4595298**	**13720723**	**17237287**	**271655419**	**136295787**	**28685069**	**21049975**	**7635094**	**52288127**	**2575375**
北京市	22006	419133	383772	8373151	4830392	769287	769287		824099	
天津市	2568	310301	176078	3438602	2308652	356475	154741	201734	410241	52456
河北省	242282	498998	828385	10718428	4533437	1010353	750426	259927	2876840	
山西省	55403	201453	151826	7556355	3820350	613711	447235	166476	1479662	3380
内蒙古自治区	234719	329373	188376	7606322	2804307	384802	283553	101249	2198234	144879
辽宁省	159023	673017	652777	13494384	6530236	1860785	1406978	453807	1449673	22286
其中:大连市	52344	252509	191525	3284606	1961357	438803	317663	121140	72712	
吉林省	146951	280472	115280	6146554	1802055	637800	526631	111169	1823357	23322
黑龙江省	236847	486622	142678	6921955	2567976	619144	471590	147554	1998584	
上海市	50168	2334917	907680	13112668	8175966	1784501	1784501		2733666	
江苏省	395636	941833	1284979	22610346	14740022	3160961	2300046	860915	1382592	
浙江省	332645	896987	593503	18771363	11537149	2437792	1582748	855044	1290774	
其中:宁波市	103345	291668	127487	3594822	2573800	555313	358489	196824	23997	
安徽省	219376	416206	496375	8298778	3434548	719074	535261	183813	2060622	1322360
福建省	119989	334771	533871	7358091	4830320	899291	512058	387233	747939	18289
其中:厦门市	59242	155980	161890	1776506	1361653	299178	196140	103038	8338	
江西省	239150	257004	413592	6556426	2525301	356792	308268	48524	1786642	660
山东省	218173	1158520	1197759	18303814	11673659	2437088	1739764	697324	1450966	
其中:青岛市	28442	218946	97395	3336939	2259904	497469	376316	121153	33882	
河南省	274857	980991	932953	13417252	6212824	1020285	730084	290201	3469794	
湖北省	178703	281225	1050427	8844726	3444533	1119280	913428	205852	2547351	6528
湖南省	212236	238390	585282	9447976	3816261	671868	484589	187279	2652281	40989
广东省	309304	808664	3690116	26548296	16804703	3131292	1805139	1326153	1883061	77933
其中:深圳市	46682	197409	2083320	6467970	5008827	990779	522651	468128	28709	
广西壮族自治区	97280	309219	407285	6736340	2523352	646431	463195	183236	2111900	30248
海南省	12038	38489	82528	1351203	536504	92041	69431	22610	422556	44695
重庆市	84543	117754	255498	4550931	1762409	365528	248345	117183	1048311	42374
四川省	278483	631395	835237	12146087	4247403	1103416	865407	238009	3535557	57316
贵州省	51423	124713	404492	4641294	1723026	411313	329542	81771	1633051	21600
云南省	190204	203163	286996	7492745	2972212	769145	596215	172930	2144652	263801
西藏自治区	2575	8849	79937	750131	123888	47497	32712	14785	350569	101569
陕西省	112242	172279	177549	5875003	2419708	517934	395220	122714	1981624	30128
甘肃省	47282	83369	134702	3843843	924080	329267	271430	57837	1522704	47147
青海省	9216	30509	44786	1167096	284059	62003	53410	8593	535058	30020
宁夏回族自治区	15972	31570	45368	1288407	447643	40063	11293	28770	329723	25451
新疆维吾尔自治区	44004	120537	157200	4286852	1938812	309850	207448	102402	1606044	167944

二、各省、自治区、直辖市地市县一般预算财政资料

2－1－5　　　　单位:万元

地　　区	平衡部分									
	收入									
	财力性转移支付收入									
	一般性转移支付补助	民族地区转移支付补助	调整工资转移支付补助	农村税费改革转移支付补助	取消农业特产税降低农业税率转移支付补助	缓解县乡财政困难转移支付补助	农村义务教育补助	结算补助	企事业单位预算划转补助	其他财力性转移支付
地方合计	**12315011**	**788184**	**13968590**	**3672210**	**4157891**	**2863321**	**978318**	**8422807**	**581762**	**1964658**
北京市	405966							125750		292383
天津市	124582		46236	12593				174374		
河北省	516690	1123	874414	253468	322405	181032	569	481041	5312	240786
山西省	653383		558160	145820	49366	59509	627	－40340	34057	15700
内蒙古自治区	440371	247181	634484	160556	151835	138130	51975	192167	35933	723
辽宁省	179893	15257	334879	121613	96390	53721		508649	66699	50286
其中:大连市			16642		8203	494		37366	2387	7620
吉林省	540479	45090	514613	86036	136314	139116	6809	310154	22850	－1426
黑龙江省	309582		696524	106722	257907	155818		472031		
上海市								2733666		
江苏省	429591		109030	119757	232862	37498		420257	33597	
浙江省	394795		102459	72099	38927	467	21900	573613	－812	87326
其中:宁波市						467		21137		2393
安徽省	279052		153875					119930		185405
福建省	149549		108400	131318	69778	161420	44788	58690		5707
其中:厦门市					800			1831		5707
江西省	655919		552529	148839	187704	120600	719	117828		1844
山东省	112137		220309	211734	477132	275057		－82227	65270	171554
其中:青岛市					21088	333		8810	881	2770
河南省	1131615	4269	1166668	281112	514200	276223	770	51828	43109	
湖北省	460668	31526	796984	213194	332334	233463	47212	159518	26541	239383
湖南省	763953	45544	895899	222874	280737	161001	10228	178386	37052	15618
广东省	498913	161	470119	220945	49141	55213	112916	375493	18545	3682
其中:深圳市								24656	371	3682
广西壮族自治区	400000	30000	628641	208915	53200	108618	106174	110868		435236
海南省	47198	20762	187961	26942	39010	20065	17143	5702	1553	11525
重庆市	150000	7365	334719	81967	82493	39625	72327	217847		19594
四川省	1187958	70435	1114488	267883	285484	73006	190877	152310	56821	78979
贵州省	320627	154173	580895	116220	81803	256085	59221	21570	20857	
云南省	264185	84552	736165	126156	118742	52538	88506	325796	7957	76254
西藏自治区	145000		63682	11019						29299
陕西省	570723		589227	108443	140670	105718		394766	41949	
甘肃省	516342	30746	481179	87692	78807	54124	79973	131239	14580	875
青海省	123864		166206	20652	18150	30373	12945	132598		250
宁夏回族自治区	107658		129951	17420	8586	20095	19320	1242		
新疆维吾尔自治区	434318		719894	90221	53914	54806	33319	－1939	49892	3675

2006年地方财政政府收支分类转换数据

2－1－6

单位:万元

地区	平衡部分								
	收入							支出	
	专项转移支付			省补助计划单列市	上年结余收入	调入资金	国债转贷收入、上年结余及转补助数	支出总计	本年支出
	小计	专项补助	增发国债补助						
地方合计	**33537385**	**31182864**	**2354521**	**247635**	**17651186**	**2238951**	**711279**	**249781796**	**230222872**
北京市	1315102	1315102			627293	6978		7770522	6903607
天津市	119536	119536			192445	51253		3172642	2873187
河北省	1457062	1253141	203921		670228	122579	47929	9812736	9326752
山西省	1067665	1067665			490104	67719	17144	6685608	6507994
内蒙古自治区	1750606	1351630	398976		323469	116673	28231	6882503	6739766
辽宁省	2125254	1947031	178223	145434	978061	316130	88811	12602938	11492452
其中:大连市	168122	126596	41526	145434	386950	77122	34106	2975860	2665249
吉林省	1448556	1358528	90028		362549	33712	38525	5754172	5186366
黑龙江省	1507376	1331590	175786		186237	9462	33176	6632122	6462968
上海市	42928	42928			365334	10273		12644833	11976200
江苏省	1498585	1388043	110542		1445370	330272	52544	20849659	16731227
浙江省	1076677	1017303	59374	35957	2259909	85817	47288	15952872	12896427
其中:宁波市	52299	49413	2886	35957	334295	15631	3530	3161766	2926914
安徽省	1457872	1457872			507118	78458	41086	7851076	7234747
福建省	402001	397517	4484	6466	380921	63802	27351	6697974	5790754
其中:厦门市	34686	30202	4484	6466	52392	2908	10885	1711575	1500848
江西省	1154500	1035872	118628		661626	46928	24637	5824933	5536872
山东省	1219541	1204547	14994	38353	1298457	92692	93058	16598801	15547546
其中:青岛市	101098	86104	14994	38353	375865	10906	19462	2695424	2367875
河南省	2207760	2018158	189602		366153	104454	35982	12891799	11927796
湖北省	985851	985851			654134	93577		8186703	7627117
湖南省	1638095	1562694	75401		547507	84525	37439	8576457	8177818
广东省	1935027	1897575	37452	21425	2594966	156361	21461	23920190	22534232
其中:深圳市	39133	33999	5134	21425	375316		3781	6148011	5714231
广西壮族自治区	853208	761081	92127		566539	23265	11645	5826519	5547146
海南省	216926	216926			63620	3901	15655	1209929	1177655
重庆市	961970	833423	128547		364523	42753	5437	4104928	3943943
四川省	2499128	2225220	273908		712217	14990	33376	11329105	11219423
贵州省	688887	688887			174528	6023	4466	4443371	4395350
云南省	1224179	1224179			257313	125244		7175696	6805127
西藏自治区	207615	207615			20562			729262	729262
陕西省	374414	369552	4862		502005	79318		5155696	4797189
甘肃省	995012	833430	161582		49014	20341	3425	3869659	3769959
青海省	287680	287680			－5441	3737		1137359	1137359
宁夏回族自治区	331217	295133	36084		133792	3356	2613	1132763	1117631
新疆维吾尔自治区	487155	487155			－99367	44358		4358969	4109000

2-1-7

单位:万元

地区	平衡部分									
	支出								年终结余	其中:净结余
	财力性转移支付			专项上解	计划单列市上解省	增设预算周转金	调出资金	国债转贷拨付数及年末结余		
	小计	体制上解	出口退税专项上解							
地方合计	**10720897**	**9380840**	**1340057**	**7278692**	**457569**	**189750**	**200737**	**711279**	**21873623**	**3128224**
北京市	831258	831258		27717		7940			602629	164873
天津市	117705	79577	38128	176204		5546			265960	73490
河北省	13011		13011	417964		4163	2917	47929	905692	39507
山西省	127049	127049		11206		1518	20697	17144	870747	116922
内蒙古自治区	36571	31236	5335	74175		3760		28231	723819	93731
辽宁省	683409	644606	38803	290134	39483	368	8281	88811	891446	31439
其中:大连市	213471	192728	20743	23551	39483			34106	308746	22562
吉林省	207423	207423		302955		100	18803	38525	392382	3248
黑龙江省	6991		6991	127941			1046	33176	289833	20718
上海市	385894	385894		261289		21450			467835	347932
江苏省	1243125	1002927	240198	2803587		13046	6130	52544	1760687	268234
浙江省	2670072	2342043	328029	294363	32864	7600	4258	47288	2818491	283793
其中:宁波市	193186	105571	87615	1872	32864	3400		3530	433056	81629
安徽省	498628	475022	23606	68174		5710	2731	41086	447702	84914
福建省	720602	679900	40702	48429	103403		7435	27351	660117	40112
其中:厦门市	94880	54178	40702	1559	103403			10885	64931	32970
江西省	145236	128464	16772	115416		1597	1175	24637	731493	-2648
山东省	777025	664733	112292	101297	47544	3901	28430	93058	1705013	44401
其中:青岛市	252747	221376	31371	2566	47544	2771	2459	19462	641515	11353
河南省	16485		16485	900090		6861	4585	35982	525453	98092
湖北省	442386	431643	10743	116246		160	794		658023	313579
湖南省	140216	134559	5657	197321		7979	15684	37439	871519	102755
广东省	883897	460156	423741	148902	234275	52863	44560	21461	2628106	937266
其中:深圳市	180438	29244	151194	14486	234275	800		3781	319959	219091
广西壮族自治区	135076	131889	3187	118080			14572	11645	909821	65425
海南省	481		481	14071			2067	15655	141274	67243
重庆市	63340	63340		92208				5437	446003	-22507
四川省	8590		8590	47697		7500	12519	33376	816982	110637
贵州省				41673			1882	4466	197923	135699
云南省	242595	242595		123720		4254			317049	205322
西藏自治区									20869	10080
陕西省	7306		7306	318227		32974			719307	-115422
甘肃省	90815	90815		5460				3425	-25816	-228542
青海省									29737	-35000
宁夏回族自治区	3216	3216		7122		10	2171	2613	155644	12160
新疆维吾尔自治区	222495	222495		27024		450			-72117	-139229

2006 年全国地(市)本级财政一般预算收支平衡表

2－2－1　　　　　　　　　　　　　　　　　　　　　　　　单位:万元

地　　区	收支部分										
	收入										
	本年收入小计	税收收入									
		小　计	增值税	营业税	企业所得税	个人所得税	城市维护建设税	耕地占用税	契　税	烟叶税	其他各项税收收入
地方合计	**63918115**	**52797811**	**11060854**	**16795089**	**7337569**	**3102615**	**4315519**	**269199**	**4570387**	**2710**	**5343869**
北京市	4720104	4433324	519782	2202381	891370		186596	11023			622172
天津市	2179066	2014503	479286	509864	332870	81238	132561	4543	268597		205544
河北省	1492924	1143100	329676	319065	146064	62039	116747		100527		68982
山西省	1605653	1089243	389259	185280	209476	56794	105423	869	15197		126945
内蒙古自治区	599644	355792	96459	72383	45117	18809	39917	5820	11556		65731
辽宁省	3203157	2360259	403923	770123	225825	130014	302503	1050	239869		286952
其中:大连市	898870	752973	99067	327062	82118	55269	52435		83265		53757
吉林省	886949	614281	123581	126243	67157	37714	94270	19753	48215		97348
黑龙江省	1391765	1035566	182831	259854	88246	50615	246650	1640	140401	49	65280
上海市	8026359	7720042	1219793	2753477	1214812	726990	174368		707827		922775
江苏省	3656686	2833688	768257	554613	366115	141403	306227	20261	411708		265104
浙江省	2767749	2549257	397142	817756	414341	130219	224241	32566	323078		209914
其中:宁波市	319017	269584	62259	42483	80958	9752	60316				13816
安徽省	1769123	1512989	416423	464130	140430	41639	152285	19419	155944	31	122688
福建省	2077603	1798566	347546	630160	227780	130173	127330	3615	134325		197637
其中:厦门市	968723	846361	183599	301781	123630	58910	40183	733	71273		66252
江西省	759443	548783	78987	209198	66308	33000	60426	3221	67858		29785
山东省	3782568	2946550	569661	864143	563371	122038	323766	43808	200832	9	258922
其中:青岛市	977190	815982	121854	321686	134331	49553	46371		76861		65326
河南省	2640093	1936346	446258	613975	270276	108090	165845	11333	188000		132569
湖北省	1598006	1219087	296652	341326	168995	40698	172469	12330	69331		117286
湖南省	1495564	1042491	160180	246909	97733	77498	209724	13818	160686	340	75603
广东省	10960161	9429234	2291945	3102015	1202605	875329	373428	17030	784910		781972
其中:深圳市	5008827	4568288	959248	1854671	675256	492477	52550		250003		284083
广西壮族自治区	1093449	699128	132696	158414	86203	28912	76871	8632	111064	20	96316
海南省	332466	266736	33222	91202	16274	7265	28747	2714	26137		61175
重庆市	1172613	895563	136348	280263	55201	38413	61717	28416	150734	1895	142576
四川省	1629828	1104138	235603	306675	134212	52892	147743	3205	117590		106218
贵州省	477836	354914	63516	97507	42678	25687	66945	955	20492	111	37023
云南省	1123669	911578	303119	238328	100556	18696	176039	1185	18531	255	54869
西藏自治区	64452	45962	9169	24407	2359	3358	4984				1685
陕西省	972870	787382	272290	180782	89904	33889	81816	1320	26384		100997
甘肃省	443727	367836	95144	118628	20880	6977	65406	13	17677		43111
青海省	102464	78447	21463	18810	13413	2153	4607		3037		14964
宁夏回族自治区	249326	178542	32810	83625	9462	6594	24642	372	14227		6810
新疆维吾尔自治区	642798	524484	207833	153553	27536	13479	61226	288	35653		24916

2-2-2

单位:万元

地区	收支部分									
	收入								支出	
	非税收入							贷款转贷回收本金收入	本年支出小计	一般公共服务
	小计	专项收入	行政事业性收费收入	罚没收入	国有资本经营收入	国有资源(资产)有偿使用收入	其他收入			
地方合计	**11120304**	**3008736**	**3661386**	**2356843**	**1129535**	**499899**	**463905**		**91123181**	**14059294**
北京市	286780	118602	63946	64266	13270	19905	6791		6410988	865820
天津市	164563	63520	63038	28557		4716	4732		2630972	294538
河北省	349824	123110	57280	119570	29125	10587	10152		2239298	348969
山西省	516410	360933	90429	49980	1445	8495	5128		1857752	476628
内蒙古自治区	243852	58988	74029	46258	50737	5095	8745		1842427	360862
辽宁省	842898	204259	410345	133737	58600	26362	9595		5859097	725942
其中:大连市	145897	34296	89517	17689	-10140	11329	3206		1276046	253666
吉林省	272668	64861	99055	44229	51601	3866	9056		1853132	309996
黑龙江省	356199	133839	102507	54247	55920	4467	5219		2420375	443647
上海市	306317	8044	126526	115940	-27500	28307	55000		11583224	1152646
江苏省	822998	179880	279969	213354	129535	16561	3699		5308561	890506
浙江省	218492	112795	92072	170142	-171427	13127	1783		3441735	660388
其中:宁波市	49433	30970	22358	18716	-25000	1893	496		703797	118716
安徽省	256134	88614	122876	54323	-18635	6778	2178		2661371	341498
福建省	279037	75714	77537	85540	24837	13107	2302		2018950	350425
其中:厦门市	122362	29907	40699	19226	21496	9966	1068		942768	177710
江西省	210660	36615	42988	59923	46035	9397	15702		1139317	148349
山东省	836018	220693	354132	124099	52189	64105	20800		4398485	781164
其中:青岛市	161208	31534	80442	13073	10685	24756	718		789923	149069
河南省	703747	151366	212371	84897	204529	25027	25557		3915133	512439
湖北省	378919	82079	137670	82835	58585	7314	10436		2523888	431658
湖南省	453073	108432	145518	84473	17269	36851	60530		2387601	443568
广东省	1530927	335994	476309	368545	148614	107202	94263		12467751	1897198
其中:深圳市	440539	106286	124638	97329	56594	44152	11540		5714231	807733
广西壮族自治区	394321	46959	95590	84165	142565	16813	8229		1797070	289185
海南省	65730	13446	9633	13168	22028	4734	2721		376680	82059
重庆市	277050	47570	95677	24758	75714	20826	12505		2107707	311730
四川省	525690	113398	237765	78096	63268	14746	18417		2769972	521755
贵州省	122922	38038	24771	20280	16536	4234	19063		875409	177479
云南省	212091	51263	49030	56457	30626	9595	15120		1607589	336380
西藏自治区	18490	474	3309	2660	171	709	11167		282641	78028
陕西省	185488	42814	55561	42427	27103	5035	12548		1574536	315203
甘肃省	75891	39490	16156	15359	156	3103	1627		1063632	192198
青海省	24017	9830	3535	2981	1573	579	5519		289917	71775
宁夏回族自治区	70784	26322	11349	11196	20610	1106	201		421655	66765
新疆维吾尔自治区	118314	50794	30413	20381	4456	7150	5120		996316	180496

2006 年地方财政政府收支分类转换数据

2－2－3 单位:万元

地区	收支部分										
	支出										
	外交	国防	公共安全	教育	科学技术	文化体育与传媒	社会保障和就业	医疗卫生	环境保护	城乡社区事务	农林水事务
地方合计	**5299**	**234469**	**8776455**	**11059518**	**2056989**	**2147676**	**12328239**	**4219880**	**1394855**	**11990634**	**4524012**
北京市		20074	543721	1144939	78997	105084	906418	478728	82153	864202	554097
天津市		1939	183085	536007	75605	50777	105086	137655	14952	709207	59883
河北省	43	5220	252012	274937	37667	50788	280293	129709	81293	190312	138922
山西省		4682	175263	211267	20995	49159	325399	81481	66004	201184	80995
内蒙古自治区	216	2640	126355	152124	23834	82644	278163	71490	46704	178381	172815
辽宁省		15338	474315	448439	129470	121807	1948076	171945	105589	640746	283234
其中:大连市		1970	88681	88304	37896	16591	287872	31264	21881	162498	90132
吉林省		7868	190979	199346	30575	61782	373797	81574	57621	196801	105923
黑龙江省		9055	249085	394132	43041	59221	324859	116591	40672	240468	126835
上海市		5898	760887	1492461	287886	172473	1049168	456516	107488	2660243	309118
江苏省	635	19937	636679	500088	152801	175029	412064	292926	74165	840344	270815
浙江省		10694	384009	592609	114751	124189	252279	201680	47046	309323	165702
其中:宁波市		1907	75473	115685	16789	25917	51070	42420	6895	84584	18362
安徽省		13624	206385	221479	37188	56983	565566	92025	43725	420232	103713
福建省	116	9879	235049	238717	63327	62811	161004	98562	18656	175888	61842
其中:厦门市		2261	89232	68620	38444	35524	62180	49337	8838	90317	20588
江西省		4761	107790	97727	13670	34157	215995	50996	17845	158121	52901
山东省	228	8227	512737	532054	93313	93504	475358	182166	71566	656467	192249
其中:青岛市	28	1637	132839	92941	11381	25157	110291	26806	13983	51486	24233
河南省	111	14778	342971	467514	57507	77521	691531	140623	52646	307008	171284
湖北省	471	4821	264982	218747	63050	85729	345937	137721	17671	167889	108479
湖南省	415	7722	266517	219274	65795	46560	542965	64677	42184	285558	93833
广东省	1473	21603	1503685	1632324	445201	266097	846816	503105	125794	1238775	454061
其中:深圳市		7233	562556	726269	307052	77003	196175	195229	32531	366116	108923
广西壮族自治区		15975	203649	156218	17835	43623	261650	92465	28205	187216	119393
海南省		1363	39045	55205	3841	6022	42928	16873	2363	35793	19940
重庆市		2625	149443	311234	39137	30259	313509	74365	61074	427926	111528
四川省	157	5723	281463	180070	50575	63597	632842	113611	48166	177899	145471
贵州省	24	3878	85042	102535	19100	26726	105311	52510	11222	56621	66030
云南省	135	7101	159693	163064	26103	57759	242012	103307	24636	120427	148359
西藏自治区	62	166	30571	45927	1856	8543	18736	21128	1081	7814	28340
陕西省		3596	148744	128258	20033	44982	155265	71105	47063	259606	131396
甘肃省	996	1783	83329	118964	19831	34625	198727	60647	29334	87694	124675
青海省		227	26840	33180	2289	7283	67078	19433	2328	21693	18225
宁夏回族自治区		830	40001	56208	3659	11640	56607	19587	13080	72420	39933
新疆维吾尔自治区	217	2442	112129	134470	18057	36302	132800	84679	12529	94376	64021

二、各省、自治区、直辖市地市县一般预算财政资料

2－2－4

单位:万元

地区	收支部分			平衡部分						
	支出			收入						
	交通运输	工业、商业、金融等事务	其他支出	收入总计	本年收入	返还性收入			财力性转移支付收入	
						小计	增值税和消费税税收返还	所得税基数返还	小计	体制补助
地方合计	**1751503**	**7956548**	**8617810**	**109333585**	**63918115**	**15009937**	**11948997**	**3060940**	**8107131**	**45352**
北京市	15578	388544	362633	7833876	4720104	628068	628068		735946	
天津市	1955	308848	151435	3161173	2179066	336262	143269	192993	330672	41256
河北省	98045	164137	186951	2631308	1492924	338266	288197	50069	84927	
山西省	16059	89834	58802	2199533	1605653	27115	122398	－95283	96502	－20572
内蒙古自治区	125736	125524	94939	1856305	599644	175400	134946	40454	338313	49066
辽宁省	63738	439729	290729	7323114	3203157	1239717	1094008	145709	213644	－90071
其中:大连市	33513	145489	16289	1814089	898870	268922	240733	28189	59887	－7178
吉林省	13034	184358	39478	2363650	886949	408054	336320	71734	373135	－5451
黑龙江省	45445	257069	70255	2678969	1391765	241541	192897	48644	327847	
上海市	48727	2182995	896718	12693411	8026359	1742524	1742524		2509303	
江苏省	166478	348121	527973	5884966	3656686	1367803	1042438	325365	－149576	
浙江省	140435	225492	213138	4959967	2767749	831145	603469	227676	106615	
其中:宁波市	53333	44835	47811	382705	319017	118930	117535	1395	－69750	
安徽省	82117	234775	242061	3312978	1769123	452212	361800	90412	165324	81392
福建省	72409	146417	323848	2705120	2077603	405943	272450	133493	－96752	－42348
其中:厦门市	55910	96551	147256	1172582	968723	232098	162637	69461	－55878	－53820
江西省	35361	93127	108517	1500740	759443	140961	135570	5391	105440	－306
山东省	98778	387152	313522	5831259	3782568	956393	772135	184258	－128494	－18828
其中:青岛市	7880	107798	34394	1583774	977190	291733	252549	39184	－45994	
河南省	57618	733502	288080	4661739	2640093	486185	372570	113615	233095	
湖北省	54107	134940	487686	3309996	1598006	662971	602301	60670	429356	4080
湖南省	51777	111319	145437	2854559	1495564	291345	221986	69359	299882	－29375
广东省	209362	454830	2867427	15147941	10960161	2070993	1157016	913977	215900	－37977
其中:深圳市	46682	197409	2083320	6467970	5008827	990779	522651	468128	28709	
广西壮族自治区	64246	163490	153920	2391739	1093449	299725	217727	81998	291587	－3236
海南省	9284	21458	40506	416903	332466	22097	23268	－1171	13616	－2822
重庆市	53544	78185	143148	2451485	1172613	244479	159179	85300	395793	25066
四川省	104620	279288	164735	3251286	1629828	444575	333456	111119	195951	29715
贵州省	12788	46695	109448	902935	477836	217717	192180	25537	84597	8670
云南省	45745	76646	96222	1899721	1123669	365342	298709	66633	62016	－43858
西藏自治区	2026	7553	30810	293974	64452	29031	20393	8638	131062	51555
陕西省	37640	120192	91453	1767010	972870	261685	220459	41226	164884	9016
甘肃省	6845	42770	61214	1133498	443727	162847	151559	11288	193415	9580
青海省	1763	10040	7763	323149	102464	19551	15531	4020	126083	4814
宁夏回族自治区	5393	19726	15806	514860	249326	22761	4899	17862	59508	6766
新疆维吾尔自治区	10850	79792	33156	1076421	642798	117229	87275	29954	197540	19220

2006 年地方财政政府收支分类转换数据

2－2－5

单位:万元

地区	平衡部分									
	收入									
	财力性转移支付收入									
	一般性转移支付补助	民族地区转移支付补助	调整工资转移支付补助	农村税费改革转移支付补助	取消农业特产税降低农业税率转移支付补助	缓解县乡财政困难转移支付补助	农村义务教育补助	结算补助	企事业单位预算划转补助	其他财力性转移支付
地方合计	**1698081**	**192134**	**2142108**	**－33161**	**2182**	**－25909**	**8842**	**3543871**	**335047**	**198584**
北京市	359296							124470		252180
天津市	106303		41240	6993				134880		
河北省	－73150	744	134876	13	1103			－186418	248	207511
山西省	118601		74473	－4125	－1544	－289	－113	－97429	16680	10820
内蒙古自治区	83261	74792	106447	11529	3864	－68	－1729	－863	18174	－6160
辽宁省	－39952		83215	－29650	－20542	－1694		236693	46205	29440
其中:大连市			16642	－10975	－5211	－1906		63008	2387	3120
吉林省	149415	4406	97858	3562	1755	3779		96922	18655	2234
黑龙江省	9978		124431	256	6004	3297		183881		
上海市								2509303		
江苏省	17563		2070	－3704	－62	197		－179361	13721	
浙江省	130548		13840	6096	7946	467	3770	153547	472	－210071
其中:宁波市						467		－72610		2393
安徽省	40540		44654					4129		－5391
福建省	－6406		－2545	－3893	527	－9061	－3198	－5237		－24591
其中:厦门市					800			－2692		－166
江西省	63965		85583	－4887	282	80		－27690		－11587
山东省	－12864		10813	－16930	－22568	－60044		－60576	65450	－12947
其中:青岛市				－11300	－9200			－64873	881	38498
河南省	50326		157850	961	3265	7365	－122	－21518	35099	－131
湖北省	84398	7199	124848	－4756	3071	－5854	2021	66879	－4004	151474
湖南省	133950	12956	146685	－2703	4566	566		25393	26157	－18313
广东省	107998		51160	120	－307	2644	1786	334187	9208	－252919
其中:深圳市								24656	371	3682
广西壮族自治区	10886	2465	90598	47	93	5758	－53	84092		100937
海南省	－1893	2786	10880	－615	459	4351	987	－6433	1539	4377
重庆市	47050	2098	113789	20084	16096	6672	14499	145453		4986
四川省	115890	14539	145936	－18164	1127	3	－7334	－62913	19136	－41984
贵州省	－11110	26118	54915	14	30	19941	12	－11347	1362	－4008
云南省	－28730	36797	75197	532	538	－5078	－4759	－23586	2199	52764
西藏自治区	48408		22218	264						8617
陕西省	55383		58350	－418	－5560	－4076		46074	6115	
甘肃省	59106	7234	85152	108	153	1243	－58	19961	13293	－2357
青海省	14818		35464		76	－1126	420	71870		－253
宁夏回族自治区	30451		34270	3189	1519	5018	2724	807		－25236
新疆维吾尔自治区	34052		117841	2916	291		－11	－11299	45338	－10808

二、各省、自治区、直辖市地市县一般预算财政资料

2－2－6

单位:万元

地区	平衡部分								
	收入							支出	
	专项转移支付			省补助计划单列市	上年结余收入	调入资金	国债转贷收入、上年结余及转补助数	支出总计	本年支出
	小计	专项补助	增发国债补助						
地方合计	**9757500**	**9035173**	**722327**	**247635**	**10856323**	**1010796**	**426148**	**96321639**	**91123181**
北京市	1167610	1167610			575170	6978		7276704	6410988
天津市	99995	99995			164325	50853		2928448	2630972
河北省	250779	204263	46516		408594	36851	18967	2063593	2239298
山西省	133803	133803			312206	15155	9099	1838066	1857752
内蒙古自治区	379236	320028	59208		273320	70077	20315	1431787	1842427
辽宁省	1490597	1347742	142855	145434	740532	219685	70348	6652891	5859097
其中:大连市	9612	－31914	41526	145434	329257	68713	33394	1553965	1276046
吉林省	484192	463614	20578		173791	17807	19722	2175192	1853132
黑龙江省	570537	462676	107861		117316	6123	23840	2488370	2420375
上海市	41836	41836			363116	10273		12231581	11583224
江苏省	156021	120219	35802		752162	66375	35495	5020152	5308561
浙江省	161562	145139	16423	35957	1026624	12554	17761	3705245	3441735
其中:宁波市	－145667	－145207	－460	35957	112721	11497		217398	703797
安徽省	685716	685716			174814	42258	23531	3147025	2661371
福建省	67387	62903	4484	6466	221212	10536	12725	2425286	2018950
其中:厦门市	－4702	－9186	4484	6466	15610		10265	1148213	942768
江西省	163578	149328	14250		308194	11088	12036	1167805	1139317
山东省	176859	163386	13473	38353	909808	28964	66808	4552482	4398485
其中:青岛市	－25441	－38914	13473	38353	328471		19462	988880	789923
河南省	970957	922668	48289		282292	33068	16049	4311406	3915133
湖北省	133469	133469			425098	61096		2868919	2523888
湖南省	437699	400428	37271		235874	66798	27397	2451735	2387601
广东省	227295	208135	19160	21425	1571968	69707	10492	13282197	12467751
其中:深圳市	39133	33999	5134	21425	375316		3781	6148011	5714231
广西壮族自治区	354096	323413	30683		324985	17552	10345	1883053	1797070
海南省	23774	23774			13999	300	10651	395387	376680
重庆市	426920	389119	37801		196545	11076	4059	2214743	2107707
四川省	477174	438618	38556		483144	11209	9405	2763644	2769972
贵州省	29404	29404			89679	246	3456	866064	875409
云南省	95522	95522			190005	63167		1671368	1607589
西藏自治区	61634	61634			7795			282641	282641
陕西省	52232	47370	4862		277582	37757		1403467	1574536
甘肃省	211920	177161	34759		114522	4780	2287	1089032	1063632
青海省	64100	64100			9888	1063		289631	289917
宁夏回族自治区	101693	92197	9496		76956	3256	1360	429321	421655
新疆维吾尔自治区	59903	59903			34807	24144		1014404	996316

2006 年地方财政政府收支分类转换数据

2 - 2 - 7

单位:万元

地区	平衡部分									
	支出								年终结余	其中:净结余
	财力性转移支付			专项上解	计划单列市上解省	增设预算周转金	调出资金	国债转贷拨付数及年末结余		
	小计	体制上解	出口退税专项上解							
地方合计	**5585186**	**4979977**	**605209**	**-1508091**	**441291**	**120976**	**132948**	**426148**	**13011946**	**2509403**
北京市	831258	831258		26518		7940			557172	164873
天津市	116434	79577	36857	175496		5546			232725	69880
河北省	5577		5577	-205866		2700	2917	18967	567715	24913
山西省	-47644	-47644		5785		1000	12074	9099	361467	156156
内蒙古自治区	-111764	-112922	1158	-322451		3260		20315	424518	39290
辽宁省	594837	576841	17996	81162	39483		7964	70348	670223	-5319
其中:大连市	203017	192728	10289	2025	39483			33394	260124	9622
吉林省	199121	199121		89669			13548	19722	188458	1125
黑龙江省	4861		4861	38301			993	23840	190599	7862
上海市	369456	369456		257451		21450			461830	341927
江苏省	614161	537518	76643	-959165		15200	5900	35495	864814	116087
浙江省	766549	698335	68214	-541444	16586	1800	2258	17761	1254722	53475
其中:宁波市	27550	27745	-195	-530535	16586				165307	13496
安徽省	466062	450367	15695	-7913		2400	1574	23531	165953	15235
福建省	299483	261499	37984	-15803	103403		6528	12725	279834	72066
其中:厦门市	92162	54178	37984	-385	103403			10265	24369	12798
江西省	80542	66466	14076	-65765		500	1175	12036	332935	46086
山东省	196341	167127	29214	-174186	47544	130	17360	66808	1278777	19401
其中:青岛市	181333	171742	9591	-49382	47544			19462	594894	5407
河南省	7227		7227	364881		4307	3809	16049	350333	24905
湖北省	341945	333924	8021	2986		100			441077	214173
湖南省	36649	35259	1390	-19972		5060	15000	27397	402824	30416
广东省	518310	249347	268963	22837	234275	16360	12172	10492	1865744	819113
其中:深圳市	180438	29244	151194	14486	234275	800		3781	319959	219091
广西壮族自治区	75656	74564	1092	-13515			13497	10345	508686	82440
海南省	366		366	5690			2000	10651	21516	13048
重庆市	43798	43798		59179				4059	236742	7923
四川省	3264	-997	4261	-36153		6500	10656	9405	487642	55996
贵州省	-52013	-52013		37637			1575	3456	36871	6873
云南省	142796	142796		-80740		1723			228353	146899
西藏自治区									11333	3510
陕西省	5614		5614	-201683		25000			363543	1561
甘肃省	30089	30089		-6976				2287	44466	-51685
青海省				-286					33518	-14195
宁夏回族自治区	3216	3216		1142			1948	1360	85539	20246
新疆维吾尔自治区	42995	42995		-24907					62017	25123

二、各省、自治区、直辖市地市县一般预算财政资料

2006 年全国县级财政一般预算收支平衡表

2-3-1　　　　单位:万元

地区	收支部分										
	收入										
	本年收入小计	税收收入									
		小计	增值税	营业税	企业所得税	个人所得税	城市维护建设税	耕地占用税	契税	烟叶税	其他各项税收收入
地方合计	**72377672**	**57637037**	**13551528**	**18416290**	**6291216**	**2881126**	**4189022**	**1357806**	**3198173**	**413258**	**7338618**
北京市	110288	88794	10075	48718	14594		3231	1746			10430
天津市	129586	95094	26934	18403	18104	2582	10005	389	11089		7588
河北省	3040513	2363052	513623	785037	170866	158112	217484	39003	73050	476	405401
山西省	2214697	1151432	383179	252557	120261	45248	151187	11573	23688	520	163219
内蒙古自治区	2204663	1780058	378433	579540	168424	77762	135700	66167	65350	469	308213
辽宁省	3327079	2606601	448024	857198	233814	128135	136150	51832	243297	2266	505885
其中:大连市	1062487	868185	164757	305377	98827	40842	31398	9512	48755		168717
吉林省	915106	667479	159061	201852	53604	46770	49490	25072	45124	79	86427
黑龙江省	1176211	936167	199668	282242	115954	57054	69604	9390	39668	5942	156645
上海市	149607	142590	15938	76839	17812	6491	4061		4617		16832
江苏省	11083336	9726108	2519689	3111082	1361226	509136	528765	157207	642651		896352
浙江省	8769400	8206033	1920971	2620971	1295064	566341	519980	89231	458324	622	734529
其中:宁波市	2254783	2156618	495488	689643	348512	179218	114613	19048	149872		160224
安徽省	1665425	1268894	275388	520686	61660	44138	80012	26041	82558	2985	175426
福建省	2752717	2349323	530755	793119	341195	161995	103461	35221	88484	24753	270340
其中:厦门市	392930	372493	62486	162749	57179	23954	16440	5681			44004
江西省	1765858	1287533	277687	530575	108159	55553	72740	34083	117417	5221	86098
山东省	7891091	6021201	1387229	1424192	629638	199703	457453	352729	460542	10850	1098865
其中:青岛市	1282714	1108851	209805	305439	142679	44489	62096	100920	113160	234	130029
河南省	3572731	2544492	573482	798886	254972	132450	183376	97656	81748	35185	386737
湖北省	1846527	1331378	232423	452143	92630	46232	128919	20575	145617	16123	196716
湖南省	2320697	1535064	319442	723545	47347	64056	87213	84087	69109	29966	110299
广东省	5844542	4829353	1522643	1281431	579131	144511	402475	51374	202409	7366	638013
其中:深圳市											
广西壮族自治区	1429903	871299	186290	269218	74275	44349	74792	31392	38919	4835	147229
海南省	204038	156364	28232	56588	12542	9254	8812	4498	5142		31296
重庆市	589796	365142	92411	93167	27094	21150	26312	14585	22597	8873	58953
四川省	2617575	1954496	334908	687252	225073	110683	183413	80711	101074	21724	209658
贵州省	1245190	943990	165611	376967	61861	69039	86665	22185	26586	52471	82605
云南省	1848543	1557522	371900	538960	40831	27300	138577	17897	59329	176227	186501
西藏自治区	59436	33191	5867	21650	3000	1108		26			1540
陕西省	1446838	1017515	209501	341977	80358	32386	149350	25361	45873	4455	128254
甘肃省	480353	360643	57185	141579	19127	12425	44112	3273	9781	1793	71368
青海省	181595	155149	26646	67162	5338	8289	21956	2351	3835		19572
宁夏回族自治区	198317	157960	36444	72153	6045	5705	11112	457	4718	57	21269
新疆维吾尔自治区	1296014	1133120	341889	390601	51217	93169	102615	1694	25577		126358

2006年地方财政政府收支分类转换数据

2－3－2

单位:万元

地区	收支部分									
	收入								支出	
	非税收入							贷款转贷回收本金收入	本年支出小计	一般公共服务
	小计	专项收入	行政事业性收费收入	罚没收入	国有资本经营收入	国有资源(资产)有偿使用收入	其他收入			
地方合计	**14740635**	**3271484**	**4094940**	**3470144**	**2523810**	**478890**	**901367**		**139099691**	**26703129**
北京市	21494	4532	2250	4030	3551	848	6283		492619	81289
天津市	34492	7550	10687	12867		333	3055		242215	32900
河北省	677461	169199	145823	190507	115897	13622	42413		7087454	1317817
山西省	1063265	752154	116917	141653	27543	5752	19246		4650242	1383641
内蒙古自治区	424605	99359	102077	65011	119856	12978	25324		4897339	904342
辽宁省	720478	81599	168856	117204	299017	30986	22816		5633355	1149393
其中:大连市	194302	16786	48337	17408	79606	21949	10216		1389203	253701
吉林省	247627	34757	65325	63006	73837	2625	8077		3333234	528335
黑龙江省	240044	44822	42698	67819	74540	4055	6110		4042593	694644
上海市	7017	1366	3148	2382		106	15		392976	32076
江苏省	1357228	350671	379891	323855	284566	14800	3445		11422666	2104964
浙江省	563367	258309	95980	409862	－226040	18896	6360		9454692	1799410
其中:宁波市	98165	65768	18744	68472	－58183	3111	253		2223117	405744
安徽省	396531	46345	178787	97801	21503	27616	24479		4573376	801454
福建省	403394	70771	122212	120070	49832	4707	35802		3771804	679495
其中:厦门市	20437		9881	2350	6708	397	1101		558080	105424
江西省	478325	51886	177444	141261	47422	11324	48988		4397555	727593
山东省	1869890	289261	652823	354533	386057	105722	81494		11149061	2087732
其中:青岛市	173863	31954	49334	27666	34898	25287	4724		1577952	332681
河南省	1028239	128910	379850	259994	182956	18593	57936		8012663	1747989
湖北省	515149	58941	204431	140657	48077	16538	46505		5103229	951151
湖南省	785633	62086	232111	173121	98525	67786	152004		5790217	1165739
广东省	1015189	225503	315816	223346	152892	29312	68320		10066481	1791752
其中:深圳市										
广西壮族自治区	558604	53952	105102	108171	209353	12238	69788		3750076	779983
海南省	47674	7254	15352	6956	10537	2482	5093		800975	159547
重庆市	224654	21642	122163	29978	32255	9074	9542		1836236	280323
四川省	663079	123191	212541	125639	162240	15962	23506		8449451	1525111
贵州省	301200	60004	69620	53313	25677	25817	66769		3519941	776996
云南省	291021	96527	50341	87470	30905	12330	13448		5197538	889694
西藏自治区	26245		2448	1408	2195	631	19563		446621	144688
陕西省	429323	82880	36200	58940	242510	3301	5492		3222653	780684
甘肃省	119710	27892	28999	27967	16545	1556	16751		2706327	508162
青海省	26446	6196	7145	5408	1164	959	5574		847442	153228
宁夏回族自治区	40357	5581	8108	7922	13917	2075	2754		695976	89147
新疆维吾尔自治区	162894	48344	39795	47993	16481	5866	4415		3112684	633850

2-3-3

单位:万元

地区	收支部分										
	支出										
	外交	国防	公共安全	教育	科学技术	文化体育与传媒	社会保障和就业	医疗卫生	环境保护	城乡社区事务	农林水事务
地方合计	**690**	**183937**	**8718906**	**31966411**	**1661034**	**1672851**	**17390614**	**6836526**	**2512863**	**10630153**	**13595130**
北京市		1003	28102	80641	1635	10669	44313	30666	15500	43492	97153
天津市		195	20595	74928	2014	2342	11724	20670	1477	19830	28831
河北省	10	4649	380279	1665713	66732	63385	819265	321531	147856	520883	658802
山西省		3382	224646	987374	38239	53681	627900	222004	203150	251354	410884
内蒙古自治区	56	2126	202208	834606	35598	61129	664814	171178	431057	576586	607370
辽宁省		11078	345332	1160085	65097	66423	899454	221235	27589	646440	350608
其中:大连市		2251	56241	223030	30781	15091	182156	43246	6085	212025	63509
吉林省		2872	178401	675923	19303	35339	753492	158409	32175	236924	406228
黑龙江省		4556	246306	979787	33719	49337	442151	194378	33469	354951	515917
上海市			19432	71740	1355	6188	28557	23638	1837	14149	29679
江苏省	300	15691	854973	2506975	213223	148532	1071392	528680	121392	1296250	980418
浙江省		22883	806411	2121322	288276	182757	599603	504872	131599	957736	795753
其中:宁波市		4123	172869	353423	82543	42524	153402	122287	23978	297875	187828
安徽省		3494	219196	1269081	26343	48516	732678	243569	25923	239565	390553
福建省		13193	245433	1074930	44061	52075	473667	187392	32760	242428	280413
其中:厦门市		3235	22601	136446	9973	14393	60991	25442	7453	71796	22931
江西省		3250	262083	873340	22372	45851	655351	214032	28057	284127	608758
山东省		12106	535085	2450814	177686	118827	1165058	476975	89209	1280395	980174
其中:青岛市		3838	94913	373620	32417	19186	102347	53356	7726	244715	118442
河南省		3357	438298	1790177	74253	78304	1045777	388917	183160	509152	643678
湖北省		3880	393428	1177070	53706	56726	620726	260925	37965	173377	540653
湖南省	161	8384	318805	1172769	53780	61693	1049108	255775	36683	350254	589691
广东省	34	18316	974061	2432774	241214	105089	1153803	473971	79069	690938	828995
其中:深圳市											
广西壮族自治区		8826	204494	1122183	18067	35172	424294	176499	22874	220704	304852
海南省		1609	48547	184314	3389	8559	133761	41694	13708	42069	101971
重庆市		1770	95825	414444	9019	16486	299632	74255	147511	86554	227499
四川省	19	12363	514872	1645886	51298	84118	1263032	424783	412991	438491	880015
贵州省		5444	193144	965059	19878	36122	278850	199869	37071	131379	464432
云南省	60	10996	350493	1283499	29838	68448	795641	365745	85554	258962	596858
西藏自治区		54	27223	109982	1202	6737	24650	42679	528	8484	29422
陕西省		2520	200656	941132	18344	59754	318006	181161	5066	194793	307752
甘肃省	48	1113	138337	733707	12838	36043	366688	146450	79008	119581	409828
青海省		266	39627	171063	2628	10067	146329	57655	16172	53113	132349
宁夏回族自治区		690	30986	170046	4503	8390	104497	35316	12484	77528	110404
新疆维吾尔自治区	2	3871	181628	825047	31424	56092	376401	191603	19969	309664	285190

2006年地方财政政府收支分类转换数据

2－3－4

单位:万元

地区	收支部分			平衡部分						
	支出			收入						
	交通运输	工业、商业、金融等事务	其他支出	收入总计	本年收入	返还性收入			财力性转移支付收入	
						小计	增值税和消费税税收返还	所得税基数返还	小计	体制补助
地方合计	**2843795**	**5764175**	**8619477**	**162321834**	**72377672**	**13675132**	**9100978**	**4574154**	**44180996**	**2530023**
北京市	6428	30589	21139	539275	110288	141219	141219		88153	
天津市	613	1453	24643	277429	129586	20213	11472	8741	79569	11200
河北省	144237	334861	641434	8087120	3040513	672087	462229	209858	2791913	
山西省	39344	111619	93024	5356822	2214697	586596	324837	261759	1383160	23952
内蒙古自治区	108983	203849	93437	5750017	2204663	209402	148607	60795	1859921	95813
辽宁省	95285	233288	362048	6171270	3327079	621068	312970	308098	1236029	112357
其中:大连市	18831	107020	175236	1470517	1062487	169881	76930	92951	12825	7178
吉林省	133917	96114	75802	3782904	915106	229746	190311	39435	1450222	28773
黑龙江省	191402	229553	72423	4242986	1176211	377603	278693	98910	1670737	
上海市	1441	151922	10962	419257	149607	41977	41977		224363	
江苏省	229158	593712	757006	16725380	11083336	1793158	1257608	535550	1532168	
浙江省	192210	671495	380365	13811396	8769400	1606647	979279	627368	1184159	
其中:宁波市	50012	246833	79676	3212117	2254783	436383	240954	195429	93747	
安徽省	137259	181431	254314	4985800	1665425	266862	173461	93401	1895298	1240968
福建省	47580	188354	210023	4652971	2752717	493348	239608	253740	844691	60637
其中:厦门市	3332	59429	14634	603924	392930	67080	33503	33577	64216	53820
江西省	203789	163877	305075	5055686	1765858	215831	172698	43133	1681202	966
山东省	119395	771368	884237	12472555	7891091	1480695	967629	513066	1579460	18828
其中:青岛市	20562	111148	63001	1753165	1282714	205736	123767	81969	79876	
河南省	217239	247489	644873	8755513	3572731	534100	357514	176586	3236699	
湖北省	124596	146285	562741	5534730	1846527	456309	311127	145182	2117995	2448
湖南省	160459	127071	439845	6593417	2320697	380523	262603	117920	2352399	70364
广东省	99942	353834	822689	11400355	5844542	1060299	648123	412176	1667161	115910
其中:深圳市										
广西壮族自治区	33034	145729	253365	4344601	1429903	346706	245468	101238	1820313	33484
海南省	2754	17031	42022	934300	204038	69944	46163	23781	408940	47517
重庆市	30999	39569	112350	2099446	589796	121049	89166	31883	652518	17308
四川省	173863	352107	670502	8894801	2617575	658841	531951	126890	3339606	27601
贵州省	38635	78018	295044	3738359	1245190	193596	137362	56234	1548454	12930
云南省	144459	126517	190774	5593024	1848543	403803	297506	106297	2082636	307659
西藏自治区	549	1296	49127	456157	59436	18466	12319	6147	219507	50014
陕西省	74602	52087	86096	4107993	1446838	256249	174761	81488	1816740	21112
甘肃省	40437	40599	73488	2710345	480353	166420	119871	46549	1329289	37567
青海省	7453	20469	37023	843947	181595	42452	37879	4573	408975	25206
宁夏回族自治区	10579	11844	29562	773547	198317	17302	6394	10908	270215	18685
新疆维吾尔自治区	33154	40745	124044	3210431	1296014	192621	120173	72448	1408504	148724

二、各省、自治区、直辖市地市县一般预算财政资料

2－3－5

单位:万元

地区	平衡部分									
	收入									
	财力性转移支付收入									
	一般性转移支付补助	民族地区转移支付补助	调整工资转移支付补助	农村税费改革转移支付补助	取消农业特产税降低农业税率转移支付补助	缓解县乡财政困难转移支付补助	农村义务教育补助	结算补助	企事业单位预算划转补助	其他财力性转移支付
地方合计	**10616930**	**596050**	**11826482**	**3705371**	**4155709**	**2889230**	**969476**	**4878936**	**246715**	**1766074**
北京市	46670							1280		40203
天津市	18279		4996	5600				39494		
河北省	589840	379	739538	253455	321302	181032	569	667459	5064	33275
山西省	534782		483687	149945	50910	59798	740	57089	17377	4880
内蒙古自治区	357110	172389	528037	149027	147971	138198	53704	193030	17759	6883
辽宁省	219845	15257	251664	151263	116932	55415		271956	20494	20846
其中:大连市				10975	13414	2400		－25642		4500
吉林省	391064	40684	416755	82474	134559	135337	6809	213232	4195	－3660
黑龙江省	299604		572093	106466	251903	152521		288150		
上海市								224363		
江苏省	412028		106960	123461	232924	37301		599618	19876	
浙江省	264247		88619	66003	30981		18130	420066	－1284	297397
其中:宁波市								93747		
安徽省	238512		109221					115801		190796
福建省	155955		110945	135211	69251	170481	47986	63927		30298
其中:厦门市								4523		5873
江西省	591954		466946	153726	187422	120520	719	145518		13431
山东省	125001		209496	228664	499700	335101		－21651	－180	184501
其中:青岛市				11300	30288	333		73683		－35728
河南省	1081289	4269	1008818	280151	510935	268858	892	73346	8010	131
湖北省	376270	24327	672136	217950	329263	239317	45191	92639	30545	87909
湖南省	630003	32588	749214	225577	276171	160435	10228	152993	10895	33931
广东省	390915	161	418959	220825	49448	52569	111130	41306	9337	256601
其中:深圳市										
广西壮族自治区	389114	27535	538043	208868	53107	102860	106227	26776		334299
海南省	49091	17976	177081	27557	38551	15714	16156	12135	14	7148
重庆市	102950	5267	220930	61883	66397	32953	57828	72394		14608
四川省	1072068	55896	968552	286047	284357	73003	198211	215223	37685	120963
贵州省	331737	128055	525980	116206	81773	236144	59209	32917	19495	4008
云南省	292915	47755	660968	125624	118204	57616	93265	349382	5758	23490
西藏自治区	96592		41464	10755						20682
陕西省	515340		530877	108861	146230	109794		348692	35834	
甘肃省	457236	23512	396027	87584	78654	52881	80031	111278	1287	3232
青海省	109046		130742	20652	18074	31499	12525	60728		503
宁夏回族自治区	77207		95681	14231	7067	15077	16596	435		25236
新疆维吾尔自治区	400266		602053	87305	53623	54806	33330	9360	4554	14483

2006 年地方财政政府收支分类转换数据

2-3-6

单位:万元

地区	平衡部分								
	收入							支出	
	专项转移支付			省补助计划单列市	上年结余收入	调入资金	国债转贷收入、上年结余及转补助数	支出总计	本年支出
	小计	专项补助	增发国债补助						
地方合计	**23779885**	**22147691**	**1632194**		**6794863**	**1228155**	**285131**	**153460157**	**139099691**
北京市	147492	147492			52123			493818	492619
天津市	19541	19541			28120	400		244194	242215
河北省	1206283	1048878	157405		261634	85728	28962	7749143	7087454
山西省	933862	933862			177898	52564	8045	4847542	4650242
内蒙古自治区	1371370	1031602	339768		50149	46596	7916	5450716	4897339
辽宁省	634657	599289	35368		237529	96445	18463	5950047	5633355
其中:大连市	158510	158510			57693	8409	712	1421895	1389203
吉林省	964364	894914	69450		188758	15905	18803	3578980	3333234
黑龙江省	936839	868914	67925		68921	3339	9336	4143752	4042593
上海市	1092	1092			2218			413252	392976
江苏省	1342564	1267824	74740		693208	263897	17049	15829507	11422666
浙江省	915115	872164	42951		1233285	73263	29527	12247627	9454692
其中:宁波市	197966	194620	3346		221574	4134	3530	2944368	2223117
安徽省	772156	772156			332304	36200	17555	4704051	4573376
福建省	334614	334614			159709	53266	14626	4272688	3771804
其中:厦门市	39388	39388			36782	2908	620	563362	558080
江西省	990922	886544	104378		353432	35840	12601	4657128	4397555
山东省	1042682	1041161	1521		388649	63728	26250	12046319	11149061
其中:青岛市	126539	125018	1521		47394	10906		1706544	1577952
河南省	1236803	1095490	141313		83861	71386	19933	8580393	8012663
湖北省	852382	852382			229036	32481		5317784	5103229
湖南省	1200396	1162266	38130		311633	17727	10042	6124722	5790217
广东省	1707732	1689440	18292		1022998	86654	10969	10637993	10066481
其中:深圳市									
广西壮族自治区	499112	437668	61444		241554	5713	1300	3943466	3750076
海南省	193152	193152			49621	3601	5004	814542	800975
重庆市	535050	444304	90746		167978	31677	1378	1890185	1836236
四川省	2021954	1786602	235352		229073	3781	23971	8565461	8449451
贵州省	659483	659483			84849	5777	1010	3577307	3519941
云南省	1128657	1128657			67308	62077		5504328	5197538
西藏自治区	145981	145981			12767			446621	446621
陕西省	322182	322182			224423	41561		3752229	3222653
甘肃省	783092	656269	126823		-65508	15561	1138	2780627	2706327
青海省	223580	223580			-15329	2674		847728	847442
宁夏回族自治区	229524	202936	26588		56836	100	1253	703442	695976
新疆维吾尔自治区	427252	427252			-134174	20214		3344565	3112684

二、各省、自治区、直辖市地市县一般预算财政资料

2－3－7

单位:万元

地区	平衡部分									
	支出								年终结余	其中:净结余
	财力性转移支付			专项上解	计划单列市上解省	增设预算周转金	调出资金	国债转贷拨付数及年末结余		
	小计	体制上解	出口退税专项上解							
地方合计	**5135711**	**4400863**	**734848**	**8786783**	**16278**	**68774**	**67789**	**285131**	**8861677**	**618821**
北京市				1199					45457	
天津市	1271		1271	708					33235	3610
河北省	7434		7434	623830		1463		28962	337977	14594
山西省	174693	174693		5421		518	8623	8045	509280	－39234
内蒙古自治区	148335	144158	4177	396626		500		7916	299301	54441
辽宁省	88572	67765	20807	208972		368	317	18463	221223	36758
其中:大连市	10454		10454	21526				712	48622	12940
吉林省	8302	8302		213286		100	5255	18803	203924	2123
黑龙江省	2130		2130	89640			53	9336	99234	12856
上海市	16438	16438		3838					6005	6005
江苏省	628964	465409	163555	3762752		－2154	230	17049	895873	152147
浙江省	1903523	1643708	259815	835807	16278	5800	2000	29527	1563769	230318
其中:宁波市	165636	77826	87810	532407	16278	3400		3530	267749	68133
安徽省	32566	24655	7911	76087		3310	1157	17555	281749	69679
福建省	421119	418401	2718	64232			907	14626	380283	－31954
其中:厦门市	2718		2718	1944				620	40562	20172
江西省	64694	61998	2696	181181		1097		12601	398558	－48734
山东省	580684	497606	83078	275483		3771	11070	26250	426236	25000
其中:青岛市	71414	49634	21780	51948		2771	2459		46621	5946
河南省	9258		9258	535209		2554	776	19933	175120	73187
湖北省	100441	97719	2722	113260		60	794		216946	99406
湖南省	103567	99300	4267	217293		2919	684	10042	468695	72339
广东省	365587	210809	154778	126065		36503	32388	10969	762362	118153
其中:深圳市										
广西壮族自治区	59420	57325	2095	131595			1075	1300	401135	－17015
海南省	115		115	8381			67	5004	119758	54195
重庆市	19542	19542		33029				1378	209261	－30430
四川省	5326	997	4329	83850		1000	1863	23971	329340	54641
贵州省	52013	52013		4036			307	1010	161052	128826
云南省	99799	99799		204460		2531			88696	58423
西藏自治区									9536	6570
陕西省	1692		1692	519910		7974			355764	－116983
甘肃省	60726	60726		12436				1138	－70282	－176857
青海省				286					－3781	－20805
宁夏回族自治区				5980		10	223	1253	70105	－8086
新疆维吾尔自治区	179500	179500		51931		450			－134134	－164352

2006 年北京市区县财政一般预算收支平衡表

2－4－1　　　　单位：万元

地　　区	收　支　部　分										
	收　入										
	本年收入小计	税收收入									
		小　计	增值税	营业税	企业所得税	个人所得税	城市维护建设税	耕地占用税	契　税	烟叶税	其他各项税收收入
区县级总计	**4830392**	**4522118**	**529857**	**2251099**	**905964**		**189827**	**12769**			**632602**
区级合计	**4720104**	**4433324**	**519782**	**2202381**	**891370**		**186596**	**11023**			**622172**
县级合计	**110288**	**88794**	**10075**	**48718**	**14594**		**3231**	**1746**			**10430**
东城区	413507	404609	24206	187916	111242		12893				68352
西城区	636105	615034	63878	266210	155212		25020				104714
崇文区	134410	120232	11298	59016	12488		4862				32568
宣武区	282020	263783	26292	135356	61226		14148				26761
朝阳区	1042792	1004688	108322	523348	200727		31432	221			140638
海淀区	879083	832963	99999	431076	155470		41056	1335			104027
丰台区	227656	212568	28732	120535	28197		10450	235			24419
石景山区	104147	96616	27678	35415	10485		7836				15202
门头沟区	72538	65261	11153	30046	13272		3991	1			6798
房山区	116193	94901	14114	46560	12396		7669	395			13767
通州区	142910	131466	19619	73839	15483		6172	1535			14818
昌平区	166103	134942	19060	75369	15794		6079	1320			17320
顺义区	219073	205479	29948	80833	56418		5262	4708			28310
大兴区	124863	106735	14499	60201	15311		4249	225			12250
怀柔区	90600	82674	14075	41145	16598		2914	332			7610
平谷区	68104	61373	6909	35516	11051		2563	716			4618
密云县	71085	60319	7868	29723	11400		2083	1735			7510
延庆县	39203	28475	2207	18995	3194		1148	11			2920

2-4-2　　　　单位：万元

地区	收支部分									
	收入								支出	
	非税收入							贷款转贷回收本金收入	本年支出小计	一般公共服务
	小计	专项收入	行政事业性收费收入	罚没收入	国有资本经营收入	国有资源(资产)有偿使用收入	其他收入			
区县级总计	**308274**	**123134**	**66196**	**68296**	**16821**	**20753**	**13074**		**6903607**	**947109**
区级合计	**286780**	**118602**	**63946**	**64266**	**13270**	**19905**	**6791**		**6410988**	**865820**
县级合计	**21494**	**4532**	**2250**	**4030**	**3551**	**848**	**6283**		**492619**	**81289**
东城区	8898	6505	423	1207		740	23		361569	53686
西城区	21071	12524	5704	1600		1236	7		555564	65637
崇文区	14178	2462	2659	1045		5207	2805		240856	33992
宣武区	18237	7173	3730	616	3144	848	2726		286826	32128
朝阳区	38104	18253	10554	6856		2441			803655	92874
海淀区	46120	21428	8424	7701	7651	1215	-299		1024845	157456
丰台区	15088	5727	4854	3458		1049			419199	59856
石景山区	7531	4354	1675	631		852	19		184018	24009
门头沟区	7277	2583	1491	1599	100	1348	156		222055	27136
房山区	21292	7814	7966	3756	375	231	1150		386976	58812
通州区	11444	5383	2036	3120		862	43		346295	44180
昌平区	31161	7721	4717	17818		856	49		330596	33104
顺义区	13594	5706	2792	4001		1082	13		415921	63261
大兴区	18128	5438	3143	6828	2000	699	20		307241	41995
怀柔区	7926	3491	2132	1764		537	2		277649	40246
平谷区	6731	2040	1646	2266		702	77		247723	37448
密云县	10766	2934	1588	2302	3551	391			276986	50279
延庆县	10728	1598	662	1728		457	6283		215633	31010

2006 年地方财政政府收支分类转换数据

2－4－3

单位:万元

地区	收支部分									
	支出									
	外交	国防	公共安全	教育	科学技术	文化体育与传媒	社会保障和就业	医疗卫生	环境保护	城乡社区事务	农林水事务
区县级总计		**21077**	**571823**	**1225580**	**80632**	**115753**	**950731**	**509394**	**97653**	**907694**	**651250**
区级合计		**20074**	**543721**	**1144939**	**78997**	**105084**	**906418**	**478728**	**82153**	**864202**	**554097**
县级合计		**1003**	**28102**	**80641**	**1635**	**10669**	**44313**	**30666**	**15500**	**43492**	**97153**
东城区		1218	40454	77599	1498	10283	77123	42767	428	40343	97
西城区		285	43583	88592	5362	13128	85211	67019	943	147693	37
崇文区		200	26249	40917	601	2160	45101	15320	359	15970	36
宣武区		220	37475	44414	582	6943	50112	22568	520	52308	
朝阳区		3001	93241	173713	9334	12938	125542	58868	8810	87388	54598
海淀区		9138	81483	175843	20706	9901	173556	63017	5211	185919	33058
丰台区		709	42210	85727	14029	5392	70877	29770	9586	64446	25739
石景山区		320	18946	30153	4690	3635	36431	14888	639	35564	10055
门头沟区			16497	31236	1550	4065	27032	12636	9075	53629	30548
房山区		1009	28635	68738	1037	8291	42760	20920	4245	25688	63697
通州区		498	21247	56850	2461	3404	34236	28785	3981	36281	55153
昌平区		932	20179	62995	9850	4235	34992	19105	6916	25237	59606
顺义区		863	22185	62208	2130	5830	36029	30435	11292	23498	71897
大兴区		376	22595	68659	1736	6125	23390	24970	1079	21501	62230
怀柔区		188	15443	38339	1048	5113	19662	16961	18006	16671	44246
平谷区		1117	13299	38956	2383	3641	24364	10699	1063	32066	43100
密云县		735	15821	46299	872	4424	25723	16356	7365	22331	54237
延庆县		268	12281	34342	763	6245	18590	14310	8135	21161	42916

2－4－4

单位:万元

地区	收支部分			平衡部分						
	支出			收入						
						返还性收入			财力性转移支付收入	
	交通运输	工业、商业、金融等事务	其他支出	收入总计	本年收入	小计	增值税和消费税税收返还	所得税基数返还	小计	体制补助
区县级总计	**22006**	**419133**	**383772**	**8373151**	**4830392**	**769287**	**769287**		**824099**	
区级合计	**15578**	**388544**	**362633**	**7833876**	**4720104**	**628068**	**628068**		**735946**	
县级合计	**6428**	**30589**	**21139**	**539275**	**110288**	**141219**	**141219**		**88153**	
东城区		3670	12403	526150	413507	748	748		19785	
西城区		26207	11867	795789	636105	4843	4843		28484	
崇文区		2341	57610	286468	134410	28332	28332		41102	
宣武区		5826	33730	414521	282020	363	363		46632	
朝阳区		19509	63839	1226999	1042792	6077	6077		83131	
海淀区		54817	54740	1134683	879083	501	501		65261	
丰台区		6395	4463	425786	227656	37743	37743		70753	
石景山区		4334	354	205073	104147				49810	
门头沟区	721	6709	1221	249659	72538	63113	63113		28683	
房山区	3259	40909	18976	398639	116193	54402	54402		104954	
通州区	1802	37705	19712	397899	142910	76172	76172		31727	
昌平区	1038	27138	25269	373444	166103	50573	50573		36140	
顺义区	1817	55067	29409	454330	219073	64683	64683		31051	
大兴区	1450	20973	10162	330171	124863	67553	67553		35956	
怀柔区	968	45866	14892	334716	90600	93743	93743		28756	
平谷区	4523	31078	3986	279549	68104	79222	79222		33721	
密云县	662	26261	5621	302222	71085	76689	76689		44378	
延庆县	5766	4328	15518	237053	39203	64530	64530		43775	

2－4－5

单位:万元

地　　区	平　衡　部　分									
	收　入									
	财力性转移支付收入									
	一般性转移支付补助	民族地区转移支付补助	调整工资转移支付补助	农村税费改革转移支付补助	取消农业特产税降低农业税率转移支付补助	缓解县乡财政困难转移支付补助	农村义务教育补助	结算补助	企事业单位预算划转补助	其他财力性转移支付
区县级总计	**405966**							**125750**		**292383**
区级合计	**359296**							**124470**		**252180**
县级合计	**46670**							**1280**		**40203**
东城区	15360							2807		1618
西城区	15601							10881		2002
崇文区	23449							680		16973
宣武区	27888							3814		14930
朝阳区	42837							30592		9702
海淀区	7416							48663		9182
丰台区	26934							7275		36544
石景山区	44006							924		4880
门头沟区	16531							1055		11097
房山区	63961							2863		38130
通州区	9208							2299		20220
昌平区	11099							7580		17461
顺义区	10420							2466		18165
大兴区	8343							1371		26242
怀柔区	16718							529		11509
平谷区	19525							671		13525
密云县	25530							710		18138
延庆县	21140							570		22065

2－4－6

单位:万元

地区	平衡部分								
	收入							支出	
	专项转移支付			省补助计划单列市	上年结余收入	调入资金	国债转贷收入、上年结余及转补助数	支出总计	本年支出
	小计	专项补助	增发国债补助						
区县级总计	**1315102**	**1315102**			**627293**	**6978**		**7770522**	**6903607**
区级合计	**1167610**	**1167610**			**575170**	**6978**		**7276704**	**6410988**
县级合计	**147492**	**147492**			**52123**			**493818**	**492619**
东城区	50081	50081			42029			491714	361569
西城区	76692	76692			49665			760467	555564
崇文区	35625	35625			46999			241174	240856
宣武区	35103	35103			50403			351016	286826
朝阳区	74414	74414			20585			1212831	803655
海淀区	126100	126100			63738			1067632	1024845
丰台区	81426	81426			8207	1		420093	419199
石景山区	33196	33196			17920			186435	184018
门头沟区	53356	53356			31969			222427	222055
房山区	102958	102958			14132	6000		387360	386976
通州区	89614	89614			57476			346779	346295
昌平区	71867	71867			48761			332145	330596
顺义区	106194	106194			33181	148		420631	415921
大兴区	88325	88325			13474			309440	307241
怀柔区	78456	78456			42332	829		278354	277649
平谷区	64203	64203			34299			248206	247723
密云县	79298	79298			30772			277562	276986
延庆县	68194	68194			21351			216256	215633

2－4－7

单位:万元

地区	平衡部分									
	支出								年终结余	其中:净结余
	财力性转移支付			专项上解	计划单列市上解省	增设预算周转金	调出资金	国债转贷拨付数及年末结余		
	小计	体制上解	出口退税专项上解							
区县级总计	**831258**	**831258**		**27717**		**7940**			**602629**	**164873**
区级合计	**831258**	**831258**		**26518**		**7940**			**557172**	**164873**
县级合计				**1199**					**45457**	
东城区	129357	129357		788					34436	26392
西城区	196666	196666		8237					35322	25825
崇文区				318					45294	15661
宣武区	63731	63731		459					63505	
朝阳区	406178	406178		2998					14168	12816
海淀区	34012	34012		5775		3000			67051	38126
丰台区				894					5693	
石景山区	1314	1314		1103					18638	
门头沟区				372					27232	784
房山区				384					11279	2726
通州区				484					51120	29953
昌平区				1549					41299	
顺义区				770		3940			33699	
大兴区				1199		1000			20731	2936
怀柔区				705					56362	9654
平谷区				483					31343	
密云县				576					24660	
延庆县				623					20797	

2006 年天津市区县财政一般预算收支平衡表

2－5－1　　　　单位:万元

地区	收支部分										
	收入										
	本年收入小计	税收收入									
		小计	增值税	营业税	企业所得税	个人所得税	城市维护建设税	耕地占用税	契税	烟叶税	其他各项税收收入
区县级总计	**2308652**	**2109597**	**506220**	**528267**	**350974**	**83820**	**142566**	**4932**	**279686**		**213132**
区级合计	**2179066**	**2014503**	**479286**	**509864**	**332870**	**81238**	**132561**	**4543**	**268597**		**205544**
县级合计	**129586**	**95094**	**26934**	**18403**	**18104**	**2582**	**10005**	**389**	**11089**		**7588**
和平区	120385	115159	8665	35498	22384	4712	7196		20171		16533
河北区	57421	53385	6809	17004	6345	1649	4237		9966		7375
河东区	93880	86722	10300	27889	7377	3119	7485		22166		8386
河西区	136078	127678	13090	39894	9615	4787	8475		32592		19225
南开区	139702	132182	13763	34691	11843	3617	8131		47590		12547
红桥区	37302	33283	3875	8866	2698	835	2652		11041		3316
塘沽区	159900	125266	16044	39656	13703	2889	10970		28369		13635
汉沽区	22964	19310	6369	4011	1360	437	2549		2462		2122
大港区	61386	56648	10800	12082	6843	1935	5021	32	9523		10412
武清区	110021	100297	21248	31090	15295	5159	7555	619	5998		13333
宝坻区	49392	40020	6834	15022	2271	1563	3451	685	5309		4885
东丽区	131002	112078	32645	20587	16502	3741	18251	668	8405		11279
西青区	148452	131179	32648	29500	20934	3714	11975	767	17612		14029
津南区	82566	78504	21315	14866	15360	2289	7212	1186	9237		7039
北辰区	117394	108534	39413	18405	12498	3167	11425	586	12501		10539
开发区	528871	518524	197087	104262	129995	26635	7620		17456		35469
保税区	101578	97765	17038	35215	23256	5512	3156		2922		10666
园区	80772	77969	21343	21326	14591	5478	5200		5277		4754
蓟县	55722	44628	11947	6066	12319	988	5332	278	4660		3038
宁河县	29958	16464	3871	4963	1415	727	1632	60	2267		1529
静海县	43906	34002	11116	7374	4370	867	3041	51	4162		3021

2－5－2

单位:万元

地区	收支部分									
	收入								支出	
	非税收入							贷款转贷回收本金收入		
	小计	专项收入	行政事业性收费收入	罚没收入	国有资本经营收入	国有资源(资产)有偿使用收入	其他收入		本年支出小计	一般公共服务
区县级总计	**199055**	**71070**	**73725**	**41424**		**5049**	**7787**		**2873187**	**327438**
区级合计	**164563**	**63520**	**63038**	**28557**		**4716**	**4732**		**2630972**	**294538**
县级合计	**34492**	**7550**	**10687**	**12867**		**333**	**3055**		**242215**	**32900**
和平区	5226	3162	1348	436		280			130816	22944
河北区	4036	2025	76	1043		192	700		83270	8845
河东区	7158	3457	2529	1059		113			107843	11259
河西区	8400	3988	3979	339		87	7		130336	22747
南开区	7520	3612	2967	388		211	342		137300	16774
红桥区	4019	1259	312	1670		98	680		76855	8255
塘沽区	34634	6143	22360	5830		301			202654	32714
汉沽区	3654	1559	501	1575		19			46174	6336
大港区	4738	3304	78	732		109	515		102620	15533
武清区	9724	3451	1267	4921		85			192608	12053
宝坻区	9372	1628	1903	5610		93	138		99940	16420
东丽区	18924	8993	8886	848		197			132466	11710
西青区	17273	5325	10471	637		347	493		171528	25308
津南区	4062	3463	161	275		163			121314	15162
北辰区	8860	5190	2748	617		305			93683	14041
开发区	10347	3354	1566	2559		1999	869		598372	34551
保税区	3813	1415	1343	11		56	988		133418	12793
园区	2803	2192	543	7		61			69775	7093
蓟县	11094	4251	2020	4584		239			99932	12052
宁河县	13494	1166	6403	2859		11	3055		58405	7375
静海县	9904	2133	2264	5424		83			83878	13473

2-5-3

单位:万元

地区	收支部分										
	支出										
	外交	国防	公共安全	教育	科学技术	文化体育与传媒	社会保障和就业	医疗卫生	环境保护	城乡社区事务	农林水事务
区县级总计		**2134**	**203680**	**610935**	**77619**	**53119**	**116810**	**158325**	**16429**	**729037**	**88714**
区级合计		**1939**	**183085**	**536007**	**75605**	**50777**	**105086**	**137655**	**14952**	**709207**	**59883**
县级合计		**195**	**20595**	**74928**	**2014**	**2342**	**11724**	**20670**	**1477**	**19830**	**28831**
和平区			16411	37339	1666	1662	7897	8398	343	14827	
河北区			7850	33438	108	649	9634	6656	249	7781	
河东区			11669	37102	1415	1123	15731	7028	280	13397	
河西区		397	13645	41962	1539	1851	9595	8376	496	17416	
南开区			15342	36220	2639	1552	12277	8783	332	16239	10
红桥区			7203	27578	591	832	9070	7663	293	7403	14
塘沽区			20627	58741	3032	2076	6341	12106	600	35603	5229
汉沽区		210	5135	13241	710	1496	3104	4873	683	7239	2084
大港区		50	7977	40696	327	2201	3409	4731	1563	16507	4198
武清区			8488	46261	795	1306	4817	8738	3668	82641	13244
宝坻区		237	6537	31724	396	1634	4928	4233	460	2656	7708
东丽区			9630	30421	1885	2984	5870	7195	1798	15529	4340
西青区		413	7779	21057	2062	4685	2742	6034	730	76172	5117
津南区		100	7419	25134	1532	2439	3401	6664	1056	32379	9283
北辰区		527	8393	27829	1266	3593	3393	10104	1044	7762	3582
开发区			26380	20659	44468	20581	1957	26014	776	284379	5074
保税区			2000	1350			800		65	59866	
园区		5	600	5255	11174	113	120	59	516	11411	
蓟县		123	9374	31974	389	736	5508	12488	262	2350	16290
宁河县			4916	17013	637	639	2323	2257	244	5554	4436
静海县		72	6305	25941	988	967	3893	5925	971	11926	8105

2－5－4

单位:万元

地区	收支部分			平衡部分						
	支出			收入						
						返还性收入			财力性转移支付收入	
	交通运输	工业、商业、金融等事务	其他支出	收入总计	本年收入	小计	增值税和消费税税收返还	所得税基数返还	小计	体制补助
区县级总计	**2568**	**310301**	**176078**	**3438602**	**2308652**	**356475**	**154741**	**201734**	**410241**	**52456**
区级合计	**1955**	**308848**	**151435**	**3161173**	**2179066**	**336262**	**143269**	**192993**	**330672**	**41256**
县级合计	**613**	**1453**	**24643**	**277429**	**129586**	**20213**	**11472**	**8741**	**79569**	**11200**
和平区		7719	11610	155539	120385	13410	2860	10550	8730	
河北区		4735	3325	100754	57421	4142	1610	2532	20774	
河东区		6256	2583	136217	93880	6817	2793	4024	12830	
河西区		552	11760	183509	136078	5396	2243	3153	17066	
南开区		9859	17273	179343	139702	6452	2519	3933	16470	
红桥区		7421	532	88672	37302	4366	1865	2501	26485	5669
塘沽区		12479	13106	232395	159900	12894	3838	9056	32952	778
汉沽区	112	860	91	47101	22964	3160	1620	1540	9530	
大港区	321	2488	2619	111251	61386	11318	4288	7030	26392	1093
武清区		440	10157	197246	110021	17429	8266	9163	57141	13461
宝坻区	566	4309	18132	116467	49392	6341	3962	2379	41749	5121
东丽区	303	6958	33843	168229	131002	15633	8032	7601	9717	
西青区	70	12395	6964	188908	148452	20361	9047	11314	10468	
津南区	163	16582		146910	82566	13360	8668	4692	27239	7737
北辰区		4159	7990	170354	117394	16196	9285	6911	4668	
开发区	420	122772	10341	695811	528871	157718	65041	92677	8717	7397
保税区		55893	651	146458	101578	13267	3957	9310	405	
园区		32971	458	96009	80772	8002	3375	4627	－661	
蓟县		560	7826	121534	55722	4525	2194	2331	32668	848
宁河县	21	602	12388	63955	29958	5714	2948	2766	19804	4620
静海县	592	291	4429	91940	43906	9974	6330	3644	27097	5732

2－5－5

单位：万元

地区	平衡部分									
	收入									
	财力性转移支付收入									
	一般性转移支付补助	民族地区转移支付补助	调整工资转移支付补助	农村税费改革转移支付补助	取消农业特产税降低农业税率转移支付补助	缓解县乡财政困难转移支付补助	农村义务教育补助	结算补助	企事业单位预算划转补助	其他财力性转移支付
区县级总计	**124582**		**46236**	**12593**				**174374**		
区级合计	**106303**		**41240**	**6993**				**134880**		
县级合计	**18279**		**4996**	**5600**				**39494**		
和平区	1542		1230					5958		
河北区	557		6986					13231		
河东区	2500		4534					5796		
河西区	2642		6048					8376		
南开区	3624		3590					9256		
红桥区	2957		4937					12922		
塘沽区	7210		1174	70				23720		
汉沽区	800		1354	200				7176		
大港区	2250			100				22949		
武清区	32660		5205	3893				1922		
宝坻区	15203		4295	2450				14680		
东丽区	4340			70				5307		
西青区	8794		324	70				1280		
津南区	19049		1263	70				－880		
北辰区	2175		300	70				2123		
开发区								1320		
保税区								405		
园区								－661		
蓟县	7647			2800				21373		
宁河县	2968		1997	1300				8919		
静海县	7664		2999	1500				9202		

2006 年地方财政政府收支分类转换数据

2－5－6

单位:万元

地区	平衡部分								
	收入							支出	
	专项转移支付			省补助计划单列市	上年结余收入	调入资金	国债转贷收入、上年结余及转补助数	支出总计	本年支出
	小计	专项补助	增发国债补助						
区县级总计	**119536**	**119536**			**192445**	**51253**		**3172642**	**2873187**
区级合计	**99995**	**99995**			**164325**	**50853**		**2928448**	**2630972**
县级合计	**19541**	**19541**			**28120**	**400**		**244194**	**242215**
和平区	4060	4060			8508	446		145637	130816
河北区	14034	14034			4333	50		90142	83270
河东区	13624	13624			8338	728		127644	107843
河西区	9773	9773			9650	5546		177148	130336
南开区	8932	8932			7787			171556	137300
红桥区	10077	10077			10366	76		77922	76855
塘沽区	4189	4189			22174	286		204927	202654
汉沽区	5105	5105			1049	5293		46608	46174
大港区	2346	2346			7609	2200		103636	102620
武清区	5551	5551			7104			194700	192608
宝坻区	8112	8112			9921	952		100912	99940
东丽区	3180	3180			8601	96		154565	132466
西青区	3204	3204			6423			175272	171528
津南区	3466	3466			16165	4114		122296	121314
北辰区	4339	4339			27757			104383	93683
开发区	3	3			502			694537	598372
保税区					592	30616		145351	133418
园区					7446	450		91212	69775
蓟县	8788	8788			19431	400		100552	99932
宁河县	4577	4577			3902			58809	58405
静海县	6176	6176			4787			84833	83878

2－5－7

单位:万元

地区	平衡部分									
	支出								年终结余	其中:净结余
	财力性转移支付			专项上解	计划单列市上解省	增设预算周转金	调出资金	国债转贷拨付数及年末结余		
	小计	体制上解	出口退税专项上解							
区县级总计	**117705**	**79577**	**38128**	**176204**		**5546**			**265960**	**73490**
区级合计	**116434**	**79577**	**36857**	**175496**		**5546**			**232725**	**69880**
县级合计	**1271**		**1271**	**708**					**33235**	**3610**
和平区	8086	7818	268	6735					9902	9684
河北区	2123	1818	305	4749					10612	3620
河东区	9164	8482	682	10637					8573	7924
河西区	20945	20225	720	20321		5546			6361	6361
南开区	16923	15763	1160	17333					7787	7787
红桥区	36		36	1031					10750	1750
塘沽区	968		968	1305					27468	2162
汉沽区	166		166	268					493	
大港区	543		543	473					7615	4047
武清区	1439		1439	653					2546	208
宝坻区	843		843	129					15555	
东丽区	10626	8091	2535	11473					13664	9594
西青区	2011	56	1955	1733					13636	2010
津南区	665		665	317					24614	6365
北辰区	8051	2038	6013	2649					65971	2192
开发区	14537		14537	81628					1274	1274
保税区	4134	1309	2825	7799					1107	297
园区	15174	13977	1197	6263					4797	4605
蓟县	163		163	457					20982	
宁河县	319		319	85					5146	
静海县	789		789	166					7107	3610

2006 年河北省地市县财政一般预算收支平衡表

2－6－1　　单位:万元

地区	收支部分										
	收入										
	本年收入小计	税收收入									
		小计	增值税	营业税	企业所得税	个人所得税	城市维护建设税	耕地占用税	契税	烟叶税	其他各项税收收入
地(市)县级总计	**4533437**	**3506152**	**843299**	**1104102**	**316930**	**220151**	**334231**	**39003**	**173577**	**476**	**474383**
地(市)本级合计	**1492924**	**1143100**	**329676**	**319065**	**146064**	**62039**	**116747**		**100527**		**68982**
县级合计	**3040513**	**2363052**	**513623**	**785037**	**170866**	**158112**	**217484**	**39003**	**73050**	**476**	**405401**
石家庄市小计	**773736**	**636277**	**113287**	**238736**	**55445**	**48156**	**59727**	**7172**	**37615**	**65**	**76074**
本级	82048	42502	3526	426	7878				27402		3270
县级小计	691688	593775	109761	238310	47567	48156	59727	7172	10213	65	72804
赞皇县	5684	3930	1010	1595	192	281	89	160	88		515
平山县	24297	21555	8360	5454	2247	746	3066	109	49		1524
灵寿县	7151	4311	964	1486	485	427	165	205	10	49	520
行唐县	8886	5148	789	2098	159	446	832	306	184	16	318
井陉县	19853	13290	2913	5448	639	918	914	50	190		2218
鹿泉市	29151	25046	5967	8581	1850	1097	1500	141	863		5047
正定县	20730	16213	2342	9097	658	1011	679	92	900		1434
栾城县	15188	11167	2628	3535	981	553	583	494	1126		1267
辛集市	26430	19467	5290	5845	1383	1358	2106	464	1282		1739
晋州市	15681	10789	2484	2555	921	1358	889	722	301		1559
深泽县	7448	4875	625	2816	182	598	152	85	65		352
无极县	11681	9015	1678	4378	281	863	970	34	347		464
藁城市	35342	26241	5414	7845	2136	1792	4134	513	868		3539
赵县	10058	7630	1768	3108	364	803	341	169	104		973
新乐市	14882	10711	1788	4668	502	1026	702	1000	49		976
高邑县	5287	4319	773	2288	276	220	257	62	46		397
元氏县	9883	7681	1550	3817	926	493	341	42	61		451
长安区	89595	85730	16763	36664	5806	6376	8925	35			11161
桥东区	56023	53632	5791	26352	3048	5851	4034	17			8539
桥西区	97876	91109	12869	35914	13579	6084	13861				8802
新华区	61557	56647	8082	21092	4725	9674	4349	355			8370
裕华区	61812	58472	7589	30794	3206	3851	5531	114			7387
矿区	10710	8025	3043	1940	289	395	1329	2	61		966
高新区	46483	38772	9281	10940	2732	1935	3978	2001	3619		4286
唐山市小计	**933758**	**760866**	**227488**	**187790**	**70212**	**43485**	**76604**	**3866**	**32422**		**118999**
本级	259186	212794	77509	34775	26195	6919	32771		13000		21625
县级小计	674572	548072	149979	153015	44017	36566	43833	3866	19422		97374
滦县	27377	22187	5540	7022	1343	1203	1562	240	1200		4077
滦南县	29817	19059	7302	3343	2704	1069	1804	402	1020		1415

二、各省、自治区、直辖市地市县一般预算财政资料

2－6－2

单位:万元

地区	收支部分									
	收入								支出	
	非税收入							贷款转贷回收本金收入		
	小计	专项收入	行政事业性收费收入	罚没收入	国有资本经营收入	国有资源(资产)有偿使用收入	其他收入		本年支出小计	一般公共服务
地(市)县级总计	**1027285**	**292309**	**203103**	**310077**	**145022**	**24209**	**52565**		**9326752**	**1666786**
地(市)本级合计	**349824**	**123110**	**57280**	**119570**	**29125**	**10587**	**10152**		**2239298**	**348969**
县级合计	**677461**	**169199**	**145823**	**190507**	**115897**	**13622**	**42413**		**7087454**	**1317817**
石家庄市小计	**137459**	**49371**	**30613**	**41377**	**8247**	**5125**	**2726**		**1282462**	**226230**
本级	39546	12794	8970	15926	95	1761			402454	55065
县级小计	97913	36577	21643	25451	8152	3364	2726		880008	171165
赞皇县	1754	142	352	757		11	492		22739	3807
平山县	2742	1669	16	500	216	341			65107	7774
灵寿县	2840	386	852	1479	100	23			28785	5237
行唐县	3738	528	1288	1645		14	263		31523	6454
井陉县	6563	1765	2275	1565	175	147	636		34765	7392
鹿泉市	4105	2060	306	1677		62			54849	11151
正定县	4517	1289	1812	1116	200	100			44444	9453
栾城县	4021	994	916	931	557	47	576		35032	6232
辛集市	6963	1613	2378	2310	439	163	60		54562	8617
晋州市	4892	786	1453	1942	508	33	170		38122	9876
深泽县	2573	253	931	872	43	39	435		20246	4511
无极县	2666	360	1306	966		34			32200	7680
藁城市	9101	3330	1053	1574	3108	36			63054	10943
赵县	2428	719	227	1457		15	10		34487	6249
新乐市	4171	404	1748	1402	500	47	70		35737	5307
高邑县	968	337	173	450		8			16247	3040
元氏县	2202	509	768	557	295	68	5		28933	5427
长安区	3865	3821		24		20			29393	6594
桥东区	2391	1717		602	15	48	9		32968	9344
桥西区	6767	5928		789		50			35291	5955
新华区	4910	1946	560	1364	996	44			39533	11692
裕华区	3340	2341	507	435		57			36405	10165
矿区	2685	713	238	834	889	11			18193	3562
高新区	7711	2967	2484	203	111	1946			47393	4703
唐山市小计	**172892**	**57706**	**33730**	**34892**	**42425**	**3691**	**448**		**1515404**	**279432**
本级	46392	22459	11892	11212	54	775			336032	63007
县级小计	126500	35247	21838	23680	42371	2916	448		1179372	216425
滦县	5190	1641	1600	1912		37			56000	11338
滦南县	10758	1625	1074	1034	6945	80			73048	12535

2006 年地方财政政府收支分类转换数据

2-6-3　　　　单位:万元

地　　区	收支部分										
	支出										
	外　交	国　防	公共安全	教　育	科学技术	文化体育与传媒	社会保障和就业	医疗卫生	环境保护	城乡社区事务	农林水事务
地(市)县级总计	**53**	**9869**	**632291**	**1940650**	**104399**	**114173**	**1099558**	**451240**	**229149**	**711195**	**797724**
地(市)本级合计	**43**	**5220**	**252012**	**274937**	**37667**	**50788**	**280293**	**129709**	**81293**	**190312**	**138922**
县级合计	**10**	**4649**	**380279**	**1665713**	**66732**	**63385**	**819265**	**321531**	**147856**	**520883**	**658802**
石家庄市小计		**822**	**106582**	**299639**	**23827**	**20308**	**110797**	**63485**	**29916**	**120271**	**93596**
本级			59084	50519	12229	13227	39491	25311	12743	46104	24346
县级小计		822	47498	249120	11598	7081	71306	38174	17173	74167	69250
赞皇县		60	1263	5105	233	234	1465	1433	219	320	3590
平山县		47	2527	13658	753	604	8388	3028	4460	7656	8475
灵寿县		114	1331	7095	240	245	4639	1314	1235	217	4584
行唐县		71	1916	9913	240	227	2090	1287	317	724	2061
井陉县		52	1944	10854	501	574	2306	1153	745	782	4216
鹿泉市			2648	14352	718	454	2232	3357	804	4765	4625
正定县		71	2764	13875	589	460	2125	2080	385	990	4827
栾城县		45	1860	10075	402	231	2404	2208	1583	360	4269
辛集市			3870	14152	336	489	5822	1564	839	1926	4725
晋州市		15	2476	11865	471	581	1953	1688	563	1463	4147
深泽县		17	1118	4602	319	117	1742	675	497	285	803
无极县			2005	9978	380	379	2968	1240	1115	1062	2849
藁城市		5	2624	17047	700	429	6661	3678	410	5507	7030
赵县		6	1913	11248	94	350	2230	1604	708	1244	3470
新乐市			1918	8569	589	537	4402	1298	1206	863	2671
高邑县		51	775	4097	251	79	1890	541	556	290	1155
元氏县			1847	9084	294	201	1696	842	951	379	2912
长安区		91	1349	12655	672	122	2800	1780		788	373
桥东区			1211	13252	419	135	3163	1931		2047	183
桥西区		70	3468	13294	445	95	3201	1352	300	2221	178
新华区			2357	13650	896	249	2889	1781		3120	453
裕华区			1224	12588	454	164	2344	1808		1556	533
矿区		105	1324	4437	166	83	1719	226	264	2487	862
高新区		2	1766	3675	1436	42	177	306	16	33115	259
唐山市小计			**83442**	**279929**	**24410**	**14802**	**236921**	**92512**	**23750**	**158518**	**120795**
本级			31076	30421	7369	5650	61207	21301	8975	30268	11756
县级小计			52366	249508	17041	9152	175714	71211	14775	128250	109039
滦县			2705	14362	870	345	10643	5521	1313	780	4541
滦南县			3481	19600	1297	424	12723	5956	400	3177	6689

2－6－4

单位:万元

地区	收支部分			平衡部分						
	支出			收入						
						返还性收入			财力性转移支付收入	
	交通运输	工业、商业、金融等事务	其他支出	收入总计	本年收入	小计	增值税和消费税税收返还	所得税基数返还	小计	体制补助
地(市)县级总计	**242282**	**498998**	**828385**	**10718428**	**4533437**	**1010353**	**750426**	**259927**	**2876840**	
地(市)本级合计	**98045**	**164137**	**186951**	**2631308**	**1492924**	**338266**	**288197**	**50069**	**84927**	
县级合计	**144237**	**334861**	**641434**	**8087120**	**3040513**	**672087**	**462229**	**209858**	**2791913**	
石家庄市小计	**12468**	**59590**	**114931**	**1658254**	**773736**	**162439**	**105336**	**57103**	**460654**	
本级	1488	35987	26860	432837	82048	56246	41236	15010	188193	
县级小计	10980	23603	88071	1225417	691688	106193	64100	42093	272461	
赞皇县	330	223	4457	27378	5684	1974	1707	267	8768	
平山县	2935	2294	2508	70747	24297	3040	2669	371	25281	
灵寿县	601	916	1017	31758	7151	2161	1345	816	11936	
行唐县	503	344	5376	32120	8886	1993	1388	605	15053	
井陉县	777	1063	2406	40063	19853	6343	5570	773	7300	
鹿泉市	1773	4792	3178	60509	29151	10625	7218	3407	11327	
正定县	504	3154	3167	46982	20730	5237	4017	1220	12577	
栾城县	261	435	4667	39527	15188	4167	2779	1388	9957	
辛集市	1419	579	10224	62172	26430	8903	6399	2504	19398	
晋州市	63	1422	1539	41102	15681	5310	3587	1723	13627	
深泽县	67	474	5019	20752	7448	1776	1124	652	6904	
无极县	185	251	2108	33996	11681	3499	1399	2100	13421	
藁城市	720	936	6364	65960	35342	6917	5094	1823	15947	
赵县	70	870	4431	36487	10058	2981	2010	971	18206	
新乐市	154	1980	6243	37426	14882	4145	2368	1777	11231	
高邑县	165	355	3002	16562	5287	1838	1159	679	5365	
元氏县	409	540	4351	30666	9883	3255	1673	1582	10563	
长安区		123	2046	104276	89595	3051	－29	3080	9551	
桥东区		112	1171	72634	56023	4670	2306	2364	9648	
桥西区		35	4677	118020	97876	4304	1316	2988	11110	
新华区		14	2432	80586	61557	6407	1460	4947	9293	
裕华区		59	5510	78240	61812	6550	4424	2126	7689	
矿区	44	1095	1819	18789	10710	2420	2025	395	3292	
高新区		1537	359	58665	46483	4627	1092	3535	5017	
唐山市小计	**61395**	**60026**	**79472**	**1637677**	**933758**	**195262**	**145375**	**49887**	**306146**	
本级	28759	7368	28875	353783	259186	76474	57560	18914	－11621	
县级小计	32636	52658	50597	1283894	674572	118788	87815	30973	317767	
滦县	339	1684	1559	64381	27377	5940	4713	1227	18291	
滦南县	347	4261	2158	82192	29817	7073	4578	2495	24915	

2-6-5

单位:万元

地区	平衡部分 收入 财力性转移支付收入 一般性转移支付补助	民族地区转移支付补助	调整工资转移支付补助	农村税费改革转移支付补助	取消农业特产税降低农业税率转移支付补助	缓解县乡财政困难转移支付补助	农村义务教育补助	结算补助	企事业单位预算划转补助	其他财力性转移支付
地(市)县级总计	**516690**	**1123**	**874414**	**253468**	**322405**	**181032**	**569**	**481041**	**5312**	**240786**
地(市)本级合计	**-73150**	**744**	**134876**	**13**	**1103**			**-186418**	**248**	**207511**
县级合计	**589840**	**379**	**739538**	**253455**	**321302**	**181032**	**569**	**667459**	**5064**	**33275**
石家庄市小计	**11333**		**108009**	**22385**	**42414**	**23915**		**53219**	**2715**	**196664**
本级	-4164		18395					-19028	691	192299
县级小计	15497		89614	22385	42414	23915		72247	2024	4365
赞皇县	1445		3534	1821		431		1495		42
平山县	3594		6338	3289		3332		6871		1857
灵寿县	2358		3719	1620	1169	1066		1955		49
行唐县	3163		4727	1511	2660	1821		1093		78
井陉县	95		3423	1113	868	57		1714		30
鹿泉市	62		3998	592	1665	1014		3984		12
正定县	52		4220	587	2847	1632		3169		70
栾城县	55		3088	445	2229	694		3356		90
辛集市	103		6322	1119	3552	3002		4958		342
晋州市	225		4703	1120	3625	1856		2036		62
深泽县	665		2511	671	1377	852		728		100
无极县	941		4753	1303	3142	1453		1688		141
藁城市	72		6138	1079	5576	2094		906		82
赵县	1965		5816	2101	5339	1776		1087		122
新乐市	68		3830	1456	3131	1134		1535		77
高邑县	312		2370	492	1338	110		563		180
元氏县	322		4599	826	2453	708		1539		116
长安区			2603	209	570	209		5072	602	286
桥东区			2681	131	65			6653		118
桥西区			3231	146	180	8		7522		23
新华区			2942	185	249			4583	1117	217
裕华区			2417	335	321	296		3984	305	31
矿区			1200	211		90		1631		160
高新区			451	23	58	280		4125		80
唐山市小计	**25476**		**95672**	**54541**	**17854**	**9088**	**569**	**100668**		**2278**
本级	-6200		16006		-12			-20679		-736
县级小计	31676		79666	54541	17866	9088	569	121347		3014
滦县	1400		6569	1449	2922	870		4880		201
滦南县	1200		6706	6443		979		9481		106

2-6-6

单位:万元

地区	平衡部分								
	收入							支出	
	专项转移支付			省补助计划单列市	上年结余收入	调入资金	国债转贷收入、上年结余及转补助数	支出总计	本年支出
	小计	专项补助	增发国债补助						
地(市)县级总计	**1457062**	**1253141**	**203921**		**670228**	**122579**	**47929**	**9812736**	**9326752**
地(市)本级合计	**250779**	**204263**	**46516**		**408594**	**36851**	**18967**	**2063593**	**2239298**
县级合计	**1206283**	**1048878**	**157405**		**261634**	**85728**	**28962**	**7749143**	**7087454**
石家庄市小计	**172195**	**149096**	**23099**		**80702**		**8528**	**1472859**	**1282462**
本级	39421	32839	6582		64331		2598	268652	402454
县级小计	132774	116257	16517		16371		5930	1204207	880008
赞皇县	6033	5607	426		4919			23273	22739
平山县	19388	16716	2672		-1559		300	70390	65107
灵寿县	9246	8414	832		1044		220	29732	28785
行唐县	6068	5824	244				120	32120	31523
井陉县	6032	5678	354		535			37975	34765
鹿泉市	7597	7107	490		1809			59234	54849
正定县	6190	5190	1000		2248			44740	44444
栾城县	7056	4942	2114		2399		760	36121	35032
辛集市	7121	6422	699				320	62172	54562
晋州市	5119	4685	434		1165		200	40602	38122
深泽县	4514	3979	535				110	20752	20246
无极县	5135	4029	1106				260	33996	32200
藁城市	7455	6917	538		179		120	65794	63054
赵县	4943	4377	566		9		290	36480	34487
新乐市	5751	4456	1295		567		850	37136	35737
高邑县	3473	2909	564		599			16552	16247
元氏县	5441	4552	889		804		720	30489	28933
长安区	1803	1797	6		276			103141	29393
桥东区	2117	1767	350		176			72042	32968
桥西区	3479	3447	32		151		1100	116530	35291
新华区	2887	2887			262		180	80284	39533
裕华区	2021	2021			168			78014	36405
矿区	1810	1039	771		177		380	18609	18193
高新区	2095	1495	600		443			58029	47393
唐山市小计	**132141**	**116517**	**15624**		**57262**	**9920**	**3188**	**1564782**	**1515404**
本级	5433	3276	2157		22763		1548	333722	336032
县级小计	126708	113241	13467		34499	9920	1640	1231060	1179372
滦县	8749	8243	506		4008	16		58319	56000
滦南县	13092	11034	2058		4217	3008	70	74999	73048

2006年地方财政政府收支分类转换数据

2-6-7

单位:万元

地区	平衡部分									
	支出								年终结余	其中:净结余
	财力性转移支付			专项上解	计划单列市上解省	增设预算周转金	调出资金	国债转贷拨付数及年末结余		
	小计	体制上解	出口退税专项上解							
地(市)县级总计	**13011**		**13011**	**417964**		**4163**	**2917**	**47929**	**905692**	**39507**
地(市)本级合计	**5577**		**5577**	**-205866**		**2700**	**2917**	**18967**	**567715**	**24913**
县级合计	**7434**		**7434**	**623830**		**1463**		**28962**	**337977**	**14594**
石家庄市小计	**3251**		**3251**	**177618**			**1000**	**8528**	**185395**	**4865**
本级	1412		1412	-138812			1000	2598	164185	1430
县级小计	1839		1839	316430				5930	21210	3435
赞皇县	81		81	453					4105	66
平山县	9		9	4974				300	357	94
灵寿县	53		53	674				220	2026	82
行唐县				477				120		
井陉县	36		36	3174					2088	9
鹿泉市	200		200	4185					1275	740
正定县	64		64	232					2242	153
栾城县	77		77	252				760	3406	130
辛集市	93		93	7197				320		
晋州市	136		136	2144				200	500	5
深泽县	12		12	384				110		
无极县	19		19	1517				260		
藁城市	239		239	2381				120	166	48
赵县	29		29	1674				290	7	
新乐市	8		8	541				850	290	290
高邑县	5		5	300					10	10
元氏县	56		56	780				720	177	177
长安区	57		57	73691					1135	49
桥东区	88		88	38986					592	37
桥西区	52		52	80087				1100	1490	201
新华区	363		363	40208				180	302	302
裕华区	34		34	41575					226	226
矿区	15		15	21				380	180	180
高新区	113		113	10523					636	636
唐山市小计	**2144**		**2144**	**44046**				**3188**	**72895**	**1234**
本级	776		776	-4634				1548	20061	77
县级小计	1368		1368	48680				1640	52834	1157
滦县	-18		-18	2337					6062	-200
滦南县	38		38	1843				70	7193	

2-6-8

单位:万元

地区	收支部分										
	收入										
	本年收入小计	税收收入									
		小计	增值税	营业税	企业所得税	个人所得税	城市维护建设税	耕地占用税	契税	烟叶税	其他各项税收收入
乐亭县	39402	21225	5493	8611	675	1750	1238	180	1700		1578
迁西县	52250	40962	12822	4942	5072	3935	1189	159	459		12384
唐海县	15301	12547	2331	5766	435	787	921	215	1542		550
迁安市	138430	120888	28057	22888	8597	7618	7590	860	3520		41758
玉田县	20899	14820	4385	4066	1442	1604	825	300	707		1491
遵化市	68595	49120	18786	8917	4215	2718	3306	633	1684		8861
路南区	17730	15870	3004	6638	899	1253	1726		300		2050
路北区	37330	35196	3411	19260	2272	3885	2738		500		3130
古冶区	20837	17684	4952	4252	1169	1275	3254		299		2483
开平区	24901	19957	7373	4769	641	990	3284		260		2640
丰润区	41246	34285	8416	10451	2220	2979	3672	169	2515		3863
丰南区	72045	62325	29802	11027	7590	3358	4163	303	1772		4310
高新开发区	18191	17298	3493	6794	2912	790	1064	405	170		1670
海港开发区	22040	19159	3144	9749	1058	421	2160		829		1798
南堡开发区	10148	8820	549	2339	157	505	2242		669		2359
芦台开发区	2175	1765	431	550	89	193	129		178		195
汉沽管理区	3795	3257	641	1635	469	59	186		98		169
曹妃甸工业园区	12063	11648	47	9996	58	174	780				593
邯郸市小计	**528139**	**364357**	**110531**	**93387**	**43643**	**18336**	**39423**	**4630**	**9539**		**44868**
本级	223646	172669	61421	35203	32405	7376	19368		6135		10761
县级小计	304493	191688	49110	58184	11238	10960	20055	4630	3404		34107
大名县	4638	3222	322	1466	203	254	153	373	126		325
魏县	5316	2493	260	1459	78	202	106	106	75		207
曲周县	3178	1781	227	921	89	153	134	4	14		239
邱县	2401	1134	142	358	56	86	79	150	90		173
鸡泽县	1996	1591	183	652	72	115	101	337	12		119
肥乡县	3588	2515	185	1577	20	98	70	416	31		118
广平县	3710	1708	345	517	37	147	110	210	33		309
成安县	4179	2668	497	1301	92	170	175	198	40		195
临漳县	4640	2127	182	1147	28	185	95	235	95		160
馆陶县	3228	1682	179	1014	32	132	83	50	48		144
磁县	28959	11974	3336	2423	2555	787	1421	250	80		1122
涉县	30171	21850	7048	6642	269	1024	3271	72	185		3339
永年县	22306	7870	1723	2520	1057	760	384	75	327		1024
邯郸县	26089	18047	2797	9582	422	634	972	740	618		2282

2－6－9

单位:万元

地区	收支部分									
	收入								支出	
	非税收入							贷款转贷回收本金收入		
	小计	专项收入	行政事业性收费收入	罚没收入	国有资本经营收入	国有资源(资产)有偿使用收入	其他收入		本年支出小计	一般公共服务
乐亭县	18177	1377	1047	1850	13871	32			75957	10135
迁西县	11288	1815	3196	3428	2808	41			89012	16744
唐海县	2754	899	1172	490	100	85	8		42318	9093
迁安市	17542	8989	4239	2550	1627	137			189246	40434
玉田县	6079	1022	1090	1788	2100	79			59911	7472
遵化市	19475	3012	1890	3608	10818	147			118205	24752
路南区	1860	724	248	464		30	394		32391	6773
路北区	2134	1177	174	754		29			59986	8165
古冶区	3153	1423	909	795		26			45334	8704
开平区	4944	1115	1281	1887	631	17	13		37203	7858
丰润区	6961	2528	1661	1260	1410	69	33		87100	16922
丰南区	9720	4759	1352	1330	1933	346			129534	19828
高新开发区	893	459	355	43		36			24160	4207
海港开发区	2881	968	10	233		1670			24855	3363
南堡开发区	1328	1159	124	26	7	12			11226	2691
芦台开发区	410	80	108	94	121	7			9276	1170
汉沽管理区	538	141	308	76		13			8036	1823
曹妃甸工业园区	415	334		58		23			6574	2418
邯郸市小计	**163782**	**39277**	**18475**	**38658**	**24559**	**3019**	**39794**		**1095592**	**183212**
本级	50977	19485	5805	12634	3776	2135	7142		258309	36907
县级小计	112805	19792	12670	26024	20783	884	32652		837283	146305
大名县	1416	147	304	712		117	136		55331	8599
魏县	2823	192	716	1070	789	56			60415	8602
曲周县	1397	140	88	323	834	6	6		28386	3110
邱县	1267	97	391	347	419	13			20380	3324
鸡泽县	405	79	40	258		28			20126	2948
肥乡县	1073	87	285	489	25	7	180		24301	4926
广平县	2002	131	314	386	911	14	246		23419	3958
成安县	1511	210	306	487	280	12	216		32626	3757
临漳县	2513	108	235	791	1364	15			37402	6163
馆陶县	1546	107	488	796	5	53	97		28015	4946
磁县	16985	1193	582	1375	13324	58	453		62323	14524
涉县	8321	4718	663	2230	653	57			67252	13534
永年县	14436	949	1395	2259	918	29	8886		55332	13746
邯郸县	8042	821	1060	2210	842	88	3021		46014	9274

2－6－10

单位:万元

地区	收支部分										
	支出										
	外交	国防	公共安全	教育	科学技术	文化体育与传媒	社会保障和就业	医疗卫生	环境保护	城乡社区事务	农林水事务
乐亭县			2731	12798	1625	646	18033	4194	396	1156	14983
迁西县			3245	15838	2321	281	10695	7029	1705	6440	7281
唐海县			2382	9581	836	463	6657	2499	329	2249	4386
迁安市			5637	33506	2442	1325	15961	10050	2983	25711	17520
玉田县			2897	17095	294	358	9539	2954	1017	1175	7019
遵化市			5642	23872	1312	2484	17461	7775	3059	6205	12041
路南区			3060	6418	253	59	8950	1523		3577	188
路北区			4604	17909	398	90	16565	4685		6409	487
古冶区			3061	14979	411	164	7429	2151	2	4206	1200
开平区			2578	9496	803	148	6905	2319	50	3437	1394
丰润区			4207	22228	915	1372	15605	7214	447	2701	8137
丰南区			4398	24380	510	715	14736	5867	684	32269	15796
高新开发区			294	854	2659	43	546	183	15	11489	2671
海港开发区			348	3165		56	141	162	1306	8389	1439
南堡开发区			175	1333	70		235	465	1038	3977	117
芦台开发区			379	816	23	45	1408	284	17	686	2698
汉沽管理区			506	1266	2	75	1482	355	14	335	452
曹妃甸工业园区			36	12		59		25		3882	
邯郸市小计		**1157**	**59304**	**227436**	**13862**	**12400**	**113705**	**51028**	**29610**	**78918**	**83776**
本级		621	22680	32939	2389	4447	28153	15313	8305	24757	13163
县级小计		536	36624	194497	11473	7953	85552	35715	21305	54161	70613
大名县			1507	12672	91	123	6486	1980	178	3455	4938
魏县			1812	14761	567	367	3673	1674	1521	1524	5537
曲周县		14	1281	7593	361	478	4129	2446	961	620	3768
邱县		59	1347	4897	189	84	1095	730	763	715	1815
鸡泽县			752	6319	169	162	2941	404	768	365	2148
肥乡县			1299	6718	406	107	1968	779	87	1290	2925
广平县		20	1000	6432	356	78	917	859	73	1471	3216
成安县			1376	8266	293	191	4519	1475	663	517	2240
临漳县			1693	10462	275	226	5059	1878	87	422	5689
馆陶县		45	1132	4925	298	61	3598	1262	775	913	3798
磁县		176	3397	14063	481	1650	3226	2563	1117	1063	4692
涉县			2983	15581	767	1663	3440	2359	1694	6869	6783
永年县			2653	15002	1029	549	3944	1586	1271	3335	3440
邯郸县		98	2516	10276	891	372	1389	1575	386	2040	4217

2006年地方财政政府收支分类转换数据

2-6-11

单位:万元

地区	收支部分			平衡部分						
	支出			收入						
						返还性收入			财力性转移支付收入	
	交通运输	工业、商业、金融等事务	其他支出	收入总计	本年收入	小计	增值税和消费税税收返还	所得税基数返还	小计	体制补助
乐亭县	1490	3672	4098	80658	39402	4783	3816	967	21783	
迁西县	9053	1190	7190	93523	52250	10459	7656	2803	19852	
唐海县	3394	179	270	42878	15301	2383	2022	361	21466	
迁安市	8846	11412	13419	204241	138430	15437	12514	2923	38340	
玉田县	728	4814	4549	64287	20899	9934	7530	2404	20694	
遵化市	1893	8098	3611	130684	68595	17179	14310	2869	28835	
路南区		21	1569	34534	17730	2991	1898	1093	8283	
路北区		143	531	60852	37330	1721	1683	38	12061	
古冶区	260	1873	894	46798	20837	2507	1942	565	16034	
开平区	939	302	974	41421	24901	2419	1008	1411	9769	
丰润区	243	2455	4654	97954	41246	11559	9070	2489	29716	
丰南区	889	7016	2446	142363	72045	19918	15075	4843	32339	
高新开发区		1066	133	27879	18191	3067		3067	4956	
海港开发区	2836	3110	540	28082	22040	758		758	3953	
南堡开发区	1	826	298	12143	10148	230		230	957	
芦台开发区		400	1350	9481	2175	119		119	4765	
汉沽管理区	1378	136	212	11954	3795	311		311	5432	
曹妃甸工业园区			142	7589	12063				-4674	
邯郸市小计	**30369**	**116055**	**94760**	**1225574**	**528139**	**106247**	**81068**	**25179**	**286762**	
本级	11714	36164	20757	303891	223646	38601	32495	6106	-35264	
县级小计	18655	79891	74003	921683	304493	67646	48573	19073	322026	
大名县	1342	8290	5670	56561	4638	2088	1378	710	29863	
魏县	76	17478	2823	62881	5316	1688	661	1027	29464	
曲周县	239	1670	1716	30438	3178	1507	968	539	18696	
邱县	291	3002	2069	25550	2401	1212	574	638	10958	
鸡泽县		706	2444	21319	1996	1251	441	810	13184	
肥乡县	127	1261	2408	26698	3588	950	473	477	15523	
广平县		2730	2309	28394	3710	2035	908	1127	13336	
成安县		5800	3529	33844	4179	1201	671	530	17579	
临漳县	365	3408	1675	39641	4640	1347	904	443	25147	
馆陶县	486	3900	1876	30293	3228	1373	853	520	15227	
磁县	485	12527	2359	68257	28959	6216	4362	1854	18787	
涉县	1796	3320	6463	76441	30171	8433	7215	1218	20134	
永年县	542	1559	6676	59671	22306	5618	3747	1871	21704	
邯郸县	3612	3667	5701	49113	26089	4915	3517	1398	9809	

2-6-12

单位:万元

地区	平衡部分									
	收入									
	财力性转移支付收入									
	一般性转移支付补助	民族地区转移支付补助	调整工资转移支付补助	农村税费改革转移支付补助	取消农业特产税降低农业税率转移支付补助	缓解县乡财政困难转移支付补助	农村义务教育补助	结算补助	企事业单位预算划转补助	其他财力性转移支付
乐亭县	1150		6374	7224	209	1385		5208		233
迁西县			4641		3178	1130		10664		239
唐海县			1989	12162	580	756		5912		67
迁安市	15621		6022	4811		110		11600		176
玉田县	1161		7595	6616	86	950		4165		121
遵化市	7344		6703	6141		190	569	7607		281
路南区	850		3387	279		280		3257		230
路北区	550		5327	321				5816		47
古冶区	1100		4909		847	87		8515		576
开平区			3199	932		254		5344		40
丰润区	1300		9676	1877	5295	1513		9393		662
丰南区			5731	1556	3429	573		21025		25
高新开发区			107	58	32			4759		
海港开发区			80		5	11		3857		
南堡开发区			50	63	111			733		
芦台开发区			285	2153	746			1583		-2
汉沽管理区			316	2456	426			2232		2
曹妃甸工业园区								-4684		10
邯郸市小计	**70183**		**82643**	**21530**	**41304**	**18338**		**47759**		**5005**
本级	-13229		13957					-34758		-1234
县级小计	83412		68686	21530	41304	18338		82517		6239
大名县	13982		5378	2261	4494	2728		430		590
魏县	11457		7067	2494	5519	1434		1338		155
曲周县	7489		3420	1262	3015	2266		1017		227
邱县	4606		1892	703	1848	1004		705		200
鸡泽县	6575		2269	802	1913	601		852		172
肥乡县	6963		2789	983	2367	1344		751		326
广平县	4931		1927	701	1684	2209		1245		639
成安县	7410		3571	1104	2404	1563		1348		179
临漳县	10753		5091	1797	3722	2702		793		289
馆陶县	6123		3327	925	2119	1391		980		362
磁县	582		4400	1557	2309	209		9552		178
涉县	92		3868	1003	950	132		13451		638
永年县	1661		6409	2159	4593	681		5311		890
邯郸县	77		3034	899	1713	9		3843		234

2-6-13

单位:万元

地区	平衡部分								
	收入							支出	
	专项转移支付			省补助计划单列市	上年结余收入	调入资金	国债转贷收入、上年结余及转补助数	支出总计	本年支出
	小计	专项补助	增发国债补助						
乐亭县	10891	10462	429		1392	2407		79014	75957
迁西县	7813	6720	1093		3149			89645	89012
唐海县	3728	3646	82					42878	42318
迁安市	8781	8227	554		3253			200830	189246
玉田县	10478	8624	1854		218	1764	300	63962	59911
遵化市	12248	9791	2457		3827			124511	118205
路南区	4624	4613	11		906			33487	32391
路北区	7948	7937	11		802	990		60159	59986
古冶区	5615	5522	93		815	800	190	45593	45334
开平区	3506	3351	155		826			37788	37203
丰润区	12557	11331	1226		2272	74	530	94953	87100
丰南区	10803	9165	1638		6541	167	550	132981	129534
高新开发区	463	463			1202			27814	24160
海港开发区	1212	12	1200		25	94		28050	24855
南堡开发区	777	777			31			12135	11226
芦台开发区	1649	1555	94		173	600		9330	9276
汉沽管理区	1574	1568	6		842			8038	8036
曹妃甸工业园区	200	200						6574	6574
邯郸市小计	**194581**	**174271**	**20310**		**74777**	**31068**	**4000**	**1151844**	**1095592**
本级	27378	25301	2077		38114	10086	1330	265978	258309
县级小计	167203	148970	18233		36663	20982	2670	885866	837283
大名县	17439	16177	1262		2533			54839	55331
魏县	25913	23921	1992				500	62881	60415
曲周县	6053	5020	1033		714		290	29654	28386
邱县	6329	5779	550		3223	1427		22393	20380
鸡泽县	4261	3274	987		577		50	20597	20126
肥乡县	4939	4394	545		1319	189	190	25612	24301
广平县	6652	6365	287		2661			24182	23419
成安县	10783	9665	1118		22		80	33844	32626
临漳县	8327	7549	778		30		150	39641	37402
馆陶县	9164	7837	1327		1151		150	28847	28015
磁县	11174	9388	1786		3121			65353	62323
涉县	9829	6909	2920		7054		820	70879	67252
永年县	8235	7056	1179		663	995	150	59587	55332
邯郸县	5393	5017	376		2907			46943	46014

2－6－14

单位:万元

地区	平衡部分									
	支出								年终结余	其中:净结余
	财力性转移支付			专项上解	计划单列市上解省	增设预算周转金	调出资金	国债转贷拨付数及年末结余		
	小计	体制上解	出口退税专项上解							
乐亭县	28		28	3029					1644	
迁西县	29		29	604					3878	69
唐海县	24		24	536						
迁安市	5		5	11579					3411	198
玉田县	108		108	3643				300	325	140
遵化市	222		222	6084					6173	373
路南区	59		59	1037					1047	
路北区	148		148	25					693	
古冶区	11		11	58				190	1205	
开平区	73		73	512					3633	150
丰润区	41		41	7282				530	3001	226
丰南区	357		357	2540				550	9382	150
高新开发区	140		140	3514					65	
海港开发区	26		26	3169					32	32
南堡开发区	21		21	888					8	8
芦台开发区	54		54						151	
汉沽管理区	2		2						3916	1
曹妃甸工业园区									1015	10
邯郸市小计	**670**		**670**	**51582**				**4000**	**73730**	**1748**
本级	162		162	6177				1330	37913	
县级小计	508		508	45405				2670	35817	1748
大名县				－492					1722	66
魏县	1		1	1965				500		
曲周县	14		14	964				290	784	
邱县	7		7	2006					3157	
鸡泽县	3		3	418				50	722	
肥乡县				1121				190	1086	
广平县	22		22	741					4212	134
成安县	5		5	1133				80		
临漳县	1		1	2088				150		
馆陶县				682				150	1446	
磁县	29		29	3001					2904	99
涉县	56		56	2751				820	5562	
永年县	23		23	4082				150	84	37
邯郸县	23		23	906					2170	8

2006 年地方财政政府收支分类转换数据

2－6－15

单位:万元

地区	收支部分										
	收入										
	本年收入小计	税收收入									
		小计	增值税	营业税	企业所得税	个人所得税	城市维护建设税	耕地占用税	契税	烟叶税	其他各项税收收入
武安市	104423	67014	28653	10488	5706	3359	6229	45	546		11988
邯山区	5884	4802		2568		399					1835
丛台区	11138	10129		4334		1198					4597
复兴区	4542	3538		1110		155		970	1		1302
矿区	25274	17529	2604	4808	210	868	5117		500		3422
开发区	5693	5388	427	2421	246	37	547	378	583		749
马头工业园区	3140	2626		876	66	197	1008	21			458
张家口市小计	**242764**	**201914**	**52610**	**65353**	**12016**	**10079**	**28934**	**471**	**7945**	**390**	**24116**
本级	122745	106382	33124	37131	7268	6040	14543		5300		2976
县级小计	120019	95532	19486	28222	4748	4039	14391	471	2645	390	21140
蔚县	10927	8082	1438	2774	127	280	747	170	811	390	1345
阳原县	6290	5902	2127	2068	119	94	871	10	250		363
张北县	6107	5036	1114	2220	363	325	250	2	363		399
康保县	1770	1389	208	728	34	57	98		53		211
沽源县	1597	1067	117	677	19	36	83		55		80
尚义县	1628	1336	150	786	8	36	74		56		226
怀安县	4533	4287	1660	1366	48	75	599	7	2		530
赤城县	14025	12166	1050	1719	25	156	514		107		8595
崇礼县	5215	3148	214	610	125	76	88		74		1961
万全县	3518	3349	733	1194	182	96	226	241	252		425
宣化县	6370	4675	1531	1698	169	113	608	2	42		512
怀来县	13779	11064	2303	4021	2175	697	578		270		1020
涿鹿县	5405	3552	838	1374	121	111	332		303		473
宣化区	23124	17251	1754	2259	368	877	8695	1			3297
下花园区	2736	1822	366	195	42	165	576				478
桥东区	5286	5257	1795	1974	308	461					719
桥西区	3567	3496	1278	1378	336	274					230
高新区	2555	1966	656	848	144	100		38			180
察北管理区	989	504	118	232	29	8	33		6		78
塞北管理区	598	183	36	101	6	2	19		1		18
保定市小计	**430603**	**277849**	**65412**	**87932**	**24792**	**20556**	**25961**	**7429**	**19100**	**21**	**26646**
本级	173963	127813	33468	39258	12309	8677	14988		13531		5582
县级小计	256640	150036	31944	48674	12483	11879	10973	7429	5569	21	21064
清苑县	9587	5574	1320	1828	546	411	465	303	192		509
满城县	7721	5627	1301	1769	454	347	608	522	26		600

二、各省、自治区、直辖市地市县一般预算财政资料

2－6－16

单位:万元

地区	收支部分									
	收入								支出	
	非税收入							贷款转贷回收本金收入		
	小计	专项收入	行政事业性收费收入	罚没收入	国有资本经营收入	国有资源(资产)有偿使用收入	其他收入		本年支出小计	一般公共服务
武安市	37409	6371	2713	9017		136	19172		157528	16486
邯山区	1082	3	251	270	400	17	141		16207	4376
丛台区	1009	25	414	408	10	70	82		23101	5947
复兴区	1004	41	304	638		5	16		13280	3662
矿区	7745	3681	2065	1921	9	69			50269	5752
开发区	305	229	22	37		17			10350	6184
马头工业园区	514	463	34			17			5226	2487
张家口市小计	**40850**	**19317**	**7163**	**14187**	**－1184**	**1282**	**85**		**686134**	**117914**
本级	16363	9381	2652	4904	－1345	771			189689	28810
县级小计	24487	9936	4511	9283	161	511	85		496445	89104
蔚县	2845	643	991	1257	－185	139			36930	6536
阳原县	388	519	1		－151	19			29547	4098
张北县	1071	268	302	587	－137	8	43		35564	6264
康保县	381	78	85	342	－147	23			24802	3837
沽源县	530	66	256	338	－143	13			21753	3826
尚义县	292	47	75	293	－128	5			19595	3072
怀安县	246	393		6	－164	11			28610	5792
赤城县	1859	666	952	350	－148	39			39166	6673
崇礼县	2067	592	164	499	790	22			19699	4434
万全县	169	295	24	10	－177	17			23555	3864
宣化县	1695	693	48	1074	－179	59			26625	6232
怀来县	2715	680	471	1679	－183	68			40920	6142
涿鹿县	1853	365	103	732	625	28			31960	5652
宣化区	5873	4188	503	1307	－149	24			48490	8477
下花园区	914	313	106	605	－116	6			10298	2480
桥东区	29			3		26			22599	3342
桥西区	71	55		11			5		19111	3300
高新区	589	27	382	144			36		8980	2766
察北管理区	485	31	46	34	370	4			5333	1468
塞北管理区	415	17	2	12	383		1		2908	849
保定市小计	**152754**	**30070**	**43311**	**47711**	**22533**	**1470**	**7659**		**1036614**	**169229**
本级	46150	18475	6805	18274	－109	554	2151		201552	24763
县级小计	106604	11595	36506	29437	22642	916	5508		835062	144466
清苑县	4013	333	2509	892		42	237		42791	6353
满城县	2094	741	717	623		13			30779	5999

2－6－17　　　　单位:万元

地区	收支部分										
	支出										
	外交	国防	公共安全	教育	科学技术	文化体育与传媒	社会保障和就业	医疗卫生	环境保护	城乡社区事务	农林水事务
武安市			6336	32434	1515	1532	19220	9440	9528	22295	11777
邯山区			935	3259	190	27	3475	744	112	646	279
丛台区		30	1209	3907	2509	27	4099	1255	66	1299	164
复兴区		49	900	2470	186	29	2212	776	131	466	107
矿区		45	1998	13196	376	227	9724	1837	1124	3470	2614
开发区			457	524	524		74			1323	268
马头工业园区			41	740			364	93		63	198
张家口市小计		**825**	**41530**	**114346**	**3599**	**7077**	**104857**	**31760**	**46165**	**45781**	**68455**
本级			13806	20571	1951	3305	26262	11860	25621	14216	12698
县级小计		825	27724	93775	1648	3772	78595	19900	20544	31565	55757
蔚县		51	1949	8327	184	318	6000	2539	889	954	4464
阳原县		87	1029	5005	66	862	3312	1076	1184	2721	2206
张北县		61	1901	5911	66	241	4438	1023	2019	1905	6472
康保县			1008	5153	47	192	4472	998	1482	158	3817
沽源县			1079	4282	61	84	3204	703	1335	258	3447
尚义县		43	794	4186	34	145	3156	1018	1251	250	3101
怀安县		95	1111	4120	97	174	3932	1437	1120	705	3280
赤城县			1604	7372	91	274	5885	1653	1162	2160	6862
崇礼县			1266	2960	48	310	2913	935	688	148	3456
万全县			1166	4322	67	124	3447	1141	742	2916	2874
宣化县			2148	5652	250	140	4028	1035	539	241	2048
怀来县		210	2656	7057	106	205	5359	1351	5148	1701	5002
涿鹿县			1674	6552	59	155	5127	1218	1226	1125	3316
宣化区		159	3101	10659	240	290	7499	1732	293	8004	1358
下花园区		98	1002	1879	14	41	1448	355	821	431	466
桥东区			1765	3485	93	40	5895	812	35	5855	115
桥西区			1627	3573	77	146	6382	399	138	1327	316
高新区			629	2399	48	13	1417	250	89	68	741
察北管理区		21	129	778		18	445	159	208	636	1091
塞北管理区			86	103			236	66	175	2	1325
保定市小计	**37**	**1680**	**68808**	**215599**	**5385**	**12884**	**180088**	**47278**	**14745**	**58827**	**86890**
本级	37	888	22395	22209	2724	4532	33937	15736	1518	14414	24420
县级小计		792	46413	193390	2661	8352	146151	31542	13227	44413	62470
清苑县			2075	10880	33	1546	5997	1092	806	1495	3538
满城县		34	1959	9641	53	156	4905	726	680	1169	1787

2-6-18

单位:万元

地区	收支部分			平衡部分						
	支出			收入						
						返还性收入			财力性转移支付收入	
	交通运输	工业、商业、金融等事务	其他支出	收入总计	本年收入	小计	增值税和消费税税收返还	所得税基数返还	小计	体制补助
武安市	8980	8037	9948	179676	104423	16820	14101	2719	22418	
邯山区		176	1988	19346	5884	1639	791	848	7534	
丛台区		5	2584	27857	11138	993	603	390	10725	
复兴区		335	1957	14652	4542	749	312	437	6483	
矿区	314	968	8624	55214	25274	6817	5335	1482	12401	
开发区		40	956	10468	5693	452	417	35	2354	
马头工业园区		1012	228	5369	3140	342	342		700	
张家口市小计	**20058**	**37625**	**46142**	**799602**	**242764**	**85633**	**75296**	**10337**	**232292**	
本级	4624	19045	6920	245075	122745	37877	45181	-7304	1322	
县级小计	15434	18580	39222	554527	120019	47756	30115	17641	230970	
蔚县	350	517	3852	48420	10927	4496	2924	1572	17222	
阳原县	1026	3142	3733	31140	6290	3497	2370	1127	12982	
张北县	1236	877	3150	36635	6107	1616	1425	191	17192	
康保县	682	724	2232	25834	1770	832	691	141	14947	
沽源县	1135	186	2153	24806	1597	399	247	152	13616	
尚义县	548	154	1843	20854	1628	572	471	101	11685	
怀安县	644	2867	3236	31051	4533	2993	2454	539	12833	
赤城县	2657	763	2010	41206	14025	2447	1587	860	14032	
崇礼县	1145	711	685	21122	5215	961	469	492	7894	
万全县	1102	350	1440	24199	3518	2737	1464	1273	11087	
宣化县	1015	1161	2136	27509	6370	4321	3041	1280	11754	
怀来县	1623	567	3793	46888	13779	3783	3076	707	12375	
涿鹿县	703	3945	1208	36237	5405	2964	2194	770	14134	
宣化区	1071	1722	3885	57726	23124	7919	4256	3663	18944	
下花园区	188	95	980	12534	2736	1797	868	929	4069	
桥东区		544	618	26184	5286	2805	983	1822	13913	
桥西区	42	155	1629	24138	3567	3050	1493	1557	13065	
高新区		80	480	9551	2555	567	102	465	4947	
察北管理区	230		150	5570	989				2810	
塞北管理区	37	20	9	2923	598				1469	
保定市小计	**17003**	**23108**	**135053**	**1203643**	**430603**	**99659**	**72223**	**27436**	**381505**	
本级	4159	10784	19036	275150	173963	34042	29100	4942	-10756	
县级小计	12844	12324	116017	928493	256640	65617	43123	22494	392261	
清苑县	225	277	8474	47047	9587	2993	2294	699	24670	
满城县	491	208	2971	31594	7721	3237	2567	670	13235	

2－6－19

单位:万元

地区	平衡部分									
	收入									
	财力性转移支付收入									
	一般性转移支付补助	民族地区转移支付补助	调整工资转移支付补助	农村税费改革转移支付补助	取消农业特产税降低农业税率转移支付补助	缓解县乡财政困难转移支付补助	农村义务教育补助	结算补助	企事业单位预算划转补助	其他财力性转移支付
武安市	151		5535	1665	1831			13022		214
邯山区			1332	54	11			5857		280
丛台区			1524	121	28			8870		182
复兴区			1126	112	30			4982		233
矿区	560		4598	642	445	65		5933		158
开发区			38	101	165			2012		38
马头工业园区			91	185	144			225		55
张家口市小计	**86392**		**80172**	**20820**	**15157**	**11972**		**14527**		**3252**
本级	－10300		13528	3	35			－5568		3624
县级小计	96692		66644	20817	15122	11972		20095		－372
蔚县	4923		6519	2165	2096	1385		390		－256
阳原县	5999		3939	1400	921	329		536		－142
张北县	6800		5260	1918	1241	1547		170		256
康保县	6633		4913	1676	863	540		455		－133
沽源县	5605		4491	1270	952	642		662		－6
尚义县	5107		3693	1075	562	778		496		－26
怀安县	6133		3830	1205	850	429		491		－105
赤城县	4391		4316	1290	732	2666		526		111
崇礼县	3180		2570	695	326	814		410		－101
万全县	4668		3723	1250	746	404		471		－175
宣化县	3937		4501	1279	1298	231		564		－56
怀来县	556		3966	2842		221		4493		297
涿鹿县	4876		4619	1490	1645	911		719		－126
宣化区	10460		3869	375	139	665		3447		－11
下花园区	2005		1091	185	92	150		668		－122
桥东区	8785		2179	19	2	60		2556		312
桥西区	8797		2608	90	11	200		1355		4
高新区	2931		292	494	339			982		－91
察北管理区	660		188	99	1221			658		－16
塞北管理区	246		77		1086			46		14
保定市小计	**67655**		**130377**	**30484**	**51618**	**25130**		**68353**	**2125**	**5763**
本级	－7024		17562		108			－20147	－392	－863
县级小计	74679		112815	30484	51510	25130		88500	2517	6626
清苑县	3737		7243	1532	4396	2904		4612		246
满城县	1578		4389	1152	1577	52		4239		248

2－6－20

单位:万元

地区	平衡部分								
	收入							支出	
	专项转移支付			省补助计划单列市	上年结余收入	调入资金	国债转贷收入、上年结余及转补助数	支出总计	本年支出
	小计	专项补助	增发国债补助						
武安市	15603	14429	1174		2041	18371		176839	157528
邯山区	2352	2333	19		1937			16851	16207
丛台区	1898	1869	29		3103			25149	23101
复兴区	1783	1777	6		1095			13562	13280
矿区	7920	7055	865		2512		290	52376	50269
开发区	1969	1969						10468	10350
马头工业园区	1187	1187						5369	5226
张家口市小计	**161602**	**118100**	**43502**		**68988**	**5114**	**3209**	**714673**	**686134**
本级	42895	16879	26016		37099	3117	20	197592	189689
县级小计	118707	101221	17486		31889	1997	3189	517081	496445
蔚县	8197	7575	622		7393	185		37580	36930
阳原县	6910	6027	883		1371		90	30103	29547
张北县	10051	8601	1450		1555	114		35270	35564
康保县	6773	5844	929		1342	110	60	25111	24802
沽源县	6630	5650	980		2254		310	22277	21753
尚义县	5881	5645	236		1088			20041	19595
怀安县	7064	6135	929		1994	1104	530	29426	28610
赤城县	9369	7513	1856		1213		120	39723	39166
崇礼县	6164	5954	210		768		120	20015	19699
万全县	6147	4843	1304		383	177	150	24225	23555
宣化县	4807	4365	442		159	98		27112	26625
怀来县	11586	5659	5927		5174	2	189	43367	40920
涿鹿县	11344	10573	771		1890		500	33094	31960
宣化区	4873	4781	92		1776	90	1000	56075	48490
下花园区	2783	2136	647		1029		120	11425	10298
桥东区	2906	2862	44		1274			24594	22599
桥西区	3973	3906	67		483			20021	19111
高新区	982	975	7		500			9345	8980
察北管理区	1524	1486	38		130	117		5354	5333
塞北管理区	743	691	52		113			2923	2908
保定市小计	**154478**	**128667**	**25811**		**118028**	**13260**	**6110**	**1076864**	**1036614**
本级	13983	8171	5812		60874	2944	100	213741	201552
县级小计	140495	120496	19999		57154	10316	6010	863123	835062
清苑县	6547	4657	1890		2742		508	43933	42791
满城县	4068	3937	131		1076	2257		31142	30779

2006 年地方财政政府收支分类转换数据

2-6-21　　　　　　　　　　　　　　　　　　　　　　　　　　单位:万元

地　　区	平　衡　部　分									
	支　出								年终结余	其中:净结余
	财力性转移支付			专项上解	计划单列市上解省	增设预算周转金	调出资金	国债转贷拨付数及年末结余		
	小　计	体制上解	出口退税专项上解							
武安市	292		292	19019					2837	
邯山区				644					2495	1401
丛台区				2048					2708	
复兴区				282					1090	3
矿区	15		15	1802				290	2838	
开发区	17		17	101						
马头工业园区				143						
张家口市小计	**178**		**178**	**25152**				**3209**	**84929**	**-1215**
本级	69		69	7814				20	47483	356
县级小计	109		109	17338				3189	37446	-1571
蔚县				650					10840	-150
阳原县	1		1	465				90	1037	-355
张北县				-294					1365	
康保县	2		2	247				60	723	
沽源县				214				310	2529	
尚义县	5		5	441					813	42
怀安县	1		1	285				530	1625	441
赤城县				437				120	1483	-380
崇礼县	1		1	195				120	1107	-312
万全县	64		64	456				150	-26	-327
宣化县				487					397	-210
怀来县	2		2	2256				189	3521	66
涿鹿县				634				500	3143	-226
宣化区	1		1	6584				1000	1651	49
下花园区				1007				120	1109	66
桥东区	16		16	1979					1590	-82
桥西区	5		5	905					4117	-193
高新区	8		8	357					206	
察北管理区	3		3	18					216	
塞北管理区				15						
保定市小计	**1768**		**1768**	**32211**		**161**		**6110**	**126779**	**-2300**
本级	1404		1404	10685				100	61409	-3726
县级小计	364		364	21526		161		6010	65370	1426
清苑县	7		7	627				508	3114	
满城县				363					452	

二、各省、自治区、直辖市地市县一般预算财政资料

2－6－22　　　　　　　　　　　　　　　　　　　　　　　　　　　　单位：万元

地区	收支部分										
	收入										
	本年收入小计	税收收入									
		小计	增值税	营业税	企业所得税	个人所得税	城市维护建设税	耕地占用税	契税	烟叶税	其他各项税收收入
安新县	8939	3774	1148	1011	296	389	199	95	114		522
唐县	6136	3210	321	874	124	246	133	1148	83		281
顺平县	3917	1902	441	599	84	137	116	370		2	153
博野县	2818	1414	396	414	154	179	126	30	9		106
曲阳县	6118	4151	990	1656	34	314	356	370	29	11	391
涞源县	15396	11461	2619	1488	1654	317	1247	16	304		3816
阜平县	5724	1727	476	790	136	129	78	2	24		92
易县	7847	4547	574	1548	311	345	273	426	140	8	922
定兴县	8335	4648	816	1613	510	325	437	289	101		557
徐水县	13418	8372	1568	2339	703	760	629	569	502		1302
容城县	6601	3195	1018	777	194	435	342	145	34		250
涿州市	36797	25287	7722	7902	1608	1696	1805	265	2249		2040
涞水县	5912	3149	543	874	119	169	238	735	208		263
高碑店市	18359	7214	855	2151	587	756	797	395	446		1227
雄县	7526	2972	708	765	501	265	223	8	92		410
望都县	3620	1348	277	514	74	219	111	5			148
高阳县	8634	4967	1092	1300	465	690	385	290	261		484
蠡县	8103	4870	1367	1147	614	576	340	159	81		586
安国市	10084	4389	881	1364	408	593	469		103		571
定州市	27062	16011	5511	3433	2907	1312	1596	119	447		686
南市区	5445	3873		2016		259					1598
北市区	9166	5778		3452		224		992	124		986
新市区	10575	8093		5402		464		136			2091
高新区	2800	2483		1648		322		40			473
沧州市小计	**372729**	**286520**	**75923**	**91459**	**17650**	**17127**	**35048**	**2439**	**9884**		**36990**
本级	106971	77837	25757	24955	9106	6380	7620		2784		1235
县级小计	265758	208683	50166	66504	8544	10747	27428	2439	7100		35755
肃宁县	13803	8692	845	5183	329	346	810	59	367		753
献县	6092	3538	349	1509	167	278	319	19	416		481
盐山县	5207	3135	493	1152	242	174	446	37	92		499
孟村县	3921	1853	392	533	272	142	206	71	46		191
沧县	19575	12398	2671	2849	348	544	2220	597	311		2858
青县	9424	6967	1099	1963	757	599	583		650		1316
南皮县	4775	3149	835	617	157	270	426	127	120		597
河间市	14009	8132	736	2860	417	660	720	499	699		1541

2006 年地方财政政府收支分类转换数据

2－6－23

单位:万元

地区	收支部分									
	收入								支出	
	非税收入							贷款转贷回收本金收入		
	小计	专项收入	行政事业性收费收入	罚没收入	国有资本经营收入	国有资源(资产)有偿使用收入	其他收入		本年支出小计	一般公共服务
安新县	5165	284	1672	574	1924	35	676		28970	5818
唐县	2926	187	941	707		9	1082		36504	5376
顺平县	2015	165	1101	740		9			23323	4478
博野县	1404	134	359	854		22	35		16048	3345
曲阳县	1967	191	424	1274	11	67			27027	3625
涞源县	3935	1042	1177	1650		66			48020	6517
阜平县	3997	109	815	3014	10	49			27218	3889
易县	3300	429	678	1786		25	382		39733	7654
定兴县	3687	318	786	958	1603	22			32245	4778
徐水县	5046	511	1698	1290	1192	67	288		39072	7577
容城县	3406	175	1036	618	361	29	1187		22025	4011
涿州市	11510	1874	1606	1030	6561	72	367		64451	8229
涞水县	2763	430	698	1560		25	50		28403	4915
高碑店市	11145	573	8412	1844		35	281		40093	6640
雄县	4554	341	2874	592	657	26	64		24791	4075
望都县	2272	75	687	719	782	9			20618	4040
高阳县	3667	963	443	1767		45	449		27565	5523
蠡县	3233	323	574	1348	559	37	392		30295	5885
安国市	5695	278	2366	1403	1603	45			29365	3951
定州市	11051	1871	2247	1750	5134	31	18		76490	13704
南市区	1572	73	665	319	485	30			25115	5603
北市区	3388	57	908	633	1756	34			20381	4343
新市区	2482	118	863	1489	4	8			22105	5621
高新区	317		250	3		64			11635	2517
沧州市小计	**86209**	**26177**	**22215**	**29584**	**5424**	**1894**	**915**		**805971**	**158480**
本级	29134	8407	6482	12498	350	906	491		149666	18742
县级小计	57075	17770	15733	17086	5074	988	424		656305	139738
肃宁县	5111	891	410	790	2980	40			41847	7627
献县	2554	249	1410	873		22			42351	9077
盐山县	2072	325	572	1162		13			38784	8069
孟村县	2068	212	614	1060	179	3			25922	6525
沧县	7177	2691	2024	2211		116	135		50620	10535
青县	2457	509	1241	692		15			38658	7089
南皮县	1626	589	315	668		54			35422	8043
河间市	5877	592	2080	1475	1715	15			50666	10579

2－6－24

单位:万元

地区	收支部分										
	支出										
	外交	国防	公共安全	教育	科学技术	文化体育与传媒	社会保障和就业	医疗卫生	环境保护	城乡社区事务	农林水事务
安新县		52	1590	6661		93	4824	1518	1309	896	1994
唐县			1687	7715	39	209	6675	1335	492	1094	3601
顺平县			1181	5531	86	90	3987	966	196	95	3044
博野县		40	1063	3991	9	62	3126	376	43	352	891
曲阳县			1174	8101	49	243	5351	692	370	366	2739
涞源县		62	1613	8058	98	361	13554	3020	1429	1571	4496
阜平县		32	1142	5927	68	1270	4440	529	310	206	3749
易县		67	2096	8040	403	590	6789	1150	934	1033	5245
定兴县		35	1882	8226	80	155	6686	1032	189	794	2461
徐水县		76	2092	9829	107	151	5290	1347	183	1904	3075
容城县			1416	5465	96	117	3741	780	146	1428	1661
涿州市		95	4240	11300	608	1041	7842	2987	1352	7416	3922
涞水县		58	1835	6850	31	183	4282	1124	288	857	2569
高碑店市		103	3064	12375	90	328	5145	905	663	3563	2710
雄县		4	1276	6781	39	107	4247	288	172	1504	1333
望都县		36	1062	4809	41	105	3356	1249	96	235	1189
高阳县		32	1588	6185	87	95	4553	549	1486	1506	1966
蠡县			1487	7317	44	195	4745	1130	434	593	1557
安国市		30	1465	7251	136	610	6693	1262	95	1494	3009
定州市			5119	17659	255	635	15756	4485	772	3545	4618
南市区			1365	5674	25		4585	1162	277	1990	580
北市区		36	1213	3708	7		4580	906	108	914	421
新市区			1626	5304	28		4846	931	397	1237	305
高新区			103	112	149	10	156	1		7156	10
沧州市小计		**823**	**58059**	**199340**	**5075**	**9338**	**57844**	**42380**	**9487**	**48156**	**70594**
本级		618	19088	34923	1708	2199	13614	9601	1450	8918	5975
县级小计		205	38971	164417	3367	7139	44230	32779	8037	39238	64619
肃宁县			1763	10842	151	1955	1498	2396	1503	1081	3810
献县			2189	9856	174	36	1701	1665	141	3468	4804
盐山县			2359	8709	935	376	2537	1960	310	407	4519
孟村县			1834	5413	189	308	3128	1471	206	76	3049
沧县		10	3184	14597	111	324	2456	2202	328	1020	4515
青县		56	2273	9174	347	161	4353	2443	135	619	2859
南皮县			1928	11399	135	204	1902	1410	264	926	3787
河间市			2492	13419	178	220	4937	3539	256	420	3664

2006 年地方财政政府收支分类转换数据

2－6－25　　　　　　　　　　　　　　　　　　　　　　　　　　单位:万元

地区	收支部分			平衡部分						
	支出			收入						
						返还性收入			财力性转移支付收入	
	交通运输	工业、商业、金融等事务	其他支出	收入总计	本年收入	小计	增值税和消费税税收返还	所得税基数返还	小计	体制补助
安新县	108	451	3656	32048	8939	2082	1191	891	14071	
唐县	748	279	7254	38511	6136	1014	784	230	20032	
顺平县	760	46	2863	24711	3917	1217	822	395	13220	
博野县		97	2653	16808	2818	829	574	255	10650	
曲阳县	534	203	3580	37646	6118	1499	1074	425	19012	
涞源县	755	2752	3734	54760	15396	2064	1614	450	13984	
阜平县	1637	273	3746	28423	5724	637	597	40	12957	
易县	826	653	4253	45460	7847	2453	1347	1106	21540	
定兴县	340	137	5450	35696	8335	1734	1083	651	19576	
徐水县	210	212	7019	41611	13418	4099	2894	1205	17969	
容城县	280	117	2767	23364	6601	2364	1336	1028	10590	
涿州市	3128	2227	10064	71336	36797	5857	5001	856	15905	
涞水县		58	5353	30816	5912	1134	900	234	15763	
高碑店市	323	239	3945	48936	18359	4064	2322	1742	14917	
雄县	219	234	4512	26334	7526	2113	1179	934	11926	
望都县	117	56	4227	21518	3620	1260	932	328	12298	
高阳县	120	394	3481	29888	8634	3027	1800	1227	13514	
蠡县	33	189	6686	33637	8103	6023	2883	3140	15579	
安国市	473	461	2435	33904	10084	2730	1832	898	13834	
定州市	1517	409	8016	86130	27062	7227	6051	1176	29149	
南市区		2333	1521	25369	5445	2424	733	1691	12101	
北市区		9	4136	26503	9166	879	314	565	9527	
新市区		10	1800	23678	10575	1663	420	1243	9191	
高新区			1421	12765	2800	994	579	415	7051	
沧州市小计	**15183**	**49648**	**81564**	**883077**	**372729**	**68304**	**53722**	**14582**	**267193**	
本级	7441	7931	17458	141323	106971	10922	9624	1298	4189	
县级小计	7742	41717	64106	741754	265758	57382	44098	13284	263004	
肃宁县	220	4259	4742	46155	13803	3032	2417	615	16458	
献县	272	3498	5470	43735	6092	2322	1713	609	23208	
盐山县	419	6172	2012	41965	5207	2141	1744	397	22396	
孟村县	313	2557	853	26098	3921	1895	1289	606	14022	
沧县	843	3321	7174	56676	19575	5163	3424	1739	21127	
青县	44	2083	7022	43683	9424	5108	3479	1629	19850	
南皮县	48	3197	2179	36261	4775	2477	1606	871	17804	
河间市		926	10036	56150	14009	5241	3953	1288	25608	

2-6-26　　　　单位:万元

地区	平衡部分									
	收入									
	财力性转移支付收入									
	一般性转移支付补助	民族地区转移支付补助	调整工资转移支付补助	农村税费改革转移支付补助	取消农业特产税降低农业税率转移支付补助	缓解县乡财政困难转移支付补助	农村义务教育补助	结算补助	企事业单位预算划转补助	其他财力性转移支付
安新县	4001		3507	1338	1737	690		2687		111
唐县	8212		5862	2040	1459	844		1430		185
顺平县	4831		3476	1130	1311	795		1390		287
博野县	3709		3126	753	1312	368		1051		331
曲阳县	7798		4648	1839	1071	1148		2400		108
涞源县	1037		4169	1526	413	10		6807		22
阜平县	4271		4301	1108	788	840		1569		80
易县	7057		6606	2070	2289	1023		2263		232
定兴县	4287		4918	1382	4675	1603		2458		253
徐水县	1378		5108	1409	3256	2307		4405		106
容城县	1326		3276	682	1408	1502		2330		66
涿州市	187		4468	1386	3023	660		5604		577
涞水县	6251		4127	1466	1237	905		1501		276
高碑店市	944		4856	1412	3308	712		3304	198	183
雄县	2161		3716	1017	1800	1037		2041		154
望都县	3958		4331	842	1291	892		850		134
高阳县	1805		3730	878	1940	2027		3074		60
蠡县	1536		5161	1124	2564	1495		3561		138
安国市	2880		4572	896	2377	1440		1249		420
定州市	225		10363	2473	7069	1768		6785		466
南市区	532		2227	317	378	76		8270		301
北市区	522		2203	244	286	12		4974		1286
新市区	456		2432	463	527	15		2625	2319	354
高新区				5	18	5		7021		2
沧州市小计	**78828**		**88237**	**24868**	**40770**	**21834**		**8866**	**472**	**3318**
本级	-10844		13926					-388	-51	1546
县级小计	89672		74311	24868	40770	21834		9254	523	1772
肃宁县	8561		3896	1042	1562	606		736	2	53
献县	8812		6108	1657	3929	1569		1079	2	52
盐山县	10013		6086	1586	2485	1552		623	2	49
孟村县	6923		3003	696	1044	933		1370	1	52
沧县	4996		5765	1518	4097	2458		2260	2	31
青县	5165		4773	1338	2484	3144		2920	1	25
南皮县	7660		4177	1193	2658	1437		611	3	65
河间市	4654		7468	2246	5016	2119		4075	3	27

2006年地方财政政府收支分类转换数据

2－6－27　　　　　　　　　　　　　　　　　　　　单位:万元

地区	平衡部分								
	收入							支出	
	专项转移支付			省补助计划单列市	上年结余收入	调入资金	国债转贷收入、上年结余及转补助数	支出总计	本年支出
	小计	专项补助	增发国债补助						
安新县	5305	3119	2186		1050	131	470	29799	28970
唐县	8362	7989	373		2796	171		36913	36504
顺平县	5230	4773	457		1017		110	23643	23323
博野县	2367	2055	312		144			16416	16048
曲阳县	5874	5283	591		5013		130	28102	27027
涞源县	17004	16352	652		6124		188	48361	48020
阜平县	8200	6004	2196		435		470	27866	27218
易县	9753	8418	1335		3347		520	41056	39733
定兴县	4732	4013	719		1319			32875	32245
徐水县	4422	3996	426		429	1274		40636	39072
容城县	2114	1918	196		1545		150	22910	22025
涿州市	7141	5822	1319		1722	3000	914	68640	64451
涞水县	6168	5417	751		1560	279		28630	28403
高碑店市	5325	3645	1680		5281		990	43097	40093
雄县	2749	2580	169		1845	25	150	25477	24791
望都县	3812	3624	188		528			21251	20618
高阳县	3897	2695	1202		299	517		28898	27565
蠡县	3802	3590	212		10		120	31755	30295
安国市	4895	3965	930		1601	460	300	30303	29365
定州市	11961	10198	1763		7709	2202	820	79211	76490
南市区	1666	1586	80		3733			25334	25115
北市区	1968	1844	124		4793		170	20573	20381
新市区	2249	2132	117					23678	22105
高新区	884	884			1036			12624	11635
沧州市小计	**124085**	**110619**	**13466**		**36130**	**10651**	**3985**	**826118**	**805971**
本级	4839	3695	1144		12094	1758	550	121792	149666
县级小计	119246	106924	12322		24036	8893	3435	704326	656305
肃宁县	9949	8862	1087		2695	98	120	43283	41847
献县	10040	9086	954		1416	507	150	42993	42351
盐山县	11533	11016	517		538		150	39399	38784
孟村县	6271	5970	301		－11			26109	25922
沧县	7499	6702	797		2683	269	360	54549	50620
青县	6672	6457	215		2629			41033	38658
南皮县	7249	6675	574		－316	4272		36577	35422
河间市	7119	6258	861		1797	2376		53423	50666

2-6-28

单位:万元

地区	平衡部分									
	支出								年终结余	其中:净结余
	财力性转移支付			专项上解	计划单列市上解省	增设预算周转金	调出资金	国债转贷拨付数及年末结余		
	小计	体制上解	出口退税专项上解							
安新县	1		1	358				470	2249	
唐县	4		4	405					1598	
顺平县				210				110	1068	
博野县				368					392	
曲阳县				945				130	9544	638
涞源县				153				188	6399	
阜平县				178				470	557	
易县	9		9	794				520	4404	
定兴县	27		27	603					2821	
徐水县	29		29	1535					975	69
容城县	56		56	679				150	454	
涿州市	45		45	3230				914	2696	
涞水县	4		4	223					2186	
高碑店市	3		3	2011				990	5839	
雄县	10		10	526				150	857	29
望都县	8		8	625					267	12
高阳县	42		42	1291					990	181
蠡县				1340				120	1882	
安国市				638				300	3601	356
定州市	119		119	1782				820	6919	
南市区				58		161			35	
北市区				22				170	5930	
新市区				1573						
高新区				989					141	141
沧州市小计	**1089**		**1089**	**12053**		**2500**	**520**	**3985**	**56959**	**7662**
本级	528		528	-31972		2500	520	550	19531	3603
县级小计	561		561	44025				3435	37428	4059
肃宁县	123		123	1193				120	2872	-457
献县	17		17	475				150	742	-187
盐山县	4		4	461				150	2566	-78
孟村县	13		13	174					-11	-11
沧县	8		8	3561				360	2127	
青县				2375					2650	19
南皮县	3		3	1152					-316	-316
河间市	14		14	2743					2727	

2－6－29

单位:万元

地区	收支部分										
	收入										
	本年收入小计	税收收入									
		小计	增值税	营业税	企业所得税	个人所得税	城市维护建设税	耕地占用税	契税	烟叶税	其他各项税收收入
任丘市	88928	76243	31745	7713	1394	3154	18055	102	885		13195
海兴县	3464	2109	258	835	36	87	120	16	207		550
东光县	5674	3604	549	1106	731	325	345		95		453
泊头市	9857	6209	815	1888	303	522	945	55	600		1081
吴桥县	3540	2438	185	1074	116	192	214	62	259		336
黄骅市	27007	22973	5544	8879	682	1215	1386	328	738		4201
新华区	11155	10539	725	6079	625	579		50			2481
运河区	21713	21209	1759	13055	1550	1180		290			3375
开发区	1940	1802	147	484	31	25	201	113	370		431
港口区	10004	9352	247	7064	155	279	175		1087		345
南大港	2670	1995	359	696	43	91	88	14	88		616
临港区	3000	2346	413	965	189	85	169		70		455
秦皇岛市小计	**325259**	**252323**	**34096**	**109596**	**19952**	**13659**	**15815**	**4328**	**22201**		**32676**
本级	166967	116264	15482	49868	13170	7912	10817		14584		4431
县级小计	158292	136059	18614	59728	6782	5747	4998	4328	7617		28245
青龙县	17725	14623	1811	3236	242	377	371	148	503		7935
昌黎县	15582	11666	3250	4315	979	777	410	71	928		936
卢龙县	6526	5681	1085	2168	62	456	159	109	114		1528
抚宁县	25646	20115	4125	8271	524	793	975	973	1913		2541
山海关	8064	6720	837	3997	248	413		1	267		957
海港区	31462	27804	3381	12663	1931	1206		139			8484
北戴河	15597	14296	582	10385	600	480			414		1835
开发区	37690	35154	3543	14693	2196	1245	3083	2887	3478		4029
邢台市小计	**255082**	**185054**	**57362**	**46989**	**22154**	**12599**	**15070**	**2977**	**9761**		**18142**
本级	113314	86919	29851	18638	12637	6027	7242		7240		5284
县级小计	141768	98135	27511	28351	9517	6572	7828	2977	2521		12858
南宫市	4522	3516	580	1599	111	286	252	135	185		368
沙河市	19684	13923	5257	2603	682	744	1676	218	50		2693
邢台县	23127	12923	5684	2164	1644	573	729	161	390		1578
临城县	4345	3243	636	1049	274	158	145	11	3		967
内邱县	9340	7712	2273	1800	1282	561	401	42	130		1223
柏乡县	1993	1082	214	338	112	95	75	44	34		170
隆尧县	8813	5990	1405	1685	720	287	531	130	38		1194
任县	1860	1314	192	683	67	147	63	61	22		79
南和县	1884	1493	172	928	30	146	113		1		103

2-6-30

单位:万元

地区	收支部分									
	收入								支出	
	非税收入							贷款转贷回收本金收入	本年支出小计	一般公共服务
	小计	专项收入	行政事业性收费收入	罚没收入	国有资本经营收入	国有资源(资产)有偿使用收入	其他收入			
任丘市	12685	7616	2075	2342		363	289		91016	17615
海兴县	1355	131	397	661	139	27			23371	5351
东光县	2070	424	793	826		27			33916	7675
泊头市	3648	498	1711	1378	37	24			43088	8804
吴桥县	1102	177	358	501	10	56			26875	5791
黄骅市	4034	1568	816	1493		157			46339	12078
新华区	616		38	567		11			13079	4302
运河区	504		219	251	9	25			18664	4097
开发区	138	86	30	16		6			3337	1354
港口区	652	526	42	79		5			14252	2094
南大港	675	295	332	37	5	6			8346	1234
临港区	654	391	256	4		3			9752	1799
秦皇岛市小计	**72936**	**18161**	**10766**	**13610**	**27948**	**2446**	**5**		**554172**	**98211**
本级	50703	11648	4506	6378	26952	1219			186023	29337
县级小计	22233	6513	6260	7232	996	1227	5		368149	68874
青龙县	3102	886	680	1193	310	33			49983	7662
昌黎县	3916	752	910	2185		69			49064	13335
卢龙县	845	436	68	327		14			39259	7739
抚宁县	5531	1339	925	1823	609	835			61826	8611
山海关	1344	458	547	295	24	15	5		24283	5427
海港区	3658	742	1672	1123		121			53164	10798
北戴河	1301	571	495	161	53	21			29610	5765
开发区	2536	1329	963	125		119			60960	9537
邢台市小计	**70028**	**16439**	**13105**	**26905**	**11677**	**1757**	**145**		**680545**	**125813**
本级	26395	8730	2788	14629	-436	544	140		149698	19716
县级小计	43633	7709	10317	12276	12113	1213	5		530847	106097
南宫市	1006	253	98	626		29			37837	4999
沙河市	5761	1445	634	1655	1970	57			46882	9522
邢台县	10204	1317	5602	1981	1142	162			53161	11082
临城县	1102	239	26	706	1	130			21684	3995
内邱县	1628	929	409	257		33			25638	9130
柏乡县	911	100	299	138	326	48			13218	3145
隆尧县	2823	741	221	1351	317	193			28150	5283
任县	546	84	107	336		19			18906	3381
南和县	391	137	73	66	64	51			18392	3046

2－6－31

单位:万元

地　　区	收支部分										
	支出										
	外　交	国　防	公共安全	教　育	科学技术	文化体育与传媒	社会保障和就业	医疗卫生	环境保护	城乡社区事务	农林水事务
任丘市			6104	24341	232	827	4172	4260	1456	13985	6646
海兴县		55	1806	4730	81	170	1377	840	118	1041	4253
东光县		57	1775	9099	259	238	1908	1725	1139	1761	4482
泊头市			3095	11367	108	759	3887	2089	349	1567	5917
吴桥县		27	1624	6947	89	331	1752	1295	641	301	2388
黄骅市			3201	10014	99	812	2515	2280	490	1368	4626
新华区			944	2915	36	44	1580	771		872	362
运河区			755	5717	97	37	2100	1332		879	904
开发区			53	540	89		57	82	53	1002	11
港口区			331	1822		274	418	340		5415	220
南大港			470	1586	30	29	823	220	33	2135	1741
临港区			791	1930	27	34	1129	459	615	895	2062
秦皇岛市小计		**1431**	**40982**	**91090**	**3582**	**7645**	**58477**	**25169**	**13417**	**56649**	**45937**
本级		1192	17583	17498	2033	4712	21061	4666	10532	13948	13773
县级小计		239	23399	73592	1549	2933	37416	20503	2885	42701	32164
青龙县			2760	13959	56	174	6354	2450	410	518	8036
昌黎县			3990	11936	89	465	2755	2895	546	2409	4373
卢龙县			675	9719	59	231	6558	2734	328	629	3876
抚宁县		13	2733	11944	163	250	9682	4717	535	1117	5596
山海关		37	1937	4269	28	812	3814	1057	211	2054	1782
海港区		126	5807	14005	232	177	5185	3429	490	5393	1908
北戴河		63	2873	3481	95	206	1832	1543	168	5684	1493
开发区			2624	4279	827	618	1236	1678	197	24897	5100
邢台市小计		**725**	**49937**	**142818**	**4479**	**6103**	**73545**	**25746**	**7136**	**29513**	**64468**
本级		341	23524	16183	737	1787	18468	6020	2514	11040	8738
县级小计		384	26413	126635	3742	4316	55077	19726	4622	18473	55730
南宫市		38	1261	7403	235	192	5020	832	756	741	2800
沙河市		75	2656	15634	624	491	2478	2025	852	1585	3700
邢台县		76	1957	8177	578	602	5938	2872	340	1803	7720
临城县		24	1194	3461	152	139	3235	1007	240	1059	3736
内邱县			1303	6359	333	130	941	1191	232	271	2241
柏乡县		21	885	4294	92	180	955	519	165	226	1113
隆尧县		3	1306	7863	182	341	4740	1007	358	2767	2689
任县			1039	5079	84	47	3131	783	192	207	2735
南和县			1367	5610	122	135	3480	628	82	493	1968

2-6-32

单位:万元

地区	收支部分			平衡部分						
	支出			收入						
						返还性收入			财力性转移支付收入	
	交通运输	工业、商业、金融等事务	其他支出	收入总计	本年收入	小计	增值税和消费税税收返还	所得税基数返还	小计	体制补助
任丘市	2914	4073	4391	117052	88928	7609	7023	586	5934	
海兴县	824	1842	883	23331	3464	1725	1540	185	12879	
东光县	258	1480	2060	38285	5674	3017	2108	909	20380	
泊头市	197	1185	3764	51428	9857	5782	4263	1519	26505	
吴桥县	125	2001	3563	29332	3540	1624	1341	283	16877	
黄骅市	1155	4637	3064	57676	27007	7071	6197	874	12657	
新华区		87	1166	16171	11155	1185	736	449	-216	
运河区		54	2692	20649	21713	1438	1009	429	-5668	
开发区			96	3453	1940	225	131	94	1091	
港口区	54	345	2939	15232	10004	208	119	89	2283	
南大港	45			8386	2670	94	3	91	4932	
临港区	11			10036	3000	25	3	22	4877	
秦皇岛市小计	**16113**	**14808**	**80661**	**621338**	**325259**	**58764**	**46846**	**11918**	**116473**	
本级	7463	6309	35916	210972	166967	20123	20280	-157	-20469	
县级小计	8650	8499	44745	410366	158292	38641	26566	12075	136942	
青龙县	204	304	7096	54292	17725	2451	1855	596	20842	
昌黎县	1374	853	4044	58207	15582	5580	4274	1306	22777	
卢龙县	1945	207	4559	39795	6526	3120	2839	281	20336	
抚宁县	1914	1013	13538	69710	25646	9718	7764	1954	20358	
山海关	231	1200	1424	30131	8064	3230	2886	344	8301	
海港区	222	261	5131	59178	31462	4981	2041	2940	16634	
北戴河	72	238	6097	32328	15597	2358	1082	1276	9502	
开发区	2688	4423	2856	66725	37690	7203	3825	3378	18192	
邢台市小计	**22340**	**74437**	**53485**	**787130**	**255082**	**74461**	**52877**	**21584**	**249748**	
本级	12529	18903	9198	209090	113314	23930	19856	4074	-1195	
县级小计	9811	55534	44287	578040	141768	50531	33021	17510	250943	
南宫市	880	9209	3471	40115	4522	3200	2885	315	18348	
沙河市	1517	5362	361	49534	19684	6480	4173	2307	17264	
邢台县	2411	4407	5198	64417	23127	7326	6324	1002	19865	
临城县	494	862	2086	22739	4345	1612	1032	580	10705	
内邱县	100	995	2412	28001	9340	2881	1672	1209	11478	
柏乡县	177	307	1139	14470	1993	951	574	377	9576	
隆尧县	270	345	996	35471	8813	2941	1668	1273	15785	
任县	25	906	1297	19343	1860	1187	816	371	12699	
南和县	11	457	993	19297	1884	939	502	437	13125	

2－6－33

单位:万元

地区	平衡部分									
	收入									
	财力性转移支付收入									
	一般性转移支付补助	民族地区转移支付补助	调整工资转移支付补助	农村税费改革转移支付补助	取消农业特产税降低农业税率转移支付补助	缓解县乡财政困难转移支付补助	农村义务教育补助	结算补助	企事业单位预算划转补助	其他财力性转移支付
任丘市	124		6428	1371	3850	1286		－7525		400
海兴县	6177		2958	1334	828	983		478	68	53
东光县	9035		4887	1215	2785	1401		1022	1	34
泊头市	8408		6438	1569	4399	2603		2970	89	29
吴桥县	6530		3902	1073	3025	1215		996	2	134
黄骅市	2882		4356	1370	2151			1382		516
新华区	－1057		1359	166	105	50		－1307	262	206
运河区	－5200		2387	482	308	40		－3790	85	20
开发区	384		57	18	36	293		299		4
港口区	1162		62	18	8	119		908		6
南大港	2350		95	2397		13		69		8
临港区	2093		106	2579		13		78		8
秦皇岛市小计	**20540**	**744**	**37741**	**17958**	**581**	**9362**		**28038**		**1509**
本级	－5793	744	6510	10				－22921		981
县级小计	26333		31231	17948	581	9362		50959		528
青龙县	6090		5892	3715	122	2614		2372		37
昌黎县	4270		6545	5496	146	3243		2832		245
卢龙县	5715		5435	4117	133	2566		2306		64
抚宁县	3003		5721	3702	146	339		7377		70
山海关	668		1862	274	8	309		5147		33
海港区	350		3864	445	16			11911		48
北戴河	1971		1440	134	5			5929		23
开发区	4266		472	65	5	291		13085		8
邢台市小计	**54660**		**77701**	**19950**	**36564**	**14086**		**33442**		**13345**
本级	－4146		12147					－20471		11275
县级小计	58806		65554	19950	36564	14086		53913		2070
南宫市	5737		4988	1565	3109	1242		1603		104
沙河市	253		4302	1254	1478	563		9349		65
邢台县	296		4781	1777	1768	570		10474		199
临城县	2991		2916	911	829	1155		1808		95
内邱县	611		3015	856	1142	233		5480		141
柏乡县	3724		2271	634	1470	754		651		72
隆尧县	1949		4662	1074	3173	1225		3627		75
任县	5028		3056	916	1754	991		834		120
南和县	5244		3274	833	1911	943		758		162

二、各省、自治区、直辖市地市县一般预算财政资料

2－6－34

单位:万元

地区	平衡部分								
	收入							支出	
	专项转移支付			省补助计划单列市	上年结余收入	调入资金	国债转贷收入、上年结余及转补助数	支出总计	本年支出
	小计	专项补助	增发国债补助						
任丘市	6710	5125	1585		6573	308	990	106890	91016
海兴县	5378	4891	487		－115			23446	23371
东光县	7452	5364	2088		1032		730	35677	33916
泊头市	6742	5888	854		1688	454	400	46932	43088
吴桥县	6245	5400	845		850	46	150	27815	26875
黄骅市	9640	9288	352		1196		105	53589	46339
新华区	2602	2579	23		1112	333		15201	13079
运河区	2717	2671	46		219	230		20360	18664
开发区	170	170			27			3442	3337
港口区	2726	2626	100		11			15229	14252
南大港	684	675	9		6			8355	8346
临港区	1848	1221	627		6		280	10024	9752
秦皇岛市小计	**81001**	**75995**	**5006**		**27526**	**7955**	**4360**	**576706**	**554172**
本级	21468	20889	579		17383	1240	4260	188163	186023
县级小计	59533	55106	4427		10143	6715	100	388543	368149
青龙县	11937	11032	905		1316	21		49392	49983
昌黎县	8820	7627	1193		3757	1591	100	52380	49064
卢龙县	10274	9615	659		－461			40256	39259
抚宁县	10693	9824	869		852	2443		65476	61826
山海关	6638	6414	224		1357	2541		26691	24283
海港区	5733	5514	219		268	100		58851	53164
北戴河	3483	3381	102		1369	19		30921	29610
开发区	1955	1699	256		1685			64576	60960
邢台市小计	**148305**	**136628**	**11677**		**55430**	**1984**	**2120**	**712401**	**680545**
本级	38503	35708	2795		33838		700	160211	149698
县级小计	109802	100920	8882		21592	1984	1420	552190	530847
南宫市	13735	12721	1014		310			39353	37837
沙河市	5898	5232	666		68		140	49476	46882
邢台县	6777	6043	734		6722		600	54889	53161
临城县	5438	4864	574		519		120	22264	21684
内邱县	3364	2851	513		938			26473	25638
柏乡县	1690	1668	22		110		150	14122	13218
隆尧县	2960	2781	179		4822		150	30011	28150
任县	3593	3172	421		4			19340	18906
南和县	2340	1973	367		817	192		18799	18392

2-6-35

单位:万元

地区	平衡部分									
	支出								年终结余	其中:净结余
	财力性转移支付			专项上解	计划单列市上解省	增设预算周转金	调出资金	国债转贷拨付数及年末结余		
	小计	体制上解	出口退税专项上解							
任丘市	101		101	14783				990	10162	5533
海兴县	10		10	65					-115	-115
东光县				1031				730	2608	-106
泊头市	29		29	3415				400	4496	40
吴桥县				790				150	1517	119
黄骅市	182		182	6963				105	4087	
新华区	33		33	2089					970	
运河区	11		11	1685					289	-408
开发区	11		11	94					11	11
港口区				977					3	3
南大港	2		2	7					31	
临港区				-8				280	12	12
秦皇岛市小计	**2023**		**2023**	**15478**			**673**	**4360**	**44632**	**2056**
本级	743		743	-3536			673	4260	22809	4196
县级小计	1280		1280	19014				100	21823	-2140
青龙县				-591					4900	-2643
昌黎县	48		48	3168				100	5827	
卢龙县	101		101	896					-461	-461
抚宁县	179		179	3471					4234	5
山海关	34		34	2374					3440	100
海港区	372		372	5315					327	196
北戴河	22		22	1289					1407	94
开发区	524		524	3092					2149	569
邢台市小计	**319**		**319**	**27421**		**1272**	**724**	**2120**	**74729**	**250**
本级	70		70	9019			724	700	48879	
县级小计	249		249	18402		1272		1420	25850	250
南宫市				1516					762	5
沙河市	9		9	1673		772		140	58	
邢台县	34		34	1094				600	9528	
临城县				460				120	475	
内邱县	14		14	821					1528	
柏乡县				754				150	348	37
隆尧县	3		3	1208		500		150	5460	8
任县	3		3	431					3	3
南和县				407					498	

2－6－36

单位:万元

地区	收支部分										
	收入										
	本年收入小计	税收收入									
		小计	增值税	营业税	企业所得税	个人所得税	城市维护建设税	耕地占用税	契税	烟叶税	其他各项税收收入
宁晋县	18400	12883	4282	2629	2249	875	661	567	350		1270
巨鹿县	3213	2612	471	960	283	176	173	53	157		339
新河县	1316	1079	167	525	50	106	85	6	11		129
广宗县	1124	725	154	314	69	64	42	15	21		46
平乡县	4048	2240	400	864	191	284	89	198	62		152
威县	2929	1967	197	1139	50	174	131		55		221
清河县	11020	8028	3121	1312	1168	771	415	654	230		357
临西县	5480	2154	332	1240	124	126	124	44	57		107
桥东区	5607	4621	680	2447	107	410	524	21			432
桥西区	7545	5774	814	2338	134	464	1248	377			399
高新区	4966	4636	428	1653	154	108	340	240	700		1013
大曹庄管理区	552	220	52	81	16	17	11		25		18
廊坊市小计	**305372**	**243505**	**41024**	**98523**	**23708**	**15485**	**15426**	**3878**	**16703**		**28758**
本级	90985	73048	13638	37351	9424	4785	426		7022		402
县级小计	214387	170457	27386	61172	14284	10700	15000	3878	9681		28356
三河市	62569	53493	7289	22946	5559	2329	3282	2400	3100		6588
大厂县	6388	4550	799	1765	292	290	333	133	276		662
香河县	20272	16012	1498	7769	480	687	637	21	830		4090
永清县	4924	2775	601	1058	81	239	226	33	188		349
固安县	7858	5592	580	2790	237	273	347	226	578		561
霸州市	36637	31477	8724	7775	2721	2072	3303	392	2152		4338
文安县	14547	8591	1875	2647	559	1146	875	278	310		901
大城县	9223	5037	1286	1643	366	514	340	13	290		585
安次区	6331	4026	426	1418	139	195	752	32	310		754
广阳区	24561	20287	1720	7604	1080	1681	3243	150	306		4503
开发区	21077	18617	2588	3757	2770	1274	1662	200	1341		5025
承德市小计	**244495**	**204984**	**40540**	**56318**	**18024**	**12668**	**14220**	**1245**	**4432**		**57537**
本级	109897	93799	23859	30225	10579	5769	8972		979		13416
县级小计	134598	111185	16681	26093	7445	6899	5248	1245	3453		44121
宽城县	23915	19835	3647	2570	2075	910	1068	43	157		9365
滦平县	16301	14925	2365	3078	1425	847	549	437	313		5911
丰宁县	14425	11499	2060	2404	1004	966	348	3	111		4603
隆化县	8375	7753	764	2789	283	312	385	147	530		2543
围场县	4545	4069	432	1983	217	269	285	2	188		693
承德县	19518	15244	2420	3096	883	832	772	125	253		6863

2-6-37

单位:万元

地区	收支部分									
	收入								支出	
	非税收入							贷款转贷回收本金收入		
	小计	专项收入	行政事业性收费收入	罚没收入	国有资本经营收入	国有资源(资产)有偿使用收入	其他收入		本年支出小计	一般公共服务
宁晋县	5517	754	388	2560	1739	76			49542	10146
巨鹿县	601	155	133	286		27			22858	3706
新河县	237	102			129	6			16159	3636
广宗县	399	52	106	222		19			18749	3430
平乡县	1808	99	65	59	1575	10			20411	5394
威县	962	113	210	596	10	33			39868	5277
清河县	2992	520	142	193	1965	172			34730	7850
临西县	3326	116	289	301	2557	59	4		31737	3545
桥东区	986	125	572	269		19	1		10712	3435
桥西区	1771	236	618	559	300	58			11726	2455
高新区	330	145	151	28		6			7477	2744
大曹庄管理区	332	47	174	87	18	6			3010	896
廊坊市小计	**61867**	**13948**	**11030**	**32515**	**3259**	**916**	**199**		**607483**	**113205**
本级	17937	2878	3312	11355		392			140497	29874
县级小计	43930	11070	7718	21160	3259	524	199		466986	83331
三河市	9076	2982	1038	2225	2653	126	52		99434	13810
大厂县	1838	245	380	588	604	21			19302	3821
香河县	4260	571	770	2899		20			46440	9914
永清县	2149	292	679	1141		37			29605	6380
固安县	2266	343	687	1180		56			30489	5208
霸州市	5160	2264	325	2527		44			72369	12992
文安县	5956	516	1080	4342		18			42268	7894
大城县	4186	467	1260	2445		14			33500	5792
安次区	2305	689	140	1294		39	143		24501	6946
广阳区	4274	1920	894	1420		36	4		26712	6872
开发区	2460	781	465	1099	2	113			42366	3702
承德市小计	**39511**	**14522**	**5102**	**18487**	**-385**	**1496**	**289**		**621812**	**106503**
本级	16098	7027	1836	6239	-256	1024	228		134741	23938
县级小计	23413	7495	3266	12248	-129	472	61		487071	82565
宽城县	4080	1588	553	1880		59			56923	6640
滦平县	1376	961		323		31	61		49115	8795
丰宁县	2926	616	90	2151		69			58549	14372
隆化县	622	574	1	37		10			48437	7686
围场县	476	440			-5	41			50017	8119
承德县	4274	1046	1033	2241	-124	78			58025	7735

2-6-38

单位:万元

地区	收支部分										
	支出										
	外交	国防	公共安全	教育	科学技术	文化体育与传媒	社会保障和就业	医疗卫生	环境保护	城乡社区事务	农林水事务
宁晋县		43	2555	11032	199	230	6778	2517	298	1357	4198
巨鹿县		30	1201	6887	52	168	2655	833	135	194	3640
新河县			1053	3883	78	666	711	464	59	445	3170
广宗县			1071	5149	121	137	932	765	67	413	2959
平乡县		36	879	5971	78	219	1144	575	65	1542	2277
威县			1399	6484	79	197	4539	773	128	670	3453
清河县			2323	8455	357	276	1504	607	537	1094	2500
临西县		9	993	7718	149	141	1004	1270	62	1929	2610
桥东区		29	857	2723	87		1797	435	50	175	581
桥西区			1016	2495	114	10	3155	362		218	427
高新区			56	1119	26	15	819	211	4	1228	351
大曹庄管理区			42	839			121	50		56	862
廊坊市小计		**1021**	**54328**	**138025**	**12406**	**14057**	**62958**	**25486**	**12073**	**54340**	**42079**
本级		748	20811	27038	4535	6848	10356	7337	1638	8926	7925
县级小计		273	33517	110987	7871	7209	52602	18149	10435	45414	34154
三河市		52	5847	29843	1890	813	13323	4418	5873	9836	6935
大厂县		124	1673	4289	267	396	2481	1025	78	981	1886
香河县			2842	8833	782	361	4665	2732	347	1435	2934
永清县		13	2069	6442	258	198	4699	1215	366	517	2696
固安县			1955	8870	815	138	5563	773	182	297	1667
霸州市			7069	18199	2599	4403	3734	2705	2482	5651	4098
文安县		79	3828	10510	520	208	4591	1766	625	1137	4900
大城县		5	2007	10524	319	321	3983	1446	238	919	3159
安次区			810	5619	229	146	3968	909	123	320	3155
广阳区			1536	5272	192	143	5392	909	76		2521
开发区			3881	2586		82	203	251	45	24321	203
承德市小计		**719**	**40305**	**134218**	**4736**	**5581**	**46666**	**26221**	**32519**	**40503**	**81154**
本级		260	12033	16442	1369	2616	19305	7476	3351	10389	11542
县级小计		459	28272	117776	3367	2965	27361	18745	29168	30114	69612
宽城县		9	3014	12843	477	348	3245	1364	2505	4792	8925
滦平县			1772	14381	515	217	1892	2246	2812	4936	6760
丰宁县		101	3735	11597	80	239	3140	1359	1729	718	9033
隆化县		27	2385	13107	542	540	2727	4059	3100	896	9606
围场县		80	1773	9897	113	303	2748	1273	5691	2136	10286
承德县			3515	13757	720	357	2516	3755	3150	1616	8836

2－6－39

单位:万元

地区	收支部分			平衡部分						
	支出			收入						
						返还性收入			财力性转移支付收入	
	交通运输	工业、商业、金融等事务	其他支出	收入总计	本年收入	小计	增值税和消费税税收返还	所得税基数返还	小计	体制补助
宁晋县	2395	2432	5362	52305	18400	5033	3448	1585	20275	
巨鹿县	438	1207	1712	27416	3213	1762	1202	560	14044	
新河县	97	1166	731	16599	1316	951	789	162	9533	
广宗县	255	2048	1402	19489	1124	556	271	285	11684	
平乡县	81	531	1619	21120	4048	1460	554	906	11529	
威县	109	13398	3362	40922	2929	1498	754	744	18969	
清河县	487	3217	5523	36288	11020	6601	3312	3289	10765	
临西县	54	7963	4290	33097	5480	2086	1172	914	13804	
桥东区		21	522	11961	5607	1087	617	470	3516	
桥西区		155	1319	14468	7545	1189	768	421	4098	
高新区		542	362	7924	4966	596	346	250	2026	
大曹庄管理区	10	4	130	3064	552	195	142	53	1855	
廊坊市小计	**16129**	**23423**	**37953**	**694360**	**305372**	**64549**	**44339**	**20210**	**165209**	
本级	7317	2876	4268	154660	90985	11481	8434	3047	－5875	
县级小计	8812	20547	33685	539700	214387	53068	35905	17163	171084	
三河市	1689	1601	3504	110785	62569	9197	6013	3184	16410	
大厂县	860	394	1027	20858	6388	3090	2106	984	7062	
香河县	336	8458	2801	53022	20272	6159	3448	2711	14800	
永清县	191	1175	3386	33012	4924	2736	2441	295	17252	
固安县	160	1094	3767	39188	7858	2456	1617	839	17684	
霸州市	2858	326	5253	81471	36637	11288	8503	2785	19776	
文安县	1105	819	4286	46991	14547	6487	4293	2194	18479	
大城县	307	1980	2500	38707	9223	3520	2829	691	17317	
安次区	433	222	1621	27653	6331	2129	1612	517	13435	
广阳区	873	782	2144	39190	24561	3092	2564	528	6005	
开发区		3696	3396	48823	21077	2914	479	2435	22864	
承德市小计	**23239**	**14886**	**64562**	**723007**	**244495**	**51137**	**41567**	**9570**	**215414**	
本级	10584	4149	11287	215487	109897	18581	16462	2119	－18921	
县级小计	12655	10737	53275	507520	134598	32556	25105	7451	234335	
宽城县	7166	486	5109	61731	23915	3892	3153	739	25476	
滦平县		1073	3716	51913	16301	3090	2755	335	22752	
丰宁县	1200	780	10466	59568	14425	2677	1995	682	27291	
隆化县		658	3104	49452	8375	1793	1465	328	27743	
围场县		961	6637	50748	4545	2137	1858	279	28727	
承德县	1500	2837	7731	60147	19518	4679	3181	1498	22976	

2-6-40　　　　单位:万元

地区	平衡部分									
	收入									
	财力性转移支付收入									
	一般性转移支付补助	民族地区转移支付补助	调整工资转移支付补助	农村税费改革转移支付补助	取消农业特产税降低农业税率转移支付补助	缓解县乡财政困难转移支付补助	农村义务教育补助	结算补助	企事业单位预算划转补助	其他财力性转移支付
宁晋县	247		6448	1242	4972	1596		5541		229
巨鹿县	5215		3635	1181	1943	486		1488		96
新河县	4334		2321	748	1111	382		556		81
广宗县	5024		2788	1227	1510	283		776		76
平乡县	4627		2694	937	1322	346		1522		81
威县	6850		4665	2030	3965	564		806		89
清河县	171		3689	1162	1298	994		3377		74
临西县	4850		2977	1019	2354	1419		1110		75
桥东区	536		1330	233	81	15		1218		103
桥西区	526		1381	309	165	295		1368		54
高新区	65		199	42	245	15		1416		44
大曹庄管理区	528		162		964	15		151		35
廊坊市小计	**14235**	**379**	**53233**	**12540**	**22208**	**9891**		**49412**		**3311**
本级	-5000		7554					-9131		702
县级小计	19235	379	45679	12540	22208	9891		58543		2609
三河市	119		5364	750	2400	1271		6382		124
大厂县	298	379	2438	600	735	170		2370		72
香河县	513		4374	876	1832	1025		4910		1270
永清县	4573		4910	1750	3246	959		1510		304
固安县	3082		4699	1530	3131	2820		2233		189
霸州市	115		6044	1000	3131	65		9196		225
文安县	2045		5918	1671	2413	1547		4866		19
大城县	3483		5070	1933	2233	1357		3104		137
安次区	3655		3288	1500	1833	22		2943		194
广阳区	832		3447	900	1064	455		-758		65
开发区	520		127	30	190	200		21787		10
承德市小计	**44999**		**64446**	**16180**	**13241**	**17121**		**55062**		**4365**
本级	-3450		8326		972			-27637		2868
县级小计	48449		56120	16180	12269	17121		82699		1497
宽城县	2311		4438	1620	619	83		16324		81
滦平县	3117		5169	1624	1010	4		11748		80
丰宁县	8063		6795	1730	1481	4102		4718		402
隆化县	9611		6960	1951	1608	2385		5127		101
围场县	9928		8264	2294	2195	1325		4591		130
承德县	4626		6744	2073	1553	4331		3214		435

2－6－41 单位:万元

地　　区	平衡部分								
	收入							支出	
	专项转移支付			省补助计划单列市	上年结余收入	调入资金	国债转贷收入、上年结余及转补助数	支出总计	本年支出
	小计	专项补助	增发国债补助						
宁晋县	8463	6514	1949		120	14		51987	49542
巨鹿县	6567	6213	354		925	905		23490	22858
新河县	4499	4195	304			300		16599	16159
广宗县	5667	5338	329		332	46	80	19174	18749
平乡县	3356	3297	59		265	462		20850	20411
威县	17258	17024	234		148		120	40714	39868
清河县	4129	3538	591		3713		60	35662	34730
临西县	10022	9651	371		1705			32395	31737
桥东区	1751	1734	17					11949	10712
桥西区	1636	1629	7					13744	11726
高新区	256	234	22		15	65		7889	7477
大曹庄管理区	403	248	155		59			3010	3010
廊坊市小计	**66164**	**57472**	**8692**		**54057**	**36679**	**2330**	**627846**	**607483**
本级	6274	5017	1257		33343	17452	1000	115607	140497
县级小计	59890	52455	7435		20714	19227	1330	512239	466986
三河市	10514	9107	1407		3576	8069	450	107017	99434
大厂县	3312	2681	631		636		370	20271	19302
香河县	5505	4366	1139		2940	3046	300	49335	46440
永清县	4646	4167	479		2272	1112	70	31017	29605
固安县	5923	5493	430		4550	717		32422	30489
霸州市	8861	7228	1633		2311	2458	140	78742	72369
文安县	6222	5733	489		305	951		46188	42268
大城县	5594	5113	481		718	2335		36431	33500
安次区	4204	3664	540		1031	523		26421	24501
广阳区	3708	3503	205		1808	16		36136	26712
开发区	1401	1400	1		567			48259	42366
承德市小计	**129772**	**104503**	**25269**		**77059**	**380**	**4750**	**632877**	**621812**
本级	25575	28540	－2965		76555		3800	125982	134741
县级小计	104197	75963	28234		504	380	950	506895	487071
宽城县	8060	5828	2232		188		200	61565	56923
滦平县	9770	7208	2562					51913	49115
丰宁县	14885	11398	3487				290	59568	58549
隆化县	11165	8139	3026			256	120	49452	48437
围场县	15339	10848	4491					50748	50017
承德县	12690	10073	2617		40	124	120	60081	58025

2－6－42

单位:万元

地区	平衡部分									
	支出								年终结余	其中:净结余
	财力性转移支付			专项上解	计划单列市上解省	增设预算周转金	调出资金	国债转贷拨付数及年末结余		
	小计	体制上解	出口退税专项上解							
宁晋县	124		124	2321					318	9
巨鹿县	9		9	623					3926	6
新河县	8		8	432						
广宗县	4		4	341				80	315	
平乡县	32		32	407					270	9
威县				726				120	208	18
清河县				872				60	626	131
临西县	3		3	655					702	
桥东区	1		1	1236					12	
桥西区	2		2	2016					724	
高新区	3		3	409					35	24
大曹庄管理区									54	
廊坊市小计	**935**		**935**	**17098**				**2330**	**66514**	**24384**
本级	359		359	－26249				1000	39053	18779
县级小计	576		576	43347				1330	27461	5605
三河市	90		90	7043				450	3768	625
大厂县				599				370	587	98
香河县	38		38	2557				300	3687	1875
永清县	10		10	1332				70	1995	
固安县	1		1	1932					6766	551
霸州市	135		135	6098				140	2729	1166
文安县	40		40	3880					803	28
大城县	1		1	2930					2276	
安次区	62		62	1858					1232	79
广阳区	23		23	9401					3054	653
开发区	176		176	5717					564	530
承德市小计	**118**		**118**	**5967**		**230**		**4750**	**90130**	**823**
本级	3		3	－12762		200		3800	89505	198
县级小计	115		115	18729		30		950	625	625
宽城县				4442				200	166	166
滦平县				2798						
丰宁县	2		2	727				290		
隆化县				895				120		
围场县	2		2	729						
承德县				1936				120	66	66

2006年地方财政政府收支分类转换数据

2-6-43

单位:万元

地区	本年收入小计	小计	增值税	营业税	企业所得税	个人所得税	城市维护建设税	耕地占用税	契税	烟叶税	其他各项税收收入
	收支部分										
	收入										
		税收收入									
兴隆县	10614	8813	1735	1990	214	585	1212	202	548		2327
平泉县	14562	10274	1523	1859	523	412	629	77	521		4730
双桥区	10271	9167	525	3604	467	886		77	1		3607
双滦区	7809	5646	557	1644	196	566		68	655		1960
营子区	2117	1850	395	193	22	171		64	176		829
开发区	2146	2110	258	883	136	143					690
衡水市小计	**121500**	**92503**	**25026**	**28019**	**9334**	**8001**	**8003**	**568**	**3975**		**9577**
本级	43202	33073	12041	11235	5093	2154			2550		
县级小计	78298	59430	12985	16784	4241	5847	8003	568	1425		9577
武邑县	3888	2309	362	1112	101	228	176		90		240
饶阳县	3452	2114	281	895	63	244	180	31	144		276
安平县	7822	5782	1998	1142	778	695	422	81	163		503
冀州市	8165	6614	1676	1656	692	843	790	21	236		700
枣强县	6735	5747	2926	1021	141	350	527	245	44		493
深州市	6441	4231	885	1410	217	452	467	13	55		732
武强县	2723	1683	370	693	93	188	107	6	25		201
故城县	4620	2974	639	1174	137	327	292		63		342
景县	6511	4685	1318	1350	524	412	451	11	119		500
阜城县	3732	2053	443	888	46	274	172		41		189
桃城区	21447	18616	1938	3833	1405	1807	4202	160	70		5201
高开区	2762	2622	149	1610	44	27	217		375		200

2－6－44

单位：万元

地区	收支部分									
	收入								支出	
	非税收入							贷款转贷回收本金收入		
	小计	专项收入	行政事业性收费收入	罚没收入	国有资本经营收入	国有资源（资产）有偿使用收入	其他收入		本年支出小计	一般公共服务
兴隆县	1801	1135	253	350		63			40671	8558
平泉县	4288	1135	448	2672		33			58770	7967
双桥区	1104		200	872		32			22880	3407
双滦区	2163		688	1466		9			24105	3495
营子区	267			256		11			13226	2014
开发区	36					36			6353	3777
衡水市小计	**28997**	**7321**	**7593**	**12151**	**519**	**1113**	**300**		**440563**	**88557**
本级	10129	1826	2232	5521	44	506			90637	18810
县级小计	18868	5495	5361	6630	475	607	300		349926	69747
武邑县	1579	192	712	641		34			26868	5739
饶阳县	1338	229	385	706		18			24244	4926
安平县	2040	445	295	828	442	30			26176	4847
冀州市	1551	600	464	343	27	117			34348	6244
枣强县	988	466	120	260		118	24		40203	5978
深州市	2210	288	752	819		75	276		37191	7935
武强县	1040	227	201	590		22			19664	3879
故城县	1646	242	836	515		53			34338	7855
景县	1826	453	854	493		26			37790	7118
阜城县	1679	212	588	843		36			25742	6241
桃城区	2831	2010	154	592	6	69			38417	8151
高开区	140	131				9			4945	834

2－6－45

单位:万元

地区	收支部分									
	支出									
	外交	国防	公共安全	教育	科学技术	文化体育与传媒	社会保障和就业	医疗卫生	环境保护	城乡社区事务	农林水事务
兴隆县		30	1537	9294	197	378	2259	1051	3453	5423	3210
平泉县		81	3627	17243	665	458	2537	1825	3870	3772	9553
双桥区		42	2950	6124	17	39	4014	599	805	566	864
双滦区		56	3128	7297	13	50	983	723	1792	2521	1945
营子区		26	825	2236	3	36	1294	448	261	1909	494
开发区		7	11		25		6	43		829	100
衡水市小计	**16**	**666**	**29014**	**98210**	**3038**	**3978**	**53700**	**20175**	**10331**	**19719**	**39980**
本级	6	552	9932	6194	623	1465	8439	5088	4646	7332	4586
县级小计	10	114	19082	92016	2415	2513	45261	15087	5685	12387	35394
武邑县			1780	9148	134	118	1262	692	190	136	3702
饶阳县		8	1818	4149	61	84	4731	899	233	245	3276
安平县			1636	6489	121	128	3349	1312	551	371	2442
冀州市		27	2046	10352	585	876	2577	2341	1009	620	3073
枣强县			1939	10362	665	126	6450	1920	835	4523	2787
深州市			1636	10890	62	225	5536	928	836	1067	3069
武强县			1082	4874	55	271	1237	688	287	1674	3024
故城县			1752	7918	71	142	5515	1134	198	886	3167
景县		34	1861	11841	75	257	2648	2423	1029	481	4838
阜城县	10		1779	4568	81	136	4608	738	317	1295	2634
桃城区		45	1740	11315	216	150	7254	1983	200	378	3382
高开区			13	110	289		94	29		711	

2－6－46

单位:万元

地区	收支部分			平衡部分						
	支出			收入						
						返还性收入			财力性转移支付收入	
	交通运输	工业、商业、金融等事务	其他支出	收入总计	本年收入	小计	增值税和消费税税收返还	所得税基数返还	小计	体制补助
兴隆县		849	4432	42171	10614	4952	4454	498	17972	
平泉县	2156	807	4209	60403	14562	4756	4344	412	30175	
双桥区		211	3242	24628	10271	1581	933	648	9604	
双滦区	633	379	1090	26106	7809	1353	423	930	13212	
营子区		260	3420	13612	2117	791	529	262	4637	
开发区		1436	119	7041	2146	855	15	840	3770	
衡水市小计	**7985**	**25392**	**39802**	**484766**	**121500**	**43898**	**31777**	**12121**	**195444**	
本级	1967	14621	6376	89040	43202	9989	7969	2020	－4676	
县级小计	6018	10771	33426	395726	78298	33909	23808	10101	200120	
武邑县	70	546	3351	29552	3888	1759	1296	463	17540	
饶阳县	50	616	3148	26349	3452	1562	1109	453	15366	
安平县	687	1368	2875	28894	7822	3007	1447	1560	10276	
冀州市	774	1314	2510	36442	8165	4786	3037	1749	17352	
枣强县	1580	224	2814	42807	6735	5520	4799	721	22908	
深州市		929	4078	46015	6441	4012	3048	964	22164	
武强县		314	2279	22333	2723	1624	1324	300	13046	
故城县	630	2954	2116	37724	4620	2542	1930	612	22190	
景县	471	1614	3100	40018	6511	3501	2504	997	21946	
阜城县	1431	237	1667	30692	3732	1543	1221	322	16238	
桃城区	325	591	2687	49880	21447	3756	2011	1745	19960	
高开区		64	2801	5020	2762	297	82	215	1134	

2－6－47

单位:万元

地区	平衡部分									
	收入									
	财力性转移支付收入									
	一般性转移支付补助	民族地区转移支付补助	调整工资转移支付补助	农村税费改革转移支付补助	取消农业特产税降低农业税率转移支付补助	缓解县乡财政困难转移支付补助	农村义务教育补助	结算补助	企事业单位预算划转补助	其他财力性转移支付
兴隆县	2391		5552	2118	1550	79		6194		88
平泉县	7548		7853	2013	1991	4331		6359		80
双桥区	15		2242	355	111	1		6845		35
双滦区	30		1151	267	77	280		11372		35
营子区	809		928	135	74	200		2461		30
开发区			24					3746		
衡水市小计	**42389**		**56183**	**12212**	**40694**	**20295**		**21695**		**1976**
本级	－3000		6965					－5690		－2951
县级小计	45389		49218	12212	40694	20295		27385		4927
武邑县	5852		3920	1137	3559	1551		1377		144
饶阳县	5682		3616	919	2719	921		1065		444
安平县	740		3405	838	2132	473		2375		313
冀州市	2875		4601	990	4195	2273		2077		341
枣强县	3103		5610	1173	4104	3559		5133		226
深州市	2986		6553	1784	6485	1791		2479		86
武强县	5280		2501	791	2078	545		1155		696
故城县	7700		4540	1325	4816	2026		1817		－34
景县	2729		5392	1344	5203	2598		4318		362
阜城县	4873		3494	1094	3446	1268		1292		771
桃城区	3569		5430	790	1943	3290		3494		1444
高开区			156	27	14			803		134

2－6－48

单位:万元

地区	平衡部分								
	收入							支出	
	专项转移支付			省补助计划单列市	上年结余收入	调入资金	国债转贷收入、上年结余及转补助数	支出总计	本年支出
	小计	专项补助	增发国债补助						
兴隆县	8355	4676	3679		158		120	41986	40671
平泉县	10904	8134	2770		－94		100	60403	58770
双桥区	3111	2052	1059		61			24608	22880
双滦区	3732	1903	1829					26106	24105
营子区	6067	5585	482					13612	13226
开发区	119	119			151			6853	6353
衡水市小计	**92738**	**81273**	**11465**		**20269**	**5568**	**5349**	**455766**	**440563**
本级	25010	23948	1062		12200	254	3061	72153	90637
县级小计	67728	57325	10403		8069	5314	2288	383613	349926
武邑县	5601	4869	732		764			28519	26868
饶阳县	5527	4937	590		299	143		25893	24244
安平县	6270	5977	293		979	240	300	27572	26176
冀州市	5909	4928	981				230	36442	34348
枣强县	4735	3794	941		94	2495	320	42629	40203
深州市	6696	5564	1132		4098	2164	440	41755	37191
武强县	4108	3440	668		742		90	21530	19664
故城县	7842	6245	1597		110		420	37381	34338
景县	7500	5915	1585		10	212	338	39716	37790
阜城县	7996	6871	1125		973	60	150	27276	25742
桃城区	4717	3958	759					49880	38417
高开区	827	827						5020	4945

2-6-49

单位:万元

地区	平衡部分									
	支出								年终结余	其中:净结余
	财力性转移支付			专项上解	计划单列市上解省	增设预算周转金	调出资金	国债转贷拨付数及年末结余		
	小计	体制上解	出口退税专项上解							
兴隆县				1195				120	185	185
平泉县	42		42	1491				100		
双桥区	46		46	1682					20	20
双滦区				1971		30				
营子区				386						
开发区	23		23	477					188	188
衡水市小计	**516**		**516**	**9338**				**5349**	**29000**	
本级	51		51	-21596				3061	16887	
县级小计	465		465	30934				2288	12113	
武邑县	9		9	1642					1033	
饶阳县				1649					456	
安平县	312		312	784				300	1322	
冀州市	13		13	1851				230		
枣强县				2106				320	178	
深州市	44		44	4080				440	4260	
武强县	12		12	1764				90	803	
故城县				2623				420	343	
景县	9		9	1579				338	302	
阜城县	9		9	1375				150	3416	
桃城区	57		57	11406						
高开区				75						

二、各省、自治区、直辖市地市县一般预算财政资料

2006年山西省地市县财政一般预算收支平衡表

2－7－1　　　　单位:万元

地区	收支部分										
	收入										
	本年收入小计	税收收入									
		小计	增值税	营业税	企业所得税	个人所得税	城市维护建设税	耕地占用税	契税	烟叶税	其他各项税收收入
地(市)县级总计	**3820350**	**2240675**	**772438**	**437837**	**329737**	**102042**	**256610**	**12442**	**38885**	**520**	**290164**
地(市)本级合计	**1605653**	**1089243**	**389259**	**185280**	**209476**	**56794**	**105423**	**869**	**15197**		**126945**
县级合计	**2214697**	**1151432**	**383179**	**252557**	**120261**	**45248**	**151187**	**11573**	**23688**	**520**	**163219**
太原市小计	**753306**	**535132**	**138275**	**125700**	**93381**	**23872**	**73910**	**2933**	**16588**		**60473**
本级	423136	323235	77732	57586	81293	18551	39139		13984		34950
县级小计	330170	211897	60543	68114	12088	5321	34771	2933	2604		25523
清徐县	54558	21069	13059	3060	1204	560	2462	5	96		623
阳曲县	10116	5265	1756	1948	51	120	793	89	146		362
娄烦县	14053	7548	2725	698	486	241	732	260	18		2388
古交市	56473	19169	8124	2082	1468	305	3707	100	60		3323
小店区	36378	31463	4825	16049	1197	788	4882	280			3442
尖草坪区	21696	16147	4135	4477	710	310	3731	231			2553
迎泽区	36266	31864	4420	14164	2584	1052	5262	40			4342
杏花岭区	34713	27317	5403	10085	1857	685	5982	52			3253
万柏林区	28192	21119	4707	8467	518	484	4900	300			1743
晋源区	10990	5931	1827	1392	117	138	1506	200			751
太原高新区	15300	14456	5612	4074	1321	404		176	1084		1785
太原经济区	11435	10549	3950	1618	575	234	814	1200	1200		958
大同市小计	**260891**	**193851**	**73877**	**35546**	**16902**	**10811**	**25159**	**308**	**3513**		**27735**
本级	181857	142543	55911	24673	13057	8709	17988		500		21705
县级小计	79034	51308	17966	10873	3845	2102	7171	308	3013		6030
大同城区	10168	7341	1572	2357	505	195	1073		1062		577
大同矿区	3967	2750	967	698	227	122	255		282		199
大同南郊区	23329	14814	5269	2934	777	548	2128	128	842		2188
大同新荣区	4822	3956	1969	387	482	89	165		141		723
左云县	14856	7894	3545	684	910	242	1500	17	21		975
阳高县	2179	1253	425	334	50	71	214		53		106
天镇县	1322	658	137	259	37	58	73	1	22		71
广灵县	1482	923	342	250	58	80	86	8	26		73
灵丘县	6055	3456	1134	504	197	358	586	10	30		637
浑源县	2810	1497	404	409	217	134	120		65		148
大同县	3873	3466	1482	1023	119	82	653	11	19		77
大同开发区	4171	3300	720	1034	266	123	318	133	450		256
阳泉市小计	**153756**	**117332**	**42314**	**22119**	**10627**	**6101**	**13536**	**372**	**2413**		**19850**
本级	83278	62462	26600	4939	5651	3513	8866		400		12493

2－7－2

单位:万元

地区	收支部分									
	收入								支出	
	非税收入							贷款转贷回收本金收入		
	小计	专项收入	行政事业性收费收入	罚没收入	国有资本经营收入	国有资源(资产)有偿使用收入	其他收入		本年支出小计	一般公共服务
地(市)县级总计	**1579675**	**1113087**	**207346**	**191633**	**28988**	**14247**	**24374**		**6507994**	**1860269**
地(市)本级合计	**516410**	**360933**	**90429**	**49980**	**1445**	**8495**	**5128**		**1857752**	**476628**
县级合计	**1063265**	**752154**	**116917**	**141653**	**27543**	**5752**	**19246**		**4650242**	**1383641**
太原市小计	**218174**	**139577**	**45404**	**28284**	**636**	**1730**	**2543**		**954238**	**198317**
本级	99901	56994	32897	11924	－5170	1234	2022		478092	56212
县级小计	118273	82583	12507	16360	5806	496	521		476146	142105
清徐县	33489	21514	2904	3340	5675	56			76356	25997
阳曲县	4851	2756	161	1858		16	60		25752	5607
娄烦县	6505	5409	456	597		43			38274	10814
古交市	37304	34062	769	2400		73			71765	36716
小店区	4915	2122	1413	1104	111	68	97		47354	7161
尖草坪区	5549	1583	90	3839		37			31609	6106
迎泽区	4402	1627	1772	936		57	10		43136	8915
杏花岭区	7396	4835	1593	762		43	163		51128	14004
万柏林区	7073	4944	1383	681	5	60			36355	14400
晋源区	5059	3649	783	602	15	10			19189	6194
太原高新区	844	30	777	14		23			18222	3132
太原经济区	886	52	406	227		10	191		17006	3059
大同市小计	**67040**	**38156**	**15062**	**11269**	**1251**	**919**	**383**		**567200**	**100211**
本级	39314	24927	6831	6543	320	596	97		249965	34855
县级小计	27726	13229	8231	4726	931	323	286		317235	65356
大同城区	2827	2273	459	87		8			37728	7847
大同矿区	1217	1046	60	278	－192	25			18692	6015
大同南郊区	8515	5587	2056	875	－60	57			31926	8158
大同新荣区	866	307	151	70	323	15			16763	4009
左云县	6962	1863	2872	711	1212	34	270		34368	6116
阳高县	926	178	430	303	－31	35	11		31447	4913
天镇县	664	59	369	236	－45	40	5		28706	5092
广灵县	559	133	279	228	－110	29			23632	4332
灵丘县	2599	968	579	1062	－47	37			29579	5229
浑源县	1313	117	333	844	－13	32			34825	5705
大同县	407	493		12	－106	8			22652	4104
大同开发区	871	205	643	20		3			6917	3836
阳泉市小计	**36424**	**15511**	**9953**	**5741**	**2986**	**516**	**1717**		**256241**	**48792**
本级	20816	10443	4602	2070	1599	391	1711		109547	20264

2－7－3

单位:万元

地区	收支部分										
	支出										
	外交	国防	公共安全	教育	科学技术	文化体育与传媒	社会保障和就业	医疗卫生	环境保护	城乡社区事务	农林水事务
地(市)县级总计		**8064**	**399909**	**1198641**	**59234**	**102840**	**953299**	**303485**	**269154**	**452538**	**491879**
地(市)本级合计		**4682**	**175263**	**211267**	**20995**	**49159**	**325399**	**81481**	**66004**	**201184**	**80995**
县级合计		**3382**	**224646**	**987374**	**38239**	**53681**	**627900**	**222004**	**203150**	**251354**	**410884**
太原市小计		**1045**	**66343**	**150558**	**23842**	**12403**	**211665**	**39581**	**34608**	**125403**	**41192**
本级		706	47416	64249	8292	9549	146661	17902	19236	68265	7977
县级小计		339	18927	86309	15550	2854	65004	21679	15372	57138	33215
清徐县		178	2907	13952	563	665	5255	4114	4543	5840	6187
阳曲县			1681	4698	185	223	4433	1233	2817	379	2987
娄烦县			1470	5337	217	244	4736	1026	2269	782	10963
古交市			2766	11770	453	672	4398	2095	4355	4285	2394
小店区		95	1677	10259	502	251	9047	1972	119	9993	5115
尖草坪区			1076	8250	320	289	6931	2041	303	3398	1625
迎泽区		20	1971	10855	546	75	9458	3452	136	6849	447
杏花岭区			2661	10547	517	183	12051	2469	324	6717	769
万柏林区			1546	6237	384	121	5571	2454	362	3391	748
晋源区		41	570	4054	134	125	3009	794	136	2059	929
太原高新区			303	160	11719		24	24		2100	125
太原经济区		5	299	190	10	6	91	5	8	11345	926
大同市小计		**166**	**44932**	**123900**	**4023**	**10103**	**87231**	**31188**	**27467**	**29294**	**46693**
本级			30736	40043	1868	6696	38217	12763	9411	13693	17317
县级小计		166	14196	83857	2155	3407	49014	18425	18056	15601	29376
大同城区			1106	11789	204	71	10678	1400	55	4578	
大同矿区			1104	1884	102	61	7554	243	58	1410	
大同南郊区			1008	10372	622	259	1486	2594	1003	1144	2491
大同新荣区			394	5085	68	307	2058	796	1482	273	1728
左云县			1944	8531	347	589	2566	2099	3260	1975	3813
阳高县			1561	7672	65	320	4769	1870	2615	740	4723
天镇县			1005	7975	130	223	2995	2457	2430	708	3045
广灵县		43	1139	6634	125	526	3045	1215	1218	545	3919
灵丘县		17	2024	9964		525	2653	2377	1060	693	4460
浑源县		56	1582	8084	31	288	8930	1846	2788	1359	2668
大同县		50	1252	5264	271	238	2119	1523	1748	842	2529
大同开发区			77	603	190		161	5	339	1334	
阳泉市小计		**1456**	**20058**	**56871**	**2701**	**4525**	**40646**	**14246**	**10327**	**23875**	**13787**
本级		1260	10416	13430	1655	2530	20253	6728	4889	14726	5094

2006年地方财政政府收支分类转换数据

2－7－4

单位:万元

地区	收支部分			平衡部分						
	支出			收入						
						返还性收入			财力性转移支付收入	
	交通运输	工业、商业、金融等事务	其他支出	收入总计	本年收入	小计	增值税和消费税税收返还	所得税基数返还	小计	体制补助
地(市)县级总计	**55403**	**201453**	**151826**	**7556355**	**3820350**	**613711**	**447235**	**166476**	**1479662**	**3380**
地(市)本级合计	**16059**	**89834**	**58802**	**2199533**	**1605653**	**27115**	**122398**	**－95283**	**96502**	**－20572**
县级合计	**39344**	**111619**	**93024**	**5356822**	**2214697**	**586596**	**324837**	**261759**	**1383160**	**23952**
太原市小计	**7089**	**32506**	**9686**	**1113879**	**753306**	**93463**	**82953**	**10510**	**42587**	
本级	836	22151	8640	579098	423136	26589	38915	－12326	1715	－1585
县级小计	6253	10355	1046	534781	330170	66874	44038	22836	40872	1585
清徐县	1934	4221		80303	54558	10689	7918	2771	3355	
阳曲县	564	945		26085	10116	2316	1420	896	4331	428
娄烦县	79	337		39076	14053	1333	1011	322	6740	1157
古交市	35	1276	550	75965	56473	6388	3695	2693	3664	
小店区	490	621	52	55275	36378	5190	4232	958	2449	
尖草坪区	986	258	26	38281	21696	6368	4499	1869	3056	
迎泽区	254	78	80	52249	36266	9359	5880	3479	2508	
杏花岭区	649	153	84	59808	34713	9635	5594	4041	6431	
万柏林区	216	671	254	47731	28192	8661	6111	2550	2821	
晋源区	1046	98		21603	10990	2198	1427	771	1813	
太原高新区		635		21226	15300	4737	2251	2486	－421	
太原经济区		1062		17179	11435				4125	
大同市小计	**5843**	**24314**	**31835**	**706511**	**260891**	**61831**	**44396**	**17435**	**189860**	
本级	4577	17587	22202	309635	181857	10651	21425	－10774	38546	－1664
县级小计	1266	6727	9633	396876	79034	51180	22971	28209	151314	1664
大同城区				44470	10168	7002	3379	3623	11211	
大同矿区		261		26591	3967	3424	1537	1887	7274	
大同南郊区	11	818	1960	47195	23329	14348	6197	8151	1915	
大同新荣区	96	467		21417	4822	4123	2170	1953	5707	
左云县	300	1278	1550	38960	14856	6923	3289	3634	4514	
阳高县	65	599	1535	41936	2179	1785	1087	698	23388	170
天镇县	56	398	2192	35210	1322	1271	409	862	20752	684
广灵县	259	558	74	30441	1482	2016	944	1072	18321	150
灵丘县	74	503		39387	6055	1994	521	1473	18429	660
浑源县	405	1046	37	43955	2810	2889	1583	1306	27626	
大同县		427	2285	20169	3873	3972	1603	2369	12232	
大同开发区		372		7145	4171	1433	252	1181	－55	
阳泉市小计	**3261**	**8282**	**7414**	**285796**	**153756**	**32110**	**26537**	**5573**	**43123**	
本级	2355	4770	1177	122036	83278	6537	10969	－4432	1947	

2-7-5

单位:万元

地区	平衡部分									
	收入									
	财力性转移支付收入									
	一般性转移支付补助	民族地区转移支付补助	调整工资转移支付补助	农村税费改革转移支付补助	取消农业特产税降低农业税率转移支付补助	缓解县乡财政困难转移支付补助	农村义务教育补助	结算补助	企事业单位预算划转补助	其他财力性转移支付
地(市)县级总计	**653383**		**558160**	**145820**	**49366**	**59509**	**627**	**-40340**	**34057**	**15700**
地(市)本级合计	**118601**		**74473**	**-4125**	**-1544**	**-289**	**-113**	**-97429**	**16680**	**10820**
县级合计	**534782**		**483687**	**149945**	**50910**	**59798**	**740**	**57089**	**17377**	**4880**
太原市小计	**3452**		**41398**	**5151**	**1479**	**238**		**-31493**	**13362**	**9000**
本级	-971		14633	-486	-69	-264		-26155	7612	9000
县级小计	4423		26765	5637	1548	502		-5338	5750	
清徐县	445		3268	1011	642	106		-2149	32	
阳曲县	287		2637	865	219	132		-237		
娄烦县	1221		2691	856	91	106		543	75	
古交市	347		2764	743	44	106		-596	256	
小店区	421		2998	360	316			-1985	339	
尖草坪区	328		2238	547	85	26		-1202	1034	
迎泽区	452		3426	137	2	26		-1535		
杏花岭区	444		3222	229	2			-213	2747	
万柏林区	284		2128	398	16			-867	862	
晋源区	194		1381	479	107			-753	405	
太原高新区			12	3	5			-441		
太原经济区				9	19			4097		
大同市小计	**113435**		**59404**	**11114**	**2448**	**5308**		**-10406**	**4357**	**4200**
本级	37900		18137	-316	-31			-22744	3064	4200
县级小计	75535		41267	11430	2479	5308		12338	1293	
大同城区	6573		3700					-355	1293	
大同矿区	5096		2112					66		
大同南郊区	400		2744	1181	173	67		-2650		
大同新荣区	2469		2239	723	146	53		77		
左云县	658		2769	1028	135	67		-143		
阳高县	11852		5284	1676	442	676		3288		
天镇县	10611		4520	1320	291	629		2697		
广灵县	9287		4335	971	262	1498		1818		
灵丘县	9194		4687	1510	248	600		1530		
浑源县	13210		6047	1978	494	802		5095		
大同县	6185		2802	1009	281	916		1039		
大同开发区			28	34	7			-124		
阳泉市小计	**16652**		**20196**	**5011**	**645**	**333**		**-1192**	**1478**	
本级	2800		3932	-400	-28			-5835	1478	

2006年地方财政政府收支分类转换数据

2－7－6

单位:万元

地区	平衡部分								
	收入							支出	
	专项转移支付			省补助计划单列市	上年结余收入	调入资金	国债转贷收入、上年结余及转补助数	支出总计	本年支出
	小计	专项补助	增发国债补助						
地(市)县级总计	**1067665**	**1067665**			**490104**	**67719**	**17144**	**6685608**	**6507994**
地(市)本级合计	**133803**	**133803**			**312206**	**15155**	**9099**	**1838066**	**1857752**
县级合计	**933862**	**933862**			**177898**	**52564**	**8045**	**4847542**	**4650242**
太原市小计	**158543**	**158543**			**64071**	**378**	**1531**	**1035025**	**954238**
本级	72035	72035			54363		1260	518374	478092
县级小计	86508	86508			9708	378	271	516651	476146
清徐县	11015	11015			686			79605	76356
阳曲县	8975	8975			347			25752	25752
娄烦县	16470	16470			469		11	38395	38274
古交市	7606	7606			1834			74169	71765
小店区	8082	8082			3176			52024	47354
尖草坪区	5523	5523			1638			35602	31609
迎泽区	6165	6165			－2049			53840	43136
杏花岭区	8179	8179			850			56037	51128
万柏林区	6714	6714			1343			44175	36355
晋源区	5742	5742			402	378	80	20084	19189
太原高新区	645	645			785		180	19962	18222
太原经济区	1392	1392			227			17006	17006
大同市小计	**114726**	**114726**			**53000**	**25123**	**1080**	**602770**	**567200**
本级	28131	28131			36542	13758	150	267334	249965
县级小计	86595	86595			16458	11365	930	335436	317235
大同城区	12812	12812			1427	1850		39192	37728
大同矿区	8374	8374			3552			19976	18692
大同南郊区	5546	5546			2007	50		41881	31926
大同新荣区	4173	4173			1744	848		18495	16763
左云县	6374	6374			293	6000		36914	34368
阳高县	10282	10282			4302			31526	31447
天镇县	8821	8821			3044			28776	28706
广灵县	6485	6485			2137			23705	23632
灵丘县	6974	6974			4225	780	930	30545	29579
浑源县	8911	8911			－118	1837		34845	34825
大同县	6323	6323			－6231			22664	22652
大同开发区	1520	1520			76			6917	6917
阳泉市小计	**45426**	**45426**			**1031**	**9017**	**1333**	**276622**	**256241**
本级	17534	17534			11657		1083	112048	109547

2－7－7

单位:万元

地区	平衡部分									
	支出								年终结余	其中:净结余
	财力性转移支付			专项上解	计划单列市上解省	增设预算周转金	调出资金	国债转贷拨付数及年末结余		
	小计	体制上解	出口退税专项上解							
地(市)县级总计	**127049**	**127049**		**11206**		**1518**	**20697**	**17144**	**870747**	**116922**
地(市)本级合计	**－47644**	**－47644**		**5785**		**1000**	**12074**	**9099**	**361467**	**156156**
县级合计	**174693**	**174693**		**5421**		**518**	**8623**	**8045**	**509280**	**－39234**
太原市小计	**70337**	**70337**		**758**			**8161**	**1531**	**78854**	**20581**
本级	32393	32393		758			5871	1260	60724	20228
县级小计	37944	37944					2290	271	18130	353
清徐县	2880	2880					369		698	36
阳曲县									333	3
娄烦县							110	11	681	83
古交市	2404	2404							1796	6
小店区	4670	4670							3251	8
尖草坪区	3433	3433					560		2679	308
迎泽区	10196	10196					508		－1591	－1910
杏花岭区	4901	4901					8		3771	10
万柏林区	7085	7085					735		3556	1646
晋源区	815	815						80	1519	116
太原高新区	1560	1560						180	1264	25
太原经济区									173	22
大同市小计	**28020**	**28020**		**5511**			**959**	**1080**	**103741**	**8199**
本级	11188	11188		5072			959	150	42301	18086
县级小计	16832	16832		439				930	61440	－9887
大同城区	1460	1460		4					5278	
大同矿区	1279	1279		5					6615	55
大同南郊区	9931	9931		24					5314	
大同新荣区	1628	1628		104					2922	－66
左云县	2534	2534		12					2046	138
阳高县				79					10410	425
天镇县				70					6434	－729
广灵县				73					6736	－2437
灵丘县				36				930	8842	－78
浑源县				20					9110	－307
大同县				12					－2495	－6888
大同开发区									228	
阳泉市小计	**17180**	**17180**		**297**			**1571**	**1333**	**9174**	**－4179**
本级	－29	－29		117			1330	1083	9988	8267

2-7-8 单位:万元

地区	收支部分										
	收入										
	本年收入小计	税收收入									
		小计	增值税	营业税	企业所得税	个人所得税	城市维护建设税	耕地占用税	契税	烟叶税	其他各项税收收入
县级小计	70478	54870	15714	17180	4976	2588	4670	372	2013		7357
平定县	13235	10404	2469	4163	857	536	655	71	300		1353
盂县	28534	19918	7531	4397	2519	784	1448	251	245		2743
阳泉郊区	11474	9515	3390	1803	536	445	958	50	300		2033
阳泉城区	8074	7278	945	3380	754	431	577		600		591
阳泉矿区	6379	5214	998	2223	211	276	843		268		395
阳泉开发区	2782	2541	381	1214	99	116	189		300		242
长治市小计	**445216**	**221206**	**73017**	**38866**	**45106**	**11331**	**20140**	**1536**	**3407**	**145**	**27658**
本级	196495	104369	38149	21881	22701	5869	8572				7197
县级小计	248721	116837	34868	16985	22405	5462	11568	1536	3407	145	20461
长治县	46749	15355	5696	1615	4318	494	1112	75	66		1979
潞城市	26159	14509	5515	1720	1375	422	3120	9	55		2293
屯留县	18811	9337	1946	2258	1226	397	481	754	162		2113
长子县	16529	5355	1570	1028	969	484	314	50	74	145	721
壶关县	14084	5331	2014	844	921	394	345	73	47		693
平顺县	3678	2598	865	321	284	471	94	5	10		548
黎城县	7471	5353	1590	1034	1201	223	480	17	61		747
武乡县	16692	6538	2025	1115	1990	209	339	81	50		729
襄垣县	23204	16136	5021	1934	2505	1025	2962	110	110		2469
沁县	3611	1546	187	746	48	106	239	4	96		120
沁源县	36409	11193	3430	1147	4471	457	450	1	21		1216
长治城区	10902	9617	803	1958	655	418	506	2	2106		3169
长治郊区	20106	9884	2590	949	1443	343	1044	274	93		3148
长治开发区	4316	4085	1616	316	999	19	82	81	456		516
晋城市小计	**509773**	**210094**	**62433**	**34444**	**51703**	**9237**	**19856**	**839**	**2362**		**29220**
本级	173651	97734	27960	12817	23987	4776	12715		260		15219
县级小计	336122	112360	34473	21627	27716	4461	7141	839	2102		14001
阳城县	109477	24878	10619	3539	6052	921	1074	80	158		2435
高平市	96912	28533	9719	4488	6976	1187	2214	240	290		3419
沁水县	61457	15634	3430	2763	6200	526	976	90	80		1569
陵川县	13627	4356	1279	621	1051	239	365	70	40		691
晋城城区	22651	12955	1944	5753	736	603	1375		1035		1509
泽洲县	28667	22868	6556	3763	6267	910	919	205	253		3995
晋城开发区	3331	3136	926	700	434	75	218	154	246		383
朔州市小计	**251823**	**128021**	**51176**	**18873**	**16304**	**4703**	**13209**	**240**	**1122**		**22394**

二、各省、自治区、直辖市地市县一般预算财政资料

2-7-9

单位:万元

地区	收支部分									
	收入								支出	
	非税收入							贷款转贷回收本金收入		
	小计	专项收入	行政事业性收费收入	罚没收入	国有资本经营收入	国有资源(资产)有偿使用收入	其他收入		本年支出小计	一般公共服务
县级小计	15608	5068	5351	3671	1387	125	6		146694	28528
平定县	2831	989	865	961		16			38836	8383
盂县	8616	2355	2917	2068	1222	52	2		47589	7176
阳泉郊区	1959	643	764	490	38	24			29918	5701
阳泉城区	796	398	338	55		5			13852	2613
阳泉矿区	1165	600	347	91	100	24	3		10906	3385
阳泉开发区	241	83	120	6	27	4	1		5593	1270
长治市小计	**224010**	**183819**	**19944**	**14507**	**4073**	**1397**	**270**		**697979**	**275124**
本级	92126	80330	6807	3376	802	605	206		218021	95883
县级小计	131884	103489	13137	11131	3271	792	64		479958	179241
长治县	31394	27473	1081	1016	1606	217	1		64117	33585
潞城市	11650	9086	786	1722		53	3		40744	12276
屯留县	9474	6796	672	996	1000	10			35922	13884
长子县	11174	9806	1211	77		80			43203	15275
壶关县	8753	7314	790	613		36			38607	13983
平顺县	1080	223	102	732		23			22792	5634
黎城县	2118	408	441	587	665	17			21055	4465
武乡县	10154	8216	1314	561		63			37327	13890
襄垣县	7068	3790	2313	867		98			42021	10537
沁县	2065	90	196	1750		22	7		22166	5643
沁源县	25216	23131	1275	723		87			51619	29134
长治城区	1285	278	569	423		15			20555	4958
长治郊区	10222	6835	2320	967		62	38		35068	13831
长治开发区	231	43	67	97		9	15		4762	2146
晋城市小计	**299679**	**266052**	**16916**	**15299**	**-461**	**1865**	**8**		**642501**	**330455**
本级	75917	63896	6478	5159	-651	1027	8		169749	83521
县级小计	223762	202156	10438	10140	190	838			472752	246934
阳城县	84599	80120	2318	2022	17	122			133940	87643
高平市	68379	63035	1434	3335	172	403			119938	70289
沁水县	45823	42005	2511	1187		120			81252	49149
陵川县	9271	6860	798	1553		60			35153	12005
晋城城区	9696	7559	977	1109	1	50			34989	14008
泽洲县	5799	2483	2305	931		80			64047	12701
晋城开发区	195	94	95	3		3			3433	1139
朔州市小计	**123802**	**95010**	**7993**	**6549**	**-156**	**966**	**13440**		**374223**	**139932**

2－7－10

单位:万元

地区	收支部分										
	支出										
	外交	国防	公共安全	教育	科学技术	文化体育与传媒	社会保障和就业	医疗卫生	环境保护	城乡社区事务	农林水事务
县级小计		196	9642	43441	1046	1995	20393	7518	5438	9149	8693
平定县		102	2713	11892	348	652	5305	2112	1624	449	3705
盂县			3494	12532	73	720	8600	2616	2351	2383	3069
阳泉郊区			1967	9590	358	341	2251	1744	1180	1029	1905
阳泉城区			861	6133	127	108	1629	556	116	1153	
阳泉矿区		89	587	2534	131	126	2245	387	135	1171	
阳泉开发区		5	20	760	9	48	363	103	32	2964	14
长治市小计		**1003**	**36399**	**125637**	**5859**	**16733**	**68683**	**31189**	**19616**	**27550**	**60993**
本级		650	15336	27610	1893	8940	24216	9416	3626	12006	7050
县级小计		353	21063	98027	3966	7793	44467	21773	15990	15544	53943
长治县		55	2380	12408	454	414	3276	2112	1326	1396	4921
潞城市			2625	7763	397	797	4000	1793	2986	2161	4101
屯留县			1601	9099	304	521	2131	1359	1072	1111	3657
长子县		115	1649	7737	311	386	5845	2285	900	732	6942
壶关县		31	1576	9239	75	445	2792	1342	1299	717	5052
平顺县			1162	5059	199	384	3035	1251	385	284	4556
黎城县		84	1375	4136	225	480	3938	1154	1259	583	2310
武乡县			1461	8925	231	522	2519	1219	1535	533	5315
襄垣县			1939	9136	426	651	5499	2442	1483	3066	4907
沁县			1109	4815	132	336	4637	969	700	258	2961
沁源县		8	1723	7739	312	913	2121	2151	966	1651	4032
长治城区			1136	4795	238	1510	2717	1487	131	1797	947
长治郊区		55	1160	6318	521	434	1721	2134	1948	778	4054
长治开发区		5	167	858	141		236	75		477	188
晋城市小计		**438**	**28942**	**85144**	**5099**	**8386**	**61187**	**20679**	**12631**	**20825**	**37176**
本级			13147	12768	2617	4350	15514	4149	5951	11265	4732
县级小计		438	15795	72376	2482	4036	45673	16530	6680	9560	32444
阳城县			4122	15913	567	568	8504	3396	1112	1408	6250
高平市			2780	16557	494	1104	9881	3589	934	2695	7038
沁水县		98	2788	9734	325	502	6945	1924	1427	1014	4776
陵川县		68	1253	7207	248	485	5875	1522	722	763	3885
晋城城区		129	1466	6465	303	338	5055	1507	1103	2175	1724
泽州县		143	3361	16118	545	1028	9404	4564	1381	1260	8733
晋城开发区			25	382		11	9	28	1	245	38
朔州市小计		**451**	**18732**	**62268**	**1239**	**3752**	**29640**	**13529**	**19129**	**30089**	**28506**

2－7－11

单位：万元

地区	收支部分			平衡部分						
	支出			收入						
						返还性收入			财力性转移支付收入	
	交通运输	工业、商业、金融等事务	其他支出	收入总计	本年收入	小计	增值税和消费税税收返还	所得税基数返还	小计	体制补助
县级小计	906	3512	6237	163760	70478	25573	15568	10005	41176	
平定县		993	558	43607	13235	6159	3821	2338	14817	
盂县	616	1569	2390	51967	28534	6496	4156	2340	11821	
阳泉郊区	290	934	2628	34000	11474	6843	4721	2122	9894	
阳泉城区			556	16421	8074	3452	1659	1793	2124	
阳泉矿区		11	105	11911	6379	1917	887	1030	908	
阳泉开发区		5		5854	2782	706	324	382	1612	
长治市小计	**3734**	**23973**	**1486**	**771753**	**445216**	**71246**	**50278**	**20968**	**112044**	
本级	1385	9441	569	241650	196495	8382	6842	1540	14574	－2910
县级小计	2349	14532	917	530103	248721	62864	43436	19428	97470	2910
长治县	186	1597	7	70411	46749	5944	3368	2576	6339	
潞城市	302	1493	50	43786	26159	8655	5231	3424	1291	
屯留县	157	1026		40329	18811	1945	931	1014	10453	500
长子县	34	992		48940	16529	2121	1009	1112	16728	500
壶关县	368	1688		43684	14084	2615	1328	1287	15739	470
平顺县	177	666		27553	3678	1091	735	356	13412	500
黎城县	91	786	169	21314	7471	3945	1775	2170	3867	
武乡县	431	746		41731	16692	2101	1183	918	11485	470
襄垣县	31	1904		45231	23204	6798	4425	2373	5296	
沁县	269	323	14	29673	3611	1286	628	658	15076	470
沁源县	33	482	354	54504	36409	3028	1669	1359	7433	
长治城区		520	319	21355	10902	7018	6250	768	－2150	
长治郊区	270	1844		36622	20106	16130	14904	1226	－7424	
长治开发区		465	4	4970	4316	187		187	－75	
晋城市小计	**1218**	**16276**	**14045**	**686680**	**509773**	**44553**	**23653**	**20900**	**47419**	
本级	579	6187	4969	199469	173651	13271	7471	5800	1654	－350
县级小计	639	10089	9076	487211	336122	31282	16182	15100	45765	350
阳城县	20	1635	2802	138517	109477	7811	4724	3087	7649	
高平市	62	977	3538	123269	96912	6151	3451	2700	7821	
沁水县	235	2326	9	81305	61457	2826	1437	1389	6669	160
陵川县	51	974	95	38112	13627	1957	1214	743	13235	190
晋城城区	21	615	80	36038	22651	3927	1845	2082	2282	
泽州县	250	2007	2552	66341	28667	8462	3363	5099	9195	
晋城开发区		1555		3629	3331	148	148		－1086	
朔州市小计	**3342**	**18017**	**5597**	**434424**	**251823**	**25298**	**16885**	**8413**	**71726**	

2－7－12

单位:万元

地区	平衡部分									
	收入									
	财力性转移支付收入									
	一般性转移支付补助	民族地区转移支付补助	调整工资转移支付补助	农村税费改革转移支付补助	取消农业特产税降低农业税率转移支付补助	缓解县乡财政困难转移支付补助	农村义务教育补助	结算补助	企事业单位预算划转补助	其他财力性转移支付
县级小计	13852		16264	5411	673	333		4643		
平定县	6365		5426	2027	261	120		618		
盂县	2729		5253	2188	322	146		1183		
阳泉郊区	4521		3850	1190	90	67		176		
阳泉城区	167		1250					707		
阳泉矿区	70		467					371		
阳泉开发区			18	6				1588		
长治市小计	**42253**		**49385**	**13455**	**4485**	**3476**		**－3409**	**2399**	
本级	6500		5663	－607	－137			8576	1489	－4000
县级小计	35753		43722	14062	4622	3476		－11985	910	4000
长治县	427		3766	1051	408	120		567		
潞城市	332		2225	752	323	80		－2421		
屯留县	2265		3914	1099	607	847		651		570
长子县	7266		4490	1278	788	725		1211		470
壶关县	6685		4740	1771	300	107		1046		620
平顺县	5886		3640	1262	133	274		1117		600
黎城县	334		2838	878	261	107		－551		
武乡县	3144		4008	1590	393	93		1247		540
襄垣县	398		2984	1287	665	816		－854		
沁县	7386		3773	1193	337	107		1110		700
沁源县	1132		3471	1126	172	107		925		500
长治城区	235		1793	147	19			－5254	910	
长治郊区	263		2062	611	211	93		－10664		
长治开发区			18	17	5			－115		
晋城市小计	**7633**		**27369**	**10174**	**3411**	**2085**		**－4057**	**804**	
本级	－1459		2639	－488	－111			907	516	
县级小计	9092		24730	10662	3522	2085		－4964	288	
阳城县	628		4492	1926	606	107		－110		
高平市	537		4480	1807	826	515		－344		
沁水县	1094		3982	1187	402	93		－249		
陵川县	5340		4471	1805	452	816		161		
晋城城区	838		2619	391	88			－1654		
泽州县	655		4678	3535	1144	554		－1499	128	
晋城开发区			8	11	4			－1269	160	
朔州市小计	**29574**		**26062**	**7244**	**3215**	**3008**	**627**	**－319**	**2315**	

2－7－13

单位：万元

地　　区	平衡部分								
	收入							支出	
	专项转移支付			省补助计划单列市	上年结余收入	调入资金	国债转贷收入、上年结余及转补助数	支出总计	本年支出
	小计	专项补助	增发国债补助						
县级小计	27892	27892			－10626	9017	250	164574	146694
平定县	8975	8975			－4999	5400	20	44074	38836
盂县	7608	7608			－2601	29	80	51517	47589
阳泉郊区	5943	5943			－3697	3393	150	35606	29918
阳泉城区	2452	2452			210	109		16212	13852
阳泉矿区	2278	2278			367	62		11402	10906
阳泉开发区	636	636			94	24		5763	5593
长治市小计	**92394**	**92394**			**48832**	**117**	**1904**	**703143**	**697979**
本级	－1287	－1287			22886		600	218812	218021
县级小计	93681	93681			25946	117	1304	484331	479958
长治县	8079	8079			3300			64873	64117
潞城市	5986	5986			1545		150	41835	40744
屯留县	6989	6989			2131			35951	35922
长子县	10767	10767			2712		83	43335	43203
壶关县	9311	9311			1935			38613	38607
平顺县	7128	7128			2244			22806	22792
黎城县	5856	5856			96	79		21131	21055
武乡县	8940	8940			2475	38		37383	37327
襄垣县	7261	7261			1851		821	43219	42021
沁县	6640	6640			2810		250	22481	22166
沁源县	4929	4929			2705			51832	51619
长治城区	5016	5016			569			20759	20555
长治郊区	6337	6337			1473			35251	35068
长治开发区	442	442			100			4862	4762
晋城市小计	**52274**	**52274**			**11014**	**20647**	**1000**	**651595**	**642501**
本级	695	695			9598		600	170497	169749
县级小计	51579	51579			1416	20647	400	481098	472752
阳城县	9536	9536			217	3727	100	136530	133940
高平市	9473	9473			391	2441	80	122504	119938
沁水县	7026	7026			7	3320		81252	81252
陵川县	8553	8553			620		120	35273	35153
晋城城区	6182	6182			68	928		35780	34989
泽州县	10681	10681			16	9220	100	66326	64047
晋城开发区	128	128			97	1011		3433	3433
朔州市小计	**51664**	**51664**			**31703**	**1800**	**410**	**376757**	**374223**

2－7－14

单位:万元

地区	平衡部分									
	支出								年终结余	其中:净结余
	财力性转移支付			专项上解	计划单列市上解省	增设预算周转金	调出资金	国债转贷拨付数及年末结余		
	小计	体制上解	出口退税专项上解							
县级小计	17209	17209		180			241	250	－814	－12446
平定县	5138	5138		80				20	－467	－5593
盂县	3808	3808		40				80	450	－750
阳泉郊区	5478	5478		60				150	－1606	－6117
阳泉城区	2273	2273					87		209	
阳泉矿区	370	370					126		509	
阳泉开发区	142	142					28		91	14
长治市小计				**470**		**918**	**1872**	**1904**	**68610**	**16141**
本级	－1715	－1715		120		500	1286	600	22838	10760
县级小计	1715	1715		350		418	586	1304	45772	5381
长治县	400	400		6		350			5538	3808
潞城市	440	440		33			468	150	1951	511
屯留县				29					4378	79
长子县				49				83	5605	41
壶关县				6					5071	42
平顺县							14		4747	9
黎城县	60	60		16					183	62
武乡县				56					4348	5
襄垣县	350	350		27				821	2012	456
沁县				29			36	250	7192	14
沁源县				77		68	68		2672	15
长治城区	200	200		4					596	88
长治郊区	165	165		18					1371	165
长治开发区	100	100							108	86
晋城市小计	**4604**	**4604**		**471**		**500**	**2519**	**1000**	**35085**	**11699**
本级	－2874	－2874		471		500	2051	600	28972	11649
县级小计	7478	7478					468	400	6113	50
阳城县	2490	2490						100	1987	
高平市	2156	2156					330	80	765	1
沁水县									53	9
陵川县								120	2839	10
晋城城区	791	791							258	30
泽州县	2041	2041					138	100	15	
晋城开发区									196	
朔州市小计	**1347**	**1347**		**335**		**100**	**342**	**410**	**57667**	**27255**

2－7－15

单位:万元

地区	收支部分										
	收入										
	本年收入小计	税收收入									
		小计	增值税	营业税	企业所得税	个人所得税	城市维护建设税	耕地占用税	契税	烟叶税	其他各项税收收入
本级	88581	42688	17322	2881	8126	898	2491		53		10917
县级小计	163242	85333	33854	15992	8178	3805	10718	240	1069		11477
朔城区	18337	18141	5029	4072	1489	1101	2851	130	485		2984
平鲁区	69200	16776	4987	4012	1266	406	3265		30		2810
山阴县	35482	21254	9661	2690	3082	1204	1643		90		2884
怀仁县	31338	22316	12445	3033	1684	598	2279	65	169		2043
应县	3715	2474	675	811	159	281	235	36	103		174
右玉县	3666	2952	882	433	447	208	335	9	61		577
朔州开发区	1504	1420	175	941	51	7	110		131		5
忻州市小计	**166748**	**101844**	**33200**	**22101**	**7928**	**6123**	**9969**	**1348**	**1806**		**19369**
本级	55946	37489	12682	9633	3322	2154	2043				7655
县级小计	110802	64355	20518	12468	4606	3969	7926	1348	1806		11714
五台县	6038	3071	358	1312	62	280	292	250	22		495
静乐县	4397	1689	550	556	52	142	196	14	16		163
河曲县	13951	7126	4050	689	304	224	994	59	49		757
神池县	2055	1406	389	610	9	76	180	22	6		114
五寨县	3025	1491	533	478	14	118	207	30	40		71
繁峙县	6954	4056	1282	578	222	175	474	47	38		1240
岢岚县	1502	1104	216	508	4	55	195	38	17		71
偏关县	3999	2571	362	250	1301	113	335	4	31		175
代县	9782	6954	1788	635	622	749	446	34	31		2649
原平市	15663	8895	2459	2125	457	624	807	700	245		1478
忻府区	9830	7529	1452	2294	178	717		102	1071		1715
定襄县	4856	3607	1087	687	108	242	942	23	130		388
宁武县	13374	5081	1869	829	518	240	612	10	70		933
保德县	15376	9775	4123	917	755	214	2246	15	40		1465
晋中市小计	**409643**	**162455**	**56741**	**43085**	**14253**	**7948**	**16533**	**1021**	**3105**		**19769**
本级	96103	39766	17166	10131	6058	1834	1831	459			2287
县级小计	313540	122689	39575	32954	8195	6114	14702	562	3105		17482
榆次区	39870	25084	4348	9177	807	1520	1987	72	1918		5255
太谷县	9455	6596	1844	2400	301	464	748	54	146		639
祁县	9870	5740	1559	2048	128	355	898	11	62		679
平遥县	25405	8607	3083	2314	234	412	1600	33	97		834
介休市	47543	20998	7227	4715	1167	929	4107	56	209		2588
灵石县	59097	21661	11138	4324	1081	730	2068	6	100		2214

2－7－16

单位:万元

地区	收支部分									
	收入								支出	
	非税收入							贷款转贷回收本金收入		
	小计	专项收入	行政事业性收费收入	罚没收入	国有资本经营收入	国有资源(资产)有偿使用收入	其他收入		本年支出小计	一般公共服务
本级	45893	38911	3589	3055	－422	546	214		99542	45081
县级小计	77909	56099	4404	3494	266	420	13226		274681	94851
朔城区	196	80	17	35		63	1		40950	7732
平鲁区	52424	50722	781	631	128	162			83182	57711
山阴县	14228	1568	658	1139	81	61	10721		52620	9081
怀仁县	9022	3352	2111	981		78	2500		44014	9475
应县	1241	213	298	655	57	18			29058	3979
右玉县	714	115	533	51		11	4		21731	5307
朔州开发区	84	49	6	2		27			3126	1566
忻州市小计	**64904**	**35724**	**14073**	**13670**	**71**	**499**	**867**		**482025**	**106259**
本级	18457	10523	5644	1690	4	258	338		78128	22821
县级小计	46447	25201	8429	11980	67	241	529		403897	83438
五台县	2967	727	1122	1080	10	28			38961	7219
静乐县	2708	1909	377	354		13	55		24728	6118
河曲县	6825	5936	470	345		21	53		31658	10072
神池县	649	150	72	412		15			18524	3800
五寨县	1534	274	312	933		15			23052	4520
繁峙县	2898	1210	385	1293		10			30827	5056
岢岚县	398	45	141	3		24	185		20469	4251
偏关县	1428	397	316	662	34	19			23712	5475
代县	2828	888	1019	910		11			28973	5727
原平市	6768	3621	700	2220		22	205		42856	5743
忻府区	2301	559	1362	368		12			40810	9442
定襄县	1249	166	279	748	23	6	27		22449	4865
宁武县	8293	5134	1280	1851		24	4		25429	4797
保德县	5601	4185	594	801		21			31449	6353
晋中市小计	**247188**	**186781**	**31860**	**21453**	**4869**	**803**	**1422**		**664054**	**255134**
本级	56337	37469	10934	5639	2000	243	52		117388	45382
县级小计	190851	149312	20926	15814	2869	560	1370		546666	209752
榆次区	14786	12076	1893	735		82			72908	19899
太谷县	2859	830	837	909	257	26			29552	5823
祁县	4130	477	1558	2032		6	57		29143	5523
平遥县	16798	12883	1681	2198		32	4		59818	20207
介休市	26545	17595	4761	2831		68	1290		67431	23133
灵石县	37436	32216	2393	2681		146			74388	34844

2－7－17 单位：万元

地区	收支部分										
	支出										
	外交	国防	公共安全	教育	科学技术	文化体育与传媒	社会保障和就业	医疗卫生	环境保护	城乡社区事务	农林水事务
本级		205	8197	7678	696	1211	6293	2144	4714	4616	6702
县级小计		246	10535	54590	543	2541	23347	11385	14415	25473	21804
朔城区		123	1132	11402	155	548	3719	3444	3625	1885	4244
平鲁区		23	763	10362	110	363	4146	1582	1977	1996	1935
山阴县			2636	12260	80	663	3348	2119	3131	10134	5129
怀仁县			3636	9125	77	417	2763	1988	1449	9878	3165
应县		3	1219	6909	51	200	6363	1523	2279	1075	3059
右玉县		97	982	4335	70	350	1845	729	1954	505	4239
朔州开发区			167	197			1163				33
忻州市小计		**214**	**28523**	**97250**	**2392**	**6591**	**82303**	**25477**	**31055**	**16469**	**53167**
本级		35	6462	10875	767	2606	7159	4592	2754	4519	8229
县级小计		179	22061	86375	1625	3985	75144	20885	28301	11950	44938
五台县		1	2085	11780	35	284	4423	1305	2311	844	4301
静乐县			1253	4648	104	317	4184	829	1840	1278	3751
河曲县		1	1371	5547	105	327	6030	1345	2049	1216	2636
神池县			941	3659	42	125	3094	724	1457	927	2273
五寨县			1144	5430	65	244	1890	1458	2496	1892	3210
繁峙县		40	1956	7791	45	194	5033	1425	4032	527	3701
岢岚县		6	810	3184	88	218	4863	781	2104	378	2415
偏关县			1107	4530	12	172	2853	780	3250	872	3658
代县		46	1577	5956	196	253	5105	1942	1955	690	4164
原平市		10	2728	8605	265	668	12218	3410	1395	1213	2825
忻府区			2472	9974	302	389	8963	2400	997	806	2913
定襄县		17	1056	4539	43	322	5019	866	832	359	1756
宁武县		9	1664	5312	77	169	5096	1739	1269	262	3697
保德县		49	1897	5420	246	303	6373	1881	2314	686	3638
晋中市小计		**908**	**31592**	**101862**	**3508**	**6976**	**106846**	**23744**	**17610**	**35912**	**41955**
本级		543	10433	4525	346	1918	24750	5254	2527	9669	3180
县级小计		365	21159	97337	3162	5058	82096	18490	15083	26243	38775
榆次区		52	1767	16269	390	860	18170	3421	927	1257	3906
太谷县		4	1629	6306	204	279	7680	880	921	1938	2365
祁县			2217	6299	249	302	6286	1081	851	1185	3062
平遥县		66	2129	11818	278	365	12295	2946	1191	3015	3734
介休市		49	4361	11644	487	514	8982	1261	2711	6111	4894
灵石县		68	2210	12120	528	287	6899	2186	1911	6445	2864

2－7－18

单位:万元

地区	收支部分			平衡部分						
	支出			收入						
						返还性收入			财力性转移支付收入	
	交通运输	工业、商业、金融等事务	其他支出	收入总计	本年收入	小计	增值税和消费税税收返还	所得税基数返还	小计	体制补助
本级	945	9497	1563	113748	88581	－2371	1393	－3764	5726	－2917
县级小计	2397	8520	4034	320676	163242	27669	15492	12177	66000	2917
朔城区	740	2091	110	54682	18337	9120	4668	4452	14673	
平鲁区	66	1306	842	86731	69200	4695	2320	2375	3499	
山阴县	1010	2939	90	56822	35482	4375	2937	1438	8219	
怀仁县	203	771	1067	55171	31338	6609	3973	2636	8845	
应县	95	378	1925	38443	3715	1848	990	858	19732	1301
右玉县	283	1035		25460	3666	890	534	356	11101	1616
朔州开发区				3367	1504	132	70	62	－69	
忻州市小计	**4866**	**9778**	**17681**	**544405**	**166748**	**34741**	**23222**	**11519**	**206679**	**1280**
本级	1245	2222	3842	82575	55946	－10948	3478	－14426	6497	1280
县级小计	3621	7556	13839	461830	110802	45689	19744	25945	200182	
五台县	67	450	3856	41221	6038	2319	804	1515	24765	
静乐县		373	33	36218	4397	1273	420	853	16309	
河曲县	48	611	300	34382	13951	3656	1567	2089	10040	
神池县	452	337	693	18418	2055	2249	575	1674	10788	
五寨县	127	554	22	29103	3025	873	231	642	15456	
繁峙县	195	538	294	41999	6954	2531	1042	1489	15423	
岢岚县	131	78	1162	29984	1502	710	289	421	13848	
偏关县		660	343	26309	3999	2048	594	1454	12514	
代县	15	643	704	32764	9782	4213	2244	1969	12138	
原平市	930	949	1897	45895	15663	7692	3996	3696	19338	
忻府区	335	577	1240	33395	9830	6694	2692	4002	16885	
定襄县	23	415	2337	19001	4856	3460	1679	1781	11098	
宁武县	12	1054	272	35369	13374	3971	1491	2480	10721	
保德县	1286	317	686	37772	15376	4000	2120	1880	10859	
晋中市小计	**7440**	**15035**	**15532**	**735398**	**409643**	**60452**	**38620**	**21832**	**129682**	
本级	935	3684	4242	118735	96103	－4286	4196	－8482	－2896	
县级小计	6505	11351	11290	616663	313540	64738	34424	30314	132578	
榆次区	84	1084	4822	81638	39870	12074	5780	6294	22571	
太谷县	92	987	444	36853	9455	5170	2954	2216	11712	
祁县	124	1769	195	33064	9870	5316	2906	2410	9076	
平遥县	450	1289	35	69211	25405	5257	2707	2550	21531	
介休市	1252	981	1051	78657	47543	12793	7181	5612	5731	
灵石县	1437	1188	1401	78493	59097	7983	5040	2943	4782	

2-7-19

单位：万元

地区	平衡部分									
	收入									
	财力性转移支付收入									
	一般性转移支付补助	民族地区转移支付补助	调整工资转移支付补助	农村税费改革转移支付补助	取消农业特产税降低农业税率转移支付补助	缓解县乡财政困难转移支付补助	农村义务教育补助	结算补助	企事业单位预算划转补助	其他财力性转移支付
本级	500		1815	-131	-125		-113	4778	1919	
县级小计	29074		24247	7375	3340	3008	740	-5097	396	
朔城区	8350		5464	1416	578	53		-1188		
平鲁区	374		3174	1330	330	80		-1789		
山阴县	3314		4320	1178	599	67		-1259		
怀仁县	438		3977	1056	516	2571	740	-849	396	
应县	11533		4283	1317	980	93		225		
右玉县	5065		3025	1078	337	144		-164		
朔州开发区			4					-73		
忻州市小计	**92553**		**65454**	**21113**	**4723**	**11632**		**7142**	**282**	**2500**
本级	16100		6687	5	-105			-19995	25	2500
县级小计	76453		58767	21108	4828	11632		27137	257	
五台县	9093		5919	2670	476	2036		4571		
静乐县	7046		3909	1539	181	569		3065		
河曲县	1692		3946	1210	124	645		2423		
神池县	3660		2860	889	274	1294		1811		
五寨县	7023		3473	996	219	1310		2435		
繁峙县	7629		4518	1824	184	107		1161		
岢岚县	6748		3164	832	153	1164		1787		
偏关县	4999		3475	1033	160	1242		1605		
代县	3746		4134	1903	312	80		1963		
原平市	7755		6350	2118	953	685		1262	215	
忻府区	7358		5725	2116	1097	625		-68	32	
定襄县	4887		3651	1191	477	888		-6	10	
宁武县	2744		3777	1461	132	469		2138		
保德县	2073		3866	1326	86	518		2990		
晋中市小计	**59426**		**50974**	**14142**	**5814**	**1925**		**-5366**	**2767**	
本级	9000		3358	-338	-226			-14390		-300
县级小计	50426		47616	14480	6040	1925		9024	2767	300
榆次区	8827		6873	1123	822	13		2446	2167	300
太谷县	4573		4056	1305	754	67		553	404	
祁县	2727		4317	828	843	53		308		
平遥县	10291		6429	2064	1193	107		1447		
介休市	506		4085	1655	514	133		-1356	194	
灵石县	388		2931	1542	177	80		-338	2	

2－7－20

单位:万元

地区	平衡部分								
	收入							支出	
	专项转移支付			省补助计划单列市	上年结余收入	调入资金	国债转贷收入、上年结余及转补助数	支出总计	本年支出
	小计	专项补助	增发国债补助						
本级	4866	4866			16846		100	90220	99542
县级小计	46798	46798			14857	1800	310	286537	274681
朔城区	9071	9071			3481			46870	40950
平鲁区	6211	6211			3046		80	83827	83182
山阴县	8442	8442			304			53896	52620
怀仁县	5689	5689			2460		230	47860	44014
应县	9522	9522			3626			29098	29058
右玉县	7863	7863			1940			21760	21731
朔州开发区						1800		3226	3126
忻州市小计	**119196**	**119196**			**14918**	**1303**	**820**	**484250**	**482025**
本级	6559	6559			24001		520	70730	78128
县级小计	112637	112637			－9083	1303	300	413520	403897
五台县	11726	11726			－3627			39107	38961
静乐县	6524	6524			7715			24813	24728
河曲县	6878	6878			－143			31917	31658
神池县	5694	5694			－2368			18561	18524
五寨县	6579	6579			3170			23101	23052
繁峙县	9841	9841			7220		30	31006	30827
岢岚县	6797	6797			7127			20708	20469
偏关县	7785	7785			－1275	1238		23803	23712
代县	7996	7996			－1365			29115	28973
原平市	10696	10696			－7644		150	47430	42856
忻府区	12463	12463			－12477			42745	40810
定襄县	5222	5222			－5820	65	120	23322	22449
宁武县	6658	6658			645			26041	25429
保德县	7778	7778			－241			31851	31449
晋中市小计	**104488**	**104488**			**27859**	**1044**	**2230**	**673777**	**664054**
本级	5007	5007			23617	500	690	92879	117388
县级小计	99481	99481			4242	544	1540	580898	546666
榆次区	16823	16823			－9700			87700	72908
太谷县	9105	9105			1197	154	60	32323	29552
祁县	7484	7484			1068		250	30938	29143
平遥县	15987	15987			931		100	61392	59818
介休市	8426	8426			3554		610	74674	67431
灵石县	5846	5846			685		100	77119	74388

2-7-21

单位:万元

地　　区	平衡部分									
	支出								年终结余	其中:净结余
	财力性转移支付			专项上解	计划单列市上解省	增设预算周转金	调出资金	国债转贷拨付数及年末结余		
	小计	体制上解	出口退税专项上解							
本级	-9411	-9411		-11				100	23528	8096
县级小计	10758	10758		346		100	342	310	34139	19159
朔城区	5780	5780		140					7812	5722
平鲁区	539	539		26				80	2904	63
山阴县	1194	1194		82					2926	90
怀仁县	3245	3245		29			342	230	7311	6139
应县				40					9345	7004
右玉县				29					3700	
朔州开发区						100			141	141
忻州市小计				**526**			**879**	**820**	**60155**	**-11394**
本级	-6993	-6993		-925				520	11845	2770
县级小计	6993	6993		1451			879	300	48310	-14164
五台县				146					2114	-5789
静乐县				56			29		11405	4586
河曲县				110			149		2465	620
神池县				37					-143	-4062
五寨县				18			31		6002	600
繁峙县				78			71	30	10993	3323
岢岚县				210			29		9276	6007
偏关县				91					2506	
代县				142					3649	843
原平市	4359	4359		65				150	-1535	-5688
忻府区	1733	1733		202					-9350	-12248
定襄县	439	439		173			141	120	-4321	-6020
宁武县	462	462		58			92		9328	2718
保德县				65			337		5921	946
晋中市小计	**5561**	**5561**		**713**			**1219**	**2230**	**61621**	**-11664**
本级	-25096	-25096		-103				690	25856	9128
县级小计	30657	30657		816			1219	1540	35765	-20792
榆次区	14433	14433		61			298		-6062	-13758
太谷县	2623	2623		88				60	4530	
祁县	1481	1481		64				250	2126	55
平遥县	1234	1234					240	100	7819	-2148
介休市	6509	6509		124				610	3983	18
灵石县	2169	2169		152			310	100	1374	

2－7－22

单位:万元

地区	收支部分										
	收入										
	本年收入小计	税收收入									
		小计	增值税	营业税	企业所得税	个人所得税	城市维护建设税	耕地占用税	契税	烟叶税	其他各项税收收入
寿阳县	31215	8355	2236	2109	1469	453	491	13	184		1400
昔阳县	19555	4709	1349	1103	585	417	447	5	25		778
和顺县	37247	4278	1514	689	829	168	377	1	41		659
左权县	17981	5199	1713	1373	585	278	401	1	18		830
榆社县	9885	6957	2513	1081	707	251	995	140	59		1211
晋中开发区	6417	4505	1051	1621	302	137	583	170	246		395
吕梁市小计	**256741**	**163679**	**75862**	**26523**	**18950**	**5658**	**15387**	**1070**	**881**		**19348**
本级	76778	49354	24094	8163	10676	1751	5				4665
县级小计	179963	114325	51768	18360	8274	3907	15382	1070	881		14683
兴县	4016	1918	813	403	4	83	206	30	7		372
岚县	2932	1711	484	326	190	115	172	24	6		394
交城县	10686	7618	4405	757	893	277	560	30	43		653
文水县	7178	4881	2152	892	128	286	684	106	94		539
汾阳市	20259	13168	6507	1981	224	430	3044	135	49		798
孝义市	58153	33808	16638	4227	2734	784	4309	254	215		4647
柳林县	25756	18477	8305	2323	2180	815	1929	89	101		2735
中阳县	12416	8608	3803	1349	770	188	1317	118	114		949
石楼县	947	395	84	206	7	31	36	2	1		28
交口县	9828	5739	2289	703	216	182	726	120	30		1473
临县	4135	2347	687	804	44	214	201	26	34		337
方山县	3419	1987	722	533	14	81	204	7	6		420
离石市	20238	13668	4879	3856	870	421	1994	129	181		1338
临汾市小计	**399313**	**234273**	**95031**	**41747**	**24793**	**9824**	**29651**	**1782**	**2272**	**168**	**29005**
本级	135848	103661	52829	19268	11443	4534	7926				7661
县级小计	263465	130612	42202	22479	13350	5290	21725	1782	2272	168	21344
尧都区	41841	24259	5237	8156	2329	1621		50	1273		5593
侯马市	13616	9571	2403	2212	252	350	2334	52	208		1760
曲沃县	7830	5117	2216	629	254	221	764	193	157		683
翼城县	30165	8682	3587	940	780	207	1512	233	27		1396
襄汾县	25381	14702	6943	1375	1231	559	2593	883	67		1051
洪洞县	26552	15933	5913	2243	1762	455	3214	2	99		2245
霍州市	20110	13371	3107	1389	326	444	5730	83	70		2222
古县	17287	4572	1858	703	728	82	403	5	5		788
安泽县	4757	2889	740	424	342	62	1008	12	38	13	250
浮山县	10454	4876	1411	315	124	566	846	40	15		1559

2－7－23

单位:万元

地区	收支部分									
	收入								支出	
	非税收入							贷款转贷回收本金收入	本年支出小计	一般公共服务
	小计	专项收入	行政事业性收费收入	罚没收入	国有资本经营收入	国有资源(资产)有偿使用收入	其他收入			
寿阳县	22860	17486	2153	817	2346	58			50810	24432
昔阳县	14846	13101	730	941		74			42125	18873
和顺县	32969	31141	714	1094		20			54165	34306
左权县	12782	10456	890	1410		26			35704	15429
榆社县	2928	767	1737	150	266	8			22550	3510
晋中开发区	1912	284	1579	16		14	19		8072	3773
吕梁市小计	**93062**	**38157**	**21679**	**28458**	**1396**	**3001**	**371**		**577538**	**130414**
本级	27424	18680	4018	2386	64	2276			89991	25655
县级小计	65638	19477	17661	26072	1332	725	371		487547	104759
兴县	2098	535	495	1034		34			35314	7294
岚县	1221	188	362	625		39	7		24322	6559
交城县	3068	1372	954	700		40	2		29766	5866
文水县	2297	658	533	1043		33	30		37458	7688
汾阳市	7091	3273	1616	2163		39			43522	6341
孝义市	24345	6854	4292	12408	630	78	83		77588	13521
柳林县	7279	2370	2821	1304	702	82			45577	8053
中阳县	3808	1042	1072	1615		12	67		29534	5992
石楼县	552	29	48	437		38			19470	5545
交口县	4089	917	1308	1847		17			21674	5614
临县	1788	337	885	499		67			56205	9779
方山县	1432	249	286	867		30			30973	15201
离石市	6570	1653	2989	1530		216	182		36144	7306
临汾市小计	**165040**	**90507**	**20341**	**35369**	**14239**	**1322**	**3262**		**738868**	**165398**
本级	32187	13641	8524	6145	2899	498	480		146183	27126
县级小计	132853	76866	11817	29224	11340	824	2782		592685	138272
尧都区	17582	8405	1846	7140		150	41		72953	11111
侯马市	4045	1753	1099	1152		41			33246	6842
曲沃县	2713	1164	342	1158		48	1		29952	6771
翼城县	21483	5959	4063	2232	9177	52			55604	10831
襄汾县	10679	6365	152	1580	105	37	2440		55525	11649
洪洞县	10619	8401	1010	1094		79	35		60672	7819
霍州市	6739	3345	716	2659		19			32839	5425
古县	12715	11603	342	468	70	39	193		29145	11287
安泽县	1868	1118		674		26	50		18718	2860
浮山县	5578	1825	125	2623	1000	5			23706	6186

2-7-24

单位:万元

地　　区	收支部分										
	支出										
	外　交	国　防	公共安全	教　育	科学技术	文　化体　育与传媒	社　会保　障和就业	医疗卫生	环境保护	城乡社区事务	农林水事　务
寿阳县		36	1631	7779	288	289	5370	2461	1119	1694	4230
昔阳县		48	1309	6927	115	384	5097	711	1689	1444	3164
和顺县			965	5707	120	442	4030	1261	872	408	3894
左权县			1585	5777	224	1004	3696	729	609	693	3564
榆社县		38	1135	5441	185	326	3307	1482	2152	1376	2630
晋中开发区		4	221	1250	94	6	284	71	130	677	468
吕梁市小计		**639**	**33869**	**143997**	**2235**	**11515**	**55947**	**37624**	**31288**	**40295**	**54198**
本级		11	8160	9986	795	4115	6080	5900	1574	15879	4496
县级小计		628	25709	134011	1440	7400	49867	31724	29714	24416	49702
兴县		158	1696	8695	60	413	4199	1744	2193	2495	4771
岚县		41	1213	6570	10	147	2336	976	1411	794	3120
交城县		73	1530	9911	127	438	2369	2447	1607	942	2600
文水县			1976	12467	194	812	3198	3685	486	1019	3887
汾阳市		46	3036	12542	70	718	7984	2633	1089	2112	3919
孝义市		176	3882	24031	168	1754	6196	6750	3185	8893	4383
柳林县		2	2549	13184	361	621	6310	2530	3219	2635	3973
中阳县		6	1827	7619	113	434	2616	1763	2817	2164	2967
石楼县		15	1002	3545	64	173	1181	734	3395	139	3227
交口县			1596	5161	31	276	1944	1076	1955	1059	1817
临县			1807	15741	112	888	6264	4092	5496	1519	8611
方山县		31	910	4047	53	225	2609	1005	1440	285	3226
离石市		80	2685	10498	77	501	2661	2289	1421	360	3201
临汾市小计		**1246**	**60758**	**129919**	**5135**	**13045**	**120386**	**36837**	**46127**	**56031**	**62921**
本级		1009	18867	8438	1383	3112	27432	6232	8447	27498	7912
县级小计		237	41891	121481	3752	9933	92954	30605	37680	28533	55009
尧都区			9207	18964	201	789	16027	2858	4523	428	5525
侯马市		186	3258	6766	303	654	5702	1845	1161	2877	2078
曲沃县			2547	6181	298	475	5220	2376	601	789	3352
翼城县			3637	11588	662	2747	7596	3080	3185	2385	4866
襄汾县		10	3561	11790	567	352	9348	3532	4347	1973	5480
洪洞县			3249	14941	308	1571	10900	4776	5782	2839	3642
霍州市			2692	7187	71	401	5103	1006	1933	5470	1857
古县			1117	4300	172	140	3612	1206	3820	476	1874
安泽县			1302	4651	225	239	3350	992	776	624	2938
浮山县			1394	6197	255	326	2503	1637	722	907	2981

2－7－25

单位:万元

地区	收支部分			平衡部分						
	支出			收入						
						返还性收入			财力性转移支付收入	
	交通运输	工业、商业、金融等事务	其他支出	收入总计	本年收入	小计	增值税和消费税税收返还	所得税基数返还	小计	体制补助
寿阳县	486	989	6	55856	31215	3597	1701	1896	11410	
昔阳县	1152	1212		48182	19555	2949	1470	1479	15773	
和顺县	1010	774	376	59725	37247	2351	1108	1243	11757	
左权县	289	526	1579	41592	17981	2810	1314	1496	11686	
榆社县	129	385	454	23678	9885	3074	1613	1461	5998	
晋中开发区		167	927	9714	6417	1364	650	714	551	
吕梁市小计	**6554**	**21568**	**7395**	**712756**	**256741**	**71060**	**56355**	**14705**	**181446**	**2100**
本级	2456	3930	954	114868	76778	－1576	5782	－7358	4303	－260
县级小计	4098	17638	6441	597888	179963	72636	50573	22063	177143	2360
兴县	667	777	152	46798	4016	1254	739	515	23710	450
岚县	622	500	23	32255	2932	875	432	443	15401	400
交城县	30	1826		34713	10686	5059	3200	1859	9999	
文水县	176	1809	61	46604	7178	6354	4310	2044	20029	
汾阳市	29	517	2486	57429	20259	27385	24422	2963	9881	
孝义市	1068	3543	38	85425	58153	10947	7159	3788	7731	
柳林县	711	630	799	51673	25756	5964	2319	3645	7487	
中阳县	87	597	532	30598	12416	3591	1708	1883	5966	
石楼县	71	369	10	30543	947	316	214	102	14249	380
交口县	111	442	592	23707	9828	3108	1887	1221	4304	
临县	445	1379	72	74746	4135	1369	775	594	39210	800
方山县	44	541	1356	39533	3419	987	744	243	13705	330
离石市	37	4708	320	43864	20238	5427	2664	2763	5471	
临汾市小计	**7790**	**17943**	**15332**	**853389**	**399313**	**72279**	**49608**	**22671**	**204869**	
本级	279	6458	1990	177326	135848	－1516	18174	－19690	143	－9819
县级小计	7511	11485	13342	676063	263465	73795	31434	42361	204726	9819
尧都区	270	1582	1468	79157	41841	16826	4972	11854	8431	
侯马市	133	1271	170	41053	13616	7733	3287	4446	12056	
曲沃县	137	626	579	36721	7830	5126	3776	1350	14957	
翼城县	3298	939	790	61166	30165	5294	2629	2665	15629	
襄汾县	1029	972	915	57415	25381	7057	3080	3977	13976	
洪洞县	132	725	3988	68326	26552	8009	3883	4126	21657	1200
霍州市	130	782	782	32927	20110	4269	1996	2273	5090	
古县	109	252	780	32342	17287	1824	864	960	8593	700
安泽县	152	213	396	22551	4757	1182	487	695	11376	908
浮山县	73	344	181	25407	10454	3340	1115	2225	6242	300

2-7-26

单位:万元

地区	平衡部分									
	收入									
	财力性转移支付收入									
	一般性转移支付补助	民族地区转移支付补助	调整工资转移支付补助	农村税费改革转移支付补助	取消农业特产税降低农业税率转移支付补助	缓解县乡财政困难转移支付补助	农村义务教育补助	结算补助	企事业单位预算划转补助	其他财力性转移支付
寿阳县	3277		4006	1243	688	1204		992		
昔阳县	7312		4328	1660	359	107		2007		
和顺县	5551		3469	918	210	67		1542		
左权县	5632		3978	1069	175	27		805		
榆社县	1299		2747	990	213	67		682		
晋中开发区	43		397	83	92			-64		
吕梁市小计	**78517**		**65816**	**21177**	**3810**	**7893**		**1920**	**213**	
本级	13375		5813	-136	-90	-25		-14587	213	
县级小计	65142		60003	21313	3900	7918		16507		
兴县	11497		5077	2108	307	665		3606		
岚县	7156		3501	1265	213	354		2512		
交城县	3282		4505	1295	185	476		256		
文水县	8682		6292	1563	1039	970		1483		
汾阳市	2321		5609	2221	599	67		-936		
孝义市	1100		6061	2206	346	40		-2022		
柳林县	477		4317	1747	128	1181		-363		
中阳县	310		2806	857	59	635		1299		
石楼县	6308		2933	918	128	1133		2449		
交口县	810		2787	717	75	27		-112		
临县	16622		8723	4109	538	1137		7281		
方山县	5239		3114	992	202	1166		2662		
离石市	1338		4278	1315	81	67		-1608		
临汾市小计	**87289**		**76953**	**14675**	**6441**	**10651**		**6729**	**2131**	
本级	15016		5790	-501	-207			-9637	81	-580
县级小计	72273		71163	15176	6648	10651		16366	2050	580
尧都区	945		6576	1778	596	107		-1686	115	
侯马市	4060		4231	494	252	709		584	1576	150
曲沃县	6675		4958	749	696	748		1131		
翼城县	4909		5797	1149	692	730		2140	212	
襄汾县	2258		6291	1937	1086	1936		468		
洪洞县	6046		8142	2464	1393	1830		582		
霍州市	508		3833	926	264	53		-641	147	
古县	3313		2734	451	144	369		882		
安泽县	4575		2778	425	192	746		1702		50
浮山县	1359		3336	804	254	80		109		

2－7－27

单位:万元

地区	平衡部分								
	收入							支出	
	专项转移支付			省补助计划单列市	上年结余收入	调入资金	国债转贷收入、上年结余及转补助数	支出总计	本年支出
	小计	专项补助	增发国债补助						
寿阳县	7311	7311			2323			51513	50810
昔阳县	8075	8075			1830			42811	42125
和顺县	6409	6409			1551	390	20	54296	54165
左权县	6860	6860			1855		400	36214	35704
榆社县	6122	6122			－1401			22770	22550
晋中开发区	1033	1033			349			9148	8072
吕梁市小计	**110202**	**110202**			**90914**	**608**	**1785**	**580069**	**577538**
本级	－10481	－10481			44059		1785	71980	89991
县级小计	120683	120683			46855	608		508089	487547
兴县	9909	9909			7909			35314	35314
岚县	7445	7445			5602			24322	24322
交城县	6301	6301			2282	386		29922	29766
文水县	8710	8710			4333			37852	37458
汾阳市	7322	7322			－7640	222		60327	43522
孝义市	7197	7197			1397			80282	77588
柳林县	8762	8762			3704			45577	45577
中阳县	7963	7963			662			29534	29534
石楼县	9685	9685			5346			19470	19470
交口县	5013	5013			1454			21674	21674
临县	16710	16710			13322			56205	56205
方山县	17632	17632			3790			30973	30973
离石市	8034	8034			4694			36637	36144
临汾市小计	**109489**	**109489**			**62642**	**2506**	**2291**	**742540**	**738868**
本级	9203	9203			32651		997	136543	146183
县级小计	100286	100286			29991	2506	1294	605997	592685
尧都区	10235	10235			1395	305	124	77764	72953
侯马市	5034	5034			2514	100		36151	33246
曲沃县	5734	5734			2804		270	31000	29952
翼城县	7110	7110			2968			55920	55604
襄汾县	8661	8661			710	1480	150	55975	55525
洪洞县	9172	9172			2936			61192	60672
霍州市	4393	4393			－1235		300	33945	32839
古县	3667	3667			971			29215	29145
安泽县	4596	4596			640			18718	18718
浮山县	4585	4585			636		150	23914	23706

2－7－28

单位:万元

地区	平衡部分									
	支出								年终结余	其中:净结余
	财力性转移支付			专项上解	计划单列市上解省	增设预算周转金	调出资金	国债转贷拨付数及年末结余		
	小计	体制上解	出口退税专项上解							
寿阳县	669	669		34					4343	88
昔阳县	551	551		68			67		5371	－998
和顺县				54			57	20	5429	
左权县				110				400	5378	－990
榆社县				60			160		908	－3061
晋中开发区	988	988		1			87		566	2
吕梁市小计				**447**			**299**	**1785**	**132687**	**6786**
本级	－20243	－20243		447				1785	42888	13933
县级小计	20243	20243					299		89799	－7147
兴县									11484	6
岚县									7933	
交城县	156	156							4791	
文水县	394	394							8752	13
汾阳市	16805	16805							－2898	－7476
孝义市	2694	2694							5143	177
柳林县									6096	16
中阳县									1064	11
石楼县									11073	20
交口县									2033	66
临县									18541	12
方山县									8560	
离石市	194	194					299		7227	8
临汾市小计				**729**			**652**	**2291**	**110849**	**21082**
本级	－10821	－10821		184				997	40783	22721
县级小计	10821	10821		545			652	1294	70066	－1639
尧都区	4618	4618		69				124	1393	
侯马市	2900	2900		5					4902	
曲沃县	760	760		18				270	5721	56
翼城县	300	300		16					5246	
襄汾县	300	300						150	1440	36
洪洞县				38			482		7134	10
霍州市	781	781		25				300	－1018	－1128
古县				50			20		3127	
安泽县									3833	
浮山县				28			30	150	1493	23

2－7－29

单位:万元

地区	收支部分										
	收入										
	本年收入小计	税收收入									
		小计	增值税	营业税	企业所得税	个人所得税	城市维护建设税	耕地占用税	契税	烟叶税	其他各项税收收入
吉县	1684	456	42	148	20	21	119	2	5		99
乡宁县	38628	11944	3459	1383	4365	323	680	28	75		1631
蒲县	12079	7067	3313	582	517	92	1394	10	15	155	989
大宁县	509	207	60	74	12	18	23		2		18
永和县	508	241	13	174	6	13	16	5	5		9
隰县	1656	480	175	158	18	30	61	5	5		28
汾西县	4711	1839	644	344	49	74	393	7	3		325
临汾开发区	3742	3050	781	853	219	97	398	60	39		603
侯马开发区	1955	1356	300	377	16	55	237	112	164		95
运城市小计	**213140**	**172788**	**70512**	**28833**	**29790**	**6434**	**19260**	**993**	**1416**	**207**	**15343**
本级	93980	85942	38814	13308	23162	4205	3847	410			2196
县级小计	119160	86846	31698	15525	6628	2229	15413	583	1416	207	13147
盐湖区	14956	10898	2050	4073	361	542		212	542		3118
永济市	6685	5211	1240	1307	101	137	1460	69	106		791
芮城县	2388	1674	469	278	259	48	401	13	46		160
临猗县	4345	2928	587	687	494	135	493	38	87		407
绛县	3293	2120	743	401	11	93	313	14	45		500
河津市	53750	38719	16692	3413	4099	657	8793	28	100		4937
新绛县	3731	2393	1077	524	55	61	277	32	47		320
垣曲县	3043	2105	933	325	55	51	509	16	56		160
闻喜县	11788	9134	4370	1627	1074	172	596	22	74		1199
万荣县	2912	2017	429	586	27	45	486	21	50		373
稷山县	5137	4104	1627	740	47	83	1194	37	46		330
平陆县	2535	2092	632	585	10	50	394	16	47	86	272
夏县	2227	1263	284	307	11	74	207	15	47	121	197
运城经济技术开发区	931	888	135	320	20	44		31	98		240
风陵渡开发区	752	696	141	294	2	19	125	15	25		75
华信开发区	687	604	289	58	2	18	165	4			68

2006 年地方财政政府收支分类转换数据

2－7－30

单位:万元

地区	收支部分									
	收入								支出	
	非税收入							贷款转贷回收本金收入		
	小计	专项收入	行政事业性收费收入	罚没收入	国有资本经营收入	国有资源(资产)有偿使用收入	其他收入		本年支出小计	一般公共服务
吉县	1228	48	139	255	760	26			19066	3462
乡宁县	26684	22976	1313	2061	200	115	19		53713	27894
蒲县	5012	2411	217	2294		90			25549	5530
大宁县	302	37	39	174	28	24			15845	3060
永和县	267	18	33	197		19			13556	4725
隰县	1176	584	57	510		22	3		20312	5003
汾西县	2872	582	83	2186		21			23010	4712
临汾开发区	692	172	63	450		7			6387	1073
侯马开发区	599	100	178	317		4			2887	2032
运城市小计	**40352**	**23793**	**4121**	**11034**	**84**	**1229**	**91**		**553127**	**110233**
本级	8038	5119	105	1993		821			101146	19828
县级小计	32314	18674	4016	9041	84	408	91		451981	90405
盐湖区	4058	1615		2401		32	10		45865	11233
永济市	1474	727	326	344		16	61		35449	6678
芮城县	714	202	177	302	18	15			28965	5294
临猗县	1417	402	162	813		40			35914	5849
绛县	1173	422	171	562		18			26914	6170
河津市	15031	11488	1671	1653	65	147	7		63269	11910
新绛县	1338	456	135	719		28			26462	5005
垣曲县	938	621	91	198		28			28559	5378
闻喜县	2654	1383	487	759		13	12		36534	6518
万荣县	895	276	365	246		8			32268	6633
稷山县	1033	487	9	514	1	21	1		28604	4876
平陆县	443	241	10	168		24			29648	6133
夏县	964	177	407	362		18			29964	7000
运城经济技术开发区	43	43							678	476
风陵渡开发区	56	56							1088	692
华信开发区	83	78	5						1800	560

2－7－31

单位:万元

地区	收支部分										
	支出										
	外交	国防	公共安全	教育	科学技术	文化体育与传媒	社会保障和就业	医疗卫生	环境保护	城乡社区事务	农林水事务
吉县		5	1176	3634	44	331	3292	785	1658	557	2895
乡宁县			2086	7984	211	349	3977	2196	2318	847	4064
蒲县			2055	4252	214	313	4474	1082	2097	1526	2324
大宁县			751	2432	48	364	2299	1081	947	951	3189
永和县			600	1989	32	166	1756	328	1048	60	1914
隰县			1158	3388	47	421	3397	827	1562	1176	2757
汾西县		36	1245	4693	74	272	4190	994	1200	853	3185
临汾开发区			556	444		23	208	4		3360	88
侯马开发区			300	100	20					435	
运城市小计		**498**	**29761**	**121235**	**3201**	**8811**	**88765**	**29391**	**19296**	**46795**	**51291**
本级		263	6093	11665	683	4132	8824	6401	2875	19048	8306
县级小计		235	23668	109570	2518	4679	79941	22990	16421	27747	42985
盐湖区		38	4205	10142	364	504	9494	2171	1633	889	4236
永济市			1644	9637	262	240	8568	605	713	1542	3676
芮城县			1563	7217	54	328	5559	2362	893	926	2473
临猗县		31	1898	8465	84	276	8023	2504	669	965	4039
绛县		51	1365	6024	87	277	5796	1194	1579	1197	2218
河津市			3432	16261	213	870	3575	3747	4089	11269	4992
新绛县		3	1772	7370	172	376	5271	1127	755	812	2612
垣曲县		36	1122	5535	58	323	5171	950	869	3274	3986
闻喜县			1806	8374	563	359	7678	1843	1378	2678	3261
万荣县		1	1627	9082	460	314	6012	1679	144	585	2952
稷山县		59	1349	6177	52	234	5558	2108	1173	1166	1813
平陆县			958	7578	21	355	3352	1533	1411	394	4408
夏县		16	927	7646	126	223	5845	1052	978	597	2315
运城经济技术开发区				62						140	
风陵渡开发区					1		30	115		230	4
华信开发区					1		9		137	1083	

2-7-32 单位:万元

地区	收支部分			平衡部分						
	支出			收入						
						返还性收入			财力性转移支付收入	
	交通运输	工业、商业、金融等事务	其他支出	收入总计	本年收入	小计	增值税和消费税税收返还	所得税基数返还	小计	体制补助
吉县	143	337	747	26327	1684	275	108	167	15258	1379
乡宁县	153	1250	384	56656	38628	6149	2180	3969	4692	
蒲县	234	808	640	28798	12079	3087	1355	1732	7364	500
大宁县	166	387	170	21662	509	413	176	237	13224	1200
永和县	99	107	732	19299	508	200	57	143	11501	1090
隰县	50	446	80	27500	1656	639	354	285	17154	1152
汾西县	1053	373	130	28920	4711	1197	544	653	15369	1390
临汾开发区	150	71	410	6886	3742	817	373	444	1582	
侯马开发区				2950	1955	358	198	160	575	
运城市小计	**4266**	**13761**	**25823**	**711364**	**213140**	**46678**	**34728**	**11950**	**250227**	
本级	467	3907	8654	140393	93980	-17618	3753	-21371	24293	-2347
县级小计	3799	9854	17169	570971	119160	64296	30975	33321	225934	2347
盐湖区		557	399	60401	14956	13783	6410	7373	15930	
永济市	29	740	1115	45097	6685	6816	3402	3414	18706	
芮城县	170	868	1258	36950	2388	3779	2397	1382	21017	
临猗县	168	943	2000	44865	4345	3273	1623	1650	22611	
绛县		763	193	34479	3293	2804	1339	1465	17694	
河津市	251	1802	858	76232	53750	9550	3415	6135	1050	
新绛县	164	451	572	33423	3731	3255	1977	1278	17893	
垣曲县	220	815	822	35844	3043	3312	1543	1769	18310	
闻喜县	24	488	1564	42092	11788	7752	3867	3885	9131	
万荣县	301	356	2122	42322	2912	1857	804	1053	25663	807
稷山县	463	388	3188	37389	5137	3052	1766	1286	17527	258
平陆县	1975	1103	427	37250	2535	1938	1098	840	18219	409
夏县	34	564	2641	40294	2227	1563	676	887	21989	873
运城经济技术开发区				1445	931	363	63	300	1	
风陵渡开发区		16		1088	752	105	75	30	185	
华信开发区			10	1800	687	1094	520	574	8	

2－7－33

单位:万元

地区	平衡部分									
	收入									
	财力性转移支付收入									
	一般性转移支付补助	民族地区转移支付补助	调整工资转移支付补助	农村税费改革转移支付补助	取消农业特产税降低农业税率转移支付补助	缓解县乡财政困难转移支付补助	农村义务教育补助	结算补助	企事业单位预算划转补助	其他财力性转移支付
吉县	7481		3030	522	173	108		2445		120
乡宁县	391		3584	820	244	80		－427		
蒲县	2015		3129	479	97	321		823		
大宁县	6131		2898	408	108	1064		1315		100
永和县	5401		2429	401	97	643		1440		
隰县	8899		3773	442	148	663		1917		160
汾西县	7307		3605	868	205	464		1530		
临汾开发区			37	59	7			1479		
侯马开发区			2					573		
运城市小计	**122599**		**75149**	**22564**	**12895**	**12960**		**111**	**3949**	
本级	19840		6006	－727	－415			1653	283	
县级小计	102759		69143	23291	13310	12960		－1542	3666	
盐湖区	6196		6954	2238	1377	80		－915		
永济市	7458		5401	1754	1468	1097		531	997	
芮城县	10048		5492	1931	1081	1024		1441		
临猗县	8772		6276	3366	3130	877		190		
绛县	9620		5173	1208	680	477		536		
河津市	556		4670	987	556	27		－8230	2484	
新绛县	9086		4729	1097	909	1198		874		
垣曲县	8696		4767	1401	296	1450		1700		
闻喜县	2411		5220	1805	857	93		－1440	185	
万荣县	11898		5970	2647	977	1984		1380		
稷山县	8014		4773	1598	780	1858		246		
平陆县	8028		4337	1662	511	1926		1346		
夏县	11976		5132	1597	688	869		854		
运城经济技术开发区			56					－55		
风陵渡开发区			185							
华信开发区			8							

2－7－34

单位:万元

地区	平衡部分								
	收入							支出	
	专项转移支付			省补助计划单列市	上年结余收入	调入资金	国债转贷收入、上年结余及转补助数	支出总计	本年支出
	小计	专项补助	增发国债补助						
吉县	6013	6013			2997		100	19235	19066
乡宁县	6520	6520			667			54815	53713
蒲县	4135	4135			1512	621		25549	25549
大宁县	4778	4778			2638		100	15966	15845
永和县	4574	4574			2516			13570	13556
隰县	5534	5534			2417		100	20521	20312
汾西县	4976	4976			2667			23026	23010
临汾开发区	510	510			235			6573	6387
侯马开发区	59	59			3			2948	2887
运城市小计	**109263**	**109263**			**84120**	**5176**	**2760**	**559060**	**553127**
本级	1541	1541			35986	897	1314	88649	101146
县级小计	107722	107722			48134	4279	1446	470411	451981
盐湖区	10784	10784			3789	503	656	53850	45865
永济市	9040	9040			2474	1276	100	37858	35449
芮城县	7601	7601			1975		190	29401	28965
临猗县	9745	9745			4713	78	100	36671	35914
绛县	7255	7255			3368	65		27011	26914
河津市	6064	6064			5444	224	150	66878	63269
新绛县	5923	5923			2521		100	26940	26462
垣曲县	7591	7591			3408	30	150	28921	28559
闻喜县	10012	10012			1506	1903		37353	36534
万荣县	6895	6895			4995			32455	32268
稷山县	7737	7737			3936			28946	28604
平陆县	10414	10414			4144			29719	29648
夏县	8454	8454			5861	200		30075	29964
运城经济技术开发区	150	150						1445	678
风陵渡开发区	46	46						1088	1088
华信开发区	11	11						1800	1800

2－7－35

单位:万元

地区	平衡部分									
	支出								年终结余	其中:净结余
	财力性转移支付			专项上解	计划单列市上解省	增设预算周转金	调出资金	国债转贷拨付数及年末结余		
	小计	体制上解	出口退税专项上解							
吉县				51			18	100	7092	－353
乡宁县	1000	1000					102		1841	
蒲县									3249	307
大宁县				21				100	5696	28
永和县				14					5729	－335
隰县				109				100	6979	－673
汾西县				16					5894	131
临汾开发区	131	131		55					313	257
侯马开发区	31	31		30					2	2
运城市小计				**949**			**2224**	**2760**	**152304**	**32416**
本级	－14043	－14043		－345			577	1314	51744	30518
县级小计	14043	14043		1294			1647	1446	100560	1898
盐湖区	7287	7287		42				656	6551	42
永济市	2205	2205		104				100	7239	30
芮城县	165	165		81				190	7549	31
临猗县	550	550		107				100	8194	18
绛县				97					7468	208
河津市	2100	2100		40			1319	150	9354	50
新绛县	263	263		73			42	100	6483	65
垣曲县				136			76	150	6923	147
闻喜县	706	706		113					4739	79
万荣县				187					9867	18
稷山县				163			179		8443	268
平陆县				71					7531	
夏县				80			31		10219	942
运城经济技术开发区	767	767								
风陵渡开发区										
华信开发区										

2006 年内蒙古自治区地市县财政一般预算收支平衡表

2－8－1

单位:万元

地区	收支部分										
	收入										
	本年收入小计	税收收入									
		小计	增值税	营业税	企业所得税	个人所得税	城市维护建设税	耕地占用税	契税	烟叶税	其他各项税收收入
地(市)县级总计	**2804307**	**2135850**	**474892**	**651923**	**213541**	**96571**	**175617**	**71987**	**76906**	**469**	**373944**
地(市)本级合计	**599644**	**355792**	**96459**	**72383**	**45117**	**18809**	**39917**	**5820**	**11556**		**65731**
县级合计	**2204663**	**1780058**	**378433**	**579540**	**168424**	**77762**	**135700**	**66167**	**65350**	**469**	**308213**
呼伦贝尔市小计	**226128**	**148151**	**37403**	**39232**	**9770**	**9723**	**12946**	**2942**	**5925**		**30210**
本级	90954	43170	9882	10757	3123	4337	3623		51		11397
旗县区级小计	135174	104981	27521	28475	6647	5386	9323	2942	5874		18813
海拉尔市	17291	14319	1496	5488	605	782	960		1822		3166
满洲里市	54960	45245	13620	11792	2549	1574	5934		2276		7500
扎兰屯市	7058	4130	960	1320	247	291	218	84	241		769
牙克石市	7549	5733	1028	1866	713	303	321		404		1098
阿荣旗	4923	3263	152	828	73	160	62	811	643		534
莫力达瓦自治旗	5675	3650	273	761	58	99	118	2046	31		264
根河市	2353	1720	400	387	17	140	180		48		548
额尔古纳市	2124	1381	334	355	195	149	73		13		262
鄂伦春自治旗	2462	1608	283	503	39	108	71	1	101		502
新巴尔虎左旗	1267	954	121	606	24	54	35		26		88
新巴尔虎右旗	8859	7266	3728	600	1411	851	200		7		469
陈巴尔虎旗	7769	5202	874	1780	646	548	245		147		962
鄂温克自治旗	12884	10510	4252	2189	70	327	906		115		2651
兴安盟小计	**34696**	**27853**	**4565**	**8828**	**1668**	**1828**	**3205**	**345**	**1476**		**5938**
本级	8563	6855	256	1321	930	860	2138		7		1343
旗县区级小计	26133	20998	4309	7507	738	968	1067	345	1469		4595
乌兰浩特市	10462	9889	3093	2958	364	339	485		1059		1591
科右前旗	4178	3166	274	1571	32	187	215		8		879
突泉县	2614	1793	284	766	151	122	80		46		344
扎赉特旗	3305	2437	203	1021	27	158	105	45	219		659
科右中旗	3741	2139	372	631	162	110	104	300	87		373
阿尔山市	1833	1574	83	560	2	52	78		50		749
通辽市小计	**170091**	**126586**	**23954**	**43124**	**7220**	**4476**	**11803**	**1943**	**5483**		**28583**
本级	47287	31308	2902	10645	4715	1836	2894	1177	1311		5828
旗县区级小计	122804	95278	21052	32479	2505	2640	8909	766	4172		22755
科尔沁区	46620	39134	8444	13868	1338	904	4047		2564		7969
开鲁县	8727	5445	1369	1366	46	126	1184		143		1211
科左中旗	5344	3099	400	880	12	181	144		146		1336
科左后旗	7136	5183	946	1872	20	175	265	439	165		1301

2－8－2

单位:万元

地区	收支部分									
	收入								支出	
	非税收入							贷款转贷回收本金收入	本年支出小计	一般公共服务
	小计	专项收入	行政事业性收费收入	罚没收入	国有资本经营收入	国有资源(资产)有偿使用收入	其他收入			
地(市)县级总计	**668457**	**158347**	**176106**	**111269**	**170593**	**18073**	**34069**		**6739766**	**1265204**
地(市)本级合计	**243852**	**58988**	**74029**	**46258**	**50737**	**5095**	**8745**		**1842427**	**360862**
县级合计	**424605**	**99359**	**102077**	**65011**	**119856**	**12978**	**25324**		**4897339**	**904342**
呼伦贝尔市小计	**77977**	**16181**	**7947**	**6567**	**44719**	**641**	**1922**		**716170**	**125615**
本级	47784	8319	862	2335	35864	364	40		184667	19412
旗县区级小计	30193	7862	7085	4232	8855	277	1882		531503	106203
海拉尔市	2972	968	571	446	973	14			44560	5569
满洲里市	9715	2702	1432	360	5101	72	48		90071	24422
扎兰屯市	2928	216	1103	404	1183	20	2		54256	7821
牙克石市	1816	365	590	725	119	17			44148	6461
阿荣旗	1660	102	272	630	610	46			45265	8476
莫力达瓦自治旗	2025	171	965	305	531	9	44		51968	13809
根河市	633	107	135	332	46	4	9		22394	4054
额尔古纳市	743	113	228	139	154	14	95		22256	4858
鄂伦春自治旗	854	85	387	346	23	13			36002	8004
新巴尔虎左旗	313	75	135	97		3	3		19655	4440
新巴尔虎右旗	1593	1453	20	27	86	7			28775	5225
陈巴尔虎旗	2567	354	416	169		21	1607		27061	6089
鄂温克自治旗	2374	1151	831	252	29	37	74		45092	6975
兴安盟小计	**6843**	**1875**	**2461**	**2168**	**－67**	**379**	**27**		**300956**	**49575**
本级	1708	1131	308	150	－139	258			57763	12129
旗县区级小计	5135	744	2153	2018	72	121	27		243193	37446
乌兰浩特市	573	304	84	175		10			41733	6404
科右前旗	1012	129	385	486		11	1		52245	7065
突泉县	821	77	372	326		46			38782	5315
扎赉特旗	868	84	505	248		31			57299	7229
科右中旗	1602	107	737	650	62	20	26		41768	7476
阿尔山市	259	43	70	133	10	3			11366	3957
通辽市小计	**43505**	**8921**	**9610**	**13572**	**5138**	**3002**	**3262**		**625130**	**107436**
本级	15979	4379	2773	5073	3425	241	88		166678	32981
旗县区级小计	27526	4542	6837	8499	1713	2761	3174		458452	74455
科尔沁区	7486	1468	2216	1425		2377			85099	12284
开鲁县	3282	298	1812	888	239	39	6		50673	7671
科左中旗	2245	236	280	1269		46	414		58949	8890
科左后旗	1953	238	248	871	531	20	45		59316	9588

2-8-3

单位:万元

地区	收支部分										
	支出										
	外交	国防	公共安全	教育	科学技术	文化体育与传媒	社会保障和就业	医疗卫生	环境保护	城乡社区事务	农林水事务
地(市)县级总计	**272**	**4766**	**328563**	**986730**	**59432**	**143773**	**942977**	**242668**	**477761**	**754967**	**780185**
地(市)本级合计	**216**	**2640**	**126355**	**152124**	**23834**	**82644**	**278163**	**71490**	**46704**	**178381**	**172815**
县级合计	**56**	**2126**	**202208**	**834606**	**35598**	**61129**	**664814**	**171178**	**431057**	**576586**	**607370**
呼伦贝尔市小计	**216**	**603**	**35981**	**103659**	**5272**	**15662**	**124963**	**33677**	**30089**	**75543**	**72619**
本级	216	115	10666	14035	1258	5307	18604	7327	7220	11877	24862
旗县区级小计		488	25315	89624	4014	10355	106359	26350	22869	63666	47757
海拉尔市		5	1286	8582	522	539	9669	2190	598	8085	2516
满洲里市			3505	8632	670	2513	11452	3305	887	21114	2433
扎兰屯市		81	2147	12526	383	756	12714	2547	1898	4801	6516
牙克石市		76	2414	6770	530	664	17136	2394	778	3086	2327
阿荣旗		64	1869	10799	453	559	7629	2040	2277	3809	6588
莫力达瓦自治旗			1834	11035	559	786	8259	2311	1420	2289	8195
根河市		48	1683	3349	160	573	6749	1329	593	1689	1158
额尔古纳市		37	1389	2980	157	371	5907	1340	1159	802	2383
鄂伦春自治旗		20	2445	8307	57	826	7172	2710	946	916	3903
新巴尔虎左旗		37	1090	2737	40	423	3736	1181	1978	1226	2175
新巴尔虎右旗			1630	2848	54	957	4163	1294	3934	5037	2397
陈巴尔虎旗		54	1544	3653	320	491	4783	1449	2506	2311	3291
鄂温克自治旗		66	2479	7406	109	897	6990	2260	3895	8501	3875
兴安盟小计		**252**	**12833**	**51344**	**2015**	**7028**	**50787**	**9730**	**27916**	**17714**	**44792**
本级		195	2665	3411	632	1701	15332	2361	1653	3609	8460
旗县区级小计		57	10168	47933	1383	5327	35455	7369	26263	14105	36332
乌兰浩特市		11	2254	7916	393	3012	8312	989	1940	5433	2346
科右前旗		5	1734	10996	219	393	7877	1136	9317	1680	7414
突泉县		41	1605	7800	122	517	6360	1246	4870	3354	6640
扎赉特旗			2053	11621	445	614	6823	2159	4143	1226	12436
科右中旗			1495	8954	153	666	5307	1193	5687	2282	5868
阿尔山市			1027	646	51	125	776	646	306	130	1628
通辽市小计		**261**	**31895**	**106861**	**6803**	**15372**	**75589**	**25896**	**35871**	**52661**	**99494**
本级			9986	15039	4584	10180	10108	6207	1052	12226	37872
旗县区级小计		261	21909	91822	2219	5192	65481	19689	34819	40435	61622
科尔沁区			4014	17057	119	556	18997	3806	236	14060	8838
开鲁县			2216	11079	616	477	6602	2846	1870	3330	6723
科左中旗			2745	12865	120	724	7759	1551	9805	1460	7748
科左后旗			2949	12948	82	904	7968	2535	8159	3964	6692

2-8-4

单位:万元

地区	收支部分			平衡部分						
	支出			收入						
						返还性收入			财力性转移支付收入	
	交通运输	工业、商业、金融等事务	其他支出	收入总计	本年收入	小计	增值税和消费税税收返还	所得税基数返还	小计	体制补助
地(市)县级总计	**234719**	**329373**	**188376**	**7606322**	**2804307**	**384802**	**283553**	**101249**	**2198234**	**144879**
地(市)本级合计	**125736**	**125524**	**94939**	**1856305**	**599644**	**175400**	**134946**	**40454**	**338313**	**49066**
县级合计	**108983**	**203849**	**93437**	**5750017**	**2204663**	**209402**	**148607**	**60795**	**1859921**	**95813**
呼伦贝尔市小计	**30015**	**52376**	**9880**	**749913**	**226128**	**36792**	**28474**	**8318**	**271699**	**20838**
本级	25263	34687	3818	195506	90954	4815	4423	392	43766	11347
旗县区级小计	4752	17689	6062	554407	135174	31977	24051	7926	227933	9491
海拉尔市	297	3738	964	49326	17291	7067	5154	1913	12168	
满洲里市	1313	8303	1522	99974	54960	8955	6303	2652	17401	
扎兰屯市	369	1628	69	55869	7058	3769	3225	544	26712	
牙克石市	653	573	286	43044	7549	2735	2125	610	18724	
阿荣旗	313	193	196	46145	4923	1010	585	425	28194	1179
莫力达瓦自治旗	255	762	454	56250	5675	1077	740	337	29560	1816
根河市	135	622	252	23092	2353	1435	1170	265	13478	
额尔古纳市	64	461	348	23071	2124	743	545	198	11133	36
鄂伦春自治旗	263	248	185	35476	2462	1941	1738	203	18691	
新巴尔虎左旗	280	310	2	18907	1267	112	81	31	11207	2045
新巴尔虎右旗	210	208	818	30259	8859	279	220	59	10657	1986
陈巴尔虎旗	282	235	53	28075	7769	677	529	148	11370	1208
鄂温克自治旗	318	408	913	44919	12884	2177	1636	541	18638	1221
兴安盟小计	**15546**	**5010**	**6414**	**334183**	**34696**	**17751**	**15667**	**2084**	**175698**	**14715**
本级	4213	799	603	80281	8563	2071	1414	657	36585	6332
旗县区级小计	11333	4211	5811	253902	26133	15680	14253	1427	139113	8383
乌兰浩特市	866	471	1386	44556	10462	11747	11054	693	14868	
科右前旗	1847	2225	337	57194	4178	1489	1282	207	33617	1605
突泉县	264	318	330	41209	2614	699	537	162	24699	2206
扎赉特旗	5852	904	1794	57115	3305	686	504	182	35556	2408
科右中旗	2431	186	70	43264	3741	689	560	129	22967	2164
阿尔山市	73	107	1894	10564	1833	370	316	54	7406	
通辽市小计	**23049**	**25892**	**18050**	**673142**	**170091**	**29069**	**22446**	**6623**	**280981**	**19931**
本级	13579	6816	6048	174448	47287	10639	8949	1690	46797	8896
旗县区级小计	9470	19076	12002	498694	122804	18430	13497	4933	234184	11035
科尔沁区	874	3840	418	105390	46620	6445	4714	1731	35556	
开鲁县	37	5796	1410	53372	8727	1952	1678	274	33161	1269
科左中旗	424	1925	2933	64761	5344	1252	984	268	38134	2055
科左后旗	2479	518	530	62345	7136	1282	1051	231	33829	2130

2－8－5

单位:万元

地区	平衡部分									
	收入									
	财力性转移支付收入									
	一般性转移支付补助	民族地区转移支付补助	调整工资转移支付补助	农村税费改革转移支付补助	取消农业特产税降低农业税率转移支付补助	缓解县乡财政困难转移支付补助	农村义务教育补助	结算补助	企事业单位预算划转补助	其他财力性转移支付
地(市)县级总计	**440371**	**247181**	**634484**	**160556**	**151835**	**138130**	**51975**	**192167**	**35933**	**723**
地(市)本级合计	**83261**	**74792**	**106447**	**11529**	**3864**	**－68**	**－1729**	**－863**	**18174**	**－6160**
县级合计	**357110**	**172389**	**528037**	**149027**	**147971**	**138198**	**53704**	**193030**	**17759**	**6883**
呼伦贝尔市小计	**46070**	**18596**	**85788**	**27204**	**31075**	**9895**	**6104**	**22646**	**3120**	**363**
本级	7547	4250	17923	5051	313			－5157	2462	30
旗县区级小计	38523	14346	67865	22153	30762	9895	6104	27803	658	333
海拉尔市	682	701	5197	842	806	167	94	3679		
满洲里市	2447	7228	4213		43	10	337	2805	－15	333
扎兰屯市	6296	532	8189	3537	3983	1602	865	1708		
牙克石市	4315	220	6361	1538	2191	441	802	2856		
阿荣旗	4247	307	6886	3803	7671	2165	832	1104		
莫力达瓦自治旗	5242	71	7714	3959	5704	2841	886	1327		
根河市	4155	304	4641	151	1934	223	309	1761		
额尔古纳市	2049	211	3580	2294	1790	64	217	892		
鄂伦春自治旗	2860	281	5251	2334	3441	1245	880	2399		
新巴尔虎左旗	2241	623	3619	898	882	306	114	479		
新巴尔虎右旗	997	1663	3122	698	692	401	112	986		
陈巴尔虎旗	1164	1139	3935	1253	1009	257	212	1193		
鄂温克自治旗	1828	1066	5157	846	616	173	444	6614	673	
兴安盟小计	**71597**	**5602**	**40013**	**13423**	**12767**	**14950**	**4185**	**－1537**	**－47**	**30**
本级	24920	1201	4760	1698		25		－1663	－47	－641
旗县区级小计	46677	4401	35253	11725	12767	14925	4185	126		671
乌兰浩特市	3698	1941	5777	633	481	166	546	985		641
科右前旗	11601	470	7633	3111	3332	4759	1009	97		
突泉县	7638	470	6572	2491	2621	1929	824	－54		2
扎赉特旗	11189	690	7945	2817	4267	5933	938	－637		6
科右中旗	7542	330	6775	2017	1584	1998	790	－235		2
阿尔山市	5009	500	551	656	482	140	78	－30		20
通辽市小计	**69295**	**23977**	**73244**	**22219**	**26504**	**30786**	**8059**	**6720**	**206**	**40**
本级	1554	13102	12604	2016	547	121		7653	264	40
旗县区级小计	67741	10875	60640	20203	25957	30665	8059	－933	－58	
科尔沁区	5169	3290	9951	2903	4781	3415	1266	4799	－18	
开鲁县	12861	1260	6573	2819	3748	5360	1300	－2020	－9	
科左中旗	12619	195	8182	3667	5558	6127	1442	－1706	－5	
科左后旗	8143	407	9200	3384	4434	5461	1072	－402		

2-8-6

单位:万元

地区	平衡部分								
	收入							支出	
	专项转移支付			省补助计划单列市	上年结余收入	调入资金	国债转贷收入、上年结余及转补助数	支出总计	本年支出
	小计	专项补助	增发国债补助						
地(市)县级总计	**1750606**	**1351630**	**398976**		**323469**	**116673**	**28231**	**6882503**	**6739766**
地(市)本级合计	**379236**	**320028**	**59208**		**273320**	**70077**	**20315**	**1431787**	**1842427**
县级合计	**1371370**	**1031602**	**339768**		**50149**	**46596**	**7916**	**5450716**	**4897339**
呼伦贝尔市小计	**192943**	**158495**	**34448**		**6726**	**14673**	**952**	**722782**	**716170**
本级	47203	37408	9795		7405	1363		184394	184667
旗县区级小计	145740	121087	24653		-679	13310	952	538388	531503
海拉尔市	9572	8549	1023		2950	278		46740	44560
满洲里市	14263	13794	469		3247	998	150	90530	90071
扎兰屯市	16793	14301	2492		554	631	352	55521	54256
牙克石市	15673	15031	642		-2737	750	350	45234	44148
阿荣旗	11420	10424	996		95	503		45673	45265
莫力达瓦自治旗	16736	13341	3395		931	2271		52714	51968
根河市	5602	5386	216		224			22478	22394
额尔古纳市	9318	7698	1620		-1398	1051	100	22659	22256
鄂伦春自治旗	11864	10421	1443		-2083	2601		36250	36002
新巴尔虎左旗	6645	4484	2161		-1380	1056		19668	19655
新巴尔虎右旗	9618	5467	4151		548	298		28791	28775
陈巴尔虎旗	7297	4194	3103		169	793		27081	27061
鄂温克自治旗	10939	7997	2942		-1799	2080		45049	45092
兴安盟小计	**107672**	**88808**	**18864**		**-3484**	**1200**	**650**	**306849**	**300956**
本级	24917	24782	135		8115	30		52599	57763
旗县区级小计	82755	64026	18729		-11599	1170	650	254250	243193
乌兰浩特市	10641	9937	704		-4437	725	550	48179	41733
科右前旗	19440	14224	5216		-1660	130		53796	52245
突泉县	13870	11280	2590		-898	225		39789	38782
扎赉特旗	18995	13853	5142		-1517	90		58216	57299
科右中旗	15689	10977	4712		178			42703	41768
阿尔山市	4120	3755	365		-3265		100	11567	11366
通辽市小计	**169123**	**137813**	**31310**		**17554**	**33**	**6291**	**640760**	**625130**
本级	48078	44445	3633		16165		5482	151728	166678
旗县区级小计	121045	93368	27677		1389	33	809	489032	458452
科尔沁区	17057	15307	1750		-288			105223	85099
开鲁县	9520	8649	871		-21	33		52025	50673
科左中旗	19631	14113	5518		121		279	60951	58949
科左后旗	19981	14195	5786		17		100	61490	59316

2-8-7

单位:万元

地区	平衡部分									
	支出								年终结余	其中:净结余
	财力性转移支付			专项上解	计划单列市上解省	增设预算周转金	调出资金	国债转贷拨付数及年末结余		
	小计	体制上解	出口退税专项上解							
地(市)县级总计	**36571**	**31236**	**5335**	**74175**		**3760**		**28231**	**723819**	**93731**
地(市)本级合计	**-111764**	**-112922**	**1158**	**-322451**		**3260**		**20315**	**424518**	**39290**
县级合计	**148335**	**144158**	**4177**	**396626**		**500**		**7916**	**299301**	**54441**
呼伦贝尔市小计	**236**		**236**	**5424**				**952**	**27131**	**27131**
本级				-273					11112	11112
旗县区级小计	236		236	5697				952	16019	16019
海拉尔市	4		4	2176					2586	2586
满洲里市	112		112	197				150	9444	9444
扎兰屯市	68		68	845				352	348	348
牙克石市	20		20	716				350	-2190	-2190
阿荣旗				408					472	472
莫力达瓦自治旗				746					3536	3536
根河市	17		17	67					614	614
额尔古纳市	13		13	290				100	412	412
鄂伦春自治旗				248					-774	-774
新巴尔虎左旗				13					-761	-761
新巴尔虎右旗	2		2	14					1468	1468
陈巴尔虎旗				20					994	994
鄂温克自治旗				-43					-130	-130
兴安盟小计	**8**		**8**	**5235**				**650**	**27334**	
本级	-4792	-4800	8	-372					27682	348
旗县区级小计	4800	4800		5607				650	-348	-348
乌兰浩特市	4800	4800		1096				550	-3623	-3623
科右前旗				1551					3398	3398
突泉县				1007					1420	1420
扎赉特旗				917					-1101	-1101
科右中旗				935					561	561
阿尔山市				101				100	-1003	-1003
通辽市小计				**9339**				**6291**	**32382**	**1368**
本级	-1767	-1767		-18665				5482	22720	394
旗县区级小计	1767	1767		28004				809	9662	974
科尔沁区	1608	1608		18516					167	
开鲁县				1352					1347	332
科左中旗				1723				279	3810	167
科左后旗				2074				100	855	55

2－8－8

单位:万元

地　　区	收支部分										
	收入										
	本年收入小计	税收收入									
		小　计	增值税	营业税	企业所得税	个人所得税	城市维护建设税	耕地占用税	契　税	烟叶税	其他各项税收收入
奈曼旗	7930	5556	945	2491	71	150	256		351		1292
库伦旗	4108	2974	616	994	11	68	395	194	80		616
扎鲁特旗	10858	7549	1260	3637	77	123	602	133	145		1572
霍林郭勒市	32081	26338	7072	7371	930	913	2016		578		7458
锡林郭勒盟小计	**129550**	**88909**	**19233**	**39184**	**5813**	**3094**	**8085**		**2241**		**11259**
本级	7952	1218		578	30	33	221		31		325
旗县区级小计	121598	87691	19233	38606	5783	3061	7864		2210		10934
太仆寺旗	4354	3574	625	2282	5	94	264		72		232
多伦县	5571	3420	308	2209	19	127	185		76		496
正蓝旗	15053	10737	1233	7501	55	222	865		26		835
正镶白旗	5847	4415	612	3121	1	116	336		24		205
镶黄旗	4280	3511	377	2725		27	280		2		100
苏尼特左旗	3859	2633	627	1480	9	42	168		11		296
西乌珠穆沁旗	9022	7754	1345	1361	3259	251	328		208		1002
东乌珠穆沁旗	14047	8305	1084	4959	560	229	473		247		753
阿巴嘎旗	5197	3263	96	2657	5	63	222		8		212
锡林浩特市	32485	27246	9600	7277	580	1039	3514		690		4546
苏尼特右旗	10185	6009	2170	1179	127	193	704		427		1209
二连市	11698	6824	1156	1855	1163	658	525		419		1048
乌兰察布盟小计	**112183**	**96791**	**26553**	**31894**	**2354**	**3770**	**9473**	**11380**	**777**		**10590**
本级	21083	18761	5784	7950	1200	1650	613	500	24		1040
旗县区级小计	91100	78030	20769	23944	1154	2120	8860	10880	753		9550
集宁区	17064	15038	2608	4394	153	542	1919	3086	253		2083
察右前旗	7161	6292	2213	2917	211	36	386	148	43		338
察右中旗	2588	2020	692	827	110	89	133		3		166
察右后旗	7907	5930	1863	1963	35	134	699	406	6		824
丰镇市	20668	18818	6392	3913	254	592	1889	3624	55		2099
凉城县	11543	10008	2407	1887	227	416	1681	1257	150		1983
兴和县	8041	6886	791	3736	21	54	884	1000	8		392
卓资县	6561	5421	1398	1641	20	68	680	1199	11		404
四子王旗	3005	2202	727	803	63	70	131		133		275
商都县	3775	3030	1008	879	52	81	191	160	91		568
化德县	2787	2385	670	984	8	38	267				418
鄂尔多斯市小计	**540387**	**453402**	**113311**	**112042**	**91395**	**19117**	**27819**	**8535**	**14631**		**66552**
本级	24050										

2006年地方财政政府收支分类转换数据

2-8-9

单位:万元

地区	收支部分									
	收入								支出	
	非税收入							贷款转贷回收本金收入		
	小计	专项收入	行政事业性收费收入	罚没收入	国有资本经营收入	国有资源(资产)有偿使用收入	其他收入		本年支出小计	一般公共服务
奈曼旗	2374	220	855	752	528	19			62988	10049
库伦旗	1134	251	173	387	210	56	57		35632	6847
扎鲁特旗	3309	677	826	1377	205	93	131		60042	8925
霍林郭勒市	5743	1154	427	1530		111	2521		45753	10201
锡林郭勒盟小计	**40641**	**13004**	**10915**	**4233**	**11542**	**314**	**633**		**443659**	**72606**
本级	6734	3197	852	406	2091	122	66		89596	8548
旗县区级小计	33907	9807	10063	3827	9451	192	567		354063	64058
太仆寺旗	780	142	114	306	213	5			38555	4111
多伦县	2151	842	161	291	835	22			31878	4011
正蓝旗	4316	751	105	391	3021	3	45		38339	6139
正镶白旗	1432	210	615	272	327	8			23496	5354
镶黄旗	769	462	128	29	148	2			17140	3677
苏尼特左旗	1226	494	530	69	90	21	22		21190	3694
西乌珠穆沁旗	1268	290	451	203	283	41			25765	4602
东乌珠穆沁旗	5742	1294	1030	465	2649	15	289		35550	6625
阿巴嘎旗	1934	383	504	133	708	28	178		21548	3547
锡林浩特市	5239	2037	1299	1383	488	32			43459	6934
苏尼特右旗	4176	2660	617	168	689	9	33		28658	4403
二连市	4874	242	4509	117		6			28485	10961
乌兰察布盟小计	**15392**	**6287**	**3615**	**3056**	**964**	**609**	**861**		**488618**	**70948**
本级	2322	480	924	470	22	426			79400	14459
旗县区级小计	13070	5807	2691	2586	942	183	861		409218	56489
集宁区	2026	943	523	348	206	6			44095	5360
察右前旗	869	410	378	72		9			34666	5078
察右中旗	568	137	85	73	100	26	147		30645	4065
察右后旗	1977	498	220	519	190	21	529		36434	5613
丰镇市	1850	1055	265	253	228	13	36		45625	6870
凉城县	1535	1022	172	164	75	26	76		38899	5065
兴和县	1155	561	552	4		5	33		38788	4094
卓资县	1140	535	163	294	128	20			30552	5248
四子王旗	803	200	168	405		30			44424	6427
商都县	745	266	134	337		8			36764	5514
化德县	402	180	31	117	15	19	40		28326	3155
鄂尔多斯市小计	**86985**	**29800**	**22174**	**22657**	**1963**	**9025**	**1366**		**792445**	**172569**
本级	24050	5367	4115	13163		1297	108		166046	49272

2－8－10

单位:万元

地区	收支部分										
	支出										
	外交	国防	公共安全	教育	科学技术	文化体育与传媒	社会保障和就业	医疗卫生	环境保护	城乡社区事务	农林水事务
奈曼旗			2339	13255	774	728	6671	3353	5328	1657	12205
库伦旗			1364	6961	75	440	4733	1301	4139	1656	5338
扎鲁特旗		56	2315	12458	268	711	9555	2579	4884	2408	13077
霍林郭勒市		205	3967	5199	165	652	3196	1718	398	11900	1001
锡林郭勒盟小计	**56**	**272**	**20423**	**46397**	**2338**	**7428**	**56789**	**15434**	**59449**	**36607**	**54084**
本级		32	3614	5525	903	2762	14624	3408	310	258	7242
旗县区级小计	56	240	16809	40872	1435	4666	42165	12026	59139	36349	46842
太仆寺旗		5	1189	5067	40	229	6270	1439	9953	3079	5010
多伦县			939	3425	266	387	3540	1011	10531	3439	3759
正蓝旗		12	1157	3322	184	411	2985	1064	6647	3635	3115
正镶白旗			947	2820	44	193	2965	664	5742	1578	2304
镶黄旗			708	2259	11	339	2271	536	3474	1101	2141
苏尼特左旗		61	732	2132	43	226	3137	742	2539	241	5568
西乌珠穆沁旗			1276	4803	191	400	3521	1560	3268	737	3724
东乌珠穆沁旗		11	2003	3601	222	1116	3607	1380	5295	4559	4472
阿巴嘎旗		43	863	1957	157	226	3055	1059	4575	807	3160
锡林浩特市		51	2637	5924	46	294	4829	726	2571	9814	7368
苏尼特右旗		53	1644	2959	131	417	4170	1112	3100	2270	4897
二连市	56	4	2714	2603	100	428	1815	733	1444	5089	1324
乌兰察布盟小计		**36**	**19172**	**71239**	**2405**	**10136**	**97654**	**15784**	**77617**	**25735**	**53393**
本级		31	4107	9279	637	6870	14119	4593	399	3534	5961
旗县区级小计		5	15065	61960	1768	3266	83535	11191	77218	22201	47432
集宁区			2057	6083	54	319	11876	1488	3507	8727	1948
察右前旗			996	4864	164	337	7117	1014	6388	824	4558
察右中旗			1183	5412		191	6740	857	6126	720	4805
察右后旗			1330	4164	104	417	6142	814	7804	830	4734
丰镇市		5	1908	8537	169	609	9319	1636	5935	3070	5100
凉城县			1325	5955	61	235	6700	1356	5927	2631	6055
兴和县			1177	6637	217	158	7134	841	8618	940	4846
卓资县			1359	5165	160	186	7232	582	5341	1013	2836
四子王旗			1338	4892	138	318	8416	819	13631	1742	5113
商都县			1468	6677	527	274	7216	960	5852	1231	3837
化德县			924	3574	174	222	5643	824	8089	473	3600
鄂尔多斯市小计			**39201**	**98221**	**9868**	**35001**	**72187**	**30218**	**62149**	**107322**	**80771**
本级			16902	9494	3275	22401	10084	7920	3486	3030	14089

2－8－11

单位:万元

地区	收支部分			平衡部分						
	支出			收入						
						返还性收入			财力性转移支付收入	
	交通运输	工业、商业、金融等事务	其他支出	收入总计	本年收入	小计	增值税和消费税税收返还	所得税基数返还	小计	体制补助
奈曼旗	3150	1771	1708	64220	7930	1667	1384	283	37438	2026
库伦旗	764	1854	160	36695	4108	963	826	137	19776	2048
扎鲁特旗	146	694	1966	63521	10858	1709	1437	272	28770	1507
霍林郭勒市	1596	2678	2877	48390	32081	3160	1423	1737	7520	
锡林郭勒盟小计	**26684**	**20416**	**24676**	**465184**	**129550**	**12339**	**9265**	**3074**	**151402**	**17887**
本级	22049	2176	18145	77712	7952	5154	4856	298	26464	4288
旗县区级小计	4635	18240	6531	387472	121598	7185	4409	2776	124938	13599
太仆寺旗	389	1686	88	37712	4354	744	673	71	17643	1481
多伦县	317	155	98	30834	5571	274	204	70	13365	1219
正蓝旗	698	8674	296	37835	15053	260	212	48	10909	1195
正镶白旗	350	339	196	25046	5847	200	136	64	9572	1330
镶黄旗		538	85	15688	4280	216	197	19	6692	1088
苏尼特左旗	1369	69	637	23717	3859	156	121	35	8670	1137
西乌珠穆沁旗	149	1049	485	28377	9022	587	486	101	11534	1322
东乌珠穆沁旗	490	833	1336	39137	14047	741	446	295	11132	1366
阿巴嘎旗	97	1858	144	23791	5197	162	98	64	7449	1300
锡林浩特市	361	288	1616	58651	32485	1211	722	489	10817	476
苏尼特右旗	146	2108	1248	33051	10185	937	595	342	10507	1305
二连市	269	643	302	33633	11698	1697	519	1178	6648	380
乌兰察布盟小计	**12080**	**28858**	**3561**	**538283**	**112183**	**15645**	**12755**	**2890**	**210885**	**22121**
本级	10782	3067	1562	103852	21083	1058	841	217	34047	11623
旗县区级小计	1298	25791	1999	434431	91100	14587	11914	2673	176838	10498
集宁区		2495	181	48852	17064	3668	2772	896	9065	28
察右前旗	156	3170		34173	7161	1419	1236	183	15990	954
察右中旗	127	293	126	29105	2588	553	396	157	15696	1117
察右后旗	50	3535	897	38492	7907	655	470	185	13888	1129
丰镇市		2135	332	48891	20668	3668	3243	425	17896	367
凉城县	60	3446	83	45783	11543	954	809	145	20701	1166
兴和县	36	4055	35	40391	8041	865	720	145	15389	1078
卓资县	615	815		32405	6561	659	535	124	14748	1021
四子王旗	173	1260	157	49441	3005	680	458	222	20717	1460
商都县	42	3101	65	36440	3775	961	814	147	18892	1104
化德县	39	1486	123	30458	2787	505	461	44	13856	1074
鄂尔多斯市小计	**41955**	**20208**	**22775**	**982922**	**540387**	**36399**	**19071**	**17328**	**142683**	**12622**
本级	13011	8607	4475	112506	24050	13231	6194	7037	－55480	4360

2-8-12

单位:万元

地区	平衡部分									
	收入									
	财力性转移支付收入									
	一般性转移支付补助	民族地区转移支付补助	调整工资转移支付补助	农村税费改革转移支付补助	取消农业特产税降低农业税率转移支付补助	缓解县乡财政困难转移支付补助	农村义务教育补助	结算补助	企事业单位预算划转补助	其他财力性转移支付
奈曼旗	11726	1158	10848	2795	2892	5377	1340	-706	-18	
库伦旗	6148	122	5340	1541	1479	2509	524	70	-5	
扎鲁特旗	10602	573	7532	3025	3011	2416	954	-847	-3	
霍林郭勒市	473	3870	3014	69	54		161	-121		
锡林郭勒盟小计	**32067**	**22980**	**44542**	**11484**	**6498**	**7192**	**2586**	**4379**	**1727**	**60**
本级	7996	7645	5267	321	201	-271		-63	1040	40
旗县区级小计	24071	15335	39275	11163	6297	7463	2586	4442	687	20
太仆寺旗	4896	996	5176	1797	761	2094	404	-22	60	
多伦县	3752	1092	3728	874	759	1563	284	94		
正蓝旗	2007	1390	2905	976	406	988	186	799	57	
正镶白旗	1867	986	3389	728	473	532	162	105		
镶黄旗	1831	175	2398	340	221	522	76	41		
苏尼特左旗	2232	933	2856	614	471	355	98	-26		
西乌珠穆沁旗	2043	1531	3564	1193	885	747	192	57		
东乌珠穆沁旗	834	1673	3405	2236	1236	104	266	12		
阿巴嘎旗	1086	297	2828	1057	646	177	130	-72		
锡林浩特市	302	1758	3869	449	179	47	410	2827	500	
苏尼特右旗	1655	1346	3964	899	256	334	248	412	88	
二连市	1566	3158	1193		4		130	215	-18	20
乌兰察布盟小计	**52175**	**11956**	**69573**	**18755**	**10956**	**16236**	**5471**	**3597**	**15**	**30**
本级	13696	8464	13603	362		3		-13737	15	18
旗县区级小计	38479	3492	55970	18393	10956	16233	5471	17334		12
集宁区	876	-273	5146	273	133	71	20	2790		1
察右前旗	4038	421	4082	1634	912	924	604	2420		1
察右中旗	4171	-1341	4587	2204	1207	2580	390	779		2
察右后旗	3541	-321	4501	1426	912	608	451	1640		1
丰镇市	2443	2066	6678	1369	885	453	630	3004		1
凉城县	4848	2929	4147	1554	1008	2761	574	1713		1
兴和县	2258	-750	4791	1851	968	2876	718	1598		1
卓资县	3951	1201	3916	1623	704	714	432	1185		1
四子王旗	5099	-167	7040	2690	1840	1605	568	581		1
商都县	3396	-402	6513	2390	1513	2761	698	918		1
化德县	3858	129	4569	1379	874	880	386	706		1
鄂尔多斯市小计	**5850**	**43463**	**42073**	**7249**	**6135**	**3619**	**3200**	**15053**	**3379**	**40**
本级	601	-19711	5490	38				-48895	2597	40

2-8-13　　　　单位:万元

地区	平衡部分								
	收入							支出	
	专项转移支付			省补助计划单列市	上年结余收入	调入资金	国债转贷收入、上年结余及转补助数	支出总计	本年支出
	小计	专项补助	增发国债补助						
奈曼旗	17015	13242	3773		70		100	64044	62988
库伦旗	11523	8405	3118		195		130	36231	35632
扎鲁特旗	21604	14895	6709		480		100	61465	60042
霍林郭勒市	4714	4562	152		815		100	47603	45753
锡林郭勒盟小计	**182615**	**124835**	**57780**		**-11892**	**570**	**600**	**445229**	**443659**
本级	37696	32792	4904		273	173		71966	89596
旗县区级小计	144919	92043	52876		-12165	397	600	373263	354063
太仆寺旗	17637	13247	4390		-2666			38771	38555
多伦县	16059	11529	4530		-4435			32169	31878
正蓝旗	12689	7526	5163		-1076			39074	38339
正镶白旗	9771	5765	4006		-344			23574	23496
镶黄旗	7176	3754	3422		-2676			17156	17140
苏尼特左旗	10972	5506	5466		60			21432	21190
西乌珠穆沁旗	8462	4814	3648		-1228			26444	25765
东乌珠穆沁旗	12703	7386	5317		262	252		35664	35550
阿巴嘎旗	11076	5944	5132		-93			21636	21548
锡林浩特市	13485	8346	5139		8	145	500	58154	43459
苏尼特右旗	11422	6700	4722					30376	28658
二连市	13467	11526	1941		23		100	28813	28485
乌兰察布盟小计	**188389**	**144486**	**43903**		**3611**	**6502**	**1068**	**491244**	**488618**
本级	22686	18702	3984		23782	1028	168	60233	79400
旗县区级小计	165703	125784	39919		-20171	5474	900	431011	409218
集宁区	13644	11559	2085		344	4567	500	48758	44095
察右前旗	13978	10176	3802		-4375			36072	34666
察右中旗	12670	10346	2324		-2439	37		30986	30645
察右后旗	15947	11144	4803		-167	262		38293	36434
丰镇市	14507	11312	3195		-8248		400	50749	45625
凉城县	12975	9907	3068		-390			43651	38899
兴和县	16411	11216	5195		-315			39523	38788
卓资县	11539	9318	2221		-1620	518		32088	30552
四子王旗	24972	19060	5912		-23	90		44910	44424
商都县	14331	10435	3896		-1519			37244	36764
化德县	14729	11311	3418		-1419			28737	28326
鄂尔多斯市小计	**129901**	**90261**	**39640**		**122374**	**10223**	**955**	**820577**	**792445**
本级	1329	-6439	7768		126595	2326	455	15879	166046

2－8－14

单位：万元

地区	平衡部分									
	支出								年终结余	其中：净结余
	财力性转移支付			专项上解	计划单列市上解省	增设预算周转金	调出资金	国债转贷拨付数及年末结余		
	小计	体制上解	出口退税专项上解							
奈曼旗				956				100	176	14
库伦旗				469				130	464	83
扎鲁特旗				1323				100	2056	229
霍林郭勒市	159	159		1591				100	787	94
锡林郭勒盟小计	**270**		**270**	**700**				**600**	**19955**	
本级	52		52	－17682					5746	
旗县区级小计	218		218	18382				600	14209	
太仆寺旗				216					－1059	－1059
多伦县				291					－1335	－1335
正蓝旗				735					－1239	－1239
正镶白旗				78					1472	500
镶黄旗				16					－1468	－1468
苏尼特左旗				242					2285	529
西乌珠穆沁旗	1		1	678					1933	500
东乌珠穆沁旗				114					3473	1015
阿巴嘎旗				88					2155	1015
锡林浩特市	2		2	14193				500	497	497
苏尼特右旗				1718					2675	1015
二连市	215		215	13				100	4820	30
乌兰察布盟小计	**9**		**9**	**1549**				**1068**	**47039**	
本级	－3		－3	－19332				168	43619	3923
旗县区级小计	12		12	20881				900	3420	－3923
集宁区	7		7	4156				500	94	72
察右前旗				1406					－1899	－1899
察右中旗				341					－1881	－1881
察右后旗				1859					199	199
丰镇市				4724				400	－1858	－1858
凉城县				4752					2132	920
兴和县	5		5	730					868	868
卓资县				1536					317	
四子王旗				486					4531	237
商都县				480					－804	－804
化德县				411					1721	223
鄂尔多斯市小计	**2374**		**2374**	**24803**				**955**	**162345**	**16834**
本级	－125622	－125622		－25000				455	96627	21560

2－8－15

单位:万元

地　　区	收　支　部　分										
	收　　入										
	本年收入小计	税　收　收　入									
		小　计	增值税	营业税	企　业所得税	个　人所得税	城　市维　护建设税	耕　地占用税	契　税	烟叶税	其他各项税收收　入
旗县区级小计	516337	453402	113311	112042	91395	19117	27819	8535	14631		66552
准格尔旗	164355	144498	38270	21203	40828	6173	5946	4185	1072		26821
达拉特旗	36534	32831	8445	10506	3170	1623	2535	823	1124		4605
东胜区	154857	144390	32605	36014	33394	7141	9065	1830	11883		12458
伊金霍洛旗	84397	73540	18718	16504	12672	2310	5593	1626	233		15884
鄂托克旗	34473	29009	9738	10253	529	1403	2643		146		4297
乌审旗	22726	16271	3916	9151	164	213	1345		89		1393
杭锦旗	10460	8807	1312	5402	588	123	471		39		872
鄂托克前旗	8535	4056	307	3009	50	131	221	71	45		222
巴彦淖尔盟小计	**136837**	**105290**	**21206**	**41516**	**10490**	**5015**	**7358**	**795**	**2948**		**15962**
本级	15408	2873	489	1389	54	62	265	64	69		481
旗县区级小计	121429	102417	20717	40127	10436	4953	7093	731	2879		15481
磴口县	6736	5785	1061	2956	299	286	377	79	107		620
杭锦后旗	15481	12203	1628	5821	1362	455	1139	148	340		1310
临河市	32820	28595	3975	12969	1905	2005	2233	173	1603		3732
五原县	14149	11548	893	7559	269	384	761	64	305		1313
乌拉特前旗	21923	18150	3883	4205	2439	958	905	267	348		5145
乌拉特中旗	9475	7906	1751	3662	562	395	321		27		1188
乌拉特后旗	20845	18230	7526	2955	3600	470	1357		149		2173
阿拉善盟小计	**60843**	**49096**	**12205**	**14683**	**3083**	**2003**	**3269**		**815**		**13038**
本级	17776	11515	3336	2867	1580	359	815		1		2557
旗县区级小计	43067	37581	8869	11816	1503	1644	2454		814		10481
阿左旗	28359	25816	5905	8095	1076	969	1780		773		7218
阿右旗	5086	4372	948	1420	303	301	252		10		1138
额济纳旗	9622	7393	2016	2301	124	374	422		31		2125
呼和浩特市小计	**455203**	**359201**	**56800**	**127586**	**37419**	**22837**	**30875**	**11453**	**19009**		**53222**
本级	137430	70526	11709	17057	18762	4804	4683	70	7980		5461
旗县区级小计	317773	288675	45091	110529	18657	18033	26192	11383	11029		47761
土左旗	27681	24405	1140	15646	515	308	1232	100	399		5065
托县	48172	44156	16326	7081	3577	911	4340	2599	1079		8243
赛罕区	67864	60949	3398	29912	2748	2545	5507	3613	3404		9822
新城区	61045	58585	4890	25744	3858	5800	3763	1318	2362		10850
回民区	35544	32365	4696	12209	1136	1620	2350	2667	1658		6029
玉泉区	39325	34962	7376	8173	5258	1819	7981	306	952		3097
和林县	26401	24519	5445	9212	1041	4493	596	22	1069		2641

2－8－16

单位:万元

地区	收支部分									
	收入								支出	
	非税收入							贷款转贷回收本金收入	本年支出小计	一般公共服务
	小计	专项收入	行政事业性收费收入	罚没收入	国有资本经营收入	国有资源(资产)有偿使用收入	其他收入			
旗县区级小计	62935	24433	18059	9494	1963	7728	1258		626399	123297
准格尔旗	19857	8696	7201	2801		618	541		158269	29843
达拉特旗	3703	1851	321	963	500	45	23		70105	11534
东胜区	10467	5249	1786	2781	84	567			113900	25278
伊金霍洛旗	10857	4541	5617	604		95			105885	19774
鄂托克旗	5464	2578	2057	772		35	22		56457	12008
乌审旗	6455	713	140	805	1212	3299	286		48557	11394
杭锦旗	1653	662	254	449	167	16	105		43217	7710
鄂托克前旗	4479	143	683	319		3053	281		30009	5756
巴彦淖尔盟小计	**31547**	**8384**	**4473**	**10953**	**3935**	**495**	**3307**		**450770**	**79257**
本级	12535	3087	1273	6173	119	192	1691		111850	17323
旗县区级小计	19012	5297	3200	4780	3816	303	1616		338920	61934
磴口县	951	247	254	229	192	29			26309	4399
杭锦后旗	3278	656	522	682	1079		339		49270	6619
临河市	4225	1128	1290	1241		95	471		67758	11213
五原县	2601	409	109	865	1120	13	85		44818	9668
乌拉特前旗	3773	1031	554	1264	776	60	88		53828	12303
乌拉特中旗	1569	401	216	188	137	40	587		50274	8908
乌拉特后旗	2615	1425	255	311	512	66	46		46663	8824
阿拉善盟小计	**11747**	**5713**	**997**	**2135**	**2254**	**270**	**378**		**175237**	**37189**
本级	6261	3125	595	538	1728	158	117		46347	9578
旗县区级小计	5486	2588	402	1597	526	112	261		128890	27611
阿左旗	2543	1156		1266	51	24	46		71001	13159
阿右旗	714	250	156	144	76	26	62		28670	4798
额济纳旗	2229	1182	246	187	399	62	153		29219	9654
呼和浩特市小计	**96002**	**18306**	**55272**	**11280**	**4264**	**889**	**5991**		**751633**	**145617**
本级	66904	4088	47785	6773	1725	701	5832		353758	62471
旗县区级小计	29098	14218	7487	4507	2539	188	159		397875	83146
土左旗	3276	781	1744	626		25	100		57766	10402
托县	4016	3082	237	359	322	16			67591	15787
赛罕区	6915	2488	3774	629	1	23			60315	13232
新城区	2460	1679	234	513		32	2		36187	8211
回民区	3179	1070	202	147	1732	28			36198	6373
玉泉区	4363	3446	420	266	205	19	7		37997	7184
和林县	1882	655	514	441	249	23			51095	12653

2－8－17

单位:万元

地区	收支部分										
	支出										
	外交	国防	公共安全	教育	科学技术	文化体育与传媒	社会保障和就业	医疗卫生	环境保护	城乡社区事务	农林水事务
旗县区级小计			22299	88727	6593	12600	62103	22298	58663	104292	66682
准格尔旗			5506	23681	1792	1463	17422	5821	9984	19172	13177
达拉特旗			2513	12910	173	1306	9776	2919	8466	6416	7194
东胜区			5293	15871	816	907	7998	2507	5182	41239	5123
伊金霍洛旗			2374	12340	1693	5275	6268	4485	9134	28799	9293
鄂托克旗			2326	7535	923	1072	5215	2020	8524	2442	7960
乌审旗			1577	5326	372	1420	5767	1577	6792	2622	9628
杭锦旗			1415	6071	440	591	5275	1699	8243	1778	8500
鄂托克前旗			1295	4993	384	566	4382	1270	2338	1824	5807
巴彦淖尔盟小计		**431**	**23914**	**57570**	**3147**	**5789**	**74329**	**14861**	**37851**	**39820**	**81079**
本级		243	7842	7993	1063	2557	16439	2574	1836	5586	32430
旗县区级小计		188	16072	49577	2084	3232	57890	12287	36015	34234	48649
磴口县		47	880	3036	46	200	5125	759	5680	1891	3414
杭锦后旗			2082	8999	460	516	10047	1487	2456	3798	10406
临河市		59	4280	12114	745	198	12994	3364	1539	9006	8673
五原县			1899	8419	77	670	7091	1410	1464	5375	7224
乌拉特前旗		40	3018	8622	410	482	11430	1829	3769	3756	6874
乌拉特中旗			1699	4142	229	393	7609	1524	12711	2914	8058
乌拉特后旗		42	2214	4245	117	773	3594	1914	8396	7494	4000
阿拉善盟小计		**87**	**8093**	**17398**	**935**	**5402**	**17636**	**7800**	**15608**	**15903**	**25973**
本级		10	2478	3104	425	3218	5643	1563	411	1156	2230
旗县区级小计		77	5615	14294	510	2184	11993	6237	15197	14747	23743
阿左旗			3683	9195	244	881	9228	3465	4877	9473	13712
阿右旗		28	1006	2725	208	614	1538	1324	6703	1088	5697
额济纳旗		49	926	2374	58	689	1227	1448	3617	4186	4334
呼和浩特市小计		**2145**	**47159**	**109829**	**6129**	**11204**	**79798**	**25692**	**19484**	**166286**	**56224**
本级		1922	32835	20910	2989	8137	49477	9493	15700	80433	18330
旗县区级小计		223	14324	88919	3140	3067	30321	16199	3784	85853	37894
土左旗		5	1968	12830	419	471	1849	1737	171	15053	11605
托县		13	2335	14307	1081	664	3147	3611	593	15625	5694
赛罕区		60	1881	15010	635	555	2903	2676	376	13953	4174
新城区		125	1294	13507	305	232	2706	1961	240	4416	1454
回民区		20	1510	9410	233	143	6139	1495	220	5723	1370
玉泉区			1192	8288	216	99	2671	1561	170	15745	614
和林县			1533	6222		355	3201	996	294	11302	5072

2-8-18

单位:万元

地区	收支部分			平衡部分						
	支出			收入						
						返还性收入			财力性转移支付收入	
	交通运输	工业、商业、金融等事务	其他支出	收入总计	本年收入	小计	增值税和消费税税收返还	所得税基数返还	小计	体制补助
旗县区级小计	28944	11601	18300	870416	516337	23168	12877	10291	198163	8262
准格尔旗	15369	3613	11426	246822	164355	3075	1216	1859	52972	1111
达拉特旗	4784	717	1397	71463	36534	2503	831	1672	18171	1461
东胜区	776	519	2391	238102	154857	9756	6559	3197	40410	-89
伊金霍洛旗	3783	1520	1147	127035	84397	1787	845	942	24742	825
鄂托克旗	1777	3842	813	69426	34473	2355	1750	605	17396	541
乌审旗	1646	322	114	50337	22726	1574	1045	529	14564	1040
杭锦旗	308	960	227	36975	10460	1706	478	1228	18082	2080
鄂托克前旗	501	108	785	30256	8535	412	153	259	11826	1293
巴彦淖尔盟小计	**18796**	**8365**	**5561**	**509177**	**136837**	**20629**	**14570**	**6059**	**164753**	**13913**
本级	12178	2056	1730	156391	15408	550	550		57341	8078
旗县区级小计	6618	6309	3831	352786	121429	20079	14020	6059	107412	5835
磴口县	185	551	96	26494	6736	1362	1041	321	9336	616
杭锦后旗	526	1874		49817	15481	3805	2616	1189	18897	606
临河市	1811	1498	264	74470	32820	5999	4110	1889	15014	198
五原县	184	301	1036	45226	14149	2059	1120	939	20771	1241
乌拉特前旗	389	605	301	59026	21923	4483	3320	1163	17158	
乌拉特中旗	1392	640	55	50378	9475	1080	772	308	16275	2104
乌拉特后旗	2131	840	2079	47375	20845	1291	1041	250	9961	1070
阿拉善盟小计	**9888**	**2774**	**10551**	**177024**	**60843**	**9839**	**6424**	**3415**	**45321**	**3229**
本级	8943	686	6902	43724	17776	4712	2759	1953	9203	-1938
旗县区级小计	945	2088	3649	133300	43067	5127	3665	1462	36118	5167
阿左旗	170	838	2076	74103	28359	3846	2886	960	20306	2410
阿右旗	712	1235	994	28598	5086	632	406	226	8254	1435
额济纳旗	63	15	579	30599	9622	649	373	276	7558	1322
呼和浩特市小计	**11537**	**36370**	**34159**	**892957**	**455203**	**75925**	**56456**	**19469**	**208571**	
本级	4029	17630	29402	320491	137430	59719	46345	13374	72778	-3490
旗县区级小计	7508	18740	4757	572466	317773	16206	10111	6095	135793	3490
土左旗	352	827	77	58972	27681	1690	1257	433	21582	1224
托县	921	3705	108	87559	48172	3206	2757	449	28783	
赛罕区	3228	384	1248	92612	67864	1507	1000	507	13734	
新城区	25	36	1675	84113	61045	2680	1595	1085	9483	
回民区	230	3332		60345	35544	1777	1026	751	7304	
玉泉区		24	233	71309	39325	1344	885	459	6526	201
和林县	444	8315	708	59376	26401	2743	560	2183	21569	

2-8-19

单位:万元

地区	平衡部分									
	收入									
	财力性转移支付收入									
	一般性转移支付补助	民族地区转移支付补助	调整工资转移支付补助	农村税费改革转移支付补助	取消农业特产税降低农业税率转移支付补助	缓解县乡财政困难转移支付补助	农村义务教育补助	结算补助	企事业单位预算划转补助	其他财力性转移支付
旗县区级小计	5249	63174	36583	7211	6135	3619	3200	63948	782	
准格尔旗	325	20686	6230	1146	582	207	778	21149	758	
达拉特旗	373	3730	6203	1069	2459	1076	828	972		
东胜区	274	11200	3945	383	134	67	260	24198	38	
伊金霍洛旗	202	11474	4551	896	543		328	5923		
鄂托克旗	512	5932	4060	1162	440	52	298	4399		
乌审旗	972	2985	3769	911	583	33	252	4019		
杭锦旗	1112	5500	3945	980	975	1289	270	1945	-14	
鄂托克前旗	1479	1667	3880	664	419	895	186	1343		
巴彦淖尔盟小计	**25895**	**15370**	**60071**	**15195**	**17274**	**7936**	**4284**	**4592**	**193**	**30**
本级	9465	7827	10106	1702	577			464	193	18929
旗县区级小计	16430	7543	49965	13493	16697	7936	4284	4128		-18899
磴口县	2503	259	3771	796	754	641	362	501		-867
杭锦后旗	2278	220	8331	2533	3500	1189	864	628		-1252
临河市	2476	1335	10444	2810	3761	1989	684	34		-8717
五原县	3434	295	7527	2525	3606	1504	952	1375		-1688
乌拉特前旗	1660	743	8781	2826	2911	1051	982	358		-2154
乌拉特中旗	2591	846	6677	1370	1707	1044	324	644		-1032
乌拉特后旗	1488	3845	4434	633	458	518	116	588		-3189
阿拉善盟小计	**5028**	**9942**	**19713**	**1381**	**1110**	**438**	**634**	**3921**	**-105**	**30**
本级	123	3938	3743					3396	-59	
旗县区级小计	4905	6004	15970	1381	1110	438	634	525	-46	30
阿左旗	2429	3160	9161	985	827	113	506	700		15
阿右旗	1285	1315	3651	161	190	299	74	-151	-20	15
额济纳旗	1191	1529	3158	235	93	26	54	-24	-26	
呼和浩特市小计	**26099**	**23148**	**46778**	**8527**	**11365**	**5993**	**3272**	**79989**	**3380**	**20**
本级	13670	11676	10284		2178	9	-1225	55877	2897	-19098
旗县区级小计	12429	11472	36494	8527	9187	5984	4497	24112	483	19118
土左旗	1920	615	6339	2633	2429	2743	1273	2306		100
托县	412	4303	3821	910	819	319	714	4422		13063
赛罕区	544	1359	5327	526	568	118	469	4064	439	320
新城区	1043	-314	3726	307	217	144	145	4051	44	120
回民区	674	-388	2793	189	56	45	42	3791		102
玉泉区	697	1526	2329	283	377	87	86	820		120
和林县	812	3644	4436	987	3314	114	620	2807		4835

二、各省、自治区、直辖市地市县一般预算财政资料

2－8－20

单位:万元

地区	平衡部分								
	收入							支出	
	专项转移支付			省补助计划单列市	上年结余收入	调入资金	国债转贷收入、上年结余及转补助数	支出总计	本年支出
	小计	专项补助	增发国债补助						
旗县区级小计	128572	96700	31872		－4221	7897	500	804698	626399
准格尔旗	15936	12708	3228		3742	6742		211430	158269
达拉特旗	16108	13047	3061		－1859	6		72933	70105
东胜区	32238	29948	2290		341		500	213492	113900
伊金霍洛旗	12633	8972	3661		3476			121611	105885
鄂托克旗	15859	8931	6928		－657			60122	56457
乌审旗	11422	7935	3487		－1098	1149		50509	48557
杭锦旗	14548	9451	5097		－7821			44149	43217
鄂托克前旗	9828	5708	4120		－345			30452	30009
巴彦淖尔盟小计	**157307**	**126898**	**30409**		**27469**	**1075**	**1107**	**453663**	**450770**
本级	70548	63090	7458		11169	1075	300	112525	111850
旗县区级小计	86759	63808	22951		16300		807	341138	338920
磴口县	7875	5488	2387		1185			26472	26309
杭锦后旗	10633	8549	2084		1001			49612	49270
临河市	13835	11691	2144		5995		807	68867	67758
五原县	8216	6336	1880		31			45019	44818
乌拉特前旗	12091	9471	2620		3371			54125	53828
乌拉特中旗	20628	13085	7543		2920			50361	50274
乌拉特后旗	13481	9188	4293		1797			46682	46663
阿拉善盟小计	**62112**	**51273**	**10839**		**－1091**			**175363**	**175237**
本级	11741	11318	423		292			42666	46347
旗县区级小计	50371	39955	10416		－1383			132697	128890
阿左旗	22381	17157	5224		－789			74771	71001
阿右旗	14754	11318	3436		－128			28693	28670
额济纳旗	13236	11480	1756		－466			29233	29219
呼和浩特市小计	**117877**	**102695**	**15182**		**24695**	**10086**	**600**	**781402**	**751633**
本级	32836	28283	4553		7042	10086	600	254516	353758
旗县区级小计	85041	74412	10629		17653			526886	397875
土左旗	7603	5780	1823		416			57936	57766
托县	5038	4548	490		2360			80248	67591
赛罕区	8711	8354	357		796			87651	60315
新城区	8373	8021	352		2532			77806	36187
回民区	10734	9093	1641		4986			55840	36198
玉泉区	21091	20851	240		3023			62523	37997
和林县	7543	6214	1329		1120			54111	51095

2－8－21

单位:万元

地　区	平　衡　部　分									
	支　出								年终结余	其中:净结余
	财力性转移支付			专项上解	计划单列市上解省	增设预算周转金	调出资金	国债转贷拨付数及年末结余		
	小　计	体制上解	出口退税专项上解							
旗县区级小计	127996	125622	2374	49803				500	65718	－4726
准格尔旗	44979	44978	1	8182					35392	116
达拉特旗	2121	2006	115	707					－1470	－1470
东胜区	66877	64619	2258	32215				500	24610	1396
伊金霍洛旗	9599	9599		6127					5424	
鄂托克旗	1874	1874		1791					9304	2774
乌审旗	1651	1651		301					－172	－172
杭锦旗	639	639		293					－7174	－7174
鄂托克前旗	256	256		187					－196	－196
巴彦淖尔盟小计	**171**		**171**	**1615**				**1107**	**55514**	**839**
本级				375				300	43866	202
旗县区级小计	171		171	1240				807	11648	637
磴口县	93		93	70					22	22
杭锦后旗	51		51	291					205	89
临河市				302				807	5603	31
五原县				201					207	113
乌拉特前旗	27		27	270					4901	359
乌拉特中旗				87					17	
乌拉特后旗				19					693	23
阿拉善盟小计	**3**		**3**	**123**					**1661**	
本级	－3622	－3622		－59					1058	
旗县区级小计	3625	3622	3	182					603	
阿左旗	3625	3622	3	145					－668	－668
阿右旗				23					－95	－95
额济纳旗				14					1366	763
呼和浩特市小计	**11510**	**10755**	**755**	**17659**				**600**	**111555**	**29426**
本级	7265	7367	－102	－107107				600	65975	717
旗县区级小计	4245	3388	857	124766					45580	28709
土左旗	21		21	149					1036	100
托县	626		626	12031					7311	100
赛罕区	814	764	50	26522					4961	2961
新城区	1584	1584		40035					6307	6265
回民区	1047	1040	7	18595					4505	3449
玉泉区	5		5	24521					8786	7284
和林县	138		138	2878					5265	4704

2-8-22

单位:万元

地区	收支部分										
	收入										
	本年收入小计	税收收入									
		小计	增值税	营业税	企业所得税	个人所得税	城市维护建设税	耕地占用税	契税	烟叶税	其他各项税收收入
武川县	5788	4353	810	1606	158	118	201	21	94		1345
清水河县	5953	4381	1010	946	366	419	222	737	12		669
包头市小计	**675343**	**456986**	**97141**	**130725**	**25794**	**14245**	**39873**	**32847**	**14289**		**102072**
本级	174498	124617	44255	14133	11701	2847	18467	4009	1079		28126
旗县区级小计	500845	332369	52886	116592	14093	11398	21406	28838	13210		73946
东河区	79783	50445	9436	12838	2450	1546	3856	610	3060		16649
青山区	106656	62079	13011	23682	2328	3157	5926	2	2848		11125
昆区	86058	57576	6953	19100	2140	3869	4187	1522	6130		13675
石拐区	9330	7695	3367	412	38	128	1068	1148	99		1435
白云区	8614	7739	2137	2800	24	105	543		22		2108
九原区	94138	47507	7868	6406	4882	956	2172	20354	342		4527
土右旗	38773	32508	5721	15893	316	391	1846	2002	548		5791
固阳县	28986	25006	1944	11889	684	276	943	2103	90		7077
达茂旗	48507	41814	2449	23572	1231	970	865	1097	71		11559
乌海市小计	**99276**	**81397**	**29190**	**17736**	**4120**	**3973**	**9896**		**2545**		**13937**
本级	52457	41490	17757	3542	2974	1981	5990		312		8934
旗县区级小计	46819	39907	11433	14194	1146	1992	3906		2233		5003
乌达区	12678	9880	2781	3693	268	672	932		348		1186
海勃湾区	19432	17105	3720	6403	790	768	1348		1699		2377
海南区	14709	12922	4932	4098	88	552	1626		186		1440
赤峰市小计	**163770**	**142188**	**33331**	**45373**	**14415**	**6490**	**11015**	**1747**	**6767**	**469**	**22581**
本级	2186	3459	89	2144	48	40	208		691		239
旗县区级小计	161584	138729	33242	43229	14367	6450	10807	1747	6076	469	22342
红山区	35891	34087	6501	11520	2046	2168	3003	1236	2821		4792
松山区	15891	12994	1925	6156	765	681	747	81	930		1709
元宝山区	31259	28350	10433	4963	1648	833	2947		578		6948
阿鲁科尔沁旗	5702	4272	971	1468	262	183	270	243	97		778
巴林左旗	8659	7135	2376	923	2314	159	540		53		770
巴林右旗	8041	6516	583	4400	288	265	408		230		342
林西县	5821	5001	1334	1084	1384	232	356	64	110		437
克什克腾旗	12537	11518	2586	1960	4399	558	265		161		1589
翁牛特旗	8835	6669	1587	3523	123	255	408	29	211	15	518
喀喇沁旗	6636	5476	995	2036	206	210	696	17	229	140	947
宁城县	11275	8779	1851	2598	386	473	775	32	315	314	2035
敖汉旗	11037	7932	2100	2598	546	433	392	45	341		1477

2006年地方财政政府收支分类转换数据

2－8－23

单位:万元

地区	收支部分									
	收入								支出	
	非税收入							贷款转贷回收本金收入		
	小计	专项收入	行政事业性收费收入	罚没收入	国有资本经营收入	国有资源(资产)有偿使用收入	其他收入		本年支出小计	一般公共服务
武川县	1435	486	181	723	30	15			27797	5301
清水河县	1572	531	181	803		7	50		22929	4003
包头市小计	**218357**	**31410**	**49527**	**20409**	**100926**	**1283**	**14802**		**979715**	**231375**
本级	49881	18170	11010	6391	12557	1009	744		365271	91143
旗县区级小计	168476	13240	38517	14018	88369	274	14058		614444	140232
东河区	29338	1561	579	1773	25412	13			83318	6423
青山区	44577	2388	14964	1713	22736	14	2762		97818	22396
昆区	28482	1803	477	1299	13914	45	10944		85541	14118
石拐区	1635	982	187	196	6	13	251		25490	6403
白云区	875	237	49	526	58	5			14576	1879
九原区	46631	1254	19193	520	25516	63	85		110721	49540
土右旗	6265	2322		3894		49			69638	6556
固阳县	3980	1282	1738	934		18	8		47536	18372
达茂旗	6693	1411	1330	3163	727	54	8		79806	14545
乌海市小计	**17879**	**7981**	**2040**	**4700**	**1544**	**162**	**1452**		**188249**	**39595**
本级	10967	6086	1308	2796	670	107			92768	20321
旗县区级小计	6912	1895	732	1904	874	55	1452		95481	19274
乌达区	2798	482	191	550	755	31	789		29311	2738
海勃湾区	2327	620	283	898		14	512		37028	5760
海南区	1787	793	258	456	119	10	151		29142	10776
赤峰市小计	**21582**	**10485**	**7075**	**9539**	**－6589**	**1004**	**68**		**827184**	**133422**
本级	－1273	1559	2224	1990	－7325	220	59		128283	23225
旗县区级小计	22855	8926	4851	7549	736	784	9		698901	110197
红山区	1804	1433	159	176		36			41638	7661
松山区	2897	968	610	1242		77			80137	12391
元宝山区	2909	1823	718	320		41	7		44513	7152
阿鲁科尔沁旗	1430	177	775	397	69	12			57824	8435
巴林左旗	1524	459	321	678		66			54116	9306
巴林右旗	1525	556	209	420	269	71			58329	8570
林西县	820	305	88	365	－1	61	2		49453	6984
克什克腾旗	1019	534	231	190	24	40			60521	10233
翁牛特旗	2166	408	766	838		154			64702	11424
喀喇沁旗	1160	736	106	291		27			51015	5694
宁城县	2496	654	373	1336	－1	134			66935	10646
敖汉旗	3105	873	495	1296	376	65			69718	11701

2－8－24

单位:万元

地区	收支部分										
	支出										
	外交	国防	公共安全	教育	科学技术	文化体育与传媒	社会保障和就业	医疗卫生	环境保护	城乡社区事务	农林水事务
武川县			1375	4846	164	342	4462	1061	533	2272	4169
清水河县			1236	4499	87	206	3243	1101	1187	1764	3742
包头市小计			**42913**	**116439**	**12396**	**11494**	**170713**	**27555**	**19059**	**135474**	**74972**
本级			22530	24164	5368	7809	91887	15726	11894	40128	10910
旗县区级小计			20383	92275	7028	3685	78826	11829	7165	95346	64062
东河区			4306	9065	875	134	18203	1273	80	22941	247
青山区			3105	13848	1021	374	8253	1425	51	27666	294
昆区			4109	23852	1568	254	12974	1625	116	14921	49
石拐区			952	3876	243	121	4249	579	155	984	779
白云区			608	878	179	184	1628	260	58	2754	603
九原区			2852	13946	1315	418	7658	2584	407	16642	12373
土右旗			1703	14338	285	1104	11723	873	331	5264	23309
固阳县			1301	6969	119	348	7109	1990	975	1904	5801
达茂旗			1447	5503	1423	748	7029	1220	4992	2270	20607
乌海市小计		**197**	**10019**	**34641**	**1862**	**6249**	**32211**	**5799**	**2504**	**23786**	**9468**
本级		32	5052	12413	677	5726	17403	3085	1467	9099	5018
旗县区级小计		165	4967	22228	1185	523	14808	2714	1037	14687	4450
乌达区		74	1469	6783	536	105	4731	858	185	9040	1023
海勃湾区		72	1947	11174	332	337	5575	1159	663	3206	2603
海南区		19	1551	4271	317	81	4502	697	189	2441	824
赤峰市小计		**482**	**36960**	**173132**	**6262**	**13008**	**90321**	**30222**	**90164**	**58116**	**127316**
本级		60	7678	26757	2023	5976	14443	7233	1276	7445	5411
旗县区级小计		422	29282	146375	4239	7032	75878	22989	88888	50671	121905
红山区			3159	9837	388	310	6805	2165	2201	5608	2065
松山区			3797	18309	17	488	6923	1521	5468	4750	24087
元宝山区		59	2600	11123	1787	232	6373	1707	411	8849	2778
阿鲁科尔沁旗			1757	11703	115	519	3314	1198	13223	1658	9546
巴林左旗		152	2182	10891	78	518	6113	1271	8934	5733	7193
巴林右旗			1928	9201	299	1328	2527	1308	12236	7487	11399
林西县		33	1865	8623	84	538	5445	1829	8779	5332	6329
克什克腾旗		79	2047	13867		538	5783	1816	7648	1151	14960
翁牛特旗			2199	13876	42	515	7384	3000	11238	1322	10167
喀喇沁旗			2304	13170	209	624	9782	2000	3096	1406	10487
宁城县		17	2512	11645	537	771	7844	1116	7500	4748	10774
敖汉旗		82	2932	14130	683	651	7585	4058	8154	2627	12120

2－8－25

单位:万元

地区	收支部分			平衡部分						
	支出			收入						
						返还性收入			财力性转移支付收入	
	交通运输	工业、商业、金融等事务	其他支出	收入总计	本年收入	小计	增值税和消费税税收返还	所得税基数返还	小计	体制补助
武川县	1717	983	572	31251	5788	491	362	129	15575	1061
清水河县	591	1134	136	26929	5953	768	669	99	11237	1004
包头市小计	**14263**	**80945**	**42117**	**1110575**	**675343**	**67164**	**48568**	**18596**	**160403**	
本级	6266	21833	15613	371726	174498	46214	35484	10730	43541	－4770
旗县区级小计	7997	59112	26504	738849	500845	20950	13084	7866	116862	4770
东河区		10596	9175	107229	79783	3456	2361	1095	11481	
青山区		17420	1965	135582	106656	3393	1726	1667	19096	
昆区		5460	6495	111471	86058	4545	2735	1810	7446	
石拐区	1357	1536	4256	28801	9330	878	788	90	6804	
白云区	4	5191	350	15564	8614	266	166	100	4402	
九原区	1059	919	1008	122964	94138	4270	3119	1151	13544	
土右旗	874	376	2902	76181	38773	1573	1077	496	22712	1610
固阳县	2488	142	18	53852	28986	1020	540	480	13882	1760
达茂旗	2215	17472	335	87205	48507	1549	572	977	17495	1400
乌海市小计	**2896**	**18249**	**773**	**208256**	**99276**	**16881**	**13485**	**3396**	**42212**	
本级	2867	9492	116	99857	52457	10548	9067	1481	13392	－515
旗县区级小计	29	8757	657	108399	46819	6333	4418	1915	28820	515
乌达区		1601	168	33212	12678	1605	1019	586	10192	263
海勃湾区		3890	310	43188	19432	2916	2172	744	10859	
海南区	29	3266	179	31999	14709	1812	1227	585	7769	252
赤峰市小计	**28010**	**29910**	**9859**	**964706**	**163770**	**46369**	**36372**	**9997**	**343626**	**19623**
本级	2556	17675	6525	119811	2186	16689	14064	2625	9879	4855
旗县区级小计	25454	12235	3334	844895	161584	29680	22308	7372	333747	14768
红山区	46	1244	149	64605	35891	2848	2025	823	18159	－88
松山区	380	812	1194	93383	15891	3255	2468	787	27733	1015
元宝山区	636	548	258	70898	31259	4042	3036	1006	16403	－46
阿鲁科尔沁旗	5401	263	692	66731	5702	1605	1210	395	28537	1162
巴林左旗	1176	569		65870	8659	2110	1575	535	29022	1427
巴林右旗	1860	127	59	67449	8041	1513	1061	452	29823	1498
林西县	2296	1256	60	48061	5821	2127	1624	503	20826	1128
克什克腾旗	1490	186	723	65845	12537	1709	1216	493	24132	2101
翁牛特旗	2556	870	109	79292	8835	1585	1285	300	36937	2143
喀喇沁旗	1606	547	90	55442	6636	1858	1354	504	28413	1407
宁城县	4584	4241		77649	11275	5003	3904	1099	34744	814
敖汉旗	3423	1572		89670	11037	2025	1550	475	39018	2207

二、各省、自治区、直辖市地市县一般预算财政资料

2-8-26

单位:万元

地区	平衡部分									
	收入									
	财力性转移支付收入									
	一般性转移支付补助	民族地区转移支付补助	调整工资转移支付补助	农村税费改革转移支付补助	取消农业特产税降低农业税率转移支付补助	缓解县乡财政困难转移支付补助	农村义务教育补助	结算补助	企事业单位预算划转补助	其他财力性转移支付
武川县	4085	53	4772	1738	976	1792	547	301		250
清水河县	2242	674	2951	954	431	622	601	1550		208
包头市小计	**8960**	**40542**	**39813**	**6659**	**5966**	**3170**	**2048**	**37666**	**15559**	**20**
本级	-40	21127	9785	341	48	12	-406	14288	4708	-1552
旗县区级小计	9000	19415	30028	6318	5918	3158	2454	23378	10851	1572
东河区	1220	1737	4288	63	70	34	42	2444	1392	191
青山区	758	1452	2823	30	363	40	2	4772	7775	1081
昆区	968	1478	3100	40	3		4	1550	98	205
石拐区	1057	2172	1209	95	35	84	6	552	1586	8
白云区	64	2133	709			10		1486		
九原区	680	3547	3933	911	822	330	798	2439		84
土右旗	1374	4301	5399	1867	2710	1800	880	2769		2
固阳县	2213	1107	4032	1714	1029	113	438	1475		1
达茂旗	666	1488	4535	1598	886	747	284	5891		
乌海市小计	**2643**	**15394**	**11151**	**464**	**225**	**37**	**102**	**6846**	**5330**	**20**
本级	1628	7484	4719					1857	1102	-2883
旗县区级小计	1015	7910	6432	464	225	37	102	4989	4228	2903
乌达区	325	2773	2012	134	40	17	26	1381	2363	858
海勃湾区	282	3520	2483	131	65		40	1864	1172	1302
海南区	408	1617	1937	199	120	20	36	1744	693	743
赤峰市小计	**94692**	**16211**	**101725**	**27996**	**21960**	**37878**	**12030**	**8295**	**3176**	**40**
本级	2101	7789	8163			33	-98	-14883	3002	-1083
旗县区级小计	92591	8422	93562	27996	21960	37845	12128	23178	174	1123
红山区	4529	761	5989	548	266	80	193	6041		-160
松山区	5936	1075	7927	3093	2532	2976	1326	1853		
元宝山区	2090	835	4715	1090	532		510	5593	205	879
阿鲁科尔沁旗	9509	67	7642	2236	2393	4027	908	593		
巴林左旗	8392	846	8241	2644	2271	2904	1076	829	-7	399
巴林右旗	9400	503	8322	2740	1484	3949	650	1277		
林西县	5442	693	5800	1566	1686	2707	774	1040	-10	
克什克腾旗	3832	1515	6997	1962	1349	3748	768	1860		
翁牛特旗	10536	424	9613	3340	3245	5295	1434	907		
喀喇沁旗	10182	154	8600	2196	1309	3061	867	632		5
宁城县	9446	624	9946	3272	2256	5449	1704	1239	-6	
敖汉旗	13297	925	9770	3309	2637	3649	1918	1314	-8	

2－8－27

单位:万元

地区	平衡部分								
	收入							支出	
	专项转移支付			省补助计划单列市	上年结余收入	调入资金	国债转贷收入、上年结余及转补助数	支出总计	本年支出
	小计	专项补助	增发国债补助						
武川县	8721	5946	2775		676			27806	27797
清水河县	7227	5605	1622		1744			22965	22929
包头市小计	**130587**	**102389**	**28198**		**74571**	**1500**	**1007**	**1008732**	**979715**
本级	51549	44088	7461		53417	1500	1007	307329	365271
旗县区级小计	79038	58301	20737		21154			701403	614444
东河区	11872	11561	311		637			106039	83318
青山区	5124	5067	57		1313			132337	97818
昆区	8713	8637	76		4709			107426	85541
石拐区	10400	3995	6405		1389			26218	25490
白云区	1966	1922	44		316			15124	14576
九原区	7323	6081	1242		3689			113538	110721
土右旗	9259	6481	2778		3864			70168	69638
固阳县	7793	6628	1165		2171			49701	47536
达茂旗	16588	7929	8659		3066			80852	79806
乌海市小计	**27414**	**21409**	**6005**		**16925**	**5298**	**250**	**188984**	**188249**
本级	7193	1870	5323		10991	5026	250	90753	92768
旗县区级小计	20221	19539	682		5934	272		98231	95481
乌达区	6446	6318	128		2291			29505	29311
海勃湾区	7744	7425	319		2237			39303	37028
海南区	6031	5796	235		1406	272		29423	29142
赤峰市小计	**284666**	**202268**	**82398**		**46011**	**65513**	**14751**	**846918**	**827184**
本级	23460	19689	3771		8074	47470	12053	87199	128283
旗县区级小计	261206	182579	78627		37937	18043	2698	759719	698901
红山区	7480	5322	2158		28	49	150	64091	41638
松山区	34194	27780	6414		5471	6839		82976	80137
元宝山区	10455	9187	1268		3152	5487	100	62306	44513
阿鲁科尔沁旗	26544	17499	9045		4163		180	59132	57824
巴林左旗	19586	14279	5307		5643	270	580	56402	54116
巴林右旗	22737	14262	8475		5235		100	59970	58329
林西县	19239	14295	4944		－3296	3244	100	50843	49453
克什克腾旗	27871	17456	10415		－777	23	350	63515	60521
翁牛特旗	28187	17354	10833		3748			66514	64702
喀喇沁旗	18230	13086	5144		－506	631	180	52410	51015
宁城县	20092	14397	5695		6149		386	69410	66935
敖汉旗	26591	17662	8929		8927	1500	572	72150	69718

2－8－28

单位：万元

地区	平衡部分									
	支出								年终结余	其中：净结余
	财力性转移支付			专项上解	计划单列市上解省	增设预算周转金	调出资金	国债转贷拨付数及年末结余		
	小计	体制上解	出口退税专项上解							
武川县	5		5	4					3445	928
清水河县	5		5	31					3964	2918
包头市小计	**21787**	**20278**	**1509**	**2463**		**3760**		**1007**	**101843**	**5378**
本级	18232	17029	1203	－80441		3260		1007	64397	1034
旗县区级小计	3555	3249	306	82904		500			37446	4344
东河区	487	304	183	22234					1190	
青山区	927	920	7	33592					3245	3111
昆区	2003	2000	3	19882					4045	628
石拐区	29	25	4	699					2583	107
白云区				548					440	35
九原区	109		109	2208		500			9426	87
土右旗				530					6013	10
固阳县				2165					4151	16
达茂旗				1046					6353	350
乌海市小计	**203**	**203**		**282**				**250**	**19272**	
本级	－1507	－1507		－758				250	9104	
旗县区级小计	1710	1710		1040					10168	
乌达区	－200	－200		394					3707	
海勃湾区	1910	1910		365					3885	
海南区				281					2576	
赤峰市小计				**4983**				**14751**	**117788**	**12755**
本级				－53137				12053	32612	
旗县区级小计				58120				2698	85176	12755
红山区				22303				150	514	26
松山区				2839					10407	
元宝山区				17693				100	8592	6821
阿鲁科尔沁旗				1128				180	7599	
巴林左旗				1706				580	9468	6565
巴林右旗				1541				100	7479	
林西县				1290				100	－2782	－2782
克什克腾旗				2644				350	2330	
翁牛特旗				1812					12778	
喀喇沁旗				1215				180	3032	
宁城县				2089				386	8239	2125
敖汉旗				1860				572	17520	

2006 年辽宁省地市县财政一般预算收支平衡表

2－9－1

单位:万元

地区	收支部分										
	收入										
	本年收入小计	税收收入									
		小计	增值税	营业税	企业所得税	个人所得税	城市维护建设税	耕地占用税	契税	烟叶税	其他各项税收收入
地(市)县级总计	**6530236**	**4966860**	**851947**	**1627321**	**459639**	**258149**	**438653**	**52882**	**483166**	**2266**	**792837**
地(市)本级合计	**3203157**	**2360259**	**403923**	**770123**	**225825**	**130014**	**302503**	**1050**	**239869**		**286952**
县级合计	**3327079**	**2606601**	**448024**	**857198**	**233814**	**128135**	**136150**	**51832**	**243297**	**2266**	**505885**
沈阳市小计	**1756336**	**1246384**	**143852**	**450114**	**114513**	**62807**	**83352**	**9546**	**206648**		**175552**
本级	931047	631328	44369	247528	41332	27973	76097	1050	118369		74610
县级小计	825289	615056	99483	202586	73181	34834	7255	8496	88279		100942
辽中县	16958	9775	1248	3858	576	653	680	338	628		1794
新民市	19522	14229	1355	5342	699	630	825	73	1897		3408
康平县	11184	9317	538	5123	585	406	401	307	309		1648
法库县	14139	9842	1397	4230	883	378	464	521	483		1486
铁西区	107534	75396	12482	25981	8515	2495		85	14674		11164
和平区	130791	108870	19398	31219	19320	8221		108	11503		19101
沈河区	124674	73287	13560	20916	11854	6576			6543		13838
大东区	104521	74800	19159	21978	8701	3543		11	10099		11309
皇姑区	65763	46479	5608	17778	4951	3031		90	7965		7056
苏家屯区	37346	35149	3946	10249	1461	1579	2421	2319	7945		5229
新城子区	17421	13407	2837	3606	388	762	1216	853	1700		2045
东陵区	62800	51322	8731	16304	5482	2513		1538	7377		9377
于洪区	77039	61037	7037	23763	7055	1805		758	13138		7481
北站商贸区	9920	9791	427	3608	1346	1752					2658
农业高新区	25677	22355	1760	8631	1365	490	1248	1495	4018		3348
大连市小计	**1961357**	**1621158**	**263824**	**632439**	**180945**	**96111**	**83833**	**9512**	**132020**		**222474**
本级	898870	752973	99067	327062	82118	55269	52435		83265		53757
县级小计	1062487	868185	164757	305377	98827	40842	31398	9512	48755		168717
瓦房店市	106789	78256	12724	29618	5639	1660	4913	847	4881		17974
普兰店市	82528	60080	9046	30975	4179	1342	3421	382	3803		6932
庄河市	71089	44647	5366	16636	2982	1033	3164	517	3963		10986
长海县	13057	3806	368	1640	275	547	151	37	201		587
金州区	101000	85489	14794	29946	11356	2871	4997	748	8564		12213
旅顺口区	47779	40099	6404	14927	3045	1080	2973	639	3613		7418
甘井子区	117228	91080	19942	33597	9589	3124		1169			23659
中山区	77899	74410	6563	32626	9529	5393					20299
西岗区	57698	54718	6308	21573	8561	3687					14589
沙河口区	67025	62127	8942	28988	7596	2133					14468
开发区	202202	173398	54975	40302	21597	10621	5990	3959	11359		24595

二、各省、自治区、直辖市地市县一般预算财政资料

2-9-2

单位:万元

地区	收支部分									
	收入								支出	
	非税收入							贷款转贷回收本金收入		
	小计	专项收入	行政事业性收费收入	罚没收入	国有资本经营收入	国有资源(资产)有偿使用收入	其他收入		本年支出小计	一般公共服务
地(市)县级总计	**1563376**	**285858**	**579201**	**250941**	**357617**	**57348**	**32411**		**11492452**	**1875335**
地(市)本级合计	**842898**	**204259**	**410345**	**133737**	**58600**	**26362**	**9595**		**5859097**	**725942**
县级合计	**720478**	**81599**	**168856**	**117204**	**299017**	**30986**	**22816**		**5633355**	**1149393**
沈阳市小计	**509952**	**50530**	**168078**	**70816**	**212293**	**7867**	**368**		**2687649**	**381804**
本级	299719	49979	143439	45272	56201	4793	35		1568867	185095
县级小计	210233	551	24639	25544	156092	3074	333		1118782	196709
辽中县	7183	4	1464	1938	3696	29	52		41266	5218
新民市	5293	158	643	2886	1572	34			48055	7266
康平县	1867		639	577	343	27	281		35590	9525
法库县	4297		1415	1251	1598	33			43986	10106
铁西区	32138		3083	2359	25925	771			134509	10121
和平区	21921		2926	3740	14664	591			139337	32647
沈河区	51387		4599	1895	44837	56			143134	25307
大东区	29721		3139	2061	24499	22			123887	21315
皇姑区	19284		1221	2796	15202	65			79821	12334
苏家屯区	2197		184	1719	285	9			52605	9889
新城子区	4014		1409	899	1680	26			39751	10537
东陵区	11478		2734	1605	6330	809			93108	18906
于洪区	16002		629	1794	13000	579			105913	17588
北站商贸区	129			3	115	11			11020	4007
农业高新区	3322	389	554	21	2346	12			26800	1943
大连市小计	**340199**	**51082**	**137854**	**35097**	**69466**	**33278**	**13422**		**2665249**	**507367**
本级	145897	34296	89517	17689	-10140	11329	3206		1276046	253666
县级小计	194302	16786	48337	17408	79606	21949	10216		1389203	253701
瓦房店市	28533	3350	9259	3695	11693	536			158089	29388
普兰店市	22448	2442	9022	1624	7829	290	1241		118600	14330
庄河市	26442	2018	2821	1803	19185	615			113837	20862
长海县	9251	155	609	636	6654	72	1125		32908	5878
金州区	15511	3277	6730	2112	2548	844			136203	19860
旅顺口区	7680	1685	4036	1824	-313	383	65		69731	10550
甘井子区	26148		6345	2408	16135	1260			154493	36384
中山区	3489		1347	845		37	1260		77100	14294
西岗区	2980		1775	363	800	42			74790	19746
沙河口区	4898		3273	680	389	122	434		82746	11740
开发区	28804	3593	1454	1313	4511	11842	6091		234156	27466

2006 年地方财政政府收支分类转换数据

2－9－3

单位:万元

地区	收支部分										
	支出										
	外交	国防	公共安全	教育	科学技术	文化体育与传媒	社会保障和就业	医疗卫生	环境保护	城乡社区事务	农林水事务
地(市)县级总计		**26416**	**819647**	**1608524**	**194567**	**188230**	**2847530**	**393180**	**133178**	**1287186**	**633842**
地(市)本级合计		**15338**	**474315**	**448439**	**129470**	**121807**	**1948076**	**171945**	**105589**	**640746**	**283234**
县级合计		**11078**	**345332**	**1160085**	**65097**	**66423**	**899454**	**221235**	**27589**	**646440**	**350608**
沈阳市小计		**3903**	**234636**	**377034**	**76233**	**78207**	**600984**	**92520**	**38623**	**392633**	**124315**
本级		974	124289	100137	61636	62063	446660	41126	36834	240118	71437
县级小计		2929	110347	276897	14597	16144	154324	51394	1789	152515	52878
辽中县		81	2743	13435	95	446	4068	2845		1827	3699
新民市		154	4869	15640	170	770	6041	2994	51	2189	4927
康平县		80	2065	10682	74	544	2735	2336	89	2331	2288
法库县		81	3185	12981	117	632	3645	3380	71	1709	4346
铁西区		418	12780	34885	2320	5001	18446	5464	218	35875	270
和平区		335	19407	32475	4858	1975	13383	7480	154	17877	60
沈河区		277	15431	32330	1356	1016	37948	5846	120	13894	
大东区		516	14726	26465	2182	1382	29421	4931	152	12285	
皇姑区		170	10801	22528	1271	512	14460	3221	103	8949	
苏家屯区		247	5267	17666	176	559	6984	2405	57	3222	4498
新城子区		144	3387	13844	271	472	2403	1842	148	2068	3632
东陵区		177	7981	17187	1338	1330	7044	4090	57	13060	9648
于洪区		209	6635	26355	346	1457	6174	4521	399	20189	11130
北站商贸区			275							6013	20
农业高新区		40	795	424	23	48	1572	39	170	11027	8360
大连市小计		**4221**	**144922**	**311334**	**68677**	**31682**	**470028**	**74510**	**27966**	**374523**	**153641**
本级		1970	88681	88304	37896	16591	287872	31264	21881	162498	90132
县级小计		2251	56241	223030	30781	15091	182156	43246	6085	212025	63509
瓦房店市		24	7644	33112	401	2122	24169	4882	855	23300	15598
普兰店市		211	6072	23579	799	575	16522	2140	522	4335	6814
庄河市		200	7001	25896	915	1109	15032	4695	435	8272	8088
长海县			1648	5751	278	711	3904	1674	155	2085	2686
金州区		261	7804	27756	2436	2569	20520	5951	2025	6293	10325
旅顺口区		150	1507	10061	957	701	12538	3873	1125	3617	2914
甘井子区		495	5154	25341	1370	777	22775	5651	50	29088	11034
中山区			2909	13562	1462	891	20702	3497		8717	413
西岗区		296	2990	12315	1613	3446	15475	2115		4984	
沙河口区		332	2704	16269	1096	345	20092	2959		8247	
开发区		277	10692	29388	3561	1745	10229	5548	918	108945	5629

二、各省、自治区、直辖市地市县一般预算财政资料

2－9－4

单位:万元

地区	收支部分			平衡部分						
	支出			收入						
						返还性收入			财力性转移支付收入	
	交通运输	工业、商业、金融等事务	其他支出	收入总计	本年收入	小计	增值税和消费税税收返还	所得税基数返还	小计	体制补助
地(市)县级总计	**159023**	**673017**	**652777**	**13494384**	**6530236**	**1860785**	**1406978**	**453807**	**1449673**	**22286**
地(市)本级合计	**63738**	**439729**	**290729**	**7323114**	**3203157**	**1239717**	**1094008**	**145709**	**213644**	**－90071**
县级合计	**95285**	**233288**	**362048**	**6171270**	**3327079**	**621068**	**312970**	**308098**	**1236029**	**112357**
沈阳市小计	**20484**	**209143**	**57130**	**3127206**	**1756336**	**492087**	**343617**	**148470**	**241958**	
本级	12497	169663	16338	1956776	931047	404134	336145	67989	56166	－31689
县级小计	7987	39480	40792	1170430	825289	87953	7472	80481	185792	31689
辽中县	397	718	5694	41868	16958	990	356	634	19842	3595
新民市	1053	1541	390	43495	19522	772	240	532	24494	3961
康平县	497	1963	381	24496	11184	1223	609	614	20223	5255
法库县	1161	2330	242	36347	14139	1162	725	437	24120	5524
铁西区		3286	5425	141351	107534	8827	320	8507	20918	
和平区		3249	5437	148110	130791	7731	984	6747	3694	
沈河区		6369	3240	152791	124674	12821	95	12726	3809	
大东区		5718	4794	129853	104521	15283	2282	13001	2966	531
皇姑区	8	1642	3822	85975	65763	4531	－193	4724	6760	1455
苏家屯区	821	785	29	54297	37346	4022	205	3817	7917	464
新城子区	35	362	606	44175	17421	1965	495	1470	20025	2425
东陵区	2782	5561	3947	98983	62800	14427	1066	13361	13753	4143
于洪区	1086	3215	6609	117516	77039	13323	288	13035	14695	3240
北站商贸区		705		12794	9920	693		693	2158	821
农业高新区	147	2036	176	38379	25677	183		183	418	275
大连市小计	**52344**	**252509**	**191525**	**3284606**	**1961357**	**438803**	**317663**	**121140**	**72712**	
本级	33513	145489	16289	1814089	898870	268922	240733	28189	59887	－7178
县级小计	18831	107020	175236	1470517	1062487	169881	76930	92951	12825	7178
瓦房店市	2260	9041	5293	167281	106789	13822	8272	5550	6358	
普兰店市	815	21371	20515	127183	82528	13870	5726	8144	7437	
庄河市	2464	6098	12770	119499	71089	9643	5151	4492	10847	
长海县	254	3408	4476	34621	13057	3062	991	2071	9993	687
金州区	7429	9789	13185	142142	101000	21216	10159	11057	1873	
旅顺口区	274	4364	17100	72043	47779	12597	6621	5976	－1712	
甘井子区	1940	3131	11303	165049	117228	20529	8896	11633	－340	
中山区		5157	5496	81056	77899	8487	2805	5682	－16794	
西岗区		4745	7065	78367	57698				8113	6491
沙河口区		3558	15404	94235	67025	8619	4229	4390	－3964	
开发区	1201	22865	5692	247086	202202	46994	22025	24969	－15224	

2－9－5

单位:万元

地区	平衡部分									
	收入									
	财力性转移支付收入									
	一般性转移支付补助	民族地区转移支付补助	调整工资转移支付补助	农村税费改革转移支付补助	取消农业特产税降低农业税率转移支付补助	缓解县乡财政困难转移支付补助	农村义务教育补助	结算补助	企事业单位预算划转补助	其他财力性转移支付
地(市)县级总计	**179893**	**15257**	**334879**	**121613**	**96390**	**53721**		**508649**	**66699**	**50286**
地(市)本级合计	**－39952**		**83215**	**－29650**	**－20542**	**－1694**		**236693**	**46205**	**29440**
县级合计	**219845**	**15257**	**251664**	**151263**	**116932**	**55415**		**271956**	**20494**	**20846**
沈阳市小计	**5803**		**23128**	**10729**	**14260**	**9927**		**174213**	**3104**	**794**
本级	－10000		1181	－3834	－5710			102320	3104	794
县级小计	15803		21947	14563	19970	9927		71893		
辽中县	4476		3500	2206	3061	868		2136		
新民市	4660		4617	2384	5708	1139		2025		
康平县	3250		3322	1582	2213	666		3935		
法库县	3417		3322	2561	3457	1075		4764		
铁西区			1573	209	95	753		18288		
和平区			382	65		699		2548		
沈河区			392			858		2559		
大东区			330	20		752		1333		
皇姑区			1536	10		588		3171		
苏家屯区			1457	1501	1475	687		2333		
新城子区			1068	1148	1504	837		13043		
东陵区			224	1386	1144	464		6392		
于洪区			224	1490	1293	541		7907		
北站商贸区								1337		
农业高新区				1	20			122		
大连市小计			**16642**		**8203**	**494**		**37366**	**2387**	**7620**
本级			16642	－10975	－5211	－1906		63008	2387	3120
县级小计				10975	13414	2400		－25642		4500
瓦房店市				3193	1325	700		640		500
普兰店市				2089	1643	650		2555		500
庄河市				2656	3426	750		3515		500
长海县				1518	5853	50		1485		400
金州区				924	366	150		33		400
旅顺口区				352	536	100		－3100		400
甘井子区				185	203			－1078		350
中山区								－17144		350
西岗区								1272		350
沙河口区								－4314		350
开发区				58	62			－15544		200

2－9－6　　　　单位:万元

地　　区	平衡部分								
	收入							支出	
	专项转移支付			省补助计划单列市	上年结余收入	调入资金	国债转贷收入、上年结余及转补助数	支出总计	本年支出
	小计	专项补助	增发国债补助						
地(市)县级总计	**2125254**	**1947031**	**178223**	**145434**	**978061**	**316130**	**88811**	**12602938**	**11492452**
地(市)本级合计	**1490597**	**1347742**	**142855**	**145434**	**740532**	**219685**	**70348**	**6652891**	**5859097**
县级合计	**634657**	**599289**	**35368**		**237529**	**96445**	**18463**	**5950047**	**5633355**
沈阳市小计	**345590**	**315200**	**30390**		**191723**	**87715**	**11797**	**2983706**	**2687649**
本级	292704	262314	30390		193574	67354	11797	1822995	1568867
县级小计	52886	52886			－1851	20361		1160711	1118782
辽中县	3382	3382			616	80		41565	41266
新民市	4329	4329			－6028	406		48909	48055
康平县	3656	3656			－12554	764		35864	35590
法库县	4477	4477			－7551			44231	43986
铁西区	3836	3836			236			140127	134509
和平区	5097	5097			797			146186	139337
沈河区	5246	5246			6180	61		147972	143134
大东区	5000	5000			1840	243		127012	123887
皇姑区	4431	4431			1108	3382		83171	79821
苏家屯区	2501	2501			－649	3160		53843	52605
新城子区	1985	1985			1779	1000		40535	39751
东陵区	4204	4204			3534	265		94507	93108
于洪区	4644	4644			7815			106859	105913
北站商贸区	3	3			20			12708	11020
农业高新区	95	95			1006	11000		37222	26800
大连市小计	**168122**	**126596**	**41526**	**145434**	**386950**	**77122**	**34106**	**2975860**	**2665249**
本级	9612	－31914	41526	145434	329257	68713	33394	1553965	1276046
县级小计	158510	158510			57693	8409	712	1421895	1389203
瓦房店市	27075	27075			9740	3216	281	159605	158089
普兰店市	20844	20844			2504			122420	118600
庄河市	21684	21684			5375	861		115130	113837
长海县	7399	7399			1110			33059	32908
金州区	12136	12136			4067	1850		138914	136203
旅顺口区	9751	9751			1146	2482		70740	69731
甘井子区	22503	22503			5129			158950	154493
中山区	10598	10598			866			79963	77100
西岗区	8305	8305			4251			75564	74790
沙河口区	12349	12349			10206			83935	82746
开发区	1831	1831			10852		431	243435	234156

2006 年地方财政政府收支分类转换数据

2－9－7　　　　　　　　　　　　　　　　　　　　　　　　　　　　　　单位:万元

地区	平衡部分									
	支出								年终结余	其中:净结余
	财力性转移支付			专项上解	计划单列市上解省	增设预算周转金	调出资金	国债转贷拨付数及年末结余		
	小计	体制上解	出口退税专项上解							
地(市)县级总计	**683409**	**644606**	**38803**	**290134**	**39483**	**368**	**8281**	**88811**	**891446**	**31439**
地(市)本级合计	**594837**	**576841**	**17996**	**81162**	**39483**		**7964**	**70348**	**670223**	**－5319**
县级合计	**88572**	**67765**	**20807**	**208972**		**368**	**317**	**18463**	**221223**	**36758**
沈阳市小计	**196289**	**191370**	**4919**	**80007**			**7964**	**11797**	**143500**	**1837**
本级	186994	184828	2166	47373			7964	11797	133781	21074
县级小计	9295	6542	2753	32634					9719	－19237
辽中县	19		19	280					303	－1719
新民市	59		59	795					－5414	－7146
康平县	3		3	271					－11368	－13042
法库县	8		8	237					－7884	－10184
铁西区	3006	2589	417	2612					1224	174
和平区	3655	3418	237	3194					1924	796
沈河区	878	535	343	3960					4819	1493
大东区	262		262	2863					2841	1840
皇姑区	41		41	3309					2804	1085
苏家屯区	188		188	1050					454	－1756
新城子区	177		177	607					3640	－381
东陵区	529		529	870					4476	2896
于洪区	334		334	612					10657	6685
北站商贸区	24		24	1664					86	20
农业高新区	112		112	10310					1157	2
大连市小计	**213471**	**192728**	**20743**	**23551**	**39483**			**34106**	**308746**	**22562**
本级	203017	192728	10289	2025	39483			33394	260124	9622
县级小计	10454		10454	21526				712	48622	12940
瓦房店市	294		294	941				281	7676	180
普兰店市	332		332	3488					4763	1680
庄河市	347		347	946					4369	834
长海县	10		10	141					1562	1028
金州区	601		601	2110					3228	195
旅顺口区	293		293	716					1303	478
甘井子区	1158		1158	3299					6099	90
中山区	2095		2095	768					1093	838
西岗区				774					2803	2201
沙河口区	304		304	885					10300	1052
开发区	3645		3645	5203				431	3651	3163

2－9－8

单位：万元

地区	收支部分										
	收入										
	本年收入小计	税收收入									
		小计	增值税	营业税	企业所得税	个人所得税	城市维护建设税	耕地占用税	契税	烟叶税	其他各项税收收入
高新区	74350	62985	11449	14090	7920	5807	3398	1214	9623		9484
保税区	43843	37090	7876	10459	6559	1544	2391		2748		5513
鞍山市小计	**561646**	**427893**	**93397**	**84512**	**59230**	**18051**	**50120**	**2283**	**18477**	**115**	**101708**
本级	325221	241740	57978	28064	45367	7706	45403		1069		56153
县级小计	236425	186153	35419	56448	13863	10345	4717	2283	17408	115	45555
海城市	73866	47896	12088	10037	3076	3234	3122	674	3464		12201
台安县	13463	6492	1110	1980	210	447	389	167	491		1698
岫岩县	22288	12855	2365	3441	530	751	1206	79	614	115	3754
铁东区	39090	38741	2836	19510	2743	2324		407	4355		6566
铁西区	16716	14022	2817	4940	857	515			2400		2493
立山区	21361	19258	3304	6485	1076	925		78	4432		2958
千山区	37008	35339	7789	6652	4478	1812		475	970		13163
高新区	11035	10217	2592	2892	788	286		403	672		2584
风景区	1598	1333	518	511	105	51			10		138
抚顺市小计	**275611**	**194249**	**36817**	**52588**	**12104**	**10303**	**28460**	**7034**	**15561**		**31382**
本级	139383	83531	18109	21920	5121	6047	13695		7061		11578
县级小计	136228	110718	18708	30668	6983	4256	14765	7034	8500		19804
抚顺县	16730	13247	2321	1774	1663	863	681	354	85		5506
清原县	15689	12520	2442	3485	1156	520	868	95	931		3023
新宾县	13188	9839	2238	4313	286	475	654	142	469		1262
顺城区	19567	16166	1328	6528	832	487	2147	214	2206		2424
新抚区	18248	14913	2261	4482	916	593	3413	103	1224		1921
东洲区	12863	10125	2399	2328	323	418	1982	368	420		1887
望花区	15826	12010	2985	2793	611	349	3318	95	582		1277
抚顺经济开发区	21353	19476	2384	4063	1100	459	949	5663	2575		2283
胜利开发区	2764	2422	350	902	96	92	753		8		221
本溪市小计	**267635**	**196206**	**48658**	**41180**	**15078**	**8191**	**25833**	**1154**	**9727**		**46385**
本级	179836	129053	37528	20367	11457	3833	20435		1777		33656
县级小计	87799	67153	11130	20813	3621	4358	5398	1154	7950		12729
本溪县	20175	14049	3046	2966	1422	1134	1203	221	1109		2948
桓仁县	16838	12924	2662	3894	1338	1085	872	55	1265		1753
平山区	15561	13885	1396	6454	417	808	1099	500	1666		1545
明山区	15532	13618	1367	5665	223	483	971	29	3620		1260
溪湖区	12309	9129	1959	1197	163	752	916	18	242		3882
南芬区	7384	3548	700	637	58	96	337	331	48		1341

2006年地方财政政府收支分类转换数据

2－9－9　　　　　　　　　　　　　　　　　　　　　　　　单位:万元

地区	收支部分									
	收入								支出	
	非税收入							贷款转贷回收本金收入		
	小计	专项收入	行政事业性收费收入	罚没收入	国有资本经营收入	国有资源(资产)有偿使用收入	其他收入		本年支出小计	一般公共服务
高新区	11365		1087	54	5230	4994			87309	34202
保税区	6753	266	579	51	4945	912			49241	9001
鞍山市小计	**133753**	**31516**	**57629**	**19067**	**22294**	**1690**	**1557**		**907789**	**153405**
本级	83481	26598	40626	10246	4472	1492	47		462609	41098
县级小计	50272	4918	17003	8821	17822	198	1510		445180	112307
海城市	25970	2940	12124	4894	4624	52	1336		138871	26759
台安县	6971	676	1506	856	3874	43	16		37608	8952
岫岩县	9433	1131	785	1672	5822	23			64068	11288
铁东区	349		29	313		7			45184	15878
铁西区	2694		614	615	1344	3	118		27570	4660
立山区	2103		1160	146	751	10	36		36375	7719
千山区	1669	171	533	303	622	36	4		66888	22151
高新区	818		117	1	680	20			24620	13541
风景区	265		135	21	105	4			3996	1359
抚顺市小计	**81362**	**20151**	**43537**	**10309**	**3697**	**625**	**3043**		**608234**	**90073**
本级	55852	12706	34164	4955	634	389	3004		333448	30505
县级小计	25510	7445	9373	5354	3063	236	39		274786	59568
抚顺县	3483	672	996	987	779	49			37538	13012
清原县	3169	678	1017	1397		54	23		50133	7653
新宾县	3349	512	1433	1386		18			42696	8000
顺城区	3401	961	1566	367	438	53	16		35534	7800
新抚区	3335	1385	1123	533	279	15			20966	3606
东洲区	2738	1000	1163	365	200	10			22311	4138
望花区	3816	1460	890	279	1167	20			24957	6184
抚顺经济开发区	1877	452	1175	40	200	10			34389	7150
胜利开发区	342	325	10			7			6262	2025
本溪市小计	**71429**	**16624**	**33654**	**13694**	**6761**	**685**	**11**		**510931**	**79529**
本级	50783	12695	24401	7759	5417	502	9		333618	30744
县级小计	20646	3929	9253	5935	1344	183	2		177313	48785
本溪县	6126	1177	2008	2383	492	66			55032	9794
桓仁县	3914	788	1509	1450	83	84			51934	12026
平山区	1676	603	506	456	105	6			20606	7025
明山区	1914	560	974	369		11			21560	8400
溪湖区	3180	506	884	1111	664	14	1		16446	5961
南芬区	3836	295	3372	166		2	1		11735	5579

2－9－10

单位:万元

地区	收支部分										
	支出										
	外交	国防	公共安全	教育	科学技术	文化体育与传媒	社会保障和就业	医疗卫生	环境保护	城乡社区事务	农林水事务
高新区					15893		64	140		3568	
保税区		5	116			100	134	121		574	8
鞍山市小计		**1866**	**62952**	**122746**	**11726**	**6961**	**247853**	**24620**	**8053**	**117051**	**47557**
本级		905	40964	36408	7560	3887	174781	10905	5665	70621	15594
县级小计		961	21988	86338	4166	3074	73072	13715	2388	46430	31963
海城市		160	10505	28908	235	1391	19459	5219	1156	16542	17366
台安县		62	2933	7440	100	243	7558	2270	277	1652	3640
岫岩县		122	4242	10083	144	654	13378	2718	449	3457	5208
铁东区		233	1121	12188	335	180	8111	714	239	3577	
铁西区		137	1171	5819	29	116	9288	571	85	2518	
立山区		132	1003	9408	188	106	9007	664	55	4479	331
千山区		115	995	12324	236	384	5708	1532	127	4764	5201
高新区					2899		341			7569	
风景区			18	168			222	27		1872	217
抚顺市小计		**2822**	**35420**	**84304**	**5352**	**4478**	**199886**	**17143**	**6146**	**51903**	**28296**
本级		2422	22912	25234	2530	2862	154335	7545	4885	8695	7120
县级小计		400	12508	59070	2822	1616	45551	9598	1261	43208	21176
抚顺县		37	1838	6442	487	143	5868	1207	291	1759	4621
清原县		33	2949	11662	225	437	9372	2217	119	3147	8193
新宾县		66	1984	10598	88	690	7274	2133	130	4075	4863
顺城区		84	1151	10742	13	145	3995	1317	165	6318	1005
新抚区		58	1460	5149	14	28	5248	780	137	2962	55
东洲区		66	1406	5326	33	64	6089	1153	131	2989	154
望花区		49	1235	6164	50	65	5672	549	285	2419	174
抚顺经济开发区		7	485	2139	1912	44	824	195		19263	2111
胜利开发区				848			1209	47	3	276	
本溪市小计		**701**	**43072**	**91850**	**4967**	**10022**	**129913**	**19935**	**10569**	**42346**	**25676**
本级		665	30633	46614	2831	6465	115073	12246	6769	31886	12949
县级小计		36	12439	45236	2136	3557	14840	7689	3800	10460	12727
本溪县			3614	13644	719	1055	5469	2693	2307	5694	5191
桓仁县			3490	13676	640	1595	2682	2404	1036	2655	3326
平山区			1728	5633	210	251	2397	627	103	255	1097
明山区		10	1348	6393	301	148	1531	811	128	1303	1101
溪湖区		26	1744	3474	171	230	1627	891	89	214	1397
南芬区			515	2416	95	278	1134	263	137	339	615

2－9－11

单位:万元

地区	收支部分			平衡部分						
	支出			收入						
						返还性收入			财力性转移支付收入	
	交通运输	工业、商业、金融等事务	其他支出	收入总计	本年收入	小计	增值税和消费税税收返还	所得税基数返还	小计	体制补助
高新区		12203	21239	90825	74350	6721	939	5782	6340	
保税区	2194	1290	35698	51130	43843	4321	1116	3205	－102	
鞍山市小计	**6886**	**40942**	**55171**	**1065012**	**561646**	**191239**	**164175**	**27064**	**87513**	
本级	1627	17285	35309	574814	325221	112608	117975	－5367	7738	－3609
县级小计	5259	23657	19862	490198	236425	78631	46200	32431	79775	3609
海城市	2100	758	8313	154756	73866	28129	18603	9526	27965	
台安县	695	1493	293	37901	13463	2519	1928	591	18542	2084
岫岩县	1759	7681	2885	73500	22288	5172	3970	1202	23891	1525
铁东区		3	2605	48319	39090	6933	4458	2475	－4639	
铁西区		814	2362	31075	16716	4413	2590	1823	1298	
立山区	50	1437	1796	40958	21361	8451	4481	3970	1346	
千山区	655	11198	1498	73092	37008	14935	6175	8760	6522	
高新区		270		26262	11035	6196	2739	3457	4324	
风景区		3	110	4335	1598	1883	1256	627	526	
抚顺市小计	**5863**	**25091**	**51457**	**727777**	**275611**	**133573**	**111579**	**21994**	**85288**	
本级	2321	20841	41241	389706	139383	98637	93695	4942	－36480	－40524
县级小计	3542	4250	10216	338071	136228	34936	17884	17052	121768	40524
抚顺县	950	530	353	41070	16730	3709	2143	1566	13811	4223
清原县	1586	1085	1455	53842	15689	4041	3084	957	24090	1486
新宾县	624	680	1491	46421	13188	3872	2698	1174	21232	1598
顺城区	364	289	2146	45751	19567	5107	2210	2897	16395	10343
新抚区		134	1335	37766	18248	3226	1615	1611	13773	8629
东洲区	18	327	417	33268	12863	3353	1864	1489	13571	4397
望花区			2111	34723	15826	2854	1559	1295	11654	6397
抚顺经济开发区		254	5	38442	21353	7562	2431	5131	4912	2001
胜利开发区		951	903	6788	2764	1212	280	932	2330	1450
本溪市小计	**4877**	**23332**	**24142**	**588642**	**267635**	**83799**	**60980**	**22819**	**56024**	
本级	1600	12994	22149	389325	179836	67371	51655	15716	5519	－2943
县级小计	3277	10338	1993	199317	87799	16428	9325	7103	50505	2943
本溪县	1433	3404	15	63471	20175	5097	3104	1993	17532	894
桓仁县	1578	6194	632	57412	16838	3316	1999	1317	18971	1872
平山区		108	1172	23372	15561	2621	1318	1303	3497	
明山区	50	36		24126	15532	2551	1435	1116	4035	103
溪湖区		582	40	18523	12309	2014	900	1114	3017	50
南芬区	216	14	134	12413	7384	829	569	260	3453	24

2-9-12

单位:万元

地区	平衡部分									
	收入									
	财力性转移支付收入									
	一般性转移支付补助	民族地区转移支付补助	调整工资转移支付补助	农村税费改革转移支付补助	取消农业特产税降低农业税率转移支付补助	缓解县乡财政困难转移支付补助	农村义务教育补助	结算补助	企事业单位预算划转补助	其他财力性转移支付
高新区								6240		100
保税区								-202		100
鞍山市小计	**2839**	**2571**	**25852**	**6432**	**5316**	**5214**		**36764**	**1400**	**1125**
本级	-13226		5487	-3661	-3168			24838	1400	-323
县级小计	16065	2571	20365	10093	8484	5214		11926		1448
海城市	1756		5337	4629	3624	1581		10968		70
台安县	4365		4029	1379	2688	1500		1877		620
岫岩县	6315	2571	4607	2870	1646	542		3477		338
铁东区	324		1789	15	10	581		-7428		70
铁西区	815		1637			223		-1447		70
立山区	70		1599	79	37	321		-830		70
千山区	1250		1238	1033	462	466		2003		70
高新区	1100		73	41	9			3031		70
风景区	70		56	47	8			275		70
抚顺市小计	**11372**	**1845**	**25875**	**6082**	**3384**	**3854**		**23568**	**6400**	**2908**
本级	-1500		6385	-1669	-1167			-5168	4455	2708
县级小计	12872	1845	19490	7751	4551	3854		28736	1945	200
抚顺县	730		2284	1527	1077	529		3421		20
清原县	3458	1114	4269	2987	1663	772		8321		20
新宾县	4937	731	4726	2067	1325	440		5388		20
顺城区	190		1640	373	162	563		2986	98	40
新抚区	736		1874	38	11	397		1969	99	20
东洲区	2771		2372	212	162	625		1909	1103	20
望花区	50		1902	222	59	528		1836	640	20
抚顺经济开发区			283	325	92			2188	3	20
胜利开发区			140					718	2	20
本溪市小计	**2250**	**2257**	**14658**	**4382**	**1399**	**2285**		**23307**	**3511**	**1975**
本级	-2970		6676	-1413	-423			2562	3210	820
县级小计	5220	2257	7982	5795	1822	2285		20745	301	1155
本溪县	1150	920	2727	2057	708	285		8387		404
桓仁县	1310	1337	2516	2364	923	488		7756	301	104
平山区	500		861	181	17	505		1107		326
明山区	580		798	378	76	416		1582		102
溪湖区	550		648	304	65	291		1107		2
南芬区	1130		432	511	33	300		806		217

2006 年地方财政政府收支分类转换数据

2-9-13

单位:万元

地区	平衡部分								
	收入							支出	
	专项转移支付			省补助计划单列市	上年结余收入	调入资金	国债转贷收入、上年结余及转补助数	支出总计	本年支出
	小计	专项补助	增发国债补助						
高新区	1518	1518			1896			89159	87309
保税区	2517	2517			551			51021	49241
鞍山市小计	**128707**	**117512**	**11195**		**59924**	**31097**	**4886**	**1020081**	**907789**
本级	72841	74518	-1677		44967	11239	200	538310	462609
县级小计	55866	42994	12872		14957	19858	4686	481771	445180
海城市	10370	8306	2064		4087	9716	623	151951	138871
台安县	4850	3546	1304		-3839	2246	120	41166	37608
岫岩县	13661	6332	7329		5222		3266	69624	64068
铁东区	5692	5692			243	1000		48111	45184
铁西区	7833	7533	300		315	500		30981	27570
立山区	7583	7582	1		621	1596		40520	36375
千山区	4392	3291	1101		4995	4800	440	70360	66888
高新区	1459	686	773		3011		237	24996	24620
风景区	26	26			302			4062	3996
抚顺市小计	**179269**	**164264**	**15005**		**44991**	**6702**	**2343**	**683514**	**608234**
本级	157370	146780	10590		22971	5482	2343	361768	333448
县级小计	21899	17484	4415		22020	1220		321746	274786
抚顺县	3880	3575	305		2516	424		39703	37538
清原县	6625	6144	481		3397			51135	50133
新宾县	4535	3951	584		3594			43741	42696
顺城区	1091	1032	59		3339	252		42004	35534
新抚区	497	497			1930	92		36998	20966
东洲区	1270	1255	15		2142	69		32118	22311
望花区	2400	629	1771		1819	170		33158	24957
抚顺经济开发区	1563	363	1200		3042	10		36274	34389
胜利开发区	38	38			241	203		6615	6262
本溪市小计	**145049**	**135249**	**9800**		**33002**	**813**	**2320**	**555821**	**510931**
本级	119719	112804	6915		15405	475	1000	369381	333618
县级小计	25330	22445	2885		17597	338	1320	186440	177313
本溪县	10300	9182	1118		9707	60	600	56317	55032
桓仁县	12512	10898	1614		5055		720	53917	51934
平山区	842	842			851			22712	20606
明山区	710	709	1		1298			23122	21560
溪湖区	540	489	51		643			17980	16446
南芬区	426	325	101		43	278		12392	11735

2－9－14

单位:万元

地区	平衡部分									
	支出								年终结余	其中:净结余
	财力性转移支付			专项上解	计划单列市上解省	增设预算周转金	调出资金	国债转贷拨付数及年末结余		
	小计	体制上解	出口退税专项上解							
高新区	287		287	1563					1666	1192
保税区	1088		1088	692					109	9
鞍山市小计	**73481**	**69002**	**4479**	**33925**				**4886**	**44931**	**669**
本级	68179	64712	3467	7322				200	36504	4395
县级小计	5302	4290	1012	26603				4686	8427	－3726
海城市	2681	2191	490	9776				623	2805	10
台安县	22		22	3416				120	－3265	－3737
岫岩县	52		52	2238				3266	3876	－750
铁东区	100	57	43	2827					208	9
铁西区	182	100	82	3229					94	12
立山区	408	360	48	3737					438	31
千山区	1699	1582	117	1333				440	2732	430
高新区	105		105	34				237	1266	166
风景区	53		53	13					273	103
抚顺市小计	**56510**	**55726**	**784**	**16427**				**2343**	**44263**	**5060**
本级	19790	19454	336	6187				2343	27938	2271
县级小计	36720	36272	448	10240					16325	2789
抚顺县	1597	1590	7	568					1367	410
清原县	15		15	987					2707	233
新宾县	9	1	8	1036					2680	369
顺城区	4705	4595	110	1765					3747	705
新抚区	14600	14572	28	1432					768	458
东洲区	7664	7633	31	2143					1150	29
望花区	6889	6807	82	1312					1565	182
抚顺经济开发区	1020	859	161	865					2168	399
胜利开发区	221	215	6	132					173	4
本溪市小计	**28179**	**27408**	**771**	**14391**				**2320**	**32821**	**3649**
本级	27904	27133	771	6859				1000	19944	1412
县级小计	275	275		7532				1320	12877	2237
本溪县				685				600	7154	1233
桓仁县				1263				720	3495	－105
平山区	275	275		1831					660	481
明山区				1562					1004	319
溪湖区				1534					543	309
南芬区				657					21	

2－9－15

单位:万元

地区	收支部分										
	收入										
	本年收入小计	税收收入									
		小计	增值税	营业税	企业所得税	个人所得税	城市维护建设税	耕地占用税	契税	烟叶税	其他各项税收收入
丹东市小计	**218892**	**152626**	**24087**	**47500**	**9449**	**8734**	**11827**	**6769**	**16554**	**1544**	**26162**
本级	71799	46117	5568	17498	2169	3504	7239		7228		2911
县级小计	147093	106509	18519	30002	7280	5230	4588	6769	9326	1544	23251
东港市	40975	27177	3472	9486	1246	1315	1972	3544	2668		3474
凤城市	40338	23907	4866	5554	749	1185	1517	929	1958	588	6561
宽甸县	20077	14947	2547	3330	427	897	1099	1637	675	947	3388
振安区	7585	6003	1365	2034	432	199		213	560	9	1191
元宝区	7290	6586	1281	1936	511	184		416	727		1531
振兴区	17390	16348	3162	5090	1353	699		30	1937		4077
合作区	13438	11541	1826	2572	2562	751			801		3029
锦州市小计	**206219**	**156779**	**22588**	**58968**	**9419**	**7529**	**22093**	**1249**	**13693**		**21240**
本级	58333	38712	9036	9277	4188	3194	9311		152		3554
县级小计	147886	118067	13552	49691	5231	4335	12782	1249	13541		17686
凌海市	46358	36019	4968	13967	1149	947	4769	475	1810		7934
义县	6006	3971	879	1461	150	337	315	164	187		478
北镇市	10632	6573	830	2664	128	477	815	29	352		1278
黑山县	10018	7869	1186	2939	562	537	506	27	769		1343
古塔区	19461	18286	1432	8896	280	544	2154		3097		1883
凌河区	21605	18871	1088	7538	780	635	1510		4975		2345
太和区	14788	12772	1760	6022	312	666	1855	65	992		1100
开发区	19018	13706	1409	6204	1870	192	858	489	1359		1325
营口市小计	**204761**	**164140**	**33301**	**48287**	**11569**	**6850**	**22464**	**2586**	**17467**		**21616**
本级	72642	57144	10034	17249	5191	2545	9393		7185		5547
县级小计	132119	106996	23267	31038	6378	4305	13071	2586	10282		16069
盖州市	15183	11409	1601	3736	473	698	830	1660	1100		1311
大石桥市	44744	33453	9352	5957	2133	1478	5341	172	2472		6548
老边区	20028	18167	6461	2675	1212	833	2801	654	714		2817
站前区	9165	7980	1072	3778	338	243	776		571		1202
西市区	7880	7079	849	3181	276	107	836		531		1299
鲅鱼圈区	35119	28908	3932	11711	1946	946	2487	100	4894		2892
阜新市小计	**89684**	**69537**	**12853**	**27840**	**2548**	**3431**	**7331**	**1155**	**4622**		**9757**
本级	42525	30440	6709	10831	1234	1902	5463		1207		3094
县级小计	47159	39097	6144	17009	1314	1529	1868	1155	3415		6663
阜新县	12991	11280	1661	4008	451	504	754	676	362		2864
彰武县	6970	5429	405	2841	322	217	286	401	389		568

二、各省、自治区、直辖市地市县一般预算财政资料

2－9－16　　　　单位:万元

地区	收支部分									
	收入								支出	
	非税收入							贷款转贷回收本金收入		
	小计	专项收入	行政事业性收费收入	罚没收入	国有资本经营收入	国有资源(资产)有偿使用收入	其他收入		本年支出小计	一般公共服务
丹东市小计	**66266**	**9144**	**26693**	**12636**	**15597**	**830**	**1366**		**475614**	**68461**
本级	25682	4732	15900	3753	－73	240	1130		167639	18192
县级小计	40584	4412	10793	8883	15670	590	236		307975	50269
东港市	13798	1359	2585	3447	6084	243	80		82800	13632
凤城市	16431	1657	5496	2760	6397	23	98		84254	11688
宽甸县	5130	1148	1548	1288	974	160	12		56820	8203
振安区	1582	247	361	667	274	33			20639	3952
元宝区	704	1	295	205	200	3			14705	3110
振兴区	1042		421	514		106	1		28132	6792
合作区	1897		87	2	1741	22	45		20625	2892
锦州市小计	**49440**	**15098**	**8587**	**13560**	**5833**	**1043**	**5319**		**510299**	**73438**
本级	19621	7760	3698	6928	－509	748	996		211902	16750
县级小计	29819	7338	4889	6632	6342	295	4323		298397	56688
凌海市	10339	3123	2256	1943	2414	88	515		81519	17062
义县	2035	318	306	580		98	733		36998	5796
北镇市	4059	505	134	1733	343	20	1324		45604	6321
黑山县	2149	607	433	1053	8	48			48800	6610
古塔区	1175	837	100	234		4			19526	5876
凌河区	2734	678	608	434	1000	7	7		22475	5113
太和区	2016	901	702	304	19	7	83		22075	5492
开发区	5312	369	350	351	2558	23	1661		21400	4418
营口市小计	**40621**	**12778**	**13786**	**10242**	**3107**	**660**	**48**		**439147**	**69207**
本级	15498	4783	3054	4644	2553	464			165321	19267
县级小计	25123	7995	10732	5598	554	196	48		273826	49940
盖州市	3774	1654	1212	841		67			63688	8631
大石桥市	11291	2757	6102	2388		44			99810	17832
老边区	1861	1334	127	240	150	10			30841	7248
站前区	1185	345	575	259		6			13731	4246
西市区	801	322	275	150		6	48		14308	4636
鲅鱼圈区	6211	1583	2441	1720	404	63			51448	7347
阜新市小计	**20147**	**5464**	**5096**	**7103**	**1081**	**746**	**657**		**394927**	**44886**
本级	12085	3456	2854	4299	646	678	152		232774	13143
县级小计	8062	2008	2242	2804	435	68	505		162153	31743
阜新县	1711	789	45	814		15	48		60298	10208
彰武县	1541	257	115	1135		24	10		40730	5985

2－9－17

单位:万元

地区	收支部分										
	支出										
	外交	国防	公共安全	教育	科学技术	文化体育与传媒	社会保障和就业	医疗卫生	环境保护	城乡社区事务	农林水事务
丹东市小计		**1239**	**41926**	**89422**	**5002**	**6872**	**130141**	**16931**	**5754**	**37573**	**32183**
本级		582	21494	15389	3627	3933	67472	6480	3738	8202	5896
县级小计		657	20432	74033	1375	2939	62669	10451	2016	29371	26287
东港市		96	6550	22121	283	1181	13333	3768	811	7993	9473
凤城市		131	5012	20223	138	636	21728	2655	417	6844	7362
宽甸县		143	4592	16943	155	672	10755	1548	537	2079	5653
振安区		89	1153	5451	133	285	3527	900	73	840	2544
元宝区		55	1006	3177	36	75	4823	610	71	710	557
振兴区		143	1935	6118	630	90	7199	970	107	2419	698
合作区			184				1304			8486	
锦州市小计		**659**	**35100**	**68859**	**4307**	**6546**	**149010**	**18186**	**4407**	**38966**	**32626**
本级		50	21246	16944	2275	3746	82445	6875	3461	16447	9125
县级小计		609	13854	51915	2032	2800	66565	11311	946	22519	23501
凌海市		119	4270	14992	482	1049	15359	3324	192	3514	8643
义县		29	2188	6891	293	351	11109	1633	108	502	2956
北镇市		108	1977	9103	348	368	10400	1886	207	1586	4258
黑山县		55	2157	8568	152	217	13927	1964	142	1070	4741
古塔区		120	615	3310	162	44	4833	579	93	2137	40
凌河区		104	962	3544	159	21	5637	814	102	2258	59
太和区		74	666	3968	214	193	4105	820	81	1310	2223
开发区			1019	1539	222	557	1195	291	21	10142	581
营口市小计		**1455**	**35425**	**64971**	**2075**	**6034**	**139255**	**20462**	**6626**	**41083**	**17554**
本级		537	14146	14987	1324	2980	64488	9088	3459	8381	4458
县级小计		918	21279	49984	751	3054	74767	11374	3167	32702	13096
盖州市		174	4704	10818	10	1618	21944	2861	402	4824	3685
大石桥市		264	6959	18735	255	893	29233	5222	468	11492	4743
老边区		178	2428	5839	481	314	5375	1089	146	3308	2487
站前区		105	698	2226	5	41	4312	254	11	1229	
西市区			1018	1748		61	5127	269	21	1428	
鲅鱼圈区		197	5472	10618		127	8776	1679	2119	10421	2181
阜新市小计		**724**	**22044**	**46711**	**1471**	**4442**	**140838**	**15712**	**1931**	**11932**	**30965**
本级		405	15186	9140	1293	2828	108340	8647	1647	3437	18168
县级小计		319	6858	37571	178	1614	32498	7065	284	8495	12797
阜新县		93	1875	14507	63	860	10015	3166	136	2199	6453
彰武县		90	2305	7803	47	463	8512	1985	145	1490	4708

2－9－18

单位:万元

地区	收支部分			平衡部分						
	支出			收入						
						返还性收入			财力性转移支付收入	
	交通运输	工业、商业、金融等事务	其他支出	收入总计	本年收入	小计	增值税和消费税税收返还	所得税基数返还	小计	体制补助
丹东市小计	**9703**	**22303**	**8104**	**542024**	**218892**	**70663**	**53580**	**17083**	**86748**	
本级	1422	6788	4424	176035	71799	29029	27563	1466	16136	－1441
县级小计	8281	15515	3680	365989	147093	41634	26017	15617	70612	1441
东港市	1661	1280	618	100296	40975	8673	5660	3013	19403	109
凤城市	2241	4263	916	93455	40338	9466	7007	2459	19492	59
宽甸县	3486	1065	989	64627	20077	6637	5335	1302	18393	1273
振安区	856	793	43	24314	7585	3589	2176	1413	6916	
元宝区	23	438	14	17665	7290	2126	1403	723	1962	
振兴区	14	185	832	35365	17390	4650	2210	2440	1393	
合作区		7491	268	30267	13438	6493	2226	4267	3053	
锦州市小计	**10654**	**16152**	**51389**	**593277**	**206219**	**77748**	**64691**	**13057**	**115332**	
本级	1856	13242	17440	260649	58333	42245	40669	1576	36090	－1768
县级小计	8798	2910	33949	332628	147886	35503	24022	11481	79242	1768
凌海市	3896	845	7772	97599	46358	10560	8576	1984	16764	
义县	1023	375	3744	42244	6006	2402	2246	156	21762	1541
北镇市	2087	524	6431	44299	10632	4184	3246	938	20938	105
黑山县	1460	223	7514	49885	10018	4948	3583	1365	24213	122
古塔区		60	1657	21766	19461	2758	1663	1095	－4406	
凌河区		371	3331	24800	21605	3845	1271	2574	－4916	
太和区	173	416	2340	24948	14788	3166	2506	660	3280	
开发区	159	96	1160	27087	19018	3640	931	2709	1607	
营口市小计	**4784**	**18564**	**11652**	**512914**	**204761**	**91295**	**67334**	**23961**	**86392**	
本级	1338	14920	5948	208363	72642	54020	43966	10054	15354	
县级小计	3446	3644	5704	304551	132119	37275	23368	13907	71038	
盖州市	1941	363	1713	64572	15183	4997	3757	1240	32720	
大石桥市	307	2613	794	114070	44744	18285	10233	8052	20015	
老边区	247	455	1246	37491	20028	6132	4947	1185	5899	
站前区		5	599	15786	9165	1715	967	748	2693	
西市区				15971	7880	1403	883	520	2550	
鲅鱼圈区	951	208	1352	56661	35119	4743	2581	2162	7161	
阜新市小计	**5478**	**13108**	**54685**	**448537**	**89684**	**37421**	**32256**	**5165**	**98338**	**7414**
本级	443	9098	40999	275321	42525	25984	23662	2322	10793	2083
县级小计	5035	4010	13686	173216	47159	11437	8594	2843	87545	5331
阜新县	3405	331	6987	63763	12991	3411	2936	475	35568	2659
彰武县	1526	433	5238	44657	6970	2280	2156	124	25475	1694

2-9-19

单位:万元

地区	平衡部分									
	收入									
	财力性转移支付收入									
	一般性转移支付补助	民族地区转移支付补助	调整工资转移支付补助	农村税费改革转移支付补助	取消农业特产税降低农业税率转移支付补助	缓解县乡财政困难转移支付补助	农村义务教育补助	结算补助	企事业单位预算划转补助	其他财力性转移支付
丹东市小计	**4184**	**2446**	**24501**	**10242**	**6784**	**3425**		**30175**	**881**	**4110**
本级	3371		7257	-1145	-764			6586	-638	2910
县级小计	813	2446	17244	11387	7548	3425		23589	1519	1200
东港市			3975	3975	4304	1023		5617		400
凤城市	95	1223	4581	2941	1916	666		7249	562	200
宽甸县	718	1223	5315	3658	844	235		4727		400
振安区			1171	536	379	467		3649	614	100
元宝区			991	99	21	432		319		100
振兴区			1191	178	84	602		-1005	343	
合作区			20					3033		
锦州市小计	**23094**	**2011**	**31446**	**9650**	**13118**	**5073**		**25791**	**1464**	**3685**
本级	-2109		8132	-676	-1021			28769	1464	3299
县级小计	25203	2011	23314	10326	14139	5073		-2978		386
凌海市	980		4048	2033	3691	1557		4407		48
义县	9760		5269	2121	1886	206		941		38
北镇市	5574	2011	4915	2883	3603	685		1111		51
黑山县	8717		5105	2497	4357	1886		1407		122
古塔区			1133	20	3	250		-5845		33
凌河区			997	21	3	182		-6152		33
太和区	172		1536	670	342	307		240		13
开发区			311	81	254			913		48
营口市小计	**12658**		**23108**	**10248**	**4942**	**2307**		**28289**	**2100**	**2740**
本级	-723		5714	-927	-446			10754	-925	1907
县级小计	13381		17394	11175	5388	2307		17535	3025	833
盖州市	10838		7907	6813	2400	528		1806	1825	603
大石桥市	300		5018	2854	2640	917		7421	855	10
老边区	138		1328	444	192	244		3528	-5	30
站前区	984		747			100		862		
西市区	733		666			110		1026	15	
鲅鱼圈区	388		1728	1064	156	408		2892	335	190
阜新市小计	**24006**	**1985**	**24201**	**5013**	**6342**	**4045**		**17818**	**3241**	**4273**
本级	-7973		5263	-300	430			3776	3241	4273
县级小计	31979	1985	18938	5313	5912	4045		14042		
阜新县	10100	1985	8207	2420	3927	1503		4767		
彰武县	10120		5710	2130	1820	852		3149		

2－9－20

单位：万元

地区	平衡部分								
	收入							支出	
	专项转移支付			省补助计划单列市	上年结余收入	调入资金	国债转贷收入、上年结余及转补助数	支出总计	本年支出
	小计	专项补助	增发国债补助						
丹东市小计	**123673**	**121435**	**2238**		**34093**	**5319**	**2636**	**509639**	**475614**
本级	66397	66590	－193		－10535	2559	650	183669	167639
县级小计	57276	54845	2431		44628	2760	1986	325970	307975
东港市	15383	14373	1010		13440	586	1836	89198	82800
凤城市	14932	14291	641		8837	340	50	86615	84254
宽甸县	12387	11932	455		5694	1339	100	58947	56820
振安区	3757	3533	224		2467			22174	20639
元宝区	4206	4206			1822	259		15764	14705
振兴区	6411	6310	101		5285	236		30285	28132
合作区	200	200			7083			22987	20625
锦州市小计	**124427**	**115750**	**8677**		**42896**	**23670**	**2985**	**544496**	**510299**
本级	76990	68313	8677		36448	10443	100	221142	211902
县级小计	47437	47437			6448	13227	2885	323354	298397
凌海市	10144	10144			6039	7123	611	89611	81519
义县	8179	8179			2663	159	1073	39311	36998
北镇市	10048	10048			－3157	1654		47234	45604
黑山县	10343	10343			－1319	1532	150	51013	48800
古塔区	3227	3227			418	308		21348	19526
凌河区	3531	3531			462	273		24328	22475
太和区	1655	1655			366	1693		24671	22075
开发区	310	310			976	485	1051	25838	21400
营口市小计	**97456**	**92992**	**4464**		**7141**	**22310**	**3559**	**506414**	**439147**
本级	52266	50854	1412		－1970	15461	590	206407	165321
县级小计	45190	42138	3052		9111	6849	2969	300007	273826
盖州市	14097	13629	468		－4478	741	1312	69807	63688
大石桥市	17845	15773	2072		7366	4911	904	108770	99810
老边区	3247	3142	105		1562		623	35806	30841
站前区	1896	1896			160	157		15716	13731
西市区	3268	3268			81	789		15864	14308
鲅鱼圈区	4837	4430	407		4420	251	130	54044	51448
阜新市小计	**181810**	**169610**	**12200**		**34956**	**4051**	**2277**	**405332**	**394927**
本级	157113	147611	9502		34079	2550	2277	233041	232774
县级小计	24697	21999	2698		877	1501		172291	162153
阜新县	11869	11250	619		－76			63820	60298
彰武县	7787	5869	1918		2145			42751	40730

2－9－21

单位:万元

地区	平衡部分									
	支出								年终结余	其中:净结余
	财力性转移支付			专项上解	计划单列市上解省	增设预算周转金	调出资金	国债转贷拨付数及年末结余		
	小计	体制上解	出口退税专项上解							
丹东市小计	**18512**	**16694**	**1818**	**12877**				**2636**	**32385**	**－5059**
本级	14476	14615	－139	904				650	－7634	－27953
县级小计	4036	2079	1957	11973				1986	40019	22894
东港市	443		443	4119				1836	11098	4564
凤城市	124		124	2187				50	6840	4129
宽甸县	27		27	2000				100	5680	2440
振安区	911	758	153	624					2140	710
元宝区	710	589	121	349					1901	578
振兴区	1239	732	507	914					5080	3279
合作区	582		582	1780					7280	7194
锦州市小计	**19627**	**19341**	**286**	**11585**				**2985**	**48781**	**6649**
本级	15660	15840	－180	－6520				100	39507	828
县级小计	3967	3501	466	18105				2885	9274	5821
凌海市	1428	1224	204	6053				611	7988	6867
义县	72		72	1168				1073	2933	2003
北镇市	12		12	1618					－2935	－3367
黑山县	18		18	2045				150	－1128	－1572
古塔区	432	432		1390					418	418
凌河区	596	595	1	1257					472	452
太和区	1310	1226	84	1286					277	44
开发区	99	24	75	3288				1051	1249	976
营口市小计	**36662**	**34517**	**2145**	**26729**			**317**	**3559**	**6500**	**－23238**
本级	28822	28376	446	11674				590	1956	－17857
县级小计	7840	6141	1699	15055			317	2969	4544	－5381
盖州市	867	752	115	3940				1312	－5235	－7918
大石桥市	2773	2095	678	4992			291	904	5300	478
老边区	2543	2470	73	1799				623	1685	
站前区	563	520	43	1422					70	70
西市区	424	304	120	1120			12		107	81
鲅鱼圈区	670		670	1782			14	130	2617	1908
阜新市小计	**87**		**87**	**8041**				**2277**	**43205**	**－5923**
本级	34		34	－2044				2277	42280	209
县级小计	53		53	10085					925	－6132
阜新县	33		33	3489					－57	－2657
彰武县	6		6	2015					1906	－1198

2－9－22

单位:万元

地　区	收支部分										
	收入										
	本年收入小计	税收收入									
		小　计	增值税	营业税	企业所得税	个人所得税	城市维护建设税	耕地占用税	契　税	烟叶税	其他各项税收收入
海州区	8079	6779	892	2880	51	304	46	4	768		1834
太平区	4093	3469	541	2084	64	106	40		477		157
新邱区	3151	2342	641	684	115	96	282	50	34		440
清河门区	2626	2040	784	683	65	84	264		38		122
细河区	4343	3840	610	2125	26	108	99	24	603		245
开发区	3570	2703	413	1335	139	86			441		289
农业园区	1336	1215	197	369	81	24	97		303		144
辽阳市小计	**219076**	**154804**	**29881**	**39735**	**5354**	**6867**	**18029**	**1826**	**10747**		**42365**
本级	104373	65893	14606	22750	1426	5127	10426		4384		7174
县级小计	114703	88911	15275	16985	3928	1740	7603	1826	6363		35191
辽阳县	26445	18133	2860	2189	466	262	2498	535	632		8691
灯塔市	30563	20406	2884	2062	616	295	2535	619	872		10523
太子河区	9388	7826	1649	2626	385	244		588	492		1842
弓长岭区	15750	14745	1122	1116	307	138	1357	20	334		10351
白塔区	10793	10440	1698	4394	797	378		46	1774		1353
文圣区	8558	7383	1047	2911	575	249		18	1346		1237
宏伟区	13206	9978	4015	1687	782	174	1213		913		1194
铁岭市小计	**163088**	**112115**	**19638**	**33533**	**6560**	**6238**	**10798**	**5841**	**12877**	**167**	**16463**
本级	57660	40113	14748	15129	4083	2560	2567		345		681
县级小计	105428	72002	4890	18404	2477	3678	8231	5841	12532	167	15782
铁岭县	20603	15594	1371	3654	678	1086	331	3147	2036		3291
开原市	24345	14655	524	3899	304	590	1976	1221	2577	167	3397
昌图县	10046	6005	232	1952	69	335	446	867	748		1356
西丰县	6709	4760	159	1243	64	168	287	46	1019		1774
调兵山市	18334	13983	1326	2082	961	691	4495	162	1919		2347
银州区	15259	10241	255	3855	172	534		38	3064		2323
清河区	6715	4365	916	1022	87	227	439	161	665		848
开发区	3417	2399	107	697	142	47	257	199	504		446
朝阳市小计	**148905**	**117795**	**23283**	**31517**	**6375**	**6110**	**10877**	**2423**	**7487**	**440**	**29283**
本级	48203	32233	9576	9083	3158	1431	2631		3630		2724
县级小计	100702	85562	13707	22434	3217	4679	8246	2423	3857	440	26559
北票市	18500	15738	2923	3883	424	804	1010	300	440	62	5892
朝阳县	13833	12312	1667	2871	492	635	655	571	334		5087
凌源市	20100	14784	1621	4826	206	1146	3897	360	1150		1578
建平县	24055	20989	3587	2759	527	840	877	110	1016	378	10895

2006年地方财政政府收支分类转换数据

2－9－23

单位:万元

地区	收支部分									
	收入								支出	
	非税收入							贷款转贷回收本金收入		
	小计	专项收入	行政事业性收费收入	罚没收入	国有资本经营收入	国有资源(资产)有偿使用收入	其他收入		本年支出小计	一般公共服务
海州区	1300	209	653	422		16			18953	4261
太平区	624	155	343	124		2			11210	2176
新邱区	809	157	465	34	148	5			8573	2139
清河门区	586	121		186	45	2	232		6830	2040
细河区	503	159	81	65	191	2	5		9165	3074
开发区	867	106	538	1	51	1	170		4061	1320
农业园区	121	55	2	23		1	40		2333	540
辽阳市小计	**64272**	**17422**	**24448**	**12864**	**6675**	**395**	**2468**		**384283**	**76611**
本级	38480	11732	14860	6530	4239	301	818		177401	20995
县级小计	25792	5690	9588	6334	2436	94	1650		206882	55616
辽阳县	8312	2197	2275	2995	685	31	129		61983	14012
灯塔市	10157	2003	3972	2574	729	29	850		55349	16376
太子河区	1562	305	407	279	237	7	327		15454	4923
弓长岭区	1005	968	10	20		7			22577	5241
白塔区	353	1	146	99	105	2			13222	5763
文圣区	1175		481	80	266	5	343		10681	3780
宏伟区	3228	216	2297	287	414	13	1		27616	5521
铁岭市小计	**50973**	**8021**	**17003**	**16291**	**5296**	**3407**	**955**		**450553**	**103636**
本级	17547	3230	7093	6825		304	95		179191	28491
县级小计	33426	4791	9910	9466	5296	3103	860		271362	75145
铁岭县	5009	670	1380	1759		801	399		41017	12062
开原市	9690	775	5038	2666		1211			57350	10928
昌图县	4041	423	498	2721	378	17	4		63600	13789
西丰县	1949	247	655	965		82			33366	11619
调兵山市	4351	2254	494	564		984	55		31020	8727
银州区	5018		308	425	4281	4			22675	12383
清河区	2350	306	1104	297	250	2	391		16961	3527
开发区	1018	116	433	69	387	2	11		5373	2110
朝阳市小计	**31110**	**12462**	**8436**	**8128**	**1034**	**958**	**92**		**503992**	**83577**
本级	15970	6371	4899	3099	767	802	32		214256	19387
县级小计	15140	6091	3537	5029	267	156	60		289736	64190
北票市	2762	1323	390	1025		24			53666	11117
朝阳县	1521	765	243	485		17	11		45192	12503
凌源市	5316	1947	1945	1114	265	15	30		55011	12249
建平县	3066	1023	324	1657		46	16		59754	11654

二、各省、自治区、直辖市地市县一般预算财政资料

2－9－24

单位:万元

地区	收支部分										
	支出										
	外交	国防	公共安全	教育	科学技术	文化体育与传媒	社会保障和就业	医疗卫生	环境保护	城乡社区事务	农林水事务
海州区		56	947	5381	5	24	4934	709		1178	251
太平区		23	468	3445		39	3001	345		602	209
新邱区			313	2245		71	2493	267		587	180
清河门区		16	433	1625	10	87	1189	241		222	441
细河区		41	417	2268	53	70	2142	345		258	302
开发区			100	142			39		3	1843	
农业园区				155			173	7		116	253
辽阳市小计		**2592**	**30727**	**52248**	**2669**	**8008**	**102938**	**18958**	**2747**	**34437**	**17245**
本级		2078	17671	15849	1546	2801	67986	10710	1937	19126	5937
县级小计		514	13056	36399	1123	5207	34952	8248	810	15311	11308
辽阳县		79	3847	10301	83	1030	12174	2491	94	3886	3917
灯塔市			3543	9108	56	525	9573	2381	399	2311	4100
太子河区			795	2400	38	214	2155	703	65	817	1037
弓长岭区		179	1447	3934	62	117	2576	788	136	4814	1406
白塔区		141	490	2337	218	34	3030	467	24	324	166
文圣区		115	606	2091	4	36	2438	475	39	148	
宏伟区			2328	6228	662	3251	3006	943	53	3011	682
铁岭市小计		**2156**	**40611**	**83567**	**3072**	**6880**	**76681**	**16608**	**4360**	**29933**	**34218**
本级		2068	19609	17803	2257	4107	54643	4699	3070	10397	7916
县级小计		88	21002	65764	815	2773	22038	11909	1290	19536	26302
铁岭县		7	3278	8871	125	436	1589	2034	363	711	4490
开原市		30	5000	9938	202	533	9626	2198	345	7682	5236
昌图县			5245	21176	133	571	2697	4050	165	2672	7883
西丰县			2305	8451	50	400	2493	1253	81	701	4980
调兵山市		38	2752	9464	132	433	1294	1037	268	3879	1310
银州区			952	4551	129	192	1930	989		212	739
清河区			1208	2423	39	192	1735	271	68	2877	1407
开发区		13	262	890	5	16	674	77		802	257
朝阳市小计		**1353**	**30398**	**90930**	**4221**	**7703**	**157548**	**22637**	**4806**	**34193**	**36357**
本级		889	13477	17030	1676	3592	105270	7452	2724	20424	12255
县级小计		464	16921	73900	2545	4111	52278	15185	2082	13769	24102
北票市			3060	13301	259	276	10641	3193	521	1207	5337
朝阳县		36	2585	10831	277	542	9022	2339	241	627	3729
凌源市		108	3794	13420	1006	768	9423	2878	397	2860	4133
建平县		117	3713	14330	321	1295	10193	2819	540	5526	5442

2006 年地方财政政府收支分类转换数据

2－9－25

单位:万元

地　　区	收 支 部 分			平　　衡　　部　　分						
	支　出			收　　入						
						返还性收入			财力性转移支付收入	
	交通运输	工业、商业、金融等事务	其他支出	收入总计	本年收入	小　计	增值税和消费税税收返还	所得税基数返还	小　计	体制补助
海州区		1145	62	20696	8079	1493	812	681	7776	220
太平区	39	638	225	11002	4093	810	493	317	6547	255
新邱区		277	1	9280	3151	1056	800	256	4358	79
清河门区	39	438	49	6360	2626	916	643	273	3082	318
细河区	26	108	61	10169	4343	757	510	247	3948	106
开发区		603	11	4441	3570	501	95	406	347	
农业园区		37	1052	2848	1336	213	149	64	444	
辽阳市小计	**6127**	**10486**	**18490**	**448312**	**219076**	**48267**	**33368**	**14899**	**71623**	
本级	1259	5058	4448	207843	104373	28721	24105	4616	5725	
县级小计	4868	5428	14042	240469	114703	19546	9263	10283	65898	
辽阳县	2060	3436	4573	71045	26445	5181	3720	1461	19859	
灯塔市	1105	1063	4809	63436	30563	4306	3066	1240	19654	
太子河区	1019	240	1048	20010	9388	2997	1275	1722	4350	
弓长岭区	601	435	841	28749	15750	－1779	－1854	75	8812	
白塔区		25	203	14788	10793	2033	833	1200	1300	
文圣区			949	12063	8558	1650	875	775	1498	
宏伟区	83	229	1619	30378	13206	5158	1348	3810	10425	
铁岭市小计	**8925**	**14093**	**25813**	**488041**	**163088**	**48523**	**36429**	**12094**	**139948**	**6879**
本级	2028	8319	13784	192707	57660	27357	22501	4856	20732	3346
县级小计	6897	5774	12029	295334	105428	21166	13928	7238	119216	3533
铁岭县	2008	1924	3119	43402	20603	2180	1277	903	14607	56
开原市	1841	703	3088	62164	24345	5379	3709	1670	20115	384
昌图县	1401	1058	2760	69617	10046	3622	2645	977	46057	792
西丰县	479	410	144	37577	6709	1565	1067	498	20062	1170
调兵山市	789	564	333	35393	18334	2375	1587	788	8990	898
银州区	41	319	238	23514	15259	1462	1423	39	4299	87
清河区	201	733	2280	17887	6715	4186	2100	2086	3611	133
开发区	137	63	67	5780	3417	397	120	277	1475	13
朝阳市小计	**10104**	**11929**	**8236**	**582628**	**148905**	**56310**	**48833**	**7477**	**161927**	**7993**
本级	1091	5498	3491	268321	48203	31872	28265	3607	14658	－213
县级小计	9013	6431	4745	314307	100702	24438	20568	3870	147269	8206
北票市	2212	765	1777	58349	18500	4661	4042	619	25691	1299
朝阳县	1433	840	187	49085	13833	3710	3119	591	24073	1643
凌源市	1185	2442	348	59499	20100	5114	4396	718	27211	1253
建平县	2463	908	433	63601	24055	4581	3981	600	27746	1510

2-9-26

单位:万元

地区	平衡部分 收入 财力性转移支付收入 一般性转移支付补助	民族地区转移支付补助	调整工资转移支付补助	农村税费改革转移支付补助	取消农业特产税降低农业税率转移支付补助	缓解县乡财政困难转移支付补助	农村义务教育补助	结算补助	企事业单位预算划转补助	其他财力性转移支付
海州区	4086		1401	168	16	527		1358		
太平区	3199		1201	126	10	255		1501		
新邱区	1977		871	95	44	448		844		
清河门区	1370		573	151	55	124		491		
细河区	1067		815	144	28	220		1568		
开发区	42		34	21	3	10		237		
农业园区	18		126	58	9	106		127		
辽阳市小计	**1452**		**15695**	**5882**	**4924**	**4497**		**22124**	**13516**	**3533**
本级	-337		5611	-739	-670			-3792	4200	1452
县级小计	1789		10084	6621	5594	4497		25916	9316	2081
辽阳县	1289		3815	2794	2721	1382		7478		380
灯塔市	500		3395	2793	2580	1237		8925	109	115
太子河区			531	547	169	319		2388		396
弓长岭区			476	165	69	244		5416	1704	738
白塔区			534	150	19	356		146		95
文圣区			471	36	6	312		526		147
宏伟区			862	136	30	647		1037	7503	210
铁岭市小计	**32350**		**32635**	**11537**	**13691**	**5073**		**27244**	**2728**	**7811**
本级			4874	136	-60			10684	41	1711
县级小计	32350		27761	11401	13751	5073		16560	2687	6100
铁岭县	1027		3231	1880	2353	811		1049		4200
开原市	3144		5016	2398	2234	767		5972		200
昌图县	19379		10127	2910	7339	2066		3444		
西丰县	6895		4702	2634	1408	517		2736		
调兵山市	1905		2043	237	158	200		22	2127	1400
银州区			1516	126	57	536		1977		
清河区			943	463	202	176		834	560	300
开发区			183	753				526		
朝阳市小计	**38104**	**2142**	**45903**	**16550**	**5570**	**3420**		**33419**	**4181**	**4645**
本级			5394	-536		-100		4679	3428	2006
县级小计	38104	2142	40509	17086	5570	3520		28740	753	2639
北票市	6312		7857	2939	1312	412		5245	102	213
朝阳县	7566		7414	3662	1001	219		2978		-410
凌源市	7942		7692	3523	680	218		5018	651	234
建平县	6585		7338	2809	1460	1722		6022		300

2006 年地方财政政府收支分类转换数据

2－9－27

单位:万元

地　区	平衡部分								
	收入							支出	
	专项转移支付			省补助计划单列市	上年结余收入	调入资金	国债转贷收入、上年结余及转补助数	支出总计	本年支出
	小计	专项补助	增发国债补助						
海州区	1707	1697	10		647	994		20220	18953
太平区	896	885	11		－1344			12257	11210
新邱区	619	607	12		96			9068	8573
清河门区	564	542	22		－828			7188	6830
细河区	778	682	96		236	107		9699	9165
开发区	2	2			21			4420	4061
农业园区	475	465	10		－20	400		2868	2333
辽阳市小计	**66829**	**63028**	**3801**		**24610**	**15492**	**2415**	**417150**	**384283**
本级	50671	50671			10099	7904	350	194770	177401
县级小计	16158	12357	3801		14511	7588	2065	222380	206882
辽阳县	8773	6343	2430		4174	4998	1615	65515	61983
灯塔市	4903	3658	1245		3629	131	250	57808	55349
太子河区	514	452	62		2542	219		17177	15454
弓长岭区	881	824	57		3678	1207	200	25193	22577
白塔区	473	473			189			14523	13222
文圣区	267	267			90			11997	10681
宏伟区	347	340	7		209	1033		30167	27616
铁岭市小计	**88777**	**83718**	**5059**		**34386**	**11559**	**1760**	**465713**	**450553**
本级	62139	59884	2255		17816	5903	1100	181220	179191
县级小计	26638	23834	2804		16570	5656	660	284493	271362
铁岭县	4128	3607	521		1238	546	100	42907	41017
开原市	6489	5778	711		3551	2165	120	59177	57350
昌图县	5435	4978	457		3075	1262	120	67261	63600
西丰县	5383	4673	710		3218	520	120	35260	33366
调兵山市	2532	2484	48		2783	379		33497	31020
银州区	1497	1488	9		544	453		23076	22675
清河区	1108	760	348		1736	331	200	17832	16961
开发区	66	66			425			5483	5373
朝阳市小计	**181843**	**173271**	**8572**		**28778**	**3150**	**1715**	**514105**	**503992**
本级	148313	139741	8572		20410	3150	1715	213603	214256
县级小计	33530	33530			8368			300502	289736
北票市	7402	7402			2095			55384	53666
朝阳县	5677	5677			1792			46545	45192
凌源市	6177	6177			897			56882	55011
建平县	6051	6051			1168			61292	59754

2－9－28

单位:万元

地区	平衡部分									
	支出								年终结余	其中:净结余
	财力性转移支付			专项上解	计划单列市上解省	增设预算周转金	调出资金	国债转贷拨付数及年末结余		
	小计	体制上解	出口退税专项上解							
海州区				1267					476	66
太平区	1		1	1046					－1255	－1444
新邱区				495					212	
清河门区	1		1	357					－828	－828
细河区	12		12	522					470	－72
开发区				359					21	21
农业园区				535					－20	－20
辽阳市小计	**16074**	**15097**	**977**	**14378**				**2415**	**31162**	**3264**
本级	12400	12076	324	4619				350	13073	－3033
县级小计	3674	3021	653	9759				2065	18089	6297
辽阳县	156		156	1761				1615	5530	978
灯塔市	24		24	2185				250	5628	1038
太子河区	843	630	213	880					2833	1344
弓长岭区	49	48	1	2367				200	3556	2716
白塔区	664	614	50	637					265	
文圣区	761	723	38	555					66	10
宏伟区	1177	1006	171	1374					211	211
铁岭市小计	**67**		**67**	**12965**		**368**		**1760**	**22328**	**460**
本级	67		67	862				1100	11487	160
县级小计				12103		368		660	10841	300
铁岭县				1790				100	495	
开原市				1707				120	2987	85
昌图县				3173		368		120	2356	
西丰县				1774				120	2317	
调兵山市				2477					1896	
银州区				401					438	175
清河区				671				200	55	40
开发区				110					297	
朝阳市小计	**668**		**668**	**7730**				**1715**	**68523**	**1800**
本级	233		233	－2601				1715	54718	
县级小计	435		435	10331					13805	1800
北票市	1		1	1717					2965	100
朝阳县	4		4	1349					2540	261
凌源市	2		2	1869					2617	315
建平县	3		3	1535					2309	701

2-9-29

单位:万元

地区	收支部分										
	收入										
	本年收入小计	税收收入									
		小计	增值税	营业税	企业所得税	个人所得税	城市维护建设税	耕地占用税	契税	烟叶税	其他各项税收收入
喀左县	10509	9183	2107	2064	1230	427	495	231	446		2183
双塔区	6688	5955	986	2689	241	543	675	263	74		484
龙城区	4809	4535	511	2278	34	236	390	398	374		314
开发区	2208	2066	305	1064	63	48	247	190	23		126
盘锦市小计	**259493**	**208322**	**68606**	**35691**	**16340**	**10802**	**40495**	**802**	**4964**		**30622**
本级	185876	151819	57823	11566	13735	6925	35605		1334		24831
县级小计	73617	56503	10783	24125	2605	3877	4890	802	3630		5791
盘山县	14456	10306	2248	3978	467	1671	768	279	39		856
大洼县	22166	15834	2563	9090	486	624	869	186	871		1145
双台子区	9837	8027	1407	3344	176	402	719	59	726		1194
兴隆台区	27158	22336	4565	7713	1476	1180	2534	278	1994		2596
葫芦岛市小计	**197533**	**144852**	**31162**	**43417**	**10155**	**6125**	**23141**	**702**	**12322**		**17828**
本级	87389	59163	18772	11799	5246	1998	11803		2863		6682
县级小计	110144	85689	12390	31618	4909	4127	11338	702	9459		11146
兴城市	13343	10556	1363	4406	372	571	898	138	1262		1546
绥中县	18368	12427	838	5353	228	878	2235	229	855		1811
建昌县	13398	8894	2731	2305	651	557	1270	53	408		919
连山区	33339	27221	4453	10576	2891	1255	1876	267	3688		2215
南票区	6937	5534	1579	715	483	207	1152		70		1328
龙港区	24759	21057	1426	8263	284	659	3907	15	3176		3327

2-9-30

单位:万元

地区	收支部分									
	收入								支出	
	非税收入							贷款转贷回收本金收入	本年支出小计	一般公共服务
	小计	专项收入	行政事业性收费收入	罚没收入	国有资本经营收入	国有资源(资产)有偿使用收入	其他收入			
喀左县	1326	419	380	487	2	38			42820	6561
双塔区	733	323	221	176		10	3		17490	4921
龙城区	274	171	34	66		3			12599	3867
开发区	142	120		19		3			3204	1318
盘锦市小计	**51171**	**20450**	**16927**	**5524**	**1280**	**4108**	**2882**		**401282**	**73867**
本级	34057	17643	14030	2876	-4203	3640	71		240742	22728
县级小计	17114	2807	2897	2648	5483	468	2811		160540	51139
盘山县	4150	484	1165	930	1283	101	187		48285	10067
大洼县	6332	736	293	1218	2108	294	1683		57136	13341
双台子区	1810	308	526	122		4	850		16422	6216
兴隆台区	4822	1279	913	378	2092	69	91		38697	21515
葫芦岛市小计	**52681**	**15116**	**17473**	**15610**	**3203**	**1056**	**223**		**552503**	**69474**
本级	28226	8278	11810	8862	-1404	680			295283	25881
县级小计	24455	6838	5663	6748	4607	376	223		257220	43593
兴城市	2787	773	16	1372	300	143	183		40293	5353
绥中县	5941	1484	1158	2442	721	136			50568	10104
建昌县	4504	1157	1447	926	954	18	2		54525	7003
连山区	6118	1138	1283	1708	1905	46	38		68017	10355
南票区	1403	466	837	84	14	2			14178	3830
龙港区	3702	1820	922	216	713	31			29639	6948

2006年地方财政政府收支分类转换数据

2-9-31

单位:万元

地区	收支部分										
	支出										
	外交	国防	公共安全	教育	科学技术	文化体育与传媒	社会保障和就业	医疗卫生	环境保护	城乡社区事务	农林水事务
喀左县			2221	14705	268	958	7709	2217	336	943	3624
双塔区		151	1040	4490	195	141	3175	859	47	1356	644
龙城区		52	464	2472	89	131	1976	827		600	1141
开发区			44	351	130		139	53		650	52
盘锦市小计		**1596**	**26039**	**57910**	**3063**	**6214**	**68634**	**16541**	**5003**	**38395**	**26674**
本级		1282	18529	34896	1857	3823	50216	9975	4449	15371	13772
县级小计		314	7510	23014	1206	2391	18418	6566	554	23024	12902
盘山县		86	2749	8225	572	580	7007	2150	229	6887	4057
大洼县		117	2831	9363	174	603	5423	2588	254	10788	7059
双台子区		92	716	2000	67	44	3253	545	57	2056	326
兴隆台区		19	1214	3426	393	1164	2735	1283	14	3293	1460
葫芦岛市小计		**1129**	**36375**	**66638**	**1732**	**4181**	**233821**	**18417**	**6187**	**42218**	**26535**
本级		511	25478	9704	1162	2129	168495	4933	5070	25143	8475
县级小计		618	10897	56934	570	2052	65326	13484	1117	17075	18060
兴城市		16	2220	7912	59	300	10689	2574	179	2542	2303
绥中县		69	3421	8593	116	646	12148	3419	219	1839	4718
建昌县		83	2144	15329	56	423	11706	3413	165	1539	5008
连山区		147	1665	17275	241	392	22086	2526	326	3816	5016
南票区		79	531	2493	41	141	3984	762	85	750	416
龙港区		224	916	5332	57	150	4713	790	143	6589	599

2－9－32

单位:万元

地区	收支部分			平衡部分						
	支出			收入						
						返还性收入			财力性转移支付收入	
	交通运输	工业、商业、金融等事务	其他支出	收入总计	本年收入	小计	增值税和消费税税收返还	所得税基数返还	小计	体制补助
喀左县	1138	644	1496	46226	10509	3032	2524	508	26168	1780
双塔区	154	157	160	19553	6688	1956	1350	606	8341	238
龙城区	389	247	344	14502	4809	1060	849	211	7321	483
开发区	39	428		3492	2208	324	307	17	718	
盘锦市小计	**4547**	**5983**	**66816**	**466631**	**259493**	**31409**	**24260**	**7149**	**60089**	
本级	1395	4382	58067	281922	185876	12716	11989	727	618	－3224
县级小计	3152	1601	8749	184709	73617	18693	12271	6422	59471	3224
盘山县	2204	622	2850	54902	14456	4149	3531	618	23235	1311
大洼县	948	920	2727	67386	22166	3318	2930	388	26933	1808
双台子区			1050	17946	9837	2282	1530	752	3223	100
兴隆台区		59	2122	44475	27158	8944	4280	4664	6080	5
葫芦岛市小计	**8247**	**9382**	**28167**	**618777**	**197533**	**59648**	**48213**	**11435**	**85781**	
本级	1348	6152	10802	327243	87389	36101	31085	5016	708	－2911
县级小计	6899	3230	17365	291534	110144	23547	17128	6419	85073	2911
兴城市	1453	713	3980	45692	13343	4690	3903	787	15729	401
绥中县	1436	605	3235	54024	18368	3004	2138	866	20620	448
建昌县	3300	643	3713	57037	13398	3341	2495	846	26180	2062
连山区	431	674	3067	83424	33339	7741	5414	2327	16801	
南票区	142	417	507	15939	6937	2385	1969	416	2464	
龙港区	137	178	2863	35418	24759	2386	1209	1177	3279	

2-9-33

单位:万元

地区	平衡部分									
	收入									
	财力性转移支付收入									
	一般性转移支付补助	民族地区转移支付补助	调整工资转移支付补助	农村税费改革转移支付补助	取消农业特产税降低农业税率转移支付补助	缓解县乡财政困难转移支付补助	农村义务教育补助	结算补助	企事业单位预算划转补助	其他财力性转移支付
喀左县	6630	2142	6374	2860	632	252		5197		301
双塔区	1587		2044	533	147	332		2069		1391
龙城区	1482		1699	724	320	234		2227		152
开发区			91	36	18	131		-16		458
盘锦市小计	**5380**		**9892**	**12247**	**2973**	**2256**		**5179**	**20286**	**1876**
本级	-4485		952	-1673	-1706	312		-11416	20286	1572
县级小计	9865		8940	13920	4679	1944		16595		304
盘山县	4814		3341	5606	2943	696		4411		113
大洼县	4511		3804	7904	1567	1073		6155		111
双台子区	390		1002	149	13	91		1428		50
兴隆台区	150		793	261	156	84		4601		30
葫芦岛市小计	**16401**		**21343**	**12619**	**5484**	**1851**		**23392**	**1500**	**3191**
本级			3647	-2238	-626			-907	552	3191
县级小计	16401		17696	14857	6110	1851		24299	948	
兴城市	2737		4300	2914	1657	288		2961	471	
绥中县	5449		4499	4324	2254	248		3398		
建昌县	8105		6015	3770	962	456		4810		
连山区			1894	2909	1030	557		9970	441	
南票区	110		608	646	157	192		751		
龙港区			380	294	50	110		2409	36	

2－9－34

单位:万元

地区	平衡部分								
	收入							支出	
	专项转移支付			省补助计划单列市	上年结余收入	调入资金	国债转贷收入、上年结余及转补助数	支出总计	本年支出
	小计	专项补助	增发国债补助						
喀左县	6064	6064			453			44503	42820
双塔区	1260	1260			1308			18756	17490
龙城区	771	771			541			13776	12599
开发区	128	128			114			3364	3204
盘锦市小计	**65319**	**49485**	**15834**		**26124**	**13288**	**10909**	**435364**	**401282**
本级	47322	31898	15424		16126	8735	10529	260854	240742
县级小计	17997	17587	410		9998	4553	380	174510	160540
盘山县	7499	7179	320		2860	2463	240	51773	48285
大洼县	7311	7221	90		5528	1990	140	61732	57136
双台子区	1815	1815			789			17310	16422
兴隆台区	1372	1372			821	100		43695	38697
葫芦岛市小计	**228383**	**218921**	**9462**		**28487**	**13842**	**5103**	**585743**	**552503**
本级	177140	167678	9462		11885	9717	4303	311766	295283
县级小计	51243	51243			16602	4125	800	273977	257220
兴城市	9048	9048			2082		800	43397	40293
绥中县	8813	8813			1560	1659		52464	50568
建昌县	11381	11381			464	2273		56753	54525
连山区	15853	15853			9690			72856	68017
南票区	3383	3383			767	3		15130	14178
龙港区	2765	2765			2039	190		33377	29639

2-9-35

单位:万元

地区	平衡部分									
	支出								年终结余	其中:净结余
	财力性转移支付			专项上解	计划单列市上解省	增设预算周转金	调出资金	国债转贷拨付数及年末结余		
	小计	体制上解	出口退税专项上解							
喀左县	424		424	1259					1723	114
双塔区				1266					797	182
龙城区				1177					726	127
开发区	1		1	159					128	
盘锦市小计	**7185**	**7018**	**167**	**15988**				**10909**	**31267**	**5858**
本级	2271	2224	47	7312				10529	21068	5312
县级小计	4914	4794	120	8676				380	10199	546
盘山县	926	920	6	2322				240	3129	
大洼县	817	800	17	3639				140	5654	
双台子区	102	59	43	786					636	
兴隆台区	3069	3015	54	1929					780	546
葫芦岛市小计	**16597**	**15705**	**892**	**11540**				**5103**	**33034**	**13851**
本级	14990	14855	135	-2810				4303	15477	-1759
县级小计	1607	850	757	14350				800	17557	15610
兴城市	64		64	2240				800	2295	541
绥中县	3		3	1893					1560	1560
建昌县				2228					284	160
连山区	494		494	4345					10568	10568
南票区	17	17		935					809	768
龙港区	1029	833	196	2709					2041	2013

2006 年吉林省地市县财政一般预算收支平衡表

2－10－1　　　　单位：万元

地区	收支部分										
	收入										
	本年收入小计	税收收入									
		小计	增值税	营业税	企业所得税	个人所得税	城市维护建设税	耕地占用税	契税	烟叶税	其他各项税收收入
地(市)县级总计	**1802055**	**1281760**	**282642**	**328095**	**120761**	**84484**	**143760**	**44825**	**93339**	**79**	**183775**
地(市)本级合计	**886949**	**614281**	**123581**	**126243**	**67157**	**37714**	**94270**	**19753**	**48215**		**97348**
县级合计	**915106**	**667479**	**159061**	**201852**	**53604**	**46770**	**49490**	**25072**	**45124**	**79**	**86427**
长春市小计	**715908**	**516589**	**90992**	**135976**	**60095**	**35894**	**51431**	**22214**	**43775**		**76212**
本级	501210	374186	76319	82341	43397	24391	47807	12037	29348		58546
县级小计	214698	142403	14673	53635	16698	11503	3624	10177	14427		17666
榆树市	20079	11155	1145	4812	172	970	610	1399	968		1079
德惠市	16338	12868	1951	5186	902	1163	545	1412	574		1135
农安县	17888	10324	1605	3656	449	1146	472	1216	813		967
九台市	29277	18784	2593	8748	1752	1269	855	1109	1145		1313
南关区	21166	15870	1398	6391	1705	1442		171	2642		2121
宽城区	33939	13809	1268	4860	2078	751		2275	722		1855
朝阳区	37687	33470	1836	12484	7653	3216		570	3343		4368
二道区	17853	9959	1363	3194	917	597		341	1915		1632
绿园区	13187	10313	1070	3703	1020	705		550	2142		1123
双阳区	7284	5851	444	601	50	244	1142	1134	163		2073
吉林市小计	**276691**	**203000**	**37793**	**46818**	**19716**	**12914**	**27964**	**6667**	**15884**		**35244**
本级	151391	110156	14907	23083	9705	7008	19236	2617	13206		20394
县级小计	125300	92844	22886	23735	10011	5906	8728	4050	2678		14850
永吉县	9511	7770	1314	2935	1515	371	318	302	285		730
蛟河市	13701	9634	1513	4226	423	846	588	481	721		836
舒兰市	11925	8943	1946	3211	505	806	737	324	657		757
磐石市	30556	25428	9726	3858	3586	1267	2269	791	502		3429
桦甸市	26311	18591	3521	4782	2889	1336	1088	849	513		3613
昌邑区	9316	6110	986	1548	342	387	928	110			1809
船营区	6424	4149	618	1261	196	267	571	296			940
丰满区	5651	3251	370	657	299	182	410	652			681
龙潭区	11905	8968	2892	1257	256	444	1819	245			2055
四平市小计	**95084**	**66809**	**17730**	**17202**	**3925**	**5650**	**7988**	**2048**	**3604**		**8662**
本级	29974	19993	4905	2993	1103	1072	4839	667	1692		2722
县级小计	65110	46816	12825	14209	2822	4578	3149	1381	1912		5940
梨树县	9195	6549	1556	1879	694	733	382	261	119		925
双辽市	16018	12225	5859	2296	253	698	1543	6	199		1371
伊通县	8018	4764	736	2111	163	456	208	271	237		582
公主岭市	24065	16152	3948	5044	1392	1715	1016	527	748		1762

2006年地方财政政府收支分类转换数据

2-10-2　　　　单位:万元

地区	收支部分									
	收入								支出	
	非税收入							贷款转贷回收本金收入		
	小计	专项收入	行政事业性收费收入	罚没收入	国有资本经营收入	国有资源(资产)有偿使用收入	其他收入		本年支出小计	一般公共服务
地(市)县级总计	**520295**	**99618**	**164380**	**107235**	**125438**	**6491**	**17133**		**5186366**	**838331**
地(市)本级合计	**272668**	**64861**	**99055**	**44229**	**51601**	**3866**	**9056**		**1853132**	**309996**
县级合计	**247627**	**34757**	**65325**	**63006**	**73837**	**2625**	**8077**		**3333234**	**528335**
长春市小计	**199319**	**34748**	**62573**	**32042**	**58659**	**2688**	**8609**		**1468077**	**267268**
本级	127024	31343	46051	20142	21110	2139	6239		752762	132611
县级小计	72295	3405	16522	11900	37549	549	2370		715315	134657
榆树市	8924	570	3889	1857	2584	24			107837	11281
德惠市	3470	628	734	2012	4	40	52		86042	10611
农安县	7564	774	1139	1494	4018	134	5		101252	11042
九台市	10493	720	3484	1174	4954	79	82		124234	16868
南关区	5296		2342	1306	1566	82			44650	7859
宽城区	20130		1576	1143	15297	37	2077		62438	25304
朝阳区	4217		345	1140	2700	32			59550	19443
二道区	7894		2085	743	4940	56	70		41769	9648
绿园区	2874		928	438	1486	22			38442	9832
双阳区	1433	713		593		43	84		49101	12769
吉林市小计	**73691**	**17364**	**28488**	**18624**	**6382**	**963**	**1870**		**791514**	**103272**
本级	41235	12029	19165	6295	2783	598	365		321720	44986
县级小计	32456	5335	9323	12329	3599	365	1505		469794	58286
永吉县	1741	434	585	688		34			45924	7196
蛟河市	4067	553	1727	1748		39			67283	5800
舒兰市	2982	491	780	1103	545	63			80391	8562
磐石市	5128	1506	2322	1227		73			87199	5666
桦甸市	7720	896	1463	2938	2131	81	211		77300	9471
昌邑区	3206	402	499	2300		5			35091	5952
船营区	2275	242	1157	821		55			26192	3459
丰满区	2400	133	378	790	660	10	429		22769	6251
龙潭区	2937	678	412	714	263	5	865		27645	5929
四平市小计	**28275**	**7506**	**7955**	**11943**	**496**	**358**	**17**		**413021**	**66490**
本级	9981	3587	2919	3545	-163	85	8		106161	20127
县级小计	18294	3919	5036	8398	659	273	9		306860	46363
梨树县	2646	598	831	1179		29	9		70853	9372
双辽市	3793	1476	109	2179		29			58882	9172
伊通县	3254	562	1455	1152		85			53338	8483
公主岭市	7913	1283	2372	3472	659	127			88200	12745

2－10－3

单位:万元

地区	收支部分										
	支出										
	外交	国防	公共安全	教育	科学技术	文化体育与传媒	社会保障和就业	医疗卫生	环境保护	城乡社区事务	农林水事务
地(市)县级总计		**10740**	**369380**	**875269**	**49878**	**97121**	**1127289**	**239983**	**89796**	**433725**	**512151**
地(市)本级合计		**7868**	**190979**	**199346**	**30575**	**61782**	**373797**	**81574**	**57621**	**196801**	**105923**
县级合计		**2872**	**178401**	**675923**	**19303**	**35339**	**753492**	**158409**	**32175**	**236924**	**406228**
长春市小计		**5712**	**120878**	**253639**	**24284**	**34111**	**267978**	**74256**	**20334**	**165535**	**96122**
本级		4908	84913	86369	17094	29040	131504	33609	17286	104827	24785
县级小计		804	35965	167270	7190	5071	136474	40647	3048	60708	71337
榆树市		161	5023	28039	331	914	26455	5211	392	5974	13564
德惠市		20	5011	16031	459	743	19029	4122	362	8689	14305
农安县			4577	24473	446	648	25974	4721	765	2578	15292
九台市		229	6580	18906	316	1128	28156	5304	662	14210	16249
南关区		99	2957	17284	496	244	3047	4637		6227	200
宽城区			2313	10563	2485	299	12631	2132	66	5289	779
朝阳区		142	3140	17796	601	221	4435	3785	8	7750	1427
二道区		45	3180	12396	1543	338	2523	4772	102	5062	1563
绿园区		51	1700	9572	341	201	7560	3159	124	3624	1702
双阳区		57	1484	12210	172	335	6664	2804	567	1305	6256
吉林市小计		**264**	**60564**	**147712**	**6593**	**17274**	**188727**	**39604**	**13058**	**76159**	**57543**
本级		219	38484	37127	3724	12858	76235	16841	7044	44641	12346
县级小计		45	22080	110585	2869	4416	112492	22763	6014	31518	45197
永吉县		1	2199	9537	129	354	7614	2578	833	599	5556
蛟河市		44	3051	9417	220	693	20714	2222	1665	5594	7628
舒兰市			3433	16319	434	633	24646	3351	376	1250	10023
磐石市			3403	17913	384	876	31991	3926	247	9182	5941
桦甸市			3679	19781	485	1065	13100	3580	2146	6132	7790
昌邑区			2776	14132	401	196	4609	1820	173	2585	1863
船营区			987	9097	293	181	3942	1900	215	3426	1473
丰满区			1404	6125	235	226	2051	1562	162	962	2666
龙潭区			1148	8264	288	192	3825	1824	197	1788	2257
四平市小计		**740**	**27119**	**74572**	**2858**	**6511**	**104719**	**21399**	**4421**	**30200**	**47275**
本级		289	9643	9676	1927	1749	28270	4622	1176	13324	7719
县级小计		451	17476	64896	931	4762	76449	16777	3245	16876	39556
梨树县		140	3318	16206	169	1521	17180	4732	984	1500	11298
双辽市		112	3440	10331	300	968	13203	3491	1260	4304	8705
伊通县		99	2903	10332	203	957	11916	2547	221	1965	8192
公主岭市		100	5258	17703	197	1163	23982	5107	771	5956	10360

2006年地方财政政府收支分类转换数据

2-10-4

单位:万元

地区	收支部分			平衡部分						
	支出			收入						
						返还性收入			财力性转移支付收入	
	交通运输	工业、商业、金融等事务	其他支出	收入总计	本年收入	小计	增值税和消费税税收返还	所得税基数返还	小计	体制补助
地(市)县级总计	**146951**	**280472**	**115280**	**6146554**	**1802055**	**637800**	**526631**	**111169**	**1823357**	**23322**
地(市)本级合计	**13034**	**184358**	**39478**	**2363650**	**886949**	**408054**	**336320**	**71734**	**373135**	**-5451**
县级合计	**133917**	**96114**	**75802**	**3782904**	**915106**	**229746**	**190311**	**39435**	**1450222**	**28773**
长春市小计	**34881**	**66877**	**36202**	**1820630**	**715908**	**237249**	**183239**	**54010**	**421769**	**3727**
本级	4046	56431	25339	983915	501210	192187	150872	41315	86020	
县级小计	30835	10446	10863	836715	214698	45062	32367	12695	335749	3727
榆树市	7661	551	2280	122409	20079	3961	3710	251	67596	1012
德惠市	5020	732	908	101852	16338	4334	4276	58	49930	639
农安县	8199	1147	1390	114214	17888	6316	5543	773	53177	584
九台市	8682	5640	1304	147403	29277	4294	4061	233	52932	797
南关区		4	1596	48774	21166	4701	3517	1184	10063	
宽城区		102	475	79884	33939	4758	2970	1788	25503	
朝阳区		45	757	65438	37687	6056	2648	3408	8846	
二道区		487	110	55788	17853	6213	2910	3303	16629	
绿园区		142	434	44248	13187	2791	1276	1515	21188	
双阳区	1273	1596	1609	56705	7284	1638	1456	182	29885	695
吉林市小计	**20471**	**40946**	**19327**	**1019170**	**276691**	**147181**	**131704**	**15477**	**275010**	**1269**
本级	2175	20849	4191	492759	151391	117133	103233	13900	82061	
县级小计	18296	20097	15136	526411	125300	30048	28471	1577	192949	1269
永吉县	2570	3113	3645	52728	9511	2568	2270	298	22802	545
蛟河市	2480	7650	105	78799	13701	2573	2399	174	27913	
舒兰市	3520	5978	1866	97844	11925	3771	3701	70	38336	588
磐石市	1597	1192	4881	97648	30556	8376	7946	430	25860	136
桦甸市	6853	1035	2183	84143	26311	6347	5742	605	26271	
昌邑区			584	36828	9316	1486	1486		16446	
船营区		753	466	26522	6424	1603	1603		13630	
丰满区		279	846	23955	5651	1379	1379		12830	
龙潭区	1276	97	560	27944	11905	1945	1945		8861	
四平市小计	**11927**	**10130**	**4660**	**484027**	**95084**	**41208**	**36534**	**4674**	**196520**	**3077**
本级	993	6116	530	127193	29974	23470	21378	2092	26778	-6458
县级小计	10934	4014	4130	356834	65110	17738	15156	2582	169742	9535
梨树县	3493	940		87650	9195	3649	3435	214	44745	412
双辽市	2382	502	712	67749	16018	3571	3167	404	26821	1088
伊通县	2481	1031	2008	58656	8018	1505	1467	38	31233	1093
公主岭市	2344	1374	1140	105832	24065	6726	5579	1147	45492	

二、各省、自治区、直辖市地市县一般预算财政资料

2-10-5

单位:万元

地区	平衡部分									
	收入									
	财力性转移支付收入									
	一般性转移支付补助	民族地区转移支付补助	调整工资转移支付补助	农村税费改革转移支付补助	取消农业特产税降低农业税率转移支付补助	缓解县乡财政困难转移支付补助	农村义务教育补助	结算补助	企事业单位预算划转补助	其他财力性转移支付
地(市)县级总计	**540479**	**45090**	**514613**	**86036**	**136314**	**139116**	**6809**	**310154**	**22850**	**-1426**
地(市)本级合计	**149415**	**4406**	**97858**	**3562**	**1755**	**3779**		**96922**	**18655**	**2234**
县级合计	**391064**	**40684**	**416755**	**82474**	**134559**	**135337**	**6809**	**213232**	**4195**	**-3660**
长春市小计	**102559**		**116551**	**14646**	**37354**	**30489**		**101708**	**18741**	**-4006**
本级	27386		23017	482	672	1003		19733	16812	-3085
县级小计	75173		93534	14164	36682	29486		81975	1929	-921
榆树市	17036		22423	4417	10518	7245		4829	-272	388
德惠市	15142		13110	2174	7100	6029		5993	-186	-71
农安县	14339		14437	2365	8947	6378		6007	-229	349
九台市	18744		14851	3242	5946	6740		4351	-152	-1587
南关区	399		4670	33	97			4743	121	
宽城区	536		4223	151	406			19203	984	
朝阳区	533		4202	117	350			3655	-11	
二道区	808		4123	253	488			10969	-12	
绿园区	440		3273	235	452			15037	1751	
双阳区	7196		8222	1177	2378	3094		7188	-65	
吉林市小计	**75183**		**77126**	**14964**	**16915**	**20072**		**63882**	**5599**	
本级	29238		19493	155	220	1407		29539	1947	62
县级小计	45945		57633	14809	16695	18665		34343	3652	-62
永吉县	7668		5783	1951	2093	2628		1261	1611	-738
蛟河市	8566		7551	2574	2329	3662		3330	-99	
舒兰市	12853		10398	3496	3856	5789		1490	-134	
磐石市	5153		9686	2750	2521	3697		1995	-78	
桦甸市	8870		8308	1916	2548	2692		2045	-108	
昌邑区	1865		4624	568	1027	32		6976	1136	218
船营区	256		4260	493	783	55		7401	241	141
丰满区	148		2987	403	393	55		7730	1114	
龙潭区	566		4036	658	1145	55		2115	-31	317
四平市小计	**60476**		**59877**	**10343**	**20352**	**20055**		**20530**	**-770**	**2580**
本级	17397		11286	2158	343	419		1995	-362	
县级小计	43079		48591	8185	20009	19636		18535	-408	2580
梨树县	13601		12564	2382	6207	6266		3370	-57	
双辽市	7958		6965	962	2587	3663		3666	-68	
伊通县	10206		8497	2054	3272	3556		2641	-86	
公主岭市	8567		13827	2379	7418	5838		5070	-187	2580

2-10-6

单位:万元

地区	平衡部分								
	收入							支出	
	专项转移支付			省补助计划单列市	上年结余收入	调入资金	国债转贷收入、上年结余及转补助数	支出总计	本年支出
	小计	专项补助	增发国债补助						
地(市)县级总计	**1448556**	**1358528**	**90028**		**362549**	**33712**	**38525**	**5754172**	**5186366**
地(市)本级合计	**484192**	**463614**	**20578**		**173791**	**17807**	**19722**	**2175192**	**1853132**
县级合计	**964364**	**894914**	**69450**		**188758**	**15905**	**18803**	**3578980**	**3333234**
长春市小计	**303265**	**289012**	**14253**		**125684**	**5038**	**11717**	**1664038**	**1468077**
本级	124504	118461	6043		69041	1804	9149	903608	752762
县级小计	178761	170551	8210		56643	3234	2568	760430	715315
榆树市	29300	28051	1249		219	260	994	116702	107837
德惠市	24817	22509	2308		6263	170		94518	86042
农安县	28580	26895	1685		6176	853	1224	112762	101252
九台市	41163	39260	1903		19040	347	350	132470	124234
南关区	7490	7490			4672	682		45549	44650
宽城区	7882	7882			7275	527		63074	62438
朝阳区	9115	9115			3646	88		61150	59550
二道区	9222	8911	311		5857	14		42307	41769
绿园区	6175	6175			741	166		39551	38442
双阳区	15017	14263	754		2754	127		52347	49101
吉林市小计	**223575**	**217853**	**5722**		**86751**	**7106**	**2856**	**936167**	**791514**
本级	86078	85915	163		52001	2855	1240	436573	321720
县级小计	137497	131938	5559		34750	4251	1616	499594	469794
永吉县	13972	13507	465		3575		300	49771	45924
蛟河市	24253	23899	354		10354		5	71471	67283
舒兰市	26312	25732	580		17036		464	85894	80391
磐石市	30918	30075	843		1579	299	60	95974	87199
桦甸市	22111	20241	1870		316	2477	310	83952	77300
昌邑区	7033	7025	8		840	1467	240	35544	35091
船营区	4534	3826	708		323	8		26236	26192
丰满区	3368	2656	712		727			22808	22769
龙潭区	4996	4977	19				237	27944	27645
四平市小计	**120298**	**114087**	**6211**		**25813**	**910**	**4194**	**458246**	**413021**
本级	37185	35388	1797		6226	191	3369	121586	106161
县级小计	83113	78699	4414		19587	719	825	336660	306860
梨树县	21030	19745	1285		8871		160	77554	70853
双辽市	17992	16791	1201		3237		110	65045	58882
伊通县	15846	14475	1371		1904		150	56554	53338
公主岭市	23031	22482	549		5534	579	405	100899	88200

2－10－7

单位:万元

地区	平衡部分									
	支出								年终结余	其中:净结余
	财力性转移支付			专项上解	计划单列市上解省	增设预算周转金	调出资金	国债转贷拨付数及年末结余		
	小计	体制上解	出口退税专项上解							
地(市)县级总计	**207423**	**207423**		**302955**		**100**	**18803**	**38525**	**392382**	**3248**
地(市)本级合计	**199121**	**199121**		**89669**			**13548**	**19722**	**188458**	**1125**
县级合计	**8302**	**8302**		**213286**		**100**	**5255**	**18803**	**203924**	**2123**
长春市小计	**82179**	**82179**		**94476**			**7589**	**11717**	**156592**	**1880**
本级	82179	82179		52347			7171	9149	80307	566
县级小计				42129			418	2568	76285	1314
榆树市				7871				994	5707	
德惠市				8394			82		7334	
农安县				10286				1224	1452	
九台市				7758			128	350	14933	30
南关区				899					3225	
宽城区				636					16810	666
朝阳区				1600					4288	589
二道区				538					13481	29
绿园区				1109					4697	
双阳区				3038			208		4358	
吉林市小计	**96550**	**96550**		**41688**			**3559**	**2856**	**83003**	**87**
本级	94492	94492		16399			2722	1240	56186	
县级小计	2058	2058		25289			837	1616	26817	87
永吉县				3502			45	300	2957	
蛟河市	878	878		3217			88	5	7328	
舒兰市				4933			106	464	11950	
磐石市				8420			295	60	1674	87
桦甸市	1180	1180		5001			161	310	191	
昌邑区				71			142	240	1284	
船营区				44					286	
丰满区				39					1147	
龙潭区				62				237		
四平市小计	**8240**	**8240**		**31777**			**1014**	**4194**	**25781**	**45**
本级	7518	7518		3870			668	3369	5607	17
县级小计	722	722		27907			346	825	20174	28
梨树县				6541				160	10096	
双辽市				5822			231	110	2704	
伊通县				3036			30	150	2102	18
公主岭市	722	722		11487			85	405	4933	7

2006年地方财政政府收支分类转换数据

2－10－8　　　　　　　　　　　　　　　　　　　　　　　　　　　　　　　　　　　单位:万元

地区	收支部分										
	收入										
	本年收入小计	税收收入									
		小计	增值税	营业税	企业所得税	个人所得税	城市维护建设税	耕地占用税	契税	烟叶税	其他各项税收收入
铁东区	4007	3540	455	1608	99	377		177	241		583
铁西区	3807	3586	271	1271	221	599		139	368		717
辽源市小计	**57635**	**29868**	**5369**	**8207**	**2277**	**1843**	**2902**	**2212**	**2804**		**4254**
本级	32326	12620	2358	1976	1338	818	2214	1561	384		1971
县级小计	25309	17248	3011	6231	939	1025	688	651	2420		2283
东丰县	8810	6329	1419	2419	377	517	364	463	304		466
东辽县	7253	4565	835	1441	333	315	324	188	262		867
龙山区	4825	3736	427	1579	94	170			923		543
西安区	4421	2618	330	792	135	23			931		407
通化市小计	**133169**	**99004**	**22907**	**24377**	**9533**	**6386**	**11592**	**4050**	**7117**		**13042**
本级	36009	25920	8112	4104	2737	1377	6419	708	82		2381
县级小计	97160	73084	14795	20273	6796	5009	5173	3342	7035		10661
通化县	16312	12913	3489	2651	1822	1307	500	1256	586		1302
集安市	11190	8245	1557	3357	594	533	643	153	718		690
柳河县	8496	7779	1571	2667	797	377	390	119	234		1624
辉南县	14449	8719	1954	2342	1046	715	599	107	619		1337
梅河口市	29568	20993	4593	6275	1563	1446	1784	560	2295		2477
东昌区	11236	9326	726	2040	585	575	755	889	1690		2066
二道江区	5909	5109	905	941	389	56	502	258	893		1165
白山市小计	**78066**	**57114**	**12805**	**16578**	**3974**	**4822**	**4835**	**2177**	**3423**		**8500**
本级	24087	16450	3059	3368	1269	837	2167	781	1251		3718
县级小计	53979	40664	9746	13210	2705	3985	2668	1396	2172		4782
抚松县	15082	10463	2451	3955	340	980	654	316	557		1210
靖宇县	6114	4757	1004	1893	369	339	195	15	401		541
长白县	5224	3687	713	1659	320	331	180	99	112		273
临江市	9428	7495	1787	2376	809	540	498	225	410		850
江源县	10194	8323	2490	2233	405	1479	572	160	227		757
八道江区	7937	5939	1301	1094	462	316	569	581	465		1151
白城市小计	**67437**	**51491**	**20325**	**12077**	**1748**	**2454**	**4571**	**1430**	**2535**		**6351**
本级	15590	9722	2029	2682	702	639	1406	892	438		934
县级小计	51847	41769	18296	9395	1046	1815	3165	538	2097		5417
洮南市	6787	4418	1115	1216	532	476	410	24	198		447
大安市	16829	14619	8958	2400	86	479	626	185	173		1712
镇赉县	14333	12793	7250	1896	268	373	1032	13	401		1560
通榆县	6656	4364	487	2415	19	353	221	9	480		380

2-10-9

单位:万元

地区	收支部分									
	收入								支出	
	非税收入							贷款转贷回收本金收入		
	小计	专项收入	行政事业性收费收入	罚没收入	国有资本经营收入	国有资源(资产)有偿使用收入	其他收入		本年支出小计	一般公共服务
铁东区	467		269	196		2			20455	3726
铁西区	221			220		1			15132	2865
辽源市小计	**27767**	**2070**	**12349**	**5070**	**6094**	**215**	**1969**		**221898**	**35348**
本级	19706	1495	8512	2522	5360	156	1661		94616	13861
县级小计	8061	575	3837	2548	734	59	308		127282	21487
东丰县	2481	357	1275	821		28			52613	8378
东辽县	2688	218	1118	890	334	28	100		47577	7409
龙山区	1089		837	251		1			14495	3635
西安区	1803		607	586	400	2	208		12597	2065
通化市小计	**34165**	**7943**	**11784**	**8201**	**5421**	**324**	**492**		**416887**	**67867**
本级	10089	3758	4593	1630	-118	226			108412	16451
县级小计	24076	4185	7191	6571	5539	98	492		308475	51416
通化县	3399	725	1516	1058	84	16			46425	8695
集安市	2945	468	665	1088	714	10			44830	6347
柳河县	717	226	196	241	40	12	2		45834	7083
辉南县	5730	521	2135	1230	1824	20			48209	6329
梅河口市	8575	1529	2260	2164	2599	23			85736	14011
东昌区	1910	402	414	364	228	12	490		19989	5219
二道江区	800	314	5	426	50	5			17452	3732
白山市小计	**20952**	**3668**	**6984**	**5523**	**3116**	**520**	**1141**		**346248**	**62747**
本级	7637	1374	1959	1531	1704	286	783		88542	19622
县级小计	13315	2294	5025	3992	1412	234	358		257706	43125
抚松县	4619	642	1973	1079	878	46	1		61918	7792
靖宇县	1357	224	489	576	-3	9	62		40711	9109
长白县	1537	142	283	412	441	122	137		32569	8723
临江市	1933	472	1122	313		26			44975	6668
江源县	1871	456	298	990	96	20	11		45574	5492
八道江区	1998	358	860	622		11	147		31959	5341
白城市小计	**15946**	**2340**	**6100**	**6385**	**702**	**280**	**139**		**376249**	**50053**
本级	5868	507	2836	2507	-81	99			95059	15743
县级小计	10078	1833	3264	3878	783	181	139		281190	34310
洮南市	2369	359	230	1002	755	23			57298	4622
大安市	2210	281	827	883	33	47	139		71885	5473
镇赉县	1540	331	581	575	-5	58			57849	3688
通榆县	2292	263	1178	815		36			56889	15022

2006年地方财政政府收支分类转换数据

2－10－10

单位:万元

地区	收支部分										
	支出										
	外交	国防	公共安全	教育	科学技术	文化体育与传媒	社会保障和就业	医疗卫生	环境保护	城乡社区事务	农林水事务
铁东区			1445	5597	27	73	5828	439		2149	596
铁西区			1112	4727	35	80	4340	461	9	1002	405
辽源市小计		**1331**	**17796**	**44325**	**1403**	**3209**	**55809**	**11975**	**2385**	**8516**	**17543**
本级		1147	9172	13486	499	1914	27292	4881	1432	5670	3122
县级小计		184	8624	30839	904	1295	28517	7094	953	2846	14421
东丰县		84	3282	13353	83	746	10467	4221	472	859	7307
东辽县		23	3101	12067	555	472	8149	2200	465	1771	5880
龙山区			802	3081	133	36	4729	455		71	689
西安区		77	1439	2338	133	41	5172	218	16	145	545
通化市小计		**616**	**24661**	**67364**	**5746**	**4995**	**110926**	**18027**	**4584**	**21401**	**42023**
本级		459	7512	14264	3131	1675	34136	4687	932	5567	3420
县级小计		157	17149	53100	2615	3320	76790	13340	3652	15834	38603
通化县		68	2802	9383	148	679	7287	1322	430	6002	5083
集安市			2099	7232	430	727	11108	1580	1434	1473	6801
柳河县			1756	7785	67	276	11860	1606	205	1504	6834
辉南县		81	2625	7228	227	403	13379	1935	808	3745	7718
梅河口市			4255	14280	1585	897	23916	5390	642	2648	9428
东昌区			2649	3303	45	115	3382	1005	82	155	1618
二道江区		8	963	3889	113	223	5858	502	51	307	1121
白山市小计		**517**	**21549**	**52271**	**1188**	**4858**	**92211**	**13069**	**3284**	**18372**	**34892**
本级		187	7342	6132	727	2037	17105	4058	769	8171	3048
县级小计		330	14207	46139	461	2821	75106	9011	2515	10201	31844
抚松县		104	3502	11222	103	972	17935	2473	351	4678	6106
靖宇县		92	2342	4696	42	538	8987	1513	291	768	6052
长白县			2048	4364	45	596	6850	1288	907	1367	4121
临江市		54	2638	7489	120	341	10999	1576	222	2240	9392
江源县		16	2660	7390	68	247	21716	966	571	763	3028
八道江区		64	1017	10978	83	127	8619	1195	173	385	3145
白城市小计		**549**	**21844**	**63785**	**2596**	**5989**	**84307**	**19209**	**5417**	**24167**	**64850**
本级		370	9173	7888	1570	2242	22779	3960	3140	5570	18534
县级小计		179	12671	55897	1026	3747	61528	15249	2277	18597	46316
洮南市		24	2770	8834	115	514	16730	2224	247	2453	8524
大安市			3057	16487	421	1341	16678	5989	1357	2779	12941
镇赉县			2997	10357	225	1069	8976	3106	283	6923	12496
通榆县		39	2517	11659	106	552	10222	1715	82	3870	7901

2－10－11

单位:万元

地区	收支部分			平衡部分						
	支出			收入						
						返还性收入			财力性转移支付收入	
	交通运输	工业、商业、金融等事务	其他支出	收入总计	本年收入	小计	增值税和消费税税收返还	所得税基数返还	小计	体制补助
铁东区	231	99	245	20810	4007	1224	836	388	12526	4045
铁西区	3	68	25	16137	3807	1063	672	391	8925	2897
辽源市小计	**8006**	**11463**	**2789**	**258786**	**57635**	**14526**	**13367**	**1159**	**93263**	**1362**
本级	1996	9001	1143	116216	32326	8122	7477	645	26766	
县级小计	6010	2462	1646	142570	25309	6404	5890	514	66497	1362
东丰县	1986	738	637	56524	8810	2784	2877	－93	29779	422
东辽县	3494	1512	479	57594	7253	1414	1364	50	27435	940
龙山区	330	19	515	15357	4825	1463	1089	374	4820	
西安区	200	193	15	13095	4421	743	560	183	4463	
通化市小计	**11541**	**33790**	**3346**	**494120**	**133169**	**58731**	**42973**	**15758**	**134651**	**806**
本级	619	15137	422	129606	36009	21395	16235	5160	22073	
县级小计	10922	18653	2924	364514	97160	37336	26738	10598	112578	806
通化县	1591	2835	100	53344	16312	7398	4097	3301	13419	
集安市	2738	1646	1215	50723	11190	4183	3150	1033	14748	131
柳河县	2573	4185	100	54461	8496	3205	2228	977	23319	675
辉南县	899	2171	661	59023	14449	4850	4494	356	16960	
梅河口市	2023	6157	504	97117	29568	8651	7687	964	33737	
东昌区	1098	1062	256	26724	11236	5245	2803	2442	4456	
二道江区		597	88	23122	5909	3804	2279	1525	5939	
白山市小计	**9094**	**25145**	**7051**	**385922**	**78066**	**18475**	**15887**	**2588**	**121613**	**2065**
本级	970	16963	1411	95400	24087	5996	5140	856	18443	
县级小计	8124	8182	5640	290522	53979	12479	10747	1732	103170	2065
抚松县	1382	3332	1966	68262	15082	3357	2830	527	27215	
靖宇县	3320	2002	959	44830	6114	1139	812	327	18436	1450
长白县	1812	448		38715	5224	1142	1083	59	15319	615
临江市	819	860	1557	46693	9428	2093	2025	68	13640	
江源县	776	955	926	57245	10194	2900	2506	394	15735	
八道江区	15	585	232	34777	7937	1848	1491	357	12825	
白城市小计	**10896**	**7686**	**14901**	**414784**	**67437**	**20213**	**17630**	**2583**	**178238**	**5188**
本级	553	3236	301	109178	15590	7399	5681	1718	33032	901
县级小计	10343	4450	14600	305606	51847	12814	11949	865	145206	4287
洮南市	355	1130	8756	63221	6787	3079	2868	211	30957	812
大安市	3518	737	1107	79930	16829	3467	3428	39	34226	723
镇赉县	4164	1693	1872	63653	14333	3649	3523	126	26136	1140
通榆县	673	665	1866	59251	6656	1099	1024	75	32284	1612

2006年地方财政政府收支分类转换数据

2－10－12

单位:万元

地区	平衡部分									
	收入									
	财力性转移支付收入									
	一般性转移支付补助	民族地区转移支付补助	调整工资转移支付补助	农村税费改革转移支付补助	取消农业特产税降低农业税率转移支付补助	缓解县乡财政困难转移支付补助	农村义务教育补助	结算补助	企事业单位预算划转补助	其他财力性转移支付
铁东区	1528		3814	268	342	220		2315	－6	
铁西区	1219		2924	140	183	93		1473	－4	
辽源市小计	**37902**		**25937**	**4672**	**5790**	**7859**	**618**	**9275**	**－152**	
本级	13973		7004		1			5779		9
县级小计	23929		18933	4672	5789	7859	618	3496	－152	－9
东丰县	10282		7903	2311	3004	3729	618	1578	－78	10
东辽县	8760		8030	2049	2553	4070		1957	－69	－855
龙山区	2418		1770	208	172	40		－284	－3	499
西安区	2469		1230	104	60	20		245	－2	337
通化市小计	**48986**		**42054**	**8490**	**9614**	**8015**		**16813**	**－127**	
本级	12520		7815	20	28	40		4241		－2591
县级小计	36466		34239	8470	9586	7975		12572	－127	2591
通化县	3799		3912	1259	1816	775		1896	－88	50
集安市	5671		4417	1192	1457	367		1388	－75	200
柳河县	7952		6052	1827	2024	1769		2814	166	40
辉南县	4635		5550	1459	1826	2760		782	－62	10
梅河口市	12869		10393	2392	2253	2304		3426	－60	160
东昌区	96		2362	159	139			1238	－6	468
二道江区	1444		1553	182	71			1028	－2	1663
白山市小计	**60915**		**29515**	**4787**	**6104**	**4144**		**14164**	**－382**	**301**
本级	8924		6102		44			3624	19	－270
县级小计	51991		23413	4787	6060	4144		10540	－401	571
抚松县	11488		7129	1439	2364	582		4051	－157	319
靖宇县	7053		4991	802	813	1999		1297	－49	80
长白县	7738		3436	954	1339	82		1095	－87	147
临江市	6977		2928	623	692	1244		1192	－41	25
江源县	9793		2491	502	550	32		2399	－32	
八道江区	8942		2438	467	302	205		506	－35	
白城市小计	**51880**		**55576**	**9787**	**9882**	**20846**		**24745**	**334**	
本级	13295		8091	686	130	701		10179	246	－1197
县级小计	38585		47485	9101	9752	20145		14566	88	1197
洮南市	10285		9353	2462	1913	4306		1875	－49	
大安市	10323		10632	1818	1620	5191		3970	－81	30
镇赉县	4150		9209	1988	1767	5263		3272	－47	－606
通榆县	9672		10249	2024	2884	3688		2165	－80	70

2－10－13

单位:万元

地区	平衡部分								
	收入							支出	
	专项转移支付			省补助计划单列市	上年结余收入	调入资金	国债转贷收入、上年结余及转补助数	支出总计	本年支出
	小计	专项补助	增发国债补助						
铁东区	2966	2958	8		2	85		20808	20455
铁西区	2248	2248			39	55		15800	15132
辽源市小计	**77080**	**71347**	**5733**		**13878**	**520**	**1884**	**235463**	**221898**
本级	40561	36822	3739		6822	481	1138	101330	94616
县级小计	36519	34525	1994		7056	39	746	134133	127282
东丰县	14376	13912	464		759	16		55533	52613
东辽县	15007	13896	1111		6285		200	50476	47577
龙山区	3682	3339	343			21	546	15357	14495
西安区	3454	3378	76		12	2		12767	12597
通化市小计	**128750**	**117797**	**10953**		**31522**	**2828**	**4469**	**457691**	**416887**
本级	34300	31319	2981		13078	1638	1113	116314	108412
县级小计	94450	86478	7972		18444	1190	3356	341377	308475
通化县	12769	12452	317		1830	22	1594	51801	46425
集安市	17228	14838	2390		1742	922	710	48380	44830
柳河县	15976	15102	874		2981	17	467	50380	45834
辉南县	18382	16595	1787		4172		210	53558	48209
梅河口市	22591	20497	2094		2093	102	375	93961	85736
东昌区	3402	2926	476		2385			24437	19989
二道江区	4102	4068	34		3241	127		18860	17452
白山市小计	**124959**	**119464**	**5495**		**29470**	**11027**	**2312**	**367594**	**346248**
本级	24577	23542	1035		12150	9192	955	95152	88542
县级小计	100382	95922	4460		17320	1835	1357	272442	257706
抚松县	21368	20657	711		857	123	260	68125	61918
靖宇县	14743	13130	1613		4006		392	42171	40711
长白县	11842	10973	869		4724	24	440	33789	32569
临江市	19490	18780	710		939	1003	100	46693	44975
江源县	24175	23796	379		3539	537	165	49350	45574
八道江区	8764	8586	178		3255	148		32314	31959
白城市小计	**129967**	**117943**	**12024**		**16712**	**1267**	**950**	**396763**	**376249**
本级	41893	38900	2993		9934	630	700	98650	95059
县级小计	88074	79043	9031		6778	637	250	298113	281190
洮南市	19845	18216	1629		2066	337	150	61133	57298
大安市	22953	20621	2332		2455			76544	71885
镇赉县	18950	16489	2461		485		100	63353	57849
通榆县	18799	16190	2609		413			58882	56889

2－10－14

单位:万元

地区	平衡部分									
	支出								年终结余	其中:净结余
	财力性转移支付			专项上解	计划单列市上解省	增设预算周转金	调出资金	国债转贷拨付数及年末结余		
	小计	体制上解	出口退税专项上解							
铁东区				353					2	2
铁西区				668					337	1
辽源市小计	**3428**	**3428**		**7821**			**432**	**1884**	**23323**	
本级	3428	3428		1816			332	1138	14886	
县级小计				6005			100	746	8437	
东丰县				2869			51		991	
东辽县				2650			49	200	7118	
龙山区				316				546		
西安区				170					328	
通化市小计	**6538**	**6538**		**28260**			**1537**	**4469**	**36429**	**507**
本级	5997	5997		－157			949	1113	13292	42
县级小计	541	541		28417			588	3356	23137	465
通化县				3707			75	1594	1543	273
集安市				2744			96	710	2343	57
柳河县				4020			59	467	4081	5
辉南县				5049			90	210	5465	18
梅河口市	541	541		7041			268	375	3156	88
东昌区				4448					2287	18
二道江区				1408					4262	6
白山市小计	**4880**	**4880**		**13543**			**611**	**2312**	**18328**	**265**
本级	1065	1065		4368			222	955	248	248
县级小计	3815	3815		9175			389	1357	18080	17
抚松县	2431	2431		3433			83	260	137	6
靖宇县				1035			33	392	2659	11
长白县				753			27	440	4926	
临江市	183	183		1360			75	100		
江源县	1201	1201		2324			86	165	7895	
八道江区				270			85		2463	
白城市小计				**19261**		**100**	**203**	**950**	**18021**	**37**
本级				2891				700	10528	37
县级小计				16370		100	203	250	7493	
洮南市				3623			62	150	2088	
大安市				4418		100	141		3386	
镇赉县				5404				100	300	
通榆县				1993					369	

2－10－15

单位:万元

地区	收支部分										
	收入										
	本年收入小计	税收收入									
		小计	增值税	营业税	企业所得税	个人所得税	城市维护建设税	耕地占用税	契税	烟叶税	其他各项税收收入
洮北区	7242	5575	486	1468	141	134	876	307	845		1318
松原市小计	**170721**	**125164**	**50763**	**21172**	**10047**	**4832**	**15268**	**1802**	**4776**		**16504**
本级	58183	37414	8266	5224	3665	1414	10082	490	1752		6521
县级小计	112538	87750	42497	15948	6382	3418	5186	1312	3024		9983
前郭县	46820	35412	15905	6960	3203	1339	2709	574	1040		3682
长岭县	7241	4845	1011	2005	56	471	262	15	561		464
乾安县	30274	26895	18244	1580	2253	341	1917	126	137		2297
扶余县	11634	6098	807	2945	92	567	298	428	386		575
宁江区	16569	14500	6530	2458	778	700		169	900		2965
延边自治州小计	**206817**	**132251**	**23958**	**45378**	**9441**	**9667**	**17135**	**2225**	**9415**	**79**	**14953**
本级	37652	7350	3626	162	3236	136	26		56		108
县级小计	169165	124901	20332	45216	6205	9531	17109	2225	9359	79	14845
延吉市	72415	57975	5609	21765	2339	4168	12328	616	5820		5330
图们市	6777	5168	1199	1909	112	492	367	140	323		626
龙井市	10185	7375	1407	3136	177	478	425	420	624	79	629
和龙市	9604	7224	2162	2398	180	509	728	190	192		865
汪清县	7981	6236	1013	2222	373	530	362	141	280		1315
安图县	10518	6699	1475	2890	583	683	301	15	255		497
珲春市	20137	13772	3039	5057	784	1047	800	573	559		1913
敦化市	31548	20452	4428	5839	1657	1624	1798	130	1306		3670
长白山管委会	**527**	**470**		**310**	**5**	**22**	**74**		**6**		**53**

2006 年地方财政政府收支分类转换数据

2－10－16

单位:万元

地区	收支部分									
	收入								支出	
	非税收入							贷款转贷回收本金收入		
	小计	专项收入	行政事业性收费收入	罚没收入	国有资本经营收入	国有资源(资产)有偿使用收入	其他收入		本年支出小计	一般公共服务
洮北区	1667	599	448	603		17			37269	5505
松原市小计	**45557**	**13510**	**12866**	**9251**	**8361**	**519**	**1050**		**464123**	**92563**
本级	20769	9833	6757	3707	386	86			100787	25430
县级小计	24788	3677	6109	5544	7975	433	1050		363336	67133
前郭县	11408	1289	2233	1560	6150	176			104318	16559
长岭县	2396	290	540	1482		84			64700	7268
乾安县	3379	585	2001	682		110	1		81383	18555
扶余县	5536	555	871	1205	1825	36	1044		66708	12058
宁江区	2069	958	464	615		27	5		46227	12693
延边自治州小计	**74566**	**10415**	**15279**	**10195**	**36207**	**624**	**1846**		**665902**	**91189**
本级	30302	881	6261	2349	20620	191			162626	19631
县级小计	44264	9534	9018	7846	15587	433	1846		503276	71558
延吉市	14440	5560	2907	2943	2894	123	13		109057	14819
图们市	1609	344	581	562	80	24	18		34451	5606
龙井市	2810	350	1012	642	611	32	163		51157	8997
和龙市	2380	347	558	810	609	56			53000	5660
汪清县	1745	426	442	675		24	178		50893	5310
安图县	3819	439	672	511	2152	45			52292	7747
珲春市	6365	896	509	812	2570	104	1474		60062	12416
敦化市	11096	1172	2337	891	6671	25			92364	11003
长白山管委会	**57**	**54**	**2**	**1**					**22447**	**1534**

2－10－17

单位:万元

地　　区	收支部分										
	支出										
	外　交	国　防	公共安全	教　育	科学技术	文化体育与传媒	社会保障和就业	医疗卫生	环境保护	城乡社区事务	农林水事务
洮北区		116	1330	8560	159	271	8922	2215	308	2572	4454
松原市小计		**543**	**28060**	**79452**	**1331**	**5918**	**77600**	**18283**	**2979**	**40036**	**70168**
本级		289	12745	15496	221	1020	10317	3418	759	7723	13390
县级小计		254	15315	63956	1110	4898	67283	14865	2220	32313	56778
前郭县			4169	15005	632	1835	15890	3258	587	11860	19398
长岭县		83	2970	13312	36	886	17085	2489	739	1075	11596
乾安县		171	3548	11366	105	1549	11396	4267	477	11027	9945
扶余县			3373	13002	117	388	13365	3563	375	5441	10905
宁江区			1255	11271	220	240	9547	1288	42	2910	4934
延边自治州小计		**468**	**46643**	**90091**	**3735**	**14075**	**143853**	**24153**	**33234**	**49149**	**80815**
本级			11729	6850	1538	9066	25000	5490	24983	1118	18639
县级小计		468	34914	83241	2197	5009	118853	18663	8251	48031	62176
延吉市			10154	20462	600	1703	25057	2665	369	23157	3225
图们市		122	2901	4730	148	307	11479	1370	180	1515	2746
龙井市			3049	10465	119	413	12086	2022	662	2508	6952
和龙市		177	3881	8068	89	576	12728	2186	557	1816	8061
汪清县			2743	7289	132	364	15393	2155	411	1611	8767
安图县			3074	7571	306	364	11674	1685	195	2302	10884
珲春市		98	4006	11301	156	617	9957	2227	546	6266	8740
敦化市		71	5106	13355	647	665	20479	4353	5331	8856	12801
长白山管委会			**266**	**2058**	**144**	**181**	**1159**	**8**	**100**	**190**	**920**

2－10－18

单位:万元

地区	收支部分			平衡部分						
	支出			收入						
						返还性收入			财力性转移支付收入	
	交通运输	工业、商业、金融等事务	其他支出	收入总计	本年收入	小计	增值税和消费税税收返还	所得税基数返还	小计	体制补助
洮北区	1633	225	999	39551	7242	1520	1106	414	21603	
松原市小计	**23977**	**14674**	**8539**	**525149**	**170721**	**26396**	**23141**	**3255**	**189339**	**3671**
本级	1069	4331	4579	116087	58183	8188	6131	2057	17235	
县级小计	22908	10343	3960	409062	112538	18208	17010	1198	172104	3671
前郭县	8315	6434	376	119109	46820	8297	7793	504	37772	
长岭县	5273	608	1280	76707	7241	1222	1129	93	44168	2257
乾安县	6546	1938	493	85010	30274	2958	2841	117	30459	1414
扶余县	1838	1232	1051	80587	11634	1115	1107	8	40570	
宁江区	936	131	760	47649	16569	4616	4140	476	19135	
延边自治州小计	**16118**	**54619**	**17760**	**719118**	**206817**	**73821**	**62156**	**11665**	**209318**	**2157**
本级	573	37152	857	168448	37652	24164	20173	3991	57091	106
县级小计	15545	17467	16903	550670	169165	49657	41983	7674	152227	2051
延吉市	1372	1860	3614	127734	72415	21371	18829	2542	11955	
图们市	480	506	2361	36778	6777	4027	3543	484	12692	100
龙井市	462	1909	1513	53667	10185	3810	3648	162	19311	200
和龙市	2472	6157	572	58867	9604	3334	3030	304	21015	350
汪清县	4319	571	1828	52868	7981	2251	2178	73	21033	350
安图县	2445	1081	2964	54388	10518	2472	2386	86	21698	150
珲春市	1600	1595	537	64212	20137	2990	2491	499	21866	651
敦化市	2395	3788	3514	102156	31548	9402	5878	3524	22657	250
长白山管委会	**40**	**15142**	**705**	**24848**	**527**				**3636**	

2－10－19

单位：万元

地区	平衡部分									
	收入									
	财力性转移支付收入									
	一般性转移支付补助	民族地区转移支付补助	调整工资转移支付补助	农村税费改革转移支付补助	取消农业特产税降低农业税率转移支付补助	缓解县乡财政困难转移支付补助	农村义务教育补助	结算补助	企事业单位预算划转补助	其他财力性转移支付
洮北区	4155		8042	809	1568	1697		3284	345	1703
松原市小计	**53008**		**50239**	**9024**	**19646**	**24076**		**29929**	**－254**	
本级	7322		6496	41	317	209		14301	－7	－11444
县级小计	45686		43743	8983	19329	23867		15628	－247	11444
前郭县	8686		8061	3201	4481	4455		8647	129	112
长岭县	14424		12494	1903	3981	6718		2473	－101	19
乾安县	9145		8662	1235	2345	5269		2433	－51	7
扶余县	12804		8453	2140	7046	6281		3959	－187	74
宁江区	627		6073	504	1476	1144		－1884	－37	11232
延边自治州小计	**47126**	**45090**	**57043**	**9323**	**10657**	**3560**	**6191**	**28108**	**－139**	**202**
本级	16916	4406	7859	20				6531		21253
县级小计	30210	40684	49184	9303	10657	3560	6191	21577	－139	－21051
延吉市	4929	2753	7795	381	212	46	1369	4871	－9	－10392
图们市	2760	5145	3633	321	198	18	359	1571	－9	－1404
龙井市	2920	6116	6470	1376	933	626	533	2158	－36	－1985
和龙市	4408	5815	5941	1329	1579	456	550	2122	－88	－1447
汪清县	2949	6506	6051	1628	1648	488	650	2142	－101	－1278
安图县	3603	5918	5596	1346	1848	451	633	2444	322	－613
珲春市	6097	4363	5971	943	690	455	713	2186	－30	－173
敦化市	2544	4068	7727	1979	3549	1020	1384	4083	－188	－3759
长白山管委会	**2444**		**695**					**1000**		**－503**

2006 年地方财政政府收支分类转换数据

2－10－20

单位:万元

地区	平衡部分								
	收入							支出	
	专项转移支付			省补助计划单列市	上年结余收入	调入资金	国债转贷收入、上年结余及转补助数	支出总计	本年支出
	小计	专项补助	增发国债补助						
洮北区	7527	7527			1359	300		38201	37269
松原市小计	**106341**	**96661**	**9680**		**28953**	**885**	**2514**	**502614**	**464123**
本级	27087	25870	1217		3859	441	1094	113412	100787
县级小计	79254	70791	8463		25094	444	1420	389202	363336
前郭县	23380	21240	2140		2720		120	115165	104318
长岭县	17246	15005	2241		6190		640	69025	64700
乾安县	15165	13841	1324		6117	37		84912	81383
扶余县	16541	13913	2628		10067		660	72834	66708
宁江区	6922	6792	130			407		47266	46227
延边自治州小计	**213636**	**193679**	**19957**		**3766**	**4131**	**7629**	**713138**	**665902**
本级	47322	46712	610		680	575	964	166109	162626
县级小计	166314	146967	19347		3086	3556	6665	547029	503276
延吉市	20453	18849	1604		1022	318	200	125492	109057
图们市	12201	11747	454		185	896		36687	34451
龙井市	19803	19171	632		389	19	150	53667	51157
和龙市	20387	18162	2225		527		4000	58772	53000
汪清县	21477	18503	2974		126			52839	50893
安图县	19420	16200	3220		52	228		54379	52292
珲春市	17931	16170	1761		88	600	600	64118	60062
敦化市	34642	28165	6477		697	1495	1715	101075	92364
长白山管委会	**20685**	**20685**						**22458**	**22447**

2－10－21

单位:万元

地区	平衡部分									
	支出								年终结余	其中:净结余
	财力性转移支付			专项上解	计划单列市上解省	增设预算周转金	调出资金	国债转贷拨付数及年末结余		
	小计	体制上解	出口退税专项上解							
洮北区				932					1350	
松原市小计	**5608**	**5608**		**28896**			**1473**	**2514**	**22535**	**215**
本级	4442	4442		5616			1473	1094	2675	47
县级小计	1166	1166		23280				1420	19860	168
前郭县	1166	1166		9561				120	3944	168
长岭县				3685				640	7682	
乾安县				3529					98	
扶余县				5466				660	7753	
宁江区				1039					383	
延边自治州小计				**37233**			**2374**	**7629**	**5980**	**212**
本级				2519				964	2339	168
县级小计				34714			2374	6665	3641	44
延吉市				14540			1695	200	2242	2
图们市				2181			55		91	2
龙井市				2308			52	150		
和龙市				1663			109	4000	95	
汪清县				1908			38		29	
安图县				2042			45		9	9
珲春市				3336			120	600	94	
敦化市				6736			260	1715	1081	31
长白山管委会							**11**		**2390**	

2006 年黑龙江省地市县财政一般预算收支平衡表

2－11－1　　　　单位:万元

地区	收支部分										
	收入										
	本年收入小计	税收收入									
		小计	增值税	营业税	企业所得税	个人所得税	城市维护建设税	耕地占用税	契税	烟叶税	其他各项税收收入
地(市)县级总计	**2567976**	**1971733**	**382499**	**542096**	**204200**	**107669**	**316254**	**11030**	**180069**	**5991**	**221925**
地(市)本级合计	**1391765**	**1035566**	**182831**	**259854**	**88246**	**50615**	**246650**	**1640**	**140401**	**49**	**65280**
县级合计	**1176211**	**936167**	**199668**	**282242**	**115954**	**57054**	**69604**	**9390**	**39668**	**5942**	**156645**
哈尔滨市小计	**1182934**	**915416**	**139051**	**357018**	**84841**	**45919**	**57660**	**4245**	**135176**	**943**	**90563**
本级	661267	510158	78092	195764	50068	23366	47517	327	111375		3649
县级小计	521667	405258	60959	161254	34773	22553	10143	3918	23801	943	86914
阿城市	31289	23795	7267	5918	5109	942	2045		829		1685
宾县	16002	11534	2098	3257	2103	1637	641	24	217	800	757
方正县	6059	3730	590	2108	292	253	160		100		227
依兰县	13932	9090	2103	4571	393	260	465		279	31	988
巴彦县	7072	4842	805	2195	768	215	143	2	93	49	572
木兰县	4436	2977	816	1280	267	153	220		52		189
通河县	4335	2547	385	1406	141	144	111		85	30	245
延寿县	4252	2929	784	1381	136	121	227		45	14	221
双城市	20619	14721	6481	4427	781	457	1051	300	267	19	938
五常市	15736	11921	2694	5147	1283	787	1146	1	101		762
尚志市	16585	11341	2607	4798	840	586	745		712		1053
道里区	70374	53208	4168	18950	3748	2431		1399	3135		19377
道外区	45338	36355	3555	15052	1549	1288		133	926		13852
南岗区	91402	65540	5931	24164	5285	6608		70	3080		20402
松北区	38371	36550	652	24400	2356	610	1522	387	4639		1984
香坊区	19104	13657	1386	5754	466	1170		109	584		4188
动力区	25529	20711	2332	11372	1371	1146		100	748		3642
平房区	8838	7831	919	2449	631	348		435	107		2942
呼兰区	35736	31849	7163	15216	1457	811	1667		1728		3807
开发区	46658	40130	8223	7409	5797	2586		958	6074		9083
齐齐哈尔市小计	**162784**	**110255**	**30959**	**27091**	**7144**	**6181**	**12288**	**1895**	**8174**		**16523**
本级	87208	51821	12718	6083	5722	5174	10334		4396		7394
县级小计	75576	58434	18241	21008	1422	1007	1954	1895	3778		9129
龙江县	5839	3846	991	1340	164	133	361	33	265		559
讷河市	7084	4978	847	1625	71	149	297	1263	327		399
依安县	4682	2682	1143	646	246	86	145	3	43		370
泰来县	3568	2358	589	949	33	79	242	88	56		322
甘南县	3862	2294	543	965	86	155	189	40	131		185
富裕县	4917	4293	1540	1026	395	138	298	385	57		454

2－11－2

单位:万元

地区	收支部分									
	收入								支出	
	非税收入							贷款转贷回收本金收入		
	小计	专项收入	行政事业性收费收入	罚没收入	国有资本经营收入	国有资源(资产)有偿使用收入	其他收入		本年支出小计	一般公共服务
地(市)县级总计	**596243**	**178661**	**145205**	**122066**	**130460**	**8522**	**11329**		**6462968**	**1138291**
地(市)本级合计	**356199**	**133839**	**102507**	**54247**	**55920**	**4467**	**5219**		**2420375**	**443647**
县级合计	**240044**	**44822**	**42698**	**67819**	**74540**	**4055**	**6110**		**4042593**	**694644**
哈尔滨市小计	**267518**	**40158**	**75112**	**43028**	**105161**	**2741**	**1318**		**1946839**	**348960**
本级	151109	31965	55614	21375	40826	1329			761158	164450
县级小计	116409	8193	19498	21653	64335	1412	1318		1185681	184510
阿城市	7494	1401	1299	1451	3281	62			81148	11508
宾县	4468	673	657	1400	1684	54			63090	9498
方正县	2329	348	470	709	764	38			32347	5495
依兰县	4842	422	483	1390	2433	13	101		51034	7832
巴彦县	2230	138	1085	591	24	32	360		56796	9756
木兰县	1459	118	547	707	78	9			33674	6329
通河县	1788	104	293	573	713	19	86		30536	4099
延寿县	1323	245	408	596		74			32719	5981
双城市	5898	829	1111	1466	2316	31	145		70049	13847
五常市	3815	713	683	2254	107	58			70657	10340
尚志市	5244	887	1849	1392	1034	35	47		54395	9115
道里区	17166		2646	2887	11142	50	441		100865	18157
道外区	8983		1551	690	6700	42			88753	14126
南岗区	25862		2290	2292	21004	168	108		114374	15010
松北区	1821	955	444	329	62	31			41441	7451
香坊区	5447		1283	524	3619	21			39279	5998
动力区	4818		343	933	3467	75			49650	10480
平房区	1007		136	335		536			28367	3939
呼兰区	3887	1360	1341	1134		22	30		69286	9916
开发区	6528		579		5907	42			77221	5633
齐齐哈尔市小计	**52529**	**7937**	**13595**	**8722**	**15449**	**637**	**6189**		**714901**	**116334**
本级	35387	6222	8310	3365	12805	231	4454		207055	33124
县级小计	17142	1715	5285	5357	2644	406	1735		507846	83210
龙江县	1993	301	804	673	11	23	181		48022	8301
讷河市	2106	286	546	853	315	106			56778	8647
依安县	2000	120	506	303	921	31	119		42154	5673
泰来县	1210	249	219	661	17	64			39174	6294
甘南县	1568	169	588	467	271	73			44328	4538
富裕县	624	260	413	430	－500	21			32486	5689

2006年地方财政政府收支分类转换数据

2-11-3

单位:万元

地区	收支部分										
	支出										
	外交	国防	公共安全	教育	科学技术	文化体育与传媒	社会保障和就业	医疗卫生	环境保护	城乡社区事务	农林水事务
地(市)县级总计		**13611**	**495391**	**1373919**	**76760**	**108558**	**767010**	**310969**	**74141**	**595419**	**642752**
地(市)本级合计		**9055**	**249085**	**394132**	**43041**	**59221**	**324859**	**116591**	**40672**	**240468**	**126835**
县级合计		**4556**	**246306**	**979787**	**33719**	**49337**	**442151**	**194378**	**33469**	**354951**	**515917**
哈尔滨市小计		**6523**	**156781**	**370878**	**41130**	**31228**	**160639**	**99478**	**13760**	**203940**	**139555**
本级		4560	78724	71636	22111	18824	70447	46953	8949	29745	31202
县级小计		1963	78057	299242	19019	12404	90192	52525	4811	174195	108353
阿城市			3641	21672	912	1079	10707	3476	952	8409	6904
宾县		90	3115	16427	880	403	5298	1939	235	7208	8118
方正县			2113	7973	466	383	2588	1636	125	1963	5782
依兰县			2712	14022	537	625	3740	2318	172	5087	10536
巴彦县			2397	17166	438	618	4598	1615	276	3748	6411
木兰县		69	1974	8715	633	313	2440	1573	194	2074	6834
通河县			1449	8443	254	641	1901	2654	65	2202	7084
延寿县		36	1928	8699	325	571	2366	1392	309	1707	7288
双城市		254	4206	18075	700	1381	5837	3722	371	2221	9526
五常市		78	3739	19430	1147	804	5664	1234	396	7091	11989
尚志市		104	3746	13844	528	851	3696	3313	538	3548	7725
道里区		181	8151	26991	1282	759	5149	5592	28	11667	2289
道外区		115	9011	30233	1141	375	7183	4463	135	13020	1149
南岗区		181	11292	30228	1774	361	3546	5979	61	17840	4612
松北区		96	2430	10963	545	52	1317	1919	216	4062	2240
香坊区		87	4128	11443	833	138	2829	2002	75	4984	1314
动力区		470	5022	13027	556	180	10406	1516	92	4992	624
平房区		87	2513	5138	422	2155	6314	1079	42	3607	1306
呼兰区		115	4490	16753	749	715	4613	5103	529	11805	6622
开发区					4897					56960	
齐齐哈尔市小计		**1447**	**54479**	**166393**	**4360**	**13128**	**108552**	**31354**	**10768**	**41650**	**79660**
本级		537	29656	18161	2623	6365	49192	7381	6718	14687	8894
县级小计		910	24823	148232	1737	6763	59360	23973	4050	26963	70766
龙江县		113	2718	14750	105	499	5432	1718	532	1776	8017
讷河市			2795	15370	71	699	6126	3172	229	2392	7562
依安县		28	1946	13859	165	396	3437	1592	137	2011	7448
泰来县			2802	10413	121	673	2699	1344	340	3118	8160
甘南县		68	2236	10205	393	437	2959	2599	1254	1479	8645
富裕县			2150	7944	538	494	2897	1475	255	1299	5627

二、各省、自治区、直辖市地市县一般预算财政资料

2-11-4

单位:万元

地区	收支部分			平衡部分						
	支出			收入						
						返还性收入			财力性转移支付收入	
	交通运输	工业、商业、金融等事务	其他支出	收入总计	本年收入	小计	增值税和消费税税收返还	所得税基数返还	小计	体制补助
地(市)县级总计	**236847**	**486622**	**142678**	**6921955**	**2567976**	**619144**	**471590**	**147554**	**1998584**	
地(市)本级合计	**45445**	**257069**	**70255**	**2678969**	**1391765**	**241541**	**192897**	**48644**	**327847**	
县级合计	**191402**	**229553**	**72423**	**4242986**	**1176211**	**377603**	**278693**	**98910**	**1670737**	
哈尔滨市小计	**52409**	**277768**	**43790**	**2169106**	**1182934**	**196974**	**119998**	**76976**	**372971**	
本级	6927	172304	34326	929497	661267	105386	79983	25403	6502	
县级小计	45482	105464	9464	1239609	521667	91588	40015	51573	366469	
阿城市	5813	2688	3387	85121	31289	10250	6709	3541	16397	
宾县	5493	4386		65542	16002	4968	3974	994	27240	
方正县	2960	616	247	32667	6059	1467	1156	311	14353	
依兰县	2778	450	225	51257	13932	3103	2820	283	22358	
巴彦县	5796	1490	2487	61516	7072	2402	1637	765	35769	
木兰县	1262	1264		35680	4436	3039	2799	240	17163	
通河县	303	636	805	36292	4335	961	746	215	19196	
延寿县	918	508	691	32950	4252	2326	1999	327	17637	
双城市	6293	2654	962	71634	20619	8180	7125	1055	24536	
五常市	5441	3304		84836	15736	3601	2159	1442	35979	
尚志市	2240	5147		55427	16585	5611	4285	1326	18250	
道里区	641	19978		102696	70374	9912		9912	9176	
道外区	803	6999		89967	45338	5480		5480	28611	
南岗区	36	23370	84	116067	91402	9588		9588	8448	
松北区	935	9213	2	46189	38371	789		789	582	
香坊区	443	4668	337	40177	19104	2373		2373	10490	
动力区		2285		50179	25529	3352		3352	9688	
平房区	92	1673		29849	8838	1105		1105	6544	
呼兰区	3235	4404	237	70594	35736	6006	4606	1400	19101	
开发区		9731		80969	46658	7075		7075	24951	
齐齐哈尔市小计	**37845**	**26125**	**22806**	**752525**	**162784**	**73619**	**61354**	**12265**	**292017**	
本级	3712	11615	14390	222673	87208	38122	33305	4817	16641	
县级小计	34133	14510	8416	529852	75576	35497	28049	7448	275376	
龙江县	3156	526	379	54152	5839	3734	3482	252	31366	
讷河市	6050	3665		60764	7084	3174	2931	243	31720	
依安县	3034	1699	729	43423	4682	3213	2826	387	25987	
泰来县	2164	506	540	40892	3568	2753	2665	88	21126	
甘南县	8090	640	785	47184	3862	2311	2144	167	24661	
富裕县	3280	689	149	33029	4917	3699	3116	583	14909	

2-11-5

单位:万元

地区	平衡部分									
	收入									
	财力性转移支付收入									
	一般性转移支付补助	民族地区转移支付补助	调整工资转移支付补助	农村税费改革转移支付补助	取消农业特产税降低农业税率转移支付补助	缓解县乡财政困难转移支付补助	农村义务教育补助	结算补助	企事业单位预算划转补助	其他财力性转移支付
地(市)县级总计	**309582**		**696524**	**106722**	**257907**	**155818**		**472031**		
地(市)本级合计	**9978**		**124431**	**256**	**6004**	**3297**		**183881**		
县级合计	**299604**		**572093**	**106466**	**251903**	**152521**		**288150**		
哈尔滨市小计	**42572**		**151432**	**25434**	**51609**	**28320**		**73604**		
本级	-2797		15174					-5875		
县级小计	45369		136258	25434	51609	28320		79479		
阿城市			7490	1340	2938	1786		2843		
宾县	6901		9166	2224	4538	2459		1952		
方正县	3073		4656	1172	2080	1252		2120		
依兰县	4515		8227	1912	4046	2512		1146		
巴彦县	7922		11437	2198	7512	3470		3230		
木兰县	4658		6687	1016	2123	1570		1109		
通河县	6173		6890	1215	1795	1394		1729		
延寿县	5114		6675	1599	1847	1582		820		
双城市			10270	1658	6182	3406		3020		
五常市	4216		12487	4282	7899	3529		3566		
尚志市			7710	2746	3264	1611		2919		
道里区			7522	562	524	53		515		
道外区	1382		11082	367	231	28		15521		
南岗区			7203	319	208	30		688		
松北区			708	502	942	48		-1618		
香坊区	885		3941	353	255	21		5035		
动力区	70		3528	232	115	26		5717		
平房区	460		2170	140	157	30		3587		
呼兰区			8385	1597	4953	3513		653		
开发区			24					24927		
齐齐哈尔市小计	**62865**		**106271**	**14528**	**51909**	**23348**		**33096**		
本级			20551			145		-4055		
县级小计	62865		85720	14528	51909	23203		37151		
龙江县	9511		8869	1397	7256	2738		1595		
讷河市	4490		10199	1818	9896	3536		1781		
依安县	6462		8329	1132	5683	2892		1489		
泰来县	7275		6009	1116	3227	1923		1576		
甘南县	6318		7088	1538	5939	2363		1415		
富裕县	4179		5132	987	2256	1280		1075		

二、各省、自治区、直辖市地市县一般预算财政资料

2－11－6

单位:万元

地区	平衡部分								
	收入							支出	
	专项转移支付			省补助计划单列市	上年结余收入	调入资金	国债转贷收入、上年结余及转补助数	支出总计	本年支出
	小计	专项补助	增发国债补助						
地(市)县级总计	**1507376**	**1331590**	**175786**		**186237**	**9462**	**33176**	**6632122**	**6462968**
地(市)本级合计	**570537**	**462676**	**107861**		**117316**	**6123**	**23840**	**2488370**	**2420375**
县级合计	**936839**	**868914**	**67925**		**68921**	**3339**	**9336**	**4143752**	**4042593**
哈尔滨市小计	**299943**	**257962**	**41981**		**102083**	**836**	**13365**	**2022246**	**1946839**
本级	75956	47837	28119		70041		10345	827775	761158
县级小计	223987	210125	13862		32042	836	3020	1194471	1185681
阿城市	24833	22812	2021		2252		100	82447	81148
宾县	14277	13801	476		2525		530	63970	63090
方正县	10361	10074	287		267		160	32667	32347
依兰县	11646	9945	1701		218			51222	51034
巴彦县	12892	12280	612		3381			57005	56796
木兰县	9886	8531	1355		1156			33780	33674
通河县	10996	10888	108		504		300	30980	30536
延寿县	8416	8100	316		319			32867	32719
双城市	17859	16845	1014		440			70797	70049
五常市	18233	16073	2160		10587	100	600	71645	70657
尚志市	13339	12599	740		1142		500	55401	54395
道里区	10401	10199	202		2833			101074	100865
道外区	9682	9645	37		856			89008	88753
南岗区	6065	5978	87		564			114797	114374
松北区	5929	5803	126		518			41441	41441
香坊区	6336	6282	54		1496	348	30	39576	39279
动力区	11049	11049			561			49726	49650
平房区	11723	9736	1987		451	388	800	29193	28367
呼兰区	8978	8399	579		773			69654	69286
开发区	1086	1086			1199			77221	77221
齐齐哈尔市小计	**210393**	**193414**	**16979**		**11174**		**2538**	**730441**	**714901**
本级	75317	68656	6661		3409		1976	214955	207055
县级小计	135076	124758	10318		7765		562	515486	507846
龙江县	11017	9671	1346		1814		382	48783	48022
讷河市	14789	12696	2093		3937		60	57193	56778
依安县	8788	8041	747		753			42955	42154
泰来县	12332	11048	1284		993		120	39760	39174
甘南县	14768	13469	1299		1582			44796	44328
富裕县	9482	8932	550		22			32995	32486

2－11－7

单位:万元

地区	平衡部分									
	支出								年终结余	其中:净结余
	财力性转移支付			专项上解	计划单列市上解省	增设预算周转金	调出资金	国债转贷拨付数及年末结余		
	小计	体制上解	出口退税专项上解							
地(市)县级总计	**6991**		**6991**	**127941**			**1046**	**33176**	**289833**	**20718**
地(市)本级合计	**4861**		**4861**	**38301**			**993**	**23840**	**190599**	**7862**
县级合计	**2130**		**2130**	**89640**			**53**	**9336**	**99234**	**12856**
哈尔滨市小计	**4113**		**4113**	**57929**				**13365**	**146860**	**24758**
本级	3637		3637	52635				10345	101722	9307
县级小计	476		476	5294				3020	45138	15451
阿城市	68		68	1131				100	2674	482
宾县	42		42	308				530	1572	65
方正县	13		13	147				160		
依兰县	3		3	185					35	35
巴彦县				209					4511	2931
木兰县	18		18	88					1900	142
通河县	62		62	82				300	5312	396
延寿县	1		1	147					83	83
双城市	203		203	545					837	52
五常市	2		2	386				600	13191	1263
尚志市	64		64	442				500	26	26
道里区				209					1622	1622
道外区				255					959	959
南岗区				423					1270	1270
松北区									4748	475
香坊区				267				30	601	601
动力区				76					453	453
平房区				26				800	656	56
呼兰区				368					940	792
开发区									3748	3748
齐齐哈尔市小计	**656**		**656**	**12318**			**28**	**2538**	**22084**	**－1155**
本级	627		627	5297				1976	7718	1381
县级小计	29		29	7021			28	562	14366	－2536
龙江县				379				382	5369	111
讷河市	6		6	349				60	3571	483
依安县	3		3	798					468	425
泰来县				466				120	1132	－1362
甘南县				440			28		2388	388
富裕县				509					34	34

2-11-8

单位:万元

地区	收支部分										
	收入										
	本年收入小计	税收收入									
		小计	增值税	营业税	企业所得税	个人所得税	城市维护建设税	耕地占用税	契税	烟叶税	其他各项税收收入
克山县	3604	1824	380	761	96	113	182	10	53		229
克东县	2519	2029	1027	407	249	51	69	20	15		191
拜泉县	3660	1911	486	664	82	103	171	20	120		265
龙沙区	10797	10018	2516	4133					1079		2290
建华区	6001	5694	825	2915				12	815		1127
铁锋区	8252	7366	2745	2975				12	402		1232
富拉尔基区	7357	6330	3251	1684				2	250		1143
昂昂溪区	1268	1053	424	300				1	132		196
梅里斯区	1095	880	595	197				6	11		71
碾子山区	1071	878	339	421					22		96
牡丹江市小计	**135164**	**109262**	**32716**	**21606**	**11346**	**7398**	**13875**	**215**	**6308**	**1783**	**14015**
本级	37492	29215	6729	5497	3442	3046	3009		2898		4594
县级小计	97672	80047	25987	16109	7904	4352	10866	215	3410	1783	9421
绥芬河市	28691	23748	8783	4669	2230	1186	3031	42	1808		1999
林口县	6312	4956	1172	820	347	363	188		52	565	1449
穆棱市	8387	6300	2346	633	503	187	2022		100	90	419
东宁县	13955	11686	4635	1626	1208	745	1033	56	535	774	1074
宁安市	6718	5057	1262	1252	945	283	426		168		721
海林市	12170	9341	2641	1853	616	194	2224	115	622	243	833
东安区	5766	5116	1317	1424	329	461	473	1	31		1080
西安区	6501	5682	1129	2033	525	447	519	1	51	111	866
爱民区	4939	4476	1378	1191	535	267	610		15		480
阳明区	4233	3685	1324	608	666	219	340		28		500
佳木斯市小计	**62350**	**48045**	**14067**	**13491**	**3845**	**3335**	**4921**	**72**	**2189**	**625**	**5500**
本级	28765	20739	7142	3415	2886	1416	2445		1200		2235
县级小计	33585	27306	6925	10076	959	1919	2476	72	989	625	3265
桦南县	5008	3986	1125	998	105	229	378		66	91	994
桦川县	2110	1774	519	638	14	76	147		34	79	267
汤原县	3019	2132	644	640	130	126	148		90	135	219
抚远县	2517	1694	352	597	61	105	77		108		394
富锦县	6211	5461	1080	2440	204	377	361	1	422	247	329
同江县	3141	2901	1108	1029	96	231	197	2	51	6	181
东风区	2025	1624	259	706	11	87	270		2		289
前进区	2991	2360	462	1088	89	173	256	31			261
向阳区	3369	2810	797	1001	88	366	355				203

2006 年地方财政政府收支分类转换数据

2－11－9 单位：万元

地区	收支部分									
	收入								支出	
	非税收入							贷款转贷回收本金收入		
	小计	专项收入	行政事业性收费收入	罚没收入	国有资本经营收入	国有资源(资产)有偿使用收入	其他收入		本年支出小计	一般公共服务
克山县	1780	95	528	531		32	594		42661	6989
克东县	490	94	104	250	20	11	11		34462	3177
拜泉县	1749	141	342	470	46	18	732		49008	11850
龙沙区	779		251	204	321	3			21172	4719
建华区	307		157	74	8	11	57		17537	3616
铁锋区	886		214	96	538		38		20480	3814
富拉尔基区	1027		364	172	485	6			24343	3885
昂昂溪区	215		88	62	61	1	3		8378	1687
梅里斯区	215		88	73	50	4			14902	2473
碾子山区	193		73	38	80	2			11961	1858
牡丹江市小计	**25902**	**9301**	**9525**	**10221**	**－3527**	**220**	**162**		**421233**	**76051**
本级	8277	3065	5509	4845	－5251	109			117937	17346
县级小计	17625	6236	4016	5376	1724	111	162		303296	58705
绥芬河市	4943	1358	1309	855	1343	33	45		61578	13653
林口县	1356	302	284	612	151	7			39752	6029
穆棱市	2087	1003	349	704		31			41172	7331
东宁县	2269	958	285	891	43		92		39170	7668
宁安市	1661	244	750	640	1	19	7		45111	6986
海林市	2829	1510	592	713		14			46223	7531
东安区	650	210	118	320		2			7877	2279
西安区	819	226	155	250	186	2			8748	3217
爱民区	463	263	94	86		2	18		7075	1886
阳明区	548	162	80	305		1			6590	2125
佳木斯市小计	**14305**	**2973**	**2750**	**7063**	**1292**	**168**	**59**		**394696**	**55903**
本级	8026	1605	1574	3520	1224	61	42		124593	17901
县级小计	6279	1368	1176	3543	68	107	17		270103	38002
桦南县	1022	118	50	848	－7	13			46501	6387
桦川县	336	108	78	144		5	1		34314	5198
汤原县	887	225	303	467	－135	27			37415	4487
抚远县	823	57	50	202	499		15		28108	3110
富锦县	750	293	99	844	－500	14			49315	3903
同江县	240	114	29	62	－2	37			37187	5778
东风区	401	78	61	261			1		4733	1646
前进区	631	109	195	326		1			3923	1198
向阳区	559	153	144	137	123	2			6041	1637

二、各省、自治区、直辖市地市县一般预算财政资料

2-11-10

单位:万元

地区	收支部分										
	支出										
	外交	国防	公共安全	教育	科学技术	文化体育与传媒	社会保障和就业	医疗卫生	环境保护	城乡社区事务	农林水事务
克山县		44	1982	12808	32	969	3208	2355	301	276	5930
克东县		58	2010	8775	150	560	3654	2238	256	2572	5923
拜泉县		265	1966	13163	71	955	4677	2424	118	1412	5993
龙沙区		39	799	8351	20	74	3597	802	60	1964	679
建华区		53	627	6825	15	71	3632	529	28	1702	230
铁锋区		78	779	4792		150	6788	662	94	1550	807
富拉尔基区		51	744	10215	22	295	3645	702	86	3003	1060
昂昂溪区		22	345	2872		118	1088	534	22	799	847
梅里斯区		56	514	6194	6	251	624	1304	184	332	2897
碾子山区		35	410	1696	28	122	4897	523	154	1278	941
牡丹江市小计		**443**	**31841**	**79751**	**4047**	**6814**	**53676**	**20769**	**3305**	**36784**	**42962**
本级		329	10205	20144	2089	3745	24430	8231	1502	10005	6202
县级小计		114	21636	59607	1958	3069	29246	12538	1803	26779	36760
绥芬河市			4630	6546	285	621	5296	910	232	13715	2626
林口县		48	2325	9918	85	514	4265	2438	252	1292	4400
穆棱市			2036	9880	182	338	3466	1984	407	3554	6043
东宁县			2466	7177	437	733	3126	1429	131	1505	6095
宁安市			2432	8868	273	420	4481	1701	136	2377	9702
海林市		59	2988	9077	175	378	4816	2549	581	4171	6865
东安区			1359	2522	466	21	633	372	13		212
西安区			1182	1931		15	1472	366	10	37	433
爱民区			1008	1657	55	19	1595	365	14	7	137
阳明区		7	1210	2031		10	96	424	27	121	247
佳木斯市小计		**580**	**24635**	**87319**	**1287**	**6541**	**69666**	**23628**	**4075**	**23918**	**63243**
本级		229	10375	20998	460	2979	31034	7917	2528	14520	7028
县级小计		351	14260	66321	827	3562	38632	15711	1547	9398	56215
桦南县			2900	14383	80	491	4462	2838	325	1325	9412
桦川县			1612	7743	492	479	2633	1777	558	632	10036
汤原县		36	1689	9488	34	581	3690	2507	111	1083	8658
抚远县		48	1168	5846	48	543	4968	1376	31	1755	6712
富锦县		42	2249	10490	30	304	15666	3044	221	2427	8233
同江县		47	1895	7122	143	1026	3275	2775	148	1405	8222
东风区		20	559	1499		27	126	291	33	146	330
前进区		15	723	1468		10	43	226	9	129	24
向阳区		33	594	2900			48	335	19	279	127

2006年地方财政政府收支分类转换数据

2－11－11

单位:万元

地区	收支部分			平衡部分						
	支出			收入						
						返还性收入			财力性转移支付收入	
	交通运输	工业、商业、金融等事务	其他支出	收入总计	本年收入	小计	增值税和消费税税收返还	所得税基数返还	小计	体制补助
克山县	3433	2418	1916	43516	3604	2094	1799	295	26701	
克东县	3048	917	1124	34066	2519	3980	3825	155	20166	
拜泉县	1781	2835	1498	50996	3660	2077	1659	418	32139	
龙沙区	68			21484	10797	1319	140	1179	6487	
建华区			209	17572	6001	2924	2132	792	5525	
铁锋区			966	22076	8252	1520		1520	5472	
富拉尔基区	5	548	82	25511	7357	2264	1330	934	5640	
昂昂溪区	24	20		8517	1268	200		200	5719	
梅里斯区		28	39	15054	1095	68		68	11924	
碾子山区		19		11616	1071	167		167	5834	
牡丹江市小计	**17973**	**39689**	**7128**	**482682**	**135164**	**75385**	**61753**	**13632**	**118453**	
本级	3460	9320	929	151211	37492	17756	12079	5677	30659	
县级小计	14513	30369	6199	331471	97672	57629	49674	7955	87794	
绥芬河市	901	10314	1849	62749	28691	22003	19754	2249	3388	
林口县	2918	5268		43421	6312	4475	3485	990	21279	
穆棱市	2679	3234	38	43927	8387	8019	7605	414	15285	
东宁县	1924	6380	99	48619	13955	8146	7407	739	9993	
宁安市	2790	1049	3896	49241	6718	2137	1909	228	22148	
海林市	3281	3528	224	50955	12170	5188	4752	436	16206	
东安区				8761	5766	2416	1366	1050	－210	
西安区	20	65		9507	6501	2201	1339	862	－816	
爱民区		239	93	7442	4939	1470	1031	439	－285	
阳明区		292		6849	4233	1574	1026	548	806	
佳木斯市小计	**15987**	**15090**	**2824**	**412010**	**62350**	**36393**	**33034**	**3359**	**167794**	
本级	2020	5962	642	139885	28765	15506	14723	783	27921	
县级小计	13967	9128	2182	272125	33585	20887	18311	2576	139873	
桦南县	2787	1025	86	46623	5008	2882	2645	237	24952	
桦川县	1721	446	987	34477	2110	2229	2078	151	18042	
汤原县	2981	1703	367	37681	3019	1556	1370	186	19624	
抚远县	2032	471		28342	2517	1321	1278	43	14250	
富锦县	1827	510	369	49784	6211	5525	5093	432	25901	
同江县	2320	2787	244	37553	3141	3256	3019	237	20234	
东风区			56	4808	2025	554	382	172	1869	
前进区		45	33	4023	2991	991	762	229	－114	
向阳区		69		6240	3369	1542	890	652	1128	

2－11－12

单位：万元

地区	平衡部分									
	收入									
	财力性转移支付收入									
	一般性转移支付补助	民族地区转移支付补助	调整工资转移支付补助	农村税费改革转移支付补助	取消农业特产税降低农业税率转移支付补助	缓解县乡财政困难转移支付补助	农村义务教育补助	结算补助	企事业单位预算划转补助	其他财力性转移支付
克山县	5686		9238	1700	5728	2494		1855		
克东县	6193		6709	1209	2936	1566		1553		
拜泉县	9371		9043	2645	6334	3018		1728		
龙沙区			2587	147	62	71		3620		
建华区			2604	72	66	52		2731		
铁锋区			1725	194	91	170		3292		
富拉尔基区			2190	138	282	115		2915		
昂昂溪区			1452	167	223	107		3770		
梅里斯区	3380		2990	201	1674	766		2913		
碾子山区			1556	67	256	112		3843		
牡丹江市小计	**11989**		**52289**	**8605**	**11822**	**7192**		**26556**		
本级			15054					15605		
县级小计	11989		37235	8605	11822	7192		10951		
绥芬河市			1473	182	35	417		1281		
林口县	6661		6216	2181	2862	1325		2034		
穆棱市			7007	1197	1782	1252		4047		
东宁县			4665	1176	1023	849		2280		
宁安市	4316		7032	1833	3507	1893		3567		
海林市	1012		6381	1289	1992	1241		4291		
东安区			1123	173	153	81		－1740		
西安区			1230	88	197	63		－2394		
爱民区			996	257	63	32		－1633		
阳明区			1112	229	208	39		－782		
佳木斯市小计	**40312**		**59760**	**10216**	**20552**	**17439**		**19515**		
本级	7851		12518					7552		
县级小计	32461		47242	10216	20552	17439		11963		
桦南县	7325		7881	1798	3328	2442		2178		
桦川县	6477		4812	1254	2124	2221		1154		
汤原县	6120		6212	1586	2137	2057		1512		
抚远县	3161		3718	767	2243	1838		2523		
富锦县	1736		11359	1984	5241	3629		1952		
同江县	3391		5834	1065	3898	3516		2530		
东风区	145		1049	290	205	108		72		
前进区			902	11	8	27		－1062		
向阳区			1576	46	20	106		－620		

2006 年地方财政政府收支分类转换数据

2－11－13

单位:万元

地区	平衡部分								
	收入							支出	
	专项转移支付			省补助计划单列市	上年结余收入	调入资金	国债转贷收入、上年结余及转补助数	支出总计	本年支出
	小计	专项补助	增发国债补助						
克山县	11117	10348	769					43510	42661
克东县	8357	7609	748		－956			34989	34462
拜泉县	12395	10913	1482		725			49517	49008
龙沙区	2851	2851			30			21484	21172
建华区	3667	3667			－545			17752	17537
铁锋区	6772	6772			60			21607	20480
富拉尔基区	10200	10200			50			24551	24343
昂昂溪区	1270	1270			60			8517	8378
梅里斯区	1897	1897			70			15054	14902
碾子山区	5374	5374			－830			12023	11961
牡丹江市小计	**112029**	**104463**	**7566**		**36030**	**3545**	**2076**	**432171**	**421233**
本级	42142	40564	1578		19796	2000	1366	122891	117937
县级小计	69887	63899	5988		16234	1545	710	309280	303296
绥芬河市	6902	6833	69		1765			62245	61578
林口县	8932	8487	445		2215	208		40033	39752
穆棱市	11235	10155	1080		881		120	42291	41172
东宁县	11197	10470	727		5128		200	40417	39170
宁安市	15159	14627	532		2809		270	45652	45111
海林市	15375	12240	3135		1896		120	47801	46223
东安区	172	172			617			8109	7877
西安区	359	359			753	509		8892	8748
爱民区	436	436			132	750		7143	7075
阳明区	120	120			38	78		6697	6590
佳木斯市小计	**134805**	**123026**	**11779**		**5012**	**3383**	**2273**	**404236**	**394696**
本级	57969	53629	4340		4438	3273	2013	131635	124593
县级小计	76836	69397	7439		574	110	260	272601	270103
桦南县	13662	13024	638		9	110		46594	46501
桦川县	11971	10241	1730		125			34472	34314
汤原县	13271	11167	2104		211			37671	37415
抚远县	9668	9397	271		486		100	28342	28108
富锦县	12141	10786	1355		6			49777	49315
同江县	11282	10581	701		－520		160	38102	37187
东风区	359	271	88		1			4792	4733
前进区	154	154			1			4022	3923
向阳区	199	194	5		2			6238	6041

2－11－14

单位:万元

地区	平衡部分									
	支出								年终结余	其中:净结余
	财力性转移支付			专项上解	计划单列市上解省	增设预算周转金	调出资金	国债转贷拨付数及年末结余		
	小计	体制上解	出口退税专项上解							
克山县	20		20	829					6	6
克东县				527					－923	－1443
拜泉县				509					1479	134
龙沙区				312						
建华区				215					－180	－442
铁锋区				1127					469	
富拉尔基区				208					960	
昂昂溪区				139						
梅里斯区				152						
碾子山区				62					－407	－870
牡丹江市小计	**1201**		**1201**	**7661**				**2076**	**50511**	**658**
本级	129		129	3459				1366	28320	29
县级小计	1072		1072	4202				710	22191	629
绥芬河市	38		38	629					504	504
林口县				281					3388	28
穆棱市	7		7	992				120	1636	13
东宁县	678		678	369				200	8202	47
宁安市	9		9	262				270	3589	12
海林市	164		164	1294				120	3154	10
东安区	132		132	100					652	15
西安区	19		19	125					615	
爱民区				68					299	
阳明区	25		25	82					152	
佳木斯市小计	**490**		**490**	**6777**				**2273**	**7774**	**－472**
本级	113		113	4916				2013	8250	34
县级小计	377		377	1861				260	－476	－506
桦南县	10		10	83					29	9
桦川县				158					5	5
汤原县	16		16	240					10	
抚远县	16		16	118				100		
富锦县	2		2	460					7	7
同江县	333		333	422				160	－549	－549
东风区				59					16	16
前进区				99					1	1
向阳区				197					2	2

2－11－15

单位:万元

地区	收支部分										
	收入										
	本年收入小计	税收收入									
		小计	增值税	营业税	企业所得税	个人所得税	城市维护建设税	耕地占用税	契税	烟叶税	其他各项税收收入
郊区	3194	2564	579	939	161	149	287	38	216	67	128
鸡西市小计	**96278**	**71005**	**29045**	**12812**	**2847**	**3800**	**8086**	**178**	**4024**	**560**	**9653**
本级	44071	29738	14499	2614	1220	837	3392	140	2484	49	4503
县级小计	52207	41267	14546	10198	1627	2963	4694	38	1540	511	5150
鸡东县	10398	7062	2838	1318	300	388	700	15	462	81	960
密山市	9633	8131	2875	2156	248	564	665	20	263	346	994
虎林市	8239	6380	1508	1973	282	428	634	3	595	84	873
鸡冠区	12246	9462	2192	3538	267	889	1424		19		1133
恒山区	4151	3512	1886	184	124	325	473		40		480
滴道区	2797	2539	1357	263	159	95	366		5		294
城子河区	2719	2349	1046	488	103	177	273		133		129
梨树区	1173	1047	519	163	92	70	119		6		78
麻山区	851	785	325	115	52	27	40		17		209
鹤岗市小计	**70353**	**58610**	**17472**	**9891**	**11190**	**3243**	**6362**	**1**	**2467**	**111**	**7873**
本级	50741	40891	11550	4628	8512	1764	6037		2000		6400
县级小计	19612	17719	5922	5263	2678	1479	325	1	467	111	1473
萝北县	6259	5210	978	1958	398	474	223		340		839
绥滨县	2529	2044	339	807	113	160	102	1	105	111	306
南山区	1747	1688	705	494	412	44					33
向阳区	1558	1488	553	477	286	111					61
工农区	2062	2045	762	615	162	360					146
兴山区	680	621	277	106	199	29					10
东山区	3811	3741	1879	695	851	244			22		50
兴安区	966	882	429	111	257	57					28
双鸭山市小计	**65083**	**48730**	**16286**	**10253**	**4741**	**3245**	**5669**	**514**	**2044**	**960**	**5018**
本级	34556	26050	10411	3837	3355	1056	2896		1101		3394
县级小计	30527	22680	5875	6416	1386	2189	2773	514	943	960	1624
集贤县	8498	5037	1537	1246	611	265	265		260	466	387
宝清县	7823	5636	1321	1504	273	859	207	17	556	494	405
友谊县	2175	1548	291	682	109	157	138		43		128
饶河县	2547	1831	286	1003	80	178	100		59		125
尖山区	3253	3056	511	813	90	380	637	250	10		365
岭东区	2098	1681	903	89	118	74	473				24
四方台区	1434	1363	393	82	18	87	545	202	15		21
宝山区	2699	2528	633	997	87	189	408	45			169

二、各省、自治区、直辖市地市县一般预算财政资料

2-11-16　　　　单位:万元

地区	收支部分									
	收入								支出	
	非税收入							贷款转贷回收本金收入	本年支出小计	一般公共服务
	小计	专项收入	行政事业性收费收入	罚没收入	国有资本经营收入	国有资源(资产)有偿使用收入	其他收入			
郊区	630	113	167	252	90	8			22566	4658
鸡西市小计	**25273**	**7250**	**5156**	**5156**	**7478**	**219**	**14**		**321306**	**59934**
本级	14333	3007	3923	2170	5070	157	6		143617	19951
县级小计	10940	4243	1233	2986	2408	62	8		177689	39983
鸡东县	3336	645	480	732	1470	9			43622	10291
密山市	1502	390	251	870	-46	37			54835	8098
虎林市	1859	369	502	488	484	16			37943	7644
鸡冠区	2784	2150		131	500		3		12470	4142
恒山区	639	315		322			2		8637	3114
滴道区	258	159		98			1		7063	2238
城子河区	370	115		254			1		5952	1656
梨树区	126	66		59			1		3888	1367
麻山区	66	34		32					3279	1433
鹤岗市小计	**11743**	**3506**	**3448**	**4687**	**-8**	**110**			**201417**	**36237**
本级	9850	3081	3106	3561	22	80			126091	13834
县级小计	1893	425	342	1126	-30	30			75326	22403
萝北县	1049	329	262	442		16			28529	5756
绥滨县	485	96	68	345	-30	6			28439	4507
南山区	59		7	50		2			2906	2105
向阳区	70			69		1			2417	1820
工农区	17		1	15		1			2607	1864
兴山区	59			59					1524	942
东山区	70		4	62		4			6945	4300
兴安区	84			84					1959	1109
双鸭山市小计	**16353**	**4572**	**2449**	**8265**	**879**	**188**			**243838**	**41277**
本级	8506	2752	2061	3691	-121	123			93354	12130
县级小计	7847	1820	388	4574	1000	65			150484	29147
集贤县	3461	806	65	1716	843	31			41501	6954
宝清县	2187	790	97	1062	220	18			45193	6371
友谊县	627	103	48	472		4			15639	2063
饶河县	716	121	154	526	-93	8			27021	4623
尖山区	197		24	168	4	1			5217	3085
岭东区	417			390	26	1			6349	2205
四方台区	71			70		1			3813	1653
宝山区	171			170		1			5751	2193

2－11－17　　　　　　　　　　　　　　　　　　　　　　　　　　　　单位:万元

地　　区	收支部分										
	支出										
	外　交	国　防	公共安全	教　育	科学技术	文化体育与传媒	社会保障和就业	医疗卫生	环境保护	城乡社区事务	农林水事务
郊区		110	871	5382		101	3721	542	92	217	4461
鸡西市小计		**876**	**20838**	**68273**	**2450**	**4259**	**53358**	**12641**	**2520**	**35180**	**31811**
本级		825	11930	19433	983	2066	36450	3924	1759	27282	6505
县级小计		51	8908	48840	1467	2193	16908	8717	761	7898	25306
鸡东县			2556	11494	448	548	5038	2319	153	1923	5489
密山市			2462	14804	109	845	4901	2802	345	3370	11092
虎林市		51	1950	7451	801	649	3194	2040	263	1577	6572
鸡冠区			626	6112		77	390	405		106	510
恒山区			487	2217		10	895	261		244	409
滴道区			276	2108	2	10	1518	299		176	406
城子河区			241	2373	80	37	526	404		217	418
梨树区			176	1282		17	204	43		185	210
麻山区			134	999	27		242	144		100	200
鹤岗市小计		**422**	**17125**	**38517**	**1297**	**4296**	**29962**	**9453**	**9545**	**15243**	**15896**
本级		242	11926	25325	928	2890	24538	4794	9277	8378	5628
县级小计		180	5199	13192	369	1406	5424	4659	268	6865	10268
萝北县		139	1666	4950	186	708	2386	1641	159	3625	3985
绥滨县		41	1488	8207	183	591	2809	1654	109	1781	5462
南山区			319			24	15	222		221	
向阳区			329			17	38	203		10	
工农区			365			16	24	156		24	
兴山区			233			16	16	133		184	
东山区			516	35		24	124	432		693	821
兴安区			283			10	12	218		327	
双鸭山市小计		**240**	**21174**	**57461**	**1231**	**5355**	**35172**	**12855**	**1860**	**23771**	**25200**
本级		106	10201	24654	689	2896	16798	4084	994	13008	3320
县级小计		134	10973	32807	542	2459	18374	8771	866	10763	21880
集贤县		89	2638	10244	432	752	3332	2190	308	3447	5869
宝清县			2528	9454	12	594	8586	2875	360	2838	7852
友谊县		28	2003	5928	18	285	1372	894	44	1192	859
饶河县			1892	5432	80	719	1380	1560	136	1547	6387
尖山区			469	617		2	154	179		235	253
岭东区		8	471	171		38	2135	216		547	344
四方台区		9	328	144		31	1025	283		188	146
宝山区			644	817		38	390	574	18	769	170

2－11－18　　单位:万元

地区	收支部分			平衡部分						
	支出			收入						
	交通运输	工业、商业、金融等事务	其他支出	收入总计	本年收入	返还性收入			财力性转移支付收入	
						小计	增值税和消费税税收返还	所得税基数返还	小计	体制补助
郊区	299	2072	40	22594	3194	1031	794	237	13987	
鸡西市小计	**7833**	**19738**	**1595**	**352067**	**96278**	**36797**	**32997**	**3800**	**91482**	
本级	1676	10833		154404	44071	14905	14566	339	17940	
县级小计	6157	8905	1595	197663	52207	21892	18431	3461	73542	
鸡东县	1484	1762	117	46144	10398	5392	5214	178	19227	
密山市	3244	2750	13	57382	9633	4549	3957	592	27244	
虎林市	1427	2859	1465	41331	8239	2010	1560	450	17912	
鸡冠区	2	100		20315	12246	4421	3043	1378	1727	
恒山区		1000		9996	4151	1658	1410	248	1773	
滴道区		30		8050	2797	1404	1132	272	1596	
城子河区				6642	2719	1328	1209	119	1573	
梨树区		404		4309	1173	720	597	123	1039	
麻山区				3494	851	410	309	101	1451	
鹤岗市小计	**5650**	**8392**	**9382**	**218208**	**70353**	**24784**	**22359**	**2425**	**50682**	
本级	2359	7593	8379	140057	50741	14576	13221	1355	16767	
县级小计	3291	799	1003	78151	19612	10208	9138	1070	33915	
萝北县	2230	468	630	29032	6259	3007	2691	316	13242	
绥滨县	1061	331	215	28659	2529	1625	1430	195	16616	
南山区				3248	1747	969	920	49	529	
向阳区				2703	1558	746	665	81	399	
工农区			158	3834	2062	1399	1185	214	373	
兴山区				1548	680	346	334	12	522	
东山区				7036	3811	1568	1392	176	1657	
兴安区				2091	966	548	521	27	577	
双鸭山市小计	**8208**	**5861**	**4173**	**258939**	**65083**	**23499**	**22136**	**1363**	**94675**	
本级	703	2892	879	109030	34556	9380	8932	448	21346	
县级小计	7505	2969	3294	149909	30527	14119	13204	915	73329	
集贤县	3247	1757	242	42249	8498	3991	3600	391	19512	
宝清县	1705	478	1540	45586	7823	3160	2940	220	24363	
友谊县	789	164		15720	2175	1056	1012	44	10174	
饶河县	1760	456	1049	25095	2547	1816	1677	139	16491	
尖山区			223	5346	3253	1420	1299	121	446	
岭东区	4		210	6349	2098	1022	1022		845	
四方台区			6	3813	1434	577	577		713	
宝山区		114	24	5751	2699	1077	1077		785	

2006 年地方财政政府收支分类转换数据

2－11－19　　　　单位:万元

地区	平衡部分									
	收入									
	财力性转移支付收入									
	一般性转移支付补助	民族地区转移支付补助	调整工资转移支付补助	农村税费改革转移支付补助	取消农业特产税降低农业税率转移支付补助	缓解县乡财政困难转移支付补助	农村义务教育补助	结算补助	企事业单位预算划转补助	其他财力性转移支付
郊区	4106		3899	1415	1348	1495		1724		
鸡西市小计	**7363**		**38730**	**5888**	**13620**	**9079**		**16802**		
本级	－710		10547	－7	314	431		7365		
县级小计	8073		28183	5895	13306	8648		9437		
鸡东县	3782		7303	1751	2185	1671		2535		
密山市	3581		9203	2738	5289	3525		2908		
虎林市			5339	416	5663	3346		3148		
鸡冠区			1422	172	29			104		
恒山区	80		1299	262	30			102		
滴道区	150		1179	180	43			44		
城子河区	80		953	145	33			362		
梨树区	200		733	77	10			19		
麻山区	200		752	154	24	106		215		
鹤岗市小计	**3250**		**22875**	**1318**	**6986**	**7060**		**9193**		
本级			11473	13	519	770		3992		
县级小计	3250		11402	1305	6467	6290		5201		
萝北县			4142	355	3028	3320		2397		
绥滨县	3250		5076	754	2971	2918		1647		
南山区			353					176		
向阳区			264					135		
工农区			294					79		
兴山区			259					263		
东山区			703	196	468	52		238		
兴安区			311					266		
双鸭山市小计	**20675**		**35033**	**4389**	**11805**	**11472**		**11301**		
本级	3447		12656	119	36	344		4744		
县级小计	17228		22377	4270	11769	11128		6557		
集贤县	4212		6489	1574	2817	2842		1578		
宝清县	5079		7717	1266	5330	3405		1566		
友谊县	3697		3186	513	819	1692		267		
饶河县	4240		4462	670	2288	3189		1642		
尖山区			－82	128	84			316		
岭东区			394	21	44			386		
四方台区			－93	74	156			576		
宝山区			304	24	231			226		

2－11－20

单位:万元

地区	平衡部分								
	收入							支出	
	专项转移支付			省补助计划单列市	上年结余收入	调入资金	国债转贷收入、上年结余及转补助数	支出总计	本年支出
	小计	专项补助	增发国债补助						
郊区	4129	3582	547		253			22591	22566
鸡西市小计	**119777**	**90922**	**28855**		**5760**		**1973**	**327780**	**321306**
本级	73711	48973	24738		1804		1973	137475	143617
县级小计	46066	41949	4117		3956			190305	177689
鸡东县	10625	9314	1311		502			43897	43622
密山市	13812	12562	1250		2144			55316	54835
虎林市	11908	10352	1556		1262			38294	37943
鸡冠区	1921	1921						20315	12470
恒山区	2404	2404			10			9988	8637
滴道区	2253	2253						8050	7063
城子河区	984	984			38			6642	5952
梨树区	1377	1377						4309	3888
麻山区	782	782						3494	3279
鹤岗市小计	**61692**	**51210**	**10482**		**10537**		**160**	**203468**	**201417**
本级	47431	37886	9545		10442		100	125546	126091
县级小计	14261	13324	937		95		60	77922	75326
萝北县	6435	5967	468		89			28853	28529
绥滨县	7826	7357	469		3		60	28609	28439
南山区					3			3248	2906
向阳区								2703	2417
工农区								3834	2607
兴山区								1548	1524
东山区								7036	6945
兴安区								2091	1959
双鸭山市小计	**67865**	**56519**	**11346**		**6537**	**100**	**1180**	**247074**	**243838**
本级	34536	25881	8655		8382		830	95244	93354
县级小计	33329	30638	2691		－1845	100	350	151830	150484
集贤县	9906	9038	868		42	100	200	42194	41501
宝清县	10002	8492	1510		88		150	45550	45193
友谊县	2235	2119	116		80			15697	15639
饶河县	6301	6104	197		－2060			27135	27021
尖山区	222	222			5			5341	5217
岭东区	2384	2384						6349	6349
四方台区	1089	1089						3813	3813
宝山区	1190	1190						5751	5751

2－11－21

单位:万元

地区	平衡部分 支出 财力性转移支付 小计	体制上解	出口退税专项上解	专项上解	计划单列市上解省	增设预算周转金	调出资金	国债转贷拨付数及年末结余	年终结余	其中:净结余
郊区				25					3	3
鸡西市小计	**49**		**49**	**3552**			**900**	**1973**	**24287**	**454**
本级	20		20	－9035			900	1973	16929	53
县级小计	29		29	12587					7358	401
鸡东县				275					2247	77
密山市	17		17	464					2066	155
虎林市	12		12	339					3037	167
鸡冠区				7845						
恒山区				1351					8	2
滴道区				987						
城子河区				690						
梨树区				421						
麻山区				215						
鹤岗市小计	**15**		**15**	**1861**			**15**	**160**	**14740**	**30**
本级	8		8	－653				100	14511	30
县级小计	7		7	2514			15	60	229	
萝北县	7		7	302			15		179	
绥滨县				110				60	50	
南山区				342						
向阳区				286						
工农区				1227						
兴山区				24						
东山区				91						
兴安区				132						
双鸭山市小计	**23**		**23**	**2033**				**1180**	**11865**	**－1886**
本级				1060				830	13786	113
县级小计	23		23	973				350	－1921	－1999
集贤县				493				200	55	
宝清县	20		20	187				150	36	36
友谊县	3		3	55					23	
饶河县				114					－2040	－2040
尖山区				124					5	5
岭东区										
四方台区										
宝山区										

2－11－22

单位:万元

地　　区	收　支　部　分										
	收　入										
	本年收入小计	税收收入									
		小　计	增值税	营业税	企业所得税	个人所得税	城市维护建设税	耕地占用税	契　税	烟叶税	其他各项税收收入
七台河市小计	**71706**	**56508**	**24469**	**7633**	**4916**	**1690**	**7391**	**326**	**2251**	**15**	**7817**
本级	43471	33824	15201	3598	2119	546	4965	192	2112		5091
县级小计	28235	22684	9268	4035	2797	1144	2426	134	139	15	2726
勃利县	10428	8187	3326	1091	1132	349	851		118		1320
新兴区	4978	3738	1756	382	559	167	503				371
桃山区	6390	5372	1665	1954	171	520	620	16	21		405
茄子河区	6439	5387	2521	608	935	108	452	118		15	630
黑河市小计	**36131**	**27346**	**6865**	**6554**	**2017**	**2191**	**2661**	**809**	**2020**		**4229**
本级	11587	8773	3035	1468	1304	700	1023		310		933
县级小计	24544	18573	3830	5086	713	1491	1638	809	1710		3296
北安	7707	5572	1283	1505	88	549	748		224		1175
嫩江	8786	6810	1446	1635	343	408	436	783	563		1196
五大连池市	2620	2026	281	813	76	141	202	2	133		378
逊克	1411	1260	207	437		133	112	9	167		195
孙吴	1372	937	204	314	7	106	60	3	105		138
爱辉区	2259	1744	352	278	198	140	65	12	497		202
风景区	389	224	57	104	1	14	15		21		12
伊春市小计	**29499**	**22027**	**6183**	**5483**	**1238**	**1328**	**2740**	**267**	**1123**		**3665**
本级	7781	4637	2728		707	1003		13	15		171
县级小计	21718	17390	3455	5483	531	325	2740	254	1108		3494
铁力市	4475	3613	639	1015	119	235	509		282		814
嘉荫县	3830	1619	99	605	412	90	46	55	12		300
带岭区	254	199	93	45			14		12		35
南岔区	1361	1198	273	327			120	7	63		408
金山屯区	356	321	47	97			81	4	23		69
西林区	2604	2476	433	477			1121	24	74		347
美溪区	340	287	156	37			7		5		82
伊春区	5151	4905	915	2115			519	79	496		781
乌马河区	589	543	235	91			57	41	30		89
翠峦区	404	306	90	75			52	1	17		71
友好区	563	499	173	87			85	2	25		127
上甘岭区	156	121	22	17			19	7	13		43
红星区	181	128	32	30			21	7	6		32
五营区	383	291	75	87			31	6	15		77
新青区	368	262	66	65			15	8	17		91

2－11－23

单位:万元

地区	收支部分									
	收入								支出	
	非税收入							贷款转贷回收本金收入		
	小计	专项收入	行政事业性收费收入	罚没收入	国有资本经营收入	国有资源(资产)有偿使用收入	其他收入		本年支出小计	一般公共服务
七台河市小计	**15198**	**5066**	**2557**	**5752**	**1110**	**143**	**570**		**179438**	**41391**
本级	9647	3581	2018	2399	1000	80	569		100547	21959
县级小计	5551	1485	539	3353	110	63	1		78891	19432
勃利县	2241	717	463	938	69	54			48257	8112
新兴区	1240	215	22	970	30	2	1		9846	3042
桃山区	1018	264	54	687	11	2			9049	4645
茄子河区	1052	289		758		5			11739	3633
黑河市小计	**8785**	**1659**	**3587**	**3242**	**43**	**97**	**157**		**306930**	**54901**
本级	2814	507	1457	757		48	45		62735	12083
县级小计	5971	1152	2130	2485	43	49	112		244195	42818
北安	2135	352	1174	547			62		71994	10293
嫩江	1976	441	494	979	41	21			43598	8666
五大连池市	594	89	264	231			10		33648	5620
逊克	151	58	40	35		18			26347	5291
孙吴	435	48	52	323	2	10			24274	4679
爱辉区	515	145	78	261			31		31789	3951
风景区	165	19	28	109			9		12545	4318
伊春市小计	**7472**	**1680**	**1702**	**2700**	**－124**	**1294**	**220**		**199110**	**37065**
本级	3144	1322	769	1080	－124	97			64140	13035
县级小计	4328	358	933	1620		1197	220		134970	24030
铁力市	862	166	202	476		18			35876	4851
嘉荫县	2211	192	413	207		1179	220		24889	6271
带岭区	55			55					3914	833
南岔区	163		35	128					6986	813
金山屯区	35		10	25					3556	638
西林区	128		48	80					9605	2011
美溪区	53		7	46					3174	622
伊春区	246		148	98					15517	2262
乌马河区	46		16	30					3792	796
翠峦区	98			98					3456	571
友好区	64		7	57					4589	775
上甘岭区	35		3	32					3282	762
红星区	53			53					2931	540
五营区	92		2	90					4385	732
新青区	106		29	77					3424	598

2-11-24

单位:万元

地区	收支部分										
	支出										
	外交	国防	公共安全	教育	科学技术	文化体育与传媒	社会保障和就业	医疗卫生	环境保护	城乡社区事务	农林水事务
七台河市小计		**404**	**12045**	**31813**	**794**	**2145**	**15654**	**8445**	**1674**	**30098**	**17354**
本级		314	5365	14710	677	1460	10358	4224	1194	22962	7622
县级小计		90	6680	17103	117	685	5296	4221	480	7136	9732
勃利县		50	2484	9305	87	667	4858	3036	350	3878	8749
新兴区		40	1716	2808	6		235	433	13	1212	26
桃山区			1467	1490	24	18	73	235	23	627	168
茄子河区			1013	3500			130	517	94	1419	789
黑河市小计		**297**	**18240**	**61212**	**2182**	**7226**	**49083**	**16891**	**1782**	**14563**	**46729**
本级		103	5571	11070	705	3927	4924	4838	253	3284	6850
县级小计		194	12669	50142	1477	3299	44159	12053	1529	11279	39879
北安			3639	11637	841	314	28797	2764	329	3066	5614
嫩江		134	2838	10843	107	526	4168	2189	170	2491	7952
五大连池市			2012	8768	134	1161	3238	2304	193	1606	5799
逊克		37	1337	5444	44	388	1957	1196	55	1243	5870
孙吴		8	1466	5333	204	553	1875	1069	406	1140	6036
爱辉区		15	779	7250	135	294	3439	2255	246	929	8467
风景区			598	867	12	63	685	276	130	804	141
伊春市小计		**412**	**20574**	**35141**	**1372**	**6167**	**31692**	**8700**	**14342**	**6022**	**20854**
本级		408	7867	7901	867	4786	12669	3428	632	164	5741
县级小计		4	12707	27240	505	1381	19023	5272	13710	5858	15113
铁力市			2165	7733	115	516	6537	1574	190	1571	7464
嘉荫县		4	1306	4552	284	441	1553	988	434	1642	4570
带岭区			527	510	7	30	400	105	1163		203
南岔区			781	1391	10	42	1447	205	1543	23	426
金山屯区			375	603	5	32	512	125	939		98
西林区			1157	2922	37	18	853	231	195	160	239
美溪区			398	334	5	25	674	135	806		162
伊春区			2003	4616		44	2484	320	96	2347	1063
乌马河区			472	439	5	30	495	184	997	50	103
翠峦区			482	399	5	25	644	153	900		183
友好区			578	892	5	35	722	156	1119	65	39
上甘岭区			336	350	5	25	407	83	865		35
红星区			283	504	5	33	370	228	873		82
五营区			552	702	5	30	541	317	1081		166
新青区			482	477	5	5	585	149	932		165

2－11－25

单位:万元

地区	收支部分			平衡部分						
	支出			收入						
						返还性收入			财力性转移支付收入	
	交通运输	工业、商业、金融等事务	其他支出	收入总计	本年收入	小计	增值税和消费税税收返还	所得税基数返还	小计	体制补助
七台河市小计	**7047**	**6906**	**3668**	**184380**	**71706**	**21679**	**20831**	**848**	**33980**	
本级	2881	3763	3058	104009	43471	13191	12957	234	3454	
县级小计	4166	3143	610	80371	28235	8488	7874	614	30526	
勃利县	4112	2052	517	49700	10428	8080	7874	206	18885	
新兴区		315		9868	4978	96		96	4608	
桃山区		186	93	9060	6390	222		222	2327	
茄子河区	54	590		11743	6439	90		90	4706	
黑河市小计	**14098**	**13893**	**5833**	**320162**	**36131**	**19205**	**15604**	**3601**	**144151**	
本级	2863	4464	1800	65442	11587	6324	5286	1038	20337	
县级小计	11235	9429	4033	254720	24544	12881	10318	2563	123814	
北安	1415	1330	1955	78613	7707	6389	5399	990	25483	
嫩江	2297	688	529	44212	8786	1954	1296	658	21655	
五大连池市	1878	727	208	34296	2620	978	655	323	21388	
逊克	2177	840	468	26582	1411	1128	933	195	15309	
孙吴	933	306	266	24586	1372	1010	848	162	15169	
爱辉区	2522	977	530	33122	2259	1194	964	230	18521	
风景区	13	4561	77	13309	389	228	223	5	6289	
伊春市小计	**9414**	**6474**	**881**	**199388**	**29499**	**8650**	**6284**	**2366**	**105651**	
本级	4392	1989	261	62016	7781	1439		1439	34723	
县级小计	5022	4485	620	137372	21718	7211	6284	927	70928	
铁力市	1937	1033	190	36664	4475	1570	704	866	20046	
嘉荫县	1600	814	430	25178	3830	875	814	61	10737	
带岭区	98	38		3951	254	188	188		2750	
南岔区	230	75		7123	1361	599	599		2656	
金山屯区	120	109		3590	356	129	129		2218	
西林区	40	1742		9801	2604	602	602		5083	
美溪区		13		3216	340	149	149		1881	
伊春区		282		16013	5151	1201	1201		6847	
乌马河区	140	81		3873	589	405	405		1960	
翠峦区	38	56		3485	404	172	172		2011	
友好区	135	68		4635	563	388	388		2275	
上甘岭区	356	58		3319	156	48	48		2279	
红星区		13		2954	181	118	118		2191	
五营区	228	31		4429	383	246	246		2485	
新青区		26		3467	368	195	195		2133	

2－11－26

单位:万元

地区	平衡部分									
	收入									
	财力性转移支付收入									
	一般性转移支付补助	民族地区转移支付补助	调整工资转移支付补助	农村税费改革转移支付补助	取消农业特产税降低农业税率转移支付补助	缓解县乡财政困难转移支付补助	农村义务教育补助	结算补助	企事业单位预算划转补助	其他财力性转移支付
七台河市小计	**4925**		**15210**	**2101**	**3755**	**2107**		**5882**		
本级	－8625		7373			519		4187		
县级小计	13550		7837	2101	3755	1588		1695		
勃利县	4925		6387	1390	3173	1516		1494		
新兴区	3826		501	123	45	25		88		
桃山区	1824		370	67	13	18		35		
茄子河区	2975		579	521	524	29		78		
黑河市小计	**31233**		**45831**	**5123**	**20005**	**12379**		**29580**		
本级	4105		6947			7		9278		
县级小计	27128		38884	5123	20005	12372		20302		
北安	5676		9027	967	3638	2519		3656		
嫩江			7846	810	8289	3481		1229		
五大连池市	5544		6707	817	3648	2797		1875		
逊克	4275		4672	653	1758	1566		2385		
孙吴	5816		4959	826	1084	825		1659		
爱辉区	4598		5158	909	1339	952		5565		
风景区	1219		515	141	249	232		3933		
伊春市小计	**15063**		**25380**	**2486**	**5168**	**2822**		**54732**		
本级	3639		5445	131	2440	423		22645		
县级小计	11424		19935	2355	2728	2399		32087		
铁力市	6316		6184	868	1496	1495		3687		
嘉荫县	3025		3051	964	904	894		1899		
带岭区	22		360	45	18			2305		
南岔区	122		443	179	109			1803		
金山屯区	14		515	22	33			1634		
西林区	26		1592	36	20			3409		
美溪区	16		480	32	28			1325		
伊春区	1530		3946	61	22			1288		
乌马河区	27		434	29	17	10		1443		
翠峦区	29		379	28	22			1553		
友好区	41		563	20	28			1623		
上甘岭区	14		167	24	6			2068		
红星区	22		358	1	4			1806		
五营区	70		297	20	2			2096		
新青区	92		475	5	7			1554		

2－11－27

单位:万元

地　区	平衡部分								
	收入							支出	
	专项转移支付			省补助计划单列市	上年结余收入	调入资金	国债转贷收入、上年结余及转补助数	支出总计	本年支出
	小计	专项补助	增发国债补助						
七台河市小计	**53955**	**43491**	**10464**		**1020**		**2040**	**183359**	**179438**
本级	41745	32366	9379		658		1490	103560	100547
县级小计	12210	11125	1085		362		550	79799	78891
勃利县	11455	10370	1085		302		550	49165	48257
新兴区	169	169			17			9846	9846
桃山区	87	87			34			9049	9049
茄子河区	499	499			9			11739	11739
黑河市小计	**112011**	**106436**	**5575**		**6232**		**2432**	**313506**	**306930**
本级	25420	23248	2172		1112		662	65338	62735
县级小计	86591	83188	3403		5120		1770	248168	244195
北安	39034	38509	525					72853	71994
嫩江	10509	9711	798		1158		150	44212	43598
五大连池市	8433	7472	961		717		160	34129	33648
逊克	8510	8157	353		224			26558	26347
孙吴	6715	6181	534		200		120	24534	24274
爱辉区	9469	9237	232		679		1000	32997	31789
风景区	3921	3921			2142		340	12885	12545
伊春市小计	**58380**	**55255**	**3125**		**－4376**	**850**	**734**	**203894**	**199110**
本级	21199	19445	1754		－4376	850	400	66522	64140
县级小计	37181	35810	1371				334	137372	134970
铁力市	10389	9819	570				184	36664	35876
嘉荫县	9586	8785	801				150	25178	24889
带岭区	759	759						3951	3914
南岔区	2507	2507						7123	6986
金山屯区	887	887						3590	3556
西林区	1512	1512						9801	9605
美溪区	846	846						3216	3174
伊春区	2814	2814						16013	15517
乌马河区	919	919						3873	3792
翠峦区	898	898						3485	3456
友好区	1409	1409						4635	4589
上甘岭区	836	836						3319	3282
红星区	464	464						2954	2931
五营区	1315	1315						4429	4385
新青区	771	771						3467	3424

二、各省、自治区、直辖市地市县一般预算财政资料

2-11-28

单位:万元

地区	平衡部分									
	支出								年终结余	其中:净结余
	财力性转移支付			专项上解	计划单列市上解省	增设预算周转金	调出资金	国债转贷拨付数及年末结余		
	小计	体制上解	出口退税专项上解							
七台河市小计	**11**		**11**	**1870**				**2040**	**1021**	**605**
本级	6		6	1517				1490	449	449
县级小计	5		5	353				550	572	156
勃利县	5		5	353				550	535	119
新兴区									22	22
桃山区									11	11
茄子河区									4	4
黑河市小计	**261**		**261**	**3780**			**103**	**2432**	**6656**	**297**
本级	234		234	1614			93	662	104	30
县级小计	27		27	2166			10	1770	6552	267
北安	14		14	845					5760	
嫩江				464				150		
五大连池市	11		11	310				160	167	167
逊克				211					24	24
孙吴	2		2	138				120	52	52
爱辉区				198			10	1000	125	
风景区								340	424	24
伊春市小计	**68**		**68**	**3982**				**734**	**-4506**	**-4506**
本级	49		49	1933				400	-4506	-4506
县级小计	19		19	2049				334		
铁力市	18		18	586				184		
嘉荫县	1		1	138				150		
带岭区				37						
南岔区				137						
金山屯区				34						
西林区				196						
美溪区				42						
伊春区				496						
乌马河区				81						
翠峦区				29						
友好区				46						
上甘岭区				37						
红星区				23						
五营区				44						
新青区				43						

2006 年地方财政政府收支分类转换数据

2－11－29

单位:万元

地区	收支部分										
	收入										
	本年收入小计	税收收入									
		小计	增值税	营业税	企业所得税	个人所得税	城市维护建设税	耕地占用税	契税	烟叶税	其他各项税收收入
汤旺河区	496	470	79	256			28	8	14		85
乌伊岭区	207	152	28	57			15	5	4		43
大庆市小计	**538045**	**413571**	**43322**	**51974**	**49061**	**25003**	**184808**	**1931**	**12309**		**45163**
本级	367494	267073	18136	29783	7917	10940	162037	968	11809		25483
县级小计	170551	146498	25186	22191	41144	14063	22771	963	500		19680
杜蒙县	20274	18527	4298	2076	9555	282	889	2	205		1220
林甸县	9102	6056	2280	1190	96	73	1095	33	98		1191
肇洲县	15926	14026	4112	1325	6097	567	262		8		1655
肇源县	30953	26295	3416	1985	16841	345	912	697	19		2080
萨尔图区	22784	20112	2925	4966	3230	2682	2502	13			3794
让胡路区	28141	25054	3334	5070	3132	5630	4148	139			3601
龙凤区	22552	19149	1793	3172	1635	1643	7222	65			3619
红岗区	6922	6127	1214	995	387	2126	626	6			773
大同区	13897	11152	1814	1412	171	715	5115	8	170		1747
大兴安岭地区小计	**15885**	**12236**	**3016**	**3816**	**275**	**877**	**1076**	**4**	**356**		**2816**
本级	2618	1506	348	471	4	69	137		134		343
县级小计	13267	10730	2668	3345	271	808	939	4	222		2473
加格达奇区	6060	4810	885	1668	222	491	491	2	146		905
呼玛县	1104	789	221	284	15	47	66	2	21		133
塔河县	2095	1744	421	666	5	98	86				468
漠河县	4008	3387	1141	727	29	172	296		55		967
绥化地区小计	**101764**	**78722**	**19048**	**14474**	**20739**	**3459**	**8717**	**573**	**1628**	**994**	**9090**
本级	14714	11141	2242	2696	990	698	2858		567		1090
县级小计	87050	67581	16806	11778	19749	2761	5859	573	1061	994	8000
安达市	26779	23651	5752	2442	10328	296	2462	26	30		2315
肇东市	30654	23280	5917	2694	8331	699	1998	411	307	149	2774
兰西县	3271	2432	610	800	16	275	411		86	44	190
青冈县	2130	2141	710	624	171	121	182		41		292
明水县	2751	1486	436	400	227	104	106		21		192
海伦市	5102	3210	752	979	－1	318	254	6	185	21	696
望奎县	2651	1830	392	666	57	108	105		116	145	241
绥棱县	2354	1592	390	498	42	133	130		123	11	265
庆安县	3711	2568	667	902	128	188	166		113	29	375
北林区	7647	5391	1180	1773	450	519	45	130	39	595	660

2-11-30

单位:万元

地区	收支部分									
	收入								支出	
	非税收入							贷款转贷回收本金收入		
	小计	专项收入	行政事业性收费收入	罚没收入	国有资本经营收入	国有资源(资产)有偿使用收入	其他收入		本年支出小计	一般公共服务
汤旺河区	26		6	20					3027	542
乌伊岭区	55		7	48					2567	413
大庆市小计	**124474**	**88034**	**21149**	**9183**	**1515**	**2282**	**2311**		**835998**	**162337**
本级	100421	75671	17826	4359	469	1993	103		504659	94069
县级小计	24053	12363	3323	4824	1046	289	2208		331339	68268
杜蒙县	1747	816	388	527			16		50135	10651
林甸县	3046	654	254	1400	517	10	211		33134	4834
肇州县	1900	687	479	700		30	4		47572	6502
肇源县	4658	1551	414	789		64	1840		64878	8352
萨尔图区	2672	1075	755	288	440	33	81		27810	7648
让胡路区	3087	1828	616	526	17	100			34817	9841
龙凤区	3403	3026	164	89	72	52			27496	7443
红岗区	795	265	201	317			12		13938	5319
大同区	2745	2461	52	188			44		31559	7678
大兴安岭地区小计	**3649**	**825**	**644**	**1986**	**74**	**120**			**107235**	**23367**
本级	1112	107	317	640		48			50971	12743
县级小计	2537	718	327	1346	74	72			56264	10624
加格达奇区	1250	219	158	835		38			16533	2650
呼玛县	315	74	39	120	74	8			18109	4767
塔河县	351	130	81	131		9			10202	987
漠河县	621	295	49	260		17			11420	2220
绥化地区小计	**23042**	**5700**	**3531**	**12061**	**1118**	**303**	**329**		**590027**	**84534**
本级	3573	954	23	2485		111			63518	11022
县级小计	19469	4746	3508	9576	1118	192	329		526509	73512
安达市	3128	1534	480	940	91		83		63788	12100
肇东市	7374	1809	1455	1821	2256		33		91443	11243
兰西县	839	71	23	715		18	12		46156	7729
青冈县	-11	126	243	672	-1074	22			40808	6507
明水县	1265	100	214	756		127	68		35312	5282
海伦市	1892	324	298	1193	-7	25	59		60395	6243
望奎县	821	93	216	687	-199		24		44985	6647
绥棱县	762	78	94	573			17		35514	5241
庆安县	1143	151	200	781			11		46080	5127
北林区	2256	460	285	1438	51		22		62028	7393

2-11-31

单位:万元

地区	收支部分										
	支出										
	外交	国防	公共安全	教育	科学技术	文化体育与传媒	社会保障和就业	医疗卫生	环境保护	城乡社区事务	农林水事务
汤旺河区			470	480	5	25	428	123	845		82
乌伊岭区			340	336	2	25	371	196	732		33
大庆市小计		**1513**	**75139**	**210267**	**13435**	**10411**	**80040**	**38076**	**7551**	**112412**	**53948**
本级		1264	58512	142041	10430	6977	34512	16615	5899	83382	21764
县级小计		249	16627	68226	3005	3434	45528	21461	1652	29030	32184
杜蒙县			2859	10882	251	1014	4153	2179	601	911	7704
林甸县		99	2277	6558	285	480	5516	1763	204	750	5644
肇洲县		83	2306	10134	477	532	9384	4092	104	3802	4865
肇源县			2510	14038	258	731	13166	2851	261	4406	7759
萨尔图区			1893	4997	428	94	3306	2516	165	3642	338
让胡路区			1777	4508	428	89	2026	2114	106	7689	2222
龙凤区			1247	5472	516	109	2394	1927	105	2857	1060
红岗区		67	943	1520	20	40	1348	1335	42	1977	980
大同区			815	10117	342	345	4235	2684	64	2996	1612
大兴安岭地区小计		**248**	**8217**	**10768**	**448**	**2516**	**12639**	**3696**	**917**	**7881**	**24211**
本级		138	3253	3275	321	1524	4664	1016	349	1872	12791
县级小计		110	4964	7493	127	992	7975	2680	568	6009	11420
加格达奇区		47	2626	3753	37	172	2494	945	46	3084	458
呼玛县		5	1220	2394	44	439	1094	1076	80	924	4404
塔河县		7	637	847	40	107	2027	380	402	760	3613
漠河县		51	481	499	6	274	2360	279	40	1241	2945
绥化地区小计		**206**	**34303**	**156126**	**2727**	**8472**	**66877**	**24983**	**2042**	**43957**	**81329**
本级			5500	14784	158	782	4843	3186	618	11179	3288
县级小计		206	28803	141342	2569	7690	62034	21797	1424	32778	78041
安达市		14	3915	14998	454	719	4695	2048	153	9776	7355
肇东市		70	4545	18284	58	2967	6187	2826	144	9407	5918
兰西县		5	2334	9907	35	417	11783	2923	125	1439	5612
青冈县		6	2605	12345	120	504	4619	1609	177	1099	6816
明水县		2	2171	10726	152	349	3718	1476	103	1014	5326
海伦市		16	3161	21141	350	535	6931	4093	255	1616	12080
望奎县			2630	13611	76	512	5453	1542	246	2035	8465
绥棱县		54	2044	8304	118	435	3983	1751	54	2291	7206
庆安县		39	2802	12236	1073	679	5234	1653	167	3236	8878
北林区			2596	19790	133	573	9431	1876		865	10385

2－11－32

单位:万元

地区	收支部分			平衡部分						
	支出			收入						
						返还性收入			财力性转移支付收入	
	交通运输	工业、商业、金融等事务	其他支出	收入总计	本年收入	小计	增值税和消费税税收返还	所得税基数返还	小计	体制补助
汤旺河区		27		3079	496	251	251		1699	
乌伊岭区	100	19		2595	207	75	75		1677	
大庆市小计	**21558**	**30225**	**19086**	**848393**	**538045**	**45491**	**28683**	**16808**	**181143**	
本级	3157	23030	3007	481078	367494	－6003	－12744	6741	84435	
县级小计	18401	7195	16079	367315	170551	51494	41427	10067	96708	
杜蒙县	3850	3298	1782	50429	20274	6817	6353	464	10821	
林甸县	2752	732	1240	33875	9102	3477	3102	375	10904	
肇洲县	3375	184	1732	48033	15926	5101	4669	432	15879	
肇源县	8424	666	1456	65720	30953	5956	5497	459	14667	
萨尔图区		125	2658	39764	22784	9618	7287	2331	7312	
让胡路区		825	3192	43631	28141	6998	4341	2657	8412	
龙凤区		1160	3206	37202	22552	8346	7110	1236	6254	
红岗区		73	274	15733	6922	3246	1882	1364	5413	
大同区		132	539	32928	13897	1935	1186	749	17046	
大兴安岭地区小计	**7906**	**3806**	**615**	**120480**	**15885**	**4860**	**4220**	**640**	**62318**	
本级	6387	2479	159	53214	2618	174	100	74	29705	
县级小计	1519	1327	456	67266	13267	4686	4120	566	32613	
加格达奇区	74	147		16987	6060	3241	2886	355	5211	
呼玛县	1094	327	241	19068	1104	648	566	82	11295	
塔河县	222	129	44	14200	2095	270	209	61	7842	
漠河县	129	724	171	17011	4008	527	459	68	8265	
绥化地区小计	**30919**	**32655**	**20897**	**603615**	**101764**	**51808**	**42337**	**9471**	**283267**	
本级	4908	825	2425	66453	14714	10785	10489	296	17417	
县级小计	26011	31830	18472	537162	87050	41023	31848	9175	265850	
安达市	1902	3653	2006	65483	26779	12799	9210	3589	14560	
肇东市	2958	20082	6754	93620	30654	6956	6155	801	26316	
兰西县	1699	766	1382	46719	3271	2425	2092	333	27179	
青冈县	2510	1891		41438	2130	2736	2231	505	26697	
明水县	1339	954	2700	35815	2751	1919	1469	450	22012	
海伦市	3092	882		61303	5102	3205	2488	717	39060	
望奎县	2161	1210	397	46068	2651	1909	1608	301	28943	
绥棱县	3331	702		36760	2354	1866	1316	550	21550	
庆安县	2161	1225	1570	46881	3711	2972	2074	898	23575	
北林区	4858	465	3663	63075	7647	4236	3205	1031	35958	

2－11－33

单位:万元

地区	平衡部分									
	收入									
	财力性转移支付收入									
	一般性转移支付补助	民族地区转移支付补助	调整工资转移支付补助	农村税费改革转移支付补助	取消农业特产税降低农业税率转移支付补助	缓解县乡财政困难转移支付补助	农村义务教育补助	结算补助	企事业单位预算划转补助	其他财力性转移支付
汤旺河区	42		424	1	7			1225		
乌伊岭区	16		267	20	5			1369		
大庆市小计	**851**		**41016**	**6526**	**11752**	**7426**		**113572**		
本级			－3277		8	44		87660		
县级小计	851		44293	6526	11744	7382		25912		
杜蒙县			5677	771	1999	1126		1248		
林甸县	597		4317	873	2727	1109		1281		
肇洲县	254		7257	1723	2919	2156		1570		
肇源县			7057	2145	2484	1889		1092		
萨尔图区			4482		25	27		2778		
让胡路区			3385	175	138	90		4624		
龙凤区			3157	179	63	27		2828		
红岗区			2811	153	132	61		2256		
大同区			6150	507	1257	897		8235		
大兴安岭地区小计	**6184**		**10729**	**1153**	**6856**	**1646**		**35750**		
本级			3413		2687	614		22991		
县级小计	6184		7316	1153	4169	1032		12759		
加格达奇区			3568	246	54	259		1084		
呼玛县	3532		2721	579	1006	300		3157		
塔河县	1426		535	209	1431	222		4019		
漠河县	1226		492	119	1678	251		4499		
绥化地区小计	**62300**		**91968**	**18955**	**42068**	**25528**		**42448**		
本级	3068		6557					7792		
县级小计	.59232		85411	18955	42068	25528		34656		
安达市			7143	1101	2757	1782		1777		
肇东市			9765	2120	5920	3720		4791		
兰西县	9447		8120	2073	3706	1615		2218		
青冈县	8907		7608	1903	3973	2086		2220		
明水县	6814		6971	1270	3127	1536		2294		
海伦市	8819		12916	3018	6942	3627		3738		
望奎县	9181		8838	2087	3674	2366		2797		
绥棱县	6631		5834	1047	2915	2151		2972		
庆安县	4514		8123	1104	4046	3137		2651		
北林区	4919		10093	3232	5008	3508		9198		

2－11－34

单位:万元

地区	平衡部分								
	收入							支出	
	专项转移支付			省补助计划单列市	上年结余收入	调入资金	国债转贷收入、上年结余及转补助数	支出总计	本年支出
	小计	专项补助	增发国债补助						
汤旺河区	633	633						3079	3027
乌伊岭区	636	636						2595	2567
大庆市小计	**80634**	**74446**	**6188**		**865**	**30**	**2185**	**847047**	**835998**
本级	33500	31238	2262		－313		1965	479901	504659
县级小计	47134	43208	3926		1178	30	220	367146	331339
杜蒙县	12332	11465	867		185			50417	50135
林甸县	10271	8808	1463		－69	30	160	33933	33134
肇洲县	10517	9557	960		610			48033	47572
肇源县	14014	13378	636		70		60	65632	64878
萨尔图区					50			39764	27810
让胡路区					80			43549	34817
龙凤区					50			37202	27496
红岗区					152			15688	13938
大同区					50			32928	31559
大兴安岭地区小计	**33845**	**25376**	**8469**		**3172**		**400**	**116832**	**107235**
本级	18984	12244	6740		1733			52639	50971
县级小计	14861	13132	1729		1439		400	64193	56264
加格达奇区	2440	2229	211		35			16805	16533
呼玛县	5321	4888	433		500		200	18443	18109
塔河县	3502	2849	653		391		100	13500	10202
漠河县	3598	3166	432		513		100	15445	11420
绥化地区小计	**162047**	**149070**	**12977**		**2191**	**718**	**1820**	**600068**	**590027**
本级	22627	20709	1918		190		720	64889	63518
县级小计	139420	128361	11059		2001	718	1100	535179	526509
安达市	11087	10431	656			258		65075	63788
肇东市	29694	28276	1418					92470	91443
兰西县	12775	11783	992		869	200		46719	46156
青冈县	9622	8287	1335		253			41157	40808
明水县	8301	7448	853		832			35972	35312
海伦市	13806	12953	853			130		61283	60395
望奎县	12035	10320	1715			130	400	45853	44985
绥棱县	10243	9007	1236		47		700	36760	35514
庆安县	16623	14994	1629					46881	46080
北林区	15234	14862	372					63009	62028

2－11－35

单位:万元

地区	平衡部分									
	支出								年终结余	其中:净结余
	财力性转移支付			专项上解	计划单列市上解省	增设预算周转金	调出资金	国债转贷拨付数及年末结余		
	小计	体制上解	出口退税专项上解							
汤旺河区				52						
乌伊岭区				28						
大庆市小计	**31**		**31**	**8833**				**2185**	**1346**	**1010**
本级				－26723				1965	1177	841
县级小计	31		31	35556				220	169	169
杜蒙县				282					12	12
林甸县				639				160	－58	－58
肇洲县				461						
肇源县	31		31	663				60	88	88
萨尔图区				11954						
让胡路区				8732					82	82
龙凤区				9706						
红岗区				1750					45	45
大同区				1369						
大兴安岭地区小计	**11**		**11**	**9186**				**400**	**3648**	**126**
本级	9		9	1659					575	
县级小计	2		2	7527				400	3073	126
加格达奇区	2		2	270					182	126
呼玛县				134				200	625	
塔河县				3198				100	700	
漠河县				3925				100	1566	
绥化地区小计	**62**		**62**	**8159**				**1820**	**3547**	**799**
本级	29		29	622				720	1564	101
县级小计	33		33	7537				1100	1983	698
安达市				1287					408	408
肇东市	21		21	1006					1150	568
兰西县				563						
青冈县				349					281	－273
明水县				660					－157	－157
海伦市				888					20	20
望奎县	2		2	466				400	215	66
绥棱县				546				700		
庆安县	8		8	793						
北林区	2		2	979					66	66

2006 年上海市区县财政一般预算收支平衡表

2－12－1　　　　单位:万元

地区	收支部分										
	收入										
	本年收入小计	税收收入									
		小计	增值税	营业税	企业所得税	个人所得税	城市维护建设税	耕地占用税	契税	烟叶税	其他各项税收收入
区县级总计	**8175966**	**7862632**	**1235731**	**2830316**	**1232624**	**733481**	**178429**		**712444**		**939607**
区级合计	**8026359**	**7720042**	**1219793**	**2753477**	**1214812**	**726990**	**174368**		**707827**		**922775**
县级合计	**149607**	**142590**	**15938**	**76839**	**17812**	**6491**	**4061**		**4617**		**16832**
黄浦区	425536	406950	26417	138438	59699	41578	12151		46662		82005
卢湾区	268363	260825	22442	96612	29411	43331	4707		21300		43022
徐汇区	483027	461467	43855	160270	53102	57829	12424		46938		87049
长宁区	397818	385420	20661	156561	51835	34533	9664		47056		65110
普陀区	350166	336420	32263	128613	50439	18565	11582		47728		47230
静安区	346228	337746	23953	118047	48162	43952	7420		28043		68169
闸北区	266728	254548	27167	98963	34033	20910	11036		27572		34867
虹口区	336324	303609	20319	121381	49511	17873	11361		33560		49604
杨浦区	298023	289145	31202	104290	41895	19892	12628		37730		41508
宝山区	450904	419525	56974	160699	65560	16156	18284		27321		74531
闵行区	682839	641387	151485	184184	131415	52806	9950		70202		41345
嘉定区	426617	401179	101697	129028	71918	30510	5456		20775		41795
浦东新区	1782948	1772155	334420	627097	304642	241371	26190		144338		94097
金山区	216349	202212	43665	81278	31926	11295	4948		11289		17811
松江区	391962	380443	92841	129609	64128	25039	5016		35872		27938
青浦区	341880	331147	91793	118677	58368	21249	3707		18958		18395
南汇区	335139	315960	51276	117282	38002	14611	4290		28229		62270
奉贤区	225508	219904	47363	82448	30766	15490	3554		14254		26029
崇明县	149607	142590	15938	76839	17812	6491	4061		4617		16832

2－12－2

单位:万元

地区	收支部分									
	收入								支出	
	非税收入							贷款转贷回收本金收入	本年支出小计	一般公共服务
	小计	专项收入	行政事业性收费收入	罚没收入	国有资本经营收入	国有资源(资产)有偿使用收入	其他收入			
区县级总计	**313334**	**9410**	**129674**	**118322**	**－27500**	**28413**	**55015**		**11976200**	**1184722**
区级合计	**306317**	**8044**	**126526**	**115940**	**－27500**	**28307**	**55000**		**11583224**	**1152646**
县级合计	**7017**	**1366**	**3148**	**2382**		**106**	**15**		**392976**	**32076**
黄浦区	18586	305	4726	5675		7452	428		590877	40668
卢湾区	7538	61	2377	4433		482	185		347345	35952
徐汇区	21560	302	8120	6450		5320	1368		602737	46695
长宁区	12398	45	4189	5928		529	1707		509593	57923
普陀区	13746	154	4711	8532		352	－3		511726	50165
静安区	8482	68	1910	3687		1287	1530		429889	26407
闸北区	12180	105	5235	6485		355			419066	53876
虹口区	32715	118	4724	6803		1496	19574		480415	50304
杨浦区	8878	662	3889	3973		354			487930	31055
宝山区	31379	861	10793	9052		3517	7156		706165	71391
闵行区	41452	764	8708	10658		1869	19453		855808	109911
嘉定区	25438	422	11487	11804		1032	693		726627	79063
浦东新区	10793	807	22343	8671	－24000	1093	1879		2225040	207232
金山区	14137	855	8118	4319		323	522		446019	60418
松江区	11519	741	4479	4570		1456	273		653309	59460
青浦区	10733	502	3870	5654		630	77		597353	69344
南汇区	19179	995	14206	6787	－3500	653	38		567550	55472
奉贤区	5604	277	2641	2459		107	120		425775	47310
崇明县	7017	1366	3148	2382		106	15		392976	32076

2－12－3

单位:万元

地　　区	收支部分										
	支出										
	外　交	国　防	公共安全	教　育	科学技术	文化体育与传媒	社会保障和就业	医疗卫生	环境保护	城乡社区事务	农林水事务
区县级总计		**5898**	**780319**	**1564201**	**289241**	**178661**	**1077725**	**480154**	**109325**	**2674392**	**338797**
区级合计		**5898**	**760887**	**1492461**	**287886**	**172473**	**1049168**	**456516**	**107488**	**2660243**	**309118**
县级合计			**19432**	**71740**	**1355**	**6188**	**28557**	**23638**	**1837**	**14149**	**29679**
黄浦区		542	55778	101166	12786	5120	36192	16018	1741	60093	
卢湾区			31119	58026	7294	5081	17585	17885	915	62937	
徐汇区		1368	44405	77516	16692	15294	53532	20278	1122	259349	101
长宁区		70	48339	67664	24579	10471	28223	32029	1177	200755	1209
普陀区		274	45182	80578	7203	4364	35437	28662	671	157827	360
静安区			28166	64390	9261	3307	18667	11716	1270	115964	
闸北区		952	37090	63283	10050	5687	29884	14507	673	99270	380
虹口区			40727	80368	7024	11716	30126	15067	1196	142853	
杨浦区			37361	73820	18692	3870	51665	19930	1265	169007	2789
宝山区			53442	128853	2406	10947	65785	36694	4953	96176	34548
闵行区			56073	101551	32040	26960	112349	34172	25009	158451	22618
嘉定区		1111	53937	76571	3418	9474	51861	17166	7531	130976	19299
浦东新区			93601	210319	114819	25394	239633	55808	47165	704136	82759
金山区			27512	60133	1644	6932	46220	25787	2345	21402	26641
松江区			29567	65199	3829	7735	78592	41247	1947	119414	33199
青浦区		795	25813	57674	8745	10001	62158	21172	2560	82054	27414
南汇区			24901	69567	2295	6769	63582	25962	2145	22936	29695
奉贤区		786	27874	55783	5109	3351	27677	22416	3803	56643	28106
崇明县			19432	71740	1355	6188	28557	23638	1837	14149	29679

2－12－4

单位:万元

地区	收支部分			平衡部分						
	支出			收入						
						返还性收入			财力性转移支付收入	
	交通运输	工业、商业、金融等事务	其他支出	收入总计	本年收入	小计	增值税和消费税税收返还	所得税基数返还	小计	体制补助
区县级总计	**50168**	**2334917**	**907680**	**13112668**	**8175966**	**1784501**	**1784501**		**2733666**	
区级合计	**48727**	**2182995**	**896718**	**12693411**	**8026359**	**1742524**	**1742524**		**2509303**	
县级合计	**1441**	**151922**	**10962**	**419257**	**149607**	**41977**	**41977**		**224363**	
黄浦区		90885	169888	676114	425536	120141	120141		122272	
卢湾区		51266	59285	379480	268363	55961	55961		46857	
徐汇区		42550	23835	648158	483027	66645	66645		74639	
长宁区		26303	10851	556357	397818	57912	57912		73387	
普陀区	262	85110	15631	543515	350166	67100	67100		116784	
静安区	343	62708	87690	475284	346228	64430	64430		47681	
闸北区		90654	12760	445126	266728	61605	61605		107731	
虹口区	13162	67790	20082	552810	336324	72068	72068		116494	
杨浦区		66350	12126	515629	298023	66450	66450		136207	
宝山区	1015	166957	32998	745185	450904	90163	90163		195370	
闵行区	899	139327	36448	948351	682839	121806	121806		106729	
嘉定区	19858	222028	34334	788509	426617	118243	118243		190993	
浦东新区	1337	400140	42697	2504100	1782948	383349	383349		268325	
金山区	4963	110497	51525	470042	216349	70863	70863		166846	
松江区	2686	106621	103813	735118	391962	81625	81625		213215	
青浦区	3516	182179	43928	633256	341880	98810	98810		185472	
南汇区	526	137526	126174	619058	335139	75388	75388		187406	
奉贤区	160	134104	12653	457319	225508	69965	69965		152895	
崇明县	1441	151922	10962	419257	149607	41977	41977		224363	

2－12－5

单位:万元

地区	平衡部分									
	收入									
	财力性转移支付收入									
	一般性转移支付补助	民族地区转移支付补助	调整工资转移支付补助	农村税费改革转移支付补助	取消农业特产税降低农业税率转移支付补助	缓解县乡财政困难转移支付补助	农村义务教育补助	结算补助	企事业单位预算划转补助	其他财力性转移支付
区县级总计								**2733666**		
区级合计								**2509303**		
县级合计								**224363**		
黄浦区								122272		
卢湾区								46857		
徐汇区								74639		
长宁区								73387		
普陀区								116784		
静安区								47681		
闸北区								107731		
虹口区								116494		
杨浦区								136207		
宝山区								195370		
闵行区								106729		
嘉定区								190993		
浦东新区								268325		
金山区								166846		
松江区								213215		
青浦区								185472		
南汇区								187406		
奉贤区								152895		
崇明县								224363		

2－12－6　　　　单位:万元

地区	平衡部分								
	收入							支出	
	专项转移支付			省补助计划单列市	上年结余收入	调入资金	国债转贷收入、上年结余及转补助数	支出总计	本年支出
	小计	专项补助	增发国债补助						
区县级总计	**42928**	**42928**			**365334**	**10273**		**12644833**	**11976200**
区级合计	**41836**	**41836**			**363116**	**10273**		**12231581**	**11583224**
县级合计	**1092**	**1092**			**2218**			**413252**	**392976**
黄浦区	1210	1210			6955			667441	590877
卢湾区	1114	1114			7185			370932	347345
徐汇区	2991	2991			19386	1470		627431	602737
长宁区	1745	1745			25495			528219	509593
普陀区	1875	1875			7590			535882	511726
静安区	917	917			16028			453798	429889
闸北区	2188	2188			2350	4524		442714	419066
虹口区	4267	4267			23657			508406	480415
杨浦区	6067	6067			7627	1255		510304	487930
宝山区	2510	2510			6238			739846	706165
闵行区	2792	2792			34185			908090	855808
嘉定区	1433	1433			48199	3024		764742	726627
浦东新区	6001	6001			63477			2352372	2225040
金山区	855	855			15129			465343	446019
松江区	1495	1495			46821			681198	653309
青浦区	947	947			6147			626124	597353
南汇区	1631	1631			19494			598708	567550
奉贤区	1798	1798			7153			450031	425775
崇明县	1092	1092			2218			413252	392976

2-12-7

单位:万元

地区	平衡部分									
	支出								年终结余	其中:净结余
	财力性转移支付			专项上解	计划单列市上解省	增设预算周转金	调出资金	国债转贷拨付数及年末结余		
	小计	体制上解	出口退税专项上解							
区县级总计	**385894**	**385894**		**261289**		**21450**			**467835**	**347932**
区级合计	**369456**	**369456**		**257451**		**21450**			**461830**	**341927**
县级合计	**16438**	**16438**		**3838**					**6005**	**6005**
黄浦区	62638	62638		6926		7000			8673	7268
卢湾区	17759	17759		5828					8548	8548
徐汇区	19039	19039		5655					20727	19266
长宁区	11229	11229		7397					28138	27124
普陀区	15755	15755		8401					7633	7633
静安区	18248	18248		5661					21486	21486
闸北区	18288	18288		5360					2412	2412
虹口区	18563	18563		2928		6500			44404	41198
杨浦区	17334	17334		5040					5325	2671
宝山区	20832	20832		12849					5339	5339
闵行区	19366	19366		24966		7950			40261	26419
嘉定区	20912	20912		17203					23767	23767
浦东新区	35383	35383		91949					151728	99542
金山区	9914	9914		9410					4699	4699
松江区	12203	12203		15686					53920	17983
青浦区	12396	12396		16375					7132	7132
南汇区	22674	22674		8484					20350	12152
奉贤区	16923	16923		7333					7288	7288
崇明县	16438	16438		3838					6005	6005

2006 年江苏省地市县财政一般预算收支平衡表

2－13－1　　　　单位:万元

地区	收支部分										
	收入										
	本年收入小计	税收收入									
		小计	增值税	营业税	企业所得税	个人所得税	城市维护建设税	耕地占用税	契税	烟叶税	其他各项税收收入
地(市)县级总计	**14740022**	**12559796**	**3287946**	**3665695**	**1727341**	**650539**	**834992**	**177468**	**1054359**		**1161456**
地(市)本级合计	**3656686**	**2833688**	**768257**	**554613**	**366115**	**141403**	**306227**	**20261**	**411708**		**265104**
县级合计	**11083336**	**9726108**	**2519689**	**3111082**	**1361226**	**509136**	**528765**	**157207**	**642651**		**896352**
南京市小计	**2464392**	**2164894**	**455756**	**728253**	**308654**	**121854**	**158074**	**15132**	**169137**		**208034**
本级	864532	673618	186583	46520	77428	19015	128862	2010	135010		78190
县级小计	1599860	1491276	269173	681733	231226	102839	29212	13122	34127		129844
溧水县	45505	37568	10744	9862	5167	1649	2302	1538	2800		3506
高淳县	59188	52516	7704	25163	6832	2581	2772	721	3711		3032
玄武区	139219	134268	22690	63020	23990	11741					12827
白下区	157340	141228	21322	67333	23221	13374					15978
秦淮区	57280	52494	13770	25723	5868	3178					3955
建邺区	100196	96947	8507	66662	12207	4400					5171
鼓楼区	185772	183634	28903	87497	32228	19915					15091
下关区	73594	69488	15872	35734	8420	4184					5278
浦口区	151763	137335	13091	65819	21094	5512	6758	2572	4441		18048
栖霞区	107636	106397	23886	53036	17010	6608		1010	60		4787
雨花台区	92237	88890	29190	33595	12747	5545		2967			4846
江宁区	290099	276221	54310	97248	49707	16432	11004	2892	16200		28428
六合区	140031	114290	19184	51041	12735	7720	6376	1422	6915		8897
无锡市小计	**2208857**	**1901461**	**549720**	**494731**	**293281**	**109794**	**128702**	**22536**	**117506**		**185191**
本级	530364	461514	124529	112015	62492	33654	22289	5642	59153		41740
县级小计	1678493	1439947	425191	382716	230789	76140	106413	16894	58353		143451
江阴市	604806	472559	162430	100526	79971	20595	31138	4861	29392		43646
宜兴市	216580	195393	57540	51522	21389	7024	18234	2732	14002		22950
崇安区	115114	108675	15492	41086	20787	9700	6237	276			15097
南长区	80893	76367	18492	28018	12348	3746	5937	125			7701
北塘区	100063	87377	20741	31754	15481	4285	6745	693			7678
锡山区	152626	135581	42321	28073	22188	8668	10135	2616	8178		13402
惠山区	198271	168075	57317	38936	24738	11208	13806	4287	3868		13915
滨湖区	210140	195920	50858	62801	33887	10914	14181	1304	2913		19062
徐州市小计	**710318**	**565719**	**158312**	**161001**	**61367**	**20437**	**72615**	**4052**	**42370**		**45565**
本级	259544	190480	75051	30476	21306	8001	42930		989		11727
县级小计	450774	375239	83261	130525	40061	12436	29685	4052	41381		33838
丰县	24362	18479	4714	6794	2295	603	1282	71	1014		1706
沛县	60192	45248	13021	12511	7684	1225	4135	360	2006		4306

2－13－2

单位:万元

地区	收支部分									
	收入								支出	
	非税收入							贷款转贷回收本金收入	本年支出小计	一般公共服务
	小计	专项收入	行政事业性收费收入	罚没收入	国有资本经营收入	国有资源(资产)有偿使用收入	其他收入			
地(市)县级总计	**2180226**	**530551**	**659860**	**537209**	**414101**	**31361**	**7144**		**16731227**	**2995470**
地(市)本级合计	**822998**	**179880**	**279969**	**213354**	**129535**	**16561**	**3699**		**5308561**	**890506**
县级合计	**1357228**	**350671**	**379891**	**323855**	**284566**	**14800**	**3445**		**11422666**	**2104964**
南京市小计	**299498**	**92953**	**101284**	**78048**	**22483**	**4720**	**10**		**2624614**	**461752**
本级	190914	72672	61500	46944	6171	3617	10		1133395	216013
县级小计	108584	20281	39784	31104	16312	1103			1491219	245739
溧水县	7937	1742	3963	2185		47			70831	13341
高淳县	6672	2025	2599	1994		54			79612	10028
玄武区	4951		1605	2201	1013	132			108441	19302
白下区	16112		2068	2323	11600	121			107863	19004
秦淮区	4786		1205	2052	1515	14			51871	11775
建邺区	3249		607	2200	377	65			87232	18475
鼓楼区	2138		1285	791		62			124796	20297
下关区	4106		1517	1256	1320	13			55678	11285
浦口区	14428	4549	6312	3434		133			168478	25613
栖霞区	1239		508	692		39			94382	23044
雨花台区	3347		1001	2312		34			80732	10707
江宁区	13878	8137	3000	2488		253			283848	40343
六合区	25741	3828	14114	7176	487	136			177455	22525
无锡市小计	**307396**	**71987**	**67137**	**64600**	**99368**	**3172**	**1132**		**2133988**	**324097**
本级	68850	13067	26350	23986	2147	2236	1064		766208	113398
县级小计	238546	58920	40787	40614	97221	936	68		1367780	210699
江阴市	132247	19383	24166	19508	68681	509			554180	83421
宜兴市	21187	11575	3600	5883		129			216805	20644
崇安区	6439	2678	991	1478	1280	12			36774	8235
南长区	4526	2510	541	1469		5	1		37983	6451
北塘区	12686	3960	1059	3160	4500	7			50500	14021
锡山区	17045	5281	1273	3068	7260	163			140358	24971
惠山区	30196	7459	4994	2204	15500	39			182421	25875
滨湖区	14220	6074	4163	3844		72	67		148759	27081
徐州市小计	**144599**	**35994**	**45081**	**31140**	**30941**	**1029**	**414**		**1073117**	**192748**
本级	69064	14510	13765	10759	29533	497			342369	46626
县级小计	75535	21484	31316	20381	1408	532	414		730748	146122
丰县	5883	1117	2514	2184		28	40		83220	14922
沛县	14944	4079	6296	3131	1177	131	130		108573	16416

2－13－3

单位:万元

地区	收支部分										
	支出										
	外交	国防	公共安全	教育	科学技术	文化体育与传媒	社会保障和就业	医疗卫生	环境保护	城乡社区事务	农林水事务
地(市)县级总计	**935**	**35628**	**1491652**	**3007063**	**366024**	**323561**	**1483456**	**821606**	**195557**	**2136594**	**1251233**
地(市)本级合计	**635**	**19937**	**636679**	**500088**	**152801**	**175029**	**412064**	**292926**	**74165**	**840344**	**270815**
县级合计	**300**	**15691**	**854973**	**2506975**	**213223**	**148532**	**1071392**	**528680**	**121392**	**1296250**	**980418**
南京市小计		**1649**	**237143**	**370629**	**53323**	**50449**	**208136**	**160933**	**21595**	**490014**	**142184**
本级		924	138484	58900	25661	35105	85339	90233	12536	262983	50300
县级小计		725	98659	311729	27662	15344	122797	70700	9059	227031	91884
溧水县			5850	17686	1350	1072	4275	2766	1006	5452	9587
高淳县			3578	14726	720	773	5198	3480	1045	11599	7995
玄武区			8831	22138	2534	2171	15131	4884	626	14913	534
白下区			10525	29308	2018	520	13556	5483	604	10385	53
秦淮区			4243	13849	705	529	5958	3154	335	6456	59
建邺区		1	4782	13839	2522	827	5298	3554	399	17010	1635
鼓楼区			7198	35773	3871	951	13493	4848	634	14029	
下关区			3155	17279	797	822	6109	3260	466	6768	
浦口区			11430	27718	1360	1936	11582	6598	735	17537	14101
栖霞区			5509	20506	1977	811	6930	5341	431	10810	7995
雨花台区			4584	9200	1034	628	6606	3539	476	21149	6211
江宁区		370	18641	46687	6699	2721	15344	16446	1504	67943	29069
六合区		354	10333	43020	2075	1583	13317	7347	798	22980	14645
无锡市小计		**4241**	**176061**	**345973**	**48169**	**31809**	**146145**	**88012**	**21747**	**237924**	**92437**
本级		1684	69928	71168	24055	20730	42295	39136	4087	69548	31310
县级小计		2557	106133	274805	24114	11079	103850	48876	17660	168376	61127
江阴市		1806	37666	88173	9979	5460	48580	16486	5896	81888	20494
宜兴市			14516	48722	4475	2705	19504	7822	5229	4718	17068
崇安区		143	7474	12200	356	128	878	857	186	5221	
南长区			6533	13118	49	460	1430	855	52	7232	3
北塘区		13	7618	15690	595	182	2447	1216	141	2855	
锡山区		433	8923	29220	2329	732	13339	4074	1156	31258	5391
惠山区			10719	33710	3047	1039	9704	10737	4279	21185	6769
滨湖区		162	12684	33972	3284	373	7968	6829	721	14019	11402
徐州市小计		**2592**	**85863**	**229671**	**13523**	**13622**	**174735**	**61979**	**9522**	**62617**	**102206**
本级		1536	37182	43709	4049	6297	65721	20138	2821	25463	18708
县级小计		1056	48681	185962	9474	7325	109014	41841	6701	37154	83498
丰县		102	4384	22067	1272	963	15085	4516	405	2635	12793
沛县		151	5336	24081	3062	1231	22469	6598	771	9211	13923

二、各省、自治区、直辖市地市县一般预算财政资料

2-13-4

单位:万元

地区	收支部分			平衡部分						
	支出			收入						
						返还性收入			财力性转移支付收入	
	交通运输	工业、商业、金融等事务	其他支出	收入总计	本年收入	小计	增值税和消费税税收返还	所得税基数返还	小计	体制补助
地(市)县级总计	**395636**	**941833**	**1284979**	**22610346**	**14740022**	**3160961**	**2300046**	**860915**	**1382592**	
地(市)本级合计	**166478**	**348121**	**527973**	**5884966**	**3656686**	**1367803**	**1042438**	**325365**	**-149576**	
县级合计	**229158**	**593712**	**757006**	**16725380**	**11083336**	**1793158**	**1257608**	**535550**	**1532168**	
南京市小计	**34058**	**239062**	**153687**	**3474889**	**2464392**	**563099**	**377084**	**186015**	**73316**	
本级	27170	97101	32646	1206793	864532	355696	270995	84701	-139033	
县级小计	6888	141961	121041	2268096	1599860	207403	106089	101314	212349	
溧水县	858	5882	1706	81491	45505	11918	8439	3479	4705	
高淳县	146	2311	18013	93481	59188	11317	5465	5852	5208	
玄武区		11523	5854	197016	139219	17297	8562	8735	21337	
白下区		12336	4071	196795	157340	13905	7744	6161	7810	
秦淮区		1384	3424	89562	57280	8636	4821	3815	13453	
建邺区		8691	10199	155633	100196	10410	4405	6005	35505	
鼓楼区	30	10873	12799	246122	185772	18737	8137	10600	19349	
下关区		1993	3744	103217	73594	7988	4625	3363	7217	
浦口区	424	34574	14870	207768	151763	22558	8301	14257	11271	
栖霞区	1469	3096	6463	168798	107636	15341	7946	7395	30397	
雨花台区	216	4793	11589	148800	92237	11208	5165	6043	31374	
江宁区	2216	23281	12584	364482	290099	38025	21610	16415	7994	
六合区	1529	21224	15725	214931	140031	20063	10869	9194	16729	
无锡市小计	**132534**	**178121**	**306718**	**3007990**	**2208857**	**508145**	**363099**	**145046**	**26297**	
本级	79456	41928	157485	852296	530364	246447	191389	55058	-59449	
县级小计	53078	136193	149233	2155694	1678493	261698	171710	89988	85746	
江阴市	29500	53667	71164	746273	604806	117226	75224	42002	8614	
宜兴市	3614	39016	28772	304499	216580	47537	37320	10217	3563	
崇安区		44	1052	136799	115114	2542		2542	10935	
南长区		817	983	105530	80893	1930		1930	10793	
北塘区		751	4971	122296	100063	2716		2716	11817	
锡山区	903	7643	9986	212347	152626	37843	27179	10664	12994	
惠山区	17857	20415	17085	256291	198271	40082	31987	8095	6301	
滨湖区	1204	13840	15220	271659	210140	11822		11822	20729	
徐州市小计	**5980**	**30041**	**88018**	**1427603**	**710318**	**187306**	**158482**	**28824**	**226999**	
本级	2005	9739	58375	439569	259544	111026	99801	11225	-14089	
县级小计	3975	20302	29643	988034	450774	76280	58681	17599	241088	
丰县	284	1987	1805	99200	24362	6395	5422	973	36876	
沛县	138	1268	3918	138632	60192	10097	9079	1018	38017	

2006 年地方财政政府收支分类转换数据

2-13-5　　　　单位:万元

地区	平衡部分									
	收入									
	财力性转移支付收入									
	一般性转移支付补助	民族地区转移支付补助	调整工资转移支付补助	农村税费改革转移支付补助	取消农业特产税降低农业税率转移支付补助	缓解县乡财政困难转移支付补助	农村义务教育补助	结算补助	企事业单位预算划转补助	其他财力性转移支付
地(市)县级总计	**429591**		**109030**	**119757**	**232862**	**37498**		**420257**	**33597**	
地(市)本级合计	**17563**		**2070**	**-3704**	**-62**	**197**		**-179361**	**13721**	
县级合计	**412028**		**106960**	**123461**	**232924**	**37301**		**599618**	**19876**	
南京市小计	**33456**			**2772**		**1434**		**21527**	**14127**	
本级	15263			-3038				-155385	4127	
县级小计	18193			5810		1434		176912	10000	
溧水县	1825			1047		255		1578		
高淳县	1506			1282		304		2116		
玄武区	776			10				20551		
白下区	767			5		13		7025		
秦淮区	1786			5				11662		
建邺区	1583			25				33897		
鼓楼区	1108			5				18545	-309	
下关区	914			5				5710	588	
浦口区	875			501		228		8307	1360	
栖霞区	1184			53				26687	2473	
雨花台区	1212			31				30131		
江宁区	50			435		294		7215		
六合区	4607			2406		340		3488	5888	
无锡市小计				**1224**		**1103**		**24836**	**-866**	
本级				44				-58593	-900	
县级小计				1180		1103		83429	34	
江阴市				178		427		8009		
宜兴市				812		331		2420		
崇安区				3				10932		
南长区				3				10790		
北塘区				7				11810		
锡山区				51		279		12664		
惠山区				44		27		6230		
滨湖区				82		39		20574	34	
徐州市小计	**94894**		**23879**	**23754**	**41645**	**2395**		**32791**	**7641**	
本级	282		40	-262	224			-20787	6414	
县级小计	94612		23839	24016	41421	2395		53578	1227	
丰县	18954		4040	4006	6264	405		3198	9	
沛县	15915		4320	4126	5505	405		7356	390	

2-13-6

单位:万元

地区	平衡部分								
	收入							支出	
	专项转移支付			省补助计划单列市	上年结余收入	调入资金	国债转贷收入、上年结余及转补助数	支出总计	本年支出
	小计	专项补助	增发国债补助						
地(市)县级总计	**1498585**	**1388043**	**110542**		**1445370**	**330272**	**52544**	**20849659**	**16731227**
地(市)本级合计	**156021**	**120219**	**35802**		**752162**	**66375**	**35495**	**5020152**	**5308561**
县级合计	**1342564**	**1267824**	**74740**		**693208**	**263897**	**17049**	**15829507**	**11422666**
南京市小计	**157397**	**150395**	**7002**		**198316**	**14344**	**4025**	**3265580**	**2624614**
本级	-64962	-71964	7002		173365	13170	4025	1024471	1133395
县级小计	222359	222359			24951	1174		2241109	1491219
溧水县	18114	18114			549	700		81379	70831
高淳县	17034	17034			734			92060	79612
玄武区	18228	18228			935			196604	108441
白下区	16919	16919			821			195943	107863
秦淮区	9434	9434			759			89190	51871
建邺区	8074	8074			1443	5		154336	87232
鼓楼区	18828	18828			3436			241977	124796
下关区	12730	12730			1688			101583	55678
浦口区	16701	16701			5475			204045	168478
栖霞区	14582	14582			842			167941	94382
雨花台区	12829	12829			1152			145505	80732
江宁区	22809	22809			5086	469		358713	283848
六合区	36077	36077			2031			211833	177455
无锡市小计	**63660**	**55832**	**7828**		**191082**	**7049**	**2900**	**2826389**	**2133988**
本级	-3300	-4901	1601		133737	3131	1366	738438	766208
县级小计	66960	60733	6227		57345	3918	1534	2087951	1367780
江阴市	12554	9219	3335		2513		560	740666	554180
宜兴市	15376	12584	2792		20469		974	287640	216805
崇安区	4261	4261			3664	283		130368	36774
南长区	6304	6304			2370	3240		101297	37983
北塘区	5100	5100			2377	223		121697	50500
锡山区	3902	3902			4982			202020	140358
惠山区	3900	3800	100		7565	172		252185	182421
滨湖区	15563	15563			13405			252078	148759
徐州市小计	**201276**	**186726**	**14550**		**79395**	**17532**	**4777**	**1273583**	**1073117**
本级	52601	50530	2071		27687		2800	379518	342369
县级小计	148675	136196	12479		51708	17532	1977	894065	730748
丰县	22552	21423	1129		7376	1639		87797	83220
沛县	20868	20010	858		8204	1104	150	120347	108573

2 - 13 - 7

单位:万元

地区	平衡部分									
	支出								年终结余	其中:净结余
	财力性转移支付			专项上解	计划单列市上解省	增设预算周转金	调出资金	国债转贷拨付数及年末结余		
	小计	体制上解	出口退税专项上解							
地(市)县级总计	**1243125**	**1002927**	**240198**	**2803587**		**13046**	**6130**	**52544**	**1760687**	**268234**
地(市)本级合计	**614161**	**537518**	**76643**	**-959165**		**15200**	**5900**	**35495**	**864814**	**116087**
县级合计	**628964**	**465409**	**163555**	**3762752**		**-2154**	**230**	**17049**	**895873**	**152147**
南京市小计	**188710**	**168882**	**19828**	**440931**		**6550**	**750**	**4025**	**209309**	**10768**
本级	140771	130467	10304	-260470		6000	750	4025	182322	2600
县级小计	47939	38415	9524	701401		550			26987	8168
溧水县	1575	1077	498	8973					112	
高淳县	1066	814	252	11382					1421	
玄武区	3445	3196	249	84668		50			412	412
白下区	4905	3562	1343	83175					852	852
秦淮区	1958	1779	179	35361					372	256
建邺区	2204	1961	243	64900					1297	572
鼓楼区	4513	3804	709	112668					4145	870
下关区	3159	2496	663	42746					1634	1614
浦口区	2669	1951	718	32898					3723	928
栖霞区	5775	5394	381	67784					857	482
雨花台区	3111	2893	218	61162		500			3295	498
江宁区	8931	5744	3187	65934					5769	317
六合区	4628	3744	884	29750					3098	1367
无锡市小计	**256310**	**207792**	**48518**	**423991**		**9200**		**2900**	**181601**	**45737**
本级	143252	122791	20461	-181588		9200		1366	113858	34405
县级小计	113058	85001	28057	605579				1534	67743	11332
江阴市	47654	34469	13185	138272				560	5607	1516
宜兴市	22089	18779	3310	47772				974	16859	572
崇安区	1337		1337	92257					6431	731
南长区	317		317	62997					4233	
北塘区	631		631	70566					599	41
锡山区	20569	15466	5103	41093					10327	2966
惠山区	18883	16287	2596	50881					4106	2885
滨湖区	1578		1578	101741					19581	2621
徐州市小计	**58477**	**54619**	**3858**	**136212**			**1000**	**4777**	**154020**	**1250**
本级	47792	45918	1874	-14443			1000	2800	60051	215
县级小计	10685	8701	1984	150655				1977	93969	1035
丰县	87		87	4490					11403	226
沛县	34		34	11590				150	18285	36

2-13-8　　　　单位:万元

地　　区	收支部分										
	收入										
	本年收入小计	税收收入									
		小　计	增值税	营业税	企业所得税	个人所得税	城市维护建设税	耕地占用税	契　税	烟叶税	其他各项税收收入
铜山县	73800	57985	15357	15501	7451	1545	3797	2696	6151		5487
睢宁县	24608	18068	3744	8545	1635	781	886	72	1051		1354
新沂市	33384	27062	5911	7996	4238	887	2169	591	2764		2506
邳州市	59307	48168	13565	17051	3854	2319	4507	115	3088		3669
鼓楼区	29472	27157	4351	11215	1873	924	2413		3920		2461
云龙区	40146	36763	3808	16141	2739	880	2375		7338		3482
九里区	19735	18429	5489	3988	2649	1398	2331		1264		1310
贾汪区	24805	20372	7673	4499	2340	451	1943	147	555		2764
泉山区	60963	57508	5628	26284	3303	1423	3847		12230		4793
常州市小计	**1188818**	**1024757**	**251768**	**283822**	**135583**	**54022**	**70336**	**13721**	**114081**		**101424**
本级	168006	99963	8964	21742	1115	3264	4755		53812		6311
县级小计	1020812	924794	242804	262080	134468	50758	65581	13721	60269		95113
溧阳市	118008	99563	23151	31553	11249	5334	7037	1920	8368		10951
金坛市	86338	69864	17035	19284	7959	3926	4337	2467	6959		7897
天宁区	147246	140445	35167	47472	24458	8395	10479	357	122		13995
钟楼区	117728	112723	24252	45695	14796	5507	7078	295	70		15030
戚墅堰区	33229	30774	13701	3759	4986	1309	3789	616	318		2296
新北区	204432	195153	47974	49057	29228	11393	11342	4277	24284		17598
武进区	313831	276272	81524	65260	41792	14894	21519	3789	20148		27346
苏州市小计	**3571439**	**3208174**	**883155**	**920255**	**510239**	**177321**	**141669**	**35731**	**247794**		**292010**
本级	723421	641465	155833	172693	110166	43346	34292	990	53489		70656
县级小计	2848018	2566709	727322	747562	400073	133975	107377	34741	194305		221354
张家港市	610858	482749	161127	98829	84172	28030	27369	10105	40847		32270
昆山市	653718	595916	159349	184122	97844	27869	20354	2330	42301		61747
吴江市	350788	318507	98843	79388	47650	15745	18777	5872	26102		26130
太仓市	275866	245411	73918	56913	35222	9602	11091	9775	31191		17699
沧浪区	101695	100633	11653	56002	16293	7184					9501
平江区	64129	62958	13780	31123	11507	2692					3856
金阊区	66975	66626	11475	29319	15416	5629					4787
虎丘区	303674	297909	90750	84960	42859	21408	9704	298	18417		29513
吴中区	275066	259256	68611	83632	33299	10930	10817	3357	24442		24168
相城区	145249	136744	37816	43274	15811	4886	9265	3004	11005		11683
南通市小计	**925330**	**788193**	**210974**	**235379**	**97585**	**39395**	**45627**	**18309**	**68784**		**72140**
本级	169449	116697	27384	33425	17119	7644	7994	5013	6191		11927
县级小计	755881	671496	183590	201954	80466	31751	37633	13296	62593		60213

2-13-9 单位:万元

地区	收支部分									
	收入								支出	
	非税收入							贷款转贷回收本金收入		
	小计	专项收入	行政事业性收费收入	罚没收入	国有资本经营收入	国有资源(资产)有偿使用收入	其他收入		本年支出小计	一般公共服务
铜山县	15815	5624	5294	4577	231	89			118294	22539
睢宁县	6540	1279	2767	2455		34	5		87368	16008
新沂市	6322	1712	2260	2300		50			81690	16400
邳州市	11139	3529	3631	3890		89			117028	23604
鼓楼区	2315	339	1402	550		11	13		18915	4115
云龙区	3383	424	2406	338		18	197		27004	7058
九里区	1306	402	583	317		4			15540	5073
贾汪区	4433	2248	1873	301		11			40196	9106
泉山区	3455	731	2290	338		67	29		32920	10881
常州市小计	**164061**	**43609**	**64240**	**42106**	**12117**	**1957**	**32**		**1176965**	**191107**
本级	68043	6380	35201	13709	11500	1253			359604	58405
县级小计	96018	37229	29039	28397	617	704	32		817361	132702
溧阳市	18445	4579	7358	6341		167			135700	28213
金坛市	16474	3593	7910	4270	617	62	22		95598	20125
天宁区	6801	4175	1394	1199		23	10		58934	17253
钟楼区	5005	3004	1380	585		36			63871	6066
戚墅堰区	2455	1598	558	277		22			18712	5492
新北区	9279	5207	2939	1044		89			141588	19882
武进区	37559	15073	7500	14681		305			302958	35671
苏州市小计	**363265**	**94435**	**79255**	**97485**	**80564**	**11523**	**3**		**3441010**	**566550**
本级	81956	18797	20502	37119	379	5159			1060136	148291
县级小计	281309	75638	58753	60366	80185	6364	3		2380874	418259
张家港市	128109	25811	26441	15486	59894	477			556075	83691
昆山市	57802	12145	17627	8262	17327	2441			562293	76217
吴江市	32281	13052	3329	15501		399			308308	56787
太仓市	30455	7227	7014	11693	2964	1557			258261	47180
沧浪区	1062		820	112		130			42361	12429
平江区	1171		837	253		81			38124	5312
金阊区	349		16	247		86			38671	15216
虎丘区	5765	4378	753	328		306			209242	36028
吴中区	15810	7201	1387	6816		403	3		246559	58794
相城区	8505	5824	529	1668		484			120980	26605
南通市小计	**137137**	**34184**	**58155**	**34336**	**9500**	**962**			**1126224**	**229560**
本级	52752	6806	25515	13268	6600	563			326954	56915
县级小计	84385	27378	32640	21068	2900	399			799270	172645

二、各省、自治区、直辖市地市县一般预算财政资料

2－13－10

单位：万元

地区	收支部分										
	支出										
	外交	国防	公共安全	教育	科学技术	文化体育与传媒	社会保障和就业	医疗卫生	环境保护	城乡社区事务	农林水事务
铜山县		97	7697	30766	1263	1105	10044	6650	2988	4731	16163
睢宁县		120	5148	21978	1275	1011	14588	7437	397	1528	10980
新沂市		196	6605	24442	564	1072	7335	5546	734	2966	9280
邳州市		173	6215	31692	524	1252	22448	6571	1100	5137	14608
鼓楼区		15	2604	3656	46		4380	657		1788	136
云龙区			3592	5499	79	229	5244	1536		2026	475
九里区			1402	3984	158	42	648	371		1239	440
贾汪区		110	2460	13197	495	379	2204	1473	306	2813	4408
泉山区		92	3238	4600	736	41	4569	486		3080	292
常州市小计		**8038**	**109797**	**182191**	**33114**	**27782**	**103791**	**64323**	**29105**	**144531**	**84081**
本级		6905	46788	40323	9470	21225	42306	25547	17664	18385	5770
县级小计		1133	63009	141868	23644	6557	61485	38776	11441	126146	78311
溧阳市		901	14125	32302	6343	1483	5464	5482	1661	7158	16917
金坛市			11549	21943	2486	1806	4444	5910	2676	4881	9878
天宁区			5090	8697	1395	79	6922	1834	1113	4049	9977
钟楼区		100	3232	8052	1042	115	13468	1647	692	10918	1512
戚墅堰区		132	1182	3742	430	34	1932	806	810	2215	676
新北区			4900	17267	8920	470	13807	4693	427	15540	6500
武进区			22931	49865	3028	2570	15448	18404	4062	81385	32851
苏州市小计	**262**	**3580**	**302447**	**536544**	**103325**	**89568**	**291431**	**129351**	**38896**	**735125**	**215970**
本级		1303	130679	121319	51368	46117	79920	41024	8062	264777	40979
县级小计	262	2277	171768	415225	51957	43451	211511	88327	30834	470348	174991
张家港市		318	39453	126301	7536	21979	29265	27338	8476	102106	33680
昆山市	262	963	48716	68759	7803	10136	56249	16142	6369	124517	43521
吴江市		149	25297	60472	15853	2969	38192	12199	6280	24445	27167
太仓市		112	27465	45445	5623	3665	17500	10543	2049	41373	21862
沧浪区			2922	10075	480	394	4335	1929	181	6147	10
平江区			2528	6068	506	207	6698	1882	167	10158	
金阊区		204	2604	7240	150	100	2104	1392	142	5881	271
虎丘区			8043	27421	10099	511	25548	4904	1197	71808	9371
吴中区		265	9696	42116	2423	3238	24122	8211	5460	51497	19501
相城区		266	5044	21328	1484	252	7498	3787	513	32416	19608
南通市小计		**7299**	**105270**	**249418**	**28621**	**20491**	**115448**	**62540**	**13647**	**56934**	**92617**
本级		6094	37405	32938	8386	10588	24738	22771	5580	18968	23397
县级小计		1205	67865	216480	20235	9903	90710	39769	8067	37966	69220

2006 年地方财政政府收支分类转换数据

2－13－11

单位:万元

地区	收支部分			平衡部分						
	支出			收入						
						返还性收入			财力性转移支付收入	
	交通运输	工业、商业、金融等事务	其他支出	收入总计	本年收入	小计	增值税和消费税税收返还	所得税基数返还	小计	体制补助
铜山县	1731	7228	5292	151088	73800	14904	9537	5367	29414	
睢宁县	272	1101	5525	104799	24608	5272	4179	1093	40212	
新沂市	361	3079	3110	98855	33384	8531	6203	2328	29799	
邳州市	1129	1131	1444	149489	59307	10125	7155	2970	41616	
鼓楼区		445	1073	37873	29472	3351	2842	509	3811	
云龙区		1129	137	51322	40146	3614	2777	837	5804	
九里区		131	2052	28270	19735	3328	2757	571	3322	
贾汪区	60	2771	414	55696	24805	6700	5650	1050	5668	
泉山区		32	4873	72810	60963	3963	3080	883	6549	
常州市小计	**7111**	**78765**	**113229**	**1661618**	**1188818**	**269401**	**191003**	**78398**	**26129**	
本级	2566	19439	44811	356842	168006	160663	111573	49090	－9979	
县级小计	4545	59326	68418	1304776	1020812	108738	79430	29308	36108	
溧阳市	2275	4037	9339	166442	118008	22937	16462	6475	3570	
金坛市	1019	1299	7582	123484	86338	16325	11864	4461	2442	
天宁区		161	2364	159946	147246				3979	
钟楼区		238	16789	129222	117728				3375	
戚墅堰区		450	811	43797	33229				6570	
新北区		46746	2436	260769	204432				7011	
武进区	1251	6395	29097	421116	313831	69476	51104	18372	9161	
苏州市小计	**114251**	**130390**	**183320**	**4598253**	**3571439**	**549663**	**367874**	**181789**	**139901**	
本级	16871	69222	40204	1066878	723421	138820	106084	32736	91835	
县级小计	97380	61168	143116	3531375	2848018	410843	261790	149053	48066	
张家港市	28060	30209	17663	733284	610858	93678	60709	32969	5350	
昆山市	52973	2569	47097	772206	653718	66842	42008	24834	5421	
吴江市	5235	2813	30450	438373	350788	59011	40410	18601	7007	
太仓市	10121	3269	22054	364521	275866	43620	31773	11847	5889	
沧浪区		693	2766	139118	101695	14703	6690	8013	5619	
平江区		2720	1878	95839	64129	12707	8022	4685	4566	
金阊区		684	2683	97652	66975	12884	7233	5651	3847	
虎丘区	215	8115	5982	358784	303674	38210	13324	24886	4338	
吴中区	776	9568	10892	353743	275066	47932	35040	12892	3768	
相城区		528	1651	177855	145249	21256	16581	4675	2261	
南通市小计	**8942**	**43499**	**91938**	**1617699**	**925330**	**230906**	**179411**	**51495**	**117403**	
本级	7071	15890	56213	372501	169449	82533	60480	22053	－14066	
县级小计	1871	27609	35725	1245198	755881	148373	118931	29442	131469	

2－13－12

单位:万元

地区	平衡部分									
	收入									
	财力性转移支付收入									
	一般性转移支付补助	民族地区转移支付补助	调整工资转移支付补助	农村税费改革转移支付补助	取消农业特产税降低农业税率转移支付补助	缓解县乡财政困难转移支付补助	农村义务教育补助	结算补助	企事业单位预算划转补助	其他财力性转移支付
铜山县	3970		3472	2707	6945	456		11494	370	
睢宁县	21051		4261	4181	7638	406		2666	9	
新沂市	14650		3290	2927	4883	316		3725	8	
邳州市	18072		4456	4541	8386	407		5745	9	
鼓楼区				68				3741	2	
云龙区	128			131				5543	2	
九里区				118				3202	2	
贾汪区	1872			1113	1800			459	424	
泉山区				98				6449	2	
常州市小计	**5000**			**1900**		**1237**		**15899**	**2093**	
本级	－6016			－478		29		－5602	2088	
县级小计	11016			2378		1208		21501	5	
溧阳市				988		501		2076	5	
金坛市				1001		303		1138		
天宁区	2057			50				1872		
钟楼区	2891							484		
戚墅堰区	4185			14				2371		
新北区	1383							5628		
武进区	500			325		404		7932		
苏州市小计	**3700**			**870**		**1838**		**133467**	**26**	
本级	3500			－314		64		88602	－17	
县级小计	200			1184		1774		44865	43	
张家港市				138		413		4799		
昆山市				145		319		4914	43	
吴江市				371		399		6237		
太仓市				125		339		5425		
沧浪区				5				5614		
平江区				6				4560		
金阊区				20				3827		
虎丘区				180				4158		
吴中区				108		265		3395		
相城区	200			86		39		1936		
南通市小计	**29599**		**8481**	**12426**	**28561**	**3792**		**34020**	**524**	
本级	－4271			197				－10298	306	
县级小计	33870		8481	12229	28561	3792		44318	218	

2－13－13

单位：万元

地区	平衡部分								
	收入							支出	
	专项转移支付			省补助计划单列市	上年结余收入	调入资金	国债转贷收入、上年结余及转补助数	支出总计	本年支出
	小计	专项补助	增发国债补助						
铜山县	22864	19975	2889		10026		80	137199	118294
睢宁县	26096	22706	3390		5541	3070		92510	87368
新沂市	20546	18599	1947		3957	2361	277	89121	81690
邳州市	22692	21502	1190		11867	3462	420	129654	117028
鼓楼区	1154	1154			85			37663	18915
云龙区	1505	1505			242	11		50988	27004
九里区	1337	1337			548			27472	15540
贾汪区	7759	6683	1076		3829	5885	1050	48637	40196
泉山区	1302	1302			33			72677	32920
常州市小计	**42019**	**39056**	**2963**		**110874**	**21219**	**3158**	**1539904**	**1176965**
本级	－48740	－50025	1285		78009	6440	2443	271296	359604
县级小计	90759	89081	1678		32865	14779	715	1268608	817361
溧阳市	13460	13150	310		24	8443		166418	135700
金坛市	9215	9115	100		8464	700		119547	95598
天宁区	8603	8603			33	85		159933	58934
钟楼区	6485	6485			296	1338		129174	63871
戚墅堰区	3525	3525			473			42451	18712
新北区	35498	35498			13828			246941	141588
武进区	13973	12705	1268		9747	4213	715	404144	302958
苏州市小计	**89965**	**78815**	**11150**		**198754**	**45330**	**3201**	**4376457**	**3441010**
本级	21209	20952	257		73096	18297	200	990110	1060136
县级小计	68756	57863	10893		125658	27033	3001	3386347	2380874
张家港市	9984	8211	1773		13203		211	721539	556075
昆山市	9042	8262	780		34434	2469	280	749081	562293
吴江市	12003	7693	4310		6753	701	2110	426292	308308
太仓市	8109	7609	500		7637	23400		348398	258261
沧浪区	3244	3244			13857			120107	42361
平江区	3233	3233			11001	203		82223	38124
金阊区	2678	2678			11008	260		84191	38671
虎丘区	4952	4952			7610			352200	209242
吴中区	12989	9459	3530		13588		400	337409	246559
相城区	2522	2522			6567			164907	120980
南通市小计	**136039**	**132559**	**3480**		**153013**	**52386**	**2622**	**1428114**	**1126224**
本级	34205	32837	1368		96695	2598	1087	258300	326954
县级小计	101834	99722	2112		56318	49788	1535	1169814	799270

2－13－14　　　　单位:万元

地区	平衡部分									
	支出								年终结余	其中：净结余
	财力性转移支付			专项上解	计划单列市上解省	增设预算周转金	调出资金	国债转贷拨付数及年末结余		
	小计	体制上解	出口退税专项上解							
铜山县	443	352	91	18382				80	13889	151
睢宁县	917	861	56	4225					12289	234
新沂市	915	761	154	6239				277	9734	29
邳州市	1840	924	916	10366				420	19835	213
鼓楼区	519	464	55	18229					210	25
云龙区	659	497	162	23325					334	14
九里区	1452	1452		10480					798	3
贾汪区	2392	2349	43	4999				1050	7059	88
泉山区	1427	1041	386	38330					133	16
常州市小计	**132840**	**111159**	**21681**	**232465**		**－5904**	**380**	**3158**	**121714**	**47406**
本级	86810	78567	8243	－177941			380	2443	85546	30641
县级小计	46030	32592	13438	410406		－5904		715	36168	16765
溧阳市	4650	3586	1064	26068					24	
金坛市	4371	3212	1159	19578					3937	2889
天宁区	1534		1534	99465					13	
钟楼区	630		630	64673					48	48
戚墅堰区	133		133	23606					1346	
新北区	2744		2744	102609					13828	13828
武进区	31968	25794	6174	74407		－5904		715	16972	
苏州市小计	**247695**	**161535**	**86160**	**683801**		**200**	**550**	**3201**	**221796**	**66927**
本级	61541	43034	18507	－132317			550	200	76768	33635
县级小计	186154	118501	67653	816118		200		3001	145028	33292
张家港市	32844	23301	9543	132409				211	11745	1485
昆山市	31171	10172	20999	155337				280	23125	4201
吴江市	26134	17477	8657	89740				2110	12081	5220
太仓市	18558	14133	4425	71579					16123	580
沧浪区	16953	15146	1807	60793					19011	12750
平江区	8587	8316	271	35512					13616	1324
金阊区	9136	7322	1814	36384					13461	5432
虎丘区	14992	3766	11226	127966					6584	1418
吴中区	21581	14929	6652	68669		200		400	16334	672
相城区	6198	3939	2259	37729					12948	210
南通市小计	**110545**	**91844**	**18701**	**185553**			**3170**	**2622**	**189585**	**11200**
本级	48112	40611	7501	－120853			3000	1087	114201	3528
县级小计	62433	51233	11200	306406			170	1535	75384	7672

2－13－15　　　　　　　　　　　　　　　　　　　　　　　　单位:万元

地　　区	收支部分										
	收入										
	本年收入小计	税收收入									
		小　计	增值税	营业税	企业所得税	个人所得税	城市维护建设税	耕地占用税	契　税	烟叶税	其他各项税收收入
海安县	61501	51474	17217	14248	4410	2473	3400	820	3866		5040
如东县	61568	51284	16723	13436	5651	2606	3125	348	4304		5091
启东市	92387	78976	18576	26126	9119	3106	4321	2946	7293		7489
如皋市	75086	65609	19837	19599	5455	2874	5023	1690	5206		5925
通州市	105655	89782	25781	31118	9737	3696	3405	1939	6278		7828
海门市	96153	80119	20969	20331	11202	5935	4501	1336	7675		8170
崇川区	190942	184142	32139	65842	25074	8562	9649	2067	25186		15623
港闸区	72589	70110	32348	11254	9818	2499	4209	2150	2785		5047
连云港市小计	**339593**	**269080**	**56412**	**103343**	**30376**	**11512**	**16464**	**2832**	**26660**		**21481**
本级	118218	88244	29732	16719	12717	3604	7042	536	11817		6077
县级小计	221375	180836	26680	86624	17659	7908	9422	2296	14843		15404
赣榆县	40023	28059	4159	12522	1717	824	1593	559	3442		3243
东海县	40023	28386	5091	11073	2538	1052	1042	260	4410		2920
灌云县	23308	17857	2334	10668	792	645	938	187	1441		852
灌南县	26155	19514	4002	8739	1640	458	1160	781	1664		1070
连云区	37831	36196	2028	20663	4714	1932	1806	186	2677		2190
新浦区	39777	37671	5153	19715	4233	2172	2029		3		4366
海州区	14258	13153	3913	3244	2025	825	854	323	1206		763
淮安市小计	**369415**	**282253**	**76787**	**76556**	**24353**	**10710**	**33805**	**3400**	**34335**		**22307**
本级	158795	104964	40398	9242	8174	3470	19775	242	18333		5330
县级小计	210620	177289	36389	67314	16179	7240	14030	3158	16002		16977
涟水县	22499	17660	4447	5678	1346	764	2145	397	1810		1073
洪泽县	20743	17731	4696	5601	2550	639	1423	140	1004		1678
盱眙县	25860	18970	3775	7349	1815	744	1060	563	1680		1984
金湖县	18196	15713	4902	4036	1949	773	1076	633	659		1685
清河区	28580	27469	3879	14356	2110	1095	1856	50	862		3261
楚州区	32444	24203	4686	7996	1387	886	1885	328	4796		2239
淮阴区	33014	27376	6092	9428	2282	1040	2873		2921		2740
清浦区	29284	28167	3912	12870	2740	1299	1712	1047	2270		2317
盐城市小计	**488402**	**380733**	**90866**	**124477**	**32742**	**17108**	**23810**	**6855**	**48761**		**36114**
本级	101660	82644	19891	28037	7715	4421	5109	427	9218		7826
县级小计	386742	298089	70975	96440	25027	12687	18701	6428	39543		28288
响水县	22359	17121	4362	6807	1093	980	912	97	1004		1866
滨海县	31230	24017	5835	9017	2494	1242	1474		1606		2349
阜宁县	36708	28656	6244	10400	1516	1459	1493	1501	3022		3021

2－13－16

单位:万元

地区	收支部分									
	收入								支出	
	非税收入							贷款转贷回收本金收入		
	小计	专项收入	行政事业性收费收入	罚没收入	国有资本经营收入	国有资源(资产)有偿使用收入	其他收入		本年支出小计	一般公共服务
海安县	10027	3125	2572	4272		58			96418	22479
如东县	10284	3280	3366	3600		38			114035	26245
启东市	13411	4237	6105	3049		20			124377	26627
如皋市	9477	3170	3400	2879		28			130929	24150
通州市	15873	3972	5852	3008	2900	141			131385	29224
海门市	16034	3399	9414	3168		53			113253	17883
崇川区	6800	4349	1323	1092		36			53914	16080
港闸区	2479	1846	608			25			34959	9957
连云港市小计	**70513**	**13050**	**37275**	**18928**	**－130**	**749**	**641**		**576435**	**129215**
本级	29974	6269	16848	6568	－130	419			182457	31989
县级小计	40539	6781	20427	12360		330	641		393978	97226
赣榆县	11964	1526	6825	3487		126			99524	22017
东海县	11637	1065	6445	4089		38			95944	20626
灌云县	5451	1098	2330	1597		86	340		67910	17516
灌南县	6641	1126	3494	1988		30	3		64286	20762
连云区	1635	759	260	604		12			26095	5417
新浦区	2106	825	894	379		8			25979	7384
海州区	1105	382	179	216		30	298		14240	3504
淮安市小计	**87162**	**19575**	**16752**	**25793**	**24490**	**525**	**27**		**621590**	**122730**
本级	53831	10255	12138	7517	23681	240			202336	39137
县级小计	33331	9320	4614	18276	809	285	27		419254	83593
涟水县	4839	1629	557	2584		42	27		81542	13696
洪泽县	3012	1050		1910		52			42138	9549
盱眙县	6890	945	2025	3855		65			58301	11178
金湖县	2483	1043	87	1336		17			43484	10758
清河区	1111	811	14	271		15			20308	4954
楚州区	8241	1201	1284	5533	200	23			81092	13569
淮阴区	5638	1903	528	2546	609	52			66179	14845
清浦区	1117	738	119	241		19			26210	5044
盐城市小计	**107669**	**23666**	**39048**	**22837**	**21122**	**985**	**11**		**858896**	**171785**
本级	19016	4062	6941	5240	2433	340			136828	29006
县级小计	88653	19604	32107	17597	18689	645	11		722068	142779
响水县	5238	1031	2523	1149	479	56			53206	10872
滨海县	7213	1623	2404	1494	1607	85			86383	12718
阜宁县	8052	1846	3307	1399	1383	117			94855	21078

2－13－17

单位:万元

地区	收支部分										
	支出										
	外交	国防	公共安全	教育	科学技术	文化体育与传媒	社会保障和就业	医疗卫生	环境保护	城乡社区事务	农林水事务
海安县			6801	30001	2154	899	6216	4771	936	5660	9438
如东县		340	9303	30521	3984	2278	13257	4841	1044	3573	9090
启东市		391	10712	35477	2696	1169	16266	4918	1670	2914	12295
如皋市			11575	35718	2357	1540	16557	7177	1149	2717	9855
通州市		366	11314	40014	3000	1216	14965	5479	1215	4610	13969
海门市		81	11027	23561	4367	1845	16151	9083	1818	8110	9461
崇川区			4428	15473	908	683	3137	1725	144	8050	2126
港闸区		27	2705	5715	769	273	4161	1775	91	2332	2986
连云港市小计		**1260**	**48447**	**117251**	**6425**	**5930**	**55727**	**27049**	**5372**	**63263**	**64577**
本级		281	23164	18369	3609	2949	10808	6312	3003	43177	17344
县级小计		979	25283	98882	2816	2981	44919	20737	2369	20086	47233
赣榆县		193	5364	28240	552	752	6867	5408	676	2379	14862
东海县		218	7206	20779	881	956	14406	5228	847	7111	13652
灌云县		121	4209	19685	174	631	7135	4198	392	1429	8341
灌南县		147	3924	11625	685	355	12406	4012	319	2367	6850
连云区		86	1122	6209	166	152	1140	481	126	4374	1379
新浦区		132	2321	8145	237	95	2166	951	9	1912	796
海州区		82	1137	4199	121	40	799	459		514	1353
淮安市小计		**927**	**46840**	**131064**	**8420**	**13512**	**68366**	**31966**	**10672**	**60534**	**61692**
本级		25	18388	19231	3616	7957	6919	7673	4600	43096	21975
县级小计		902	28452	111833	4804	5555	61447	24293	6072	17438	39717
涟水县		79	4654	23604	778	1268	11893	4913	2698	3341	8229
洪泽县		135	3499	9561	718	285	5565	1789	1210	908	4179
盱眙县		100	4555	12889	1036	567	11662	1969	877	1878	7896
金湖县		23	2860	8929	655	737	7275	2405	318	1008	6529
清河区		17	918	5031	262	144	2431	448	105	4506	593
楚州区		216	5849	24297	336	1719	11313	6977	417	1256	4585
淮阴区		161	5312	19839	742	695	8574	4748	286	1960	5534
清浦区		171	805	7683	277	140	2734	1044	161	2581	2172
盐城市小计	**38**	**1386**	**69278**	**219380**	**19902**	**12460**	**80609**	**53866**	**9757**	**29778**	**98637**
本级		20	16795	19507	6180	2768	7278	6762	3421	6490	12734
县级小计	38	1366	52483	199873	13722	9692	73331	47104	6336	23288	85903
响水县		233	3572	13063	1870	810	4666	3256	241	935	8905
滨海县		91	4841	27270	1900	1114	9443	5992	615	758	12300
阜宁县		321	4974	27174	1167	1099	9873	5575	648	2134	5271

2-13-18

单位:万元

地区	收支部分			平衡部分						
	支出			收入						
						返还性收入			财力性转移支付收入	
	交通运输	工业、商业、金融等事务	其他支出	收入总计	本年收入	小计	增值税和消费税税收返还	所得税基数返还	小计	体制补助
海安县	326	3475	3262	130836	61501	19205	16332	2873	22144	
如东县	657	4981	3921	147511	61568	17466	13559	3907	30972	
启东市	456	5651	3135	156328	92387	22278	18125	4153	6886	
如皋市	198	2835	15101	161221	75086	19106	16546	2560	35519	
通州市	92	3980	1941	176279	105655	28614	21902	6712	12836	
海门市	142	3482	6242	150140	96153	24026	18214	5812	6621	
崇川区		802	358	225371	190942	11082	8564	2518	4939	
港闸区		2403	1765	97512	72589	6596	5689	907	11552	
连云港市小计	**5181**	**24457**	**22281**	**730910**	**339593**	**68346**	**52830**	**15516**	**112665**	
本级	1716	11078	8658	189219	118218	43104	31813	11291	-42401	
县级小计	3465	13379	13623	541691	221375	25242	21017	4225	155066	
赣榆县	1039	6571	4604	112444	40023	7447	5801	1646	28455	
东海县	492	1092	2450	111765	40023	7100	5665	1435	29064	
灌云县	401	2458	1220	81831	23308	3642	3125	517	28150	
灌南县	193	641		79243	26155	7053	6426	627	21075	
连云区	1340	1001	3102	61954	37831				17006	
新浦区		680	1151	66457	39777				22509	
海州区		936	1096	27997	14258				8807	
淮安市小计	**6100**	**32302**	**26465**	**816107**	**369415**	**103200**	**87928**	**15272**	**133609**	
本级	843	21962	6914	299804	158795	63222	57759	5463	9591	
县级小计	5257	10340	19551	516303	210620	39978	30169	9809	124018	
涟水县	180	1381	4828	96926	22499	7981	6486	1495	35684	
洪泽县	543	2164	2033	51944	20743	5394	3910	1484	10979	
盱眙县	1106	1807	781	67358	25860	4767	3605	1162	19215	
金湖县	224	1718	45	52815	18196	5900	4347	1553	10794	
清河区			899	29287	28580	2582	1808	774	-5446	
楚州区	360	691	9507	99924	32444	5714	4546	1168	30924	
淮阴区	890	1957	636	81466	33014	5584	3833	1751	23313	
清浦区	1954	622	822	36583	29284	2056	1634	422	-1445	
盐城市小计	**16164**	**36886**	**38970**	**1119635**	**488402**	**109057**	**85795**	**23262**	**194540**	
本级	11618	10113	4136	184931	101660	28769	21220	7549	3822	
县级小计	4546	26773	34834	934704	386742	80288	64575	15713	190718	
响水县	595	590	3598	66885	22359	3028	2653	375	18738	
滨海县	234	4529	4578	103794	31230	6363	5504	859	30964	
阜宁县	961	3927	10653	111150	36708	7432	5879	1553	29213	

2-13-19

单位:万元

地区	平衡部分									
	收入									
	财力性转移支付收入									
	一般性转移支付补助	民族地区转移支付补助	调整工资转移支付补助	农村税费改革转移支付补助	取消农业特产税降低农业税率转移支付补助	缓解县乡财政困难转移支付补助	农村义务教育补助	结算补助	企事业单位预算划转补助	其他财力性转移支付
海安县	5214		2497	1679	5203	679		6848	24	
如东县	8933		2759	2530	8744	1110		6792	104	
启东市				1565	3017	407		1889	8	
如皋市	14217		3225	3154	6393	766		7756	8	
通州市	5506			1765	2885	436		2236	8	
海门市				1212	2319	254		2770	66	
崇川区				133		13		4793		
港闸区				191		127		11234		
连云港市小计	**39568**		**12066**	**10925**	**26950**	**2934**		**17846**	**2376**	
本级	1098		5	143	-257	-1		-43761	372	
县级小计	38470		12061	10782	27207	2935		61607	2004	
赣榆县	9310		3232	3346	7888	361		4199	119	
东海县	8535		3167	2618	8423	1168		4685	468	
灌云县	11485		3377	1927	6076	695		3678	912	
灌南县	8507		2285	2107	4098	710		3360	8	
连云区	100			178	46	1		16375	306	
新浦区	283			340	280			21420	186	
海州区	250			266	396			7890	5	
淮安市小计	**55296**		**14770**	**13642**	**24120**	**3922**		**20804**	**1055**	
本级	-4577			-392	10			13958	592	
县级小计	59873		14770	14034	24110	3922		6846	463	
涟水县	18573		3779	3814	5203	826		3489		
洪泽县	3453		1435	675	2154	383		2879		
盱眙县	6765		2340	1568	4695	893		2792	162	
金湖县	3541		1153	464	2940	528		2031	137	
清河区	1218			119				-6793	10	
楚州区	12770		3429	4127	5271	879		4349	99	
淮阴区	10976		2634	2752	3389	413		3113	36	
清浦区	2577			515	458			-5014	19	
盐城市小计	**60573**		**21363**	**16424**	**52993**	**6117**		**35368**	**1702**	
本级				39				3770	13	
县级小计	60573		21363	16385	52993	6117		31598	1689	
响水县	8351		2054	1509	3147	397		2815	465	
滨海县	14715		3311	2738	5503	696		3796	205	
阜宁县	12503		3368	2738	6076	801		3670	57	

2－13－20

单位:万元

地区	平衡部分								
	收入							支出	
	专项转移支付			省补助计划单列市	上年结余收入	调入资金	国债转贷收入、上年结余及转补助数	支出总计	本年支出
	小计	专项补助	增发国债补助						
海安县	15350	14655	695		11319	1317		117086	96418
如东县	23548	22811	737		8787	4026	1144	136203	114035
启东市	16281	16241	40		1424	17072		155578	124377
如皋市	22028	21388	640		5491	3600	391	155087	130929
通州市	14255	14255			4554	10365		170285	131385
海门市	7793	7793			5596	9951		142977	113253
崇川区	1956	1956			15037	1415		202673	53914
港闸区	623	623			4110	2042		89925	34959
连云港市小计	**143631**	**131816**	**11815**		**47048**	**15959**	**3668**	**654457**	**576435**
本级	45633	40368	5265		19182	1835	3648	149984	182457
县级小计	97998	91448	6550		27866	14124	20	504473	393978
赣榆县	29119	27334	1785		4375	3025		106525	99524
东海县	21968	18698	3270		8664	4946		103303	95944
灌云县	20645	20235	410		5911	175		71632	67910
灌南县	13825	13050	775		5513	5622		69498	64286
连云区	4845	4845			2252		20	61232	26095
新浦区	3715	3715			254	202		65286	25979
海州区	3881	3571	310		897	154		26997	14240
淮安市小计	**126777**	**111845**	**14932**		**62199**	**15507**	**5400**	**723266**	**621590**
本级	23881	18729	5152		37892	1423	5000	257250	202336
县级小计	102896	93116	9780		24307	14084	400	466016	419254
涟水县	24403	21343	3060		5190	1169		85810	81542
洪泽县	7774	6919	855		2819	3835	400	47015	42138
盱眙县	15403	14553	850		1024	1089		62406	58301
金湖县	8901	8031	870		2681	6343		48756	43484
清河区	2746	2746			425	400		28207	20308
楚州区	23148	19543	3605		7331	363		87574	81092
淮阴区	15451	14911	540		3794	310		71417	66179
清浦区	5070	5070			1043	575		34831	26210
盐城市小计	**184371**	**172048**	**12323**		**91589**	**48646**	**3030**	**968698**	**858896**
本级	29327	25822	3505		17993	1500	1860	150716	136828
县级小计	155044	146226	8818		73596	47146	1170	817982	722068
响水县	15199	15134	65		7561			57439	53206
滨海县	23945	23945			5732	5560		91574	86383
阜宁县	17818	16548	1270		5520	14459		101444	94855

2-13-21

单位:万元

地区	平衡部分									
	支出								年终结余	其中:净结余
	财力性转移支付			专项上解	计划单列市上解省	增设预算周转金	调出资金	国债转贷拨付数及年末结余		
	小计	体制上解	出口退税专项上解							
海安县	6822	5538	1284	13846					13750	
如东县	7475	6187	1288	13549				1144	11308	
启东市	12028	10631	1397	19173					750	
如皋市	6787	5750	1037	16980				391	6134	
通州市	15676	13168	2508	23054			170		5994	
海门市	11756	9959	1797	17968					7163	
崇川区	1100		1100	147659					22698	732
港闸区	789		789	54177					7587	6940
连云港市小计	**13727**	**9370**	**4357**	**60627**				**3668**	**76453**	**6291**
本级	11905	8711	3194	-48026				3648	39235	6242
县级小计	1822	659	1163	108653				20	37218	49
赣榆县	582	493	89	6419					5919	7
东海县	643	166	477	6716					8462	20
灌云县	25		25	3697					10199	
灌南县	33		33	5179					9745	
连云区	276		276	34841				20	722	2
新浦区	144		144	39163					1171	
海州区	119		119	12638					1000	20
淮安市小计	**30176**	**28854**	**1322**	**66100**				**5400**	**92841**	**922**
本级	27130	26533	597	22784				5000	42554	922
县级小计	3046	2321	725	43316				400	50287	
涟水县	139		139	4129					11116	
洪泽县	37		37	4440				400	4929	
盱眙县	1		1	4104					4952	
金湖县	884	654	230	4388					4059	
清河区	359	239	120	7540					1080	
楚州区	1084	1055	29	5398					12350	
淮阴区	72		72	5166					10049	
清浦区	470	373	97	8151					1752	
盐城市小计	**18032**	**14883**	**3149**	**88520**			**220**	**3030**	**150937**	**2122**
本级	513	-213	726	11295			220	1860	34215	539
县级小计	17519	15096	2423	77225				1170	116722	1583
响水县	206		206	4027					9446	
滨海县	39		39	5152					12220	14
阜宁县	155		155	6434					9706	76

2－13－22

单位:万元

地区	收支部分										
	收入										
	本年收入小计	税收收入									
		小计	增值税	营业税	企业所得税	个人所得税	城市维护建设税	耕地占用税	契税	烟叶税	其他各项税收收入
射阳县	46688	34002	6820	12797	2649	1329	2064	402	4880		3061
建湖县	46618	34007	9569	11759	2309	1194	2558	522	3114		2982
东台市	66605	49955	12835	13719	4941	2121	4011	760	6540		5028
大丰市	50100	37153	9078	9095	4293	2022	2322	1006	5636		3701
亭湖区	37246	33098	7215	9626	2462	804	1776	744	8260		2211
盐都区	49188	40080	9017	13220	3270	1536	2091	1396	5481		4069
扬州市小计	**630188**	**503517**	**135697**	**147773**	**48398**	**20105**	**38156**	**18915**	**50690**		**43783**
本级	162343	102904	22088	23284	10980	6227	5808	3178	24843		6496
县级小计	467845	400613	113609	124489	37418	13878	32348	15737	25847		37287
宝应县	45198	35510	10641	9996	5518	1209	2159	800	2801		2386
仪征市	81088	67915	23118	14024	3563	2785	7168	5337	4935		6985
高邮市	46958	40302	15131	9946	1984	863	3499	1967	3402		3510
江都市	91619	71951	22462	20989	5754	3052	6147	3231	3475		6841
广陵区	67914	64056	17176	22607	7768	1973	5343	1547	2538		5104
邗江区	80132	68746	14839	25947	5603	2492	4312	2255	5298		8000
维扬区	54936	52133	10242	20980	7228	1504	3720	600	3398		4461
镇江市小计	**601199**	**468708**	**139869**	**126469**	**55911**	**18969**	**35199**	**17114**	**30160**		**45017**
本级	191373	120422	37742	23852	14911	3661	14974	1510	15500		8272
县级小计	409826	348286	102127	102617	41000	15308	20225	15604	14660		36745
丹阳市	132900	104366	36650	23750	12869	4241	8166	3794	4064		10832
扬中市	59859	50749	19216	9520	5663	3033	4803	1130	3529		3855
句容市	53618	40819	10196	12796	2143	1648	2353	1411	4367		5905
京口区	52830	50669	9534	22808	7642	2885		1433	113		6254
润州区	49209	47921	11631	18884	4967	2338		4028	162		5911
丹徒区	61410	53762	14900	14859	7716	1163	4903	3808	2425		3988
泰州市小计	**610722**	**477248**	**146437**	**109994**	**61773**	**22066**	**36801**	**6452**	**54800**		**38925**
本级	165494	119919	36760	25362	18676	4096	10765	713	16747		6800
县级小计	445228	357329	109677	84632	43097	17970	26036	5739	38053		32125
兴化市	65588	54629	20415	11616	4358	4792	3627	678	4286		4857
靖江市	107995	80802	23203	18624	11536	3560	5659	1684	8585		7951
泰兴市	108905	81853	25939	18351	8654	4132	5846	966	11333		6632
姜堰市	79188	64788	19044	15848	9839	2933	4650	938	5848		5688
海陵区	46520	42565	9193	14743	5010	1628	1630	827	4553		4981
高港区	37032	32692	11883	5450	3700	925	4624	646	3448		2016
宿迁市小计	**200504**	**143559**	**24321**	**58300**	**10828**	**5763**	**10652**	**1920**	**16542**		**15233**

2006 年地方财政政府收支分类转换数据

2－13－23

单位:万元

地区	收支部分									
	收入								支出	
	非税收入							贷款转贷回收本金收入		
	小计	专项收入	行政事业性收费收入	罚没收入	国有资本经营收入	国有资源(资产)有偿使用收入	其他收入		本年支出小计	一般公共服务
射阳县	12686	2322	4009	2782	3422	151			91415	20223
建湖县	12611	2771	6047	2203	1557	22	11		81793	14015
东台市	16650	4169	5377	2884	4093	127			104604	18480
大丰市	12947	2600	4497	2543	3250	57			82989	14873
亭湖区	4148	1135	1384	1114	500	15			46695	14300
盐都区	9108	2107	2559	2029	2398	15			80128	16220
扬州市小计	**126671**	**26286**	**35634**	**28122**	**35359**	**1268**	**2**		**756396**	**174525**
本级	59439	6962	17972	15583	18232	688	2		242921	52126
县级小计	67232	19324	17662	12539	17127	580			513475	122399
宝应县	9688	1469	2415	800	4980	24			96818	18711
仪征市	13173	4239	3425	3334	2046	129			85721	19008
高邮市	6656	2134	2034	2387		101			78282	15391
江都市	19668	4450	5955	3080	6043	140			108772	20353
广陵区	3858	2502	508	780		68			31178	10745
邗江区	11386	2859	3000	2031	3458	38			84263	24059
维扬区	2803	1671	325	127	600	80			28441	14132
镇江市小计	**132491**	**23447**	**35891**	**33546**	**37337**	**1463**	**807**		**650835**	**130138**
本级	70951	11501	22141	12081	23353	1127	748		256564	47991
县级小计	61540	11946	13750	21465	13984	336	59		394271	82147
丹阳市	28534	5093	3988	9964	9355	75	59		140169	23712
扬中市	9110	2434	3256	2289	1050	81			66022	13896
句容市	12799	1828	3888	5471	1595	17			75319	14935
京口区	2161		775	433	948	5			29019	7072
润州区	1288		850	417		21			29049	8272
丹徒区	7648	2591	993	2891	1036	137			54693	14260
泰州市小计	**133474**	**27506**	**46662**	**29603**	**28890**	**800**	**13**		**778163**	**155338**
本级	45575	7057	18473	14180	5636	229			203733	33304
县级小计	87899	20449	28189	15423	23254	571	13		574430	122034
兴化市	10959	2883	5132	2837		107			129171	26556
靖江市	27193	4723	9989	3629	8645	194	13		111093	25433
泰兴市	27052	5213	8247	5619	7789	184			145448	25232
姜堰市	14400	3543	3800	2948	4039	70			103916	22136
海陵区	3955	1023	595	277	2051	9			47228	12545
高港区	4340	3064	426	113	730	7			37574	10132
宿迁市小计	**56945**	**7774**	**24982**	**19620**	**60**	**520**	**3989**		**492014**	**78731**

2－13－24

单位:万元

地区	收支部分										
	支出										
	外交	国防	公共安全	教育	科学技术	文化体育与传媒	社会保障和就业	医疗卫生	环境保护	城乡社区事务	农林水事务
射阳县		8	7666	25497	2606	1199	8914	4736	1359	2709	10379
建湖县		141	7134	21984	1479	1077	8736	7278	682	5592	9885
东台市		286	9354	27857	1588	1169	12273	6584	907	2246	13000
大丰市		69	6701	21217	1220	1875	6436	6167	697	1526	12514
亭湖区	38	56	2006	14606	700	319	3865	2983	385	585	4177
盐都区		161	6235	21205	1192	1030	9125	4533	802	6803	9472
扬州市小计		**1498**	**85709**	**153404**	**14204**	**16387**	**56288**	**34566**	**10086**	**38196**	**76431**
本级		627	43133	25466	4625	10673	14888	10759	3728	15957	15611
县级小计		871	42576	127938	9579	5714	41400	23807	6358	22239	60820
宝应县		239	5308	25603	3096	940	16422	4600	986	2170	10996
仪征市		476	6484	19345	730	1229	4639	4527	2141	5695	15786
高邮市		65	7103	21371	1511	691	6384	4125	474	3736	10537
江都市			13116	30731	1147	1417	5421	5255	1490	3318	10646
广陵区			2311	7330	406	186	2790	1403	218	1380	941
邗江区			6230	18484	2312	1051	4198	3436	792	4370	10822
维扬区		91	2024	5074	377	200	1546	461	257	1570	1092
镇江市小计		**39**	**78819**	**121401**	**12843**	**9580**	**32420**	**29400**	**8010**	**70378**	**51992**
本级		12	35726	27665	4679	5313	13762	15943	4131	34526	9639
县级小计		27	43093	93736	8164	4267	18658	13457	3879	35852	42353
丹阳市			16575	31546	3113	1415	4908	3873	1324	17393	13452
扬中市			6655	13559	1649	906	2761	2490	896	8821	5381
句容市			9006	18921	742	729	4698	2439	1037	5311	12652
京口区			2285	7894	660	194	1664	1362	23	1975	890
润州区		27	2544	7133	719	62	2208	1204		1024	2660
丹徒区			6028	14683	1281	961	2419	2089	599	1328	7318
泰州市小计	**525**	**2207**	**71219**	**157267**	**15069**	**9141**	**60531**	**38389**	**10101**	**51644**	**72897**
本级	525	242	28601	14737	6511	3998	15668	5109	3092	20665	8291
县级小计		1965	42618	142530	8558	5143	44863	33280	7009	30979	64606
兴化市		176	8758	33712	1802	1566	16956	9654	1087	2940	15656
靖江市		301	11179	21983	2014	1287	5046	6384	1650	12286	11585
泰兴市		1173	11366	39681	1293	1180	11390	8109	1990	4855	17723
姜堰市		1	7655	26676	2269	776	6208	5497	1509	5817	12328
海陵区		138	1861	12126	380	214	4025	2201	405	3065	3170
高港区		176	1799	8352	800	120	1238	1435	368	2016	4144
宿迁市小计	**110**	**894**	**35671**	**120874**	**3364**	**5073**	**65520**	**25606**	**3471**	**33560**	**58927**

2006 年地方财政政府收支分类转换数据

2－13－25 单位:万元

地区	收支部分			平衡部分						
	支出			收入						
						返还性收入			财力性转移支付收入	
	交通运输	工业、商业、金融等事务	其他支出	收入总计	本年收入	小计	增值税和消费税税收返还	所得税基数返还	小计	体制补助
射阳县	684	5435		117165	46688	8841	6331	2510	27501	
建湖县	183	2084	1523	106208	46618	11640	9059	2581	14766	
东台市	216	6194	4450	147183	66605	14603	11915	2688	25203	
大丰市	460	1724	7510	113156	50100	11740	9582	2158	19208	
亭湖区	538	821	1316	64061	37246	5926	4590	1336	4659	
盐都区	675	1469	1206	105102	49188	10715	9062	1653	20466	
扬州市小计	**10943**	**30351**	**53808**	**1040365**	**630188**	**142448**	**119805**	**22643**	**66538**	
本级	1947	15795	27586	267495	162343	49789	39844	9945	－1449	
县级小计	8996	14556	26222	772870	467845	92659	79961	12698	67987	
宝应县	1957	3362	2428	113633	45198	11322	9122	2200	23581	
仪征市	1666	907	3088	131970	81088	23462	22787	675	5397	
高邮市	1202	1787	3905	100884	46958	11205	10164	1041	20748	
江都市	3557	4228	8093	140277	91619	22730	19314	3416	6220	
广陵区		235	3233	89505	67914	6593	4847	1746	5578	
邗江区	614	2920	4975	123923	80132	13159	10497	2662	2783	
维扬区		1117	500	72678	54936	4188	3230	958	3680	
镇江市小计	**4049**	**41128**	**60638**	**886412**	**601199**	**133827**	**97298**	**36529**	**18081**	
本级	2296	14311	40570	282475	191373	34004	18740	15264	－2295	
县级小计	1753	26817	20068	603937	409826	99823	78558	21265	20376	
丹阳市	1343	18601	2914	193233	132900	34752	26239	8513	2782	
扬中市	80	3075	5853	86863	59859	16743	11365	5378	1467	
句容市	208	870	3771	90366	53618	11097	8941	2156	6001	
京口区	68	1185	3747	71207	52830	10678	9776	902	2369	
润州区	54	563	2579	71140	49209	12224	11114	1110	2525	
丹徒区		2523	1204	91128	61410	14329	11123	3206	5232	
泰州市小计	**9706**	**51769**	**72360**	**1006406**	**610722**	**145165**	**106861**	**38304**	**77593**	
本级	881	18888	43221	263998	165494	51805	31485	20320	10530	
县级小计	8825	32881	29139	742408	445228	93360	75376	17984	67063	
兴化市	3327	2550	4431	155037	65588	14113	11888	2225	36216	
靖江市	4200	2016	5729	156224	107995	21509	16566	4943	4454	
泰兴市	983	10783	9690	184356	108905	26455	23257	3198	11579	
姜堰市	315	8390	4339	131320	79188	17456	14614	2842	10544	
海陵区		4530	2568	65578	46520	8520	7049	1471	1497	
高港区		4612	2382	49893	37032	5307	2002	3305	2773	
宿迁市小计	**15067**	**11380**	**33766**	**572217**	**200504**	**52913**	**44122**	**8791**	**165406**	

2－13－26

单位：万元

地区	平衡部分									
	收入									
	财力性转移支付收入									
	一般性转移支付补助	民族地区转移支付补助	调整工资转移支付补助	农村税费改革转移支付补助	取消农业特产税降低农业税率转移支付补助	缓解县乡财政困难转移支付补助	农村义务教育补助	结算补助	企事业单位预算划转补助	其他财力性转移支付
射阳县	8037		3095	2037	8895	1039		3871	527	
建湖县	2420		2154	1245	4395	642		3878	32	
东台市	4605		2670	1931	9391	1027		5222	357	
大丰市	1749		2099	1222	9117	830		4158	33	
亭湖区	1257			1090	1873	92		341	6	
盐都区	6936		2612	1875	4596	593		3847	7	
扬州市小计	**12775**		**4888**	**6733**	**15181**	**3159**		**19126**	**4676**	
本级	－5162			70		13		1496	2134	
县级小计	17937		4888	6663	15181	3146		17630	2542	
宝应县	7669		2468	2810	5365	760		4502	7	
仪征市	200			486	1203	279		1085	2144	
高邮市	5108		2420	1800	5702	805		5024	－111	
江都市				1000	2140	915		1409	756	
广陵区	3547			75				1975	－19	
邗江区	835			406	771	374		659	－262	
维扬区	578			86		13		2976	27	
镇江市小计	**1700**		**749**	**2841**	**2289**	**2797**		**7914**	**－209**	
本级	－1363			－31	－100	40		611	－1452	
县级小计	3063		749	2872	2389	2757		7303	1243	
丹阳市				670	42	1098		1157	－185	
扬中市				292	8	368		631	168	
句容市	446		440	1173	1343	698		1543	358	
京口区	1074			155	13	63		967	97	
润州区	1154			183	17	77		801	293	
丹徒区	389		309	399	966	453		2204	512	
泰州市小计	**22398**		**4892**	**9295**	**17001**	**2946**		**21087**	**－26**	
本级	5130			271				5115	14	
县级小计	17268		4892	9024	17001	2946		15972	－40	
兴化市	11522		3003	3999	10104	1437		6220	－69	
靖江市	450			510	973	380		2134	7	
泰兴市	2520		1026	2114	3343	482		2087	7	
姜堰市	1676		863	1617	2581	547		3253	7	
海陵区	683			223		100		484	7	
高港区	417			561				1794	1	
宿迁市小计	**70632**		**17942**	**16701**	**24122**	**3362**		**32211**	**436**	

2006 年地方财政政府收支分类转换数据

2－13－27

单位:万元

地　　区	平衡部分								
	收入							支出	
	专项转移支付			省补助计划单列市	上年结余收入	调入资金	国债转贷收入、上年结余及转补助数	支出总计	本年支出
	小　计	专项补助	增发国债补助						
射阳县	21403	18176	3227		9997	2735		101296	91415
建湖县	17345	15670	1675		8142	6817	880	92640	81793
东台市	23907	22041	1866		12167	4408	290	125249	104604
大丰市	13235	12715	520		11817	7056		97189	82989
亭湖区	6563	6563			6235	3432		56189	46695
盐都区	15629	15434	195		6425	2679		94962	80128
扬州市小计	**79945**	**71299**	**8646**		**91184**	**22249**	**7813**	**942869**	**756396**
本级	7647	3441	4206		39634	1718	7813	231495	242921
县级小计	72298	67858	4440		51550	20531		711374	513475
宝应县	18905	17905	1000		2270	12357		108283	96818
仪征市	10993	10183	810		10877	153		118536	85721
高邮市	14472	14132	340		5269	2232		92117	78282
江都市	15267	13757	1510		1684	2757		137085	108772
广陵区	2383	2103	280		7037			80763	31178
邗江区	8690	8190	500		16304	2855		111019	84263
维扬区	1588	1588			8109	177		63571	28441
镇江市小计	**53783**	**51672**	**2111**		**49696**	**26028**	**3798**	**821691**	**650835**
本级	17179	16884	295		33701	6413	2100	236928	256564
县级小计	36604	34788	1816		15995	19615	1698	584763	394271
丹阳市	9476	8701	775		5673	7100	550	186069	140169
扬中市	4162	3678	484		1767	2167	698	84891	66022
句容市	10014	9571	443		1398	8138	100	88476	75319
京口区	3406	3406			857	1067		70609	29019
润州区	4515	4502	13		2552	115		68704	29049
丹徒区	5031	4930	101		3748	1028	350	86014	54693
泰州市小计	**97480**	**91773**	**5707**		**54712**	**16051**	**4683**	**937308**	**778163**
本级	17257	15210	2047		16509		2403	243708	203733
县级小计	80223	76563	3660		38203	16051	2280	693600	574430
兴化市	29170	28375	795		6836	2314	800	146277	129171
靖江市	11600	11400	200		9865	151	650	142008	111093
泰兴市	19448	18243	1205		8273	9336	360	173800	145448
姜堰市	14729	13624	1105		5747	3536	120	124701	103916
海陵区	2940	2585	355		5790	161	150	58666	47228
高港区	2336	2336			1692	553	200	48148	37574
宿迁市小计	**115437**	**107867**	**7570**		**10976**	**23879**	**3102**	**538132**	**492014**

2－13－28

单位:万元

地区	平衡部分									
	支出								年终结余	其中:净结余
	财力性转移支付			专项上解	计划单列市上解省	增设预算周转金	调出资金	国债转贷拨付数及年末结余		
	小计	体制上解	出口退税专项上解							
射阳县	1055	951	104	8826					15869	
建湖县	669	416	253	9298				880	13568	66
东台市	6175	5395	780	14180				290	21934	959
大丰市	4614	4192	422	9586					15967	371
亭湖区	1743	1423	320	7751					7872	75
盐都区	2863	2719	144	11971					10140	22
扬州市小计	**39958**	**33298**	**6660**	**135642**		**3000**	**60**	**7813**	**97496**	**13635**
本级	12152	10892	1260	－31391				7813	36000	3114
县级小计	27806	22406	5400	167033		3000	60		61496	10521
宝应县	1974	1650	324	9491					5350	1690
仪征市	3576	3104	472	29179			60		13434	422
高邮市	2580	2244	336	11255					8767	2546
江都市	10107	9485	622	18206					3192	111
广陵区	2105	694	1411	47480					8742	5472
邗江区	4708	3730	978	22048					12904	
维扬区	2756	1499	1257	29374		3000			9107	280
镇江市小计	**52157**	**44543**	**7614**	**114901**				**3798**	**64721**	**1982**
本级	21777	19599	2178	－43513				2100	45547	226
县级小计	30380	24944	5436	158414				1698	19174	1756
丹阳市	17345	14154	3191	28005				550	7164	163
扬中市	4508	4149	359	13663				698	1972	63
句容市	2433	1442	991	10624				100	1890	10
京口区	1831	1251	580	39759					598	9
润州区	1945	1671	274	37710					2436	1440
丹徒区	2318	2277	41	28653				350	5114	71
泰州市小计	**43500**	**34628**	**8872**	**110962**				**4683**	**69098**	**3173**
本级	12251	10608	1643	25321				2403	20290	20
县级小计	31249	24020	7229	85641				2280	48808	3153
兴化市	4212	3716	496	12094				800	8760	
靖江市	11201	8593	2608	19064				650	14216	312
泰兴市	6715	5405	1310	21277				360	10556	47
姜堰市	4110	3053	1057	16555				120	6619	2762
海陵区	2189	1540	649	9099				150	6912	32
高港区	2822	1713	1109	7552				200	1745	
宿迁市小计	**7827**	**7077**	**750**	**35189**				**3102**	**34085**	

2006 年地方财政政府收支分类转换数据

2 - 13 - 29

单位:万元

地区	收支部分										
	收入										
	本年收入小计	税收收入									
		小计	增值税	营业税	企业所得税	个人所得税	城市维护建设税	耕地占用税	契税	烟叶税	其他各项税收收入
本级	43487	30854	3302	11246	3316	1000	1632		6606		3752
县级小计	157017	112705	21019	47054	7512	4763	9020	1920	9936		11481
沭阳县	33152	27256	6348	10761	3615	803	2957	22	192		2558
泗阳县	20851	15375	3395	6206	1055	685	1290	217	435		2092
泗洪县	50106	31516	4799	15034	1664	1850	1831	4	3311		3023
宿城区	25108	17766	2725	7082	583	651	932	532	3607		1654
宿豫区	27800	20792	3752	7971	595	774	2010	1145	2391		2154
常熟市	**430845**	**381500**	**107872**	**95342**	**56251**	**21483**	**23082**	**10499**	**32739**		**34232**

2－13－30

单位:万元

地区	收支部分									
	收入								支出	
	非税收入							贷款转贷回收本金收入		
	小计	专项收入	行政事业性收费收入	罚没收入	国有资本经营收入	国有资源(资产)有偿使用收入	其他收入		本年支出小计	一般公共服务
本级	12633	1542	2623	6400		193	1875		95056	17305
县级小计	44312	6232	22359	13220	60	327	2114		396958	61426
沭阳县	5896	1571	2749	1175		51	350		51546	9313
泗阳县	5476	796	2741	1824	60	37	18		56279	8518
泗洪县	18590	1436	10621	4751		36	1746		121180	15133
宿城区	7342	927	4018	2376		21			82320	16425
宿豫区	7008	1502	2230	3094		182			85633	12037
常熟市	**49345**	**16085**	**8464**	**11045**	**12000**	**1688**	**63**		**420980**	**67194**

2-13-31

单位:万元

地区	收支部分										
	支出										
	外交	国防	公共安全	教育	科学技术	文化体育与传媒	社会保障和就业	医疗卫生	环境保护	城乡社区事务	农林水事务
本级	110	284	10406	6756	592	1309	2422	1519	1440	16309	14757
县级小计		610	25265	114118	2772	3764	63098	24087	2031	17251	44170
沭阳县		83	2695	12890	233	446	9829	2977	95	3684	5402
泗阳县		35	3964	16736	533	753	10153	3106	626	1654	7073
泗洪县		120	8544	37666	1576	892	15202	7960	456	2442	19355
宿城区		268	5263	20605	242	563	13867	5782	386	3161	6349
宿豫区		104	4799	26221	188	1110	14047	4262	468	6310	5991
常熟市		**18**	**39088**	**71996**	**5722**	**17757**	**24309**	**13626**	**3576**	**62096**	**36585**

2－13－32

单位:万元

地区	收支部分			平衡部分						
	支出			收入						
						返还性收入			财力性转移支付收入	
	交通运输	工业、商业、金融等事务	其他支出	收入总计	本年收入	小计	增值税和消费税税收返还	所得税基数返还	小计	体制补助
本级	12038	2655	7154	102165	43487	1925	1255	670	17407	
县级小计	3029	8725	26612	470052	157017	50988	42867	8121	147999	
沭阳县	53	409	3437	76648	33152	16924	15297	1627	15517	
泗阳县	529	2248	351	69342	20851	4857	4159	698	23145	
泗洪县	1392	1419	9023	137324	50106	6546	3796	2750	48388	
宿城区	439	3123	5847	89701	25108	6320	5258	1062	35127	
宿豫区	616	1526	7954	97037	27800	16341	14357	1984	25822	
常熟市	**25550**	**13682**	**39781**	**650242**	**430845**	**97485**	**68454**	**29031**	**4115**	

2-13-33

单位:万元

地区	平衡部分									
	收入									
	财力性转移支付收入									
	一般性转移支付补助	民族地区转移支付补助	调整工资转移支付补助	农村税费改革转移支付补助	取消农业特产税降低农业税率转移支付补助	缓解县乡财政困难转移支付补助	农村义务教育补助	结算补助	企事业单位预算划转补助	其他财力性转移支付
本级	13679		2025	47	61	52		1513	30	
县级小计	56953		15917	16654	24061	3310		30698	406	
沭阳县	5014		860	1949	2538	260		4881	15	
泗阳县	11324		2660	1877	3693	356		3235		
泗洪县	20954		5504	6360	8562	1016		5915	77	
宿城区	10948		3347	3168	3707	448		13331	178	
宿豫区	8713		3546	3300	5561	1230		3336	136	
常熟市				**250**		**462**		**3361**	**42**	

2-13-34

单位:万元

地区	平衡部分								
	收入							支出	
	专项转移支付			省补助计划单列市	上年结余收入	调入资金	国债转贷收入、上年结余及转补助数	支出总计	本年支出
	小计	专项补助	增发国债补助						
本级	24084	22336	1748		4662	9850	750	87938	95056
县级小计	91353	85531	5822		6314	14029	2352	450194	396958
沭阳县	10723	10228	495		332			75584	51546
泗阳县	17300	15195	2105		1854	400	935	62845	56279
泗洪县	27504	26894	610		2509	1464	807	128379	121180
宿城区	18841	16794	2047			3695	610	89701	82320
宿豫区	16985	16420	565		1619	8470		93685	85633
常熟市	**6805**	**6340**	**465**		**106532**	**4093**	**367**	**553211**	**420980**

2－13－35

单位:万元

地　　区	平衡部分									
	支出								年终结余	其中:净结余
	财力性转移支付			专项上解	计划单列市上解省	增设预算周转金	调出资金	国债转贷拨付数及年末结余		
	小计	体制上解	出口退税专项上解							
本级	155		155	－8023				750	14227	
县级小计	7672	7077	595	43212				2352	19858	
沭阳县	2290	2184	106	21748					1064	
泗阳县	1288	1034	254	4343				935	6497	
泗洪县	78		78	6314				807	8945	
宿城区	1885	1799	86	4886				610		
宿豫区	2131	2060	71	5921					3352	
常熟市	**43171**	**34443**	**8728**	**88693**				**367**	**97031**	**56821**

2006 年浙江省地市县财政一般预算收支平衡表

2－14－1 单位:万元

地区	收支部分										
	收入										
	本年收入小计	税收收入									
		小计	增值税	营业税	企业所得税	个人所得税	城市维护建设税	耕地占用税	契税	烟叶税	其他各项税收收入
地(市)县级总计	**11537149**	**10755290**	**2318113**	**3438727**	**1709405**	**696560**	**744221**	**121797**	**781402**	**622**	**944443**
地(市)本级合计	**2767749**	**2549257**	**397142**	**817756**	**414341**	**130219**	**224241**	**32566**	**323078**		**209914**
县级合计	**8769400**	**8206033**	**1920971**	**2620971**	**1295064**	**566341**	**519980**	**89231**	**458324**	**622**	**734529**
杭州市小计	**3013888**	**2922369**	**551493**	**994913**	**535648**	**174991**	**196975**	**18987**	**223883**		**225479**
本级	756671	740374	103263	206979	132976	32071	67116	7435	153863		36671
县级小计	2257217	2181995	448230	787934	402672	142920	129859	11552	70020		188808
富阳市	159616	149257	35266	43322	15961	8681	11080	2041	15767		17139
桐庐县	57291	52835	14716	14922	7577	3583	2806	709	2635		5887
临安市	80385	76340	15567	26433	8464	4786	5813	1570	6920		6787
建德市	67657	66339	13684	21430	10361	4063	4887	1418	3847		6649
淳安县	32855	29696	5282	11594	4368	1647	1712	236	2481		2376
上城区	146434	141780	18884	60308	34010	11124	6616				10838
下城区	224843	220360	23702	95101	49958	19654	12099				19846
江干区	133197	134254	26643	59406	24521	4844	9044				9796
拱墅区	139114	136516	33239	48767	26921	4113	11780				11696
西湖区	199671	192364	23534	88300	39365	15515	10918				14732
滨江区	204965	203863	38986	68155	45081	25570	11727				14344
萧山区	399298	383166	104182	127768	59895	18860	23486	2764	16242		29969
余杭区	274625	261486	48095	96829	40357	12160	13915	2814	22128		25188
开发区	121235	118233	45943	17386	31957	7457	3373				12117
西湖风景名胜区	16010	15506	507	8213	3876	863	603				1444
临平工业园区	21										
嘉兴市小计	**815470**	**783497**	**201099**	**240267**	**103790**	**46077**	**55160**	**16048**	**51730**	**38**	**69288**
本级	284279	260161	55397	90077	37049	12094	15054	7561	20438		22491
县级小计	531191	523336	145702	150190	66741	33983	40106	8487	31292	38	46797
海宁市	134661	130363	37233	36419	19501	6763	7859	2341	6806		13441
桐乡市	128904	122602	34865	34047	16766	8454	7677	2016	5950	38	12789
平湖市	118480	123926	34024	39325	13767	6212	11165	1933	9358		8142
嘉善县	87420	84878	24721	24249	11228	5075	4717	1493	5576		7819
海盐县	61726	61567	14859	16150	5479	7479	8688	704	3602		4606
湖州市小计	**497923**	**440934**	**97687**	**141671**	**51958**	**28616**	**25359**	**7339**	**33565**		**54739**
本级	235339	214097	45238	68771	28752	12928	13216	3769	18490		22933
县级小计	262584	226837	52449	72900	23206	15688	12143	3570	15075		31806
长兴县	120443	102678	24485	32744	10306	7081	5437	1001	5800		15824
德清县	92953	79484	18642	24502	9050	5617	3703	1661	5314		10995

2006年地方财政政府收支分类转换数据

2-14-2

单位:万元

地区	收支部分									
	收入								支出	
	非税收入							贷款转贷回收本金收入		
	小计	专项收入	行政事业性收费收入	罚没收入	国有资本经营收入	国有资源(资产)有偿使用收入	其他收入		本年支出小计	一般公共服务
地(市)县级总计	**781859**	**371104**	**188052**	**580004**	**-397467**	**32023**	**8143**		**12896427**	**2459798**
地(市)本级合计	**218492**	**112795**	**92072**	**170142**	**-171427**	**13127**	**1783**		**3441735**	**660388**
县级合计	**563367**	**258309**	**95980**	**409862**	**-226040**	**18896**	**6360**		**9454692**	**1799410**
杭州市小计	**91519**	**84566**	**36552**	**82437**	**-117809**	**5171**	**602**		**2754809**	**411207**
本级	16297	28785	28883	32568	-76200	1703	558		766563	111577
县级小计	75222	55781	7669	49869	-41609	3468	44		1988246	299630
富阳市	10359	5305	672	7050	-3000	332			164000	24980
桐庐县	4456	1842	150	2454	-150	160			74970	14123
临安市	4045	2592	1315	5885	-6000	253			94222	23727
建德市	1318	2722	1373	2585	-5600	238			87109	16995
淳安县	3159	973	919	1222		44	1		80161	17953
上城区	4654	2605	246	1731		72			85310	8536
下城区	4483	4770	300	1246	-2000	167			135602	22657
江干区	-1057	3296		2299	-6800	148			91898	13671
拱墅区	2598	4595		1673	-3800	130			71778	14295
西湖区	7307	4258	300	2660		77	12		150214	22032
滨江区	1102	4481	127	189	-4000	305			142743	10290
萧山区	16132	9995	1200	9524	-5259	641	31		363200	46081
余杭区	13139	6897	1000	9623	-5000	619			276334	48686
开发区	3002	1220	67	1532		183			85393	13445
西湖风景名胜区	504	230		196		78			83876	916
临平工业园区	21					21			1436	1243
嘉兴市小计	**31973**	**28559**	**24285**	**44560**	**-67801**	**2309**	**61**		**864978**	**184546**
本级	24118	10378	12309	19921	-19500	990	20		302964	55824
县级小计	7855	18181	11976	24639	-48301	1319	41		562014	128722
海宁市	4298	4383	2775	4249	-7411	302			140100	34710
桐乡市	6302	4454	3280	5273	-7000	295			133859	31152
平湖市	-5446	2950	1959	4340	-15000	304	1		128854	28415
嘉善县	2542	3250	2305	5690	-8990	247	40		88913	17101
海盐县	159	3144	1657	5087	-9900	171			70288	17344
湖州市小计	**56989**	**13954**	**13727**	**43810**	**-15596**	**1094**			**564400**	**114833**
本级	21242	5539	4727	22665	-12426	737			252200	47416
县级小计	35747	8415	9000	21145	-3170	357			312200	67417
长兴县	17765	4325	5000	8319		121			139116	25381
德清县	13469	2335	3000	8825	-870	179			96636	27089

二、各省、自治区、直辖市地市县一般预算财政资料

2－14－3　　　　　　　　　　　　　　　　　　　　单位：万元

地区	收支部分										
	支出										
	外交	国防	公共安全	教育	科学技术	文化体育与传媒	社会保障和就业	医疗卫生	环境保护	城乡社区事务	农林水事务
地(市)县级总计		**33577**	**1190420**	**2713931**	**403027**	**306946**	**851882**	**706552**	**178645**	**1267059**	**961455**
地(市)本级合计		**10694**	**384009**	**592609**	**114751**	**124189**	**252279**	**201680**	**47046**	**309323**	**165702**
县级合计		**22883**	**806411**	**2121322**	**288276**	**182757**	**599603**	**504872**	**131599**	**957736**	**795753**
杭州市小计		**7907**	**232574**	**515687**	**97813**	**77258**	**232744**	**161418**	**41914**	**470024**	**141384**
本级		3674	84483	97860	39823	36610	100291	65506	14365	92778	19056
县级小计		4233	148091	417827	57990	40648	132453	95912	27549	377246	122328
富阳市		202	13526	47293	4059	3504	18702	12176	4687	8048	18724
桐庐县		326	6388	18769	1702	2366	4420	5303	1826	2968	12469
临安市		1289	7733	23437	3273	1569	6009	5505	1139	5007	8644
建德市		281	7218	22160	2139	1607	4969	7446	1616	3594	10388
淳安县		37	5386	19838	1256	1378	5664	5400	1337	2223	10329
上城区			7856	23083	2647	262	12510	5093		11743	
下城区		48	10254	28006	2421	694	12239	5952		38237	13
江干区		10	8486	19734	3675	626	7348	5681		9248	1613
拱墅区		12	8929	17332	2205	332	6554	4749	184	9488	550
西湖区		273	14613	28347	2201	1090	11910	7870	90	17569	2227
滨江区		121	4403	14121	9693	536	6422	2142	375	68224	2739
萧山区		685	25980	90328	11646	7962	23191	15053	2971	76709	30989
余杭区		949	19289	57079	9251	12389	10921	13019	12319	21836	23064
开发区			4445	7206	1678	3052	167	398	1005	36030	224
西湖风景名胜区			3585	1094	122	3281	1427	125		66244	332
临平工业园区					22					78	23
嘉兴市小计		**1762**	**87961**	**212185**	**31431**	**29606**	**37861**	**29507**	**13818**	**83851**	**58761**
本级		362	33654	63374	8586	18085	13748	9447	3336	40880	18614
县级小计		1400	54307	148811	22845	11521	24113	20060	10482	42971	40147
海宁市		445	14407	34526	6441	3462	4283	3455	1704	9148	12000
桐乡市		363	13251	37513	5401	2537	6744	5793	2027	8127	9949
平湖市		483	10194	26667	4853	2765	7157	3664	1883	18474	5915
嘉善县		68	9106	28096	3179	1483	3611	3999	2633	4384	7121
海盐县		41	7349	22009	2971	1274	2318	3149	2235	2838	5162
湖州市小计		**662**	**60458**	**119704**	**16308**	**10156**	**30617**	**27723**	**13339**	**26963**	**43269**
本级		126	32510	51520	7210	5045	13986	11548	3702	13871	14927
县级小计		536	27948	68184	9098	5111	16631	16175	9637	13092	28342
长兴县		133	12987	29779	4602	2173	5256	5077	2630	7616	15372
德清县		117	7781	18579	2147	1546	5944	6644	2681	3615	6544

2006年地方财政政府收支分类转换数据

2－14－4　　　　单位：万元

地区	收支部分			平衡部分						
	支出			收入						
						返还性收入			财力性转移支付收入	
	交通运输	工业、商业、金融等事务	其他支出	收入总计	本年收入	小计	增值税和消费税税收返还	所得税基数返还	小计	体制补助
地(市)县级总计	**332645**	**896987**	**593503**	**18771363**	**11537149**	**2437792**	**1582748**	**855044**	**1290774**	
地(市)本级合计	**140435**	**225492**	**213138**	**4959967**	**2767749**	**831145**	**603469**	**227676**	**106615**	
县级合计	**192210**	**671495**	**380365**	**13811396**	**8769400**	**1606647**	**979279**	**627368**	**1184159**	
杭州市小计	**35303**	**203641**	**125935**	**4182605**	**3013888**	**536775**	**381295**	**155480**	**205062**	
本级	10649	64732	25159	915860	756671	224552	182807	41745	－191954	
县级小计	24654	138909	100776	3266745	2257217	312223	198488	113735	397016	
富阳市	493	2085	5521	223512	159616	33429	20248	13181	10350	
桐庐县	2489	1574	247	106248	57291	13563	9360	4203	10576	
临安市	1749	1107	4034	142085	80385	19113	12858	6255	14756	
建德市	2430	1407	4859	127546	67657	18479	12609	5870	18341	
淳安县	4131	2372	2857	87648	32855	7723	4837	2886	28250	
上城区		213	13367	195179	146434	18750	11119	7631	18920	
下城区		9244	5837	312495	224843	16664	9102	7562	65225	
江干区		130	21676	171890	133197	15214	9225	5989	11931	
拱墅区		1236	5912	184784	139114	11791	7772	4019	22080	
西湖区		34272	7720	283456	199671	19292	9517	9775	54411	
滨江区		21598	2079	250111	204965	13357	3671	9686	12827	
萧山区	10498	17357	3750	508752	399298	68494	53414	15080	10493	
余杭区	2864	30270	14398	411873	274625	49102	34756	14346	19628	
开发区		15991	1752	163717	121235	4844		4844	32300	
西湖风景名胜区			6750	91564	16010	2408		2408	63470	
临平工业园区		53	17	5885	21				3458	
嘉兴市小计	**23494**	**43938**	**26257**	**1276904**	**815470**	**217822**	**142059**	**75763**	**62499**	
本级	12291	18760	6003	472643	284279	66826	47167	19659	29919	
县级小计	11203	25178	20254	804261	531191	150996	94892	56104	32580	
海宁市	506	3149	11864	199049	134661	42712	28934	13778	4774	
桐乡市	3876	4442	2684	187921	128904	38387	24179	14208	4488	
平湖市	3566	12173	2645	183904	118480	30233	17700	12533	11937	
嘉善县	1970	3761	2401	133418	87420	21957	12911	9046	4467	
海盐县	1285	1653	660	99969	61726	17707	11168	6539	6914	
湖州市小计	**23474**	**41897**	**34997**	**848572**	**497923**	**107047**	**75599**	**31448**	**64710**	
本级	12134	13237	24968	409870	235339	57060	41173	15887	22876	
县级小计	11340	28660	10029	438702	262584	49987	34426	15561	41834	
长兴县	9072	10110	8928	198793	120443	18381	12094	6287	17252	
德清县	1317	11632	1000	137043	92953	20014	13306	6708	6082	

2-14-5

单位:万元

地区	平衡部分									
	收入									
	财力性转移支付收入									
	一般性转移支付补助	民族地区转移支付补助	调整工资转移支付补助	农村税费改革转移支付补助	取消农业特产税降低农业税率转移支付补助	缓解县乡财政困难转移支付补助	农村义务教育补助	结算补助	企事业单位预算划转补助	其他财力性转移支付
地(市)县级总计	**394795**		**102459**	**72099**	**38927**	**467**	**21900**	**573613**	**-812**	**87326**
地(市)本级合计	**130548**		**13840**	**6096**	**7946**	**467**	**3770**	**153547**	**472**	**-210071**
县级合计	**264247**		**88619**	**66003**	**30981**		**18130**	**420066**	**-1284**	**297397**
杭州市小计	**30828**		**7979**	**6125**	**3775**		**2591**	**129041**	**-3666**	**28389**
本级	7598				1611		897	85512	-2279	-285293
县级小计	23230		7979	6125	2164		1694	43529	-1387	313682
富阳市	1468			454	421		248	6478	-411	1692
桐庐县	350		941	874	417		259	5530	-210	2415
临安市	587		1221	1462	501		284	7671	-317	3347
建德市	540		1137	1048	433		339	5582	-268	9530
淳安县	6993		4680	2287	392		564	8136	-181	5379
上城区	1114									17806
下城区	1237									63988
江干区	1508									10423
拱墅区	1175									20905
西湖区	926									53485
滨江区	1252									11575
萧山区	3842							5124		1527
余杭区	2053							5008		12567
开发区	146									32154
西湖风景名胜区	39									63431
临平工业园区										3458
嘉兴市小计	**10745**			**1626**	**4814**		**1191**	**39879**	**-2239**	**6483**
本级	6521				889		211	14049	-524	8773
县级小计	4224			1626	3925		980	25830	-1715	-2290
海宁市	1036			415	1019		233	3732	-378	-1283
桐乡市	820			407	822		258	3238	-368	-689
平湖市	1397			288	923		183	9805	-300	-359
嘉善县	629			260	747		157	3415	-360	-381
海盐县	342			256	414		149	5640	-309	422
湖州市小计	**11703**		**4428**	**2878**	**3247**		**1102**	**30993**	**1729**	**8630**
本级	3909				1074		269	13962	-132	3794
县级小计	7794		4428	2878	2173		833	17031	1861	4836
长兴县	784		1250	1094	1068		391	8354	1191	3120
德清县	591			358	486		166	3864	-294	911

2006年地方财政政府收支分类转换数据

2－14－6 单位:万元

地区	平衡部分								
	收入							支出	
	专项转移支付			省补助计划单列市	上年结余收入	调入资金	国债转贷收入、上年结余及转补助数	支出总计	本年支出
	小计	专项补助	增发国债补助						
地(市)县级总计	**1076677**	**1017303**	**59374**	**35957**	**2259909**	**85817**	**47288**	**15952872**	**12896427**
地(市)本级合计	**161562**	**145139**	**16423**	**35957**	**1026624**	**12554**	**17761**	**3705245**	**3441735**
县级合计	**915115**	**872164**	**42951**		**1233285**	**73263**	**29527**	**12247627**	**9454692**
杭州市小计	**135302**	**126600**	**8702**		**270510**	**11028**	**10040**	**3838466**	**2754809**
本级	41923	40267	1656		81550		3118	817965	766563
县级小计	93379	86333	7046		188960	11028	6922	3020501	1988246
富阳市	7715	7115	600		11802		600	205396	164000
桐庐县	10298	8798	1500		12980	460	1080	91741	74970
临安市	9582	8602	980		18089		160	119016	94222
建德市	8832	8612	220		13292	50	895	109090	87109
淳安县	18422	18322	100		398			81365	80161
上城区	719	719			10356			182724	85310
下城区	1121	1121			4642			297408	135602
江干区	1266	1083	183		9915		367	160337	91898
拱墅区	1473	1473			10326			168226	71778
西湖区	2840	2290	550		6242		1000	270295	150214
滨江区	10707	9847	860		7475		780	243600	142743
萧山区	11406	10299	1107		18092		969	491870	363200
余杭区	7759	6813	946		58428	1260	1071	355868	276334
开发区	1097	1097			4241			151702	85393
西湖风景名胜区	142	142			276	9258		90417	83876
临平工业园区					2406			1446	1436
嘉兴市小计	**69595**	**62637**	**6958**		**104960**	**2548**	**4010**	**1157993**	**864978**
本级	34534	32236	2298		54685		2400	404933	302964
县级小计	35061	30401	4660		50275	2548	1610	753060	562014
海宁市	6725	6725			8559	1618		192311	140100
桐乡市	7531	5861	1670		8091		520	179617	133859
平湖市	5859	5799	60		17395			170405	128854
嘉善县	7455	6355	1100		11889		230	118200	88913
海盐县	7491	5661	1830		4341	930	860	92527	70288
湖州市小计	**65983**	**61544**	**4439**		**102442**	**7889**	**2578**	**729044**	**564400**
本级	33764	30644	3120		58828	756	1247	333417	252200
县级小计	32219	30900	1319		43614	7133	1331	395627	312200
长兴县	13482	12761	721		28404		831	176491	139116
德清县	8100	7872	228		9894			124946	96636

2－14－7

单位：万元

地区	平衡部分									
	支出								年终结余	其中：净结余
	财力性转移支付			专项上解	计划单列市上解省	增设预算周转金	调出资金	国债转贷拨付数及年末结余		
	小计	体制上解	出口退税专项上解							
地(市)县级总计	**2670072**	**2342043**	**328029**	**294363**	**32864**	**7600**	**4258**	**47288**	**2818491**	**283793**
地(市)本级合计	**766549**	**698335**	**68214**	**－541444**	**16586**	**1800**	**2258**	**17761**	**1254722**	**53475**
县级合计	**1903523**	**1643708**	**259815**	**835807**	**16278**	**5800**	**2000**	**29527**	**1563769**	**230318**
杭州市小计	**814615**	**761125**	**53490**	**259002**				**10040**	**344139**	**121861**
本级	67982	64725	3257	－19698				3118	97895	29251
县级小计	746633	696400	50233	278700				6922	246244	92610
富阳市	40663	39131	1532	133				600	18116	608
桐庐县	15640	14644	996	51				1080	14507	1451
临安市	24551	22995	1556	83				160	23069	14621
建德市	20922	19886	1036	164				895	18456	788
淳安县	1177	1140	37	27					6283	－1648
上城区	47897	45967	1930	49517					12455	1963
下城区	60301	57404	2897	101505					15087	1266
江干区	60672	58704	1968	7400				367	11553	10575
拱墅区	39951	38772	1179	56497					16558	1210
西湖区	73766	70971	2795	45315				1000	13161	8267
滨江区	91527	87066	4461	8550				780	6511	1568
萧山区	127092	109142	17950	609				969	16882	7500
余杭区	78037	69975	8062	426				1071	56005	31965
开发区	61810	58048	3762	4499					12015	8668
西湖风景名胜区	2617	2545	72	3924					1147	869
临平工业园区	10	10							4439	2939
嘉兴市小计	**282396**	**251990**	**30406**	**1951**		**400**	**4258**	**4010**	**118911**	**4579**
本级	96185	87105	9080	1126			2258	2400	67710	1640
县级小计	186211	164885	21326	825		400	2000	1610	51201	2939
海宁市	52018	45531	6487	193					6738	441
桐乡市	44636	41133	3503	202		400		520	8304	
平湖市	39328	34500	4828	223			2000		13499	445
嘉善县	28933	25264	3669	124				230	15218	79
海盐县	21296	18457	2839	83				860	7442	1974
湖州市小计	**151925**	**140242**	**11683**	**8341**		**1800**		**2578**	**119528**	**3027**
本级	77493	72918	4575	677		1800		1247	76453	2200
县级小计	74432	67324	7108	7664				1331	43075	827
长兴县	29131	27473	1658	7413				831	22302	
德清县	28159	25844	2315	151					12097	827

2－14－8

单位:万元

地区	收支部分										
	收入										
	本年收入小计	税收收入									
		小计	增值税	营业税	企业所得税	个人所得税	城市维护建设税	耕地占用税	契税	烟叶税	其他各项税收收入
安吉县	49188	44675	9322	15654	3850	2990	3003	908	3961		4987
舟山市小计	**242578**	**228220**	**26343**	**107178**	**20705**	**11013**	**12588**	**3190**	**16558**		**30645**
本级	114463	105559	10953	45253	10288	4782	6157	3069	11342		13715
县级小计	128115	122661	15390	61925	10417	6231	6431	121	5216		16930
岱山县	21712	20865	2887	9518	1307	1260	975	83	1254		3581
嵊泗县	24685	22839	1034	17410	1091	540	1042	38	492		1192
定海区	27751	24443	5389	9949	2419	1688	1597		107		3294
普陀区	53967	54514	6080	25048	5600	2743	2817		3363		8863
金华市小计	**814462**	**724612**	**156958**	**240843**	**97089**	**46351**	**54084**	**12096**	**57000**		**60191**
本级	202669	182538	27866	75135	22865	11099	11853	5052	15620		13048
县级小计	611793	542074	129092	165708	74224	35252	42231	7044	41380		47143
兰溪市	54198	52797	13065	15202	4898	2074	6559	1671	4559		4769
永康市	116966	94613	27574	21206	15693	5929	9377	1190	4998		8646
武义县	45390	37759	11316	9855	4708	1683	2977	1366	2538		3316
东阳市	89170	81052	17844	25435	12650	4536	5365	1367	7775		6080
磐安县	18600	15455	4510	5750	1391	1258	1122	180	382		862
义乌市	242256	220788	44575	74674	30474	17246	14254	1196	18184		20185
浦江县	45213	39610	10208	13586	4410	2526	2577	74	2944		3285
绍兴市小计	**945465**	**893919**	**209974**	**267424**	**126499**	**50340**	**55797**	**11718**	**69683**	**354**	**102130**
本级	268302	259817	43409	90066	35658	14260	15350	758	28628		31688
县级小计	677163	634102	166565	177358	90841	36080	40447	10960	41055	354	70442
绍兴县	256531	236222	65345	67688	32965	10833	14210	2688	14612		27881
上虞市	122353	122391	30109	37024	17952	6594	7267	2772	8191		12482
嵊州市	64596	62333	17199	18521	6500	3483	4527	943	4485	142	6533
新昌县	59681	57897	18134	12124	10807	3096	3828	864	4411	212	4421
诸暨市	174002	155259	35778	42001	22617	12074	10615	3693	9356		19125
温州市小计	**1287787**	**1141814**	**250111**	**340964**	**173622**	**66950**	**84321**	**11585**	**95757**		**118504**
本级	353454	315498	20497	119458	41561	19760	19896		57582		36744
县级小计	934333	826316	229614	221506	132061	47190	64425	11585	38175		81760
平阳县	56744	47821	13075	14082	5570	2140	2822	826	4584		4722
苍南县	72775	63445	13307	24552	6330	3519	3922	719	4598		6498
瑞安市	174825	154464	34865	45168	21152	9594	10977	822	12085		19801
永嘉县	74424	66741	18299	20158	8924	3662	4791	528	4948		5431
乐清市	176828	154838	47591	33762	27524	8129	13461	2217	9707		12447
文成县	15355	8574	1460	2747	1604	592	706	124	811		530

2－14－9

单位:万元

地区	收支部分									
	收入								支出	
	非税收入							贷款转贷回收本金收入		
	小计	专项收入	行政事业性收费收入	罚没收入	国有资本经营收入	国有资源(资产)有偿使用收入	其他收入		本年支出小计	一般公共服务
安吉县	4513	1755	1000	4001	－2300	57			76448	14947
舟山市小计	**14358**	**8322**	**6334**	**9699**	**－12400**	**1899**	**504**		**408208**	**93100**
本级	8904	5150	5215	3125	－6000	910	504		145348	38489
县级小计	5454	3172	1119	6574	－6400	989			262860	54611
岱山县	847	538	36	1181	－1000	92			63323	12095
嵊泗县	1846	658	485	636		67			47507	12762
定海区	3308	487	369	2994	－900	358			64850	11862
普陀区	－547	1489	229	1763	－4500	472			87180	17892
金华市小计	**89850**	**22190**	**22641**	**54657**	**－11782**	**2082**	**62**		**937584**	**193053**
本级	20131	6268	5220	10267	－2123	459	40		228740	48217
县级小计	69719	15922	17421	44390	－9659	1623	22		708844	144836
兰溪市	1401	1945	384	4543	－5565	94			75950	14345
永康市	22353	2840	2347	17062	－356	460			115487	20357
武义县	7631	1967	1660	3793		189	22		70936	15815
东阳市	8118	1867	3163	4845	－1999	242			108963	20483
磐安县	3145	501	1421	1172		51			47708	9382
义乌市	21468	5173	7446	9110	－739	478			235137	52762
浦江县	5603	1629	1000	3865	－1000	109			54663	11692
绍兴市小计	**51546**	**25520**	**8996**	**60077**	**－46446**	**3281**	**118**		**954864**	**185890**
本级	8485	6504	4120	17794	－20997	1064			271917	53529
县级小计	43061	19016	4876	42283	－25449	2217	118		682947	132361
绍兴县	20309	7274	2894	8860		1163	118		231280	35658
上虞市	－38	3294		6649	－10178	197			133488	27621
嵊州市	2263	2187		7186	－7300	190			79754	17466
新昌县	1784	1920	1300	4414	－5971	121			73026	18138
诸暨市	18743	4341	682	15174	－2000	546			165399	33478
温州市小计	**145973**	**42565**	**17627**	**91569**	**－18273**	**7068**	**5417**		**1449427**	**279351**
本级	37956	8949	6633	23442	－4953	3850	35		338619	72453
县级小计	108017	33616	10994	68127	－13320	3218	5382		1110808	206898
平阳县	8923	2248	1104	7842	－2458	144	43		93375	16433
苍南县	9330	2131	1955	6743	－1632	133			131506	22547
瑞安市	20361	5266	2500	17912	－6000	683			174142	33316
永嘉县	7683	2731	1500	5174	－2000	278			104413	21487
乐清市	21990	5048	2500	17362	－3500	580			184757	29363
文成县	6781	332	200	1617		127	4505		60334	12909

2006年地方财政政府收支分类转换数据

2－14－10

单位:万元

地区	收支部分										
	支出										
	外交	国防	公共安全	教育	科学技术	文化体育与传媒	社会保障和就业	医疗卫生	环境保护	城乡社区事务	农林水事务
安吉县		286	7180	19826	2349	1392	5431	4454	4326	1861	6426
舟山市小计		**1026**	**32972**	**68942**	**10097**	**9620**	**27089**	**27555**	**4293**	**22842**	**39867**
本级		132	10631	20901	5756	4607	12796	10629	1866	8226	11805
县级小计		894	22341	48041	4341	5013	14293	16926	2427	14616	28062
岱山县		166	4072	9994	1165	1705	2508	4125	400	4107	9487
嵊泗县		292	3867	6858	1095	1184	2868	3365	408	2612	3724
定海区		170	6878	12653	616	659	4220	4410	616	5458	8618
普陀区		266	7524	18536	1465	1465	4697	5026	1003	2439	6233
金华市小计		**2144**	**107585**	**241727**	**32860**	**16336**	**49900**	**54587**	**12701**	**52372**	**90461**
本级		793	31025	53054	6351	3793	11130	13770	2597	9668	21190
县级小计		1351	76560	188673	26509	12543	38770	40817	10104	42704	69271
兰溪市		234	5638	22779	2884	1270	6395	5415	1374	2215	6097
永康市		324	12465	37074	6419	1752	4488	8190	2062	3817	13241
武义县		159	6398	18156	191	1065	4466	4579	1076	1299	10154
东阳市		66	11358	33061	4027	1969	5330	6206	1236	3954	11018
磐安县		26	3960	11240	1191	1204	2345	2412	1495	1638	5355
义乌市		359	30914	49950	9775	4243	13023	10272	2362	28059	16547
浦江县		183	5827	16413	2022	1040	2723	3743	499	1722	6859
绍兴市小计		**3298**	**88404**	**198300**	**33302**	**19272**	**48329**	**46961**	**12214**	**61695**	**80711**
本级		1116	27202	43684	6642	6720	10544	12119	2147	11676	17326
县级小计		2182	61202	154616	26660	12552	37785	34842	10067	50019	63385
绍兴县		528	22549	35976	9341	5047	12647	9353	2215	35701	19659
上虞市		726	11289	30689	4468	1625	8894	7045	1922	4387	18186
嵊州市		237	6440	23568	1897	1846	3802	5084	2105	1637	9032
新昌县		192	7688	18473	3247	881	3008	3057	2098	2927	5589
诸暨市		499	13236	45910	7707	3153	9434	10303	1727	5367	10919
温州市小计		**4467**	**137068**	**375477**	**33614**	**33582**	**102697**	**84956**	**23604**	**86589**	**110964**
本级		1003	37233	67722	12711	13449	17692	16842	3253	25920	14152
县级小计		3464	99835	307755	20903	20133	85005	68114	20351	60669	96812
平阳县		418	7127	26589	1895	2556	6804	7562	2534	3431	10074
苍南县		292	9641	41557	1839	2382	15471	6425	1547	3731	15109
瑞安市		700	18185	48609	4622	2875	8993	9109	3458	6892	15806
永嘉县		441	11764	35493	1625	2877	4745	6799	773	2360	9507
乐清市		449	11458	58610	4161	2787	11663	11876	1660	11927	18719
文成县		54	4346	12618	519	1157	11688	3396	759	1286	6636

二、各省、自治区、直辖市地市县一般预算财政资料

2－14－11　　　　单位:万元

地　　区	收支部分			平衡部分						
	支出			收入						
						返还性收入			财力性转移支付收入	
	交通运输	工业、商业、金融等事务	其他支出	收入总计	本年收入	小计	增值税和消费税税收返还	所得税基数返还	小计	体制补助
安吉县	951	6918	101	102866	49188	11592	9026	2566	18500	
舟山市小计	**11693**	**41377**	**17735**	**472702**	**242578**	**43341**	**30181**	**13160**	**80836**	
本级	6331	4510	8669	176114	114463	20025	12784	7241	7892	
县级小计	5362	36867	9066	296588	128115	23316	17397	5919	72944	
岱山县	1310	10904	1285	70132	21712	5756	3916	1840	20328	
嵊泗县	808	6719	945	53956	24685	2818	2024	794	13042	
定海区	426	6260	2004	70069	27751	6337	4908	1429	21796	
普陀区	2818	12984	4832	102431	53967	8405	6549	1856	17778	
金华市小计	**15242**	**41174**	**27442**	**1393380**	**814462**	**155062**	**94874**	**60188**	**137651**	
本级	1988	12442	12722	411385	202669	34622	20969	13653	52361	
县级小计	13254	28732	14720	981995	611793	120440	73905	46535	85290	
兰溪市	434	4172	2698	106636	54198	20555	14007	6548	16358	
永康市	1009	4276	13	182501	116966	23551	13545	10006	7037	
武义县	1836	5742		96868	45390	8427	6433	1994	16002	
东阳市	435	8320	1500	148548	89170	23223	13779	9444	10413	
磐安县	893	1449	5118	54020	18600	3279	2263	1016	16151	
义乌市	8414	3816	4641	314986	242256	31382	17810	13572	9843	
浦江县	233	957	750	78436	45213	10023	6068	3955	9486	
绍兴市小计	**15131**	**52484**	**108873**	**1554037**	**945465**	**222995**	**146479**	**76516**	**70590**	
本级	4827	11642	62743	475757	268302	65493	41089	24404	21448	
县级小计	10304	40842	46130	1078280	677163	157502	105390	52112	49142	
绍兴县	3567	11329	27710	423444	256531	62217	44362	17855	11206	
上虞市	2779	13737	120	185268	122353	29543	20598	8945	10701	
嵊州市	1980	3987	673	112869	64596	17375	13835	3540	9630	
新昌县	575	5414	1739	101761	59681	17930	10966	6964	6134	
诸暨市	1403	6375	15888	254938	174002	30437	15629	14808	11471	
温州市小计	**48597**	**53019**	**75442**	**2588397**	**1287787**	**280504**	**161733**	**118771**	**186578**	
本级	23428	14276	18485	975620	353454	126157	66512	59645	58117	
县级小计	25169	38743	56957	1612777	934333	154347	95221	59126	128461	
平阳县	3896	3362	694	131759	56744	16737	11809	4928	21297	
苍南县	4782	5593	590	175552	72775	20342	12106	8236	35849	
瑞安市	4729	7001	9847	302825	174825	42502	24936	17566	9574	
永嘉县	3723	1778	1041	145142	74424	18292	12693	5599	22796	
乐清市	1653	5761	14670	275346	176828	46115	28443	17672	10689	
文成县	1919	2265	782	81526	15355	2633	1313	1320	34135	

2－14－12　　　　　　　　　　　　　　　　　　　　　　　　　　单位:万元

地区	平衡部分									
	收入									
	财力性转移支付收入									
	一般性转移支付补助	民族地区转移支付补助	调整工资转移支付补助	农村税费改革转移支付补助	取消农业特产税降低农业税率转移支付补助	缓解县乡财政困难转移支付补助	农村义务教育补助	结算补助	企事业单位预算划转补助	其他财力性转移支付
安吉县	6419		3178	1426	619		276	4813	964	805
舟山市小计	**36575**		**3199**	**11753**	**5470**		**902**	**17981**	**－1154**	**6110**
本级	12547		702	1544	854		106	8424	－156	－16129
县级小计	24028		2497	10209	4616		796	9557	－998	22239
岱山县	9083		1006	2284	947		182	4341	－206	2691
嵊泗县	7011		403	1869	445		78	2277	－288	1247
定海区	2490		464	1273	653		249	991	－158	15834
普陀区	5444		624	4783	2571		287	1948	－346	2467
金华市小计	**45663**		**14450**	**6707**	**4351**		**2756**	**51994**	**1141**	**10589**
本级	25913		4525	1690	1484		646	11919	773	5411
县级小计	19750		9925	5017	2867		2110	40075	368	5178
兰溪市	500		3087	1046	770		591	9501	214	649
永康市	632			310	323		196	4736	－24	864
武义县	5803		3693	1549	526		390	3470	236	335
东阳市	822			454	518		265	6851	60	1443
磐安县	9403		1942	916	191		214	3392	68	25
义乌市	2277				240		206	5756	－99	1463
浦江县	313		1203	742	299		248	6369	－87	399
绍兴市小计	**15893**		**480**	**2127**	**4319**			**43591**	**－589**	**4769**
本级	9224				160			11350	－329	1043
县级小计	6669		480	2127	4159			32241	－260	3726
绍兴县	2619				561			7767	－68	327
上虞市	1389			491	1241			5694	231	1655
嵊州市	313		480	582	894			6796	240	325
新昌县	521			379	223			4198	－111	924
诸暨市	1827			675	1240			7786	－552	495
温州市小计	**61469**		**13533**	**13104**	**3777**		**5526**	**82239**	**1632**	**5298**
本级	8404				264		432	29948	3826	15243
县级小计	53065		13533	13104	3513		5094	52291	－2194	－9945
平阳县	422		2746	1641	691		1095	11489	－566	3779
苍南县	5022		4004	5084	899		1865	10219	－538	9294
瑞安市	1243				332		262	5301	－480	2916
永嘉县	5316		2316	3032	646		783	5553	106	5044
乐清市	1334				373		340	5889	－717	3470
文成县	17349		1979	1331	272		313	5802	23	7066

2－14－13

单位:万元

地区	平衡部分								
	收入							支出	
	专项转移支付			省补助计划单列市	上年结余收入	调入资金	国债转贷收入、上年结余及转补助数	支出总计	本年支出
	小计	专项补助	增发国债补助						
安吉县	10637	10267	370		5316	7133	500	94190	76448
舟山市小计	**76798**	**74299**	**2499**		**24424**	**1655**	**3070**	**426882**	**408208**
本级	18725	18523	202		13059		1950	152388	145348
县级小计	58073	55776	2297		11365	1655	1120	274494	262860
岱山县	18404	16844	1560		2812		1120	67754	63323
嵊泗县	9645	9645			3662	104		47532	47507
定海区	10147	10070	77		2487	1551		66740	64850
普陀区	19877	19217	660		2404			92468	87180
金华市小计	**108006**	**101317**	**6689**		**176299**		**1900**	**1166449**	**937584**
本级	35361	34222	1139		86172		200	284600	228740
县级小计	72645	67095	5550		90127		1700	881849	708844
兰溪市	11061	10760	301		4164		300	99003	75950
永康市	7190	6845	345		27757			151990	115487
武义县	11994	11144	850		14755		300	79972	70936
东阳市	15285	11664	3621		10307		150	137686	108963
磐安县	11911	11911			3679		400	48454	47708
义乌市	7131	7131			24374			296543	235137
浦江县	8073	7640	433		5091		550	68201	54663
绍兴市小计	**82150**	**75437**	**6713**		**227033**	**369**	**5435**	**1281581**	**954864**
本级	29906	26276	3630		88208		2400	369408	271917
县级小计	52244	49161	3083		138825	369	3035	912173	682947
绍兴县	7192	8092	－900		85778	120	400	321994	231280
上虞市	11518	10251	1267		10231	249	673	173851	133488
嵊州市	12107	10807	1300		7561		1600	104364	79754
新昌县	9310	8294	1016		8344		362	95195	73026
诸暨市	12117	11717	400		26911			216769	165399
温州市小计	**152174**	**148812**	**3362**		**657252**	**15335**	**8767**	**1799183**	**1449427**
本级	29921	28361	1560		403517	301	4153	536607	338619
县级小计	122253	120451	1802		253735	15034	4614	1262576	1110808
平阳县	16503	15703	800		16970	780	2728	109039	93375
苍南县	28946	28610	336		11141	5967	532	151280	131506
瑞安市	11574	11292	282		63936		414	222302	174142
永嘉县	12929	12929			15641	1060		121167	104413
乐清市	8863	8863			32461		390	233331	184757
文成县	17235	17021	214		12168			60480	60334

2006年地方财政政府收支分类转换数据

2－14－14　　　　　　　　　　　　　　　　　　　　　　　　单位:万元

地　　区	平　衡　部　分									
	支　出								年终结余	其中:净结余
	财力性转移支付			专项上解	计划单列市上解省	增设预算周转金	调出资金	国债转贷拨付数及年末结余		
	小　计	体制上解	出口退税专项上解							
安吉县	17142	14007	3135	100				500	8676	
舟山市小计	**15315**	**11920**	**3395**	**289**				**3070**	**45820**	**4674**
本级	4950	3958	992	140				1950	23726	8263
县级小计	10365	7962	2403	149				1120	22094	－3589
岱山县	3269	2526	743	42				1120	2378	－4395
嵊泗县	14		14	11					6424	206
定海区	1884	1482	402	6					3329	
普陀区	5198	3954	1244	90					9963	600
金华市小计	**226085**	**198963**	**27122**	**880**				**1900**	**226931**	**－10554**
本级	55610	51998	3612	50				200	126785	－6776
县级小计	170475	146965	23510	830				1700	100146	－3778
兰溪市	22481	21192	1289	272				300	7633	－3370
永康市	36406	28782	7624	97					30511	280
武义县	8689	6219	2470	47				300	16896	－680
东阳市	28443	24614	3829	130				150	10862	58
磐安县	284		284	62				400	5566	
义乌市	61206	55136	6070	200					18443	110
浦江县	12966	11022	1944	22				550	10235	－176
绍兴市小计	**317383**	**272712**	**44671**	**3899**				**5435**	**272456**	**24837**
本级	94153	83507	10646	938				2400	106349	
县级小计	223230	189205	34025	2961				3035	166107	24837
绍兴县	88390	74738	13652	1924				400	101450	13507
上虞市	39250	34818	4432	440				673	11417	4406
嵊州市	22625	19676	2949	385				1600	8505	80
新昌县	21706	16872	4834	101				362	6566	20
诸暨市	51259	43101	8158	111					38169	6824
温州市小计	**333046**	**296126**	**36920**	**5943**		**2000**		**8767**	**789214**	**67677**
本级	191440	165728	25712	2395				4153	439013	1350
县级小计	141606	130398	11208	3548		2000		4614	350201	66327
平阳县	11961	11055	906	975				2728	22720	1431
苍南县	18933	18022	911	309				532	24272	
瑞安市	47727	42733	4994	19				414	80523	768
永嘉县	15077	14048	1029	1677					23975	2248
乐清市	47708	44484	3224	476				390	42015	17664
文成县	129		129	17					21046	2921

2-14-15

单位:万元

地区	收支部分									
	收入									
	本年收入小计	税收收入								
		小计	增值税	营业税	企业所得税	个人所得税	城市维护建设税	耕地占用税	契税	烟叶税	其他各项税收收入
泰顺县	15008	8531	1347	3818	1101	500	513	55	710		487
洞头县	15176	12689	2285	5205	2613	659	699	1	732		495
鹿城区	111788	103722	27888	28212	18126	6591	8287	914			13704
瓯海区	78494	72923	24659	17196	12736	4025	6869	1144			6294
龙湾区	81450	73622	28859	9264	15189	6309	7298	1652			5051
开发区	61466	58946	15979	17342	11192	1470	4080	2583			6300
台州市小计	**861115**	**774020**	**193493**	**213294**	**130776**	**53233**	**57246**	**12095**	**48778**		**65105**
本级	58863	47509	3360	20986	11689	3016	2684		1293		4481
县级小计	802252	726511	190133	192308	119087	50217	54562	12095	47485		60624
临海市	106651	95231	22608	26276	16295	5165	7261	2905	5067		9654
温岭市	158013	146266	34073	40719	26049	11935	8849	1746	10360		12535
玉环县	103888	97840	34882	21045	14170	6576	6191	805	8133		6038
三门县	34156	31935	6452	10989	5346	2273	1571	311	1673		3320
仙居县	30822	28589	8313	8165	4263	2618	1860	636	667		2067
天台县	42547	36048	8411	11305	5203	3418	1806	502	2710		2693
椒江区	125449	113504	24370	32857	16930	7442	11284	1256	9580		9785
黄岩区	96266	83709	26023	19019	12818	4602	7896	2481	4421		6449
路桥区	104460	93389	25001	21933	18013	6188	7844	1453	4874		8083
丽水市小计	**249411**	**215046**	**38096**	**77604**	**23264**	**19216**	**12817**	**2963**	**18693**	**230**	**22163**
本级	58036	51367	5706	17667	3872	5091	4022	788	8467		5754
县级小计	191375	163679	32390	59937	19392	14125	8795	2175	10226	230	16409
缙云县	28471	24863	6980	7208	3054	1894	1737	516	1530		1944
景宁县	13238	9928	2362	3235	862	1386	550	61	902	36	534
莲都区	23519	21105	3538	10566	2707	1162	690	163	279		2000
龙泉县	17453	15371	2379	6591	1213	1015	1126	286	748		2013
青田县	47390	40795	7695	14954	5462	2370	1860	501	2430		5523
庆元县	9290	7794	1136	2926	1046	595	398	225	767	171	530
松阳县	14473	12621	1693	4421	1861	1269	599	260	1165	23	1330
遂昌县	23824	19480	4272	5676	2370	3385	1022	82	1197		1476
云和县	13717	11722	2335	4360	817	1049	813	81	1208		1059
衢州市小计	**235250**	**204657**	**35112**	**82443**	**16584**	**10803**	**14945**	**6728**	**15883**		**22159**
本级	116656	102753	19194	40881	8673	5366	8577	4134	7355		8573
县级小计	118594	101904	15918	41562	7911	5437	6368	2594	8528		13586
龙游县	32459	27783	3240	13567	1899	1481	1376	810	2482		2928
常山县	23600	18721	2910	7473	1235	1091	949	571	1406		3086

2－14－16 单位:万元

地区	收支部分									
	收入								支出	
	非税收入							贷款转贷回收本金收入	本年支出小计	一般公共服务
	小计	专项收入	行政事业性收费收入	罚没收入	国有资本经营收入	国有资源(资产)有偿使用收入	其他收入			
泰顺县	6477	273	935	1219	3180	82	788		67753	11593
洞头县	2487	331	300	1921	－160	81	14		38076	7639
鹿城区	8066	5097		2663		274	32		88424	17618
瓯海区	5571	3662		2589	－750	70			78277	15135
龙湾区	7828	4629		2887		312			64380	12911
开发区	2520	1868		198		454			25371	5947
台州市小计	**87095**	**30800**	**3880**	**71911**	**－21847**	**2040**	**311**		**1040000**	**244141**
本级	11354	2901		8694	－738	497			143923	42859
县级小计	75741	27899	3880	63217	－21109	1543	311		896077	201282
临海市	11420	3461		9757	－2263	154	311		132913	32040
温岭市	11747	4556	2180	10721	－6000	290			171353	32668
玉环县	6048	4153		5583	－4000	312			108992	24816
三门县	2221	1083		2121	－1050	67			69941	17973
仙居县	2233	1304		4493	－3700	136			62596	14195
天台县	6499	1237		5115		147			80254	18850
椒江区	11945	4475		8463	－1200	207			95445	24092
黄岩区	12557	3727	1200	9407	－1896	119			99613	21100
路桥区	11071	3903	500	7557	－1000	111			74970	15548
丽水市小计	**34365**	**8039**	**7340**	**17269**	**533**	**1046**	**138**		**552968**	**136073**
本级	6669	1633	1019	3616		271	130		88872	31285
县级小计	27696	6406	6321	13653	533	775	8		464096	104788
缙云县	3608	1195	380	2113	－156	76			56626	12041
景宁县	3310	448	1440	1333		89			47431	11754
莲都区	2414	517	760	1105		31	1		54622	9599
龙泉县	2082	610	670	966	－225	61			48247	11917
青田县	6595	1386	1208	3804	1	196			90047	18988
庆元县	1496	279	402	917	－155	53			43845	10139
松阳县	1852	433	642	698		72	7		40791	9538
遂昌县	4344	1020	439	1716	1068	101			47160	11701
云和县	1995	518	380	1001		96			35327	9111
衢州市小计	**30593**	**9851**	**5568**	**16827**	**－2863**	**1029**	**181**		**442275**	**93144**
本级	13903	5718	1588	9334	－3490	753			198792	40023
县级小计	16690	4133	3980	7493	627	276	181		243483	53121
龙游县	4676	1089	600	2112	630	65	180		61555	11699
常山县	4879	935	1400	2417	80	47			56049	13300

2-14-17

单位:万元

地区	收支部分										
	支出										
	外交	国防	公共安全	教育	科学技术	文化体育与传媒	社会保障和就业	医疗卫生	环境保护	城乡社区事务	农林水事务
泰顺县		23	3452	13781	402	1573	12640	2357	543	3424	5902
洞头县		188	3282	7013	613	969	1585	2072	569	2075	2521
鹿城区		399	15220	20655	1119	1124	5315	8333	3610	5667	2971
瓯海区		500	8518	25431	1644	1132	3182	5625	1501	1347	5387
龙湾区			5790	17267	1855	687	2873	4376	2282	4573	3941
开发区			1052	132	609	14	46	184	1115	13956	239
台州市小计		**2705**	**103340**	**277862**	**24468**	**20290**	**51285**	**44114**	**9707**	**45935**	**83221**
本级		795	19986	20493	3975	4302	4145	3140	2048	7449	10304
县级小计		1910	83354	257369	20493	15988	47140	40974	7659	38486	72917
临海市		145	12991	38864	3668	2612	7998	3220	1151	3678	7337
温岭市			12094	53655	2566	2714	9229	7178	1038	6280	16341
玉环县		343	10353	27492	2319	2274	5624	5459	815	5295	10585
三门县		171	6510	17529	1180	1196	3472	4716	607	3347	5584
仙居县		190	5672	18037	1133	1018	3506	4856	381	2099	5280
天台县			8123	24157	798	1589	3912	4451	783	2582	7395
椒江区		397	9305	26099	3028	1801	4426	4460	416	7101	5920
黄岩区		664	9514	26516	3079	1555	4712	3874	786	5583	10201
路桥区			8792	25020	2722	1229	4261	2760	1682	2521	4274
丽水市小计		**2365**	**53186**	**127667**	**13506**	**13226**	**36599**	**37371**	**5530**	**16458**	**58624**
本级		289	12531	12469	2766	2015	4060	4288	1561	4641	5999
县级小计		2076	40655	115198	10740	11211	32539	33083	3969	11817	52625
缙云县		132	5024	17830	1685	1012	3965	3771	869	1063	5522
景宁县		150	3022	10896	897	1037	4422	2255	191	385	6413
莲都区		235	6424	15147	1231	1078	4199	4895	137	1006	6056
龙泉县		124	3294	12063	1156	1417	2930	3206	179	720	7068
青田县		124	7995	22912	2259	1915	4718	9067	434	4598	7493
庆元县		861	3779	9275	970	1144	4531	2230	640	626	6071
松阳县		86	3584	9745	951	973	2296	1992	277	1471	4985
遂昌县		164	4000	10718	945	1404	3145	2718	392	1042	5136
云和县		200	3533	6612	646	1231	2333	2949	850	906	3881
衢州市小计		**1211**	**38530**	**107272**	**10296**	**9159**	**30289**	**27653**	**10652**	**17871**	**48003**
本级		497	19281	45847	4142	3646	12817	11971	5276	9630	13967
县级小计		714	19249	61425	6154	5513	17472	15682	5376	8241	34036
龙游县		248	4862	15773	898	1383	4696	4386	821	2483	9259
常山县		178	4739	12699	1673	1375	3721	3713	1427	2084	6906

2－14－18

单位:万元

地区	收支部分			平衡部分						
	支出			收入						
						返还性收入			财力性转移支付收入	
	交通运输	工业、商业、金融等事务	其他支出	收入总计	本年收入	小计	增值税和消费税税收返还	所得税基数返还	小计	体制补助
泰顺县	2999	1177	7887	82783	15008	2572	1467	1105	34225	
洞头县	628	4350	4572	54795	15176	5154	2454	2700	12272	
鹿城区		1417	4976	115135	111788				－21418	
瓯海区	840	2452	5583	88132	78494				－7353	
龙湾区		1880	5945	86819	81450				－13793	
开发区		1707	370	72963	61466				－9812	
台州市小计	**35012**	**72055**	**25865**	**1602654**	**861115**	**218836**	**125763**	**93073**	**115077**	
本级	8695	14489	1243	345425	58863	82858	50812	32046	87400	
县级小计	26317	57566	24622	1257229	802252	135978	74951	61027	27677	
临海市	4043	11737	3429	185208	106651	28658	18093	10565	15490	
温岭市	7252	15922	4416	286444	158013	43959	20729	23230	9565	
玉环县	4751	8155	711	177959	103888	25458	16090	9368	7118	
三门县	828	4818	2010	92899	34156	10137	5156	4981	18479	
仙居县	1493	1050	3686	86036	30822	11730	6739	4991	13553	
天台县	1921	2971	2722	101272	42547	16036	8144	7892	15509	
椒江区	1088	7111	201	111619	125449				－31277	
黄岩区	4126	2806	5097	132067	96266				7242	
路桥区	815	2996	2350	83725	104460				－28002	
丽水市小计	**15128**	**21972**	**15263**	**690180**	**249411**	**49266**	**29490**	**19776**	**205904**	
本级	2355	3697	916	128782	58036	9773	4453	5320	26512	
县级小计	12773	18275	14347	561398	191375	39493	25037	14456	179392	
缙云县	152	3344	216	68537	28471	8193	5478	2715	17956	
景宁县	526	1809	3674	63089	13238	2849	1904	945	27170	
莲都区	995	1471	2149	63328	23519	3421	1921	1500	23513	
龙泉县	1211	990	1972	57747	17453	4028	2965	1063	18182	
青田县	3380	4103	2061	102542	47390	6731	4675	2056	26596	
庆元县	1320	1642	617	50371	9290	2619	1545	1074	22227	
松阳县	2946	1429	518	47587	14473	3345	2298	1047	15434	
遂昌县	1625	1849	2321	66899	23824	6126	3050	3076	15511	
云和县	618	1638	819	41298	13717	2181	1201	980	12803	
衢州市小计	**6226**	**33762**	**8207**	**567110**	**235250**	**50831**	**36786**	**14045**	**137870**	
本级	4404	22872	4419	265806	116656	24849	18168	6681	61794	
县级小计	1822	10890	3788	301304	118594	25982	18618	7364	76076	
龙游县	426	3429	1192	72260	32459	5655	4152	1503	17792	
常山县	476	1900	1858	67437	23600	4828	3201	1627	20147	

2-14-19

单位:万元

地区	平衡部分									
	收入									
	财力性转移支付收入									
	一般性转移支付补助	民族地区转移支付补助	调整工资转移支付补助	农村税费改革转移支付补助	取消农业特产税降低农业税率转移支付补助	缓解县乡财政困难转移支付补助	农村义务教育补助	结算补助	企事业单位预算划转补助	其他财力性转移支付
泰顺县	16499		1916	1323	282		332	6095	81	7697
洞头县	5880		572	693	18		104	1943	-103	3165
鹿城区										-21418
瓯海区										-7353
龙湾区										-13793
开发区										-9812
台州市小计	**27987**		**9312**	**7254**	**3546**		**2686**	**58013**	**98**	**6181**
本级	6115				632		313	26589	-671	54422
县级小计	21872		9312	7254	2914		2373	31424	769	-48241
临海市	878		1409	1680	975		530	9233	206	579
温岭市	1196				377		250	6558	6	1178
玉环县	1301			403	140		128	4746	28	372
三门县	8926		2789	1663	612		369	3381	197	542
仙居县	4179		2280	1577	359		515	3964	139	540
天台县	5392		2834	1931	451		581	3542	193	585
椒江区										-31277
黄岩区										7242
路桥区										-28002
丽水市小计	**110267**		**26654**	**11183**	**2461**		**2601**	**48141**	**2091**	**2506**
本级	23529		2382	23	28		3	3070	-256	-2267
县级小计	86738		24272	11160	2433		2598	45071	2347	4773
缙云县	7529		3508	1871	391		459	3508	350	340
景宁县	15552		2384	989	175		116	5907	1457	590
莲都区	10155		852	862	326		461	7948		2909
龙泉县	6348		3731	1494	358		307	5670	135	139
青田县	14637		4163	1605	237		511	5043	59	341
庆元县	10151		3268	1166	213		190	7054	113	72
松阳县	7633		2354	1301	326		233	3500	72	15
遂昌县	7154		2361	1307	325		205	3901	141	117
云和县	7579		1651	565	82		116	2540	20	250
衢州市小计	**43665**		**22424**	**9342**	**3167**		**2545**	**50604**	**145**	**5978**
本级	26788		6231	2839	950		893	21334	220	2539
县级小计	16877		16193	6503	2217		1652	29270	-75	3439
龙游县	4414		3335	1684	553		475	6174	-182	1339
常山县	5092		4425	1233	355		274	7768	235	765

2006年地方财政政府收支分类转换数据

2－14－20

单位:万元

地　　区	平衡部分								
	收入							支出	
	专项转移支付			省补助计划单列市	上年结余收入	调入资金	国债转贷收入、上年结余及转补助数	支出总计	本年支出
	小　计	专项补助	增发国债补助						
泰顺县	18424	18424			12004		550	68353	67753
洞头县	7779	7609	170		14277	137		38172	38076
鹿城区					24765			88424	88424
瓯海区					10031	6960		78277	78277
龙湾区					19162			64380	64380
开发区					21179	130		27371	25371
台州市小计	**126565**	**118945**	**7620**		**263505**	**14036**	**3520**	**1277231**	**1040000**
本级	36492	35618	874		79519		293	246543	143923
县级小计	90073	83327	6746		183986	14036	3227	1030688	896077
临海市	17036	14403	2633		10236	7000	137	164650	132913
温岭市	22614	21154	1460		51225	175	893	220262	171353
玉环县	12324	10524	1800		29171			135435	108992
三门县	14532	14205	327		15067		528	76056	69941
仙居县	13248	13178	70		16505	178		69974	62596
天台县	10319	9863	456		9558	6683	620	93234	80254
椒江区					17073		374	95819	95445
黄岩区					28559			99613	99613
路桥区					6592		675	75645	74970
丽水市小计	**117819**	**112335**	**5484**		**62546**	**3834**	**1400**	**602875**	**552968**
本级	14000	13557	443		19961		500	108194	88872
县级小计	103819	98778	5041		42585	3834	900	494681	464096
缙云县	12022	11872	150		1595		300	63304	56626
景宁县	11565	11565			8267			47468	47431
莲都区	8351	8338	13		4524			57187	54622
龙泉县	15022	12076	2946		1909	1153		53898	48247
青田县	11403	11249	154		10332	90		90816	90047
庆元县	15579	14288	1291		656			45883	43845
松阳县	11230	10953	277		314	2191	600	45939	40791
遂昌县	9880	9774	106		11158	400		54014	47160
云和县	8767	8663	104		3830			36172	35327
衢州市小计	**89986**	**85964**	**4022**		**36643**	**13492**	**3038**	**511402**	**442275**
本级	32603	30642	1961		28404		1500	233792	198792
县级小计	57383	55322	2061		8239	13492	1538	277610	243483
龙游县	15840	15488	352		－635	641	508	72506	61555
常山县	11010	10910	100		－1560	9082	330	61320	56049

2－14－21

单位:万元

地区	平衡部分									
	支出								年终结余	其中:净结余
	财力性转移支付			专项上解	计划单列市上解省	增设预算周转金	调出资金	国债转贷拨付数及年末结余		
	小计	体制上解	出口退税专项上解							
泰顺县	13		13	37				550	14430	
洞头县	58	56	2	38					16623	80
鹿城区									26711	1073
瓯海区									9855	2702
龙湾区									22439	76
开发区						2000			45592	37364
台州市小计	**232179**	**203055**	**29124**	**1532**				**3520**	**325423**	**－3481**
本级	102175	92550	9625	152				293	98882	
县级小计	130004	110505	19499	1380				3227	226541	－3481
临海市	31542	28032	3510	58				137	20558	
温岭市	47554	41020	6534	462				893	66182	
玉环县	26050	19120	6930	393					42524	
三门县	5459	4659	800	128				528	16843	－3900
仙居县	7189	6724	465	189					16062	
天台县	12210	10950	1260	150				620	8038	
椒江区								374	15800	
黄岩区									32454	
路桥区								675	8080	419
丽水市小计	**40272**	**38219**	**2053**	**8235**				**1400**	**87305**	**－119**
本级	15745	15401	344	3077				500	20588	6851
县级小计	24527	22818	1709	5158				900	66717	－6970
缙云县	6338	5836	502	40				300	5233	－645
景宁县				37					15621	
莲都区	2488	2488		77					6141	1509
龙泉县	4047	3921	126	1604					3849	－1319
青田县	712		712	57					11726	－800
庆元县	1986	1947	39	52					4488	－2446
松阳县	2900	2836	64	1648				600	1648	－1957
遂昌县	6000	5790	210	854					12885	－1000
云和县	56		56	789					5126	－312
衢州市小计	**63670**	**62120**	**1550**	**2419**				**3038**	**55708**	**－10337**
本级	33266	32700	566	234				1500	32014	－2800
县级小计	30404	29420	984	2185				1538	23694	－7537
龙游县	8519	8070	449	1924				508	－246	－1598
常山县	4878	4682	196	63				330	6117	－3451

2－14－22

单位:万元

地区	收支部分										
	收入										
	本年收入小计	税收收入									
		小计	增值税	营业税	企业所得税	个人所得税	城市维护建设税	耕地占用税	契税	烟叶税	其他各项税收收入
江山市	44335	40609	6738	14942	3449	1809	3108	1087	3334		6142
开化县	18200	14791	3030	5580	1328	1056	935	126	1306		1430
宁波市小计	**2573800**	**2426202**	**557747**	**732126**	**429470**	**188970**	**174929**	**19048**	**149872**		**174040**
本级	319017	269584	62259	42483	80958	9752	60316				13816
县级小计	2254783	2156618	495488	689643	348512	179218	114613	19048	149872		160224
慈溪市	289508	268469	77646	69446	41779	25024	15748	4903	12655		21268
余姚市	242306	224934	61363	60646	32308	19577	11107	2092	18589		19252
奉化市	87205	80803	22318	24804	9060	6492	5881	342	4874		7032
象山县	87820	86886	18711	25766	16013	7225	4751	876	6976		6568
宁海县	99192	93049	25835	24185	13491	9484	6177	1303	4165		8409
鄞州区	308303	297063	76985	89707	45992	26134	11878	2528	23247		20592
镇海区	131577	126248	32988	39737	19656	9071	6053	1341	7671		9731
北仑区	105116	101162	23611	29627	13713	11295	6152	221	9199		7344
江东区	164812	167021	14187	75887	21273	11808	8076	1151	23832		10807
江北区	147969	147512	22876	59621	20527	8841	11247	2273	13644		8483
海曙区	212346	204189	17704	93963	31103	20631	10003	806	13438		16541
开发区	149140	138733	43816	36703	24376	9062	6352	1094	5086		12244
大榭开发区	104797	101225	38483	15480	31065	5313	5585		1109		4190
宁波保税区	68781	66276	9389	23095	18983	5583	3394		710		5122
东钱湖区	14311	12950	3271	4722	1615	955	456	100	1229		602
科技园区	41600	40098	6305	16254	7558	2723	1753	18	3448		2039

2－14－23

单位:万元

地区	收支部分									
	收入								支出	
	非税收入							贷款转贷回收本金收入		
	小计	专项收入	行政事业性收费收入	罚没收入	国有资本经营收入	国有资源(资产)有偿使用收入	其他收入		本年支出小计	一般公共服务
江山市	3726	1417	904	1360	－83	127	1		72500	16222
开化县	3409	692	1076	1604		37			53379	11900
宁波市小计	**147598**	**96738**	**41102**	**87188**	**－83183**	**5004**	**749**		**2926914**	**524460**
本级	49433	30970	22358	18716	－25000	1893	496		703797	118716
县级小计	98165	65768	18744	68472	－58183	3111	253		2223117	405744
慈溪市	21039	7589	4744	11200	－2970	476			308927	49035
余姚市	17372	6432	4750	8692	－3000	498			267730	57376
奉化市	6402	2059	2008	5658	－3500	177			118592	26961
象山县	934	2364		5528	－7108	150			120878	25087
宁海县	6143	3428		7913	－5317	73	46		136887	27795
鄞州区	11240	8551	367	10331	－8434	425			319064	51845
镇海区	5329	6927	90	5112	－7000	200			140159	19615
北仑区	3954	5269		5114	－6500	69	2		117523	20214
江东区	－2209	4139		2192	－8830	289	1		103215	17178
江北区	457	3642		1598	－5000	100	117		111725	32874
海曙区	8157	5163		2753		241			106048	19690
开发区	10407	4171	5600	1068	－524	92			142353	18707
大榭开发区	3572	2803	343	363		62	1		114484	8601
宁波保税区	2505	1730	649	74		52			65614	9209
东钱湖区	1361	414	189	710		48			11911	3426
科技园区	1502	1087	4	166		159	86		38007	18131

2－14－24

单位:万元

地区	收支部分									
	支出									
	外交	国防	公共安全	教育	科学技术	文化体育与传媒	社会保障和就业	医疗卫生	环境保护	城乡社区事务	农林水事务
江山市		126	5889	20278	1789	1738	4427	4090	2105	2492	8316
开化县		162	3759	12675	1794	1017	4628	3493	1023	1182	9555
宁波市小计		**6030**	**248342**	**469108**	**99332**	**68441**	**204472**	**164707**	**30873**	**382459**	**206190**
本级		1907	75473	115685	16789	25917	51070	42420	6895	84584	18362
县级小计		4123	172869	353423	82543	42524	153402	122287	23978	297875	187828
慈溪市		319	32721	63690	15495	4848	20738	21167	1089	31817	35264
余姚市		748	26533	46848	8871	5904	19473	18096	1688	27102	28063
奉化市		62	10619	25062	2928	2069	7485	7318	1056	7821	22687
象山县		261	9455	27970	3592	2117	6863	5831	1879	3499	16969
宁海县		140	13245	30549	5038	3827	7603	9246	997	4191	23536
鄞州区		342	16044	54069	9426	8883	24718	22401	3170	32576	27970
镇海区		364	10064	24168	4328	2803	9578	10215	4732	20239	6281
北仑区		588	11891	26806	4550	3641	10649	7545	3343	8379	7485
江东区		279	9685	13768	3270	3738	13383	3245	33	14970	304
江北区		427	10757	13321	4369	1116	7061	6065	378	14781	8743
海曙区		512	13085	15590	4246	1266	10760	4955	35	13749	2822
开发区		62	3961	5461	4480	1722	3676	4707	338	57977	1267
大榭开发区		9	2207	2265	9000	239	6705	729	5153	36408	5259
宁波保税区				400	372		1900			21271	
东钱湖区			1538	2415	68	140	1693	409	40	585	593
科技园区		10	1064	1041	2510	211	1117	358	47	2510	585

2-14-25

单位:万元

地区	收支部分			平衡部分						
	支出			收入						
	交通运输	工业、商业、金融等事务	其他支出	收入总计	本年收入	返还性收入			财力性转移支付收入	
						小计	增值税和消费税税收返还	所得税基数返还	小计	体制补助
江山市	521	4162	345	101196	44335	10248	7397	2851	17374	
开化县	399	1399	393	60411	18200	5251	3868	1383	20763	
宁波市小计	**103345**	**291668**	**127487**	**3594822**	**2573800**	**555313**	**358489**	**196824**	**23997**	
本级	53333	44835	47811	382705	319017	118930	117535	1395	-69750	
县级小计	50012	246833	79676	3212117	2254783	436383	240954	195429	93747	
慈溪市	9075	18953	4716	423360	289508	65196	39940	25256	2931	
余姚市	4837	14311	7880	338713	242306	54552	35822	18730	4185	
奉化市	903	1623	1998	154656	87205	24820	15852	8968	4160	
象山县	1192	13290	2873	166689	87820	26283	14218	12065	4509	
宁海县	1983	4982	3755	156881	99192	28055	15930	12125	4070	
鄞州区	24278	33291	10051	465215	308303	71114	41371	29743	14558	
镇海区	244	14646	12882	200734	131577	22684	13422	9262	15826	
北仑区	683	8382	3367	155409	105116	23856	14010	9846	6288	
江东区		7956	15406	205936	164812	12524	6097	6427	11730	
江北区	1873	4769	5191	204784	147969	19639	10721	8918	9365	
海曙区		17364	1974	261973	212346	16619	7505	9114	9188	
开发区	3826	35544	625	185494	149140	29984	15788	14196	3379	
大榭开发区	868	31140	5901	126500	104797	19213	3192	16021	1831	
宁波保税区		31639	823	95396	68781	15091	3133	11958	7249	
东钱湖区	250	481	273	16454	14311	3331	1928	1403	-2489	
科技园区		8462	1961	53923	41600	3422	2025	1397	-3033	

2-14-26

单位:万元

地区	一般性转移支付补助	民族地区转移支付补助	调整工资转移支付补助	农村税费改革转移支付补助	取消农业特产税降低农业税率转移支付补助	缓解县乡财政困难转移支付补助	农村义务教育补助	结算补助	企事业单位预算划转补助	其他财力性转移支付
	平衡部分									
	收入									
	财力性转移支付收入									
江山市	2351		4269	1860	907		582	7129	-295	571
开化县	5020		4164	1726	402		321	8199	167	764
宁波市小计						**467**		**21137**		**2393**
本级						467		-72610		2393
县级小计								93747		
慈溪市								2931		
余姚市								4185		
奉化市								4160		
象山县								4509		
宁海县								4070		
鄞州区								14558		
镇海区								15826		
北仑区								6288		
江东区								11730		
江北区								9365		
海曙区								9188		
开发区								3379		
大榭开发区								1831		
宁波保税区								7249		
东钱湖区								-2489		
科技园区								-3033		

2－14－27

单位:万元

地区	平衡部分								
	收入							支出	
	专项转移支付			省补助计划单列市	上年结余收入	调入资金	国债转贷收入、上年结余及转补助数	支出总计	本年支出
	小计	专项补助	增发国债补助						
江山市	15258	14188	1070		10434	3247	300	85411	72500
开化县	15275	14736	539			522	400	58373	53379
宁波市小计	**52299**	**49413**	**2886**	**35957**	**334295**	**15631**	**3530**	**3161766**	**2926914**
本级	－145667	－145207	－460	35957	112721	11497		217398	703797
县级小计	197966	194620	3346		221574	4134	3530	2944368	2223117
慈溪市	14096	14096			49454	2175		371699	308927
余姚市	12994	12994			24676			323076	267730
奉化市	23530	23530			13291		1650	139108	118592
象山县	29379	28463	916		16818		1880	139342	120878
宁海县	19853	19193	660		4655	1056		152209	136887
鄞州区	26396	25596	800		44095	749		404571	319064
镇海区	9075	9075			21572			184598	140159
北仑区	8106	8106			12043			147154	117523
江东区	11445	11045	400		5425			199401	103215
江北区	16178	16178			11596	37		181421	111725
海曙区	17137	16867	270		6683			254701	106048
开发区	582	582			2409			176823	142353
大榭开发区	345	345			314			124455	114484
宁波保税区	791	791			3484			88457	65614
东钱湖区	466	466			835			14055	11911
科技园区	7593	7293	300		4224	117		43298	38007

2-14-28

单位:万元

地区	平衡部分									
	支出								年终结余	其中:净结余
	财力性转移支付			专项上解	计划单列市上解省	增设预算周转金	调出资金	国债转贷拨付数及年末结余		
	小计	体制上解	出口退税专项上解							
江山市	12483	12279	204	128				300	15785	-1788
开化县	4524	4389	135	70				400	2038	-700
宁波市小计	**193186**	**105571**	**87615**	**1872**	**32864**	**3400**		**3530**	**433056**	**81629**
本级	27550	27745	-195	-530535	16586				165307	13496
县级小计	165636	77826	87810	532407	16278	3400		3530	267749	68133
慈溪市	30588	15202	15386	26955	2229	3000			51661	10013
余姚市	29553	15885	13668	24160	1633				15637	6421
奉化市	10559	5001	5558	7587	720			1650	15548	2048
象山县	7606	4372	3234	8175	803			1880	27347	1841
宁海县	6479	3216	3263	8022	821				4672	1392
鄞州区	32970	15310	17660	50201	2336				60644	17438
镇海区	9663	4836	4827	33430	946	400			16136	6640
北仑区	8056	5596	2460	20629	946				8255	1918
江东区	3822	1334	2488	91601	763				6535	610
江北区	6698	3315	3383	62251	747				23363	7303
海曙区	2888	1818	1070	144745	1020				7272	138
开发区	9298		9298	23749	1423				8671	1671
大榭开发区	986		986	8063	922				2045	2045
宁波保税区	3630		3630	18519	694				6939	6464
东钱湖区	1290	942	348	782	72				2399	357
科技园区	1550	999	551	3538	203				10625	1834

2006 年安徽省地市县财政一般预算收支平衡表

2－15－1　　　　单位:万元

地区	收支部分										
	收入										
	本年收入小计	税收收入									
		小计	增值税	营业税	企业所得税	个人所得税	城市维护建设税	耕地占用税	契税	烟叶税	其他各项税收收入
地(市)县级总计	**3434548**	**2781883**	**691811**	**984816**	**202090**	**85777**	**232297**	**45460**	**238502**	**3016**	**298114**
地(市)本级合计	**1769123**	**1512989**	**416423**	**464130**	**140430**	**41639**	**152285**	**19419**	**155944**	**31**	**122688**
县级合计	**1665425**	**1268894**	**275388**	**520686**	**61660**	**44138**	**80012**	**26041**	**82558**	**2985**	**175426**
宣城市小计	**159057**	**119052**	**24883**	**41063**	**5431**	**3747**	**8177**	**1427**	**14401**	**1168**	**18755**
本级	21421	11180	3241	3906	355	375	1481	28	1016		778
县级小计	137636	107872	21642	37157	5076	3372	6696	1399	13385	1168	17977
郎溪县	9096	6495	1581	2581	192	232	671	152	319	89	678
广德县	25737	22675	4462	9597	603	662	1497	95	1604		4155
宁国市	48937	36746	8477	11277	2935	1005	2570	140	2108		8234
泾县	11786	9610	2166	3850	268	397	521	117	1188	11	1092
旌德县	4901	3382	926	1333	131	182	144	13	214		439
绩溪县	6705	5237	1391	1931	157	236	300	332	247		643
宣州区	30474	23727	2639	6588	790	658	993	550	7705	1068	2736
宿州市小计	**90301**	**60695**	**18070**	**20548**	**1945**	**2863**	**3861**	**2291**	**4078**	**50**	**6989**
本级	26503	18743	4774	6487	910	420	1422	661	2122		1947
县级小计	63798	41952	13296	14061	1035	2443	2439	1630	1956	50	5042
砀山县	7137	4287	840	1405	39	331	171	454	524		523
萧县	10700	5858	1630	1640	220	494	382	152	489		851
灵璧县	7604	3846	507	1710	95	322	150	279	457		326
泗县	7774	3649	620	1798	57	263	172	181	354		204
埇桥区	30583	24312	9699	7508	624	1033	1564	564	132	50	3138
滁州市小计	**158135**	**115601**	**31936**	**38479**	**5499**	**4075**	**10914**	**1720**	**9708**		**13270**
本级	49392	37740	10798	10850	2191	1136	5534	412	3647		3172
县级小计	108743	77861	21138	27629	3308	2939	5380	1308	6061		10098
天长市	27115	21432	8709	5391	638	544	1864	730	1655		1901
来安县	11663	8039	2164	2844	199	332	646	268	804		782
全椒县	14593	9053	1813	3705	931	468	411	31	1070		624
定远县	12690	8089	1349	3370	275	442	319		651		1683
凤阳县	16232	10945	2679	3679	543	507	579	96	703		2159
明光市	13238	8817	1340	3450	238	424	468	135	765		1997
琅琊区	6178	5050	1699	2100	235	86	489		88		353
南谯区	7034	6436	1385	3090	249	136	604	48	325		599
池州市小计	**91339**	**62732**	**12577**	**26870**	**3994**	**1988**	**2775**	**728**	**6082**	**59**	**7659**
本级	44707	32712	6789	13089	2574	745	1763	317	4466		2969
县级小计	46632	30020	5788	13781	1420	1243	1012	411	1616	59	4690

2006 年地方财政政府收支分类转换数据

2－15－2　　　　单位：万元

地区	收支部分									
	收入								支出	
	非税收入							贷款转贷回收本金收入	本年支出小计	一般公共服务
	小计	专项收入	行政事业性收费收入	罚没收入	国有资本经营收入	国有资源(资产)有偿使用收入	其他收入			
地(市)县级总计	**652665**	**134959**	**301663**	**152124**	**2868**	**34394**	**26657**		**7234747**	**1142952**
地(市)本级合计	**256134**	**88614**	**122876**	**54323**	**－18635**	**6778**	**2178**		**2661371**	**341498**
县级合计	**396531**	**46345**	**178787**	**97801**	**21503**	**27616**	**24479**		**4573376**	**801454**
宣城市小计	**40005**	**5273**	**11228**	**12585**	**3090**	**6499**	**1330**		**380299**	**64310**
本级	10241	1064	2570	3218	2990	49	350		53785	8225
县级小计	29764	4209	8658	9367	100	6450	980		326514	56085
郎溪县	2601	788	761	966		53	33		30842	5530
广德县	3062	1024	295	1732		11			55060	12689
宁国市	12191	1191	3589	3093		4318			83961	12974
泾县	2176	365	266	1415	100	30			42410	5363
旌德县	1519	116	604	530		28	241		18371	3293
绩溪县	1468	201	282	886		25	74		26712	5569
宣州区	6747	524	2861	745		1985	632		69158	10667
宿州市小计	**29606**	**2630**	**11832**	**13691**	**515**	**758**	**180**		**396116**	**65107**
本级	7760	866	2153	4333		308	100		71736	12631
县级小计	21846	1764	9679	9358	515	450	80		324380	52476
砀山县	2850	149	1932	708		61			56886	9434
萧县	4842	389	982	3358		53	60		76202	9116
灵璧县	3758	171	1801	1695		91			57966	10260
泗县	4125	173	1420	1802	515	215			45237	7252
埇桥区	6271	882	3544	1795		30	20		88089	16414
滁州市小计	**42534**	**5617**	**17076**	**13453**	**4669**	**1160**	**559**		**427648**	**67217**
本级	11652	2091	5166	4299		96			92264	13602
县级小计	30882	3526	11910	9154	4669	1064	559		335384	53615
天长市	5683	884	2304	2402		93			60975	7816
来安县	3624	431	1357	1091		550	195		40096	5890
全椒县	5540	560	1531	1028	2369	52			44799	6054
定远县	4601	323	1657	1088	1485	48			54747	11618
凤阳县	5287	691	2952	1131		153	360		53552	8539
明光市	4421	263	1746	1521	815	72	4		46111	7612
琅琊区	1128	165	319	622		22			13870	2544
南谯区	598	209	44	271		74			21234	3542
池州市小计	**28607**	**3417**	**17381**	**3915**	**613**	**2846**	**435**		**219550**	**45710**
本级	11995	1596	8471	1285		643			69005	18216
县级小计	16612	1821	8910	2630	613	2203	435		150545	27494

2-15-3

单位:万元

地区	收支部分										
	支出										
	外交	国防	公共安全	教育	科学技术	文化体育与传媒	社会保障和就业	医疗卫生	环境保护	城乡社区事务	农林水事务
地(市)县级总计		**17118**	**425581**	**1490560**	**63531**	**105499**	**1298244**	**335594**	**69648**	**659797**	**494266**
地(市)本级合计		**13624**	**206385**	**221479**	**37188**	**56983**	**565566**	**92025**	**43725**	**420232**	**103713**
县级合计		**3494**	**219196**	**1269081**	**26343**	**48516**	**732678**	**243569**	**25923**	**239565**	**390553**
宣城市小计		**608**	**20480**	**70727**	**2976**	**5911**	**66189**	**21468**	**1608**	**24633**	**32093**
本级		334	5036	3379	383	933	20072	2177	230	5044	1397
县级小计		274	15444	67348	2593	4978	46117	19291	1378	19589	30696
郎溪县			2169	8148	231	615	2753	2196	78	1907	3189
广德县			3314	13506	491	952	3924	3733	310	3109	6918
宁国市		95	3778	11121	695	678	12046	4414	424	6774	4646
泾县		8	1788	10020	123	1724	7118	3444	109	2143	3261
旌德县			1437	3301	37	192	3998	889	98	310	1968
绩溪县		84	1946	6056	164	467	2662	1578	176	1204	2593
宣州区		87	1012	15196	852	350	13616	3037	183	4142	8121
宿州市小计		**173**	**26451**	**136825**	**2445**	**5069**	**48042**	**18278**	**4862**	**10118**	**39470**
本级		131	10434	5374	927	1784	8873	4046	1519	6146	4373
县级小计		42	16017	131451	1518	3285	39169	14232	3343	3972	35097
砀山县		22	3917	21141	67	756	6773	2820	585	530	6761
萧县			3935	33120	636	811	10001	3339	2022	707	8111
灵璧县			2683	22054	124	534	5974	2087	200	622	5759
泗县			3381	17232	74	492	4745	2198	143	1272	5940
埇桥区		20	2101	37904	617	692	11676	3788	393	841	8526
滁州市小计		**1241**	**27748**	**87912**	**3522**	**5719**	**92593**	**23072**	**4888**	**23924**	**36032**
本级		1075	9100	9946	1096	1969	27862	3471	709	11448	4123
县级小计		166	18648	77966	2426	3750	64731	19601	4179	12476	31909
天长市		103	4423	13661	679	813	10572	4497	1688	2622	3409
来安县		15	2544	8839	441	456	8321	2246	163	1131	4431
全椒县			2644	10128	332	444	8878	2739	220	2525	3525
定远县			2582	14345	72	597	8221	2328	312	1949	8336
凤阳县		29	2197	12172	153	908	10799	3707	1610	1707	4633
明光市		19	2386	10194	367	364	11047	2709	186	1970	3798
琅琊区			1109	2248	155	48	4643	629		295	621
南谯区			763	6379	227	120	2250	746		277	3156
池州市小计		**16**	**12142**	**40820**	**932**	**2697**	**34735**	**15079**	**959**	**11824**	**20735**
本级			5200	5458	227	1258	10270	1907	716	4377	2871
县级小计		16	6942	35362	705	1439	24465	13172	243	7447	17864

2006年地方财政政府收支分类转换数据

2－15－4 单位:万元

地区	收支部分			平衡部分						
	支出			收入						
						返还性收入			财力性转移支付收入	
	交通运输	工业、商业、金融等事务	其他支出	收入总计	本年收入	小计	增值税和消费税税收返还	所得税基数返还	小计	体制补助
地(市)县级总计	**219376**	**416206**	**496375**	**8298778**	**3434548**	**719074**	**535261**	**183813**	**2060622**	**1322360**
地(市)本级合计	**82117**	**234775**	**242061**	**3312978**	**1769123**	**452212**	**361800**	**90412**	**165324**	**81392**
县级合计	**137259**	**181431**	**254314**	**4985800**	**1665425**	**266862**	**173461**	**93401**	**1895298**	**1240968**
宣城市小计	**20844**	**37640**	**10812**	**421229**	**159057**	**29466**	**19855**	**9611**	**98105**	**69519**
本级	3238	3050	287	57018	21421	2659	1513	1146	5531	2820
县级小计	17606	34590	10525	364211	137636	26807	18342	8465	92574	66699
郎溪县	2212	1414	400	31613	9096	2079	1584	495	12419	9378
广德县	2907	3202	5	62044	25737	3871	2538	1333	17960	13449
宁国市	4150	18771	3395	90601	48937	9609	6519	3090	10889	5414
泾县	1727	493	5089	45685	11786	3760	2711	1049	13173	10274
旌德县	807	1651	390	21384	4901	1070	662	408	8422	6884
绩溪县	3073	339	801	29505	6705	1906	1392	514	8948	6971
宣州区	2730	8720	445	83379	30474	4512	2936	1576	20763	14329
宿州市小计	**15461**	**16235**	**7580**	**428853**	**90301**	**16868**	**12317**	**4551**	**195225**	**124071**
本级	4792	8219	2487	81802	26503	3381	1917	1464	6639	8980
县级小计	10669	8016	5093	347051	63798	13487	10400	3087	188586	115091
砀山县	2093	892	1095	59748	7137	1697	1544	153	36517	24291
萧县	2174	980	1250	78050	10700	2295	1579	716	45082	26738
灵璧县	2396	4100	1173	60821	7604	1778	1181	597	38119	23541
泗县	1751	728	29	49827	7774	1238	882	356	28675	18353
埇桥区	2255	1316	1546	98605	30583	6479	5214	1265	40193	22168
滁州市小计	**18309**	**20128**	**15343**	**482870**	**158135**	**52657**	**36138**	**16519**	**142343**	**91064**
本级	3916	2688	1259	102265	49392	20741	16225	4516	7846	3330
县级小计	14393	17440	14084	380605	108743	31916	19913	12003	134497	87734
天长市	1508	5330	3854	72104	27115	6581	4031	2550	19751	11186
来安县	2047	2536	1036	48103	11663	3189	2365	824	16714	12081
全椒县	2664	3659	987	47045	14593	5636	2215	3421	16259	9794
定远县	3311	296	780	65200	12690	2411	1695	716	30663	19782
凤阳县	2573	1080	3445	58150	16232	4080	2307	1773	21502	15400
明光市	1395	1632	2432	50742	13238	6102	4861	1241	16094	12093
琅琊区	29	958	591	14590	6178	2331	1699	632	2857	1442
南谯区	866	1949	959	24671	7034	1586	740	846	10657	5956
池州市小计	**7995**	**10603**	**15303**	**231267**	**91339**	**10710**	**5982**	**4728**	**66414**	**48535**
本级	4988	5372	8145	71610	44707	2553	1408	1145	5250	3413
县级小计	3007	5231	7158	159657	46632	8157	4574	3583	61164	45122

2－15－5

单位:万元

地区	平衡部分									
	收入									
	财力性转移支付收入									
	一般性转移支付补助	民族地区转移支付补助	调整工资转移支付补助	农村税费改革转移支付补助	取消农业特产税降低农业税率转移支付补助	缓解县乡财政困难转移支付补助	农村义务教育补助	结算补助	企事业单位预算划转补助	其他财力性转移支付
地(市)县级总计	**279052**		**153875**					**119930**		**185405**
地(市)本级合计	**40540**		**44654**					**4129**		**－5391**
县级合计	**238512**		**109221**					**115801**		**190796**
宣城市小计	**6887**		**6856**					**5377**		**9466**
本级	1421		1032					1430		－1172
县级小计	5466		5824					3947		10638
郎溪县	931		763					505		842
广德县	508		939					881		2183
宁国市	420		957					497		3601
泾县	793		711					767		628
旌德县	714		445					171		208
绩溪县	771		522					208		476
宣州区	1329		1487					918		2700
宿州市小计	**35812**		**11767**					**10940**		**12635**
本级	4512		1760					5		－8618
县级小计	31300		10007					10935		21253
砀山县	3551		1635					1975		5065
萧县	7758		2122					2796		5668
灵璧县	8661		1738					2114		2065
泗县	5946		1273					1550		1553
埇桥区	5384		3239					2500		6902
滁州市小计	**23280**		**9679**					**7587**		**10733**
本级	3155		2412					10		－1061
县级小计	20125		7267					7577		11794
天长市	2434		1386					1020		3725
来安县	2065		784					798		986
全椒县	3704		870					987		904
定远县	5271		1382					1850		2378
凤阳县	2683		1102					1697		620
明光市	1825		998					748		430
琅琊区	567		239					7		602
南谯区	1576		506					470		2149
池州市小计	**7426**		**4364**					**2955**		**3134**
本级	725		950					43		119
县级小计	6701		3414					2912		3015

2006年地方财政政府收支分类转换数据

2－15－6 单位:万元

地区	平衡部分								
	收入							支出	
	专项转移支付			省补助计划单列市	上年结余收入	调入资金	国债转贷收入、上年结余及转补助数	支出总计	本年支出
	小计	专项补助	增发国债补助						
地(市)县级总计	**1457872**	**1457872**			**507118**	**78458**	**41086**	**7851076**	**7234747**
地(市)本级合计	**685716**	**685716**			**174814**	**42258**	**23531**	**3147025**	**2661371**
县级合计	**772156**	**772156**			**332304**	**36200**	**17555**	**4704051**	**4573376**
宣城市小计	**79339**	**79339**			**53207**	**1158**	**897**	**382091**	**380299**
本级	19797	19797			7403		207	51765	53785
县级小计	59542	59542			45804	1158	690	330326	326514
郎溪县	6639	6639			1280		100	31754	30842
广德县	9926	9926			4550			55384	55060
宁国市	7823	7823			13183		160	84764	83961
泾县	11506	11506			4362	1038	60	42870	42410
旌德县	3858	3858			3013	120		18474	18371
绩溪县	8735	8735			2841		370	27274	26712
宣州区	11055	11055			16575			69806	69158
宿州市小计	**86259**	**86259**			**35692**	**890**	**3618**	**401483**	**396116**
本级	32548	32548			12281	70	380	72161	71736
县级小计	53711	53711			23411	820	3238	329322	324380
砀山县	11626	11626			1489	120	1162	58356	56886
萧县	13101	13101			4672	700	1500	77917	76202
灵璧县	9624	9624			3596		100	58427	57966
泗县	7011	7011			4733		396	46000	45237
埇桥区	12349	12349			8921		80	88622	88089
滁州市小计	**102169**	**102169**			**22471**	**1588**	**3507**	**455254**	**427648**
本级	23965	23965			-559	400	480	101417	92264
县级小计	78204	78204			23030	1188	3027	353837	335384
天长市	10639	10639			7061	7	950	65656	60975
来安县	9954	9954			5796		787	42700	40096
全椒县	9103	9103			674	550	230	46752	44799
定远县	16646	16646			2050		740	58051	54747
凤阳县	12362	12362			3732	122	120	55408	53552
明光市	11711	11711			2888	509	200	48309	46111
琅琊区	3178	3178			46			14515	13870
南谯区	4611	4611			783			22446	21234
池州市小计	**48361**	**48361**			**12247**	**868**	**1328**	**221704**	**219550**
本级	14822	14822			2881	868	529	68744	69005
县级小计	33539	33539			9366		799	152960	150545

2－15－7

单位:万元

地区	平衡部分									
	支出								年终结余	其中:净结余
	财力性转移支付			专项上解	计划单列市上解省	增设预算周转金	调出资金	国债转贷拨付数及年末结余		
	小计	体制上解	出口退税专项上解							
地(市)县级总计	**498628**	**475022**	**23606**	**68174**		**5710**	**2731**	**41086**	**447702**	**84914**
地(市)本级合计	**466062**	**450367**	**15695**	**－7913**		**2400**	**1574**	**23531**	**165953**	**15235**
县级合计	**32566**	**24655**	**7911**	**76087**		**3310**	**1157**	**17555**	**281749**	**69679**
宣城市小计	**－934**	**－2306**	**1372**	**1829**				**897**	**39138**	**2490**
本级	－2227	－2306	79					207	5253	316
县级小计	1293		1293	1829				690	33885	2174
郎溪县	318		318	494				100	－141	－817
广德县	176		176	148					6660	266
宁国市	486		486	157				160	5837	30
泾县	142		142	258				60	2815	315
旌德县	52		52	51					2910	
绩溪县	83		83	109				370	2231	
宣州区	36		36	612					13573	2380
宿州市小计	**－915**	**－1085**	**170**	**1664**		**1000**		**3618**	**27370**	**211**
本级	－1085	－1085		130		1000		380	9641	68
县级小计	170		170	1534				3238	17729	143
砀山县	94		94	214				1162	1392	
萧县				215				1500	133	133
灵璧县				361				100	2394	
泗县	31		31	336				396	3827	10
埇桥区	45		45	408				80	9983	
滁州市小计	**9481**	**8129**	**1352**	**13618**		**1000**		**3507**	**27616**	**－5040**
本级	8391	8129	262	282				480	848	－7517
县级小计	1090		1090	13336		1000		3027	26768	2477
天长市	788		788	1943		1000		950	6448	666
来安县	25		25	1792				787	5403	17
全椒县				1723				230	293	12
定远县	3		3	2561				740	7149	1641
凤阳县	10		10	1726				120	2742	
明光市	31		31	1967				200	2433	66
琅琊区	186		186	459					75	75
南谯区	47		47	1165					2225	
池州市小计	**147**	**－148**	**295**	**679**				**1328**	**9563**	**1588**
本级	－10	－148	138	－780				529	2866	194
县级小计	157		157	1459				799	6697	1394

2006年地方财政政府收支分类转换数据

2-15-8

单位:万元

地区	收支部分										
	收入										
	本年收入小计	税收收入									
		小计	增值税	营业税	企业所得税	个人所得税	城市维护建设税	耕地占用税	契税	烟叶税	其他各项税收收入
石台县	3164	1839	325	961	57	92	84	30	110		180
青阳县	13250	9038	1877	3728	503	350	417	71	600		1492
东至县	13548	8049	1547	3768	163	334	338	241	703	59	896
贵池区	16670	11094	2039	5324	697	467	173	69	203		2122
阜阳市小计	**138830**	**113118**	**28191**	**44366**	**3439**	**4627**	**11556**	**1793**	**7030**	**121**	**11995**
本级	47315	43954	8684	16312	1770	1029	7180		3200		5779
县级小计	91515	69164	19507	28054	1669	3598	4376	1793	3830	121	6216
临泉县	11940	6649	1432	2877	314	537	527	88	408		466
太和县	14340	8727	2213	3556	278	560	476	550	508	31	555
颍上县	24480	18413	7804	5516	58	559	1467	732	552	76	1649
阜南县	9972	5794	919	3112	91	464	287	376	126		419
界首市	8176	7782	3094	2181	127	379	617	5	660	14	705
颍州区	10395	10172	1830	4993	504	415	418	2	830		1180
颍泉区	6326	6148	1381	2758	90	466	353		539		561
颍东区	5886	5479	834	3061	207	218	231	40	207		681
六安市小计	**149573**	**93813**	**16733**	**41897**	**2634**	**5227**	**4835**	**2901**	**8288**	**31**	**11267**
本级	48192	30734	4845	12963	885	1114	1478	2901	4534	31	1983
县级小计	101381	63079	11888	28934	1749	4113	3357		3754		9284
寿县	13064	7973	852	4264	211	714	354		501		1077
霍邱县	17350	11235	2405	4655	288	880	465		560		1982
舒城县	16961	10235	1481	4911	239	686	522		1110		1286
金寨县	9816	7086	1481	3654	247	466	398		345		495
霍山县	18973	11333	3426	3648	517	461	847		1020		1414
金安区	15418	9677	1349	5160	175	481	485		81		1946
裕安区	9799	5540	894	2642	72	425	286		137		1084
巢湖市小计	**133335**	**106214**	**27423**	**36962**	**3535**	**4363**	**8355**	**2117**	**10957**		**12502**
本级	39213	27919	5282	9524	1068	903	2262	441	5388		3051
县级小计	94122	78295	22141	27438	2467	3460	6093	1676	5569		9451
庐江县	17836	13934	2589	5489	565	792	775	583	1576		1565
含山县	12642	10429	2588	3476	150	344	690	155	1095		1931
和县	15838	12031	1691	5248	605	627	543	464	1306		1547
无为县	32701	28571	12949	7124	750	1093	3224	274	1326		1831
居巢区	15105	13330	2324	6101	397	604	861	200	266		2577
合肥市小计	**794046**	**707004**	**130042**	**284893**	**77968**	**19593**	**45387**	**7667**	**85354**		**56100**
本级	555034	513193	98006	201892	64351	14288	33688	6303	76801		17864

2－15－9

单位:万元

地区	收支部分									
	收入								支出	
	非税收入							贷款转贷回收本金收入		
	小计	专项收入	行政事业性收费收入	罚没收入	国有资本经营收入	国有资源(资产)有偿使用收入	其他收入		本年支出小计	一般公共服务
石台县	1325	53	198	485	563	25	1		18265	3897
青阳县	4212	803	1340	618		1451			36206	4902
东至县	5499	499	3242	1061		697			46504	10434
贵池区	5576	466	4130	466	50	30	434		49570	8261
阜阳市小计	**25712**	**5933**	**11826**	**6204**	**512**	**669**	**568**		**564992**	**97952**
本级	3361	3068	5	44	－65	109	200		105870	19281
县级小计	22351	2865	11821	6160	577	560	368		459122	78671
临泉县	5291	409	1568	3096		208	10		83570	15078
太和县	5613	376	3291	1215	582	149			72098	11243
颍上县	6067	970	4457	552		88			85749	15542
阜南县	4178	259	2375	1135	1	50	358		72399	10793
界首市	394	377		1		16			41051	8399
颍州区	223	199				24			38126	7485
颍泉区	178	159				19			33312	5161
颍东区	407	116	130	161	－6	6			32817	4970
六安市小计	**55760**	**3413**	**33902**	**14705**	**595**	**851**	**2294**		**530220**	**91050**
本级	17458	959	10546	5500	9	283	161		101455	16758
县级小计	38302	2454	23356	9205	586	568	2133		428765	74292
寿县	5091	319	2526	1467		40	739		70318	10663
霍邱县	6115	389	3013	2194		232	287		81200	14281
舒城县	6726	500	3767	1773		63	623		60543	8344
金寨县	2730	326	1405	614	234	149	2		59108	10166
霍山县	7640	549	5918	801		35	337		51657	8228
金安区	5741	175	4565	978		23			53388	11763
裕安区	4259	196	2162	1378	352	26	145		52551	10847
巢湖市小计	**27121**	**5248**	**12937**	**7983**	**503**	**450**			**382807**	**69313**
本级	11294	1368	5804	3841	49	232			68562	16456
县级小计	15827	3880	7133	4142	454	218			314245	52857
庐江县	3902	737	2091	1015		59			70028	10781
含山县	2213	607	843	636	98	29			40685	6272
和县	3807	487	1712	1234	356	18			49922	9947
无为县	4130	1532	1671	824		103			98519	15553
居巢区	1775	517	816	433		9			55091	10304
合肥市小计	**87042**	**23371**	**55049**	**15469**	**－19672**	**2006**	**10819**		**1028869**	**140261**
本级	41841	19522	37762	6008	－22727	953	323		620874	57291

2006 年地方财政政府收支分类转换数据

2-15-10　　　　　　　　　　　　　　　　　　　　　　单位:万元

地区	收支部分										
	支出										
	外交	国防	公共安全	教育	科学技术	文化体育与传媒	社会保障和就业	医疗卫生	环境保护	城乡社区事务	农林水事务
石台县			1726	2917	386	206	3402	1181	50	657	1860
青阳县			1493	6416	38	326	5507	2450	62	6001	6005
东至县		8	2510	11825	81	481	6942	4368	131	684	5352
贵池区		8	1213	14204	200	426	8614	5173		105	4647
阜阳市小计		**1236**	**26480**	**143149**	**2475**	**4995**	**125566**	**24717**	**6575**	**25925**	**38489**
本级		666	7490	6710	628	1368	28331	3647	4191	8231	7699
县级小计		570	18990	136439	1847	3627	97235	21070	2384	17694	30790
临泉县		70	4346	26175	827	572	16336	2782	370	2932	5940
太和县		159	3399	20940	148	576	14639	3111	502	3911	5387
颍上县		182	3722	22132	144	851	16649	6881	104	4117	5846
阜南县		74	2855	22017	184	520	14626	2365	947	2422	5217
界首市			2259	10789	365	466	11041	870	113	2493	2989
颍州区		11	842	12179	60	195	8762	1497	144	648	1264
颍泉区		46	671	10923	65	239	7145	1617	103	925	1970
颍东区		28	896	11284	54	208	8037	1947	101	246	2177
六安市小计		**390**	**26910**	**143923**	**2191**	**8083**	**78127**	**24693**	**2536**	**25643**	**58291**
本级		197	9034	7797	777	3414	14804	2126	592	7563	15703
县级小计		193	17876	136126	1414	4669	63323	22567	1944	18080	42588
寿县			3345	20731	58	827	15473	4908	873	1169	9201
霍邱县			4187	27892	339	968	6226	2501	172	4084	9907
舒城县		20	2500	19670	500	520	14768	3088	192	1790	4849
金寨县		90	2770	18316	176	539	5781	4457	212	3403	7007
霍山县			2128	15569	113	669	5686	1826	232	6709	4037
金安区		83	1630	17139	73	650	7634	2969	143	638	4206
裕安区			1316	16809	155	496	7755	2818	120	287	3381
巢湖市小计		**1250**	**20377**	**92369**	**3572**	**4381**	**77920**	**19793**	**5086**	**9821**	**31198**
本级		903	7405	4068	801	1437	13763	2893	2620	3731	6314
县级小计		347	12972	88301	2771	2944	64157	16900	2466	6090	24884
庐江县		165	2871	20254	407	493	13590	6032	639	2106	6625
含山县		16	2387	8599	450	381	9415	2175	952	436	3269
和县		37	2976	12346	595	881	6384	2748	156	1572	6123
无为县		83	3545	30712	1039	649	20431	4065	584	1276	5363
居巢区		46	1193	16390	280	540	14337	1880	135	700	3504
合肥市小计		**1316**	**77638**	**154334**	**19419**	**27099**	**118204**	**35587**	**10225**	**215730**	**35991**
本级		1198	55025	51294	17078	23150	83612	16547	9151	180131	14521

二、各省、自治区、直辖市地市县一般预算财政资料

2－15－11　　　　单位:万元

地区	收支部分			平衡部分						
	支出			收入						
						返还性收入			财力性转移支付收入	
	交通运输	工业、商业、金融等事务	其他支出	收入总计	本年收入	小计	增值税和消费税税收返还	所得税基数返还	小计	体制补助
石台县	498	821	664	21676	3164	670	416	254	8783	6328
青阳县	438	1906	662	37780	13250	1318	755	563	12549	9772
东至县	989	489	2210	47260	13548	2409	1335	1074	20521	15039
贵池区	1082	2015	3622	52941	16670	3760	2068	1692	19311	13983
阜阳市小计	**15304**	**13877**	**38252**	**622870**	**138830**	**42616**	**36189**	**6427**	**282313**	**174914**
本级	4741	7648	5239	123506	47315	25975	22782	3193	1282	－4777
县级小计	10563	6229	33013	499364	91515	16641	13407	3234	281031	179691
临泉县	1472	765	5905	89224	11940	2348	1658	690	56969	34669
太和县	1463	995	5625	89306	14340	2924	1886	1038	44925	30592
颍上县	1456	2444	5679	90835	24480	1561	1273	288	47840	29540
阜南县	5780	263	4336	79701	9972	2133	1805	328	45878	27763
界首市	305	944	18	41964	8176	4705	4341	364	21880	14111
颍州区		249	4790	38967	10395	1022	970	52	21148	14740
颍泉区	50	365	4032	35075	6326	1533	1145	388	20740	13944
颍东区	37	204	2628	34292	5886	415	329	86	21651	14332
六安市小计	**24624**	**11579**	**32180**	**554161**	**149573**	**24717**	**14688**	**10029**	**231470**	**151739**
本级	7301	3391	11998	107286	48192	4517	3291	1226	12621	8533
县级小计	17323	8188	20182	446875	101381	20200	11397	8803	218849	143206
寿县	1705	1115	250	73798	13064	2731	1279	1452	42179	26508
霍邱县	4255	3574	2814	87206	17350	3125	1631	1494	48335	30918
舒城县	2264	408	1630	61627	16961	3862	2784	1078	28584	20881
金寨县	4723	963	505	61579	9816	2899	1863	1036	26540	19476
霍山县	1371	543	4546	52888	18973	3730	2031	1699	16780	12309
金安区	1363	1066	4031	55455	15418	2296	1079	1217	25514	15731
裕安区	1642	519	6406	54322	9799	1557	730	827	30917	17383
巢湖市小计	**17146**	**10339**	**20242**	**427398**	**133335**	**28693**	**17546**	**11147**	**142341**	**94020**
本级	3405	4145	621	89603	39213	7638	4686	2952	1847	2748
县级小计	13741	6194	19621	337795	94122	21055	12860	8195	140494	91272
庐江县	1632	1543	2890	78997	17836	4547	2230	2317	35736	24558
含山县	2926	2017	1390	44653	12642	3331	2682	649	14573	9644
和县	1131	350	4676	55268	15838	2929	1613	1316	21446	14347
无为县	6185	956	8078	101266	32701	6081	3904	2177	43757	28124
居巢区	1867	1328	2587	57611	15105	4167	2431	1736	24982	14599
合肥市小计	**18068**	**67736**	**107261**	**1221775**	**794046**	**109679**	**89377**	**20302**	**121741**	**77632**
本级	8014	58896	44966	750972	555034	83773	75097	8676	18556	15866

2-15-12　　　　单位:万元

地区	平衡部分									
	收入									
	财力性转移支付收入									
	一般性转移支付补助	民族地区转移支付补助	调整工资转移支付补助	农村税费改革转移支付补助	取消农业特产税降低农业税率转移支付补助	缓解县乡财政困难转移支付补助	农村义务教育补助	结算补助	企事业单位预算划转补助	其他财力性转移支付
石台县	1557		365					395		138
青阳县	669		650					451		1007
东至县	2803		1126					1062		491
贵池区	1672		1273					1004		1379
阜阳市小计	**51720**		**16747**					**21582**		**17350**
本级	3720		2408					43		-112
县级小计	48000		14339					21539		17462
临泉县	12864		2383					5245		1808
太和县	6637		2337					2957		2402
颍上县	7827		2248					4146		4079
阜南县	8908		2176					5185		1846
界首市	3489		1381					925		1974
颍州区	1979		1372					968		2089
颍泉区	2480		1234					1191		1891
颍东区	3816		1208					922		1373
六安市小计	**34843**		**12796**					**13892**		**18200**
本级	2688		2097					312		-1009
县级小计	32155		10699					13580		19209
寿县	7414		1938					2838		3481
霍邱县	8359		2045					2891		4122
舒城县	2496		1577					2018		1612
金寨县	3158		1260					1368		1278
霍山县	600		899					857		2115
金安区	4850		1451					1562		1920
裕安区	5278		1529					2046		4681
巢湖市小计	**9911**		**8670**					**8639**		**21101**
本级	769		1408					20		-3098
县级小计	9142		7262					8619		24199
庐江县	2185		1723					2383		4887
含山县	1702		869					991		1367
和县	2120		1010					1014		2955
无为县	1511		2156					3120		8846
居巢区	1624		1504					1111		6144
合肥市小计	**5322**		**12972**					**6743**		**19072**
本级			4858					65		-2233

2－15－13　　　　　　　　　　　　　　　　　　　　　　　　　　　　　单位:万元

地　　区	平衡部分								
	收入							支出	
	专项转移支付			省补助计划单列市	上年结余收入	调入资金	国债转贷收入、上年结余及转补助数	支出总计	本年支出
	小计	专项补助	增发国债补助						
石台县	6027	6027			2474		558	18856	18265
青阳县	7906	7906			2636		121	36434	36206
东至县	10194	10194			468		120	47004	46504
贵池区	9412	9412			3788			50666	49570
阜阳市小计	**95530**	**95530**			**56203**	**5898**	**1480**	**579174**	**564992**
本级	34406	34406			11392	2936	200	110308	105870
县级小计	61124	61124			44811	2962	1280	468866	459122
临泉县	11892	11892			5485		590	85934	83570
太和县	8594	8594			17911	612		73277	72098
颍上县	13159	13159			3105		690	88571	85749
阜南县	12425	12425			9293			73701	72399
界首市	5855	5855				1348		41730	41051
颍州区	3188	3188			3184	30		38631	38126
颍泉区	3110	3110			2498	868		33680	33312
颍东区	2901	2901			3335	104		33342	32817
六安市小计	**128062**	**128062**			**16311**	**1798**	**2230**	**542629**	**530220**
本级	34804	34804			6692		460	101806	101455
县级小计	93258	93258			9619	1798	1770	440823	428765
寿县	11468	11468			4076		280	73089	70318
霍邱县	15464	15464			1822	900	210	84607	81200
舒城县	11552	11552			6	542	120	61621	60543
金寨县	19569	19569			2019	356	380	60100	59108
霍山县	12618	12618			7		780	52880	51657
金安区	11514	11514			713			54890	53388
裕安区	11073	11073			976			53636	52551
巢湖市小计	**85257**	**85257**			**28558**	**5829**	**3385**	**395960**	**382807**
本级	29369	29369			9256	506	1774	71939	68562
县级小计	55888	55888			19302	5323	1611	324021	314245
庐江县	15792	15792			4696		390	72198	70028
含山县	8957	8957			4079		1071	43015	40685
和县	8868	8868			3748	2339	100	51533	49922
无为县	14020	14020			3053	1654		100714	98519
居巢区	8251	8251			3726	1330	50	56561	55091
合肥市小计	**134836**	**134836**			**50411**	**3818**	**7244**	**1171964**	**1028869**
本级	74072	74072			11927	2606	5004	738372	620874

2-15-14　　　　单位:万元

地区	平衡部分									
	支出								年终结余	其中:净结余
	财力性转移支付			专项上解	计划单列市上解省	增设预算周转金	调出资金	国债转贷拨付数及年末结余		
	小计	体制上解	出口退税专项上解							
石台县	10		10	23				558	2820	997
青阳县				107				121	1346	132
东至县	74		74	306				120	256	157
贵池区	73		73	1023					2275	108
阜阳市小计	**4352**	**3188**	**1164**	**8107**			**243**	**1480**	**43696**	**776**
本级	3976	3188	788	19			243	200	13198	74
县级小计	376		376	8088				1280	30498	702
临泉县	61		61	1713				590	3290	
太和县	120		120	1059					16029	702
颍上县	2		2	2130				690	2264	
阜南县	26		26	1276					6000	
界首市	13		13	666					234	
颍州区	129		129	376					336	
颍泉区	34		34	334					1395	
颍东区	-9		-9	534					950	
六安市小计	**548**	**-330**	**878**	**9631**				**2230**	**11532**	**1877**
本级	-200	-330	130	91				460	5480	358
县级小计	748		748	9540				1770	6052	1519
寿县	7		7	2484				280	709	709
霍邱县	442		442	2755				210	2599	60
舒城县	42		42	916				120	6	6
金寨县	73		73	539				380	1479	50
霍山县	90		90	353				780	8	8
金安区	94		94	1408					565	
裕安区				1085					686	686
巢湖市小计	**2221**	**1354**	**867**	**7547**				**3385**	**31438**	**310**
本级	1600	1354	246	3				1774	17664	64
县级小计	621		621	7544				1611	13774	246
庐江县	16		16	1764				390	6799	6
含山县	82		82	1177				1071	1638	36
和县	188		188	1323				100	3735	78
无为县	44		44	2151					552	126
居巢区	291		291	1129				50	1050	
合肥市小计	**133341**	**126381**	**6960**	**2510**				**7244**	**49811**	**27022**
本级	123728	117530	6198	-11234				5004	12600	4024

2－15－15

单位:万元

地区	收支部分										
	收入										
	本年收入小计	税收收入									
		小计	增值税	营业税	企业所得税	个人所得税	城市维护建设税	耕地占用税	契税	烟叶税	其他各项税收收入
县级小计	239012	193811	32036	83001	13617	5305	11699	1364	8553		38236
肥东县	45212	29744	6514	14602	1033	707	1157	279	3347		2105
长丰县	23828	17695	2715	9779	551	516	833	508	1302		1491
肥西县	46010	30421	5915	12685	1432	967	3045	577	3904		1896
瑶海区	16939	15445	2681	6954	645	132	1127				3906
庐阳区	41057	39993	3278	15585	4932	1254	1965				12979
蜀山区	25491	24571	3291	10530	2143	576	1364				6667
包河区	40475	35942	7642	12866	2881	1153	2208				9192
蚌埠市小计	**168330**	**144050**	**30739**	**50351**	**7416**	**3608**	**20515**	**1930**	**14606**	**251**	**14634**
本级	104609	92559	22930	22871	6197	1949	17152	55	12480		8925
县级小计	63721	51491	7809	27480	1219	1659	3363	1875	2126	251	5709
怀远县	14765	10973	2059	5344	198	338	473	302	1072	44	1143
固镇县	7459	4473	489	2286	60	224	193	168	373	207	473
五河县	10513	6186	649	3414	51	283	360	184	681		564
龙子湖区	9418	9128	1309	4785	322	263	645	307			1497
蚌山区	7585	7327	704	4854	123	266	593	28			759
禹会区	7435	7109	1675	3297	265	141	743	286			702
淮上区	6546	6295	924	3500	200	144	356	600			571
淮南市小计	**196554**	**172836**	**59618**	**49830**	**10753**	**5197**	**16594**	**2038**	**6514**		**22292**
本级	114239	100197	33979	24664	9116	3666	8873	1380	5469		13050
县级小计	82315	72639	25639	25166	1637	1531	7721	658	1045		9242
凤台县	42881	36259	15649	7838	370	847	4100	658	1045		5752
田家庵区	18466	17698	4024	9120	737	460	1646				1711
大通区	4531	4088	1741	1386	169	61	289				442
谢家集区	5870	5142	1942	1619	164	86	599				732
八公山区	3796	3469	1374	1148	102	18	439				388
潘集区	6771	5983	909	4055	95	59	648				217
铜陵市小计	**139203**	**127712**	**52160**	**32477**	**7617**	**2390**	**10373**	**558**	**7790**		**14347**
本级	101764	93343	42471	17264	6568	1796	9681	426	6141		8996
县级小计	37439	34369	9689	15213	1049	594	692	132	1649		5351
铜陵县	16902	14471	3583	4692	352	245	692	132	1535		3240
铜官山区	8267	8147	2031	5146	322	145					503
狮子山区	4526	4484	1821	2001	203	48			19		392
郊区	7744	7267	2254	3374	172	156			95		1216
马鞍山市小计	**312749**	**268933**	**95598**	**76900**	**19646**	**7345**	**26961**	**1221**	**10931**		**30331**

2－15－16 单位:万元

地区	收支部分									
	收入								支出	
	非税收入							贷款转贷回收本金收入	本年支出小计	一般公共服务
	小计	专项收入	行政事业性收费收入	罚没收入	国有资本经营收入	国有资源(资产)有偿使用收入	其他收入			
县级小计	45201	3849	17287	9461	3055	1053	10496		407995	82970
肥东县	15468	896	8105	2496		59	3912		92146	15244
长丰县	6133	664	3425	1938		106			71113	11532
肥西县	15589	2289	3131	2912		682	6575		88508	18941
瑶海区	1494		282	759	395	49	9		32357	9014
庐阳区	1064		526	488	1	49			46606	5730
蜀山区	920		706	152		62			35785	11545
包河区	4533		1112	716	2659	46			41480	10964
蚌埠市小计	**24280**	**10208**	**5455**	**7190**	**925**	**280**	**222**		**416681**	**50108**
本级	12050	8301		3572		177			226952	16131
县级小计	12230	1907	5455	3618	925	103	222		189729	33977
怀远县	3792	398	1885	1469		40			69612	11111
固镇县	2986	206	1707	1052		21			39993	6911
五河县	4327	272	1789	1084	925	35	222		44833	7852
龙子湖区	290	277	2	8		3			8446	1870
蚌山区	258	254		2		2			8126	1482
禹会区	326	322		3		1			8169	1558
淮上区	251	178	72			1			10550	3193
淮南市小计	**23718**	**10041**	**4380**	**9038**	**－296**	**369**	**186**		**323764**	**54087**
本级	14042	7323	1824	4938	－311	268			176090	29834
县级小计	9676	2718	2556	4100	15	101	186		147674	24253
凤台县	6622	2540	1309	2695	15	63			73924	10657
田家庵区	768		381	361		26			18663	3275
大通区	443		142	299		2			8277	2058
谢家集区	728		262	280		2	184		14284	1970
八公山区	327		143	182		2			7509	1437
潘集区	788	178	319	283		6	2		25017	4856
铜陵市小计	**11491**	**6396**	**2378**	**3099**	**－1030**	**594**	**54**		**224072**	**31107**
本级	8421	5483	1634	2056	－1301	495	54		153597	15521
县级小计	3070	913	744	1043	271	99			70475	15586
铜陵县	2431	503	696	905	250	77			38279	7529
铜官山区	120		34	54	20	12			13680	3014
狮子山区	42		14	25	1	2			6303	1933
郊区	477	410		59		8			12213	3110
马鞍山市小计	**43816**	**15515**	**16712**	**7234**	**2673**	**1462**	**220**		**382353**	**51663**

2－15－17

单位:万元

地区	收支部分										
	支出										
	外交	国防	公共安全	教育	科学技术	文化体育与传媒	社会保障和就业	医疗卫生	环境保护	城乡社区事务	农林水事务
县级小计		118	22613	103040	2341	3949	34592	19040	1074	35599	21470
肥东县			5082	28324	533	1248	6775	4957	239	6814	7144
长丰县		24	3993	19158	301	598	3708	3516	338	6383	4222
肥西县		94	3926	19839	478	835	5456	6433	297	6791	5864
瑶海区			3132	7865	126	276	5133	1009		2985	244
庐阳区			2360	13477	390	240	3968	1101	186	6236	1100
蜀山区			1514	5713	276	353	5713	871		4489	1038
包河区			2606	8664	237	399	3839	1153	14	1901	1858
蚌埠市小计		**290**	**20140**	**74035**	**2440**	**3279**	**92569**	**16049**	**5921**	**25058**	**23190**
本级		155	10384	17216	1226	1648	59947	5212	5077	15171	6661
县级小计		135	9756	56819	1214	1631	32622	10837	844	9887	16529
怀远县		14	3383	20607	1011	492	11973	5460	505	2350	7571
固镇县			2511	15254	85	647	3617	1986	163	1976	4325
五河县		33	2760	11541	46	318	9637	2050	156	2484	3138
龙子湖区		25	229	2311		31	2013	238		743	107
蚌山区		28	257	2400	6	36	2313	431		786	134
禹会区		7	241	2337		33	1794	262	20	941	156
淮上区		28	375	2369	66	74	1275	410		607	1098
淮南市小计		**420**	**23448**	**59973**	**2005**	**4309**	**84660**	**13285**	**3698**	**36762**	**20050**
本级		327	14462	17111	487	3080	58410	7299	3491	14065	11163
县级小计		93	8986	42862	1518	1229	26250	5986	207	22697	8887
凤台县		15	4320	15497	949	801	12013	3424	140	19570	4432
田家庵区		54	1449	6185	187	74	4024	491	26	1628	1041
大通区			839	2652	85	40	1344	300		335	333
谢家集区			733	6040	50	77	4086	143		455	556
八公山区			556	3819	69	6	779	158		274	115
潘集区		24	1089	8669	178	231	4004	1470	41	435	2410
铜陵市小计		**87**	**13236**	**26589**	**2633**	**3408**	**39400**	**9588**	**2354**	**18778**	**4534**
本级			8574	10893	1997	2387	31606	6294	1880	14706	1455
县级小计		87	4662	15696	636	1021	7794	3294	474	4072	3079
铜陵县		50	2544	9316	502	923	3989	2403	389	1396	2653
铜官山区			1380	3714	50	41	1659	415	49	750	6
狮子山区			307	1046	40	26	636	167	20	425	95
郊区		37	431	1620	44	31	1510	309	16	1501	325
马鞍山市小计		**1192**	**19767**	**46661**	**4691**	**3958**	**73321**	**13584**	**3205**	**92867**	**16871**

2－15－18

单位:万元

地区	收支部分			平衡部分						
	支出			收入						
						返还性收入			财力性转移支付收入	
	交通运输	工业、商业、金融等事务	其他支出	收入总计	本年收入	小计	增值税和消费税税收返还	所得税基数返还	小计	体制补助
县级小计	10054	8840	62295	470803	239012	25906	14280	11626	103185	61766
肥东县	1656	3361	10769	101733	45212	3440	2358	1082	33316	22098
长丰县	5828	627	10885	80597	23828	2100	1212	888	29256	18461
肥西县	2136	3378	14040	98864	46010	4389	3133	1256	27964	18747
瑶海区	45	120	2408	34932	16939	3111	1911	1200	6010	
庐阳区	27	142	11649	60390	41057	6741	2894	3847	1579	
蜀山区	36		4237	38804	25491	2528	1070	1458	3658	1947
包河区	326	1212	8307	55483	40475	3597	1702	1895	1402	513
蚌埠市小计	**16550**	**75167**	**11885**	**558279**	**168330**	**79400**	**71271**	**8129**	**100400**	**61456**
本级	8818	69118	10188	346931	104609	71750	64912	6838	14945	7974
县级小计	7732	6049	1697	211348	63721	7650	6359	1291	85455	53482
怀远县	3166	1819	150	76276	14765	4154	3338	816	35730	23759
固镇县	1530	828	160	44222	7459	1430	1218	212	22516	13966
五河县	2899	1793	126	54851	10513	2066	1803	263	22940	15757
龙子湖区			879	8594	9418				－1038	
蚌山区		117	136	8455	7585				528	
禹会区		658	162	7840	7435				667	
淮上区	137	834	84	11110	6546				4112	
淮南市小计	**3095**	**10838**	**7134**	**380890**	**196554**	**24705**	**18989**	**5716**	**57765**	**34213**
本级	1024	9925	5412	227515	114239	15321	12307	3014	27865	9123
县级小计	2071	913	1722	153375	82315	9384	6682	2702	29900	25090
凤台县	620	677	809	77996	42881	2863	2020	843	21739	12924
田家庵区	146	39	44	19046	18466	2270	1487	783	－6432	2113
大通区			291	8660	4531	1195	828	367	1038	1392
谢家集区	15	123	36	14595	5870	1616	1362	254	1365	2014
八公山区		64	232	7597	3796	763	663	100		438
潘集区	1290	10	310	25481	6771	677	322	355	12190	6209
铜陵市小计	**1835**	**19286**	**51237**	**253023**	**139203**	**23191**	**12590**	**10601**	**15990**	**9384**
本级	976	9208	48100	176073	101764	17189	9077	8112	－8427	1515
县级小计	859	10078	3137	76950	37439	6002	3513	2489	24417	7869
铜陵县	803	4267	1515	41208	16902	2995	2177	818	14374	7162
铜官山区	56	1870	676	14690	8267	833	255	578	4943	62
狮子山区		1031	577	7567	4526	1035	472	563	1634	318
郊区		2910	369	13485	7744	1139	609	530	3466	327
马鞍山市小计	**6357**	**39568**	**8648**	**476671**	**312749**	**54128**	**39396**	**14732**	**37881**	**25796**

2－15－19　　　　单位:万元

地区	平衡部分 收入 财力性转移支付收入 一般性转移支付补助	民族地区转移支付补助	调整工资转移支付补助	农村税费改革转移支付补助	取消农业特产税降低农业税率转移支付补助	缓解县乡财政困难转移支付补助	农村义务教育补助	结算补助	企事业单位预算划转补助	其他财力性转移支付
县级小计	5322		8114					6678		21305
肥东县	1494		2119					2244		5361
长丰县	2512		1181					2433		4669
肥西县	1316		1531					2001		4369
瑶海区			941							5069
庐阳区			933							646
蜀山区			613							1098
包河区			796							93
蚌埠市小计	**16082**		**9177**					**5883**		**7802**
本级	1581		3354					23		2013
县级小计	14501		5823					5860		5789
怀远县	6228		1701					3153		889
固镇县	4841		1179					1256		1274
五河县	3432		1044					1451		1256
龙子湖区			498							－1536
蚌山区			498							30
禹会区			483							184
淮上区			420							3692
淮南市小计	**6666**		**8803**					**1786**		**6297**
本级	3392		4692					58		10600
县级小计	3274		4111					1728		－4303
凤台县	1835		1205					1577		4198
田家庵区	67		672							－9284
大通区	111		385							－850
谢家集区	98		536							－1283
八公山区			284							－722
潘集区	1163		1029					151		3638
铜陵市小计	**900**		**3435**					**645**		**1626**
本级	500		3435					73		－13950
县级小计	400							572		15576
铜陵县	400							572		6240
铜官山区										4881
狮子山区										1316
郊区										3139
马鞍山市小计	**1656**		**4650**					**1405**		**4374**

2006 年地方财政政府收支分类转换数据

2－15－20

单位:万元

地区	平衡部分								
	收入							支出	
	专项转移支付			省补助计划单列市	上年结余收入	调入资金	国债转贷收入、上年结余及转补助数	支出总计	本年支出
	小计	专项补助	增发国债补助						
县级小计	60764	60764			38484	1212	2240	433592	407995
肥东县	11405	11405			7240		1120	93764	92146
长丰县	14341	14341			9030	1192	850	72395	71113
肥西县	9998	9998			10213	20	270	89336	88508
瑶海区	5755	5755			3117			33450	32357
庐阳区	6810	6810			4203			56991	46606
蜀山区	6513	6513			614			36038	35785
包河区	5942	5942			4067			51618	41480
蚌埠市小计	**146084**	**146084**			**61640**	**470**	**1955**	**504149**	**416681**
本级	115911	115911			38101	400	1215	308183	226952
县级小计	30173	30173			23539	70	740	195966	189729
怀远县	12628	12628			8999			72804	69612
固镇县	7253	7253			5514		50	41138	39993
五河县	10292	10292			8350		690	46733	44833
龙子湖区					214			8446	8446
蚌山区					342			8126	8126
禹会区					－332	70		8169	8169
淮上区					452			10550	10550
淮南市小计	**65416**	**65416**			**14714**	**17543**	**4193**	**365827**	**323764**
本级	47090	47090			10543	8264	4193	215507	176090
县级小计	18326	18326			4171	9279		150320	147674
凤台县	7647	7647			1466	1400		75460	73924
田家庵区	2947	2947			54	1741		19003	18663
大通区	1892	1892			4			8445	8277
谢家集区	1538	1538			956	3250		14425	14284
八公山区	1140	1140			10	1888		7575	7509
潘集区	3162	3162			1681	1000		25412	25017
铜陵市小计	**35095**	**35095**			**15266**	**20468**	**3810**	**238371**	**224072**
本级	35095	35095			7161	19481	3810	167319	153597
县级小计					8105	987		71052	70475
铜陵县					5975	962		38378	38279
铜官山区					647			13881	13680
狮子山区					372			6414	6303
郊区					1111	25		12379	12213
马鞍山市小计	**54005**	**54005**			**12217**	**4577**	**1114**	**469500**	**382353**

2－15－21

单位:万元

地区	平衡部分									
	支出								年终结余	其中:净结余
	财力性转移支付			专项上解	计划单列市上解省	增设预算周转金	调出资金	国债转贷拨付数及年末结余		
	小计	体制上解	出口退税专项上解							
县级小计	9613	8851	762	13744				2240	37211	22998
肥东县	90		90	408				1120	7969	3444
长丰县	113		113	319				850	8202	3150
肥西县	133		133	425				270	9528	6315
瑶海区	831	824	7	262					1482	1261
庐阳区	8027	8027		2358					3399	3399
蜀山区	57		57	196					2766	2363
包河区	362		362	9776					3865	3066
蚌埠市小计	**79410**	**78741**	**669**	**6103**				**1955**	**54130**	**22135**
本级	79403	78741	662	613				1215	38748	12237
县级小计	7		7	5490				740	15382	9898
怀远县				3192					3472	1445
固镇县				1095				50	3084	2862
五河县	7		7	1203				690	8118	5818
龙子湖区									148	148
蚌山区									329	134
禹会区									－329	－329
淮上区									560	－180
淮南市小计	**32933**	**32192**	**741**	**2449**			**2488**	**4193**	**15063**	**727**
本级	32631	32192	439	1262			1331	4193	12008	184
县级小计	302		302	1187			1157		3055	543
凤台县	6		6	916			614		2536	463
田家庵区				93			247		43	43
大通区				125			43		215	15
谢家集区	23		23	28			90		170	
八公山区							66		22	22
潘集区	273		273	25			97		69	
铜陵市小计	**10276**	**9109**	**1167**	**213**				**3810**	**14652**	**1508**
本级	9798	8647	1151	114				3810	8754	348
县级小计	478	462	16	99					5898	1160
铜陵县				99					2830	30
铜官山区	201	196	5						809	52
狮子山区	111	100	11						1153	1059
郊区	166	166							1106	19
马鞍山市小计	**85446**	**82656**	**2790**	**587**				**1114**	**7171**	**1897**

2006年地方财政政府收支分类转换数据

2－15－22

单位:万元

地区	收支部分										
	收入										
	本年收入小计	税收收入									
		小计	增值税	营业税	企业所得税	个人所得税	城市维护建设税	耕地占用税	契税	烟叶税	其他各项税收收入
本级	235596	201323	77092	48115	16185	5938	20468	800	8668		24057
县级小计	77153	67610	18506	28785	3461	1407	6493	421	2263		6274
当涂县	40099	33124	10101	11232	1309	762	3840	421	2263		3196
花山区	14571	13651	1638	8250	1112	179	1012				1460
雨山区	12626	11645	3381	5297	640	296	967				1064
金家庄区	9857	9190	3386	4006	400	170	674				554
淮北市小计	**133128**	**117461**	**44587**	**30866**	**6787**	**3326**	**10821**	**2601**	**5278**		**13195**
本级	92822	84565	36923	15567	5293	2421	9465	2002	4601		8293
县级小计	40306	32896	7664	15299	1494	905	1356	599	677		4902
濉溪县	22913	16778	3487	7754	812	633	1356	599	677		1460
相山区	8941	8645	1577	4829	369	141					1729
杜集区	4563	4093	1096	1756	79	88					1074
烈山区	3889	3380	1504	960	234	43					639
芜湖市小计	**341489**	**280617**	**67936**	**87058**	**27874**	**6218**	**30585**	**5415**	**24211**	**583**	**30737**
本级	150142	115311	41119	20802	14832	2300	20917	482	5672		9187
县级小计	191347	165306	26817	66256	13042	3918	9668	4933	18539	583	21550
繁昌县	33681	28911	6714	8084	3621	568	1536	1349	1884		5155
南陵县	23552	14562	1488	7193	1638	380	611	473	1143	118	1518
芜湖县	25169	20369	2939	9418	1445	410	1149	1083	1043	465	2417
镜湖区	61923	57538	7606	26001	2385	2046	3233	121	8852		7294
弋江区	21392	20762	2221	9378	2023	119	1248	348	3396		2029
鸠江区	21079	19508	5478	4467	1797	331	1697	1200	1954		2584
三山区	4551	3656	371	1715	133	64	194	359	267		553
安庆市小计	**245382**	**163210**	**31676**	**60413**	**10253**	**5989**	**13000**	**7513**	**13425**		**20941**
本级	86958	66450	13732	19643	4345	2067	8192	2108	7974		8389
县级小计	158424	96760	17944	40770	5908	3922	4808	5405	5451		12552
怀宁县	29742	16869	2889	4631	1188	547	609	3426	706		2873
枞阳县	33324	15783	4373	3656	2569	816	387	346	464		3172
桐城市	26058	17104	3601	6766	964	786	1268	480	1083		2156
潜山县	12748	7226	1239	3588	198	268	364	201	489		879
太湖县	9699	5097	676	2759	61	233	224	207	535		402
宿松县	10570	6831	890	3302	103	391	235	356	1007		547
望江县	7828	5042	801	2075	61	301	207	282	814		501
岳西县	8129	5428	937	2929	186	111	304	106	353		502
迎江区	8442	7533	959	4888	346	238	491	1			610

2-15-23

单位:万元

地区	收支部分									
	收入								支出	
	非税收入							贷款转贷回收本金收入	本年支出小计	一般公共服务
	小计	专项收入	行政事业性收费收入	罚没收入	国有资本经营收入	国有资源(资产)有偿使用收入	其他收入			
本级	34273	12370	13768	4731	1760	1424	220		254903	27474
县级小计	9543	3145	2944	2503	913	38			127450	24189
当涂县	6975	2004	2715	1324	913	19			78999	11901
花山区	920	430	52	434		4			17954	5726
雨山区	981	423	45	509		4			17886	2818
金家庄区	667	288	132	236		11			12611	3744
淮北市小计	**15667**	**8595**	**3382**	**4389**	**-1140**	**421**	**20**		**236687**	**37683**
本级	8257	6970		2196	-1200	291			127870	17166
县级小计	7410	1625	3382	2193	60	130	20		108817	20517
濉溪县	6135	1354	3259	1328	60	114	20		66105	12109
相山区	296	139		151		6			12489	3481
杜集区	470	80	123	261		6			14857	2236
烈山区	509	52		453		4			15366	2691
芜湖市小计	**60872**	**14793**	**37019**	**6012**	**1474**	**797**	**777**		**520190**	**66209**
本级	34831	9755	23925	1325	-436	262			277658	26228
县级小计	26041	5038	13094	4687	1910	535	777		242532	39981
繁昌县	4770	1301	1732	1354	137	234	12		54373	7072
南陵县	8990	361	5589	1526	1149	58	307		53405	7460
芜湖县	4800	597	2666	999	474	26	38		54556	8104
镜湖区	4385	1423	2399	360		203			32755	5461
弋江区	630	545		80		5			15834	4250
鸠江区	1571	721	350	345	150	5			18661	3677
三山区	895	90	358	23		4	420		12948	3957
安庆市小计	**82172**	**9172**	**40873**	**9106**	**3648**	**13702**	**5671**		**623230**	**111311**
本级	20508	6189	7440	2798	2597	774	710		148875	24181
县级小计	61664	2983	33433	6308	1051	12928	4961		474355	87130
怀宁县	12873	516	9912	706	50	15	1674		65280	8550
枞阳县	17541	587	2575	740		11277	2362		74511	12914
桐城市	8954	478	7755	688	-27	58	2		67998	12857
潜山县	5522	220	3268	601		1433			52064	10985
太湖县	4602	198	3631	586		37	150		42519	8306
宿松县	3739	154	2031	1141		18	395		51867	9550
望江县	2786	127	1355	530	715	34	25		42425	6516
岳西县	2701	189	1495	368	252	44	353		39672	7815
迎江区	909	201	203	500		5			12980	3574

2006 年地方财政政府收支分类转换数据

2－15－24

单位:万元

地　　区	收支部分										
	支出										
	外　交	国　防	公共安全	教　育	科学技术	文化体育与传媒	社会保障和就业	医疗卫生	环境保护	城乡社区事务	农林水事务
本级		1007	13560	20580	2997	2866	56601	7440	2832	77460	7864
县级小计		185	6207	26081	1694	1092	16720	6144	373	15407	9007
当涂县			3174	16235	1105	827	9625	3380	293	10598	5662
花山区		66	1114	3800	442	73	2317	1000	13	1357	1748
雨山区		45	1287	4235	57	147	3268	1295	37	2312	1194
金家庄区		74	632	1811	90	45	1510	469	30	1140	403
淮北市小计		**549**	**13324**	**52125**	**2062**	**3559**	**44273**	**13226**	**4107**	**18695**	**16411**
本级		345	8253	13924	1926	2980	29722	5829	1530	16826	6051
县级小计		204	5071	38201	136	579	14551	7397	2577	1869	10360
濉溪县		81	3024	19866	72	447	7629	5195	2523	890	8611
相山区			653	4657	15	29	2156	767	24	271	227
杜集区		55	637	7384	24	27	1966	1071	14	224	640
烈山区		68	757	6294	25	76	2800	364	16	484	882
芜湖市小计		**7175**	**34379**	**76206**	**6076**	**4182**	**82739**	**24067**	**2587**	**61890**	**21265**
本级		6483	21568	24986	4738	2505	56572	9898	2178	34996	4153
县级小计		692	12811	51220	1338	1677	26167	14169	409	26894	17112
繁昌县		21	2339	7938	401	649	6606	4569	204	5017	3798
南陵县		73	3130	9849	326	325	8104	3055	106	5118	4356
芜湖县		119	3213	11120	260	422	3444	2637	99	6796	6433
镜湖区		63	1355	11369	30	65	2051	1512		4990	37
弋江区		162	991	3898	120	89	1667	1162		1583	397
鸠江区		247	1309	3251	201	91	3663	746		1722	789
三山区		7	474	3795		36	632	488		1668	1302
安庆市小计		**1018**	**29945**	**156188**	**2818**	**10386**	**111756**	**35398**	**3534**	**41926**	**54742**
本级		733	11007	14822	977	4226	41403	8390	2078	15236	7029
县级小计		285	18938	141366	1841	6160	70353	27008	1456	26690	47713
怀宁县		20	1783	21921	545	823	6782	3856	112	1827	3246
枞阳县		225	2179	15588	96	700	12238	3357	321	13517	6637
桐城市			2782	23707	408	1259	4618	4711	317	2876	9410
潜山县			1759	13321	112	734	10642	2122	120	2067	5486
太湖县			2199	13042	55	360	8873	2462	183	659	5357
宿松县			2282	19803	73	644	5970	2436		718	3965
望江县			1542	11283	174	515	8086	3610	169	968	7927
岳西县		40	2227	10893	68	656	8299	2762	180	1864	3706
迎江区			1139	3970	6	190	1783	104		963	421

二、各省、自治区、直辖市地市县一般预算财政资料

2－15－25

单位:万元

地区	收支部分			平衡部分						
	支出			收入						
	交通运输	工业、商业、金融等事务	其他支出	收入总计	本年收入	返还性收入			财力性转移支付收入	
						小计	增值税和消费税税收返还	所得税基数返还	小计	体制补助
本级	4482	27143	2597	338629	235596	42483	30428	12055	10941	7073
县级小计	1875	12425	6051	138042	77153	11645	8968	2677	26940	18723
当涂县	1875	11729	2595	79895	40099	4563	3455	1108	19294	12776
花山区		298		21585	14571	2507	1806	701	1176	800
雨山区		278	913	21000	12626	3006	2444	562	3847	2962
金家庄区		120	2543	15562	9857	1569	1263	306	2623	2185
淮北市小计	**4827**	**3624**	**22222**	**269077**	**133128**	**25268**	**19804**	**5464**	**44982**	**25265**
本级	3283	1934	18101	149655	92822	19594	15198	4396	－7139	6895
县级小计	1544	1690	4121	119422	40306	5674	4606	1068	52121	18370
濉溪县	1522	434	3702	72705	22913	5674	4606	1068	29490	18370
相山区		16	193	14438	8941				5124	
杜集区		373	206	15831	4563				7927	
烈山区	22	867	20	16448	3889				9580	
芜湖市小计	**7508**	**31270**	**94637**	**634263**	**341489**	**101963**	**78573**	**23390**	**60321**	**37330**
本级	1872	12848	68633	371744	150142	85620	69274	16346	47103	－99
县级小计	5636	18422	26004	262519	191347	16343	9299	7044	13218	37429
繁昌县	1066	4264	10429	57364	33681	5025	2838	2187	9652	5479
南陵县	2387	3939	5177	53943	23552	2036	900	1136	18956	13529
芜湖县	1770	8123	2016	54829	25169	3035	2401	634	15601	11462
镜湖区		20	5802	40623	61923	2523	1398	1125	－27422	386
弋江区	107		1408	17680	21392	1423	546	877	－6748	781
鸠江区	278	1899	788	25005	21079	2088	1216	872	－3138	3585
三山区	28	177	384	13075	4551	213		213	6317	2207
安庆市小计	**17517**	**28640**	**18051**	**695823**	**245382**	**53434**	**38193**	**15241**	**230896**	**143357**
本级	9796	8473	524	189536	86958	31335	23322	8013	15467	2876
县级小计	7721	20167	17527	506287	158424	22099	14871	7228	215429	140481
怀宁县	796	804	14215	73403	29742	3948	2931	1017	27246	15568
枞阳县	1659	4466	614	81493	33324	2135	1561	574	30884	20054
桐城市	1130	3408	515	70809	26058	5601	3234	2367	26127	15309
潜山县	973	3743		54678	12748	1919	1156	763	26029	16801
太湖县	459	564		44865	9699	1323	922	401	24417	16725
宿松县	692	5175	559	55963	10570	1429	861	568	28672	19152
望江县	736	899		42845	7828	1400	1100	300	22340	15337
岳西县	855	307		39995	8129	1398	726	672	20365	14228
迎江区	65		765	14847	8442	993	745	248	2285	1697

2－15－26

单位:万元

地区	平衡部分									
	收入									
	财力性转移支付收入									
	一般性转移支付补助	民族地区转移支付补助	调整工资转移支付补助	农村税费改革转移支付补助	取消农业特产税降低农业税率转移支付补助	缓解县乡财政困难转移支付补助	农村义务教育补助	结算补助	企事业单位预算划转补助	其他财力性转移支付
本级	500		2422					－519		1465
县级小计	1156		2228					1924		2909
当涂县	1156		1074					1379		2909
花山区			376							
雨山区			528					357		
金家庄区			250					188		
淮北市小计	**7163**		**6152**					**2674**		**3728**
本级	1979		4629					1930		－22572
县级小计	5184		1523					744		26300
濉溪县	5184		1523					744		3669
相山区										5124
杜集区										7927
烈山区										9580
芜湖市小计	**2416**		**7333**					**2446**		**10796**
本级			3139					144		43919
县级小计	2416		4194					2302		－33123
繁昌县	400		466					648		2659
南陵县	1158		848					1018		2403
芜湖县	858		560					636		2085
镜湖区			1002							－28810
弋江区			479							－8008
鸠江区			596							－7319
三山区			243							3867
安庆市小计	**31913**		**15682**					**13897**		**26047**
本级	9329		3454					108		－300
县级小计	22584		12228					13789		26347
怀宁县	2095		1315					1530		6738
枞阳县	1245		1674					2327		5584
桐城市	2094		1485					1498		5741
潜山县	4322		1313					1649		1944
太湖县	4166		1006					1789		731
宿松县	3210		1451					2038		2821
望江县	2683		1308					1265		1747
岳西县	2769		972					1655		741
迎江区			480					8		100

2－15－27

单位:万元

地　　区	平衡部分								
	收入							支出	
	专项转移支付			省补助计划单列市	上年结余收入	调入资金	国债转贷收入、上年结余及转补助数	支出总计	本年支出
	小计	专项补助	增发国债补助						
本级	37932	37932			6056	4507	1114	332179	254903
县级小计	16073	16073			6161	70		137321	127450
当涂县	13212	13212			2727			79504	78999
花山区	903	903			2428			21532	17954
雨山区	1398	1398			53	70		20950	17886
金家庄区	560	560			953			15335	12611
淮北市小计	**47787**	**47787**			**8024**	**8778**	**1110**	**259943**	**236687**
本级	36561	36561			4765	1942	1110	145479	127870
县级小计	11226	11226			3259	6836		114464	108817
濉溪县	11226	11226			3402			68638	66105
相山区					－278	651		14286	12489
杜集区					457	2884		15515	14857
烈山区					－322	3301		16025	15366
芜湖市小计	**89847**	**89847**			**37144**	**2411**	**1088**	**614378**	**520190**
本级	64535	64535			23256		1088	364732	277658
县级小计	25312	25312			13888	2411		249646	242532
繁昌县	6833	6833			2173			54567	54373
南陵县	7942	7942			546	911		53706	53405
芜湖县	8216	8216			2808			54768	54556
镜湖区	922	922			2677			37919	32755
弋江区	336	336			1277			16160	15834
鸠江区	611	611			4365			19535	18661
三山区	452	452			42	1500		12991	12948
安庆市小计	**129885**	**129885**			**34836**	**840**	**550**	**656739**	**623230**
本级	45934	45934			9292		550	178735	148875
县级小计	83951	83951			25544	840		478004	474355
怀宁县	9574	9574			2893			65564	65280
枞阳县	9427	9427			5723			75516	74511
桐城市	10865	10865			2158			68527	67998
潜山县	9799	9799			4183			52324	52064
太湖县	9291	9291			135			42691	42519
宿松县	10193	10193			5099			52522	51867
望江县	10217	10217			860	200		42831	42425
岳西县	8768	8768			1335			39826	39672
迎江区	1948	1948			767	412		13084	12980

2-15-28

单位:万元

地区	平衡部分									
	支出								年终结余	其中:净结余
	财力性转移支付			专项上解	计划单列市上解省	增设预算周转金	调出资金	国债转贷拨付数及年末结余		
	小计	体制上解	出口退税专项上解							
本级	75852	73287	2565	310				1114	6450	1633
县级小计	9594	9369	225	277					721	264
当涂县	228	188	40	277					391	
花山区	3578	3546	32						53	53
雨山区	3064	3036	28						50	50
金家庄区	2724	2599	125						227	161
淮北市小计	**18034**	**18034**		**402**		**3710**		**1110**	**9134**	**3408**
本级	18034	18034		-2935		1400		1110	4176	442
县级小计				3337		2310			4958	2966
濉溪县				223		2310			4067	2391
相山区				1797					152	152
杜集区				658					316	
烈山区				659					423	423
芜湖市小计	**88216**	**85099**	**3117**	**4884**				**1088**	**19885**	**11568**
本级	81764	79126	2638	4222				1088	7012	1778
县级小计	6452	5973	479	662					12873	9790
繁昌县	21		21	173					2797	326
南陵县	24		24	277					237	67
芜湖县				212					61	61
镜湖区	5164	4864	300						2704	2704
弋江区	326	302	24						1520	1418
鸠江区	874	807	67						5470	5130
三山区	43		43						84	84
安庆市小计	**30467**	**28847**	**1620**	**2492**				**550**	**39084**	**2034**
本级	29134	28847	287	176				550	10801	879
县级小计	1333		1333	2316					28283	1155
怀宁县	18		18	266					7839	388
枞阳县	819		819	186					5977	181
桐城市	248		248	281					2282	109
潜山县	51		51	209					2354	18
太湖县				172					2174	
宿松县	62		62	593					3441	
望江县				406					14	14
岳西县	43		43	111					169	169
迎江区	24		24	80					1763	151

2－15－29　　　　　　　　　　　　　　　　　　　　　　　　　　　　单位:万元

地区	收支部分										
	收入										
	本年收入小计	税收收入									
		小计	增值税	营业税	企业所得税	个人所得税	城市维护建设税	耕地占用税	契税	烟叶税	其他各项税收收入
大观区	7804	7133	985	4627	213	189	537				582
宜秀区	4080	2714	594	1549	19	42	182				328
黄山市小计	**104509**	**75832**	**8998**	**39285**	**4544**	**2649**	**3950**	**1828**	**7164**	**52**	**7362**
本级	31373	27100	2382	14440	2733	793	1204	676	2663		2209
县级小计	73136	48732	6616	24845	1811	1856	2746	1152	4501	52	5153
祁门县	9953	5004	605	2164	177	252	202	39	1082		483
黟县	5090	2822	438	1152	130	135	175	120	346		326
休宁县	11107	6669	831	3208	255	250	250	51	1101	13	710
歙县	15765	9627	1472	3877	554	411	408	670	1015	39	1181
屯溪区	12753	9922	1007	6341	369	299	638				1268
黄山区	11743	9477	1362	5449	187	332	745	95	636		671
徽州区	6725	5211	901	2654	139	177	328	177	321		514
亳州市小计	**78588**	**53003**	**10644**	**22558**	**2755**	**2572**	**3638**	**1712**	**2685**	**701**	**5738**
本级	19843	15966	3376	5741	1057	699	1525	427	1102		2039
县级小计	58745	37037	7268	16817	1698	1873	2113	1285	1583	701	3699
涡阳县	18465	8930	1931	3410	605	571	662	369	400	16	966
蒙城县	15665	10003	2208	4249	466	521	618	139	597		1205
利辛县	10948	6277	544	3853	151	387	234	300	480	8	320
谯城区	13667	11827	2585	5305	476	394	599	477	106	677	1208

2006 年地方财政政府收支分类转换数据

2－15－30

单位:万元

地区	收支部分									
	收入								支出	
	非税收入							贷款转贷回收本金收入	本年支出小计	一般公共服务
	小计	专项收入	行政事业性收费收入	罚没收入	国有资本经营收入	国有资源(资产)有偿使用收入	其他收入			
大观区	671	234	230	202		5			13356	2840
宜秀区	1366	79	978	246	61	2			11683	3223
黄山市小计	**28677**	**2716**	**12375**	**5588**	**4628**	**317**	**3053**		**269859**	**51635**
本级	4273	666	1646	1731		170	60		69819	14231
县级小计	24404	2050	10729	3857	4628	147	2993		200040	37404
祁门县	4949	190	2305	443	1515	16	480		29148	5246
黟县	2268	117	1712	232	14	18	175		20621	4184
休宁县	4438	222	1130	968	2079	20	19		34336	5148
歙县	6138	535	4310	1175	61	57			51627	8799
屯溪区	2831	252	242	252	325	10	1750		20390	4447
黄山区	2266	503	527	384	315	15	522		29198	7041
徽州区	1514	231	503	403	319	11	47		14720	2539
亳州市小计	**25585**	**2621**	**7858**	**12463**	**1161**	**1213**	**269**		**307410**	**48229**
本级	3877	1023	162	2448		244			42056	8272
县级小计	21708	1598	7696	10015	1161	969	269		265354	39957
涡阳县	9535	723	2651	5125	857	151	28		66655	9407
蒙城县	5662	415	2432	1924		653	238		60770	9780
利辛县	4671	157	2365	2096		53			71660	11115
谯城区	1840	303	248	870	304	112	3		66269	9655

2－15－31

单位:万元

地　　区	收支部分										
	支出										
	外　交	国　防	公共安全	教　育	科学技术	文　化体　育与传媒	社　会保　障和就业	医疗卫生	环境保护	城乡社区事务	农林水事　务
大观区			681	3575	120	91	2276	788	20	1020	411
宜秀区			365	4263	184	188	786	800	34	211	1147
黄山市小计		**129**	**16288**	**37915**	**2793**	**5841**	**59082**	**14162**	**2235**	**9892**	**20922**
本级		70	4976	4322	766	1410	17844	2841	844	3522	1721
县级小计		59	11312	33593	2027	4431	41238	11321	1391	6370	19201
祁门县			1558	4440	376	476	5062	2010	148	356	3178
黟县			1328	2673	43	1502	3656	808	79	828	3129
休宁县			1810	5986	186	746	8568	1637	298	755	3802
歙县			2243	11186	568	573	10876	3230	125	1905	4188
屯溪区		18	884	1803	260	359	5588	1059	3	808	1173
黄山区		41	2116	5444	447	503	4849	1852	601	1295	2438
徽州区			1373	2061	147	272	2639	725	137	423	1293
亳州市小计		**28**	**16828**	**90809**	**481**	**2623**	**69068**	**13548**	**5268**	**6311**	**23982**
本级			4877	3599	157	568	5874	2008	4087	1579	615
县级小计		28	11951	87210	324	2055	63194	11540	1181	4732	23367
涡阳县		28	3942	24390	49	614	15739	2534	197	1169	5310
蒙城县			3310	18082	59	532	16601	2676	238	1232	3138
利辛县			3287	22646	72	492	14801	3727	273	2005	6640
谯城区			1412	22092	144	417	16053	2603	473	326	8279

2006 年地方财政政府收支分类转换数据

2－15－32

单位:万元

地区	收支部分			平衡部分						
	支出			收入						
						返还性收入			财力性转移支付收入	
	交通运输	工业、商业、金融等事务	其他支出	收入总计	本年收入	小计	增值税和消费税税收返还	所得税基数返还	小计	体制补助
大观区	149	730	655	14025	7804	613	498	115	2597	1960
宜秀区	207	71	204	13364	4080	1340	1137	203	4467	3650
黄山市小计	**14312**	**12666**	**21987**	**280130**	**104509**	**18830**	**8603**	**10227**	**71937**	**52835**
本级	7645	1732	7895	75084	31373	6154	1719	4435	4262	2560
县级小计	6667	10934	14092	205046	73136	12676	6884	5792	67675	50275
祁门县	1733	902	3663	29745	9953	1734	958	776	10643	8186
黟县	780	1095	516	21024	5090	785	495	290	6500	5052
休宁县	1337	1782	2281	35234	11107	2174	1305	869	13801	10088
歙县	1949	3739	2246	52820	15765	3977	1911	2066	19894	15717
屯溪区	52	678	3258	21631	12753	1588	989	599	3297	1831
黄山区	470	1405	696	29275	11743	1648	823	825	9469	6412
徽州区	346	1333	1432	15317	6725	770	403	367	4071	2989
亳州市小计	**9624**	**7010**	**13601**	**360199**	**78588**	**22749**	**15750**	**6999**	**160498**	**101230**
本级	3826	985	5609	53749	19843	11529	8644	2885	735	2562
县级小计	5798	6025	7992	306450	58745	11220	7106	4114	159763	98668
涡阳县	491	1623	1162	84359	18465	4348	2561	1787	37877	24555
蒙城县	823	234	4065	71442	15665	3902	3067	835	35316	21441
利辛县	2675	1162	2765	73614	10948	966	664	302	45990	29097
谯城区	1809	3006		77035	13667	2004	814	1190	40580	23575

2-15-33　　单位:万元

地　区	平衡部分									
	收入									
	财力性转移支付收入									
	一般性转移支付补助	民族地区转移支付补助	调整工资转移支付补助	农村税费改革转移支付补助	取消农业特产税降低农业税率转移支付补助	缓解县乡财政困难转移支付补助	农村义务教育补助	结算补助	企事业单位预算划转补助	其他财力性转移支付
大观区			519					18		100
宜秀区			705					12		100
黄山市小计	**6836**		**5354**					**2304**		**4608**
本级	667		1318					49		-332
县级小计	6169		4036					2255		4940
祁门县	1323		580					396		158
黟县	727		329					165		227
休宁县	1521		763					376		1053
歙县	1192		1109					934		942
屯溪区	500		360					40		566
黄山区	456		619					275		1707
徽州区	450		276					69		287
亳州市小计	**30219**		**9438**					**11175**		**8436**
本级	5602		1286					335		-9050
县级小计	24617		8152					10840		17486
涡阳县	6785		2117					2647		1773
蒙城县	7077		2009					2334		2455
利辛县	9333		2004					3810		1746
谯城区	1422		2022					2049		11512

2006年地方财政政府收支分类转换数据

2－15－34

单位:万元

地区	平衡部分								
	收入							支出	
	专项转移支付			省补助计划单列市	上年结余收入	调入资金	国债转贷收入、上年结余及转补助数	支出总计	本年支出
	小计	专项补助	增发国债补助						
大观区	2483	2483			528			13418	13356
宜秀区	1386	1386			1863	228		11701	11683
黄山市小计	**72942**	**72942**			**9950**	**442**	**1520**	**272767**	**269859**
本级	27300	27300			5067	278	650	70883	69819
县级小计	45642	45642			4883	164	870	201884	200040
祁门县	6802	6802			271	102	240	29479	29148
黟县	7840	7840			689		120	20776	20621
休宁县	7229	7229			783		140	34556	34336
歙县	11825	11825			989		370	52180	51627
屯溪区	3119	3119			852	22		20859	20390
黄山区	6398	6398			17			29266	29198
徽州区	2429	2429			1282	40		14768	14720
亳州市小计	**56998**	**56998**			**38227**	**1082**	**2057**	**319143**	**307410**
本级	11575	11575			9300		767	47496	42056
县级小计	45423	45423			28927	1082	1290	271647	265354
涡阳县	11179	11179			11990		500	68449	66655
蒙城县	10506	10506			5745	165	143	62349	60770
利辛县	12169	12169			2187	917	437	73396	71660
谯城区	11569	11569			9005		210	67453	66269

2-15-35 单位:万元

地区	平衡部分									
	支出								年终结余	其中:净结余
	财力性转移支付			专项上解	计划单列市上解省	增设预算周转金	调出资金	国债转贷拨付数及年末结余		
	小计	体制上解	出口退税专项上解							
大观区	62		62						607	97
宜秀区	6		6	12					1663	28
黄山市小计	**1089**	**692**	**397**	**299**				**1520**	**7363**	**22**
本级	800	692	108	-386				650	4201	
县级小计	289		289	685				870	3162	22
祁门县	21		21	70				240	266	
黟县	11		11	24				120	248	
休宁县	48		48	32				140	678	
歙县	97		97	86				370	640	
屯溪区	62		62	407					772	22
黄山区	22		22	46					9	
徽州区	28		28	20					549	
亳州市小计	**4516**	**4469**	**47**	**5160**				**2057**	**41056**	**12381**
本级	4473	4469	4	200				767	6253	153
县级小计	43		43	4960				1290	34803	12228
涡阳县				1294				500	15910	3781
蒙城县	10		10	1426				143	9093	4941
利辛县				1299				437	218	
谯城区	33		33	941				210	9582	3506

2006 年福建省地市县财政一般预算收支平衡表

2－16－1　　　　单位:万元

地　　区	收支部分										
	收入										
	本年收入小计	税收收入									
		小计	增值税	营业税	企业所得税	个人所得税	城市维护建设税	耕地占用税	契税	烟叶税	其他各项税收收入
地(市)县级总计	**4830320**	**4147889**	**878301**	**1423279**	**568975**	**292168**	**230791**	**38836**	**222809**	**24753**	**467977**
地(市)本级合计	**2077603**	**1798566**	**347546**	**630160**	**227780**	**130173**	**127330**	**3615**	**134325**		**197637**
县级合计	**2752717**	**2349323**	**530755**	**793119**	**341195**	**161995**	**103461**	**35221**	**88484**	**24753**	**270340**
厦门市小计	**1361653**	**1218854**	**246085**	**464530**	**180809**	**82864**	**56623**	**6414**	**71273**		**110256**
本级	968723	846361	183599	301781	123630	58910	40183	733	71273		66252
县级小计	392930	372493	62486	162749	57179	23954	16440	5681			44004
同安区	40029	34033	7780	12660	3775	2269	1653	844			5052
集美区	55445	53020	13970	14433	9125	4418	2624	2			8448
翔安区	20271	18291	3632	7696	1621	853	658	2071			1760
海沧区	75973	69588	17701	27075	11908	3069	1970				7865
思明区	140967	138240	10863	73442	21889	9437	6183	2338			14088
湖里区	60245	59321	8540	27443	8861	3908	3352	426			6791
福州市小计	**1156184**	**1023446**	**172579**	**411054**	**131158**	**63879**	**50407**	**5564**	**63445**		**125360**
本级	551247	502068	55551	196468	49376	32128	36585	1677	46875		83408
县级小计	604937	521378	117028	214586	81782	31751	13822	3887	16570		41952
闽侯县	64541	50864	15489	18196	5787	2566	1299	359	1432		5736
福清市	106446	85855	23849	27691	12256	3970	2541	1362	4285		9901
闽清县	21904	16880	8893	1860	1650	1022	1753	12	492		1198
长乐市	71312	60902	17185	13981	11602	4417	2778	346	4283		6310
永泰县	8179	6534	1246	2246	624	366	289	886	364		513
平潭县	13961	11004	930	6204	1517	269	403	39	516		1126
连江县	32170	26132	2946	11944	3010	2719	826	384	1479		2824
罗源县	14950	11870	2292	4386	806	1158	388	389	1014		1437
鼓楼区	51461	46043	5712	26143	8753	4334					1101
台江区	39736	37367	7386	21223	5844	1948					966
仓山区	42157	39296	8296	21393	7096	2266					245
晋安区	44540	40950	6960	23545	7717	2393					335
马尾区	79927	74440	15303	26804	13552	4071	2887	110	2675		9038
琅岐区	7316	7033	157	5584	452	174	403		7		256
保税区	6337	6208	384	3386	1116	78	255		23		966
三明市小计	**220268**	**189629**	**54764**	**50324**	**15891**	**11923**	**14400**	**1307**	**6501**	**10923**	**23596**
本级	59041	48034	20021	9781	3471	2635	6244				5882
县级小计	161227	141595	34743	40543	12420	9288	8156	1307	6501	10923	17714
永安市	42233	36976	10237	10305	3427	2934	2866	219	925	1126	4937
宁化县	9007	7765	921	1793	145	316	218	38	391	3326	617

二、各省、自治区、直辖市地市县一般预算财政资料

2－16－2　　单位:万元

地区	收支部分									
	收入								支出	
	非税收入							贷款转贷回收本金收入	本年支出小计	一般公共服务
	小计	专项收入	行政事业性收费收入	罚没收入	国有资本经营收入	国有资源(资产)有偿使用收入	其他收入			
地(市)县级总计	**682431**	**146485**	**199749**	**205610**	**74669**	**17814**	**38104**		**5790754**	**1029920**
地(市)本级合计	**279037**	**75714**	**77537**	**85540**	**24837**	**13107**	**2302**		**2018950**	**350425**
县级合计	**403394**	**70771**	**122212**	**120070**	**49832**	**4707**	**35802**		**3771804**	**679495**
厦门市小计	**142799**	**29907**	**50580**	**21576**	**28204**	**10363**	**2169**		**1500848**	**283134**
本级	122362	29907	40699	19226	21496	9966	1068		942768	177710
县级小计	20437		9881	2350	6708	397	1101		558080	105424
同安区	5996		3620	532	1582	21	241		69105	13559
集美区	2425		1837	510		46	32		76684	18015
翔安区	1980		1470	421		83	6		50919	9492
海沧区	6385		2325	258	3282	57	463		100897	18374
思明区	2727		90	544	1844	139	110		174602	23410
湖里区	924		539	85		51	249		85873	22574
福州市小计	**132738**	**26955**	**52988**	**35688**	**11996**	**2830**	**2281**		**1100589**	**174768**
本级	49179	14517	18170	15046	78	1297	71		435683	42400
县级小计	83559	12438	34818	20642	11918	1533	2210		664906	132368
闽侯县	13677	1245	9364	1472	1517	79			66758	13120
福清市	20591	1997	8625	4552	4578	424	415		120003	21544
闽清县	5024	1372	1384	845	261	136	1026		27099	5098
长乐市	10410	2533	3537	3205	906	226	3		76809	16725
永泰县	1645	235	666	627	90	6	21		29158	4783
平潭县	2957	786	668	1282	149	44	28		35174	6044
连江县	6038	584	2586	1500	699	118	551		56293	11817
罗源县	3080	696	643	1479	228	13	21		27850	6391
鼓楼区	5418	191	1824	926	2302	99	76		41207	8299
台江区	2369	165	1003	1161		40			33298	6914
仓山区	2861	401	845	1197	337	21	60		34934	7871
晋安区	3590	467	1316	898	738	171			39448	7639
马尾区	5487	1480	2290	1471	102	138	6		65411	13810
琅岐区	283	177	67	27		12			7490	1488
保税区	129	109			11	6	3		3974	825
三明市小计	**30639**	**11677**	**3138**	**13109**	**1442**	**351**	**922**		**338263**	**74044**
本级	11007	4162	964	4484	847	195	355		60849	12831
县级小计	19632	7515	2174	8625	595	156	567		277414	61213
永安市	5257	2018	768	1596	850	21	4		45888	9202
宁化县	1242	229	121	428		11	453		26990	5058

2006 年地方财政政府收支分类转换数据

2－16－3　　　　　　　　　　　　　　　　　　　　　　单位:万元

地　　区	收支部分										
	支出										
	外　交	国　防	公共安全	教　育	科学技术	文化体育与传媒	社会保障和就业	医疗卫生	环境保护	城乡社区事务	农林水事务
地(市)县级总计	**116**	**23072**	**480482**	**1313647**	**107388**	**114886**	**634671**	**285954**	**51416**	**418316**	**342255**
地(市)本级合计	**116**	**9879**	**235049**	**238717**	**63327**	**62811**	**161004**	**98562**	**18656**	**175888**	**61842**
县级合计		**13193**	**245433**	**1074930**	**44061**	**52075**	**473667**	**187392**	**32760**	**242428**	**280413**
厦门市小计		**5496**	**111833**	**205066**	**48417**	**49917**	**123171**	**74779**	**16291**	**162113**	**43519**
本级		2261	89232	68620	38444	35524	62180	49337	8838	90317	20588
县级小计		3235	22601	136446	9973	14393	60991	25442	7453	71796	22931
同安区		68	2538	22019	895	949	9422	4724		2356	5022
集美区		471	3917	21270	1156	3206	10753	4280	62	7515	4104
翔安区		186	1972	17723	385	295	5153	2885	60	3325	8985
海沧区		1076	5328	13574	1853	7128	6880	3738	5608	23621	3257
思明区		1004	5880	43948	4275	1890	23813	6991	70	19714	1204
湖里区		430	2966	17912	1409	925	4970	2824	1653	15265	359
福州市小计	**116**	**4364**	**96085**	**267887**	**17285**	**13883**	**117146**	**51880**	**6122**	**56897**	**43014**
本级	116	2283	45753	76141	10016	5253	33913	12375	881	33505	6212
县级小计		2081	50332	191746	7269	8630	83233	39505	5241	23392	36802
闽侯县		162	5372	22692	694	639	3875	5227	395	868	4722
福清市		78	9783	37422	1367	755	19290	9379	737	2107	6733
闽清县		62	2194	8448	118	207	5926	1117	143	217	2035
长乐市		279	7715	21342	1152	899	9489	4322	791	1637	4692
永泰县		164	2321	9606	68	332	4564	1471	88	571	2562
平潭县		84	2436	9986	72	306	6729	1543	170	399	2811
连江县		81	3728	16646	108	343	9084	3213	501	642	4504
罗源县		63	2313	7326	96	365	5297	1542	323	316	2580
鼓楼区		259	3167	12504	937	287	4585	2143	343	1824	92
台江区		327	2752	11463	398	250	3072	1397	280	1086	175
仓山区		149	2181	11962	471	434	3449	2346	666	1500	1136
晋安区		228	1456	8692	562	404	6355	3056	461	2807	1896
马尾区		113	4825	10690	1220	3403	1326	2438	304	7822	2331
琅岐区		30	78	2967	6	6	192	311	39	257	523
保税区		2	11							1339	10
三明市小计		**1885**	**28941**	**95994**	**4041**	**5281**	**33049**	**19163**	**4312**	**10344**	**34500**
本级		1026	8546	12311	1457	2069	3260	5824	1034	3037	3572
县级小计		859	20395	83683	2584	3212	29789	13339	3278	7307	30928
永安市		148	3482	8986	946	494	5774	2881	1257	3208	4687
宁化县		93	1648	8370	65	368	4571	750	65	318	4127

2－16－4

单位:万元

地区	收支部分			平衡部分						
	支出			收入						
	交通运输	工业、商业、金融等事务	其他支出	收入总计	本年收入	返还性收入			财力性转移支付收入	
						小计	增值税和消费税税收返还	所得税基数返还	小计	体制补助
地(市)县级总计	**119989**	**334771**	**533871**	**7358091**	**4830320**	**899291**	**512058**	**387233**	**747939**	**18289**
地(市)本级合计	**72409**	**146417**	**323848**	**2705120**	**2077603**	**405943**	**272450**	**133493**	**－96752**	**－42348**
县级合计	**47580**	**188354**	**210023**	**4652971**	**2752717**	**493348**	**239608**	**253740**	**844691**	**60637**
厦门市小计	**59242**	**155980**	**161890**	**1776506**	**1361653**	**299178**	**196140**	**103038**	**8338**	
本级	55910	96551	147256	1172582	968723	232098	162637	69461	－55878	－53820
县级小计	3332	59429	14634	603924	392930	67080	33503	33577	64216	53820
同安区	2711	420	4422	74650	40029	11405	8328	3077	9767	6485
集美区	440	554	941	88105	55445	13503	6237	7266	4629	3450
翔安区	27	431		57667	20271	2533	1916	617	18927	17566
海沧区	154	8361	1945	108481	75973	4217	292	3925	14549	11914
思明区		37133	5270	183484	140967	25383	11997	13386	6652	6177
湖里区		12530	2056	91537	60245	10039	4733	5306	9692	8228
福州市小计	**4477**	**43523**	**203142**	**1652119**	**1156184**	**148014**	**80814**	**67200**	**78881**	**3007**
本级	168	14343	152324	722190	551247	56315	34420	21895	－17526	
县级小计	4309	29180	50818	929929	604937	91699	46394	45305	96407	3007
闽侯县	345	970	7677	89800	64541	6590	3181	3409	5924	
福清市	490	1811	8507	148419	106446	14979	4374	10605	14415	
闽清县		485	1049	42698	21904	3672	2103	1569	11127	
长乐市	605	5852	1309	104507	71312	6696	2593	4103	8169	
永泰县	59	820	1749	24742	8179	1555	845	710	16739	1273
平潭县	53	3291	1250	40707	13961	1213	686	527	18722	1734
连江县	64	4288	1274	67308	32170	4762	1426	3336	10049	
罗源县	90	511	637	32928	14950	6441	5022	1419	5592	
鼓楼区	444	2801	3522	76009	51461	7846	3662	4184	1390	
台江区	197	788	4199	56053	39736	8648	5809	2839	850	
仓山区	193	73	2503	60986	42157	7399	5416	1983	1627	
晋安区	926	631	4335	69609	44540	9300	5178	4122	1182	
马尾区	842	6175	10112	100130	79927	11270	4894	6376	260	
琅岐区	1	684	908	9254	7316	1328	1205	123	356	
保税区			1787	6779	6337				5	
三明市小计	**4376**	**11236**	**11097**	**435724**	**220268**	**44769**	**28854**	**15915**	**89252**	**290**
本级	840	3979	1063	92258	59041	11273	8162	3111	1333	
县级小计	3536	7257	10034	343466	161227	33496	20692	12804	87919	290
永安市	524	2135	2164	64793	42233	10075	6664	3411	5094	
宁化县	10	459	1088	33575	9007	1668	1078	590	14012	160

2－16－5

单位:万元

地区	平衡部分									
	收入									
	财力性转移支付收入									
	一般性转移支付补助	民族地区转移支付补助	调整工资转移支付补助	农村税费改革转移支付补助	取消农业特产税降低农业税率转移支付补助	缓解县乡财政困难转移支付补助	农村义务教育补助	结算补助	企事业单位预算划转补助	其他财力性转移支付
地(市)县级总计	**149549**		**108400**	**131318**	**69778**	**161420**	**44788**	**58690**		**5707**
地(市)本级合计	**－6406**		**－2545**	**－3893**	**527**	**－9061**	**－3198**	**－5237**		**－24591**
县级合计	**155955**		**110945**	**135211**	**69251**	**170481**	**47986**	**63927**		**30298**
厦门市小计					**800**			**1831**		**5707**
本级					800			－2692		－166
县级小计								4523		5873
同安区								1800		1482
集美区								500		679
翔安区								1153		208
海沧区										2635
思明区								10		465
湖里区								1060		404
福州市小计	**6313**		**11830**	**20942**	**6202**	**19439**	**5911**	**5237**		
本级	－3574		－8949	－520		1357	－818	818		－5840
县级小计	9887		20779	21462	6202	18082	6729	4419		5840
闽侯县			1126	2096	770	671	596	429		236
福清市			1943	5176	1210	3192	2026	716		152
闽清县	799		3795	1446	409	3263	621	386		408
长乐市			1171	3307	753	1458	623	396		461
永泰县	4567		4701	2023	588	2568	630	78		311
平潭县	4521		4988	2672	733	2288	866	430		490
连江县			1633	2626	1320	2912	791	316		451
罗源县			922	932	419	1264	327	1618		110
鼓楼区			117	24		79				1170
台江区			122	23		99				606
仓山区			127	419		144	192			745
晋安区			116	387		85	24			570
马尾区				53		50	2	50		105
琅岐区			18	278		9	31			20
保税区										5
三明市小计	**26480**		**14323**	**11905**	**10029**	**17205**	**3870**	**5150**		
本级	－378		1313	－165	－273	－280		1116		
县级小计	26858		13010	12070	10302	17485	3870	4034		
永安市			879	491	1206	798	200	1520		
宁化县	5483		1607	1983	712	2942	522	603		

2－16－6 单位:万元

地区	平衡部分								
	收入							支出	
	专项转移支付			省补助计划单列市	上年结余收入	调入资金	国债转贷收入、上年结余及转补助数	支出总计	本年支出
	小计	专项补助	增发国债补助						
地(市)县级总计	**402001**	**397517**	**4484**	**6466**	**380921**	**63802**	**27351**	**6697974**	**5790754**
地(市)本级合计	**67387**	**62903**	**4484**	**6466**	**221212**	**10536**	**12725**	**2425286**	**2018950**
县级合计	**334614**	**334614**			**159709**	**53266**	**14626**	**4272688**	**3771804**
厦门市小计	**34686**	**30202**	**4484**	**6466**	**52392**	**2908**	**10885**	**1711575**	**1500848**
本级	－4702	－9186	4484	6466	15610		10265	1148213	942768
县级小计	39388	39388			36782	2908	620	563362	558080
同安区	8905	8905			4544			69792	69105
集美区	6100	6100			8428			76936	76684
翔安区	7951	7951			4457	2908	620	52021	50919
海沧区	2842	2842			10900			101266	100897
思明区	7821	7821			2661			176236	174602
湖里区	5769	5769			5792			87111	85873
福州市小计	**61431**	**61431**			**195131**	**9905**	**2573**	**1385072**	**1100589**
本级	15365	15365			115329	550	910	594393	435683
县级小计	46066	46066			79802	9355	1663	790679	664906
闽侯县	3310	3310			9385		50	71778	66758
福清市	4794	4794			7342	237	206	136968	120003
闽清县	3596	3596			2399			34357	27099
长乐市	5535	5535			9695	2200	900	91324	76809
永泰县	3297	3297			－6028	1000		29251	29158
平潭县	5663	5663			990	151	7	35446	35174
连江县	7281	7281			7846	5200		57727	56293
罗源县	2926	2926			2792	227		29082	27850
鼓楼区	2206	2206			13106			56980	41207
台江区	1604	1604			4715		500	46835	33298
仓山区	2165	2165			7638			48880	34934
晋安区	2696	2696			11891			53344	39448
马尾区	766	766			7907			84166	65411
琅岐区	218	218			－304	340		9233	7490
保税区	9	9			428			5308	3974
三明市小计	**35927**	**35927**			**37079**	**6409**	**2020**	**386085**	**338263**
本级	3445	3445			17166			72310	60849
县级小计	32482	32482			19913	6409	2020	313775	277414
永安市	4942	4942			2099	350		59733	45888
宁化县	3838	3838			4503	447	100	27146	26990

2－16－7

单位:万元

地区	平衡部分									
	支出								年终结余	其中:净结余
	财力性转移支付			专项上解	计划单列市上解省	增设预算周转金	调出资金	国债转贷拨付数及年末结余		
	小计	体制上解	出口退税专项上解							
地(市)县级总计	**720602**	**679900**	**40702**	**48429**	**103403**		**7435**	**27351**	**660117**	**40112**
地(市)本级合计	**299483**	**261499**	**37984**	**－15803**	**103403**		**6528**	**12725**	**279834**	**72066**
县级合计	**421119**	**418401**	**2718**	**64232**			**907**	**14626**	**380283**	**－31954**
厦门市小计	**94880**	**54178**	**40702**	**1559**	**103403**			**10885**	**64931**	**32970**
本级	92162	54178	37984	－385	103403			10265	24369	12798
县级小计	2718		2718	1944				620	40562	20172
同安区	188		188	499					4858	2173
集美区	128		128	124					11169	778
翔安区	25		25	457				620	5646	584
海沧区	126		126	243					7215	6179
思明区	1295		1295	339					7248	7248
湖里区	956		956	282					4426	3210
福州市小计	**260870**	**260870**		**15293**			**5747**	**2573**	**267047**	**84503**
本级	152848	152848		－535			5487	910	127797	40441
县级小计	108022	108022		15828			260	1663	139250	44062
闽侯县	2886	2886		2084				50	18022	8652
福清市	15745	15745		754			260	206	11451	5511
闽清县	1382	1382		5876					8341	－1294
长乐市	12826	12826		789				900	13183	3093
永泰县				93					－4509	－8170
平潭县				265				7	5261	－3461
连江县	1069	1069		365					9581	5654
罗源县	1127	1127		105					3846	－297
鼓楼区	14239	14239		1534					19029	1940
台江区	11890	11890		1147				500	9218	708
仓山区	12784	12784		1162					12106	9582
晋安区	13061	13061		835					16265	10118
马尾区	18360	18360		395					15964	10803
琅岐区	1319	1319		424					21	－243
保税区	1334	1334							1471	1466
三明市小计	**43499**	**43499**		**2303**				**2020**	**49639**	**2742**
本级	14196	14196		－2735					19948	4747
县级小计	29303	29303		5038				2020	29691	－2005
永安市	12823	12823		1022					5060	266
宁化县				56				100	6429	2

2－16－8

单位:万元

地区	收支部分										
	收入										
	本年收入小计	税收收入									
		小计	增值税	营业税	企业所得税	个人所得税	城市维护建设税	耕地占用税	契税	烟叶税	其他各项税收收入
大田县	17020	15416	4596	3666	1561	1338	786	131	226	443	2669
清流县	5175	4569	1469	786	408	301	184		152	849	420
明溪县	4373	4160	905	1113	116	230	198	5	186	835	572
尤溪县	16860	14625	4857	3415	1957	891	576	49	400	878	1602
沙县	21039	17819	4151	6070	1263	994	1057	535	1341	194	2214
将乐县	11318	10036	2495	2602	1186	330	466	273	447	1092	1145
泰宁县	6380	5804	1238	2155	291	308	310		499	670	333
建宁县	3936	3514	523	804	124	206	130		111	1338	278
三元区	10257	9094	1579	3321	844	601	584	5	641	138	1381
梅列区	13629	11817	1772	4513	1098	839	781	52	1182	34	1546
南平市小计	**184195**	**147214**	**32761**	**51945**	**11575**	**8103**	**10889**	**1013**	**7046**	**7561**	**16321**
本级	51362	38332	10877	10689	5485	2690	3554				5037
县级小计	132833	108882	21884	41256	6090	5413	7335	1013	7046	7561	11284
邵武市	23413	20133	5316	5740	1133	964	1598	20	861	2010	2491
建阳市	15038	11751	2975	4543	467	504	940	76	552	655	1039
顺昌县	10919	8836	3123	2386	443	432	577	22	319	142	1392
建瓯市	18554	15398	2698	6881	776	901	1449	135	735	222	1601
浦城县	12878	9651	2044	3646	627	368	421	182	623	1119	621
武夷山市	16319	12955	1263	6577	794	413	552	78	998	1039	1241
光泽县	6219	5037	1133	1562	221	312	262		129	1080	338
松溪县	4932	4101	805	1164	73	169	421	8	127	977	357
政和县	4006	2924	590	1142	143	214	147	21	125	189	353
延平区	20555	18096	1937	7615	1413	1136	968	471	2577	128	1851
宁德市小计	**157380**	**126333**	**21910**	**51863**	**13084**	**7555**	**6866**	**2795**	**10970**		**11290**
本级	27135	20072	2169	11509	1500	1207	1115	215	911		1446
县级小计	130245	106261	19741	40354	11584	6348	5751	2580	10059		9844
福鼎县	25777	21508	3035	8764	1825	1197	1320	359	2726		2282
福安市	28151	23372	6157	7094	2231	1404	1527	939	1908		2112
霞浦县	13996	10272	1212	4276	598	556	411	426	1649		1144
古田县	14846	10551	2721	3231	1309	796	516	50	894		1034
屏南县	6208	5070	1174	2654	449	194	173	29	157		240
寿宁县	4601	3743	1340	1185	392	204	181	175	73		193
周宁县	7545	6333	1922	1356	1983	177	498	50	144		203
柘荣县	3508	2676	729	991	117	162	187	91	184		215
蕉城区	14730	12188	1082	5500	1233	939	564	461	1062		1347

2－16－9

单位:万元

地区	收支部分									
	收入								支出	
	非税收入							贷款转贷回收本金收入	本年支出小计	一般公共服务
	小计	专项收入	行政事业性收费收入	罚没收入	国有资本经营收入	国有资源(资产)有偿使用收入	其他收入			
大田县	1604	781	35	759		29			31571	6311
清流县	606	279	102	569	－350	6			15752	3242
明溪县	213	218	40	161	－216	10			14427	3420
尤溪县	2235	683	390	1158		4			34147	9844
沙县	3220	1125	445	1458	180	12			30095	5905
将乐县	1282	401	120	758		3			19302	4197
泰宁县	576	265	22	195	71	23			18317	4193
建宁县	422	105	12	292		13			16337	3165
三元区	1163	558	20	405	60	10	110		11488	2625
梅列区	1812	853	99	846		14			13100	4051
南平市小计	**36981**	**9089**	**8101**	**15708**	**2695**	**644**	**744**		**314277**	**54892**
本级	13030	3291	2588	6566		382	203		52960	9660
县级小计	23951	5798	5513	9142	2695	262	541		261317	45232
邵武市	3280	1229	973	905	160	12	1		34900	6225
建阳市	3287	857	637	1220	529	23	21		27596	4990
顺昌县	2083	651	380	797		8	247		22943	4643
建瓯市	3156	554	799	1746		27	30		39515	6394
浦城县	3227	357	304	767	1637	13	149		29556	4217
武夷山市	3364	722	934	1304	220	139	45		29343	5401
光泽县	1182	392	362	417		11			17717	2766
松溪县	831	119	237	442		12	21		14450	2943
政和县	1082	172	169	585	120	11	25		15872	2675
延平区	2459	745	718	959	29	6	2		29425	4978
宁德市小计	**31047**	**5695**	**8876**	**15089**	**85**	**397**	**905**		**328893**	**62337**
本级	7063	951	1841	4012		96	163		46035	12681
县级小计	23984	4744	7035	11077	85	301	742		282858	49656
福鼎县	4269	734	852	2589		34	60		58369	6763
福安市	4779	1031	1658	1999		51	40		49498	8810
霞浦县	3724	354	1478	1803	70	19			36394	6548
古田县	4295	679	1103	1970		40	503		31251	5085
屏南县	1138	255	195	600		4	84		18247	3404
寿宁县	858	335	152	347	15	5	4		19099	3192
周宁县	1212	376	213	587		8	28		18199	3115
柘荣县	832	164	222	440		2	4		13680	2882
蕉城区	2542	599	1161	638		125	19		31403	7042

2－16－10

单位:万元

地　　区	收支部分										
	支出										
	外　交	国　防	公共安全	教　育	科学技术	文化体育与传媒	社会保障和就业	医疗卫生	环境保护	城乡社区事务	农林水事务
大田县		113	2057	12188	123	275	3900	935	262	475	3621
清流县		19	1242	4069	44	118	2755	718	170	156	1515
明溪县		84	1461	4937	164	363	1298	486	64	227	1245
尤溪县		85	2066	12674	144	355	2132	909	208	355	4505
沙县		1	2597	10245	354	382	1557	1676	570	508	2875
将乐县		41	1584	4842	162	191	3840	1202	181	488	2260
泰宁县		57	1513	4578	227	279	1301	945	131	275	2410
建宁县		44	1586	4964	173	201	928	1411	111	180	1879
三元区		91	527	4485	68	80	772	755	146	573	846
梅列区		83	632	3345	114	106	961	671	113	544	958
南平市小计		**884**	**29165**	**75960**	**3504**	**3809**	**56349**	**20182**	**2399**	**6696**	**29449**
本级		517	9969	6428	932	965	7083	3987	538	1580	3019
县级小计		367	19196	69532	2572	2844	49266	16195	1861	5116	26430
邵武市		30	2344	8168	159	614	5200	1572	518	1488	2479
建阳市		70	2205	7163	331	263	5504	2515	285	453	2839
顺昌县		34	1913	7506	113	279	2655	2045	154	349	2189
建瓯市		28	2894	10381	562	572	8139	1513	175	425	3687
浦城县		28	1735	8442	144	170	6614	2018	190	309	3645
武夷山市		26	2599	6021	336	262	4659	1899	169	864	3759
光泽县		39	1294	4189	92	185	3381	946	157	495	2697
松溪县		15	916	4046	108	100	3204	767	44	185	1602
政和县		27	1430	5021	213	133	3428	978	66	220	1240
延平区		70	1866	8595	514	266	6482	1942	103	328	2293
宁德市小计		**1357**	**25684**	**81492**	**2104**	**3970**	**62726**	**18743**	**1951**	**6710**	**30715**
本级		460	8230	8712	835	1268	4726	2722	357	773	2372
县级小计		897	17454	72780	1269	2702	58000	16021	1594	5937	28343
福鼎县		128	2752	12879	220	479	15353	3018	297	1785	8637
福安市		106	3333	14248	267	472	10129	2131	328	1169	5380
霞浦县		144	2546	8635	77	319	7509	1988	172	620	2527
古田县		118	3308	9258	99	364	6402	1710	215	449	2866
屏南县		76	1269	4640	79	289	3326	1617	137	350	1598
寿宁县		30	1083	5647	94	184	3698	1432	121	172	1496
周宁县		49	817	5149	58	171	3519	1458	39	236	1625
柘荣县		64	1101	3069	271	164	2919	613	125	289	860
蕉城区		182	990	9193	104	260	5145	2023	132	791	3214

2006 年地方财政政府收支分类转换数据

2－16－11

单位:万元

地区	收支部分			平衡部分						
	支出			收入						
						返还性收入			财力性转移支付收入	
	交通运输	工业、商业、金融等事务	其他支出	收入总计	本年收入	小计	增值税和消费税税收返还	所得税基数返还	小计	体制补助
大田县	253	528	530	37405	17020	3562	2295	1267	11699	
清流县	51	342	1311	18682	5175	1685	1193	492	7192	
明溪县	22	180	476	18706	4373	1535	881	654	7497	
尤溪县	75	372	423	39064	16860	3540	1663	1877	11593	
沙县	65	1030	2330	37667	21039	3243	1717	1526	6175	
将乐县	44	270		19877	11318	1988	1563	425	5738	
泰宁县	1546	551	311	21056	6380	2212	1410	802	7770	
建宁县	503	645	547	17580	3936	1166	695	471	8671	130
三元区	4	263	253	16179	10257	1590	944	646	1617	
梅列区	439	482	601	18882	13629	1232	589	643	861	
南平市小计	**8027**	**7826**	**15135**	**405437**	**184195**	**40976**	**26119**	**14857**	**109239**	**1065**
本级	3629	2602	2051	94417	51362	16028	10434	5594	723	
县级小计	4398	5224	13084	311020	132833	24948	15685	9263	108516	1065
邵武市	2483	908	2712	45167	23413	4863	3265	1598	9620	
建阳市	177	582	219	35476	15038	3179	2309	870	13141	
顺昌县	89	447	527	26268	10919	3057	1926	1131	8536	
建瓯市	90	822	3833	45920	18554	3046	2219	827	19989	
浦城县	8	480	1556	32195	12878	2317	1292	1025	14911	
武夷山市	659	888	1801	36600	16319	2218	812	1406	9427	
光泽县	529	407	540	20275	6219	1358	881	477	8931	
松溪县	26	140	354	18165	4932	848	572	276	7583	550
政和县	37	188	216	20650	4006	902	573	329	10626	515
延平区	300	362	1326	30304	20555	3160	1836	1324	5752	
宁德市小计	**2514**	**16329**	**12261**	**363770**	**157380**	**33492**	**17797**	**15695**	**124699**	**9804**
本级	1169	1462	268	63111	27135	5782	383	5399	7387	7598
县级小计	1345	14867	11993	300659	130245	27710	17414	10296	117312	2206
福鼎县	99	2770	3189	68556	25777	6915	4026	2889	15426	
福安市	169	1843	1113	60828	28151	6586	4076	2510	18488	
霞浦县	253	4097	959	31389	13996	2850	1770	1080	15324	
古田县	534	460	383	33613	14846	3247	1937	1310	14665	
屏南县	96	590	776	15218	6208	1351	713	638	9702	532
寿宁县	7	209	1734	17461	4601	1297	1103	194	12096	723
周宁县	18	315	1630	16510	7545	1335	944	391	9184	473
柘荣县	16	343	964	15502	3508	1324	1174	150	6070	478
蕉城区	153	1034	1140	29995	14730	2805	1671	1134	16291	

2-16-12 单位:万元

地区	平衡部分									
	收入									
	财力性转移支付收入									
	一般性转移支付补助	民族地区转移支付补助	调整工资转移支付补助	农村税费改革转移支付补助	取消农业特产税降低农业税率转移支付补助	缓解县乡财政困难转移支付补助	农村义务教育补助	结算补助	企事业单位预算划转补助	其他财力性转移支付
大田县	4398		1620	2212	664	1862	741	202		
清流县	3250		938	859	719	1235	190	1		
明溪县	3985		870	685	896	853	205	3		
尤溪县	2139		1804	2142	1640	2553	1011	304		
沙县	295		1457	778	1129	1595	305	616		
将乐县	599		1101	784	1013	2017	209	202		-187
泰宁县	2833		1012	826	708	1801	202	201		187
建宁县	3876		983	921	658	1709	190	204		
三元区			540	287	592	64	66	68		
梅列区			199	102	365	56	29	110		
南平市小计	**30614**		**15762**	**11910**	**12607**	**28060**	**4129**	**5092**		
本级			219	-537		-466	-228	1735		
县级小计	30614		15543	12447	12607	28526	4357	3357		
邵武市	847		1679	1162	1585	3775	367	205		
建阳市	3128		1469	1456	1620	4989	476	3		
顺昌县	1407		1415	884	1311	2428	413	678		
建瓯市	4879		2175	2053	3653	5990	734	505		
浦城县	4724		1743	2160	1346	4184	551	203		
武夷山市	3003		1484	898	798	2366	273	605		
光泽县	4706		1001	741	781	1280	218	204		
松溪县	3265		889	934	359	1351	232	3		
政和县	4655		1214	1124	555	1924	438	201		
延平区			2474	1035	599	239	655	750		
宁德市小计	**38264**		**15332**	**17506**	**8628**	**22307**	**5087**	**7771**		
本级	1830		960	83		-316		892		-3660
县级小计	36434		14372	17423	8628	22623	5087	6879		3660
福鼎县	3377		2151	2704	1046	3168	794	1604		582
福安市	4499		2363	3858	1655	3812	1123	802		376
霞浦县	4947		1974	2033	1741	2707	870	773		279
古田县	5561		1886	2092	1640	2506	582	398		
屏南县	3413		1095	1174	453	2500	253	282		
寿宁县	4510		1283	1534	876	2069	482	619		
周宁县	3267		1132	1052	429	2444	312	75		
柘荣县	2116		656	1009	153	1144	155	279		80
蕉城区	4744		1832	1956	630	2273	516	1997		2343

2－16－13 单位:万元

地区	平衡部分								
	收入							支出	
	专项转移支付			省补助计划单列市	上年结余收入	调入资金	国债转贷收入、上年结余及转补助数	支出总计	本年支出
	小计	专项补助	增发国债补助						
大田县	2998	2998			1563	563		34280	31571
清流县	2017	2017			1852	661	100	16402	15752
明溪县	2102	2102			2240	609	350	15717	14427
尤溪县	3585	3585			1599	1767	120	36498	34147
沙县	2071	2071			2414	1825	900	34638	30095
将乐县	3135	3135			－2502		200	21878	19302
泰宁县	2719	2719			1865	10	100	19318	18317
建宁县	2165	2165			1492		150	16492	16337
三元区	1358	1358			1180	177		14564	11488
梅列区	1552	1552			1608			17109	13100
南平市小计	**36839**	**36839**			**26578**	**6180**	**1430**	**353873**	**314277**
本级	3861	3861			21033	1410		65620	52960
县级小计	32978	32978			5545	4770	1430	288253	261317
邵武市	2838	2838			2769	1514	150	41494	34900
建阳市	3241	3241			528	109	240	32304	27596
顺昌县	4296	4296			－660		120	25216	22943
建瓯市	5438	5438			－1672	565		44278	39515
浦城县	3118	3118			－1179		150	31431	29556
武夷山市	4036	4036			3916	484	200	31084	29343
光泽县	1818	1818			1317	262	370	19012	17717
松溪县	2352	2352			1869	581		14542	14450
政和县	2256	2256			2060	600	200	16093	15872
延平区	3585	3585			－3403	655		32799	29425
宁德市小计	**65707**	**65707**			**－30213**	**9772**	**2933**	**354060**	**328893**
本级	10992	10992			8379	2886	550	44681	46035
县级小计	54715	54715			－38592	6886	2383	309379	282858
福鼎县	19845	19845			－7		600	63532	58369
福安市	7053	7053			－841	1041	350	56260	49498
霞浦县	8265	8265			－12923	3400	477	38357	36394
古田县	2955	2955			－2572	361	111	33067	31251
屏南县	3530	3530			－5893		320	18779	18247
寿宁县	3220	3220			－3853		100	19352	19099
周宁县	2313	2313			－3917		50	19052	18199
柘荣县	2471	2471			732	1277	120	14036	13680
蕉城区	4951	4951			－9844	807	255	35940	31403

2－16－14

单位:万元

地区	平衡部分									
	支出								年终结余	其中:净结余
	财力性转移支付			专项上解	计划单列市上解省	增设预算周转金	调出资金	国债转贷拨付数及年末结余		
	小计	体制上解	出口退税专项上解							
大田县	1767	1767		942					3125	19
清流县	545	545		5				100	2280	148
明溪县	936	936		4				350	2989	271
尤溪县	1216	1216		1015				120	2566	171
沙县	3138	3138		505				900	3029	221
将乐县	1314	1314		1062				200	－2001	－3420
泰宁县	713	713		188				100	1738	210
建宁县				5				150	1088	49
三元区	2992	2992		84					1615	58
梅列区	3859	3859		150					1773	
南平市小计	**36578**	**36578**		**956**			**632**	**1430**	**51564**	**－9048**
本级	16373	16373		－4199			486		28797	5861
县级小计	20205	20205		5155			146	1430	22767	－14909
邵武市	6298	6298		146				150	3673	－141
建阳市	3024	3024		1444				240	3172	－607
顺昌县	1895	1895		258				120	1052	－2697
建瓯市	3405	3405		1358					1642	－3089
浦城县	108	108		1617				150	764	－1740
武夷山市	1437	1437		21			83	200	5516	
光泽县	917	917		8				370	1263	－684
松溪县				29			63		3623	－664
政和县				21				200	4557	－901
延平区	3121	3121		253					－2495	－4386
宁德市小计	**16121**	**16121**		**6113**				**2933**	**9710**	**－66115**
本级	1127	1127		－3031				550	18430	－4420
县级小计	14994	14994		9144				2383	－8720	－61695
福鼎县	3637	3637		926				600	5024	－2392
福安市	4013	4013		2399				350	4568	－6034
霞浦县	1176	1176		310				477	－6968	－11310
古田县	1499	1499		206				111	546	－5609
屏南县				212				320	－3561	－7983
寿宁县				153				100	－1891	－7302
周宁县				803				50	－2542	－7636
柘荣县				236				120	1466	－848
蕉城区	2536	2536		1746				255	－5945	－12639

2－16－15　　　　　　　　　　　　　　　　　　　　　　　单位:万元

地区	收支部分										
	收入										
	本年收入小计	税收收入									
		小计	增值税	营业税	企业所得税	个人所得税	城市维护建设税	耕地占用税	契税	烟叶税	其他各项税收收入
东侨区	10883	10548	369	5303	1447	719	374		1262		1074
莆田市小计	**184861**	**152026**	**34763**	**40386**	**23231**	**20452**	**6747**	**1811**	**6948**		**17688**
本级	70326	55274	7988	14479	10802	15393	2491				4121
县级小计	114535	96752	26775	25907	12429	5059	4256	1811	6948		13567
仙游县	22006	15216	4450	4319	1763	940	711	244	1020		1769
荔城区	26122	23825	5205	5652	5137	866	998	544	2058		3365
城厢区	22034	19685	2720	8014	1758	796	1002	117	2084		3194
涵江区	25582	23372	7654	5064	3102	1809	1034	279	1219		3211
秀屿区	18022	14233	6731	2653	573	620	492	626	567		1971
湄洲岛	769	421	15	205	96	28	19	1			57
泉州市小计	**930330**	**783886**	**183627**	**216622**	**127779**	**67232**	**40007**	**9886**	**33109**		**105624**
本级	145666	127611	24583	44809	18989	8877	6675	990	7046		15642
县级小计	784664	656275	159044	171813	108790	58355	33332	8896	26063		89982
惠安县	93784	53622	10891	14280	9954	4582	2376	1763	3264		6512
晋江市	209310	199219	60721	42451	38549	17927	8076	1390	5011		25094
石狮市	94208	84660	16573	26194	15238	8834	3506	100	1400		12815
南安市	90201	78829	20564	16489	13068	8584	4516	225	3500		11883
安溪县	59737	44390	11195	12543	5686	3072	1636	1171	3084		6003
永春县	37138	23071	4190	7602	2011	2201	1112	1350	951		3654
德化县	29217	25481	7144	4735	5101	2089	1232	548	659		3973
泉港区	42988	29818	6835	8158	1771	1261	5501	856	810		4626
鲤城区	43670	37996	9067	10844	5853	3609	2142	609	1017		4855
丰泽区	65991	61201	7802	22260	9124	5007	2628	584	5766		8030
洛江区	18420	17988	4062	6257	2435	1189	607	300	601		2537
漳州市小计	**350550**	**263015**	**71504**	**78506**	**30957**	**16378**	**10328**	**7698**	**17603**	**125**	**29916**
本级	85955	61540	13104	17884	8629	4015	3705		6569		7634
县级小计	264595	201475	58400	60622	22328	12363	6623	7698	11034	125	22282
龙海市	82523	62084	29141	12008	8335	3367	1198	828	1900		5307
长泰县	11309	9700	3032	3204	672	710	341	59	340		1342
东山县	12080	8759	1601	3063	887	331	341	150	836		1550
南靖县	18050	13593	5498	3321	1165	715	479	241	545	125	1504
平和县	10908	5625	1175	2332	276	503	260	68	446		565
华安县	6326	4953	1144	2072	319	454	230	217	218		299
云霄县	12402	7963	1002	2872	319	758	233	543	1171		1065
漳浦县	23084	17047	3586	5702	1539	978	462	914	1692		2174

2-16-16

单位:万元

地区	收支部分									
	收入								支出	
	非税收入							贷款转贷回收本金收入		
	小计	专项收入	行政事业性收费收入	罚没收入	国有资本经营收入	国有资源(资产)有偿使用收入	其他收入		本年支出小计	一般公共服务
东侨区	335	217	1	104		13			6718	2815
莆田市小计	**32835**	**6920**	**10066**	**14998**	**165**	**264**	**422**		**257419**	**46844**
本级	15052	2364	3491	9470	-360	78	9		69445	17715
县级小计	17783	4556	6575	5528	525	186	413		187974	29129
仙游县	6790	867	2239	3153	525	6			57297	8685
荔城区	2297	866	765	644		22			31408	3928
城厢区	2349	699	1338	240		10	62		25725	4409
涵江区	2210	905	716	470		109	10		32755	5356
秀屿区	3789	1211	1517	1021		39	1		35864	5641
湄洲岛	348	8					340		4925	1110
泉州市小计	**146444**	**22977**	**47833**	**39106**	**14350**	**1831**	**20347**		**1047758**	**167876**
本级	18055	3434	5356	8457	-235	741	302		165831	28511
县级小计	128389	19543	42477	30649	14585	1090	20045		881927	139365
惠安县	40162	2418	23582	3363	10322	120	357		120697	16925
晋江市	10091	4727	80	5867	-1000	416	1		219755	28304
石狮市	9548	1342	425	7556		183	42		103411	13581
南安市	11372	2736	4782	3590		89	175		107042	16063
安溪县	15347	1753	2374	2417	997	68	7738		87711	17225
永春县	14067	790	1195	994	2040	31	9017		54383	9496
德化县	3736	441	788	1558	37	52	860		41541	8436
泉港区	13170	2779	7316	2693	365	17			38497	8796
鲤城区	5674	1084	906	1792	17	25	1850		37211	7238
丰泽区	4790	1359	847	717	1807	60			49856	9006
洛江区	432	114	182	102		29	5		21823	4295
漳州市小计	**87535**	**9726**	**15257**	**36708**	**15043**	**627**	**10174**		**495690**	**92991**
本级	24415	3769	4024	13467	3011	153	-9		121577	22932
县级小计	63120	5957	11233	23241	12032	474	10183		374113	70059
龙海市	20439	1638	3631	5853	8973	322	22		83972	10130
长泰县	1609	316	132	993	161	7			19506	6416
东山县	3321	336	482	1362	230	5	906		19793	4525
南靖县	4457	373	343	3246		8	487		28085	5686
平和县	5283	163	1495	1722	1450	5	448		31701	6052
华安县	1373	239	211	896		4	23		13934	2667
云霄县	4439	340	1894	1341	200	11	653		30293	7617
漳浦县	6037	484	1427	3983		74	69		52025	8760

2006 年地方财政政府收支分类转换数据

2－16－17

单位:万元

地　区	收支部分										
	支出										
	外交	国防	公共安全	教育	科学技术	文化体育与传媒	社会保障和就业	医疗卫生	环境保护	城乡社区事务	农林水事务
东侨区			255	62				31	28	76	140
莆田市小计		**659**	**24757**	**95450**	**3599**	**3017**	**20080**	**13638**	**2122**	**11562**	**16883**
本级		337	17114	10319	2020	1752	3143	3738	1304	3290	3310
县级小计		322	7643	85131	1579	1265	16937	9900	818	8272	13573
仙游县			3992	24321	329	390	5557	2184	239	5290	3883
荔城区		17	494	17493	368	315	1705	2462	263	238	2830
城厢区		73	1051	11400	73	221	2225	2046	143	665	2018
涵江区		42	859	15787	432	217	2448	2378	121	1292	1863
秀屿区		190	1228	14800	377	106	4820	782	52	527	2566
湄洲岛			19	1330		16	182	48		260	413
泉州市小计		**6577**	**91106**	**288086**	**20580**	**21986**	**82974**	**44312**	**9679**	**90757**	**83887**
本级		2555	27209	29302	5916	9874	9171	8762	1129	14637	9457
县级小计		4022	63897	258784	14664	12112	73803	35550	8550	76120	74430
惠安县		705	9146	38335	2514	2150	4691	3025	701	7158	8784
晋江市		1670	15606	49376	4700	4552	17848	8859	1795	41160	23592
石狮市		187	9950	17955	1761	593	6053	4579	3202	15005	5108
南安市		339	9020	38254	1336	953	16715	5503	909	1328	10987
安溪县		213	5677	34723	502	645	5770	4735	426	4067	7874
永春县		122	3385	23004	696	557	2618	2135	206	1189	6400
德化县		134	2542	13685	653	1132	1638	1375	330	1946	5312
泉港区		168	3147	13633	364	238	4120	734	297	600	1831
鲤城区		217	1319	10940	897	677	7759	1580	252	1346	802
丰泽区		164	3232	11714	879	482	3937	2133	316	2004	1777
洛江区		103	873	7165	362	133	2654	892	116	317	1963
漳州市小计		**1473**	**46991**	**100848**	**4633**	**6132**	**81173**	**23403**	**3913**	**41672**	**27349**
本级		420	17839	12083	2218	3268	25140	6727	2711	3763	6166
县级小计		1053	29152	88765	2415	2864	56033	16676	1202	37909	21183
龙海市		155	6297	18997	964	506	9873	2743	163	19613	4311
长泰县			1674	4509	201	177	2693	1373	98	312	1261
东山县		190	1794	3761	71	175	3091	482	106	632	1032
南靖县		27	2892	7178	425	408	5411	2236	111	540	1924
平和县			2297	10179	43	269	7339	1334	26	178	2646
华安县		58	1312	3730	190	188	2497	660	192	322	1472
云霄县		91	3796	7471	99	196	4717	700	100	344	1610
漳浦县		95	4335	14334	115	352	7294	3685	195	725	3426

2-16-18

单位:万元

地区	收支部分			平衡部分						
	支出			收入						
						返还性收入			财力性转移支付收入	
	交通运输	工业、商业、金融等事务	其他支出	收入总计	本年收入	小计	增值税和消费税税收返还	所得税基数返还	小计	体制补助
东侨区		3206	105	11587	10883				66	
莆田市小计	**2557**	**10132**	**6119**	**288937**	**184861**	**28023**	**13091**	**14932**	**61987**	
本级	635	2876	1892	76700	70326	8968	4224	4744	-16403	-5348
县级小计	1922	7256	4227	212237	114535	19055	8867	10188	78390	5348
仙游县	713	814	900	56626	22006	4518	2478	2040	29574	62
荔城区	412	864	19	37196	26122	3882	1210	2672	11327	606
城厢区	254	518	629	31887	22034	1726	552	1174	8870	2071
涵江区	239	250	1471	46868	25582	4597	2048	2549	12815	360
秀屿区	296	3313	1166	34063	18022	4202	2569	1633	14398	1945
湄洲岛	8	1497	42	5597	769	130	10	120	1406	304
泉州市小计	**27146**	**51861**	**60931**	**1289679**	**930330**	**169516**	**56976**	**112540**	**67575**	
本级	5556	6924	6828	165112	145666	21525	9556	11969	-15013	9345
县级小计	21590	44937	54103	1124567	784664	147991	47420	100571	82588	-9345
惠安县	8595	9583	8385	131381	93784	18184	4563	13621	8661	
晋江市	2929	10778	8586	280852	209310	39962	12927	27035	17638	
石狮市	1530	11010	12897	128606	94208	18799	7898	10901	8565	
南安市	1111	2443	2081	143610	90201	21749	7302	14447	17298	
安溪县	3188	1229	1437	99801	59737	7421	2200	5221	16911	
永春县	877	3224	474	61364	37138	6918	1671	5247	7466	
德化县	2094	1066	1198	52181	29217	7239	2264	4975	4106	
泉港区	378	1224	2967	62563	42988	2616		2616	6902	
鲤城区	304	1933	1947	61436	43670	13417	5313	8104	-732	-1939
丰泽区	529	2120	11563	75330	65991	9644	2793	6851	-5671	-7406
洛江区	55	327	2568	27443	18420	2042	489	1553	1444	
漳州市小计	**8798**	**28142**	**28172**	**614249**	**350550**	**60512**	**36212**	**24300**	**111264**	**406**
本级	2985	14305	1020	149762	85955	18611	11829	6782	-2000	
县级小计	5813	13837	27152	464487	264595	41901	24383	17518	113264	406
龙海市	1722	756	7742	109003	82523	6083	2999	3084	13422	
长泰县	79	577	136	21592	11309	2236	1456	780	7335	
东山县	1192	394	2348	25600	12080	2093	1238	855	5317	
南靖县	386	646	215	36105	18050	4790	2751	2039	9317	
平和县	65	892	381	26825	10908	2642	1853	789	17371	406
华安县	90	309	247	18107	6326	1366	789	577	6562	
云霄县	215	325	3012	41291	12402	6229	5463	766	12999	
漳浦县	633	943	7133	58494	23084	4560	2664	1896	22044	

2－16－19

单位:万元

地区	平衡部分									
	收入									
	财力性转移支付收入									
	一般性转移支付补助	民族地区转移支付补助	调整工资转移支付补助	农村税费改革转移支付补助	取消农业特产税降低农业税率转移支付补助	缓解县乡财政困难转移支付补助	农村义务教育补助	结算补助	企事业单位预算划转补助	其他财力性转移支付
东侨区				11	5			50		
莆田市小计	**8859**		**11125**	**10799**	**3946**	**11878**	**5342**	**10038**		
本级	－98		1538	－1654		－414	－318	3074		－13183
县级小计	8957		9587	12453	3946	12292	5660	6964		13183
仙游县	5566		3231	4630	1979	5640	1970	806		5690
荔城区	1239		1747	1688	569	2155	761	1607		955
城厢区	549		1198	1147	523	1260	464	1254		404
涵江区	824		1562	1651	538	1959	767	1336		3818
秀屿区	779		1751	3182	336	1269	1602	1611		1923
湄洲岛			98	155	1	9	96	350		393
泉州市小计	**721**		**10056**	**25612**	**4398**	**11076**	**8220**	**7492**		
本级			197	－354		－8773	－1834	－12089		－1505
县级小计	721		9859	25966	4398	19849	10054	19581		1505
惠安县			1454	4166		610	1711	627		93
晋江市			418	4012		5388	752	6970		98
石狮市			148	431		4472	179	3238		97
南安市			2212	7064	770	1605	2880	2669		98
安溪县	721		2829	4452	2090	3583	2213	887		136
永春县			1620	2455	1307	621	943	405		115
德化县			778	830	231	1018	525	559		165
泉港区			100	1260		1843	525	3082		92
鲤城区			100	190		191	48	278		400
丰泽区			50	309		489	61	727		99
洛江区			150	797		29	217	139		112
漳州市小计	**13668**		**15850**	**19381**	**17552**	**26582**	**7553**	**10272**		
本级	－3470		1170	－391		11		717		－37
县级小计	17138		14680	19772	17552	26571	7553	9555		37
龙海市	1125		2437	3699	2135	1682	1502	837		5
长泰县	1531		959	908	1028	1893	294	722		
东山县	187		778	508	1068	1907	420	449		
南靖县	260		1104	1534	2513	3038	618	250		
平和县	3653		1949	3001	3603	3179	892	688		
华安县	1881		824	785	881	1881	228	82		
云霄县	2819		1686	1497	1275	2879	772	2043		28
漳浦县	3284		2570	3799	3440	6164	1472	1315		

2－16－20

单位:万元

地区	平衡部分								
	收入							支出	
	专项转移支付			省补助计划单列市	上年结余收入	调入资金	国债转贷收入、上年结余及转补助数	支出总计	本年支出
	小计	专项补助	增发国债补助						
东侨区	112	112			526			11004	6718
莆田市小计	**23417**	**23417**			**－18933**	**8762**	**820**	**294614**	**257419**
本级	5670	5670			2939	5000	200	70760	69445
县级小计	17747	17747			－21872	3762	620	223854	187974
仙游县	4405	4405			－5044	1167		60682	57297
荔城区	2111	2111			－6556	190	120	39463	31408
城厢区	2012	2012			－2828	73		32421	25725
涵江区	2587	2587			456	831		44352	32755
秀屿区	4864	4864			－8320	397	500	41854	35864
湄洲岛	1768	1768			420	1104		5082	4925
泉州市小计	**43867**	**43867**			**69223**	**6568**	**2600**	**1183457**	**1047758**
本级	－8751	－8751			21385		300	144511	165831
县级小计	52618	52618			47838	6568	2300	1038946	881927
惠安县	4870	4870			5882			123172	120697
晋江市	8792	8792			5150			272732	219755
石狮市	5624	5624			－5090	6500		124402	103411
南安市	6410	6410			7952			129699	107042
安溪县	7332	7332			7900		500	88567	87711
永春县	5370	5370			3772		700	55635	54383
德化县	5148	5148			5871		600	42785	41541
泉港区	2392	2392			7448	17	200	51069	38497
鲤城区	1968	1968			3013		100	56743	37211
丰泽区	3045	3045			2121		200	71659	49856
洛江区	1667	1667			3819	51		22483	21823
漳州市小计	**58234**	**58234**			**19577**	**11292**	**2820**	**567356**	**495690**
本级	34690	34690			11416	690	400	134724	121577
县级小计	23544	23544			8161	10602	2420	432632	374113
龙海市	2921	2921			4054			102789	83972
长泰县	1853	1853			－1241		100	20479	19506
东山县	1633	1633			3119	1008	350	20923	19793
南靖县	2097	2097			1617	84	150	31295	28085
平和县	2940	2940			－7529	293	200	32597	31701
华安县	2279	2279			454		1120	15645	13934
云霄县	2211	2211			453	6697	300	35607	30293
漳浦县	3379	3379			3647	1580	200	53340	52025

2－16－21　　　　　　　　　　　　　　　　　　　　　　　　　　　　单位:万元

地　区	平衡部分									
	支出								年终结余	其中:净结余
	财力性转移支付			专项上解	计划单列市上解省	增设预算周转金	调出资金	国债转贷拨付数及年末结余		
	小计	体制上解	出口退税专项上解							
东侨区	2133	2133		2153					583	58
莆田市小计	**33489**	**33489**		**2720**			**166**	**820**	**－5677**	**－31106**
本级	1204	1204		－89				200	5940	
县级小计	32285	32285		2809			166	620	－11617	－31106
仙游县	2979	2979		289			117		－4056	－9220
荔城区	7609	7609		326				120	－2267	－4518
城厢区	6256	6256		391			49		－534	－3490
涵江区	10227	10227		1370					2516	－2622
秀屿区	5119	5119		371				500	－7791	－11406
湄洲岛	95	95		62					515	150
泉州市小计	**125507**	**125507**		**7592**				**2600**	**106222**	**10206**
本级	－26518	－26518		4898				300	20601	2730
县级小计	152025	152025		2694				2300	85621	7476
惠安县	2124	2124		351					8209	
晋江市	52421	52421		556					8120	1285
石狮市	20850	20850		141					4204	－263
南安市	22086	22086		571					13911	538
安溪县	17	17		339				500	11234	
永春县	417	417		135				700	5729	
德化县	538	538		106				600	9396	
泉港区	12515	12515		－143				200	11494	4853
鲤城区	19246	19246		186				100	4693	281
丰泽区	21212	21212		391				200	3671	782
洛江区	599	599		61					4960	
漳州市小计	**58429**	**58429**		**9653**			**764**	**2820**	**46893**	**825**
本级	19175	19175		－6983			555	400	15038	2096
县级小计	39254	39254		16636			209	2420	31855	－1271
龙海市	10258	10258		8409			150		6214	－2786
长泰县	560	560		313				100	1113	－2011
东山县	525	525		255				350	4677	418
南靖县	2826	2826		234				150	4810	1665
平和县				657			39	200	－5772	－8110
华安县	376	376		215				1120	2462	724
云霄县	3667	3667		1347				300	5684	3971
漳浦县	793	793		322				200	5154	2193

2－16－22 单位:万元

地区	收支部分										
	收入										
	本年收入小计	税收收入									
		小计	增值税	营业税	企业所得税	个人所得税	城市维护建设税	耕地占用税	契税	烟叶税	其他各项税收收入
诏安县	12207	8824	1217	3500	344	373	236	867	1331		956
芗城区	49775	39205	6472	13727	4484	2725	2144	2802	1629		5222
龙文区	11820	10382	2674	3233	993	648	492	1009	92		1241
漳州开发区	14111	13340	1858	5588	2995	801	207		834		1057
龙岩市小计	**284899**	**243486**	**60308**	**58049**	**34491**	**13782**	**34524**	**2348**	**5914**	**6144**	**27926**
本级	118148	99274	29654	22760	5898	4318	26778		1651		8215
县级小计	166751	144212	30654	35289	28593	9464	7746	2348	4263	6144	19711
新罗区	51030	43601	8850	15369	4413	3255	3131	601	1651		6331
长汀县	10929	9393	1919	3053	318	575	415	153	353	1300	1307
永定县	28440	23556	8964	4632	1685	1461	1972	232	330	781	3499
上杭县	35444	33304	2822	4428	17487	1620	717	194	483	1429	4124
武平县	9697	7686	1438	1838	603	597	274	260	434	1240	1002
漳平市	18066	15823	4160	3093	3385	1131	812	92	587	484	2079
连城县	10449	8201	1731	2391	477	683	346	89	408	910	1166
开发区	2696	2648	770	485	225	142	79	727	17		203

2-16-23 单位:万元

地区	收支部分									
	收入								支出	
	非税收入							贷款转贷回收本金收入	本年支出小计	一般公共服务
	小计	专项收入	行政事业性收费收入	罚没收入	国有资本经营收入	国有资源(资产)有偿使用收入	其他收入			
诏安县	3383	185	332	2860		6			28603	5493
芗城区	10570	1109	670	595	1018	12	7166		40415	6898
龙文区	1438	555	351	127		10	395		11497	4182
漳州开发区	771	219	265	263		10	14		14289	1633
龙岩市小计	**41413**	**23539**	**2910**	**13628**	**689**	**507**	**140**		**407017**	**73034**
本级	18874	13319	404	4812		199	140		123802	25985
县级小计	22539	10220	2506	8816	689	308			283215	47049
新罗区	7429	6521	14	1197	-380	77			46713	10963
长汀县	1536	286	94	1136		20			37676	4740
永定县	4884	1340	946	1852	700	46			50996	6327
上杭县	2140	657	119	1252		112			56663	7493
武平县	2011	375	185	1073	366	12			30675	5041
漳平市	2243	750	162	1309	4	18			30274	7791
连城县	2248	257	986	997	-1	9			27908	4387
开发区	48	34				14			2310	307

2－16－24

单位:万元

地区	收支部分										
	支出										
	外交	国防	公共安全	教育	科学技术	文化体育与传媒	社会保障和就业	医疗卫生	环境保护	城乡社区事务	农林水事务
诏安县		46	2191	8748	50	84	5820	1162	62	100	1215
芗城区		253	1528	6429	96	418	6899	2014	77	2667	1354
龙文区		120	588	3277	161	72	332	261	72	738	915
漳州开发区		18	448	152		19	67	26		11738	17
龙岩市小计		**377**	**25920**	**102864**	**3225**	**6891**	**58003**	**19854**	**4627**	**31565**	**32939**
本级		20	11157	14801	1489	2838	12388	5090	1864	24986	7146
县级小计		357	14763	88063	1736	4053	45615	14764	2763	6579	25793
新罗区		122	1271	16599	300	622	4476	2284	1100	1773	3793
长汀县		45	2230	10698	140	412	9948	2928	90	410	3514
永定县			1699	14364	234	396	12448	2583	415	821	3945
上杭县		68	3110	17743	237	932	6986	3143	562	1207	5889
武平县		15	1984	10627	176	785	3786	918	325	667	3312
漳平市			2404	9497	402	633	2204	1072	169	1223	2536
连城县		107	2065	8535	247	273	5764	1828	102	319	2804
开发区							3	8		159	

2006 年地方财政政府收支分类转换数据

2－16－25

单位：万元

地区	收支部分			平衡部分						
	支出			收入						
						返还性收入			财力性转移支付收入	
	交通运输	工业、商业、金融等事务	其他支出	收入总计	本年收入	小计	增值税和消费税税收返还	所得税基数返还	小计	体制补助
诏安县	88	238	3306	33048	12207	2883	1795	1088	14705	
芗城区	851	8467	2464	62658	49775	7704	3375	4329	1868	
龙文区	321	290	168	14448	11820	601		601	863	
漳州开发区	171			17316	14111	714		714	1461	
龙岩市小计	**2852**	**9742**	**35124**	**531670**	**284899**	**74811**	**56055**	**18756**	**96704**	**3717**
本级	1517	3375	11146	168988	118148	35343	30805	4538	625	－123
县级小计	1335	6367	23978	362682	166751	39468	25250	14218	96079	3840
新罗区	35	463	2912	79155	51030	11626	8300	3326	5480	
长汀县	17	1014	1490	43646	10929	2555	1870	685	21586	1629
永定县	28	180	7556	61366	28440	7255	4910	2345	14112	
上杭县	74	3211	6008	69913	35444	5836	2878	2958	15363	854
武平县	702	359	1978	31745	9697	3323	2059	1264	14732	684
漳平市	81	741	1521	38455	18066	5456	2885	2571	8579	
连城县	398	392	687	34607	10449	3389	2336	1053	15869	550
开发区		7	1826	3795	2696	28	12	16	358	123

2－16－26

单位:万元

地区	平衡部分									
	收入									
	财力性转移支付收入									
	一般性转移支付补助	民族地区转移支付补助	调整工资转移支付补助	农村税费改革转移支付补助	取消农业特产税降低农业税率转移支付补助	缓解县乡财政困难转移支付补助	农村义务教育补助	结算补助	企事业单位预算划转补助	其他财力性转移支付
诏安县	2398		1727	2919	1399	3602	1101	1559		
芗城区			487	678	144	309	150	100		
龙文区			159	443	66	33	104	54		4
漳州开发区				1		4		1456		
龙岩市小计	**24630**		**14122**	**13263**	**5616**	**24873**	**4676**	**5807**		
本级	－716		1007	－355		－180		1192		－200
县级小计	25346		13115	13618	5616	25053	4676	4615		200
新罗区	650		905	862	756	604	286	1417		
长汀县	6927		2338	2390	501	5924	939	938		
永定县	2291		2144	2324	1113	4915	820	505		
上杭县	3079		2377	2535	775	4298	939	506		
武平县	5068		1893	2116	604	3760	601	6		
漳平市	2081		1674	1197	1104	1564	457	502		
连城县	5250		1784	2194	763	3988	634	706		
开发区								35		200

2-16-27

单位:万元

地区	平衡部分								
	收入							支出	
	专项转移支付			省补助计划单列市	上年结余收入	调入资金	国债转贷收入、上年结余及转补助数	支出总计	本年支出
	小计	专项补助	增发国债补助						
诏安县	2013	2013			1240			29149	28603
芗城区	1476	1476			895	940		60470	40415
龙文区	708	708			456			13233	11497
漳州开发区	34	34			996			17105	14289
龙岩市小计	**41893**	**41893**			**30087**	**2006**	**1270**	**461882**	**407017**
本级	6817	6817			7955		100	150074	123802
县级小计	35076	35076			22132	2006	1170	311808	283215
新罗区	3963	3963			7056			67082	46713
长汀县	6529	6529			1847		200	37966	37676
永定县	7250	7250			4259		50	54511	50996
上杭县	6108	6108			6962		200	57025	56663
武平县	3490	3490			-1378	1761	120	30837	30675
漳平市	3793	3793			2035	126	400	33427	30274
连城县	3643	3643			938	119	200	28127	27908
开发区	300	300			413			2833	2310

2-16-28 单位:万元

地区	平衡部分									
	支出								年终结余	其中:净结余
	财力性转移支付			专项上解	计划单列市上解省	增设预算周转金	调出资金	国债转贷拨付数及年末结余		
	小计	体制上解	出口退税专项上解							
诏安县	120	120		426					3899	1324
芗城区	15741	15741		4314					2188	1072
龙文区	1572	1572		144			20		1215	58
漳州开发区	2816	2816							211	211
龙岩市小计	**51229**	**51229**		**2240**			**126**	**1270**	**69788**	**15135**
本级	28916	28916		-2744				100	18914	7813
县级小计	22313	22313		4984			126	1170	50874	7322
新罗区	18323	18323		2046					12073	1542
长汀县				90				200	5680	-104
永定县	1070	1070		2395				50	6855	837
上杭县				162				200	12888	4451
武平县				42				120	908	-1645
漳平市	2397	2397		230			126	400	5028	559
连城县				19				200	6480	720
开发区	523	523							962	962

2006年江西省地市县财政一般预算收支平衡表

2－17－1　　　　单位:万元

地区	收支部分										
	收入										
	本年收入小计	税收收入									
		小计	增值税	营业税	企业所得税	个人所得税	城市维护建设税	耕地占用税	契税	烟叶税	其他各项税收收入
地(市)县级总计	**2525301**	**1836316**	**356674**	**739773**	**174467**	**88553**	**133166**	**37304**	**185275**	**5221**	**115883**
地(市)本级合计	**759443**	**548783**	**78987**	**209198**	**66308**	**33000**	**60426**	**3221**	**67858**		**29785**
县级合计	**1765858**	**1287533**	**277687**	**530575**	**108159**	**55553**	**72740**	**34083**	**117417**	**5221**	**86098**
南昌市小计	**681075**	**541782**	**72722**	**245728**	**65589**	**24630**	**44636**	**1660**	**59648**		**27169**
本级	373102	273623	31310	109300	40284	20843	30214		32000		9672
县级小计	307973	268159	41412	136428	25305	3787	14422	1660	27648		17497
南昌县	62445	52939	7412	28866	4273	1200	2114	1089	6342		1643
新建县	36525	30231	2097	19128	1042	1634	931		4688		711
进贤县	20005	14567	2391	8209	401	528	1035	100	1600		303
安义县	9900	8450	1257	5801	379	161	423	30	300		99
湾里区	10027	8732	2424	3775	770	256	549	100	565		293
青山湖区	28733	25324	6443	9987	3646		1091	200	1850		2107
东湖区	25920	23840		16992	2373		866				3609
西湖区	30039	27446	34	18518	3284		1065				4545
青云谱区	14819	13194		7549	3130		844	141			1530
昌北区	21012	17068	6753	3615	1102		2004		2610		984
高新区	25317	24029	11535	4370	3702		2288		775		1359
红谷滩区	19562	18873	306	8011	945		1068		8300		243
桑海区	1161	1029	675	82	16		27		218		11
英雄区	2508	2437	85	1525	242	8	117		400		60
景德镇市小计	**97066**	**69671**	**14965**	**28161**	**5175**	**2589**	**5076**	**1729**	**6958**		**5018**
本级	40369	27926	6736	10283	2052	918	2224		3550		2163
县级小计	56697	41745	8229	17878	3123	1671	2852	1729	3408		2855
高新科技园	3024	2676	493	468	675	43	120	670	70		137
陶瓷科技园	770	751	104	412	29	24	29	108	30		15
乐平市	28316	16085	5116	4747	934	718	1209	397	1837		1127
浮梁县	10318	9044	1018	5141	354	311	774	346	500		600
珠山区	6936	6503	911	3675	445	360	405		100		607
昌江区	7333	6686	587	3435	686	215	315	208	871		369
萍乡市小计	**140546**	**106812**	**25682**	**41457**	**10538**	**3293**	**8040**	**943**	**7967**		**8892**
本级	37074	26455	6193	7277	4861	1286	2771		1600		2467
县级小计	103472	80357	19489	34180	5677	2007	5269	943	6367		6425
莲花县	7009	5014	1212	1713	303	288	178	4	714		602
上栗县	19409	14695	1948	7751	1247	284	566	72	1502		1325
芦溪县	13528	10996	2210	4988	1224	247	331	31	862		1103

2-17-2

单位:万元

地区	收支部分									
	收入								支出	
	非税收入							贷款转贷回收本金收入	本年支出小计	一般公共服务
	小计	专项收入	行政事业性收费收入	罚没收入	国有资本经营收入	国有资源(资产)有偿使用收入	其他收入			
地(市)县级总计	**688985**	**88501**	**220432**	**201184**	**93457**	**20721**	**64690**		**5536872**	**875942**
地(市)本级合计	**210660**	**36615**	**42988**	**59923**	**46035**	**9397**	**15702**		**1139317**	**148349**
县级合计	**478325**	**51886**	**177444**	**141261**	**47422**	**11324**	**48988**		**4397555**	**727593**
南昌市小计	**139293**	**22766**	**26885**	**34111**	**43061**	**2495**	**9975**		**933749**	**124485**
本级	99479	15218	12814	17437	42704	1462	9844		366346	24584
县级小计	39814	7548	14071	16674	357	1033	131		567403	99901
南昌县	9506	1945	2949	4423		189			110183	16575
新建县	6294	924	2034	2506	357	473			79369	13411
进贤县	5438	417	3048	1960		13			64496	11003
安义县	1450	232	666	544		8			28689	6038
湾里区	1295	366	552	351		26			18755	4572
青山湖区	3409	983	852	1377		69	128		45262	11694
东湖区	2080	55	230	1748		47			39621	5705
西湖区	2593	62	121	2365		45			45855	11333
青云谱区	1625	20	412	1163		30			23825	4457
昌北区	3944	866	2960	99		19			32476	4160
高新区	1288	1077	111	30		70			44681	4879
红谷滩区	689	458	97	95		36	3		29640	2977
桑海区	132	81	35	13		3			1725	699
英雄区	71	62	4			5			2826	2398
景德镇市小计	**27395**	**3405**	**16299**	**5864**	**870**	**275**	**682**		**216093**	**38160**
本级	12443	1641	7402	2873	120	235	172		81137	11632
县级小计	14952	1764	8897	2991	750	40	510		134956	26528
高新科技园	348	43				5	300		3089	762
陶瓷科技园	19	17				2			901	339
乐平市	12231	940	8379	1941	750	11	210		67883	11981
浮梁县	1274	379	252	636		7			34008	5919
珠山区	433	207	86	133		7			13585	4072
昌江区	647	178	180	281		8			15490	3455
萍乡市小计	**33734**	**6152**	**10945**	**9670**	**123**	**331**	**6513**		**267180**	**47373**
本级	10619	2674	2835	3984	123	213	790		72608	11824
县级小计	23115	3478	8110	5686		118	5723		194572	35549
莲花县	1995	321	739	853		21	61		28516	5572
上栗县	4714	397	536	2319		45	1417		42622	3931
芦溪县	2532	357	1302	379		9	485		32216	3697

2－17－3 单位:万元

地区	收支部分										
	支出										
	外交	国防	公共安全	教育	科学技术	文化体育与传媒	社会保障和就业	医疗卫生	环境保护	城乡社区事务	农林水事务
地(市)县级总计		**8011**	**369873**	**971067**	**36042**	**80008**	**871346**	**265028**	**45902**	**442248**	**661659**
地(市)本级合计		**4761**	**107790**	**97727**	**13670**	**34157**	**215995**	**50996**	**17845**	**158121**	**52901**
县级合计		**3250**	**262083**	**873340**	**22372**	**45851**	**655351**	**214032**	**28057**	**284127**	**608758**
南昌市小计		**1261**	**73230**	**114693**	**12969**	**9238**	**148013**	**45437**	**7766**	**183607**	**60680**
本级		378	28701	28802	5824	5285	76008	15204	4617	95998	10799
县级小计		883	44529	85891	7145	3953	72005	30233	3149	87609	49881
南昌县			7255	19344	1050	668	14124	7013	544	13004	18236
新建县		105	5360	14947	540	426	12352	6838	494	2625	9414
进贤县		102	4278	15902	210	498	6487	6732	315	2159	9577
安义县		46	1682	5689	127	267	3281	1558	212	401	5294
湾里区			1510	2270	101	127	4284	745	63	825	1172
青山湖区		223	5820	8109	516	1150	5037	1745	53	3892	2411
东湖区		219	6653	4778	151	242	8972	1826	328	5862	14
西湖区		150	5956	4722	247	360	9251	1656	83	9183	432
青云谱区			3093	3707	224	99	4848	603	57	2598	1031
昌北区		20	849	1996	1550	18	771	369	1000	17654	359
高新区		18	990	2826	2419	47	1355	976		27163	1445
红谷滩区			947	1563	10	20	1116	170		1968	388
桑海区			133				86			270	25
英雄区			3	38		31	41	2		5	83
景德镇市小计			**14939**	**41165**	**1262**	**3496**	**37716**	**9140**	**3057**	**9643**	**18959**
本级			7412	11270	1040	2576	19138	3323	2152	4508	4370
县级小计			7527	29895	222	920	18578	5817	905	5135	14589
高新科技园			18	209		4	44	15			61
陶瓷科技园			22	198			119	15			94
乐平市			4463	17447	141	495	7666	3353	599	3311	7272
浮梁县			1698	6741	49	229	3325	1588	123	698	5002
珠山区			691	2405	27	82	4226	564	92	839	
昌江区			635	2895	5	110	3198	282	91	287	2160
萍乡市小计		**224**	**17704**	**41698**	**1849**	**3550**	**46836**	**10384**	**2666**	**16773**	**21935**
本级		183	8245	5706	872	2015	16740	3032	1673	3652	3091
县级小计		41	9459	35992	977	1535	30096	7352	993	13121	18844
莲花县		12	2177	5279	50	344	5505	876	216	570	4328
上栗县			2833	9039	101	371	5531	2496	100	2750	4137
芦溪县		29	1668	6124	298	249	4906	1905	326	399	4968

2－17－4

单位:万元

地区	收支部分			平衡部分						
	支出			收入						
						返还性收入			财力性转移支付收入	
	交通运输	工业、商业、金融等事务	其他支出	收入总计	本年收入	小计	增值税和消费税税收返还	所得税基数返还	小计	体制补助
地(市)县级总计	**239150**	**257004**	**413592**	**6556426**	**2525301**	**356792**	**308268**	**48524**	**1786642**	**660**
地(市)本级合计	**35361**	**93127**	**108517**	**1500740**	**759443**	**140961**	**135570**	**5391**	**105440**	**－306**
县级合计	**203789**	**163877**	**305075**	**5055686**	**1765858**	**215831**	**172698**	**43133**	**1681202**	**966**
南昌市小计	**37860**	**67115**	**47395**	**1204465**	**681075**	**59876**	**55056**	**4820**	**163870**	
本级	1226	50860	18060	522446	373102	24589	32055	－7466	－24817	
县级小计	36634	16255	29335	682019	307973	35287	23001	12286	188687	
南昌县	5211	2417	4742	133538	62445	7185	6610	575	34240	
新建县	6679	2185	3993	95609	36525	2425	2407	18	25247	
进贤县	2889	2392	1952	72540	20005	3073	2804	269	28129	
安义县	1239	431	2424	31544	9900	1254	986	268	9707	
湾里区	334	1516	1236	21631	10027	1313	1283	30	4424	
青山湖区	113	1889	2610	56316	28733	3684	2091	1593	13659	
东湖区		285	4586	50594	25920	2839		2839	11710	
西湖区		125	2357	54105	30039	3322		3322	12868	
青云谱区		203	2905	27521	14819	1135		1135	7041	
昌北区	75	2304	1351	39645	21012	5132	4738	394	9025	
高新区	36	2243	284	57006	25317	2140	298	1842	21940	
红谷滩区	20058	226	197	34268	19562	9	8	1	11086	
桑海区		39	473	2279	1161	1621	1621		－1448	
英雄区			225	5423	2508	155	155		1059	
景德镇市小计	**10009**	**9474**	**19073**	**261726**	**97066**	**21375**	**19600**	**1775**	**66763**	
本级	1667	5756	6293	99381	40369	12070	10912	1158	18111	
县级小计	8342	3718	12780	162345	56697	9305	8688	617	48652	
高新科技园		75	1901	4299	3024	91	91		435	
陶瓷科技园	3	1	110	1089	770	5	5		105	
乐平市	3839	2463	4853	83555	28316	5402	5122	280	25514	
浮梁县	3993	826	3817	39022	10318	1949	1816	133	15762	
珠山区		5	582	15942	6936	1180	1086	94	3057	
昌江区	507	348	1517	18438	7333	678	568	110	3779	
萍乡市小计	**10140**	**14482**	**31566**	**314190**	**140546**	**23548**	**18321**	**5227**	**69367**	
本级	5509	3701	6365	91688	37074	6765	6398	367	13618	
县级小计	4631	10781	25201	222502	103472	16783	11923	4860	55749	
莲花县	1014	405	2168	30292	7009	1302	1030	272	13208	
上栗县	673	2864	7796	45354	19409	4990	3680	1310	12111	
芦溪县	908	3840	2899	34342	13528	2635	1507	1128	9672	

2－17－5

单位:万元

地区	平衡部分									
	收入									
	财力性转移支付收入									
	一般性转移支付补助	民族地区转移支付补助	调整工资转移支付补助	农村税费改革转移支付补助	取消农业特产税降低农业税率转移支付补助	缓解县乡财政困难转移支付补助	农村义务教育补助	结算补助	企事业单位预算划转补助	其他财力性转移支付
地(市)县级总计	**655919**		**552529**	**148839**	**187704**	**120600**	**719**	**117828**		**1844**
地(市)本级合计	**63965**		**85583**	**－4887**	**282**	**80**		**－27690**		**－11587**
县级合计	**591954**		**466946**	**153726**	**187422**	**120520**	**719**	**145518**		**13431**
南昌市小计	**54656**		**53384**	**8197**	**16156**	**9748**		**19766**		**1963**
本级	16355		16164	－919				－43166		－13251
县级小计	38301		37220	9116	16156	9748		62932		15214
南昌县	11321		7749	2044	5693	3467		3795		171
新建县	7514		6622	2165	3330	2041		2812		763
进贤县	7648		8677	2436	4105	3603		1721		－61
安义县	3423		3112	809	1427	236		890		－190
湾里区	1200		1410	219	187	88		838		482
青山湖区	1921		2082	613	366	125		4093		4459
东湖区	648		2659		2	6		3886		4509
西湖区	666		2386	58	72	33		5090		4563
青云谱区	1162		1194	62	46	22		3077		1478
昌北区	674		428	142	115	35		7241		390
高新区	1133		779	456	721	81		18783		－13
红谷滩区	387		98	112	61	11		10151		266
桑海区	342		13		31			－231		－1603
英雄区	262		11					786		
景德镇市小计	**26220**		**22081**	**4134**	**4527**	**3849**		**6187**		**－235**
本级	8436		8013	－300				2636		－674
县级小计	17784		14068	4434	4527	3849		3551		439
高新科技园	140		71	82	35	15		92		
陶瓷科技园	126		27		22	14		－84		
乐平市	7605		8006	2351	2782	3019		1571		180
浮梁县	7946		3358	1576	1366	711		649		156
珠山区	766		1424					799		68
昌江区	1201		1182	425	322	90		524		35
萍乡市小计	**23271**		**24505**	**5446**	**3594**	**2485**		**8337**		**1729**
本级	4403		7218	－308				1211		1094
县级小计	18868		17287	5754	3594	2485		7126		635
莲花县	5481		3547	1051	890	1463		619		157
上栗县	4042		3869	1499	1028	294		1085		294
芦溪县	3012		3293	1265	786	300		825		191

2－17－6

单位:万元

地区	平衡部分								
	收入							支出	
	专项转移支付			省补助计划单列市	上年结余收入	调入资金	国债转贷收入、上年结余及转补助数	支出总计	本年支出
	小计	专项补助	增发国债补助						
地(市)县级总计	**1154500**	**1035872**	**118628**		**661626**	**46928**	**24637**	**5824933**	**5536872**
地(市)本级合计	**163578**	**149328**	**14250**		**308194**	**11088**	**12036**	**1167805**	**1139317**
县级合计	**990922**	**886544**	**104378**		**353432**	**35840**	**12601**	**4657128**	**4397555**
南昌市小计	**129457**	**116763**	**12694**		**157408**	**10651**	**2128**	**1039091**	**933749**
本级	46615	41857	4758		98341	3518	1098	430756	366346
县级小计	82842	74906	7936		59067	7133	1030	608335	567403
南昌县	20344	15606	4738		9324			115997	110183
新建县	14858	14231	627		13740	2672	142	83205	79369
进贤县	14335	13894	441		5798	1200		66972	64496
安义县	6974	6868	106		1781	1718	210	29434	28689
湾里区	4511	4459	52		1293	63		19423	18755
青山湖区	3780	3706	74		6460			48225	45262
东湖区	3974	3934	40		5790	141	220	43517	39621
西湖区	4812	4811	1		3064			51885	45855
青云谱区	2847	2800	47		610	1069		26228	23825
昌北区	3215	1710	1505		1261			38462	32476
高新区	2500	2195	305		4811		298	49973	44681
红谷滩区	448	448			3163			30986	29640
桑海区	143	143			372	270	160	1888	1725
英雄区	101	101			1600			2140	2826
景德镇市小计	**58413**	**51913**	**6500**		**16361**	**179**	**1569**	**241251**	**216093**
本级	24145	23434	711		3886		800	91438	81137
县级小计	34268	28479	5789		12475	179	769	149813	134956
高新科技园	149	143	6		600			3534	3089
陶瓷科技园	73	73			36		100	1023	901
乐平市	14014	11719	2295		10120		189	74223	67883
浮梁县	10910	8111	2799		－397		480	38663	34008
珠山区	4389	4365	24		380			15635	13585
昌江区	4733	4068	665		1736	179		16735	15490
萍乡市小计	**51182**	**48000**	**3182**		**25620**	**2589**	**1338**	**285306**	**267180**
本级	14958	13878	1080		18659	14	600	71417	72608
县级小计	36224	34122	2102		6961	2575	738	213889	194572
莲花县	7494	6509	985		1209	70		29004	28516
上栗县	7424	7172	252		1120	300		43665	42622
芦溪县	7467	7145	322		866	54	120	33119	32216

2-17-7

单位:万元

地区	平衡部分									
	支出								年终结余	其中:净结余
	财力性转移支付			专项上解	计划单列市上解省	增设预算周转金	调出资金	国债转贷拨付数及年末结余		
	小计	体制上解	出口退税专项上解							
地(市)县级总计	**145236**	**128464**	**16772**	**115416**		**1597**	**1175**	**24637**	**731493**	**-2648**
地(市)本级合计	**80542**	**66466**	**14076**	**-65765**		**500**	**1175**	**12036**	**332935**	**46086**
县级合计	**64694**	**61998**	**2696**	**181181**		**1097**		**12601**	**398558**	**-48734**
南昌市小计	**77781**	**69479**	**8302**	**25133**		**300**		**2128**	**165374**	**15801**
本级	60191	52824	7367	2921		200		1098	91690	6250
县级小计	17590	16655	935	22212		100		1030	73684	9551
南昌县	3562	3436	126	2252					17541	1126
新建县	2083	2076	7	1611				142	12404	1564
进贤县	1473	1462	11	1003					5568	73
安义县	94		94	441				210	2110	-53
湾里区	1		1	667					2208	-102
青山湖区	1697	1569	128	1266					8091	1548
东湖区	1744	1744		1932				220	7077	1022
西湖区	3358	3358		2672					2220	443
青云谱区				2303		100			1293	316
昌北区	2982	2636	346	3004					1183	122
高新区	512	304	208	4482				298	7033	2834
红谷滩区	84	70	14	1262					3282	233
桑海区				3				160	391	310
英雄区				-686					3283	115
景德镇市小计	**19108**	**18554**	**554**	**4461**		**20**		**1569**	**20475**	**-3618**
本级	10331	9959	372	-830				800	7943	-3866
县级小计	8777	8595	182	5291		20		769	12532	248
高新科技园	49		49	376		20			765	763
陶瓷科技园	10		10	12				100	66	53
乐平市	4704	4589	115	1447				189	9332	80
浮梁县	2250	2244	6	1925				480	359	-1505
珠山区	1256	1255	1	794					307	136
昌江区	508	507	1	737					1703	721
萍乡市小计	**5960**	**5399**	**561**	**10528**		**300**		**1338**	**28884**	**8078**
本级	335	-187	522	-2426		300		600	20271	5959
县级小计	5625	5586	39	12954				738	8613	2119
莲花县	5		5	483					1288	-535
上栗县	526	526		517					1689	539
芦溪县	298	289	9	485				120	1223	492

2-17-8

单位:万元

地区	收支部分										
	收入										
	本年收入小计	税收收入									
		小计	增值税	营业税	企业所得税	个人所得税	城市维护建设税	耕地占用税	契税	烟叶税	其他各项税收收入
安源区	30658	23287	6195	9257	1301	691	2086	443	1661		1653
湘东区	15997	13190	3560	6290	840	262	782	61	504		891
开发区	16871	13175	4364	4181	762	235	1326	332	1124		851
九江市小计	**260377**	**171586**	**32168**	**67488**	**17816**	**8232**	**13534**	**3639**	**17122**		**11587**
本级	56707	39002	6063	8964	3175	1097	6975		10028		2700
县级小计	203670	132584	26105	58524	14641	7135	6559	3639	7094		8887
修水县	18750	15109	3293	4648	4976	426	440	30	850		446
武宁县	14505	9510	1615	4315	1065	494	369	221	815		616
永修县	18550	11731	3938	4267	856	559	806	200	580		525
德安县	11659	6467	1066	2434	587	395	281	677	634		393
瑞昌县	19246	13169	3975	5309	710	640	577	150	560		1248
都昌县	15987	6599	599	2437	604	490	211	212	897		1149
湖口县	10933	6238	1268	2969	465	407	348	75	335		371
彭泽县	11611	6092	885	3029	173	562	262	103	705		373
星子县	9905	5741	710	2573	553	365	190	400	508		442
九江县	13311	7797	1756	3661	314	486	443	45	600		492
庐山局	11407	3112	70	2045	338	150	152		111		246
庐山区	13475	10879	1492	6493	502	654	788	401			549
浔阳区	21512	19471	3323	9496	3061	1129	1166				1296
开发区	8176	7465	1346	3570	310	192	375	1125			547
共青开发区	4643	3204	769	1278	127	186	151		499		194
新余市小计	**139521**	**99174**	**16214**	**32064**	**7733**	**3651**	**10655**	**8444**	**13148**		**7265**
本级	64404	45620	5857	15461	2065	1652	8505	2676	5021		4383
县级小计	75117	53554	10357	16603	5668	1999	2150	5768	8127		2882
分宜县	31686	17564	3469	5855	1936	580	841	11	3292		1580
渝水区	28266	21707	4248	6962	2576	1160	1021	3313	1629		798
仙女湖区	2762	2521	506	900	298	104	52	94	371		196
市开发区	12403	11762	2134	2886	858	155	236	2350	2835		308
鹰潭市小计	**85433**	**71066**	**33138**	**20643**	**3490**	**2456**	**3993**	**483**	**2917**		**3946**
本级	12398	9188	1457	2869	1408	597	745		1400		712
县级小计	73035	61878	31681	17774	2082	1859	3248	483	1517		3234
贵溪市	51105	45599	29833	7569	1152	1105	2385	101	1006		2448
余江县	7993	5465	1021	2923	202	338	256	13	483		229
月湖区	8992	7975	454	5955	411	332	271	140			412
龙虎山风景区	1820	684	29	454	71	43	24	17	28		18

2006 年地方财政政府收支分类转换数据

2－17－9　　　　　　　　　　　　　　　　　　　　　　　　　　　　单位:万元

地区	收支部分									
	收入								支出	
	非税收入							贷款转贷回收本金收入	本年支出小计	一般公共服务
	小计	专项收入	行政事业性收费收入	罚没收入	国有资本经营收入	国有资源(资产)有偿使用收入	其他收入			
安源区	7371	1120	2024	1268		12	2947		43671	11081
湘东区	2807	469	752	768		8	810		33790	8323
开发区	3696	814	2757	99		23	3		13757	2945
九江市小计	**88791**	**10933**	**33174**	**19726**	**9328**	**638**	**14992**		**579964**	**102150**
本级	17705	5878	5072	4823	－17	262	1687		104365	15373
县级小计	71086	5055	28102	14903	9345	376	13305		475599	86777
修水县	3641	672	200	2357		47	365		64469	13340
武宁县	4995	329	521	1872	1690	64	519		36208	6108
永修县	6819	581	5596	652	－33	23			47108	7792
德安县	5192	324	1498	1037	2320	13			24162	4113
瑞昌县	6077	631	3482	1829		70	65		43964	7922
都昌县	9388	151	7858	1256		19	104		51587	8713
湖口县	4695	280	1572	729	2091	23			29004	5942
彭泽县	5519	198	2858	1532	－82	17	996		33305	4672
星子县	4164	191	1263	814	1850	46			25144	3798
九江县	5514	405	1062	930	544	7	2566		38182	5179
庐山局	8295	88	14	102	30	14	8047		14774	3799
庐山区	2596	335	704	856	500	4	197		21877	4760
浔阳区	2041	533	801	691		16			23926	6262
开发区	711	161	82	9	8	5	446		12929	2828
共青开发区	1439	176	591	237	427	8			8960	1549
新余市小计	**40347**	**6186**	**11038**	**6623**	**780**	**5675**	**10045**		**220875**	**40607**
本级	18784	4703	3851	4005		5586	639		91350	15739
县级小计	21563	1483	7187	2618	780	89	9406		129525	24868
分宜县	14122	655	3342	1929	780	15	7401		52518	10339
渝水区	6559	610	3254	663		31	2001		56501	10080
仙女湖区	241	100	115	22		4			5233	1346
市开发区	641	118	476	4		39	4		15273	3103
鹰潭市小计	**14367**	**3534**	**4149**	**4370**	**20**	**1137**	**1157**		**163232**	**26262**
本级	3210	577	1080	1412		141			46508	8509
县级小计	11157	2957	3069	2958	20	996	1157		116724	17753
贵溪市	5506	2426	1165	1722			193		63750	6744
余江县	2528	263	1423	761	20		61		30860	5479
月湖区	1017	118	413	406		15	65		12609	3395
龙虎山风景区	1136	15	50	50		981	40		4143	1183

2－17－10

单位:万元

地区	收支部分										
	支出										
	外交	国防	公共安全	教育	科学技术	文化体育与传媒	社会保障和就业	医疗卫生	环境保护	城乡社区事务	农林水事务
安源区			1626	5224	274	356	7699	1030	194	1801	2790
湘东区			858	8198	254	210	5785	986	157	1839	2331
开发区			297	2128		5	670	59		5762	290
九江市小计		**381**	**41052**	**115291**	**3474**	**8386**	**83484**	**35747**	**6638**	**38286**	**66215**
本级		3	12080	13513	872	2853	23305	7137	3101	4714	4071
县级小计		378	28972	101778	2602	5533	60179	28610	3537	33572	62144
修水县			4536	14249	404	945	6575	4454	212	2231	12099
武宁县		18	2588	8968	156	486	2769	1402	480	2774	6911
永修县		62	2388	9043	78	401	9591	3007	271	931	7507
德安县		49	1720	3730	78	289	3304	1496	304	2029	3470
瑞昌县			2950	11792	91	570	4621	4030	431	2602	4668
都昌县		20	2994	13469	207	445	8207	2033	157	2851	7235
湖口县		57	1936	5962	87	321	3197	1449	247	1300	4356
彭泽县			2095	8426	148	336	3442	2033	176	1358	5023
星子县			1318	3752	152	154	4425	1501	137	1994	3231
九江县		170	2176	10233	194	508	4573	3037	331	1694	4171
庐山局		1	1130	1140	224	769	991	1013	181	2141	1143
庐山区			1212	5547	82	112	2207	1380	195	406	1384
浔阳区			1277	3562	79	64	3865	1314	117	3714	277
开发区				1038	622		1036	144		5662	218
共青开发区		1	652	867		133	1376	317	298	1885	451
新余市小计			**13446**	**29673**	**1284**	**2864**	**33185**	**8865**	**2267**	**22917**	**15966**
本级			8890	8813	770	2103	15755	3753	1524	9196	2233
县级小计			4556	20860	514	761	17430	5112	743	13721	13733
分宜县			2801	6546	245	456	7263	2240	439	4582	5386
渝水区			1586	11666	168	277	8462	2454	248	4652	7093
仙女湖区			10	764	12	9	530	187	30	750	355
市开发区			159	1884	89	19	1175	231	26	3737	899
鹰潭市小计		**374**	**10128**	**23871**	**1118**	**5089**	**26327**	**8964**	**2438**	**17264**	**15320**
本级		308	3799	3576	308	4043	5536	2667	1570	5740	2204
县级小计		66	6329	20295	810	1046	20791	6297	868	11524	13116
贵溪市			3609	10617	557	711	11995	3223	633	9432	6885
余江县		66	1879	5680	103	237	6041	2152	232	1105	5225
月湖区			490	2646	148	91	1893	790		842	546
龙虎山风景区			263	592	2	7	531	79	3	106	318

2－17－11

单位:万元

地区	收支部分			平衡部分						
	支出			收入						
						返还性收入			财力性转移支付收入	
	交通运输	工业、商业、金融等事务	其他支出	收入总计	本年收入	小计	增值税和消费税税收返还	所得税基数返还	小计	体制补助
安源区	841	1485	9270	54754	30658	4209	3094	1115	8683	
湘东区	1195	1428	2226	37606	15997	3301	2462	839	10239	
开发区		759	842	20154	16871	346	150	196	1836	
九江市小计	**18760**	**18476**	**41624**	**718201**	**260377**	**36381**	**32808**	**3573**	**202048**	
本级	3944	5707	7692	143985	56707	13224	11819	1405	21876	
县级小计	14816	12769	33932	574216	203670	23157	20989	2168	180172	
修水县	1700	861	2863	84151	18750	1953	1668	285	28972	
武宁县	2098	624	826	44225	14505	1594	1289	305	13732	
永修县	2227	1301	2509	55896	18550	2204	2206	－2	17656	
德安县	583	427	2570	28446	11659	1750	1704	46	6602	
瑞昌县	293	719	3275	56252	19246	2115	1915	200	14766	
都昌县	2609	634	2013	63559	15987	1099	967	132	29518	
湖口县	1111	1502	1537	33199	10933	1232	1119	113	12461	
彭泽县	1702	839	3055	33318	11611	1408	1320	88	15664	
星子县	578	622	3482	35031	9905	791	684	107	10405	
九江县	1357	681	3878	38939	13311	1772	1528	244	13460	
庐山局		1449	793	18925	11407	252	180	72	2416	
庐山区	169	1277	3146	25304	13475	1575	1389	186	6878	
浔阳区		595	2800	32810	21512	3236	3037	199	3904	
开发区		616	765	14411	8176	958	763	195	2254	
共青开发区	389	622	420	9750	4643	1218	1220	－2	1484	
新余市小计	**9661**	**11585**	**28555**	**260204**	**139521**	**12824**	**11043**	**1781**	**49676**	
本级	2303	3990	16281	118068	64404	5712	4955	757	18390	
县级小计	7358	7595	12274	142136	75117	7112	6088	1024	31286	
分宜县	2309	2001	7911	57223	31686	2998	2303	695	11202	
渝水区	4258	1968	3589	61325	28266	3086	2793	293	17397	
仙女湖区	269	218	753	6594	2762	130	115	15	1363	
市开发区	522	3408	21	16994	12403	898	877	21	1324	
鹰潭市小计	**5438**	**7213**	**13426**	**202822**	**85433**	**8059**	**6157**	**1902**	**44475**	
本级	1787	2454	4007	41136	12398	3315	2328	987	3121	
县级小计	3651	4759	9419	161686	73035	4744	3829	915	41354	
贵溪市	2933	770	5641	95711	51105	3071	2494	577	19361	
余江县	338	1291	1032	35324	7993	1038	978	60	13982	
月湖区		105	1663	19085	8992	515	340	175	5947	
龙虎山风景区	380	489	190	5604	1820	120	17	103	1109	

2－17－12

单位:万元

地区	平衡部分									
	收入									
	财力性转移支付收入									
	一般性转移支付补助	民族地区转移支付补助	调整工资转移支付补助	农村税费改革转移支付补助	取消农业特产税降低农业税率转移支付补助	缓解县乡财政困难转移支付补助	农村义务教育补助	结算补助	企事业单位预算划转补助	其他财力性转移支付
安源区	2853		2623	766	132	117		2258		－66
湘东区	3225		3735	1107	698	297		1067		110
开发区	255		220	66	60	14		1272		－51
九江市小计	**81959**		**62447**	**16957**	**16846**	**9818**		**13375**		**646**
本级	12106		9595	－800				－855		1830
县级小计	69853		52852	17757	16846	9818		14230		－1184
修水县	12281		7009	3603	3094	1285		1528		172
武宁县	5125		4418	1534	1581	486		620		－32
永修县	7059		4484	1587	1730	1594		970		232
德安县	1970		2992	616	535	286		449		－246
瑞昌县	4112		5251	1612	1608	457		1812		－86
都昌县	11718		7361	3377	3164	2578		943		377
湖口县	5043		3654	1126	1183	1000		445		10
彭泽县	6623		4507	1318	1418	1337		641		－180
星子县	4748		3155	1064	697	231		315		195
九江县	5952		4112	980	1400	290		877		－151
庐山局	747		1034	12	2	12		591		18
庐山区	1625		2546	646	210	175		1735		－59
浔阳区	503		1778	87	5	12		1615		－96
开发区	395		131	32	95	17		1598		－14
共青开发区	1952		420	163	124	58		91		－1324
新余市小计	**12577**		**14678**	**2438**	**4544**	**2248**		**12827**		**364**
本级	3999		5025	－300				8622		1044
县级小计	8578		9653	2738	4544	2248		4205		－680
分宜县	3375		3751	1175	1340	286		1357		－82
渝水区	4182		5000	1179	2491	1851		3067		－373
仙女湖区	375		368	141	232	45		242		－40
市开发区	646		534	243	481	66		－461		－185
鹰潭市小计	**16410**		**15042**	**3233**	**4076**	**2589**		**3590**		**－465**
本级	1258		3403	－200				－76		－1264
县级小计	15152		11639	3433	4076	2589		3666		799
贵溪市	5711		5999	1780	2362	1630		1939		－60
余江县	6145		3784	1257	1394	851		592		－41
月湖区	2822		1491	289	122	53		388		782
龙虎山风景区	324		297	107	151	35		77		118

2006 年地方财政政府收支分类转换数据

2－17－13

单位:万元

地区	平衡部分								
	收入							支出	
	专项转移支付			省补助计划单列市	上年结余收入	调入资金	国债转贷收入、上年结余及转补助数	支出总计	本年支出
	小计	专项补助	增发国债补助						
安源区	6904	6695	209		2112	1655	533	52627	43671
湘东区	6267	5948	319		1221	496	85	35497	33790
开发区	668	653	15		433			19977	13757
九江市小计	**120026**	**113678**	**6348**		**92781**	**4523**	**2065**	**608366**	**579964**
本级	18548	17903	645		30850	2000	780	106211	104365
县级小计	101478	95775	5703		61931	2523	1285	502155	475599
修水县	17341	16314	1027		17135			66025	64469
武宁县	6542	6014	528		7757		95	37278	36208
永修县	10770	10381	389		6436		280	50528	47108
德安县	6632	6418	214		1563		240	25237	24162
瑞昌县	12219	11633	586		7906			45259	43964
都昌县	9908	9044	864		7047			52744	51587
湖口县	5615	4995	620		2598		360	30329	29004
彭泽县	6837	6474	363		－2262		60	34437	33305
星子县	6392	5880	512		7538			26153	25144
九江县	9540	9223	317		250	606		39133	38182
庐山局	994	989	5		3856			15000	14774
庐山区	3707	3535	172		－331			24723	21877
浔阳区	2335	2272	63		1822	1		31518	23926
开发区	1133	1117	16		74	1816		14333	12929
共青开发区	1513	1486	27		542	100	250	9458	8960
新余市小计	**33437**	**31840**	**1597**		**22804**	**277**	**1665**	**229404**	**220875**
本级	9570	9195	375		18400	277	1315	97621	91350
县级小计	23867	22645	1222		4404		350	131783	129525
分宜县	8812	8405	407		2370		155	53358	52518
渝水区	10642	9988	654		1739		195	57646	56501
仙女湖区	2227	2161	66		112			5328	5233
市开发区	2186	2091	95		183			15451	15273
鹰潭市小计	**34723**	**32243**	**2480**		**27524**	**2**	**2606**	**169231**	**163232**
本级	7255	6364	891		12826		2221	20040	46508
县级小计	27468	25879	1589		14698	2	385	149191	116724
贵溪市	14222	13025	1197		7708		244	90711	63750
余江县	8137	7845	292		4174			31577	30860
月湖区	2530	2467	63		1099	2		17036	12609
龙虎山风景区	1159	1131	28		1255		141	4391	4143

2-17-14

单位:万元

地区	平衡部分									
	支出								年终结余	其中:净结余
	财力性转移支付			专项上解	计划单列市上解省	增设预算周转金	调出资金	国债转贷拨付数及年末结余		
	小计	体制上解	出口退税专项上解							
安源区	3686	3686		4737				533	2127	1527
湘东区	1029	1018	11	593				85	2109	69
开发区	81	67	14	6139					177	27
九江市小计	**12349**	**11307**	**1042**	**12991**		**167**	**830**	**2065**	**109835**	**-18921**
本级	921	-118	1039	-685			830	780	37774	1831
县级小计	11428	11425	3	13676		167		1285	72061	-20752
修水县	118	115	3	1438					18126	-2417
武宁县	98	98		877				95	6947	-597
永修县	2018	2018		1122				280	5368	-1144
德安县				835				240	3209	-1460
瑞昌县	164	164		1131					10993	162
都昌县	93	93		1064					10815	-2800
湖口县	78	78		887				360	2870	-1262
彭泽县	138	138		934				60	-1119	-6118
星子县	73	73		769		167			8878	-187
九江县	59	59		892					-194	-2036
庐山局	28	28		198					3925	37
庐山区	1648	1648		1198					581	-2192
浔阳区	5913	5913		1679					1292	335
开发区	1000	1000		404					78	-363
共青开发区				248				250	292	-710
新余市小计	**1513**	**506**	**1007**	**5051**			**300**	**1665**	**30800**	**20215**
本级	1118	122	996	3538			300	1315	20447	17544
县级小计	395	384	11	1513				350	10353	2671
分宜县	388	384	4	297				155	3865	1130
渝水区				950				195	3679	880
仙女湖区				95					1266	98
市开发区	7		7	171					1543	563
鹰潭市小计	**555**		**555**	**2838**				**2606**	**33591**	**9000**
本级	-193	-748	555	-28496				2221	21096	7519
县级小计	748	748		31334				385	12495	1481
贵溪市	663	663		26054				244	5000	764
余江县	85	85		632					3747	47
月湖区				4427					2049	533
龙虎山风景区				107				141	1213	37

2-17-15

单位:万元

地区	收支部分										
	收入										
	本年收入小计	税收收入									
		小计	增值税	营业税	企业所得税	个人所得税	城市维护建设税	耕地占用税	契税	烟叶税	其他各项税收收入
市工业园区	3125	2155	344	873	246	41	312	212			127
赣州市小计	**304625**	**221855**	**52075**	**78338**	**21241**	**13230**	**15249**	**3819**	**19194**	**3174**	**15535**
本级	55193	43681	7816	16387	3811	2467	4098	400	6000		2702
县级小计	249432	178174	44259	61951	17430	10763	11151	3419	13194	3174	12833
章贡区	23584	21082	4971	8902	3974	1334					1901
开发区	11313	9761	1782	4916	1754	325	464				520
赣县	16478	11601	4546	2262	1442	471	974	146	510	372	878
南康市	22836	17096	4187	5508	1223	802	3176	125	1052		1023
信丰县	19388	12247	1641	5352	1020	897	486	260	1043	353	1195
大余县	15081	11551	4865	3088	654	448	1129		610		757
上犹县	7818	5010	1189	1809	309	331	293	96	708		275
崇义县	9861	7691	3082	1392	1425	559	573	40	270		350
安远县	6516	5019	824	1624	445	295	215	550	664		402
龙南县	20029	12757	2990	5257	671	1060	595	369	950		865
定南县	8270	6504	2056	2165	530	436	329	14	497		477
全南县	7454	4904	1797	1351	295	376	285	125	314	25	336
宁都县	13532	8097	952	3547	577	659	303	465	1050	70	474
于都县	17010	11515	2840	3445	769	757	575	75	2146		908
兴国县	13614	8818	2588	2602	512	708	874	5	500	418	611
瑞金市	14323	10397	1606	4329	521	495	425	396	1488	362	775
会昌县	8660	5954	1108	1733	542	389	178	498	650	478	378
寻乌县	7833	3942	685	1435	403	205	132	185	424		473
石城县	5832	4228	550	1234	364	216	145	70	318	1096	235
宜春市小计	**218304**	**169860**	**40198**	**59697**	**14107**	**8024**	**11174**	**7228**	**19676**		**9756**
本级	23555	18811	2074	9790	2763	780	950		1300		1154
县级小计	194749	151049	38124	49907	11344	7244	10224	7228	18376		8602
丰城市	53733	46775	13941	11092	2388	1355	3729	4826	7117		2327
高安市	24433	19726	3781	8465	1767	1324	1110		1918		1361
樟树市	31920	24532	6387	6455	2043	1321	1941	327	4443		1615
奉新县	15077	10391	1893	3880	1308	433	653	330	1317		577
万载县	14502	9739	1350	5364	303	461	549	537	726		449
上高县	17620	12282	2688	4565	1044	811	628	21	1617		908
宜丰县	10743	6852	1602	3089	776	315	386	93	243		348
靖安县	5971	4827	991	2253	650	215	263	44	202		209
铜鼓县	5890	3425	1029	1145	383	252	255	35	134		192

二、各省、自治区、直辖市地市县一般预算财政资料

2-17-16　　　　单位:万元

地区	收支部分									
	收入								支出	
	非税收入							贷款转贷回收本金收入		
	小计	专项收入	行政事业性收费收入	罚没收入	国有资本经营收入	国有资源(资产)有偿使用收入	其他收入		本年支出小计	一般公共服务
市工业园区	970	135	18	19			798		5362	952
赣州市小计	**82770**	**10728**	**24929**	**36484**	**6108**	**2091**	**2430**		**866353**	**138377**
本级	11512	1764	578	7967	576	627			97693	19627
县级小计	71258	8964	24351	28517	5532	1464	2430		768660	118750
章贡区	2502	751	881	628		18	224		42237	6793
开发区	1552	266	1081	109	79	17			13889	2048
赣县	4877	652	1540	2636	10	39			51160	7557
南康市	5740	1851	859	2758		32	240		55530	8667
信丰县	7141	477	3019	2175	1282	22	166		52629	10042
大余县	3530	825	895	1337		473			32741	7158
上犹县	2808	257	1528	976	30	17			30190	4630
崇义县	2170	407	486	1258		19			27149	6638
安远县	1497	134	813	470	50	30			36892	4797
龙南县	7272	508	926	2135	3677	26			35610	6904
定南县	1766	276	1109	365	10	6			27161	5094
全南县	2550	306	938	728		477	101		23534	3695
宁都县	5435	221	1869	2873	268	62	142		59692	5900
于都县	5495	514	2143	2658		95	85		67242	10619
兴国县	4796	684	3126	940	5	41			59056	8206
瑞金市	3926	279	1016	2545	36	20	30		51720	4643
会昌县	2706	246	12	922	85	10	1431		40988	6171
寻乌县	3891	160	1516	2196		19			32240	4403
石城县	1604	150	594	808		41	11		29000	4785
宜春市小计	**48444**	**6557**	**18547**	**16874**	**2640**	**327**	**3499**		**589591**	**90522**
本级	4744	419		4003	-110	161	271		70735	10833
县级小计	43700	6138	18547	12871	2750	166	3228		518856	79689
丰城市	6958	1889	2039	1008	2000	22			111618	17166
高安市	4707	633	500	2663		32	879		65478	8879
樟树市	7388	934	2000	2222	500	41	1691		66038	12065
奉新县	4686	430	2370	1480		13	393		39244	4782
万载县	4763	600	1738	2063	100	12	250		44348	7007
上高县	5338	523	3145	1659		11			44380	7837
宜丰县	3891	310	2441	981	150	9			36986	6476
靖安县	1144	227	552	356		9			22268	3286
铜鼓县	2465	194	2251	13		6	1		21972	2766

2－17－17　　　　　　　　　　　　　　　　　　　　　　单位:万元

地区	收支部分										
	支出										
	外交	国防	公共安全	教育	科学技术	文化体育与传媒	社会保障和就业	医疗卫生	环境保护	城乡社区事务	农林水事务
市工业园区			88	760			331	53		39	142
赣州市小计		**1123**	**52382**	**149130**	**3613**	**11554**	**169646**	**34667**	**5456**	**47515**	**120494**
本级		714	8315	4214	1065	2494	18090	3611	903	15569	3651
县级小计		409	44067	144916	2548	9060	151556	31056	4553	31946	116843
章贡区			1632	6286	378	297	14423	1977	10	373	3065
开发区			2	1554	329	13	2023	208	2	607	458
赣县			3326	9958	79	579	8296	1320	72	2259	8494
南康市			3918	13890	100	541	9443	1795	194	3600	5970
信丰县		129	2853	10818	248	488	10219	1871	686	1263	7714
大余县			2123	5635	129	740	6851	1659	122	1230	3916
上犹县			2050	4655	50	316	6719	522	135	1157	5778
崇义县			1534	4009	172	362	3893	1128	123	1099	3797
安远县		12	1885	6863	152	768	7291	1492	497	638	7937
龙南县			2921	5784	101	363	6049	669	198	5595	3005
定南县			1479	4386	57	307	6234	540	134	1070	4482
全南县			1387	4372	116	272	4762	708	136	1649	2949
宁都县			3066	11576	76	592	11375	3498	325	921	13122
于都县		109	3570	16559	113	941	11457	1840	467	2147	10040
兴国县			2652	11361	71	742	10230	3754	98	2124	12082
瑞金市		76	3567	9318	134	907	12795	3118	383	2248	6940
会昌县			2080	7711	112	200	8329	1788	389	993	6639
寻乌县		83	2486	5239	33	238	5336	1367	353	2015	6214
石城县			1536	4942	98	394	5831	1802	229	958	4241
宜春市小计		**842**	**36700**	**110340**	**2266**	**6231**	**107023**	**26931**	**3806**	**24829**	**91339**
本级		507	6868	6264	913	1670	10394	2979	402	2107	13002
县级小计		335	29832	104076	1353	4561	96629	23952	3404	22722	78337
丰城市			8143	27276	264	989	16392	7483	1262	7316	15661
高安市		154	4307	13913	147	710	10382	2859	468	2024	8770
樟树市			3084	15752	217	593	12498	2546	220	5097	8253
奉新县		55	2074	5213	108	251	6270	2482	239	1566	4776
万载县		15	2802	8163	93	378	8188	1745	176	1623	8203
上高县		98	2454	7019	197	349	8321	2524	357	1454	8124
宜丰县		13	2643	6058	68	307	8007	1239	186	973	5701
靖安县			1581	3117	86	302	5067	1059	202	253	4618
铜鼓县			1374	2833	96	354	5807	729	194	579	4752

2－17－18

单位：万元

地　　区	收支部分			平衡部分						
	支　出			收　入						
						返还性收入			财力性转移支付收入	
	交通运输	工业、商业、金融等事务	其他支出	收入总计	本年收入	小　计	增值税和消费税税收返还	所得税基数返还	小　计	体制补助
市工业园区		2104	893	5962	3125				955	
赣州市小计	**41398**	**29324**	**61674**	**946453**	**304625**	**56088**	**50306**	**5782**	**321146**	
本级	3950	6005	9485	120413	55193	24136	20370	3766	16760	
县级小计	37448	23319	52189	826040	249432	31952	29936	2016	304386	
章贡区	276	2319	4408	49306	23584	3785	3643	142	11263	
开发区	1174	3106	2365	15207	11313	486	438	48	2373	
赣县	4339	1651	3230	55813	16478	2111	2077	34	21039	
南康市	1547	2560	3305	59452	22836	2529	2491	38	22047	
信丰县	2428	1138	2732	56940	19388	2330	2011	319	19975	
大余县	1230	472	1476	34896	15081	2114	2106	8	10018	
上犹县	1503	727	1948	31650	7818	806	762	44	12021	
崇义县	2123	391	1880	29020	9861	1981	1885	96	9653	
安远县	2137	365	2058	38906	6516	898	882	16	17087	
龙南县	1497	368	2156	38274	20029	1329	1173	156	9705	
定南县	1502	304	1572	28870	8270	949	686	263	11319	
全南县	2030	302	1156	25373	7454	1177	1097	80	10019	
宁都县	2529	1386	5326	62775	13532	1154	1119	35	28199	
于都县	2545	1391	5444	71200	17010	2491	2364	127	28588	
兴国县	2844	1342	3550	63529	13614	3439	3137	302	25264	
瑞金市	1537	3487	2567	55156	14323	1781	1684	97	19586	
会昌县	2237	778	3561	44455	8660	1295	1141	154	19229	
寻乌县	2117	939	1417	34586	7833	684	616	68	14426	
石城县	1853	293	2038	30632	5832	613	624	－11	12575	
宜春市小计	**22440**	**20443**	**45879**	**685052**	**218304**	**44097**	**38423**	**5674**	**214194**	
本级	2497	2068	10231	106286	23555	26857	26003	854	10165	
县级小计	19943	18375	35648	578766	194749	17240	12420	4820	204029	
丰城市	5114	752	3800	121869	53733	2820	2466	354	37944	
高安市	2522	2373	7970	76378	24433	2127	1385	742	27598	
樟树市	2043	628	3042	69775	31920	2166	1701	465	22468	
奉新县	661	2641	8126	43995	15077	1345	509	836	14699	
万载县	1692	822	3441	48124	14502	2060	1841	219	18555	
上高县	1475	2206	1965	47823	17620	1561	1114	447	16008	
宜丰县	1164	1539	2612	40641	10743	1326	763	563	15126	
靖安县	954	460	1283	24045	5971	889	424	465	8964	
铜鼓县	1748	464	276	25565	5890	492	100	392	10938	

2006 年地方财政政府收支分类转换数据

2－17－19 单位:万元

地　　区	平衡部分									
	收入									
	财力性转移支付收入									
	一般性转移支付补助	民族地区转移支付补助	调整工资转移支付补助	农村税费改革转移支付补助	取消农业特产税降低农业税率转移支付补助	缓解县乡财政困难转移支付补助	农村义务教育补助	结算补助	企事业单位预算划转补助	其他财力性转移支付
市工业园区	150		68		47	20		670		
赣州市小计	**125832**		**99775**	**29522**	**30649**	**19605**		**16392**		**－629**
本级	7067		9664	－800				1320		－491
县级小计	118765		90111	30322	30649	19605		15072		－138
章贡区	2659		4241	487	346	156		3531		－157
开发区	884		639	255	225	53		331		－14
赣县	8582		5227	2499	2035	1873		832		－9
南康市	8439		7337	2399	2390	647		830		5
信丰县	6439		6685	2466	2372	1019		1005		－11
大余县	2844		3853	926	1433	314		679		－31
上犹县	5390		3325	1084	1039	360		828		－5
崇义县	3071		3020	1365	1436	335		494		－68
安远县	7653		4057	1913	1655	1412		403		－6
龙南县	2456		3736	1135	762	351		1279		－14
定南县	5286		3552	912	938	281		409		－59
全南县	4905		2844	734	820	273		403		40
宁都县	11202		7132	2861	3499	3082		400		23
于都县	11615		7831	2511	3105	2427		1072		27
兴国县	9827		7413	2454	2616	2275		590		89
瑞金市	7766		6500	2004	1977	462		754		123
会昌县	7742		5363	1745	1845	2275		293		－34
寻乌县	6541		3634	1459	1160	1131		519		－18
石城县	5464		3722	1113	996	879		420		－19
宜春市小计	**65999**		**67270**	**19484**	**33460**	**19172**		**9755**		**－946**
本级	4086		6990	－700				1060		－1271
县级小计	61913		60280	20184	33460	19172		8695		325
丰城市	12621		11132	2993	6152	3839		1810		－603
高安市	7224		8325	2303	5996	3241		1090		－581
樟树市	6587		7093	2192	3917	2299		954		－574
奉新县	4439		4205	1634	2484	1575		601		－239
万载县	6638		5415	2325	2488	1271		523		－105
上高县	4368		4585	1612	2802	1751		978		－88
宜丰县	4195		4721	1487	2559	1549		701		－86
靖安县	3368		2640	953	969	815		342		－123
铜鼓县	3937		2677	1588	1448	1052		399		－163

2－17－20 单位:万元

地区	平衡部分								
	收入							支出	
	专项转移支付			省补助计划单列市	上年结余收入	调入资金	国债转贷收入、上年结余及转补助数	支出总计	本年支出
	小计	专项补助	增发国债补助						
市工业园区	1420	1411	9		462			5476	5362
赣州市小计	**214690**	**186563**	**28127**		**40952**	**6804**	**2148**	**898128**	**866353**
本级	6526	6284	242		15748	1850	200	99254	97693
县级小计	208164	180279	27885		25204	4954	1948	798874	768660
章贡区	10415	10332	83		259			49100	42237
开发区	981	916	65		54			14884	13889
赣县	13538	11510	2028		2344	223	80	52995	51160
南康市	9025	8402	623		1345	1670		57618	55530
信丰县	13325	11380	1945		1802		120	54895	52629
大余县	6854	6139	715		529	240	60	34523	32741
上犹县	10504	9612	892		501			30981	30190
崇义县	6672	5360	1312		697	156		28393	27149
安远县	13264	11818	1446		1141			37697	36892
龙南县	6210	5343	867		716		285	37306	35610
定南县	6581	5601	980		997	449	305	28140	27161
全南县	5708	4658	1050		746	51	218	24818	23534
宁都县	17313	14872	2441		2187	390		60842	59692
于都县	20319	17311	3008		2712		80	68665	67242
兴国县	18203	16408	1795		2712	297		60063	59056
瑞金市	16768	12907	3861		2198		500	53497	51720
会昌县	12665	10753	1912		2207	339	60	41868	40988
寻乌县	10479	8866	1613		984		180	32961	32240
石城县	9340	8091	1249		1073	1139	60	29628	29000
宜春市小计	**121312**	**105266**	**16046**		**77131**	**7150**	**2864**	**612745**	**589591**
本级	－2242	－6145	3903		46057		1894	60450	70735
县级小计	123554	111411	12143		31074	7150	970	552295	518856
丰城市	21285	18738	2547		4992	925	170	118026	111618
高安市	14339	12178	2161		7826	5	50	68748	65478
樟树市	10831	10394	437		2390			69300	66038
奉新县	8602	7976	626		3792	480		40687	39244
万载县	10004	9642	362		3003			45773	44348
上高县	10667	8662	2005		1897		70	46261	44380
宜丰县	9669	8835	834		3175	222	380	38345	36986
靖安县	6323	5408	915		535	1163	200	23217	22268
铜鼓县	5917	4743	1174		2103	225		22467	21972

2－17－21

单位:万元

地区	平衡部分									
	支出								年终结余	其中:净结余
	财力性转移支付			专项上解	计划单列市上解省	增设预算周转金	调出资金	国债转贷拨付数及年末结余		
	小计	体制上解	出口退税专项上解							
市工业园区				114					486	100
赣州市小计	**13352**	**11181**	**2171**	**16075**		**200**		**2148**	**48325**	**－513**
本级	3844	2405	1439	－2483				200	21159	2693
县级小计	9508	8776	732	18558		200		1948	27166	－3206
章贡区	5154	5013	141	1709					206	－570
开发区	142	66	76	743		110			323	138
赣县	823	769	54	932				80	2818	－174
南康市	219	209	10	1869					1834	－387
信丰县	830	829	1	1316				120	2045	46
大余县	564	544	20	1158				60	373	－276
上犹县	163	147	16	628					669	－281
崇义县	495	443	52	749					627	－190
安远县	123	123		682					1209	－281
龙南县	213	96	117	1108		90		285	968	288
定南县	5		5	669				305	730	－218
全南县	446	386	60	620				218	555	－144
宁都县	3		3	1147					1933	－305
于都县	5		5	1338				80	2535	－335
兴国县				1007					3466	159
瑞金市	247	113	134	1030				500	1659	34
会昌县	74	38	36	746				60	2587	－148
寻乌县	2		2	539				180	1625	－454
石城县				568				60	1004	－108
宜春市小计	**8803**	**8193**	**610**	**11439**		**3**	**45**	**2864**	**72307**	**2680**
本级	8803	8193	610	－21027			45	1894	45836	661
县级小计				32466		3		970	26471	2019
丰城市				6238				170	3843	522
高安市				3220				50	7630	167
樟树市				3262					475	126
奉新县				1443					3308	165
万载县				1425					2351	28
上高县				1811				70	1562	115
宜丰县				976		3		380	2296	47
靖安县				749				200	828	189
铜鼓县				495					3098	317

2－17－22

单位：万元

地区	收支部分										
	收入										
	本年收入小计	税收收入									
		小计	增值税	营业税	企业所得税	个人所得税	城市维护建设税	耕地占用税	契税	烟叶税	其他各项税收收入
袁州区	14860	12500	4462	3599	682	757	710	1015	659		616
上饶市小计	**253936**	**172901**	**32535**	**73643**	**11756**	**8433**	**9408**	**5314**	**18209**	**67**	**13536**
本级	27825	19008	2794	9734	1911	1015	1528		534		1492
县级小计	226111	153893	29741	63909	9845	7418	7880	5314	17675	67	12044
信州区	21190	17853	1528	7558	1326	929	743	484	3944		1341
上饶县	18070	15027	3754	6597	1180	696	826	13	1404		557
广丰县	42545	22545	3704	9516	1331	1032	1816	1000	2233	7	1906
玉山县	16882	12627	2203	5396	916	629	477	785	1191		1030
铅山县	13921	8840	2645	3207	293	628	291	308	604		864
横峰县	8964	4673	842	2292	192	256	295	289	366		141
弋阳县	12499	9206	1582	3030	953	380	547	60	2117		537
余干县	21362	8194	809	4971	647	313	351	570	311		222
鄱阳县	19039	15521	814	6561	1407	726	409	1221	3755	60	568
万年县	12876	8342	1477	3887	494	353	445	366	643		677
德兴市	24492	20738	9593	4120	706	834	1220	68	402		3795
婺源县	14271	10327	790	6774	400	642	460	150	705		406
吉安市小计	**205130**	**119130**	**24098**	**50455**	**7865**	**8506**	**6647**	**2593**	**10736**	**802**	**7428**
本级	34945	21958	4714	8711	2127	926	847		3825		808
县级小计	170185	97172	19384	41744	5738	7580	5800	2593	6911	802	6620
高新区	1295	1150	558	282	9	85	160				56
吉州区	12779	9473	1365	4627	869	647	570	704			691
青原区	5627	4101	616	2006	365	260	201	455			198
吉安县	20583	12230	2178	4810	554	1393	1414	218	767		896
吉水县	14094	6693	1007	3350	233	647	291	135	545		485
峡江县	8710	4908	905	1775	193	464	189	1	400	606	375
新干县	13892	5895	1544	2165	371	438	297	212	401		467
永丰县	14455	6908	1982	2452	441	505	467	44	611	18	388
泰和县	19195	10344	1603	4822	748	644	453	200	1050		824
遂川县	13531	6976	1139	3240	455	572	300	178	700		392
万安县	9408	6783	2215	2094	419	343	469	268	670		305
安福县	14934	9348	2770	3557	281	888	383	35	455	178	801
永新县	10520	4405	840	2014	231	393	248	93	312		274
井冈山市	11162	7958	662	4550	569	301	358	50	1000		468
抚州市小计	**139288**	**92479**	**12879**	**42099**	**9157**	**5509**	**4754**	**1452**	**9700**	**1178**	**5751**
本级	33871	23511	3973	10422	1851	1419	1569	145	2600		1532

2－17－23

单位:万元

地区	收支部分									
	收入								支出	
	非税收入							贷款转贷回收本金收入		
	小计	专项收入	行政事业性收费收入	罚没收入	国有资本经营收入	国有资源(资产)有偿使用收入	其他收入		本年支出小计	一般公共服务
袁州区	2360	398	1511	426		11	14		66524	9425
上饶市小计	**81035**	**7256**	**24381**	**24950**	**14333**	**1902**	**8213**		**684647**	**123213**
本级	8817	1102	2962	4296	31	426			67675	13665
县级小计	72218	6154	21419	20654	14302	1476	8213		616972	109548
信州区	3337	344	822	1505		666			34657	6947
上饶县	3043	760	430	1799		54			52722	11421
广丰县	20000	1204	7514	2409	6184	16	2673		85587	14399
玉山县	4255	448	1190	2585		32			47670	8603
铅山县	5081	310	2598	1218		19	936		35243	5488
横峰县	4291	162	1072	817	305	42	1893		27508	4448
弋阳县	3293	458	891	1241		66	637		37988	5886
余干县	13168	317	2618	2794	5795	426	1218		77491	9329
鄱阳县	3518	295	1330	1812		66	15		93648	22314
万年县	4534	376	1298	1039	1800		21		39749	5074
德兴市	3754	1119	937	1466	168	53	11		45188	8734
婺源县	3944	361	719	1969	50	36	809		39521	6905
吉安市小计	**86000**	**6846**	**33189**	**25293**	**11326**	**5367**	**3979**		**586190**	**87910**
本级	12987	1255	3864	4948	2322	284	314		70286	9258
县级小计	73013	5591	29325	20345	9004	5083	3665		515904	78652
高新区	145	96		47		2			3363	432
吉州区	3306	353	775	416	1564	10	188		32651	4625
青原区	1526	100	537	666		7	216		20833	3772
吉安县	8353	1092	2029	1592	2942	66	632		52096	6968
吉水县	7401	362	2838	3317	700	26	158		43593	7684
峡江县	3802	607	1308	1012	790	20	65		23218	4292
新干县	7997	440	4195	1499	1537	21	305		39641	4991
永丰县	7547	360	3024	1560		2280	323		44084	7478
泰和县	8851	494	5023	2359	487	32	456		48305	7135
遂川县	6555	352	2102	1650		2315	136		47616	6743
万安县	2625	313	1003	1259		50			36761	4799
安福县	5586	485	2223	1664	495	12	707		42175	6620
永新县	6115	299	2815	2338	489	45	129		46792	6499
井冈山市	3204	238	1453	966		197	350		34776	6614
抚州市小计	**46809**	**4138**	**16896**	**17219**	**4868**	**483**	**3205**		**428998**	**56883**
本级	10360	1384	2530	4175	286		1985		70614	7305

2－17－24

单位:万元

地区	收支部分										
	支出										
	外交	国防	公共安全	教育	科学技术	文化体育与传媒	社会保障和就业	医疗卫生	环境保护	城乡社区事务	农林水事务
袁州区			1370	14732	77	328	15697	1286	100	1837	9479
上饶市小计		**813**	**43371**	**147741**	**3033**	**8486**	**88802**	**39847**	**4468**	**32258**	**99560**
本级		684	7835	5484	404	1672	10837	4321	574	5218	3022
县级小计		129	35536	142257	2629	6814	77965	35526	3894	27040	96538
信州区			2324	6720	162	454	7767	2439		1696	2203
上饶县			2566	13804	95	307	7396	4544	347	413	7204
广丰县			4718	20230	679	1142	6691	5408	797	2351	5992
玉山县			2932	12934	146	341	4909	3995	137	1976	7931
铅山县			2526	8820	91	536	5244	1554	190	541	5192
横峰县		5	1814	4435	72	427	3610	906	183	1509	4975
弋阳县		57	1882	8108	226	481	6955	2244	237	402	6401
余干县			4338	17342	191	463	9324	2807	116	6210	18906
鄱阳县			3907	26366	97	811	10900	5161	210	4307	13429
万年县			2481	8426	323	518	4863	1817	384	2640	9644
德兴市		67	3435	7432	449	485	6613	1838	860	4211	6218
婺源县			2613	7640	98	849	3693	2813	433	784	8443
吉安市小计		**2419**	**39332**	**118895**	**2532**	**9853**	**72169**	**28288**	**4988**	**28429**	**94481**
本级		1814	9469	6288	543	1526	9926	4315	984	5560	4744
县级小计		605	29863	112607	1989	8327	62243	23973	4004	22869	89737
高新区			59		154					980	
吉州区		72	1170	7503	135	250	8052	1224	126	620	2755
青原区		2	1015	4644	41	199	1891	972	93	1002	2934
吉安县		13	2955	11340	175	717	6915	3362	195	4049	9380
吉水县		45	3136	9695	63	439	4511	2848	237	4204	6696
峡江县		23	1446	4425	114	301	2708	780	1113	804	3012
新干县		105	2958	9350	206	884	3747	1978	477	1487	9265
永丰县		127	2204	10669	195	1194	3992	1948	254	1779	7900
泰和县		95	2520	11611	81	559	6060	1642	162	815	7006
遂川县			2858	11198	75	549	4250	3070	179	1421	11220
万安县		60	2296	7201	52	658	4221	986	65	626	7547
安福县		63	2673	9078	91	564	4663	1639	358	2965	6103
永新县			2134	10548	239	1104	6854	1649	269	804	10846
井冈山市			2439	5345	368	909	4379	1875	476	1313	5073
抚州市小计		**574**	**27589**	**78570**	**2642**	**11261**	**58145**	**16758**	**2352**	**20727**	**56710**
本级		170	6176	3797	1059	7920	10266	654	345	5859	1714

2006年地方财政政府收支分类转换数据

2－17－25 单位：万元

地区	收支部分			平衡部分						
	支出			收入						
						返还性收入			财力性转移支付收入	
	交通运输	工业、商业、金融等事务	其他支出	收入总计	本年收入	小计	增值税和消费税税收返还	所得税基数返还	小计	体制补助
袁州区	2570	6490	3133	80551	14860	2454	2117	337	31729	
上饶市小计	**25582**	**35254**	**32219**	**776074**	**253936**	**42638**	**33381**	**9257**	**259549**	
本级	3455	4236	6268	86038	27825	8296	6875	1421	8452	
县级小计	22127	31018	25951	690036	226111	34342	26506	7836	251097	
信州区	571	2398	976	41093	21190	2700	2507	193	10379	
上饶县	1477	2168	980	63017	18070	2860	2491	369	21356	
广丰县	5687	6185	11308	90046	42545	10771	5894	4877	24154	
玉山县	1296	1706	764	54905	16882	2314	2129	185	20882	
铅山县	2043	1466	1552	41233	13921	1609	1469	140	14686	
横峰县	1357	2250	1517	36468	8964	901	859	42	10253	
弋阳县	740	1135	3234	45899	12499	2074	1845	229	16181	
余干县	1927	5579	959	81937	21362	1082	1016	66	33828	
鄱阳县	2743	3338	65	97708	19039	2385	1874	511	53323	
万年县	1068	2163	348	38650	12876	1735	1562	173	15858	
德兴市	1176	1902	1768	55006	24492	4235	3550	685	14092	
婺源县	2042	728	2480	44074	14271	1676	1310	366	16105	
吉安市小计	**39297**	**23545**	**34052**	**672350**	**205130**	**32352**	**27648**	**4704**	**211853**	**660**
本级	8371	4799	2689	89779	34945	9459	8529	930	7367	－306
县级小计	30926	18746	31363	582571	170185	22893	19119	3774	204486	966
高新区		253	1485	3602	1295	20	20		877	
吉州区	1460	3220	1439	36272	12779	3219	2555	664	9791	
青原区	1759	1938	571	23947	5627	577	449	128	8892	
吉安县	1952	1388	2687	59784	20583	2801	2471	330	19508	
吉水县	2002	1152	881	49304	14094	1251	948	303	18381	
峡江县	1093	987	2120	26518	8710	851	806	45	9885	
新干县	1823	1616	754	41457	13892	1889	1789	100	14674	
永丰县	3383	486	2475	47418	14455	2229	1911	318	17917	
泰和县	2213	1673	6733	56651	19195	2094	1604	490	17505	
遂川县	3049	571	2433	54177	13531	1404	1171	233	20714	
万安县	5666	1131	1453	42273	9408	1360	1230	130	14270	
安福县	3135	2053	2170	48285	14934	2543	2104	439	16865	
永新县	1908	1438	2500	50029	10520	1116	954	162	21315	200
井冈山市	1483	840	3662	42854	11162	1539	1107	432	13892	766
抚州市小计	**18565**	**20093**	**58129**	**514889**	**139288**	**19554**	**15525**	**4029**	**183701**	
本级	652	3551	21146	81520	33871	6538	5326	1212	12397	

2－17－26 单位:万元

地区	平衡部分									
	收入									
	财力性转移支付收入									
	一般性转移支付补助	民族地区转移支付补助	调整工资转移支付补助	农村税费改革转移支付补助	取消农业特产税降低农业税率转移支付补助	缓解县乡财政困难转移支付补助	农村义务教育补助	结算补助	企事业单位预算划转补助	其他财力性转移支付
袁州区	8536		9487	3097	4645	1780		1297		2887
上饶市小计	**106925**		**73128**	**25283**	**25301**	**14027**		**14278**		**607**
本级	－2369		5991	42	18	18		2609		2143
县级小计	109294		67137	25241	25283	14009		11669		－1536
信州区	3756		3894	746	491	146		1927		－581
上饶县	10569		6029	2372	1823	588		152		－177
广丰县	10783		6722	2715	1899	567		1880		－412
玉山县	7894		6336	2007	1669	1913		1230		－167
铅山县	6400		4414	1374	1559	462		629		－152
横峰县	5668		2840	742	876	199		24		－96
弋阳县	7152		4444	1530	1409	995		591		60
余干县	15148		7424	4375	4708	2066		－13		120
鄱阳县	24121		12591	4569	6510	5332		335		－135
万年县	6809		4412	1564	1789	974		418		－108
德兴市	3464		4117	1045	1035	294		3932		205
婺源县	7530		3914	2202	1515	473		564		－93
吉安市小计	**74652**		**63722**	**20395**	**26282**	**19311**	**719**	**6812**		**－700**
本级	4426		6750	－500				－1914		－1089
县级小计	70226		56972	20895	26282	19311	719	8726		389
高新区	128							749		
吉州区	4077		4435	650	552	156		761		－840
青原区	3697		1529	756	875	230		364		1441
吉安县	6375		4945	2139	3036	1679	719	847		－232
吉水县	6064		4865	1967	2775	2065		570		75
峡江县	3143		2891	773	1527	1131		453		－33
新干县	2772		3889	1925	3411	2397		302		－22
永丰县	5905		4630	1746	2369	2785		485		－3
泰和县	3545		6139	2280	3037	1831		874		－201
遂川县	10008		5185	2624	1824	672		458		－57
万安县	5566		4097	1144	1526	1682		257		－2
安福县	4631		5116	1803	2311	1846		1081		77
永新县	7605		5382	2413	2492	2561		614		48
井冈山市	6710		3869	675	547	276		911		138
抚州市小计	**67418**		**56497**	**13750**	**22269**	**17748**		**6509**		**－490**
本级	4198		6770	－102	264	62		863		342

2－17－27　　　　　　　　　　　　　　　　　　　　　　　　　　　　　　单位:万元

地　区	平　衡　部　分								
	收　入							支　出	
	专项转移支付			省补助计划单列　市	上年结余收入	调入资金	国债转贷收入、上年结余及转补助数	支出总计	本年支出
	小　计	专项补助	增发国债补助						
袁州区	25917	24835	1082		1361	4130	100	79471	66524
上饶市小计	**148469**	**132382**	**16087**		**64828**	**4530**	**2124**	**697823**	**684647**
本级	11475	11195	280		27778	1158	1054	53594	67675
县级小计	136994	121187	15807		37050	3372	1070	644229	616972
信州区	5141	5067	74		1683			39660	34657
上饶县	14533	13313	1220		4808	1270	120	53534	52722
广丰县	10440	8641	1799		2136			87528	85587
玉山县	8815	8111	704		5042	970		50088	47670
铅山县	7568	7050	518		3449			36555	35243
横峰县	7483	6463	1020		8867			27832	27508
弋阳县	11719	10763	956		3426			39314	37988
余干县	19717	15549	4168		5691	177	80	78049	77491
鄱阳县	23546	22403	1143		－705		120	94671	93648
万年县	10464	7433	3031		－2377	94		41076	39749
德兴市	9169	8805	364		1553	795	670	53577	45188
婺源县	8399	7589	810		3477	66	80	42345	39521
吉安市小计	**144840**	**126551**	**18289**		**69262**	**6247**	**2666**	**600262**	**586190**
本级	11122	10586	536		24474	1288	1124	67586	70286
县级小计	133718	115965	17753		44788	4959	1542	532676	515904
高新区	924	924			486			3555	3363
吉州区	9116	8701	415		1005	352	10	34910	32651
青原区	5418	4847	571		2078	1275	80	21414	20833
吉安县	12590	11149	1441		4136	166		54171	52096
吉水县	10055	9448	607		4465	1058		44532	43593
峡江县	6354	5876	478		618	100		23959	23218
新干县	9790	6165	3625		603	91	518	40953	39641
永丰县	10087	8626	1461		1858	292	580	45464	44084
泰和县	11380	10600	780		6218	139	120	49900	48305
遂川县	13528	11899	1629		4774	126	100	48581	47616
万安县	11128	8550	2578		5722	385		37785	36761
安福县	11357	9481	1876		1806	776	4	44375	42175
永新县	13387	11994	1393		3542	149		47437	46792
井冈山市	8604	7705	899		7477	50	130	35640	34776
抚州市小计	**97951**	**90673**	**7278**		**66955**	**3976**	**3464**	**443326**	**428998**
本级	15606	14777	829		11175	983	950	69438	70614

2-17-28

单位:万元

地区	平衡部分									
	支出								年终结余	其中:净结余
	财力性转移支付			专项上解	计划单列市上解省	增设预算周转金	调出资金	国债转贷拨付数及年末结余		
	小计	体制上解	出口退税专项上解							
袁州区				12847				100	1080	343
上饶市小计	**2089**	**1309**	**780**	**8963**				**2124**	**78251**	**-20942**
本级	1520	898	622	-16655				1054	32444	4204
县级小计	569	411	158	25618				1070	45807	-25146
信州区	138	99	39	4865					1433	-1487
上饶县	16	14	2	676				120	9483	-1711
广丰县	69	69		1872					2518	197
玉山县	26	15	11	2392					4817	-822
铅山县	30	30		1282					4678	-1340
横峰县	13	10	3	311					8636	-870
弋阳县	44	15	29	1282					6585	-1532
余干县	24	16	8	454				80	3888	-3172
鄱阳县	25	17	8	878				120	3037	-11522
万年县	22	5	17	1305					-2426	-3555
德兴市	132	100	32	7587				670	1429	400
婺源县	30	21	9	2714				80	1729	268
吉安市小计	**567**		**567**	**10232**		**607**		**2666**	**72088**	**-5230**
本级	-3279	-3601	322	-545				1124	22193	2258
县级小计	3846	3601	245	10777		607		1542	49895	-7488
高新区	34		34	158					47	
吉州区	1243	1208	35	1006				10	1362	-1970
青原区	2		2	499				80	2533	11
吉安县	622	621	1	1053		400			5613	-936
吉水县	26		26	863		50			4772	680
峡江县	46		46	645		50			2559	-1581
新干县	87	51	36	707				518	504	12
永丰县	15		15	785				580	1954	
泰和县	327	316	11	1108		40		120	6751	13
遂川县	153	130	23	712				100	5596	-915
万安县	2		2	1022					4488	-380
安福县	1284	1275	9	892		20		4	3910	-1279
永新县	2		2	626		17			2592	-983
井冈山市	3		3	701		30		130	7214	-160
抚州市小计	**3159**	**2536**	**623**	**7705**				**3464**	**71563**	**-9198**
本级	-3049	-3281	232	923				950	12082	1033

2－17－29　　　　单位:万元

地区	收支部分										
	收入										
	本年收入小计	税收收入									
		小计	增值税	营业税	企业所得税	个人所得税	城市维护建设税	耕地占用税	契税	烟叶税	其他各项税收收入
县级小计	105417	68968	8906	31677	7306	4090	3185	1307	7100	1178	4219
临川区	18636	10967	1054	5437	1125	789	579	215	984		784
南城县	11823	8204	1014	4082	1269	370	353	132	508		476
南丰县	10242	7576	518	3430	745	612	254	66	1257		694
黎川县	7776	5030	620	1921	582	234	193	126	644	407	303
崇仁县	9071	5780	1432	2176	399	414	246	153	702		258
宜黄县	5916	3871	560	1991	362	146	179	63	312	25	233
乐安县	6211	4289	524	1889	336	384	152	35	385	340	244
金溪县	7072	4528	774	2211	305	373	184	8	400		273
资溪县	5497	3941	416	1713	462	188	170	284	410	90	208
广昌县	7976	5666	455	3087	523	295	224	9	484	316	273
东乡县	15197	9116	1539	3740	1198	285	651	216	1014		473

2-17-30

单位:万元

地区	收支部分									
	收入								支出	
	非税收入							贷款转贷回收本金收入	本年支出小计	一般公共服务
	小计	专项收入	行政事业性收费收入	罚没收入	国有资本经营收入	国有资源(资产)有偿使用收入	其他收入			
县级小计	36449	2754	14366	13044	4582	483	1220		358384	49578
临川区	7669	492	2940	1129	2392	366	350		63263	7583
南城县	3619	356	750	1492	714	33	274		29946	4308
南丰县	2666	201	429	1875		14	147		29321	4007
黎川县	2746	214	1197	667	500		168		28111	3111
崇仁县	3291	216	1914	1110			51		30626	3870
宜黄县	2045	171	738	1095		22	19		22304	3931
乐安县	1922	173	747	943		23	36		37406	4698
金溪县	2544	148	1594	800	-8	10			28856	4325
资溪县	1556	119	723	670			44		17066	4823
广昌县	2310	173	988	1110			39		26940	4243
东乡县	6081	491	2346	2153	984	15	92		44545	4679

2－17－31　　单位:万元

地区	收支部分										
	支出										
	外交	国防	公共安全	教育	科学技术	文化体育与传媒	社会保障和就业	医疗卫生	环境保护	城乡社区事务	农林水事务
县级小计		404	21413	74773	1583	3341	47879	16104	2007	14868	54996
临川区		34	2183	18474	80	641	6784	3461	129	2768	11396
南城县		57	1954	6717	65	219	3095	1175	253	391	3739
南丰县			1845	5891	131	237	3107	1701	324	2605	5242
黎川县			1367	6754	171	239	3856	1577	233	1737	3671
崇仁县		26	2010	5692	136	237	6304	885	55	740	2919
宜黄县		55	1933	4179	96	182	2244	913	130	517	2807
乐安县			2079	6506	48	460	6522	1450	63	1330	7574
金溪县		24	2258	5279	224	229	4659	1706	293	836	4740
资溪县			1527	3519	96	276	1654	851	38		2313
广昌县		51	1723	5098	154	217	2913	1234	109	511	6195
东乡县		157	2534	6664	382	404	6741	1151	380	3433	4400

2－17－32

单位：万元

地　　区	收支部分			平衡部分						
	支出			收入						
	交通运输	工业、商业、金融等事务	其他支出	收入总计	本年收入	返还性收入			财力性转移支付收入	
						小计	增值税和消费税税收返还	所得税基数返还	小计	体制补助
县级小计	17913	16542	36983	433369	105417	13016	10199	2817	171304	
临川区	1711	5314	2705	76608	18636	2424	1632	792	32846	
南城县	1600	609	5764	45309	11823	1314	1005	309	14097	
南丰县	1589	1213	1429	37763	10242	1003	859	144	12512	
黎川县	2613	610	2172	31284	7776	958	769	189	12946	
崇仁县	1615	1811	4326	34324	9071	1572	1152	420	14683	
宜黄县	2206	382	2729	30865	5916	879	670	209	11639	
乐安县	2236	2401	2039	40944	6211	720	656	64	18322	
金溪县	599	1746	1938	33056	7072	665	620	45	16329	
资溪县	1131	778	60	20553	5497	876	624	252	7655	
广昌县	1312	556	2624	33221	7976	744	585	159	12714	
东乡县	1301	1122	11197	49442	15197	1861	1627	234	17561	

2－17－33

单位:万元

地区	平衡部分									
	收入									
	财力性转移支付收入									
	一般性转移支付补助	民族地区转移支付补助	调整工资转移支付补助	农村税费改革转移支付补助	取消农业特产税降低农业税率转移支付补助	缓解县乡财政困难转移支付补助	农村义务教育补助	结算补助	企事业单位预算划转补助	其他财力性转移支付
县级小计	63220		49727	13852	22005	17686		5646		－832
临川区	11546		10817	2887	4414	3362		1556		－1736
南城县	4618		4511	1329	1744	1183		547		165
南丰县	3426		3578	1008	2992	1115		413		－20
黎川县	5925		3385	703	1103	1382		274		174
崇仁县	4803		4481	1102	1992	1735		523		47
宜黄县	4260		3329	685	1441	1362		432		130
乐安县	8251		4531	1477	2249	1229		547		38
金溪县	5813		4376	984	1945	2793		391		27
资溪县	3727		2161	526	604	432		218		－13
广昌县	5538		3587	920	1069	1269		284		47
东乡县	5313		4971	2231	2452	1824		461		309

2－17－34

单位：万元

地区	平衡部分								
	收入							支出	
	专项转移支付			省补助计划单列市	上年结余收入	调入资金	国债转贷收入、上年结余及转补助数	支出总计	本年支出
	小计	专项补助	增发国债补助						
县级小计	82345	75896	6449		55780	2993	2514	373888	358384
临川区	11462	10366	1096		9835	1083	322	66057	63263
南城县	6623	6086	537		10817	522	113	31319	29946
南丰县	7179	6355	824		6382	205	240	30695	29321
黎川县	6973	6249	724		1987	374	270	29789	28111
崇仁县	6323	6197	126		2352		323	32064	30626
宜黄县	5583	5086	497		6345	123	380	23350	22304
乐安县	11270	10545	725		3655	566	200	38492	37406
金溪县	6182	5946	236		2688		120	29693	28856
资溪县	4002	3447	555		2523			17691	17066
广昌县	7930	7173	757		3477	120	260	27961	26940
东乡县	8818	8446	372		5719		286	46777	44545

2-17-35

单位:万元

地区	平衡部分									
	支出								年终结余	其中:净结余
	财力性转移支付			专项上解	计划单列市上解省	增设预算周转金	调出资金	国债转贷拨付数及年末结余		
	小计	体制上解	出口退税专项上解							
县级小计	6208	5817	391	6782				2514	59481	-10231
临川区	1040	1037	3	1432				322	10551	-4886
南城县	611	447	164	649				113	13990	396
南丰县	436	431	5	698				240	7068	83
黎川县	341	310	31	1067				270	1495	-942
崇仁县	594	428	166	521				323	2260	-650
宜黄县	376	376		290				380	7515	-1102
乐安县	354	354		532				200	2452	-1557
金溪县	261	251	10	456				120	3363	-688
资溪县	395	394	1	230					2862	-380
广昌县	265	265		496				260	5260	-654
东乡县	1535	1524	11	411				286	2665	149

2006 年山东省地市县财政一般预算收支平衡表

2－18－1　　　　　　　　　　　　　　　　　　　　单位:万元

地区	收支部分										
	收入										
	本年收入小计	税收收入									
		小计	增值税	营业税	企业所得税	个人所得税	城市维护建设税	耕地占用税	契税	烟叶税	其他各项税收收入
地(市)县级总计	**11673659**	**8967751**	**1956890**	**2288335**	**1193009**	**321741**	**781219**	**396537**	**661374**	**10859**	**1357787**
地(市)本级合计	**3782568**	**2946550**	**569661**	**864143**	**563371**	**122038**	**323766**	**43808**	**200832**	**9**	**258922**
县级合计	**7891091**	**6021201**	**1387229**	**1424192**	**629638**	**199703**	**457453**	**352729**	**460542**	**10850**	**1098865**
青岛市小计	**2259904**	**1924833**	**331659**	**627125**	**277010**	**94042**	**108467**	**100920**	**190021**	**234**	**195355**
本级	977190	815982	121854	321686	134331	49553	46371		76861		65326
县级小计	1282714	1108851	209805	305439	142679	44489	62096	100920	113160	234	130029
即墨市	119677	105627	21910	23957	7772	3365	6261	17977	8651		15734
胶州市	110830	103682	25579	17688	9759	3028	4631	20610	8121	37	14229
胶南市	154035	145324	18491	23684	10982	2607	5685	29920	37066	160	16729
平度市	93180	63511	12355	10560	4892	1841	3062	7452	13144	37	10168
莱西市	73409	51396	9618	12586	2304	1902	1997	6344	9376		7269
崂山区	145981	127234	23394	35124	19946	4420	12874	1892	19804		9780
城阳区	86246	76277	19814	23362	8985	3730	5292	2012	4501		8581
黄岛区	61574	58782	3540	18786	7615	2075	6238	5651	8995		5882
开发区	71101	56965	16858	19219	7683	1853	3010		2946		5396
市南区	152007	141273	17448	69220	22102	12374	3960				16169
市北区	82022	68557	9579	24822	21120	2904	2883	1			7248
四方区	44660	36469	12225	8945	6025	1534	2221				5519
李沧区	72283	58418	16196	15023	7215	1835	3244	9061			5844
保税区	15709	15336	2798	2463	6279	1021	738		556		1481
济南市小计	**1284388**	**977954**	**190345**	**337489**	**137666**	**45202**	**93149**	**7302**	**68253**		**98548**
本级	631442	504308	112634	165564	84453	22091	57279	143	32066		30078
县级小计	652946	473646	77711	171925	53213	23111	35870	7159	36187		68470
历下区	105636	99314	8392	46559	7978	5739	6333	19	9228		15066
市中区	92023	87568	7141	36505	9832	6754	6375		7628		13333
天桥区	51092	45192	7756	18213	3896	1794	3353	215	2395		7570
槐荫区	39417	34993	7281	10684	2710	1897	2798	127	3844		5652
历城区	116718	78417	17149	24034	10582	2769	6624	1157	5875		10227
长清区	29126	20029	3205	8077	631	866	1332	2585	533		2800
章丘市	138174	59378	15449	14805	8029	1826	5183	1613	5351		7122
平阴县	26009	17469	4844	3726	1707	887	1284	535	469		4017
济阳县	32026	21962	4213	7004	6444	310	1237	678	620		1456
商河县	22725	9324	2281	2318	1404	269	1351	230	244		1227
淄博市小计	**806969**	**611213**	**139139**	**127667**	**112054**	**24809**	**65105**	**14260**	**44325**	**478**	**83376**
本级	269599	196365	23191	56795	46945	9310	26525	209	15326		18064

2006 年地方财政政府收支分类转换数据

2－18－2

单位:万元

地区	收支部分									
	收入								支出	
	非税收入							贷款转贷回收本金收入		
	小计	专项收入	行政事业性收费收入	罚没收入	国有资本经营收入	国有资源(资产)有偿使用收入	其他收入		本年支出小计	一般公共服务
地(市)县级总计	**2705908**	**509954**	**1006955**	**478632**	**438246**	**169827**	**102294**		**15547546**	**2868896**
地(市)本级合计	**836018**	**220693**	**354132**	**124099**	**52189**	**64105**	**20800**		**4398485**	**781164**
县级合计	**1869890**	**289261**	**652823**	**354533**	**386057**	**105722**	**81494**		**11149061**	**2087732**
青岛市小计	**335071**	**63488**	**129776**	**40739**	**45583**	**50043**	**5442**		**2367875**	**481750**
本级	161208	31534	80442	13073	10685	24756	718		789923	149069
县级小计	173863	31954	49334	27666	34898	25287	4724		1577952	332681
即墨市	14050	4737	2657	5913		743			157088	35439
胶州市	7148	3262	34	3136		716			143895	33226
胶南市	8711	3477	1928	2666	164	476			193574	39053
平度市	29669	2304	8065	3453	15674	173			138797	26504
莱西市	22013	1365	5799	2463		12360	26		105471	18999
崂山区	18747	3208	7151	824	4157	28	3379		159027	41100
城阳区	9969	3368	1200	4968		429	4		137686	27588
黄岛区	2792	2736		6		50			74657	15827
开发区	14136	1333	4011	2460	4632	1700			100768	14905
市南区	10734	1448	6159	609		2518			114978	16529
市北区	13465	2238	7934	330		2963			95552	24130
四方区	8191	1025	2179	428	577	2798	1184		51062	9987
李沧区	13865	1145	2209	403	9694	283	131		82221	11983
保税区	373	308	8	7		50			23176	17411
济南市小计	**306434**	**49867**	**200266**	**49241**	**－3625**	**2877**	**7808**		**1469762**	**292728**
本级	127134	28936	71250	31319	－6660	2225	64		646304	122731
县级小计	179300	20931	129016	17922	3035	652	7744		823458	169997
历下区	6322	2889	2149	674	20	37	553		73789	12845
市中区	4455	3078	858	444		75			66798	18179
天桥区	5900	1543	3495	829		32	1		62316	13537
槐荫区	4424	1359	1929	903	148	85			56939	17582
历城区	38301	4187	27793	1917	1831	219	2354		148022	28339
长清区	9097	1139	4350	2750	646	50	162		57936	10624
章丘市	78796	3326	67760	5263		43	2404		188601	34325
平阴县	8540	1433	3736	2001	60	40	1270		54551	9671
济阳县	10064	963	5594	2153	316	38	1000		61303	13900
商河县	13401	1014	11352	988	14	33			53203	10995
淄博市小计	**195756**	**47901**	**55925**	**29197**	**15895**	**36327**	**10511**		**1010541**	**170160**
本级	73234	23349	15315	7388		26567	615		344963	50597

2－18－3

单位:万元

地区	收支部分										
	支出										
	外交	国防	公共安全	教育	科学技术	文化体育与传媒	社会保障和就业	医疗卫生	环境保护	城乡社区事务	农林水事务
地(市)县级总计	**228**	**20333**	**1047822**	**2982868**	**270999**	**212331**	**1640416**	**659141**	**160775**	**1936862**	**1172423**
地(市)本级合计	**228**	**8227**	**512737**	**532054**	**93313**	**93504**	**475358**	**182166**	**71566**	**656467**	**192249**
县级合计		**12106**	**535085**	**2450814**	**177686**	**118827**	**1165058**	**476975**	**89209**	**1280395**	**980174**
青岛市小计	**28**	**5475**	**227752**	**466561**	**43798**	**44343**	**212638**	**80162**	**21709**	**296201**	**142675**
本级	28	1637	132839	92941	11381	25157	110291	26806	13983	51486	24233
县级小计		3838	94913	373620	32417	19186	102347	53356	7726	244715	118442
即墨市		125	6628	43066	1241	711	12316	11087	1710	10890	14209
胶州市		210	7934	33895	2994	1096	6507	5483	1821	12778	15521
胶南市		376	10527	43080	4979	1125	9399	3552	1240	33430	20408
平度市		212	6642	41402	2308	6569	17422	4420	1244	7718	16249
莱西市		62	5268	25729	588	813	6251	3464	506	4325	16561
崂山区			11570	29847	70	1375	6816	8969	114	23045	17274
城阳区		441	11543	37500	4657	1118	7972	2435	95	23247	11271
黄岛区		300	9332	24863		1174	6130	2176	636	6700	5951
开发区			2564	5063	8316	719		2020		49056	
市南区		1344	9237	26572	2327	1671	10405	3344	60	17834	
市北区		431	4545	25752	2718	679	7621	2266	300	20291	458
四方区		337	4128	17951	1188	474	5638	1496		4958	
李沧区			4901	18592	961	1662	5858	2644		29876	540
保税区			94	308	70		12			567	
济南市小计		**934**	**126013**	**215801**	**27546**	**18171**	**209059**	**71613**	**21558**	**227848**	**95797**
本级		537	68125	50368	15464	11123	107528	33811	5715	130899	20851
县级小计		397	57888	165433	12082	7048	101531	37802	15843	96949	74946
历下区		116	9323	14206	2362	323	13845	4678	509	6466	182
市中区		64	6711	17454	1277	327	12265	4031	525	3465	1649
天桥区			6423	13171	1611	214	11909	3149	399	4842	3405
槐荫区		17	5546	10636	999	188	11538	2593	681	5296	1123
历城区		165	7596	35124	2105	3124	14243	6264	684	28971	10412
长清区			3820	12973	777	684	6355	2931	328	2796	6947
章丘市			11602	33056	1453	1092	14556	5592	11893	22881	28401
平阴县		35	2429	9168	489	457	5264	2473	415	4366	8470
济阳县			2355	8131	685	225	6485	1614	232	11155	8171
商河县			2083	11514	324	414	5071	4477	177	6711	6186
淄博市小计		**1813**	**64715**	**221064**	**21844**	**21139**	**128729**	**43871**	**14682**	**91922**	**62475**
本级		593	32173	46734	10144	6078	60836	15378	9075	42282	16636

2006年地方财政政府收支分类转换数据

2-18-4

单位:万元

地区	收支部分			平衡部分						
	支出			收入						
						返还性收入			财力性转移支付收入	
	交通运输	工业、商业、金融等事务	其他支出	收入总计	本年收入	小计	增值税和消费税税收返还	所得税基数返还	小计	体制补助
地(市)县级总计	**218173**	**1158520**	**1197759**	**18303814**	**11673659**	**2437088**	**1739764**	**697324**	**1450966**	
地(市)本级合计	**98778**	**387152**	**313522**	**5831259**	**3782568**	**956393**	**772135**	**184258**	**-128494**	**-18828**
县级合计	**119395**	**771368**	**884237**	**12472555**	**7891091**	**1480695**	**967629**	**513066**	**1579460**	**18828**
青岛市小计	**28442**	**218946**	**97395**	**3336939**	**2259904**	**497469**	**376316**	**121153**	**33882**	
本级	7880	107798	34394	1583774	977190	291733	252549	39184	-45994	
县级小计	20562	111148	63001	1753165	1282714	205736	123767	81969	79876	
即墨市	744	8316	10606	175779	119677	21090	15905	5185	6472	
胶州市	8256	14133	41	158878	110830	19596	15248	4348	14271	
胶南市	3300	18030	5075	235633	154035	20696	14285	6411	6679	
平度市	308	7589	210	149690	93180	16347	10548	5799	20049	
莱西市	70	786	22049	110832	73409	10440	6831	3609	9321	
崂山区	4456	14391		183587	145981	23924	10942	12982	5995	
城阳区	2464	1616	5739	146114	86246	20569	10595	9974	24029	
黄岛区	964	568	36	77479	61574	4389	2190	2199	1118	
开发区		17783	342	107382	71101	22893	9277	13616	11682	
市南区		16710	8945	123253	152007	9109	5149	3960	-43006	
市北区		2671	3690	110549	82022	12993	8965	4028	11490	
四方区		1305	3600	58256	44660	7774	5672	2102	2985	
李沧区		3487	1717	91578	72283	11526	7358	4168	4947	
保税区		3763	951	24155	15709	4390	802	3588	3844	
济南市小计	**14887**	**67738**	**80069**	**1741671**	**1284388**	**218565**	**166794**	**51771**	**13933**	
本级	10966	43343	24843	843094	631442	108635	100279	8356	-28223	-1419
县级小计	3921	24395	55226	898577	652946	109930	66515	43415	42156	1419
历下区		1355	7579	82025	105636	9639	5644	3995	-38791	
市中区	49	802		77066	92023	7702	3974	3728	-28225	
天桥区	10	1966	1680	71176	51092	9659	6689	2970	5398	
槐荫区		740		64067	39417	9068	5979	3089	9749	
历城区	1249	5551	4195	163543	116718	18506	12547	5959	14409	
长清区	193	941	8567	64365	29126	7728	6216	1512	16290	103
章丘市	1208	1942	20600	198409	138174	24073	14135	9938	20413	
平阴县	413	3368	7533	57728	26009	8107	5600	2507	10564	
济阳县	705	6741	904	65779	32026	11116	3749	7367	12921	642
商河县	94	989	4168	54419	22725	4332	1982	2350	19428	674
淄博市小计	**26913**	**76769**	**64445**	**1162221**	**806969**	**153108**	**112771**	**40337**	**19782**	
本级	4959	37492	11986	349948	269599	50492	33857	16635	-52546	-872

2－18－5

单位：万元

地区	平衡部分									
	收入									
	财力性转移支付收入									
	一般性转移支付补助	民族地区转移支付补助	调整工资转移支付补助	农村税费改革转移支付补助	取消农业特产税降低农业税率转移支付补助	缓解县乡财政困难转移支付补助	农村义务教育补助	结算补助	企事业单位预算划转补助	其他财力性转移支付
地(市)县级总计	**112137**		**220309**	**211734**	**477132**	**275057**		**－82227**	**65270**	**171554**
地(市)本级合计	**－12864**		**10813**	**－16930**	**－22568**	**－60044**		**－60576**	**65450**	**－12947**
县级合计	**125001**		**209496**	**228664**	**499700**	**335101**		**－21651**	**－180**	**184501**
青岛市小计					**21088**	**333**		**8810**	**881**	**2770**
本级				－11300	－9200			－64873	881	38498
县级小计				11300	30288	333		73683		－35728
即墨市				2214	2894	80		－587		1871
胶州市				1252	2678	93		8675		1573
胶南市				1473	3393	53		－364		2124
平度市				3952	14108	27		1028		934
莱西市				2158	6753	80		－511		841
崂山区								1694		4301
城阳区				251	462			3672		19644
黄岛区								389		729
开发区								1790		9892
市南区								9978		－52984
市北区								23991		－12501
四方区								10124		－7139
李沧区								13971		－9024
保税区								－167		4011
济南市小计				**9164**	**12638**	**3388**		**－28371**	**2314**	**14800**
本级				－2200	－4550			－21891	－1173	3010
县级小计				11364	17188	3388		－6480	3487	11790
历下区				93	8			－40656	987	777
市中区				320	80			－29229	307	297
天桥区				452	132			3591	785	438
槐荫区				148	78			6061	1092	2370
历城区				1832	806	291		11062	185	233
长清区				1715	2550	264		9498		2160
章丘市				1781	2010	571		15905		146
平阴县				1469	1768	424		4686	131	2086
济阳县				1714	3860	662		3893		2150
商河县				1840	5896	1176		8709		1133
淄博市小计	**1493**		**4269**	**8198**	**9711**	**1092**		**－18516**	**8914**	**4621**
本级	1493		－773	199	－3908	－2504		－44710	150	－1621

2－18－6

单位:万元

地区	平衡部分								
	收入							支出	
	专项转移支付			省补助计划单列市	上年结余收入	调入资金	国债转贷收入、上年结余及转补助数	支出总计	本年支出
	小计	专项补助	增发国债补助						
地(市)县级总计	**1219541**	**1204547**	**14994**	**38353**	**1298457**	**92692**	**93058**	**16598801**	**15547546**
地(市)本级合计	**176859**	**163386**	**13473**	**38353**	**909808**	**28964**	**66808**	**4552482**	**4398485**
县级合计	**1042682**	**1041161**	**1521**		**388649**	**63728**	**26250**	**12046319**	**11149061**
青岛市小计	**101098**	**86104**	**14994**	**38353**	**375865**	**10906**	**19462**	**2695424**	**2367875**
本级	－25441	－38914	13473	38353	328471		19462	988880	789923
县级小计	126539	125018	1521		47394	10906		1706544	1577952
即墨市	19921	19247	674		7998	621		169252	157088
胶州市	12305	12305			1876			157060	143895
胶南市	14833	14186	647		29398	9992		205493	193574
平度市	19685	19485	200		429			149253	138797
莱西市	16110	16110			1552			110435	105471
崂山区	5309	5309			2378			181895	159027
城阳区	15096	15096			174			144683	137686
黄岛区	9428	9428			845	125		75713	74657
开发区	1303	1303			235	168		107066	100768
市南区	4755	4755			388			122808	114978
市北区	3222	3222			822			109661	95552
四方区	1831	1831			1006			57989	51062
李沧区	2632	2632			190			91382	82221
保税区	109	109			103			23854	23176
济南市小计	**109443**	**109443**			**84633**	**24641**	**6068**	**1651691**	**1469762**
本级	34979	34979			65855	24558	5848	771857	646304
县级小计	74464	74464			18778	83	220	879834	823458
历下区	4624	4624			917			80555	73789
市中区	5466	5466			100			76783	66798
天桥区	4502	4502			405		120	70740	62316
槐荫区	5139	5139			694			63163	56939
历城区	10981	10981			2929			160430	148022
长清区	7076	7076			4062	83		59151	57936
章丘市	12214	12214			3535			197006	188601
平阴县	9761	9761			3287			55430	54551
济阳县	6817	6817			2799		100	62235	61303
商河县	7884	7884			50			54341	53203
淄博市小计	**82626**	**82626**			**82374**	**12164**	**5198**	**1098145**	**1010541**
本级	21929	21929			57322	741	2411	310791	344963

2-18-7

单位:万元

地区	平衡部分									
	支出								年终结余	其中:净结余
	财力性转移支付			专项上解	计划单列市上解省	增设预算周转金	调出资金	国债转贷拨付数及年末结余		
	小计	体制上解	出口退税专项上解							
地(市)县级总计	**777025**	**664733**	**112292**	**101297**	**47544**	**3901**	**28430**	**93058**	**1705013**	**44401**
地(市)本级合计	**196341**	**167127**	**29214**	**-174186**	**47544**	**130**	**17360**	**66808**	**1278777**	**19401**
县级合计	**580684**	**497606**	**83078**	**275483**		**3771**	**11070**	**26250**	**426236**	**25000**
青岛市小计	**252747**	**221376**	**31371**	**2566**	**47544**	**2771**	**2459**	**19462**	**641515**	**11353**
本级	181333	171742	9591	-49382	47544			19462	594894	5407
县级小计	71414	49634	21780	51948		2771	2459		46621	5946
即墨市	9338	6220	3118	1887			939		6527	32
胶州市	10314	6414	3900	2156			695		1818	1697
胶南市	8858	6369	2489	2720			341		30140	1505
平度市	6599	5329	1270	3673			184		437	437
莱西市	3207	1935	1272	1457			300		397	87
崂山区	5486	3481	2005	15882		1500			1692	100
城阳区	5478	1746	3732	1519					1431	31
黄岛区	763	763		293					1766	153
开发区	4622	2086	2536	1676					316	205
市南区	3222	3202	20	4608					445	445
市北区	4159	4063	96	9026		924			888	888
四方区	3863	3833	30	3014		50			267	112
李沧区	5058	4193	865	3806		297			196	196
保税区	447		447	231					301	58
济南市小计	**156184**	**149419**	**6765**	**5705**			**13972**	**6068**	**89980**	**2450**
本级	116228	111657	4571	-5534			9011	5848	71237	729
县级小计	39956	37762	2194	11239			4961	220	18743	1721
历下区	5753	5542	211	582			431		1470	149
市中区	2871	2806	65	6629			485		283	100
天桥区	7851	7615	236				453	120	436	406
槐荫区	5426	5302	124	228			570		904	114
历城区	10947	10416	531	525			936		3113	562
长清区	28		28	876			311		5214	91
章丘市	6605	6081	524	810			990		1403	296
平阴县	307		307	303			269		2298	3
济阳县	78		78	649			105	100	3544	
商河县	90		90	637			411		78	
淄博市小计	**73806**	**65714**	**8092**	**8600**				**5198**	**64076**	**7116**
本级	-37508	-37911	403	925				2411	39157	3360

2－18－8

单位:万元

地区	收支部分										
	收入										
	本年收入小计	税收收入									
		小计	增值税	营业税	企业所得税	个人所得税	城市维护建设税	耕地占用税	契税	烟叶税	其他各项税收收入
县级小计	537370	414848	115948	70872	65109	15499	38580	14051	28999	478	65312
博山区	51316	38984	15467	4246	2402	1029	4819	326	3468	80	7147
淄川区	72730	57580	18238	6512	9914	1980	4861	724	2801	191	12359
张店区	102378	78029	17782	18831	14504	1301	8050	500	7118		9943
周村区	50107	37771	11083	5588	1485	890	3759	5670	3450		5846
临淄区	120019	92585	21827	17209	17744	6368	7067	599	2272		19499
桓台县	71145	56275	17764	9234	8861	2163	4365	3829	5380		4679
高青县	28068	21052	5257	3668	3941	619	3799	803	1110		1855
沂源县	41607	32572	8530	5584	6258	1149	1860	1600	3400	207	3984
枣庄市小计	**370044**	**273662**	**61707**	**44078**	**41105**	**6722**	**37515**	**1869**	**9457**		**71209**
本级	109830	90873	25972	13802	25285	2669	6920		1556		14669
县级小计	260214	182789	35735	30276	15820	4053	30595	1869	7901		56540
市中区	54510	38180	4818	6228	2877	702	1204	135	876		21340
薛城区	39216	24613	5246	6581	840	589	3136	234	2322		5665
峄城区	14012	12376	3799	1614	3865	192	811	615	227		1253
山亭区	10090	8163	1801	2461	386	289	1032	253	273		1668
台儿庄区	20220	13211	3333	2390	3077	415	923	141	621		2311
滕州市	122166	86246	16738	11002	4775	1866	23489	491	3582		24303
烟台市小计	**1124217**	**846220**	**191340**	**194415**	**104956**	**25687**	**54807**	**24436**	**66996**		**183583**
本级	196909	153874	30162	55598	29878	6370	11186		6701		13979
县级小计	927308	692346	161178	138817	75078	19317	43621	24436	60295		169604
芝罘区	71041	62040	12856	20016	8140	2730	4794	4647	2867		5990
福山区	48001	41738	9501	10637	3154	1127	2744	500	1650		12425
龙口市	160016	112752	24083	15103	11031	2699	9952	4597	9219		36068
莱阳市	65369	42194	10477	6008	2294	997	3350	823	2495		15750
蓬莱市	86206	56048	10116	11116	4787	1378	3037	650	7000		17964
招远市	96880	68961	10690	8362	17378	1871	3061	1412	5758		20429
莱州市	105307	75668	14708	13599	6501	2450	3782	5034	12504		17090
栖霞市	25496	19132	5258	3002	978	617	1897	1500	100		5780
海阳市	53280	37681	7548	8330	3070	844	3364	3345	2617		8563
牟平区	41590	31437	9116	5362	2601	1017	2273	774	3904		6390
长岛县	5040	3577	384	1530	292	144	147		345		735
开发区	120332	99046	38442	20812	11866	2603	3156	800	7508		13859
莱山区	48750	42072	7999	14940	2986	840	2064	354	4328		8561
潍坊市小计	**885497**	**693212**	**181062**	**143091**	**70680**	**18486**	**58306**	**23029**	**58847**	**3675**	**136036**

2－18－9　　　　单位:万元

地区	收支部分									
	收入								支出	
	非税收入							贷款转贷回收本金收入	本年支出小计	一般公共服务
	小计	专项收入	行政事业性收费收入	罚没收入	国有资本经营收入	国有资源(资产)有偿使用收入	其他收入			
县级小计	122522	24552	40610	21809	15895	9760	9896		665578	119563
博山区	12332	2472	5053	601		4015	191		62759	8735
淄川区	15150	2398	8320	3435	442	30	525		89119	19497
张店区	24349	5241	8772	5342	2305	20	2669		99387	23022
周村区	12336	2267	1858	1909		5445	857		55817	8721
临淄区	27434	5595	8450	2551	10755	83			140151	24420
桓台县	14870	3260	6658	3389	1541	22			103374	15560
高青县	7016	1570	1499	3003	852	92			45048	8171
沂源县	9035	1749		1579		53	5654		69923	11437
枣庄市小计	**96382**	**15318**	**25056**	**19404**	**33563**	**667**	**2374**		**514969**	**124988**
本级	18957	4618	8843	5758	－750	488			115847	29526
县级小计	77425	10700	16213	13646	34313	179	2374		399122	95462
市中区	16330	699	1959	3445	10203	24			69262	15980
薛城区	14603	1603	4219	1955	6813	13			60230	14877
峄城区	1636	374	201	1011	20	10	20		31625	8422
山亭区	1927	517	469	861	62	18			31812	7642
台儿庄区	7009	390	5095	1438	50	36			36691	8978
滕州市	35920	7117	4270	4936	17165	78	2354		169502	39563
烟台市小计	**277997**	**37510**	**58595**	**24877**	**103022**	**50561**	**3432**		**1436891**	**203454**
本级	43035	12832	24623	3971	490	393	726		286105	34494
县级小计	234962	24678	33972	20906	102532	50168	2706		1150786	168960
芝罘区	9001	2058	2114	226	4502	85	16		88533	14481
福山区	6263	1503	747	878	3100	35			56600	8688
龙口市	47264	5355	8893	5452	27355	189	20		177379	27503
莱阳市	23175	1785	2553	1726	15270	227	1614		80366	12926
蓬莱市	30158	1604	1103	1682	18688	7080	1		106573	14228
招远市	27919	3098	4296	2091	4839	13595			117320	21980
莱州市	29639	2307	2926	3858		20547	1		124011	17365
栖霞市	6364	999	125	1400	3825	8	7		56242	8545
海阳市	15599	1518	2030	1495	10156	400			73747	11848
牟平区	10153	1416	789	1083	6706	26	133		64059	8485
长岛县	1463	82	477	46		14	844		14659	3212
开发区	21286	1630	7750	716	3194	7926	70		138881	11153
莱山区	6678	1323	169	253	4897	36			52416	8546
潍坊市小计	**192285**	**35909**	**31264**	**43367**	**47118**	**4136**	**30491**		**1149328**	**215805**

2006年地方财政政府收支分类转换数据

2－18－10

单位:万元

地区	收支部分										
	支出										
	外交	国防	公共安全	教育	科学技术	文化体育与传媒	社会保障和就业	医疗卫生	环境保护	城乡社区事务	农林水事务
县级小计		1220	32542	174330	11700	15061	67893	28493	5607	49640	45839
博山区		148	2818	16363	701	799	6059	1737	267	6505	2659
淄川区		409	5980	24067	1400	677	9467	4564	630	7613	5865
张店区		130	5818	21186	1942	1835	10743	3261	613	7416	5416
周村区			3179	11523	1237	1154	8966	2132	701	2814	8188
临淄区		145	5744	40493	1131	2092	12412	6501	559	6743	5150
桓台县		117	4040	30813	3674	7358	5334	4588	1754	10039	3703
高青县		146	2102	11964	805	368	6407	2014	405	4048	5485
沂源县		125	2861	17921	810	778	8505	3696	678	4462	9373
枣庄市小计			**42171**	**95836**	**4773**	**7059**	**45649**	**24842**	**4428**	**40151**	**39768**
本级			19682	14435	1056	3122	10612	6628	1706	8449	3569
县级小计			22489	81401	3717	3937	35037	18214	2722	31702	36199
市中区			4432	10293	1075	356	5069	2786	559	1796	4087
薛城区			2659	12511	843	747	6906	2578	417	9262	6589
峄城区			1812	6221	571	398	3826	2064	163	2272	3764
山亭区			1493	7444	418	232	3799	1588	225	1081	3484
台儿庄区			2078	8529	218	665	2504	1246	245	3904	2662
滕州市			10015	36403	592	1539	12933	7952	1113	13387	15613
烟台市小计	**200**	**1377**	**87915**	**249030**	**28191**	**13142**	**178295**	**54970**	**8627**	**316243**	**99893**
本级	200		39237	18021	8819	6053	24132	13274	1696	47835	25592
县级小计		1377	48678	231009	19372	7089	154163	41696	6931	268408	74301
芝罘区		184	2225	23153	1406	356	20006	3443	245	10242	1497
福山区		145	2694	10917	750	411	9060	1688	182	13503	3976
龙口市		187	6444	39582	4613	1267	15761	6082	811	65430	6244
莱阳市			4510	21452	479	608	16958	1962	658	9666	7774
蓬莱市		254	4501	16859	1312	874	14007	5067	524	35647	7058
招远市		239	7852	21250	1837	789	14104	6499	763	14891	9547
莱州市		97	7212	25429	2713	758	19595	5635	677	10037	10068
栖霞市		62	2166	14902	400	341	10063	2431	375	4483	4466
海阳市		80	3149	17674	1157	401	14717	3156	221	8110	6969
牟平区		76	1341	18005	1165	584	10485	1452	633	2260	7087
长岛县		53	784	2320	260	211	1529	1200	116	802	1590
开发区			4711	12690	2291	404	5088	2344	832	79878	5017
莱山区			1089	6776	989	85	2790	737	894	13459	3008
潍坊市小计		**1481**	**56302**	**279497**	**21962**	**10034**	**72844**	**38022**	**9061**	**130651**	**83164**

2－18－11

单位:万元

地区	收支部分			平衡部分						
	支出			收入						
						返还性收入			财力性转移支付收入	
	交通运输	工业、商业、金融等事务	其他支出	收入总计	本年收入	小计	增值税和消费税税收返还	所得税基数返还	小计	体制补助
县级小计	21954	39277	52459	812273	537370	102616	78914	23702	72328	872
博山区	115	14705	1148	91768	51316	16531	12979	3552	6114	
淄川区	1560	3362	4028	111025	72730	17705	14035	3670	7021	
张店区		5035	12970	142770	102378	12642	12008	634	16357	
周村区	647	997	5558	76279	50107	11747	9664	2083	5478	
临淄区	16193	1979	16589	162367	120019	15781	10728	5053	15208	
桓台县	2066	6200	8128	110535	71145	15047	9805	5242	5656	
高青县		517	2616	46628	28068	2583	3252	－669	8133	615
沂源县	1373	6482	1422	70901	41607	10580	6443	4137	8361	257
枣庄市小计	**5507**	**56199**	**23598**	**562512**	**370044**	**67892**	**53504**	**14388**	**51567**	
本级	2335	6220	8507	140709	109830	16800	15603	1197	－5091	
县级小计	3172	49979	15091	421803	260214	51092	37901	13191	56658	
市中区	428	21233	1168	72276	54510	8742	6409	2333	4146	
薛城区	509	1342	990	62961	39216	9012	6892	2120	7360	
峄城区	108	1256	748	32445	14012	4599	2963	1636	8836	
山亭区	929	1677	1800	35021	10090	3392	2332	1060	11552	
台儿庄区	789	3701	1172	37306	20220	4350	3045	1305	7013	
滕州市	409	20770	9213	181794	122166	20997	16260	4737	17751	
烟台市小计	**20169**	**63926**	**111459**	**1668911**	**1124217**	**266951**	**163272**	**103679**	**46318**	
本级	11598	17271	37883	361051	196909	79914	41243	38671	15835	
县级小计	8571	46655	73576	1307860	927308	187037	122029	65008	30483	
芝罘区		1997	9298	97516	71041	16194	11117	5077	1258	
福山区	306	4145	135	67016	48001	9662	6796	2866	136	
龙口市	184	2930	341	198326	160016	26278	16012	10266	－2354	
莱阳市	55	1879	1439	94589	65369	11504	8406	3098	4421	
蓬莱市	1856	1674	2712	118974	86206	16583	9361	7222	952	
招远市	342	17227		131887	96880	18523	10079	8444	1545	
莱州市	262	1142	23021	163275	105307	23999	15634	8365	4632	
栖霞市		1719	6289	62485	25496	8287	7094	1193	14529	
海阳市	506	753	5006	79231	53280	7227	5801	1426	5011	
牟平区	1500	2066	8920	70760	41590	13936	8212	5724	2170	
长岛县	75	985	1522	15166	5040	1756	1040	716	4457	
开发区	1939	9986	2548	147463	120332	27469	19160	8309	－4371	
莱山区	1546	152	12345	61172	48750	5619	3317	2302	－1903	
潍坊市小计	**11657**	**110136**	**108712**	**1332371**	**885497**	**213478**	**146996**	**66482**	**100585**	

2－18－12

单位:万元

地区	平衡部分									
	收入									
	财力性转移支付收入									
	一般性转移支付补助	民族地区转移支付补助	调整工资转移支付补助	农村税费改革转移支付补助	取消农业特产税降低农业税率转移支付补助	缓解县乡财政困难转移支付补助	农村义务教育补助	结算补助	企事业单位预算划转补助	其他财力性转移支付
县级小计			5042	7999	13619	3596		26194	8764	6242
博山区			787	1115	223	385		2207	630	767
淄川区			815	1206	545	206		3458		791
张店区			353	627	286	82		12526	1695	788
周村区			440	692	406	98		2860		982
临淄区			357	684	2288	422		4359	6439	659
桓台县			325	977	2339	478		397		1140
高青县			807	1169	3960	884		188		510
沂源县			1158	1529	3572	1041		199		605
枣庄市小计	**7093**		**15519**	**9290**	**13937**	**6351**		**－6619**	**142**	**5854**
本级			1863		42	－3710		－4399	366	747
县级小计	7093		13656	9290	13895	10061		－2220	－224	5107
市中区	355		1525	735	456			260	421	394
薛城区	755		1918	1038	1515	2152		－427	－319	728
峄城区	1310		1928	1178	1895	2370		－256	－314	725
山亭区	2127		2056	1765	2501	3500		－94	－473	170
台儿庄区	1596		1541	962	1744	1776		－588	－176	158
滕州市	950		4688	3612	5784	263		－1115	637	2932
烟台市小计				**14682**	**23855**	**1560**		**－3667**		**9888**
本级				－311	－3170			13522	6714	－920
县级小计				14993	27025	1560		－17189	－6714	10808
芝罘区				133	132			3734	－3213	472
福山区				803	524			－88	－1249	146
龙口市				1054	1152	183		－5259	107	409
莱阳市				2187	3084	203		－1269	92	124
蓬莱市				1008	1781	176		－2355	65	277
招远市				1217	1882	211		－2144	78	301
莱州市				2218	3106	329		－1900	104	775
栖霞市				2424	6960	198		996	62	3889
海阳市				1842	2522	260		－1458	52	1793
牟平区				1173	2310			－727	－1822	1236
长岛县				525	3020			43	12	857
开发区				233	312			－5288	34	338
莱山区				176	240			－1474	－1036	191
潍坊市小计	**2540**		**14587**	**19533**	**53234**	**12583**		**－12109**		**10217**

2-18-13

单位:万元

地区	平衡部分								
	收入							支出	
	专项转移支付			省补助计划单列市	上年结余收入	调入资金	国债转贷收入、上年结余及转补助数	支出总计	本年支出
	小计	专项补助	增发国债补助						
县级小计	60697	60697			25052	11423	2787	787354	665578
博山区	6037	6037			9178	2472	120	83885	62759
淄川区	12213	12213			1231		125	109778	89119
张店区	4984	4984			6238		171	136328	99387
周村区	6808	6808			1634		505	72930	55817
临淄区	5843	5843			5180		336	157507	140151
桓台县	8360	8360			1497	8540	290	109507	103374
高青县	6462	6462			36	411	935	46586	45048
沂源县	9990	9990			58		305	70833	69923
枣庄市小计	**39098**	**39098**			**29251**	**4660**		**518744**	**514969**
本级	-27	-27			19197			108706	115847
县级小计	39125	39125			10054	4660		410038	399122
市中区	4756	4756			122			72147	69262
薛城区	7096	7096			257	20		62896	60230
峄城区	4724	4724			35	239		32100	31625
山亭区	5493	5493			1388	3106		32059	31812
台儿庄区	4080	4080			348	1295		37235	36691
滕州市	12976	12976			7904			173601	169502
烟台市小计	**120040**	**120040**			**78679**	**5252**	**27454**	**1582037**	**1436891**
本级	16065	16065			27871		24457	334081	286105
县级小计	103975	103975			50808	5252	2997	1247956	1150786
芝罘区	6195	6195			2828			95557	88533
福山区	4113	4113			4744		360	62240	56600
龙口市	10828	10828			3286		272	194004	177379
莱阳市	10282	10282			2953		60	90141	80366
蓬莱市	9321	9321			5296		616	114770	106573
招远市	11125	11125			2975		839	127803	117320
莱州市	13626	13626			15257		454	143300	124011
栖霞市	8963	8963			3010	2200		57567	56242
海阳市	12061	12061			1652			76696	73747
牟平区	8985	8985			1353	2726		69401	64059
长岛县	3168	3168			209	326	210	15061	14659
开发区	2332	2332			1701			144677	138881
莱山区	2976	2976			5544		186	56739	52416
潍坊市小计	**76439**	**76439**			**51753**		**4619**	**1261750**	**1149328**

2－18－14　　　　单位:万元

地　　区	平衡部分									
	支出								年终结余	其中:净结余
	财力性转移支付			专项上解	计划单列市上解省	增设预算周转金	调出资金	国债转贷拨付数及年末结余		
	小计	体制上解	出口退税专项上解							
县级小计	111314	103625	7689	7675				2787	24919	3756
博山区	20071	18758	1313	935				120	7883	
淄川区	18494	16533	1961	2040				125	1247	1247
张店区	35892	34953	939	878				171	6442	596
周村区	15742	14808	934	866				505	3349	
临淄区	15556	14341	1215	1464				336	4860	1311
桓台县	5004	4232	772	839				290	1028	492
高青县	178		178	425				935	42	42
沂源县	377		377	228				305	68	68
枣庄市小计	**947**		**947**	**2828**					**43768**	**1525**
本级	－7432	－7432		291					32003	702
县级小计	8379	7432	947	2537					11765	823
市中区	2630	2451	179	255					129	129
薛城区	2310	2253	57	356					65	65
峄城区	112		112	363					345	35
山亭区	29		29	218					2962	151
台儿庄区	117		117	427					71	64
滕州市	3181	2728	453	918					8193	379
烟台市小计	**111475**	**91607**	**19868**	**6217**				**27454**	**86874**	**2823**
本级	27248	24892	2356	－3729				24457	26970	1023
县级小计	84227	66715	17512	9946				2997	59904	1800
芝罘区	7024	6023	1001						1959	118
福山区	5064	3775	1289	216				360	4776	238
龙口市	14688	12041	2647	1665				272	4322	116
莱阳市	8506	6774	1732	1209				60	4448	205
蓬莱市	6165	5390	775	1416				616	4204	180
招远市	9041	7810	1231	603				839	4084	246
莱州市	17332	15618	1714	1503				454	19975	147
栖霞市	353		353	972					4918	178
海阳市	2552	2161	391	397					2535	76
牟平区	4471	3633	838	871					1359	42
长岛县	112		112	80				210	105	78
开发区	5420	1046	4374	376					2786	128
莱山区	3499	2444	1055	638				186	4433	48
潍坊市小计	**100610**	**89394**	**11216**	**7063**		**130**		**4619**	**70621**	**4297**

二、各省、自治区、直辖市地市县一般预算财政资料

2－18－15　　　　　　　　　　　　　　　　　　　　　　　　　　　　单位:万元

地区	收支部分										
	收入										
	本年收入小计	税收收入									
		小计	增值税	营业税	企业所得税	个人所得税	城市维护建设税	耕地占用税	契税	烟叶税	其他各项税收收入
本级	153941	128440	36647	22437	26158	2235	15317	1497	11527		12622
县级小计	731556	564772	144415	120654	44522	16251	42989	21532	47320	3675	123414
潍城区	44036	39108	7821	12150	2390	1189	4396	4051	2967		4144
坊子区	30338	25541	5458	5100	4251	529	1207	1377	2077		5542
寒亭区	46399	31710	8824	4341	1145	682	2693	128	4050		9847
昌邑市	60467	49791	10183	8215	4265	1492	3778	35	4639		17184
昌乐县	42019	25478	7759	4764	1093	785	1435	277	1435	271	7659
安丘市	34160	27577	9346	5989	2444	1128	2318	1004	731	402	4215
寿光市	126600	96336	26713	15005	10403	2563	6776	3626	8919		22331
青州市	64578	44885	12735	10520	3512	1706	4068	910	3447	45	7942
高密市	71368	55790	15620	12237	5075	1777	4880	4695	1622	270	9614
诸城市	121168	89792	20858	14633	6145	1606	5707	3984	9005	2133	25721
临朐县	21623	19791	5169	5439	1296	829	1181	1043	1610	554	2670
奎文区	68800	58973	13929	22261	2503	1965	4550	402	6818		6545
济宁市小计	**815526**	**610696**	**166052**	**108448**	**122958**	**22701**	**52471**	**32494**	**20807**		**84765**
本级	247341	203760	49105	25474	87064	4183	8982	10016	6281		12655
县级小计	568185	406936	116947	82974	35894	18518	43489	22478	14526		72110
市中区	23666	19549	3140	9838	1368	513	1335	129			3226
任城区	52096	43881	10258	7894	1463	1772	9052	907	407		12128
兖州市	108783	67261	26400	11527	5692	2912	6284	4027	1320		9099
曲阜市	65892	33020	6382	5788	5374	1137	2240	2491	6501		3107
泗水县	15369	11901	3409	2219	1176	356	509	374	728		3130
邹城市	154566	107076	31349	21705	8362	5929	15610	2566	1923		19632
微山县	60066	51546	18304	8435	3530	2922	4670	2417	242		11026
鱼台县	14532	11808	3868	2402	677	454	678	1273	632		1824
金乡县	13626	11173	2030	2932	981	603	555	2443	381		1248
嘉祥县	25506	21238	4831	5298	1918	794	1204	1217	1269		4707
汶上县	20018	18642	4925	2490	4730	640	880	2262	884		1831
梁山县	14065	9841	2051	2446	623	486	472	2372	239		1152
临沂市小计	**582719**	**400725**	**91633**	**96497**	**49029**	**14054**	**29698**	**23610**	**25537**	**4423**	**66244**
本级	202651	138745	29141	37095	19047	4239	11554	3810	16585		17274
县级小计	380068	261980	62492	59402	29982	9815	18144	19800	8952	4423	48970
郯城县	35200	23600	5598	4330	2004	859	1413	3211	274	83	5828
苍山县	22619	16125	3559	4721	1050	511	633	980	695	143	3833
莒南县	30021	20251	3643	4984	1572	833	845	2931	400	317	4726

2006 年地方财政政府收支分类转换数据

2-18-16 单位:万元

地区	收支部分									
	收入								支出	
	非税收入							贷款转贷回收本金收入		
	小计	专项收入	行政事业性收费收入	罚没收入	国有资本经营收入	国有资源(资产)有偿使用收入	其他收入		本年支出小计	一般公共服务
本级	25501	10233	5480	8384	-2604	498	3510		226869	41074
县级小计	166784	25676	25784	34983	49722	3638	26981		922459	174731
潍城区	4928	1874	33	2984		37			37427	6867
坊子区	4797	517	100	919		3253	8		39279	11922
寒亭区	14689	1445	550	2092	6908	39	3655		50042	7198
昌邑市	10676	2819	1581	4546	1431	50	249		78496	11993
昌乐县	16541	1719	2331	3531		7	8953		62330	17104
安丘市	6583	1738	1120	2408	1250	67			66068	11995
寿光市	30264	3865	4238	4755	14038	21	3347		153153	21478
青州市	19693	2607	2000	3724	8286	56	3020		96937	19339
高密市	15578	2698	6374	2219	4009	20	258		92897	20271
诸城市	31376	3084	5362	4603	13800	10	4517		145116	24568
临朐县	1832	1360	298	155		19			52588	10269
奎文区	9827	1950	1797	3047		59	2974		48126	11727
济宁市小计	**204830**	**42536**	**108948**	**28471**	**20957**	**2455**	**1463**		**1140286**	**221208**
本级	43581	11532	23887	5651	552	972	987		304433	46390
县级小计	161249	31004	85061	22820	20405	1483	476		835853	174818
市中区	4117	573	3096	405		43			30068	8952
任城区	8215	5036		3158	1	20			66356	18196
兖州市	41522	3676	35791	1134	804	22	95		129873	23993
曲阜市	32872	1399	8937	3659	18820	57			85697	13762
泗水县	3468	614	1542	1115		143	54		37321	9792
邹城市	47490	12754	30799	2791		819	327		173220	27544
微山县	8520	3620	200	3708	753	239			75001	17156
鱼台县	2724	632	298	1769		25			38850	11024
金乡县	2453	455	495	1440		63			40901	10664
嘉祥县	4268	877	1341	2032		18			58316	12610
汶上县	1376	931	52	370		23			55600	13124
梁山县	4224	437	2510	1239	27	11			44650	8001
临沂市小计	**181994**	**42140**	**49185**	**52526**	**31830**	**6271**	**42**		**991680**	**210305**
本级	63906	11686	21538	8953	20504	1225			221595	35948
县级小计	118088	30454	27647	43573	11326	5046	42		770085	174357
郯城县	11600	1274	1253	2570	6483	20			67130	14252
苍山县	6494	2302	190	3850		152			70265	17389
莒南县	9770	3139	3128	3252		251			70844	8753

2－18－17

单位:万元

地区	收支部分										
	支出										
	外交	国防	公共安全	教育	科学技术	文化体育与传媒	社会保障和就业	医疗卫生	环境保护	城乡社区事务	农林水事务
本级		307	16622	30274	4787	3474	12077	5244	5271	36667	9944
县级小计		1174	39680	249223	17175	6560	60767	32778	3790	93984	73220
潍城区		66	1160	9453	153	208	2877	1234		1047	1492
坊子区		135	1122	8330	1391	393	2339	1373		1640	2760
寒亭区		144	1533	9318	794	369	2510	2197		7918	3506
昌邑市		15	4447	18831	794	484	3908	3111	576	4732	6441
昌乐县		234	3335	16996	895	357	3573	3525	699	1567	6902
安丘市		62	3946	21209	1402	343	5251	4019	320	3041	6204
寿光市		17	5908	45436	2131	933	6510	1847	548	14897	12507
青州市		107	4496	25870	1853	967	10512	2895	399	13614	6778
高密市		143	3970	25605	2725	796	4460	4290	178	7573	7153
诸城市		142	4827	40009	3840	1006	12355	5062	718	31404	11855
临朐县			2330	17993	315	401	3103	1787	302	3619	6357
奎文区		109	2606	10173	882	303	3369	1438	50	2932	1265
济宁市小计		**1069**	**70336**	**238165**	**22748**	**22772**	**64882**	**45630**	**19133**	**106669**	**101010**
本级		211	30038	38448	11331	9884	15328	9250	10400	61968	20898
县级小计		858	40298	199717	11417	12888	49554	36380	8733	44701	80112
市中区			1598	10618	561	648	3423	993		1104	393
任城区		236	2002	20262	922	899	2713	5384	1915	3395	7301
兖州市		174	5172	23780	2091	1518	7375	7094	738	11564	12590
曲阜市			4593	13034	710	1804	2230	4383	248	1341	4127
泗水县			1801	9821	755	699	1864	1015	353	1005	3129
邹城市		365	7303	47936	2495	3078	11545	5195	2495	11048	19035
微山县			4456	20257	940	724	4048	2346	969	4102	8337
鱼台县			2800	8088	462	519	1042	1087	351	2783	4791
金乡县			2185	9571	451	278	1779	1189	295	1103	4604
嘉祥县			2739	14908	1053	442	3259	3654	351	3261	5129
汶上县		83	2825	13015	383	1943	2348	3100	795	3494	5889
梁山县			2824	8427	594	336	7928	940	223	501	4787
临沂市小计		**989**	**74583**	**211029**	**11669**	**11229**	**106713**	**51648**	**12621**	**58216**	**85052**
本级		397	31159	20990	4413	1960	14655	11551	5424	20389	8682
县级小计		592	43424	190039	7256	9269	92058	40097	7197	37827	76370
郯城县		49	3512	15639	1123	1387	7473	1881	551	4371	6071
苍山县			3771	14251	241	400	8577	4743	677	2106	6277
莒南县		80	2210	21712	891	614	12678	4064	640	2714	8545

2006年地方财政政府收支分类转换数据

2-18-18

单位:万元

地区	收支部分			平衡部分						
	支出			收入						
						返还性收入			财力性转移支付收入	
	交通运输	工业、商业、金融等事务	其他支出	收入总计	本年收入	小计	增值税和消费税税收返还	所得税基数返还	小计	体制补助
本级	7238	31172	22718	328544	153941	65319	47205	18114	43305	
县级小计	4419	78964	85994	1003827	731556	148159	99791	48368	57280	
潍城区		3531	9339	40304	44036	7044	4010	3034	-14572	
坊子区	514	5103	2257	41815	30338	7580	4991	2589	1260	
寒亭区	302	8175	6078	53000	46399	5148	3001	2147	-1563	
昌邑市		8958	14206	89632	60467	13047	9510	3537	8104	
昌乐县	458	3269	3416	64237	42019	8165	5904	2261	9743	
安丘市	219	2670	5387	77947	34160	16923	11832	5091	19240	
寿光市	1344	23757	15840	165100	126600	21880	13394	8486	8837	
青州市	592	4178	5337	103118	64578	15846	12312	3534	16664	
高密市	771	9682	5280	101398	71368	14940	10573	4367	9631	
诸城市		5233	4097	156799	121168	19506	11566	7940	8854	
临朐县	154	1717	4241	55586	21623	9617	6283	3334	16896	
奎文区	65	2691	10516	54891	68800	8463	6415	2048	-25814	
济宁市小计	**28243**	**56541**	**141880**	**1298732**	**815526**	**146122**	**116755**	**29367**	**116176**	
本级	10811	17759	21717	391102	247341	39531	41768	-2237	-5914	
县级小计	17432	38782	120163	907630	568185	106591	74987	31604	122090	
市中区	191	607	980	33767	23666	4708	3347	1361	978	
任城区	1260	1547	324	68072	52096	6012	4284	1728	5020	
兖州市	521	7243	26020	137621	108783	17611	12003	5608	1091	
曲阜市	154	687	38624	97308	65892	16096	11531	4565	323	
泗水县	246	1233	5608	44722	15369	6090	3928	2162	14986	
邹城市	4386	11245	19550	191491	154566	19833	15065	4768	-4219	
微山县	4444	3463	3759	76494	60066	8951	6626	2325	1924	
鱼台县	514	1374	4015	44725	14532	5860	4855	1005	14792	
金乡县	1371	3236	4175	42816	13626	5328	3096	2232	18524	
嘉祥县	2922	4523	3465	62075	25506	5506	3676	1830	24095	
汶上县	1240	1559	5802	61643	20018	5237	3067	2170	24267	
梁山县	183	2065	7841	46896	14065	5359	3509	1850	20309	
临沂市小计	**12234**	**55175**	**90217**	**1062750**	**582719**	**155858**	**114249**	**41609**	**192577**	
本级	5274	28667	32086	281068	202651	60974	53009	7965	-19492	-10618
县级小计	6960	26508	58131	781682	380068	94884	61240	33644	212069	10618
郯城县	754	5384	4683	69145	35200	9958	6508	3450	17581	
苍山县	280	2448	9105	71265	22619	9103	7172	1931	30210	
莒南县	1560	1327	5056	72767	30021	7714	5316	2398	24761	

2-18-19

单位:万元

地区	平衡部分									
	收入									
	财力性转移支付收入									
	一般性转移支付补助	民族地区转移支付补助	调整工资转移支付补助	农村税费改革转移支付补助	取消农业特产税降低农业税率转移支付补助	缓解县乡财政困难转移支付补助	农村义务教育补助	结算补助	企事业单位预算划转补助	其他财力性转移支付
本级	2540			-1440	808	-4124		46038		-517
县级小计			14587	20973	52426	16707		-58147		10734
潍城区			717	772	1490	91		-17748		106
坊子区			591	971	1037	130		-1772		303
寒亭区			694	1170	3109	150		-7139		453
昌邑市			1184	2045	4705	407		-1166		929
昌乐县			1363	1848	6356	253		-1149		1072
安丘市			3379	2620	7614	6210		-2077		1494
寿光市			659	1720	6590	506		-2037		1399
青州市			668	2330	5021	332		7068		1245
高密市			1414	1832	6263	808		-1881		1195
诸城市			413	2220	5578	531		-1603		1715
临朐县			2912	2931	4386	7289		-1140		518
奎文区			593	514	277			-27503		305
济宁市小计	**6438**		**14491**	**18206**	**36578**	**33381**		**-6102**	**106**	**13078**
本级	-8886		-1000	544	2190	-22196		25231		-1797
县级小计	15324		15491	17662	34388	55577		-31333	106	14875
市中区	500			100	6			163		209
任城区	400			1421	2014	501		-396		1080
兖州市				954	975	447		-2280	80	915
曲阜市				1204	1330	344		-3848		1293
泗水县	1456		2373	1636	3495	7095		-2168		1099
邹城市				2223	1961	408		-10527	26	1690
微山县	100			1440	1712	193		-2181		660
鱼台县	1922		1878	1251	3300	7809		-2446		1078
金乡县	1389		2558	1709	6525	6717		-1474		1100
嘉祥县	2855		2976	1943	4186	13677		-3704		2162
汶上县	2902		2880	1914	4585	11428		-1764		2322
梁山县	3800		2826	1867	4299	6958		-708		1267
临沂市小计	**14724**		**38757**	**30490**	**56209**	**35883**		**-4143**	**45**	**20612**
本级	-1336		216	376	-996	-6078		3412	195	-4663
县级小计	16060		38541	30114	57205	41961		-7555	-150	25275
郯城县	1267		3621	2785	6115	3360		-532		965
苍山县	3054		4036	4450	7702	7093		-306		4181
莒南县	2335		3942	3363	7313	5174		-498		3132

2－18－20

单位:万元

地　　区	平衡部分								
	收入							支出	
	专项转移支付			省补助计划单列市	上年结余收入	调入资金	国债转贷收入、上年结余及转补助数	支出总计	本年支出
	小计	专项补助	增发国债补助						
本级	17740	17740			47384		855	263415	226869
县级小计	58699	58699			4369		3764	998335	922459
潍城区	3383	3383			300		113	39899	37427
坊子区	2470	2470			77		90	41568	39279
寒亭区	2651	2651			27		338	52123	50042
昌邑市	5642	5642			2138		234	87963	78496
昌乐县	3911	3911			169		230	64047	62330
安丘市	6444	6444			303		877	77568	66068
寿光市	7713	7713					70	164850	153153
青州市	4927	4927			625		478	102493	96937
高密市	4863	4863			296		300	101100	92897
诸城市	6298	6298			225		748	156557	145116
临朐县	6965	6965			199		286	55286	52588
奎文区	3432	3432			10			54881	48126
济宁市小计	**66807**	**66807**			**144227**	**9874**		**1164684**	**1140286**
本级	9433	9433			100324	387		306366	304433
县级小计	57374	57374			43903	9487		858318	835853
市中区	1350	1350			3065			30224	30068
任城区	3756	3756			893	295		67024	66356
兖州市	3860	3860			3892	2384		135184	129873
曲阜市	5433	5433			8579	985		88099	85697
泗水县	4597	4597			3680			38353	37321
邹城市	4066	4066			12146	5099		180842	173220
微山县	4844	4844			709			75839	75001
鱼台县	5863	5863			3678			39678	38850
金乡县	3709	3709			1629			41709	40901
嘉祥县	5672	5672			1296			59274	58316
汶上县	7860	7860			3537	724		56396	55600
梁山县	6364	6364			799			45696	44650
临沂市小计	**87813**	**87813**			**29940**	**11893**	**1950**	**1008081**	**991680**
本级	6033	6033			28274	1828	800	227813	221595
县级小计	81780	81780			1666	10065	1150	780268	770085
郯城县	6030	6030			376			68524	67130
苍山县	9230	9230			3		100	71262	70265
莒南县	9250	9250			1021			72246	70844

2-18-21

单位:万元

地区	平衡部分									
	支出								年终结余	其中:净结余
	财力性转移支付			专项上解	计划单列市上解省	增设预算周转金	调出资金	国债转贷拨付数及年末结余		
	小计	体制上解	出口退税专项上解							
本级	41567	38865	2702	-6006		130		855	65129	1807
县级小计	59043	50529	8514	13069				3764	5492	2490
潍城区	853	711	142	1506				113	405	300
坊子区	1223	907	316	976				90	247	72
寒亭区	537	248	289	1206				338	877	27
昌邑市	8568	7624	944	665				234	1669	458
昌乐县	1021	697	324	466				230	190	170
安丘市	9002	7943	1059	1621				877	379	220
寿光市	10729	8891	1838	898				70	250	
青州市	4386	4176	210	692				478	625	625
高密市	7154	5537	1617	749				300	298	298
诸城市	9632	8300	1332	1061				748	242	212
临朐县	751	618	133	1661				286	300	98
奎文区	5187	4877	310	1568					10	10
济宁市小计	**12209**	**9021**	**3188**	**12189**					**134048**	**5038**
本级	-1963	-3487	1524	3896					84736	2270
县级小计	14172	12508	1664	8293					49312	2768
市中区	156		156						3543	135
任城区	86		86	582					1048	43
兖州市	4736	4423	313	575					2437	470
曲阜市	1655	1353	302	747					9209	448
泗水县	289		289	743					6369	144
邹城市	6732	6732		890					10649	981
微山县	60		60	778					655	355
鱼台县	39		39	789					5047	32
金乡县	290		290	518					1107	
嘉祥县	129		129	829					2801	30
汶上县				796					5247	130
梁山县				1046					1200	
临沂市小计	**5731**		**5731**	**8720**				**1950**	**54669**	**1433**
本级	1326	-189	1515	4092				800	53255	1222
县级小计	4405	189	4216	4628				1150	1414	211
郯城县	701	540	161	693					621	50
苍山县	194		194	703				100	3	3
莒南县	540		540	862					521	

2006年地方财政政府收支分类转换数据

2－18－22

单位:万元

地　区	收支部分										
	收入										
	本年收入小计	税收收入									
		小计	增值税	营业税	企业所得税	个人所得税	城市维护建设税	耕地占用税	契税	烟叶税	其他各项税收收入
沂水县	44268	27259	7048	5724	3962	1206	1659	857	652	1038	5113
蒙阴县	13975	10200	2993	2645	825	376	547	614	135	517	1548
平邑县	28860	16484	2804	3904	2030	647	648	1783	695	527	3446
费县	30013	20091	4041	5477	1525	728	772	1675	569	1027	4277
沂南县	20530	14451	2916	4059	997	747	704	1349	537	549	2593
临沭县	23000	17501	4024	4453	2755	469	1004	505	496	147	3648
兰山区	80541	59406	12315	15002	7013	2088	6439	2926	4499	75	9049
罗庄区	32308	27041	11401	2499	5675	1076	2957	840			2593
河东区	18733	9571	2150	1604	574	275	523	2129			2316
泰安市小计	**516879**	**360643**	**79709**	**64311**	**30657**	**10388**	**28000**	**25471**	**50916**		**71191**
本级	140464	91410	13660	30552	17771	3186	6200	5669	5976		8396
县级小计	376415	269233	66049	33759	12886	7202	21800	19802	44940		62795
新泰市	131212	92190	21493	7126	6728	2744	8645	7580	14173		23701
宁阳县	36006	27946	7899	2938	1347	854	1841	3653	2311		7103
东平县	31158	20892	3767	2823	151	528	617	1493	4025		7488
肥城市	103153	70484	22119	9383	2160	1760	6744	3924	9439		14955
泰山区	48860	39059	6651	7074	1465	661	2259	1354	13885		5710
岱岳区	26026	18662	4120	4415	1035	655	1694	1798	1107		3838
聊城市小计	**336419**	**236374**	**67899**	**58337**	**36242**	**8247**	**16488**	**7047**	**6095**		**36019**
本级	105657	81667	19861	28857	17144	2939	4553	488	899		6926
县级小计	230762	154707	48038	29480	19098	5308	11935	6559	5196		29093
东昌府区	33039	24194	3026	8018	2893	1705	1661	295	2591		4005
临清市	36055	24606	7396	2908	1392	741	2817	1378	683		7291
阳谷县	16246	10843	2936	2005	838	501	649	1770	190		1954
莘县	15479	8615	2384	1656	865	484	932	260	131		1903
茌平县	50066	44330	22835	5834	7288	724	3016	290	269		4074
东阿县	16471	11127	3877	2613	1731	286	1066	78	62		1414
冠县	12939	8315	2603	1872	406	322	636	1182	60		1234
高唐县	50467	22677	2981	4574	3685	545	1158	1306	1210		7218
菏泽市小计	**300355**	**217145**	**39541**	**64400**	**18648**	**5485**	**13213**	**10012**	**6367**		**59479**
本级	69180	41116	6475	12919	8171	1245	3628	3879	1668		3131
县级小计	231175	176029	33066	51481	10477	4240	9585	6133	4699		56348
牡丹区	38798	32853	5230	10418	2096	725	1505	566	1491		10822
曹县	27007	18933	6746	3249	1626	736	1038	921	436		4181
定陶县	14561	10988	2402	3562	1033	300	503	100	216		2872

2－18－23

单位:万元

地区	收支部分									
	收入								支出	
	非税收入							贷款转贷回收本金收入		
	小计	专项收入	行政事业性收费收入	罚没收入	国有资本经营收入	国有资源(资产)有偿使用收入	其他收入		本年支出小计	一般公共服务
沂水县	17009	9005	4784	3067	105	48			89236	24953
蒙阴县	3775	754	433	2540		48			39369	11003
平邑县	12376	1560	1766	3370	2544	3136			64962	13352
费县	9922	1954	1820	2947	2194	1007			67441	13439
沂南县	6079	2439	1026	2528		44	42		59264	13595
临沭县	5499	1255	1298	2894		52			49029	10042
兰山区	21135	5031	6765	9081		258			100035	18215
罗庄区	5267	1518	1441	2287		21			45348	12895
河东区	9162	223	3743	5187		9			47162	16469
泰安市小计	**156236**	**29803**	**54252**	**16103**	**23314**	**3157**	**29607**		**780580**	**116798**
本级	49054	10410	22181	2540	5364	370	8189		170093	34376
县级小计	107182	19393	32071	13563	17950	2787	21418		610487	82422
新泰市	39022	4391	8842	3558	16869	155	5207		218000	21222
宁阳县	8060	1854	1863	2927	677	684	55		71594	11869
东平县	10266	2695	5362	2161		44	4		70904	15835
肥城市	32669	4754	8399	2860	404	156	16096		138395	15163
泰山区	9801	1319	5673	1092		1717			58513	9693
岱岳区	7364	4380	1932	965		31	56		53081	8640
聊城市小计	**100045**	**13729**	**47159**	**29920**	**7041**	**997**	**1199**		**599786**	**126077**
本级	23990	3128	14005	6513		344			122706	28656
县级小计	76055	10601	33154	23407	7041	653	1199		477080	97421
东昌府区	8845	1805	539	3973	2519	9			67673	13858
临清市	11449	1692	2198	2519	4668	84	288		61867	12684
阳谷县	5403	600	2453	2288	10	19	33		46886	12870
莘县	6864	820	3219	2198	600	27			53725	14546
茌平县	5736	2604	2126	6445	－5901	458	4		88969	11182
东阿县	5344	1015	1069	1097	2125	30	8		39923	10310
冠县	4624	597	2020	1987		20			43589	10395
高唐县	27790	1468	19530	2900	3020	6	866		74448	11576
菏泽市小计	**83210**	**13549**	**27871**	**37666**	**1864**	**1754**	**506**		**692541**	**142888**
本级	28064	3736	11661	11606	655	98	308		107386	21960
县级小计	55146	9813	16210	26060	1209	1656	198		585155	120928
牡丹区	5945	973	1918	2970		84			85825	19238
曹县	8074	712	3271	3951		140			75528	19567
定陶县	3573	425	1331	1757		59	1		42856	6338

2006 年地方财政政府收支分类转换数据

2－18－24　　　　　　　　　　　　　　　　　　　　　　　　　　　　　　　单位:万元

地区	收支部分										
	支出										
	外交	国防	公共安全	教育	科学技术	文化体育与传媒	社会保障和就业	医疗卫生	环境保护	城乡社区事务	农林水事务
沂水县			4161	20082	910	692	10599	6012	647	2956	11235
蒙阴县			2092	9208	286	354	5201	1778	473	902	4546
平邑县		50	4702	15918	589	542	8065	4083	1787	1940	7704
费县		90	3696	14404	828	505	7442	3873	549	980	8861
沂南县		105	3563	13098	674	380	8706	4222	544	2274	5788
临沭县		80	2848	11678	635	517	7094	2980	484	975	4410
兰山区		138	6518	32887	301	3601	8938	3707	320	14798	4688
罗庄区			2884	11748	330	164	3720	1244	385	2634	2442
河东区			3467	9414	448	113	3565	1510	140	1177	5803
泰安市小计		**1993**	**41546**	**119302**	**10127**	**6085**	**127623**	**37514**	**3822**	**62873**	**55030**
本级		1325	22891	16501	3554	2662	15877	9427	961	27255	7675
县级小计		668	18655	102801	6573	3423	111746	28087	2861	35618	47355
新泰市		167	7324	27051	1874	1216	72976	8065	657	12485	10170
宁阳县		127	3680	15718	691	463	6782	4777	232	6820	7290
东平县		69	2149	10017	882	487	8535	3647	360	1947	8393
肥城市		202	3721	22101	1891	720	10691	5842	1095	10746	15008
泰山区		57	721	14174	535	199	5196	1936	204	154	2208
岱岳区		46	1060	13740	700	338	7566	3820	313	3466	4286
聊城市小计		**1276**	**45858**	**116499**	**10371**	**9176**	**50626**	**29996**	**4367**	**55826**	**53373**
本级		672	21699	14773	2944	3122	6094	7624	1048	11451	5795
县级小计		604	24159	101726	7427	6054	44532	22372	3319	44375	47578
东昌府区		60	3206	14689	1031	571	10257	3541	75	2264	6786
临清市		99	3132	10976	1617	551	7759	3042	280	7645	6616
阳谷县			3752	12322	791	512	4458	1643	428	1022	4409
莘县		151	2686	12631	748	976	6514	2325	232	1102	7554
茌平县		169	2167	19967	1210	479	4514	4924	1154	17332	7784
东阿县			3197	8856	473	405	1903	2277	203	2947	3514
冠县			2553	11271	453	439	3185	1742	232	1060	5250
高唐县		125	3466	11014	1104	2121	5942	2878	715	11003	5665
菏泽市小计			**40577**	**131941**	**8227**	**8033**	**104949**	**33883**	**6838**	**25570**	**74323**
本级			18098	11512	1273	1463	12089	3671	1229	10039	5657
县级小计			22479	120429	6954	6570	92860	30212	5609	15531	68666
牡丹区			2377	16541	1900	703	12585	5820	962	3806	8134
曹县			3226	14389	836	1004	11039	2287	293	1062	9549
定陶县			1859	11022	453	533	9518	2917	229	1161	4190

2－18－25

单位:万元

地区	收支部分			平衡部分						
	支出			收入						
						返还性收入			财力性转移支付收入	
	交通运输	工业、商业、金融等事务	其他支出	收入总计	本年收入	小计	增值税和消费税税收返还	所得税基数返还	小计	体制补助
沂水县	289	2625	4075	89852	44268	10186	6811	3375	26146	
蒙阴县		1066	2460	40051	13975	8039	5532	2507	11911	
平邑县	99	2753	3378	66404	28860	7919	5450	2469	19983	
费县	1330	5144	6300	68869	30013	9252	6645	2607	21725	
沂南县	811	1030	4474	60338	20530	8748	6306	2442	22986	
临沭县	611	2247	4428	50599	23000	7993	5551	2442	11776	
兰山区		187	5737	102503	80541	7229	2382	4847	9588	4424
罗庄区		1345	5557	46801	32308	6511	2823	3688	4157	1937
河东区	1226	952	2878	43088	18733	2232	744	1488	11245	4257
泰安市小计	**7226**	**95694**	**94947**	**875981**	**516879**	**87677**	**66608**	**21069**	**86151**	
本级	3227	8773	15589	186819	140464	24205	17636	6569	－2165	－1038
县级小计	3999	86921	79358	689162	376415	63472	48972	14500	88316	1038
新泰市	655	42300	11838	261334	131212	18893	15714	3179	8706	
宁阳县	847	8298	4000	78567	36006	8929	5446	3483	20946	
东平县	131	5220	13232	73677	31158	5585	3115	2470	23661	380
肥城市	2165	28849	20201	147582	103153	19647	17428	2219	12145	
泰山区	91	1663	21682	62550	48860	6306	4425	1881	1796	213
岱岳区	110	591	8405	65452	26026	4112	2844	1268	21062	445
聊城市小计	**8037**	**48800**	**39504**	**689750**	**336419**	**113101**	**71400**	**41701**	**125510**	
本级	4009	6627	8192	148096	105657	27079	18396	8683	－5917	
县级小计	4028	42173	31312	541654	230762	86022	53004	33018	131427	
东昌府区	655	7578	3102	75579	33039	10321	8236	2085	15833	
临清市	598	2264	4604	69416	36055	12640	8406	4234	9576	
阳谷县	339	885	3455	53813	16246	8953	5829	3124	18415	
莘县		982	3278	65949	15479	6834	5452	1382	29526	
茌平县	526	9883	7678	95069	50066	22759	12163	10596	11392	
东阿县	997	2822	2019	45863	16471	6311	3933	2378	14556	
冠县	274	955	5780	53252	12939	5100	4298	802	23044	
高唐县	639	16804	1396	82713	50467	13104	4687	8417	9085	
菏泽市小计	**12159**	**28113**	**75040**	**807900**	**300355**	**93256**	**78389**	**14867**	**268469**	
本级	7817	3449	9129	155890	69180	42977	39432	3545	－2632	
县级小计	4342	24664	65911	652010	231175	50279	38957	11322	271101	
牡丹区	1124	6343	6292	94404	38798	8112	6793	1319	30097	
曹县	1050	4228	6998	85411	27007	7269	5958	1311	40816	
定陶县	105	187	4344	48437	14561	4129	2957	1172	21575	

2－18－26

单位:万元

地区	平衡部分									
	收入									
	财力性转移支付收入									
	一般性转移支付补助	民族地区转移支付补助	调整工资转移支付补助	农村税费改革转移支付补助	取消农业特产税降低农业税率转移支付补助	缓解县乡财政困难转移支付补助	农村义务教育补助	结算补助	企事业单位预算划转补助	其他财力性转移支付
沂水县	1530		4103	3555	6400	6655		174		3729
蒙阴县	665		2248	1625	3126	3500		－91		838
平邑县	1483		3600	3130	5238	4389		－519		2662
费县	1635		3657	3110	6141	4663		－378		2897
沂南县	1683		3638	2875	5995	6167		－456		3084
临沭县	776		3608	1710	4439	668		－469		1044
兰山区	238		2623	1202	1552			－2199	168	1580
罗庄区	236		1118	760	758			－951	－120	419
河东区	1158		2347	1549	2426	292		－1330	－198	744
泰安市小计	**4210**		**16916**	**13122**	**31130**	**20122**		**－7409**	**134**	**7926**
本级	－934		2915	178	224	－2717		－1560	35	732
县级小计	5144		14001	12944	30906	22839		－5849	99	7194
新泰市	260		1854	2976	4903			－2552		1265
宁阳县	1492		3043	2170	5612	7582		－600		1647
东平县	2170		2988	2680	5938	7387		378		1740
肥城市	142		1617	1960	7523	487		－593		1009
泰山区	225		1199	502	770	32		－1548	99	304
岱岳区	855		3300	2656	6160	7351		－934		1229
聊城市小计	**12851**		**24723**	**15804**	**37141**	**24170**		**－729**		**11550**
本级	－1097		2813	151	272	－4468		－4337		749
县级小计	13948		21910	15653	36869	28638		3608		10801
东昌府区	1737		3294	2300	5153	1271		46		2032
临清市	335		2492	1572	4533	271		－649		1022
阳谷县	1383		3082	2398	4126	6799		－8		635
莘县	4706		3818	3179	6759	8634		1009		1421
茌平县	1247		2419	1542	4170	590		－39		1463
东阿县	972		1988	1265	3056	3176		2743		1356
冠县	3568		2940	2461	5296	7390		375		1014
高唐县			1877	936	3776	507		131		1858
菏泽市小计	**37103**		**35302**	**27036**	**65170**	**68866**		**2470**	**526**	**31996**
本级	126		2053			－2067		－10261	6112	1405
县级小计	36977		33249	27036	65170	70933		12731	－5586	30591
牡丹区	5193		4900	3522	7568	7214		2311	－6030	5419
曹县	5332		4555	4649	11113	9879		919	221	4148
定陶县	2643		2565	1908	4971	5859		797		2832

2－18－27

单位:万元

地区	平衡部分								
	收入							支出	
	专项转移支付			省补助计划单列市	上年结余收入	调入资金	国债转贷收入、上年结余及转补助数	支出总计	本年支出
	小计	专项补助	增发国债补助						
沂水县	9242	9242			10			89842	89236
蒙阴县	5768	5768				358		40051	39369
平邑县	9323	9323			9		310	66395	64962
费县	7279	7279				600		68869	67441
沂南县	7600	7600				304	170	60338	59264
临沭县	5803	5803			207	1370	450	50389	49029
兰山区	3485	3485			10	1650		102493	100035
罗庄区	3805	3805			20			46781	45348
河东区	4965	4965			10	5783	120	43078	47162
泰安市小计	**106971**	**106971**			**73123**	**223**	**4957**	**796389**	**780580**
本级	5942	5942			17523		850	158592	170093
县级小计	101029	101029			55600	223	4107	637797	610487
新泰市	60582	60582			40821		1120	226812	218000
宁阳县	6086	6086			6031	223	346	73271	71594
东平县	11006	11006			684		1583	73251	70904
肥城市	10805	10805			1464		368	145326	138395
泰山区	5145	5145			353		90	62360	58513
岱岳区	7405	7405			6247		600	56777	53081
聊城市小计	**58105**	**58105**			**53204**	**3411**		**615167**	**599786**
本级	9333	9333			11944			126000	122706
县级小计	48772	48772			41260	3411		489167	477080
东昌府区	8789	8789			4254	3343		70083	67673
临清市	5273	5273			5872			63593	61867
阳谷县	4785	4785			5414			47701	46886
莘县	6543	6543			7567			55789	53725
茌平县	5497	5497			5355			91512	88969
东阿县	5384	5384			3141			40717	39923
冠县	6976	6976			5125	68		44364	43589
高唐县	5525	5525			4532			75408	74448
菏泽市小计	**65765**	**65765**			**69487**	**4439**	**6129**	**708515**	**692541**
本级	11489	11489			30977		3899	111858	107386
县级小计	54276	54276			38510	4439	2230	596657	585155
牡丹区	11648	11648			5720	29		87385	85825
曹县	6010	6010			4189		120	77280	75528
定陶县	4493	4493			3439		240	43746	42856

2－18－28

单位:万元

地区	平衡部分									
	支出								年终结余	其中:净结余
	财力性转移支付			专项上解	计划单列市上解省	增设预算周转金	调出资金	国债转贷拨付数及年末结余		
	小计	体制上解	出口退税专项上解							
沂水县	244		244	362					10	10
蒙阴县	521	490	31	161						
平邑县	260		260	863				310	9	9
费县	450		450	978						
沂南县	131		131	773				170		
临沭县	450		450	460				450	210	99
兰山区	1099		1099	1359					10	10
罗庄区	619	212	407	814					20	20
河东区	－804	－1053	249	－3400				120	10	10
泰安市小计	**2619**	**47**	**2572**	**8233**				**4957**	**79592**	**1852**
本级	－9522	－10205	683	－2829				850	28227	992
县级小计	12141	10252	1889	11062				4107	51365	860
新泰市	5951	5709	242	1741				1120	34522	232
宁阳县	304	102	202	1027				346	5296	35
东平县	75		75	689				1583	426	163
肥城市	4953	4441	512	1610				368	2256	361
泰山区	519		519	3238				90	190	29
岱岳区	339		339	2757				600	8675	40
聊城市小计	**2035**		**2035**	**9911**		**1000**	**2435**		**74583**	**1856**
本级	1029		1029	1582			683		22096	306
县级小计	1006		1006	8329		1000	1752		52487	1550
东昌府区	43		43	2156			211		5496	49
临清市	460		460	843			423		5823	402
阳谷县	68		68	650			97		6112	275
莘县	65		65	1859			140		10160	50
茌平县	127		127	964		1000	452		3557	158
东阿县	5		5	629			160		5146	279
冠县	28		28	652			95		8888	47
高唐县	210		210	576			174		7305	290
菏泽市小计	**1703**		**1703**	**7483**			**659**	**6129**	**99385**	**236**
本级	20		20	120			433	3899	44032	15
县级小计	1683		1683	7363			226	2230	55353	221
牡丹区	326		326	1008			226		7019	70
曹县	673		673	959				120	8131	90
定陶县	79		79	571				240	4691	4

2－18－29

单位:万元

地区	收支部分										
	收入										
	本年收入小计	税收收入									
		小计	增值税	营业税	企业所得税	个人所得税	城市维护建设税	耕地占用税	契税	烟叶税	其他各项税收收入
成武县	17966	13704	1858	2891	834	305	632	163	157		6864
单县	26216	19254	2722	6456	785	558	853	1198	358		6324
巨野县	22224	15986	1648	5857	1549	360	748	1328	1023		3473
郓城县	36007	27385	4355	7560	1035	577	923	207	232		12496
鄄城县	17300	13545	2421	6347	248	263	461	24	179		3602
东明县	31096	23381	5684	5141	1271	416	2922	1626	607		5714
德州市小计	**357291**	**234546**	**56254**	**62776**	**26509**	**7572**	**20014**	**4555**	**10610**		**46256**
本级	54117	42316	11131	8775	10112	1165	5876				5257
县级小计	303174	192230	45123	54001	16397	6407	14138	4555	10610		40999
德城区	53861	46251	8249	19898	3222	1618	2900	189	4267		5908
陵县	18669	12962	2518	3586	1104	436	959	292	976		3091
平原县	27059	16531	3471	4643	1953	674	972	2099	900		1819
夏津县	15678	11507	3938	3199	802	292	786	620	425		1445
武城县	15809	7498	1514	2337	582	499	535	90	22		1919
齐河县	48989	26624	9011	5306	3759	480	2011		1053		5004
禹城市	31265	19166	5305	4016	1369	472	2072	150	584		5198
乐陵市	16260	8916	2506	1984	586	414	840	80	571		1935
临邑县	50014	26870	5295	5245	1979	840	2463	627	1006		9415
宁津县	17561	10720	2005	2089	757	517	405	2	576		4369
庆云县	8009	5185	1311	1698	284	165	195	406	230		896
滨州市小计	**451216**	**350223**	**108876**	**58358**	**43001**	**6424**	**34073**	**17073**	**35894**		**46524**
本级	58817	35832	6214	5178	9594	1431	8012	39	1843		3521
县级小计	392399	314391	102662	53180	33407	4993	26061	17034	34051		43003
惠民县	10068	8862	2869	2142	429	429	367	640	436		1550
阳信县	9521	7981	2815	1830	307	207	304	616	39		1863
无棣县	48008	37441	5187	10328	4702	516	1324	2322	3620		9442
沾化县	22128	17072	3439	3674	1197	294	1222	2108	2587		2551
博兴县	57059	44456	9608	5751	4405	944	3502	4135	10408		5703
邹平县	140187	108237	43563	13132	12921	1145	8073	5667	11063		12673
滨城区	105428	90342	35181	16323	9446	1458	11269	1546	5898		9221
东营市小计	**480975**	**380297**	**58004**	**90319**	**45137**	**13502**	**104404**	**1392**	**17023**		**50516**
本级	235235	175045	11166	28260	15463	6472	89324		3347		21013
县级小计	245740	205252	46838	62059	29674	7030	15080	1392	13676		29503
东营区	81088	66856	13255	23546	11144	2493	4986	94	7509		3829
河口区	36129	32502	5067	10442	6534	2233	2594		685		4947

2－18－30　　　　单位:万元

地区	收支部分									
	收入								支出	
	非税收入							贷款转贷回收本金收入		
	小计	专项收入	行政事业性收费收入	罚没收入	国有资本经营收入	国有资源(资产)有偿使用收入	其他收入		本年支出小计	一般公共服务
成武县	4262	512	1681	2036		33			46269	6612
单县	6962	1144	1216	3415	1141	46			73848	13742
巨野县	6238	1117	2240	1721	－22	1182			62024	15485
郓城县	8622	1010	2238	5303	40	31			80471	18847
鄄城县	3755	394	1095	2033		36	197		52885	9315
东明县	7715	3526	1220	2874	50	45			65449	11784
德州市小计	**122745**	**13267**	**90978**	**17201**	**136**	**1163**			**636011**	**104932**
本级	11801	5235	2933	2675		958			86134	11168
县级小计	110944	8032	88045	14526	136	205			549877	93764
德城区	7610	1297	4430	1856		27			75444	13241
陵县	5707	377	5049	266		15			43279	5643
平原县	10528	646	9059	773	38	12			55235	10501
夏津县	4171	542	1246	2349		34			38983	9410
武城县	8311	317	7580	300	98	16			34055	6093
齐河县	22365	1556	18493	2304		12			71601	10091
禹城市	12099	700	8727	2649		23			56720	11260
乐陵市	7344	493	5241	1590		20			41328	9863
临邑县	23144	1473	19864	1793		14			70164	8108
宁津县	6841	410	5792	617		22			39600	5880
庆云县	2824	221	2564	29		10			23468	3674
滨州市小计	**100993**	**19012**	**26583**	**46619**	**7835**	**424**	**520**		**646732**	**109424**
本级	22985	4633	12559	2754	2854	183	2		131820	24680
县级小计	78008	14379	14024	43865	4981	241	518		514912	84744
惠民县	1206	252	576	354		24			43476	9655
阳信县	1540	219	92	1217		12			32454	5208
无棣县	10567	1178	3161	3756	2085	34	353		72199	10745
沾化县	5056	781	1205	3017		23	30		46525	8456
博兴县	12603	2091	3355	6942	80	21	114		75353	14017
邹平县	31950	5847	4821	20171	1014	76	21		170310	22242
滨城区	15086	4011	814	8408	1802	51			74595	14421
东营市小计	**100678**	**52962**	**20494**	**10974**	**11165**	**3469**	**1614**		**618612**	**121528**
本级	60190	43904	11347	2918	1018	1003			273429	57104
县级小计	40488	9058	9147	8056	10147	2466	1614		345183	64424
东营区	14232	2159	994	1448	9544	87			91427	16318
河口区	3627	1115	597	1243	501	171			46273	10528

2－18－31　　　　单位:万元

地　　区	收支部分										
	支出										
	外　交	国　防	公共安全	教　育	科学技术	文化体育与传媒	社会保障和就业	医疗卫生	环境保护	城乡社区事务	农林水事务
成武县			2403	11846	948	336	9514	2453	211	735	4420
单县			2258	13885	218	1629	11483	4348	742	444	7916
巨野县			2233	11763	557	481	9145	2043	770	3168	5234
郓城县			3835	17163	958	832	13520	4138	553	869	10447
鄄城县			2173	9724	650	558	7588	1516	324	1789	9549
东明县			2115	14096	434	494	8468	4690	1525	2497	9227
德州市小计		**1102**	**35050**	**111395**	**6224**	**8921**	**63407**	**34663**	**8732**	**79529**	**76739**
本级		654	9072	11556	1056	1453	9973	2963	2531	17683	4691
县级小计		448	25978	99839	5168	7468	53434	31700	6201	61846	72048
德城区		173	3212	8134	560	608	5896	2978	445	24808	3792
陵县		22	897	11065	620	456	3817	3435	456	1795	9408
平原县		69	2921	11058	273	666	4820	2448	734	4409	6984
夏津县		22	3585	7768	197	383	2815	965	548	630	7788
武城县			1648	6393	338	531	5105	1757	536	2959	4093
齐河县		63	3550	10460	177	797	5807	2772	549	10185	7066
禹城市		13	3216	11273	876	850	5021	6318	884	4467	7556
乐陵市		55	1920	9911	812	530	2005	1999	647	2356	6376
临邑县			2456	12373	403	1315	7739	5055	485	8558	6792
宁津县		30	1361	5901	592	1056	7680	2443	590	987	8425
庆云县		1	1212	5503	320	276	2729	1530	327	692	3768
滨州市小计		**1698**	**32415**	**116206**	**10974**	**6157**	**66684**	**26187**	**5452**	**98891**	**47194**
本级		1415	14456	22662	2688	2610	11374	5158	2065	14673	5674
县级小计		283	17959	93544	8286	3547	55310	21029	3387	84218	41520
惠民县		30	864	6683	558	622	7727	790	178	1040	2630
阳信县		30	1535	8120	266	195	5890	1168	86	2029	4152
无棣县		97	2336	11411	2740	429	5601	3233	217	8206	6175
沾化县		2	2614	10044	534	254	5923	1257	155	6058	5588
博兴县		59	3401	13094	91	795	8054	2963	1552	10103	8100
邹平县			4523	30532	3042	763	13791	7744	1039	48974	9172
滨城区		65	2686	13660	1055	489	8324	3874	160	7808	5703
东营市小计			**29573**	**153453**	**10035**	**6763**	**37376**	**26750**	**8459**	**82359**	**51762**
本级			14145	83718	2317	3257	9435	10516	4210	39698	12397
县级小计			15428	69735	7718	3506	27941	16234	4249	42661	39365
东营区			4977	12586	2008	590	7675	3692	405	26756	5774
河口区			3156	5726	945	391	3294	2355	250	3608	5486

2006年地方财政政府收支分类转换数据

2－18－32 单位:万元

地区	收支部分			平衡部分						
	支出			收入						
						返还性收入			财力性转移支付收入	
	交通运输	工业、商业、金融等事务	其他支出	收入总计	本年收入	小计	增值税和消费税税收返还	所得税基数返还	小计	体制补助
成武县	28	2932	3831	52053	17966	4624	2470	2154	19817	
单县	177	180	16826	82444	26216	5477	4378	1099	38669	
巨野县	352	2031	8762	69005	22224	4276	3261	1015	31608	
郓城县	518	1845	6946	86746	36007	4417	3396	1021	37760	
鄄城县	145	4535	5019	62158	17300	4379	3897	482	26524	
东明县	843	2383	6893	71352	31096	7596	5847	1749	24235	
德州市小计	**5579**	**47424**	**52314**	**754593**	**357291**	**100005**	**58404**	**41601**	**141643**	
本级	3656	3164	6514	150912	54117	29843	20821	9022	12334	
县级小计	1923	44260	45800	603681	303174	70162	37583	32579	129309	
德城区		2307	9290	89820	53861	7673	2848	4825	9158	
陵县		1972	3693	44974	18669	6313	3331	2982	14260	
平原县	296	6243	3813	60581	27059	7982	3308	4674	13302	
夏津县	59	50	4763	41341	15678	5331	3247	2084	13017	
武城县		2055	2547	34669	15809	5333	3001	2332	9634	
齐河县	568	18108	1408	81096	48989	8497	4835	3662	10749	
禹城市		1959	3027	62830	31265	8118	4822	3296	13697	
乐陵市	405	1640	2809	43466	16260	5848	3081	2767	14818	
临邑县		6880	10000	79956	50014	7434	4819	2615	9079	
宁津县	110	2280	2265	40159	17561	5244	2777	2467	11982	
庆云县	485	766	2185	24789	8009	2389	1514	875	9613	
滨州市小计	**14814**	**45409**	**65227**	**729751**	**451216**	**86066**	**56053**	**30013**	**82246**	
本级	6049	9680	8636	115544	58817	23487	18548	4939	－10249	
县级小计	8765	35729	56591	614207	392399	62579	37505	25074	92495	
惠民县	33	796	11870	47959	10068	4471	3004	1467	24147	
阳信县	101	286	3388	37558	9521	2882	2006	876	16344	
无棣县	4382	9740	6887	80833	48008	6458	2626	3832	13965	
沾化县	1031	2651	1958	52854	22128	4302	3288	1014	20951	
博兴县	2901	6318	3905	82158	57059	12144	7877	4267	5287	
邹平县	64	14525	13899	183505	140187	25212	14025	11187	5710	
滨城区	253	1413	14684	129340	105428	7110	4679	2431	6091	
东营市小计	**7814**	**25052**	**57688**	**663750**	**480975**	**56968**	**36798**	**20170**	**58199**	
本级	5500	13519	17613	299385	235235	19641	12880	6761	2535	
县级小计	2314	11533	40075	364365	245740	37327	23918	13409	55664	
东营区	551	3047	7048	100916	81088	9251	8009	1242	6319	
河口区	862	1280	8392	48940	36129	4600	1674	2926	4589	

2-18-33

单位:万元

地区	平衡部分									
	收入									
	财力性转移支付收入									
	一般性转移支付补助	民族地区转移支付补助	调整工资转移支付补助	农村税费改革转移支付补助	取消农业特产税降低农业税率转移支付补助	缓解县乡财政困难转移支付补助	农村义务教育补助	结算补助	企事业单位预算划转补助	其他财力性转移支付
成武县	2275		2695	1968	4843	5743		356		1937
单县	4601		4335	3721	9256	10103		1875		4778
巨野县	5074		3734	2935	7645	8079		1819	223	2099
郓城县	5748		4466	3493	8074	10397		2121		3461
鄄城县	4235		3110	2518	5908	7011		1336		2406
东明县	1876		2889	2322	5792	6648		1197		3511
德州市小计	**14086**		**26051**	**15813**	**40095**	**31286**		**1213**	**418**	**12681**
本级			2659			-98		7475		2298
县级小计	14086		23392	15813	40095	31384		-6262	418	10383
德城区	1195		2122	1054	6268			-2399	418	500
陵县	1411		2325	1752	3900	4295		92		485
平原县	1642		2041	1462	3953	2963		29		1212
夏津县	1898		2162	1459	3107	3848		-226		769
武城县	1134		1775	1163	2561	2697		-712		1016
齐河县	1109		2230	1635	4244	647		-331		1215
禹城市	1049		2286	1457	3266	5247		-831		1223
乐陵市	1283		2685	1845	4710	5061		-1074		308
临邑县	910		2177	1059	3254	551		-438		1566
宁津县	1022		2131	1562	3361	3274		-697		1329
庆云县	1433		1458	1365	1471	2801		325		760
滨州市小计	**6800**		**16959**	**10647**	**25030**	**16719**		**-2098**		**8189**
本级	-1468		1866	186	255	-6662		-5987		1561
县级小计	8268		15093	10461	24775	23381		3889		6628
惠民县	3234		3000	2584	6340	8162		-303		1130
阳信县	1954		2273	1590	2941	7226		-387		747
无棣县	1241		2629	1316	3897	3027		658		1197
沾化县	1124		2249	1242	4533	3727		7463		613
博兴县			1498	1205	2257	408		-1013		932
邹平县			1313	1513	2726	608		-1589		1139
滨城区	715		2131	1011	2081	223		-940		870
东营市小计				**2570**	**4838**	**492**		**-3208**	**51381**	**2126**
本级			-2191	-3475	-5543			-672	51396	-36980
县级小计			2191	6045	10381	492		-2536	-15	39106
东营区			167	881	909			-760		5122
河口区			90	427	719			-207		3560

2－18－34　　　　　　　　　　　　　　　　　　　　　　　　单位:万元

地区	平衡部分								
	收入							支出	
	专项转移支付			省补助计划单列市	上年结余收入	调入资金	国债转贷收入、上年结余及转补助数	支出总计	本年支出
	小计	专项补助	增发国债补助						
成武县	4220	4220			5196		230	47160	46269
单县	5649	5649			5118	1115	200	74996	73848
巨野县	4297	4297			2771	3089	740	63566	62024
郓城县	5827	5827			2735			81541	80471
鄄城县	7335	7335			5916	124	580	54472	52885
东明县	4797	4797			3426	82	120	66511	65449
德州市小计	**61459**	**61459**			**92785**		**1410**	**651402**	**636011**
本级	－24323	－24323			78941			55581	86134
县级小计	85782	85782			13844		1410	595821	549877
德城区	15309	15309			3819			84735	75444
陵县	4839	4839			893			44953	43279
平原县	11360	11360			98		780	60561	55235
夏津县	5279	5279			1534		502	41301	38983
武城县	3097	3097			796			34669	34055
齐河县	11409	11409			1324		128	80967	71601
禹城市	9445	9445			305			62721	56720
乐陵市	5751	5751			789			42309	41328
临邑县	11173	11173			2256			78658	70164
宁津县	4336	4336			1036			40159	39600
庆云县	3784	3784			994			24788	23468
滨州市小计	**50451**	**50451**			**52213**	**1527**	**6032**	**659554**	**646732**
本级	7363	7363			32787		3339	69764	131820
县级小计	43088	43088			19426	1527	2693	589790	514912
惠民县	6648	6648			2183	342	100	44909	43476
阳信县	5242	5242			2384	1185		33268	32454
无棣县	7482	7482			4195		725	76002	72199
沾化县	4805	4805			508		160	48253	46525
博兴县	5070	5070			2598			78338	75353
邹平县	6365	6365			5019		1012	182513	170310
滨城区	7476	7476			2539		696	126507	74595
东营市小计	**30931**	**30931**			**32871**		**3806**	**626916**	**618612**
本级	11432	11432			28337		2205	266264	273429
县级小计	19499	19499			4534		1601	360652	345183
东营区	3718	3718			420		120	100295	91427
河口区	2430	2430			1062		130	48659	46273

2－18－35 单位:万元

地区	平衡部分									
	支出								年终结余	其中:净结余
	财力性转移支付			专项上解	计划单列市上解省	增设预算周转金	调出资金	国债转贷拨付数及年末结余		
	小计	体制上解	出口退税专项上解							
成武县	25		25	636				230	4893	5
单县	128		128	820				200	7448	10
巨野县	118		118	684				740	5439	23
郓城县	99		99	971					5205	1
鄄城县	154		154	853				580	7686	
东明县	81		81	861				120	4841	18
德州市小计	**2247**		**2247**	**7903**			**3831**	**1410**	**103191**	**500**
本级	271		271	－33319			2495		95331	50
县级小计	1976		1976	41222			1336	1410	7860	450
德城区	471		471	8820					5085	93
陵县	87		87	1443			144		21	21
平原县	23		23	4377			146	780	20	20
夏津县	21		21	1795				502	40	40
武城县	45		45	489			80			
齐河县	107		107	9131				128	129	129
禹城市	529		529	5161			311		109	109
乐陵市	263		263	592			126		1157	24
临邑县	189		189	8305					1298	13
宁津县	140		140	419						
庆云县	101		101	690			529		1	1
滨州市小计	**2483**		**2483**	**4307**				**6032**	**70197**	**694**
本级	－65398	－65574	176	3				3339	45780	75
县级小计	67881	65574	2307	4304				2693	24417	619
惠民县	877	877		456				100	3050	118
阳信县	349	112	237	465					4290	
无棣县	2738	2718	20	340				725	4831	267
沾化县	1239	1196	43	329				160	4601	
博兴县	2606	2346	260	379					3820	32
邹平县	10561	9326	1235	630				1012	992	94
滨城区	49511	48999	512	1705				696	2833	108
东营市小计	**1919**		**1919**	**2579**				**3806**	**36834**	**1128**
本级	－10476	－10671	195	1106				2205	33121	689
县级小计	12395	10671	1724	1473				1601	3713	439
东营区	8454	7796	658	294				120	621	55
河口区	2195	2114	81	61				130	281	138

2－18－36　　　　单位:万元

地区	收支部分										
	收入										
	本年收入小计	税收收入									
		小计	增值税	营业税	企业所得税	个人所得税	城市维护建设税	耕地占用税	契税	烟叶税	其他各项税收收入
广饶县	69742	57054	15760	14230	5170	1213	3987	806	1810		14078
垦利县	38078	30966	7605	9652	5604	699	2287	164	1272		3683
利津县	20703	17874	5151	4189	1222	392	1226	328	2400		2966
威海市小计	**701079**	**508245**	**83939**	**117256**	**41857**	**11288**	**32587**	**98078**	**32746**		**90494**
本级	152464	111241	26204	20643	13459	2211	5444	17108	15393		10779
县级小计	548615	397004	57735	96613	28398	9077	27143	80970	17353		79715
环翠区	127581	118605	19023	38461	14787	3976	8444	18683	1261		13970
乳山市	88869	64337	5073	20499	4394	1118	2726	14343	4462		11722
文登市	150007	81534	14110	16298	4226	1650	4233	14500	4100		22417
荣成市	182158	132528	19529	21355	4991	2333	11740	33444	7530		31606
日照市小计	**207609**	**167752**	**41661**	**59729**	**16316**	**3572**	**10405**	**1171**	**14066**	**1778**	**19054**
本级	59017	31550	6884	12473	3818	408	1974	100	3025		2868
县级小计	148592	136202	34777	47256	12498	3164	8431	1071	11041	1778	16186
莒县	21993	20158	4039	5835	1267	632	1286	523	1125	1124	4327
五莲县	18541	16808	5268	3487	2796	529	947	67	512	485	2717
东港区	68588	63393	7409	30127	6454	1559	4567	371	6780	54	6072
岚山区	39470	35843	18061	7807	1981	444	1631	110	2624	115	3070
莱芜市小计	**192572**	**174011**	**68070**	**34039**	**19184**	**3560**	**22517**	**3818**	**3414**	**271**	**19138**
本级	118714	104026	39360	18035	14678	2331	14621	850	1778	9	12364
县级小计	73858	69985	28710	16004	4506	1229	7896	2968	1636	262	6774
莱城区	37920	35577	12616	9938	1759	671	3605	1649	1515	119	3705
钢城区	35938	34408	16094	6066	2747	558	4291	1319	121	143	3069

2－18－37

单位：万元

地区	收支部分									
	收入								支出	
	非税收入							贷款转贷回收本金收入		
	小计	专项收入	行政事业性收费收入	罚没收入	国有资本经营收入	国有资源(资产)有偿使用收入	其他收入		本年支出小计	一般公共服务
广饶县	12688	3476	4323	2784		2105			103822	17765
垦利县	7112	1518	2564	1240	102	74	1614		55578	9462
利津县	2829	790	669	1341		29			48083	10351
威海市小计	**192834**	**17457**	**58982**	**19115**	**93323**	**2406**	**1551**		**882819**	**114716**
本级	41223	5955	9451	3625	20886	1252	54		270547	35591
县级小计	151611	11502	49531	15490	72437	1154	1497		612272	79125
环翠区	8976	3860	1321	1415		883	1497		95259	18009
乳山市	24532	1536	8040	3173	11743	40			108278	16282
文登市	68473	2178	12150	1736	52202	207			177061	17352
荣成市	49630	3928	28020	9166	8492	24			231674	27482
日照市小计	**39857**	**7356**	**14021**	**9726**	**345**	**2675**	**5734**		**326714**	**74648**
本级	27467	3135	11757	4173	345	2430	5627		143969	34168
县级小计	12390	4221	2264	5553		245	107		182745	40480
莒县	1835	861	467	412		95			64777	12704
五莲县	1733	700		910		123			45057	11831
东港区	5195	1961	1497	1710		27			42868	6968
岚山区	3627	699	300	2521			107		30043	8977
莱芜市小计	**18561**	**8150**	**7600**	**3486**	**－1120**	**445**			**282419**	**37487**
本级	14688	5837	6860	2798	－1150	343			156362	23632
县级小计	3873	2313	740	688	30	102			126057	13855
莱城区	2343	1627	448	238		30			77902	7197
钢城区	1530	686	292	450	30	72			48155	6658

2－18－38　　　　　　　　　　　　单位:万元

地区	收支部分										
	支出										
	外交	国防	公共安全	教育	科学技术	文化体育与传媒	社会保障和就业	医疗卫生	环境保护	城乡社区事务	农林水事务
广饶县			3409	26453	2375	1384	6195	5139	2499	7632	12593
垦利县			1847	11279	1416	429	6215	2686	630	3713	8267
利津县			2039	13691	974	712	4562	2362	465	952	7245
威海市小计		**858**	**39046**	**135405**	**24240**	**11344**	**91060**	**30022**	**6174**	**211992**	**61807**
本级		296	17874	32161	9225	5948	12098	8615	2853	99611	8364
县级小计		562	21172	103244	15015	5396	78962	21407	3321	112381	53443
环翠区		191	2233	16004	3015	345	8863	3118	250	22124	8073
乳山市			3889	25540	1555	743	13244	4891	469	3030	6396
文登市		227	7920	32475	4211	3164	24212	7631	1264	16859	14746
荣成市		144	7130	29225	6234	1144	32643	5767	1338	70368	24228
日照市小计		**268**	**20191**	**62612**	**3039**	**3616**	**29335**	**16526**	**3075**	**18150**	**22195**
本级		183	13840	12845	1092	2787	5996	5599	2389	15811	5348
县级小计		85	6351	49767	1947	829	23339	10927	686	2339	16847
莒县		85	1883	15394	504	207	11052	5011	426	1246	7409
五莲县			2048	11161	1108	370	2471	2799	240	620	3336
东港区			1545	12253	181	122	7198	1799	20	311	3704
岚山区			875	10959	154	130	2618	1318		162	2398
莱芜市小计			**13779**	**59072**	**5231**	**4347**	**50547**	**12842**	**2037**	**33771**	**20166**
本级			10787	14115	1769	3351	36963	6651	1010	20271	6243
县级小计			2992	44957	3462	996	13584	6191	1027	13500	13923
莱城区			1867	37799	1230	477	11619	4941	573	77	9944
钢城区			1125	7158	2232	519	1965	1250	454	13423	3979

2－18－39　　　　单位:万元

地区	收支部分			平衡部分						
	支出			收入						
						返还性收入			财力性转移支付收入	
	交通运输	工业、商业、金融等事务	其他支出	收入总计	本年收入	小计	增值税和消费税税收返还	所得税基数返还	小计	体制补助
广饶县	176	4258	13944	107405	69742	13014	7371	5643	17157	
垦利县	312	1760	7562	58451	38078	5379	4087	1292	8919	
利津县	413	1188	3129	48653	20703	5083	2777	2306	18680	
威海市小计	**9336**	**125695**	**21124**	**963517**	**701079**	**115037**	**62085**	**52952**	**35576**	
本级	3200	26904	7807	226338	152464	40078	21908	18170	－12317	
县级小计	6136	98791	13317	737179	548615	74959	40177	34782	47893	
环翠区	831	7838	4365	156501	127581	7907	4305	3602	8283	
乳山市	665	28922	2652	119541	88869	10958	5531	5427	8936	
文登市	3549	39947	3504	197375	150007	22223	10878	11345	11702	
荣成市	1091	22084	2796	263762	182158	33871	19463	14408	18972	
日照市小计	**3272**	**22265**	**47522**	**343939**	**207609**	**33736**	**26777**	**6959**	**55569**	
本级	2516	18929	22466	91008	59017	13673	11999	1674	－1487	－3022
县级小计	756	3336	25056	252931	148592	20063	14778	5285	57056	3022
莒县	5	1570	7281	67594	21993	7328	5177	2151	27572	1109
五莲县	240	507	8326	46279	18541	7890	6057	1833	11946	
东港区	511	355	7901	86969	68588	2938	2309	629	10139	1583
岚山区		904	1548	52089	39470	1907	1235	672	7399	330
莱芜市小计	**1884**	**14638**	**26618**	**308526**	**192572**	**31799**	**32593**	**－794**	**22783**	
本级	1743	6385	23442	177977	118714	22012	25002	－2990	－10476	－1859
县级小计	141	8253	3176	130549	73858	9787	7591	2196	33259	1859
莱城区	42	340	1796	81353	37920	6042	4783	1259	27226	1168
钢城区	99	7913	1380	49196	35938	3745	2808	937	6033	691

2-18-40 单位:万元

地　　区	平衡部分									
	收　入									
	财力性转移支付收入									
	一般性转移支付补助	民族地区转移支付补助	调整工资转移支付补助	农村税费改革转移支付补助	取消农业特产税降低农业税率转移支付补助	缓解县乡财政困难转移支付补助	农村义务教育补助	结算补助	企事业单位预算划转补助	其他财力性转移支付
广饶县			713	2274	3898	492		-845	-15	10640
垦利县			576	1007	1588			-513		6261
利津县			645	1456	3267			-211		13523
威海市小计				**4727**	**25212**	**788**		**-1000**		**5849**
本级				-68	930			1401	100	-14680
县级小计				4795	24282	788		-2401	-100	20529
环翠区				362	2165			-2044	-100	7900
乳山市				1886	2602	208		208		4032
文登市				1421	6012	330		-266		4205
荣成市				1126	13503	250		-299		4392
日照市小计	**2900**		**8421**	**8830**	**16918**	**11180**		**1255**	**59**	**6006**
本级	-826		34	142	556	-2120		3353	324	72
县级小计	3726		8387	8688	16362	13300		-2098	-265	5934
莒县	1000		3556	3795	6701	9464		-779	-8	2734
五莲县	520		2215	1729	3201	3641		-917	-10	1567
东港区	1487		1538	2637	2660	195		-552	-294	885
岚山区	719		1078	527	3800			150	47	748
莱芜市小计	**1899**		**4314**	**3622**	**4348**	**6863**		**-2004**	**350**	**3391**
本级	-2476		358	88	-478	-3300		-2318	350	-841
县级小计	4375		3956	3534	4826	10163		314		4232
莱城区	3804		3324	2764	4194	10163		262		1547
钢城区	571		632	770	632			52		2685

2－18－41

单位:万元

地区	平衡部分								
	收入							支出	
	专项转移支付			省补助计划单列市	上年结余收入	调入资金	国债转贷收入、上年结余及转补助数	支出总计	本年支出
	小计	专项补助	增发国债补助						
广饶县	5802	5802			499		1191	106895	103822
垦利县	3541	3541			2374		160	56205	55578
利津县	4008	4008			179			48598	48083
威海市小计	**79526**	**79526**			**26326**		**5973**	**933211**	**882819**
本级	29255	29255			14176		2682	206857	270547
县级小计	50271	50271			12150		3291	726354	612272
环翠区	6481	6481			6099		150	150220	95259
乳山市	8129	8129			2354		295	117115	108278
文登市	11802	11802			638		1003	196613	177061
荣成市	23859	23859			3059		1843	262406	231674
日照市小计	**34345**	**34345**			**8978**	**3702**		**334654**	**326714**
本级	10148	10148			8207	1450		82852	143969
县级小计	24197	24197			771	2252		251802	182745
莒县	10135	10135			566			66546	64777
五莲县	5564	5564			86	2252		46241	45057
东港区	5268	5268			36			86931	42868
岚山区	3230	3230			83			52084	30043
莱芜市小计	**48624**	**48624**			**12748**			**292437**	**282419**
本级	35509	35509			12218			162805	156362
县级小计	13115	13115			530			129632	126057
莱城区	9981	9981			184			81031	77902
钢城区	3134	3134			346			48601	48155

2-18-42 单位:万元

地区	平衡部分									
	支出								年终结余	其中:净结余
	财力性转移支付			专项上解	计划单列市上解省	增设预算周转金	调出资金	国债转贷拨付数及年末结余		
	小计	体制上解	出口退税专项上解							
广饶县	1277	761	516	605				1191	510	188
垦利县	230		230	237				160	2246	33
利津县	239		239	276					55	25
威海市小计	**41093**	**32212**	**8881**	**3326**				**5973**	**30306**	**1253**
本级	-47908	-50301	2393	-18464				2682	19481	363
县级小计	89001	82513	6488	21790				3291	10825	890
环翠区	35825	33297	2528	18986				150	6281	180
乳山市	8056	7749	307	486				295	2426	197
文登市	17142	15462	1680	1407				1003	762	157
荣成市	27978	26005	1973	911				1843	1356	356
日照市小计	**3429**	**658**	**2771**	**2814**			**1697**		**9285**	**416**
本级	2051	456	1595	-64529			1361		8156	181
县级小计	1378	202	1176	67343			336		1129	235
莒县	262		262	1314			193		1048	157
五莲县	475	202	273	709					38	37
东港区	409		409	43654					38	38
岚山区	232		232	21666			143		5	3
莱芜市小计	**5788**	**5285**	**503**	**853**			**3377**		**16089**	**431**
本级	5475	5285	190	-2409			3377		15172	210
县级小计	313		313	3262					917	221
莱城区	253		253	2876					322	179
钢城区	60		60	386					595	42

2006 年河南省地市县财政一般预算收支平衡表

2－19－1

单位:万元

地区	收支部分										
	收入										
	本年收入小计	税收收入									
		小计	增值税	营业税	企业所得税	个人所得税	城市维护建设税	耕地占用税	契税	烟叶税	其他各项税收收入
地(市)县级总计	**6212824**	**4480838**	**1019740**	**1412861**	**525248**	**240540**	**349221**	**108989**	**269748**	**35185**	**519306**
地(市)本级合计	**2640093**	**1936346**	**446258**	**613975**	**270276**	**108090**	**165845**	**11333**	**188000**		**132569**
县级合计	**3572731**	**2544492**	**573482**	**798886**	**254972**	**132450**	**183376**	**97656**	**81748**	**35185**	**386737**
郑州市小计	**1760266**	**1297409**	**209378**	**487608**	**217989**	**70064**	**84496**	**19014**	**90463**	**262**	**118135**
本级	978293	695599	79321	291626	145109	44847	24241	2480	82636		25339
县级小计	781973	601810	130057	195982	72880	25217	60255	16534	7827	262	92796
巩义市	114457	65563	24556	11415	10322	3087	4717	1683	1039		8744
荥阳市	63118	37875	8814	13303	3282	1525	1868	3995	2010		3078
中牟县	32066	22274	1293	14019	757	1078	753	1762	1009		1603
新郑市	57850	35876	5784	9538	2187	2043	8451	3562	1134		3177
登封市	87554	63530	23486	9332	16776	2532	1789	426	973	262	7954
新密市	72595	54854	24520	8869	6242	2928	4996	1147	603		5549
二七区	64920	57570	5055	24251	5883	2605	5578	752			13446
金水区	112745	110001	9958	51090	11540	2888	11065	392			23068
中原区	57733	54564	10128	21393	6109	1868	5520	310			9236
管城区	52805	48358	7114	16588	5173	2084	5859	1001			10539
上街区	37608	31677	7439	8170	2053	1928	8097	58	1059		2873
惠济区	28522	19668	1910	8014	2556	651	1562	1446			3529
开封市小计	**162638**	**96029**	**19183**	**39690**	**4677**	**5890**	**6201**	**2116**	**9526**		**8746**
本级	75225	47768	8863	17793	2287	3219	3078		8162		4366
县级小计	87413	48261	10320	21897	2390	2671	3123	2116	1364		4380
兰考县	10166	4602	1051	2064	104	474	197	42	130		540
杞县	13066	6606	907	2315	95	531	590	1432	390		346
通许县	8598	4558	828	2659	69	325	190	40	49		398
尉氏县	21296	12484	4950	3133	879	617	982	379	588		956
开封县	12858	6845	604	4666	221	317	192	47	170		628
禹王台区	4727	2889	361	1600	197	95	198	10			428
鼓楼区	4778	3362	593	1690	259	158	241				421
龙亭区	4068	2042	232	1153	200	55	156				246
顺河区	4233	2358	413	1309	144	50	191				251
金明区	3623	2515	381	1308	222	49	186	166	37		166
洛阳市小计	**766193**	**546311**	**120672**	**140304**	**86150**	**26225**	**40720**	**24545**	**26467**	**5960**	**75268**
本级	285736	223423	44580	66446	40283	12902	22628	3290	22309		10985
县级小计	480457	322888	76092	73858	45867	13323	18092	21255	4158	5960	64283
偃师市	72400	37226	10402	7609	3900	1554	3697	4641	561		4862

2006 年地方财政政府收支分类转换数据

2－19－2　　　　单位:万元

地区	收支部分									
	收入								支出	
	非税收入							贷款转贷回收本金收入		
	小计	专项收入	行政事业性收费收入	罚没收入	国有资本经营收入	国有资源(资产)有偿使用收入	其他收入		本年支出小计	一般公共服务
地(市)县级总计	**1731986**	**280276**	**592221**	**344891**	**387485**	**43620**	**83493**		**11927796**	**2260428**
地(市)本级合计	**703747**	**151366**	**212371**	**84897**	**204529**	**25027**	**25557**		**3915133**	**512439**
县级合计	**1028239**	**128910**	**379850**	**259994**	**182956**	**18593**	**57936**		**8012663**	**1747989**
郑州市小计	**462857**	**57182**	**122640**	**40697**	**219919**	**7438**	**14981**		**1876587**	**362550**
本级	282694	31176	85227	15327	140435	1612	8917		920890	124837
县级小计	180163	26006	37413	25370	79484	5826	6064		955697	237713
巩义市	48894	4720	10084	2032	31883	175			140191	23373
荥阳市	25243	1817	3991	1690	17647	98			92084	18021
中牟县	9792	792	5122	1504	2273	44	57		71821	20583
新郑市	21974	4499	3035	3791	6366		4283		90076	27376
登封市	24024	4243	2905	4981	6047	5360	488		105703	21889
新密市	17741	5415	4666	5156	1624		880		106831	19910
二七区	7350	230	1598	1286	4217	19			61806	16139
金水区	2744		1980	466	268		30		101522	31060
中原区	3169	2	1463	1501		116	87		55138	17594
管城区	4447		948	931	2554	14			52562	18883
上街区	5931	4288	777	826			40		40514	10273
惠济区	8854		844	1206	6605		199		37449	12612
开封市小计	**66609**	**5127**	**26089**	**13439**	**13220**	**1648**	**7086**		**497719**	**99598**
本级	27457	3013	3569	3452	11843	387	5193		183210	18374
县级小计	39152	2114	22520	9987	1377	1261	1893		314509	81224
兰考县	5564	228	2963	2195	150	28			50216	10624
杞县	6460	358	4007	823	104	1168			58378	13777
通许县	4040	187	1587	1367	688	9	202		35586	9945
尉氏县	8812	542	7265	968		9	28		61926	16934
开封县	6013	383	1866	3711	21	12	20		49529	12882
禹王台区	1838	85	1363	296	91	3			11022	3534
鼓楼区	1416	103	407	157	16	3	730		10640	2871
龙亭区	2026	66	585	164	307		904		9225	3174
顺河区	1875	83	1685	98			9		13721	2129
金明区	1108	79	792	208		29			14266	5354
洛阳市小计	**219882**	**34030**	**75074**	**43368**	**20894**	**17265**	**29251**		**1123243**	**180682**
本级	62313	19379	17779	8468	751	15300	636		371836	33039
县级小计	157569	14651	57295	34900	20143	1965	28615		751407	147643
偃师市	35174	2387	24976	4875	2908		28		100723	17697

2－19－3 单位:万元

地区	收支部分										
	支出										
	外交	国防	公共安全	教育	科学技术	文化体育与传媒	社会保障和就业	医疗卫生	环境保护	城乡社区事务	农林水事务
地(市)县级总计	**111**	**18135**	**781269**	**2257691**	**131760**	**155825**	**1737308**	**529540**	**235806**	**816160**	**814962**
地(市)本级合计	**111**	**14778**	**342971**	**467514**	**57507**	**77521**	**691531**	**140623**	**52646**	**307008**	**171284**
县级合计		**3357**	**438298**	**1790177**	**74253**	**78304**	**1045777**	**388917**	**183160**	**509152**	**643678**
郑州市小计		**10950**	**145432**	**301315**	**31277**	**23556**	**227004**	**78083**	**24950**	**199659**	**113807**
本级		9169	87027	136291	20343	14613	118218	34986	6820	87833	43815
县级小计		1781	58405	165024	10934	8943	108786	43097	18130	111826	69992
巩义市		277	8674	24661	1996	2416	24274	5213	2991	15167	6706
荥阳市		64	6283	14589	741	745	9595	4633	1529	13885	8169
中牟县		16	4788	15725	509	292	7327	3556	821	1229	9068
新郑市		666	7260	16080	972	1164	8543	4510	932	8557	8876
登封市		42	6962	21365	698	2148	9776	4964	3125	7608	9740
新密市			8778	19325	513	716	11170	4771	7037	12521	10166
二七区			2229	10896	1019	291	6581	3324	199	13517	2849
金水区		157	2138	12852	1567	346	11893	3260	177	18068	5386
中原区		178	2845	9650	720	135	6350	2436	100	4341	1396
管城区		230	3516	7189	973	340	5573	2760	116	5059	1584
上街区			3397	6999	681	222	3694	1659	1028	10692	1111
惠济区		151	1535	5693	545	128	4010	2011	75	1182	4941
开封市小计		**251**	**27790**	**78739**	**3256**	**5149**	**122786**	**21659**	**9748**	**17517**	**34316**
本级		107	10949	13900	1555	3111	64213	10463	2689	3735	4839
县级小计		144	16841	64839	1701	2038	58573	11196	7059	13782	29477
兰考县			3013	12269	42	288	7872	3753	1026	466	5037
杞县			2148	13465	135	485	12550	1606	3222	1434	5778
通许县		53	2052	8285	89	146	5593	887	60	3975	3204
尉氏县			4187	11153	895	473	9343	1250	1043	2380	7789
开封县			2796	11998	167	462	8022	1812	1417	1723	5557
禹王台区			464	1506	121	26	2882	360	15	692	453
鼓楼区		42	399	1606	81	5	3422	318	42	759	212
龙亭区		49	402	950	60	14	1980	251	23	798	264
顺河区			839	1857	99	23	4005	348		948	231
金明区			541	1750	12	116	2904	611	211	607	952
洛阳市小计	**111**	**5198**	**68509**	**171381**	**14142**	**11317**	**144270**	**35325**	**30890**	**88657**	**64506**
本级	111	5076	30570	43120	7789	4019	84808	10813	7730	27996	14076
县级小计		122	37939	128261	6353	7298	59462	24512	23160	60661	50430
偃师市			4511	12174	1769	666	9222	4188	2088	4629	6758

2006 年地方财政政府收支分类转换数据

2－19－4

单位:万元

地区	收支部分			平衡部分						
	支出			收入						
						返还性收入			财力性转移支付收入	
	交通运输	工业、商业、金融等事务	其他支出	收入总计	本年收入	小计	增值税和消费税税收返还	所得税基数返还	小计	体制补助
地(市)县级总计	**274857**	**980991**	**932953**	**13417252**	**6212824**	**1020285**	**730084**	**290201**	**3469794**	
地(市)本级合计	**57618**	**733502**	**288080**	**4661739**	**2640093**	**486185**	**372570**	**113615**	**233095**	
县级合计	**217239**	**247489**	**644873**	**8755513**	**3572731**	**534100**	**357514**	**176586**	**3236699**	
郑州市小计	**22172**	**223344**	**112488**	**2383804**	**1760266**	**175121**	**99387**	**75734**	**136256**	
本级	3757	182844	50337	1244032	978293	83675	50067	33608	－4335	
县级小计	18415	40500	62151	1139772	781973	91446	49320	42126	140591	
巩义市	6697	10100	7646	156226	114457	20354	13440	6914	15536	
荥阳市	2630	1796	9404	105239	63118	8517	4297	4220	16966	
中牟县	1124	936	5847	79063	32066	2311	1699	612	23452	
新郑市	1090	3218	832	103632	57850	6125	2527	3598	16942	
登封市	1609	12212	3565	124169	87554	7417	3111	4306	14364	
新密市	2866	4390	4668	111182	72595	8341	4917	3424	16877	
二七区	731	584	3447	89175	64920	10670	5424	5246	4851	
金水区	212	504	13902	144289	112745	8406	4249	4157	13109	
中原区	248	494	8651	70419	57733	7212	3392	3820	2791	
管城区	802	2467	3070	67249	52805	7753	4841	2912	2567	
上街区	115	320	323	46170	37608	2410	443	1967	4764	
惠济区	291	3479	796	42959	28522	1930	980	950	8372	
开封市小计	**8680**	**30264**	**37966**	**512935**	**162638**	**34559**	**27738**	**6821**	**193943**	
本级	5056	27486	16733	201565	75225	19520	16850	2670	25221	
县级小计	3624	2778	21233	311370	87413	15039	10888	4151	168722	
兰考县	730	251	4845	51056	10166	1253	877	376	30523	
杞县	188	286	3304	59907	13066	1996	1275	721	35207	
通许县	213	606	478	36600	8598	1184	958	226	22884	
尉氏县	1163	723	4593	66164	21296	3667	2852	815	32744	
开封县	1330	238	1125	48645	12858	1369	1051	318	28844	
禹王台区			969	9429	4727	1212	702	510	2441	
鼓楼区		7	876	9856	4778	1174	720	454	1760	
龙亭区			1260	7601	4068	848	557	291	1984	
顺河区			3242	12406	4233	1006	646	360	4389	
金明区		667	541	9706	3623	1330	1250	80	7946	
洛阳市小计	**28253**	**87170**	**192832**	**1299781**	**766193**	**118309**	**90157**	**28152**	**190734**	
本级	6483	38228	57978	476604	285736	64216	56405	7811	22088	
县级小计	21770	48942	134854	823177	480457	54093	33752	20341	168646	
偃师市	817	714	35490	111906	72400	8314	5081	3233	18520	

二、各省、自治区、直辖市地市县一般预算财政资料

2-19-5 单位:万元

地区	平衡部分									
	收入									
	财力性转移支付收入									
	一般性转移支付补助	民族地区转移支付补助	调整工资转移支付补助	农村税费改革转移支付补助	取消农业特产税降低农业税率转移支付补助	缓解县乡财政困难转移支付补助	农村义务教育补助	结算补助	企事业单位预算划转补助	其他财力性转移支付
地(市)县级总计	**1131615**	**4269**	**1166668**	**281112**	**514200**	**276223**	**770**	**51828**	**43109**	
地(市)本级合计	**50326**		**157850**	**961**	**3265**	**7365**	**-122**	**-21518**	**35099**	**-131**
县级合计	**1081289**	**4269**	**1008818**	**280151**	**510935**	**268858**	**892**	**73346**	**8010**	**131**
郑州市小计	**29441**	**550**	**66698**	**10822**	**16752**	**6857**		**150**	**4986**	
本级	-52		16940	-966	408	450		-21513	398	
县级小计	29493	550	49758	11788	16344	6407		21663	4588	
巩义市	5301		6426	1698	1498	510		103		
荥阳市	4195	50	6746	1608	2626	870		871		
中牟县	6280		7573	2304	4038	2468		789		
新郑市	3902		5603	1428	3034	880		2095		
登封市	4128		5320	1725	1569	859		763		
新密市	4824		6472	2062	1783	820		916		
二七区	195		2271	188	235			1398	564	
金水区	136		2663	184	482			8905	739	
中原区	145		2160	100	185			97	104	
管城区	121	500	2096	147	290			-587		
上街区	64		920	40	140			419	3181	
惠济区	202		1508	304	464			5894		
开封市小计	**67926**	**1719**	**66344**	**13990**	**26074**	**15290**		**1611**	**989**	
本级	7733		15994	3	7	150		612	722	
县级小计	60193	1719	50350	13987	26067	15140		999	267	
兰考县	13247		8865	2881	3819	1635		76		
杞县	12007		11046	2998	6299	2682		175		
通许县	8737		6588	1826	3953	1750		30		
尉氏县	11126		8837	2784	6039	3763		195		
开封县	9139		8557	2290	5030	3655		173		
禹王台区	609		1278	223	178	106		47		
鼓楼区	252		1245	5	137	48		73		
龙亭区	406		1079	389		48		62		
顺河区	422	1719	1287	255	195	142		102	267	
金明区	4248		1568	336	417	1311		66		
洛阳市小计	**62821**	**1100**	**74620**	**16969**	**14289**	**11045**		**9890**		
本级	2096		15273	130	151	430		4008		
县级小计	60725	1100	59347	16839	14138	10615		5882		
偃师市	4611		7648	2046	2883	1090		242		

2006 年地方财政政府收支分类转换数据

2－19－6　　　　　　　　　　　　　　　　　　　　单位:万元

地区	平衡部分								
	收入							支出	
	专项转移支付			省补助计划单列市	上年结余收入	调入资金	国债转贷收入、上年结余及转补助数	支出总计	本年支出
	小计	专项补助	增发国债补助						
地(市)县级总计	**2207760**	**2018158**	**189602**		**366153**	**104454**	**35982**	**12891799**	**11927796**
地(市)本级合计	**970957**	**922668**	**48289**		**282292**	**33068**	**16049**	**4311406**	**3915133**
县级合计	**1236803**	**1095490**	**141313**		**83861**	**71386**	**19933**	**8580393**	**8012663**
郑州市小计	**162922**	**148270**	**14652**		**125593**	**19743**	**3903**	**2219025**	**1876587**
本级	61944	57537	4407		121561	769	2125	1104132	920890
县级小计	100978	90733	10245		4032	18974	1778	1114893	955697
巩义市	11056	9555	1501		－5489	312		154323	140191
荥阳市	11497	9032	2465		4445	136	560	101235	92084
中牟县	14624	12521	2103		4097	2093	420	76278	71821
新郑市	11197	9931	1266		926	10592		99850	90076
登封市	11866	10868	998		2868		100	116454	105703
新密市	19440	17897	1543		－11756	5685		117672	106831
二七区	3480	3474	6		5094		160	84641	61806
金水区	6319	6056	263		3447		263	139815	101522
中原区	2694	2694			－167	156		69376	55138
管城区	3710	3635	75		414			66989	52562
上街区	1266	1261	5		122			45774	40514
惠济区	3829	3809	20		31		275	42486	37449
开封市小计	**129351**	**120141**	**9210**		**－10637**	**2890**	**191**	**519508**	**497719**
本级	79699	76411	3288		1337	372	191	199285	183210
县级小计	49652	43730	5922		－11974	2518		320223	314509
兰考县	8403	7848	555		－794	1505		51325	50216
杞县	10255	9578	677		－617			59568	58378
通许县	4554	3945	609		－761	141		36886	35586
尉氏县	9199	7485	1714		－1088	346		64714	61926
开封县	7483	5285	2198		－1949	40		51627	49529
禹王台区	1809	1672	137		－911	151		10458	11022
鼓楼区	2096	2095	1		48			9743	10640
龙亭区	998	991	7		－297			7964	9225
顺河区	2883	2869	14		－422	317		13262	13721
金明区	1972	1962	10		－5183	18		14676	14266
洛阳市小计	**168335**	**148252**	**20083**		**42666**	**9472**	**4072**	**1255815**	**1123243**
本级	80540	65536	15004		12489	8233	3302	458923	371836
县级小计	87795	82716	5079		30177	1239	770	796892	751407
偃师市	9747	9122	625		2217	708		107994	100723

二、各省、自治区、直辖市地市县一般预算财政资料

2－19－7

单位：万元

地区	平衡部分									
	支出								年终结余	其中：净结余
	财力性转移支付			专项上解	计划单列市上解省	增设预算周转金	调出资金	国债转贷拨付数及年末结余		
	小计	体制上解	出口退税专项上解							
地(市)县级总计	**16485**		**16485**	**900090**		**6861**	**4585**	**35982**	**525453**	**98092**
地(市)本级合计	**7227**		**7227**	**364881**		**4307**	**3809**	**16049**	**350333**	**24905**
县级合计	**9258**		**9258**	**535209**		**2554**	**776**	**19933**	**175120**	**73187**
郑州市小计	**4481**		**4481**	**333568**		**134**	**352**	**3903**	**164779**	**－12209**
本级	2030		2030	178768			319	2125	139900	－11477
县级小计	2451		2451	154800		134	33	1778	24879	－732
巩义市	405		405	13727					1903	－5573
荥阳市	162		162	8429				560	4004	1773
中牟县	44		44	3993				420	2785	599
新郑市	26		26	9715			33		3782	704
登封市				10591		60		100	7715	4708
新密市	16		16	10825					－6490	－7959
二七区	36		36	22639				160	4534	3640
金水区	1424		1424	36606				263	4474	470
中原区	219		219	14019					1043	511
管城区	98		98	14329					260	41
上街区	13		13	5173		74			396	227
惠济区	8		8	4754				275	473	127
开封市小计	**165**		**165**	**20622**		**307**	**504**	**191**	**－6573**	**－25090**
本级	72		72	15063		307	442	191	2280	－13777
县级小计	93		93	5559			62		－8853	－11313
兰考县	31		31	1078					－269	－366
杞县	8		8	1182					339	339
通许县	4		4	1296					－286	－342
尉氏县				2726			62		1450	3
开封县				2098					－2982	－3345
禹王台区				－564					－1029	－1029
鼓楼区	17		17	－914					113	－66
龙亭区	16		16	－1277					－363	－672
顺河区	8		8	－467					－856	－856
金明区	9		9	401					－4970	－4979
洛阳市小计	**2926**		**2926**	**121501**		**4015**	**58**	**4072**	**43966**	**23486**
本级	455		455	79330		4000		3302	17681	10053
县级小计	2471		2471	42171		15	58	770	26285	13433
偃师市	1591		1591	5622			58		3912	2152

2-19-8

单位:万元

地区	收支部分										
	收入										
	本年收入小计	税收收入									
		小计	增值税	营业税	企业所得税	个人所得税	城市维护建设税	耕地占用税	契税	烟叶税	其他各项税收收入
孟津县	26702	21204	3893	6443	770	766	1181	2972	259	93	4827
新安县	65678	41062	12492	5395	9419	1059	2471	3085	2005	119	5017
伊川县	65186	34009	14214	7848	5453	1635	776	1595	417	401	1670
汝阳县	16168	11727	1989	2306	170	368	324	320	103	783	5364
嵩县	17216	9722	1943	2168	1897	609	226	51	300	586	1942
栾川县	68388	54675	9586	6527	16832	3217	3105	146	181	52	15029
宜阳县	21518	12854	4778	2232	776	788	562	245	110	2390	973
洛宁县	13369	7927	1444	1936	190	520	147	166	222	1536	1766
洛龙区	21030	15949	1794	5843	715	374	1043	2640			3540
吉利区	10304	7713	1147	2397	706	320	464	1511			1168
涧西区	31036	24709	7231	7515	2132	841	1721	160			5109
西工区	28401	24355	3159	9238	2034	722	1427	952			6823
老城区	11556	9574	1228	3902	380	166	588	1593			1717
廛河区	11505	10182	792	2499	493	384	360	1178			4476
平顶山市小计	**404019**	**311504**	**90567**	**84092**	**32083**	**12152**	**28157**	**4697**	**11196**	**4007**	**44553**
本级	151411	112533	41882	17516	6362	4612	15192	445	7123		19401
县级小计	252608	198971	48685	66576	25721	7540	12965	4252	4073	4007	25152
鲁山县	21975	16677	4323	5800	1832	623	965	768	611	67	1688
宝丰县	25002	17505	3601	4997	1140	561	1946	439	634	362	3825
叶县	19026	12394	1934	4271	545	426	539	1162	756	559	2202
郏县	15018	11710	1825	2942	124	361	1153	284	500	2504	2017
汝州市	36038	28144	5864	10914	2023	890	2007	1246	1046	467	3687
舞钢市	60015	51138	16170	6887	15831	2031	4928	131	492	48	4620
平顶山新华区	21168	17329	4644	8646	1005	882		90			2062
卫东区	20165	17744	3518	10650	1436	773		28			1339
湛河区	18078	15741	3764	8848	981	880		52			1216
石龙区	16123	10589	3042	2621	804	113	1427	52	34		2496
安阳市小计	**345752**	**251351**	**86753**	**63393**	**16425**	**12084**	**30078**	**5196**	**15320**		**22102**
本级	156631	109097	41139	18238	5042	4291	18945	599	11709		9134
县级小计	189121	142254	45614	45155	11383	7793	11133	4597	3611		12968
安阳县	50837	36556	15311	4906	4763	1755	3272	1894	700		3955
林州市	40503	30385	11949	7328	1795	2698	2440	377	1108		2690
汤阴县	10151	7671	1893	2928	238	632	328	262	653		737
滑县	16389	9645	2101	4383	357	917	317	241	648		681
内黄县	9008	6051	1180	2739	194	547	270	200	502		419

二、各省、自治区、直辖市地市县一般预算财政资料

2－19－9

单位:万元

地区	收支部分									
	收入								支出	
	非税收入							贷款转贷回收本金收入		
	小计	专项收入	行政事业性收费收入	罚没收入	国有资本经营收入	国有资源(资产)有偿使用收入	其他收入		本年支出小计	一般公共服务
孟津县	5498	1103	766	3000	90		539		49925	11362
新安县	24616	2045	7411	11028	241	20	3871		93532	7766
伊川县	31177	1355	4586	3812	7936	74	13414		85779	13693
汝阳县	4441	615	478	1356	1934	29	29		43432	7808
嵩县	7494	413	1433	1547	3573		528		53866	10724
栾川县	13713	5316	2071	1006	2271		3049		87985	15825
宜阳县	8664	830	4372	3268	50	144			56168	13655
洛宁县	5442	281	1085	980		1343	1753		43158	8959
洛龙区	5081	74	1688	1568	1140	9	602		33919	11063
吉利区	2591	182	1527	385		206	291		15898	3676
涧西区	6327		1217	499		125	4486		31008	5252
西工区	4046	11	3211	802			22		24690	6002
老城区	1982	39	1415	513		15			15723	6282
廛河区	1323		1059	261			3		15601	7879
平顶山市小计	**92515**	**30799**	**27135**	**23726**	**2219**	**1044**	**7592**		**681120**	**139352**
本级	38878	17689	8326	8324	950	714	2875		216139	34983
县级小计	53637	13110	18809	15402	1269	330	4717		464981	104369
鲁山县	5298	1287	2129	1754	48	64	16		64776	10815
宝丰县	7497	737	3592	2177	494		497		49785	11107
叶县	6632	590	4841	840	313		48		59257	18282
郏县	3308	696	1317	1054	195	46			48569	10973
汝州市	7894	2007	2709	2689	150	173	166		76476	13976
舞钢市	8877	3838	915	1058		14	3052		76052	14664
平顶山新华区	3839	626	969	1925	9	10	300		27509	7434
卫东区	2421	897	622	835	51		16		23551	4834
湛河区	2337	641	1099	460		20	117		22015	7385
石龙区	5534	1791	616	2610	9	3	505		16991	4899
安阳市小计	**94401**	**21906**	**41391**	**19554**	**8760**	**1820**	**970**		**635635**	**135497**
本级	47534	11775	23109	4476	6952	507	715		246170	35510
县级小计	46867	10131	18282	15078	1808	1313	255		389465	99987
安阳县	14281	3880	5446	3469	1413	15	58		82697	20709
林州市	10118	2329	4232	3132	121	189	115		76609	15986
汤阴县	2480	436	1467	502	42		33		34727	8425
滑县	6744	997	3453	2247	13		34		75865	16287
内黄县	2957	473	530	1714	198	42			46424	12154

2－19－10

单位:万元

地区	收支部分										
	支出										
	外交	国防	公共安全	教育	科学技术	文化体育与传媒	社会保障和就业	医疗卫生	环境保护	城乡社区事务	农林水事务
孟津县			3884	10500	370	898	2298	833	1731	4199	4717
新安县			3024	11483	514	1498	7004	3348	3525	4289	6612
伊川县			3144	14887	165	292	9337	1963	2466	4221	4559
汝阳县			2081	8814	366	279	2378	1025	1239	398	2709
嵩县			2542	13098	526	356	3004	3006	2363	2771	3972
栾川县			3995	16385	352	809	4715	1381	4764	18100	8685
宜阳县			4002	12483	339	530	2796	3930	1384	3923	5087
洛宁县			2620	10116	82	580	3678	685	3315	3823	4033
洛龙区		75	1249	5398	765	428	4945	951	32	1544	1665
吉利区			1430	1647	265	483	1251	624	97	1877	881
涧西区			2240	3529	371	100	2905	544	51	5197	118
西工区			1354	3143	150	85	2834	814	56	3496	216
老城区			1055	2373	111	250	1378	580	40	1390	277
廛河区		47	808	2231	208	44	1717	640	9	804	141
平顶山市小计		**35**	**45661**	**110569**	**7154**	**9275**	**104397**	**34346**	**19803**	**64749**	**43415**
本级			20305	28484	2304	4053	48592	8543	4818	25899	5811
县级小计		35	25356	82085	4850	5222	55805	25803	14985	38850	37604
鲁山县		32	3600	13564	1249	730	8942	4238	2585	3441	5328
宝丰县			3169	7874	614	503	4974	2121	2771	3230	4154
叶县		3	2454	11865	362	452	8708	3471	1192	1601	5328
郏县			2645	7844	200	371	8598	2816	2431	4693	4288
汝州市			3937	16028	749	1108	9605	5878	1982	3782	4583
舞钢市			2769	10055	699	1562	5893	3994	2451	11747	10471
平顶山新华区			2028	4604	269	31	2737	1168	203	3102	1071
卫东区			2111	4603	224	100	2275	907	154	5085	626
湛河区			1209	3773	233	98	2885	836	285	1635	1168
石龙区			1434	1875	251	267	1188	374	931	534	587
安阳市小计		**143**	**51740**	**151054**	**9345**	**10335**	**78831**	**38849**	**9150**	**37194**	**42906**
本级		19	27263	36915	5340	6505	48602	13500	3674	20790	9083
县级小计		124	24477	114139	4005	3830	30229	25349	5476	16404	33823
安阳县			5352	26144	1211	1274	6104	6771	1514	1048	6233
林州市			4377	23284	222	685	5669	6427	1245	4914	6975
汤阴县			2075	9768	290	388	2223	1850	738	1585	3518
滑县			4460	26185	759	819	5439	5210	744	2592	8972
内黄县		48	3169	13601	397	469	3652	2046	851	1265	5796

2－19－11

单位:万元

地区	收支部分			平衡部分						
	支出			收入						
						返还性收入			财力性转移支付收入	
	交通运输	工业、商业、金融等事务	其他支出	收入总计	本年收入	小计	增值税和消费税税收返还	所得税基数返还	小计	体制补助
孟津县	2496	3331	3306	55109	26702	3444	2093	1351	14124	
新安县	3833	16847	23789	100247	65678	8183	4311	3872	12111	
伊川县	434	17838	12780	99368	65186	7057	4771	2286	14440	
汝阳县	737	796	14802	44887	16168	4071	3725	346	18076	
嵩县	2966	1082	7456	55175	17216	1833	711	1122	20743	
栾川县	4394	2880	5700	97043	68388	3294	2513	781	12341	
宜阳县	2746	2079	3214	58592	21518	2172	1727	445	24138	
洛宁县	2084	1250	1933	45505	13369	830	528	302	20702	
洛龙区	209	43	5552	31372	21030	3790	2956	834	3901	
吉利区	597	355	2715	13730	10304	2562	895	1667	914	
涧西区	34	225	10442	42036	31036	3489	1963	1526	2708	
西工区	97	1446	4997	35112	28401	2711	1177	1534	1468	
老城区	287	40	1660	16556	11556	1325	859	466	1790	
瀍河区	39	16	1018	16539	11505	1018	442	576	2670	
平顶山市小计	**25810**	**30060**	**46494**	**764358**	**404019**	**73995**	**62495**	**11500**	**163252**	
本级	5530	17094	9723	259355	151411	36790	30705	6085	13292	
县级小计	20280	12966	36771	505003	252608	37205	31790	5415	149960	
鲁山县	2947	3642	3663	68473	21975	1693	1175	518	31337	
宝丰县	374	339	8555	54973	25002	4090	3545	545	16079	
叶县	1277	400	3862	62037	19026	1025	813	212	29579	
郏县	1475	425	1810	51632	15018	1210	810	400	24873	
汝州市	6840	1701	6307	77647	36038	13782	13301	481	28794	
舞钢市	6266	1339	4142	85935	60015	8719	7772	947	10503	
平顶山新华区	137	1114	3611	31711	21168	1841	1326	515	2613	
卫东区	133	188	2311	28573	20165	2226	1460	766	2244	
湛河区	386	519	1603	25523	18078	2089	1227	862	3251	
石龙区	445	3299	907	18499	16123	530	361	169	687	
安阳市小计	**13654**	**32342**	**24595**	**724388**	**345752**	**102601**	**86416**	**16185**	**147576**	
本级	3054	27437	8478	296216	156631	72725	64318	8407	11351	
县级小计	10600	4905	16117	428172	189121	29876	22098	7778	136225	
安阳县	4176	667	1494	94570	50837	7690	5593	2097	21065	
林州市	1821	975	4029	87536	40503	7933	5713	2220	20947	
汤阴县	530	1010	2327	36831	10151	2177	1606	571	18288	
滑县	1646	754	1998	77782	16389	3395	2312	1083	41217	
内黄县	1054	1126	796	44248	9008	1652	1201	451	25518	

2－19－12

单位:万元

地区	平衡部分									
	收入									
	财力性转移支付收入									
	一般性转移支付补助	民族地区转移支付补助	调整工资转移支付补助	农村税费改革转移支付补助	取消农业特产税降低农业税率转移支付补助	缓解县乡财政困难转移支付补助	农村义务教育补助	结算补助	企事业单位预算划转补助	其他财力性转移支付
孟津县	4572		5360	1344	1146	1605		97		
新安县	4191		4416	1381	1178	475		470		
伊川县	4589		5632	1579	1802	750		88		
汝阳县	8365		5196	1621	1026	1762		106		
嵩县	10204		6074	2195	1121	879		270		
栾川县	4580		4497	1164	542	1237		321		
宜阳县	9915		8232	2577	1829	1420		165		
洛宁县	8939	50	5831	2113	1656	1397		716		
洛龙区	540		2259	557	670			－125		
吉利区	45		615	52	112			90		
涧西区	29		919	22	9			1729		
西工区	65		948	66	62			327		
老城区	48		930	75	73			664		
廛河区	32	1050	790	47	29			722		
平顶山市小计	**53855**	**100**	**61404**	**12965**	**14397**	**15910**		**3589**	**1032**	
本级	25		9456			1625		2001	185	
县级小计	53830	100	51948	12965	14397	14285		1588	847	
鲁山县	13719		9335	2954	1456	3132		144	597	
宝丰县	4838		6455	1347	1533	1740		166		
叶县	10777	50	8854	2614	4367	2780		137		
郏县	10012	50	7061	1929	2674	3069		78		
汝州市	11193		8797	2634	2948	2784		438		
舞钢市	2752		5073	845	945	780		108		
平顶山新华区	177		2009	193	152			82		
卫东区	66		1728	92	85			273		
湛河区	255		2070	318	218			140	250	
石龙区	41		566	39	19			22		
安阳市小计	**37509**		**58258**	**13383**	**24960**	**12220**		**1132**	**114**	
本级	－121		9228	89	100	985		1070		
县级小计	37630		49030	13294	24860	11235		62	114	
安阳县	3875		10092	1956	4039	1054			49	
林州市	5899		8839	2872	2750	585		2		
汤阴县	5519		5251	1578	2682	3258				
滑县	12746		12060	3728	8460	4188		35		
内黄县	8914		7283	2034	5112	2150		25		

二、各省、自治区、直辖市地市县一般预算财政资料

2－19－13

单位:万元

地区	平衡部分								
	收入							支出	
	专项转移支付			省补助计划单列市	上年结余收入	调入资金	国债转贷收入、上年结余及转补助数	支出总计	本年支出
	小计	专项补助	增发国债补助						
孟津县	5601	5395	206		5217	21		52204	49925
新安县	11327	10876	451		2828		120	98676	93532
伊川县	6372	5922	450		6269	44		90602	85779
汝阳县	6346	5843	503		36		190	44290	43432
嵩县	14163	13516	647		569	321	330	54507	53866
栾川县	5722	5361	361		7218		80	94259	87985
宜阳县	9690	9043	647		1074			57709	56168
洛宁县	8436	7290	1146		2118		50	43347	43158
洛龙区	2312	2277	35		244	95		31099	33919
吉利区	580	572	8		－630			14544	15898
涧西区	2520	2520			2283			40457	31008
西工区	2186	2186			346			34528	24690
老城区	1656	1656			179	50		16271	15723
廛河区	1137	1137			209			16405	15601
平顶山市小计	**109657**	**98915**	**10742**		**8660**	**3735**	**1040**	**747656**	**681120**
本级	42012	39333	2679		15850			241817	216139
县级小计	67645	59582	8063		－7190	3735	1040	505839	464981
鲁山县	14344	12678	1666		－923	47		66954	64776
宝丰县	9250	6813	2437		－571	633	490	52507	49785
叶县	8677	7708	969		1624	2106		61144	59257
郏县	8724	6875	1849		1257		550	50985	48569
汝州市	9498	9086	412		－11203	738		88180	76476
舞钢市	6040	5465	575		658			83979	76052
平顶山新华区	4939	4888	51		1150			30516	27509
卫东区	3370	3320	50		568			28201	23551
湛河区	2003	1954	49		102			25175	22015
石龙区	800	795	5		148	211		18198	16991
安阳市小计	**107286**	**98096**	**9190**		**13806**	**6187**	**1180**	**699015**	**635635**
本级	39600	37902	1698		12458	3451		277324	246170
县级小计	67686	60194	7492		1348	2736	1180	421691	389465
安阳县	9523	8856	667		3655	1800		89210	82697
林州市	13983	12872	1111		2947	913	310	82248	76609
汤阴县	6086	5146	940		9		120	36433	34727
滑县	18370	15170	3200		－2259		670	78873	75865
内黄县	11398	10025	1373		－3408		80	46828	46424

2－19－14

单位：万元

地区	平衡部分									
	支出								年终结余	其中：净结余
	财力性转移支付			专项上解	计划单列市上解省	增设预算周转金	调出资金	国债转贷拨付数及年末结余		
	小计	体制上解	出口退税专项上解							
孟津县	3		3	2276					2905	640
新安县	44		44	4980				120	1571	1331
伊川县	596		596	4227					8766	3010
汝阳县				668				190	597	491
嵩县				311				330	668	668
栾川县				6194				80	2784	628
宜阳县	18		18	1523					883	766
洛宁县	7		7	132				50	2158	2158
洛龙区	7		7	－2827					273	268
吉利区				－1354					－814	－1009
涧西区	145		145	9304					1579	1466
西工区	44		44	9794					584	523
老城区	5		5	528		15			285	213
廛河区	11		11	793					134	128
平顶山市小计	**1040**		**1040**	**64456**				**1040**	**16702**	**－11034**
本级	674		674	25004					17538	－3014
县级小计	366		366	39452				1040	－836	－8020
鲁山县	28		28	2150					1519	－1196
宝丰县	2		2	2230				490	2466	966
叶县				1887					893	643
郏县				1866				550	647	499
汝州市	3		3	11701					－10533	－11420
舞钢市	333		333	7594					1956	336
平顶山新华区				3007					1195	1146
卫东区				4650					372	362
湛河区				3160					348	348
石龙区				1207					301	296
安阳市小计				**59681**			**2519**	**1180**	**25373**	**9508**
本级				28928			2226		18892	8286
县级小计				30753			293	1180	6481	1222
安阳县				6363			150		5360	2975
林州市				5329				310	5288	2414
汤阴县				1586				120	398	398
滑县				2338				670	－1091	－1091
内黄县				324				80	－2580	－2580

2－19－15

单位:万元

地区	收支部分										
	收入										
	本年收入小计	税收收入									
		小计	增值税	营业税	企业所得税	个人所得税	城市维护建设税	耕地占用税	契税	烟叶税	其他各项税收收入
文峰区	16758	13529	2088	7167	1193	305	963	573			1240
北关区	13024	10270	1515	5825	707	443	744	210			826
殷都区	16865	14846	3667	6595	1089	350	1367	469			1309
龙安区	15586	13301	5910	3284	1047	146	1432	371			1111
濮阳市小计	**185749**	**136677**	**43799**	**37975**	**5770**	**7309**	**12928**	**1814**	**8442**		**18640**
本级	108345	81596	30616	17168	2793	2315	10003	25	7002		11674
县级小计	77404	55081	13183	20807	2977	4994	2925	1789	1440		6966
濮阳县	25336	16619	4783	4109	711	1179	1544	302	603		3388
清丰县	10121	5771	1165	2189	184	586	294	483	108		762
南乐县	6216	3359	590	1426	150	233	128	490	111		231
范县	9569	5916	1740	1800	276	422	285	378	519		496
台前县	3650	2298	441	1176	73	281	66	56	99		106
华龙区	22512	21118	4464	10107	1583	2293	608	80			1983
新乡市小计	**319792**	**220437**	**54028**	**70222**	**24374**	**12031**	**12785**	**6882**	**14981**		**25134**
本级	129876	86441	25505	25176	11259	5308	5464	1760	8281		3688
县级小计	189916	133996	28523	45046	13115	6723	7321	5122	6700		21446
获嘉县	9066	6690	1441	2679	895	456	460	81	116		562
新乡县	33019	23709	8075	6180	4053	1077	1341	517	541		1925
原阳县	11497	6922	896	3052	565	398	236	1	1063		711
延津县	13018	6710	1098	2424	477	408	292	280	1272		459
封丘县	9778	6252	769	3279	211	451	151	394	563		434
长垣县	25702	18024	3132	8712	982	984	824	468	1040		1882
辉县市	39268	25763	5874	6272	2613	1265	1412	2179	1321		4827
卫辉市	12758	9486	2270	1942	663	595	710	502	784		2020
卫滨区	8812	7879	986	3383	628	369	478				2035
红旗区	10834	9325	1225	3477	1053	317	541	155			2557
牧野区	10631	9172	2094	2439	658	315	625	434			2607
凤泉区	5533	4064	663	1207	317	88	251	111			1427
焦作市小计	**372910**	**268202**	**74467**	**67893**	**22396**	**9915**	**24494**	**4058**	**13687**		**51292**
本级	132426	108214	46065	19941	10042	4415	11731	321	5852		9847
县级小计	240484	159988	28402	47952	12354	5500	12763	3737	7835		41445
修武县	25685	17028	2790	5393	989	1023	601		78		6154
博爱县	35018	22098	3234	5579	1479	886	1972	255	1176		7517
沁阳市	39404	25253	4534	6455	1504	727	1858	363	1536		8276
温县	25138	12691	2223	3584	1260	617	1276	150	2033		1548

2006年地方财政政府收支分类转换数据

2-19-16

单位:万元

地区	收支部分									
	收入								支出	
	非税收入							贷款转贷回收本金收入		
	小计	专项收入	行政事业性收费收入	罚没收入	国有资本经营收入	国有资源(资产)有偿使用收入	其他收入		本年支出小计	一般公共服务
文峰区	3229	426	1637	718	21	418	9		20596	6662
北关区	2754	335	385	1395		639			14402	6697
殷都区	2019	627	555	831			6		16689	7265
龙安区	2285	628	577	1070		10			21456	5802
濮阳市小计	**49072**	**10584**	**23147**	**10543**	**2413**	**504**	**1881**		**424378**	**80236**
本级	26749	7992	12756	3880	681	430	1010		169035	28253
县级小计	22323	2592	10391	6663	1732	74	871		255343	51983
濮阳县	8717	685	5416	2417			199		74154	10794
清丰县	4350	392	1369	1346	1087		156		47504	10597
南乐县	2857	236	917	1203	90		411		34859	8033
范县	3653	392	1652	976	555		78		40212	10551
台前县	1352	345	619	311		56	21		34188	5275
华龙区	1394	542	418	410		18	6		24426	6733
新乡市小计	**99355**	**11557**	**34374**	**20917**	**28949**	**166**	**3392**		**659184**	**126550**
本级	43435	5272	11811	4081	19957	13	2301		209713	28473
县级小计	55920	6285	22563	16836	8992	153	1091		449471	98077
获嘉县	2376	458	706	1203			9		32282	7819
新乡县	9310	1384	3180	2296	2406	44			52748	11558
原阳县	4575	272	2350	1757		15	181		47321	8808
延津县	6308	201	2748	2993	123		243		43506	8506
封丘县	3526	269	2114	733		13	397		51263	12023
长垣县	7678	693	3361	3102	310		212		59037	14105
辉县市	13505	2366	3219	2124	5750	37	9		73121	12287
卫辉市	3272	558	1217	1400	39	32	26		41626	10590
卫滨区	933		538	144	245		6		11713	2715
红旗区	1509	5	1313	170	9	12			12577	3069
牧野区	1459		1029	314	110		6		15055	3445
凤泉区	1469	79	788	600			2		9222	3152
焦作市小计	**104708**	**18738**	**20146**	**26652**	**32114**	**293**	**6765**		**577791**	**115998**
本级	24212	8475	5513	7186	1643	6	1389		193725	27486
县级小计	80496	10263	14633	19466	30471	287	5376		384066	88512
修武县	8657	3427	2055	1200	1863	112			40358	6723
博爱县	12920	1082	1269	5481	3704	9	1375		51164	7422
沁阳市	14151	949	902	3590	8230	55	425		60649	18341
温县	12447	384	2444	1965	7526	42	86		45777	10810

二、各省、自治区、直辖市地市县一般预算财政资料

2-19-17　　　　单位:万元

地　　区	收支部分										
	支出										
	外　交	国　防	公共安全	教　育	科学技术	文化体育与传媒	社会保障和就业	医疗卫生	环境保护	城乡社区事务	农林水事务
文峰区		4	1580	5591	269	36	1511	1196	92	1296	396
北关区		49	725	2910	188	11	1414	432		1091	95
殷都区		23	1015	3080	312	42	1404	466	96	1005	297
龙安区			1724	3576	357	106	2813	951	196	1608	1541
濮阳市小计			**30602**	**105081**	**4858**	**6185**	**67832**	**19879**	**4165**	**30910**	**36991**
本级			16229	43120	2524	3871	19210	6863	577	18276	9807
县级小计			14373	61961	2334	2314	48622	13016	3588	12634	27184
濮阳县			4249	21412	846	456	13382	5070	828	2861	10465
清丰县			2490	10139	386	593	9087	1750	130	3914	5047
南乐县			1860	7623	182	456	6884	1364	1634	1290	3433
范县			2125	9588	233	376	7307	1803	695	1197	3317
台前县			2739	7589	424	304	9163	1895	8	1732	3682
华龙区			910	5610	263	129	2799	1134	293	1640	1240
新乡市小计		**333**	**49283**	**122904**	**8991**	**5537**	**93654**	**33809**	**11878**	**29589**	**50008**
本级			21964	25254	2218	1804	51422	6429	2841	4749	6685
县级小计		333	27319	97650	6773	3733	42232	27380	9037	24840	43323
获嘉县			2263	7892	315	294	2638	1865	1219	529	3136
新乡县		116	3264	10171	2163	336	2322	2946	1143	6920	5003
原阳县		45	2557	9110	691	146	7444	2658	1077	2165	4091
延津县		74	2495	9164	534	503	2974	2861	576	2644	5838
封丘县			3501	14806	400	351	3909	3753	324	1932	3868
长垣县		76	3432	13207	641	350	3852	3700	314	2501	6132
辉县市			4558	14602	832	1147	10120	5592	2938	4104	9686
卫辉市			2318	8293	351	368	5434	2066	1102	1103	3008
卫滨区			776	2251	220	18	1173	366		1906	414
红旗区		22	793	2521	190	29	978	688		595	368
牧野区			1047	3397	330	126	1058	565		286	1116
凤泉区			315	2236	106	65	330	320	344	155	663
焦作市小计			**39740**	**87206**	**7767**	**7725**	**78929**	**23682**	**11693**	**61086**	**35111**
本级			18417	18562	3090	2467	33972	6644	6134	25887	10123
县级小计			21323	68644	4677	5258	44957	17038	5559	35199	24988
修武县			2645	9385	534	376	6025	2074	420	6488	3755
博爱县			2891	7524	596	432	4428	2635	2035	8385	3363
沁阳市			3795	9615	645	537	7800	2688	764	3474	3967
温县			3173	7417	613	1180	4912	2362	371	3489	3757

2006 年地方财政政府收支分类转换数据

2－19－18

单位:万元

地区	收支部分			平衡部分						
	支出			收入						
						返还性收入			财力性转移支付收入	
	交通运输	工业、商业、金融等事务	其他支出	收入总计	本年收入	小计	增值税和消费税税收返还	所得税基数返还	小计	体制补助
文峰区	700	22	1241	23547	16758	1491	1253	238	3034	
北关区	181	63	546	17400	13024	1145	880	265	1556	
殷都区	189	103	1392	20999	16865	1421	1015	406	1309	
龙安区	303	185	2294	25259	15586	2972	2525	447	3291	
濮阳市小计	**6874**	**18827**	**11938**	**443623**	**185749**	**24676**	**17082**	**7594**	**158017**	
本级	2776	15209	2320	174695	108345	11216	7742	3474	30085	
县级小计	4098	3618	9618	268928	77404	13460	9340	4120	127932	
濮阳县	1037	1104	1650	78188	25336	3761	2723	1038	34765	
清丰县	857	942	1572	48567	10121	2013	1374	639	26356	
南乐县	827	723	550	36065	6216	1119	879	240	21156	
范县	854	354	1812	41027	9569	3187	2123	1064	20965	
台前县	462	389	526	33564	3650	643	411	232	21887	
华龙区	61	106	3508	31517	22512	2737	1830	907	2803	
新乡市小计	**15576**	**48114**	**62958**	**745916**	**319792**	**64077**	**46795**	**17282**	**201756**	
本级	1323	35259	21292	249495	129876	32569	26596	5973	12059	
县级小计	14253	12855	41666	496421	189916	31508	20199	11309	189697	
获嘉县	456	694	3162	34282	9066	1841	954	887	16722	
新乡县	519	1171	5116	59800	33019	6663	4232	2431	11632	
原阳县	2362	670	5497	49257	11497	1492	657	835	28512	
延津县	2468	1612	3257	45319	13018	1932	1026	906	19743	
封丘县	2765	1917	1714	53719	9778	834	558	276	34128	
长垣县	1428	555	8744	64435	25702	1753	1092	661	27238	
辉县市	1741	1388	4126	80618	39268	5892	3804	2088	22745	
卫辉市	2126	1451	3416	45625	12758	2956	2408	548	21183	
卫滨区	63	1130	681	16933	8812	1846	1270	576	2577	
红旗区	96	1018	2210	17078	10834	2741	1818	923	1282	
牧野区	60	1102	2523	18596	10631	2129	1578	551	1741	
凤泉区	169	147	1220	10759	5533	1429	802	627	2194	
焦作市小计	**13257**	**56596**	**39001**	**673668**	**372910**	**74128**	**51964**	**22164**	**99060**	
本级	3466	22059	15418	244556	132426	40963	31203	9760	－499	
县级小计	9791	34537	23583	429112	240484	33165	20761	12404	99559	
修武县	1010	779	144	45429	25685	2380	1583	797	10141	
博爱县	1866	5996	3591	59103	35018	4339	2514	1825	11772	
沁阳市	1264	7759		69058	39404	6752	3405	3347	13001	
温县	792	6195	706	50577	25138	3234	2153	1081	16063	

2－19－19

单位：万元

地　　区	平衡部分									
	收入									
	财力性转移支付收入									
	一般性转移支付补助	民族地区转移支付补助	调整工资转移支付补助	农村税费改革转移支付补助	取消农业特产税降低农业税率转移支付补助	缓解县乡财政困难转移支付补助	农村义务教育补助	结算补助	企事业单位预算划转补助	其他财力性转移支付
文峰区	193		1748	347	746					
北关区	53		1147	102	189				65	
殷都区	83		845	142	239					
龙安区	348		1765	535	643					
濮阳市小计	**49099**		**45542**	**12134**	**16794**	**10601**		**1846**	**22001**	
本级	－1924		7049	381	1032	270		1276	22001	
县级小计	51023		38493	11753	15762	10331		570		
濮阳县	11031		10963	3514	5401	3783		73		
清丰县	9635		7510	2028	3866	3307		10		
南乐县	8778		5547	2056	2835	1909		31		
范县	9196		6619	2165	2015	898		72		
台前县	12098		6080	1815	1140	434		320		
华龙区	285		1774	175	505			64		
新乡市小计	**58109**	**50**	**67726**	**15451**	**25524**	**23594**		**11302**		
本级	－2624		8489		53	160		5981		
县级小计	60733	50	59237	15451	25471	23434		5321		
获嘉县	5394		4774	1214	2081	3157		102		
新乡县	3499		3971	942	1660	1480		80		
原阳县	11302		7550	2339	3649	2857		815		
延津县	6820		6158	1467	3019	1935		344		
封丘县	13418	50	8930	2430	3897	4748		655		
长垣县	8454		8442	2492	3442	3932		476		
辉县市	4029		9536	2629	3998	2176		377		
卫辉市	7382		6283	1489	2634	3149		246		
卫滨区	68		892		183			1434		
红旗区	55		926		221			80		
牧野区	125		1093	244	234			45		
凤泉区	187		682	205	453			667		
焦作市小计	**24549**		**41501**	**8329**	**13716**	**8380**		**890**	**1695**	
本级	605		6869	227	171	200		－9241	670	
县级小计	23944		34632	8102	13545	8180		10131	1025	
修武县	2638		4210	973	1680	833		－193		
博爱县	3466		4501	1092	1645	841		227		
沁阳市	3271		4758	1005	2168	1280		519		
温县	4442		4964	1960	2215	2312		170		

2-19-20

单位:万元

地区	平衡部分								
	收入							支出	
	专项转移支付			省补助计划单列市	上年结余收入	调入资金	国债转贷收入、上年结余及转补助数	支出总计	本年支出
	小计	专项补助	增发国债补助						
文峰区	2190	2130	60		74			23969	20596
北关区	1589	1589			86			17516	14402
殷都区	1365	1352	13		16	23		21091	16689
龙安区	3182	3054	128		228			25523	21456
濮阳市小计	**69051**	**62143**	**6908**		**421**	**4119**	**1590**	**439613**	**424378**
本级	23819	23481	338		-113	1163	180	173149	169035
县级小计	45232	38662	6570		534	2956	1410	266464	255343
濮阳县	13131	12414	717		966	229		76219	74154
清丰县	9338	6398	2940		49		690	49015	47504
南乐县	7075	5104	1971		-221		720	35655	34859
范县	6728	6392	336		190	388		40540	40212
台前县	5568	4967	601		-523	2339		33617	34188
华龙区	3392	3387	5		73			31418	24426
新乡市小计	**125793**	**114282**	**11511**		**26632**	**5981**	**1885**	**713513**	**659184**
本级	55831	53741	2090		13364	4821	975	230977	209713
县级小计	69962	60541	9421		13268	1160	910	482536	449471
获嘉县	6445	5370	1075		108	100		33629	32282
新乡县	5099	4693	406		3370	17		57342	52748
原阳县	7495	7042	453		-179	440		48571	47321
延津县	8389	6430	1959		2093	144		44717	43506
封丘县	8540	8016	524		235	124	80	52571	51263
长垣县	9123	7917	1206		619			62021	59037
辉县市	10613	9475	1138		1947	73	80	78555	73121
卫辉市	7191	6441	750		1311	6	220	43480	41626
卫滨区	1071	992	79		1990	107	530	16185	11713
红旗区	1864	1084	780		357			16740	12577
牧野区	2745	1794	951		1350			18002	15055
凤泉区	1387	1287	100		67	149		10723	9222
焦作市小计	**72898**	**67288**	**5610**		**44172**	**8881**	**1619**	**627927**	**577791**
本级	29197	28967	230		36670	4830	969	209582	193725
县级小计	43701	38321	5380		7502	4051	650	418345	384066
修武县	5904	5040	864		1249		70	44693	40358
博爱县	6123	4410	1713		1009	262	580	56678	51164
沁阳市	6729	5972	757		1934	1238		67174	60649
温县	5278	4875	403		62	802		48501	45777

2－19－21

单位:万元

地区	平衡部分									
	支出								年终结余	其中:净结余
	财力性转移支付			专项上解	计划单列市上解省	增设预算周转金	调出资金	国债转贷拨付数及年末结余		
	小计	体制上解	出口退税专项上解							
文峰区				3373					－422	－422
北关区				3114					－116	－116
殷都区				4402					－92	－92
龙安区				3924			143		－264	－264
濮阳市小计	**1269**		**1269**	**12266**			**110**	**1590**	**4010**	**1282**
本级	985		985	2949				180	1546	－896
县级小计	284		284	9317			110	1410	2464	2178
濮阳县	116		116	1949					1969	1872
清丰县	34		34	787				690	－448	－627
南乐县	43		43	33				720	410	410
范县				218			110		487	477
台前县	6		6	－577					－53	－53
华龙区	85		85	6907					99	99
新乡市小计	**1080**		**1080**	**51275**			**89**	**1885**	**32403**	**12106**
本级	703		703	19554			32	975	18518	3836
县级小计	377		377	31721			57	910	13885	8270
获嘉县	2		2	1345					653	653
新乡县	177		177	4377			40		2458	724
原阳县	10		10	1231			9		686	625
延津县	2		2	1201			8		602	602
封丘县	1		1	1227				80	1148	669
长垣县	13		13	2971					2414	2240
辉县市	29		29	5325				80	2063	1192
卫辉市	12		12	1622				220	2145	747
卫滨区	1		1	3941				530	748	141
红旗区	55		55	4108					338	136
牧野区	71		71	2876					594	594
凤泉区	4		4	1497					36	－53
焦作市小计	**423**		**423**	**46202**		**1405**	**487**	**1619**	**45741**	**32144**
本级	165		165	14237			486	969	34974	27885
县级小计	258		258	31965		1405	1	650	10767	4259
修武县	16		16	4249				70	736	610
博爱县	26		26	4908				580	2425	2336
沁阳市	16		16	5104		1405			1884	368
温县	15		15	2709					2076	465

2－19－22

单位:万元

地区	收支部分										
	收入										
	本年收入小计	税收收入									
		小计	增值税	营业税	企业所得税	个人所得税	城市维护建设税	耕地占用税	契税	烟叶税	其他各项税收收入
孟州市	36538	23384	3825	6560	1834	574	2827	234	1584		5946
武陟县	30580	21476	3375	8699	2317	647	1085	272	1428		3653
解放区	17014	14295	2643	5346	973	457	897	972			3007
中站区	10434	7617	2538	1654	243	143	985	372			1682
马村区	10031	7316	1846	1274	676	109	579	686			2146
山阳区	10642	8830	1394	3408	1079	317	683	433			1516
鹤壁市小计	**106243**	**67858**	**18394**	**16861**	**4738**	**3240**	**5213**	**2582**	**5331**		**11499**
本级	58053	39293	13381	9073	2458	1939	3818		2138		6486
县级小计	48190	28565	5013	7788	2280	1301	1395	2582	3193		5013
浚县	11426	6350	988	2322	218	498	236	341	620		1127
淇县	13038	7134	1635	2531	443	462	408	282	518		855
淇滨区	11848	8282	899	1800	659	196	304	1293	1810		1321
山城区	7693	4429	931	929	175	117	284	615	238		1140
鹤山区	4185	2370	560	206	785	28	163	51	7		570
许昌市小计	**255490**	**192868**	**37585**	**59680**	**18090**	**8750**	**20999**	**4588**	**11922**	**5545**	**25709**
本级	69937	60148	9841	17518	6184	3367	13346	396	4700		4796
县级小计	185553	132720	27744	42162	11906	5383	7653	4192	7222	5545	20913
许昌县	27266	18533	3554	6149	2157	677	774	795	1884	1701	842
长葛市	36233	25416	7301	5809	3252	1477	1713	1077	1134	544	3109
鄢陵县	16469	10326	1415	5970	149	505	435	160	1008	169	515
禹州市	70217	49776	9619	13610	5535	1661	2947	1868	2641	565	11330
襄城县	21007	15052	3125	4752	62	669	590	197	555	2566	2536
魏都区	14361	13617	2730	5872	751	394	1194	95			2581
漯河市小计	**161385**	**109074**	**26632**	**26488**	**16863**	**6370**	**10523**	**255**	**7164**	**2810**	**11969**
本级	107405	75860	22126	15128	15162	4640	8227	113	5783		4681
县级小计	53980	33214	4506	11360	1701	1730	2296	142	1381	2810	7288
舞阳县	12799	7893	1518	1784	277	497	395		769	657	1996
临颍县	16394	10943	1612	3311	694	664	726	142	612	884	2298
源汇区	16449	9712	965	4136	470	403	809			611	2318
郾城区	8338	4666	411	2129	260	166	366			658	676
召陵区											
三门峡市小计	**216330**	**166698**	**46533**	**37741**	**17198**	**10391**	**10951**	**3247**	**6809**	**5958**	**27870**
本级	47652	34347	14230	9251	3467	1995	2970		1109		1325
县级小计	168678	132351	32303	28490	13731	8396	7981	3247	5700	5958	26545
义马市	25408	20718	8699	3576	423	864	2564	264	1558	41	2729

2－19－23

单位:万元

地区	收支部分									
	收入								支出	
	非税收入							贷款转贷回收本金收入		
	小计	专项收入	行政事业性收费收入	罚没收入	国有资本经营收入	国有资源(资产)有偿使用收入	其他收入		本年支出小计	一般公共服务
孟州市	13154	1409	2039	1127	5895	18	2666		54658	11402
武陟县	9104	779	2194	4224	1148	8	751		58351	11094
解放区	2719	437	1227	239	770	26	20		25429	10385
中站区	2817	520	1572	407	262	3	53		15277	4323
马村区	2715	929	280	1046	453	7			15257	4856
山阳区	1812	347	651	187	620	7			17146	3156
鹤壁市小计	**38385**	**4757**	**12755**	**6052**	**9384**	**3500**	**1937**		**206920**	**35931**
本级	18760	3706	7167	2741	4858	288			86621	12364
县级小计	19625	1051	5588	3311	4526	3212	1937		120299	23567
浚县	5076	516	1712	1293	75	1365	115		47211	7600
淇县	5904	261	1400	1092	1424	1727			30607	5563
淇滨区	3566	82	999	379	741	107	1258		18708	5885
山城区	3264	123	891	254	1426	6	564		14684	1967
鹤山区	1815	69	586	293	860	7			9089	2552
许昌市小计	**62622**	**17619**	**25536**	**19547**	**－1166**	**858**	**228**		**476951**	**126029**
本级	9789	10215	3089	4284	－8103	298	6		112254	23023
县级小计	52833	7404	22447	15263	6937	560	222		364697	103006
许昌县	8733	642	4746	1840	1305	12	188		60290	19290
长葛市	10817	1314	7174	1757	545	25	2		66143	15975
鄢陵县	6143	455	3008	2672		8			50847	12328
禹州市	20441	3919	5640	5423	5363	96			107140	34716
襄城县	5955	588	1450	3478		407	32		57339	15899
魏都区	744	486	429	93	－276	12			22938	4798
漯河市小计	**52311**	**6234**	**13341**	**10196**	**21914**	**332**	**294**		**320544**	**65100**
本级	31545	4838	6121	3129	17198	170	89		149614	21880
县级小计	20766	1396	7220	7067	4716	162	205		170930	43220
舞阳县	4906	371	1988	2539		8			42184	8512
临颍县	5451	486	1797	1891	1268	9			50166	13152
源汇区	6737	369	1984	1565	2631	138	50		46747	14433
郾城区	3672	170	1451	1072	817	7	155		31833	7123
召陵区										
三门峡市小计	**49632**	**11284**	**10852**	**13549**	**12511**	**692**	**744**		**377435**	**65479**
本级	13305	4179	3525	3598	1832	52	119		95367	13278
县级小计	36327	7105	7327	9951	10679	640	625		282068	52201
义马市	4690	1486	1772	795		566	71		32691	6175

2－19－24

单位:万元

地区	收支部分										
	支出										
	外交	国防	公共安全	教育	科学技术	文化体育与传媒	社会保障和就业	医疗卫生	环境保护	城乡社区事务	农林水事务
孟州市			2370	6701	789	934	5156	2000	931	6490	3849
武陟县			3290	10986	642	1334	7380	2925	296	2298	4892
解放区			1114	5330	270	72	3207	781	147	737	166
中站区			466	3488	231	242	2250	473	185	2604	459
马村区			491	3624	163	69	1424	592	212	731	557
山阳区			1088	4574	194	82	2375	508	198	503	223
鹤壁市小计		**3**	**14281**	**36319**	**1830**	**4895**	**37104**	**9842**	**6435**	**13502**	**16587**
本级		3	8114	11261	719	3287	19091	4004	2291	8624	6564
县级小计			6167	25058	1111	1608	18013	5838	4144	4878	10023
浚县			2342	9970	290	1122	5717	3188	1731	978	4389
淇县			1950	6514	609	377	5026	1524	1213	883	2638
淇滨区			838	2283	57	61	2012	477	518	1926	1685
山城区			555	4083	60	29	3492	359	412	1004	679
鹤山区			482	2208	95	19	1766	290	270	87	632
许昌市小计			**32301**	**95579**	**6186**	**5261**	**59407**	**18023**	**11987**	**32014**	**32231**
本级			11881	12608	2428	1527	20961	3073	2324	11421	5404
县级小计			20420	82971	3758	3734	38446	14950	9663	20593	26827
许昌县			3592	14153	880	1054	3168	3124	1367	1964	6286
长葛市			4283	17690	1454	684	3576	2635	1288	1749	5105
鄢陵县			3198	12363	646	531	6891	1794	643	6921	3309
禹州市			5008	20810	326	857	13751	3380	2458	7672	7516
襄城县			3416	14212	246	440	8519	2709	2245	969	3885
魏都区			923	3743	206	168	2541	1308	1662	1318	726
漯河市小计		**3**	**20344**	**53442**	**2989**	**16315**	**47484**	**14018**	**4397**	**13954**	**17754**
本级			12479	14879	2026	15387	20496	5086	2675	10279	6691
县级小计		3	7865	38563	963	928	26988	8932	1722	3675	11063
舞阳县			2510	7864	61	293	8683	2390	322	1036	2197
临颍县			2918	16939	695	305	6405	1871	1362	1166	3808
源汇区		3	1327	7692	43	159	6772	2412		994	2869
郾城区			1110	6068	164	171	5128	2259	38	479	2189
召陵区											
三门峡市小计		**404**	**26014**	**69200**	**4233**	**7602**	**43284**	**18427**	**16425**	**30350**	**29402**
本级		404	8835	10416	412	3340	18298	2671	3343	13615	4560
县级小计			17179	58784	3821	4262	24986	15756	13082	16735	24842
义马市			1812	6447	494	275	1473	1225	1257	3700	1846

2－19－25

单位:万元

地区	收支部分			平衡部分						
	支出			收入						
						返还性收入			财力性转移支付收入	
	交通运输	工业、商业、金融等事务	其他支出	收入总计	本年收入	小计	增值税和消费税税收返还	所得税基数返还	小计	体制补助
孟州市	2913	7793	3330	60392	36538	5597	3676	1921	11327	
武陟县	1809	3675	7730	62951	30580	3379	1850	1529	20340	
解放区	50	10	3160	28652	17014	2970	2161	809	5666	
中站区		51	505	16614	10434	1437	1225	212	3156	
马村区	87	2240	211	17308	10031	1362	876	486	3710	
山阳区		39	4206	19028	10642	1715	1318	397	4383	
鹤壁市小计	**5249**	**12943**	**11999**	**223869**	**106243**	**14247**	**11304**	**2943**	**52681**	
本级	1049	4905	4345	100629	58053	8817	7686	1131	7377	
县级小计	4200	8038	7654	123240	48190	5430	3618	1812	45304	
浚县	2316	2867	4701	49213	11426	1481	881	600	25646	
淇县	673	2951	686	32375	13038	2310	1564	746	11758	
淇滨区	578	709	1679	17900	11848	485	309	176	2948	
山城区	346	1429	269	14295	7693	459	321	138	2916	
鹤山区	287	82	319	9457	4185	695	543	152	2036	
许昌市小计	**9334**	**22060**	**26539**	**531009**	**255490**	**41619**	**26124**	**15495**	**145778**	
本级	1057	11948	4599	130118	69937	16891	10579	6312	5157	
县级小计	8277	10112	21940	400891	185553	24728	15545	9183	140621	
许昌县	1746	1158	2508	63449	27266	5173	2983	2190	24987	
长葛市	2238	1681	7785	73089	36233	8047	4581	3466	22437	
鄢陵县	898	1325		55315	16469	1580	1206	374	29272	
禹州市	2130	2555	5961	121110	70217	6346	4155	2191	28445	
襄城县	1106	171	3522	62521	21007	1071	705	366	31484	
魏都区	159	3222	2164	25407	14361	2511	1915	596	3996	
漯河市小计	**7370**	**24169**	**33205**	**351510**	**161385**	**32691**	**21199**	**11492**	**96685**	
本级	4971	15476	17289	165863	107405	20889	13823	7066	5305	
县级小计	2399	8693	15916	185647	53980	11802	7376	4426	91380	
舞阳县	826	120	7370	44412	12799	3552	2794	758	22001	
临颍县	802	638	105	55668	16394	3430	2285	1145	25411	
源汇区	215	6554	3274	51858	16449	3108	1567	1541	24525	
郾城区	556	1381	5167	33371	8338	1712	730	982	19105	
召陵区				338					338	
三门峡市小计	**10578**	**13984**	**42053**	**395957**	**216330**	**34271**	**17509**	**16762**	**82103**	
本级	1437	4392	10366	76936	47652	11054	7466	3588	8107	
县级小计	9141	9592	31687	319021	168678	23217	10043	13174	73996	
义马市	1316	1745	4926	35867	25408	1747	1339	408	4734	

2-19-26　　单位:万元

地区	平衡部分 收入 财力性转移支付收入 一般性转移支付补助	民族地区转移支付补助	调整工资转移支付补助	农村税费改革转移支付补助	取消农业特产税降低农业税率转移支付补助	缓解县乡财政困难转移支付补助	农村义务教育补助	结算补助	企事业单位预算划转补助	其他财力性转移支付
孟州市	3261		4074	857	2008	938		189		
武陟县	6452		6879	1584	3330	1976		119		
解放区	59		1552	132	57			2932	934	
中站区	95		1144	119	100			1607	91	
马村区	176		1236	262	268			1768		
山阳区	84		1314	118	74			2793		
鹤壁市小计	**16423**		**18811**	**4230**	**5771**	**5755**		**1691**		
本级	1973		5059	113		160		72		
县级小计	14450		13752	4117	5771	5595		1619		
浚县	8860		6836	2310	4002	3461		177		
淇县	4254		3261	643	1116	2134		350		
淇滨区	534		1143	312	416			543		
山城区	484		1583	428	154			267		
鹤山区	318		929	424	83			282		
许昌市小计	**36256**	**150**	**55083**	**12304**	**25088**	**15120**		**1777**		
本级	-1333		6350	165	17	300		-342		
县级小计	37589	150	48733	12139	25071	14820		2119		
许昌县	5136	50	8316	1978	6253	2947		307		
长葛市	5271		8375	1802	3978	2903		108		
鄢陵县	9607		7422	2116	5781	4035		311		
禹州市	6606	50	13113	3275	4156	946		299		
襄城县	10814	50	9169	2719	4644	3989		99		
魏都区	155		2338	249	259			995		
漯河市小计	**28003**	**50**	**36076**	**7890**	**15808**	**7959**		**899**		
本级	267		6763	59	120	150		-2054		
县级小计	27736	50	29313	7831	15688	7809		2953		
舞阳县	6379		7417	2428	3866	1816		95		
临颍县	6382	50	9147	2326	5064	2360		82		
源汇区	8269		5993	1234	4014	2354		2661		
郾城区	6368		6756	1843	2744	1279		115		
召陵区	338									
三门峡市小计	**23470**		**29376**	**8366**	**8380**	**8352**		**4159**		
本级	-130		5963	38	9	1335		892		
县级小计	23600		23413	8328	8371	7017		3267		
义马市	2462		1444	145	106	517		60		

2－19－27

单位:万元

地区	平衡部分								
	收入							支出	
	专项转移支付			省补助计划单列市	上年结余收入	调入资金	国债转贷收入、上年结余及转补助数	支出总计	本年支出
	小计	专项补助	增发国债补助						
孟州市	5919	5643	276		363	648		59164	54658
武陟县	7936	6833	1103		－385	1101		62894	58351
解放区	1674	1671	3		1328			28317	25429
中站区	1226	1214	12		361			16231	15277
马村区	1309	1300	9		896			16060	15257
山阳区	1603	1363	240		685			18633	17146
鹤壁市小计	**44777**	**40251**	**4526**		**2065**	**3176**	**680**	**215363**	**206920**
本级	20685	19540	1145		3181	2516		92151	86621
县级小计	24092	20711	3381		－1116	660	680	123212	120299
浚县	11193	9144	2049		－1103		570	49231	47211
淇县	5077	4360	717		82		110	32018	30607
淇滨区	2806	2450	356		－187			18232	18708
山城区	3189	3046	143		38			14292	14684
鹤山区	1827	1711	116		54	660		9439	9089
许昌市小计	**79640**	**72432**	**7208**		**5264**	**2598**	**620**	**509379**	**476951**
本级	30706	30406	300		7427			114250	112254
县级小计	48934	42026	6908		－2163	2598	620	395129	364697
许昌县	8584	7413	1171		－2615	54		65281	60290
长葛市	7888	6636	1252		－1815	219	80	72473	66143
鄢陵县	6645	5499	1146		1349			53352	50847
禹州市	13314	12763	551		899	1889		117643	107140
襄城县	8355	5697	2658		64		540	60998	57339
魏都区	4148	4018	130		－45	436		25382	22938
漯河市小计	**53395**	**48203**	**5192**		**5663**	**491**	**1200**	**338959**	**320544**
本级	30143	28653	1490		2121			158736	149614
县级小计	23252	19550	3702		3542	491	1200	180223	170930
舞阳县	5346	4653	693		341	163	210	43785	42184
临颍县	7535	5746	1789		2018		880	53499	50166
源汇区	6380	5354	1026		1301	95		49863	46747
郾城区	3991	3797	194		－118	233	110	33076	31833
召陵区									
三门峡市小计	**63467**	**58714**	**4753**		**－5277**	**3623**	**1440**	**397568**	**377435**
本级	16070	16019	51		－8142	1175	1020	82604	95367
县级小计	47397	42695	4702		2865	2448	420	314964	282068
义马市	2480	2376	104		286	912	300	35668	32691

2-19-28

单位:万元

地　　区	平　衡　部　分									
	支　出								年终结余	其中:净结余
	财力性转移支付			专项上解	计划单列市上解省	增设预算周转金	调出资金	国债转贷拨付数及年末结余		
	小　计	体制上解	出口退税专项上解							
孟州市	83		83	4423					1228	368
武陟县	37		37	4505			1		57	-2002
解放区				2888					335	256
中站区	26		26	928					383	308
马村区	39		39	764					1248	1155
山阳区				1487					395	395
鹤壁市小计	**420**		**420**	**7343**				**680**	**8506**	**356**
本级	174		174	5356					8478	342
县级小计	246		246	1987				680	28	14
浚县				1450				570	-18	-29
淇县	146		146	1155				110	357	354
淇滨区	55		55	-531					-332	-332
山城区	25		25	-417					3	3
鹤山区	20		20	330					18	18
许昌市小计	**1290**		**1290**	**30451**			**67**	**620**	**21630**	**18034**
本级	427		427	1569					15868	13677
县级小计	863		863	28882			67	620	5762	4357
许昌县	427		427	4564					-1832	-1863
长葛市	115		115	6135				80	616	-461
鄢陵县	2		2	2436			67		1963	1963
禹州市	206		206	10297					3467	3467
襄城县				3119				540	1523	1226
魏都区	113		113	2331					25	25
漯河市小计	**327**		**327**	**16853**			**35**	**1200**	**12551**	**-6996**
本级	278		278	8844					7127	-9606
县级小计	49		49	8009			35	1200	5424	2610
舞阳县	3		3	1388				210	627	607
临颍县	10		10	2443				880	2169	712
源汇区	26		26	3090					1995	658
郾城区	10		10	1088			35	110	295	295
召陵区									338	338
三门峡市小计	**350**		**350**	**18283**			**60**	**1440**	**-1611**	**-4603**
本级	149		149	-13992			60	1020	-5668	-7514
县级小计	201		201	32275				420	4057	2911
义马市	1		1	2676				300	199	199

2-19-29

单位:万元

地区	收支部分										
	收入										
	本年收入小计	税收收入									
		小计	增值税	营业税	企业所得税	个人所得税	城市维护建设税	耕地占用税	契税	烟叶税	其他各项税收收入
灵宝市	40518	29471	4776	6298	8422	2618	1446	619	480	1496	3316
渑池县	46380	36172	9591	5170	2040	2130	2108	2035	2114	878	10106
陕县	29007	23442	5997	4865	1692	1423	949	249	1126	805	6336
卢氏县	12116	8955	1564	2312	242	708	230	29	183	2729	958
湖滨区	15249	13593	1676	6269	912	653	684	51	239	9	3100
南阳市小计	**363066**	**248872**	**62309**	**86819**	**12702**	**15723**	**21920**	**7424**	**12083**	**5560**	**24332**
本级	124703	94286	30229	26746	4109	5433	12661	414	5216		9478
县级小计	238363	154586	32080	60073	8593	10290	9259	7010	6867	5560	14854
邓州市	25667	13652	1646	5756	293	1094	654	927	1534	701	1047
唐河县	23369	11908	1517	5646	69	982	443	845	1176	303	927
方城县	16326	8366	1548	2598	221	628	443	486	385	1546	511
镇平县	21269	13462	2357	4680	502	1304	784	834	551	558	1892
社旗县	9306	4743	680	1632	80	338	301	121	379	841	371
新野县	16309	10243	2297	3927	1233	803	646	108	444		785
内乡县	16336	8998	1714	3459	221	616	465	497	454	1067	505
淅川县	18800	11236	3428	3521	931	558	900	35	410	297	1156
西峡县	28260	23737	7987	7856	1790	957	2147	986	667	247	1100
南召县	15206	9355	2170	3863	127	611	402	509	437		1236
桐柏县	17369	15175	3389	5161	1370	806	856	178	430		2985
宛城区	13538	11152	1700	6029	476	761	559	824			803
卧龙区	16608	12559	1647	5945	1280	832	659	660			1536
商丘市小计	**207872**	**155701**	**37314**	**48265**	**14218**	**9369**	**9767**	**9072**	**9244**	**1839**	**16613**
本级	71848	55636	16701	14763	10799	2110	1873	354	6035		3001
县级小计	136024	100065	20613	33502	3419	7259	7894	8718	3209	1839	13612
永城市	65088	50783	11386	11004	2223	3223	5156	7296	2100	136	8259
夏邑县	7675	5633	1346	2145	186	680	278	1	222	284	491
虞城县	11328	6524	1133	2292	162	563	220	589	153	241	1171
柘城县	6106	4241	778	1860	19	386	170	245	137	297	349
宁陵县	6096	4270	597	1951	23	276	269	304	405	37	408
睢县	7088	4351	752	2087	130	410	180	21	101	481	189
民权县	6085	3228	571	1665	59	317	142	70	84		320
梁园区	15540	12705	2405	6437	445	865	861				1692
睢阳区	11018	8330	1645	4061	172	539	618	192	7	363	733
信阳市小计	**162573**	**111276**	**17799**	**51129**	**3308**	**8303**	**6247**	**3097**	**12794**	**156**	**8443**
本级	45841	43843	9081	19144	1145	2363	3257	391	5402		3060

2－19－30

单位:万元

地区	收支部分									
	收入								支出	
	非税收入							贷款转贷回收本金收入		
	小计	专项收入	行政事业性收费收入	罚没收入	国有资本经营收入	国有资源(资产)有偿使用收入	其他收入		本年支出小计	一般公共服务
灵宝市	11047	1426	1364	1363	6818		76		73543	12347
渑池县	10208	1907	791	5047	2157		306		66837	14585
陕县	5565	1595	1253	1303	1378	36			48745	6893
卢氏县	3161	435	1548	793	181	32	172		41320	7141
湖滨区	1656	256	599	650	145	6			18932	5060
南阳市小计	**114194**	**18019**	**46768**	**37188**	**8136**	**1159**	**2924**		**1090613**	**188238**
本级	30417	10982	7830	7902	2518	317	868		338432	31106
县级小计	83777	7037	38938	29286	5618	842	2056		752181	157132
邓州市	12015	700	5729	4821	639	70	56		94561	17116
唐河县	11461	224	4535	6231	372	49	50		77665	18664
方城县	7960	473	5552	1492	312		131		62199	11663
镇平县	7807	612	3001	2553	1439	90	112		60039	12998
社旗县	4563	170	2853	1342	41		157		45820	8924
新野县	6066	630	2074	2116	1215		31		47917	8128
内乡县	7338	390	3086	2605	615	507	135		49628	10193
淅川县	7564	575	3101	3151	415	39	283		59966	10110
西峡县	4523	1364	1358	1707		12	82		55713	13416
南召县	5851	369	2767	1625	570	12	508		52222	12408
桐柏县	2194	736	278	750			430		46012	9441
宛城区	2386	452	1342	532		42	18		50369	13235
卧龙区	4049	342	3262	361		21	63		50070	10836
商丘市小计	**52171**	**8129**	**25165**	**12692**	**208**	**5019**	**958**		**737129**	**122957**
本级	16212	3116	5484	2270		4572	770		192832	23825
县级小计	35959	5013	19681	10422	208	447	188		544297	99132
永城市	14305	3134	8621	2445		105			109066	21099
夏邑县	2042	190	1244	427		43	138		64886	12256
虞城县	4804	284	1582	2892		18	28		70688	12375
柘城县	1865	125	1371	353	－2	18			57161	12187
宁陵县	1826	136	1005	645		21	19		45019	6565
睢县	2737	203	1520	965		49			53066	10462
民权县	2857	132	1297	1332		96			52277	8527
梁园区	2835	405	1748	449	210	20	3		44628	8374
睢阳区	2688	404	1293	914		77			47506	7287
信阳市小计	**51297**	**4306**	**33817**	**10606**	**902**	**129**	**1537**		**668151**	**145733**
本级	1998	1574		56		1	367		124567	23363

2－19－31 单位:万元

地区	收支部分										
	支出										
	外交	国防	公共安全	教育	科学技术	文化体育与传媒	社会保障和就业	医疗卫生	环境保护	城乡社区事务	农林水事务
灵宝市			4704	18584	1833	1927	4067	7106	3323	4853	7343
渑池县			3393	13152	779	1121	3219	1750	2591	2336	7193
陕县			3628	9435	474	498	7171	2664	3316	3399	4561
卢氏县			2251	8202	186	370	5571	2290	2275	1111	2698
湖滨区			1391	2964	55	71	3485	721	320	1336	1201
南阳市小计		**2**	**63363**	**193839**	**11288**	**9947**	**153188**	**46879**	**22908**	**48953**	**77162**
本级			21206	25937	3063	2908	36739	7057	1703	15077	10439
县级小计		2	42157	167902	8225	7039	116449	39822	21205	33876	66723
邓州市			6020	20848	862	764	13184	7675	1414	2574	8911
唐河县			3952	19826	1501	763	12243	1303	1271	4524	7296
方城县			3572	11612	172	424	10514	2604	2043	3057	4867
镇平县			3340	13936	665	729	11299	2131	1740	1449	4951
社旗县			3160	6556	113	357	8535	1635	575	2216	3523
新野县		1	2745	11576	412	396	7577	2751	1574	4423	4176
内乡县		1	3251	10545	410	675	7638	1577	2414	1999	6086
淅川县			4296	12083	704	565	8953	3965	2088	3157	5396
西峡县			3305	10798	716	358	7444	3434	2759	2220	4261
南召县			3336	11736	306	473	7845	3973	2250	974	4658
桐柏县			1980	11914	1128	703	5806	1165	1865	2894	5734
宛城区			1216	14821	1052	311	5089	3609	288	1966	3602
卧龙区			1984	11651	184	521	10322	4000	924	2423	3262
商丘市小计			**37282**	**180534**	**4267**	**9759**	**119328**	**39411**	**7291**	**31111**	**55188**
本级			14201	15425	1035	6263	28616	5830	1655	9478	6752
县级小计			23081	165109	3232	3496	90712	33581	5636	21633	48436
永城市			4854	34339	368	667	12353	8652	1136	6430	7616
夏邑县			3298	15948	198	378	12818	4971	1020	2422	4899
虞城县			3125	22470	80	487	10073	4123	1088	4668	5025
柘城县			2435	15807	122	271	12573	3115	948	186	4610
宁陵县			2309	14841	1036	294	8423	2078	268	1252	4891
睢县			2448	14953	323	498	7359	2577	63	2951	5492
民权县			2313	21313	162	428	8927	1919	48	1643	5122
梁园区			790	13476	474	261	8516	2890	535	1513	4814
睢阳区			1509	11962	469	212	9670	3256	530	568	5967
信阳市小计		**77**	**33698**	**172036**	**3904**	**6749**	**99578**	**24499**	**19772**	**14833**	**55113**
本级			7737	8916	943	1376	28892	3492	1506	2468	10712

2－19－32 单位:万元

地区	收支部分			平衡部分						
	支出			收入						
						返还性收入			财力性转移支付收入	
	交通运输	工业、商业、金融等事务	其他支出	收入总计	本年收入	小计	增值税和消费税税收返还	所得税基数返还	小计	体制补助
灵宝市	1912	1824	3720	85140	40518	6743	1658	5085	23046	
渑池县	2037	4381	10300	74300	46380	9262	3769	5493	10863	
陕县	2028	775	3903	55911	29007	3008	1910	1098	14345	
卢氏县	1693	612	6920	43612	12116	1242	915	327	18261	
湖滨区	155	255	1918	24191	15249	1215	452	763	2747	
南阳市小计	**37737**	**153824**	**83285**	**1184941**	**363066**	**66499**	**52918**	**13581**	**388171**	
本级	9825	139992	33380	380574	124703	23774	19666	4108	28744	
县级小计	27912	13832	49905	804367	238363	42725	33252	9473	359427	
邓州市	8480	605	6108	103072	25667	5531	4969	562	48586	
唐河县	1586	352	4384	83777	23369	2796	2111	685	41779	
方城县	1924	799	8948	67249	16326	1964	1341	623	33136	
镇平县	1447	336	5018	57453	21269	3482	2471	1011	29205	
社旗县	762	145	9319	47233	9306	1989	1824	165	26498	
新野县	1036	1756	1366	54012	16309	2843	1706	1137	23680	
内乡县	917	2176	1746	52660	16336	2999	2468	531	23394	
淅川县	4120	2308	2221	67205	18800	4614	3057	1557	26691	
西峡县	2033	2043	2926	59757	28260	4568	3483	1085	17031	
南召县	1631	497	2135	55515	15206	2959	2640	319	22614	
桐柏县	2180	1047	155	49012	17369	1628	1453	175	18518	
宛城区	937	1127	3116	53351	13538	2597	2178	419	24721	
卧龙区	859	641	2463	54071	16608	4755	3551	1204	23574	
商丘市小计	**16687**	**71472**	**41842**	**778351**	**207872**	**44804**	**35545**	**9259**	**347893**	
本级	1393	68784	9575	203223	71848	16724	12894	3830	16303	
县级小计	15294	2688	32267	575128	136024	28080	22651	5429	331590	
永城市	4284	582	6686	115723	65088	4494	3346	1148	35780	
夏邑县	1319	304	5055	67008	7675	2266	1770	496	45934	
虞城县	1323	150	5701	72823	11328	2220	1457	763	48473	
柘城县	1555	116	3236	58514	6106	2060	1534	526	41630	
宁陵县	926	212	1924	46138	6096	4799	4425	374	29407	
睢县	2696	335	2909	54592	7088	2396	1808	588	37401	
民权县	1453	144	278	53151	6085	1967	1704	263	37461	
梁园区	571	95	2319	53332	15540	3736	2901	835	26249	
睢阳区	1167	750	4159	53847	11018	4142	3706	436	29255	
信阳市小计	**18801**	**26026**	**47332**	**714778**	**162573**	**30895**	**23934**	**6961**	**314731**	
本级	1099	17950	16113	134956	45841	8293	6866	1427	19408	

2－19－33　　　　单位:万元

地区	平衡部分									
	收入									
	财力性转移支付收入									
	一般性转移支付补助	民族地区转移支付补助	调整工资转移支付补助	农村税费改革转移支付补助	取消农业特产税降低农业税率转移支付补助	缓解县乡财政困难转移支付补助	农村义务教育补助	结算补助	企事业单位预算划转补助	其他财力性转移支付
灵宝市	5635		6956	2978	3635	2213		1629		
渑池县	3343		3818	1348	1328	521		505		
陕县	4030		4813	1623	1727	1796		356		
卢氏县	7944		4931	1812	1347	1970		257		
湖滨区	186		1451	422	228			460		
南阳市小计	**114380**	**100**	**127479**	**28589**	**72464**	**31043**		**2993**	**11123**	
本级	6265		12039	14	75	220		－992	11123	
县级小计	108115	100	115440	28575	72389	30823		3985		
邓州市	12895		14541	3776	13377	3398		599		
唐河县	10174		12021	3142	13117	3115		210		
方城县	12056	50	10747	2726	6023	1341		193		
镇平县	7828	50	10601	2078	5773	2615		260		
社旗县	10299		7571	1974	4697	1859		98		
新野县	5773		7910	1674	6277	1922		124		
内乡县	6631		7639	1858	4515	1782		969		
淅川县	10726		8326	2477	3611	1438		113		
西峡县	3541		6300	1973	2188	2867		162		
南召县	9749		7860	1933	1406	1511		155		
桐柏县	5626		6823	1402	1900	2664		103		
宛城区	6200		7350	1573	5422	3789		387		
卧龙区	6617		7751	1989	4083	2522		612		
商丘市小计	**134457**	**200**	**104176**	**28800**	**51324**	**26855**		**2081**		
本级	10226		8693	254	194	270		－3334		
县级小计	124231	200	95483	28546	51130	26585		5415		
永城市	7949		13838	3745	9692	2762		－2206		
夏邑县	18164		11570	3722	6994	4652		832		
虞城县	19603		13311	3960	6982	3122		1495		
柘城县	16218		11474	4370	6069	2899		600		
宁陵县	13659	50	7569	2146	3620	1591		772		
睢县	15345	50	9671	3410	4795	3205		925		
民权县	16575	100	10538	2758	5060	1438		992		
梁园区	8077		8581	1759	2952	3691		1189		
睢阳区	8641		8931	2676	4966	3225		816		
信阳市小计	**122450**		**95808**	**26035**	**43685**	**23455**		**3298**		
本级	10576		8247	228	461	200		－304		

2－19－34

单位:万元

地区	平衡部分								
	收入							支出	
	专项转移支付			省补助计划单列市	上年结余收入	调入资金	国债转贷收入、上年结余及转补助数	支出总计	本年支出
	小计	专项补助	增发国债补助						
灵宝市	13017	11784	1233		848	968		83890	73543
渑池县	6830	6346	484		965			73521	66837
陕县	9541	8876	665		－110		120	54806	48745
卢氏县	10660	9568	1092		765	568		42954	41320
湖滨区	4869	3745	1124		111			24125	18932
南阳市小计	**313950**	**297215**	**16735**		**42655**	**6340**	**4260**	**1138565**	**1090613**
本级	175073	169853	5220		24519	861	2900	360384	338432
县级小计	138877	127362	11515		18136	5479	1360	778181	752181
邓州市	20280	18058	2222		2863	145		98952	94561
唐河县	10400	9970	430		4813	500	120	80489	77665
方城县	11662	10067	1595		3319	722	120	63891	62199
镇平县	9099	8462	637		－5722		120	62424	60039
社旗县	6695	6062	633		45	2700		46868	45820
新野县	8051	7639	412		2829		300	50599	47917
内乡县	9337	8550	787		230	364		51338	49628
淅川县	12662	11440	1222		4038	280	120	61912	59966
西峡县	9725	9480	245		－417	290	300	58759	55713
南召县	11704	11215	489		2554	478		53689	52222
桐柏县	11348	9858	1490		－131		280	47995	46012
宛城区	10220	9244	976		2275			49432	50369
卧龙区	7694	7317	377		1440			51833	50070
商丘市小计	**170909**	**159125**	**11784**		**4943**		**1930**	**757617**	**737129**
本级	88673	86403	2270		9465		210	190203	192832
县级小计	82236	72722	9514		－4522		1720	567414	544297
永城市	12324	11972	352		－2273		310	113883	109066
夏邑县	11066	8290	2776		－693		760	66392	64886
虞城县	10612	9754	858		40		150	71565	70688
柘城县	8712	7282	1430		－114		120	57861	57161
宁陵县	6514	6024	490		－868		190	46020	45019
睢县	7505	6756	749		12		190	53721	53066
民权县	7920	6602	1318		－282			52281	52277
梁园区	8030	7657	373		－223			52479	44628
睢阳区	9553	8385	1168		－121			53212	47506
信阳市小计	**179006**	**156409**	**22597**		**15126**	**9954**	**2493**	**681547**	**668151**
本级	48416	42289	6127		10131	1394	1473	118835	124567

2-19-35

单位:万元

地区	平衡部分									
	支出								年终结余	其中:净结余
	财力性转移支付			专项上解	计划单列市上解省	增设预算周转金	调出资金	国债转贷拨付数及年末结余		
	小计	体制上解	出口退税专项上解							
灵宝市	97		97	10250					1250	866
渑池县	90		90	6594					779	729
陕县	12		12	5929				120	1105	432
卢氏县	1		1	1633					658	619
湖滨区				5193					66	66
南阳市小计	**974**		**974**	**42618**			**100**	**4260**	**46376**	**18645**
本级	667		667	18285			100	2900	20190	4398
县级小计	307		307	24333				1360	26186	14247
邓州市	1		1	4390					4120	3168
唐河县	17		17	2687				120	3288	3288
方城县	44		44	1528				120	3358	1670
镇平县	8		8	2257				120	-4971	-6041
社旗县	3		3	1045					365	325
新野县	111		111	2271				300	3413	1384
内乡县	6		6	1704					1322	1322
淅川县	6		6	1820				120	5293	2946
西峡县	31		31	2715				300	998	998
南召县				1467					1826	822
桐柏县	3		3	1700				280	1017	797
宛城区	46		46	-983					3919	2087
卧龙区	31		31	1732					2238	1481
商丘市小计	**154**		**154**	**18404**				**1930**	**20734**	**5971**
本级	88		88	-2927				210	13020	-1003
县级小计	66		66	21331				1720	7714	6974
永城市	21		21	4486				310	1840	1642
夏邑县	1		1	745				760	616	516
虞城县	1		1	726				150	1258	1258
柘城县	1		1	579				120	653	399
宁陵县				811				190	118	44
睢县	12		12	453				190	871	871
民权县	2		2	2					870	770
梁园区	26		26	7825					853	853
睢阳区	2		2	5704					635	621
信阳市小计	**80**		**80**	**10801**			**22**	**2493**	**33231**	**10289**
本级	7		7	-7212				1473	16121	3168

2006 年地方财政政府收支分类转换数据

2－19－36

单位:万元

地区	收支部分										
	收入										
	本年收入小计	税收收入									
		小计	增值税	营业税	企业所得税	个人所得税	城市维护建设税	耕地占用税	契税	烟叶税	其他各项税收收入
县级小计	116732	67433	8718	31985	2163	5940	2990	2706	7392	156	5383
罗山县	8008	5968	584	2758	209	615	254	200	690	66	592
光山县	12098	6049	701	2895	163	575	204	330	850		331
潢川县	14306	7892	794	3744	127	568	243	637	1216		563
固始县	23934	9781	973	4533	164	1135	297	359	1750	19	551
商城县	8850	4456	524	2106	72	557	155	10	530		502
新县	7100	4547	1044	1477	303	461	153	295	530		284
息县	9941	5479	462	2386	171	542	379	346	675		518
淮滨县	6526	3896	486	1527	47	337	206	28	857	19	389
泗河区	13906	10064	1210	5930	591	555	611	38	83		1046
平桥区	12063	9301	1940	4629	316	595	488	463	211	52	607
周口地区小计	**152374**	**96310**	**18728**	**39548**	**2935**	**9104**	**4734**	**4868**	**6840**	**1157**	**8396**
本级	37683	24763	3369	14100	616	1627	1366		1710		1975
县级小计	114691	71547	15359	25448	2319	7477	3368	4868	5130	1157	6421
扶沟县	10646	6158	706	2009	111	726	251	1328	674		353
西华县	9007	5256	645	2348	25	609	129	54	1006	2	438
商水县	9066	5058	854	2015	184	574	114	162	500	201	454
太康县	9035	5208	796	1847	96	923	156	499	565		326
鹿邑县	13018	7815	1801	2364	417	749	454	556	362	490	622
郸城县	10017	5907	1631	1778	396	679	294	86	334	266	443
淮阳县	9960	6068	970	2220	70	786	227	654	364	70	707
沈丘县	11568	7442	2323	1999	436	798	287	774	153	45	627
项城市	22726	14541	4380	4453	324	1116	996	38	1172	83	1979
川汇区	9648	8094	1253	4415	260	517	460	717			472
驻马店地区小计	**162016**	**114434**	**24063**	**38953**	**6755**	**9807**	**11063**	**3584**	**5676**	**1584**	**12949**
本级	59028	43499	9329	14348	3159	2707	7045	745	2833		3333
县级小计	102988	70935	14734	24605	3596	7100	4018	2839	2843	1584	9616
确山县	9066	5896	728	1953	196	529	454	121	218	259	1438
泌阳县	12339	9488	3440	1683	112	507	256	538	428	491	2033
遂平县	10106	7946	2325	1596	1067	923	631	191	320	202	691
西平县	10556	7485	1200	2163	247	821	569	111	314	238	1822
上蔡县	10066	6320	849	1665	434	1020	243	500	282	168	1159
汝南县	9750	5313	657	2156	133	729	355	320	347	154	462
平舆县	8800	5589	1279	2123	123	815	216	252	553	19	209
新蔡县	7108	3683	466	1820	32	608	110	314	106	31	196

二、各省、自治区、直辖市地市县一般预算财政资料

2－19－37

单位:万元

地区	收支部分									
	收入								支出	
	非税收入							贷款转贷回收本金收入	本年支出小计	一般公共服务
	小计	专项收入	行政事业性收费收入	罚没收入	国有资本经营收入	国有资源(资产)有偿使用收入	其他收入			
县级小计	49299	2732	33817	10550	902	128	1170		543584	122370
罗山县	2040	185	1051	776		28			54370	8714
光山县	6049	246	4385	1028		20	370		58511	14502
潢川县	6414	292	4085	1376	600		61		52531	12310
固始县	14153	245	11492	2036		39	341		93323	18533
商城县	4394	103	3592	447			252		51299	7489
新县	2553	138	1161	983	194	20	57		42989	9072
息县	4462	206	2952	1215			89		56944	19653
淮滨县	2630	103	2197	325		5			44963	10140
泗河区	3842	258	1747	1722	108	7			39761	9229
平桥区	2762	956	1155	642		9			48893	12728
周口地区小计	**56064**	**4783**	**26811**	**18785**	**3992**	**875**	**818**		**785731**	**139074**
本级	12920	2025	6411	3198	1000		286		177269	17709
县级小计	43144	2758	20400	15587	2992	875	532		608462	121365
扶沟县	4488	314	2593	1309	－3	24	251		55906	12158
西华县	3751	123	1882	1124		576	46		55223	12133
商水县	4008	97	2032	1762	8	27	82		59735	12759
太康县	3827	281	1592	1729		67	158		69729	12382
鹿邑县	5203	584	1737	2163	946		－227		67349	16111
郸城县	4110	243	2482	1374	－6	17			70179	11122
淮阳县	3892	203	2276	1344		55	14		66858	11820
沈丘县	4126	165	2008	1703	－1	76	175		65676	13648
项城市	8185	554	2917	2608	2048	33	25		71935	13534
川汇区	1554	194	881	471			8		25872	5698
驻马店地区小计	**47582**	**8318**	**21342**	**14217**	**2454**	**843**	**408**		**644888**	**107509**
本级	15529	5960	4654	2525	2014	360	16		127459	14936
县级小计	32053	2358	16688	11692	440	483	392		517429	92573
确山县	3170	347	1511	1273		39			41866	8012
泌阳县	2851	167	1968	568			148		64796	14056
遂平县	2160	334	1114	636		76			41262	8473
西平县	3071	227	1547	1192	10	95			52603	8991
上蔡县	3746	128	1573	1871		148	26		73093	10648
汝南县	4437	123	2767	1190	260	60	37		49008	8173
平舆县	3211	114	1601	1198	169	65	64		56675	9977
新蔡县	3425	96	1767	1512			50		53113	7656

2－19－38

单位:万元

地　　区	收支部分										
	支出										
	外　交	国　防	公共安全	教　育	科学技术	文化体育与传媒	社会保障和就业	医疗卫生	环境保护	城乡社区事务	农林水事务
县级小计		77	25961	163120	2961	5373	70686	21007	18266	12365	44401
罗山县			3090	13911	175	553	12034	1441	3350	1283	4067
光山县			2616	17780	256	617	4882	1842	2156	797	4618
潢川县		33	3306	15775	815	339	5938	1774	2392	1525	4242
固始县			3362	28862	157	435	13222	6282	2040	481	5967
商城县			2463	20316	458	729	5440	1319	2328	312	6370
新县			2267	11423	296	692	4757	1611	2636	777	3617
息县		44	3593	17885	115	476	4713	2339	100	1152	4165
淮滨县			2784	14190	132	851	4267	1088	687	4218	4204
浉河区			1474	8481	107	229	9822	1775	1059	444	2612
平桥区			1006	14497	450	452	5611	1536	1518	1376	4539
周口地区小计		**126**	**39876**	**159817**	**3076**	**6246**	**123806**	**33207**	**10431**	**46615**	**49776**
本级			10421	9611	968	1650	26244	5580	613	3575	7588
县级小计		126	29455	150206	2108	4596	97562	27627	9818	43040	42188
扶沟县			2041	12415	644	177	4905	1560	383	8558	4483
西华县			2528	11530	66	609	8411	1572	369	7746	3700
商水县			3794	14951	141	341	11918	1918	145	2307	3865
太康县			3803	16718	58	244	14359	4558	731	4196	4244
鹿邑县			2634	15955	475	646	9910	2706	2048	844	5936
郸城县			3124	17803	209	675	11496	1949	3106	4876	3846
淮阳县			2630	16963	39	344	12677	2743	942	7122	4055
沈丘县			3158	20911	114	487	6379	3144	542	1271	5564
项城市			4420	18058	225	759	12244	6137	1552	3245	5066
川汇区		126	1323	4902	137	314	5263	1340		2875	1429
驻马店地区小计			**44465**	**144210**	**6054**	**5095**	**119797**	**34841**	**8650**	**43857**	**50649**
本级			15373	12815	750	1340	23157	5589	1253	17306	8335
县级小计			29092	131395	5304	3755	96640	29252	7397	26551	42314
确山县			2966	7898	395	559	6989	3557	1619	2234	3050
泌阳县			3538	12561	1202	195	9918	2669	1646	8158	6040
遂平县			2062	8744	720	262	8674	2085	367	741	3801
西平县			2563	12913	360	376	11791	1901	149	3268	4545
上蔡县			3942	20640	362	366	13213	7354	1436	1307	6160
汝南县			3501	11935	453	582	10902	3683	514	2816	4323
平舆县			2744	22817	950	417	9203	2137	126	1886	4029
新蔡县			3097	12911	182	345	9756	2808	516	684	4155

二、各省、自治区、直辖市地市县一般预算财政资料

2-19-39

单位:万元

地区	收支部分			平衡部分						
	支出			收入						
						返还性收入			财力性转移支付收入	
	交通运输	工业、商业、金融等事务	其他支出	收入总计	本年收入	小计	增值税和消费税税收返还	所得税基数返还	小计	体制补助
县级小计	17702	8076	31219	579822	116732	22602	17068	5534	295323	
罗山县	1311	1209	3232	56988	8008	1286	914	372	31596	
光山县	1411	237	6797	61445	12098	2464	2128	336	29784	
潢川县	1151	499	2432	55673	14306	1478	1042	436	29858	
固始县	5983	400	7599	102773	23934	2028	1297	731	49245	
商城县	1209	241	2625	52371	8850	1034	630	404	29869	
新县	2181	3101	559	43577	7100	1113	421	692	20098	
息县	670	433	1606	58923	9941	1488	672	816	33211	
淮滨县	1152	717	533	48515	6526	4355	3977	378	27407	
浉河区	1490	645	2394	46138	13906	3836	3105	731	18711	
平桥区	1144	594	3442	53419	12063	3520	2882	638	25544	
周口地区小计	**17396**	**98741**	**57544**	**852399**	**152374**	**44792**	**32703**	**12089**	**401010**	
本级	2871	87921	2518	190139	37683	9567	5251	4316	17481	
县级小计	14525	10820	55026	662260	114691	35225	27452	7773	383529	
扶沟县	569	292	7721	55192	10646	2073	1318	755	34175	
西华县	2062	69	4428	58956	9007	1651	1266	385	38046	
商水县	1892	961	4743	63654	9066	1281	973	308	42452	
太康县	1619	936	5881	74352	9035	1744	984	760	50543	
鹿邑县	2127	528	7429	75230	13018	9434	8838	596	37008	
郸城县	1815	5374	4784	75936	10017	2257	1803	454	44811	
淮阳县	1610	485	5428	72329	9960	2218	1439	779	46666	
沈丘县	1020	1107	8331	73688	11568	2255	1560	695	43211	
项城市	1802	385	4508	83576	22726	9094	6425	2669	33528	
川汇区	9	683	1773	29347	9648	3218	2846	372	13089	
驻马店地区小计	**12236**	**23783**	**43742**	**672126**	**162016**	**30400**	**18945**	**11455**	**335523**	
本级	2471	16518	7616	132783	59028	8502	4453	4049	15951	
县级小计	9765	7265	36126	539343	102988	21898	14492	7406	319572	
确山县	2068	651	1868	43105	9066	1358	776	582	22879	
泌阳县	637	263	3913	66225	12339	2524	1887	637	36499	
遂平县	573	2090	2670	43451	10106	2702	1610	1092	24830	
西平县	1038	259	4449	54687	10556	2584	1718	866	32921	
上蔡县	1019	2652	3994	75211	10066	2644	1413	1231	49299	
汝南县	1348	264	514	51417	9750	1937	1453	484	31309	
平舆县	1034	139	1216	58631	8800	1803	1271	532	37090	
新蔡县	884	458	9661	52708	7108	1073	607	466	36745	

2006 年地方财政政府收支分类转换数据

2－19－40　　　　　　　　　　　　　　　　　　　　　　　　　　　　　单位:万元

地区	平衡部分									
	收入									
	财力性转移支付收入									
	一般性转移支付补助	民族地区转移支付补助	调整工资转移支付补助	农村税费改革转移支付补助	取消农业特产税降低农业税率转移支付补助	缓解县乡财政困难转移支付补助	农村义务教育补助	结算补助	企事业单位预算划转补助	其他财力性转移支付
县级小计	111874		87561	25807	43224	23255		3602		
罗山县	11955		9163	2434	4391	3231		422		
光山县	11322		9275	2826	4137	1920		304		
潢川县	10052		9295	2729	4796	2649		337		
固始县	18139		14911	4804	8018	2722		651		
商城县	13029		8941	3112	3280	1199		308		
新县	8903		6065	1392	2003	1487		248		
息县	11638		9395	2580	6719	2816		63		
淮滨县	12260		6801	2078	3798	1961		509		
泗河区	6594		5879	1656	1926	2190		466		
平桥区	7982		7836	2196	4156	3080		294		
周口地区小计	**155808**	**150**	**112207**	**30712**	**72992**	**26135**	**770**	**2236**		
本级	10521		7021	100	89	210	－122	－338		
县级小计	145287	150	105186	30612	72903	25925	892	2574		
扶沟县	12616		8955	2530	6704	2243	892	235		
西华县	14430		9469	3193	8119	2612		223		
商水县	17175		11055	3504	7914	3238		－434		
太康县	19086	50	13449	3769	10875	3073		241		
鹿邑县	12035		11277	3372	7833	2127		364		
郸城县	15838		12299	4128	8960	3365		221		
淮阳县	19590	50	12831	3567	8795	2192		－359		
沈丘县	17205	50	12056	3723	6906	3093		178		
项城市	13032		9597	2317	6350	2022		210		
川汇区	4280		4198	509	447	1960		1695		
驻马店地区小计	**114462**	**100**	**98805**	**26982**	**66182**	**27252**		**1740**		
本级	6223		8417	126	378	250		688		－131
县级小计	108239	100	90388	26856	65804	27002		1052		131
确山县	7754		6499	1746	4457	2271		152		
泌阳县	13353		11013	3373	5897	2723		140		
遂平县	7140		7520	1704	5283	3059		124		
西平县	9194	50	10540	2939	6736	3376		86		
上蔡县	20047		11842	4626	9463	3196		125		
汝南县	9773		8855	2539	6968	3119		55		
平舆县	14642		9883	3095	6792	2595		83		
新蔡县	13385	50	10438	3452	7575	1741		104		

2－19－41

单位:万元

地区	平衡部分								
	收入							支出	
	专项转移支付			省补助计划单列市	上年结余收入	调入资金	国债转贷收入、上年结余及转补助数	支出总计	本年支出
	小计	专项补助	增发国债补助						
县级小计	130590	114120	16470		4995	8560	1020	562712	543584
罗山县	15358	12189	3169		460	200	80	55777	54370
光山县	15916	13593	2323		497	686		60432	58511
潢川县	9746	7779	1967		－37	222	100	54822	52531
固始县	21528	20428	1100		3929	2109		94355	93323
商城县	12672	11380	1292		－54			51830	51299
新县	14728	11598	3130		328		210	43072	42989
息县	12104	10390	1714		－635	2264	550	58641	56944
淮滨县	9476	8409	1067		61	610	80	45920	44963
泗河区	9694	9432	262		－57	48		45247	39761
平桥区	9368	8922	446		503	2421		52616	48893
周口地区小计	**212046**	**195260**	**16786**		**32734**	**3804**	**5639**	**814639**	**785731**
本级	107771	107517	254		15014	529	2094	174795	177269
县级小计	104275	87743	16532		17720	3275	3545	639844	608462
扶沟县	8058	7597	461		240			58181	55906
西华县	8505	7816	689		563	1184		57193	55223
商水县	8670	8221	449		1638	547		61674	59735
太康县	12083	11281	802		750	197		72337	69729
鹿邑县	13369	11763	1606		2401			70864	67349
郸城县	16471	7828	8643		－250		2630	75979	70179
淮阳县	11649	10018	1631		1531	70	235	70194	66858
沈丘县	10546	9693	853		5988		120	68051	65676
项城市	11678	10526	1152		4713	1277	560	77150	71935
川汇区	3246	3000	246		146			28221	25872
驻马店地区小计	**125913**	**114474**	**11439**		**5872**	**10742**	**1660**	**659210**	**644888**
本级	40778	39080	1698		4960	2954	610	124259	127459
县级小计	85135	75394	9741		912	7788	1050	534951	517429
确山县	9540	8917	623		142		120	42514	41866
泌阳县	12046	10510	1536		87	2650	80	65556	64796
遂平县	5909	5578	331		－96			42767	41262
西平县	7794	6955	839		39	793		54347	52603
上蔡县	11067	9479	1588		485	1650		74803	73093
汝南县	8545	7658	887		－124			50699	49008
平舆县	9075	6973	2102		646	587	630	57502	56675
新蔡县	8705	8187	518		－1043		120	53668	53113

2－19－42

单位:万元

地区	平衡部分									
	支出								年终结余	其中:净结余
	财力性转移支付			专项上解	计划单列市上解省	增设预算周转金	调出资金	国债转贷拨付数及年末结余		
	小计	体制上解	出口退税专项上解							
县级小计	73		73	18013			22	1020	17110	7121
罗山县				1327				80	1211	752
光山县	2		2	1919					1013	724
潢川县	2		2	2177			12	100	851	851
固始县	22		22	1010					8418	1977
商城县	17		17	514					541	541
新县	1		1	－128				210	505	505
息县				1147				550	282	282
淮滨县				867			10	80	2595	390
泗河区	4		4	5482					891	296
平桥区	25		25	3698					803	803
周口地区小计	**437**		**437**	**22832**				**5639**	**37760**	**18597**
本级	3		3	－4571				2094	15344	558
县级小计	434		434	27403				3545	22416	18039
扶沟县	1		1	2274					－2989	－2989
西华县	1		1	1969					1763	1034
商水县	5		5	1934					1980	1025
太康县	1		1	2607					2015	2015
鹿邑县	3		3	3512					4366	4366
郸城县	36		36	3134				2630	－43	－43
淮阳县	22		22	3079				235	2135	1743
沈丘县	11		11	2244				120	5637	5585
项城市	345		345	4310				560	6426	5247
川汇区	9		9	2340					1126	56
驻马店地区小计	**564**		**564**	**11916**			**182**	**1660**	**12916**	**3741**
本级	350		350	－4304			144	610	8524	－11
县级小计	214		214	16220			38	1050	4392	3752
确山县	4		4	524				120	591	390
泌阳县				642			38	80	669	669
遂平县	9		9	1496					684	660
西平县	37		37	1707					340	340
上蔡县	52		52	1658					408	274
汝南县				1691					718	718
平舆县	6		6	191				630	1129	848
新蔡县				435				120	－960	－960

2－19－43

单位:万元

地区	收支部分										
	收入										
	本年收入小计	税收收入									
		小计	增值税	营业税	企业所得税	个人所得税	城市维护建设税	耕地占用税	契税	烟叶税	其他各项税收收入
正阳县	7029	3757	538	1580	89	539	125	114	221	22	529
驿城区	18168	15458	3252	7866	1163	609	1059	378	54		1077
济源市	**108156**	**89827**	**31536**	**16200**	**18577**	**3813**	**7945**	**1950**	**1803**	**347**	**7656**

2006 年地方财政政府收支分类转换数据

2－19－44

单位:万元

地区	收支部分									
	收入								支出	
	非税收入							贷款转贷回收本金收入		
	小计	专项收入	行政事业性收费收入	罚没收入	国有资本经营收入	国有资源(资产)有偿使用收入	其他收入		本年支出小计	一般公共服务
正阳县	3272	123	1615	1481	1		52		48113	7837
驿城区	2710	699	1225	771			15		36900	8750
济源市	**18329**	**6904**	**5838**	**3163**	**662**	**35**	**1727**		**143777**	**23915**

2－19－45

单位:万元

地　区	收支部分										
	支出										
	外　交	国　防	公共安全	教　育	科学技术	文化体育与传媒	社会保障和就业	医疗卫生	环境保护	城乡社区事务	农林水事务
正阳县			2868	12493	258	236	8287	1396	781	4442	4001
驿城区			1811	8483	422	417	7907	1662	243	1015	2210
济源市		**610**	**10888**	**24466**	**1143**	**4877**	**16629**	**4761**	**5233**	**11610**	**10040**

2－19－46

单位:万元

地区	收支部分			平衡部分						
	支出			收入						
						返还性收入			财力性转移支付收入	
	交通运输	工业、商业、金融等事务	其他支出	收入总计	本年收入	小计	增值税和消费税税收返还	所得税基数返还	小计	体制补助
正阳县	857	344	4313	49479	7029	1284	878	406	30995	
驿城区	307	145	3528	44429	18168	3989	2879	1110	17005	
济源市	**5193**	**7272**	**17140**	**163839**	**108156**	**12601**	**7869**	**4732**	**14625**	

2－19－47 单位：万元

地区	平衡部分									
	收入									
	财力性转移支付收入									
	一般性转移支付补助	民族地区转移支付补助	调整工资转移支付补助	农村税费改革转移支付补助	取消农业特产税降低农业税率转移支付补助	缓解县乡财政困难转移支付补助	农村义务教育补助	结算补助	企事业单位预算划转补助	其他财力性转移支付
正阳县	7922		8574	2338	9978	2057		126		
驿城区	5029		5224	1044	2655	2865		57		131
济源市	**2597**		**6754**	**3161**		**400**		**544**	**1169**	

2－19－48

单位：万元

地区	平衡部分								
	收入							支出	
	专项转移支付			省补助计划单列市	上年结余收入	调入资金	国债转贷收入、上年结余及转补助数	支出总计	本年支出
	小计	专项补助	增发国债补助						
正阳县	7684	6855	829		279	2108	100	49352	48113
驿城区	4770	4282	488		497			43743	36900
济源市	**19364**	**18688**	**676**		**5795**	**2718**	**580**	**156880**	**143777**

2－19－49　　　　单位:万元

地区	平衡部分									
	支出								年终结余	其中:净结余
	财力性转移支付			专项上解	计划单列市上解省	增设预算周转金	调出资金	国债转贷拨付数及年末结余		
	小计	体制上解	出口退税专项上解							
正阳县				1139				100	127	127
驿城区	106		106	6737					686	686
济源市	**505**		**505**	**11018**		**1000**		**580**	**6959**	**3865**

2006 年湖北省地市县财政一般预算收支平衡表

2－20－1　　　　　　　　　　　　　　　　　　　　　　　　单位:万元

地区	收支部分										
	收入										
	本年收入小计	税收收入									
		小计	增值税	营业税	企业所得税	个人所得税	城市维护建设税	耕地占用税	契税	烟叶税	其他各项税收收入
地(市)县级总计	**3444533**	**2550465**	**529075**	**793469**	**261625**	**86930**	**301388**	**32905**	**214948**	**16123**	**314002**
地(市)本级合计	**1598006**	**1219087**	**296652**	**341326**	**168995**	**40698**	**172469**	**12330**	**69331**		**117286**
县级合计	**1846527**	**1331378**	**232423**	**452143**	**92630**	**46232**	**128919**	**20575**	**145617**	**16123**	**196716**
武汉市小计	**1786019**	**1414047**	**251676**	**461593**	**186594**	**48028**	**156878**	**14481**	**155696**		**139101**
本级	1068742	806724	179953	232355	139869	26376	110749	8323	40983		68116
县级小计	717277	607323	71723	229238	46725	21652	46129	6158	114713		70985
江岸区	89216	76044	5130	29879	5303	2379	4332	90	20093		8838
江汉区	88589	79831	8116	33337	4747	3221	5823	5	14419		10163
硚口区	59765	52987	5360	18256	3458	1696	3751	136	11580		8750
武昌区	93931	86602	5525	36040	5958	5381	5926		17890		9882
汉阳区	48415	35273	6426	10697	4206	753	2972	96	6884		3239
青山区	59173	50408	13966	13196	4366	3395	6640		3197		5648
洪山区	58678	53146	6291	19121	3912	1616	4199	405	12216		5386
东西湖区	71431	64796	7730	24878	7476	1269	3590	1527	11855		6471
汉南区	10355	9437	531	6691	653	217	770	55	149		371
江夏区	40760	29040	3597	10344	2302	645	2706	1500	3102		4844
蔡甸区	27369	21066	3129	7772	1365	209	1715	787	3495		2594
新洲区	35495	22631	4109	8860	1084	475	1938	550	3633		1982
黄陂区	34100	26062	1813	10167	1895	396	1767	1007	6200		2817
黄石市小计	**153339**	**113365**	**42980**	**24227**	**5851**	**2787**	**13486**	**858**	**5486**		**17690**
本级	57623	41949	18827	6885	2299	873	4876	447	4212		3530
县级小计	95716	71416	24153	17342	3552	1914	8610	411	1274		14160
黄石港区	15453	12144	2932	4971	627	353	1582				1679
西塞山区	9122	7663	1968	2480	179	247	835				1954
下陆区	8947	7789	3507	1567	408	269	520	178			1340
铁山区	4669	3901	773	737	57	141	513				1680
大冶市	39432	29006	11581	4941	1916	500	3918	175	959		5016
阳新县	18093	10913	3392	2646	365	404	1242	58	315		2491
十堰市小计	**131998**	**109848**	**29530**	**32717**	**10677**	**4694**	**9470**	**1974**	**4515**	**997**	**15274**
本级	62009	57051	17383	12465	5930	2265	5998	734	3391		8885
县级小计	69989	52797	12147	20252	4747	2429	3472	1240	1124	997	6389
张湾区	7265	7244	1108	3472	507	667					1490
茅箭区	7810	7584	1423	4103	612	332					1114
丹江口市	20100	16456	6225	3143	2703	654	2017	1	114	12	1587
郧县	9585	5825	1367	2337	374	176	578	23	181		789

二、各省、自治区、直辖市地市县一般预算财政资料

2－20－2

单位:万元

地区	收支部分									
	收入								支出	
	非税收入							贷款转贷回收本金收入		
	小计	专项收入	行政事业性收费收入	罚没收入	国有资本经营收入	国有资源(资产)有偿使用收入	其他收入		本年支出小计	一般公共服务
地(市)县级总计	**894068**	**141020**	**342101**	**223492**	**106662**	**23852**	**56941**		**7627117**	**1382809**
地(市)本级合计	**378919**	**82079**	**137670**	**82835**	**58585**	**7314**	**10436**		**2523888**	**431658**
县级合计	**515149**	**58941**	**204431**	**140657**	**48077**	**16538**	**46505**		**5103229**	**951151**
武汉市小计	**371972**	**70254**	**139839**	**64311**	**81507**	**4902**	**11159**		**2578102**	**431351**
本级	262018	47244	106122	39825	59786	3376	5665		1418759	219936
县级小计	109954	23010	33717	24486	21721	1526	5494		1159343	211415
江岸区	13172	2211	2212	2703	5952	92	2		112960	20252
江汉区	8758	2880	2117	3062	560	139			108680	12777
硚口区	6778	2028	904	1522	2162	91	71		90732	17079
武昌区	7329	2980	2028	1134	11	121	1055		115905	19173
汉阳区	13142	1431	586	1568	9239	17	301		65200	11618
青山区	8765	3032	730	1601	724	69	2609		96981	18836
洪山区	5532	2125	1200	2052		125	30		89149	14688
东西湖区	6635	1816	2390	2298		131			99422	30754
汉南区	918	334	311	127		6	140		20985	2997
江夏区	11720	1557	5733	3600		220	610		99644	20173
蔡甸区	6303	866	4086	930		293	128		66247	13008
新洲区	12864	860	7229	1975	2341	153	306		93163	14274
黄陂区	8038	890	4191	1914	732	69	242		100275	15786
黄石市小计	**39974**	**6654**	**14146**	**13990**	**3759**	**417**	**1008**		**314321**	**72257**
本级	15674	2524	6954	4540	1453	122	81		115285	28644
县级小计	24300	4130	7192	9450	2306	295	927		199036	43613
黄石港区	3309	454	637	1400	700	5	113		11775	3765
西塞山区	1459	352	260	840		7			11597	3548
下陆区	1158	284		596		4	274		7218	2297
铁山区	768	133	293	341		1			4622	1527
大冶市	10426	2146	1378	5073	1606	223			93572	17316
阳新县	7180	761	4624	1200		55	540		70252	15160
十堰市小计	**22150**	**5029**	**7620**	**6002**	**－888**	**362**	**4025**		**428329**	**72940**
本级	4958	3014	1620	2340	－2172	156			129383	19284
县级小计	17192	2015	6000	3662	1284	206	4025		298946	53656
张湾区	21			16		5			13297	4273
茅箭区	226			218		8			12479	4070
丹江口市	3644	967	1252	1021	339	65			57617	11522
郧县	3760	469	633	1171	680	73	734		49859	7163

2006 年地方财政政府收支分类转换数据

2－20－3

单位:万元

地区	收支部分										
	支出										
	外交	国防	公共安全	教育	科学技术	文化体育与传媒	社会保障和就业	医疗卫生	环境保护	城乡社区事务	农林水事务
地(市)县级总计	**471**	**8701**	**658410**	**1395817**	**116756**	**142455**	**966663**	**398646**	**55636**	**341266**	**649132**
地(市)本级合计	**471**	**4821**	**264982**	**218747**	**63050**	**85729**	**345937**	**137721**	**17671**	**167889**	**108479**
县级合计		**3880**	**393428**	**1177070**	**53706**	**56726**	**620726**	**260925**	**37965**	**173377**	**540653**
武汉市小计	**471**	**7229**	**263106**	**358919**	**49628**	**57919**	**297670**	**134266**	**14149**	**156287**	**96731**
本级	471	4553	145795	71027	35878	49461	207045	76847	8534	90836	44818
县级小计		2676	117311	287892	13750	8458	90625	57419	5615	65451	51913
江岸区		301	14495	30010	2208	532	10253	3078	601	5198	839
江汉区		264	14552	30337	1442	825	9045	6731	848	10347	
硚口区		288	13918	25265	1244	698	7585	5580	574	5722	216
武昌区		250	15206	33646	1416	597	8388	6574	701	12092	815
汉阳区		199	9941	13700	831	376	3038	3814	250	4109	1085
青山区			12158	31374	773	645	2784	4312	510	5594	595
洪山区		197	9513	18384	1049	630	3737	5154	291	5083	2649
东西湖区		570	5374	8953	1401	355	6326	3827	434	2024	5131
汉南区		266	1595	3988	191	265	1051	1019	63	291	1508
江夏区		120	5530	21914	1214	750	9619	5318	536	8980	12046
蔡甸区		81	4052	13706	824	734	9888	4285	246	2225	6802
新洲区		140	5328	31939	279	1061	4817	4154	252	1582	8209
黄陂区			5649	24676	878	990	14094	3573	309	2204	12018
黄石市小计		**3**	**31508**	**65976**	**8179**	**6341**	**22411**	**19292**	**2311**	**16804**	**24936**
本级		3	12921	15666	3005	4299	6800	7799	1664	9729	3981
县级小计			18587	50310	5174	2042	15611	11493	647	7075	20955
黄石港区			2847	3101	66		1039	226		324	158
西塞山区			1766	3016	132	1	1700	305		103	69
下陆区			1035	1791	89	18	685	135		190	179
铁山区			969	1121	52	100	246	229		93	58
大冶市			7520	24260	4363	1225	6500	4776	422	5949	11326
阳新县			4450	17021	472	698	5441	5822	225	416	9165
十堰市小计			**28104**	**82328**	**3882**	**7510**	**85808**	**26221**	**6321**	**14750**	**39754**
本级			12118	22201	1603	3818	31455	9416	1315	8223	4504
县级小计			15986	60127	2279	3692	54353	16805	5006	6527	35250
张湾区			511	3539	72	189	2024	636	29	248	1277
茅箭区			915	3164	138	130	1360	735	55	298	1216
丹江口市			4089	10029	488	1539	8619	2967	669	2990	6595
郧县			2644	11889	443	345	9733	2145	501	312	5780

二、各省、自治区、直辖市地市县一般预算财政资料

2－20－4

单位:万元

地区	收支部分			平衡部分						
	支出			收入						
						返还性收入			财力性转移支付收入	
	交通运输	工业、商业、金融等事务	其他支出	收入总计	本年收入	小计	增值税和消费税税收返还	所得税基数返还	小计	体制补助
地(市)县级总计	**178703**	**281225**	**1050427**	**8844726**	**3444533**	**1119280**	**913428**	**205852**	**2547351**	**6528**
地(市)本级合计	**54107**	**134940**	**487686**	**3309996**	**1598006**	**662971**	**602301**	**60670**	**429356**	**4080**
县级合计	**124596**	**146285**	**562741**	**5534730**	**1846527**	**456309**	**311127**	**145182**	**2117995**	**2448**
武汉市小计	**15061**	**96878**	**598437**	**3348796**	**1786019**	**518607**	**432137**	**86470**	**492161**	
本级	11548	77359	374651	2104470	1068742	402353	376372	25981	245044	－418
县级小计	3513	19519	223786	1244326	717277	116254	55765	60489	247117	418
江岸区		541	24652	120021	89216	11751	4865	6886	7507	
江汉区		465	21047	118851	88589	15234	7568	7666	4951	
硚口区		2918	9645	99158	59765	14899	5646	9253	14129	
武昌区		485	16562	124896	93931	14635	5305	9330	4280	
汉阳区	9	406	15824	70731	48415	7288	3411	3877	7745	
青山区		887	18513	100207	59173	15123	5571	9552	20090	
洪山区	286	916	26572	91715	58678	8124	4934	3190	16111	
东西湖区	69	694	33510	102470	71431	11522	5383	6139	13172	
汉南区	119	99	7533	21867	10355	1404	846	558	6324	
江夏区	263	3865	9316	108953	40760	4713	3574	1139	41672	
蔡甸区	642	2349	7405	74257	27369	4622	3815	807	26563	
新洲区	275	3929	16924	101678	35495	3599	2511	1088	40087	
黄陂区	1850	1965	16283	109522	34100	3340	2336	1004	44486	418
黄石市小计	**4685**	**15194**	**24424**	**357737**	**153339**	**55776**	**53047**	**2729**	**96843**	
本级	1812	8112	10850	124265	57623	37988	37988		15096	
县级小计	2873	7082	13574	233472	95716	17788	15059	2729	81747	
黄石港区		234	15	19036	15453				2609	
西塞山区			957	15620	9122				5211	
下陆区		21	778	13508	8947				3822	
铁山区		78	149	7200	4669	373		373	2485	
大冶市	1578	5680	2657	101172	39432	12218	10342	1876	33385	
阳新县	1295	1069	9018	76936	18093	5197	4717	480	34235	
十堰市小计	**17379**	**11143**	**32189**	**452627**	**131998**	**53389**	**50612**	**2777**	**169379**	**978**
本级	5441	4814	5191	148740	62009	32019	32019		28775	652
县级小计	11938	6329	26998	303887	69989	21370	18593	2777	140604	326
张湾区	176	46	277	16398	7265	2233	2233		5766	
茅箭区	150	115	133	15535	7810	1879	1879		4861	
丹江口市	1923	2314	3873	58790	20100	8233	6679	1554	17611	
郧县	2074	538	6292	50345	9585	3633	3633		23458	

2006 年地方财政政府收支分类转换数据

2－20－5　　　　　　　　　　　　　　　　　　　　　　　　　　　　　　　单位:万元

地区	平衡部分									
	收入									
	财力性转移支付收入									
	一般性转移支付补助	民族地区转移支付补助	调整工资转移支付补助	农村税费改革转移支付补助	取消农业特产税降低农业税率转移支付补助	缓解县乡财政困难转移支付补助	农村义务教育补助	结算补助	企事业单位预算划转补助	其他财力性转移支付
地(市)县级总计	**460668**	**31526**	**796984**	**213194**	**332334**	**233463**	**47212**	**159518**	**26541**	**239383**
地(市)本级合计	**84398**	**7199**	**124848**	**－4756**	**3071**	**－5854**	**2021**	**66879**	**－4004**	**151474**
县级合计	**376270**	**24327**	**672136**	**217950**	**329263**	**239317**	**45191**	**92639**	**30545**	**87909**
武汉市小计	**99478**		**98001**	**6071**	**19330**	**10311**	**565**	**56495**	**20390**	**181520**
本级	40217		11262	－4630	－226	－10155	565	60607	－6199	154021
县级小计	59261		86739	10701	19556	20466		－4112	26589	27499
江岸区	842		6898		93	49		－2434	464	1595
江汉区	1244		5937	192	5	9		－4375		1939
硚口区	1946		6845		35	20		779	159	4345
武昌区	1030		7669		1	2		－3917	1166	－1671
汉阳区	783		4053		261	87		990		1571
青山区	671		3752					－7034	23644	－943
洪山区	780		4452	66	793	884		2532	305	6299
东西湖区	5452		3016	226	1264	953		－2208		4469
汉南区	2140		1905	194	615	710		－239	79	920
江夏区	10318		9891	1825	3756	4248		8381	376	2877
蔡甸区	8917		6559	1244	2130	2585		2115	218	2795
新洲区	12318		12002	3777	5050	5039		689		1212
黄陂区	12820		13760	3177	5553	5880		609	178	2091
黄石市小计	**23303**		**32695**	**8340**	**7661**	**6404**	**2379**	**4887**	**2320**	**8854**
本级	3011		8894	113	41	90	17	－5237		8167
县级小计	20292		23801	8227	7620	6314	2362	10124	2320	687
黄石港区	68		1352	44	13	233	2	1817		－920
西塞山区	274		1561	165	53	327	13	2596		222
下陆区	128		691	86	28	178		2256		455
铁山区	108		531	15	7	91	1	473	1480	－221
大冶市	10788		9590	2990	3686	2673	708	1994	840	116
阳新县	8926		10076	4927	3833	2812	1638	988		1035
十堰市小计	**37127**		**60585**	**13094**	**14034**	**12294**	**3096**	**26352**	**60**	**1759**
本级	5822		10984	－528	21	165		15368		－3709
县级小计	31305		49601	13622	14013	12129	3096	10984	60	5468
张湾区	95		1773	353	132	273	3	739		2398
茅箭区	97		1609	165	54	266	4	473		2193
丹江口市	4474		7244	1522	1327	1301	361	2198	60	－876
郧县	5421		8402	2524	2283	2296	682	993		857

2-20-6

单位:万元

地区	平衡部分								
	收入							支出	
	专项转移支付			省补助计划单列市	上年结余收入	调入资金	国债转贷收入、上年结余及转补助数	支出总计	本年支出
	小计	专项补助	增发国债补助						
地(市)县级总计	**985851**	**985851**			**654134**	**93577**		**8186703**	**7627117**
地(市)本级合计	**133469**	**133469**			**425098**	**61096**		**2868919**	**2523888**
县级合计	**852382**	**852382**			**229036**	**32481**		**5317784**	**5103229**
武汉市小计	**128987**	**128987**			**375750**	**47272**		**2917815**	**2578102**
本级	-14401	-14401			357993	44739		1709541	1418759
县级小计	143388	143388			17757	2533		1208274	1159343
江岸区	11519	11519			28			119984	112960
江汉区	9026	9026			1051			117338	108680
硚口区	10360	10360			5			99154	90732
武昌区	11748	11748			302			124544	115905
汉阳区	7225	7225			58			68108	65200
青山区	5579	5579			242			100045	96981
洪山区	8755	8755			47			91715	89149
东西湖区	5838	5838			507			101952	99422
汉南区	3764	3764			20			21851	20985
江夏区	15532	15532			4960	1316		100930	99644
蔡甸区	12005	12005			3698			67765	66247
新洲区	20090	20090			2203	204		93843	93163
黄陂区	21947	21947			4636	1013		101045	100275
黄石市小计	**33618**	**33618**			**18113**	**48**		**342729**	**314321**
本级	8066	8066			5492			120402	115285
县级小计	25552	25552			12621	48		222327	199036
黄石港区	698	698			228	48		18255	11775
西塞山区	1504	1504			-217			15828	11597
下陆区	548	548			191			13120	7218
铁山区	296	296			-623			7288	4622
大冶市	8566	8566			7571			96475	93572
阳新县	13940	13940			5471			71361	70252
十堰市小计	**88720**	**88720**			**4389**	**4752**		**456058**	**428329**
本级	23985	23985			1219	733		148361	129383
县级小计	64735	64735			3170	4019		307697	298946
张湾区	574	574			352	208		16396	13297
茅箭区	707	707			278			15534	12479
丹江口市	11084	11084			1430	332		58415	57617
郧县	9856	9856			1247	2566		50288	49859

2－20－7

单位:万元

地区	平衡部分									
	支出								年终结余	其中:净结余
	财力性转移支付			专项上解	计划单列市上解省	增设预算周转金	调出资金	国债转贷拨付数及年末结余		
	小计	体制上解	出口退税专项上解							
地(市)县级总计	**442386**	**431643**	**10743**	**116246**		**160**	**794**		**658023**	**313579**
地(市)本级合计	**341945**	**333924**	**8021**	**2986**		**100**			**441077**	**214173**
县级合计	**100441**	**97719**	**2722**	**113260**		**60**	**794**		**216946**	**99406**
武汉市小计	**289615**	**283489**	**6126**	**49423**			**675**		**430981**	**211024**
本级	256924	250798	6126	33858					394929	182646
县级小计	32691	32691		15565			675		36052	28378
江岸区	4636	4636		2388					37	37
江汉区	6422	6422		2236					1513	1513
硚口区	6467	6467		1955					4	4
武昌区	5651	5651		2988					352	352
汉阳区	1874	1874		1034					2623	2623
青山区	1357	1357		1707					162	162
洪山区	1116	1116		1446			4			
东西湖区	2542	2542		－12					518	518
汉南区	683	683		183					16	16
江夏区	729	729		151			406		8023	6405
蔡甸区	1095	1095		423					6492	5226
新洲区	119	119		561					7835	5636
黄陂区				505			265		8477	5886
黄石市小计	**24285**	**23511**	**774**	**4123**					**15008**	**11830**
本级	3427	2682	745	1690					3863	3773
县级小计	20858	20829	29	2433					11145	8057
黄石港区	6370	6370		110					781	548
西塞山区	4138	4138		93					－208	－535
下陆区	5767	5767		135					388	260
铁山区	2609	2609		57					－88	－179
大冶市	1793	1789	4	1110					4697	4625
阳新县	181	156	25	928					5575	3338
十堰市小计	**23437**	**23419**	**18**	**4292**					**－3431**	**－3755**
本级	18775	18775		203					379	379
县级小计	4662	4644	18	4089					－3810	－4134
张湾区	2261	2261		838					2	2
茅箭区	2263	2263		792					1	1
丹江口市	78	78		720					375	193
郧县	42	42		387					57	57

2－20－8 单位:万元

地区	收支部分										
	收入										
	本年收入小计	税收收入									
		小计	增值税	营业税	企业所得税	个人所得税	城市维护建设税	耕地占用税	契税	烟叶税	其他各项税收收入
郧西县	6223	4342	497	2714	98	139	219	20	124	181	350
竹山县	6288	3688	568	1548	273	153	209	58	165	357	357
竹溪县	6198	3402	486	1517	116	139	270	32	218	216	408
房县	6520	4256	473	1418	64	169	179	1106	322	231	294
荆州市小计	**128596**	**81456**	**19851**	**28784**	**6673**	**2697**	**7981**	**1806**	**5015**		**8649**
本级	40148	30538	7029	9533	2714	974	2867	1217	3209		2995
县级小计	88448	50918	12822	19251	3959	1723	5114	589	1806		5654
沙市区	7387	6509	1308	3511	304	250	615				521
荆州区	9312	7513	1979	2509	225	181	770	194	896		759
江陵县	3266	1615	412	694	49	43	183	31	34		169
松滋市	16652	7526	2000	2202	651	265	1091	10	316		991
公安县	17098	9275	2199	3720	1187	282	935	53	139		760
石首市	14670	6863	2442	1895	879	267	611	60	55		654
监利县	8582	6279	1144	2884	282	242	473	220	201		833
洪湖市	11481	5338	1338	1836	382	193	436	21	165		967
宜昌市小计	**273685**	**213136**	**39556**	**71139**	**17714**	**8350**	**23425**	**3289**	**14673**	**1753**	**33237**
本级	111691	94756	16079	35875	6432	4672	12750	1	8508		10439
县级小计	161994	118380	23477	35264	11282	3678	10675	3288	6165	1753	22798
西陵区	9666	9095	1140	5434	698	440			114		1269
伍家岗区	6618	5864	974	2937	517	149		137	114		1036
点军区	1976	1735	343	824	26	33		2	95		412
猇亭区	4031	3296	779	553	391	115		377	649		432
夷陵区	26979	20350	4675	4838	2829	630	3438	70	1110		2760
宜都市	26772	19268	3753	3875	2368	273	1534	1255	1264		4946
枝江市	22767	13238	3137	2650	1326	453	1449	852	846		2525
当阳市	20721	12822	2676	2794	562	391	1965	354	1379		2701
远安县	10018	7827	1625	1106	887	335	430	4	25		3415
兴山县	8308	6579	1704	1610	963	224	638	2	21	392	1025
秭归县	8690	6035	899	2400	341	256	423	3	288	584	841
长阳县	11287	8906	1289	5397	214	260	611	31	143	109	852
五峰县	4161	3365	483	846	160	119	187	201	117	668	584
襄樊市小计	**206161**	**146310**	**40408**	**38757**	**8636**	**5078**	**21821**	**1367**	**5714**	**1876**	**22653**
本级	82388	67423	25923	10872	5498	2625	12908	129	808		8660
县级小计	123773	78887	14485	27885	3138	2453	8913	1238	4906	1876	13993
襄城区	10931	10071	1409	5473	467	439	1024	1	474		784

2-20-9

单位:万元

地区	收支部分									
	收入								支出	
	非税收入							贷款转贷回收本金收入		
	小计	专项收入	行政事业性收费收入	罚没收入	国有资本经营收入	国有资源(资产)有偿使用收入	其他收入		本年支出小计	一般公共服务
郧西县	1881	245	1263	361		12			41435	6548
竹山县	2600	173	1901	143	15	13	355		42529	6414
竹溪县	2796	54	810	304	250	18	1360		35730	5741
房县	2264	107	141	428		12	1576		46000	7925
荆州市小计	**47140**	**3550**	**17095**	**23069**	**-1730**	**3985**	**1171**		**525767**	**88100**
本级	9610	1836		8466	-1063	361	10		110551	16559
县级小计	37530	1714	17095	14603	-667	3624	1161		415216	71541
沙市区	878	272	415	652	-465	4			22843	5280
荆州区	1799	202	547	651		399			31900	8382
江陵县	1651	30	940	599		54	28		30121	5808
松滋市	9126	387	1866	4120	-310	2867	196		61507	10057
公安县	7823	274	4658	2676		42	173		70568	10589
石首市	7807	144	4493	2921	200	49			50024	6587
监利县	2303	199	843	1232	-100	90	39		81441	12496
洪湖市	6143	206	3333	1752	8	119	725		66812	12342
宜昌市小计	**60549**	**19321**	**12666**	**11482**	**8801**	**5317**	**2962**		**627607**	**129800**
本级	16935	11812	2625	3601	-1941	838			163760	38485
县级小计	43614	7509	10041	7881	10742	4479	2962		463847	91315
西陵区	571	23	193	308	24	23			18331	4375
伍家岗区	754		647	99		8			11908	2117
点军区	241		183	57		1			10009	2313
猇亭区	735	25	136	122	440	8	4		7290	1826
夷陵区	6629	1102	745	1546	879	54	2303		72433	16693
宜都市	7504	1213	949	602	4574	49	117		65253	10038
枝江市	9529	830	2145	1936	4569	49			55490	8146
当阳市	7899	925	2685	1187		3102			58924	11190
远安县	2191	343	914	662	256	16			34557	6960
兴山县	1729	1097	187	260		43	142		24306	5727
秭归县	2655	584	501	302		1057	211		36014	7755
长阳县	2381	1018	433	723		46	161		43140	8469
五峰县	796	349	323	77		23	24		26192	5706
襄樊市小计	**59851**	**11676**	**29677**	**13962**	**1292**	**1017**	**2227**		**567772**	**86846**
本级	14965	6651	2806	3019	438	397	1654		182138	18366
县级小计	44886	5025	26871	10943	854	620	573		385634	68480
襄城区	860	412	293	147		8			16878	2740

2－20－10

单位:万元

地区	收支部分										
	支出										
	外交	国防	公共安全	教育	科学技术	文化体育与传媒	社会保障和就业	医疗卫生	环境保护	城乡社区事务	农林水事务
郧西县			1920	9296	381	396	8516	2941	391	487	4906
竹山县			2116	7914	235	540	8105	3046	960	1438	6003
竹溪县			1480	6286	155	270	8120	2048	1017	392	4357
房县			2311	8010	367	283	7876	2287	1384	362	5116
荆州市小计		**210**	**42684**	**95110**	**6043**	**7491**	**50353**	**33546**	**1501**	**17382**	**75466**
本级		120	15663	9966	2744	3277	10995	7550	682	4690	9375
县级小计		90	27021	85144	3299	4214	39358	25996	819	12692	66091
沙市区			1293	7865	164	74	3263	390		364	1533
荆州区			1266	7061	220	503	2802	1833		329	3817
江陵县			2210	4438	176	94	2213	1704		2350	7489
松滋市		67	5203	12189	120	482	4160	3504	278	1079	8334
公安县			4649	13349	477	583	6378	5330	57	1323	10222
石首市			3638	10747	679	1104	3663	4761	205	1285	7187
监利县		23	4124	17149	832	660	6922	5350	121	1609	15547
洪湖市			4638	12346	631	714	9957	3124	158	4353	11962
宜昌市小计		**210**	**42711**	**116186**	**12027**	**11508**	**67459**	**33348**	**8001**	**35589**	**53381**
本级		4	15567	22213	5716	5470	13836	10295	1366	13765	7220
县级小计		206	27144	93973	6311	6038	53623	23053	6635	21824	46161
西陵区		77	1093	6877	408	142	1504	562	51	160	517
伍家岗区			477	2773	280	126	1116	446	62	775	683
点军区		35	498	2002	160	45	1355	310	75	106	827
猇亭区			417	1278	102	52	849	283	38	525	244
夷陵区			4704	13146	1012	897	8988	2638	950	5279	6610
宜都市			3580	8994	1361	858	15417	2613	2123	6174	6513
枝江市		94	3733	13239	692	454	4408	2354	146	3115	6223
当阳市			3116	11694	870	975	4984	3148	244	2766	5774
远安县			1830	6388	286	336	7833	1613	408	641	2882
兴山县			1452	5106	258	462	1385	1146	745	324	2463
秭归县			2299	8499	341	615	2141	2584	943	467	4688
长阳县			2514	8971	241	754	2295	3333	688	1048	4380
五峰县			1431	5006	300	322	1348	2023	162	444	4357
襄樊市小计		**178**	**46037**	**129145**	**10651**	**12955**	**93131**	**26056**	**3931**	**30419**	**54526**
本级			18703	25140	7195	8111	35735	6918	1305	19908	11160
县级小计		178	27334	104005	3456	4844	57396	19138	2626	10511	43366
襄城区			1317	7847	236	38	2548	723			914

2－20－11

单位:万元

地区	收支部分			平衡部分						
	支出			收入						
						返还性收入			财力性转移支付收入	
	交通运输	工业、商业、金融等事务	其他支出	收入总计	本年收入	小计	增值税和消费税税收返还	所得税基数返还	小计	体制补助
郧西县	1782	924	2947	39873	6223	1582	1131	451	22999	90
竹山县	1923	770	3065	41301	6288	1677	950	727	22267	107
竹溪县	1815	953	3096	35809	6198	832	787	45	18832	2
房县	2095	669	7315	45836	6520	1301	1301		24810	127
荆州市小计	**15023**	**24867**	**67991**	**578507**	**128596**	**56260**	**39581**	**16679**	**250510**	**477**
本级	3212	8960	16758	131274	40148	25149	17200	7949	34696	477
县级小计	11811	15907	51233	447233	88448	31111	22381	8730	215814	
沙市区	682	653	1282	22942	7387	2488	2105	383	7899	
荆州区	786	712	4189	36450	9312	2965	2612	353	17499	
江陵县	977	352	2310	32391	3266	710	701	9	17102	
松滋市	2574	2293	11167	66202	16652	4825	4216	609	30589	
公安县	1786	3689	12136	76030	17098	7462	3247	4215	31946	
石首市	1909	2744	5515	53229	14670	4884	4067	817	22251	
监利县	1700	3917	10991	88048	8582	2856	2524	332	52630	
洪湖市	1397	1547	3643	71941	11481	4921	2909	2012	35898	
宜昌市小计	**22589**	**26876**	**67922**	**683751**	**273685**	**88662**	**66052**	**22610**	**182607**	**645**
本级	5380	7618	16825	182640	111691	28534	21304	7230	19935	284
县级小计	17209	19258	51097	501111	161994	60128	44748	15380	162672	361
西陵区	257	425	1883	19597	9666	1683	1683		6197	
伍家岗区	77	187	2789	12899	6618	869	869		3694	
点军区	472	208	1603	9790	1976	417	417		5022	
猇亭区	267	558	851	7566	4031	330	330		2706	
夷陵区	2886	3074	5556	80169	26979	16914	10994	5920	19060	
宜都市	1838	3167	2577	69230	26772	6573	4368	2205	14945	
枝江市	2103	5336	5447	60108	22767	6218	4409	1809	20763	
当阳市	1387	1105	11671	62162	20721	13804	11549	2255	17363	
远安县	1119	495	3766	37676	10018	2785	2785		11288	
兴山县	1586	1098	2554	27904	8308	4143	2275	1868	9224	
秭归县	2036	1552	2094	39705	8690	1983	1399	584	18394	
长阳县	1683	585	8179	45829	11287	3538	2799	739	19771	212
五峰县	1498	1468	2127	28476	4161	871	871		14245	149
襄樊市小计	**19392**	**12492**	**42013**	**635059**	**206161**	**83340**	**81450**	**1890**	**224049**	
本级	7838	3086	18673	196973	82388	61531	61531		13958	
县级小计	11554	9406	23340	438086	123773	21809	19919	1890	210091	
襄城区	60	369	86	24679	10931	1243	1243		8865	

2－20－12

单位:万元

地区	平衡部分									
	收入									
	财力性转移支付收入									
	一般性转移支付补助	民族地区转移支付补助	调整工资转移支付补助	农村税费改革转移支付补助	取消农业特产税降低农业税率转移支付补助	缓解县乡财政困难转移支付补助	农村义务教育补助	结算补助	企事业单位预算划转补助	其他财力性转移支付
郧西县	5933		8212	2560	2853	1856	617	878		
竹山县	5344		7730	2352	2629	2010	442	1653		
竹溪县	4547		6296	1768	2128	1761	475	1570		285
房县	5394		8335	2378	2607	2366	512	2480		611
荆州市小计	**46803**		**79553**	**27635**	**54135**	**30251**	**3551**	**2740**	**－130**	**5495**
本级	10788		18864	234	1288	536		1970	－130	669
县级小计	36015		60689	27401	52847	29715	3551	770		4826
沙市区	865		3513	588	1086	191	51	415		1190
荆州区	3697		5697	2286	3985	2121	207	－1072		578
江陵县	2831		2934	2422	4097	4462	199	133		24
松滋市	4482		9049	4145	8006	3082	444	423		958
公安县	4231		10184	4025	9514	3440	556	－468		464
石首市	4193		7020	2222	5253	1862	390	428		883
监利县	9004		12583	7081	12418	9299	1071	538		636
洪湖市	6712		9709	4632	8488	5258	633	373		93
宜昌市小计	**31451**	**4577**	**58696**	**16838**	**20264**	**12451**	**1736**	**24579**	**1494**	**9876**
本级	1158		11465	－236	9	170		6926	883	－724
县级小计	30293	4577	47231	17074	20255	12281	1736	17653	611	10600
西陵区	77		1128	85	65	276		3325		1241
伍家岗区	65		738	133	127	241	1	903		1486
点军区	131		937	553	496	338	12	1446		1109
猇亭区	91		543	167	85	163	1	1379		277
夷陵区	4480		5281	1950	2899	1850	247	2155	150	48
宜都市	4431		4851	1492	1601	1025	165	945	251	184
枝江市	3737		5563	2398	4702	2086	234	760	210	1073
当阳市	2137		4962	2072	4042	2403	166	713		868
远安县	2338		3061	985	1040	657	88	1726		1393
兴山县	1407		3693	1137	508	579	96	1363		441
秭归县	3915		5777	2122	1983	998	282	1730		1587
长阳县	4845	2319	6287	2124	1718	1057	312	755		142
五峰县	2639	2258	4410	1856	989	608	132	453		751
襄樊市小计	**25135**		**81258**	**19317**	**40911**	**27464**	**2781**	**14061**	**886**	**12236**
本级	1168		15698	－930	245	236	412	－9606	472	6263
县级小计	23967		65560	20247	40666	27228	2369	23667	414	5973
襄城区	587		2914	904	1901	671	88	1418		382

2006 年地方财政政府收支分类转换数据

2－20－13　　　　单位:万元

地区	平衡部分								
	收入							支出	
	专项转移支付			省补助计划单列市	上年结余收入	调入资金	国债转贷收入、上年结余及转补助数	支出总计	本年支出
	小计	专项补助	增发国债补助						
郧西县	9270	9270			－271	70		41746	41435
竹山县	10826	10826			－153	396		42879	42529
竹溪县	10026	10026			－268	189		36031	35730
房县	12392	12392			555	258		46408	46000
荆州市小计	**95390**	**95390**			**41253**	**6498**		**554666**	**525767**
本级	14366	14366			14633	2282		129222	110551
县级小计	81024	81024			26620	4216		425444	415216
沙市区	4033	4033			426	709		22918	22843
荆州区	4862	4862			1683	129		31690	31900
江陵县	8779	8779			2534			30303	30121
松滋市	10344	10344			3792			63293	61507
公安县	14111	14111			4626	787		72200	70568
石首市	9661	9661			1763			51248	50024
监利县	17062	17062			5296	1622		84491	81441
洪湖市	12172	12172			6500	969		69301	66812
宜昌市小计	**98638**	**98638**			**30937**	**9222**		**654210**	**627607**
本级	10727	10727			6140	5613		175624	163760
县级小计	87911	87911			24797	3609		478586	463847
西陵区	1894	1894			157			19075	18331
伍家岗区	1574	1574			144			12474	11908
点军区	1474	1474			－284	1185		10114	10009
猇亭区	532	532			－33			7427	7290
夷陵区	13255	13255			3961			75800	72433
宜都市	15872	15872			2953	2115		67123	65253
枝江市	5697	5697			4663			57381	55490
当阳市	7588	7588			2686			61434	58924
远安县	11260	11260			2130	195		35470	34557
兴山县	4926	4926			1303			25185	24306
秭归县	8270	8270			2254	114		36659	36014
长阳县	8441	8441			2792			43913	43140
五峰县	7128	7128			2071			26531	26192
襄樊市小计	**90019**	**90019**			**28327**	**3163**		**606794**	**567772**
本级	28512	28512			10584			187449	182138
县级小计	61507	61507			17743	3163		419345	385634
襄城区	1079	1079			915	1646		23359	16878

2－20－14

单位:万元

地区	平衡部分									
	支出								年终结余	其中:净结余
	财力性转移支付			专项上解	计划单列市上解省	增设预算周转金	调出资金	国债转贷拨付数及年末结余		
	小计	体制上解	出口退税专项上解							
郧西县				311					－1873	－1873
竹山县	5		5	345					－1578	－1720
竹溪县				301					－222	－222
房县	13		13	395					－572	－572
荆州市小计	**21788**	**21145**	**643**	**7051**		**60**			**23841**	**5996**
本级	18153	17988	165	518					2052	2052
县级小计	3635	3157	478	6533		60			21789	3944
沙市区	35		35	40					24	
荆州区	89		89	－299					4760	1987
江陵县				182					2088	859
松滋市	407	376	31	1379					2909	388
公安县	257	185	72	1375					3830	667
石首市	271	102	169	893		60			1981	43
监利县	1408	1390	18	1642					3557	
洪湖市	1168	1104	64	1321					2640	
宜昌市小计	**17429**	**16759**	**670**	**9174**					**29541**	**21202**
本级	12399	12194	205	－535					7016	7011
县级小计	5030	4565	465	9709					22525	14191
西陵区	398	398		346					522	522
伍家岗区	287	268	19	279					425	425
点军区	46		46	59					－324	－324
猇亭区	41		41	96					139	56
夷陵区	1333	1333		2034					4369	2889
宜都市	856	728	128	1014					2107	1082
枝江市	627	542	85	1264					2727	1203
当阳市	1120	1092	28	1390					728	728
远安县	129	114	15	784					2206	1549
兴山县	165	69	96	714					2719	1997
秭归县	24	21	3	621					3046	1297
长阳县	3		3	770					1916	1825
五峰县	1		1	338					1945	942
襄樊市小计	**31610**	**30994**	**616**	**7412**					**28265**	**15622**
本级	19267	18855	412	－13956					9524	9288
县级小计	12343	12139	204	21368					18741	6334
襄城区	2043	2033	10	4438					1320	649

2－20－15

单位:万元

地区	收支部分										
	收入										
	本年收入小计	税收收入									
		小计	增值税	营业税	企业所得税	个人所得税	城市维护建设税	耕地占用税	契税	烟叶税	其他各项税收收入
樊城区	21611	20055	3651	9005	843	631	1745		1927		2253
襄阳区	14402	9323	1299	3009	312	196	823	633	842	127	2082
老河口市	16911	6479	1676	1565	481	132	852	24	303	138	1308
枣阳市	21015	10497	1564	2635	304	396	1325	174	564	132	3403
宜城市	14956	7006	1260	2110	205	177	851	315	495		1593
南漳县	6183	4293	794	1294	99	181	420	20	95	501	889
谷城县	10977	7110	1884	1818	176	191	1577	71	161		1232
保康县	6787	4053	948	976	251	110	296		45	978	449
鄂州市小计	**64647**	**53156**	**17864**	**10499**	**2137**	**831**	**7880**	**826**	**3573**		**9546**
本级	37996	31766	13927	3319	1552	378	4483	661	2789		4657
县级小计	26651	21390	3937	7180	585	453	3397	165	784		4889
鄂城区	19043	16193	3104	5428	402	278	2441	95	435		4010
华容区	4850	3340	642	1083	174	103	648	63	178		449
梁子湖区	2758	1857	191	669	9	72	308	7	171		430
荆门市小计	**101744**	**62048**	**12421**	**19628**	**3481**	**2578**	**7599**	**445**	**3291**		**12605**
本级	40575	28454	5850	10120	982	878	5091		1529		4004
县级小计	61169	33594	6571	9508	2499	1700	2508	445	1762		8601
掇刀区	5388	2710	381	699	106	189		10	388		937
东宝区	8166	4827	705	976	623	391		271	631		1230
钟祥市	22309	10199	2245	3031	552	385	875	159	217		2735
京山县	16966	11624	2502	2953	915	447	1231		413		3163
沙洋县	8340	4234	738	1849	303	288	402	5	113		536
孝感市小计	**127300**	**78286**	**16364**	**22684**	**5978**	**2234**	**8284**	**1638**	**4339**		**16765**
本级	21030	14622	2166	5759	990	582	1121	171	1709		2124
县级小计	106270	63664	14198	16925	4988	1652	7163	1467	2630		14641
孝南区	12541	7272	1737	2524	576	315	698	227	165		1030
孝昌县	6841	2727	417	1236	170	142	222	61	152		327
大悟县	10027	4838	965	1746	384	153	600	200	185		605
安陆市	12314	7451	1064	2422	567	174	657	347	732		1488
云梦县	14662	8830	1442	1954	778	200	672	77	372		3335
应城市	22800	15273	3040	3471	1312	293	2235	108	312		4502
汉川市	27085	17273	5533	3572	1201	375	2079	447	712		3354
黄冈市小计	**153542**	**70471**	**14628**	**20462**	**4695**	**3172**	**8271**	**2193**	**3583**	**16**	**13451**
本级	21769	10371	2657	3787	558	381	1705	74	227		982
县级小计	131773	60100	11971	16675	4137	2791	6566	2119	3356	16	12469

2－20－16

单位：万元

地区	收支部分									
	收入								支出	
	非税收入							贷款转贷回收本金收入	本年支出小计	一般公共服务
	小计	专项收入	行政事业性收费收入	罚没收入	国有资本经营收入	国有资源(资产)有偿使用收入	其他收入			
樊城区	1556	739	300	515		2			25528	4853
襄阳区	5079	432	2194	2290	155	8			59534	9485
老河口市	10432	447	8729	872		268	116		44789	10158
枣阳市	10518	704	6667	2872		275			78160	8961
宜城市	7950	582	4957	1536	699	9	167		47359	11651
南漳县	1890	208	653	933		15	81		41200	6668
谷城县	3867	645	1899	1090		24	209		43231	5760
保康县	2734	856	1179	688		11			28955	8204
鄂州市小计	**11491**	**3340**	**5367**	**2751**	**-199**	**206**	**26**		**135507**	**26722**
本级	6230	2814	1306	2138	-204	176			76736	14142
县级小计	5261	526	4061	613	5	30	26		58771	12580
鄂城区	2850	491	2269	68		22			32369	6747
华容区	1510	34	919	524		7	26		16464	3617
梁子湖区	901	1	873	21	5	1			9938	2216
荆门市小计	**39696**	**4667**	**12828**	**10253**	**2087**	**1038**	**8823**		**293297**	**68063**
本级	12121	3074	4013	2315	1803	121	795		69961	17282
县级小计	27575	1593	8815	7938	284	917	8028		223336	50781
掇刀区	2678	54	1719	502	3	6	394		15068	4141
东宝区	3339	97	2069	908	201	27	37		28815	6284
钟祥市	12110	522	1665	2456		34	7433		78592	18327
京山县	5342	647	2226	2325	80	64			57489	15077
沙洋县	4106	273	1136	1747		786	164		43372	6952
孝感市小计	**49014**	**4079**	**15249**	**15306**	**3044**	**922**	**10414**		**418855**	**87707**
本级	6408	612	378	5004	-260	674			55920	17050
县级小计	42606	3467	14871	10302	3304	248	10414		362935	70657
孝南区	5269	310	1138	1296	2507	18			53361	10767
孝昌县	4114	109	123	347	-195	15	3715		39032	5002
大悟县	5189	295	1246	1501	-10	20	2137		48393	7986
安陆市	4863	337	3117	1531	-348	36	190		47412	9680
云梦县	5832	348	2429	1290	460	64	1241		43969	8226
应城市	7527	638	3543	1835	228	52	1231		56855	15099
汉川市	9812	1430	3275	2502	662	43	1900		73913	13897
黄冈市小计	**83071**	**3309**	**44701**	**24069**	**503**	**424**	**10065**		**571277**	**93333**
本级	11398	1212	4368	4545	355	99	819		65031	13085
县级小计	71673	2097	40333	19524	148	325	9246		506246	80248

2－20－17

单位:万元

地　　区	收支部分										
	支出										
	外　交	国　防	公共安全	教　育	科学技术	文化体育与传媒	社会保障和就业	医疗卫生	环境保护	城乡社区事务	农林水事务
樊城区			1280	10990	309	80	4252	927	75	432	1122
襄阳区			4460	17274	560	704	12526	2227	253	832	6552
老河口市		105	2633	10169	650	1120	4939	2321	356	1623	5554
枣阳市		44	5843	15991	320	1005	11196	4311	338	3042	11432
宜城市			3508	14681	412	720	6430	1143	330	1654	4684
南漳县		29	3332	10599	338	448	5078	3092	210	682	5635
谷城县			3039	10460	372	471	8427	2919	289	1167	4719
保康县			1922	5994	259	258	2000	1475	775	1079	2754
鄂州市小计			**11558**	**24884**	**1749**	**2097**	**13072**	**4491**	**599**	**8409**	**9671**
本级			6176	9779	1638	1925	8794	3032	462	5793	5448
县级小计			5382	15105	111	172	4278	1459	137	2616	4223
鄂城区			3087	7854	10	77	2006	636	137	2039	2115
华容区			1357	4522	98	76	1727	603		504	1513
梁子湖区			938	2729	3	19	545	220		73	595
荆门市小计		**382**	**24840**	**53764**	**3836**	**4040**	**38914**	**14616**	**1748**	**8221**	**35519**
本级		141	7308	10604	1517	1871	8529	3097	821	4094	5265
县级小计		241	17532	43160	2319	2169	30385	11519	927	4127	30254
掇刀区			1087	3080	172	8	1248	239	63	39	1257
东宝区		82	2916	6170	257	179	4204	843	107	437	4051
钟祥市		93	6515	13836	542	1252	11663	4488	204	1048	9118
京山县		13	4070	9585	1022	471	8897	3440	329	1589	8450
沙洋县		53	2944	10489	326	259	4373	2509	224	1014	7378
孝感市小计			**31794**	**95764**	**4505**	**4677**	**58165**	**18239**	**2359**	**11572**	**47003**
本级			7004	7453	809	1012	4737	2579	280	2877	3953
县级小计			24790	88311	3696	3665	53428	15660	2079	8695	43050
孝南区			3489	9996	571	511	15442	1863	305	765	5950
孝昌县			2331	12255	391	406	6130	945	75	419	6345
大悟县			2801	13603	581	559	5527	1541	236	814	6322
安陆市			3206	11155	393	545	6394	2378	225	1503	5621
云梦县			2809	10768	582	668	4671	2899	114	1506	5475
应城市			4733	15146	246	391	9114	1870	19	1120	5080
汉川市			5421	15388	932	585	6150	4164	1105	2568	8257
黄冈市小计			**43649**	**124101**	**5051**	**9815**	**99859**	**25322**	**2345**	**9664**	**68495**
本级			8271	9066	1113	3184	6815	3291	526	2928	4205
县级小计			35378	115035	3938	6631	93044	22031	1819	6736	64290

2－20－18

单位:万元

地区	收支部分			平衡部分						
	支出			收入						
						返还性收入			财力性转移支付收入	
	交通运输	工业、商业、金融等事务	其他支出	收入总计	本年收入	小计	增值税和消费税税收返还	所得税基数返还	小计	体制补助
樊城区		79	1129	38959	21611	2041	2041		10988	
襄阳区	1707	1859	1095	65182	14402	2165	1612	553	37330	
老河口市	740	1279	3142	51842	16911	4321	4321		20432	
枣阳市	2815	1794	11068	85156	21015	3550	3008	542	46915	
宜城市	1190	394	562	50460	14956	2325	2325		23904	
南漳县	1797	1530	1762	44769	6183	1765	1714	51	25959	
谷城县	1804	971	2833	46409	10977	3039	2622	417	22548	
保康县	1441	1131	1663	30630	6787	1360	1033	327	13150	
鄂州市小计	**845**	**7521**	**23889**	**148216**	**64647**	**24416**	**17709**	**6707**	**33882**	
本级	768	6208	12571	81498	37996	18933	14140	4793	7286	－142
县级小计	77	1313	11318	66718	26651	5483	3569	1914	26596	142
鄂城区	13	799	6849	39351	19043	3472	2519	953	12716	132
华容区	64	512	1871	17221	4850	1701	818	883	8517	10
梁子湖区		2	2598	10146	2758	310	232	78	5363	
荆门市小计	**10333**	**9886**	**19135**	**322335**	**101744**	**34283**	**24581**	**9702**	**115886**	
本级	1867	2604	4961	80213	40575	21128	16252	4876	2569	
县级小计	8466	7282	14174	242122	61169	13155	8329	4826	113317	
掇刀区	521	866	2347	17567	5388	316	316		7560	
东宝区	1575	969	741	31725	8166	678	678		16152	
钟祥市	3452	1845	6209	84100	22309	4515	3413	1102	39136	
京山县	1395	2617	534	62464	16966	6584	3242	3342	23605	
沙洋县	1523	985	4343	46266	8340	1062	680	382	26864	
孝感市小计	**14974**	**13857**	**28239**	**446686**	**127300**	**41521**	**25862**	**15659**	**179105**	**940**
本级	1845	3686	2635	54674	21030	8628	4238	4390	13896	272
县级小计	13129	10171	25604	392012	106270	32893	21624	11269	165209	668
孝南区	1527	1237	938	56852	12541	4580	2360	2220	26847	101
孝昌县	44	616	4073	41618	6841	1047	549	498	22960	567
大悟县	2529	1845	4049	51197	10027	2710	2710		24000	
安陆市	2100	1600	2612	51071	12314	5387	3229	2158	21430	
云梦县	1932	1614	2705	46881	14662	5103	2594	2509	17879	
应城市	1126	1990	921	61877	22800	5546	5546		21880	
汉川市	3871	1269	10306	82516	27085	8520	4636	3884	30213	
黄冈市小计	**17889**	**19073**	**52681**	**608752**	**153542**	**52252**	**32267**	**19985**	**257911**	**231**
本级	2658	4434	5455	61743	21769	7375	3655	3720	14976	231
县级小计	15231	14639	47226	547009	131773	44877	28612	16265	242935	

2-20-19

单位:万元

地区	平衡部分									
	收入									
	财力性转移支付收入									
	一般性转移支付补助	民族地区转移支付补助	调整工资转移支付补助	农村税费改革转移支付补助	取消农业特产税降低农业税率转移支付补助	缓解县乡财政困难转移支付补助	农村义务教育补助	结算补助	企事业单位预算划转补助	其他财力性转移支付
樊城区	546		4374	809	1480	675	97	1025	414	1568
襄阳区	3512		11225	3260	9011	6507	128	3092		595
老河口市	2619		7231	1945	3462	2783	256	1821		315
枣阳市	3388		12126	3668	9942	5098	534	11599		560
宜城市	2502		7602	2273	6343	2751	216	1269		948
南漳县	3940		8009	3010	3758	5192	423	1213		414
谷城县	3802		7665	2809	3309	2395	386	1317		865
保康县	3071		4414	1569	1460	1156	241	913		326
鄂州市小计	**6483**		**14015**	**2696**	**4290**	**3412**	**633**	**1578**	**770**	**5**
本级	2782		6458	-306	348		267	-768	770	-2123
县级小计	3701		7557	3002	3942	3412	366	2346		2128
鄂城区	2191		3607	1320	1656	1226	101	1083		1400
华容区	859		2564	1018	1424	1073	167	1171		231
梁子湖区	651		1386	664	862	1113	98	92		497
荆门市小计	**19790**		**37304**	**11284**	**26913**	**15567**	**1957**	**5655**	**200**	**-2784**
本级	1492		8078	351	595	121	29	3724	200	-12021
县级小计	18298		29226	10933	26318	15446	1928	1931		9237
掇刀区	605		1262	513	1361	951	33	103		2732
东宝区	3822		3168	1264	1991	1497	95	177		4138
钟祥市	6515		11594	3791	9188	6149	558	921		420
京山县	3226		7736	2244	6149	3352	360	409		129
沙洋县	4130		5466	3121	7629	3497	882	321		1818
孝感市小计	**28576**		**63804**	**20785**	**30312**	**21146**	**3718**	**4563**	**192**	**5069**
本级	3789		7519	254	78	36	6	1965		-23
县级小计	24787		56285	20531	30234	21110	3712	2598	192	5092
孝南区	4454		8915	3098	4000	4525	407	502		845
孝昌县	4046		6194	3134	3637	3666	853	214		649
大悟县	4070		8208	2875	3413	2315	782	464		1873
安陆市	3797		7742	1993	3902	2957	318	471		250
云梦县	2184		7357	1973	3184	1958	433	209		581
应城市	2672		7243	1958	4209	2730	390	414		2264
汉川市	3564		10626	5500	7889	2959	529	324	192	-1370
黄冈市小计	**43163**		**87062**	**31739**	**40465**	**38628**	**7065**	**4136**		**5422**
本级	3778		8831	673	607	97	23	137		599
县级小计	39385		78231	31066	39858	38531	7042	3999		4823

2－20－20

单位:万元

地区	平衡部分								
	收入							支出	
	专项转移支付			省补助计划单列市	上年结余收入	调入资金	国债转贷收入、上年结余及转补助数	支出总计	本年支出
	小计	专项补助	增发国债补助						
樊城区	1278	1278			1791	1250		38097	25528
襄阳区	8665	8665			2353	267		61566	59534
老河口市	6561	6561			3617			46408	44789
枣阳市	11536	11536			2140			84344	78160
宜城市	7159	7159			2116			49301	47359
南漳县	9228	9228			1634			42435	41200
谷城县	8195	8195			1650			44294	43231
保康县	7806	7806			1527			29541	28955
鄂州市小计	**11280**	**11280**			**11824**	**2167**		**141937**	**135507**
本级	6360	6360			9726	1197		75518	76736
县级小计	4920	4920			2098	970		66419	58771
鄂城区	2201	2201			949	970		39113	32369
华容区	1532	1532			621			17200	16464
梁子湖区	1187	1187			528			10106	9938
荆门市小计	**49644**	**49644**			**19602**	**1176**		**306259**	**293297**
本级	9753	9753			5012	1176		78175	69961
县级小计	39891	39891			14590			228084	223336
掇刀区	1948	1948			2355			15249	15068
东宝区	3661	3661			3068			28926	28815
钟祥市	13746	13746			4394			81320	78592
京山县	12057	12057			3252			59038	57489
沙洋县	8479	8479			1521			43551	43372
孝感市小计	**69162**	**69162**			**25035**	**4563**		**428834**	**418855**
本级	7269	7269			3851			52179	55920
县级小计	61893	61893			21184	4563		376655	362935
孝南区	7542	7542			3259	2083		55328	53361
孝昌县	7991	7991			2779			39775	39032
大悟县	11304	11304			3156			49371	48393
安陆市	9294	9294			1846	800		49326	47412
云梦县	6225	6225			2178	834		45333	43969
应城市	7692	7692			3959			60331	56855
汉川市	11845	11845			4007	846		77191	73913
黄冈市小计	**112706**	**112706**			**27346**	**4995**		**580918**	**571277**
本级	12246	12246			2507	2870		60818	65031
县级小计	100460	100460			24839	2125		520100	506246

2-20-21

单位:万元

地区	平衡部分									
	支出								年终结余	其中:净结余
	财力性转移支付			专项上解	计划单列市上解省	增设预算周转金	调出资金	国债转贷拨付数及年末结余		
	小计	体制上解	出口退税专项上解							
樊城区	2594	2510	84	9975					862	187
襄阳区	764	764		1268					3616	1028
老河口市	734	734		885					5434	1651
枣阳市	4462	4427	35	1722					812	436
宜城市	992	939	53	950					1159	109
南漳县	325	313	12	910					2334	1370
谷城县	265	255	10	798					2115	515
保康县	164	164		422					1089	389
鄂州市小计	**4726**	**4591**	**135**	**1704**					**6279**	**79**
本级	4371	4236	135	-5589					5980	79
县级小计	355	355		7293					299	
鄂城区	219	219		6525					238	
华容区	136	136		600					21	
梁子湖区				168					40	
荆门市小计	**8425**	**8218**	**207**	**4537**					**16076**	**8506**
本级	7003	6950	53	1211					2038	2038
县级小计	1422	1268	154	3326					14038	6468
掇刀区	25		25	156					2318	2318
东宝区	4		4	107					2799	1967
钟祥市	1152	1098	54	1576					2780	342
京山县	241	170	71	1308					3426	777
沙洋县				179					2715	1064
孝感市小计	**4072**	**3789**	**283**	**5907**					**17852**	**918**
本级	-234	-239	5	-3507					2495	355
县级小计	4306	4028	278	9414					15357	563
孝南区	144	30	114	1823					1524	
孝昌县	14		14	729					1843	81
大悟县	75	72	3	903					1826	206
安陆市	872	861	11	1042					1745	113
云梦县	389	388	1	975					1548	59
应城市	1580	1571	9	1896					1546	46
汉川市	1232	1106	126	2046					5325	58
黄冈市小计	**2660**	**2513**	**147**	**6981**					**27834**	**13504**
本级				-4213					925	925
县级小计	2660	2513	147	11194					26909	12579

2-20-22

单位:万元

地区	收支部分										
	收入										
	本年收入小计	税收收入									
		小计	增值税	营业税	企业所得税	个人所得税	城市维护建设税	耕地占用税	契税	烟叶税	其他各项税收收入
黄州区	9718	5068	935	1679	221	261	475	145	405		947
团风县	5185	3362	478	972	97	155	442	405	13	16	784
红安县	13842	6739	1941	1772	537	236	1559	9	137		548
麻城市	18412	8701	1659	2794	646	380	701	370	682		1469
罗田县	8841	4101	1216	1231	175	246	313	21	304		595
英山县	6214	3131	522	1072	136	157	236	291	305		412
浠水县	13802	6487	1021	1329	483	354	565	578	460		1697
蕲春县	15159	7109	1211	1841	514	352	678	43	295		2175
武穴市	20276	9722	1933	2980	960	315	1268	235	450		1581
黄梅县	20324	5680	1055	1005	368	335	329	22	305		2261
咸宁市小计	**87069**	**40845**	**9740**	**12050**	**3273**	**1333**	**4071**	**1144**	**3564**		**5670**
本级	19050	10082	2029	2263	1002	172	1369	455	1584		1208
县级小计	68019	30763	7711	9787	2271	1161	2702	689	1980		4462
咸安区	11619	6580	1332	2993	180	206	547	100	499		723
嘉鱼县	10761	4620	704	1192	789	106	457	289	384		699
赤壁市	23953	9972	3406	2763	783	281	811	187	552		1189
通城县	8352	3532	1024	872	322	149	384	19	99		663
崇阳县	7029	2732	582	727	34	288	255	5	199		642
通山县	6305	3327	663	1240	163	131	248	89	247		546
恩施自治州小计	**100293**	**80248**	**9760**	**23374**	**1486**	**1879**	**21910**	**1468**	**1965**	**11481**	**6925**
本级	18028	15474	2681	4233	319	114	7497		98		532
县级小计	82265	64774	7079	19141	1167	1765	14413	1468	1867	11481	6393
恩施市	22039	16047	1402	6418	101	750	2363	189	982	1933	1909
建始县	11058	8688	1116	1886	98	155	2502	103	222	1300	1306
巴东县	10026	8447	818	3721	215	153	914	317	37	1564	708
利川市	16788	12617	1238	3419	117	296	4458	7	307	1454	1321
宣恩县	5028	4045	562	892	118	73	202	239	62	1688	209
咸丰县	6293	5270	725	757	151	174	1431	59	70	1566	337
来凤县	5640	4943	590	1029	57	123	2328	86	52	437	241
鹤峰县	5393	4717	628	1019	310	41	215	468	135	1539	362
随州市小计	**47559**	**29020**	**6663**	**11283**	**1208**	**1132**	**3885**	**348**	**1468**		**3033**
本级	16957	9877	2148	3860	850	408	1055	118	284		1154
县级小计	30602	19143	4515	7423	358	724	2830	230	1184		1879
曾都区	11848	8328	1828	3537	113	460	681	11	736		962
广水市	18754	10815	2687	3886	245	264	2149	219	448		917

2006 年地方财政政府收支分类转换数据

2-20-23 单位:万元

地区	收支部分									
	收入								支出	
	非税收入							贷款转贷回收本金收入		
	小计	专项收入	行政事业性收费收入	罚没收入	国有资本经营收入	国有资源(资产)有偿使用收入	其他收入		本年支出小计	一般公共服务
黄州区	4650	70	1683	796	-82	13	2170		26511	4800
团风县	1823	86	1000	646	-61	22	130		29718	4291
红安县	7103	410	3420	2406	353	49	465		60512	10520
麻城市	9711	250	4799	3407	-321	48	1528		72537	11497
罗田县	4740	216	3158	1179	20	35	132		41691	7246
英山县	3083	98	1975	888	11	27	84		33660	5106
浠水县	7315	29	5343	1914	-301	27	303		57345	11464
蕲春县	8050	80	3768	2257	-14	26	1933		62266	7878
武穴市	10554	670	5049	2483	-65	32	2385		57615	8489
黄梅县	14644	188	10138	3548	608	46	116		64391	8957
咸宁市小计	**46224**	**1380**	**20335**	**16578**	**2235**	**3402**	**2294**		**277199**	**52817**
本级	8968	368	4533	2880	337	27	823		40702	9780
县级小计	37256	1012	15802	13698	1898	3375	1471		236497	43037
咸安区	5039	101	2456	1807		483	192		40856	9656
嘉鱼县	6141	137	1926	1699	1791	19	569		33033	5872
赤壁市	13981	361	7754	3071		2795			58829	9204
通城县	4820	155	1808	2317	107	33	400		34215	5917
崇阳县	4297	34	817	3121		25	300		33698	5720
通山县	2978	224	1041	1683		20	10		35866	6668
恩施自治州小计	**20045**	**3039**	**4865**	**7996**	**2224**	**760**	**1161**		**419186**	**87020**
本级	2554	390	1128	641	56	339			52334	12345
县级小计	17491	2649	3737	7355	2168	421	1161		366852	74675
恩施市	5992	800	1847	2860	325	19	141		70383	14726
建始县	2370	304	501	671	639	80	175		48777	10823
巴东县	1579	164	299	1005		111			47360	10250
利川市	4171	606	268	1294	1166	161	676		64394	11813
宣恩县	983	42	243	616	35	15	32		32998	5979
咸丰县	1023	213	115	562		15	118		37382	7584
来凤县	697	229	103	330	3	13	19		34113	6765
鹤峰县	676	291	361	17		7			31445	6735
随州市小计	**18539**	**1486**	**8037**	**5950**	**1174**	**792**	**1100**		**180800**	**31381**
本级	7080	528	1817	3521	-3	628	589		43328	6700
县级小计	11459	958	6220	2429	1177	164	511		137472	24681
曾都区	3520	303	1296	1266	357	87	211		68705	14530
广水市	7939	655	4924	1163	820	77	300		68767	10151

2－20－24

单位:万元

地区	收支部分										
	支出										
	外交	国防	公共安全	教育	科学技术	文化体育与传媒	社会保障和就业	医疗卫生	环境保护	城乡社区事务	农林水事务
黄州区			1312	6018	127	118	6897	1360		21	2044
团风县			2534	7559	151	175	4643	815	53	177	5511
红安县			3229	12935	424	1782	13459	4055	52	913	6648
麻城市			4389	19422	547	1141	14238	2060	210	1141	9988
罗田县			3796	7417	274	248	8632	937	159	567	4177
英山县			2284	5679	410	308	8237	1849	288	163	4474
浠水县			4571	13602	401	668	9522	1786	142	1232	8156
蕲春县			4571	14403	192	635	5544	2194	251	312	8901
武穴市			3443	11516	650	469	7866	3225	320	957	5131
黄梅县			5249	16484	762	1087	14006	3750	344	1253	9260
咸宁市小计		**20**	**29137**	**46060**	**3020**	**4156**	**29478**	**13932**	**1782**	**10671**	**34698**
本级			5643	2613	397	863	2160	2540	226	2092	2370
县级小计		20	23494	43447	2623	3293	27318	11392	1556	8579	32328
咸安区			3982	6177	465	369	6279	1062	153	453	4769
嘉鱼县		20	2947	6038	1133	405	3114	2318	227	2296	5098
赤壁市			5638	10993	159	1537	5642	3449	532	4206	9795
通城县			3549	5925	369	374	6249	1171	397	644	4309
崇阳县			4423	6531	68	276	2229	1832	15	250	4023
通山县			2955	7783	429	332	3805	1560	232	730	4334
恩施自治州小计		**358**	**28307**	**91980**	**3075**	**6926**	**44388**	**27842**	**6830**	**8179**	**48003**
本级			4861	6914	626	1776	2235	2660	113	460	3223
县级小计		358	23446	85066	2449	5150	42153	25182	6717	7719	44780
恩施市		58	4903	13793	185	883	11480	4183	1087	2249	7839
建始县		88	3440	12256	162	728	2756	4393	655	965	5441
巴东县		84	3239	12766	110	554	2990	2969	1002	525	5684
利川市		24	3899	18310	763	878	4638	4547	1246	1414	8146
宣恩县		40	1923	6407	194	434	5487	1738	689	215	4643
咸丰县			2089	9469	223	683	3291	3224	700	430	4736
来凤县		64	1747	6751	261	612	5122	2017	501	1404	4285
鹤峰县			2206	5314	551	378	6389	2111	837	517	4006
随州市小计			**10817**	**43686**	**2242**	**2245**	**29679**	**7058**	**1195**	**5348**	**19411**
本级			4952	6105	809	662	6801	1697	377	2494	2957
县级小计			5865	37581	1433	1583	22878	5361	818	2854	16454
曾都区			1757	20112	482	533	11613	1827	520	127	9583
广水市			4108	17469	951	1050	11265	3534	298	2727	6871

2006年地方财政政府收支分类转换数据

2－20－25

单位:万元

地区	收支部分			平衡部分						
	支出			收入						
						返还性收入			财力性转移支付收入	
	交通运输	工业、商业、金融等事务	其他支出	收入总计	本年收入	小计	增值税和消费税税收返还	所得税基数返还	小计	体制补助
黄州区	1271	483	2060	29382	9718	2532	1489	1043	11307	
团风县	1257	860	1692	32054	5185	1570	932	638	14517	
红安县	1578	1502	3415	63336	13842	11993	10273	1720	21578	
麻城市	2164	2980	2760	79732	18412	5524	2855	2669	35821	
罗田县	1834	700	5704	44456	8841	3106	1940	1166	21566	
英山县	1316	1216	2330	36599	6214	2125	1336	789	16635	
浠水县	1844	2062	1895	65374	13802	2005	2005		36295	
蕲春县	1582	1559	14244	65039	15159	4731	1976	2755	30133	
武穴市	1169	1793	12587	61910	20276	6941	3565	3376	22980	
黄梅县	1216	1484	539	69127	20324	4350	2241	2109	32103	
咸宁市小计	**14307**	**12048**	**25073**	**294141**	**87069**	**21627**	**18784**	**2843**	**120174**	**1188**
本级	1897	1944	8177	43907	19050	7956	7135	821	7505	1188
县级小计	12410	10104	16896	250234	68019	13671	11649	2022	112669	
咸安区	1815	788	4888	43558	11619	2570	2022	548	21152	
嘉鱼县	983	1225	1357	35760	10761	1816	1816		14520	
赤壁市	1910	4400	1364	61087	23953	4780	3681	1099	19179	
通城县	1589	1287	2435	36653	8352	1471	1471		18901	
崇阳县	1830	1378	5123	35519	7029	1284	1284		18721	
通山县	4283	1026	1729	37657	6305	1750	1375	375	20196	
恩施自治州小计	**9788**	**10964**	**45526**	**453990**	**100293**	**40075**	**32945**	**7130**	**208063**	**2068**
本级	5134	1514	10473	54481	18028	3939	3029	910	15530	1536
县级小计	4654	9450	35053	399509	82265	36136	29916	6220	192533	532
恩施市	652	1655	6690	77059	22039	3795	2522	1273	35838	468
建始县	1158	1401	4511	53171	11058	8130	7622	508	24343	－79
巴东县	709	1083	5395	51215	10026	2574	1692	882	27128	76
利川市	999	1618	6099	70911	16788	8389	7527	862	32628	－292
宣恩县	329	417	4503	36321	5028	950	541	409	20682	152
咸丰县	455	792	3706	39905	6293	2969	2120	849	20086	147
来凤县	167	2036	2381	37284	5640	7737	7320	417	15626	－113
鹤峰县	185	448	1768	33643	5393	1592	572	1020	16202	173
随州市小计	**6792**	**10151**	**10795**	**189093**	**47559**	**17804**	**17804**		**83097**	
本级	4707	4601	466	45118	16957	7438	7438		10090	
县级小计	2085	5550	10329	143975	30602	10366	10366		73007	
曾都区		3148	4473	69601	11848				42954	
广水市	2085	2402	5856	74374	18754	10366	10366		30053	

2-20-26

单位:万元

地区	平衡部分									
	收入									
	财力性转移支付收入									
	一般性转移支付补助	民族地区转移支付补助	调整工资转移支付补助	农村税费改革转移支付补助	取消农业特产税降低农业税率转移支付补助	缓解县乡财政困难转移支付补助	农村义务教育补助	结算补助	企事业单位预算划转补助	其他财力性转移支付
黄州区	1661		3732	1553	1441	2116	150	317		337
团风县	2710		3924	2274	1834	2091	484	1125		75
红安县	3211		8325	2228	3637	2144	879	402		752
麻城市	5312		10881	5250	7079	5237	1269	156		637
罗田县	4085		6974	2657	3038	3369	789	420		234
英山县	3494		5897	2193	2205	2121	416	293		16
浠水县	5917		10015	4300	5636	7166	641	450		2170
蕲春县	4329		9582	4725	4675	5355	1291	174		2
武穴市	3064		9207	2259	4577	2517	427	512		417
黄梅县	5602		9694	3627	5736	6415	696	150		183
咸宁市小计	**25473**		**43945**	**10250**	**12381**	**15343**	**2429**	**2183**	**229**	**6753**
本级	3169		6264	-84	35	47		-2774		-340
县级小计	22304		37681	10334	12346	15296	2429	4957	229	7093
咸安区	3330		6650	1443	2067	2876	395	2621		1770
嘉鱼县	1666		4762	1941	2278	1730	265	283		1595
赤壁市	3680		7617	1533	2567	1813	273	658	229	809
通城县	3696		6226	2038	2048	2718	385	664		1126
崇阳县	3550		5969	1561	2090	3552	468	80		1451
通山县	6382		6457	1818	1296	2607	643	651		342
恩施自治州小计	**38053**	**26949**	**75796**	**19038**	**14169**	**12924**	**13256**	**3610**		**2200**
本级	3746	7199	4757	300				-2145		137
县级小计	34307	19750	71039	18738	14169	12924	13256	5755		2063
恩施市	7682	2669	12274	3476	2739	2565	2123	1333		509
建始县	5025	1303	9890	2225	1671	1816	1712	788		-8
巴东县	5027	2801	9203	2585	2006	1821	1740	1132		737
利川市	3786	2654	12793	4372	2772	2826	3007	435		275
宣恩县	3773	3616	6839	2045	1459	952	1223	500		123
咸丰县	3735	2474	7810	1398	1431	1118	1366	492		115
来凤县	2189	1773	6283	1435	904	1042	1326	592		195
鹤峰县	3090	2460	5947	1202	1187	784	759	483		117
随州市小计	**14674**		**25236**	**8502**	**15499**	**12161**	**1712**	**1299**		**4014**
本级	3478		5774	33	30	2803	702	-3288		558
县级小计	11196		19462	8469	15469	9358	1010	4587		3456
曾都区	6102		8952	4783	10697	6740	216	4054		1410
广水市	5094		10510	3686	4772	2618	794	533		2046

2006年地方财政政府收支分类转换数据

2－20－27　　　　单位:万元

地区	平衡部分								
	收入							支出	
	专项转移支付			省补助计划单列市	上年结余收入	调入资金	国债转贷收入、上年结余及转补助数	支出总计	本年支出
	小计	专项补助	增发国债补助						
黄州区	4264	4264			1561			27779	26511
团风县	8478	8478			2304			30388	29718
红安县	12805	12805			3118			61688	60512
麻城市	15391	15391			4584			74715	72537
罗田县	9509	9509			1434			42500	41691
英山县	9467	9467			1041	1117		34478	33660
浠水县	11000	11000			2272			59248	57345
蕲春县	11417	11417			3599			63742	62266
武穴市	8522	8522			2183	1008		59711	57615
黄梅县	9607	9607			2743			65851	64391
咸宁市小计	**49534**	**49534**			**14549**	**1188**		**281575**	**277199**
本级	5853	5853			3018	525		37913	40702
县级小计	43681	43681			11531	663		243662	236497
咸安区	7471	7471			746			43246	40856
嘉鱼县	5374	5374			3289			33794	33033
赤壁市	8491	8491			4065	619		61087	58829
通城县	6448	6448			1481			34869	34215
崇阳县	7560	7560			925			34283	33698
通山县	8337	8337			1025	44		36383	35866
恩施自治州小计	**74251**	**74251**			**27630**	**3678**		**422273**	**419186**
本级	8970	8970			6053	1961		47094	52334
县级小计	65281	65281			21577	1717		375179	366852
恩施市	10377	10377			5010			71357	70383
建始县	7606	7606			2034			50437	48777
巴东县	8254	8254			2771	462		48024	47360
利川市	10509	10509			2597			66579	64394
宣恩县	6538	6538			3123			33371	32998
咸丰县	8101	8101			2456			37825	37382
来凤县	6499	6499			1782			35674	34113
鹤峰县	7397	7397			1804	1255		31912	31445
随州市小计	**32943**	**32943**			**5889**	**1801**		**188390**	**180800**
本级	11763	11763			－1130			46623	43328
县级小计	21180	21180			7019	1801		141767	137472
曾都区	10802	10802			3997			68837	68705
广水市	10378	10378			3022	1801		72930	68767

2-20-28 单位:万元

地区	平衡部分									
	支出								年终结余	其中:净结余
	财力性转移支付			专项上解	计划单列市上解省	增设预算周转金	调出资金	国债转贷拨付数及年末结余		
	小计	体制上解	出口退税专项上解							
黄州区				1268					1603	1603
团风县	7		7	663					1666	1666
红安县	134	134		1042					1648	162
麻城市	940	940		1238					5017	2273
罗田县	47	34	13	762					1956	
英山县	61	61		757					2121	
浠水县	584	576	8	1319					6126	6126
蕲春县	9		9	1467					1297	7
武穴市	878	768	110	1218					2199	145
黄梅县				1460					3276	597
咸宁市小计	**1350**	**1323**	**27**	**3026**					**12566**	**4018**
本级	8		8	-2797					5994	
县级小计	1342	1323	19	5823					6572	4018
咸安区	171	171		2219					312	23
嘉鱼县	149	149		612					1966	975
赤壁市	729	729		1529						
通城县	119	106	13	535					1784	1784
崇阳县	91	91		494					1236	1236
通山县	83	77	6	434					1274	
恩施自治州小计	**19**		**19**	**2968**		**100**			**31717**	**20403**
本级				-5340		100			7387	7132
县级小计	19		19	8308					24330	13271
恩施市	1		1	973					5702	3526
建始县	4		4	1656					2734	1271
巴东县	1		1	663					3191	1779
利川市	2		2	2183					4332	2220
宣恩县				373					2950	1998
咸丰县				443					2080	962
来凤县				1561					1610	568
鹤峰县	11		11	456					1731	947
随州市小计	**4699**	**4409**	**290**	**2891**					**703**	**-712**
本级	1852	1685	167	1443					-1505	-1505
县级小计	2847	2724	123	1448					2208	793
曾都区	111		111	21					764	764
广水市	2736	2724	12	1427					1444	29

2006年地方财政政府收支分类转换数据

2－20－29　　单位:万元

地　　区	收支部分										
	收入										
	本年收入小计	税收收入									
		小　计	增值税	营业税	企　业所得税	个　人所得税	城　市维　护建设税	耕　地占用税	契　税	烟叶税	其他各项税收收　入
仙桃市	**28008**	**19013**	**6067**	**6187**	**1276**	**711**	**1481**	**253**	**954**		**2084**
天门市	**16656**	**9489**	**1846**	**3673**	**771**	**367**	**905**	**396**	**414**		**1117**
潜江市	**32889**	**26859**	**8908**	**5594**	**935**	**886**	**3828**	**387**	**671**		**5650**
神农架林区	**5028**	**2868**	**813**	**818**	**240**	**173**	**213**	**32**	**27**		**552**

2－20－30

单位:万元

地区	收支部分									
	收入								支出	
	非税收入							贷款转贷回收本金收入		
	小计	专项收入	行政事业性收费收入	罚没收入	国有资本经营收入	国有资源(资产)有偿使用收入	其他收入		本年支出小计	一般公共服务
仙桃市	**8995**	**678**	**4428**	**3068**	**500**	**104**	**217**		**98098**	**14475**
天门市	**7167**	**132**	**2672**	**2616**	**1530**	**95**	**122**		**81112**	**18557**
潜江市	**6030**	**1965**	**1447**	**1776**	**623**	**100**	**119**		**86170**	**15319**
神农架林区	**2160**	**461**	**1129**	**313**	**200**	**9**	**48**		**23718**	**6121**

2－20－31

单位:万元

地区	收支部分										
	支出										
	外交	国防	公共安全	教育	科学技术	文化体育与传媒	社会保障和就业	医疗卫生	环境保护	城乡社区事务	农林水事务
仙桃市			**9847**	**22333**	**961**	**1926**	**14119**	**4085**	**374**	**3177**	**18370**
天门市		**65**	**6215**	**18726**	**843**	**840**	**13493**	**2743**	**100**	**2196**	**10770**
潜江市			**6551**	**24177**	**927**	**1455**	**6873**	**6267**	**137**	**2137**	**9708**
神农架林区		**46**	**1545**	**2678**	**137**	**554**	**1791**	**1322**	**1953**	**461**	**2690**

2－20－32 单位:万元

地　区	收支部分			平衡部分						
	支出			收入						
						返还性收入			财力性转移支付收入	
	交通运输	工业、商业、金融等事务	其他支出	收入总计	本年收入	小计	增值税和消费税税收返还	所得税基数返还	小计	体制补助
仙桃市	**3240**	**4613**	**578**	**115318**	**28008**	**14429**	**7853**	**6576**	**42254**	
天门市	**2904**	**2279**	**1381**	**90818**	**16656**	**4669**	**3744**	**925**	**49773**	
潜江市	**2163**	**2560**	**7896**	**93492**	**32889**	**11331**	**8428**	**2903**	**32932**	
神农架林区	**1339**	**823**	**2258**	**25408**	**5028**	**839**	**572**	**267**	**8725**	**1**

2－20－33 单位:万元

地区	平衡部分									
	收入									
	财力性转移支付收入									
	一般性转移支付补助	民族地区转移支付补助	调整工资转移支付补助	农村税费改革转移支付补助	取消农业特产税降低农业税率转移支付补助	缓解县乡财政困难转移支付补助	农村义务教育补助	结算补助	企事业单位预算划转补助	其他财力性转移支付
仙桃市	5392		14499	5936	11221	4280	945	－2179		2160
天门市	8533		12715	6784	12851	7212	857	821		
潜江市	4059		9201	4331	7687	3174	477	7219	130	－3346
神农架林区	3175		2619	554	211	441	55	1519		150

2-20-34

单位:万元

地区	平衡部分								
	收入							支出	
	专项转移支付			省补助计划单列市	上年结余收入	调入资金	国债转贷收入、上年结余及转补助数	支出总计	本年支出
	小计	专项补助	增发国债补助						
仙桃市	17817	17817			9756	3054		104730	98098
天门市	13212	13212			6508			86286	81112
潜江市	11480	11480			4860			89365	86170
神农架林区	8450	8450			2366			23864	23718

2-20-35

单位:万元

地区	平衡部分									
	支出								年终结余	其中:净结余
	财力性转移支付			专项上解	计划单列市上解省	增设预算周转金	调出资金	国债转贷拨付数及年末结余		
	小计	体制上解	出口退税专项上解							
仙桃市	3872	3555	317	2641			119		10588	2277
天门市	2862	2704	158	2312					4532	1230
潜江市	1536	1224	312	1659					4127	562
神农架林区	1		1	145					1544	875

2006 年湖南省地市县财政一般预算收支平衡表

2－21－1　　　　单位:万元

地　　区	收支部分										
	收入										
	本年收入小计	税收收入									
		小　计	增值税	营业税	企业所得税	个人所得税	城市维护建设税	耕地占用税	契　税	烟叶税	其他各项税收收入
地(市)县级总计	**3816261**	**2577555**	**479622**	**970454**	**145080**	**141554**	**296937**	**97905**	**229795**	**30306**	**185902**
地(市)本级合计	**1495564**	**1042491**	**160180**	**246909**	**97733**	**77498**	**209724**	**13818**	**160686**	**340**	**75603**
县级合计	**2320697**	**1535064**	**319442**	**723545**	**47347**	**64056**	**87213**	**84087**	**69109**	**29966**	**110299**
长沙市小计	**1328345**	**1038865**	**116619**	**463514**	**70536**	**56016**	**100724**	**29281**	**130249**	**3759**	**68167**
本级	618191	477717	38162	108067	52489	43887	86773	2000	114225		32114
县级小计	710154	561148	78457	355447	18047	12129	13951	27281	16024	3759	36053
浏阳市	73639	57852	14028	25438	682	628	5301	2500	2552	2756	3967
宁乡县	43910	32122	6764	15372	836	585	1700	1500	1900	1003	2462
长沙县	100151	86247	21538	38529	2670	1593	5271	4000	5000		7646
望城县	60142	43268	6480	17412	271	407	1679	8810	6564		1645
雨花区	102800	88316	6636	62197	9004	2461		3131			4887
芙蓉区	94289	76837	7791	55737	1969	1618		1389			8333
天心区	82613	59895	5856	46596	958	1987		1781			2717
岳麓区	66123	53042	3361	45002	326	1015		2130	8		1200
开福区	86487	63569	6003	49164	1331	1835		2040			3196
株洲市小计	**296894**	**189452**	**55984**	**65435**	**10696**	**9813**	**18733**	**3755**	**10243**	**221**	**14572**
本级	105034	63567	16343	16385	5389	5594	7236		6364		6256
县级小计	191860	125885	39641	49050	5307	4219	11497	3755	3879	221	8316
株洲县	16160	7055	1533	4080	56	84	452	257	325		268
醴陵市	39067	24289	8704	8348	609	905	2436	920	1019		1348
攸县	28150	13987	4493	5932	120	461	800	377	770		1034
茶陵县	16236	7618	2531	2941	152	375	444	125	425	221	404
炎陵县	8826	4141	1226	1734	82	130	361	138	185		285
天元区	47895	39005	12354	17192	1399	797	3108	1393	1155		1607
芦淞区	11886	10101	2140	3999	1297	604	741	161			1159
荷塘区	9852	8292	2281	3168	415	343	1000	263			822
石峰区	13788	11397	4379	1656	1177	520	2155	121			1389
湘潭市小计	**190901**	**103357**	**25104**	**32199**	**5943**	**6834**	**12812**	**3097**	**7371**	**14**	**9983**
本级	99819	49599	11348	11233	4353	3394	7706	406	5450		5709
县级小计	91082	53758	13756	20966	1590	3440	5106	2691	1921	14	4274
湘潭县	28989	13904	4001	4247	403	1023	948	1197	1179		906
湘乡市	25647	13891	3015	4990	544	1031	1778	332	603	14	1584
韶山市	6426	2612	618	927	82	279	140	232	139		195
雨湖区	15767	11279	2507	5840	339	555	1112	99			827
岳塘区	14253	12072	3615	4962	222	552	1128	831			762

2006年地方财政政府收支分类转换数据

2－21－2

单位:万元

地区	收支部分									
	收入								支出	
	非税收入							贷款转贷回收本金收入	本年支出小计	一般公共服务
	小计	专项收入	行政事业性收费收入	罚没收入	国有资本经营收入	国有资源(资产)有偿使用收入	其他收入			
地(市)县级总计	**1238706**	**170518**	**377629**	**257594**	**115794**	**104637**	**212534**		**8177818**	**1609307**
地(市)本级合计	**453073**	**108432**	**145518**	**84473**	**17269**	**36851**	**60530**		**2387601**	**443568**
县级合计	**785633**	**62086**	**232111**	**173121**	**98525**	**67786**	**152004**		**5790217**	**1165739**
长沙市小计	**289480**	**55275**	**101561**	**38173**	**62879**	**22589**	**9003**		**1671873**	**321147**
本级	140474	43427	68674	16906	4174	2349	4944		642263	98065
县级小计	149006	11848	32887	21267	58705	20240	4059		1029610	223082
浏阳市	15787	4632	3637	5201	2300	17			151722	28620
宁乡县	11788	1700	5560	3545		983			108340	25501
长沙县	13904	3983	6430	3067		280	144		148762	28510
望城县	16874	1533	7615	2344		5360	22		103246	19259
雨花区	14484		2060	1955	10061	115	293		121097	16891
芙蓉区	17452		1554	941	12957		2000		110788	14973
天心区	22718		2138	1323	18983	84	190		98504	30461
岳麓区	13081		1780	1557	9467	234	43		81685	21686
开福区	22918		2113	1334	4937	13167	1367		105466	37181
株洲市小计	**107442**	**11732**	**23211**	**15848**	**3689**	**36248**	**16714**		**531247**	**110091**
本级	41467	7498	9883	7982		13782	2322		198797	41384
县级小计	65975	4234	13328	7866	3689	22466	14392		332450	68707
株洲县	9105	336	750	457		1636	5926		35888	7488
醴陵市	14778	1125	2099	2304		8707	543		75234	13616
攸县	14163	722	7250	1790		3808	593		58222	8375
茶陵县	8618	435	920	1300	2629	34	3300		47282	7946
炎陵县	4685	274	464	482		1743	1722		22821	4288
天元区	8890	1342	246	177		6482	643		31510	7027
芦淞区	1785		310	418	284	15	758		21371	6828
荷塘区	1560		228	267	676	33	356		17528	4083
石峰区	2391		1061	671	100	8	551		22594	9056
湘潭市小计	**87544**	**9019**	**28045**	**10075**	**8974**	**1501**	**29930**		**395815**	**67806**
本级	50220	5890	12745	4840	8974	788	16983		179727	25660
县级小计	37324	3129	15300	5235		713	12947		216088	42146
湘潭县	15085	704	4303	1466		387	8225		79204	17800
湘乡市	11756	1345	7271	1783			1357		67636	12908
韶山市	3814	109	283	433		5	2984		18624	4182
雨湖区	4488	488	3041	632		321	6		27736	3508
岳塘区	2181	483	402	921			375		22888	3748

2－21－3

单位:万元

地区	收支部分										
	支出										
	外交	国防	公共安全	教育	科学技术	文化体育与传媒	社会保障和就业	医疗卫生	环境保护	城乡社区事务	农林水事务
地(市)县级总计	**576**	**16106**	**585322**	**1392043**	**119575**	**108253**	**1592073**	**320452**	**78867**	**635812**	**683524**
地(市)本级合计	**415**	**7722**	**266517**	**219274**	**65795**	**46560**	**542965**	**64677**	**42184**	**285558**	**93833**
县级合计	**161**	**8384**	**318805**	**1172769**	**53780**	**61693**	**1049108**	**255775**	**36683**	**350254**	**589691**
长沙市小计		**5884**	**133316**	**230629**	**64453**	**22947**	**199053**	**54926**	**16237**	**313169**	**106531**
本级		2678	81173	66772	43627	15014	74063	14115	12043	132278	13713
县级小计		3206	52143	163857	20826	7933	124990	40811	4194	180891	92818
浏阳市			7574	26643	2215	1742	24170	6299	753	11728	21388
宁乡县		140	6795	21015	1417	615	15018	5869	479	2173	11922
长沙县		382	9319	27831	2884	1674	16138	6847	1167	19831	18115
望城县			5366	16072	1091	2038	17194	6005	395	4313	22233
雨花区		150	5617	15348	1435	493	11905	3801	284	46549	2810
芙蓉区		1185	4306	17189	7277	434	11863	3255	468	34019	2596
天心区		602	6020	15377	1323	262	6489	2980	220	24101	1620
岳麓区		413	3930	9897	1315	333	8757	2428	212	24105	1431
开福区		334	3216	14485	1869	342	13456	3327	216	14072	10703
株洲市小计		**947**	**41623**	**83545**	**9300**	**4928**	**108029**	**19995**	**9869**	**52309**	**29642**
本级		586	24239	20845	2298	2693	53411	5862	8419	19014	4685
县级小计		361	17384	62700	7002	2235	54618	14133	1450	33295	24957
株洲县			2287	8384	429	225	5735	999	259	1276	3258
醴陵市		66	4767	15484	1360	782	14158	4345	517	5967	5769
攸县			2541	11313	696	318	10936	997	191	5396	5495
茶陵县		88	2282	9161	496	269	10615	2875	202	3655	4758
炎陵县		31	1357	3824	364	269	4037	1056	52	345	3048
天元区			1628	3871	1644	145	1862	1905	229	9349	941
芦淞区		74	516	3973	605	76	1866	478		3046	425
荷塘区		102	949	3337	607	96	2089	540		2281	786
石峰区			1057	3353	801	55	3320	938		1980	477
湘潭市小计		**3104**	**30058**	**55114**	**7243**	**8371**	**81870**	**16393**	**5534**	**28556**	**27329**
本级		2460	17236	12859	4154	3853	42114	5646	3999	13922	7616
县级小计		644	12822	42255	3089	4518	39756	10747	1535	14634	19713
湘潭县		200	4097	15687	1440	3034	13487	3888	265	6405	8489
湘乡市		225	4440	14172	145	648	14603	3819	872	2850	7207
韶山市		50	1650	2831	555	489	2061	651	32	270	1604
雨湖区		121	1459	4988	491	188	6379	1264	168	3048	1496
岳塘区		48	1176	4577	458	159	3226	1125	198	2061	917

2－21－4

单位:万元

地区	收支部分			平衡部分						
	支出			收入						
						返还性收入			财力性转移支付收入	
	交通运输	工业、商业、金融等事务	其他支出	收入总计	本年收入	小计	增值税和消费税税收返还	所得税基数返还	小计	体制补助
地(市)县级总计	**212236**	**238390**	**585282**	**9447976**	**3816261**	**671868**	**484589**	**187279**	**2652281**	**40989**
地(市)本级合计	**51777**	**111319**	**145437**	**2854559**	**1495564**	**291345**	**221986**	**69359**	**299882**	**－29375**
县级合计	**160459**	**127071**	**439845**	**6593417**	**2320697**	**380523**	**262603**	**117920**	**2352399**	**70364**
长沙市小计	**29971**	**71641**	**101969**	**1848741**	**1328345**	**165585**	**108062**	**57523**	**141733**	
本级	12764	38222	37736	756907	618191	71005	50805	20200	28720	－612
县级小计	17207	33419	64233	1091834	710154	94580	57257	37323	113013	612
浏阳市	4689	7692	8209	167183	73639	24299	16030	8269	26136	
宁乡县	4662	3965	8769	112187	43910	9460	6078	3382	31431	
长沙县	5079	3307	7678	162302	100151	24557	14134	10423	17422	
望城县	1019	2261	6000	107787	60142	7896	4447	3449	15596	
雨花区	337	4747	10730	122958	102800	410	2616	－2206	6147	612
芙蓉区	408	6731	6084	117250	94289	8694	4123	4571	4081	
天心区	144	1368	7537	103843	82613	6687	3663	3024	3695	
岳麓区	19	3348	3811	84746	66123	4366	2004	2362	3899	
开福区	850		5415	113578	86487	8211	4162	4049	4606	
株洲市小计	**7872**	**26567**	**26530**	**673443**	**296894**	**77061**	**55623**	**21438**	**126853**	
本级	1094	13049	1218	244580	105034	51633	37435	14198	11352	－15350
县级小计	6778	13518	25312	428863	191860	25428	18188	7240	115501	15350
株洲县	1798	1630	2120	42320	16160	2453	1877	576	14728	235
醴陵市	2233	6170		91119	39067	12801	9954	2847	20905	
攸县	663	2304	8997	73133	28150	4934	3536	1398	21075	
茶陵县	1408	838	2689	58406	16236	2921	1520	1401	20275	
炎陵县	388	285	3477	27144	8826	1748	1301	447	8064	226
天元区	223	557	2129	66134	47895				11507	9306
芦淞区		40	3444	24708	11886	182		182	6345	1949
荷塘区	65	1058	1535	20124	9852	171		171	5387	1997
石峰区		636	921	25775	13788	218		218	7215	1637
湘潭市小计	**1947**	**7399**	**55091**	**459004**	**190901**	**38164**	**27102**	**11062**	**98858**	
本级		5961	34247	224536	99819	22087	15864	6223	24148	
县级小计	1947	1438	20844	234468	91082	16077	11238	4839	74710	
湘潭县	1288	383	2741	84675	28989	4968	4266	702	35658	
湘乡市	659	870	4218	74864	25647	4586	3201	1385	29051	
韶山市		127	4122	19625	6426	938	747	191	5346	
雨湖区		43	4583	29421	15767	3022	1512	1510	2272	
岳塘区		15	5180	25883	14253	2563	1512	1051	2383	

2－21－5 单位:万元

地区	平衡部分									
	收入									
	财力性转移支付收入									
	一般性转移支付补助	民族地区转移支付补助	调整工资转移支付补助	农村税费改革转移支付补助	取消农业特产税降低农业税率转移支付补助	缓解县乡财政困难转移支付补助	农村义务教育补助	结算补助	企事业单位预算划转补助	其他财力性转移支付
地(市)县级总计	**763953**	**45544**	**895899**	**222874**	**280737**	**161001**	**10228**	**178386**	**37052**	**15618**
地(市)本级合计	**133950**	**12956**	**146685**	**－2703**	**4566**	**566**		**25393**	**26157**	**－18313**
县级合计	**630003**	**32588**	**749214**	**225577**	**276171**	**160435**	**10228**	**152993**	**10895**	**33931**
长沙市小计	**14746**		**65225**	**9455**	**19094**	**8980**		**14341**	**6168**	**3724**
本级	6343		14244	－348				4683	4040	370
县级小计	8403		50981	9803	19094	8980		9658	2128	3354
浏阳市	1748		12241	2843	5283	2100		1419		502
宁乡县	3444		14089	3431	5956	3148		1024	19	320
长沙县	1347		6864	1274	4188	2121		734	444	450
望城县	1145		6428	1765	3085	1611		682	752	128
雨花区	524		2061	78	139			1132	902	699
芙蓉区	46		2388	49	33			1369	2	194
天心区	18		2355	69	39			1179	1	34
岳麓区	19		1812	78	113			877	4	996
开福区	112		2743	216	258			1242	4	31
株洲市小计	**25418**		**44447**	**10288**	**14442**	**6936**		**6081**	**18818**	**423**
本级	6160		8919	－237		30		－3580	15505	－95
县级小计	19258		35528	10525	14442	6906		9661	3313	518
株洲县	3812		4657	1539	2477	1418		489	2	99
醴陵市	3211		8841	2753	3289	1626		1043	3	139
攸县	2865		7758	2724	4162	2051		1040	422	53
茶陵县	6829		6523	2026	2718	1371		671	110	27
炎陵县	1994		3044	1008	1075	240		360	3	114
天元区	87		893	82	238			881		20
芦淞区	139		1305	159	61	100		1426	1167	39
荷塘区	140		1338	138	223	50		1122	361	18
石峰区	181		1169	96	199	50		2629	1245	9
湘潭市小计	**24659**		**37767**	**8135**	**11254**	**6992**		**7999**	**1730**	**322**
本级	10336		11929	－249	13	30		1470	1524	－905
县级小计	14323		25838	8384	11241	6962		6529	206	1227
湘潭县	8268		10534	4355	6609	4341		1095		456
湘乡市	3831		10276	3326	4001	2421		4800		396
韶山市	2079		1503	451	396	200		495		222
雨湖区	62		1873	100	54			88	1	94
岳塘区	83		1652	152	181			51	205	59

2－21－6 单位:万元

地区	平衡部分								
	收入							支出	
	专项转移支付			省补助计划单列市	上年结余收入	调入资金	国债转贷收入、上年结余及转补助数	支出总计	本年支出
	小计	专项补助	增发国债补助						
地(市)县级总计	**1638095**	**1562694**	**75401**		**547507**	**84525**	**37439**	**8576457**	**8177818**
地(市)本级合计	**437699**	**400428**	**37271**		**235874**	**66798**	**27397**	**2451735**	**2387601**
县级合计	**1200396**	**1162266**	**38130**		**311633**	**17727**	**10042**	**6124722**	**5790217**
长沙市小计	**144020**	**139356**	**4664**		**49095**	**17330**	**2633**	**1794224**	**1671873**
本级	－13357	－14996	1639		33498	17330	1520	725649	642263
县级小计	157377	154352	3025		15597		1113	1068575	1029610
浏阳市	35863	35243	620		7246			157897	151722
宁乡县	27273	26832	441		113			111359	108340
长沙县	18105	16473	1632		1284		783	156120	148762
望城县	21198	20866	332		2955			105831	103246
雨花区	12678	12678			593		330	122509	121097
芙蓉区	9544	9544			642			116685	110788
天心区	9213	9213			1635			102161	98504
岳麓区	9767	9767			591			83095	81685
开福区	13736	13736			538			112918	105466
株洲市小计	**116807**	**113839**	**2968**		**46652**	**9176**		**576800**	**531247**
本级	48357	45404	2953		21540	6664		194578	198797
县级小计	68450	68435	15		25112	2512		382222	332450
株洲县	7094	7094			1885			37097	35888
醴陵市	15143	15143			3203			82671	75234
攸县	11145	11145			7829			61009	58222
茶陵县	11756	11756			6946	272		48221	47282
炎陵县	6624	6609	15		1874	8		23428	22821
天元区	3079	3079			1421	2232		62104	31510
芦淞区	5258	5258			1037			22990	21371
荷塘区	3869	3869			845			19145	17528
石峰区	4482	4482			72			25557	22594
湘潭市小计	**88722**	**85027**	**3695**		**11527**	**10299**	**20533**	**442513**	**395815**
本级	38550	36119	2431		10816	8583	20533	210157	179727
县级小计	50172	48908	1264		711	1716		232356	216088
湘潭县	14987	14669	318		73			84183	79204
湘乡市	14029	13292	737		149	1402		74171	67636
韶山市	6729	6556	173		186			19391	18624
雨湖区	8217	8199	18		59	84		29286	27736
岳塘区	6210	6192	18		244	230		25325	22888

2－21－7

单位:万元

地区	平衡部分									
	支出								年终结余	其中:净结余
	财力性转移支付			专项上解	计划单列市上解省	增设预算周转金	调出资金	国债转贷拨付数及年末结余		
	小计	体制上解	出口退税专项上解							
地(市)县级总计	**140216**	**134559**	**5657**	**197321**		**7979**	**15684**	**37439**	**871519**	**102755**
地(市)本级合计	**36649**	**35259**	**1390**	**－19972**		**5060**	**15000**	**27397**	**402824**	**30416**
县级合计	**103567**	**99300**	**4267**	**217293**		**2919**	**684**	**10042**	**468695**	**72339**
长沙市小计	**69673**	**67398**	**2275**	**44045**			**6000**	**2633**	**54517**	**15760**
本级	47756	47077	679	28110			6000	1520	31258	3498
县级小计	21917	20321	1596	15935				1113	23259	12262
浏阳市	4195	3969	226	1980					9286	708
宁乡县	1516	1507	9	1503					828	663
长沙县	3019	2370	649	3556				783	6182	5688
望城县	1073	915	158	1512					1956	449
雨花区	80		80	1002				330	449	449
芙蓉区	4787	4526	261	1110					565	565
天心区	2641	2574	67	1016					1682	1633
岳麓区	860	842	18	550					1651	1447
开福区	3746	3618	128	3706					660	660
株洲市小计	**33308**	**32990**	**318**	**12245**					**96643**	**7236**
本级	4104	4138	－34	－8323					50002	477
县级小计	29204	28852	352	20568					46641	6759
株洲县	9		9	1200					5223	342
醴陵市	5963	5629	334	1474					8448	1569
攸县	1433	1424	9	1354					12124	546
茶陵县				939					10185	2382
炎陵县				607					3716	156
天元区	21677	21677		8917					4030	502
芦淞区				1619					1718	311
荷塘区				1617					979	951
石峰区	122	122		2841					218	
湘潭市小计	**14704**	**14147**	**557**	**10874**			**587**	**20533**	**16491**	**78**
本级	6819	6565	254	3078				20533	14379	37
县级小计	7885	7582	303	7796			587		2112	41
湘潭县	1669	1622	47	3310					492	
湘乡市	3810	3782	28	2138			587		693	
韶山市	144		144	623					234	31
雨湖区	862	850	12	688					135	10
岳塘区	1400	1328	72	1037					558	

2006 年地方财政政府收支分类转换数据

2－21－8　　　　　　　　　　　　　　　　单位:万元

地区	收支部分										
	收入										
	本年收入小计	税收收入									
		小计	增值税	营业税	企业所得税	个人所得税	城市维护建设税	耕地占用税	契税	烟叶税	其他各项税收收入
衡阳市小计	**250271**	**156310**	**33729**	**57220**	**8055**	**10534**	**11096**	**9840**	**9274**	**3266**	**13296**
本级	78445	58031	10626	25490	2910	3931	3930	582	4600		5962
县级小计	171826	98279	23103	31730	5145	6603	7166	9258	4674	3266	7334
衡南县	18657	10527	2381	2916	774	948	789	92	812	1396	419
衡阳县	16817	6232	991	2193	449	807	298	487	286	235	486
衡山县	11736	5487	1322	2017	231	353	748	273	201		342
衡东县	15998	8629	2862	2635	751	622	539	313	456		451
常宁市	20005	13803	5452	2922	884	735	1479	472	279	297	1283
祁东县	20959	8406	1026	3036	300	905	439	1046	381	118	1155
耒阳市	42666	27149	5954	7663	816	987	2807	3986	2230	1220	1486
南岳区	6160	2144	132	1429	100	130	67	151	29		106
珠晖区	4230	3391	696	1608	72	243		569			203
雁峰区	4815	3579	824	1071	265	207		663			549
石鼓区	5521	4991	886	2273	303	408		706			415
蒸湘区	4262	3941	577	1967	200	258		500			439
邵阳市小计	**162838**	**90261**	**19759**	**31608**	**3478**	**7404**	**6677**	**9170**	**4505**	**948**	**6712**
本级	22469	11949	5960	1094	2088	754	65	273	1676		39
县级小计	140369	78312	13799	30514	1390	6650	6612	8897	2829	948	6673
邵东县	23663	13752	3986	3642	522	1481	1355	1029	814		923
新邵县	11566	6502	1483	2514	236	430	462	668	290		419
隆回县	14057	7210	1114	3027	73	904	380	509	205	412	586
武冈市	14717	5872	1197	2446	46	612	514	470	211		376
洞口县	12540	5339	1209	2302	39	591	251	444	200		303
新宁县	11228	6622	786	2003	66	351	232	1874	841	163	306
邵阳县	12078	5117	990	1575	15	537	297	854	121	373	355
城步县	6447	3924	1612	1220	144	231	349	78	54		236
绥宁县	9762	4513	1422	1806	94	312	242	390	40		207
双清区	11371	9370		4341	88	524	1215	1584	2		1616
大祥区	10596	8318		4770	56	567	1016	764			1145
北塔区	2344	1773		868	11	110	299	233	51		201
岳阳市小计	**287592**	**168602**	**48898**	**55049**	**8845**	**6734**	**20798**	**3338**	**12070**	**345**	**12525**
本级	143544	90627	32069	15792	7073	2896	16983	704	7620	304	7186
县级小计	144048	77975	16829	39257	1772	3838	3815	2634	4450	41	5339
汨罗市	26795	12954	4562	3778	91	513	1617	967	823	41	562
平江县	21165	8189	1625	3783	166	455	536	521	580		523

2－21－9

单位:万元

地　　区	收支部分									
	收入								支出	
	非税收入							贷款转贷回收本金收入		
	小计	专项收入	行政事业性收费收入	罚没收入	国有资本经营收入	国有资源(资产)有偿使用收入	其他收入		本年支出小计	一般公共服务
衡阳市小计	**93961**	**3933**	**32940**	**24757**	**814**	**717**	**30800**		**662023**	**131171**
本级	20414	1679	11163	7158	－200	460	154		177810	30207
县级小计	73547	2254	21777	17599	1014	257	30646		484213	100964
衡南县	8130	250	3512	1627	－218	6	2953		61338	14349
衡阳县	10585	97	6098	1892	350	52	2096		67685	12940
衡山县	6249	34	1459	1358		10	3388		35512	5728
衡东县	7369	129	3201	3010	532	26	471		44954	13037
常宁市	6202	500	2315	2443	13	85	846		61021	9507
祁东县	12553	150	1525	2351	－113	8	8632		64977	8796
耒阳市	15517	1041	2260	3205	380	20	8611		91160	23159
南岳区	4016	53	194	310		6	3453		11577	2456
珠晖区	839		328	435	70	6			12512	2623
雁峰区	1236		407	629		4	196		11086	2822
石鼓区	530		318	189		23			11946	3386
蒸湘区	321		160	150		11			10445	2161
邵阳市小计	**72577**	**5497**	**25965**	**25108**	**3518**	**1176**	**11313**		**600525**	**142406**
本级	10520	532	3503	5147	50	162	1126		118573	23486
县级小计	62057	4965	22462	19961	3468	1014	10187		481952	118920
邵东县	9911	1670	2719	3489	1474	57	502		59957	16294
新邵县	5064	324	1983	1845	－50	63	899		47903	10836
隆回县	6847	327	2677	3268	101	67	407		62086	13106
武冈市	8845	489	2145	3004		186	3021		52427	15661
洞口县	7201	197	4590	1650	－5	183	586		52828	14246
新宁县	4606	188	1897	1185	1260	52	24		47169	11165
邵阳县	6961	230	3686	2369		111	565		60972	12284
城步县	2523	235	351	776		14	1147		28975	5374
绥宁县	5249	200	947	1204		227	2671		29661	7938
双清区	2001	577	603	473		14	334		16411	4334
大祥区	2278	406	736	395	688	22	31		17108	5742
北塔区	571	122	128	303		18			6455	1940
岳阳市小计	**118990**	**11902**	**40942**	**23115**	**4776**	**9234**	**29021**		**606528**	**113166**
本级	52917	9823	11428	5082	105	7336	19143		212619	45709
县级小计	66073	2079	29514	18033	4671	1898	9878		393909	67457
汨罗市	13841	948	8028	3535		612	718		57760	7812
平江县	12976	266	4881	3119	4165	22	523		71234	13767

2－21－10

单位:万元

地　　区	收支部分										
	支出										
	外　交	国　防	公共安全	教　育	科学技术	文　化体　育与传媒	社　会保　障和就业	医疗卫生	环境保护	城乡社区事务	农林水事　务
衡阳市小计		**857**	**51125**	**108063**	**4617**	**7091**	**141538**	**25733**	**6347**	**33056**	**44915**
本级		570	21128	16543	2745	2441	51018	5004	1950	15893	5419
县级小计		287	29997	91520	1872	4650	90520	20729	4397	17163	39496
衡南县		8	4100	11559	234	503	12184	1873	566	805	5101
衡阳县		20	4282	12609	538	363	11547	4483	692	1743	5772
衡山县			1811	7296	51	366	3872	659	225	1123	2313
衡东县		51	3817	9429	462	463	4950	1278	351	2897	4715
常宁市		137	3788	11485	110	701	11231	3854	580	1643	5218
祁东县		10	2287	13305	97	724	12809	1333	246	909	5619
耒阳市			6275	16998	135	1102	19851	5239	1308	3301	7732
南岳区			1241	1281	73	240	1792	430	277	1183	1208
珠晖区			646	2809	14	62	3127	407		570	570
雁峰区		42	871	1542	22	47	3259	414	33	1081	335
石鼓区			584	1473	112	44	3643	371	96	1369	531
蒸湘区		19	295	1734	24	35	2255	388	23	539	382
邵阳市小计	**560**	**707**	**42981**	**109133**	**2377**	**6011**	**127805**	**23765**	**2984**	**13569**	**53791**
本级	399	170	14223	5604	416	1872	40102	3181	217	256	3407
县级小计	161	537	28758	103529	1961	4139	87703	20584	2767	13313	50384
邵东县		181	4742	14167	166	422	10588	2289	395	1241	3412
新邵县		98	2346	10757	15	335	9641	1270	312	642	4018
隆回县		73	3886	13790	252	585	10913	5022	350	751	7552
武冈市	161		3114	10785	202	538	10036	1161	419	1110	4446
洞口县		38	2659	10974	105	412	9638	1458	245	1597	5418
新宁县			2164	11045	520	498	6854	1835	426	2886	5658
邵阳县		126	3304	13495	177	418	10741	4384	181	1374	10234
城步县		16	1739	5315	174	344	4762	1243	187	298	4534
绥宁县			2101	6172	245	348	5065	976	161	299	3392
双清区		5	938	2950	38	107	4211	363	9	2296	826
大祥区			1218	3177	55	98	3734	493	75	673	433
北塔区			547	902	12	34	1520	90	7	146	461
岳阳市小计		**330**	**42532**	**109697**	**5861**	**5765**	**122823**	**23091**	**7587**	**37375**	**59084**
本级		9	18838	26529	3184	2295	50521	6467	4945	26874	15571
县级小计		321	23694	83168	2677	3470	72302	16624	2642	10501	43513
汨罗市		61	3857	9321	898	602	10552	1299	815	1254	6404
平江县			3550	15620	593	688	13459	4353	461	712	10909

二、各省、自治区、直辖市地市县一般预算财政资料

2－21－11

单位:万元

地区	收支部分			平衡部分						
	支出			收入						
						返还性收入			财力性转移支付收入	
	交通运输	工业、商业、金融等事务	其他支出	收入总计	本年收入	小计	增值税和消费税税收返还	所得税基数返还	小计	体制补助
衡阳市小计	**14039**	**16046**	**77425**	**798364**	**250271**	**52092**	**41217**	**10875**	**252512**	
本级	2516	8967	13409	235909	78445	26754	20226	6528	28382	－108
县级小计	11523	7079	64016	562455	171826	25338	20991	4347	224130	108
衡南县	909	458	8689	74515	18657	3420	3197	223	34442	108
衡阳县	1688	1335	9673	76759	16817	2589	2192	397	40984	
衡山县	92	541	11435	40193	11736	1853	1593	260	16950	
衡东县	1593	1332	579	55847	15998	2898	2373	525	22477	
常宁市	2644	1312	8811	71503	20005	1997	1692	305	30779	
祁东县	615	368	17859	77098	20959	1829	1364	465	38160	
耒阳市	3395	1474	1191	98149	42666	4101	3470	631	27381	
南岳区	199	186	1011	13106	6160	209	159	50	2778	
珠晖区	111	4	1569	16330	4230	1498	1252	246	3841	
雁峰区	21	20	577	13399	4815	1728	988	740	2367	
石鼓区	142	24	171	14202	5521	1868	1561	307	1894	
蒸湘区	114	25	2451	11354	4262	1348	1150	198	2077	
邵阳市小计	**17460**	**9477**	**47499**	**694507**	**162838**	**38256**	**28738**	**9518**	**297794**	**4739**
本级	9220	989	15031	127226	22469	12263	11431	832	33594	－4922
县级小计	8240	8488	32468	567281	140369	25993	17307	8686	264200	9661
邵东县	1385	647	4028	70954	23663	6893	5054	1839	25689	
新邵县	380	223	7030	57636	11566	1892	1472	420	27071	1618
隆回县	932	1459	3415	71925	14057	3675	2449	1226	36891	600
武冈市		1304	3490	57052	14717	2067	1359	708	27709	479
洞口县	1186	493	4359	60823	12540	2410	1779	631	31193	437
新宁县	311	2395	1412	53430	11228	1100	951	149	28270	840
邵阳县	2221	326	1707	67655	12078	1726	1235	491	36594	1500
城步县	31	359	4599	35194	6447	1560	1134	426	15206	1615
绥宁县	1513	901	550	35555	9762	2498	1874	624	16935	89
双清区	52	124	158	24173	11371	1050		1050	7544	806
大祥区	163	202	1045	24057	10596	971		971	7445	836
北塔区	66	55	675	8827	2344	151		151	3653	841
岳阳市小计	**18774**	**11128**	**49315**	**703643**	**287592**	**56556**	**42872**	**13684**	**192375**	
本级	2796	2142	6739	242210	143544	26077	22519	3558	18295	－2856
县级小计	15978	8986	42576	461433	144048	30479	20353	10126	174080	2856
汨罗市	1542	4137	9206	67522	26795	5953	4622	1331	20132	
平江县	5102	1587	433	77648	21165	3528	2194	1334	31592	208

2－21－12

单位:万元

地区	平衡部分 收入 财力性转移支付收入									
	一般性转移支付补助	民族地区转移支付补助	调整工资转移支付补助	农村税费改革转移支付补助	取消农业特产税降低农业税率转移支付补助	缓解县乡财政困难转移支付补助	农村义务教育补助	结算补助	企事业单位预算划转补助	其他财力性转移支付
衡阳市小计	**80821**		**85676**	**21223**	**29240**	**18000**		**16468**	**94**	**990**
本级	12499		12995	－621	12	86		7935	－2654	－1762
县级小计	68322		72681	21844	29228	17914		8533	2748	2752
衡南县	10594		11169	3673	5441	2603		238	209	407
衡阳县	15001		11510	3629	5721	4241		226	177	479
衡山县	7248		5164	1582	1544	933		163	84	232
衡东县	8609		6954	2332	2737	1278		182	110	275
常宁市	9712		9806	3099	3774	3619		260	193	316
祁东县	9166		10649	2828	4028	3768		6690	637	394
耒阳市	5326		11316	3812	4937	1144		163	291	392
南岳区	906		1412	116	108	59		81	14	82
珠晖区	764		1464	280	404	153		－7	765	18
雁峰区	437		1023	103	91	76		269	258	110
石鼓区	99		1253	154	233	20		129		6
蒸湘区	460		961	236	210	20		139	10	41
邵阳市小计	**119068**	**1328**	**93462**	**24713**	**22287**	**18960**		**16854**	**－5267**	**1650**
本级	23748		13639	－760		86		7238	－4244	－1191
县级小计	95320	1328	79823	25473	22287	18874		9616	－1023	2841
邵东县	6188		9897	3836	2886	1925		882		75
新邵县	10611		7954	2655	2024	1580		539		90
隆回县	14638		10425	3026	2854	2360		4314	－1470	144
武冈市	10362		8579	2651	2729	2236		595		78
洞口县	12331		8586	3456	2833	2908		550		92
新宁县	10102		9619	2256	2185	2522		601		145
邵阳县	16266		9428	3426	2928	2137		744		165
城步县	4516	540	4295	1255	950	799		406		830
绥宁县	5261	788	5640	1684	2187	720		491		75
双清区	1992		2372	446	215	1080		235		398
大祥区	1832		2285	526	364	399		220	447	536
北塔区	1221		743	256	132	208		39		213
岳阳市小计	**48164**		**69288**	**19196**	**23395**	**12183**		**7355**	**11884**	**910**
本级	6332		15501	－282	964	63		1682	10819	－13928
县级小计	41832		53787	19478	22431	12120		5673	1065	14838
汨罗市	2941		7535	2423	2583	1853		719	270	1808
平江县	9394		9435	3680	3647	2356		1098	10	1764

2-21-13

单位:万元

地区	平衡部分								
	收入							支出	
	专项转移支付			省补助计划单列市	上年结余收入	调入资金	国债转贷收入、上年结余及转补助数	支出总计	本年支出
	小计	专项补助	增发国债补助						
衡阳市小计	**150055**	**143681**	**6374**		**81976**	**9834**	**1624**	**689303**	**662023**
本级	53992	48982	5010		37934	8991	1411	181366	177810
县级小计	96063	94699	1364		44042	843	213	507937	484213
衡南县	12518	12423	95		5478			64363	61338
衡阳县	12303	12061	242		4066			71097	67685
衡山县	6379	6155	224		3248		27	37136	35512
衡东县	8161	7927	234		6227		86	47151	44954
常宁市	11451	11306	145		7271			63160	61021
祁东县	10258	10168	90		5892			70867	64977
耒阳市	16868	16549	319		6615	418	100	93138	91160
南岳区	2516	2516			1143	300		11769	11577
珠晖区	5098	5083	15		1663			13311	12512
雁峰区	3784	3784			705			12089	11086
石鼓区	3592	3592			1318	9		12665	11946
蒸湘区	3135	3135			416	116		11191	10445
邵阳市小计	**139219**	**133353**	**5866**		**50255**	**5192**	**953**	**614357**	**600525**
本级	57707	52783	4924		294	499	400	104127	118573
县级小计	81512	80570	942		49961	4693	553	510230	481952
邵东县	7625	7541	84		5984	1100		63674	59957
新邵县	8443	8370	73		8382	282		49259	47903
隆回县	12531	12404	127		4671		100	65306	62086
武冈市	6802	6678	124		3069	2588	100	53920	52427
洞口县	7953	7868	85		6386	261	80	54507	52828
新宁县	7063	6971	92		5307	462		48312	47169
邵阳县	10637	10536	101		6540		80	62681	60972
城步县	7032	6949	83		4949			29540	28975
绥宁县	5230	5122	108		1130			30708	29661
双清区	3033	3007	26		1175			22162	16411
大祥区	3523	3496	27		1522			22411	17108
北塔区	1640	1628	12		846		193	7750	6455
岳阳市小计	**131307**	**124447**	**6860**		**33134**	**185**	**2494**	**643365**	**606528**
本级	41862	37716	4146		11177	185	1070	218181	212619
县级小计	89445	86731	2714		21957		1424	425184	393909
汨罗市	11573	11379	194		2530		539	61433	57760
平江县	17734	16678	1056		3239		390	73303	71234

2－21－14

单位:万元

地区	平衡部分									
	支出								年终结余	其中:净结余
	财力性转移支付			专项上解	计划单列市上解省	增设预算周转金	调出资金	国债转贷拨付数及年末结余		
	小计	体制上解	出口退税专项上解							
衡阳市小计	**6889**	**6611**	**278**	**18767**				**1624**	**109061**	**14073**
本级	1762	1778	－16	383				1411	54543	1050
县级小计	5127	4833	294	18384				213	54518	13023
衡南县				3025					10152	778
衡阳县	378	375	3	3034					5662	910
衡山县	131	131		1466				27	3057	379
衡东县	224	224		1887				86	8696	877
常宁市	510	227	283	1629					8343	205
祁东县	3753	3752	1	2137					6231	1580
耒阳市	124	124		1754				100	5011	3635
南岳区	2		2	190					1337	443
珠晖区				799					3019	2283
雁峰区				1003					1310	564
石鼓区	5		5	714					1537	1339
蒸湘区				746					163	30
邵阳市小计	**393**		**393**	**12486**				**953**	**80150**	**－15223**
本级	－707	－918	211	－14139				400	23099	－14306
县级小计	1100	918	182	26625				553	57051	－917
邵东县	1002	918	84	2715					7280	69
新邵县	2		2	1354					8377	59
隆回县	2		2	3118				100	6619	－921
武冈市	5		5	1388				100	3132	135
洞口县	69		69	1530				80	6316	－1293
新宁县	12		12	1131					5118	－396
邵阳县				1629				80	4974	280
城步县	8		8	557					5654	
绥宁县				1047					4847	269
双清区				5751					2011	27
大祥区				5303					1646	767
北塔区				1102				193	1077	87
岳阳市小计	**4326**	**4078**	**248**	**17557**		**5460**	**7000**	**2494**	**60278**	**7226**
本级	－366	－477	111	－4202		2060	7000	1070	24029	3868
县级小计	4692	4555	137	21759		3400		1424	36249	3358
汨罗市	1290	1284	6	1444		400		539	6089	264
平江县				1679				390	4345	

2－21－15 单位:万元

地区	收支部分										
	收入										
	本年收入小计	税收收入									
		小计	增值税	营业税	企业所得税	个人所得税	城市维护建设税	耕地占用税	契税	烟叶税	其他各项税收收入
湘阴县	18254	8209	1108	4729	105	377	390	193	626		681
临湘市	15410	6144	1030	3056	170	404	360	334	339		451
华容县	15344	6919	1029	3415	24	414	368	187	1019		463
岳阳县	12012	7840	1551	4037	86	446	362	295	580		483
岳阳楼区	21585	18529	2542	12976	359	716		30	300		1606
君山区	3633	1989	445	927	13	125	182	77	83		137
云溪区	9850	7202	2937	2556	758	388		30	100		433
常德市小计	**303890**	**199201**	**27744**	**61438**	**10106**	**8403**	**64008**	**6265**	**6574**	**555**	**14108**
本级	141065	109876	11329	19271	8419	3807	57535	656	3605		5254
县级小计	162825	89325	16415	42167	1687	4596	6473	5609	2969	555	8854
津市市	12568	5722	1525	2030	30	401	655	20	168		893
安乡县	12119	4669	795	2230	112	289	309	182	186		566
汉寿县	15803	7540	1415	3044	54	423	569	1030	392		613
澧县	22913	12470	2651	5717	195	613	1049	475	845		925
临澧县	17526	6846	1401	3877	64	363	190	41	178	120	612
桃源县	20876	10692	2654	4561	545	643	673	358	446		812
石门县	22487	12753	2187	4722	123	805	1909	717	403	435	1452
武陵区	22931	16612	1925	9566	415	359		2563			1784
鼎城区	15602	12021	1862	6420	149	700	1119	223	351		1197
张家界市小计	**60833**	**38925**	**4529**	**18810**	**2874**	**1759**	**2034**	**1465**	**2240**	**1688**	**3526**
本级	18857	8325	678	4599	506	381	671	123	569		798
县级小计	41976	30600	3851	14211	2368	1378	1363	1342	1671	1688	2728
慈利县	11882	8631	1867	2874	491	641	369	963	159	583	684
桑植县	6828	4753	807	1339	309	290	187	56	88	717	960
永定区	10614	9076	1035	4986	39	302	499	258	1008	370	579
武陵源区	12652	8140	142	5012	1529	145	308	65	416	18	505
益阳市小计	**115909**	**70668**	**17437**	**23815**	**3756**	**4599**	**5464**	**4831**	**6265**	**113**	**4388**
本级	40861	20544	4303	3840	2350	547	2659	2009	4072		764
县级小计	75048	50124	13134	19975	1406	4052	2805	2822	2193	113	3624
沅江市	16465	9029	2981	2848	111	665	673	616	411		724
南县	9437	4461	1222	1841	154	436	340	67	119		282
桃江县	12638	8258	2035	3102	373	505	702	648	303		590
安化县	12395	8235	2420	3148	407	700	755	206	96	113	390
资阳区	7763	6644	1112	2505	88	329	136	893	1151		430
赫山区	16350	13497	3364	6531	273	1417	199	392	113		1208

2006 年地方财政政府收支分类转换数据

2－21－16　　　　单位:万元

地　　区	收　支　部　分									
	收　入								支　出	
	非　税　收　入							贷款转贷回收本　金收　入	本年支出小计	一般公共服务
	小　计	专项收入	行政事业性收费收入	罚没收入	国有资本经营收　入	国有资源(资产)有偿使用收　入	其他收入			
湘阴县	10045	174	5882	2740	6	300	943		48023	4778
临湘市	9266	193	2700	1507	100		4766		38126	7132
华容县	8425	224	3190	2789		245	1977		55322	8986
岳阳县	4172	192	1155	2100		709	16		50887	10984
岳阳楼区	3056		1365	1265	400		26		32919	5902
君山区	1644	82	80	568		5	909		23250	4768
云溪区	2648		2233	410		5			16388	3328
常德市小计	**104689**	**29190**	**22507**	**20414**	**13965**	**659**	**17954**		**646879**	**102588**
本级	31189	19532	2477	5905	2062	345	868		193958	27114
县级小计	73500	9658	20030	14509	11903	314	17086		452921	75474
津市市	6846	509	1618	1075	1262	9	2373		30076	5780
安乡县	7450	160	2475	1044	1744	15	2012		43858	5637
汉寿县	8263	290	2200	1726	185	41	3821		59769	9471
澧县	10443	604	1446	2563	1087	16	4727		54688	11698
临澧县	10680	286	3881	1764	1769	5	2975		39256	7029
桃源县	10184	390	2010	2712	3973	84	1015		70749	11002
石门县	9734	1038	5360	1390	1807	31	108		58469	8955
武陵区	6319	6053	116	96		28	26		35258	6267
鼎城区	3581	328	924	2139	76	85	29		60798	9635
张家界市小计	**21908**	**3561**	**6279**	**5069**	**1698**	**3821**	**1480**		**190333**	**38964**
本级	10532	1857	4097	2629	1600	307	42		38570	11943
县级小计	11376	1704	2182	2440	98	3514	1438		151763	27021
慈利县	3251	415	1307	1057		25	447		53606	8992
桑植县	2075	241	563	639	69	30	533		42332	7078
永定区	1538	837	43	325	29	6	298		37750	7467
武陵源区	4512	211	269	419		3453	160		18075	3484
益阳市小计	**45241**	**3098**	**7473**	**13417**	**5597**	**4038**	**11618**		**453497**	**83440**
本级	20317	1035	2354	5949	17	3002	7960		126946	20911
县级小计	24924	2063	5119	7468	5580	1036	3658		326551	62529
沅江市	7436	322	66	1274	4502	18	1254		61650	11474
南县	4976	230	2630	779	943		394		51699	8955
桃江县	4380	373	1000	1970		800	237		58739	10861
安化县	4160	359	319	2222		173	1087		59554	14456
资阳区	1119	199	551	302		45	22		40738	8709
赫山区	2853	580	553	921	135		664		54171	8074

2－21－17

单位:万元

地区	收支部分										
	支出										
	外交	国防	公共安全	教育	科学技术	文化体育与传媒	社会保障和就业	医疗卫生	环境保护	城乡社区事务	农林水事务
湘阴县			1189	7654	48	251	7521	933	65	667	3421
临湘市		8	3275	7754	104	334	6743	1292	58	424	3980
华容县		74	4460	16608	433	588	7202	2897	622	2209	6795
岳阳县		68	3906	9447	146	397	8956	2854	487	3272	5464
岳阳楼区			1814	10439	175	378	6816	1653	6	465	877
君山区		110	618	3078	27	68	8937	719	61	430	2426
云溪区			1025	3247	253	164	2116	624	67	1068	3237
常德市小计	**8**	**751**	**39989**	**119942**	**3478**	**8536**	**167099**	**28909**	**4060**	**57250**	**60633**
本级	8	6	13504	25546	1387	3105	57231	4598	1074	39610	10533
县级小计		745	26485	94396	2091	5431	109868	24311	2986	17640	50100
津市市		69	2232	4774	126	388	9714	1039	348	1323	1955
安乡县		50	2690	9969	110	439	10051	2700	53	2109	6854
汉寿县			3286	10880	289	635	13870	2848	351	5404	5926
澧县		78	3453	11648	115	974	12265	3823	281	1707	5695
临澧县		161	2286	9161	250	595	8814	2077	308	864	5315
桃源县		196	4641	10681	433	613	16640	2524	571	3058	7971
石门县		98	3958	13769	76	609	11986	3524	981	1140	6984
武陵区		59	789	10738	479	110	11545	1454		958	2037
鼎城区		34	3150	12776	213	1068	14983	4322	93	1077	7363
张家界市小计		**717**	**15211**	**32818**	**715**	**2713**	**33303**	**9812**	**2122**	**8088**	**19440**
本级		383	5776	1434	280	709	4317	1053	527	3678	1894
县级小计		334	9435	31384	435	2004	28986	8759	1595	4410	17546
慈利县		112	3273	12488	153	554	10832	3165	797	2408	5930
桑植县		74	2434	8527	71	811	8675	2495	185	751	5195
永定区		148	2263	8217	192	453	7679	2111	452	542	4462
武陵源区			1465	2152	19	186	1800	988	161	709	1959
益阳市小计		**352**	**27215**	**92831**	**2290**	**6138**	**113237**	**19953**	**1819**	**5106**	**35881**
本级			12148	5014	935	2004	55793	2894	376	1690	5982
县级小计		352	15067	87817	1355	4134	57444	17059	1443	3416	29899
沅江市			3791	19830	422	1171	9243	3565	252	1017	6608
南县		120	2643	15649	64	938	8438	3563	253	569	4451
桃江县			2786	17000	155	736	8749	3343	378	872	6214
安化县		90	3201	18396	448	615	6940	2284	292	596	5198
资阳区		142	1484	6192	154	299	11580	1885	158	253	3661
赫山区			1162	10750	112	375	12494	2419	110	109	3767

2－21－18

单位:万元

地区	收支部分			平衡部分						
	支出			收入						
						返还性收入			财力性转移支付收入	
	交通运输	工业、商业、金融等事务	其他支出	收入总计	本年收入	小计	增值税和消费税税收返还	所得税基数返还	小计	体制补助
湘阴县	1143	951	19402	59459	18254	3284	2577	707	22458	
临湘市	1017	175	5830	48615	15410	2670	1987	683	17079	
华容县	1390	994	2064	58085	15344	2830	2045	785	26532	
岳阳县	4455	451		57127	12012	2505	1713	792	30821	2648
岳阳楼区	208		4186	40888	21585	4825	2724	2101	8905	
君山区	715	94	1199	31374	3633	1102	915	187	12498	
云溪区	406	597	256	20715	9850	3782	1576	2206	4063	
常德市小计	**15073**	**16142**	**22421**	**792203**	**303890**	**46324**	**35812**	**10512**	**233482**	
本级	1954	5766	2522	256587	141065	21118	16456	4662	20230	－325
县级小计	13119	10376	19899	535616	162825	25206	19356	5850	213252	325
津市市	413	301	1614	33374	12568	2656	2077	579	10162	
安乡县	2091	1096	9	52187	12119	1660	1290	370	25289	200
汉寿县	1132	1454	4223	69221	15803	2362	1802	560	32616	
澧县	1729	1132	90	68231	22913	3531	2961	570	27132	
临澧县	1186	1027	183	51971	17526	2417	2053	364	16243	
桃源县	2760	3020	6639	82231	20876	3047	2265	782	37092	
石门县	2025	1220	3144	63415	22487	3598	2549	1049	23519	
武陵区	309	113	400	42994	22931	2410	1676	734	7919	
鼎城区	1474	1013	3597	71992	15602	3525	2683	842	33280	125
张家界市小计	**10758**	**3199**	**12473**	**233423**	**60833**	**8585**	**4159**	**4426**	**84285**	**7920**
本级	1490	839	4247	49520	18857	2380	602	1778	9490	4298
县级小计	9268	2360	8226	183903	41976	6205	3557	2648	74795	3622
慈利县	3274	713	915	63674	11882	2163	1791	372	29319	203
桑植县	3731	714	1591	53381	6828	898	546	352	24096	2079
永定区	2003	511	1250	46476	10614	1898	1154	744	18739	1111
武陵源区	260	422	4470	20372	12652	1246	66	1180	2641	229
益阳市小计	**9457**	**17607**	**38171**	**560760**	**115909**	**30084**	**25476**	**4608**	**220852**	
本级	1642	12707	4850	147250	40861	6997	6923	74	24204	－846
县级小计	7815	4900	33321	413510	75048	23087	18553	4534	196648	846
沅江市	927	1728	1622	71244	16465	4322	3596	726	32840	
南县	1109	1372	3575	66975	9437	2407	1634	773	34660	
桃江县	3408	492	3745	65144	12638	3544	3015	529	33880	
安化县	1348	669	5021	83207	12395	3468	2731	737	37849	
资阳区	382	302	5537	46825	7763	2252	1821	431	21218	846
赫山区	641	337	13821	80115	16350	7094	5756	1338	36201	

二、各省、自治区、直辖市地市县一般预算财政资料

2-21-19

单位:万元

地区	平衡部分									
	收入									
	财力性转移支付收入									
	一般性转移支付补助	民族地区转移支付补助	调整工资转移支付补助	农村税费改革转移支付补助	取消农业特产税降低农业税率转移支付补助	缓解县乡财政困难转移支付补助	农村义务教育补助	结算补助	企事业单位预算划转补助	其他财力性转移支付
湘阴县	4428		6912	3196	3390	2276		937	9	1310
临湘市	3056		7067	1896	2541	964		658	16	881
华容县	7104		7809	2880	4893	1389		796	12	1649
岳阳县	7420		8117	3351	3278	2638		815	12	2542
岳阳楼区	1159		2699	321	73	203		371	729	3350
君山区	5761		2859	1399	1555	161		93	1	669
云溪区	569		1354	332	471	280		186	6	865
常德市小计	**64344**	**912**	**75395**	**21805**	**44866**	**12520**		**11955**	**1075**	**610**
本级	9905		10099	22	1125	31		-1713	797	289
县级小计	54439	912	65296	21783	43741	12489		13668	278	321
津市市	2435		3740	1361	1520	4		1013	61	28
安乡县	7942		7101	2326	5416	852		1349	27	76
汉寿县	10076		10088	3288	5168	2361		1592	28	15
澧县	6415		8243	3051	5906	1814		1631	34	38
临澧县	3901		5141	1608	3344	1086		1115	18	30
桃源县	9018		9441	3589	11026	2251		1695	31	41
石门县	5026	912	8171	2705	3693	1340		1612	25	35
武陵区	896		3213	513	1418	576		1282	13	8
鼎城区	8730		10158	3342	6250	2205		2379	41	50
张家界市小计	**20577**	**6595**	**23991**	**6581**	**5194**	**2981**	**1760**	**7748**	**11**	**927**
本级	1904	2060	2495	-160		52		354	11	-1524
县级小计	18673	4535	21496	6741	5194	2929	1760	7394		2451
慈利县	10229	1649	8356	2615	2724	1270	1048	906		319
桑植县	3641	1407	6178	2308	1109	581	712	5322		759
永定区	4323	1288	5965	1701	1300	1078		836		1137
武陵源区	480	191	997	117	61			330		236
益阳市小计	**77788**		**72221**	**19639**	**22658**	**19441**	**1028**	**6165**		**1912**
本级	12875		10530	925	1988	27		-2929		1634
县级小计	64913		61691	18714	20670	19414	1028	9094		278
沅江市	6295		13501	2925	5656	2570	1028	827		38
南县	13546		9252	2819	4834	3302		856		51
桃江县	12944		9896	3572	2823	3576		1027		42
安化县	14023		11375	4459	2536	3881		1536		39
资阳区	5915		7543	1889	1855	1905		1218		47
赫山区	12190		10124	3050	2966	4180		3630		61

2006 年地方财政政府收支分类转换数据

2-21-20 单位:万元

地区	平衡部分								
	收入							支出	
	专项转移支付			省补助计划单列市	上年结余收入	调入资金	国债转贷收入、上年结余及转补助数	支出总计	本年支出
	小计	专项补助	增发国债补助						
湘阴县	11289	10961	328		4174			51053	48023
临湘市	8828	8625	203		4508		120	40596	38126
华容县	12036	11640	396		1318		25	57851	55322
岳阳县	10861	10695	166		928			55300	50887
岳阳楼区	5021	4893	128		552			40679	32919
君山区	9667	9588	79		4274		200	24769	23250
云溪区	2436	2272	164		434		150	20200	16388
常德市小计	**136740**	**133028**	**3712**		**68108**	**1377**	**2282**	**681230**	**646879**
本级	41219	40044	1175		31271	1082	602	198786	193958
县级小计	95521	92984	2537		36837	295	1680	482444	452921
津市市	7776	7660	116		42		170	33224	30076
安乡县	8362	8049	313		4677		80	46166	43858
汉寿县	12238	12038	200		5222		980	63329	59769
澧县	12131	11578	553		2434		90	58132	54688
临澧县	8432	8294	138		7073	280		41852	39256
桃源县	12957	12482	475		8179		80	75371	70749
石门县	12128	11802	326		1403		280	60809	58469
武陵区	8262	8166	96		1457	15		39708	35258
鼎城区	13235	12915	320		6350			63853	60798
张家界市小计	**54747**	**50982**	**3765**		**21205**	**2581**	**1187**	**193689**	**190333**
本级	11791	9651	2140		4243	2409	350	36941	38570
县级小计	42956	41331	1625		16962	172	837	156748	151763
慈利县	14689	14429	260		5521		100	54877	53606
桑植县	14831	13592	1239		6648		80	43098	42332
永定区	10589	10557	32		3857	172	607	40386	37750
武陵源区	2847	2753	94		936		50	18387	18075
益阳市小计	**109833**	**104192**	**5641**		**62906**	**19680**	**1496**	**468391**	**453497**
本级	37897	33001	4896		18097	19073	121	113865	126946
县级小计	71936	71191	745		44809	607	1375	354526	326551
沅江市	11792	11692	100		5725		100	65530	61650
南县	9833	9680	153		10123		515	55011	51699
桃江县	12359	12227	132		2643		80	61850	58739
安化县	15925	15791	134		12431	459	680	62261	59554
资阳区	10946	10831	115		4646			43653	40738
赫山区	11081	10970	111		9241	148		66221	54171

二、各省、自治区、直辖市地市县一般预算财政资料

2－21－21

单位:万元

地区	平衡部分									
	支出								年终结余	其中:净结余
	财力性转移支付			专项上解	计划单列市上解省	增设预算周转金	调出资金	国债转贷拨付数及年末结余		
	小计	体制上解	出口退税专项上解							
湘阴县	785	739	46	2245					8406	237
临湘市	849	833	16	1501				120	8019	134
华容县	675	662	13	1829				25	234	234
岳阳县				1413		3000			1827	1827
岳阳楼区	56		56	7704					209	209
君山区	1037	1037		282				200	6605	86
云溪区				3662				150	515	367
常德市小计	**7848**	**7629**	**219**	**19221**		**3000**	**2000**	**2282**	**110973**	**19085**
本级	2305	2179	126	－3079		3000	2000	602	57801	18191
县级小计	5543	5450	93	22300				1680	53172	894
津市市	1379	1326	53	1599				170	150	50
安乡县	1		1	2227				80	6021	178
汉寿县	592	575	17	1988				980	5892	325
澧县	893	893		2461				90	10099	13
临澧县	128	128		2468					10119	29
桃源县	1000	992	8	3542				80	6860	32
石门县	193	193		1867				280	2606	33
武陵区	1343	1343		3107					3286	222
鼎城区	14		14	3041					8139	12
张家界市小计	**15**		**15**	**2154**				**1187**	**39734**	**20275**
本级				－1979				350	12579	3633
县级小计	15		15	4133				837	27155	16642
慈利县	15		15	1156				100	8797	6955
桑植县				686				80	10283	5346
永定区				2029				607	6090	3376
武陵源区				262				50	1985	965
益阳市小计	**2012**	**1706**	**306**	**11386**				**1496**	**92369**	**9952**
本级	－10022	－10120	98	－3180				121	33385	3106
县级小计	12034	11826	208	14566				1375	58984	6846
沅江市	1186	1180	6	2594				100	5714	324
南县	658	658		2139				515	11964	1196
桃江县	803	786	17	2228				80	3294	651
安化县	100	100		1927				680	20946	2347
资阳区	43		43	2872					3172	492
赫山区	9244	9102	142	2806					13894	1836

2－21－22

单位:万元

地区	收支部分										
	收入										
	本年收入小计	税收收入									
		小计	增值税	营业税	企业所得税	个人所得税	城市维护建设税	耕地占用税	契税	烟叶税	其他各项税收收入
永州市小计	**147740**	**85944**	**14538**	**28635**	**3508**	**6614**	**9615**	**4743**	**6054**	**6241**	**5996**
本级	42649	25059	4494	5675	958	1953	6224	338	3288	36	2093
县级小计	105091	60885	10044	22960	2550	4661	3391	4405	2766	6205	3903
东安县	9500	4897	796	2402	221	342	248	113	359	111	305
道县	11046	5387	794	2257	209	333	260	372	125	609	428
宁远县	11025	5894	711	1577	237	501	169	451	428	1400	420
江永县	4405	3484	764	920	196	183	192	79	58	916	176
江华瑶族自治县	6642	4833	934	1480	233	344	196	290	121	898	337
蓝山县	9667	4177	661	1251	205	283	137	286	122	1002	230
新田县	6820	3996	468	1147	42	285	160	334	68	1226	266
双牌县	7423	4190	694	1063	630	330	290	750	250		183
祁阳县	16360	7077	1602	2389	394	740	456	235	705	10	546
零陵区	8000	6311	1259	2264	110	507	518	661	479	17	496
冷水滩区	14203	10639	1361	6210	73	813	765	834	51	16	516
郴州市小计	**301006**	**183064**	**51016**	**49862**	**8443**	**8840**	**16916**	**3957**	**22176**	**9364**	**12490**
本级	82967	54232	10563	14622	6313	4559	9447	1363	3809		3556
县级小计	218039	128832	40453	35240	2130	4281	7469	2594	18367	9364	8934
资兴市	30161	19047	6489	2919	218	1000	1533	667	4676		1545
桂阳县	38506	20504	5464	3447	134	513	1179	112	2492	6262	901
永兴县	26858	17649	7500	2690	237	333	2264	300	2500	717	1108
宜章县	22183	14116	3844	3199	255	425	806	453	3886	442	806
嘉禾县	10439	7663	1814	2403	105	267	265	178	1138	940	553
临武县	13508	8237	2808	3244	199	331	429	52	283	106	785
汝城县	7792	6220	2507	2610	232	160	279	31	86		315
桂东县	4531	2792	782	920	34	132	301	10	506	4	103
安仁县	6730	5356	1499	1135	18	93	413	60	398	673	1067
北湖区	29331	13409	3935	7319	227	678		13	17	118	1102
苏仙区	28000	13839	3811	5354	471	349		718	2385	102	649
娄底市小计	**153228**	**100300**	**28755**	**28438**	**3333**	**5259**	**15440**	**6900**	**4069**	**94**	**8012**
本级	53646	39233	9169	7628	2411	3543	8100	3466	1984		2932
县级小计	99582	61067	19586	20810	922	1716	7340	3434	2085	94	5080
涟源市	26637	13753	5403	4046	107	381	1636	555	372		1253
冷水江市	29419	20262	6631	4366	336	586	3990	1464	834		2055
双峰县	14128	8531	2350	3176	138	238	1091	616	309		613
新化县	18806	10230	3407	3478	188	305	623	799	570	94	766

2-21-23

单位:万元

地区	收支部分									
	收入								支出	
	非税收入							贷款转贷回收本金收入		
	小计	专项收入	行政事业性收费收入	罚没收入	国有资本经营收入	国有资源(资产)有偿使用收入	其他收入		本年支出小计	一般公共服务
永州市小计	**61796**	**5423**	**17406**	**20376**	**971**	**3470**	**14150**		**527875**	**96510**
本级	17590	3233	6130	4933	235	2199	860		100986	17674
县级小计	44206	2190	11276	15443	736	1271	13290		426889	78836
东安县	4603	221	870	1413		47	2052		43414	7010
道县	5659	193	1405	1653		95	2313		44814	8923
宁远县	5131	119	1698	1531		421	1362		48678	8684
江永县	921	134	201	567		12	7		21127	3449
江华瑶族自治县	1809	145	494	881		32	257		39536	6474
蓝山县	5490	123	1025	1578		34	2730		28609	5011
新田县	2824	108	660	1519		537			29302	5480
双牌县	3233	201	445	1012	218	6	1351		21100	3790
祁阳县	9283	298	2795	3749	543	20	1878		65189	10714
零陵区	1689	277	648	712		52			43051	8869
冷水滩区	3564	371	1035	828	-25	15	1340		42069	10432
郴州市小计	**117942**	**9487**	**34869**	**27069**	**3285**	**16779**	**26453**		**622419**	**126230**
本级	28735	4173	6233	11106		5215	2008		143000	42249
县级小计	89207	5314	28636	15963	3285	11564	24445		479419	83981
资兴市	11114	706	6130	1057	1285	142	1794		59994	7849
桂阳县	18002	838	3722	3536		37	9869		69005	13805
永兴县	9209	1014	4302	2836	1015		42		56898	10335
宜章县	8067	837	3900	2005	316	59	950		48436	6820
嘉禾县	2776	290	991	1262			233		28227	4469
临武县	5271	292	4448	518		13			35030	5845
汝城县	1572	217	982	350		23			34257	5016
桂东县	1739	97	430	537	539		136		19754	4643
安仁县	1374	121	450	601	130	10	62		32065	7001
北湖区	15922	357	1506	1819		3552	8688		48932	9938
苏仙区	14161	545	1775	1442		7728	2671		46821	8260
娄底市小计	**52928**	**11206**	**16879**	**13045**	**2547**	**909**	**8342**		**375785**	**89343**
本级	14413	6679	3141	1144	15	85	3349		98292	25823
县级小计	38515	4527	13738	11901	2532	824	4993		277493	63520
涟源市	12884	868	4230	3297	1974	275	2240		68640	16885
冷水江市	9157	2156	4802	1682		500	17		40588	10659
双峰县	5597	603	2242	2725	11	16			60212	13710
新化县	8576	505	1761	2999	547	28	2736		80553	16111

2－21－24　　　　单位:万元

地区	收支部分										
	支出										
	外交	国防	公共安全	教育	科学技术	文化体育与传媒	社会保障和就业	医疗卫生	环境保护	城乡社区事务	农林水事务
永州市小计	**8**	**368**	**37851**	**109670**	**3022**	**5797**	**110582**	**19978**	**3809**	**23865**	**52563**
本级	8	172	14893	7103	1103	2019	25653	3059	1553	8456	4240
县级小计		196	22958	102567	1919	3778	84929	16919	2256	15409	48323
东安县		49	2664	10639	133	336	9160	2907	238	1757	5531
道县			2524	11657	115	208	8656	1719	225	1301	4320
宁远县			3244	12870	65	614	9715	1444	90	1101	5631
江永县		35	1134	3833	38	354	4626	610	136	519	1332
江华瑶族自治县		26	2861	9067	68	344	6337	1621	177	931	6705
蓝山县		12	1760	5740	368	266	5203	860	185	2401	3693
新田县			1745	7426	318	234	5562	2119	192	1151	3679
双牌县			1713	4111	94	142	3906	860	146	366	3033
祁阳县			3822	17604	513	579	14722	2055	380	1743	6557
零陵区		38	651	8774	89	379	8760	1052	229	2206	4037
冷水滩区		36	840	10846	118	322	8282	1672	258	1933	3805
郴州市小计		**482**	**43644**	**116116**	**8817**	**8277**	**124358**	**21066**	**5025**	**19179**	**64484**
本级			19451	12083	1911	3838	26715	3926	2465	11987	7012
县级小计		482	24193	104033	6906	4439	97643	17140	2560	7192	57472
资兴市		221	2329	9438	1105	655	14504	2054	281	1332	4833
桂阳县		195	3530	12049	779	499	9821	3558	466	1560	5388
永兴县			3061	15479	715	701	12988	2183	373	940	4283
宜章县		66	3138	10491	875	199	9238	1645	250	1110	8503
嘉禾县			2067	6162	311	321	7465	754	257	499	4039
临武县			2318	6168	693	678	8310	1721	167	391	7468
汝城县			1392	10279	419	170	5094	732	198	292	6562
桂东县			1286	3909	220	174	4485	524	58	115	3867
安仁县			1811	7796	356	302	6821	831	317	480	3422
北湖区			2019	12144	697	560	10756	1647	82	418	5117
苏仙区			1242	10118	736	180	8161	1491	111	55	3990
娄底市小计		**79**	**26189**	**61750**	**2857**	**5086**	**75945**	**18105**	**2319**	**16567**	**30634**
本级			9435	6791	1526	1501	21752	2762	721	7529	3952
县级小计		79	16754	54959	1331	3585	54193	15343	1598	9038	26682
涟源市			4571	12555	150	702	11716	4689	386	1615	6733
冷水江市			3031	8377	478	584	8700	1160	306	3498	2435
双峰县		79	3616	12815	184	995	13117	3432	148	1051	7264
新化县			4541	15952	328	799	13487	4993	699	2409	7483

2－21－25　　　　　　　　　　　　　　　　　　　　　　　　单位：万元

地区	收支部分			平衡部分						
	支出			收入						
						返还性收入			财力性转移支付收入	
	交通运输	工业、商业、金融等事务	其他支出	收入总计	本年收入	小计	增值税和消费税税收返还	所得税基数返还	小计	体制补助
永州市小计	**19749**	**8620**	**35483**	**552114**	**147740**	**30175**	**22877**	**7298**	**256048**	**9361**
本级	6516	3559	4978	107080	42649	10860	9689	1171	22252	576
县级小计	13233	5061	30505	445034	105091	19315	13188	6127	233796	8785
东安县	1386	954	650	46004	9500	2103	1483	620	25490	197
道县	1348	403	3415	46277	11046	1559	969	590	25560	745
宁远县	2212	425	2583	50948	11025	2088	1497	591	29058	600
江永县	847	198	4016	21728	4405	1341	1059	282	11776	66
江华瑶族自治县	1156	449	3320	40141	6642	1678	1142	536	23505	1110
蓝山县	836	218	2056	29343	9667	1386	850	536	12899	205
新田县	783	183	430	32298	6820	943	488	455	16702	
双牌县	801	534	1604	21738	7423	1054	879	175	7507	284
祁阳县	1070	421	5009	67200	16360	3193	2213	980	36799	952
零陵区	813	314	6840	45249	8000	2099	1340	759	25447	2022
冷水滩区	1981	962	582	44108	14203	1871	1268	603	19053	2604
郴州市小计	**16036**	**20658**	**48047**	**656288**	**301006**	**42855**	**29464**	**13391**	**161210**	**4072**
本级	924	8736	1703	142019	82967	9785	6394	3391	13126	256
县级小计	15112	11922	46344	514269	218039	33070	23070	10000	148084	3816
资兴市	1851	2855	10687	64174	30161	7111	5578	1533	11127	
桂阳县	1589	1764	14002	73384	38506	3491	2358	1133	17659	
永兴县	1811	1616	2413	62196	26858	3330	2172	1158	16406	
宜章县	1344	917	3840	53117	22183	4481	3421	1060	16669	
嘉禾县	703	438	742	32137	10439	1678	1046	632	13258	34
临武县	750	401	120	35477	13508	2289	1435	854	10242	8
汝城县	2852	902	349	35177	7792	2504	1788	716	14362	
桂东县		400	73	20546	4531	798	550	248	8750	1017
安仁县	1507	321	1100	36196	6730	1033	826	207	18106	389
北湖区	1469	1853	2232	51219	29331	3325	2025	1300	10238	2023
苏仙区	1236	455	10786	50646	28000	3030	1871	1159	11267	345
娄底市小计	**12689**	**10509**	**23713**	**466555**	**153228**	**31460**	**23421**	**8039**	**131920**	**2211**
本级	639	5283	10578	123957	53646	7883	6874	1009	8422	－4682
县级小计	12050	5226	13135	342598	99582	23577	16547	7030	123498	6893
涟源市	1953	1129	5556	92736	26637	6555	5203	1352	31955	150
冷水江市	176	843	341	60915	29419	6191	4222	1969	10096	1255
双峰县	2187	1111	503	67992	14128	4245	2922	1323	31943	32
新化县	7177	1512	5062	90073	18806	5012	3467	1545	38244	200

2－21－26

单位:万元

地区	平衡部分									
	收入									
	财力性转移支付收入									
	一般性转移支付补助	民族地区转移支付补助	调整工资转移支付补助	农村税费改革转移支付补助	取消农业特产税降低农业税率转移支付补助	缓解县乡财政困难转移支付补助	农村义务教育补助	结算补助	企事业单位预算划转补助	其他财力性转移支付
永州市小计	**83957**	**1250**	**80844**	**23631**	**26424**	**17848**		**11917**	**303**	**513**
本级	9239		11452	43	347	10		－54	505	134
县级小计	74718	1250	69392	23588	26077	17838		11971	－202	379
东安县	9482		7963	2724	2540	2006		530	22	26
道县	8424		7430	2770	3170	2299		679	14	29
宁远县	10533		8589	3457	2961	2361		490	25	42
江永县	3729	509	3693	934	1868	431		495	2	49
江华瑶族自治县	6774	741	6956	2118	2434	1723		1591	27	31
蓝山县	4373		4250	1411	1796	527		296	15	26
新田县	5589		4393	1493	1510	350		3618	－282	31
双牌县	2460		2653	741	1012	40		262	28	27
祁阳县	11358		11189	3960	4335	3972		1001	14	18
零陵区	7710		6841	2415	2446	2634		1451	－90	18
冷水滩区	4286		5435	1565	2005	1495		1558	23	82
郴州市小计	**29755**		**63083**	**15455**	**30950**	**8664**		**7426**	**1153**	**652**
本级	2426		8748	－475	20	36		3779	－743	－921
县级小计	27329		54335	15930	30930	8628		3647	1896	1573
资兴市	1300		5389	1154	2072	489		340	218	165
桂阳县	1536		7271	2895	4236	565		506	486	164
永兴县	1335		6950	2380	3578	1474		414	144	131
宜章县	2250		5921	1564	5216	1070		427	123	98
嘉禾县	4036		4533	1246	1705	1168		279	109	148
临武县	923		4337	1222	2970	210		308	99	165
汝城县	5567		3324	1369	1885	1572		420	103	122
桂东县	2504		2861	825	715	443		197	71	117
安仁县	6810		4844	1673	2201	1631		282	111	165
北湖区	537		4307	535	2158	2		190	288	198
苏仙区	531		4598	1067	4194	4		284	144	100
娄底市小计	**42535**		**45687**	**12408**	**10006**	**9801**		**6604**	**1253**	**1415**
本级	4202		5888	－263	76	12		4037		－848
县级小计	38333		39799	12671	9930	9789		2567	1253	2263
涟源市	11432		9879	3725	2477	3226		428	399	239
冷水江市	1707		5096	514	326	5		636	235	322
双峰县	10269		10548	3814	3329	2882		452		617
新化县	13967		10785	4189	3357	3671		742	619	714

2－21－27

单位:万元

地区	平衡部分								
	收入							支出	
	专项转移支付			省补助计划单列市	上年结余收入	调入资金	国债转贷收入、上年结余及转补助数	支出总计	本年支出
	小计	专项补助	增发国债补助						
永州市小计	**108026**	**102950**	**5076**		**6894**	**2294**	**937**	**538916**	**527875**
本级	24712	23756	956		5364	743	500	100526	100986
县级小计	83314	79194	4120		1530	1551	437	438390	426889
东安县	7590	7263	327		1321			44485	43414
道县	7649	7406	243		143	200	120	46076	44814
宁远县	7604	7493	111		1093		80	49857	48678
江永县	4378	4307	71		－172			21721	21127
江华瑶族自治县	7995	7373	622		－459	680	100	40216	39536
蓝山县	5162	4985	177		229			29221	28609
新田县	6676	6183	493		1157			29994	29302
双牌县	5712	5510	202		42			21572	21100
祁阳县	10520	9957	563		228		100	67344	65189
零陵区	11764	11309	455		－2098		37	44052	43051
冷水滩区	8264	7408	856		46	671		43852	42069
郴州市小计	**115019**	**111317**	**3702**		**32157**	**3601**	**440**	**633107**	**622419**
本级	16709	16362	347		19232		200	133281	143000
县级小计	98310	94955	3355		12925	3601	240	499826	479419
资兴市	13764	13556	208		2011			62387	59994
桂阳县	12621	12116	505		1027		80	72262	69005
永兴县	11176	10937	239		4426			58909	56898
宜章县	9084	8840	244		700			51313	48436
嘉禾县	5391	5177	214		1291		80	29721	28227
临武县	6153	5967	186		134	3151		35327	35030
汝城县	10172	9307	865		267		80	35033	34257
桂东县	6129	6030	99		338			20305	19754
安仁县	8108	7819	289		2219			33149	32065
北湖区	7474	7322	152		401	450		50909	48932
苏仙区	8238	7884	354		111			50511	46821
娄底市小计	**109038**	**103167**	**5871**		**38062**	**1537**	**1310**	**388046**	**375785**
本级	37898	35879	2019		15818		290	90428	98292
县级小计	71140	67288	3852		22244	1537	1020	297618	277493
涟源市	18148	16708	1440		9281		160	73773	68640
冷水江市	9675	9457	218		5044		490	47474	40588
双峰县	14850	14433	417		2706		120	62446	60212
新化县	21085	19489	1596		5139	1537	250	83792	80553

2-21-28

单位:万元

地区	平衡部分									
	支出								年终结余	其中:净结余
	财力性转移支付			专项上解	计划单列市上解省	增设预算周转金	调出资金	国债转贷拨付数及年末结余		
	小计	体制上解	出口退税专项上解							
永州市小计	**153**		**153**	**9951**				**937**	**13198**	**2975**
本级	59		59	-1019				500	6554	3206
县级小计	94		94	10970				437	6644	-231
东安县	1		1	1070					1519	1453
道县				1142				120	201	201
宁远县				1099				80	1091	298
江永县				594					7	7
江华瑶族自治县	1		1	579				100	-75	-75
蓝山县	2		2	610					122	43
新田县				692					2304	-394
双牌县				472					166	166
祁阳县	42		42	2013				100	-144	-144
零陵区				964				37	1197	-2042
冷水滩区	48		48	1735					256	256
郴州市小计	**870**		**870**	**9859**		**-481**		**440**	**23181**	**8531**
本级	-2441	-2364	-77	-7478				200	8738	1869
县级小计	3311	2364	947	17337		-481		240	14443	6662
资兴市	296	287	9	2097					1787	260
桂阳县	1127	1124	3	2050				80	1122	453
永兴县	341		341	1670					3287	1602
宜章县	853	853		2024					1804	588
嘉禾县	5		5	1009		400		80	2416	274
临武县				1178		-881			150	120
汝城县	100	100		596				80	144	144
桂东县	3		3	548					241	141
安仁县				1084					3047	2781
北湖区	322		322	1655					310	164
苏仙区	264		264	3426					135	135
娄底市小计	**25**		**25**	**10926**				**1310**	**78509**	**7087**
本级	-6295	-6318	23	-1859				290	33529	1476
县级小计	6320	6318	2	12785				1020	44980	5611
涟源市	1918	1918		3055				160	18963	377
冷水江市	2902	2902		3494				490	13441	3551
双峰县	539	538	1	1575				120	5546	235
新化县	960	960		2029				250	6281	699

2-21-29

单位:万元

地区	收支部分										
	收入										
	本年收入小计	税收收入									
		小计	增值税	营业税	企业所得税	个人所得税	城市维护建设税	耕地占用税	契税	烟叶税	其他各项税收收入
娄星区	10592	8291	1795	5744	153	206					393
怀化市小计	**135310**	**90327**	**16679**	**35690**	**3253**	**4793**	**6975**	**9378**	**6247**	**186**	**7126**
本级	35030	24925	2944	10113	1903	1304	1701	1898	3202		1860
县级小计	100280	65402	13735	25577	1350	3489	5274	7480	3045	186	5266
沅陵县	15868	10054	2903	3035	101	378	1781	508	146		1202
辰溪县	12357	8420	1448	3695	111	378	467	1168	475	20	658
溆浦县	12876	7421	1959	1967	260	417	711	626	802		679
麻阳县	4683	2818	410	1360	7	160	154	265	229	27	206
新晃县	3555	2497	491	1019	24	162	155	85	254	47	260
芷江县	6347	4423	930	1798	237	230	345	435	200	60	188
鹤城区	10079	7567	1087	4287	24	523		798	125		723
中方县	6050	3764	357	1405	15	98	274	1360	49		206
洪江市	12507	8497	2172	2440	270	520	850	1539	218	7	481
会同县	6570	4118	726	1758	123	318	222	520	183	12	256
靖州县	5800	3689	739	1746	90	162	240	110	300	13	289
通道县	3588	2134	513	1067	88	143	75	66	64		118
湘西自治州小计	**81504**	**62279**	**18831**	**18741**	**2254**	**3952**	**5645**	**1885**	**2458**	**3512**	**5001**
本级	12987	8807	2192	3100	571	948	694		222		1080
县级小计	68517	53472	16639	15641	1683	3004	4951	1885	2236	3512	3921
吉首市	17288	12642	1765	5830	139	635	2033	424	1070	15	731
泸溪县	5273	3643	1374	1160	60	176	437	79	71	76	210
凤凰县	6807	4652	508	1946	124	251	168	673	218	478	286
花垣县	19156	16946	9384	2231	695	976	1540	175	419	362	1164
保靖县	4964	4208	1970	936	148	231	334	15	156	181	237
古丈县	1864	1372	274	645	39	104	107		35	100	68
永顺县	4826	3489	433	1333	206	261	142	122	62	814	116
龙山县	8339	6520	931	1560	272	370	190	397	205	1486	1109

2－21－30

单位:万元

地区	收支部分									
	收入								支出	
	非税收入							贷款转贷回收本金收入	本年支出小计	一般公共服务
	小计	专项收入	行政事业性收费收入	罚没收入	国有资本经营收入	国有资源(资产)有偿使用收入	其他收入			
娄星区	2301	395	703	1198		5			27500	6155
怀化市小计	**44983**	**6121**	**15597**	**14279**	**2643**	**1676**	**4667**		**507141**	**106204**
本级	10105	1262	3690	3826		556	771		85823	17968
县级小计	34878	4859	11907	10453	2643	1120	3896		421318	88236
沅陵县	5814	1168	3573	708	125	70	170		53550	11781
辰溪县	3937	628	2080	1077	126	16	10		43016	11181
溆浦县	5455	560	1689	1774		499	933		53074	12010
麻阳县	1865	106	648	968		6	137		31659	5883
新晃县	1058	131	210	595	110	12			25904	5666
芷江县	1924	221	344	683	650	26			34029	5537
鹤城区	2512		926	611		175	800		25977	5746
中方县	2286	232	640	680	711	23			22867	5926
洪江市	4010	1253	806	1200	78	250	423		50668	8771
会同县	2452	172	109	717	710	13	731		31742	5550
靖州县	2111	189	680	895	86	13	248		27300	5361
通道县	1454	199	202	545	47	17	444		21532	4824
湘西自治州小计	**19225**	**5074**	**3955**	**6849**	**438**	**1820**	**1089**		**385878**	**80241**
本级	4180	1812		1866	237	265			70237	15375
县级小计	15045	3262	3955	4983	201	1555	1089		315641	64866
吉首市	4646	1030	1694	1162	329	57	374		36489	6827
泸溪县	1630	279	887	232	－42	11	263		34001	5270
凤凰县	2155	187	156	843	－39	899	109		42306	8041
花垣县	2210	1121	102	928	－22	40	41		45425	11156
保靖县	756	336	157	147		14	102		34188	7914
古丈县	492	69	36	303		10	74		22074	5020
永顺县	1337	105	223	691		314	4		47189	9156
龙山县	1819	135	700	677	－25	210	122		53969	11482

2-21-31

单位:万元

地区	收支部分										
	支出										
	外交	国防	公共安全	教育	科学技术	文化体育与传媒	社会保障和就业	医疗卫生	环境保护	城乡社区事务	农林水事务
娄星区			995	5260	191	505	7173	1069	59	465	2767
怀化市小计		**928**	**30834**	**89729**	**2066**	**7939**	**115019**	**17221**	**6037**	**16677**	**47225**
本级		421	8438	5660	594	2086	21948	2271	2673	4115	4079
县级小计		507	22396	84069	1472	5853	93071	14950	3364	12562	43146
沅陵县		94	2574	13579	211	1060	10369	1628	625	1690	5330
辰溪县		19	1716	8242	75	494	8216	1058	335	926	4656
溆浦县		29	2688	9513	98	448	11337	1365	658	2493	5121
麻阳县		17	2254	5774	83	746	7561	1380	301	637	3223
新晃县			1411	3871	101	432	5321	741	125	561	2847
芷江县		65	1798	5652	50	554	6640	2087	102	661	5015
鹤城区		42	1010	4630	67	301	8258	714	94	232	1505
中方县		52	1335	4498	87	325	2992	1239	230	749	2566
洪江市		55	2844	10518	255	456	16388	1974	417	1625	3035
会同县		9	1806	6679	289	337	6235	1381	313	1696	3086
靖州县		125	1826	7108	121	408	5749	758	98	581	3882
通道县			1134	4005	35	292	4005	625	66	711	2880
湘西自治州小计		**600**	**22754**	**73006**	**2479**	**8654**	**71412**	**21505**	**5118**	**11046**	**51372**
本级		267	6035	6491	1635	3130	18327	3839	1222	256	5730
县级小计		333	16719	66515	844	5524	53085	17666	3896	10790	45642
吉首市			2447	6159	205	566	6262	1854	193	2070	4997
泸溪县		80	1635	8581	100	450	6460	2000	531	531	5065
凤凰县		13	2222	8590	152	426	5688	2735	388	2685	5149
花垣县		32	2229	9831	108	1052	6624	3125	676	1682	6271
保靖县			1488	6553	44	533	6148	2253	669	409	4227
古丈县		87	1253	3951	18	277	3280	1043	257	734	4344
永顺县			2249	11070	81	530	9354	2339	794	1204	8202
龙山县		121	3196	11780	136	1690	9269	2317	388	1475	7387

2－21－32

单位:万元

地区	收支部分			平衡部分						
	支出			收入						
						返还性收入			财力性转移支付收入	
	交通运输	工业、商业、金融等事务	其他支出	收入总计	本年收入	小计	增值税和消费税税收返还	所得税基数返还	小计	体制补助
娄星区	557	631	1673	30882	10592	1574	733	841	11260	5256
怀化市小计	**24870**	**9754**	**32638**	**563978**	**135310**	**32200**	**23307**	**8893**	**246973**	**3366**
本级	6582	2883	6105	103342	35030	9822	6984	2838	23536	－4311
县级小计	18288	6871	26533	460636	100280	22378	16323	6055	223437	7677
沅陵县	3203	667	739	56391	15868	2473	1642	831	24928	
辰溪县	1255	1622	3221	45020	12357	2521	2137	384	20737	233
溆浦县	2410	402	4502	60663	12876	2603	2412	191	30915	
麻阳县	1416	459	1925	33138	4683	1022	853	169	19143	1552
新晃县	1493	418	2917	28922	3555	777	532	245	15450	
芷江县	1326	420	4122	36792	6347	1941	1121	820	17830	138
鹤城区	400	408	2570	29312	10079	1288	609	679	10889	1438
中方县	1562	468	838	24824	6050	257	223	34	12741	3955
洪江市	1593	752	1985	57698	12507	4896	3874	1022	26308	
会同县	1307	660	2394	33625	6570	1823	989	834	17605	
靖州县	890	355	38	28573	5800	1522	1079	443	13665	
通道县	1433	240	1282	25678	3588	1255	852	403	13226	361
湘西自治州小计	**13541**	**9643**	**14507**	**444953**	**81504**	**22471**	**16459**	**6012**	**207386**	**9320**
本级	3640	2216	2074	93436	12987	12681	9784	2897	34131	－493
县级小计	9901	7427	12433	351517	68517	9790	6675	3115	173255	9813
吉首市	659	807	3443	50010	17288	1592	763	829	16158	
泸溪县	1525	531	1242	33169	5273	1258	1114	144	18543	1666
凤凰县	2184	813	3220	49977	6807	335	138	197	25155	
花垣县	629	506	1504	47659	19156	3038	2098	940	16089	2244
保靖县	452	2650	848	35797	4964	1153	739	414	19138	2608
古丈县	1059	485	266	23379	1864	310	237	73	13123	1897
永顺县	661	512	1037	48535	4826	444	260	184	30133	1398
龙山县	2732	1123	873	62991	8339	1660	1326	334	34916	

2-21-33

单位:万元

地区	平衡部分									
	收入									
	财力性转移支付收入									
	一般性转移支付补助	民族地区转移支付补助	调整工资转移支付补助	农村税费改革转移支付补助	取消农业特产税降低农业税率转移支付补助	缓解县乡财政困难转移支付补助	农村义务教育补助	结算补助	企事业单位预算划转补助	其他财力性转移支付
娄星区	958		3491	429	441	5		309		371
怀化市小计	**97331**	**4417**	**80122**	**19153**	**15877**	**11622**		**14431**	**-170**	**824**
本级	15201		11711	2	21	34		70	597	211
县级小计	82130	4417	68411	19151	15856	11588		14361	-767	613
沅陵县	5414	1179	8800	2536	2369	2315		2216	72	27
辰溪县	8337		6690	1857	1402	1359		729	104	26
溆浦县	11723		9860	3392	2507	2108		1137	157	31
麻阳县	7330	623	5811	1567	1031	582		559	36	52
新晃县	3860	321	4346	1069	554	145		6504	-1399	50
芷江县	6860	764	5438	1501	1531	929		614	5	50
鹤城区	4069		3562	478	452	452		330	38	70
中方县	2947		3386	1075	837	439		73	3	26
洪江市	12317		7677	1738	1525	1793		894	260	104
会同县	8262	700	4695	1457	1227	668		534	-3	65
靖州县	5406	474	4310	1192	1318	479		476	-27	37
通道县	5605	356	3836	1289	1103	319		295	-13	75
湘西自治州小计	**34790**	**31042**	**58691**	**11192**	**5050**	**6073**	**7440**	**43042**		**746**
本级	12780	10896	8535	-300		69		2421		223
县级小计	22010	20146	50156	11492	5050	6004	7440	40621		523
吉首市	1384	1542	5526	735	313	100	376	6083		99
泸溪县	3511	3450	5024	1498	459	459	924	1492		60
凤凰县	1772	822	6047	1326	624	450	1098	12934		82
花垣县	2196	2602	5419	1199	420	163	810	1008		28
保靖县	2774	3014	6031	1459	696	738	748	1034		36
古丈县	2431	1908	4441	880	248	450	354	446		68
永顺县	3832	3510	8643	2178	1118	2161	1393	5818		82
龙山县	4110	3298	9025	2217	1172	1483	1737	11806		68

2－21－34

单位:万元

地区	平衡部分								
	收入							支出	
	专项转移支付			省补助计划单列市	上年结余收入	调入资金	国债转贷收入、上年结余及转补助数	支出总计	本年支出
	小计	专项补助	增发国债补助						
娄星区	7382	7201	181		74			30133	27500
怀化市小计	**128347**	**122952**	**5395**		**18459**	**1439**	**1250**	**521119**	**507141**
本级	27171	23512	3659		6144	1239	400	82469	85823
县级小计	101176	99440	1736		12315	200	850	438650	421318
沅陵县	12563	12444	119		559			55218	53550
辰溪县	8855	8730	125		320		230	44675	43016
溆浦县	10841	10684	157		3428			55190	53074
麻阳县	7445	7355	90		745		100	32418	31659
新晃县	6322	6235	87		2818			26719	25904
芷江县	9116	9013	103		1478		80	34925	34029
鹤城区	6141	6084	57		915			27924	25977
中方县	5260	4986	274		119	137	260	23575	22867
洪江市	13710	13520	190		157	20	100	54497	50668
会同县	7365	7166	199		262			32941	31742
靖州县	7219	6966	253		367			28421	27300
通道县	6339	6257	82		1147	43	80	22147	21532
湘西自治州小计	**106215**	**94403**	**11812**		**27077**		**300**	**391397**	**385878**
本级	13191	12215	976		20446			61381	70237
县级小计	93024	82188	10836		6631		300	330016	315641
吉首市	11151	10602	549		3521		300	38939	36489
泸溪县	9903	8603	1300		－1808			34656	34001
凤凰县	13077	10264	2813		4603			45521	42306
花垣县	9912	9184	728		－536			46449	45425
保靖县	10713	8426	2287		－171			34888	34188
古丈县	8021	6813	1208		61			22239	22074
永顺县	14179	13402	777		－1047			48325	47189
龙山县	16068	14894	1174		2008			58999	53969

2-21-35　　单位:万元

地　区	平衡部分									
	支出								年终结余	其中:净结余
	财力性转移支付			专项上解	计划单列市上解省	增设预算周转金	调出资金	国债转贷拨付数及年末结余		
	小　计	体制上解	出口退税专项上解							
娄星区	1		1	2632					749	749
怀化市小计				**12728**				**1250**	**42859**	**7480**
本级	-3289	-3245	-44	-465				400	20873	807
县级小计	3289	3245	44	13193				850	21986	6673
沅陵县	320	287	33	1348					1173	1173
辰溪县				1429				230	345	345
溆浦县	446	435	11	1670					5473	142
麻阳县				659				100	720	363
新晃县	222	222		593					2203	122
芷江县				816				80	1867	344
鹤城区				1947					1388	854
中方县				448				260	1249	1249
洪江市	1871	1871		1858				100	3201	1160
会同县	261	261		938					684	684
靖州县	169	169		952					152	152
通道县				535				80	3531	85
湘西自治州小计				**5122**			**97**	**300**	**53556**	**-1780**
本级	-3036	-3036		-5820					32055	3504
县级小计	3036	3036		10942			97	300	21501	-5284
吉首市	192	192		1958				300	11071	2258
泸溪县				655					-1487	-1647
凤凰县	638	638		2577					4456	334
花垣县				1024					1210	-1042
保靖县				700					909	-845
古丈县				165					1140	-679
永顺县				1136					210	-3850
龙山县	2206	2206		2727			97		3992	187

2006 年广东省地市县财政一般预算收支平衡表

2－22－1　　　　　　　　　　　　　　　　　　　　　　　　　　单位:万元

地　区	收支部分										
	收入										
	本年收入小计	税收收入									
		小计	增值税	营业税	企业所得税	个人所得税	城市维护建设税	耕地占用税	契税	烟叶税	其他各项税收收入
地(市)县级总计	**16804703**	**14258587**	**3814588**	**4383446**	**1781736**	**1019840**	**775903**	**68404**	**987319**	**7366**	**1419985**
地(市)本级合计	**10960161**	**9429234**	**2291945**	**3102015**	**1202605**	**875329**	**373428**	**17030**	**784910**		**781972**
县级合计	**5844542**	**4829353**	**1522643**	**1281431**	**579131**	**144511**	**402475**	**51374**	**202409**	**7366**	**638013**
广州市小计	**4270831**	**3645560**	**967265**	**1027971**	**455820**	**231794**	**268420**	**6322**	**251382**		**436586**
本级	2010044	1673123	342262	441528	181050	220985	80321		231818		175159
县级小计	2260787	1972437	625003	586443	274770	10809	188099	6322	19564		261427
从化市	63870	50367	12189	16190	5173	2627	3341	676	3405		6766
增城市	160582	143961	38456	38805	20723	8182	7948	650	16159		13038
越秀区	219127	195397	21607	68362	31108		34423				39897
海珠区	170445	139767	26221	58129	13674		20101	1225			20417
荔湾区	176043	152275	46833	33957	10973		27370	377			32765
天河区	203033	166623	28147	59427	21004		23188	7			34850
白云区	199623	163718	40125	62112	13613		18943	365			28560
黄埔区	84535	71967	32688	9567	10136		8430	738			10408
南沙区	84292	73224	33921	21649	8539		3826	519			4770
萝岗区	416165	406377	208538	70572	89411		10063	10			27783
花都区	169639	141926	56948	45674	14212		9261	597			15234
番禺区	313433	266835	79330	101999	36204		21205	1158			26939
深圳市小计	**5008827**	**4568288**	**959248**	**1854671**	**675256**	**492477**	**52550**		**250003**		**284083**
本级	5008827	4568288	959248	1854671	675256	492477	52550		250003		284083
珠海市小计	**602664**	**496071**	**145094**	**127559**	**57174**	**21886**	**28702**		**61977**		**53679**
本级	414530	336745	88622	83195	40357	14268	19867		54903		35533
县级小计	188134	159326	56472	44364	16817	7618	8835		7074		18146
香洲区	85817	75687	25254	22650	9100	3868	5459				9356
金湾区	45986	38513	16188	10013	3650	1374	1340		2931		3017
斗门区	56331	45126	15030	11701	4067	2376	2036		4143		5773
汕头市小计	**349257**	**256592**	**77229**	**55790**	**32391**	**11188**	**18678**	**2015**	**22007**		**37294**
本级	158794	113023	30174	25689	10626	4957	7047		19000		15530
县级小计	190463	143569	47055	30101	21765	6231	11631	2015	3007		21764
南澳县	2988	1543	400	510	213	74	92		60		194
金平区	34604	27635	8162	6989	3325	1976	2276				4907
龙湖区	31425	26766	7237	8342	2538	1070	2052	117			5410
澄海区	52008	37256	12236	5949	7524	1322	3164	127	2480		4454
濠江区	11268	8540	4313	1714	1132	243	293	62			783
潮阳区	35528	26237	8779	4692	5642	905	2214	601	341		3063

2－22－2

单位:万元

地区	收支部分									
	收入								支出	
	非税收入							贷款转贷回收本金收入		
	小计	专项收入	行政事业性收费收入	罚没收入	国有资本经营收入	国有资源(资产)有偿使用收入	其他收入		本年支出小计	一般公共服务
地(市)县级总计	**2546116**	**561497**	**792125**	**591891**	**301506**	**136514**	**162583**		**22534232**	**3688950**
地(市)本级合计	**1530927**	**335994**	**476309**	**368545**	**148614**	**107202**	**94263**		**12467751**	**1897198**
县级合计	**1015189**	**225503**	**315816**	**223346**	**152892**	**29312**	**68320**		**10066481**	**1791752**
广州市小计	**625271**	**155551**	**234949**	**119848**	**83239**	**25113**	**6571**		**5067899**	**784196**
本级	336921	68575	148139	72063	28525	17296	2323		2050426	288900
县级小计	288350	86976	86810	47785	54714	7817	4248		3017473	495296
从化市	13503	2206	6484	2052	2330	254	177		124299	18832
增城市	16621	6302	6888	2844		517	70		188612	22107
越秀区	23730	12739	7768	2453	350	414	6		305556	43183
海珠区	30678	7721	10129	7990		2384	2454		216369	39464
荔湾区	23768	10274	5676	2141	5360	317			227848	37862
天河区	36410	8766	9180	4512	12646	588	718		266456	47230
白云区	35905	10955	8438	2814	13379	319			246142	37593
黄埔区	12568	3873	1798	6259	300	328	10		113513	19231
南沙区	11068	2159	1650	316	6639	304			113278	26365
萝岗区	9788	3176	1111	402	4019	367	713		518961	65346
花都区	27713	6116	16246	4971		380			226953	62070
番禺区	46598	12689	11442	11031	9691	1645	100		469486	76013
深圳市小计	**440539**	**106286**	**124638**	**97329**	**56594**	**44152**	**11540**		**5714231**	**807733**
本级	440539	106286	124638	97329	56594	44152	11540		5714231	807733
珠海市小计	**106593**	**18517**	**30527**	**22377**	**12587**	**4491**	**18094**		**704904**	**121320**
本级	77785	13314	19375	17477	12587	1094	13938		454569	79785
县级小计	28808	5203	11152	4900		3397	4156		250335	41535
香洲区	10130	2744	3434	2486		1466			121393	18783
金湾区	7473	911	2190	700		1116	2556		55354	12121
斗门区	11205	1548	5528	1714		815	1600		73588	10631
汕头市小计	**92665**	**12965**	**16378**	**14167**	**15989**	**696**	**32470**		**599268**	**127074**
本级	45771	6812	7901	8380	1276	217	21185		195699	48799
县级小计	46894	6153	8477	5787	14713	479	11285		403569	78275
南澳县	1445	73	415	248	206	21	482		15137	4951
金平区	6969	980	1784	63		193	3949		61234	12498
龙湖区	4659	879	736		2790	54	200		52064	16451
澄海区	14752	2070	2136	1480	5180	77	3809		93331	20253
濠江区	2728	127	502	110	400	27	1562		26400	4752
潮阳区	9291	1296	543	1492	5863	94	3		89374	10459

2－22－3　　　　　　　　　　　　　　　　　　　　　　　　单位:万元

地区	收支部分										
	支出										
	外交	国防	公共安全	教育	科学技术	文化体育与传媒	社会保障和就业	医疗卫生	环境保护	城乡社区事务	农林水事务
地(市)县级总计	**1507**	**39919**	**2477746**	**4065098**	**686415**	**371186**	**2000619**	**977076**	**204863**	**1929713**	**1283056**
地(市)本级合计	**1473**	**21603**	**1503685**	**1632324**	**445201**	**266097**	**846816**	**503105**	**125794**	**1238775**	**454061**
县级合计	**34**	**18316**	**974061**	**2432774**	**241214**	**105089**	**1153803**	**473971**	**79069**	**690938**	**828995**
广州市小计	**899**	**15139**	**638436**	**725226**	**188437**	**116763**	**565284**	**282230**	**36962**	**553771**	**166258**
本级	865	8425	226066	164818	54638	87108	221061	144215	15035	207114	44646
县级小计	34	6714	412370	560408	133799	29655	344223	138015	21927	346657	121612
从化市		15	10419	41863	1009	2091	15937	6273	416	2348	15676
增城市		634	22767	49384	2200	1457	22166	7651	2732	4549	8641
越秀区		529	61344	55469	7131	1295	73675	21652	807	25716	
海珠区	34	194	37988	38956	6436	2469	39383	11390	509	26716	1289
荔湾区		1069	34718	42191	5823	2902	46483	12953	1618	27992	879
天河区		713	46256	43042	42356	2998	23680	13049	1576	34282	2177
白云区		157	38503	60550	5278	958	32519	11852	1488	16464	16665
黄埔区		514	17061	24724	2755	2416	12603	3896	524	8838	2598
南沙区			16820	18440	2104	759	5749	6671	985	20256	13742
萝岗区		894	28946	43440	43880	1844	13135	6336	4023	114551	5754
花都区			28763	51443	4104	2758	18638	8822	984	14202	13941
番禺区		1995	68785	90906	10723	7708	40255	27470	6265	50743	40250
深圳市小计		**7233**	**562556**	**726269**	**307052**	**77003**	**196175**	**195229**	**32531**	**366116**	**108923**
本级		7233	562556	726269	307052	77003	196175	195229	32531	366116	108923
珠海市小计	**608**	**1625**	**111619**	**118050**	**19828**	**8521**	**66557**	**25331**	**6458**	**36113**	**40401**
本级	608	668	100984	46115	12864	6534	35763	15860	4815	13906	31434
县级小计		957	10635	71935	6964	1987	30794	9471	1643	22207	8967
香洲区		379	5390	33084	4287	706	14968	4067	715	15095	866
金湾区		327	3060	15896	1296	404	5807	1988	287	5081	3616
斗门区		251	2185	22955	1381	877	10019	3416	641	2031	4485
汕头市小计		**1209**	**71675**	**141280**	**8049**	**7548**	**39869**	**30576**	**5267**	**44788**	**41801**
本级		150	43543	14488	2421	4327	16725	10160	2044	21119	9490
县级小计		1059	28132	126792	5628	3221	23144	20416	3223	23669	32311
南澳县			1235	2444	165	105	621	763	131	423	1425
金平区		154	2870	22065	2085	193	3391	3371	2	7016	1340
龙湖区		251	2639	13766	812	515	2399	1854	62	3336	1836
澄海区		274	8374	22874	1812	1018	4882	6558	996	4034	9555
濠江区		132	1334	6784	214	128	1939	1079	100	4815	2380
潮阳区			5680	34442	323	912	5772	4056	631	3359	8118

2－22－4

单位:万元

地区	收支部分			平衡部分						
	支出			收入						
						返还性收入			财力性转移支付收入	
	交通运输	工业、商业、金融等事务	其他支出	收入总计	本年收入	小计	增值税和消费税税收返还	所得税基数返还	小计	体制补助
地(市)县级总计	**309304**	**808664**	**3690116**	**26548296**	**16804703**	**3131292**	**1805139**	**1326153**	**1883061**	**77933**
地(市)本级合计	**209362**	**454830**	**2867427**	**15147941**	**10960161**	**2070993**	**1157016**	**913977**	**215900**	**－37977**
县级合计	**99942**	**353834**	**822689**	**11400355**	**5844542**	**1060299**	**648123**	**412176**	**1667161**	**115910**
广州市小计	**118084**	**178422**	**697792**	**6502398**	**4270831**	**821691**	**406982**	**414709**	**236971**	
本级	96329	54383	436823	2911553	2010044	457704	250285	207419	156174	－53805
县级小计	21755	124039	260969	3590845	2260787	363987	156697	207290	80797	53805
从化市	1967	1505	5948	148677	63870	8540	4235	4305	5971	1178
增城市	1180	6147	36997	242487	160582	12287	7473	4814	3110	309
越秀区	305	3119	11331	362364	219127	50315	18197	32118	4487	
海珠区	93	1048	10400	245810	170445	26143	15371	10772	640	
荔湾区	757	3351	9250	258850	176043	32908	14751	18157	810	
天河区	762	587	7748	299985	203033	32170	13772	18398	2419	
白云区	7948	2247	13920	313854	199623	30567	15695	14872	1046	
黄埔区	687	384	17282	130528	84535	18337	4117	14220	5429	157
南沙区	188	544	655	167145	84292				21	
萝岗区	355	70014	120443	569914	416165	72842	31680	41162	10816	9643
花都区	947	18975	1306	248878	169639	14758	9477	5281	1949	
番禺区	6566	16118	25689	602353	313433	65120	21929	43191	44099	42518
深圳市小计	**46682**	**197409**	**2083320**	**6467970**	**5008827**	**990779**	**522651**	**468128**	**28709**	
本级	46682	197409	2083320	6467970	5008827	990779	522651	468128	28709	
珠海市小计	**15337**	**14195**	**118941**	**796136**	**602664**	**91406**	**46053**	**45353**	**5766**	
本级	15234	12148	77851	517646	414530	66275	31666	34609	－38133	
县级小计	103	2047	41090	278490	188134	25131	14387	10744	43899	
香洲区		780	22273	132257	85817	12218	4801	7417	27371	
金湾区		399	5072	61299	45986	6462	4336	2126	6081	
斗门区	103	868	13745	84934	56331	6451	5250	1201	10447	
汕头市小计	**6992**	**18638**	**54502**	**644121**	**349257**	**88709**	**62586**	**26123**	**64097**	
本级	4801	6527	11105	206057	158794	34539	22716	11823	－22852	
县级小计	2191	12111	43397	438064	190463	54170	39870	14300	86949	
南澳县	45	1861	968	15661	2988	812	674	138	4258	
金平区	600	1068	4581	72703	34604	16939	13515	3424	11612	
龙湖区		508	7635	58776	31425	9359	5668	3691	7272	
澄海区	295	2721	9685	99720	52008	6259	4251	2008	14880	
濠江区		453	2290	27947	11268	2867	1645	1222	8367	
潮阳区	559	4099	10964	93240	35528	9977	7620	2357	23289	

2－22－5　　　　　　　　　　　　　　　　　　　　　　　　　单位：万元

地区	平衡部分									
	收入									
	财力性转移支付收入									
	一般性转移支付补助	民族地区转移支付补助	调整工资转移支付补助	农村税费改革转移支付补助	取消农业特产税降低农业税率转移支付补助	缓解县乡财政困难转移支付补助	农村义务教育补助	结算补助	企事业单位预算划转补助	其他财力性转移支付
地(市)县级总计	**498913**	**161**	**470119**	**220945**	**49141**	**55213**	**112916**	**375493**	**18545**	**3682**
地(市)本级合计	**107998**		**51160**	**120**	**－307**	**2644**	**1786**	**334187**	**9208**	**－252919**
县级合计	**390915**	**161**	**418959**	**220825**	**49448**	**52569**	**111130**	**41306**	**9337**	**256601**
广州市小计				**2620**	**166**	**451**	**921**	**230328**	**2485**	
本级				－3904	－581	148	93	216882	2309	－4968
县级小计				6524	747	303	828	13446	176	4968
从化市				2588	473	268	131	1332	1	
增城市				2450			182	168	1	
越秀区								4487		
海珠区								640		
荔湾区								810		
天河区								2419		
白云区				129		16	187	714		
黄埔区								304		4968
南沙区								21		
萝岗区								1173		
花都区				1357	274		121	197		
番禺区						19	207	1181	174	
深圳市小计								**24656**	**371**	**3682**
本级								24656	371	3682
珠海市小计	**582**			**850**			**93**	**4087**	**154**	
本级	431			70				3897	68	－42599
县级小计	151			780			93	190	86	42599
香洲区	34						17	77		27243
金湾区	19						19	62	85	5896
斗门区	98			780			57	51	1	9460
汕头市小计	**3125**		**32548**	**11695**	**1928**	**2564**	**8982**	**3229**	**26**	
本级	1001		4657	35				2462	26	－31033
县级小计	2124		27891	11660	1928	2564	8982	767		31033
南澳县	344		1009	480	8	590	93	144		1590
金平区			4654	292	38		97	199		6332
龙湖区			1781	676	50	99	209	151		4306
澄海区	1290		5104	2614	616	541	1126	70		3519
濠江区			1474	484	26	50	268	64		6001
潮阳区	296		8706	3877	756	719	3948	83		4904

2－22－6　　　　单位:万元

地区	平衡部分								
	收入							支出	
	专项转移支付			省补助计划单列市	上年结余收入	调入资金	国债转贷收入、上年结余及转补助数	支出总计	本年支出
	小计	专项补助	增发国债补助						
地(市)县级总计	**1935027**	**1897575**	**37452**	**21425**	**2594966**	**156361**	**21461**	**23920190**	**22534232**
地(市)本级合计	**227295**	**208135**	**19160**	**21425**	**1571968**	**69707**	**10492**	**13282197**	**12467751**
县级合计	**1707732**	**1689440**	**18292**		**1022998**	**86654**	**10969**	**10637993**	**10066481**
广州市小计	**199886**	**198006**	**1880**		**963547**	**7063**	**2409**	**5401496**	**5067899**
本级	－279530	－281410	1880		567151	10		2245911	2050426
县级小计	479416	479416			396396	7053	2409	3155585	3017473
从化市	38157	38157			32139			127774	124299
增城市	33567	33567			32941			196573	188612
越秀区	60966	60966			23729	3740		328233	305556
海珠区	33672	33672			14910			227813	216369
荔湾区	38281	38281			8075	2733		241746	227848
天河区	38883	38883			23480			277038	266456
白云区	53224	53224			29394			256011	246142
黄埔区	6452	6452			15647	128		116039	113513
南沙区	31113	31113			51719			116858	113278
萝岗区	44025	44025			26066			543878	518961
花都区	50361	50361			12171			231676	226953
番禺区	50715	50715			126125	452	2409	491946	469486
深圳市小计	**39133**	**33999**	**5134**	**21425**	**375316**		**3781**	**6148011**	**5714231**
本级	39133	33999	5134	21425	375316		3781	6148011	5714231
珠海市小计	**40223**	**39673**	**550**		**47846**	**6326**	**1905**	**748173**	**704904**
本级	38425	37875	550		34643	1	1905	478166	454569
县级小计	1798	1798			13203	6325		270007	250335
香洲区	267	267			1584	5000		130490	121393
金湾区	203	203			1242	1325		61068	55354
斗门区	1328	1328			10377			78449	73588
汕头市小计	**103082**	**99526**	**3556**		**30624**	**7006**	**1346**	**620601**	**599268**
本级	30535	28960	1575		4497	68	476	185605	195699
县级小计	72547	70566	1981		26127	6938	870	434996	403569
南澳县	6193	6193			1060		350	15556	15137
金平区	5402	4802	600		4146			72224	61234
龙湖区	4683	4683			6037			58387	52064
澄海区	16184	16027	157		5644	4245	500	99037	93331
濠江区	3981	3981			1444		20	27883	26400
潮阳区	19861	18755	1106		3410	1175		92062	89374

2006 年地方财政政府收支分类转换数据

2－22－7　　　　单位:万元

地区	平衡部分									
	支出								年终结余	其中:净结余
	财力性转移支付			专项上解	计划单列市上解省	增设预算周转金	调出资金	国债转贷拨付数及年末结余		
	小计	体制上解	出口退税专项上解							
地(市)县级总计	**883897**	**460156**	**423741**	**148902**	**234275**	**52863**	**44560**	**21461**	**2628106**	**937266**
地(市)本级合计	**518310**	**249347**	**268963**	**22837**	**234275**	**16360**	**12172**	**10492**	**1865744**	**819113**
县级合计	**365587**	**210809**	**154778**	**126065**		**36503**	**32388**	**10969**	**762362**	**118153**
广州市小计	**221694**	**151603**	**70091**	**55077**		**21400**	**33017**	**2409**	**1100902**	**328176**
本级	145307	122241	23066	27135		15000	8043		665642	267912
县级小计	76387	29362	47025	27942		6400	24974	2409	435260	60264
从化市	1108		1108	467		1900			20903	328
增城市	5221		5221	740		2000			45914	378
越秀区	11136	6019	5117	6496			5045		34131	175
海珠区	7204	5880	1324	1225			3015		17997	1383
荔湾区	4882	2303	2579	4386		500	4130		17104	7086
天河区	5177	3453	1724	427		1500	3478		22947	1267
白云区	5506	3831	1675	1087		500	2776		57843	19552
黄埔区	1014		1014	248			1264		14489	405
南沙区	3006		3006				574		50287	4851
萝岗区	10773		10773	12633			1511		26036	20640
花都区	4603	1441	3162	120					17202	966
番禺区	16757	6435	10322	113			3181	2409	110407	3233
深圳市小计	**180438**	**29244**	**151194**	**14486**	**234275**	**800**		**3781**	**319959**	**219091**
本级	180438	29244	151194	14486	234275	800		3781	319959	219091
珠海市小计	**31647**	**13680**	**17967**	**9417**		**300**		**1905**	**47963**	**22181**
本级	21893	13178	8715	－201				1905	39480	13698
县级小计	9754	502	9252	9618		300			8483	8483
香洲区	3400	－418	3818	5697					1767	1767
金湾区	3751	587	3164	1963					231	231
斗门区	2603	333	2270	1958		300			6485	6485
汕头市小计	**13794**	**5481**	**8313**	**6123**		**70**		**1346**	**23520**	**8356**
本级	－13647	－16537	2890	3077				476	20452	6788
县级小计	27441	22018	5423	3046		70		870	3068	1568
南澳县	－135	－135		134		70		350	105	105
金平区	10572	9965	607	418					479	181
龙湖区	6142	5004	1138	181					389	389
澄海区	4425	2737	1688	781				500	683	683
濠江区	1304	1120	184	159				20	64	64
潮阳区	1816	959	857	872					1178	88

2－22－8

单位：万元

地区	收支部分										
	收入										
	本年收入小计	税收收入									
		小计	增值税	营业税	企业所得税	个人所得税	城市维护建设税	耕地占用税	契税	烟叶税	其他各项税收收入
潮南区	22642	15592	5928	1905	1391	641	1540	1108	126		2953
佛山市小计	**1570622**	**1304997**	**392721**	**291050**	**152888**	**70210**	**102408**	**19865**	**113651**		**162204**
本级	239682	182475	48822	41093	21673	10141	13972		20687		26087
县级小计	1330940	1122522	343899	249957	131215	60069	88436	19865	92964		136117
禅城区	134204	96527	28673	24134	12728	5956	8206	1509			15321
南海区	484300	393195	111791	99205	47550	20642	37009	645	31663		44690
顺德区	555989	504108	166790	96372	58282	27776	33480	12378	48366		60664
高明区	60308	49829	13244	11667	4751	2061	3583	4748	4076		5699
三水区	96139	78863	23401	18579	7904	3634	6158	585	8859		9743
韶关市小计	**227951**	**188653**	**72118**	**35401**	**12268**	**6062**	**27986**	**709**	**8867**	**5038**	**20204**
本级	117731	91296	38432	13011	3663	2460	18940	19	6133		8638
县级小计	110220	97357	33686	22390	8605	3602	9046	690	2734	5038	11566
乐昌市	11205	10323	3330	2366	1097	341	691	6	550	563	1379
南雄县	11056	9997	1864	1325	1234	335	662		190	3582	805
仁化县	12372	10205	5341	1549	331	272	1320		55		1337
始兴县	6096	5100	1688	951	320	235	280	2	447	760	417
翁源县	6404	5376	1440	2003	259	300	395		231		748
新丰县	6029	4853	1855	1388	294	160	394		159		603
乳源县	14498	11856	4150	2424	1701	332	923	672	487	133	1034
曲江区	24500	22671	9833	4171	1673	854	2768	10	615		2747
浈江区	8519	7754	2232	2821	724	367	833				777
武江区	9541	9222	1953	3392	972	406	780				1719
河源市小计	**125367**	**96041**	**22563**	**35082**	**7565**	**3485**	**6345**	**2063**	**8172**		**10766**
本级	34194	30209	7420	9063	3502	1188	1991		4400		2645
县级小计	91173	65832	15143	26019	4063	2297	4354	2063	3772		8121
东源县	15703	12430	3067	5859	727	343	734	23	377		1300
和平县	8261	6752	1178	3155	631	189	430	322	293		554
龙川县	18921	11702	2249	4130	928	383	869	919	877		1347
紫金县	15904	9373	2246	3307	576	370	637	675	531		1031
连平县	16636	13104	3982	4308	719	475	892	57	244		2427
源城区	15748	12471	2421	5260	482	537	792	67	1450		1462
梅州市小计	**182519**	**147616**	**51113**	**27959**	**11236**	**5715**	**25747**	**995**	**5540**	**2146**	**17165**
本级	71786	52415	19744	4261	3598	2028	17891	208	2132		2553
县级小计	110733	95201	31369	23698	7638	3687	7856	787	3408	2146	14612
兴宁市	16242	14336	4152	4671	1257	539	1281	35	753	130	1518

2－22－9

单位:万元

地区	收支部分									
	收入								支出	
	非税收入							贷款转贷回收本金收入	本年支出小计	一般公共服务
	小计	专项收入	行政事业性收费收入	罚没收入	国有资本经营收入	国有资源(资产)有偿使用收入	其他收入			
潮南区	7050	728	2361	2394	274	13	1280		66029	8911
佛山市小计	**265625**	**62011**	**74073**	**59227**	**34479**	**11036**	**24799**		**1754017**	**291581**
本级	57207	2445	19836	16339	6537	1757	10293		245709	46793
县级小计	208418	59566	54237	42888	27942	9279	14506		1508308	244788
禅城区	37677	12811	13130	3590		6496	1650		179898	33945
南海区	91105	22112	18673	11634	26401	978	11307		539783	86114
顺德区	51881	17950	14534	18541		856			601497	91530
高明区	10479	2152	2368	5227		726	6		68851	12454
三水区	17276	4541	5532	3896	1541	223	1543		118279	20745
韶关市小计	**39298**	**17024**	**5031**	**8664**	**2553**	**632**	**5394**		**482238**	**86076**
本级	26435	11917	2715	4108	2347	384	4964		134342	25891
县级小计	12863	5107	2316	4556	206	248	430		347896	60185
乐昌市	882	586	10	308	－128	46	60		55332	8187
南雄县	1059	438	300	258	40	23			42418	8437
仁化县	2167	1027	518	617		5			27954	5222
始兴县	996	226	113	324	194	29	110		27622	4740
翁源县	1028	308	171	371	100	18	60		34198	6972
新丰县	1176	272	118	772		14			29828	3805
乳源县	2642	939	357	1281		65			37016	5743
曲江区	1829	1311	271	213		34			46049	8876
浈江区	765		248	312		5	200		26184	3681
武江区	319		210	100		9			21295	4522
河源市小计	**29326**	**3914**	**7802**	**6369**	**4702**	**311**	**6228**		**458544**	**92335**
本级	3985	1116	861	1512	299	197			72965	18129
县级小计	25341	2798	6941	4857	4403	114	6228		385579	74206
东源县	3273	425	1571	1233		13	31		73389	18241
和平县	1509	269	658	301	248	33			57755	13175
龙川县	7219	561	2383	1066	3171	38			95032	11985
紫金县	6531	620	790	879	484	11	3747		69846	11437
连平县	3532	561	1329	1134	500	8			53604	9253
源城区	3277	362	210	244		11	2450		35953	10115
梅州市小计	**34903**	**12973**	**4409**	**10341**	**6418**	**467**	**295**		**592036**	**101285**
本级	19371	8455	1843	3210	5627	174	62		114882	21192
县级小计	15532	4518	2566	7131	791	293	233		477154	80093
兴宁市	1906	659	400	965	－134	16			90385	13052

2－22－10

单位:万元

地区	收支部分										
	支出										
	外交	国防	公共安全	教育	科学技术	文化体育与传媒	社会保障和就业	医疗卫生	环境保护	城乡社区事务	农林水事务
潮南区		248	6000	24417	217	350	4140	2735	1301	686	7657
佛山市小计		**1780**	**235319**	**361179**	**57197**	**34902**	**136364**	**73045**	**17851**	**171644**	**85030**
本级		538	56604	31441	7803	14726	25214	20663	2404	8108	6666
县级小计		1242	178715	329738	49394	20176	111150	52382	15447	163536	78364
禅城区		468	23389	54057	4861	1299	16712	7934	2825	19037	2592
南海区			63264	106601	19478	7798	53756	13916	4702	103513	25229
顺德区		230	67073	122590	20253	8027	25598	20546	5504	36393	35551
高明区		55	9746	20908	1788	1808	5029	3462	1128	2428	4623
三水区		489	15243	25582	3014	1244	10055	6524	1288	2165	10369
韶关市小计		**1256**	**37177**	**102089**	**4191**	**4671**	**75381**	**31066**	**9414**	**28588**	**53730**
本级		264	14613	13158	2335	2054	22339	9311	5384	21820	3907
县级小计		992	22564	88931	1856	2617	53042	21755	4030	6768	49823
乐昌市		78	3104	12590	412	408	11442	3445	1077	943	9641
南雄县		192	2332	11068	229	330	5419	2824	884	650	7282
仁化县		44	1474	7264	123	215	3045	2196	302	524	3444
始兴县		167	1527	6374	24	172	3810	2152	204	666	5537
翁源县			1826	9089	100	262	4754	2027	143	1070	5366
新丰县		76	2087	8180	37	142	4142	2495	892	282	3461
乳源县		108	3327	8855	555	523	4874	2274	77	461	5410
曲江区		125	2225	9513	274	466	6515	2426	451	1355	6207
浈江区		89	2696	8866	24	78	5540	1146		428	2051
武江区		113	1966	7132	78	21	3501	770		389	1424
河源市小计			**30497**	**112608**	**2683**	**5770**	**63209**	**22021**	**3290**	**20246**	**55738**
本级			9058	9875	731	1750	5570	2424	2072	2939	8242
县级小计			21439	102733	1952	4020	57639	19597	1218	17307	47496
东源县			3991	16999	122	434	10107	3914	322	588	11420
和平县			3411	15075	750	445	9495	3998	256	1749	6268
龙川县			5064	28293	431	1378	18743	4563	202	3729	10887
紫金县			4032	22284	130	487	8846	3584	163	2420	7501
连平县			3375	12839	161	566	6289	2319	225	6889	6972
源城区			1566	7243	358	710	4159	1219	50	1932	4448
梅州市小计			**31841**	**145981**	**5817**	**7724**	**91921**	**30417**	**7399**	**27844**	**82030**
本级			8424	18972	1473	3234	14700	4938	1722	18781	8469
县级小计			23417	127009	4344	4490	77221	25479	5677	9063	73561
兴宁市			3231	23255	1170	884	16995	4123	1578	1026	18344

2-22-11

单位:万元

地区	收支部分			平衡部分						
	支出			收入						
						返还性收入			财力性转移支付收入	
	交通运输	工业、商业、金融等事务	其他支出	收入总计	本年收入	小计	增值税和消费税税收返还	所得税基数返还	小计	体制补助
潮南区	692	1401	7274	70017	22642	7957	6497	1460	17271	
佛山市小计	**51446**	**118863**	**117816**	**2151627**	**1570622**	**344851**	**212453**	**132398**	**21512**	
本级	1124	5299	18326	356965	239682	78488	49075	29413	13477	
县级小计	50322	113564	99490	1794662	1330940	266363	163378	102985	8035	
禅城区	2265	2235	8279	208169	134204	23501	15671	7830	335	
南海区	3186	29258	22968	646441	484300	96821	55629	41192	4392	
顺德区	38976	79648	49578	727814	555989	112746	68243	44503	1275	
高明区	404	842	4176	73922	60308	7229	4868	2361	995	
三水区	5491	1581	14489	138316	96139	26066	18967	7099	1038	
韶关市小计	**3511**	**10758**	**34330**	**574742**	**227951**	**68984**	**58041**	**10943**	**96026**	
本级	1718	4596	6952	192471	117731	39863	33247	6616	16237	
县级小计	1793	6162	27378	382271	110220	29121	24794	4327	79789	
乐昌市	259	542	3204	59351	11205	2560	2231	329	14283	
南雄县	25	443	2303	46159	11056	8779	8109	670	9871	
仁化县	8	834	3259	31381	12372	2809	2392	417	5431	
始兴县	111	637	1501	27885	6096	1199	1095	104	8922	
翁源县	171	409	2009	35595	6404	2172	1947	225	11587	
新丰县	31	353	3845	29639	6029	1455	1121	334	9565	
乳源县	1188	1836	1785	46909	14498	2066	1106	960	7210	
曲江区		810	6806	52280	24500	5080	4525	555	7420	
浈江区		188	1397	29581	8519	1788	1452	336	3855	
武江区		110	1269	23491	9541	1213	816	397	1645	
河源市小计	**2748**	**10449**	**36950**	**522735**	**125367**	**10275**	**7465**	**2810**	**183082**	**15872**
本级	331	4683	7161	113136	34194	2680	1670	1010	16326	2474
县级小计	2417	5766	29789	409599	91173	7595	5795	1800	166756	13398
东源县	1046	1225	4980	77307	15703	1189	991	198	31869	2486
和平县	196	570	2367	59959	8261	917	787	130	28510	2529
龙川县	834	1311	7612	98205	18921	1678	1219	459	43112	3949
紫金县	64	1355	7543	80100	15904	1854	1484	370	32056	2465
连平县	176	384	4156	55791	16636	1217	908	309	20545	1169
源城区	101	921	3131	38237	15748	740	406	334	10664	800
梅州市小计	**1998**	**13179**	**44600**	**623464**	**182519**	**54709**	**45779**	**8930**	**167287**	**17790**
本级	322	5710	6945	134332	71786	16588	14596	1992	7385	1083
县级小计	1676	7469	37655	489132	110733	38121	31183	6938	159902	16707
兴宁市		793	5934	92487	16242	5589	4467	1122	33394	2369

2-22-12

单位:万元

地区	平衡部分									
	收入									
	财力性转移支付收入									
	一般性转移支付补助	民族地区转移支付补助	调整工资转移支付补助	农村税费改革转移支付补助	取消农业特产税降低农业税率转移支付补助	缓解县乡财政困难转移支付补助	农村义务教育补助	结算补助	企事业单位预算划转补助	其他财力性转移支付
潮南区	194		5163	3237	434	565	3241	56		4381
佛山市小计	**1292**			**2120**			**590**	**11589**	**5921**	
本级	593			20				10277	2587	
县级小计	699			2100			590	1312	3334	
禅城区							35	294	6	
南海区	381			500			269	171	3071	
顺德区	286						217	663	109	
高明区	12			900			23	58	2	
三水区	20			700			46	126	146	
韶关市小计	**28855**	**105**	**32315**	**12424**	**4072**	**3925**	**4057**	**6148**	**4125**	
本级	6952		3525	20		37		4718	985	
县级小计	21903	105	28790	12404	4072	3888	4057	1430	3140	
乐昌市	4578		4396	1924	444	410	709	400	1422	
南雄县	797		4791	1992	850	638	703	100		
仁化县	1038		2058	853	324	645	292	112	109	
始兴县	3048		2825	1777	368	450	354	100		
翁源县	3886		3808	1902	766	415	664	146		
新丰县	4053		3077	1369	238	240	450	138		
乳源县	2469	105	2732	719	150	330	421	284		
曲江区	1719		2938	1213	728	460	311	50	1	
浈江区	194		1360	346	100	200	82	50	1523	
武江区	121		805	309	104	100	71	50	85	
河源市小计	**96007**		**34880**	**15515**	**3188**	**3244**	**7079**	**7292**	**5**	
本级	15914		2120	20				4886	5	-9093
县级小计	80093		32760	15495	3188	3244	7079	2406		9093
东源县	15723		6200	3050	512	533	1111	415		1839
和平县	14317		5694	2660	478	360	1077	395		1000
龙川县	21064		8133	3979	900	777	1959	673		1678
紫金县	13277		7083	3483	776	914	1990	491		1577
连平县	10607		3977	1813	500	300	820	352		1007
源城区	5105		1673	510	22	360	122	80		1992
梅州市小计	**49735**		**48612**	**19046**	**3886**	**6773**	**9616**	**11404**	**425**	
本级	7649		2443	420		195		7475	45	-11925
县级小计	42086		46169	18626	3886	6578	9616	3929	380	11925
兴宁市	10141		9536	4823	1266	933	1841	726	307	1452

2-22-13

单位:万元

地区	平衡部分								
	收入							支出	
	专项转移支付			省补助计划单列市	上年结余收入	调入资金	国债转贷收入、上年结余及转补助数	支出总计	本年支出
	小计	专项补助	增发国债补助						
潮南区	16243	16125	118		4386	1518		69847	66029
佛山市小计	**44744**	**43314**	**1430**		**169898**			**1955810**	**1754017**
本级	-31210	-32110	900		56528			275336	245709
县级小计	75954	75424	530		113370			1680474	1508308
禅城区	38327	38327			11802			197013	179898
南海区	12930	12400	530		47998			599008	539783
顺德区	14249	14249			43555			680242	601497
高明区	2848	2848			2542			72709	68851
三水区	7600	7600			7473			131502	118279
韶关市小计	**123355**	**120737**	**2618**		**57954**	**172**	**300**	**497564**	**482238**
本级	-2434	-2438	4		21030	44		137613	134342
县级小计	125789	123175	2614		36924	128	300	359951	347896
乐昌市	26273	26190	83		5030			56679	55332
南雄县	14818	14281	537		1626	9		46021	42418
仁化县	8475	8153	322		2294			28978	27954
始兴县	8863	8767	96		2686	119		27481	27622
翁源县	10444	9833	611		4988			33888	34198
新丰县	9865	9704	161		2725			29499	29828
乳源县	13875	13693	182		9260			37333	37016
曲江区	11605	11455	150		3375		300	51890	46049
浈江区	12695	12223	472		2724			26818	26184
武江区	8876	8876			2216			21364	21295
河源市小计	**128987**	**128280**	**707**		**70161**	**4863**		**465095**	**458544**
本级	36955	36798	157		18572	4409		74407	72965
县级小计	92032	91482	550		51589	454		390688	385579
东源县	18912	18882	30		9634			74324	73389
和平县	15195	15195			7076			58421	57755
龙川县	22576	22406	170		11918			96409	95032
紫金县	17655	17335	320		12631			70708	69846
连平县	11102	11072	30		5837	454		54223	53604
源城区	6592	6592			4493			36603	35953
梅州市小计	**174495**	**172375**	**2120**		**36641**	**5843**	**1970**	**602843**	**592036**
本级	35233	34433	800		3340			115462	114882
县级小计	139262	137942	1320		33301	5843	1970	487381	477154
兴宁市	29608	29591	17		7145	109	400	92357	90385

2－22－14

单位:万元

地区	平衡部分									
	支出								年终结余	其中:净结余
	财力性转移支付			专项上解	计划单列市上解省	增设预算周转金	调出资金	国债转贷拨付数及年末结余		
	小计	体制上解	出口退税专项上解							
潮南区	3317	2368	949	501					170	58
佛山市小计	**186358**	**123066**	**63292**	**4353**		**1573**	**9509**		**195817**	**48529**
本级	29282	19836	9446	－1750			2095		81629	22292
县级小计	157076	103230	53846	6103		1573	7414		114188	26237
禅城区	14475	8927	5548	1600			1040		11156	10
南海区	52021	35630	16391	1754			5450		47433	830
顺德区	76901	47678	29223	1844					47572	24199
高明区	3413	2341	1072	445					1213	848
三水区	10266	8654	1612	460		1573	924		6814	350
韶关市小计	**11761**	**10508**	**1253**	**2395**		**870**		**300**	**77178**	**21132**
本级	10275	9718	557	－7004					54858	18168
县级小计	1486	790	696	9399		870		300	22320	2964
乐昌市	－239	－317	78	1086		500			2672	108
南雄县	2589	2545	44	1014					138	138
仁化县	238	211	27	766		20			2403	
始兴县	－781	－876	95	640					404	125
翁源县	－1186	－1191	5	799		77			1707	779
新丰县	－981	－1013	32	625		27			140	140
乳源县	－911	－1194	283	982		246			9576	269
曲江区	3397	3265	132	2144				300	390	390
浈江区	－301	－301		935					2763	748
武江区	－339	－339		408					2127	267
河源市小计	**1181**	**287**	**894**	**2433**		**2737**	**200**		**57640**	**22473**
本级	849	287	562	－107		500	200		38729	18403
县级小计	332		332	2540		2237			18911	4070
东源县	165		165	430		340			2983	1397
和平县	21		21	280		365			1538	295
龙川县	1		1	622		754			1796	1796
紫金县	12		12	362		488			9392	239
连平县				329		290			1568	205
源城区	133		133	517					1634	138
梅州市小计	**1514**		**1514**	**3195**		**4128**		**1970**	**20621**	**20427**
本级	－412	－921	509	992					18870	18870
县级小计	1926	921	1005	2203		4128		1970	1751	1557
兴宁市	204	7	197	358		1010		400	130	130

2-22-15

单位:万元

地区	收支部分 收入 本年收入小计	税收收入 小计	增值税	营业税	企业所得税	个人所得税	城市维护建设税	耕地占用税	契税	烟叶税	其他各项税收收入
梅县	29541	24996	8922	6443	1340	1110	2106	158	1124	122	3671
平远县	8227	6619	2808	1335	314	219	525	11	199	105	1103
蕉岭县	13380	11659	4321	1739	761	304	964	15	197	23	3335
大埔县	13022	10587	3078	2704	468	325	709	197	559	859	1688
丰顺县	11910	10709	3607	1252	2419	471	1127	93	248	134	1358
五华县	8243	7220	2085	2196	474	341	434	35	328	773	554
梅江区	10168	9075	2396	3358	605	378	710	243			1385
惠州市小计	**444473**	**361214**	**99195**	**112657**	**32007**	**24118**	**16505**	**2029**	**28827**		**45876**
本级	211032	166912	46266	51119	15941	12900	6909	364	12261		21152
县级小计	233441	194302	52929	61538	16066	11218	9596	1665	16566		24724
惠东县	33988	25625	6442	8637	1715	1241	1460	198	2810		3122
博罗县	56056	44297	15308	12811	3388	2227	2059	682	2675		5147
龙门县	13085	8124	2396	2844	475	466	525	42	324		1052
惠城区	78859	72520	20194	21519	6660	5175	3169	235	5675		9893
惠阳区	51453	43736	8589	15727	3828	2109	2383	508	5082		5510
汕尾市小计	**92706**	**54860**	**13788**	**14443**	**4666**	**2024**	**4769**	**104**	**2883**		**12183**
本级	24554	14696	3668	3906	968	606	1136		650		3762
县级小计	68152	40164	10120	10537	3698	1418	3633	104	2233		8421
陆丰市	25642	10352	2084	2286	931	244	1897		340		2570
海丰县	26088	18268	4768	4964	2148	740	881	101	1555		3111
陆河县	6229	3633	944	1691	176	97	352	3	95		275
城区	10193	7911	2324	1596	443	337	503		243		2465
东莞市小计	**1289445**	**1077152**	**347153**	**291122**	**145738**	**60519**	**58159**	**6330**	**80793**		**87338**
本级	1289445	1077152	347153	291122	145738	60519	58159	6330	80793		87338
中山市小计	**664477**	**585136**	**191251**	**148333**	**57673**	**29622**	**33800**	**6656**	**60249**		**57552**
本级	664477	585136	191251	148333	57673	29622	33800	6656	60249		57552
江门市小计	**506555**	**420279**	**145427**	**92117**	**48806**	**15263**	**28310**	**6745**	**25515**		**58096**
本级	118542	94890	29312	22744	11270	3882	6082	1671	7148		12781
县级小计	388013	325389	116115	69373	37536	11381	22228	5074	18367		45315
台山市	69321	59301	20587	11832	11493	1982	5309	31	2026		6041
开平市	62638	53498	17324	10448	6662	1935	3190	2194	3484		8261
鹤山市	47438	40625	14788	10828	2609	1164	3088	50	1829		6269
恩平市	22018	15135	4244	3919	1098	442	1026	344	1330		2732
蓬江区	51228	47714	13369	11939	5925	2071	3024	934	3929		6523
江海区	18672	16458	7177	3203	1584	485	1122	138	715		2034

二、各省、自治区、直辖市地市县一般预算财政资料

2－22－16

单位:万元

地区	收支部分									
	收入								支出	
	非税收入							贷款转贷回收本金收入		
	小计	专项收入	行政事业性收费收入	罚没收入	国有资本经营收入	国有资源(资产)有偿使用收入	其他收入		本年支出小计	一般公共服务
梅县	4545	1242	1264	2014		25			85497	15270
平远县	1608	357	101	452	678	20			32250	6360
蕉岭县	1721	672	130	589	8	109	213		33334	8290
大埔县	2435	466	468	1442	－2	41	20		57533	9892
丰顺县	1201	400	62	712		27			62308	11686
五华县	1023	350	30	956	－358	45			89481	11982
梅江区	1093	372	111	1	599	10			26366	3561
惠州市小计	**83259**	**14619**	**29139**	**29118**	**379**	**3164**	**6840**		**660323**	**157206**
本级	44120	6024	15704	14378	－413	2770	5657		262631	58701
县级小计	39139	8595	13435	14740	792	394	1183		397692	98505
惠东县	8363	1191	5074	1905		40	153		82376	19000
博罗县	11759	1869	3856	5750	200	84			101414	24075
龙门县	4961	587	606	2132	592	14	1030		42063	7090
惠城区	6339	3100	2279	823		137			93508	27267
惠阳区	7717	1848	1620	4130		119			78331	21073
汕尾市小计	**37846**	**2832**	**11447**	**3652**	**3830**	**796**	**15289**		**244401**	**51894**
本级	9858	660	2948	619	403	166	5062		55031	16864
县级小计	27988	2172	8499	3033	3427	630	10227		189370	35030
陆丰市	15290	848	4501	1166	2248	13	6514		71318	12424
海丰县	7820	911	2416	1201	956	79	2257		60820	11112
陆河县	2596	193	1027	377	250	17	732		32862	6394
城区	2282	220	555	289	－27	521	724		24370	5100
东莞市小计	**212293**	**49285**	**47841**	**75237**	**9676**	**28824**	**1430**		**1478955**	**161657**
本级	212293	49285	47841	75237	9676	28824	1430		1478955	161657
中山市小计	**79341**	**23487**	**17458**	**22300**	**11060**	**5036**			**643588**	**97625**
本级	79341	23487	17458	22300	11060	5036			643588	97625
江门市小计	**86276**	**20733**	**25326**	**33573**	**4679**	**1594**	**371**		**633967**	**116081**
本级	23652	6558	6404	8962	961	767			140890	24558
县级小计	62624	14175	18922	24611	3718	827	371		493077	91523
台山市	10020	3576	2238	4131	－75	150			90220	12797
开平市	9140	2046	2073	4955		58	8		76590	12966
鹤山市	6813	1752	1662	3185		214			58149	10745
恩平市	6883	694	2794	2154	1226	15			48215	9239
蓬江区	3514	1334	639	1162		16	363		58187	14676
江海区	2214	490	650	847		227			21904	7391

2006年地方财政政府收支分类转换数据

2－22－17

单位:万元

地区	收支部分										
	支出										
	外交	国防	公共安全	教育	科学技术	文化体育与传媒	社会保障和就业	医疗卫生	环境保护	城乡社区事务	农林水事务
梅县			3608	16786	748	1024	11759	4894	1110	1771	16664
平远县			1759	6989	586	379	5008	2222	410	526	5484
蕉岭县			1958	7077	330	384	5459	1990	201	961	4513
大埔县			4635	14740	620	494	8853	2977	1106	1041	8646
丰顺县			3367	18303	418	618	10229	3836	546	2014	6124
五华县			4285	32894	383	575	13023	3757	560	1552	12020
梅江区			574	6965	89	132	5895	1680	166	172	1766
惠州市小计		**1509**	**72747**	**123423**	**7016**	**9301**	**50114**	**40380**	**11386**	**27758**	**70838**
本级			36467	18493	4297	3121	19591	14811	6358	14857	17434
县级小计		1509	36280	104930	2719	6180	30523	25569	5028	12901	53404
惠东县		323	7985	20575	407	846	8434	5200	500	2981	12889
博罗县		237	9357	24897	579	886	8476	6717	1778	3493	15686
龙门县		207	4934	11322	233	442	2899	3323	253	699	7117
惠城区		263	3739	31047	1343	3308	6342	5766	405	688	9318
惠阳区		479	10265	17089	157	698	4372	4563	2092	5040	8394
汕尾市小计			**19779**	**61437**	**2045**	**2587**	**32855**	**9959**	**3647**	**5837**	**24426**
本级			7161	5210	373	1010	5802	1917	2964	1659	4880
县级小计			12618	56227	1672	1577	27053	8042	683	4178	19546
陆丰市			4724	21996	505	583	9913	3180	82	2141	6405
海丰县			5095	17271	780	633	9768	1954	329	704	7742
陆河县			1924	10605	110	273	3781	2354	45	552	3880
城区			875	6355	277	88	3591	554	227	781	1519
东莞市小计			**233413**	**293000**	**10593**	**27100**	**101282**	**14567**	**24036**	**420747**	**77188**
本级			233413	293000	10593	27100	101282	14567	24036	420747	77188
中山市小计			**59238**	**146104**	**22243**	**10538**	**44130**	**21063**	**6830**	**62481**	**74314**
本级			59238	146104	22243	10538	44130	21063	6830	62481	74314
江门市小计		**3032**	**79828**	**139254**	**14205**	**9884**	**73276**	**30370**	**5508**	**19209**	**68001**
本级		1335	32485	23792	4260	2925	15848	7065	1608	6158	5898
县级小计		1697	47343	115462	9945	6959	57428	23305	3900	13051	62103
台山市		235	7703	23340	463	366	12981	4355	916	582	19492
开平市		360	8271	23460	975	4143	7710	4118	745	1866	5781
鹤山市		296	6430	11907	688	575	9271	3571	850	2131	8458
恩平市		141	5317	10763	317	467	7559	3126	174	915	5718
蓬江区		299	2413	12995	1846	501	5479	1315	101	4367	1971
江海区		139	2403	4213	612	187	2485	864	5	422	624

2-22-18 单位:万元

地区	收支部分			平衡部分						
	支出			收入						
						返还性收入			财力性转移支付收入	
	交通运输	工业、商业、金融等事务	其他支出	收入总计	本年收入	小计	增值税和消费税税收返还	所得税基数返还	小计	体制补助
梅县	74	700	11089	88090	29541	11737	8485	3252	18474	2509
平远县	21	1060	1446	33096	8227	3108	2885	223	9808	807
蕉岭县	139	827	1205	34021	13380	4937	4522	415	6696	748
大埔县	815	1256	2458	58597	13022	3830	3402	428	18747	2352
丰顺县	586	1351	3230	64082	11910	2730	1862	868	25376	3014
五华县	21	1209	7220	91341	8243	3395	3136	259	40366	4081
梅江区	20	273	5073	27418	10168	2795	2424	371	7041	827
惠州市小计	**12559**	**23524**	**52562**	**804091**	**444473**	**51238**	**27410**	**23828**	**68347**	**2056**
本级	8640	14087	45774	345438	211032	30334	16495	13839	-18013	1761
县级小计	3919	9437	6788	458653	233441	20904	10915	9989	86360	295
惠东县	300	2936		91887	33988	1338	314	1024	20436	
博罗县	2636	2369	228	110749	56056	4011	2060	1951	18540	
龙门县	130	831	2583	49996	13085	3926	3529	397	13638	
惠城区	802	1529	1691	120358	78859	7166	3530	3636	18466	295
惠阳区	51	1772	2286	85663	51453	4463	1482	2981	15280	
汕尾市小计	**1425**	**9733**	**18777**	**327297**	**92706**	**11245**	**8064**	**3181**	**74771**	**8651**
本级	716	1805	4670	96288	24554	2654	1512	1142	6498	2760
县级小计	709	7928	14107	231009	68152	8591	6552	2039	68273	5891
陆丰市	413	4162	4790	85327	25642	2928	2593	335	27739	1792
海丰县	158	794	4480	75515	26088	3952	2649	1303	19032	2009
陆河县	130	381	2433	37484	6229	518	405	113	14347	1375
城区	8	2591	2404	32683	10193	1193	905	288	7155	715
东莞市小计	**14439**	**99928**	**1005**	**1563241**	**1289445**	**117749**	**43055**	**74694**	**19518**	
本级	14439	99928	1005	1563241	1289445	117749	43055	74694	19518	
中山市小计	**4211**	**4861**	**89950**	**874429**	**664477**	**76338**	**49378**	**26960**	**4913**	
本级	4211	4861	89950	874429	664477	76338	49378	26960	4913	
江门市小计	**3887**	**12229**	**59203**	**749472**	**506555**	**100065**	**75249**	**24816**	**25563**	
本级	969	5221	8768	167729	118542	26664	19469	7195	-7933	
县级小计	2918	7008	50435	581743	388013	73401	55780	17621	33496	
台山市	901	1263	4826	106796	69321	11401	8560	2841	6935	
开平市	279	1213	4703	87562	62638	13112	8333	4779	2230	
鹤山市	136	912	2179	70811	47438	9846	8199	1647	2122	
恩平市	282	1170	3027	58315	22018	5046	4357	689	13957	
蓬江区		345	11879	71001	51228	10148	7351	2797	4843	
江海区	320	221	2018	24848	18672	3701	2555	1146	729	

2－22－19 单位:万元

地区	平衡部分									
	收入									
	财力性转移支付收入									
	一般性转移支付补助	民族地区转移支付补助	调整工资转移支付补助	农村税费改革转移支付补助	取消农业特产税降低农业税率转移支付补助	缓解县乡财政困难转移支付补助	农村义务教育补助	结算补助	企事业单位预算划转补助	其他财力性转移支付
梅县	1039		5858	2310	774	855	811	649	58	3611
平远县	1798		3426	1159	326	600	382	275		1035
蕉岭县	251		2803	796	192	620	234	343		709
大埔县	5513		5327	2253	208	750	759	432	3	1150
丰顺县	9570		6700	2203	350	450	1382	618	2	1087
五华县	13774		10057	5082	726	755	3949	823	10	1109
梅江区			2462		44	1615	258	63		1772
惠州市小计	**13118**		**24680**	**9666**	**2114**	**4290**	**4069**	**8153**	**201**	
本级	2127		10852	297	4			6730	116	－39900
县级小计	10991		13828	9369	2110	4290	4069	1423	85	39900
惠东县	4571		3665	2560	608	819	1430	437	1	6345
博罗县	2626		3420	2649	764	1550	1122	467	60	5882
龙门县	3669		2107	1759	334	400	482	314		4573
惠城区	52		2517	1407	178	1270	320	144	22	12261
惠阳区	73		2119	994	226	251	715	61	2	10839
汕尾市小计	**22365**		**21965**	**7402**	**1544**	**3558**	**6782**	**2468**	**36**	
本级	4425		1916	349	26	486	270	1348	36	－5118
县级小计	17940		20049	7053	1518	3072	6512	1120		5118
陆丰市	8789		7824	2880	556	360	3788	370		1380
海丰县	2852		6227	2119	714	1322	1466	414		1909
陆河县	6163		3145	1078	216	550	982	286		552
城区	136		2853	976	32	840	276	50		1277
东莞市小计	**274**			**40**			**383**	**18790**	**31**	
本级	274			40			383	18790	31	
中山市小计	**464**			**20**			**242**	**4172**	**15**	
本级	464			20			242	4172	15	
江门市小计	**4155**		**4528**	**9680**	**787**	**1240**	**1154**	**3865**	**154**	
本级	1155			20				3137	28	－12273
县级小计	3000		4528	9660	787	1240	1154	728	126	12273
台山市	19			3890	579	261	148	132	22	1884
开平市	27			1310		129	110	88	22	544
鹤山市	17			1230		232	56	89	42	456
恩平市	2937		4528	1500	208	546	670	122	21	3425
蓬江区				213			37	98	1	4494
江海区							19	73		637

二、各省、自治区、直辖市地市县一般预算财政资料

2－22－20

单位:万元

地区	平衡部分								
	收入							支出	
	专项转移支付			省补助计划单列市	上年结余收入	调入资金	国债转贷收入、上年结余及转补助数	支出总计	本年支出
	小计	专项补助	增发国债补助						
梅县	19491	19184	307		5062	3215	570	87591	85497
平远县	9690	9686	4		1890	123	250	32957	32250
蕉岭县	8090	8087	3		817	101		33709	33334
大埔县	18099	17923	176		4150	749		58329	57533
丰顺县	17957	17216	741		5759		350	63883	62308
五华县	30981	30911	70		7910	46	400	91218	89481
梅江区	5346	5344	2		568	1500		27337	26366
惠州市小计	**95831**	**93166**	**2665**		**121866**	**22336**		**680682**	**660323**
本级	40251	38961	1290		81333	501		254786	262631
县级小计	55580	54205	1375		40533	21835		425896	397692
惠东县	14091	14091			6821	15213		85248	82376
博罗县	16397	16172	225		11396	4349		105133	101414
龙门县	9062	8882	180		10285			42884	42063
惠城区	6943	6773	170		6651	2273		111166	93508
惠阳区	9087	8287	800		5380			81465	78331
汕尾市小计	**78960**	**78960**			**63919**	**5435**	**261**	**250013**	**244401**
本级	32929	32929			26107	3535	11	55942	55031
县级小计	46031	46031			37812	1900	250	194071	189370
陆丰市	15598	15598			13420			72579	71318
海丰县	11591	11591			14352	500		62121	60820
陆河县	10661	10661			5729			33471	32862
城区	8181	8181			4311	1400	250	25900	24370
东莞市小计	**26519**	**26519**			**110010**			**1530553**	**1478955**
本级	26519	26519			110010			1530553	1478955
中山市小计	**18005**	**17265**	**740**		**110579**	**117**		**720538**	**643588**
本级	18005	17265	740		110579	117		720538	643588
江门市小计	**53577**	**51730**	**1847**		**46910**	**16802**		**708156**	**633967**
本级	13373	13373			13075	4008		151839	140890
县级小计	40204	38357	1847		33835	12794		556317	493077
台山市	14145	13798	347		4994			101486	90220
开平市	4341	4341			3911	1330		86567	76590
鹤山市	3546	3546			6029	1830		65329	58149
恩平市	8270	8270			7624	1400		52440	48215
蓬江区	1330	1330			3452			68262	58187
江海区	808	808			938			24579	21904

2-22-21　　　　单位:万元

地区	平衡部分									
	支出								年终结余	其中:净结余
	财力性转移支付			专项上解	计划单列市上解省	增设预算周转金	调出资金	国债转贷拨付数及年末结余		
	小计	体制上解	出口退税专项上解							
梅县	310	34	276	385		829		570	499	479
平远县	67	3	64	174		216		250	139	139
蕉岭县	7	4	3	191		177			312	138
大埔县	79	2	77	297		420			268	268
丰顺县	377	27	350	323		525		350	199	199
五华县	17	6	11	369		951		400	123	123
梅江区	865	838	27	106					81	81
惠州市小计	**12908**	**2106**	**10802**	**3686**		**2651**	**1114**		**123409**	**12528**
本级	5237	2106	3131	-14196			1114		90652	11425
县级小计	7671		7671	17882		2651			32757	1103
惠东县	1036		1036	1299		537			6639	387
博罗县	1673		1673	1304		742			5616	185
龙门县	28		28	449		344			7112	128
惠城区	4063		4063	13595					9192	106
惠阳区	871		871	1235		1028			4198	297
汕尾市小计	**1916**		**1916**	**2224**		**1211**		**261**	**77284**	**7787**
本级	803		803	37		60		11	40346	6855
县级小计	1113		1113	2187		1151		250	36938	932
陆丰市	110		110	665		486			12748	298
海丰县	364		364	504		433			13394	228
陆河县	110		110	267		232			4013	166
城区	529		529	751				250	6783	240
东莞市小计	**45289**	**24168**	**21121**	**6309**					**32688**	**32688**
本级	45289	24168	21121	6309					32688	32688
中山市小计	**71136**	**39141**	**31995**	**5814**					**153891**	**70005**
本级	71136	39141	31995	5814					153891	70005
江门市小计	**68450**	**47916**	**20534**	**4393**		**1346**			**41316**	**9912**
本级	14456	9304	5152	-3507					15890	5537
县级小计	53994	38612	15382	7900		1346			25426	4375
台山市	9631	7417	2214	635		1000			5310	1180
开平市	9315	6513	2802	662					995	665
鹤山市	6753	5005	1748	427					5482	500
恩平市	3790	3484	306	435					5875	596
蓬江区	6285	3673	2612	3444		346			2739	512
江海区	1324	462	862	1351					269	269

2－22－22

单位:万元

地区	收支部分										
	收入										
	本年收入小计	税收收入									
		小计	增值税	营业税	企业所得税	个人所得税	城市维护建设税	耕地占用税	契税	烟叶税	其他各项税收收入
新会区	116698	92658	38626	17204	8165	3302	5469	1383	5054		13455
阳江市小计	**104048**	**86435**	**26721**	**24237**	**7779**	**3911**	**7332**	**677**	**5609**		**10169**
本级	39306	32369	6202	10605	3131	1720	2826	132	3549		4204
县级小计	64742	54066	20519	13632	4648	2191	4506	545	2060		5965
阳春市	21097	18458	7417	3856	1462	788	1937	23	713		2262
阳东县	23721	19525	8044	4345	1943	647	1292	522	1107		1625
阳西县	7393	6262	1508	2397	496	252	423		240		946
江城区	12531	9821	3550	3034	747	504	854				1132
湛江市小计	**303878**	**208289**	**69332**	**62519**	**11862**	**10314**	**22255**	**3043**	**10021**	**41**	**18902**
本级	176300	115123	42412	33097	4678	5546	13342	88	7305		8655
县级小计	127578	93166	26920	29422	7184	4768	8913	2955	2716	41	10247
雷州市	15176	12178	3761	4211	869	592	1184		555		1006
廉江市	18085	12617	4151	4053	909	513	1171	28	456	41	1295
吴川市	13986	10718	3029	3300	1304	580	1024	1	419		1061
遂溪县	13624	10749	3580	3325	765	508	1019	96	407		1049
徐闻县	12916	8365	2115	3249	469	475	751	53	512		741
赤坎区	18150	13173	3965	2788	347	666	1253	2536			1618
霞山区	21102	14668	2609	5566	1844	967	1485	142			2055
麻章区	8577	6978	2452	1620	456	321	694	90	253		1092
坡头区	5962	3720	1258	1310	221	146	332	9	114		330
茂名市小计	**257240**	**163284**	**55710**	**33912**	**7440**	**4880**	**29432**	**365**	**5784**		**25761**
本级	128485	89742	38493	11381	3451	2077	22327		2433		9580
县级小计	128755	73542	17217	22531	3989	2803	7105	365	3351		16181
信宜市	22415	12035	3162	2924	479	394	1264	29	559		3224
高州市	34282	15872	4119	4611	1102	747	951	154	865		3323
化州市	20838	12811	2363	4204	497	285	1515	19	259		3669
电白县	23888	13239	3040	4005	438	562	1364	156	463		3211
茂南区	19585	13915	2697	5366	1316	680	1163	6	940		1747
茂港区	7747	5670	1836	1421	157	135	848	1	265		1007
肇庆市小计	**249817**	**164319**	**42149**	**45682**	**12593**	**6600**	**12012**	**2951**	**18064**		**24268**
本级	71597	56143	11194	17945	4560	2180	4226	345	7664		8029
县级小计	178220	108176	30955	27737	8033	4420	7786	2606	10400		16239
四会市	31639	19121	6234	4552	1157	677	1683	508	1792		2518
高要市	37333	20964	6982	4184	1816	991	1469	1058	1114		3350
广宁县	15796	7301	2573	2004	663	408	436	169	101		947

2006年地方财政政府收支分类转换数据

2－22－23　　　　单位:万元

地　区	收支部分									
	收　入								支　出	
	非税收入							贷款转贷回收本金收入	本年支出小计	一般公共服务
	小　计	专项收入	行政事业性收费收入	罚没收入	国有资本经营收入	国有资源(资产)有偿使用收入	其他收入			
新会区	24040	4283	8866	8177	2567	147			139812	23709
阳江市小计	**17613**	**4570**	**7397**	**4166**	**1099**	**336**	**45**		**282857**	**65718**
本级	6937	1648	2660	1920	411	253	45		77667	19612
县级小计	10676	2922	4737	2246	688	83			205190	46106
阳春市	2639	1378	1092	142		27			74247	15369
阳东县	4196	860	1756	1526	34	20			57102	17150
阳西县	1131	330	432	362	－20	27			39728	6556
江城区	2710	354	1457	216	674	9			34113	7031
湛江市小计	**95589**	**15839**	**52249**	**21247**	**1726**	**3015**	**1513**		**698754**	**129730**
本级	61177	10590	36817	10484	1157	1993	136		256579	45314
县级小计	34412	5249	15432	10763	569	1022	1377		442175	84416
雷州市	2998	867	351	2118	－492	154			75498	12180
廉江市	5468	823	1706	1921			1018		91709	12792
吴川市	3268	554	420	2167	71	38	18		54390	11290
遂溪县	2875	707	992	890	50	36	200		64591	10799
徐闻县	4551	537	1318	1706	958		32		53751	11132
赤坎区	4977	786	3021	611	－18	492	85		26736	9478
霞山区	6434	546	5169	417		302			31973	6365
麻章区	1599	287	812	488			12		20818	4562
坡头区	2242	142	1643	445			12		22709	5818
茂名市小计	**93956**	**11759**	**35373**	**12911**	**17306**	**509**	**16098**		**565859**	**100764**
本级	38743	9206	10164	2180	831	268	16094		150440	23875
县级小计	55213	2553	25209	10731	16475	241	4		415419	76889
信宜市	10380	478	4895	1707	3280	20			84483	11731
高州市	18410	670	8881	3305	5428	126			100939	22217
化州市	8027	306	4782	1601	1330	8			82250	15008
电白县	10649	482	4494	2582	3068	23			81677	15368
茂南区	5670	473	965	1089	3122	17	4		39796	8253
茂港区	2077	144	1192	447	247	47			26274	4312
肇庆市小计	**85498**	**7712**	**33215**	**17929**	**18774**	**3701**	**4167**		**489383**	**103033**
本级	15454	2315	5142	2806	3170	722	1299		120407	26595
县级小计	70044	5397	28073	15123	15604	2979	2868		368976	76438
四会市	12518	1105	2660	1809	6927	17			53757	10047
高要市	16369	1007	6083	6494		2785			64789	11886
广宁县	8495	341	2468	857	2964	9	1856		43647	8969

2－22－24

单位:万元

地区	收支部分										
	支出										
	外交	国防	公共安全	教育	科学技术	文化体育与传媒	社会保障和就业	医疗卫生	环境保护	城乡社区事务	农林水事务
新会区		227	14806	28784	5044	720	11943	5956	1109	2768	20059
阳江市小计			**20966**	**61073**	**4808**	**3680**	**33943**	**13299**	**2818**	**10526**	**34672**
本级			9150	9981	1826	2022	10006	3192	1060	5194	6710
县级小计			11816	51092	2982	1658	23937	10107	1758	5332	27962
阳春市			3538	21331	717	339	10833	4186	819	2798	8820
阳东县			3982	10698	1339	536	4436	2383	661	1054	10102
阳西县			2209	9370	599	572	3909	1962	278	1125	5457
江城区			2087	9693	327	211	4759	1576		355	3583
湛江市小计		**2530**	**60950**	**165261**	**4529**	**11257**	**98514**	**40310**	**4860**	**41188**	**54185**
本级		1611	32895	39293	1590	7023	35132	11413	3146	28173	12379
县级小计		919	28055	125968	2939	4234	63382	28897	1714	13015	41806
雷州市		162	4513	24780	158	594	11678	5929	364	332	7170
廉江市		146	5797	27965	1064	734	13794	6870	429	2381	11843
吴川市		183	4385	15765	160	342	6961	3478	146	1064	4359
遂溪县		88	3941	18119	300	548	8575	4420	186	1719	7562
徐闻县		103	4245	11403	173	1409	7612	3597	274	1634	6000
赤坎区		50	1532	6656	183	100	3818	1075		1440	389
霞山区		102	1682	8019	343	179	5214	1056	10	2976	862
麻章区			1009	5821	141	144	2790	1103	276	834	2024
坡头区		85	951	7440	417	184	2940	1369	29	635	1597
茂名市小计			**50950**	**155374**	**4808**	**9316**	**78869**	**25010**	**6266**	**27833**	**49583**
本级			21177	21321	2705	5727	21603	7292	3625	16407	6412
县级小计			29773	134053	2103	3589	57266	17718	2641	11426	43171
信宜市			5617	30272	220	346	12698	3346	145	1649	6916
高州市			6470	33147	275	733	14266	4061	855	1611	10212
化州市			5356	27273	296	1088	12610	4247	785	1986	8752
电白县			6412	23726	982	892	10879	2681	656	4302	8540
茂南区			4382	11253	216	255	4040	2436	20	876	4311
茂港区			1536	8382	114	275	2773	947	180	1002	4440
肇庆市小计		**1860**	**48324**	**102974**	**10147**	**8466**	**65859**	**18836**	**5168**	**16557**	**49557**
本级		546	15727	14622	3318	3359	16787	5291	2196	6144	10155
县级小计		1314	32597	88352	6829	5107	49072	13545	2972	10413	39402
四会市		141	5622	11317	1346	660	6725	2264	581	2305	8033
高要市		335	4389	13636	1646	1030	7164	2663	766	1469	7396
广宁县		161	4032	10481	441	959	8176	1483	178	1580	3664

2-22-25　　　　单位:万元

地区	收支部分			平衡部分						
	支出			收入						
						返还性收入			财力性转移支付收入	
	交通运输	工业、商业、金融等事务	其他支出	收入总计	本年收入	小计	增值税和消费税税收返还	所得税基数返还	小计	体制补助
新会区	1000	1884	21803	162410	116698	20147	16425	3722	2680	
阳江市小计	**955**	**14610**	**15789**	**302160**	**104048**	**21101**	**15146**	**5955**	**74521**	**4563**
本级	323	3721	4870	84533	39306	6334	3891	2443	14498	-115
县级小计	632	10889	10919	217627	64742	14767	11255	3512	60023	4678
阳春市	388	890	4219	77222	21097	6002	4926	1076	24318	2067
阳东县	16	3297	1448	61118	23721	2305	1542	763	13361	982
阳西县	228	4274	3189	41443	7393	1709	1261	448	14466	800
江城区		2428	2063	37844	12531	4751	3526	1225	7878	829
湛江市小计	**9667**	**24694**	**51079**	**860318**	**303878**	**82937**	**70662**	**12275**	**162225**	
本级	8983	12156	17471	366822	176300	63070	55898	7172	-40208	
县级小计	684	12538	33608	493496	127578	19867	14764	5103	202433	
雷州市	244	1833	5561	90956	15176	1098	559	539	40984	
廉江市	74	2388	5432	95123	18085	3466	2666	800	43884	
吴川市	196	584	5477	66680	13986	4877	3899	978	24105	
遂溪县	55	3587	4692	67184	13624	770	490	280	32031	
徐闻县	23	1458	4688	58672	12916	2145	1716	429	24095	
赤坎区		172	1843	29669	18150	1985	1185	800	7258	
霞山区		1293	3872	37582	21102	1604	641	963	10545	
麻章区	24	766	1324	23268	8577	1892	1729	163	7993	
坡头区	68	457	719	24362	5962	2030	1879	151	11538	
茂名市小计	**3187**	**14649**	**39250**	**623490**	**257240**	**40325**	**29961**	**10364**	**141218**	
本级	1948	6378	11970	190090	128485	11544	6629	4915	-1641	
县级小计	1239	8271	27280	433400	128755	28781	23332	5449	142859	
信宜市	71	1597	9875	86293	22415	5228	4104	1124	32311	
高州市	616	928	5548	105749	34282	6244	4561	1683	34507	
化州市	372	1014	3463	86062	20838	5515	4804	711	31180	
电白县	174	3076	3989	85871	23888	6270	5356	914	28395	
茂南区		200	3554	42198	19585	4140	3325	815	8887	
茂港区	6	1456	851	27227	7747	1384	1182	202	7579	
肇庆市小计	**5082**	**13868**	**39652**	**522896**	**249817**	**46584**	**35235**	**11349**	**87505**	**2308**
本级	687	6811	8169	141381	71597	14589	9051	5538	2687	-262
县级小计	4395	7057	31483	381515	178220	31995	26184	5811	84818	2570
四会市	988	1631	2097	55690	31639	4597	3644	953	8078	134
高要市	34	767	11608	67954	37333	7168	5632	1536	11746	-411
广宁县	611	293	2619	44611	15796	3958	3562	396	12536	273

2－22－26

单位:万元

地区	平衡部分									
	收入									
	财力性转移支付收入									
	一般性转移支付补助	民族地区转移支付补助	调整工资转移支付补助	农村税费改革转移支付补助	取消农业特产税降低农业税率转移支付补助	缓解县乡财政困难转移支付补助	农村义务教育补助	结算补助	企事业单位预算划转补助	其他财力性转移支付
新会区				1517		72	114	126	18	833
阳江市小计	**22383**		**22510**	**12662**	**2860**	**2669**	**3831**	**3011**	**32**	
本级	8265		3667	466	16	190		1977	32	
县级小计	14118		18843	12196	2844	2479	3831	1034		
阳春市	5926		7943	4447	1380	440	1742	373		
阳东县	3893		3432	3112	566	339	728	309		
阳西县	3457		4350	3294	628	710	955	272		
江城区	842		3118	1343	270	990	406	80		
湛江市小计	**50060**		**51403**	**26350**	**6784**	**4923**	**14135**	**7472**	**1098**	
本级	7725		4950	987	56	208	217	4953	68	－59372
县级小计	42335		46453	25363	6728	4715	13918	2519	1030	59372
雷州市	8404		8329	6989	2114	650	3923	329		10246
廉江市	11875		9319	6124	1374	1075	3208	371		10538
吴川市	7112		7585	2886	584	800	2372	221		2545
遂溪县	6640		7195	3833	1176	950	2200	573	963	8501
徐闻县	8304		5687	3454	1172	620	1451	288	67	3052
赤坎区			1640	46	6		32	250		5284
霞山区			2234	148	10		65	373		7715
麻章区			2038	719	128	160	257	54		4637
坡头区			2426	1164	164	460	410	60		6854
茂名市小计	**38863**		**43685**	**24765**	**4612**	**5114**	**14121**	**7280**	**2778**	
本级	6411		2439	20				4270	1944	－16725
县级小计	32452		41246	24745	4612	5114	14121	3010	834	16725
信宜市	10196		9245	5516	854	821	2987	598	21	2073
高州市	5718		10961	6837	1534	1550	3678	740	808	2681
化州市	10637		7642	4932	1156	823	3234	437	1	2318
电白县	4728		8784	4831	812	950	3112	1127	2	4049
茂南区	720		2313	1134	192	850	548	50	2	3078
茂港区	453		2301	1495	64	120	562	58		2526
肇庆市小计	**18433**		**32096**	**14788**	**5216**	**3724**	**7045**	**3828**	**67**	
本级	5719		2658	58	28	519	46	1940	46	－8065
县级小计	12714		29438	14730	5188	3205	6999	1888	21	8065
四会市	285		3497	1434	846	270	507	309	2	794
高要市	213		4850	2361	1150	428	1349	377	1	1428
广宁县	2992		4226	2346	494	560	773	182		690

2－22－27

单位:万元

地区	平衡部分								
	收入							支出	
	专项转移支付			省补助计划单列市	上年结余收入	调入资金	国债转贷收入、上年结余及转补助数	支出总计	本年支出
	小计	专项补助	增发国债补助						
新会区	7764	6264	1500		6887	8234		157654	139812
阳江市小计	**74626**	**72338**	**2288**		**22859**	**4290**	**715**	**289956**	**282857**
本级	16351	16240	111		3039	4290	715	72732	77667
县级小计	58275	56098	2177		19820			217224	205190
阳春市	17487	17212	275		8318			77089	74247
阳东县	16648	14823	1825		5083			61018	57102
阳西县	13690	13648	42		4185			41333	39728
江城区	10450	10415	35		2234			37784	34113
湛江市小计	**158233**	**157045**	**1188**		**118446**	**33124**	**1475**	**721678**	**698754**
本级	64051	63252	799		72738	29746	1125	255661	256579
县级小计	94182	93793	389		45708	3378	350	466017	442175
雷州市	20963	20613	350		12734	1		78185	75498
廉江市	21706	21667	39		7982			94977	91709
吴川市	10708	10708			9987	3017		56418	54390
遂溪县	15788	15788			4971			66963	64591
徐闻县	11883	11883			7466	167		55451	53751
赤坎区	1814	1814			369	93		29423	26736
霞山区	3019	3019			1312			37070	31973
麻章区	4299	4299			407	100		23218	20818
坡头区	4002	4002			480		350	24312	22709
茂名市小计	**117752**	**115122**	**2630**		**51856**	**11979**	**3120**	**582071**	**565859**
本级	31718	29698	2020		14034	5800	150	153420	150440
县级小计	86034	85424	610		37822	6179	2970	428651	415419
信宜市	14835	14787	48		9339	2165		85927	84483
高州市	17237	17227	10		10532	1897	1050	103806	100939
化州市	17321	17321			8480	1428	1300	85059	82250
电白县	20675	20475	200		5604	689	350	85496	81677
茂南区	7224	7224			2242		120	41458	39796
茂港区	8742	8390	352		1625		150	26905	26274
肇庆市小计	**92074**	**88779**	**3295**		**31365**	**15551**		**496896**	**489383**
本级	29417	26605	2812		9531	13560		116533	120407
县级小计	62657	62174	483		21834	1991		380363	368976
四会市	9671	9561	110		1705			55570	53757
高要市	9967	9916	51		1740			67854	64789
广宁县	7345	7345			4191	785		44451	43647

2－22－28

单位:万元

地区	平衡部分									
	支出								年终结余	其中:净结余
	财力性转移支付			专项上解	计划单列市上解省	增设预算周转金	调出资金	国债转贷拨付数及年末结余		
	小计	体制上解	出口退税专项上解							
新会区	16896	12058	4838	946					4756	653
阳江市小计	**3667**	**241**	**3426**	**1585**		**1132**		**715**	**12204**	**12204**
本级	－6287	－8616	2329	637				715	11801	11801
县级小计	9954	8857	1097	948		1132			403	403
阳春市	2093	2047	46	369		380			133	133
阳东县	3259	2474	785	235		422			100	100
阳西县	1057	867	190	218		330			110	110
江城区	3545	3469	76	126					60	60
湛江市小计	**8357**	**5281**	**3076**	**11278**		**1814**		**1475**	**138640**	**19090**
本级	3744	2811	933	－5787				1125	111161	18154
县级小计	4613	2470	2143	17065		1814		350	27479	936
雷州市	681	559	122	1706		300			12771	173
廉江市	1041	632	409	1697		530			146	146
吴川市	301	231	70	1517		210			10262	87
遂溪县	538	490	48	1366		468			221	221
徐闻县	288	188	100	1106		306			3221	86
赤坎区	244	171	73	2443					246	66
霞山区	832	154	678	4265					512	57
麻章区	458	39	419	1942					50	50
坡头区	230	6	224	1023				350	50	50
茂名市小计	**5172**	**5172**		**2958**		**4362**	**600**	**3120**	**41419**	**14806**
本级	1125	1125		1105			600	150	36670	13070
县级小计	4047	4047		1853		4362		2970	4749	1736
信宜市	309	309		375		760			366	150
高州市	510	510		407		900		1050	1943	703
化州市	452	452		405		652		1300	1003	246
电白县	1023	1023		396		2050		350	375	95
茂南区	1390	1390		152				120	740	481
茂港区	363	363		118				150	322	61
肇庆市小计	**2730**		**2730**	**2900**		**1883**			**26000**	**11480**
本级	1262		1262	－5136					24848	10432
县级小计	1468		1468	8036		1883			1152	1048
四会市	249		249	1154		410			120	80
高要市	378		378	2234		453			100	100
广宁县				677		127			160	160

2－22－29

单位:万元

地区	收支部分										
	收入										
	本年收入小计	税收收入									
		小计	增值税	营业税	企业所得税	个人所得税	城市维护建设税	耕地占用税	契税	烟叶税	其他各项税收收入
德庆县	15825	8159	2288	2559	623	312	517		218		1642
封开县	16470	7202	1939	1816	541	221	468	32	845		1340
怀集县	20767	10640	3587	2648	845	583	697		489		1791
端州区	30290	27240	4988	7991	1986	996	1944	539	4991		3805
鼎湖区	10100	7549	2364	1983	402	232	572	300	850		846
清远市小计	**196060**	**160189**	**43047**	**49094**	**13572**	**5486**	**10606**	**1874**	**15620**	**141**	**20749**
本级	51227	46865	8134	16583	3855	1767	3180	12	8861		4473
县级小计	144833	113324	34913	32511	9717	3719	7426	1862	6759	141	16276
英德市	33227	27618	9951	6287	1645	680	1951	16	1149		5939
连州市	18037	13294	5289	3071	1431	592	880		320	141	1570
佛冈县	22655	15503	5889	4451	1448	431	672		796		1816
清新县	21103	17388	4401	6251	1519	600	938	21	1310		2348
连山县	3136	2183	780	694	170	114	198	6	32		189
连南县	5874	3731	1358	926	251	116	321	1	115		643
阳山县	14214	10363	3239	2663	1354	316	899	84	241		1567
清城区	26587	23244	4006	8168	1899	870	1567	1734	2796		2204
潮州市小计	**106476**	**99830**	**38669**	**17019**	**10962**	**5658**	**8362**	**816**	**3021**		**15323**
本级	56031	52921	19577	11014	5693	3400	3476	104	2106		7551
县级小计	50445	46909	19092	6005	5269	2258	4886	712	915		7772
饶平县	12005	11532	5141	2095	716	351	1234		250		1745
潮安县	27024	25505	10558	2311	3826	1406	2598	585	350		3871
湘桥区	11416	9872	3393	1599	727	501	1054	127	315		2156
揭阳市小计	**137590**	**100525**	**34553**	**18050**	**17296**	**3716**	**8084**	**3950**	**4021**		**10855**
本级	41069	30978	8880	7363	4214	1341	2820	1101	1569		3690
县级小计	96521	69547	25673	10687	13082	2375	5264	2849	2452		7165
普宁市	40858	27130	10440	3454	5067	933	1984	1419	1129		2704
揭东县	19930	16227	5988	2264	3611	351	1074	655	356		1928
揭西县	9034	6680	2353	1253	1307	248	574	12	168		765
惠来县	9796	6996	1801	2484	1313	250	471	70	100		507
榕城区	16903	12514	5091	1232	1784	593	1161	693	699		1261
云浮市小计	**113900**	**73257**	**20242**	**18778**	**6744**	**4912**	**5441**	**895**	**5313**		**10932**
本级	32508	18733	4679	4292	1708	1265	2566		1246		2977
县级小计	81392	54524	15563	14486	5036	3647	2875	895	4067		7955
罗定市	22790	15142	5168	3830	1366	579	1015	68	1539		1577
新兴县	24412	16708	3732	4441	1928	1864	896	354	1010		2483

2－22－30

单位:万元

地区	收支部分									
	收入								支出	
	非税收入							贷款转贷回收本金收入		
	小计	专项收入	行政事业性收费收入	罚没收入	国有资本经营收入	国有资源(资产)有偿使用收入	其他收入		本年支出小计	一般公共服务
德庆县	7666	355	4233	1792	1186	100			41658	7748
封开县	9268	357	4018	1285	3586	22			42572	10082
怀集县	10127	684	6666	1741		24	1012		62885	13807
端州区	3050	1066	895	445	631	13			42362	9068
鼎湖区	2551	482	1050	700	310	9			17306	4831
清远市小计	**35871**	**6733**	**9108**	**10728**	**－8**	**708**	**8602**		**495460**	**95719**
本级	4362	1875	1176	1074		237			75917	22140
县级小计	31509	4858	7932	9654	－8	471	8602		419543	73579
英德市	5609	1146	2188	1318	－8	77	888		94992	12172
连州市	4743	543	1187	1449		100	1464		54731	9334
佛冈县	7152	504	501	384		23	5740		44404	11387
清新县	3715	748	882	1582		22	481		65481	10672
连山县	953	205	348	352		19	29		22595	4530
连南县	2143	252	779	1093		19			29337	7790
阳山县	3851	717	1146	1958		30			54254	8151
清城区	3343	743	901	1518		181			53749	9543
潮州市小计	**6646**	**4859**	**1175**	**2391**	**－2334**	**555**			**271352**	**52483**
本级	3110	1932	160	1458	－780	340			89253	23702
县级小计	3536	2927	1015	933	－1554	215			182099	28781
饶平县	473	788	50	348	－744	31			74143	9120
潮安县	1519	1689	178	167	－690	175			84469	14515
湘桥区	1544	450	787	418	－120	9			23487	5146
揭阳市小计	**37065**	**4982**	**12704**	**13943**	**2875**	**1082**	**1479**		**403513**	**81985**
本级	10091	1406	2392	4573	1023	462	235		85933	24463
县级小计	26974	3576	10312	9370	1852	620	1244		317580	57522
普宁市	13728	1189	4488	5548	1724	21	758		100336	13807
揭东县	3703	1027	1813	1036	－186	13			59667	11409
揭西县	2354	521	1215	1020	－435	33			65260	13666
惠来县	2800	331	1223	1149	－315	12	400		63115	12121
榕城区	4389	508	1573	617	1064	541	86		29202	6519
云浮市小计	**40643**	**4846**	**11886**	**6374**	**15883**	**296**	**1358**		**292683**	**63455**
本级	13775	2088	2135	2136	7323	93			47637	14870
县级小计	26868	2758	9751	4238	8560	203	1358		245046	48585
罗定市	7648	738	2507	1071	2296	78	958		75740	16311
新兴县	7704	697	1881	929	4155	42			54999	10049

2006年地方财政政府收支分类转换数据

2－22－31　　　　单位：万元

地区	收支部分										
	支出										
	外交	国防	公共安全	教育	科学技术	文化体育与传媒	社会保障和就业	医疗卫生	环境保护	城乡社区事务	农林水事务
德庆县			3414	10153	950	738	5762	1457	199	717	5830
封开县		245	3167	10032	364	638	5672	1839	248	1475	5155
怀集县		118	4801	19038	827	429	7155	2380	577	1378	6749
端州区		228	5631	10555	882	523	6632	1040	132	1080	339
鼎湖区		86	1541	3140	373	130	1786	419	291	409	2236
清远市小计		**896**	**32840**	**127337**	**2706**	**4783**	**67368**	**25016**	**3504**	**14689**	**51229**
本级		475	5165	6576	1155	1828	12915	4461	1064	2806	5020
县级小计		421	27675	120761	1551	2955	54453	20555	2440	11883	46209
英德市		115	5178	25293	164	446	14756	3750	617	2902	9991
连州市			2371	13083	105	287	7667	2989	419	1779	6791
佛冈县		69	3083	10382	54	347	5233	2361	559	3585	3700
清新县		212	5973	21589	340	315	8081	3263	360	770	8330
连山县		25	1433	7365	50	302	2953	1357	112	476	2243
连南县			2037	7664	38	307	3153	1688		449	3308
阳山县			3813	17921	229	404	6954	3401	288	657	6556
清城区			3787	17464	571	547	5656	1746	85	1265	5290
潮州市小计		**465**	**17914**	**64676**	**3401**	**2922**	**38513**	**14385**	**3244**	**13134**	**26964**
本级		324	8146	10951	1245	1803	13394	3380	2652	6067	3956
县级小计		141	9768	53725	2156	1119	25119	11005	592	7067	23008
饶平县			3622	19567	782	545	10076	3624	176	1409	13325
潮安县		141	3768	27945	1251	457	10510	6096	411	4161	8937
湘桥区			2378	6213	123	117	4533	1285	5	1497	746
揭阳市小计		**910**	**35693**	**124089**	**2342**	**4289**	**46396**	**17633**	**4949**	**13692**	**37331**
本级		34	12738	12094	963	1239	9659	3765	2936	5727	5799
县级小计		876	22955	111995	1379	3050	36737	13868	2013	7965	31532
普宁市		241	8721	38462	265	669	14604	2596	877	1401	11304
揭东县		153	3377	21960	362	548	4453	3539	386	1167	6047
揭西县		387	4254	24929	208	565	3921	3286	604	1159	7178
惠来县		95	4035	19118	252	851	7240	3250	146	2579	6253
榕城区			2568	7526	292	417	6519	1197		1659	750
云浮市小计		**475**	**25984**	**68414**	**4318**	**4161**	**34740**	**16333**	**3475**	**6952**	**30857**
本级			8075	5751	1316	1666	3120	2088	1312	2452	2139
县级小计		475	17909	62663	3002	2495	31620	14245	2163	4500	28718
罗定市			6139	21905	702	734	10687	4817	889	736	8003
新兴县		351	4292	13708	727	436	6992	2779	254	1399	6501

2－22－32

单位:万元

地区	收支部分			平衡部分						
	支出			收入						
						返还性收入			财力性转移支付收入	
	交通运输	工业、商业、金融等事务	其他支出	收入总计	本年收入	小计	增值税和消费税税收返还	所得税基数返还	小计	体制补助
德庆县	534	932	3224	42723	15825	3293	2777	516	10683	703
封开县	540	960	2155	43574	16470	4129	3777	352	11501	292
怀集县	1212	1532	2882	64318	20767	3580	2837	743	22256	1009
端州区		134	6118	44397	30290	4206	3090	1116	4953	416
鼎湖区	476	808	780	18248	10100	1064	865	199	3065	154
清远市小计	**1663**	**6197**	**61513**	**558623**	**196060**	**22953**	**16996**	**5957**	**158565**	**11395**
本级	346	982	10984	131971	51227	6385	4622	1763	34526	1930
县级小计	1317	5215	50529	426652	144833	16568	12374	4194	124039	9465
英德市	122	1340	18146	96505	33227	4101	3628	473	26984	1109
连州市	476	311	9119	55585	18037	2843	1583	1260	17120	1600
佛冈县	174	659	2811	46197	22655	2138	1476	662	10327	965
清新县	114	1021	4441	66182	21103	1716	1343	373	22389	1515
连山县	69	333	1347	22845	3136	755	619	136	7724	827
连南县	81	171	2651	29597	5874	1233	951	282	8569	965
阳山县	131	516	5233	55415	14214	2468	1811	657	18587	1588
清城区	150	864	6781	54326	26587	1314	963	351	12339	896
潮州市小计	**958**	**7365**	**24928**	**306669**	**106476**	**29244**	**23474**	**5770**	**61307**	**2531**
本级	786	2868	9979	115380	56031	13783	9931	3852	－2276	253
县级小计	172	4497	14949	191289	50445	15461	13543	1918	63583	2278
饶平县	48	2461	9388	77598	12005	5438	5068	370	29016	1645
潮安县	124	1719	4434	87820	27024	6487	5684	803	29010	1039
湘桥区		317	1127	25871	11416	3536	2791	745	5557	－406
揭阳市小计	**3006**	**8605**	**22593**	**464916**	**137590**	**38211**	**30366**	**7845**	**124839**	**11717**
本级	62	3215	3239	114624	41069	10506	7928	2578	19796	3618
县级小计	2944	5390	19354	350292	96521	27705	22438	5267	105043	8099
普宁市	273	1553	5563	109427	40858	14618	11958	2660	22486	774
揭东县	282	552	5432	62250	19930	4493	3922	571	20001	3462
揭西县	975	451	3677	74197	9034	2721	2342	379	30133	2703
惠来县	1414	2559	3202	72631	9796	2284	2070	214	28091	1051
榕城区		275	1480	31787	16903	3589	2146	1443	4332	109
云浮市小计	**1467**	**6488**	**25564**	**307501**	**113900**	**21898**	**18133**	**3765**	**76319**	**1050**
本级	711	2042	2095	55885	32508	4127	3251	876	6212	2326
县级小计	756	4446	23469	251616	81392	17771	14882	2889	70107	－1276
罗定市	194	1092	3531	77002	22790	6108	5323	785	24308	－1210
新兴县	179	724	6608	56727	24412	5136	4034	1102	11187	67

2－22－33 单位:万元

地区	平衡部分									
	收入									
	财力性转移支付收入									
	一般性转移支付补助	民族地区转移支付补助	调整工资转移支付补助	农村税费改革转移支付补助	取消农业特产税降低农业税率转移支付补助	缓解县乡财政困难转移支付补助	农村义务教育补助	结算补助	企事业单位预算划转补助	其他财力性转移支付
德庆县	1993		3412	1931	538	700	663	213		530
封开县	1702		4411	1880	892	477	1051	272	4	520
怀集县	5138		6554	3826	1090	620	2474	385	1	1159
端州区	199		1672	243	12	30	60	70	13	2238
鼎湖区	192		816	709	166	120	122	80		706
清远市小计	**68603**	**56**	**38126**	**15489**	**4240**	**5523**	**7050**	**7956**	**127**	
本级	23204		3431	10				5892	59	
县级小计	45399	56	34695	15479	4240	5523	7050	2064	68	
英德市	9578		7223	3895	1360	1416	1764	599	40	
连州市	6020		5257	1918	718	495	753	359		
佛冈县	3553		3054	1107	252	580	511	305		
清新县	8507		5707	3241	598	987	1681	127	26	
连山县	3071	31	2078	910	78	340	264	125		
连南县	3103	25	2586	1074	66	280	345	125		
阳山县	6667		4688	2344	794	765	1367	374		
清城区	4900		4102	990	374	660	365	50	2	
潮州市小计	**17937**		**20354**	**10489**	**1682**	**1080**	**3925**	**2990**	**319**	
本级	3709		2215	340	28		147	2144	317	－11429
县级小计	14228		18139	10149	1654	1080	3778	846	2	11429
饶平县	7988		7921	4209	748	570	1615	439	2	3879
潮安县	6066		8018	5430	866	420	2082	357		4732
湘桥区	174		2200	510	40	90	81	50		2818
揭阳市小计	**34500**		**37783**	**16833**	**4064**	**3191**	**13407**	**3221**	**123**	
本级	7260		4602	812	116	861	388	2071	68	
县级小计	27240		33181	16021	3948	2330	13019	1150	55	
普宁市	209		9688	4448	1584	510	5162	103	8	
揭东县	1414		5907	3900	1342	860	2635	481		
揭西县	13110		7578	3242	506	360	2204	430		
惠来县	12450		7169	3716	416	450	2708	84	47	
榕城区	57		2839	715	100	150	310	52		
云浮市小计	**28162**		**24634**	**8491**	**1998**	**2944**	**5434**	**3554**	**52**	
本级	4720		1685	20				1510	52	－4101
县级小计	23442		22949	8471	1998	2944	5434	2044		4101
罗定市	8581		8508	3047	758	614	2502	427		1081
新兴县	2597		4493	1527	518	270	893	310		512

2－22－34　　　　　　　　　　　　　　　　　　　　　　　　　　单位:万元

地区	平衡部分								
	收入							支出	
	专项转移支付			省补助计划单列市	上年结余收入	调入资金	国债转贷收入、上年结余及转补助数	支出总计	本年支出
	小计	专项补助	增发国债补助						
德庆县	9260	9222	38		2560	1102		42533	41658
封开县	9179	8895	284		2295			43488	42572
怀集县	11427	11427			6188	100		64059	62885
端州区	2559	2559			2389			44241	42362
鼎湖区	3249	3249			766	4		18167	17306
清远市小计	**117017**	**116434**	**583**		**60457**	**1942**	**1629**	**505307**	**495460**
本级	19962	19949	13		18082	660	1129	80341	75917
县级小计	97055	96485	570		42375	1282	500	424966	419543
英德市	22146	22133	13		10047			96307	94992
连州市	11452	11227	225		6127	6		55468	54731
佛冈县	6766	6611	155		4157	4	150	45569	44404
清新县	15160	14983	177		5802	12		66044	65481
连山县	8539	8539			2691			22713	22595
连南县	10691	10691			3229	1		29469	29337
阳山县	14425	14425			5367	4	350	55294	54254
清城区	7876	7876			4955	1255		54102	53749
潮州市小计	**73376**	**71687**	**1689**		**34380**	**986**	**900**	**281349**	**271352**
本级	29684	29461	223		17430	728		93391	89253
县级小计	43692	42226	1466		16950	258	900	187958	182099
饶平县	22606	21353	1253		8063	120	350	76175	74143
潮安县	17608	17396	212		7003	138	550	87434	84469
湘桥区	3478	3477	1		1884			24349	23487
揭阳市小计	**110913**	**108685**	**2228**		**49109**	**3054**	**1200**	**415166**	**403513**
本级	25805	25653	152		14018	2230	1200	87824	85933
县级小计	85108	83032	2076		35091	824		327342	317580
普宁市	24309	22739	1570		7084	72		103494	100336
揭东县	14923	14738	185		2709	194		62162	59667
揭西县	21705	21695	10		10604			66336	65260
惠来县	19060	18750	310		13400			63651	63115
榕城区	5111	5110	1		1294	558		31699	29202
云浮市小计	**64239**	**63935**	**304**		**21223**	**9472**	**450**	**298232**	**292683**
本级	12123	12123			915			48126	47637
县级小计	52116	51812	304		20308	9472	450	250106	245046
罗定市	15255	15255			6310	2231		76866	75740
新兴县	11234	11134	100		3893	415	450	56589	54999

2－22－35　　　　单位:万元

地　区	平　衡　部　分									
	支　出								年终结余	其中:净结余
	财力性转移支付			专项上解	计划单列市上解省	增设预算周转金	调出资金	国债转贷拨付数及年末结余		
	小　计	体制上解	出口退税专项上解							
德庆县	188		188	504		183			190	190
封开县	97		97	556		263			86	86
怀集县	61		61	666		447			259	257
端州区	450		450	1429					156	94
鼎湖区	45		45	816					81	81
清远市小计	**3564**	**1579**	**1985**	**2779**		**1875**		**1629**	**53316**	**28520**
本级	2251	1579	672	1044				1129	51630	27565
县级小计	1313		1313	1735		1875		500	1686	955
英德市	82		82	450		783			198	198
连州市	43		43	294		400			117	117
佛冈县	503		503	192		320		150	628	58
清新县	330		330	233					138	138
连山县				118					132	132
连南县				132					128	128
阳山县	2		2	316		372		350	121	121
清城区	353		353						224	63
潮州市小计	**5473**	**114**	**5359**	**2639**		**985**		**900**	**25320**	**7862**
本级	3193	114	3079	945					21989	7445
县级小计	2280		2280	1694		985		900	3331	417
饶平县	569		569	553		560		350	1423	138
潮安县	1245		1245	745		425		550	386	185
湘桥区	466		466	396					1522	94
揭阳市小计	**5972**	**569**	**5403**	**3099**		**1262**	**120**	**1200**	**49750**	**11636**
本级	2095	569	1526	－1524			120	1200	26800	11155
县级小计	3877		3877	4623		1262			22950	481
普宁市	1714		1714	1444					5933	103
揭东县	777		777	918		800			88	88
揭西县	86		86	528		462			7861	120
惠来县				536					8980	82
榕城区	1300		1300	1197					88	88
云浮市小计	**876**		**876**	**1759**		**2464**		**450**	**9269**	**8383**
本级	21		21	468					7759	7759
县级小计	855		855	1291		2464		450	1510	624
罗定市	167		167	454		505			136	136
新兴县	527		527	315		298		450	138	138

2－22－36

单位:万元

地区	收支部分										
	收入										
	本年收入小计	税收收入									
		小计	增值税	营业税	企业所得税	个人所得税	城市维护建设税	耕地占用税	契税	烟叶税	其他各项税收收入
郁南县	11242	7182	2569	2173	563	347	566	18	134		812
云安县	11442	7997	1981	2131	416	292	398	202	813		1764
云城区	11506	7495	2113	1911	763	565		253	571		1319

2－22－37　　单位:万元

地　区	收支部分									
	收入								支出	
	非税收入							贷款转贷回收本金收入		
	小计	专项收入	行政事业性收费收入	罚没收入	国有资本经营收入	国有资源(资产)有偿使用收入	其他收入		本年支出小计	一般公共服务
郁南县	4060	448	1835	732	1025	20			50715	10220
云安县	3445	528	1146	893	867	11			32726	7100
云城区	4011	347	2382	613	217	52	400		30866	4905

2-22-38

单位:万元

地区	收支部分										
	支出										
	外交	国防	公共安全	教育	科学技术	文化体育与传媒	社会保障和就业	医疗卫生	环境保护	城乡社区事务	农林水事务
郁南县			2862	12038	328	761	6591	3190	670	865	6673
云安县			2642	7259	597	355	3332	1730	250	959	3707
云城区		124	1974	7753	648	209	4018	1729	100	541	3834

2-22-39

单位:万元

地　　区	收支部分			平衡部分						
	支出			收入						
						返还性收入			财力性转移支付收入	
	交通运输	工业、商业、金融等事务	其他支出	收入总计	本年收入	小计	增值税和消费税税收返还	所得税基数返还	小计	体制补助
郁南县	76	1106	5335	52283	11242	3970	3618	352	15632	-114
云安县	255	1039	3501	33252	11442	804	613	191	10903	11
云城区	52	485	4494	32352	11506	1753	1294	459	8077	-30

2－22－40　　　　单位:万元

地区	平衡部分									
	收入									
	财力性转移支付收入									
	一般性转移支付补助	民族地区转移支付补助	调整工资转移支付补助	农村税费改革转移支付补助	取消农业特产税降低农业税率转移支付补助	缓解县乡财政困难转移支付补助	农村义务教育补助	结算补助	企事业单位预算划转补助	其他财力性转移支付
郁南县	6426		4739	1987	430	330	896	313		625
云安县	5200		2876	1260	184	180	672	216		304
云城区	638		2333	650	108	1550	471	778		1579

2－22－41

单位:万元

地区	平衡部分								
	收入							支出	
	专项转移支付			省补助计划单列市	上年结余收入	调入资金	国债转贷收入、上年结余及转补助数	支出总计	本年支出
	小计	专项补助	增发国债补助						
郁南县	10463	10259	204		5050	5926		51346	50715
云安县	6124	6124			3979			33061	32726
云城区	9040	9040			1076	900		32244	30866

2－22－42

单位:万元

地区	平衡部分									
	支出								年终结余	其中:净结余
	财力性转移支付			专项上解	计划单列市上解省	增设预算周转金	调出资金	国债转贷拨付数及年末结余		
	小计	体制上解	出口退税专项上解							
郁南县				284		347			937	51
云安县	1		1	150		184			191	191
云城区	160		160	88		1130			108	108

2006 年广西壮族自治区地市县财政一般预算收支平衡表

2 - 23 - 1

单位:万元

地区	收支部分										
	收入										
	本年收入小计	税收收入									
		小计	增值税	营业税	企业所得税	个人所得税	城市维护建设税	耕地占用税	契税	烟叶税	其他各项税收收入
地(市)县级总计	**2523352**	**1570427**	**318986**	**427632**	**160478**	**73261**	**151663**	**40024**	**149983**	**4855**	**243545**
地(市)本级合计	**1093449**	**699128**	**132696**	**158414**	**86203**	**28912**	**76871**	**8632**	**111064**	**20**	**96316**
县级合计	**1429903**	**871299**	**186290**	**269218**	**74275**	**44349**	**74792**	**31392**	**38919**	**4835**	**147229**
南宁市小计	**566191**	**441611**	**50921**	**130687**	**59553**	**21473**	**39778**	**2094**	**69831**	**20**	**67254**
本级	335832	272382	26289	61918	43329	11017	22816	984	66274	20	39735
县级小计	230359	169229	24632	68769	16224	10456	16962	1110	3557		27519
武鸣县	16549	9336	1840	2824	514	414	873		886		1985
横县	21675	11825	2943	3351	724	553	969	472	915		1898
宾阳县	20295	9779	2393	2812	853	462	692	58	684		1825
上林县	6978	3113	800	955	339	173	274	60	182		330
马山县	6192	3354	486	960	583	149	240	330	176		430
隆安县	8589	4112	1000	1381	253	161	346	2	334		635
邕宁区	3779	2470	823	666	209	130	286				356
兴宁区	19495	17285	1781	7493	3365	861	1447				2338
良庆区	5440	4005	858	1734	440	173	388				412
青秀区	40427	37136	2907	17683	3045	3517	4358				5626
西乡塘区	22006	16618	2674	6679	1653	885	2377				2350
江南区	9632	7946	1490	2944	1131	564	1151				666
相思湖区	1202	1153	37	567	32	202	109				206
青秀山风景区	2097	2036	29	1265	-20	111	138				513
经济技术开发区	13210	9097	1164	3806	1344	260	874				1649
华侨投资区	5189	3584	343	1816	133	81	123	188	380		520
高新技术开发区	27604	26380	3064	11833	1626	1760	2317				5780
柳州市小计	**348539**	**240898**	**70234**	**52677**	**25236**	**8622**	**34653**	**2071**	**13714**		**33691**
本级	226806	155513	51106	25083	17659	5044	24400	1601	10909		19711
县级小计	121733	85385	19128	27594	7577	3578	10253	470	2805		13980
柳江县	26585	12667	3277	3167	1730	401	899	132	1189		1872
柳城县	9366	6545	2423	1212	960	218	797	1	326		608
鹿寨县	15404	10009	2507	3071	560	445	913	269	763		1481
融安县	6268	3718	1100	1128	233	244	308	16	176		513
三江县	4415	1354	242	516	64	111	86		99		236
融水县	7787	3754	904	1186	350	280	302	52	252		428
城中区	7937	7150	256	3356	538	303	1028				1669
鱼峰区	11066	10054	2508	2977	565	418	1433				2153
柳南区	13602	12255	2188	4427	907	375	2170				2188

二、各省、自治区、直辖市地市县一般预算财政资料

2－23－2

单位:万元

地区	收支部分									
	收入								支出	
	非税收入							贷款转贷回收本金收入	本年支出小计	一般公共服务
	小计	专项收入	行政事业性收费收入	罚没收入	国有资本经营收入	国有资源(资产)有偿使用收入	其他收入			
地(市)县级总计	**952925**	**100911**	**200692**	**192336**	**351918**	**29051**	**78017**		**5547146**	**1069168**
地(市)本级合计	**394321**	**46959**	**95590**	**84165**	**142565**	**16813**	**8229**		**1797070**	**289185**
县级合计	**558604**	**53952**	**105102**	**108171**	**209353**	**12238**	**69788**		**3750076**	**779983**
南宁市小计	**124580**	**21178**	**40814**	**26782**	**28623**	**2632**	**4551**		**930781**	**157648**
本级	63450	12154	23611	12288	14447	950			413272	52984
县级小计	61130	9024	17203	14494	14176	1682	4551		517509	104664
武鸣县	7213	667	1173	1011	1152	1060	2150		49230	8194
横县	9850	886	4157	1360	3165	10	272		65570	12242
宾阳县	10516	642	2431	3546	3112	31	754		55882	10983
上林县	3865	141	739	520	2197	44	224		29504	6453
马山县	2838	179	738	660	1253	8			32940	8282
隆安县	4477	396	645	1083	2348	5			30202	6869
邕宁区	1309	169	389	523		228			29201	4546
兴宁区	2210	625	530	1050		5			33283	10527
良庆区	1435	273	603	205	350	4			19241	4607
青秀区	3291	1910	906	465		10			40411	8248
西乡塘区	5388	1021	600	3556		211			44410	8769
江南区	1686	510	814	349	8	5			29026	4910
相思湖区	49	47				2			1054	690
青秀山风景区	61	59		1		1			2720	693
经济技术开发区	4113	374	3274	93	332	40			18602	2561
华侨投资区	1605	144	25	24	259	2	1151		8195	1945
高新技术开发区	1224	981	179	48		16			28038	4145
柳州市小计	**107641**	**21408**	**16479**	**16430**	**49385**	**753**	**3186**		**626101**	**100899**
本级	71293	14657	9337	9531	36668	636	464		314766	33990
县级小计	36348	6751	7142	6899	12717	117	2722		311335	66909
柳江县	13918	1366	1030	1709	7864	12	1937		50289	8680
柳城县	2821	805	335	682	963	12	24		34251	6398
鹿寨县	5395	985	1241	1509	1527	11	122		36995	5672
融安县	2550	331	624	709	801	18	67		28961	5442
三江县	3061	88	1511	958	204	10	290		28232	4884
融水县	4033	393	1012	956	1358	32	282		38630	6253
城中区	787	445	275	65		2			13739	2973
鱼峰区	1012	545	384	81		2			17291	4727
柳南区	1347	938	295	110		4			23259	5404

2－23－3

单位:万元

地区	收支部分										
	支出										
	外交	国防	公共安全	教育	科学技术	文化体育与传媒	社会保障和就业	医疗卫生	环境保护	城乡社区事务	农林水事务
地(市)县级总计		**24801**	**408143**	**1278401**	**35902**	**78795**	**685944**	**268964**	**51079**	**407920**	**424245**
地(市)本级合计		**15975**	**203649**	**156218**	**17835**	**43623**	**261650**	**92465**	**28205**	**187216**	**119393**
县级合计		**8826**	**204494**	**1122183**	**18067**	**35172**	**424294**	**176499**	**22874**	**220704**	**304852**
南宁市小计		**12021**	**76508**	**164435**	**10484**	**15309**	**125368**	**47320**	**4441**	**111363**	**83248**
本级		10912	46421	37457	5160	10847	51039	23340	2995	50563	48115
县级小计		1109	30087	126978	5324	4462	74329	23980	1446	60800	35133
武鸣县		134	2750	12879	565	500	8968	3533	203	1611	6495
横县		124	4036	19417	790	780	11100	4460	340	3662	3819
宾阳县		63	3347	16643	641	486	8448	3102	203	3118	2673
上林县		153	1868	9252	37	266	6391	1027	96	280	2907
马山县		91	1722	9672	357	454	5386	765	121	2384	2775
隆安县		214	1661	6457	307	244	4398	1126	184	887	1804
邕宁区		18	855	10306	292	292	6053	1955	49	474	3490
兴宁区		135	3358	5154	365	310	4214	1108	4	4265	2262
良庆区			1225	5245	214	163	2041	1207	62	805	2466
青秀区		70	3097	9551	465	348	4788	1633	91	3737	2864
西乡塘区		103	3197	11823	733	190	7577	1802	16	4146	1725
江南区			1480	7475	422	99	3789	1862	55	1916	1270
相思湖区										174	
青秀山风景区			159	101	1	16	37	27		1634	17
经济技术开发区			708	583		5	216	64		12950	387
华侨投资区		4	191	689	15	21	865	197	22	1692	116
高新技术开发区			433	1731	120	288	58	112		17065	63
柳州市小计		**1937**	**45742**	**111119**	**6679**	**12686**	**93469**	**32459**	**9994**	**88543**	**34387**
本级		1080	28432	26055	4786	10297	42026	17552	9280	68214	8055
县级小计		857	17310	85064	1893	2389	51443	14907	714	20329	26332
柳江县		112	2588	12628	205	496	8161	2840	83	4073	3973
柳城县		105	1712	9118	171	413	6647	2698	179	454	3764
鹿寨县		139	2359	9263	317	429	6277	2506	188	722	3283
融安县		94	1655	8077	120	279	5941	1123	40	451	3298
三江县		102	1531	8696	37	299	4475	1421	66	406	4451
融水县		120	2285	12019	91	321	7240	1645	82	669	6378
城中区			993	5602	137	17	1560	532		1694	160
鱼峰区		58	1444	4451	188	32	3445	453		1991	47
柳南区		83	1203	7539	276	47	3746	756		3471	350

二、各省、自治区、直辖市地市县一般预算财政资料

2－23－4

单位:万元

地区	收支部分			平衡部分						
	支出			收入						
						返还性收入			财力性转移支付收入	
	交通运输	工业、商业、金融等事务	其他支出	收入总计	本年收入	小计	增值税和消费税税收返还	所得税基数返还	小计	体制补助
地(市)县级总计	**97280**	**309219**	**407285**	**6736340**	**2523352**	**646431**	**463195**	**183236**	**2111900**	**30248**
地(市)本级合计	**64246**	**163490**	**153920**	**2391739**	**1093449**	**299725**	**217727**	**81998**	**291587**	**－3236**
县级合计	**33034**	**145729**	**253365**	**4344601**	**1429903**	**346706**	**245468**	**101238**	**1820313**	**33484**
南宁市小计	**14268**	**43872**	**64496**	**1228605**	**566191**	**117287**	**79528**	**37759**	**276313**	
本级	11483	29386	32570	612508	335832	61982	40305	21677	34599	－4735
县级小计	2785	14486	31926	616097	230359	55305	39223	16082	241714	4735
武鸣县	16	396	2986	62705	16549	10280	8827	1453	23434	
横县	168	3070	1562	68090	21675	7650	6539	1111	32174	
宾阳县	472	806	4897	62612	20295	5919	4821	1098	26873	
上林县	219	474	81	43398	6978	1795	1363	432	25269	892
马山县	53	744	134	37820	6192	1331	925	406	24169	1190
隆安县		77	5974	34928	8589	2691	2245	446	19190	27
邕宁区	53	148	670	25110	3779	3205	2517	688	17412	
兴宁区			1581	36896	19495	4406	2457	1949	14906	
良庆区	19	149	1038	17817	5440	2995	2044	951	9324	
青秀区		45	5474	57901	40427	4554	2398	2156	6752	
西乡塘区	1674	1430	1225	45203	22006	4909	2849	2060	11775	2626
江南区		566	5182	32832	9632	4077	2061	2016	13102	
相思湖区			190	3703	1202				907	
青秀山风景区		34	1	7120	2097				1211	
经济技术开发区		744	384	24390	13210	122		122	4391	
华侨投资区	111	1793	534	9895	5189	203		203	3293	
高新技术开发区		4010	13	45677	27604	1168	177	991	7532	
柳州市小计	**5212**	**42040**	**40935**	**813707**	**348539**	**116400**	**94166**	**22234**	**189755**	
本级	4024	36217	24758	469983	226806	94836	78046	16790	33726	－2015
县级小计	1188	5823	16177	343724	121733	21564	16120	5444	156029	2015
柳江县	107	2082	4261	53976	26585	4902	3745	1157	18014	67
柳城县	168	366	2058	37174	9366	5969	4537	1432	17623	
鹿寨县	14	645	5181	42971	15404	4598	3656	942	16537	
融安县	539	178	1724	31572	6268	2063	1651	412	17832	398
三江县	139	1296	429	31144	4415	886	482	404	20262	764
融水县	221	319	987	40104	7787	2482	2049	433	23855	786
城中区			71	17477	7937				6165	
鱼峰区		87	368	18122	11066				6557	
柳南区		24	360	26526	13602				9767	

2－23－5

单位:万元

地区	平衡部分									
	收入									
	财力性转移支付收入									
	一般性转移支付补助	民族地区转移支付补助	调整工资转移支付补助	农村税费改革转移支付补助	取消农业特产税降低农业税率转移支付补助	缓解县乡财政困难转移支付补助	农村义务教育补助	结算补助	企事业单位预算划转补助	其他财力性转移支付
地(市)县级总计	**400000**	**30000**	**628641**	**208915**	**53200**	**108618**	**106174**	**110868**		**435236**
地(市)本级合计	**10886**	**2465**	**90598**	**47**	**93**	**5758**	**－53**	**84092**		**100937**
县级合计	**389114**	**27535**	**538043**	**208868**	**53107**	**102860**	**106227**	**26776**		**334299**
南宁市小计	**41667**	**2645**	**71013**	**22847**	**7037**	**13117**	**12041**	**19632**		**86314**
本级			13972			163	6	18220		6973
县级小计	41667	2645	57041	22847	7037	12954	12035	1412		79341
武鸣县	2896	235	5788	3045	1587	1807	1231	233		6612
横县	9248		10362	4305	559	2137	2488	152		2923
宾阳县	6485		8906	3327	589	1796	2644	149		2977
上林县	7830	857	6492	2229	292	1776	1100	48		3753
马山县	8597	898	6811	2150	173	1715	1074	64		1497
隆安县	6611	655	5635	1988	625	1560	748	152		1189
邕宁区			3017	1236	329	85	593	105		12047
兴宁区			1651	666	266	71	269	22		11961
良庆区			1559	869	325	23	655	40		5853
青秀区			1822	737	176	21	276	29		3691
西乡塘区			2796	1060	509	135	380			4269
江南区			1769	946	652	528	416	28		8763
相思湖区			7		400	500				
青秀山风景区			64		409	500				238
经济技术开发区			16	46			68			4261
华侨投资区			320	169	146	300	47	390		1921
高新技术开发区			26	74			46			7386
柳州市小计	**24168**	**2905**	**47629**	**12861**	**6094**	**8496**	**5483**	**17616**		**64503**
本级			10406			1552	1	16861		6921
县级小计	24168	2905	37223	12861	6094	6944	5482	755		57582
柳江县		340	5661	2534	1546	1460	1250	122		5034
柳城县	3214	452	4610	2096	2383	1148	779	110		2831
鹿寨县	1398	495	5005	2236	1109	1124	860	147		4163
融安县	6224		5344	1539	267	784	593	105		2578
三江县	6529	834	5667	1576	141	613	734	111		3293
融水县	6803	784	7972	2293	467	735	976	126		2913
城中区			584	51	12	303	37			5178
鱼峰区			587	33	15	252	18			5652
柳南区			774	159	46	209	90			8489

2-23-6

单位:万元

地区	平衡部分								
	收入							支出	
	专项转移支付			省补助计划单列市	上年结余收入	调入资金	国债转贷收入、上年结余及转补助数	支出总计	本年支出
	小计	专项补助	增发国债补助						
地(市)县级总计	**853208**	**761081**	**92127**		**566539**	**23265**	**11645**	**5826519**	**5547146**
地(市)本级合计	**354096**	**323413**	**30683**		**324985**	**17552**	**10345**	**1883053**	**1797070**
县级合计	**499112**	**437668**	**61444**		**241554**	**5713**	**1300**	**3943466**	**3750076**
南宁市小计	**107817**	**95041**	**12776**		**158817**		**2180**	**985878**	**930781**
本级	62581	50057	12524		115334		2180	430405	413272
县级小计	45236	44984	252		43483			555473	517509
武鸣县	9660	9660			2782			50258	49230
横县	7364	7234	130		-773			66770	65570
宾阳县	4664	4664			4861			57029	55882
上林县	3568	3568			5788			29956	29504
马山县	4003	3881	122		2125			33387	32940
隆安县	3284	3284			1174			30763	30202
邕宁区	2503	2503			-1789			31568	29201
兴宁区	1215	1215			-3126			40240	33283
良庆区	2137	2137			-2079			21413	19241
青秀区	1751	1751			4417			51733	40411
西乡塘区	2516	2516			3997			47611	44410
江南区	1780	1780			4241			33852	29026
相思湖区	10	10			1584			1108	1054
青秀山风景区	166	166			3646			2882	2720
经济技术开发区	25	25			6642			18870	18602
华侨投资区	196	196			1014			8287	8195
高新技术开发区	394	394			8979			29746	28038
柳州市小计	**63466**	**58583**	**4883**		**84886**	**10111**	**550**	**708313**	**626101**
本级	34688	34258	430		70889	8488	550	388274	314766
县级小计	28778	24325	4453		13997	1623		320039	311335
柳江县	3996	3704	292		479			51450	50289
柳城县	3661	3352	309		555			35096	34251
鹿寨县	4208	3849	359		1976	248		38023	36995
融安县	3560	2819	741		1349	500		29596	28961
三江县	5207	3921	1286		-501	875		28743	28232
融水县	6062	4605	1457		-82			39354	38630
城中区	216	216			3159			14071	13739
鱼峰区	518	518			-19			17874	17291
柳南区	766	764	2		2391			23999	23259

2-23-7

单位:万元

地区	平衡部分 支出 财力性转移支付 小计	财力性转移支付 体制上解	财力性转移支付 出口退税专项上解	专项上解	计划单列市上解省	增设预算周转金	调出资金	国债转贷拨付数及年末结余	年终结余	其中:净结余
地(市)县级总计	**135076**	**131889**	**3187**	**118080**			**14572**	**11645**	**909821**	**65425**
地(市)本级合计	**75656**	**74564**	**1092**	**-13515**			**13497**	**10345**	**508686**	**82440**
县级合计	**59420**	**57325**	**2095**	**131595**			**1075**	**1300**	**401135**	**-17015**
南宁市小计	**40644**	**39912**	**732**	**4423**			**7850**	**2180**	**242727**	**50910**
本级	20266	19634	632	-13163			7850	2180	182103	62023
县级小计	20378	20278	100	17586					60624	-11113
武鸣县	18		18	1010					12447	3603
横县	12		12	1188					1320	-150
宾阳县	54		54	1093					5583	1900
上林县				452					13442	4277
马山县				447					4433	438
隆安县				561					4165	858
邕宁区	819	819		1548					-6458	-6460
兴宁区	5490	5490		1467					-3344	-7131
良庆区	1199	1199		973					-3596	-5717
青秀区	10197	10197		1125					6168	-5529
西乡塘区				3201					-2408	-3116
江南区	2269	2269		2557					-1020	-1889
相思湖区				54					2595	97
青秀山风景区				162					4238	30
经济技术开发区				268					5520	2071
华侨投资区	16		16	76					1608	331
高新技术开发区	304	304		1404					15931	5274
柳州市小计	**54356**	**54036**	**320**	**22571**			**4735**	**550**	**105394**	**9837**
本级	54342	54036	306	14956			3660	550	81709	6218
县级小计	14		14	7615			1075		23685	3619
柳江县	12		12	1149					2526	567
柳城县	1		1	844					2078	600
鹿寨县				1028					4948	1163
融安县	1		1	634					1976	306
三江县				511					2401	-1139
融水县				724					750	-352
城中区				178			154		3406	5
鱼峰区				368			215		248	
柳南区				414			326		2527	130

2－23－8

单位:万元

地区	收支部分										
	收入										
	本年收入小计	税收收入									
		小计	增值税	营业税	企业所得税	个人所得税	城市维护建设税	耕地占用税	契税	烟叶税	其他各项税收收入
柳北区	11893	10629	1956	3737	684	409	1766				2077
阳和工业区	2111	1958	521	573	419	83	36				326
高新区	5299	5292	1246	2244	567	291	515				429
桂林市小计	**296956**	**200910**	**33067**	**60163**	**18608**	**11608**	**16382**	**2212**	**23285**	**44**	**35541**
本级	114353	75639	10129	19007	7686	3982	6976	213	15590		12056
县级小计	182603	125271	22938	41156	10922	7626	9406	1999	7695	44	23485
临桂县	20087	13244	2028	4515	1225	769	740	51	1987	3	1926
阳朔县	11868	6511	534	3144	283	531	352	163	640		864
灵川县	19823	14371	1599	5324	980	544	778	489	2012		2645
全州县	11910	6927	1944	1680	273	474	865	117	720	25	829
兴安县	15635	9336	1752	2329	288	419	537	1043	1163	7	1798
永福县	10159	4983	1579	1619	139	247	528	69	104		698
荔浦县	9535	7152	2130	1877	595	519	618	8	281		1124
平乐县	6726	3474	751	1352	176	278	224	28	127	9	529
恭城县	6235	3527	831	993	281	533	252	6	138		493
灌阳县	5918	3114	713	975	155	251	174	1	317		528
龙胜县	5256	3968	1209	1302	261	293	185	8	100		610
资源县	4907	1968	434	840	70	146	151	16	106		205
象山区	18249	16535	1936	5027	2060	676	1220				5616
秀峰区	10452	8126	1006	3038	1095	419	599				1969
七星高新区	15824	15250	3496	4235	2381	1136	1703				2299
叠彩区	8483	5894	764	2541	590	292	448				1259
雁山区	1536	891	232	365	70	99	32				93
梧州市小计	**137088**	**65562**	**12246**	**22584**	**3753**	**2984**	**4955**	**1896**	**8190**		**8954**
本级	69592	28884	4969	7250	1757	963	3306	664	6355		3620
县级小计	67496	36678	7277	15334	1996	2021	1649	1232	1835		5334
苍梧县	11479	6706	1660	2422	444	280	533	22	719		626
岑溪市	16431	9109	1941	3073	389	469	585	117	527		2008
藤县	18095	7123	1276	2370	325	431	351	722	292		1356
蒙山县	6582	2746	540	863	79	175	131	371	297		290
万秀区	5569	3962	538	2604	239	273					308
蝶山区	4323	3101	614	1618	240	231					398
长洲区	4358	3477	659	2100	265	147					306
外向型工业园区	659	454	49	284	15	15	49				42
北海市小计	**140441**	**58302**	**11264**	**17266**	**3569**	**1879**	**5857**	**836**	**5959**		**11672**

2－23－9 单位：万元

地区	收支部分									
	收入								支出	
	非税收入							贷款转贷回收本金收入		
	小计	专项收入	行政事业性收费收入	罚没收入	国有资本经营收入	国有资源(资产)有偿使用收入	其他收入		本年支出小计	一般公共服务
柳北区	1264	771	394	94		5			22574	5358
阳和工业区	153	83	41	26		3			5716	1019
高新区	7	1				6			11398	10099
桂林市小计	**96046**	**11337**	**12887**	**22297**	**39711**	**666**	**9148**		**648005**	**133696**
本级	38714	5397	1009	7106	24730	452	20		196138	34706
县级小计	57332	5940	11878	15191	14981	214	9128		451867	98990
临桂县	6843	562	1316	2397	2514	34	20		45294	9112
阳朔县	5357	287	734	562	3691	59	24		30185	6549
灵川县	5452	629	745	1740	1314	8	1016		37299	8339
全州县	4983	472	253	2224	1505	10	519		45711	10233
兴安县	6299	435	3080	1565	1181	12	26		38645	7282
永福县	5176	1850	1590	1500		8	228		27928	5399
荔浦县	2383	518	659	916	263	7	20		32526	7889
平乐县	3252	477	214	941	1192	8	420		28839	5452
恭城县	2708	196	30	826	469	5	1182		27039	6102
灌阳县	2804	224	260	742	351	3	1224		25270	6381
龙胜县	1288	194	142	82	346	12	512		23848	5876
资源县	2939	96	1000	849	559	7	428		21432	4228
象山区	1714		163	140		13	1398		15014	2790
秀峰区	2326		127	104		5	2090		10731	3122
七星高新区	574		185	184	169	15	21		24778	4368
叠彩区	2589		1164	351	1071	3			9078	3137
雁山区	645		216	68	356	5			8250	2731
梧州市小计	**71526**	**4035**	**7568**	**12160**	**40941**	**108**	**6714**		**338412**	**57932**
本级	40708	2179	3359	4627	28310	65	2168		136598	15907
县级小计	30818	1856	4209	7533	12631	43	4546		201814	42025
苍梧县	4773	436	596	1452	973	9	1307		40953	9729
岑溪市	7322	419	936	2845	2628	10	484		51422	9629
藤县	10972	290	947	2261	5935	8	1531		56950	8199
蒙山县	3836	148	86	549	3045	8			23160	6043
万秀区	1607	198	1028	276		4	101		9681	2877
蝶山区	1222	145	425	42		1	609		8170	2159
长洲区	881	199	191	108	50	2	331		8240	3172
外向型工业园区	205	21				1	183		3238	217
北海市小计	**82139**	**3575**	**43661**	**6305**	**1842**	**7401**	**19355**		**250510**	**36502**

2－23－10 单位:万元

地区	收支部分										
	支出										
	外交	国防	公共安全	教育	科学技术	文化体育与传媒	社会保障和就业	医疗卫生	环境保护	城乡社区事务	农林水事务
柳北区		44	1442	7203	218	46	3847	858	15	2758	559
阳和工业区			98	468	33	10	94	55	61	3240	69
高新区					100		10	20		400	
桂林市小计		**1806**	**53538**	**152719**	**6464**	**10813**	**79460**	**39377**	**6934**	**24969**	**55633**
本级		497	24705	20857	3562	5858	43324	16449	2845	7987	12073
县级小计		1309	28833	131862	2902	4955	36136	22928	4089	16982	43560
临桂县			2002	13376	68	465	2479	1671	117	572	4052
阳朔县		58	2136	11060	98	372	1508	1550	196	2036	2132
灵川县		28	1920	9071	92	310	6074	2413	647	1263	3475
全州县		83	2952	16600	126	515	2945	1911	326	626	5533
兴安县		175	2683	9718	396	408	2449	3802	213	676	4392
永福县		10	1706	7478	97	328	1833	1525	1305	365	3116
荔浦县		74	1997	10598	272	373	1648	1071	205	734	3658
平乐县		142	1844	10891	87	493	2340	999	236	631	2680
恭城县		55	1556	6918	67	238	5457	1642	211	579	3281
灌阳县		86	1328	8546	296	409	1781	1672	332	411	2654
龙胜县		79	1518	6644	56	354	1660	1434	121	570	2959
资源县			1701	5733	293	345	1556	1191	177	353	3597
象山区		71	1583	4516	149	89	1119	442		2916	342
秀峰区		70	730	3114	86	42	754	362		1565	229
七星高新区		265	1466	3604	631	44	1208	528		2378	471
叠彩区		53	1101	1847	9	79	937	321		931	215
雁山区		60	610	2148	79	91	388	394	3	376	774
梧州市小计		**524**	**24149**	**81555**	**1090**	**4091**	**45138**	**17478**	**3203**	**14179**	**23494**
本级		56	11553	17112	546	2106	27542	7973	2607	4470	6883
县级小计		468	12596	64443	544	1985	17596	9505	596	9709	16611
苍梧县		3	3011	10926	66	323	6481	2861	104	815	3731
岑溪市		117	3631	18806	115	392	2739	1654	260	3058	3568
藤县		129	2655	20923	136	875	2971	3283	74	1527	5674
蒙山县		31	1269	5124	43	363	3605	1219	158	768	2489
万秀区		60	842	3268	25	19	765	215		554	199
蝶山区		17	477	2883	82	13	601	142		517	474
长洲区		111	711	2513	77		434	131		41	476
外向型工业园区										2429	
北海市小计		**602**	**14983**	**45521**	**816**	**2524**	**32614**	**10164**	**861**	**20419**	**11366**

2006年地方财政政府收支分类转换数据

2-23-11　　　　　　　　　　　　　　　　　　　　　　　　　　　　单位:万元

地区	收支部分			平衡部分						
	支出			收入						
						返还性收入			财力性转移支付收入	
	交通运输	工业、商业、金融等事务	其他支出	收入总计	本年收入	小计	增值税和消费税税收返还	所得税基数返还	小计	体制补助
柳北区		176	50	23533	11893				11000	
阳和工业区		300	269	7120	2111	322		322	3621	
高新区		350	419	14005	5299	342		342	4796	
桂林市小计	**7053**	**39438**	**36105**	**857139**	**296956**	**90133**	**61082**	**29051**	**267819**	
本级	4436	14259	4580	278390	114353	34084	22258	11826	44103	-5862
县级小计	2617	25179	31525	578749	182603	56049	38824	17225	223716	5862
临桂县	67	346	10967	55855	20087	4369	2372	1997	19831	613
阳朔县	216	668	1606	37128	11868	1298	718	580	15246	503
灵川县	149	887	2631	48120	19823	5509	4502	1007	13737	
全州县	240	2276	1345	52059	11910	5255	4008	1247	26529	
兴安县	379	4928	1144	44814	15635	3811	2994	817	15628	
永福县	249	1942	2575	31318	10159	2876	2311	565	11723	59
荔浦县	184	1349	2474	37820	9535	4415	3293	1122	17188	
平乐县	149	736	2159	35294	6726	2143	1384	759	18522	72
恭城县	70	110	753	35248	6235	2510	1660	850	15345	243
灌阳县	164	300	910	23442	5918	1514	1086	428	15637	586
龙胜县	449	818	1310	26290	5256	1713	1127	586	13157	574
资源县	278	599	1381	21412	4907	755	450	305	13308	427
象山区		442	555	36686	18249	5310	3469	1841	5708	
秀峰区		243	414	19401	10452	3081	1946	1135	3763	
七星高新区		9379	436	48437	15824	8803	5828	2975	9769	
叠彩区		86	362	15824	8483	1852	1219	633	3172	
雁山区	23	70	503	9601	1536	835	457	378	5453	2785
梧州市小计	**5677**	**7582**	**52320**	**368080**	**137088**	**34160**	**24379**	**9781**	**122053**	
本级	2374	4038	33431	150750	69592	14170	10379	3791	16215	-1328
县级小计	3303	3544	18889	217330	67496	19990	14000	5990	105838	1328
苍梧县	399	393	2111	40731	11479	2646	1836	810	23417	298
岑溪市	216	1853	5384	51677	16431	4683	3135	1548	26276	214
藤县	2477	782	7245	59987	18095	4590	3287	1303	29203	314
蒙山县	86	218	1744	23980	6582	1426	994	432	14361	475
万秀区	45	2	810	11448	5569	2332	1755	577	3670	9
蝶山区		35	770	12290	4323	2408	1647	761	3446	11
长洲区	80	242	252	10496	4358	1801	1242	559	3397	7
外向型工业园区		19	573	6721	659	104	104		2068	
北海市小计	**2756**	**52144**	**19238**	**264165**	**140441**	**23324**	**17100**	**6224**	**56356**	

2－23－12　　单位:万元

地区	平衡部分									
	收入									
	财力性转移支付收入									
	一般性转移支付补助	民族地区转移支付补助	调整工资转移支付补助	农村税费改革转移支付补助	取消农业特产税降低农业税率转移支付补助	缓解县乡财政困难转移支付补助	农村义务教育补助	结算补助	企事业单位预算划转补助	其他财力性转移支付
柳北区			886	323	102	316	145	5		9223
阳和工业区			124	21	6			29		3441
高新区			9							4787
桂林市小计	**52062**	**1815**	**74271**	**24726**	**2893**	**20556**	**7401**	**18652**		**65443**
本级			10034			1318	3	15356		23254
县级小计	52062	1815	64237	24726	2893	19238	7398	3296		42189
临桂县	4034		6123	2699	198	1695	967	39		3463
阳朔县	5222		4202	1736	182	1309	517	24		1551
灵川县			4676	1699	176	2699	553	687		3247
全州县	6463		8825	4195	360	2967	1191	293		2235
兴安县	1630		4926	2338	234	3033	530	287		2650
永福县	3118		3516	1470	199	1162	461	71		1667
荔浦县	5095		4769	2058	349	1323	589	643		2362
平乐县	6116		5481	2186	299	1545	861	441		1521
恭城县	5242	650	4794	1713	486	233	520	107		1357
灌阳县	5971		4868	1596	102	713	454	116		1231
龙胜县	4043	524	4463	1173	141	460	256	85		1438
资源县	5128	641	3889	1097	80	515	248	62		1221
象山区			829	60	28	354	32			4405
秀峰区			653	66	6	403	2			2633
七星高新区			692	133	2	5	39	261		8637
叠彩区			568	79	30	506	34			1955
雁山区			963	428	21	316	144	180		616
梧州市小计	**29798**		**37426**	**12626**	**1858**	**7780**	**8283**	**4101**		**20181**
本级			6593			134		3500		7316
县级小计	29798		30833	12626	1858	7646	8283	601		12865
苍梧县	8511		6552	2647	589	1350	1731	94		1645
岑溪市	6560		8716	3677	259	1786	2607	105		2352
藤县	9245		8283	4118	576	1559	3139	116		1853
蒙山县	5424		4084	1066	314	1276	461	37		1224
万秀区	19		1342	287	30	562	139	111		1171
蝶山区	23		1013	325	55	455	109	121		1334
长洲区	16		843	506	35	658	97	17		1218
外向型工业园区										2068
北海市小计	**4847**		**18238**	**6186**	**2494**	**2027**	**3295**	**2783**		**16486**

2－23－13 单位:万元

地区	平衡部分 收入 专项转移支付 小计	专项补助	增发国债补助	省补助计划单列市	上年结余收入	调入资金	国债转贷收入、上年结余及转补助数	支出 支出总计	本年支出
柳北区	579	572	7		61			23236	22574
阳和工业区	5	5			1061			5837	5716
高新区					3568			12760	11398
桂林市小计	**106796**	**97133**	**9663**		**94090**		**1345**	**683117**	**648005**
本级	48143	46574	1569		36662		1045	189577	196138
县级小计	58653	50559	8094		57428		300	493540	451867
临桂县	4992	4487	505		6576			46168	45294
阳朔县	4288	3980	308		4128		300	31078	30185
灵川县	3958	3807	151		5093			38614	37299
全州县	6952	5795	1157		1413			46944	45711
兴安县	6338	5434	904		3402			39642	38645
永福县	4243	3488	755		2317			28551	27928
荔浦县	3919	3614	305		2763			33194	32526
平乐县	4467	3978	489		3436			29476	28839
恭城县	5887	4180	1707		5271			27664	27039
灌阳县	3790	3294	496		－3417			25767	25270
龙胜县	3792	3111	681		2372			24219	23848
资源县	3389	2783	606		－947			21729	21432
象山区	637	637			6782			28897	15014
秀峰区	222	222			1883			16841	10731
七星高新区	628	628			13413			33806	24778
叠彩区	368	368			1949			12353	9078
雁山区	783	753	30		994			8597	8250
梧州市小计	**61245**	**58336**	**2909**		**6820**	**5794**	**920**	**356260**	**338412**
本级	36992	34083	2909		7067	5794	920	143503	136598
县级小计	24253	24253			－247			212757	201814
苍梧县	4881	4881			－1692			42339	40953
岑溪市	5607	5607			－1320			52689	51422
藤县	7666	7666			433			58544	56950
蒙山县	2494	2494			－883			23621	23160
万秀区	1085	1085			－1208			11992	9681
蝶山区	994	994			1119			10519	8170
长洲区	913	913			27			9776	8240
外向型工业园区	613	613			3277			3277	3238
北海市小计	**55823**	**52203**	**3620**		**－11879**		**100**	**267300**	**250510**

2-23-14

单位:万元

地区	平衡部分									
	支出								年终结余	其中:净结余
	财力性转移支付			专项上解	计划单列市上解省	增设预算周转金	调出资金	国债转贷拨付数及年末结余		
	小计	体制上解	出口退税专项上解							
柳北区				397			265		297	3
阳和工业区				116			5		1283	1091
高新区				1252			110		1245	1245
桂林市小计	**17380**	**17380**		**14740**			**1647**	**1345**	**174022**	**55302**
本级	-8883	-8883		-370			1647	1045	88813	28634
县级小计	26263	26263		15110				300	85209	26668
临桂县				874					9687	7042
阳朔县				593				300	6050	2197
灵川县	506	506		809					9506	4389
全州县				1233					5115	1114
兴安县				997					5172	2065
永福县				623					2767	36
荔浦县				668					4626	519
平乐县				637					5818	1172
恭城县				625					7584	1293
灌阳县				497					-2325	-3451
龙胜县				371					2071	845
资源县				297					-317	-700
象山区	11534	11534		2349					7789	3769
秀峰区	4815	4815		1295					2560	777
七星高新区	6880	6880		2148					14631	2817
叠彩区	2345	2345		930					3471	2208
雁山区	183	183		164					1004	576
梧州市小计	**7012**	**6762**	**250**	**9576**			**340**	**920**	**11820**	**-8278**
本级	3796	3796		1849			340	920	7247	-790
县级小计	3216	2966	250	7727					4573	-7488
苍梧县	62		62	1324					-1608	-1645
岑溪市	2		2	1265					-1012	-1392
藤县	56		56	1538					1443	-749
蒙山县				461					359	-1149
万秀区	824	758	66	1487					-544	-2629
蝶山区	1467	1457	10	882					1771	
长洲区	772	751	21	764					720	-106
外向型工业园区	33		33	6					3444	182
北海市小计	**11722**	**11722**		**4968**				**100**	**-3135**	**-39054**

2－23－15

单位:万元

地区	收支部分										
	收入										
	本年收入小计	税收收入									
		小计	增值税	营业税	企业所得税	个人所得税	城市维护建设税	耕地占用税	契税	烟叶税	其他各项税收收入
本级	88805	33142	5605	9125	2006	831	2966	819	5585		6205
县级小计	51636	25160	5659	8141	1563	1048	2891	17	374		5467
合浦县	20799	8207	2109	2361	295	522	1016	8	374		1522
海城区	12662	7535	1576	2565	564	234	833	9			1754
银海区	10166	5257	1104	1799	393	163	582				1216
铁山港区	8009	4161	870	1416	311	129	460				975
防城港市小计	**52118**	**31915**	**7037**	**11381**	**3125**	**1414**	**2728**	**812**	**2080**		**3338**
本级	15891	10730	1579	5087	1109	699	783				1473
县级小计	36227	21185	5458	6294	2016	715	1945	812	2080		1865
上思县	8929	4292	1776	733	1121	134	205	28	131		164
东兴市	10505	7270	1855	1972	255	244	843	617	736		748
港口区	5316	4209	895	1406	328	175	440	4	743		218
防城区	11477	5414	932	2183	312	162	457	163	470		735
钦州市小计	**104738**	**55275**	**7550**	**16178**	**3337**	**1644**	**3602**	**9858**	**7126**		**5980**
本级	22774	14786	1560	5972	1660	633	1395	66	1953		1547
县级小计	81964	40489	5990	10206	1677	1011	2207	9792	5173		4433
浦北县	19574	9566	1315	1718	340	294	756	3920	490		733
灵山县	28580	14092	1461	2370	378	396	529	2775	3577		2606
钦州港区	8265	7707	1665	3649	431	125	519		627		691
钦南区	12073	5004	663	1361	418	133	191	1831	218		189
钦北区	13472	4120	886	1108	110	63	212	1266	261		214
贵港市小计	**109658**	**51120**	**11051**	**16590**	**3274**	**2551**	**4532**	**1028**	**2956**	**19**	**9119**
本级	40552	16920	3190	7335	1488	617	1595		1228		1467
县级小计	69106	34200	7861	9255	1786	1934	2937	1028	1728	19	7652
平南县	18324	8890	2397	2261	234	460	383	110	521	19	2505
桂平市	28046	10386	2225	3225	622	590	1013	202	989		1520
港北区	12335	8754	1540	2213	845	553	1016	555	46		1986
港南区	4158	2979	884	784	59	161	386	143	135		427
覃塘区	6243	3191	815	772	26	170	139	18	37		1214
玉林市小计	**177433**	**101533**	**22177**	**27170**	**5212**	**5993**	**7505**	**3734**	**6440**		**23302**
本级	42423	28775	8407	7510	2967	2598	2318				4975
县级小计	135010	72758	13770	19660	2245	3395	5187	3734	6440		18327
容县	18880	7043	1754	2314	335	381	537	60	645		1017
博白县	22131	12627	2005	2105	101	436	508	1614	501		5357
陆川县	17758	8506	1752	1824	505	415	576	360	221		2853

2－23－16　　　　单位：万元

地区	收支部分									
	收入								支出	
	非税收入							贷款转贷回收本金收入	本年支出小计	一般公共服务
	小计	专项收入	行政事业性收费收入	罚没收入	国有资本经营收入	国有资源(资产)有偿使用收入	其他收入			
本级	55663	1930	38557	4040		7375	3761		144793	20555
县级小计	26476	1645	5104	2265	1842	26	15594		105717	15947
合浦县	12592	643	3893	1830		9	6217		62181	6808
海城区	5127	442	470	400	1617	11	2187		16487	3506
银海区	4909	309	466			4	4130		14169	3227
铁山港区	3848	251	275	35	225	2	3060		12880	2406
防城港市小计	**20203**	**1997**	**2921**	**4854**	**4221**	**1063**	**5147**		**139247**	**28232**
本级	5161	508	1179	2441		1033			44857	10021
县级小计	15042	1489	1742	2413	4221	30	5147		94390	18211
上思县	4637	614	519	511	2343	11	639		27605	3525
东兴市	3235	414	625	973	555	11	657		22810	7145
港口区	1107	210	251	124	318	4	200		11826	3004
防城区	6063	251	347	805	1005	4	3651		32149	4537
钦州市小计	**49463**	**2230**	**14570**	**8289**	**17778**	**3150**	**3446**		**249056**	**43692**
本级	7988	837	1739	2783	209	2420			55285	10108
县级小计	41475	1393	12831	5506	17569	730	3446		193771	33584
浦北县	10008	394	2722	1410	5475	7			53489	9055
灵山县	14488	388	7484	2037	4091	30	458		73723	13081
钦州港区	558	315	100	89		54			7206	2465
钦南区	7069	158	461	805	5119	328	198		28975	4319
钦北区	9352	138	2064	1165	2884	311	2790		30378	4664
贵港市小计	**58538**	**5544**	**11387**	**13881**	**18699**	**6783**	**2244**		**273260**	**55967**
本级	23632	3191	3418	7520	7076	2427			71024	14882
县级小计	34906	2353	7969	6361	11623	4356	2244		202236	41085
平南县	9434	899	1361	2159		4206	809		64521	10776
桂平市	17660	639	2152	3139	11599	121	10		71977	15267
港北区	3581	489	2781	289	9	10	3		24963	5809
港南区	1179	235	659	244	15	11	15		20298	4729
覃塘区	3052	91	1016	530		8	1407		20477	4504
玉林市小计	**75900**	**4902**	**17418**	**18416**	**34397**	**354**	**413**		**415951**	**91850**
本级	13648	1381	4501	5916	1614	208	28		79763	19402
县级小计	62252	3521	12917	12500	32783	146	385		336188	72448
容县	11837	492	952	1412	8904	14	63		46729	10660
博白县	9504	392	2156	2152	4728	16	60		72119	10886
陆川县	9252	432	2751	1384	4423	10	252		53425	8064

2006年地方财政政府收支分类转换数据

2－23－17 单位:万元

地区	收支部分										
	支出										
	外交	国防	公共安全	教育	科学技术	文化体育与传媒	社会保障和就业	医疗卫生	环境保护	城乡社区事务	农林水事务
本级		445	9492	10477	636	1942	24055	6020	672	17248	4835
县级小计		157	5491	35044	180	582	8559	4144	189	3171	6531
合浦县		17	3113	20731	121	417	5703	2606	189	1707	4320
海城区		59	1211	6376	31	54	1786	652		1322	243
银海区		60	612	3576	11	45	538	519		38	789
铁山港区		21	555	4361	17	66	532	367		104	1179
防城港市小计		**908**	**11100**	**22521**	**277**	**1664**	**18591**	**5517**	**673**	**15872**	**11134**
本级		475	6319	1982	201	820	4842	1296	149	5551	2906
县级小计		433	4781	20539	76	844	13749	4221	524	10321	8228
上思县		173	1480	6144	22	180	4064	1804	324	3420	2535
东兴市		102	2109	3754	22	278	1889	946	69	2727	1076
港口区		112	450	2654	12	84	1440	425	15	962	1072
防城区		46	742	7987	20	302	6356	1046	116	3212	3545
钦州市小计		**357**	**17231**	**60265**	**648**	**2445**	**29826**	**11463**	**2144**	**18645**	**19480**
本级		137	8692	5164	285	894	11820	2128	1144	2002	3666
县级小计		220	8539	55101	363	1551	18006	9335	1000	16643	15814
浦北县		76	2563	16409	101	571	3160	2848	148	3264	5500
灵山县		26	4006	24246	180	852	4071	3370	549	9576	4625
钦州港区		6	615	702		8	191	82	1	651	28
钦南区		57	748	6494	40	57	4937	837	92	1341	3827
钦北区		55	607	7250	42	63	5647	2198	210	1811	1834
贵港市小计		**766**	**23368**	**94826**	**754**	**1348**	**19153**	**8111**	**4078**	**12819**	**17039**
本级		229	11693	4491	240	442	6266	1069	3547	6002	4338
县级小计		537	11675	90335	514	906	12887	7042	531	6817	12701
平南县		205	4020	26672	111	393	4060	3750	134	3394	4624
桂平市		191	4299	32156	389	364	4105	2150	397	1911	4733
港北区			1991	11529	14	32	2036	164		140	1244
港南区		56	556	10177		41	1526	428		164	1158
覃塘区		85	809	9801		76	1160	550		1208	942
玉林市小计		**1127**	**28188**	**129287**	**1588**	**4364**	**47653**	**18090**	**2172**	**11837**	**25351**
本级		862	14078	7775	428	2053	11389	4332	566	5346	4860
县级小计		265	14110	121512	1160	2311	36264	13758	1606	6491	20491
容县			2114	16750	358	217	2315	1652	438	850	2174
博白县		126	3023	29597	55	628	10687	1344	150	988	5982
陆川县		36	2347	14702	52	418	8244	3016	715	1180	3054

二、各省、自治区、直辖市地市县一般预算财政资料

2－23－18　　　　　　　　　　　　　　　　　　　　单位:万元

地区	收支部分			平衡部分						
	支出			收入						
						返还性收入			财力性转移支付收入	
	交通运输	工业、商业、金融等事务	其他支出	收入总计	本年收入	小计	增值税和消费税税收返还	所得税基数返还	小计	体制补助
本级	2568	42841	3007	144645	88805	10611	7125	3486	17538	
县级小计	188	9303	16231	119520	51636	12713	9975	2738	38818	
合浦县	34	8857	7558	63602	20799	7636	6594	1042	27109	
海城区		344	903	22026	12662	2302	1487	815	4342	
银海区		24	4730	17445	10166	1789	1219	570	4179	
铁山港区	154	78	3040	16447	8009	986	675	311	3188	
防城港市小计	**3162**	**5842**	**13754**	**167252**	**52118**	**19506**	**14746**	**4760**	**50772**	**564**
本级	2286	3565	4444	55229	15891	7239	4649	2590	13506	112
县级小计	876	2277	9310	112023	36227	12267	10097	2170	37266	452
上思县	434	626	2874	30863	8929	4006	3352	654	11799	48
东兴市	225	344	2124	28722	10505	3328	2788	540	6823	10
港口区	206	910	480	16152	5316	1421	1052	369	4710	361
防城区	11	397	3832	36286	11477	3512	2905	607	13934	33
钦州市小计	**5563**	**12469**	**24828**	**287095**	**104738**	**20373**	**15635**	**4738**	**93899**	**2246**
本级	2463	4583	2199	69412	22774	5843	4278	1565	12624	1890
县级小计	3100	7886	22629	217683	81964	14530	11357	3173	81275	356
浦北县	1357	2426	6011	57859	19574	4707	3399	1308	23407	
灵山县	1191	3633	4317	80668	28580	5044	3698	1346	34127	
钦州港区	2	62	2393	12544	8265	485	397	88	1666	
钦南区	246	924	5056	32008	12073	1835	1600	235	10979	356
钦北区	304	841	4852	34604	13472	2459	2263	196	11096	
贵港市小计	**6663**	**8969**	**19399**	**359041**	**109658**	**26484**	**19620**	**6864**	**128490**	
本级	4801	6082	6942	113073	40552	12927	9769	3158	13554	
县级小计	1862	2887	12457	245968	69106	13557	9851	3706	114936	
平南县	1660	882	3840	74706	18324	4482	3380	1102	36555	
桂平市	202	1740	4073	93979	28046	6054	4385	1669	41650	
港北区		46	1958	27814	12335	1705	1055	650	9254	
港南区		131	1332	23418	4158	698	552	146	13663	
覃塘区		88	1254	26051	6243	618	479	139	13814	
玉林市小计	**3850**	**28000**	**22594**	**476543**	**177433**	**48603**	**34743**	**13860**	**169836**	
本级	1825	5964	883	101634	42423	17256	11623	5633	16130	－3735
县级小计	2025	22036	21711	374909	135010	31347	23120	8227	153706	3735
容县	137	8550	514	48946	18880	5057	3473	1584	20344	155
博白县	963	5551	2139	87623	22131	5165	4044	1121	40203	245
陆川县	520	4745	6332	57936	17758	4011	2945	1066	25179	130

2－23－19 单位:万元

地区	平衡部分									
	收入									
	财力性转移支付收入									
	一般性转移支付补助	民族地区转移支付补助	调整工资转移支付补助	农村税费改革转移支付补助	取消农业特产税降低农业税率转移支付补助	缓解县乡财政困难转移支付补助	农村义务教育补助	结算补助	企事业单位预算划转补助	其他财力性转移支付
本级			6484			111	－63	2635		8371
县级小计	4847		11754	6186	2494	1916	3358	148		8115
合浦县	4847		8053	4173	1473	1600	2723	148		4092
海城区			1282	334	484	237	75			1930
银海区			1243	841	411	65	262			1357
铁山港区			1176	838	126	14	298			736
防城港市小计	**3020**	**693**	**15151**	**3632**	**2025**	**5727**	**1893**	**4614**		**13453**
本级		265	2655			1300		4150		5024
县级小计	3020	428	12496	3632	2025	4427	1893	464		8429
上思县	1820	279	3629	1278	1234	1136	598	135		1642
东兴市			1878	410	199	1013	338	5		2970
港口区		118	1192	369	254	1010	130	177		1099
防城区	1200	31	5797	1575	338	1268	827	147		2718
钦州市小计	**14448**		**31091**	**14273**	**2745**	**4018**	**7613**	**5540**		**11925**
本级			4095	47	93	56		2104		4339
县级小计	14448		26996	14226	2652	3962	7613	3436		7586
浦北县	4228		8270	3977	456	1222	2000	785		2469
灵山县	8820		10265	5662	772	2507	3438	318		2345
钦州港区			160	10		1	4	187		1304
钦南区	650		3945	1731	1090	99	830	1434		844
钦北区	750		4356	2846	334	133	1341	712		624
贵港市小计	**24323**		**39747**	**19634**	**2833**	**5955**	**13286**	**5975**		**16737**
本级	－7720		9733			362		4500		6679
县级小计	32043		30014	19634	2833	5593	13286	1475		10058
平南县	11145		10622	5298	366	2104	3781	732		2507
桂平市	9248		13714	6958	526	2622	4888	256		3438
港北区	200		1921	2167	407	252	1686	240		2381
港南区	6200		1949	2635	315	211	1379	137		837
覃塘区	5250		1808	2576	1219	404	1552	110		895
玉林市小计	**26289**		**53896**	**25044**	**2039**	**10731**	**15814**	**5402**		**30621**
本级			3651			272		3000		12942
县级小计	26289		50245	25044	2039	10459	15814	2402		17679
容县	3670		7363	3261	420	1035	2010	410		2020
博白县	9630		12253	5767	453	2934	4551	1257		3113
陆川县	6353		8098	3677	231	1418	2601	104		2567

2－23－20　　单位:万元

地　　区	平衡部分								
	收入							支出	
	专项转移支付			省补助计划单列市	上年结余收入	调入资金	国债转贷收入、上年结余及转补助数	支出总计	本年支出
	小计	专项补助	增发国债补助						
本级	35610	34160	1450		－8019		100	150032	144793
县级小计	20213	18043	2170		－3860			117268	105717
合浦县	14802	13378	1424		－6744			63800	62181
海城区	2671	2618	53		49			21995	16487
银海区	1214	962	252		97			17432	14169
铁山港区	1526	1085	441		2738			14041	12880
防城港市小计	**26517**	**23624**	**2893**		**17416**	**923**		**142311**	**139247**
本级	13340	12276	1064		5083	170		45125	44857
县级小计	13177	11348	1829		12333	753		97186	94390
上思县	3908	3118	790		2221			28050	27605
东兴市	2786	2505	281		4780	500		24035	22810
港口区	1759	1484	275		2693	253		12371	11826
防城区	4724	4241	483		2639			32730	32149
钦州市小计	**47760**	**43256**	**4504**		**19075**	**700**	**550**	**254387**	**249056**
本级	19039	18096	943		8432	700		51279	55285
县级小计	28721	25160	3561		10643		550	203108	193771
浦北县	9016	7804	1212		955		200	54691	53489
灵山县	10363	9348	1015		2204		350	75201	73723
钦州港区	201	172	29		1927			10692	7206
钦南区	4633	3811	822		2488			30119	28975
钦北区	4508	4025	483		3069			32405	30378
贵港市小计	**43524**	**40526**	**2998**		**49835**		**1050**	**280052**	**273260**
本级	13356	12307	1049		31634		1050	72444	71024
县级小计	30168	28219	1949		18201			207608	202236
平南县	8968	8354	614		6377			65820	64521
桂平市	10658	9833	825		7571			73383	71977
港北区	3964	3804	160		556			26874	24963
港南区	3045	2847	198		1854			20676	20298
覃塘区	3533	3381	152		1843			20855	20477
玉林市小计	**54373**	**50623**	**3750**		**20959**	**4639**	**700**	**431509**	**415951**
本级	14308	13731	577		9767	1400	350	84601	79763
县级小计	40065	36892	3173		11192	3239	350	346908	336188
容县	5973	5973			－1658		350	48366	46729
博白县	9983	8663	1320		7544	2597		73975	72119
陆川县	7605	6969	636		3366	17		54817	53425

2-23-21 单位:万元

地区	平衡部分									
	支出								年终结余	其中:净结余
	财力性转移支付			专项上解	计划单列市上解省	增设预算周转金	调出资金	国债转贷拨付数及年末结余		
	小计	体制上解	出口退税专项上解							
本级	6202	6202		-1063				100	-5387	-21304
县级小计	5520	5520		6031					2252	-17750
合浦县				1619					-198	-14512
海城区	3510	3510		1998					31	-957
银海区	1844	1844		1419					13	-2611
铁山港区	166	166		995					2406	330
防城港市小计	**355**		**355**	**2709**					**24941**	**331**
本级	79		79	189					10104	2
县级小计	276		276	2520					14837	329
上思县	5		5	440					2813	226
东兴市	212		212	1013					4687	35
港口区	54		54	491					3781	
防城区	5		5	576					3556	68
钦州市小计	**284**		**284**	**4497**				**550**	**32708**	**3085**
本级	-246	-288	42	-3760					18133	412
县级小计	530	288	242	8257				550	14575	2673
浦北县	37		37	965				200	3168	325
灵山县	35		35	1093				350	5467	1702
钦州港区	321	163	158	3165					1852	554
钦南区				1144					1889	42
钦北区	137	125	12	1890					2199	50
贵港市小计	**117**		**117**	**5625**				**1050**	**78989**	**2345**
本级	-52		-52	422				1050	40629	2155
县级小计	169		169	5203					38360	190
平南县	21		21	1278					8886	1218
桂平市	14		14	1392					20596	-1252
港北区				1911					940	237
港南区	9		9	369					2742	-571
覃塘区	125		125	253					5196	558
玉林市小计	**2719**	**2077**	**642**	**12139**				**700**	**45034**	**-14095**
本级	1673	1653	20	2815				350	17033	862
县级小计	1046	424	622	9324				350	28001	-14957
容县	25		25	1262				350	580	-2248
博白县	73		73	1783					13648	2374
陆川县	79		79	1313					3119	-3115

2－23－22　　　　单位:万元

地区	收支部分										
	收入										
	本年收入小计	税收收入									
		小计	增值税	营业税	企业所得税	个人所得税	城市维护建设税	耕地占用税	契税	烟叶税	其他各项税收收入
北流市	27754	15082	3731	4106	548	824	1187	737	1652		2297
兴业县	12389	5864	1072	2031	152	231	478	252	308		1340
玉州区	30077	20766	2901	6115	569	836	1727	329	2944		5345
福绵区	6021	2870	555	1165	35	272	174	382	169		118
贺州市小计	**85045**	**33195**	**7118**	**9824**	**2339**	**1380**	**2886**	**2411**	**1680**	**1170**	**4387**
本级	37058	10835	2713	2126	1307	445	1204	1226	204		1610
县级小计	47987	22360	4405	7698	1032	935	1682	1185	1476	1170	2777
昭平县	10216	3610	510	1934	102	165	257	32	130	70	410
钟山县	8036	5180	1237	1888	121	253	498	53	320	82	728
富川县	6708	3271	612	783	495	113	132	11	168	669	288
八步区	23027	10299	2046	3093	314	404	795	1089	858	349	1351
百色市小计	**201943**	**113807**	**29528**	**22208**	**10868**	**3827**	**11310**	**8854**	**4283**	**3141**	**19788**
本级	26456	17306	2863	3795	1595	922	2677	2266	1444		1744
县级小计	175487	96501	26665	18413	9273	2905	8633	6588	2839	3141	18044
田阳县	17547	6307	1087	1833	330	268	414	1103	442		830
田东县	20829	11959	4451	2187	1222	391	1935	113	275		1385
平果县	58241	41139	11787	2867	6610	581	3593	2273	1432		11996
德保县	10691	6092	756	2845	151	232	259	688	167	440	554
靖西县	13711	4838	1277	1053	106	189	318	74	166	1334	321
那坡县	2848	1134	217	484	45	101	76	43	42	4	122
凌云县	3612	1361	240	566	21	99	124	6	56	99	150
乐业县	3936	1642	134	463	23	119	69	623	30	71	110
田林县	8156	2991	607	1207	48	216	113	245	49	135	371
隆林县	17521	8603	3737	689	55	170	1552	91	145	1003	1161
西林县	4340	1723	559	601	12	120	180		21	55	175
右江区	14055	8712	1813	3618	650	419		1329	14		869
河池市小计	**131806**	**72085**	**20499**	**19489**	**5064**	**5550**	**7231**	**2076**	**2056**	**461**	**9659**
本级	24277	12942	3820	2707	860	978	1985	6	709		1877
县级小计	107529	59143	16679	16782	4204	4572	5246	2070	1347	461	7782
宜州市	22059	9770	2637	2786	693	700	861	42	457	25	1569
罗城县	4768	2653	718	787	308	153	180	33	24	89	361
环江县	6012	4253	1587	821	531	486	249	24	73	28	454
南丹县	20178	13785	5274	2315	678	1478	1576	300	138	250	1776
天峨县	12060	6211	187	3727	20	430	377	524	88	29	829
凤山县	2954	1328	210	471	3	103	80	86	78	40	257

2－23－23

单位:万元

地区	收支部分									
	收入								支出	
	非税收入							贷款转贷回收本金收入		
	小计	专项收入	行政事业性收费收入	罚没收入	国有资本经营收入	国有资源(资产)有偿使用收入	其他收入		本年支出小计	一般公共服务
北流市	12672	971	2265	3806	5605	15	10		68140	14456
兴业县	6525	345	2765	2716	693	6			34648	8374
玉州区	9311	779	939	682	6829	82			44995	14183
福绵区	3151	110	1089	348	1601	3			16132	5825
贺州市小计	**51850**	**2017**	**8951**	**7745**	**32093**	**102**	**942**		**219045**	**43605**
本级	26223	831	3702	4517	17106	67			64854	9502
县级小计	25627	1186	5249	3228	14987	35	942		154191	34103
昭平县	6606	277	224	686	4492	5	922		34221	5721
钟山县	2856	349	399	1406	690	12			36584	8810
富川县	3437	111	2203	337	775	11			29683	7552
八步区	12728	449	2423	799	9030	7	20		53703	12020
百色市小计	**88136**	**8647**	**7953**	**14809**	**47714**	**1267**	**7746**		**491820**	**101163**
本级	9150	1695	1726	2015	3624	90			69678	16001
县级小计	78986	6952	6227	12794	44090	1177	7746		422142	85162
田阳县	11240	420	805	1346	8206	7	456		40608	8617
田东县	8870	1521	860	977	4124	16	1372		43279	7944
平果县	17102	2612	507	1520	9983	16	2464		65580	11738
德保县	4599	276	824	1142	1779	7	571		35843	5783
靖西县	8873	322	322	1133	5922	230	944		46151	8650
那坡县	1714	102	185	809	612	6			23642	3951
凌云县	2251	83	1450	171	10	527	10		23856	6306
乐业县	2294	53	97	259	1571	10	304		21668	6553
田林县	5165	111	178	1376	2806	60	634		28087	6119
隆林县	8918	983	582	2478	3780	210	885		37926	7139
西林县	2617	111	71	498	1903	14	20		21674	3948
右江区	5343	358	346	1085	3394	74	86		33828	8414
河池市小计	**59721**	**5592**	**5376**	**18314**	**15164**	**3106**	**12169**		**432392**	**90283**
本级	11335	671	1185	7600		110	1769		70933	12621
县级小计	48386	4921	4191	10714	15164	2996	10400		361459	77662
宜州市	12289	767	666	2240	7573	4	1039		48852	11423
罗城县	2115	255	296	654	－59	875	94		30456	9598
环江县	1759	351	644	435	323	6			30510	4779
南丹县	6393	1276	439	2536		1996	146		39767	8716
天峨县	5849	264	256	162	2372	6	2789		27179	5708
凤山县	1626	55	77	246		7	1241		24443	6245

2－23－24

单位:万元

地区	收支部分										
	支出										
	外交	国防	公共安全	教育	科学技术	文化体育与传媒	社会保障和就业	医疗卫生	环境保护	城乡社区事务	农林水事务
北流市		18	3448	29998	512	643	4096	5427	229	1349	3454
兴业县		54	1239	10604	24	115	5650	581	74	500	1635
玉州区		31	1903	15322	137	234	3129	1497		1406	2382
福绵区			36	4539	22	56	2143	241		218	1810
贺州市小计		**574**	**12610**	**60626**	**1053**	**3022**	**16149**	**10561**	**1025**	**10451**	**20147**
本级		206	5975	6381	578	1474	6193	3311	386	7354	4823
县级小计		368	6635	54245	475	1548	9956	7250	639	3097	15324
昭平县		79	1596	10795	220	351	2435	1963	125	639	3293
钟山县		166	2714	12320	108	467	2354	1943	147	1472	3232
富川县		12	1387	10024	61	308	2102	2063	276	782	3402
八步区		111	938	21106	86	422	3065	1281	91	204	5397
百色市小计		**994**	**30738**	**119538**	**1851**	**7456**	**49182**	**22349**	**6497**	**32271**	**47469**
本级		220	5759	5270	404	3225	15114	2255	822	3404	4487
县级小计		774	24979	114268	1447	4231	34068	20094	5675	28867	42982
田阳县		113	2497	9676	510	403	2138	1681	437	2976	3832
田东县		65	2902	14323	104	439	1933	3271	880	1683	4292
平果县		50	2648	19654	199	478	3115	4258	422	12452	3298
德保县		39	2390	9158	116	213	6246	982	214	1682	4278
靖西县		128	2783	11654	38	352	7007	1583	370	2478	3604
那坡县		25	1628	6351	36	349	1120	1265	243	911	5060
凌云县		57	1282	5086	45	255	3666	1140	684	674	3622
乐业县		28	1148	5225	32	178	2328	861	5	699	2156
田林县		52	2312	7129	60	259	978	1052	1370	1056	2227
隆林县		83	3262	10074	78	601	977	1348	339	3396	3905
西林县		52	1055	5275	42	328	2454	769	361	802	3106
右江区		82	1072	10663	187	376	2106	1884	350	58	3602
河池市小计		**1163**	**30764**	**114779**	**2057**	**5488**	**49969**	**21040**	**3094**	**25702**	**33544**
本级		361	11595	3817	434	1439	4717	1565	286	1647	3528
县级小计		802	19169	110962	1623	4049	45252	19475	2808	24055	30016
宜州市		96	2626	15032	600	433	2853	2934	189	6901	3299
罗城县		9	1754	7975	101	255	5116	1739	192	351	2352
环江县		107	1713	9233	133	252	5078	1976	468	306	3540
南丹县		68	3240	12609	129	582	2135	2559	180	2752	2687
天峨县		3	1433	4794	258	351	3378	909	277	5232	2266
凤山县		122	1180	8388	74	394	1816	1057	423	443	2577

2006 年地方财政政府收支分类转换数据

2－23－25　　　　　　　　　　　　　　　　　　　　单位:万元

地区	收支部分			平衡部分						
	支出			收入						
						返还性收入			财力性转移支付收入	
	交通运输	工业、商业、金融等事务	其他支出	收入总计	本年收入	小计	增值税和消费税税收返还	所得税基数返还	小计	体制补助
北流市	168	2198	2144	72776	27754	8456	6428	2028	28565	
兴业县	147	481	5170	39609	12389	2531	2062	469	18900	1949
玉州区	78	425	4268	49661	30077	5304	3603	1701	12186	
福绵区	12	86	1144	18358	6021	823	565	258	8329	1256
贺州市小计	**4125**	**18298**	**16799**	**247849**	**85045**	**18324**	**11331**	**6993**	**98802**	**1570**
本级	2683	3147	12841	78825	37058	8727	4691	4036	12763	1411
县级小计	1442	15151	3958	169024	47987	9597	6640	2957	86039	159
昭平县	340	5202	1462	38388	10216	1899	1300	599	17936	16
钟山县	933	907	1011	44126	8036	2217	1618	599	25860	84
富川县	92	392	1230	29003	6708	1586	1324	262	19507	59
八步区	77	8650	255	57507	23027	3895	2398	1497	22736	
百色市小计	**9019**	**29161**	**34132**	**552181**	**201943**	**32474**	**24219**	**8255**	**210314**	**8635**
本级	1106	7388	4223	78255	26456	8789	7103	1686	23079	3439
县级小计	7913	21773	29909	473926	175487	23685	17116	6569	187235	5196
田阳县	1342	957	5429	42796	17547	3468	2764	704	15098	
田东县	442	2642	2359	46637	20829	4838	3820	1018	14273	
平果县	20	5959	1289	88859	58241	3031	2487	544	12116	88
德保县	101	319	4322	37788	10691	1460	1300	160	17924	833
靖西县	335	946	6223	53713	13711	1495	1081	414	28012	1252
那坡县	438	339	1926	26526	2848	425	335	90	17104	833
凌云县	270	469	300	27672	3612	468	314	154	14231	776
乐业县	504	265	1686	23643	3936	374	226	148	14794	588
田林县	1276	388	3809	28442	8156	1447	900	547	14196	51
隆林县	1666	3886	1172	41237	17521	3031	1487	1544	13770	77
西林县	732	1839	911	22926	4340	663	545	118	12691	698
右江区	787	3764	483	33687	14055	2985	1857	1128	13026	
河池市小计	**21872**	**9542**	**23095**	**506607**	**131806**	**42979**	**24406**	**18573**	**200163**	**9270**
本级	18128	3809	6986	86207	24277	10324	5974	4350	14260	2183
县级小计	3744	5733	16109	420400	107529	32655	18432	14223	185903	7087
宜州市	190	672	1604	59851	22059	6842	4807	2035	19378	
罗城县	429	428	157	32645	4768	2500	1830	670	19330	1075
环江县	201	265	2459	33990	6012	4106	2200	1906	15827	101
南丹县	707	64	3339	44503	20178	8046	4400	3646	10635	434
天峨县	631	310	1629	30718	12060	1239	194	1045	10383	618
凤山县	503	1154	67	27990	2954	341	156	185	15603	844

2－23－26　　　　单位：万元

地　区	平衡部分									
	收入									
	财力性转移支付收入									
	一般性转移支付补助	民族地区转移支付补助	调整工资转移支付补助	农村税费改革转移支付补助	取消农业特产税降低农业税率转移支付补助	缓解县乡财政困难转移支付补助	农村义务教育补助	结算补助	企事业单位预算划转补助	其他财力性转移支付
北流市	2200		10202	5670	317	2657	3725	250		3544
兴业县	4036		5279	3034	209	1557	1408	24		1404
玉州区			5005	1821	108	305	779	272		3896
福绵区	400		2045	1814	301	553	740	85		1135
贺州市小计	**25255**	**730**	**31052**	**10194**	**869**	**3938**	**5928**	**9955**		**9311**
本级	2542		3546			30		2057		3177
县级小计	22713	730	27506	10194	869	3908	5928	7898		6134
昭平县	6371		6064	2063	229	858	1051	131		1153
钟山县	7979		6213	2115	195	1166	1394	5226		1488
富川县	5263	730	6152	1779	131	1397	863	2433		700
八步区	3100		9077	4237	314	487	2620	108		2793
百色市小计	**53387**	**7173**	**64897**	**15905**	**3194**	**11245**	**7625**	**4540**		**33713**
本级	1000	261	4867			70		2727		10715
县级小计	52387	6912	60030	15905	3194	11175	7625	1813		22998
田阳县	4020	618	4966	1593	456	1315	518	169		1443
田东县	1250	571	5963	1706	618	209	833	344		2779
平果县			5720	1535	286	307	1045	342		2793
德保县	6379	870	5084	1522	140	1443	568	85		1000
靖西县	8831	996	8337	2340	193	2348	1222	32		2461
那坡县	6933	686	4448	991	79	1219	346	62		1507
凌云县	6108	725	3639	899	151	780	522	80		551
乐业县	6330	644	3787	876	196	1124	473	51		725
田林县	5930	718	4216	1216	253	360	487	184		781
隆林县	1578	222	5514	1295	215	1312	911	178		2468
西林县	5028	726	3374	801	118	562	367	75		942
右江区		136	4982	1131	489	196	333	211		5548
河池市小计	**51636**	**6818**	**65056**	**16702**	**3643**	**6087**	**8125**	**4888**		**27938**
本级	1780	415	4531			84		3222		2045
县级小计	49856	6403	60525	16702	3643	6003	8125	1666		25893
宜州市	2165	543	6479	2374	1959	962	1049	221		3626
罗城县	7511	886	5668	1755	477	145	727	85		1001
环江县	4684	700	5740	1673	191	638	800	295		1005
南丹县	800	76	3777	1175	145	104	744	185		3195
天峨县	1781	646	3727	846	199	1128	396	28		1014
凤山县	7055	693	4230	953	177	131	530	54		936

2－23－27

单位:万元

地区	平衡部分								
	收入							支出	
	专项转移支付			省补助计划单列市	上年结余收入	调入资金	国债转贷收入、上年结余及转补助数	支出总计	本年支出
	小计	专项补助	增发国债补助						
北流市	8314	7622	692		－313			70699	68140
兴业县	3338	3055	283		2316	135		35182	34648
玉州区	2910	2668	242		－1162	346		47518	44995
福绵区	1942	1942			1099	144		16351	16132
贺州市小计	**36927**	**33637**	**3290**		**8101**		**650**	**224989**	**219045**
本级	15706	14644	1062		3921		650	66030	64854
县级小计	21221	18993	2228		4180			158959	154191
昭平县	5506	5011	495		2831			34971	34221
钟山县	4724	4028	696		3289			37653	36584
富川县	4532	4185	347		－3330			30572	29683
八步区	6459	5769	690		1390			55763	53703
百色市小计	**78323**	**61075**	**17248**		**27917**	**1010**	**200**	**500779**	**491820**
本级	12049	9010	3039		6782	1000	100	63201	69678
县级小计	66274	52065	14209		21135	10	100	437578	422142
田阳县	5963	5360	603		720			41390	40608
田东县	5897	4789	1108		800			44226	43279
平果县	7514	6443	1071		7857		100	74459	65580
德保县	6524	3991	2533		1189			36251	35843
靖西县	5762	4523	1239		4733			46674	46151
那坡县	4991	3251	1740		1158			23875	23642
凌云县	6524	5123	1401		2837			24162	23856
乐业县	3914	2460	1454		625			21969	21668
田林县	4698	4315	383		－55			28593	28087
隆林县	5426	4422	1004		1489			38772	37926
西林县	4488	3146	1342		744			21922	21674
右江区	4573	4242	331		－962	10		35285	33828
河池市小计	**88832**	**73675**	**15157**		**42702**	**25**	**100**	**443803**	**432392**
本级	24960	24550	410		12286		100	70451	70933
县级小计	63872	49125	14747		30416	25		373352	361459
宜州市	6054	5738	316		5518			52714	48852
罗城县	4469	3926	543		1578			30993	30456
环江县	7708	6338	1370		337			31253	30510
南丹县	4638	3667	971		1006			42148	39767
天峨县	4273	3513	760		2763			27683	27179
凤山县	5513	3053	2460		3579			24740	24443

2－23－28　　　　单位:万元

地　　区	平衡部分									
	支出								年终结余	其中:净结余
	财力性转移支付			专项上解	计划单列市上解省	增设预算周转金	调出资金	国债转贷拨付数及年末结余		
	小　计	体制上解	出口退税专项上解							
北流市	295		295	2264					2077	－2931
兴业县	1		1	533					4427	－3854
玉州区	573	424	149	1950					2143	－5533
福绵区				219					2007	350
贺州市小计				**5294**				**650**	**22860**	**－4853**
本级				526				650	12795	346
县级小计				4768					10065	－5199
昭平县				750					3417	－246
钟山县				1069					6473	1806
富川县				889					－1569	－3057
八步区				2060					1744	－3702
百色市小计	**166**		**166**	**8593**				**200**	**51402**	**3260**
本级	13		13	－6590				100	15054	2755
县级小计	153		153	15183				100	36348	505
田阳县				782					1406	－1194
田东县				947					2411	－508
平果县	136		136	8643				100	14400	9722
德保县	2		2	406					1537	－2005
靖西县	3		3	520					7039	277
那坡县				233					2651	1095
凌云县				306					3510	468
乐业县				301					1674	－325
田林县	9		9	497					－151	－2053
隆林县				846					2465	599
西林县				248					1004	6
右江区	3		3	1454					－1598	－5577
河池市小计	**166**		**166**	**11145**				**100**	**62804**	**5633**
本级	－784	－836	52	202				100	15756	197
县级小计	950	836	114	10943					47048	5436
宜州市	844	836	8	3018					7137	340
罗城县				537					1652	252
环江县	1		1	742					2737	258
南丹县	35		35	2346					2355	－660
天峨县				504					3035	246
凤山县				297					3250	993

2006年地方财政政府收支分类转换数据

2－23－29　　单位:万元

地　　区	收支部分										
	收　入										
	本年收入小计	税收收入									
		小　计	增值税	营业税	企　业所得税	个　人所得税	城市维护建设税	耕地占用税	契　税	烟叶税	其他各项税收收入
东兰县	5938	1884	556	615	93	103	104	3	175		235
巴马县	4719	2033	469	879	118	137	144	36	47		203
都安县	8714	3846	1010	1089	31	206	148	1014	47		301
大化县	10604	6297	2121	733	1302	316	842	7	78		898
金城江区	9523	7083	1910	2559	427	460	685	1	142		899
来宾市小计	**86286**	**52606**	**20390**	**11363**	**4226**	**2219**	**6738**	**703**	**1320**		**5647**
本级	37487	16698	9546		2172		3902	286	792		
县级小计	48799	35908	10844	11363	2054	2219	2836	417	528		5647
象州县	7287	4779	1733	987	245	401	328	58	168		859
武宣县	6235	4507	1624	958	674	189	283	5	58		716
金秀县	2352	1644	426	668	40	107	110	16	66		211
忻城县	5520	4094	1411	1172	634	179	366	1	48		283
合山市	9164	7580	3840	991	42	206	1671	274	46		510
兴宾区	17228	12141	1747	5928	393	1105					2968
华侨投资区	1013	1163	63	659	26	32	78	63	142		100
崇左市小计	**85110**	**51608**	**15904**	**10052**	**12314**	**2117**	**3506**	**1439**	**1063**		**5213**
本级	11143	4576	920	1499	608	183	548	501	21		296
县级小计	73967	47032	14984	8553	11706	1934	2958	938	1042		4917
天等县	4467	2467	604	671	343	175	160	15	77		422
大新县	10534	6643	2313	992	1135	240	659	80	289		935
龙州县	6736	4522	1614	805	799	203	529	39	113		420
宁明县	10269	6194	1976	1071	2211	285	209	31	79		332
扶绥县	15925	12480	4212	1868	3330	345	916	18	123		1668
凭祥市	13063	5972	799	1974	276	362	485	755	289		1032
江州区	12973	8754	3466	1172	3612	324			72		108

2-23-30

单位:万元

地区	收支部分									
	收入								支出	
	非税收入							贷款转贷回收本金收入		
	小计	专项收入	行政事业性收费收入	罚没收入	国有资本经营收入	国有资源(资产)有偿使用收入	其他收入		本年支出小计	一般公共服务
东兰县	4054	88	785	760	1784	5	632		28877	6237
巴马县	2686	236	232	471	805	21	921		27523	5819
都安县	4868	74	223	1018		15	3538		45838	8480
大化县	4307	575	440	870	2366	56			33294	5808
金城江区	2440	980	133	1322		5			24720	4849
来宾市小计	**33680**	**5376**	**4357**	**12898**	**9170**	**673**	**1206**		**254850**	**62223**
本级	20789	1115	1698	9019	8781	157	19		77651	26058
县级小计	12891	4261	2659	3879	389	516	1187		177199	36165
象州县	2508	434	697	893	474	8	2		30060	7002
武宣县	1728	492	489	316		398	33		29353	5922
金秀县	708	99	130	467		4	8		19090	3594
忻城县	1426	263	413	719		30	1		28385	6000
合山市	1584	983	151	304		37	109		21235	5230
兴宾区	5087	1990	779	1180	66	38	1034		47765	7538
华侨投资区	-150				-151	1			1311	879
崇左市小计	**33502**	**3073**	**6350**	**9156**	**12180**	**993**	**1750**		**277716**	**65476**
本级	6567	413	569	4762		823			57458	12448
县级小计	26935	2660	5781	4394	12180	170	1750		220258	53028
天等县	2000	159	700	408	714	18	1		32762	7758
大新县	3891	476	311	607	2409	13	75		30582	7300
龙州县	2214	443	494	669	547	21	40		27807	4973
宁明县	4075	251	662	1095	2031	15	21		34938	8225
扶绥县	3445	762	802	821	1005	55			40820	10340
凭祥市	7091	273	2224	553	2425	6	1610		24172	8113
江州区	4219	296	588	241	3049	42	3		29177	6319

2－23－31

单位:万元

地　　区	收支部分 支出 外　交	国　防	公共安全	教　育	科学技术	文化体育与传媒	社会保障和就业	医疗卫生	环境保护	城乡社区事务	农林水事务
东兰县		12	2082	7294	39	316	4955	1229	313	684	2426
巴马县		28	1277	7219	87	382	4677	1996	173	2121	2260
都安县		137	1473	18138	55	424	8192	2312	64	2776	2418
大化县		95	1352	10457	52	319	5374	1229	316	2394	3543
金城江区		125	1039	9823	95	341	1678	1535	213	95	2648
来宾市小计		**897**	**22156**	**64696**	**714**	**3409**	**34802**	**12227**	**3409**	**10031**	**20324**
本级		317	13546	5679	363	1113	3999	2973	1503	6117	6093
县级小计		580	8610	59017	351	2296	30803	9254	1906	3914	14231
象州县		107	1305	8988	78	363	5629	1356	73	1264	2948
武宣县		104	1754	9125	33	420	5692	1675	48	1170	2504
金秀县		57	1454	4683	81	261	3981	810	7	270	2320
忻城县		91	1880	7424	24	408	6645	1194	98	360	1741
合山市		111	1295	4234	65	473	3945	712	1579	621	956
兴宾区		110	912	24507	70	371	4801	3492	101	179	3704
华侨投资区			10	56			110	15		50	58
崇左市小计		**1125**	**17068**	**56514**	**1427**	**4176**	**44570**	**12808**	**2554**	**10819**	**21629**
本级		178	5389	3701	212	1113	9324	2202	1403	1311	4731
县级小计		947	11679	52813	1215	3063	35246	10606	1151	9508	16898
天等县		79	1525	10328	85	314	6151	1274	103	798	2069
大新县		90	1894	8850	19	476	4883	2503	183	1785	2316
龙州县		214	1212	5107	73	471	4826	1160	153	834	1736
宁明县		212	2723	7598	288	814	5153	1362	474	1658	2843
扶绥县		152	1863	9603	327	349	6325	1952	66	2595	3052
凭祥市		89	1635	2669	50	276	2467	873	68	1331	1242
江州区		111	827	8658	373	363	5441	1482	104	507	3640

2-23-32

单位:万元

地区	收支部分			平衡部分						
	支出			收入						
						返还性收入			财力性转移支付收入	
	交通运输	工业、商业、金融等事务	其他支出	收入总计	本年收入	小计	增值税和消费税税收返还	所得税基数返还	小计	体制补助
东兰县	19	932	2339	35555	5938	1176	551	625	17753	1094
巴马县	150	198	1136	32903	4719	1215	670	545	16374	903
都安县	246	812	311	51162	8714	2014	980	1034	31098	1821
大化县	538	595	1222	39432	10604	2773	1645	1128	16429	197
金城江区	130	303	1846	31651	9523	2403	999	1404	13093	
来宾市小计	**4267**	**4487**	**11208**	**296069**	**86286**	**25275**	**18884**	**6391**	**118655**	**3877**
本级	3204	1434	5252	94905	37487	10008	8758	1250	15355	2372
县级小计	1063	3053	5956	201164	48799	15267	10126	5141	103300	1505
象州县	251	203	493	33333	7287	3476	2108	1368	17173	396
武宣县	78	138	690	31134	6235	3446	2974	472	18489	105
金秀县	17	575	980	19191	2352	1100	789	311	13543	574
忻城县	267	1716	537	30076	5520	2471	1962	509	18682	430
合山市	161	187	1666	22754	9164	2270	1692	578	5106	
兴宾区	289	234	1457	61870	17228	2489	586	1903	29988	
华侨投资区			133	2806	1013	15	15		319	
崇左市小计	**3793**	**7375**	**28382**	**312007**	**85110**	**31109**	**23356**	**7753**	**128673**	**4086**
本级	2865	777	11804	57923	11143	2929	2769	160	24135	3032
县级小计	928	6598	16578	254084	73967	28180	20587	7593	104538	1054
天等县	33	361	1884	35165	4467	1052	726	326	21060	919
大新县		55	228	33937	10534	3287	2701	586	15711	
龙州县	26	237	6785	31510	6736	3788	2659	1129	13269	
宁明县	85	1124	2379	37879	10269	5161	3761	1400	16712	
扶绥县		3346	850	47031	15925	6192	4911	1281	15966	
凭祥市	723	1263	3373	27346	13063	1703	1032	671	7869	
江州区	61	212	1079	41216	12973	6997	4797	2200	13951	135

2-23-33

单位:万元

地区	平衡部分									
	收入									
	财力性转移支付收入									
	一般性转移支付补助	民族地区转移支付补助	调整工资转移支付补助	农村税费改革转移支付补助	取消农业特产税降低农业税率转移支付补助	缓解县乡财政困难转移支付补助	农村义务教育补助	结算补助	企事业单位预算划转补助	其他财力性转移支付
东兰县	6618	650	5316	1357	104	512	617	41		1444
巴马县	6113	736	4964	1111	117	474	582	55		1319
都安县	8429	940	9500	2805	136	1001	1406	69		4991
大化县	3500	533	6855	1653	48	763	914	488		1478
金城江区	1200		4269	1000	90	145	360	145		5884
来宾市小计	**28933**	**3939**	**36989**	**11546**	**4838**	**3341**	**5271**	**2419**		**17502**
本级	5388	457	4709			220		1737		472
县级小计	23545	3482	32280	11546	4838	3121	5271	682		17030
象州县	4741	629	5154	1881	1098	950	659	60		1605
武宣县	5901	739	5710	1888	911	728	1026	32		1449
金秀县	5215	661	4364	981	272	209	255	156		856
忻城县	6015	613	6143	2100	431	512	758	28		1652
合山市	200	313	2039	430	114	9	292	56		1653
兴宾区	1473	527	8857	4266	2012	713	2281	152		9707
华侨投资区			13					198		108
崇左市小计	**20167**	**3282**	**42185**	**12739**	**10638**	**5600**	**4116**	**4751**		**21109**
本级	7896	1067	5322			86		4023		2709
县级小计	12271	2215	36863	12739	10638	5514	4116	728		18400
天等县	8058	835	5856	1872	90	438	663	128		2201
大新县	1714	354	6145	2244	441	1346	547	49		2871
龙州县	919	183	5205	1800	1444	705	507	8		2498
宁明县	1580	502	6862	2009	1679	137	813	213		2917
扶绥县		220	6259	2218	1948	1323	721	199		3078
凭祥市		121	2399	680	1819	514	247	2		2087
江州区			4137	1916	3217	1051	618	129		2748

2－23－34

单位:万元

地区	平衡部分								
	收入							支出	
	专项转移支付			省补助计划单列市	上年结余收入	调入资金	国债转贷收入、上年结余及转补助数	支出总计	本年支出
	小计	专项补助	增发国债补助						
东兰县	5640	3771	1869		5048			29229	28877
巴马县	6571	4203	2368		3999	25		27881	27523
都安县	9421	7767	1654		－85			46398	45838
大化县	6759	4394	2365		2867			34330	33294
金城江区	2826	2755	71		3806			25983	24720
来宾市小计	**38002**	**34345**	**3657**		**24488**	**63**	**3300**	**263337**	**254850**
本级	14379	10722	3657		14376		3300	77586	77651
县级小计	23623	23623			10112	63		185751	177199
象州县	3515	3515			1819	63		30760	30060
武宣县	3259	3259			－295			30073	29353
金秀县	3629	3629			－1433			19488	19090
忻城县	3367	3367			36			28931	28385
合山市	3491	3491			2723			21875	21235
兴宾区	6342	6342			5823			53288	47765
华侨投资区	20	20			1439			1336	1311
崇左市小计	**43803**	**39024**	**4779**		**23312**			**284484**	**277716**
本级	8945	8945			10771			50545	57458
县级小计	34858	30079	4779		12541			233939	220258
天等县	7170	5798	1372		1416			33213	32762
大新县	4659	4469	190		－254			31448	30582
龙州县	5976	3913	2063		1741			28485	27807
宁明县	5181	4868	313		556			35995	34938
扶绥县	5446	5166	280		3502			42690	40820
凭祥市	2723	2407	316		1988			25425	24172
江州区	3703	3458	245		3592			36683	29177

2－23－35

单位:万元

地区	平衡部分									
	支出								年终结余	其中:净结余
	财力性转移支付			专项上解	计划单列市上解省	增设预算周转金	调出资金	国债转贷拨付数及年末结余		
	小计	体制上解	出口退税专项上解							
东兰县	1		1	351					6326	844
巴马县				358					5022	953
都安县	8		8	552					4764	742
大化县				1036					5102	394
金城江区	61		61	1202					5668	1074
来宾市小计				**5187**				**3300**	**32732**	**－3769**
本级				－3365				3300	17319	591
县级小计				8552					15413	－4360
象州县				700					2573	26
武宣县				720					1061	－1463
金秀县				398					－297	－1723
忻城县				546					1145	－1967
合山市				640					879	319
兴宾区				5523					8582	318
华侨投资区				25					1470	130
崇左市小计	**155**		**155**	**6613**					**27523**	**4771**
本级	－750	－750		－6163					7378	339
县级小计	905	750	155	12776					20145	4432
天等县				451					1952	1025
大新县	－17		－17	883					2489	－1375
龙州县				678					3025	1389
宁明县	15		15	1042					1884	51
扶绥县	82	82		1788					4341	1896
凭祥市	157		157	1096					1921	705
江州区	668	668		6838					4533	741

2006 年海南省地市县财政一般预算收支平衡表

2－24－1 单位:万元

地区	收支部分										
	收入										
	本年收入小计	税收收入									
		小计	增值税	营业税	企业所得税	个人所得税	城市维护建设税	耕地占用税	契税	烟叶税	其他各项税收收入
地(市)县级总计	**536504**	**423100**	**61454**	**147790**	**28816**	**16519**	**37559**	**7212**	**31279**		**92471**
地(市)本级合计	**332466**	**266736**	**33222**	**91202**	**16274**	**7265**	**28747**	**2714**	**26137**		**61175**
县级合计	**204038**	**156364**	**28232**	**56588**	**12542**	**9254**	**8812**	**4498**	**5142**		**31296**
海口市	**211288**	**156245**	**14565**	**39270**	**9027**	**4912**	**21838**	**2611**	**15425**		**48597**
本级	182667	130826	10536	27749	6467	3557	21838	2611	15425		42643
区级小计	28621	25419	4029	11521	2560	1355					5954
龙华区	12367	11635	2276	4474	1284	716					2885
美兰区	10695	10280	921	5807	884	434					2234
秀英区	2840	2173	440	812	251	113					557
琼山区	2719	1331	392	428	141	92					278
三亚市	**97338**	**86602**	**2874**	**44808**	**4516**	**2202**	**3584**	**110**	**10892**		**17616**
本级	90979	80677	2874	41276	4286	1965	3173	103	10656		16344
县级小计	6359	5925		3532	230	237	411	7	236		1272
洋浦管理局	**58820**	**55233**	**19812**	**22177**	**5521**	**1743**	**3736**		**56**		**2188**
局本级	58820	55233	19812	22177	5521	1743	3736		56		2188
其他各市县级小计	**169058**	**125020**	**24203**	**41535**	**9752**	**7662**	**8401**	**4491**	**4906**		**24070**
文昌市	19298	13830	1833	6119	912	1015	633	186	842		2290
琼海市	21784	18630	2764	7742	1253	875	957	81	927		4031
万宁市	14856	9767	1165	4253	108	575	757	989	335		1585
定安县	6151	4108	1168	1329	92	255	375	232	117		540
屯昌县	4181	1533	240	693	14	146	102	3	53		282
澄迈县	20555	17708	6738	3803	1089	857	1945		1314		1962
临高县	5385	3582	860	1228	236	306	285	34	80		553
儋州市	18787	11642	2303	3245	401	908	799	1808	553		1625
陵水县	6073	4361	315	1808	113	271	193	869	127		665
乐东县	4493	3007	375	1657	8	316	201		23		427
东方县	14223	11123	1569	3916	2584	585	550	94	311		1514
昌江县	20902	17663	3811	1710	2832	694	1120	15	30		7451
白沙县	3420	2191	363	1090	54	210	141	16	22		295
琼中县	3519	2196	325	995	37	239	139	16	41		404
保亭县	2263	1693	142	808	2	193	88	148	83		229
五指山市	3168	1986	232	1139	17	217	116		48		217

2006年地方财政政府收支分类转换数据

2-24-2　　　　　　　　　　　　　　　　　　　　　　单位:万元

地区	收支部分									
	收入								支出	
	非税收入							贷款转贷回收本金收入		
	小计	专项收入	行政事业性收费收入	罚没收入	国有资本经营收入	国有资源(资产)有偿使用收入	其他收入		本年支出小计	一般公共服务
地(市)县级总计	**113404**	**20700**	**24985**	**20124**	**32565**	**7216**	**7814**		**1177655**	**241606**
地(市)本级合计	**65730**	**13446**	**9633**	**13168**	**22028**	**4734**	**2721**		**376680**	**82059**
县级合计	**47674**	**7254**	**15352**	**6956**	**10537**	**2482**	**5093**		**800975**	**159547**
海口市	**55043**	**10208**	**8027**	**11834**	**18719**	**3333**	**2922**		**322454**	**76859**
本级	51841	10208	7043	10830	18371	3333	2056		202793	49048
区级小计	3202		984	1004	348		866		119661	27811
龙华区	732		281	89	348		14		30312	7987
美兰区	415		194	213			8		28400	7363
秀英区	667		159	500			8		18279	4142
琼山区	1388		350	202			836		42670	8319
三亚市	**10736**	**1990**	**2097**	**2095**	**3611**	**901**	**42**		**123275**	**31182**
本级	10302	1637	2081	2088	3605	891			110986	28229
县级小计	434	353	16	7	6	10	42		12289	2953
洋浦管理局	**3587**	**1601**	**509**	**250**	**52**	**510**	**665**		**62901**	**4782**
局本级	3587	1601	509	250	52	510	665		62901	4782
其他各市县级小计	**44038**	**6901**	**14352**	**5945**	**10183**	**2472**	**4185**		**669025**	**128783**
文昌市	5468	523	1274	560		953	2158		62112	13591
琼海市	3154	612	612	540	1328	62			52549	8391
万宁市	5089	593	2012	636	659	259	930		50418	11081
定安县	2043	263	617	403	679	81			32437	5476
屯昌县	2648	70	1250	336	935		57		26330	4913
澄迈县	2847	1306	688	736	66	51			56417	8916
临高县	1803	271	814	291	390	35	2		41391	8573
儋州市	7145	568	1998	842	3408	329			67056	13268
陵水县	1712	152	751	227	503	79			35658	8237
乐东县	1486	138	608	149	482	49	60		48476	8219
东方县	3100	407	1593	304		61	735		48264	10614
昌江县	3239	1578	1151	324	51	135			41323	7743
白沙县	1229	105	265	99	717		43		28111	6492
琼中县	1323	131	161	119	380	358	174		29428	5299
保亭县	570	76	281	202	1		10		24195	3488
五指山市	1182	108	277	177	584	20	16		24860	4482

2－24－3

单位:万元

地区	收支部分									
	支出									
	外交	国防	公共安全	教育	科学技术	文化体育与传媒	社会保障和就业	医疗卫生	环境保护	城乡社区事务	农林水事务
地(市)县级总计		**2972**	**87592**	**239519**	**7230**	**14581**	**176689**	**58567**	**16071**	**77862**	**121911**
地(市)本级合计		**1363**	**39045**	**55205**	**3841**	**6022**	**42928**	**16873**	**2363**	**35793**	**19940**
县级合计		**1609**	**48547**	**184314**	**3389**	**8559**	**133761**	**41694**	**13708**	**42069**	**101971**
海口市		**1105**	**35881**	**59762**	**3876**	**5072**	**45744**	**17337**	**1619**	**38769**	**15792**
本级		593	27079	31487	3264	3967	27805	8736	1619	22468	8349
区级小计		512	8802	28275	612	1105	17939	8601		16301	7443
龙华区		256	2110	6828	15	197	4330	2049		4853	1290
美兰区		127	1680	6194	17	192	4492	2099		4733	1152
秀英区		19	812	5502	20	146	2615	1529		1776	1239
琼山区		110	4200	9751	560	570	6502	2924		4939	3762
三亚市		**821**	**9654**	**21767**	**585**	**2156**	**13392**	**6757**	**745**	**5589**	**15224**
本级		770	9309	19902	577	2055	12592	6002	744	5023	11445
县级小计		51	345	1865	8	101	800	755	1	566	3779
洋浦管理局			**2657**	**3816**			**2531**	**2135**		**8302**	**146**
局本级			2657	3816			2531	2135		8302	146
其他各市县级小计		**1046**	**39400**	**154174**	**2769**	**7353**	**115022**	**32338**	**13707**	**25202**	**90749**
文昌市		52	3480	13233	362	801	12882	2159	1461	5296	5339
琼海市			3101	12451	157	429	10338	3266	158	1902	5656
万宁市		86	3296	12896	191	491	9376	1999	518	1125	5356
定安县		3	2182	9712	277	221	4494	1369	694	492	4329
屯昌县		87	1593	6533	19	274	4941	1283	625	397	3443
澄迈县		258	3443	13847	202	432	11220	2489	551	1441	4522
临高县			2288	10098	39	362	5783	1480	677	1432	5599
儋州市		223	4130	15834	300	1165	13040	2696	921	1816	7734
陵水县		41	2061	8403	18	267	5661	1188	429	945	6030
乐东县		52	2386	12439	40	343	8687	3298	1828	1270	5864
东方县		28	2498	10883	517	400	7330	3080	1032	3170	6816
昌江县		62	2249	8014	76	926	5475	2884	1305	2671	5822
白沙县			1825	5378	100	343	5036	995	21	905	6511
琼中县		86	1727	5175	321	355	3813	2128	1130	898	6533
保亭县		38	1544	5186	23	301	3818	1102	665	400	6106
五指山市		30	1597	4092	127	243	3128	922	1692	1042	5089

2006 年地方财政政府收支分类转换数据

2－24－4

单位:万元

地区	收支部分			平衡部分						
	支出			收入						
	交通运输	工业、商业、金融等事务	其他支出	收入总计	本年收入	返还性收入			财力性转移支付收入	
						小计	增值税和消费税税收返还	所得税基数返还	小计	体制补助
地(市)县级总计	**12038**	**38489**	**82528**	**1351203**	**536504**	**92041**	**69431**	**22610**	**422556**	**44695**
地(市)本级合计	**9284**	**21458**	**40506**	**416903**	**332466**	**22097**	**23268**	**－1171**	**13616**	**－2822**
县级合计	**2754**	**17031**	**42022**	**934300**	**204038**	**69944**	**46163**	**23781**	**408940**	**47517**
海口市	**5218**	**6619**	**8801**	**342875**	**211288**	**40393**	**38431**	**1962**	**56202**	**27135**
本级	5218	6387	6773	215922	182667	14183	20145	－5962	－1255	－2906
区级小计		232	2028	126953	28621	26210	18286	7924	57457	30041
龙华区		50	347	30634	12367	5475	2148	3327	8689	1862
美兰区		25	326	29904	10695	3883	1591	2292	10713	4230
秀英区		33	446	18483	2840	2283	1742	541	10810	6322
琼山区		124	909	47932	2719	14569	12805	1764	27245	17627
三亚市	**4066**	**3393**	**7944**	**150413**	**97338**	**6179**	**2139**	**4040**	**17556**	**768**
本级	4066	3393	6879	136155	90979	5288	1698	3590	13708	84
县级小计			1065	14258	6359	891	441	450	3848	684
洋浦管理局		**11678**	**26854**	**64826**	**58820**	**2626**	**1425**	**1201**	**1163**	
局本级		11678	26854	64826	58820	2626	1425	1201	1163	
其他各市县级小计	**2754**	**16799**	**38929**	**793089**	**169058**	**42843**	**27436**	**15407**	**347635**	**16792**
文昌市	948	354	2154	65862	19298	4469	2157	2312	28217	1069
琼海市	294	3035	3371	59663	21784	5416	3099	2317	17272	717
万宁市	317	1036	2650	55916	14856	1655	745	910	26150	701
定安县	56	301	2831	37513	6151	1996	1450	546	20881	763
屯昌县	47	180	1995	32077	4181	826	460	366	18608	956
澄迈县	132	1907	7057	63030	20555	7800	4608	3192	18683	1561
临高县	102	2737	2221	50080	5385	2459	1634	825	25925	1668
儋州市	188	2814	2927	75951	18787	5439	3855	1584	32944	750
陵水县	137	916	1325	48947	6073	1061	484	577	22848	1664
乐东县	77	559	3414	58017	4493	1635	1032	603	33474	1666
东方县	172	1216	508	58418	14223	2787	2052	735	20026	1521
昌江县	61	966	3069	54059	20902	4083	3794	289	13516	557
白沙县	33	113	359	38082	3420	1220	958	262	19507	730
琼中县	72	409	1482	38443	3519	681	393	288	19747	804
保亭县	38	144	1342	28523	2263	599	290	309	15721	861
五指山市	80	112	2224	28508	3168	717	425	292	14116	804

2-24-5

单位:万元

地区	平衡部分									
	收入									
	财力性转移支付收入									
	一般性转移支付补助	民族地区转移支付补助	调整工资转移支付补助	农村税费改革转移支付补助	取消农业特产税降低农业税率转移支付补助	缓解县乡财政困难转移支付补助	农村义务教育补助	结算补助	企事业单位预算划转补助	其他财力性转移支付
地(市)县级总计	**47198**	**20762**	**187961**	**26942**	**39010**	**20065**	**17143**	**5702**	**1553**	**11525**
地(市)本级合计	**-1893**	**2786**	**10880**	**-615**	**459**	**4351**	**987**	**-6433**	**1539**	**4377**
县级合计	**49091**	**17976**	**177081**	**27557**	**38551**	**15714**	**16156**	**12135**	**14**	**7148**
海口市	**634**	**191**	**16772**	**1520**	**1167**	**1215**		**3737**	**1188**	**2643**
本级	-2092	191	5425	-655	451	1215		-6715	1188	2643
区级小计	2726		11347	2175	716			10452		
龙华区	358		867	390	91			5121		
美兰区	438		1499	585	104			3857		
秀英区	894		2057	487	79			971		
琼山区	1036		6924	713	442			503		
三亚市	**199**	**2595**	**5859**	**1162**	**1427**	**2308**	**992**	**253**	**259**	**1734**
本级	199	2595	5241	40	8	2308	987	253	259	1734
县级小计			618	1122	1419		5			
洋浦管理局			**214**			**828**		**29**	**92**	
局本级			214			828		29	92	
其他各市县级小计	**46365**	**17976**	**165116**	**24260**	**36416**	**15714**	**16151**	**1683**	**14**	**7148**
文昌市	2767	15	15815	2149	2668	1975	1409	147		203
琼海市	814	179	8324	1926	3064	810	1096	240		102
万宁市	3645	966	13302	2267	2973	663	1371	107		155
定安县	2957	41	12094	1486	1261	1149	922	112		96
屯昌县	3017	245	9767	1283	1821	581	764	59		115
澄迈县	355	47	9585	1856	1834	1685	1352	217		191
临高县	4067	10	13251	1433	2777	753	1677	109		180
儋州市	3282	984	13765	2599	5808	1718	3553	123		362
陵水县	3108	2257	11402	1175	1383	1114	501	70		174
乐东县	5568	2360	15583	2036	3585	957	1168	86		465
东方县	1178	1096	9064	1311	1776	433	942	20		2685
昌江县	1342	2859	4582	685	1156	1279	370	270	14	402
白沙县	3882	1951	7468	1220	2736	802	263	16		439
琼中县	3449	1953	8014	1395	2208	1032	239	41		612
保亭县	3314	1644	7000	977	933	381	179	22		410
五指山市	3620	1369	6100	462	433	382	345	44		557

2006 年地方财政政府收支分类转换数据

2－24－6 单位:万元

地区	平衡部分								
	收入							支出	
	专项转移支付			省补助计划单列市	上年结余收入	调入资金	国债转贷收入、上年结余及转补助数	支出总计	本年支出
	小计	专项补助	增发国债补助						
地(市)县级总计	**216926**	**216926**			**63620**	**3901**	**15655**	**1209929**	**1177655**
地(市)本级合计	**23774**	**23774**			**13999**	**300**	**10651**	**395387**	**376680**
县级合计	**193152**	**193152**			**49621**	**3601**	**5004**	**814542**	**800975**
海口市	**24821**	**24821**			**2438**	**300**	**7433**	**334625**	**322454**
本级	10629	10629			1965	300	7433	210466	202793
区级小计	14192	14192			473			124159	119661
龙华区	4040	4040			63			30627	30312
美兰区	4444	4444			169			28753	28400
秀英区	2532	2532			18			18483	18279
琼山区	3176	3176			223			46296	42670
三亚市	**13518**	**13518**			**12604**		**3218**	**129462**	**123275**
本级	11620	11620			11342		3218	116946	110986
县级小计	1898	1898			1262			12516	12289
洋浦管理局	**1525**	**1525**			**692**			**67975**	**62901**
局本级	1525	1525			692			67975	62901
其他各市县级小计	**177062**	**177062**			**47886**	**3601**	**5004**	**677867**	**669025**
文昌市	13746	13746			132			62798	62112
琼海市	11176	11176			2875		1140	53891	52549
万宁市	12095	12095			424	736		50515	50418
定安县	8412	8412			73			32678	32437
屯昌县	7580	7580			82		800	27184	26330
澄迈县	9986	9986			2967	2839	200	56980	56417
临高县	13257	13257			3054			41667	41391
儋州市	16509	16509			1886	6	380	67610	67056
陵水县	12730	12730			5735		500	36466	35658
乐东县	13175	13175			4740		500	49160	48476
东方县	10900	10900			9298		1184	49675	48264
昌江县	9382	9382			6176			41636	41323
白沙县	9767	9767			4168			28214	28111
琼中县	9595	9595			4590	11	300	29804	29428
保亭县	9286	9286			645	9		24360	24195
五指山市	9466	9466			1041			25229	24860

2－24－7　　　　单位:万元

地区	平衡部分								年终结余	其中:净结余
	支出									
	财力性转移支付			专项上解	计划单列市上解省	增设预算周转金	调出资金	国债转贷拨付数及年末结余		
	小计	体制上解	出口退税专项上解							
地(市)县级总计	**481**		**481**	**14071**			**2067**	**15655**	**141274**	**67243**
地(市)本级合计	**366**		**366**	**5690**			**2000**	**10651**	**21516**	**13048**
县级合计	**115**		**115**	**8381**			**67**	**5004**	**119758**	**54195**
海口市	**274**		**274**	**2464**			**2000**	**7433**	**8250**	**1571**
本级	274		274	－2034			2000	7433	5456	21
区级小计				4498					2794	1550
龙华区				315					7	7
美兰区				353					1151	8
秀英区				204						
琼山区				3626					1636	1535
三亚市	**18**		**18**	**2951**				**3218**	**20951**	**17385**
本级	18		18	2724				3218	19209	16176
县级小计				227					1742	1209
洋浦管理局	**74**		**74**	**5000**					**－3149**	**－3149**
局本级	74		74	5000					－3149	－3149
其他各市县级小计	**115**		**115**	**3656**			**67**	**5004**	**115222**	**51436**
文昌市	11		11	675					3064	1376
琼海市	10		10	192				1140	5772	2399
万宁市	3		3	94					5401	241
定安县	5		5	236					4835	3932
屯昌县				54				800	4893	15
澄迈县	5		5	358				200	6050	3218
临高县				276					8413	4947
儋州市	7		7	167				380	8341	881
陵水县	3		3	305				500	12481	10817
乐东县	1		1	183				500	8857	2951
东方县	70		70	157				1184	8743	6914
昌江县				313					12423	3011
白沙县				103					9868	2116
琼中县				76				300	8639	5748
保亭县				98			67		4163	2851
五指山市				369					3279	19

2006 年重庆市区县财政一般预算收支平衡表

2－25－1　　　　单位:万元

地区	收支部分										
	收入										
	本年收入小计	税收收入									
		小计	增值税	营业税	企业所得税	个人所得税	城市维护建设税	耕地占用税	契税	烟叶税	其他各项税收收入
区县级总计	**1762409**	**1260705**	**228759**	**373430**	**82295**	**59563**	**88029**	**43001**	**173331**	**10768**	**201529**
区级合计	**1172613**	**895563**	**136348**	**280263**	**55201**	**38413**	**61717**	**28416**	**150734**	**1895**	**142576**
县级合计	**589796**	**365142**	**92411**	**93167**	**27094**	**21150**	**26312**	**14585**	**22597**	**8873**	**58953**
渝中区	125628	113130	9755	51983	8091	8862	5878		14269		14292
江北区	118684	86867	8210	25391	6377	2925	3956	2030	23763		14215
沙坪坝区	128962	84154	9250	21128	3129	2972	3954	6135	20258		17328
九龙坡区	74661	58548	12392	15415	2793	2373	3524	2269	7516		12266
大渡口区	43338	29669	8608	6706	731	701	1354	253	4385		6931
南岸区	67999	54992	5192	16704	1243	1914	4015	891	18571		6462
北碚区	38243	28122	4611	7386	1323	1480	1931	1381	4100		5910
万盛区	14338	11737	3822	2495	1177	476	1326	1	391		2049
双桥区	7282	5681	2213	915	190	140	663	382	288		890
巴南区	52374	31690	5998	7489	1196	1154	1771	440	6019		7623
渝北区	102208	80441	4414	32051	3351	3004	3907	1500	21619		10595
涪陵区	70757	53456	13557	13175	4681	2291	9934	223	3801	217	5577
万州区	58843	44528	7884	15133	3181	2471	3917	781	4129	290	6742
黔江区	27069	22065	6546	5801	546	954	5388	51	269	1388	1122
江津市	65928	44166	14442	9492	4513	1960	2902	1685	4328		4844
合川市	44341	27939	5464	8412	1614	1790	2393	2043	1566		4657
永川市	50032	30439	7484	8107	2022	1691	2983	720	3473		3959
綦江县	28664	22098	6862	4911	1496	1023	1880	491	899	85	4451
长寿区	47756	37739	10373	7552	3409	1699	3837	3989	2026		4854
潼南县	13860	9511	1574	1845	289	507	418	56	1096		3726
铜梁县	39133	16678	3083	2709	1125	1035	722	5156	838		2010
大足县	25851	12971	2920	3082	1392	654	654	1938	1028		1303
荣昌县	27207	15706	4764	3103	1354	985	1750	96	1045		2609
璧山县	36108	22802	6661	4888	1355	1229	1955	919	2538		3257
梁平县	21077	11526	2656	2388	282	855	837	71	432		4005
城口县	8077	4148	1533	882	316	173	210	88	73		873
南川市	24136	15806	5046	3606	1920	591	1774	9	346	270	2244
丰都县	13734	7728	1359	2745	365	648	465	1	330	555	1260
垫江县	24968	14124	3342	2724	1235	910	984	208	461		4260
武隆县	16826	12181	2706	2881	1149	440	694	590	261	1308	2152
忠县	19282	9188	1843	2939	461	714	586	24	765		1856
开县	29514	16951	5140	4361	582	1035	1445	152	1187	17	3032

二、各省、自治区、直辖市地市县一般预算财政资料

2－25－2　　　　单位:万元

地区	收支部分									
	收入								支出	
	非税收入							贷款转贷回收本金收入	本年支出小计	一般公共服务
	小计	专项收入	行政事业性收费收入	罚没收入	国有资本经营收入	国有资源(资产)有偿使用收入	其他收入			
区县级总计	**501704**	**69212**	**217840**	**54736**	**107969**	**29900**	**22047**		**3943943**	**592053**
区级合计	**277050**	**47570**	**95677**	**24758**	**75714**	**20826**	**12505**		**2107707**	**311730**
县级合计	**224654**	**21642**	**122163**	**29978**	**32255**	**9074**	**9542**		**1836236**	**280323**
渝中区	12498	5115	3450	879		3018	36		178817	18721
江北区	31817	4034	4647	2003	5247	15866	20		161631	28136
沙坪坝区	44808	4008	4045	2192	31009	11	3543		196289	29348
九龙坡区	16113	3636	2924	1080	5593	43	2837		134753	17677
大渡口区	13669	1478	1340	459	6671	75	3646		61672	11074
南岸区	13007	4473	3414	1513	3458	115	34		143463	17825
北碚区	10121	2016	4424	1192	1681	57	751		81211	13313
万盛区	2601	838	1088	666		9			38116	5041
双桥区	1601	292	912	291	78	4	24		12080	2890
巴南区	20684	1902	3765	1580	13361	76			112980	18887
渝北区	21767	4176	11144	1366	4565	388	128		166606	28730
涪陵区	17301	4090	8794	3058	1212	73	74		170450	38057
万州区	14315	1959	5255	5439	965	484	213		189979	28565
黔江区	5004	2504	1228	801	436	35			103510	16460
江津市	21762	2249	10644	1677	7136	56			135327	15650
合川市	16402	1689	9631	1266	1191	279	2346		109187	13588
永川市	19593	1573	13671	2072	1821	35	421		109552	14953
綦江县	6566	2237	2494	1295	178	44	318		80063	11400
长寿区	10017	1599	6011	988	1327	92			102412	15670
潼南县	4349	293	2346	631	100	15	964		57509	8898
铜梁县	22455	884	11634	921	8615	38	363		74626	13894
大足县	12880	513	7104	1380	3665	218			67831	10822
荣昌县	11501	1101	6053	1243	2962	111	31		66737	9844
璧山县	13306	1137	8008	1280		2865	16		69849	12985
梁平县	9551	625	4944	1852	－19	964	1185		64701	11807
城口县	3929	408	763	310	221	27	2200		43205	8120
南川市	8330	1027	4486	2218	550	43	6		61259	12756
丰都县	6006	361	3135	891	483	42	1094		56942	9900
垫江县	10844	703	6600	1359	1781	337	64		66529	14469
武隆县	4645	555	2326	1061	168	440	95		54092	8202
忠县	10094	510	7689	982	804	109			72143	13009
开县	12563	1166	8291	2077	829	192	8		114561	14614

2006 年地方财政政府收支分类转换数据

2－25－3　　　　　　　　　　　　　　　　　　　　　　　　单位:万元

地区	收支部分										
	支出										
	外交	国防	公共安全	教育	科学技术	文化体育与传媒	社会保障和就业	医疗卫生	环境保护	城乡社区事务	农林水事务
区县级总计		**4395**	**245268**	**725678**	**48156**	**46745**	**613141**	**148620**	**208585**	**514480**	**339027**
区级合计		**2625**	**149443**	**311234**	**39137**	**30259**	**313509**	**74365**	**61074**	**427926**	**111528**
县级合计		**1770**	**95825**	**414444**	**9019**	**16486**	**299632**	**74255**	**147511**	**86554**	**227499**
渝中区		97	18946	24634	2203	3656	27763	6491	593	32424	33
江北区		374	11622	23026	1375	910	23343	6829	1115	44441	4699
沙坪坝区		499	14258	24168	2053	2633	36827	5143	1987	56672	7110
九龙坡区		30	12382	18983	1111	892	20775	5515	905	31535	6590
大渡口区		4	6250	7641	618	691	9934	1908	734	7898	1881
南岸区		20	10648	22763	1108	5874	22102	5489	1986	32852	3884
北碚区			6315	12649	492	675	16770	2319	2507	7007	6906
万盛区		36	2753	7070	165	557	8730	1358	3647	2150	3305
双桥区		6	1223	2080	118	95	1681	372	1070	1035	782
巴南区		579	8437	22319	1091	1463	24258	3806	4848	14470	7161
渝北区		606	11463	26393	1389	1762	19986	7456	8245	29439	12417
涪陵区			10077	26055	1956	2180	25900	6499	8145	16476	14314
万州区			10955	37310	1417	1577	38691	8023	13433	7283	17084
黔江区		156	6187	16458	369	1391	9957	3483	6477	4394	11877
江津市		158	7192	28207	998	889	26039	6263	3369	13171	11178
合川市		94	6204	24271	830	929	20114	3352	9749	7974	9600
永川市		70	7056	25545	870	1572	17274	6330	6086	10569	10352
綦江县		203	4364	20878	176	607	15540	4497	4319	3190	8113
长寿区		218	7651	21292	804	818	18657	6121	5273	4118	8812
潼南县			3039	14237	55	540	10804	2249	3335	1932	7073
铜梁县		22	5021	13679	738	933	10176	2458	3748	7126	9046
大足县		259	4213	14879	598	909	12371	2671	3321	2912	5929
荣昌县		162	3068	16845	631	1484	12281	2642	4252	3552	6635
璧山县		80	4089	12541	316	1033	11158	2953	2533	6596	9883
梁平县		115	4470	13613	353	270	9346	2463	6839	1925	7362
城口县			2192	9014	141	237	5874	1574	6427	828	5616
南川市		86	3424	10750	411	473	10305	2235	4078	2325	6543
丰都县		95	2326	11581	211	275	10984	2305	4502	912	9582
垫江县			4079	17066	222	372	8866	2939	3207	2137	6144
武隆县		60	2405	8245	329	424	7792	1784	6378	3973	9936
忠县		82	3277	14728	405	444	13295	2803	7825	2386	9285
开县			5607	30432	275	902	17395	5118	13250	3446	13280

2-25-4

单位:万元

地区	收支部分			平衡部分						
	支出			收入						
						返还性收入			财力性转移支付收入	
	交通运输	工业、商业、金融等事务	其他支出	收入总计	本年收入	小计	增值税和消费税税收返还	所得税基数返还	小计	体制补助
区县级总计	**84543**	**117754**	**255498**	**4550931**	**1762409**	**365528**	**248345**	**117183**	**1048311**	**42374**
区级合计	**53544**	**78185**	**143148**	**2451485**	**1172613**	**244479**	**159179**	**85300**	**395793**	**25066**
县级合计	**30999**	**39569**	**112350**	**2099446**	**589796**	**121049**	**89166**	**31883**	**652518**	**17308**
渝中区	80	7406	35770	196579	125628	30883	12875	18008	17011	
江北区	1314	3675	10772	192035	118684	14172	7569	6603	14410	
沙坪坝区	4128	4961	6502	235570	128962	19709	12858	6851	19498	
九龙坡区	605	6162	11591	159948	74661	19439	14140	5299	24159	
大渡口区	5762	1345	5932	64853	43338	1185	62	1123	6321	
南岸区	7598	3351	7963	164058	67999	13421	6828	6593	40666	
北碚区	1371	1407	9480	92932	38243	12825	8715	4110	15804	
万盛区	121	1176	2007	34715	14338	2086	958	1128	9400	728
双桥区	74	242	412	12938	7282	-57	-430	373	2582	
巴南区	304	1545	3812	124325	52374	7410	5635	1775	27778	987
渝北区	5345	7565	5810	192899	102208	13334	7650	5684	27897	2675
涪陵区	4006	7136	9649	202051	70757	32527	22561	9966	44893	7206
万州区	1929	12850	10862	224333	58843	16475	11389	5086	60162	8995
黔江区	8892	10099	7310	117582	27069	29694	27676	2018	19458	
江津市	8144	6642	7427	148751	65928	8158	4357	3801	34504	
合川市	894	1858	9730	126074	44341	7903	5190	2713	35032	
永川市	954	2533	5388	125574	50032	9783	6977	2806	25087	
綦江县	582	1253	4941	86468	28664	12399	10742	1657	28746	
长寿区	1534	5931	5513	120743	47756	15101	12981	2120	26669	
潼南县	35	828	4484	62171	13860	2408	1725	683	23632	437
铜梁县	2619	1245	3921	88363	39133	5499	3237	2262	21292	
大足县	156	1895	6896	74563	25851	4935	3018	1917	25588	
荣昌县	159	1552	3630	81216	27207	5227	3769	1458	24951	
璧山县	1024	1028	3630	86880	36108	6308	4063	2245	15109	
梁平县	1074	1702	3362	76421	21077	4198	3347	851	22787	1081
城口县	787	159	2236	57109	8077	1271	1075	196	13933	882
南川市	852	2249	4772	71300	24136	6532	5262	1270	18863	
丰都县	93	1040	3136	65810	13734	2728	1757	971	23763	1402
垫江县	2040	1413	3575	71359	24968	5048	3051	1997	21821	832
武隆县	430	1376	2758	55468	16826	3196	2493	703	14793	859
忠县	293	1059	3252	97477	19282	3622	2783	839	29223	1974
开县	1471	2522	6249	139098	29514	6156	4702	1454	44826	1926

2－25－5

单位:万元

地区	平衡部分									
	收入									
	财力性转移支付收入									
	一般性转移支付补助	民族地区转移支付补助	调整工资转移支付补助	农村税费改革转移支付补助	取消农业特产税降低农业税率转移支付补助	缓解县乡财政困难转移支付补助	农村义务教育补助	结算补助	企事业单位预算划转补助	其他财力性转移支付
区县级总计	**150000**	**7365**	**334719**	**81967**	**82493**	**39625**	**72327**	**217847**		**19594**
区级合计	**47050**	**2098**	**113789**	**20084**	**16096**	**6672**	**14499**	**145453**		**4986**
县级合计	**102950**	**5267**	**220930**	**61883**	**66397**	**32953**	**57828**	**72394**		**14608**
渝中区	8259		6817			78	7	1850		
江北区	1567		4537	292		15	97	7902		
沙坪坝区	4530		7080	1074	200	18	280	6316		
九龙坡区	3253		4417	910	200	46	410	14923		
大渡口区	2249		2414	375		43	33	1207		
南岸区	2892		5542	450		20	344	31418		
北碚区	3515		7647	1371	833	7	630	1801		
万盛区	2618		3285	484	371	10	607	797		500
双桥区	956		686	74	63	30	122	251		400
巴南区	4557		10221	1924	1459	1626	1143	5861		
渝北区	4331		7688	1452	1131	767	873	8980		
涪陵区	3301		14739	2464	3653	880	2592	10058		
万州区	2364		21002	4100	4369	1007	3647	13990		688
黔江区	752	2098	7175	1174	946	885	1760	1968		2700
江津市	2603		12880	3525	5023	2196	2760	5517		
合川市	2937		12667	4441	5148	2376	2965	4498		
永川市	2456		10605	3027	2590	1613	1956	2840		
綦江县	5990		10446	3040	3071	1625	2185	2389		
长寿区	1906		8997	3708	2871	1240	1835	5414		698
潼南县	4229		8260	2429	3227	1329	2640	1081		
铜梁县	1302		8321	3523	3570	982	1855	1739		
大足县	5082		9133	2637	3404	1421	2593	1318		
荣昌县	3756		8047	2579	2692	1231	1677	4969		
璧山县	1058		6331	1874	1436	737	1204	2469		
梁平县	3301		8293	2499	2629	865	2087	1602		430
城口县	3422		5267	860	1008	342	553	1169		430
南川市	3423		7543	1783	2351	1265	1437	1061		
丰都县	3617		7638	1906	2828	961	1859	3552		
垫江县	2306		7679	2630	2857	866	2448	2203		
武隆县	2447		6017	1052	1301	395	928	1794		
忠县	4563		9224	3310	2751	1099	2166	3792		344
开县	9243		12772	4094	4175	1798	4738	5450		630

2－25－6

单位:万元

地区	平衡部分								
	收入							支出	
	专项转移支付			省补助计划单列市	上年结余收入	调入资金	国债转贷收入、上年结余及转补助数	支出总计	本年支出
	小计	专项补助	增发国债补助						
区县级总计	**961970**	**833423**	**128547**		**364523**	**42753**	**5437**	**4104928**	**3943943**
区级合计	**426920**	**389119**	**37801**		**196545**	**11076**	**4059**	**2214743**	**2107707**
县级合计	**535050**	**444304**	**90746**		**167978**	**31677**	**1378**	**1890185**	**1836236**
渝中区	18525	18174	351		4532			192416	178817
江北区	28985	28650	335		13012	2772		174599	161631
沙坪坝区	37496	37098	398		28942	75	888	208244	196289
九龙坡区	25164	24735	429		15206	29	1290	154158	134753
大渡口区	12124	11843	281		1885			64403	61672
南岸区	32196	31758	438		9776			151335	143463
北碚区	18858	17372	1486		7132		70	84270	81211
万盛区	13021	11053	1968		－4130			38969	38116
双桥区	2779	1956	823		352			12606	12080
巴南区	30132	27753	2379		3231	3400		115445	112980
渝北区	33680	27720	5960		15346		434	170740	166606
涪陵区	32580	26214	6366		20824		470	176427	170450
万州区	56229	48596	7633		27424	4800	400	195953	189979
黔江区	26832	22767	4065		14529			105927	103510
江津市	28766	24566	4200		2129	9066	200	140417	135327
合川市	22316	20272	2044		14224	2258		113511	109187
永川市	22294	18205	4089		5049	13329		115528	109552
綦江县	17858	15110	2748		－2485	1286		88853	80063
长寿区	21063	16895	4168		9954		200	110945	102412
潼南县	16849	13423	3426		4122	1300		58627	57509
铜梁县	12658	9729	2929		9073		708	78157	74626
大足县	13179	11577	1602		4797	213		69812	67831
荣昌县	14989	11815	3174		8842			68790	66737
璧山县	11761	9082	2679		15558	2036		72522	69849
梁平县	16719	12444	4275		10756	884		65983	64701
城口县	21630	16390	5240		12198			43603	43205
南川市	14974	13457	1517		6795			62818	61259
丰都县	20495	17172	3323		5090			58563	56942
垫江县	16985	12526	4459		2537			68501	66529
武隆县	20344	17223	3121		185	124		54914	54092
忠县	26207	22613	3594		18067	1076		73729	72143
开县	37884	32664	5220		20448		270	116430	114561

2－25－7　　　　单位：万元

地　　区	平衡部分									
	支出								年终结余	其中：净结余
	财力性转移支付			专项上解	计划单列市上解省	增设预算周转金	调出资金	国债转贷拨付数及年末结余		
	小　计	体制上解	出口退税专项上解							
区县级总计	**63340**	**63340**		**92208**				**5437**	**446003**	**－22507**
区级合计	**43798**	**43798**		**59179**				**4059**	**236742**	**7923**
县级合计	**19542**	**19542**		**33029**				**1378**	**209261**	**－30430**
渝中区	7454	7454		6145					4163	461
江北区	6941	6941		6027					17436	826
沙坪坝区	4342	4342		6725				888	27326	5323
九龙坡区	14105	14105		4010				1290	5790	1014
大渡口区	1021	1021		1710					450	30
南岸区	2388	2388		5484					12723	1587
北碚区	60	60		2929				70	8662	20
万盛区				853					－4254	－4254
双桥区	224	224		302					332	49
巴南区				2465					8880	－1536
渝北区				3700				434	22159	1546
涪陵区				5507				470	25624	－1419
万州区				5574				400	28380	－4803
黔江区	214	214		2203					11655	1892
江津市	3627	3627		1263				200	8334	1644
合川市	3070	3070		1254					12563	－1143
永川市	2868	2868		3108					10046	68
綦江县	7170	7170		1620					－2385	－2699
长寿区	7049	7049		1284				200	9798	1028
潼南县				1118					3544	39
铜梁县	1088	1088		1735				708	10206	1880
大足县	89	89		1892					4751	－875
荣昌县	785	785		1268					12426	1030
璧山县	736	736		1937					14358	407
梁平县				1282					10438	26
城口县				398					13506	－1096
南川市	109	109		1450					8482	40
丰都县				1621					7247	43
垫江县				1972					2858	518
武隆县				822					554	4
忠县				1586					23748	886
开县				1599				270	22668	166

2-25-8

单位:万元

地区	收支部分										
	收入										
	本年收入小计	税收收入									
		小计	增值税	营业税	企业所得税	个人所得税	城市维护建设税	耕地占用税	契税	烟叶税	其他各项税收收入
云阳县	13840	9293	2133	3008	358	734	511	105	659	54	1731
奉节县	16120	8895	2558	2591	639	479	550	14	498	559	1007
巫山县	11118	8609	1919	2276	575	428	470	2	165	1566	1208
巫溪县	5598	3719	809	993	457	208	252	54	107	26	813
石柱县	11387	9126	1711	3348	664	1041	436	116	180	506	1124
彭水县	16922	12755	1492	5899	1222	591	436	3	199	2098	815
酉阳县	10022	7505	1346	2108	1202	445	296	34	67	1516	491
秀山县	16051	11278	3564	3869	507	984	709	10	56	313	1266
高新开发区	90882	77101	8156	27802	9160	2861	3990	4258	8990		11884
经济开发区	103589	75643	15367	23137	4623	2136	2372	3832	10340		13836

2006年地方财政政府收支分类转换数据

2-25-9　　　　　　　　　　　　　　　　　　　　单位:万元

地区	收支部分									
	收入								支出	
	非税收入							贷款转贷回收本金收入		
	小计	专项收入	行政事业性收费收入	罚没收入	国有资本经营收入	国有资源(资产)有偿使用收入	其他收入		本年支出小计	一般公共服务
云阳县	4547	409	2634	1028	322	146	8		88750	10866
奉节县	7225	1085	2096	1603		2441			80247	9407
巫山县	2509	352	947	786	210	214			58493	8640
巫溪县	1879	115	916	642	84	111	11		51492	5122
石柱县	2261	600	968	654		39			53004	8279
彭水县	4167	507	1394	1340	430	84	412		62919	10304
酉阳县	2517	311	625	720	724	137			74133	12871
秀山县	4773	1232	2764	690		87			63085	9923
高新开发区	13781	3422	8303	710		147	1199		138089	13431
经济开发区	27946	2028	24933	541	111	333			115649	7905

2－25－10

单位:万元

地区	收支部分										
	支出										
	外交	国防	公共安全	教育	科学技术	文化体育与传媒	社会保障和就业	医疗卫生	环境保护	城乡社区事务	农林水事务
云阳县		50	3407	23702	40	564	15022	3606	9856	276	13725
奉节县			4094	19790	273	446	14702	2580	10210	1416	9782
巫山县			2811	11771	142	374	10911	1981	8717	626	8077
巫溪县		27	1633	14133	111	272	7198	2205	5783	810	8891
石柱县		69	2718	11509	269	466	7811	2283	966	2692	10004
彭水县			3306	15145	193	470	7853	1979	4169	1145	11356
酉阳县			3120	17257	166	676	8426	2986	8470	1371	9767
秀山县		138	2710	14626	266	925	8095	1999	6122	3264	10340
高新开发区			6986	15035	8466	4915	5866	3187	107	59019	3791
经济开发区			3290	3358	14402	170	2269	366	2	76713	882

2006年地方财政政府收支分类转换数据

2－25－11

单位:万元

地　　区	收支部分			平衡部分						
	支出			收入						
						返还性收入			财力性转移支付收入	
	交通运输	工业、商业、金融等事务	其他支出	收入总计	本年收入	小计	增值税和消费税税收返还	所得税基数返还	小计	体制补助
云阳县	1487	639	5510	93409	13840	3229	2201	1028	39936	2420
奉节县	3637	1963	1947	94110	16120	3704	2734	970	33448	2272
巫山县	309	707	3427	76308	11118	6064	5428	636	20778	398
巫溪县	121	285	4901	57247	5598	1556	1227	329	25108	944
石柱县	326	1541	4071	68302	11387	3526	3266	260	25534	444
彭水县	1070	1170	4759	63911	16922	2661	2455	206	22810	116
酉阳县	1172	2172	5679	69281	10022	2258	1866	392	35665	886
秀山县	1270	738	2669	62776	16051	2680	2441	239	25289	435
高新开发区	10416	3181	3689	171041	90882	14762	7712	7050	28625	2232
经济开发区	65	153	6074	144883	103589	1513		1513	10460	2243

2－25－12 单位:万元

地区	平衡部分									
	收入									
	财力性转移支付收入									
	一般性转移支付补助	民族地区转移支付补助	调整工资转移支付补助	农村税费改革转移支付补助	取消农业特产税降低农业税率转移支付补助	缓解县乡财政困难转移支付补助	农村义务教育补助	结算补助	企事业单位预算划转补助	其他财力性转移支付
云阳县	5531		10501	3714	3276	1537	5020	7593		344
奉节县	4101		10136	2466	3039	1245	3866	5979		344
巫山县	3008		6742	1506	1802	1383	2031	3564		344
巫溪县	6446		7451	1425	1885	1911	1361	3039		646
石柱县	4429	1479	7954	1670	1272	1406	1755	1247		3878
彭水县	3326	1238	7710	2071	1488	1259	2380	1572		1650
酉阳县	9937	1209	10927	2096	1838	1840	2909	1090		2933
秀山县	4437	1341	8386	1726	1736	1271	2455	867		2635
高新开发区			1174	80			94	25045		
经济开发区			368	152			25	7672		

2－25－13

单位:万元

地区	平衡部分								
	收入							支出	
	专项转移支付			省补助计划单列市	上年结余收入	调入资金	国债转贷收入、上年结余及转补助数	支出总计	本年支出
	小计	专项补助	增发国债补助						
云阳县	34944	30460	4484		1460			90350	88750
奉节县	29071	25193	3878		11767			81187	80247
巫山县	25318	22399	2919		13030			59622	58493
巫溪县	21243	18739	2504		3742			52147	51492
石柱县	19543	17627	1916		8112		200	53833	53004
彭水县	20883	15696	5187		530	105		63630	62919
酉阳县	27060	20818	6242		－5724			74842	74133
秀山县	21080	15104	5976		－2324			63816	63085
高新开发区	18435	17779	656		18030		307	140431	138089
经济开发区	18821	18756	65		10500			117875	115649

2－25－14

单位:万元

地区	平衡部分									
	支出								年终结余	其中:净结余
	财力性转移支付			专项上解	计划单列市上解省	增设预算周转金	调出资金	国债转贷拨付数及年末结余		
	小计	体制上解	出口退税专项上解							
云阳县				1600					3059	－6515
奉节县				940					12923	－2350
巫山县				1129					16686	－1499
巫溪县				655					5100	－6900
石柱县				629				200	14469	－3648
彭水县				711					281	－976
酉阳县				709					－5561	－6445
秀山县				731					－1040	－3035
高新开发区				2035				307	30610	2259
经济开发区				2226					27008	3900

2006 年四川省地市县财政一般预算收支平衡表

2－26－1 　　　　单位:万元

地　　区	收支部分										
	收入										
	本年收入小计	税收收入									
		小　计	增值税	营业税	企业所得税	个人所得税	城市维护建设税	耕地占用税	契　税	烟叶税	其他各项税收收入
地(市)县级总计	**4247403**	**3058634**	**570511**	**993927**	**359285**	**163575**	**331156**	**83916**	**218664**	**21724**	**315876**
地(市)本级合计	**1629828**	**1104138**	**235603**	**306675**	**134212**	**52892**	**147743**	**3205**	**117590**		**106218**
县级合计	**2617575**	**1954496**	**334908**	**687252**	**225073**	**110683**	**183413**	**80711**	**101074**	**21724**	**209658**
成都市	**1867703**	**1414025**	**183496**	**525190**	**174581**	**65538**	**145913**	**60015**	**124385**		**134907**
本级	678616	465009	66024	140422	47502	17711	69391		82603		41356
县级小计	1189087	949016	117472	384768	127079	47827	76522	60015	41782		93551
锦江区	101900	79786	5708	35774	11465	4074	5052	8505			9208
青羊区	98363	77124	5554	36396	8995	5824	6760	5959			7636
金牛区	114121	96690	8864	36032	14787	5217	7221	12014			12555
武侯区	103604	90026	8711	39916	15516	3927	7497	4289			10170
成华区	78512	58006	7251	29485	6353	2914	5281	1493			5229
龙泉驿区	69345	57097	9515	19378	8541	1992	5323	2266	4784		5298
青白江区	29193	24605	5057	7787	3013	1109	3001	1062	1148		2428
都江堰市	53617	39188	5782	15236	3735	1839	3240	1445	4124		3787
金堂县	16910	11092	2283	5115	660	535	917	303	683		596
双流县	121813	95175	9445	48376	6199	4574	5083	1048	13816		6634
温江区	61243	50228	5878	15559	4145	1661	4114	8599	5359		4913
郫县	47557	39068	3634	12320	8724	1413	2771	3438	4251		2517
新都区	60134	45078	8672	12355	5889	2072	4661	2179	4534		4716
彭州市	24702	16967	4324	5809	1896	1009	1107	33	859		1930
崇州市	17209	11474	2611	3212	1177	756	1232	171	594		1721
大邑县	14878	9587	2406	1640	1389	704	724	891	652		1181
邛崃市	16794	11862	1946	2296	1147	719	1306	1788	438		2222
蒲江县	8110	3339	651	1012	180	263	237	310	88		598
新津县	19060	12905	2821	2518	2174	751	956	2041	452		1192
高新区	132022	119719	16359	54552	21094	6474	10039	2181			9020
自贡市小计	**100279**	**68383**	**13958**	**18793**	**5640**	**4022**	**9825**	**1926**	**4031**		**10188**
本级	72024	55258	11061	15229	4465	3186	8234	1262	3318		8503
县级小计	28255	13125	2897	3564	1175	836	1591	664	713		1685
自流井区	2722	1233	283	242	62	76	248	10	83		229
贡井区	2520	1662	535	349	162	76	265	43	74		158
大安区	4510	2503	712	545	304	94	356	13	113		366
沿滩区	2989	1589	291	538	196	72	208	131	46		107
荣县	7173	3126	584	1011	230	237	209	139	198		518
富顺县	8341	3012	492	879	221	281	305	328	199		307

二、各省、自治区、直辖市地市县一般预算财政资料

2－26－2　　　　　　　　　　　　　　　　　　　　　　　　　　　　单位：万元

地区	收支部分									
	收入								支出	
	非税收入							贷款转贷回收本金收入	本年支出小计	一般公共服务
	小计	专项收入	行政事业性收费收入	罚没收入	国有资本经营收入	国有资源(资产)有偿使用收入	其他收入			
地(市)县级总计	**1188769**	**236589**	**450306**	**203735**	**225508**	**30708**	**41923**		**11219423**	**2046866**
地(市)本级合计	**525690**	**113398**	**237765**	**78096**	**63268**	**14746**	**18417**		**2769972**	**521755**
县级合计	**663079**	**123191**	**212541**	**125639**	**162240**	**15962**	**23506**		**8449451**	**1525111**
成都市	**453678**	**74796**	**204556**	**73462**	**81213**	**10485**	**9166**		**2522439**	**553331**
本级	213607	33972	129458	36976	7652	4108	1441		761900	190739
县级小计	240071	40824	75098	36486	73561	6377	7725		1760539	362592
锦江区	22114	2217	2538	809	15877	528	145		116678	23585
青羊区	21239	2806	1939	582	13338	50	2524		120596	21008
金牛区	17431	3125	3203	955	7624	148	2376		138989	27724
武侯区	13578	3074	2845	1432	4727	1500			139766	34714
成华区	20506	2440	1444	1382	15207	33			107058	20705
龙泉驿区	12248	2352	7243	2178	325	145	5		99328	25446
青白江区	4588	2016	1283	467	691	23	108		52098	8686
都江堰市	14429	1961	7613	2837	1796	77	145		84943	23538
金堂县	5818	783	3133	841	1046	14	1		60422	9766
双流县	26638	4114	16402	5299	351	452	20		155451	27800
温江区	11015	2063	5866	1858	573	259	396		80485	17505
郫县	8489	1758	2343	3931	66	31	360		69307	14383
新都区	15056	2445	5646	4412	1530	771	252		90928	17032
彭州市	7735	2047	2075	1629	1743	61	180		65223	12355
崇州市	5735	722	1838	1016	975	672	512		56096	11036
大邑县	5291	765	2797	998	691	29	11		49370	12174
邛崃市	4932	750	2132	1228	681	99	42		57755	10680
蒲江县	4771	195	1159	611	2689	28	89		29828	5864
新津县	6155	818	1657	2274	1173	29	204		40129	8873
高新区	12303	4373	1942	1747	2458	1428	355		146089	29718
自贡市小计	**31896**	**5891**	**13988**	**8494**	**2941**	**296**	**286**		**324964**	**50477**
本级	16766	4871	7026	4218	201	234	216		123823	14351
县级小计	15130	1020	6962	4276	2740	62	70		201141	36126
自流井区	1489	184	569	388	345	3			17824	3089
贡井区	858	33	546	270		7	2		20089	4377
大安区	2007	112	562	496	835	2			27361	3581
沿滩区	1400	55	376	943	12	6	8		20511	3837
荣县	4047	450	2381	458	695	14	49		52718	9523
富顺县	5329	186	2528	1721	853	30	11		62638	11719

2006 年地方财政政府收支分类转换数据

2－26－3 单位:万元

地区	收支部分										
	支出										
	外交	国防	公共安全	教育	科学技术	文化体育与传媒	社会保障和就业	医疗卫生	环境保护	城乡社区事务	农林水事务
地(市)县级总计	**176**	**18086**	**796335**	**1825956**	**101873**	**147715**	**1895874**	**538394**	**461157**	**616390**	**1025486**
地(市)本级合计	**157**	**5723**	**281463**	**180070**	**50575**	**63597**	**632842**	**113611**	**48166**	**177899**	**145471**
县级合计	**19**	**12363**	**514872**	**1645886**	**51298**	**84118**	**1263032**	**424783**	**412991**	**438491**	**880015**
成都市		**4091**	**240986**	**358089**	**46825**	**38665**	**292029**	**115526**	**25738**	**210588**	**139517**
本级		815	84245	49867	23233	17306	144608	31472	4616	38212	26651
县级小计		3276	156741	308222	23592	21359	147421	84054	21122	172376	112866
锦江区			10835	14224	1895	1786	12665	3425	377	26495	2326
青羊区		30	12896	23471	1240	2644	9953	3705	345	12665	815
金牛区		473	16605	17587	3125	1776	11078	3810	588	24139	4140
武侯区		425	15448	18389	1807	1287	14391	5162	541	20977	5402
成华区			10816	14838	909	641	6845	2232	478	16655	1583
龙泉驿区		172	7188	20283	785	1323	6076	4192	930	9729	7422
青白江区		106	3140	10636	184	441	6817	3927	941	4460	3847
都江堰市		408	6473	16751	1121	1411	7081	4903	2608	3703	7317
金堂县		180	3582	14420	375	377	6497	4944	936	4134	7075
双流县		139	12997	30679	2222	2215	11378	11087	1681	9992	19784
温江区			7137	9912	755	1249	4688	4585	880	6599	8095
郫县		328	5454	15331	821	822	6110	4471	537	1902	5186
新都区			6200	20574	1153	1171	8753	7154	1117	7621	9347
彭州市		131	5091	18658	1090	621	6909	4438	2333	1613	5249
崇州市		145	4593	13263	614	697	6078	4005	1073	1660	4266
大邑县		79	3539	10033	555	903	5400	3202	1642	1926	4985
邛崃市		98	4112	14119	293	825	5180	2983	2303	4499	7174
蒲江县			2964	6392	298	207	2925	1471	1031	496	4116
新津县		193	3368	9416	532	445	2969	2779	461	1189	3161
高新区		369	14303	9246	3818	518	5628	1579	320	11922	1576
自贡市小计	**6**	**641**	**22868**	**49110**	**2075**	**3345**	**91165**	**17978**	**12996**	**13710**	**22555**
本级	6	220	10168	9884	1644	2390	52247	4567	4557	7713	2282
县级小计		421	12700	39226	431	955	38918	13411	8439	5997	20273
自流井区		8	1987	2503	64	53	4273	978	280	1315	900
贡井区		237	1402	3261	23	97	5144	1214	476	487	1429
大安区		51	1734	5306	103	104	5362	1532	610	1292	1896
沿滩区		32	1563	3797	53	81	3982	1553	966	587	1429
荣县			3116	10470	53	331	9014	3638	2349	470	6772
富顺县		93	2898	13889	135	289	11143	4496	3758	1846	7847

二、各省、自治区、直辖市地市县一般预算财政资料

2－26－4

单位:万元

地区	收支部分			平衡部分						
	支出			收入						
						返还性收入			财力性转移支付收入	
	交通运输	工业、商业、金融等事务	其他支出	收入总计	本年收入	小计	增值税和消费税税收返还	所得税基数返还	小计	体制补助
地(市)县级总计	**278483**	**631395**	**835237**	**12146087**	**4247403**	**1103416**	**865407**	**238009**	**3535557**	**57316**
地(市)本级合计	**104620**	**279288**	**164735**	**3251286**	**1629828**	**444575**	**333456**	**111119**	**195951**	**29715**
县级合计	**173863**	**352107**	**670502**	**8894801**	**2617575**	**658841**	**531951**	**126890**	**3339606**	**27601**
成都市	**40219**	**274246**	**182589**	**3016896**	**1867703**	**318575**	**236884**	**81691**	**192137**	
本级	13407	94315	42414	1041959	678616	97253	74517	22736	－66495	
县级小计	26812	179931	140175	1974937	1189087	221322	162367	58955	258632	
锦江区	1091	9084	8890	126990	101900	7609	4386	3223	6903	
青羊区	2946	14165	14713	128178	98363	7551	2557	4994	8910	
金牛区	2188	17955	7801	155466	114121	26334	18841	7493	6813	
武侯区	3611	11108	6504	152794	103604	27030	21526	5504	4867	
成华区	7187	10143	14026	111737	78512	16823	12374	4449	10300	
龙泉驿区	820	9870	5092	116819	69345	10205	8538	1667	18096	
青白江区	245	3525	5143	59177	29193	3819	3263	556	15369	
都江堰市	638	3677	5314	101066	53617	8182	6584	1598	12414	
金堂县	420	1731	5985	70711	16910	6778	5232	1546	25099	
双流县	3198	7160	15119	173802	121813	18901	15449	3452	15404	
温江区	384	7653	11043	82904	61243	6773	5525	1248	8203	
郫县	317	5192	8453	74849	47557	9240	4895	4345	9975	
新都区	884	4538	5384	93261	60134	9793	8302	1491	11335	
彭州市	859	2035	3841	77147	24702	7301	6258	1043	21800	
崇州市	608	2881	5177	67888	17209	7412	5906	1506	24128	
大邑县	210	2099	2623	59920	14878	6872	4784	2088	20194	
邛崃市	362	1494	3633	69659	16794	7234	5516	1718	22129	
蒲江县	272	2127	1665	40332	8110	4203	3574	629	9870	
新津县	455	2024	4264	47751	19060	5852	4656	1196	8627	
高新区	117	61470	5505	164486	132022	23410	14201	9209	－1804	
自贡市小计	**5596**	**12638**	**19804**	**337036**	**100279**	**11137**	**5670**	**5467**	**121827**	
本级	1396	7742	4656	106740	72024	7365	3211	4154	5976	
县级小计	4200	4896	15148	230296	28255	3772	2459	1313	115851	
自流井区	57	386	1931	18550	2722	321	249	72	9753	
贡井区	18	94	1830	25348	2520	522	446	76	10407	
大安区	1150	1507	3133	28055	4510	854	629	225	12517	
沿滩区		44	2587	24567	2989	454	262	192	10574	
荣县	1075	876	5031	59869	7173	729	463	266	33079	
富顺县	1900	1989	636	73907	8341	892	410	482	39521	

2006年地方财政政府收支分类转换数据

2－26－5 单位:万元

地区	平衡部分									
	收入									
	财力性转移支付收入									
	一般性转移支付补助	民族地区转移支付补助	调整工资转移支付补助	农村税费改革转移支付补助	取消农业特产税降低农业税率转移支付补助	缓解县乡财政困难转移支付补助	农村义务教育补助	结算补助	企事业单位预算划转补助	其他财力性转移支付
地(市)县级总计	**1187958**	**70435**	**1114488**	**267883**	**285484**	**73006**	**190877**	**152310**	**56821**	**78979**
地(市)本级合计	**115890**	**14539**	**145936**	**－18164**	**1127**	**3**	**－7334**	**－62913**	**19136**	**－41984**
县级合计	**1072068**	**55896**	**968552**	**286047**	**284357**	**73003**	**198211**	**215223**	**37685**	**120963**
成都市	**3876**		**117436**	**13275**	**26497**	**4870**	**16849**	**－25571**	**16595**	**18310**
本级	656		21184	－8553	743		－7832	－40218	2652	－35127
县级小计	3220		96252	21828	25754	4870	24681	14647	13943	53437
锦江区	19		2151					3173	318	1242
青羊区	18		2406					1952	2207	2327
金牛区	14		2447			16		1722	1519	1095
武侯区	8		1790			7		2305	176	581
成华区	12		2859					1905	2836	2688
龙泉驿区	24		4443	977	1292	27	1754	315	4103	5161
青白江区	46		4589	934	855		1196	207		7542
都江堰市	78		6740	1423	1546	382	1992	220	789	－756
金堂县	1583		9415	2888	2153	418	2596	261		5785
双流县	61		5512	1155	2617	469	2794	525	337	1934
温江区	28		4230	763	1033		950	204	249	746
郫县	36		3619	1169	2019	407	1315	297	473	640
新都区	48		4572	1430	2040	369	1747	344	95	690
彭州市	64		8228	2606	2627	685	2494	492	197	4407
崇州市	39		9231	2810	2672	805	2149	339		6083
大邑县	33		6591	1691	2268	631	1576	359		7045
邛崃市	39		8700	2490	2608	654	2077	395		5166
蒲江县	1045		3916	748	1105		949	219		1888
新津县	25		4306	744	919		1092	174		1367
高新区			507					－761	644	－2194
自贡市小计	**49375**		**40451**	**9717**	**9967**	**2847**	**5840**	**1520**	**1257**	**853**
本级	11677		10821		19	－1	142	－18108	866	560
县级小计	37698		29630	9717	9948	2848	5698	19628	391	293
自流井区	2056		2406	296	266		159	4016	385	169
贡井区	3556		3122	856	1047	331	364	1166		－35
大安区	2643		3601	1068	1030	62	672	3488	6	－53
沿滩区	2824		2981	1009	1219	111	692	1750		－12
荣县	11141		8447	3048	3374	1362	1392	4150		165
富顺县	15478		9073	3440	3012	982	2419	5058		59

2-26-6

单位:万元

地区	平衡部分								
	收入							支出	
	专项转移支付			省补助计划单列市	上年结余收入	调入资金	国债转贷收入、上年结余及转补助数	支出总计	本年支出
	小计	专项补助	增发国债补助						
地(市)县级总计	**2499128**	**2225220**	**273908**		**712217**	**14990**	**33376**	**11329105**	**11219423**
地(市)本级合计	**477174**	**438618**	**38556**		**483144**	**11209**	**9405**	**2763644**	**2769972**
县级合计	**2021954**	**1786602**	**235352**		**229073**	**3781**	**23971**	**8565461**	**8449451**
成都市	**266991**	**258026**	**8965**		**369675**	**336**	**1479**	**2577360**	**2522439**
本级	81463	81335	128		249643		1479	794330	761900
县级小计	185528	176691	8837		120032	336		1783030	1760539
锦江区	5687	5668	19		4891			117659	116678
青羊区	8564	8545	19		4790			121679	120596
金牛区	7293	7074	219		905			140880	138989
武侯区	8909	8909			8384			140681	139766
成华区	4829	4810	19		1255	18		107776	107058
龙泉驿区	7766	7348	418		11407			101877	99328
青白江区	9783	9347	436		1013			52698	52098
都江堰市	12600	12317	283		13935	318		85362	84943
金堂县	14069	13048	1021		7855			60506	60422
双流县	12774	11981	793		4910			158342	155451
温江区	4688	4518	170		1997			81570	80485
郫县	5978	5864	114		2099			70059	69307
新都区	10332	9324	1008		1667			92619	90928
彭州市	13389	13028	361		9955			65961	65223
崇州市	11680	10754	926		7459			56233	56096
大邑县	10771	9950	821		7205			49563	49370
邛崃市	15253	14592	661		8249			57833	57755
蒲江县	7581	6716	865		10568			29868	29828
新津县	6978	6794	184		7234			40260	40129
高新区	6604	6104	500		4254			151604	146089
自贡市小计	**93705**	**89796**	**3909**		**8611**	**1059**	**418**	**326300**	**324964**
本级	38272	37663	609		-17956	1059		123383	123823
县级小计	55433	52133	3300		26567		418	202917	201141
自流井区	5386	5160	226		368			17911	17824
贡井区	6524	6163	361		5275		100	20295	20089
大安区	9557	9048	509		617			27484	27361
沿滩区	7399	6928	471		3091		60	20759	20511
荣县	12695	11962	733		6193			53012	52718
富顺县	13872	12872	1000		11023		258	63456	62638

2－26－7

单位:万元

地区	平衡部分 支出 财力性转移支付 小计	财力性转移支付 体制上解	财力性转移支付 出口退税专项上解	专项上解	计划单列市上解省	增设预算周转金	调出资金	国债转贷拨付数及年末结余	年终结余	其中:净结余
地(市)县级总计	**8590**		**8590**	**47697**		**7500**	**12519**	**33376**	**816982**	**110637**
地(市)本级合计	**3264**	**－997**	**4261**	**－36153**		**6500**	**10656**	**9405**	**487642**	**55996**
县级合计	**5326**	**997**	**4329**	**83850**		**1000**	**1863**	**23971**	**329340**	**54641**
成都市	**3760**		**3760**	**34399**		**7500**	**7783**	**1479**	**439536**	**73880**
本级	1667		1667	15001		6500	7783	1479	247629	37560
县级小计	2093		2093	19398		1000			191907	36320
锦江区	43		43	938					9331	5092
青羊区	103		103	980					6499	145
金牛区	213		213	1678					14586	10087
武侯区	59		59	856					12113	5215
成华区	78		78	640					3961	2553
龙泉驿区	208		208	2341					14942	5771
青白江区	128		128	472					6479	－4973
都江堰市	28		28	391					15704	2535
金堂县	5		5	79					10205	459
双流县	232		232	1659		1000			15460	386
温江区	69		69	1016					1334	414
郫县	19		19	733					4790	1313
新都区	98		98	1593					642	147
彭州市	155		155	583					11186	
崇州市	30		30	107					11655	25
大邑县	10		10	183					10357	70
邛崃市	4		4	74					11826	315
蒲江县	3		3	37					10464	546
新津县	37		37	94					7491	278
高新区	571		571	4944					12882	5942
自贡市小计	**325**		**325**	**593**				**418**	**10736**	**－5318**
本级	245		245	－685					－16643	－22463
县级小计	80		80	1278				418	27379	17145
自流井区	1		1	86					639	279
贡井区	4		4	102				100	5053	4110
大安区	10		10	113					571	－304
沿滩区	37		37	151				60	3808	1296
荣县	7		7	287					6857	4624
富顺县	21		21	539				258	10451	7140

二、各省、自治区、直辖市地市县一般预算财政资料

2－26－8

单位:万元

地区	收支部分										
	收入										
	本年收入小计	税收收入									
		小计	增值税	营业税	企业所得税	个人所得税	城市维护建设税	耕地占用税	契税	烟叶税	其他各项税收收入
攀枝花市小计	**224953**	**180763**	**60218**	**36109**	**10216**	**8170**	**23524**	**2492**	**13008**	**1605**	**25421**
本级	133826	104027	42178	13440	3641	4369	16896		5891		17612
县级小计	91127	76736	18040	22669	6575	3801	6628	2492	7117	1605	7809
东区	24503	22857	3737	10609	2608	975	2399	667			1862
西区	7906	6270	2178	1267	1114	130	1079	16			486
仁和区	27456	24812	6545	5418	1447	1161	2069		6647	243	1282
米易县	16668	11511	2756	3163	396	670	446	1604	142	562	1772
盐边县	14594	11286	2824	2212	1010	865	635	205	328	800	2407
泸州市小计	**140056**	**99304**	**22291**	**25712**	**13063**	**6705**	**12648**	**1980**	**4404**	**3668**	**8833**
本级	61597	41973	11150	8890	6760	2498	6144	864	2057		3610
县级小计	78459	57331	11141	16822	6303	4207	6504	1116	2347	3668	5223
江阳区	13904	10811	1644	4018	595	722	1220	802	608		1202
龙马潭	8674	6544	1279	2356	635	546	825		268		635
泸县	14386	9896	2391	2804	1488	902	1295	3	286		727
纳溪区	8806	6459	1314	2074	533	336	1086	40	466		610
合江县	10342	8228	1172	3017	1030	576	797	172	350		1114
叙永县	10638	7474	1299	1585	811	343	615	92	287	1887	555
古蔺县	11709	7919	2042	968	1211	782	666	7	82	1781	380
德阳市小计	**217424**	**154604**	**36114**	**33933**	**28315**	**8972**	**23943**	**325**	**8323**	**36**	**14643**
本级	71563	53620	12439	18852	3209	3662	4787		3909		6762
县级小计	145861	100984	23675	15081	25106	5310	19156	325	4414	36	7881
旌阳区	22195	17381	2447	4667	4046	462	1601	58	1966		2134
广汉市	23299	17272	4389	3103	3940	908	2229	7	1025		1671
绵竹市	49323	29244	6932	2498	12448	853	4883	89	258		1283
中江县	7723	3941	737	1236	306	468	316	20	318		540
什邡市	36671	28072	7355	2719	3838	2445	9285	138	613	36	1643
罗江县	6650	5074	1815	858	528	174	842	13	234		610
绵阳市小计	**238620**	**150071**	**29737**	**50219**	**11856**	**8952**	**16388**	**1092**	**13039**		**18788**
本级	117349	58611	11620	18113	6943	3370	6597	24	5263		6681
县级小计	121271	91460	18117	32106	4913	5582	9791	1068	7776		12107
涪城区	28617	21502	2129	8941	1046	1289	1647	21	3170		3259
游仙区	8392	7037	1220	2454	412	367	843	4	818		919
江油市	31211	23398	6693	6015	823	1282	4628	24	935		2998
安县	9199	7066	1811	2028	874	478	733	15	319		808
梓潼县	3884	2713	431	1242	65	234	146	5	266		324

2 - 26 - 9

单位:万元

地区	收支部分									
	收入								支出	
	非税收入							贷款转贷回收本金收入	本年支出小计	一般公共服务
	小计	专项收入	行政事业性收费收入	罚没收入	国有资本经营收入	国有资源(资产)有偿使用收入	其他收入			
攀枝花市小计	**44190**	**26174**	**8902**	**6937**	**430**	**568**	**1179**		**402591**	**68662**
本级	29799	21533	5200	2229		388	449		208295	28859
县级小计	14391	4641	3702	4708	430	180	730		194296	39803
东区	1646		488	959	169	30			49901	7466
西区	1636	58	323	1165		10	80		15730	4474
仁和区	2644	1226	449	899		39	31		50558	9584
米易县	5157	2383	1163	706	224	90	591		39476	11321
盐边县	3308	974	1279	979	37	11	28		38631	6958
泸州市小计	**40752**	**8865**	**11182**	**12086**	**7450**	**327**	**842**		**428746**	**70696**
本级	19624	4780	4564	3994	5740	181	365		108092	19845
县级小计	21128	4085	6618	8092	1710	146	477		320654	50851
江阳区	3093	524	1083	1457		28	1		37757	6294
龙马潭	2130	448	1082	592		8			23467	3977
泸县	4490	656	1167	1966	620	10	71		54964	10720
纳溪区	2347	609	935	573	208	20	2		35372	7600
合江县	2114	403	409	694	270	26	312		55818	8526
叙永县	3164	554	873	1708		29			58492	6054
古蔺县	3790	891	1069	1102	612	25	91		54784	7680
德阳市小计	**62820**	**16674**	**17108**	**4631**	**18588**	**3731**	**2088**		**472143**	**79540**
本级	17943	3993	7353	688	2369	2443	1097		134709	17469
县级小计	44877	12681	9755	3943	16219	1288	991		337434	62071
旌阳区	4814	1277	1305	442	1003	656	131		44657	9280
广汉市	6027	1851	1910	1446	546	153	121		51765	7622
绵竹市	20079	3808	1749	482	13440	79	521		77067	16835
中江县	3782	279	1975	697	657	121	53		78260	10654
什邡市	8599	4799	2213	593	573	256	165		63226	13646
罗江县	1576	667	603	283		23			22459	4034
绵阳市小计	**88549**	**11773**	**25670**	**6643**	**39630**	**856**	**3977**		**633560**	**98297**
本级	58738	5779	16593	1669	34302	275	120		192263	26906
县级小计	29811	5994	9077	4974	5328	581	3857		441297	71391
涪城区	7115	711	1309	661	3538	41	855		58450	12487
游仙区	1355	412	306	208	418	11			28910	5044
江油市	7813	2836	2057	1101	129	33	1657		74425	10270
安县	2133	558	434	633	475	33			39889	6221
梓潼县	1171	126	521	454	29	16	25		32873	5641

2－26－10

单位:万元

地区	收支部分										
	支出										
	外交	国防	公共安全	教育	科学技术	文化体育与传媒	社会保障和就业	医疗卫生	环境保护	城乡社区事务	农林水事务
攀枝花市小计			**29890**	**57905**	**3429**	**5418**	**80985**	**19024**	**12814**	**32178**	**29161**
本级			20660	18453	2543	3339	52910	11063	6432	14519	6366
县级小计			9230	39452	886	2079	28075	7961	6382	17659	22795
东区			1812	15428	196	300	8232	1701	203	4416	1337
西区			1347	2887	126	147	3185	442	208	1164	735
仁和区			1479	7253	302	432	5887	1560	1499	8988	7267
米易县			2247	6902	150	597	5977	1761	1563	679	6675
盐边县			2345	6982	112	603	4794	2497	2909	2412	6781
泸州市小计		**482**	**27337**	**75725**	**2071**	**4459**	**86521**	**19107**	**21794**	**15500**	**37938**
本级		140	12127	5872	1215	2331	28685	4107	755	6037	3775
县级小计		342	15210	69853	856	2128	57836	15000	21039	9463	34163
江阳区		117	1429	8856	153	406	7499	1408	538	1376	3108
龙马潭		8	1023	5062	136	150	5152	1186	414	1924	2052
泸县		79	2735	13839	277	490	9171	1786	1981	1973	5653
纳溪区		60	1125	6778	128	271	5950	2349	1952	1008	3427
合江县		78	2560	11460	74	247	10497	1211	3754	1104	5046
叙永县			4110	10544	43	260	9929	4035	6219	1287	8052
古蔺县			2228	13314	45	304	9638	3025	6181	791	6825
德阳市小计		**900**	**33273**	**70861**	**5153**	**6578**	**91687**	**23132**	**9834**	**38042**	**46108**
本级		124	12247	6281	1848	2708	41978	3859	1316	22180	2759
县级小计		776	21026	64580	3305	3870	49709	19273	8518	15862	43349
旌阳区		133	3153	8900	174	323	8789	2940	668	406	4969
广汉市		75	3417	10662	687	916	8179	3778	530	2105	5201
绵竹市		256	4691	13167	268	1215	9112	4812	2489	7870	7015
中江县		141	3775	17250	177	439	14790	2394	1779	840	16285
什邡市		113	4551	10762	1627	667	5813	3346	2242	3778	6206
罗江县		58	1439	3839	372	310	3026	2003	810	863	3673
绵阳市小计		**1241**	**39373**	**85061**	**8125**	**4809**	**133405**	**24129**	**20921**	**28484**	**70382**
本级		578	14803	8276	6248	2134	37921	5761	778	11276	22223
县级小计		663	24570	76785	1877	2675	95484	18368	20143	17208	48159
涪城区		105	3281	9641	459	184	11371	2303	504	1906	6877
游仙区		39	2164	5686	116	153	7188	846	734	580	3415
江油市		104	3939	12068	278	439	21602	2115	3003	1705	5859
安县		28	2424	7060	88	236	6945	962	4392	1022	4402
梓潼县		70	2227	5955	34	153	5960	1115	1228	1528	4436

2006年地方财政政府收支分类转换数据

2－26－11　　　　单位:万元

地区	收支部分			平衡部分						
	支出			收入						
	交通运输	工业、商业、金融等事务	其他支出	收入总计	本年收入	返还性收入			财力性转移支付收入	
						小计	增值税和消费税税收返还	所得税基数返还	小计	体制补助
攀枝花市小计	**11180**	**41003**	**10942**	**411534**	**224953**	**44784**	**40933**	**3851**	**60064**	
本级	9168	27632	6351	211385	133826	25959	24024	1935	11535	
县级小计	2012	13371	4591	200149	91127	18825	16909	1916	48529	
东区	1165	6705	940	52616	24503	1790	918	872	20409	
西区		167	848	16255	7906	3009	2575	434	2712	
仁和区	124	4887	1296	52332	27456	6533	6189	344	6845	
米易县	287	488	829	39716	16668	4249	4083	166	8546	
盐边县	436	1124	678	39230	14594	3244	3144	100	10017	
泸州市小计	**9433**	**15751**	**41932**	**457409**	**140056**	**42975**	**31160**	**11815**	**152712**	
本级	3292	6365	13546	123734	61597	18893	11647	7246	16652	－450
县级小计	6141	9386	28386	333675	78459	24082	19513	4569	136060	450
江阳区	778	1190	4605	38735	13904	4073	3501	572	12029	100
龙马潭	472	342	1569	24371	8674	2095	1647	448	7555	100
泸县	253	1138	4869	55778	14386	2225	1510	715	26353	200
纳溪区	420	1935	2369	35962	8806	2602	2362	240	14181	50
合江县	2686	2104	6471	56721	10342	3437	2777	660	27237	
叙永县	885	782	6292	61190	10638	3836	3574	262	24435	
古蔺县	647	1895	2211	60918	11709	5814	4142	1672	24270	
德阳市小计	**10499**	**23323**	**33213**	**499863**	**217424**	**74677**	**53791**	**20886**	**95165**	
本级	2782	11566	7592	138572	71563	22727	19835	2892	2516	
县级小计	7717	11757	25621	361291	145861	51950	33956	17994	92649	
旌阳区	792	1045	3085	47674	22195	5503	3785	1718	11042	
广汉市	430	2262	5901	52294	23299	5484	2203	3281	14476	
绵竹市	3513	1187	4637	83279	49323	12219	5965	6254	11777	
中江县	1220	2376	6140	80394	7723	8276	7780	496	40072	
什邡市	1187	4623	4665	73692	36671	17737	11650	6087	9265	
罗江县	575	264	1193	23958	6650	2731	2573	158	6017	
绵阳市小计	**10429**	**47919**	**60985**	**667117**	**238620**	**84735**	**64844**	**19891**	**174121**	
本级	2080	35576	17703	216824	117349	45251	29824	15427	1760	
县级小计	8349	12343	43282	450293	121271	39484	35020	4464	172361	
涪城区	378	3935	5019	59803	28617	12431	12042	389	8265	
游仙区	435	473	2037	31419	8392	4505	4481	24	9561	
江油市	182	822	12039	76365	31211	1268	121	1147	21027	
安县	446	1389	4274	40197	9199	3818	3090	728	14708	
梓潼县	457	626	3443	33050	3884	1823	1622	201	18145	

2-26-12

单位:万元

地区	平衡部分									
	收入									
	财力性转移支付收入									
	一般性转移支付补助	民族地区转移支付补助	调整工资转移支付补助	农村税费改革转移支付补助	取消农业特产税降低农业税率转移支付补助	缓解县乡财政困难转移支付补助	农村义务教育补助	结算补助	企事业单位预算划转补助	其他财力性转移支付
攀枝花市小计	**4446**		**20888**	**1988**	**2042**	**805**	**1717**	**8402**	**17487**	**2289**
本级	308		7663	-150	-156		2	6539	3425	-6096
县级小计	4138		13225	2138	2198	805	1715	1863	14062	8385
东区	7		1274	23	3	1	12	18	12828	6243
西区	11		640	23	2	1	27	102	1197	709
仁和区	729		3195	688	564	53	506	669	37	404
米易县	1621		3685	747	873		592	308		720
盐边县	1770		4431	657	756	750	578	766		309
泸州市小计	**43961**		**46934**	**13046**	**14803**	**3918**	**10567**	**9373**	**1520**	**8590**
本级	132		5274	-910	30			7184	845	4547
县级小计	43829		41660	13956	14773	3918	10567	2189	675	4043
江阳区	2330		4699	1073	1294	474	766	324	519	450
龙马潭	1728		2900	606	761		688	10	156	606
泸县	6808		8698	3552	3355	906	2154	55		625
纳溪区	4798		4595	1296	1735	461	902	-70		414
合江县	9823		7591	2778	2637	1114	1688	640		966
叙永县	8772		6667	2578	2707	511	1769	994		437
古蔺县	9570		6510	2073	2284	452	2600	236		545
德阳市小计	**12177**		**31954**	**9684**	**17168**	**4049**	**6731**	**5016**	**6411**	**1975**
本级	72		7030	-2350	-115			-5649	4503	-975
县级小计	12105		24924	12034	17283	4049	6731	10665	1908	2950
旌阳区	82		3446	1156	2043	650	591	1966	124	984
广汉市	42		4695	1833	2592	772	1160	2260	504	618
绵竹市	40		3286	1066	2568	843	889	1397	1280	408
中江县	11678		8717	6203	6789	1324	2806	2605		-50
什邡市	34		3148	962	1981	460	852	1436		392
罗江县	229		1632	814	1310		433	1001		598
绵阳市小计	**62418**	**156**	**55467**	**12397**	**19476**	**3903**	**10996**	**8635**	**1185**	**-512**
本级	26		5270	-1096	198	-1	89	3828	-559	-5995
县级小计	62392	156	50197	13493	19278	3904	10907	4807	1744	5483
涪城区	95		3563	295	1111	4	633	1853	297	414
游仙区	1748		3184	979	1807	471	703	25	189	455
江油市	1579		8155	1431	2885	550	1801	897	1022	2707
安县	4316		4758	1324	2194	670	995	176		275
梓潼县	9109		4347	1376	1814	407	811	30		251

2－26－13

单位：万元

地区	平衡部分								
	收入							支出	
	专项转移支付			省补助计划单列市	上年结余收入	调入资金	国债转贷收入、上年结余及转补助数	支出总计	本年支出
	小计	专项补助	增发国债补助						
攀枝花市小计	**68658**	**65284**	**3374**		**12568**		**507**	**403903**	**402591**
本级	29597	28182	1415		10368		100	207413	208295
县级小计	39061	37102	1959		2200		407	196490	194296
东区	3868	3819	49		2046			50237	49901
西区	2321	2271	50		307			15746	15730
仁和区	11586	11007	579		－188		100	51867	50558
米易县	10103	9294	809				150	39716	39476
盐边县	11183	10711	472		35		157	38924	38631
泸州市小计	**101980**	**90916**	**11064**		**17842**	**722**	**1122**	**431365**	**428746**
本级	17835	17542	293		7306	329	1122	109514	108092
县级小计	84145	73374	10771		10536	393		321851	320654
江阳区	8152	7564	588		577			37901	37757
龙马潭	5418	4793	625		236	393		23914	23467
泸县	11976	10890	1086		838			55128	54964
纳溪区	9230	9000	230		1143			35469	35372
合江县	14300	12462	1838		1405			55913	55818
叙永县	17467	15464	2003		4814			58612	58492
古蔺县	17602	13201	4401		1523			54914	54784
德阳市小计	**93174**	**83752**	**9422**		**19223**		**200**	**475871**	**472143**
本级	25195	24388	807		16471		100	120445	134709
县级小计	67979	59364	8615		2752		100	355426	337434
旌阳区	8900	7455	1445		34			47193	44657
广汉市	10453	9073	1380		－1418			53492	51765
绵竹市	8375	7688	687		1485		100	80208	77067
中江县	23802	19597	4205		521			78623	78260
什邡市	9081	8614	467		938			72972	63226
罗江县	7368	6937	431		1192			22938	22459
绵阳市小计	**144925**	**138877**	**6048**		**21820**		**2896**	**640274**	**633560**
本级	28968	30661	－1693		22111		1385	191432	192263
县级小计	115957	108216	7741		－291		1511	448842	441297
涪城区	10232	9393	839		258			59008	58450
游仙区	8861	8038	823				100	31303	28910
江油市	22859	22124	735					76365	74425
安县	12372	10680	1692				100	40197	39889
梓潼县	9258	8566	692		－60			33050	32873

2－26－14

单位:万元

地区	平衡部分									
	支出								年终结余	其中:净结余
	财力性转移支付			专项上解	计划单列市上解省	增设预算周转金	调出资金	国债转贷拨付数及年末结余		
	小计	体制上解	出口退税专项上解							
攀枝花市小计				**805**				**507**	**7631**	**3565**
本级				－982				100	3972	1464
县级小计				1787				407	3659	2101
东区				336					2379	2379
西区				16					509	459
仁和区				1209				100	465	－737
米易县				90				150		
盐边县				136				157	306	
泸州市小计	**105**		**105**	**889**			**503**	**1122**	**26044**	**8240**
本级	105		105	－112			307	1122	14220	6555
县级小计				1001			196		11824	1685
江阳区				107			37		834	535
龙马潭				422			25		457	79
泸县				125			39		650	550
纳溪区				64			33		493	62
合江县				71			24		808	237
叙永县				102			18		2578	222
古蔺县				110			20		6004	
德阳市小计	**1403**		**1403**	**690**			**1435**	**200**	**23992**	**3086**
本级	428		428	－15395			603	100	18127	4014
县级小计	975		975	16085			832	100	5865	－928
旌阳区	54		54	2482					481	400
广汉市	626		626	1001			100		－1198	－1410
绵竹市	130		130	2179			732	100	3071	538
中江县				363					1771	－1007
什邡市	137		137	9609					720	543
罗江县	28		28	451					1020	8
绵阳市小计	**446**		**446**	**2180**			**1192**	**2896**	**26843**	**－7376**
本级	45		45	－3257			996	1385	25392	－7370
县级小计	401		401	5437			196	1511	1451	－6
涪城区	97		97	461					795	57
游仙区	9		9	2165			119	100	116	
江油市	27		27	1913						
安县	48		48	83			77	100		
梓潼县	117		117	60						

2－26－15

单位:万元

地区	收支部分										
	收入										
	本年收入小计	税收收入									
		小计	增值税	营业税	企业所得税	个人所得税	城市维护建设税	耕地占用税	契税	烟叶税	其他各项税收收入
平武县	6175	4211	1127	1940	217	313	179	3	102		330
北川县	5038	3400	888	1436	304	277	155	69	47		224
三台县	14061	10569	2081	3835	300	750	526	393	975		1709
盐亭县	4713	3585	599	1773	108	300	160	14	274		357
高新区	9981	7979	1138	2442	764	292	774	520	870		1179
广元市小计	**51107**	**37280**	**8744**	**12136**	**2312**	**2621**	**3951**	**303**	**2402**	**1161**	**3650**
本级	26451	18673	5004	5543	2030	1115	2626	152	380		1823
县级小计	24656	18607	3740	6593	282	1506	1325	151	2022	1161	1827
市中区	5208	4908	686	1790	73	296	323	18	1389		333
元坝区	1702	1170	146	282	6	87	90	9	12	354	184
朝天区	1740	773	144	357	13	104	86	15	5		49
剑阁县	3363	2599	380	758	21	258	163	3	107	731	178
旺苍县	5133	4298	1711	1112	99	242	337	23	132	76	566
青川县	1696	1183	245	457	23	107	94	6	41		210
苍溪县	5814	3676	428	1837	47	412	232	77	336		307
遂宁市小计	**62841**	**40575**	**6503**	**13954**	**2373**	**2888**	**5252**	**465**	**4495**		**4645**
本级	26976	15918	2082	6170	650	1579	1552	5	2303		1577
县级小计	35865	24657	4421	7784	1723	1309	3700	460	2192		3068
船山区	8652	6811	773	2996	83	194	568	87	1261		849
蓬溪县	3876	2058	269	1018	30	243	159	3	173		163
射洪县	16367	11185	2388	2331	1561	600	2373	50	606		1276
大英县	4684	3224	788	831	46	194	491	320	123		431
安居区	2286	1379	203	608	3	78	109		29		349
内江市小计	**88889**	**61439**	**16282**	**17057**	**4415**	**4254**	**7340**	**240**	**4394**		**7457**
本级	32540	21336	5348	6459	2027	1661	2042		991		2808
县级小计	56349	40103	10934	10598	2388	2593	5298	240	3403		4649
市中区	7094	4884	473	1769	182	209	536	79	774		862
东兴区	7122	5038	600	1786	425	363	474	3	942		445
资中县	12449	7812	1542	2602	585	599	765	4	571		1144
威远县	20103	15514	6916	2551	518	688	2858	143	442		1398
隆昌县	9581	6855	1403	1890	678	734	665	11	674		800
乐山市小计	**172916**	**127360**	**30810**	**34274**	**16026**	**6600**	**14277**	**2230**	**6850**		**16293**
本级	70819	52132	10592	17927	8638	2892	3153	154	3913		4863
县级小计	102097	75228	20218	16347	7388	3708	11124	2076	2937		11430
市中区	15681	11215	964	3815	669	490		169	898		4210

2－26－16

单位:万元

地区	收支部分									
	收入								支出	
	非税收入							贷款转贷回收本金收入	本年支出小计	一般公共服务
	小计	专项收入	行政事业性收费收入	罚没收入	国有资本经营收入	国有资源(资产)有偿使用收入	其他收入			
平武县	1964	245	716	295		296	412		29648	4777
北川县	1638	203	831	228	269	78	29		26735	4678
三台县	3492	421	2125	861		58	27		86264	12367
盐亭县	1128	122	384	352	255	10	5		49390	7343
高新区	2002	360	394	181	215	5	847		14713	2563
广元市小计	**13827**	**3884**	**6137**	**3295**	**63**	**448**			**361408**	**62481**
本级	7778	2831	3061	1641	－88	333			83330	17175
县级小计	6049	1053	3076	1654	151	115			278078	45306
市中区	300	197	82	11		10			33882	5870
元坝区	532	86	221	222		3			22077	4083
朝天区	967	50	739	134	41	3			20999	4243
剑阁县	764	108	464	169		23			52222	9792
旺苍县	835	365	158	302		10			47725	7057
青川县	513	61	344	58		50			38753	5434
苍溪县	2138	186	1068	758	110	16			62420	8827
遂宁市小计	**22266**	**3625**	**10114**	**4907**	**3153**	**242**	**225**		**319051**	**49834**
本级	11058	2028	7344	842	600	94	150		66308	12520
县级小计	11208	1597	2770	4065	2553	148	75		252743	37314
船山区	1841	274	132	1413		19	3		41212	7022
蓬溪县	1818	148	539	687	342	91	11		59578	8840
射洪县	5182	1062	1315	605	2127	12	61		70043	8642
大英县	1460	93	624	647	84	12			38317	5916
安居区	907	20	160	713		14			43593	6894
内江市小计	**27450**	**6488**	**12183**	**7768**	**23**	**459**	**529**		**373333**	**56655**
本级	11204	2922	4863	2990	－156	240	345		95712	9067
县级小计	16246	3566	7320	4778	179	219	184		277621	47588
市中区	2210	328	1126	690	18	19	29		36500	6028
东兴区	2084	311	851	843		79			47700	8317
资中县	4637	750	2734	1064		74	15		84559	14837
威远县	4589	1583	1619	1077	161	19	130		57180	8910
隆昌县	2726	594	990	1104		28	10		51682	9496
乐山市小计	**45556**	**15360**	**14766**	**6053**	**7841**	**680**	**856**		**444790**	**79179**
本级	18687	5411	7803	1615	3655	142	61		102053	19789
县级小计	26869	9949	6963	4438	4186	538	795		342737	59390
市中区	4466	1286	1151	425	1511	93			39260	6996

2006 年地方财政政府收支分类转换数据

2－26－17

单位:万元

地区	外交	国防	公共安全	教育	科学技术	文化体育与传媒	社会保障和就业	医疗卫生	环境保护	城乡社区事务	农林水事务
	收支部分										
	支出										
平武县		32	1598	4062	49	382	3498	1140	3246	1042	3755
北川县		74	1554	4305	143	420	3349	1168	3294	349	3699
三台县		118	3980	18980	430	386	18891	5824	2229	3712	8677
盐亭县		65	2673	7775	180	317	13641	2686	1499	1027	6942
高新区		28	730	1253	100	5	3039	209	14	4337	97
广元市小计		**191**	**23925**	**67477**	**1717**	**4543**	**73206**	**21098**	**24292**	**12700**	**35160**
本级			9417	6239	705	1731	24622	3946	2278	4282	7038
县级小计		191	14508	61238	1012	2812	48584	17152	22014	8418	28122
市中区		68	1746	6387	25	204	7286	1479	2943	2021	2429
元坝区		4	1423	5798	57	289	2753	779	1970	379	3043
朝天区		10	999	5098	34	256	2409	1152	3131	304	2149
剑阁县		10	2547	12462	75	475	8930	4526	2053	920	5672
旺苍县		34	2450	9709	197	344	8965	2488	3803	1377	4500
青川县		65	1582	6744	93	393	6827	1409	5208	1162	3823
苍溪县			3761	15040	531	851	11414	5319	2906	2255	6506
遂宁市小计		**1177**	**20269**	**59376**	**2099**	**4190**	**77315**	**13516**	**10515**	**9946**	**36969**
本级		815	8834	3325	407	1676	17511	2397	1555	1845	3136
县级小计		362	11435	56051	1692	2514	59804	11119	8960	8101	33833
船山区		21	2775	9268	267	170	11837	1206	969	773	3355
蓬溪县		88	2058	12983	267	678	15081	2651	1576	1511	10275
射洪县		94	3100	15483	874	1361	15421	4449	2839	2898	8313
大英县		140	1701	7740	133	170	9915	994	1791	846	5156
安居区		19	1801	10577	151	135	7550	1819	1785	2073	6734
内江市小计		**982**	**22925**	**65965**	**1610**	**2874**	**95379**	**17109**	**12818**	**11737**	**34952**
本级		668	7539	5815	664	1102	44699	3292	1414	3517	4695
县级小计		314	15386	60150	946	1772	50680	13817	11404	8220	30257
市中区		61	3057	7067	179	175	8394	1505	811	1120	3386
东兴区		27	3043	10316	95	276	9028	1638	1537	1306	5596
资中县		138	3179	18596	150	599	14707	5284	2855	2428	11324
威远县			2964	12471	268	418	9389	2012	3275	2048	4870
隆昌县		88	3143	11700	254	304	9162	3378	2926	1318	5081
乐山市小计	**83**	**1081**	**34747**	**68914**	**3381**	**7340**	**86920**	**21755**	**28372**	**21800**	**38905**
本级	81	543	15654	7425	1275	3521	24384	4927	835	6454	4145
县级小计	2	538	19093	61489	2106	3819	62536	16828	27537	15346	34760
市中区		73	1270	8266	267	246	9686	1819	1921	885	3623

2-26-18

单位:万元

地区	收支部分			平衡部分						
	支出			收入						
						返还性收入			财力性转移支付收入	
	交通运输	工业、商业、金融等事务	其他支出	收入总计	本年收入	小计	增值税和消费税税收返还	所得税基数返还	小计	体制补助
平武县	1493	719	3855	29979	6175	2476	2380	96	13614	
北川县	1004	578	2120	27007	5038	2026	1797	229	11769	
三台县	2437	2164	6069	86883	14061	4856	3635	1221	47836	
盐亭县	1434	710	3098	50296	4713	4124	4042	82	26663	
高新区	83	927	1328	15294	9981	2157	1810	347	773	
广元市小计	**14382**	**8213**	**12023**	**362164**	**51107**	**27136**	**26121**	**1015**	**171308**	
本级	1439	3601	857	82683	26451	12893	12555	338	18604	
县级小计	12943	4612	11166	279481	24656	14243	13566	677	152704	
市中区	1105	317	2002	34023	5208	1686	1522	164	15168	
元坝区	1098	153	248	22232	1702	868	857	11	12252	
朝天区	306	156	752	21166	1740	908	898	10	11671	
剑阁县	2284	1563	913	52310	3363	2362	2186	176	33714	
旺苍县	1238	1103	4460	47954	5133	3478	3412	66	24141	
青川县	5646	262	105	39098	1696	1514	1497	17	19406	
苍溪县	1266	1058	2686	62698	5814	3427	3194	233	36352	
遂宁市小计	**7352**	**8972**	**17521**	**322682**	**62841**	**27612**	**22129**	**5483**	**128468**	
本级	4754	2913	4620	67859	26976	9439	7589	1850	10460	
县级小计	2598	6059	12901	254823	35865	18173	14540	3633	118008	
船山区	198	644	2707	41643	8652	2065	1914	151	16682	
蓬溪县	483	2001	1086	59650	3876	1537	1381	156	33709	
射洪县	281	2114	4174	71066	16367	10933	7920	3013	22060	
大英县	629	986	2200	38649	4684	2288	2124	164	18457	
安居区	1007	314	2734	43815	2286	1350	1201	149	27100	
内江市小计	**10344**	**9576**	**30407**	**379644**	**88889**	**30959**	**26445**	**4514**	**147512**	
本级	2477	3452	7311	99607	32540	8911	7158	1753	14045	
县级小计	7867	6124	23096	280037	56349	22048	19287	2761	133467	
市中区	843	396	3478	36646	7094	1975	1612	363	19440	
东兴区	1465	453	4603	48151	7122	2494	2079	415	28764	
资中县	2530	1657	6275	86685	12449	3524	3196	328	45946	
威远县	2436	2899	5220	58063	20103	9332	8857	475	15777	
隆昌县	593	719	3520	50492	9581	4723	3543	1180	23540	
乐山市小计	**14110**	**12614**	**25589**	**472851**	**172916**	**42021**	**31955**	**10066**	**129091**	
本级	4278	6508	2234	117170	70819	15026	8969	6057	3162	
县级小计	9832	6106	23355	355681	102097	26995	22986	4009	125929	
市中区	317	323	3568	39786	15681	2917	2548	369	13966	

2－26－19 单位:万元

地区	平衡部分 收入 财力性转移支付收入 一般性转移支付补助	民族地区转移支付补助	调整工资转移支付补助	农村税费改革转移支付补助	取消农业特产税降低农业税率转移支付补助	缓解县乡财政困难转移支付补助	农村义务教育补助	结算补助	企事业单位预算划转补助	其他财力性转移支付
平武县	7039		3576	622	503		500	1030		344
北川县	5701	156	3379	473	421	13	405	821		400
三台县	19461		12233	4479	6478	1364	3679	－20		162
盐亭县	13344		6731	2505	2014	425	1257	－5		392
高新区			271	9	51		123		236	83
广元市小计	**79248**		**46169**	**12917**	**15782**	**3144**	**7058**	**1961**	**2031**	**2998**
本级	11271		7837	15	35			－1903	2031	－682
县级小计	67977		38332	12902	15747	3144	7058	3864		3680
市中区	6644		3936	641	746	50	480	2219		452
元坝区	5246		3065	1366	1542		507	292		234
朝天区	6049		2578	829	1131		595	301		188
剑阁县	15752		7417	3032	4565	742	1734	62		410
旺苍县	10657		7095	1451	1762	350	1160	482		1184
青川县	10132		5126	1116	1165	1	654	417		795
苍溪县	13497		9115	4467	4836	2001	1928	91		417
遂宁市小计	**52121**		**37435**	**13833**	**12301**	**2530**	**8424**	**120**	**443**	**1261**
本级	4771		6024					－1399	569	495
县级小计	47350		31411	13833	12301	2530	8424	1519	－126	766
船山区	6995		4736	1965	1595	5	924	286	－4	180
蓬溪县	15651		8256	4096	2707	655	1942	318	－34	118
射洪县	5272		8340	1783	2977	801	2372	472	－65	108
大英县	7618		5087	2045	1658	467	1362	158	－21	83
安居区	11814		4992	3944	3364	602	1824	285	－2	277
内江市小计	**57336**		**50482**	**13872**	**10555**	**2211**	**8083**	**1671**	**1551**	**1751**
本级	6699		7024			－1		451	265	－393
县级小计	50637		43458	13872	10555	2212	8083	1220	1286	2144
市中区	9268		5770	1349	883	7	697	536	740	190
东兴区	12533		8017	3048	2413	481	1642	187	56	387
资中县	19298		13206	5562	3872	634	2756	124	64	430
威远县	1166		7787	1533	1884	698	1530	295		884
隆昌县	8372		8678	2380	1503	392	1458	78	426	253
乐山市小计	**34678**	**919**	**51878**	**8925**	**9785**	**1540**	**6768**	**7590**	**1254**	**5754**
本级	6041		7483	－600			4	－10739	926	47
县级小计	28637	919	44395	9525	9785	1540	6764	18329	328	5707
市中区	2407		5824	1201	1271	2	639	1797	124	701

2－26－20 单位：万元

地区	平衡部分								
	收入							支出	
	专项转移支付			省补助计划单列市	上年结余收入	调入资金	国债转贷收入、上年结余及转补助数	支出总计	本年支出
	小计	专项补助	增发国债补助						
平武县	7558	7128	430		28		128	29844	29648
北川县	7938	7274	664		160		76	26869	26735
三台县	20184	18834	1350		－420		366	86983	86264
盐亭县	14389	13895	494		－334		741	50296	49390
高新区	2306	2284	22		77			14927	14713
广元市小计	**110122**	**97032**	**13090**		**2065**		**426**	**362133**	**361408**
本级	24145	21760	2385		414		176	83023	83330
县级小计	85977	75272	10705		1651		250	279110	278078
市中区	11661	10532	1129		300			33992	33882
元坝区	7410	5812	1598					22198	22077
朝天区	6603	5810	793		244			21066	20999
剑阁县	13147	12378	769		－526		250	52632	52222
旺苍县	15202	13227	1975					47847	47725
青川县	15578	12413	3165		904			38786	38753
苍溪县	16376	15100	1276		729			62589	62420
遂宁市小计	**98362**	**90564**	**7798**		**9**	**3310**	**2080**	**321968**	**319051**
本级	17716	16778	938		403	1400	1465	67274	66308
县级小计	80646	73786	6860		－394	1910	615	254694	252743
船山区	13398	12473	925		－205	1051		41757	41212
蓬溪县	20701	18532	2169		－673	500		59736	59578
射洪县	20803	19184	1619		388		515	70844	70043
大英县	13024	12087	937		96		100	38546	38317
安居区	12720	11510	1210			359		43811	43593
内江市小计	**105948**	**97933**	**8015**		**5578**	**41**	**717**	**374893**	**373333**
本级	38808	37687	1121		5053		250	96105	95712
县级小计	67140	60246	6894		525	41	467	278788	277621
市中区	8144	7235	909		－7			36668	36500
东兴区	9932	8959	973		－161			47848	47700
资中县	23193	21452	1741		1065	41	467	85209	84559
威远县	11923	10955	968		928			57308	57180
隆昌县	13948	11645	2303		－1300			51755	51682
乐山市小计	**110509**	**100604**	**9905**		**16610**	**701**	**1003**	**447505**	**444790**
本级	17354	17229	125		10809			100980	102053
县级小计	93155	83375	9780		5801	701	1003	346525	342737
市中区	9104	8544	560		－1882			40238	39260

2006年地方财政政府收支分类转换数据

2－26－21　　　　单位:万元

地区	平衡部分									
	支出								年终结余	其中:净结余
	财力性转移支付			专项上解	计划单列市上解省	增设预算周转金	调出资金	国债转贷拨付数及年末结余		
	小计	体制上解	出口退税专项上解							
平武县				68				128	135	
北川县	26		26	32				76	138	22
三台县	48		48	305				366	－100	－100
盐亭县				165				741		
高新区	29		29	185					367	15
广元市小计	**87**		**87**	**212**				**426**	**31**	**31**
本级	87		87	－570				176	－340	－340
县级小计				782				250	371	371
市中区				110					31	31
元坝区				121					34	34
朝天区				67					100	100
剑阁县				160				250	－322	－322
旺苍县				122					107	107
青川县				33					312	312
苍溪县				169					109	109
遂宁市小计	**151**		**151**	**686**				**2080**	**714**	
本级	138		138	－637				1465	585	－18
县级小计	13		13	1323				615	129	18
船山区				545					－114	－210
蓬溪县				158					－86	－90
射洪县	13		13	273				515	222	218
大英县				129				100	103	100
安居区				218					4	
内江市小计	**284**		**284**	**559**				**717**	**4751**	**－926**
本级	104		104	39				250	3502	538
县级小计	180		180	520				467	1249	－1464
市中区	18		18	150					－22	－738
东兴区	62		62	86					303	－317
资中县	44		44	139				467	1476	99
威远县	51		51	77					755	755
隆昌县	5		5	68					－1263	－1263
乐山市小计	**351**		**351**	**1361**				**1003**	**25346**	**－859**
本级	240		240	－1313					16190	615
县级小计	111		111	2674				1003	9156	－1474
市中区	59		59	919					－452	－997

2－26－22　　　　单位:万元

地区	收支部分										
	收入										
	本年收入小计	税收收入									
		小计	增值税	营业税	企业所得税	个人所得税	城市维护建设税	耕地占用税	契税	烟叶税	其他各项税收收入
五通桥区	9907	7412	1976	942	709	278	2059	4	210		1234
沙湾区	12331	9005	2573	1396	443	395	2224	1198	92		684
金口河区	4612	4071	1871	414	714	146	640		65		221
峨眉山市	18709	13930	3601	3408	1282	584	2931	167	664		1293
犍为县	8672	7553	1942	1547	1190	505	739	6	331		1293
井研县	4076	2477	483	692	126	254	223	12	210		477
夹江县	10905	6935	1914	1371	568	392	897	285	255		1253
沐川县	5096	2871	941	617	228	233	370	200	94		188
峨边县	8230	6526	2747	1064	1154	192	860	28	105		376
马边县	3878	3233	1206	1081	305	239	181	7	13		201
南充市小计	**112465**	**69991**	**8100**	**25464**	**3222**	**5847**	**10773**	**796**	**6882**		**8907**
本级	34940	19774	2236	7886	1079	1437	2009	88	2397		2642
县级小计	77525	50217	5864	17578	2143	4410	8764	708	4485		6265
顺庆区	16677	13664	1426	5549	728	1072	1500		1693		1696
高坪区	4412	2705	525	1031	133	194	250	8	302		262
嘉陵区	4878	3084	284	1306	217	172	258	2	401		444
南部县	12388	7528	1024	1567	226	512	2561	175	434		1029
营山县	8300	4167	457	1187	114	628	1023	278	205		275
蓬安县	9055	4708	654	1223	209	376	1243	214	168		621
仪陇县	5798	3963	464	2034	138	393	406	3	337		188
西充县	5189	2998	256	1267	167	429	190	28	293		368
阆中市	10828	7400	774	2414	211	634	1333		652		1382
宜宾市小计	**186549**	**146078**	**35771**	**28260**	**38807**	**5933**	**18292**	**1852**	**5558**	**979**	**10626**
本级	92932	76075	23136	6936	33047		12573	185			198
县级小计	93617	70003	12635	21324	5760	5933	5719	1667	5558	979	10428
翠屏区	36821	30002	4184	10927	1810	3374	145	216	4176		5170
宜宾县	14899	10818	2440	3272	1365	558	1048	991	404		740
南溪县	4304	2583	390	1064	92	236	316	1	204		280
江安县	5168	3267	280	988	98	263	771	233	261		373
长宁县	5416	3844	827	1019	332	186	452	6	125		897
高县	8054	5577	1394	1277	327	323	1331	95	118		712
筠连县	5913	4726	1245	585	945	318	409	27	63	448	686
珙县	6918	4707	882	967	248	305	803	97	149	50	1206
兴文县	3904	2889	668	615	409	151	268		43	477	258
屏山县	2220	1590	325	610	134	219	176	1	15	4	106

2006年地方财政政府收支分类转换数据

2-26-23 单位:万元

地区	收支部分									
	收入								支出	
	非税收入							贷款转贷回收本金收入	本年支出小计	一般公共服务
	小计	专项收入	行政事业性收费收入	罚没收入	国有资本经营收入	国有资源(资产)有偿使用收入	其他收入			
五通桥区	2495	1097	504	422	458	14			30919	4070
沙湾区	3326	1093	866	274	757	219	117		27551	4109
金口河区	541	391	35	108		7			14299	3207
峨眉山市	4779	1471	1091	740	1402	75			44884	8749
犍为县	1119	1895	568	535	-1895	16			43602	7192
井研县	1599	204	684	442	225	41	3		32236	6172
夹江县	3970	663	1460	704	470	10	663		33189	5350
沐川县	2225	380	323	255	1258	9			24564	3725
峨边县	1704	1285	161	207		39	12		25422	4503
马边县	645	184	120	326		15			26811	5317
南充市小计	**42474**	**4693**	**23027**	**8192**	**5390**	**601**	**571**		**670057**	**116213**
本级	15166	2309	7219	2668	2523	371	76		111019	21960
县级小计	27308	2384	15808	5524	2867	230	495		559038	94253
顺庆区	3013	780	987	601	572	17	56		50184	9612
高坪区	1707	224	713	384	369	17			42660	7674
嘉陵区	1794	126	1363	143	135	8	19		50503	5549
南部县	4860	136	3253	1103	235	52	81		92185	12409
营山县	4133	153	3360	206	72	59	283		63492	10813
蓬安县	4347	282	1816	1004	1232	13			52181	9688
仪陇县	1835	226	710	855	8	36			84363	19742
西充县	2191	131	1272	582	194	12			51973	10830
阆中市	3428	326	2334	646	50	16	56		71497	7936
宜宾市小计	**40471**	**11947**	**17329**	**8938**	**466**	**875**	**916**		**558838**	**83277**
本级	16857	3446	9144	3345	-590	601	911		157424	19903
县级小计	23614	8501	8185	5593	1056	274	5		401414	63374
翠屏区	6819	4499	1444	555	231	90			77994	12256
宜宾县	4081	792	2013	1173	75	28			63646	9133
南溪县	1721	303	871	407	124	16			32964	3970
江安县	1901	461	871	450	99	15	5		34389	6410
长宁县	1572	353	544	662		13			30795	4474
高县	2477	454	1000	769	238	16			35279	5233
筠连县	1187	471	349	340		27			31974	5599
珙县	2211	821	735	349	258	48			35134	5440
兴文县	1015	187	156	627	30	15			34482	5668
屏山县	630	160	202	261	1	6			24757	5191

2－26－24　　　　单位：万元

地　　区	收支部分										
	支出										
	外　交	国　防	公共安全	教　育	科学技术	文化体育与传媒	社会保障和就业	医疗卫生	环境保护	城乡社区事务	农林水事务
五通桥区		44	1731	5028	172	239	8492	680	1025	2690	2847
沙湾区		90	1440	2976	180	369	6171	1105	2278	1392	1688
金口河区		30	1093	1910	11	464	674	361	1594	1492	1469
峨眉山市		64	2893	6780	380	458	7948	2772	4353	3089	4629
犍为县	2	71	2507	10145	470	557	9473	2091	3023	442	4608
井研县		46	1852	5676	277	407	6177	1052	760	1468	4188
夹江县		110	2069	6838	120	458	4238	2691	1100	950	5703
沐川县			1310	4071	111	126	3796	1719	3645	834	2252
峨边县			1569	4618	66	386	3007	1158	4291	1023	1716
马边县		10	1359	5181	52	109	2874	1380	3547	1081	2037
南充市小计		**185**	**41579**	**137434**	**2645**	**8348**	**120994**	**30309**	**26748**	**24595**	**77768**
本级		185	10990	6308	1230	2258	25374	3865	1850	4919	8413
县级小计			30589	131126	1415	6090	95620	26444	24898	19676	69355
顺庆区			4301	10750	81	733	9634	1063	1797	3068	4241
高坪区			2285	9785	47	118	9000	687	2636	1408	4144
嘉陵区			3754	15658	152	286	7528	2773	2725	1427	5468
南部县			4346	21021	93	920	20695	6093	3938	4040	12163
营山县			2900	16184	127	901	8695	2529	2097	2328	6878
蓬安县			2977	11735	62	635	9134	1416	2448	1303	6849
仪陇县			3580	18193	97	1119	7539	4371	3576	2074	13425
西充县			2587	13620	345	542	5821	2895	2455	1209	7950
阆中市			3859	14180	411	836	17574	4617	3226	2819	8237
宜宾市小计	**14**	**1050**	**33125**	**98593**	**4593**	**7417**	**96430**	**26010**	**29512**	**50875**	**45522**
本级	4	512	13610	8709	2324	4899	18260	5471	6143	34888	6132
县级小计	10	538	19515	89884	2269	2518	78170	20539	23369	15987	39390
翠屏区		30	2046	16487	564	382	16683	3618	1397	9126	6404
宜宾县		60	3513	16084	399	352	11073	4409	2392	672	6458
南溪县		75	1718	7651	162	177	7030	2235	1437	557	3678
江安县		93	1849	8448	372	320	7329	1507	1249	655	3163
长宁县	5		2121	6542	126	186	6610	1470	2802	645	3247
高县		46	1969	7641	285	218	6728	1542	3501	279	3726
筠连县		18	1484	7513	86	212	5780	1380	2277	930	3728
珙县		68	1978	6790	76	221	5717	1993	2173	2562	3376
兴文县		132	1916	8058	101	282	7189	1439	3980	410	3233
屏山县	5	16	921	4670	98	168	4031	946	2161	151	2377

2－26－25

单位:万元

地区	收支部分			平衡部分						
	支出			收入						
						返还性收入			财力性转移支付收入	
	交通运输	工业、商业、金融等事务	其他支出	收入总计	本年收入	小计	增值税和消费税税收返还	所得税基数返还	小计	体制补助
五通桥区	189	1320	2392	31897	9907	3036	2929	107	10574	
沙湾区	774	1242	3737	28183	12331	2020	1721	299	5399	
金口河区	708	98	1188	14528	4612	494	284	210	4237	
峨眉山市	210	688	1871	49677	18709	4456	3179	1277	10272	
犍为县	1584	910	527	42544	8672	5275	4709	566	18827	
井研县	488	565	3108	32774	4076	1961	1852	109	19345	
夹江县	752	318	2492	35354	10905	4203	3809	394	8427	
沐川县	895	289	1791	25856	5096	1770	1569	201	10261	
峨边县	729	209	2147	26475	8230	699	242	457	9556	
马边县	3186	144	534	28607	3878	164	144	20	15065	
南充市小计	**15637**	**25266**	**42336**	**695909**	**112465**	**44794**	**41270**	**3524**	**317027**	
本级	9062	10712	3893	124694	34940	16677	16330	347	23691	
县级小计	6575	14554	38443	571215	77525	28117	24940	3177	293336	
顺庆区	429	1249	3226	51595	16677	6095	5528	567	13558	
高坪区	445	513	3918	43241	4412	1578	1421	157	26075	
嘉陵区	850	282	4051	51646	4878	1818	1466	352	30387	
南部县	814	562	5091	94573	12388	3851	3381	470	48822	
营山县	1423	1391	7226	65649	8300	2616	2183	433	38604	
蓬安县	223	2478	3233	52833	9055	3519	3304	215	27465	
仪陇县	564	5955	4128	87027	5798	2655	2414	241	41776	
西充县	147	936	2636	52295	5189	1998	1688	310	32078	
阆中市	1680	1188	4934	72356	10828	3987	3555	432	34571	
宜宾市小计	**27590**	**19643**	**35187**	**620236**	**186549**	**108930**	**64015**	**44915**	**164920**	
本级	19088	11421	6060	203583	92932	70539	29963	40576	－7315	
县级小计	8502	8222	29127	416653	93617	38391	34052	4339	172235	
翠屏区	946	3525	4530	85906	36821	12944	11449	1495	16596	
宜宾县	983	634	7484	66008	14899	4931	4308	623	28888	
南溪县	462	284	3528	34464	4304	3219	2948	271	15545	
江安县	821	472	1701	35156	5168	1590	1436	154	19427	
长宁县	139	477	1951	31809	5416	2810	2309	501	14233	
高县	810	903	2398	36634	8054	3330	2775	555	13581	
筠连县	846	335	1786	29257	5913	2003	1867	136	16617	
珙县	2071	376	2293	39277	6918	4019	3804	215	14453	
兴文县	671	978	425	35774	3904	2351	2080	271	18117	
屏山县	753	238	3031	22368	2220	1194	1076	118	14778	

二、各省、自治区、直辖市地市县一般预算财政资料

2-26-26　　　　单位:万元

地区	平衡部分									
	收入									
	财力性转移支付收入									
	一般性转移支付补助	民族地区转移支付补助	调整工资转移支付补助	农村税费改革转移支付补助	取消农业特产税降低农业税率转移支付补助	缓解县乡财政困难转移支付补助	农村义务教育补助	结算补助	企事业单位预算划转补助	其他财力性转移支付
五通桥区	2580		3873	844	686		552	1314	31	694
沙湾区	376		2142	498	449		376	792		766
金口河区	1225		1440	116	22	1	152	445		836
峨眉山市	26		4610	489	1008	1	884	2873	173	208
犍为县	3582		5819	2276	2121	377	1151	2905		596
井研县	7834		5684	1802	1861	482	782	552		348
夹江县	1169		4183	560	978		690	810		37
沐川县	3206		2871	1156	1083	53	580	979		333
峨边县	1188	413	3778	227	156	14	421	2580		779
马边县	5044	506	4171	356	150	610	537	3282		409
南充市小计	**140913**		**85772**	**34493**	**23743**	**6810**	**17645**	**700**	**1174**	**5777**
本级	15424		7773	-300			8	-63	180	669
县级小计	125489		77999	34793	23743	6810	17637	763	994	5108
顺庆区	6374		6262	1030	1262	2	698	-3330	918	342
高坪区	10614		7051	2636	1696	378	1381	1889	76	354
嘉陵区	13903		6929	3543	2208	656	1800	1271		77
南部县	19846		13055	6998	4382	683	3421	23		414
营山县	18505		9536	3953	3206	669	2117	72		546
蓬安县	10219		8347	3048	2445	701	1648	641		416
仪陇县	17940		8858	5567	3189	896	3380	127		1819
西充县	13898		8078	4182	2648	830	1440	64		938
阆中市	14190		9883	3836	2707	1995	1752	6		202
宜宾市小计	**53811**		**57418**	**14783**	**14919**	**3194**	**12670**	**3687**	**3136**	**1302**
本级	-5710		5082	-3500	-458			-3261	1403	-871
县级小计	59521		52336	18283	15377	3194	12670	6948	1733	2173
翠屏区	286		6947	843	1375	435	1126	3860	1363	361
宜宾县	8678		9243	4088	2871	755	2336	915		2
南溪县	6597		4359	1329	1082		1073	593	370	142
江安县	8545		4797	2483	1636	426	1389	18		133
长宁县	5312		4535	1309	1285	466	1085	153		88
高县	3074		4666	1859	1792	717	1200	266		7
筠连县	6908		4398	1984	1556		1275	179		317
珙县	5063		4844	1295	1507	3	1203	266		272
兴文县	8136		4928	1663	1366	391	1161	285		187
屏山县	6922		3619	1430	907	1	822	413		664

2－26－27

单位:万元

地区	平衡部分								
	收入							支出	
	专项转移支付			省补助计划单列市	上年结余收入	调入资金	国债转贷收入上年结余及转补助数	支出总计	本年支出
	小计	专项补助	增发国债补助						
五通桥区	8227	7915	312		153			31730	30919
沙湾区	8487	7677	810		－154	100		28124	27551
金口河区	5021	4208	813		53		111	14423	14299
峨眉山市	13557	12249	1308		2160	275	248	45287	44884
犍为县	12112	10568	1544		－2448		106	43739	43602
井研县	6902	6218	684		489	1		32329	32236
夹江县	7117	6589	528		4569		133	33423	33189
沐川县	7322	6618	704		795	325	287	24860	24564
峨边县	7600	5816	1784		326		64	25505	25422
马边县	7706	6973	733		1740		54	26867	26811
南充市小计	**185227**	**165654**	**19573**		**34416**	**160**	**1820**	**672785**	**670057**
本级	26382	25162	1220		22744	160	100	109643	111019
县级小计	158845	140492	18353		11672		1720	563142	559038
顺庆区	14888	14299	589		377			50599	50184
高坪区	11099	10536	563		77			42977	42660
嘉陵区	13489	12304	1185		1074			50932	50503
南部县	27850	25875	1975		977		685	93194	92185
营山县	14331	13399	932		1497		301	63966	63492
蓬安县	12031	11415	616		570		193	52556	52181
仪陇县	30568	20870	9698		6230			84539	84363
西充县	12180	10895	1285		660		190	52285	51973
阆中市	22409	20899	1510		210		351	72094	71497
宜宾市小计	**106117**	**94466**	**11651**		**50767**		**2953**	**563539**	**558838**
本级	1109	120	989		45918		400	156443	157424
县级小计	105008	94346	10662		4849		2553	407096	401414
翠屏区	14704	12920	1784		4841			80484	77994
宜宾县	15826	14401	1425		901		563	64657	63646
南溪县	10997	10091	906		399			32991	32964
江安县	8299	7295	1004		477		195	34620	34389
长宁县	8906	8407	499		283		161	31025	30795
高县	10914	9663	1251		480		275	35637	35279
筠连县	8086	7452	634		－3603		241	32245	31974
珙县	9644	8561	1083		3464		779	35983	35134
兴文县	10275	8905	1370		850		277	34777	34482
屏山县	7357	6651	706		－3243		62	24677	24757

2－26－28

单位:万元

地　　区	平　衡　部　分									
	支　出								年终结余	其中:净结余
	财力性转移支付			专项上解	计划单列市上解省	增设预算周转金	调出资金	国债转贷拨付数及年末结余		
	小　计	体制上解	出口退税专项上解							
五通桥区	8		8	803					167	46
沙湾区	1		1	572					59	2
金口河区				13				111	105	6
峨眉山市				155				248	4390	－1331
犍为县				31				106	－1195	－1229
井研县	31		31	62					445	2
夹江县	12		12	89				133	1931	
沐川县				9				287	996	262
峨边县				19				64	970	25
马边县				2				54	1740	1740
南充市小计	**228**		**228**	**630**			**50**	**1820**	**23124**	**2875**
本级	107		107	－1633			50	100	15051	1171
县级小计	121		121	2263				1720	8073	1704
顺庆区	68		68	347					996	5
高坪区	21		21	296					264	
嘉陵区	31		31	398					714	138
南部县				324				685	1379	528
营山县				173				301	1683	242
蓬安县				182				193	277	266
仪陇县				176					2488	266
西充县				122				190	10	
阆中市	1		1	245				351	262	259
宜宾市小计	**844**		**844**	**904**				**2953**	**56697**	**14769**
本级	750		750	－2131				400	47140	21961
县级小计	94		94	3035				2553	9557	－7192
翠屏区	85		85	2405					5422	904
宜宾县				448				563	1351	－1696
南溪县	2		2	25					1473	560
江安县				36				195	536	226
长宁县	1		1	68				161	784	302
高县	6		6	77				275	997	－86
筠连县				30				241	－2988	－3865
珙县				70				779	3294	398
兴文县				18				277	997	－6
屏山县				－142				62	－2309	－3929

2006 年地方财政政府收支分类转换数据

2－26－29

单位:万元

地区	收支部分										
	收入										
	本年收入小计	税收收入									
		小计	增值税	营业税	企业所得税	个人所得税	城市维护建设税	耕地占用税	契税	烟叶税	其他各项税收收入
广安市小计	**95080**	**47810**	**10297**	**13565**	**4321**	**3389**	**4257**	**3121**	**3129**		**5731**
本级	27969	15604	4518	5512	495	710	1745		873		1751
县级小计	67111	32206	5779	8053	3826	2679	2512	3121	2256		3980
岳池县	15181	7576	612	1836	437	609	506	2069	406		1101
武胜县	13779	6599	1557	1785	1199	522	496	17	492		531
广安区	16120	6737	1199	1824	666	603	496	608	532		809
邻水县	13668	6257	1636	1550	932	558	294	6	554		727
华蓥市	8363	5037	775	1058	592	387	720	421	272		812
达州市小计	**114664**	**76905**	**17222**	**26314**	**2705**	**6785**	**7906**	**605**	**4868**	**160**	**10340**
本级	32648	22890	4761	8025	599	1552	3990		1282		2681
县级小计	82016	54015	12461	18289	2106	5233	3916	605	3586	160	7659
通川区	11671	7222	1461	3131	135	829			978		688
达县	15660	10905	2888	3391	477	998	923	18	655		1555
开江县	7312	3730	700	1231	189	428	221	68	146		747
宣汉县	11062	7886	2260	2736	218	764	594	15	305	148	846
万源市	6012	4257	1060	1564	87	375	553		282	12	324
大竹县	18636	11901	1941	3443	923	975	853	352	690		2724
渠县	11663	8114	2151	2793	77	864	772	152	530		775
资阳市小计	**76994**	**38159**	**7162**	**12215**	**2346**	**3156**	**5115**	**461**	**2672**		**5032**
本级	18986	7313	1929	1910	344	436	1190	88	559		857
县级小计	58008	30846	5233	10305	2002	2720	3925	373	2113		4175
雁江区	15252	8570	1092	3330	360	583	1200	81	601		1323
简阳市	23823	12147	2751	3357	1298	1032	1600	147	708		1254
安岳县	11108	6108	904	2441	156	672	661	32	521		721
乐至县	7825	4021	486	1177	188	433	464	113	283		877
眉山市小计	**85342**	**57619**	**13101**	**14319**	**7104**	**3618**	**5665**	**3350**	**3307**		**7155**
本级	22583	13941	5206	2178	2799	816	1582		568		792
县级小计	62759	43678	7895	12141	4305	2802	4083	3350	2739		6363
东坡区	18018	13710	1607	4295	1825	787	913	893	1535		1855
仁寿县	13914	7752	1412	2410	434	1038	573	153	385		1347
彭山县	11283	8200	1716	2317	751	385	887	348	524		1272
洪雅县	12408	8510	2013	2210	838	308	1049	1041	101		950
丹棱县	3396	2595	530	545	159	121	190	429	64		557
青神县	3740	2911	617	364	298	163	471	486	130		382
巴中市小计	**29926**	**19139**	**2638**	**8538**	**1524**	**1760**	**1554**	**155**	**1237**		**1733**

2-26-30

单位:万元

地区	收支部分									
	收入								支出	
	非税收入							贷款转贷回收本金收入	本年支出小计	一般公共服务
	小计	专项收入	行政事业性收费收入	罚没收入	国有资本经营收入	国有资源(资产)有偿使用收入	其他收入			
广安市小计	**47270**	**5835**	**18626**	**8892**	**12561**	**534**	**822**		**358629**	**64122**
本级	12365	3962	4991	876	2151	298	87		44545	10591
县级小计	34905	1873	13635	8016	10410	236	735		314084	53531
岳池县	7605	242	4311	1805	1176	52	19		71868	18687
武胜县	7180	415	3134	1420	1710	42	459		57257	9116
广安区	9383	392	1794	3079	4016	60	42		78953	10607
邻水县	7411	443	3248	703	2889	63	65		68746	9858
华蓥市	3326	381	1148	1009	619	19	150		37260	5263
达州市小计	**37759**	**6193**	**15687**	**10769**	**2600**	**727**	**1783**		**588154**	**97454**
本级	9758	2297	4568	2474	-150	461	108		109037	16553
县级小计	28001	3896	11119	8295	2750	266	1675		479117	80901
通川区	4449	397	787	887	835	6	1537		35529	6411
达县	4755	933	2925	872	-18	16	27		84552	17017
开江县	3582	213	1289	1184	847	49			47143	7751
宣汉县	3176	678	1189	1300	-35	37	7		81939	13504
万源市	1755	344	706	652	20	33			57166	11086
大竹县	6735	632	2312	2547	1203	31	10		82099	11910
渠县	3549	699	1911	853	-102	94	94		90689	13222
资阳市小计	**38835**	**3577**	**15127**	**6966**	**7142**	**5550**	**473**		**372097**	**55438**
本级	11673	1776	4135	3196		2382	184		48886	10299
县级小计	27162	1801	10992	3770	7142	3168	289		323211	45139
雁江区	6682	564	2116	1050	443	2343	166		68256	9655
简阳市	11676	722	3731	1234	5896	31	62		101134	11728
安岳县	5000	327	3034	775	803	30	31		94268	14227
乐至县	3804	188	2111	711		764	30		59553	9529
眉山市小计	**27723**	**5731**	**11667**	**4246**	**4441**	**794**	**844**		**325226**	**71180**
本级	8642	2493	4097	1008	242	445	357		56230	10732
县级小计	19081	3238	7570	3238	4199	349	487		268996	60448
东坡区	4308	984	1311	669	1119	225			59286	15169
仁寿县	6162	642	3760	1447	106	83	124		99358	20224
彭山县	3083	551	1133	422	959	18			32690	6567
洪雅县	3898	640	609	345	1928	13	363		39576	10526
丹棱县	801	230	337	228	1	5			18483	4568
青神县	829	191	420	127	86	5			19603	3394
巴中市小计	**10787**	**2191**	**4248**	**3406**	**544**	**295**	**103**		**337315**	**54845**

2006 年地方财政政府收支分类转换数据

2－26－31　　　　单位:万元

地　　区	收支部分										
	支出										
	外交	国防	公共安全	教育	科学技术	文化体育与传媒	社会保障和就业	医疗卫生	环境保护	城乡社区事务	农林水事务
广安市小计	**11**	**581**	**24234**	**70300**	**844**	**3238**	**60564**	**17709**	**17484**	**12501**	**36869**
本级	8		6682	3575	267	1082	3866	3325	616	2545	1463
县级小计	3	581	17552	66725	577	2156	56698	14384	16868	9956	35406
岳池县		175	3420	15150	94	742	12802	1585	2271	3262	7592
武胜县		65	3336	13147	105	339	10871	3323	2566	1592	5759
广安区		184	3904	15816	123	323	14154	5143	4744	2555	7819
邻水县		101	4128	15828	160	580	12887	2636	4463	1439	8281
华蓥市	3	56	2764	6784	95	172	5984	1697	2824	1108	5955
达州市小计		**112**	**31065**	**104076**	**2723**	**8015**	**126971**	**23868**	**21961**	**24330**	**64142**
本级			9917	3234	568	3188	37235	3477	901	9750	2780
县级小计		112	21148	100842	2155	4827	89736	20391	21060	14580	61362
通川区		75	3057	6800	264	350	9343	680	743	421	4028
达县			2728	15442	175	1043	14137	3583	2959	3668	11792
开江县			2591	9731	178	496	7959	2860	4298	1300	5352
宣汉县		37	3132	19580	300	701	16474	3455	4203	911	7721
万源市			2607	9927	245	531	10410	1608	3953	2987	6242
大竹县			3309	16690	735	805	15521	4464	2472	1586	14309
渠县			3724	22672	258	901	15892	3741	2432	3707	11918
资阳市小计		**122**	**22502**	**72461**	**2201**	**3039**	**68627**	**21713**	**13735**	**13104**	**50770**
本级			9613	733	818	968	6295	1017	1736	3864	6586
县级小计		122	12889	71728	1383	2071	62332	20696	11999	9240	44184
雁江区			1645	14913	161	361	13842	3844	1732	2581	8278
简阳市			4762	23328	614	559	19336	7296	3654	2679	13416
安岳县		122	3715	21726	410	652	18023	6395	4020	2520	12831
乐至县			2767	11761	198	499	11131	3161	2593	1460	9659
眉山市小计		**9**	**25003**	**54202**	**1113**	**5201**	**37155**	**16809**	**17734**	**21675**	**38691**
本级			3884	11331	109	286	8508	4684	2132	276	7466
县级小计		9	21119	42871	1004	4915	28647	12125	15602	21399	31225
东坡区			7350	2065	369	2694	6063	1146	1683	11170	2889
仁寿县			6849	24135	120	1283	8307	4941	3547	4969	15018
彭山县			1912	4533	112	356	4761	2114	3050	2883	3772
洪雅县		9	2338	5846	157	322	4696	2051	5227	743	4318
丹棱县			1083	2908	53	105	1391	1172	1114	1098	2504
青神县			1587	3384	193	155	3429	701	981	536	2724
巴中市小计	**7**	**239**	**17902**	**60510**	**1431**	**3484**	**68810**	**18304**	**15944**	**6506**	**42058**

2－26－32

单位:万元

地区	收支部分			平衡部分						
	支出			收入						
						返还性收入			财力性转移支付收入	
	交通运输	工业、商业、金融等事务	其他支出	收入总计	本年收入	小计	增值税和消费税税收返还	所得税基数返还	小计	体制补助
广安市小计	**7644**	**12337**	**30191**	**371136**	**95080**	**28358**	**27015**	**1343**	**143748**	
本级	3447	2303	4775	52019	27969	5824	5587	237	－1990	
县级小计	4197	10034	25416	319117	67111	22534	21428	1106	145738	
岳池县	487	805	4796	73175	15181	2368	2303	65	37745	
武胜县	1051	3208	2779	58127	13779	4243	4090	153	25673	
广安区	1233	3704	8644	80165	16120	5715	5130	585	38335	
邻水县	890	1446	6049	69737	13668	4628	4444	184	34463	
华蓥市	536	871	3148	37913	8363	5580	5461	119	9522	
达州市小计	**19805**	**24829**	**38803**	**617109**	**114664**	**48290**	**45961**	**2329**	**281860**	
本级	2776	14044	4614	123582	32648	20278	19381	897	20918	
县级小计	17029	10785	34189	493527	82016	28012	26580	1432	260942	
通川区	527	685	2145	35929	11671	3964	3751	213	10395	
达县	3182	1309	7517	87793	15660	5700	5364	336	46317	
开江县	184	814	3629	48287	7312	2577	2553	24	25180	
宣汉县	5161	624	6136	83899	11062	5052	4877	175	49386	
万源市	2984	876	3710	59105	6012	3176	3065	111	34017	
大竹县	704	5043	4551	84683	18636	4042	3418	624	38594	
渠县	4287	1434	6501	93831	11663	3501	3552	－51	57053	
资阳市小计	**8040**	**10293**	**30052**	**371233**	**76994**	**20256**	**19606**	**650**	**180608**	
本级	1710	3325	1922	45360	18986	8305	8125	180	7867	
县级小计	6330	6968	28130	325873	58008	11951	11481	470	172741	
雁江区	1202	1247	8795	72741	15252	5587	5377	210	35376	
简阳市	1289	1377	11096	101174	23823	2377	2374	3	50210	
安岳县	3388	1121	5118	93030	11108	2424	2300	124	55070	
乐至县	451	3223	3121	58928	7825	1563	1430	133	32085	
眉山市小计	**3475**	**10769**	**22210**	**333992**	**85342**	**32590**	**29244**	**3346**	**126492**	
本级	613	3231	2978	53908	22583	15806	15514	292	3029	
县级小计	2862	7538	19232	280084	62759	16784	13730	3054	123463	
东坡区	304	3357	5027	62679	18018	1468	150	1318	27101	
仁寿县	1813	1260	6892	103391	13914	4806	4209	597	60378	
彭山县	101	1075	1454	34370	11283	3245	2829	416	8352	
洪雅县	506	586	2251	41369	12408	3863	3586	277	11076	
丹棱县		398	2089	18344	3396	1407	1177	230	7769	
青神县	138	862	1519	19931	3740	1995	1779	216	8787	
巴中市小计	**7115**	**8603**	**31557**	**338757**	**29926**	**15788**	**14868**	**920**	**183574**	

2006 年地方财政政府收支分类转换数据

2－26－33　　　　　　　　　　　　　　　　　　　　　　　　　　　　单位：万元

地区	平衡部分									
	收入									
	财力性转移支付收入									
	一般性转移支付补助	民族地区转移支付补助	调整工资转移支付补助	农村税费改革转移支付补助	取消农业特产税降低农业税率转移支付补助	缓解县乡财政困难转移支付补助	农村义务教育补助	结算补助	企事业单位预算划转补助	其他财力性转移支付
广安市小计	**50019**		**42717**	**18218**	**14346**	**2661**	**12461**	**960**		**2366**
本级	6959		1355	－270			91	－9074		－1051
县级小计	43060		41362	18488	14346	2661	12370	10034		3417
岳池县	12842		9966	5221	4068	776	2907	1538		427
武胜县	7014		7846	3332	2540	649	2197	1678		417
广安区	11813		10165	4788	3688	564	3221	2781		1315
邻水县	10636		10118	4232	3237	672	3012	1773		783
华蓥市	755		3267	915	813		1033	2264		475
达州市小计	**124055**		**80112**	**24570**	**21955**	**8920**	**16335**	**2482**	**206**	**3225**
本级	13599		9419	－60				－3009	206	763
县级小计	110456		70693	24630	21955	8920	16335	5491		2462
通川区	4045		4274	400	547	1	294	480		354
达县	18636		12423	4406	4932	1873	2818	938		291
开江县	11540		6871	1851	2002	762	1562	228		364
宣汉县	21374		12507	5264	3828	1605	3180	1017		611
万源市	16994		8125	2512	1618	952	1754	1766		296
大竹县	14338		11425	3777	4137	1899	2503	228		287
渠县	23529		15068	6420	4891	1828	4224	834		259
资阳市小计	**67238**		**47588**	**21238**	**21230**	**4425**	**9543**	**6907**	**1421**	**1018**
本级	928		2029	－160				3026	1421	623
县级小计	66310		45559	21398	21230	4425	9543	3881		395
雁江区	11033		9728	2557	4940	1014	1755	3761		588
简阳市	19159		14163	6614	6066	1455	3072	－67		－252
安岳县	22025		13395	8469	6505	1345	3078	138		115
乐至县	14093		8273	3758	3719	611	1638	49		－56
眉山市小计	**41001**		**40804**	**12902**	**13632**	**8116**	**7038**	**1564**	**1126**	**309**
本级	5857		2907	－120	372			－6000		13
县级小计	35144		37897	13022	13260	8116	7038	7564	1126	296
东坡区	3779		7991	1965	3784	1450	1331	5663	1126	12
仁寿县	22116		15767	8074	5878	4911	3608	78		－54
彭山县	1112		4130	792	1034	578	618	91		－3
洪雅县	1921		4515	1019	1094	513	746	1108		160
丹棱县	3026		2411	558	767	250	351	407		－1
青神县	3190		3083	614	703	414	384	217		182
巴中市小计	**90701**		**41663**	**17959**	**11460**	**7920**	**10429**	**1202**		**2240**

2-26-34

单位:万元

地区	平衡部分								
	收入							支出	
	专项转移支付			省补助计划单列市	上年结余收入	调入资金	国债转贷收入、上年结余及转补助数	支出总计	本年支出
	小计	专项补助	增发国债补助						
广安市小计	**97146**	**87180**	**9966**		**4855**	**470**	**1479**	**360869**	**358629**
本级	16449	15251	1198		3697	70		42333	44545
县级小计	80697	71929	8768		1158	400	1479	318536	314084
岳池县	16903	14565	2338		631		347	72939	71868
武胜县	14200	13110	1090		132		100	57824	57257
广安区	20355	18741	1614		-687		327	80162	78953
邻水县	15720	13150	2570		747		511	69698	68746
华蓥市	13519	12363	1156		335	400	194	37913	37260
达州市小计	**141402**	**129451**	**11951**		**28057**		**2836**	**592619**	**588154**
本级	26264	25427	837		23064		410	102822	109037
县级小计	115138	104024	11114		4993		2426	489797	479117
通川区	8891	8186	705		1008			35929	35529
达县	17438	15904	1534		2678			85860	84552
开江县	12542	10795	1747		39		637	48269	47143
宣汉县	18234	16805	1429		7		158	83796	81939
万源市	15440	13806	1634		25		435	58961	57166
大竹县	22691	20068	2623		24		696	84324	82099
渠县	19902	18460	1442		1212		500	92658	90689
资阳市小计	**95948**	**83324**	**12624**		**-3078**	**99**	**406**	**373186**	**372097**
本级	8430	7031	1399		1573	99	100	43931	48886
县级小计	87518	76293	11225		-4651		306	329255	323211
雁江区	16860	15465	1395		-334			72224	68256
简阳市	25568	23134	2434		-1048		244	102316	101134
安岳县	26543	22109	4434		-2177		62	94853	94268
乐至县	18547	15585	2962		-1092			59862	59553
眉山市小计	**80958**	**67827**	**13131**		**8510**		**100**	**326267**	**325226**
本级	7332	6242	1090		5058		100	49391	56230
县级小计	73626	61585	12041		3452			276876	268996
东坡区	16926	13107	3819		-834			62672	59286
仁寿县	19789	16158	3631		4504			100216	99358
彭山县	11172	10068	1104		318			34036	32690
洪雅县	14173	13045	1128		-151			41291	39576
丹棱县	6157	4594	1563		-385			18730	18483
青神县	5409	4613	796					19931	19603
巴中市小计	**107559**	**93058**	**14501**		**1429**	**281**	**200**	**337883**	**337315**

2－26－35

单位:万元

地区	平衡部分									
	支出								年终结余	其中:净结余
	财力性转移支付			专项上解	计划单列市上解省	增设预算周转金	调出资金	国债转贷拨付数及年末结余		
	小计	体制上解	出口退税专项上解							
广安市小计	**31**		**31**	**312**			**418**	**1479**	**10267**	**319**
本级	15		15	－2465			238		9686	366
县级小计	16		16	2777			180	1479	581	－47
岳池县				648			76	347	236	118
武胜县				467				100	303	206
广安区				808			74	327	3	－410
邻水县				441				511	39	39
华蓥市	16		16	413			30	194		
达州市小计	**24**		**24**	**547**			**1058**	**2836**	**24490**	**1154**
本级	7		7	－7231			599	410	20760	1083
县级小计	17		17	7778			459	2426	3730	71
通川区				400						
达县	11		11	1159			138		1933	20
开江县				456			33	637	18	3
宣汉县				1610			89	158	103	5
万源市				1277			83	435	144	6
大竹县	6		6	1523				696	359	12
渠县				1353			116	500	1173	25
资阳市小计	**297**		**297**	**386**				**406**	**－1953**	**－3779**
本级	－797	－997	200	－4258				100	1429	－397
县级小计	1094	997	97	4644				306	－3382	－3382
雁江区	853	807	46	3115					517	517
简阳市	231	190	41	707				244	－1142	－1142
安岳县	10		10	513				62	－1823	－1823
乐至县				309					－934	－934
眉山市小计	**247**		**247**	**694**				**100**	**7725**	**3728**
本级	116		116	－7055				100	4517	3720
县级小计	131		131	7749					3208	8
东坡区	27		27	3359					7	－1293
仁寿县				858					3175	1275
彭山县	23		23	1323					334	334
洪雅县	24		24	1691					78	78
丹棱县	6		6	241					－386	－386
青神县	51		51	277						
巴中市小计	**7**		**7**	**361**				**200**	**874**	**120**

2－26－36

单位:万元

地区	收支部分										
	收入										
	本年收入小计	税收收入									
		小计	增值税	营业税	企业所得税	个人所得税	城市维护建设税	耕地占用税	契税	烟叶税	其他各项税收收入
本级	7780	4026	287	2234	126	408	380		200		391
县级小计	22146	15113	2351	6304	1398	1352	1174	155	1037		1342
巴州区	6834	4594	490	2349	77	369	359	90	472		388
南江县	5385	4121	921	1012	1131	398	235	4	67		353
通江县	4070	2781	314	1395	23	322	245	2	227		253
平昌县	5857	3617	626	1548	167	263	335	59	271		348
雅安市小计	**55423**	**42888**	**12549**	**14225**	**4870**	**2938**	**3935**	**472**	**1561**		**2338**
本级	20431	14652	3119	5041	2118	1083	1529	220	834		708
县级小计	34992	28236	9430	9184	2752	1855	2406	252	727		1630
雨城区	4035	3579	490	2114	168	238	160	29	33		347
名山县	2508	1911	508	624	62	126	340	28	111		112
荥经县	4786	3866	1374	669	822	248	407		129		217
汉源县	3540	2781	783	650	519	307	277	46	22		177
石棉县	11901	9973	4519	3054	474	518	611	62	186		549
天全县	4443	3211	910	1117	340	179	245	85	193		142
芦山县	1769	1165	309	451	135	147	69	1	21		32
宝兴县	2010	1750	537	505	232	92	297	1	32		54
阿坝州小计	**70699**	**48834**	**13188**	**20682**	**6258**	**2468**	**2250**	**410**	**1152**		**2426**
本级	28276	22577	6594	10341	3129	1234	1125				154
县级小计	42423	26257	6594	10341	3129	1234	1125	410	1152		2272
汶川县	11211	8639	4416	985	1441	257	561	306	197		476
理县	2099	1688	613	603	48	50	75	77	118		104
茂县	3005	2233	750	781	33	86	103	9	82		389
松潘县	4370	1714	87	1189	192	62	39	3	47		95
九寨沟县	13188	6646	167	3561	1256	351	179		500		632
金川县	675	429	27	259	2	49	16		32		44
小金县	1268	548	48	295	29	27	15	5	90		39
黑水县	1849	1060	157	814	1	30	24		16		18
马尔康县	2116	1845	136	1064	39	171	67	10	42		316
壤塘县	321	246	10	161	17	20	6		1		31
阿坝县	587	370	34	191	14	62	11		21		37
若尔盖县	1039	384	51	243	15	32	11		1		31
红原县	429	246	20	132		22	13		4		55
卧龙特区	266	209	78	63	42	15	5		1		5
甘孜州小计	**42190**	**30480**	**6439**	**14944**	**4289**	**1673**	**906**	**22**	**624**		**1583**

2006年地方财政政府收支分类转换数据

2-26-37 单位:万元

地区	收支部分									
	收入								支出	
	非税收入							贷款转贷回收本金收入	本年支出小计	一般公共服务
	小计	专项收入	行政事业性收费收入	罚没收入	国有资本经营收入	国有资源(资产)有偿使用收入	其他收入			
本级	3754	1252	1462	610	223	162	45		34837	12760
县级小计	7033	939	2786	2796	321	133	58		302478	42085
巴州区	2240	232	661	1070	254	23			85140	11285
南江县	1264	219	640	381		24			63281	9358
通江县	1289	197	546	512		34			75949	10241
平昌县	2240	291	939	833	67	52	58		78108	11201
雅安市小计	**12535**	**5217**	**2780**	**4044**	**146**	**302**	**46**		**235251**	**38413**
本级	5779	2364	1587	1501	150	168	9		49294	9118
县级小计	6756	2853	1193	2543	-4	134	37		185957	29295
雨城区	456	178		306	-46	18			30891	4230
名山县	597	135	100	320	38	4			25900	5538
荥经县	920	830		65	4	21			17735	1763
汉源县	759	168	74	456		24	37		33166	4973
石棉县	1928	859	336	694		39			27978	4696
天全县	1232	416	286	520		10			21468	3035
芦山县	604	158	319	119		8			17257	2809
宝兴县	260	109	78	63		10			11562	2251
阿坝州小计	**21865**	**5197**	**3296**	**2455**	**8867**	**830**	**1220**		**348772**	**81587**
本级	5699	2118	1326	488	913	468	386		66762	18651
县级小计	16166	3079	1970	1967	7954	362	834		282010	62936
汶川县	2572	1891	283	338	-5	37	28		27178	5920
理县	411	199	110	93		9			14740	4343
茂县	772	266	254	104	108	10	30		25528	4719
松潘县	2656	96	223	158	2124	48	7		27073	4600
九寨沟县	6542	308	428	231	4821	98	656		28787	7102
金川县	246	24	58	149		14	1		21303	4905
小金县	720	25	34	104	534	9	14		20068	4914
黑水县	789	84	165	108	336	16	80		20541	4308
马尔康县	271	87	105	65		13	1		17830	4503
壤塘县	75	11	4	49		11			17534	3499
阿坝县	217	25	107	40		29	16		19199	4236
若尔盖县	655	22	131	407	36	59			24682	6157
红原县	183	17	68	89		8	1		17052	3689
卧龙特区	57	24		32		1			495	41
甘孜州小计	**11710**	**2135**	**1998**	**2223**	**1640**	**660**	**3054**		**400166**	**86096**

二、各省、自治区、直辖市地市县一般预算财政资料

2-26-38

单位:万元

地区	收支部分										
	支出										
	外交	国防	公共安全	教育	科学技术	文化体育与传媒	社会保障和就业	医疗卫生	环境保护	城乡社区事务	农林水事务
本级	3	65	3893	1880	288	861	4709	1589	323	1587	1893
县级小计	4	174	14009	58630	1143	2623	64101	16715	15621	4919	40165
巴州区	1		4572	16984	216	876	20667	4880	2384	1998	8216
南江县	1	21	2834	10729	352	769	14268	3587	4880	977	7240
通江县	1	80	3332	14806	259	436	15103	3467	4296	1117	11929
平昌县	1	73	3271	16111	316	542	14063	4781	4061	827	12780
雅安市小计		**446**	**14405**	**31829**	**2138**	**2779**	**47314**	**12698**	**26741**	**10577**	**18825**
本级		172	6551	2096	885	869	16856	2710	1021	2389	2162
县级小计		274	7854	29733	1253	1910	30458	9988	25720	8188	16663
雨城区		62	457	5596	274	197	7172	1059	5540	654	2288
名山县		16	1074	4278	186	134	4072	1385	2755	1178	2957
荥经县		28	779	3493	76	137	3780	1407	2538	226	1604
汉源县		57	1705	6049	45	197	4723	1423	3415	369	2660
石棉县		46	1479	3282	196	327	3666	1071	3085	4511	2415
天全县		7	1000	3010	194	634	3003	1094	4194	349	2475
芦山县		16	637	2580	253	182	2333	1638	2766	612	1434
宝兴县		42	723	1445	29	102	1709	911	1427	289	830
阿坝州小计	**25**	**1638**	**25584**	**59580**	**2786**	**8402**	**19368**	**21991**	**30987**	**15025**	**33743**
本级	25	435	5447	8315	1592	4306	6513	3803	3052	290	5385
县级小计		1203	20137	51265	1194	4096	12855	18188	27935	14735	28358
汶川县		95	1792	6623	110	361	1144	2124	2003	2014	2793
理县		67	1100	2596	81	153	992	1077	1186	350	1374
茂县		59	1834	4938	115	380	1117	1641	4345	517	2224
松潘县		105	1633	4071	89	449	899	1325	3034	2950	2002
九寨沟县		104	2096	4187	60	300	996	1823	2829	2586	2715
金川县		118	1375	4444	69	514	1051	1432	1374	421	2012
小金县		75	1318	3760	67	169	1328	1204	1645	410	2223
黑水县		77	1748	3366	52	131	788	1137	2382	1377	2432
马尔康县		177	1628	2685	31	799	1316	882	1421	797	1766
壤塘县		90	1113	3193	45	180	934	1333	1960	69	2008
阿坝县		93	1373	3838	69	311	551	1280	1907	775	1482
若尔盖县		78	1751	3873	91	123	950	1719	2279	2047	2891
红原县		65	1349	3657	315	226	781	1211	1570	222	2411
卧龙特区			27	34			8			200	25
甘孜州小计		**976**	**25737**	**50204**	**1503**	**5988**	**51692**	**19331**	**28865**	**6044**	**43145**

2006 年地方财政政府收支分类转换数据

2－26－39

单位:万元

地区	收支部分			平衡部分						
	支出			收入						
						返还性收入			财力性转移支付收入	
	交通运输	工业、商业、金融等事务	其他支出	收入总计	本年收入	小计	增值税和消费税税收返还	所得税基数返还	小计	体制补助
本级	1339	1623	2024	33993	7780	4317	4192	125	16362	
县级小计	5776	6980	29533	304764	22146	11471	10676	795	167212	
巴州区	2083	1639	9339	86407	6834	3504	3212	292	50498	
南江县	1220	1870	5175	63450	5385	2759	2510	249	33000	
通江县	1179	1385	8318	76464	4070	2224	2114	110	42387	
平昌县	1294	2086	6701	78443	5857	2984	2840	144	41327	
雅安市小计	**7365**	**3160**	**18561**	**256802**	**55423**	**26420**	**23769**	**2651**	**78181**	
本级	967	1390	2108	55885	20431	9449	8822	627	4226	
县级小计	6398	1770	16453	200917	34992	16971	14947	2024	73955	
雨城区	649	436	2277	33573	4035	2931	2760	171	13713	
名山县	613	225	1489	27273	2508	1601	1550	51	11969	
荥经县	78	224	1602	20865	4786	2609	2249	360	5884	
汉源县	2852	117	4581	36547	3540	2587	2292	295	15213	
石棉县	834	119	2251	30179	11901	2255	1994	261	6876	
天全县	650	377	1446	22329	4443	2324	1829	495	7148	
芦山县	299	179	1519	18031	1769	1119	1072	47	8523	
宝兴县	423	93	1288	12120	2010	1545	1201	344	4629	
阿坝州小计	**12334**	**5970**	**29752**	**378434**	**70699**	**15623**	**11286**	**4337**	**158934**	**8936**
本级	1266	1956	5726	81534	28276	8202	6270	1932	21885	6070
县级小计	11068	4014	24026	296900	42423	7421	5016	2405	137049	2866
汶川县	529	344	1326	29624	11211	2854	2608	246	5955	60
理县	69	228	1124	15233	2099	664	523	141	7457	220
茂县	789	281	2569	27675	3005	584	391	193	11567	322
松潘县	3966	242	1708	27414	4370	645	193	452	10867	195
九寨沟县	572	684	2733	30706	13188	1131	82	1049	8293	176
金川县	925	502	2161	22460	675	133	97	36	13320	359
小金县	1038	334	1583	20783	1268	136	136		12126	323
黑水县	677	232	1834	20690	1849	39	32	7	11528	237
马尔康县	129	267	1429	19758	2116	436	353	83	9893	79
壤塘县	1070	245	1795	17805	321	52	31	21	9096	250
阿坝县	434	152	2698	19594	587	244	139	105	11781	262
若尔盖县	814	339	1570	25998	1039	337	310	27	15754	153
红原县	56	164	1336	18277	429	104	76	28	9216	230
卧龙特区			160	883	266	62	45	17	196	
甘孜州小计	**25693**	**6061**	**48831**	**446738**	**42190**	**4626**	**3411**	**1215**	**221375**	**19697**

2－26－40 单位:万元

地区	平衡部分 收入 财力性转移支付收入									
	一般性转移支付补助	民族地区转移支付补助	调整工资转移支付补助	农村税费改革转移支付补助	取消农业特产税降低农业税率转移支付补助	缓解县乡财政困难转移支付补助	农村义务教育补助	结算补助	企事业单位预算划转补助	其他财力性转移支付
本级	13615		1953	－110	131	6	14	－102		855
县级小计	77086		39710	18069	11329	7914	10415	1304		1385
巴州区	22677		12029	5914	3735	2696	2973	30		444
南江县	13983		7927	3777	2507	2191	1912	543		160
通江县	21258		9481	4115	2294	1797	2332	384		726
平昌县	19168		10273	4263	2793	1230	3198	347		55
雅安市小计	**30232**		**27516**	**3277**	**4000**	**16**	**3587**	**5024**		**4529**
本级	3157		3869					－3457		657
县级小计	27075		23647	3277	4000	16	3587	8481		3872
雨城区	4363		4195	485	567		495	2690		918
名山县	5483		3528	890	1167	13	529	351		8
荥经县	1829		2355	184	348		395	631		142
汉源县	6413		4462	824	800		971	765		978
石棉县	1590		2716	256	285		292	918		819
天全县	2090		2511	196	392	2	401	1033		523
芦山县	4063		2468	331	327		339	715		280
宝兴县	1244		1412	111	114	1	165	1378		204
阿坝州小计	**46234**	**16688**	**45109**	**1899**	**1147**	**50**	**2562**	**32600**	**24**	**3685**
本级	7021	5555	5914				46	－1213		－1508
县级小计	39213	11133	39195	1899	1147	50	2516	33813	24	5193
汶川县	655	928	3330	189	72	50	270	－82		483
理县	1754	482	2248	123	107		115	1928		480
茂县	3058	1183	3104	218	143		354	2902		283
松潘县	3255	637	3020	153	85		234	3111	24	153
九寨沟县	474	153	2601	141	97		231	4056		364
金川县	3689	750	3773	161	111		208	3392		877
小金县	3885	841	3071	190	98		248	3087		383
黑水县	3277	863	3141	166	181		161	3118		384
马尔康县	2829	869	2752	144	94		95	2719		312
壤塘县	2682	971	2553	100	7		85	2059		389
阿坝县	4217	980	3214	123	12		170	2531		272
若尔盖县	6688	1805	3521	133	51		223	2739		441
红原县	2750	624	2867	48	83		107	2227		280
卧龙特区		47		10	6		15	26		92
甘孜州小计	**68418**	**23211**	**52480**	**1612**	**1029**	**63**	**2256**	**48277**		**4332**

2006年地方财政政府收支分类转换数据

2－26－41　　　　　　　　　　　　　　　　　　　　　　　　　　　　单位:万元

地区	平衡部分								
	收入							支出	
	专项转移支付			省补助计划单列市	上年结余收入	调入资金	国债转贷收入、上年结余及转补助数	支出总计	本年支出
	小计	专项补助	增发国债补助						
本级	3099	2479	620		2054	281	100	32591	34837
县级小计	104460	90579	13881		－625		100	305292	302478
巴州区	26314	24590	1724		－743			87084	85140
南江县	22599	20444	2155		－293			63737	63281
通江县	27431	20729	6702		352			76103	75949
平昌县	28116	24816	3300		59		100	78368	78108
雅安市小计	**79076**	**68108**	**10968**		**14675**		**3027**	**238498**	**235251**
本级	13996	13668	328		6970		813	49234	49294
县级小计	65080	54440	10640		7705		2214	189264	185957
雨城区	11764	10817	947		1130			30980	30891
名山县	9811	8989	822		1253		131	26326	25900
荥经县	6177	5398	779		675		734	18513	17735
汉源县	12661	8310	4351		1857		689	33884	33166
石棉县	7292	6000	1292		1792		63	28575	27978
天全县	7781	6553	1228		251		382	21889	21468
芦山县	6062	5539	523		510		48	17317	17257
宝兴县	3532	2834	698		237		167	11780	11562
阿坝州小计	**105238**	**84112**	**21126**		**22778**	**3000**	**2162**	**351347**	**348772**
本级	8721	5550	3171		11450	3000		66678	66762
县级小计	96517	78562	17955		11328		2162	284669	282010
汶川县	6703	6294	409		2746		155	27394	27178
理县	4664	4174	490		240		109	14885	14740
茂县	10390	9332	1058		1831		298	25864	25528
松潘县	11080	7957	3123		216		236	27341	27073
九寨沟县	6862	5860	1002		996		236	29202	28787
金川县	6832	6266	566		1227		273	21601	21303
小金县	6601	5412	1189		543		109	20183	20068
黑水县	7116	5541	1575		58		100	20687	20541
马尔康县	5721	5071	650		1361		231	18093	17830
壤塘县	8237	5803	2434				99	17635	17534
阿坝县	6835	5184	1651		47		100	19305	19199
若尔盖县	7726	5821	1905		1045		97	24792	24682
红原县	7721	5818	1903		688		119	17188	17052
卧龙特区	29	29			330			499	495
甘孜州小计	**144195**	**97509**	**46686**		**31404**	**51**	**2897**	**403365**	**400166**

2－26－42 单位:万元

地区	平衡部分									
	支出								年终结余	其中:净结余
	财力性转移支付			专项上解	计划单列市上解省	增设预算周转金	调出资金	国债转贷拨付数及年末结余		
	小计	体制上解	出口退税专项上解							
本级	7		7	－2353				100	1402	648
县级小计				2714				100	－528	－528
巴州区				1944					－677	－677
南江县				456					－287	－287
通江县				154					361	361
平昌县				160				100	75	75
雅安市小计				**220**				**3027**	**18304**	**32**
本级				－873				813	6651	2
县级小计				1093				2214	11653	30
雨城区				89					2593	1
名山县				295				131	947	5
荥经县				44				734	2352	1
汉源县				29				689	2663	10
石棉县				534				63	1604	10
天全县				39				382	440	1
芦山县				12				48	714	1
宝兴县				51				167	340	1
阿坝州小计				**413**				**2162**	**27087**	**4095**
本级				－84					14856	1390
县级小计				497				2162	12231	2705
汶川县				61				155	2230	218
理县				36				109	348	221
茂县				38				298	1811	466
松潘县				32				236	73	59
九寨沟县				179				236	1504	334
金川县				25				273	859	176
小金县				6				109	600	87
黑水县				46				100	3	3
马尔康县				32				231	1665	271
壤塘县				2				99	170	17
阿坝县				6				100	289	33
若尔盖县				13				97	1206	391
红原县				17				119	1089	63
卧龙特区				4					384	366
甘孜州小计				**302**				**2897**	**43373**	**3824**

2006 年地方财政政府收支分类转换数据

2－26－43　　　　　　　　　　　　　　　　　　　　　　　　　　　　　　单位:万元

地区	收支部分										
	收入										
	本年收入小计	税收收入									
		小计	增值税	营业税	企业所得税	个人所得税	城市维护建设税	耕地占用税	契税	烟叶税	其他各项税收收入
本级	12210	7080	2584	2073	1885	188	107	3	35		205
县级小计	29980	23400	3855	12871	2404	1485	799	19	589		1378
康定县	8878	7405	1157	4765	323	343	249	17	132		419
泸定县	3701	3149	628	1732	171	121	130	1	198		168
丹巴县	2506	1391	206	736	137	91	68		45		108
九龙县	6234	4577	1018	1600	1583	112	104		8		152
雅江县	814	677	26	535	2	38	19		15		42
道孚县	1354	1216	366	447	41	129	32				201
炉霍县	354	313	27	190	1	42	14				39
甘孜县	528	440	57	209		61	18		44		51
新龙县	179	139	12	86	1	25	6	1	1		7
德格县	393	317	25	165	1	36	11		10		69
白玉县	880	782	60	612	1	48	21		9		31
石渠县	550	272	15	211		33	8				5
色达县	369	348	15	256		54	15				8
理塘县	603	473	48	294		83	24		3		21
巴塘县	962	917	138	394	143	124	51		33		34
乡城县	378	257	15	171		33	10		22		6
稻城县	651	500	27	319		75	13		58		8
得荣县	646	227	15	149		37	6		11		9
凉山州小计	**213283**	**146927**	**35891**	**48024**	**15042**	**7286**	**7442**	**1604**	**2343**	**14115**	**15180**
本级	39312	13649	3735	3494	2726	2985	91	160	214		244
县级小计	173971	133278	32156	44530	12316	4301	7351	1444	2129	14115	14936
西昌市	43649	38847	8824	17996	540	750	3426	247	1415	455	5194
木里县	3173	2760	76	2326	34	95	51	1	4		173
盐源县	11846	9726	1628	3281	2299	345	310	125	44	69	1625
德昌县	10026	7924	1582	1696	415	336	435	229	99	2400	732
会理县	26308	18324	7206	3347	746	570	763	33	162	1500	3997
会东县	23088	13565	3189	1703	964	490	673	12	122	5500	912
宁南县	7183	3980	1133	482	710	108	206	14	41	1067	219
普格县	2677	2397	636	513	137	72	80	5	2	885	67
布拖县	1890	1452	458	566	203	46	72	8	23		76
金阳县	1265	745	103	456	5	63	35		5	33	45
昭觉县	1424	1206	187	539	40	52	40	262	9		77
喜德县	2965	1828	690	304	52	210	130	16	3		423

2－26－44

单位:万元

地区	收支部分									
	收入								支出	
	非税收入							贷款转贷回收本金收入	本年支出小计	一般公共服务
	小计	专项收入	行政事业性收费收入	罚没收入	国有资本经营收入	国有资源(资产)有偿使用收入	其他收入			
本级	5130	1012	1093	1205	1120	402	298		77755	16410
县级小计	6580	1123	905	1018	520	258	2756		322411	69686
康定县	1473	302	479	178	58	21	435		26904	5737
泸定县	552	147	145	70	185		5		19065	2973
丹巴县	1115	53	10	36	77		939		19700	4295
九龙县	1657	235	114	56	10	171	1071		20387	5261
雅江县	137	20	29	34			54		18741	5395
道孚县	138	36	7	72			23		16539	4996
炉霍县	41	9	11	18			3		16832	4094
甘孜县	88	11	28	34			15		17075	3156
新龙县	40	4	7	25			4		15919	4203
德格县	76	8	1	18	15		34		17671	2974
白玉县	98	29	11	14	18	26			19723	3353
石渠县	278	197		12	32	37			20734	3804
色达县	21	9	2	7		3			16670	2638
理塘县	130	14	6	13			97		23476	4212
巴塘县	45	27		12			6		16002	4074
乡城县	121	6	23	47	41		4		11713	2670
稻城县	151	11	25	26	26		63		13445	3056
得荣县	419	5	7	346	58		3		11815	2795
凉山州小计	**66356**	**10343**	**11915**	**9328**	**20379**	**1448**	**12943**		**741893**	**129089**
本级	25663	2249	4878	3863	2411	550	11712		137698	18058
县级小计	40693	8094	7037	5465	17968	898	1231		604195	111031
西昌市	4802	1853	1789	1057		102	1		85278	12569
木里县	413	100	51	65	143	54			31578	5222
盐源县	2120	279	409	334	924	145	29		40438	7326
德昌县	2102	361	514	591	538	26	72		27373	4138
会理县	7984	1032	1077	844	4931	100			53618	10152
会东县	9523	1348	911	438	6724	99	3		48833	9216
宁南县	3203	286	240	606	1981	30	60		24493	3845
普格县	280	69	81	73	35	22			21936	3587
布拖县	438	123	99	30	16	24	146		23735	5678
金阳县	520	199	47	192	39	43			26566	6428
昭觉县	218	32	110	57	－7	26			31401	5334
喜德县	1137	352	196	181	364	43	1		23064	4399

2006 年地方财政政府收支分类转换数据

2－26－45 单位:万元

地区	收支部分										
	支出										
	外交	国防	公共安全	教育	科学技术	文化体育与传媒	社会保障和就业	医疗卫生	环境保护	城乡社区事务	农林水事务
本级		106	5502	6450	1021	2025	10571	3398	586	427	5374
县级小计		870	20235	43754	482	3963	41121	15933	28279	5617	37771
康定县		41	1727	3397	27	302	3501	1357	2365	704	2219
泸定县		48	1267	2754	48	379	3029	1043	1841	231	1380
丹巴县		33	1208	2857	11	365	2288	1058	2181	1051	1451
九龙县		51	1370	2621	56	225	2437	857	1569	48	2016
雅江县		32	1310	2269	17	111	2118	766	1560	196	2230
道孚县		62	1294	1951	58	99	2769	545	1196	180	1352
炉霍县		27	934	1578	29	103	1775	676	1613	1322	1227
甘孜县		40	1064	2277	10	98	2895	879	1294	175	1917
新龙县		66	873	2412	26	257	1827	1135	1489	258	1632
德格县		51	1144	3241	26	146	2419	927	1419	512	2835
白玉县		82	1198	2640	23	323	1759	1022	1816	486	4261
石渠县		55	982	3209	9	134	2581	1080	1396	22	3716
色达县		59	931	2689	26	145	1851	727	949	52	3861
理塘县		8	1485	2914	6	133	3246	1036	3193	37	2471
巴塘县		52	990	2264	35	730	2243	1018	1402	65	1158
乡城县		83	990	1706	24	111	1518	651	936	50	1538
稻城县		36	793	1701	34	220	1792	681	913	140	887
得荣县		44	675	1274	17	82	1073	475	1147	88	1620
凉山州小计	**30**	**1942**	**39606**	**128284**	**3411**	**9583**	**89337**	**37278**	**51352**	**36473**	**82306**
本级	30	345	9680	6002	1691	4617	25090	4881	5270	929	14747
县级小计		1597	29926	122282	1720	4966	64247	32397	46082	35544	67559
西昌市		441	5107	14412	544	387	9784	3933	4289	14974	6631
木里县		17	1075	7106	45	216	4399	1380	3727	1159	3519
盐源县		119	1701	8823	29	617	5781	1349	2961	2380	3533
德昌县		36	1192	4916	11	339	3331	1134	2898	1920	4687
会理县		142	2221	11318	79	269	2609	2300	1846	5412	7496
会东县		75	1775	7788	73	240	1870	1565	1962	1770	12236
宁南县		72	1093	5249	118	135	2859	2053	1481	1005	3244
普格县		82	1318	3411	48	161	2885	1294	2342	1265	2372
布拖县		72	1129	4908	18	227	2841	1171	2358	857	2359
金阳县		6	1152	6506	41	212	2735	1789	2631	277	2314
昭觉县		107	1755	6424	65	257	4178	2336	3270	738	3600
喜德县		82	1194	4966	43	723	2736	1043	2893	537	1773

2－26－46

单位:万元

地区	收支部分			平衡部分						
	支出			收入						
						返还性收入			财力性转移支付收入	
	交通运输	工业、商业、金融等事务	其他支出	收入总计	本年收入	小计	增值税和消费税税收返还	所得税基数返还	小计	体制补助
本级	16704	883	8298	109181	12210	580	199	381	44152	10702
县级小计	8989	5178	40533	337557	29980	4046	3212	834	177223	8995
康定县	66	242	5219	27589	8878	1232	1055	177	9349	153
泸定县	556	195	3321	20331	3701	672	621	51	9610	468
丹巴县	969	178	1755	20467	2506	149	116	33	9936	511
九龙县	1084	191	2601	23580	6234	668	590	78	9823	521
雅江县	254	243	2240	19590	814	82	57	25	12401	368
道孚县	160	255	1622	16866	1354	366	356	10	9689	246
炉霍县	602	472	2380	17308	354	123	91	32	11233	42
甘孜县	466	330	2474	18042	528	98	27	71	11042	833
新龙县	468	223	1050	16475	179	70	53	17	10081	43
德格县	547	494	936	18358	393	51	9	42	9325	751
白玉县	518	39	2203	20425	880	71	39	32	10920	518
石渠县	608	7	3131	21361	550	7	－18	25	11703	879
色达县	419	570	1753	17552	369	39	8	31	8102	602
理塘县	462	596	3677	24141	603	73	51	22	13663	735
巴塘县	443	121	1407	16469	962	178	78	100	9467	720
乡城县	346	197	893	12707	378	58	29	29	7010	487
稻城县	691	733	1768	13710	651	69	31	38	7374	547
得荣县	330	92	2103	12586	646	40	19	21	6495	571
凉山州小计	**10241**	**50209**	**72752**	**788545**	**213283**	**53130**	**45030**	**8100**	**306433**	**28683**
本级	2575	28730	15053	161014	39312	20881	19744	1137	44911	13393
县级小计	7666	21479	57699	627531	173971	32249	25286	6963	261522	15290
西昌市	532	1996	9679	88269	43649	10277	9307	970	17421	
木里县	86	187	3440	32072	3173	200	121	79	18181	780
盐源县	1119	1267	3433	41510	11846	957	765	192	19131	1059
德昌县	475	229	2067	28262	10026	2302	1676	626	7980	
会理县	192	5498	4084	60173	26308	4542	3871	671	18249	
会东县	500	6808	2955	51523	23088	3215	2503	712	16511	
宁南县	1034	102	2203	24832	7183	2253	1332	921	9264	
普格县	211	1254	1706	24320	2677	697	436	261	12205	1188
布拖县	433	71	1613	24649	1890	254	167	87	13598	1642
金阳县	221	81	2173	26733	1265	235	183	52	16514	1572
昭觉县	428	185	2724	32411	1424	420	329	91	18923	2102
喜德县	558	421	1696	23780	2965	824	698	126	11495	1471

2006 年地方财政政府收支分类转换数据

2－26－47

单位:万元

地区	平衡部分									
	收入									
	财力性转移支付收入									
	一般性转移支付补助	民族地区转移支付补助	调整工资转移支付补助	农村税费改革转移支付补助	取消农业特产税降低农业税率转移支付补助	缓解县乡财政困难转移支付补助	农村义务教育补助	结算补助	企事业单位预算划转补助	其他财力性转移支付
本级	8552	5867	7234		98		59	10026	403	1211
县级小计	59866	17344	45246	1612	931	63	2197	38251	－403	3121
康定县	2035	871	3572	121	91	50	267	1662		527
泸定县	3013	773	2732	129	58		211	2314	－403	315
丹巴县	2874	737	2770	87	62		156	2477		262
九龙县	2187	1842	2468	76	32		167	2177		353
雅江县	5124	1591	2418	77	95		129	2453		146
道孚县	3231	1148	2485	88	24		107	2168		192
炉霍县	3779	1331	2566	78	37		112	3165		123
甘孜县	3815	686	2937	92	71		161	2329		118
新龙县	3699	1421	1930	78	41		92	2727		50
德格县	3316	833	2037	156	66		117	2004		45
白玉县	5699	973	1746	86	20		88	1470		320
石渠县	3599	979	3328	88	15		100	2434		281
色达县	2647	604	2391	75	23		71	1626		63
理塘县	4873	949	3913	90	47		102	2915		39
巴塘县	3052	911	2464	74	49		98	2042		57
乡城县	2112	365	1975	74	80		77	1789		51
稻城县	2403	810	1756	73	84	13	65	1558		65
得荣县	2408	520	1758	70	36		77	941		114
凉山州小计	**75700**	**29461**	**94215**	**7278**	**19647**	**1014**	**13318**	**30190**		**6927**
本级	4835	3117	12791		230		43	10228		274
县级小计	70865	26344	81424	7278	19417	1014	13275	19962		6653
西昌市	34	3447	9460	1122	2359	505	1983	－2104		615
木里县	6940	1562	4345	155	129		341	3183		746
盐源县	4714	2116	5895	357	838		1218	2368		566
德昌县	580	475	3254	337	2029		599	437		269
会理县	1683	3914	5372	942	4086	509	1373	219		151
会东县	2140	2250	4985	1110	3549		1091	722		664
宁南县	2174	871	2753	541	1995		530	214		186
普格县	4530	1067	3163	238	470		447	956		146
布拖县	3973	857	4228	284	295		378	1516		425
金阳县	6128	992	4489	283	397		486	1870		297
昭觉县	7105	1221	5229	303	376		602	1914		71
喜德县	4016	859	3229	211	249		485	796		179

2－26－48

单位:万元

地区	平衡部分								
	收入							支出	
	专项转移支付			省补助计划单列市	上年结余收入	调入资金	国债转贷收入、上年结余及转补助数	支出总计	本年支出
	小计	专项补助	增发国债补助						
本级	24215	5642	18573		27031	51	942	78509	77755
县级小计	119980	91867	28113		4373		1955	324856	322411
康定县	7851	7282	569		279			26987	26904
泸定县	5626	4867	759		622		100	19186	19065
丹巴县	7512	6683	829		278		86	19807	19700
九龙县	5252	4402	850		1507		96	20561	20387
雅江县	6092	5350	742		132		69	18836	18741
道孚县	5096	4429	667		262		99	16666	16539
炉霍县	5470	4627	843		8		120	16963	16832
甘孜县	5932	4790	1142		109		333	17415	17075
新龙县	6054	4350	1704		25		66	16006	15919
德格县	8411	5629	2782		95		83	17777	17671
白玉县	8354	4876	3478		140		60	19820	19723
石渠县	9022	5812	3210		5		74	20825	20734
色达县	8644	5071	3573		256		142	16830	16670
理塘县	9701	6172	3529		40		61	23561	23476
巴塘县	5609	4613	996		183		70	16100	16002
乡城县	4718	4154	564		322		221	11950	11713
稻城县	5496	4617	879		41		79	13534	13445
得荣县	5140	4143	997		69		196	12032	11815
凉山州小计	**161888**	**141747**	**20141**		**44403**	**4760**	**4648**	**747175**	**741893**
本级	21824	18821	3003		28963	4760	363	138170	137698
县级小计	140064	122926	17138		15440		4285	609005	604195
西昌市	14175	12358	1817		2045		702	86122	85278
木里县	9870	7437	2433		487		161	31749	31578
盐源县	8451	7617	834		824		301	40762	40438
德昌县	7298	6497	801		423		233	27634	27373
会理县	7378	7121	257		3436		260	53953	53618
会东县	6645	6120	525		1698		366	49228	48833
宁南县	5508	5146	362		504		120	24631	24493
普格县	7074	6202	872		1507		160	22121	21936
布拖县	8254	7627	627		460		193	23943	23735
金阳县	8336	6665	1671		255		128	26703	26566
昭觉县	10896	10011	885		501		247	31661	31401
喜德县	7679	7070	609		817			23083	23064

2006 年地方财政政府收支分类转换数据

2－26－49

单位:万元

地区	平衡部分									
	支出								年终结余	其中:净结余
	财力性转移支付			专项上解	计划单列市上解省	增设预算周转金	调出资金	国债转贷拨付数及年末结余		
	小计	体制上解	出口退税专项上解							
本级				－188				942	30672	417
县级小计				490				1955	12701	3407
康定县				83					602	185
泸定县				21				100	1145	671
丹巴县				21				86	660	88
九龙县				78				96	3019	1499
雅江县				26				69	754	254
道孚县				28				99	200	129
炉霍县				11				120	345	
甘孜县				7				333	627	33
新龙县				21				66	469	9
德格县				23				83	581	11
白玉县				37				60	605	111
石渠县				17				74	536	14
色达县				18				142	722	50
理塘县				24				61	580	36
巴塘县				28				70	369	134
乡城县				16				221	757	
稻城县				10				79	176	
得荣县				21				196	554	183
凉山州小计				**554**			**80**	**4648**	**41370**	**9177**
本级				29			80	363	22844	5080
县级小计				525				4285	18526	4097
西昌市				142				702	2147	960
木里县				10				161	323	297
盐源县				23				301	748	312
德昌县				28				233	628	20
会理县				75				260	6220	202
会东县				29				366	2295	780
宁南县				18				120	201	107
普格县				25				160	2199	123
布拖县				15				193	706	69
金阳县				9				128	30	30
昭觉县				13				247	750	153
喜德县				19					697	302

2－26－50 单位:万元

地区	收支部分										
	收入										
	本年收入小计	税收收入									
		小计	增值税	营业税	企业所得税	个人所得税	城市维护建设税	耕地占用税	契税	烟叶税	其他各项税收收入
冕宁县	12469	9833	2236	4101	688	399	404	30	130	1176	669
越西县	5699	3289	948	841	97	70	225	2	7	1030	69
甘洛县	12216	10981	2769	1986	5355	265	207	4	45		350
美姑县	2145	1528	143	1221	14	80	46	3	2		19
雷波县	5948	4893	348	3172	17	350	248	453	16		289

2－26－51

单位:万元

地 区	收支部分									
	收入								支出	
	非税收入							贷款转贷回收本金收入		
	小计	专项收入	行政事业性收费收入	罚没收入	国有资本经营收入	国有资源(资产)有偿使用收入	其他收入		本年支出小计	一般公共服务
冕宁县	2636	1103	756	368	210	46	153		39266	5834
越西县	2410	141	80	134	1708	26	321		34568	5103
甘洛县	1235	592	177	299	107	60			34890	9318
美姑县	617	63	177	90	267	20			28123	7110
雷波县	1055	161	323	106	－12	32	445		29035	5772

2－26－52

单位:万元

地　　区	收支部分										
	支出										
	外　交	国　防	公共安全	教　育	科学技术	文化体育与传媒	社会保障和就业	医疗卫生	环境保护	城乡社区事务	农林水事务
冕宁县		157	2682	8421	94	204	4979	1688	2390	446	2710
越西县		64	1784	7727	37	127	5145	1705	3838	1331	3930
甘洛县			1662	5948	110	258	3002	3544	2161	836	2486
美姑县		6	1523	6564	47	230	1273	2622	2744		2025
雷波县		119	1563	7795	318	364	3840	1491	2291	637	2644

2－26－53

单位:万元

地区	收支部分			平衡部分						
	支出			收入						
						返还性收入			财力性转移支付收入	
	交通运输	工业、商业、金融等事务	其他支出	收入总计	本年收入	小计	增值税和消费税税收返还	所得税基数返还	小计	体制补助
冕宁县	737	1384	7540	40353	12469	2451	1259	1192	16857	1200
越西县	401	677	2699	34912	5699	700	524	176	18587	1813
甘洛县	124	940	4501	35468	12216	2227	1497	730	13790	
美姑县	306	186	3487	28645	2145	297	266	31	17190	1380
雷波县	309	193	1699	29619	5948	398	352	46	15626	1083

2－26－54　　单位:万元

地区	平衡部分									
	收入									
	财力性转移支付收入									
	一般性转移支付补助	民族地区转移支付补助	调整工资转移支付补助	农村税费改革转移支付补助	取消农业特产税降低农业税率转移支付补助	缓解县乡财政困难转移支付补助	农村义务教育补助	结算补助	企事业单位预算划转补助	其他财力性转移支付
冕宁县	4605	1398	6095	392	900		1184	839		244
越西县	6208	1565	4729	260	682		787	1825		718
甘洛县	5383	2030	4505	217	138		644	429		444
美姑县	6588	981	4953	249	288		440	2082		229
雷波县	4064	739	4740	277	637		687	2696		703

2－26－55

单位:万元

地　　区	平衡部分								
	收入							支出	
	专项转移支付			省补助计划单列市	上年结余收入	调入资金	国债转贷收入、上年结余及转补助数	支出总计	本年支出
	小计	专项补助	增发国债补助						
冕宁县	7172	5840	1332		909		495	39823	39266
越西县	9115	8380	735		516		295	34872	34568
甘洛县	6683	5464	1219		287		265	35181	34890
美姑县	8509	6959	1550		314		190	28319	28123
雷波县	7021	6412	609		457		169	29220	29035

2-26-56 单位:万元

地区	平衡部分									
	支出								年终结余	其中:净结余
	财力性转移支付			专项上解	计划单列市上解省	增设预算周转金	调出资金	国债转贷拨付数及年末结余		
	小计	体制上解	出口退税专项上解							
冕宁县				62				495	530	59
越西县				9				295	40	35
甘洛县				26				265	287	287
美姑县				6				190	326	313
雷波县				16				169	399	48

2006 年贵州省地市县财政一般预算收支平衡表

2－27－1

单位:万元

地区	收支部分										
	收入										
	本年收入小计	税收收入									
		小计	增值税	营业税	企业所得税	个人所得税	城市维护建设税	耕地占用税	契税	烟叶税	其他各项税收收入
地(市)县级总计	**1723026**	**1298904**	**229127**	**474474**	**104539**	**94726**	**153610**	**23140**	**47078**	**52582**	**119628**
地(市)本级合计	**477836**	**354914**	**63516**	**97507**	**42678**	**25687**	**66945**	**955**	**20492**	**111**	**37023**
县级合计	**1245190**	**943990**	**165611**	**376967**	**61861**	**69039**	**86665**	**22185**	**26586**	**52471**	**82605**
贵阳市小计	**615798**	**501660**	**72132**	**183183**	**65606**	**38213**	**57924**	**5565**	**26658**	**3375**	**49004**
本级	283900	229299	28587	68632	34683	20645	36224		17698	110	22720
县级小计	331898	272361	43545	114551	30923	17568	21700	5565	8960	3265	26284
乌当区	39449	30174	4320	12410	3297	1942	2094	1757	2140		2214
花溪区	22056	14950	2035	6809	1887	1007	917	357	952		986
白云区	36604	32291	11348	8661	1524	1602	4236	238	1297		3385
南明区	62235	58195	4834	29965	7654	4220	4123	191	1960		5248
云岩区	65652	59730	6959	30517	8553	3615	4197	20	482		5387
小河区	27535	22360	2966	8524	2294	1488	1498	1540	1174		2876
清镇市	26026	18591	4513	5036	842	926	2331	958	485	762	2738
开阳县	24483	16663	3316	4921	2806	1158	1027	22	114	1770	1529
修文县	13042	9125	1838	3459	633	808	687		191	425	1084
息烽县	14816	10282	1416	4249	1433	802	590	482	165	308	837
六盘水市小计	**168533**	**130669**	**35458**	**36924**	**6069**	**14105**	**17449**	**1524**	**1807**	**1812**	**15521**
本级	46437	34534	10921	8636	478	988	6283		1174		6054
县级小计	122096	96135	24537	28288	5591	13117	11166	1524	633	1812	9467
六枝特区	12500	8387	1657	3294	361	825	878	59	155		1158
盘县	61220	50742	15569	10001	4107	9489	4912	716	87	975	4886
水城县	19784	14590	3787	4915	412	1726	1021	520	107	837	1265
钟山区	28592	22416	3524	10078	711	1077	4355	229	284		2158
遵义市小计	**268837**	**210415**	**41670**	**69803**	**15152**	**13467**	**28859**	**1455**	**5457**	**14490**	**20062**
本级	69346	40690	9840	8361	5422	2072	10501		774		3720
县级小计	199491	169725	31830	61442	9730	11395	18358	1455	4683	14490	16342
红花岗区	35308	29906	3552	13802	3832	1910	1613	18	1611		3568
汇川区	20101	19123	1796	9832	1504	1094	1312	63	723	470	2329
遵义县	31824	26330	5975	8054	1179	2618	2615	501	807	2263	2318
桐梓县	11470	8629	1652	2854	144	763	832	165	189	1456	574
绥阳县	7022	5553	518	2405	35	62	612	16	81	1521	303
湄潭县	7505	6032	578	2369	244	323	262	39	320	1631	266
凤冈县	4437	3721	251	1174	87	102	157	84	128	1246	492
余庆县	8938	7673	383	4319	403	128	174	131	62	1808	265
仁怀市	40282	34297	12740	6062	878	2065	8854	224	175	608	2691

2－27－2 单位：万元

地区	收支部分									
	收入								支出	
	非税收入							贷款转贷回收本金收入	本年支出小计	一般公共服务
	小计	专项收入	行政事业性收费收入	罚没收入	国有资本经营收入	国有资源（资产）有偿使用收入	其他收入			
地(市)县级总计	**424122**	**98042**	**94391**	**73593**	**42213**	**30051**	**85832**		**4395350**	**954475**
地(市)本级合计	**122922**	**38038**	**24771**	**20280**	**16536**	**4234**	**19063**		**875409**	**177479**
县级合计	**301200**	**60004**	**69620**	**53313**	**25677**	**25817**	**66769**		**3519941**	**776996**
贵阳市小计	**114138**	**32076**	**27881**	**15973**	**6602**	**11530**	**20076**		**882349**	**173370**
本级	54601	18410	11526	7525	801	1872	14467		390825	60512
县级小计	59537	13666	16355	8448	5801	9658	5609		491524	112858
乌当区	9275	1514	1647	951		5098	65		60446	14687
花溪区	7106	838	499	577	5065	107	20		37852	8359
白云区	4313	3206	535	547	5	20			42238	11380
南明区	4040	1900	857	964	285	34			72291	17733
云岩区	5922	2001	2927	722		78	194		74769	15267
小河区	5175	720	3286	346	280	40	503		35033	7125
清镇市	7435	1560	1042	1022	42	689	3080		49685	11074
开阳县	7820	942	4080	723		1847	228		48753	10363
修文县	3917	537	256	1591	124	110	1299		34290	7521
息烽县	4534	448	1226	1005		1635	220		36167	9349
六盘水市小计	**37864**	**14154**	**8523**	**7931**	**3190**	**508**	**3558**		**349018**	**98741**
本级	11903	4921	2900	2630	148	235	1069		88656	42168
县级小计	25961	9233	5623	5301	3042	273	2489		260362	56573
六枝特区	4113	654	603	705	638	42	1471		48824	9018
盘县	10478	5077	1725	2922		71	683		108860	19052
水城县	5194	1798	1810	801	479	127	179		58616	15936
钟山区	6176	1704	1485	873	1925	33	156		44062	12567
遵义市小计	**58422**	**18159**	**13963**	**11124**	**11172**	**2843**	**1161**		**728015**	**144234**
本级	28656	6145	6713	4404	10610	639	145		108009	15503
县级小计	29766	12014	7250	6720	562	2204	1016		620006	128731
红花岗区	5402	1087	1656	978		1637	44		58956	10806
汇川区	978	825	67	60		26			35764	6195
遵义县	5494	2481	1213	1248		56	496		95657	22319
桐梓县	2841	709	972	911	105	144			45471	9392
绥阳县	1469	232	345	501	309	29	53		38946	8073
湄潭县	1473	272	316	532		17	336		38180	8311
凤冈县	716	246	200	246		19	5		30670	6570
余庆县	1265	221	560	451		24	9		28922	7403
仁怀市	5985	4241	1094	368	148	94	40		65763	11444

2 -27 -3

单位:万元

地区	收支部分										
	支出										
	外交	国防	公共安全	教育	科学技术	文化体育与传媒	社会保障和就业	医疗卫生	环境保护	城乡社区事务	农林水事务
地(市)县级总计	**24**	**9322**	**278186**	**1067594**	**38978**	**62848**	**384161**	**252379**	**48293**	**188000**	**530462**
地(市)本级合计	**24**	**3878**	**85042**	**102535**	**19100**	**26726**	**105311**	**52510**	**11222**	**56621**	**66030**
县级合计		**5444**	**193144**	**965059**	**19878**	**36122**	**278850**	**199869**	**37071**	**131379**	**464432**
贵阳市小计	**24**	**5652**	**81187**	**143056**	**17454**	**16621**	**95425**	**52275**	**7355**	**60607**	**62536**
本级	24	2872	38189	34668	10175	10021	60763	22280	3613	34889	16440
县级小计		2780	42998	108388	7279	6600	34662	29995	3742	25718	46096
乌当区		259	3912	9781	1432	1046	2945	3449	360	6244	7541
花溪区			2871	8731	416	711	2084	2668	397	498	4960
白云区		429	3363	10780	579	894	2196	2624	373	2944	3524
南明区		238	9014	12883	1017	1060	8589	3974	271	5091	1282
云岩区		720	9142	17750	1288	507	6492	4593	170	5023	1895
小河区		770	4605	7332	820	215	1308	483	40	1438	1421
清镇市		59	3242	12891	830	604	3238	3699	687	1741	7905
开阳县		146	2671	12795	539	491	2834	3640	602	653	7475
修文县			2417	7753	157	689	1994	2680	285	905	4329
息烽县		159	1761	7692	201	383	2982	2185	557	1181	5764
六盘水市小计		**539**	**21087**	**72189**	**2222**	**3681**	**26505**	**18750**	**5751**	**12479**	**40533**
本级		251	9100	10754	581	1662	3475	3257	2813	3633	4295
县级小计		288	11987	61435	1641	2019	23030	15493	2938	8846	36238
六枝特区		61	2316	12869	82	503	4444	3911	468	1058	7581
盘县			5194	27638	905	1040	11574	6330	1289	2893	14954
水城县		154	2961	14146	250	295	4331	3973	798	601	10180
钟山区		73	1516	6782	404	181	2681	1279	383	4294	3523
遵义市小计		**595**	**39669**	**193143**	**6033**	**10517**	**66053**	**38929**	**8474**	**27917**	**88701**
本级		260	12190	9804	3009	4908	13648	5760	1710	9376	10349
县级小计		335	27479	183339	3024	5609	52405	33169	6764	18541	78352
红花岗区		169	1843	14034	962	956	6903	5663	99	3879	3434
汇川区			1391	10711	205	152	2646	1353		2549	3160
遵义县		18	4597	32926	318	578	4872	6171	565	2222	9964
桐梓县		46	1762	10413	323	351	9636	1220	638	980	5819
绥阳县			1899	11832	61	315	1974	1463	374	1166	5285
湄潭县			1536	12657	143	270	2132	1800	477	583	5440
凤冈县			1356	9720	37	401	2275	1361	436	447	4352
余庆县		33	1639	7727	69	262	1693	2210	347	581	4082
仁怀市			4050	18284	364	448	8428	3093	841	3035	6634

2－27－4

单位:万元

地区	收支部分			平衡部分						
	支出			收入						
						返还性收入			财力性转移支付收入	
	交通运输	工业、商业、金融等事务	其他支出	收入总计	本年收入	小计	增值税和消费税税收返还	所得税基数返还	小计	体制补助
地(市)县级总计	**51423**	**124713**	**404492**	**4641294**	**1723026**	**411313**	**329542**	**81771**	**1633051**	**21600**
地(市)本级合计	**12788**	**46695**	**109448**	**902935**	**477836**	**217717**	**192180**	**25537**	**84597**	**8670**
县级合计	**38635**	**78018**	**295044**	**3738359**	**1245190**	**193596**	**137362**	**56234**	**1548454**	**12930**
贵阳市小计	**10258**	**34693**	**121836**	**960945**	**615798**	**88671**	**52949**	**35722**	**115257**	
本级	8584	25276	62519	386377	283900	51090	32409	18681	238	
县级小计	1674	9417	59317	574568	331898	37581	20540	17041	115019	
乌当区	161	2887	5742	65137	39449	6370	3537	2833	11406	
花溪区	165	530	5462	42087	22056	3852	2887	965	9329	
白云区	70	1199	1883	58703	36604	3875	1901	1974	11543	
南明区		1468	9671	90313	62235	5400	1702	3698	13030	
云岩区		212	11710	101743	65652	7168	3441	3727	16139	
小河区	702	987	7787	40788	27535	2174	479	1695	5804	
清镇市	279	698	2738	51699	26026	2856	2065	791	10719	
开阳县	146	738	5660	50110	24483	2745	1907	838	11696	
修文县		447	5113	36180	13042	1609	1351	258	13719	
息烽县	151	251	3551	37808	14816	1532	1270	262	11634	
六盘水市小计	**2233**	**8910**	**35398**	**360411**	**168533**	**52956**	**46940**	**6016**	**90667**	
本级	668	2807	3192	88248	46437	35111	33528	1583	7485	
县级小计	1565	6103	32206	272163	122096	17845	13412	4433	83182	
六枝特区	315	1422	4776	48176	12500	3230	2577	653	20544	
盘县	572	2160	15259	116236	61220	8586	5982	2604	27649	
水城县	327	1267	3397	60195	19784	2481	1977	504	25378	
钟山区	351	1254	8774	47556	28592	3548	2876	672	9611	
遵义市小计	**9773**	**13743**	**80234**	**761954**	**268837**	**68569**	**58965**	**9604**	**284545**	
本级	896	3425	17171	121533	69346	34486	33011	1475	4364	
县级小计	8877	10318	63063	640421	199491	34083	25954	8129	280181	
红花岗区	546	1314	8348	65770	35308	2316	996	1320	12505	
汇川区	224	521	6657	38058	20101	820	214	606	10111	
遵义县	1348	1606	8153	96419	31824	7533	5489	2044	37986	
桐梓县	330	396	4165	46604	11470	2529	2201	328	23025	
绥阳县	1102	748	4654	39815	7022	1365	1163	202	23859	
湄潭县	793	492	3546	38573	7505	1434	1090	344	22380	
凤冈县	831	357	2527	30726	4437	681	581	100	19835	
余庆县	475	463	1938	29470	8938	1008	871	137	13814	
仁怀市	947	1579	6616	72329	40282	8811	7624	1187	13574	

2－27－5　　　　单位:万元

地区	平衡部分									
	收入									
	财力性转移支付收入									
	一般性转移支付补助	民族地区转移支付补助	调整工资转移支付补助	农村税费改革转移支付补助	取消农业特产税降低农业税率转移支付补助	缓解县乡财政困难转移支付补助	农村义务教育补助	结算补助	企事业单位预算划转补助	其他财力性转移支付
地(市)县级总计	**320627**	**154173**	**580895**	**116220**	**81803**	**256085**	**59221**	**21570**	**20857**	
地(市)本级合计	**－11110**	**26118**	**54915**	**14**	**30**	**19941**	**12**	**－11347**	**1362**	**－4008**
县级合计	**331737**	**128055**	**525980**	**116206**	**81773**	**236144**	**59209**	**32917**	**19495**	**4008**
贵阳市小计	**5246**	**17711**	**52542**	**7636**	**5814**	**12224**	**2900**	**525**	**10659**	
本级	－10985	3592	12840			200		－4520	403	－1292
县级小计	16231	14119	39702	7636	5814	12024	2900	5045	10256	1292
乌当区	273	1758	4239	1307	1283	959	325	268	741	253
花溪区	176	232	4015	708	771	830	344	1909	344	
白云区	137	3994	2303	743	132	620	133	860	2621	
南明区	4118	1194	4054	382	128	850	19	411	1874	
云岩区	6327	2096	4516	494	47	692	57	1046	864	
小河区	773	940	383	75	44	260	60	169	3041	59
清镇市	256	805	4473	1077	851	1366	532	208	771	380
开阳县	346	1134	5043	1257	1179	1716	665	156		200
修文县	2651	1292	5423	900	747	2043	411	52		200
息烽县	1174	674	5253	693	632	2688	354	－34		200
六盘水市小计	**8634**	**18047**	**34253**	**6947**	**4171**	**9545**	**4861**	**4209**		
本级	－2993	6658	5052			200		44		－1476
县级小计	11627	11389	29201	6947	4171	9345	4861	4165		1476
六枝特区	4278	1941	7675	1879	1108	2048	1063	375		177
盘县	655	4986	9945	2574	1785	2939	2259	2200		306
水城县	6475	2623	8648	1791	1054	2839	1185	615		148
钟山区	219	1839	2933	703	224	1519	354	975		845
遵义市小计	**51236**	**24198**	**100113**	**23008**	**19797**	**47591**	**11311**	**3411**	**3880**	
本级	－3258	3800	4147			325		－66		－584
县级小计	54494	20398	95966	23008	19797	47266	11311	3477	3880	584
红花岗区	153	1541	5610	836	478	801	252	2544	289	1
汇川区	126	1252	1616	538	648	906	337	1657	3030	1
遵义县	4316	3110	16446	3840	3655	6525	1967	－2103	229	1
桐梓县	4027	1395	7742	1818	1777	4733	1181	351		1
绥阳县	6662	486	7553	1802	1807	3903	808	465	332	41
湄潭县	4904	722	7183	1750	1763	4819	761	447		31
凤冈县	6140	591	5633	1386	1360	3627	760	337		1
余庆县	2277	803	4945	1173	1141	2872	404	198		1
仁怀市	240	4047	6458	1834	1134	1564	1125	－3329		501

2－27－6

单位:万元

地区	平衡部分								
	收入							支出	
	专项转移支付			省补助计划单列市	上年结余收入	调入资金	国债转贷收入、上年结余及转补助数	支出总计	本年支出
	小计	专项补助	增发国债补助						
地(市)县级总计	**688887**	**688887**			**174528**	**6023**	**4466**	**4443371**	**4395350**
地(市)本级合计	**29404**	**29404**			**89679**	**246**	**3456**	**866064**	**875409**
县级合计	**659483**	**659483**			**84849**	**5777**	**1010**	**3577307**	**3519941**
贵阳市小计	**91541**	**91541**			**47372**		**2306**	**896214**	**882349**
本级	20668	20668			28175		2306	361171	390825
县级小计	70873	70873			19197			535043	491524
乌当区	6942	6942			970			60516	60446
花溪区	6545	6545			305			41052	37852
白云区	3843	3843			2838			52056	42238
南明区	7937	7937			1711			85480	72291
云岩区	7331	7331			5453			88029	74769
小河区	2499	2499			2776			38848	35033
清镇市	10281	10281			1817			49772	49685
开阳县	10635	10635			551			48795	48753
修文县	7371	7371			439			34308	34290
息烽县	7489	7489			2337			36187	36167
六盘水市小计	**42962**	**42962**			**4793**		**500**	**355965**	**349018**
本级	－3594	－3594			2309		500	94998	88656
县级小计	46556	46556			2484			260967	260362
六枝特区	11388	11388			514			48853	48824
盘县	18300	18300			481			109320	108860
水城县	12515	12515			37			58651	58616
钟山区	4353	4353			1452			44143	44062
遵义市小计	**110739**	**110739**			**22588**	**5626**	**1050**	**736104**	**728015**
本级	－4578	－4578			17415		500	114667	108009
县级小计	115317	115317			5173	5626	550	621437	620006
红花岗区	11714	11714			3918	9		59013	58956
汇川区	5938	5938			743	345		35854	35764
遵义县	14823	14823			493	3760		95740	95657
桐梓县	8535	8535			1045			45498	45471
绥阳县	6734	6734			－300	1135		38965	38946
湄潭县	7430	7430			－401	225		38189	38180
凤冈县	5927	5927			－249	95		30677	30670
余庆县	5534	5534			176			28927	28922
仁怀市	7249	7249			1863		550	66650	65763

2－27－7

单位:万元

地区	平衡部分·支出·财力性转移支付·小计	财力性转移支付·体制上解	财力性转移支付·出口退税专项上解	专项上解	计划单列市上解省	增设预算周转金	调出资金	国债转贷拨付数及年末结余	年终结余	其中:净结余
地(市)县级总计				**41673**			**1882**	**4466**	**197923**	**135699**
地(市)本级合计	**－52013**	**－52013**		**37637**			**1575**	**3456**	**36871**	**6873**
县级合计	**52013**	**52013**		**4036**			**307**	**1010**	**161052**	**128826**
贵阳市小计				**11559**				**2306**	**64731**	**64731**
本级	－42780	－42780		10820				2306	25206	25206
县级小计	42780	42780		739					39525	39525
乌当区				70					4621	4621
花溪区	3177	3177		23					1035	1035
白云区	9680	9680		138					6647	6647
南明区	13050	13050		139					4833	4833
云岩区	13109	13109		151					13714	13714
小河区	3764	3764		51					1940	1940
清镇市				87					1927	1927
开阳县				42					1315	1315
修文县				18					1872	1872
息烽县				20					1621	1621
六盘水市小计				**6447**				**500**	**4446**	**3989**
本级				5842				500	－6750	－7207
县级小计				605					11196	11196
六枝特区				29					－677	－677
盘县				460					6916	6916
水城县				35					1544	1544
钟山区				81					3413	3413
遵义市小计				**5266**			**1773**	**1050**	**25850**	**23305**
本级				4583			1575	500	6866	4665
县级小计				683			198	550	18984	18640
红花岗区				57					6757	6413
汇川区				42			48		2204	2204
遵义县				83					679	679
桐梓县				27					1106	1106
绥阳县				19					850	850
湄潭县				9					384	384
凤冈县				7					49	49
余庆县				5					543	543
仁怀市				337				550	5679	5679

2－27－8　　　　单位:万元

地区	收支部分										
	收入										
	本年收入小计	税收收入									
		小计	增值税	营业税	企业所得税	个人所得税	城市维护建设税	耕地占用税	契税	烟叶税	其他各项税收收入
赤水市	7979	6702	610	3630	538	400	412	106	344		662
习水县	10670	8970	2696	2051	793	1390	844	73	167		956
正安县	5559	5351	304	2859	43	196	184	6	11	1496	252
道真县	3703	3321	396	1133	13	216	159	16	43	1197	148
务川县	4693	4117	379	898	37	128	328	13	22	794	1518
安顺市小计	**97341**	**62060**	**10266**	**30137**	**2381**	**1854**	**7631**	**1383**	**1928**	**603**	**5877**
本级	16968	5623	1121	1115	546	186	366	415			1874
县级小计	80373	56437	9145	29022	1835	1668	7265	968	1928	603	4003
西秀区	39013	27286	4004	13788	535	741	4047	564	1088		2519
平坝县	11293	8573	1665	4638	131	146	1207	46	249	175	316
普定县	11368	8035	2016	3198	345	406	1099	23	293	3	652
镇宁县	7973	5437	791	3074	585	251	366	112	71		187
关岭县	6961	4786	388	3193	107	87	446	212	113		240
紫云县	3765	2320	281	1131	132	37	100	11	114	425	89
黔南自治州小计	**113257**	**84663**	**14785**	**32180**	**4778**	**5870**	**9073**	**3600**	**2527**	**4719**	**7131**
本级	12409	9484	3826	2448	171	310	2293				436
县级小计	100848	75179	10959	29732	4607	5560	6780	3600	2527	4719	6695
都匀市	22575	18418	2209	8676	863	1453	1513	707	1216	219	1562
独山县	6506	4179	630	1774	520	328	202	45	99	397	184
平塘县	4485	2314	198	839	69	210	101	50	130	572	145
荔波县	6305	4431	854	1610	349	853	308	14	63		380
三都县	3209	1716	153	926	84	208	79	62	92		112
福泉市	14156	11602	1680	3937	394	620	2087	173	278	653	1780
瓮安县	10495	8612	1349	3021	401	880	574	27	341	1044	975
贵定县	7740	6237	858	3534	359	182	652	26	79	228	319
龙里县	7780	5707	1092	1531	1021	267	535	354	100	260	547
惠水县	6686	4211	993	1632	237	234	403	188	53	247	224
长顺县	4804	2900	342	588	137	171	106	60	69	1099	328
罗甸县	6107	4852	601	1664	173	154	220	1894	7		139
黔东南自治州小计	**89423**	**63904**	**8803**	**33166**	**1198**	**3943**	**4217**	**1817**	**3578**	**2355**	**4827**
本级	11096	8816	835	4751	95	567	501	540	846		681
县级小计	78327	55088	7968	28415	1103	3376	3716	1277	2732	2355	4146
凯里市	20949	17791	2904	8152	495	1445	1692		1013	223	1867
黄平县	4033	2298	166	1173	23	183	95	90	120	317	131
麻江县	3364	2473	592	904	36	168	242	72	82	222	155

2－27－9　　　　　　　　　　　　　　　　　　　　　　　　　　　　　单位:万元

地区	收支部分									
	收入								支出	
	非税收入							贷款转贷回收本金收入		
	小计	专项收入	行政事业性收费收入	罚没收入	国有资本经营收入	国有资源(资产)有偿使用收入	其他收入		本年支出小计	一般公共服务
赤水市	1277	353	419	459		22	24		30348	5580
习水县	1700	894	18	741		45	2		50401	10558
正安县	208	176	9			23			39212	8237
道真县	382	153	77	135		17			29025	6638
务川县	576	124	304	90		51	7		32691	7205
安顺市小计	**35281**	**4585**	**4793**	**4574**	**8442**	**8456**	**4431**		**293514**	**64078**
本级	11345	1141	1859	2000	4774	290	1281		52111	10122
县级小计	23936	3444	2934	2574	3668	8166	3150		241403	53956
西秀区	11727	1232	568	952		7950	1025		76229	17708
平坝县	2720	861	512	713		28	606		39959	8809
普定县	3333	819	575	238	1502	52	147		32693	6252
镇宁县	2536	241	664	195	1255	22	159		33037	7357
关岭县	2175	225	253	321	766	44	566		31513	7488
紫云县	1445	66	362	155	145	70	647		27972	6342
黔南自治州小计	**28594**	**5840**	**8782**	**5900**	**3391**	**770**	**3911**		**441968**	**96391**
本级	2925	1614	525	472	60	252	2		55151	10811
县级小计	25669	4226	8257	5428	3331	518	3909		386817	85580
都匀市	4157	784	559	1004	1793	17			54132	11534
独山县	2327	175	803	507	612	230			35495	10101
平塘县	2171	85	1214	389		11	472		29568	7887
荔波县	1874	277	342	352		13	890		20906	4582
三都县	1493	57	454	277	458	33	214		31595	6712
福泉市	2554	981	882	644	14	33			32473	7574
瓮安县	1883	561	214	648	66	18	376		38551	6143
贵定县	1503	372	146	227	9	33	716		29242	7108
龙里县	2073	374	612	660		31	396		25692	5122
惠水县	2475	278	1839	337		21			35269	7864
长顺县	1904	113	559	257	179	48	748		22628	5606
罗甸县	1255	169	633	126	200	30	97		31266	5347
黔东南自治州小计	**25519**	**3025**	**7757**	**4707**	**4107**	**501**	**5422**		**460129**	**108884**
本级	2280	366	405	497	361	140	511		39388	9858
县级小计	23239	2659	7352	4210	3746	361	4911		420741	99026
凯里市	3158	945	1158	998		35	22		43402	8946
黄平县	1735	125	457	290	450	10	403		27999	6636
麻江县	891	122	270	230	212	28	29		20658	4681

2－27－10

单位:万元

地区	收支部分										
	支出										
	外交	国防	公共安全	教育	科学技术	文化体育与传媒	社会保障和就业	医疗卫生	环境保护	城乡社区事务	农林水事务
赤水市		14	1128	8644	302	356	2256	2471	912	486	3802
习水县			1897	17380	73	483	2602	2513	892	928	6941
正安县		55	1807	11061	63	687	3111	1395	593	695	7682
道真县			1118	8863	41	123	1858	883	400	517	5244
务川县			1456	9087	63	227	2019	1573	190	473	6513
安顺市小计		**673**	**17576**	**67139**	**2131**	**3752**	**31723**	**19211**	**2925**	**7290**	**34458**
本级		240	8017	5389	900	1795	6131	3851	865	1676	4886
县级小计		433	9559	61750	1231	1957	25592	15360	2060	5614	29572
西秀区		5	1633	19140	595	627	7796	2734	290	1572	8706
平坝县		210	2532	9084	119	208	5874	3077	589	1624	5063
普定县		100	1525	7857	179	268	4747	2738	313	414	4762
镇宁县		22	1531	8467	117	277	1915	2912	365	724	4363
关岭县		57	1261	8839	138	319	3560	1814	291	730	2691
紫云县		39	1077	8363	83	258	1700	2085	212	550	3987
黔南自治州小计		**380**	**25099**	**116724**	**3005**	**7155**	**39156**	**24807**	**3840**	**17860**	**64328**
本级		70	3972	9240	987	1541	5700	3652	456	1533	7832
县级小计		310	21127	107484	2018	5614	33456	21155	3384	16327	56496
都匀市		72	4631	13994	943	912	4889	3078	882	3707	5838
独山县			1668	8946	161	348	2791	2551	119	1146	5137
平塘县			1383	7803	83	314	2273	1375	133	1610	4715
荔波县			1086	6253	50	269	1055	1556	239	479	3350
三都县			1217	12756	54	415	1817	1800	155	591	4586
福泉市		61	2231	9420	277	540	1965	2116	525	2457	3561
瓮安县		28	1493	7678	32	133	7777	1387	384	2098	7627
贵定县			1533	6993	70	440	3123	1635	79	1707	3346
龙里县		93	1290	7098	209	198	1709	1460	370	550	2863
惠水县		32	1967	11309	75	367	2282	1685	178	994	4922
长顺县		24	1002	6391	35	197	2043	962	320	524	3709
罗甸县			1626	8843	29	1481	1732	1550		464	6842
黔东南自治州小计		**608**	**24934**	**138009**	**2842**	**6011**	**29975**	**31865**	**6168**	**13324**	**69494**
本级		68	3048	7110	1309	1387	2846	4359	505	532	4255
县级小计		540	21886	130899	1533	4624	27129	27506	5663	12792	65239
凯里市		22	2947	14166	405	358	4151	3657	314	2323	3954
黄平县		63	1523	8299	97	615	1772	1816	443	732	5114
麻江县		48	1051	5930	84	194	1458	1533	295	459	3857

2006年地方财政政府收支分类转换数据

2-27-11

单位:万元

地区	收支部分			平衡部分						
	支出			收入						
						返还性收入			财力性转移支付收入	
	交通运输	工业、商业、金融等事务	其他支出	收入总计	本年收入	小计	增值税和消费税税收返还	所得税基数返还	小计	体制补助
赤水市	133	646	3618	30462	7979	1174	503	671	13697	
习水县	186	833	5115	50034	10670	3908	3402	506	26624	
正安县	227	523	3076	39711	5559	954	599	355	24842	
道真县	245	363	2732	29111	3703	859	660	199	17402	
务川县	1490	477	1918	33339	4693	691	561	130	20527	
安顺市小计	**1847**	**11817**	**28894**	**321630**	**97341**	**31136**	**27023**	**4113**	**113364**	
本级	721	2796	4722	64903	16968	16921	16098	823	12240	
县级小计	1126	9021	24172	256727	80373	14215	10925	3290	101124	
西秀区	215	6589	8619	81175	39013	4021	2872	1149	19773	
平坝县	157	206	2407	40674	11293	2544	2294	250	19246	
普定县	177	608	2753	35059	11368	1813	1564	249	13415	
镇宁县	365	506	4116	34545	7973	3039	1732	1307	14849	
关岭县	116	733	3476	33802	6961	1591	1356	235	17843	
紫云县	96	379	2801	31472	3765	1207	1107	100	15998	
黔南自治州小计	**4474**	**11816**	**26933**	**464795**	**113257**	**47621**	**41024**	**6597**	**200953**	**657**
本级	425	3318	5614	58294	12409	21673	20489	1184	10187	-1168
县级小计	4049	8498	21319	406501	100848	25948	20535	5413	190766	1825
都匀市	1103	2069	480	57114	22575	5045	4057	988	18689	
独山县	366	1111	1050	37035	6506	1567	1315	252	20071	
平塘县	247	472	1273	31276	4485	500	398	102	18727	292
荔波县	141	791	1055	22561	6305	1937	1096	841	8750	240
三都县	212	167	1113	33654	3209	387	280	107	20931	541
福泉市	375	569	802	34144	14156	2134	1583	551	12097	
瓮安县	276	257	3238	39051	10495	2223	1710	513	19287	
贵定县	642	834	1732	31617	7740	5978	5192	786	10836	
龙里县	80	597	4053	27148	7780	1881	1571	310	11252	146
惠水县	274	377	2943	37061	6686	2376	2004	372	20801	
长顺县	226	201	1388	22931	4804	844	586	258	11795	252
罗甸县	107	1053	2192	32909	6107	1076	743	333	17530	354
黔东南自治州小计	**4221**	**14878**	**8916**	**473317**	**89423**	**21933**	**18103**	**3830**	**263281**	**5820**
本级	524	2664	923	37216	11096	8703	8192	511	12870	2401
县级小计	3697	12214	7993	436101	78327	13230	9911	3319	250411	3419
凯里市	102	1239	818	46179	20949	3916	2712	1204	12123	
黄平县	172	615	102	28207	4033	625	439	186	17575	677
麻江县	79	733	256	21042	3364	588	447	141	11547	23

2－27－12

单位:万元

地区	平衡部分									
	收入									
	财力性转移支付收入									
	一般性转移支付补助	民族地区转移支付补助	调整工资转移支付补助	农村税费改革转移支付补助	取消农业特产税降低农业税率转移支付补助	缓解县乡财政困难转移支付补助	农村义务教育补助	结算补助	企事业单位预算划转补助	其他财力性转移支付
赤水市	1076	150	4917	1388	1173	3825	354	813		1
习水县	6370	1980	8450	2125	1601	4091	1202	804		1
正安县	7589	834	7596	1897	1252	4034	931	708		1
道真县	5026	1664	5274	1246	997	2601	439	154		1
务川县	5588	1823	6543	1375	1011	2965	790	431		1
安顺市小计	**21219**	**6768**	**41525**	**9551**	**5357**	**18453**	**4103**	**320**	**6068**	
本级	615	455	5325			3526		1610	709	
县级小计	20604	6313	36200	9551	5357	14927	4103	－1290	5359	
西秀区	421	1760	9275	3147	1426	1764	967	－1653	2666	
平坝县	4406	867	5944	987	870	2948	545	－14	2693	
普定县	2575	1402	5256	1365	833	1153	735	96		
镇宁县	3128	663	5710	1418	697	2604	601	28		
关岭县	5503	686	5484	1250	751	3424	610	135		
紫云县	4571	935	4531	1384	780	3034	645	118		
黔南自治州小计	**44746**	**16578**	**71913**	**13085**	**9545**	**36911**	**5882**	**1386**	**250**	
本级	1100	2792	5387			3400		－1409	250	－165
县级小计	43646	13786	66526	13085	9545	33511	5882	2795		165
都匀市	1883	1755	8457	1487	842	3601	415	239		10
独山县	6371	875	6497	1102	968	3232	587	439		
平塘县	6289	964	6017	1206	757	2479	502	211		10
荔波县	220	493	3732	719	622	2066	264	334		60
三都县	7179	1145	6045	1306	586	3276	563	290		
福泉市	1513	1946	4159	788	778	2653	392	－152		20
瓮安县	2973	1781	5421	1763	1427	4821	690	396		15
贵定县	1125	1022	4575	938	623	2191	476	－124		10
龙里县	2404	386	4580	668	662	1922	334	125		25
惠水县	5495	1922	7054	1268	1103	2827	739	388		5
长顺县	3327	477	4225	679	545	1665	410	210		5
罗甸县	4867	1020	5764	1161	632	2778	510	439		5
黔东南自治州小计	**75395**	**18697**	**82892**	**15959**	**10132**	**44675**	**6362**	**3349**		
本级	2330	1439	6551	12	30	3900	12	－3805		
县级小计	73065	17258	76341	15947	10102	40775	6350	7154		
凯里市	161	2073	6211	880	662	935	384	817		
黄平县	5618	1144	5065	1113	873	2590	509	－14		
麻江县	3283	683	3411	788	665	2297	323	74		

2006年地方财政政府收支分类转换数据

2－27－13　　　　　　　　　　　　　　　　　　　　　　　　单位:万元

地区	平衡部分								
	收入							支出	
	专项转移支付			省补助计划单列市	上年结余收入	调入资金	国债转贷收入、上年结余及转补助数	支出总计	本年支出
	小计	专项补助	增发国债补助						
赤水市	7520	7520			35	57		30536	30348
习水县	10144	10144			－1312			50437	50401
正安县	8572	8572			－216			39219	39212
道真县	7758	7758			－611			29029	29025
务川县	7439	7439			－11			32703	32691
安顺市小计	**50155**	**50155**			**29619**	**15**		**296188**	**293514**
本级	1929	1929			16845			54279	52111
县级小计	48226	48226			12774	15		241909	241403
西秀区	14326	14326			4042			76351	76229
平坝县	6600	6600			991			39985	39959
普定县	7086	7086			1377			32874	32693
镇宁县	6473	6473			2211			33048	33037
关岭县	5526	5526			1866	15		31526	31513
紫云县	8215	8215			2287			28125	27972
黔南自治州小计	**78694**	**78694**			**24170**		**100**	**446245**	**441968**
本级	5560	5560			8465			55062	55151
县级小计	73134	73134			15705		100	391183	386817
都匀市	9823	9823			882		100	56639	54132
独山县	7822	7822			1069			35504	35495
平塘县	6118	6118			1446			29571	29568
荔波县	4521	4521			1048			20919	20906
三都县	6831	6831			2296			31598	31595
福泉市	5607	5607			150			32833	32473
瓮安县	5914	5914			1132			39072	38551
贵定县	5651	5651			1412			29845	29242
龙里县	4292	4292			1943			25710	25692
惠水县	6019	6019			1179			35283	35269
长顺县	5144	5144			344			22783	22628
罗甸县	5392	5392			2804			31426	31266
黔东南自治州小计	**90243**	**90243**			**8071**	**166**	**200**	**463351**	**460129**
本级	2920	2920			1597	30		41641	39388
县级小计	87323	87323			6474	136	200	421710	420741
凯里市	8455	8455			536		200	44311	43402
黄平县	6382	6382			－408			28002	27999
麻江县	5214	5214			329			20670	20658

2－27－14

单位:万元

地区	平衡部分									
	支出								年终结余	其中:净结余
	财力性转移支付			专项上解	计划单列市上解省	增设预算周转金	调出资金	国债转贷拨付数及年末结余		
	小计	体制上解	出口退税专项上解							
赤水市				38			150		－74	－74
习水县				36					－403	－403
正安县				7					492	492
道真县				4					82	82
务川县				12					636	636
安顺市小计				**2674**					**25442**	**17338**
本级				2168					10624	10326
县级小计				506					14818	7012
西秀区				122					4824	3150
平坝县				26					689	161
普定县				181					2185	1829
镇宁县				11					1497	1075
关岭县				13					2276	516
紫云县				153					3347	281
黔南自治州小计				**4068**			**109**	**100**	**18550**	**15767**
本级	－3634	－3634		3545					3232	3180
县级小计	3634	3634		523			109	100	15318	12587
都匀市	2351	2351		56				100	475	475
独山县				9					1531	1215
平塘县				3					1705	1652
荔波县				13					1642	1408
三都县				3					2056	1954
福泉市	301	301		59					1311	1311
瓮安县	393	393		19			109		－21	－21
贵定县	589	589		14					1772	1364
龙里县				18					1438	1257
惠水县				14					1778	1520
长顺县				155					148	145
罗甸县				160					1483	307
黔东南自治州小计				**3022**				**200**	**9966**	**328**
本级	－649	－649		2902					－4425	－10776
县级小计	649	649		120				200	14391	11104
凯里市	649	649		60				200	1868	1516
黄平县				3					205	205
麻江县				12					372	371

2－27－15 单位:万元

地区	收支部分										
	收入										
	本年收入小计	税收收入									
		小计	增值税	营业税	企业所得税	个人所得税	城市维护建设税	耕地占用税	契税	烟叶税	其他各项税收收入
丹寨县	2104	1335	246	620	12	112	52	45	38	30	180
雷山县	2068	1335	182	801	4	106	48	17	50		127
施秉县	6126	3583	698	1240	84	144	256	66	40	897	158
镇远县	7766	5300	704	2601	170	155	430	300	111	507	322
三穗县	3067	1796	160	1310	19	57	49	20	105	6	70
岑巩县	2838	1822	408	927	19	58	103	18	33	86	170
天柱县	5986	4201	428	2319	55	104	116	302	676	64	137
锦屏县	3953	2817	284	1895	59	211	93	14	91		170
黎平县	4134	2758	384	1542	57	195	165	31	211		173
榕江县	3212	2150	228	1500	25	71	111	51	28		136
从江县	3268	1644	216	751	32	201	113	40	60		231
剑河县	3084	2276	180	1795	12	103	75	5	26	3	77
台江县	2375	1509	188	885	1	63	76	206	48		42
毕节地区小计	**187174**	**124894**	**27066**	**33764**	**2896**	**10950**	**18249**	**4913**	**1508**	**16335**	**9213**
本级	20315	14919	4828	511	143	208	8519				710
县级小计	166859	109975	22238	33253	2753	10742	9730	4913	1508	16335	8503
毕节市	26938	13193	976	5390	577	923	668	348	597	2994	720
大方县	20609	17004	1725	7814	214	1232	720	900	170	3561	668
黔西县	18636	13881	2613	3808	534	1611	640	924	128	2203	1420
金沙县	29916	18810	6723	2001	373	3507	2520	58	99	1402	2127
织金县	26006	11441	1840	3936	52	937	725	2457	194	913	387
纳雍县	17463	14722	5255	3184	420	1225	1933	69	203	585	1848
威宁县	17382	12425	1815	3261	317	872	1793	100	67	3392	808
赫章县	9909	8499	1291	3859	266	435	731	57	50	1285	525
铜仁地区小计	**82567**	**47572**	**6706**	**22160**	**937**	**1130**	**4363**	**1795**	**2527**	**4450**	**3504**
本级	12371	8292	2278	2680	216	443	2095				580
县级小计	70196	39280	4428	19480	721	687	2268	1795	2527	4450	2924
铜仁市	16129	8926	705	5217	197	39	397	684	1113		574
松桃县	7226	5142	951	2298	28	119	541	345	167	380	313
玉屏县	5876	4660	1073	1472	402	145	562	103	124		779
万山特区	2366	997	307	322	17	36	209	35	7		64
江口县	3501	2114	133	1224	12	35	48	67	107	285	203
石阡县	5928	2752	157	1065	4	25	47	113	224	844	273
印江县	5393	2525	198	1329	2	64	94	99	127	532	80
思南县	9050	4099	290	2313	48	129	123	98	191	522	385

2-27-16

单位:万元

地区	收支部分									
	收入								支出	
	非税收入							贷款转贷回收本金收入		
	小计	专项收入	行政事业性收费收入	罚没收入	国有资本经营收入	国有资源(资产)有偿使用收入	其他收入		本年支出小计	一般公共服务
丹寨县	769	52	141	106	462	8			20088	4266
雷山县	733	115	46	95	296	14	167		19163	4176
施秉县	2543	214	329	105		12	1883		20586	5139
镇远县	2466	270	688	225	658	17	608		23319	7990
三穗县	1271	49	336	382	248	18	238		22373	5897
岑巩县	1016	94	352	107	99	24	340		21932	4070
天柱县	1785	113	694	233	60	19	666		33749	6509
锦屏县	1136	119	415	278	283	37	4		27437	7158
黎平县	1376	104	706	191	322	53			38224	7679
榕江县	1062	102	327	327	160	19	127		29018	7865
从江县	1624	73	882	287	287	9	86		28150	6209
剑河县	808	104	349	201	44	51	59		26200	7182
台江县	866	58	202	155	165	7	279		18443	4623
毕节地区小计	**62280**	**12822**	**9519**	**12822**	**1551**	**528**	**25038**		**554376**	**113244**
本级	5396	4014	195	1229	-226	184			66386	10521
县级小计	56884	8808	9324	11593	1777	344	25038		487990	102723
毕节市	13745	328	5225	2681	681	21	4809		75619	13936
大方县	3605	745	368	1946		57	489		63927	13820
黔西县	4755	767	1013	637	1112	13	1213		53953	10613
金沙县	11106	2269	125	1126		44	7542		59378	13353
织金县	14565	1155	994	1383		97	10936		67286	16736
纳雍县	2741	1515		1181	1	31	13		53996	10670
威宁县	4957	1273	1571	2034	-17	60	36		64663	13546
赫章县	1410	756	28	605		21			49168	10049
铜仁地区小计	**34995**	**3203**	**7371**	**4965**	**3489**	**4263**	**11704**		**374276**	**84403**
本级	4079	1060	341	904		507	1267		41319	8653
县级小计	30916	2143	7030	4061	3489	3756	10437		332957	75750
铜仁市	7203	264	824	459	801	19	4836		36808	7759
松桃县	2084	716	448	476		422	22		44193	10165
玉屏县	1216	416	175	287		30	308		19027	4557
万山特区	1369	182	118	131		111	827		14470	3529
江口县	1387	79	560	352		235	161		22769	5274
石阡县	3176	28	1131	328	1296	16	377		33711	7993
印江县	2868	78	272	273	294	76	1875		34140	6851
思南县	4951	174	1233	572	180	1934	858		48653	9553

2－27－17

单位：万元

地区	收支部分										
	支出										
	外交	国防	公共安全	教育	科学技术	文化体育与传媒	社会保障和就业	医疗卫生	环境保护	城乡社区事务	农林水事务
丹寨县			885	6514	27	276	1375	1259	250	296	4042
雷山县			919	6169	52	279	1433	1124	81	526	3841
施秉县			1034	4796	57	162	1160	1061	197	740	3271
镇远县			1144	6834	38	184	2082	1282	212	352	2751
三穗县		50	1394	6279	44	267	1268	2093	249	559	3288
岑巩县			1288	6185	44	171	1268	1644	299	698	4047
天柱县		101	1630	12662	268	309	2220	1542	530	446	5791
锦屏县			1649	7753	78	412	1083	1748	36	1193	4901
黎平县			1451	13124	92	339	2114	2389	1119	1650	5957
榕江县		56	1328	9733	48	252	1559	2293	797	776	3434
从江县		101	1280	8477	55	297	1332	1909	57	931	4934
剑河县		40	1255	8849	79	244	1710	1212	508	649	3404
台江县		59	1108	5129	65	265	1144	944	276	462	2653
毕节地区小计			**31648**	**155781**	**2723**	**6072**	**38481**	**30596**	**6262**	**26488**	**66173**
本级			4263	13785	1211	2540	4758	4822	537	4269	6499
县级小计			27385	141996	1512	3532	33723	25774	5725	22219	59674
毕节市			4368	19563	433	462	7998	4219	569	7950	7860
大方县			3675	19399	56	520	4016	3957	888	2946	8429
黔西县			2935	18082	83	292	3697	1907	592	1812	7054
金沙县			2419	15986	566	431	3056	3693	855	2445	5943
织金县			3542	16441	73	470	4209	3918	561	3533	7831
纳雍县			3532	15108	60	446	3493	3729	763	1406	7379
威宁县			4145	20081	202	400	3518	2616	906	1131	7961
赫章县			2769	17336	39	511	3736	1735	591	996	7217
铜仁地区小计		**590**	**18544**	**97386**	**1587**	**4455**	**32034**	**19716**	**5198**	**13213**	**55979**
本级		117	3037	7160	666	1215	3837	2008	377	550	7266
县级小计		473	15507	90226	921	3240	28197	17708	4821	12663	48713
铜仁市		104	2346	8836	292	256	4183	2029	437	2049	5027
松桃县			1830	12770	84	344	3326	2426	1444	1093	7214
玉屏县		43	1034	4209	26	236	1247	1333	220	1117	2727
万山特区		23	702	2150	42	251	1285	1086	162	1558	1238
江口县		64	1252	5818	46	219	1453	1144	285	715	3432
石阡县			1621	9140	50	396	2379	1621	534	1639	5603
印江县		66	1238	9858	124	249	3015	1239	343	534	5724
思南县			1467	14651	28	437	4700	2103	359	2383	6216

2－27－18

单位:万元

地区	收支部分			平衡部分						
	支出			收入						
						返还性收入			财力性转移支付收入	
	交通运输	工业、商业、金融等事务	其他支出	收入总计	本年收入	小计	增值税和消费税税收返还	所得税基数返还	小计	体制补助
丹寨县	97	328	473	20154	2104	463	317	146	12583	263
雷山县	4	287	272	19371	2068	379	260	119	12387	335
施秉县	244	1392	1333	20987	6126	683	437	246	9508	202
镇远县	163	67	220	27200	7766	1443	1086	357	9916	265
三穗县	116	362	507	23018	3067	354	262	92	14203	291
岑巩县	171	1768	279	21648	2838	508	404	104	14235	206
天柱县	352	1295	94	34199	5986	870	634	236	20681	149
锦屏县	836	560	30	28387	3953	675	557	118	18307	66
黎平县	563	671	1076	39583	4134	963	794	169	25894	102
榕江县	272	492	113	30293	3212	680	603	77	20170	162
从江县	221	1450	897	29387	3268	376	321	55	19991	244
剑河县	181	658	229	27477	3084	370	348	22	18795	210
台江县	124	297	1294	18969	2375	337	290	47	12496	224
毕节地区小计	**9588**	**15402**	**51918**	**580021**	**187174**	**59229**	**50479**	**8750**	**222880**	**6087**
本级	679	3548	8954	77941	20315	34789	33906	883	10484	3050
县级小计	8909	11854	42964	502080	166859	24440	16573	7867	212396	3037
毕节市	438	816	7007	77116	26938	3644	2723	921	28278	162
大方县	89	1449	4683	64766	20609	3074	1852	1222	28919	424
黔西县	1619	1125	4142	56317	18636	2372	1912	460	25942	101
金沙县	1980	2332	6319	64632	29916	4610	2939	1671	20247	287
织金县	3047	1878	5047	70308	26006	2199	1237	962	29688	433
纳雍县	992	1051	5367	56499	17463	2265	1174	1091	24002	527
威宁县	126	2593	7438	66147	17382	3133	2053	1080	30761	771
赫章县	618	610	2961	46295	9909	3143	2683	460	24559	332
铜仁地区小计	**2823**	**6956**	**31392**	**376302**	**82567**	**17554**	**16282**	**1272**	**201296**	**4325**
本级	111	1463	4859	38006	12371	9122	8876	246	12728	2127
县级小计	2712	5493	26533	338296	70196	8432	7406	1026	188568	2198
铜仁市	404	715	2371	38147	16129	1996	1711	285	10834	
松桃县	149	367	2981	44153	7226	1147	1061	86	25974	382
玉屏县	127	232	1919	19928	5876	1416	1287	129	7979	141
万山特区		189	2255	14346	2366	383	365	18	8043	48
江口县	581	534	1952	23019	3501	354	289	65	14212	203
石阡县	548	536	1651	34160	5928	539	476	63	21294	200
印江县	288	451	4160	34459	5393	500	405	95	21043	240
思南县	147	1314	5295	48954	9050	623	502	121	30153	263

2－27－19

单位:万元

地区	平衡部分									
	收入									
	财力性转移支付收入									
	一般性转移支付补助	民族地区转移支付补助	调整工资转移支付补助	农村税费改革转移支付补助	取消农业特产税降低农业税率转移支付补助	缓解县乡财政困难转移支付补助	农村义务教育补助	结算补助	企事业单位预算划转补助	其他财力性转移支付
丹寨县	4148	696	3354	708	337	2650	228	199		
雷山县	4248	787	3463	523	323	2331	217	160		
施秉县	2379	734	3298	429	438	1701	247	80		
镇远县	793	542	4229	825	625	2277	332	28		
三穗县	4941	709	3834	786	392	2758	285	207		
岑巩县	4847	867	3744	791	538	2795	358	89		
天柱县	5852	1460	6658	1414	896	3113	616	523		
锦屏县	6323	1430	5210	1070	439	2715	341	713		
黎平县	8054	1413	7728	2156	1178	3103	841	1319		
榕江县	6416	1131	5767	1208	707	3250	556	973		
从江县	6117	1315	5782	1572	1124	2783	545	509		
剑河县	5902	1455	5061	1112	597	3306	354	798		
台江县	3983	819	3526	572	308	2171	214	679		
毕节地区小计	**29540**	**20310**	**88240**	**17948**	**11599**	**33690**	**12260**	**3206**		
本级	－11	2498	6041			331		－1014		－411
县级小计	29551	17812	82199	17948	11599	33359	12260	4220		411
毕节市	2428	541	12544	3004	1947	4472	1898	871		411
大方县	3524	2605	10228	2453	1759	5770	1675	481		
黔西县	3077	3434	9604	2060	1422	4459	1330	455		
金沙县	977	1513	9728	1663	1270	3210	826	773		
织金县	5385	2342	11095	2188	1632	4945	1559	109		
纳雍县	4603	2395	9955	1740	909	1755	1396	722		
威宁县	3722	2787	11552	3127	1799	4450	2140	413		
赫章县	5835	2195	7493	1713	861	4298	1436	396		
铜仁地区小计	**56642**	**14786**	**62531**	**13301**	**9089**	**30944**	**6256**	**3422**		
本级	866	2357	4715	2		3900		－1239		
县级小计	55776	12429	57816	13299	9089	27044	6256	4661		
铜仁市	1592	1085	4643	1131	690	1193	295	205		
松桃县	8146	1110	7477	1979	1279	3796	1141	664		
玉屏县	1893	1421	2883	451	326	404	196	264		
万山特区	2616	469	1723	198	124	1891	72	902		
江口县	4990	775	3860	670	573	2351	336	454		
石阡县	7041	1289	6407	1366	1127	2768	629	467		
印江县	6452	1247	6367	1643	1025	2973	649	447		
思南县	9547	1396	9236	2527	1824	4132	1090	138		

2－27－20

单位:万元

地区	平衡部分								
	收入							支出	
	专项转移支付			省补助计划单列市	上年结余收入	调入资金	国债转贷收入、上年结余及转补助数	支出总计	本年支出
	小计	专项补助	增发国债补助						
丹寨县	4752	4752			252			20090	20088
雷山县	4393	4393			144			19163	19163
施秉县	4369	4369			301			20594	20586
镇远县	5295	5295			2695	85		23336	23319
三穗县	4873	4873			471	50		22373	22373
岑巩县	4594	4594			－528	1		21934	21932
天柱县	6721	6721			－59			33749	33749
锦屏县	4926	4926			526			27439	27437
黎平县	8043	8043			549			38229	38224
榕江县	5550	5550			681			29022	29018
从江县	5299	5299			453			28153	28150
剑河县	4954	4954			274			26200	26200
台江县	3503	3503			258			18445	18443
毕节地区小计	**93917**	**93917**			**16821**			**557814**	**554376**
本级	－2763	－2763			15116			69538	66386
县级小计	96680	96680			1705			488276	487990
毕节市	18024	18024			232			75643	75619
大方县	12364	12364			－200			63943	63927
黔西县	9211	9211			156			53972	53953
金沙县	8831	8831			1028			59472	59378
织金县	11736	11736			679			67305	67286
纳雍县	10681	10681			2088			54066	53996
威宁县	13859	13859			1012			64696	64663
赫章县	11974	11974			－3290			49179	49168
铜仁地区小计	**76050**	**76050**			**－1265**		**100**	**376600**	**374276**
本级	7149	7149			－3364			43472	41319
县级小计	68901	68901			2099		100	333128	332957
铜仁市	8502	8502			586		100	36921	36808
松桃县	9490	9490			316			44212	44193
玉屏县	4180	4180			477			19043	19027
万山特区	2985	2985			569			14478	14470
江口县	4822	4822			130			22769	22769
石阡县	6809	6809			－410			33711	33711
印江县	7439	7439			84			34143	34140
思南县	9107	9107			21			48655	48653

2-27-21

单位:万元

地区	平衡部分·支出·财力性转移支付·小计	体制上解	出口退税专项上解	专项上解	计划单列市上解省	增设预算周转金	调出资金	国债转贷拨付数及年末结余	年终结余	其中:净结余
丹寨县				2					64	64
雷山县									208	208
施秉县				8					393	393
镇远县				17					3864	2496
三穗县									645	335
岑巩县				2					-286	-286
天柱县									450	450
锦屏县				2					948	948
黎平县				5					1354	1151
榕江县				4					1271	915
从江县				3					1234	685
剑河县									1277	1129
台江县				2					524	524
毕节地区小计				**3438**					**22207**	**-1673**
本级				3152					8403	-10818
县级小计				286					13804	9145
毕节市				24					1473	1177
大方县				16					823	823
黔西县				19					2345	2345
金沙县				94					5160	3155
织金县				19					3003	986
纳雍县				70					2433	2433
威宁县				33					1451	1110
赫章县				11					-2884	-2884
铜仁地区小计				**2224**				**100**	**-298**	**-973**
本级				2153					-5466	-5831
县级小计				71				100	5168	4858
铜仁市				13				100	1226	1226
松桃县				19					-59	-59
玉屏县				16					885	575
万山特区				8					-132	-132
江口县									250	250
石阡县									449	449
印江县				3					316	316
思南县				2					299	299

2－27－22

单位:万元

地区	收支部分										
	收入										
	本年收入小计	税收收入									
		小计	增值税	营业税	企业所得税	个人所得税	城市维护建设税	耕地占用税	契税	烟叶税	其他各项税收收入
德江县	6691	3409	347	1330	5	67	126	152	84	1116	182
沿河县	8036	4656	267	2910	6	28	121	99	383	771	71
黔西南自治州小计	**100096**	**73067**	**12241**	**33157**	**5522**	**5194**	**5845**	**1088**	**1088**	**4443**	**4489**
本级	4994	3257	1280	373	924	268	163			1	248
县级小计	95102	69810	10961	32784	4598	4926	5682	1088	1088	4442	4241
兴义市	38935	30431	4912	14288	2046	1607	3153	220	576	1109	2520
兴仁县	14109	7919	1199	3420	355	618	639	1	129	1154	404
贞丰县	9552	6852	672	2977	1180	1003	290	4	81	459	186
册亨县	2676	2164	189	1525	84	49	99	166	24		28
望谟县	3523	2334	128	1214	26	75	72	636	92		91
普安县	11043	8909	1432	4157	81	1171	321	15	6	1120	606
晴隆县	5871	4555	459	2942	417	111	188	23	6	247	162
安龙县	9393	6646	1970	2261	409	292	920	23	174	353	244

2－27－23

单位:万元

地区	收支部分									
	收入								支出	
	非税收入							贷款转贷回收本金收入		
	小计	专项收入	行政事业性收费收入	罚没收入	国有资本经营收入	国有资源(资产)有偿使用收入	其他收入		本年支出小计	一般公共服务
德江县	3282	110	518	724	918	46	966		35790	9602
沿河县	3380	96	1751	459		867	207		43396	10467
黔西南自治州小计	**27029**	**4178**	**5802**	**5597**	**269**	**652**	**10531**		**311705**	**71130**
本级	1737	367	307	619	8	115	321		33564	9331
县级小计	25292	3811	5495	4978	261	537	10210		278141	61799
兴义市	8504	1506	2095	1870		97	2936		68469	13649
兴仁县	6190	482	1	871		77	4759		40964	9319
贞丰县	2700	413	806	367	173	138	803		32067	6578
册亨县	512	88	77	251		63	33		22636	5424
望谟县	1189	56	430	222	88	32	361		27033	6264
普安县	2134	533	1307	210		32	52		30676	9125
晴隆县	1316	148	323	349		42	454		27790	6840
安龙县	2747	585	456	838		56	812		28506	4600

2－27－24

单位:万元

地区	收支部分										
	支出										
	外交	国防	公共安全	教育	科学技术	文化体育与传媒	社会保障和就业	医疗卫生	环境保护	城乡社区事务	农林水事务
德江县		173	1574	10106	123	428	2889	2113	564	696	5149
沿河县			2443	12688	106	424	3720	2614	473	879	6383
黔西南自治州小计		**285**	**18442**	**84167**	**981**	**4584**	**24809**	**16230**	**2320**	**8822**	**48260**
本级			3226	4625	262	1657	4153	2521	346	163	4208
县级小计		285	15216	79542	719	2927	20656	13709	1974	8659	44052
兴义市		24	4793	18051	102	600	8892	2689	413	5403	11035
兴仁县		95	2312	12224	357	570	2018	2202	156	470	5516
贞丰县		35	1313	8705	37	434	1652	2144	57	577	4557
册亨县		7	1067	5817	32	212	1039	948	214	168	4450
望谟县			1368	9199	47	224	1410	1234	272	487	4880
普安县			1558	8543	25	377	1350	1895	376	489	3954
晴隆县		124	1315	7037	75	195	1871	1314	228	294	4795
安龙县			1490	9966	44	315	2424	1283	258	771	4865

2－27－25

单位:万元

地区	收支部分			平衡部分						
	支出			收入						
	交通运输	工业、商业、金融等事务	其他支出	收入总计	本年收入	返还性收入			财力性转移支付收入	
						小计	增值税和消费税税收返还	所得税基数返还	小计	体制补助
德江县	255	541	1577	36633	6691	898	790	108	21598	255
沿河县	213	614	2372	44497	8036	576	520	56	27438	466
黔西南自治州小计	**6206**	**6498**	**18971**	**341919**	**100096**	**23644**	**17777**	**5867**	**140808**	**4711**
本级	180	1398	1494	30417	4994	5822	5671	151	14001	2260
县级小计	6026	5100	17477	311502	95102	17822	12106	5716	126807	2451
兴义市	379	831	1608	74054	38935	8816	6190	2626	15666	－111
兴仁县	2198	1298	2229	42359	14109	1931	1240	691	18660	402
贞丰县	2698	1360	1920	41005	9552	1014	745	269	17032	258
册亨县	34	156	3068	26336	2676	453	322	131	14772	420
望谟县	125	247	1276	28000	3523	526	404	122	16205	406
普安县	29	120	2835	35297	11043	979	715	264	14386	343
晴隆县	330	577	2795	29326	5871	1537	781	756	15320	317
安龙县	233	511	1746	35125	9393	2566	1709	857	14766	416

2－27－26

单位:万元

地区	平衡部分									
	收入									
	财力性转移支付收入									
	一般性转移支付补助	民族地区转移支付补助	调整工资转移支付补助	农村税费改革转移支付补助	取消农业特产税降低农业税率转移支付补助	缓解县乡财政困难转移支付补助	农村义务教育补助	结算补助	企事业单位预算划转补助	其他财力性转移支付
德江县	5307	1833	6822	1514	1049	3543	820	455		
沿河县	8192	1804	8398	1820	1072	3993	1028	665		
黔西南自治州小计	**27969**	**17078**	**46886**	**8785**	**6299**	**22052**	**5286**	**1742**		
本级	1226	2527	4857			4159		－948		－80
县级小计	26743	14551	42029	8785	6299	17893	5286	2690		80
兴义市	216	2285	7150	1971	1435	1061	982	677		
兴仁县	3856	1993	6297	1262	1058	2785	845	162		
贞丰县	4559	2261	4895	980	710	2255	659	415		40
册亨县	5106	1185	4057	712	449	2021	416	406		
望谟县	5392	1024	4664	883	542	2243	531	520		
普安县	2835	1974	4741	904	607	2123	568	291		
晴隆县	3793	1527	4963	893	564	2601	487	135		40
安龙县	986	2302	5262	1180	934	2804	798	84		

2-27-27 单位:万元

地区	平衡部分								
	收入							支出	
	专项转移支付			省补助计划单列市	上年结余收入	调入资金	国债转贷收入、上年结余及转补助数	支出总计	本年支出
	小计	专项补助	增发国债补助						
德江县	7309	7309			137			35794	35790
沿河县	8258	8258			189			43402	43396
黔西南自治州小计	**54586**	**54586**			**22359**	**216**	**210**	**314890**	**311705**
本级	2113	2113			3121	216	150	31236	33564
县级小计	52473	52473			19238		60	283654	278141
兴义市	9728	9728			909			70931	68469
兴仁县	6931	6931			668		60	41654	40964
贞丰县	6241	6241			7166			32432	32067
册亨县	5049	5049			3386			22711	22636
望谟县	7536	7536			210			27230	27033
普安县	5313	5313			3576			31306	30676
晴隆县	5538	5538			1060			28230	27790
安龙县	6137	6137			2263			29160	28506

2－27－28　　　　单位:万元

地　　区	平衡部分									
	支出								年终结余	其中:净结余
	财力性转移支付			专项上解	计划单列市上解省	增设预算周转金	调出资金	国债转贷拨付数及年末结余		
	小计	体制上解	出口退税专项上解							
德江县				4					839	839
沿河县				6					1095	1095
黔西南自治州小计				**2975**				**210**	**27029**	**12887**
本级	－4950	－4950		2472				150	－819	－1872
县级小计	4950	4950		503				60	27848	14759
兴义市	2348	2348		114					3123	2341
兴仁县	597	597		33				60	705	705
贞丰县	357	357		8					8573	2015
册亨县	72	72		3					3625	3120
望谟县	197	197							770	764
普安县	623	623		7					3991	3411
晴隆县	133	133		307					1096	860
安龙县	623	623		31					5965	1543

2006 年云南省地市县财政一般预算收支平衡表

2－28－1　　　　单位:万元

地区	收支部分										
	收入										
	本年收入小计	税收收入									
		小计	增值税	营业税	企业所得税	个人所得税	城市维护建设税	耕地占用税	契税	烟叶税	其他各项税收收入
地(市)县级总计	**2972212**	**2469100**	**675019**	**777288**	**141387**	**45996**	**314616**	**19082**	**77860**	**176482**	**241370**
地(市)本级合计	**1123669**	**911578**	**303119**	**238328**	**100556**	**18696**	**176039**	**1185**	**18531**	**255**	**54869**
县级合计	**1848543**	**1557522**	**371900**	**538960**	**40831**	**27300**	**138577**	**17897**	**59329**	**176227**	**186501**
昆明市小计	**1037160**	**905040**	**233246**	**328501**	**61855**	**22006**	**96684**	**5236**	**37637**	**20926**	**98949**
本级	535272	457925	137837	161742	46467	12760	46190	564	15846		36519
县级小计	501888	447115	95409	166759	15388	9246	50494	4672	21791	20926	62430
盘龙区	64597	58115	6906	25391	2090	2116	7206	341	3859	238	9968
五华区	87519	79434	12899	32961	3315	2276	12148	861	2564	311	12099
西山区	66090	57011	8209	22725	1593	722	6857	200	6976	225	9504
官渡区	70699	61602	6586	30971	3074	1615	8172	7	956	401	9820
呈贡县	25144	23012	5320	9232	356	307	630	2155	2829		2183
安宁市	69322	63497	27249	15778	1188	767	8443	144	962	1178	7788
富民县	6092	5458	1124	2399	242	44	280	5	119	656	589
晋宁县	18775	16021	4628	4804	253	252	870	111	530	1270	3303
宜良县	21918	18139	4057	5286	597	242	970	30	1476	3432	2049
石林县	12611	11637	1410	3190	646	124	407	390	708	3760	1002
嵩明县	13458	11973	1798	5054	525	146	499	121	326	2691	813
禄劝县	10537	9738	1315	3763	198	145	305	58	90	3016	848
东川区	23195	20727	11759	2396	978	369	3394	36	153		1642
寻甸县	11931	10751	2149	2809	333	121	313	213	243	3748	822
昭通市小计	**103000**	**86455**	**24788**	**26811**	**3968**	**1266**	**13102**	**765**	**763**	**8343**	**6649**
本级	36211	31605	10971	8859	2009	21	9722				23
县级小计	66789	54850	13817	17952	1959	1245	3380	765	763	8343	6626
昭阳区	18231	14526	2574	5609	191	392	1004	40	330	2012	2374
鲁甸县	5121	4903	2132	994	21	46	139	1	9	1378	183
巧家县	3437	2712	731	625	76	79	143	3	31	784	240
盐津县	3586	3127	945	1515	18	53	185	28	30		353
大关县	1777	1323	521	449	2	22	82	2	10	154	81
永善县	4324	3574	541	1967	87	102	295	214	53	92	223
绥江县	1845	1447	316	666	36	21	139	37	6		226
镇雄县	9313	7134	1301	1769	55	36	343	33	137	2593	867
彝良县	6047	5285	2569	871	75	144	350		20	880	376
威信县	3589	2600	337	711	34	30	98	22	22	450	896
水富县	9519	8219	1850	2776	1364	320	602	385	115		807
曲靖市小计	**365162**	**321576**	**98086**	**80579**	**15562**	**4268**	**44598**	**1747**	**3898**	**42540**	**30298**

2－28－2

单位:万元

地区	收支部分									
	收入								支出	
	非税收入							贷款转贷回收本金收入		
	小计	专项收入	行政事业性收费收入	罚没收入	国有资本经营收入	国有资源(资产)有偿使用收入	其他收入		本年支出小计	一般公共服务
地(市)县级总计	**503112**	**147790**	**99371**	**143927**	**61531**	**21925**	**28568**		**6805127**	**1226074**
地(市)本级合计	**212091**	**51263**	**49030**	**56457**	**30626**	**9595**	**15120**		**1607589**	**336380**
县级合计	**291021**	**96527**	**50341**	**87470**	**30905**	**12330**	**13448**		**5197538**	**889694**
昆明市小计	**132120**	**45248**	**38318**	**34831**	**9233**	**3215**	**1275**		**1336765**	**237197**
本级	77347	19801	29811	15754	8502	2375	1104		509901	109470
县级小计	54773	25447	8507	19077	731	840	171		826864	127727
盘龙区	6482	3153	2202	1040		87			77760	12512
五华区	8085	5290	1103	1524		162	6		101263	12931
西山区	9079	3109	1139	4279	434	118			77103	11905
官渡区	9097	3682	2487	2697		151	80		83683	12682
呈贡县	2132	1036	150	899	16	31			36112	7578
安宁市	5825	4013	973	781		17	41		98487	15048
富民县	634	232	159	213	1	6	23		24222	4617
晋宁县	2754	786	89	1810		68	1		41170	6351
宜良县	3779	911	78	2488	280	9	13		41038	5665
石林县	974	301		617		49	7		33557	5203
嵩明县	1485	406		1069		10			42398	6131
禄劝县	799	306		464		29			46681	10526
东川区	2468	1861	127	405		75			70180	7811
寻甸县	1180	361		791		28			53210	8767
昭通市小计	**16545**	**4303**	**3515**	**7201**	**701**	**696**	**129**		**486176**	**79847**
本级	4606	1778	848	1470		510			64814	12701
县级小计	11939	2525	2667	5731	701	186	129		421362	67146
昭阳区	3705	580	914	1807	310	22	72		65384	9622
鲁甸县	218	42	51	110		15			35766	5638
巧家县	725	132	270	299		22	2		37634	6868
盐津县	459	167	183	93	1	15			39032	5248
大关县	454	114	25	266		32	17		29191	3998
永善县	750	254	286	199		11			33598	5990
绥江县	398	122	139	106		5	26		17170	3446
镇雄县	2179	306	537	1310		26			72816	9793
彝良县	762	334	40	380		8			36818	6110
威信县	989	93	26	847		12	11		31558	5453
水富县	1300	381	196	314	390	18	1		22395	4980
曲靖市小计	**43586**	**23005**	**7388**	**16337**	**－4164**	**790**	**230**		**690667**	**115011**

2006年地方财政政府收支分类转换数据

2－28－3　　　　　　　　　　　　　　　　　　　　　　　　　　　　单位:万元

地区	收支部分										
	支出										
	外交	国防	公共安全	教育	科学技术	文化体育与传媒	社会保障和就业	医疗卫生	环境保护	城乡社区事务	农林水事务
地(市)县级总计	**195**	**18097**	**510186**	**1446563**	**55941**	**126207**	**1037653**	**469052**	**110190**	**379389**	**745217**
地(市)本级合计	**135**	**7101**	**159693**	**163064**	**26103**	**57759**	**242012**	**103307**	**24636**	**120427**	**148359**
县级合计	**60**	**10996**	**350493**	**1283499**	**29838**	**68448**	**795641**	**365745**	**85554**	**258962**	**596858**
昆明市小计	**32**	**2658**	**134774**	**217547**	**18261**	**23336**	**221001**	**65433**	**17154**	**83050**	**98040**
本级	32	736	56075	37062	11859	14445	98099	18170	8848	29804	25888
县级小计		1922	78699	180485	6402	8891	122902	47263	8306	53246	72152
盘龙区		42	10812	14968	1382	804	17226	5482	550	6130	3259
五华区		220	13045	15252	813	975	23313	6441	326	18379	2156
西山区		168	11100	13444	570	522	12298	4978	299	6224	4108
官渡区			12307	20021	1059	1290	13120	4076	802	7009	5054
呈贡县		223	3982	7691	359	342	3942	1318	594	1588	4787
安宁市		580	5744	17212	726	1384	4197	2273	1388	6261	10135
富民县		56	2251	6665	66	320	1050	1743	196	376	3907
晋宁县		71	2475	8989	75	308	5795	1521	601	979	6294
宜良县		87	2766	10433	274	275	7762	3472	614	642	4803
石林县		37	2211	9068	120	499	5610	2281	583	853	4771
嵩明县		77	2520	12946	377	359	5047	2695	735	1676	5726
禄劝县		136	2823	15718	79	548	2903	3391	612	926	5515
东川区		171	3089	10609	354	886	13675	3664	336	1560	5736
寻甸县		54	3574	17469	148	379	6964	3928	670	643	5901
昭通市小计		**476**	**30002**	**134655**	**2493**	**6745**	**79145**	**36900**	**8020**	**23289**	**44521**
本级		30	6433	7772	1274	2668	8960	4455	1730	9110	4443
县级小计		446	23569	126883	1219	4077	70185	32445	6290	14179	40078
昭阳区			4235	15918	67	439	12491	6376	858	5356	5264
鲁甸县		87	1938	9430	64	407	4621	3473	410	489	4525
巧家县		63	1971	11706	85	258	6383	3627	477	251	3952
盐津县		38	2070	10221	95	621	10091	2171	1431	1311	3025
大关县		23	1166	7436	218	214	6513	1524	508	703	2905
永善县		14	1812	11747	53	272	5251	2212	334	306	4048
绥江县		61	976	4380	44	307	3914	1196	241	237	1358
镇雄县		5	4298	29544	301	482	11150	4622	968	676	6664
彝良县		27	1730	11897	112	392	5307	4028	542	585	3593
威信县		55	1957	10811	78	382	2231	2143	370	1684	2626
水富县		73	1416	3793	102	303	2233	1073	151	2581	2118
曲靖市小计		**4006**	**42211**	**182847**	**4885**	**7969**	**95336**	**49785**	**13460**	**34410**	**82478**

2－28－4

单位：万元

地区	收支部分			平衡部分						
	支出			收入						
						返还性收入			财力性转移支付收入	
	交通运输	工业、商业、金融等事务	其他支出	收入总计	本年收入	小计	增值税和消费税税收返还	所得税基数返还	小计	体制补助
地(市)县级总计	**190204**	**203163**	**286996**	**7492745**	**2972212**	**769145**	**596215**	**172930**	**2144652**	**263801**
地(市)本级合计	**45745**	**76646**	**96222**	**1899721**	**1123669**	**365342**	**298709**	**66633**	**62016**	**－43858**
县级合计	**144459**	**126517**	**190774**	**5593024**	**1848543**	**403803**	**297506**	**106297**	**2082636**	**307659**
昆明市小计	**15385**	**61528**	**141369**	**1710373**	**1037160**	**241057**	**168995**	**72062**	**142334**	
本级	4539	26366	68508	726516	535272	122650	59770	62880	－36361	－12733
县级小计	10846	35162	72861	983857	501888	118407	109225	9182	178695	12733
盘龙区	621	1022	2950	85754	64597	5901	5901		4539	
五华区	1044	1898	4470	138013	87519	27059	27059		4543	
西山区	488	1421	9578	93501	66090	9054	9054		7769	
官渡区	511	2672	3080	101646	70699	10068	10068		5603	
呈贡县	454	1083	2171	44256	25144	6296	4769	1527	3801	
安宁市	1353	20388	11798	122504	69322	34407	32619	1788	8544	
富民县	205	475	2295	25433	6092	2078	1131	947	9866	2553
晋宁县	1677	227	5807	45907	18775	6398	5077	1321	8971	
宜良县	642	515	3088	50478	21918	1834	1763	71	10058	
石林县	1376	930	15	35418	12611	2702	911	1791	10986	
嵩明县	277	1859	1973	43628	13458	3049	2107	942	14191	
禄劝县	928	839	1737	49107	10537	995	1086	－91	24986	4498
东川区	597	612	21080	93736	23195	6276	5852	424	39442	4866
寻甸县	673	1221	2819	54476	11931	2290	1828	462	25396	816
昭通市小计	**19770**	**7520**	**12793**	**498981**	**103000**	**72119**	**65368**	**6751**	**217471**	**10797**
本级	707	2042	2489	68440	36211	52745	50721	2024	－20160	－18779
县级小计	19063	5478	10304	430541	66789	19374	14647	4727	237631	29576
昭阳区	2842	900	1016	67446	18231	6154	3939	2215	24240	1739
鲁甸县	3077	592	1015	36661	5121	1236	1066	170	20640	2585
巧家县	1275	171	547	38622	3437	1415	1001	414	23956	4136
盐津县	1266	944	500	39552	3586	912	623	289	20803	3574
大关县	2637	222	1124	29871	1777	608	540	68	16744	2319
永善县	717	201	641	34212	4324	792	597	195	22688	5066
绥江县	144	362	504	17820	1845	562	441	121	11759	
镇雄县	1964	654	1695	73877	9313	2322	2064	258	48111	3533
彝良县	1319	293	883	37494	6047	1970	1619	351	22034	3403
威信县	2049	413	1306	32067	3589	754	571	183	20136	3037
水富县	1773	726	1073	22919	9519	2649	2186	463	6520	184
曲靖市小计	**20787**	**17759**	**19723**	**757225**	**365162**	**80633**	**61133**	**19500**	**189798**	

2－28－5　　　　单位:万元

地区	平衡部分									
	收入									
	财力性转移支付收入									
	一般性转移支付补助	民族地区转移支付补助	调整工资转移支付补助	农村税费改革转移支付补助	取消农业特产税降低农业税率转移支付补助	缓解县乡财政困难转移支付补助	农村义务教育补助	结算补助	企事业单位预算划转补助	其他财力性转移支付
地(市)县级总计	**264185**	**84552**	**736165**	**126156**	**118742**	**52538**	**88506**	**325796**	**7957**	**76254**
地(市)本级合计	**－28730**	**36797**	**75197**	**532**	**538**	**－5078**	**－4759**	**－23586**	**2199**	**52764**
县级合计	**292915**	**47755**	**660968**	**125624**	**118204**	**57616**	**93265**	**349382**	**5758**	**23490**
昆明市小计	**2021**	**1351**	**56692**	**7718**	**4569**	**5065**	**6136**	**37406**	**3383**	**17993**
本级	－38939		17326	782	－1		－3066	－15622	943	14949
县级小计	40960	1351	39366	6936	4570	5065	9202	53028	2440	3044
盘龙区	6		1935	11		452	148	1107		880
五华区	6		2304			422	224	1271	276	40
西山区	22		1500	28	229		394	3572	1984	40
官渡区	33		2107		100	225	484	2446	168	40
呈贡县	25		1591	361	349	92	345	988		50
安宁市	22		1991	269	75	63	572	5033		519
富民县	3194		1700	383	179	49	338	1020		450
晋宁县	1791		2280	638	470	45	620	3067		60
宜良县	239		2783	987	1209	646	925	3169		100
石林县	3462	353	2724	535	403	480	630	2179		220
嵩明县	5844		2820	830	741	256	858	2597		245
禄劝县	9831	508	3949	1072	388	509	1280	2690	1	260
东川区	5131		5647	678	35	1337	828	20849	11	60
寻甸县	11354	490	6035	1144	392	489	1556	3040		80
昭通市小计	**65099**		**73565**	**15177**	**5946**	**3480**	**14231**	**26324**	**145**	**2707**
本级	－1856		2526	－250		336		－2976	58	781
县级小计	66955		71039	15427	5946	3144	14231	29300	87	1926
昭阳区	4064		9813	1989	711	387	1837	3520		180
鲁甸县	7601		5670	1058	304	346	1108	1903		65
巧家县	5046		8136	1506	882	317	1141	2413	58	321
盐津县	6526		5357	1247	596	241	1038	1949		275
大关县	5849		4414	856	398	145	736	1737		290
永善县	5242		7043	1209	482	271	959	2266		150
绥江县	1771		3116	477	228	178	396	5333		260
镇雄县	16826		13453	4063	1403	578	4072	4128		55
彝良县	5994		6087	1553	425	323	1412	2698	29	110
威信县	5726		5791	1204	412	203	1310	2343		110
水富县	2310		2159	265	105	155	222	1010		110
曲靖市小计	**19937**		**74038**	**15212**	**11773**	**5563**	**13288**	**34971**	**487**	**14529**

2－28－6

单位:万元

地区	平衡部分								
	收入							支出	
	专项转移支付			省补助计划单列市	上年结余收入	调入资金	国债转贷收入、上年结余及转补助数	支出总计	本年支出
	小计	专项补助	增发国债补助						
地(市)县级总计	**1224179**	**1224179**			**257313**	**125244**		**7175696**	**6805127**
地(市)本级合计	**95522**	**95522**			**190005**	**63167**		**1671368**	**1607589**
县级合计	**1128657**	**1128657**			**67308**	**62077**		**5504328**	**5197538**
昆明市小计	**166640**	**166640**			**113299**	**9883**		**1549048**	**1336765**
本级	15676	15676			89279			612150	509901
县级小计	150964	150964			24020	9883		936898	826864
盘龙区	10106	10106			611			85575	77760
五华区	14139	14139			4753			133552	101263
西山区	9692	9692			896			91258	77103
官渡区	9953	9953			2323	3000		99067	83683
呈贡县	3711	3711			2051	3253		43137	36112
安宁市	7009	7009			1654	1568		119200	98487
富民县	6050	6050			1347			24998	24222
晋宁县	9368	9368			2395			44225	41170
宜良县	11102	11102			4318	1248		45794	41038
石林县	7822	7822			537	760		34516	33557
嵩明县	12140	12140			790			43288	42398
禄劝县	11775	11775			777	37		47533	46681
东川区	23461	23461			1351	11		70771	70180
寻甸县	14636	14636			217	6		53984	53210
昭通市小计	**97994**	**97994**			**5303**	**3094**		**493321**	**486176**
本级	－5410	－5410			3054	2000		64945	64814
县级小计	103404	103404			2249	1094		428376	421362
昭阳区	18184	18184			137	500		67381	65384
鲁甸县	9524	9524			140			36355	35766
巧家县	9629	9629			185			38219	37634
盐津县	13630	13630			99	522		39393	39032
大关县	10547	10547			195			29554	29191
永善县	6238	6238			170			33955	33598
绥江县	3471	3471			183			17393	17170
镇雄县	13537	13537			524	70		73842	72816
彝良县	7400	7400			43			37459	36818
威信县	7426	7426			160	2		31952	31558
水富县	3818	3818			413			22873	22395
曲靖市小计	**100120**	**100120**			**8984**	**12528**		**736791**	**690667**

2006年地方财政政府收支分类转换数据

2-28-7

单位:万元

地区	平衡部分									
	支出								年终结余	其中:净结余
	财力性转移支付			专项上解	计划单列市上解省	增设预算周转金	调出资金	国债转贷拨付数及年末结余		
	小计	体制上解	出口退税专项上解							
地(市)县级总计	**242595**	**242595**		**123720**		**4254**			**317049**	**205322**
地(市)本级合计	**142796**	**142796**		**-80740**		**1723**			**228353**	**146899**
县级合计	**99799**	**99799**		**204460**		**2531**			**88696**	**58423**
昆明市小计	**182638**	**182638**		**29645**					**161325**	**110289**
本级	107796	107796		-5547					114366	79969
县级小计	74842	74842		35192					46959	30320
盘龙区	3876	3876		3939					179	68
五华区	27131	27131		5158					4461	4461
西山区	8578	8578		5577					2243	2243
官渡区	11312	11312		4072					2579	2534
呈贡县	2261	2261		4764					1119	1092
安宁市	17209	17209		3504					3304	3304
富民县				776					435	389
晋宁县	1750	1750		1305					1682	31
宜良县	2725	2725		2031					4684	1
石林县				959					902	705
嵩明县				890					340	140
禄劝县				852					1574	623
东川区				591					22965	14237
寻甸县				774					492	492
昭通市小计				**7054**		**91**			**5660**	**1140**
本级				131					3495	8
县级小计				6923		91			2165	1132
昭阳区				1997					65	5
鲁甸县				589					306	50
巧家县				494		91			403	282
盐津县				361					159	4
大关县				363					317	227
永善县				357					257	177
绥江县				223					427	246
镇雄县				1026					35	5
彝良县				641					35	35
威信县				394					115	85
水富县				478					46	16
曲靖市小计	**31492**	**31492**		**14632**					**20434**	**5406**

2－28－8

单位:万元

地区	收支部分										
	收入										
	本年收入小计	税收收入									
		小计	增值税	营业税	企业所得税	个人所得税	城市维护建设税	耕地占用税	契税	烟叶税	其他各项税收收入
本级	101572	92347	33025	15231	10702	1259	23973	56	631	200	7270
县级小计	263590	229229	65061	65348	4860	3009	20625	1691	3267	42340	23028
麒麟区	42705	36508	6146	16038	756	555	2369	319	1606	3740	4979
沾益县	29492	25809	8235	6578	260	221	1210	990	564	3393	4358
马龙县	10084	10385	2033	3870	60	84	433	24	93	3441	347
宣威市	52968	45053	15629	10466	415	675	4065	223	249	9072	4259
富源县	37700	33089	10287	11659	272	277	2266			4058	4270
罗平县	18266	15673	4015	3319	228	315	1002	72	89	5681	952
师宗县	15009	12768	2837	2806	256	184	596	1	291	4767	1030
陆良县	21000	18376	4926	4246	320	297	1021	46	363	5880	1277
会泽县	36366	31568	10953	6366	2293	401	7663	16	12	2308	1556
玉溪市小计	**330526**	**284647**	**99777**	**45265**	**23440**	**3412**	**61680**	**1409**	**7002**	**22696**	**19966**
本级	193929	164323	69024	10676	19260	1453	55658		1428		6824
县级小计	136597	120324	30753	34589	4180	1959	6022	1409	5574	22696	13142
红塔区	37491	34827	9007	13392	1222	811	1983	550	2922	1866	3074
通海县	13380	11617	2757	3587	526	134	609	202	332	2267	1203
江川县	13508	12311	2501	2815	375	156	479	244	309	4060	1372
澄江县	10310	9030	2672	1905	328	142	322	73	473	2338	777
华宁县	9989	7327	1164	1206	364	102	208	89	115	3524	555
易门县	11949	10755	3088	2263	428	133	842	36	191	2755	1019
峨山县	13928	12295	2950	3739	452	179	635	3	346	2363	1628
新平县	17827	15386	5018	3566	336	200	709	114	526	2299	2618
元江县	8215	6776	1596	2116	149	102	235	98	360	1224	896
红河州小计	**294903**	**229788**	**67026**	**59679**	**14510**	**2832**	**41369**	**1627**	**5327**	**19702**	**17716**
本级	91788	73179	24036	5845	11305	1425	27990	524	371		1683
县级小计	203115	156609	42990	53834	3205	1407	13379	1103	4956	19702	16033
个旧市	43068	38076	19321	9028	356	216	4681	50	598	639	3187
开远市	29334	25777	6972	8711	454	230	3300	136	660	1074	4240
蒙自县	28571	21502	2876	11358	265	184	1465	166	1714	1911	1563
建水县	21110	17223	3431	6482	474	83	825	97	656	3246	1929
石屏县	10018	8426	944	2819	233	109	348	59	350	2973	591
弥勒县	31930	19958	3410	5940	767	325	1356	441	425	5142	2152
泸西县	13328	11636	2006	2754	361	70	692	26	174	4546	1007
屏边县	3068	2133	433	1127	74	39	84	42	64	171	99
河口县	7883	3007	964	1200	51	36	225		233		298

2-28-9

单位:万元

地区	收支部分									
	收入								支出	
	非税收入							贷款转贷回收本金收入		
	小计	专项收入	行政事业性收费收入	罚没收入	国有资本经营收入	国有资源(资产)有偿使用收入	其他收入		本年支出小计	一般公共服务
本级	9225	6315	2406	2414	-2307	358	39		117501	19721
县级小计	34361	16690	4982	13923	-1857	432	191		573166	95290
麒麟区	6197	2843	2139	1153	-16	78			71961	10796
沾益县	3683	1893	555	1200	-3	38			46118	6565
马龙县	-301	543	64	430	-1356	18			26427	5392
宣威市	7915	3675	597	3475	-16	184			118843	17716
富源县	4611	2160	176	2460	-342	18	139		72276	18683
罗平县	2593	1444	411	680	-8	14	52		49096	8591
师宗县	2241	676	204	1347	-5	19			42020	6300
陆良县	2624	916	304	1482	-106	28			54934	7078
会泽县	4798	2540	532	1696	-5	35			91491	14169
玉溪市小计	**45879**	**21144**	**4348**	**7549**	**11599**	**567**	**672**		**489381**	**84657**
本级	29606	13743	2827	2932	9789	310	5		146112	27709
县级小计	16273	7401	1521	4617	1810	257	667		343269	56948
红塔区	2664	1772	347	568	-39	16			70345	10214
通海县	1763	493	197	1015		7	51		33504	5139
江川县	1197	464	56	422	196	59			34454	3806
澄江县	1280	472	74	574	74	23	63		29087	5943
华宁县	2662	1895	161	133	443	8	22		26296	4704
易门县	1194	570	333	220	14	57			32726	5795
峨山县	1633	539	93	931		18	52		33844	5915
新平县	2441	871	98	387	562	48	475		50348	9857
元江县	1439	325	162	367	560	21	4		32665	5575
红河州小计	**65115**	**15856**	**6097**	**12599**	**10885**	**5994**	**13684**		**635457**	**112370**
本级	18609	1135	1254	5998	1238	699	8285		128998	21179
县级小计	46506	14721	4843	6601	9647	5295	5399		506459	91191
个旧市	4992	3444	653	808	3	84			75419	10851
开远市	3557	1648	783	571	362	51	142		46862	7027
蒙自县	7069	884	474	802	4120	61	728		52672	9563
建水县	3887	571	326	567	1101	1277	45		51175	7922
石屏县	1592	265	302	836	100	64	25		33230	5540
弥勒县	11972	6152	722	1188		3584	326		57799	9535
泸西县	1692	618	283	439	108	18	226		36060	6243
屏边县	935	230	112	546	36	11			19220	4137
河口县	4876	257	366	256	417	26	3554		24336	6103

2－28－10

单位:万元

地区	收支部分										
	支出										
	外交	国防	公共安全	教育	科学技术	文化体育与传媒	社会保障和就业	医疗卫生	环境保护	城乡社区事务	农林水事务
本级		1890	10400	15571	608	2529	16888	6837	764	15723	13412
县级小计		2116	31811	167276	4277	5440	78448	42948	12696	18687	69066
麒麟区		483	4444	17820	1869	567	11333	3749	2470	4222	6001
沾益县		169	2590	12734	244	306	5423	3892	694	2059	5669
马龙县		123	1549	7901	287	328	3800	1189	575	340	3622
宣威市		149	4735	38859	154	772	16114	11473	1773	5791	14337
富源县		547	4858	19314	333	950	8622	1984	687	2001	8399
罗平县		158	2721	14995	165	636	6999	4960	743	1013	5964
师宗县		145	2314	11376	117	406	5652	3305	1095	675	6630
陆良县		169	3408	18157	506	718	8397	2748	2510	1072	7816
会泽县		173	5192	26120	602	757	12108	9648	2149	1514	10628
玉溪市小计	**5**	**1467**	**35131**	**99970**	**4776**	**11308**	**69406**	**35718**	**5725**	**37774**	**66231**
本级		569	11279	20938	1562	4971	16208	10066	1888	24264	17020
县级小计	5	898	23852	79032	3214	6337	53198	25652	3837	13510	49211
红塔区		199	5676	14076	834	1524	9664	5545	471	6763	9815
通海县		150	2595	9433	508	475	4932	1878	153	337	3923
江川县	5	25	2399	9760	148	820	5461	3480	762	887	4948
澄江县		79	·2647	5832	87	1018	4712	2273	726	575	3420
华宁县		88	1797	6201	176	214	4728	2207	123	592	3481
易门县		109	2041	6688	390	425	5458	1900	211	2138	5563
峨山县		127	2234	6829	584	689	6172	2565	328	398	4346
新平县		101	2454	10851	336	670	7529	3078	946	1343	8394
元江县		20	2009	9362	151	502	4542	2726	117	477	5321
红河州小计		**1427**	**42781**	**131371**	**3151**	**11691**	**106421**	**43094**	**6656**	**67916**	**66273**
本级		547	10757	7750	1251	4361	22743	10452	591	31163	9424
县级小计		880	32024	123621	1900	7330	83678	32642	6065	36753	56849
个旧市		134	4863	14016	299	762	15899	6060	690	12625	4514
开远市		11	3887	9459	261	845	8344	2739	1362	6301	4575
蒙自县		85	3542	13338	135	1028	7293	3946	219	3608	5868
建水县		55	2247	14620	91	562	11503	2597	256	2121	5344
石屏县		91	1820	9195	130	495	5803	1821	365	1106	4275
弥勒县		196	4071	13456	166	719	8070	4090	1935	2469	9383
泸西县		32	2460	11216	128	418	5178	2011	238	469	5391
屏边县		33	1130	4443	82	345	2936	1242	204	498	3288
河口县		49	1664	3720	86	473	2992	1465	232	3411	2301

2006 年地方财政政府收支分类转换数据

2－28－11

单位:万元

地区	收支部分			平衡部分						
	支出			收入						
						返还性收入			财力性转移支付收入	
	交通运输	工业、商业、金融等事务	其他支出	收入总计	本年收入	小计	增值税和消费税税收返还	所得税基数返还	小计	体制补助
本级	2223	5801	5134	143046	101572	35217	35746	－529	－8218	－452
县级小计	18564	11958	14589	614179	263590	45416	25387	20029	198016	452
麒麟区	1501	3437	3269	78197	42705	4129	1394	2735	20974	
沾益县	1046	1358	3369	52133	29492	1906	1208	698	13260	
马龙县	326	337	658	27055	10084	1050	757	293	10131	452
宣威市	3291	1775	1904	126841	52968	6567	2982	3585	44378	
富源县	3403	1549	946	77702	37700	4194	1726	2468	23003	
罗平县	649	977	525	51719	18266	2589	533	2056	21058	
师宗县	1393	649	1963	44037	15009	1635	351	1284	15661	
陆良县	1012	976	367	57989	21000	3688	1490	2198	24693	
会泽县	5943	900	1588	98506	36366	19658	14946	4712	24858	
玉溪市小计	**10756**	**11689**	**14768**	**535431**	**330526**	**22833**	**21777**	**1056**	**65477**	
本级	4232	3655	1751	183835	193929	－10089	－1904	－8185	－47050	－34624
县级小计	6524	8034	13017	351596	136597	32922	23681	9241	112527	34624
红塔区	1004	2183	2377	72824	37491	9462	5248	4214	17986	8728
通海县	712	487	2782	34110	13380	3176	1508	1668	8485	405
江川县	492	492	969	35177	13508	2564	1734	830	12160	2868
澄江县	247	644	884	29612	10310	3139	2357	782	8125	1724
华宁县	291	625	1069	27030	9989	2063	1635	428	9944	2955
易门县	280	537	1191	33396	11949	2619	2568	51	10202	2504
峨山县	776	1819	1062	34567	13928	2919	2504	415	12335	4104
新平县	2334	829	1626	51270	17827	3808	3575	233	18315	6245
元江县	388	418	1057	33610	8215	3172	2552	620	14975	5091
红河州小计	**18417**	**16250**	**7639**	**678751**	**294903**	**74375**	**66817**	**7558**	**177580**	**27183**
本级	3253	4785	742	133437	91788	45086	48012	－2926	－23829	－7427
县级小计	15164	11465	6897	545314	203115	29289	18805	10484	201409	34610
个旧市	892	1428	2386	86250	43068	6064	3994	2070	20833	2458
开远市	1200	460	391	53578	29334	4666	2876	1790	10810	863
蒙自县	2097	1281	669	57378	28571	3694	2505	1189	15982	1883
建水县	1566	1904	387	54471	21110	3344	2472	872	21137	2949
石屏县	1750	333	506	34391	10018	1682	1163	519	14761	3027
弥勒县	518	2016	1175	65711	31930	3787	1820	1967	19407	2600
泸西县	847	801	628	36228	13328	1987	1226	761	14413	2123
屏边县	640	242		19775	3068	568	360	208	10510	2617
河口县	508	1143	189	24922	7883	938	754	184	8764	1434

二、各省、自治区、直辖市地市县一般预算财政资料

2-28-12

单位：万元

地区	平衡部分									
	收入									
	财力性转移支付收入									
	一般性转移支付补助	民族地区转移支付补助	调整工资转移支付补助	农村税费改革转移支付补助	取消农业特产税降低农业税率转移支付补助	缓解县乡财政困难转移支付补助	农村义务教育补助	结算补助	企事业单位预算划转补助	其他财力性转移支付
本级	1084		434			-10000	-848	-4166	-1210	6940
县级小计	18853		73604	15212	11773	15563	14136	39137	1697	7589
麒麟区	40		7753	1404	1218	537	1131	5511	114	3266
沾益县	237		5154	1150	820	1322	962	3044	145	426
马龙县	500		4217	572	397	1641	496	1334	119	403
宣威市	4908		15958	3755	2272	3175	3296	9362	421	1231
富源县	1170		8504	1816	1546	1518	2018	5429	242	760
罗平县	4194		7839	1774	1035	1246	1598	2954	137	281
师宗县	3135		5454	1009	799	1870	988	1892	104	410
陆良县	4548		8294	1590	2209	2086	1799	3562	151	454
会泽县	121		10431	2142	1477	2168	1848	6049	264	358
玉溪市小计	**864**	**2181**	**27359**	**6501**	**5828**	**2503**	**3416**	**7280**	**115**	**9430**
本级	606	700	-7148	-1	2	36		-15463	62	8780
县级小计	258	1481	34507	6502	5826	2467	3416	22743	53	650
红塔区	39		3154	487	179	15	426	4642		316
通海县	34		3942	684	629	10	520	2135		126
江川县	33		4189	1113	825	92	502	2538		
澄江县	15		2886	503	518	508	281	1535		155
华宁县	25		3484	713	455	308	344	1660		
易门县	26		3272	535	414	651	278	2512		10
峨山县	26	492	4008	590	378	283	258	2196		
新平县	35	942	5217	1002	1263	150	416	2949	53	43
元江县	25	47	4355	875	1165	450	391	2576		
红河州小计	**3493**	**16491**	**69017**	**11671**	**9362**	**2879**	**8199**	**23294**	**635**	**5356**
本级	-940	5963	-558				-914	-22555	-26	2628
县级小计	4433	10528	69575	11671	9362	2879	9113	45849	661	2728
个旧市	120	4677	5543	624	296	142	508	6150		315
开远市	63	1087	4254	496	302	189	424	2781	203	148
蒙自县	66	718	4769	1072	533	30	875	5606		430
建水县	251	690	7781	1316	1298	510	1170	4897	83	192
石屏县	331	228	6088	994	680	189	640	2414		170
弥勒县	159	450	7235	1292	1874	124	1180	4278		215
泸西县	180	194	6210	927	827	509	925	2367		151
屏边县	304	185	3666	510	362	68	311	2244	56	187
河口县	109	414	2718	937	767	53	187	1924	61	160

2006年地方财政政府收支分类转换数据

2－28－13　　　　单位:万元

地　　区	平衡部分								
	收入							支出	
	专项转移支付			省补助计划单列市	上年结余收入	调入资金	国债转贷收入、上年结余及转补助数	支出总计	本年支出
	小计	专项补助	增发国债补助						
本级	3081	3081			7394	4000		126593	117501
县级小计	97039	97039			1590	8528		610198	573166
麒麟区	9871	9871			61	457		78135	71961
沾益县	7230	7230			245			51887	46118
马龙县	5746	5746			4	40		27182	26427
宣威市	20568	20568			2360			125817	118843
富源县	10673	10673			202	1930		77642	72276
罗平县	8127	8127			－429	2108		51609	49096
师宗县	9767	9767			－85	2050		44020	42020
陆良县	9412	9412			－2747	1943		57953	54934
会泽县	15645	15645			1979			95953	91491
玉溪市小计	**51550**	**51550**			**14436**	**50609**		**527426**	**489381**
本级	－5948	－5948			12493	40500		176065	146112
县级小计	57498	57498			1943	10109		351361	343269
红塔区	6770	6770			572	543		72814	70345
通海县	6361	6361			226	2482		34100	33504
江川县	6830	6830			115			35153	34454
澄江县	6389	6389			119	1530		29602	29087
华宁县	4919	4919			115			27006	26296
易门县	5541	5541			161	2924		33386	32726
峨山县	4931	4931			19	435		34524	33844
新平县	8816	8816			609	1895		51261	50348
元江县	6941	6941			7	300		33515	32665
红河州小计	**108605**	**108605**			**22427**	**861**		**647565**	**635457**
本级	8259	8259			12133			114161	128998
县级小计	100346	100346			10294	861		533404	506459
个旧市	10980	10980			4805	500		82247	75419
开远市	6982	6982			1625	161		51192	46862
蒙自县	7886	7886			1245			56012	52672
建水县	8650	8650			230			53554	51175
石屏县	7570	7570			160	200		33988	33230
弥勒县	9499	9499			1088			64430	57799
泸西县	7403	7403			－903			36818	36060
屏边县	5438	5438			191			19515	19220
河口县	6910	6910			427			24730	24336

2－28－14

单位:万元

地区	平衡部分									
	支出								年终结余	其中:净结余
	财力性转移支付			专项上解	计划单列市上解省	增设预算周转金	调出资金	国债转贷拨付数及年末结余		
	小计	体制上解	出口退税专项上解							
本级	12092	12092		－3000					16453	4207
县级小计	19400	19400		17632					3981	1199
麒麟区	3480	3480		2694					62	62
沾益县	2030	2030		3739					246	246
马龙县				755					－127	－2105
宣威市	3881	3881		3093					1024	1024
富源县	3898	3898		1468					60	60
罗平县	1051	1051		1462					110	110
师宗县	714	714		1286					17	17
陆良县	1452	1452		1567					36	36
会泽县	2894	2894		1568					2553	1749
玉溪市小计	**28465**	**28465**		**9580**					**8005**	**4315**
本级	28465	28465		1488					7770	4080
县级小计				8092					235	235
红塔区				2469					10	10
通海县				596					10	10
江川县				699					24	24
澄江县				515					10	10
华宁县				710					24	24
易门县				660					10	10
峨山县				680					43	43
新平县				913					9	9
元江县				850					95	95
红河州小计				**11510**		**598**			**31186**	**30574**
本级				－14837					19276	18756
县级小计				26347		598			11910	11818
个旧市				6698		130			4003	4003
开远市				4330					2386	2386
蒙自县				3210		130			1366	1366
建水县				2379					917	917
石屏县				758					403	403
弥勒县				6371		260			1281	1281
泸西县				758					－590	－590
屏边县				295					260	260
河口县				316		78			192	192

2－28－15 单位:万元

地区	收支部分										
	收入										
	本年收入小计	税收收入									
		小计	增值税	营业税	企业所得税	个人所得税	城市维护建设税	耕地占用税	契税	烟叶税	其他各项税收收入
金平县	6336	4671	1937	1651	98	76	186	81	27		615
元阳县	3157	1344	311	679	33	13	86	4	32		186
红河县	1858	1001	257	566	27	9	62		13		67
绿春县	3454	1855	128	1519	12	17	69	1	10		99
文山州小计	**89368**	**77216**	**13994**	**31584**	**2758**	**1133**	**4351**	**722**	**3886**	**8299**	**10489**
本级	9474	5584	670	3958	900	1	37				18
县级小计	79894	71632	13324	27626	1858	1132	4314	722	3886	8299	10471
文山县	29139	27254	4167	12852	721	358	1846	41	1893	1372	4004
砚山县	11539	10579	1521	3524	187	214	595	295	759	1908	1576
西畴县	2463	2349	460	688	105	28	204	2	50	520	292
麻栗坡县	5519	4661	1337	1570	134	115	136	92	100	642	535
马关县	8519	7276	2703	1961	143	76	748	47	80	692	826
丘北县	6009	5301	542	1555	181	72	180	36	398	1523	814
广南县	7688	6194	1173	1841	284	130	306	36	71	1642	711
富宁县	9018	8018	1421	3635	103	139	299	173	535		1713
思茅市小计	**77926**	**55780**	**14943**	**23503**	**1390**	**1171**	**3928**	**660**	**1332**	**3497**	**5356**
本级	10062	1985	229	829	389	244	49		37		208
县级小计	67864	53795	14714	22674	1001	927	3879	660	1295	3497	5148
翠云区	18606	15563	2635	8561	266	324	1108	232	467	254	1716
普洱县	5929	4596	1216	1448	67	58	377	5	285	296	844
墨江县	5988	5224	502	2910	237	76	117		78	869	435
景谷县	10198	6624	2376	2105	49	85	534	165	240	264	806
镇沅县	3382	2470	535	718	47	27	92	1	18	854	178
景东县	11008	8241	4358	1387	114	51	1000	24	64	960	283
江城县	2906	2337	440	1627	9	47	68		17		129
澜沧县	5868	5361	1849	2209	65	132	353	215	82		456
孟连县	3060	2623	677	1234	143	100	193	18	35		223
西盟县	919	756	126	475	4	27	37		9		78
西双版纳州小计	**48185**	**40560**	**5554**	**24269**	**568**	**686**	**2207**	**37**	**1225**	**3**	**6011**
本级	12236	9461	2	8375	204	57	207		97	3	516
县级小计	35949	31099	5552	15894	364	629	2000	37	1128		5495
景洪市	21054	18004	2187	10519	284	410	1185	10	842		2567
勐海县	5249	4417	1772	1367	48	108	464	27	149		482
勐腊县	9646	8678	1593	4008	32	111	351		137		2446
楚雄州小计	**143191**	**116450**	**32602**	**28329**	**5417**	**1838**	**18297**	**331**	**2466**	**18006**	**9164**

2－28－16　　　　单位:万元

地区	收支部分									
	收入								支出	
	非税收入							贷款转贷回收本金收入		
	小计	专项收入	行政事业性收费收入	罚没收入	国有资本经营收入	国有资源(资产)有偿使用收入	其他收入		本年支出小计	一般公共服务
金平县	1665	406	209	306	427	17	300		31425	8263
元阳县	1813	86	330	81	1231	35	50		29444	4940
红河县	857	83	197	71	462	41	3		26191	4654
绿春县	1599	77	86	130	1280	26			22626	6413
文山州小计	**12152**	**3237**	**1040**	**6656**	**583**	**477**	**159**		**392603**	**78157**
本级	3890	184		3572		134			55993	19215
县级小计	8262	3053	1040	3084	583	343	159		336610	58942
文山县	1885	1162	323	359		41			60582	9783
砚山县	960	500		398		62			39758	9258
西畴县	114	35		7		72			29637	4568
麻栗坡县	858	247	242	348		21			33704	4986
马关县	1243	466	60	256	290	12	159		39594	6078
丘北县	708	141	190	351		26			39277	8611
广南县	1494	263	168	680	293	90			53018	8493
富宁县	1000	239	57	685		19			41040	7165
思茅市小计	**22146**	**5843**	**3839**	**7472**	**252**	**472**	**4268**		**374445**	**67162**
本级	8077	1604	687	2987		179	2620		72775	14395
县级小计	14069	4239	3152	4485	252	293	1648		301670	52767
翠云区	3043	650	408	551		97	1337		38790	7644
普洱县	1333	201	193	904	26	9			28486	4877
墨江县	764	134	118	474	10	28			35198	5602
景谷县	3574	436	2190	864	70	14			32434	6591
镇沅县	912	85	56	306	146	8	311		26846	5434
景东县	2767	2084	14	659		10			37949	6093
江城县	569	141	101	270		57			18331	2859
澜沧县	507	327	64	65		51			47620	7406
孟连县	437	141		293		3			19131	3276
西盟县	163	40	8	99		16			16885	2985
西双版纳州小计	**7625**	**1711**	**1689**	**3036**	**18**	**1038**	**133**		**165703**	**28279**
本级	2775	167	583	1778	18	96	133		44221	11919
县级小计	4850	1544	1106	1258		942			121482	16360
景洪市	3050	778	827	612		833			51808	6184
勐海县	832	364	20	437		11			34253	4796
勐腊县	968	402	259	209		98			35421	5380
楚雄州小计	**26741**	**6124**	**3636**	**4736**	**8582**	**1569**	**2094**		**434625**	**82945**

2－28－17

单位:万元

地区	收支部分										
	支出										
	外交	国防	公共安全	教育	科学技术	文化体育与传媒	社会保障和就业	医疗卫生	环境保护	城乡社区事务	农林水事务
金平县		71	1979	8478	144	537	4374	2307	160	1067	3030
元阳县		69	1440	8721	75	307	4711	1808	229	793	3045
红河县		48	1828	7662	180	383	3897	1247	101	846	3148
绿春县		6	1093	5297	123	456	2678	1309	74	1439	2687
文山州小计	**32**	**396**	**27805**	**105637**	**1603**	**6087**	**65150**	**25970**	**4624**	**11076**	**39871**
本级	32	54	9629	5414	542	1796	9501	4043	478	87	2764
县级小计		342	18176	100223	1061	4291	55649	21927	4146	10989	37107
文山县		91	3913	13043	237	527	8837	3606	538	6530	7146
砚山县			2000	12730	128	466	5501	2103	461	33	3652
西畴县			1232	8670	107	348	6566	2251	125	825	3576
麻栗坡县		10	1946	11490	102	593	6120	1614	115	354	2986
马关县		37	1756	11222	95	576	7506	1915	1017	1068	4199
丘北县		85	1910	11827	116	352	6908	2217	584	342	4555
广南县		85	3150	18855	182	706	7044	4674	1070	1476	4910
富宁县		34	2269	12386	94	723	7167	3547	236	361	6083
思茅市小计	**82**	**829**	**27796**	**85023**	**3506**	**6113**	**57784**	**32456**	**2165**	**6180**	**50807**
本级	61	448	8418	12043	1784	1999	7061	6848	532	557	9845
县级小计	21	381	19378	72980	1722	4114	50723	25608	1633	5623	40962
翠云区		32	2636	9106	332	409	6604	2481	525	2032	3735
普洱县		39	2198	6413	361	293	5538	2398	135	627	3783
墨江县		49	1746	8876	68	406	7370	3683	59	166	4583
景谷县		5	1798	7799	56	341	4892	2158	94	726	4978
镇沅县		15	1354	7425	192	295	3651	1748	79	465	3687
景东县		22	2210	8850	135	486	7841	2948	207	500	6272
江城县		60	1369	3686	41	166	2564	977	54	159	2941
澜沧县		53	3068	13304	337	674	7461	6096	313	284	5284
孟连县	7	44	1677	4116	112	490	2495	1705	36	333	3311
西盟县	14	62	1322	3405	88	554	2307	1414	131	331	2388
西双版纳州小计		**435**	**12734**	**34534**	**1927**	**3984**	**22607**	**14328**	**2816**	**7215**	**19834**
本级		240	5119	3130	1034	2004	4965	4564	821	1214	4219
县级小计		195	7615	31404	893	1980	17642	9764	1995	6001	15615
景洪市		95	3653	13558	236	751	7045	4325	665	3553	6056
勐海县		51	1927	8871	356	503	5861	2892	689	1059	4985
勐腊县		49	2035	8975	301	726	4736	2547	641	1389	4574
楚雄州小计		**677**	**25647**	**89471**	**2818**	**8039**	**57533**	**35706**	**9924**	**23633**	**52611**

2－28－18

单位:万元

地区	收支部分			平衡部分						
	支出			收入						
						返还性收入			财力性转移支付收入	
	交通运输	工业、商业、金融等事务	其他支出	收入总计	本年收入	小计	增值税和消费税税收返还	所得税基数返还	小计	体制补助
金平县	409	245	361	32370	6336	1388	891	497	16862	3768
元阳县	2187	964	155	30183	3157	539	304	235	19046	4313
红河县	1657	490	50	26811	1858	351	239	112	16626	3676
绿春县	893	158		23246	3454	281	201	80	12258	2899
文山州小计	**12808**	**6513**	**6874**	**402362**	**89368**	**21750**	**10058**	**11692**	**207962**	**42319**
本级	1026	359	1053	51174	9474	6122	3050	3072	24127	7449
县级小计	11782	6154	5821	351188	79894	15628	7008	8620	183835	34870
文山县	2611	3667	53	65231	29139	5820	1931	3889	18774	3906
砚山县	287	268	2871	41907	11539	1842	1172	670	20915	4099
西畴县	487	246	636	30404	2463	1028	403	625	20021	3690
麻栗坡县	950	208	2230	35119	5519	1207	711	496	19362	4283
马关县	3655	470		40907	8519	1731	975	756	22082	5036
丘北县	1086	653	31	40370	6009	1081	470	611	25421	4077
广南县	1943	430		54608	7688	1535	836	699	34241	5215
富宁县	763	212		42642	9018	1384	510	874	23019	4564
思茅市小计	**11267**	**5292**	**17983**	**386821**	**77926**	**21625**	**12957**	**8668**	**184902**	**36155**
本级	1488	2863	4433	68788	10062	3445	1112	2333	31613	9284
县级小计	9779	2429	13550	318033	67864	18180	11845	6335	153289	26871
翠云区	1194	457	1603	44532	18606	3729	2329	1400	11235	1603
普洱县	1054	343	427	30113	5929	2198	1545	653	14319	2385
墨江县	444	178	1968	36244	5988	2172	750	1422	18682	3515
景谷县	1869	253	874	34793	10198	2701	2001	700	13652	2202
镇沅县	1477	216	808	26941	3382	1065	748	317	17002	2429
景东县	1514	164	707	40402	11008	2871	2078	793	17204	3193
江城县	881	104	2470	18939	2906	475	364	111	9585	2211
澜沧县	489	208	2643	49061	5868	1738	1312	426	30599	5384
孟连县	606	359	564	19931	3060	905	509	396	9670	2072
西盟县	251	147	1486	17077	919	326	209	117	11341	1877
西双版纳州小计	**5490**	**4087**	**7433**	**171864**	**48185**	**10423**	**6129**	**4294**	**72230**	**7948**
本级	1687	2355	950	45197	12236	1744	2	1742	19642	6297
县级小计	3803	1732	6483	126667	35949	8679	6127	2552	52588	1651
景洪市	1461	667	3559	55446	21054	4060	2409	1651	19916	80
勐海县	543	602	1118	34854	5249	2904	2442	462	15726	879
勐腊县	1799	463	1806	36367	9646	1715	1276	439	16946	692
楚雄州小计	**22771**	**14927**	**7923**	**452271**	**143191**	**83654**	**77046**	**6608**	**126946**	**300**

2－28－19

单位:万元

地区	平衡部分									
	收入									
	财力性转移支付收入									
	一般性转移支付补助	民族地区转移支付补助	调整工资转移支付补助	农村税费改革转移支付补助	取消农业特产税降低农业税率转移支付补助	缓解县乡财政困难转移支付补助	农村义务教育补助	结算补助	企事业单位预算划转补助	其他财力性转移支付
金平县	372	1016	5398	1029	610	377	729	3247	134	182
元阳县	918	329	6585	971	745	220	889	3878		198
红河县	931	275	5433	896	580	298	724	3631		182
绿春县	629	265	3895	607	488	170	551	2432	124	198
文山州小计	**41168**	**5089**	**61667**	**10045**	**5991**	**4333**	**8336**	**26919**	**109**	**1986**
本级	2060	1036	7492			1356		2722	26	1986
县级小计	39108	4053	54175	10045	5991	2977	8336	24197	83	
文山县	1541	743	6481	1129	1128	13	1165	2668		
砚山县	3216	482	6599	1276	859	217	1290	2877		
西畴县	5494	354	6036	722	405	207	476	2592	45	
麻栗坡县	2906	347	6334	917	467	545	609	2936	18	
马关县	2848	949	7188	1102	709	387	703	3140	20	
丘北县	7737	334	6607	1384	713	455	1278	2836		
广南县	9774	411	8651	2071	1069	711	1928	4411		
富宁县	5592	433	6279	1444	641	442	887	2737		
思茅市小计	**25669**	**5429**	**56669**	**9318**	**13004**	**1921**	**4380**	**28987**	**333**	**3037**
本级	1556	2437	8978					7254	27	2077
县级小计	24113	2992	47691	9318	13004	1921	4380	21733	306	960
翠云区	178	546	3828	728	1639	4	325	1822	32	530
普洱县	1758	457	4679	916	1315	280	344	2151	4	30
墨江县	2733	161	6043	1127	945	197	652	3265	4	40
景谷县	313	248	4318	1456	2702	139	520	1652	72	30
镇沅县	4711	186	4851	902	1170	267	324	2091	41	30
景东县	1576	247	6050	1147	1376	476	596	2311	152	80
江城县	1157	229	3054	483	479	181	250	1411		130
澜沧县	8081	438	8335	1545	1887	200	809	3890		30
孟连县	791	322	3086	498	1174	161	321	1214	1	30
西盟县	2815	158	3447	516	317	16	239	1926		30
西双版纳州小计	**2757**	**3281**	**18795**	**4911**	**16754**	**1733**	**2056**	**10627**	**834**	**2534**
本级	395	1485	5379		533	27		2158	834	2534
县级小计	2362	1796	13416	4911	16221	1706	2056	8469		
景洪市	619	306	4624	2189	6958	609	746	3785		
勐海县	1469	550	4474	1245	3935	735	777	1662		
勐腊县	274	940	4318	1477	5328	362	533	3022		
楚雄州小计	**11215**	**12982**	**52154**	**8845**	**5883**	**5266**	**4879**	**20200**	**187**	**5035**

2-28-20

单位:万元

地区	平衡部分								
	收入							支出	
	专项转移支付			省补助计划单列市	上年结余收入	调入资金	国债转贷收入、上年结余及转补助数	支出总计	本年支出
	小计	专项补助	增发国债补助						
金平县	7301	7301			483			31832	31425
元阳县	7056	7056			385			29743	29444
红河县	7729	7729			247			26452	26191
绿春县	6942	6942			311			22891	22626
文山州小计	**77917**	**77917**			**3087**	**2278**		**399270**	**392603**
本级	8797	8797			751	1903		49286	55993
县级小计	69120	69120			2336	375		349984	336610
文山县	10560	10560			638	300		65132	60582
砚山县	6942	6942			669			41721	39758
西畴县	6796	6796			96			30098	29637
麻栗坡县	8906	8906			125			34949	33704
马关县	8357	8357			143	75		40864	39594
丘北县	7610	7610			249			40334	39277
广南县	10905	10905			239			54441	53018
富宁县	9044	9044			177			42445	41040
思茅市小计	**84330**	**84330**			**10025**	**8013**		**380206**	**374445**
本级	12433	12433			6935	4300		63020	72775
县级小计	71897	71897			3090	3713		317186	301670
翠云区	9672	9672			1290			43454	38790
普洱县	6502	6502			122	1043		29828	28486
墨江县	9405	9405			-269	266		36509	35198
景谷县	7190	7190			1052			34758	32434
镇沅县	5390	5390			-798	900		27713	26846
景东县	7898	7898			883	538		40396	37949
江城县	5542	5542			331	100		18804	18331
澜沧县	10311	10311			545			48744	47620
孟连县	5596	5596				700		19865	19131
西盟县	4391	4391			-66	166		17115	16885
西双版纳州小计	**37005**	**37005**			**2772**	**1249**		**168787**	**165703**
本级	7677	7677			2649	1249		42562	44221
县级小计	29328	29328			123			126225	121482
景洪市	10338	10338			78			55026	51808
勐海县	10958	10958			17			34844	34253
勐腊县	8032	8032			28			36355	35421
楚雄州小计	**82810**	**82810**			**9873**	**5797**		**441717**	**434625**

2006 年地方财政政府收支分类转换数据

2－28－21　　　　单位：万元

地区	平衡部分									
	支出								年终结余	其中：净结余
	财力性转移支付			专项上解	计划单列市上解省	增设预算周转金	调出资金	国债转贷拨付数及年末结余		
	小计	体制上解	出口退税专项上解							
金平县				407					538	538
元阳县				299					440	440
红河县				261					359	267
绿春县				265					355	355
文山州小计				**6667**					**3092**	**3092**
本级				－6707					1888	1888
县级小计				13374					1204	1204
文山县				4550					99	99
砚山县				1963					186	186
西畴县				461					306	306
麻栗坡县				1245					170	170
马关县				1270					43	43
丘北县				1057					36	36
广南县				1423					167	167
富宁县				1405					197	197
思茅市小计				**5761**					**6615**	**3325**
本级				－9755					5768	2478
县级小计				15516					847	847
翠云区				4664					1078	1078
普洱县				1342					285	285
墨江县				1311					－265	－265
景谷县				2324					35	35
镇沅县				867					－772	－772
景东县				2447					6	6
江城县				473					135	135
澜沧县				1124					317	317
孟连县				734					66	66
西盟县				230					－38	－38
西双版纳州小计				**3084**					**3077**	**3077**
本级				－1659					2635	2635
县级小计				4743					442	442
景洪市				3218					420	420
勐海县				591					10	10
勐腊县				934					12	12
楚雄州小计				**7092**					**10554**	**4350**

2－28－22　　　　单位:万元

地区	收支部分										
	收入										
	本年收入小计	税收收入									
		小计	增值税	营业税	企业所得税	个人所得税	城市维护建设税	耕地占用税	契税	烟叶税	其他各项税收收入
本级	40082	30529	13649	4592	4421		7867				
县级小计	103109	85921	18953	23737	996	1838	10430	331	2466	18006	9164
楚雄市	40823	35480	6124	11300	543	1070	7308	261	1739	3396	3739
双柏县	3860	3074	354	497	13	44	118		19	1792	237
牟定县	4905	3458	474	862	21	31	112	3	59	1574	322
南华县	6468	5585	640	1468	36	101	430		170	2256	484
姚安县	3921	3260	256	933	15	28	86	10	87	1606	239
大姚县	6761	5432	1421	1165	22	98	344	24	118	1533	707
永仁县	2979	2087	263	675	9	41	68		49	725	257
元谋县	4966	3069	498	1195	27	88	157	14	81	397	612
武定县	5717	4436	1024	905	14	75	221	3	45	1621	528
禄丰县	22709	20040	7899	4737	296	262	1586	16	99	3106	2039
大理州小计	**187490**	**133841**	**28362**	**43317**	**4463**	**2307**	**14382**	**3421**	**5506**	**17494**	**14589**
本级	34068	19522	9058	6076	1263	30	2901			52	142
县级小计	153422	114319	19304	37241	3200	2277	11481	3421	5506	17442	14447
大理市	74625	57230	7788	22622	1492	1293	8588	1376	4163	586	9322
漾濞县	4335	2666	590	1092	58	41	137	177	37	437	97
祥云县	16342	12795	3647	2548	304	189	1287	285	391	2802	1342
宾川县	9124	6799	542	1762	172	105	211	69	210	3094	634
弥渡县	5438	4558	621	950	129	91	103	1	125	2098	440
南涧县	8189	6477	623	2359	141	108	197	612	51	2164	222
巍山县	5847	4516	645	682	133	71	108	527	68	2086	196
永平县	4864	3247	376	711	79	57	89	234	51	1338	312
云龙县	4397	3281	914	1179	69	60	145	38	45	638	193
洱源县	7298	4332	781	1112	343	102	193	55	88	1091	567
剑川县	5018	3371	1494	461	72	41	236	2	29	493	543
鹤庆县	7945	5047	1283	1763	208	119	187	45	248	615	579
保山市小计	**83477**	**65925**	**14665**	**22519**	**3141**	**1459**	**3736**	**952**	**2274**	**10268**	**6911**
本级	14258	7060	2754	380	2343	745	564				274
县级小计	69219	58865	11911	22139	798	714	3172	952	2274	10268	6637
隆阳区	26141	22682	3232	9846	209	251	1410	423	1440	2692	3179
施甸县	5533	4786	929	975	83	40	128	16	63	2368	184
腾冲县	20690	17210	3750	7202	268	261	861	159	469	2574	1666
昌宁县	8021	6788	1245	1381	113	56	245	309	221	2209	1009
龙陵县	8834	7399	2755	2735	125	106	528	45	81	425	599

2－28－23

单位:万元

地区	收支部分									
	收入								支出	
	非税收入							贷款转贷回收本金收入		
	小计	专项收入	行政事业性收费收入	罚没收入	国有资本经营收入	国有资源(资产)有偿使用收入	其他收入		本年支出小计	一般公共服务
本级	9553	1749	1730	1441	3954	409	270		111334	19304
县级小计	17188	4375	1906	3295	4628	1160	1824		323291	63641
楚雄市	5343	1879	655	759	1718	158	174		72704	12755
双柏县	786	101	75	276	160	158	16		20141	3956
牟定县	1447	105	70	45	818	35	374		23099	5464
南华县	883	266	88	349	130	50			26265	5549
姚安县	661	61	24	275	259	29	13		22958	4660
大姚县	1329	224	252	254	166	50	383		31844	5473
永仁县	892	55	93	189	313	60	182		18873	4906
元谋县	1897	131	274	95	755	559	83		25328	5587
武定县	1281	310	119	276	191	32	353		29675	6084
禄丰县	2669	1243	256	777	118	29	246		52404	9207
大理州小计	**53649**	**7349**	**15588**	**11920**	**12635**	**1905**	**4252**		**501487**	**89203**
本级	14546	1745	3410	1675	4930	698	2088		76599	17987
县级小计	39103	5604	12178	10245	7705	1207	2164		424888	71216
大理市	17395	2913	10731	2863	848	36	4		111389	14935
漾濞县	1669	135	26	762	605	6	135		18214	3651
祥云县	3547	942	375	1110	862	75	183		40034	6755
宾川县	2325	138	178	523	1226	64	196		38047	7448
弥渡县	880	102	67	691		16	4		27882	4644
南涧县	1712	408	184	846	47	208	19		24458	4617
巍山县	1331	147	148	549		251	236		27332	4155
永平县	1617	81	182	773	283	285	13		22397	4529
云龙县	1116	142	44	519	295	116			28041	5381
洱源县	2966	161	28	1068	1420	32	257		30882	4396
剑川县	1647	207	19	297	958	12	154		24847	5445
鹤庆县	2898	228	196	244	1161	106	963		31365	5260
保山市小计	**17552**	**3095**	**3254**	**10520**	**230**	**353**	**100**		**282110**	**56125**
本级	7198	620	1207	5283		88			42028	10263
县级小计	10354	2475	2047	5237	230	265	100		240082	45862
隆阳区	3459	799	425	2127		68	40		72172	10191
施甸县	747	139	97	421	70	20			30349	7089
腾冲县	3480	645	959	1697	79	98	2		68410	14551
昌宁县	1233	259	356	524	6	30	58		34340	6877
龙陵县	1435	633	210	468	75	49			34811	7154

2-28-24

单位:万元

地区	收支部分										
	支出										
	外交	国防	公共安全	教育	科学技术	文化体育与传媒	社会保障和就业	医疗卫生	环境保护	城乡社区事务	农林水事务
本级		100	5744	14525	1266	3045	18277	7819	1402	1496	21160
县级小计		577	19903	74946	1552	4994	39256	27887	8522	22137	31451
楚雄市		132	4961	14522	730	805	3896	6208	1403	14804	5895
双柏县		5	1151	4411	75	404	3625	888	1984	403	2146
牟定县		64	1435	6434	100	524	1483	2057	455	994	2887
南华县		14	1687	5670	83	339	4914	2369	919	772	2401
姚安县		89	1570	5228	56	591	4517	2201	192	694	2052
大姚县		59	1592	8917	84	421	4904	3128	756	733	2762
永仁县		35	1305	3894	139	285	1099	1499	1094	689	2231
元谋县		15	1278	5526	106	597	4542	2430	300	1359	2282
武定县		60	1783	8914	95	439	1485	2531	675	571	3995
禄丰县		104	3141	11430	84	589	8791	4576	744	1118	4800
大理州小计		**2102**	**34810**	**101714**	**5393**	**8629**	**64289**	**39942**	**13418**	**31680**	**60124**
本级		1075	6722	8779	1806	3672	2480	10112	1182	496	9788
县级小计		1027	28088	92935	3587	4957	61809	29830	12236	31184	50336
大理市		284	8014	16769	1065	1499	16359	7657	4323	22077	8690
漾濞县		45	1199	3781	207	278	2774	902	673	322	3058
祥云县		164	2264	10847	448	417	3736	2605	1563	2030	4618
宾川县		31	2324	8876	351	457	6992	2669	507	856	4205
弥渡县		59	1764	6640	150	237	5701	2118	296	846	3560
南涧县		48	1690	5559	196	200	3384	1722	305	1058	3578
巍山县		36	1880	7139	128	385	5143	2247	1062	664	3081
永平县		73	1973	5793	125	335	2275	1002	488	395	3442
云龙县		30	1243	6402	157	363	4247	1996	559	997	3690
洱源县		92	2065	6442	432	242	5104	2570	1214	561	4069
剑川县		41	1745	5634	199	295	3972	1590	775	510	2868
鹤庆县		124	1927	9053	129	249	2122	2752	471	868	5477
保山市小计		**1067**	**22250**	**62933**	**2181**	**4541**	**42972**	**20730**	**3338**	**5017**	**38428**
本级		527	6280	2899	879	1786	6287	3088	743	315	3471
县级小计		540	15970	60034	1302	2755	36685	17642	2595	4702	34957
隆阳区		74	5154	18418	462	541	11593	6165	1151	1765	10962
施甸县		94	1808	7715	76	319	5096	1619	127	393	4718
腾冲县		134	4928	17670	339	909	10384	5397	250	1430	7498
昌宁县		126	1905	7587	178	412	5321	1854	647	457	6300
龙陵县		112	2175	8644	247	574	4291	2607	420	657	5479

2006年地方财政政府收支分类转换数据

2－28－25

单位:万元

地区	收支部分			平衡部分						
	支出			收入						
						返还性收入			财力性转移支付收入	
	交通运输	工业、商业、金融等事务	其他支出	收入总计	本年收入	小计	增值税和消费税税收返还	所得税基数返还	小计	体制补助
本级	12324	3353	1519	113646	40082	58890	59810	－920	－5120	－21913
县级小计	10447	11574	6404	338625	103109	24764	17236	7528	132066	22213
楚雄市	2781	2875	937	79596	40823	8323	4552	3771	15511	
双柏县	195	266	632	21170	3860	873	691	182	10742	1873
牟定县	204	594	404	23642	4905	838	506	332	12486	2700
南华县	422	511	615	26989	6468	1640	1065	575	12313	2320
姚安县	162	453	493	23590	3921	675	442	233	13743	3120
大姚县	1496	792	727	32592	6761	1429	1023	406	15828	3143
永仁县	771	721	205	19519	2979	736	515	221	9945	2707
元谋县	196	664	446	25878	4966	1438	879	559	13456	2480
武定县	1794	495	754	30572	5717	1201	832	369	14633	3870
禄丰县	2426	4203	1191	55077	22709	7611	6731	880	13409	
大理州小计	**19670**	**18567**	**11946**	**537824**	**187490**	**64680**	**52431**	**12249**	**151001**	**15084**
本级	3450	6150	2900	80508	34068	38088	35883	2205	－337	－7616
县级小计	16220	12417	9046	457316	153422	26592	16548	10044	151338	22700
大理市	1869	5414	2434	133051	74625	13803	8130	5673	11529	
漾濞县	493	270	561	18514	4335	410	302	108	8833	1896
祥云县	1041	791	2755	43047	16342	2544	1831	713	13550	
宾川县	1714	949	668	39391	9124	1279	666	613	18236	1963
弥渡县	1086	412	369	28649	5438	1030	643	387	13915	1834
南涧县	1571	417	113	25269	8189	839	409	430	9642	2105
巍山县	421	253	738	28104	5847	968	747	221	13668	2675
永平县	1215	361	391	22915	4864	542	295	247	11021	2337
云龙县	2254	426	296	29076	4397	897	721	176	14681	3062
洱源县	2259	989	447	31543	7298	1660	1011	649	11917	1434
剑川县	542	996	235	25416	5018	1094	703	391	11867	2924
鹤庆县	1755	1139	39	32341	7945	1526	1090	436	12479	2470
保山市小计	**5341**	**9446**	**7741**	**302045**	**83477**	**22451**	**16329**	**6122**	**121221**	**24401**
本级	994	3697	799	47788	14258	3391	3026	365	20533	8917
县级小计	4347	5749	6942	254257	69219	19060	13303	5757	100688	15484
隆阳区	787	1973	2936	78751	26141	6614	4860	1754	25117	2366
施甸县	455	575	265	31400	5533	1376	973	403	17591	2820
腾冲县	1220	2144	1556	72121	20690	5859	3843	2016	26465	5343
昌宁县	470	768	1438	35932	8021	2736	1730	1006	15853	1973
龙陵县	1415	289	747	36053	8834	2475	1897	578	15662	2982

2-28-26

单位:万元

地区	平衡部分									
	收入									
	财力性转移支付收入									
	般性转移支付补助	民族地区转移支付补助	调整工资转移支付补助	农村税费改革转移支付补助	取消农业特产税降低农业税率转移支付补助	缓解县乡财政困难转移支付补助	农村义务教育补助	结算补助	企事业单位预算划转补助	其他财力性转移支付
本级	-1997	8526	6573				-2	77	111	3505
县级小计	13212	4456	45581	8845	5883	5266	4881	20123	76	1530
楚雄市	50	1821	6438	1342	775	928	865	3022	20	250
双柏县	1618	93	3425	576	459	256	293	1534	43	572
牟定县	1552	129	4159	667	632	521	343	1720		63
南华县	1513	313	4294	863	555	503	455	1398		99
姚安县	2291	219	3985	696	471	399	439	2072		51
大姚县	1772	329	5418	1178	681	360	550	2252		145
永仁县	1223	83	2985	450	247	584	202	1321		143
元谋县	1375	241	4129	1014	618	544	408	2611		36
武定县	1756	434	4672	811	592	374	561	1493		70
禄丰县	62	794	6076	1248	853	797	765	2700	13	101
大理州小计	**12927**	**6706**	**59596**	**10012**	**8453**	**7175**	**6576**	**20636**	**223**	**3613**
本级	-5967	4013	6459	1				2065	151	557
县级小计	18894	2693	53137	10011	8453	7175	6576	18571	72	3056
大理市	343	937	3798	641	621	62	882	4165		80
漾濞县	1313		3176	537	354	409	196	907		45
祥云县	723	391	5644	1184	1207	594	850	1406		1551
宾川县	2761	78	5668	1406	1550	1857	766	1827		360
弥渡县	2717	124	4294	873	875	1392	598	1168		40
南涧县	565	62	3890	687	470	498	392	933		40
巍山县	2236	94	4760	923	516	436	654	1272		102
永平县	1403	96	3467	625	467	475	342	1759		50
云龙县	3303	203	4488	793	474	232	398	1481	72	175
洱源县	1498	32	5126	869	613	343	604	1298		100
剑川县	1280	550	4126	580	305	380	396	1248		78
鹤庆县	752	126	4700	893	1001	497	498	1107		435
保山市小计	**9415**	**6580**	**38592**	**7769**	**9600**	**3819**	**5270**	**13763**	**225**	**1787**
本级	1758	2598	3652			1277		789	223	1319
县级小计	7657	3982	34940	7769	9600	2542	5270	12974	2	468
隆阳区	956	798	8842	2544	2549	590	1762	4680		30
施甸县	3256	737	5594	969	1151	518	731	1785		30
腾冲县	832	858	9956	1969	1958	673	1479	3157		240
昌宁县	1799	564	5259	1266	2194	283	698	1735	2	80
龙陵县	814	1025	5289	1021	1748	478	600	1617		88

2－28－27

单位:万元

地区	平衡部分								
	收入							支出	
	专项转移支付			省补助计划单列市	上年结余收入	调入资金	国债转贷收入、上年结余及转补助数	支出总计	本年支出
	小计	专项补助	增发国债补助						
本级	7494	7494			7300	5000		106797	111334
县级小计	75316	75316			2573	797		334920	323291
楚雄市	14369	14369			570			78412	72704
双柏县	5412	5412			78	205		20522	20141
牟定县	5034	5034			201	178		23498	23099
南华县	6488	6488			80			26818	26265
姚安县	5179	5179			72			23385	22958
大姚县	8486	8486			88			32342	31844
永仁县	5498	5498			361			19208	18873
元谋县	5792	5792			226			25690	25328
武定县	8415	8415			491	115		30157	29675
禄丰县	10643	10643			406	299		54888	52404
大理州小计	**99817**	**99817**			**27134**	**7702**		**513603**	**501487**
本级	－15709	－15709			24318	80		59238	76599
县级小计	115526	115526			2816	7622		454365	424888
大理市	26661	26661			95	6338		132362	111389
漾濞县	4794	4794			142			18460	18214
祥云县	9755	9755			543	313		42991	40034
宾川县	10308	10308			444			38982	38047
弥渡县	8140	8140			126			28603	27882
南涧县	6488	6488			111			25106	24458
巍山县	7386	7386			110	125		27976	27332
永平县	6291	6291			197			22763	22397
云龙县	8500	8500			298	303		28944	28041
洱源县	10293	10293			32	343		31271	30882
剑川县	7046	7046			191	200		25168	24847
鹤庆县	9864	9864			527			31739	31365
保山市小计	**59826**	**59826**			**10910**	**4160**		**287871**	**282110**
本级	4021	4021			5585			39606	42028
县级小计	55805	55805			5325	4160		248265	240082
隆阳区	15942	15942			2894	2043		75102	72172
施甸县	6658	6658			219	23		31257	30349
腾冲县	16434	16434			875	1798		70865	68410
昌宁县	8014	8014			1014	294		35251	34340
龙陵县	8757	8757			323	2		35790	34811

2-28-28　　　　单位:万元

地区	平衡部分									
	支出								年终结余	其中:净结余
	财力性转移支付			专项上解	计划单列市上解省	增设预算周转金	调出资金	国债转贷拨付数及年末结余		
	小计	体制上解	出口退税专项上解							
本级	-5557	-5557		1020					6849	2523
县级小计	5557	5557		6072					3705	1827
楚雄市	4104	4104		1604					1184	787
双柏县				381					648	76
牟定县				399					144	81
南华县				553					171	72
姚安县				427					205	48
大姚县				498					250	105
永仁县				335					311	168
元谋县				362					188	57
武定县				482					415	345
禄丰县	1453	1453		1031					189	88
大理州小计				**9997**		**2119**			**24221**	**17181**
本级				-18661		1300			21270	14369
县级小计				28658		819			2951	2812
大理市				20973					689	680
漾濞县				246					54	54
祥云县				2957					56	56
宾川县				675		260			409	288
弥渡县				721					46	46
南涧县				648					163	162
巍山县				540		104			128	125
永平县				366					152	152
云龙县				448		455			132	132
洱源县				389					272	272
剑川县				321					248	248
鹤庆县				374					602	597
保山市小计				**5598**		**163**			**14174**	**8955**
本级				-2422					8182	6695
县级小计				8020		163			5992	2260
隆阳区				2930					3649	435
施甸县				908					143	99
腾冲县				2455					1256	1020
昌宁县				911					681	632
龙陵县				816		163			263	74

2006年地方财政政府收支分类转换数据

2－28－29　　　　单位:万元

地区	收支部分										
	收入										
	本年收入小计	税收收入									
		小计	增值税	营业税	企业所得税	个人所得税	城市维护建设税	耕地占用税	契税	烟叶税	其他各项税收收入
德宏州小计	**53621**	**35067**	**9280**	**15921**	**713**	**998**	**2406**	**225**	**2526**		**2998**
本级	10793	786	9	519	14	100	44		11		89
县级小计	42828	34281	9271	15402	699	898	2362	225	2515		2909
潞西市	11412	8667	1964	3901	290	218	683	82	826		703
梁河县	3195	2076	667	969	13	33	84	53	61		196
盈江县	10750	9503	2941	4874	146	183	547	74	200		538
陇川县	4551	3111	1501	895	87	61	294		50		223
瑞丽市	12920	10924	2198	4763	163	403	754	16	1378		1249
丽江市小计	**50829**	**43128**	**7199**	**19299**	**1323**	**810**	**2646**	**567**	**2429**	**3099**	**5756**
本级	8117	5899		5052	847						
县级小计	42712	37229	7199	14247	476	810	2646	567	2429	3099	5756
古城区	17152	16043	1857	7750	118	338	1290	274	1743	169	2504
永胜县	4337	3568	683	1057	21	56	122	13	174	1251	191
华坪县	12299	9391	3724	1531	62	272	792	72	222	155	2561
宁蒗县	2260	2054	417	950	46	77	71		58	175	260
玉龙县	6664	6173	518	2959	229	67	371	208	232	1349	240
怒江州小计	**33688**	**21770**	**10857**	**5806**	**1098**	**347**	**1640**	**10**	**295**	**33**	**1684**
本级	6761	2363		1342	297	61	163		59		441
县级小计	26927	19407	10857	4464	801	286	1477	10	236	33	1243
兰坪县	18268	14705	9391	1982	745	166	1262	1	168		990
福贡县	1222	708	219	377	3	25	44	4	15		21
贡山县	1170	774	166	413	12	41	43	5			94
泸水县	6267	3220	1081	1692	41	54	128		53	33	138
迪庆州小计	**18156**	**12639**	**3087**	**6954**	**331**	**222**	**693**	**54**	**276**		**1022**
本级	7215	3802	1852	1460	53	33	272	33	8		91
县级小计	10941	8837	1235	5494	278	189	421	21	268		931
香格里拉县	7668	6344	937	3852	271	127	325	2	135		695
维西县	1744	1253	121	813	4	32	54	19	128		82
德钦县	1529	1240	177	829	3	30	42		5		154
临沧市小计	**55530**	**39218**	**11553**	**14952**	**850**	**1241**	**2897**	**1319**	**1018**	**1576**	**3812**
本级	11831	5208	3	3392	82	507	402	8	43		771
县级小计	43699	34010	11550	11560	768	734	2495	1311	975	1576	3041
凤庆县	6765	5600	619	2385	103	66	200	1045	154	735	293
云县	14080	10236	5323	2441	136	176	1131	81	149	132	667
临翔区	6079	5472	1374	2186	168	96	259	109	346	395	539

2－28－30

单位:万元

地区	收支部分									
	收入								支出	
	非税收入							贷款转贷回收本金收入	本年支出小计	一般公共服务
	小计	专项收入	行政事业性收费收入	罚没收入	国有资本经营收入	国有资源(资产)有偿使用收入	其他收入			
德宏州小计	**18554**	**2274**	**5512**	**8653**	**418**	**1369**	**328**		**221121**	**39435**
本级	10007	342	2586	5135	356	1260	328		61390	10924
县级小计	8547	1932	2926	3518	62	109			159731	28511
潞西市	2745	463	1394	883		5			40349	5657
梁河县	1119	116	636	254	62	51			21788	3827
盈江县	1247	775	340	121		11			37774	7920
陇川县	1440	196	128	1100		16			27147	4604
瑞丽市	1996	382	428	1160		26			32673	6503
丽江市小计	**7701**	**1596**	**1517**	**2566**	**1104**	**864**	**54**		**223486**	**43945**
本级	2218	201	257	640	583	537			38767	9572
县级小计	5483	1395	1260	1926	521	327	54		184719	34373
古城区	1109	471	190	440		8			33526	8075
永胜县	769	123	183	332		131			41361	6180
华坪县	2908	576	842	755	521	160	54		40731	8058
宁蒗县	206	61		132		13			32951	5407
玉龙县	491	164	45	267		15			36150	6653
怒江州小计	**11918**	**1298**	**1080**	**879**	**7751**	**320**	**590**		**140780**	**31487**
本级	4398	218	86	259	3563	272			31641	9417
县级小计	7520	1080	994	620	4188	48	590		109139	22070
兰坪县	3563	851	277	397	2013	25			43849	9919
福贡县	514	70	3	81	311	10	39		19947	4163
贡山县	396	44	138	53	98	3	60		11815	3000
泸水县	3047	115	576	89	1766	10	491		33528	4988
迪庆州小计	**5517**	**740**	**1182**	**1008**		**2142**	**445**		**138760**	**27613**
本级	3413	251	759	576		1588	239		50140	9918
县级小计	2104	489	423	432		554	206		88620	17695
香格里拉县	1324	392	330	301		296	5		36984	6330
维西县	491	54	80	99		171	87		29016	4546
德钦县	289	43	13	32		87	114		22620	6819
临沧市小计	**16312**	**4967**	**1368**	**7964**	**1704**	**154**	**155**		**291561**	**52641**
本级	6623	1410	579	4543		82	9		55375	12686
县级小计	9689	3557	789	3421	1704	72	146		236186	39955
凤庆县	1165	186	72	79	799	6	23		36500	6438
云县	3844	2417	155	946	296	4	26		37022	5371
临翔区	607	168	65	335	11	28			32778	3848

2－28－31

单位:万元

地　　区	收支部分										
	支出										
	外交	国防	公共安全	教育	科学技术	文化体育与传媒	社会保障和就业	医疗卫生	环境保护	城乡社区事务	农林水事务
德宏州小计	**24**	**472**	**24237**	**40155**	**979**	**10053**	**34309**	**14225**	**1885**	**7332**	**32187**
本级		238	8252	4830	513	7011	7296	5350	565	555	12222
县级小计	24	234	15985	35325	466	3042	27013	8875	1320	6777	19965
潞西市	2	20	3493	9828	195	385	8139	2303	115	2839	4946
梁河县		84	1966	5075	92	507	4035	1007	56	700	3147
盈江县		53	3110	9040	90	1000	5960	1988	171	850	5008
陇川县		40	3060	6159	26	499	4343	1625	696	483	3648
瑞丽市	22	37	4356	5223	63	651	4536	1952	282	1905	3216
丽江市小计		**611**	**13226**	**42248**	**1714**	**4949**	**35694**	**13144**	**10152**	**10466**	**26403**
本级		103	3852	2576	615	1354	5294	2954	2563	517	3336
县级小计		508	9374	39672	1099	3595	30400	10190	7589	9949	23067
古城区		82	2720	5750	341	548	6091	1397	665	3421	3343
永胜县		65	1740	11541	175	219	8371	2028	1425	290	4337
华坪县		275	2236	6978	416	718	5718	2062	1800	3394	5219
宁蒗县		19	1342	7403	31	1702	5319	1634	1991	415	4837
玉龙县		67	1336	8000	136	408	4901	3069	1708	2429	5331
怒江州小计	**20**	**223**	**9064**	**26197**	**414**	**3687**	**17775**	**10189**	**2808**	**12250**	**14826**
本级	10	25	2391	3041	240	848	3288	2122	775	584	2932
县级小计	10	198	6673	23156	174	2839	14487	8067	2033	11666	11894
兰坪县	10	66	2263	8867	43	1112	4425	3472	611	4979	4757
福贡县		116	1534	5611	47	460	3010	1547	441	380	1847
贡山县		16	987	1948	33	331	2056	818	203	363	1044
泸水县			1889	6730	51	936	4996	2230	778	5944	4246
迪庆州小计		**575**	**7262**	**26520**	**533**	**4553**	**21166**	**10493**	**4859**	**5608**	**14027**
本级		300	2419	9674	262	3591	5298	2828	342	2491	3263
县级小计		275	4843	16846	271	962	15868	7665	4517	3117	10764
香格里拉县		119	2252	7281	96	251	6373	3120	2411	1946	4049
维西县		19	1437	6274	119	262	5669	2814	1237	746	3905
德钦县		137	1154	3291	56	449	3826	1731	869	425	2810
临沧市小计		**676**	**20456**	**65741**	**1307**	**4523**	**47065**	**20939**	**3186**	**12493**	**38556**
本级		219	5923	7060	608	1679	9367	3599	1412	2051	5172
县级小计		457	14533	58681	699	2844	37698	17340	1774	10442	33384
凤庆县		42	1908	9910	142	472	6832	3049	207	1070	3250
云县		128	1588	10308	110	272	5555	4056	611	897	6147
临翔区		36	2241	7162	79	241	5879	3095	176	4795	2869

2－28－32

单位:万元

地区	收支部分			平衡部分						
	支出			收入						
						返还性收入			财力性转移支付收入	
	交通运输	工业、商业、金融等事务	其他支出	收入总计	本年收入	小计	增值税和消费税税收返还	所得税基数返还	小计	体制补助
德宏州小计	**5383**	**7183**	**3262**	**235633**	**53621**	**16404**	**13789**	**2615**	**90192**	**18506**
本级	672	2887	75	58486	10793	898	461	437	23447	7161
县级小计	4711	4296	3187	177147	42828	15506	13328	2178	66745	11345
潞西市	1179	403	845	44013	11412	3716	3314	402	16004	2527
梁河县	658	424	210	22929	3195	1371	1260	111	11974	2991
盈江县	1634	898	52	41938	10750	3838	3040	798	16761	3330
陇川县	948	809	207	28763	4551	2208	2096	112	13504	2497
瑞丽市	292	1762	1873	39504	12920	4373	3618	755	8502	
丽江市小计	**4347**	**6805**	**9782**	**232571**	**50829**	**11408**	**6277**	**5131**	**96654**	**19966**
本级	616	3254	2161	41297	8117	2399		2399	13801	4357
县级小计	3731	3551	7621	191274	42712	9009	6277	2732	82853	15609
古城区	638	379	76	35458	17152	2775	1968	807	7075	70
永胜县	628	1288	3074	42723	4337	1384	1123	261	25559	4706
华坪县	1584	658	1615	41887	12299	2876	1906	970	12892	2581
宁蒗县	380	445	2026	33683	2260	737	593	144	20916	4352
玉龙县	501	781	830	37523	6664	1237	687	550	16411	3900
怒江州小计	**6015**	**3250**	**2575**	**148689**	**33688**	**6790**	**4426**	**2364**	**66326**	**15247**
本级	2658	2143	1167	32732	6761	671	559	112	14616	3675
县级小计	3357	1107	1408	115957	26927	6119	3867	2252	51710	11572
兰坪县	2209	437	679	48933	18268	4267	2801	1466	19209	3810
福贡县	289	136	366	19992	1222	206	116	90	12320	2775
贡山县	260	393	363	12159	1170	401	155	246	5843	1550
泸水县	599	141		34873	6267	1245	795	450	14338	3437
迪庆州小计	**4386**	**6892**	**4273**	**142344**	**18156**	**3030**	**1568**	**1462**	**85315**	**16089**
本级	3580	5645	529	51096	7215	963	656	307	31236	4304
县级小计	806	1247	3744	91248	10941	2067	912	1155	54079	11785
香格里拉县	120	661	1975	38697	7668	1492	601	891	19536	3995
维西县	609	363	1016	29392	1744	305	175	130	20519	4140
德钦县	77	223	753	23159	1529	270	136	134	14024	3650
临沧市小计	**7611**	**5455**	**10912**	**299560**	**55530**	**15913**	**11115**	**4798**	**149243**	**29806**
本级	2296	1291	2012	53735	11831	3122	1805	1317	24076	8242
县级小计	5315	4164	8900	245825	43699	12791	9310	3481	125167	21564
凤庆县	166	471	2543	37685	6765	1424	947	477	20143	3426
云县	731	607	641	40272	14080	2827	1718	1109	15175	2846
临翔区	346	477	1534	34364	6079	2034	1506	528	16214	3371

2006 年地方财政政府收支分类转换数据

2－28－33　　　　单位:万元

地　　区	平衡部分									
	收入									
	财力性转移支付收入									
	一般性转移支付补助	民族地区转移支付补助	调整工资转移支付补助	农村税费改革转移支付补助	取消农业特产税降低农业税率转移支付补助	缓解县乡财政困难转移支付补助	农村义务教育补助	结算补助	企事业单位预算划转补助	其他财力性转移支付
德宏州小计	**10443**	**3685**	**29899**	**4479**	**6246**	**2165**	**2441**	**10694**	**177**	**1457**
本级	1936	2527	6494			272		3725	36	1296
县级小计	8507	1158	23405	4479	6246	1893	2441	6969	141	161
潞西市	2421	300	5778	1146	1271	386	651	1524		
梁河县	1649	180	4092	572	701	257	368	1153		11
盈江县	1751	300	5773	1087	1451	662	832	1463	82	30
陇川县	2271	200	4269	796	1440	333	420	1221	27	30
瑞丽市	415	178	3493	878	1383	255	170	1608	32	90
丽江市小计	**11007**	**3289**	**30952**	**3236**	**1325**	**2450**	**2768**	**19785**	**155**	**1721**
本级	1036		3350			530	24	2958	15	1531
县级小计	9971	3289	27602	3236	1325	1920	2744	16827	140	190
古城区	43	767	3799	292	118	25	334	1582		45
永胜县	4877	489	8130	1105	595	553	934	4140		30
华坪县	22	1173	4747	504	224	194	350	3049	18	30
宁蒗县	3881	348	6107	633	51	333	670	4441	55	45
玉龙县	1148	512	4819	702	337	815	456	3615	67	40
怒江州小计	**7263**	**7563**	**19097**	**1583**	**2077**	**1546**	**1064**	**9140**	**253**	**1493**
本级	2041	751	3523			683		2259	253	1431
县级小计	5222	6812	15574	1583	2077	863	1064	6881		62
兰坪县	33	6675	5393	554	90	608	472	1572		2
福贡县	3298	90	3447	304	7	129	196	2014		60
贡山县	508	47	2056	203	96	123	70	1190		
泸水县	1383		4678	522	1884	3	326	2105		
迪庆州小计	**17553**	**5631**	**22012**	**1303**	**872**	**363**	**804**	**18437**	**458**	**1793**
本级	6952	3761	4129		4		31	10314	458	1283
县级小计	10601	1870	17883	1303	868	363	773	8123		510
香格里拉县	2306	711	7689	567	452	36	326	3324		130
维西县	5246	590	5803	471	272	51	334	3447		165
德钦县	3049	569	4391	265	144	276	113	1352		215
临沧市小计	**23354**	**4294**	**46061**	**8376**	**11059**	**2277**	**4662**	**17333**	**238**	**1783**
本级	1545	3000	6588			405	16	2875	238	1167
县级小计	21809	1294	39473	8376	11059	1872	4646	14458		616
凤庆县	3467	44	6364	1607	1836	304	874	2096		125
云县	569		4661	1464	1578	716	858	2373		110
临翔区	3067	220	5092	871	768	238	416	2095		76

二、各省、自治区、直辖市地市县一般预算财政资料

2－28－34　　　　单位:万元

地区	平衡部分								
	收入							支出	
	专项转移支付			省补助计划单列市	上年结余收入	调入资金	国债转贷收入、上年结余及转补助数	支出总计	本年支出
	小计	专项补助	增发国债补助						
德宏州小计	**59662**	**59662**			**10432**	**5322**		**225825**	**221121**
本级	14891	14891			7461	996		51551	61390
县级小计	44771	44771			2971	4326		174274	159731
潞西市	11141	11141			740	1000		43610	40349
梁河县	6060	6060			179	150		22822	21788
盈江县	8888	8888			200	1501		41470	37774
陇川县	8297	8297			203			28694	27147
瑞丽市	10385	10385			1649	1675		37678	32673
丽江市小计	**57948**	**57948**			**4749**	**10983**		**226823**	**223486**
本级	11598	11598			2317	3065		37035	38767
县级小计	46350	46350			2432	7918		189788	184719
古城区	6590	6590			759	1107		35201	33526
永胜县	11094	11094			349			42257	41361
华坪县	7298	7298			773	5749		41620	40731
宁蒗县	9413	9413			357			33390	32951
玉龙县	11955	11955			194	1062		37320	36150
怒江州小计	**35783**	**35783**			**4902**	**1200**		**142055**	**140780**
本级	6520	6520			4164			27509	31641
县级小计	29263	29263			738	1200		114546	109139
兰坪县	7014	7014			175			48099	43849
福贡县	6335	6335			－91			20076	19947
贡山县	4593	4593			152			11901	11815
泸水县	11321	11321			502	1200		34470	33528
迪庆州小计	**34279**	**34279**			**1364**	**200**		**139992**	**138760**
本级	10874	10874			808			49462	50140
县级小计	23405	23405			556	200		90530	88620
香格里拉县	9842	9842			159			38350	36984
维西县	6713	6713			111			29242	29016
德钦县	6850	6850			286	200		22938	22620
临沧市小计	**69893**	**69893**			**7616**	**1365**		**295396**	**291561**
本级	11268	11268			3364	74		51388	55375
县级小计	58625	58625			4252	1291		244008	236186
凤庆县	8319	8319			1034			37514	36500
云县	7392	7392			738	60		40069	37022
临翔区	8488	8488			360	1189		34053	32778

2006年地方财政政府收支分类转换数据

2－28－35

单位:万元

地区	平衡部分									
	支出								年终结余	其中:净结余
	财力性转移支付			专项上解	计划单列市上解省	增设预算周转金	调出资金	国债转贷拨付数及年末结余		
	小计	体制上解	出口退税专项上解							
德宏州小计				**3696**		**1008**			**9808**	**3630**
本级				－10151		312			6935	2817
县级小计				13847		696			2873	813
潞西市				3261					403	3
梁河县				988		46			107	107
盈江县				3566		130			468	468
陇川县				1417		130			69	66
瑞丽市				4615		390			1826	169
丽江市小计				**3272**		**65**			**5748**	**3402**
本级				－1732					4262	2442
县级小计				5004		65			1486	960
古城区				1675					257	257
永胜县				896					466	40
华坪县				889					267	267
宁蒗县				374		65			293	293
玉龙县				1170					203	103
怒江州小计				**1202**		**73**			**6634**	**138**
本级				－4197		65			5223	51
县级小计				5399		8			1411	87
兰坪县				4242		8			834	113
福贡县				129					－84	－84
贡山县				86					258	6
泸水县				942					403	52
迪庆州小计				**1121**		**111**			**2352**	**2352**
本级				－724		46			1634	1634
县级小计				1845		65			718	718
香格里拉县				1366					347	347
维西县				226					150	150
德钦县				253		65			221	221
临沧市小计				**3809**		**26**			**4164**	**4096**
本级				－3987					2347	2347
县级小计				7796		26			1817	1749
凤庆县				1014					171	171
云县				3047					203	203
临翔区				1249		26			311	311

2－28－36

单位:万元

地区	收支部分										
	收入										
	本年收入小计	税收收入									
		小计	增值税	营业税	企业所得税	个人所得税	城市维护建设税	耕地占用税	契税	烟叶税	其他各项税收收入
永德县	3640	2688	808	866	102	144	175		75	278	240
镇康县	3421	2570	947	957	69	62	196	23	81	8	227
双江自治县	2474	1770	567	668	76	58	155	31	21	2	192
耿马自治县	4802	3578	1136	1219	80	78	284	4	79	26	672
沧源自治县	2438	2096	776	838	34	54	95	18	70		211

2－28－37

单位:万元

地区	收支部分									
	收入								支出	
	非税收入							贷款转贷回收本金收入		
	小计	专项收入	行政事业性收费收入	罚没收入	国有资本经营收入	国有资源(资产)有偿使用收入	其他收入		本年支出小计	一般公共服务
永德县	952	157	153	263	278	5	96		30248	6662
镇康县	851	165	114	533	30	9			23154	4418
双江自治县	704	140	47	216	290	11			22107	3649
耿马自治县	1224	226	128	865		5			30789	4953
沧源自治县	342	98	55	184		4	1		23588	4616

2-28-38

单位:万元

地区	收支部分										
	支出										
	外交	国防	公共安全	教育	科学技术	文化体育与传媒	社会保障和就业	医疗卫生	环境保护	城乡社区事务	农林水事务
永德县		60	1695	7735	66	212	4476	1152	166	551	5103
镇康县		38	1788	5836	79	432	3096	1476	49	189	4201
双江自治县		47	1835	5129	87	293	3545	1059	263	742	3838
耿马自治县		41	2243	7390	81	489	4198	1998	266	1968	4504
沧源自治县		65	1235	5211	55	433	4117	1455	36	230	3472

2－28－39

单位:万元

地　　区	收支部分			平衡部分						
	支出			收入						
						返还性收入			财力性转移支付收入	
	交通运输	工业、商业、金融等事务	其他支出	收入总计	本年收入	小　计	增值税和消费税税收返还	所得税基数返还	小　计	体制补助
永德县	1380	417	573	31196	3640	1067	883	184	18621	2718
镇康县	357	135	1060	23845	3421	921	644	277	13106	2597
双江自治县	99	381	1140	22597	2474	911	719	192	13205	2330
耿马自治县	1151	832	675	31676	4802	2569	2088	481	14859	1603
沧源自治县	1085	844	734	24190	2438	1038	805	233	13844	2673

2－28－40　　　　单位:万元

地区	平衡部分									
	收入									
	财力性转移支付收入									
	一般性转移支付补助	民族地区转移支付补助	调整工资转移支付补助	农村税费改革转移支付补助	取消农业特产税降低农业税率转移支付补助	缓解县乡财政困难转移支付补助	农村义务教育补助	结算补助	企事业单位预算划转补助	其他财力性转移支付
永德县	5796	139	4848	1113	1366	79	686	1826		50
镇康县	2258	364	4455	637	667	86	407	1550		85
双江自治县	2882	102	4429	688	943	103	392	1266		70
耿马自治县	1188	145	4774	1255	3083	273	629	1869		40
沧源自治县	2582	280	4850	741	818	73	384	1383		60

2－28－41

单位:万元

地区	平衡部分								
	收入							支出	
	专项转移支付			省补助计划单列市	上年结余收入	调入资金	国债转贷收入、上年结余及转补助数	支出总计	本年支出
	小计	专项补助	增发国债补助						
永德县	7372	7372			496			30796	30248
镇康县	6053	6053			312	32		23643	23154
双江自治县	5721	5721			276	10		22447	22107
耿马自治县	8702	8702			744			31508	30789
沧源自治县	6578	6578			292			23978	23588

2-28-42

单位:万元

地　区	平衡部分									
	支出								年终结余	其中：净结余
	财力性转移支付			专项上解	计划单列市上解省	增设预算周转金	调出资金	国债转贷拨付数及年末结余		
	小　计	体制上解	出口退税专项上解							
永德县				548					400	400
镇康县				489					202	202
双江自治县				340					150	150
耿马自治县				719					168	100
沧源自治县				390					212	212

2006 年西藏自治区地市县财政一般预算收支平衡表

2－29－1　　　　　　　　　　　　　　　　　　　　　　　　　　　　单位:万元

地　　区	收　支　部　分										
	收　入										
	本年收入小计	税收收入									
		小　计	增值税	营业税	企业所得税	个人所得税	城市维护建设税	耕地占用税	契　税	烟叶税	其他各项税收收入
地(市)县级总计	**123888**	**79153**	**15036**	**46057**	**5359**	**4466**	**4984**	**26**			**3225**
地(市)本级合计	**64452**	**45962**	**9169**	**24407**	**2359**	**3358**	**4984**				**1685**
县级合计	**59436**	**33191**	**5867**	**21650**	**3000**	**1108**		**26**			**1540**
拉萨市小计	**38976**	**33911**	**8262**	**16714**	**1827**	**2758**	**3400**				**950**
本级	25076	23612	5161	11383	728	2334	3400				606
县级小计	13900	10299	3101	5331	1099	424					344
当雄县	600	336	130	121	53	3					29
尼木县	345	197	87	85	13	4					8
曲水县	850	431	122	245	46	7					11
堆龙德庆县	3800	2117	1288	485	175	36					133
城关区	6300	5864	1004	3697	725	355					83
达孜县	620	387	41	270	57	5					14
墨竹工卡县	900	775	392	315	10	10					48
林周县	485	192	37	113	20	4					18
日喀则地区小计	**18375**	**9372**	**1123**	**6466**	**783**	**385**	**351**	**1**			**263**
本级	7938	4352	598	2686	365	243	351				109
县级小计	10437	5020	525	3780	418	142		1			154
日喀则	3252	2093	280	1597	132	63					21
江孜	1013	269	37	180	23	15					14
南木林	460	135	2	108	15	6					4
白朗	452	205	4	161	29	4		1			6
拉孜	417	220	8	183	23	3					3
谢通门	550	317	34	247	13	4					19
萨迦	321	156	4	132	16	2					2
仁布	215	65	2	53	5	3					2
定日	701	188	2	165	19	1					1
康马	311	52	2	38	7	3					2
昂仁	333	143	25	96	12	1					9
定结	236	121	2	102	14	2					1
吉隆	173	149	4	119	21	3					2
岗巴	131	85	10	61	12	1					1
聂拉木	666	282	72	164	23	18					5
亚东	502	171	15	102	25	12					17
萨嘎	255	167	3	138	22	1					3
仲巴	449	202	19	134	7						42

2－29－2

单位:万元

地区	收支部分									
	收入								支出	
	非税收入							贷款转贷回收本金收入	本年支出小计	一般公共服务
	小计	专项收入	行政事业性收费收入	罚没收入	国有资本经营收入	国有资源(资产)有偿使用收入	其他收入			
地(市)县级总计	**44735**	**474**	**5757**	**4068**	**2366**	**1340**	**30730**		**729262**	**222716**
地(市)本级合计	**18490**	**474**	**3309**	**2660**	**171**	**709**	**11167**		**282641**	**78028**
县级合计	**26245**		**2448**	**1408**	**2195**	**631**	**19563**		**446621**	**144688**
拉萨市小计	**5065**	**270**	**38**	**1232**	**243**	**255**	**3027**		**156896**	**44283**
本级	1464	270	10	914	－50	125	195		83788	23239
县级小计	3601		28	318	293	130	2832		73108	21044
当雄县	264		5	42			217		7341	1803
尼木县	148			20		4	124		5340	1682
曲水县	419			1		4	414		6608	1596
堆龙德庆县	1683		20	35	223	90	1315		12710	4168
城关区	436			199		12	225		17909	4964
达孜县	233			21			212		5646	1548
墨竹工卡县	125		3		70	13	39		7821	1997
林周县	293					7	286		9733	3286
日喀则地区小计	**9003**		**1862**	**526**		**145**	**6470**		**147376**	**46055**
本级	3586		601	424		64	2497		39289	10885
县级小计	5417		1261	102		81	3973		108087	35170
日喀则	1159		1117	41		1			14664	2688
江孜	744			4		2	738		10288	1825
南木林	325			12		3	310		7969	2264
白朗	247			1		11	235		5523	1917
拉孜	197			10		3	184		6867	1946
谢通门	233			4		3	226		5893	2015
萨迦	165			4		13	148		6042	1503
仁布	150					3	147		4434	1639
定日	513			2		6	505		6882	2061
康马	259			2		4	253		4968	1651
昂仁	190			11		14	165		6220	1949
定结	115					2	113		4553	2012
吉隆	24			2			22		3373	1799
岗巴	46			1		1	44		3582	1817
聂拉木	384		144	5		7	228		4811	2360
亚东	331			2		7	322		4274	1760
萨嘎	88			1		1	86		3552	1845
仲巴	247						247		4192	2119

2006 年地方财政政府收支分类转换数据

2－29－3 单位:万元

地区	收支部分 支出 外交	国防	公共安全	教育	科学技术	文化体育与传媒	社会保障和就业	医疗卫生	环境保护	城乡社区事务	农林水事务
地(市)县级总计	**62**	**220**	**57794**	**155909**	**3058**	**15280**	**43386**	**63807**	**1609**	**16298**	**57762**
地(市)本级合计	**62**	**166**	**30571**	**45927**	**1856**	**8543**	**18736**	**21128**	**1081**	**7814**	**28340**
县级合计		**54**	**27223**	**109982**	**1202**	**6737**	**24650**	**42679**	**528**	**8484**	**29422**
拉萨市小计	**62**	**44**	**16659**	**33753**	**1152**	**2626**	**9613**	**8893**	**574**	**4801**	**8442**
本级	62	32	12330	14961	708	1930	6789	3159	333	4252	2919
县级小计		12	4329	18792	444	696	2824	5734	241	549	5523
当雄县			412	2492		186	441	743		33	405
尼木县			388	1460		71	262	477		12	409
曲水县			448	1672		105	300	589		91	964
堆龙德庆县			959	2572	50	40	231	791	51	224	725
城关区		5	933	3723	183	22	970	800	180		404
达孜县			392	1518	50	54	251	534	10		433
墨竹工卡县			368	2477	11	122	240	724		92	598
林周县		7	429	2878	150	96	129	1076		97	1585
日喀则地区小计			**9902**	**36495**	**689**	**3187**	**8630**	**15513**	**258**	**1916**	**10203**
本级			3678	6020	279	1573	2250	4277	219	242	5426
县级小计			6224	30475	410	1614	6380	11236	39	1674	4777
日喀则			1059	4839	96	70	1820	1444		1325	612
江孜			483	3412	176	267	1379	1374		98	395
南木林			391	3007	23	103	206	950			229
白朗			344	1721	17	92	169	661		32	362
拉孜			345	2120	11	141	287	926		35	493
谢通门			228	1891	17	76	102	239			182
萨迦			225	1975	15	37	344	680		20	198
仁布			216	1216		62	242	616		1	146
定日			315	1814		102	344	718	39	46	385
康马			271	1506	29	109	163	570			189
昂仁			282	1731	9	96	234	670		29	379
定结			257	966		65	214	405			190
吉隆			203	616		44	75	248			169
岗巴			337	652	17	57	119	275			109
聂拉木			338	860		90	230	382		47	250
亚东			262	852		91	181	419		41	199
萨嘎			270	560		58	149	336			226
仲巴			398	737		54	122	323			64

2－29－4

单位：万元

地区	收支部分			平衡部分						
	支出			收入						
						返还性收入			财力性转移支付收入	
	交通运输	工业、商业、金融等事务	其他支出	收入总计	本年收入	小计	增值税和消费税税收返还	所得税基数返还	小计	体制补助
地(市)县级总计	**2575**	**8849**	**79937**	**750131**	**123888**	**47497**	**32712**	**14785**	**350569**	**101569**
地(市)本级合计	**2026**	**7553**	**30810**	**293974**	**64452**	**29031**	**20393**	**8638**	**131062**	**51555**
县级合计	**549**	**1296**	**49127**	**456157**	**59436**	**18466**	**12319**	**6147**	**219507**	**50014**
拉萨市小计	**302**	**1153**	**24539**	**160107**	**38976**	**25389**	**18501**	**6888**	**49652**	**15272**
本级	302	939	11833	85726	25076	16592	11989	4603	23497	7537
县级小计		214	12706	74381	13900	8797	6512	2285	26155	7735
当雄县			826	7368	600	357	273	84	3129	908
尼木县		3	576	5530	345	209	183	26	2880	751
曲水县			843	6687	850	336	256	80	2848	829
堆龙德庆县			2899	13138	3800	3022	2705	317	2870	785
城关区		152	5573	18291	6300	3727	2108	1619	3117	745
达孜县		45	811	5681	620	179	86	93	2897	766
墨竹工卡县		14	1178	7918	900	853	823	30	3198	875
林周县				9768	485	114	78	36	5216	2076
日喀则地区小计	**611**	**869**	**13048**	**153987**	**18375**	**4121**	**2360**	**1761**	**75303**	**22170**
本级	403	800	3237	43380	7938	2198	1260	938	23068	12395
县级小计	208	69	9811	110607	10437	1923	1100	823	52235	9775
日喀则	21	18	672	15149	3252	881	588	293	5094	1089
江孜	20		859	10290	1013	136	78	58	4645	1034
南木林			796	8027	460	37	5	32	3350	610
白朗	12		196	5547	452	58	9	49	2708	415
拉孜	16	3	544	6911	417	35	12	23	2860	557
谢通门	22		1121	6329	550	98	72	26	2759	483
萨迦			1045	6042	321	36	9	27	2593	420
仁布	21		275	4444	215	16	5	11	2500	440
定日	10	20	1028	7111	701	35	4	31	3179	688
康马	17		463	4987	311	19	5	14	2631	455
昂仁	22		819	6351	333	72	52	20	2933	583
定结			444	4673	236	27	3	24	2476	405
吉隆			219	3654	173	43	8	35	2277	387
岗巴	14		185	3738	131	40	22	18	2240	350
聂拉木	14	28	212	4860	666	212	151	61	2618	444
亚东	14		455	4574	502	86	31	55	2483	497
萨嘎	5		103	3637	255	41	6	35	2337	428
仲巴			375	4283	449	51	40	11	2552	490

2－29－5

单位:万元

地区	平衡部分									
	收入									
	财力性转移支付收入									
	一般性转移支付补助	民族地区转移支付补助	调整工资转移支付补助	农村税费改革转移支付补助	取消农业特产税降低农业税率转移支付补助	缓解县乡财政困难转移支付补助	农村义务教育补助	结算补助	企事业单位预算划转补助	其他财力性转移支付
地(市)县级总计	**145000**		**63682**	**11019**						**29299**
地(市)本级合计	**48408**		**22218**	**264**						**8617**
县级合计	**96592**		**41464**	**10755**						**20682**
拉萨市小计	**18482**		**10511**	**869**						**4518**
本级	7989		5856	31						2084
县级小计	10493		4655	838						2434
当雄县	1278		523	124						296
尼木县	1356		441	97						235
曲水县	1171		503	91						254
堆龙德庆县	1060		605	117						303
城关区	1090		853	57						372
达孜县	1427		409	74						221
墨竹工卡县	1476		480	126						241
林周县	1635		841	152						512
日喀则地区小计	**30811**		**13524**	**2826**						**5972**
本级	8629		281	139						1624
县级小计	22182		13243	2687						4348
日喀则	1402		1827	258						518
江孜	1426		1492	213						480
南木林	1291		898	269						282
白朗	1220		711	163						199
拉孜	1130		753	173						247
谢通门	1217		678	165						216
萨迦	1153		648	184						188
仁布	1163		581	116						200
定日	1214		744	273						260
康马	1215		662	83						216
昂仁	1196		670	240						244
定结	1187		579	95						210
吉隆	1179		471	71						169
岗巴	1249		431	53						157
聂拉木	1429		504	70						171
亚东	1092		625	46						223
萨嘎	1179		478	75						177
仲巴	1240		491	140						191

2－29－6

单位:万元

地　　区	平衡部分								
	收入							支出	
	专项转移支付			省补助计划单列市	上年结余收入	调入资金	国债转贷收入、上年结余及转补助数	支出总计	本年支出
	小计	专项补助	增发国债补助						
地(市)县级总计	**207615**	**207615**			**20562**			**729262**	**729262**
地(市)本级合计	**61634**	**61634**			**7795**			**282641**	**282641**
县级合计	**145981**	**145981**			**12767**			**446621**	**446621**
拉萨市小计	**42672**	**42672**			**3418**			**156896**	**156896**
本级	19003	19003			1558			83788	83788
县级小计	23669	23669			1860			73108	73108
当雄县	3183	3183			99			7341	7341
尼木县	1908	1908			188			5340	5340
曲水县	2581	2581			72			6608	6608
堆龙德庆县	2561	2561			885			12710	12710
城关区	4664	4664			483			17909	17909
达孜县	1951	1951			34			5646	5646
墨竹工卡县	2892	2892			75			7821	7821
林周县	3929	3929			24			9733	9733
日喀则地区小计	**48136**	**48136**			**8052**			**147376**	**147376**
本级	7267	7267			2909			39289	39289
县级小计	40869	40869			5143			108087	108087
日喀则	5291	5291			631			14664	14664
江孜	4323	4323			173			10288	10288
南木林	4099	4099			81			7969	7969
白朗	2225	2225			104			5523	5523
拉孜	2902	2902			697			6867	6867
谢通门	2482	2482			440			5893	5893
萨迦	2947	2947			145			6042	6042
仁布	1661	1661			52			4434	4434
定日	2642	2642			554			6882	6882
康马	1698	1698			328			4968	4968
昂仁	2454	2454			559			6220	6220
定结	1684	1684			250			4553	4553
吉隆	877	877			284			3373	3373
岗巴	1185	1185			142			3582	3582
聂拉木	1314	1314			50			4811	4811
亚东	1032	1032			471			4274	4274
萨嘎	889	889			115			3552	3552
仲巴	1164	1164			67			4192	4192

2－29－7　　　　　　　　　　　　　　　　　　　　　　　　单位:万元

地区	平衡部分									
	支出								年终结余	其中:净结余
	财力性转移支付			专项上解	计划单列市上解省	增设预算周转金	调出资金	国债转贷拨付数及年末结余		
	小计	体制上解	出口退税专项上解							
地(市)县级总计									**20869**	**10080**
地(市)本级合计									**11333**	**3510**
县级合计									**9536**	**6570**
拉萨市小计									**3211**	**1552**
本级									1938	301
县级小计									1273	1251
当雄县									27	27
尼木县									190	190
曲水县									79	79
堆龙德庆县									428	428
城关区									382	382
达孜县									35	35
墨竹工卡县									97	75
林周县									35	35
日喀则地区小计									**6611**	**1469**
本级									4091	346
县级小计									2520	1123
日喀则									485	152
江孜									2	2
南木林									58	
白朗									24	24
拉孜									44	44
谢通门									436	
萨迦										
仁布									10	4
定日									229	229
康马									19	19
昂仁									131	28
定结									120	94
吉隆									281	165
岗巴									156	82
聂拉木									49	2
亚东									300	247
萨嘎									85	31
仲巴									91	

2－29－8

单位:万元

地区	收支部分										
	收入										
	本年收入小计	税收收入									
		小计	增值税	营业税	企业所得税	个人所得税	城市维护建设税	耕地占用税	契税	烟叶税	其他各项税收收入
山南地区小计	**18500**	**10760**	**2238**	**6546**	**702**	**452**	**412**	**25**			**385**
本级	8743	5594	1420	3034	290	259	412				179
县级小计	9757	5166	818	3512	412	193		25			206
洛扎县	411	180	7	147	12	6					8
浪卡子县	342	129	2	104	17	5					1
贡嘎县	2006	1243	163	1022	41	15					2
扎朗县	390	122	13	85	15	7		1			1
乃东县	2520	1590	134	1241	86	92		24			13
琼结县	407	138	4	108	18	7					1
措美县	331	116	24	76	7	3					6
隆子县	401	295	71	198	11	11					4
错那县	309	154	3	118	7	21					5
桑日县	1100	711	310	188	172	5					36
曲松县	1080	311	84	78	8	13					128
加查县	460	177	3	147	18	8					1
林芝地区小计	**15523**	**8717**	**1321**	**5266**	**477**	**265**	**318**				**1070**
本级	8282	5173	935	2982	248	170	318				520
县级小计	7241	3544	386	2284	229	95					550
林芝县	1765	939	120	559	43	32					185
波密县	1462	745	147	367	51	16					164
察隅县	769	356	19	279	43	4					11
工布江达县	1404	473	36	312	56	19					50
米林县	1314	731	55	518	24	10					124
朗县	354	192	9	146	10	12					15
墨脱县	173	108		103	2	2					1
昌都地区小计	**13198**	**7567**	**959**	**4994**	**958**	**261**	**211**				**184**
本级	5069	3721	694	2042	516	162	211				96
县级小计	8129	3846	265	2952	442	99					88
昌都县	1617	1263	91	957	91	73					51
江达县	600	389	25	305	45	7					7
芒康县	890	398	69	285	38	4					2
丁青县	1008	305	4	238	58	2					3
察雅县	440	266	3	217	40	2					4
贡觉县	434	179	10	141	25	2					1
左贡县	608	320	4	267	43	2					4

2006年地方财政政府收支分类转换数据

2－29－9 单位:万元

地区	收支部分									
	收入								支出	
	非税收入							贷款转贷回收本金收入		
	小计	专项收入	行政事业性收费收入	罚没收入	国有资本经营收入	国有资源(资产)有偿使用收入	其他收入		本年支出小计	一般公共服务
山南地区小计	**7740**		**131**	**513**	**365**	**371**	**6360**		**105372**	**33892**
本级	3149		67	414	123	322	2223		39209	8041
县级小计	4591		64	99	242	49	4137		66163	25851
洛扎县	231			4		4	223		4679	1955
浪卡子县	213			2		4	207		5817	1972
贡嘎县	763			3		14	746		8017	2413
扎朗县	268		45	9	120	2	92		5514	1796
乃东县	930		13	18		5	894		8517	4323
琼结县	269		1	2	25	3	238		4396	1949
措美县	215			2		1	212		3732	1743
隆子县	106			12	23	1	70		5682	1808
错那县	155			23	16	5	111		4811	1735
桑日县	389			3		3	383		5797	1628
曲松县	769		5	18	10	3	733		4605	2714
加查县	283			3	48	4	228		4596	1815
林芝地区小计	**6806**	**164**	**432**	**959**	**633**	**283**	**4335**		**69632**	**22734**
本级	3109	164	307	387		78	2173		27916	6797
县级小计	3697		125	572	633	205	2162		41716	15937
林芝县	826		4	29			793		7533	2817
波密县	717		55	264		192	206		6628	2348
察隅县	413			30			383		5843	2174
工布江达县	931			61	300		570		6812	2517
米林县	583		4	183	332	6	58		6280	2578
朗县	162		2	4		4	152		4574	1802
墨脱县	65		60	1	1	3			4046	1701
昌都地区小计	**5631**	**40**	**1091**	**301**	**855**		**3344**		**110245**	**23566**
本级	1348	40	851	184			273		35570	9352
县级小计	4283		240	117	855		3071		74675	14214
昌都县	354		10	59			285		10344	1814
江达县	211		6	2			203		7404	1811
芒康县	492		20	4			468		8675	1286
丁青县	703			2			701		7378	1221
察雅县	174			5	149		20		6827	2138
贡觉县	255						255		5603	805
左贡县	288		4	5			279		5841	1107

2－29－10

单位:万元

地区	收支部分										
	支出										
	外交	国防	公共安全	教育	科学技术	文化体育与传媒	社会保障和就业	医疗卫生	环境保护	城乡社区事务	农林水事务
山南地区小计			**6355**	**21407**	**254**	**2378**	**3846**	**9953**	**114**	**989**	**10130**
本级			2713	7114	250	1322	1548	3712	114	776	4741
县级小计			3642	14293	4	1056	2298	6241		213	5389
洛扎县			192	918		131	358	481		19	255
浪卡子县			262	1720		94	277	619		47	437
贡嘎县			480	2167		84	90	846		10	665
扎朗县			311	1490		70	134	734		38	462
乃东县			647	1659	4	121	283	591			654
琼结县			212	861		119	112	428		11	401
措美县			187	687		81	123	364			127
隆子县			235	1508		74	243	651		56	700
错那县			215	953		41	321	351		32	681
桑日县			242	760		64	83	346			389
曲松县			215	703		55	138	367			235
加查县			444	867		122	136	463			383
林芝地区小计		**1**	**5869**	**12647**	**319**	**1416**	**3835**	**5503**	**153**	**1964**	**8945**
本级			2636	3422	122	842	1569	2042	147	1831	5134
县级小计		1	3233	9225	197	574	2266	3461	6	133	3811
林芝县			725	1780	10	72	457	506			619
波密县			596	1516		64	299	574		83	650
察隅县			416	1451		70	350	610			579
工布江达县			492	1499	150	110	316	550		26	578
米林县			502	1353	2	102	281	551	6	9	481
朗县			324	942		74	268	356			590
墨脱县		1	178	684	35	82	295	314		15	314
昌都地区小计			**8376**	**28361**	**355**	**2098**	**10031**	**9381**	**351**	**5122**	**11689**
本级			4007	7069	208	1100	2042	2108	119		6701
县级小计			4369	21292	147	998	7989	7273	232	5122	4988
昌都县			870	2547	32	155	1472	835		922	855
江达县			491	1864		36	996	806			383
芒康县			548	2666	19	181	718	859		695	1161
丁青县			353	1974		137	981	744		642	326
察雅县			350	2154	36	101	346	675			277
贡觉县			301	1409		89	723	539	200	472	255
左贡县			283	1800		17	594	665		494	425

2－29－11

单位:万元

地　　区	收支部分			平衡部分						
	支出			收入						
						返还性收入			财力性转移支付收入	
	交通运输	工业、商业、金融等事务	其他支出	收入总计	本年收入	小计	增值税和消费税税收返还	所得税基数返还	小计	体制补助
山南地区小计	**260**	**1379**	**14415**	**105992**	**18500**	**6431**	**4701**	**1730**	**52742**	**14043**
本级	260	1257	7361	39814	8743	3806	2983	823	18663	7032
县级小计		122	7054	66178	9757	2625	1718	907	34079	7011
洛扎县		12	358	4679	411	41	14	27	2885	518
浪卡子县		79	310	5817	342	37	4	33	3070	631
贡嘎县			1262	8032	2006	426	342	84	3197	805
扎朗县		5	474	5514	390	60	28	32	2947	571
乃东县		4	231	8517	2520	547	281	266	3006	740
琼结县		2	301	4396	407	44	8	36	2835	648
措美县		1	419	3732	331	67	51	16	2368	521
隆子县		3	404	5682	401	182	148	34	2864	546
错那县		2	480	4811	309	50	7	43	3045	579
桑日县		12	2273	5797	1100	916	650	266	2667	477
曲松县			178	4605	1080	210	178	32	2289	451
加查县		2	364	4596	460	45	7	38	2906	524
林芝地区小计	**205**	**2544**	**3497**	**70735**	**15523**	**3869**	**2756**	**1113**	**34175**	**9055**
本级	128	1854	1392	28882	8282	2570	1944	626	12550	3756
县级小计	77	690	2105	41853	7241	1299	812	487	21625	5299
林芝县	18	89	440	7533	1765	366	253	113	3439	941
波密县		43	455	6666	1462	409	309	100	3154	871
察隅县			193	5940	769	109	39	70	3140	765
工布江达县	13	84	477	6812	1404	188	76	112	3257	820
米林县	22	110	283	6282	1314	168	116	52	3296	807
朗县	24	80	114	4574	354	53	19	34	2795	598
墨脱县		284	143	4046	173	6		6	2544	497
昌都地区小计	**357**	**978**	**9580**	**113288**	**13198**	**3867**	**2013**	**1854**	**54326**	**16923**
本级	305	855	1704	35920	5069	2503	1459	1044	19558	7348
县级小计	52	123	7876	77368	8129	1364	554	810	34768	9575
昌都县			842	10909	1617	435	190	245	4419	1302
江达县			1017	7656	600	131	52	79	3317	957
芒康县		7	535	9480	890	206	144	62	3372	1021
丁青县		31	969	7544	1008	99	9	90	3249	898
察雅县			750	6858	440	70	7	63	3395	857
贡觉县	27	47	736	5686	434	61	21	40	3053	836
左贡县	13	8	435	5953	608	75	8	67	2919	809

2－29－12　　　　单位:万元

地区	平衡部分									
	收入									
	财力性转移支付收入									
	一般性转移支付补助	民族地区转移支付补助	调整工资转移支付补助	农村税费改革转移支付补助	取消农业特产税降低农业税率转移支付补助	缓解县乡财政困难转移支付补助	农村义务教育补助	结算补助	企事业单位预算划转补助	其他财力性转移支付
山南地区小计	**22837**		**9889**	**1396**						**4577**
本级	6416		4677							538
县级小计	16421		5212	1396						4039
洛扎县	1677		333	87						270
浪卡子县	1382		502	185						370
贡嘎县	1225		573	162						432
扎朗县	1286		523	157						410
乃东县	1102		555	161						448
琼结县	1368		427	68						324
措美县	1201		305	62						279
隆子县	1406		473	161						278
错那县	1630		401	73						362
桑日县	1512		316	90						272
曲松县	1092		394	79						273
加查县	1540		410	111						321
林芝地区小计	**14822**		**6404**	**906**						**2988**
本级	5424		2325							1045
县级小计	9398		4079	906						1943
林芝县	1374		669	127						328
波密县	1159		657	147						320
察隅县	1462		533	142						238
工布江达县	1292		672	159						314
米林县	1302		700	141						346
朗县	1370		488	120						219
墨脱县	1439		360	70						178
昌都地区小计	**21363**		**9486**	**2270**						**4284**
本级	7230		3433							1547
县级小计	14133		6053	2270						2737
昌都县	1532		878	317						390
江达县	1304		544	258						254
芒康县	1255		612	211						273
丁青县	1345		566	188						252
察雅县	1458		570	263						247
贡觉县	1302		474	219						222
左贡县	1205		474	201						230

2006 年地方财政政府收支分类转换数据

2－29－13

单位:万元

地区	平衡部分								
	收入							支出	
	专项转移支付			省补助计划单列市	上年结余收入	调入资金	国债转贷收入、上年结余及转补助数	支出总计	本年支出
	小计	专项补助	增发国债补助						
山南地区小计	**27699**	**27699**			**620**			**105372**	**105372**
本级	7997	7997			605			39209	39209
县级小计	19702	19702			15			66163	66163
洛扎县	1342	1342						4679	4679
浪卡子县	2368	2368						5817	5817
贡嘎县	2388	2388			15			8017	8017
扎朗县	2117	2117						5514	5514
乃东县	2444	2444						8517	8517
琼结县	1110	1110						4396	4396
措美县	966	966						3732	3732
隆子县	2235	2235						5682	5682
错那县	1407	1407						4811	4811
桑日县	1114	1114						5797	5797
曲松县	1026	1026						4605	4605
加查县	1185	1185						4596	4596
林芝地区小计	**15996**	**15996**			**1172**			**69632**	**69632**
本级	4539	4539			941			27916	27916
县级小计	11457	11457			231			41716	41716
林芝县	1947	1947			16			7533	7533
波密县	1603	1603			38			6628	6628
察隅县	1825	1825			97			5843	5843
工布江达县	1954	1954			9			6812	6812
米林县	1502	1502			2			6280	6280
朗县	1303	1303			69			4574	4574
墨脱县	1323	1323						4046	4046
昌都地区小计	**39380**	**39380**			**2517**			**110245**	**110245**
本级	8679	8679			111			35570	35570
县级小计	30701	30701			2406			74675	74675
昌都县	3898	3898			540			10344	10344
江达县	3403	3403			205			7404	7404
芒康县	4162	4162			850			8675	8675
丁青县	3108	3108			80			7378	7378
察雅县	2883	2883			70			6827	6827
贡觉县	2068	2068			70			5603	5603
左贡县	2281	2281			70			5841	5841

2－29－14

单位:万元

地区	平衡部分 支出 财力性转移支付 小计	体制上解	出口退税专项上解	专项上解	计划单列市上解省	增设预算周转金	调出资金	国债转贷拨付数及年末结余	年终结余	其中:净结余
山南地区小计									**620**	**620**
本级									605	605
县级小计									15	15
洛扎县										
浪卡子县										
贡嘎县									15	15
扎朗县										
乃东县										
琼结县										
措美县										
隆子县										
错那县										
桑日县										
曲松县										
加查县										
林芝地区小计									**1103**	**1103**
本级									966	966
县级小计									137	137
林芝县										
波密县									38	38
察隅县									97	97
工布江达县										
米林县									2	2
朗县										
墨脱县										
昌都地区小计									**3043**	**3043**
本级									350	350
县级小计									2693	2693
昌都县									565	565
江达县									252	252
芒康县									805	805
丁青县									166	166
察雅县									31	31
贡觉县									83	83
左贡县									112	112

2－29－15

单位:万元

地　区	收支部分										
	收入										
	本年收入小计	税收收入									
		小　计	增值税	营业税	企业所得税	个人所得税	城市维护建设税	耕地占用税	契　税	烟叶税	其他各项税收收入
八宿县	526	174	14	132	21	3					4
边坝县	405	151	3	119	26	1					2
类乌齐县	1201	288	35	214	29	1					9
洛隆县	400	113	7	77	26	2					1
那曲地区小计	**12423**	**4932**	**610**	**3569**	**331**	**146**	**163**				**113**
本级	6441	2040	174	1445	84	113	163				61
县级小计	5982	2892	436	2124	247	33					52
那曲县	1570	744	189	499	36	14					6
安多县	1001	300	43	225	21	3					8
聂荣县	221	149	13	126	8	1					1
班嘎县	322	221	2	180	36	1					2
申扎县	489	145	4	108	21	5					7
巴青县	276	252	8	214	26	2					2
索县	436	259	8	221	26	2					2
比如县	268	182	14	156	11						1
嘉黎县	327	249	143	70	14	2					20
尼玛县	487	270	4	237	25	2					2
双湖区	585	121	8	88	23	1					1
阿里地区小计	**6893**	**3894**	**523**	**2502**	**281**	**199**	**129**				**260**
本级	2903	1470	187	835	128	77	129				114
县级小计	3990	2424	336	1667	153	122					146
普兰县	314	171	3	153		12					3
札达县	206	121	4	98	8	11					
噶尔县	908	562	127	388	4	33					10
日土县	635	422	3	265	21	11					122
革吉县	713	515	174	251	76	14					
改则县	872	453	22	352	44	25					10
措勤县	342	180	3	160		16					1

2－29－16

单位:万元

地区	收支部分									
	收入								支出	
	非税收入							贷款转贷回收本金收入	本年支出小计	一般公共服务
	小计	专项收入	行政事业性收费收入	罚没收入	国有资本经营收入	国有资源(资产)有偿使用收入	其他收入			
八宿县	352			2			350		5816	985
边坝县	254			2			252		4650	870
类乌齐县	913		200	6	706		1		6625	1077
洛隆县	287			30			257		5512	1100
那曲地区小计	**7491**		**2066**	**393**		**16**	**5016**		**92782**	**32133**
本级	4401		1336	233			2832		36789	12028
县级小计	3090		730	160		16	2184		55993	20105
那曲县	826		727	79			20		8888	3705
安多县	701			22		5	674		5394	1820
聂荣县	72						72		4432	1775
班嘎县	101						101		4984	1633
申扎县	344			1			343		3959	1489
巴青县	24			1			23		4859	954
索县	177			17			160		5411	1742
比如县	86		3	4			79		5381	1554
嘉黎县	78			19			59		5109	2310
尼玛县	217			14		9	194		4371	1660
双湖区	464			3		2	459		3205	1463
阿里地区小计	**2999**		**137**	**144**	**270**	**270**	**2178**		**46959**	**20053**
本级	1433		137	104	98	120	974		20080	7686
县级小计	1566			40	172	150	1204		26879	12367
普兰县	143			18		41	84		3547	1271
札达县	85			10	72	31	－28		3655	1645
噶尔县	346				100	78	168		4334	2749
日土县	213						213		3631	1751
革吉县	198						198		3965	1808
改则县	419			5			414		4261	1821
措勤县	162			7			155		3486	1322

2－29－17

单位:万元

地区	收支部分										
	支出										
	外交	国防	公共安全	教育	科学技术	文化体育与传媒	社会保障和就业	医疗卫生	环境保护	城乡社区事务	农林水事务
八宿县			379	1693		81	298	555		761	418
边坝县			207	1243	5	65	586	432		532	375
类乌齐县			361	2337	40	76	537	605	32	604	263
洛隆县			226	1605	15	60	738	558			250
那曲地区小计		**28**	**6388**	**18309**	**289**	**2258**	**4601**	**9758**	**159**	**1243**	**5555**
本级		9	2881	6101	289	973	2522	3295	149	529	2353
县级小计		19	3507	12208		1285	2079	6463	10	714	3202
那曲县			864	2281		78	261	804			126
安多县		2	360	970		159	179	586			257
聂荣县			272	808		90	180	496			282
班嘎县			269	1100		88	156	647	10		367
申扎县			210	880		100	137	497		48	229
巴青县		14	267	1036		126	545	637		629	399
索县			363	1244		175	176	689			279
比如县			322	1228		125	157	793		21	418
嘉黎县			214	1077		164	76	532			341
尼玛县		3	241	1015		98	111	497		16	262
双湖区			125	569		82	101	285			242
阿里地区小计		**147**	**4245**	**4937**		**1317**	**2830**	**4806**		**263**	**2798**
本级		125	2326	1240		803	2016	2535		184	1066
县级小计		22	1919	3697		514	814	2271		79	1732
普兰县		9	329	511		120	184	338		5	250
札达县		5	192	415		56	118	259			271
噶尔县			419	578		49		143		74	129
日土县			221	553		72	128	432			355
革吉县			298	481		60	142	254			177
改则县			239	633		82	129	467			303
措勤县		8	221	526		75	113	378			247

2－29－18

单位：万元

地区	收支部分			平衡部分						
	支出			收入						
						返还性收入			财力性转移支付收入	
	交通运输	工业、商业、金融等事务	其他支出	收入总计	本年收入	小计	增值税和消费税税收返还	所得税基数返还	小计	体制补助
八宿县			646	5897	526	66	30	36	2847	755
边坝县			335	4827	405	46	6	40	2562	613
类乌齐县	12	30	651	6913	1201	119	73	46	2704	745
洛隆县			960	5645	400	56	14	42	2931	782
那曲地区小计	**503**	**953**	**10605**	**93828**	**12423**	**2003**	**1285**	**718**	**53889**	**16416**
本级	361	897	4402	37203	6441	662	366	296	19756	8890
县级小计	142	56	6203	56625	5982	1341	919	422	34133	7526
那曲县			769	8893	1570	474	398	76	4233	1049
安多县	24		1037	5399	1001	128	91	37	3022	685
聂荣县			529	4524	221	42	29	13	3149	669
班嘎县	24	41	649	5059	322	60	3	57	3381	742
申扎县	20		349	4053	489	47	8	39	2440	448
巴青县	22	15	215	4902	276	59	17	42	3248	698
索县	17		726	5425	436	59	17	42	3222	689
比如县	20		743	5391	268	47	31	16	3408	820
嘉黎县			395	5242	327	323	299	24	3410	767
尼玛县	15		453	4401	487	49	9	40	2667	642
双湖区			338	3336	585	53	17	36	1953	317
阿里地区小计	**337**	**973**	**4253**	**52194**	**6893**	**1817**	**1096**	**721**	**30482**	**7690**
本级	267	951	881	23049	2903	700	392	308	13970	4597
县级小计	70	22	3372	29145	3990	1117	704	413	16512	3093
普兰县	31	8	491	3756	314	24	6	18	2445	472
札达县			694	4038	206	36	7	29	2682	502
噶尔县			193	4719	908	323	267	56	2205	356
日土县			119	3795	635	54	7	47	2457	474
革吉县			745	4180	713	501	365	136	2109	413
改则县	24		563	4689	872	149	46	103	2165	450
措勤县	15	14	567	3968	342	30	6	24	2449	426

2－29－19

单位:万元

地区	平衡部分									
	收入									
	财力性转移支付收入									
	一般性转移支付补助	民族地区转移支付补助	调整工资转移支付补助	农村税费改革转移支付补助	取消农业特产税降低农业税率转移支付补助	缓解县乡财政困难转移支付补助	农村义务教育补助	结算补助	企事业单位预算划转补助	其他财力性转移支付
八宿县	1224		486	165						217
边坝县	1202		411	141						195
类乌齐县	1030		536	159						234
洛隆县	1276		502	148						223
那曲地区小计	**21707**		**9233**	**2112**						**4421**
本级	6776		3562							528
县级小计	14931		5671	2112						3893
那曲县	1390		876	282						636
安多县	1235		506	213						383
聂荣县	1466		487	196						331
班嘎县	1481		545	221						392
申扎县	1180		406	122						284
巴青县	1481		515	213						341
索县	1537		472	206						318
比如县	1411		567	234						376
嘉黎县	1401		674	169						399
尼玛县	1178		385	191						271
双湖区	1171		238	65						162
阿里地区小计	**14978**		**4635**	**640**						**2539**
本级	5944		2084	94						1251
县级小计	9034		2551	546						1288
普兰县	1354		382	45						192
札达县	1536		377	79						188
噶尔县	1170		414	66						199
日土县	1283		424	46						230
革吉县	1081		306	150						159
改则县	1110		345	99						161
措勤县	1500		303	61						159

2－29－20　　　　　　　　　　　　　　　　　　　　　　单位:万元

地区	平衡部分								
	收入							支出	
	专项转移支付			省补助计划单列市	上年结余收入	调入资金	国债转贷收入、上年结余及转补助数	支出总计	本年支出
	小计	专项补助	增发国债补助						
八宿县	2321	2321			137			5816	5816
边坝县	1758	1758			56			4650	4650
类乌齐县	2630	2630			259			6625	6625
洛隆县	2189	2189			69			5512	5512
那曲地区小计	**24501**	**24501**			**1012**			**92782**	**92782**
本级	9938	9938			406			36789	36789
县级小计	14563	14563			606			55993	55993
那曲县	2613	2613			3			8888	8888
安多县	1244	1244			4			5394	5394
聂荣县	1022	1022			90			4432	4432
班嘎县	1234	1234			62			4984	4984
申扎县	1013	1013			64			3959	3959
巴青县	1278	1278			41			4859	4859
索县	1698	1698			10			5411	5411
比如县	1659	1659			9			5381	5381
嘉黎县	1063	1063			119			5109	5109
尼玛县	1165	1165			33			4371	4371
双湖区	574	574			171			3205	3205
阿里地区小计	**9231**	**9231**			**3771**			**46959**	**46959**
本级	4211	4211			1265			20080	20080
县级小计	5020	5020			2506			26879	26879
普兰县	682	682			291			3547	3547
札达县	758	758			356			3655	3655
噶尔县	754	754			529			4334	4334
日土县	478	478			171			3631	3631
革吉县	559	559			298			3965	3965
改则县	868	868			635			4261	4261
措勤县	921	921			226			3486	3486

2006 年地方财政政府收支分类转换数据

2-29-21

单位:万元

地　　区	平衡部分									
	支出								年终结余	其中:净结余
	财力性转移支付			专项上解	计划单列市上解省	增设预算周转金	调出资金	国债转贷拨付数及年末结余		
	小计	体制上解	出口退税专项上解							
八宿县									81	81
边坝县									177	177
类乌齐县									288	288
洛隆县									133	133
那曲地区小计									**1046**	**1046**
本级									414	414
县级小计									632	632
那曲县									5	5
安多县									5	5
聂荣县									92	92
班嘎县									75	75
申扎县									94	94
巴青县									43	43
索县									14	14
比如县									10	10
嘉黎县									133	133
尼玛县									30	30
双湖区									131	131
阿里地区小计									**5235**	**1247**
本级									2969	528
县级小计									2266	719
普兰县									209	12
札达县									383	7
噶尔县									385	207
日土县									164	54
革吉县									215	148
改则县									428	248
措勤县									482	43

2006年陕西省地市县财政一般预算收支平衡表

2－30－1　　　　　　　　　　　　　　　　　　　　　　单位:万元

地区	收支部分										
	收入										
	本年收入小计	税收收入									
		小计	增值税	营业税	企业所得税	个人所得税	城市维护建设税	耕地占用税	契税	烟叶税	其他各项税收收入
地(市)县级总计	**2419708**	**1804897**	**481791**	**522759**	**170262**	**66275**	**231166**	**26681**	**72257**	**4455**	**229251**
地(市)本级合计	**972870**	**787382**	**272290**	**180782**	**89904**	**33889**	**81816**	**1320**	**26384**		**100997**
县级合计	**1446838**	**1017515**	**209501**	**341977**	**80358**	**32386**	**149350**	**25361**	**45873**	**4455**	**128254**
西安市小计	**858854**	**701677**	**113081**	**276686**	**61664**	**36625**	**69411**	**15083**	**50910**		**78217**
本级	378156	283435	78925	85025	30048	21293	13551		18646		35947
县级小计	480698	418242	34156	191661	31616	15332	55860	15083	32264		42270
新城区	69097	60677	2928	29358	6193	3537	8862		3555		6244
碑林区	87859	79814	3464	40596	8576	3808	8234	398	5303		9435
莲湖区	83877	74635	5011	33769	7382	2779	11906	76	5346		8366
雁塔区	68018	61267	1970	33723	2059	2169	5388	2976	8122		4860
灞桥区	24216	21331	1065	10907	510	290	2950	2201	1530		1878
未央区	37358	32142	2969	10328	1395	937	6391	2522	4153		3447
阎良区	18533	14295	1462	2962	821	167	3027	2050	1250		2556
长安区	33550	26869	2586	13941	733	378	1947	3500	2000		1784
临潼区	20328	18327	6317	4102	2274	726	3860	135	105		808
蓝田县	5368	3554	463	2136	284	56	258	102	57		198
周至县	3967	2747	301	1668	252	63	170	43	43		207
户县	13923	11055	3060	4420	438	292	1109	400	320		1016
高陵县	14604	11529	2560	3751	699	130	1758	680	480		1471
铜川市小计	**40670**	**26572**	**7120**	**6894**	**562**	**879**	**5362**	**14**	**644**		**5097**
本级	23915	16046	5047	4040	390	486	2932	3	63		3085
县级小计	16755	10526	2073	2854	172	393	2430	11	581		2012
耀州区	8008	4119	706	930	37	179	1240	1	89		937
宜君县	2188	1687	464	390	43	42	312		40		396
印台区	2817	1967	305	605	81	44	248	10	389		285
王益区	3742	2753	598	929	11	128	630		63		394
宝鸡市小计	**150720**	**128724**	**36086**	**25391**	**7395**	**3085**	**30830**	**773**	**3963**	**1435**	**19766**
本级	84689	71685	18383	12314	6218	2026	20878	242	3414		8210
县级小计	66031	57039	17703	13077	1177	1059	9952	531	549	1435	11556
太白县	824	561	35	161	66	13	45	1	8		232
宝鸡县	11104	7903	2309	1432	26	157	2063	213	201		1502
凤翔县	8098	7508	2557	1286	73	91	2396	30	20		1055
岐山县	7428	7073	2482	1123	32	134	1516	24	44		1718
麟游县	1136	882	104	172		11	199	5	26	275	90
陇县	3608	3150	472	395	5	43	728		30	1160	317

2006年地方财政政府收支分类转换数据

2－30－2

单位：万元

地区	收支部分									
	收入								支出	
	非税收入							贷款转贷回收本金收入		
	小计	专项收入	行政事业性收费收入	罚没收入	国有资本经营收入	国有资源（资产）有偿使用收入	其他收入		本年支出小计	一般公共服务
地（市）县级总计	**614811**	**125694**	**91761**	**101367**	**269613**	**8336**	**18040**		**4797189**	**1095887**
地（市）本级合计	**185488**	**42814**	**55561**	**42427**	**27103**	**5035**	**12548**		**1574536**	**315203**
县级合计	**429323**	**82880**	**36200**	**58940**	**242510**	**3301**	**5492**		**3222653**	**780684**
西安市小计	**157177**	**35410**	**65374**	**42045**	**1804**	**3080**	**9464**		**1192193**	**251073**
本级	94721	12666	46643	23625	378	2256	9153		639318	131481
县级小计	62456	22744	18731	18420	1426	824	311		552875	119592
新城区	8420	3300	2144	2900	29	47			52588	7830
碑林区	8045	3486	2500	2025	8	26			51501	11989
莲湖区	9242	4739	2276	2061	77	89			50866	11895
雁塔区	6751	2325	2561	1822		43			49185	10767
灞桥区	2885	1219	1159	497		10			32042	6150
未央区	5216	2762	850	1570			34		49178	13005
阎良区	4238	605	1963	424	1233	13			29721	6425
长安区	6681	794	3355	2244		11	277		61291	13549
临潼区	2001	825	65	693		418			48264	9313
蓝田县	1814	128	245	1385	48	8			28467	5349
周至县	1220	108	366	605		141			31638	6719
户县	2868	632	694	1534		8			37755	7694
高陵县	3075	1821	553	660	31	10			30379	8907
铜川市小计	**14098**	**2092**	**2080**	**3735**	**2305**	**67**	**3819**		**122031**	**34602**
本级	7869	1651	902	1869	338	40	3069		51487	14022
县级小计	6229	441	1178	1866	1967	27	750		70544	20580
耀州区	3889	136	264	1286	1923	10	270		28045	5862
宜君县	501	43	84	367		7			16408	5039
印台区	850	102	457	83	42	4	162		15477	5363
王益区	989	160	373	130	2	6	318		10614	4316
宝鸡市小计	**21996**	**13383**	**2942**	**5908**	**－1200**	**361**	**602**		**369077**	**71515**
本级	13004	6337	2319	4229	－41	159	1		124524	20559
县级小计	8992	7046	623	1679	－1159	202	601		244553	50956
太白县	263	16	66	134	6	14	27		9722	2450
宝鸡县	3201	1924	170	520	276	21	290		31934	5093
凤翔县	590	617	80	70	－190	8	5		29766	5587
岐山县	355	270	112	179	－220	14			28900	6261
麟游县	254	25	105	61	19	10	34		10453	2041
陇县	458	96		266	30	66			18202	3991

2－30－3

单位:万元

地　区	收支部分										
	支出										
	外交	国防	公共安全	教育	科学技术	文化体育与传媒	社会保障和就业	医疗卫生	环境保护	城乡社区事务	农林水事务
地(市)县级总计		**6116**	**349400**	**1069390**	**38377**	**104736**	**473271**	**252266**	**52129**	**454399**	**439148**
地(市)本级合计		**3596**	**148744**	**128258**	**20033**	**44982**	**155265**	**71105**	**47063**	**259606**	**131396**
县级合计		**2520**	**200656**	**941132**	**18344**	**59754**	**318006**	**181161**	**5066**	**194793**	**307752**
西安市小计		**1112**	**126556**	**196262**	**14105**	**20644**	**162731**	**64451**	**12530**	**162059**	**62787**
本级		698	69932	38229	9998	15138	71295	31815	12311	120607	40977
县级小计		414	56624	158033	4107	5506	91436	32636	219	41452	21810
新城区		62	8257	13612	491	169	10700	3396		5537	39
碑林区		72	8813	10014	458	265	9725	3216	132	5556	
莲湖区		35	6358	10249	465	155	12700	4210		3315	2
雁塔区			6089	10277	467	295	6183	2592		6108	2355
灞桥区		15	2424	13036	248	233	5767	1262	1	1489	1019
未央区		22	5443	15182	422	242	6037	2807	2	3414	1833
阎良区			2120	9380	267	311	3415	1021		4453	1504
长安区		90	4665	18942	623	1308	10292	2482		3297	3508
临潼区		14	3206	15078	93	577	7057	3433	20	4957	2402
蓝田县		32	2220	10858	94	347	5018	1835	9	200	2001
周至县			2065	12859	68	573	4653	837	5	811	1967
户县		72	3111	11549	342	632	4838	3797	50	1306	2814
高陵县			1853	6997	69	399	5051	1748		1009	2366
铜川市小计		**132**	**11422**	**26624**	**561**	**2884**	**10986**	**6141**	**2199**	**6249**	**7933**
本级		13	6424	7331	140	1599	4370	1571	2156	2653	2376
县级小计		119	4998	19293	421	1285	6616	4570	43	3596	5557
耀州区		52	2721	9384	221	457	2054	1921	12	2228	2090
宜君县		56	1047	4282	139	449	1485	1038	25	444	1556
印台区		11	475	3466	31	234	1822	974		613	1482
王益区			755	2161	30	145	1255	637	6	311	429
宝鸡市小计		**512**	**22658**	**92089**	**3236**	**4923**	**55831**	**19533**	**3034**	**29002**	**31407**
本级		231	12060	10179	1911	2375	23015	8730	2793	13971	8231
县级小计		281	10598	81910	1325	2548	32816	10803	241	15031	23176
太白县		28	724	1741	32	210	711	823	105	517	1029
宝鸡县			1117	13149	386	397	4517	900	15	717	5081
凤翔县		18	1084	11048	82	262	5079	1317	43	1416	2586
岐山县		12	1546	8481	35	303	3916	1015		2646	1512
麟游县			581	3513	80	129	1361	319		185	1690
陇县			1012	5899	30	199	2440	591		1610	2301

2－30－4

单位:万元

地区	收支部分			平衡部分						
	支出			收入						
						返还性收入			财力性转移支付收入	
	交通运输	工业、商业、金融等事务	其他支出	收入总计	本年收入	小计	增值税和消费税税收返还	所得税基数返还	小计	体制补助
地(市)县级总计	**112242**	**172279**	**177549**	**5875003**	**2419708**	**517934**	**395220**	**122714**	**1981624**	**30128**
地(市)本级合计	**37640**	**120192**	**91453**	**1767010**	**972870**	**261685**	**220459**	**41226**	**164884**	**9016**
县级合计	**74602**	**52087**	**86096**	**4107993**	**1446838**	**256249**	**174761**	**81488**	**1816740**	**21112**
西安市小计	**8633**	**70609**	**38641**	**1497009**	**858854**	**159510**	**106598**	**52912**	**305930**	**2500**
本级	3568	65248	28021	635950	378156	107469	81917	25552	49116	2500
县级小计	5065	5361	10620	861059	480698	52041	24681	27360	256814	
新城区	709	223	1563	101393	69097	9805	3263	6542	15755	
碑林区	404	56	801	114895	87859	8239	3910	4329	11874	
莲湖区	350	138	994	114987	83877	6872	3381	3491	19189	
雁塔区	415	132	3505	98485	68018	5180	2077	3103	21138	
灞桥区	126	67	205	47283	24216	2438	1619	819	18725	
未央区	277	366	126	75544	37358	4080	2393	1687	30850	
阎良区	703	122		33025	18533	2359	1187	1172	9283	
长安区	984	555	996	76593	33550	2654	1656	998	30066	
临潼区	80	688	1346	51677	20328	3733	2039	1694	17561	
蓝田县	180	324		33220	5368	778	470	308	21773	
周至县	183	242	656	40561	3967	813	487	326	27450	
户县	304	1201	45	37938	13923	3772	1926	1846	18761	
高陵县	350	1247	383	35458	14604	1318	273	1045	14389	
铜川市小计	**1480**	**2878**	**7940**	**138402**	**40670**	**8795**	**8186**	**609**	**65596**	**172**
本级	575	1544	6713	54457	23915	6489	5980	509	15777	－880
县级小计	905	1334	1227	83945	16755	2306	2206	100	49819	1052
耀州区	242	560	241	33748	8008	914	864	50	17807	151
宜君县	302	546		18929	2188	316	275	41	12342	386
印台区	195	88	723	17972	2817	458	466	－8	12072	480
王益区	166	140	263	13296	3742	618	601	17	7598	35
宝鸡市小计	**4472**	**21107**	**9758**	**438491**	**150720**	**54631**	**50474**	**4157**	**179012**	**480**
本级	1197	17381	1891	155380	84689	32603	31500	1103	9589	
县级小计	3275	3726	7867	283111	66031	22028	18974	3054	169423	480
太白县	595	122	635	10650	824	220	161	59	7344	
宝鸡县	129	330	103	40427	11104	3789	3426	363	22890	
凤翔县	408	403	433	30714	8098	2596	2486	110	19833	
岐山县	463	99	2611	32867	7428	2164	2023	141	20931	
麟游县	199	82	273	12510	1136	164	150	14	8658	369
陇县	63	60	6	20669	3608	857	640	217	13709	

2－30－5

单位：万元

地区	平衡部分									
	收入									
	财力性转移支付收入									
	一般性转移支付补助	民族地区转移支付补助	调整工资转移支付补助	农村税费改革转移支付补助	取消农业特产税降低农业税率转移支付补助	缓解县乡财政困难转移支付补助	农村义务教育补助	结算补助	企事业单位预算划转补助	其他财力性转移支付
地(市)县级总计	**570723**		**589227**	**108443**	**140670**	**105718**		**394766**	**41949**	
地(市)本级合计	**55383**		**58350**	**－418**	**－5560**	**－4076**		**46074**	**6115**	
县级合计	**515340**		**530877**	**108861**	**146230**	**109794**		**348692**	**35834**	
西安市小计	**15615**		**64098**	**3799**	**14870**	**8006**		**170285**	**26757**	
本级	1513		10306		－5044	100		38670	1071	
县级小计	14102		53792	3799	19914	7906		131615	25686	
新城区	219		2765	18	2			6907	5844	
碑林区	253		2477	16	2			7884	1242	
莲湖区	245		3224	40	50			11541	4089	
雁塔区	345		1545	154	488			16795	1811	
灞桥区	224		2616	171	1357			9834	4523	
未央区	257		2178	135	975			22557	4748	
阎良区	135		1459	290	1193			3454	2752	
长安区	310		8927	770	3271	418		16110	260	
临潼区	287		5638	243	2790	949		7487	167	
蓝田县	4836		6795	577	2390	510		6665		
周至县	5873		7579	494	3316	2278		7910		
户县	309		5077	463	2553	2920		7189	250	
高陵县	809		3512	428	1527	831		7282		
铜川市小计	**31691**		**19236**	**2538**	**2149**	**5036**		**4774**		
本级	9617		5106	143	146	89		1556		
县级小计	22074		14130	2395	2003	4947		3218		
耀州区	6884		5515	751	904	1552		2050		
宜君县	5772		3302	681	493	1220		488		
印台区	5519		3330	613	450	983		697		
王益区	3899		1983	350	156	1192		－17		
宝鸡市小计	**65031**		**52555**	**9556**	**11356**	**12945**		**23787**	**3302**	
本级	3708		6045			－355		－199	390	
县级小计	61323		46510	9556	11356	13300		23986	2912	
太白县	3031		2129	316	186	318		1364		
宝鸡县	7966		7507	1295	1649	1753		2720		
凤翔县	6745		5742	1196	1766	2486		1898		
岐山县	8662		5824	1122	1419	2110		1794		
麟游县	4561		1802	549	402	601		374		
陇县	4999		3834	813	1620	910		1533		

2006年地方财政政府收支分类转换数据

2－30－6 单位:万元

地区	平衡部分								
	收入							支出	
	专项转移支付			省补助计划单列市	上年结余收入	调入资金	国债转贷收入、上年结余及转补助数	支出总计	本年支出
	小计	专项补助	增发国债补助						
地(市)县级总计	**374414**	**369552**	**4862**		**502005**	**79318**		**5155696**	**4797189**
地(市)本级合计	**52232**	**47370**	**4862**		**277582**	**37757**		**1403467**	**1574536**
县级合计	**322182**	**322182**			**224423**	**41561**		**3752229**	**3222653**
西安市小计	**74408**	**69546**	**4862**		**85896**	**12411**		**1362530**	**1192193**
本级	26278	21416	4862		64931	10000		542327	639318
县级小计	48130	48130			20965	2411		820203	552875
新城区	3472	3472			3086	178		98819	52588
碑林区	3233	3233			3690			110167	51501
莲湖区	2842	2842			2081	126		106196	50866
雁塔区	1177	1177			2972			92630	49185
灞桥区	1559	1559			345			46117	32042
未央区	1664	1664			1592			73336	49178
阎良区	2592	2592			68	190		32948	29721
长安区	7088	7088			3235			69973	61291
临潼区	10178	10178			－630	507		52240	48264
蓝田县	3318	3318			1983			30456	28467
周至县	3358	3358			4973			33239	31638
户县	4780	4780			－4708	1410		41667	37755
高陵县	2869	2869			2278			32415	30379
铜川市小计	**17553**	**17553**			**5788**			**126594**	**122031**
本级	11017	11017			－2741			53531	51487
县级小计	6536	6536			8529			73063	70544
耀州区	2646	2646			4373			28962	28045
宜君县	1733	1733			2350			16648	16408
印台区	1293	1293			1332			16070	15477
王益区	864	864			474			11383	10614
宝鸡市小计	**43357**	**43357**			**3559**	**7212**		**420836**	**369077**
本级	20808	20808			3703	3988		144399	124524
县级小计	22549	22549			－144	3224		276437	244553
太白县	1906	1906			298	58		9964	9722
宝鸡县	2648	2648			－4			38626	31934
风翔县	2283	2283			－2240	144		32553	29766
岐山县	1783	1783			561			31895	28900
麟游县	847	847			1433	272		10627	10453
陇县	1430	1430			450	615		18762	18202

2－30－7

单位:万元

地区	平衡部分									
	支出								年终结余	其中：净结余
	财力性转移支付			专项上解	计划单列市上解省	增设预算周转金	调出资金	国债转贷拨付数及年末结余		
	小计	体制上解	出口退税专项上解							
地(市)县级总计	**7306**		**7306**	**318227**		**32974**			**719307**	**－115422**
地(市)本级合计	**5614**		**5614**	**－201683**		**25000**			**363543**	**1561**
县级合计	**1692**		**1692**	**519910**		**7974**			**355764**	**－116983**
西安市小计	**4397**		**4397**	**165940**					**134479**	**33079**
本级	3610		3610	－100601					93623	5750
县级小计	787		787	266541					40856	27329
新城区	52		52	46179					2574	2183
碑林区	131		131	58535					4728	4728
莲湖区	101		101	55229					8791	8791
雁塔区	220		220	43225					5855	2979
灞桥区	29		29	14046					1166	1166
未央区	103		103	24055					2208	2118
阎良区	46		46	3181					77	77
长安区	26		26	8656					6620	3337
临潼区				3976					－563	－563
蓝田县				1989					2764	722
周至县				1601					7322	3868
户县	51		51	3861					－3729	－3729
高陵县	28		28	2008					3043	1652
铜川市小计				**4563**					**11808**	**－18511**
本级				2044					926	－9900
县级小计				2519					10882	－8611
耀州区				917					4786	－1014
宜君县				240					2281	－2728
印台区				593					1902	－2711
王益区				769					1913	－2158
宝鸡市小计	**1127**		**1127**	**50632**					**17655**	**－30246**
本级	575		575	19300					10981	2111
县级小计	552		552	31332					6674	－32357
太白县				242					686	－1120
宝鸡县	15		15	6677					1801	－3607
凤翔县				2787					－1839	－5530
岐山县	10		10	2985					972	－5029
麟游县				174					1883	－446
陇县				560					1907	－285

2006 年地方财政政府收支分类转换数据

2－30－8 单位:万元

地区	收支部分										
	收入										
	本年收入小计	税收收入									
		小计	增值税	营业税	企业所得税	个人所得税	城市维护建设税	耕地占用税	契税	烟叶税	其他各项税收收入
千阳县	2103	1415	65	492	1	17	673	9	35		123
凤县	5082	4582	2595	516	237	47	845	2	30		310
扶风县	3181	2660	857	713	72	85	493	45	35		360
眉县	3487	3051	886	551	10	56	994	130	72		352
金台区	8642	7305	2625	2455	174	156		54	33		1808
渭滨区	11338	10949	2716	3781	481	249		18	15		3689
咸阳市小计	**126304**	**98339**	**25109**	**29690**	**4710**	**4052**	**14831**	**1824**	**3913**		**14210**
本级	52385	44262	13253	14456	2509	1699	6199				6146
县级小计	73919	54077	11856	15234	2201	2353	8632	1824	3913		8064
兴平市	7923	6341	2206	1288	548	375	1050	108	268		498
武功县	2438	1527	210	442	10	155	485	54	18		153
三原县	5827	3708	728	1591	31	187	655	58	200		258
泾阳县	5355	3399	729	683	64	150	948	231	94		500
礼泉县	3705	2651	581	1099	11	172	345	89	59		295
乾县	4574	2743	276	774	26	140	934	43	22		528
永寿县	1869	1228	71	473	18	44	200	21	23		378
彬县	7864	7225	1865	1914	553	176	957	80	47		1633
长武县	2275	1478	179	868	2	72	153	14	10		180
旬邑县	2699	2433	665	336	14	102	90	23	22		1181
淳化县	1496	739	79	265	2	52	159	11	32		139
秦都区	15427	12229	2742	3077	499	478	1200	685	2019		1529
渭城区	12467	8376	1525	2424	423	250	1456	407	1099		792
渭南市小计	**120225**	**111759**	**41758**	**18711**	**19440**	**3255**	**17653**	**267**	**535**	**390**	**9750**
本级	32355	30933	12913	6273	4028	765	3483				3471
县级小计	87870	80826	28845	12438	15412	2490	14170	267	535	390	6279
临渭区	7558	5863	1138	1886	398	508	1155		170		608
华县	26706	28823	9031	616	13974	381	3135				1686
华阴市	4844	3893	1048	1261	291	163	670	20	15		425
潼关县	3690	1212	150	578	158	161	42				123
大荔县	2670	2692	274	970	55	144	572	27	50		600
蒲城县	7200	5575	1738	1785	50	282	966	96	105		553
澄城县	4783	4437	2010	715	26	120	1015	33	50	217	251
白水县	3130	2499	881	424	118	81	753		18		224
韩城市	21125	20330	10513	2815	299	349	5011				1343
合阳县	2335	2076	611	476	2	101	455	30	30	173	198

2－30－9　　单位:万元

地区	收支部分									
	收入								支出	
	非税收入							贷款转贷回收本金收入	本年支出小计	一般公共服务
	小计	专项收入	行政事业性收费收入	罚没收入	国有资本经营收入	国有资源(资产)有偿使用收入	其他收入			
千阳县	688	504	53	100		2	29		12932	3191
凤县	500	564			－80	16			12444	3430
扶风县	521	140	16	120		29	216		25778	5880
眉县	436	384	21	20		11			19387	3557
金台区	1337	1169		203	－40	5			20911	3844
渭滨区	389	1337		6	－960	6			24124	5631
咸阳市小计	**27965**	**7487**	**7920**	**8146**	**2025**	**341**	**2046**		**413665**	**95712**
本级	8123	3671	2727	2810	－1186	67	34		87065	18685
县级小计	19842	3816	5193	5336	3211	274	2012		326600	77027
兴平市	1582	191	545	421	381	26	18		34940	7709
武功县	911	42	521	296		16	36		27629	6404
三原县	2119	380	575	416	710	38			30544	6534
泾阳县	1956	494	561	463	380	40	18		26678	5409
礼泉县	1054	322	150	673	－116	25			29336	5576
乾县	1831	379	280	351	390	11	420		30309	6931
永寿县	641	68	179	382		4	8		17221	4619
彬县	639	549	64	7		19			31797	7252
长武县	797	148	150	450	40	9			15133	3684
旬邑县	266	156	15	58		37			23320	6519
淳化县	757	22	164	255	30	24	262		17935	4520
秦都区	3198	473	506	692	277		1250		20661	5444
渭城区	4091	592	1483	872	1119	25			21097	6426
渭南市小计	**8466**	**10593**	**1666**	**2115**	**－6927**	**444**	**575**		**406170**	**94139**
本级	1422	1748	111	1243	－2028	147	201		57828	14997
县级小计	7044	8845	1555	872	－4899	297	374		348342	79142
临渭区	1695	1592	60		8	35			40015	9375
华县	－2117	304			－2500	78	1		43825	8779
华阴市	951	911	15	110	－220	21	114		19254	5223
潼关县	2478	38	366	166	1800	13	95		13232	4875
大荔县	－22	203	103	129	－462	5			39206	7798
蒲城县	1625	1263	260	140	－180	13	129		37043	10424
澄城县	346	810	30	120	－650	36			28182	5508
白水县	631	135	542		－49	3			23048	6732
韩城市	795	2966	50	50	－2300	29			38325	7366
合阳县	259	332	15	100	－261	38	35		27830	6772

2－30－10

单位:万元

地区	收支部分										
	支出										
	外交	国防	公共安全	教育	科学技术	文化体育与传媒	社会保障和就业	医疗卫生	环境保护	城乡社区事务	农林水事务
千阳县		38	623	3058	60	147	1839	630	4	1075	1987
凤县			765	2745	53	237	1548	904	44	1021	1339
扶风县		35	938	7686	77	158	3353	576		1099	1809
眉县		8	897	7285	144	143	2715	896	30	798	1645
金台区		60	582	7013	82	66	4278	1303		1482	722
渭滨区		82	729	10292	264	297	1059	1529		2465	1475
咸阳市小计		**299**	**29141**	**119557**	**2100**	**8256**	**37408**	**23998**	**4851**	**26637**	**34969**
本级		200	11947	6949	783	2547	6083	4908	4185	6772	8153
县级小计		99	17194	112608	1317	5709	31325	19090	666	19865	26816
兴平市			2068	11738	54	610	1325	1213		4813	3528
武功县			1420	10616	230	342	1003	2913	5	2114	1793
三原县			2030	8880	81	825	5048	1432		1446	2312
泾阳县			1301	8378	106	445	4713	1203		2139	1325
礼泉县			1228	9926	17	427	5718	1066		1805	2591
乾县		18	1550	15741	318	377	979	933		832	1984
永寿县			973	6616	71	216	455	988		646	1633
彬县		8	1337	11207	53	515	3182	2895	50	1494	3222
长武县		36	788	4819	28	299	642	1790	51	679	1452
旬邑县			998	6422	59	590	1065	1919		1274	2413
淳化县			793	5791	47	346	620	1114		602	2434
秦都区		37	1501	6274	219	273	3334	1131		883	1180
渭城区			1207	6200	34	444	3241	493	560	1138	949
渭南市小计		**368**	**22510**	**108191**	**1969**	**8207**	**59638**	**21254**	**4156**	**27361**	**35965**
本级		185	6911	3530	387	1232	6322	1386	4131	8685	5807
县级小计		183	15599	104661	1582	6975	53316	19868	25	18676	30158
临渭区			785	13053	159	413	7908	3511		916	1822
华县		18	1964	9423	91	1603	5079	2706	5	4091	5779
华阴市			1142	4503	60	453	2827	1048		764	2337
潼关县			1024	3393	53	209	447	805		814	906
大荔县		10	2487	11307	15	253	7800	1443		3608	2742
蒲城县		89	1572	10850	52	729	6971	1418	7	1123	2417
澄城县		51	1201	9772	85	445	4615	1006		1224	2054
白水县			1005	7017	301	732	1255	1298	4	729	2556
韩城市		15	1448	11287	402	1102	4904	2710	6	4004	3748
合阳县			1305	9137	96	527	4459	810		886	2974

2-30-11

单位:万元

地区	收支部分			平衡部分						
	支出			收入						
						返还性收入			财力性转移支付收入	
	交通运输	工业、商业、金融等事务	其他支出	收入总计	本年收入	小计	增值税和消费税税收返还	所得税基数返还	小计	体制补助
千阳县	35	235	10	13182	2103	288	270	18	9495	111
凤县	158	196	4	12695	5082	1801	1285	516	5954	
扶风县	418	1429	2320	35134	3181	1007	943	64	20045	
眉县	691	185	393	20980	3487	1914	1761	153	13199	
金台区		403	1076	25437	8642	2366	2044	322	12284	
渭滨区	116	182	3	27846	11338	4862	3785	1077	15081	
咸阳市小计	**13563**	**7778**	**9396**	**477908**	**126304**	**33639**	**30124**	**3515**	**260122**	**419**
本级	5290	3732	6831	107175	52385	17599	17219	380	14674	419
县级小计	8273	4046	2565	370733	73919	16040	12905	3135	245448	
兴平市	644	1193	45	40407	7923	1683	1821	-138	26300	
武功县	540	212	37	30642	2438	774	741	33	21744	
三原县	1216	509	231	33506	5827	1715	1301	414	23676	
泾阳县	1007	486	166	25075	5355	1738	1337	401	20237	
礼泉县	625	276	81	33160	3705	620	579	41	26489	
乾县	446	200		30976	4574	1146	869	277	23379	
永寿县	373	116	515	22557	1869	211	145	66	15433	
彬县	382	187	13	38373	7864	1416	1276	140	21804	
长武县	649	216		17304	2275	321	308	13	12551	
旬邑县	282	405	1374	28607	2699	523	534	-11	18943	
淳化县	1518	139	11	19004	1496	262	272	-10	15151	
秦都区	243	50	92	24212	15427	3397	2072	1325	7552	
渭城区	348	57		26910	12467	2234	1650	584	12189	
渭南市小计	**8786**	**7326**	**6300**	**483692**	**120225**	**33826**	**29633**	**4193**	**242414**	**1741**
本级	493	1262	2500	74569	32355	12950	12733	217	8289	1741
县级小计	8293	6064	3800	409123	87870	20876	16900	3976	234125	
临渭区	1539	188	346	62920	7558	1153	951	202	35053	
华县	1344	1646	1297	48889	26706	2887	2823	64	12304	
华阴市	306	401	190	24247	4844	1509	645	864	13676	
潼关县	241	425	40	17688	3690	397	29	368	9121	
大荔县	1342	146	255	43218	2670	531	278	253	31716	
蒲城县	381	732	278	34798	7200	1565	892	673	27931	
澄城县	751	1026	444	32588	4783	4045	3984	61	18566	
白水县	914	427	78	27440	3130	1406	1115	291	19216	
韩城市	609	178	546	41397	21125	5776	4682	1094	11572	
合阳县	154	384	326	37547	2335	893	873	20	24637	

2006 年地方财政政府收支分类转换数据

2－30－12

单位:万元

地区	平衡部分									
	收入									
	财力性转移支付收入									
	一般性转移支付补助	民族地区转移支付补助	调整工资转移支付补助	农村税费改革转移支付补助	取消农业特产税降低农业税率转移支付补助	缓解县乡财政困难转移支付补助	农村义务教育补助	结算补助	企事业单位预算划转补助	其他财力性转移支付
千阳县	4347		2509	561	532	482		953		
凤县	305		2136	472	302	39		2700		
扶风县	8470		5261	1226	1714	1975		1399		
眉县	5038		4342	978	1112	388		1341		
金台区	2930		2557	490	346	773		3901	1287	
渭滨区	4269		2867	538	308	1465		4009	1625	
咸阳市小计	**89308**		**84146**	**16369**	**30221**	**19359**		**15283**	**5017**	
本级	6663		6413	104		70		1005		
县级小计	82645		77733	16265	30221	19289		14278	5017	
兴平市	8455		8334	796	2634	3684		715	1682	
武功县	9714		6478	640	2609	1534		623	146	
三原县	8862		7697	889	2430	1547		1614	637	
泾阳县	6876		6581	637	2942	2049		1152		
礼泉县	7790		8955	2057	5301	1067		1319		
乾县	6678		6975	2801	3586	2319		1020		
永寿县	6436		4765	1021	1497	1116		598		
彬县	6635		6654	1702	2050	2421		2342		
长武县	5109		3740	866	1377	940		519		
旬邑县	6810		5814	1920	1952	1613		834		
淳化县	5774		4209	2389	1712	638		429		
秦都区	1101		3317	157	997	86		620	1274	
渭城区	2405		4214	390	1134	275		2493	1278	
渭南市小计	**86171**		**72450**	**16206**	**31319**	**16742**		**15616**	**2169**	
本级	9526		4670					－7616	－32	
县级小计	76645		67780	16206	31319	16742		23232	2201	
临渭区	10982		10258	1688	4156	3143		3743	1083	
华县	2633		5340	771	1548	5		1480	527	
华阴市	5929		3773	614	676	1063		1621		
潼关县	4474		2103	340	329	558		981	336	
大荔县	10293		9286	2485	5220	2420		2012		
蒲城县	8390		7613	2136	4621	1739		3432		
澄城县	6741		4497	1541	2301	1350		2031	105	
白水县	6970		5087	1705	2823	1562		1069		
韩城市	264		5034	808	1462	10		3844	150	
合阳县	8730		6118	1890	4218	2178		1503		

2－30－13　　　　单位：万元

地区	平衡部分								
	收入							支出	
	专项转移支付			省补助计划单列市	上年结余收入	调入资金	国债转贷收入、上年结余及转补助数	支出总计	本年支出
	小计	专项补助	增发国债补助						
千阳县	1246	1246			－321	371		13271	12932
凤县	690	690			－1447	615		12873	12444
扶风县	2924	2924			7977			26391	25778
眉县	1924	1924			－63	519		21057	19387
金台区	2689	2689			－574	30		25291	20911
渭滨区	2179	2179			－6214	600		35127	24124
咸阳市小计	**41415**	**41415**			**9939**	**6489**		**447976**	**413665**
本级	15944	15944			4073	2500		92491	87065
县级小计	25471	25471			5866	3989		355485	326600
兴平市	2135	2135			2308	58		37200	34940
武功县	2881	2881			2605	200		28175	27629
三原县	2337	2337			－49			32373	30544
泾阳县	1998	1998			－4953	700		29688	26678
礼泉县	2385	2385			－39			31290	29336
乾县	2236	2236			－2039	1680		32004	30309
永寿县	1093	1093			3951			17972	17221
彬县	2384	2384			4905			34896	31797
长武县	1358	1358			799			15788	15133
旬邑县	2446	2446			3455	541		24672	23320
淳化县	2055	2055			－770	810		19215	17935
秦都区	1212	1212			－3376			26913	20661
渭城区	951	951			－931			25299	21097
渭南市小计	**42468**	**42468**			**41897**	**2862**		**425056**	**406170**
本级	7863	7863			13112			55810	57828
县级小计	34605	34605			28785	2862		369246	348342
临渭区	5392	5392			13364	400		42780	40015
华县	2752	2752			4240			45251	43825
华阴市	2436	2436			1782			21221	19254
潼关县	1868	1868			2612			14110	13232
大荔县	3406	3406			3035	1860		41295	39206
蒲城县	3691	3691			－5672	83		40256	37043
澄城县	2644	2644			2195	355		29452	28182
白水县	1956	1956			1732			24187	23048
韩城市	2791	2791			133			40833	38325
合阳县	2653	2653			7029			29363	27830

2－30－14

单位:万元

地　　区	平　衡　部　分									
	支　出								年终结余	其中：净结余
	财力性转移支付			专项上解	计划单列市上解省	增设预算周转金	调出资金	国债转贷拨付数及年末结余		
	小　计	体制上解	出口退税专项上　解							
千阳县				339					－89	－2354
凤县				429					－178	－203
扶风县	10		10	603					8743	1309
眉县	7		7	1663					－77	－2772
金台区	98		98	4282					146	－2161
渭滨区	412		412	10591					－7281	－10159
咸阳市小计	**373**		**373**	**33938**					**29932**	**－35932**
本级	121		121	5305					14684	896
县级小计	252		252	28633					15248	－36828
兴平市				2260					3207	－3358
武功县				546					2467	－3553
三原县	2		2	1827					1133	－4713
泾阳县	48		48	2962					－4613	－8469
礼泉县	91		91	1863					1870	－3818
乾县				1695					－1028	－4350
永寿县				751					4585	68
彬县				3099					3477	－388
长武县				655					1516	－1329
旬邑县				1352					3935	－1166
淳化县				1280					－211	－3257
秦都区	46		46	6206					－2701	－3114
渭城区	65		65	4137					1611	619
渭南市小计				**18886**					**58636**	**－6454**
本级				－2018					18759	774
县级小计				20904					39877	－7228
临渭区				2765					20140	13567
华县				1426					3638	335
华阴市				1967					3026	－52
潼关县				878					3578	1156
大荔县				2089					1923	－4022
蒲城县				3213					－5458	－9957
澄城县				1270					3136	28
白水县				1139					3253	－649
韩城市				2508					564	512
合阳县				1533					8184	707

2－30－15

单位:万元

地区	收支部分										
	收入										
	本年收入小计	税收收入									
		小计	增值税	营业税	企业所得税	个人所得税	城市维护建设税	耕地占用税	契税	烟叶税	其他各项税收收入
富平县	3829	3426	1451	912	41	200	396	61	97		268
汉中市小计	**76945**	**62572**	**14868**	**21299**	**1879**	**2399**	**11409**	**437**	**2579**		**7702**
本级	15464	8543	2770	3387	351	30	1351		7		647
县级小计	61481	54029	12098	17912	1528	2369	10058	437	2572		7055
汉台区	20068	19231	3273	7608	1067	955	2202	30	1568		2528
南郑县	12574	10210	2571	1249	25	264	4901	39	273		888
城固县	4099	3431	429	1350	46	207	636	49	159		555
洋县	3632	3086	350	1846	13	175	167	30	138		367
西乡县	2336	1720	220	679	42	114	123	55	151		336
勉县	6926	6357	2624	1280	146	302	1100	136	178		591
宁强县	2887	2653	568	1404	46	96	181	20	37		301
略阳县	6565	5687	1837	1562	82	190	635	40	50		1291
镇巴县	1440	888	175	354	52	36	77	26	11		157
留坝县	361	265	24	168	4	18	16	4	5		26
佛坪县	593	501	27	412	5	12	20	8	2		15
安康市小计	**40572**	**35629**	**6167**	**15898**	**1571**	**1360**	**3418**	**1102**	**1456**	**1530**	**3127**
本级	11702	11036	647	5987	956	680	868	396	1039		463
县级小计	28870	24593	5520	9911	615	680	2550	706	417	1530	2664
汉滨区	9490	9038	1419	4994	521	321	340	146	14	143	1140
岚皋县	1428	1280	322	531	12	28	127	30	64	35	131
汉阴县	2039	1279	172	445	3	52	252	67	54	38	196
石泉县	1548	1519	380	405	7	48	348	59	28	83	161
宁陕县	875	823	112	512	7	16	59	1	25		91
紫阳县	1871	1392	236	678	7	38	109	54	36	30	204
平利县	1908	1305	243	505	11	34	134	78	14	72	214
镇坪县	872	502	89	221	1	13	64		15		99
旬阳县	6661	5931	2194	1279	40	90	1000		72	938	318
白河县	2178	1524	353	341	6	40	117	271	95	191	110
商洛市小计	**33740**	**26806**	**4777**	**10123**	**883**	**1289**	**2918**	**443**	**332**	**684**	**5357**
本级	6842	6821	1461	3041	506	645	624				544
县级小计	26898	19985	3316	7082	377	644	2294	443	332	684	4813
商州市	5807	4554	765	1525	174	217		135	50	82	1606
洛南县	5282	3904	871	699	121	137	463	42	57	602	912
山阳县	3450	2210	547	719	47	85	344	37	88		343
丹凤县	3350	2262	150	1253	8	67	154	38	6		586

2－30－16

单位:万元

地区	收支部分									
	收入								支出	
	非税收入							贷款转贷回收本金收入		
	小计	专项收入	行政事业性收费收入	罚没收入	国有资本经营收入	国有资源(资产)有偿使用收入	其他收入		本年支出小计	一般公共服务
富平县	403	291	114	57	－85	26			38382	6290
汉中市小计	**14373**	**6362**	**1537**	**6764**	**－607**	**266**	**51**		**326160**	**81116**
本级	6921	1579	1072	4481	－368	150	7		71358	13041
县级小计	7452	4783	465	2283	－239	116	44		254802	68075
汉台区	837	992		53	－225	17			34110	7126
南郑县	2364	1896	40	413		15			34989	9121
城固县	668	228	74	314	37	9	6		31774	6265
洋县	546	155	20	365	2	4			28054	6956
西乡县	616	81	160	342		33			23873	6637
勉县	569	728		2	－190	20	9		26628	6747
宁强县	234	164		160	－95		5		23620	7699
略阳县	878	453	41	113	248		23		19005	7420
镇巴县	552	48	73	421	4	5	1		18677	4702
留坝县	96	11	52	30		3			7432	2754
佛坪县	92	27	5	70	－20	10			6640	2648
安康市小计	**4943**	**1730**	**1291**	**1175**	**31**	**275**	**441**		**248396**	**73214**
本级	666	312		166		188			36919	11597
县级小计	4277	1418	1291	1009	31	87	441		211477	61617
汉滨区	452	430	51	143	－200	28			47308	11924
岚皋县	148	38	12	53	38	4	3		15698	6028
汉阴县	760	16	377	163	14	9	181		22548	6748
石泉县	29	15	2	3		9			16856	5026
宁陕县	52	36	2	2	4	4	4		9806	4012
紫阳县	479	45	276	216	－68	10			20456	6064
平利县	603	31	39	120	200	3	210		19046	5176
镇坪县	370	15	180	172		3			8744	2989
旬阳县	730	720				10			33437	7696
白河县	654	72	352	137	43	7	43		17578	5954
商洛市小计	**6934**	**1714**	**1551**	**4541**	**－1180**	**294**	**14**		**202998**	**56719**
本级	21	339	7	1029	－1500	146			27958	10663
县级小计	6913	1375	1544	3512	320	148	14		175040	46056
商州市	1253	571	300	316	24	42			30106	8023
洛南县	1378	224	53	1012	82	7			29403	8635
山阳县	1240	131	580	401	118	10			28134	6887
丹凤县	1088	69	113	822	28	56			24519	4876

2－30－17

单位:万元

地区	收支部分										
	支出										
	外交	国防	公共安全	教育	科学技术	文化体育与传媒	社会保障和就业	医疗卫生	环境保护	城乡社区事务	农林水事务
富平县			1666	14919	268	509	7051	3113	3	517	2823
汉中市小计		**1275**	**21059**	**87343**	**1964**	**5455**	**34668**	**17686**	**2571**	**14727**	**27594**
本级		755	7983	9111	269	1246	10771	6102	2462	6893	6158
县级小计		520	13076	78232	1695	4209	23897	11584	109	7834	21436
汉台区		287	509	9375	594	664	7030	1174		1750	2176
南郑县			1891	8392	223	544	3692	1319	4	2101	2751
城固县		50	1743	12931	110	515	1914	1802		60	3151
洋县		12	1713	12341	152	433	1346	1705	3	234	2678
西乡县		40	1459	6835	76	306	1793	602	9	541	2208
勉县		34	1520	9600	116	520	1226	1791	5	301	1816
宁强县			1074	6334	115	366	846	1342	12	774	2251
略阳县		66	1258	3968	70	326	2609	596	1	403	1703
镇巴县		29	1075	6109	200	329	1815	758	1	1147	1420
留坝县		2	314	1260	27	65	859	212	24	396	629
佛坪县			520	1087	12	141	767	283	50	127	653
安康市小计		**103**	**18531**	**70023**	**1379**	**4752**	**14435**	**16706**	**898**	**13189**	**24173**
本级		65	1780	4802	490	1230	2143	1704	278	9168	2605
县级小计		38	16751	65221	889	3522	12292	15002	620	4021	21568
汉滨区		16	3942	18383	91	556	2978	3060	33	617	3841
岚皋县			1145	3776	15	333	897	916	38	294	1344
汉阴县			1654	6655	37	432	1534	965	85	537	2036
石泉县			1319	4580	98	221	536	1461	25	304	2994
宁陕县			969	1889	36	106	579	556	50	343	993
紫阳县		17	1616	6162	45	309	701	934	53	389	1922
平利县			1309	5734	249	297	1053	1967	61	729	1549
镇坪县		5	720	2702	37	102	243	537	30	163	916
旬阳县			2973	10360	205	840	2716	3446	128	434	3755
白河县			1104	4980	76	326	1055	1160	117	211	2218
商洛市小计		**24**	**13177**	**67413**	**977**	**4270**	**12547**	**13502**	**2133**	**4451**	**18567**
本级			3688	3211	250	1008	1287	1681	1386	1111	2096
县级小计		24	9489	64202	727	3262	11260	11821	747	3340	16471
商州市			805	13320	89	587	1043	2146	71	248	2715
洛南县			1716	11172	76	570	815	2027	121	615	2766
山阳县			1586	9141	281	445	4450	1400	153	259	2175
丹凤县			1123	12053	75	356	1723	882	96	363	2245

2006 年地方财政政府收支分类转换数据

2 - 30 - 18

单位:万元

地区	收支部分			平衡部分						
	支出			收入						
						返还性收入			财力性转移支付收入	
	交通运输	工业、商业、金融等事务	其他支出	收入总计	本年收入	小计	增值税和消费税税收返还	所得税基数返还	小计	体制补助
富平县	712	511		38391	3829	714	628	86	30333	
汉中市小计	**5754**	**7864**	**17084**	**368223**	**76945**	**47945**	**46549**	**1396**	**184885**	
本级	1640	2659	2268	57386	15464	4172	3869	303	13318	
县级小计	4114	5205	14816	310837	61481	43773	42680	1093	171567	
汉台区	628	345	2452	41148	20068	6679	6053	626	14288	
南郑县	709	1247	2995	45984	12574	22924	22916	8	22076	
城固县	291	507	2435	40311	4099	5398	5255	143	24082	
洋县	214	267		31575	3632	1606	1758	-152	21484	
西乡县	663	406	2298	28493	2336	609	650	-41	17746	
勉县	378	1535	1039	30385	6926	2935	2808	127	15755	
宁强县	400	262	2145	27916	2887	783	715	68	17571	
略阳县	321	209	55	21304	6565	2171	1925	246	10334	
镇巴县	279	185	628	25466	1440	391	377	14	16415	
留坝县	108	142	640	9684	361	176	132	44	6221	
佛坪县	123	100	129	8571	593	101	91	10	5595	
安康市小计	**4161**	**2686**	**4146**	**298784**	**40572**	**16489**	**13200**	**3289**	**180117**	**5404**
本级	197	860		50210	11702	2315	1894	421	24905	464
县级小计	3964	1826	4146	248574	28870	14174	11306	2868	155212	4940
汉滨区	683	61	1123	49418	9490	3345	2415	930	35873	1628
岚皋县	677	178	57	19924	1428	639	424	215	12516	417
汉阴县	567	201	1097	30524	2039	632	454	178	18188	369
石泉县	125	140	27	22190	1548	757	617	140	12629	423
宁陕县	101	172		11472	875	323	245	78	8740	128
紫阳县	279	339	1626	27407	1871	693	497	196	17849	576
平利县	560	227	135	21306	1908	485	319	166	15123	378
镇坪县	78	155	67	10176	872	326	148	178	7023	270
旬阳县	687	183	14	35493	6661	6435	5759	676	13675	380
白河县	207	170		20664	2178	539	428	111	13596	371
商洛市小计	**4069**	**3402**	**1747**	**256264**	**33740**	**7392**	**5498**	**1894**	**163912**	**5675**
本级	315	1061	201	37174	6842	2076	1802	274	17490	629
县级小计	3754	2341	1546	219090	26898	5316	3696	1620	146422	5046
商州市	358	248	453	38178	5807	606	468	138	26429	1147
洛南县	618	272		33575	5282	2042	1419	623	24740	586
山阳县	910	296	151	33291	3450	707	533	174	24603	804
丹凤县	404	211	112	30534	3350	462	316	146	18126	570

2－30－19

单位:万元

地区	平衡部分									
	收入									
	财力性转移支付收入									
	一般性转移支付补助	民族地区转移支付补助	调整工资转移支付补助	农村税费改革转移支付补助	取消农业特产税降低农业税率转移支付补助	缓解县乡财政困难转移支付补助	农村义务教育补助	结算补助	企事业单位预算划转补助	其他财力性转移支付
富平县	11239		8671	2228	3965	2714		1516		
汉中市小计	**60825**		**62914**	**11371**	**14948**	**10519**		**20259**	**4049**	
本级	6098		5135	2	89	50		－2105	4049	
县级小计	54727		57779	11369	14859	10469		22364		
汉台区	1199		5573	484	1334	1120		4578		
南郑县	5940		7518	1065	2317	2744		2492		
城固县	8606		7900	1548	2451	1497		2080		
洋县	8279		6837	1294	1865	1251		1958		
西乡县	5628		5560	1375	1949	666		2568		
勉县	4407		5904	1380	1636	641		1787		
宁强县	6728		5344	1323	1059	789		2328		
略阳县	3334		4444	800	659	377		720		
镇巴县	6100		5279	1123	1177	928		1808		
留坝县	2305		1878	498	245	250		1045		
佛坪县	2201		1542	479	167	206		1000		
安康市小计	**70640**		**51381**	**12862**	**12365**	**9784**		**17026**	**655**	
本级	14308		4825	100		50		4521	637	
县级小计	56332		46556	12762	12365	9734		12505	18	
汉滨区	11443		10389	2688	2658	2811		4238	18	
岚皋县	4676		3782	1054	876	755		956		
汉阴县	8195		5452	1378	1221	1030		543		
石泉县	5409		3975	849	788	516		669		
宁陕县	2304		2232	842	460	589		2185		
紫阳县	7513		5332	1877	1178	686		687		
平利县	6257		4543	1509	923	656		857		
镇坪县	3264		1921	449	300	457		362		
旬阳县	1822		4775	1253	2883	1028		1534		
白河县	5449		4155	863	1078	1206		474		
商洛市小计	**71014**		**48167**	**10216**	**6699**	**9082**		**13059**		
本级	10874		3588			50		2349		
县级小计	60140		44579	10216	6699	9032		10710		
商州市	10089		8642	1694	1198	1982		1677		
洛南县	10030		7486	1854	1624	1399		1761		
山阳县	10073		7497	1957	1134	1753		1385		
丹凤县	7543		5214	1281	688	1275		1555		

2-30-20

单位:万元

地区	平衡部分								
	收入							支出	
	专项转移支付			省补助计划单列市	上年结余收入	调入资金	国债转贷收入、上年结余及转补助数	支出总计	本年支出
	小计	专项补助	增发国债补助						
富平县	5016	5016			-1665	164		40498	38382
汉中市小计	**31937**	**31937**			**19910**	**6601**		**336812**	**326160**
本级	5931	5931			15472	3029		38005	71358
县级小计	26006	26006			4438	3572		298807	254802
汉台区	2926	2926			-2813			43636	34110
南郑县	3080	3080			-15785	1115		57037	34989
城固县	3160	3160			2286	1286		37685	31774
洋县	2983	2983			1870			29621	28054
西乡县	3353	3353			4359	90		24781	23873
勉县	2653	2653			1754	362		28119	26628
宁强县	2730	2730			3645	300		24330	23620
略阳县	1221	1221			691	322		19680	19005
镇巴县	2140	2140			4983	97		19448	18677
留坝县	1006	1006			1920			7684	7432
佛坪县	754	754			1528			6786	6640
安康市小计	**29193**	**29193**			**20308**	**12105**		**256719**	**248396**
本级	4707	4707			6472	109		36377	36919
县级小计	24486	24486			13836	11996		220342	211477
汉滨区	4872	4872			-7435	3273		50289	47308
岚皋县	1549	1549			2739	1053		16065	15698
汉阴县	2085	2085			6946	634		23196	22548
石泉县	3995	3995			3032	229		17289	16856
宁陕县	1101	1101			290	143		10346	9806
紫阳县	2206	2206			4036	752		22479	20456
平利县	1921	1921			582	1287		19372	19046
镇坪县	747	747			972	236		8928	8744
旬阳县	3439	3439			1004	4279		34438	33437
白河县	2571	2571			1670	110		17940	17578
商洛市小计	**22903**	**22903**			**23634**	**4683**		**208069**	**202998**
本级	2847	2847			5854	2065		25132	27958
县级小计	20056	20056			17780	2618		182937	175040
商州市	2586	2586			2653	97		32954	30106
洛南县	3135	3135			-1624			30711	29403
山阳县	2796	2796			1735			29124	28134
丹凤县	2398	2398			5486	712		25203	24519

2－30－21

单位:万元

地区	平衡部分									
	支出								年终结余	其中:净结余
	财力性转移支付			专项上解	计划单列市上解省	增设预算周转金	调出资金	国债转贷拨付数及年末结余		
	小计	体制上解	出口退税专项上解							
富平县				2116					－2107	－8853
汉中市小计	**25**		**25**	**10627**					**31411**	**－14852**
本级	－1		－1	－33352					19381	7327
县级小计	26		26	43979					12030	－22179
汉台区	21		21	9505					－2488	－2903
南郑县	5		5	22043					－11053	－16214
城固县				5911					2626	－2497
洋县				1567					1954	－2421
西乡县				908					3712	171
勉县				1491					2266	207
宁强县				710					3586	－582
略阳县				675					1624	204
镇巴县				771					6018	776
留坝县				252					2000	572
佛坪县				146					1785	508
安康市小计	**4**		**4**	**7719**		**600**			**42065**	**－20618**
本级	4		4	－546					13833	－7952
县级小计				8265		600			28232	－12666
汉滨区				2981					－871	－8922
岚皋县				367					3859	816
汉阴县				648					7328	1288
石泉县				433					4901	－96
宁陕县				540					1126	－397
紫阳县				1423		600			4928	－577
平利县				326					1934	－1824
镇坪县				184					1248	－1121
旬阳县				1001					1055	141
白河县				362					2724	－1974
商洛市小计				**5071**					**48195**	**－23125**
本级				－2826					12042	－1732
县级小计				7897					36153	－21393
商州市				2848					5224	－4409
洛南县				1308					2864	－7300
山阳县				990					4167	－5358
丹凤县				684					5331	120

2006年地方财政政府收支分类转换数据

2－30－22　　　　单位:万元

地　　区	收支部分										
	收入										
	本年收入小计	税收收入									
		小　计	增值税	营业税	企业所得税	个人所得税	城市维护建设税	耕地占用税	契　税	烟叶税	其他各项税收收入
商南县	2732	2314	211	1343	4	43	202	130	16		365
镇安县	3208	2400	306	781	11	39	728	27	38		470
柞水县	3069	2341	466	762	12	56	403	34	77		531
延安市小计	**603682**	**281560**	**108861**	**50023**	**37014**	**3961**	**40798**	**4040**	**2626**	**416**	**33821**
本级	167708	120556	42124	10607	27132	1584	27979	33	1800		9297
县级小计	435974	161004	66737	39416	9882	2377	12819	4007	826	416	24524
宝塔区	48801	16978	4544	6284	1336	774	423	1358	114	130	2015
延长县	16910	5046	1734	1576	266	81	599	50	15		725
延川县	13910	5307	1132	1816	114	293	405	65	70		1412
子长县	27468	9396	2788	2916	886	172	998	455	16		1165
安塞县	57591	26932	14210	4899	1559	90	2025	348	156		3645
吴旗县	122905	30029	12371	7157	1979	282	3562	449	118	25	4086
志丹县	95850	39918	21633	6879	2535	166	1810	1049	8		5838
甘泉县	24818	6342	2316	1462	465	88	817	140	82		972
富县	3737	3255	808	990	289	36	536	20	30	173	373
洛川县	6314	3434	180	1613	14	181	132	8	68	88	1150
黄陵县	15332	12643	4927	2938	432	161	1432	63	94		2596
宜川县	1708	1268	70	628	6	33	52	2	48		429
黄龙县	630	456	24	258	1	20	28		7		118
榆林市小计	**356585**	**321971**	**122794**	**64774**	**35067**	**9180**	**33942**	**1780**	**2943**		**51491**
本级	192586	188247	95810	33864	17725	4604	3531				32713
县级小计	163999	133724	26984	30910	17342	4576	30411	1780	2943		18778
榆阳区	26022	22614	4587	9422	1801	804	836	287	1629		3248
神木县	67659	52223	10378	7050	12347	2558	12430	43	376		7041
府谷县	21319	16774	4129	3140	985	703	2380	48	377		5012
横山县	3520	3567	766	1186	6	48	1126	19	28		388
靖边县	25550	21351	4106	4146	1406	229	9166	655	45		1598
定边县	13131	11393	2069	3181	320	56	3764	540	357		1106
绥德县	2408	2224	337	1011	443	94	204	20	61		54
米脂县	1243	1102	321	363	2	29	198	23	41		125
佳县	369	318	11	143	2	14	101	4	3		40
吴堡县	700	642	34	521		12	29	35			11
清涧县	704	234	34	121	12	12	20		20		15
子洲县	1374	1282	212	626	18	17	157	106	6		140
杨凌示范区小计	**11411**	**9288**	**1170**	**3270**	**77**	**190**	**594**	**918**	**2356**		**713**

二、各省、自治区、直辖市地市县一般预算财政资料

2-30-23

单位:万元

地区	收支部分									
	收入								支出	
	非税收入							贷款转贷回收本金收入	本年支出小计	一般公共服务
	小计	专项收入	行政事业性收费收入	罚没收入	国有资本经营收入	国有资源(资产)有偿使用收入	其他收入			
商南县	418	76	60	222	25	21	14		21748	4843
镇安县	808	68	251	441	43	5			23192	7269
柞水县	728	236	187	298		7			17938	5523
延安市小计	**322122**	**28123**	**4895**	**14855**	**271417**	**1819**	**1013**		**830930**	**174230**
本级	47152	10895	1163	2871	31100	1040	83		253928	29783
县级小计	274970	17228	3732	11984	240317	779	930		577002	144447
宝塔区	31823	2160	463	153	29000	47			55828	11419
延长县	11864	132	14	2	11700	16			32869	6666
延川县	8603	3811		552	4233	3	4		33318	7970
子长县	18072	627	487	1002	15937	17	2		46515	10781
安塞县	30659	1361	9	2724	26348	184	33		60886	15281
吴旗县	92876	3008	1934	4251	83540	143			115764	35857
志丹县	55932	1998	288	286	52821	265	274		88416	21119
甘泉县	18476	522	63	450	17366	35	40		30734	7319
富县	482	324	200	10	-55	3			22178	6220
洛川县	2880	2357	68	885	-439	9			27719	6481
黄陵县	2689	869	132	1086		25	577		28080	7064
宜川县	440	44	12	439	-71	16			20295	4721
黄龙县	174	15	62	144	-63	16			14400	3549
榆林市小计	**34614**	**18580**	**1201**	**11956**	**1485**	**1377**	**15**		**655730**	**158477**
本级	4339	3471		37		831			206395	47520
县级小计	30275	15109	1201	11919	1485	546	15		449335	110957
榆阳区	3408	2206	65	1113		24			48326	12555
神木县	15436	6999	629	6643	949	216			112623	13206
府谷县	4545	1565	53	2388	500	36	3		40547	12675
横山县	-47	288		23	-366	8			23198	6874
靖边县	4199	2776		1371		52			55027	12811
定边县	1738	873	450	317		98			33770	10799
绥德县	184	147		17		20			30522	9645
米脂县	141	117			-9	33			23329	6334
佳县	51	2	4	29		16			22335	7843
吴堡县	58	42		1	-6	12	9		13130	3928
清涧县	470	11		17	417	22	3		22774	6973
子洲县	92	83				9			23754	7314
杨凌示范区小计	**2123**	**220**	**1304**	**127**	**460**	**12**			**29839**	**5090**

2－30－24

单位:万元

地区	收支部分										
	支出										
	外交	国防	公共安全	教育	科学技术	文化体育与传媒	社会保障和就业	医疗卫生	环境保护	城乡社区事务	农林水事务
商南县		18	1508	6865	71	431	790	1960	150	893	2594
镇安县			1570	6203	70	477	1689	1766	156	659	2026
柞水县		6	1181	5448	65	396	750	1640		303	1950
延安市小计		**1972**	**45307**	**150721**	**4565**	**24211**	**46234**	**41867**	**9248**	**95474**	**107754**
本级		1449	15219	24357	821	8346	15135	10415	7525	55441	12398
县级小计		523	30088	126364	3744	15865	31099	31452	1723	40033	95356
宝塔区			2582	17028	670	826	2568	3772	306	2152	7373
延长县			1524	8033	435	664	1237	2501	117	2934	7383
延川县			2253	9357	81	696	1976	1665		1499	3305
子长县			3269	9970	674	950	3879	2509	170	3181	6992
安塞县		280	3808	11090	354	1417	2857	3050		3593	11623
吴旗县		182	3323	18276	677	1551	7839	4172	475	18016	15114
志丹县			4147	17639	189	6221	4095	2797	377	2134	19763
甘泉县			1877	7238	269	872	1255	1766		1503	4760
富县			1126	5250	132	566	2405	1977		507	3077
洛川县			1792	7610	108	482	696	2242	81	1644	5164
黄陵县		58	1971	7562	52	768	1017	2417	43	1446	3509
宜川县			1382	4588	66	436	468	1539		912	4230
黄龙县		3	1034	2723	37	416	807	1045	154	512	3063
榆林市小计		**296**	**36959**	**147067**	**6871**	**20999**	**37266**	**26511**	**9852**	**69681**	**85395**
本级			11936	19773	4569	10221	14743	2664	9224	29970	41237
县级小计		296	25023	127294	2302	10778	22523	23847	628	39711	44158
榆阳区		95	1313	16129	41	1475	1996	2684	447	681	7587
神木县		75	5585	25187	498	964	4488	4996	120	29882	6934
府谷县			2639	10881	130	942	2189	3205		1797	2759
横山县			1034	7995	252	376	1754	1141		124	1809
靖边县			4325	14131	593	3000	3206	2641		1748	9463
定边县		65	1741	8987	237	518	1704	2009		839	4164
绥德县			1837	11864	278	570	1525	2383		307	1670
米脂县			1325	6668	77	956	1394	1130	5	593	2523
佳县		5	1140	7848	31	609	1078	1014	56	107	2020
吴堡县		56	721	2612	41	375	764	438		1834	914
清涧县			1903	7232	44	484	1532	1037		653	1643
子洲县			1460	7760	80	509	893	1169		1146	2672
杨凌示范区小计		**23**	**2080**	**4100**	**650**	**135**	**1527**	**617**	**657**	**5569**	**2604**

2－30－25

单位:万元

地区	收支部分			平衡部分						
	支出			收入						
						返还性收入			财力性转移支付收入	
	交通运输	工业、商业、金融等事务	其他支出	收入总计	本年收入	小计	增值税和消费税税收返还	所得税基数返还	小计	体制补助
商南县	824	522	279	28122	2732	472	346	126	17280	707
镇安县	354	402	551	30317	3208	596	356	240	19478	739
柞水县	286	390		25073	3069	431	258	173	15766	493
延安市小计	**49909**	**25800**	**53638**	**1069876**	**603682**	**101895**	**60280**	**41615**	**151485**	**5637**
本级	20591	16159	36289	323413	167708	48277	37734	10543	23043	2239
县级小计	29318	9641	17349	746463	435974	53618	22546	31072	128442	3398
宝塔区	5595	887	650	79176	48801	5433	2181	3252	12228	724
延长县	259	506	610	39879	16910	2577	2072	505	8568	361
延川县	1400	342	2774	35373	13910	2489	618	1871	10248	754
子长县	3009	988	143	55754	27468	6089	1027	5062	11564	503
安塞县	3798	802	2933	77452	57591	8555	3406	5149	4809	
吴旗县	6050	1721	2511	145996	122905	8355	3361	4994	9633	
志丹县	6204	1209	2522	137098	95850	12771	5415	7356	5594	
甘泉县	1544	904	1427	39773	24818	3179	1011	2168	5969	294
富县	130	134	654	29384	3737	818	783	35	15169	267
洛川县	209	148	1062	30574	6314	909	442	467	14700	
黄陵县	193	916	1064	29950	15332	2165	2034	131	7132	
宜川县	693	285	975	30312	1708	174	114	60	13590	256
黄龙县	234	799	24	15742	630	104	82	22	9238	239
榆林市小计	**10746**	**21807**	**23803**	**813896**	**356585**	**52472**	**44012**	**8460**	**238716**	**7698**
本级	3405	9412	1721	251858	192586	26802	25444	1358	－13933	1904
县级小计	7341	12395	22082	562038	163999	25670	18568	7102	252649	5794
榆阳区	725	851	1747	55250	26022	3338	2448	890	15237	616
神木县	2049	4867	13772	132526	67659	6461	5563	898	40640	
府谷县	1157	1149	1024	47492	21319	4703	3093	1610	17161	
横山县	28	253	1558	29633	3520	1227	751	476	18557	624
靖边县	564	1485	1060	66236	25550	4887	3069	1818	24751	588
定边县	86	498	2123	37719	13131	2296	1623	673	18539	257
绥德县	179	264		40466	2408	1210	960	250	24853	676
米脂县	368	1956		35978	1243	403	266	137	21382	612
佳县	252	51	281	33453	369	353	231	122	19595	721
吴堡县	1208	164	75	20523	700	247	195	52	11307	384
清涧县	360	500	413	30702	704	261	148	113	19568	604
子洲县	365	357	29	32060	1374	284	221	63	21059	712
杨凌示范区小计	**669**	**1022**	**5096**	**32458**	**11411**	**1340**	**666**	**674**	**9435**	**402**

2－30－26

单位:万元

地区	平衡部分									
	收入									
	财力性转移支付收入									
	一般性转移支付补助	民族地区转移支付补助	调整工资转移支付补助	农村税费改革转移支付补助	取消农业特产税降低农业税率转移支付补助	缓解县乡财政困难转移支付补助	农村义务教育补助	结算补助	企事业单位预算划转补助	其他财力性转移支付
商南县	6934		5401	1161	761	728		1588		
镇安县	8004		6035	1289	1013	959		1439		
柞水县	7467		4304	980	281	936		1305		
延安市小计	**19774**		**58138**	**10202**	**9030**	**4577**		**44127**		
本级	－2596		4851	－767	－751	－1250		21317		
县级小计	22370		53287	10969	9781	5827		22810		
宝塔区	181		4622	1042	964	81		4614		
延长县	1747		3777	928	467	59		1229		
延川县	324		4917	914	423	486		2430		
子长县	597		6932	788	495	160		2089		
安塞县	289		2905	460	527	187		441		
吴旗县	647		4031	556	454	47		3898		
志丹县	469		2902	533	332			1358		
甘泉县	370		3540	396	274	69		1026		
富县	4528		4892	1482	1433	1696		871		
洛川县	3220		4366	1661	2736	909		1808		
黄陵县	515		3568	757	633	131		1528		
宜川县	5626		4125	928	795	1278		582		
黄龙县	3857		2710	524	248	724		936		
榆林市小计	**58963**		**73253**	**14881**	**7474**	**8898**		**67549**		
本级	－4797		7210			－2925		－15325		
县级小计	63760		66043	14881	7474	11823		82874		
榆阳区	1293		6232	1804	846	293		4153		
神木县	827		4876	1291	727			32919		
府谷县	204		3815	996	383	52		11711		
横山县	5695		5508	1101	968	772		3889		
靖边县	929		5783	514	619			16318		
定边县	1305		6947	924	706			8400		
绥德县	10790		6825	1779	528	2617		1638		
米脂县	9431		6435	1167	365	1764		1608		
佳县	8741		5639	1672	592	1759		471		
吴堡县	5662		2950	581	191	859		680		
清涧县	9063		5595	1584	513	1780		429		
子洲县	9820		5438	1468	1036	1927		658		
杨凌示范区小计	**1691**		**2889**	**443**	**239**	**770**		**3001**		

2－30－27

单位:万元

地区	平衡部分								
	收入							支出	
	专项转移支付			省补助计划单列市	上年结余收入	调入资金	国债转贷收入、上年结余及转补助数	支出总计	本年支出
	小计	专项补助	增发国债补助						
商南县	2999	2999			3062	1577		22361	21748
镇安县	3763	3763			3272			23977	23192
柞水县	2379	2379			3196	232		18607	17938
延安市小计	**29105**	**29105**			**176353**	**7356**		**869085**	**830930**
本级	－40292	－40292			122800	1877		193028	253928
县级小计	69397	69397			53553	5479		676057	577002
宝塔区	6365	6365			6349			66879	55828
延长县	6555	6555			4549	720		38566	32869
延川县	8230	8230			－4	500		35737	33318
子长县	4976	4976			2268	3389		53148	46515
安塞县	4289	4289			2208			72413	60886
吴旗县	3442	3442			1661			144271	115764
志丹县	3847	3847			19036			110445	88416
甘泉县	2883	2883			2154	770		39000	30734
富县	5721	5721			3939			23129	22178
洛川县	6598	6598			1953	100		28014	27719
黄陵县	4440	4440			881			28669	28080
宜川县	7874	7874			6966			21329	20295
黄龙县	4177	4177			1593			14457	14400
榆林市小计	**33080**	**33080**			**113444**	**19599**		**671635**	**655730**
本级	－10536	－10536			42750	14189		204329	206395
县级小计	43616	43616			70694	5410		467306	449335
榆阳区	3942	3942			5196	1515		50078	48326
神木县	3270	3270			14496			118060	112623
府谷县	2631	2631			1678			43873	40547
横山县	3652	3652			1877	800		24026	23198
靖边县	3524	3524			7524			56263	55027
定边县	3897	3897			－3144	3000		35093	33770
绥德县	5110	5110			6885			31448	30522
米脂县	4069	4069			8786	95		24062	23329
佳县	3695	3695			9441			22911	22335
吴堡县	2533	2533			5736			13577	13130
清涧县	3828	3828			6341			23367	22774
子洲县	3465	3465			5878			24548	23754
杨凌示范区小计	**8995**	**8995**			**1277**			**30384**	**29839**

2-30-28

单位:万元

地区	平衡部分									
	支出								年终结余	其中:净结余
	财力性转移支付			专项上解	计划单列市上解省	增设预算周转金	调出资金	国债转贷拨付数及年末结余		
	小计	体制上解	出口退税专项上解							
商南县				613					5761	-847
镇安县				785					6340	-2705
柞水县				669					6466	-894
延安市小计	**6**		**6**	**7275**		**30874**			**200791**	**7547**
本级				-85900		25000			130385	1893
县级小计	6		6	93175		5874			70406	5654
宝塔区				11051					12297	563
延长县				5697					1313	18
延川县	2		2	2417					-364	-648
子长县				6633					2606	993
安塞县				11527					5039	1072
吴旗县				22633		5874			1725	732
志丹县				22029					26653	1999
甘泉县				8266					773	271
富县				951					6255	547
洛川县	4		4	291					2560	1
黄陵县				589					1281	392
宜川县				1034					8983	294
黄龙县				57					1285	-580
榆林市小计	**1162**		**1162**	**13243**		**1500**			**142261**	**-8328**
本级	1099		1099	-3165					47529	1050
县级小计	63		63	16408		1500			94732	-9378
榆阳区				1752					5172	461
神木县	23		23	5414					14466	5007
府谷县	37		37	1789		1500			3619	1221
横山县	3		3	825					5607	-3656
靖边县				1236					9973	1626
定边县				1323					2626	-6268
绥德县				926					9018	-1559
米脂县				733					11916	-2302
佳县				576					10542	-1160
吴堡县				447					6946	86
清涧县				593					7335	100
子洲县				794					7512	-2934
杨凌示范区小计	**212**		**212**	**333**					**2074**	**2018**

2-30-29

单位:万元

地区	收支部分										
	收入										
	本年收入小计	税收收入									
		小计	增值税	营业税	企业所得税	个人所得税	城市维护建设税	耕地占用税	契税	烟叶税	其他各项税收收入
本级	7068	5818	957	1788	41	77	420	646	1415		474
县级小计	4343	3470	213	1482	36	113	174	272	941		239
杨陵区	4343	3470	213	1482	36	113	174	272	941		239

2-30-30

单位:万元

地区	收支部分									
	收入								支出	
	非税收入							贷款转贷回收本金收入		
	小计	专项收入	行政事业性收费收入	罚没收入	国有资本经营收入	国有资源(资产)有偿使用收入	其他收入		本年支出小计	一般公共服务
本级	1250	145	617	67	410	11			17756	2855
县级小计	873	75	687	60	50	1			12083	2235
杨陵区	873	75	687	60	50	1			12083	2235

2－30－31　　　　单位：万元

地　区	收支部分										
	支出										
	外交	国防	公共安全	教育	科学技术	文化体育与传媒	社会保障和就业	医疗卫生	环境保护	城乡社区事务	农林水事务
本级			864	786	415	40	101	129	612	4335	1358
县级小计		23	1216	3314	235	95	1426	488	45	1234	1246
杨陵区		23	1216	3314	235	95	1426	488	45	1234	1246

2－30－32　　　　单位：万元

地区	收支部分			平衡部分						
	支出			收入						
	交通运输	工业、商业、金融等事务	其他支出	收入总计	本年收入	返还性收入			财力性转移支付收入	
						小计	增值税和消费税税收返还	所得税基数返还	小计	体制补助
本级	369	874	5018	19438	7068	933	367	566	2616	
县级小计	300	148	78	13020	4343	407	299	108	6819	402
杨陵区	300	148	78	13020	4343	407	299	108	6819	402

2-30-33 单位:万元

地区	平衡部分									
	收入									
	财力性转移支付收入									
	一般性转移支付补助	民族地区转移支付补助	调整工资转移支付补助	农村税费改革转移支付补助	取消农业特产税降低农业税率转移支付补助	缓解县乡财政困难转移支付补助	农村义务教育补助	结算补助	企事业单位预算划转补助	其他财力性转移支付
本级	469		201			45		1901		
县级小计	1222		2688	443	239	725		1100		
杨陵区	1222		2688	443	239	725		1100		

2-30-34

单位:万元

地区	平衡部分								
	收入							支出	
	专项转移支付			省补助计划单列市	上年结余收入	调入资金	国债转贷收入、上年结余及转补助数	支出总计	本年支出
	小计	专项补助	增发国债补助						
本级	7665	7665			1156			18038	17756
县级小计	1330	1330			121			12346	12083
杨陵区	1330	1330			121			12346	12083

2－30－35

单位:万元

地区	平衡部分									
	支出								年终结余	其中:净结余
	财力性转移支付			专项上解	计划单列市上解省	增设预算周转金	调出资金	国债转贷拨付数及年末结余		
	小计	体制上解	出口退税专项上解							
本级	206		206	76					1400	1344
县级小计	6		6	257					674	674
杨陵区	6		6	257					674	674

2006 年甘肃省地市县财政一般预算收支平衡表

2－31－1　　　　单位:万元

地　　区	收支部分										
	收入										
	本年收入小计	税收收入									
		小　计	增值税	营业税	企　业所得税	个　人所得税	城　市维　护建设税	耕　地占用税	契　税	烟叶税	其他各项税收收　入
地(市)县级总计	**924080**	**728479**	**152329**	**260207**	**40007**	**19402**	**109518**	**3286**	**27458**	**1793**	**114479**
地(市)本级合计	**443727**	**367836**	**95144**	**118628**	**20880**	**6977**	**65406**	**13**	**17677**		**43111**
县级合计	**480353**	**360643**	**57185**	**141579**	**19127**	**12425**	**44112**	**3273**	**9781**	**1793**	**71368**
兰州市小计	**331417**	**281907**	**25586**	**123385**	**18088**	**8269**	**47144**	**892**	**18111**	**6**	**40426**
本级	192265	164288	13622	73264	11619	4432	28646	13	15546		17146
县级小计	139152	117619	11964	50121	6469	3837	18498	879	2565	6	23280
永登县	13414	11282	2472	5137	134	216	1167		80		2076
榆中县	9936	7407	1049	2525	73	38	1151	308	486	6	1771
皋兰县	3759	3242	501	1742	144	19	428	2	5		401
城关区	53045	47131	2277	22733	4693	2098	7804		174		7352
七里河区	22653	18567	2871	7604	907	564	3319				3302
西固区	20280	17431	1963	5993	203	694	2657				5921
安宁区	10554	8321	408	3145	284	138	1283	389	1449		1225
红古区	5511	4238	423	1242	31	70	689	180	371		1232
嘉峪关市小计	**45244**	**39682**	**8240**	**10533**	**4476**	**1175**	**9289**		**180**		**5789**
本级	45244	39682	8240	10533	4476	1175	9289		180		5789
金昌市小计	**61413**	**51129**	**15106**	**10252**	**1737**	**1117**	**8269**	**35**	**455**		**14158**
本级	42849	35568	14445	2929	805	460	7469				9460
县级小计	18564	15561	661	7323	932	657	800	35	455		4698
永昌县	8201	5592	624	1323	136	197	800		130		2382
金川区	10363	9969	37	6000	796	460		35	325		2316
白银市小计	**55947**	**42865**	**10298**	**11513**	**1871**	**1183**	**9542**	**76**	**762**		**7620**
本级	27444	19465	7146	3212	1147		5495				2465
县级小计	28503	23400	3152	8301	724	1183	4047	76	762		5155
景泰县	3574	2606	222	994	32	83	376		52		847
靖远县	3625	2522	186	1183	51	149	590	5	28		330
会宁县	1508	879	42	522	16	51	111	15	8		114
平川区	8170	6986	1451	1601	392	454	1079	56	89		1864
白银区	11626	10407	1251	4001	233	446	1891		585		2000
天水市小计	**61595**	**43524**	**10383**	**15328**	**1346**	**945**	**8248**	**463**	**2173**		**4638**
本级	23525	17445	5692	4840	379	162	5952				420
县级小计	38070	26079	4691	10488	967	783	2296	463	2173		4218
清水县	1569	1074	222	555	14	17	105	28	71		62
秦安县	3658	1793	192	1029	21	52	101	54	194		150
甘谷县	3408	2008	364	1056	48	85	168	29	85		173

2-31-2

单位:万元

地区	收支部分									
	收入								支出	
	非税收入							贷款转贷回收本金收入	本年支出小计	一般公共服务
	小计	专项收入	行政事业性收费收入	罚没收入	国有资本经营收入	国有资源(资产)有偿使用收入	其他收入			
地(市)县级总计	**195601**	**67382**	**45155**	**43326**	**16701**	**4659**	**18378**		**3769959**	**700360**
地(市)本级合计	**75891**	**39490**	**16156**	**15359**	**156**	**3103**	**1627**		**1063632**	**192198**
县级合计	**119710**	**27892**	**28999**	**27967**	**16545**	**1556**	**16751**		**2706327**	**508162**
兰州市小计	**49510**	**24541**	**13705**	**10260**	**-200**	**1176**	**28**		**631321**	**100981**
本级	27977	15586	6930	4680	-200	981			314599	35922
县级小计	21533	8955	6775	5580		195	28		316722	65059
永登县	2132	858	340	906		28			46711	7107
榆中县	2529	888	871	731		39			43757	7955
皋兰县	517	286	98	110		23			26151	4581
城关区	5914	3314	1560	969		46	25		83767	19783
七里河区	4086	1185	1922	957		22			44256	9499
西固区	2849	1618	444	772		15			35701	6828
安宁区	2233	438	1250	525		17	3		18080	4961
红古区	1273	368	290	610		5			18299	4345
嘉峪关市小计	**5562**	**4880**	**192**	**380**		**110**			**57633**	**12025**
本级	5562	4880	192	380		110			57633	12025
金昌市小计	**10284**	**6828**	**1263**	**981**	**783**	**235**	**194**		**114584**	**19775**
本级	7281	6029	461	355	26	218	192		61284	11721
县级小计	3003	799	802	626	757	17	2		53300	8054
永昌县	2609	590	720	564	728	7			31469	4249
金川区	394	209	82	62	29	10	2		21831	3805
白银市小计	**13082**	**6325**	**2802**	**3237**	**460**	**139**	**119**		**228630**	**38991**
本级	7979	4211	1265	2228	135	75	65		63562	14727
县级小计	5103	2114	1537	1009	325	64	54		165068	24264
景泰县	968	307	377	269		15			27497	5976
靖远县	1103	376	379	334		14			40970	6092
会宁县	629	52	120	126	320	11			46873	4962
平川区	1184	630	387	152	5	10			21290	4014
白银区	1219	749	274	128		14	54		28438	3220
天水市小计	**18071**	**4110**	**6571**	**3908**	**2059**	**870**	**553**		**372261**	**69865**
本级	6080	2357	2329	714		680			109672	30573
县级小计	11991	1753	4242	3194	2059	190	553		262589	39292
清水县	495	82	118	210		85			29654	5974
秦安县	1865	83	640	1028	107	7			36747	5680
甘谷县	1400	113	795	322		13	157		39473	4554

2006 年地方财政政府收支分类转换数据

2－31－3　　　　单位:万元

地区	收支部分										
	支出										
	外交	国防	公共安全	教育	科学技术	文化体育与传媒	社会保障和就业	医疗卫生	环境保护	城乡社区事务	农林水事务
地(市)县级总计	**1044**	**2896**	**221666**	**852671**	**32669**	**70668**	**565415**	**207097**	**108342**	**207275**	**534503**
地(市)本级合计	**996**	**1783**	**83329**	**118964**	**19831**	**34625**	**198727**	**60647**	**29334**	**87694**	**124675**
县级合计	**48**	**1113**	**138337**	**733707**	**12838**	**36043**	**366688**	**146450**	**79008**	**119581**	**409828**
兰州市小计		**439**	**56304**	**132266**	**10139**	**12265**	**83510**	**41138**	**10562**	**72121**	**70712**
本级		130	28316	47678	7402	9800	51792	20074	7141	43677	32283
县级小计		309	27988	84588	2737	2465	31718	21064	3421	28444	38429
永登县		58	2636	17121	240	451	2592	3561	935	2901	8396
榆中县		42	1777	15516	414	460	2488	2761	567	1697	9026
皋兰县		36	1047	7354	31	170	1484	1565	238	1419	6617
城关区			9716	19865	848	412	9663	5815	462	10798	3346
七里河区		36	6227	10854	451	206	5350	2907	285	3768	4334
西固区		55	2953	6245	361	324	5181	2658	553	3938	3655
安宁区		82	2280	2987	204	157	2114	1008	188	2732	1037
红古区			1352	4646	188	285	2846	789	193	1191	2018
嘉峪关市小计	**722**	**34**	**3832**	**5625**	**585**	**2008**	**7108**	**2672**	**2972**	**10686**	**2529**
本级	722	34	3832	5625	585	2008	7108	2672	2972	10686	2529
金昌市小计	**105**	**5**	**7183**	**17732**	**542**	**4716**	**11595**	**5406**	**6189**	**16671**	**12378**
本级	105		4414	6277	368	4466	3727	2786	5659	10580	4137
县级小计		5	2769	11455	174	250	7868	2620	530	6091	8241
永昌县		2	1922	8620	93	225	4588	2066	251	2093	5122
金川区		3	847	2835	81	25	3280	554	279	3998	3119
白银市小计		**189**	**15156**	**56205**	**1925**	**4364**	**38335**	**10988**	**7965**	**11858**	**30393**
本级		14	9647	3762	1336	1904	11477	1630	3575	4023	8516
县级小计		175	5509	52443	589	2460	26858	9358	4390	7835	21877
景泰县		29	1224	7658	35	322	3727	1853	650	958	4354
靖远县		2	1403	13628	248	645	6695	2021	1339	1163	5345
会宁县		2	1156	18782	48	1045	5753	3246	2010	648	6743
平川区		30	649	5234	83	260	3565	908	272	2509	2607
白银区		112	1077	7141	175	188	7118	1330	119	2557	2828
天水市小计		**705**	**17860**	**87805**	**2803**	**6292**	**77109**	**20999**	**4289**	**12813**	**51269**
本级		594	5520	6755	1813	3510	30657	7465	502	3696	8833
县级小计		111	12340	81050	990	2782	46452	13534	3787	9117	42436
清水县		23	1032	8114	61	384	4039	1182	629	761	5485
秦安县			1805	13246	53	419	5483	1265	300	420	5619
甘谷县		20	1533	14644	81	248	6611	1066	641	1245	8117

2－31－4

单位:万元

地区	收支部分			平衡部分						
	支出			收入						
						返还性收入			财力性转移支付收入	
	交通运输	工业、商业、金融等事务	其他支出	收入总计	本年收入	小计	增值税和消费税税收返还	所得税基数返还	小计	体制补助
地(市)县级总计	**47282**	**83369**	**134702**	**3843843**	**924080**	**329267**	**271430**	**57837**	**1522704**	**47147**
地(市)本级合计	**6845**	**42770**	**61214**	**1133498**	**443727**	**162847**	**151559**	**11288**	**193415**	**9580**
县级合计	**40437**	**40599**	**73488**	**2710345**	**480353**	**166420**	**119871**	**46549**	**1329289**	**37567**
兰州市小计	**1034**	**17552**	**22298**	**752350**	**331417**	**129046**	**108270**	**20776**	**97864**	
本级	257	14172	15955	365523	192265	62891	58402	4489	10058	
县级小计	777	3380	6343	386827	139152	66155	49868	16287	87806	
永登县	218	495		51865	13414	6699	5609	1090	13727	
榆中县	362	270	422	45264	9936	3650	2818	832	15333	
皋兰县	71	427	1111	26414	3759	1940	1304	636	9149	
城关区	11	1275	1773	115347	53045	25255	18584	6671	22126	
七里河区	74	115	150	56532	22653	11526	8852	2674	9142	
西固区	25	324	2601	43598	20280	8946	6030	2916	7316	
安宁区		60	270	25389	10554	4186	3364	822	5418	
红古区	16	414	16	22418	5511	3953	3307	646	5595	
嘉峪关市小计	**815**	**4245**	**1775**	**69149**	**45244**	**4178**	**3186**	**992**	**8513**	
本级	815	4245	1775	69149	45244	4178	3186	992	8513	
金昌市小计	**1649**	**2935**	**7703**	**124367**	**61413**	**23251**	**20627**	**2624**	**12174**	
本级	533	1710	4801	67632	42849	17815	17009	806	－347	
县级小计	1116	1225	2902	56735	18564	5436	3618	1818	12521	
永昌县	918	977	343	32977	8201	3257	2586	671	8059	
金川区	198	248	2559	23758	10363	2179	1032	1147	4462	
白银市小计	**2474**	**4281**	**5506**	**241008**	**55947**	**23650**	**18074**	**5576**	**84789**	
本级	120	1091	1740	71087	27444	17270	14496	2774	－605	－2496
县级小计	2354	3190	3766	169921	28503	6380	3578	2802	85394	2496
景泰县	248	293	170	30727	3574	1444	1257	187	15807	
靖远县	995	287	1107	38432	3625	944	573	371	24449	960
会宁县	235	2220	23	42887	1508	374	325	49	28918	1536
平川区	100	251	808	21752	8170	1473	970	503	5509	
白银区	776	139	1658	36123	11626	2145	453	1692	10711	
天水市小计	**7023**	**9257**	**4172**	**357628**	**61595**	**37286**	**35514**	**1772**	**159535**	
本级	2067	6069	1618	103827	23525	26756	26500	256	18333	－1890
县级小计	4956	3188	2554	253801	38070	10530	9014	1516	141202	1890
清水县	1700	270		27774	1569	332	303	29	18395	406
秦安县	1874	583		34760	3658	622	442	180	23201	575
甘谷县	172	541		36036	3408	1152	1054	98	22755	199

2－31－5 单位:万元

地区	平衡部分									
	收入									
	财力性转移支付收入									
	一般性转移支付补助	民族地区转移支付补助	调整工资转移支付补助	农村税费改革转移支付补助	取消农业特产税降低农业税率转移支付补助	缓解县乡财政困难转移支付补助	农村义务教育补助	结算补助	企事业单位预算划转补助	其他财力性转移支付
地(市)县级总计	516342	30746	481179	87692	78807	54124	79973	131239	14580	875
地(市)本级合计	59106	7234	85152	108	153	1243	－58	19961	13293	－2357
县级合计	457236	23512	396027	87584	78654	52881	80031	111278	1287	3232
兰州市小计			39498	3937	3739	605	4672	30828	14585	
本级	－6000		10905				198	－2185	10077	－2937
县级小计	6000		28593	3937	3739	605	4474	33013	4508	2937
永登县			6772	1326	1211	385	1522	2219	42	250
榆中县	3100		6228	1183	1222	139	1282	1487	－21	713
皋兰县	2900		2937	463	473	81	591	1141	－11	574
城关区			4712	156	149		195	15983	931	
七里河区			2820	297	276		309	3737	1553	150
西固区			2269	213	149		243	2670	1122	650
安宁区			1295	136	89		91	2737	970	100
红古区			1560	163	170		241	3039	－78	500
嘉峪关市小计			2203	108	153		57	5288	704	
本级			2203	108	153		57	5288	704	
金昌市小计			7156	847	1848	519	820	－877	1861	
本级			2725				26	－4055	1219	－262
县级小计			4431	847	1848	519	794	3178	642	262
永昌县			3113	665	1374	519	694	1518	－64	240
金川区			1318	182	474		100	1660	706	22
白银市小计	25061		27898	5232	5338	3114	6698	10920	518	10
本级	－784		2541				43	－3	94	
县级小计	25845		25357	5232	5338	3114	6655	10923	424	10
景泰县	5705		4853	814	1331	730	976	1280	118	
靖远县	8390		7130	1640	1640	1400	2005	1389	－105	
会宁县	10927		8068	2124	1918	924	2858	643	－90	10
平川区	591		2461	380	280	60	518	1209	10	
白银区	232		2845	274	169		298	6402	491	
天水市小计	59073	1477	49225	12829	8536	5921	11749	11123	－398	
本级	7393		7530			120	7	5607	－404	－30
县级小计	51680	1477	41695	12829	8536	5801	11742	5516	6	30
清水县	8410		4846	1277	1232	972	1097	250	－95	
秦安县	8604		6367	2388	1490	895	2440	586	－174	30
甘谷县	8802		6159	2356	1457	1144	2310	477	－149	

2－31－6

单位:万元

地区	平衡部分								
	收入							支出	
	专项转移支付			省补助计划单列市	上年结余收入	调入资金	国债转贷收入、上年结余及转补助数	支出总计	本年支出
	小计	专项补助	增发国债补助						
地(市)县级总计	**995012**	**833430**	**161582**		**49014**	**20341**	**3425**	**3869659**	**3769959**
地(市)本级合计	**211920**	**177161**	**34759**		**114522**	**4780**	**2287**	**1089032**	**1063632**
县级合计	**783092**	**656269**	**126823**		**－65508**	**15561**	**1138**	**2780627**	**2706327**
兰州市小计	**116902**	**111999**	**4903**		**73504**	**3161**	**456**	**709291**	**631321**
本级	38760	35291	3469		60725	368	456	341589	314599
县级小计	78142	76708	1434		12779	2793		367702	316722
永登县	14001	13891	110		4024			47978	46711
榆中县	15260	14598	662		1085			43914	43757
皋兰县	11227	10952	275		339			26163	26151
城关区	11405	11265	140		1716	1800		111605	83767
七里河区	9729	9599	130		2489	993		53987	44256
西固区	6847	6836	11		209			42819	35701
安宁区	3468	3468			1763			20810	18080
红古区	6205	6099	106		1154			20426	18299
嘉峪关市小计	**10568**	**9802**	**766**		**503**	**43**	**100**	**68417**	**57633**
本级	10568	9802	766		503	43	100	68417	57633
金昌市小计	**18812**	**15284**	**3528**		**8041**	**276**	**400**	**116871**	**114584**
本级	1087	56	1031		5796	32	400	61974	61284
县级小计	17725	15228	2497		2245	244		54897	53300
永昌县	12134	9692	2442		1082	244		31560	31469
金川区	5591	5536	55		1163			23337	21831
白银市小计	**69691**	**59691**	**10000**		**6163**	**68**	**700**	**231113**	**228630**
本级	20127	15847	4280		6134	17	700	64616	63562
县级小计	49564	43844	5720		29	51		166497	165068
景泰县	7883	7259	624		2015	4		27571	27497
靖远县	11993	10651	1342		－2584	5		41003	40970
会宁县	15908	13329	2579		－3825	4		46934	46873
平川区	6378	5236	1142		211	11		21348	21290
白银区	7402	7369	33		4212	27		29641	28438
天水市小计	**106570**	**92554**	**14016**		**－7480**	**122**		**372759**	**372261**
本级	33495	27326	6169		1718			107678	109672
县级小计	73075	65228	7847		－9198	122		265081	262589
清水县	8233	6933	1300		－757	2		29757	29654
秦安县	10036	7926	2110		－2761	4		36939	36747
甘谷县	10359	8984	1375		－1641	3		39585	39473

2－31－7　　　　　　　　　　　　　　　　　　　　　　　　　　　　　　　　　　　　　单位:万元

地区	平衡部分									
	支出								年终结余	其中:净结余
	财力性转移支付			专项上解	计划单列市上解省	增设预算周转金	调出资金	国债转贷拨付数及年末结余		
	小计	体制上解	出口退税专项上解							
地(市)县级总计	**90815**	**90815**		**5460**				**3425**	**－25816**	**－228542**
地(市)本级合计	**30089**	**30089**		**－6976**				**2287**	**44466**	**－51685**
县级合计	**60726**	**60726**		**12436**				**1138**	**－70282**	**－176857**
兰州市小计	**76846**	**76846**		**668**				**456**	**43059**	**6858**
本级	25866	25866		668				456	23934	1016
县级小计	50980	50980							19125	5842
永登县	1267	1267							3887	2
榆中县	157	157							1350	46
皋兰县	12	12							251	81
城关区	27838	27838							3742	562
七里河区	9731	9731							2545	1300
西固区	7118	7118							779	101
安宁区	2730	2730							4579	3517
红古区	2127	2127							1992	233
嘉峪关市小计	**10630**	**10630**		**54**				**100**	**732**	**732**
本级	10630	10630		54				100	732	732
金昌市小计	**1726**	**1726**		**161**				**400**	**7496**	**677**
本级	220	220		70				400	5658	590
县级小计	1506	1506		91					1838	87
永昌县				91					1417	33
金川区	1506	1506							421	54
白银市小计	**1360**	**1360**		**423**				**700**	**9895**	**－4162**
本级	290	290		64				700	6471	440
县级小计	1070	1070		359					3424	－4602
景泰县				74					3156	－1004
靖远县				33					－2571	－3189
会宁县				61					－4047	－5907
平川区				58					404	－971
白银区	1070	1070		133					6482	6469
天水市小计	**253**	**253**		**245**					**－15131**	**－27765**
本级	253	253		－2247					－3851	－10485
县级小计				2492					－11280	－17280
清水县				103					－1983	－2277
秦安县				192					－2179	－2808
甘谷县				112					－3549	－3862

2-31-8

单位:万元

地区	收支部分										
	收入										
	本年收入小计	税收收入									
		小计	增值税	营业税	企业所得税	个人所得税	城市维护建设税	耕地占用税	契税	烟叶税	其他各项税收收入
武山县	3398	1926	398	723	44	40	164	9	58		490
张川县	1616	1320	269	367	43	32	82		50		477
秦州区	15621	10778	1924	3803	376	369	972	89	1427		1818
麦积区	8800	7180	1322	2955	421	188	704	254	288		1048
酒泉市小计	**51402**	**36061**	**3368**	**14348**	**1717**	**1033**	**5282**	**13**	**1080**		**9220**
本级	20431	15279	1072	9443	11	38	2848		676		1191
县级小计	30971	20782	2296	4905	1706	995	2434	13	404		8029
肃州区	6322	4960	606	2118	485	333	311	2	215		890
玉门市	7358	6028	564	877	90	174	1681		52		2590
金塔县	1984	1489	157	282	231	52	43		17		707
瓜州县	3002	2569	260	588	232	121	65		58		1245
敦煌市	4976	3825	432	800	495	226	240	11	59		1562
肃北县	5182	802	120	149	92	69	39		2		331
阿克塞县	2147	1109	157	91	81	20	55		1		704
张掖市小计	**39334**	**30261**	**5859**	**13230**	**1082**	**941**	**2145**	**13**	**780**		**6211**
本级	9194	7710	2743	2822			1497		648		
县级小计	30140	22551	3116	10408	1082	941	648	13	132		6211
山丹县	3520	2598	420	1249	27	59	53		20		770
民乐县	3265	2107	340	1249	44	39	82		6		347
甘州区	11082	8901	1108	4658	561	525	213	13			1823
临泽县	3718	2220	277	1053	152	107	126		6		499
高台县	3417	2372	297	1362	109	109	115		99		281
肃南县	5138	4353	674	837	189	102	59		1		2491
武威市小计	**31304**	**25275**	**4455**	**12154**	**959**	**598**	**2286**	**30**	**655**		**4138**
本级	9583	8036	1417	4938			1077				604
县级小计	21721	17239	3038	7216	959	598	1209	30	655		3534
民勤县	2581	1735	382	578	74	91	225		10		375
古浪县	2857	2068	375	1411	23	47	113	1	10		88
天祝县	4940	3833	863	1809	96	137	410		11		507
凉州区	11343	9603	1418	3418	766	323	461	29	624		2564
定西市小计	**27007**	**17856**	**3316**	**9221**	**629**	**579**	**1474**	**103**	**533**		**2001**
本级	5910	4949	979	2635	390	145	758				42
县级小计	21097	12907	2337	6586	239	434	716	103	533		1959
安定区	5286	3889	527	2088	70	153	268	4	222		557
通渭县	1389	657	80	327	6	21	27		23		173

2006年地方财政政府收支分类转换数据

2－31－9

单位:万元

地区	收支部分									
	收入								支出	
	非税收入							贷款转贷回收本金收入		
	小计	专项收入	行政事业性收费收入	罚没收入	国有资本经营收入	国有资源(资产)有偿使用收入	其他收入		本年支出小计	一般公共服务
武山县	1472	103	407	132	761	17	52		30544	4071
张川县	296	65	88	108		15	20		29606	5475
秦州区	4843	720	1723	851	1191	34	324		52085	6940
麦积区	1620	587	471	543		19			44480	6598
酒泉市小计	**15341**	**3403**	**2647**	**4849**	**651**	**297**	**3494**		**204634**	**42783**
本级	5152	1541	944	2572			95		54113	12918
县级小计	10189	1862	1703	2277	651	297	3399		150521	29865
肃州区	1362	240	532	541		17	32		36234	5754
玉门市	1330	889	168	264			9		23857	5344
金塔县	495	102	192	196			5		22581	4621
瓜州县	433	153	144	125		11			20645	4530
敦煌市	1151	246	414	482		9			23204	4272
肃北县	4380	129	100	510	427	9	3205		14904	3550
阿克塞县	1038	103	153	159	224	251	148		9096	1794
张掖市小计	**9073**	**2164**	**1906**	**3228**	**813**	**209**	**753**		**201617**	**37958**
本级	1484	233	373	800	－49	127			45354	8928
县级小计	7589	1931	1533	2428	862	82	753		156263	29030
山丹县	922	147	350	334		27	64		22113	4264
民乐县	1158	146	295	356		15	346		25349	4355
甘州区	2181	972	385	490		13	321		44548	6484
临泽县	1498	193	123	507	663	5	7		20375	4578
高台县	1045	175	309	550		11			19860	3125
肃南县	785	298	71	191	199	11	15		24018	6224
武威市小计	**6029**	**1747**	**1263**	**2755**	**61**	**166**	**37**		**219790**	**32821**
本级	1547	86	159	1199	1	102			44906	6689
县级小计	4482	1661	1104	1556	60	64	37		174884	26132
民勤县	846	155	244	402	26		19		32863	5905
古浪县	789	248	145	387			9		35669	4465
天祝县	1107	417	137	494	7	43	9		39093	6357
凉州区	1740	841	578	273	27	21			67259	9405
定西市小计	**9151**	**1061**	**2676**	**2313**	**2236**	**179**	**686**		**280610**	**41538**
本级	961	66	282	256	240	72	45		37271	6117
县级小计	8190	995	2394	2057	1996	107	641		243339	35421
安定区	1397	282	338	614	87	68	8		46746	4918
通渭县	732	37	459	216		6	14		34996	6005

2－31－10

单位:万元

地区	收支部分										
	支出										
	外交	国防	公共安全	教育	科学技术	文化体育与传媒	社会保障和就业	医疗卫生	环境保护	城乡社区事务	农林水事务
武山县		2	1365	9852	72	413	5196	2237	452	556	5466
张川县		2	1181	8915	49	262	3672	1916	316	1896	5153
秦州区		2	3263	14276	498	576	12637	2771	733	1777	6565
麦积区		62	2161	12003	176	480	8814	3097	716	2462	6031
酒泉市小计	**18**	**898**	**14943**	**37341**	**3248**	**3918**	**30403**	**10011**	**7270**	**9753**	**28247**
本级		698	5765	6740	2479	1063	7998	2537	1007	1862	5951
县级小计	18	200	9178	30601	769	2855	22405	7474	6263	7891	22296
肃州区	8	2	2440	9492	229	764	7689	1582	237	1781	4646
玉门市		64	1674	4693	189	291	4360	690	248	1788	2627
金塔县		44	1213	5165	71	168	3043	1131	272	705	4270
瓜州县			1111	3863	145	366	2399	1031	1455	1007	3713
敦煌市	10	11	1435	5318	62	574	3442	1653	732	1260	2742
肃北县		62	803	1251	57	475	317	761	1882	1141	2912
阿克塞县		17	502	819	16	217	1155	626	1437	209	1386
张掖市小计			**11720**	**38568**	**1414**	**2709**	**39086**	**11439**	**9039**	**9442**	**28300**
本级			3163	3191	999	821	14396	2746	813	2980	5075
县级小计			8557	35377	415	1888	24690	8693	8226	6462	23225
山丹县			1415	4903	30	239	3339	1372	588	815	4082
民乐县			1416	5732	21	133	3915	587	879	1392	4330
甘州区			2029	12173	97	605	9475	3299	506	3143	4971
临泽县			1588	5107	192	176	3156	906	372	182	2778
高台县			1339	5209	30	324	2627	1268	197	499	3596
肃南县			770	2253	45	411	2178	1261	5684	431	3468
武威市小计	**5**	**208**	**10728**	**58935**	**716**	**2927**	**44145**	**13260**	**3548**	**6513**	**34773**
本级	2	36	3615	4871	216	987	14025	2260	292	2431	6079
县级小计	3	172	7113	54064	500	1940	30120	11000	3256	4082	28694
民勤县		2	1346	9824	156	388	5057	1845	720	424	5259
古浪县		43	1084	10830	51	325	4832	2268	417	788	7977
天祝县		53	1281	9834	173	676	6153	2148	1283	1251	8771
凉州区	3	74	3402	23576	120	551	14078	4739	836	1619	6687
定西市小计	**35**	**6**	**13040**	**81900**	**2688**	**3649**	**41894**	**16111**	**6353**	**8562**	**47558**
本级	16	2	3054	5069	822	852	7622	1746	719	1082	6283
县级小计	19	4	9986	76831	1866	2797	34272	14365	5634	7480	41275
安定区	10		1989	13605	896	466	6348	2899	1606	2572	9707
通渭县			1207	11785	11	614	4597	1317	724	644	6371

2－31－11

单位:万元

地区	收支部分			平衡部分						
	支出			收入						
						返还性收入			财力性转移支付收入	
	交通运输	工业、商业、金融等事务	其他支出	收入总计	本年收入	小计	增值税和消费税税收返还	所得税基数返还	小计	体制补助
武山县	301	367	194	28383	3398	1019	984	35	17108	206
张川县	155	584	30	28155	1616	450	394	56	19308	504
秦州区	667	520	860	53535	15621	4028	3248	780	18058	
麦积区	87	323	1470	45158	8800	2927	2589	338	22377	
酒泉市小计	**2402**	**6366**	**7033**	**213341**	**51402**	**18485**	**12544**	**5941**	**75112**	**312**
本级	171	3492	1432	55907	20431	3010	1911	1099	12983	－354
县级小计	2231	2874	5601	157434	30971	15475	10633	4842	62129	666
肃州区	311	601	698	37746	6322	4505	3076	1429	17584	
玉门市	28	399	1462	25950	7358	4298	3595	703	9014	
金塔县	1154	422	302	23703	1984	1382	597	785	10651	70
瓜州县	85	535	405	21508	3002	1570	908	662	8810	
敦煌市	140	590	963	24235	4976	2075	1318	757	8959	
肃北县	505	267	921	15106	5182	571	308	263	4126	414
阿克塞县	8	60	850	9186	2147	1074	831	243	2985	182
张掖市小计	**939**	**5849**	**5154**	**211287**	**39334**	**12705**	**9609**	**3096**	**81995**	**1852**
本级	107	1121	1014	45642	9194	2093	2092	1	11358	735
县级小计	832	4728	4140	165645	30140	10612	7517	3095	70637	1117
山丹县	33	600	433	23930	3520	1304	1014	290	11200	
民乐县	94	1979	516	26121	3265	1162	907	255	12002	446
甘州区	417	854	495	50539	11082	5184	3808	1376	20842	
临泽县	84	340	916	20833	3718	1379	745	634	9379	
高台县	165	686	795	19971	3417	1181	888	293	10014	
肃南县	39	269	985	24251	5138	402	155	247	7200	671
武威市小计	**2806**	**3226**	**5179**	**210770**	**31304**	**11855**	**7371**	**4484**	**116501**	**4154**
本级	114	1298	1991	38123	9583	1485	1485		17679	893
县级小计	2692	1928	3188	172647	21721	10370	5886	4484	98822	3261
民勤县	1367	419	151	32925	2581	680	468	212	20426	843
古浪县	921	312	1356	32724	2857	499	378	121	23182	1378
天祝县	391	462	260	38354	4940	879	731	148	23364	1040
凉州区	13	735	1421	68644	11343	8312	4309	4003	31850	
定西市小计	**6954**	**7181**	**3141**	**266960**	**27007**	**7797**	**6001**	**1796**	**155620**	**6519**
本级	137	2588	1162	32724	5910	1899	1691	208	15732	1654
县级小计	6817	4593	1979	234236	21097	5898	4310	1588	139888	4865
安定区	866	864		46482	5286	1734	1218	516	22177	
通渭县	1082	166	473	32360	1389	410	330	80	23779	1021

2－31－12

单位:万元

地区	平衡部分									
	收入									
	财力性转移支付收入									
	一般性转移支付补助	民族地区转移支付补助	调整工资转移支付补助	农村税费改革转移支付补助	取消农业特产税降低农业税率转移支付补助	缓解县乡财政困难转移支付补助	农村义务教育补助	结算补助	企事业单位预算划转补助	其他财力性转移支付
武山县	7255		4698	1727	1008	755	1527	－71	3	
张川县	7053	1477	5692	1242	576	796	1248	818	－98	
秦州区	5059		6570	1869	1358	122	1598	1363	119	
麦积区	6497		7363	1970	1415	1117	1522	2093	400	
酒泉市小计	**22423**	**927**	**27272**	**2508**	**6464**	**1496**	**2116**	**9612**	**1952**	**30**
本级	5212		7428					－1296	1993	
县级小计	17211	927	19844	2508	6464	1496	2116	10908	－41	30
肃州区	4429		5510	837	2230	616	671	3285	－4	10
玉门市	3314		3353	342	1087	137	310	467	－6	10
金塔县	3712		2956	543	1304	391	461	1221	－7	
瓜州县	2996		2329	255	744	302	309	1873	－8	10
敦煌市	1814		2888	344	944	50	314	2620	－15	
肃北县	596	400	1667	124	102		28	796	－1	
阿克塞县	350	527	1141	63	53		23	646		
张掖市小计	**23859**	**1047**	**28706**	**4304**	**8589**	**3190**	**2972**	**7147**	**289**	**40**
本级	6752		4994			94	3	－1672	458	－6
县级小计	17107	1047	23712	4304	8589	3096	2969	8819	－169	46
山丹县	3445		3363	667	843	237	521	966	1157	1
民乐县	3306		3610	856	1589	709	706	868	－89	1
甘州区	3629		7513	1175	3096	918	933	4609	－1042	11
临泽县	2916		2891	642	1323	382	353	947	－76	1
高台县	3086		3396	621	1294	397	375	923	－79	1
肃南县	725	1047	2939	343	444	453	81	506	－40	31
武威市小计	**38974**	**1340**	**39140**	**7235**	**8240**	**4997**	**6017**	**7059**	**－655**	
本级	6984		6506			182	－51	3363	－198	
县级小计	31990	1340	32634	7235	8240	4815	6068	3696	－457	
民勤县	7059		5710	1772	1967	1466	1130	585	－106	
古浪县	9389		6076	1398	1070	1298	1523	1129	－79	
天祝县	7564	1340	8548	814	585	1028	689	1854	－98	
凉州区	7978		12300	3251	4618	1023	2726	128	－174	
定西市小计	**62513**		**44544**	**11506**	**8031**	**6173**	**10603**	**6073**	**－363**	**21**
本级	6995		5508			170		1054	356	－5
县级小计	55518		39036	11506	8031	6003	10603	5019	－719	26
安定区	9141		7374	1551	1352	888	1360	616	－124	19
通渭县	10792		6119	1932	1428	1070	1920	－391	－112	

2006年地方财政政府收支分类转换数据

2－31－13　　　　　　　　　　　　　　　　　　　　　　单位:万元

地区	平衡部分								
	收入							支出	
	专项转移支付			省补助计划单列市	上年结余收入	调入资金	国债转贷收入、上年结余及转补助数	支出总计	本年支出
	小计	专项补助	增发国债补助						
武山县	9522	8855	667		－2667	3		30640	30544
张川县	8947	7855	1092		－2207	41		29838	29606
秦州区	13951	12897	1054		1826	51		52680	52085
麦积区	12027	11778	249		－991	18		45642	44480
酒泉市小计	**56749**	**47407**	**9342**		**10107**	**955**	**531**	**205451**	**204634**
本级	13868	10839	3029		5484		131	50330	54113
县级小计	42881	36568	6313		4623	955	400	155121	150521
肃州区	9042	9004	38		－7		300	37358	36234
玉门市	5533	5470	63		－479	126	100	27093	23857
金塔县	8021	6146	1875		1586	79		22626	22581
瓜州县	6648	5545	1103		1394	84		20771	20645
敦煌市	6001	5563	438		1559	665		23267	23204
肃北县	4743	3191	1552		483	1		14907	14904
阿克塞县	2893	1649	1244		87			9099	9096
张掖市小计	**57974**	**50331**	**7643**		**18117**	**912**	**250**	**202406**	**201617**
本级	19518	14542	4976		3208	271		40956	45354
县级小计	38456	35789	2667		14909	641	250	161450	156263
山丹县	5706	5273	433		2200			22159	22113
民乐县	7910	7467	443		1782			25435	25349
甘州区	9702	8959	743		3246	233	250	49412	44548
临泽县	4956	4673	283		1016	385		20474	20375
高台县	5103	4643	460		233	23		19942	19860
肃南县	5079	4774	305		6432			24028	24018
武威市小计	**63296**	**55475**	**7821**		**－13599**	**1013**	**400**	**220783**	**219790**
本级	18004	15603	2401		－9212	184	400	45422	44906
县级小计	45292	39872	5420		－4387	829		175361	174884
民勤县	9742	7965	1777		－507	3		32915	32863
古浪县	9673	7862	1811		－3487			35714	35669
天祝县	10048	8667	1381		－1096	219		39122	39093
凉州区	15829	15378	451		703	607		67610	67259
定西市小计	**84540**	**66257**	**18283**		**－13727**	**5135**	**588**	**281489**	**280610**
本级	12452	8655	3797		－5423	2054	100	37110	37271
县级小计	72088	57602	14486		－8304	3081	488	244379	243339
安定区	18041	14290	3751		－889	133		46787	46746
通渭县	8588	6599	1989		－1808	2		35049	34996

2－31－14

单位:万元

地区	平衡部分									
	支出								年终结余	其中:净结余
	财力性转移支付			专项上解	计划单列市上解省	增设预算周转金	调出资金	国债转贷拨付数及年末结余		
	小计	体制上解	出口退税专项上解							
武山县				96					－2257	－2670
张川县				232					－1683	－2327
秦州区				595					855	－1205
麦积区				1162					－484	－2131
酒泉市小计				**286**				**531**	**7890**	**－2871**
本级	－2685	－2685		－1229				131	5577	36
县级小计	2685	2685		1515				400	2313	－2907
肃州区				824				300	388	－457
玉门市	2685	2685		451				100	－1143	－1978
金塔县				45					1077	－626
瓜州县				126					737	3
敦煌市				63					968	64
肃北县				3					199	
阿克塞县				3					87	87
张掖市小计				**539**				**250**	**8881**	**－8339**
本级	－4427	－4427		29					4686	－2988
县级小计	4427	4427		510				250	4195	－5351
山丹县				46					1771	－407
民乐县				86					686	－745
甘州区	4427	4427		187				250	1127	－3053
临泽县				99					359	－584
高台县				82					29	
肃南县				10					223	－562
武威市小计				**593**				**400**	**－10013**	**－24472**
本级				116				400	－7299	－9580
县级小计				477					－2714	－14892
民勤县				52					10	－2741
古浪县				45					－2990	－6322
天祝县				29					－768	－2952
凉州区				351					1034	－2877
定西市小计				**291**				**588**	**－14529**	**－28279**
本级	－58	－58		－203				100	－4386	－7620
县级小计	58	58		494				488	－10143	－20659
安定区				41					－305	－3868
通渭县				53					－2689	－4404

2－31－15

单位:万元

地区	收支部分										
	收入										
	本年收入小计	税收收入									
		小计	增值税	营业税	企业所得税	个人所得税	城市维护建设税	耕地占用税	契税	烟叶税	其他各项税收收入
陇西县	5013	3015	717	1236	83	81	164		90		644
渭源县	767	490	81	254	4	27	24		36		64
临洮县	5584	3366	638	1910	46	90	174	82	131		295
漳县	791	423	92	213	3	20	17	17	5		56
岷县	2267	1067	202	558	27	42	42		26		170
陇南市小计	**38922**	**31248**	**14443**	**6507**	**2694**	**726**	**2697**	**102**	**447**	**404**	**3228**
本级	8410	6609	3831	754	993	173	235				623
县级小计	30512	24639	10612	5753	1701	553	2462	102	447	404	2605
成县	9484	8657	5323	893	381	52	1012	21	106	93	776
文县	2676	2067	803	685	9	52	265	42			211
康县	1170	818	321	249	54	17	73	1	31	22	50
宕昌县	1024	521	107	280	20	25	41				48
西和县	4094	3386	1601	626	495	102	193	5	12		352
礼县	1993	792	128	392	27	20	44	20	7		154
徽县	5998	5246	1972	866	627	119	709	11	12	205	725
两当县	599	377	44	140	2	11	21		2	84	73
武都县	3474	2775	313	1622	86	155	104	2	277		216
平凉市小计	**57649**	**41196**	**11473**	**12444**	**2432**	**1073**	**4852**	**464**	**1020**		**7438**
本级	14143	10686	6168	1936		261	1694		627		
县级小计	43506	30510	5305	10508	2432	812	3158	464	393		7438
泾川县	3136	1812	171	1001	48	47	198	46	59		242
灵台县	2280	925	64	471	25	39	90	4	42		190
崇信县	3024	2361	767	605	38	59	278	17	9		588
华亭县	14055	11759	2795	2400	1276	382	1494	40	141		3231
庄浪县	2603	1510	98	625	54	4	236	43	50		400
静宁县	3051	2046	180	1476	28	20	136	11	66		129
崆峒区	15357	10097	1230	3930	963	261	726	303	26		2658
庆阳市小计	**84757**	**65600**	**34436**	**11792**	**874**	**1152**	**6249**	**930**	**1060**	**1383**	**7724**
本级	38510	33447	28131	12	4	20	45				5235
县级小计	46247	32153	6305	11780	870	1132	6204	930	1060	1383	2489
庆城县	13235	11608	3067	2524	221	402	4427	246	18		703
镇原县	4114	2346	439	814	43	54	195	39	34	278	450
宁县	3404	2025	527	578	70	76	103	116	60	391	104
正宁县	2565	1379	155	418	125	42	55	14	128	403	39
合水县	2280	1343	188	791	17	102	85	36	45	4	75

2－31－16

单位:万元

地区	收支部分									
	收入								支出	
	非税收入							贷款转贷回收本金收入		
	小计	专项收入	行政事业性收费收入	罚没收入	国有资本经营收入	国有资源(资产)有偿使用收入	其他收入		本年支出小计	一般公共服务
陇西县	1998	235	452	349	501	14	447		39978	4564
渭源县	277	52	71	117	32	5			27949	4671
临洮县	2218	251	657	297	924	4	85		42365	5977
漳县	368	56	180	97	31	3	1		18686	3777
岷县	1200	82	237	367	421	7	86		32619	5509
陇南市小计	**7674**	**2141**	**1633**	**1356**	**140**	**241**	**2163**		**310373**	**63445**
本级	1801	88	178	217		128	1190		37009	6094
县级小计	5873	2053	1455	1139	140	113	973		273364	57351
成县	827	644	79	60		10	34		31665	6656
文县	609	188	236	139	41	5			25998	5121
康县	352	62	42	39		11	198		22988	4638
宕昌县	503	31	266	191		5	10		30649	7145
西和县	708	461	102	124	5	16			35812	6507
礼县	1201	36	248	143	44	20	710		41550	8708
徽县	752	510	13	208		21			27035	6588
两当县	222	15	129	39	34	5			12662	3219
武都县	699	106	340	196	16	20	21		45005	8769
平凉市小计	**16453**	**3507**	**3690**	**4265**	**1638**	**165**	**3188**		**276198**	**45186**
本级	3457	804	1806	752		95			54361	6040
县级小计	12996	2703	1884	3513	1638	70	3188		221837	39146
泾川县	1324	119	360	830		14	1		28965	4517
灵台县	1355	73	172	96	100	7	907		26304	3625
崇信县	663	207	259	144			53		15920	4991
华亭县	2296	928	298	496	560	14			30665	8071
庄浪县	1093	159	299	299	296	10	30		36796	4761
静宁县	1005	110	202	486	182	7	18		40069	5814
崆峒区	5260	1107	294	1162	500	18	2179		43118	7367
庆阳市小计	**19157**	**4962**	**4715**	**3834**	**1831**	**430**	**3385**		**384378**	**79187**
本级	5063	3245	1085	582		151			82561	16221
县级小计	14094	1717	3630	3252	1831	279	3385		301817	62966
庆城县	1627	429	730	427		41			37759	8287
镇原县	1768	348	352	264	251	52	501		46913	6836
宁县	1379	80	615	421		63	200		41532	8006
正宁县	1186	48	366	471		31	270		30235	7105
合水县	937	121	117	342		7	350		26817	6121

2006 年地方财政政府收支分类转换数据

2－31－17

单位:万元

地区	收支部分										
	支出										
	外交	国防	公共安全	教育	科学技术	文化体育与传媒	社会保障和就业	医疗卫生	环境保护	城乡社区事务	农林水事务
陇西县			1194	13177	292	436	5448	2965	1061	1913	5912
渭源县	5	2	1410	8618	274	274	3646	1428	498	304	5735
临洮县			1689	13416	329	462	6705	3306	792	1261	6182
漳县			949	5608	18	213	2611	1108	422	188	2862
岷县	4	2	1548	10622	46	332	4917	1342	531	598	4506
陇南市小计	**12**	**162**	**15349**	**86953**	**1160**	**5936**	**33872**	**18043**	**6616**	**6017**	**51544**
本级	9	162	3199	6758	525	2169	4716	2108	1262	1102	5012
县级小计	3		12150	80195	635	3767	29156	15935	5354	4915	46532
成县			1684	8265	57	512	3447	2819	1313	42	4514
文县			1110	6925	63	362	4747	1196	543	389	3986
康县			838	6405	30	255	2794	934	294	918	3960
宕昌县			1341	8179	175	640	3775	2006	529	336	4617
西和县			1547	12668	45	475	1932	2362	805	577	6229
礼县	3		1431	15627	55	413	2112	2044	493	75	7255
徽县			1501	6075	81	333	3441	1898	523	271	3866
两当县			941	2520	39	263	627	738	355	185	3311
武都县			1757	13531	90	514	6281	1938	499	2122	8794
平凉市小计	**13**	**67**	**10554**	**70417**	**1956**	**4495**	**48130**	**14752**	**6086**	**6315**	**36712**
本级	8	30	1300	5480	1116	995	18412	2981	1076	2524	2788
县级小计	5	37	9254	64937	840	3500	29718	11771	5010	3791	33924
泾川县			1308	8147	200	258	4406	2382	887	330	5262
灵台县			1231	6863	49	720	3265	1380	1105	645	4879
崇信县	2		436	2837	12	222	1681	609	504	193	2496
华亭县			1291	7245	156	492	3221	1777	427	1267	4602
庄浪县			1087	13894	47	501	4094	1440	610	450	7238
静宁县	3		1618	15590	94	431	4877	2517	828	265	6071
崆峒区		37	2283	10361	282	876	8174	1666	649	641	3376
庆阳市小计		**35**	**18939**	**90717**	**2812**	**6509**	**49460**	**17873**	**8030**	**23686**	**64279**
本级			4607	7823	680	1937	10843	4094	2323	2910	20954
县级小计		35	14332	82894	2132	4572	38617	13779	5707	20776	43325
庆城县		35	1690	8618	301	643	3886	1658	637	4931	4213
镇原县			1784	17422	407	530	6842	1994	1164	1174	6734
宁县			1854	14076	222	357	5639	2078	532	1496	5686
正宁县			1760	8794	252	417	3807	1557	758	1302	4371
合水县			1424	4939	178	500	3430	928	92	1737	4999

2－31－18

单位：万元

地区	收支部分			平衡部分						
	支出			收入						
						返还性收入			财力性转移支付收入	
	交通运输	工业、商业、金融等事务	其他支出	收入总计	本年收入	小计	增值税和消费税税收返还	所得税基数返还	小计	体制补助
陇西县	1106	1485	425	38765	5013	1970	1668	302	21042	
渭源县	885	165	34	26107	767	287	168	119	18357	887
临洮县	1226	234	786	41062	5584	808	459	349	23666	1253
漳县	636	180	114	18337	791	203	163	40	10532	566
岷县	1016	1499	147	31123	2267	486	304	182	20335	1138
陇南市小计	**6670**	**4878**	**9716**	**288230**	**38922**	**14222**	**12079**	**2143**	**168976**	**6790**
本级	328	1970	1595	39426	8410	3654	3576	78	13679	1454
县级小计	6342	2908	8121	248804	30512	10568	8503	2065	155297	5336
成县	300	494	1562	31617	9484	2740	2136	604	11752	
文县	266	171	1119	23166	2676	1076	905	171	14448	177
康县	1175	421	326	19863	1170	364	336	28	14233	664
宕昌县	246	265	1395	28227	1024	240	223	17	18216	833
西和县	1536	380	749	32166	4094	1468	839	629	20835	758
礼县	1158	295	1881	35544	1993	257	161	96	28298	1465
徽县	1290	303	865	27488	5998	3407	3045	362	11136	
两当县	75	165	224	11218	599	144	130	14	8092	397
武都县	296	414		39515	3474	872	728	144	28287	1042
平凉市小计	**2761**	**8126**	**20628**	**267450**	**57649**	**11902**	**8763**	**3139**	**123897**	**5556**
本级	98	1485	10028	53689	14143	3746	3376	370	12403	1624
县级小计	2663	6641	10600	213761	43506	8156	5387	2769	111494	3932
泾川县	232	734	302	28961	3136	584	381	203	16643	748
灵台县	969	163	1410	24603	2280	357	226	131	15823	778
崇信县	600	114	1223	15939	3024	685	587	98	6009	
华亭县	267	997	852	32502	14055	3405	2094	1311	6369	
庄浪县	365	196	2113	31362	2603	420	204	216	24836	1355
静宁县	93	269	1599	34960	3051	820	527	293	26673	1051
崆峒区	137	4168	3101	45434	15357	1885	1368	517	15141	
庆阳市小计	**3219**	**3702**	**15930**	**356261**	**84757**	**25330**	**23580**	**1750**	**163385**	**4934**
本级	1704	1212	7253	95072	38510	16946	16928	18	7249	1475
县级小计	1515	2490	8677	261189	46247	8384	6652	1732	156136	3459
庆城县	76	300	2484	38814	13235	2051	1420	631	9485	
镇原县	604	696	726	37737	4114	863	697	166	29937	696
宁县	120	106	1360	30811	3404	803	672	131	26355	846
正宁县	75	37		22448	2565	310	251	59	19174	453
合水县	329	715	1425	24077	2280	1348	1289	59	13397	

2－31－19

单位:万元

地区	平衡部分									
	收入									
	财力性转移支付收入									
	一般性转移支付补助	民族地区转移支付补助	调整工资转移支付补助	农村税费改革转移支付补助	取消农业特产税降低农业税率转移支付补助	缓解县乡财政困难转移支付补助	农村义务教育补助	结算补助	企事业单位预算划转补助	其他财力性转移支付
陇西县	7031		6267	1719	1122	1243	2054	1756	－150	
渭源县	8743		4500	1522	992	676	1208	－92	－79	
临洮县	6934		7132	1909	1615	570	1818	2486	－53	2
漳县	4348		2685	888	654	464	761	216	－53	3
岷县	8529		4959	1985	868	1092	1482	428	－148	2
陇南市小计	**73954**		**49218**	**10844**	**5497**	**7784**	**9736**	**6228**	**－1115**	**40**
本级	5813		5189			90		1061	501	－429
县级小计	68141		44029	10844	5497	7694	9736	5167	－1616	469
成县	3131		5063	932	634	1132	843	550	－653	120
文县	6344		4553	1072	332	540	841	686	－138	41
康县	6607		3786	1019	503	514	633	581	－84	10
宕昌县	9288		4508	1028	500	713	1023	395	－89	17
西和县	7962		5846	1188	845	1061	1655	1577	－172	115
礼县	13277		6997	2173	943	1398	1886	263	－118	14
徽县	3395		4142	845	801	940	622	447	－174	118
两当县	4398		2045	420	114	346	169	249	－50	4
武都县	13739		7089	2167	825	1050	2064	419	－138	30
平凉市小计	**44258**		**37941**	**8290**	**9333**	**4655**	**7490**	**6664**	**－380**	**90**
本级	4643		4709			35		749	－95	738
县级小计	39615		33232	8290	9333	4620	7490	5915	－285	－648
泾川县	5637		4456	1268	1774	1061	1254	518	－96	23
灵台县	6502		3783	1251	1660	925	740	253	－85	16
崇信县	2360		1577	503	667	257	335	325	－22	7
华亭县	150		2407	508	543	27	557	1598	182	397
庄浪县	10289		6914	1625	1322	1179	1796	426	－100	30
静宁县	10562		7987	1854	1620	1048	1830	806	－122	37
崆峒区	4115		6108	1281	1747	123	978	1989	－42	－1158
庆阳市小计	**67219**		**50684**	**9838**	**8977**	**5825**	**8891**	**7365**	**－912**	**564**
本级	－500		6566			94	－452	219	－707	554
县级小计	67719		44118	9838	8977	5731	9343	7146	－205	10
庆城县	1744		3960	976	820		1017	1146	－178	
镇原县	13192		8803	2122	1781	1116	1857	522	－152	
宁县	12274		6436	2071	1752	684	1943	407	－58	
正宁县	10707		4151	993	907	660	1043	347	－97	10
合水县	7245		3182	657	673	668	584	502	－114	

2-31-20

单位:万元

地区	平衡部分								
	收入							支出	
	专项转移支付			省补助计划单列市	上年结余收入	调入资金	国债转贷收入、上年结余及转补助数	支出总计	本年支出
	小计	专项补助	增发国债补助						
陇西县	10663	9319	1344		-1440	1317	200	40282	39978
渭源县	7782	5993	1789		-1219	133		27995	27949
临洮县	11243	10096	1147		-1318	1079		42457	42365
漳县	6591	4679	1912		220			18859	18686
岷县	9180	6626	2554		-1850	417	288	32950	32619
陇南市小计	**87761**	**69750**	**18011**		**-26965**	**5314**		**311787**	**310373**
本级	11592	6990	4602		1790	301		36946	37009
县级小计	76169	62760	13409		-28755	5013		274841	273364
成县	6518	5938	580		-1005	2128		32527	31665
文县	7760	7393	367		-3700	906		26193	25998
康县	7169	5992	1177		-3073			23008	22988
宕昌县	11050	8157	2893		-2672	369		30669	30649
西和县	9534	7883	1651		-3967	202		35859	35812
礼县	10984	8439	2545		-6047	59		41580	41550
徽县	6601	5482	1119		155	191		27147	27035
两当县	4178	3634	544		-1935	140		12675	12662
武都县	12375	9842	2533		-6511	1018		45183	45005
平凉市小计	**83614**	**71036**	**12578**		**-9650**	**38**		**276430**	**276198**
本级	21117	16692	4425		2270	10		52207	54361
县级小计	62497	54344	8153		-11920	28		224223	221837
泾川县	8666	8333	333		-71	3		29016	28965
灵台县	8270	6843	1427		-2129	2		26352	26304
崇信县	6220	5419	801			1		15933	15920
华亭县	7289	6768	521		1374	10		31581	30665
庄浪县	9011	7267	1744		-5508			36863	36796
静宁县	10311	9049	1262		-5896	1		40151	40069
崆峒区	12730	10665	2065		310	11		44327	43118
庆阳市小计	**91965**	**75322**	**16643**		**-12054**	**2878**		**384842**	**384378**
本级	7078	3106	3972		23789	1500		82562	82561
县级小计	84887	72216	12671		-35843	1378		302280	301817
庆城县	10730	9084	1646		3298	15		37833	37759
镇原县	10646	8320	2326		-7832	9		46974	46913
宁县	11147	8804	2343		-10898			41614	41532
正宁县	7858	7017	841		-7459			30287	30235
合水县	7961	6942	1019		-1830	921		26841	26817

2－31－21　　　　单位:万元

地区	平衡部分									
	支出								年终结余	其中:净结余
	财力性转移支付			专项上解	计划单列市上解省	增设预算周转金	调出资金	国债转贷拨付数及年末结余		
	小计	体制上解	出口退税专项上解							
陇西县	58	58		46				200	－1517	－2617
渭源县				46					－1888	－3438
临洮县				92					－1395	－1770
漳县				173					－522	－2086
岷县				43				288	－1827	－2476
陇南市小计				**1414**					**－23557**	**－30048**
本级				－63					2480	－1871
县级小计				1477					－26037	－28177
成县				862					－910	－910
文县				195					－3027	－3974
康县				20					－3145	－3246
宕昌县				20					－2442	－2994
西和县				47					－3693	－3693
礼县				30					－6036	－6046
徽县				112					341	－172
两当县				13					－1457	－1457
武都县				178					－5668	－5685
平凉市小计				**232**					**－8980**	**－18562**
本级				－2154					1482	－457
县级小计				2386					－10462	－18105
泾川县				51					－55	－1576
灵台县				48					－1749	－2303
崇信县				13					6	
华亭县				916					921	162
庄浪县				67					－5501	－5501
静宁县				82					－5191	－5931
崆峒区				1209					1107	－2956
庆阳市小计				**464**					**－28581**	**－57407**
本级				1					12510	306
县级小计				463					－41091	－57713
庆城县				74					981	112
镇原县				61					－9237	－13849
宁县				82					－10803	－12065
正宁县				52					－7839	－8135
合水县				24					－2764	－5011

2－31－22

单位:万元

地区	收支部分										
	收入										
	本年收入小计	税收收入									
		小计	增值税	营业税	企业所得税	个人所得税	城市维护建设税	耕地占用税	契税	烟叶税	其他各项税收收入
华池县	3810	1489	320	561	43	63	172	107	35		188
环县	3213	1875	379	1169	31	60	122		18		96
西峰区	13626	10088	1230	4925	320	333	1045	372	722	307	834
临夏州小计	**22442**	**13946**	**4277**	**5556**	**647**	**435**	**1486**	**162**	**177**		**1206**
本级	3122	2183	1220	153	315	21	375				99
县级小计	19320	11763	3057	5403	332	414	1111	162	177		1107
临夏市	6074	3471	382	1918	69	71	378	88	89		476
临夏县	1233	556	88	332	11	37	26	37	1		24
积石山县	1088	468	42	357		13	32				24
永靖县	6025	5024	2153	1360	240	204	511	3	69		484
和政县	1062	533	41	398	6	21	36	11	3		17
康乐县	1346	522	35	373	1	25	34	13	9		32
广河县	1728	693	223	362	3	21	43	8	6		27
东乡县	764	496	93	303	2	22	51	2			23
甘南州小计	**15647**	**7929**	**1089**	**3944**	**1455**	**176**	**555**	**3**	**25**		**682**
本级	3097	2489	438	1157	741	90	26				37
县级小计	12550	5440	651	2787	714	86	529	3	25		645
夏河县	875	555	56	376	5	9	46		1		62
临潭县	959	573	90	322	3	14	77				67
卓尼县	495	382	56	260	1	7	36				22
舟曲县	810	564	109	265	3	13	51		6		117
迭部县	1039	649	69	492	11	4	44		7		22
碌曲县	1977	482	50	341	34	8	26				23
玛曲县	4558	918	45	170	582	10	22				89
合作市	1837	1317	176	561	75	21	227	3	11		243

2－31－23

单位:万元

地区	收支部分									
	收入								支出	
	非税收入							贷款转贷回收本金收入	本年支出小计	一般公共服务
	小计	专项收入	行政事业性收费收入	罚没收入	国有资本经营收入	国有资源(资产)有偿使用收入	其他收入			
华池县	2321	108	438	261	206	19	1289		25543	8067
环县	1338	139	371	240	1	17	570		42404	7482
西峰区	3538	444	641	826	1373	49	205		50614	11062
临夏州小计	**8496**	**1108**	**1865**	**1087**	**1287**	**148**	**3001**		**280990**	**67533**
本级	939	318	93	337	3	148	40		54545	12893
县级小计	7557	790	1772	750	1284		2961		226445	54640
临夏市	2603	197	361	231	386		1428		31010	7947
临夏县	677	41	170	168	4		294		27349	7907
积石山县	620	22	179	23			396		28565	8393
永靖县	1001	415	316	99	11		160		34531	6881
和政县	529	23	73	31			402		26230	6050
康乐县	824	31	211	28	483		71		23512	4732
广河县	1035	28	447	122	400		38		23882	5973
东乡县	268	33	15	48			172		31366	6757
甘南州小计	**7718**	**605**	**227**	**873**	**4942**	**294**	**777**		**206940**	**48272**
本级	608	46	59	287		216			46762	11330
县级小计	7110	559	168	586	4942	78	777		160178	36942
夏河县	320	46	15	88	117	15	39		23245	4162
临潭县	386	58	4	93	26	9	196		22627	4955
卓尼县	113	28		62		5	18		21360	4804
舟曲县	246	44	37	37		10	118		21617	6029
迭部县	390	40	35	68	20	2	225		13873	6865
碌曲县	1495	176		46	1260	13			17735	3301
玛曲县	3640	41	1	87	3499	12			25701	3849
合作市	520	126	76	105	20	12	181		14020	2977

2－31－24

单位：万元

地区	收支部分										
	支出										
	外交	国防	公共安全	教育	科学技术	文化体育与传媒	社会保障和就业	医疗卫生	环境保护	城乡社区事务	农林水事务
华池县			1220	4777	167	521	2962	1415	512	673	4117
环县			1490	12346	306	906	5207	2089	1027	1680	8806
西峰区			3110	11922	299	698	6844	2060	985	7783	4399
临夏州小计		**29**	**15378**	**58549**	**1664**	**6359**	**35560**	**14474**	**5860**	**7406**	**47407**
本级			4165	5323	900	2311	9964	4196	542	76	9497
县级小计		29	11213	53226	764	4048	25596	10278	5318	7330	37910
临夏市		17	1722	4135	295	339	8853	1333	284	2250	2938
临夏县			1674	8562	15	307	932	1286	335	40	5752
积石山县			1288	8057	141	201	1998	647	786	474	5397
永靖县			1837	6085	37	308	3587	1584	2929	449	5006
和政县		3	1072	6594	45	1943	2906	621	242	1494	4021
康乐县		9	1068	5725	55	321	2539	1791	211	866	4779
广河县			1489	5680	54	153	2150	1441	244	1127	4772
东乡县			1063	8388	122	476	2631	1575	287	630	5245
甘南州小计	**134**	**119**	**10680**	**29658**	**1017**	**4521**	**25208**	**9931**	**23563**	**5432**	**28402**
本级	134	83	2732	3612	590	1802	5990	3352	1451	65	6738
县级小计		36	7948	26046	427	2719	19218	6579	22112	5367	21664
夏河县			940	2828	8	558	2895	786	7835	342	2460
临潭县			1082	4147	27	653	3388	978	117	81	4458
卓尼县			1155	4246	20	224	2580	829	79	192	5562
舟曲县			807	4712	37	307	2809	1062	274	1362	3311
迭部县		25	764	2097	6	139	1782	557	34	132	1340
碌曲县			958	2804	10	280	1651	624	5267	283	1961
玛曲县			1253	3449	298	456	1995	1058	8370	384	1221
合作市		11	989	1763	21	102	2118	685	136	2591	1351

2006 年地方财政政府收支分类转换数据

2－31－25

单位:万元

地区	收支部分			平衡部分						
	支出			收入						
						返还性收入			财力性转移支付收入	
	交通运输	工业、商业、金融等事务	其他支出	收入总计	本年收入	小计	增值税和消费税税收返还	所得税基数返还	小计	体制补助
华池县		150	962	26184	3810	510	363	147	14699	766
环县	94	213	758	36692	3213	645	552	93	25055	698
西峰区	217	273	962	44426	13626	1854	1408	446	18034	
临夏州小计	**6200**	**2962**	**11609**	**279818**	**22442**	**4927**	**4187**	**740**	**168469**	**9578**
本级	303	1359	3016	47007	3122	123	113	10	35865	3140
县级小计	5897	1603	8593	232811	19320	4804	4074	730	132604	6438
临夏市	297	245	355	32940	6074	1319	1008	311	15009	
临夏县	243	247	49	27241	1233	292	262	30	21082	1319
积石山县	445	29	709	30298	1088	77	71	6	18360	1074
永靖县	1588	399	3841	35843	6025	2345	2055	290	15002	
和政县	605	59	575	27529	1062	175	154	21	14051	863
康乐县	702	200	514	23334	1346	109	98	11	15910	1155
广河县	340	62	397	24682	1728	377	342	35	14332	845
东乡县	1677	362	2153	30944	764	110	84	26	18858	1182
甘南州小计	**2336**	**2809**	**14858**	**205224**	**15647**	**4633**	**1625**	**3008**	**105874**	**7452**
本级	91	958	7834	48690	3097	981	794	187	30515	3345
县级小计	2245	1851	7024	156534	12550	3652	831	2821	75359	4107
夏河县		260	171	21991	875	156	121	35	10056	312
临潭县	50	32	2659	20608	959	136	98	38	14873	1084
卓尼县	73	336	1260	21357	495	71	62	9	12457	807
舟曲县	155	125	627	19770	810	111	74	37	14238	908
迭部县	64	60	8	13879	1039	203	151	52	6717	147
碌曲县	70	78	448	17585	1977	93	67	26	5892	588
玛曲县	1742	785	841	27031	4558	2506	62	2444	5013	
合作市	91	175	1010	14313	1837	376	196	180	6113	261

2-31-26

单位:万元

地区	平衡部分									
	收入									
	财力性转移支付收入									
	一般性转移支付补助	民族地区转移支付补助	调整工资转移支付补助	农村税费改革转移支付补助	取消农业特产税降低农业税率转移支付补助	缓解县乡财政困难转移支付补助	农村义务教育补助	结算补助	企事业单位预算划转补助	其他财力性转移支付
华池县	6098		4348	529	791	566	435	1236	-70	
环县	10144		7737	1458	1310	1509	1600	716	-117	
西峰区	6315		5501	1032	943	528	864	2270	581	
临夏州小计	**62442**	**15978**	**48312**	**7175**	**2703**	**6570**	**5951**	**10602**	**-882**	**40**
本级	15187	3170	8151			353	22	6295	-493	40
县级小计	47255	12808	40161	7175	2703	6217	5929	4307	-389	
临夏市	4074	1716	6232	363	142	830	627	1264	-239	
临夏县	7878	1499	6073	1438	654	884	1235	232	-130	
积石山县	7011	1901	4990	1025	347	927	735	422	-72	
永靖县	3560	1991	5130	679	366	1091	625	1182	378	
和政县	5843	1204	3817	746	296	541	552	251	-62	
康乐县	5864	1395	4552	954	468	611	792	219	-100	
广河县	5380	1295	4455	771	244	518	669	255	-100	
东乡县	7645	1807	4912	1199	186	815	694	482	-64	
甘南州小计	**36566**	**9977**	**29382**	**3039**	**1359**	**3275**	**2201**	**13207**	**-624**	**40**
本级	7411	4064	10197			105	89	5536	-212	-20
县级小计	29155	5913	19185	3039	1359	3170	2112	7671	-412	60
夏河县	4257	679	2755	411	252	391	226	848	-75	
临潭县	7167	793	3209	657	231	752	568	438	-71	45
卓尼县	6058	568	2761	483	145	633	321	714	-48	15
舟曲县	6534	670	3327	670	179	723	450	841	-64	
迭部县	609	1044	2007	193	68	212	194	2288	-45	
碌曲县	2421	467	1491	206	141	169	80	369	-40	
玛曲县	223	925	1901	228	252		106	1426	-48	
合作市	1886	767	1734	191	91	290	167	747	-21	

2－31－27

单位:万元

地区	平衡部分								
	收入							支出	
	专项转移支付			省补助计划单列市	上年结余收入	调入资金	国债转贷收入、上年结余及转补助数	支出总计	本年支出
	小计	专项补助	增发国债补助						
华池县	7409	5294	2115		－246	2		25595	25543
环县	14114	11911	2203		－6335			42449	42404
西峰区	15022	14844	178		－4541	431		50687	50614
临夏州小计	**83851**	**61831**	**22020**		**－292**	**421**		**281068**	**280990**
本级	11464	4410	7054		－3567			54432	54545
县级小计	72387	57421	14966		3275	421		226636	226445
临夏市	8936	8854	82		1186	416		31164	31010
临夏县	5864	5541	323		－1230			27351	27349
积石山县	9608	7112	2496		1165			28566	28565
永靖县	11260	10214	1046		1211			34542	34531
和政县	10824	7822	3002		1417			26237	26230
康乐县	6439	5894	545		－470			23523	23512
广河县	8259	5241	3018		－14			23886	23882
东乡县	11197	6743	4454		10	5		31367	31366
甘南州小计	**62719**	**46691**	**16028**		**16346**	**5**		**206952**	**206940**
本级	－7210	8002	－15212		21307			44793	46762
县级小计	69929	38689	31240		－4961	5		162159	160178
夏河县	12562	4897	7665		－1658			23396	23245
临潭县	6947	6128	819		－2307			22748	22627
卓尼县	7707	4857	2850		627			21364	21360
舟曲县	6443	5516	927		－1832			21629	21617
迭部县	5920	4237	1683					13875	13873
碌曲县	9844	3667	6177		－221			17803	17735
玛曲县	14669	4002	10667		285			27031	25701
合作市	5837	5385	452		145	5		14313	14020

2－31－28

单位：万元

地　　区	平衡部分										
	支出									年终结余	其中：净结余
	财力性转移支付			专项上解	计划单列市上解省	增设预算周转金	调出资金	国债转贷拨付数及年末结余			
	小　计	体制上解	出口退税专项上　解								
华池县				52						589	－1730
环县				45						－5757	－8462
西峰区				73						－6261	－8573
临夏州小计				**78**						**－1250**	**－21494**
本级				－113						－7425	－16470
县级小计				191						6175	－5024
临夏市				154						1776	－628
临夏县				2						－110	－1308
积石山县				1						1732	－196
永靖县				11						1301	－211
和政县				7						1292	－406
康乐县				11						－189	－870
广河县				4						796	－982
东乡县				1						－423	－423
甘南州小计				**12**						**－1728**	**－13410**
本级				－1969						3897	－5334
县级小计				1981						－5625	－8076
夏河县				151						－1405	－1405
临潭县				121						－2140	－2745
卓尼县				4						－7	－1420
舟曲县				12						－1859	－2110
迭部县				2						4	
碌曲县				68						－218	－396
玛曲县				1330							
合作市				293							

2006 年青海省地市县财政一般预算收支平衡表

2－32－1

单位：万元

地区	收支部分										
	收入										
	本年收入小计	税收收入									
		小计	增值税	营业税	企业所得税	个人所得税	城市维护建设税	耕地占用税	契税	烟叶税	其他各项税收收入
地(市)县级总计	**284059**	**233596**	**48109**	**85972**	**18751**	**10442**	**26563**	**2351**	**6872**		**34536**
地(市)本级合计	**102464**	**78447**	**21463**	**18810**	**13413**	**2153**	**4607**		**3037**		**14964**
县级合计	**181595**	**155149**	**26646**	**67162**	**5338**	**8289**	**21956**	**2351**	**3835**		**19572**
西宁市小计	**141598**	**114032**	**23017**	**48228**	**4953**	**5595**	**14782**	**685**	**5981**		**10791**
本级	60308	40003	10670	15714	1867	1857	4025		3037		2833
县级小计	81290	74029	12347	32514	3086	3738	10757	685	2944		7958
大通县	18366	16014	4837	3567	230	593	3556	134	295		2802
湟中县	5692	3797	867	1366	81	187	586	105	364		241
湟源县	3139	2161	305	1238	107	135	192	1	45		138
城东区	9337	8973	445	5019	239	553	1094	429	382		812
城中区	7918	7564	287	4257	502	511	695		362		950
城西区	16919	16591	1673	9057	288	885	2513		651		1524
城北区	10212	9504	1886	3078	1024	429	1723	16	433		915
开发区	5127	5079	1087	2409	497	264	209		312		301
城南新区	1522	1294	36	994	21	27	94		69		53
生物产业园区	3058	3052	924	1529	97	154	95		31		222
海北州小计	**9011**	**6460**	**808**	**3887**	**63**	**212**	**537**	**7**	**32**		**914**
本级	2931	2234	808	695	5	56	74				596
县级小计	6080	4226		3192	58	156	463	7	32		318
门源县	2720	1548		1233	11	70	134	7	19		74
祁连县	1397	1142		839	1	36	106		8		152
刚察县	1204	877		607	41	23	155		3		48
海晏县	759	659		513	5	27	68		2		44
黄南州小计	**7461**	**6058**	**2089**	**2238**	**215**	**221**	**793**	**12**	**61**		**429**
本级	1317	1069	43	299	82	57	278				310
县级小计	6144	4989	2046	1939	133	164	515	12	61		119
同仁县	1091	766	42	542	3	58	36	11	40		34
尖扎县	4269	3721	1992	1060	130	76	380	1	21		61
泽库县	217	136	5	107		11	6				7
河南县	567	366	7	230		19	93				17
果洛州小计	**1937**	**1332**	**72**	**985**	**2**	**169**	**61**				**43**
本级	546	279	72	167	1	26					13
县级小计	1391	1053		818	1	143	61				30
玛沁县	442	389		282	1	60	32				14
甘德县	134	106		87		14	4				1

2－32－2

单位:万元

地区	收支部分									
	收入								支出	
	非税收入							贷款转贷回收本金收入		
	小计	专项收入	行政事业性收费收入	罚没收入	国有资本经营收入	国有资源(资产)有偿使用收入	其他收入		本年支出小计	一般公共服务
地(市)县级总计	**50463**	**16026**	**10680**	**8389**	**2737**	**1538**	**11093**		**1137359**	**225003**
地(市)本级合计	**24017**	**9830**	**3535**	**2981**	**1573**	**579**	**5519**		**289917**	**71775**
县级合计	**26446**	**6196**	**7145**	**5408**	**1164**	**959**	**5574**		**847442**	**153228**
西宁市小计	**27566**	**10969**	**5658**	**2614**	**1395**	**360**	**6570**		**343058**	**62037**
本级	20305	9251	3018	1505	1311	192	5028		141464	28432
县级小计	7261	1718	2640	1109	84	168	1542		201594	33605
大通县	2352	663	1276	259		55	99		52076	7444
湟中县	1895	514	400	199		19	763		50010	6616
湟源县	978	138	71	251		6	512		25256	3893
城东区	364		280	75		9			13742	3263
城中区	354		255	52	35	6	6		10469	2226
城西区	328		220	76		30	2		17717	3638
城北区	708	403	124	154	17	10			12790	2605
开发区	48		3	7	32	6			8286	2432
城南新区	228		11	36		21	160		5725	741
生物产业园区	6					6			5523	747
海北州小计	**2551**	**364**	**806**	**396**	**560**	**2**	**423**		**78440**	**14110**
本级	697	38	69	180	171		239		20917	4723
县级小计	1854	326	737	216	389	2	184		57523	9387
门源县	1172	77	581	176	172		166		22356	3377
祁连县	255	73	97	22	53		10		14143	2605
刚察县	327	136	5	16	164		6		11911	1785
海晏县	100	40	54	2		2	2		9113	1620
黄南州小计	**1403**	**383**	**242**	**151**		**38**	**589**		**73048**	**13299**
本级	248	51	38	83		32	44		16270	3543
县级小计	1155	332	204	68		6	545		56778	9756
同仁县	325	44	103	30			148		18500	2687
尖扎县	548	272	55	21			200		15317	2623
泽库县	81	3	9	5			64		12624	2180
河南县	201	13	37	12		6	133		10337	2266
果洛州小计	**605**	**38**	**124**	**155**		**128**	**160**		**64964**	**18509**
本级	267	6	18	79		122	42		17193	5295
县级小计	338	32	106	76		6	118		47771	13214
玛沁县	53	12	30	7			4		9098	1679
甘德县	28	3	6	13			6		8043	3192

2006年地方财政政府收支分类转换数据

2－32－3

单位:万元

地区	收支部分										
	支出										
	外交	国防	公共安全	教育	科学技术	文化体育与传媒	社会保障和就业	医疗卫生	环境保护	城乡社区事务	农林水事务
地(市)县级总计		**493**	**66467**	**204243**	**4917**	**17350**	**213407**	**77088**	**18500**	**74806**	**150574**
地(市)本级合计		**227**	**26840**	**33180**	**2289**	**7283**	**67078**	**19433**	**2328**	**21693**	**18225**
县级合计		**266**	**39627**	**171063**	**2628**	**10067**	**146329**	**57655**	**16172**	**53113**	**132349**
西宁市小计		**181**	**22668**	**69822**	**1984**	**4173**	**51577**	**23497**	**3680**	**35072**	**39263**
本级		85	14775	21584	877	2079	24741	8170	1081	18790	10139
县级小计		96	7893	48238	1107	2094	26836	15327	2599	16282	29124
大通县			2036	15101	429	557	5518	5251	1191	2202	9523
湟中县		5	1603	15194	243	564	5537	4673	909	1011	10963
湟源县		4	1102	5029	194	399	3347	2199	392	2604	4579
城东区		30	665	3235	17	108	3368	739	21	1024	595
城中区		9	781	2468	17	87	3082	554	7	643	284
城西区		34	958	3574	87	122	3545	935	25	3088	1431
城北区		14	666	3070	120	137	2434	971	54	679	1539
开发区			62				5	5		305	19
城南新区				567						4226	191
生物产业园区			20			120				500	
海北州小计		**92**	**3931**	**11554**	**539**	**1391**	**17664**	**6664**	**1700**	**5053**	**10817**
本级		81	1392	1875	319	873	6294	1160	447	616	1288
县级小计		11	2539	9679	220	518	11370	5504	1253	4437	9529
门源县		8	974	4689	205	132	4412	1963	695	864	3732
祁连县		2	537	1895	12	119	2490	1446	219	2097	2191
刚察县			646	1807	1	120	2768	1203	238	832	1851
海晏县		1	382	1288	2	147	1700	892	101	644	1755
黄南州小计			**4565**	**12452**	**90**	**1585**	**16567**	**6630**	**1405**	**1420**	**9946**
本级			1242	1508	86	795	4011	1945	313	98	1021
县级小计			3323	10944	4	790	12556	4685	1092	1322	8925
同仁县			871	4202	1	336	3812	1976	507	617	2510
尖扎县			853	2628		243	3979	664	303	541	2766
泽库县			817	2486		72	2852	678	191		2469
河南县			782	1628	3	139	1913	1367	91	164	1180
果洛州小计		**19**	**4169**	**8114**	**172**	**1007**	**13413**	**5755**	**1033**	**2723**	**5983**
本级			1280	1607	163	578	3835	1720	97	797	843
县级小计		19	2889	6507	9	429	9578	4035	936	1926	5140
玛沁县			562	1494	9	44	1782	1035	382	57	809
甘德县			506	1163		113	1309	721	80	4	900

2－32－4

单位:万元

地区	收支部分			平衡部分						
	支出			收入						
						返还性收入			财力性转移支付收入	
	交通运输	工业、商业、金融等事务	其他支出	收入总计	本年收入	小计	增值税和消费税税收返还	所得税基数返还	小计	体制补助
地(市)县级总计	**9216**	**30509**	**44786**	**1167096**	**284059**	**62003**	**53410**	**8593**	**535058**	**30020**
地(市)本级合计	**1763**	**10040**	**7763**	**323149**	**102464**	**19551**	**15531**	**4020**	**126083**	**4814**
县级合计	**7453**	**20469**	**37023**	**843947**	**181595**	**42452**	**37879**	**4573**	**408975**	**25206**
西宁市小计	**2427**	**19985**	**6692**	**358207**	**141598**	**29255**	**25983**	**3272**	**92331**	**3519**
本级	702	7747	2262	152319	60308	7028	4467	2561	43554	－85
县级小计	1725	12238	4430	205888	81290	22227	21516	711	48777	3604
大通县	659	710	1455	52836	18366	2862	2731	131	17667	474
湟中县	828	666	1198	50980	5692	2681	2531	150	27015	1711
湟源县	204	754	556	26135	3139	1005	862	143	14334	869
城东区		310	367	14445	9337	3914	4125	－211	－102	268
城中区	4	51	256	8238	7918	3732	3859	－127	－3175	228
城西区		2	278	18321	16919	4739	4114	625	－5987	335
城北区	30	154	317	13123	10212	3184	3184		－3377	－363
开发区		5455	3	9775	5127	22	22		1577	82
城南新区				6298	1522	4	4		－99	
生物产业园区		4136		5737	3058	84	84		924	
海北州小计	**721**	**1526**	**2678**	**79047**	**9011**	**2439**	**1984**	**455**	**44949**	**2382**
本级	136	1214	499	22293	2931	838	666	172	11888	1195
县级小计	585	312	2179	56754	6080	1601	1318	283	33061	1187
门源县	260	126	919	22333	2720	412	375	37	12767	448
祁连县	147	73	310	13773	1397	511	386	125	7521	256
刚察县	103	63	494	11980	1204	400	316	84	6843	245
海晏县	75	50	456	8668	759	278	241	37	5930	238
黄南州小计	**915**	**382**	**3792**	**71074**	**7461**	**1610**	**1017**	**593**	**47600**	**5225**
本级	52	215	1441	14467	1317	314	195	119	11472	582
县级小计	863	167	2351	56607	6144	1296	822	474	36128	4643
同仁县	77	89	815	19000	1091	821	386	435	12225	1427
尖扎县	161	56	500	15588	4269	259	268	－9	7616	933
泽库县	174		705	11501	217	109	83	26	8709	1032
河南县	451	22	331	10518	567	107	85	22	7578	1251
果洛州小计	**204**	**931**	**2932**	**66375**	**1937**	**971**	**697**	**274**	**49417**	**4919**
本级	73	150	755	18776	546	442	179	263	14226	1413
县级小计	131	781	2177	47599	1391	529	518	11	35191	3506
玛沁县	8	45	1192	9357	442	125	125		6976	397
甘德县	39	16		8208	134	83	83		5690	745

2－32－5

单位:万元

地区	平衡部分									
	收入									
	财力性转移支付收入									
	一般性转移支付补助	民族地区转移支付补助	调整工资转移支付补助	农村税费改革转移支付补助	取消农业特产税降低农业税率转移支付补助	缓解县乡财政困难转移支付补助	农村义务教育补助	结算补助	企事业单位预算划转补助	其他财力性转移支付
地(市)县级总计	**123864**		**166206**	**20652**	**18150**	**30373**	**12945**	**132598**		**250**
地(市)本级合计	**14818**		**35464**		**76**	**－1126**	**420**	**71870**		**－253**
县级合计	**109046**		**130742**	**20652**	**18074**	**31499**	**12525**	**60728**		**503**
西宁市小计	**14675**		**37531**	**3626**	**2843**	**3667**	**2972**	**23498**		
本级	－533		11614				410	32148		
县级小计	15208		25917	3626	2843	3667	2562	－8650		
大通县	1675		7323	1178	859	320	965	4873		
湟中县	5837		7496	1446	1245	1889	952	6439		
湟源县	4025		4001	496	361	1163	325	3094		
城东区	2309		2000	223	166	295	54	－5417		
城中区	1281		1645	17	22		89	－6457		
城西区	61		1841	104	54		61	－8443		
城北区	20		1605	162	136		116	－5053		
开发区			3					1492		
城南新区			3					－102		
生物产业园区								924		
海北州小计	**12025**		**8591**	**1768**	**2026**	**2852**	**830**	**14475**		
本级	2236				81			8376		
县级小计	9789		8591	1768	1945	2852	830	6099		
门源县	3635		3449	646	656	1117	416	2400		
祁连县	2315		1863	447	523	544	170	1403		
刚察县	1728		1811	435	503	775	126	1220		
海晏县	2111		1468	240	263	416	118	1076		
黄南州小计	**10431**		**14485**	**1450**	**1258**	**2317**	**1134**	**11300**		
本级	2488		4341				10	4051		
县级小计	7943		10144	1450	1258	2317	1124	7249		
同仁县	2734		3728	390	269	930	327	2420		
尖扎县	1318		1982	229	149	874	192	1939		
泽库县	2285		2254	473	435	397	360	1473		
河南县	1606		2180	358	405	116	245	1417		
果洛州小计	**13952**		**12840**	**1756**	**1379**	**2104**	**526**	**11718**		**223**
本级	4996		3653					4417		－253
县级小计	8956		9187	1756	1379	2104	526	7301		476
玛沁县	1510		1873	499	383	436	114	1490		274
甘德县	1314		1430	288	263	369	116	1137		28

2－32－6

单位:万元

地　　区	平　　衡　　部　　分								
	收　　入							支　　出	
	专项转移支付			省补助计划单列　市	上年结余收入	调入资金	国债转贷收入、上年结余及转补助数	支出总计	本年支出
	小　计	专项补助	增发国债补助						
地(市)县级总计	**287680**	**287680**			**－5441**	**3737**		**1137359**	**1137359**
地(市)本级合计	**64100**	**64100**			**9888**	**1063**		**289631**	**289917**
县级合计	**223580**	**223580**			**－15329**	**2674**		**847728**	**847442**
西宁市小计	**86031**	**86031**			**7990**	**1002**		**343058**	**343058**
本级	37150	37150			4279			141178	141464
县级小计	48881	48881			3711	1002		201880	201594
大通县	11603	11603			1438	900		52076	52076
湟中县	13379	13379			2213			50010	50010
湟源县	6940	6940			717			25256	25256
城东区	2531	2531			－1337	102		13742	13742
城中区	1870	1870			－2107			10469	10469
城西区	2189	2189			461			17717	17717
城北区	2804	2804			300			13076	12790
开发区	3349	3349			－300			8286	8286
城南新区	3346	3346			1525			5725	5725
生物产业园区	870	870			801			5523	5523
海北州小计	**21405**	**21405**			**－112**	**1355**		**78440**	**78440**
本级	4345	4345			1795	496		20917	20917
县级小计	17060	17060			－1907	859		57523	57523
门源县	6323	6323			－83	194		22356	22356
祁连县	4828	4828			－584	100		14143	14143
刚察县	3627	3627			－227	133		11911	11911
海晏县	2282	2282			－1013	432		9113	9113
黄南州小计	**19558**	**19558**			**－5155**			**73048**	**73048**
本级	2970	2970			－1606			16270	16270
县级小计	16588	16588			－3549			56778	56778
同仁县	5503	5503			－640			18500	18500
尖扎县	4264	4264			－820			15317	15317
泽库县	3842	3842			－1376			12624	12624
河南县	2979	2979			－713			10337	10337
果洛州小计	**14414**	**14414**			**－378**	**14**		**64964**	**64964**
本级	2601	2601			961			17193	17193
县级小计	11813	11813			－1339	14		47771	47771
玛沁县	1564	1564			250			9098	9098
甘德县	2275	2275			12	14		8043	8043

2－32－7　　　　单位:万元

地区	平衡部分									
	支出								年终结余	其中:净结余
	财力性转移支付			专项上解	计划单列市上解省	增设预算周转金	调出资金	国债转贷拨付数及年末结余		
	小计	体制上解	出口退税专项上解							
地(市)县级总计									**29737**	**－35000**
地(市)本级合计				**－286**					**33518**	**－14195**
县级合计				**286**					**－3781**	**－20805**
西宁市小计									**15149**	**1098**
本级				－286					11141	625
县级小计				286					4008	473
大通县									760	338
湟中县									970	240
湟源县									879	453
城东区									703	703
城中区									－2231	－2407
城西区									604	538
城北区				286					47	47
开发区									1489	789
城南新区									573	－242
生物产业园区									214	14
海北州小计									**607**	**－1861**
本级									1376	－454
县级小计									－769	－1407
门源县									－23	－23
祁连县									－370	－495
刚察县									69	－231
海晏县									－445	－658
黄南州小计									**－1974**	**－9692**
本级									－1803	－3586
县级小计									－171	－6106
同仁县									500	－1776
尖扎县									271	－1339
泽库县									－1123	－2334
河南县									181	－657
果洛州小计									**1411**	**－3487**
本级									1583	－1944
县级小计									－172	－1543
玛沁县									259	40
甘德县									165	－47

2-32-8

单位:万元

地区	收支部分										
	收入										
	本年收入小计	税收收入									
		小计	增值税	营业税	企业所得税	个人所得税	城市维护建设税	耕地占用税	契税	烟叶税	其他各项税收收入
达日县	192	96		69		18	6				3
玛多县	101	75		65		5	3				2
班玛县	364	281		249		11	13				8
久治县	158	106		66		35	3				2
海东地区小计	**25618**	**19844**	**2164**	**10881**	**243**	**751**	**2556**	**1510**	**319**		**1420**
本级	1518	772	159	416	11	30	16				140
县级小计	24100	19072	2005	10465	232	721	2540	1510	319		1280
民和县	4619	3658	202	2584	20	73	160	249	94		276
乐都县	3420	2481	340	1359	36	195	160	21	111		259
平安县	3290	2984	445	1700	18	189	334	27	47		224
互助县	5678	3376	257	1925	37	172	605	36	51		293
化隆县	3783	3335	723	1178	94	61	671	471	4		133
循化县	3310	3238	38	1719	27	31	610	706	12		95
海南州小计	**11837**	**8773**	**1578**	**5064**	**158**	**331**	**569**	**134**	**146**		**793**
本级	3992	3238	1152	1353	60	126	112				435
县级小计	7845	5535	426	3711	98	205	457	134	146		358
共和县	1996	1454	62	763	35	70	263		91		170
贵德县	3631	2767	170	2113	4	62	123	134	44		117
贵南县	555	355	14	279		29	19		5		9
同德县	539	368	12	311	1	16	19		3		6
兴海县	1124	591	168	245	58	28	33		3		56
海西州小计	**83647**	**75099**	**18244**	**13235**	**13103**	**2982**	**7158**		**315**		**20062**
本级	31546	30849	8559	166	11384	1	102				10637
县级小计	52101	44250	9685	13069	1719	2981	7056		315		9425
都兰县	2264	1953	194	633	229	127	71				699
乌兰县	1841	1346	191	454		48	45		2		606
天峻县	3660	2563	416	1230		296	177		1		443
德令哈市	4140	3587	624	2039	36	272	285		26		305
格尔木市	31514	27306	6729	6802	1187	1844	5282		285		5177
大柴旦行委	4037	3459	1340	540	11	267	871		1		429
冷湖行委	1641	1346	5	359	199	18	140				625
茫崖行委	3004	2690	186	1012	57	109	185				1141
玉树州小计	**2950**	**1998**	**137**	**1454**	**14**	**181**	**107**	**3**	**18**		**84**
本级	306	3			3						
县级小计	2644	1995	137	1454	11	181	107	3	18		84

2－32－9

单位:万元

地　　区	收支部分									
	收入								支出	
	非税收入							贷款转贷回收本金收入		
	小　计	专项收入	行政事业性收费收入	罚没收入	国有资本经营收入	国有资源(资产)有偿使用收入	其他收入		本年支出小计	一般公共服务
达日县	96	4	40	21		3	28		8534	2382
玛多县	26	2	5	17			2		7241	2134
班玛县	83	8	25	13		3	34		7256	1844
久治县	52	3		5			44		7599	1983
海东地区小计	**5774**	**1343**	**1179**	**1398**		**10**	**1844**		**219436**	**32530**
本级	746	242	182	253			69		12548	4368
县级小计	5028	1101	997	1145		10	1775		206888	28162
民和县	961	313	167	375		10	96		39505	4780
乐都县	939	289	386	251			13		42311	4905
平安县	306	231	17	32			26		21630	3201
互助县	2302	145	325	217			1615		49451	5352
化隆县	448	62	102	270			14		32939	5960
循化县	72	61					11		21052	3964
海南州小计	**3064**	**447**	**562**	**923**	**93**	**580**	**459**		**104350**	**21592**
本级	754	4	37	597	67	39	10		24376	5293
县级小计	2310	443	525	326	26	541	449		79974	16299
共和县	542	183	83	32			244		19783	3008
贵德县	864	157	268	71		341	27		17971	2999
贵南县	200	13	28	65			94		16004	2593
同德县	171	13	14	112	26		6		12253	2307
兴海县	533	77	132	46		200	78		13963	5392
海西州小计	**8548**	**2426**	**1935**	**2458**	**689**	**356**	**684**		**168195**	**41219**
本级	697	229	157	55	24	145	87		35530	14124
县级小计	7851	2197	1778	2403	665	211	597		132665	27095
都兰县	311	46	87	170			8		17691	4734
乌兰县	495	20	80	270		101	24		15391	2114
天峻县	1097	197	99	792		9			13609	3595
德令哈市	553	148	189	209			7		19588	3403
格尔木市	4208	1221	1187	732	665	35	368		50252	8353
大柴旦行委	578	382	30	160		6			6568	1762
冷湖行委	295	84	18			3	190		3476	1220
茫崖行委	314	99	88	70		57			6090	1914
玉树州小计	**952**	**56**	**174**	**294**		**64**	**364**		**85868**	**21707**
本级	303	9	16	229		49			21619	5997
县级小计	649	47	158	65		15	364		64249	15710

2－32－10　　　　单位:万元

地区	收支部分										
	支出										
	外交	国防	公共安全	教育	科学技术	文化体育与传媒	社会保障和就业	医疗卫生	环境保护	城乡社区事务	农林水事务
达日县			553	1174		66	2021	478	116	300	1001
玛多县		19	475	797		82	1488	558	21	370	427
班玛县			429	890		74	1853	596	337	5	1108
久治县			364	989		50	1125	647		1190	895
海东地区小计		**67**	**10006**	**54528**	**823**	**2681**	**34966**	**14235**	**4222**	**4876**	**41665**
本级			2417	376	105	221	2124	1060	51	72	920
县级小计		67	7589	54152	718	2460	32842	13175	4171	4804	40745
民和县			1273	11637	66	383	6042	3540	689	380	7104
乐都县		40	1394	11977	196	610	7038	3024	921	1430	9033
平安县		27	950	4883	215	259	3484	1773	275	1211	3723
互助县			1702	13912	124	489	7456	2847	1343	424	9286
化隆县			1360	7255	64	365	5270	1177	565	1044	7210
循化县			910	4488	53	354	3552	814	378	315	4389
海南州小计		**30**	**4953**	**17362**	**294**	**1350**	**21806**	**8003**	**1988**	**6699**	**14056**
本级		30	1502	1981	95	654	9640	2317	25	834	816
县级小计			3451	15381	199	696	12166	5686	1963	5865	13240
共和县			1135	4436	17	229	3336	2031	266	451	3531
贵德县			726	3528	161	207	3441	870	217	1643	3093
贵南县			627	2775	11	98	1814	1052	705	2693	2647
同德县			515	2309	7	98	1622	935	469	1078	2139
兴海县			448	2333	3	64	1953	798	306		1830
海西州小计		**66**	**11272**	**18560**	**881**	**3164**	**33730**	**7847**	**2870**	**15841**	**19772**
本级		15	2950	2190	545	1414	8989	1412	253	476	1950
县级小计		51	8322	16370	336	1750	24741	6435	2617	15365	17822
都兰县			731	2433	19	184	3562	867	57	264	3766
乌兰县			780	1957	14	78	3765	650	746	183	4092
天峻县			688	1445	20	97	2995	786	938		2326
德令哈市		31	916	3510	47	16	4669	325	169	1779	3022
格尔木市		20	3526	5953	229	1254	6618	3156	263	11172	4238
大柴旦行委			614	383	7	53	1369	214	6	1460	378
冷湖行委			370	259		58	782	99		499	
茫崖行委			697	430		10	981	338	438	8	
玉树州小计		**38**	**4903**	**11851**	**134**	**1999**	**23684**	**4457**	**1602**	**3122**	**9072**
本级		16	1282	2059	99	669	7444	1649	61	10	1248
县级小计		22	3621	9792	35	1330	16240	2808	1541	3112	7824

2006 年地方财政政府收支分类转换数据

2－32－11

单位:万元

地区	收支部分			平衡部分						
	支出			收入						
						返还性收入			财力性转移支付收入	
	交通运输	工业、商业、金融等事务	其他支出	收入总计	本年收入	小计	增值税和消费税税收返还	所得税基数返还	小计	体制补助
达日县	26	5	412	6558	192	74	74		6207	629
玛多县		679	191	7305	101	120	120		5340	336
班玛县	27	11	82	8510	364	45	45		5443	740
久治县	31	25	300	7661	158	82	71	11	5535	659
海东地区小计	**1896**	**1719**	**15222**	**220041**	**25618**	**10765**	**9309**	**1456**	**126436**	**7331**
本级	131	2	701	14173	1518	1402	960	442	6368	557
县级小计	1765	1717	14521	205868	24100	9363	8349	1014	120068	6774
民和县	220	77	3314	38101	4619	1473	1388	85	23316	1421
乐都县	440	49	1254	42300	3420	3234	2962	272	23989	1080
平安县	166	319	1144	23210	3290	928	828	100	12083	409
互助县	489	800	5227	49610	5678	2723	2306	417	27729	1407
化隆县	214	49	2406	32927	3783	665	617	48	20292	1592
循化县	236	423	1176	19720	3310	340	248	92	12659	865
海南州小计	**419**	**829**	**4969**	**93297**	**11837**	**1876**	**1607**	**269**	**61662**	**2147**
本级	84	254	851	18717	3992	578	474	104	12721	644
县级小计	335	575	4118	74580	7845	1298	1133	165	48941	1503
共和县	114	218	1011	17615	1996	693	619	74	13204	121
贵德县	30	195	861	16275	3631	249	213	36	9914	402
贵南县	50	79	860	15782	555	83	59	24	9399	271
同德县	141	78	555	11635	539	139	122	17	7917	350
兴海县		5	831	13273	1124	134	120	14	8507	359
海西州小计	**1971**	**4923**	**6079**	**188086**	**83647**	**14072**	**12062**	**2010**	**47042**	**－894**
本级	153	373	686	55916	31546	8613	8518	95	7214	－1156
县级小计	1818	4550	5393	132170	52101	5459	3544	1915	39828	262
都兰县		196	878	17565	2264	223	180	43	9603	565
乌兰县	11	171	830	15057	1841	240	227	13	8993	148
天峻县	82		637	13410	3660	246	241	5	6789	459
德令哈市	104	552	1045	19872	4140	599	529	70	9470	226
格尔木市	444	3395	1631	50268	31514	2684	1169	1515	2667	－831
大柴旦行委	36	191	95	6589	4037	403	303	100	352	22
冷湖行委		20	169	3309	1641	384	333	51	1324	57
茫崖行委	1141	25	108	6100	3004	680	562	118	630	－384
玉树州小计	**663**	**214**	**2422**	**90969**	**2950**	**1015**	**751**	**264**	**65621**	**5391**
本级	432	85	568	26488	306	336	72	264	18640	1664
县级小计	231	129	1854	64481	2644	679	679		46981	3727

2－32－12

单位：万元

地区	平衡部分									
	收入									
	财力性转移支付收入									
	一般性转移支付补助	民族地区转移支付补助	调整工资转移支付补助	农村税费改革转移支付补助	取消农业特产税降低农业税率转移支付补助	缓解县乡财政困难转移支付补助	农村义务教育补助	结算补助	企事业单位预算划转补助	其他财力性转移支付
达日县	1849		1644	220	149	321	98	1262		35
玛多县	1687		1304	213	148	483	60	1086		23
班玛县	1180		1488	265	171	236	46	1225		92
久治县	1416		1448	271	265	259	92	1101		24
海东地区小计	**29479**		**43054**	**5233**	**3712**	**9803**	**3827**	**23997**		
本级	665		3085					2061		
县级小计	28814		39969	5233	3712	9803	3827	21936		
民和县	5403		7246	1309	772	2424	1034	3707		
乐都县	5122		8325	993	778	1731	574	5386		
平安县	3235		4218	391	250	1062	251	2267		
互助县	6270		9578	1266	1066	2313	1069	4760		
化隆县	4829		6735	837	588	1621	529	3561		
循化县	3955		3867	437	258	652	370	2255		
海南州小计	**17640**		**11058**	**3018**	**3041**	**2964**	**1503**	**20291**		
本级	4108		2457					5512		
县级小计	13532		8601	3018	3041	2964	1503	14779		
共和县	3682		2376	862	805	796	425	4137		
贵德县	2522		2107	456	391	594	297	3145		
贵南县	2562		1560	685	614	527	331	2849		
同德县	2508		1232	451	483	576	216	2101		
兴海县	2258		1326	564	748	471	234	2547		
海西州小计	**7595**		**19382**	**1928**	**2054**	**4500**	**729**	**11721**		**27**
本级	－3306		4348			－1126		8454		
县级小计	10901		15034	1928	2054	5626	729	3267		27
都兰县	2316		2368	528	689	1438	201	1495		3
乌兰县	3073		2363	289	299	1254	102	1456		9
天峻县	1654		1820	438	456	792	85	1096		－11
德令哈市	3305		2438	279	318	1510	128	1240		26
格尔木市	60		4533	269	241	512	175	－2292		
大柴旦行委	88		519	94	17	60	13	－461		
冷湖行委	383		443	5	16		4	416		
茫崖行委	22		550	26	18	60	21	317		
玉树州小计	**18067**		**19265**	**1873**	**1837**	**2166**	**1424**	**15598**		
本级	4164		5966		－5			6851		
县级小计	13903		13299	1873	1842	2166	1424	8747		

2006 年地方财政政府收支分类转换数据

2－32－13

单位:万元

地区	平衡部分								
	收入							支出	
	专项转移支付			省补助计划单列市	上年结余收入	调入资金	国债转贷收入、上年结余及转补助数	支出总计	本年支出
	小计	专项补助	增发国债补助						
达日县	2094	2094			－2009			8534	8534
玛多县	1314	1314			430			7241	7241
班玛县	2719	2719			－61			7256	7256
久治县	1847	1847			39			7599	7599
海东地区小计	**57533**	**57533**			**－311**			**219436**	**219436**
本级	2295	2295			2590			12548	12548
县级小计	55238	55238			－2901			206888	206888
民和县	9950	9950			－1257			39505	39505
乐都县	11764	11764			－107			42311	42311
平安县	6070	6070			839			21630	21630
互助县	13687	13687			－207			49451	49451
化隆县	8195	8195			－8			32939	32939
循化县	5572	5572			－2161			21052	21052
海南州小计	**30218**	**30218**			**－12896**	**600**		**104350**	**104350**
本级	8612	8612			－7186			24376	24376
县级小计	21606	21606			－5710	600		79974	79974
共和县	3951	3951			－2229			19783	19783
贵德县	4470	4470			－1989			17971	17971
贵南县	6316	6316			－571			16004	16004
同德县	3388	3388			－348			12253	12253
兴海县	3481	3481			－573	600		13963	13963
海西州小计	**38495**	**38495**			**4064**	**766**		**168195**	**168195**
本级	1335	1335			6641	567		35530	35530
县级小计	37160	37160			－2577	199		132665	132665
都兰县	5936	5936			－461			17691	17691
乌兰县	4930	4930			－947			15391	15391
天峻县	3214	3214			－499			13609	13609
德令哈市	6387	6387			－923	199		19588	19588
格尔木市	12928	12928			475			50252	50252
大柴旦行委	1906	1906			－109			6568	6568
冷湖行委	433	433			－473			3476	3476
茫崖行委	1426	1426			360			6090	6090
玉树州小计	**20026**	**20026**			**1357**			**85868**	**85868**
本级	4792	4792			2414			21619	21619
县级小计	15234	15234			－1057			64249	64249

2－32－14　　　　单位:万元

地　区	平衡部分 支出 财力性转移支付 小　计	财力性转移支付 体制上解	财力性转移支付 出口退税专项上解	专项上解	计划单列市上解省	增设预算周转金	调出资金	国债转贷拨付数及年末结余	年终结余	其中:净结余
达日县									－1976	－1976
玛多县									64	40
班玛县									1254	338
久治县									62	62
海东地区小计									**605**	**－5964**
本级									1625	－883
县级小计									－1020	－5081
民和县									－1404	－1539
乐都县									－11	－756
平安县									1580	－173
互助县									159	－1046
化隆县									－12	－99
循化县									－1332	－1468
海南州小计									**－11053**	**－13086**
本级									－5659	－7692
县级小计									－5394	－5394
共和县									－2168	－2168
贵德县									－1696	－1696
贵南县									－222	－222
同德县									－618	－618
兴海县									－690	－690
海西州小计									**19891**	**3620**
本级									20386	4115
县级小计									－495	－495
都兰县									－126	－126
乌兰县									－334	－334
天峻县									－199	－199
德令哈市									284	284
格尔木市									16	16
大柴旦行委									21	21
冷湖行委									－167	－167
茫崖行委									10	10
玉树州小计									**5101**	**－5628**
本级									4869	－4376
县级小计									232	－1252

2006年地方财政政府收支分类转换数据

2－32－15　　　　单位:万元

地区	收支部分										
	收入										
	本年收入小计	税收收入									
		小计	增值税	营业税	企业所得税	个人所得税	城市维护建设税	耕地占用税	契税	烟叶税	其他各项税收收入
玉树县	1638	1267	103	886	11	106	78	3	15		65
称多县	332	190	4	151		25	9				1
昂欠县	166	149	8	110		19	5				7
杂多县	185	107	8	77		14	3		1		4
治多县	150	137	9	104		12	6		1		5
曲麻莱县	173	145	5	126		5	6		1		2

2－32－16

单位:万元

地区	收支部分									
	收入								支出	
	非税收入							贷款转贷回收本金收入		
	小计	专项收入	行政事业性收费收入	罚没收入	国有资本经营收入	国有资源(资产)有偿使用收入	其他收入		本年支出小计	一般公共服务
玉树县	371	26	114	47			184		16688	3295
称多县	142	6	2	4			130		12128	3413
昂欠县	17	4	3	3			7		12087	2970
杂多县	78	3	23	4		5	43		7818	1421
治多县	13	4		1		8			7747	2306
曲麻莱县	28	4	16	6		2			7781	2305

2－32－17

单位:万元

地区	收支部分										
	支出										
	外交	国防	公共安全	教育	科学技术	文化体育与传媒	社会保障和就业	医疗卫生	环境保护	城乡社区事务	农林水事务
玉树县		22	1202	2699	6	957	4177	641	300	587	1986
称多县			408	2295	10	111	2376	653	249	993	1337
昂欠县			553	1826	7	106	3026	357	284	780	1783
杂多县			429	1059	5	27	2253	410	434	752	785
治多县			578	932	7	86	2254	378	20		991
曲麻莱县			451	981		43	2154	369	254		942

2-32-18

单位:万元

地区	收支部分			平衡部分						
	支出			收入						
	交通运输	工业、商业、金融等事务	其他支出	收入总计	本年收入	返还性收入			财力性转移支付收入	
						小计	增值税和消费税税收返还	所得税基数返还	小计	体制补助
玉树县	89	116	611	16616	1638	210	210		10373	840
称多县			283	11787	332	100	100		8949	681
昂欠县		10	385	12468	166	109	109		9064	963
杂多县	64	3	176	8080	185	80	80		6271	449
治多县			195	7929	150	79	79		6048	401
曲麻莱县	78		204	7601	173	101	101		6276	393

2－32－19

单位：万元

地区	平衡部分									
	收入									
	财力性转移支付收入									
	一般性转移支付补助	民族地区转移支付补助	调整工资转移支付补助	农村税费改革转移支付补助	取消农业特产税降低农业税率转移支付补助	缓解县乡财政困难转移支付补助	农村义务教育补助	结算补助	企事业单位预算划转补助	其他财力性转移支付
玉树县	2905		3012	483	344	585	421	1783		
称多县	2387		2666	279	254	371	293	2018		
昂欠县	2919		2304	391	402	384	304	1397		
杂多县	2159		1709	332	312	240	176	894		
治多县	1998		1818	236	272	237	98	988		
曲麻莱县	1535		1790	152	258	349	132	1667		

2-32-20

单位:万元

地区	平衡部分								
	收入							支出	
	专项转移支付			省补助计划单列市	上年结余收入	调入资金	国债转贷收入、上年结余及转补助数	支出总计	本年支出
	小计	专项补助	增发国债补助						
玉树县	4641	4641			-246			16688	16688
称多县	2791	2791			-385			12128	12128
昂欠县	3269	3269			-140			12087	12087
杂多县	1429	1429			115			7818	7818
治多县	1558	1558			94			7747	7747
曲麻莱县	1546	1546			-495			7781	7781

2-32-21

单位:万元

地　　区	平衡部分									
	支出									
	财力性转移支付			专项上解	计划单列市上解省	增设预算周转金	调出资金	国债转贷拨付数及年末结余	年终结余	其中：净结余
	小　计	体制上解	出口退税专项上解							
玉树县									-72	-911
称多县									-341	-341
昂欠县									381	
杂多县									262	178
治多县									182	152
曲麻莱县									-180	-330

2006年宁夏回族自治区地市县财政一般预算收支平衡表

2-33-1 单位:万元

地区	收支部分										
	收入										
	本年收入小计	税收收入									
		小计	增值税	营业税	企业所得税	个人所得税	城市维护建设税	耕地占用税	契税	烟叶税	其他各项税收收入
地(市)县级总计	**447643**	**336502**	**69254**	**155778**	**15507**	**12299**	**35754**	**829**	**18945**	**57**	**28079**
地(市)本级合计	**249326**	**178542**	**32810**	**83625**	**9462**	**6594**	**24642**	**372**	**14227**		**6810**
县级合计	**198317**	**157960**	**36444**	**72153**	**6045**	**5705**	**11112**	**457**	**4718**	**57**	**21269**
银川市小计	**236120**	**187151**	**25028**	**97815**	**10207**	**7432**	**17640**	**46**	**12836**		**16147**
本级	144860	107013	10287	58704	7049	4911	12994		11564		1504
县级小计	91260	80138	14741	39111	3158	2521	4646	46	1272		14643
永宁县	9972	7958	3492	2219	122	282	827		279		737
贺兰县	9259	6950	933	4061	86	169	459		568		674
灵武市	19168	15642	2623	8425	325	341	1873	46	425		1584
兴庆区	22665	20393	2536	9496	1495	871					5995
金凤区	5792	5304	966	2749	55	107					1427
西夏区	6055	5604	911	1768	162	164					2599
开发区	18349	18287	3280	10393	913	587	1487				1627
石嘴山市小计	**90525**	**64435**	**23115**	**19550**	**2231**	**1761**	**9508**		**2166**		**6104**
本级	46585	35895	13626	8917	1306	437	8194				3415
县级小计	43940	28540	9489	10633	925	1324	1314		2166		2689
平罗县	26079	12930	5784	3831	297	320	1271		527		900
大武口区	10596	9396	1867	4104	159	625	43		1090		1508
惠农区	7265	6214	1838	2698	469	379			549		281
吴忠市小计	**72702**	**48949**	**13634**	**19178**	**1944**	**1855**	**6049**	**299**	**1783**		**4207**
本级	31432	14811	3564	5838	456	590	1720	232	1214		1197
县级小计	41270	34138	10070	13340	1488	1265	4329	67	569		3010
利通区	4810	4666		4666							
青铜峡市	24687	20420	6158	5206	1288	967	3442	67	475		2817
盐池县	7749	6288	3142	1840	116	253	713		86		138
同心县	4024	2764	770	1628	84	45	174		8		55
中卫市小计	**31619**	**24041**	**6286**	**11577**	**757**	**790**	**1850**	**241**	**1506**		**1034**
本级	19007	15589	4965	6902	484	429	1255	140	942		472
县级小计	12612	8452	1321	4675	273	361	595	101	564		562
中宁县	10622	7153	1207	3670	235	308	537	101	559		536
海源县	1990	1299	114	1005	38	53	58		5		26
固原市小计	**16677**	**11926**	**1191**	**7658**	**368**	**461**	**707**	**243**	**654**	**57**	**587**
本级	7442	5234	368	3264	167	227	479		507		222
县级小计	9235	6692	823	4394	201	234	228	243	147	57	365
原州区	2635	2037	192	1452	55	67		90			181

2006 年地方财政政府收支分类转换数据

2－33－2

单位:万元

地区	收支部分									
	收入								支出	
	非税收入							贷款转贷回收本金收入		
	小计	专项收入	行政事业性收费收入	罚没收入	国有资本经营收入	国有资源(资产)有偿使用收入	其他收入		本年支出小计	一般公共服务
地(市)县级总计	**111141**	**31903**	**19457**	**19118**	**34527**	**3181**	**2955**		**1117631**	**155912**
地(市)本级合计	**70784**	**26322**	**11349**	**11196**	**20610**	**1106**	**201**		**421655**	**66765**
县级合计	**40357**	**5581**	**8108**	**7922**	**13917**	**2075**	**2754**		**695976**	**89147**
银川市小计	**48969**	**8611**	**9686**	**7373**	**22355**	**489**	**455**		**361239**	**50311**
本级	37847	6855	5758	4704	20142	353	35		164404	23903
县级小计	11122	1756	3928	2669	2213	136	420		196835	26408
永宁县	2014	608	470	555	373	8			29625	3901
贺兰县	2309	273	426	389	1110	19	92		26683	3618
灵武市	3526	875	1449	1143		59			50335	6728
兴庆区	2272		1024	496	730	22			33979	3490
金凤区	488		316	18		4	150		17661	3311
西夏区	451		233	37		3	178		17822	3239
开发区	62		10	31		21			20730	2121
石嘴山市小计	**26090**	**5863**	**4173**	**3626**	**11039**	**1278**	**111**		**179144**	**24037**
本级	10690	4964	2730	2544	345	104	3		76269	10213
县级小计	15400	899	1443	1082	10694	1174	108		102875	13824
平罗县	13149	773	543	788	9943	1102			57984	7212
大武口区	1200	126	227	102	633	22	90		21407	3140
惠农区	1051		673	192	118	50	18		23484	3472
吴忠市小计	**23753**	**15005**	**2415**	**4000**	**812**	**440**	**1081**		**212013**	**41168**
本级	16621	13192	1337	1671	88	303	30		80113	20776
县级小计	7132	1813	1078	2329	724	137	1051		131900	20392
利通区	144		59	80		5			5687	1782
青铜峡市	4267	1399	598	556	706	42	966		52423	9067
盐池县	1461	272	277	867		41	4		32422	3774
同心县	1260	142	144	826	18	49	81		41368	5769
中卫市小计	**7578**	**1822**	**1779**	**2100**	**32**	**647**	**1198**		**144899**	**15842**
本级	3418	947	964	1095		313	99		61900	6834
县级小计	4160	875	815	1005	32	334	1099		82999	9008
中宁县	3469	829	715	556		270	1099		39266	4260
海源县	691	46	100	449	32	64			43733	4748
固原市小计	**4751**	**602**	**1404**	**2019**	**289**	**327**	**110**		**220336**	**24554**
本级	2208	364	560	1182	35	33	34		38969	5039
县级小计	2543	238	844	837	254	294	76		181367	19515
原州区	598	87	191	224		86	10		50541	4431

二、各省、自治区、直辖市地市县一般预算财政资料

2－33－3

单位:万元

地区	收支部分										
	支出										
	外交	国防	公共安全	教育	科学技术	文化体育与传媒	社会保障和就业	医疗卫生	环境保护	城乡社区事务	农林水事务
地(市)县级总计		**1520**	**70987**	**226254**	**8162**	**20030**	**161104**	**54903**	**25564**	**149948**	**150337**
地(市)本级合计		**830**	**40001**	**56208**	**3659**	**11640**	**56607**	**19587**	**13080**	**72420**	**39933**
县级合计		**690**	**30986**	**170046**	**4503**	**8390**	**104497**	**35316**	**12484**	**77528**	**110404**
银川市小计		**231**	**29294**	**58291**	**3374**	**5617**	**49877**	**15720**	**6456**	**74499**	**27353**
本级			19701	12279	1339	3815	20498	8263	5148	38982	7661
县级小计		231	9593	46012	2035	1802	29379	7457	1308	35517	19692
永宁县		143	1781	7597	420	368	4909	2242	105	1388	4493
贺兰县			1554	7236	262	416	4894	746	427	1609	4264
灵武市		13	2152	7948	747	709	6810	2173	677	10526	7014
兴庆区			2239	10979	247	135	6453	1062	43	3070	2051
金凤区		75	721	6374	174	78	3136	672	15	1200	1007
西夏区			1001	5878	185	96	3177	562	41	1750	863
开发区			145							15974	
石嘴山市小计		**468**	**10629**	**29250**	**996**	**2215**	**28240**	**6894**	**6349**	**37540**	**14259**
本级		344	6398	11834	458	1351	11002	2261	4785	19474	4097
县级小计		124	4231	17416	538	864	17238	4633	1564	18066	10162
平罗县			2047	9967	444	500	7413	2867	1116	9542	6425
大武口区		74	1267	3354	60	96	4441	444	404	5688	1264
惠农区		50	917	4095	34	268	5384	1322	44	2836	2473
吴忠市小计		**207**	**13277**	**45226**	**1742**	**3771**	**30310**	**12061**	**4574**	**14373**	**30428**
本级		41	5511	15312	959	1331	12030	4273	1899	4741	8183
县级小计		166	7766	29914	783	2440	18280	7788	2675	9632	22245
利通区		23	798	469		64	801	110	2	231	1166
青铜峡市		52	2519	11256	503	1018	5781	3570	782	3260	7717
盐池县		43	1653	7426	247	820	4477	2596	1065	2239	6433
同心县		48	2796	10763	33	538	7221	1512	826	3902	6929
中卫市小计		**242**	**8615**	**35889**	**986**	**1640**	**21033**	**7473**	**3066**	**11543**	**30995**
本级		176	4676	12547	356	728	7277	2966	923	5263	14660
县级小计		66	3939	23342	630	912	13756	4507	2143	6280	16335
中宁县		62	2172	9841	586	454	6856	2045	1051	4647	6036
海源县		4	1767	13501	44	458	6900	2462	1092	1633	10299
固原市小计		**372**	**9172**	**57598**	**1064**	**6787**	**31644**	**12755**	**5119**	**11993**	**47302**
本级		269	3715	4236	547	4415	5800	1824	325	3960	5332
县级小计		103	5457	53362	517	2372	25844	10931	4794	8033	41970
原州区		35	562	14968	124	499	8783	3690	1474	1115	11872

2006年地方财政政府收支分类转换数据

2－33－4

单位:万元

地区	收支部分			平衡部分						
	支出			收入						
						返还性收入			财力性转移支付收入	
	交通运输	工业、商业、金融等事务	其他支出	收入总计	本年收入	小计	增值税和消费税税收返还	所得税基数返还	小计	体制补助
地(市)县级总计	**15972**	**31570**	**45368**	**1288407**	**447643**	**40063**	**11293**	**28770**	**329723**	**25451**
地(市)本级合计	**5393**	**19726**	**15806**	**514860**	**249326**	**22761**	**4899**	**17862**	**59508**	**6766**
县级合计	**10579**	**11844**	**29562**	**773547**	**198317**	**17302**	**6394**	**10908**	**270215**	**18685**
银川市小计	**4374**	**16887**	**18955**	**418666**	**236120**	**19200**	**2174**	**17026**	**53052**	**5516**
本级	1340	10984	10491	206375	144860	10799		10799	－4454	2132
县级小计	3034	5903	8464	212291	91260	8401	2174	6227	57506	3384
永宁县	306	1300	672	34732	9972	1119	715	404	10253	966
贺兰县	370	313	974	32605	9259	1152	853	299	9801	358
灵武市	2259	1719	860	49075	19168	926	606	320	16082	2060
兴庆区		43	4167	35865	22665	851		851	7772	
金凤区		300	598	19171	5792	1077		1077	6407	
西夏区	99	300	631	19023	6055	846		846	6975	
开发区		1928	562	21820	18349	2430		2430	216	
石嘴山市小计	**6011**	**2654**	**9602**	**211215**	**90525**	**7931**	**3494**	**4437**	**34790**	**1343**
本级	2308	1294	450	93108	46585	5461	1498	3963	3556	
县级小计	3703	1360	9152	118107	43940	2470	1996	474	31234	1343
平罗县	3348	780	6323	66351	26079	2470	1996	474	18133	1343
大武口区	150	450	575	23734	10596				4290	
惠农区	205	130	2254	28022	7265				8811	
吴忠市小计	**2705**	**3824**	**8347**	**246838**	**72702**	**7000**	**3041**	**3959**	**74667**	**3227**
本级	668	1907	2482	100216	31432	3673	2025	1648	27011	746
县级小计	2037	1917	5865	146622	41270	3327	1016	2311	47656	2481
利通区	111		130	5031	4810				370	
青铜峡市	1445	585	4868	57291	24687	2654	661	1993	12296	140
盐池县	273	831	545	41206	7749	410	229	181	14057	1667
同心县	208	501	322	43094	4024	263	126	137	20933	674
中卫市小计	**1750**	**3560**	**2265**	**161903**	**31619**	**4408**	**1952**	**2456**	**55741**	**5081**
本级	998	2979	1517	69203	19007	2771	1372	1399	16952	1594
县级小计	752	581	748	92700	12612	1637	580	1057	38789	3487
中宁县	364	508	384	44312	10622	1434	474	960	14242	1724
海源县	388	73	364	48388	1990	203	106	97	24547	1763
固原市小计	**1132**	**4645**	**6199**	**249785**	**16677**	**1524**	**632**	**892**	**111473**	**10284**
本级	79	2562	866	45958	7442	57	4	53	16443	2294
县级小计	1053	2083	5333	203827	9235	1467	628	839	95030	7990
原州区	434	680	1874	53759	2635	762	433	329	25951	1278

二、各省、自治区、直辖市地市县一般预算财政资料

2-33-5

单位:万元

地区	平衡部分									
	收入									
	财力性转移支付收入									
	一般性转移支付补助	民族地区转移支付补助	调整工资转移支付补助	农村税费改革转移支付补助	取消农业特产税降低农业税率转移支付补助	缓解县乡财政困难转移支付补助	农村义务教育补助	结算补助	企事业单位预算划转补助	其他财力性转移支付
地(市)县级总计	**107658**		**129951**	**17420**	**8586**	**20095**	**19320**	**1242**		
地(市)本级合计	**30451**		**34270**	**3189**	**1519**	**5018**	**2724**	**807**		**-25236**
县级合计	**77207**		**95681**	**14231**	**7067**	**15077**	**16596**	**435**		**25236**
银川市小计	**8771**		**24184**	**4082**	**2413**	**3638**	**3960**	**488**		
本级	49		5550				-864	444		-11765
县级小计	8722		18634	4082	2413	3638	4824	44		11765
永宁县	1671		3705	1180	824	1183	716	8		
贺兰县	2108		3677	1392	630	1064	556	16		
灵武市	4943		5654	800	491	1391	723	20		
兴庆区			1910	365	245		1480			3772
金凤区			2103	251	166		549			3338
西夏区			1568	94	57		800			4456
开发区			17							199
石嘴山市小计	**12365**		**14031**	**1815**	**1003**	**2099**	**1924**	**210**		
本级	6725		7664	523	242	209	1098	196		-13101
县级小计	5640		6367	1292	761	1890	826	14		13101
平罗县	5640		6367	1292	761	1890	826	14		
大武口区										4290
惠农区										8811
吴忠市小计	**25783**		**28826**	**4324**	**2046**	**6300**	**4031**	**130**		
本级	11496		9651	1215	677	2198	1342	56		-370
县级小计	14287		19175	3109	1369	4102	2689	74		370
利通区										370
青铜峡市	1582		5635	1297	894	1891	793	64		
盐池县	4343		5286	703	173	1312	571	2		
同心县	8362		8254	1109	302	899	1325	8		
中卫市小计	**18151**		**20476**	**3710**	**1613**	**2975**	**3691**	**44**		
本级	4867		5922	1451	600	1458	1028	32		
县级小计	13284		14554	2259	1013	1517	2663	12		
中宁县	3383		5198	1327	670	766	1162	12		
海源县	9901		9356	932	343	751	1501			
固原市小计	**42588**		**42434**	**3489**	**1511**	**5083**	**5714**	**370**		
本级	7314		5483			1153	120	79		
县级小计	35274		36951	3489	1511	3930	5594	291		
原州区	8792		11566	1075	527	990	1715	8		

2006年地方财政政府收支分类转换数据

2－33－6

单位:万元

地区	平衡部分								
	收入							支出	
	专项转移支付			省补助计划单列市	上年结余收入	调入资金	国债转贷收入、上年结余及转补助数	支出总计	本年支出
	小计	专项补助	增发国债补助						
地(市)县级总计	**331217**	**295133**	**36084**		**133792**	**3356**	**2613**	**1132763**	**1117631**
地(市)本级合计	**101693**	**92197**	**9496**		**76956**	**3256**	**1360**	**429321**	**421655**
县级合计	**229524**	**202936**	**26588**		**56836**	**100**	**1253**	**703442**	**695976**
银川市小计	**74519**	**68612**	**5907**		**32252**	**2700**	**823**	**369767**	**361239**
本级	28878	27317	1561		23542	2600	150	168156	164404
县级小计	45641	41295	4346		8710	100	673	201611	196835
永宁县	10106	8834	1272		2809	100	373	30360	29625
贺兰县	7390	7109	281		4903		100	27099	26683
灵武市	14231	11438	2793		－1532		200	50571	50335
兴庆区	4200	4200			377			35319	33979
金凤区	5074	5074			821			18420	17661
西夏区	4600	4600			547			18806	17822
开发区	40	40			785			21036	20730
石嘴山市小计	**37039**	**34636**	**2403**		**40630**		**300**	**181530**	**179144**
本级	7155	5826	1329		30151		200	77202	76269
县级小计	29884	28810	1074		10479		100	104328	102875
平罗县	12935	11861	1074		6634		100	58437	57984
大武口区	7213	7213			1635			21976	21407
惠农区	9736	9736			2210			23915	23484
吴忠市小计	**69681**	**62111**	**7570**		**21848**	**480**	**460**	**214881**	**212013**
本级	25572	24167	1405		11938	480	110	82033	80113
县级小计	44109	37944	6165		9910		350	132848	131900
利通区					－149			5687	5687
青铜峡市	12918	11046	1872		4386		350	53218	52423
盐池县	14520	12292	2228		4470			32574	32422
同心县	16671	14606	2065		1203			41369	41368
中卫市小计	**54523**	**51244**	**3279**		**14912**		**700**	**145747**	**144899**
本级	24391	22087	2304		5482		600	62637	61900
县级小计	30132	29157	975		9430		100	83110	82999
中宁县	12176	11201	975		5738		100	39376	39266
海源县	17956	17956			3692			43734	43733
固原市小计	**95455**	**78530**	**16925**		**24150**	**176**	**330**	**220838**	**220336**
本级	15697	12800	2897		5843	176	300	39293	38969
县级小计	79758	65730	14028		18307		30	181545	181367
原州区	21942	16152	5790		2469			50541	50541

2－33－7

单位:万元

地区	平衡部分									
	支出								年终结余	其中:净结余
	财力性转移支付			专项上解	计划单列市上解省	增设预算周转金	调出资金	国债转贷拨付数及年末结余		
	小计	体制上解	出口退税专项上解							
地(市)县级总计	**3216**	**3216**		**7122**		**10**	**2171**	**2613**	**155644**	**12160**
地(市)本级合计	**3216**	**3216**		**1142**			**1948**	**1360**	**85539**	**20246**
县级合计				**5980**		**10**	**223**	**1253**	**70105**	**－8086**
银川市小计	**2470**	**2470**		**3064**			**2171**	**823**	**48899**	**20581**
本级	2470	2470		－816			1948	150	38219	21016
县级小计				3880			223	673	10680	－435
永宁县				362				373	4372	37
贺兰县				316				100	5506	
灵武市				36				200	－1496	－1496
兴庆区				1340					546	280
金凤区				759					751	80
西夏区				984					217	－21
开发区				83			223		784	685
石嘴山市小计	**746**	**746**		**1330**		**10**		**300**	**29685**	**98**
本级	746	746		－13				200	15906	40
县级小计				1343		10		100	13779	58
平罗县				353				100	7914	26
大武口区				569					1758	12
惠农区				421		10			4107	20
吴忠市小计				**2408**				**460**	**31957**	**377**
本级				1810				110	18183	1357
县级小计				598				350	13774	－980
利通区									－656	－1047
青铜峡市				445				350	4073	38
盐池县				152					8632	29
同心县				1					1725	
中卫市小计				**148**				**700**	**16156**	**－920**
本级				137				600	6566	－276
县级小计				11				100	9590	－644
中宁县				10				100	4936	100
海源县				1					4654	－744
固原市小计				**172**				**330**	**28947**	**－7976**
本级				24				300	6665	－1891
县级小计				148				30	22282	－6085
原州区									3218	－2940

2 - 33 - 8

单位:万元

地区	收支部分										
	收入										
	本年收入小计	税收收入									
		小计	增值税	营业税	企业所得税	个人所得税	城市维护建设税	耕地占用税	契税	烟叶税	其他各项税收收入
西吉县	2017	1325	122	1004	25	46	74		20		34
隆德县	1425	911	73	658	25	40	45	3	42		25
泾源县	1352	806	87	477	15	34	42	118	3		30
彭阳县	1806	1613	349	803	81	47	67	32	82	57	95

2－33－9

单位:万元

地区	收支部分									
	收入								支出	
	非税收入							贷款转贷回收本金收入	本年支出小计	一般公共服务
	小计	专项收入	行政事业性收费收入	罚没收入	国有资本经营收入	国有资源(资产)有偿使用收入	其他收入			
西吉县	692	45	248	157	114	62	66		48026	4600
隆德县	514	31	138	181	140	24			29062	3862
泾源县	546	34	177	232		103			20266	2960
彭阳县	193	41	90	43		19			33472	3662

2006年地方财政政府收支分类转换数据

2－33－10　　　　单位:万元

地区	收支部分									
	支出									
	外交	国防	公共安全	教育	科学技术	文化体育与传媒	社会保障和就业	医疗卫生	环境保护	城乡社区事务	农林水事务
西吉县		31	1405	15957	128	819	6215	2390	404	1558	12228
隆德县		37	1061	8659	56	407	2861	1462	538	2190	6409
泾源县			1063	4791	63	245	3830	1248	558	1559	3557
彭阳县			1366	8987	146	402	4155	2141	1820	1611	7904

2－33－11

单位:万元

地区	收支部分			平衡部分						
	支出			收入						
						返还性收入			财力性转移支付收入	
	交通运输	工业、商业、金融等事务	其他支出	收入总计	本年收入	小计	增值税和消费税税收返还	所得税基数返还	小计	体制补助
西吉县	102	697	1492	54077	2017	176	122	54	26282	2204
隆德县	205	408	907	34160	1425	363		363	16901	1781
泾源县	188	144	60	26869	1352	60	31	29	9664	1331
彭阳县	124	154	1000	34962	1806	106	42	64	16232	1396

2－33－12

单位:万元

地　区	平衡部分									
	收入									
	财力性转移支付收入									
	一般性转移支付补助	民族地区转移支付补助	调整工资转移支付补助	农村税费改革转移支付补助	取消农业特产税降低农业税率转移支付补助	缓解县乡财政困难转移支付补助	农村义务教育补助	结算补助	企事业单位预算划转补助	其他财力性转移支付
西吉县	10002		10190	771	371	935	1809			
隆德县	6436		6251	546	170	644	791	282		
泾源县	3646		3101	508	112	577	389			
彭阳县	6398		5843	589	331	784	890	1		

2－33－13　　单位:万元

地区	平衡部分								
	收入							支出	
	专项转移支付			省补助计划单列市	上年结余收入	调入资金	国债转贷收入、上年结余及转补助数	支出总计	本年支出
	小计	专项补助	增发国债补助						
西吉县	20830	17053	3777		4742		30	48057	48026
隆德县	10958	9254	1704		4513			29136	29062
泾源县	10049	9741	308		5744			20290	20266
彭阳县	15979	13530	2449		839			33521	33472

2－33－14

单位:万元

地　　区	平衡部分									
	支出								年终结余	其中:净结余
	财力性转移支付			专项上解	计划单列市上解省	增设预算周转金	调出资金	国债转贷拨付数及年末结余		
	小　计	体制上解	出口退税专项上　解							
西吉县				1				30	6020	－790
隆德县				74					5024	－668
泾源县				24					6579	－950
彭阳县				49					1441	－737

2006年新疆维吾尔自治区地市县财政一般预算收支平衡表

2－34－1　　　　单位:万元

地区	收支部分										
	收入										
	本年收入小计	税收收入									
		小计	增值税	营业税	企业所得税	个人所得税	城市维护建设税	耕地占用税	契税	烟叶税	其他各项税收收入
地(市)县级总计	**1938812**	**1657604**	**549722**	**544154**	**78753**	**106648**	**163841**	**1982**	**61230**		**151274**
地(市)本级合计	**642798**	**524484**	**207833**	**153553**	**27536**	**13479**	**61226**	**288**	**35653**		**24916**
县级合计	**1296014**	**1133120**	**341889**	**390601**	**51217**	**93169**	**102615**	**1694**	**25577**		**126358**
乌鲁木齐市小计	**570356**	**513694**	**87502**	**218610**	**29412**	**38760**	**38699**	**342**	**33281**		**67088**
本级	344962	303106	65396	136574	11641	10025	31742	281	32899		14548
县级小计	225394	210588	22106	82036	17771	28735	6957	61	382		52540
乌鲁木齐县	6022	4408	819	2795	48	190	82	61	115		298
天山区	57962	53552	3141	17078	4883	12113					16337
沙依巴克区	43174	41703	5341	14317	3504	4818					13723
新市区	37241	34798	2490	15686	3214	5403					8005
水磨沟区	29772	28941	1691	14444	3940	1959					6907
头屯河区	15626	15001	2594	4834	903	1678					4992
东山区	30185	27088	4405	11521	255	2256	6603		267		1781
达坂城区	5412	5097	1625	1361	1024	318	272				497
克拉玛依市小计	**288024**	**248860**	**115628**	**46901**	**20070**	**12901**	**35309**		**3270**		**14781**
本级	200997	169178	115628	4612	10544	1502	26899		2639		7354
县级小计	87027	79682		42289	9526	11399	8410		631		7427
克拉玛依区	51003	47934		25376	4930	7834	4908				4886
独山子区	23178	20205		9995	3663	1321	2574		535		2117
白碱滩区	10414	9340		5256	735	2088	803		96		362
乌尔禾区	2432	2203		1662	198	156	125				62
石河子市	**53947**	**46814**	**11422**	**17036**	**2330**	**3734**	**4253**		**3369**		**4670**
伊犁州直小计	**123705**	**99271**	**28573**	**38477**	**4275**	**8001**	**7407**	**799**	**4242**		**7497**
本级	21807	12369	9355	884	1021	113	412		31		553
县级小计	101898	86902	19218	37593	3254	7888	6995	799	4211		6944
奎屯市	27446	23989	6654	8585	284	1908	3839		931		1788
伊宁市	31470	28309	3432	13462	914	2823	1587	28	2429		3634
伊宁县	7723	5190	1394	2174	647	399	194	121	118		143
察布查尔锡伯自治县	3837	2963	673	1774	22	261	78	10	56		89
霍城县	5988	5106	1300	2576	26	550	246	7	123		278
尼勒克县	5865	5392	1828	2833	21	266	236	14	98		96
巩留县	4018	3183	400	1900	84	312	67	97	156		167
新源县	10543	9456	3270	2549	1224	937	638	111	162		565
特克斯县	2139	1578	72	735	12	167	47	411	55		79
昭苏县	2869	1736	195	1005	20	265	63		83		105

2－34－2

单位:万元

地区	收支部分									
	收入								支出	
	非税收入							贷款转贷回收本金收入		
	小计	专项收入	行政事业性收费收入	罚没收入	国有资本经营收入	国有资源(资产)有偿使用收入	其他收入		本年支出小计	一般公共服务
地(市)县级总计	**281208**	**99138**	**70208**	**68374**	**20937**	**13016**	**9535**		**4109000**	**814346**
地(市)本级合计	**118314**	**50794**	**30413**	**20381**	**4456**	**7150**	**5120**		**996316**	**180496**
县级合计	**162894**	**48344**	**39795**	**47993**	**16481**	**5866**	**4415**		**3112684**	**633850**
乌鲁木齐市小计	**56662**	**17785**	**16663**	**13958**	**2458**	**5370**	**428**		**495342**	**108320**
本级	41856	13680	11709	11180	207	5008	72		264466	35066
县级小计	14806	4105	4954	2778	2251	362	356		230876	73254
乌鲁木齐县	1614	55	848	171	361	171	8		23226	8914
天山区	4410	413	1179	705	1883		230		45262	11371
沙依巴克区	1471	279	743	251		99	99		42646	12547
新市区	2443	312	1171	905		55			35546	11046
水磨沟区	831	111	449	249		22			28948	13520
头屯河区	625	43	323	237	7	15			16283	5377
东山区	3097	2742	174	181					28086	8585
达坂城区	315	150	67	79			19		10879	1894
克拉玛依市小计	**39164**	**25220**	**2974**	**1588**	**3397**	**1252**	**4733**		**347690**	**38075**
本级	31819	21352	2147	686	2889	1099	3646		198279	18416
县级小计	7345	3868	827	902	508	153	1087		149411	19659
克拉玛依区	3069	2113	325	199	24	8	400		70456	7241
独山子区	2973	1339	393	467	35	96	643		47378	8581
白碱滩区	1074	346	86	107	449	49	37		24368	2362
乌尔禾区	229	70	23	129			7		7209	1475
石河子市	**7133**	**2092**	**3397**	**1560**		**43**	**41**		**68537**	**10603**
伊犁州直小计	**24434**	**6131**	**7952**	**6534**	**1585**	**1546**	**686**		**432918**	**76491**
本级	9438	2160	3948	2958		372			80875	20919
县级小计	14996	3971	4004	3576	1585	1174	686		352043	55572
奎屯市	3457	2115	688	531	99	23	1		41282	5555
伊宁市	3161	797	1230	684	429	21			55993	8196
伊宁县	2533	193	508	617		1036	179		48151	8966
察布查尔锡伯自治县	874	100	199	450	7	17	101		30160	3590
霍城县	882	170	371	309			32		34346	6547
尼勒克县	473	157	163	133		20			28844	5481
巩留县	835	104	173	159	160	14	225		26251	3716
新源县	1087	254	349	358	78		48		33487	5874
特克斯县	561	31	156	241	13	20	100		26276	3717
昭苏县	1133	50	167	94	799	23			27253	3930

2－34－3

单位:万元

地区	收支部分										
	支出										
	外交	国防	公共安全	教育	科学技术	文化体育与传媒	社会保障和就业	医疗卫生	环境保护	城乡社区事务	农林水事务
地(市)县级总计	**219**	**6313**	**293757**	**959517**	**49481**	**92394**	**509201**	**276282**	**32498**	**404040**	**349211**
地(市)本级合计	**217**	**2442**	**112129**	**134470**	**18057**	**36302**	**132800**	**84679**	**12529**	**94376**	**64021**
县级合计	**2**	**3871**	**181628**	**825047**	**31424**	**56092**	**376401**	**191603**	**19969**	**309664**	**285190**
乌鲁木齐市小计		**1570**	**63618**	**87638**	**6616**	**11452**	**53339**	**19577**	**3444**	**67687**	**18285**
本级		751	49694	32596	3851	8969	29542	12539	2074	34465	9701
县级小计		819	13924	55042	2765	2483	23797	7038	1370	33222	8584
乌鲁木齐县		207	1479	5601	381	267	498	1275	97	113	3000
天山区		87	2959	10219	598	396	10068	1185	185	7719	200
沙依巴克区		245	2889	13729	496	525	3367	708	251	7461	
新市区		144	2996	9954	436	322	2895	935	312	5322	345
水磨沟区		30	1784	5843	361	339	3353	495	137	2394	139
头屯河区		58	930	2422	217	72	2104	1470	278	2411	463
东山区		48	559	5246	178	218	774	624	65	6837	1917
达坂城区			328	2028	98	344	738	346	45	965	2520
克拉玛依市小计		**978**	**26390**	**73711**	**8918**	**11064**	**15837**	**25474**	**8824**	**73608**	**7151**
本级		744	20388	29812	5420	3946	9527	20318	3160	43062	5211
县级小计		234	6002	43899	3498	7118	6310	5156	5664	30546	1940
克拉玛依区		127	2528	21065	1298	1346	3879	1932	232	20898	1167
独山子区			2580	13722	711	5207	1677	2611	803	2058	84
白碱滩区		70	799	8298	1427	562	575	467	4610	4108	189
乌尔禾区		37	95	814	62	3	179	146	19	3482	500
石河子市		**50**	**9323**	**15203**	**1107**	**1639**	**2532**	**3220**	**252**	**4100**	**1069**
伊犁州直小计		**428**	**24288**	**97682**	**8329**	**10588**	**82874**	**30655**	**2462**	**32662**	**32896**
本级		42	7139	6924	4910	3664	12881	7310	781	6509	6237
县级小计		386	17149	90758	3419	6924	69993	23345	1681	26153	26659
奎屯市		70	2300	7148	456	503	3367	487	398	5673	353
伊宁市		44	3750	12146	617	523	14004	3429	288	6695	2498
伊宁县		95	2108	15529	456	775	8856	4056	80	1691	3442
察布查尔锡伯自治县		32	1256	8349	161	1332	6424	2930	18	822	4422
霍城县		12	1456	9890	316	345	6091	2104	60	3906	2135
尼勒克县		28	1465	6519	222	1073	6149	2492	153	1585	2735
巩留县		5	1203	7181	133	794	5961	1577	77	990	3170
新源县		77	1503	9694	648	688	6582	2626	379	1217	2447
特克斯县		15	1061	6324	182	433	6983	1974	120	1295	3065
昭苏县		8	1047	7978	228	458	5576	1670	108	2279	2392

2－34－4

单位:万元

地区	收支部分			平衡部分						
	支出			收入						
						返还性收入			财力性转移支付收入	
	交通运输	工业、商业、金融等事务	其他支出	收入总计	本年收入	小计	增值税和消费税税收返还	所得税基数返还	小计	体制补助
地(市)县级总计	**44004**	**120537**	**157200**	**4286852**	**1938812**	**309850**	**207448**	**102402**	**1606044**	**167944**
地(市)本级合计	**10850**	**79792**	**33156**	**1076421**	**642798**	**117229**	**87275**	**29954**	**197540**	**19220**
县级合计	**33154**	**40745**	**124044**	**3210431**	**1296014**	**192621**	**120173**	**72448**	**1408504**	**148724**
乌鲁木齐市小计	**1319**	**33115**	**19362**	**708473**	**570356**	**102632**	**60544**	**42088**	**22872**	
本级	1248	30995	12975	375991	344962	68647	43668	24979	－11395	－10195
县级小计	71	2120	6387	332482	225394	33985	16876	17109	34267	10195
乌鲁木齐县	63	1331		24401	6022	861	692	169	11097	7750
天山区			275	74882	57962	8222	4445	3777	2935	
沙依巴克区			428	64976	43174	11469	5170	6299	2129	
新市区		86	753	46874	37241	4528	2742	1786	1130	
水磨沟区		127	426	37906	29772	4348	1614	2734	991	
头屯河区		481		24253	15626	2956	1633	1323	3467	
东山区		35	3000	45659	30185	1395	462	933	8287	
达坂城区	8	60	1505	13531	5412	206	118	88	4231	2445
克拉玛依市小计	**12955**	**42130**	**2575**	**372826**	**288024**	**31180**	**20654**	**10526**	**35323**	
本级	4888	33380	7	211366	200997	20167	20654	－487	－5184	－40
县级小计	8067	8750	2568	161460	87027	11013		11013	40507	40
克拉玛依区		8710	33	81509	51003	6685		6685	18471	
独山子区	7535	13	1796	47294	23178	2556		2556	9028	
白碱滩区	522	27	352	25484	10414	1637		1637	10017	
乌尔禾区	10		387	7173	2432	135		135	2991	40
石河子市	**212**	**1438**	**17789**	**74517**	**53947**	**8710**	**6364**	**2346**	**10760**	
伊犁州直小计	**3731**	**19573**	**10259**	**437581**	**123705**	**38476**	**30021**	**8455**	**205251**	**13275**
本级	176	1890	1493	54340	21807	3104	2342	762	21057	－3842
县级小计	3555	17683	8766	383241	101898	35372	27679	7693	184194	17117
奎屯市	49	14329	594	67460	27446	16025	14218	1807	4240	
伊宁市	68	1192	2543	61459	31470	7869	4919	2950	16368	
伊宁县	1118	189	790	48271	7723	2139	1515	624	30332	2387
察布查尔锡伯自治县	91	230	503	27501	3837	606	441	165	19566	3388
霍城县	206	199	1079	34533	5988	1354	714	640	21354	1160
尼勒克县	338	234	370	29255	5865	1056	843	213	17859	2735
巩留县	130	518	796	26273	4018	572	410	162	18432	2586
新源县	634	631	487	35179	10543	5041	4191	850	15834	491
特克斯县	627	119	361	26818	2139	286	165	121	20304	2807
昭苏县	294	42	1243	26492	2869	424	263	161	19905	1563

2－34－5

单位:万元

地区	平衡部分									
	收入									
	财力性转移支付收入									
	一般性转移支付补助	民族地区转移支付补助	调整工资转移支付补助	农村税费改革转移支付补助	取消农业特产税降低农业税率转移支付补助	缓解县乡财政困难转移支付补助	农村义务教育补助	结算补助	企事业单位预算划转补助	其他财力性转移支付
地(市)县级总计	**434318**		**719894**	**90221**	**53914**	**54806**	**33319**	**－1939**	**49892**	**3675**
地(市)本级合计	**34052**		**117841**	**2916**	**291**		**－11**	**－11299**	**45338**	**－10808**
县级合计	**400266**		**602053**	**87305**	**53623**	**54806**	**33330**	**9360**	**4554**	**14483**
乌鲁木齐市小计			**14973**	**1911**	**216**		**197**	**500**	**5065**	**10**
本级			5414	141			18	－10447	4744	－1070
县级小计			9559	1770	216		179	10947	321	1080
乌鲁木齐县			2103	948	102		124	70		
天山区			2073	309	29			300	164	60
沙依巴克区			2021	42	6					60
新市区			914	152	14					50
水磨沟区			752	40	2				157	40
头屯河区			553	15	39			2800		60
东山区			438	78	6		21	6994		750
达坂城区			705	186	18		34	783		60
克拉玛依市小计			**2762**	**122**	**99**		**2**	**476**	**31827**	**35**
本级	－27558		2762	19	99			266	27964	－8696
县级小计	27558			103			2	210	3863	8731
克拉玛依区	16275			69			1	35		2091
独山子区	2574							11	3863	2580
白碱滩区	7387							150		2480
乌尔禾区	1322			34			1	14		1580
石河子市			**8813**	**190**	**1521**		**26**	**200**		**10**
伊犁州直小计	**59721**		**97721**	**12400**	**6675**	**10181**	**4144**	**849**		**285**
本级	9793		14600	1069			9	－310		－262
县级小计	49928		83121	11331	6675	10181	4135	1159		547
奎屯市	84		3222	122	50		1	751		10
伊宁市	2068		12334	709	403		334	500		20
伊宁县	8750		12083	2349	1230	2757	766			10
察布查尔锡伯自治县	4703		7901	1201	616	1470	382	－115		20
霍城县	7289		8629	1393	1051	857	563			412
尼勒克县	5581		7041	1306	462	337	387			10
巩留县	5635		7188	1047	542	1049	364	11		10
新源县	3554		8649	1225	913	339	643			20
特克斯县	5957		8277	915	491	1497	350			10
昭苏县	6307		7797	1064	917	1875	345	12		25

2－34－6

单位:万元

地区	平衡部分								
	收入							支出	
	专项转移支付			省补助计划单列市	上年结余收入	调入资金	国债转贷收入、上年结余及转补助数	支出总计	本年支出
	小计	专项补助	增发国债补助						
地(市)县级总计	**487155**	**487155**			**－99367**	**44358**		**4358969**	**4109000**
地(市)本级合计	**59903**	**59903**			**34807**	**24144**		**1014404**	**996316**
县级合计	**427252**	**427252**			**－134174**	**20214**		**3344565**	**3112684**
乌鲁木齐市小计	**25366**	**25366**			**－23388**	**10635**		**716313**	**495342**
本级	－2910	－2910			－33888	10575		391236	264466
县级小计	28276	28276			10500	60		325077	230876
乌鲁木齐县	4018	4018			2403			23226	23226
天山区	5047	5047			716			73072	45262
沙依巴克区	6820	6820			1384			63689	42646
新市区	3298	3298			617	60		46847	35546
水磨沟区	2037	2037			758			36740	28948
头屯河区	1843	1843			361			24111	16283
东山区	2471	2471			3321			45386	28086
达坂城区	2742	2742			940			12006	10879
克拉玛依市小计	**3068**	**3068**			**5200**	**10031**		**371280**	**347690**
本级	－12535	－12535			2761	5160		209253	198279
县级小计	15603	15603			2439	4871		162027	149411
克拉玛依区	2315	2315			3035			81415	70456
独山子区	8350	8350			－689	4871		47894	47378
白碱滩区	3412	3412			4			25476	24368
乌尔禾区	1526	1526			89			7242	7209
石河子市	**2360**	**2360**			**－1274**	**14**		**73945**	**68537**
伊犁州直小计	**58285**	**58285**			**10971**	**893**		**432918**	**432918**
本级	10627	10627			－2255			55986	80875
县级小计	47658	47658			13226	893		376932	352043
奎屯市	3931	3931			15818			60056	41282
伊宁市	6612	6612			－1273	413		62108	55993
伊宁县	7229	7229			848			48151	48151
察布查尔锡伯自治县	5190	5190			－1698			30160	30160
霍城县	5646	5646			191			34346	34346
尼勒克县	3831	3831			611	33		28844	28844
巩留县	2814	2814			187	250		26251	26251
新源县	4367	4367			－638	32		33487	33487
特克斯县	3814	3814			181	94		26276	26276
昭苏县	4224	4224			－1001	71		27253	27253

2－34－7

单位:万元

地区	平衡部分									
	支出								年终结余	其中:净结余
	财力性转移支付			专项上解	计划单列市上解省	增设预算周转金	调出资金	国债转贷拨付数及年末结余		
	小计	体制上解	出口退税专项上解							
地(市)县级总计	**222495**	**222495**		**27024**		**450**			**－72117**	**－139229**
地(市)本级合计	**42995**	**42995**		**－24907**					**62017**	**25123**
县级合计	**179500**	**179500**		**51931**		**450**			**－134134**	**－164352**
乌鲁木齐市小计	**197385**	**197385**		**23436**		**150**			**－7840**	**－18385**
本级	112352	112352		14418					－15245	－21665
县级小计	85033	85033		9018		150			7405	3280
乌鲁木齐县									1175	438
天山区	25449	25449		2361					1810	974
沙依巴克区	18388	18388		2655					1287	1287
新市区	12349	12349		－1048					27	27
水磨沟区	4851	4851		2941					1166	1099
头屯河区	6696	6696		982		150			142	
东山区	17300	17300							273	273
达坂城区				1127					1525	－818
克拉玛依市小计	**20506**	**20506**		**2784**		**300**			**1546**	**1546**
本级	9003	9003		1971					2113	2113
县级小计	11503	11503		813		300			－567	－567
克拉玛依区	10436	10436		523					94	94
独山子区	393	393		123					－600	－600
白碱滩区	674	674		134		300			8	8
乌尔禾区				33					－69	－69
石河子市	**4604**	**4604**		**804**					**572**	**－203**
伊犁州直小计									**4663**	**3627**
本级	－24389	－24389		－500					－1646	－2682
县级小计	24389	24389		500					6309	6309
奎屯市	18274	18274		500					7404	7404
伊宁市	6115	6115							－649	－649
伊宁县									120	120
察布查尔锡伯自治县									－2659	－2659
霍城县									187	187
尼勒克县									411	411
巩留县									22	22
新源县									1692	1692
特克斯县									542	542
昭苏县									－761	－761

2－34－8

单位:万元

地区	收支部分										
	收入										
	本年收入小计	税收收入									
		小计	增值税	营业税	企业所得税	个人所得税	城市维护建设税	耕地占用税	契税	烟叶税	其他各项税收收入
塔城地区小计	**101601**	**84630**	**47316**	**16763**	**1439**	**2928**	**9341**	**15**	**1467**		**5361**
本级	2017	14	14								
县级小计	99584	84616	47302	16763	1439	2928	9341	15	1467		5361
塔城市	7634	6613	906	3364	296	593	401		201		852
额敏县	5408	4527	979	2142	45	380	316		188		477
乌苏市	13583	9452	2657	3720	418	643	869	15	419		711
沙湾县	13529	9334	2049	4560	330	787	413		556		639
托里县	3252	2635	738	1265	117	159	171		32		153
裕民县	1212	806	58	503	30	87	31		31		66
和布克塞尔蒙古自治县	54966	51249	39915	1209	203	279	7140		40		2463
阿勒泰地区小计	**39292**	**29668**	**9819**	**12680**	**984**	**2069**	**2014**		**447**		**1655**
本级	4184	2129	291	1235	17	246	114				226
县级小计	35108	27539	9528	11445	967	1823	1900		447		1429
阿勒泰市	6404	5533	737	2919	269	706	316		191		395
布尔津县	3342	2880	217	2018	139	151	135		80		140
哈巴河县	8720	6105	3911	1144	136	160	556		20		178
吉木乃县	1142	651	147	425		39	29		8		3
福海县	4446	3669	891	2080	100	186	151		51		210
富蕴县	9887	7873	3509	2297	312	523	675		63		494
青河县	1167	828	116	562	11	58	38		34		9
博尔塔拉州小计	**38180**	**32476**	**13627**	**11106**	**2112**	**1712**	**1577**	**4**	**630**		**1708**
本级	20434	17990	11599	3030	1848	269	546		28		670
县级小计	17746	14486	2028	8076	264	1443	1031	4	602		1038
博乐市	11193	9602	1500	4756	248	981	767	3	527		820
精河县	5332	4055	415	2807	12	361	232	1	57		170
温泉县	1221	829	113	513	4	101	32		18		48
昌吉州小计	**139200**	**116282**	**43148**	**37209**	**4170**	**7618**	**9844**	**201**	**4699**		**9393**
本级	7204	2926	579	967	678	193	177	7	10		315
县级小计	131996	113356	42569	36242	3492	7425	9667	194	4689		9078
玛纳斯县	15289	13056	5160	4400	443	855	1103	2	214		879
呼图壁县	11441	9736	4186	2951	275	656	798	4	231		635
昌吉市	35164	31149	5257	14087	1141	2717	2162	188	2435		3162
米泉市	20635	16914	4740	5683	995	978	1351		1210		1957
阜康市	29147	26073	14512	5114	464	1389	2754		361		1479
吉木萨尔县	13615	11621	8008	1450	61	196	1291		80		535

二、各省、自治区、直辖市地市县一般预算财政资料

2－34－9

单位:万元

地区	收支部分									
	收入								支出	
	非税收入							贷款转贷回收本金收入		
	小计	专项收入	行政事业性收费收入	罚没收入	国有资本经营收入	国有资源(资产)有偿使用收入	其他收入		本年支出小计	一般公共服务
塔城地区小计	**16971**	**5811**	**4465**	**2858**	**3212**	**320**	**305**		**254619**	**73692**
本级	2003	627	902	231	113	130			33029	8982
县级小计	14968	5184	3563	2627	3099	190	305		221590	64710
塔城市	1021	216	522	262		21			27619	5208
额敏县	881	252	246	256	98	29			28540	6060
乌苏市	4131	547	1243	601	1422	13	305		32836	9003
沙湾县	4195	731	1185	952	1315	12			32922	7491
托里县	617	198	105	264	35	15			21731	5527
裕民县	406	28	116	106	132	24			16320	4543
和布克塞尔蒙古自治县	3717	3212	146	186	97	76			61622	26878
阿勒泰地区小计	**9624**	**1579**	**2525**	**1784**	**3139**	**529**	**68**		**187916**	**44597**
本级	2055	555	1160	151	14	107	68		30199	8968
县级小计	7569	1024	1365	1633	3125	422			157717	35629
阿勒泰市	871	128	374	353		16			34983	6855
布尔津县	462	80	211	152	13	6			18777	4340
哈巴河县	2615	347	157	162	1926	23			24982	6241
吉木乃县	491	22	67	180		222			14315	3510
福海县	777	67	234	341		135			19785	4312
富蕴县	2014	351	193	271	1186	13			26782	6491
青河县	339	29	129	174		7			18093	3880
博尔塔拉州小计	**5704**	**2008**	**1342**	**1863**	**385**	**16**	**90**		**109711**	**26827**
本级	2444	1513	589	277			65		37629	11416
县级小计	3260	495	753	1586	385	16	25		72082	15411
博乐市	1591	327	340	777	134		13		29917	5996
精河县	1277	150	341	646	128		12		25263	4732
温泉县	392	18	72	163	123	16			16902	4683
昌吉州小计	**22918**	**6583**	**6492**	**9330**	**54**	**216**	**243**		**308067**	**58390**
本级	4278	805	1746	1446		77	204		62518	13609
县级小计	18640	5778	4746	7884	54	139	39		245549	44781
玛纳斯县	2233	508	332	1337	50	6			24847	5839
呼图壁县	1705	472	298	921	1	13			23567	3951
昌吉市	4015	1066	1323	1616		10			48834	9311
米泉市	3721	1317	1412	940	3	49			34611	8030
阜康市	3074	1584	643	780		28	39		30507	4672
吉木萨尔县	1994	670	388	913		23			29731	4361

2006年地方财政政府收支分类转换数据

2－34－10

单位:万元

地　　区	收支部分										
	支出										
	外　交	国　防	公共安全	教　育	科学技术	文化体育与传媒	社会保障和就业	医疗卫生	环境保护	城乡社区事务	农林水事务
塔城地区小计		**71**	**14365**	**59737**	**1982**	**5515**	**20293**	**14427**	**1170**	**15783**	**35401**
本级			2786	4152	180	1621	8073	1764	409		4586
县级小计		71	11579	55585	1802	3894	12220	12663	761	15783	30815
塔城市		8	1727	7893	288	441	1253	1640	62	2350	5082
额敏县		16	1638	8916	177	498	1331	1740	140	1929	4080
乌苏市		12	1862	9861	438	371	1633	1685	119	1714	3377
沙湾县		15	2367	10701	360	475	1187	2447	175	1429	4129
托里县		7	1258	6825	37	331	1109	1368	23	858	3231
裕民县		3	837	4073	86	322	612	968	217	887	3250
和布克塞尔蒙古自治县		10	1890	7316	416	1456	5095	2815	25	6616	7666
阿勒泰地区小计		**388**	**10403**	**38898**	**2380**	**4614**	**34419**	**12023**	**1417**	**7236**	**25499**
本级		62	2052	3666	190	1152	5708	2690	561	250	4348
县级小计		326	8351	35232	2190	3462	28711	9333	856	6986	21151
阿勒泰市		14	2026	9675	385	521	7077	1982	83	1578	4169
布尔津县		34	1303	4343	162	294	3648	1097	148	491	2605
哈巴河县		211	886	4741	302	1077	3745	1767	54	1954	2802
吉木乃县		11	861	2262	41	305	3426	626	100	224	1931
福海县		12	1145	4066	253	241	3683	1231	189	740	3213
富蕴县		42	1183	6052	924	521	3908	1606	149	774	3754
青河县		2	947	4093	123	503	3224	1024	133	1225	2677
博尔塔拉州小计		**159**	**7216**	**26092**	**900**	**3035**	**6701**	**7919**	**1559**	**3915**	**16266**
本级		98	2446	3138	237	1963	2059	2693	1175	540	4689
县级小计		61	4770	22954	663	1072	4642	5226	384	3375	11577
博乐市		3	2216	9959	361	431	1814	1459	199	2007	4214
精河县		6	1481	8714	291	293	1529	2104	153	570	5100
温泉县		52	1073	4281	11	348	1299	1663	32	798	2263
昌吉州小计		**538**	**21981**	**63387**	**3816**	**4614**	**34017**	**26858**	**2599**	**38494**	**30215**
本级		118	4537	6838	1205	1658	11071	8260	606	1723	4929
县级小计		420	17444	56549	2611	2956	22946	18598	1993	36771	25286
玛纳斯县		45	2430	5487	321	207	2823	1653	150	1599	3897
呼图壁县		54	1860	6931	219	209	1770	1059	121	4497	2426
昌吉市		146	3386	9189	546	409	5206	2873	335	7354	3687
米泉市		82	2669	8653	449	351	3243	2337	249	4414	3103
阜康市		12	2311	7078	446	362	1956	2029	181	8854	2228
吉木萨尔县		45	1631	5296	351	410	3461	1527	184	7682	3736

2－34－11

单位:万元

地区	收支部分			平衡部分						
	支出			收入						
	交通运输	工业、商业、金融等事务	其他支出	收入总计	本年收入	返还性收入			财力性转移支付收入	
						小计	增值税和消费税税收返还	所得税基数返还	小计	体制补助
塔城地区小计	**903**	**1619**	**9661**	**276005**	**101601**	**13579**	**10966**	**2613**	**111251**	**10585**
本级	15	89	372	42749	2017	3977	3833	144	16148	3474
县级小计	888	1530	9289	233256	99584	9602	7133	2469	95103	7111
塔城市	85	150	1432	28536	7634	1123	585	538	13959	507
额敏县	45	84	1886	30621	5408	837	518	319	18336	1695
乌苏市	623	164	1974	36004	13583	2160	1430	730	15073	－296
沙湾县	97	135	1914	29741	13529	2207	1608	599	13813	－729
托里县	11	12	1134	23238	3252	522	426	96	14959	2360
裕民县	27	57	438	16809	1212	173	178	－5	11904	2362
和布克塞尔蒙古自治县		928	511	68307	54966	2580	2388	192	7059	1212
阿勒泰地区小计	**2434**	**1705**	**1903**	**196037**	**39292**	**6044**	**4925**	**1119**	**107568**	**18035**
本级	74	453	25	37396	4184	1309	1132	177	19364	3629
县级小计	2360	1252	1878	158641	35108	4735	3793	942	88204	14406
阿勒泰市	324	144	150	34425	6404	1175	829	346	21535	2939
布尔津县	149	154	9	19178	3342	494	373	121	10039	1759
哈巴河县	812	172	218	26878	8720	834	706	128	12693	2050
吉木乃县	52	20	946	14688	1142	357	345	12	9669	2234
福海县	331	364	5	19338	4446	641	460	181	9777	1681
富蕴县	614	286	478	26225	9887	1066	945	121	11477	1473
青河县	78	112	72	17909	1167	168	135	33	13014	2270
博尔塔拉州小计	**1685**	**5833**	**1604**	**109738**	**38180**	**6391**	**4895**	**1496**	**47862**	**4737**
本级	1011	5488	676	43053	20434	3308	2798	510	9345	2944
县级小计	674	345	928	66685	17746	3083	2097	986	38517	1793
博乐市	331	296	631	26617	11193	1987	1452	535	11152	－264
精河县	31		259	24196	5332	739	411	328	15175	474
温泉县	312	49	38	15872	1221	357	234	123	12190	1583
昌吉州小计	**3097**	**4436**	**15625**	**300246**	**139200**	**22322**	**13723**	**8599**	**100486**	**5007**
本级	115	2638	5211	48221	7204	4065	2346	1719	14253	1304
县级小计	2982	1798	10414	252025	131996	18257	11377	6880	86233	3703
玛纳斯县	53	43	300	26813	15289	2381	1667	714	7296	
呼图壁县	34	119	317	25127	11441	2101	1684	417	9303	
昌吉市	1146	740	4506	50771	35164	5574	2047	3527	10612	
米泉市	235	274	522	35581	20635	3273	2212	1061	5498	
阜康市		35	343	41268	29147	1972	1527	445	4884	
吉木萨尔县	722	286	39	29608	13615	1537	1326	211	10935	12

2－34－12

单位:万元

地　　区	平衡部分									
	收入									
	财力性转移支付收入									
	一般性转移支付补助	民族地区转移支付补助	调整工资转移支付补助	农村税费改革转移支付补助	取消农业特产税降低农业税率转移支付补助	缓解县乡财政困难转移支付补助	农村义务教育补助	结算补助	企事业单位预算划转补助	其他财力性转移支付
塔城地区小计	**28691**		**52897**	**7227**	**6422**	**4419**	**1640**	**－840**		**210**
本级	4747		8582				2			－657
县级小计	23944		44315	7227	6422	4419	1638	－840		867
塔城市	3540		6818	1085	694	1193	98	－160		184
额敏县	5919		7481	1318	765	784	352	－88		110
乌苏市	4072		7059	1636	2273	327	314	－455		143
沙湾县	2737		7139	1362	1966	820	393			125
托里县	4689		6048	610	253	699	248	－38		90
裕民县	3003		4828	596	378	596	119	－68		90
和布克塞尔蒙古自治县	－16		4942	620	93		114	－31		125
阿勒泰地区小计	**29693**		**47632**	**3882**	**1732**	**4709**	**1110**			**775**
本级	7190		7902	3						640
县级小计	22503		39730	3879	1732	4709	1110			135
阿勒泰市	6260		9760	1082	364	942	173			15
布尔津县	2423		4559	453	281	396	158			10
哈巴河县	3848		5191	562	230	616	186			10
吉木乃县	2343		4192	289	109	408	79			15
福海县	723		4860	532	364	1455	137			25
富蕴县	2960		5799	539	234	241	216			15
青河县	3946		5369	422	150	651	161			45
博尔塔拉州小计	**10389**		**25726**	**2497**	**1753**	**2053**	**537**			**170**
本级	686		5603	13			9			90
县级小计	9703		20123	2484	1753	2053	528			80
博乐市	1605		7987	886	736		162			40
精河县	4688		6892	920	630	1295	251			25
温泉县	3410		5244	678	387	758	115			15
昌吉州小计	**26590**		**48218**	**6279**	**6763**	**4249**	**1675**	**－130**	**1385**	**450**
本级	4873		8738	8			5	5	1108	－1788
县级小计	21717		39480	6271	6763	4249	1670	－135	277	2238
玛纳斯县	742		3934	767	1200		263	9	178	203
呼图壁县	887		4566	837	1250	1543	274	－139		85
昌吉市	2157		5247	645	1106		135		99	1223
米泉市			4052	547	739		150			10
阜康市	794		3298	458	397		87	7		－157
吉木萨尔县	3594		5308	810	674	216	210	－4		115

2-34-13

单位:万元

地区	平衡部分								
	收入							支出	
	专项转移支付			省补助计划单列市	上年结余收入	调入资金	国债转贷收入、上年结余及转补助数	支出总计	本年支出
	小计	专项补助	增发国债补助						
塔城地区小计	**37522**	**37522**			**10359**	**1693**		**254619**	**254619**
本级	10624	10624			8933	1050		26751	33029
县级小计	26898	26898			1426	643		227868	221590
塔城市	5444	5444			319	57		27628	27619
额敏县	4750	4750			1290			28540	28540
乌苏市	3872	3872			1316			32836	32836
沙湾县	3703	3703			-3511			32922	32922
托里县	3158	3158			1347			21800	21731
裕民县	2872	2872			648			16320	16320
和布克塞尔蒙古自治县	3099	3099			17	586		67822	61622
阿勒泰地区小计	**39842**	**39842**			**2919**	**372**		**187916**	**187916**
本级	8166	8166			4339	34		29482	30199
县级小计	31676	31676			-1420	338		158434	157717
阿勒泰市	5671	5671			-360			35064	34983
布尔津县	5430	5430			-187	60		18799	18777
哈巴河县	4140	4140			413	78		25362	24982
吉木乃县	3353	3353			167			14362	14315
福海县	4509	4509			-235	200		19841	19785
富蕴县	4804	4804			-1009			26887	26782
青河县	3769	3769			-209			18119	18093
博尔塔拉州小计	**17835**	**17835**			**-530**			**109711**	**109711**
本级	6883	6883			3083			37629	37629
县级小计	10952	10952			-3613			72082	72082
博乐市	4607	4607			-2322			29917	29917
精河县	3577	3577			-627			25263	25263
温泉县	2768	2768			-664			16902	16902
昌吉州小计	**31098**	**31098**			**6733**	**407**		**308067**	**308067**
本级	5400	5400			17299			41466	62518
县级小计	25698	25698			-10566	407		266601	245549
玛纳斯县	2649	2649			-802			27531	24847
呼图壁县	2321	2321			-39			24487	23567
昌吉市	4162	4162			-4741			56605	48834
米泉市	1260	1260			4508	407		34611	34611
阜康市	2367	2367			2898			40184	30507
吉木萨尔县	3604	3604			-83			29731	29731

2006 年地方财政政府收支分类转换数据

2－34－14 单位:万元

地区	平衡部分									
	支出								年终结余	其中:净结余
	财力性转移支付			专项上解	计划单列市上解省	增设预算周转金	调出资金	国债转贷拨付数及年末结余		
	小计	体制上解	出口退税专项上解							
塔城地区小计									**21386**	**12200**
本级				－6278					15998	11589
县级小计				6278					5388	611
塔城市				9					908	－144
额敏县									2081	261
乌苏市									3168	2585
沙湾县									－3181	－3465
托里县				69					1438	1019
裕民县									489	15
和布克塞尔蒙古自治县				6200					485	340
阿勒泰地区小计									**8121**	**835**
本级				－717					7914	3990
县级小计				717					207	－3155
阿勒泰市				81					－639	－774
布尔津县				22					379	－238
哈巴河县				380					1516	－246
吉木乃县				47					326	－203
福海县				56					－503	－572
富蕴县				105					－662	－912
青河县				26					－210	－210
博尔塔拉州小计									**27**	**－251**
本级									5424	5337
县级小计									－5397	－5588
博乐市									－3300	－3300
精河县									－1067	－1067
温泉县									－1030	－1221
昌吉州小计									**－7821**	**－17905**
本级				－21052					6755	993
县级小计				21052					－14576	－18898
玛纳斯县				2684					－718	－1145
呼图壁县				920					640	474
昌吉市				7771					－5834	－5867
米泉市									970	97
阜康市				9677					1084	51
吉木萨尔县									－123	－1067

2－34－15　　　　单位:万元

地区	收支部分										
	收入										
	本年收入小计	税收收入									
		小计	增值税	营业税	企业所得税	个人所得税	城市维护建设税	耕地占用税	契税	烟叶税	其他各项税收收入
奇台县	4911	3779	569	1940	91	494	161		139		385
木垒哈萨克自治县	1794	1028	137	617	22	140	47		19		46
巴音郭楞州小计	**161623**	**138654**	**48614**	**48369**	**3816**	**7848**	**14599**	**75**	**3530**		**11803**
本级	9755	5186	1780	1847	525	147	617		46		224
县级小计	151868	133468	46834	46522	3291	7701	13982	75	3484		11579
库尔勒市	67592	61101	10322	28815	2177	4918	4827	3	2736		7303
轮台县	34798	31349	19137	4502	221	958	4244	1	102		2184
尉犁县	6901	4959	1752	1863	277	288	389		165		225
且末县	17887	16278	10385	1711	128	137	3097	2	35		783
若羌县	2770	2507	439	1350	64	202	263		10		179
焉耆回族自治县	8001	6809	1839	3407	95	402	534	5	200		327
和静县	7749	6220	1875	2782	237	492	312	60	108		354
和硕县	3436	2191	418	1236	59	186	113		98		81
博湖县	2734	2054	667	856	33	118	203	4	30		143
阿克苏地区小计	**185605**	**158860**	**81025**	**27948**	**3710**	**5228**	**25707**	**135**	**2640**		**12467**
本级	10283	782	55	100	297		330				
县级小计	175322	158078	80970	27848	3413	5228	25377	135	2640		12467
阿克苏市	32491	28359	3188	14037	1159	2453	1902	1	1599		4020
库车县	75155	68790	43468	5155	1107	1261	13153	8	398		4240
拜城县	19610	18155	11324	1667	520	381	2517	6	79		1661
新和县	4186	2925	985	1135	75	204	220	2	163		141
沙雅县	31799	30309	19272	1985	101	221	6694	11	195		1830
温宿县	6582	5346	2158	1524	260	277	716	100	57		254
乌什县	1286	962	158	592	7	89	48	6	11		51
阿瓦提县	3694	2806	375	1518	174	322	106	1	109		201
柯坪县	519	426	42	235	10	20	21		29		69
克孜勒苏州小计	**9398**	**6422**	**1056**	**3729**	**136**	**683**	**318**	**4**	**89**		**407**
本级	1830	322	41	180	6	85	8				2
县级小计	7568	6100	1015	3549	130	598	310	4	89		405
阿图什市	4162	3436	451	1914	55	429	191		79		317
阿克陶县	1594	1234	244	745	44	107	46	4	8		36
乌恰县	1215	959	297	474	29	45	61		1		52
阿合奇县	597	471	23	416	2	17	12		1		
喀什地区小计	**66497**	**47324**	**8127**	**22637**	**1666**	**5620**	**3328**	**213**	**1161**		**4572**
本级	3658	368	244								124

2－34－16

单位:万元

地区	收支部分									
	收入								支出	
	非税收入							贷款转贷回收本金收入		
	小计	专项收入	行政事业性收费收入	罚没收入	国有资本经营收入	国有资源(资产)有偿使用收入	其他收入		本年支出小计	一般公共服务
奇台县	1132	132	179	813		8			32394	4653
木垒哈萨克自治县	766	29	171	564		2			21058	3964
巴音郭楞州小计	**22969**	**7745**	**7172**	**7560**	**242**	**226**	**24**		**319573**	**61412**
本级	4569	1432	2396	663		78			60823	11954
县级小计	18400	6313	4776	6897	242	148	24		258750	49458
库尔勒市	6491	1916	1594	2936		30	15		73430	8626
轮台县	3449	1881	448	1095		25			40576	6727
尉犁县	1942	208	1314	415		5			22716	5196
且末县	1609	1329	151	116		13			24059	6250
若羌县	263	134	37	41	41	10			13611	3702
焉耆回族自治县	1192	286	296	595	8	7			22573	4570
和静县	1529	372	427	713		8	9		32507	7881
和硕县	1245	72	201	889	49	34			15078	3615
博湖县	680	115	308	97	144	16			14200	2891
阿克苏地区小计	**26745**	**13393**	**5240**	**6568**	**1029**	**219**	**296**		**408242**	**80259**
本级	9501	6695	1764	791	5		246		52580	13322
县级小计	17244	6698	3476	5777	1024	219	50		355662	66937
阿克苏市	4132	640	1152	1602	632	106			55796	8960
库车县	6365	3575	708	1838	187	15	42		90926	14027
拜城县	1455	576	287	532	23	37			45537	10778
新和县	1261	304	297	565	70	21	4		22989	4911
沙雅县	1490	870	309	256	15	40			43438	6251
温宿县	1236	601	202	420	13				30715	6739
乌什县	324	30	144	146	4				25422	4657
阿瓦提县	888	89	377	338	80		4		26301	5250
柯坪县	93	13		80					14538	5364
克孜勒苏州小计	**2976**	**293**	**1267**	**604**	**296**	**205**	**311**		**146184**	**30690**
本级	1508	84	769	145	162	41	307		41628	7024
县级小计	1468	209	498	459	134	164	4		104556	23666
阿图什市	726	109	251	224	127	15			37427	6706
阿克陶县	360	52	116	162	7	22	1		31703	7609
乌恰县	256	41	42	46		127			19473	4964
阿合奇县	126	7	89	27			3		15953	4387
喀什地区小计	**19173**	**2872**	**5896**	**5082**	**1878**	**1981**	**1464**		**456890**	**97958**
本级	3290	413	1801	714			362		42643	10395

2－34－17

单位:万元

地区	收支部分										
	支出										
	外交	国防	公共安全	教育	科学技术	文化体育与传媒	社会保障和就业	医疗卫生	环境保护	城乡社区事务	农林水事务
奇台县		23	1797	9386	266	651	824	5200	554	2038	3665
木垒哈萨克自治县		13	1360	4529	13	357	3663	1920	219	333	2544
巴音郭楞州小计		**731**	**20495**	**63482**	**3561**	**7282**	**40305**	**20392**	**3404**	**50688**	**35970**
本级		394	4571	10208	591	3956	9371	3627	1287	6658	4603
县级小计		337	15924	53274	2970	3326	30934	16765	2117	44030	31367
库尔勒市		239	5301	13428	855	469	6735	4989	346	24005	6821
轮台县		5	1964	7105	445	645	4033	1536	139	12084	5520
尉犁县		6	1388	5334	290	375	2786	1645	116	1155	3471
且末县		55	1005	5574	293	548	3571	1858	165	1282	2655
若羌县		10	652	1694	150	249	1824	626	222	2313	1788
焉耆回族自治县		5	1519	5303	275	196	3884	1740	632	906	2660
和静县		6	2164	8230	280	420	3962	2264	178	1492	3856
和硕县		6	1220	2945	190	244	2214	873	225	413	2625
博湖县		5	711	3661	192	180	1925	1234	94	380	1971
阿克苏地区小计		**561**	**26844**	**102939**	**4211**	**10855**	**46449**	**22596**	**2353**	**47581**	**45182**
本级		100	4000	8034	406	3112	10396	4755	328	337	5940
县级小计		461	22844	94905	3805	7743	36053	17841	2025	47244	39242
阿克苏市		8	4372	10096	636	543	7561	2892	148	16349	3196
库车县		5	5773	24414	1013	1959	10071	3858	318	13199	10273
拜城县		5	2070	11030	603	856	5972	1709	63	3409	3705
新和县		90	1515	5797	344	350	4411	1296	219	1312	2495
沙雅县		93	2631	10474	503	2211	1378	2154	164	10154	5639
温宿县		116	1792	10363	289	503	1887	1531	159	1123	5031
乌什县			1805	9461	142	481	2088	1454	559	832	3667
阿瓦提县		134	2067	9459	275	596	1801	2207	329	591	2970
柯坪县		10	819	3811		244	884	740	66	275	2266
克孜勒苏州小计	**219**	**159**	**6759**	**32576**	**254**	**2930**	**35651**	**8886**	**522**	**4125**	**14680**
本级	217	44	1797	6645	161	1146	12418	4583	268	90	2640
县级小计	2	115	4962	25931	93	1784	23233	4303	254	4035	12040
阿图什市	2	53	1775	9995	61	661	6738	1421	109	2205	5488
阿克陶县		36	1729	10707	30	573	6499	1368	39	597	2384
乌恰县		18	778	2727	2	316	5107	802	81	879	3016
阿合奇县		8	680	2502		234	4889	712	25	354	1152
喀什地区小计		**190**	**28181**	**159996**	**3309**	**6997**	**50821**	**35862**	**1357**	**17665**	**35980**
本级		12	4745	7995	210	1223	5530	6698	535	197	3486

2－34－18

单位:万元

地区	收支部分			平衡部分						
	支出			收入						
						返还性收入			财力性转移支付收入	
	交通运输	工业、商业、金融等事务	其他支出	收入总计	本年收入	小计	增值税和消费税税收返还	所得税基数返还	小计	体制补助
奇台县	782	187	2368	28355	4911	1107	668	439	21518	1611
木垒哈萨克自治县	10	114	2019	14502	1794	312	246	66	16187	2080
巴音郭塄州小计	**3864**	**1439**	**6548**	**276849**	**161623**	**24847**	**16465**	**8382**	**103417**	**9700**
本级	2311	518	774	31348	9755	2326	1470	856	15505	39
县级小计	1553	921	5774	245501	151868	22521	14995	7526	87912	9661
库尔勒市	707	95	814	88761	67592	10493	5167	5326	9937	
轮台县	16	75	282	33151	34798	1168	829	339	7660	1751
尉犁县	342	175	437	16255	6901	944	695	249	11503	1103
且末县	296	183	324	24072	17887	3000	2669	331	5046	360
若羌县	77	23	281	12523	2770	2062	1953	109	6054	869
焉耆回族自治县	46	12	825	17979	8001	1465	1094	371	10167	1324
和静县	33	68	1673	31116	7749	1785	1460	325	20206	1673
和硕县	11	195	302	10974	3436	718	482	236	8763	1453
博湖县	25	95	836	10670	2734	886	646	240	8576	1128
阿克苏地区小计	**7157**	**2931**	**8324**	**387870**	**185605**	**18792**	**14179**	**4613**	**169808**	**23595**
本级	332	967	551	49237	10283	6114	5782	332	24735	2422
县级小计	6825	1964	7773	338633	175322	12678	8397	4281	145073	21173
阿克苏市	289	746		59816	32491	4174	1926	2248	10222	－251
库车县	3338	616	2062	100060	75155	3401	2621	780	20354	2836
拜城县	602	164	4571	33516	19610	1426	1101	325	21325	2942
新和县	170	14	65	20630	4186	610	471	139	14554	2701
沙雅县	1065	59	662	42553	31799	1101	895	206	12326	2193
温宿县	945	162	75	27163	6582	992	707	285	17378	2930
乌什县	244	32		23762	1286	256	243	13	18264	2927
阿瓦提县	161	123	338	16977	3694	541	275	266	18976	2577
柯坪县	11	48		14156	519	177	158	19	11674	2318
克孜勒苏州小计	**194**	**332**	**8207**	**145045**	**9398**	**2696**	**2296**	**400**	**106275**	**16752**
本级	99	231	4265	42442	1830	396	547	－151	25935	6080
县级小计	95	101	3942	102603	7568	2300	1749	551	80340	10672
阿图什市	2	76	2135	36298	4162	996	675	321	27553	3340
阿克陶县	32	25	75	31735	1594	639	520	119	23760	3052
乌恰县	22		761	19190	1215	437	333	104	15772	2297
阿合奇县	39		971	15380	597	228	221	7	13255	1983
喀什地区小计	**4965**	**2515**	**11094**	**463578**	**66497**	**11293**	**6703**	**4590**	**303792**	**36755**
本级	250	467	900	59036	3658	439	49	390	28932	7062

2－34－19

单位:万元

地区	平衡部分									
	收入									
	财力性转移支付收入									
	一般性转移支付补助	民族地区转移支付补助	调整工资转移支付补助	农村税费改革转移支付补助	取消农业特产税降低农业税率转移支付补助	缓解县乡财政困难转移支付补助	农村义务教育补助	结算补助	企事业单位预算划转补助	其他财力性转移支付
奇台县	7874		7437	1310	1093	1453	385	－4		359
木垒哈萨克自治县	5669		5638	897	304	1037	166	－4		400
巴音郭楞州小计	**21782**		**50244**	**7243**	**4382**	**2356**	**1571**		**5794**	**345**
本级	700		7653	1227			50		5751	85
县级小计	21082		42591	6016	4382	2356	1521		43	260
库尔勒市	326		7364	1410	576		208		43	10
轮台县	937		3906	594	244		218			10
尉犁县	4512		4377	453	682	208	148			20
且末县	－77		3953	477	161		162			10
若羌县	1559		3129	252	91	98	46			10
焉耆回族自治县	2261		5203	718	431		210			20
和静县	6984		8010	1066	1114	1045	304			10
和硕县	2236		3425	625	477	412	125			10
博湖县	2344		3224	421	606	593	100			160
阿克苏地区小计	**36940**		**79543**	**10873**	**6962**	**6876**	**5090**	**－331**	**50**	**210**
本级	8867		12795	274			4	163		210
县级小计	28073		66748	10599	6962	6876	5086	－494	50	
阿克苏市	540		7718	1124	842		403	－154		
库车县	1269		11479	1940	897	798	1200	－65		
拜城县	5217		8704	1218	921	1692	626	－45	50	
新和县	3354		5674	874	551	1015	390	－5		
沙雅县	－154		7134	1133	826	602	625	－33		
温宿县	2547		7518	1596	1325	952	556	－46		
乌什县	6042		7061	1056	371	359	544	－96		
阿瓦提县	4786		7378	1336	1162	1079	620	38		
柯坪县	4472		4082	322	67	379	122	－88		
克孜勒苏州小计	**38121**		**42739**	**3470**	**955**	**3782**	**1198**	**－882**		**140**
本级	10660		9082				13			100
县级小计	27461		33657	3470	955	3782	1185	－882		40
阿图什市	8699		11908	1225	326	1909	408	－272		10
阿克陶县	8495		10009	1286	464	503	551	－610		10
乌恰县	5650		6367	500	85	742	121			10
阿合奇县	4617		5373	459	80	628	105			10
喀什地区小计	**91910**		**125000**	**19216**	**8365**	**11980**	**10211**	**－650**	**695**	**310**
本级	6001		15270				－143	－83	695	130

2－34－20

单位:万元

地区	平衡部分								
	收入							支出	
	专项转移支付			省补助计划单列市	上年结余收入	调入资金	国债转贷收入、上年结余及转补助数	支出总计	本年支出
	小计	专项补助	增发国债补助						
奇台县	5360	5360			－4541			32394	32394
木垒哈萨克自治县	3975	3975			－7766			21058	21058
巴音郭楞州小计	**30876**	**30876**			**－46955**	**3041**		**319573**	**319573**
本级	1723	1723			1999	40		29088	60823
县级小计	29153	29153			－48954	3001		290485	258750
库尔勒市	5610	5610			－7437	2566		96122	73430
轮台县	3300	3300			－13775			46089	40576
尉犁县	3072	3072			－6600	435		22716	22716
且末县	2061	2061			－3922			27589	24059
若羌县	3779	3779			－2142			13611	13611
焉耆回族自治县	3243	3243			－4897			22573	22573
和静县	3469	3469			－2093			32507	32507
和硕县	2605	2605			－4548			15078	15078
博湖县	2014	2014			－3540			14200	14200
阿克苏地区小计	**38739**	**38739**			**－31986**	**6912**		**408242**	**408242**
本级	－4367	－4367			8458	4014		31495	52580
县级小计	43106	43106			－40444	2898		376747	355662
阿克苏市	10715	10715			814	1400		61381	55796
库车县	4999	4999			－3849			100926	90926
拜城县	4005	4005			－12850			45537	45537
新和县	2981	2981			－2377	676		22989	22989
沙雅县	3639	3639			－6784	472		48938	43438
温宿县	5731	5731			－3560	40		30715	30715
乌什县	5724	5724			－1768			25422	25422
阿瓦提县	3195	3195			－9429			26301	26301
柯坪县	2117	2117			－641	310		14538	14538
克孜勒苏州小计	**25592**	**25592**			**660**	**424**		**146184**	**146184**
本级	11977	11977			1933	371		41628	41628
县级小计	13615	13615			－1273	53		104556	104556
阿图什市	4359	4359			－772			37427	37427
阿克陶县	5156	5156			586			31703	31703
乌恰县	2212	2212			－499	53		19473	19473
阿合奇县	1888	1888			－588			15953	15953
喀什地区小计	**84545**	**84545**			**－5267**	**2718**		**456890**	**456890**
本级	6452	6452			19034	521		41580	42643

2-34-21

单位:万元

地区	平衡部分									
	支出								年终结余	其中:净结余
	财力性转移支付			专项上解	计划单列市上解省	增设预算周转金	调出资金	国债转贷拨付数及年末结余		
	小计	体制上解	出口退税专项上解							
奇台县									-4039	-4105
木垒哈萨克自治县									-6556	-7336
巴音郭楞州小计									**-42724**	**-46445**
本级	-20192	-20192		-11543					2260	-1047
县级小计	20192	20192		11543					-44984	-45398
库尔勒市	20192	20192		2500					-7361	-7361
轮台县				5513					-12938	-12938
尉犁县									-6461	-6461
且末县				3530					-3517	-3517
若羌县									-1088	-1088
焉耆回族自治县									-4594	-4872
和静县									-1391	-1391
和硕县									-4104	-4240
博湖县									-3530	-3530
阿克苏地区小计									**-20372**	**-23011**
本级	-21085	-21085							17742	17154
县级小计	21085	21085							-38114	-40165
阿克苏市	5585	5585							-1565	-2570
库车县	10000	10000							-866	-1616
拜城县									-12021	-12021
新和县									-2359	-2359
沙雅县	5500	5500							-6385	-6681
温宿县									-3552	-3552
乌什县									-1660	-1660
阿瓦提县									-9324	-9324
柯坪县									-382	-382
克孜勒苏州小计									**-1139**	**-1184**
本级									814	769
县级小计									-1953	-1953
阿图什市									-1129	-1129
阿克陶县									32	32
乌恰县									-283	-283
阿合奇县									-573	-573
喀什地区小计									**6688**	**-11508**
本级	-219	-219		-844					17456	8492

2－34－22 单位：万元

地区	收支部分										
	收入										
	本年收入小计	税收收入									
		小计	增值税	营业税	企业所得税	个人所得税	城市维护建设税	耕地占用税	契税	烟叶税	其他各项税收收入
县级小计	62839	46956	7883	22637	1666	5620	3328	213	1161		4448
喀什市	25126	20805	3023	10116	506	2251	1444	59	816		2590
莎车县	5843	3846	347	1774	560	597	162	14	95		297
疏勒县	3014	1531	140	852	80	262	108	11	10		68
疏附县	1969	1436	302	851	9	148	66	5	16		39
叶城县	5842	4577	2635	1117	44	360	102		41		278
伽师县	2374	1450	389	759	25	188	60	1	1		27
巴楚县	5063	3101	468	1812	40	357	140	8	114		162
麦盖提县	3390	2442	160	1338	320	334	78	4	4		204
泽普县	6404	5186	232	2217	59	887	1031		53		707
英吉沙县	1206	782	52	533	8	98	51	3	10		27
岳普湖县	1235	647	75	380	8	92	47	1			44
塔什库尔干塔吉克自治县	1373	1153	60	888	7	46	39	107	1		5
和田地区小计	**27240**	**19413**	**3516**	**9920**	**421**	**1988**	**1270**	**123**	**499**		**1676**
本级	1095	1	1								
县级小计	26145	19412	3515	9920	421	1988	1270	123	499		1676
皮山县	1926	1209	188	590	66	158	73	17	16		101
墨玉县	3323	1764	198	1057	12	283	77	10	46		81
和田县	2446	1807	299	1123	10	161	72	27	25		90
洛浦县	2450	2008	213	1300	43	201	111	10	32		98
策勒县	1280	730	78	408	29	109	32	22	8		44
于田县	1893	1098	123	611	38	158	47	30	28		63
民丰县	2793	2283	1435	305	4	56	375	2	1		105
和田市	10034	8513	981	4526	219	862	483	5	343		1094
吐鲁番地区小计	**77264**	**67105**	**37699**	**12040**	**2353**	**3320**	**6565**	**71**	**520**		**4537**
本级	1919	552			552						
县级小计	75345	66553	37699	12040	1801	3320	6565	71	520		4537
吐鲁番市	21416	19085	10626	3522	179	888	2237	12	376		1245
鄯善县	46174	42955	25973	6337	1487	1952	4005	59	105		3037
托克逊县	7755	4513	1100	2181	135	480	323		39		255
哈密地区小计	**46886**	**38585**	**11061**	**15268**	**1743**	**3199**	**2981**		**1217**		**3116**
本级	12653	9561	2850	4124	407	899	381				900
县级小计	34233	29024	8211	11144	1336	2300	2600		1217		2216
伊吾县	2577	1785	397	814	326	81	111		11		45
巴里坤哈萨克自治县	3018	2354	1161	710	61	120	227		6		69

2－34－23

单位：万元

地区	收支部分									
	收入								支出	
	非税收入							贷款转贷回收本金收入		
	小计	专项收入	行政事业性收费收入	罚没收入	国有资本经营收入	国有资源（资产）有偿使用收入	其他收入		本年支出小计	一般公共服务
县级小计	15883	2459	4095	4368	1878	1981	1102		414247	87563
喀什市	4321	783	1164	1028		1346			54165	7836
莎车县	1997	245	612	497	584	59			68209	10309
疏勒县	1483	87	251	477	644		24		32200	6733
疏附县	533	84	215	211			23		34222	9735
叶城县	1265	79	519	560		61	46		41497	8558
伽师县	924	62	407	219		179	57		34525	8889
巴楚县	1962	80	323	617		284	658		36400	8013
麦盖提县	948	45	204	183	439		77		26726	5733
泽普县	1218	822	131	228	10	27			24728	4771
英吉沙县	424	52	132	205		16	19		25884	6176
岳普湖县	588	21	131	117	201		118		20961	5405
塔什库尔干塔吉克自治县	220	99	6	26		9	80		14730	5405
和田地区小计	**7827**	**1145**	**2154**	**2685**	**715**	**973**	**155**		**285216**	**48859**
本级	1094	337	524	91		142			32369	6773
县级小计	6733	808	1630	2594	715	831	155		252847	42086
皮山县	717	56	347	172	63	20	59		31877	5289
墨玉县	1559	46	166	556	238	553			51341	8300
和田县	639	71	156	236	143	33			34097	4611
洛浦县	442	154	93	160	18	17			32371	4800
策勒县	550	18	142	172	206	12			23333	3823
于田县	795	28	246	347		174			33933	6065
民丰县	510	224	71	164	29	5	17		14411	4110
和田市	1521	211	409	787	18	17	79		31484	5088
吐鲁番地区小计	**10159**	**4389**	**1283**	**2773**	**1551**	**75**	**88**		**133250**	**29989**
本级	1367	444	405	107	390	21			23493	7574
县级小计	8792	3945	878	2666	1161	54	88		109757	22415
吐鲁番市	2331	1239	382	448	251	7	4		35313	6599
鄯善县	3219	2443	379	155	120	41	81		49468	10922
托克逊县	3242	263	117	2063	790	6	3		24976	4894
哈密地区小计	**8301**	**1889**	**1233**	**3553**	**996**	**75**	**555**		**130768**	**23273**
本级	3092	697	553	941	676	75	150		35785	6101
县级小计	5209	1192	680	2612	320		405		94983	17172
伊吾县	792	71	79	271			371		15400	2247
巴里坤哈萨克自治县	664	152	103	403			6		26661	5137

2－34－24　　　　　　　　　　　　　　　　　　　　　　　　　　　单位:万元

地　　区	收支部分										
	支出										
	外　交	国　防	公共安全	教　育	科学技术	文化体育与传媒	社会保障和就业	医疗卫生	环境保护	城乡社区事务	农林水事务
县级小计		178	23436	152001	3099	5774	45291	29164	822	17468	32494
喀什市		31	4550	20771	612	541	6487	3075	239	6067	1629
莎车县		5	3453	26996	376	937	7448	4453	152	2861	6119
疏勒县			1537	11711	192	298	3901	2165	52	2357	2723
疏附县		5	1689	12314	341	286	4286	2671	45	114	2045
叶城县		7	2531	17728	396	572	4583	3186	35	444	2646
伽师县		15	1627	13043	342	398	3745	1734	38	571	1980
巴楚县		36	1889	12253	375	460	3537	3374	14	1354	2959
麦盖提县		24	1494	10019	19	680	2986	2297	65	695	2227
泽普县		43	1444	7545	270	406	2166	1546	84	1971	3481
英吉沙县			1306	9918	14	406	3100	1810	50	345	2549
岳普湖县		5	1175	6301	145	337	1945	1735	33	535	2176
塔什库尔干塔吉克自治县		7	741	3402	17	453	1107	1118	15	154	1960
和田地区小计		**273**	**14319**	**67538**	**1277**	**5049**	**65524**	**29372**	**1258**	**5325**	**22200**
本级		66	2725	2970	187	1200	8631	3642	435	70	1882
县级小计		207	11594	64568	1090	3849	56893	25730	823	5255	20318
皮山县		35	1291	8057	122	1088	7752	3166	21	543	3014
墨玉县		5	1736	16103	100	506	12314	5533	165	512	3542
和田县		46	1497	9551	128	598	7340	4124	114	334	2982
洛浦县		31	1430	7390	133	238	7645	3170	117	456	3273
策勒县		5	1040	5761	94	226	5335	2758	106	344	2006
于田县		9	1482	8147	270	653	7431	3622	199	406	2058
民丰县		7	730	2819	84	264	2334	1256	33	347	1105
和田市		69	2388	6740	159	276	6742	2101	68	2313	2338
吐鲁番地区小计		**102**	**10289**	**32871**	**1136**	**3293**	**9842**	**8651**	**932**	**13003**	**13328**
本级		11	3097	2398	314	1158	3738	1780	566	248	2091
县级小计		91	7192	30473	822	2135	6104	6871	366	12755	11237
吐鲁番市		72	2623	11521	309	1001	2021	2444	170	3062	3302
鄯善县		15	2592	10972	414	898	1780	2948	178	7331	6224
托克逊县		4	1977	7980	99	236	2303	1479	18	2362	1711
哈密地区小计		**48**	**7047**	**34709**	**1398**	**3094**	**10367**	**8459**	**908**	**13026**	**14817**
本级			2152	9094	195	1534	3855	3997	344	227	3678
县级小计		48	4895	25615	1203	1560	6512	4462	564	12799	11139
伊吾县		43	487	2282	202	352	3153	687	401	1131	3051
巴里坤哈萨克自治县		5	1130	8356	198	681	1308	1551	121	2486	4922

2－34－25

单位：万元

地区	收支部分			平衡部分						
	支出			收入						
						返还性收入			财力性转移支付收入	
	交通运输	工业、商业、金融等事务	其他支出	收入总计	本年收入	小计	增值税和消费税税收返还	所得税基数返还	小计	体制补助
县级小计	4715	2048	10194	404542	62839	10854	6654	4200	274860	29693
喀什市	182	1431	714	54229	25126	3445	2310	1135	16723	
莎车县	2017	76	3007	66587	5843	1022	404	618	49178	4217
疏勒县	81	59	391	32412	3014	582	420	162	22574	2616
疏附县	9		682	33763	1969	590	443	147	25134	4369
叶城县	40	57	714	45443	5842	825	440	385	30448	3095
伽师县	1623	14	506	32889	2374	466	311	155	26609	3742
巴楚县	108	3	2025	30433	5063	811	547	264	25456	1950
麦盖提县		66	421	25978	3390	904	357	547	18720	1847
泽普县	469	83	449	24062	6404	1402	855	547	12193	357
英吉沙县		34	176	27370	1206	276	159	117	20722	2480
岳普湖县	129	155	885	17800	1235	314	228	86	16230	3144
塔什库尔干塔吉克自治县	57	70	224	13576	1373	217	180	37	10873	1876
和田地区小计	**329**	**2140**	**21753**	**277062**	**27240**	**5214**	**3427**	**1787**	**193843**	**23376**
本级	64	1772	1952	33055	1095	－162	－187	25	21612	4197
县级小计	265	368	19801	244007	26145	5376	3614	1762	172231	19179
皮山县	24	45	1430	30392	1926	553	356	197	21894	2899
墨玉县	78	72	2375	50902	3323	528	324	204	36925	4231
和田县	20	52	2700	32469	2446	827	687	140	22737	2912
洛浦县	57	74	3557	31247	2450	483	277	206	23737	3092
策勒县	14	26	1795	23400	1280	285	184	101	18779	2206
于田县	20	10	3561	33562	1893	314	195	119	25212	2749
民丰县	30	9	1283	14381	2793	576	547	29	8656	1482
和田市	22	80	3100	27654	10034	1810	1044	766	14291	－392
吐鲁番地区小计	**683**	**691**	**8440**	**124631**	**77264**	**9197**	**5916**	**3281**	**30087**	**385**
本级	172	324	22	10465	1919	453	106	347	4887	1265
县级小计	511	367	8418	114166	75345	8744	5810	2934	25200	－880
吐鲁番市	92	101	1996	33967	21416	4196	3080	1116	8646	－796
鄯善县	194	247	4753	60439	46174	3245	1576	1669	5602	－1118
托克逊县	225	19	1669	19760	7755	1303	1154	149	10952	1034
哈密地区小计	**448**	**605**	**12569**	**132942**	**46886**	**7760**	**5653**	**2107**	**54061**	**5491**
本级	95	580	3933	37722	12653	3086	2735	351	12346	881
县级小计	353	25	8636	95220	34233	4674	2918	1756	41715	4610
伊吾县	231		1133	14015	2577	301	291	10	9694	1691
巴里坤哈萨克自治县	122	25	619	26185	3018	814	718	96	18807	2919

2-34-26　　　　单位:万元

地区	平衡部分									
	收入									
	财力性转移支付收入									
	一般性转移支付补助	民族地区转移支付补助	调整工资转移支付补助	农村税费改革转移支付补助	取消农业特产税降低农业税率转移支付补助	缓解县乡财政困难转移支付补助	农村义务教育补助	结算补助	企事业单位预算划转补助	其他财力性转移支付
县级小计	85909		109730	19216	8365	11980	10354	-567		180
喀什市	2985		11401	1345	324	133	528			7
莎车县	19251		16190	3565	1745	1984	2204			22
疏勒县	7338		8304	1704	704	1081	905	-91		13
疏附县	5200		10209	1954	727	1684	1015	-48		24
叶城县	9465		12253	1911	1049	1285	1380	-32		42
伽师县	8458		9469	1833	904	1192	1004			7
巴楚县	9440		9613	1596	665	1345	922	-85		10
麦盖提县	5518		7469	1317	838	1152	569			10
泽普县	2451		6483	1284	608	518	535	-56		13
英吉沙县	7996		6944	1247	437	866	764	-19		7
岳普湖县	4209		6357	1209	364	740	433	-236		10
塔什库尔干塔吉克自治县	3598		5038	251			95			15
和田地区小计	**76466**		**75313**	**9421**	**2645**	**1819**	**4438**			**365**
本级	7532		9628							255
县级小计	68934		65685	9421	2645	1819	4438			110
皮山县	8136		8775	1129	384		556			15
墨玉县	15561		12424	2256	621	695	1119			18
和田县	8848		8360	1291	455		846			25
洛浦县	9596		8590	1395	390		659			15
策勒县	7928		6906	822	264	247	396			10
于田县	10323		9245	1441	285	615	544			10
民丰县	3007		3707	254	117		82			7
和田市	5535		7678	833	129	262	236			10
吐鲁番地区小计	**4272**		**18565**	**3047**	**2161**	**684**	**1073**	**-1194**	**909**	**185**
本级	327		3199					-893	909	80
县级小计	3945		15366	3047	2161	684	1073	-301		105
吐鲁番市	901		6115	1301	1044		372	-301		10
鄯善县			4121	1100	939		485			75
托克逊县	3044		5130	646	178	684	216			20
哈密地区小计	**9743**		**28499**	**2443**	**1498**	**1698**	**407**		**4167**	**115**
本级	234		6613	162	192		22		4167	75
县级小计	9509		21886	2281	1306	1698	385			40
伊吾县	2600		4330	384	295	344	35			15
巴里坤哈萨克自治县	5149		7960	1035	210	1354	165			15

2-34-27

单位:万元

地区	平衡部分								
	收入							支出	
	专项转移支付			省补助计划单列市	上年结余收入	调入资金	国债转贷收入、上年结余及转补助数	支出总计	本年支出
	小计	专项补助	增发国债补助						
县级小计	78093	78093			-24301	2197		415310	414247
喀什市	11006	11006			-3987	1916		55228	54165
莎车县	12933	12933			-2389			68209	68209
疏勒县	6393	6393			-242	91		32200	32200
疏附县	6656	6656			-631	45		34222	34222
叶城县	9787	9787			-1501	42		41497	41497
伽师县	5965	5965			-2525			34525	34525
巴楚县	5826	5826			-6756	33		36400	36400
麦盖提县	4323	4323			-1359			26726	26726
泽普县	4281	4281			-218			24728	24728
英吉沙县	5100	5100			66			25884	25884
岳普湖县	3410	3410			-3459	70		20961	20961
塔什库尔干塔吉克自治县	2413	2413			-1300			14730	14730
和田地区小计	**60636**	**60636**			**-10121**	**250**		**285216**	**285216**
本级	9643	9643			867			32369	32369
县级小计	50993	50993			-10988	250		252847	252847
皮山县	7737	7737			-1718			31877	31877
墨玉县	10982	10982			-856			51341	51341
和田县	8202	8202			-1743			34097	34097
洛浦县	5873	5873			-1296			32371	32371
策勒县	3995	3995			-939			23333	23333
于田县	6613	6613			-470			33933	33933
民丰县	1868	1868			488			14411	14411
和田市	5723	5723			-4454	250		31484	31484
吐鲁番地区小计	**14676**	**14676**			**-6893**	**300**		**133250**	**133250**
本级	3297	3297			-91			11018	23493
县级小计	11379	11379			-6802	300		122232	109757
吐鲁番市	3494	3494			-4085	300		38454	35313
鄯善县	2663	2663			2755			58802	49468
托克逊县	5222	5222			-5472			24976	24976
哈密地区小计	**16561**	**16561**			**1140**	**6534**		**130768**	**130768**
本级	4923	4923			2335	2379		35423	35785
县级小计	11638	11638			-1195	4155		95345	94983
伊吾县	2367	2367			-1469	545		15400	15400
巴里坤哈萨克自治县	4338	4338			-792			26661	26661

2-34-28

单位:万元

地　　区	平衡部分									
	支出								年终结余	其中:净结余
	财力性转移支付			专项上解	计划单列市上解省	增设预算周转金	调出资金	国债转贷拨付数及年末结余		
	小　计	体制上解	出口退税专项上　解							
县级小计	219	219		844					-10768	-20000
喀什市	219	219		844					-999	-5198
莎车县									-1622	-1714
疏勒县									212	-194
疏附县									-459	-806
叶城县									3946	1003
伽师县									-1636	-2626
巴楚县									-5967	-6058
麦盖提县									-748	-748
泽普县									-666	-690
英吉沙县									1486	1486
岳普湖县									-3161	-3301
塔什库尔干塔吉克自治县									-1154	-1154
和田地区小计									**-8154**	**-9510**
本级									686	-670
县级小计									-8840	-8840
皮山县									-1485	-1485
墨玉县									-439	-439
和田县									-1628	-1628
洛浦县									-1124	-1124
策勒县									67	67
于田县									-371	-371
民丰县									-30	-30
和田市									-3830	-3830
吐鲁番地区小计									**-8619**	**-8619**
本级	-12475	-12475							-553	-553
县级小计	12475	12475							-8066	-8066
吐鲁番市	3141	3141							-4487	-4487
鄯善县	9334	9334							1637	1637
托克逊县									-5216	-5216
哈密地区小计									**2174**	**209**
本级				-362					2299	1303
县级小计				362					-125	-1094
伊吾县									-1385	-1385
巴里坤哈萨克自治县									-476	-476

2－34－29　　　　单位:万元

地区	收支部分										
	收入										
	本年收入小计	税收收入									
		小计	增值税	营业税	企业所得税	个人所得税	城市维护建设税	耕地占用税	契税	烟叶税	其他各项税收收入
哈密市	28638	24885	6653	9620	949	2099	2262		1200		2102
五家渠市	**4956**	**4808**	**695**	**2645**	**38**	**482**	**346**		**168**		**434**
阿拉尔市	**3688**	**3461**	**750**	**1914**	**54**	**427**	**233**				**83**
图木舒克市	**1350**	**1277**	**144**	**902**	**24**	**130**	**50**		**1**		**26**

2-34-30

单位:万元

地区	收支部分									
	收入								支出	
	非税收入							贷款转贷回收本金收入		
	小计	专项收入	行政事业性收费收入	罚没收入	国有资本经营收入	国有资源(资产)有偿使用收入	其他收入		本年支出小计	一般公共服务
哈密市	3753	969	498	1938	320		28		52922	9788
五家渠市	**148**	**114**		**30**			**4**		**7720**	**1408**
阿拉尔市	**227**	**60**	**140**	**19**			**8**		**9655**	**2276**
图木舒克市	**73**	**29**	**13**	**25**			**6**		**6702**	**1250**

2－34－31

单位:万元

地区	收支部分										
	支出										
	外交	国防	公共安全	教育	科学技术	文化体育与传媒	社会保障和就业	医疗卫生	环境保护	城乡社区事务	农林水事务
哈密市			3278	14977	803	527	2051	2224	42	9182	3166
五家渠市		**15**	**722**	**1791**	**9**	**160**	**206**	**243**	**25**	**2439**	**106**
阿拉尔市		**9**	**699**	**754**	**278**	**112**		**584**		**4834**	**109**
图木舒克市		**43**	**818**	**513**		**101**	**24**	**1061**	**12**	**1869**	**57**

2－34－32

单位:万元

地区	收支部分			平衡部分						
	支出			收入						
						返还性收入			财力性转移支付收入	
	交通运输	工业、商业、金融等事务	其他支出	收入总计	本年收入	小计	增值税和消费税税收返还	所得税基数返还	小计	体制补助
哈密市			6884	55020	28638	3559	1909	1650	13214	
五家渠市	**19**	**35**	**542**	**5691**	**4956**	**385**	**385**		**816**	
阿拉尔市				**－1572**	**3688**	**157**	**157**		**1791**	**251**
图木舒克市	**9**		**945**	**－667**	**1350**	**175**	**175**		**781**	

2－34－33　　单位:万元

地区	平衡部分									
	收入									
	财力性转移支付收入									
	一般性转移支付补助	民族地区转移支付补助	调整工资转移支付补助	农村税费改革转移支付补助	取消农业特产税降低农业税率转移支付补助	缓解县乡财政困难转移支付补助	农村义务教育补助	结算补助	企事业单位预算划转补助	其他财力性转移支付
哈密市	1760		9596	862	801		185			10
五家渠市			**504**		**292**					**20**
阿拉尔市			**528**		**929**			**63**		**20**
图木舒克市			**217**		**544**					**20**

2－34－34

单位:万元

地区	平衡部分								
	收入							支出	
	专项转移支付			省补助计划单列市	上年结余收入	调入资金	国债转贷收入、上年结余及转补助数	支出总计	本年支出
	小计	专项补助	增发国债补助						
哈密市	4933	4933			1066	3610		53284	52922
五家渠市	**62**	**62**			**－528**			**7720**	**7720**
阿拉尔市	**61**	**61**			**－7269**			**9655**	**9655**
图木舒克市	**31**	**31**			**－3138**	**134**		**6702**	**6702**

2－34－35

单位:万元

地　　区	平　衡　部　分									
	支　出								年终结余	其中:净结余
	财力性转移支付			专项上解	计划单列市上解省	增设预算周转金	调出资金	国债转贷拨付数及年末结余		
	小　计	体制上解	出口退税专项上解							
哈密市				362					1736	767
五家渠市									**－2029**	**－2029**
阿拉尔市									**－11227**	**－11227**
图木舒克市									**－7369**	**－7369**

三、各省、自治区、直辖市地市县基金预算财政资料

2006年全国地市县财政基金预算收支平衡表

3－1－1

单位:万元

地区	收支部分							
	收入							
	收入合计	养路费收入	公路客货运附加费收入	国有土地使用权出让金收入	新增建设用地土地有偿使用费收入	地方水利建设基金收入	城镇公用事业附加收入	其他各项基金收入
地方合计	**20993318**	**426293**	**53682**	**14534622**	**1478778**	**864804**	**807299**	**2827840**
北京市	95937	0	0	8189	0	0	3135	84613
天津市	311829	0	0	297181	1175	0	9523	3950
河北省	593827	0	24	492180	58	4928	59966	36671
山西省	610333	42367	311	297118	45992	1560	20130	202855
内蒙古自治区	875514	41630	0	667251	107582	1963	7514	49574
辽宁省	2002731	0	0	1741480	155	34583	47875	178638
其中:大连市	802289	0	0	699341	0	18375	10637	73936
吉林省	328918	463	0	248372	0	12596	10600	56887
黑龙江省	621828	11596	150	557466		19740	14577	18299
上海市	73358	0	0	62496	0	0	1180	9682
江苏省	2322703	743	28462	1532567	360961	32459	96034	271477
浙江省	1294631	5132	0	437186	44000	344531	34208	429574
其中:宁波市	203728			19539	15688	90454	8559	69488
安徽省	896492	5936	510	671309	129950	2368	7444	78975
福建省	767786	11504	8959	507968	48573	30038	27329	133415
其中:厦门市	78795	446	5159	16334	13778		5906	37172
江西省	553206	6782	869	321512	129230	11786	7058	75969
山东省	2071622	111532	13370	1643333	0	42175	85360	175852
其中:青岛市	409258	59959	13357	258615	0	42043	5455	29829
河南省	921006	46774	274	708727	67598	4424	47101	46108
湖北省	961728	0	0	680644	140196	8316	27960	104612
湖南省	476992	7712	42	342817	448	23994	22222	79757
广东省	1484487	75413	0	614210	255937	235205	161216	142506
其中:深圳市	74832	0	0	30000	8000	22674	0	14158
广西壮族自治区	415101	42378	651	250845	0	46323	8436	66468
海南省	80546	0	0	66831	11666	194	0	1855
重庆市	561241	0	0	530909	0	60	15981	14291
四川省	1496230	4075	60	973633	84985	5598	44156	383723
贵州省	262735	1129	0	193237	24280	338	9845	33906
云南省	333981	3132	0	282462	2653	22	770	44942
西藏								
陕西省	161271	3271	0	103871	0	1259	18386	34484
甘肃省	76056	644	0	45435	11158	0	6703	12116
青海省	12686	1738	0	6879	0	0	2155	1914
宁夏回族自治区	117089	2342	0	79522	11195	344	8948	14738
新疆维吾尔自治区	211454	0	0	168992	986	0	1487	39989

2006 年地方财政政府收支分类转换数据

3－1－2

单位:万元

地　　区	收支部分						
	支出						
	支出合计	养路费支出	公路客货运附加费支出	国有土地使用权出让金支出	地方水利建设基金支出	城镇公用事业附加支出	其他各项基金支出
地方合计	**22533533**	**1543751**	**221274**	**15705875**	**1229423**	**790089**	**3043121**
北京市	87432	0	0	3405	6041	13534	64452
天津市	277367	0	0	260375	0	7982	9010
河北省	680961	72	24	486480	43165	57862	93358
山西省	510950	41988	311	262405	23063	16573	166610
内蒙古自治区	808506	37476	0	681622	13793	6367	69248
辽宁省	1791659	0	0	1599163	33082	35174	124240
其中:大连市	752827	0	0	698024	19692	5811	29300
吉林省	426554	929	3	287725	58036	6111	73750
黑龙江省	641587	12469	150	555548	26987	20539	25894
上海市	128709	0	0	44403	0	75370	8936
江苏省	2355974	1019	28599	1910275	112637	75509	227935
浙江省	1488099	266725	28789	448059	335177	33837	375512
其中:宁波市	187371	7308	4547	34512	95427	8863	36714
安徽省	816804	5733	20230	707397	10450	6468	66526
福建省	707404	11141	8758	471904	31316	34367	149918
其中:厦门市	90405	388	5156	25873	30	5549	53409
江西省	497040	6896	730	409140	16887	4828	58559
山东省	2184771	99100	12090	1775510	52672	76826	168573
其中:青岛市	380934	47763	11555	254129	31561	3828	32098
河南省	1351820	363345	98634	781463	9468	40476	58434
湖北省	1109432	121916	22447	827988	8452	27797	100832
湖南省	487812	8774	0	327665	35500	22487	93386
广东省	1765652	510778	0	612387	280302	137228	224957
其中:深圳市	130295	63166	0	25000	9117	0	33012
广西壮族自治区	405254	41803	432	231487	55492	4081	71959
海南省	89751	160	28	82816	1971	0	4776
重庆市	1139850	14	41	897977	2179	14197	225442
四川省	1450049	2377	8	1017595	24038	35732	370299
贵州省	238945	893	0	192656	1798	8262	35336
云南省	434193	2693	0	338248	13211	757	79284
西藏							
陕西省	229051	3041	0	175502	28717	4578	17213
甘肃省	86667	873	0	62172	30	11816	11776
青海省	13474	1340	0	6880	813	1353	3088
宁夏回族自治区	130476	2196	0	93114	4146	7698	23322
新疆维吾尔自治区	197290	0	0	154514	0	2280	40496

3－1－3

单位：万元

地区	平衡部分											
	收入						支出					年终结余
	收入总计	本年收入	上年结余	补助收入	省补助计划单列市收入	调入资金	支出总计	本年支出	上解支出	计划单列市上解省支出	调出资金	
地方合计	**32143619**	**20993318**	**6363600**	**4448323**	**113475**	**224903**	**23097855**	**22533533**	**119898**	**10700**	**433724**	**9045764**
北京市	194588	95937	60224	38424	0	3	93433	87432	6001	0	0	101155
天津市	355047	311829	29903	9484	0	3831	314604	277367	3384	0	33853	40443
河北省	937435	593827	160207	191578		－8177	701381	680961	0	0	20420	236054
山西省	954069	610333	278597	43963	0	21176	540680	510950	0	0	29730	413389
内蒙古自治区	1019220	875514	69168	74538	0	0	817337	808506	0	0	8831	201883
辽宁省	2479899	2002731	428539	40072	269	8288	1914071	1791659	0	6000	116412	565828
其中：大连市	979178	802289	166202	10411	269	7	766890	752827	0	6000	8063	212288
吉林省	645965	328918	166347	131897	0	18803	428737	426554	1676	0	507	217228
黑龙江省	807929	621828	122836	62219		1046	641717	641587			130	166212
上海市	253147	73358	93241	86548	0	0	133233	128709	0	0	4524	119914
江苏省	2813780	2322703	327456	153745		9876	2409186	2355974	41953		11259	404594
浙江省	2458453	1294631	762522	385189	9930	6181	1493824	1488099	0	4700	1025	964629
其中：宁波市	393592	203728	171314	8218	9930	402	192071	187371		4700		201521
安徽省	1156435	896492	185290	70775	0	3878	819183	816804	1827	0	552	337252
福建省	1076636	767786	254724	38267	8336	7523	730372	707404	795	0	22173	346264
其中：厦门市	103438	78795	9728	6579	8336		90405	90405				13033
江西省	805950	553206	129173	121639	0	1932	521267	497040	8806	0	15421	284683
山东省	3086150	2071622	691459	264767	29350	28952	2224875	2184771	16183	0	23921	861275
其中：青岛市	593943	409258	145376	7500	29350	2459	381497	380934	0	0	563	212446
河南省	1659503	921006	242091	491821	0	4585	1364793	1351820	0	0	12973	294710
湖北省	1281304	961728	44645	274136	0	795	1109979	1109432	0	0	547	171325
湖南省	742064	476992	145872	104916	0	14284	547631	487812	0	0	59819	194433
广东省	3113192	1484487	906804	593670	65590	62641	1793453	1765652	0	0	27801	1319739
其中：深圳市	220146	74832	47722	32002	65590	0	130295	130295	0	0	0	89851
广西壮族自治区	614446	415101	163879	18194	0	17272	410757	405254	0	0	5503	203689
海南省	109064	80546	11363	12457	0	4698	90068	89751	0	0	317	18996
重庆市	1595476	561241	197459	836776	0	0	1157994	1139850	16645	0	1499	437482
四川省	1951874	1496230	340354	102771		12519	1450649	1450049	0	0	600	501225
贵州省	364310	262735	60056	39624	0	1895	238945	238945	0	0	0	125365
云南省	539914	333981	93673	112207	0	53	456307	434193	0	0	22114	83607
西藏												
陕西省	493508	161271	249710	82113	0	414	234532	229051	0	0	5481	258976
甘肃省	181158	76056	68089	36749	0	264	111185	86667	22628	0	1890	69973
青海省	25510	12686	10298	2526	0	0	14748	13474	0	0	1274	10762
宁夏回族自治区	156424	117089	13173	23991	0	2171	132576	130476	0	0	2100	23848
新疆维吾尔自治区	271169	211454	56448	3267	0	0	200338	197290	0	0	3048	70831

2006 年全国地(市)本级财政基金预算收支平衡表

3－2－1　　　　单位:万元

地　　区	收　支　部　分							
	收　入							
	收入合计	养路费收　入	公路客货运附加费收　入	国有土地使用权出让金收入	新增建设用地土地有偿使用费收入	地方水利建设基金收　入	城镇公用事业附加收　入	其他各项基金收入
地　方　合　计	**12441002**	**350008**	**41160**	**8744003**	**721058**	**522406**	**512863**	**1549504**
北京市	93119	0	0	7352	0	0	3135	82632
天津市	283385	0	0	270346	1136	0	8081	3822
河北省	327087	0	0	270832	0	4549	30981	20725
山西省	370755	17136	0	174306	21723	956	8816	147818
内蒙古自治区	367486	37713	0	244835	56094	1618	5162	22064
辽宁省	1338589	0	0	1137644	0	32445	36693	131807
其中:大连市	573464	0	0	484107	0	18182	8137	63038
吉林省	225791	0	0	161756	0	9917	9170	44948
黑龙江省	398150	9908		342671		18725	12441	14405
上海市	72117	0	0	61555	0	0	1050	9512
江苏省	933761	0	17754	622357	96975	26215	51490	118970
浙江省	500174	895	0	309916	15737	87635	12478	73513
其中:宁波市	33626			5373	1835	11543	2199	12676
安徽省	581314	3121	0	432815	88477	396	5681	50824
福建省	379486	4555	8901	205200	22261	24925	17787	95857
其中:厦门市	55660	164	5156	7300	3160		5206	34674
江西省	375842	3207	209	250184	60350	10872	7058	43962
山东省	1324778	111378	13357	1021752	0	28422	52860	97009
其中:青岛市	336596	59959	13357	216808		28337	1627	16508
河南省	640503	43337	274	490082	49761	3847	26312	26890
湖北省	704464	0	0	516241	62261	6415	22353	97194
湖南省	308566	7712	42	232107	21	12327	16226	40131
广东省	983097	62057	0	310505	169484	217737	112405	110909
其中:深圳市	74832	0	0	30000	8000	22674	0	14158
广西壮族自治区	256656	38556	623	147936	0	28997	5980	34564
海南省	55695	0	0	47118	7701	185	0	691
重庆市	425973	0	0	412836	0	60	2260	10817
四川省	773247	2596	0	520234	47953	4601	28008	169855
贵州省	181354	1129	0	154291	6082	15	7860	11977
云南省	167795	2326	0	140082	0	18	700	24669
西藏								
陕西省	135317	3014	0	87967	0	1185	15605	27546
甘肃省	64688	470	0	40328	8960	0	6485	8445
青海省	4398	225	0	2281	0	0	1260	632
宁夏回族自治区	72274	673	0	46691	6080	344	4526	13960
新疆维吾尔自治区	95141	0	0	81783	2	0	0	13356

三、各省、自治区、直辖市地市县基金预算财政资料

3－2－2 单位:万元

地区	收支部分						
	支出						
	支出合计	养路费支出	公路客货运附加费支出	国有土地使用权出让金支出	地方水利建设基金支出	城镇公用事业附加支出	其他各项基金支出
地方合计	**12098213**	**1108256**	**119463**	**8487326**	**509900**	**513601**	**1359667**
北京市	83945	0	0	3325	5031	13298	62291
天津市	252399	0	0	236587	0	7319	8493
河北省	300423	0	0	234465	14446	29476	22036
山西省	253550	15292	0	109225	10938	4901	113194
内蒙古自治区	290021	33599	0	220136	6072	3394	26820
辽宁省	1195004	0	0	1062303	30341	27307	75053
其中:大连市	560023	0	0	514573	19499	4326	21625
吉林省	256345	266	0	171624	28656	4822	50977
黑龙江省	401624	10775		345511	13911	18246	13181
上海市	124948	0	0	43462	0	72699	8787
江苏省	864932	283	17972	645485	65884	37688	97620
浙江省	510323	79984	7353	275134	64951	9290	73611
其中:宁波市	24066	3855	3529	3062	4528		9092
安徽省	472797	3084	16853	411813	5519	4921	30607
福建省	313577	3816	8728	172986	23486	24841	79720
其中:厦门市	59439	158	5156	10062		5049	39014
江西省	219555	3568	265	182224	3981	4510	25007
山东省	1232113	96126	12077	990658	18047	47178	68027
其中:青岛市	262535	47763	11555	182192	4225		16800
河南省	822028	244194	43954	480358	3768	20565	29189
湖北省	684884	105221	11801	467869	5743	22190	72060
湖南省	254766	8774	0	179870	16899	16633	32590
广东省	1103680	457555	0	302432	112328	92893	138472
其中:深圳市	130295	63166	0	25000	9117	0	33012
广西壮族自治区	249940	37875	432	135378	41247	2165	32843
海南省	57147	0	28	55708	207	0	1204
重庆市	837178	0	0	766408	745	3462	66563
四川省	621930	827	0	451195	9720	20424	139764
贵州省	125621	851	0	108336	1404	6364	8666
云南省	174168	1915	0	135821	933	371	35128
西藏							
陕西省	174622	2800	0	135431	23577	2473	10341
甘肃省	57422	729	0	37681	0	11453	7559
青海省	4964	0	0	3040	0	473	1451
宁夏回族自治区	81162	722	0	56103	2066	3917	18354
新疆维吾尔自治区	77145	0	0	66758	0	328	10059

2006年地方财政政府收支分类转换数据

3-2-3　　单位:万元

地区	平衡部分											
	收入						支出					年终结余
	收入总计	本年收入	上年结余	补助收入	省补助计划单列市收入	调入资金	支出总计	本年支出	上解支出	计划单列市上解省支出	调出资金	
地方合计	**17799958**	**12441002**	**3978020**	**1129773**	**112880**	**138283**	**12308832**	**12098213**	**-53004**	**6524**	**257099**	**5491126**
北京市	184077	93119	56333	34622	0	3	89946	83945	6001	0	0	94131
天津市	322304	283385	26364	8724	0	3831	289236	252399	3384	0	33453	33068
河北省	425034	327087	74455	31718		-8226	305384	300423	0	0	4961	119650
山西省	468586	370755	149301	-63576	0	12106	262313	253550	0	0	8763	206273
内蒙古自治区	405401	367486	47029	-9114	0	0	291225	290021	-232	0	1436	114176
辽宁省	1665403	1338589	332685	-14111	269	7971	1272896	1195004	-3493	6000	75385	392507
其中:大连市	732989	573464	149090	10159	269	7	570542	560023	-1838	6000	6357	162447
吉林省	386393	225791	113240	33729	0	13633	258053	256345	1201	0	507	128340
黑龙江省	468097	398150	94758	-25804		993	343302	401624	-58322			124795
上海市	246628	72117	90635	83876	0	0	129472	124948	0	0	4524	117156
江苏省	1049435	933761	116655	-7929		6948	868484	864932	-1448		5000	180951
浙江省	815965	500174	261127	41338	9930	3396	475811	510323	-35036	524	0	340154
其中:宁波市	75047	33626	79604	-48113	9930		-10446	24066	-35036	524		85493
安徽省	708343	581314	132435	-7980	0	2574	474634	472797	1594	0	243	233709
福建省	504991	379486	131608	-20967	8336	6528	316887	313577	-190	0	3500	188104
其中:厦门市	61902	55660	3538	-5632	8336		59439	59439				2463
江西省	392001	375842	72214	-57230	0	1175	227921	219555	3496	0	4870	164080
山东省	1920414	1324778	567422	-19518	29350	18382	1253274	1232113	-1134	0	22295	667140
其中:青岛市	448108	336596	128897	-46735	29350		258302	262535	-4233			189806
河南省	1020871	640503	174643	201916		3809	823526	822028	-24		1522	197345
湖北省	853325	704464	40814	108046	0	1	685327	684884	0	0	443	167998
湖南省	438114	308566	101058	14889	0	13601	307409	254766	-723	0	53366	130705
广东省	1941642	983097	589704	284740	64995	19106	1119490	1103680	0	0	15810	822152
其中:深圳市	220146	74832	47722	32002	65590	0	130295	130295	0	0	0	89851
广西壮族自治区	358900	256656	96454	-7707	0	13497	255440	249940	0	0	5500	103460
海南省	65538	55695	1151	4192	0	4500	57447	57147	0	0	300	8091
重庆市	1049005	425973	133593	489439	0	0	851780	837178	14527	0	75	197225
四川省	946909	773247	212757	-49751		10656	621791	621930	-739	0	600	325118
贵州省	199713	181354	22659	-5875	0	1575	124810	125621	-811	0	0	74903
云南省	224337	167795	37684	18805	0	53	185599	174168	0	0	11431	38738
西藏												
陕西省	388379	135317	214329	38733	0	0	174582	174622	-40	0	0	213797
甘肃省	129849	64688	50914	14247	0	0	77901	57422	19985	0	494	51948
青海省	8090	4398	2948	744	0	0	4964	4964	0	0	0	3126
宁夏回族自治区	98054	72274	8177	15432		2171	83162	81162			2000	14892
新疆维吾尔自治区	114160	95141	24874	-5855	0	0	76766	77145	-1000	0	621	37394

三、各省、自治区、直辖市地市县基金预算财政资料

2006 年全国县级财政基金预算收支平衡表

3－3－1　　　　单位：万元

地区	收支部分							
	收入							
	收入合计	养路费收入	公路客货运附加费收入	国有土地使用权出让金收入	新增建设用地土地有偿使用费收入	地方水利建设基金收入	城镇公用事业附加收入	其他各项基金收入
地方合计	**8552316**	**76285**	**12522**	**5790619**	**757720**	**342398**	**294436**	**1278336**
北京市	2818	0	0	837	0	0	0	1981
天津市	28444	0	0	26835	39	0	1442	128
河北省	266740	0	24	221348	58	379	28985	15946
山西省	239578	25231	311	122812	24269	604	11314	55037
内蒙古自治区	508028	3917	0	422416	51488	345	2352	27510
辽宁省	664142	0	0	603836	155	2138	11182	46831
其中：大连市	228825	0	0	215234	0	193	2500	10898
吉林省	103127	463	0	86616	0	2679	1430	11939
黑龙江省	223678	1688	150	214795		1015	2136	3894
上海市	1241	0	0	941	0	0	130	170
江苏省	1388942	743	10708	910210	263986	6244	44544	152507
浙江省	794457	4237	0	127270	28263	256896	21730	356061
其中：宁波市	170102			14166	13853	78911	6360	56812
安徽省	315178	2815	510	238494	41473	1972	1763	28151
福建省	388300	6949	58	302768	26312	5113	9542	37558
其中：厦门市	23135	282	3	9034	10618		700	2498
江西省	177364	3575	660	71328	68880	914	0	32007
山东省	746844	154	13	621581	0	13753	32500	78843
其中：青岛市	72662	0	0	41807	0	13706	3828	13321
河南省	280503	3437		218645	17837	577	20789	19218
湖北省	257264	0	0	164403	77935	1901	5607	7418
湖南省	168426	0	0	110710	427	11667	5996	39626
广东省	501390	13356	0	303705	86453	17468	48811	31597
其中：深圳市								
广西壮族自治区	158445	3822	28	102909	0	17326	2456	31904
海南省	24851	0	0	19713	3965	9	0	1164
重庆市	135268	0	0	118073	0	0	13721	3474
四川省	722983	1479	60	453399	37032	997	16148	213868
贵州省	81381	0	0	38946	18198	323	1985	21929
云南省	166186	806	0	142380	2653	4	70	20273
西藏								
陕西省	25954	257	0	15904	0	74	2781	6938
甘肃省	11368	174	0	5107	2198	0	218	3671
青海省	8288	1513	0	4598	0	0	895	1282
宁夏回族自治区	44815	1669	0	32831	5115	0	4422	778
新疆维吾尔自治区	116313	0	0	87209	984	0	1487	26633

3－3－2

单位:万元

地区	收支部分						
	支出						
	支出合计	养路费支出	公路客货运附加费支出	国有土地使用权出让金支出	地方水利建设基金支出	城镇公用事业附加支出	其他各项基金支出
地方合计	**10435320**	**435495**	**101811**	**7218549**	**719523**	**276488**	**1683454**
北京市	3487	0	0	80	1010	236	2161
天津市	24968	0	0	23788	0	663	517
河北省	380538	72	24	252015	28719	28386	71322
山西省	257400	26696	311	153180	12125	11672	53416
内蒙古自治区	518485	3877	0	461486	7721	2973	42428
辽宁省	596655	0	0	536860	2741	7867	49187
其中:大连市	192804	0	0	183451	193	1485	7675
吉林省	170209	663	3	116101	29380	1289	22773
黑龙江省	239963	1694	150	210037	13076	2293	12713
上海市	3761	0	0	941	0	2671	149
江苏省	1491042	736	10627	1264790	46753	37821	130315
浙江省	977776	186741	21436	172925	270226	24547	301901
其中:宁波市	163305	3453	1018	31450	90899	8863	27622
安徽省	344007	2649	3377	295584	4931	1547	35919
福建省	393827	7325	30	298918	7830	9526	70198
其中:厦门市	30966	230		15811	30	500	14395
江西省	277485	3328	465	226916	12906	318	33552
山东省	952658	2974	13	784852	34625	29648	100546
其中:青岛市	118399	0	0	71937	27336	3828	15298
河南省	529792	119151	54680	301105	5700	19911	29245
湖北省	424548	16695	10646	360119	2709	5607	28772
湖南省	233046	0	0	147795	18601	5854	60796
广东省	661972	53223	0	309955	167974	44335	86485
其中:深圳市							
广西壮族自治区	155314	3928	0	96109	14245	1916	39116
海南省	32604	160	0	27108	1764	0	3572
重庆市	302672	14	41	131569	1434	10735	158879
四川省	828119	1550	8	566400	14318	15308	230535
贵州省	113324	42	0	84320	394	1898	26670
云南省	260025	778	0	202427	12278	386	44156
西藏							
陕西省	54429	241	0	40071	5140	2105	6872
甘肃省	29245	144	0	24491	30	363	4217
青海省	8510	1340	0	3840	813	880	1637
宁夏回族自治区	49314	1474	0	37011	2080	3781	4968
新疆维吾尔自治区	120145	0	0	87756	0	1952	30437

三、各省、自治区、直辖市地市县基金预算财政资料

3－3－3

单位:万元

地区	平衡部分											
	收入						支出					年终结余
	收入总计	本年收入	上年结余	补助收入	省补助计划单列市收入	调入资金	支出总计	本年支出	上解支出	计划单列市上解省支出	调出资金	
地方合计	**14343661**	**8552316**	**2385580**	**3318550**	**595**	**86620**	**10789023**	**10435320**	**172902**	**4176**	**176625**	**3554638**
北京市	10511	2818	3891	3802	0	0	3487	3487	0	0	0	7024
天津市	32743	28444	3539	760	0	0	25368	24968	0	0	400	7375
河北省	512401	266740	85752	159860		49	395997	380538	0	0	15459	116404
山西省	485483	239578	129296	107539	0	9070	278367	257400	0	0	20967	207116
内蒙古自治区	613819	508028	22139	83652	0	0	526112	518485	232	0	7395	87707
辽宁省	814496	664142	95854	54183	0	317	641175	596655	3493	0	41027	173321
其中:大连市	246189	228825	17112	252	0	0	196348	192804	1838	0	1706	49841
吉林省	259572	103127	53107	98168	0	5170	170684	170209	475	0	0	88888
黑龙江省	339832	223678	28078	88023		53	298415	239963	58322		130	41417
上海市	6519	1241	2606	2672	0	0	3761	3761	0	0	0	2758
江苏省	1764345	1388942	210801	161674		2928	1540702	1491042	43401		6259	223643
浙江省	1642488	794457	501395	343851	0	2785	1018013	977776	35036	4176	1025	624475
其中:宁波市	318545	170102	91710	56331		402	202517	163305	35036	4176		116028
安徽省	448092	315178	52855	78755	0	1304	344549	344007	233	0	309	103543
福建省	571645	388300	123116	59234	0	995	413485	393827	985	0	18673	158160
其中:厦门市	41536	23135	6190	12211			30966	30966				10570
江西省	413949	177364	56959	178869	0	757	293346	277485	5310	0	10551	120603
山东省	1165736	746844	124037	284285	0	10570	971601	952658	17317	0	1626	194135
其中:青岛市	145835	72662	16479	54235	0	2459	123195	118399	4233	0	563	22640
河南省	638632	280503	67448	289905		776	541267	529792	24		11451	97365
湖北省	427979	257264	3831	166090	0	794	424652	424548	0	0	104	3327
湖南省	303950	168426	44814	90027	0	683	240222	233046	723	0	6453	63728
广东省	1171550	501390	317100	308930	595	43535	673963	661972	0	0	11991	497587
其中:深圳市												
广西壮族自治区	255546	158445	67425	25901	0	3775	155317	155314	0	0	3	100229
海南省	43526	24851	10212	8265	0	198	32621	32604	0	0	17	10905
重庆市	546471	135268	63866	347337	0	0	306214	302672	2118	0	1424	240257
四川省	1004965	722983	127597	152522		1863	828858	828119	739	0	0	176107
贵州省	164597	81381	37397	45499	0	320	114135	113324	811	0	0	50462
云南省	315577	166186	55989	93402	0	0	270708	260025	0	0	10683	44869
西藏												
陕西省	105129	25954	35381	43380	0	414	59950	54429	40	0	5481	45179
甘肃省	51309	11368	17175	22502	0	264	33284	29245	2643	0	1396	18025
青海省	17420	8288	7350	1782	0	0	9784	8510	0	0	1274	7636
宁夏回族自治区	58370	44815	4996	8559	0	0	49414	49314	0	0	100	8956
新疆维吾尔自治区	157009	116313	31574	9122	0	0	123572	120145	1000	0	2427	33437

2006 年北京市区县财政基金预算收支平衡表

3－4－1　　　　　　　　　　　　　　　　　　　　单位:万元

地　　区	收支部分							
	收入							
	收入合计	养路费收入	公路客货运附加费收入	国有土地使用权出让金收入	新增建设用地土地有偿使用费收入	地方水利建设基金收入	城镇公用事业附加收入	其他各项基金收入
区县级总计	**95937**			**8189**			**3135**	**84613**
区级合计	**93119**			**7352**			**3135**	**82632**
县级合计	**2818**			**837**				**1981**
东城区	3994							3994
西城区	5200							5200
崇文区	1204							1204
宣武区	1658							1658
朝阳区	23127						3	23124
海淀区	16847							16847
丰台区	5438							5438
石景山区	1285							1285
门头沟区	2197			137			306	1754
房山区	4697			1114			505	3078
通州区	4602							4602
昌平区	5799			959				4840
顺义区	4340			400			432	3508
大兴区	8667			3700			1889	3078
怀柔区	1753							1753
平谷区	2311			1042				1269
密云县	1892			481				1411
延庆县	926			356				570

3－4－2

单位:万元

地区	收支部分						
	支出						
	支出合计	养路费支出	公路客货运附加费支出	国有土地使用权出让金支出	地方水利建设基金支出	城镇公用事业附加支出	其他各项基金支出
区县级总计	**87432**			**3405**	**6041**	**13534**	**64452**
区级合计	**83945**			**3325**	**5031**	**13298**	**62291**
县级合计	**3487**			**80**	**1010**	**236**	**2161**
东城区	2699					1800	899
西城区	1410					25	1385
崇文区	602						602
宣武区	602						602
朝阳区	34726			20	856	458	33392
海淀区	3758				315		3443
丰台区	6103					312	5791
石景山区	515					4	511
门头沟区	3146			283	150	478	2235
房山区	2028					983	1045
通州区	4775				441	1801	2533
昌平区	7161			1535	925	747	3954
顺义区	7558			381	630	4419	2128
大兴区	3584			140	244	1823	1377
怀柔区	2999				1105		1894
平谷区	2279			966	365	448	500
密云县	2455			80	795		1580
延庆县	1032				215	236	581

2006年地方财政政府收支分类转换数据

3－4－3　　　　　　　　　　　　　　　　　　　　　　　　　　单位:万元

地区	平衡部分											
	收入						支出					年终结余
	收入总计	本年收入	上年结余	补助收入	省补助计划单列市收入	调入资金	支出总计	本年支出	上解支出	计划单列市上解省支出	调出资金	
区县级总计	**194588**	**95937**	**60224**	**38424**		**3**	**93433**	**87432**	**6001**			**101155**
区级合计	**184077**	**93119**	**56333**	**34622**		**3**	**89946**	**83945**	**6001**			**94131**
县级合计	**10511**	**2818**	**3891**	**3802**			**3487**	**3487**				**7024**
东城区	6923	3994	560	2369			2699	2699				4224
西城区	8297	5200	2242	855			1410	1410				6887
崇文区	2057	1204	653	200			602	602				1455
宣武区	3054	1658	1154	242			602	602				2452
朝阳区	34726	23127	9885	1714			34726	34726				
海淀区	24783	16847	6406	1530			3758	3758				21025
丰台区	11294	5438	178	5678			6104	6103	1			5190
石景山区	2186	1285	540	361			515	515				1671
门头沟区	7927	2197	3079	2651			3146	3146				4781
房山区	9204	4697	3415	1092			8028	2028	6000			1176
通州区	13074	4602	4636	3836			4775	4775				8299
昌平区	18848	5799	10447	2602			7161	7161				11687
顺义区	13187	4340	3991	4853		3	7558	7558				5629
大兴区	12930	8667	2282	1981			3584	3584				9346
怀柔区	7908	1753	3139	3016			2999	2999				4909
平谷区	7679	2311	3726	1642			2279	2279				5400
密云县	6968	1892	2874	2202			2455	2455				4513
延庆县	3543	926	1017	1600			1032	1032				2511

2006年天津市区县财政基金预算收支平衡表

3-5-1　　　　单位:万元

地区	收支部分							
	收入							
	收入合计	养路费收入	公路客货运附加费收入	国有土地使用权出让金收入	新增建设用地土地有偿使用费收入	地方水利建设基金收入	城镇公用事业附加收入	其他各项基金收入
区县级总计	**311829**			**297181**	**1175**		**9523**	**3950**
区级合计	**283385**			**270346**	**1136**		**8081**	**3822**
县级合计	**28444**			**26835**	**39**		**1442**	**128**
和平区	31							31
河北区	25							25
河东区	93							93
河西区	26							26
南开区	51							51
红桥区	17							17
塘沽区	6111						5952	159
汉沽区	1451			1248			200	3
大港区	12395			11184			500	711
武清区	28216			25931				2285
宝坻区	14642			13390			1140	112
东丽区	9620			9530				90
西青区	10355			10355				
津南区	15354			15065			289	
北辰区	32369			31045	1136			188
开发区	84448			84448				
保税区	59125			59124				1
园区	9056			9026				30
蓟县	79			40	39			
宁河县	24637			23079			1442	116
静海县	3728			3716				12

2006年地方财政政府收支分类转换数据

3－5－2 单位:万元

地区	收支部分						
	支出						
	支出合计	养路费支出	公路客货运附加费支出	国有土地使用权出让金支出	地方水利建设基金支出	城镇公用事业附加支出	其他各项基金支出
区县级总计	**277367**			**260375**		**7982**	**9010**
区级合计	**252399**			**236587**		**7319**	**8493**
县级合计	**24968**			**23788**		**663**	**517**
和平区	828						828
河北区	374						374
河东区	693						693
河西区	1036						1036
南开区	303						303
红桥区	229						229
塘沽区	6380					5814	566
汉沽区	309					86	223
大港区	10682			9684		439	559
武清区	28408			26136			2272
宝坻区	14231			12890		980	361
东丽区	8862			8179			683
西青区	7389			7389			
津南区	20882			20625			257
北辰区	33134			33026			108
开发区	82344			82344			
保税区	27436			27435			1
园区	8879			8879			
蓟县	224			40		29	155
宁河县	20834			20031		634	169
静海县	3910			3717			193

3－5－3

单位:万元

地区	平衡部分											
	收入						支出					年终结余
	收入总计	本年收入	上年结余	补助收入	省补助计划单列市收入	调入资金	支出总计	本年支出	上解支出	计划单列市上解省支出	调出资金	
区县级总计	**355047**	**311829**	**29903**	**9484**		**3831**	**314604**	**277367**	**3384**		**33853**	**40443**
区级合计	**322304**	**283385**	**26364**	**8724**		**3831**	**289236**	**252399**	**3384**		**33453**	**33068**
县级合计	**32743**	**28444**	**3539**	**760**			**25368**	**24968**			**400**	**7375**
和平区	2330	31	1272	1027			828	828				1502
河北区	1134	25	735	374			374	374				760
河东区	1762	93	976	693			693	693				1069
河西区	1036	26		1010			1036	1036				
南开区	3115	51	2046	1018			303	303				2812
红桥区	777	17	531	229			229	229				548
塘沽区	10570	6111	3821	638			6380	6380				4190
汉沽区	1730	1451	119	160			1675	309			1366	55
大港区	13836	12395	858	583			12182	10682			1500	1654
武清区	28875	28216	205	454			28408	28408				467
宝坻区	15380	14642	626	112			14231	14231				1149
东丽区	15196	9620	5020	556			8862	8862				6334
西青区	11229	10355	294	580			7389	7389				3840
津南区	24461	15354	4467	809		3831	20882	20882				3579
北辰区	38243	32369	5393	481			33134	33134				5109
开发区	84448	84448					84448	82344	2104			
保税区	59125	59125					59125	27436	1102		30587	
园区	9057	9056	1				9057	8879	178			
蓟县	667	79	105	483			624	224			400	43
宁河县	28133	24637	3400	96			20834	20834				7299
静海县	3943	3728	34	181			3910	3910				33

2006 年河北省地市县财政基金预算收支平衡表

3－6－1　　　　　　　　　　　　　　　　　　　　　　　　　　　　单位：万元

地区	收支部分							
	收入							
	收入合计	养路费收入	公路客货运附加费收入	国有土地使用权出让金收入	新增建设用地土地有偿使用费收入	地方水利建设基金收入	城镇公用事业附加收入	其他各项基金收入
地(市)县级总计	**593827**		**24**	**492180**	**58**	**4928**	**59966**	**36671**
地(市)本级合计	**327087**			**270832**		**4549**	**30981**	**20725**
县级合计	**266740**		**24**	**221348**	**58**	**379**	**28985**	**15946**
石家庄市小计	**56812**			**40388**		**1388**	**10574**	**4462**
本级	36260			28134		1039	6114	973
县级小计	20552			12254		349	4460	3489
赞皇县	9							9
平山县	3643			2900		54	649	40
灵寿县	212					6	177	29
行唐县	160						89	71
井陉县	55							55
鹿泉市	567						300	267
正定县	2958			2395			510	53
栾城县	1517			1120			361	36
辛集市	4780			4114		9	426	231
晋州市	927			58			800	69
深泽县	449			262			180	7
无极县	1060			797		3	230	30
藁城市	277			205				72
赵县	395			92		12	290	1
新乐市	291			179			100	12
高邑县	138						130	8
元氏县	215			61			100	54
长安区	328							328
桥东区	230							230
桥西区	230							230
新华区	270							270
裕华区	879							879
矿区	200			56			118	26
高新区	762			15		265		482
唐山市小计	**120459**			**94464**			**22502**	**3493**
本级	14506			3400			10250	856
县级小计	105953			91064			12252	2637
滦县	1355			600			634	121
滦南县	5877			5002			731	144

3－6－2

单位:万元

地区	收支部分						
	支出						
	支出合计	养路费支出	公路客货运附加费支出	国有土地使用权出让金支出	地方水利建设基金支出	城镇公用事业附加支出	其他各项基金支出
地(市)县级总计	**680961**	**72**	**24**	**486480**	**43165**	**57862**	**93358**
地(市)本级合计	**300423**			**234465**	**14446**	**29476**	**22036**
县级合计	**380538**	**72**	**24**	**252015**	**28719**	**28386**	**71322**
石家庄市小计	**77630**			**49894**	**5778**	**10737**	**11221**
本级	41767			31066	2185	6778	1738
县级小计	35863			18828	3593	3959	9483
赞皇县	663			216	228		219
平山县	5407			3793	434	649	531
灵寿县	1139			350	244	145	400
行唐县	928			52	353	89	434
井陉县	988				664		324
鹿泉市	765			125	146	23	471
正定县	4114			2965	137	510	502
栾城县	1916			999	324	269	324
辛集市	5772			4499	209	426	638
晋州市	1181			72	40	800	269
深泽县	670			272	124	180	94
无极县	1297			835	99	230	133
藁城市	1783			1157	188		438
赵县	724			112	52	290	270
新乐市	2009			1427	45		537
高邑县	326			58	72	130	66
元氏县	721			86	206	100	329
长安区	520						520
桥东区	387						387
桥西区	446						446
新华区	2265			1754			511
裕华区	1451						1451
矿区	268			56	28	118	66
高新区	123						123
唐山市小计	**119455**			**88820**	**1609**	**22637**	**6389**
本级	13076			1921	10	9569	1576
县级小计	106379			86899	1599	13068	4813
滦县	1881			916	89	634	242
滦南县	7212			6036	170	771	235

3－6－3 单位:万元

地区	平衡部分											
	收入						支出					年终结余
	收入总计	本年收入	上年结余	补助收入	省补助计划单列市收入	调入资金	支出总计	本年支出	上解支出	计划单列市上解省支出	调出资金	
地(市)县级总计	**937435**	**593827**	**160207**	**191578**		**－8177**	**701381**	**680961**			**20420**	**236054**
地(市)本级合计	**425034**	**327087**	**74455**	**31718**		**－8226**	**305384**	**300423**			**4961**	**119650**
县级合计	**512401**	**266740**	**85752**	**159860**		**49**	**395997**	**380538**			**15459**	**116404**
石家庄市小计	**85699**	**56812**	**16206**	**22824**		**－10143**	**77630**	**77630**				**8069**
本级	45329	36260	13918	5294		－10143	41767	41767				3562
县级小计	40370	20552	2288	17530			35863	35863				4507
赞皇县	1952	9	341	1602			663	663				1289
平山县	5407	3643		1764			5407	5407				
灵寿县	1291	212	418	661			1139	1139				152
行唐县	928	160		768			928	928				
井陉县	988	55		933			988	988				
鹿泉市	1744	567	555	622			765	765				979
正定县	4426	2958	134	1334			4114	4114				312
栾城县	2262	1517	77	668			1916	1916				346
辛集市	5772	4780		992			5772	5772				
晋州市	1181	927		254			1181	1181				
深泽县	1038	449	368	221			670	670				368
无极县	1297	1060		237			1297	1297				
藁城市	1783	277		1506			1783	1783				
赵县	724	395		329			724	724				
新乐市	2299	291	190	1818			2009	2009				290
高邑县	326	138		188			326	326				
元氏县	721	215		506			721	721				
长安区	524	328		196			520	520				4
桥东区	387	230		157			387	387				
桥西区	451	230	5	216			446	446				5
新华区	2265	270		1995			2265	2265				
裕华区	1451	879	200	372			1451	1451				
矿区	268	200		68			268	268				
高新区	885	762		123			123	123				762
唐山市小计	**162623**	**120459**	**30838**	**11322**		**4**	**119811**	**119455**			**356**	**42812**
本级	16222	14506	2625	－909			13076	13076				3146
县级小计	146401	105953	28213	12231		4	106735	106379			356	39666
滦县	3257	1355	968	934			1881	1881				1376
滦南县	11621	5877	3340	2404			7212	7212				4409

3－6－4　　　　单位:万元

地　　区	收支部分 收入 收入合计	养路费收　入	公路客货运附加费收　入	国有土地使用权出让金收入	新增建设用地土地有偿使用费收入	地方水利建设基金收　入	城镇公用事业附加收　入	其他各项基金收入
乐亭县	13857			13808				49
迁西县	2305						2097	208
唐海县	924			630			239	55
迁安市	49485			46506			2467	512
玉田县	1297			670			460	167
遵化市	2925			1194			1457	274
路南区	166							166
路北区	188							188
古冶区	132						46	86
开平区	157			56				101
丰润区	7652			5800			1712	140
丰南区	8563			5997			2278	288
高新开发区	86			30				56
海港开发区	686			659				27
南堡开发区	9910			9735			131	44
芦台开发区	380			377				3
汉沽管理区	8							8
曹妃甸工业园区								
邯郸市小计	**31257**		**24**	**19452**		**676**	**6242**	**4863**
本级	14220			5892		674	3970	3684
县级小计	17037		24	13560		2	2272	1179
大名县	28							28
魏县	30			9				21
曲周县	19							19
邱县	1183			940			236	7
鸡泽县	49			42				7
肥乡县	468			366			74	28
广平县	338			200			109	29
成安县	28							28
临漳县	23						10	13
馆陶县	48			35				13
磁县	137							137
涉县	2841			2110			600	131
永年县	1281			931			290	60
邯郸县	370						287	83

3－6－5

单位:万元

地区	收支部分						
	支出						
	支出合计	养路费支出	公路客货运附加费支出	国有土地使用权出让金支出	地方水利建设基金支出	城镇公用事业附加支出	其他各项基金支出
乐亭县	10365			10004	239		122
迁西县	3662			763	226	2097	576
唐海县	1389			991		241	157
迁安市	49862			46751	191	2335	585
玉田县	1805			905	175	460	265
遵化市	3444			1118	330	1354	642
路南区	317					59	258
路北区	556					170	386
古冶区	533			83	20	166	264
开平区	282					120	162
丰润区	9082			5733	108	2981	260
丰南区	4872			3110	44	1519	199
高新开发区	427			210			217
海港开发区	79			50			29
南堡开发区	10165			9975		131	59
芦台开发区	315			229	7	15	64
汉沽管理区	131			25		15	91
曹妃甸工业园区							
邯郸市小计	**41574**		**24**	**20399**	**5436**	**6004**	**9711**
本级	10124			2298	2077	3900	1849
县级小计	31450		24	18101	3359	2104	7862
大名县	2089			624	402		1063
魏县	1614			161	283		1170
曲周县	1478			769	246		463
邱县	2018			1333	118	236	331
鸡泽县	524			64	244		216
肥乡县	906			130	264	70	442
广平县	569			218	60		291
成安县	403			52	200		151
临漳县	1364			993	108	10	253
馆陶县	923			182	366		375
磁县	514			45	93		376
涉县	3396			2090	119	600	587
永年县	3280			2474	133	280	393
邯郸县	953			139	137	248	429

3-6-6

单位:万元

地区	平衡部分											
	收入						支出					年终结余
	收入总计	本年收入	上年结余	补助收入	省补助计划单列市收入	调入资金	支出总计	本年支出	上解支出	计划单列市上解省支出	调出资金	
乐亭县	20899	13857	6135	907			10721	10365			356	10178
迁西县	3854	2305	745	804			3662	3662				192
唐海县	1389	924	2	463			1389	1389				
迁安市	50746	49485	224	1037			49862	49862				884
玉田县	2334	1297	300	737			1805	1805				529
遵化市	5323	2925	1541	857			3444	3444				1879
路南区	349	166	1	178		4	317	317				32
路北区	559	188	1	370			556	556				3
古冶区	675	132	208	335			533	533				142
开平区	1375	157	982	236			282	282				1093
丰润区	12191	7652	3444	1095			9082	9082				3109
丰南区	19277	8563	9575	1139			4872	4872				14405
高新开发区	427	86	339	2			427	427				
海港开发区	862	686	174	2			79	79				783
南堡开发区	10227	9910	176	141			10165	10165				62
芦台开发区	885	380	45	460			315	315				570
汉沽管理区	151	8	13	130			131	131				20
曹妃甸工业园区												
邯郸市小计	**64318**	**31257**	**14360**	**18701**			**45174**	**41574**			**3600**	**19144**
本级	27854	14220	9534	4100			13124	10124			3000	14730
县级小计	36464	17037	4826	14601			32050	31450			600	4414
大名县	2121	28	671	1422			2089	2089				32
魏县	1650	30	6	1614			1614	1614				36
曲周县	1478	19	701	758			1478	1478				
邱县	2478	1183	690	605			2018	2018				460
鸡泽县	1046	49	430	567			524	524				522
肥乡县	1318	468	163	687			906	906				412
广平县	1255	338	269	648			569	569				686
成安县	403	28		375			403	403				
临漳县	1595	23	88	1484			1364	1364				231
馆陶县	969	48		921			923	923				46
磁县	555	137	18	400			514	514				41
涉县	3641	2841	38	762			3396	3396				245
永年县	3933	1281	687	1965			3880	3280			600	53
邯郸县	1257	370	302	585			953	953				304

3－6－7

单位:万元

地区	收支部分							
	收入							
	收入合计	养路费收入	公路客货运附加费收入	国有土地使用权出让金收入	新增建设用地土地有偿使用费收入	地方水利建设基金收入	城镇公用事业附加收入	其他各项基金收入
武安市	8476		24	7761		2	450	239
邯山区	71							71
丛台区	89							89
复兴区	79							79
矿区	1436			1166			216	54
开发区	43							43
马头工业园区								
张家口市小计	**14059**			**9946**			**1423**	**2690**
本级	11770			9361			1193	1216
县级小计	2289			585			230	1474
蔚县	535			376			120	39
阳原县	5							5
张北县	40			31				9
康保县	6							6
沽源县	98			94				4
尚义县	1							1
怀安县	20							20
赤城县	1028							1028
崇礼县	10							10
万全县	31			25				6
宣化县	142			39			50	53
怀来县	33							33
涿鹿县	82						60	22
宣化区	106							106
下花园区	33			20				13
桥东区	60							60
桥西区	26							26
高新区	28							28
察北管理区	4							4
塞北管理区	1							1
保定市小计	**87841**			**71649**		**259**	**4023**	**11910**
本级	67941			56666		231	665	10379
县级小计	19900			14983		28	3358	1531
清苑县	220						178	42
满城县	392						216	176

3－6－8

单位:万元

地区	收支部分						
	支出						
	支出合计	养路费支出	公路客货运附加费支出	国有土地使用权出让金支出	地方水利建设基金支出	城镇公用事业附加支出	其他各项基金支出
武安市	9660		24	7873	531	450	782
邯山区	94						94
丛台区	167				10		157
复兴区	132						132
矿区	1298			946	45	210	97
开发区	38			8			30
马头工业园区	30						30
张家口市小计	**25495**			**17229**	**1133**	**203**	**6930**
本级	7863			6208	226	10	1419
县级小计	17632			11021	907	193	5511
蔚县	1768			941	86	193	548
阳原县	568			190	73		305
张北县	1991			1068	266		657
康保县	1625			1150	40		435
沽源县	735			295			440
尚义县	2782			2535	40		207
怀安县	153			14	5		134
赤城县	761			210	81		470
崇礼县	487			186	19		282
万全县	1412			1005	50		357
宣化县	1004			726	30		248
怀来县	877			426	36		415
涿鹿县	628			449	31		148
宣化区	352				5		347
下花园区	169				60		109
桥东区	230						230
桥西区	179				45		134
高新区	44				5		39
察北管理区	1326			1301	20		5
塞北管理区	541			525	15		1
保定市小计	**86921**			**58404**	**4748**	**3773**	**19996**
本级	50848			39370	1931	332	9215
县级小计	36073			19034	2817	3441	10781
清苑县	1179			381	71	132	595
满城县	1877			689	3	228	957

3-6-9

单位:万元

地　区	平衡部分											
	收入						支出					年终结余
	收入总计	本年收入	上年结余	补助收入	省补助计划单列市收入	调入资金	支出总计	本年支出	上解支出	计划单列市上解省支出	调出资金	
武安市	9998	8476	218	1304			9660	9660				338
邯山区	154	71	17	66			94	94				60
丛台区	227	89	46	92			167	167				60
复兴区	246	79	73	94			132	132				114
矿区	1999	1436	379	184			1298	1298				701
开发区	111	43	30	38			38	38				73
马头工业园区	30			30			30	30				
张家口市小计	**47520**	**14059**	**13255**	**20207**		**-1**	**25619**	**25495**			**124**	**21901**
本级	23901	11770	8683	3448			7863	7863				16038
县级小计	23619	2289	4572	16759		-1	17756	17632			124	5863
蔚县	2271	535	131	1605			1768	1768				503
阳原县	1051	5	423	623			568	568				483
张北县	2091	40	735	1316			2012	1991			21	79
康保县	1625	6	100	1519			1625	1625				
沽源县	971	98	286	587			735	735				236
尚义县	2913	1	807	2106		-1	2782	2782				131
怀安县	421	20	100	301			158	153			5	263
赤城县	1660	1028		632			761	761				899
崇礼县	758	10	88	660			487	487				271
万全县	3046	31	630	2385			1412	1412				1634
宣化县	1102	142		960			1102	1004			98	
怀来县	959	33	52	874			877	877				82
涿鹿县	1438	82	841	515			628	628				810
宣化区	479	106	111	262			352	352				127
下花园区	203	33	25	145			169	169				34
桥东区	396	60	115	221			230	230				166
桥西区	304	26	55	223			179	179				125
高新区	64	28	33	3			44	44				20
察北管理区	1326	4		1322			1326	1326				
塞北管理区	541	1	40	500			541	541				
保定市小计	**144403**	**87841**	**29992**	**26570**			**92744**	**86921**			**5823**	**51659**
本级	84724	67941	16268	515			52655	50848			1807	32069
县级小计	59679	19900	13724	26055			40089	36073			4016	19590
清苑县	1756	220	498	1038			1179	1179				577
满城县	2624	392	715	1517			2391	1877			514	233

3－6－10　　单位:万元

地区	收支部分							
	收入							
	收入合计	养路费收入	公路客货运附加费收入	国有土地使用权出让金收入	新增建设用地土地有偿使用费收入	地方水利建设基金收入	城镇公用事业附加收入	其他各项基金收入
安新县	9							9
唐县	7							7
顺平县	55			30		5		20
博野县	275			134			66	75
曲阳县	211			194				17
涞源县	26							26
阜平县	399			385				14
易县	903			890				13
定兴县	421					13	53	355
徐水县	347			309				38
容城县	1059			932			114	13
涿州市	3569			3150			351	68
涞水县	255			20			197	38
高碑店市	6708			5589			1060	59
雄县	1335			1100			222	13
望都县	10							10
高阳县	90			44				46
蠡县	488					10	400	78
安国市	890			631			180	79
定州市	1992			1575			321	96
南市区	90							90
北市区	47							47
新市区	102							102
高新区								
沧州市小计	**86410**			**82569**			**1835**	**2006**
本级	37914			37005			472	437
县级小计	48496			45564			1363	1569
肃宁县	83			50				33
献县	413			15			78	320
盐山县	232			203				29
孟村县	26							26
沧县	111			13				98
青县	334			37			191	106
南皮县	142			12			82	48
河间市	5484			5286				198

3－6－11　　　　单位：万元

地区	收支部分						
	支出						
	支出合计	养路费支出	公路客货运附加费支出	国有土地使用权出让金支出	地方水利建设基金支出	城镇公用事业附加支出	其他各项基金支出
安新县	409			62	88		259
唐县	1291			227	227		837
顺平县	1524			869	50		605
博野县	633			233	38	66	296
曲阳县	1363			533	40		790
涞源县	1999			1494	175		330
阜平县	565			100	80		385
易县	1743			652	539		552
定兴县	943			316	60	64	503
徐水县	432			73	63		296
容城县	1494			942	223	139	190
涿州市	1336			382	75	337	542
涞水县	1074			99	166	157	652
高碑店市	6455			5001	50	1060	344
雄县	1991			1315	180	197	299
望都县	804			492	31		281
高阳县	577			97	261		219
蠡县	1792			876	60	385	471
安国市	862			358	95	180	229
定州市	3772			2760	138	232	642
南市区	159						159
北市区	1503			1078	52	264	109
新市区	296			5	52		239
高新区							
沧州市小计	**94849**			**79404**	**4866**	**1378**	**9201**
本级	34422			32223	343	542	1314
县级小计	60427			47181	4523	836	7887
肃宁县	1026			201	289		536
献县	1302			70	208	78	946
盐山县	2618			1626	240	15	737
孟村县	999			218	353		428
沧县	4000			2970	333		697
青县	980			119	268	191	402
南皮县	1144			191	308	5	640
河间市	2243			1350	427		466

3－6－12　　　　单位:万元

地区	平衡部分											
	收入						支出					年终结余
	收入总计	本年收入	上年结余	补助收入	省补助计划单列市收入	调入资金	支出总计	本年支出	上解支出	计划单列市上解省支出	调出资金	
安新县	713	9	83	621			409	409				304
唐县	2092	7	661	1424			1291	1291				801
顺平县	2877	55	581	2241			1524	1524				1353
博野县	900	275	95	530			633	633				267
曲阳县	2406	211	1202	993			1363	1363				1043
涞源县	2513	26	916	1571			1999	1999				514
阜平县	999	399	151	449			565	565				434
易县	4621	903	711	3007			1743	1743				2878
定兴县	1406	421	344	641			943	943				463
徐水县	1111	347	263	501			432	432				679
容城县	1631	1059	25	547			1494	1494				137
涿州市	5219	3569	726	924			4336	1336			3000	883
涞水县	1462	255	453	754			1074	1074				388
高碑店市	10531	6708	1945	1878			6455	6455				4076
雄县	2339	1335	556	448			2016	1991			25	323
望都县	1024	10	533	481			804	804				220
高阳县	795	90	50	655			594	577			17	201
蠡县	3634	488	737	2409			1792	1792				1842
安国市	1423	890		533			1322	862			460	101
定州市	5010	1992	1973	1045			3772	3772				1238
南市区	498	90	246	162			159	159				339
北市区	1779	47	210	1522			1503	1503				276
新市区	296	102	30	164			296	296				
高新区	20		20									20
沧州市小计	**124485**	**86410**	**17913**	**19642**		**520**	**97502**	**94849**			**2653**	**26983**
本级	45275	37914	3623	3218		520	34422	34422				10853
县级小计	79210	48496	14290	16424			63080	60427			2653	16130
肃宁县	1754	83	792	879			1026	1026				728
献县	1579	413	6	1160			1579	1302			277	
盐山县	2618	232		2386			2618	2618				
孟村县	999	26		973			999	999				
沧县	4266	111	2984	1171			4000	4000				266
青县	980	334		646			980	980				
南皮县	1324	142	85	1097			1144	1144				180
河间市	7943	5484	1593	866			4619	2243			2376	3324

3－6－13 单位:万元

地区	收支部分							
	收入							
	收入合计	养路费收入	公路客货运附加费收入	国有土地使用权出让金收入	新增建设用地土地有偿使用费收入	地方水利建设基金收入	城镇公用事业附加收入	其他各项基金收入
任丘市	6179			5682			286	211
海兴县	1183			1168				15
东光县	1895			1663			198	34
泊头市	7147			6819			278	50
吴桥县	1771			1584			130	57
黄骅市	1334			1065			120	149
新华区	56							56
运河区	530			448				82
开发区	9							9
港口区	14							14
南大港	832			818				14
临港区	20721			20701				20
秦皇岛市小计	**118065**			**108482**		**1984**	**5617**	**1982**
本级	105451			98195		1984	4196	1076
县级小计	12614			10287			1421	906
青龙县	304						260	44
昌黎县	2356			1847			376	133
卢龙县	250			16			153	81
抚宁县	7949			7172			632	145
山海关	56							56
海港区	229							229
北戴河	1362			1252				110
开发区	108							108
邢台市小计	**39015**			**34002**		**212**	**2812**	**1989**
本级	30075			27288		212	1407	1168
县级小计	8940			6714			1405	821
南宫市	1032			887			128	17
沙河市	398			203			50	145
邢台县	947			638			139	170
临城县	384			139			207	38
内邱县	271						238	33
柏乡县	441			218			200	23
隆尧县	86			17				69
任县	18							18
南和县	127			96				31

3－6－14

单位:万元

地区	收支部分						
	支出						
	支出合计	养路费支出	公路客货运附加费支出	国有土地使用权出让金支出	地方水利建设基金支出	城镇公用事业附加支出	其他各项基金支出
任丘市	7665			6477	457	238	493
海兴县	2318			1615	224		479
东光县	2627			1604	223	178	622
泊头市	8329			7629	244		456
吴桥县	2634			1903	358	81	292
黄骅市	1423			690	337	50	346
新华区	121				68		53
运河区	953			748	87		118
开发区	120						120
港口区							
南大港	923			839	54		30
临港区	19002			18931	45		26
秦皇岛市小计	**116658**			**103294**	**4934**	**5151**	**3279**
本级	104118			95204	3484	4196	1234
县级小计	12540			8090	1450	955	2045
青龙县	1132			318	334	310	170
昌黎县	504			66	105		333
卢龙县	983			223	306	167	287
抚宁县	6093			5135	201	478	279
山海关	363				150		213
海港区	665				161		504
北戴河	2611			2348	113		150
开发区	189				80		109
邢台市小计	**45144**	**72**		**28112**	**5809**	**2437**	**8714**
本级	24877			20007	2359	1536	975
县级小计	20267	72		8105	3450	901	7739
南宫市	1680			928	229	128	395
沙河市	930	72		142	327	50	339
邢台县	1802			492	519	158	633
临城县	709			164	132		413
内邱县	860			179	142	355	184
柏乡县	577			210	120	40	207
隆尧县	862			273	215		374
任县	535			77	129		329
南和县	1015			556	121		338

3－6－15

单位:万元

地　　区	平衡部分											
	收入						支出					年终结余
	收入总计	本年收入	上年结余	补助收入	省补助计划单列市收入	调入资金	支出总计	本年支出	上解支出	计划单列市上解省支出	调出资金	
任丘市	11763	6179	4496	1088			7665	7665				4098
海兴县	2318	1183		1135			2318	2318				
东光县	3516	1895	472	1149			2627	2627				889
泊头市	9390	7147	1742	501			8329	8329				1061
吴桥县	4347	1771	1084	1492			2634	2634				1713
黄骅市	2823	1334	478	1011			1423	1423				1400
新华区	263	56	125	82			121	121				142
运河区	1013	530	3	480			953	953				60
开发区	150	9	21	120			120	120				30
港口区	36	14	22									36
南大港	923	832		91			923	923				
临港区	21205	20721	387	97			19002	19002				2203
秦皇岛市小计	**136835**	**118065**	**9352**	**8745**		**673**	**120541**	**116658**			**3883**	**16294**
本级	117257	105451	6082	5051		673	104118	104118				13139
县级小计	19578	12614	3270	3694			16423	12540			3883	3155
青龙县	1637	304	570	763			1132	1132				505
昌黎县	3536	2356	410	770			2095	504			1591	1441
卢龙县	983	250		733			983	983				
抚宁县	8399	7949	36	414			8385	6093			2292	14
山海关	405	56	38	311			363	363				42
海港区	665	229		436			665	665				
北戴河	3384	1362	1864	158			2611	2611				773
开发区	569	108	352	109			189	189				380
邢台市小计	**67505**	**39015**	**10662**	**17058**		**770**	**45144**	**45144**				**22361**
本级	36745	30075	2842	3104		724	24877	24877				11868
县级小计	30760	8940	7820	13954		46	20267	20267				10493
南宫市	1719	1032	40	647			1680	1680				39
沙河市	1333	398	200	735			930	930				403
邢台县	3390	947	1250	1193			1802	1802				1588
临城县	1144	384	35	725			709	709				435
内邱县	1805	271	1046	442		46	860	860				945
柏乡县	876	441	128	307			577	577				299
隆尧县	2596	86	1860	650			862	862				1734
任县	594	18	57	519			535	535				59
南和县	1565	127	459	979			1015	1015				550

3－6－16

单位：万元

地　　区	收支部分							
	收入							
	收入合计	养路费收入	公路客货运附加费收入	国有土地使用权出让金收入	新增建设用地土地有偿使用费收入	地方水利建设基金收入	城镇公用事业附加收入	其他各项基金收入
宁晋县	564			336			158	70
巨鹿县	12							12
新河县	129			119				10
广宗县	541			519				22
平乡县	27							27
威县	1246			1171			47	28
清河县	1043			1018				25
临西县	254			2			226	26
桥东区								
桥西区								
高新区	1167			1117				50
大曹庄管理区	253			234			12	7
廊坊市小计	**20736**			**17742**		**72**	**1972**	**950**
本级	1473			529		72	453	419
县级小计	19263			17213			1519	531
三河市	9330			8259			1002	69
大厂县	671			346			306	19
香河县	3393			3357				36
永清县	459			451				8
固安县	1004			973				31
霸州市	1901			1633			211	57
文安县	86			16				70
大城县	1816			1736				80
安次区	131			77				54
广阳区	427			320				107
开发区	45			45				
承德市小计	**11897**			**8263**		**268**	**1740**	**1626**
本级	3673			1540		268	1640	225
县级小计	8224			6723			100	1401
宽城县	1293			1200				93
滦平县	3019			2946				73
丰宁县	152						100	52
隆化县	1780			1010				770
围场县	53							53
承德县	250			200				50

3－6－17

单位:万元

地区	收支部分						
	支出						
	支出合计	养路费支出	公路客货运附加费支出	国有土地使用权出让金支出	地方水利建设基金支出	城镇公用事业附加支出	其他各项基金支出
宁晋县	1553			454	266	99	734
巨鹿县	649			208	40		401
新河县	905			352	234		319
广宗县	1307			730	51		526
平乡县	941			174	270		497
威县	1607			691	292	47	577
清河县	1903			1256	159		488
临西县	535			21	137	16	361
桥东区	113				25		88
桥西区	234				30		204
高新区	1183			1099			84
大曹庄管理区	367			99	12	8	248
廊坊市小计	**24826**			**17450**	**1848**	**1949**	**3579**
本级	4397			3035	36	453	873
县级小计	20429			14415	1812	1496	2706
三河市	10516			9065	78	1079	294
大厂县	1042			643	75	213	111
香河县	1858			1572	94		192
永清县	1400			1019	133		248
固安县	785			252	78	12	443
霸州市	1015				416	192	407
文安县	1997			1039	419		539
大城县	1049			556	257		236
安次区	479			167	219		93
广阳区	263			102	43		118
开发区	25						25
承德市小计	**29676**			**15013**	**3310**	**2458**	**8895**
本级	5118			1394	1028	1640	1056
县级小计	24558			13619	2282	818	7839
宽城县	2430			1348	421		661
滦平县	5154			4060	199		895
丰宁县	1326			79	116	100	1031
隆化县	3124			1432	145	718	829
围场县	3272			1775	426		1071
承德县	4695			3295	431		969

3－6－18

单位:万元

地区	平衡部分											
	收入						支出					年终结余
	收入总计	本年收入	上年结余	补助收入	省补助计划单列市收入	调入资金	支出总计	本年支出	上解支出	计划单列市上解省支出	调出资金	
宁晋县	2712	564	784	1364			1553	1553				1159
巨鹿县	1580	12	144	1424			649	649				931
新河县	929	129	24	776			905	905				24
广宗县	1551	541	355	655			1307	1307				244
平乡县	1151	27	210	914			941	941				210
威县	2580	1246	346	988			1607	1607				973
清河县	2123	1043	272	808			1903	1903				220
临西县	1019	254	346	419			535	535				484
桥东区	113			113			113	113				
桥西区	234			234			234	234				
高新区	1221	1167	14	40			1183	1183				38
大曹庄管理区	525	253	250	22			367	367				158
廊坊市小计	**39114**	**20736**	**7665**	**10713**			**28498**	**24826**			**3672**	**10616**
本级	6516	1473	3688	1355			4397	4397				2119
县级小计	32598	19263	3977	9358			24101	20429			3672	8497
三河市	10844	9330	307	1207			10516	10516				328
大厂县	1159	671	84	404			1042	1042				117
香河县	4713	3393	331	989			3756	1858			1898	957
永清县	1678	459	398	821			1400	1400				278
固安县	2599	1004	875	720			785	785				1814
霸州市	3982	1901	322	1759			1015	1015				2967
文安县	2078	86	345	1647			1997	1997				81
大城县	3608	1816	691	1101			2718	1049			1669	890
安次区	840	131	377	332			579	479			100	261
广阳区	1027	427	247	353			268	263			5	759
开发区	70	45		25			25	25				45
承德市小计	**37522**	**11897**	**6083**	**19542**			**29676**	**29676**				**7846**
本级	12964	3673	6074	3217			5118	5118				7846
县级小计	24558	8224	9	16325			24558	24558				
宽城县	2430	1293		1137			2430	2430				
滦平县	5154	3019		2135			5154	5154				
丰宁县	1326	152		1174			1326	1326				
隆化县	3124	1780		1344			3124	3124				
围场县	3272	53		3219			3272	3272				
承德县	4695	250		4445			4695	4695				

3－6－19

单位:万元

地　　区	收支部分 收入 收入合计	养路费收　入	公路客货运附加费收　入	国有土地使用权出让金收入	新增建设用地土地有偿使用费收入	地方水利建设基金收　入	城镇公用事业附加收　入	其他各项基金收入
兴隆县	53							53
平泉县	112							112
双桥区	1071			1020				51
双滦区	394			347				47
营子区	47							47
开发区								
衡水市小计	**7276**			**5223**	**58**	**69**	**1226**	**700**
本级	3804			2822		69	621	292
县级小计	3472			2401	58		605	408
武邑县	86			62				24
饶阳县	109			88				21
安平县	636			370			220	46
冀州市	184			1			130	53
枣强县	130						105	25
深州市	888			716			150	22
武强县	330			305				25
故城县	245			215				30
景县	28							28
阜城县	671			644				27
桃城区	165				58			107
高开区								

3－6－20

单位:万元

地区	收支部分						
	支出						
	支出合计	养路费支出	公路客货运附加费支出	国有土地使用权出让金支出	地方水利建设基金支出	城镇公用事业附加支出	其他各项基金支出
兴隆县	895			84	105		706
平泉县	1508			144	202		1162
双桥区	1266			1020	52		194
双滦区	688			382	92		214
营子区	200				93		107
开发区							
衡水市小计	**18733**			**8461**	**3694**	**1135**	**5443**
本级	3813			1739	767	520	787
县级小计	14920			6722	2927	615	4656
武邑县	1201			475	303		423
饶阳县	924			312	250		362
安平县	2218			1131	369	230	488
冀州市	1841			1086	117	130	508
枣强县	1240			429	338	105	368
深州市	1477			713	281	150	333
武强县	808			370	170		268
故城县	1622			673	385		564
景县	1440			632	281		527
阜城县	1099			701	50		348
桃城区	1050			200	383		467
高开区							

3－6－21

单位:万元

地　　区	平　　衡　　部　　分											
	收　　入						支　　出					年终结余
	收入总计	本年收入	上年结余	补助收入	省补助计划单列市收入	调入资金	支出总计	本年支出	上解支出	计划单列市上解省支出	调出资金	
兴隆县	895	53	9	833			895	895				
平泉县	1508	112		1396			1508	1508				
双桥区	1266	1071		195			1266	1266				
双滦区	688	394		294			688	688				
营子区	200	47		153			200	200				
开发区												
衡水市小计	**27411**	**7276**	**3881**	**16254**			**19042**	**18733**			**309**	**8369**
本级	8247	3804	1118	3325			3967	3813			154	4280
县级小计	19164	3472	2763	12929			15075	14920			155	4089
武邑县	1707	86	416	1205			1201	1201				506
饶阳县	1694	109	656	929			924	924				770
安平县	2930	636	326	1968			2373	2218			155	557
冀州市	1841	184		1657			1841	1841				
枣强县	1260	130	20	1110			1240	1240				20
深州市	2217	888	478	851			1477	1477				740
武强县	1346	330	363	653			808	808				538
故城县	1984	245	352	1387			1622	1622				362
景县	1594	28	142	1424			1440	1440				154
阜城县	1531	671		860			1099	1099				432
桃城区	1050	165		885			1050	1050				
高开区	10		10									10

2006 年山西省地市县财政基金预算收支平衡表

3－7－1　　　　单位：万元

地　区	收支部分							
	收入							
	收入合计	养路费收入	公路客货运附加费收入	国有土地使用权出让金收入	新增建设用地土地有偿使用费收入	地方水利建设基金收入	城镇公用事业附加收入	其他各项基金收入
地(市)县级总计	**610333**	**42367**	**311**	**297118**	**45992**	**1560**	**20130**	**202855**
地(市)本级合计	**370755**	**17136**		**174306**	**21723**	**956**	**8816**	**147818**
县级合计	**239578**	**25231**	**311**	**122812**	**24269**	**604**	**11314**	**55037**
太原市小计	**176311**	**1789**		**140569**	**7756**		**858**	**25339**
本级	154369	1789		123069	6432		376	22703
县级小计	21942			17500	1324		482	2636
清徐县	4899			2827	337		266	1469
阳曲县	1843			1376	467			
娄烦县	707			707				
古交市	1750			1207	520		23	
小店区	443						93	350
尖草坪区	263						100	163
迎泽区	409							409
杏花岭区	204							204
万柏林区								
晋源区	41							41
太原高新区	7707			7707				
太原经济区	3676			3676				
大同市小计	**52043**	**1786**	**306**	**14784**	**4779**	**37**	**2379**	**27972**
本级	41837	615		10923	2037		1983	26279
县级小计	10206	1171	306	3861	2742	37	396	1693
大同城区	628			453				175
大同矿区	128			28				100
大同南郊区	3075	168	306	387	1526	14	130	544
大同新荣区	577	85			322	18	82	70
左云县	727	150		6	32		110	429
阳高县	447	158		67	166		34	22
天镇县	604	140		83	365			16
广灵县	714	109		583	12		5	5
灵丘县	2010	158		1480	236	5		131
浑源县	435	203		93	53		35	51
大同县	622			480	30			112
大同开发区	239			201				38
阳泉市小计	**38740**	**627**		**13556**	**2741**	**251**	**1414**	**20151**
本级	18326	627		4652	259	251	826	11711

3－7－2

单位:万元

地　区	收支部分						
	支出						
	支出合计	养路费支出	公路客货运附加费支出	国有土地使用权出让金支出	地方水利建设基金支出	城镇公用事业附加支出	其他各项基金支出
地(市)县级总计	**510950**	**41988**	**311**	**262405**	**23063**	**16573**	**166610**
地(市)本级合计	**253550**	**15292**		**109225**	**10938**	**4901**	**113194**
县级合计	**257400**	**26696**	**311**	**153180**	**12125**	**11672**	**53416**
太原市小计	**151447**	**1521**		**123953**	**7369**	**1494**	**17110**
本级	99513	1521		77948	6018	1122	12904
县级小计	51934			46005	1351	372	4206
清徐县	4029			1082	233	251	2463
阳曲县	2429			2190	106		133
娄烦县	775			645	40		90
古交市	2095			2048			47
小店区	18303			17932	10	93	268
尖草坪区	1477			828	365	28	256
迎泽区	1104			176	519		409
杏花岭区	302			58			244
万柏林区	2048			1972			76
晋源区	578			322	78		178
太原高新区	11324			11282			42
太原经济区	7470			7470			
大同市小计	**37154**	**1734**	**306**	**12722**	**1207**	**2117**	**19068**
本级	29699	596		8466	660	1731	18246
县级小计	7455	1138	306	4256	547	386	822
大同城区	378			367			11
大同矿区	35				20		15
大同南郊区	1770	169	306	914	21	120	240
大同新荣区	318	86		72		82	78
左云县	520	150		107	15	110	138
阳高县	1083	158		857	23	34	11
天镇县	1012	140		785	63		24
广灵县	397	109		188	18	5	77
灵丘县	748	167		203	313		65
浑源县	573	159		267	18	35	94
大同县	387			262	56		69
大同开发区	234			234			
阳泉市小计	**32976**	**627**		**10421**	**1018**	**1352**	**19558**
本级	15480	627		1141	973	829	11910

3－7－3

单位:万元

地区	平衡部分											
	收入						支出					年终结余
	收入总计	本年收入	上年结余	补助收入	省补助计划单列市收入	调入资金	支出总计	本年支出	上解支出	计划单列市上解省支出	调出资金	
地(市)县级总计	**954069**	**610333**	**278597**	**43963**		**21176**	**540680**	**510950**			**29730**	**413389**
地(市)本级合计	**468586**	**370755**	**149301**	**－63576**		**12106**	**262313**	**253550**			**8763**	**206273**
县级合计	**485483**	**239578**	**129296**	**107539**		**9070**	**278367**	**257400**			**20967**	**207116**
太原市小计	**245008**	**176311**	**58135**	**2401**		**8161**	**151447**	**151447**				**93561**
本级	160992	154369	38748	－37996		5871	99513	99513				61479
县级小计	84016	21942	19387	40397		2290	51934	51934				32082
清徐县	11505	4899	5539	698		369	4029	4029				7476
阳曲县	2911	1843	236	832			2429	2429				482
娄烦县	2999	707	1873	309		110	775	775				2224
古交市	2650	1750	320	580			2095	2095				555
小店区	20552	443	2478	17631			18303	18303				2249
尖草坪区	2727	263	1711	193		560	1477	1477				1250
迎泽区	3203	409	2032	254		508	1104	1104				2099
杏花岭区	363	204	26	125		8	302	302				61
万柏林区	6001		3131	2135		735	2048	2048				3953
晋源区	1023	41	636	346			578	578				445
太原高新区	11704	7707	1006	2991			11324	11324				380
太原经济区	18378	3676	399	14303			7470	7470				10908
大同市小计	**87141**	**52043**	**30170**	**3969**		**959**	**45703**	**37154**			**8549**	**41438**
本级	61722	41837	19675	－749		959	38047	29699			8348	23675
县级小计	25419	10206	10495	4718			7656	7455			201	17763
大同城区	1471	628	841	2			579	378			201	892
大同矿区	788	128	635	25			35	35				753
大同南郊区	6892	3075	2959	858			1770	1770				5122
大同新荣区	1001	577	276	148			318	318				683
左云县	2017	727	1060	230			520	520				1497
阳高县	2445	447	948	1050			1083	1083				1362
天镇县	2574	604	1033	937			1012	1012				1562
广灵县	1225	714	190	321			397	397				828
灵丘县	4238	2010	1525	703			748	748				3490
浑源县	1066	435	375	256			573	573				493
大同县	1399	622	599	178			387	387				1012
大同开发区	303	239	54	10			234	234				69
阳泉市小计	**47781**	**38740**	**5994**	**1476**		**1571**	**36600**	**32976**			**3624**	**11181**
本级	23258	18326	2874	728		1330	15480	15480				7778

3－7－4

单位:万元

地区	收支部分							
	收入							
	收入合计	养路费收入	公路客货运附加费收入	国有土地使用权出让金收入	新增建设用地土地有偿使用费收入	地方水利建设基金收入	城镇公用事业附加收入	其他各项基金收入
县级小计	20414			8904	2482		588	8440
平定县	2478			885	401		232	960
盂县	11305			3815	340		206	6944
阳泉郊区	2430			1089	1074		150	117
阳泉城区	183							183
阳泉矿区	212							212
阳泉开发区	3806			3115	667			24
长治市小计	**54107**	**2678**	**5**	**22890**	**4800**	**177**	**2747**	**20810**
本级	19811	847		2307	2457	83	2103	12014
县级小计	34296	1831	5	20583	2343	94	644	8796
长治县	11479	223		6489	120		67	4580
潞城市	1808	115		982	30	4	130	547
屯留县	2696	234		1843	199	46		374
长子县	2274	188		1434	244	6	197	205
壶关县	664	171		145	83	5	40	220
平顺县	169	73			4	2		90
黎城县	863	22		382	220	1	35	203
武乡县	950	187	5	437	176		15	130
襄垣县	3464	72		2727	124	2	58	481
沁县	446	114		212		2		118
沁源县	2117	141		941	240	17	102	676
长治城区	577				301			276
长治郊区	5132	291		3405	602	9		825
长治开发区	1657			1586				71
晋城市小计	**62650**	**1343**		**31602**	**3007**	**407**	**3000**	**23291**
本级	31627	471		12786	994		2900	14476
县级小计	31023	872		18816	2013	407	100	8815
阳城县	9459	86		5000	591	380		3402
高平市	1154	173			387		100	494
沁水县	4673	99		3367	153			1054
陵川县	1938	79		743	85	27		1004
晋城城区	1327	237						1090
泽州县	10785	198		8019	797			1771
晋城开发区	1687			1687				
朔州市小计	**54394**	**21603**		**18250**	**2200**	**26**	**463**	**11852**

3－7－5

单位:万元

地　　区	收支部分						
	支出						
	支出合计	养路费支出	公路客货运附加费支出	国有土地使用权出让金支出	地方水利建设基金支出	城镇公用事业附加支出	其他各项基金支出
县级小计	17496			9280	45	523	7648
平定县	828			489		247	92
盂县	12015			4600		199	7216
阳泉郊区	1424			1095		77	252
阳泉城区	80				40		40
阳泉矿区	48						48
阳泉开发区	3101			3096	5		
长治市小计	**44704**	**2562**	**5**	**22042**	**2204**	**2095**	**15796**
本级	17211	522		4158	737	701	11093
县级小计	27493	2040	5	17884	1467	1394	4703
长治县	1237	237		481	60	137	322
潞城市	2866	124		1808	167	310	457
屯留县	2416	158		1873	133	52	200
长子县	3297	206		2472	126	253	240
壶关县	1548	204		856	138	94	256
平顺县	877	107		399	97	26	248
黎城县	1553	34		972	61	51	435
武乡县	1339	249	5	715	73	65	232
襄垣县	3336	101		2116	186	182	751
沁县	1480	159		811	167	74	269
沁源县	1716	156		912	169	125	354
长治城区	790			593	18	21	158
长治郊区	3614	305		2538	72	4	695
长治开发区	1424			1338			86
晋城市小计	**36430**	**1384**		**6466**	**2618**	**140**	**25822**
本级	17818	531		3114	540	5	13628
县级小计	18612	853		3352	2078	135	12194
阳城县	11398	84		977	735		9602
高平市	1273	172		147	291	37	626
沁水县	966	90		228	216		432
陵川县	1670	79		1016	410	13	152
晋城城区	583	230		123	7	39	184
泽洲县	2191	198		413	419	46	1115
晋城开发区	531			448			83
朔州市小计	**47262**	**21574**		**13884**	**625**	**472**	**10707**

3－7－6

单位:万元

地区	平衡部分											
	收入						支出					年终结余
	收入总计	本年收入	上年结余	补助收入	省补助计划单列市收入	调入资金	支出总计	本年支出	上解支出	计划单列市上解省支出	调出资金	
县级小计	24523	20414	3120	748		241	21120	17496			3624	3403
平定县	3277	2478	769	30			2364	828			1536	913
盂县	12599	11305	779	515			12015	12015				584
阳泉郊区	3706	2430	1073	203			3317	1424			1893	389
阳泉城区	421	183	151			87	189	80			109	232
阳泉矿区	600	212	262			126	110	48			62	490
阳泉开发区	3920	3806	86			28	3125	3101			24	795
长治市小计	**99092**	**54107**	**38023**	**5090**		**1872**	**44704**	**44704**				**54388**
本级	31792	19811	16918	－6223		1286	17211	17211				14581
县级小计	67300	34296	21105	11313		586	27493	27493				39807
长治县	18137	11479	6310	348			1237	1237				16900
潞城市	5394	1808	1769	1349		468	2866	2866				2528
屯留县	3537	2696	546	295			2416	2416				1121
长子县	5252	2274	2376	602			3297	3297				1955
壶关县	1888	664	468	756			1548	1548				340
平顺县	1205	169	258	764		14	877	877				328
黎城县	4133	863	1899	1371			1553	1553				2580
武乡县	2242	950	733	559			1339	1339				903
襄垣县	8153	3464	2891	1798			3336	3336				4817
沁县	1916	446	305	1129		36	1480	1480				436
沁源县	2927	2117	575	167		68	1716	1716				1211
长治城区	1566	577	158	831			790	790				776
长治郊区	8620	5132	2221	1267			3614	3614				5006
长治开发区	2330	1657	596	77			1424	1424				906
晋城市小计	**92628**	**62650**	**24362**	**3097**		**2519**	**51057**	**36430**			**14627**	**41571**
本级	46599	31627	14649	－1728		2051	17818	17818				28781
县级小计	46029	31023	9713	4825		468	33239	18612			14627	12790
阳城县	14995	9459	5012	524			14625	11398			3227	370
高平市	4285	1154	1461	1340		330	1273	1273				3012
沁水县	7263	4673	1877	713			1286	966			320	5977
陵川县	3331	1938	649	744			1670	1670				1661
晋城城区	1661	1327	71	263			1511	583			928	150
泽州县	12610	10785	559	1128		138	11411	2191			9220	1199
晋城开发区	1884	1687	84	113			1463	531			932	421
朔州市小计	**70150**	**54394**	**12438**	**2944**		**374**	**49062**	**47262**			**1800**	**21088**

3－7－7

单位:万元

地区	收支部分							
	收入							
	收入合计	养路费收入	公路客货运附加费收入	国有土地使用权出让金收入	新增建设用地土地有偿使用费收入	地方水利建设基金收入	城镇公用事业附加收入	其他各项基金收入
本级	9236	246		335	422	26	101	8106
县级小计	45158	21357		17915	1778		362	3746
朔城区	24460	21063			634			2763
平鲁区	868			160	48		314	346
山阴县	1380			743	209			428
怀仁县	1008	155			735			118
应县	3044	129		2686	152		48	29
右玉县	92	10		32				50
朔州开发区	14306			14294				12
忻州小计	**31896**	**1574**		**7715**	**2919**	**29**	**696**	**18963**
本级	24608	1574		3048	2919	9		17058
县级小计	7288			4667		20	696	1905
五台县	331			301				30
静乐县	187			49				138
河曲县	1186			787			183	216
神池县	80			36			14	30
五寨县	265			198				67
繁峙县	233			81			100	52
岢岚县	142			58				84
偏关县	209			157				52
代县	774			441			221	112
原平市	1338			593			133	612
忻府区	1773			1606		20		147
定襄县	117			26			42	49
宁武县	357			285			3	69
保德县	296			49				247
晋中市小计	**52855**	**2898**		**18867**	**4998**	**129**	**1220**	**24743**
本级	28046	2898		4434	2676	125	293	17620
县级小计	24809			14433	2322	4	927	7123
榆次区	1767							1767
太谷县	738			553	97			88
祁县	3321			535	379		73	2334
平遥县	1193			514	388		112	179
介休市	2883			1821	313	4	385	360
灵石县	1397			725	4		50	618

3－7－8

单位:万元

地　　区	收支部分						
	支出						
	支出合计	养路费支出	公路客货运附加费支出	国有土地使用权出让金支出	地方水利建设基金支出	城镇公用事业附加支出	其他各项基金支出
本级	8500	246		1322	506	100	6326
县级小计	38762	21328		12562	119	372	4381
朔城区	24018	21063		235			2720
平鲁区	1326			574	10	324	418
山阴县	469			90			379
怀仁县	318	155			9		154
应县	3670	100		3236		48	286
右玉县	644	10		110	100		424
朔州开发区	8317			8317			
忻州小计	**33670**	**1800**		**9881**	**1193**	**659**	**20137**
本级	20320	1800		937	69		17514
县级小计	13350			8944	1124	659	2623
五台县	1472			1252	40		180
静乐县	471			203	24		244
河曲县	1123			600	300	160	63
神池县	8						8
五寨县	389			323			66
繁峙县	555			371	47	100	37
岢岚县	538			443			95
偏关县	891			596	214		81
代县	1069			505	66	224	274
原平市	2352			1564	11	133	644
忻府区	1711			1430	49		232
定襄县	909			281	208	42	378
宁武县	1235			1076	65		94
保德县	627			300	100		227
晋中市小计	**51732**	**2906**		**24298**	**1612**	**1163**	**21753**
本级	24837	2906		6814	9	293	14815
县级小计	26895			17484	1603	870	6938
榆次区	1642			600	61		981
太谷县	1438			895	310		233
祁县	4151			1358	118	103	2572
平遥县	1064			574	176	71	243
介休市	2908			2164	110	384	250
灵石县	980			196	401		383

3－7－9

单位:万元

地区	平衡部分											
	收入						支出					年终结余
	收入总计	本年收入	上年结余	补助收入	省补助计划单列市收入	调入资金	支出总计	本年支出	上解支出	计划单列市上解省支出	调出资金	
本级	13529	9236	4994	－733		32	8500	8500				5029
县级小计	56621	45158	7444	3677		342	40562	38762			1800	16059
朔城区	25506	24460	326	720			24018	24018				1488
平鲁区	3089	868	1392	829			1326	1326				1763
山阴县	2450	1380	365	705			469	469				1981
怀仁县	3208	1008	1654	204		342	318	318				2890
应县	4095	3044	392	659			3670	3670				425
右玉县	874	92	222	560			644	644				230
朔州开发区	17399	14306	3093				10117	8317			1800	7282
忻州小计	**56443**	**31896**	**19646**	**4022**		**879**	**33670**	**33670**				**22773**
本级	29700	24608	10218	－5126			20320	20320				9380
县级小计	26743	7288	9428	9148		879	13350	13350				13393
五台县	1472	331		1141			1472	1472				
静乐县	722	187	254	252		29	471	471				251
河曲县	2909	1186	804	770		149	1123	1123				1786
神池县	355	80	143	132			8	8				347
五寨县	787	265	319	172		31	389	389				398
繁峙县	1592	233	478	810		71	555	555				1037
岢岚县	1065	142	356	538		29	538	538				527
偏关县	1008	209	244	555			891	891				117
代县	1676	774	445	457			1069	1069				607
原平市	2352	1338		1014			2352	2352				
忻府区	6666	1773	3873	1020			1711	1711				4955
定襄县	2040	117	590	1192		141	909	909				1131
宁武县	2493	357	1329	715		92	1235	1235				1258
保德县	1606	296	593	380		337	627	627				979
晋中市小计	**79141**	**52855**	**19685**	**5382**		**1219**	**51732**	**51732**				**27409**
本级	32425	28046	6824	－2445			24837	24837				7588
县级小计	46716	24809	12861	7827		1219	26895	26895				19821
榆次区	5872	1767	3115	692		298	1642	1642				4230
太谷县	1915	738	174	1003			1438	1438				477
祁县	4396	3321	493	582			4151	4151				245
平遥县	2562	1193	455	674		240	1064	1064				1498
介休市	5083	2883	1350	850			2908	2908				2175
灵石县	3194	1397	1071	416		310	980	980				2214

3－7－10

单位:万元

地区	收支部分							
	收入							
	收入合计	养路费收入	公路客货运附加费收入	国有土地使用权出让金收入	新增建设用地土地有偿使用费收入	地方水利建设基金收入	城镇公用事业附加收入	其他各项基金收入
寿阳县	1959			444	379		84	1052
昔阳县	743			492	37		55	159
和顺县	1173			606	257		88	222
左权县	821			311	334		20	156
榆社县	567			270	134		60	103
晋中开发区	8247			8162				85
吕梁市小计	**30958**	**2211**		**5726**	**2431**	**210**	**1063**	**19317**
本级	19514	2211		1657	305	210	121	15010
县级小计	11444			4069	2126		942	4307
兴县	758			231	11			516
岚县	353			42	297			14
交城县	311			172	1			138
文水县	1009			127	405		384	93
汾阳市	1958			297	159		188	1314
孝义市	3502			1645	169		370	1318
柳林县	1197			316	483			398
中阳县	356			165	61			130
石楼县	43			39				4
交口县	188			74				114
临县	325			224	38			63
方山县	908			546	296			66
离石市	536			191	206			139
临汾市小计	**34217**	**3349**		**15709**	**6100**	**154**	**2215**	**6690**
本级	13016	3349		5531	1808	114	113	2101
县级小计	21201			10178	4292	40	2102	4589
尧都区	3359			1147	1166			1046
侯马市	2939			1058	1360	3	171	347
曲沃县	1409			181	531		522	175
翼城县	1178			48	104		452	574
襄汾县	1555			100	385	24	353	693
洪洞县	2032			1190	127		421	294
霍州市	443			77	141		9	216
古县	562			12	210			340
安泽县	73							73
浮山县	551			348	77			126

3－7－11

单位:万元

地区	收支部分						
	支出						
	支出合计	养路费支出	公路客货运附加费支出	国有土地使用权出让金支出	地方水利建设基金支出	城镇公用事业附加支出	其他各项基金支出
寿阳县	1965			778	15	68	1104
昔阳县	537			264	25	25	223
和顺县	1181			745	99	89	248
左权县	873			526	7	30	310
榆社县	1324			778	103	100	343
晋中开发区	8832			8606	178		48
吕梁市小计	**22537**	**1997**		**6938**	**1377**	**709**	**11516**
本级	7053	768		164	810	120	5191
县级小计	15484	1229		6774	567	589	6325
兴县	1244	150		350	10		734
岚县	1498	19		1380			99
交城县	792	72		164	6	1	549
文水县	637	93			38	272	234
汾阳市	1712	309		248	10	82	1063
孝义市	2870	90		1261	12	139	1368
柳林县	2704	87		1411	278		928
中阳县	200	55		46	10		89
石楼县	1122	5		213	24	80	800
交口县	252	13		120			119
临县	679	110		350	89		130
方山县	245	25		65	40		115
离石市	1529	201		1166	50	15	97
临汾市小计	**31068**	**3545**		**21027**	**961**	**2481**	**3054**
本级	8042	3545		3323	87		1087
县级小计	23026			17704	874	2481	1967
尧都区	2944			2532	71		341
侯马市	2006			1760	19	127	100
曲沃县	1566			775	22	673	96
翼城县	1902			629	24	770	479
襄汾县	1059			934	36	13	76
洪洞县	2779			1409	483	844	43
霍州市	336			140	20		176
古县	580			236	7		337
安泽县	91			14			77
浮山县	1128			1067	34		27

2006年地方财政政府收支分类转换数据

3－7－12

单位:万元

地区	平衡部分											
	收入						支出					年终结余
	收入总计	本年收入	上年结余	补助收入	省补助计划单列市收入	调入资金	支出总计	本年支出	上解支出	计划单列市上解省支出	调出资金	
寿阳县	3183	1959	793	431			1965	1965				1218
昔阳县	3037	743	1006	1221		67	537	537				2500
和顺县	2413	1173	640	543		57	1181	1181				1232
左权县	2990	821	1747	422			873	873				2117
榆社县	2667	567	991	949		160	1324	1324				1343
晋中开发区	9404	8247	1026	44		87	8832	8832				572
吕梁市小计	**71009**	**30958**	**35506**	**3799**		**746**	**22670**	**22537**			**133**	**48339**
本级	32778	19514	19831	－6567			7053	7053				25725
县级小计	38231	11444	15675	10366		746	15617	15484			133	22614
兴县	2067	758	317	992			1244	1244				823
岚县	2115	353	1598	164			1498	1498				617
交城县	3069	311	1182	1511		65	792	792				2277
文水县	1969	1009	498	462			637	637				1332
汾阳市	3493	1958	1044	491			1845	1712			133	1648
孝义市	6445	3502	2181	762			2870	2870				3575
柳林县	4706	1197	1334	2175			2704	2704				2002
中阳县	791	356	265	170			200	200				591
石楼县	1716	43	1098	575			1122	1122				594
交口县	800	188	224	388			252	252				548
临县	1622	325	409	888			679	679				943
方山县	2019	908	741	370			245	245				1774
离石市	7419	536	4784	1418		681	1529	1529				5890
临汾市小计	**61058**	**34217**	**22329**	**3860**		**652**	**31068**	**31068**				**29990**
本级	22411	13016	10833	－1438			8042	8042				14369
县级小计	38647	21201	11496	5298		652	23026	23026				15621
尧都区	4300	3359	843	98			2944	2944				1356
侯马市	4481	2939	1047	495			2006	2006				2475
曲沃县	3119	1409	556	1154			1566	1566				1553
翼城县	3513	1178	2172	163			1902	1902				1611
襄汾县	2480	1555	160	765			1059	1059				1421
洪洞县	5609	2032	2798	297		482	2779	2779				2830
霍州市	662	443	60	159			336	336				326
古县	811	562	114	115		20	580	580				231
安泽县	91	73	1	17			91	91				
浮山县	1264	551	154	529		30	1128	1128				136

3－7－13

单位:万元

地区	收支部分							
	收入							
	收入合计	养路费收入	公路客货运附加费收入	国有土地使用权出让金收入	新增建设用地土地有偿使用费收入	地方水利建设基金收入	城镇公用事业附加收入	其他各项基金收入
吉县	38			25				13
乡宁县	731			191	68		136	336
蒲县	322			109	17			196
大宁县	54			23	23			8
永和县	11			9				2
隰县	63			9	47			7
汾西县	205			53	36	13	38	65
临汾开发区	5311			5262				49
侯马开发区	365			336				29
运城市小计	**22162**	**2509**		**7450**	**4261**	**140**	**4075**	**3727**
本级	10365	2509		5564	1414	138		740
县级小计	11797			1886	2847	2	4075	2987
盐湖区	1285				856		103	326
永济市	936			251	109		284	292
芮城县	293			67	55		47	124
临猗县	1002			125	307		499	71
绛县	373			118	141		66	48
河津市	4601			358	735		2056	1452
新绛县	447				88		247	112
垣曲县	340			112	28		67	133
闻喜县	1027			93	194	2	542	196
万荣县	752			571	114		39	28
稷山县	327			150	1		48	128
平陆县	368			8	218		77	65
夏县	46			33	1			12
运城经济技术开发区								
风陵渡开发区								
华信开发区								

3－7－14

单位:万元

地区	收支部分						
	支出						
	支出合计	养路费支出	公路客货运附加费支出	国有土地使用权出让金支出	地方水利建设基金支出	城镇公用事业附加支出	其他各项基金支出
吉县	299			280	3		16
乡宁县	82				66		16
蒲县	255			200	3		52
大宁县	213			201	12		
永和县	13				12		1
隰县	414			362	52		
汾西县	213			50	10	54	99
临汾开发区	6685			6683			2
侯马开发区	461			432			29
运城市小计	**21970**	**2338**		**10773**	**2879**	**3891**	**2089**
本级	5077	2230		1838	529		480
县级小计	16893	108		8935	2350	3891	1609
盐湖区	2522			2261	20	48	193
永济市	1212	5		756	48	279	124
芮城县	731			459	203	32	37
临猗县	1470	35		781	55	454	145
绛县	640	15		543	11	5	66
河津市	4269			416	1429	1909	515
新绛县	1091			647	82	307	55
垣曲县	1079	5		718	170	32	154
闻喜县	666	6		15		581	64
万荣县	1744	12		1534	51	55	92
稷山县	638	25		190	262	112	49
平陆县	304			191	8	77	28
夏县	527	5		424	11		87
运城经济技术开发区							
风陵渡开发区							
华信开发区							

3－7－15

单位:万元

地区	平衡部分											
	收入						支出					年终结余
	收入总计	本年收入	上年结余	补助收入	省补助计划单列市收入	调入资金	支出总计	本年支出	上解支出	计划单列市上解省支出	调出资金	
吉县	477	38	96	325		18	299	299				178
乡宁县	2334	731	1298	203		102	82	82				2252
蒲县	542	322	47	173			255	255				287
大宁县	279	54	31	194			213	213				66
永和县	178	11	41	126			13	13				165
隰县	422	63	2	357			414	414				8
汾西县	277	205	40	32			213	213				64
临汾开发区	7347	5311	2036				6685	6685				662
侯马开发区	461	365		96			461	461				
运城市小计	**44618**	**22162**	**12309**	**7923**		**2224**	**22967**	**21970**			**997**	**21651**
本级	13380	10365	3737	－1299		577	5492	5077			415	7888
县级小计	31238	11797	8572	9222		1647	17475	16893			582	13763
盐湖区	4798	1285	1204	2309			2522	2522				2276
永济市	2776	936	759	1081			1729	1212			517	1047
芮城县	1500	293	629	578			731	731				769
临猗县	2249	1002	617	630			1470	1470				779
绛县	1125	373	251	501			705	640			65	420
河津市	8392	4601	1970	502		1319	4269	4269				4123
新绛县	1654	447	468	697		42	1091	1091				563
垣曲县	1629	340	270	943		76	1079	1079				550
闻喜县	1587	1027	425	135			666	666				921
万荣县	2055	752	343	960			1744	1744				311
稷山县	1617	327	828	283		179	638	638				979
平陆县	744	368	249	127			304	304				440
夏县	1112	46	559	476		31	527	527				585
运城经济技术开发区												
风陵渡开发区												
华信开发区												

2006 年内蒙古自治区地市县财政基金预算收支平衡表

3－8－1

单位:万元

地区	收支部分							
	收入							
	收入合计	养路费收入	公路客货运附加费收入	国有土地使用权出让金收入	新增建设用地土地有偿使用费收入	地方水利建设基金收入	城镇公用事业附加收入	其他各项基金收入
地(市)县级总计	**875514**	**41630**		**667251**	**107582**	**1963**	**7514**	**49574**
地(市)本级合计	**367486**	**37713**		**244835**	**56094**	**1618**	**5162**	**22064**
县级合计	**508028**	**3917**		**422416**	**51488**	**345**	**2352**	**27510**
呼伦贝尔市小计	**64863**	**22213**		**32137**	**6584**	**1368**	**964**	**1597**
本级	24783	22213		210	149	1023	456	732
旗县区级小计	40080			31927	6435	345	508	865
海拉尔市	8431			8155		10	230	36
满洲里市	12306			5543	6008		278	477
扎兰屯市	653			512		76		65
牙克石市	9651			9582				69
阿荣旗	4048			3777	228			43
莫力达瓦自治旗	297			208	72			17
根河市	396			337	32			27
额尔古纳市	448			420	3			25
鄂伦春自治旗	876			835				41
新巴尔虎左旗	369			300	64			5
新巴尔虎右旗	1130			1118				12
陈巴尔虎旗	842			831				11
鄂温克自治旗	633			309	28	259		37
兴安盟小计	**8888**	**814**		**3880**	**2113**			**2081**
本级	281							281
旗县区级小计	8607	814		3880	2113			1800
乌兰浩特市	3236	248		609	1138			1241
科右前旗	1310	372		139	675			124
突泉县	455			181	245			29
扎赉特旗	2036	95		1867	55			19
科右中旗	1267	78		1048				141
阿尔山市	303	21		36				246
通辽市小计	**73436**	**1578**		**40467**	**11623**	**385**	**356**	**19027**
本级	38342	1578		28735	4752	385	356	2536
旗县区级小计	35094			11732	6871			16491
科尔沁区	7625			1721	3772			2132
开鲁县	3798			3062	659			77
科左中旗	4752			1818	313			2621
科左后旗	4062			1448	334			2280

3－8－2

单位:万元

地　　区	收支部分						
	支出						
	支出合计	养路费支出	公路客货运附加费支出	国有土地使用权出让金支出	地方水利建设基金支出	城镇公用事业附加支出	其他各项基金支出
地(市)县级总计	**808506**	**37476**		**681622**	**13793**	**6367**	**69248**
地(市)本级合计	**290021**	**33599**		**220136**	**6072**	**3394**	**26820**
县级合计	**518485**	**3877**		**461486**	**7721**	**2973**	**42428**
呼伦贝尔市小计	**65013**	**22213**		**35982**	**1512**	**764**	**4542**
本级	24451	22213		223	214	255	1546
旗县区级小计	40562			35759	1298	509	2996
海拉尔市	7378			6956	120	231	71
满洲里市	13753			11551	31	278	1893
扎兰屯市	804			383	311		110
牙克石市	8677			8543			134
阿荣旗	4375			3985	292		98
莫力达瓦自治旗	596			280	29		287
根河市	591			459	70		62
额尔古纳市	71				10		61
鄂伦春自治旗	1014			772	101		141
新巴尔虎左旗	393			364	20		9
新巴尔虎右旗	1184			1118	50		16
陈巴尔虎旗	764			748	5		11
鄂温克自治旗	962			600	259		103
兴安盟小计	**12509**	**817**		**6179**	**1282**		**4231**
本级	2988			220	1180		1588
旗县区级小计	9521	817		5959	102		2643
乌兰浩特市	3473	248		1671	17		1537
科右前旗	1615	372		856	51		336
突泉县	618			426	18		174
扎赉特旗	2152	98		1922	16		116
科右中旗	1360	78		1048			234
阿尔山市	303	21		36			246
通辽市小计	**75021**	**1621**		**49810**	**643**	**377**	**22570**
本级	38421	1595		31030	485	377	4934
旗县区级小计	36600	26		18780	158		17636
科尔沁区	8260	5		5493	15		2747
开鲁县	4067			3922			145
科左中旗	4948	11		2131	58		2748
科左后旗	4147			1738	26		2383

2006年地方财政政府收支分类转换数据

3－8－3

单位:万元

地区	平衡部分											
	收入						支出					年终结余
	收入总计	本年收入	上年结余	补助收入	省补助计划单列市收入	调入资金	支出总计	本年支出	上解支出	计划单列市上解省支出	调出资金	
地(市)县级总计	**1019220**	**875514**	**69168**	**74538**			**817337**	**808506**			**8831**	**201883**
地(市)本级合计	**405401**	**367486**	**47029**	**－9114**			**291225**	**290021**	**－232**		**1436**	**114176**
县级合计	**613819**	**508028**	**22139**	**83652**			**526112**	**518485**	**232**		**7395**	**87707**
呼伦贝尔市小计	**79021**	**64863**	**1348**	**12810**			**73771**	**65013**			**8758**	**5250**
本级	27437	24783	764	1890			25814	24451			1363	1623
旗县区级小计	51584	40080	584	10920			47957	40562			7395	3627
海拉尔市	8912	8431		481			7654	7378			276	1258
满洲里市	15020	12306	20	2694			14751	13753			998	269
扎兰屯市	1279	653		626			1187	804			383	92
牙克石市	10747	9651	65	1031			9427	8677			750	1320
阿荣旗	4898	4048		850			4878	4375			503	20
莫力达瓦自治旗	1193	297		896			1193	596			597	
根河市	651	396	90	165			591	591				60
额尔古纳市	1336	448	30	858			1122	71			1051	214
鄂伦春自治旗	1725	876		849			1725	1014			711	
新巴尔虎左旗	589	369	94	126			493	393			100	96
新巴尔虎右旗	1258	1130		128			1207	1184			23	51
陈巴尔虎旗	1432	842		590			1312	764			548	120
鄂温克自治旗	2544	633	285	1626			2417	962			1455	127
兴安盟小计	**14252**	**8888**	**1771**	**3593**			**12509**	**12509**				**1743**
本级	4281	281	1029	2971			2988	2988				1293
旗县区级小计	9971	8607	742	622			9521	9521				450
乌兰浩特市	3616	3236	338	42			3473	3473				143
科右前旗	1620	1310	106	204			1615	1615				5
突泉县	909	455	291	163			618	618				291
扎赉特旗	2152	2036	7	109			2152	2152				
科右中旗	1360	1267		93			1360	1360				
阿尔山市	314	303		11			303	303				11
通辽市小计	**83845**	**73436**	**2817**	**7592**			**75021**	**75021**				**8824**
本级	46186	38342	2248	5596			38421	38421				7765
旗县区级小计	37659	35094	569	1996			36600	36600				1059
科尔沁区	8260	7625		635			8260	8260				
开鲁县	4084	3798	101	185			4067	4067				17
科左中旗	4948	4752		196			4948	4948				
科左后旗	4604	4062	241	301			4147	4147				457

3-8-4

单位:万元

地　　区	收支部分							
	收入							
	收入合计	养路费收入	公路客货运附加费收入	国有土地使用权出让金收入	新增建设用地土地有偿使用费收入	地方水利建设基金收入	城镇公用事业附加收入	其他各项基金收入
奈曼旗	6049			505	1036			4508
库伦旗	2292			831	32			1429
扎鲁特旗	4934			819	701			3414
霍林郭勒市	1582			1528	24			30
锡林郭勒盟小计	**56404**	**1057**		**51801**	**2289**		**287**	**970**
本级	6595	1057		4600			74	864
旗县区级小计	49809			47201	2289		213	106
太仆寺旗	23				21			2
多伦县	7549			7343	204			2
正蓝旗	4293			4135	139			19
正镶白旗	689			419	268			2
镶黄旗	3139			3136				3
苏尼特左旗	1280			1157	121			2
西乌珠穆沁旗	2690			2166	512			12
东乌珠穆沁旗	10719			9864	839			16
阿巴嘎旗	1683			1661	20			2
锡林浩特市	7039			6700	132		213	-6
苏尼特右旗	4178			4132	33			13
二连市	6527			6488				39
乌兰察布盟小计	**55801**	**1308**		**38033**	**4753**	**210**	**849**	**10648**
本级	8930	1308		662	564	210		6186
旗县区级小计	46871			37371	4189		849	4462
集宁区	11286			10093	992		200	1
察右前旗	1789			1439	347			3
察右中旗	1137			320	165		649	3
察右后旗	2691			2212	375			104
丰镇市	11353			8552	1277			1524
凉城县	8389			8149	185			55
兴和县	5744			2803	180			2761
卓资县	1730			1635	95			
四子王旗	471			420	51			
商都县	1782			1388	394			
化德县	499			360	128			11
鄂尔多斯市小计	**188743**	**2995**		**170026**	**12632**		**13**	**3077**
本级	3614			1137				2477

3-8-5

单位:万元

地区	收支部分						
	支出						
	支出合计	养路费支出	公路客货运附加费支出	国有土地使用权出让金支出	地方水利建设基金支出	城镇公用事业附加支出	其他各项基金支出
奈曼旗	6383	5		1641	50		4687
库伦旗	2214			783	9		1422
扎鲁特旗	4999	5		1520			3474
霍林郭勒市	1582			1552			30
锡林郭勒盟小计	**56276**	**1000**		**52437**	**390**	**229**	**2220**
本级	4076	1000		2000	18		1058
旗县区级小计	52200			50437	372	229	1162
太仆寺旗	1246			921	4		321
多伦县	7572			7547			25
正蓝旗	4393			4337			56
正镶白旗	864			837			27
镶黄旗	3140			3136			4
苏尼特左旗	1320			1266	50		4
西乌珠穆沁旗	2613			2578	3		32
东乌珠穆沁旗	10942			10703	222		17
阿巴嘎旗	1730			1681	34		15
锡林浩特市	7346			6832	37	213	264
苏尼特右旗	4151			4111	2	16	22
二连市	6883			6488	20		375
乌兰察布盟小计	**53431**	**1313**		**40496**	**112**	**849**	**10661**
本级	8615	1298		1362			5955
旗县区级小计	44816	15		39134	112	849	4706
集宁区	11371			11085	68	200	18
察右前旗	1816			1739			77
察右中旗	1225	5		485	7	649	79
察右后旗	2741			2587			154
丰镇市	11307			9629	12		1666
凉城县	6570	5		6308			257
兴和县	5362			3183	10		2169
卓资县	1857			1730			127
四子王旗	536			471	14		51
商都县	1490	5		1429	1		55
化德县	541			488			53
鄂尔多斯市小计	**165339**	**2871**		**152179**	**5228**	**13**	**5048**
本级	6485			1610	3415		1460

3－8－6

单位:万元

地区	平衡部分											
	收入						支出					年终结余
	收入总计	本年收入	上年结余	补助收入	省补助计划单列市收入	调入资金	支出总计	本年支出	上解支出	计划单列市上解省支出	调出资金	
奈曼旗	6383	6049	1	333			6383	6383				
库伦旗	2627	2292	226	109			2214	2214				413
扎鲁特旗	5171	4934		237			4999	4999				172
霍林郭勒市	1582	1582					1582	1582				
锡林郭勒盟小计	**61026**	**56404**	**1218**	**3404**			**56349**	**56276**			**73**	**4677**
本级	7660	6595	536	529			4149	4076			73	3511
旗县区级小计	53366	49809	682	2875			52200	52200				1166
太仆寺旗	1333	23	56	1254			1246	1246				87
多伦县	7572	7549		23			7572	7572				
正蓝旗	4499	4293		206			4393	4393				106
正镶白旗	877	689	1	187			864	864				13
镶黄旗	3193	3139	1	53			3140	3140				53
苏尼特左旗	1524	1280	191	53			1320	1320				204
西乌珠穆沁旗	3135	2690	399	46			2613	2613				522
东乌珠穆沁旗	10954	10719	3	232			10942	10942				12
阿巴嘎旗	1730	1683		47			1730	1730				
锡林浩特市	7346	7039		307			7346	7346				
苏尼特右旗	4319	4178	30	111			4151	4151				168
二连市	6884	6527	1	356			6883	6883				1
乌兰察布盟小计	**61816**	**55801**	**1565**	**4450**			**53431**	**53431**				**8385**
本级	11775	8930	1016	1829			8615	8615				3160
旗县区级小计	50041	46871	549	2621			44816	44816				5225
集宁区	11372	11286	3	83			11371	11371				1
察右前旗	2241	1789	75	377			1816	1816				425
察右中旗	1325	1137	31	157			1225	1225				100
察右后旗	2807	2691		116			2741	2741				66
丰镇市	11617	11353	187	77			11307	11307				310
凉城县	8726	8389	90	247			6570	6570				2156
兴和县	6262	5744	70	448			5362	5362				900
卓资县	1930	1730	93	107			1857	1857				73
四子王旗	812	471		341			536	536				276
商都县	2398	1782		616			1490	1490				908
化德县	551	499		52			541	541				10
鄂尔多斯市小计	**205644**	**188743**	**6103**	**10798**			**165339**	**165339**				**40305**
本级	10029	3614	1287	5128			6485	6485				3544

3－8－7

单位：万元

地区	收支部分							
	收入							
	收入合计	养路费收入	公路客货运附加费收入	国有土地使用权出让金收入	新增建设用地土地有偿使用费收入	地方水利建设基金收入	城镇公用事业附加收入	其他各项基金收入
旗县区级小计	185129	2995		168889	12632		13	600
准格尔旗	5258	291		3789	1051			127
达拉特旗	25782	381		23526	1858			17
东胜区	120418	390		115980	3920			128
伊金霍洛旗	9083	297		5817	2886			83
鄂托克旗	17372	861		14402	2053			56
乌审旗	3949	272		3254	338			85
杭锦旗	2067	220		1700	65			82
鄂托克前旗	1200	283		421	461		13	22
巴彦淖尔盟小计	**21179**	**3182**		**12262**	**3908**		**704**	**1123**
本级	7899	3074		3472	524			829
旗县区级小计	13280	108		8790	3384		704	294
磴口县	2934			2726	176		30	2
杭锦后旗	1474			993	148		93	240
临河市	5127			2789	2004		283	51
五原县	252			1	176		75	
乌拉特前旗	2076			1576	440		60	
乌拉特中旗	189	108		56	25			
乌拉特后旗	1228			649	415		163	1
阿拉善盟小计	**6321**	**250**		**2191**	**3509**			**371**
本级	2381	250		1848				283
旗县区级小计	3940			343	3509			88
阿左旗	3398			10	3337			51
阿右旗	242			59	172			11
额济纳旗	300			274				26
呼和浩特市小计	**185023**	**1654**		**155599**	**22365**		**1576**	**3829**
本级	91884	1654		66128	19392		1556	3154
旗县区级小计	93139			89471	2973		20	675
土左旗	7308			6004	1249		20	35
托县	24119			23495	539			85
赛罕区	21001			20863				138
新城区	7589			7416				173
回民区	10729			10630				99
玉泉区	5529			5486				43
和林县	15646			14915	676			55

3－8－8　　　　单位:万元

地区	收支部分						
	支出						
	支出合计	养路费支出	公路客货运附加费支出	国有土地使用权出让金支出	地方水利建设基金支出	城镇公用事业附加支出	其他各项基金支出
旗县区级小计	158854	2871		150569	1813	13	3588
准格尔旗	6269	303		4841	214		911
达拉特旗	17155	387		16271	141		356
东胜区	118361	410		117398	5		548
伊金霍洛旗	8018	114		6590	5		1309
鄂托克旗	1487	863			514		110
乌审旗	3698	272		3235			191
杭锦旗	2252	237		1765	129		121
鄂托克前旗	1614	285		469	805	13	42
巴彦淖尔盟小计	**23366**	**3178**		**16175**	**550**	**697**	**2766**
本级	8972	3070		3870	300		1732
旗县区级小计	14394	108		12305	250	697	1034
磴口县	2956			2912		23	21
杭锦后旗	1479			1146		93	240
临河市	5492			4793		283	416
五原县	252			176		76	
乌拉特前旗	2429			2133	10	60	226
乌拉特中旗	419	108		81	230		
乌拉特后旗	1367			1064	10	162	131
阿拉善盟小计	**7934**	**250**		**6335**	**644**		**705**
本级	3151	250		2370	34		497
旗县区级小计	4783			3965	610		208
阿左旗	3811			3465	190		156
阿右旗	447			226	210		11
额济纳旗	525			274	210		41
呼和浩特市小计	**170596**	**1654**		**159394**	**510**	**1802**	**7236**
本级	72128	1654		64754		1355	4365
旗县区级小计	98468			94640	510	447	2871
土左旗	5464			4914	149		401
托县	24683			23998	203		482
赛罕区	20302			19206		146	950
新城区	12874			12330	8	135	401
回民区	10760			10580		104	76
玉泉区	7441			7352		62	27
和林县	15858			15592	103		163

3－8－9

单位:万元

地区	平衡部分											
	收入						支出					年终结余
	收入总计	本年收入	上年结余	补助收入	省补助计划单列市收入	调入资金	支出总计	本年支出	上解支出	计划单列市上解省支出	调出资金	
旗县区级小计	195615	185129	4816	5670			158854	158854				36761
准格尔旗	6294	5258	28	1008			6269	6269				25
达拉特旗	27409	25782	1261	366			17155	17155				10254
东胜区	123676	120418	2577	681			118361	118361				5315
伊金霍洛旗	10507	9083	456	968			8018	8018				2489
鄂托克旗	18006	17372	88	546			1487	1487				16519
乌审旗	5434	3949	307	1178			3698	3698				1736
杭锦旗	2252	2067	99	86			2252	2252				
鄂托克前旗	2037	1200		837			1614	1614				423
巴彦淖尔盟小计	**29078**	**21179**	**4205**	**3694**			**23366**	**23366**				**5712**
本级	14257	7899	3391	2967			8972	8972				5285
旗县区级小计	14821	13280	814	727			14394	14394				427
磴口县	3100	2934	155	11			2956	2956				144
杭锦后旗	1556	1474	19	63			1479	1479				77
临河市	5546	5127	370	49			5492	5492				54
五原县	260	252		8			252	252				8
乌拉特前旗	2429	2076	240	113			2429	2429				
乌拉特中旗	499	189	30	280			419	419				80
乌拉特后旗	1431	1228		203			1367	1367				64
阿拉善盟小计	**8199**	**6321**	**600**	**1278**			**7934**	**7934**				**265**
本级	3391	2381	462	548			3151	3151				240
旗县区级小计	4808	3940	138	730			4783	4783				25
阿左旗	3831	3398	138	295			3811	3811				20
阿右旗	452	242		210			447	447				5
额济纳旗	525	300		225			525	525				
呼和浩特市小计	**219426**	**185023**	**24165**	**10238**			**170596**	**170596**				**48830**
本级	98764	91884	17711	－10831			72128	72128				26636
旗县区级小计	120662	93139	6454	21069			98468	98468				22194
土左旗	7880	7308	252	320			5464	5464				2416
托县	25089	24119	445	525			24683	24683				406
赛罕区	31786	21001	557	10228			20302	20302				11484
新城区	13908	7589	4226	2093			12874	12874				1034
回民区	13228	10729	266	2233			10760	10760				2468
玉泉区	10068	5529	397	4142			7441	7441				2627
和林县	16252	15646	75	531			15858	15858				394

3－8－10 单位:万元

地区	收支部分							
	收入							
	收入合计	养路费收入	公路客货运附加费收入	国有土地使用权出让金收入	新增建设用地土地有偿使用费收入	地方水利建设基金收入	城镇公用事业附加收入	其他各项基金收入
武川县	900			638	240			22
清水河县	318			24	269			25
包头市小计	**108676**	**2018**		**88537**	**13406**		**1500**	**3215**
本级	101978	2018		84907	10835		1500	2718
旗县区级小计	6698			3630	2571			497
东河区	50							50
青山区	87							87
昆区	130							130
石拐区	106			10	92			4
白云区	1							1
九原区	103							103
土右旗	463				402			61
固阳县	1023			579	403			41
达茂旗	4735			3041	1674			20
乌海市小计	**24017**	**512**		**4936**	**17172**		**600**	**797**
本级	23822	512		4936	17172		600	602
旗县区级小计	195							195
乌达区	63							63
海勃湾区	64							64
海南区	68							68
赤峰市小计	**82163**	**4049**		**67382**	**7228**		**665**	**2839**
本级	56977	4049		48200	2706		620	1402
旗县区级小计	25186			19182	4522		45	1437
红山区	6856			4783	1940			133
松山区	1227			1029				198
元宝山区	1125				656			469
阿鲁科尔沁旗	4986			4823	78			85
巴林左旗	709			44	630			35
巴林右旗	969			916			3	50
林西县	596			351	208			37
克什克腾旗	327			93	145			89
翁牛特旗	1071			866	106		42	57
喀喇沁旗	4532			3957	486			89
宁城县	1478			1330	124			24
敖汉旗	1310			990	149			171

3－8－11

单位:万元

地　　区	收支部分						
	支出						
	支出合计	养路费支出	公路客货运附加费支出	国有土地使用权出让金支出	地方水利建设基金支出	城镇公用事业附加支出	其他各项基金支出
武川县	683			644			39
清水河县	403			24	47		332
包头市小计	**77612**	**1950**		**68316**	**1808**	**440**	**5098**
本级	44065	1950		39982	6	440	1687
旗县区级小计	33547			28334	1802		3411
东河区	14480			14449			31
青山区	6531			6236			295
昆区	1104						1104
石拐区	906			252			654
白云区	224			5			219
九原区	2485			1498	228		759
土右旗	3008			1179	1574		255
固阳县	1154			1070			84
达茂旗	3655			3645			10
乌海市小计	**23101**	**569**		**20561**	**429**	**602**	**940**
本级	22580	569		20561	420	549	481
旗县区级小计	521				9	53	459
乌达区	78						78
海勃湾区	228					53	175
海南区	215				9		206
赤峰市小计	**78308**	**40**		**73758**	**685**	**594**	**3231**
本级	54089			52154		418	1517
旗县区级小计	24219	40		21604	685	176	1714
红山区	7302			6954	10		338
松山区	1815			1381	116	130	188
元宝山区	106	10		15	6		75
阿鲁科尔沁旗	5008			4901	26		81
巴林左旗	756	10		674	14		58
巴林右旗	985			916	19	3	47
林西县	109			94			15
克什克腾旗	637			238	266		133
翁牛特旗	1502			1072	18	43	369
喀喇沁旗	4858	20		4443	210		185
宁城县	111			77			34
敖汉旗	1030			839			191

3－8－12

单位:万元

地区	平衡部分											
	收入						支出					年终结余
	收入总计	本年收入	上年结余	补助收入	省补助计划单列市收入	调入资金	支出总计	本年支出	上解支出	计划单列市上解省支出	调出资金	
武川县	1187	900	219	68			683	683				504
清水河县	1264	318	17	929			403	403				861
包头市小计	**126510**	**108676**	**13401**	**4433**			**77612**	**77612**				**48898**
本级	85208	101978	9512	－26282			44065	44065				41143
旗县区级小计	41302	6698	3889	30715			33547	33547				7755
东河区	17528	50	906	16572			14480	14480				3048
青山区	6634	87	276	6271			6531	6531				103
昆区	2953	130	31	2792			1104	1104				1849
石拐区	906	106	40	760			906	906				
白云区	324	1		323			224	224				100
九原区	2685	103	952	1630			2485	2485				200
土右旗	3639	463	1425	1751			3008	3008				631
固阳县	1661	1023	249	389			1154	1154				507
达茂旗	4972	4735	10	227			3655	3655				1317
乌海市小计	**28192**	**24017**	**3205**	**970**			**23101**	**23101**				**5091**
本级	27390	23822	3101	467			22580	22580				4810
旗县区级小计	802	195	104	503			521	521				281
乌达区	273	63	40	170			78	78				195
海勃湾区	259	64	48	147			228	228				31
海南区	270	68	16	186			215	215				55
赤峰市小计	**102211**	**82163**	**8770**	**11278**			**78308**	**78308**				**23903**
本级	69023	56977	5972	6074			53857	54089	－232			15166
旗县区级小计	33188	25186	2798	5204			24451	24219	232			8737
红山区	7376	6856		520			7376	7302	74			
松山区	1947	1227		720			1826	1815	11			121
元宝山区	3548	1125	312	2111			199	106	93			3349
阿鲁科尔沁旗	5037	4986		51			5012	5008	4			25
巴林左旗	763	709		54			763	756	7			
巴林右旗	1325	969		356			990	985	5			335
林西县	1070	596	362	112			113	109	4			957
克什克腾旗	646	327		319			646	637	9			
翁牛特旗	1843	1071	431	341			1508	1502	6			335
喀喇沁旗	4905	4532	118	255			4858	4858				47
宁城县	2863	1478	1339	46			116	111	5			2747
敖汉旗	1865	1310	236	319			1044	1030	14			821

2006 年辽宁省地市县财政基金预算收支平衡表

3－9－1

单位:万元

地区	收支部分							
	收入							
	收入合计	养路费收入	公路客货运附加费收入	国有土地使用权出让金收入	新增建设用地土地有偿使用费收入	地方水利建设基金收入	城镇公用事业附加收入	其他各项基金收入
地(市)县级总计	**2002731**			**1741480**	**155**	**34583**	**47875**	**178638**
地(市)本级合计	**1338589**			**1137644**		**32445**	**36693**	**131807**
县级合计	**664142**			**603836**	**155**	**2138**	**11182**	**46831**
沈阳市小计	**609408**			**554828**		**16167**	**6119**	**32294**
本级	443077			391121		14263	5920	31773
县级小计	166331			163707		1904	199	521
辽中县	5026			4869		74		83
新民市	3998			3700		86	199	13
康平县	1371			1296		53		22
法库县	4191			4129		60		2
铁西区	20000			20000				
和平区	26911			26911				
沈河区								
大东区	2305			2305				
皇姑区	9244			9244				
苏家屯区	13070			12911		144		15
新城子区	9768			9360		180		228
东陵区	13767			13254		513		
于洪区	5554			4800		754		
北站商贸区								
农业高新区	51126			50928		40		158
大连市小计	**802289**			**699341**		**18375**	**10637**	**73936**
本级	573464			484107		18182	8137	63038
县级小计	228825			215234		193	2500	10898
瓦房店市	61396			56925			575	3896
普兰店市	23227			22122		193	267	645
庄河市	870			190			275	405
长海县	85			9				76
金州区	131825			128858			1383	1584
旅顺口区	3340			2888				452
甘井子区	4022			3769				253
中山区								
西岗区								
沙河口区								
开发区	3778			191				3587

3－9－2

单位:万元

地区	收支部分						
	支出						
	支出合计	养路费支出	公路客货运附加费支出	国有土地使用权出让金支出	地方水利建设基金支出	城镇公用事业附加支出	其他各项基金支出
地(市)县级总计	**1791659**			**1599163**	**33082**	**35174**	**124240**
地(市)本级合计	**1195004**			**1062303**	**30341**	**27307**	**75053**
县级合计	**596655**			**536860**	**2741**	**7867**	**49187**
沈阳市小计	**613276**			**558050**	**13350**	**5999**	**35877**
本级	442916			400055	10842	5800	26219
县级小计	170360			157995	2508	199	9658
辽中县	4516			4083	68		365
新民市	5508			4200	86	199	1023
康平县	1604			1175	45		384
法库县	4648			4038	60		550
铁西区	20890			20001			889
和平区	27331			27331			
沈河区	136			136			
大东区	3473			2305			1168
皇姑区	9326			7450			1876
苏家屯区	10490			9205	140		1145
新城子区	10965			9635	181		1149
东陵区	16205			14552	1152		501
于洪区	7709			6550	754		405
北站商贸区							
农业高新区	47559			47334	22		203
大连市小计	**752827**			**698024**	**19692**	**5811**	**29300**
本级	560023			514573	19499	4326	21625
县级小计	192804			183451	193	1485	7675
瓦房店市	43364			41758		13	1593
普兰店市	23095			21971	193	267	664
庄河市	931					305	626
长海县	79						79
金州区	117831			115712		900	1219
旅顺口区	3030			2534			496
甘井子区	2130			1476			654
中山区	4						4
西岗区							
沙河口区	3						3
开发区	2337						2337

2006 年地方财政政府收支分类转换数据

3－9－3 单位:万元

地区	平衡部分											
	收入						支出					年终结余
	收入总计	本年收入	上年结余	补助收入	省补助计划单列市收入	调入资金	支出总计	本年支出	上解支出	计划单列市上解省支出	调出资金	
地(市)县级总计	**2479899**	**2002731**	**428539**	**40072**	**269**	**8288**	**1914071**	**1791659**		**6000**	**116412**	**565828**
地(市)本级合计	**1665403**	**1338589**	**332685**	**－14111**	**269**	**7971**	**1272896**	**1195004**	**－3493**	**6000**	**75385**	**392507**
县级合计	**814496**	**664142**	**95854**	**54183**		**317**	**641175**	**596655**	**3493**		**41027**	**173321**
沈阳市小计	**718676**	**609408**	**98949**	**2355**		**7964**	**665729**	**613276**			**52453**	**52947**
本级	519706	443077	82221	－13556		7964	480960	442916	－30		38074	38746
县级小计	198970	166331	16728	15911			184769	170360	30		14379	14201
辽中县	7902	5026	2068	808			4516	4516				3386
新民市	5508	3998	500	1010			5508	5508				
康平县	2243	1371	19	853			2223	1604			619	20
法库县	5472	4191	231	1050			4648	4648				824
铁西区	20890	20000	1	889			20890	20890				
和平区	27331	26911		420			27331	27331				
沈河区	136			136			136	136				
大东区	3473	2305		1168			3473	3473				
皇姑区	11120	9244		1876			9326	9326				1794
苏家屯区	17138	13070	2323	1745			13250	10490			2760	3888
新城子区	11268	9768	76	1424			10965	10965				303
东陵区	16267	13767	348	2152			16205	16205				62
于洪区	7709	5554		2155			7709	7709				
北站商贸区												
农业高新区	62513	51126	11162	225			58589	47559	30		11000	3924
大连市小计	**979178**	**802289**	**166202**	**10411**	**269**	**7**	**766890**	**752827**		**6000**	**8063**	**212288**
本级	732989	573464	149090	10159	269	7	570542	560023	－1838	6000	6357	162447
县级小计	246189	228825	17112	252			196348	192804	1838		1706	49841
瓦房店市	66583	61396	5187				45357	43364	287		1706	21226
普兰店市	23246	23227		19			23246	23095	151			
庄河市	1466	870	591	5			1086	931	155			380
长海县	88	85	3				88	79	9			
金州区	136200	131825	4172	203			118240	117831	409			17960
旅顺口区	3507	3340	167				3384	3030	354			123
甘井子区	6896	4022	2859	15			2130	2130				4766
中山区	1135		1132	3			4	4				1131
西岗区	703		701	2								703
沙河口区	3			3			3	3				
开发区	6065	3778	2285	2			2528	2337	191			3537

3-9-4

单位:万元

地区	收支部分							
	收入							
	收入合计	养路费收入	公路客货运附加费收入	国有土地使用权出让金收入	新增建设用地土地有偿使用费收入	地方水利建设基金收入	城镇公用事业附加收入	其他各项基金收入
高新区	201			201				
保税区	81			81				
鞍山市小计	**148791**			**132454**			**7349**	**8988**
本级	104864			92015			5983	6866
县级小计	43927			40439			1366	2122
海城市	11564			8781			1181	1602
台安县	2044			1691			185	168
岫岩县	3710			3437				273
铁东区	64							64
铁西区	3							3
立山区	6							6
千山区	1365			1363				2
高新区	25168			25167				1
风景区	3							3
抚顺市小计	**65747**			**56321**			**3889**	**5537**
本级	38410			29607			3889	4914
县级小计	27337			26714				623
抚顺县								
清原县	1396			785				611
新宾县								
顺城区	33			33				
新抚区	2							2
东洲区	11			11				
望花区								
抚顺经济开发区	25434			25424				10
胜利开发区	461			461				
本溪市小计	**53848**			**39716**			**4152**	**9980**
本级	43048			32895			4000	6153
县级小计	10800			6821			152	3827
本溪县	3845			1693			142	2010
桓仁县	6454			5128			10	1316
平山区	162							162
明山区	136							136
溪湖区	157							157
南芬区	46							46

2006年地方财政政府收支分类转换数据

3－9－5　　　　单位:万元

地　　区	收支部分						
	支出						
	支出合计	养路费支出	公路客货运附加费支出	国有土地使用权出让金支出	地方水利建设基金支出	城镇公用事业附加支出	其他各项基金支出
高新区							
保税区							
鞍山市小计	**85600**			**75981**		**3677**	**5942**
本级	37742			31217		2787	3738
县级小计	47858			44764		890	2204
海城市	5048			4134		705	209
台安县	1386			964		185	237
岫岩县	3451			3158			293
铁东区	7120			7120			
铁西区	763			693			70
立山区	1988			1988			
千山区	2905			1540			1365
高新区	25197			25167			30
风景区							
抚顺市小计	**43430**			**29521**		**3551**	**10358**
本级	27474			16631		3551	7292
县级小计	15956			12890			3066
抚顺县	356			65			291
清原县	1976			854			1122
新宾县	353			202			151
顺城区	117			62			55
新抚区	136						136
东洲区	605						605
望花区	706						706
抚顺经济开发区	11407			11407			
胜利开发区	300			300			
本溪市小计	**42154**			**28678**		**6489**	**6987**
本级	33326			22626		6417	4283
县级小计	8828			6052		72	2704
本溪县	3655			2075		72	1508
桓仁县	4930			3799			1131
平山区	215			178			37
明山区	16						16
溪湖区	6						6
南芬区	6						6

3－9－6

单位:万元

地区	平衡部分											
	收入						支出					年终结余
	收入总计	本年收入	上年结余	补助收入	省补助计划单列市收入	调入资金	支出总计	本年支出	上解支出	计划单列市上解省支出	调出资金	
高新区	216	201	15				201		201			15
保税区	81	81					81		81			
鞍山市小计	**182063**	**148791**	**30938**	**2334**			**108873**	**85600**			**23273**	**73190**
本级	110580	104864	21497	－15781			47383	37742	－77		9718	63197
县级小计	71483	43927	9441	18115			61490	47858	77		13555	9993
海城市	12483	11564	457	462			11889	5048			6841	594
台安县	2212	2044	84	84			1986	1386			600	226
岫岩县	5191	3710	1433	48			3451	3451				1740
铁东区	7184	64		7120			7184	7120	64			
铁西区	940	3	90	847			766	763	3			174
立山区	3610	6	20	3584			3590	1988	6		1596	20
千山区	14661	1365	7326	5970			7423	2905			4518	7238
高新区	25198	25168	30				25198	25197	1			
风景区	4	3	1				3		3			1
抚顺市小计	**79815**	**65747**	**12933**	**1135**			**43641**	**43430**			**211**	**36174**
本级	48595	38410	12027	－1842			27474	27474				21121
县级小计	31220	27337	906	2977			16167	15956			211	15053
抚顺县	430		94	336			356	356				74
清原县	2061	1396	71	594			1976	1976				85
新宾县	383		191	192			353	353				30
顺城区	725	33	484	208			117	117				608
新抚区	165	2	36	127			136	136				29
东洲区	640	11	7	622			616	605			11	24
望花区	706			706			706	706				
抚顺经济开发区	25437	25434	1	2			11417	11407			10	14020
胜利开发区	673	461	22	190			490	300			190	183
本溪市小计	**78601**	**53848**	**23699**	**1054**			**42154**	**42154**				**36447**
本级	62971	43048	19649	274			32853	33326	－473			30118
县级小计	15630	10800	4050	780			9301	8828	473			6329
本溪县	5801	3845	1616	340			3655	3655				2146
桓仁县	8869	6454	2318	97			4930	4930				3939
平山区	481	162		319			377	215	162			104
明山区	227	136	75	16			152	16	136			75
溪湖区	167	157	8	2			135	6	129			32
南芬区	85	46	33	6			52	6	46			33

3－9－7

单位:万元

地区	收支部分							
	收入							
	收入合计	养路费收入	公路客货运附加费收入	国有土地使用权出让金收入	新增建设用地土地有偿使用费收入	地方水利建设基金收入	城镇公用事业附加收入	其他各项基金收入
丹东市小计	**70757**			**64266**			**2023**	**4468**
本级	51498			48656			1235	1607
县级小计	19259			15610			788	2861
东港市	10922			9958			153	811
凤城市	5800			4504			433	863
宽甸县	2131			824			120	1187
振安区	82						82	
元宝区								
振兴区								
合作区	324			324				
锦州市小计	**30033**			**25101**		**41**	**1550**	**3341**
本级	15728			12983			1305	1440
县级小计	14305			12118		41	245	1901
凌海市	3992			3343				649
义县	1405			1329				76
北镇市	1353			1219			58	76
黑山县	294						187	107
古塔区	308							308
凌河区	253							253
太和区	1746			1395		41		310
开发区	4954			4832				122
营口市小计	**16776**			**11964**			**1384**	**3428**
本级	2578						1173	1405
县级小计	14198			11964			211	2023
盖州市	6689			6384			161	144
大石桥市	666							666
老边区	431							431
站前区	129							129
西市区	115							115
鲅鱼圈区	6168			5580			50	538
阜新市小计	**23403**			**20148**			**1480**	**1775**
本级	10092			7932			1480	680
县级小计	13311			12216				1095
阜新县	1994			1644				350
彰武县	752			322				430

3－9－8

单位：万元

地区	收支部分						
	支出						
	支出合计	养路费支出	公路客货运附加费支出	国有土地使用权出让金支出	地方水利建设基金支出	城镇公用事业附加支出	其他各项基金支出
丹东市小计	**54307**			**50179**		**1567**	**2561**
本级	34128			32579		1214	335
县级小计	20179			17600		353	2226
东港市	8726			7974		140	612
凤城市	4779			3904		176	699
宽甸县	1021			202		6	813
振安区	148			68		31	49
元宝区	5						5
振兴区	172			124			48
合作区	5328			5328			
锦州市小计	**21799**			**19091**	**40**	**866**	**1802**
本级	11206			9377		771	1058
县级小计	10593			9714	40	95	744
凌海市	3736			3240			496
义县	1243			1126			117
北镇市	552			516			36
黑山县	135					95	40
古塔区							
凌河区	27						27
太和区	68				40		28
开发区	4832			4832			
营口市小计	**12876**			**10316**		**1081**	**1479**
本级	1603					893	710
县级小计	11273			10316		188	769
盖州市	5975			5695		138	142
大石桥市	106						106
老边区	351						351
站前区	36						36
西市区							
鲅鱼圈区	4805			4621		50	134
阜新市小计	**22490**			**19234**		**485**	**2771**
本级	7339			5245		485	1609
县级小计	15151			13989			1162
阜新县	2402			1649			753
彰武县	202			51			151

2006年地方财政政府收支分类转换数据

3-9-9 单位:万元

地区	平衡部分											
	收入						支出					年终结余
	收入总计	本年收入	上年结余	补助收入	省补助计划单列市收入	调入资金	支出总计	本年支出	上解支出	计划单列市上解省支出	调出资金	
丹东市小计	**90727**	**70757**	**17260**	**2710**			**55573**	**54307**			**1266**	**35154**
本级	57654	51498	9399	-3243			34951	34128			823	22703
县级小计	33073	19259	7861	5953			20622	20179			443	12451
东港市	14304	10922	3310	72			8726	8726				5578
凤城市	8026	5800	1995	231			4779	4779				3247
宽甸县	2476	2131	284	61			1464	1021			443	1012
振安区	2236	82	2032	122			148	148				2088
元宝区	11		11				5	5				6
振兴区	196		57	139			172	172				24
合作区	5824	324	172	5328			5328	5328				496
锦州市小计	**51016**	**30033**	**18414**	**2569**			**29505**	**21799**			**7706**	**21511**
本级	32715	15728	15130	1857			15743	11206			4537	16972
县级小计	18301	14305	3284	712			13762	10593			3169	4539
凌海市	5061	3992	587	482			4535	3736			799	526
义县	1455	1405		50			1252	1243			9	203
北镇市	3142	1353	1753	36			552	552				2590
黑山县	1152	294	741	117			135	135				1017
古塔区	325	308	17				308				308	17
凌河区	359	253	79	27			280	27			253	79
太和区	1746	1746					1746	68			1678	
开发区	5061	4954	107				4954	4832			122	107
营口市小计	**25179**	**16776**	**6869**	**1217**		**317**	**15258**	**12876**			**2382**	**9921**
本级	5185	2578	1986	621			3668	1603			2065	1517
县级小计	19994	14198	4883	596		317	11590	11273			317	8404
盖州市	7723	6689	898	136			5975	5975				1748
大石桥市	1896	666	635	304		291	397	106			291	1499
老边区	909	431	427	51			351	351				558
站前区	178	129	49				36	36				142
西市区	279	115	152			12	12				12	267
鲅鱼圈区	9009	6168	2722	105		14	4819	4805			14	4190
阜新市小计	**28069**	**23403**	**2592**	**2074**			**23097**	**22490**			**607**	**4972**
本级	10378	10092	1048	-762			7889	7339			550	2489
县级小计	17691	13311	1544	2836			15208	15151			57	2483
阜新县	2754	1994	284	476			2402	2402				352
彰武县	2333	752	1250	331			202	202				2131

3－9－10　　　　　　　　　　　　　　　　　　　　　　　　　　　　单位:万元

地　　区	收支部分							
	收入							
	收入合计	养路费收入	公路客货运附加费收入	国有土地使用权出让金收入	新增建设用地土地有偿使用费收入	地方水利建设基金收入	城镇公用事业附加收入	其他各项基金收入
海州区	83							83
太平区	52							52
新邱区	33							33
清河门区	37							37
细河区	57							57
开发区	9788			9753				35
农业园区	515			497				18
辽阳市小计	**50519**			**34412**			**5660**	**10447**
本级	21687			14085			1028	6574
县级小计	28832			20327			4632	3873
辽阳县	7258			5548			1033	677
灯塔市	10819			9513			486	820
太子河区	777						776	1
弓长岭区	3594			1619				1975
白塔区								
文圣区								
宏伟区	6384			3647			2337	400
铁岭市小计	**51906**			**37555**			**677**	**13674**
本级	2378			523			373	1482
县级小计	49528			37032			304	12192
铁岭县	1866			1585				281
开原市	19272			7850			186	11236
昌图县	9857			9573			3	281
西丰县	100			33			9	58
调兵山市	12509			12242			46	221
银州区	159			159				
清河区	2489			2355			60	74
开发区	3276			3235				41
朝阳市小计	**36939**			**33345**			**1291**	**2303**
本级	9110			7350			1240	520
县级小计	27829			25995			51	1783
北票市	15747			15343				404
朝阳县	955			730				225
凌源市	9848			9184				664
建平县	929			738				191

3－9－11

单位:万元

地　　区	收支部分						
	支出						
	支出合计	养路费支出	公路客货运附加费支出	国有土地使用权出让金支出	地方水利建设基金支出	城镇公用事业附加支出	其他各项基金支出
海州区	2106			2023			83
太平区	52						52
新邱区	33						33
清河门区	37						37
细河区	16			16			
开发区	9788			9753			35
农业园区	515			497			18
辽阳市小计	**34895**			**26292**		**3413**	**5190**
本级	13051			8844		451	3756
县级小计	21844			17448		2962	1434
辽阳县	2797			2495		120	182
灯塔市	6340			6014		28	298
太子河区	546			546			
弓长岭区	3264			2015		771	478
白塔区	515			515			
文圣区	1067			591			476
宏伟区	7315			5272		2043	
铁岭市小计	**47050**			**31367**		**351**	**15332**
本级	5299			3468		166	1665
县级小计	41751			27899		185	13667
铁岭县	626			457			169
开原市	14427			3179		133	11115
昌图县	9688			9449		3	236
西丰县	2150			33		3	2114
调兵山市	8924			8858		46	20
银州区	31			31			
清河区	2808			2797			11
开发区	3097			3095			2
朝阳市小计	**36018**			**31767**		**757**	**3494**
本级	8390			7256		53	1081
县级小计	27628			24511		704	2413
北票市	16209			15343		191	675
朝阳县	556			428			128
凌源市	9357			8002		355	1000
建平县	1089			738		143	208

3－9－12

单位:万元

地区	平衡部分											
	收入						支出					年终结余
	收入总计	本年收入	上年结余	补助收入	省补助计划单列市收入	调入资金	支出总计	本年支出	上解支出	计划单列市上解省支出	调出资金	
海州区	2106	83		2023			2106	2106				
太平区	52	52					52	52				
新邱区	33	33					33	33				
清河门区	37	37					37	37				
细河区	73	57	10	6			73	16			57	
开发区	9788	9788					9788	9788				
农业园区	515	515					515	515				
辽阳市小计	**66703**	**50519**	**15113**	**1071**			**42487**	**34895**			**7592**	**24216**
本级	24725	21687	6602	－3564			16463	13051			3412	8262
县级小计	41978	28832	8511	4635			26024	21844			4180	15954
辽阳县	7409	7258	42	109			6575	2797			3778	834
灯塔市	16574	10819	5545	210			6340	6340				10234
太子河区	1542	777		765			765	546			219	777
弓长岭区	5686	3594	2077	15			3447	3264			183	2239
白塔区	874		212	662			515	515				359
文圣区	1250		1	1249			1067	1067				183
宏伟区	8643	6384	634	1625			7315	7315				1328
铁岭市小计	**69918**	**51906**	**17154**	**858**			**47432**	**47050**			**382**	**22486**
本级	9949	2378	6853	718			5172	5299	－127			4777
县级小计	59969	49528	10301	140			42260	41751	127		382	17709
铁岭县	3706	1866	1760	80			640	626	14			3066
开原市	20961	19272	1685	4			14856	14427	47		382	6105
昌图县	10131	9857	254	20			9700	9688	12			431
西丰县	2275	100	2151	24			2186	2150	36			89
调兵山市	14403	12509	1882	12			8926	8924	2			5477
银州区	294	159	135				31	31				263
清河区	3109	2489	620				2824	2808	16			285
开发区	5090	3276	1814				3097	3097				1993
朝阳市小计	**53106**	**36939**	**5253**	**10914**			**36018**	**36018**				**17088**
本级	20493	9110	1573	9810			8390	8390				12103
县级小计	32613	27829	3680	1104			27628	27628				4985
北票市	16540	15747	657	136			16209	16209				331
朝阳县	1044	955	63	26			556	556				488
凌源市	11433	9848	1150	435			9357	9357				2076
建平县	1089	929		160			1089	1089				

3－9－13

单位:万元

地　　区	收支部分 收入 收入合计	养路费收入	公路客货运附加费收入	国有土地使用权出让金收入	新增建设用地土地有偿使用费收入	地方水利建设基金收入	城镇公用事业附加收入	其他各项基金收入
喀左县	161						51	110
双塔区	96							96
龙城区	57							57
开发区	36							36
盘锦市小计	**17641**			**14191**			**324**	**3126**
本级	10522			8143			324	2055
县级小计	7119			6048				1071
盘山县	1803			1394				409
大洼县	4838			4654				184
双台子区	94							94
兴隆台区	384							384
葫芦岛市小计	**24674**			**17838**	**155**		**1340**	**5341**
本级	12133			8227			606	3300
县级小计	12541			9611	155		734	2041
兴城市	163							163
绥中县	1000			542				458
建昌县	762				155		192	415
连山区	2442			2105				337
南票区	100							100
龙港区	8074			6964			542	568

3－9－14

单位:万元

地区	收支部分						
	支出						
	支出合计	养路费支出	公路客货运附加费支出	国有土地使用权出让金支出	地方水利建设基金支出	城镇公用事业附加支出	其他各项基金支出
喀左县	365					15	350
双塔区	50						50
龙城区	2						2
开发区							
盘锦市小计	**8111**			**6623**		**234**	**1254**
本级	5903			4687		234	982
县级小计	2208			1936			272
盘山县	797			753			44
大洼县	1411			1183			228
双台子区							
兴隆台区							
葫芦岛市小计	**16826**			**14040**		**893**	**1893**
本级	6604			5745		159	700
县级小计	10222			8295		734	1193
兴城市	37						37
绥中县	100						100
建昌县	730			109		192	429
连山区	1268			1222			46
南票区	13						13
龙港区	8074			6964		542	568

3－9－15

单位:万元

地区	平衡部分											
	收入						支出					年终结余
	收入总计	本年收入	上年结余	补助收入	省补助计划单列市收入	调入资金	支出总计	本年支出	上解支出	计划单列市上解省支出	调出资金	
喀左县	1661	161	1206	294			365	365				1296
双塔区	304	96	180	28			50	50				254
龙城区	447	57	368	22			2	2				445
开发区	95	36	56	3								95
盘锦市小计	**25739**	**17641**	**7495**	**603**			**13089**	**8111**			**4978**	**12650**
本级	14769	10522	3694	553			9035	5903			3132	5734
县级小计	10970	7119	3801	50			4054	2208			1846	6916
盘山县	1817	1803		14			1176	797			379	641
大洼县	6450	4838	1576	36			2878	1411			1467	3572
双台子区	389	94	295									389
兴隆台区	2314	384	1930									2314
葫芦岛市小计	**31109**	**24674**	**5668**	**767**			**24325**	**16826**			**7499**	**6784**
本级	14694	12133	1916	645			12373	6604	－948		6717	2321
县级小计	16415	12541	3752	122			11952	10222	948		782	4463
兴城市	1372	163	1165	44			37	37				1335
绥中县	2027	1000	975	52			1042	100	163		779	985
建昌县	776	762		14			776	730	46			
连山区	4031	2442	1577	12			2007	1268	739			2024
南票区	135	100	35				16	13			3	119
龙港区	8074	8074					8074	8074				

2006年吉林省地市县财政基金预算收支平衡表

3－10－1

单位:万元

地　　区	收支部分							
	收入							
	收入合计	养路费收入	公路客货运附加费收入	国有土地使用权出让金收入	新增建设用地土地有偿使用费收入	地方水利建设基金收入	城镇公用事业附加收入	其他各项基金收入
地(市)县级总计	**328918**	**463**		**248372**		**12596**	**10600**	**56887**
地(市)本级合计	**225791**			**161756**		**9917**	**9170**	**44948**
县级合计	**103127**	**463**		**86616**		**2679**	**1430**	**11939**
长春市小计	**171506**	**121**		**122496**		**7866**	**4215**	**36808**
本级	149682			103256		7363	4094	34969
县级小计	21824	121		19240		503	121	1839
榆树市	2706	109		2131		100		366
德惠市	1767			1242		49		476
农安县	5270			4331		222	121	596
九台市	5027	12		4482		132		401
南关区								
宽城区								
朝阳区	926			926				
二道区								
绿园区	580			580				
双阳区	5548			5548				
吉林市小计	**53952**	**58**		**43918**		**1863**	**3505**	**4608**
本级	33069			25284		1439	3184	3162
县级小计	20883	58		18634		424	321	1446
永吉县	2375	1		1664		68	38	604
蛟河市	4799			4799				
舒兰市	1813			1673		137		3
磐石市	6508	56		6067		85	170	130
桦甸市	2281			1919		134	113	115
昌邑区	1357			1268				89
船营区	175							175
丰满区	928	1		696				231
龙潭区	647			548				99
四平市小计	**12157**	**80**		**10300**		**171**	**591**	**1015**
本级	7464			6641			368	455
县级小计	4693	80		3659		171	223	560
梨树县	596			548				48
双辽市	475			396			79	
伊通县	145			110				35
公主岭市	3477	80		2605		171	144	477

3－10－2

单位:万元

地　　区	收支部分						
	支出						
	支出合计	养路费支出	公路客货运附加费支出	国有土地使用权出让金支出	地方水利建设基金支出	城镇公用事业附加支出	其他各项基金支出
地(市)县级总计	**426554**	**929**	**3**	**287725**	**58036**	**6111**	**73750**
地(市)本级合计	**256345**	**266**		**171624**	**28656**	**4822**	**50977**
县级合计	**170209**	**663**	**3**	**116101**	**29380**	**1289**	**22773**
长春市小计	**186747**	**121**		**131130**	**19623**	**121**	**35752**
本级	153758			107826	13089		32843
县级小计	32989	121		23304	6534	121	2909
榆树市	2748	109		1660	782		197
德惠市	2743			2137	411		195
农安县	4460			2409	1540	121	390
九台市	5665	12		3792	1263		598
南关区	265						265
宽城区	327			5	100		222
朝阳区	1039			874			165
二道区	566			46	259		261
绿园区	4495			3589	580		326
双阳区	10681			8792	1599		290
吉林市小计	**74390**	**188**		**51909**	**11259**	**3973**	**7061**
本级	45800	103		30768	7033	3723	4173
县级小计	28590	85		21141	4226	250	2888
永吉县	2844	1		1735	413	38	657
蛟河市	5609	5		4773	588		243
舒兰市	2349			1426	676		247
磐石市	7904	65		6140	946	180	573
桦甸市	5673	8		4398	784	32	451
昌邑区	1948			1607	242		99
船营区	650			110	335		205
丰满区	770	6		295	212		257
龙潭区	843			657	30		156
四平市小计	**18822**	**165**		**12646**	**3079**	**575**	**2357**
本级	10365	22		7744	1370	311	918
县级小计	8457	143		4902	1709	264	1439
梨树县	1139	56		591	410	10	72
双辽市	2256	3		1629	275	57	292
伊通县	519	2		199	242		76
公主岭市	4098	82		2464	782	197	573

三、各省、自治区、直辖市地市县基金预算财政资料

3－10－3　　　　　　　　　　　　　　　　　　　　　　　　　　　　　　　　单位:万元

地区	平衡部分											
	收入						支出					年终结余
	收入总计	本年收入	上年结余	补助收入	省补助计划单列市收入	调入资金	支出总计	本年支出	上解支出	计划单列市上解省支出	调出资金	
地(市)县级总计	**645965**	**328918**	**166347**	**131897**		**18803**	**428737**	**426554**	**1676**		**507**	**217228**
地(市)本级合计	**386393**	**225791**	**113240**	**33729**		**13633**	**258053**	**256345**	**1201**		**507**	**128340**
县级合计	**259572**	**103127**	**53107**	**98168**		**5170**	**170684**	**170209**	**475**			**88888**
长春市小计	**316843**	**171506**	**94618**	**43130**		**7589**	**187747**	**186747**	**1000**			**129096**
本级	242791	149682	76533	9405		7171	154758	153758	1000			88033
县级小计	74052	21824	18085	33725		418	32989	32989				41063
榆树市	8333	2706	1770	3857			2748	2748				5585
德惠市	6279	1767	1846	2584		82	2743	2743				3536
农安县	9218	5270	1974	1974			4460	4460				4758
九台市	13891	5027	4867	3869		128	5665	5665				8226
南关区	1069		597	472			265	265				804
宽城区	616		342	274			327	327				289
朝阳区	2315	926	835	554			1039	1039				1276
二道区	1319		413	906			566	566				753
绿园区	16891	580	1264	15047			4495	4495				12396
双阳区	14121	5548	4177	4188		208	10681	10681				3440
吉林市小计	**93973**	**53952**	**22884**	**13578**		**3559**	**74483**	**74390**	**93**			**19490**
本级	58242	33069	15301	7150		2722	45890	45800	90			12352
县级小计	35731	20883	7583	6428		837	28593	28590	3			7138
永吉县	4091	2375	340	1331		45	2844	2844				1247
蛟河市	5994	4799		1107		88	5609	5609				385
舒兰市	3587	1813	768	900		106	2352	2349	3			1235
磐石市	9619	6508	1421	1395		295	7904	7904				1715
桦甸市	6546	2281	3130	974		161	5673	5673				873
昌邑区	1948	1357	339	110		142	1948	1948				
船营区	897	175	467	255			650	650				247
丰满区	2206	928	1118	160			770	770				1436
龙潭区	843	647		196			843	843				
四平市小计	**32213**	**12157**	**11476**	**7566**		**1014**	**18822**	**18822**				**13391**
本级	16306	7464	6017	2157		668	10365	10365				5941
县级小计	15907	4693	5459	5409		346	8457	8457				7450
梨树县	3786	596	1752	1438			1139	1139				2647
双辽市	4187	475	1675	1806		231	2256	2256				1931
伊通县	857	145	150	532		30	519	519				338
公主岭市	6368	3477	1673	1133		85	4098	4098				2270

3－10－4　　　　　　　　　　　　　　　　　　　　　　　　　　　单位:万元

地　区	收支部分							
	收入							
	收入合计	养路费收入	公路客货运附加费收入	国有土地使用权出让金收入	新增建设用地土地有偿使用费收入	地方水利建设基金收入	城镇公用事业附加收入	其他各项基金收入
铁东区								
铁西区								
辽源市小计	**3795**			**2224**		**251**	**312**	**1008**
本级	2654			1206		159	312	977
县级小计	1141			1018		92		31
东丰县	719			645		51		23
东辽县	414			373		41		
龙山区								
西安区	8							8
通化市小计	**12692**			**7465**		**536**	**940**	**3751**
本级	3685			2147		290	840	408
县级小计	9007			5318		246	100	3343
通化县	2619			1125		68		1426
集安市	1154			709		41		404
柳河县	1189			382				807
辉南县	647			393		29	100	125
梅河口市	3117			2661		108		348
东昌区	193							193
二道江区	88			48				40
白山市小计	**14164**	**40**		**12161**		**461**	**173**	**1329**
本级	4984			4567		210	20	187
县级小计	9180	40		7594		251	153	1142
抚松县	2072	15		1382		58		617
靖宇县	1306			1003		46		257
长白县	4061			3871		30		160
临江市	869	25		741		100		3
江源县	826			597		17	153	59
八道江区	46							46
白城市小计	**9889**			**9124**		**16**	**105**	**644**
本级	6002			5958				44
县级小计	3887			3166		16	105	600
洮南市	1598			1398				200
大安市	446			427			12	7
镇赉县	924			708			14	202
通榆县	840			633		16		191

3－10－5　　　　单位:万元

地　　区	收支部分						
	支出						
	支出合计	养路费支出	公路客货运附加费支出	国有土地使用权出让金支出	地方水利建设基金支出	城镇公用事业附加支出	其他各项基金支出
铁东区	339						339
铁西区	106			19			87
辽源市小计	**7270**	**3**		**3038**	**1712**	**247**	**2270**
本级	4972	3		1721	1004	247	1997
县级小计	2298			1317	708		273
东丰县	1053			667	217		169
东辽县	1232			650	486		96
龙山区	5				5		
西安区	8						8
通化市小计	**21956**	**81**		**11403**	**4866**	**341**	**5265**
本级	4113	28		1331	1698	241	815
县级小计	17843	53		10072	3168	100	4450
通化县	3807	14		1537	543		1713
集安市	2250	36		1019	707		488
柳河县	3779			2421	372		986
辉南县	1737			877	419	100	341
梅河口市	4423	3		3172	696		552
东昌区	604			115	210		279
二道江区	1243			931	221		91
白山市小计	**23878**	**83**		**16545**	**3785**		**3465**
本级	6348	26		4193	1227		902
县级小计	17530	57		12352	2558		2563
抚松县	2799	25		1694	365		715
靖宇县	2338			1667	183		488
长白县	5005	3		4361	443		198
临江市	3517	29		1960	671		857
江源县	3200			2383	563		254
八道江区	671			287	333		51
白城市小计	**16147**		**3**	**11504**	**3216**	**167**	**1257**
本级	8309			7546	520		243
县级小计	7838		3	3958	2696	167	1014
洮南市	2562			1524	707		331
大安市	2241			1145	981		115
镇赉县	1518			918	350	17	233
通榆县	1014		3	371	368		272

2006年地方财政政府收支分类转换数据

3－10－6　　　　单位:万元

地　区	平衡部分											
	收入						支出					年终结余
	收入总计	本年收入	上年结余	补助收入	省补助计划单列市收入	调入资金	支出总计	本年支出	上解支出	计划单列市上解省支出	调出资金	
铁东区	350		10	340			339	339				11
铁西区	359		199	160			106	106				253
辽源市小计	**12922**	**3795**	**3721**	**4974**		**432**	**7270**	**7270**				**5652**
本级	6494	2654	1797	1711		332	4972	4972				1522
县级小计	6428	1141	1924	3263		100	2298	2298				4130
东丰县	4100	719	1060	2270		51	1053	1053				3047
东辽县	2315	414	864	988		49	1232	1232				1083
龙山区	5			5			5	5				
西安区	8	8					8	8				
通化市小计	**29782**	**12692**	**5063**	**10490**		**1537**	**22474**	**21956**	**11**		**507**	**7308**
本级	7850	3685	1702	1514		949	4631	4113	11		507	3219
县级小计	21932	9007	3361	8976		588	17843	17843				4089
通化县	4719	2619	568	1457		75	3807	3807				912
集安市	2250	1154	17	983		96	2250	2250				
柳河县	4368	1189	1389	1731		59	3779	3779				589
辉南县	1775	647	644	394		90	1737	1737				38
梅河口市	5602	3117	204	2013		268	4423	4423				1179
东昌区	1613	193	361	1059			604	604				1009
二道江区	1605	88	178	1339			1243	1243				362
白山市小计	**36003**	**14164**	**13664**	**7564**		**611**	**23976**	**23878**	**98**			**12027**
本级	11548	4984	5037	1220		307	6408	6348	60			5140
县级小计	24455	9180	8627	6344		304	17568	17530	38			6887
抚松县	6187	2072	3043	989		83	2804	2799	5			3383
靖宇县	2997	1306	882	776		33	2338	2338				659
长白县	6331	4061	1457	786		27	5010	5005	5			1321
临江市	3528	869	606	1978		75	3528	3517	11			
江源县	3857	826	2184	761		86	3217	3200	17			640
八道江区	1555	46	455	1054			671	671				884
白城市小计	**24556**	**9889**	**4597**	**9867**		**203**	**16187**	**16147**	**40**			**8369**
本级	10810	6002	1882	2926			8349	8309	40			2461
县级小计	13746	3887	2715	6941		203	7838	7838				5908
洮南市	2872	1598	406	806		62	2562	2562				310
大安市	2619	446	1245	787		141	2241	2241				378
镇赉县	4250	924		3326			1518	1518				2732
通榆县	3401	840	920	1641			1014	1014				2387

3－10－7　　　　单位：万元

地　　区	收支部分							
	收入							
	收入合计	养路费收入	公路客货运附加费收入	国有土地使用权出让金收入	新增建设用地土地有偿使用费收入	地方水利建设基金收入	城镇公用事业附加收入	其他各项基金收入
洮北区	79						79	
松原市小计	**23225**	**146**		**20291**		**306**	**382**	**2100**
本级	10807			9451		140	352	864
县级小计	12418	146		10840		166	30	1236
前郭县	2643	62		2169		119		293
长岭县	384			360		16		8
乾安县	5400			5155		23		222
扶余县	3389	11		3156				222
宁江区	602	73				8	30	491
延边自治州小计	**26511**	**18**		**19367**		**1125**	**377**	**5624**
本级	6417			2220		315		3882
县级小计	20094	18		17147		810	377	1742
延吉市	10416			9272		197		947
图们市	1143			1032		12		99
龙井市	2231			2019		15	1	196
和龙市	332			240		35	57	
汪清县	1026	18		646		101	87	174
安图县	1589			1234		26	53	276
珲春市	2040			1649		278	113	
敦化市	1317			1055		146	66	50
长白山管委会小计	**1027**			**1026**		**1**		
本级	1027			1026		1		

3－10－8

单位:万元

地区	收支部分						
	支出						
	支出合计	养路费支出	公路客货运附加费支出	国有土地使用权出让金支出	地方水利建设基金支出	城镇公用事业附加支出	其他各项基金支出
洮北区	503				290	150	63
松原市小计	**25974**	**209**		**19292**	**3358**	**330**	**2785**
本级	11896	64		8499	1963	300	1070
县级小计	14078	145		10793	1395	30	1715
前郭县	2348	63		1566	390		329
长岭县	884			567	244		73
乾安县	4675			4271	113		291
扶余县	5411	9		4389	640		373
宁江区	760	73			8	30	649
延边自治州小计	**49844**	**79**		**29032**	**6838**	**357**	**13538**
本级	9258	20		770	452		8016
县级小计	40586	59		28262	6386	357	5522
延吉市	13561	5		11226	2071		259
图们市	3770	5		3137	301		327
龙井市	3492			2612	463		417
和龙市	1613	9		521	480	57	546
汪清县	3034	25		2178	489	88	254
安图县	3180	5		1921	510	46	698
珲春市	4585	5		2185	1048	100	1247
敦化市	7351	5		4482	1024	66	1774
长白山管委会小计	**1526**			**1226**	**300**		
本级	1526			1226	300		

3－10－9 单位：万元

地区	平衡部分											
	收入						支出					年终结余
	收入总计	本年收入	上年结余	补助收入	省补助计划单列市收入	调入资金	支出总计	本年支出	上解支出	计划单列市上解省支出	调出资金	
洮北区	604	79	144	381			503	503				101
松原市小计	**41084**	**23225**	**3969**	**12417**		**1473**	**25974**	**25974**				**15110**
本级	18370	10807	1673	4417		1473	11896	11896				6474
县级小计	22714	12418	2296	8000			14078	14078				8636
前郭县	8222	2643	1723	3856			2348	2348				5874
长岭县	1418	384	476	558			884	884				534
乾安县	6892	5400	25	1467			4675	4675				2217
扶余县	5422	3389	72	1961			5411	5411				11
宁江区	760	602		158			760	760				
延边自治州小计	**56845**	**26511**	**6355**	**21605**		**2374**	**50278**	**49844**	**434**			**6567**
本级	12238	6417	3298	2523			9258	9258				2980
县级小计	44607	20094	3057	19082		2374	41020	40586	434			3587
延吉市	16863	10416	1438	3314		1695	13886	13561	325			2977
图们市	3785	1143		2587		55	3785	3770	15			
龙井市	3800	2231	134	1383		52	3506	3492	14			294
和龙市	1617	332	4	1172		109	1617	1613	4			
汪清县	3051	1026	20	1967		38	3044	3034	10			7
安图县	3308	1589	37	1637		45	3215	3180	35			93
珲春市	4740	2040	142	2438		120	4605	4585	20			135
敦化市	7443	1317	1282	4584		260	7362	7351	11			81
长白山管委会小计	**1744**	**1027**		**706**		**11**	**1526**	**1526**				**218**
本级	1744	1027		706		11	1526	1526				218

2006 年黑龙江省地市县财政基金预算收支平衡表

3－11－1

单位:万元

地　　区	收支部分							
	收入							
	收入合计	养路费收　入	公路客货运附加费收　入	国有土地使用权出让金收入	新增建设用地土地有偿使用费收入	地方水利建设基金收　入	城镇公用事业附加收　入	其他各项基金收入
地(市)县级总计	**621828**	**11596**	**150**	**557466**		**19740**	**14577**	**18299**
地(市)本级合计	**398150**	**9908**		**342671**		**18725**	**12441**	**14405**
县级合计	**223678**	**1688**	**150**	**214795**		**1015**	**2136**	**3894**
哈尔滨市小计	**298221**	**2164**		**261984**		**16545**	**8275**	**9253**
本级	175734	2164		141793		16152	7529	8096
县级小计	122487			120191		393	746	1157
阿城市	3791			3205		101	377	108
宾县	2708			2695				13
方正县	629			620		4		5
依兰县	998			781				217
巴彦县	300			300				
木兰县	1343			1341				2
通河县	736			710				26
延寿县	1067			1035		4	28	
双城市	9747			9451		110	74	112
五常市	3756			3525		87	115	29
尚志市	9792			9560			152	80
道里区	185							185
道外区								
南岗区								
松北区	60671			60650				21
香坊区	125							125
动力区								
平房区								
呼兰区	5410			5089		87		234
开发区	21229			21229				
齐齐哈尔市小计	**54290**	**1826**		**48182**		**1149**	**1734**	**1399**
本级	43689	1826		38648		982	1677	556
县级小计	10601			9534		167	57	843
龙江县	2396			2269		57		70
讷河市	2826			2638		11	21	156
依安县	1072			1015			12	45
泰来县	904			866		10	5	23
甘南县	2255			2164		14		77
富裕县	106			14		30	19	43

3－11－2

单位:万元

地区	收支部分						
	支出						
	支出合计	养路费支出	公路客货运附加费支出	国有土地使用权出让金支出	地方水利建设基金支出	城镇公用事业附加支出	其他各项基金支出
地(市)县级总计	**641587**	**12469**	**150**	**555548**	**26987**	**20539**	**25894**
地(市)本级合计	**401624**	**10775**		**345511**	**13911**	**18246**	**13181**
县级合计	**239963**	**1694**	**150**	**210037**	**13076**	**2293**	**12713**
哈尔滨市小计	**280163**	**2798**		**239156**	**18075**	**14627**	**5507**
本级	173106	2798		144454	9189	13859	2806
县级小计	107057			94702	8886	768	2701
阿城市	5943			4804	456	399	284
宾县	3652			2703	800		149
方正县	1219			660	491		68
依兰县	1364			781	342		241
巴彦县	1552			1157	395		
木兰县	2544			1520	1002		22
通河县	5754			5620	91		43
延寿县	3027			2575	424	28	
双城市	10712			9454	1056	74	128
五常市	3865			3224	479	115	47
尚志市	9596			8891	441	152	112
道里区	23296			22789	155		352
道外区	4761			3261	1400		100
南岗区	4570			3977	207		386
松北区	10626			10466	90		70
香坊区	1028			553	330		145
动力区	479			447			32
平房区	848			486	50		312
呼兰区	5129			4242	677		210
开发区	7092			7092			
齐齐哈尔市小计	**67849**	**2045**		**59176**	**1521**	**1726**	**3381**
本级	49884	2045		43300	1058	1677	1804
县级小计	17965			15876	463	49	1577
龙江县	3601			3344	107		150
讷河市	4742			4209		21	512
依安县	856			732	60	4	60
泰来县	3278			3207	10	5	56
甘南县	2098			1953	11		134
富裕县	158			14	60	19	65

2006 年地方财政政府收支分类转换数据

3-11-3

单位:万元

地区	平衡部分											
	收入						支出					年终结余
	收入总计	本年收入	上年结余	补助收入	省补助计划单列市收入	调入资金	支出总计	本年支出	上解支出	计划单列市上解省支出	调出资金	
地(市)县级总计	**807929**	**621828**	**122836**	**62219**		**1046**	**641717**	**641587**			**130**	**166212**
地(市)本级合计	**468097**	**398150**	**94758**	**-25804**		**993**	**343302**	**401624**	**-58322**			**124795**
县级合计	**339832**	**223678**	**28078**	**88023**		**53**	**298415**	**239963**	**58322**		**130**	**41417**
哈尔滨市小计	**396689**	**298221**	**87940**	**10528**			**280163**	**280163**				**116526**
本级	211567	175734	78912	-43079			114784	173106	-58322			96783
县级小计	185122	122487	9028	53607			165379	107057	58322			19743
阿城市	6817	3791	639	2387			5943	5943				874
宾县	4601	2708	1003	890			3652	3652				949
方正县	1219	629	1	589			1219	1219				
依兰县	1364	998		366			1364	1364				
巴彦县	1782	300	95	1387			1552	1552				230
木兰县	2675	1343	90	1242			2544	2544				131
通河县	6070	736		5334			5754	5754				316
延寿县	3028	1067	75	1886			3027	3027				1
双城市	10737	9747	19	971			10712	10712				25
五常市	7313	3756	1212	2345			3865	3865				3448
尚志市	10573	9792	292	489			9596	9596				977
道里区	23386	185		23201			23296	23296				90
道外区	5001		220	4781			4761	4761				240
南岗区	5371		801	4570			4570	4570				801
松北区	64121	60671	3315	135			60626	10626	50000			3495
香坊区	1379	125	237	1017			1028	1028				351
动力区	1042		504	538			479	479				563
平房区	1012		130	882			848	848				164
呼兰区	6402	5410	395	597			5129	5129				1273
开发区	21229	21229					15414	7092	8322			5815
齐齐哈尔市小计	**76163**	**54290**	**8313**	**13532**		**28**	**67849**	**67849**				**8314**
本级	51258	43689	1935	5634			49884	49884				1374
县级小计	24905	10601	6378	7898		28	17965	17965				6940
龙江县	5190	2396	1158	1636			3601	3601				1589
讷河市	7590	2826	3511	1253			4742	4742				2848
依安县	1493	1072	311	110			856	856				637
泰来县	3306	904		2402			3278	3278				28
甘南县	3736	2255	1398	55		28	2098	2098				1638
富裕县	158	106		52			158	158				

3－11－4

单位:万元

地区	收支部分							
	收入							
	收入合计	养路费收入	公路客货运附加费收入	国有土地使用权出让金收入	新增建设用地土地有偿使用费收入	地方水利建设基金收入	城镇公用事业附加收入	其他各项基金收入
克山县	300			275		15		10
克东县	242			110				132
拜泉县	500			183		30		287
龙沙区								
建华区								
铁锋区								
富拉尔基区								
昂昂溪区								
梅里斯区								
碾子山区								
牡丹江市小计	**86676**	**1056**	**150**	**80220**		**1215**	**1431**	**2604**
本级	49345	1056		43715		1098	1021	2455
县级小计	37331		150	36505		117	410	149
绥芬河市	11349		150	11010			185	4
林口县	1630			1613		13		4
穆棱市	6775			6711		45	9	10
东宁县	7664			7656				8
宁安市	618			482			104	32
海林市	9295			9033		59	112	91
东安区								
西安区								
爱民区								
阳明区								
佳木斯市小计	**5896**	**725**		**4052**		**60**	**819**	**240**
本级	3493			2494		60	760	179
县级小计	2403	725		1558			59	61
桦南								
桦川								
汤原	223	60		135			28	
抚远	1210			1210				
富锦	902	602		213			31	56
同江	63	63						
东风区								
前进区								
向阳区								

3-11-5

单位:万元

地区	收支部分						
	支出						
	支出合计	养路费支出	公路客货运附加费支出	国有土地使用权出让金支出	地方水利建设基金支出	城镇公用事业附加支出	其他各项基金支出
克山县	427			275	15		137
克东县	1902			1770			132
拜泉县	500			183	30		287
龙沙区							
建华区							
铁锋区	20				20		
富拉尔基区							
昂昂溪区							
梅里斯区	24						24
碾子山区	359			189	150		20
牡丹江市小计	**86295**	**1080**	**150**	**76077**	**1785**	**1557**	**5646**
本级	45268	1080		39891	1161	1067	2069
县级小计	41027		150	36186	624	490	3577
绥芬河市	13158		150	11010	30	185	1783
林口县	952			924	13		15
穆棱市	7034			6527	245	9	253
东宁县	8709			7661	60		988
宁安市	1357			1065	80	104	108
海林市	9817			8999	196	192	430
东安区							
西安区							
爱民区							
阳明区							
佳木斯市小计	**9137**	**725**		**6182**	**420**	**819**	**991**
本级	3625			2541		760	324
县级小计	5512	725		3641	420	59	667
桦南	2360			2097	60		203
桦川	116				65		51
汤原	263	60		135	35	28	5
抚远	1388			1196	80		112
富锦	961	602		213		31	115
同江	319	63			80		176
东风区							
前进区							
向阳区							

3－11－6

单位:万元

地区	平衡部分											
	收入						支出					年终结余
	收入总计	本年收入	上年结余	补助收入	省补助计划单列市收入	调入资金	支出总计	本年支出	上解支出	计划单列市上解省支出	调出资金	
克山县	427	300		127			427	427				
克东县	1902	242		1660			1902	1902				
拜泉县	700	500		200			500	500				200
龙沙区												
建华区												
铁锋区	20			20			20	20				
富拉尔基区												
昂昂溪区												
梅里斯区	24			24			24	24				
碾子山区	359			359			359	359				
牡丹江市小计	**99526**	**86676**	**5743**	**7107**			**86295**	**86295**				**13231**
本级	52914	49345	2332	1237			45268	45268				7646
县级小计	46612	37331	3411	5870			41027	41027				5585
绥芬河市	13158	11349		1809			13158	13158				
林口县	1641	1630		11			952	952				689
穆棱市	7268	6775	50	443			7034	7034				234
东宁县	11024	7664	1589	1771			8709	8709				2315
宁安市	1688	618	868	202			1357	1357				331
海林市	11833	9295	904	1634			9817	9817				2016
东安区												
西安区												
爱民区												
阳明区												
佳木斯市小计	**12295**	**5896**	**1543**	**4856**			**9137**	**9137**				**3158**
本级	6638	3493	1414	1731			3625	3625				3013
县级小计	5657	2403	129	3125			5512	5512				145
桦南	2360			2360			2360	2360				
桦川	116			116			116	116				
汤原	263	223		40			263	263				
抚远	1438	1210	36	192			1388	1388				50
富锦	961	902		59			961	961				
同江	412	63	93	256			319	319				93
东风区												
前进区	2			2								2
向阳区												

2006 年地方财政政府收支分类转换数据

3－11－7

单位:万元

地区	收支部分							
	收入							
	收入合计	养路费收入	公路客货运附加费收入	国有土地使用权出让金收入	新增建设用地土地有偿使用费收入	地方水利建设基金收入	城镇公用事业附加收入	其他各项基金收入
郊区	5							5
鸡西市小计	**17803**	**960**		**15757**		**105**	**596**	**385**
本级	8544	960		6822			512	250
县级小计	9259			8935		105	84	135
鸡东县	4161			4077			84	
密山市	475			378		27		70
虎林市	4623			4480		78		65
鸡冠区								
恒山区								
滴道区								
城子河区								
梨树区								
麻山区								
鹤岗市小计	**5029**	**620**		**3063**		**104**	**94**	**1148**
本级	4535	620		3059		86	94	676
县级小计	494			4		18		472
萝北县	481					18		463
绥滨县	13			4				9
南山区								
向阳区								
工农区								
兴山区								
东山区								
兴安区								
双鸭山市小计	**1141**	**669**				**28**	**442**	**2**
本级	1136	669				25	442	
县级小计	5					3		2
集贤县								
宝清县								
友谊县								
饶河县	5					3		2
尖山区								
岭东区								
四方台区								
宝山区								

3－11－8

单位:万元

地区	收支部分						
	支出						
	支出合计	养路费支出	公路客货运附加费支出	国有土地使用权出让金支出	地方水利建设基金支出	城镇公用事业附加支出	其他各项基金支出
郊区	105				100		5
鸡西市小计	**19365**	**960**		**16330**	**1414**	**60**	**601**
本级	9266	960		6895	1063		348
县级小计	10099			9435	351	60	253
鸡东县	3711			3582	60	60	9
密山市	1046			804	110		132
虎林市	5312			5049	181		82
鸡冠区	20						20
恒山区							
滴道区							
城子河区							
梨树区	10						10
麻山区							
鹤岗市小计	**6038**	**620**		**3526**	**595**		**1297**
本级	4507	620		2580	562		745
县级小计	1531			946	33		552
萝北县	1477			943	33		501
绥滨县	54			3			51
南山区							
向阳区							
工农区							
兴山区							
东山区							
兴安区							
双鸭山市小计	**3035**	**669**		**1263**	**232**	**429**	**442**
本级	1317	669		100	104	429	15
县级小计	1718			1163	128		427
集贤县	1171			1163			8
宝清县	73				55		18
友谊县	12						12
饶河县	462				73		389
尖山区							
岭东区							
四方台区							
宝山区							

2006 年地方财政政府收支分类转换数据

3－11－9

单位:万元

地区	平衡部分											
	收入						支出					年终结余
	收入总计	本年收入	上年结余	补助收入	省补助计划单列市收入	调入资金	支出总计	本年支出	上解支出	计划单列市上解省支出	调出资金	
郊区	105	5		100			105	105				
鸡西市小计	**26628**	**17803**	**5148**	**2777**		**900**	**19365**	**19365**				**7263**
本级	13188	8544	2925	819		900	9266	9266				3922
县级小计	13440	9259	2223	1958			10099	10099				3341
鸡东县	4545	4161	279	105			3711	3711				834
密山市	2096	475	1125	496			1046	1046				1050
虎林市	6769	4623	819	1327			5312	5312				1457
鸡冠区	20			20			20	20				
恒山区												
滴道区												
城子河区												
梨树区	10			10			10	10				
麻山区												
鹤岗市小计	**7757**	**5029**	**1097**	**1616**		**15**	**6038**	**6038**				**1719**
本级	6224	4535	1096	593			4507	4507				1717
县级小计	1533	494	1	1023		15	1531	1531				2
萝北县	1478	481	1	981		15	1477	1477				1
绥滨县	55	13		42			54	54				1
南山区												
向阳区												
工农区												
兴山区												
东山区												
兴安区												
双鸭山市小计	**3757**	**1141**	**642**	**1974**			**3035**	**3035**				**722**
本级	1828	1136	431	261			1317	1317				511
县级小计	1929	5	211	1713			1718	1718				211
集贤县	1382		211	1171			1171	1171				211
宝清县	73			73			73	73				
友谊县	12			12			12	12				
饶河县	462	5		457			462	462				
尖山区												
岭东区												
四方台区												
宝山区												

3－11－10

单位:万元

地区	收支部分							
	收入							
	收入合计	养路费收入	公路客货运附加费收入	国有土地使用权出让金收入	新增建设用地土地有偿使用费收入	地方水利建设基金收入	城镇公用事业附加收入	其他各项基金收入
七台河市小计	**20233**	**548**		**19314**		**89**		**282**
本级	19999	376		19314		44		265
县级小计	234	172				45		17
勃利县	234	172				45		17
新兴区								
桃山区								
茄子河区								
黑河地区(市)小计	**10064**	**390**		**9127**		**91**		**456**
本级	4472	390		3662		71		349
县级小计	5592			5465		20		107
北安	1973			1952		7		14
嫩江	2209			2168		13		28
五大连池市	27							27
逊克	427			406				21
孙吴	652			652				
爱辉区	239			222				17
风景区	65			65				
伊春市小计	**4005**	**526**		**1890**		**129**	**702**	**758**
本级	2640	526		1281		129	307	397
县级小计	1365			609			395	361
铁力市	354			347				7
嘉荫县	616			262				354
带岭区								
南岔区	50						50	
金山屯区	345						345	
西林区								
美溪区								
伊春区								
乌马河区								
翠峦区								
友好区								
上甘岭区								
红星区								
五营区								
新青区								
汤旺河区								

3－11－11

单位:万元

地区	收支部分						
	支出						
	支出合计	养路费支出	公路客货运附加费支出	国有土地使用权出让金支出	地方水利建设基金支出	城镇公用事业附加支出	其他各项基金支出
七台河市小计	**16927**	**548**		**15716**	**263**		**400**
本级	16492	376		15716	155		245
县级小计	435	172			108		155
勃利县	425	172			108		145
新兴区	10						10
桃山区							
茄子河区							
黑河地区(市)小计	**12951**	**390**		**10880**	**542**		**1139**
本级	5209	390		4128	160		531
县级小计	7742			6752	382		608
北安	2035			1952	37		46
嫩江	3757			3557	125		75
五大连池市	125				70		55
逊克	691			406	40		245
孙吴	761			652	70		39
爱辉区	298			120	40		138
风景区	75			65			10
伊春市小计	**5367**	**526**		**1890**	**964**	**702**	**1285**
本级	3012	526		1281	209	307	689
县级小计	2355			609	755	395	596
铁力市	916			347	430		139
嘉荫县	978			262	285		431
带岭区	2						2
南岔区	50					50	
金山屯区	345					345	
西林区							
美溪区							
伊春区							
乌马河区							
翠峦区	15						15
友好区							
上甘岭区	3						3
红星区							
五营区	41				40		1
新青区	2						2
汤旺河区	3						3

3－11－12

单位:万元

地区	平衡部分											
	收入						支出					
	收入总计	本年收入	上年结余	补助收入	省补助计划单列市收入	调入资金	支出总计	本年支出	上解支出	计划单列市上解省支出	调出资金	年终结余
七台河市小计	**22567**	**20233**	**2015**	**319**			**16927**	**16927**				**5640**
本级	22130	19999	2015	116			16492	16492				5638
县级小计	437	234		203			435	435				2
勃利县	427	234		193			425	425				2
新兴区	10			10			10	10				
桃山区												
茄子河区												
黑河地区(市)小计	**15135**	**10064**	**3843**	**1125**		**103**	**12951**	**12951**				**2184**
本级	5847	4472	1032	250		93	5209	5209				638
县级小计	9288	5592	2811	875		10	7742	7742				1546
北安	2035	1973		62			2035	2035				
嫩江	5147	2209	2773	165			3757	3757				1390
五大连池市	125	27		98			125	125				
逊克	691	427		264			691	691				
孙吴	761	652		109			761	761				
爱辉区	454	239	38	167		10	298	298				156
风景区	75	65		10			75	75				
伊春市小计	**5367**	**4005**		**1362**			**5367**	**5367**				
本级	3012	2640		372			3012	3012				
县级小计	2355	1365		990			2355	2355				
铁力市	916	354		562			916	916				
嘉荫县	978	616		362			978	978				
带岭区	2			2			2	2				
南岔区	50	50					50	50				
金山屯区	345	345					345	345				
西林区												
美溪区												
伊春区												
乌马河区												
翠峦区	15			15			15	15				
友好区												
上甘岭区	3			3			3	3				
红星区												
五营区	41			41			41	41				
新青区	2			2			2	2				
汤旺河区	3			3			3	3				

3－11－13　　　　　　　　　　　　　　　　　　　　　　单位:万元

地区	收支部分 收入 收入合计	养路费收入	公路客货运附加费收入	国有土地使用权出让金收入	新增建设用地土地有偿使用费收入	地方水利建设基金收入	城镇公用事业附加收入	其他各项基金收入
乌伊岭区								
大庆市小计	**85945**	**1232**		**83629**		**15**		**1069**
本级	81414	1232		79367				815
县级小计	4531			4262		15		254
杜蒙县	1344			1344				
林甸县	1525			1455				70
肇州县	363			220		15		128
肇源县	303			264				39
萨尔图区	761			744				17
让湖路区	80			80				
龙凤区	22			22				
红岗区	8			8				
大同区	125			125				
大兴安岭地区小计	**3378**	**89**		**3205**		**29**		**55**
本级	235	89		80		17		49
县级小计	3143			3125		12		6
加格达奇区	1900			1895		5		
呼玛县	315			315				
塔河县	667			655		7		5
漠河县	261			260				1
绥化市小计	**29147**	**791**		**27043**		**181**	**484**	**648**
本级	2914			2436		61	99	318
县级小计	26233	791		24607		120	385	330
安达市	10115			10034				81
肇东市	11250	219		10718			273	40
兰西县								
青冈县	263	60		112		1	25	65
明水县	860			834				26
海伦市	429			401		15	13	
望奎县	2396			2370			26	
绥棱县	6					6		
庆安县	363	125		138		2	48	50
北林区	551	387				96		68

3－11－14

单位:万元

地区	收支部分						
	支出						
	支出合计	养路费支出	公路客货运附加费支出	国有土地使用权出让金支出	地方水利建设基金支出	城镇公用事业附加支出	其他各项基金支出
乌伊岭区							
大庆市小计	**89212**	**1232**		**84964**	**664**		**2352**
本级	83569	1232		80265	250		1822
县级小计	5643			4699	414		530
杜蒙县	1575			1274	209		92
林甸县	2081			1962			119
肇州县	501			220	105		176
肇源县	490			264	100		126
萨尔图区	761			744			17
让湖路区	80			80			
龙凤区	22			22			
红岗区	8			8			
大同区	125			125			
大兴安岭地区小计	**7116**	**79**		**5138**	**18**		**1881**
本级	1611	79		1			1531
县级小计	5505			5137	18		350
加格达奇区	1954			1936	18		
呼玛县	2469			2138			331
塔河县	750			745			5
漠河县	332			318			14
绥化市小计	**38132**	**797**		**35250**	**494**	**619**	**972**
本级	4758			4359		147	252
县级小计	33374	797		30891	494	472	720
安达市	9284			9056		228	
肇东市	12425	225		11851	125	119	105
兰西县	1862			1835	20		7
青冈县	2155	60		1958	21	29	87
明水县	3030			2942			88
海伦市	567			421	85	13	48
望奎县	2351			2249	50	26	26
绥棱县	673			579	60		34
庆安县	399	125			2	57	215
北林区	628	387			131		110

3－11－15

单位:万元

地区	平衡部分											
	收入						支出					年终结余
	收入总计	本年收入	上年结余	补助收入	省补助计划单列市收入	调入资金	支出总计	本年支出	上解支出	计划单列市上解省支出	调出资金	
乌伊岭区												
大庆市小计	**89646**	**85945**	**537**	**3164**			**89212**	**89212**				**434**
本级	83789	81414	220	2155			83569	83569				220
县级小计	5857	4531	317	1009			5643	5643				214
杜蒙县	1719	1344	171	204			1575	1575				144
林甸县	2151	1525	146	480			2081	2081				70
肇州县	501	363		138			501	501				
肇源县	490	303		187			490	490				
萨尔图区	761	761					761	761				
让湖路区	80	80					80	80				
龙凤区	22	22					22	22				
红岗区	8	8					8	8				
大同区	125	125					125	125				
大兴安岭地区小计	**9232**	**3378**	**1615**	**4239**			**7116**	**7116**				**2116**
本级	1959	235	231	1493			1611	1611				348
县级小计	7273	3143	1384	2746			5505	5505				1768
加格达奇区	2337	1900	437				1954	1954				383
呼玛县	3247	315	200	2732			2469	2469				778
塔河县	945	667	278				750	750				195
漠河县	744	261	469	14			332	332				412
绥化市小计	**43167**	**29147**	**4400**	**9620**			**38262**	**38132**			**130**	**4905**
本级	7743	2914	2215	2614			4758	4758				2985
县级小计	35424	26233	2185	7006			33504	33374			130	1920
安达市	10275	10115	117	43			9284	9284				991
肇东市	12446	11250	1084	112			12425	12425				21
兰西县	1862		7	1855			1862	1862				
青冈县	2155	263	26	1866			2155	2155				
明水县	3399	860	401	2138			3030	3030				369
海伦市	567	429	20	118			567	567				
望奎县	2502	2396	24	82			2481	2351			130	21
绥棱县	717	6	38	673			673	673				44
庆安县	399	363	9	27			399	399				
北林区	1102	551	459	92			628	628				474

2006年上海市区县财政基金预算收支平衡表

3－12－1　　　　单位:万元

地区	收支部分							
	收入							
	收入合计	养路费收入	公路客货运附加费收入	国有土地使用权出让金收入	新增建设用地土地有偿使用费收入	地方水利建设基金收入	城镇公用事业附加收入	其他各项基金收入
区县级总计	**73358**			**62496**			**1180**	**9682**
区级合计	**72117**			**61555**			**1050**	**9512**
县级合计	**1241**			**941**			**130**	**170**
黄浦区								
卢湾区								
徐汇区								
长宁区								
普陀区								
静安区								
闸北区								
虹口区								
杨浦区								
宝山区	5256			5042			120	94
闵行区	7637			7404			133	100
嘉定区	4694			4409			150	135
浦东新区	12241			11904			120	217
金山区	5186			5079			77	30
松江区	7433			7052			200	181
青浦区	5120			4995			60	65
南汇区	16605			7874			120	8611
奉贤区	7945			7796			70	79
崇明县	1241			941			130	170

3－12－2　　单位：万元

地区	收支部分						
	支出						
	支出合计	养路费支出	公路客货运附加费支出	国有土地使用权出让金支出	地方水利建设基金支出	城镇公用事业附加支出	其他各项基金支出
区县级总计	**128709**			**44403**		**75370**	**8936**
区级合计	**124948**			**43462**		**72699**	**8787**
县级合计	**3761**			**941**		**2671**	**149**
黄浦区	6873					6873	
卢湾区	3095					3095	
徐汇区	10432					10432	
长宁区	6573					6573	
普陀区	7720					7720	
静安区	2993					2993	
闸北区	2460					2460	
虹口区	7514					7514	
杨浦区	10587					10587	
宝山区	6897			5042		1823	32
闵行区	1694					1694	
嘉定区	9179			9179			
浦东新区	770					770	
金山区	6769			5079		1660	30
松江区	5997			3915		2005	77
青浦区	6678			4995		1655	28
南汇区	19070			7800		2700	8570
奉贤区	9647			7452		2145	50
崇明县	3761			941		2671	149

3－12－3

单位:万元

地区	平衡部分											
	收入						支出					年终结余
	收入总计	本年收入	上年结余	补助收入	省补助计划单列市收入	调入资金	支出总计	本年支出	上解支出	计划单列市上解省支出	调出资金	
区县级总计	**253147**	**73358**	**93241**	**86548**			**133233**	**128709**			**4524**	**119914**
区级合计	**246628**	**72117**	**90635**	**83876**			**129472**	**124948**			**4524**	**117156**
县级合计	**6519**	**1241**	**2606**	**2672**			**3761**	**3761**				**2758**
黄浦区	7195		322	6873			6873	6873				322
卢湾区	5731		2636	3095			3095	3095				2636
徐汇区	11019		587	10432			10432	10432				587
长宁区	7479		906	6573			6573	6573				906
普陀区	8871		1151	7720			7720	7720				1151
静安区	3055		62	2993			2993	2993				62
闸北区	7011		27	6984			6984	2460			4524	27
虹口区	7514			7514			7514	7514				
杨浦区	10590		3	10587			10587	10587				3
宝山区	14527	5256	4882	4389			6897	6897				7630
闵行区	26292	7637	14780	3875			1694	1694				24598
嘉定区	14846	4694	8155	1997			9179	9179				5667
浦东新区	36398	12241	23387	770			770	770				35628
金山区	9481	5186	2341	1954			6769	6769				2712
松江区	25688	7433	16250	2005			5997	5997				19691
青浦区	7327	5120	552	1655			6678	6678				649
南汇区	32382	16605	13172	2605			19070	19070				13312
奉贤区	11222	7945	1422	1855			9647	9647				1575
崇明县	6519	1241	2606	2672			3761	3761				2758

2006 年江苏省地市县财政基金预算收支平衡表

3－13－1 单位:万元

地区	收支部分							
	收入							
	收入合计	养路费收入	公路客货运附加费收入	国有土地使用权出让金收入	新增建设用地土地有偿使用费收入	地方水利建设基金收入	城镇公用事业附加收入	其他各项基金收入
地(市)县级总计	**2322703**	**743**	**28462**	**1532567**	**360961**	**32459**	**96034**	**271477**
地(市)本级合计	**933761**		**17754**	**622357**	**96975**	**26215**	**51490**	**118970**
县级合计	**1388942**	**743**	**10708**	**910210**	**263986**	**6244**	**44544**	**152507**
南京市小计	**496544**	**463**	**64**	**399832**	**35100**	**150**	**20979**	**39956**
本级	226269			162600	18395	150	17683	27441
县级小计	270275	463	64	237232	16705		3296	12515
溧水县	9673	195	64	7734	719		327	634
高淳县	5737			3537	568			1632
玄武区	15							15
白下区	22							22
秦淮区	13							13
建邺区	15							15
鼓楼区	20							20
下关区	2							2
浦口区	145051			140209	2336			2506
栖霞区	18							18
雨花台区	71							71
江宁区	80017			62836	11071		541	5569
六合区	29621	268		22916	2011		2428	1998
无锡市小计	**157538**		**7193**	**47531**	**27846**	**19758**	**6688**	**48522**
本级	74523		3380	5055	15748	19758	6688	23894
县级小计	83015		3813	42476	12098			24628
江阴市	44434			30506	6230			7698
宜兴市	18660		3349	11205				4106
崇安区	1269							1269
南长区	1212							1212
北塘区	1241							1241
锡山区	3295		464		255			2576
惠山区	8098				4701			3397
滨湖区	4806			765	912			3129
徐州市小计	**53466**			**32465**	**8077**		**4342**	**8582**
本级	19182			6328	4295		2850	5709
县级小计	34284			26137	3782		1492	2873
丰县	2685			1980	247		21	437
沛县	1957			764	1077			116

3－13－2

单位:万元

地区	收支部分						
	支出						
	支出合计	养路费支出	公路客货运附加费支出	国有土地使用权出让金支出	地方水利建设基金支出	城镇公用事业附加支出	其他各项基金支出
地(市)县级总计	**2355974**	**1019**	**28599**	**1910275**	**112637**	**75509**	**227935**
地(市)本级合计	**864932**	**283**	**17972**	**645485**	**65884**	**37688**	**97620**
县级合计	**1491042**	**736**	**10627**	**1264790**	**46753**	**37821**	**130315**
南京市小计	**489868**	**535**	**64**	**429905**	**6607**	**20992**	**31765**
本级	177115	72		145569	1159	17632	12683
县级小计	312753	463	64	284336	5448	3360	19082
溧水县	11714	195	64	8525	913	327	1690
高淳县	7830			4158	1161		2511
玄武区	502						502
白下区	1331			997			334
秦淮区	423			200			223
建邺区	433				16		417
鼓楼区	187						187
下关区	419			190			229
浦口区	145057			142642	353	12	2050
栖霞区	20426			19147	180		1099
雨花台区	9464			8885	356		223
江宁区	81440			74132	446	541	6321
六合区	33527	268		25460	2023	2480	3296
无锡市小计	**155709**	**14**	**7193**	**74312**	**21664**	**9216**	**43310**
本级	66482	14	3380	13389	19924	5790	23985
县级小计	89227		3813	60923	1740	3426	19325
江阴市	43555			36736	367		6452
宜兴市	25310		3349	17243	597		4121
崇安区	592					82	510
南长区	929					72	857
北塘区	533				28	45	460
锡山区	3184		464	255	322	230	1913
惠山区	10704			5012	177	2900	2615
滨湖区	4420			1677	249	97	2397
徐州市小计	**64489**	**54**		**44391**	**11120**	**4619**	**4305**
本级	10743	54		1626	3495	3720	1848
县级小计	53746			42765	7625	899	2457
丰县	4752			3036	1400	63	253
沛县	3396			3021	294		81

3－13－3

单位:万元

地区	平衡部分											
	收入						支出					年终结余
	收入总计	本年收入	上年结余	补助收入	省补助计划单列市收入	调入资金	支出总计	本年支出	上解支出	计划单列市上解省支出	调出资金	
地(市)县级总计	**2813780**	**2322703**	**327456**	**153745**		**9876**	**2409186**	**2355974**	**41953**		**11259**	**404594**
地(市)本级合计	**1049435**	**933761**	**116655**	**-7929**		**6948**	**868484**	**864932**	**-1448**		**5000**	**180951**
县级合计	**1764345**	**1388942**	**210801**	**161674**		**2928**	**1540702**	**1491042**	**43401**		**6259**	**223643**
南京市小计	**512568**	**496544**	**5956**	**9318**		**750**	**498152**	**489868**	**8284**			**14416**
本级	194821	226269	4607	-36805		750	183135	177115	6020			11686
县级小计	317747	270275	1349	46123			315017	312753	2264			2730
溧水县	12229	9673		2556			11854	11714	140			375
高淳县	8132	5737		2395			8131	7830	301			1
玄武区	506	15		491			506	502	4			
白下区	1334	22		1312			1334	1331	3			
秦淮区	427	13		414			427	423	4			
建邺区	479	15	31	433			437	433	4			42
鼓楼区	191	20		171			191	187	4			
下关区	423	2	2	419			421	419	2			2
浦口区	147028	145051	473	1504			145441	145057	384			1587
栖霞区	20435	18	3	20414			20430	20426	4			5
雨花台区	9562	71	57	9434			9467	9464	3			95
江宁区	82520	80017	269	2234			82119	81440	679			401
六合区	34481	29621	514	4346			34259	33527	732			222
无锡市小计	**185612**	**157538**	**17134**	**9651**		**1289**	**162410**	**155709**	**6418**		**283**	**23202**
本级	83330	74523	13131	-4324			64103	66482	-2379			19227
县级小计	102282	83015	4003	13975		1289	98307	89227	8797		283	3975
江阴市	45921	44434		451		1036	45921	43555	2366			
宜兴市	26023	18660	322	7028		13	25927	25310	617			96
崇安区	2293	1269	283	741			1830	592	955		283	463
南长区	2259	1212	238	809			1908	929	979			351
北塘区	2104	1241	201	662			1628	533	1095			476
锡山区	4954	3295	880	592		187	3765	3184	581			1189
惠山区	12339	8098	2064	2177			11341	10704	637			998
滨湖区	6389	4806	15	1515		53	5987	4420	1567			402
徐州市小计	**112535**	**53466**	**43647**	**14422**		**1000**	**66806**	**64489**	**2317**			**45729**
本级	32257	19182	9469	2606		1000	12206	10743	1463			20051
县级小计	80278	34284	34178	11816			54600	53746	854			25678
丰县	7879	2685	3073	2121			4799	4752	47			3080
沛县	5605	1957	3119	529			3512	3396	116			2093

3－13－4

单位:万元

地区	收支部分							
	收入							
	收入合计	养路费收入	公路客货运附加费收入	国有土地使用权出让金收入	新增建设用地土地有偿使用费收入	地方水利建设基金收入	城镇公用事业附加收入	其他各项基金收入
铜山县	11952			9673	1118		500	661
睢宁县	3441			2687	339			415
新沂市	4727			3400			821	506
邳州市	8507			7500	875			132
鼓楼区	133							133
云龙区	192							192
九里区	67							67
贾汪区	409			133	126		150	
泉山区	214							214
常州市小计	**211962**		**3778**	**128204**	**37474**	**1832**	**11941**	**28733**
本级	28015		1883	4391	6461		5852	9428
县级小计	183947		1895	123813	31013	1832	6089	19305
溧阳市	42352		500	36507	603	370	1733	2639
金坛市	41324		515	37900	743		825	1341
天宁区	5112				2273			2839
钟楼区	5330				3711			1619
戚墅堰区	1584				885			699
新北区	27184			11953	11186	1462		2583
武进区	61061		880	37453	11612		3531	7585
苏州市小计	**190648**			**9110**	**105385**		**25310**	**50843**
本级	35329				11366		5040	18923
县级小计	155319			9110	94019		20270	31920
张家港市	21011			703	14012		4922	1374
昆山市	25896			4160	4564		5291	11881
吴江市	20699			1738	12617		4625	1719
太仓市	13103				7420		61	5622
沧浪区	223							223
平江区	138							138
金阊区	84							84
虎丘区	20198				13509		2397	4292
吴中区	20019			2509	11711		1856	3943
相城区	33948				30186		1118	2644
南通市小计	**140653**		**3164**	**72403**	**28802**	**700**	**9259**	**26325**
本级	67856		2934	40996	8178		5700	10048
县级小计	72797		230	31407	20624	700	3559	16277

3－13－5

单位:万元

地　　区	收支部分						
	支出						
	支出合计	养路费支　出	公路客货运附加费支　　出	国有土地使用权出让金支出	地方水利建设基金支　　出	城镇公用事业附加支　　出	其他各项基金支出
铜山县	15648			13450	1312	100	786
睢宁县	5586			2962	2268		356
新沂市	9144			6976	1122	591	455
邳州市	13292			12339	779		174
鼓楼区	111				1		110
云龙区	147				17		130
九里区	644			600	2		42
贾汪区	976			381	430	105	60
泉山区	50					40	10
常州市小计	**211490**	**27**	**3870**	**175275**	**6083**	**2147**	**24088**
本级	33010	27	1975	17904	944	853	11307
县级小计	178480		1895	157371	5139	1294	12781
溧阳市	42227		500	37161	2104		2462
金坛市	44950		515	41137	1066	844	1388
天宁区	3977			2273	4		1700
钟楼区	4479			3711	3		765
戚墅堰区	1230			885	2		343
新北区	25405			23139	1529		737
武进区	56212		880	49065	431	450	5386
苏州市小计	**182612**			**113517**	**2713**	**21156**	**45226**
本级	36455			11998	2128	5040	17289
县级小计	146157			101519	585	16116	27937
张家港市	12425			12045	209		171
昆山市	24616			8724	50	5291	10551
吴江市	21412			16520	130	3924	838
太仓市	19298			7760	127	1840	9571
沧浪区	100						100
平江区	188						188
金阊区	71						71
虎丘区	20131			13769	19	2557	3786
吴中区	16928			14177	50	1513	1188
相城区	30988			28524		991	1473
南通市小计	**140880**		**3879**	**106758**	**8127**	**3554**	**18562**
本级	75888		3658	58748	3813	867	8802
县级小计	64992		221	48010	4314	2687	9760

3－13－6

单位:万元

地区	平衡部分											
	收入						支出					年终结余
	收入总计	本年收入	上年结余	补助收入	省补助计划单列市收入	调入资金	支出总计	本年支出	上解支出	计划单列市上解省支出	调出资金	
铜山县	19206	11952	4896	2358			15817	15648	169			3389
睢宁县	9618	3441	3514	2663			5640	5586	54			3978
新沂市	14012	4727	6931	2354			9222	9144	78			4790
邳州市	17108	8507	7384	1217			13424	13292	132			3684
鼓楼区	500	133	277	90			157	111	46			343
云龙区	362	192	73	97			205	147	58			157
九里区	1885	67	1781	37			692	644	48			1193
贾汪区	3291	409	2653	229			1021	976	45			2270
泉山区	812	214	477	121			111	50	61			701
常州市小计	**237973**	**211962**	**20895**	**4736**		**380**	**224295**	**211490**	**2991**		**9814**	**13678**
本级	41993	28015	16687	－3089		380	32856	33010	－5154		5000	9137
县级小计	195980	183947	4208	7825			191439	178480	8145		4814	4541
溧阳市	44216	42352		1864			44216	42227	256		1733	
金坛市	47320	41324	3311	2685			45153	44950	203			2167
天宁区	6891	5112	764	1015			6026	3977	2049			865
钟楼区	6098	5330		768			6098	4479	1619			
戚墅堰区	1831	1584	1	246			1830	1230	600			1
新北区	27988	27184		804			27988	25405	2583			
武进区	61636	61061	132	443			60128	56212	835		3081	1508
苏州市小计	**223098**	**190648**	**27312**	**4588**		**550**	**191324**	**182612**	**8011**		**701**	**31774**
本级	41708	35329	3258	2571		550	38443	36455	1988			3265
县级小计	181390	155319	24054	2017			152881	146157	6023		701	28509
张家港市	24490	21011	3046	433			13771	12425	1346			10719
昆山市	26072	25896	100	76			26072	24616	1456			
吴江市	24716	20699	3316	701			22865	21412	752		701	1851
太仓市	20095	13103	6865	127			19839	19298	541			256
沧浪区	486	223	163	100			323	100	223			163
平江区	334	138	66	130			263	188	75			71
金阊区	233	84	49	100			116	71	45			117
虎丘区	20872	20198	374	300			20837	20131	706			35
吴中区	25134	20019	4869	246			17511	16928	583			7623
相城区	38958	33948	5206	－196			31284	30988	296			7674
南通市小计	**198175**	**140653**	**36487**	**17865**		**3170**	**144223**	**140880**	**2882**		**461**	**53952**
本级	93426	67856	16729	5841		3000	73866	75888	－2022			19560
县级小计	104749	72797	19758	12024		170	70357	64992	4904		461	34392

2006 年地方财政政府收支分类转换数据

3－13－7

单位:万元

地区	收支部分							
	收入							
	收入合计	养路费收入	公路客货运附加费收入	国有土地使用权出让金收入	新增建设用地土地有偿使用费收入	地方水利建设基金收入	城镇公用事业附加收入	其他各项基金收入
海安县	6717			3000	1410	700	648	959
如东县	8412			1687	4759		626	1340
启东市	14914			6165	6875			1874
如皋市	4700			2445	772		558	925
通州市	12175		230	7190	657		1011	3087
海门市	13611			2774	6151		716	3970
崇川区	2904			111				2793
港闸区	9364			8035				1329
连云港市小计	**128134**		**2604**	**110702**	**7638**	**373**	**1176**	**5641**
本级	73035		1817	66119	1932	150	620	2397
县级小计	55099		787	44583	5706	223	556	3244
赣榆县	18372		170	15812	1352		296	742
东海县	16424		286	13512	2005		260	361
灌云县	1797			160	957	223		457
灌南县	2320		331		1392			597
连云区	15412			15099				313
新浦区	612							612
海州区	162							162
淮安市小计	**19833**		**3230**	**4848**	**6230**	**289**	**350**	**4886**
本级	11290		3230	400	3422	289	350	3599
县级小计	8543			4448	2808			1287
涟水县	393				386			7
洪泽县	480			107	313			60
盱眙县	3574			2880	366			328
金湖县	360			27	331			2
清河区	44							44
楚州区	1052			493				559
淮阴区	1571			941	512			118
清浦区	1069				900			169
盐城市小计	**101267**			**48462**	**40903**	**2894**	**2339**	**6669**
本级	10416			4256	1841	1211	600	2508
县级小计	90851			44206	39062	1683	1739	4161
响水县	2754			2218	255		143	138
滨海县	2648			1604	310			734
阜宁县	8937			7036	425	806	134	536

3-13-8

单位:万元

地区	收支部分						
	支出						
	支出合计	养路费支出	公路客货运附加费支出	国有土地使用权出让金支出	地方水利建设基金支出	城镇公用事业附加支出	其他各项基金支出
海安县	5733			4066	997	187	483
如东县	4279			2871	70	187	1151
启东市	16071			13429	1232		1410
如皋市	4296			3366		296	634
通州市	12028		221	8859	176	892	1880
海门市	8369			3752	1828	672	2117
崇川区	2864			934	9	453	1468
港闸区	11352			10733	2		617
连云港市小计	**142236**	**37**	**2228**	**112049**	**20549**	**1480**	**5893**
本级	80362	37	1521	57792	16911	395	3706
县级小计	61874		707	54257	3638	1085	2187
赣榆县	20046		110	18356	720	198	662
东海县	16715		286	13915	1963	354	197
灌云县	3560			2794	600		166
灌南县	2345		311	1446	47		541
连云区	15498			15120	131	114	133
新浦区	2730			2008	50	319	353
海州区	980			618	127	100	135
淮安市小计	**23997**		**3230**	**13853**	**3471**	**500**	**2943**
本级	10842		3230	2600	2591	500	1921
县级小计	13155			11253	880		1022
涟水县	1600			1409	79		112
洪泽县	2413			2165	227		21
盱眙县	1961			1655	67		239
金湖县	2429			2337	92		
清河区	161				16		145
楚州区	583			332	103		148
淮阴区	2558			2438	87		33
清浦区	1450			917	209		324
盐城市小计	**124783**	**10**		**104580**	**10148**	**2630**	**7415**
本级	11882	10		6247	3150	600	1875
县级小计	112901			98333	6998	2030	5540
响水县	5163			4374	400	179	210
滨海县	9853			5532	3333		988
阜宁县	11808			10002	1023	306	477

3－13－9

单位:万元

地区	平衡部分											
	收入						支出					年终结余
	收入总计	本年收入	上年结余	补助收入	省补助计划单列市收入	调入资金	支出总计	本年支出	上解支出	计划单列市上解省支出	调出资金	
海安县	7752	6717	500	535			6477	5733	283		461	1275
如东县	14921	8412	6179	330			4563	4279	284			10358
启东市	17014	14914	545	1555			16396	16071	325			618
如皋市	5996	4700	546	750			4605	4296	309			1391
通州市	14195	12175	1401	449		170	12484	12028	456			1711
海门市	20182	13611	4581	1990			8752	8369	383			11430
崇川区	7987	2904	2204	2879			4794	2864	1930			3193
港闸区	16702	9364	3802	3536			12286	11352	934			4416
连云港市小计	**172440**	**128134**	**19413**	**24332**		**561**	**142982**	**142236**	**746**			**29458**
本级	94674	73035	7847	13380		412	79795	80362	－567			14879
县级小计	77766	55099	11566	10952		149	63187	61874	1313			14579
赣榆县	25397	18372	4581	2444			20112	20046	66			5285
东海县	24209	16424	5167	2618			16781	16715	66			7428
灌云县	4642	1797	1228	1617			3612	3560	52			1030
灌南县	3238	2320	574	344			2403	2345	58			835
连云区	15807	15412	16	379			15807	15498	309			
新浦区	3331	612		2570		149	3330	2730	600			1
海州区	1142	162		980			1142	980	162			
淮安市小计	**54828**	**19833**	**21781**	**13086**		**128**	**25464**	**23997**	**1467**			**29364**
本级	20560	11290	7325	1945			11835	10842	993			8725
县级小计	34268	8543	14456	11141		128	13629	13155	474			20639
涟水县	3671	393	99	3116		63	1665	1600	65			2006
洪泽县	2897	480	204	2213			2465	2413	52			432
盱眙县	8243	3574	4308	361			2017	1961	56			6226
金湖县	6830	360	3972	2433		65	2494	2429	65			4336
清河区	269	44	41	184			206	161	45			63
楚州区	2690	1052	1452	186			666	583	83			2024
淮阴区	8061	1571	4310	2180			2630	2558	72			5431
清浦区	1607	1069	70	468			1486	1450	36			121
盐城市小计	**171374**	**101267**	**46415**	**22349**		**1343**	**126082**	**124783**	**1299**			**45292**
本级	16490	10416	3825	1393		856	11831	11882	－51			4659
县级小计	154884	90851	42590	20956		487	114251	112901	1350			40633
响水县	8642	2754	5392	496			5232	5163	69			3410
滨海县	10907	2648	1869	6290		100	9953	9853	100			954
阜宁县	18443	8937	2966	6368		172	11924	11808	116			6519

3－13－10

单位:万元

地区	收支部分							
	收入							
	收入合计	养路费收入	公路客货运附加费收入	国有土地使用权出让金收入	新增建设用地土地有偿使用费收入	地方水利建设基金收入	城镇公用事业附加收入	其他各项基金收入
射阳县	19821			13462	5199	272	333	555
建湖县	12129			11085	249	198	432	165
东台市	17491			2481	13562		517	931
大丰市	19314			1472	17035	200	180	427
亭湖区	3615			2400	676	207		332
盐都区	4142			2448	1351			343
扬州市小计	**266761**		**1262**	**229231**	**16145**	**1784**	**2543**	**15796**
本级	153340		1262	135700	10244	1784	1130	3220
县级小计	113421			93531	5901		1413	12576
宝应县	15588			12866	2085			637
仪征市	20076			16717	1724		599	1036
高邮市	18816			17294	762			760
江都市	30372			28282	1330			760
广陵区	7640			6707				933
邗江区	20293			11665			814	7814
维扬区	636							636
镇江市小计	**217411**		**2802**	**173865**	**18751**	**3610**	**4711**	**13672**
本级	164568		1741	140540	10107	2197	2502	7481
县级小计	52843		1061	33325	8644	1413	2209	6191
丹阳市	17026			9566	2575		1397	3488
扬中市	5621		486	1518	1837	931	333	516
句容市	24988		575	21874	1130	330		1079
京口区	16							16
润州区	166					152		14
丹徒区	5026			367	3102		479	1078
泰州市小计	**229300**	**280**	**4365**	**192506**	**14587**	**838**	**5317**	**11407**
本级	63697		1507	52872	3725	676	2055	2862
县级小计	165603	280	2858	139634	10862	162	3262	8545
兴化市	4556		495	500	1098		1490	973
靖江市	64480		200	58999	2411		526	2344
泰兴市	47438	280	1836	41183	1409		888	1842
姜堰市	23327		327	18411	2144		200	2245
海陵区	15623			13322	1683			618
高港区	10179			7219	2117	162	158	523
宿迁市小计	**21541**			**12930**	**3538**	**231**	**1079**	**3763**
本级	6241			3100	1261		420	1460

3－13－11

单位:万元

地区	收支部分						
	支出						
	支出合计	养路费支出	公路客货运附加费支出	国有土地使用权出让金支出	地方水利建设基金支出	城镇公用事业附加支出	其他各项基金支出
射阳县	25113			23409	820	371	513
建湖县	12567			10765	366	388	1048
东台市	17927			16071	300	517	1039
大丰市	22315			21145	513	269	388
亭湖区	3728			2886	210		632
盐都区	4427			4149	33		245
扬州市小计	**292080**	**32**	**1263**	**264598**	**7941**	**1659**	**16587**
本级	158983	25	1263	144858	6558	417	5862
县级小计	133097	7		119740	1383	1242	10725
宝应县	14970			14296	115		559
仪征市	27153			25379	557	428	789
高邮市	29669			29005	234		430
江都市	30576	7		29457	181		931
广陵区	6784			6708	73		3
邗江区	23904			14886	223	814	7981
维扬区	41			9			32
镇江市小计	**191498**		**2489**	**166546**	**7854**	**3585**	**11024**
本级	134493		1428	124781	3111	1526	3647
县级小计	57005		1061	41765	4743	2059	7377
丹阳市	17517			10956	677	1280	4604
扬中市	5687		486	3365	1228	300	308
句容市	26403		575	23130	1695		1003
京口区	277				91		186
润州区	547			15	331		201
丹徒区	6574			4299	721	479	1075
泰州市小计	**224653**	**282**	**4383**	**202713**	**2273**	**3335**	**11667**
本级	62480	34	1517	55965	1163	340	3461
县级小计	162173	248	2866	146748	1110	2995	8206
兴化市	4014		495	1598	35	1072	814
靖江市	64158		200	60612	331	546	2469
泰兴市	46257	248	1873	41424	449	1006	1257
姜堰市	23014		298	19969	22	215	2510
海陵区	13953			13684	1		268
高港区	10777			9461	272	156	888
宿迁市小计	**24620**	**28**		**17497**	**3852**	**636**	**2607**
本级	6197	10		4008	937	8	1234

3－13－12

单位:万元

地区	平衡部分											
	收入						支出					年终结余
	收入总计	本年收入	上年结余	补助收入	省补助计划单列市收入	调入资金	支出总计	本年支出	上解支出	计划单列市上解省支出	调出资金	
射阳县	31878	19821	7623	4434			25301	25113	188			6577
建湖县	18150	12129	5675	346			12769	12567	202			5381
东台市	26694	17491	8402	587		214	18171	17927	244			8523
大丰市	29297	19314	7755	2228			22490	22315	175			6807
亭湖区	4881	3615	1148	118			3828	3728	100			1053
盐都区	5992	4142	1760	89		1	4583	4427	156			1409
扬州市小计	**320394**	**266761**	**38462**	**14466**		**705**	**294330**	**292080**	**2250**			**26064**
本级	172966	153340	14028	5598			156217	158983	－2766			16749
县级小计	147428	113421	24434	8868		705	138113	133097	5016			9315
宝应县	15989	15588	101	270		30	15825	14970	855			164
仪征市	31236	20076	10420	680		60	28058	27153	905			3178
高邮市	31235	18816	6677	5502		240	30330	29669	661			905
江都市	31515	30372	361	417		365	31469	30576	893			46
广陵区	7975	7640	259	76			7691	6784	907			284
邗江区	28127	20293	5921	1903		10	24110	23904	206			4017
维扬区	1351	636	695	20			630	41	589			721
镇江市小计	**238913**	**217411**	**15275**	**6227**			**193407**	**191498**	**1909**			**45506**
本级	174616	164568	9133	915			135575	134493	1082			39041
县级小计	64297	52843	6142	5312			57832	57005	827			6465
丹阳市	22119	17026	4041	1052			17883	17517	366			4236
扬中市	6413	5621	434	358			5906	5687	219			507
句容市	27286	24988	41	2257			26525	26403	122			761
京口区	453	16	62	375			280	277	3			173
润州区	594	166	88	340			550	547	3			44
丹徒区	7432	5026	1476	930			6688	6574	114			744
泰州市小计	**258993**	**229300**	**22928**	**6765**			**226227**	**224653**	**1574**			**32766**
本级	75039	63697	10305	1037			62593	62480	113			12446
县级小计	183954	165603	12623	5728			163634	162173	1461			20320
兴化市	4939	4556	273	110			4208	4014	194			731
靖江市	67151	64480	1992	679			64602	64158	444			2549
泰兴市	59466	47438	8526	3502			46634	46257	377			12832
姜堰市	24718	23327	460	931			23235	23014	221			1483
海陵区	16503	15623	880				14077	13953	124			2426
高港区	11177	10179	492	506			10878	10777	101			299
宿迁市小计	**27504**	**21541**	**671**	**5292**			**25003**	**24620**	**383**			**2501**
本级	7555	6241	311	1003			6029	6197	－168			1526

3－13－13 单位:万元

地　区	收支部分							
	收入							
	收入合计	养路费收入	公路客货运附加费收入	国有土地使用权出让金收入	新增建设用地土地有偿使用费收入	地方水利建设基金收入	城镇公用事业附加收入	其他各项基金收入
县级小计	15300			9830	2277	231	659	2303
沭阳县	2434			1250	484			700
泗阳县	286				140			146
泗洪县	10516			8580	710		410	816
宿城区	835				486		249	100
宿豫区	1229				457	231		541
常熟市	**87645**			**70478**	**10485**			**6682**

3－13－14

单位:万元

地区	收支部分						
	支出						
	支出合计	养路费支出	公路客货运附加费支出	国有土地使用权出让金支出	地方水利建设基金支出	城镇公用事业附加支出	其他各项基金支出
县级小计	18423	18		13489	2915	628	1373
沭阳县	2262			1708			554
泗阳县	1867			199	1598		70
泗洪县	10269			9290	300	379	300
宿城区	1806	6		1486	35	249	30
宿豫区	2219	12		806	982		419
常熟市	**87059**			**84281**	**235**		**2543**

3-13-15 单位:万元

地区	平衡部分											
	收入						支出					年终结余
	收入总计	本年收入	上年结余	补助收入	省补助计划单列市收入	调入资金	支出总计	本年支出	上解支出	计划单列市上解省支出	调出资金	
县级小计	19949	15300	360	4289			18974	18423	551			975
沭阳县	2598	2434	111	53			2387	2262	125			211
泗阳县	2022	286	40	1696			1951	1867	84			71
泗洪县	11064	10516	2	546			10389	10269	120			675
宿城区	1906	835		1071			1906	1806	100			
宿豫区	2359	1229	207	923			2341	2219	122			18
常熟市	**99373**	**87645**	**11080**	**648**			**88481**	**87059**	**1422**			**10892**

2006 年浙江省地市县财政基金预算收支平衡表

3－14－1　　　　单位:万元

地区	收支部分							
	收入							
	收入合计	养路费收入	公路客货运附加费收入	国有土地使用权出让金收入	新增建设用地土地有偿使用费收入	地方水利建设基金收入	城镇公用事业附加收入	其他各项基金收入
地(市)县级总计	**1294631**	**5132**		**437186**	**44000**	**344531**	**34208**	**429574**
地(市)本级合计	**500174**	**895**		**309916**	**15737**	**87635**	**12478**	**73513**
县级合计	**794457**	**4237**		**127270**	**28263**	**256896**	**21730**	**356061**
杭州市小计	**448391**	**2015**		**243937**	**9771**	**76690**	**14056**	**101922**
本级	280202			230376	4809	22982	6446	15589
县级小计	168189	2015		13561	4962	53708	7610	86333
富阳市	20108	581		570	367	5587	1879	11124
桐庐县	4503			413	17	1598	400	2075
临安市	8371			115	612	2344	610	4690
建德市	7315			998	257	2339		3721
淳安县	1497					601	39	857
上城区	3163					1347		1816
下城区	9912					3910		6002
江干区								
拱墅区	4986					1846		3140
西湖区	7742			88		2056		5598
滨江区	8097			1480	1	2613		4003
萧山区	58147	1434		2664	1563	17666	3866	30954
余杭区	20734			2307	757	7088	816	9766
开发区	12689			4330	1388	4616		2355
西湖风景名胜区	925			596		97		232
临平工业园区								
嘉兴市小计	**102000**	**782**		**16855**	**1927**	**26603**	**4275**	**51558**
本级	37235			6509	831	15324	1740	12831
县级小计	64765	782		10346	1096	11279	2535	38727
海宁市	16705			3731		3430	1213	8331
桐乡市	13278	782		1837	179	3062		7418
平湖市	15516			1768	185	2548	600	10415
嘉善县	10713			2400	697	1802	722	5092
海盐县	8553			610	35	437		7471
湖州市小计	**41613**	**895**			**1333**	**14912**	**1405**	**23068**
本级	21754	895			877	11123		8859
县级小计	19859				456	3789	1405	14209
长兴县	8935				119	1478	805	6533
德清县	7694				303	1655	600	5136

3－14－2　　　　单位:万元

地区	收支部分						
	支出						
	支出合计	养路费支出	公路客货运附加费支出	国有土地使用权出让金支出	地方水利建设基金支出	城镇公用事业附加支出	其他各项基金支出
地(市)县级总计	**1488099**	**266725**	**28789**	**448059**	**335177**	**33837**	**375512**
地(市)本级合计	**510323**	**79984**	**7353**	**275134**	**64951**	**9290**	**73611**
县级合计	**977776**	**186741**	**21436**	**172925**	**270226**	**24547**	**301901**
杭州市小计	**477442**	**54823**	**1382**	**247364**	**64701**	**16090**	**93082**
本级	293065	19428	660	227020	19971	7246	18740
县级小计	184377	35395	722	20344	44730	8844	74342
富阳市	26095	2965	121	596	7681	2518	12214
桐庐县	8309	1847	73	2247	1728	400	2014
临安市	14430	6549	42	727	3004	610	3498
建德市	12913	3924	339	3227	1510		3913
淳安县	12526	11033	108	305	631		449
上城区	2186				1500		686
下城区	4875			37	485		4353
江干区							
拱墅区	1267				160		1107
西湖区	3822			82	130		3610
滨江区	1587			120	1240		227
萧山区	58284	5682	39	3162	15838	4500	29063
余杭区	27380	3395		4375	6000	816	12794
开发区	10550			5466	4726		358
西湖风景名胜区	153				97		56
临平工业园区							
嘉兴市小计	**103466**	**15209**	**505**	**14593**	**24352**	**3933**	**44874**
本级	37310	5777	423	6471	11571	1500	11568
县级小计	66156	9432	82	8122	12781	2433	33306
海宁市	15447	1880	4	2847	3452	1213	6051
桐乡市	15051	2635	19	1564	3062		7771
平湖市	16466	1541	31	988	4801	600	8505
嘉善县	10084	2653		2710	1092	620	3009
海盐县	9108	723	28	13	374		7970
湖州市小计	**52957**	**11025**	**2612**	**794**	**15824**	**1522**	**21180**
本级	26382	6298	816	289	10877		8102
县级小计	26575	4727	1796	505	4947	1522	13078
长兴县	10122	1342	576	177	1560	922	5545
德清县	9166	1160	418	104	1755	600	5129

3－14－3

单位:万元

地区	平衡部分											
	收入						支出					年终结余
	收入总计	本年收入	上年结余	补助收入	省补助计划单列市收入	调入资金	支出总计	本年支出	上解支出	计划单列市上解省支出	调出资金	
地(市)县级总计	**2458453**	**1294631**	**762522**	**385189**	**9930**	**6181**	**1493824**	**1488099**		**4700**	**1025**	**964629**
地(市)本级合计	**815965**	**500174**	**261127**	**41338**	**9930**	**3396**	**475811**	**510323**	**-35036**	**524**		**340154**
县级合计	**1642488**	**794457**	**501395**	**343851**		**2785**	**1018013**	**977776**	**35036**	**4176**	**1025**	**624475**
杭州市小计	**643112**	**448391**	**123377**	**71344**			**477443**	**477442**			**1**	**165669**
本级	333268	280202	32518	20548			293065	293065				40203
县级小计	309844	168189	90859	50796			184378	184377			1	125466
富阳市	30357	20108	6537	3712			26095	26095				4262
桐庐县	12016	4503	4714	2799			8309	8309				3707
临安市	18978	8371	3006	7601			14430	14430				4548
建德市	19437	7315	7145	4977			12913	12913				6524
淳安县	14904	1497	1553	11854			12526	12526				2378
上城区	5651	3163	2225	263			2186	2186				3465
下城区	21603	9912	10701	990			4875	4875				16728
江干区												
拱墅区	11755	4986	4164	2605			1267	1267				10488
西湖区	12506	7742	4146	618			3822	3822				8684
滨江区	12781	8097	4222	462			1587	1587				11194
萧山区	93087	58147	27430	7510			58284	58284				34803
余杭区	33971	20734	7949	5288			27380	27380				6591
开发区	21555	12689	6846	2020			10550	10550				11005
西湖风景名胜区	1243	925	221	97			154	153			1	1089
临平工业园区												
嘉兴市小计	**193586**	**102000**	**63516**	**22716**		**5354**	**103466**	**103466**				**90120**
本级	92681	37235	41578	10514		3354	37310	37310				55371
县级小计	100905	64765	21938	12202		2000	66156	66156				34749
海宁市	23926	16705	4835	2386			15447	15447				8479
桐乡市	23957	13278	7740	2939			15051	15051				8906
平湖市	22897	15516	3372	2009		2000	16466	16466				6431
嘉善县	17088	10713	3102	3273			10084	10084				7004
海盐县	13037	8553	2889	1595			9108	9108				3929
湖州市小计	**88690**	**41613**	**26708**	**20307**		**62**	**52957**	**52957**				**35733**
本级	50389	21754	18401	10192		42	26382	26382				24007
县级小计	38301	19859	8307	10115		20	26575	26575				11726
长兴县	16022	8935	4299	2788			10122	10122				5900
德清县	11391	7694	1499	2198			9166	9166				2225

2006 年地方财政政府收支分类转换数据

3－14－4　　　　单位:万元

地　区	收支部分							
	收入							
	收入合计	养路费收入	公路客货运附加费收入	国有土地使用权出让金收入	新增建设用地土地有偿使用费收入	地方水利建设基金收入	城镇公用事业附加收入	其他各项基金收入
安吉县	3230				34	656		2540
舟山市小计	**67485**			**54094**	**982**	**6485**		**5924**
本级	59123			53328	714	2920		2161
县级小计	8362			766	268	3565		3763
岱山县	1836			590	238	577		431
嵊泗县	1009			166	30	458		355
定海区	2498					883		1615
普陀区	3019			10		1647		1362
金华市小计	**89186**	**1360**		**9789**	**2829**	**21163**		**54045**
本级	13334			1969	1278	5237		4850
县级小计	75852	1360		7820	1551	15926		49195
兰溪市	8444			689	72	2439		5244
永康市	11099	800		1840	203	3449		4807
武义县	3208			542	4	1550		1112
东阳市	9767	560		2378	295	1452		5082
磐安县	1101			74		478		549
义乌市	38966			1820	825	5196		31125
浦江县	3267			477	152	1362		1276
绍兴市小计	**105668**			**14965**	**3665**	**34263**	**5414**	**47361**
本级	22500			3397	1850	7230	2000	8023
县级小计	83168			11568	1815	27033	3414	39338
绍兴县	30635			3489	851	11051	2910	12334
上虞市	18889			4268	382	4966		9273
嵊州市	5889			780	58	2275	106	2670
新昌县	6671			917	194	2269	398	2893
诸暨市	21084			2114	330	6472		12168
温州市小计	**145637**			**68999**	**3970**	**33905**		**38763**
本级	17544			3679	2599	6732		4534
县级小计	128093			65320	1371	27173		34229
平阳县	4732			151	225	1585		2771
苍南县	68196			61367	25	1877		4927
瑞安市	11583			767	271	4199		6346
永嘉县	7818			479	314	2082		4943
乐清市	17143			1299	536	5974		9334
文成县	1580			1050		207		323

3－14－5

单位:万元

地　区	收支部分						
	支出						
	支出合计	养路费支出	公路客货运附加费支出	国有土地使用权出让金支出	地方水利建设基金支出	城镇公用事业附加支出	其他各项基金支出
安吉县	7287	2225	802	224	1632		2404
舟山市小计	**65038**	**6275**	**1786**	**45831**	**5997**		**5149**
本级	36684	1959	1295	31021	187		2222
县级小计	28354	4316	491	14810	5810		2927
岱山县	3894	1091	479	571	1285		468
嵊泗县	4227	536	12	3319	60		300
定海区	5795	1414		113	2477		1791
普陀区	14438	1275		10807	1988		368
金华市小计	**120524**	**32715**	**346**	**12580**	**18851**		**56032**
本级	19693	9306	240	1751	4535		3861
县级小计	100831	23409	106	10829	14316		52171
兰溪市	12783	2600	22	947	2709		6505
永康市	10900	4470	1	1810	1938		2681
武义县	7612	3126		1030	2141		1315
东阳市	14111	4212		2698	1925		5276
磐安县	4235	3307	22	153	150		603
义乌市	41544	3644		177	3363		34360
浦江县	9646	2050	61	4014	2090		1431
绍兴市小计	**119256**	**21781**	**225**	**15129**	**28753**	**2965**	**50403**
本级	18010	4703	4	2433	626	410	9834
县级小计	101246	17078	221	12696	28127	2555	40569
绍兴县	34650	2224	72	241	11784	2217	18112
上虞市	24256	2664	13	6418	5634		9527
嵊州市	14126	4829	110	3423	2914		2850
新昌县	7019	2536	3	186	1297	338	2659
诸暨市	21195	4825	23	2428	6498		7421
温州市小计	**178399**	**40846**	**794**	**60346**	**38325**	**134**	**37954**
本级	22077	8774	91	600	6427	134	6051
县级小计	156322	32072	703	59746	31898		31903
平阳县	9611	3819	62	474	2433		2823
苍南县	63849	1356	141	55245	1759		5348
瑞安市	13819	2766		91	3606		7356
永嘉县	15848	8471		442	1885		5050
乐清市	27859	3833	70	1552	13501		8903
文成县	6696	4400	40	1158	787		311

3－14－6

单位:万元

地区	平衡部分											
	收入						支出					年终结余
	收入总计	本年收入	上年结余	补助收入	省补助计划单列市收入	调入资金	支出总计	本年支出	上解支出	计划单列市上解省支出	调出资金	
安吉县	10888	3230	2509	5129		20	7287	7287				3601
舟山市小计	**109201**	**67485**	**27662**	**14054**			**65038**	**65038**				**44163**
本级	69060	59123	16544	－6607			36684	36684				32376
县级小计	40141	8362	11118	20661			28354	28354				11787
岱山县	6218	1836	1067	3315			3894	3894				2324
嵊泗县	7724	1009	5923	792			4227	4227				3497
定海区	9106	2498	1966	4642			5795	5795				3311
普陀区	17093	3019	2162	11912			14438	14438				2655
金华市小计	**205476**	**89186**	**71268**	**45022**			**120524**	**120524**				**84952**
本级	38504	13334	10805	14365			19693	19693				18811
县级小计	166972	75852	60463	30657			100831	100831				66141
兰溪市	15131	8444	2766	3921			12783	12783				2348
永康市	25778	11099	10146	4533			10900	10900				14878
武义县	10868	3208	3525	4135			7612	7612				3256
东阳市	20279	9767	4835	5677			14111	14111				6168
磐安县	5973	1101	948	3924			4235	4235				1738
义乌市	77407	38966	33439	5002			41544	41544				35863
浦江县	11536	3267	4804	3465			9646	9646				1890
绍兴市小计	**206931**	**105668**	**71723**	**29540**			**119256**	**119256**				**87675**
本级	46768	22500	18498	5770			18010	18010				28758
县级小计	160163	83168	53225	23770			101246	101246				58917
绍兴县	60053	30635	25705	3713			34650	34650				25403
上虞市	35352	18889	12246	4217			24256	24256				11096
嵊州市	18336	5889	5920	6527			14126	14126				4210
新昌县	13028	6671	3055	3302			7019	7019				6009
诸暨市	33394	21084	6299	6011			21195	21195				12199
温州市小计	**314785**	**145637**	**111759**	**57389**			**178399**	**178399**				**136386**
本级	53432	17544	25642	10246			22077	22077				31355
县级小计	261353	128093	86117	47143			156322	156322				105031
平阳县	13797	4732	4497	4568			9611	9611				4186
苍南县	90340	68196	17398	4746			63849	63849				26491
瑞安市	36484	11583	18939	5962			13819	13819				22665
永嘉县	23393	7818	5545	10030			15848	15848				7545
乐清市	42687	17143	19362	6182			27859	27859				14828
文成县	7155	1580	692	4883			6696	6696				459

3－14－7　　　　单位:万元

地　　区	收支部分							
	收入							
	收入合计	养路费收入	公路客货运附加费收入	国有土地使用权出让金收入	新增建设用地土地有偿使用费收入	地方水利建设基金收入	城镇公用事业附加收入	其他各项基金收入
泰顺县	718			152		186		380
洞头县	783			55		161		567
鹿城区	5233					3547		1686
瓯海区	3722					2392		1330
龙湾区	4158					2999		1159
开发区	2427					1964		463
台州市小计	**67274**			**4718**	**2382**	**30901**	**190**	**29083**
本级	5513			3245		1329		939
县级小计	61761			1473	2382	29572	190	28144
临海市	7222				157	3667		3398
温岭市	13522				232	8301		4989
玉环县	12812			89		3896		8827
三门县	3017			1194	75	954		794
仙居县	2023			190	27	753	190	863
天台县	2099				55	969		1075
椒江区	6950				536	3860		2554
黄岩区	6379				895	2863		2621
路桥区	7737				405	4309		3023
丽水市小计	**12006**			**2414**	**661**	**4271**	**216**	**4444**
本级	4005			1416	404	731		1454
县级小计	8001			998	257	3540	216	2990
缙云县	1164					488		676
景宁县	666			160	18	289		199
莲都区								
龙泉县	886			297		348		241
青田县	2284				231	1076	211	766
庆元县	504			164		156		184
松阳县	622			115		274		233
遂昌县	1314			144		714	5	451
云和县	561			118	8	195		240
衢州市小计	**11643**	**80**		**1876**	**792**	**4884**	**93**	**3918**
本级	5338			624	540	2484	93	1597
县级小计	6305	80		1252	252	2400		2321
龙游县	1627			374	53	798		402
常山县	1625	80		344	103	467		631

3－14－8

单位:万元

地　　区	收　支　部　分						
	支　出						
	支出合计	养路费支　出	公路客货运附加费支　出	国有土地使用权出让金支出	地方水利建设基金支　出	城镇公用事业附加支　出	其他各项基金支出
泰顺县	5869	5307	41	120	94		307
洞头县	1946	584	349	560	133		320
鹿城区	4306	398			3177		731
瓯海区	3814	813		104	2505		392
龙湾区	2410	325			1750		335
开发区	295				268		27
台州市小计	**95306**	**19805**	**16104**	**10266**	**25505**	**50**	**23576**
本级	5815	3080	198	150	896		1491
县级小计	89491	16725	15906	10116	24609	50	22085
临海市	18299	3346	3886	4438	3270		3359
温岭市	13198	2370	44	818	6335		3631
玉环县	11873	1482	384	1758	3346		4903
三门县	9111	1176	3642	1347	2155		791
仙居县	5130	1644	1222	213	1645	50	356
天台县	9995	1441	5248	200	1663		1443
椒江区	5238	1845	57	817	767		1752
黄岩区	7899	1344	1255	125	2390		2785
路桥区	8748	2077	168	400	3038		3065
丽水市小计	**55275**	**39191**	**345**	**2589**	**9836**	**280**	**3034**
本级	11853	8904	16	1150	1024		759
县级小计	43422	30287	329	1439	8812	280	2275
缙云县	5643	2931	8	309	1740		655
景宁县	3110	2496	6	110	400		98
莲都区	2363	1775		145	378		65
龙泉县	7851	6217	6	308	1081		239
青田县	5233	3234	7		1246	280	466
庆元县	4712	3444	8	159	920		181
松阳县	5245	3366	175	149	1409		146
遂昌县	6371	5008	51	154	985		173
云和县	2894	1816	68	105	653		252
衢州市小计	**33065**	**17747**	**143**	**4055**	**7606**		**3514**
本级	15368	7900	81	1187	4309		1891
县级小计	17697	9847	62	2868	3297		1623
龙游县	4500	2515	1	632	966		386
常山县	3717	1903	40	215	820		739

3－14－9　　　　单位:万元

地区	平衡部分											
	收入						支出					年终结余
	收入总计	本年收入	上年结余	补助收入	省补助计划单列市收入	调入资金	支出总计	本年支出	上解支出	计划单列市上解省支出	调出资金	
泰顺县	8252	718	1291	6243			5869	5869				2383
洞头县	3528	783	1654	1091			1946	1946				1582
鹿城区	13112	5233	7220	659			4306	4306				8806
瓯海区	8257	3722	3396	1139			3814	3814				4443
龙湾区	7584	4158	2971	455			2410	2410				5174
开发区	6764	2427	3152	1185			295	295				6469
台州市小计	**177212**	**67274**	**66100**	**43480**		**358**	**96330**	**95306**			**1024**	**80882**
本级	19233	5513	9046	4674			5815	5815				13418
县级小计	157979	61761	57054	38806		358	90515	89491			1024	67464
临海市	26168	7222	12701	6245			18299	18299				7869
温岭市	31912	13522	15328	3062			13198	13198				18714
玉环县	22487	12812	6649	2668		358	11873	11873				10614
三门县	12355	3017	3255	6083			9111	9111				3244
仙居县	9594	2023	3275	4296			5130	5130				4464
天台县	11896	2099	2022	7775			11019	9995			1024	877
椒江区	16533	6950	7026	2557			5238	5238				11295
黄岩区	10966	6379	929	3658			7899	7899				3067
路桥区	16068	7737	5869	2462			8748	8748				7320
丽水市小计	**71317**	**12006**	**11656**	**47655**			**55275**	**55275**				**16042**
本级	15213	4005	1793	9415			11853	11853				3360
县级小计	56104	8001	9863	38240			43422	43422				12682
缙云县	6908	1164	1163	4581			5643	5643				1265
景宁县	4952	666	1461	2825			3110	3110				1842
莲都区	4240		1783	2457			2363	2363				1877
龙泉县	8912	886	611	7415			7851	7851				1061
青田县	6446	2284	655	3507			5233	5233				1213
庆元县	5527	504	458	4565			4712	4712				815
松阳县	5989	622	816	4551			5245	5245				744
遂昌县	9004	1314	1883	5807			6371	6371				2633
云和县	4126	561	1033	2532			2894	2894				1232
衢州市小计	**54551**	**11643**	**17439**	**25464**		**5**	**33065**	**33065**				**21486**
本级	22370	5338	6698	10334			15368	15368				7002
县级小计	32181	6305	10741	15130		5	17697	17697				14484
龙游县	6052	1627	616	3809			4500	4500				1552
常山县	9346	1625	4792	2924		5	3717	3717				5629

3－14－10

单位:万元

地区	收支部分							
	收入							
	收入合计	养路费收入	公路客货运附加费收入	国有土地使用权出让金收入	新增建设用地土地有偿使用费收入	地方水利建设基金收入	城镇公用事业附加收入	其他各项基金收入
江山市	2187			363	9	856		959
开化县	866			171	87	279		329
宁波市小计	**203728**			**19539**	**15688**	**90454**	**8559**	**69488**
本级	33626			5373	1835	11543	2199	12676
县级小计	170102			14166	13853	78911	6360	56812
慈溪市	22511			1472	2559	12065		6415
余姚市	18781			1494	1211	8943	1575	5558
奉化市	6074			314	147	3887		1726
象山县	5203			57	63	1889		3194
宁海县	6892			108	141	2115	72	4456
鄞州区	29583			3606	1408	16362	1800	6407
镇海区	14992			1404	350	4523	891	7824
北仑区	16632			5636	3635	2620	2022	2719
江东区	7538					4376		3162
江北区	11495			75	2982	4344		4094
海曙区	9790					5996		3794
开发区	7684					5295		2389
大榭开发区	4678					2595		2083
宁波保税区	2403					1812		591
东钱湖区	1176				294	497		385
科技园区	4670				1063	1592		2015

3－14－11

单位:万元

地区	收支部分						
	支出						
	支出合计	养路费支出	公路客货运附加费支出	国有土地使用权出让金支出	地方水利建设基金支出	城镇公用事业附加支出	其他各项基金支出
江山市	5345	2424	20	1893	768		240
开化县	4135	3005	1	128	743		258
宁波市小计	**187371**	**7308**	**4547**	**34512**	**95427**	**8863**	**36714**
本级	24066	3855	3529	3062	4528		9092
县级小计	163305	3453	1018	31450	90899	8863	27622
慈溪市	16463	84	60	2190	11152		2977
余姚市	29459	467	40	3857	18294	2139	4662
奉化市	6186	410	49	1677	2379		1671
象山县	11549	426	34	1697	7119		2273
宁海县	12858	386	41	1057	7292		4082
鄞州区	38573	1011	8	5799	27361	3108	1286
镇海区	12956	503	139	2476	3553	514	5771
北仑区	16831	122	47	12022	2585	802	1253
江东区	864			144	198		522
江北区	3633	43	450	510	2257		373
海曙区	2975		150	5	73	2300	447
开发区	4141				4141		
大榭开发区	3715				2156		1559
宁波保税区	200				200		
东钱湖区	632	1		16	295		320
科技园区	2270				1844		426

3－14－12

单位:万元

地区	平衡部分											
	收入						支出					年终结余
	收入总计	本年收入	上年结余	补助收入	省补助计划单列市收入	调入资金	支出总计	本年支出	上解支出	计划单列市上解省支出	调出资金	
江山市	11566	2187	4583	4796			5345	5345				6221
开化县	5217	866	750	3601			4135	4135				1082
宁波市小计	**393592**	**203728**	**171314**	**8218**	**9930**	**402**	**192071**	**187371**		**4700**		**201521**
本级	75047	33626	79604	－48113	9930		－10446	24066	－35036	524		85493
县级小计	318545	170102	91710	56331		402	202517	163305	35036	4176		116028
慈溪市	34448	22511	5010	6927			19551	16463	2139	949		14897
余姚市	42481	18781	11045	12655			31517	29459	1712	346		10964
奉化市	13338	6074	3610	3654			6926	6186	698	42		6412
象山县	19281	5203	6615	7463			12029	11549	462	18		7252
宁海县	16445	6892	1739	7518		296	13625	12858	727	40		2820
鄞州区	49629	29583	14451	5595			45086	38573	6111	402		4543
镇海区	27343	14992	9905	2446			15092	12956	2036	100		12251
北仑区	31342	16632	10641	4069			19508	16831	1638	1039		11834
江东区	22211	7538	14083	590			5158	864	4294			17053
江北区	16530	11495	3404	1528		103	8736	3633	4251	852		7794
海曙区	17473	9790	4953	2730			10395	2975	7420			7078
开发区	10537	7684	2568	285			5581	4141	1440			4956
大榭开发区	5056	4678	170	208			4468	3715	753			588
宁波保税区	2887	2403	281	203			781	200	581			2106
东钱湖区	1793	1176	543	74			856	632	140	84		937
科技园区	7751	4670	2692	386		3	3208	2270	634	304		4543

2006 年安徽省地市县财政基金预算收支平衡表

3－15－1　　　　　　　　　　　　　　　　　　　　　　　　单位:万元

地区	收支部分							
	收入							
	收入合计	养路费收入	公路客货运附加费收入	国有土地使用权出让金收入	新增建设用地土地有偿使用费收入	地方水利建设基金收入	城镇公用事业附加收入	其他各项基金收入
地(市)县级总计	**896492**	**5936**	**510**	**671309**	**129950**	**2368**	**7444**	**78975**
地(市)本级合计	**581314**	**3121**		**432815**	**88477**	**396**	**5681**	**50824**
县级合计	**315178**	**2815**	**510**	**238494**	**41473**	**1972**	**1763**	**28151**
宣城市小计	**58888**		**506**	**49249**	**5313**	**199**	**386**	**3235**
本级	24295			21548	2096	8	20	623
县级小计	34593		506	27701	3217	191	366	2612
郎溪县	1388		506	93	427			362
广德县	2938			2000	560	60		318
宁国市	11825			9363	825	116	340	1181
泾县	6877			6449	313			115
旌德县	278				202	7	26	43
绩溪县	7991			7036	566	8		381
宣州区	3296			2760	324			212
宿州市小计	**32801**			**28980**	**1754**	**409**	**367**	**1291**
本级	13629			12005	760	15	367	482
县级小计	19172			16975	994	394		809
砀山县	5023			4429	324	30		240
萧县	4753			4454	226			73
灵璧县	803			448	238			117
泗县	5728			5137	151	364		76
埇桥区	2865			2507	55			303
滁州市小计	**18803**			**12248**	**3200**	**345**	**329**	**2681**
本级	3203			221	1246	222	268	1246
县级小计	15600			12027	1954	123	61	1435
天长市	1701			910	505		10	276
来安县	433			9	236			188
全椒县	7596			7140	42	16	30	368
定远县	119							119
凤阳县	1467			1209	64	24		170
明光市	2487			2220	43	15	21	188
琅琊区	75			10		5		60
南谯区	1722			529	1064	63		66
池州市小计	**10888**			**5566**	**2182**	**63**	**380**	**2697**
本级	2622				1566	47	296	713
县级小计	8266			5566	616	16	84	1984

3－15－2

单位:万元

地区	收支部分						
	支出						
	支出合计	养路费支出	公路客货运附加费支出	国有土地使用权出让金支出	地方水利建设基金支出	城镇公用事业附加支出	其他各项基金支出
地(市)县级总计	**816804**	**5733**	**20230**	**707397**	**10450**	**6468**	**66526**
地(市)本级合计	**472797**	**3084**	**16853**	**411813**	**5519**	**4921**	**30607**
县级合计	**344007**	**2649**	**3377**	**295584**	**4931**	**1547**	**35919**
宣城市小计	**65002**		**1790**	**57979**	**709**	**376**	**4148**
本级	30986		1295	28958	185	10	538
县级小计	34016		495	29021	524	366	3610
郎溪县	1077		495				582
广德县	3280			2560	215		505
宁国市	11384			9451	198	340	1395
泾县	6753			6381			372
旌德县	433			210	50	26	147
绩溪县	7909			7430	4		475
宣州区	3180			2989	57		134
宿州市小计	**31128**		**1218**	**27825**	**266**	**357**	**1462**
本级	9235		85	8118	152	357	523
县级小计	21893		1133	19707	114		939
砀山县	6306		92	5860			354
萧县	4237		277	3936			24
灵璧县	1126		195	687	113		131
泗县	5201		110	4973	1		117
埇桥区	5023		459	4251			313
滁州市小计	**18119**		**1593**	**12719**	**996**	**130**	**2681**
本级	2823		942		910	70	901
县级小计	15296		651	12719	86	60	1780
天长市	2338		120	1649	60	9	500
来安县	340		92	45			203
全椒县	6949		68	6588	5	30	258
定远县	284		135	12			137
凤阳县	568		139	143			286
明光市	3165		97	2803	16	21	228
琅琊区	75			10	5		60
南谯区	1577			1469			108
池州市小计	**14330**		**546**	**9512**	**453**	**451**	**3368**
本级	3755		546	1504	426	295	984
县级小计	10575			8008	27	156	2384

3－15－3

单位:万元

地区	平衡部分											
	收入						支出					年终结余
	收入总计	本年收入	上年结余	补助收入	省补助计划单列市收入	调入资金	支出总计	本年支出	上解支出	计划单列市上解省支出	调出资金	
地(市)县级总计	**1156435**	**896492**	**185290**	**70775**		**3878**	**819183**	**816804**	**1827**		**552**	**337252**
地(市)本级合计	**708343**	**581314**	**132435**	**－7980**		**2574**	**474634**	**472797**	**1594**		**243**	**233709**
县级合计	**448092**	**315178**	**52855**	**78755**		**1304**	**344549**	**344007**	**233**		**309**	**103543**
宣城市小计	**76970**	**58888**	**11748**	**6334**			**65002**	**65002**				**11968**
本级	34634	24295	8996	1343			30986	30986				3648
县级小计	42336	34593	2752	4991			34016	34016				8320
郎溪县	1718	1388	124	206			1077	1077				641
广德县	3931	2938	92	901			3280	3280				651
宁国市	12965	11825	583	557			11384	11384				1581
泾县	9787	6877	257	2653			6753	6753				3034
旌德县	499	278	119	102			433	433				66
绩溪县	8268	7991	192	85			7909	7909				359
宣州区	5168	3296	1385	487			3180	3180				1988
宿州市小计	**42576**	**32801**	**6987**	**2788**			**31128**	**31128**				**11448**
本级	17074	13629	4292	－847			9235	9235				7839
县级小计	25502	19172	2695	3635			21893	21893				3609
砀山县	6839	5023	1614	202			6306	6306				533
萧县	5506	4753	441	312			4237	4237				1269
灵璧县	1176	803	138	235			1126	1126				50
泗县	6948	5728	502	718			5201	5201				1747
埇桥区	5033	2865		2168			5023	5023				10
滁州市小计	**30164**	**18803**	**6512**	**4817**		**32**	**18119**	**18119**				**12045**
本级	8343	3203	3656	1484			2823	2823				5520
县级小计	21821	15600	2856	3333		32	15296	15296				6525
天长市	2739	1701	578	460			2338	2338				401
来安县	802	433	224	145			340	340				462
全椒县	10191	7596	1549	1046			6949	6949				3242
定远县	373	119	82	172			284	284				89
凤阳县	2532	1467	305	760			568	568				1964
明光市	3284	2487	60	737			3165	3165				119
琅琊区	75	75					75	75				
南谯区	1825	1722	58	13		32	1577	1577				248
池州市小计	**16115**	**10888**	**1896**	**3331**			**14339**	**14330**	**9**			**1776**
本级	4114	2622	425	1067			3764	3755	9			350
县级小计	12001	8266	1471	2264			10575	10575				1426

3－15－4

单位:万元

地区	收支部分							
	收入							
	收入合计	养路费收入	公路客货运附加费收入	国有土地使用权出让金收入	新增建设用地土地有偿使用费收入	地方水利建设基金收入	城镇公用事业附加收入	其他各项基金收入
石台县	114			25	26			63
青阳县	5646			5293	243		25	85
东至县	2260			248	317	16	59	1620
贵池区	246				30			216
阜阳市小计	**31167**	**1271**		**24056**	**2994**	**150**	**55**	**2641**
本级	2701				1947		55	699
县级小计	28466	1271		24056	1047	150		1942
临泉县	1213			1092				121
太和县	5966	600		4694	402	104		166
颍上县	14530			13835	384			311
阜南县	4697	671		2673	236	44		1073
界首市	151				25			126
颍州区	64							64
颍泉区	47							47
颍东区	1798			1762		2		34
六安市小计	**72069**	**87**	**4**	**64582**	**4529**	**308**		**2559**
本级	37898			35558	1871			469
县级小计	34171	87	4	29024	2658	308		2090
寿县	7383			6671	235	77		400
霍邱县	8293			7731	253	31		278
舒城县	1914			700	1083	22		109
金寨县	15187	87	4	13922	181	149		844
霍山县	358				130			228
金安区	500				320			180
裕安区	536				456	29		51
巢湖市小计	**17973**			**8878**	**6307**	**131**	**229**	**2428**
本级	10844			7610	2172	20	29	1013
县级小计	7129			1268	4135	111	200	1415
庐江县	991				613	80	50	248
含山县	600				292	10	100	198
和县	1374			157	921	20		276
无为县	2880			4	2309		50	517
居巢区	1284			1107		1		176
合肥市小计	**318944**	**768**		**260050**	**28370**	**115**	**3400**	**26241**
本级	294397			243805	25630	37	3400	21525

3－15－5

单位：万元

地　　区	收支部分						
	支出						
	支出合计	养路费支出	公路客货运附加费支出	国有土地使用权出让金支出	地方水利建设基金支出	城镇公用事业附加支出	其他各项基金支出
石台县	200			50			150
青阳县	5481			5272		97	112
东至县	3481			1736	27	59	1659
贵池区	1413			950			463
阜阳市小计	**34152**	**1196**	**2221**	**27995**	**70**	**55**	**2615**
本级	3275		2221			55	999
县级小计	30877	1196		27995	70		1616
临泉县	1114			1092			22
太和县	6592	544		5795			253
颍上县	15153			15131			22
阜南县	5555	652		3777	70		1056
界首市	80						80
颍州区	45						45
颍泉区	289			225			64
颍东区	2049			1975			74
六安市小计	**67718**	**87**	**1582**	**62161**	**646**		**3242**
本级	36644		1159	34961	120		404
县级小计	31074	87	423	27200	526		2838
寿县	6432			6212	40		180
霍邱县	6458			6056	31		371
舒城县	2019			1783	47		189
金寨县	10030	87	4	8852	80		1007
霍山县	1457			640	221		596
金安区	1829		187	1371			271
裕安区	2849		232	2286	107		224
巢湖市小计	**17198**		**888**	**13128**	**339**	**152**	**2691**
本级	8946		852	7226	1	28	839
县级小计	8252		36	5902	338	124	1852
庐江县	1482			916	256	50	260
含山县	628			75	32	74	447
和县	1777			1481			296
无为县	2959			2308	50		601
居巢区	1406		36	1122			248
合肥市小计	**277280**	**768**	**2203**	**256316**	**1359**	**3054**	**13580**
本级	231462		2203	217929	796	3054	7480

2006年地方财政政府收支分类转换数据

3－15－6　　　　单位:万元

地区	平衡部分											
	收入						支出					年终结余
	收入总计	本年收入	上年结余	补助收入	省补助计划单列市收入	调入资金	支出总计	本年支出	上解支出	计划单列市上解省支出	调出资金	
石台县	304	114	80	110			200	200				104
青阳县	6193	5646	366	181			5481	5481				712
东至县	3713	2260	574	879			3481	3481				232
贵池区	1791	246	451	1094			1413	1413				378
阜阳市小计	**44394**	**31167**	**7841**	**5143**		**243**	**34395**	**34152**			**243**	**9999**
本级	8539	2701	3367	2228		243	3518	3275			243	5021
县级小计	35855	28466	4474	2915			30877	30877				4978
临泉县	1434	1213	206	15			1114	1114				320
太和县	8001	5966	1615	420			6592	6592				1409
颍上县	16442	14530	957	955			15153	15153				1289
阜南县	6498	4697	518	1283			5555	5555				943
界首市	666	151	506	9			80	80				586
颍州区	208	64	141	3			45	45				163
颍泉区	326	47	51	228			289	289				37
颍东区	2280	1798	480	2			2049	2049				231
六安市小计	**95672**	**72069**	**16682**	**6921**			**67718**	**67718**				**27954**
本级	50784	37898	12190	696			36644	36644				14140
县级小计	44888	34171	4492	6225			31074	31074				13814
寿县	8989	7383	613	993			6432	6432				2557
霍邱县	9823	8293	1361	169			6458	6458				3365
舒城县	2019	1914	105				2019	2019				
金寨县	17101	15187	826	1088			10030	10030				7071
霍山县	1457	358		1099			1457	1457				
金安区	2150	500	184	1466			1829	1829				321
裕安区	3349	536	1508	1305			2849	2849				500
巢湖市小计	**24730**	**17973**	**4678**	**1964**		**115**	**17198**	**17198**				**7532**
本级	14815	10844	2783	1188			8946	8946				5869
县级小计	9915	7129	1895	776		115	8252	8252				1663
庐江县	1712	991	539	68		114	1482	1482				230
含山县	1516	600	615	301			628	628				888
和县	2050	1374	521	154		1	1777	1777				273
无为县	3050	2880	52	118			2959	2959				91
居巢区	1587	1284	168	135			1406	1406				181
合肥市小计	**393361**	**318944**	**64628**	**9789**			**277280**	**277280**				**116081**
本级	321838	294397	52202	－24761			231462	231462				90376

3－15－7 单位:万元

地区	收支部分							
	收入							
	收入合计	养路费收入	公路客货运附加费收入	国有土地使用权出让金收入	新增建设用地土地有偿使用费收入	地方水利建设基金收入	城镇公用事业附加收入	其他各项基金收入
县级小计	24547	768		16245	2740	78		4716
肥东县	1515			95	828			592
长丰县	7240			6347	215	37		641
肥西县	13546	628		9803	1697	34		1384
瑶海区	329							329
庐阳区	589							589
蜀山区	562							562
包河区	766	140				7		619
蚌埠市小计	**35594**			**28434**	**4571**			**2589**
本级	31681			25734	4200			1747
县级小计	3913			2700	371			842
怀远县	285			10	95			180
固镇县	2893			2684	115			94
五河县	276			6	161			109
龙子湖区	134							134
蚌山区	118							118
禹会区	132							132
淮上区	75							75
淮南市小计	**45590**	**10**		**37300**	**4197**	**32**	**1225**	**2826**
本级	35606			28534	4133		1050	1889
县级小计	9984	10		8766	64	32	175	937
凤台县	9956			8766	64	32	175	919
田家庵区								
大通区								
谢家集区								
八公山区								
潘集区	28	10						18
铜陵市小计	**13939**			**2113**	**7937**	**9**		**3880**
本级	10607			1528	5498			3581
县级小计	3332			585	2439	9		299
铜陵县	3332			585	2439	9		299
铜官山区								
狮子山区								
郊区								
马鞍山市小计	**32042**			**14028**	**8924**	**173**		**8917**

3－15－8　　　　单位:万元

地　　区	收支部分						
	支出						
	支出合计	养路费支出	公路客货运附加费支出	国有土地使用权出让金支出	地方水利建设基金支出	城镇公用事业附加支出	其他各项基金支出
县级小计	45818	768		38387	563		6100
肥东县	627			197			430
长丰县	1875			1442	145		288
肥西县	10244	628		8699	196		721
瑶海区	5200			3486			1714
庐阳区	11287			10755			532
蜀山区	6675			5875			800
包河区	9910	140		7933	222		1615
蚌埠市小计	**31681**		**1876**	**27324**			**2481**
本级	28058		1876	24529			1653
县级小计	3623			2795			828
怀远县	349			206			143
固镇县	2711			2589			122
五河县	27						27
龙子湖区	206						206
蚌山区	158						158
禹会区	132						132
淮上区	40						40
淮南市小计	**42412**	**10**	**728**	**36424**	**2590**	**1064**	**1596**
本级	33443		728	30111	1331	1050	223
县级小计	8969	10		6313	1259	14	1373
凤台县	7470			5865	716	14	875
田家庵区	609				247		362
大通区	79				43		36
谢家集区	542			448	90		4
八公山区	144				66		78
潘集区	125	10			97		18
铜陵市小计	**4717**		**16**	**1688**	**222**	**2**	**2789**
本级	4369		16	1647	167	2	2537
县级小计	348			41	55		252
铜陵县	209						209
铜官山区	30			30			
狮子山区	2			2			
郊区	107			9	55		43
马鞍山市小计	**25138**		**748**	**16602**	**162**		**7626**

3－15－9

单位:万元

地区	平衡部分											
	收入						支出					年终结余
	收入总计	本年收入	上年结余	补助收入	省补助计划单列市收入	调入资金	支出总计	本年支出	上解支出	计划单列市上解省支出	调出资金	
县级小计	71523	24547	12426	34550			45818	45818				25705
肥东县	2697	1515	1059	123			627	627				2070
长丰县	12094	7240	4744	110			1875	1875				10219
肥西县	16685	13546	2311	828			10244	10244				6441
瑶海区	5533	329	296	4908			5200	5200				333
庐阳区	12173	589	653	10931			11287	11287				886
蜀山区	7216	562	995	5659			6675	6675				541
包河区	15125	766	2368	11991			9910	9910				5215
蚌埠市小计	**45751**	**35594**	**6819**	**3338**			**31681**	**31681**				**14070**
本级	38081	31681	4041	2359			28058	28058				10023
县级小计	7670	3913	2778	979			3623	3623				4047
怀远县	2193	285	1890	18			349	349				1844
固镇县	4242	2893	394	955			2711	2711				1531
五河县	481	276	199	6			27	27				454
龙子湖区	259	134	125				206	206				53
蚌山区	158	118	40				158	158				
禹会区	132	132					132	132				
淮上区	205	75	130				40	40				165
淮南市小计	**60230**	**45590**	**9330**	**1822**		**3488**	**42412**	**42412**				**17818**
本级	47477	35606	8652	888		2331	33443	33443				14034
县级小计	12753	9984	678	934		1157	8969	8969				3784
凤台县	11254	9956	678	6		614	7470	7470				3784
田家庵区	609			362		247	609	609				
大通区	79			36		43	79	79				
谢家集区	542			452		90	542	542				
八公山区	144			78		66	144	144				
潘集区	125	28				97	125	125				
铜陵市小计	**18725**	**13939**	**3413**	**1373**			**4926**	**4717**			**209**	**13799**
本级	15036	10607	3383	1046			4369	4369				10667
县级小计	3689	3332	30	327			557	348			209	3132
铜陵县	3533	3332		201			418	209			209	3115
铜官山区	40		10	30			30	30				10
狮子山区	9		7	2			2	2				7
郊区	107		13	94			107	107				
马鞍山市小计	**40266**	**32042**	**5928**	**2296**			**26918**	**25138**	**1780**			**13348**

3－15－10

单位:万元

地区	收支部分 收入 收入合计	养路费收入	公路客货运附加费收入	国有土地使用权出让金收入	新增建设用地土地有偿使用费收入	地方水利建设基金收入	城镇公用事业附加收入	其他各项基金收入
本级	22394			6152	7875	1		8366
县级小计	9648			7876	1049	172		551
当涂县	9648			7876	1049	172		551
花山区								
雨山区								
金家庄区								
淮北市小计	**7696**				**5253**			**2443**
本级	5235				3079			2156
县级小计	2461				2174			287
濉溪县	2461				2174			287
相山区								
杜集区								
烈山区								
芜湖市小计	**39565**			**16583**	**18100**	**22**	**636**	**4224**
本级	24001			6619	14693			2689
县级小计	15564			9964	3407	22	636	1535
繁昌县	7793			5766	1382		291	354
南陵县	2750			1822	583		215	130
芜湖县	4254			2376	1442	22	130	284
镜湖区	369							369
弋江区	166							166
鸠江区	206							206
三山区	26							26
安庆市小计	**94132**	**3121**		**67502**	**18288**	**112**	**25**	**5084**
本级	39844	3121		28114	6741	32		1836
县级小计	54288			39388	11547	80	25	3248
怀宁县	575				372			203
枞阳县	1167			35	919			213
桐城市	8997			6375	1550	32		1040
潜山县	2578			2000	242			336
太湖县	864			206	229	12		417
宿松县	2773			1864	563	16		330
望江县	26975			26806	58			111
岳西县	1942			1402	104	20	25	391
迎江区	659				581			78
大观区	1202				1123			79

3－15－11　　　　单位:万元

地　区	收支部分						
	支出						
	支出合计	养路费支出	公路客货运附加费支出	国有土地使用权出让金支出	地方水利建设基金支出	城镇公用事业附加支出	其他各项基金支出
本级	12397		748	6405			5244
县级小计	12741			10197	162		2382
当涂县	10549			9557	162		830
花山区	300			173			127
雨山区	1632			235			1397
金家庄区	260			232			28
淮北市小计	**7326**		**504**	**4506**	**50**		**2266**
本级	4783		504	2180			2099
县级小计	2543			2326	50		167
濉溪县	2383			2166	50		167
相山区							
杜集区	160			160			
烈山区							
芜湖市小计	**31311**		**1135**	**22571**	**1428**	**636**	**5541**
本级	13714		1135	8129	977		3473
县级小计	17597			14442	451	636	2068
繁昌县	8587			7619	205	291	472
南陵县	3560			3005	154	215	186
芜湖县	4597			3818	92	130	557
镜湖区	369						369
弋江区	252						252
鸠江区	206						206
三山区	26						26
安庆市小计	**92071**	**3084**	**1456**	**80855**	**712**	**25**	**5939**
本级	31510	3084	1456	24905	422		1643
县级小计	60561			55950	290	25	4296
怀宁县	1387			1072	34		281
枞阳县	4250			4068			182
桐城市	10523			8875	122		1526
潜山县	1809			1378			431
太湖县	1038			545	12		481
宿松县	3575			3127	16		432
望江县	27543			27409	17		117
岳西县	2630			1846	89	25	670
迎江区	94			21			73
大观区	1691			1590			101

3－15－12

单位:万元

地区	平衡部分											
	收入						支出					年终结余
	收入总计	本年收入	上年结余	补助收入	省补助计划单列市收入	调入资金	支出总计	本年支出	上解支出	计划单列市上解省支出	调出资金	
本级	25384	22394	4238	－1248			13944	12397	1547			11440
县级小计	14882	9648	1690	3544			12974	12741	233			1908
当涂县	12634	9648	1690	1296			10782	10549	233			1852
花山区	300			300			300	300				
雨山区	1632			1632			1632	1632				
金家庄区	316			316			260	260				56
淮北市小计	**12952**	**7696**	**2760**	**2496**			**7326**	**7326**				**5626**
本级	7995	5235	1477	1283			4783	4783				3212
县级小计	4957	2461	1283	1213			2543	2543				2414
濉溪县	4797	2461	1283	1053			2383	2383				2414
相山区												
杜集区	160			160			160	160				
烈山区												
芜湖市小计	**53850**	**39565**	**9184**	**5101**			**31311**	**31311**				**22539**
本级	35711	24001	7943	3767			13714	13714				21997
县级小计	18139	15564	1241	1334			17597	17597				542
繁昌县	8588	7793	494	301			8587	8587				1
南陵县	3841	2750	281	810			3560	3560				281
芜湖县	4597	4254	120	223			4597	4597				
镜湖区	623	369	254				369	369				254
弋江区	258	166	92				252	252				6
鸠江区	206	206					206	206				
三山区	26	26					26	26				
安庆市小计	**109456**	**94132**	**6934**	**8390**			**92071**	**92071**				**17385**
本级	43366	39844	2032	1490			31510	31510				11856
县级小计	66090	54288	4902	6900			60561	60561				5529
怀宁县	1387	575		812			1387	1387				
枞阳县	6278	1167	4062	1049			4250	4250				2028
桐城市	10523	8997	40	1486			10523	10523				
潜山县	3007	2578	183	246			1809	1809				1198
太湖县	1121	864	107	150			1038	1038				83
宿松县	3575	2773		802			3575	3575				
望江县	27543	26975		568			27543	27543				
岳西县	2630	1942		688			2630	2630				
迎江区	699	659	19	21			94	94				605
大观区	1732	1202	24	506			1691	1691				41

3-15-13

单位:万元

地区	收支部分							
	收入							
	收入合计	养路费收入	公路客货运附加费收入	国有土地使用权出让金收入	新增建设用地土地有偿使用费收入	地方水利建设基金收入	城镇公用事业附加收入	其他各项基金收入
宜秀区	6556			700	5806			50
黄山市小计	**32419**	**91**		**24786**	**4112**	**105**	**412**	**2913**
本级	15946			12217	2118	14	196	1401
县级小计	16473	91		12569	1994	91	216	1512
祁门县	853			693	30	10	27	93
黟县	1361	41		1200	28	7	14	71
休宁县	5259			4824	280		59	96
歙县	4219			3285	252	24	52	606
屯溪区	1039	50		830		30		129
黄山区	2603			1080	1297	20		206
徽州区	1139			657	107		64	311
亳州市小计	**33982**	**588**		**26954**	**3919**	**195**		**2326**
本级	6411			3170	2852			389
县级小计	27571	588		23784	1067	195		1937
涡阳县	10672			9648	511	117		396
蒙城县	5627			4994	149	50		434
利辛县	5262	588		3287	407	28		952
谯城区	6010			5855				155

3－15－14

单位:万元

地　　区	收支部分						
	支出						
	支出合计	养路费支出	公路客货运附加费支出	国有土地使用权出让金支出	地方水利建设基金支出	城镇公用事业附加支出	其他各项基金支出
宜秀区	6021			6019			2
黄山市小计	**31059**	**91**	**673**	**27028**	**369**	**166**	**2732**
本级	13794		606	12199	32		957
县级小计	17265	91	67	14829	337	166	1775
祁门县	850		13	652	3	5	177
黟县	1785	41	2	1553	36	22	131
休宁县	5417			5094	80	59	184
歙县	4162			3537	61	39	525
屯溪区	1215	50	15	895	57		198
黄山区	2610		16	2265	98		231
徽州区	1226		21	833	2	41	329
亳州市小计	**26162**	**497**	**1053**	**22764**	**79**		**1769**
本级	3603		481	3012			110
县级小计	22559	497	572	19752	79		1659
涡阳县	8392		57	7923	37		375
蒙城县	6605		237	5799	19		550
利辛县	4558	497	240	3284			537
谯城区	3004		38	2746	23		197

3－15－15

单位:万元

地区	平衡部分											
	收入						支出					年终结余
	收入总计	本年收入	上年结余	补助收入	省补助计划单列市收入	调入资金	支出总计	本年支出	上解支出	计划单列市上解省支出	调出资金	
宣秀区	7595	6556	467	572			6021	6021				1574
黄山市小计	**42762**	**32419**	**7921**	**2422**			**31159**	**31059**			**100**	**11603**
本级	22514	15946	5728	840			13794	13794				8720
县级小计	20248	16473	2193	1582			17365	17265			100	2883
祁门县	1666	853	686	127			950	850			100	716
黟县	2141	1361	219	561			1785	1785				356
休宁县	5450	5259		191			5417	5417				33
歙县	5205	4219	743	243			4162	4162				1043
屯溪区	1408	1039	201	168			1215	1215				193
黄山区	2769	2603		166			2610	2610				159
徽州区	1609	1139	344	126			1226	1226				383
亳州市小计	**48461**	**33982**	**12029**	**2450**			**26200**	**26162**	**38**			**22261**
本级	12638	6411	7030	－803			3641	3603	38			8997
县级小计	35823	27571	4999	3253			22559	22559				13264
涡阳县	13624	10672	2764	188			8392	8392				5232
蒙城县	7068	5627	424	1017			6605	6605				463
利辛县	6190	5262	647	281			4558	4558				1632
谯城区	8941	6010	1164	1767			3004	3004				5937

2006 年福建省地市县财政基金预算收支平衡表

3－16－1　　　　单位:万元

地区	收支部分							
	收入							
	收入合计	养路费收入	公路客货运附加费收入	国有土地使用权出让金收入	新增建设用地土地有偿使用费收入	地方水利建设基金收入	城镇公用事业附加收入	其他各项基金收入
地(市)县级总计	**767786**	**11504**	**8959**	**507968**	**48573**	**30038**	**27329**	**133415**
地(市)本级合计	**379486**	**4555**	**8901**	**205200**	**22261**	**24925**	**17787**	**95857**
县级合计	**388300**	**6949**	**58**	**302768**	**26312**	**5113**	**9542**	**37558**
厦门市小计	**78795**	**446**	**5159**	**16334**	**13778**		**5906**	**37172**
本级	55660	164	5156	7300	3160		5206	34674
县级小计	23135	282	3	9034	10618		700	2498
同安区	9483	156	2	8433			600	292
集美区	4031			300	3453			278
翔安区	5990	126	1	301	4369		100	1093
海沧区	3372				2796			576
思明区	208							208
湖里区	51							51
福州市小计	**361310**	**1316**	**15**	**273195**	**9971**	**18197**	**8902**	**49714**
本级	176280			106510	5751	15391	5820	42808
县级小计	185030	1316	15	166685	4220	2806	3082	6906
闽侯县	34377	165		28991	2071	322	889	1939
福清市	61795	644	15	58213		496	1418	1009
闽清县	4461	166		3218		19	630	428
长乐市	23516			20505	634	1346		1031
永泰县	2165	86		1173	141			765
平潭县	1456			822	37	14	145	438
连江县	20501	69		19490	769	22		151
罗源县	6813			6248	291	75		199
鼓楼区	111							111
台江区								
仓山区	600	7						593
晋安区	285	177						108
马尾区	28206	2		27300	277	493		134
琅岐区	301			301				
保税区	443			424		19		
三明市小计	**21334**	**744**		**10211**	**1988**	**877**	**1786**	**5728**
本级	10457	480		4837	1332	817	700	2291
县级小计	10877	264		5374	656	60	1086	3437
永安市	2560				522	60	655	1323
宁化县	310	32		85	63			130

3－16－2

单位:万元

地区	收支部分						
	支出						
	支出合计	养路费支出	公路客货运附加费支出	国有土地使用权出让金支出	地方水利建设基金支出	城镇公用事业附加支出	其他各项基金支出
地(市)县级总计	**707404**	**11141**	**8758**	**471904**	**31316**	**34367**	**149918**
地(市)本级合计	**313577**	**3816**	**8728**	**172986**	**23486**	**24841**	**79720**
县级合计	**393827**	**7325**	**30**	**298918**	**7830**	**9526**	**70198**
厦门市小计	**90405**	**388**	**5156**	**25873**	**30**	**5549**	**53409**
本级	59439	158	5156	10062		5049	39014
县级小计	30966	230		15811	30	500	14395
同安区	10046	140		7063		348	2495
集美区	6511			3848			2663
翔安区	8362	90		4750	30	152	3340
海沧区	826						826
思明区	3274			150			3124
湖里区	1947						1947
福州市小计	**314767**	**1219**	**18**	**245684**	**19956**	**13753**	**34137**
本级	127698			78102	16035	10949	22612
县级小计	187069	1219	18	167582	3921	2804	11525
闽侯县	33602	80		31235	356	370	1561
福清市	64384	670	18	60373	708	1058	1557
闽清县	3670	154		1976	127	488	925
长乐市	20199			18053	655		1491
永泰县	1664	86		662	58		858
平潭县	2242			1457	171	145	469
连江县	15509	34		14833	191		451
罗源县	7823			7217	210	5	391
鼓楼区	1567			488			1079
台江区	2375			2000			375
仓山区	1708	4		651	283		770
晋安区	1917	189		305	469		954
马尾区	29429	2		27558	673	738	458
琅岐区	501			295	20		186
保税区	479			479			
三明市小计	**21320**	**650**		**7277**		**1872**	**11521**
本级	9220	377		4831		700	3312
县级小计	12100	273		2446		1172	8209
永安市	4089					655	3434
宁化县	347	28		103			216

3－16－3

单位：万元

地区	平衡部分											
	收入						支出					年终结余
	收入总计	本年收入	上年结余	补助收入	省补助计划单列市收入	调入资金	支出总计	本年支出	上解支出	计划单列市上解省支出	调出资金	
地（市）县级总计	**1076636**	**767786**	**254724**	**38267**	**8336**	**7523**	**730372**	**707404**	**795**		**22173**	**346264**
地（市）本级合计	**504991**	**379486**	**131608**	**－20967**	**8336**	**6528**	**316887**	**313577**	**－190**		**3500**	**188104**
县级合计	**571645**	**388300**	**123116**	**59234**		**995**	**413485**	**393827**	**985**		**18673**	**158160**
厦门市小计	**103438**	**78795**	**9728**	**6579**	**8336**		**90405**	**90405**				**13033**
本级	61902	55660	3538	－5632	8336		59439	59439				2463
县级小计	41536	23135	6190	12211			30966	30966				10570
同安区	13370	9483	1457	2430			10046	10046				3324
集美区	7140	4031	1151	1958			6511	6511				629
翔安区	8927	5990	1111	1826			8362	8362				565
海沧区	5335	3372	1159	804			826	826				4509
思明区	4347	208	1069	3070			3274	3274				1073
湖里区	2417	51	243	2123			1947	1947				470
福州市小计	**505924**	**361310**	**136529**	**2338**		**5747**	**323942**	**314767**			**9175**	**181982**
本级	253404	176280	86282	－14645		5487	128248	127698			550	125156
县级小计	252520	185030	50247	16983		260	195694	187069			8625	56826
闽侯县	46327	34377	10976	974			33602	33602				12725
福清市	75354	61795	12537	762		260	64609	64384			225	10745
闽清县	6388	4461	1400	527			3670	3670				2718
长乐市	34279	23516	10047	716			22399	20199			2200	11880
永泰县	7215	2165	3735	1315			2664	1664			1000	4551
平潭县	6058	1456	4216	386			2242	2242				3816
连江县	22131	20501	971	659			20709	15509			5200	1422
罗源县	9460	6813	1891	756			7823	7823				1637
鼓楼区	3851	111	242	3498			1567	1567				2284
台江区	2601		1537	1064			2375	2375				226
仓山区	3391	600	531	2260			1708	1708				1683
晋安区	2852	285	720	1847			1917	1917				935
马尾区	31030	28206	695	2129			29429	29429				1601
琅岐区	676	301	285	90			501	501				175
保税区	907	443	464				479	479				428
三明市小计	**35994**	**21334**	**7894**	**6747**		**19**	**25421**	**21320**	**409**		**3692**	**10573**
本级	16218	10457	4638	1123			9220	9220				6998
县级小计	19776	10877	3256	5624		19	16201	12100	409		3692	3575
永安市	5206	2560	560	2086			4468	4089	29		350	738
宁化县	1131	310	508	313			577	347	89		141	554

3－16－4

单位:万元

地区	收支部分							
	收入							
	收入合计	养路费收入	公路客货运附加费收入	国有土地使用权出让金收入	新增建设用地土地有偿使用费收入	地方水利建设基金收入	城镇公用事业附加收入	其他各项基金收入
大田县	901			800				101
清流县	766			705				61
明溪县	306						19	287
尤溪县	1309			1000			309	
沙县	2025			2025				
将乐县	263	92		100	71			
泰宁县	1409	36		50			43	1280
建宁县	759			609			60	90
三元区	130	56						74
梅列区	139	48						91
南平市小计	**32565**	**984**	**1597**	**14984**	**821**	**230**	**1674**	**12275**
本级	12553	414	1597	4796	474	136	700	4436
县级小计	20012	570		10188	347	94	974	7839
邵武市	1783	130		1067			410	176
建阳市	3746			2008				1738
顺昌县	498			232	43	43	100	80
建瓯市	405	153					140	112
浦城县	1056			794	21		217	24
武夷山市	2244			1029	283	33		899
光泽县	2745	25		1457			107	1156
松溪县	968			458		6		504
政和县	1385			1343		12		30
延平区	5182	262		1800				3120
宁德市小计	**22667**	**356**	**40**	**17661**		**684**		**3926**
本级	11673			10543		515		615
县级小计	10994	356	40	7118		169		3311
福鼎县	2426			1522				904
福安市	2536			1634				902
霞浦县	3396			3060				336
古田县	730	221	32			94		383
屏南县	927			703		28		196
寿宁县	352			197				155
周宁县	84	43	8	2		19		12
柘荣县	39					28		11
蕉城区	504	92						412

3-16-5

单位:万元

地区	收支部分						
	支出						
	支出合计	养路费支出	公路客货运附加费支出	国有土地使用权出让金支出	地方水利建设基金支出	城镇公用事业附加支出	其他各项基金支出
大田县	1449			1040			409
清流县	499			370			129
明溪县	146			17		39	90
尤溪县	545			18		353	174
沙县	667			191			476
将乐县	282	94		32			156
泰宁县	1491	36		65		65	1325
建宁县	820			610		60	150
三元区	627	50					577
梅列区	1138	65					1073
南平市小计	**30838**	**913**	**1693**	**9828**	**727**	**1246**	**16431**
本级	11543	414	1693	4441	498	527	3970
县级小计	19295	499		5387	229	719	12461
邵武市	1809	130		365	3	406	905
建阳市	1757			160	6	14	1577
顺昌县	992			215	36	102	639
建瓯市	664	150		55	23	36	400
浦城县	1126			730	10	99	287
武夷山市	1941			92	58		1791
光泽县	2069	25		766	12	57	1209
松溪县	1174			388	69		717
政和县	1350			1069	9		272
延平区	6413	194		1547	3	5	4664
宁德市小计	**15933**	**350**	**12**	**9069**	**948**		**5554**
本级	8346			6751	338		1257
县级小计	7587	350	12	2318	610		4297
福鼎县	2417			1215	76		1126
福安市	1416			326	92		998
霞浦县	666			81	36		549
古田县	893	240	7	23	97		526
屏南县	704			431	35		238
寿宁县	495			197	21		277
周宁县	229	46	5		37		141
柘荣县	143				18		125
蕉城区	624	64		45	198		317

3－16－6

单位:万元

地区	平衡部分											
	收入						支出					年终结余
	收入总计	本年收入	上年结余	补助收入	省补助计划单列市收入	调入资金	支出总计	本年支出	上解支出	计划单列市上解省支出	调出资金	
大田县	1617	901	394	303		19	1480	1449	31			137
清流县	1078	766	172	140			913	499	38		376	165
明溪县	1038	306	496	236			187	146	41			851
尤溪县	1763	1309	227	227			1570	545	25		1000	193
沙县	2547	2025	97	425			2498	667	6		1825	49
将乐县	681	263	206	212			321	282	39			360
泰宁县	1608	1409	97	102			1515	1491	24			93
建宁县	917	759	28	130			886	820	66			31
三元区	922	130	305	487			638	627	11			284
梅列区	1268	139	166	963			1148	1138	10			120
南平市小计	**63015**	**32565**	**23518**	**6300**		**632**	**33113**	**30838**	**194**		**2081**	**29902**
本级	17526	12553	4529	－42		486	12193	11543			650	5333
县级小计	45489	20012	18989	6342		146	20920	19295	194		1431	24569
邵武市	4630	1783	1966	881			2924	1809	55		1060	1706
建阳市	6963	3746	2910	307			1765	1757	8			5198
顺昌县	2544	498	1328	718			992	992				1552
建瓯市	1447	405	453	589			672	664	8			775
浦城县	4017	1056	2670	291			1157	1126	31			2860
武夷山市	6186	2244	2694	1165		83	1963	1941	22			4223
光泽县	4144	2745	1208	191			2094	2069	25			2050
松溪县	1556	968	289	236		63	1222	1174	36		12	334
政和县	2275	1385	606	284			1354	1350	4			921
延平区	11727	5182	4865	1680			6777	6413	5		359	4950
宁德市小计	**40832**	**22667**	**14607**	**3558**			**21292**	**15933**			**5359**	**19540**
本级	16213	11673	4432	108			10646	8346			2300	5567
县级小计	24619	10994	10175	3450			10646	7587			3059	13973
福鼎县	4213	2426	994	793			2417	2417				1796
福安市	4302	2536	1256	510			1457	1416			41	2845
霞浦县	4610	3396	799	415			3666	666			3000	944
古田县	2246	730	1219	297			893	893				1353
屏南县	2508	927	1352	229			704	704				1804
寿宁县	1478	352	871	255			495	495				983
周宁县	835	84	567	184			229	229				606
柘荣县	511	39	208	264			161	143			18	350
蕉城区	3915	504	2908	503			624	624				3291

3－16－7

单位:万元

地区	收支部分							
	收入							
	收入合计	养路费收入	公路客货运附加费收入	国有土地使用权出让金收入	新增建设用地土地有偿使用费收入	地方水利建设基金收入	城镇公用事业附加收入	其他各项基金收入
东侨区								
莆田市小计	**75043**	**954**		**65585**	**1878**	**1749**	**1660**	**3217**
本级	41284	472		34214	1794	1715	1660	1429
县级小计	33759	482		31371	84	34		1788
仙游县	1540	175		1000	84	34		247
荔城区	14616	59		14157				400
城厢区	1338	77		786				475
涵江区	2820	93		2200				527
秀屿区	13440	78		13228				134
湄洲岛	5							5
泉州市小计	**56238**	**3458**		**27708**	**7918**	**5011**	**5896**	**6247**
本级	18916	762		6659	3993	3840	2525	1137
县级小计	37322	2696		21049	3925	1171	3371	5110
惠安县	2931	785			1256		350	540
晋江市	2616				2569			47
石狮市								
南安市	14847	773		10992		412	1570	1100
安溪县	13650	400		10050		750	750	1700
永春县	1460	283			100	9	201	867
德化县	890	150					360	380
泉港区	469	157		7			140	165
鲤城区	322	126						196
丰泽区	22	22						
洛江区	115							115
漳州市小计	**74812**	**988**		**55758**	**8039**	**883**	**1490**	**7654**
本级	16989	330		7615	2612	842	1176	4414
县级小计	57823	658		48143	5427	41	314	3240
龙海市	45354	120		41966	2386		100	782
长泰县	1112	34		211	763			104
东山县	492				448			44
南靖县	1189	105		574				510
平和县	454			450				4
华安县	285						214	71
云霄县	2882	72		1548				1262
漳浦县	304	118		58		33		95

3－16－8　　　　单位：万元

地　　区	收支部分						
	支出						
	支出合计	养路费支出	公路客货运附加费支出	国有土地使用权出让金支出	地方水利建设基金支出	城镇公用事业附加支出	其他各项基金支出
东侨区							
莆田市小计	**72549**	**855**		**63725**	**2491**	**1542**	**3936**
本级	40808	413		34719	2426	1542	1708
县级小计	31741	442		29006	65		2228
仙游县	872	150		98	30		594
荔城区	13957	50		13565			342
城厢区	1152	74		839			239
涵江区	2262	93		1465	35		669
秀屿区	13144	75		12833			236
湄洲岛	354			206			148
泉州市小计	**54468**	**3444**		**30122**	**3353**	**9247**	**8302**
本级	13459	197		6033	1040	5114	1075
县级小计	41009	3247		24089	2313	4133	7227
惠安县	3989	763		1087	287	1041	811
晋江市	3341	51		1137	178	60	1915
石狮市	234	47			76		111
南安市	15471	856		11039	598	1617	1361
安溪县	13598	485		10475	571	719	1348
永春县	1768	432		188	242	216	690
德化县	1261	214		100	154	340	453
泉港区	569	183		20	89	140	137
鲤城区	387	148			7		232
丰泽区	154	48		3	41		62
洛江区	237	20		40	70		107
漳州市小计	**66517**	**1088**		**56674**	**1599**	**1158**	**5998**
本级	14253	354		8919	1397	960	2623
县级小计	52264	734		47755	202	198	3375
龙海市	41132	129		40022	151	100	730
长泰县	936	40		633			263
东山县	171			1			170
南靖县	922	77		585			260
平和县	209						209
华安县	210	10				64	136
云霄县	2652	81		1569		34	968
漳浦县	592	218		14	33		327

3－16－9　　　　单位:万元

地区	平衡部分											
	收入						支出					年终结余
	收入总计	本年收入	上年结余	补助收入	省补助计划单列市收入	调入资金	支出总计	本年支出	上解支出	计划单列市上解省支出	调出资金	
东侨区	1		1									1
莆田市小计	**83855**	**75043**	**7225**	**1421**		**166**	**73549**	**72549**			**1000**	**10306**
本级	43972	41284	2830	－142			40808	40808				3164
县级小计	39883	33759	4395	1563		166	32741	31741			1000	7142
仙游县	3398	1540	1300	441		117	1872	872			1000	1526
荔城区	15256	14616	486	154			13957	13957				1299
城厢区	2390	1338	746	257		49	1152	1152				1238
涵江区	3389	2820	333	236			2262	2262				1127
秀屿区	15086	13440	1485	161			13144	13144				1942
湄洲岛	364	5	45	314			354	354				10
泉州市小计	**77507**	**56238**	**17324**	**3942**		**3**	**54478**	**54468**	**10**			**23029**
本级	25532	18916	9696	－3080			13459	13459				12073
县级小计	51975	37322	7628	7022		3	41019	41009	10			10956
惠安县	6216	2931	2677	608			3989	3989				2227
晋江市	5846	2616	1272	1958			3341	3341				2505
石狮市	865		689	174		2	234	234				631
南安市	16155	14847	264	1044			15471	15471				684
安溪县	15611	13650	1182	779			13598	13598				2013
永春县	2749	1460	510	779			1768	1768				981
德化县	1808	890	348	570			1271	1261	10			537
泉港区	1080	469	355	255		1	569	569				511
鲤城区	739	322	249	168			387	387				352
丰泽区	515	22	26	467			154	154				361
洛江区	391	115	56	220			237	237				154
漳州市小计	**98420**	**74812**	**19761**	**3083**		**764**	**67257**	**66517**			**740**	**31163**
本级	24394	16989	6204	646		555	14230	14253	－23			10164
县级小计	74026	57823	13557	2437		209	53027	52264	23		740	20999
龙海市	53457	45354	7835	118		150	41132	41132				12325
长泰县	1798	1112	472	214			936	936				862
东山县	747	492	94	161			618	171			447	129
南靖县	1924	1189	577	158			1006	922			84	918
平和县	2789	454	1954	342		39	248	209			39	2541
华安县	643	285	190	168			210	210				433
云霄县	3283	2882	257	144			2652	2652				631
漳浦县	1628	304	620	704			592	592				1036

3－16－10

单位:万元

地区	收支部分 收入 收入合计	养路费收入	公路客货运附加费收入	国有土地使用权出让金收入	新增建设用地土地有偿使用费收入	地方水利建设基金收入	城镇公用事业附加收入	其他各项基金收入
诏安县	690			667				23
芗城区	452	163						289
龙文区	4586	46		2669	1830	8		33
漳州开发区	23							23
龙岩市小计	**45022**	**2258**	**2148**	**26532**	**4180**	**2407**	**15**	**7482**
本级	35674	1933	2148	22726	3145	1669		4053
县级小计	9348	325		3806	1035	738	15	3429
新罗区	2511	325				706		1480
长汀县	1100			147	487	22		444
永定县	1127			98	175			854
上杭县	246				209		15	22
武平县	2070			1337	144	10		579
漳平市	1100			1030	20			50
连城县	1194			1194				
开发区								

3－16－11

单位:万元

地区	收支部分						
	支出						
	支出合计	养路费支出	公路客货运附加费支出	国有土地使用权出让金支出	地方水利建设基金支出	城镇公用事业附加支出	其他各项基金支出
诏安县	435			245			190
芗城区	236	162					74
龙文区	4769	17		4686	18		48
漳州开发区							
龙岩市小计	**40607**	**2234**	**1879**	**23652**	**2212**		**10630**
本级	28811	1903	1879	19128	1752		4149
县级小计	11796	331		4524	460		6481
新罗区	3205	331			324		2550
长汀县	689			150			539
永定县	1490			144			1346
上杭县	656			63			593
武平县	2409			1562	10		837
漳平市	1711			1385	126		200
连城县	1636			1220			416
开发区							

3－16－12 单位：万元

地区	平衡部分											
	收入						支出					年终结余
	收入总计	本年收入	上年结余	补助收入	省补助计划单列市收入	调入资金	支出总计	本年支出	上解支出	计划单列市上解省支出	调出资金	
诏安县	932	690	88	154			435	435				497
芗城区	960	452	252	256			406	236			170	554
龙文区	5842	4586	1218	18		20	4769	4769				1073
漳州开发区	23	23					23		23			
龙岩市小计	**67651**	**45022**	**18138**	**4299**		**192**	**40915**	**40607**	**182**		**126**	**26736**
本级	45830	35674	9459	697			28644	28811	－167			17186
县级小计	21821	9348	8679	3602		192	12271	11796	349		126	9550
新罗区	4713	2511	1082	1120			3372	3205	167			1341
长汀县	4238	1100	2748	390			756	689	67			3482
永定县	2267	1127	610	530			1512	1490	22			755
上杭县	1760	246	995	519			671	656	15			1089
武平县	2697	2070	353	234		40	2449	2409	40			248
漳平市	4156	1100	2460	470		126	1849	1711	12		126	2307
连城县	1990	1194	431	339		26	1662	1636	26			328
开发区												

2006 年江西省地市县财政基金预算收支平衡表

3－17－1　　　　单位:万元

地　　区	收支部分							
	收入							
	收入合计	养路费收　入	公路客货运附加费收　入	国有土地使用权出让金收入	新增建设用地土地有偿使用费收入	地方水利建设基金收　入	城镇公用事业附加收　入	其他各项基金收入
地(市)县级总计	**553206**	**6782**	**869**	**321512**	**129230**	**11786**	**7058**	**75969**
地(市)本级合计	**375842**	**3207**	**209**	**250184**	**60350**	**10872**	**7058**	**43962**
县级合计	**177364**	**3575**	**660**	**71328**	**68880**	**914**		**32007**
南昌市小计	**138287**	**385**		**55902**	**41503**	**7700**	**3170**	**29627**
本级	120761	180		52000	28858	7700	3170	28853
县级小计	17526	205		3902	12645			774
南昌县	3045	205		860	1551			429
新建县	2814			1000	1621			193
进贤县	1252			742	472			38
安义县	1540			1300	216			24
湾里区	2358				2299			59
青山湖区	31							31
东湖区								
西湖区								
青云谱区								
昌北区								
高新区	4526				4526			
红谷滩区	816				816			
桑海区	354				354			
英雄区	790				790			
景德镇市小计	**11768**			**6751**	**3500**	**130**	**98**	**1289**
本级	7886			4900	2096		98	792
县级小计	3882			1851	1404	130		497
高新科技园	2							2
陶瓷科技园	359				359			
乐平市	2160			1805	349			6
浮梁县	1156				696			460
珠山区	13							13
昌江区	192			46		130		16
萍乡市小计	**31022**	**728**		**22897**	**4811**	**532**	**1092**	**962**
本级	17910	647		13420	1562	410	1092	779
县级小计	13112	81		9477	3249	122		183
莲花县	1616	81		1233	159			143
上栗县	228				228			
芦溪县	150			20	130			

3－17－2

单位:万元

地区	收支部分						
	支出						
	支出合计	养路费支出	公路客货运附加费支出	国有土地使用权出让金支出	地方水利建设基金支出	城镇公用事业附加支出	其他各项基金支出
地(市)县级总计	**497040**	**6896**	**730**	**409140**	**16887**	**4828**	**58559**
地(市)本级合计	**219555**	**3568**	**265**	**182224**	**3981**	**4510**	**25007**
县级合计	**277485**	**3328**	**465**	**226916**	**12906**	**318**	**33552**
南昌市小计	**80223**	**201**		**56184**	**5225**	**2630**	**15983**
本级	68668	101		50420	1961	2630	13556
县级小计	11555	100		5764	3264		2427
南昌县	2301	100		1150	1017		34
新建县	1836			984	714		138
进贤县	1095			350	586		159
安义县	1973			1160	636		177
湾里区	1524			917	67		540
青山湖区	1707			600	29		1078
东湖区	114						114
西湖区	81				2		79
青云谱区	95				10		85
昌北区	132			50	70		12
高新区	228			100	118		10
红谷滩区	454			453			1
桑海区	5				5		
英雄区	10				10		
景德镇市小计	**8480**			**6861**	**159**	**51**	**1409**
本级	4488			3564		51	873
县级小计	3992			3297	159		536
高新科技园							
陶瓷科技园	300			300			
乐平市	2546			2497	10		39
浮梁县	983			500	40		443
珠山区	15						15
昌江区	148				109		39
萍乡市小计	**26779**	**681**		**23851**	**492**	**762**	**993**
本级	12792	600		10893	40	582	677
县级小计	13987	81		12958	452	180	316
莲花县	1478	81		1038	195		164
上栗县	165			45	107		13
芦溪县	354			228	45		81

3－17－3

单位:万元

地区	平衡部分											
	收入						支出					年终结余
	收入总计	本年收入	上年结余	补助收入	省补助计划单列市收入	调入资金	支出总计	本年支出	上解支出	计划单列市上解省支出	调出资金	
地(市)县级总计	**805950**	**553206**	**129173**	**121639**		**1932**	**521267**	**497040**	**8806**		**15421**	**284683**
地(市)本级合计	**392001**	**375842**	**72214**	**－57230**		**1175**	**227921**	**219555**	**3496**		**4870**	**164080**
县级合计	**413949**	**177364**	**56959**	**178869**		**757**	**293346**	**277485**	**5310**		**10551**	**120603**
南昌市小计	**178359**	**138287**	**25528**	**14544**			**90616**	**80223**	**1449**		**8944**	**87743**
本级	135357	120761	14621	－25			73077	68668	959		3450	62280
县级小计	43002	17526	10907	14569			17539	11555	490		5494	25463
南昌县	8521	3045	3598	1878			2521	2301	220			6000
新建县	8122	2814	2428	2880			4473	1836	137		2500	3649
进贤县	3296	1252	1012	1032			2390	1095	95		1200	906
安义县	4078	1540	1033	1505			3489	1973	31		1485	589
湾里区	5110	2358	1072	1680			1590	1524	7		59	3520
青山湖区	2309	31	1069	1209			1707	1707				602
东湖区	382		107	275			114	114				268
西湖区	357		114	243			81	81				276
青云谱区	234		117	117			95	95				139
昌北区	148		62	86			132	132				16
高新区	7242	4526	110	2606			228	228				7014
红谷滩区	1261	816	5	440			454	454				807
桑海区	717	354	172	191			255	5			250	462
英雄区	1225	790	8	427			10	10				1215
景德镇市小计	**17286**	**11768**	**3219**	**2299**			**8969**	**8480**	**310**		**179**	**8317**
本级	11125	7886	1979	1260			4798	4488	310			6327
县级小计	6161	3882	1240	1039			4171	3992			179	1990
高新科技园	2	2										2
陶瓷科技园	477	359	26	92			300	300				177
乐平市	3165	2160	451	554			2546	2546				619
浮梁县	2044	1156	576	312			983	983				1061
珠山区	15	13		2			15	15				
昌江区	458	192	187	79			327	148			179	131
萍乡市小计	**37021**	**31022**	**3297**	**2702**			**27230**	**26779**	**291**		**160**	**9791**
本级	17654	17910	2608	－2864			13071	12792	279			4583
县级小计	19367	13112	689	5566			14159	13987	12		160	5208
莲花县	2198	1616	26	556			1560	1478	12		70	638
上栗县	564	228	54	282			165	165				399
芦溪县	408	150	－28	286			408	354			54	

3－17－4

单位:万元

地区	收支部分							
	收入							
	收入合计	养路费收入	公路客货运附加费收入	国有土地使用权出让金收入	新增建设用地土地有偿使用费收入	地方水利建设基金收入	城镇公用事业附加收入	其他各项基金收入
安源区	6416			5758	658			
湘东区	2831			2466	217	122		26
开发区	1871				1857			14
九江市小计	**46575**			**31585**	**9916**	**1223**		**3851**
本级	28774			23966	1860	1223		1725
县级小计	17801			7619	8056			2126
修水县	504				204			300
武宁县	3902			2938	215			749
永修县	829			106	637			86
德安县	300			25	136			139
瑞昌县	1049			668	152			229
都昌县	268				69			199
湖口县	306				268			38
彭泽县	1881			1600	138			143
星子县	348				314			34
九江县	2830			2282	371			177
庐山局	2							2
庐山区	2835				2824			11
浔阳区	42				39			3
开发区	2227				2214			13
共青开发区	478				475			3
新余市小计	**131856**	**342**		**120523**	**5408**		**800**	**4783**
本级	131625	342		120522	5408		800	4553
县级小计	231			1				230
分宜县	9							9
渝水区	198							198
仙女湖区	21			1				20
市开发区	3							3
鹰潭市小计	**10873**	**316**		**5022**	**4415**			**1120**
本级	6366	260		3934	1579			593
县级小计	4507	56		1088	2836			527
贵溪市	2224				1804			420
余江县	1467	56		595	716			100
月湖区	5							5
龙虎山风景区	495			493				2

3－17－5

单位：万元

地　　区	收支部分						
	支出						
	支出合计	养路费支　出	公路客货运附加费支　　出	国有土地使用权出让金支出	地方水利建设基金支　　出	城镇公用事业附加支　　出	其他各项基金支出
安源区	9111			9101	8		2
湘东区	1777			1624	97		56
开发区	1102			922		180	
九江市小计	**45093**			**39848**	**1713**	**70**	**3462**
本级	25842			23800	774	30	1238
县级小计	19251			16048	939	40	2224
修水县	1426			1013	103		310
武宁县	4312			3465	238		609
永修县	233			69			164
德安县	107			7	30		70
瑞昌县	1022			611	129		282
都昌县	696			456	75		165
湖口县	93			13	38		42
彭泽县	2104			1918	70		116
星子县	404			44	169		191
九江县	3769			3581			188
庐山局							
庐山区	1717			1587	85		45
浔阳区	325			318	2		5
开发区	2002			1925		40	37
共青开发区	1041			1041			
新余市小计	**129557**	**339**		**124931**	**438**	**255**	**3594**
本级	69120	339		66001	380	255	2145
县级小计	60437			58930	58		1449
分宜县	1236			890	8		338
渝水区	16184			15702	40		442
仙女湖区	1236			810			426
市开发区	41781			41528	10		243
鹰潭市小计	**10582**	**348**		**9264**	**95**		**875**
本级	4378	292		3854	10		222
县级小计	6204	56		5410	85		653
贵溪市	1384			924			460
余江县	2040	56		1818	85		81
月湖区	1839			1804			35
龙虎山风景区	531			454			77

3－17－6

单位:万元

地区	平衡部分											
	收入						支出					年终结余
	收入总计	本年收入	上年结余	补助收入	省补助计划单列市收入	调入资金	支出总计	本年支出	上解支出	计划单列市上解省支出	调出资金	
安源区	9721	6416	209	3096			9111	9111				610
湘东区	3194	2831	146	217			1813	1777			36	1381
开发区	3282	1871	282	1129			1102	1102				2180
九江市小计	**67115**	**46575**	**11772**	**7938**		**830**	**45576**	**45093**	**483**			**21539**
本级	30632	28774	3891	－2863		830	25990	25842	148			4642
县级小计	36483	17801	7881	10801			19586	19251	335			16897
修水县	2609	504	1412	693			1454	1426	28			1155
武宁县	5153	3902	740	511			4445	4312	133			708
永修县	1721	829	441	451			252	233	19			1469
德安县	454	300	9	145			129	107	22			325
瑞昌县	2243	1049	994	200			1057	1022	35			1186
都昌县	2148	268	99	1781			725	696	29			1423
湖口县	663	306	160	197			101	93	8			562
彭泽县	3873	1881	198	1794			2134	2104	30			1739
星子县	1044	348	487	209			409	404	5			635
九江县	4295	2830	1112	353			3792	3769	23			503
庐山局	25	2	13	10								25
庐山区	6342	2835	810	2697			1720	1717	3			4622
浔阳区	664	42	316	306			325	325				339
开发区	3677	2227	261	1189			2002	2002				1675
共青开发区	1572	478	829	265			1041	1041				531
新余市小计	**150207**	**131856**	**11053**	**6998**		**300**	**129940**	**129557**	**383**			**20267**
本级	87801	131625	10195	－54319		300	69513	69120	393			18288
县级小计	62406	231	858	61317			60427	60437	－10			1979
分宜县	1539	9	360	1170			1236	1236				303
渝水区	17756	198	238	17320			16173	16184	－11			1583
仙女湖区	1288	21	41	1226			1237	1236	1			51
市开发区	41823	3	219	41601			41781	41781				42
鹰潭市小计	**21036**	**10873**	**5444**	**4719**			**10802**	**10582**	**220**			**10234**
本级	8033	6366	2402	－735			4008	4378	－370			4025
县级小计	13003	4507	3042	5454			6794	6204	590			6209
贵溪市	6016	2224	1467	2325			1787	1384	403			4229
余江县	3369	1467	482	1420			2132	2040	92			1237
月湖区	1852	5	326	1521			1839	1839				13
龙虎山风景区	1170	495	553	122			531	531				639

3－17－7

单位：万元

地区	收支部分							
	收入							
	收入合计	养路费收入	公路客货运附加费收入	国有土地使用权出让金收入	新增建设用地土地有偿使用费收入	地方水利建设基金收入	城镇公用事业附加收入	其他各项基金收入
市工业园区	316				316			
赣州市小计	**64313**	**998**	**333**	**31744**	**20227**		**749**	**10262**
本级	18242			11421	4691		749	1381
县级小计	46071	998	333	20323	15536			8881
章贡区	2305	45	46		2078			136
开发区	11597			1479	10117			1
赣县	523	5	12	139	128			239
南康市	3334	160	28	2322	501			323
信丰县	3045	148	28	1819	249			801
大余县	1068	77	15	118	85			773
上犹县	889	44	14	135	23			673
崇义县	1811	86	18		235			1472
安远县	483	21	16	180	66			200
龙南县	1671	40	8	1248	114			261
定南县	1481	10	10	800	111			550
全南县	497	19	1		27			450
宁都县	1484	70	10	766	231			407
于都县	4800	96	15	3702	374			613
兴国县	1057	74	105	52	378			448
瑞金市	8917	30		7486	568			833
会昌县	324	14	7		125			178
寻乌县	380	18		77	21			264
石城县	405	41			105			259
宜春市小计	**26409**	**1061**		**10213**	**7751**	**777**		**6607**
本级	8572			4152	2298	714		1408
县级小计	17837	1061		6061	5453	63		5199
丰城市	1035				1035			
高安市	3481	1061		265	2134			21
樟树市	252				252			
奉新县	917				345			572
万载县	398				298			100
上高县	1042			230	372	60		380
宜丰县	4344			3242	100	3		999
靖安县	880			33	138			709
铜鼓县	3741			2291	36			1414

3－17－8

单位:万元

地区	收支部分						
	支出						
	支出合计	养路费支出	公路客货运附加费支出	国有土地使用权出让金支出	地方水利建设基金支出	城镇公用事业附加支出	其他各项基金支出
市工业园区	410			410			
赣州市小计	**63936**	**1438**	**232**	**50831**	**1948**	**119**	**9368**
本级	8449	953		5789		119	1588
县级小计	55487	485	232	45042	1948		7780
章贡区	4356	12	64	3988	5		287
开发区	12717			12716			1
赣县	268			56			212
南康市	4433	105	12	3828	55		433
信丰县	3995	107	15	3188			685
大余县	1025	53	9	125	42		796
上犹县	964	32	11	333	50		538
崇义县	2942	65	7	963	769		1138
安远县	339	3	13	163	48		112
龙南县	2003			1694			309
定南县	2491	1	8	2191	35		256
全南县	1084	8		162	754		160
宁都县	2188			1950	40		198
于都县	3904	51	1	2950	30		872
兴国县	843	14	92	142	45		550
瑞金市	10187			9466	40		681
会昌县	1143			980			163
寻乌县	278	15		31	30		202
石城县	327	19		116	5		187
宜春市小计	**26126**	**1061**		**18530**	**1350**	**98**	**5087**
本级	7894			6357	301		1236
县级小计	18232	1061		12173	1049	98	3851
丰城市	1409			1000	184		225
高安市	2928	1061		1333	278	98	158
樟树市	871			822	43		6
奉新县	586			335	203		48
万载县	28			14	9		5
上高县	2620			2250	70		300
宜丰县	4099			3253	70		776
靖安县	673			171	14		488
铜鼓县	2842			2070	5		767

3－17－9

单位:万元

地区	平衡部分											
	收入						支出					年终结余
	收入总计	本年收入	上年结余	补助收入	省补助计划单列市收入	调入资金	支出总计	本年支出	上解支出	计划单列市上解省支出	调出资金	
市工业园区	596	316	214	66			505	410	95			91
赣州市小计	**97856**	**64313**	**15711**	**17832**			**64948**	**63936**	**881**		**131**	**32908**
本级	26137	18242	11552	－3657			7527	8449	－922			18610
县级小计	71719	46071	4159	21489			57421	55487	1803		131	14298
章贡区	4538	2305	590	1643			4382	4356	26			156
开发区	17711	11597	664	5450			12717	12717				4994
赣县	830	523	148	159			377	268	33		76	453
南康市	4564	3334	68	1162			4563	4433	130			1
信丰县	4463	3045	183	1235			4193	3995	198			270
大余县	1513	1068	122	323			1201	1025	176			312
上犹县	1161	889	144	128			1037	964	73			124
崇义县	3837	1811	144	1882			3339	2942	397			498
安远县	453	483	－125	95			408	339	69			45
龙南县	2995	1671	973	351			2039	2003	36			956
定南县	3400	1481	－203	2122			2615	2491	124			785
全南县	1214	497	－174	891			1132	1084	48			82
宁都县	2988	1484	135	1369			2243	2188	55			745
于都县	6651	4800	1082	769			3984	3904	80			2667
兴国县	1717	1057	100	560			972	843	74		55	745
瑞金市	11602	8917	462	2223			10279	10187	92			1323
会昌县	1263	324	－12	951			1196	1143	53			67
寻乌县	382	380	－77	79			312	278	34			70
石城县	437	405	－65	97			432	327	105			5
宜春市小计	**48181**	**26409**	**15267**	**6049**		**456**	**27499**	**26126**	**668**		**705**	**20682**
本级	19166	8572	8706	1843		45	7702	7894	－192			11464
县级小计	29015	17837	6561	4206		411	19797	18232	860		705	9218
丰城市	2074	1035	355	664		20	1429	1409	20			645
高安市	8292	3481	4026	785			2928	2928				5364
樟树市	872	252	－109	729			871	871				1
奉新县	2041	917	45	1079			1246	586	180		480	795
万载县	551	398	40	113			28	28				523
上高县	4082	1042	2885	155			2670	2620	50			1412
宜丰县	4649	4344	－205	119		391	4369	4099	270			280
靖安县	809	880	－183	112			773	673	100			36
铜鼓县	3469	3741	－289	17			3307	2842	240		225	162

3－17－10

单位：万元

地　　区	收支部分							
	收入							
	收入合计	养路费收入	公路客货运附加费收入	国有土地使用权出让金收入	新增建设用地土地有偿使用费收入	地方水利建设基金收入	城镇公用事业附加收入	其他各项基金收入
袁州区	1747				743			1004
上饶市小计	**34690**	**762**	**78**	**8795**	**19524**	**917**	**278**	**4336**
本级	9823	762	78	976	6319	438	278	972
县级小计	24867			7819	13205	479		3364
信州区	1442			429	718	160		135
上饶县	3387			460	2735			192
广丰县	678			300	33	110		235
玉山县	1526				1376			150
铅山县	2151			785	1216			150
横峰县	757			49	703			5
弋阳县	1063				840			223
余干县	2053			1369	597			87
鄱阳县	1930				1760			170
万年县	1441				1239			202
德兴市	6144			4427	682	209		826
婺源县	2295				1306			989
吉安市小计	**28578**	**1419**	**248**	**12863**	**6365**	**87**	**398**	**7198**
本级	16619	625	52	12487	1759	20	398	1278
县级小计	11959	794	196	376	4606	67		5920
高新区								
吉州区	700	16	3		313	57		311
青原区	1791	27	4		1615			145
吉安县	793	25	63	86	387			232
吉水县	676	90	15		163			408
峡江县	727			100	144			483
新干县	1058	102	18		560			378
永丰县	615	87	13		102			413
泰和县	885	93	12		374			406
遂川县	1744	164	39	20	203			1318
万安县	452	17		120	23			292
安福县	911	95	18		50	6		742
永新县	476	47	8		76	4		341
井冈山市	1131	31	3	50	596			451
抚州市小计	**28835**	**771**	**210**	**15217**	**5810**	**420**	**473**	**5934**
本级	9264	391	79	2406	3920	367	473	1628
县级小计	19571	380	131	12811	1890	53		4306

3－17－11　　　　单位:万元

地区	收支部分						
	支出						
	支出合计	养路费支出	公路客货运附加费支出	国有土地使用权出让金支出	地方水利建设基金支出	城镇公用事业附加支出	其他各项基金支出
袁州区	2176			925	173		1078
上饶市小计	**40849**	**661**	**113**	**33066**	**1763**	**278**	**4968**
本级	6034	267	113	4113	197	278	1066
县级小计	34815	394		28953	1566		3902
信州区	1697			1140	212		345
上饶县	2929	43		2578			308
广丰县	1781	91		1059	312		319
玉山县	1883	16		1620			247
铅山县	428	15		72	4		337
横峰县	1264	20		1193			51
弋阳县	685	49			377		259
余干县	5649	42		5396			211
鄱阳县	5528			5088	226		214
万年县	4425	71		3871	284		199
德兴市	6268	23		5222	113		910
婺源县	2278	24		1714	38		502
吉安市小计	**36294**	**1389**	**188**	**23697**	**3438**	**423**	**7159**
本级	7788	625	62	5715	185	423	778
县级小计	28506	764	126	17982	3253		6381
高新区							
吉州区	6650	16	2	6454	59		119
青原区	1504	28	3	1252	4		217
吉安县	1722	95		615	12		1000
吉水县	1856	90	15	258	1095		398
峡江县	1454			126	800		528
新干县	2151	102	18	1574	119		338
永丰县	575	69	7	248	5		246
泰和县	3794	93	12	3257	18		414
遂川县	1380	77	38	286	61		918
万安县	3348	13	4	2439	668		224
安福县	1762	95	18	343	300		1006
永新县	1555	47	8	1127	89		284
井冈山市	755	39	1	3	23		689
抚州市小计	**29121**	**778**	**197**	**22077**	**266**	**142**	**5661**
本级	4102	391	90	1718	133	142	1628
县级小计	25019	387	107	20359	133		4033

3－17－12

单位:万元

地区	平衡部分											
	收入						支出					年终结余
	收入总计	本年收入	上年结余	补助收入	省补助计划单列市收入	调入资金	支出总计	本年支出	上解支出	计划单列市上解省支出	调出资金	
袁州区	2176	1747	－4	433			2176	2176				
上饶市小计	**75647**	**34690**	**12098**	**28841**		**18**	**44028**	**40849**	**1137**		**2042**	**31619**
本级	16882	9823	2918	4141			7905	6034	713		1158	8977
县级小计	58765	24867	9180	24700		18	36123	34815	424		884	22642
信州区	4915	1442	1534	1939			1699	1697	2			3216
上饶县	6998	3387	1218	2393			3472	2929			543	3526
广丰县	4473	678	1959	1836			1781	1781				2692
玉山县	3091	1526	493	1072			1883	1883				1208
铅山县	3797	2151	1282	364			428	428				3369
横峰县	1873	757	30	1086			1264	1264				609
弋阳县	2469	1063	770	636			685	685				1784
余干县	6947	2053	574	4302		18	5765	5649			116	1182
鄱阳县	6630	1930	100	4600			5528	5528				1102
万年县	4878	1441	122	3315			4552	4425	33		94	326
德兴市	8184	6144	630	1410			6518	6268	185		65	1666
婺源县	4510	2295	468	1747			2548	2278	204		66	1962
吉安市小计	**64704**	**28578**	**18263**	**17650**		**213**	**40796**	**36294**	**1921**		**2581**	**23908**
本级	21104	16619	8744	－4259			9375	7788	1325		262	11729
县级小计	43600	11959	9519	21909		213	31421	28506	596		2319	12179
高新区	6		4	2								6
吉州区	8178	700	1292	6186			6760	6650	38		72	1418
青原区	4393	1791	1238	1364			2737	1504	31		1202	1656
吉安县	3735	793	2412	530			1827	1722	16		89	1908
吉水县	2040	676	192	1172			1901	1856	45			139
峡江县	1806	727	104	975			1552	1454	48		50	254
新干县	2900	1058	704	1138			2280	2151	38		91	620
永丰县	935	615	27	293			619	575	44			316
泰和县	5262	885	85	4186		106	3834	3794	40			1428
遂川县	2510	1744	302	464			1582	1380	125		77	928
万安县	3896	452	677	2767			3494	3348	26		120	402
安福县	2701	911	1060	623		107	2399	1762	73		564	302
永新县	2408	476	616	1316			1589	1555	30		4	819
井冈山市	2830	1131	806	893			847	755	42		50	1983
抚州市小计	**48538**	**28835**	**7521**	**12067**		**115**	**30863**	**29121**	**1063**		**679**	**17675**
本级	18110	9264	4598	4248			4955	4102	853			13155
县级小计	30428	19571	2923	7819		115	25908	25019	210		679	4520

3－17－13

单位：万元

地区	收支部分							
	收入							
	收入合计	养路费收入	公路客货运附加费收入	国有土地使用权出让金收入	新增建设用地土地有偿使用费收入	地方水利建设基金收入	城镇公用事业附加收入	其他各项基金收入
临川区	5056	106		3394	1197			359
南城县	787	24		659				104
南丰县	4175	27	48	3602				498
黎川县	703	73		160	214			256
崇仁县	903	42		614	99	15		133
宜黄县	1333	65		390	91	38		749
乐安县	1043	43	83	252	120			545
金溪县	368			92	34			242
资溪县	1004			120	59			825
广昌县	859			234	76			549
东乡县	3340			3294				46

3－17－14

单位:万元

地区	收支部分						
	支出						
	支出合计	养路费支出	公路客货运附加费支出	国有土地使用权出让金支出	地方水利建设基金支出	城镇公用事业附加支出	其他各项基金支出
临川区	4529	106		4074	5		344
南城县	955	31		644	30		250
南丰县	4537	27	24	4025	10		451
黎川县	2138	73		1746	40		279
崇仁县	2979	37		2747			195
宜黄县	2016	70		1400	34		512
乐安县	810	43	83	220	6		458
金溪县	848			687			161
资溪县	1409			540	8		861
广昌县	450			5			445
东乡县	4348			4271			77

3－17－15

单位:万元

地区	平衡部分											
	收入						支出					年终结余
	收入总计	本年收入	上年结余	补助收入	省补助计划单列市收入	调入资金	支出总计	本年支出	上解支出	计划单列市上解省支出	调出资金	
临川区	6191	5056	476	659			4940	4529	210		201	1251
南城县	1431	787	390	254			955	955				476
南丰县	4783	4175	522	41		45	4537	4537				246
黎川县	2522	703	28	1791			2512	2138			374	10
崇仁县	4243	903	34	3236		70	2979	2979				1264
宜黄县	2517	1333	456	728			2047	2016			31	470
乐安县	990	1043	－71	18			883	810			73	107
金溪县	998	368	－67	697			848	848				150
资溪县	1409	1004	26	379			1409	1409				
广昌县	794	859	－70	5			450	450				344
东乡县	4550	3340	1199	11			4348	4348				202

2006 年山东省地市县财政基金预算收支平衡表

3－18－1

单位:万元

地　　区	收支部分							
	收入							
	收入合计	养路费收入	公路客货运附加费收入	国有土地使用权出让金收入	新增建设用地土地有偿使用费收入	地方水利建设基金收入	城镇公用事业附加收入	其他各项基金收入
地(市)县级总计	**2071622**	**111532**	**13370**	**1643333**		**42175**	**85360**	**175852**
地(市)本级合计	**1324778**	**111378**	**13357**	**1021752**		**28422**	**52860**	**97009**
县级合计	**746844**	**154**	**13**	**621581**		**13753**	**32500**	**78843**
青岛市小计	**409258**	**59959**	**13357**	**258615**		**42043**	**5455**	**29829**
本级	336596	59959	13357	216808		28337	1627	16508
县级小计	72662			41807		13706	3828	13321
即墨市	3931					922	1543	1466
胶州市	2047					1209		838
胶南市	3700			190		1707	375	1428
平度市	4117			2160		761	560	636
莱西市	6757			5131		425	800	401
崂山区	22807			18094		2883		1830
城阳区	8123			4104		2703		1316
黄岛区	3049					1275		1774
开发区	14837			12128		859	550	1300
市南区	465							465
市北区	975							975
四方区	398							398
李沧区	372							372
保税区	1084					962		122
济南市小计	**345850**	**2433**		**312205**			**10283**	**20929**
本级	329088	2433		302016			9486	15153
县级小计	16762			10189			797	5776
历下区	891							891
市中区	901							901
天桥区	473							473
槐荫区	404							404
历城区	1324							1324
长清区	349			108			49	192
章丘市	1750			947				803
平阴县	3946			3047			657	242
济阳县	6593			6087			91	415
商河县	131							131
淄博市小计	**138104**	**2800**		**110595**			**10665**	**14044**
本级	38241	2800		19091			9000	7350

2006 年地方财政政府收支分类转换数据

3－18－2 单位:万元

地　　区	收支部分						
	支出						
	支出合计	养路费支出	公路客货运附加费支出	国有土地使用权出让金支出	地方水利建设基金支出	城镇公用事业附加支出	其他各项基金支出
地(市)县级总计	**2184771**	**99100**	**12090**	**1775510**	**52672**	**76826**	**168573**
地(市)本级合计	**1232113**	**96126**	**12077**	**990658**	**18047**	**47178**	**68027**
县级合计	**952658**	**2974**	**13**	**784852**	**34625**	**29648**	**100546**
青岛市小计	**380934**	**47763**	**11555**	**254129**	**31561**	**3828**	**32098**
本级	262535	47763	11555	182192	4225		16800
县级小计	118399			71937	27336	3828	15298
即墨市	8682			3838	1543	1543	1758
胶州市	5023			1828	2209		986
胶南市	6463			2440	2089	375	1559
平度市	8306			4656	2360	560	730
莱西市	11506			8502	1752	800	452
崂山区	26112			21550	3258		1304
城阳区	11034			6013	3682		1339
黄岛区	2033				1100		933
开发区	14092			12298	689	550	555
市南区	7615			5988			1627
市北区	5284			3359			1925
四方区	1053			100			953
李沧区	10525			1365	8105		1055
保税区	671				549		122
济南市小计	**299743**	**1944**	**25**	**254240**	**13972**	**10206**	**19356**
本级	255763	1944	25	226937	9011	9938	7908
县级小计	43980			27303	4961	268	11448
历下区	6465			5020	431		1014
市中区	2269			709	485		1075
天桥区	4726			3366	453		907
槐荫区	2636			1280	570		786
历城区	7209			3679	936		2594
长清区	2849			1697	311	49	792
章丘市	3862			1835	990		1037
平阴县	4487			3168	269	136	914
济阳县	7491			6255	105	83	1048
商河县	1986			294	411		1281
淄博市小计	**143247**	**3000**		**120465**	**50**	**8981**	**10751**
本级	39482	3000		25451		7316	3715

3－18－3

单位:万元

地区	平衡部分											
	收入						支出					年终结余
	收入总计	本年收入	上年结余	补助收入	省补助计划单列市收入	调入资金	支出总计	本年支出	上解支出	计划单列市上解省支出	调出资金	
地(市)县级总计	**3086150**	**2071622**	**691459**	**264767**	**29350**	**28952**	**2224875**	**2184771**	**16183**		**23921**	**861275**
地(市)本级合计	**1920414**	**1324778**	**567422**	**－19518**	**29350**	**18382**	**1253274**	**1232113**	**－1134**		**22295**	**667140**
县级合计	**1165736**	**746844**	**124037**	**284285**		**10570**	**971601**	**952658**	**17317**		**1626**	**194135**
青岛市小计	**593943**	**409258**	**145376**	**7500**	**29350**	**2459**	**381497**	**380934**			**563**	**212446**
本级	448108	336596	128897	－46735	29350		258302	262535	－4233			189806
县级小计	145835	72662	16479	54235		2459	123195	118399	4233		563	22640
即墨市	12949	3931	4023	4056		939	9839	8682	594		563	3110
胶州市	5553	2047	126	2685		695	5553	5023	530			
胶南市	12554	3700	5347	3166		341	7176	6463	713			5378
平度市	8654	4117		4353		184	8654	8306	348			
莱西市	11767	6757	200	4510		300	11767	11506	261			
崂山区	27676	22807	1743	3126			26290	26112	178			1386
城阳区	11589	8123		3466			11589	11034	555			
黄岛区	3247	3049	150	48			2331	2033	298			916
开发区	25837	14837	4831	6169			14302	14092	210			11535
市南区	7615	465		7150			7615	7615				
市北区	5637	975		4662			5637	5284	353			
四方区	1147	398	59	690			1053	1053				94
李沧区	10525	372		10153			10525	10525				
保税区	1085	1084		1			864	671	193			221
济南市小计	**523848**	**345850**	**144594**	**19432**		**13972**	**322424**	**299743**	**2681**		**20000**	**201424**
本级	471843	329088	139057	－5313		9011	277174	255763	1411		20000	194669
县级小计	52005	16762	5537	24745		4961	45250	43980	1270			6755
历下区	6689	891		5367		431	6689	6465	224			
市中区	2493	901		1107		485	2493	2269	224			
天桥区	4844	473		3918		453	4844	4726	118			
槐荫区	2752	404	15	1763		570	2737	2636	101			15
历城区	7446	1324	234	4952		936	7446	7209	237			
长清区	2897	349		2237		311	2897	2849	48			
章丘市	8902	1750	4130	2032		990	4048	3862	186			4854
平阴县	6160	3946	889	1056		269	4525	4487	38			1635
济阳县	7806	6593	269	839		105	7555	7491	64			251
商河县	2016	131		1474		411	2016	1986	30			
淄博市小计	**177892**	**138104**	**24855**	**14933**			**145015**	**143247**	**1768**			**32877**
本级	64893	38241	18381	8271			40396	39482	914			24497

3－18－4　　　　单位:万元

地区	收支部分							
	收入							
	收入合计	养路费收入	公路客货运附加费收入	国有土地使用权出让金收入	新增建设用地土地有偿使用费收入	地方水利建设基金收入	城镇公用事业附加收入	其他各项基金收入
县级小计	99863			91504			1665	6694
博山区	663							663
淄川区	10810			10297				513
张店区	1657			219				1438
周村区	3844			3200				644
临淄区	1458							1458
桓台县	40406			38174			939	1293
高青县	31346			31106				240
沂源县	9679			8508			726	445
枣庄市小计	**18959**	**1380**		**8723**			**3964**	**4892**
本级	10050	1250		4000			2840	1960
县级小计	8909	130		4723			1124	2932
市中区	1196	130		835				231
薛城区	1960			1673				287
峄城区	2188			2056				132
山亭区	807			159				648
台儿庄区	141							141
滕州市	2617						1124	1493
烟台市小计	**153711**	**7091**		**127763**			**6960**	**11897**
本级	121569	7091		108274			2592	3612
县级小计	32142			19489			4368	8285
芝罘区	657							657
福山区	949						536	413
龙口市	2453						339	2114
莱阳市	407							407
蓬莱市	5263			4147			98	1018
招远市	7537			5253			1998	286
莱州市	2363			186			1294	883
栖霞市	3964			3027				937
海阳市	4683			4300				383
牟平区	361							361
长岛县	2732			2576			103	53
开发区	422							422
莱山区	351							351
潍坊市小计	**171036**	**12591**		**111352**			**8166**	**38927**

3－18－5　　　　单位:万元

地区	收支部分						
	支出						
	支出合计	养路费支出	公路客货运附加费支出	国有土地使用权出让金支出	地方水利建设基金支出	城镇公用事业附加支出	其他各项基金支出
县级小计	103765			95014	50	1665	7036
博山区	184			50			134
淄川区	11309			10664			645
张店区	2405			423			1982
周村区	3478			3335			143
临淄区	2824			754			2070
桓台县	41400			39013	50	939	1398
高青县	31639			31339			300
沂源县	10526			9436		726	364
枣庄市小计	**36955**	**1330**	**25**	**27353**		**3624**	**4623**
本级	25660	1200	25	20693		2500	1242
县级小计	11295	130		6660		1124	3381
市中区	1305	130		838			337
薛城区	2108			1677			431
峄城区	2482			2218			264
山亭区	2023			1252			771
台儿庄区	191			3			188
滕州市	3186			672		1124	1390
烟台市小计	**175243**	**6756**	**37**	**146792**	**260**	**5465**	**15933**
本级	123564	6736	37	109523	70	2200	4998
县级小计	51679	20		37269	190	3265	10935
芝罘区	638						638
福山区	1337			359	70	535	373
龙口市	3044			255		229	2560
莱阳市	1200			555			645
蓬莱市	3953	20		2901			1032
招远市	9494			6622		2013	859
莱州市	2661			876		285	1500
栖霞市	4768			3609	70	100	989
海阳市	6934			6261			673
牟平区	2332			1769			563
长岛县	2893			2648	50	103	92
开发区	6006			5486			520
莱山区	6419			5928			491
潍坊市小计	**203900**	**12075**	**43**	**155420**	**150**	**8975**	**27237**

3－18－6　　　　单位:万元

地区	平衡部分											
	收入						支出					年终结余
	收入总计	本年收入	上年结余	补助收入	省补助计划单列市收入	调入资金	支出总计	本年支出	上解支出	计划单列市上解省支出	调出资金	
县级小计	112999	99863	6474	6662			104619	103765	854			8380
博山区	2681	663	780	1238			299	184	115			2382
淄川区	11394	10810	22	562			11372	11309	63			22
张店区	4347	1657	1779	911			2538	2405	133			1809
周村区	4773	3844	301	628			3586	3478	108			1187
临淄区	4489	1458	2178	853			2966	2824	142			1523
桓台县	42434	40406	854	1174			41580	41400	180			854
高青县	31677	31346		331			31677	31639	38			
沂源县	11204	9679	560	965			10601	10526	75			603
枣庄市小计	**45305**	**18959**	**7569**	**18777**			**37541**	**36955**	**586**			**7764**
本级	31748	10050	4644	17054			25837	25660	177			5911
县级小计	13557	8909	2925	1723			11704	11295	409			1853
市中区	1339	1196		143			1339	1305	34			
薛城区	2161	1960		201			2161	2108	53			
峄城区	2545	2188		357			2505	2482	23			40
山亭区	2205	807	1108	290			2037	2023	14			168
台儿庄区	218	141		77			218	191	27			
滕州市	5089	2617	1817	655			3444	3186	258			1645
烟台市小计	**218777**	**153711**	**36171**	**28895**			**176510**	**175243**	**1267**			**42267**
本级	132571	121569	14167	－3165			123868	123564	304			8703
县级小计	86206	32142	22004	32060			52642	51679	963			33564
芝罘区	769	657		112			769	638	131			
福山区	3156	949	1074	1133			1390	1337	53			1766
龙口市	8437	2453	2412	3572			3242	3044	198			5195
莱阳市	1252	407		845			1238	1200	38			14
蓬莱市	12895	5263	5714	1918			4037	3953	84			8858
招远市	11636	7537	1181	2918			9551	9494	57			2085
莱州市	7109	2363	3025	1721			2764	2661	103			4345
栖霞市	11303	3964	4774	2565			4795	4768	27			6508
海阳市	9308	4683	894	3731			7000	6934	66			2308
牟平区	2745	361	350	2034			2395	2332	63			350
长岛县	3071	2732	81	258			2898	2893	5			173
开发区	6134	422	788	4924			6090	6006	84			44
莱山区	8391	351	1711	6329			6473	6419	54			1918
潍坊市小计	**226804**	**171036**	**27411**	**28357**			**205313**	**203900**	**1413**			**21491**

3-18-7

单位:万元

地区	收支部分							
	收入							
	收入合计	养路费收入	公路客货运附加费收入	国有土地使用权出让金收入	新增建设用地土地有偿使用费收入	地方水利建设基金收入	城镇公用事业附加收入	其他各项基金收入
本级	86192	12591		39779			2280	31542
县级小计	84844			71573			5886	7385
潍城区	598							598
坊子区	484						260	224
寒亭区	451							451
昌邑市	6591			4672			1043	876
昌乐县	449			150				299
安丘市	7256			6685				571
寿光市	21970			20633				1337
青州市	597							597
高密市	7557			6998				559
诸城市	22757			21915				842
临朐县	7139			2249			4583	307
奎文区	8995			8271				724
济宁市小计	**64957**			**49270**			**6433**	**9254**
本级	11943			7403			2739	1801
县级小计	53014			41867			3694	7453
市中区	244							244
任城区	1447							1447
兖州市	15494			13424			1094	976
曲阜市	2802			2096			234	472
泗水县	5945			5653			147	145
邹城市	3205						1244	1961
微山县	3971			2423			355	1193
鱼台县	1023			624			200	199
金乡县	2964			2822				142
嘉祥县	13817			13257			300	260
汶上县	1514			1211				303
梁山县	588			357			120	111
临沂市小计	**190258**			**173113**			**10791**	**6354**
本级	123156			111779			8853	2524
县级小计	67102			61334			1938	3830
郯城县	8456			8232				224
苍山县	8354			8177				177
莒南县	5763			5177			315	271

3－18－8 单位:万元

地区	收支部分						
	支出						
	支出合计	养路费支出	公路客货运附加费支出	国有土地使用权出让金支出	地方水利建设基金支出	城镇公用事业附加支出	其他各项基金支出
本级	101404	12075	43	68604	50	3280	17352
县级小计	102496			86816	100	5695	9885
潍城区	3826			1650			2176
坊子区	1525			950		260	315
寒亭区	2030			1675			355
昌邑市	7776			5597		852	1327
昌乐县	1138			822			316
安丘市	8551			7912			639
寿光市	24615			23681			934
青州市	1297			694	50		553
高密市	8387			7890			497
诸城市	25549			24337			1212
临朐县	8133			3193	50	4583	307
奎文区	9669			8415			1254
济宁市小计	**71389**		**38**	**59048**	**50**	**4135**	**8118**
本级	14641		38	10105	50	2739	1709
县级小计	56748			48943		1396	6409
市中区	254			104			150
任城区	3213			3013			200
兖州市	14167			12724		40	1403
曲阜市	1775			1175			600
泗水县	6079			5771		109	199
邹城市	2137			220		297	1620
微山县	3940			2383		355	1202
鱼台县	3084			2802		200	82
金乡县	4703			4535			168
嘉祥县	14028			13451		275	302
汶上县	2185			1841			344
梁山县	1183			924		120	139
临沂市小计	**205501**		**42**	**188822**	**140**	**8355**	**8142**
本级	125626		42	117130		6401	2053
县级小计	79875			71692	140	1954	6089
郯城县	9035			8832	70		133
苍山县	8992			8615			377
莒南县	6722			5916		331	475

3－18－9

单位:万元

地区	平衡部分											
	收入						支出					年终结余
	收入总计	本年收入	上年结余	补助收入	省补助计划单列市收入	调入资金	支出总计	本年支出	上解支出	计划单列市上解省支出	调出资金	
本级	118730	86192	25035	7503			100301	101404	－1103			18429
县级小计	108074	84844	2376	20854			105012	102496	2516			3062
潍城区	4382	598		3784			4282	3826	456			100
坊子区	1606	484		1122			1606	1525	81			
寒亭区	2183	451		1732			2183	2030	153			
昌邑市	9691	6591	1429	1671			7966	7776	190			1725
昌乐县	1239	449	3	787			1236	1138	98			3
安丘市	8684	7256		1428			8684	8551	133			
寿光市	25375	21970	164	3241			24921	24615	306			454
青州市	1436	597		839			1436	1297	139			
高密市	8583	7557		1026			8583	8387	196			
诸城市	25817	22757		3060			25817	25549	268			
临朐县	8989	7139	780	1070			8209	8133	76			780
奎文区	10089	8995		1094			10089	9669	420			
济宁市小计	**114257**	**64957**	**35307**	**13993**			**73961**	**71389**	**1538**		**1034**	**40296**
本级	33223	11943	20761	519			14891	14641	250			18332
县级小计	81034	53014	14546	13474			59070	56748	1288		1034	21964
市中区	370	244		126			292	254	38			78
任城区	5951	1447	2636	1868			3469	3213	256			2482
兖州市	16978	15494	716	768			15384	14167	183		1034	1594
曲阜市	7138	2802	2880	1456			1838	1775	63			5300
泗水县	8519	5945	2387	187			6101	6079	22			2418
邹城市	6292	3205	1186	1901			2513	2137	376			3779
微山县	4128	3971		157			4128	3940	188			
鱼台县	3695	1023	2246	426			3112	3084	28			583
金乡县	5754	2964	607	2183			4726	4703	23			1028
嘉祥县	17822	13817	996	3009			14076	14028	48			3746
汶上县	3184	1514	892	778			2228	2185	43			956
梁山县	1203	588		615			1203	1183	20			
临沂市小计	**269949**	**190258**	**59529**	**20162**			**206280**	**205501**	**779**			**63669**
本级	188332	123156	57735	7441			125872	125626	246			62460
县级小计	81617	67102	1794	12721			80408	79875	533			1209
郯城县	9187	8456		731			9080	9035	45			107
苍山县	9018	8354		664			9018	8992	26			
莒南县	7856	5763	1794	299			6754	6722	32			1102

3－18－10

单位:万元

地区	收入合计	养路费收入	公路客货运附加费收入	国有土地使用权出让金收入	新增建设用地土地有偿使用费收入	地方水利建设基金收入	城镇公用事业附加收入	其他各项基金收入
沂水县	13190			12080			622	488
蒙阴县	1333			1027			149	157
平邑县	4983			4395			390	198
费县	7150			6972				178
沂南县	8687			8089			462	136
临沭县	7546			7185				361
兰山区	949							949
罗庄区	605							605
河东区	86							86
泰安市小计	**161807**	**6116**		**145514**			**4722**	**5455**
本级	53238	6116		42485			2600	2037
县级小计	108569			103029			2122	3418
新泰市	46902			45875				1027
宁阳县	26423			25155			842	426
东平县	16717			16482				235
肥城市	17967			15517			1280	1170
泰山区	258							258
岱岳区	302							302
聊城市小计	**70319**	**3972**		**59241**			**3318**	**3788**
本级	35455	3972		29387			1438	658
县级小计	34864			29854			1880	3130
东昌府区	1264			731				533
临清市	6142			5039			644	459
阳谷县	1764			1091			365	308
莘县	446						272	174
茌平县	17824			16889				935
东阿县	4679			3944			429	306
冠县	2497			2160			170	167
高唐县	248							248
菏泽市小计	**84175**	**4665**		**75335**		**85**	**1195**	**2895**
本级	43472	4665		37363		85	714	645
县级小计	40703			37972			481	2250
牡丹区	262							262
曹县	5201			4729			164	308
定陶县	1947			1817				130
成武县	7851			7581				270

3－18－11

单位:万元

地区	收支部分						
	支出						
	支出合计	养路费支出	公路客货运附加费支出	国有土地使用权出让金支出	地方水利建设基金支出	城镇公用事业附加支出	其他各项基金支出
沂水县	13500			12101		622	777
蒙阴县	1582			1077		149	356
平邑县	5426			4616	70	390	350
费县	9048			7737			1311
沂南县	9261			8559		462	240
临沭县	7714			7219			495
兰山区	7060			6233			827
罗庄区	558						558
河东区	977			787			190
泰安市小计	**165810**	**6400**	**25**	**146575**	**270**	**6357**	**6183**
本级	40135	6400	25	28359	110	3071	2170
县级小计	125675			118216	160	3286	4013
新泰市	47006			44007	50	1982	967
宁阳县	24304			23568	60	24	652
东平县	19339			18787	30		522
肥城市	26907			24515		1280	1112
泰山区	4260			3908			352
岱岳区	3859			3431	20		408
聊城市小计	**69203**	**3851**	**34**	**57252**		**4159**	**3907**
本级	36564	3851	34	29537		2328	814
县级小计	32639			27715		1831	3093
东昌府区	1920			1398			522
临清市	4380			3298		606	476
阳谷县	1612			874		379	359
莘县	1646			660		269	717
茌平县	15160			14679			481
东阿县	6144			5542		369	233
冠县	1644			1254		208	182
高唐县	133			10			123
菏泽市小计	**87227**	**5382**	**51**	**76455**	**129**	**993**	**4217**
本级	35417	5382	51	28620		605	759
县级小计	51810			47835	129	388	3458
牡丹区	6049			5453			596
曹县	5490			4997	69	81	343
定陶县	2657			2285	60		312
成武县	9280			8640			640

3－18－12

单位:万元

地区	平衡部分											
	收入						支出					年终结余
	收入总计	本年收入	上年结余	补助收入	省补助计划单列市收入	调入资金	支出总计	本年支出	上解支出	计划单列市上解省支出	调出资金	
沂水县	13567	13190		377			13567	13500	67			
蒙阴县	1608	1333		275			1608	1582	26			
平邑县	5450	4983		467			5450	5426	24			
费县	9084	7150		1934			9084	9048	36			
沂南县	9288	8687		601			9288	9261	27			
临沭县	7764	7546		218			7764	7714	50			
兰山区	7182	949		6233			7182	7060	122			
罗庄区	621	605		16			621	558	63			
河东区	992	86		906			992	977	15			
泰安市小计	**217950**	**161807**	**42061**	**14082**			**166542**	**165810**	**732**			**51408**
本级	63163	53238	26989	－17064			40313	40135	178			22850
县级小计	154787	108569	15072	31146			126229	125675	554			28558
新泰市	63157	46902	9073	7182			47182	47006	176			15975
宁阳县	32698	26423	2793	3482			24377	24304	73			8321
东平县	20188	16717		3471			19362	19339	23			826
肥城市	27108	17967		9141			27108	26907	201			
泰山区	4356	258	63	4035			4293	4260	33			63
岱岳区	7280	302	3143	3835			3907	3859	48			3373
聊城市小计	**119760**	**70319**	**26268**	**20738**		**2435**	**69752**	**69203**	**549**			**50008**
本级	50659	35455	13770	751		683	36634	36564	70			14025
县级小计	69101	34864	12498	19987		1752	33118	32639	479			35983
东昌府区	3091	1264	1023	593		211	2027	1920	107			1064
临清市	9737	6142	1508	1664		423	4460	4380	80			5277
阳谷县	6044	1764	1510	2673		97	1642	1612	30			4402
莘县	4264	446	443	3235		140	1671	1646	25			2593
茌平县	23599	17824	2929	2394		452	15282	15160	122			8317
东阿县	10878	4679	2860	3179		160	6192	6144	48			4686
冠县	6046	2497	641	2813		95	1670	1644	26			4376
高唐县	5442	248	1584	3436		174	174	133	41			5268
菏泽市小计	**125014**	**84175**	**22798**	**17382**		**659**	**87670**	**87227**	**414**		**29**	**37344**
本级	59864	43472	14504	1455		433	35510	35417	93			24354
县级小计	65150	40703	8294	15927		226	52160	51810	321		29	12990
牡丹区	7611	262	1314	5809		226	6111	6049	33		29	1500
曹县	8107	5201	1583	1323			5532	5490	42			2575
定陶县	4277	1947	1021	1309			2679	2657	22			1598
成武县	10486	7851	1398	1237			9303	9280	23			1183

3－18－13　　　　单位:万元

地区	收支部分							
	收入							
	收入合计	养路费收入	公路客货运附加费收入	国有土地使用权出让金收入	新增建设用地土地有偿使用费收入	地方水利建设基金收入	城镇公用事业附加收入	其他各项基金收入
单县	6,233			5703			307	223
巨野县	2230			2049				181
郓城县	10473			10072			10	391
鄄城县	3,750			3605				145
东明县	2756			2416				340
德州市小计	**42967**			**39745**				**3222**
本级	899			43				856
县级小计	42068			39702				2366
德城区	443							443
陵县	122							122
平原县	190							190
夏津县	10220			10053				167
武城县	107							107
齐河县	28,398			28023				375
禹城市	176							176
乐陵市	1,751			1626				125
临邑县	492							492
宁津县	83							83
庆云县	86							86
滨州市小计	**38,656**	**1562**		**29864**			**2456**	**4774**
本级	4,168	1562					1510	1096
县级小计	34,488			29864			946	3678
惠民县	110							110
阳信县	6,325			6223				102
无棣县	5,397			5045				352
沾化县	398			141				257
博兴县	17,214			16476			93	645
邹平县	2802			1979				823
滨城区	2242						853	1389
东营市小计	**69,531**	**2955**	**13**	**55007**			**2087**	**9469**
本级	39,335	2931		29166			565	6673
县级小计	30196	24	13	25841			1522	2796
东营区	2816			2051				765
河口区	5,413			4990				423
广饶县	8,213			6431			957	825
垦利县	11,070			10242			310	518

3－18－14

单位:万元

地区	收支部分						
	支出						
	支出合计	养路费支出	公路客货运附加费支出	国有土地使用权出让金支出	地方水利建设基金支出	城镇公用事业附加支出	其他各项基金支出
单县	7791			7322		307	162
巨野县	2129			1996			133
郓城县	11046			10479			567
鄄城县	4286			4009			277
东明县	3082			2654			428
德州市小计	**54895**		**108**	**48347**	**1236**		**5204**
本级	1974		108	518	300		1048
县级小计	52921			47829	936		4156
德城区	835			206	100		529
陵县	809			365	144		300
平原县	3313			2854	146		313
夏津县	8010			7903			107
武城县	370			82	80		208
齐河县	28982			28411			571
禹城市	1045			435	311		299
乐陵市	5072			4503	126		443
临邑县	2804			1993			811
宁津县	524			187			337
庆云县	1157			890	29		238
滨州市小计	**47586**	**2053**	**30**	**40082**	**170**	**1421**	**3830**
本级	6954	2053	30	2200	170	1176	1325
县级小计	40632			37882		245	2505
惠民县	2743			2605			138
阳信县	8017			7905			112
无棣县	8633			8247			386
沾化县	2074			1819			255
博兴县	15407			14912		142	353
邹平县	3145			2394			751
滨城区	613					103	510
东营市小计	**104478**	**3384**	**31**	**91468**	**60**	**1478**	**8057**
本级	55009	560	18	52822		24	1585
县级小计	49469	2824	13	38646	60	1454	6472
东营区	6445	360		5224			861
河口区	10519	350		9511			658
广饶县	12886	1040		8369		957	2520
垦利县	13867	440		12022		310	1095

3－18－15　　　　　　　　　　　　单位:万元

地区	平衡部分											
	收入						支出					年终结余
	收入总计	本年收入	上年结余	补助收入	省补助计划单列市收入	调入资金	支出总计	本年支出	上解支出	计划单列市上解省支出	调出资金	
单县	8759	6233	1192	1334			7827	7791	36			932
巨野县	3731	2230	51	1450			2158	2129	29			1573
郓城县	12670	10473	176	2021			11092	11046	46			1578
鄄城县	4309	3750	1	558			4309	4286	23			
东明县	5200	2756	1558	886			3149	3082	67			2051
德州市小计	**74079**	**42967**	**16475**	**10806**		**3831**	**57791**	**54895**	**601**		**2295**	**16288**
本级	16754	899	11510	1350		2995	4403	1974	134		2295	12351
县级小计	57325	42068	4965	9456		836	53388	52921	467			3937
德城区	1158	443	110	605			921	835	86			237
陵县	833	122		567		144	833	809	24			
平原县	3351	190		3015		146	3351	3313	38			
夏津县	11191	10220	275	696			8043	8010	33			3148
武城县	391	107		204		80	391	370	21			
齐河县	29057	28398	69	590			29057	28982	75			
禹城市	1078	176		591		311	1078	1045	33			
乐陵市	5427	1751	2410	1140		126	5097	5072	25			330
临邑县	3124	492	2101	531			2902	2804	98			222
宁津县	541	83		458			541	524	17			
庆云县	1174	86		1059		29	1174	1157	17			
滨州市小计	**64582**	**38656**	**12378**	**13026**		**522**	**48369**	**47586**	**783**			**16213**
本级	17866	4168	9641	3535		522	6342	6954	－612			11524
县级小计	46716	34488	2737	9491			42027	40632	1395			4689
惠民县	2794	110	39	2645			2755	2743	12			39
阳信县	4922	6325	－3357	1954			8031	8017	14			－3109
无棣县	8914	5397	1743	1774			8696	8633	63			218
沾化县	2119	398		1721			2119	2074	45			
博兴县	19057	17214	750	1093			15524	15407	117			3533
邹平县	4065	2802	1158	105			3282	3145	137			783
滨城区	4845	2242	2404	199			1620	613	1007			3225
东营市小计	**136866**	**69531**	**54743**	**12592**			**106090**	**104478**	**1612**			**30776**
本级	83543	39335	53256	－9048			56140	55009	1131			27403
县级小计	53323	30196	1487	21640			49950	49469	481			3373
东营区	6602	2816	17	3769			6583	6445	138			19
河口区	10712	5413	714	4585			10585	10519	66			127
广饶县	13093	8213	43	4837			13050	12886	164			43
垦利县	15637	11070		4567			13950	13867	83			1687

3－18－16

单位:万元

地区	收支部分							
	收入							
	收入合计	养路费收入	公路客货运附加费收入	国有土地使用权出让金收入	新增建设用地土地有偿使用费收入	地方水利建设基金收入	城镇公用事业附加收入	其他各项基金收入
利津县	2684	24	13	2127			255	265
威海市小计	**41779**	**3508**		**30309**			**2690**	**5272**
本级	26335	3508		19409			1376	2042
县级小计	15444			10900			1314	3230
环翠区	12143			10900				1243
乳山市	948						491	457
文登市	1473						823	650
荣成市	880							880
日照市小计	**57564**	**2500**		**49596**		**47**	**3055**	**2366**
本级	54478	2500		49017			2120	841
县级小计	3086			579		47	935	1525
莒县	772						394	378
五莲县	832					47	541	244
东港区	1251			579				672
岚山区	231							231
莱芜市小计	**12691**			**7086**			**3120**	**2485**
本级	10563			5732			3120	1711
县级小计	2128			1354				774
莱城区	1648			1091				557
钢城区	480			263				217

3－18－17

单位:万元

地区	收支部分						
	支出						
	支出合计	养路费支出	公路客货运附加费支出	国有土地使用权出让金支出	地方水利建设基金支出	城镇公用事业附加支出	其他各项基金支出
利津县	5752	634	13	3520	60	187	1338
威海市小计	**53672**	**3562**	**13**	**40538**	**60**	**3358**	**6141**
本级	34455	3562	13	26204		2044	2632
县级小计	19217			14334	60	1314	3509
环翠区	13395			11914			1481
乳山市	1822			822		491	509
文登市	1997			560		823	614
荣成市	2003			1038	60		905
日照市小计	**67721**	**1600**	**16**	**60183**	**594**	**2852**	**2476**
本级	61278	1600	16	56447	161	1917	1137
县级小计	6443			3736	433	935	1339
莒县	1927			788	243	394	502
五莲县	1114			270	47	541	256
东港区	2681			2250			431
岚山区	721			428	143		150
莱芜市小计	**17267**		**17**	**8341**	**3970**	**2639**	**2300**
本级	11652		17	5316	3900	1639	780
县级小计	5615			3025	70	1000	1520
莱城区	3133			1901	70		1162
钢城区	2482			1124		1000	358

3－18－18

单位:万元

地区	平衡部分											
	收入						支出					
	收入总计	本年收入	上年结余	补助收入	省补助计划单列市收入	调入资金	支出总计	本年支出	上解支出	计划单列市上解省支出	调出资金	年终结余
利津县	7279	2684	713	3882			5782	5752	30			1497
威海市小计	**70309**	**41779**	**16475**	**12055**			**54390**	**53672**	**718**			**15919**
本级	46098	26335	10891	8872			34607	34455	152			11491
县级小计	24211	15444	5584	3183			19783	19217	566			4428
环翠区	16026	12143	3559	324			13623	13395	228			2403
乳山市	3900	948	2009	943			1891	1822	69			2009
文登市	2122	1473	16	633			2106	1997	109			16
荣成市	2163	880		1283			2163	2003	160			
日照市小计	**82524**	**57564**	**13868**	**9395**		**1697**	**68042**	**67721**	**321**			**14482**
本级	74570	54478	13157	5574		1361	60754	61278	－524			13816
县级小计	7954	3086	711	3821		336	7288	6443	845			666
莒县	2455	772	436	1054		193	2019	1927	92			436
五莲县	1410	832	257	321			1198	1114	84			212
东港区	3200	1251		1949			3200	2681	519			
岚山区	889	231	18	497		143	871	721	150			18
莱芜市小计	**24291**	**12691**	**5581**	**2642**		**3377**	**17688**	**17267**	**421**			**6603**
本级	18449	10563	5027	－518		3377	11930	11652	278			6519
县级小计	5842	2128	554	3160			5758	5615	143			84
莱城区	3239	1648		1591			3239	3133	106			
钢城区	2603	480	554	1569			2519	2482	37			84

2006年河南省地市县财政基金预算收支平衡表

3－19－1　　　　单位：万元

地区	收支部分							
	收入							
	收入合计	养路费收入	公路客货运附加费收入	国有土地使用权出让金收入	新增建设用地土地有偿使用费收入	地方水利建设基金收入	城镇公用事业附加收入	其他各项基金收入
地(市)县级总计	**921006**	**46774**	**274**	**708727**	**67598**	**4424**	**47101**	**46108**
地(市)本级合计	**640503**	**43337**	**274**	**490082**	**49761**	**3847**	**26312**	**26890**
县级合计	**280503**	**3437**		**218645**	**17837**	**577**	**20789**	**19218**
郑州市小计	**263612**	**5817**		**229705**	**1764**	**290**	**11366**	**14670**
本级	194145	4914		174770	187		3521	10753
县级小计	69467	903		54935	1577	290	7845	3917
巩义市	11952	903		3959	340	176	6265	309
荥阳市	11141			10403	7	75	343	313
中牟县	3534			2990			125	419
新郑市	15766			15250			170	346
登封市	13275			12278	160	39	342	456
新密市	7631			6002	265		559	805
二七区	73							73
金水区	448							448
中原区	133							133
管城区	55							55
上街区	3107			1713	805		41	548
惠济区	2352			2340				12
开封市小计	**23774**	**2468**		**15304**	**4644**	**244**	**496**	**618**
本级	10240	2468		3011	3599	244	392	526
县级小计	13534			12293	1045		104	92
兰考县	859			573	242			44
杞县								
通许县	2278			1916	344		4	14
尉氏县	1190			767	299		100	24
开封县	9207			9037	160			10
禹王台区								
鼓楼区								
龙亭区								
顺河区								
金明区								
洛阳市小计	**111636**	**4573**		**76309**	**18773**	**381**	**6413**	**5187**
本级	103286	4573		71671	17848	381	5425	3388
县级小计	8350			4638	925		988	1799
偃师市	599			220	94		214	71

2006年地方财政政府收支分类转换数据

3－19－2

单位:万元

地区	收支部分 支出 支出合计	养路费支出	公路客货运附加费支出	国有土地使用权出让金支出	地方水利建设基金支出	城镇公用事业附加支出	其他各项基金支出
地(市)县级总计	**1351820**	**363345**	**98634**	**781463**	**9468**	**40476**	**58434**
地(市)本级合计	**822028**	**244194**	**43954**	**480358**	**3768**	**20565**	**29189**
县级合计	**529792**	**119151**	**54680**	**301105**	**5700**	**19911**	**29245**
郑州市小计	**277367**	**29029**	**7571**	**214795**	**532**	**11618**	**13822**
本级	160509	18578	2269	126317	215	3778	9352
县级小计	116858	10451	5302	88478	317	7840	4470
巩义市	13543	2645	955	3352		6265	326
荥阳市	13044	678	841	10547	133	339	506
中牟县	8281	724	914	6007	91	125	420
新郑市	9094	1292	1082	5982		170	568
登封市	16078	3094	437	11523	63	342	619
新密市	7652	1283	634	4466	30	559	680
二七区	3300	10	51	3015			224
金水区	22643	8	47	22258			330
中原区	139	6	11	101			21
管城区	4434	463	68	3683			220
上街区	3040	56	51	2358		40	535
惠济区	15610	192	211	15186			21
开封市小计	**57225**	**18332**	**3791**	**32508**	**787**	**573**	**1234**
本级	41526	16456	2971	19689	787	484	1139
县级小计	15699	1876	820	12819		89	95
兰考县	1874	679	375	777			43
杞县							
通许县	2893	361	110	2396		4	22
尉氏县	1783	457	140	1077		85	24
开封县	9149	379	195	8569			6
禹王台区							
鼓楼区							
龙亭区							
顺河区							
金明区							
洛阳市小计	**137122**	**31718**	**10413**	**82651**	**398**	**5656**	**6286**
本级	113785	23128	2608	79448	229	4731	3641
县级小计	23337	8590	7805	3203	169	925	2645
偃师市	2680	804	1126	380	23	176	171

3－19－3

单位:万元

地区	平衡部分											
	收入						支出					年终结余
	收入总计	本年收入	上年结余	补助收入	省补助计划单列市收入	调入资金	支出总计	本年支出	上解支出	计划单列市上解省支出	调出资金	
地(市)县级总计	**1659503**	**921006**	**242091**	**491821**		**4585**	**1364793**	**1351820**			**12973**	**294710**
地(市)本级合计	**1020871**	**640503**	**174643**	**201916**		**3809**	**823526**	**822028**	**－24**		**1522**	**197345**
县级合计	**638632**	**280503**	**67448**	**289905**		**776**	**541267**	**529792**	**24**		**11451**	**97365**
郑州市小计	**327835**	**263612**	**29617**	**34254**		**352**	**286678**	**277367**			**9311**	**41157**
本级	186902	194145	16523	－24085		319	160528	160509			19	26374
县级小计	140933	69467	13094	58339		33	126150	116858			9292	14783
巩义市	17582	11952	1696	3934			13543	13543				4039
荥阳市	14057	11141	841	2075			13044	13044				1013
中牟县	8855	3534	3298	2023			8281	8281				574
新郑市	18389	15766	128	2462		33	18386	9094			9292	3
登封市	18236	13275	3351	1610			16078	16078				2158
新密市	11959	7631	1998	2330			7652	7652				4307
二七区	3433	73	4	3356			3300	3300				133
金水区	23254	448	433	22373			22643	22643				611
中原区	390	133	102	155			139	139				251
管城区	5562	55	982	4525			4434	4434				1128
上街区	3606	3107	261	238			3040	3040				566
惠济区	15610	2352		13258			15610	15610				
开封市小计	**59503**	**23774**	**10766**	**24459**		**504**	**57225**	**57225**				**2278**
本级	42334	10240	9672	21980		442	41526	41526				808
县级小计	17169	13534	1094	2479		62	15699	15699				1470
兰考县	1923	859	10	1054			1874	1874				49
杞县												
通许县	3268	2278	626	364			2893	2893				375
尉氏县	1798	1190	59	487		62	1783	1783				15
开封县	10180	9207	399	574			9149	9149				1031
禹王台区												
鼓楼区												
龙亭区												
顺河区												
金明区												
洛阳市小计	**168914**	**111636**	**17645**	**39575**		**58**	**137135**	**137122**			**13**	**31779**
本级	136682	103286	12101	21295			113785	113785				22897
县级小计	32232	8350	5544	18280		58	23350	23337			13	8882
偃师市	3585	599	893	2035		58	2680	2680				905

3－19－4　　　　　　　　　　　　　　　　　　　　　　　　　　单位:万元

地　　区	收支部分							
	收入							
	收入合计	养路费收　入	公路客货运附加费收　入	国有土地使用权出让金收入	新增建设用地土地有偿使用费收入	地方水利建设基金收　入	城镇公用事业附加收　入	其他各项基金收入
孟津县	2406			2223	99			84
新安县	421			139	61			221
伊川县	855			155	275		135	290
汝阳县	1031			906	35			90
嵩县	313			53	4			256
栾川县	1894			721	144		555	474
宜阳县	379			7	187		64	121
洛宁县	54				26		20	8
洛龙区	43			1				42
吉利区	216			213				3
涧西区	44							44
西工区	84							84
老城区	7							7
廛河区	4							4
平顶山市小计	**37859**	**3819**		**25053**	**2058**	**174**	**4012**	**2743**
本级	22182	3819		13894	515	174	2150	1630
县级小计	15677			11159	1543		1862	1113
鲁山县	625				341			284
宝丰县	7075			6865	94		45	71
叶县	2574			2286	138		55	95
郏县	420			11	32		295	82
汝州市	2158			1120	585		243	210
舞钢市	2402			845	196		1100	261
平顶山新华区	9							9
卫东区	35							35
湛河区	32							32
石龙区	347			32	157		124	34
安阳市小计	**69695**	**3311**		**50159**	**7565**	**254**	**5822**	**2584**
本级	52229	3311		35873	7193	185	4429	1238
县级小计	17466			14286	372	69	1393	1346
安阳县	3183			2190		20	710	263
林州市	4097			3198		23	488	388
汤阴县	6660			6060	313		195	92
滑县	2937			2838		26		73
内黄县	276				59			217

3－19－5

单位:万元

地区	收支部分						
	支出						
	支出合计	养路费支出	公路客货运附加费支出	国有土地使用权出让金支出	地方水利建设基金支出	城镇公用事业附加支出	其他各项基金支出
孟津县	1671	543	555	368	26		179
新安县	2546	1180	1027	87	21		231
伊川县	2960	1150	804	528	8	130	340
汝阳县	1874	719	591	377	13		174
嵩县	2635	851	1157	53	18		556
栾川县	3245	712	619	859	8	555	492
宜阳县	2209	1197	651	194	13	64	90
洛宁县	1831	1053	684		29		65
洛龙区	446	159	220	1			66
吉利区	809	222	102	356	5		124
涧西区	108		50				58
西工区	139		74				65
老城区	143		120				23
瀍河区	41		25		5		11
平顶山市小计	**68546**	**24442**	**5672**	**30174**	**1710**	**3648**	**2900**
本级	42299	16974	2501	19027	91	1907	1799
县级小计	26247	7468	3171	11147	1619	1741	1101
鲁山县	3862	1756	470	341	1161		134
宝丰县	8293	1354	230	6329	130	45	205
叶县	3591	1039	515	1838	49	55	95
郏县	1184	587	290	53	24	135	95
汝州市	3732	1008	1089	1312	67	50	206
舞钢市	4383	1199	329	1183	22	1387	263
平顶山新华区	198		77		113		8
卫东区	243	180	29				34
湛河区	398	180	141		45		32
石龙区	363	165	1	91	8	69	29
安阳市小计	**95363**	**23350**	**3016**	**61585**	**1529**	**1500**	**4383**
本级	66894	17686	2846	41990	752	991	2629
县级小计	28469	5664	170	19595	777	509	1754
安阳县	3890	1235	20	2278	65		292
林州市	7813	961	25	5251	511	377	688
汤阴县	7506	661	10	6485	55	132	163
滑县	4934	1193	55	3519	88		79
内黄县	1267	839	60	125	52		191

3－19－6

单位:万元

地区	平衡部分											
	收入						支出					年终结余
	收入总计	本年收入	上年结余	补助收入	省补助计划单列市收入	调入资金	支出总计	本年支出	上解支出	计划单列市上解省支出	调出资金	
孟津县	5449	2406	1282	1761			1671	1671				3778
新安县	2686	421		2265			2546	2546				140
伊川县	5040	855	2377	1808			2960	2960				2080
汝阳县	2590	1031	150	1409			1874	1874				716
嵩县	2641	313		2328			2641	2635			6	
栾川县	3734	1894	326	1514			3245	3245				489
宜阳县	2267	379	24	1864			2209	2209				58
洛宁县	2073	54	353	1666			1831	1831				242
洛龙区	446	43		403			446	446				
吉利区	1054	216	20	818			809	809				245
涧西区	238	44	86	108			108	108				130
西工区	225	84	24	117			139	139				86
老城区	150	7		143			150	143			7	
瀍河区	54	4	9	41			41	41				13
平顶山市小计	**79582**	**37859**	**8791**	**32932**			**69347**	**68546**			**801**	**10235**
本级	48906	22182	6319	20405			42299	42299				6607
县级小计	30676	15677	2472	12527			27048	26247			801	3628
鲁山县	4019	625	49	3345			3909	3862			47	110
宝丰县	8926	7075		1851			8926	8293			633	
叶县	4695	2574	515	1606			3591	3591				1104
郏县	1359	420	15	924			1184	1184				175
汝州市	5548	2158	1223	2167			3732	3732				1816
舞钢市	4735	2402	670	1663			4383	4383				352
平顶山新华区	199	9		190			198	198				1
卫东区	251	35		216			243	243				8
湛河区	398	32		366			398	398				
石龙区	546	347		199			484	363			121	62
安阳市小计	**126976**	**69695**	**26039**	**28723**		**2519**	**95366**	**95363**			**3**	**31610**
本级	92361	52229	18811	19095		2226	66894	66894				25467
县级小计	34615	17466	7228	9628		293	28472	28469			3	6143
安阳县	6374	3183	1703	1338		150	3890	3890				2484
林州市	10535	4097	4459	1979			7816	7813			3	2719
汤阴县	7662	6660	42	960			7506	7506				156
滑县	5099	2937	577	1585			4934	4934				165
内黄县	1420	276	153	991			1267	1267				153

三、各省、自治区、直辖市地市县基金预算财政资料

3－19－7

单位:万元

地区	收支部分							
	收入							
	收入合计	养路费收入	公路客货运附加费收入	国有土地使用权出让金收入	新增建设用地土地有偿使用费收入	地方水利建设基金收入	城镇公用事业附加收入	其他各项基金收入
文峰区	69							69
北关区	56							56
殷都区	69							69
龙安区	119							119
濮阳市小计	**30028**	**1792**		**21059**	**2875**	**153**	**2721**	**1428**
本级	22045	1792		14978	1808	153	2380	934
县级小计	7983			6081	1067		341	494
濮阳县	2950			2563	154		100	133
清丰县	952			819	30		72	31
南乐县	718			238	226		169	85
范县	1725			1394	212			119
台前县	472			9	445			18
华龙区	1166			1058				108
新乡市小计	**49482**	**3590**		**36330**	**3213**	**394**	**3382**	**2573**
本级	38483	3590		28169	2332	362	2384	1646
县级小计	10999			8161	881	32	998	927
获嘉县	536			198			319	19
新乡县	2123			1459	118		458	88
原阳县	247							247
延津县	2872			2785	72			15
封丘县	377			268			5	104
长垣县	1144			325	582	32	174	31
辉县市	1594			1142	109			343
卫辉市	2033			1984			42	7
卫滨区	36							36
红旗区	35							35
牧野区	2							2
凤泉区								
焦作市小计	**22864**	**3623**		**13652**	**1821**	**87**	**2010**	**1671**
本级	19456	3623		12412	1105	80	1387	849
县级小计	3408			1240	716	7	623	822
修武县	817			574	74		130	39
博爱县	370			100	17		102	151
沁阳市	712			26	403		124	159
温县	566			450				116

3－19－8

单位:万元

地　　区	收支部分						
	支出						
	支出合计	养路费支出	公路客货运附加费支出	国有土地使用权出让金支出	地方水利建设基金支出	城镇公用事业附加支出	其他各项基金支出
文峰区	1234	279		860			95
北关区	57						57
殷都区	1388	240		1077			71
龙安区	380	256			6		118
濮阳市小计	**49054**	**18957**	**2355**	**24059**	**193**	**1546**	**1944**
本级	34833	13479	2010	16786	128	1217	1213
县级小计	14221	5478	345	7273	65	329	731
濮阳县	4025	924	115	2717	25	100	144
清丰县	2281	940	75	1048	40	60	118
南乐县	1848	1038	75	464		169	102
范县	3337	1470	20	1606			241
台前县	1305	798	35	454			18
华龙区	1425	308	25	984			108
新乡市小计	**76283**	**27691**	**5324**	**36830**	**327**	**3133**	**2978**
本级	48643	15513	2581	27024	202	2262	1061
县级小计	27640	12178	2743	9806	125	871	1917
获嘉县	1716	921	198	235	5	319	38
新乡县	4135	2021	113	1464	28	310	199
原阳县	2955	2022	458	72	7		396
延津县	4066	775	243	2865	16		167
封丘县	2010	1059	423	357	15		156
长垣县	3020	1452	258	1006	5	174	125
辉县市	3750	1932	383	912	7	18	498
卫辉市	3829	1260	268	2180	37	42	42
卫滨区	322	175	25	66			56
红旗区	456	172	74	160	5		45
牧野区	822	201	250	195			176
凤泉区	559	188	50	294		8	19
焦作市小计	**58958**	**25859**	**4513**	**22956**	**151**	**3134**	**2345**
本级	44478	19809	4179	17930	61	1748	751
县级小计	14480	6050	334	5026	90	1386	1594
修武县	3629	1209	40	920	19	924	517
博爱县	1499	915	65	155	2	70	292
沁阳市	1809	1074	50	429	57		199
温县	1342	805	139	269	1	5	123

3－19－9

单位:万元

地区	平衡部分											
	收入						支出					年终结余
	收入总计	本年收入	上年结余	补助收入	省补助计划单列市收入	调入资金	支出总计	本年支出	上解支出	计划单列市上解省支出	调出资金	
文峰区	1256	69	42	1145			1234	1234				22
北关区	57	56		1			57	57				
殷都区	1388	69		1319			1388	1388				
龙安区	824	119	252	310		143	380	380				444
濮阳市小计	**55085**	**30028**	**1255**	**23692**		**110**	**50217**	**49054**			**1163**	**4868**
本级	40580	22045	855	17680			35996	34833			1163	4584
县级小计	14505	7983	400	6012		110	14221	14221				284
濮阳县	4025	2950		1075			4025	4025				
清丰县	2455	952	355	1148			2281	2281				174
南乐县	1848	718		1130			1848	1848				
范县	3347	1725	19	1493		110	3337	3337				10
台前县	1305	472		833			1305	1305				
华龙区	1525	1166	26	333			1425	1425				100
新乡市小计	**106628**	**49482**	**23956**	**33101**		**89**	**76283**	**76283**				**30345**
本级	73670	38483	19673	15482		32	48619	48643	－24			25051
县级小计	32958	10999	4283	17619		57	27664	27640	24			5294
获嘉县	1760	536	45	1179			1716	1716				44
新乡县	5902	2123	1362	2377		40	4135	4135				1767
原阳县	3142	247	223	2663		9	2955	2955				187
延津县	4397	2872	180	1337		8	4066	4066				331
封丘县	2252	377	112	1763			2010	2010				242
长垣县	3145	1144	96	1905			3020	3020				125
辉县市	5395	1594	1303	2498			3750	3750				1645
卫辉市	4245	2033	408	1804			3829	3829				416
卫滨区	429	36	4	389			325	322	3			104
红旗区	533	35	46	452			475	456	19			58
牧野区	824	2	66	756			824	822	2			
凤泉区	934		438	496			559	559				375
焦作市小计	**72375**	**22864**	**22801**	**26223**		**487**	**59082**	**58958**			**124**	**13293**
本级	56739	19456	20540	16257		486	44478	44478				12261
县级小计	15636	3408	2261	9966		1	14604	14480			124	1032
修武县	3785	817	1710	1258			3629	3629				156
博爱县	1569	370	139	1060			1499	1499				70
沁阳市	1945	712	7	1226			1933	1809			124	12
温县	1523	566		957			1342	1342				181

3－19－10

单位:万元

地区	收支部分							
	收入							
	收入合计	养路费收入	公路客货运附加费收入	国有土地使用权出让金收入	新增建设用地土地有偿使用费收入	地方水利建设基金收入	城镇公用事业附加收入	其他各项基金收入
孟州市	280				129	7	57	87
武陟县	429			90	93		210	36
解放区	52							52
中站区	22							22
马村区	25							25
山阳区	135							135
鹤壁市小计	**40123**	**1112**		**33962**	**3400**	**34**	**775**	**840**
本级	36932	1112		31435	2877	34	700	774
县级小计	3191			2527	523		75	66
浚县	716			403	188		75	50
淇县	2475			2124	335			16
淇滨区								
山城区								
鹤山区								
许昌市小计	**49717**			**43072**	**2259**	**411**	**2131**	**1844**
本级	26244			22178	1654	411	1162	839
县级小计	23473			20894	605		969	1005
许昌县	4760			4403	162		75	120
长葛市	6446			5622	240		434	150
鄢陵县	5330			5078	72			180
禹州市	5648			4723	72		460	393
襄城县	1222			1068	59			95
魏都区	67							67
漯河市小计	**27554**	**1989**		**22350**	**1751**	**70**	**447**	**947**
本级	19959	1989		15822	1239	70	159	680
县级小计	7595			6528	512		288	267
舞阳县	4773			4434	181		147	11
临颍县	2755			2094	331		141	189
源汇区	51							51
郾城区	16							16
召陵区								
三门峡市小计	**16227**	**1581**		**9263**	**1459**	**49**	**1775**	**2100**
本级	6082	1581		2865		49	410	1177
县级小计	10145			6398	1459		1365	923
义马市	1844			844	866			134
灵宝市	4344			3730	278		280	56

3－19－11

单位:万元

地区	收支部分						
	支出						
	支出合计	养路费支出	公路客货运附加费支出	国有土地使用权出让金支出	地方水利建设基金支出	城镇公用事业附加支出	其他各项基金支出
孟州市	1294	950	40	129	1	62	112
武陟县	1279	854		174	1	210	40
解放区	98			1	3	42	52
中站区	350	120		183	2	29	16
马村区	706	123		533	2	15	33
山阳区	2474			2233	2	29	210
鹤壁市小计	**55401**	**7303**	**1020**	**44165**	**482**	**832**	**1599**
本级	31017	4501	525	23858	435	760	938
县级小计	24384	2802	495	20307	47	72	661
浚县	2403	1258	224	574	47	72	228
淇县	3795	904	125	2454			312
淇滨区	17507	480	49	16965			13
山城区	365		40	292			33
鹤山区	314	160	57	22			75
许昌市小计	**75192**	**25219**	**3287**	**42343**	**228**	**1612**	**2503**
本级	42112	15746	1606	22639	187	645	1289
县级小计	33080	9473	1681	19704	41	967	1214
许昌县	6684	1290	310	4743	15	75	251
长葛市	8011	1219	202	5862	8	434	286
鄢陵县	6969	1363	197	5150	12		247
禹州市	7569	3750	618	2505	3	458	235
襄城县	3006	1394	354	1169	3		86
魏都区	841	457		275			109
漯河市小计	**38064**	**7682**	**2769**	**26032**	**218**	**324**	**1039**
本级	28193	6723	2519	18327	16	35	573
县级小计	9871	959	250	7705	202	289	466
舞阳县	5588	357	115	4885	40	147	44
临颍县	3143	277	35	2325	60	142	304
源汇区	399	208		66	78		47
郾城区	741	117	100	429	24		71
召陵区							
三门峡市小计	**32605**	**12705**	**4667**	**10395**	**232**	**1595**	**3011**
本级	14006	10299	1217	663	1	384	1442
县级小计	18599	2406	3450	9732	231	1211	1569
义马市	2197	123	200	1710	30		134
灵宝市	5264	412	645	3422	86	247	452

3－19－12

单位：万元

地区	平衡部分											
	收入						支出					年终结余
	收入总计	本年收入	上年结余	补助收入	省补助计划单列市收入	调入资金	支出总计	本年支出	上解支出	计划单列市上解省支出	调出资金	
孟州市	1325	280	25	1020			1294	1294				31
武陟县	1819	429	260	1129		1	1279	1279				540
解放区	98	52	1	45			98	98				
中站区	363	22	7	334			350	350				13
马村区	713	25	15	673			706	706				7
山阳区	2496	135	97	2264			2474	2474				22
鹤壁市小计	**58797**	**40123**	**5321**	**13353**			**55401**	**55401**				**3396**
本级	33934	36932	4816	－7814			31017	31017				2917
县级小计	24863	3191	505	21167			24384	24384				479
浚县	2841	716	470	1655			2403	2403				438
淇县	3836	2475	35	1326			3795	3795				41
淇滨区	17507			17507			17507	17507				
山城区	365			365			365	365				
鹤山区	314			314			314	314				
许昌市小计	**87755**	**49717**	**13019**	**24952**		**67**	**75246**	**75192**			**54**	**12509**
本级	50098	26244	10979	12875			42112	42112				7986
县级小计	37657	23473	2040	12077		67	33134	33080			54	4523
许昌县	6738	4760		1978			6738	6684			54	
长葛市	8011	6446		1565			8011	8011				
鄢陵县	6969	5330		1572		67	6969	6969				
禹州市	11904	5648	1819	4437			7569	7569				4335
襄城县	3194	1222	221	1751			3006	3006				188
魏都区	841	67		774			841	841				
漯河市小计	**47634**	**27554**	**4959**	**15086**		**35**	**38064**	**38064**				**9570**
本级	35712	19959	3248	12505			28193	28193				7519
县级小计	11922	7595	1711	2581		35	9871	9871				2051
舞阳县	5627	4773	84	770			5588	5588				39
临颍县	3678	2755	139	784			3143	3143				535
源汇区	666	51	294	321			399	399				267
郾城区	1951	16	1194	706		35	741	741				1210
召陵区												
三门峡市小计	**40517**	**16227**	**9198**	**15032**		**60**	**32605**	**32605**				**7912**
本级	19573	6082	8030	5401		60	14006	14006				5567
县级小计	20944	10145	1168	9631			18599	18599				2345
义马市	2197	1844		353			2197	2197				
灵宝市	6726	4344	836	1546			5264	5264				1462

3－19－13

单位:万元

地区	收支部分							
	收入							
	收入合计	养路费收入	公路客货运附加费收入	国有土地使用权出让金收入	新增建设用地土地有偿使用费收入	地方水利建设基金收入	城镇公用事业附加收入	其他各项基金收入
渑池县	2073			740	249		926	158
陕县	1209			886			70	253
卢氏县	602			198	66		89	249
湖滨区	73							73
南阳市小计	**48135**	**955**	**274**	**35625**	**5974**	**450**	**2565**	**2292**
本级	21830	78	274	16935	2840	450	496	757
县级小计	26305	877		18690	3134		2069	1535
邓州市	5805	877		3828	900		156	44
唐河县	2475			2154	55		184	82
方城县								
镇平县	5097			4108	632		306	51
社旗县	518			501				17
新野县	2556			1771	452		267	66
内乡县	2979			2609	354			16
淅川县	1546			333	24		1156	33
西峡县	1246			250				996
南召县	2060			1749	296			15
桐柏县	461				421			40
宛城区	1462			1387				75
卧龙区	100							100
商丘市小计	**29510**	**3801**		**21834**	**2211**	**293**	**534**	**837**
本级	21184	3104		15410	1698	261	357	354
县级小计	8326	697		6424	513	32	177	483
永城市	4356	696		3418	182	32		28
夏邑县	1029			895	95			39
虞城县	1241	1		1116	60			64
柘城县	10							10
宁陵县	289						150	139
睢县	375			134	176			65
民权县	37						27	10
梁园区	48							48
睢阳区	941			861				80
信阳市小计	**9752**			**5435**	**3711**	**316**	**35**	**255**
本级	6156			3319	2396	290		151
县级小计	3596			2116	1315	26	35	104
罗山县	986			546	383		35	22

3－19－14

单位:万元

地区	收支部分						
	支出						
	支出合计	养路费支出	公路客货运附加费支出	国有土地使用权出让金支出	地方水利建设基金支出	城镇公用事业附加支出	其他各项基金支出
渑池县	2951	312	675	802	34	897	231
陕县	3438	354	620	2115	9		340
卢氏县	2753	1090	1080	200	4	67	312
湖滨区	1996	115	230	1483	68		100
南阳市小计	**77950**	**21072**	**9926**	**38935**	**928**	**2124**	**4965**
本级	39032	17095	6643	13771	53	240	1230
县级小计	38918	3977	3283	25164	875	1884	3735
邓州市	5717	1622	366	3513	50	156	10
唐河县	613	102	159	72	108		172
方城县							
镇平县	5417	122	270	4624	38	305	58
社旗县	827	45	195	571			16
新野县	8911	1270	730	6217	80	267	347
内乡县	3805	157	210	3075	138		225
淅川县	2357	340	538	44	55	1156	224
西峡县	2169	50	219	250	79		1571
南召县	2360		182	1948	105		125
桐柏县	1357	75	181	421	88		592
宛城区	3630	34	233	3219	38		106
卧龙区	1755	160		1210	96		289
商丘市小计	**58795**	**25372**	**8475**	**22381**	**8**	**605**	**1954**
本级	27764	14552	1340	10827	8	428	609
县级小计	31031	10820	7135	11554		177	1345
永城市	6080	2036	1194	2535			315
夏邑县	3072	1032	1000	990			50
虞城县	3928	1523	936	1176			293
柘城县	2225	1300	762	50			113
宁陵县	2063	1045	641			150	227
睢县	2550	1313	845	310			82
民权县	1845	1028	754			27	36
梁园区	4355	694	407	3138			116
睢阳区	4913	849	596	3355			113
信阳市小计	**40490**	**19011**	**9124**	**10779**	**616**	**53**	**907**
本级	12488	5964	1882	4101	302		239
县级小计	28002	13047	7242	6678	314	53	668
罗山县	4414	1497	949	1858	8	53	49

3－19－15

单位:万元

地区	平衡部分											
	收入						支出					年终结余
	收入总计	本年收入	上年结余	补助收入	省补助计划单列市收入	调入资金	支出总计	本年支出	上解支出	计划单列市上解省支出	调出资金	
渑池县	3295	2073	88	1134			2951	2951				344
陕县	3662	1209	64	2389			3438	3438				224
卢氏县	3018	602	176	2240			2753	2753				265
湖滨区	2046	73	4	1969			1996	1996				50
南阳市小计	**102498**	**48135**	**10424**	**43839**		**100**	**78061**	**77950**			**111**	**24437**
本级	47833	21830	4370	21533		100	39143	39032			111	8690
县级小计	54665	26305	6054	22306			38918	38918				15747
邓州市	11747	5805	690	5252			5717	5717				6030
唐河县	3316	2475	346	495			613	613				2703
方城县												
镇平县	6383	5097	825	461			5417	5417				966
社旗县	1040	518	280	242			827	827				213
新野县	10213	2556	2744	4913			8911	8911				1302
内乡县	3805	2979		826			3805	3805				
淅川县	5378	1546	848	2984			2357	2357				3021
西峡县	2169	1246		923			2169	2169				
南召县	3471	2060	160	1251			2360	2360				1111
桐柏县	1517	461	160	896			1357	1357				160
宛城区	3871	1462	1	2408			3630	3630				241
卧龙区	1755	100		1655			1755	1755				
商丘市小计	**75591**	**29510**	**14462**	**31619**			**58795**	**58795**				**16796**
本级	42074	21184	13104	7786			27764	27764				14310
县级小计	33517	8326	1358	23833			31031	31031				2486
永城市	7781	4356	604	2821			6080	6080				1701
夏邑县	3075	1029		2046			3072	3072				3
虞城县	3930	1241		2689			3928	3928				2
柘城县	2511	10	329	2172			2225	2225				286
宁陵县	2064	289		1775			2063	2063				1
睢县	2550	375		2175			2550	2550				
民权县	1845	37		1808			1845	1845				
梁园区	4589	48	232	4309			4355	4355				234
睢阳区	5172	941	193	4038			4913	4913				259
信阳市小计	**47434**	**9752**	**6664**	**30996**		**22**	**40722**	**40490**			**232**	**6712**
本级	15433	6156	1192	8085			12488	12488				2945
县级小计	32001	3596	5472	22911		22	28234	28002			232	3767
罗山县	4414	986	193	3235			4414	4414				

3－19－16　　　　单位:万元

地　　区	收支部分							
	收入							
	收入合计	养路费收入	公路客货运附加费收入	国有土地使用权出让金收入	新增建设用地土地有偿使用费收入	地方水利建设基金收入	城镇公用事业附加收入	其他各项基金收入
光山县	160			160				
潢川县	575			361	206			8
固始县	586			367	205			14
商城县	45				43			2
新县	385			220	154			11
息县	7							7
淮滨县	825			462	324	26		13
泗河区	12							12
平桥区	15							15
周口地区小计	**52424**	**3062**		**42429**	**3069**	**389**	**71**	**3404**
本级	23759	3043		17548	2251	389		528
县级小计	28665	19		24881	818		71	2876
扶沟县	1106			758	152			196
西华县	3946			3689				257
商水县	1155			1080				75
太康县	1206			1173				33
鹿邑县	2755			2268				487
郸城县	502			288	143			71
淮阳县	6408			6230	6			172
沈丘县	5489			4863	300		71	255
项城市	4826	19		4243	217			347
川汇区	1272			289				983
驻马店地区小计	**24504**	**4340**		**16424**	**866**	**314**	**1075**	**1485**
本级	16291	4340		9792	219	314	960	666
县级小计	8213			6632	647		115	819
确山县	184				10		21	153
泌阳县	3393			3295			11	87
遂平县	84			31	22			31
西平县	469				331		50	88
上蔡县	1027			796				231
汝南县	965			932				33
平舆县	108				76			32
新蔡县	339			307				32
正阳县	366			87	208		33	38
驿城区	1278			1184				94
济源市	14110	941		10762	185	121	1471	630

3－19－17

单位:万元

地区	收支部分						
	支出						
	支出合计	养路费支出	公路客货运附加费支出	国有土地使用权出让金支出	地方水利建设基金支出	城镇公用事业附加支出	其他各项基金支出
光山县	4106	1313	816	1785	115		77
潢川县	2043	971	657	311	3		101
固始县	7043	4193	1045	1755	40		10
商城县	1711	892	685	43	18		73
新县	1796	788	565	220	28		195
息县	1560	740	755		15		50
淮滨县	2299	970	585	706	20		18
泗河区	1195	699	455		14		27
平桥区	1835	984	730		53		68
周口地区小计	**81724**	**18029**	**5476**	**54118**	**613**	**57**	**3431**
本级	42780	11266	2430	28627	126		331
县级小计	38944	6763	3046	25491	487	57	3100
扶沟县	1524	550		749	50		175
西华县	5450	595	18	4460	110		267
商水县	3967	696	186	2998	45		42
太康县	3721	1024	96	2536	30		35
鹿邑县	3975	564	619	2268	34		490
郸城县	1638	667	365	431	34		141
淮阳县	7091	706	560	5649	30		146
沈丘县	2813	709	557	1210	72	57	208
项城市	6795	967	635	4507	70		616
川汇区	1970	285	10	683	12		980
驻马店地区小计	**45605**	**19282**	**8740**	**13751**	**440**	**1059**	**2333**
本级	31669	16425	3827	9334	175	955	953
县级小计	13936	2857	4913	4417	265	104	1380
确山县	1180	359	300	163	24	21	313
泌阳县	2200	390	625	842	58	2	283
遂平县	1009	239	683	31	24		32
西平县	1530	258	711	331	25	50	155
上蔡县	2206	398	718	772	20		298
汝南县	1605	242	305	932	54		72
平舆县	849	271	554				24
新蔡县	907	275	471	101	40		20
正阳县	842	322	325	61	20	31	83
驿城区	1608	103	221	1184			100
济源市	26076	8292	2495	13006	76	1407	800

2006 年地方财政政府收支分类转换数据

3－19－18

单位:万元

地区	平衡部分											
	收入						支出					
	收入总计	本年收入	上年结余	补助收入	省补助计划单列市收入	调入资金	支出总计	本年支出	上解支出	计划单列市上解省支出	调出资金	年终结余
光山县	4346	160	31	4155			4106	4106				240
潢川县	2549	575	233	1729		12	2043	2043				506
固始县	9353	586	4208	4559			7043	7043				2310
商城县	1711	45		1666			1711	1711				
新县	1979	385	28	1566			1796	1796				183
息县	1911	7	248	1656			1560	1560				351
淮滨县	2696	825	531	1330		10	2519	2299			220	177
泗河区	1207	12		1195			1207	1195			12	
平桥区	1835	15		1820			1835	1835				
周口地区小计	**107557**	**52424**	**21533**	**33600**			**82823**	**81724**			**1099**	**24734**
本级	55089	23759	16800	14530			43009	42780			229	12080
县级小计	52468	28665	4733	19070			39814	38944			870	12654
扶沟县	2819	1106	694	1019			1524	1524				1295
西华县	6970	3946	1263	1761			6320	5450			870	650
商水县	5550	1155	699	3696			3967	3967				1583
太康县	4845	1206	771	2868			3721	3721				1124
鹿邑县	4061	2755		1306			3975	3975				86
郸城县	1638	502		1136			1638	1638				
淮阳县	7820	6408	280	1132			7091	7091				729
沈丘县	7308	5489	465	1354			2813	2813				4495
项城市	9450	4826	561	4063			6795	6795				2655
川汇区	2007	1272		735			1970	1970				37
驻马店地区小计	**64578**	**24504**	**10726**	**29166**		**182**	**45667**	**45605**			**62**	**18911**
本级	42951	16291	7610	18906		144	31669	31669				11282
县级小计	21627	8213	3116	10260		38	13998	13936			62	7629
确山县	1195	184	180	831			1180	1180				15
泌阳县	5019	3393		1588		38	2200	2200				2819
遂平县	2018	84	271	1663			1009	1009				1009
西平县	1556	469		1087			1556	1530			26	
上蔡县	3452	1027	1232	1193			2206	2206				1246
汝南县	2400	965	123	1312			1605	1605				795
平舆县	1508	108	575	825			849	849				659
新蔡县	1164	339	36	789			907	907				257
正阳县	1707	366	699	642			878	842			36	829
驿城区	1608	1278		330			1608	1608				
济源市	30244	14110	4915	11219			26076	26076				4168

2006 年湖北省地市县财政基金预算收支平衡表

3－20－1　　　　单位:万元

地区	收支部分							
	收入							
	收入合计	养路费收入	公路客货运附加费收入	国有土地使用权出让金收入	新增建设用地土地有偿使用费收入	地方水利建设基金收入	城镇公用事业附加收入	其他各项基金收入
地(市)县级总计	**961728**			**680644**	**140196**	**8316**	**27960**	**104612**
地(市)本级合计	**704464**			**516241**	**62261**	**6415**	**22353**	**97194**
县级合计	**257264**			**164403**	**77935**	**1901**	**5607**	**7418**
武汉市小计	**534516**			**356503**	**60730**	**6252**	**22929**	**88102**
本级	404576			277982	14965	5475	20234	85920
县级小计	129940			78521	45765	777	2695	2182
江岸区	1911			1911				
江汉区	1000			1000				
硚口区	1447			1447				
武昌区	3286			3286				
汉阳区	1166			1166				
青山区								
洪山区	190			190				
东西湖区	27114			2054	24224			836
汉南区	3912			3145	725		42	
江夏区	17794			6642	9831		851	470
蔡甸区	25247			22151	2707		389	
新洲区	18584			14629	3547	127	280	1
黄陂区	28289			20900	4731	650	1133	875
黄石市小计	**7229**			**2699**	**2925**		**121**	**1484**
本级	5354			2699	1660		37	958
县级小计	1875				1265		84	526
黄石港区								
西塞山区								
下陆区								
铁山区								
大冶市	1226				739			487
阳新县	649				526		84	39
十堰市小计	**22893**			**16650**	**4168**		**1432**	**643**
本级	19366			14273	3574		959	560
县级小计	3527			2377	594		473	83
张湾区								
茅箭区								
丹江口市	2763			1869	396		473	25
郧县	564			462	83			19

3-20-2

单位:万元

地区	收支部分						
	支出						
	支出合计	养路费支出	公路客货运附加费支出	国有土地使用权出让金支出	地方水利建设基金支出	城镇公用事业附加支出	其他各项基金支出
地(市)县级总计	**1109432**	**121916**	**22447**	**827988**	**8452**	**27797**	**100832**
地(市)本级合计	**684884**	**105221**	**11801**	**467869**	**5743**	**22190**	**72060**
县级合计	**424548**	**16695**	**10646**	**360119**	**2709**	**5607**	**28772**
武汉市小计	**519023**	**19102**	**2858**	**408638**	**6703**	**22640**	**59082**
本级	370620	18861	310	270050	5251	19945	56203
县级小计	148403	241	2548	138588	1452	2695	2879
江岸区	3146			3049			97
江汉区	2426			2252			174
硚口区	3953			3918			35
武昌区	5908			5816			92
汉阳区	1552			1551			1
青山区	577			567			10
洪山区	987			953	4		30
东西湖区	27170		6	26298			866
汉南区	3957			3885		42	30
江夏区	19827		921	17145	406	851	504
蔡甸区	25816		138	25189		389	100
新洲区	21798	241	573	20546	127	280	31
黄陂区	31286		910	27419	915	1133	909
黄石市小计	**13717**	**227**	**4097**	**7222**		**312**	**1859**
本级	10260		4036	4676		228	1320
县级小计	3457	227	61	2546		84	539
黄石港区							
西塞山区							
下陆区							
铁山区							
大冶市	2058	227	49	1287			495
阳新县	1399		12	1259		84	44
十堰市小计	**35442**	**9644**	**2007**	**21117**		**1432**	**1242**
本级	29407	9123	369	17867		959	1089
县级小计	6035	521	1638	3250		473	153
张湾区	70	70					
茅箭区							
丹江口市	3478	451	248	2274		473	32
郧县	776		189	558			29

3－20－3

单位:万元

地区	平衡部分											
	收入						支出					年终结余
	收入总计	本年收入	上年结余	补助收入	省补助计划单列市收入	调入资金	支出总计	本年支出	上解支出	计划单列市上解省支出	调出资金	
地(市)县级总计	**1281304**	**961728**	**44645**	**274136**		**795**	**1109979**	**1109432**			**547**	**171325**
地(市)本级合计	**853325**	**704464**	**40814**	**108046**		**1**	**685327**	**684884**			**443**	**167998**
县级合计	**427979**	**257264**	**3831**	**166090**		**794**	**424652**	**424548**			**104**	**3327**
武汉市小计	**604790**	**534516**	**39190**	**30409**		**675**	**519023**	**519023**				**85767**
本级	454252	404576	38484	11192			370620	370620				83632
县级小计	150538	129940	706	19217		675	148403	148403				2135
江岸区	3146	1911		1235			3146	3146				
江汉区	2426	1000		1426			2426	2426				
硚口区	3953	1447		2506			3953	3953				
武昌区	5908	3286		2622			5908	5908				
汉阳区	3687	1166	706	1815			1552	1552				2135
青山区	577			577			577	577				
洪山区	987	190		793		4	987	987				
东西湖区	27170	27114		56			27170	27170				
汉南区	3957	3912		45			3957	3957				
江夏区	19827	17794		1627		406	19827	19827				
蔡甸区	25816	25247		569			25816	25816				
新洲区	21798	18584		3214			21798	21798				
黄陂区	31286	28289		2732		265	31286	31286				
黄石市小计	**14918**	**7229**	**674**	**7015**			**13717**	**13717**				**1201**
本级	10935	5354	674	4907			10260	10260				675
县级小计	3983	1875		2108			3457	3457				526
黄石港区												
西塞山区												
下陆区												
铁山区												
大冶市	2058	1226		832			2058	2058				
阳新县	1925	649		1276			1399	1399				526
十堰市小计	**35442**	**22893**		**12549**			**35442**	**35442**				
本级	29407	19366		10041			29407	29407				
县级小计	6035	3527		2508			6035	6035				
张湾区	70			70			70	70				
茅箭区												
丹江口市	3478	2763		715			3478	3478				
郧县	776	564		212			776	776				

2006 年地方财政政府收支分类转换数据

3－20－4

单位:万元

地区	收支部分							
	收入							
	收入合计	养路费收入	公路客货运附加费收入	国有土地使用权出让金收入	新增建设用地土地有偿使用费收入	地方水利建设基金收入	城镇公用事业附加收入	其他各项基金收入
郧西县	71				35			36
竹山县	58				58			
竹溪县	60			46	11			3
房县	11				11			
荆州市小计	**18574**			**2937**	**14622**		**850**	**165**
本级	14262			1434	11905		850	73
县级小计	4312			1503	2717			92
沙市区	27							27
荆州区	15							15
江陵县	378			217	159			2
松滋市	360			33	306			21
公安县	614			100	503			11
石首市	1330			825	495			10
监利县	989			328	659			2
洪湖市	599				595			4
宜昌市小计	**234039**			**212112**	**9983**	**733**	**1835**	**9376**
本级	205433			188997	8171	587	273	7405
县级小计	28606			23115	1812	146	1562	1971
西陵区	74			74				
伍家岗区								
点军区								
猇亭区	549			521				28
夷陵区	6064			5621	372			71
宜都市	12319			10504	268		957	590
枝江市	770			208	285	33	115	129
当阳市	1993			942	334	110	25	582
远安县	360			32	44		153	131
兴山县	793			432	35		307	19
秭归县	4021			3624	188	3	5	201
长阳县	170			8	114			48
五峰县	1493			1149	172			172
襄樊市小计	**23421**			**16811**	**5187**	**292**		**1131**
本级	16748			12362	3115	292		979
县级小计	6673			4449	2072			152
襄城区	13							13

3－20－5

单位:万元

地　　区	收支部分						
	支出						
	支出合计	养路费支出	公路客货运附加费支出	国有土地使用权出让金支出	地方水利建设基金支出	城镇公用事业附加支出	其他各项基金支出
郧西县	556		469	45			42
竹山县	291		198	70			23
竹溪县	518		428	77			13
房县	346		106	226			14
荆州市小计	**46161**	**12551**	**454**	**30045**		**908**	**2203**
本级	27592	11862	103	13782		908	937
县级小计	18569	689	351	16263			1266
沙市区	155	107					48
荆州区	3718	299		3029			390
江陵县	4557	283		4142			132
松滋市	673			439			234
公安县	893			710			183
石首市	4371			4226			145
监利县	1692		351	1224			117
洪湖市	2510			2493			17
宜昌市小计	**205709**	**12861**	**769**	**171851**	**299**	**1712**	**18217**
本级	132456	11848	86	116300	139	150	3933
县级小计	73253	1013	683	55551	160	1562	14284
西陵区	4394			4392	2		
伍家岗区	4859			4758	2		99
点军区	2376		15	2162			199
猇亭区	5064			4897	2		165
夷陵区	10480			7859	8		2613
宜都市	12385			10778		957	650
枝江市	4589	183		3919	33	115	339
当阳市	5008	830	154	2740	110	25	1149
远安县	767		285	83		153	246
兴山县	4172		41	1485		307	2339
秭归县	17208		75	11051	3	5	6074
长阳县	341		100	86			155
五峰县	1610		13	1341			256
襄樊市小计	**54191**	**12964**	**2946**	**35009**	**292**		**2980**
本级	30238	11284	412	15513	292		2737
县级小计	23953	1680	2534	19496			243
襄城区	13						13

2006 年地方财政政府收支分类转换数据

3－20－6

单位:万元

地区	平衡部分 收入 收入总计	本年收入	上年结余	补助收入	省补助计划单列市收入	调入资金	支出 支出总计	本年支出	上解支出	计划单列市上解省支出	调出资金	年终结余
郧西县	556	71		485			556	556				
竹山县	291	58		233			291	291				
竹溪县	518	60		458			518	518				
房县	346	11		335			346	346				
荆州市小计	**46604**	**18574**		**28030**			**46604**	**46161**			**443**	
本级	28035	14262		13773			28035	27592			443	
县级小计	18569	4312		14257			18569	18569				
沙市区	155	27		128			155	155				
荆州区	3718	15		3703			3718	3718				
江陵县	4557	378		4179			4557	4557				
松滋市	673	360		313			673	673				
公安县	893	614		279			893	893				
石首市	4371	1330		3041			4371	4371				
监利县	1692	989		703			1692	1692				
洪湖市	2510	599		1911			2510	2510				
宜昌市小计	**276834**	**234039**	**10**	**42785**			**205709**	**205709**				**71125**
本级	203452	205433		－1981			132456	132456				70996
县级小计	73382	28606	10	44766			73253	73253				129
西陵区	4463	74		4389			4394	4394				69
伍家岗区	4859			4859			4859	4859				
点军区	2376			2376			2376	2376				
猇亭区	5064	549		4515			5064	5064				
夷陵区	10480	6064		4416			10480	10480				
宜都市	12385	12319		66			12385	12385				
枝江市	4589	770		3819			4589	4589				
当阳市	5008	1993		3015			5008	5008				
远安县	767	360		407			767	767				
兴山县	4172	793		3379			4172	4172				
秭归县	17208	4021		13187			17208	17208				
长阳县	401	170	10	221			341	341				60
五峰县	1610	1493		117			1610	1610				
襄樊市小计	**54191**	**23421**	**3474**	**27296**			**54191**	**54191**				
本级	30238	16748	664	12826			30238	30238				
县级小计	23953	6673	2810	14470			23953	23953				
襄城区	13	13					13	13				

三、各省、自治区、直辖市地市县基金预算财政资料

3－20－7

单位：万元

地　　区	收支部分							
	收入							
	收入合计	养路费收　入	公路客货运附加费收　　入	国有土地使用权出让金收入	新增建设用地土地有偿使用费收入	地方水利建设基金收　　入	城镇公用事业附加收　　入	其他各项基金收入
樊城区	815			776				39
襄阳区	2188			1941	240			7
老河口市	755				741			14
枣阳市	280			153	106			21
宜城市	1427			927	478			22
南漳县	473			250	211			12
谷城县	253				242			11
保康县	469			402	54			13
鄂州市小计	**5006**			**108**	**4602**			**296**
本级	5003			108	4602			293
县级小计	3							3
鄂城区	1							1
华容区	2							2
梁子湖区								
荆门市小计	**13842**			**8533**	**5040**			**269**
本级	6854			3640	3061			153
县级小计	6988			4893	1979			116
掇刀区	833			582	243			8
东宝区	3997			3800	166			31
钟祥市	940				880			60
京山县	623			241	372			10
沙洋县	595			270	318			7
孝感市小计	**12145**			**3738**	**6633**	**926**		**848**
本级	2745			291	2401			53
县级小计	9400			3447	4232	926		795
孝南区	1553			686	822			45
孝昌县	564				564			
大悟县	1304				273	926		105
安陆市	397			48	275			74
云梦县	672			38	629			5
应城市	3952			2669	722			561
汉川市	958			6	947			5
黄冈市小计	**9608**			**2341**	**6196**	**81**	**186**	**804**
本级	2853				2658	61		134
县级小计	6755			2341	3538	20	186	670

3－20－8　　单位:万元

地　区	收支部分						
	支出						
	支出合计	养路费支出	公路客货运附加费支出	国有土地使用权出让金支出	地方水利建设基金支出	城镇公用事业附加支出	其他各项基金支出
樊城区	815			776			39
襄阳区	5612		1007	4593			12
老河口市	3366		215	3129			22
枣阳市	3146		333	2772			41
宜城市	4255	518		3690			47
南漳县	4362		523	3810			29
谷城县	742		456	262			24
保康县	1642	1162		464			16
鄂州市小计	**2312**	**1702**	**9**	**130**			**471**
本级	2309	1702	9	130			468
县级小计	3						3
鄂城区	1						1
华容区	2						2
梁子湖区							
荆门市小计	**26512**	**7984**	**340**	**17128**			**1060**
本级	13124	7523	212	4606			783
县级小计	13388	461	128	12522			277
掇刀区	837			825			12
东宝区	4026		26	3966			34
钟祥市	3431	461		2835			135
京山县	1970		45	1863			62
沙洋县	3124		57	3033			34
孝感市小计	**32086**	**9413**	**145**	**19661**	**926**		**1941**
本级	12195	8769		2703			723
县级小计	19891	644	145	16958	926		1218
孝南区	1612		33	1528			51
孝昌县	2800	644		2134			22
大悟县	1304			273	926		105
安陆市	2433		28	2190			215
云梦县	4427			4372			55
应城市	6034		76	5380			578
汉川市	1281		8	1081			192
黄冈市小计	**32392**	**12022**	**1009**	**17073**	**81**	**186**	**2021**
本级	15087	11408	24	2687	61		907
县级小计	17305	614	985	14386	20	186	1114

3－20－9　　　　　　　　　　　　　　　　　　　　　　　　　　单位:万元

地区	平衡部分											
	收入						支出					年终结余
	收入总计	本年收入	上年结余	补助收入	省补助计划单列市收入	调入资金	支出总计	本年支出	上解支出	计划单列市上解省支出	调出资金	
樊城区	815	815					815	815				
襄阳区	5612	2188	423	3001			5612	5612				
老河口市	3366	755		2611			3366	3366				
枣阳市	3146	280	2382	484			3146	3146				
宜城市	4255	1427	5	2823			4255	4255				
南漳县	4362	473		3889			4362	4362				
谷城县	742	253		489			742	742				
保康县	1642	469		1173			1642	1642				
鄂州市小计	**9734**	**5006**	**183**	**4545**			**2312**	**2312**				**7422**
本级	9731	5003	183	4545			2309	2309				7422
县级小计	3	3					3	3				
鄂城区	1	1					1	1				
华容区	2	2					2	2				
梁子湖区												
荆门市小计	**28583**	**13842**		**14741**			**26512**	**26512**				**2071**
本级	15195	6854		8341			13124	13124				2071
县级小计	13388	6988		6400			13388	13388				
掇刀区	837	833		4			837	837				
东宝区	4026	3997		29			4026	4026				
钟祥市	3431	940		2491			3431	3431				
京山县	1970	623		1347			1970	1970				
沙洋县	3124	595		2529			3124	3124				
孝感市小计	**32288**	**12145**	**171**	**19971**		**1**	**32086**	**32086**				**202**
本级	12195	2745		9449		1	12195	12195				
县级小计	20093	9400	171	10522			19891	19891				202
孝南区	1612	1553		59			1612	1612				
孝昌县	2802	564	2	2236			2800	2800				2
大悟县	1336	1304	1	31			1304	1304				32
安陆市	2433	397		2036			2433	2433				
云梦县	4427	672		3755			4427	4427				
应城市	6202	3952	168	2082			6034	6034				168
汉川市	1281	958		323			1281	1281				
黄冈市小计	**32600**	**9608**	**104**	**22888**			**32496**	**32392**			**104**	**104**
本级	15087	2853		12234			15087	15087				
县级小计	17513	6755	104	10654			17409	17305			104	104

2006 年地方财政政府收支分类转换数据

3－20－10　　　　　　　　　　　　　　　　　　单位:万元

地　　区	收支部分							
	收入							
	收入合计	养路费收入	公路客货运附加费收入	国有土地使用权出让金收入	新增建设用地土地有偿使用费收入	地方水利建设基金收入	城镇公用事业附加收入	其他各项基金收入
黄州区	15							15
团风县	267				261			6
红安县	1116			666	438			12
麻城市	789				768			21
罗田县	480			130	328	4		18
英山县	65				61			4
浠水县	236				228			8
蕲春县	1198			866	311	10		11
武穴市	1466			659	783			24
黄梅县	1123			20	360	6	186	551
咸宁市小计	**28489**			**20883**	**6495**	**31**	**293**	**787**
本级	12773			9342	2953			478
县级小计	15716			11541	3542	31	293	309
咸安区	970			15	939			16
嘉鱼县	1207			300	657		225	25
赤壁市	7681			6889	780		10	2
通城县	1109			845	243	9		12
崇阳县	3559			3045	271			243
通山县	1190			447	652	22	58	11
恩施自治州小计	**7749**			**5665**	**1518**		**314**	**252**
本级	59							59
县级小计	7690			5665	1518		314	193
恩施市	4286			2799	1093		314	80
建始县	111			87	24			
巴东县	54				50			4
利川市	1131			1020	102			9
宣恩县	73			40	24			9
咸丰县	301			167	88			46
来凤县	97				97			
鹤峰县	1637			1552	40			45
随州市小计	**13418**			**9371**	**3824**			**223**
本级	8438			5113	3196			129
县级小计	4980			4258	628			94
曾都区	2455			2179	257			19
广水市	2525			2079	371			75
仙桃市	**19228**			**15785**	**3421**			**22**

3－20－11

单位:万元

地区	收支部分						
	支出						
	支出合计	养路费支出	公路客货运附加费支出	国有土地使用权出让金支出	地方水利建设基金支出	城镇公用事业附加支出	其他各项基金支出
黄州区	32		12	5			15
团风县	2125		64	2045			16
红安县	2252	352	318	1566			16
麻城市	4830		145	4439			246
罗田县	576		20	524	4		28
英山县	220		113	67			40
浠水县	516			459			57
蕲春县	1705	196	85	1392	10		22
武穴市	3638		228	3301			109
黄梅县	1411	66		588	6	186	565
咸宁市小计	**41430**	**7701**	**657**	**31461**	**32**	**293**	**1286**
本级	18594	6963	38	10693			900
县级小计	22836	738	619	20768	32	293	386
咸安区	3077	180		2870			27
嘉鱼县	3548	78	484	2726		225	35
赤壁市	9486		31	9430		10	15
通城县	1413	132		1243	10		28
崇阳县	3932	348		3323			261
通山县	1380		104	1176	22	58	20
恩施自治州小计	**25625**	**8448**	**1984**	**10040**		**314**	**4839**
本级	8475	5689	1522	27			1237
县级小计	17150	2759	462	10013		314	3602
恩施市	4992	577	20	3906		314	175
建始县	427	262	7	120			38
巴东县	6350	333	4	2780			3233
利川市	1737	538	12	1142			45
宣恩县	614	328	204	73			9
咸丰县	836	311	205	263			57
来凤县	306	183	6	117			
鹤峰县	1888	227	4	1612			45
随州市小计	**23642**	**244**	**4680**	**16705**			**2013**
本级	14527	189	4680	8835			823
县级小计	9115	55		7870			1190
曾都区	3424			2436			988
广水市	5691	55		5434			202
仙桃市	**25628**	**2494**	**281**	**22186**	**119**		**548**

3－20－12　　单位:万元

地区	平衡部分											
	收入						支出					年终结余
	收入总计	本年收入	上年结余	补助收入	省补助计划单列市收入	调入资金	支出总计	本年支出	上解支出	计划单列市上解省支出	调出资金	
黄州区	32	15		17			32	32				
团风县	2125	267		1858			2125	2125				
红安县	2252	1116		1136			2252	2252				
麻城市	4934	789	104	4041			4830	4830				104
罗田县	576	480		96			576	576				
英山县	220	65		155			220	220				
浠水县	516	236		280			516	516				
蕲春县	1705	1198		507			1705	1705				
武穴市	3742	1466		2276			3742	3638			104	
黄梅县	1411	1123		288			1411	1411				
咸宁市小计	**44632**	**28489**	**809**	**15334**			**41430**	**41430**				**3202**
本级	21796	12773	809	8214			18594	18594				3202
县级小计	22836	15716		7120			22836	22836				
咸安区	3077	970		2107			3077	3077				
嘉鱼县	3548	1207		2341			3548	3548				
赤壁市	9486	7681		1805			9486	9486				
通城县	1413	1109		304			1413	1413				
崇阳县	3932	3559		373			3932	3932				
通山县	1380	1190		190			1380	1380				
恩施自治州小计	**25625**	**7749**		**17876**			**25625**	**25625**				
本级	8475	59		8416			8475	8475				
县级小计	17150	7690		9460			17150	17150				
恩施市	4992	4286		706			4992	4992				
建始县	427	111		316			427	427				
巴东县	6350	54		6296			6350	6350				
利川市	1737	1131		606			1737	1737				
宣恩县	614	73		541			614	614				
咸丰县	836	301		535			836	836				
来凤县	306	97		209			306	306				
鹤峰县	1888	1637		251			1888	1888				
随州市小计	**23642**	**13418**		**10224**			**23642**	**23642**				
本级	14527	8438		6089			14527	14527				
县级小计	9115	4980		4135			9115	9115				
曾都区	3424	2455		969			3424	3424				
广水市	5691	2525		3166			5691	5691				
仙桃市	**25628**	**19228**		**6281**		**119**	**25628**	**25628**				

3－20－13

单位:万元

地区	收支部分							
	收入							
	收入合计	养路费收入	公路客货运附加费收入	国有土地使用权出让金收入	新增建设用地土地有偿使用费收入	地方水利建设基金收入	城镇公用事业附加收入	其他各项基金收入
天门市	3152				3138			14
潜江市	7973			6210	1714			49
神农架林区	446			298		1		147

3-20-14

单位:万元

地区	收支部分						
	支出						
	支出合计	养路费支出	公路客货运附加费支出	国有土地使用权出让金支出	地方水利建设基金支出	城镇公用事业附加支出	其他各项基金支出
天门市	9960	1805	183	7733			239
潜江市	14216	1840	28	11772			576
神农架林区	1386	914		217			255

3－20－15 单位:万元

地区	平衡部分											
	收入						支出					年终结余
	收入总计	本年收入	上年结余	补助收入	省补助计划单列市收入	调入资金	支出总计	本年支出	上解支出	计划单列市上解省支出	调出资金	
天门市	10020	3152		6868			9960	9960				60
潜江市	14216	7973		6243			14216	14216				
神农架林区	1557	446	30	1081			1386	1386				171

2006 年湖南省地市县财政基金预算收支平衡表

3－21－1

单位:万元

地　区	收支部分							
	收入							
	收入合计	养路费收入	公路客货运附加费收入	国有土地使用权出让金收入	新增建设用地土地有偿使用费收入	地方水利建设基金收入	城镇公用事业附加收入	其他各项基金收入
地(市)县级总计	**476992**	**7712**	**42**	**342817**	**448**	**23994**	**22222**	**79757**
地(市)本级合计	**308566**	**7712**	**42**	**232107**	**21**	**12327**	**16226**	**40131**
县级合计	**168426**			**110710**	**427**	**11667**	**5996**	**39626**
长沙市小计	**213538**	**3573**		**183508**	**20**	**6387**	**520**	**19530**
本级	148575	3573		124992		4500		15510
县级小计	64963			58516	20	1887	520	4020
浏阳市	21671			18416		600	520	2135
宁乡县	8161			8000		60		101
长沙县	26817			24980	20	793		1024
望城县	7612			7120		434		58
雨花区	262							262
芙蓉区	97							97
天心区	217							217
岳麓区	53							53
开福区	73							73
株洲市小计	**39209**			**16178**		**2348**	**8223**	**12460**
本级	31549			15100		1796	7433	7220
县级小计	7660			1078		552	790	5240
株洲县	596					123	167	306
醴陵市	1953			700		285	260	708
攸县	677						315	362
茶陵县	65						48	17
炎陵县	2229			378		84		1767
天元区	1874					11		1863
芦淞区	121					23		98
荷塘区	103					13		90
石峰区	42					13		29
湘潭市小计	**13472**	**475**		**2839**		**2095**	**3308**	**4755**
本级	11658	475		2800		1554	2924	3905
县级小计	1814			39		541	384	850
湘潭县	1424					402	340	682
湘乡市	19							19
韶山市	163			39		72	44	8
雨湖区	106					37		69
岳塘区	102					30		72

三、各省、自治区、直辖市地市县基金预算财政资料

3－21－2　　　　单位:万元

地区	收支部分						
	支出						
	支出合计	养路费支出	公路客货运附加费支出	国有土地使用权出让金支出	地方水利建设基金支出	城镇公用事业附加支出	其他各项基金支出
地(市)县级总计	**487812**	**8774**		**327665**	**35500**	**22487**	**93386**
地(市)本级合计	**254766**	**8774**		**179870**	**16899**	**16633**	**32590**
县级合计	**233046**			**147795**	**18601**	**5854**	**60796**
长沙市小计	**234107**	**3200**		**201282**	**12325**	**292**	**17008**
本级	134255	3200		114855	8614		7586
县级小计	99852			86427	3711	292	9422
浏阳市	22558			18210	747	292	3309
宁乡县	9630			8416	292		922
长沙县	31651			28857	924		1870
望城县	8408			6304	961		1143
雨花区	4378			4184	94		100
芙蓉区	2479			2053	226		200
天心区	2466			2028	76		362
岳麓区	8147			7723	189		235
开福区	10135			8652	202		1281
株洲市小计	**40585**			**20409**	**1999**	**9915**	**8262**
本级	32621			18378	1256	8702	4285
县级小计	7964			2031	743	1213	3977
株洲县	957			208	132	167	450
醴陵市	2295			745	267	284	999
攸县	972			125	24	310	513
茶陵县	126				10	31	85
炎陵县	1864			440	89		1335
天元区	1142			506	5	373	258
芦淞区	282				162		120
荷塘区	235			7	41	43	144
石峰区	91				13	5	73
湘潭市小计	**14101**	**475**		**5608**	**3132**	**1330**	**3556**
本级	9890	475		5516	1279	1007	1613
县级小计	4211			92	1853	323	1943
湘潭县	1703			27	693	272	711
湘乡市	1436			50	459		927
韶山市	736			15	582	44	95
雨湖区	182				64	7	111
岳塘区	154				55		99

3-21-3

单位:万元

地区	平衡部分 收入 收入总计	本年收入	上年结余	补助收入	省补助计划单列市收入	调入资金	支出 支出总计	本年支出	上解支出	计划单列市上解省支出	调出资金	年终结余
地(市)县级总计	**742064**	**476992**	**145872**	**104916**		**14284**	**547631**	**487812**			**59819**	**194433**
地(市)本级合计	**438114**	**308566**	**101058**	**14889**		**13601**	**307409**	**254766**	**-723**		**53366**	**130705**
县级合计	**303950**	**168426**	**44814**	**90027**		**683**	**240222**	**233046**	**723**		**6453**	**63728**
长沙市小计	**298859**	**213538**	**41906**	**37415**		**6000**	**251437**	**234107**			**17330**	**47422**
本级	186244	148575	33234	-1565		6000	151585	134255			17330	34659
县级小计	112615	64963	8672	38980			99852	99852				12763
浏阳市	30183	21671	6190	2322			22558	22558				7625
宁乡县	9708	8161	41	1506			9630	9630				78
长沙县	32614	26817	684	5113			31651	31651				963
望城县	11655	7612	1245	2798			8408	8408				3247
雨花区	4934	262	294	4378			4378	4378				556
芙蓉区	2479	97		2382			2479	2479				
天心区	2562	217	96	2249			2466	2466				96
岳麓区	8219	53	69	8097			8147	8147				72
开福区	10261	73	53	10135			10135	10135				126
株洲市小计	**53277**	**39209**	**7369**	**6699**			**42297**	**40585**			**1712**	**10980**
本级	38736	31549	3625	3562			32764	32621			143	5972
县级小计	14541	7660	3744	3137			9533	7964			1569	5008
株洲县	1356	596	360	400			957	957				399
醴陵市	4497	1953	1991	553			2295	2295				2202
攸县	1456	677	259	520			972	972				484
茶陵县	645	65	161	419			126	126				519
炎陵县	2855	2229	264	362			1872	1864			8	983
天元区	3041	1874	610	557			2703	1142			1561	338
芦淞区	351	121	54	176			282	282				69
荷塘区	238	103	45	90			235	235				3
石峰区	102	42		60			91	91				11
湘潭市小计	**20986**	**13472**	**2342**	**4585**		**587**	**18554**	**14101**			**4453**	**2432**
本级	15677	11658	1547	2472			14412	9890			4522	1265
县级小计	5309	1814	795	2113		587	4142	4211			-69	1167
湘潭县	2663	1424	702	537			1634	1703			-69	1029
湘乡市	1436	19		830		587	1436	1436				
韶山市	771	163	7	601			736	736				35
雨湖区	208	106	11	91			182	182				26
岳塘区	231	102	75	54			154	154				77

3－21－4

单位:万元

地　　区	收支部分							
	收入							
	收入合计	养路费收　入	公路客货运附加费收　　入	国有土地使用权出让金收入	新增建设用地土地有偿使用费收入	地方水利建设基金收　　入	城镇公用事业附加收　　入	其他各项基金收入
衡阳市小计	**24492**	**109**		**17140**	**28**	**888**	**2038**	**4289**
本级	17080	109		13251			1589	2131
县级小计	7412			3889	28	888	449	2158
衡南县	1814			1807				7
衡阳县	865					176		689
衡山县	51						45	6
衡东县	808			419		152	105	132
常宁市	1255			325		188	277	465
祁东县	8							8
耒阳市	1919			1196	28	372		323
南岳区	244			142			22	80
珠晖区	39							39
雁峰区								
石鼓区	402							402
蒸湘区	7							7
邵阳市小计	**27006**	**1000**		**14185**		**1360**	**1180**	**9281**
本级	10982	1000		6596			553	2833
县级小计	16024			7589		1360	627	6448
邵东县	6126			5030		418	185	493
新邵县	187			47			122	18
隆回县	299					257		42
武冈市	2334			1597		227		510
洞口县	2719			829		134		1756
新宁县	1732					136	116	1480
邵阳县	531						87	444
城步县	1574			86		90	117	1281
绥宁县	423							423
双清区	50					50		
大祥区	24					24		
北塔区	25					24		1
岳阳市小计	**3283**			**156**	**21**	**1105**	**789**	**1212**
本级	1581				21	582	180	798
县级小计	1702			156		523	609	414
汨罗市	54						40	14
平江县	311					90	98	123

3－21－5

单位：万元

地区	收支部分						
	支出						
	支出合计	养路费支出	公路客货运附加费支出	国有土地使用权出让金支出	地方水利建设基金支出	城镇公用事业附加支出	其他各项基金支出
衡阳市小计	**11500**	**251**		**3622**	**988**	**435**	**6204**
本级	3517	251		368			2898
县级小计	7983			3254	988	435	3306
衡南县	2565			2187	20		358
衡阳县	1098			15	194		889
衡山县	162				85	44	33
衡东县	1019			27	240	100	652
常宁市	1253			430	68	269	486
祁东县	143			35	62		46
耒阳市	1452			520	304		628
南岳区	205			40	10	22	133
珠晖区	48						48
雁峰区	12						12
石鼓区	19				5		14
蒸湘区	7						7
邵阳市小计	**26578**	**1195**		**13205**	**2054**	**1388**	**8736**
本级	8017	1195		4320	183	703	1616
县级小计	18561			8885	1871	685	7120
邵东县	5513			4075	444	185	809
新邵县	963			568	118	122	155
隆回县	937			510	160		267
武冈市	2337			1493	387		457
洞口县	1357			850	211		296
新宁县	1695			79	149	167	1300
邵阳县	869			209	52	91	517
城步县	1686			76	137	120	1353
绥宁县	1983			219			1764
双清区	147			8	44		95
大祥区	941			720	148		73
北塔区	133			78	21		34
岳阳市小计	**13756**	**1002**		**4609**	**2472**	**3069**	**2604**
本级	9257	1002		3538	1495	2360	862
县级小计	4499			1071	977	709	1742
汨罗市	335			34	87	36	178
平江县	812			123	132	133	424

3－21－6

单位:万元

地区	平衡部分											
	收入						支出					年终结余
	收入总计	本年收入	上年结余	补助收入	省补助计划单列市收入	调入资金	支出总计	本年支出	上解支出	计划单列市上解省支出	调出资金	
衡阳市小计	**56050**	**24492**	**26661**	**4897**			**21318**	**11500**			**9818**	**34732**
本级	39275	17080	20392	1803			12508	3517			8991	26767
县级小计	16775	7412	6269	3094			8810	7983			827	7965
衡南县	4264	1814	2067	383			2565	2565				1699
衡阳县	1857	865	202	790			1098	1098				759
衡山县	496	51	179	266			162	162				334
衡东县	2991	808	1317	866			1019	1019				1972
常宁市	1413	1255	114	44			1253	1253				160
祁东县	329	8	199	122			143	143				186
耒阳市	3479	1919	1258	302			1870	1452			418	1609
南岳区	518	244	154	120			498	205			293	20
珠晖区	76	39		37			48	48				28
雁峰区	25		8	17			12	12				13
石鼓区	1188	402	766	20			19	19				1169
蒸湘区	139	7	5	127			123	7			116	16
邵阳市小计	**41140**	**27006**	**9492**	**6042**		**－1400**	**28247**	**26578**			**1669**	**12893**
本级	11211	10982	2085	－457		－1399	8017	8017				3194
县级小计	29929	16024	7407	6499		－1	20230	18561			1669	9699
邵东县	7445	6126	250	1069			6613	5513			1100	832
新邵县	1219	187	303	729			963	963				256
隆回县	1586	299	631	656			937	937				649
武冈市	2661	2334		327			2657	2337			320	4
洞口县	5624	2719	2348	557			1606	1357			249	4018
新宁县	2833	1732	605	496			1695	1695				1138
邵阳县	2290	531	1447	312			869	869				1421
城步县	2391	1574	431	386			1686	1686				705
绥宁县	2264	423	1176	666		－1	1983	1983				281
双清区	196	50	58	88			147	147				49
大祥区	1104	24	140	940			941	941				163
北塔区	316	25	18	273			133	133				183
岳阳市小计	**22087**	**3283**	**8102**	**3702**		**7000**	**13879**	**13756**			**123**	**8208**
本级	16450	1581	7491	378		7000	9380	9257			123	7070
县级小计	5637	1702	611	3324			4499	4499				1138
汨罗市	359	54	6	299			335	335				24
平江县	898	311	4	583			812	812				86

2006 年地方财政政府收支分类转换数据

3－21－7　　　　　　　　　　　　　　　　　　　　　　单位:万元

地区	收支部分							
	收入							
	收入合计	养路费收入	公路客货运附加费收入	国有土地使用权出让金收入	新增建设用地土地有偿使用费收入	地方水利建设基金收入	城镇公用事业附加收入	其他各项基金收入
湘阴县	209					185		24
临湘市	248					98	115	35
华容县	264						196	68
岳阳县	342			136		150	56	
岳阳楼区								
君山区								
云溪区	274			20			104	150
常德市小计	**17447**			**7155**	**360**	**2927**	**2533**	**4472**
本级	7102			4044		1133	1528	397
县级小计	10345			3111	360	1794	1005	4075
津市市	450			37		242	46	125
安乡县	604			315		169		120
汉寿县	1071			448		281	139	203
澧县	1106			202		407		497
临澧县	1020			471		168	140	241
桃源县	3528			1088		399	299	1742
石门县	901				360	128	193	220
武陵区	26							26
鼎城区	1639			550			188	901
张家界市小计	**5887**			**2590**		**494**	**157**	**2646**
本级	2822			816		132		1874
县级小计	3065			1774		362	157	772
慈利县	1718			1047			87	584
桑植县	437			348				89
永定区	29							29
武陵源区	881			379		362	70	70
益阳市小计	**72481**			**65963**		**695**	**835**	**4988**
本级	48280			45410		302	669	1899
县级小计	24201			20553		393	166	3089
沅江市	2187			1676		70	166	275
南县	584			444		40		100
桃江县	278							278
安化县	2684			161		221		2302
资阳区	18466			18272		62		132
赫山区	2							2

3－21－8

单位：万元

地区	收支部分						
	支出						
	支出合计	养路费支出	公路客货运附加费支出	国有土地使用权出让金支出	地方水利建设基金支出	城镇公用事业附加支出	其他各项基金支出
湘阴县	511			20	245		246
临湘市	692			80	232	229	151
华容县	613				18	194	401
岳阳县	580			112	153	109	206
岳阳楼区	499			441	35	8	15
君山区	11						11
云溪区	446			261	75		110
常德市小计	**17515**			**4000**	**4877**	**3264**	**5374**
本级	7330			2594	1846	2280	610
县级小计	10185			1406	3031	984	4764
津市市	496			10	283	45	158
安乡县	729			283	279		167
汉寿县	839				414	143	282
澧县	1399			182	629		588
临澧县	755			191	165	143	256
桃源县	3061			394	647	295	1725
石门县	1053			308	236	193	316
武陵区	104				54		50
鼎城区	1749			38	324	165	1222
张家界市小计	**5804**			**2279**	**675**	**157**	**2693**
本级	1587			431	117		1039
县级小计	4217			1848	558	157	1654
慈利县	2076			964	102	87	923
桑植县	845			445	40		360
永定区	318			14	52		252
武陵源区	978			425	364	70	119
益阳市小计	**50639**			**42728**	**1006**	**842**	**6063**
本级	18779			16460	276	676	1367
县级小计	31860			26268	730	166	4696
沅江市	2526			1838	105	166	417
南县	1074			924	67		83
桃江县	585			154	33		398
安化县	3967			410	279		3278
资阳区	21488			21001	106		381
赫山区	2220			1941	140		139

3－21－9

单位:万元

地　　区	平衡部分											
	收入						支出					年终结余
	收入总计	本年收入	上年结余	补助收入	省补助计划单列市收入	调入资金	支出总计	本年支出	上解支出	计划单列市上解省支出	调出资金	
湘阴县	891	209	31	651			511	511				380
临湘市	938	248	370	320			692	692				246
华容县	644	264	17	363			613	613				31
岳阳县	640	342	47	251			580	580				60
岳阳楼区	527		32	495			499	499				28
君山区	159		49	110			11	11				148
云溪区	581	274	55	252			446	446				135
常德市小计	**33116**	**17447**	**9001**	**4668**		**2000**	**18570**	**17515**			**1055**	**14546**
本级	16230	7102	4872	2256		2000	7757	7330	－348		775	8473
县级小计	16886	10345	4129	2412			10813	10185	348		280	6073
津市市	697	450	118	129			500	496	4			197
安乡县	940	604	179	157			761	729	32			179
汉寿县	1427	1071	63	293			884	839	45			543
澧县	1592	1106	85	401			1419	1399	20			173
临澧县	1800	1020	601	179			1082	755	47		280	718
桃源县	6284	3528	2085	671			3170	3061	109			3114
石门县	1453	901	334	218			1089	1053	36			364
武陵区	110	26	5	79			104	104				6
鼎城区	2583	1639	659	285			1804	1749	55			779
张家界市小计	**10111**	**5887**	**2422**	**1802**			**8385**	**5804**			**2581**	**1726**
本级	4481	2822	1484	175			3996	1587			2409	485
县级小计	5630	3065	938	1627			4389	4217			172	1241
慈利县	2658	1718	387	553			2076	2076				582
桑植县	1068	437	177	454			845	845				223
永定区	900	29	309	562			490	318			172	410
武陵源区	1004	881	65	58			978	978				26
益阳市小计	**89070**	**72481**	**12603**	**3986**			**69712**	**50639**			**19073**	**19358**
本级	54526	48280	10835	－4589			37852	18779			19073	16674
县级小计	34544	24201	1768	8575			31860	31860				2684
沅江市	2526	2187		339			2526	2526				
南县	1605	584	380	641			1074	1074				531
桃江县	651	278		373			585	585				66
安化县	4544	2684	324	1536			3967	3967				577
资阳区	22989	18466	1055	3468			21488	21488				1501
赫山区	2229	2	9	2218			2220	2220				9

3－21－10

单位:万元

地　　区	收支部分							
	收入							
	收入合计	养路费收入	公路客货运附加费收入	国有土地使用权出让金收入	新增建设用地土地有偿使用费收入	地方水利建设基金收入	城镇公用事业附加收入	其他各项基金收入
永州市小计	**12298**	**1764**		**2321**		**1434**	**657**	**6122**
本级	4175	1764				483	412	1516
县级小计	8123			2321		951	245	4606
东安县	367							367
道县	570			560				10
宁远县	1096			400		187	39	470
江永县	1200			609			24	567
江华瑶族自治县	1602							1602
蓝山县	3							3
新田县	300					72		228
双牌县	166					71	52	43
祁阳县	13							13
零陵区	2669			752		502	130	1285
冷水滩区	137					119		18
郴州市小计	**13512**			**6819**		**1435**	**980**	**4278**
本级	8966			6012		600	938	1416
县级小计	4546			807		835	42	2862
资兴市	170					80	27	63
桂阳县	353			335				18
永兴县	1042					200		842
宜章县	259			237				22
嘉禾县	242			100			15	127
临武县	8							8
汝城县	22							22
桂东县	8							8
安仁县	801			135		96		570
北湖区	776					191		585
苏仙区	865					268		597
娄底市小计	**22986**	**791**	**42**	**17752**		**1523**	**664**	**2214**
本级	13085	791	42	10924		926		402
县级小计	9901			6828		597	664	1812
涟源市	40							40
冷水江市	774			279			346	149
双峰县	7027			6068		279	179	501
新化县	2019			481		318	139	1081
娄星区	41							41

3－21－11

单位:万元

地区	收支部分						
	支出						
	支出合计	养路费支出	公路客货运附加费支出	国有土地使用权出让金支出	地方水利建设基金支出	城镇公用事业附加支出	其他各项基金支出
永州市小计	**12857**	**1400**		**2933**	**1316**	**525**	**6683**
本级	3356	1400		375	287	275	1019
县级小计	9501			2558	1029	250	5664
东安县	604			15	14		575
道县	1249			663	27		559
宁远县	882			279	107	41	455
江永县	1320			609	11	24	676
江华瑶族自治县	1121			3	8		1110
蓝山县	113			3	5		105
新田县	500			70	110		320
双牌县	809			68	115	52	574
祁阳县	478			105	24		349
零陵区	2066			743	429	133	761
冷水滩区	359				179		180
郴州市小计	**15709**			**4596**	**1673**	**657**	**8783**
本级	9068			2411	789	630	5238
县级小计	6641			2185	884	27	3545
资兴市	850			256	80	8	506
桂阳县	428			314			114
永兴县	1306			198	205		903
宜章县	515			468			47
嘉禾县	433			289		19	125
临武县	155			125			30
汝城县	221			150	5		66
桂东县	214				181		33
安仁县	996			385	175		436
北湖区	753				104		649
苏仙区	770				134		636
娄底市小计	**23187**	**1251**		**15385**	**1412**	**274**	**4865**
本级	12979	1251		9328	575		1825
县级小计	10208			6057	837	274	3040
涟源市	264			26	124		114
冷水江市	62						62
双峰县	7364			6003	391	135	835
新化县	2408			28	289	139	1952
娄星区	110				33		77

3－21－12

单位:万元

地区	平衡部分											
	收入						支出					年终结余
	收入总计	本年收入	上年结余	补助收入	省补助计划单列市收入	调入资金	支出总计	本年支出	上解支出	计划单列市上解省支出	调出资金	
永州市小计	**18249**	**12298**	**2012**	**3939**			**13725**	**12857**			**868**	**4524**
本级	6005	4175	1181	649			3356	3356				2649
县级小计	12244	8123	831	3290			10369	9501			868	1875
东安县	604	367		237			604	604				
道县	1447	570	199	678			1437	1249			188	10
宁远县	1695	1096	377	222			882	882				813
江永县	1321	1200	1	120			1320	1320				1
江华瑶族自治县	1801	1602		199			1801	1121			680	
蓝山县	113	3		110			113	113				
新田县	500	300		200			500	500				
双牌县	813	166	26	621			809	809				4
祁阳县	483	13	5	465			478	478				5
零陵区	3087	2669	181	237			2066	2066				1021
冷水滩区	380	137	42	201			359	359				21
郴州市小计	**28238**	**13512**	**6532**	**8194**			**16803**	**15709**			**1094**	**11435**
本级	15967	8966	2544	4457			8891	9068	－177			7076
县级小计	12271	4546	3988	3737			7912	6641	177		1094	4359
资兴市	890	170	23	697			850	850				40
桂阳县	1686	353	1008	325			512	428	84			1174
永兴县	1774	1042	468	264			1306	1306				468
宜章县	723	259	8	456			574	515	59			149
嘉禾县	566	242	118	206			433	433				133
临武县	808	8	649	151			804	155			649	4
汝城县	419	22	198	199			221	221				198
桂东县	425	8	102	315			214	214				211
安仁县	1864	801	854	209			1030	996	34			834
北湖区	1756	776	360	620			1198	753			445	558
苏仙区	1360	865	200	295			770	770				590
娄底市小计	**32503**	**22986**	**5011**	**4506**			**23187**	**23187**				**9316**
本级	17846	13085	3208	1553			12979	12979				4867
县级小计	14657	9901	1803	2953			10208	10208				4449
涟源市	897	40	442	415			264	264				633
冷水江市	1522	774	479	269			62	62				1460
双峰县	8192	7027	328	837			7364	7364				828
新化县	3664	2019	336	1309			2408	2408				1256
娄星区	382	41	218	123			110	110				272

3－21－13

单位:万元

地区	收支部分							
	收入							
	收入合计	养路费收入	公路客货运附加费收入	国有土地使用权出让金收入	新增建设用地土地有偿使用费收入	地方水利建设基金收入	城镇公用事业附加收入	其他各项基金收入
怀化市小计	**6443**			**2735**	**19**	**640**	**180**	**2869**
本级	1839			1763				76
县级小计	4604			972	19	640	180	2793
沅陵县	1451			92		157		1202
辰溪县	188			34		146		8
溆浦县	812			170		195	16	431
麻阳县	504					76		428
新晃县	381			377				4
芷江县	748					66		682
鹤城区								
中方县	168			150			10	8
洪江市	234			68			154	12
会同县	51			40				11
靖州县	45			41				4
通道县	22				19			3
湘西自治州小计	**4938**			**3476**		**663**	**158**	**641**
本级	872			399		319		154
县级小计	4066			3077		344	158	487
吉首市	1098			848		74	90	86
泸溪县	14							14
凤凰县	1592			1397		113	68	14
花垣县	439			409				30
保靖县	189			98		75		16
古丈县	283			58				225
永顺县	85			72				13
龙山县	366			195		82		89

3－21－14

单位:万元

地区	收支部分						
	支出						
	支出合计	养路费支出	公路客货运附加费支出	国有土地使用权出让金支出	地方水利建设基金支出	城镇公用事业附加支出	其他各项基金支出
怀化市小计	**10349**			**3153**	**822**	**154**	**6220**
本级	1445			740	35		670
县级小计	8904			2413	787	154	5550
沅陵县	3308			283	194		2831
辰溪县	341			127	27		187
溆浦县	1360			370	263		727
麻阳县	566				99		467
新晃县	308			212	6		90
芷江县	669			50	92		527
鹤城区	66			14	10		42
中方县	244			79	25		140
洪江市	664			265	25	154	220
会同县	337			177	33		127
靖州县	278			113	8		157
通道县	763			723	5		35
湘西自治州小计	**11125**			**3856**	**749**	**185**	**6335**
本级	2665			556	147		1962
县级小计	8460			3300	602	185	4373
吉首市	990			646	59	117	168
泸溪县	1057			18	7		1032
凤凰县	1840			1443	180	68	149
花垣县	552			258	99		195
保靖县	1047			40	75		932
古丈县	1188			30	45		1113
永顺县	911			250	30		631
龙山县	875			615	107		153

3-21-15

单位:万元

地区	平衡部分											
	收入						支出					年终结余
	收入总计	本年收入	上年结余	补助收入	省补助计划单列市收入	调入资金	支出总计	本年支出	上解支出	计划单列市上解省支出	调出资金	
怀化市小计	**22175**	**6443**	**8257**	**7475**			**10392**	**10349**			**43**	**11783**
本级	11038	1839	7107	2092			1247	1445	-198			9791
县级小计	11137	4604	1150	5383			9145	8904	198		43	1992
沅陵县	3369	1451	13	1905			3327	3308	19			42
辰溪县	666	188	199	279			348	341	7			318
溆浦县	1844	812	517	515			1394	1360	34			450
麻阳县	615	504		111			566	566				49
新晃县	697	381	164	152			383	308	75			314
芷江县	1252	748	124	380			669	669				583
鹤城区	73		25	48			66	66				7
中方县	372	168	52	152			274	244	30			98
洪江市	740	234	21	485			677	664	13			63
会同县	345	51	5	289			345	337	8			
靖州县	290	45	4	241			286	278	8			4
通道县	874	22	26	826			810	763	4		43	64
湘西自治州小计	**16203**	**4938**	**4162**	**7006**		**97**	**11125**	**11125**				**5078**
本级	4428	872	1453	2103			2665	2665				1763
县级小计	11775	4066	2709	4903		97	8460	8460				3315
吉首市	2708	1098	1420	190			990	990				1718
泸溪县	1059	14	2	1043			1057	1057				2
凤凰县	2265	1592	519	154			1840	1840				425
花垣县	818	439	241	138			552	552				266
保靖县	1296	189	134	973			1047	1047				249
古丈县	1517	283	191	1043			1188	1188				329
永顺县	1164	85	180	899			911	911				253
龙山县	948	366	22	463		97	875	875				73

2006年广东省地市县财政基金预算收支平衡表

3－22－1 单位:万元

地区	收支部分							
	收入							
	收入合计	养路费收入	公路客货运附加费收入	国有土地使用权出让金收入	新增建设用地土地有偿使用费收入	地方水利建设基金收入	城镇公用事业附加收入	其他各项基金收入
地(市)县级总计	**1484487**	**75413**		**614210**	**255937**	**235205**	**161216**	**142506**
地(市)本级合计	**983097**	**62057**		**310505**	**169484**	**217737**	**112405**	**110909**
县级合计	**501390**	**13356**		**303705**	**86453**	**17468**	**48811**	**31597**
广州市小计	**496400**	**9402**		**174113**	**40075**	**180043**	**47893**	**44874**
本级	260218	9402			15898	169040	33793	32085
县级小计	236182			174113	24177	11003	14100	12789
从化市	10372				5407	2906	1129	930
增城市	21872			6683	1808	8088	4384	909
越秀区	2838							2838
海珠区	564							564
荔湾区	500							500
天河区	2123							2123
白云区	784					9		775
黄埔区	365							365
南沙区	2424			1841	457			126
萝岗区	183422			165589	16505			1328
花都区	1285						170	1115
番禺区	9633						8417	1216
深圳市小计	**74832**			**30000**	**8000**	**22674**		**14158**
本级	74832			30000	8000	22674		14158
珠海市小计	**24018**	**431**			**2241**	**15807**		**5539**
本级	20074	431			2241	13186		4216
县级小计	3944					2621		1323
香洲区	199							199
金湾区	1260					1211		49
斗门区	2485					1410		1075
汕头市小计	**12070**	**3317**		**1666**	**2802**	**828**	**2354**	**1103**
本级	5821	1962		1427	613	803		1016
县级小计	6249	1355		239	2189	25	2354	87
南澳县	350	21		3	294	25		7
金平区								
龙湖区								
澄海区	3640	633		150	471		2354	32
濠江区								
潮阳区	1356	421			909			26

2006年地方财政政府收支分类转换数据

3-22-2

单位:万元

地区	收支部分						
	支出						
	支出合计	养路费支出	公路客货运附加费支出	国有土地使用权出让金支出	地方水利建设基金支出	城镇公用事业附加支出	其他各项基金支出
地(市)县级总计	**1765652**	**510778**		**612387**	**280302**	**137228**	**224957**
地(市)本级合计	**1103680**	**457555**		**302432**	**112328**	**92893**	**138472**
县级合计	**661972**	**53223**		**309955**	**167974**	**44335**	**86485**
广州市小计	**526309**	**77424**		**150264**	**210645**	**30069**	**57907**
本级	195684	65088		14	76329	23140	31113
县级小计	330625	12336		150250	134316	6929	26794
从化市	21324	1624		2381	13257	802	3260
增城市	14420	2275		2	9738	1072	1333
越秀区	9759				1088	14	8657
海珠区	2517	233			1728	16	540
荔湾区	18325	248			14271	102	3704
天河区	5323	129			833	293	4068
白云区	30645	833			25901	1013	2898
黄埔区	8045	812			6699	9	525
南沙区	7803	542			7133		128
萝岗区	164361			161140	2923	41	257
花都区	14977	3095			11257	158	467
番禺区	33126	2545		-13273	39488	3409	957
深圳市小计	**130295**	**63166**		**25000**	**9117**		**33012**
本级	130295	63166		25000	9117		33012
珠海市小计	**32043**	**8678**		**780**	**15947**		**6638**
本级	28295	8678		780	12577		6260
县级小计	3748				3370		378
香洲区	214				16		198
金湾区	1311				1262		49
斗门区	2223				2092		131
汕头市小计	**31156**	**13293**		**2644**	**1053**	**1909**	**12257**
本级	20049	10243		590	300		8916
县级小计	11107	3050		2054	753	1909	3341
南澳县	621	261		170	158		32
金平区	49						49
龙湖区	35	6					29
澄海区	4942	1104		861		1909	1068
濠江区	1046	7					1039
潮阳区	2454	891		212	316		1035

3－22－3

单位:万元

地区	平衡部分											
	收入						支出					年终结余
	收入总计	本年收入	上年结余	补助收入	省补助计划单列市收入	调入资金	支出总计	本年支出	上解支出	计划单列市上解省支出	调出资金	
地(市)县级总计	**3113192**	**1484487**	**906804**	**593670**	**65590**	**62641**	**1793453**	**1765652**			**27801**	**1319739**
地(市)本级合计	**1941642**	**983097**	**589704**	**284740**	**64995**	**19106**	**1119490**	**1103680**			**15810**	**822152**
县级合计	**1171550**	**501390**	**317100**	**308930**	**595**	**43535**	**673963**	**661972**			**11991**	**497587**
广州市小计	**1061201**	**496400**	**461340**	**70373**		**33088**	**526309**	**526309**				**534892**
本级	429893	260218	239205	－77573		8043	195684	195684				234209
县级小计	631308	236182	222135	147946		25045	330625	330625				300683
从化市	35994	10372	12120	13502			21324	21324				14670
增城市	65311	21872	30266	13173			14420	14420				50891
越秀区	26021	2838	9761	8377		5045	9759	9759				16262
海珠区	18402	564	9817	5006		3015	2517	2517				15885
荔湾区	26406	500	11379	10397		4130	18325	18325				8081
天河区	24408	2123	16539	2268		3478	5323	5323				19085
白云区	52549	784	3644	45345		2776	30645	30645				21904
黄埔区	20313	365	12811	5802		1335	8045	8045				12268
南沙区	40097	2424	27188	9911		574	7803	7803				32294
萝岗区	222267	183422	34566	2768		1511	164361	164361				57906
花都区	29681	1285	11138	17258			14977	14977				14704
番禺区	69859	9633	42906	14139		3181	33126	33126				36733
深圳市小计	**220146**	**74832**	**47722**	**32002**	**65590**		**130295**	**130295**				**89851**
本级	220146	74832	47722	32002	65590		130295	130295				89851
珠海市小计	**37241**	**24018**	**1692**	**11531**			**32043**	**32043**				**5198**
本级	31204	20074	242	10888			28295	28295				2909
县级小计	6037	3944	1450	643			3748	3748				2289
香洲区	219	199	4	16			214	214				5
金湾区	1311	1260		51			1311	1311				
斗门区	4507	2485	1446	576			2223	2223				2284
汕头市小计	**42854**	**12070**	**6377**	**24407**			**31759**	**31156**			**603**	**11095**
本级	29940	5821	6346	17773			20049	20049				9891
县级小计	12914	6249	31	6634			11710	11107			603	1204
南澳县	943	350	16	577			621	621				322
金平区	49		15	34			49	49				
龙湖区	35			35			35	35				
澄海区	5387	3640		1747			5387	4942			445	
濠江区	1046			1046			1046	1046				
潮阳区	3494	1356		2138			2612	2454			158	882

3－22－4

单位:万元

地区	收支部分							
	收入							
	收入合计	养路费收入	公路客货运附加费收入	国有土地使用权出让金收入	新增建设用地土地有偿使用费收入	地方水利建设基金收入	城镇公用事业附加收入	其他各项基金收入
潮南区	903	280		86	515			22
佛山市小计	**424993**	**13478**		**331147**	**38125**	**5679**	**27358**	**9206**
本级	262186	13478		232312	7973	2600		5823
县级小计	162807			98835	30152	3079	27358	3383
禅城区	18437			4626	5369	101	7496	845
南海区	82843			61131	3421	2978	14326	987
顺德区	31033			9250	20684			1099
高明区	6343			3932			2082	329
三水区	24151			19896	678		3454	123
韶关市小计	**17574**	**1596**		**5092**	**7301**	**100**	**2635**	**850**
本级	14525	1596		4415	5435	100	2635	344
县级小计	3049			677	1866			506
乐昌市	423							423
南雄县	11							11
仁化县	4							4
始兴县	12			9				3
翁源县	171			47	120			4
新丰县	195				189			6
乳源县	415			374				41
曲江区	1818			247	1557			14
浈江区								
武江区								
河源市小计	**8904**	**1381**		**5**	**6093**	**1089**		**336**
本级	8401	1381			5640	1089		291
县级小计	503			5	453			45
东源县	2							2
和平县	51				49			2
龙川县	178				168			10
紫金县	78			5	68			5
连平县	174				168			6
源城区	20							20
梅州市小计	**7208**			**672**	**6285**	**47**		**204**
本级	4201			157	3946			98
县级小计	3007			515	2339	47		106
兴宁市	304				289			15

3－22－5

单位:万元

地区	收支部分						
	支出						
	支出合计	养路费支出	公路客货运附加费支出	国有土地使用权出让金支出	地方水利建设基金支出	城镇公用事业附加支出	其他各项基金支出
潮南区	1960	781		811	279		89
佛山市小计	**343934**	**50654**		**246815**	**9808**	**29032**	**7625**
本级	215558	36721		174286	948	37	3566
县级小计	128376	13933		72529	8860	28995	4059
禅城区	26330	3631		12534	1714	7491	960
南海区	67166	3419		40936	5089	16728	994
顺德区	11477	5522		5037	50		868
高明区	10415	813		5481	660	2497	964
三水区	12988	548		8541	1347	2279	273
韶关市小计	**42339**	**22500**		**15004**	**397**	**2000**	**2438**
本级	34617	21787		9962		2000	868
县级小计	7722	713		5042	397		1570
乐昌市	2024	128		1413			483
南雄县	123	41		52			30
仁化县	151	46		53			52
始兴县	997	18		62	300		617
翁源县	199	70		46			83
新丰县	410	141		202			67
乳源县	986	182		609	97		98
曲江区	2417	87		2235			95
浈江区	304			285			19
武江区	111			85			26
河源市小计	**27439**	**18517**		**3670**	**1309**		**3943**
本级	15514	13964		5	629		916
县级小计	11925	4553		3665	680		3027
东源县	1272	556		377	216		123
和平县	2693	1001		630	270		792
龙川县	2779	1334		527	60		858
紫金县	3699	1527		1640	48		484
连平县	899	117		321	37		424
源城区	583	18		170	49		346
梅州市小计	**36613**	**19706**		**6456**	**5810**		**4641**
本级	25501	19310		945	2500		2746
县级小计	11112	396		5511	3310		1895
兴宁市	3515	88		820	2500		107

3－22－6

单位:万元

地区	平衡部分											
	收入						支出					年终结余
	收入总计	本年收入	上年结余	补助收入	省补助计划单列市收入	调入资金	支出总计	本年支出	上解支出	计划单列市上解省支出	调出资金	
潮南区	1960	903		1057			1960	1960				
佛山市小计	**615857**	**424993**	**142816**	**38539**		**9509**	**343934**	**343934**				**271923**
本级	365992	262186	95587	6124		2095	215558	215558				150434
县级小计	249865	162807	47229	32415		7414	128376	128376				121489
禅城区	39634	18437	6547	13610		1040	26330	26330				13304
南海区	118717	82843	23210	7214		5450	67166	67166				51551
顺德区	46823	31033	9429	6361			11477	11477				35346
高明区	10758	6343	2368	2047			10415	10415				343
三水区	33933	24151	5675	3183		924	12988	12988				20945
韶关市小计	**53264**	**17574**	**7344**	**28346**			**42348**	**42339**			**9**	**10916**
本级	43664	14525	6598	22541			34617	34617				9047
县级小计	9600	3049	746	5805			7731	7722			9	1869
乐昌市	2215	423	164	1628			2024	2024				191
南雄县	134	11		123			132	123			9	2
仁化县	151	4		147			151	151				
始兴县	997	12		985			997	997				
翁源县	489	171	148	170			199	199				290
新丰县	668	195	63	410			410	410				258
乳源县	1753	415	371	967			986	986				767
曲江区	2417	1818		599			2417	2417				
浈江区	356			356			304	304				52
武江区	420			420			111	111				309
河源市小计	**47575**	**8904**	**6870**	**28675**		**3126**	**28741**	**27439**			**1302**	**18834**
本级	32727	8401	3167	18033		3126	16816	15514			1302	15911
县级小计	14848	503	3703	10642			11925	11925				2923
东源县	1428	2	479	947			1272	1272				156
和平县	2903	51	283	2569			2693	2693				210
龙川县	2919	178	42	2699			2779	2779				140
紫金县	5149	78	2300	2771			3699	3699				1450
连平县	1866	174	599	1093			899	899				967
源城区	583	20		563			583	583				
梅州市小计	**43773**	**7208**	**2218**	**34347**			**37028**	**36613**			**415**	**6745**
本级	30542	4201	1591	24750			25501	25501				5041
县级小计	13231	3007	627	9597			11527	11112			415	1704
兴宁市	3521	304	6	3211			3515	3515				6

3－22－7

单位：万元

地区	收支部分							
	收入							
	收入合计	养路费收入	公路客货运附加费收入	国有土地使用权出让金收入	新增建设用地土地有偿使用费收入	地方水利建设基金收入	城镇公用事业附加收入	其他各项基金收入
梅县	1346			128	1180	30		8
平远县	36				33			3
蕉岭县	145				139			6
大埔县	183			24	121	17		21
丰顺县	385			130	252			3
五华县	562			233	325			4
梅江区	46							46
惠州市小计	**50140**	**4602**		**13776**	**15041**	**949**	**4080**	**11692**
本级	23865	4602		3047	8097	922	3760	3437
县级小计	26275			10729	6944	27	320	8255
惠东县	6590			1150	5126	8		306
博罗县	3955			2034	1191		320	410
龙门县	1259			531	627	19		82
惠城区	7302							7302
惠阳区	7169			7014				155
汕尾市小计	**1686**			**83**	**1061**	**138**		**404**
本级	499			9	450	10		30
县级小计	1187			74	611	128		374
陆丰市	67					56		11
海丰县	805			33	611	56		105
陆河县	260			13		16		231
城区	55			28				27
东莞市小计	**161916**	**5397**		**8213**	**55190**	**208**	**51951**	**40957**
本级	161916	5397		8213	55190	208	51951	40957
中山市小计	**46858**				**25444**	**4659**	**14292**	**2463**
本级	46858				25444	4659	14292	2463
江门市小计	**50541**	**10596**		**18201**	**13927**	**356**	**5529**	**1932**
本级	30694	4128		14274	8750	212	2774	556
县级小计	19847	6468		3927	5177	144	2755	1376
台山市	5154	1500		1090	560		1475	529
开平市	94							94
鹤山市	1911	1036		350	132	52	120	221
恩平市	2065	1106		587	205	53		114
蓬江区	39					39		
江海区								

3－22－8

单位:万元

地区	收支部分						
	支出						
	支出合计	养路费支出	公路客货运附加费支出	国有土地使用权出让金支出	地方水利建设基金支出	城镇公用事业附加支出	其他各项基金支出
梅县	1254			471			783
平远县	452	56		354			42
蕉岭县	1190	52		470	200		468
大埔县	978	48		840	30		60
丰顺县	1741	60		1534	30		117
五华县	1556	92		857	550		57
梅江区	426			165			261
惠州市小计	**72999**	**27325**		**21673**	**9666**	**4132**	**10203**
本级	36126	26687		1524	249	2109	5557
县级小计	36873	638		20149	9417	2023	4646
惠东县	10593	200		9830	251		312
博罗县	6699	234		2375	1496	417	2177
龙门县	826	43		277	75		431
惠城区	10679	28		671	7345	1606	1029
惠阳区	8076	133		6996	250		697
汕尾市小计	**12198**	**6224**		**3684**	**742**		**1548**
本级	7814	4996		1591	439		788
县级小计	4384	1228		2093	303		760
陆丰市	525	98		224	131		72
海丰县	2175	93		1710	94		278
陆河县	1476	1037		113	78		248
城区	208			46			162
东莞市小计	**164930**	**22106**		**60069**	**1700**	**50363**	**30692**
本级	164930	22106		60069	1700	50363	30692
中山市小计	**26506**	**10094**		**40**	**1574**	**12782**	**2016**
本级	26506	10094		40	1574	12782	2016
江门市小计	**68412**	**35685**		**17008**	**219**	**5041**	**10459**
本级	44689	28578		12720		2332	1059
县级小计	23723	7107		4288	219	2709	9400
台山市	11277	1587		1094		1475	7121
开平市	256	91					165
鹤山市	2146	1288		150	219	110	379
恩平市	1425	1217					208
蓬江区	1088			1034			54
江海区	53						53

3－22－9

单位：万元

地区	平衡部分											
	收入						支出					年终结余
	收入总计	本年收入	上年结余	补助收入	省补助计划单列市收入	调入资金	支出总计	本年支出	上解支出	计划单列市上解省支出	调出资金	
梅县	2669	1346	13	1310			1669	1254			415	1000
平远县	489	36	2	451			452	452				37
蕉岭县	1231	145	41	1045			1190	1190				41
大埔县	1090	183		907			978	978				112
丰顺县	1741	385	436	920			1741	1741				
五华县	2064	562	129	1373			1556	1556				508
梅江区	426	46		380			426	426				
惠州市小计	**113403**	**50140**	**29604**	**32545**		**1114**	**72999**	**72999**				**40404**
本级	66621	23865	21961	19681		1114	36126	36126				30495
县级小计	46782	26275	7643	12864			36873	36873				9909
惠东县	12858	6590	3699	2569			10593	10593				2265
博罗县	9379	3955	1879	3545			6699	6699				2680
龙门县	4371	1259	1289	1823			826	826				3545
惠城区	10860	7302		3558			10679	10679				181
惠阳区	9314	7169	776	1369			8076	8076				1238
汕尾市小计	**26252**	**1686**	**10927**	**13639**			**12198**	**12198**				**14054**
本级	11577	499	4333	6745			7814	7814				3763
县级小计	14675	1187	6594	6894			4384	4384				10291
陆丰市	1290	67	223	1000			525	525				765
海丰县	6602	805	5241	556			2175	2175				4427
陆河县	3840	260	391	3189			1476	1476				2364
城区	2943	55	739	2149			208	208				2735
东莞市小计	**283141**	**161916**	**92447**	**28778**			**164930**	**164930**				**118211**
本级	283141	161916	92447	28778			164930	164930				118211
中山市小计	**101172**	**46858**	**38355**	**15959**			**26506**	**26506**				**74666**
本级	101172	46858	38355	15959			26506	26506				74666
江门市小计	**117619**	**50541**	**14357**	**37649**		**15072**	**83384**	**68412**			**14972**	**34235**
本级	68937	30694	8409	25826		4008	48697	44689			4008	20240
县级小计	48682	19847	5948	11823		11064	34687	23723			10964	13995
台山市	12423	5154	238	7031			11277	11277				1146
开平市	2385	94	291	570		1430	1586	256			1330	799
鹤山市	3305	1911	790	604			2146	2146				1159
恩平市	6721	2065	2341	915		1400	2825	1425			1400	3896
蓬江区	1648	39	588	1021			1088	1088				560
江海区	78		23	55			53	53				25

3－22－10

单位:万元

地　　区	收支部分							
	收入							
	收入合计	养路费收入	公路客货运附加费收入	国有土地使用权出让金收入	新增建设用地土地有偿使用费收入	地方水利建设基金收入	城镇公用事业附加收入	其他各项基金收入
新会区	10584	2826		1900	4280		1160	418
阳江市小计	**14050**	**5945**		**444**	**6838**	**384**	**100**	**339**
本级	11489	5945		386	4426	384	100	248
县级小计	2561			58	2412			91
阳春市	1017				999			18
阳东县	1137			58	1067			12
阳西县	353				346			7
江城区	54							54
湛江市小计	**35277**	**5254**		**11905**	**10862**	**415**	**3377**	**3464**
本级	32520	5254		10351	10312	413	3100	3090
县级小计	2757			1554	550	2	277	374
雷州市	103			54	37			12
廉江市	5							5
吴川市	1530			1500	5	2		23
遂溪县	456				350			106
徐闻县	570				158		277	135
赤坎区	20							20
霞山区	68							68
麻章区	1							1
坡头区	4							4
茂名市小计	**8985**	**5933**		**103**	**1373**	**170**		**1406**
本级	8189	5933			1206	158		892
县级小计	796			103	167	12		514
信宜市	322			36	86			200
高州市	55				43			12
化州市	148					12		136
电白县	48				38			10
茂南区	223			67				156
茂港区								
肇庆市小计	**20482**	**1987**		**11366**	**4255**	**5**	**1253**	**1616**
本级	4439	54		2541	1343			501
县级小计	16043	1933		8825	2912	5	1253	1115
四会市	2050				775		1253	22
高要市	10058	1438		7330	780			510
广宁县	1849	495		1164	172			18
德庆县	28			16		5		7

3－22－11

单位:万元

地区	收支部分						
	支出						
	支出合计	养路费支出	公路客货运附加费支出	国有土地使用权出让金支出	地方水利建设基金支出	城镇公用事业附加支出	其他各项基金支出
新会区	7478	2924		2010		1124	1420
阳江市小计	**31698**	**14504**		**10809**	**578**	**100**	**5707**
本级	23957	14364		6558	180	100	2755
县级小计	7741	140		4251	398		2952
阳春市	1660	60		1478			122
阳东县	3292	52		1784	165		1291
阳西县	1242	28		794			420
江城区	1547			195	233		1119
湛江市小计	**46654**	**18808**		**9909**	**1707**	**172**	**16058**
本级	25496	17562		3528	595	30	3781
县级小计	21158	1246		6381	1112	142	12277
雷州市	719	103		21	308		287
廉江市	6422	734		321	176		5191
吴川市	2288	64		2026	30		168
遂溪县	2457	233		736	31		1457
徐闻县	2477	57		1618	485	142	175
赤坎区	334			271			63
霞山区	1316			874	8		434
麻章区	2510	15		319	26		2150
坡头区	2635	40		195	48		2352
茂名市小计	**35270**	**21213**		**5588**	**5884**		**2585**
本级	28650	20924		2973	3951		802
县级小计	6620	289		2615	1933		1783
信宜市	2296	82		603	990		621
高州市	857			613	209		35
化州市	1250	96		741	116		297
电白县	163	111			41		11
茂南区	1132			370	537		225
茂港区	922			288	40		594
肇庆市小计	**35806**	**17854**		**13257**	**10**	**1253**	**3432**
本级	17171	14852		1574	5		740
县级小计	18635	3002		11683	5	1253	2692
四会市	3023	136		1097		1253	537
高要市	8968	1518		6730			720
广宁县	2326	534		1656			136
德庆县	760	33		546	5		176

2006 年地方财政政府收支分类转换数据

3－22－12

单位：万元

地区	平衡部分											
	收入						支出					年终结余
	收入总计	本年收入	上年结余	补助收入	省补助计划单列市收入	调入资金	支出总计	本年支出	上解支出	计划单列市上解省支出	调出资金	
新会区	22122	10584	1677	1627		8234	15712	7478			8234	6410
阳江市小计	**32812**	**14050**	**1419**	**17343**			**31698**	**31698**				**1114**
本级	24390	11489	439	12462			23957	23957				433
县级小计	8422	2561	980	4881			7741	7741				681
阳春市	1660	1017		643			1660	1660				
阳东县	3923	1137	920	1866			3292	3292				631
阳西县	1242	353	9	880			1242	1242				
江城区	1597	54	51	1492			1547	1547				50
湛江市小计	**105981**	**35277**	**22585**	**48119**			**57154**	**46654**			**10500**	**48827**
本级	71686	32520	10083	29083			35996	25496			10500	35690
县级小计	34295	2757	12502	19036			21158	21158				13137
雷州市	2884	103	1210	1571			719	719				2165
廉江市	6850	5	428	6417			6422	6422				428
吴川市	8754	1530	5473	1751			2288	2288				6466
遂溪县	2457	456		2001			2457	2457				
徐闻县	5610	570	4461	579			2477	2477				3133
赤坎区	408	20	48	340			334	334				74
霞山区	2116	68	816	1232			1316	1316				800
麻章区	2514	1	3	2510			2510	2510				4
坡头区	2702	4	63	2635			2635	2635				67
茂名市小计	**42549**	**8985**	**7331**	**25633**		**600**	**35270**	**35270**				**7279**
本级	33580	8189	5959	19427	－595	600	28650	28650				4930
县级小计	8969	796	1372	6206	595		6620	6620				2349
信宜市	2297	322		1935	40		2296	2296				1
高州市	1159	55	190	797	117		857	857				302
化州市	1815	148	518	955	194		1250	1250				565
电白县	1070	48	110	713	199		163	163				907
茂南区	1706	223	554	924	5		1132	1132				574
茂港区	922			882	40		922	922				
肇庆市小计	**44461**	**20482**	**3233**	**20746**			**35806**	**35806**				**8655**
本级	22143	4439	2451	15253			17171	17171				4972
县级小计	22318	16043	782	5493			18635	18635				3683
四会市	3044	2050	21	973			3023	3023				21
高要市	11351	10058	636	657			8968	8968				2383
广宁县	2326	1849		477			2326	2326				
德庆县	762	28	2	732			760	760				2

3－22－13

单位:万元

地　　区	收支部分							
	收入							
	收入合计	养路费收　入	公路客货运附加费收　　入	国有土地使用权出让金收入	新增建设用地土地有偿使用费收入	地方水利建设基金收　　入	城镇公用事业附加收　　入	其他各项基金收入
封开县	68				63			5
怀集县	1020			100	488			432
端州区	66							66
鼎湖区	904			215	634			55
清远市小计	**7149**			**2796**	**3318**	**664**		**371**
本级	4843			2760	1369	561		153
县级小计	2306			36	1949	103		218
英德市	356				241	103		12
连州市	349				336			13
佛冈县	20				11			9
清新县	1135				1105			30
连山县	41							41
连南县	3			1				2
阳山县	296			35	256			5
清城区	106							106
潮州市小计	**2549**			**1088**	**1169**		**107**	**185**
本级	418				265			153
县级小计	2131			1088	904		107	32
饶平县	1200			1088			107	5
潮安县	915				904			11
湘桥区	16							16
揭阳市小计	**8284**	**1900**		**992**	**4047**	**793**	**275**	**277**
本级	5203	1577			2748	671		207
县级小计	3081	323		992	1299	122	275	70
普宁市	1046			227	380	120	275	44
揭东县	1104	318		345	432			9
揭西县	793	5		339	440			9
惠来县	134			81	47			6
榕城区	4					2		2
云浮市小计	**10571**	**4194**		**2548**	**2490**	**197**	**12**	**1130**
本级	1906	917		613	138	47		191
县级小计	8665	3277		1935	2352	150	12	939
罗定市	2977	1214		1141	418	7	12	185
新兴县	3065	1157		450	1126	102		230
郁南县	1343	405		322	243	23		350
云安县	735	501		16	48	18		152

3－22－14

单位:万元

地区	收支部分						
	支出						
	支出合计	养路费支出	公路客货运附加费支出	国有土地使用权出让金支出	地方水利建设基金支出	城镇公用事业附加支出	其他各项基金支出
封开县	1062	389		422			251
怀集县	1663	392		648			623
端州区	113			8			105
鼎湖区	720			576			144
清远市小计	**39289**	**26580**		**7441**	**845**		**4423**
本级	27427	26173			560		694
县级小计	11862	407		7441	285		3729
英德市	1881	88		643	103		1047
连州市	1195	71		925			199
佛冈县	1521	75		574	171		701
清新县	2167	48		1666			453
连山县	505	46		357			102
连南县	411	27		346	11		27
阳山县	1156	52		664			440
清城区	3026			2266			760
潮州市小计	**15320**	**9179**		**3055**	**700**	**142**	**2244**
本级	9779	9021		10			748
县级小计	5541	158		3045	700	142	1496
饶平县	4016	110		2015	521	142	1228
潮安县	1304	48		880	179		197
湘桥区	221			150			71
揭阳市小计	**23150**	**14476**		**2265**	**2001**	**221**	**4187**
本级	15262	13898		185	635		544
县级小计	7888	578		2080	1366	221	3643
普宁市	1262	180		124	440	221	297
揭东县	4882	358		1208	247		3069
揭西县	893	40		636	99		118
惠来县	687			4	560		123
榕城区	164			108	20		36
云浮市小计	**23292**	**12792**		**6956**	**590**	**12**	**2942**
本级	10360	9343		78	40		899
县级小计	12932	3449		6878	550	12	2043
罗定市	3563	1305		1977	7	12	262
新兴县	4221	1182		2176	102		761
郁南县	2494	449		1184	423		438
云安县	1503	513		630	18		342

3－22－15　　　　　　　　　　　　　　　　　　　　　　单位:万元

地　　区	平　衡　部　分											
	收　入						支　出					年终结余
	收入总计	本年收入	上年结余	补助收入	省补助计划单列市收入	调入资金	支出总计	本年支出	上解支出	计划单列市上解省支出	调出资金	
封开县	1062	68		994			1062	1062				
怀集县	2298	1020	111	1167			1663	1663				635
端州区	119	66	3	50			113	113				6
鼎湖区	1356	904	9	443			720	720				636
清远市小计	**41586**	**7149**	**－60**	**34497**			**39289**	**39289**				**2297**
本级	29463	4843	－66	24686			27427	27427				2036
县级小计	12123	2306	6	9811			11862	11862				261
英德市	2123	356	1	1766			1881	1881				242
连州市	1195	349		846			1195	1195				
佛冈县	1538	20	4	1514			1521	1521				17
清新县	2167	1135		1032			2167	2167				
连山县	507	41	1	465			505	505				2
连南县	411	3		408			411	411				
阳山县	1156	296		860			1156	1156				
清城区	3026	106		2920			3026	3026				
潮州市小计	**19996**	**2549**	**3498**	**13949**			**15320**	**15320**				**4676**
本级	12358	418	2354	9586			9779	9779				2579
县级小计	7638	2131	1144	4363			5541	5541				2097
饶平县	4821	1200	796	2825			4016	4016				805
潮安县	2511	915	279	1317			1304	1304				1207
湘桥区	306	16	69	221			221	221				85
揭阳市小计	**38293**	**8284**	**6911**	**22978**		**120**	**23150**	**23150**				**15143**
本级	21382	5203	2703	13356		120	15262	15262				6120
县级小计	16911	3081	4208	9622			7888	7888				9023
普宁市	4449	1046	1530	1873			1262	1262				3187
揭东县	5113	1104	8	4001			4882	4882				231
揭西县	2328	793	513	1022			893	893				1435
惠来县	4829	134	2133	2562			687	687				4142
榕城区	192	4	24	164			164	164				28
云浮市小计	**24016**	**10571**	**－182**	**13615**		**12**	**23292**	**23292**				**724**
本级	11084	1906	－182	9360			10360	10360				724
县级小计	12932	8665		4255		12	12932	12932				
罗定市	3563	2977		586			3563	3563				
新兴县	4221	3065		1156			4221	4221				
郁南县	2494	1343		1139		12	2494	2494				
云安县	1503	735		768			1503	1503				

3-22-16

单位:万元

地区	收支部分							
	收入							
	收入合计	养路费收入	公路客货运附加费收入	国有土地使用权出让金收入	新增建设用地土地有偿使用费收入	地方水利建设基金收入	城镇公用事业附加收入	其他各项基金收入
云城区	545			6	517			22

3－22－17

单位:万元

地　　区	收支部分						
	支出						
	支出合计	养路费支出	公路客货运附加费支出	国有土地使用权出让金支出	地方水利建设基金支出	城镇公用事业附加支出	其他各项基金支出
云城区	1151			911			240

3-22-18

单位:万元

地区	平衡部分											
	收入						支出					年终结余
	收入总计	本年收入	上年结余	补助收入	省补助计划单列市收入	调入资金	支出总计	本年支出	上解支出	计划单列市上解省支出	调出资金	
云城区	1151	545		606			1151	1151				

2006 年广西壮族自治区地市县财政基金预算收支平衡表

3－23－1　　　　　　　　　　　　　　　　　　　　　　　　　　　　　单位:万元

地　　区	收支部分							
	收入							
	收入合计	养路费收　入	公路客货运附加费收　　入	国有土地使用权出让金收入	新增建设用地土地有偿使用费收入	地方水利建设基金收　　入	城镇公用事业附加收　　入	其他各项基金收入
地(市)县级总计	**415101**	**42378**	**651**	**250845**		**46323**	**8436**	**66468**
地(市)本级合计	**256656**	**38556**	**623**	**147936**		**28997**	**5980**	**34564**
县级合计	**158445**	**3822**	**28**	**102909**		**17326**	**2456**	**31904**
南宁市小计	**44382**			**15467**		**13683**	**2250**	**12982**
本级	24452					12158	2043	10251
县级小计	19930			15467		1525	207	2731
武鸣县	593			50		233	80	230
横县	6949			5517		446	93	893
宾阳县	2094			1100		356	15	623
上林县	511			95		127		289
马山县	356					109	19	228
隆安县	1926			1539		151		236
邕宁区								
兴宁区	47							47
良庆区	100							100
青秀区								
西乡塘区								
江南区								
相思湖区								
青秀山风景区								
经济技术开发区	25							25
华侨投资区	7329			7166		103		60
高新技术开发区								
柳州市小计	**88619**	**6399**	**28**	**56451**		**8743**	**1476**	**15522**
本级	64725	2577		44316		7347	1283	9202
县级小计	23894	3822	28	12135		1396	193	6320
柳江县	4308	1250		2199		478		381
柳城县	3560	692	28	1950		284		606
鹿寨县	8024	1019		6115		349	118	423
融安县	2045	332		227		102	42	1342
三江县	1445	188		569		53		635
融水县	4512	341		1075		130	33	2933
城中区								
鱼峰区								
柳南区								

2006 年地方财政政府收支分类转换数据

3－23－2

单位:万元

地　　区	收支部分						
	支出						
	支出合计	养路费支出	公路客货运附加费支出	国有土地使用权出让金支出	地方水利建设基金支出	城镇公用事业附加支出	其他各项基金支出
地(市)县级总计	**405254**	**41803**	**432**	**231487**	**55492**	**4081**	**71959**
地(市)本级合计	**249940**	**37875**	**432**	**135378**	**41247**	**2165**	**32843**
县级合计	**155314**	**3928**		**96109**	**14245**	**1916**	**39116**
南宁市小计	**47884**			**13068**	**20274**	**312**	**14230**
本级	29981			16	19164	72	10729
县级小计	17903			13052	1110	240	3501
武鸣县	448				112	130	206
横县	6666			5517	252	92	805
宾阳县	2011			550	356	15	1090
上林县	443			26	83		334
马山县	346				109	3	234
隆安县	1942			1672	106		164
邕宁区	94						94
兴宁区	15						15
良庆区	34						34
青秀区	351						351
西乡塘区	68						68
江南区	76						76
相思湖区							
青秀山风景区							
经济技术开发区							
华侨投资区	5409			5287	92		30
高新技术开发区							
柳州市小计	**91184**	**5986**		**59923**	**12886**	**170**	**12219**
本级	66017	2058		48970	11006		3983
县级小计	25167	3928		10953	1880	170	8236
柳江县	3146	1414		625	6		1101
柳城县	3163			1769	284		1110
鹿寨县	8168	1084		6440	250	90	304
融安县	2203	304		633	102	38	1126
三江县	2395	502		297	53		1543
融水县	4582	424		1189	100	42	2827
城中区	230				154		76
鱼峰区	219				219		
柳南区	374				326		48

3-23-3

单位:万元

地区	平衡部分											
	收入						支出					年终结余
	收入总计	本年收入	上年结余	补助收入	省补助计划单列市收入	调入资金	支出总计	本年支出	上解支出	计划单列市上解省支出	调出资金	
地(市)县级总计	**614446**	**415101**	**163879**	**18194**		**17272**	**410757**	**405254**			**5503**	**203689**
地(市)本级合计	**358900**	**256656**	**96454**	**-7707**		**13497**	**255440**	**249940**			**5500**	**103460**
县级合计	**255546**	**158445**	**67425**	**25901**		**3775**	**155317**	**155314**			**3**	**100229**
南宁市小计	**76955**	**44382**	**22967**	**1756**		**7850**	**47884**	**47884**				**29071**
本级	43445	24452	11242	-99		7850	29981	29981				13464
县级小计	33510	19930	11725	1855			17903	17903				15607
武鸣县	3979	593	3219	167			448	448				3531
横县	10151	6949	3056	146			6666	6666				3485
宾阳县	4199	2094	2092	13			2011	2011				2188
上林县	1914	511	1243	160			443	443				1471
马山县	624	356	129	139			346	346				278
隆安县	2540	1926	572	42			1942	1942				598
邕宁区	1234		817	417			94	94				1140
兴宁区	66	47	1	18			15	15				51
良庆区	282	100		182			34	34				248
青秀区	718		351	367			351	351				367
西乡塘区	132		64	68			68	68				64
江南区	241		166	75			76	76				165
相思湖区												
青秀山风景区												
经济技术开发区	39	25	14									39
华侨投资区	7391	7329	1	61			5409	5409				1982
高新技术开发区												
柳州市小计	**126884**	**88619**	**30309**	**1163**		**6793**	**91184**	**91184**				**35700**
本级	89335	64725	23550	-2600		3660	66017	66017				23318
县级小计	37549	23894	6759	3763		3133	25167	25167				12382
柳江县	5572	4308	1027	237			3146	3146				2426
柳城县	4523	3560	222	70		671	3163	3163				1360
鹿寨县	9321	8024	1054	243			8168	8168				1153
融安县	3294	2045	1066	183			2203	2203				1091
三江县	3473	1445	439	1559		30	2395	2395				1078
融水县	8827	4512	1902	1056		1357	4582	4582				4245
城中区	230			76		154	230	230				
鱼峰区	219		4			215	219	219				
柳南区	374			48		326	374	374				

3－23－4

单位：万元

地区	收支部分							
	收入							
	收入合计	养路费收入	公路客货运附加费收入	国有土地使用权出让金收入	新增建设用地土地有偿使用费收入	地方水利建设基金收入	城镇公用事业附加收入	其他各项基金收入
柳北区								
阳和工业区								
高新区								
桂林市小计	**16693**			**5158**		**5106**	**1557**	**4872**
本级	7888			914		3086	680	3208
县级小计	8805			4244		2020	877	1664
临桂县	524					326		198
阳朔县	1167					142	829	196
灵川县	1035			454		319		262
全州县	900			634		197		69
兴安县	870			457		235	48	130
永福县	265					156		109
荔浦县	543					228		315
平乐县	2050			1886		92		72
恭城县	160					107		53
灌阳县	191					76		115
龙胜县	975			768		97		110
资源县	72					45		27
象山区								
秀峰区								
七星高新区								
叠彩区								
雁山区	53			45				8
梧州市小计	**32674**	**4639**		**22819**		**1829**	**445**	**2942**
本级	28149	4639		19941		1045	350	2174
县级小计	4525			2878		784	95	768
苍梧县	814			486		229		99
岑溪市	2447			1900		263	90	194
藤县	794			492		215	5	82
蒙山县	421					77		344
万秀区								
蝶山区								
长洲区	49							49
外向型工业园区								
北海市小计	**3495**	**635**		**85**		**1183**	**315**	**1277**

3 -23 -5 单位:万元

地区	收支部分						
	支出						
	支出合计	养路费支出	公路客货运附加费支出	国有土地使用权出让金支出	地方水利建设基金支出	城镇公用事业附加支出	其他各项基金支出
柳北区	556	200			265		91
阳和工业区	21				11		10
高新区	110				110		
桂林市小计	**24149**			**7408**	**7066**	**788**	**8887**
本级	15141			3920	5201		6020
县级小计	9008			3488	1865	788	2867
临桂县	450				140		310
阳朔县	1165				44	731	390
灵川县	762			392	150		220
全州县	654			343	286		25
兴安县	839			449	329	47	14
永福县	380			5	128		247
荔浦县	461				241		220
平乐县	2522			1775	190		557
恭城县	149				124		25
灌阳县	284				77		207
龙胜县	695			424	108		163
资源县	189				48		141
象山区	11					10	1
秀峰区	1						1
七星高新区							
叠彩区							
雁山区	446			100			346
梧州市小计	**27093**	**4606**		**16373**	**2189**	**361**	**3564**
本级	22020	4606		13653	1507	356	1898
县级小计	5073			2720	682	5	1666
苍梧县	859			245	218		396
岑溪市	2946			1942	262		742
藤县	690			533	124	5	28
蒙山县	382				78		304
万秀区	32						32
蝶山区	32						32
长洲区	132						132
外向型工业园区							
北海市小计	**2855**	**635**		**15**	**1216**	**7**	**982**

3－23－6

单位:万元

地区	平衡部分											
	收入						支出					年终结余
	收入总计	本年收入	上年结余	补助收入	省补助计划单列市收入	调入资金	支出总计	本年支出	上解支出	计划单列市上解省支出	调出资金	
柳北区	556			291		265	556	556				
阳和工业区	21		16			5	21	21				
高新区	1139		1029			110	110	110				1029
桂林市小计	**54582**	**16693**	**32150**	**4092**		**1647**	**24149**	**24149**				**30433**
本级	34783	7888	25871	－623		1647	15141	15141				19642
县级小计	19799	8805	6279	4715			9008	9008				10791
临桂县	1439	524	867	48			450	450				989
阳朔县	1238	1167	48	23			1165	1165				73
灵川县	1385	1035	335	15			762	762				623
全州县	2629	900	516	1213			654	654				1975
兴安县	1909	870	703	336			839	839				1070
永福县	1077	265	71	741			380	380				697
荔浦县	1429	543	309	577			461	461				968
平乐县	3513	2050	1417	46			2522	2522				991
恭城县	319	160	104	55			149	149				170
灌阳县	1157	191	947	19			284	284				873
龙胜县	1558	975	483	100			695	695				863
资源县	191	72	1	118			189	189				2
象山区	318		19	299			11	11				307
秀峰区	170			170			1	1				169
七星高新区	186			186								186
叠彩区	139		13	126								139
雁山区	1142	53	446	643			446	446				696
梧州市小计	**42294**	**32674**	**8303**	**977**		**340**	**32593**	**27093**			**5500**	**9701**
本级	34138	28149	5647	2		340	27520	22020			5500	6618
县级小计	8156	4525	2656	975			5073	5073				3083
苍梧县	1760	814	294	652			859	859				901
岑溪市	4350	2447	1779	124			2946	2946				1404
藤县	1194	794	390	10			690	690				504
蒙山县	612	421	161	30			382	382				230
万秀区	34		2	32			32	32				2
蝶山区	61		29	32			32	32				29
长洲区	145	49	1	95			132	132				13
外向型工业园区												
北海市小计	**7029**	**3495**	**3118**	**416**			**2855**	**2855**				**4174**

3－23－7

单位:万元

地区	收支部分							
	收入							
	收入合计	养路费收入	公路客货运附加费收入	国有土地使用权出让金收入	新增建设用地土地有偿使用费收入	地方水利建设基金收入	城镇公用事业附加收入	其他各项基金收入
本级	3031	635		85		879	315	1117
县级小计	464					304		160
合浦县	457					304		153
海城区	7							7
银海区								
铁山港区								
防城港市小计	**22932**	**1167**	**22**	**18413**		**1394**		**1936**
本级	17035	1167	22	14544		694		608
县级小计	5897			3869		700		1328
上思县	1490			649		127		714
东兴市	2439			2000		216		223
港口区	1329			996		200		133
防城区	639			224		157		258
钦州市小计	**16505**			**13310**		**1278**	**324**	**1593**
本级	7281			6100		355	324	502
县级小计	9224			7210		923		1091
浦北县	2041			1520		110		411
灵山县	4729			4117		277		335
钦州港区	491					343		148
钦南区	348			184		94		70
钦北区	1615			1389		99		127
贵港市小计	**43351**	**8009**		**29697**		**1848**	**526**	**3271**
本级	33758	8009		24255		319	409	766
县级小计	9593			5442		1529	117	2505
平南县	3818			3186		319		313
桂平市	3909			2256		366	117	1170
港北区	944					517		427
港南区	468					213		255
覃塘区	454					114		340
玉林市小计	**47657**	**14016**	**297**	**25619**		**2984**	**518**	**4223**
本级	29301	14016	297	12087		1318	250	1333
县级小计	18356			13532		1666	268	2890
容县	6136			5032		245	91	768
博白县	2811			1824		234		753
陆川县	589					249		340

3－23－8

单位:万元

地　区	收支部分						
	支出						
	支出合计	养路费支出	公路客货运附加费支出	国有土地使用权出让金支出	地方水利建设基金支出	城镇公用事业附加支出	其他各项基金支出
本级	2305	635		15	862	7	786
县级小计	550				354		196
合浦县	532				354		178
海城区	12						12
银海区	2						2
铁山港区	4						4
防城港市小计	**21955**	**1007**	**22**	**18122**	**1216**	**16**	**1572**
本级	15911	1007	22	14085	538		259
县级小计	6044			4037	678	16	1313
上思县	1337			715	100	16	506
东兴市	2539			2111	218		210
港口区	1428			987	193		248
防城区	740			224	167		349
钦州市小计	**14764**			**12145**	**1278**	**259**	**1082**
本级	6415			5536	355	259	265
县级小计	8349			6609	923		817
浦北县	2075			1520	110		445
灵山县	3988			3617	277		94
钦州港区	405				343		62
钦南区	277			88	94		95
钦北区	1604			1384	99		121
贵港市小计	**37295**	**8315**		**23687**	**952**	**487**	**3854**
本级	24580	8315		14521	252	371	1121
县级小计	12715			9166	700	116	2733
平南县	4836			4046	175		615
桂平市	3098			1488	187	116	1307
港北区	2238			1700	180		358
港南区	99				46		53
覃塘区	2444			1932	112		400
玉林市小计	**47075**	**14114**	**410**	**25030**	**2062**	**632**	**4827**
本级	27525	14114	410	9707	1188	493	1613
县级小计	19550			15323	874	139	3214
容县	5875			5006	160		709
博白县	2136			1310	195		631
陆川县	889				189		700

三、各省、自治区、直辖市地市县基金预算财政资料

3-23-9

单位:万元

地区	平衡部分											
	收入						支出					年终结余
	收入总计	本年收入	上年结余	补助收入	省补助计划单列市收入	调入资金	支出总计	本年支出	上解支出	计划单列市上解省支出	调出资金	
本级	5509	3031	2255	223			2305	2305				3204
县级小计	1520	464	863	193			550	550				970
合浦县	1321	457	803	61			532	532				789
海城区	52	7	3	42			12	12				40
银海区	143		57	86			2	2				141
铁山港区	4			4			4	4				
防城港市小计	**26346**	**22932**	**2585**	**829**			**21955**	**21955**				**4391**
本级	18096	17035	987	74			15911	15911				2185
县级小计	8250	5897	1598	755			6044	6044				2206
上思县	1728	1490	170	68			1337	1337				391
东兴市	3015	2439	571	5			2539	2539				476
港口区	2283	1329	373	581			1428	1428				855
防城区	1224	639	484	101			740	740				484
钦州市小计	**21002**	**16505**	**4165**	**332**			**14764**	**14764**				**6238**
本级	9707	7281	2299	127			6415	6415				3292
县级小计	11295	9224	1866	205			8349	8349				2946
浦北县	2117	2041		76			2075	2075				42
灵山县	5168	4729	387	52			3988	3988				1180
钦州港区	745	491	254				405	405				340
钦南区	1629	348	1216	65			277	277				1352
钦北区	1636	1615	9	12			1604	1604				32
贵港市小计	**57926**	**43351**	**14317**	**258**			**37295**	**37295**				**20631**
本级	37443	33758	7271	-3586			24580	24580				12863
县级小计	20483	9593	7046	3844			12715	12715				7768
平南县	6624	3818	2788	18			4836	4836				1788
桂平市	6206	3909	2181	116			3098	3098				3108
港北区	3467	944	776	1747			2238	2238				1229
港南区	1321	468	851	2			99	99				1222
覃塘区	2865	454	450	1961			2444	2444				421
玉林市小计	**62067**	**47657**	**13720**	**690**			**47078**	**47075**			**3**	**14989**
本级	33375	29301	6402	-2328			27525	27525				5850
县级小计	28692	18356	7318	3018			19553	19550			3	9139
容县	8260	6136	1808	316			5875	5875				2385
博白县	3182	2811	351	20			2136	2136				1046
陆川县	1438	589	841	8			889	889				549

2006年地方财政政府收支分类转换数据

3－23－10

单位:万元

地区	收支部分							
	收入							
	收入合计	养路费收入	公路客货运附加费收入	国有土地使用权出让金收入	新增建设用地土地有偿使用费收入	地方水利建设基金收入	城镇公用事业附加收入	其他各项基金收入
北流市	6739			5396		438	141	764
兴业县	1636			1280		141	36	179
玉州区	348					301		47
福绵区	97					58		39
贺州市小计	**12653**	**2913**	**121**	**6801**		**1063**		**1755**
本级	9045	2913	121	4700		317		994
县级小计	3608			2101		746		761
昭平县	2248			2014		100		134
钟山县	527			87		190		250
富川县	177					84		93
八步区	656					372		284
百色市小计	**35456**			**28278**		**2168**	**492**	**4518**
本级	13886			11929		714	81	1162
县级小计	21570			16349		1454	411	3356
田阳县	2170			1840		154		176
田东县	1404			694		267		443
平果县	10386			9146		322	381	537
德保县	2250			1739		147	30	334
靖西县	534			117		136		281
那坡县	136					51		85
凌云县	174					44		130
乐业县	852			572		43		237
田林县	745			560		105		80
隆林县	1071			850		148		73
西林县	1469			831		37		601
右江区	379							379
河池市小计	**20083**	**176**	**7**	**9824**		**2254**	**167**	**7655**
本级	8481	176	7	5084		366		2848
县级小计	11602			4740		1888	167	4807
宜州市	1499			327		311	84	777
罗城县	627			87		95		445
环江县	1919			1450		133	30	306
南丹县	1241					401		840
天峨县	380					220		160
凤山县	120			64		39		17
东兰县	359			64		43		252

3－23－11

单位:万元

地区	收支部分						
	支出						
	支出合计	养路费支出	公路客货运附加费支出	国有土地使用权出让金支出	地方水利建设基金支出	城镇公用事业附加支出	其他各项基金支出
北流市	7403			6219	72	139	973
兴业县	1032			801	107		124
玉州区	2149			1987	98		64
福绵区	66				53		13
贺州市小计	**12849**	**2716**		**6801**	**814**		**2518**
本级	9336	2716		5271	230		1119
县级小计	3513			1530	584		1399
昭平县	2356			1482	287		587
钟山县	630			48	190		392
富川县	191				92		99
八步区	336				15		321
百色市小计	**35264**			**27018**	**1897**	**169**	**6180**
本级	15308			12873	644	76	1715
县级小计	19956			14145	1253	93	4465
田阳县	2808			1840	217		751
田东县	1143			494	306		343
平果县	8500			8113	166	63	158
德保县	1846			1384	147	30	285
靖西县	378				136		242
那坡县	191				51		140
凌云县	126				20		106
乐业县	1185			761	43		381
田林县	948			500	105		343
隆林县	525			400	25		100
西林县	1820			653	37		1130
右江区	486						486
河池市小计	**17330**			**8496**	**1514**	**525**	**6795**
本级	6753			3979	74	354	2346
县级小计	10577			4517	1440	171	4449
宜州市	434				229	43	162
罗城县	601			177	91		333
环江县	1883			1259	178	30	416
南丹县	1523				401		1122
天峨县	368			20	208		140
凤山县	67			14	40		13
东兰县	260			30	2		228

3－23－12

单位:万元

地区	平衡部分											
	收入						支出					年终结余
	收入总计	本年收入	上年结余	补助收入	省补助计划单列市收入	调入资金	支出总计	本年支出	上解支出	计划单列市上解省支出	调出资金	
北流市	9180	6739	2390	51			7403	7403				1777
兴业县	2714	1636	1052	26			1032	1032				1682
玉州区	3804	348	868	2588			2149	2149				1655
福绵区	114	97	8	9			69	66			3	45
贺州市小计	**17715**	**12653**	**4254**	**808**			**12849**	**12849**				**4866**
本级	12254	9045	2724	485			9336	9336				2918
县级小计	5461	3608	1530	323			3513	3513				1948
昭平县	3307	2248	844	215			2356	2356				951
钟山县	746	527	180	39			630	630				116
富川县	239	177	56	6			191	191				48
八步区	1169	656	450	63			336	336				833
百色市小计	**50878**	**35456**	**13340**	**2082**			**35264**	**35264**				**15614**
本级	18120	13886	4234				15308	15308				2812
县级小计	32758	21570	9106	2082			19956	19956				12802
田阳县	3021	2170	771	80			2808	2808				213
田东县	2880	1404	1332	144			1143	1143				1737
平果县	12346	10386	1736	224			8500	8500				3846
德保县	2652	2250	372	30			1846	1846				806
靖西县	1181	534	536	111			378	378				803
那坡县	850	136	209	505			191	191				659
凌云县	364	174	53	137			126	126				238
乐业县	2006	852	1044	110			1185	1185				821
田林县	1983	745	1074	164			948	948				1035
隆林县	1567	1071	292	204			525	525				1042
西林县	2203	1469	720	14			1820	1820				383
右江区	1705	379	967	359			486	486				1219
河池市小计	**32091**	**20083**	**8684**	**2682**		**642**	**17330**	**17330**				**14761**
本级	11563	8481	2935	147			6753	6753				4810
县级小计	20528	11602	5749	2535		642	10577	10577				9951
宜州市	3232	1499	1567	166			434	434				2798
罗城县	1837	627	1058	152			601	601				1236
环江县	2998	1919	399	680			1883	1883				1115
南丹县	2043	1241	301	501			1523	1523				520
天峨县	1134	380	168	586			368	368				766
凤山县	225	120	99	6			67	67				158
东兰县	601	359	235	7			260	260				341

3－23－13

单位:万元

地　　区	收支部分							
	收入							
	收入合计	养路费收　入	公路客货运附加费收　　入	国有土地使用权出让金收入	新增建设用地土地有偿使用费收入	地方水利建设基金收　　入	城镇公用事业附加收　　入	其他各项基金收入
巴马县	2077			1491		70		516
都安县	821					107	53	661
大化县	1856			1257		70		529
金城江区	703					399		304
来宾市小计	**15854**	**4424**	**176**	**7438**		**1202**	**245**	**2369**
本级	8377	4424	176	3146		226	245	160
县级小计	7477			4292		976		2209
象州县	824			284		150		390
武宣县	3021			2624		150		247
金秀县	504					54		450
忻城县	675			395		99		181
合山市	1135			989		101		45
兴宾区	1318					422		896
华侨投资区								
崇左市小计	**14747**			**11485**		**1588**	**121**	**1553**
本级	1247			835		173		239
县级小计	13500			10650		1415	121	1314
天等县	151			7		51		93
大新县	438					219		219
龙州县	811			514		131	41	125
宁明县	1019			565		182		272
扶绥县	9421			8794		366		261
凭祥市	466			51		205		210
江州区	1194			719		261	80	134

3－23－14

单位:万元

地区	收支部分						
	支出						
	支出合计	养路费支出	公路客货运附加费支出	国有土地使用权出让金支出	地方水利建设基金支出	城镇公用事业附加支出	其他各项基金支出
巴马县	2021			1529	68		424
都安县	871				153	53	665
大化县	2240			1470	70		700
金城江区	309			18		45	246
来宾市小计	**14479**	**4424**		**6625**	**848**	**177**	**2405**
本级	8169	4424		2817	189	177	562
县级小计	6310			3808	659		1843
象州县	506			187			319
武宣县	2755			2557	53		145
金秀县	752			13	54		685
忻城县	542			402	90		50
合山市	555			505	40		10
兴宾区	1200			144	422		634
华侨投资区							
崇左市小计	**11078**			**6776**	**1280**	**178**	**2844**
本级	479			15	37		427
县级小计	10599			6761	1243	178	2417
天等县	286				41		245
大新县	215				53	55	107
龙州县	772			553	114	46	59
宁明县	1742			436	550		756
扶绥县	5689			4990	209		490
凭祥市	340				13	17	310
江州区	1555			782	263	60	450

3－23－15

单位:万元

地区	平衡部分											
	收入						支出					年终结余
	收入总计	本年收入	上年结余	补助收入	省补助计划单列市收入	调入资金	支出总计	本年支出	上解支出	计划单列市上解省支出	调出资金	
巴马县	2450	2077	145	228			2021	2021				429
都安县	1784	821	154	167		642	871	871				913
大化县	3143	1856	1259	28			2240	2240				903
金城江区	1081	703	364	14			309	309				772
来宾市小计	**20893**	**15854**	**4274**	**765**			**14479**	**14479**				**6414**
本级	9606	8377	816	413			8169	8169				1437
县级小计	11287	7477	3458	352			6310	6310				4977
象州县	1351	824	487	40			506	506				845
武宣县	4633	3021	1585	27			2755	2755				1878
金秀县	819	504	104	211			752	752				67
忻城县	991	675	298	18			542	542				449
合山市	1210	1135	71	4			555	555				655
兴宾区	2283	1318	913	52			1200	1200				1083
华侨投资区												
崇左市小计	**17784**	**14747**	**1693**	**1344**			**11078**	**11078**				**6706**
本级	1526	1247	221	58			479	479				1047
县级小计	16258	13500	1472	1286			10599	10599				5659
天等县	292	151	3	138			286	286				6
大新县	844	438	403	3			215	215				629
龙州县	831	811	3	17			772	772				59
宁明县	1751	1019	5	727			1742	1742				9
扶绥县	9728	9421	252	55			5689	5689				4039
凭祥市	1248	466	752	30			340	340				908
江州区	1564	1194	54	316			1555	1555				9

2006 年海南省地市县财政基金预算收支平衡表

3－24－1

单位:万元

地　　区	收支部分							
	收入							
	收入合计	养路费收入	公路客货运附加费收入	国有土地使用权出让金收入	新增建设用地土地有偿使用费收入	地方水利建设基金收入	城镇公用事业附加收入	其他各项基金收入
地(市)县级总计	**80546**			**66831**	**11666**	**194**		**1855**
地(市)本级合计	**55695**			**47118**	**7701**	**185**		**691**
县级合计	**24851**			**19713**	**3965**	**9**		**1164**
海口市小计	**51696**			**46237**	**5230**	**45**		**184**
本级	51692			46237	5230	45		180
县级小计	4							4
龙华区								
美兰区	4							4
秀英区								
琼山区								
三亚市小计	**3609**			**881**	**2471**	**140**		**117**
本级	3609			881	2471	140		117
县级小计								
洋浦管理局	**394**							**394**
其他各市县级小计	**24847**			**19713**	**3965**	**9**		**1160**
文昌市	3426			2332	925			169
琼海市	1564			1521		8		35
万宁市	1742			433	1108			201
定安县	980			873				107
屯昌县	381			303	9			69
澄迈县	6730			6302	316			112
临高县	546			245	251			50
儋州市	1914			895	905			114
陵水县	115				102			13
乐东县	846			840				6
东方县	3667			3583	58			26
昌江县	1002			803	158			41
白沙县	136			37	7	1		91
琼中县	160			54	54			52
保亭县	1316			1187	72			57
五指山市	322			305				17

3－24－2

单位:万元

地区	收支部分						
	支出						
	支出合计	养路费支出	公路客货运附加费支出	国有土地使用权出让金支出	地方水利建设基金支出	城镇公用事业附加支出	其他各项基金支出
地(市)县级总计	**89751**	**160**	**28**	**82816**	**1971**		**4776**
地(市)本级合计	**57147**		**28**	**55708**	**207**		**1204**
县级合计	**32604**	**160**		**27108**	**1764**		**3572**
海口市小计	**54705**			**54136**	**38**		**531**
本级	54701			54136	38		527
县级小计	4						4
龙华区							
美兰区	4						4
秀英区							
琼山区							
三亚市小计	**2152**			**1562**	**169**		**421**
本级	2129			1562	169		398
县级小计	23						23
洋浦管理局	**317**		**28**	**10**			**279**
其他各市县级小计	**32577**	**160**		**27108**	**1764**		**3545**
文昌市	3655			2991	328		336
琼海市	1173	91		703	140		239
万宁市	3375			2249	765		361
定安县	923			778			145
屯昌县	994			888			106
澄迈县	7095			6865			230
临高县	1350			976	45		329
儋州市	2929			2562	40		327
陵水县	458			107	170		181
乐东县	964	30		637			297
东方县	5537	28		5233	45		231
昌江县	1171	11		915	50		195
白沙县	275			57	87		131
琼中县	364			133			231
保亭县	1913			1766			147
五指山市	401			248	94		59

2006 年地方财政政府收支分类转换数据

3－24－3 单位:万元

地区	平衡部分											
	收入						支出					年终结余
	收入总计	本年收入	上年结余	补助收入	省补助计划单列市收入	调入资金	支出总计	本年支出	上解支出	计划单列市上解省支出	调出资金	
地(市)县级总计	**109064**	**80546**	**11363**	**12457**		**4698**	**90068**	**89751**			**317**	**18996**
地(市)本级合计	**65538**	**55695**	**1151**	**4192**		**4500**	**57447**	**57147**			**300**	**8091**
县级合计	**43526**	**24851**	**10212**	**8265**		**198**	**32621**	**32604**			**17**	**10905**
海口市小计	**57556**	**51696**	**7**	**1353**		**4500**	**55005**	**54705**			**300**	**2551**
本级	57552	51692	7	1353		4500	55001	54701			300	2551
县级小计	4	4					4	4				
龙华区												
美兰区	4	4					4	4				
秀英区												
琼山区												
三亚市小计	**7125**	**3609**	**706**	**2810**			**2152**	**2152**				**4973**
本级	7102	3609	683	2810			2129	2129				4973
县级小计	23		23				23	23				
洋浦管理局	**884**	**394**	**461**	**29**			**317**	**317**				**567**
其他各市县级小计	**43499**	**24847**	**10189**	**8265**		**198**	**32594**	**32577**			**17**	**10905**
文昌市	5048	3426	362	1260			3655	3655				1393
琼海市	3346	1564	1362	420			1173	1173				2173
万宁市	4104	1742	513	1849			3375	3375				729
定安县	1547	980	400	167			923	923				624
屯昌县	1625	381	623	621			994	994				631
澄迈县	8415	6730	1343	231		111	7095	7095				1320
临高县	1729	546	477	706			1350	1350				379
儋州市	3335	1914	962	459			2935	2929			6	400
陵水县	947	115	584	248			458	458				489
乐东县	1764	846	381	537			964	964				800
东方县	6029	3667	1773	589			5537	5537				492
昌江县	1628	1002	222	404			1171	1171				457
白沙县	506	136	94	276			275	275				231
琼中县	585	160	277	148			375	364			11	210
保亭县	2236	1316	707	136		77	1913	1913				323
五指山市	655	322	109	214		10	401	401				254

2006年重庆市区县财政基金预算收支平衡表

3－25－1　　　　单位:万元

地区	收支部分							
	收入							
	收入合计	养路费收入	公路客货运附加费收入	国有土地使用权出让金收入	新增建设用地土地有偿使用费收入	地方水利建设基金收入	城镇公用事业附加收入	其他各项基金收入
区县级总计	**561241**			**530909**		**60**	**15981**	**14291**
区级合计	**425973**			**412836**		**60**	**2260**	**10817**
县级合计	**135268**			**118073**			**13721**	**3474**
渝中区	6260			4811				1449
江北区	29484			28875				609
沙坪坝区	22161			21379				782
九龙坡区	40621			40010				611
大渡口区	7419			7120				299
南岸区	24582			24020				562
北碚区	5426			2589				2837
万盛区	462			200			61	201
双桥区	746			740				6
巴南区	5518			4771			165	582
渝北区	3581			3082				499
涪陵区	11685			10520		60	699	406
万州区	16255			14697			1335	223
黔江区	3320			3240				80
江津市	14998			13343			1339	316
合川市	26697			24217			2392	88
永川市	13776			13462			100	214
綦江县	7523			4611			2703	209
长寿区	14996			14667				329
潼南县	2991			962			1949	80
铜梁县	16294			15377			658	259
大足县	6490			5678			540	272
荣昌县	5991			5372			400	219
璧山县	18701			16919			1535	247
梁平县	1919			1254			583	82
城口县	201			26			98	77
南川市	1269			879			310	80
丰都县	2897			2701			80	116
垫江县	3264			2613			551	100
武隆县	1314			852			368	94
忠县	1441			1258			115	68
开县	643			400				243

2006 年地方财政政府收支分类转换数据

3－25－2　　　　单位:万元

地　区	收支部分						
	支出						
	支出合计	养路费支出	公路客货运附加费支出	国有土地使用权出让金支出	地方水利建设基金支出	城镇公用事业附加支出	其他各项基金支出
区县级总计	**1139850**	**14**	**41**	**897977**	**2179**	**14197**	**225442**
区级合计	**837178**			**766408**	**745**	**3462**	**66563**
县级合计	**302672**	**14**	**41**	**131569**	**1434**	**10735**	**158879**
渝中区	40351			37026	100	16	3209
江北区	50671			49981	80		610
沙坪坝区	53750			52821	40		889
九龙坡区	58260			57413	6		841
大渡口区	24899			24523			376
南岸区	88339			87296	30		1013
北碚区	15999			14964	70	143	822
万盛区	1188			690		61	437
双桥区	1223			1135			88
巴南区	59081			56632	70		2379
渝北区	59852			56776		140	2936
涪陵区	32904			12561	100	918	19325
万州区	46295			18440	44	784	27027
黔江区	3863			3384			479
江津市	16798		41	13097		1275	2385
合川市	17305			15031	140	1021	1113
永川市	14958			14441	85	100	332
綦江县	8848			5702	115	2514	517
长寿区	19617			12318	205	1400	5694
潼南县	2510			1391	145	649	325
铜梁县	17026			15799	31	658	538
大足县	7649			6694	80	540	335
荣昌县	5887			4989	71	441	386
璧山县	16478			13803	70	2113	492
梁平县	3087			2178	23	615	271
城口县	281			103	10	39	129
南川市	2056			1515	104	95	342
丰都县	16847			3288	30	89	13440
垫江县	3788	14		3115	70	321	268
武隆县	15396			1226	115	244	13811
忠县	15135			7537	50	17	7531
开县	12118			2466	20	4	9628

3－25－3

单位:万元

地区	平衡部分											
	收入						支出					年终结余
	收入总计	本年收入	上年结余	补助收入	省补助计划单列市收入	调入资金	支出总计	本年支出	上解支出	计划单列市上解省支出	调出资金	
区县级总计	**1595476**	**561241**	**197459**	**836776**			**1157994**	**1139850**	**16645**		**1499**	**437482**
区级合计	**1049005**	**425973**	**133593**	**489439**			**851780**	**837178**	**14527**		**75**	**197225**
县级合计	**546471**	**135268**	**63866**	**347337**			**306214**	**302672**	**2118**		**1424**	**240257**
渝中区	41135	6260	2435	32440			40354	40351	3			781
江北区	64414	29484	2889	32041			50680	50671	9			13734
沙坪坝区	62294	22161	6194	33939			53845	53750	20		75	8449
九龙坡区	64563	40621	3200	20742			58260	58260				6303
大渡口区	28108	7419	1516	19173			24910	24899	11			3198
南岸区	119524	24582	8638	86304			88541	88339	202			30983
北碚区	19772	5426	6417	7929			16299	15999	300			3473
万盛区	1192	462		730			1192	1188	4			
双桥区	1253	746	80	427			1253	1223	30			
巴南区	71230	5518	5674	60038			59296	59081	215			11934
渝北区	75065	3581	22547	48937			59867	59852	15			15198
涪陵区	59641	11685	7121	40835			32909	32904	5			26732
万州区	97980	16255	15810	65915			46296	46295	1			51684
黔江区	5049	3320	737	992			4023	3863	160			1026
江津市	24934	14998	2077	7859			16821	16798	23			8113
合川市	39130	26697	9449	2984			17391	17305	86			21739
永川市	15494	13776	2	1716			15172	14958	214			322
綦江县	9218	7523	76	1619			8948	8848	100			270
长寿区	33747	14996	1860	16891			19826	19617	209			13921
潼南县	3910	2991		919			3910	2510	100		1300	
铜梁县	18791	16294	846	1651			17131	17026	105			1660
大足县	7946	6490	111	1345			7757	7649	108			189
荣昌县	11204	5991	3915	1298			6019	5887	132			5185
璧山县	24755	18701	4301	1753			16548	16478	70			8207
梁平县	4034	1919	1052	1063			3147	3087	60			887
城口县	1889	201	458	1230			341	281	60			1548
南川市	2852	1269	35	1548			2176	2056	120			676
丰都县	37508	2897	4176	30435			16927	16847	80			20581
垫江县	5027	3264	1038	725			3888	3788	100			1139
武隆县	24534	1314		23220			15624	15396	104		124	8910
忠县	44722	1441	4437	38844			15235	15135	100			29487
开县	37407	643	6657	30107			12218	12118	100			25189

3－25－4

单位:万元

地区	收支部分							
	收入							
	收入合计	养路费收入	公路客货运附加费收入	国有土地使用权出让金收入	新增建设用地土地有偿使用费收入	地方水利建设基金收入	城镇公用事业附加收入	其他各项基金收入
云阳县	573			534				39
奉节县	596			441				155
巫山县	321			296				25
巫溪县	2844			2709				135
石柱县	738			695				43
彭水县	639			470				169
酉阳县	2373			2364				9
秀山县	775			640				135
高新开发区	102020			101404				616
经济开发区	131437			130711				726

3－25－5

单位:万元

地　　区	收支部分						
	支出						
	支出合计	养路费支出	公路客货运附加费支出	国有土地使用权出让金支出	地方水利建设基金支出	城镇公用事业附加支出	其他各项基金支出
云阳县	60189			5047	55		55087
奉节县	31226			2584			28642
巫山县	15695			1843			13852
巫溪县	4828			3051	125		1652
石柱县	4300			1734			2566
彭水县	3291			729	40		2522
酉阳县	4957			2702	25		2230
秀山县	2019			1504	30		485
高新开发区	105158			104798			360
经济开发区	175728			175650			78

3－25－6

单位:万元

地区	平衡部分											
	收入						支出					年终结余
	收入总计	本年收入	上年结余	补助收入	省补助计划单列市收入	调入资金	支出总计	本年支出	上解支出	计划单列市上解省支出	调出资金	
云阳县	79482	573	731	78178			60249	60189	60			19233
奉节县	76532	596	6263	69673			31286	31226	60			45246
巫山县	44626	321	12274	32031			15775	15695	80			28851
巫溪县	9599	2844	1026	5729			4858	4828	30			4741
石柱县	10887	738	3313	6836			4383	4300	83			6504
彭水县	4064	639	779	2646			3351	3291	60			713
酉阳县	5854	2373	849	2632			4987	4957	30			867
秀山县	2072	775	1	1296			2072	2019	53			
高新开发区	113378	102020	1257	10101			110114	105158	4956			3264
经济开发区	190660	131437	47218	12005			184115	175728	8387			6545

2006年四川省地市县财政基金预算收支平衡表

3－26－1

单位：万元

地　　区	收　支　部　分							
	收　入							
	收入合计	养路费收入	公路客货运附加费收入	国有土地使用权出让金收入	新增建设用地土地有偿使用费收入	地方水利建设基金收入	城镇公用事业附加收入	其他各项基金收入
地(市)县级总计	**1496230**	**4075**	**60**	**973633**	**84985**	**5598**	**44156**	**383723**
地(市)本级合计	**773247**	**2596**		**520234**	**47953**	**4601**	**28008**	**169855**
县级合计	**722983**	**1479**	**60**	**453399**	**37032**	**997**	**16148**	**213868**
成都市小计	**916155**	**446**		**639948**	**43986**	**5227**	**23299**	**203249**
本级	440049			332986	21650	4520	17890	63003
县级小计	476106	446		306962	22336	707	5409	140246
锦江区	688	15						673
青羊区	7664	1		6648				1015
金牛区	12140	1		11136		18		985
武侯区	3310	13						3297
成华区	745	3						742
龙泉驿区	48955	26		33663	2597		659	12010
青白江区	11283	23		2791	1833		1598	5038
都江堰市	34377	15		31977	691		120	1574
金堂县	6766	15		4715	165		92	1779
双流县	96979	124		45282	2175	5	906	48487
温江区	54517	16		31344	829		414	21914
郫县	46790	24		37617	1430			7719
新都区	32603	42		22706	1055	191	964	7645
彭州市	17649	51		13913	1622	24	170	1869
崇州市	5207	21		2283	441	56	81	2325
大邑县	5836	18		4784	414		146	474
邛崃市	6912	13		4141	108			2650
蒲江县	1660	4		1117	31		84	424
新津县	11142	15		6923	242		175	3787
高新区	70883	6		45922	8703	413		15839
自贡市小计	**35846**			**21106**	**2453**		**1326**	**10961**
本级	29279			16752	1998		1146	9383
县级小计	6567			4354	455		180	1578
自流井区	53							53
贡井区	17							17
大安区	134							134
沿滩区	11							11
荣县	3322			2504	252			566
富顺县	3030			1850	203		180	797

3-26-2

单位:万元

地区	收支部分						
	支出						
	支出合计	养路费支出	公路客货运附加费支出	国有土地使用权出让金支出	地方水利建设基金支出	城镇公用事业附加支出	其他各项基金支出
地(市)县级总计	**1450049**	**2377**	**8**	**1017595**	**24038**	**35732**	**370299**
地(市)本级合计	**621930**	**827**		**451195**	**9720**	**20424**	**139764**
县级合计	**828119**	**1550**	**8**	**566400**	**14318**	**15308**	**230535**
成都市小计	**846750**	**357**		**646130**	**13555**	**17238**	**169470**
本级	344365			285289	7363	11890	39823
县级小计	502385	357		360841	6192	5348	129647
锦江区	1692	15		484	440		753
青羊区	3033			1855	291		887
金牛区	22972	3		21100	800		1069
武侯区	18487			16175	343		1969
成华区	4037			1529	2000		508
龙泉驿区	52513	25		40083	385	664	11356
青白江区	10981	23		4512	70	1599	4777
都江堰市	33153			32445			708
金堂县	8479	23		6160	10	92	2194
双流县	85036	58		42352	705	908	41013
温江区	53935	12		32447		415	21061
郫县	47322	19		39261	157		7885
新都区	33415	41		24113	311	961	7989
彭州市	22757	95		20027	17	220	2398
崇州市	8200	16		5720	35	119	2310
大邑县	8152	18		7365	20	101	648
邛崃市	7457			4341	147		2969
蒲江县	3070	4		2264		77	725
新津县	13447	5		8287		192	4963
高新区	64247			50321	461		13465
自贡市小计	**34950**			**22828**	**94**	**1048**	**10980**
本级	24242			16271		846	7125
县级小计	10708			6557	94	202	3855
自流井区	852			727			125
贡井区	683			464			219
大安区	473			103			370
沿滩区	607			430	60	34	83
荣县	4178			2710			1468
富顺县	3915			2123	34	168	1590

3-26-3

单位:万元

地区	平衡部分											
	收入						支出					年终结余
	收入总计	本年收入	上年结余	补助收入	省补助计划单列市收入	调入资金	支出总计	本年支出	上解支出	计划单列市上解省支出	调出资金	
地(市)县级总计	**1951874**	**1496230**	**340354**	**102771**		**12519**	**1450649**	**1450049**			**600**	**501225**
地(市)本级合计	**946909**	**773247**	**212757**	**-49751**		**10656**	**621791**	**621930**	**-739**		**600**	**325118**
县级合计	**1004965**	**722983**	**127597**	**152522**		**1863**	**828858**	**828119**	**739**			**176107**
成都市小计	**1131684**	**916155**	**200913**	**6833**		**7783**	**846750**	**846750**				**284934**
本级	530858	440049	133391	-50365		7783	344365	344365				186493
县级小计	600826	476106	67522	57198			502385	502385				98441
锦江区	2540	688	852	1000			1692	1692				848
青羊区	11328	7664	2963	701			3033	3033				8295
金牛区	28424	12140	9436	6848			22972	22972				5452
武侯区	22325	3310	2730	16285			18487	18487				3838
成华区	6511	745	2144	3622			4037	4037				2474
龙泉驿区	59846	48955	5199	5692			52513	52513				7333
青白江区	11877	11283	366	228			10981	10981				896
都江堰市	38441	34377	2359	1705			33153	33153				5288
金堂县	9943	6766	342	2835			8479	8479				1464
双流县	99942	96979	1852	1111			85036	85036				14906
温江区	56031	54517	977	537			53935	53935				2096
郫县	49508	46790	2398	320			47322	47322				2186
新都区	33995	32603	776	616			33415	33415				580
彭州市	25666	17649	4929	3088			22757	22757				2909
崇州市	8925	5207	944	2774			8200	8200				725
大邑县	8364	5836	255	2273			8152	8152				212
邛崃市	10517	6912	765	2840			7457	7457				3060
蒲江县	3844	1660	1078	1106			3070	3070				774
新津县	17241	11142	4592	1507			13447	13447				3794
高新区	95558	70883	22565	2110			64247	64247				31311
自贡市小计	**53428**	**35846**	**15476**	**2106**			**34950**	**34950**				**18478**
本级	35487	29279	9734	-3526			24084	24242	-158			11403
县级小计	17941	6567	5742	5632			10866	10708	158			7075
自流井区	924	53	52	819			852	852				72
贡井区	1330	17	519	794			841	683	158			489
大安区	1247	134	79	1034			473	473				774
沿滩区	2142	11	1278	853			607	607				1535
荣县	5556	3322	1733	501			4178	4178				1378
富顺县	6742	3030	2081	1631			3915	3915				2827

3-26-4

单位:万元

地区	收支部分							
	收入							
	收入合计	养路费收入	公路客货运附加费收入	国有土地使用权出让金收入	新增建设用地土地有偿使用费收入	地方水利建设基金收入	城镇公用事业附加收入	其他各项基金收入
攀枝花市小计	**39365**	**101**		**11608**	**5401**		**2048**	**20207**
本级	24177	101		3800	1842		1930	16504
县级小计	15188			7808	3559		118	3703
东区	764				172			592
西区	608				81			527
仁和区	2956				1832			1124
米易县	9021			6863	1398		118	642
盐边县	1839			945	76			818
泸州市小计	**13033**	**814**		**4542**	**2240**		**100**	**5337**
本级	9883	814		3542	1865		100	3562
县级小计	3150			1000	375			1775
江阳区	252			39				213
龙马潭	118							118
泸县	650			275	174			201
纳溪区	339							339
合江县	464			310	52			102
叙永县	338			206	6			126
古蔺县	989			170	143			676
德阳市小计	**61275**	**589**		**38322**	**3695**	**40**	**4049**	**14580**
本级	40500			28914	1967	4	2042	7573
县级小计	20775	589		9408	1728	36	2007	7007
旌阳区	3678	115		2037	804	10		712
广汉市	5573	158		1794	458		520	2643
绵竹市	2276	35		831	201		400	809
中江县	3034	204		2574	48		10	198
什邡市	5386	44		2051	138	23	739	2391
罗江县	828	33		121	79	3	338	254
绵阳市小计	**77215**	**268**		**51528**	**6891**		**340**	**18188**
本级	61372	268		43416	6226		50	11412
县级小计	15843			8112	665		290	6776
涪城区	873				28			845
游仙区	621			30				591
江油市	2482			1257	209		159	857
安县	4694			3358	139		110	1087
梓潼县	1243			799	92		21	331

3－26－5

单位:万元

地区	收支部分						
	支出						
	支出合计	养路费支出	公路客货运附加费支出	国有土地使用权出让金支出	地方水利建设基金支出	城镇公用事业附加支出	其他各项基金支出
攀枝花市小计	**41548**	**74**		**17983**	**140**	**2048**	**21303**
本级	22302	55		5978		1930	14339
县级小计	19246	19		12005	140	118	6964
东区	966			76	1		889
西区	1186			81	4		1101
仁和区	3843			2329			1514
米易县	9555	4		8292	114	118	1027
盐边县	3696	15		1227	21		2433
泸州市小计	**18639**			**12643**	**397**	**74**	**5525**
本级	11766			8787		53	2926
县级小计	6873			3856	397	21	2599
江阳区	522			107	87		328
龙马潭	325			82	68		175
泸县	907			478	124		305
纳溪区	1018			513	21	21	463
合江县	2062			1743	35		284
叙永县	1098			633	35		430
古蔺县	941			300	27		614
德阳市小计	**52616**	**588**		**35589**	**1173**	**2279**	**12987**
本级	30172			23385	58	762	5967
县级小计	22444	588		12204	1115	1517	7020
旌阳区	4014	115		3044	100		755
广汉市	5424	158		2265	100	368	2533
绵竹市	3219	35		1129	752	400	903
中江县	3541	203		3043	90	10	195
什邡市	5288	44		2281		739	2224
罗江县	958	33		442	73		410
绵阳市小计	**77112**	**385**		**52474**	**2275**	**835**	**21143**
本级	53373	385		38718	997	525	12748
县级小计	23739			13756	1278	310	8395
涪城区	2862			1598	160		1104
游仙区	2275			1218	183		874
江油市	2802			1486	126	159	1031
安县	4704			3254	72	130	1248
梓潼县	1576			991	138	21	426

2006 年地方财政政府收支分类转换数据

3－26－6　　　　　　　　　　　　　　　　　　　　　　　　单位：万元

地区	平衡部分											
	收入						支出					年终结余
	收入总计	本年收入	上年结余	补助收入	省补助计划单列市收入	调入资金	支出总计	本年支出	上解支出	计划单列市上解省支出	调出资金	
攀枝花市小计	**46802**	**39365**	**3435**	**4002**			**41548**	**41548**				**5254**
本级	26492	24177	2922	－607			22302	22302				4190
县级小计	20310	15188	513	4609			19246	19246				1064
东区	1241	764	90	387			966	966				275
西区	1394	608	52	734			1186	1186				208
仁和区	4146	2956	106	1084			3843	3843				303
米易县	9555	9021		534			9555	9555				
盐边县	3974	1839	265	1870			3696	3696				278
泸州市小计	**25555**	**13033**	**6098**	**5921**		**503**	**18639**	**18639**				**6916**
本级	16054	9883	2895	2969		307	11766	11766				4288
县级小计	9501	3150	3203	2952		196	6873	6873				2628
江阳区	526	252		237		37	522	522				4
龙马潭	348	118	114	91		25	325	325				23
泸县	907	650		218		39	907	907				
纳溪区	1653	339	1085	196		33	1018	1018				635
合江县	2087	464	84	1515		24	2062	2062				25
叙永县	1459	338	848	255		18	1098	1098				361
古蔺县	2521	989	1072	440		20	941	941				1580
德阳市小计	**76649**	**61275**	**12837**	**1102**		**1435**	**52616**	**52616**				**24033**
本级	50428	40500	9669	－344		603	30172	30172				20256
县级小计	26221	20775	3168	1446		832	22444	22444				3777
旌阳区	4182	3678	180	324			4014	4014				168
广汉市	6533	5573	718	142		100	5424	5424				1109
绵竹市	4211	2276	933	270		732	3219	3219				992
中江县	3935	3034	674	227			3541	3541				394
什邡市	6008	5386	555	67			5288	5288				720
罗江县	1352	828	108	416			958	958				394
绵阳市小计	**105247**	**77215**	**21957**	**4883**		**1192**	**77112**	**77112**				**28135**
本级	78673	61372	19789	－3484		996	53373	53373				25300
县级小计	26574	15843	2168	8367		196	23739	23739				2835
涪城区	3455	873	555	2027			2862	2862				593
游仙区	2790	621	425	1625		119	2275	2275				515
江油市	2802	2482		320			2802	2802				
安县	5962	4694	982	209		77	4704	4704				1258
梓潼县	1584	1243	26	315			1576	1576				8

3－26－7

单位:万元

地区	收支部分							
	收入							
	收入合计	养路费收入	公路客货运附加费收入	国有土地使用权出让金收入	新增建设用地土地有偿使用费收入	地方水利建设基金收入	城镇公用事业附加收入	其他各项基金收入
平武县	498			235	11			252
北川县	793			453	17			323
三台县	2481			1560	36			885
盐亭县	1123			420	133			570
高新区	1035							1035
广元市小计	**10159**	**1**		**1848**	**1298**		**295**	**6717**
本级	7374			1287	749		280	5058
县级小计	2785	1		561	549		15	1659
市中区	387	1			156			230
元坝区	245			16	66			163
朝天区	90				27			63
剑阁县	666			215	150			301
旺苍县	348				139			209
青川县	29				9			20
苍溪县	1020			330	2		15	673
遂宁市小计	**22811**			**18046**	**716**	**77**	**347**	**3625**
本级	11056			7817	193	77	160	2809
县级小计	11755			10229	523		187	816
船山区	719			511	8		40	160
蓬溪县	110				72			38
射洪县	10028			9105	183		147	593
大英县	635			420	194			21
安居区	263			193	66			4
内江市小计	**32703**			**19934**	**4998**		**1723**	**6048**
本级	13141			7553	3782		120	1686
县级小计	19562			12381	1216		1603	4362
市中区	1791			1667	9			115
东兴区	941			364	212		120	245
资中县	8187			4265	633		118	3171
威远县	4753			3011	234		1050	458
隆昌县	3890			3074	128		315	373
乐山市小计	**27694**			**12829**	**233**		**2374**	**12258**
本级	8388			719	85		452	7132
县级小计	19306			12110	148		1922	5126
市中区	1188			549				639

3－26－8

单位:万元

地区	收支部分						
	支出						
	支出合计	养路费支出	公路客货运附加费支出	国有土地使用权出让金支出	地方水利建设基金支出	城镇公用事业附加支出	其他各项基金支出
平武县	482			192	61		229
北川县	800			339	80		381
三台县	2916			1696	79		1141
盐亭县	2711			1643	379		689
高新区	2611			1339			1272
广元市小计	**19791**	**1**		**8570**	**377**	**295**	**10548**
本级	9092			2127		280	6685
县级小计	10699	1		6443	377	15	3863
市中区	867	1		156	64		646
元坝区	1010			710	64		236
朝天区	133			27			106
剑阁县	2340			1865	68		407
旺苍县	1846			1539	72		235
青川县	1371			314	27		1030
苍溪县	3132			1832	82	15	1203
遂宁市小计	**20551**			**16305**	**348**	**347**	**3551**
本级	4321			1892		160	2269
县级小计	16230			14413	348	187	1282
船山区	1777			1347	64	40	326
蓬溪县	1998			1842	60		96
射洪县	11248			10303	80	147	718
大英县	760			614	64		82
安居区	447			307	80		60
内江市小计	**27735**			**20384**	**280**	**1442**	**5629**
本级	9261			7424		120	1717
县级小计	18474			12960	280	1322	3912
市中区	2189			2080			109
东兴区	2517			1983	110	120	304
资中县	7262			4116	120	81	2945
威远县	2537			1577	50	806	104
隆昌县	3969			3204		315	450
乐山市小计	**28676**			**14765**	**218**	**2595**	**11098**
本级	7269			210	21	453	6585
县级小计	21407			14555	197	2142	4513
市中区	329			161	30		138

3-26-9 单位:万元

地区	平衡部分											
	收入						支出					年终结余
	收入总计	本年收入	上年结余	补助收入	省补助计划单列市收入	调入资金	支出总计	本年支出	上解支出	计划单列市上解省支出	调出资金	
平武县	633	498	19	116			482	482				151
北川县	1068	793	144	131			800	800				268
三台县	2916	2481		435			2916	2916				
盐亭县	2719	1123	8	1588			2711	2711				8
高新区	2645	1035	9	1601			2611	2611				34
广元市小计	**22169**	**10159**	**2865**	**9145**			**19791**	**19791**				**2378**
本级	11204	7374	2675	1155			9092	9092				2112
县级小计	10965	2785	190	7990			10699	10699				266
市中区	867	387		480			867	867				
元坝区	1276	245	190	841			1010	1010				266
朝天区	133	90		43			133	133				
剑阁县	2340	666		1674			2340	2340				
旺苍县	1846	348		1498			1846	1846				
青川县	1371	29		1342			1371	1371				
苍溪县	3132	1020		2112			3132	3132				
遂宁市小计	**28753**	**22811**	**1410**	**4532**			**21151**	**20551**			**600**	**7602**
本级	12522	11056	1410	56			4921	4321			600	7601
县级小计	16231	11755		4476			16230	16230				1
船山区	1777	719		1058			1777	1777				
蓬溪县	1998	110		1888			1998	1998				
射洪县	11248	10028		1220			11248	11248				
大英县	760	635		125			760	760				
安居区	448	263		185			447	447				1
内江市小计	**42218**	**32703**	**7947**	**1568**			**27735**	**27735**				**14483**
本级	15513	13141	3323	-951			9261	9261				6252
县级小计	26705	19562	4624	2519			18474	18474				8231
市中区	2374	1791	53	530			2189	2189				185
东兴区	2639	941	121	1577			2517	2517				122
资中县	9664	8187	1264	213			7262	7262				2402
威远县	8059	4753	3186	120			2537	2537				5522
隆昌县	3969	3890		79			3969	3969				
乐山市小计	**42445**	**27694**	**9075**	**5676**			**28676**	**28676**				**13769**
本级	12302	8388	2968	946			7269	7269				5033
县级小计	30143	19306	6107	4730			21407	21407				8736
市中区	2569	1188	1423	-42			329	329				2240

3－26－10

单位:万元

地区	收支部分							
	收入							
	收入合计	养路费收入	公路客货运附加费收入	国有土地使用权出让金收入	新增建设用地土地有偿使用费收入	地方水利建设基金收入	城镇公用事业附加收入	其他各项基金收入
五通桥区	1830			929			543	358
沙湾区	1278			488	10		314	466
金口河区	302						183	119
峨眉山市	6473			4866			554	1053
犍为县	2691			1567	5		180	939
井研县	1621			1124	50		148	299
夹江县	2075			1197				878
沐川县	1069			969	3			97
峨边县	643			421	1			221
马边县	136				79			57
南充市小计	**14697**	**158**		**4622**	**2796**		**702**	**6419**
本级	7919			2836	1049		590	3444
县级小计	6778	158		1786	1747		112	2975
顺庆区	1328	100			31			1197
高坪区	863				264			599
嘉陵区	558	16			398			144
南部县	949			786	69		60	34
营山县	269				221			48
蓬安县	1184			649			44	491
仪陇县	549			152	323			74
西充县	242	42			133		8	59
阆中市	836			199	308			329
宜宾市小计	**82012**	**228**		**60479**	**4324**		**2711**	**14270**
本级	61953	228		46931	3789		2600	8405
县级小计	20059			13548	535		111	5865
翠屏区	1770							1770
宜宾县	8257			7194	39			1024
南溪县	664			266	1		100	297
江安县	2699			1967	61			671
长宁县	1656			962	31			663
高县	1099			726	37		11	325
筠连县	1082			507	146			429
珙县	1539			862	193			484
兴文县	1116			1041	27			48
屏山县	177			23				154

三、各省、自治区、直辖市地市县基金预算财政资料

3－26－11

单位：万元

地区	收支部分						
	支出						
	支出合计	养路费支出	公路客货运附加费支出	国有土地使用权出让金支出	地方水利建设基金支出	城镇公用事业附加支出	其他各项基金支出
五通桥区	1860			929	5	543	383
沙湾区	1196			469		314	413
金口河区	292			5	27	216	44
峨眉山市	6891			4993	32	769	1097
犍为县	2771			1572	40	180	979
井研县	3939			3513	42	120	264
夹江县	2060			1504	21		535
沐川县	1224			972			252
峨边县	776			432			344
马边县	69			5			64
南充市小计	**20014**	**159**		**10592**	**62**	**318**	**8883**
本级	7431			2874	2	96	4459
县级小计	12583	159		7718	60	222	4424
顺庆区	1662	100		275		80	1207
高坪区	1433			696	4	30	703
嘉陵区	1215	16		1001	7		191
南部县	2904			2695		60	149
营山县	1587			1271			316
蓬安县	1328			649		44	635
仪陇县	961			480			481
西充县	484	43		138	45	8	250
阆中市	1009			513	4		492
宜宾市小计	**67457**	**110**		**50116**	**530**	**2613**	**14088**
本级	44542	110		33641		2469	8322
县级小计	22915			16475	530	144	5766
翠屏区	3574			1840	122		1612
宜宾县	8410			7482	75		853
南溪县	586			166	18	123	279
江安县	2503			2039	20		444
长宁县	2156			1406	15		735
高县	1539			970	218	21	330
筠连县	881			512	40		329
珙县	1933			1326	10		597
兴文县	1099			725	10		364
屏山县	234			9	2		223

2006 年地方财政政府收支分类转换数据

3－26－12

单位:万元

地　　区	平衡部分											
	收入						支出					年终结余
	收入总计	本年收入	上年结余	补助收入	省补助计划单列市收入	调入资金	支出总计	本年支出	上解支出	计划单列市上解省支出	调出资金	
五通桥区	1860	1830		30			1860	1860				
沙湾区	1404	1278	90	36			1196	1196				208
金口河区	451	302	102	47			292	292				159
峨眉山市	10012	6473	1733	1806			6891	6891				3121
犍为县	2771	2691		80			2771	2771				
井研县	4434	1621	326	2487			3939	3939				495
夹江县	4320	2075	2166	79			2060	2060				2260
沐川县	1255	1069	149	37			1224	1224				31
峨边县	776	643		133			776	776				
马边县	291	136	118	37			69	69				222
南充市小计	**24496**	**14697**	**1814**	**7935**		**50**	**20014**	**20014**				**4482**
本级	8546	7919	1244	－667		50	7349	7431	－82			1197
县级小计	15950	6778	570	8602			12665	12583	82			3285
顺庆区	1772	1328		444			1744	1662	82			28
高坪区	1434	863		571			1434	1433	1			
嘉陵区	1215	558		657			1214	1215	－1			1
南部县	3474	949	570	1955			2904	2904				570
营山县	2325	269		2056			1587	1587				738
蓬安县	1328	1184		144			1328	1328				
仪陇县	2909	549		2360			961	961				1948
西充县	484	242		242			484	484				
阆中市	1009	836		173			1009	1009				
宜宾市小计	**98579**	**82012**	**14382**	**2185**			**67457**	**67457**				**31122**
本级	64103	61953	6054	－3904			44089	44542	－453			20014
县级小计	34476	20059	8328	6089			23368	22915	453			11108
翠屏区	6525	1770	342	4413			4027	3574	453			2498
宜宾县	13475	8257	5123	95			8410	8410				5065
南溪县	1174	664	470	40			586	586				588
江安县	3076	2699	312	65			2503	2503				573
长宁县	2190	1656	1	533			2156	2156				34
高县	1667	1099	303	265			1539	1539				128
筠连县	1680	1082	520	78			881	881				799
珙县	2153	1539	428	186			1933	1933				220
兴文县	2035	1116	722	197			1099	1099				936
屏山县	501	177	107	217			234	234				267

3－26－13

单位:万元

地区	收支部分							
	收入							
	收入合计	养路费收入	公路客货运附加费收入	国有土地使用权出让金收入	新增建设用地土地有偿使用费收入	地方水利建设基金收入	城镇公用事业附加收入	其他各项基金收入
广安市小计	**23358**			**16348**	**1468**		**1381**	**4161**
本级	13413			9840	827			2746
县级小计	9945			6508	641		1381	1415
岳池县	195				102			93
武胜县	5242			3637	68		1252	285
广安区	3826			2776	340		11	699
邻水县	516			95	63		118	240
华蓥市	166				68			98
达州市小计	**36626**			**24091**	**761**		**611**	**11163**
本级	7184			1473	248		300	5163
县级小计	29442			22618	513		311	6000
通川区	858			512	86			260
达县	12612			11656	42		124	790
开江县	1602			1148				454
宣汉县	6598			4681	109		35	1773
万源市	542			89	3		80	370
大竹县	6081			4441	91		72	1477
渠县	1149			91	182			876
资阳市小计	**38812**	**672**		**26710**	**1221**			**10209**
本级	12290	660		8805	705			2120
县级小计	26522	12		17905	516			8089
雁江区	357				6			351
简阳市	20452			12798	178			7476
安岳县	2496			2114	183			199
乐至县	3217	12		2993	149			63
眉山市小计	**16545**		**60**	**4017**	**317**	**154**	**670**	**11327**
本级	5304				224		348	4732
县级小计	11241		60	4017	93	154	322	6595
东坡区	532			224		154		154
仁寿县	8272			2450			269	5553
彭山县	816		60	574			53	129
洪雅县	701			162	43			496
丹棱县	493			393	26			74
青神县	427			214	24			189
巴中市小计	**15792**	**357**		**5263**	**312**		**101**	**9759**

2006年地方财政政府收支分类转换数据

3－26－14

单位:万元

地区	收支部分						
	支出						
	支出合计	养路费支出	公路客货运附加费支出	国有土地使用权出让金支出	地方水利建设基金支出	城镇公用事业附加支出	其他各项基金支出
广安市小计	**26728**			**20140**	**756**	**1150**	**4682**
本级	13462			11181	98		2183
县级小计	13266			8959	658	1150	2499
岳池县	767			382	136		249
武胜县	5154			3604	32	962	556
广安区	4054			2708	190	70	1086
邻水县	2649			2067	88	118	376
华蓥市	642			198	212		232
达州市小计	**47103**			**32307**	**2411**	**737**	**11648**
本级	7686			1268	1081	417	4920
县级小计	39417			31039	1330	320	6728
通川区	1717			1357	78		282
达县	15227			13867	345	132	883
开江县	3867			3258	86		523
宣汉县	9332			7032	328	35	1937
万源市	874			294	138	80	362
大竹县	7032			4931	160	73	1868
渠县	1368			300	195		873
资阳市小计	**39887**	**12**		**28335**	**320**		**11220**
本级	11098			8914			2184
县级小计	28789	12		19421	320		9036
雁江区	1204			413	60		731
简阳市	22115			14441	55		7619
安岳县	1913			1380	80		453
乐至县	3557	12		3187	125		233
眉山市小计	**18428**		**8**	**6277**	**231**	**693**	**11219**
本级	5444			53	20	423	4948
县级小计	12984		8	6224	211	270	6271
东坡区	1550			1299	74		177
仁寿县	8375			3054		270	5051
彭山县	1035		8	937	10		80
洪雅县	783			147			636
丹棱县	811			612	127		72
青神县	430			175			255
巴中市小计	**19247**	**357**		**8064**	**15**	**101**	**10710**

3－26－15

单位:万元

地区	平衡部分											
	收入						支出					年终结余
	收入总计	本年收入	上年结余	补助收入	省补助计划单列市收入	调入资金	支出总计	本年支出	上解支出	计划单列市上解省支出	调出资金	
广安市小计	**32980**	**23358**	**4719**	**4485**		**418**	**26728**	**26728**				**6252**
本级	16703	13413	2434	618		238	13462	13462				3241
县级小计	16277	9945	2285	3867		180	13266	13266				3011
岳池县	1709	195	871	567		76	767	767				942
武胜县	6110	5242	495	373			5154	5154				956
广安区	5167	3826	919	348		74	4054	4054				1113
邻水县	2649	516		2133			2649	2649				
华蓥市	642	166		446		30	642	642				
达州市小计	**57439**	**36626**	**6853**	**12902**		**1058**	**47103**	**47103**				**10336**
本级	14690	7184	3296	3611		599	7640	7686	-46			7050
县级小计	42749	29442	3557	9291		459	39463	39417	46			3286
通川区	3045	858	1864	323			1717	1717				1328
达县	15248	12612		2498		138	15241	15227	14			7
开江县	4365	1602	367	2363		33	3870	3867	3			495
宣汉县	9341	6598		2654		89	9341	9332	9			
万源市	936	542		311		83	882	874	8			54
大竹县	7248	6081	536	631			7032	7032				216
渠县	2566	1149	790	511		116	1380	1368	12			1186
资阳市小计	**45303**	**38812**	**2045**	**4446**			**39887**	**39887**				**5416**
本级	12591	12290	-353	654			11098	11098				1493
县级小计	32712	26522	2398	3792			28789	28789				3923
雁江区	2581	357	1110	1114			1204	1204				1377
简阳市	22115	20452		1663			22115	22115				
安岳县	3393	2496	508	389			1913	1913				1480
乐至县	4623	3217	780	626			3557	3557				1066
眉山市小计	**25320**	**16545**	**7476**	**1299**			**18428**	**18428**				**6892**
本级	7305	5304	1524	477			5444	5444				1861
县级小计	18015	11241	5952	822			12984	12984				5031
东坡区	2612	532	1992	88			1550	1550				1062
仁寿县	10279	8272	1905	102			8375	8375				1904
彭山县	1656	816	738	102			1035	1035				621
洪雅县	1428	701	489	238			783	783				645
丹棱县	1338	493	686	159			811	811				527
青神县	702	427	142	133			430	430				272
巴中市小计	**21147**	**15792**	**1242**	**4113**			**19247**	**19247**				**1900**

2006 年地方财政政府收支分类转换数据

3－26－16　　　　单位:万元

地区	收支部分							
	收入							
	收入合计	养路费收入	公路客货运附加费收入	国有土地使用权出让金收入	新增建设用地土地有偿使用费收入	地方水利建设基金收入	城镇公用事业附加收入	其他各项基金收入
本级	8216	250		2237	210			5519
县级小计	7576	107		3026	102		101	4240
巴州区	1563						101	1462
南江县	1253			276	33			944
通江县	2792	54		1831				907
平昌县	1968	53		919	69			927
雅安市小计	**4762**	**275**		**899**	**750**			**2838**
本级	2483	275		610	239			1359
县级小计	2279			289	511			1479
雨城区	443				137			306
名山县	507			70	213			224
荥经县	332			98				234
汉源县	146							146
石棉县	199							199
天全县	457			121	139			197
芦山县	145							145
宝兴县	50				22			28
阿坝州小计	**2676**	**8**		**1324**	**425**		**3**	**916**
本级	341			129	115			97
县级小计	2335	8		1195	310		3	819
汶川县	411			34	134			243
理县	110			2	39		3	66
茂县	487			295	82			110
松潘县	35			2	3			30
九寨沟县	770			627	32			111
金川县	24							24
小金县	13				5			8
黑水县	93			48				45
马尔康县	100			42	11			47
壤塘县	4							4
阿坝县	65			53	3			9
若尔盖县	151			63				88
红原县	60	8		29	1			22
卧龙特区	12							12
甘孜州小计	**2877**			**1990**	**54**			**833**

3－26－17

单位:万元

地区	收支部分						
	支出						
	支出合计	养路费支出	公路客货运附加费支出	国有土地使用权出让金支出	地方水利建设基金支出	城镇公用事业附加支出	其他各项基金支出
本级	6861	82		1715			5064
县级小计	12386	275		6349	15	101	5646
巴州区	3113	127		1012		101	1873
南江县	2598	13		1412	15		1158
通江县	4195	75		2733			1387
平昌县	2480	60		1192			1228
雅安市小计	**5204**	**252**		**1602**	**127**		**3223**
本级	1304	195		312			797
县级小计	3900	57		1290	127		2426
雨城区	1421	40		907			474
名山县	557	2		368	77		110
荥经县	271						271
汉源县	663						663
石棉县	271	15		5	50		201
天全县	423			10			413
芦山县	255						255
宝兴县	39						39
阿坝州小计	**4181**	**8**		**1038**			**3135**
本级	481			20			461
县级小计	3700	8		1018			2674
汶川县	742						742
理县	292						292
茂县	556			387			169
松潘县	466			213			253
九寨沟县	648			267			381
金川县	130						130
小金县	99			10			89
黑水县	190			14			176
马尔康县	110			34			76
壤塘县	51						51
阿坝县	75						75
若尔盖县	224			63			161
红原县	114	8		30			76
卧龙特区	3						3
甘孜州小计	**2895**			**1499**	**56**		**1340**

3 - 26 - 18

单位:万元

地区	平衡部分											
	收入						支出					年终结余
	收入总计	本年收入	上年结余	补助收入	省补助计划单列市收入	调入资金	支出总计	本年支出	上解支出	计划单列市上解省支出	调出资金	
本级	8652	8216	1133	-697			6861	6861				1791
县级小计	12495	7576	109	4810			12386	12386				109
巴州区	3113	1563		1550			3113	3113				
南江县	2692	1253	107	1332			2598	2598				94
通江县	4206	2792	11	1403			4195	4195				11
平昌县	2484	1968	-9	525			2480	2480				4
雅安市小计	**11732**	**4762**	**6006**	**964**			**5204**	**5204**				**6528**
本级	4238	2483	2167	-412			1304	1304				2934
县级小计	7494	2279	3839	1376			3900	3900				3594
雨城区	2057	443	1234	380			1421	1421				636
名山县	938	507	257	174			557	557				381
荥经县	449	332	43	74			271	271				178
汉源县	1252	146	1017	89			663	663				589
石棉县	512	199	73	240			271	271				241
天全县	953	457	385	111			423	423				530
芦山县	395	145	154	96			255	255				140
宝兴县	938	50	676	212			39	39				899
阿坝州小计	**9132**	**2676**	**4557**	**1899**			**4181**	**4181**				**4951**
本级	2487	341	1735	411			481	481				2006
县级小计	6645	2335	2822	1488			3700	3700				2945
汶川县	1586	411	986	189			742	742				844
理县	416	110	80	226			292	292				124
茂县	611	487	29	95			556	556				55
松潘县	563	35	375	153			466	466				97
九寨沟县	2019	770	1040	209			648	648				1371
金川县	130	24		106			130	130				
小金县	99	13	49	37			99	99				
黑水县	224	93		131			190	190				34
马尔康县	372	100	199	73			110	110				262
壤塘县	51	4		47			51	51				
阿坝县	188	65	58	65			75	75				113
若尔盖县	254	151		103			224	224				30
红原县	114	60		54			114	114				
卧龙特区	18	12	6				3	3				15
甘孜州小计	**5924**	**2877**	**1707**	**1340**			**2895**	**2895**				**3029**

3－26－19

单位:万元

地区	收支部分							
	收入							
	收入合计	养路费收入	公路客货运附加费收入	国有土地使用权出让金收入	新增建设用地土地有偿使用费收入	地方水利建设基金收入	城镇公用事业附加收入	其他各项基金收入
本级	319			154	14			151
县级小计	2558			1836	40			682
康定县	397			204				193
泸定县	203			98	5			100
丹巴县	501			468				33
九龙县	437			178				259
雅江县	11			4				7
道孚县	61			51				10
炉霍县	18			9				9
甘孜县	4							4
新龙县	29			20				9
德格县	5			2				3
白玉县	9							9
石渠县	40			37				3
色达县	63			60				3
理塘县	5							5
巴塘县	9			3				6
乡城县	40			33				7
稻城县	538			483	35			20
得荣县	188			186				2
凉山州小计	**21817**	**158**		**8179**	**646**	**100**	**2076**	**10658**
本级	8606			433	176			7997
县级小计	13211	158		7746	470	100	2076	2661
西昌市	7713			4686	394	100	2074	459
木里县	124			30				94
盐源县	708			373				335
德昌县	1125	33		839	20			233
会理县	314			122				192
会东县	720			264				456
宁南县	426	29		293				104
普格县	130	6		28				96
布拖县	192			120	25			47
金阳县	100			46				54
昭觉县	329			264	3			62
喜德县	76			14	28			34

3－26－20

单位:万元

地　　区	收支部分						
	支出						
	支出合计	养路费支出	公路客货运附加费支出	国有土地使用权出让金支出	地方水利建设基金支出	城镇公用事业附加支出	其他各项基金支出
本级	254						254
县级小计	2641			1499	56		1086
康定县	472			204			268
泸定县	282			239	18		25
丹巴县	471			378	18		75
九龙县	193						193
雅江县	27			9			18
道孚县	62			35			27
炉霍县	68			9			59
甘孜县	50						50
新龙县	49			25			24
德格县	55			2			53
白玉县	25						25
石渠县	60			42			18
色达县	53			50			3
理塘县	44			5			39
巴塘县	36						36
乡城县	141			26			115
稻城县	445			391	20		34
得荣县	108			84			24
凉山州小计	**30537**	**74**		**9954**	**673**	**1919**	**17917**
本级	7204			1136	80		5988
县级小计	23333	74		8818	593	1919	11929
西昌市	7765			5065	110	1916	674
木里县	2647			8			2639
盐源县	5828			783	40		5005
德昌县	1862			1515	5		342
会理县	475			65	73		337
会东县	710			88	250		372
宁南县	266	29		6	70		161
普格县	924			486	30		408
布拖县	288			105			183
金阳县	280			95			185
昭觉县	386			267			119
喜德县	167			14			153

3－26－21

单位:万元

地区	平衡部分											
	收入						支出					年终结余
	收入总计	本年收入	上年结余	补助收入	省补助计划单列市收入	调入资金	支出总计	本年支出	上解支出	计划单列市上解省支出	调出资金	
本级	1877	319	1096	462			254	254				1623
县级小计	4047	2558	611	878			2641	2641				1406
康定县	472	397		75			472	472				
泸定县	465	203	129	133			282	282				183
丹巴县	611	501	58	52			471	471				140
九龙县	740	437	110	193			193	193				547
雅江县	34	11		23			27	27				7
道孚县	88	61		27			62	62				26
炉霍县	68	18		50			68	68				
甘孜县	75	4	41	30			50	50				25
新龙县	49	29		20			49	49				
德格县	60	5	2	53			55	55				5
白玉县	62	9	28	25			25	25				37
石渠县	60	40		20			60	60				
色达县	72	63	1	8			53	53				19
理塘县	44	5		39			44	44				
巴塘县	56	9	17	30			36	36				20
乡城县	200	40	130	30			141	141				59
稻城县	628	538	50	40			445	445				183
得荣县	263	188	45	30			108	108				155
凉山州小计	**44872**	**21817**	**7540**	**15435**		**80**	**30537**	**30537**				**14335**
本级	16184	8606	3651	3847		80	7204	7204				8980
县级小计	28688	13211	3889	11588			23333	23333				5355
西昌市	8154	7713	85	356			7765	7765				389
木里县	2825	124	73	2628			2647	2647				178
盐源县	6144	708	845	4591			5828	5828				316
德昌县	2161	1125	166	870			1862	1862				299
会理县	795	314	234	247			475	475				320
会东县	1713	720	642	351			710	710				1003
宁南县	693	426	115	152			266	266				427
普格县	1147	130	227	790			924	924				223
布拖县	374	192	56	126			288	288				86
金阳县	299	100	104	95			280	280				19
昭觉县	421	329		92			386	386				35
喜德县	295	76	69	150			167	167				128

3－26－22

单位：万元

地区	收支部分							
	收入							
	收入合计	养路费收入	公路客货运附加费收入	国有土地使用权出让金收入	新增建设用地土地有偿使用费收入	地方水利建设基金收入	城镇公用事业附加收入	其他各项基金收入
冕宁县	702	90		410				202
越西县	187			131			2	54
甘洛县	245			66				179
美姑县	32			13				19
雷波县	88			47				41

3-26-23

单位:万元

地　　区	收支部分						
	支出						
	支出合计	养路费支出	公路客货运附加费支出	国有土地使用权出让金支出	地方水利建设基金支出	城镇公用事业附加支出	其他各项基金支出
冕宁县	680	45		128	5		502
越西县	192			42	5	3	142
甘洛县	343			113			230
美姑县	196						196
雷波县	324			38	5		281

3－26－24

单位:万元

地区	平衡部分											
	收入						支出					年终结余
	收入总计	本年收入	上年结余	补助收入	省补助计划单列市收入	调入资金	支出总计	本年支出	上解支出	计划单列市上解省支出	调出资金	
冕宁县	1850	702	662	486			680	680				1170
越西县	360	187	71	102			192	192				168
甘洛县	881	245	529	107			343	343				538
美姑县	212	32		180			196	196				16
雷波县	364	88	11	265			324	324				40

2006 年贵州省地市县财政基金预算收支平衡表

3－27－1　　　　单位:万元

地　　区	收支部分							
	收入							
	收入合计	养路费收入	公路客货运附加费收入	国有土地使用权出让金收入	新增建设用地土地有偿使用费收入	地方水利建设基金收入	城镇公用事业附加收入	其他各项基金收入
地(市)县级总计	**262735**	**1129**		**193237**	**24280**	**338**	**9845**	**33906**
地(市)本级合计	**181354**	**1129**		**154291**	**6082**	**15**	**7860**	**11977**
县级合计	**81381**			**38946**	**18198**	**323**	**1985**	**21929**
贵阳市小计	**195416**			**160964**	**14134**		**9129**	**11189**
本级	158856			140063	5558		7560	5675
县级小计	36560			20901	8576		1569	5514
乌当区	6555			2120	3601		310	524
花溪区	390							390
白云区	10511			6377	2830		240	1064
南明区	973							973
云岩区	1214							1214
小河区	7805			6178	1267			360
清镇市	1015			307	288		12	408
开阳县	692			134	300			258
修文县	1511			693	134		507	177
息烽县	5894			5092	156		500	146
六盘水市小计	**7291**	**150**		**1765**	**1056**		**300**	**4020**
本级	2581	150		750	165		300	1216
县级小计	4710			1015	891			2804
六枝特区	417			125	53			239
盘县	2137			567	178			1392
水城县	1027			273	112			642
钟山区	1129			50	548			531
遵义市小计	**17380**	**173**		**6588**	**3343**	**288**	**137**	**6851**
本级	3662	173		1302		15		2172
县级小计	13718			5286	3343	273	137	4679
红花岗区	2253			630	1434			189
汇川区	1129				980			149
遵义县	1352			317	270		50	715
桐梓县	1105			726	158			221
绥阳县	877			693	75			109
湄潭县	90				90			
凤冈县	51				20			31
余庆县	272			146	13	2	35	76
仁怀市	1978			122	120	271		1465

3－27－2

单位:万元

地区	收支部分						
	支出						
	支出合计	养路费支出	公路客货运附加费支出	国有土地使用权出让金支出	地方水利建设基金支出	城镇公用事业附加支出	其他各项基金支出
地(市)县级总计	**238945**	**893**		**192656**	**1798**	**8262**	**35336**
地(市)本级合计	**125621**	**851**		**108336**	**1404**	**6364**	**8666**
县级合计	**113324**	**42**		**84320**	**394**	**1898**	**26670**
贵阳市小计	**171171**			**154020**		**7239**	**9912**
本级	105395			95535		6063	3797
县级小计	65776			58485		1176	6115
乌当区	22741			21686		381	674
花溪区	4412			4028			384
白云区	12648			11887		41	720
南明区	2123			1503			620
云岩区	4323			3623			700
小河区	10643			10043			600
清镇市	2139			1086			1053
开阳县	1149			696			453
修文县	1180			365		439	376
息烽县	4418			3568		315	535
六盘水市小计	**6677**	**42**		**3255**		**300**	**3080**
本级	3302			1942		300	1060
县级小计	3375	42		1313			2020
六枝特区	123			82			41
盘县	2063	42		453			1568
水城县	228			103			125
钟山区	961			675			286
遵义市小计	**18854**	**151**		**7929**	**1650**	**169**	**8955**
本级	4789	151		1302	1404		1932
县级小计	14065			6627	246	169	7023
红花岗区	1801			1562			239
汇川区	891			661	30		200
遵义县	1565			124		50	1391
桐梓县	1182			712			470
绥阳县	640			544			96
湄潭县	39						39
凤冈县	73						73
余庆县	398			116		35	247
仁怀市	1566				56		1510

3－27－3

单位：万元

地区	平衡部分											
	收入						支出					年终结余
	收入总计	本年收入	上年结余	补助收入	省补助计划单列市收入	调入资金	支出总计	本年支出	上解支出	计划单列市上解省支出	调出资金	
地(市)县级总计	**364310**	**262735**	**60056**	**39624**		**1895**	**238945**	**238945**				**125365**
地(市)本级合计	**199713**	**181354**	**22659**	**－5875**		**1575**	**124810**	**125621**	**－811**			**74903**
县级合计	**164597**	**81381**	**37397**	**45499**		**320**	**114135**	**113324**	**811**			**50462**
贵阳市小计	**256480**	**195416**	**30911**	**30153**			**171171**	**171171**				**85309**
本级	171883	158856	17522	－4495			105395	105395				66488
县级小计	84597	36560	13389	34648			65776	65776				18821
乌当区	24982	6555	821	17606			22741	22741				2241
花溪区	5440	390	443	4607			4412	4412				1028
白云区	13878	10511	560	2807			12648	12648				1230
南明区	8094	973	6124	997			2123	2123				5971
云岩区	6592	1214	1068	4310			4323	4323				2269
小河区	11405	7805	2184	1416			10643	10643				762
清镇市	3101	1015	1182	904			2139	2139				962
开阳县	2014	692	460	862			1149	1149				865
修文县	2284	1511	335	438			1180	1180				1104
息烽县	6807	5894	212	701			4418	4418				2389
六盘水市小计	**10573**	**7291**	**2065**	**1217**			**6677**	**6677**				**3896**
本级	3648	2581	495	572			2491	3302	－811			1157
县级小计	6925	4710	1570	645			4186	3375	811			2739
六枝特区	658	417	126	115			202	123	79			456
盘县	2626	2137	268	221			2391	2063	328			235
水城县	1840	1027	506	307			397	228	169			1443
钟山区	1801	1129	670	2			1196	961	235			605
遵义市小计	**31001**	**17380**	**9158**	**2690**		**1773**	**18854**	**18854**				**12147**
本级	6571	3662	849	485		1575	4789	4789				1782
县级小计	24430	13718	8309	2205		198	14065	14065				10365
红花岗区	2720	2253	408	59			1801	1801				919
汇川区	2075	1129	774	124		48	891	891				1184
遵义县	3703	1352	1577	774			1565	1565				2138
桐梓县	2015	1105	789	121			1182	1182				833
绥阳县	1116	877	134	105			640	640				476
湄潭县	426	90	297	39			39	39				387
凤冈县	645	51	552	42			73	73				572
余庆县	1353	272	985	96			398	398				955
仁怀市	2229	1978	190	61			1566	1566				663

3－27－4

单位:万元

地区	收支部分							
	收入							
	收入合计	养路费收入	公路客货运附加费收入	国有土地使用权出让金收入	新增建设用地土地有偿使用费收入	地方水利建设基金收入	城镇公用事业附加收入	其他各项基金收入
赤水市	3058			2019	43			996
习水县	384				113		22	249
正安县	677			538	5			134
道真县	323				9			314
务川县	169			95	13		30	31
安顺市小计	**13889**	**31**		**12333**	**1026**		**7**	**492**
本级	9319	31		9022	173			93
县级小计	4570			3311	853		7	399
西秀区	3525			2670	674			181
平坝县	226			140	82			4
普定县	131			72	11			48
镇宁县	509			335	57			117
关岭县	136			94	29			13
紫云县	43						7	36
黔南自治州小计	**6070**			**2462**	**1358**	**23**	**150**	**2077**
本级	756			8				748
县级小计	5314			2454	1358	23	150	1329
都匀市	1764			1079	354	3		328
独山县	248			65	47			136
平塘县	79				1			78
荔波县	218			34	57	20		107
三都县	38			10	12			16
福泉市	641			172	264		55	150
瓮安县	195				98			97
贵定县	288				211		11	66
龙里县	823			406	179		84	154
惠水县	174			21	83			70
长顺县	218			146	15			57
罗甸县	628			521	37			70
黔东南自治州小计	**6816**	**272**		**3493**	**558**	**6**	**110**	**2377**
本级	898	272		317	186			123
县级小计	5918			3176	372	6	110	2254
凯里市	916			310	102			504
黄平县	183			63	25		41	54
麻江县	230			144	15			71

3－27－5

单位:万元

地区	收支部分						
	支出						
	支出合计	养路费支出	公路客货运附加费支出	国有土地使用权出让金支出	地方水利建设基金支出	城镇公用事业附加支出	其他各项基金支出
赤水市	3428			2180	150		1098
习水县	238				10	14	214
正安县	769			543			226
道真县	1099			40			1059
务川县	376			145		70	161
安顺市小计	**15627**			**14429**		**23**	**1175**
本级	7204			6884		1	319
县级小计	8423			7545		22	856
西秀区	5259			4918			341
平坝县	748			718			30
普定县	295			243			52
镇宁县	866			656			210
关岭县	899			802		6	91
紫云县	356			208		16	132
黔南自治州小计	**6480**			**3223**	**61**	**422**	**2774**
本级	1095			288			807
县级小计	5385			2935	61	422	1967
都匀市	1300			841		273	186
独山县	227			31			196
平塘县	73						73
荔波县	150			44	4		102
三都县	35						35
福泉市	370			229		55	86
瓮安县	952			138	57		757
贵定县	428			250		10	168
龙里县	765			579		84	102
惠水县	24						24
长顺县	303			195			108
罗甸县	758			628			130
黔东南自治州小计	**5910**	**248**		**3365**	**5**	**106**	**2186**
本级	633	248		352			33
县级小计	5277			3013	5	106	2153
凯里市	737			244			493
黄平县	223			88		41	94
麻江县	112			14			98

3－27－6

单位:万元

地区	平衡部分											
	收入						支出					年终结余
	收入总计	本年收入	上年结余	补助收入	省补助计划单列市收入	调入资金	支出总计	本年支出	上解支出	计划单列市上解省支出	调出资金	
赤水市	3895	3058	603	84		150	3428	3428				467
习水县	1081	384	506	191			238	238				843
正安县	776	677	7	92			769	769				7
道真县	1844	323	1190	331			1099	1099				745
务川县	552	169	297	86			376	376				176
安顺市小计	**17323**	**13889**	**2792**	**642**			**15627**	**15627**				**1696**
本级	7261	9319	208	－2266			7204	7204				57
县级小计	10062	4570	2584	2908			8423	8423				1639
西秀区	6134	3525	927	1682			5259	5259				875
平坝县	748	226	344	178			748	748				
普定县	477	131	182	164			295	295				182
镇宁县	1168	509	362	297			866	866				302
关岭县	942	136	507	299			899	899				43
紫云县	593	43	262	288			356	356				237
黔南自治州小计	**13462**	**6070**	**5463**	**1820**		**109**	**6480**	**6480**				**6982**
本级	2256	756	1264	236			1095	1095				1161
县级小计	11206	5314	4199	1584		109	5385	5385				5821
都匀市	2985	1764	1173	48			1300	1300				1685
独山县	1125	248	792	85			227	227				898
平塘县	204	79	103	22			73	73				131
荔波县	476	218	249	9			150	150				326
三都县	533	38	472	23			35	35				498
福泉市	1185	641	205	339			370	370				815
瓮安县	952	195		648		109	952	952				
贵定县	785	288	344	153			428	428				357
龙里县	1070	823	175	72			765	765				305
惠水县	363	174	165	24			24	24				339
长顺县	494	218	190	86			303	303				191
罗甸县	1034	628	331	75			758	758				276
黔东南自治州小计	**11072**	**6816**	**3701**	**542**		**13**	**5910**	**5910**				**5162**
本级	2024	898	1074	52			633	633				1391
县级小计	9048	5918	2627	490		13	5277	5277				3771
凯里市	1293	916	377				737	737				556
黄平县	417	183	194	40			223	223				194
麻江县	481	230	188	63			112	112				369

3－27－7

单位:万元

地区	收支部分							
	收入							
	收入合计	养路费收入	公路客货运附加费收入	国有土地使用权出让金收入	新增建设用地土地有偿使用费收入	地方水利建设基金收入	城镇公用事业附加收入	其他各项基金收入
丹寨县	112			43	13			56
雷山县	20			8	12			
施秉县	75				71			4
镇远县	166			28	38			100
三穗县	128			16	17	6		89
岑巩县	126			4	6			116
天柱县	896			865	7			24
锦屏县	544			143	5			396
黎平县	59			24	35			
榕江县	577			4	4		49	520
从江县	125			87	10			28
剑河县	1716			1419	12		20	265
台江县	45			18				27
毕节地区小计	**7206**			**986**	**782**			**5438**
本级	1467			195				1272
县级小计	5739			791	782			4166
毕节市	1158			490	561			107
大方县	673			193	33			447
黔西县	279				69			210
金沙县	871			18	37			816
织金县								
纳雍县	477				29			448
威宁县	265				30			235
赫章县	2016			90	23			1903
铜仁地区小计	**3019**			**1403**	**1158**			**458**
本级	794			685				109
县级小计	2225			718	1158			349
铜仁市	850			69	775			6
松桃县	120				120			
玉屏县	100				100			
万山特区	97			81				16
江口县	208			87	58			63
石阡县	65				65			
印江县	30				30			
思南县	166			73				93

3－27－8

单位:万元

地区	收支部分						
	支出						
	支出合计	养路费支出	公路客货运附加费支出	国有土地使用权出让金支出	地方水利建设基金支出	城镇公用事业附加支出	其他各项基金支出
丹寨县	113			49			64
雷山县	21			5			16
施秉县	12			11			1
镇远县	388			350			38
三穗县	139			34	5		100
岑巩县	136			10			126
天柱县	885			872			13
锦屏县	383						383
黎平县	55			55			
榕江县	452			40		49	363
从江县	78			76			2
剑河县	1451			1127		16	308
台江县	92			38			54
毕节地区小计	**6813**			**1593**			**5220**
本级	323			4			319
县级小计	6490			1589			4901
毕节市	1544			1091			453
大方县	882			181			701
黔西县	213						213
金沙县	985			95			890
织金县							
纳雍县	598			29			569
威宁县	183			40			143
赫章县	2085			153			1932
铜仁地区小计	**3106**			**2349**	**10**		**747**
本级	1080			965			115
县级小计	2026			1384	10		632
铜仁市	329			298			31
松桃县	60			40			20
玉屏县	294			278	10		6
万山特区	60			49			11
江口县	200			128			72
石阡县	152			127			25
印江县	51			40			11
思南县	254			160			94

3－27－9　　　　单位:万元

地区	平衡部分											
	收入						支出					年终结余
	收入总计	本年收入	上年结余	补助收入	省补助计划单列市收入	调入资金	支出总计	本年支出	上解支出	计划单列市上解省支出	调出资金	
丹寨县	180	112	45	10		13	113	113				67
雷山县	60	20	30	10			21	21				39
施秉县	99	75	24				12	12				87
镇远县	817	166	629	22			388	388				429
三穗县	416	128	288				139	139				277
岑巩县	194	126	58	10			136	136				58
天柱县	1005	896	96	13			885	885				120
锦屏县	637	544	79	14			383	383				254
黎平县	315	59	136	120			55	55				260
榕江县	963	577	346	40			452	452				511
从江县	202	125	36	41			78	78				124
剑河县	1839	1716	83	40			1451	1451				388
台江县	130	45	18	67			92	92				38
毕节地区小计	**8825**	**7206**	**724**	**895**			**6813**	**6813**				**2012**
本级	1235	1467	193	－425			323	323				912
县级小计	7590	5739	531	1320			6490	6490				1100
毕节市	1544	1158	99	287			1544	1544				
大方县	1011	673	4	334			882	882				129
黔西县	715	279	232	204			213	213				502
金沙县	985	871		114			985	985				
织金县												
纳雍县	744	477	146	121			598	598				146
威宁县	466	265	50	151			183	183				283
赫章县	2125	2016		109			2085	2085				40
铜仁地区小计	**5494**	**3019**	**1401**	**1074**			**3106**	**3106**				**2388**
本级	1081	794	186	101			1080	1080				1
县级小计	4413	2225	1215	973			2026	2026				2387
铜仁市	1149	850	228	71			329	329				820
松桃县	397	120	123	154			60	60				337
玉屏县	347	100	29	218			294	294				53
万山特区	189	97	74	18			60	60				129
江口县	367	208	72	87			200	200				167
石阡县	152	65		87			152	152				
印江县	76	30	10	36			51	51				25
思南县	801	166	604	31			254	254				547

3－27－10

单位:万元

地区	收支部分							
	收入							
	收入合计	养路费收入	公路客货运附加费收入	国有土地使用权出让金收入	新增建设用地土地有偿使用费收入	地方水利建设基金收入	城镇公用事业附加收入	其他各项基金收入
德江县	417			398	10			9
沿河县	172			10				162
黔西南自治州小计	**5648**	**503**		**3243**	**865**	**21**	**12**	**1004**
本级	3021	503		1949				569
县级小计	2627			1294	865	21	12	435
兴义市	1497			519	664	21		293
兴仁县	110				77			33
贞丰县	459			391	66			2
册亨县	69			60	1			8
望谟县	12						12	
普安县	350			304	46			
晴隆县	24			20	4			
安龙县	106				7			99

3－27－11

单位:万元

地　　区	收支部分						
	支出						
	支出合计	养路费支　出	公路客货运附加费支　　出	国有土地使用权出让金支出	地方水利建设基金支　　出	城镇公用事业附加支　　出	其他各项基金支出
德江县	272			216			56
沿河县	354			48			306
黔西南自治州小计	**4307**	**452**		**2493**	**72**	**3**	**1287**
本级	1800	452		1064			284
县级小计	2507			1429	72	3	1003
兴义市	1162			632	10		520
兴仁县	134			40			94
贞丰县	508			391	40		77
册亨县	12			9			3
望谟县	110			40		3	67
普安县	377			297			80
晴隆县	152				22		130
安龙县	52			20			32

3－27－12

单位:万元

地区	平衡部分											
	收入						支出					年终结余
	收入总计	本年收入	上年结余	补助收入	省补助计划单列市收入	调入资金	支出总计	本年支出	上解支出	计划单列市上解省支出	调出资金	
德江县	581	417	75	89			272	272				309
沿河县	354	172		182			354	354				
黔西南自治州小计	**10080**	**5648**	**3841**	**591**			**4307**	**4307**				**5773**
本级	3754	3021	868	－135			1800	1800				1954
县级小计	6326	2627	2973	726			2507	2507				3819
兴义市	2604	1497	931	176			1162	1162				1442
兴仁县	246	110	38	98			134	134				112
贞丰县	1217	459	653	105			508	508				709
册亨县	154	69	82	3			12	12				142
望谟县	343	12	251	80			110	110				233
普安县	751	350	321	80			377	377				374
晴隆县	215	24	39	152			152	152				63
安龙县	796	106	658	32			52	52				744

2006 年云南省地市县财政基金预算收支平衡表

3－28－1　　　　　　　　　　　　　　　　　　　　　　　　单位:万元

地区	收支部分							
	收入							
	收入合计	养路费收入	公路客货运附加费收入	国有土地使用权出让金收入	新增建设用地土地有偿使用费收入	地方水利建设基金收入	城镇公用事业附加收入	其他各项基金收入
地(市)县级总计	**333981**	**3132**		**282462**	**2653**	**22**	**770**	**44942**
地(市)本级合计	**167795**	**2326**		**140082**		**18**	**700**	**24669**
县级合计	**166186**	**806**		**142380**	**2653**	**4**	**70**	**20273**
昆明市小计	**247619**			**238245**		**4**	**700**	**8670**
本级	124338			122162			700	1476
县级小计	123281			116083		4		7194
盘龙区	30522			30144				378
五华区	9538			8837				701
西山区	25000			24800				200
官渡区	45670			39804				5866
呈贡县	5018			5018				
安宁市	5595			5561				34
富民县	4			4				
晋宁县								
宜良县	1248			1244		4		
石林县	618			617				1
嵩明县								
禄劝县	51			37				14
东川区	11			11				
寻甸县	6			6				
昭通市小计	**1560**			**1053**				**507**
本级	861			723				138
县级小计	699			330				369
昭阳区	143							143
鲁甸县	125			8				117
巧家县	45			45				
盐津县	1							1
大关县								
永善县								
绥江县	31			27				4
镇雄县	100							100
彝良县								
威信县	2							2
水富县	252			250				2
曲靖市小计	**9302**	**179**		**1788**	**1836**			**5499**

3－28－2

单位:万元

地　　区	收　支　部　分						
	支　出						
	支出合计	养路费支　出	公路客货运附加费支　出	国有土地使用权出让金支出	地方水利建设基金支　出	城镇公用事业附加支　出	其他各项基金支出
地(市)县级总计	**434193**	**2693**		**338248**	**13211**	**757**	**79284**
地(市)本级合计	**174168**	**1915**		**135821**	**933**	**371**	**35128**
县级合计	**260025**	**778**		**202427**	**12278**	**386**	**44156**
昆明市小计	**257449**			**243853**	**992**	**677**	**11927**
本级	121900			118736		371	2793
县级小计	135549			125117	992	306	9134
盘龙区	31596			30904	65	68	559
五华区	10635			9531		64	1040
西山区	29358			28895	81	58	324
官渡区	42653			37018		88	5547
呈贡县	2370			2294	6		70
安宁市	7971			7292	44		635
富民县	788			672	56		60
晋宁县	745			397	37		311
宜良县	236			118	40	28	50
石林县	2196			2085	60		51
嵩明县	2343			1956	223		164
禄劝县	1425			1322	20		83
东川区	1546			1192	320		34
寻甸县	1687			1441	40		206
昭通市小计	**6670**			**3461**	**1609**		**1600**
本级	683			45	265		373
县级小计	5987			3416	1344		1227
昭阳区	583			145	164		274
鲁甸县	849			602	55		192
巧家县	693			177	351		165
盐津县	126			15	35		76
大关县	533			397	75		61
永善县	733			532	71		130
绥江县	199			33	81		85
镇雄县	646			267	270		109
彝良县	826			770	50		6
威信县	474			350	121		3
水富县	325			128	71		126
曲靖市小计	**21501**	**179**		**10036**	**2055**		**9231**

3－28－3

单位：万元

地区	平衡部分											
	收入						支出					年终结余
	收入总计	本年收入	上年结余	补助收入	省补助计划单列市收入	调入资金	支出总计	本年支出	上解支出	计划单列市上解省支出	调出资金	
地(市)县级总计	**539914**	**333981**	**93673**	**112207**		**53**	**456307**	**434193**			**22114**	**83607**
地(市)本级合计	**224337**	**167795**	**37684**	**18805**		**53**	**185599**	**174168**			**11431**	**38738**
县级合计	**315577**	**166186**	**55989**	**93402**			**270708**	**260025**			**10683**	**44869**
昆明市小计	**293421**	**247619**	**32227**	**13575**			**262622**	**257449**			**5173**	**30799**
本级	130182	124338	11116	－5272			121900	121900				8282
县级小计	163239	123281	21111	18847			140722	135549			5173	22517
盘龙区	31690	30522	116	1052			31596	31596				94
五华区	10665	9538	571	556			10635	10635				30
西山区	35729	25000	9365	1364			29358	29358				6371
官渡区	57174	45670	10292	1212			42653	42653				14521
呈贡县	5623	5018		605			5623	2370			3253	
安宁市	7972	5595	443	1934			7971	7971				1
富民县	915	4	199	712			788	788				127
晋宁县	745			745			745	745				
宜良县	2706	1248	95	1363			1484	236			1248	1222
石林县	2814	618		2196			2814	2196			618	
嵩明县	2343			2343			2343	2343				
禄劝县	1597	51	30	1516			1462	1425			37	135
东川区	1573	11		1562			1557	1546			11	16
寻甸县	1693	6		1687			1693	1687			6	
昭通市小计	**11648**	**1560**	**4975**	**5113**			**6849**	**6670**			**179**	**4799**
本级	2788	861	1811	116			683	683				2105
县级小计	8860	699	3164	4997			6166	5987			179	2694
昭阳区	2457	143	1503	811			688	583			105	1769
鲁甸县	937	125	682	130			849	849				88
巧家县	723	45		678			693	693				30
盐津县	128	1	1	126			128	126			2	
大关县	889		397	492			533	533				356
永善县	848		115	733			733	733				115
绥江县	264	31	68	165			199	199				65
镇雄县	735	100	298	337			716	646			70	19
彝良县	826			826			826	826				
威信县	476	2		474			476	474			2	
水富县	577	252	100	225			325	325				252
曲靖市小计	**29614**	**9302**	**10544**	**9768**			**21940**	**21501**			**439**	**7674**

3－28－4

单位:万元

地区	收支部分							
	收入							
	收入合计	养路费收入	公路客货运附加费收入	国有土地使用权出让金收入	新增建设用地土地有偿使用费收入	地方水利建设基金收入	城镇公用事业附加收入	其他各项基金收入
本级	4701	179						4522
县级小计	4601			1788	1836			977
麒麟区	96			10				86
沾益县	1673			58	1383			232
马龙县	8			4				4
宣威市	1231			1001				230
富源县	400			400				
罗平县	17			17				
师宗县	439			83				356
陆良县	86			52				34
会泽县	651			163	453			35
玉溪市小计	**26828**	**351**		**24387**	**490**			**1600**
本级	14699	160		13681				858
县级小计	12129	191		10706	490			742
红塔区	4602	3		4345				254
通海县	76	76						
江川县	158			58				100
澄江县	1245			1214				31
华宁县	1669	12		1638				19
易门县	1126	39		1058				29
峨山县	209	47						162
新平县	941			357	490			94
元江县	2103	14		2036				53
红河州小计	**15526**	**657**		**922**			**57**	**13890**
本级	12544	398						12146
县级小计	2982	259		922			57	1744
个旧市	402	44		50			57	251
开远市	462			41				421
蒙自县	445	67		200				178
建水县	198			70				128
石屏县	124	21		19				84
弥勒县	431	56		255				120
泸西县	217	66		83				68
屏边县	149	3						146
河口县	331	2		204				125

3－28－5

单位:万元

地区	收支部分						
	支出						
	支出合计	养路费支出	公路客货运附加费支出	国有土地使用权出让金支出	地方水利建设基金支出	城镇公用事业附加支出	其他各项基金支出
本级	8239	179		2728	20		5312
县级小计	13262			7308	2035		3919
麒麟区	720			405	68		247
沾益县	1645			547	90		1008
马龙县	858			442	82		334
宣威市	2112			1410	368		334
富源县	612			418	95		99
罗平县	534			352	110		72
师宗县	2007			991	60		956
陆良县	2829			1362	1015		452
会泽县	1945			1381	147		417
玉溪市小计	**19523**	**307**		**15087**	**931**		**3198**
本级	5272	138		3792	10		1332
县级小计	14251	169		11295	921		1866
红塔区	4682	3		4349			330
通海县	491	72		365	39		15
江川县	564			221	65		278
澄江县	1986			1223	554		209
华宁县	1810	12		1481	154		163
易门县	589	28		408	35		118
峨山县	415	40		50			325
新平县	1347			1095	25		227
元江县	2367	14		2103	49		201
红河州小计	**22273**	**563**		**4411**	**645**	**57**	**16597**
本级	13298	299		12	75		12912
县级小计	8975	264		4399	570	57	3685
个旧市	548	44		134	20	57	293
开远市	891			336	20		535
蒙自县	1524	70		1098	75		281
建水县	1058			768	95		195
石屏县	768	21		537	50		160
弥勒县	1371	56		316	10		989
泸西县	464	68		116	105		175
屏边县	429	3		31	30		365
河口县	675	2		505	40		128

3－28－6

单位:万元

地区	平衡部分											
	收入						支出					年终结余
	收入总计	本年收入	上年结余	补助收入	省补助计划单列市收入	调入资金	支出总计	本年支出	上解支出	计划单列市上解省支出	调出资金	
本级	8886	4701	1690	2495			8239	8239				647
县级小计	20728	4601	8854	7273			13701	13262			439	7027
麒麟区	1142	96	462	584			1142	720			422	
沾益县	4100	1673	1608	819			1645	1645				2455
马龙县	932	8	801	123			858	858				74
宣威市	5887	1231	2887	1769			2112	2112				3775
富源县	612	400	6	206			612	612				
罗平县	551	17		534			551	534			17	
师宗县	2178	439	138	1601			2007	2007				171
陆良县	2891	86	2044	761			2829	2829				62
会泽县	2435	651	908	876			1945	1945				490
玉溪市小计	**34572**	**26828**	**3430**	**4314**			**31926**	**19523**			**12403**	**2646**
本级	19326	14699	2779	1848			16703	5272			11431	2623
县级小计	15246	12129	651	2466			15223	14251			972	23
红塔区	4682	4602		80			4682	4682				
通海县	491	76		415			491	491				
江川县	564	158		406			564	564				
澄江县	1986	1245	650	91			1986	1986				
华宁县	1810	1669		141			1810	1810				
易门县	1561	1126		435			1561	589			972	
峨山县	437	209		228			415	415				22
新平县	1348	941	1	406			1347	1347				1
元江县	2367	2103		264			2367	2367				
红河州小计	**26453**	**15526**	**4354**	**6573**			**22473**	**22273**			**200**	**3980**
本级	15282	12544	1088	1650			13298	13298				1984
县级小计	11171	2982	3266	4923			9175	8975			200	1996
个旧市	548	402		146			548	548				
开远市	1266	462	532	272			891	891				375
蒙自县	1619	445	95	1079			1524	1524				95
建水县	1241	198	323	720			1058	1058				183
石屏县	1681	124	884	673			968	768			200	713
弥勒县	1639	431	965	243			1371	1371				268
泸西县	689	217	278	194			464	464				225
屏边县	513	149	123	241			429	429				84
河口县	675	331		344			675	675				

3－28－7

单位:万元

地区	收支部分							
	收入							
	收入合计	养路费收入	公路客货运附加费收入	国有土地使用权出让金收入	新增建设用地土地有偿使用费收入	地方水利建设基金收入	城镇公用事业附加收入	其他各项基金收入
金平县	119							119
元阳县	83							83
红河县	8							8
绿春县	13							13
文山州小计	**803**	**207**		**7**		**18**		**571**
本级	776	207				18		551
县级小计	27			7				20
文山县								
砚山县								
西畴县								
麻栗坡县								
马关县	27			7				20
丘北县								
广南县								
富宁县								
普洱市小计	**4780**	**22**		**2034**	**174**			**2550**
本级	2112			1439				673
县级小计	2668	22		595	174			1877
翠云区	492	13						479
宁洱县	627			52	127			448
墨江县	200				46			154
景谷县	2							2
镇沅县	545							545
景东县	35							35
江城县	100	9		1	1			89
澜沧县	501			391				110
孟连县								
西盟县	166			151				15
西双版纳州小计	**2403**	**240**		**1155**				**1008**
本级	522			112				410
县级小计	1881	240		1043				598
景洪市	1227	180		940				107
勐海县	32							32
勐腊县	622	60		103				459
楚雄州小计	**5531**	**115**		**3847**				**1569**

2006年地方财政政府收支分类转换数据

3－28－8

单位:万元

地区	收支部分						
	支出						
	支出合计	养路费支出	公路客货运附加费支出	国有土地使用权出让金支出	地方水利建设基金支出	城镇公用事业附加支出	其他各项基金支出
金平县	352			108	20		224
元阳县	177			28			149
红河县	508			410	55		43
绿春县	210			12	50		148
文山州小计	**14426**	**207**		**7548**	**541**		**6130**
本级	11382	207		7395	218		3562
县级小计	3044			153	323		2568
文山县	175				50		125
砚山县	199			14	45		140
西畴县	107			25	50		32
麻栗坡县	1761			25	10		1726
马关县	310			12			298
丘北县	161			30	63		68
广南县	125			17	35		73
富宁县	206			30	70		106
普洱市小计	**14924**	**22**		**6157**	**599**		**8146**
本级	2968			667	200		2101
县级小计	11956	22		5490	399		6045
翠云区	2203	13		798	8		1384
宁洱县	579			50	75		454
墨江县	410			11	50		349
景谷县	2266			517	30		1719
镇沅县	599			11	30		558
景东县	1306			1108	20		178
江城县	815	9		627	35		144
澜沧县	1959			778	10		1171
孟连县	1368			1210	115		43
西盟县	451			380	26		45
西双版纳州小计	**6125**	**238**		**4554**	**115**		**1218**
本级	408			40	20		348
县级小计	5717	238		4514	95		870
景洪市	1897	180		1521	25		171
勐海县	2713			2578	30		105
勐腊县	1107	58		415	40		594
楚雄州小计	**10440**	**104**		**6578**	**827**		**2931**

3－28－9　　　　　　　　　　　　　　　　　　　　　　　　单位：万元

地区	平衡部分											
	收入						支出					年终结余
	收入总计	本年收入	上年结余	补助收入	省补助计划单列市收入	调入资金	支出总计	本年支出	上解支出	计划单列市上解省支出	调出资金	
金平县	372	119	20	233			352	352				20
元阳县	177	83		94			177	177				
红河县	541	8	46	487			508	508				33
绿春县	210	13		197			210	210				
文山州小计	**15453**	**803**	**6057**	**8593**			**14426**	**14426**				**1027**
本级	11859	776	5493	5590			11382	11382				477
县级小计	3594	27	564	3003			3044	3044				550
文山县	536		361	175			175	175				361
砚山县	205		6	199			199	199				6
西畴县	257		150	107			107	107				150
麻栗坡县	1764		21	1743			1761	1761				3
马关县	338	27	26	285			310	310				28
丘北县	161			161			161	161				
广南县	127			127			125	125				2
富宁县	206			206			206	206				
普洱市小计	**19940**	**4780**	**3137**	**12023**			**15344**	**14924**			**420**	**4596**
本级	7501	2112	3052	2337			2968	2968				4533
县级小计	12439	2668	85	9686			12376	11956			420	63
翠云区	2203	492		1711			2203	2203				
宁洱县	775	627		148			775	579			196	
墨江县	468	200		268			468	410			58	
景谷县	2266	2		2264			2266	2266				
镇沅县	603	545		58			599	599				4
景东县	1349	35	69	1245			1306	1306				43
江城县	815	100		715			815	815				
澜沧县	1959	501		1458			1959	1959				
孟连县	1384		16	1368			1368	1368				16
西盟县	617	166		451			617	451			166	
西双版纳州小计	**6143**	**2403**	**182**	**3558**			**6125**	**6125**				**18**
本级	426	522	182	－278			408	408				18
县级小计	5717	1881		3836			5717	5717				
景洪市	1897	1227		670			1897	1897				
勐海县	2713	32		2681			2713	2713				
勐腊县	1107	622		485			1107	1107				
楚雄州小计	**13783**	**5531**	**1657**	**6595**			**11035**	**10440**			**595**	**2748**

3－28－10

单位:万元

地　　区	收支部分							
	收入							
	收入合计	养路费收入	公路客货运附加费收入	国有土地使用权出让金收入	新增建设用地土地有偿使用费收入	地方水利建设基金收入	城镇公用事业附加收入	其他各项基金收入
本级	1652	115		882				655
县级小计	3879			2965				914
楚雄市	2050			1762				288
双柏县	153			17				136
牟定县	363			325				38
南华县	77			31				46
姚安县	86			56				30
大姚县	584			368				216
永仁县	229			139				90
元谋县	23			10				13
武定县	15			15				
禄丰县	299			242				57
大理州小计	**6138**	**94**		**4404**			**13**	**1627**
本级	668							668
县级小计	5470	94		4404			13	959
大理市	3806	8		3673				125
漾濞县	132			99			13	20
祥云县	50							50
宾川县	266	66		200				
弥渡县	254			164				90
南涧县	162	6		37				119
巍山县	87	5		45				37
永平县	37							37
云龙县	33			21				12
洱源县	360							360
剑川县	85			4				81
鹤庆县	198	9		161				28
保山市小计	**5616**	**800**		**1630**				**3186**
本级	1654	800		235				619
县级小计	3962			1395				2567
隆阳区	1202							1202
施甸县	46							46
腾冲县	1961			1129				832
昌宁县	470			219				251
龙陵县	283			47				236

三、各省、自治区、直辖市地市县基金预算财政资料

3－28－11

单位:万元

地区	收支部分						
	支出						
	支出合计	养路费支出	公路客货运附加费支出	国有土地使用权出让金支出	地方水利建设基金支出	城镇公用事业附加支出	其他各项基金支出
本级	2794	104		1654	10		1026
县级小计	7646			4924	817		1905
楚雄市	2482			1767	69		646
双柏县	519			474	20		25
牟定县	492			161	208		123
南华县	754			545	61		148
姚安县	1029			865	58		106
大姚县	878			669	57		152
永仁县	425			224	58		143
元谋县	567			7	84		476
武定县	199			66	76		57
禄丰县	301			146	126		29
大理州小计	**15210**	**85**		**10618**	**750**	**13**	**3744**
本级	681			70			611
县级小计	14529	85		10548	750	13	3133
大理市	9165			8388	20		757
漾濞县	205			46	70	13	76
祥云县	1067			700	90		277
宾川县	632	66		200	95		271
弥渡县	523			374	35		114
南涧县	894	6		436	25		427
巍山县	298	4		10	45		239
永平县	226			25	90		111
云龙县	172			15	20		137
洱源县	858			350	55		453
剑川县	327			4	130		193
鹤庆县	162	9			75		78
保山市小计	**16520**	**800**		**10017**	**872**		**4831**
本级	2010	800		43	15		1152
县级小计	14510			9974	857		3679
隆阳区	5120			3792	529		799
施甸县	1460			1077	90		293
腾冲县	5543			3930	100		1513
昌宁县	1454			788	53		613
龙陵县	933			387	85		461

3－28－12

单位:万元

地区	平衡部分											
	收入						支出					年终结余
	收入总计	本年收入	上年结余	补助收入	省补助计划单列市收入	调入资金	支出总计	本年支出	上解支出	计划单列市上解省支出	调出资金	
本级	4978	1652	1071	2255			2794	2794				2184
县级小计	8805	3879	586	4340			8241	7646			595	564
楚雄市	2482	2050		432			2482	2482				
双柏县	690	153		537			655	519			136	35
牟定县	773	363	304	106			637	492			145	136
南华县	755	77	2	676			754	754				1
姚安县	1032	86	24	922			1029	1029				3
大姚县	1212	584	191	437			878	878				334
永仁县	477	229	65	183			425	425				52
元谋县	570	23		547			567	567				3
武定县	214	15		199			214	199			15	
禄丰县	600	299		301			600	301			299	
大理州小计	**22165**	**6138**	**6942**	**9085**			**15628**	**15210**			**418**	**6537**
本级	3788	668	2813	307			681	681				3107
县级小计	18377	5470	4129	8778			14947	14529			418	3430
大理市	10802	3806	1671	5325			9165	9165				1637
漾濞县	303	132	47	124			205	205				98
祥云县	1331	50	904	377			1067	1067				264
宾川县	634	266	2	366			632	632				2
弥渡县	803	254	31	518			523	523				280
南涧县	1141	162	329	650			894	894				247
巍山县	536	87	292	157			373	298			75	163
永平县	274	37	37	200			226	226				48
云龙县	304	33	120	151			172	172				132
洱源县	1218	360	343	515			1201	858			343	17
剑川县	327	85		242			327	327				
鹤庆县	704	198	353	153			162	162				542
保山市小计	**24630**	**5616**	**9253**	**9761**			**17457**	**16520**			**937**	**7173**
本级	5678	1654	555	3469			2010	2010				3668
县级小计	18952	3962	8698	6292			15447	14510			937	3505
隆阳区	5973	1202	4530	241			5644	5120			524	329
施甸县	2169	46	1531	592			1460	1460				709
腾冲县	7866	1961	2111	3794			5891	5543			348	1975
昌宁县	1783	470	291	1022			1519	1454			65	264
龙陵县	1161	283	235	643			933	933				228

3－28－13

单位:万元

地区	收支部分							
	收入							
	收入合计	养路费收入	公路客货运附加费收入	国有土地使用权出让金收入	新增建设用地土地有偿使用费收入	地方水利建设基金收入	城镇公用事业附加收入	其他各项基金收入
德宏州小计	**2643**			**345**				**2298**
本级	816			64				752
县级小计	1827			281				1546
潞西市	207							207
梁河县	177			32				145
盈江县	529			72				457
陇川县	303			86				217
瑞丽市	611			91				520
丽江市小计	**1082**			**935**				**147**
本级	383			366				17
县级小计	699			569				130
古城区	399			313				86
永胜县	90			84				6
华坪县	67			29				38
宁蒗县	20			20				
玉龙县	123			123				
怒江州小计	**2222**			**967**	**153**			**1102**
本级	1147			370				777
县级小计	1075			597	153			325
兰坪县	185				76			109
福贡县	43			25				18
贡山县	192			104				88
泸水县	655			468	77			110
迪庆州小计	**80**			**48**				**32**
本级	78			48				30
县级小计	2							2
香格里拉县								
维西县	2							2
德钦县								
临沧市小计	**1848**	**467**		**695**				**686**
本级	844	467						377
县级小计	1004			695				309
凤庆县	24							24
云县	216			114				102
临翔区	310			300				10

3－28－14

单位:万元

地区	收支部分						
	支出						
	支出合计	养路费支出	公路客货运附加费支出	国有土地使用权出让金支出	地方水利建设基金支出	城镇公用事业附加支出	其他各项基金支出
德宏州小计	**12152**			**7560**	**645**	**10**	**3937**
本级	1258			52	20		1186
县级小计	10894			7508	625	10	2751
潞西市	2139			1076	130		933
梁河县	644			25	33		586
盈江县	5603			4897	55		651
陇川县	1946			1161	372		413
瑞丽市	562			349	35	10	168
丽江市小计	**6237**			**3734**	**1170**		**1333**
本级	941			398			543
县级小计	5296			3336	1170		790
古城区	1422			1181	138		103
永胜县	1744			729	836		179
华坪县	229			15	100		114
宁蒗县	488			335	40		113
玉龙县	1413			1076	56		281
怒江州小计	**4765**			**3122**	**162**		**1481**
本级	541			30	20		491
县级小计	4224			3092	142		990
兰坪县	831			462	55		314
福贡县	966			799	10		157
贡山县	1060			813	47		200
泸水县	1367			1018	30		319
迪庆州小计	**1711**			**194**	**273**		**1244**
本级	1005			132	50		823
县级小计	706			62	223		421
香格里拉县	289			40	79		170
维西县	248				65		183
德钦县	169			22	79		68
临沧市小计	**4267**	**188**		**1318**	**1025**		**1736**
本级	788	188		27	10		563
县级小计	3479			1291	1015		1173
凤庆县	295			50	110		135
云县	674			305	45		324
临翔区	434			304	35		95

3－28－15

单位：万元

地区	平衡部分											
	收入						支出					年终结余
	收入总计	本年收入	上年结余	补助收入	省补助计划单列市收入	调入资金	支出总计	本年支出	上解支出	计划单列市上解省支出	调出资金	
德宏州小计	**14050**	**2643**	**2910**	**8497**			**12184**	**12152**			**32**	**1866**
本级	2029	816	1963	－750			1258	1258				771
县级小计	12021	1827	947	9247			10926	10894			32	1095
潞西市	2139	207	16	1916			2139	2139				
梁河县	793	177	85	531			676	644			32	117
盈江县	5796	529	28	5239			5603	5603				193
陇川县	2065	303	627	1135			1946	1946				119
瑞丽市	1228	611	191	426			562	562				666
丽江市小计	**7189**	**1082**	**1942**	**4112**		**53**	**6723**	**6237**			**486**	**466**
本级	1085	383	8	641		53	941	941				144
县级小计	6104	699	1934	3471			5782	5296			486	322
古城区	1735	399	561	775			1735	1422			313	
永胜县	1853	90	1134	629			1744	1744				109
华坪县	278	67	45	166			278	229			49	
宁蒗县	701	20	193	488			488	488				213
玉龙县	1537	123	1	1413			1537	1413			124	
怒江州小计	**7282**	**2222**	**2722**	**2338**			**5565**	**4765**			**800**	**1717**
本级	1754	1147	1733	－1126			541	541				1213
县级小计	5528	1075	989	3464			5024	4224			800	504
兰坪县	1018	185	98	735			831	831				187
福贡县	1045	43	64	938			966	966				79
贡山县	1103	192	1	910			1060	1060				43
泸水县	2362	655	826	881			2167	1367			800	195
迪庆州小计	**1868**	**80**	**141**	**1647**			**1711**	**1711**				**157**
本级	1114	78	93	943			1005	1005				109
县级小计	754	2	48	704			706	706				48
香格里拉县	289			289			289	289				
维西县	296	2	48	246			248	248				48
德钦县	169			169			169	169				
临沧市小计	**11703**	**1848**	**3200**	**6655**			**4299**	**4267**			**32**	**7404**
本级	7661	844	2237	4580			788	788				6873
县级小计	4042	1004	963	2075			3511	3479			32	531
凤庆县	312	24	61	227			295	295				17
云县	698	216	204	278			674	674				24
临翔区	451	310	29	112			434	434				17

3－28－16

单位:万元

地区	收支部分							
	收入							
	收入合计	养路费收入	公路客货运附加费收入	国有土地使用权出让金收入	新增建设用地土地有偿使用费收入	地方水利建设基金收入	城镇公用事业附加收入	其他各项基金收入
永德县	17							17
镇康县	6							6
双江自治县	39			18				21
耿马自治县	376			249				127
沧源自治县	16			14				2

3-28-17

单位:万元

地区	收支部分						
	支出						
	支出合计	养路费支出	公路客货运附加费支出	国有土地使用权出让金支出	地方水利建设基金支出	城镇公用事业附加支出	其他各项基金支出
永德县	217			27	60		130
镇康县	161			35	120		6
双江自治县	688			80	525		83
耿马自治县	760			337	100		323
沧源自治县	250			153	20		77

3－28－18

单位:万元

地区	平衡部分											
	收入						支出					
	收入总计	本年收入	上年结余	补助收入	省补助计划单列市收入	调入资金	支出总计	本年支出	上解支出	计划单列市上解省支出	调出资金	年终结余
永德县	217	17	6	194			217	217				
镇康县	213	6	24	183			193	161			32	20
双江自治县	1061	39	418	604			688	688				373
耿马自治县	817	376	207	234			760	760				57
沧源自治县	273	16	14	243			250	250				23

2006年西藏自治区地市县财政基金预算收支平衡表

3－29－1　　单位:万元

地区	收支部分							
	收入							
	收入合计	养路费收入	公路客货运附加费收入	国有土地使用权出让金收入	新增建设用地土地有偿使用费收入	地方水利建设基金收入	城镇公用事业附加收入	其他各项基金收入
地(市)县级总计								
地(市)本级合计								
县级合计								
拉萨市小计								
本级								
县级小计								
当雄县								
尼木县								
曲水县								
堆龙德庆县								
城关区								
达孜县								
墨竹工卡县								
林周县								
日喀则地区小计								
本级								
县级小计								
日喀则								
江孜								
南木林								
白朗								
拉孜								
谢通门								
萨迦								
仁布								
定日								
康马								
昂仁								
定结								
吉隆								
岗巴								
聂拉木								
亚东								
萨嘎								
仲巴								

3-29-2

单位:万元

地区	收支部分						
	支出						
	支出合计	养路费支出	公路客货运附加费支出	国有土地使用权出让金支出	地方水利建设基金支出	城镇公用事业附加支出	其他各项基金支出
地(市)县级总计							
地(市)本级合计							
县级合计							
拉萨市小计							
本级							
县级小计							
当雄县							
尼木县							
曲水县							
堆龙德庆县							
城关区							
达孜县							
墨竹工卡县							
林周县							
日喀则地区小计							
本级							
县级小计							
日喀则							
江孜							
南木林							
白朗							
拉孜							
谢通门							
萨迦							
仁布							
定日							
康马							
昂仁							
定结							
吉隆							
岗巴							
聂拉木							
亚东							
萨嘎							
仲巴							

3－29－3

单位:万元

地区	平衡部分											
	收入						支出					年终结余
	收入总计	本年收入	上年结余	补助收入	省补助计划单列市收入	调入资金	支出总计	本年支出	上解支出	计划单列市上解省支出	调出资金	
地(市)县级总计												
地(市)本级合计												
县级合计												
拉萨市小计												
本级												
县级小计												
当雄县												
尼木县												
曲水县												
堆龙德庆县												
城关区												
达孜县												
墨竹工卡县												
林周县												
日喀则地区小计												
本级												
县级小计												
日喀则												
江孜												
南木林												
白朗												
拉孜												
谢通门												
萨迦												
仁布												
定日												
康马												
昂仁												
定结												
吉隆												
岗巴												
聂拉木												
亚东												
萨嘎												
仲巴												

2006年地方财政政府收支分类转换数据

3-29-4

单位:万元

地区	收支部分							
	收入							
	收入合计	养路费收入	公路客货运附加费收入	国有土地使用权出让金收入	新增建设用地土地有偿使用费收入	地方水利建设基金收入	城镇公用事业附加收入	其他各项基金收入
山南地区小计								
本级								
县级小计								
洛扎县								
浪卡子县								
贡嘎县								
扎朗县								
乃东县								
琼结县								
措美县								
隆子县								
错那县								
桑日县								
曲松县								
加查县								
林芝地区小计								
本级								
县级小计								
林芝县								
波密县								
察隅县								
工布江达县								
米林县								
朗县								
墨脱县								
昌都地区小计								
本级								
县级小计								
昌都县								
江达县								
芒康县								
丁青县								
察雅县								
贡觉县								
左贡县								

3－29－5

单位:万元

地　区	收支部分						
	支出						
	支出合计	养路费支　出	公路客货运附加费支　出	国有土地使用权出让金支出	地方水利建设基金支　出	城镇公用事业附加支　出	其他各项基金支出
山南地区小计							
本级							
县级小计							
洛扎县							
浪卡子县							
贡嘎县							
扎朗县							
乃东县							
琼结县							
措美县							
隆子县							
错那县							
桑日县							
曲松县							
加查县							
林芝地区小计							
本级							
县级小计							
林芝县							
波密县							
察隅县							
工布江达县							
米林县							
朗县							
墨脱县							
昌都地区小计							
本级							
县级小计							
昌都县							
江达县							
芒康县							
丁青县							
察雅县							
贡觉县							
左贡县							

3－29－6

单位:万元

地区	平衡部分											
	收入						支出					年终结余
	收入总计	本年收入	上年结余	补助收入	省补助计划单列市收入	调入资金	支出总计	本年支出	上解支出	计划单列市上解省支出	调出资金	
山南地区小计												
本级												
县级小计												
洛扎县												
浪卡子县												
贡嘎县												
扎朗县												
乃东县												
琼结县												
措美县												
隆子县												
错那县												
桑日县												
曲松县												
加查县												
林芝地区小计												
本级												
县级小计												
林芝县												
波密县												
察隅县												
工布江达县												
米林县												
朗县												
墨脱县												
昌都地区小计												
本级												
县级小计												
昌都县												
江达县												
芒康县												
丁青县												
察雅县												
贡觉县												
左贡县												

3－29－7

单位:万元

地　　区	收支部分							
	收入							
	收入合计	养路费收　入	公路客货运附加费收　入	国有土地使用权出让金收入	新增建设用地土地有偿使用费收入	地方水利建设基金收　入	城镇公用事业附加收　入	其他各项基金收入
八宿县								
边坝县								
类乌齐县								
洛隆县								
那曲地区小计								
本级								
县级小计								
那曲县								
安多县								
聂荣县								
班嘎县								
申扎县								
巴青县								
索县								
比如县								
嘉黎县								
尼玛县								
双湖区								
阿里地区小计								
本级								
县级小计								
普兰县								
札达县								
噶尔县								
日土县								
革吉县								
改则县								
措勤县								

3－29－8

单位:万元

地区	收支部分						
	支出						
	支出合计	养路费支出	公路客货运附加费支出	国有土地使用权出让金支出	地方水利建设基金支出	城镇公用事业附加支出	其他各项基金支出
八宿县							
边坝县							
类乌齐县							
洛隆县							
那曲地区小计							
本级							
县级小计							
那曲县							
安多县							
聂荣县							
班嘎县							
申扎县							
巴青县							
索县							
比如县							
嘉黎县							
尼玛县							
双湖区							
阿里地区小计							
本级							
县级小计							
普兰县							
札达县							
噶尔县							
日土县							
革吉县							
改则县							
措勤县							

3－29－9

单位:万元

地区	平衡部分											
	收入						支出					年终结余
	收入总计	本年收入	上年结余	补助收入	省补助计划单列市收入	调入资金	支出总计	本年支出	上解支出	计划单列市上解省支出	调出资金	
八宿县												
边坝县												
类乌齐县												
洛隆县												
那曲地区小计												
本级												
县级小计												
那曲县												
安多县												
聂荣县												
班嘎县												
申扎县												
巴青县												
索县												
比如县												
嘉黎县												
尼玛县												
双湖区												
阿里地区小计												
本级												
县级小计												
普兰县												
札达县												
噶尔县												
日土县												
革吉县												
改则县												
措勤县												

2006 年陕西省地市县财政基金预算收支平衡表

3－30－1　　　　单位:万元

地　　区	收支部分							
	收入							
	收入合计	养路费收入	公路客货运附加费收入	国有土地使用权出让金收入	新增建设用地土地有偿使用费收入	地方水利建设基金收入	城镇公用事业附加收入	其他各项基金收入
地(市)县级总计	**161271**	**3271**		**103871**		**1259**	**18386**	**34484**
地(市)本级合计	**135317**	**3014**		**87967**		**1185**	**15605**	**27546**
县级合计	**25954**	**257**		**15904**		**74**	**2781**	**6938**
西安市小计	**104269**	**1471**		**81552**			**11098**	**10148**
本级	92058	1214		70167			10600	10077
县级小计	12211	257		11385			498	71
新城区								
碑林区								
莲湖区								
雁塔区								
灞桥区								
未央区								
阎良区	492			312			150	30
长安区	5760	100		5600			60	
临潼区	1708			1646			48	14
蓝田县	120	40		9			65	6
周至县	379	72		281			26	
户县	1331	40		1272			19	
高陵县	2421	5		2265			130	21
铜川市小计	**1272**			**300**			**858**	**114**
本级	993			294			658	41
县级小计	279			6			200	73
耀州区	273						200	73
宜君县	6			6				
印台区								
王益区								
宝鸡市小计	**2827**			**1002**			**1343**	**482**
本级	2191			763			1149	279
县级小计	636			239			194	203
太白县	44			4				40
宝鸡县	65			65				
凤翔县								
岐山县	22			22				
麟游县								
陇县	58			15			16	27

3－30－2

单位:万元

地区	收支部分 支出 支出合计	养路费支出	公路客货运附加费支出	国有土地使用权出让金支出	地方水利建设基金支出	城镇公用事业附加支出	其他各项基金支出
地(市)县级总计	**229051**	**3041**		**175502**	**28717**	**4578**	**17213**
地(市)本级合计	**174622**	**2800**		**135431**	**23577**	**2473**	**10341**
县级合计	**54429**	**241**		**40071**	**5140**	**2105**	**6872**
西安市小计	**154353**	**1241**		**130113**	**15886**	**457**	**6656**
本级	140372	1000		117452	15421	119	6380
县级小计	13981	241		12661	465	338	276
新城区							
碑林区							
莲湖区							
雁塔区							
灞桥区	937			937			
未央区	72						72
阎良区	492			312		150	30
长安区	6459	100		6333		26	
临潼区	1221			1187			34
蓝田县	1791	40		1605		65	81
周至县	783	54		220	465	26	18
户县	42	40		2			
高陵县	2184	7		2065		71	41
铜川市小计	**4875**			**3592**	**231**	**902**	**150**
本级	4462			3485	231	658	88
县级小计	413			107		244	62
耀州区	310			4		244	62
宜君县	6			6			
印台区	97			97			
王益区							
宝鸡市小计	**8458**			**6602**	**543**	**366**	**947**
本级	1320			65	543	136	576
县级小计	7138			6537		230	371
太白县	411			359			52
宝鸡县							
凤翔县	144			119			25
岐山县							
麟游县	6			4			2
陇县	3843			3796		15	32

3－30－3

单位:万元

地区	平衡部分											
	收入						支出					年终结余
	收入总计	本年收入	上年结余	补助收入	省补助计划单列市收入	调入资金	支出总计	本年支出	上解支出	计划单列市上解省支出	调出资金	
地(市)县级总计	**493508**	**161271**	**249710**	**82113**		**414**	**234532**	**229051**			**5481**	**258976**
地(市)本级合计	**388379**	**135317**	**214329**	**38733**			**174582**	**174622**	**－40**			**213797**
县级合计	**105129**	**25954**	**35381**	**43380**		**414**	**59950**	**54429**	**40**		**5481**	**45179**
西安市小计	**331213**	**104269**	**202138**	**24806**			**156149**	**154353**			**1796**	**175064**
本级	302110	92058	191728	18324			140372	140372				161738
县级小计	29103	12211	10410	6482			15777	13981			1796	13326
新城区	199		199									199
碑林区	12		12									12
莲湖区												
雁塔区	167		167									167
灞桥区	976		4	972			937	937				39
未央区	85		13	72			72	72				13
阎良区	507	492		15			492	492				15
长安区	11032	5760	5038	234			6459	6459				4573
临潼区	1728	1708		20			1728	1221			507	
蓝田县	1911	120	1775	16			1791	1791				120
周至县	1725	379	863	483			783	783				942
户县	2188	1331	837	20			1331	42			1289	857
高陵县	8573	2421	1502	4650			2184	2184				6389
铜川市小计	**6322**	**1272**	**973**	**4077**			**4875**	**4875**				**1447**
本级	5166	993	497	3676			4462	4462				704
县级小计	1156	279	476	401			413	413				743
耀州区	809	273	428	108			310	310				499
宜君县	164	6	14	144			6	6				158
印台区	100		3	97			97	97				3
王益区	83		31	52								83
宝鸡市小计	**19833**	**2827**	**8216**	**8790**			**9364**	**8458**			**906**	**10469**
本级	9397	2191	6063	1143			1320	1320				8077
县级小计	10436	636	2153	7647			8044	7138			906	2392
太白县	556	44	443	69			469	411			58	87
宝鸡县	291	65	4	222								291
凤翔县	479		197	282			288	144			144	191
岐山县	647	22	299	326								647
麟游县	78			78			78	6			72	
陇县	4665	58	740	3867			3991	3843			148	674

3－30－4

单位:万元

地区	收支部分							
	收入							
	收入合计	养路费收入	公路客货运附加费收入	国有土地使用权出让金收入	新增建设用地土地有偿使用费收入	地方水利建设基金收入	城镇公用事业附加收入	其他各项基金收入
千阳县	3						3	
风县	105			55			50	
扶风县	125						125	
眉县	166			30				136
金台区	48			48				
渭滨区								
咸阳市小计	**9988**	**1800**		**4783**			**1387**	**2018**
本级	6444	1800		4644				
县级小计	3544			139			1387	2018
兴平市	386							386
武功县	15						15	
三原县	439						423	16
泾阳县	733			139			78	516
礼泉县								
乾县	680						680	
永寿县								
彬县								
长武县								
旬邑县	191						191	
淳化县								
秦都区	1100							1100
渭城区								
渭南市小计	**4849**			**260**			**1725**	**2864**
本级	1993			193			1550	250
县级小计	2856			67			175	2614
临渭区								
华县								
华阴市								
潼关县	31							31
大荔县	202			57				145
蒲城县	175						175	
澄城县								
白水县								
韩城市	2070							2070
合阳县	378			10				368

3－30－5　　　　单位:万元

地　　区	收　支　部　分						
	支　出						
	支出合计	养路费支　出	公路客货运附加费支　　出	国有土地使用权出让金支出	地方水利建设基金支　　出	城镇公用事业附加支　　出	其他各项基金支出
千阳县	28			25			3
凤县	142			66		50	26
扶风县	165					165	
眉县	2238			2127			111
金台区	36			6			30
渭滨区	125			35			90
咸阳市小计	**15756**	**1800**		**9440**	**2211**	**680**	**1625**
本级	8972	1800		4606	2211		355
县级小计	6784			4834		680	1270
兴平市	3518			3486			32
武功县	1066			1066			
三原县							
泾阳县	6			6			
礼泉县							
乾县	907			223		680	4
永寿县							
彬县	133						133
长武县	54			53			1
旬邑县							
淳化县							
秦都区	1100						1100
渭城区							
渭南市小计	**12718**			**4950**	**2889**	**1800**	**3079**
本级	6044			1007	2889	1548	600
县级小计	6674			3943		252	2479
临渭区	17			17			
华县	2485			2485			
华阴市	410			410			
潼关县	43						43
大荔县	167			154			13
蒲城县	277			25		252	
澄城县	135			135			
白水县	97			92			5
韩城市	2171			89			2082
合阳县	710			374			336

3－30－6

单位:万元

地区	平衡部分											
	收入						支出					年终结余
	收入总计	本年收入	上年结余	补助收入	省补助计划单列市收入	调入资金	支出总计	本年支出	上解支出	计划单列市上解省支出	调出资金	
千阳县	323	3	221	99			299	28			271	24
风县	219	105	22	92			219	142			77	
扶风县	415	125	136	154			165	165				250
眉县	2374	166		2208			2374	2238			136	
金台区	232	48	59	125			36	36				196
渭滨区	157		32	125			125	125				32
咸阳市小计	**22342**	**9988**	**7047**	**4893**		**414**	**17137**	**15756**			**1381**	**5205**
本级	10311	6444	1454	2413			8972	8972				1339
县级小计	12031	3544	5593	2480		414	8165	6784			1381	3866
兴平市	4229	386	3696	147			3518	3518				711
武功县	1176	15		1161			1066	1066				110
三原县	565	439	21	105								565
泾阳县	870	733	55	82			706	6			700	164
礼泉县	496			82		414						496
乾县	907	680		227			907	907				
永寿县	124		51	73								124
彬县	133			133			133	133				
长武县	168		114	54			54	54				114
旬邑县	1426	191	1114	121			191				191	1235
淳化县	490		326	164			490				490	
秦都区	1385	1100	216	69			1100	1100				285
渭城区	62			62								62
渭南市小计	**19672**	**4849**	**2648**	**12175**			**12718**	**12718**				**6954**
本级	6426	1993	1297	3136			6044	6044				382
县级小计	13246	2856	1351	9039			6674	6674				6572
临渭区	2860		76	2784			17	17				2843
华县	2570		85	2485			2485	2485				85
华阴市	997		3	994			410	410				587
潼关县	159	31	45	83			43	43				116
大荔县	703	202	342	159			167	167				536
蒲城县	656	175	319	162			277	277				379
澄城县	135			135			135	135				
白水县	104		7	97			97	97				7
韩城市	2177	2070	18	89			2171	2171				6
合阳县	2723	378	456	1889			710	710				2013

2006 年地方财政政府收支分类转换数据

3－30－7

单位:万元

地区	收支部分							
	收入							
	收入合计	养路费收入	公路客货运附加费收入	国有土地使用权出让金收入	新增建设用地土地有偿使用费收入	地方水利建设基金收入	城镇公用事业附加收入	其他各项基金收入
富平县								
汉中市小计	**1914**			**1573**			**80**	**261**
本级	454			336				118
县级小计	1460			1237			80	143
汉台区	613			499			80	34
南郑县	244			244				
城固县	73			73				
洋县	33			33				
西乡县	111			111				
勉县	257			184				73
宁强县	11			11				
略阳县	36							36
镇巴县	79			79				
留坝县	3			3				
佛坪县								
安康市小计	**6365**			**4567**		**20**	**1435**	**343**
本级	5387			3848		20	1396	123
县级小计	978			719			39	220
汉滨区	75							75
岚皋县	81			80				1
汉阴县	41			24				17
石泉县	112			112				
宁陕县	65			22			30	13
紫阳县	209			193				16
平利县	64			60				4
镇坪县	52			36			6	10
旬阳县	246			159			3	84
白河县	33			33				
商洛市小计	**588**							**588**
本级	108							108
县级小计	480							480
商州市	69							69
洛南县								
山阳县	63							63
丹凤县	1							1

3－30－8

单位:万元

地区	收支部分						
	支出						
	支出合计	养路费支出	公路客货运附加费支出	国有土地使用权出让金支出	地方水利建设基金支出	城镇公用事业附加支出	其他各项基金支出
富平县	162			162			
汉中市小计	**12150**			**10852**	**730**	**120**	**448**
本级	7183			6964	26		193
县级小计	4967			3888	704	120	255
汉台区	1446			1043	241	120	42
南郑县	1122			941	132		49
城固县	356			241	92		23
洋县	288			217	48		23
西乡县	243			189	54		
勉县	552			436	28		88
宁强县	141			99	32		10
略阳县	445			382	44		19
镇巴县	198			193	5		
留坝县	85			65	20		
佛坪县	91			82	8		1
安康市小计	**6785**			**5219**	**886**	**52**	**628**
本级	2053			1819	18	12	204
县级小计	4732			3400	868	40	424
汉滨区	1115			881	167		67
岚皋县	90			11	76		3
汉阴县	756			737	9		10
石泉县	498			1	489		8
宁陕县	98			31	27	30	10
紫阳县	570			480	6		84
平利县	187			117	63		7
镇坪县	552			532	2	6	12
旬阳县	369			142	29	4	194
白河县	497			468			29
商洛市小计	**3066**			**730**	**1609**		**727**
本级	1832			4	1543		285
县级小计	1234			726	66		442
商州市	217			160	7		50
洛南县	161			138	12		11
山阳县	230			143	9		78
丹凤县	154			129	20		5

3－30－9

单位：万元

地区	平衡部分											
	收入						支出					年终结余
	收入总计	本年收入	上年结余	补助收入	省补助计划单列市收入	调入资金	支出总计	本年支出	上解支出	计划单列市上解省支出	调出资金	
富平县	162			162			162	162				
汉中市小计	**16300**	**1914**	**4561**	**9825**			**12774**	**12150**			**624**	**3526**
本级	8476	454	780	7242			7183	7183				1293
县级小计	7824	1460	3781	2583			5591	4967			624	2233
汉台区	1546	613	470	463			1446	1446				100
南郑县	1413	244	798	371			1122	1122				291
城固县	1499	73	1070	356			956	356			600	543
洋县	320	33	3	284			288	288				32
西乡县	270	111	28	131			243	243				27
勉县	1196	257	543	396			552	552				644
宁强县	226	11	74	141			165	141			24	61
略阳县	765	36	602	127			445	445				320
镇巴县	348	79	141	128			198	198				150
留坝县	117	3	18	96			85	85				32
佛坪县	124		34	90			91	91				33
安康市小计	**21724**	**6365**	**12525**	**2834**			**7449**	**6785**			**664**	**14275**
本级	9715	5387	7309	－2981			2013	2053	－40			7702
县级小计	12009	978	5216	5815			5436	4732	40		664	6573
汉滨区	4132	75	2919	1138			1115	1115				3017
岚皋县	223	81	1	141			222	90			132	1
汉阴县	1056	41	275	740			756	756				300
石泉县	943	112	24	807			610	498			112	333
宁陕县	256	65	132	59			98	98				158
紫阳县	1025	209	670	146			570	570				455
平利县	375	64	187	124			187	187				188
镇坪县	1088	52	161	875			552	552				536
旬阳县	1236	246	759	231			829	369	40		420	407
白河县	1675	33	88	1554			497	497				1178
商洛市小计	**6352**	**588**	**1230**	**4534**			**3066**	**3066**				**3286**
本级	2007	108	194	1705			1832	1832				175
县级小计	4345	480	1036	2829			1234	1234				3111
商州市	862	69	593	200			217	217				645
洛南县	161			161			161	161				
山阳县	313	63	83	167			230	230				83
丹凤县	198	1	57	140			154	154				44

3－30－10

单位:万元

地区	收支部分							
	收入							
	收入合计	养路费收入	公路客货运附加费收入	国有土地使用权出让金收入	新增建设用地土地有偿使用费收入	地方水利建设基金收入	城镇公用事业附加收入	其他各项基金收入
商南县	55							55
镇安县	165							165
柞水县	127							127
延安市小计	**10031**			**7343**		**1235**		**1453**
本级	8965			7174		1165		626
县级小计	1066			169		70		827
宝塔区	99							99
延长县	4							4
延川县								
子长县	9							9
安塞县	61							61
吴旗县	400					70		330
志丹县	228			149				79
甘泉县	127							127
富县	7							7
洛川县	29							29
黄陵县	86			18				68
宜川县	10			2				8
黄龙县	6							6
榆林市小计	**18503**			**1926**		**4**	**360**	**16213**
本级	16724			548			252	15924
县级小计	1779			1378		4	108	289
榆阳区	397						108	289
神木县	1180			1180				
府谷县	98			98				
横山县								
靖边县	71			71				
定边县								
绥德县	18			15		3		
米脂县								
佳县								
吴堡县	7			6		1		
清涧县								
子洲县	8			8				
杨凌示范区小计	**665**			**565**			**100**	
本级								

3－30－11

单位：万元

地区	收支部分						
	支出						
	支出合计	养路费支出	公路客货运附加费支出	国有土地使用权出让金支出	地方水利建设基金支出	城镇公用事业附加支出	其他各项基金支出
商南县	214			148			66
镇安县	120			5	10		105
柞水县	138			3	8		127
延安市小计	**4219**			**1748**	**1476**		**995**
本级	605				273		332
县级小计	3614			1748	1203		663
宝塔区	113			4	13		96
延长县	1506			1494			12
延川县	124			51	10		63
子长县	102			4	58		40
安塞县	80			2	7		71
吴旗县	183			139	3		41
志丹县	43			2	16		25
甘泉县	1158			4	1022		132
富县	21			20			1
洛川县	117			4	37		76
黄陵县	97				34		63
宜川县	13						13
黄龙县	57			24	3		30
榆林市小计	**5345**			**1529**	**2085**	**101**	**1630**
本级	1264			10	254		1000
县级小计	4081			1519	1831	101	630
榆阳区	1466				1073	101	292
神木县	1692			1385	246		61
府谷县	196			98	74		24
横山县							
靖边县	226			2	196		28
定边县	216				96		120
绥德县	79				13		66
米脂县							
佳县	29			10			19
吴堡县	29			16	3		10
清涧县	117				113		4
子洲县	31			8	17		6
杨凌示范区小计	**1326**			**727**	**171**	**100**	**328**
本级	515			19	168		328

3－30－12

单位:万元

地　　区	平衡部分											
	收入						支出					年终结余
	收入总计	本年收入	上年结余	补助收入	省补助计划单列市收入	调入资金	支出总计	本年支出	上解支出	计划单列市上解省支出	调出资金	
商南县	394	55	165	174			214	214				180
镇安县	421	165	119	137			120	120				301
柞水县	1996	127	19	1850			138	138				1858
延安市小计	**21566**	**10031**	**6024**	**5511**			**4219**	**4219**				**17347**
本级	15325	8965	3407	2953			605	605				14720
县级小计	6241	1066	2617	2558			3614	3614				2627
宝塔区	324	99	68	157			113	113				211
延长县	1661	4	1567	90			1506	1506				155
延川县	124			124			124	124				
子长县	244	9	61	174			102	102				142
安塞县	156	61		95			80	80				76
吴旗县	1005	400	250	355			183	183				822
志丹县	826	228	360	238			43	43				783
甘泉县	1361	127	142	1092			1158	1158				203
富县	86	7	49	30			21	21				65
洛川县	153	29	89	35			117	117				36
黄陵县	178	86	31	61			97	97				81
宜川县	66	10		56			13	13				53
黄龙县	57	6		51			57	57				
榆林市小计	**26858**	**18503**	**4348**	**4007**			**5455**	**5345**			**110**	**21403**
本级	18931	16724	1600	607			1264	1264				17667
县级小计	7927	1779	2748	3400			4191	4081			110	3736
榆阳区	1625	397		1228			1481	1466			15	144
神木县	2054	1180	315	559			1692	1692				362
府谷县	258	98		160			196	196				62
横山县	111		19	92								111
靖边县	2195	71	1820	304			226	226				1969
定边县	672		435	237			216	216				456
绥德县	245	18	92	135			79	79				166
米脂县	99		4	95			95				95	4
佳县	260		45	215			29	29				231
吴堡县	111	7	16	88			29	29				82
清涧县	117			117			117	117				
子洲县	180	8	2	170			31	31				149
杨凌示范区小计	**1326**	**665**		**661**			**1326**	**1326**				
本级	515			515			515	515				

\ 3－30－13

单位:万元

地　区	收支部分							
	收入							
	收入合计	养路费收入	公路客货运附加费收入	国有土地使用权出让金收入	新增建设用地土地有偿使用费收入	地方水利建设基金收入	城镇公用事业附加收入	其他各项基金收入
县级小计	665			565			100	
杨陵区	665			565			100	

3－30－14

单位:万元

地区	收支部分						
	支出						
	支出合计	养路费支出	公路客货运附加费支出	国有土地使用权出让金支出	地方水利建设基金支出	城镇公用事业附加支出	其他各项基金支出
县级小计	811			708	3	100	
杨陵区	811			708	3	100	

3-30-15

单位:万元

地区	平衡部分 收入 收入总计	平衡部分 收入 本年收入	平衡部分 收入 上年结余	平衡部分 收入 补助收入	平衡部分 收入 省补助计划单列市收入	平衡部分 收入 调入资金	平衡部分 支出 支出总计	平衡部分 支出 本年支出	平衡部分 支出 上解支出	平衡部分 支出 计划单列市上解省支出	平衡部分 支出 调出资金	平衡部分 年终结余
县级小计	811	665		146			811	811				
杨陵区	811	665		146			811	811				

2006年甘肃省地市县财政基金预算收支平衡表

3－31－1　　　　单位：万元

地区	收支部分							
	收入							
	收入合计	养路费收入	公路客货运附加费收入	国有土地使用权出让金收入	新增建设用地土地有偿使用费收入	地方水利建设基金收入	城镇公用事业附加收入	其他各项基金收入
地（市）县级总计	**76056**	**644**		**45435**	**11158**		**6703**	**12116**
地（市）本级合计	**64688**	**470**		**40328**	**8960**		**6485**	**8445**
县级合计	**11368**	**174**		**5107**	**2198**		**218**	**3671**
兰州市小计	**22107**	**470**		**10288**	**4526**		**2324**	**4499**
本级	20801	470		9359	4526		2244	4202
县级小计	1306			929			80	297
永登县	99			3			80	16
榆中县	415			319				96
皋兰县	2			2				
城关区	138							138
七里河区								
西固区								
安宁区	24							24
红古区	628			605				23
嘉峪关市小计	**316**			**78**				**238**
本级	316			78				238
金昌市小计	**891**	**55**		**436**			**173**	**227**
本级	719			404			154	161
县级小计	172	55		32			19	66
永昌县	117			32			19	66
金川区	55	55						
白银市小计	**16654**			**15147**	**731**		**170**	**606**
本级	15894			15004	539		170	181
县级小计	760			143	192			425
景泰县	79				39			40
靖远县	248			70	153			25
会宁县	87			72				15
平川区	209			1				208
白银区	137							137
天水市小计	**22076**			**14821**	**947**		**3756**	**2552**
本级	21063			14314	922		3756	2071
县级小计	1013			507	25			481
清水县	14							14
秦安县	182			141				41
甘谷县	303			266	23			14

3 – 31 – 2

单位:万元

地区	收支部分						
	支出						
	支出合计	养路费支出	公路客货运附加费支出	国有土地使用权出让金支出	地方水利建设基金支出	城镇公用事业附加支出	其他各项基金支出
地(市)县级总计	**86667**	**873**		**62172**	**30**	**11816**	**11776**
地(市)本级合计	**57422**	**729**		**37681**		**11453**	**7559**
县级合计	**29245**	**144**		**24491**	**30**	**363**	**4217**
兰州市小计	**25035**	**729**		**11774**		**8923**	**3609**
本级	22125	729		9650		8773	2973
县级小计	2910			2124		150	636
永登县	897			580		100	217
榆中县	280			100		50	130
皋兰县	1277			1203			74
城关区	127						127
七里河区	22						22
西固区	17						17
安宁区	17						17
红古区	273			241			32
嘉峪关市小计	**316**			**45**			**271**
本级	316			45			271
金昌市小计	**1332**	**55**		**1005**		**152**	**120**
本级	428			275		100	53
县级小计	904	55		730		52	67
永昌县	849			730		52	67
金川区	55	55					
白银市小计	**16641**			**15330**		**1**	**1310**
本级	11660			11418			242
县级小计	4981			3912		1	1068
景泰县	1554			1525			29
靖远县	571			561			10
会宁县	1381			581			800
平川区	922			710		1	211
白银区	553			535			18
天水市小计	**19721**			**14810**		**2623**	**2288**
本级	18230			13992		2503	1735
县级小计	1491			818		120	553
清水县	85			79			6
秦安县	285			93			192
甘谷县	460			445			15

3－31－3

单位：万元

地区	平衡部分											
	收入						支出					年终结余
	收入总计	本年收入	上年结余	补助收入	省补助计划单列市收入	调入资金	支出总计	本年支出	上解支出	计划单列市上解省支出	调出资金	
地(市)县级总计	**181158**	**76056**	**68089**	**36749**		**264**	**111185**	**86667**	**22628**		**1890**	**69973**
地(市)本级合计	**129849**	**64688**	**50914**	**14247**			**77901**	**57422**	**19985**		**494**	**51948**
县级合计	**51309**	**11368**	**17175**	**22502**		**264**	**33284**	**29245**	**2643**		**1396**	**18025**
兰州市小计	**69687**	**22107**	**41919**	**5661**			**32424**	**25035**	**7021**		**368**	**37263**
本级	64244	20801	40687	2756			28956	22125	6463		368	35288
县级小计	5443	1306	1232	2905			3468	2910	558			1975
永登县	1368	99	511	758			897	897				471
榆中县	918	415	408	95			458	280	178			460
皋兰县	1279	2	25	1252			1277	1277				2
城关区	344	138	130	76			127	127				217
七里河区	82		30	52			22	22				60
西固区	17			17			17	17				
安宁区	36	24	7	5			17	17				19
红古区	1399	628	121	650			653	273	380			746
嘉峪关市小计	**406**	**316**	**7**	**83**			**393**	**316**	**34**		**43**	**13**
本级	406	316	7	83			393	316	34		43	13
金昌市小计	**4020**	**891**	**2027**	**1102**			**1404**	**1332**	**30**		**42**	**2616**
本级	2670	719	1820	131			490	428	30		32	2180
县级小计	1350	172	207	971			914	904			10	436
永昌县	1295	117	207	971			859	849			10	436
金川区	55	55					55	55				
白银市小计	**28474**	**16654**	**3141**	**8679**			**22764**	**16641**	**6055**		**68**	**5710**
本级	20779	15894	248	4637			17677	11660	6000		17	3102
县级小计	7695	760	2893	4042			5087	4981	55		51	2608
景泰县	2377	79	658	1640			1583	1554	25		4	794
靖远县	1098	248	750	100			606	571	30		5	492
会宁县	2465	87	1474	904			1385	1381			4	1080
平川区	1065	209	11	845			933	922			11	132
白银区	690	137		553			580	553			27	110
天水市小计	**34666**	**22076**	**5770**	**6820**			**26201**	**19721**	**6397**		**83**	**8465**
本级	29715	21063	2627	6025			24424	18230	6194			5291
县级小计	4951	1013	3143	795			1777	1491	203		83	3174
清水县	362	14	323	25			87	85			2	275
秦安县	969	182	747	40			345	285	56		4	624
甘谷县	669	303	261	105			569	460	106		3	100

3－31－4

单位:万元

地区	收支部分							
	收入							
	收入合计	养路费收入	公路客货运附加费收入	国有土地使用权出让金收入	新增建设用地土地有偿使用费收入	地方水利建设基金收入	城镇公用事业附加收入	其他各项基金收入
武山县	112			98				14
张川县	11			2				9
秦州区	300				2			298
麦积区	91							91
酒泉市小计	**1371**			**219**	**827**			**325**
本级	527			55	398			74
县级小计	844			164	429			251
肃州区	13							13
玉门市	126							126
金塔县	36			36				
安西县	50			50				
敦煌市	583			60	429			94
肃北县	34			16				18
阿克塞县	2			2				
张掖市小计	**1438**			**518**	**407**			**513**
本级	574			91	278			205
县级小计	864			427	129			308
山丹县	254			161	82			11
民乐县	13				8			5
甘州区	174			34				140
临泽县	201			84	1			116
高台县	159			92	38			29
肃南县	63			56				7
武威市小计	**534**			**157**	**141**			**236**
本级	235			114	121			
县级小计	299			43	20			236
民勤县	13							13
古浪县	43			10	20			13
天祝县	62			33				29
凉州区	181							181
定西市小计	**785**			**39**	**364**		**9**	**373**
本级	291				284			7
县级小计	494			39	80		9	366
安定区	113							113
通渭县	43				33			10

3－31－5　　　　单位:万元

地区	收支部分						
	支出						
	支出合计	养路费支出	公路客货运附加费支出	国有土地使用权出让金支出	地方水利建设基金支出	城镇公用事业附加支出	其他各项基金支出
武山县	104			91			13
张川县	20						20
秦州区	518			110		120	288
麦积区	19						19
酒泉市小计	**4429**			**3916**			**513**
本级	255			80			175
县级小计	4174			3836			338
肃州区	669			610			59
玉门市	2257			2134			123
金塔县	297			287			10
安西县	151			150			1
敦煌市	729			603			126
肃北县	16						16
阿克塞县	55			52			3
张掖市小计	**4169**			**3388**			**781**
本级	564			130			434
县级小计	3605			3258			347
山丹县	229			228			1
民乐县	249			244			5
甘州区	349			224			125
临泽县	574			413			161
高台县	254			200			54
肃南县	1950			1949			1
武威市小计	**2014**			**1495**	**30**	**10**	**479**
本级	343			141			202
县级小计	1671			1354	30	10	277
民勤县	134			107			27
古浪县	972			892	30		50
天祝县	173			130			43
凉州区	392			225		10	157
定西市小计	**1884**			**1035**		**9**	**840**
本级	943			396			547
县级小计	941			639		9	293
安定区	198			125			73
通渭县	214			214			

3－31－6

单位：万元

地　　区	平　衡　部　分											
	收　　入						支　　出					年终结余
	收入总计	本年收入	上年结余	补助收入	省补助计划单列市收入	调入资金	支出总计	本年支出	上解支出	计划单列市上解省支出	调出资金	
武山县	739	112	563	64			147	104	40		3	592
张川县	147	11	41	95			23	20	1		2	124
秦州区	1554	300	1033	221			569	518			51	985
麦积区	511	91	175	245			37	19			18	474
酒泉市小计	**5444**	**1371**	**564**	**3509**			**4676**	**4429**	**148**		**99**	**768**
本级	1027	527	274	226			403	255	148			624
县级小计	4417	844	290	3283			4273	4174			99	144
肃州区	669	13		656			669	669				
玉门市	2260	126		2134			2260	2257			3	
金塔县	387	36	191	160			307	297			10	80
安西县	171	50	51	70			171	151			20	
敦煌市	811	583	23	205			794	729			65	17
肃北县	64	34	25	5			17	16			1	47
阿克塞县	55	2		53			55	55				
张掖市小计	**6020**	**1438**	**1221**	**3361**			**4460**	**4169**	**267**		**24**	**1560**
本级	1495	574	570	351			760	564	172		24	735
县级小计	4525	864	651	3010			3700	3605	95			825
山丹县	508	254	94	160			229	229				279
民乐县	249	13		236			249	249				
甘州区	610	174	153	283			386	349	37			224
临泽县	580	201	209	170			574	574				6
高台县	535	159	164	212			312	254	58			223
肃南县	2043	63	31	1949			1950	1950				93
武威市小计	**3332**	**534**	**1644**	**1154**			**2530**	**2014**	**441**		**75**	**802**
本级	784	235	185	364			701	343	358			83
县级小计	2548	299	1459	790			1829	1671	83		75	719
民勤县	149	13	21	115			137	134			3	12
古浪县	1295	43	947	305			974	972	2			321
天祝县	290	62	65	163			197	173	24			93
凉州区	814	181	426	207			521	392	57		72	293
定西市小计	**3933**	**785**	**2343**	**709**		**96**	**1997**	**1884**	**68**		**45**	**1936**
本级	1168	291	804	73			943	943				225
县级小计	2765	494	1539	636		96	1054	941	68		45	1711
安定区	1205	113	881	211			216	198			18	989
通渭县	264	43	156	65			220	214	4		2	44

3－31－7

单位:万元

地区	收支部分							
	收入							
	收入合计	养路费收入	公路客货运附加费收入	国有土地使用权出让金收入	新增建设用地土地有偿使用费收入	地方水利建设基金收入	城镇公用事业附加收入	其他各项基金收入
陇西县	184				37		9	138
渭源县	42				10			32
临洮县	49							49
漳县	21			21				
岷县	42			18				24
陇南市小计	**670**			**51**	**504**			**115**
本级	376			8	279			89
县级小计	294			43	225			26
成县	39				39			
文县	52				52			
康县	23				4			19
宕昌	14				14			
西和	43			43				
礼县	2				2			
徽县	13				7			6
两当								
武都	108				107			1
平凉市小计	**5088**	**119**		**3342**	**886**		**51**	**690**
本级	1623			821	698		51	53
县级小计	3465	119		2521	188			637
泾川县	1215	22		1146	31			16
灵台县	159	67		46	4			42
崇信县	20			13				7
华亭县	1506			1291	149			66
庄浪县	35	30			4			1
静宁县	49			25				24
崆峒区	481							481
庆阳市小计	**1529**			**189**	**594**		**220**	**526**
本级	689			61	320		110	198
县级小计	840			128	274		110	328
庆城县	317			74	102			141
镇原县	31				23			8
宁县	49			43				6
正宁县	37				37			
合水县	124				112			12

3－31－8

单位:万元

地区	收支部分 支出 支出合计	养路费支出	公路客货运附加费支出	国有土地使用权出让金支出	地方水利建设基金支出	城镇公用事业附加支出	其他各项基金支出
陇西县	215			60		9	146
渭源县	161			110			51
临洮县	11						11
漳县	88			80			8
岷县	54			50			4
陇南市小计	**818**			**580**			**238**
本级	157						157
县级小计	661			580			81
成县							
文县	181			160			21
康县	67			50			17
宕昌	60			60			
西和							
礼县	65			60			5
徽县	74			50			24
两当	70			70			
武都	144			130			14
平凉市小计	**5188**	**89**		**4705**		**25**	**369**
本级	816			721		22	73
县级小计	4372	89		3984		3	296
泾川县	2059	22		1995			42
灵台县	208	67		71			70
崇信县	160			160			
华亭县	1652			1559		3	90
庄浪县	103			70			33
静宁县	172			129			43
崆峒区	18						18
庆阳市小计	**2027**			**1477**		**67**	**483**
本级	368					55	313
县级小计	1659			1477		12	170
庆城县	167			24			143
镇原县	140			140			
宁县	8					5	3
正宁县	1187			1187			
合水县	75			75			

3－31－9

单位:万元

地区	平衡部分											
	收入						支出					年终结余
	收入总计	本年收入	上年结余	补助收入	省补助计划单列市收入	调入资金	支出总计	本年支出	上解支出	计划单列市上解省支出	调出资金	
陇西县	360	184	103	73			226	215	2		9	134
渭源县	279	42	166	71			166	161	4		1	113
临洮县	185	49	－36	76		96	39	11	18		10	146
漳县	197	21	89	87			109	88	21			88
岷县	275	42	180	53			78	54	19		5	197
陇南市小计	**2056**	**670**	**673**	**713**			**1151**	**818**	**57**		**276**	**905**
本级	829	376	434	19			190	157	33			639
县级小计	1227	294	239	694			961	661	24		276	266
成县	89	39		50			89				89	
文县	248	52	15	181			241	181			60	7
康县	188	23	115	50			67	67				121
宕昌	79	14	5	60			60	60				19
西和	43	43					43				43	
礼县	129	2	62	65			65	65				64
徽县	129	13	42	74			74	74				55
两当	70			70			70	70				
武都	252	108		144			252	144	24		84	
平凉市小计	**10182**	**5088**	**3190**	**1904**			**6591**	**5188**	**1365**		**38**	**3591**
本级	2073	1623	232	218			1031	816	205		10	1042
县级小计	8109	3465	2958	1686			5560	4372	1160		28	2549
泾川县	3312	1215	1550	547			2547	2059	485		3	765
灵台县	440	159	203	78			240	208	30		2	200
崇信县	200	20	180				166	160	5		1	34
华亭县	2684	1506	602	576			2195	1652	533		10	489
庄浪县	120	35	－18	103			119	103	16			1
静宁县	221	49	99	73			200	172	27		1	21
崆峒区	1132	481	342	309			93	18	64		11	1039
庆阳市小计	**6050**	**1529**	**2490**	**2031**			**3109**	**2027**	**442**		**640**	**2941**
本级	1583	689	649	245			430	368	62			1153
县级小计	4467	840	1841	1786			2679	1659	380		640	1788
庆城县	526	317	143	66			277	167	95		15	249
镇原县	310	31	279				154	140	12		2	156
宁县	65	49	14	2			30	8	22			35
正宁县	1612	37	－12	1587			1204	1187	17			408
合水县	281	124	157				273	75	8		190	8

3－31－10

单位：万元

地区	收支部分							
	收入							
	收入合计	养路费收入	公路客货运附加费收入	国有土地使用权出让金收入	新增建设用地土地有偿使用费收入	地方水利建设基金收入	城镇公用事业附加收入	其他各项基金收入
华池县	19			7				12
环县	45			4				41
西峰区	218						110	108
临夏州小计	**841**			**48**	**390**			**403**
本级	388			19	195			174
县级小计	453			29	195			229
临夏市	252				148			104
临夏县	24				18			6
积石山县	11				3			8
永靖县	71				5			66
和政县	24			10	4			10
康乐县	38			14	8			16
广河县	15			2	9			4
东乡县	18			3				15
甘南州小计	**1756**			**102**	**841**			**813**
本级	1192				400			792
县级小计	564			102	441			21
夏河县	7				7			
临潭县	57				56			1
卓尼县	25				25			
舟曲县								
迭部县	222			90	132			
碌曲县	187			12	175			
玛曲县	1							1
合作市	65				46			19

3－31－11

单位:万元

地区	收支部分						
	支出						
	支出合计	养路费支出	公路客货运附加费支出	国有土地使用权出让金支出	地方水利建设基金支出	城镇公用事业附加支出	其他各项基金支出
华池县	51			51			
环县	24						24
西峰区	7					7	
临夏州小计	**2499**			**2148**		**6**	**345**
本级	1073			803			270
县级小计	1426			1345		6	75
临夏市	31			25		6	
临夏县	110			110			
积石山县	363			360			3
永靖县	202			130			72
和政县	663			663			
康乐县							
广河县	57			57			
东乡县							
甘南州小计	**594**			**464**			**130**
本级	144			30			114
县级小计	450			434			16
夏河县	8						8
临潭县	254			254			
卓尼县	3						3
舟曲县	80			80			
迭部县	53			50			3
碌曲县							
玛曲县							
合作市	52			50			2

3-31-12

单位:万元

地区	平衡部分											
	收入						支出					年终结余
	收入总计	本年收入	上年结余	补助收入	省补助计划单列市收入	调入资金	支出总计	本年支出	上解支出	计划单列市上解省支出	调出资金	
华池县	113	19	23	71			60	51	7		2	53
环县	56	45	11				31	24	7			25
西峰区	1504	218	1226	60			650	7	212		431	854
临夏州小计	**4532**	**841**	**2860**	**663**		**168**	**2791**	**2499**	**203**		**89**	**1741**
本级	1787	388	2374	-975			1270	1073	197			517
县级小计	2745	453	486	1638		168	1521	1426	6		89	1224
临夏市	464	252	162	50			119	31	4		84	345
临夏县	136	24	52	60			110	110				26
积石山县	501	11	-125	480		135	363	363				138
永靖县	334	71	203	60			202	202				132
和政县	1178	24	224	930			665	663	2			513
康乐县	52	38	-14	8		20						52
广河县	64	15	-1	50			57	57				7
东乡县	16	18	-15			13	5				5	11
甘南州小计	**2356**	**1756**	**240**	**360**			**694**	**594**	**100**			**1662**
本级	1289	1192	3	94			233	144	89			1056
县级小计	1067	564	237	266			461	450	11			606
夏河县	15	7		8			15	8	7			
临潭县	311	57	184	70			256	254	2			55
卓尼县	28	25		3			3	3				25
舟曲县	95		15	80			81	80	1			14
迭部县	283	222	8	53			54	53	1			229
碌曲县	217	187	30									217
玛曲县	1	1										1
合作市	117	65		52			52	52				65

2006年青海省地市县财政基金预算收支平衡表

3－32－1　　　　单位:万元

地区	收支部分							
	收入							
	收入合计	养路费收入	公路客货运附加费收入	国有土地使用权出让金收入	新增建设用地土地有偿使用费收入	地方水利建设基金收入	城镇公用事业附加收入	其他各项基金收入
地(市)县级总计	**12686**	**1738**		**6879**			**2155**	**1914**
地(市)本级合计	**4398**	**225**		**2281**			**1260**	**632**
县级合计	**8288**	**1513**		**4598**			**895**	**1282**
西宁市小计	**7630**	**1209**		**3664**			**2100**	**657**
本级	3861	225		2057			1260	319
县级小计	3769	984		1607			840	338
大通县	1534	265		334			840	95
湟中县	1561	510		1003				48
湟源县	298	209		69				20
城东区	27							27
城中区	33							33
城西区	63							63
城北区	52							52
开发区	201			201				
城南新区								
生物产业园区								
海北州小计	**288**	**53**		**189**				**46**
本级	10							10
县级小计	278	53		189				36
门源县	28							28
祁连县	3							3
刚察县	184	38		146				
海晏县	63	15		43				5
黄南州小计	**18**							**18**
本级	2							2
县级小计	16							16
同仁县	2							2
尖扎县	11							11
泽库县	3							3
河南县								
果洛州小计								
本级								
县级小计								
玛沁县								
海东地区小计	**1580**	**476**		**808**				**296**

2006 年地方财政政府收支分类转换数据

3－32－2　　　　　　　　　　　　　　　　　　　　　　　　　单位:万元

地　　区	收支部分						
	支出						
	支出合计	养路费支出	公路客货运附加费支出	国有土地使用权出让金支出	地方水利建设基金支出	城镇公用事业附加支出	其他各项基金支出
地(市)县级总计	**13474**	**1340**		**6880**	**813**	**1353**	**3088**
地(市)本级合计	**4964**			**3040**		**473**	**1451**
县级合计	**8510**	**1340**		**3840**	**813**	**880**	**1637**
西宁市小计	**8536**	**769**		**4767**	**175**	**1298**	**1527**
本级	4752			3032		473	1247
县级小计	3784	769		1735	175	825	280
大通县	1597	55		585	40	825	92
湟中县	1408	510		806	50		42
湟源县	376	204		43	85		44
城东区	23						23
城中区	15						15
城西区	64						64
城北区							
开发区	201			201			
城南新区	100			100			
生物产业园区							
海北州小计	**261**	**46**		**16**	**14**		**185**
本级	41						41
县级小计	220	46		16	14		144
门源县	54						54
祁连县	86				1		85
刚察县	59	46		6	7		
海晏县	21			10	6		5
黄南州小计	**262**				**51**		**211**
本级	11						11
县级小计	251				51		200
同仁县	15						15
尖扎县	233				51		182
泽库县	3						3
河南县							
果洛州小计							
本级							
县级小计							
玛沁县							
海东地区小计	**1546**	**525**		**395**	**50**		**576**

3-32-3

单位:万元

地区	平衡部分											
	收入						支出					年终结余
	收入总计	本年收入	上年结余	补助收入	省补助计划单列市收入	调入资金	支出总计	本年支出	上解支出	计划单列市上解省支出	调出资金	
地(市)县级总计	**25510**	**12686**	**10298**	**2526**			**14748**	**13474**			**1274**	**10762**
地(市)本级合计	**8090**	**4398**	**2948**	**744**			**4964**	**4964**				**3126**
县级合计	**17420**	**8288**	**7350**	**1782**			**9784**	**8510**			**1274**	**7636**
西宁市小计	**16846**	**7630**	**8298**	**918**			**9436**	**8536**			**900**	**7410**
本级	7156	3861	2711	584			4752	4752				2404
县级小计	9690	3769	5587	334			4684	3784			900	5006
大通县	6892	1534	5261	97			2497	1597			900	4395
湟中县	1681	1561	1	119			1408	1408				273
湟源县	416	298		118			376	376				40
城东区	69	27	42				23	23				46
城中区	33	33					15	15				18
城西区	67	63	4				64	64				3
城北区	231	52	179									231
开发区	201	201					201	201				
城南新区	100		100				100	100				
生物产业园区												
海北州小计	**489**	**288**	**33**	**168**			**436**	**261**			**175**	**53**
本级	74	10	25	39			41	41				33
县级小计	415	278	8	129			395	220			175	20
门源县	71	28		43			54	54				17
祁连县	89	3		86			86	86				3
刚察县	192	184	8				192	59			133	
海晏县	63	63					63	21			42	
黄南州小计	**318**	**18**	**71**	**229**			**262**	**262**				**56**
本级	15	2	2	11			11	11				4
县级小计	303	16	69	218			251	251				52
同仁县	67	2	50	15			15	15				52
尖扎县	233	11	19	203			233	233				
泽库县	3	3					3	3				
河南县												
果洛州小计	**173**		**173**									**173**
本级	127		127									127
县级小计	46		46									46
玛沁县	46		46									46
海东地区小计	**3506**	**1580**	**1430**	**496**			**1546**	**1546**				**1960**

2006 年地方财政政府收支分类转换数据

3－32－4

单位:万元

地区	收支部分							
	收入							
	收入合计	养路费收入	公路客货运附加费收入	国有土地使用权出让金收入	新增建设用地土地有偿使用费收入	地方水利建设基金收入	城镇公用事业附加收入	其他各项基金收入
本级								
县级小计	1580	476		808				296
民和县	181	84		71				26
乐都县	424	35		292				97
平安县	488	130		301				57
互助县	216	165						51
化隆县	58	9		22				27
循化县	213	53		122				38
海南州小计	**644**			**167**				**477**
本级	300							300
县级小计	344			167				177
共和县	91			82				9
贵德县	211			53				158
贵南县	10			10				
同德县	22			22				
兴海县	10							10
海西州小计	**2520**			**2051**			**55**	**414**
本级	224			224				
县级小计	2296			1827			55	414
都兰县	11							11
乌兰县	63			60				3
天峻县	372			365				7
德令哈市	607			583				24
格尔木市	874			503			55	316
大柴旦行委	340			316				24
冷湖行委	14							14
茫崖行委	15							15
玉树州小计	**6**							**6**
本级	1							1
县级小计	5							5
玉树县	4							4
称多县								
昂欠县								
杂多县								
治多县								
曲麻莱县	1							1

3－32－5

单位:万元

地　　区	收支部分						
	支出						
	支出合计	养路费支出	公路客货运附加费支出	国有土地使用权出让金支出	地方水利建设基金支出	城镇公用事业附加支出	其他各项基金支出
本级	9						9
县级小计	1537	525		395	50		567
民和县	261	84		90			87
乐都县	235	87		19			129
平安县	318	134		157			27
互助县	277	165					112
化隆县	196	2		8	50		136
循化县	250	53		121			76
海南州小计	**629**			**181**	**263**		**185**
本级	122						122
县级小计	507			181	263		63
共和县	216			77	130		9
贵德县	160			100	35		25
贵南县	58			4	35		19
同德县	63				63		
兴海县	10						10
海西州小计	**2214**			**1521**	**260**	**55**	**378**
本级	8			8			
县级小计	2206			1513	260	55	378
都兰县	260				260		
乌兰县	60			60			
天峻县	202			197			5
德令哈市	398			392			6
格尔木市	915			538		55	322
大柴旦行委	342			326			16
冷湖行委	14						14
茫崖行委	15						15
玉树州小计	**26**						**26**
本级	21						21
县级小计	5						5
玉树县	4						4
称多县							
昂欠县							
杂多县							
治多县							
曲麻莱县	1						1

2006年地方财政政府收支分类转换数据

3－32－6

单位:万元

地区	平衡部分											
	收入						支出					年终结余
	收入总计	本年收入	上年结余	补助收入	省补助计划单列市收入	调入资金	支出总计	本年支出	上解支出	计划单列市上解省支出	调出资金	
本级	9			9			9	9				
县级小计	3497	1580	1430	487			1537	1537				1960
民和县	515	181	274	60			261	261				254
乐都县	586	424	130	32			235	235				351
平安县	684	488	190	6			318	318				366
互助县	786	216	458	112			277	277				509
化隆县	468	58	174	236			196	196				272
循化县	458	213	204	41			250	250				208
海南州小计	**1215**	**644**	**165**	**406**			**629**	**629**				**586**
本级	382	300	1	81			122	122				260
县级小计	833	344	164	325			507	507				326
共和县	349	91	110	148			216	216				133
贵德县	318	211	47	60			160	160				158
贵南县	64	10		54			58	58				6
同德县	92	22	7	63			63	63				29
兴海县	10	10					10	10				
海西州小计	**2937**	**2520**	**128**	**289**			**2413**	**2214**			**199**	**524**
本级	306	224	82				8	8				298
县级小计	2631	2296	46	289			2405	2206			199	226
都兰县	271	11		260			260	260				11
乌兰县	78	63	15				60	60				18
天峻县	372	372					202	202				170
德令哈市	607	607					597	398			199	10
格尔木市	916	874	13	29			915	915				1
大柴旦行委	358	340	18				342	342				16
冷湖行委	14	14					14	14				
茫崖行委	15	15					15	15				
玉树州小计	**26**	**6**		**20**			**26**	**26**				
本级	21	1		20			21	21				
县级小计	5	5					5	5				
玉树县	4	4					4	4				
称多县												
昂欠县												
杂多县												
治多县												
曲麻莱县	1	1					1	1				

2006年宁夏回族自治区地市县财政基金预算收支平衡表

3－33－1

单位:万元

地区	收支部分							
	收入							
	收入合计	养路费收入	公路客货运附加费收入	国有土地使用权出让金收入	新增建设用地土地有偿使用费收入	地方水利建设基金收入	城镇公用事业附加收入	其他各项基金收入
地(市)县级总计	**117089**	**2342**		**79522**	**11195**	**344**	**8948**	**14738**
地(市)本级合计	**72274**	**673**		**46691**	**6080**	**344**	**4526**	**13960**
县级合计	**44815**	**1669**		**32831**	**5115**		**4422**	**778**
银川市小计	**63252**	**550**		**38673**	**6790**	**307**	**3451**	**13481**
本级	44095	133		23908	4314	307	2303	13130
县级小计	19157	417		14765	2476		1148	351
永宁县	3462	217		2520	161		500	64
贺兰县	7961	139		7246	266		268	42
灵武市	5271	61		2746	2049		380	35
兴庆区	149							149
金风区	41			－2				43
西夏区	273			255				18
开发区	2000			2000				
石嘴山市小计	**19607**	**367**		**13689**	**2775**	**37**	**2071**	**668**
本级	6311	123		4200	582	37	900	469
县级小计	13296	244		9489	2193		1171	199
平罗县	9275	164		7273	770		950	118
大武口区	2007			741	998		221	47
惠农区	2014	80		1475	425			34
吴忠市小计	**12836**	**567**		**8106**	**1217**		**2624**	**322**
本级	4935	279		2999	886		600	171
县级小计	7901	288		5107	331		2024	151
利通区								
青铜峡市	5858	166		3490	104		2024	74
盐池县	1371	63		1019	224			65
同心县	672	59		598	3			12
中卫市小计	**16682**	**350**		**15107**	**385**		**650**	**190**
本级	13736	138		12521	291		650	136
县级小计	2946	212		2586	94			54
中宁县	2778	110		2543	94			31
海源县	168	102		43				23
固原市小计	**4712**	**508**		**3947**	**28**		**152**	**77**
本级	3197			3063	7		73	54
县级小计	1515	508		884	21		79	23
原州区	167	132		27				8

2006年地方财政政府收支分类转换数据

3－33－2

单位:万元

地区	收支部分						
	支出						
	支出合计	养路费支出	公路客货运附加费支出	国有土地使用权出让金支出	地方水利建设基金支出	城镇公用事业附加支出	其他各项基金支出
地(市)县级总计	**130476**	**2196**		**93114**	**4146**	**7698**	**23322**
地(市)本级合计	**81162**	**722**		**56103**	**2066**	**3917**	**18354**
县级合计	**49314**	**1474**		**37011**	**2080**	**3781**	**4968**
银川市小计	**70591**	**497**		**49644**	**2170**	**2674**	**15606**
本级	49465	161		32772	1804	1916	12812
县级小计	21126	336		16872	366	758	2794
永宁县	3602	121		2560	95	357	469
贺兰县	8690	155		7697	143	181	514
灵武市	5924	60		4360	28	201	1275
兴庆区	257						257
金凤区	227						227
西夏区	406			255	100	19	32
开发区	2020			2000			20
石嘴山市小计	**24326**	**365**		**16257**	**514**	**2064**	**5126**
本级	9074	123		4148	46	781	3976
县级小计	15252	242		12109	468	1283	1150
平罗县	9667	163		7979	327	693	505
大武口区	3627	6		2852	121	590	58
惠农区	1958	73		1278	20		587
吴忠市小计	**12240**	**588**		**8314**	**397**	**2109**	**832**
本级	4842	300		3520	179	485	358
县级小计	7398	288		4794	218	1624	474
利通区							
青铜峡市	5776	166		3594	171	1624	221
盐池县	946	63		631	47		205
同心县	676	59		569			48
中卫市小计	**17407**	**344**		**15387**	**162**	**650**	**864**
本级	14359	138		12793	37	650	741
县级小计	3048	206		2594	125		123
中宁县	2789	104		2565	95		25
海源县	259	102		29	30		98
固原市小计	**5912**	**402**		**3512**	**903**	**201**	**894**
本级	3422			2870		85	467
县级小计	2490	402		642	903	116	427
原州区	458	137		137	74	46	64

3－33－3

单位:万元

地区	平衡部分											
	收入						支出					年终结余
	收入总计	本年收入	上年结余	补助收入	省补助计划单列市收入	调入资金	支出总计	本年支出	上解支出	计划单列市上解省支出	调出资金	
地(市)县级总计	**156424**	**117089**	**13173**	**23991**		**2171**	**132576**	**130476**			**2100**	**23848**
地(市)本级合计	**98054**	**72274**	**8177**	**15432**		**2171**	**83162**	**81162**			**2000**	**14892**
县级合计	**58370**	**44815**	**4996**	**8559**			**49414**	**49314**			**100**	**8956**
银川市小计	**84881**	**63252**	**7396**	**12062**		**2171**	**72691**	**70591**			**2100**	**12190**
本级	60883	44095	4995	9622		2171	51465	49465			2000	9418
县级小计	23998	19157	2401	2440			21226	21126			100	2772
永宁县	4218	3462	320	436			3702	3602			100	516
贺兰县	8959	7961	470	528			8690	8690				269
灵武市	7697	5271	1067	1359			5924	5924				1773
兴庆区	267	149	108	10			257	257				10
金凤区	413	41	369	3			227	227				186
西夏区	424	273	47	104			406	406				18
开发区	2020	2000	20				2020	2020				
石嘴山市小计	**30454**	**19607**	**3268**	**7579**			**24326**	**24326**				**6128**
本级	12793	6311	2188	4294			9074	9074				3719
县级小计	17661	13296	1080	3285			15252	15252				2409
平罗县	10499	9275	494	730			9667	9667				832
大武口区	4389	2007	408	1974			3627	3627				762
惠农区	2773	2014	178	581			1958	1958				815
吴忠市小计	**15252**	**12836**	**918**	**1498**			**12240**	**12240**				**3012**
本级	6091	4935	676	480			4842	4842				1249
县级小计	9161	7901	242	1018			7398	7398				1763
利通区												
青铜峡市	6725	5858	153	714			5776	5776				949
盐池县	1686	1371	47	268			946	946				740
同心县	750	672	42	36			676	676				74
中卫市小计	**18380**	**16682**	**552**	**1146**			**17407**	**17407**				**973**
本级	14538	13736	206	596			14359	14359				179
县级小计	3842	2946	346	550			3048	3048				794
中宁县	3538	2778	280	480			2789	2789				749
海源县	304	168	66	70			259	259				45
固原市小计	**7457**	**4712**	**1039**	**1706**			**5912**	**5912**				**1545**
本级	3749	3197	112	440			3422	3422				327
县级小计	3708	1515	927	1266			2490	2490				1218
原州区	571	167	229	175			458	458				113

3－33－4

单位:万元

地　　区	收支部分							
	收入							
	收入合计	养路费收入	公路客货运附加费收入	国有土地使用权出让金收入	新增建设用地土地有偿使用费收入	地方水利建设基金收入	城镇公用事业附加收入	其他各项基金收入
西吉县	337	136		190				11
隆德县	591	85		452	14		38	2
泾源县	168	89		59			20	
彭阳县	252	66		156	7		21	2

3－33－5

单位:万元

地区	收支部分						
	支出						
	支出合计	养路费支出	公路客货运附加费支出	国有土地使用权出让金支出	地方水利建设基金支出	城镇公用事业附加支出	其他各项基金支出
西吉县	465	80		110	75		200
隆德县	438	74		258		11	95
泾源县	807	71		40	650	18	28
彭阳县	322	40		97	104	41	40

3-33-6

单位:万元

地区	平衡部分											
	收入						支出					年终结余
	收入总计	本年收入	上年结余	补助收入	省补助计划单列市收入	调入资金	支出总计	本年支出	上解支出	计划单列市上解省支出	调出资金	
西吉县	748	337	287	124			465	465				283
隆德县	765	591	117	57			438	438				327
泾源县	909	168	53	688			807	807				102
彭阳县	715	252	241	222			322	322				393

2006年新疆维吾尔自治区地市县财政基金预算收支平衡表

3－34－1

单位:万元

地区	收支部分							
	收入							
	收入合计	养路费收入	公路客货运附加费收入	国有土地使用权出让金收入	新增建设用地土地有偿使用费收入	地方水利建设基金收入	城镇公用事业附加收入	其他各项基金收入
地(市)县级总计	**211454**			**168992**	**986**		**1487**	**39989**
地(市)本级合计	**95141**			**81783**	**2**			**13356**
县级合计	**116313**			**87209**	**984**		**1487**	**26633**
乌鲁木齐市小计	**86038**			**71537**				**14501**
本级	73590			67950				5640
县级小计	12448			3587				8861
乌鲁木齐县	2235			2126				109
天山区	2808							2808
沙依巴克区	1990							1990
新市区	2040							2040
水磨沟区	824							824
头屯河区	1680			837				843
东山区	823			624				199
达坂城区	48							48
克拉玛依市小计	**9632**			**5725**				**3907**
本级	6062			3051				3011
县级小计	3570			2674				896
克拉玛依区	2049			1710				339
独山子区	1352			861				491
白碱滩区	90			36				54
乌尔禾区	79			67				12
石河子市小计	**6358**			**3812**	**427**		**623**	**1496**
本级								
县级小计	6358			3812	427		623	1496
石河子市	6358			3812	427		623	1496
伊犁州直小计	**13576**			**10613**			**136**	**2827**
本级	5440			5058				382
县级小计	8136			5555			136	2445
奎屯市	1271			845			136	290
伊宁市	4701			3930				771
伊宁县	325			71				254
察布查尔锡伯自治县	202			47				155
霍城县	367			177				190
尼勒克县	256			89				167
巩留县	253			82				171

3-34-2　　　　单位:万元

地　　区	收支部分						
	支出						
	支出合计	养路费支出	公路客货运附加费支出	国有土地使用权出让金支出	地方水利建设基金支出	城镇公用事业附加支出	其他各项基金支出
地(市)县级总计	**197290**			**154514**		**2280**	**40496**
地(市)本级合计	**77145**			**66758**		**328**	**10059**
县级合计	**120145**			**87756**		**1952**	**30437**
乌鲁木齐市小计	**82091**			**66091**		**328**	**15672**
本级	64200			59727		328	4145
县级小计	17891			6364			11527
乌鲁木齐县	4032			3790			242
天山区	3257			343			2914
沙依巴克区	3144			258			2886
新市区	4138			388			3750
水磨沟区	1240			202			1038
头屯河区	1472			1002			470
东山区	338			139			199
达坂城区	270			242			28
克拉玛依市小计	**5774**			**2826**			**2948**
本级	1931						1931
县级小计	3843			2826			1017
克拉玛依区	1936			1700			236
独山子区	1638			1019			619
白碱滩区	106			36			70
乌尔禾区	163			71			92
石河子市小计	**8955**			**5228**		**1150**	**2577**
本级							
县级小计	8955			5228		1150	2577
石河子市	8955			5228		1150	2577
伊犁州直小计	**13200**			**9897**		**136**	**3167**
本级	4670			4158			512
县级小计	8530			5739		136	2655
奎屯市	1276			845		136	295
伊宁市	4641			3899			742
伊宁县	475			216			259
察布查尔锡伯自治县	249			82			167
霍城县	452			196			256
尼勒克县	240			65			175
巩留县	220			47			173

3－34－3

单位:万元

地区	平衡部分											
	收入						支出					年终结余
	收入总计	本年收入	上年结余	补助收入	省补助计划单列市收入	调入资金	支出总计	本年支出	上解支出	计划单列市上解省支出	调出资金	
地(市)县级总计	**271169**	**211454**	**56448**	**3267**			**200338**	**197290**			**3048**	**70831**
地(市)本级合计	**114160**	**95141**	**24874**	**－5855**			**76766**	**77145**	**－1000**		**621**	**37394**
县级合计	**157009**	**116313**	**31574**	**9122**			**123572**	**120145**	**1000**		**2427**	**33437**
乌鲁木齐市小计	**97202**	**86038**	**10974**	**190**			**82191**	**82091**			**100**	**15011**
本级	76609	73590	8070	－5051			64300	64200			100	12309
县级小计	20593	12448	2904	5241			17891	17891				2702
乌鲁木齐县	4375	2235	303	1837			4032	4032				343
天山区	3653	2808	46	799			3257	3257				396
沙依巴克区	3144	1990	2	1152			3144	3144				
新市区	4615	2040	2022	553			4138	4138				477
水磨沟区	1240	824		416			1240	1240				
头屯河区	2104	1680	184	240			1472	1472				632
东山区	1067	823		244			338	338				729
达坂城区	395	48	347				270	270				125
克拉玛依市小计	**16684**	**9632**	**6992**	**60**			**5774**	**5774**				**10910**
本级	12467	6062	6455	－50			1931	1931				10536
县级小计	4217	3570	537	110			3843	3843				374
克拉玛依区	2089	2049	33	7			1936	1936				153
独山子区	1836	1352	484				1638	1638				198
白碱滩区	106	90		16			106	106				
乌尔禾区	186	79	20	87			163	163				23
石河子市小计	**10697**	**6358**	**4289**	**50**			**8955**	**8955**				**1742**
本级												
县级小计	10697	6358	4289	50			8955	8955				1742
石河子市	10697	6358	4289	50			8955	8955				1742
伊犁州直小计	**15873**	**13576**	**1810**	**487**			**13343**	**13200**			**143**	**2530**
本级	6415	5440	1122	－147			4670	4670				1745
县级小计	9458	8136	688	634			8673	8530			143	785
奎屯市	1276	1271		5			1276	1276				
伊宁市	4906	4701	53	152			4641	4641				265
伊宁县	605	325	159	121			475	475				130
察布查尔锡伯自治县	249	202	7	40			249	249				
霍城县	557	367	87	103			452	452				105
尼勒克县	409	256	78	75			240	240				169
巩留县	276	253	5	18			270	220			50	6

3－34－4

单位:万元

地区	收支部分							
	收入							
	收入合计	养路费收入	公路客货运附加费收入	国有土地使用权出让金收入	新增建设用地土地有偿使用费收入	地方水利建设基金收入	城镇公用事业附加收入	其他各项基金收入
新源县	559			259				300
特克斯县	139			49				90
昭苏县	63			6				57
塔城地区小计	**14330**			**12512**				**1818**
本级	329			20				309
县级小计	14001			12492				1509
塔城市	973			782				191
额敏县	801			700				101
乌苏市	5504			4919				585
沙湾县	5082			4743				339
托里县	652			550				102
裕民县	556			512				44
和布克塞尔蒙古自治县	433			286				147
阿勒泰地区小计	**1596**			**812**	**56**			**728**
本级	177				2			175
县级小计	1419			812	54			553
阿勒泰市	338			110				228
布尔津县	390			291	54			45
哈巴河县	126			76				50
吉木乃县	51			11				40
福海县	238			186				52
富蕴县	179			103				76
青河县	97			35				62
博尔塔拉州小计	**3105**			**2007**	**503**			**595**
本级	885			742				143
县级小计	2220			1265	503			452
博乐市	961			169	503			289
精河县	912			799				113
温泉县	347			297				50
昌吉州小计	**10625**			**6712**			**419**	**3494**
本级	1473			284				1189
县级小计	9152			6428			419	2305
玛纳斯县	584			320			80	184
呼图壁县	1657			1175			170	312
昌吉市	3175			2136			169	870

3－34－5

单位:万元

地区	收支部分						
	支出						
	支出合计	养路费支出	公路客货运附加费支出	国有土地使用权出让金支出	地方水利建设基金支出	城镇公用事业附加支出	其他各项基金支出
新源县	709			291			418
特克斯县	151			46			105
昭苏县	117			52			65
塔城地区小计	**13863**			**12425**			**1438**
本级	319						319
县级小计	13544			12425			1119
塔城市	1276			1063			213
额敏县	868			772			96
乌苏市	4774			4505			269
沙湾县	5118			4814			304
托里县	643			540			103
裕民县	399			334			65
和布克塞尔蒙古自治县	466			397			69
阿勒泰地区小计	**1406**			**571**			**835**
本级	150						150
县级小计	1256			571			685
阿勒泰市	383			117			266
布尔津县	360			309			51
哈巴河县	151			4			147
吉木乃县	8			1			7
福海县	60			2			58
富蕴县	190			103			87
青河县	104			35			69
博尔塔拉州小计	**2457**			**1766**			**691**
本级	164						164
县级小计	2293			1766			527
博乐市	999			671			328
精河县	920			799			121
温泉县	374			296			78
昌吉州小计	**11310**			**7249**		**362**	**3699**
本级	1160			40			1120
县级小计	10150			7209		362	2579
玛纳斯县	625			357		44	224
呼图壁县	1693			1189		148	356
昌吉市	4788			3686		170	932

3－34－6

单位:万元

地区	平衡部分											
	收入						支出					
	收入总计	本年收入	上年结余	补助收入	省补助计划单列市收入	调入资金	支出总计	本年支出	上解支出	计划单列市上解省支出	调出资金	年终结余
新源县	709	559	116	34			709	709				
特克斯县	330	139	156	35			244	151			93	86
昭苏县	141	63	27	51			117	117				24
塔城地区小计	**17258**	**14330**	**2433**	**495**			**13863**	**13863**				**3395**
本级	743	329	198	216			319	319				424
县级小计	16515	14001	2235	279			13544	13544				2971
塔城市	1620	973	629	18			1276	1276				344
额敏县	1107	801	276	30			868	868				239
乌苏市	5618	5504	94	20			4774	4774				844
沙湾县	5391	5082	123	186			5118	5118				273
托里县	684	652	25	7			643	643				41
裕民县	854	556	280	18			399	399				455
和布克赛尔蒙古自治县	1241	433	808				466	466				775
阿勒泰地区小计	**2224**	**1596**	**508**	**120**			**1704**	**1406**			**298**	**520**
本级	498	177	278	43			150	150				348
县级小计	1726	1419	230	77			1554	1256			298	172
阿勒泰市	421	338	49	34			383	383				38
布尔津县	396	390	1	5			396	360			36	
哈巴河县	253	126	117	10			229	151			78	24
吉木乃县	97	51	46				8	8				89
福海县	249	238	1	10			244	60			184	5
富蕴县	200	179	8	13			190	190				10
青河县	110	97	8	5			104	104				6
博尔塔拉州小计	**4419**	**3105**	**1224**	**90**			**2457**	**2457**				**1962**
本级	1735	885	798	52			164	164				1571
县级小计	2684	2220	426	38			2293	2293				391
博乐市	1346	961	375	10			999	999				347
精河县	920	912		8			920	920				
温泉县	418	347	51	20			374	374				44
昌吉州小计	**15560**	**10625**	**4625**	**310**			**11310**	**11310**				**4250**
本级	1923	1473	410	40			1160	1160				763
县级小计	13637	9152	4215	270			10150	10150				3487
玛纳斯县	978	584	389	5			625	625				353
呼图壁县	1907	1657	250				1693	1693				214
昌吉市	4947	3175	1557	215			4788	4788				159

3－34－7

单位:万元

地　　区	收支部分							
	收入							
	收入合计	养路费收入	公路客货运附加费收入	国有土地使用权出让金收入	新增建设用地土地有偿使用费收入	地方水利建设基金收入	城镇公用事业附加收入	其他各项基金收入
米泉市	2006			1606				400
阜康市	695			454				241
吉木萨尔县	365			254				111
奇台县	177			67				110
木垒哈萨克自治县	493			416				77
巴音郭楞州小计	**7687**			**5097**				**2590**
本级	638			34				604
县级小计	7049			5063				1986
库尔勒市	4614			3554				1060
轮台县	142							142
尉犁县	173			55				118
且末县	375			327				48
若羌县	256			203				53
焉耆回族自治县	492			239				253
和静县	418			269				149
和硕县	500			416				84
博湖县	79							79
阿克苏地区小计	**21568**			**18610**			**309**	**2649**
本级	1277			236				1041
县级小计	20291			18374			309	1608
阿克苏市	11915			11233			300	382
库车县	2598			2317				281
拜城县	416			70				346
新和县	1204			1089				115
沙雅县	475			400				75
温宿县	1236			1066				170
乌什县	355			232			9	114
阿瓦提县	2029			1907				122
柯坪县	63			60				3
克孜勒苏州小计	**1490**			**1049**				**441**
本级	168			2				166
县级小计	1322			1047				275
阿图什市	679			560				119
阿克陶县	435			327				108
乌恰县	191			160				31

3-34-8

单位:万元

地区	收支部分						
	支出						
	支出合计	养路费支出	公路客货运附加费支出	国有土地使用权出让金支出	地方水利建设基金支出	城镇公用事业附加支出	其他各项基金支出
米泉市	1696			1241			455
阜康市	241						241
吉木萨尔县	375			253			122
奇台县	192			67			125
木垒哈萨克自治县	540			416			124
巴音郭楞州小计	**7374**			**5017**			**2357**
本级	425			35			390
县级小计	6949			4982			1967
库尔勒市	4508			3450			1058
轮台县	158						158
尉犁县	159			55			104
且末县	299			239			60
若羌县	274			203			71
焉耆回族自治县	510			364			146
和静县	450			269			181
和硕县	493			402			91
博湖县	98						98
阿克苏地区小计	**20670**			**18157**		**304**	**2209**
本级	478			63			415
县级小计	20192			18094		304	1794
阿克苏市	11938			11211		296	431
库车县	2846			2413			433
拜城县	416			70			346
新和县	1211			1089			122
沙雅县	475			397			78
温宿县	1420			1243			177
乌什县	263			170		8	85
阿瓦提县	1560			1441			119
柯坪县	63			60			3
克孜勒苏州小计	**1464**			**980**			**484**
本级	111						111
县级小计	1353			980			373
阿图什市	653			510			143
阿克陶县	434			310			124
乌恰县	231			160			71

3－34－9

单位:万元

地区	平衡部分											
	收入						支出					年终结余
	收入总计	本年收入	上年结余	补助收入	省补助计划单列市收入	调入资金	支出总计	本年支出	上解支出	计划单列市上解省支出	调出资金	
米泉市	2791	2006	785				1696	1696				1095
阜康市	1183	695	488				241	241				942
吉木萨尔县	750	365	380	5			375	375				375
奇台县	508	177	316	15			192	192				316
木垒哈萨克自治县	573	493	50	30			540	540				33
巴音郭楞州小计	**9850**	**7687**	**1978**	**185**			**7374**	**7374**				**2476**
本级	1151	638	508	5			425	425				726
县级小计	8699	7049	1470	180			6949	6949				1750
库尔勒市	4738	4614	114	10			4508	4508				230
轮台县	447	142	289	16			158	158				289
尉犁县	356	173	146	37			159	159				197
且末县	506	375	115	16			299	299				207
若羌县	274	256		18			274	274				
焉耆回族自治县	764	492	254	18			510	510				254
和静县	583	418	133	32			450	450				133
和硕县	783	500	267	16			493	493				290
博湖县	248	79	152	17			98	98				150
阿克苏地区小计	**26805**	**21568**	**5069**	**168**			**20670**	**20670**				**6135**
本级	3110	1277	3355	－1522			－522	478	－1000			3632
县级小计	23695	20291	1714	1690			21192	20192	1000			2503
阿克苏市	13435	11915	120	1400			12938	11938	1000			497
库车县	3285	2598	422	265			2846	2846				439
拜城县	556	416	140				416	416				140
新和县	1341	1204	130	7			1211	1211				130
沙雅县	615	475	132	8			475	475				140
温宿县	1957	1236	711	10			1420	1420				537
乌什县	355	355					263	263				92
阿瓦提县	2049	2029	20				1560	1560				489
柯坪县	102	63	39				63	63				39
克孜勒苏州小计	**2518**	**1490**	**938**	**90**			**1464**	**1464**				**1054**
本级	626	168	429	29			111	111				515
县级小计	1892	1322	509	61			1353	1353				539
阿图什市	1022	679	341	2			653	653				369
阿克陶县	604	435	153	16			434	434				170
乌恰县	231	191		40			231	231				

3－34－10

单位:万元

地区	收支部分							
	收入							
	收入合计	养路费收入	公路客货运附加费收入	国有土地使用权出让金收入	新增建设用地土地有偿使用费收入	地方水利建设基金收入	城镇公用事业附加收入	其他各项基金收入
阿合奇县	17							17
喀什地区小计	**18058**			**15674**				**2384**
本级	1626			1319				307
县级小计	16432			14355				2077
喀什市	5900			5294				606
莎车县	2441			2174				267
疏勒县	1426			1332				94
疏附县	1459			1301				158
叶城县	1484			1326				158
伽师县	640			483				157
巴楚县	1733			1535				198
麦盖提县	427			320				107
泽普县	424			238				186
英吉沙县	189			121				68
岳普湖县	241			184				57
塔什库尔干塔吉克自治县	68			47				21
和田地区小计	**6225**			**4956**				**1269**
本级	425			213				212
县级小计	5800			4743				1057
皮山县	238			73				165
墨玉县	382			199				183
和田县	369			224				145
洛浦县	529			418				111
策勒县	82							82
于田县	283			162				121
民丰县	245			226				19
和田市	3672			3441				231
吐鲁番地区小计	**2278**			**1631**				**647**
本级	92							92
县级小计	2186			1631				555
吐鲁番市	1261			1015				246
鄯善县	569			344				225
托克逊县	356			272				84
哈密地区小计	**3797**			**3183**				**614**
本级	2959			2874				85

3－34－11

单位:万元

地区	收支部分						
	支出						
	支出合计	养路费支出	公路客货运附加费支出	国有土地使用权出让金支出	地方水利建设基金支出	城镇公用事业附加支出	其他各项基金支出
阿合奇县	35						35
喀什地区小计	**13521**			**11434**			**2087**
本级	476			262			214
县级小计	13045			11172			1873
喀什市	2459			1858			601
莎车县	2337			2133			204
疏勒县	1138			1052			86
疏附县	1392			1301			91
叶城县	1351			1185			166
伽师县	645			483			162
巴楚县	2587			2419			168
麦盖提县	426			335			91
泽普县	313			169			144
英吉沙县	117			45			72
岳普湖县	212			145			67
塔什库尔干塔吉克自治县	68			47			21
和田地区小计	**6289**			**5123**			**1166**
本级	460			284			176
县级小计	5829			4839			990
皮山县	288			153			135
墨玉县	399			191			208
和田县	418			284			134
洛浦县	284			216			68
策勒县	254			180			74
于田县	271			162			109
民丰县	209			198			11
和田市	3706			3455			251
吐鲁番地区小计	**2002**			**1486**			**516**
本级	180						180
县级小计	1822			1486			336
吐鲁番市	1103			945			158
鄯善县	352			224			128
托克逊县	367			317			50
哈密地区小计	**3169**			**2519**			**650**
本级	2421			2189			232

3－34－12

单位:万元

地区	平衡部分											
	收入						支出					年终结余
	收入总计	本年收入	上年结余	补助收入	省补助计划单列市收入	调入资金	支出总计	本年支出	上解支出	计划单列市上解省支出	调出资金	
阿合奇县	35	17	15	3			35	35				
喀什地区小计	**24718**	**18058**	**6298**	**362**			**16028**	**13521**			**2507**	**8690**
本级	2551	1626	718	207			997	476			521	1554
县级小计	22167	16432	5580	155			15031	13045			1986	7136
喀什市	7482	5900	1572	10			4375	2459			1916	3107
莎车县	3012	2441	556	15			2337	2337				675
疏勒县	1589	1426	158	5			1138	1138				451
疏附县	2083	1459	606	18			1392	1392				691
叶城县	1617	1484	133				1351	1351				266
伽师县	964	640	319	5			645	645				319
巴楚县	2618	1733	885				2587	2587				31
麦盖提县	488	427	51	10			426	426				62
泽普县	1223	424	799				313	313				910
英吉沙县	632	189	443				117	117				515
岳普湖县	391	241	58	92			282	212			70	109
塔什库尔干塔吉克自治县	68	68					68	68				
和田地区小计	**7942**	**6225**	**1277**	**440**			**6289**	**6289**				**1653**
本级	983	425	448	110			460	460				523
县级小计	6959	5800	829	330			5829	5829				1130
皮山县	573	238	248	87			288	288				285
墨玉县	483	382	91	10			399	399				84
和田县	596	369	207	20			418	418				178
洛浦县	568	529	21	18			284	284				284
策勒县	365	82	103	180			254	254				111
于田县	361	283	78				271	271				90
民丰县	267	245	12	10			209	209				58
和田市	3746	3672	69	5			3706	3706				40
吐鲁番地区小计	**7751**	**2278**	**5363**	**110**			**2002**	**2002**				**5749**
本级	292	92	97	103			180	180				112
县级小计	7459	2186	5266	7			1822	1822				5637
吐鲁番市	5772	1261	4509	2			1103	1103				4669
鄯善县	814	569	243	2			352	352				462
托克逊县	873	356	514	3			367	367				506
哈密地区小计	**6326**	**3797**	**2419**	**110**			**3169**	**3169**				**3157**
本级	5057	2959	1988	110			2421	2421				2636

3－34－13

单位：万元

地区	收支部分							
	收入							
	收入合计	养路费收入	公路客货运附加费收入	国有土地使用权出让金收入	新增建设用地土地有偿使用费收入	地方水利建设基金收入	城镇公用事业附加收入	其他各项基金收入
县级小计	838			309				529
伊吾县	29							29
巴里坤哈萨克自治县	364			309				55
哈密市	445							445
五家渠市小计	**29**							**29**
本级								
县级小计	29							29
五家渠市	29							29
阿拉尔市小计	**2406**			**2406**				
本级								
县级小计	2406			2406				
阿拉尔市	2406			2406				
图木舒克市小计	**2656**			**2656**				
本级								
县级小计	2656			2656				
图木舒克市	2656			2656				

3－34－14

单位:万元

地区	收支部分						
	支出						
	支出合计	养路费支出	公路客货运附加费支出	国有土地使用权出让金支出	地方水利建设基金支出	城镇公用事业附加支出	其他各项基金支出
县级小计	748			330			418
伊吾县	29						29
巴里坤哈萨克自治县	364			309			55
哈密市	355			21			334
五家渠市小计							
本级							
县级小计							
五家渠市							
阿拉尔市小计	**1181**			**1181**			
本级							
县级小计	1181			1181			
阿拉尔市	1181			1181			
图木舒克市小计	**2564**			**2564**			
本级							
县级小计	2564			2564			
图木舒克市	2564			2564			

3－34－15

单位:万元

地区	平衡部分											
	收入						支出					年终结余
	收入总计	本年收入	上年结余	补助收入	省补助计划单列市收入	调入资金	支出总计	本年支出	上解支出	计划单列市上解省支出	调出资金	
县级小计	1269	838	431				748	748				521
伊吾县	29	29					29	29				
巴里坤哈萨克自治县	364	364					364	364				
哈密市	876	445	431				355	355				521
五家渠市小计	**29**	**29**										**29**
本级												
县级小计	29	29										29
五家渠市	29	29										29
阿拉尔市小计	**2657**	**2406**	**251**				**1181**	**1181**				**1476**
本级												
县级小计	2657	2406	251				1181	1181				1476
阿拉尔市	2657	2406	251				1181	1181				1476
图木舒克市小计	**2656**	**2656**					**2564**	**2564**				**92**
本级												
县级小计	2656	2656					2564	2564				92
图木舒克市	2656	2656					2564	2564				92